Au Professeur Pet[...]
avec les meilleurs souvenirs
de l'Auteur

22.5.85   P. Gabr

LES MALADIES
ET LES PARASITES
DE LA VIGNE

LES MALADIES ET LES PARASITES DE LA VIGNE

Tome I
Les maladies dues à des végétaux
(Champignons, bactéries, virus et phanérogames)

TABLE DES MATIERES

Ouvrage in-8 raisin de 872 pages avec 14 planches en couleurs, hors-texte couronné par :

– le Prix de Viticulture de l'Office International du Vin, Stuttgart, 1979 ;
– le prix Victor Vermorel de l'Académie d'Agriculture de France, Paris, 1979.

Pierre GALET

Ingénieur Agricole
Docteur ès Sciences
Maître-Assistant de Viticulture
Ecole Nationale Supérieure Agronomique
de Montpellier

———

LES MALADIES ET LES PARASITES DE LA VIGNE

TOME II

Les parasites animaux

Imprimerie du « Paysan du Midi »
Montpellier

———

1982

ISBN 2-902771-00-2

AVANT-PROPOS

J'avais initialement prévu de rassembler dans le Tome II Les Parasites animaux, Les Maladies non parasitaires et la Phytopharmacie, mais il s'avère en réalité que mon projet était à la fois trop optimiste et trop ambitieux : d'une part le livre dépasserait 1.000 pages, ce qui est trop pour un volume et la réalisation totale demanderait encore de longs mois.

J'ai donc pris la décision de faire paraître cette année un Tome II, consacré uniquement aux « Parasites animaux » et de publier ensuite un Tome III qui contiendra Les Maladies non parasitaires et la Phytopharmacie viticole, probablement au cours de l'année 1982.

En langue française, il n'existait jusqu'ici qu'un ouvrage détaillé, de 470 pages, sur les Insectes de la Vigne, écrit par Valéry MAYET en 1890. Les autres livres sur les Maladies de la Vigne étaient beaucoup plus restreints sur les Parasites animaux : 80 pages dans le livre de P. VIALA (1893), à peine une quarantaine de pages dans celui d'ARNAUD (1931), 120 pages dans celui de LAFON et COUILLAUD (1970) et 140 pages environ dans celui de RIBEREAU-GAYON (1971).

En langue allemande, l'ouvrage de base reste le livre de F. STELLWAAG (1928) fort bien documenté et détaillé (884 pages), mais ce livre, introuvable aujourd'hui, a quand même plus de 50 ans d'âge ce qui est beaucoup pour un livre technique, notamment en ce qui concerne les produits de traitement.

En langue anglaise, il n'y a aucun livre spécialisé sur les parasites de la vigne.

Je souhaite donc que mon livre puisse combler ce vide international et qu'il dure aussi longtemps que celui de mes prédécesseurs.

J'ai tenu, pour chaque espèce, à décrire très complètement la biologie des différents stades : adulte, œuf, chenille, chrysalide, car la lutte rationnelle ne peut se prévoir efficacement qu'à condition de bien connaître les mœurs du parasite qu'on cherche à anéantir.

De même, il est intéressant d'avoir le maximum de renseignements sur les circonstances favorisantes qui vont influer sur la pullulation du parasite, sans oublier les problèmes de polyphagie, de prédateurs et la sensibilité plus ou moins grande des espèces et variétés de vignes.

Cette longue étude permet de bien mettre en relief les extraordinaires possibilités biologiques des parasites, leurs facultés d'adaptation aux circonstances imprévues, aux nouveaux produits chimiques employés pour les combattre, de sorte que l'homme doit sans cesse renouveler son arsenal phytosanitaire pour maintenir la culture de la vigne en bon état ou rechercher un équilibre entre les parasites et leurs prédateurs.

En terminant je tiens à remercier le professeur BOUBALS, de la Chaire de Viticulture, qui m'a confié plusieurs photos ou clichés personnels ainsi que M. DALLAS, technicien du Laboratoire de Viticulture qui a réalisé d'excellentes cartes et graphiques pour illustrer cet ouvrage.

Enfin je ne saurai oublier dans mes remerciements la Direction et le personnel de l'imprimerie « Le Paysan du Midi » qui m'ont apporté tout leur concours pour la réalisation de ce livre.

Montpellier, 1ᵉʳ avril 1981

Chapitre VI

LES NÉMATODES

I — GÉNÉRALITÉS

Définition

Les Nématodes (du grec νεματοδος, comme un fil) ou Anguillules sont de petits vers dont la taille moyenne est voisine du millimètre. Cette petite taille est une des raisons principales de la désaffection des zoologistes à leur égard pendant longtemps. Comme l'a écrit Ritter (1961), « ce sont des animaux difficiles à mettre en évidence ; ils appartiennent à un domaine intermédiaire qui n'intéresse ni les zoologistes traditionnels ou les entomologistes, ni les microbiologistes pour lesquels ils sont trop gros ; par les techniques d'études ils sont plutôt du ressort de la pathologie végétale et dans beaucoup de pays c'est à cette discipline qu'on les rattache ; toutefois, on ne peut les élever et les étudier à partir d'isolement ou de cultures. D'autre part, il s'agit d'un monde a priori assez rebutant en raison des difficultés d'extraction, de manipulation puis d'identification que représente le matériel ».

Historique

La Nématologie est une science récente qui a pris son essor depuis 1945 avec notamment l'étude des espèces phytophages. Les formes parasites de vertébrés restent du domaine de l'*Helminthologie*, branche de la Parasitologie dont les buts et les méthodes sont très différents.

Chez la vigne, on connaissait, avant 1939, les dégâts de « l'Anguillule de la Vigne », parasite signalé pour la première fois en Italie par Bellati et Saccardo (1881), en France par Ravaz (1886), mais les attaques demeuraient toujours très limitées.

Depuis 1945, la connaissance des Nématodes parasites de la vigne est liée au développement de la virologie, grâce aux travaux américains de Hewitt (1958) et de ses collaborateurs sur les virus de la vigne, ainsi qu'aux travaux de Thorne (1961) sur le genre *Xiphinema*.

Parallèlement, dans le monde, l'étude approfondie des Nématodes a permis de mettre en évidence que ces minuscules animaux parasites de vertébrés ou de végétaux étaient très répandus, puisqu'on estime leur nombre à plus de 500.000 espèces.

Caractères généraux

Les Nématodes sont munis d'un stylet ou lance bien développé, creux comme une aiguille hypodermique. Ce stylet leur sert à percer les tissus de la plante dont ils aspirent la nourriture. Certains (les Dorylaimides) se nourrissent complètement en restant extérieurs aux racines et en n'enfonçant leur lance que dans les cellules les plus superficielles. D'autres (Tylenchides) tirent la plus grande partie de leur nourriture de l'extérieur mais peuvent dans certaines conditions pénétrer dans la racine. D'autres encore pénètrent dans le tissu de la racine afin d'achever leur cycle de vie (*Heterodera, Meloidogyne*).

La plupart des Nématodes parasites des plantes ont un rythme de développement rapide puisque le cycle œuf-femelle pondeuse est achevé en trente jours. Or chaque femelle peut pondre jusqu'à 500 œufs, donc la pullulation des Nématodes peut devenir très importante en présence d'un hôte en pleine vigueur et dans des conditions de sol favorables.

Heureusement il y a un certain équilibre biologique naturel car les Nématodes sont dévorés par d'autres Nématodes ou par des insectes du sol.

« Certains caractères physiologiques des Nématodes, écrit RITTER (1952), viennent encore rendre plus difficile le succès de la lutte.

« Des essais portant sur *Anguina tritici* (Nielle des Blés) ont montré qu'après avoir subi une dessiccation totale ces Anguillules possèdent le remarquable pouvoir de reprendre rapidement toute activité dès qu'on les replace dans l'eau. On peut ainsi les déshydrater et les revivifier successivement un grand nombre de fois. De plus elles peuvent demeurer un temps considérable (plusieurs années) dans cet état d'anhydrobiose.

« D'autre part, dès 1857, les travaux de DAVAINE toujours sur l'Anguillule du Blé ont montré clairement l'inactivité de nombreuses substances chimiques, pourtant très toxiques pour d'autres espèces animales. Des larves plongées pendant des heures dans des solutions concentrées de belladone, atropine, morphine, curare, strychnine ou de nicotine pure ne perdaient pas leur vitalité. Toutefois elles étaient tuées par des substances corrosives attaquant les tissus comme les acides.

« La plupart des insecticides organiques de synthèse découverts depuis une dizaine d'années touchent peu les Nématodes. Des Nématodes libres, du genre *Rhabditis* restent vivants en présence d'HCH ou de ses dérivés.

« Peu sensibles aux basses températures, les Nématodes n'ont qu'une faible résistance à la chaleur : à l'état desséché même ils ne survivent pas à un séjour de 60°C.

« Aucune méthode chimique employée seule n'apporte une solution parfaite pour l'éradication ou même la lutte efficace contre les Nématodes. Cela tient à la grande vitesse de pullulation de ces parasites. On ne constate pratiquement aucune influence sur une maladie vermiculaire après destruction de 90 % d'une population, chiffre souvent atteint par la seule concurrence vitale. Une destruction de 99 % est compensée en 2 ans et une destruction de 99,9 % en 3 ans.

« Vaincre une attaque de Nématodes phytoparasites par les méthodes chimiques semble impossible sans les accompagner de mesures culturales. »

II — CLASSIFICATION DES NEMATODES PARASITES DE LA VIGNE

Chez la vigne, les Nématodes actuellement identifiés ne s'attaquent qu'aux racines et on les classe en deux groupes qui correspondent d'ailleurs à deux ordres différents :

1° Les Tylenchides

Ce sont les Nématodes les plus anciennement connus. La plupart sont des *endoparasites* qui pénètrent entièrement dans les racines où ils vivent, se nourrissent et se reproduisent. 4 familles contiennent des espèces parasitant la vigne :

— Les *Heteroderidae* avec le genre *Meloidogyne,* qui sont des Nématodes *endoparasites sédentaires* des racines ;

— Les *Hoplolaimidae* avec les genres *Pratylenchus, Rotylenchus* et *Helicotylenchus* qui sont des Nématodes *endoparasites migrateurs* des racines ;

— Les *Criconematidae* avec le genre *Criconemoides* qui sont des Nématodes *ectoparasites migrateurs* des racines et le genre *Paratylenchus* qui sont des Nématodes *ectoparasites sédentaires* des racines ;

— Les *Tylenchulidae,* avec le genre *Tylenchulus* qui sont des Nématodes *semi-endoparasites sédentaires* des racines.

2° Les Dorylaimides

Ce sont des Nématodes *ectoparasites migrateurs* des racines qui vivent dans le sol, mais qui puisent leur nourriture dans les racines, se nourrissant le long des radicelles et surtout de leur extrémité.

Ces Nématodes causent peu de dégâts directement à la vigne car ils sont peu nombreux dans le sol et ils ne font que des piqûres sur les racines. Cela explique qu'ils ont été longtemps ignorés. Mais indirectement leur importance est considérable car ils transmettent par leurs piqûres .certaines viroses de la vigne comme cela a été signalé dans le tome I.

Les espèces nuisibles à la vigne dépendent de deux familles :

— *Longidoridae* avec les genres *Xiphinema, Longidorus, Paralongidorus ;*

— *Trichodoridae* avec le genre *Trichodorus.*

Importance des Nématodes dans les vignobles

L'identification des espèces nuisibles à la vigne est loin d'être terminée et on manque d'analyses systématiques effectuées dans les diverses régions viticoles.

A titre d'exemple nous donnons ci-dessous la répartition des genres de Nématodes repérés et identifiés dans l'Etat de New York par BRAUN et KEPLINGER (1957) sur des échantillons de sol (108) prélevés dans 21 vignobles :

Xiphinema .... 48 % des échantillons

Helicotylenchus 38

Pratylenchus 29

Criconemoides 26

Paratylenchus 8

« Les Nématodes étant des parasites puisant leur subsistance et se développant au détriment des racines, il est difficile d'établir une corrélation entre le nombre des Nématodes et l'état des racines ou la vigueur de la vigne. Les racines sérieusement endommagées par les Nématodes et les envahisseurs secondaires ne sont pas en mesure de supporter une population aussi dense de parasites que celles qui sont moins grandement attaquées. »

DELMAS (1956) signale qu'en France « le rôle des Nématodes a été jusqu'ici très effacé. *Rotylenchus robustus* de Man, *Pratylenchus pratensis* de Man et même *Ditylenchus dispaci* Kuhn ont été signalés épisodiquement sur vigne dans d'autres pays, mais malgré leur présence chez nous, on ne les y a jamais vus sur cette plante ; seuls les *Meloidogyne* y sont cités depuis longtemps sous divers noms plus ou moins démodés dont les plus répandus sont *Heterodera radicicola* ou *Marioni*. Jusqu'ici leur rôle a été peu important jusqu'à une date récente où s'est développée une situation grave dans certains vignobles du cordon littoral languedocien. Il semble que cette récente virulence soit en relation avec la plantation dans ces localités d'un cépage particulièrement sensible à ce parasite qui a provoqué sa pullulation, l'Ugni blanc. Quoi qu'il en soit les attaques graves sont localisées à l'heure actuelle aux vignobles des sables de la côte méditerranéenne et à certaines stations, également sablonneuses, de l'intérieur (vallée de l'Orb, par exemple) ».

MELIS (1956) cite sur la vigne « le *Pratylenchus pratensis* de Man et le *Pratylenchus musicola* Cobb qui attaquent les racines, le *Ditylenchus dispaci* Kuehn qui attaque la partie aérienne de la plante en perturbant la végétation, le *Rotylenchus robustus* de Man lequel en attaquant extrêmement les racines, influe défavorablement sur l'état général des plantes et le *Criconema rusticum* Micoletzky, rencontré en Suisse, souvent associé au Phylloxéra et qui paraît pouvoir lui aussi être considéré comme un ectoparasite des vignes.

1° Les Tylenchides

A - Famille des Heteroderidae

D'après RITTER (1972), « cette famille qui est la plus importante sur le plan des dommages causés aux cultures est caractérisée par un dimorphisme sexuel très prononcé. Les femelles adultes sont globuleuses tandis que les mâles, après la dernière mue larvaire qui correspond à une véritable métamorphose, sont filiformes.

« Le genre *Heterodera*, décrit en 1871 par SCHMIDT, comprend de nombreuses espèces nuisibles à la pomme de terre (*H. rostochiensis*), à la betterave (*H. schachtii*), aux céréales (*H. avenae*), aux choux (*H. cruciferae*), etc... »

Les Anguillules du genre *Heterodera* constituent le groupe des Nématodes à kystes parce que le corps de la femelle se transforme en enveloppe protéctrice de sa descendance et ce kyste demeure dans le sol après la disparition de la culture-hôte. Il contient plusieurs centaines de larves encore enfermées dans la membrane de l'œuf en attendant d'éclore.

L'Anguillule de la Vigne fut décrite primitivement en 1878 par CORNU qui l'appela *Anguillula Marioni*, en l'honneur du professeur MARION, de la Faculté de Marseille, qui avait publié en 1870 une étude sur les Nématodes non parasites marins. Cette espèce devint plus tard *Heterodera Marioni* Cornu (parfois appelée aussi *Heterodera radicicola* Greef.).

Mais, en 1949, CHITWOOD, après avoir étudié différentes populations par leur gamme d'hôtes, subdivisait l'espèce *Heterodera marioni* Cornu en cinq espèces nouvelles d'après des caractères jugés alors très spécieux (détail de l'anatomie des mâles et aspect des figures périnéales, comparables à celles du genre précédent, mais structures particulières). Depuis, de multiples espèces ont été individualisées (une vingtaine en tout) dont sept ont une importance économique en France.

Le genre *Meloidogyne* Goeldi, 1887, correspond à cette ancienne espèce *Heterodera Marioni* Cornu, de sorte qu'aujourd'hui chez la vigne le genre *Heterodera* n'est plus représenté.

« Le genre *Meloidogyne*, selon RITTER (1972), diffère du genre *Heterodera* par le fait que la femelle, enfermée dans une galle radiculaire, ne se transforme pas en kyste ; elle est toujours piriforme avec un tégument blanc, très fragile.

« Le genre *Meloidogyne* est essentiellement tropical. Dans la région méditerranéenne on rencontre essentiellement *M. arenaria*, *M. incognita*, et *M. thamesi*. *M. hapla* y vit aussi mais il est souvent éclipsé par les autres espèces et il n'apparaît que par des hôtes différentiels. *M. javanica*, plus méridional, ne se rencontre qu'en quelques points de littoral méditerranéen ou en serre. »

Toutes ces espèces provoquent sur les vignes des maladies appelées du nom générique d'Anguillules ou « root-knot nematode ».

ANGUILLULE DE LA VIGNE

I — SYNONYMIE

Fr. Anguillule.
Angl. Root-knot nematode.
All. Wurzelsbschen, Knollchen nématode, Alchen.
Esp. Anguilula, Nematoda.
Ital. Anguillule, Nematodi.
Port. Anguilula.

II — SYMPTOMES

BELLATI et SACCARDO (1881) sont les premiers à avoir signalé les dégâts de l'*Anguillula radicicola* Greef., suivis au Portugal par ALMEIDO Y BRITO (1884) qui a mentionné également ce parasite.

En France les premiers symptômes ont été décrits par RAVAZ (1886), puis par LAVERGNE (1901) sous le nom d'*Anguillule du Chili* et par RAVAZ et VIDAL (1904) sur des vignes plantées dans les sables en Algérie.

« Dans ces vignes malades, écrivent-ils, on voit des souches dont la végétation diminue insensiblement, les sarments sont de plus en plus courts, ils s'étiolent et finissent par mourir. Les feuilles deviennent de plus en plus petites et plus rares. Pendant plusieurs années ces pieds malades produisent des grappes de plus en plus petites avec de petits grains qui mûrissent de moins en moins. Dans la plantation les souches atteintes sont groupées en taches qui peuvent s'étendre dans toutes les directions.

« On arrive, avec les gobelets, à avoir des pieds ayant 10 à 12 grappes et presque plus de sarments ni de feuilles, en somme beaucoup plus de fructification que de végétation. »

« Les parcelles entières, selon BONNET (1937), sont rarement atteintes, les parties non malades, où les plantes demeurent vertes et vigoureuses, alternent avec des ronds contaminés, sur lesquels les plantes demeurent chétives, après avoir pris un développement anormalement réduit. Elles demeurent en tout cas improductives. »

En Californie, RASKI (1955), indique que « l'affaiblissement prématuré des vignobles, suivi d'une production et d'une vigueur réduites, est le problème majeur de l'industrie du vignoble de cet Etat car il est particulièrement commun aux régions de San Joaquin Valley et de Californie du Sud.

« L'affaiblissement prématuré a été observé dans les plantations de tous âges, variant de 50 à 60 ans. Dans très peu de cas, les dommages sont restreints et localisés dans de petites superficies telles qu'un seul vignoble ; généralement les dégâts s'étendent sur d'immenses plantations où la plupart des vignes se révèlent atteintes. »

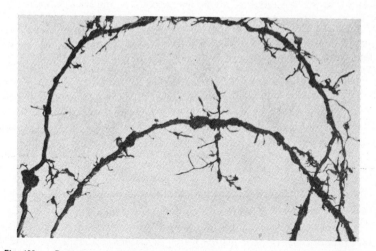

Fig. 136. — Dommages de *Meloidogyne arenaria* sur Alicante Bouschet franc de pied (d'après DALMASSO).

Fig. 137. — Racines attaquées par les Anguillules (d'après RASKI).

Les attaques d'Anguillule dans les *pépinières* peuvent aboutir à des dommages importants, du fait de la haute densité des plants sur les lignes provoquant un entassement du chevelu radiculaire, ce qui permet aux nématodes de passer facilement d'un plant à l'autre. Qu'il s'agisse de plants racinés ou de greffés-soudés il est bien évident que cette marchandise est invendable pour cause d'insuffisance générale et par suite du mauvais état des racines (qu'on ne peut dissimuler malhonnêtement qu'en vendant des plants « habillés », c'est-à-dire ayant les racines taillées à 1 ou 2 cm de leur longueur).

Ce sont évidemment les pépinières établies dans des sols sableux qui sont les plus sujettes à être envahies par les Nématodes, mais d'après Boubals (1954), « dans les pépinières établies dans des terrains maraîchers infestés par les Nématodes, on constate à l'arrachage que les racines des plants portent des nodosités qui nous ont toujours paru beaucoup plus volumineuses que celles que l'on observe dans les terrains sableux.

« A la suite des attaques de Nématodes les plants de pépinière, surtout quand ce sont des porte-greffes sensibles ou bien des *viniferas,* peuvent avoir un aoûtement défectueux. »

Lorsqu'un plant de vigne est attaqué par les *Meloidogyne* on constate à l'arrachage plusieurs symptômes permettant de les identifier : d'abord le nombre des racines a augmenté, particulièrement près de la surface du sol. Mais surtout les racines attaquées réagissent par une abondante prolifération cellulaire qui aboutit à la formation de renflements noueux, en forme de boule ou de fuseau irrégulier qui peuvent prendre des dimensions importantes, dépassant la grosseur d'une noix. Ces renflements se trouvent sur la racines de tout âge.

La dimension de ces galles dépend de la nature de l'hôte et l'espèce de Nématode. D'après Dalmasso (1973), « elles sont assez volumineuses pour *M. incognita,* un peu moins pour *M. arenaria* et petites ou nulles pour *M. hapla.* La galle de *Meloidogyne* diffère de celle provoquée par les *Xiphinema.* L'hypertrophie intéresse la racine dans toute sa largeur et n'arrête pas sa croissance. Chez les *Xiphinema* il s'agit de sortes de nodosités recouvertes d'un tissu liégeux, épais et tuméfié aux points les plus affectés par les piqûres répétées.

« Dans la nature, les galles et tissus lésés par les *Meloidogyne* se dégradent vite sous l'action d'organismes saprophytes et la trace de la déprédation disparaît en grande partie. Dans les cas graves, l'ensemble du système radiculaire est détruit après une sorte de fuite des racines vers la surface. Les plants deviennent de plus en plus rachitiques et meurent faute de pouvoir s'alimenter convenablement. Le parasite est difficile à mettre en évidence, car il n'y a que très peu de radicelles disponibles pour l'examen. »

Ces galles sur les racines ne peuvent pas être confondues avec les nodosités ou les tubérosités phylloxériques. D'une part elles n'ont pas comme ces dernières le point de dépression caractéristique. De plus, écrit Cornu (1878), « ce qui frappe au premier abord dans ces renflements, c'est la présence de corps bruns, extérieurs, se détachant d'une manière plus ou moins aisée avec l'aiguille à dissection. Ce sont les corps des femelles avec leurs œufs à l'intérieur. »

III — SYSTÉMATIQUE

Plusieurs espèces de *Meloidogyne* ont été identifiées en France par les spécialistes :

Meloidogyne arenaria (Neal) Chitwood est l'espèce la plus répandue dans la région méditerranéenne car elle sévit de façon endémique dans les sables littoraux du Languedoc où elle entraîne fréquemment des dépérissements importants pouvant aboutir à la destruction des vignes franches de pied, établies dans ces sables depuis un siècle pour lutter contre le *Phylloxéra*.

En dehors de la vigne, ce Nématode parasite la plupart des Amygdalées cultivées, dans l'ordre de gravité décroissant : amandier, pêcher, prunier myrobolan, ainsi que figuier, olivier...

Meloidogyne incognita (Kofoid et White) Chitwood se rencontre également dans la région méditerranéenne et le Sud-Ouest, s'attaquant à la vigne et aux cultures fruitières comme l'espèce précédente.

Selon HARRANGER (1972), « dans les cultures maraîchères, *M. arenaria* et *M. incognita* provoquent la formation de nombreuses galles qui confluent et finissent par former de véritables tumeurs. Le premier paraît moins pathogène sur cultures légumières que le second, particulièrement préjudiciable aux tomates, aubergines, melons, céleris, poirées ou bettes, artichauts et salades.

« *M. hapla* Chitwood, espèce plus septentrionale (Vallée de la Loire, Normandie, Vallée de la Saône et du Rhône, Est), est surtout nuisible aux légumes-racines : carottes, scorsonères, endives, céleris, salades. Contrairement aux deux espèces précédentes, ce Nématode ne forme que de petites galles, non confluentes sur les racines, mais il induit la formation de nombreuses bifurcations. »

« *M. javanica*, très rare en France, semble limité à quelques zones du Midi ou du Sud-Ouest (Côte d'Azur, région bordelaise) ; il est surtout inféodé aux carottes et aux tomates. Sur carottes, les radicelles sont remplacées par une protubérance, la racine paraissant couverte de verrues. Sur tomates, on observe de nombreuses galles en chapelet. »

Les vignobles argentins, chiliens, australiens, italiens... ont à souffrir des attaques de ces Nématodes. En Fance le premier n'est pas rare. On le trouve dans la plupart des vignes établies sur sols légers. *M. arenaria* est grave dans les sables littoraux du Gard où il conduit à l'anéantissement des vignes franches de pied, notamment d'Ugni blanc et d'Aramon. Dans plusieurs vignobles méditerranéens et du Sud-Ouest on rencontre *M. incognita* et *M. hapla*. Les pépinières sont établies en sols légers et donc particulièrement exposées aux attaques de ce parasite qui est ensuite dispersé très loin. Le premier est courant dans les pépinières du Vaucluse qui alternent avec des maraîchages très contaminés. Le second est présent dans celles établies dans la Vallée de la Loire et dans le Beaujolais. Dans le monde, les *Meloidogyne* causent également des dégâts, mais avec parfois des espèces différentes. C'est ainsi qu'en Californie, RASKI (1965), mentionne que les deux espèces qui dominent sont *Meloidogyne incognita* appelée communément « Cotton root-knot nematode » et *M. javanica* (Treub) Chitwood appelée « Javanese root-knot nematode » plus fréquente dans la San Joaquin Valley et la Californie du Sud. Une troisième espèce beaucoup moins répandue est *M. thamesi* appelée « Thames root-knot nematode. »

Selon RASKI et LIDER (1960), « l'espèce la plus connue en Californie est le *Meloidogyne incognita-acrita* qui est très répandu dans les vignobles plantés dans les sols sablonneux des vallées de l'intérieur depuis Lodi jusqu'à Borrego Valley. Le Nématode javanais *M. Javanica-javanica* et le Nématode de la Tamise *M. arenaria-thamesi* sont également nocifs où qu'ils apparaissent, mais ils n'ont été trouvés que sur un nombre restreint de ceps et principalement dans les vallées de Joaquin, Coachella et Borrego ».

Il est probable que dans les années à venir un inventaire plus complet sera publié à la suite des travaux entrepris dans divers pays viticoles pour améliorer les connaissances concernant les Nématodes parasites de la vigne.

IV — BIOLOGIE

« C'est au printemps et un peu moins à l'automne, écrit DALMASSO (1973), que les *larves* infectieuses des *Meloidogyne* (2ᵉ stade) se déplacent dans le sol à la recherche de radicelles fraîches. En quelques jours elles envahissent les zones apicales et commencent à évoluer en troisième puis en quatrième stade. La larve induit chez son hôte, dès sa pénétration, non seulement la formation de cellules géantes nourricières hypertrophiant la racine, mais aussi le développement d'une galle qui l'enveloppera complètement.

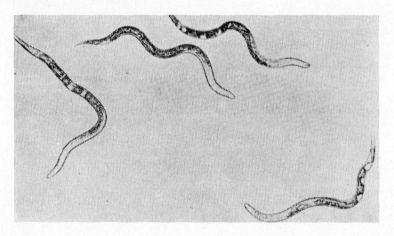

Fig. 138. — Larves infectieuses de *Meloidogyne* (d'après DALMASSO).

« Au bout d'un mois environ les premiers adultes apparaissent : les *femelles* de *Meloidogyne* ont l'aspect de petites outres, plus ou moins piriformes dont le tégument blanc, très fragile, ne se durcit pas et ne se transforme pas en kyste comme chez les *Heterodera*. Ces outres laissent échapper une « masse mucilagineuse » qui contient plusieurs centaines d'œufs (500 à 1.000), à divers stades de leur embryogénèse et qui les protège un peu. Les *larves* en sortent tout de suite pour gagner une nouvelle racine ou bien se développer sur place à côté de la génération précédente et, si les conditions sont favorables, une deuxième génération peut se développer.

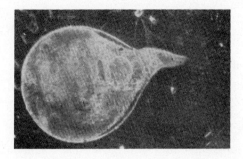

Fig. 139. — Femelle de *Meloidogyne* (d'après DALMASSO).

« Les *mâles* sont petits, en forme de crochet et ils existent dans la plupart des espèces de *Meloidogyne*, mais celles-ci se reproduisent également par parthénogénèse, selon un déterminisme encore mal connu, lié à la fois à l'hôte et aux conditions climatiques du milieu. Cette parthénogénèse facilite la colonisation de nouveaux territoires.

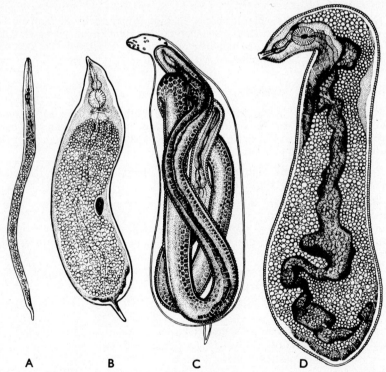

Fig. 140. — Les diverses étapes du cycle de *Meloidogyne arenaria* (d'après GRASSÉ) : A, larve ; B, larve plus avancée ; C, mâle encore enfermé dans la dépouille de la larve qui lui a donné naissance ; D, jeune femelle adulte.

« Les *générations* se succèdent rapidement avec un cycle compris entre 25 et 90 jours selon les saisons pour *M. incognita* dans la région méditerranéenne. Il peut y avoir de 5 à 10 générations par an. »

V — CONDITIONS DE DEVELOPPEMENT

1° Répartition géographique

Les *Meloidogyne* sont des Nématodes mondialement répandus puisqu'avant 1949 l'*Heterodera Marioni* avait été signalé dans de nombreux pays européens (Italie, 1880, Portugal, 1884, France, 1886, Espagne), en Asie (Chine, Japon, Philippines, Indes Néerlandaises), en Océanie (Australie, Nouvelle Zélande), en Afrique du Nord et en Afrique du Sud, à Madagascar, en Amérique (Etats-Unis, Mexique, Chili, Argentine).

2° Plantes-hôtes

TYLER (1933), a mentionné que plus de 1.400 plantes pouvaient être envahies, mais toutes n'en souffrent pas également. Les plantes adventices contribuent à la pullulation des parasites ; elles peuvent même en souffrir si l'on en juge par l'absence d'herbes spontanées dans les vignes très envahies.

Cette abondance de plantes-hôtes facilite évidemment la distribution géographique des Nématodes parasites de la vigne avec en particulier le fait que les cultures maraîchères servent assez souvent de cultures d'assolement avec les pépinières viticoles.

3° Réceptivité de la vigne

NEAL (1889) en Floride fut le premier chercheur à signaler la sensibilité des variétés de *V. vinifera* aux attaques de *Meloidogyne* et il proposa l'emploi de *V. riparia* et *V. cordifolia* comme porte-greffes résistants.

TYLER (1933) avait signalé l'intérêt de certains porte-greffes résistants : Salt creek, Dog ridge, 1613 C.

SNYDER (1936) a noté la bonne résistance de certaines vignes américaines : *V. champini* (*Rupestris* × *candicans*), *V. Longii* (Solonis), *V. doaniana* et *V. cinerea*. Il a signalé également la résistance de *V. Lincecumii* et de *V. monticola* qui est plus faible. Pour les porte-greffes, son classement est le suivant :

1613 C (Solonis × Othello)	95 (très résistant)
Salt Creek et Dog Ridge	95
188-15 Cl (*Riparia* × *monticola*)	60
101-14 Mgt	50
1202 C (Mourvèdre × rupestris)	25
Rupestris du Lot	20
Aramon Rupestris Ganzin 1 et 2	10

En Argentine (1949), parmi les porte-greffes les plus résistants à l'Anguillule on a noté : 261-50 Couderc, 1616 Couderc, puis le Riparia Gloire, le 420 A, le 106-8 Mgt, le 34 EM, le 57 Richter et le Seibel 6050, producteur direct. Au contraire, les porte-greffes 31 Richter, 3306 C, 603 C et Sioux ont été classés comme peu résistants. Enfin, les Viniferarupestris 1202 C, 93-5 C et Aramon rupestris Ganzin n° 1 sont sensibles.

LIDER (1954) en Californie a observé que *V. candicans, V. Longii, V. champini* ainsi que *V. rotundifolia* possédaient une très bonne résistance à *Meloidogyne incognita* var. *acrita*, tandis que *V. Labrusca* et *V. vinifera* étaient très sensibles. La résistance serait conditionnée par un gène dominant, présent à l'état homozygote chez *V. candicans* et hétérozygote chez *V. champini* alors que *V. Labrusca* et *V. vinifera* seraient homozygotes récessifs. Par ailleurs, l'étude de 18 populations d'origines différentes de *M. incognita* var. *acrita* montre l'existence d'une certaine variabilité dans l'agressivité de ces populations vis-à-vis de plusieurs espèces. Cette variabilité est nulle pour *V. vinifera, V. Labrusca* et *V. rotundifolia*. Elle est relativement faible pour *V. champini* et *V. Longii* (2 populations agressives sur 18) et beaucoup plus marquée pour *V. Berlandieri* et *V. rupestris*.

Dans la pratique, en sol contaminé par les Nématodes, les chercheurs caloforniens KASIMATIS et LIDER (1967) conseillent l'emploi du 1613 C, du Dog-Ridge (clone de *V. champini*) et du Salt creek (clone de *V. doaniana*).

WINKLER (1974) signale qu'en réalité en Californie on cultive sous le nom de Salt creek une autre variété : Ramsey (qui est un clone de *V. champini*), distinction faite par LOOMIS et LIDER (1971).

De nouvelles variétés ont été créées également dans ce but et c'est ainsi que WEINBERGER et HARMON (1966) ont obtenu le US 16-154 appelé *Harmony* qui est un croisement de 39 (semis de 1613 C) × 51 (semis de Dog Ridge).

En Australie SAUER (1967) recommande aussi Dog Ridge et Salt creek contre les attaques de *Meloidogyne javanica* et il souligne le bon comportement de la plupart des porte-greffes envers cette espèce, en particulier du 101-14 et du Rupestris du Lot.

En Caroline du Nord, NESBITT (1974) note la résistance de *V. rotundifolia* aux trois espèces *M. incognita, M. arenaria* et *M. javanica*. La résistance semble se transmettre de façon dominante, ce qui avait été déjà signalé par OLMO (1954) et vérifié en France par DALMASSO avec des populations de *Meloidogyne* autochtones.

En France, BOUBALS fit à Montpellier diverses observations publiées en 1954 et 1978 qui lui ont permis de préciser qu'il existe quelques porte-greffes qui ne provoquent pas la pullulation des Nématodes lorsqu'ils sont établis dans un milieu où ces parasites existent à l'état endémiques. Quand ces mêmes vignes sont établies dans des terrains où le Nématode a plus ou moins pullulé, leur système radiculaire n'est pas ou pratiquement pas attaqué.

Porte-greffes résistants

« Les essais en France portent sur *M. arenaria* et ont permis le classement suivant :

— porte-greffes résistants : SO 4, 5 BB, 8 B, 4010 C1, 99 R, 1103 P, 1447 P, 1616 C, 4453 M, 101-14, 3306 C. (Le SO 4 et le 99 R sont les plus utilisés dans les zones infectées). Le 140 Ru a été reconnu résistant en 1980.

— porte-greffes à résistance insuffisante : Rupestris du Lot, Riparia Gloire, 3309 C, 420 A, 34 EM, 161-49 C, 110 R, 31 R, 216-3 C1, 196-17 C1, ARG 9, G 1, 41 B, 333 EM. »

Selon Bouquet et Dalmasso (1976), « on est moins renseigné pour *M. incognita* et *M. hapla.* Quelques résultats montrent qu'il existe également des différences dans la résistance des porte-greffes, mais elles ne sont pas identiques, du moins pour *M. hapla,* à celles constatées par Boubals avec *M. arenaria.*

« Le problème se trouve d'autre part compliqué par l'existence de variations dans l'agressivité, comme l'a montré Lider (1954). Une telle variabilité a pu être mise en évidence par l'un de nous dans plusieurs populations de *M. hapla,* d'origines géographiques différentes.

« Une expérimentation portant sur 19 porte-greffes et du Merlot franc de pied a été réalisée en Gironde avec une population de *Meloidogyne* appartenant au complexe *M. incognita-arenaria.*

« Les résultats obtenus permettent de faire le classement suivant :

— Classe I (très résistants) : SO 4, 5 BB, 1616 C, 1103 P, 1447 P, 99 R, 44-53 M, 101-14 Mgt.

— Classe II (résistants) : Riparia Gloire, 3309 C., Vialla.

— Classe III (intermédiaires) : 420 A Mgt.

— Classe IV (sensibles) : 333 EM, 216-3 Cl, 161-49 C, 196-17 Cl.

— Classe V (très sensibles) : Merlot, 110 R, Rupestris du Lot, 41 B.

« Par rapport aux résultats obtenus par Boubals, on peut faire plusieurs remarques :

« 1° Il ne semble pas y avoir de corrélation bien établie entre la sensibilité des porte-greffes et leurs origines génétiques :

— *Rupestris-Berlandieri* résistants : 1103 P, 1447 P, 99 R ; sensible : 110 R.

— *Riparia-Berlandieri :* résistants : SO 4, 5 BB ; sensibles : 420 A et 161-49 C.

— *Vinifera-Berlandieri :* sensibles : 41 B et 333 EM.

« Mais il faut tenir compte :

— d'une part, que des croisements d'un même type peuvent avoir été réalisés avec des géniteurs d'aptitudes totalement différentes ;

— d'autre part, de l'existence possible de disjonctions génétiques, ce qui pourrait expliquer notamment les différences de comportement observées entre les porte-greffes 99 R et 110 R, issus semble-t-il d'un même croisement. (En réalité les géniteurs sont différents puisque le 99 R est un Berlandieri Las Sorres × Rupestris du Lot alors que le 110 R est un Berlandieri Rességuier N° 2 × Rupestris Martin ; donc l'hypothèse des deux chercheurs ne peut être retenue dans le cas cité. P.G.).

« 2° La population de *Meloidogyne* originaire du Sud-Ouest semble plus agressive que celle originaire du Languedoc-Roussillon. Toutefois cette agressivité accrue ne se manifeste que sur les porte-greffes sensibles, en particulier le Rupestris du Lot et certains hybrides de *V. rupestris* (110 R, 216-3 Cl, 196-17 Cl). Le comportement des porte-greffes les plus résistants ne semble pas modifié.

« Cette agressivité accrue de la population du Sud-Ouest pourrait s'expliquer par l'existence de conditions de vie plus défavorables (humidité, texture du sol, etc...). Elle pourrait également apporter un élément de réponse à la question de savoir pourquoi le Rupestris du Lot dans certaines situations (en Gironde notamment) ne confère pas au greffon la vigueur à laquelle on devrait normalement s'attendre.

« 3° Le classement relatif des différents porte-greffes ne semble pas profondément modifié par l'origine géographique de la population de Nématodes utilisés. On peut noter toutefois la différence de comportement entre le 3309 C d'une part, le Rupestris et le 110 R d'autre part, ainsi qu'entre ces deux derniers et le groupe composé du 161-49 C, du 196-17 Cl et du 216-3 Cl.

CLASSEMENT RELATIF DES PORTE-GREFFES COMMUNS AUX DEUX ESSAIS

(Résistance décroissante : 0, très résistant ; 5, très sensible)

M. arenaria Sables littoraux du Languedoc (BOUBALS)	Note	M. incognita-arenaria Sols de Graves du Sud-Ouest (BOUQUET et DALMASSO)	Note
SO 4, 5 BB	0	SO 4, 5 BB, 1616 C	0
1616 C	0,5	99 R	0,3
44-53 M, 99 R	0,7	44-53 M	0,7
101-14 Mgt	1,5	101-14 Mgt	1
Riparia Gloire	1,3	Riparia Gloire, 3309 C	1,7
420 A Mgt	1,5	420 A Mgt	2,7
110 R	1,7	161-49 C, 196-17 Cl, 216-3 Cl	4
3309 C, Rupestris du Lot	2,3	110 R	4,3
161-49 C, 196-17 Cl	3	Rupestris du Lot	4,7
216-3 Cl	3,7		

« Il ne faut cependant pas perdre de vue que les conditions expérimentales, bien que similaires, n'étaient pas identiques. D'autre part il faut tenir compte de la précision toute relative d'une notation des symptômes sur une échelle de 0 à 5, surtout pour des systèmes racinaires très attaqués. Une notation basée sur l'estimation quantitative de la population de Nématodes fixés sur les racines pourrait apporter une précision supplémentaire non négligeable : on sait d'ailleurs que la formation de nodosités n'indique pas obligatoirement une multiplication du parasite et que des végétaux dotés d'une certaine « résistance » (à cette multiplication) peuvent présenter des galles.

« Quoi qu'il en soit, rien ne permet pour l'instant d'affirmer qu'il existe des interactions génétiques entre les variétés porte-greffes et les populations géographiques de *Meloidogyne* appartenant au complexe *incognita arenaria*. LIDER (1954) n'en avait d'ailleurs pas trouvé dans son étude qui portait sur 18 populations différentes de *M. incognita* var. *acrita.* »

En Grèce, TERLIDOU (1974) a observé dans la pépinière de l'Institut de la Vigne des plants racinés attaqués par *Meloidogyne javanica*. Les résultats obtenus ont révélé une corrélation entre la densité de la population du Nématode et le pourcentage de racinés endommagés. De plus le 41 B est beaucoup plus attaqué que le 110 Richter.

Viniferas Résistants

En ce qui concerne les *cépages* issus de *V. vinifera*, SNYDER (1936) avait testé 154 variétés cultivées en Californie et les trouva toutes sensibles.

En France, BOUBALS (1954) a fait un certain nombre d'observations vis-à-vis de *M. arenaria* dans les vignobles des sables du cordon littoral méditerranéen :

« Parmi les variétés de *V. vinifera* certains cépages très sensibles sont susceptibles de provoquer la pullulation des Nématodes lorsqu'ils sont plantés dans un milieu où ces parasites existent à l'état endémique ; ce qui a pour conséquence la destruction rapide des plantations (5-10 ans) : Ugni-blanc, Cot, Cabernet franc, Gewurztraminer, Merlau blanc, Monbadon, Muller-Thurgau, etc...

« D'autres cépages sensibles peuvent provoquer également la pullulation de l'Anguilulle sans que leur production soit diminuée à tel point qu'elle ne soit plus rentable : Aramon, Auxerrois blanc, Pinot blanc, Pinot gris, Pinot noir (certains clones), Sylvaner, Gouais gris, etc...

« La majorité des variétés de *Vinifera* et les Hybrides producteurs directs ne montrent pas d'affaiblissement marqué et ne provoquent pas la pullulation des Nématodes lorsqu'ils sont plantés dans un milieu où ces parasites existent à l'état endémique. Cependant ils ne sont pas assez résistants pour pouvoir être plantés sans dommages dans les terres infestées, car leurs racines sont susceptibles d'y être parasitées à des degrés divers. »

« Sur le littoral méditerranéen, l'extrême sensibilité de l'Ugni blanc a été une révélation désastreuse. Par contre les cépages traditionnellement utilisés dans les sables : Piquepouls, Terrets, Clairette, Aramon, Carignan montrent une résistance suffisante pour durer près de 50 ans en place, bien que plus ou moins affaiblis. »

4° Influence du sol

D'après BONNET (1937), « c'est dans les sols essentiellement sableux et légers que le mal est le plus grave, que les taches sont les plus nombreuses. Les « sables gras » sont peu atteints et il suffit souvent d'une fraîcheur satisfaisante dans le sous-sol pour écarter l'ennemi. Les parties sèches sont donc les plus atteintes. On ne trouve aucune plante malade dans les parcelles argileuses. »

« En France, d'après BRANAS (1952), l'Anguillule a été observée sur les vignes du cordon littoral entre l'Hérault et le Vidourle. Les nodosités sont plus nombreuses et les dégâts sont plus graves lorsque le sable est très pauvre en éléments fins (sable « cru ») ; des changements apparemment faibles dans sa composition physique semblent s'opposer à l'action des Nématodes. Cependant nous avons rencontré une zone envahie avec dégâts (remplacements impossibles et mort des souches) dans le Biterrois, à l'intérieur des terres, dans un sol qui, pour être sablonneux, était cependant bien différent des sables des cordons littoraux.

« La *contamination du sol* peut se produire de plusieurs manières : transport de terre, de racines ou de Nématodes depuis des parcelles voisines déjà envahies, plantation de plants racinés obtenus dans des pépinières au sol infecté, épandage de matières contaminées (terreau, gadoues, débris de cultures maraîchères diverses. »

Protection contre les nématodes

« Le problème n'existe pas, à première vue, dans les vignobles établis dans les terres compactes, mais il est à prendre sérieusement en considération dans les sables littoraux et même dans les terres légères, sablonneuses de l'intérieur.

« Dans les sols non encore envahis, il convient d'éviter l'introduction du parasite par les plants de vigne, par d'autres plantes et par les fumures contaminées par des débris de plantes maraîchères diverses.

« Des précautions doivent être prises au moment de l'établissement des pépinières : les sols infectés doivent être abandonnés. Ces précautions doivent naturellement être retenues par les vignerons qui font leurs plants eux-mêmes dans leur propre jardin potager dont le sol est rarement sain.

« Dans les terres contaminées, on peut remplacer les manquants ou reconstituer avec les cépages et les porte-greffes résistants. Le greffage peut devenir une opération rentable dans les sables non phylloxérants. »

5° Densité de la population de nématodes

Au moment de la plantation, RASKI (1955) a observé que « bien des vignobles plantés dans des sols infestés de Nématodes ont complètement périclité et n'ont pas produit. D'autres, au contraire, semblent se maintenir en excellente condition de production en dépit de la présence de nombreux Nématodes sur les vignes. Ce fait est peut-être dû à ce que les vignes ont eu le temps de croître et d'acquérir de la vigueur avant que les Nématodes n'envahissent le vignoble ou n'atteignent des proportions assez importantes.

6° Mode de conduite

« Toute pratique culturale qui impose des efforts trop considérables à la plante, telle que la surproduction, semble avoir pour effet une recrudescence des effets du Nématode sur les plants de vigne. »

B - Famille des Hoplolaimidae

D'après RITTER (1972), « cette famille est caractérisée par un stylet bien développé, parfois très puissant, un œsophage pourvu d'un gros bulbe médian et dont la partie postérieure est constituée de glandes recouvrant la partie antérieure de l'intestin. La cuticule est finement annelée.

« Le genre *Pratylenchus* groupe des Nématodes de taille moyenne (inférieure à 1 mm) caractérisés par une tête bien marquée portant des incisures transverses dont le nombre varie selon les espèces, un stylet fort (de 15 à 20 microns de long), un bulbe œsophagien basal glandulaire recouvrant la partie antérieure de l'intestin de façon latéro-ventrale (recouvrement qui se traduit par une ligne de jonction œsophage-intestin oblique bien visible à la loupe binoculaire), la présence d'un seul ovaire chez la femelle et une queue assez longue mais obtuse. »

I — BIOLOGIE

Les *Pratylenchus* sont comme les *Meloidogyne* des parasites internes des racines, mais, écrit DALMASSO (1973), « à l'opposé des *Meloidogyne* qui deviennent sédentaires une fois installés dans le végétal, ils demeurent migrateurs. Les stades larvaires 2, 3 et 4 et les adultes sont colonisateurs (seul le 2e stade est infectieux chez les *Meloidogyne*) ».

Ce sont donc bien des *endoparasites migrateurs* des racines. Comme l'écrit RITTER (1972), « ces individus sont aptes à pénétrer dans les racines de leurs hôtes quel que soit leur degré de développement ; ils y deviennent adultes s'ils ne l'étaient pas et y pondent, plusieurs générations pouvant se succéder. Les parasites se déplacent de proche en proche vers les parties encore saines du parenchyme, car une nécrose caractéristique détruit rapidement les zones envahies. La durée du cycle biologique varie, selon les espèces en cause et selon les plantes, de un à deux mois environ. Certaines espèces n'ont pas de mâles, d'autres qui en possèdent se reproduisent aussi de manière parthénogénique selon un déterminisme qui reste à préciser. »

II — SYMPTOMES ET DEGATS

Selon HARRANGER (1972), « les *Pratylenchus* pénètrent dans les racines des végétaux soit en perforant l'épiderme avec leur stylet, soit en profitant de blessures existantes. Ils s'attaquent aux tissus cellulaires, sans jamais léser le cylindre central et ils se multiplient à l'intérieur de ceux-ci.

« Leur présence peut se déceler par l'apparition, sur le système racinaire, de ponctuations rougeâtres, petites, qui, plus ou moins rapidement, confluent et forment des plages nécrotiques allant en s'élargissant. Très souvent, les parties atteintes sont envahies par divers micro-organismes. Les radicelles puis les racines se dessèchent ou pourrissent, ce qui souvent entraîne la disparition du Nématode qui n'a plus de nourriture. »

Chez la vigne les dégradations des *Pratylenchus* ne s'accompagnent pas de nodosités, ce qui justifie le nom américain de « Root-lesion nematode ». Seuls des examens approfondis des radicelles permettent de déceler leur présence. Les lésions peuvent être plus préjudiciables aux racines que les nodosités provoquées par les *Meloidogyne*.

III — SYSTÉMATIQUE

En France, d'après DALMASSO (1973), « trois espèces sont pour l'instant en cause : *Pratylenchus scribneri* (signalé dès 1956 sur vignes en Australie par SEINHORST et SAUER), *P. crenatus* et une espèce probablement nouvelle ».

En Californie on trouve aussi trois espèces. RASKI (1955) signale *P. vulnus*, *P. neglectus* et *P.* spp. Selon RASKI et LIDER (1960), « le *Pratylenchus vulnus* est l'espèce la plus commune de ce groupe, mais une certaine confusion nait souvent du fait qu'il se manifeste en même temps que les infections des nodosités de la racine. D'autres espèces de ce genre ont été découvertes dans les sols de vignobles, parfois très fréquemment, mais on n'a pas encore étudié jusqu'à présent leurs effets sur le développement végétatif de la vigne ».

IV — CONDITIONS DE DÉVELOPPEMENT

Les *Pratylenchus* peuvent être plus préjudiciables aux racines des vignes que les Nématodes des nodosités de la vigne, mais on ne les rencontre pas aussi fréquemment.

En France, selon DALMASSO (1973), « quelques foyers sérieux ont été trouvés dans le Bordelais, le Beaujolais, la vallée de la Loire et récemment dans les sables littoraux de l'Hérault. Des dégâts ont été signalés en Australie et en Californie.

« A l'image des *Meloidogyne*, auxquels ils sont souvent associés, les *Pratylenchus* sont surtout dangereux dans les zones sablonneuses. Quelques observations semblent indiquer que la spécificité entre les porte-greffes et les *Pratylenchus* est faible. Ce parasite est très grave, heureusement les zones touchées sont relativement peu étendues. »

C - Famille des Criconematidae

« Cette famille, selon RITTER (1972), est caractérisée par un stylet puissant portant de forts renflements basaux, souvent très long, un bulbe médian confondu avec la partie antérieure de l'œsophage en un seul organe suivi d'un petit bulbe postérieur arrondi dont il est séparé par un isthme très court et une annelation de la cuticule toujours présente, mais exceptionnellement développée dans plusieurs genres. »

Chez la vigne on rencontre des individus qui appartiennent à deux genres différents :

1° Criconemoides

« Ce genre, d'après RITTER, groupe une centaine d'espèces, toutes ectoparasites. Ce sont des animaux trapus et larges dont la cuticule porte une centaine d'annelations très marquées (en fait de 50 à 200), le nombre étant à peu près constant pour chaque espèce. Le stylet très fort mesure de 50 à 110 microns de long selon les espèces.

« Ces Nématodes vivent dans le sol où ils pondent des œufs isolés. Ils se nourrissent en ponctionnant les radicelles par des piqûres externes. »

Ce sont des Nématodes *ectoparasitaires migrateurs*.

RASKI et LIDER (1960) indiquent que « différentes espèces de Nématodes annelés ou « Ring nematodes » sont connues dans les vignobles californiens ; cependant la plupart d'entre eux ne se manifestent que de façon assez discrète.

« *Criconemoides xenoplax* est extrêmement répandu et les preuves de son action pathogène ne cessent de se développer d'année en année. Il se multiplie rapidement dans des conditions ambiantes de serre chaude et dans une des expériences auxquelles on s'est livré dans de telles conditions, on a constaté qu'il réduisait de façon très significative la croissance des racines de Thompson seedless. »

Cette espèce avait été suspectée comme un vecteur possible du virus du court-noué, mais cette hypothèse n'a pas été confirmée en Californie.

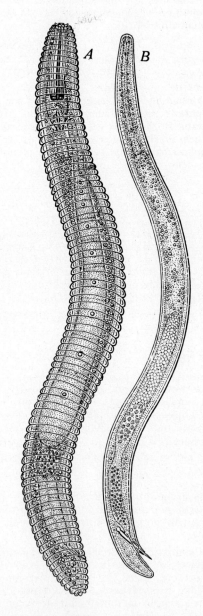

Fig. 141. — *Criconemoïdes xenoplax* : A, mâle ; B, femelle (d'après THORNE).

2° Paratylenchus

« Ce sont des Nématodes *ectoparasites sédentaires*, d'après RITTER (1972), dont la biologie ne diffère des ectoparasites migrateurs (*Criconemoides, Pratylenchus*) que du fait qu'ils se fixent réellement à la racine grâce à leur stylet particulièrement long et flexible. »

RASKI et LIDER (1960) mentionnent qu'en Californie « les membres du groupe des Nématodes épingles ou « Pin nematodes » (*Paratylenchus* ssp.) sont fréquemment découverts dans les sols des vignobles. L'espèce la plus communément rencontrée est le *P. hamatus*. Bien que les espèces ectoparasites (s'alimentant en surface) soient en nombre restreint par rapport aux autres Nématodes, ils s'accumulent en très grand nombre sur les racines de la vigne. En dépit de leur rapide reproduction, on a pu constater que ce Nématode n'effectuait aucun effet néfaste sur la plante-mère au cours d'une expérience réalisée en serre chaude et les caractères pathogènes de cette espèce ne sont pas encore trouvés ».

En Allemagne WEISCHER (1960) indique « qu'à l'inverse des autres Nématodes la distribution verticale dans le sol du *Paratylenchus* est exactement l'opposée, atteignant sa densité maximale dans les couches profondes de plus de 50 cm. L'étude des fluctuations saisonnières démontra qu'en ce qui concerne le *Paratylenchus* l'humidité du sol constitue un facteur limitatif. L'examen des racines et les expériences menées en serre démontrèrent que le *Paratylenchus* et le *Criconemoides* vivent et se multiplient sur les racines des ceps en tant qu'ectoparasites ».

D - Famille des Tylenchulidae

« Ce sont, d'après RITTER (1972), des Nématodes *semi-endoparasites sédentaires des racines*. Rien ne distingue en fait sur le plan biologique les semi-endoparasites sédentaires des endoparasites complets, si ce n'est le fait que seule la partie antérieure de l'individu s'insère dans les tissus végétaux, la partie postérieure faisant tout le temps saillie à l'extérieur.

« L'exemple le plus typique est donné par le Nématode des *Citrus* ou « Citrus nematode » : *Tylenchulus semi-penetrans* particulièrement cosmopolite, très commun dans la région méditerranéenne sur les agrumes et réputé pouvoir vivre aussi sur la vigne et les oliviers.

Cycle biologique

« La *femelle* adulte, extrêmement petite, est généralement observée à la surface d'une radicelle sous forme d'un petit sac terminé par une pointe, si la larve dont elle provient est fixée depuis peu de temps. Quand elle est plus âgée, elle est cachée au sein de la masse des œufs qu'elle a pondus et qui forme un amas d'environ un demi-millimètre de diamètre.

« Ces *œufs* éclosent dans le sol après quelques jours et on peut distinguer immédiatement (dès le deuxième stade larvaire) les larves mâles des larves femelles : les premières acquièrent en une semaine la maturité sexuelle, en vivant en ectoparasite, sans qu'il y ait accroissement de taille et donnent des mâles dépourvus de stylet qui ne se nourrissent pas, mais peuvent néanmoins survivre dans le sol pendant plusieurs mois sur leurs réserves initiales.

« Les *larves femelles* vivent aussi en ectoparasites sur les racines jusqu'au stade jeune femelle. Elles pénètrent alors dans les tissus jusqu'à ce que la tête atteigne le péricycle. La partie antérieure du corps ainsi engagée se renfle et se boursoufle de même que l'abdomen resté à l'extérieur, un étranglement subsistant au niveau de l'épiderme de la racine. Il est alors pratiquement impossible de récupérer une femelle entière sans disséquer avec de grandes précautions les tissus végétaux dans lesquels elle est enfoncée.

« La *ponte* (une centaine d'œufs) s'effectue alors dans un sac gélatineux, la femelle élaborant un par un des œufs presque aussi gros qu'elle.

« Le *cycle* dure de six à huit semaines, la fécondation ne semble pas obligatoire et la prolificité de l'espèce est telle que l'on trouve parfois plusieurs centaines de milliers de larves par kilo de sol dans la rhizosphère des vergers d'agrumes. De plus elles peuvent survivre jusqu'à trente mois en l'absence d'hôte. »

Fig. 142. — *Tylenchulus semi-penetrans*, femelles attachées sur des racines de *Citrus* (d'après COBB).

VILARDEBO (1972) signale que « sur les Citrus l'aspect des radicelles infestées est assez significatif. Elles sont de diamètre irrégulier et accru ou portant seulement des protubérances, l'une et l'autre de ces manifestations étant dues à la terre qui reste agglomérée à la racine par les masses gélatineuses secrétées par les femelles matures. Le parasite lui-même ne peut être observé qu'à un fort grossissement.

« L'évolution des symptômes est très lente, ceux-ci n'apparaissent que plusieurs années après l'infestation et évoluent pendant trois à quatre ans. Par la suite, l'arbre présente des périodes de reprise de vitalité suivies de dépérissement. Si l'on étudie la relation entre l'évolution d'année en année au niveau des peuplements de larves dans le sol et le degré d'intensité des symptômes, on constate un décalage dans le temps de douze à vingt-quatre mois. L'action nocive de *T. semipenetrans* est très longue à se développer. Ceci est un argument en faveur de l'hypothèse d'une action par toxine.

« Une fois inséré dans la racine, *T. semi-penetrans* reste sédentaire. La présence d'une femelle n'entraîne pas de lésion mécanique importante. Ce n'est pas celle-ci, même multipliée en grand nombre, qui entraîne le dépérissement de l'arbre. Ce dernier est la conséquence de réactions enzymatiques. Le manque de développement, la réduction de la dimension et du nombre de fruits laissent supposer l'existence d'une sécrétion inhibant l'action des hormones de croissance.

« Chez un hôte favorable, la larve commence sa pénétration dans les tissus cellulaires, subit une nouvelle mue donnant naissance à la jeune femelle qui poursuit alors sa pénétration à travers les couches de cellules. »

Conditions de développement

« Il a été constaté que dans les sols légers, sableux, sablo-limoneux et même limoneux, les populations de larves et mâles sont en général plus élevées que dans les terres lourdes à forte teneur en argile. Néanmoins, dans celles-ci les populations sont bien suffisantes pour assurer une forte infestation.

« Aux températures inférieures à 15°C, les larves libres dans le sol cessent toute activité et entrent dans un état quiescent qui leur permet de survivre pendant plus de deux ans et demi dans l'attente de conditions meilleures. Les températures supérieures à 35°C sont un facteur léthal. En outre, dès que l'on est à plus de 15 cm de profondeur, la température est toujours bien inférieure à ce seuil et s'approche même souvent des températures optimales.

« Par contre dans les régions marginales de culture des *Citrus*, les basses températures limitent l'évolution des attaques, non pas que les Nématodes soient tués, mais leur évolution devient très lente ou peut être complètement arrêtée pendant une grande partie de l'année. »

RASKI et LIDER (1960) signalent que « *T. semi-penetrans* a été découvert depuis 1956 sur des vignes des Comtés de Fresno et de Tulare, en Californie et on l'a même rencontré plus au Nord jusqu'à Lodi. Des expériences effectuées en serres chaudes ont démontré que ce Nématode affectionne les racines de vignes et qu'il y prolifère jusqu'à donner des populations extrêmement denses.

« L'effet de cette espèce sur la végétation des ceps en plein air n'a pas encore été déterminée, mais il ne fait pour ainsi dire aucun doute que ce parasite soit responsable tout au moins d'une partie du dépérissement constaté dans certains vignobles. »

2° *Les Dorylaimides*

Les Nématodes de ce groupe ont fait irruption dans la parasitologie viticole lorsque les Américains THORNE et ALLEN ont publié en 1950 la description d'une nouvelle espèce appelée par eux *Xiphinema index,* dont les travaux ultérieurs ont prouvé qu'elle était le vecteur principal et naturel du virus du court-noué. Nous avons suffisamment relaté l'importance de cette découverte à propos des maladies à virus (tome I, p. 551-555) pour ne pas y revenir ici.

Tous les vecteurs de viroses végétales actuellement connus appartiennent à cet ordre des *Dorylaimidae.* Toutes les espèces nuisibles à la vigne dépendent de deux familles :

— les *Longidoridae* avec les genres *Xiphinema* et *Longidorus.* Ce sont des Nématodes de grande dimension, 1,5 à 10 mm. Selon CADMAN (1963) ils transmettent des virus parasphériques qui donnent les maladies à virus appelées *Nepo virus* (contraction de *nematode polyedric virus*) ou *ring-spot virus.*

— les *Trichodoridae* avec le genre *Trichodorus* qui sont des Nématodes plus petits, dépassant rarement 1 mm de longueur et possédant une cuticule épaisse. Ils transmettent les *Netu virus* (contraction de *nematode tubular virus*) ou *rattle virus,* qui sont des virus en bâtonnet droit.

A - Famille des Longidoridae

« Cette famille, selon RITTER (1972), est caractérisée par la forme de l'aiguillon quelquefois court mais portant des renflements basaux ressemblant à ceux du stylet des Tylenchides ou bien très allongé. Le bulbe œsophagien musculo-glandulaire est long et cylindrique. »

« Ces Nématodes, écrit DALMASSO (1967) ne pénètrent pas dans les racines de l'hôte, mais ils les ponctionnent avec un stylet dont la structure est assez variable d'un genre à l'autre :

« Chez les *Xiphinema* et les *Longidorus,* ce stylet est tubulaire et très long (150 à 200 microns environ), ce qui lui permet d'atteindre les zones vasculaires des jeunes racines. Il se compose de deux pièces principales : « l'odonstyle » et la « partie basale ». Cette dernière chez les *Xiphinema* est elle-même renforcée à son extrémité postérieure par trois bourrelets nommés « ailettes ».

« Dans ces deux genres, les larves possèdent à tous les stades, un deuxième odonstyle qui se substitue entièrement au premier lorsque l'animal mue. L'odonstyle de remplacement se développe à partir d'une cellule de la paroi de l'œsophage et n'est pas en contact avec la lumière du tube digestif et par là-même avec le milieu extérieur avant la mue qui précède sa mise en fonction. Pendant la mue le Nématode se débarrasse aussi du revêtement interne de la partie basale alors que celle-ci subit un complet remodelage qui la soude à l'extrémité inférieure du nouvel odonstyle fonctionnel si bien qu'en début de chaque stade, l'animal utilise un stylet qui n'a jamais servi. Ce processus peut intervenir dans la perte du pouvoir infectieux lors de la mue, remarquée par plusieurs chercheurs dont RASKI et HEWITT.

« L'œsophage qui fait suite au stylet et dont la lumière a approximativement le même diamètre conduit la nourriture probablement digérée en partie avant son ingestion jusqu'au bulbe œsophagien.

« Ce bulbe exceptionnellement développé est composé en majeure partie d'éléments musculaires auxquels s'ajoutent 3 et plus rarement 5 noyaux glandulaires.

« Chez les *Xiphinema* et les *Longidorus*, le niveau des populations varie très peu d'une année à l'autre dans la nature. La reproduction chez la plupart des espèces commence dans nos régions après l'hiver et se poursuit souvent pendant plusieurs mois, la durée de cette période étant fonction des conditions locales. La grande longévité de ces Nématodes entraîne des chevauchements de générations et l'époque du prélèvement n'a pas d'importance pour l'étude des aires de répartition des espèces.

« Nous sommes encore très mal renseignés sur leur rythme de vie qui est influencé par l'humidité, la température et la présence d'hôtes favorables. Ces facteurs peuvent déterminer des périodes de quiescence plus ou moins prolongées pendant lesquelles l'animal ne se nourrit pas ou le fait de manière sporadique. Ce phénomène est courant dans les régions méditerranéennes en culture non irriguée pendant la sécheresse estivale avec l'espèce commune du groupe *X. americanum*.

« L'influence des microclimats édaphiques sur la plupart des *Xiphinema, Longidorus* et *Trichodorus* est soulignée par le fait que beaucoup de ces espèces ne sont réellement abondantes que dans les sols peu travaillés.

« Les Nématodes ont des déplacements propres limités et la majorité des espèces que l'on trouve dans les zones cultivées provient de la faune originelle, les autres ayant pu être introduites pendant la mise en exploitation. Ainsi, il est remarquable qu'une espèce vectrice, comme *X. index* n'ait pas encore été trouvée en France associée à la flore naturelle bien qu'elle soit assez répandue dans les vignobles.

« De même l'influence des conditions climato-édaphiques sur la répartition des espèces donne souvent aux problèmes de transmission un caractère original. D'autant plus que la gamme de végétaux-hôtes qui est assez étendue dans les zones d'endémisme paraît plus restreinte en bordure des aires de ces Nématodes. C'est le cas, dans nos régions, pour *X. index, X. diversicaudatum, X. italiae*.

Répartition géographique

Dans l'état actuel des publications internationales, la répartition des espèces nuisibles à la vigne est la suivante :

— en *France* on rencontre *Xiphinema index* qui est très fréquente puis *X. americanum, X. mediterraneum, X. rivesi, X. brevicolle, X. vuittenezi, X. italiae, X. neovuittenezi, X. pyrenaicum, X. coxi, X. diversicaudatum* qui ont des répartitions régionales différentes, précisées dans leurs monographies respectives. On trouve aussi des *Longidorus* comme *L. elongatus, L, attenuatus, L. macrosoma, L. profundorum, L. caespiticola* ;

— en *Italie*, selon Roca et Lamberti (1976), de nombreuses analyses de sols portant sur les différentes régions viticoles font apparaître 66 % de *Longidoridae* dont 65 % de *Xiphinema*, l'espèce la plus communément rencontrée étant *X. mediterraneum* dans 63 % des vignobles, mais absente dans le Trentin et le Haut-Adige, puis *X. index*, seulement 9 % des vignobles et absente du Frioul et de l'Ombrie. Assez abondante également *X. italiae* dans 10 des 16 régions analysées, représentant 4 % des sols. *X. brevicolle* et *X. vuittenezi* sont moins fréquents dans les régions du Nord que dans le Sud (Apulie et Sicile). Enfin occasionnellement on a déterminé *X. ingens* Luc et Dalmasso en Apulie et Toscane, *X. turcicum* Luc et Dalmasso en Sicile et *X. clavatum* Heyns en Ombrie ;

— en *Espagne*, d'après Arias (1976) le genre *Xiphinema* est le plus fréquent et le plus répandu apparaissant pour 60 % dans les analyses de sols avec comme espèces les plus fréquentes : *X. mediterraneum*, *X. index*, *X. italiae*, *X. ingens*, *X. sahalense*, *X. turcicum*, *X. rivesi* et *X. neovuittenezi*. Les espèces de *Longidorus* ne représentent que moins de 0,5 % avec les espèces : *L. profundorum*, *L. attenuatus*, *L. caespiticola*, *L. elongatus* et *L. macrosoma* ;

— en *Suisse* (1978) le *X. index* a été trouvé communément dans les vignobles du bassin lémanique et en Valais. Dans ce dernier canton il est fréquemment associé à *X. vuittenezi*. Un autre Nématode *X. diversicaudatum* transmet aussi des viroses de la vigne mais ne paraît pas très répandu dans nos vignobles ;

— en *Allemagne*, Rudel (1973), mentionne pour les vignobles du Palatinat et de Hesse rhénane *X. vuittenezi* et *X. index* qui sont abondamment représentés dans les sols et à titre secondaire *X. mediterraneum* et *X. diversicaudatum* ;

— en *Yougoslavie*, Lamberti et al (1973), signalent que dans les îles Dalmates l'espèce la plus diffusée est *X. mediterraneum* avec *X. index* et *X. italiae* tandis que *X. diversicaudatum* n'a été trouvée qu'une fois et *Longidorus attenuatus* seulement dans deux vignobles ;

— en *Russie*, sur les bords de la Mer Noire en Ukraine du Sud, Milkus et al (1973), ont déterminé dans les sols de très nombreux Nématodes : 16 genres différents appartenant à 13 familles. *X. index* est l'espèce la plus fréquente dans ces terres de Tchernozion. Dans les sols sableux de la rive gauche du Dnieper *X. vuittenezi* accompagne fréquemment *X. index*.

1° genre Xiphinema COBB

Les Nématodes de ce genre sont appelés les « Nématodes poignards » ou « Dagger Nematode ».

D'après Ritter (1972), « ce sont de grands Nématodes, les adultes mesurent 3 à 4 mm de longueur, dont l'aiguillon (ou stylet) est cactéristique ; il est formé de deux parties : antérieurement l'*odonstyle* « sorte de gouttière » droit et rigide coulissant dans un guide et sécrété par une cellule située dans la paroi de l'œsophage et postérieurement la partie basale de nature un peu différente, beaucoup plus large et flanquée de trois ailettes dont la forme rappelle en plus gros celle des renflements basaux du stylet des Tylenchides. La longueur de l'odonstyle varie selon le stade du Nématode et selon l'espèce à laquelle il appar-

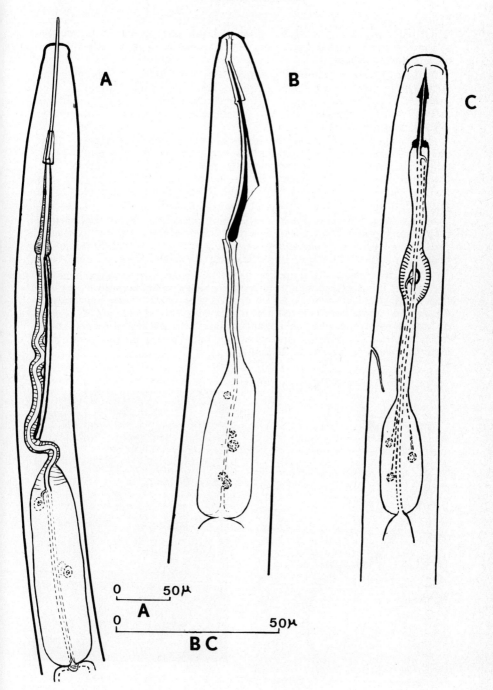

Fig. 143. — Région oesophagique de divers nématodes phytophages (d'après DALMASSO) : **A,** larve de *Xiphinema* ; B, *Trichodorus* ; C, *Tylenchoidea.*

tient ; elle est comprise entre 30 et 100 microns, la partie basale est souvent presque aussi développée et l'ensemble dépasse 200 microns chez certaines espèces ».

« Les *Xiphinema*, comme la plupart des Nématodes, d'après DALMASSO et al (1972), passent par quatre stades larvaires avant d'atteindre leur forme adulte. Il existe peu de différences dans l'anatomie et la biologie des larves et des adultes qui sont capables de transmettre le court-noué avec la même efficacité.

« *X. index* et *X. italiae* se reproduisent par parthénogenèse ; ainsi une larve isolée peut reconstituer en quelques années une petite population qui envahira progressivement la parcelle. Mais ce processus est très lent car ces Nématodes, bien que mobiles, s'éloignent peu des racines où ils puisent leur nourriture. C'est plutôt l'ensemble de la population qui en augmentant, étend la maladie.

« La longévité d'un *Xiphinema* atteint plusieurs années. Les vieilles racines survivant à l'arrachage favorisent leur maintien. Ils sont d'ailleurs capables de jeûnes prolongés, ce qui leur permet de recontaminer la nouvelle plantation lorsque la jachère est de trop courte durée.

« La régression des populations de *X. index* après l'arrachage de la vigne a été suivie pendant plusieurs années à St-Maximin (Var) sur luzerne. Après deux années on ne trouve plus de *X. index* par examen du sol au laboratoire. En réalité le parasite est encore présent, mais de façon très dispersée, échappant à une prospection normale. D'une façon générale les couches profondes qui ont été peu ou pas perturbées assurent mieux la survie du Nématode. »

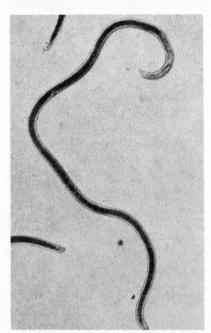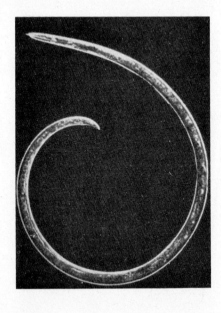

Fig. 144. — Morphologie des *Xiphinema* (d'après DALMASSO) : à gauche, femelle vivante de *Xiphinema index* (x 50 env.) ; à droite, femelle morte de *Xiphinema americanum* (x 120 env.).

Perte du pouvoir infectieux

« Les travaux de Raski et Hewitt (1960) ont montré, écrit Dalmasso (1967) que chez *X. index* la larve nouvellement éclose et n'ayant eu aucun contact avec des plants malades, n'était pas infectieuse. On ne connaît d'ailleurs aucun exemple de transmission transovarienne de virus chez les Nématodes.

« Les mêmes auteurs ont montré que les larves de *X. index* perdaient leur infectiosité lors de leurs mues. L'hypothèse la plus vraisemblable est celle de l'élimination du virus lors du changement de stylet qui intervient à chaque mue. Sur ces seules observations, on pourrait penser que de semblables transmissions ne sont dues qu'à un simple transport de particules virales dans la lumière du stylet. Ces particules pourraient se maintenir soit dans la substance végétale ingérée, soit sur la paroi interne du stylet jouant le rôle de support provisoire. »

Influence du virus sur le vecteur

« Roggen (1966) a fourni des informations très originales sur ce sujet : l'auteur est parvenu à établir que les *X. index* élevés sur vignes atteintes de court-noué (*Grape fan leaf virus*) possédaient un milieu intérieur hypertonique par rapport aux individus non infectieux. Les cordes hypodermiques qui participent à l'osmorégulation présentent chez les individus virulifères des faciès différents de ceux des individus normaux ; les noyaux cellulaires sont plus gros, les vacuoles plus étendues, ce qui permet même d'identifier les populations infectieuses.

« Roggen n'a pu cependant établir avec certitude si ces différences étaient dues à une action directe du virus ou plus simplement à la nature différente de la composition de l'aliment fourni par les vignes malades. »

Systématique

Depuis les travaux sur les relations entre les Nématodes et les maladies à virus de la vigne, de très nombreux chercheurs se sont livrés à des investigations qui ont permis de décrire plusieurs espèces de *Xiphinema* qui dans le monde peuvent transmettre des maladies à virus, soit spécifiques de la vigne, soit susceptibles de s'attaquer à la vigne tout en étant plus généralement présentes sur d'autres plantes cultivées.

Actuellement l'espèce la mieux connue et étudiée demeure *X. index* dont nous donnons ci-après une description détaillée, mais il nous a semblé utile de situer brièvement les autres espèces dont certaines peuvent présenter dans un avenir proche un grand intérêt pour la diffusion de viroses.

Xiphinema index THORNE et ALLEN

D'après RASKI et LIDER (1960, « c'est le Nématode poignard ou *Dagger nematode* qui est très répandu en Californie sur les vignes, les figuiers et les rosiers. Il s'est avéré extrêmement pathogène à l'égard des ceps de vigne. On a même enregistré des cas dans lesquels de jeunes plants ont été proprement tués par des hordes nombreuses de ce Nématode.. Dans tous les cas, il a causé aux radicelles de graves malformations avec gonflement, distorsion, décoloration et a même tué les petites pointes des racines.

I — BIOLOGIE

« La taille du *X. index* varie, selon DALMASSO (1969), entre 1 mm et 3,5 mm suivant l'âge ; mêlé au sol il n'est pas visible à l'œil nu.

« Le passage de l'*œuf* à l'adulte, qui se fait par l'intermédiaire de quatre stades larvaires, demande, selon les conditions ambiantes, plus ou moins de temps ; dans certains cas son développement s'étend sur plusieurs années.

« La *femelle* est parthénogénétique, on peut donc obtenir une nouvelle population à partir d'un seul individu. On trouve rarement beaucoup d'individus dans le sol : leur nombre est d'une dizaine pour 100 grammes de terre et souvent moins. Après l'arrachage d'une vigne, on constate une baisse progressive de cette population. Les bouleversements du sol, qui entraînent d'importants changements microclimatiques, détruisent une grande quantité de Nématodes, notamment *X. index*. Cependant un certain nombre parvient à survivre et à se maintenir au voisinage de racines demeurées vivantes pour subsister deux ou trois ans encore, et même probablement davantage selon les endroits. Aussi est-il souhaitable, surtout lorsque l'on a constaté des signes de dégénérescence et que l'examen nématologique révèle la présence de *X. index*, de ne pas replanter de vigne dans une telle parcelle avant six ou sept ans. »

II — CONDITIONS DE DÉVELOPPEMENT

1° Répartition géographique

En France, d'après DALMASSO (1972), « *X. index* est commun dans les principales zones viticoles du Midi méditerranéen à l'exception du vignoble corse qui n'est pas infesté pour le moment. Dans le Var il est pratiquement absent au sud du massif des Maures (Grimaud, Cogolin, St-Tropez) probablement parce que ce vignoble est isolé géographiquement entre la forêt des Maures et la mer. Il en est de même de la Corse et du littoral languedocien. Le Nématode se retrouve dans les Bouches-du-Rhône, le Vaucluse, le Gard, l'Hérault, l'Aude et les Pyrénées-Orientales. Il existe aussi dans le Sud-Ouest (Tarn, Lot, Lot-et-Garonne, Gironde), en Charente, dans le Maine-et-Loire, la Marne, l'Alsace et la Bourgogne. »

En Europe, cette espèce a été rencontrée en Allemagne (WEISCHER, 1966), en Hongrie (SAROSPATAKI et al, 1968), en Suisse (1978) dans les vignobles du bassin lémanique et en Valais, en Grèce (TERLIDOU, 1967), en Italie (MARTELLI et RASKI, 1967).

En Afrique, *X. index* a été signalé en Tunisie (RITTER, 1959) et en Algérie (SCOTTO LA MASSESSE, 1961) ainsi qu'en Asie : Iran (BOUBALS, 1967), en Turquie (VUITTENEZ et LEGIN, 1964).

En Amérique, ce Nématode a été trouvé en Argentine dans la région de Mendoza et bien entendu aux Etats-Unis, dans l'Etat de Californie, selon RASKI et LIDER (1960) dans les régions côtières et dans la vallée de San Joaquin, depuis Lodi au nord jusqu'au comté de Tulare au sud.

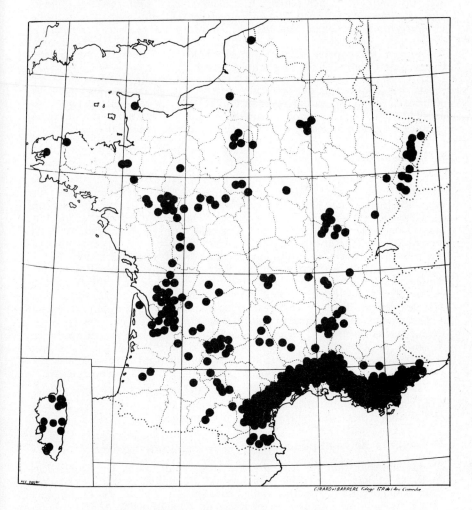

Fig. 145. — Aspect de la répartition du genre *Xiphinema* en France (d'après DALMASSO).

2° Réceptivité de la vigne

KUNDE, LIDER et SCHMITT (1968) ont testé différentes espèces de vignes ou leurs hybrides vis-à-vis du *X. index*. En fonction des dégâts sur les racines ils ont obtenu 3 classes de résistance : A (racines saines), B (quelques dommages à l'extrémité des racines), C (dommages évidents sur toutes les racines) :

— *classe A* : *V. arizonica, V. candicans, V. rufotomentosa, V. smalliana (Doaniana)* ;

— *classe B* : *Riparia* Gloire, *V. rubra palmata, V. slavinii (Vulpina × Bicolor)*, 1613 Couderc (*Solonis × Othello*) ;

— *classe C* : V. afghanistan (?), *V. amurensis, V. andersonii (Vulpina × Coignetiae), V. Berlandieri, V. Coignetiae, V. californica, V. Champini, V. cinerea, V. cordifolia, V. doaniana, V. flexuosa, V. girdiana, V. Lincecumii, V. Longii (Solonis), V. novae-angliae (Labrusca × riparia), V. rupestris* (Métallique et St-Georges ou R. du Lot), *V. Treleasii, V. vinifera* (Thompson seedless), Aramon Rupestris Ganzin N° 1, Dog Ridge, Salt Creek, 1202 C, 99 Richter, 3306 C.

Il est important de souligner que les espèces ou les hybrides américains signalés comme résistants aux *Meloidogyne* sont au contraire sensibles au *X. index*, donc lorsqu'on évoque la résistance de certaines variétés aux Nématodes, il faut préciser de quelle espèce il s'agit.

3° Plantes-hôtes

« Le *X. index* peut s'attaquer, d'après DALMASSO (1972), aussi au figuier et au jasmin, mais ces végétaux étant peu répandus dans les régions viticoles on peut dire que dans ces zones il est surtout un parasite de la vigne. La fréquence du Nématode n'est due qu'au fait que l'on plante vigne sur vigne sans interruption. En agissant ainsi on procure, de façon continue, la nourriture nécessaire à ce Nématode qui peut de la sorte se multiplier et s'étendre d'année en année. Toutefois sa mobilité est extrêmement faible et la contamination totale d'une parcelle s'étend sur plusieurs reconstitutions. La dissémination est accélérée par l'homme lors des travaux agricoles notamment lors des défonçages. Une tache infestée, de superficie restreinte, est étalée à l'arrachage et elle atteint alors des dimensions non négligeables. Enfin, les machines et les outils modernes favorisent le transport de *X. index* de parcelle à parcelle, surtout lorsque le sol est détrempé, si bien que des zones à l'origine indemnes, peuvent être colonisées à partir de quelques foyers selon le processus qui vient d'être décrit.

« La culture de céréales accélère la disparition de ces Nématodes, très sensibles aux perturbations des sols qui accompagnent les labours et l'assainissement des parcelles est plus rapide. »

4° Facilités de multiplication

La multiplication de *X. index* est très rapide. Dans les expériences de RASKI et RADEWALD (1958), des lots de 100 individus placés en serre dans des pots d'assez petite taille, contenant un plant de vigne, donnaient au bout de 5 mois une moyenne de population de 42.841, soit un taux de multiplication de 428.

III — DÉGATS

BOUBALS et DALMASSO (1971) ont procédé à des infestations de plants en pots avec des *X. index,* à raison de 30 Nématodes pour 100 g de terre. Quatre mois après l'infestation ils ont pu observer deux types de lésions :

— d'une part des sortes de *nodosités* et un *aspect coralloïde* apparaissant aux extrémités radiculaires ;

— d'autre part des *boursouflures* formées sur les troncs radiculaires et rappelant quelque peu les tubérosités phylloxériques. Des coupes à travers ces tubérosités ont montré que leur partie externe était isolée par un liège. Mais contrairement à ce qui se passe dans les tubérosités phylloxériques, ce liège se forme dans la boursouflure et non pas à l'intérieur de l'anneau cortical de la racine.

L'aspect coralloïde des extrémités radiculaires avait été signalé par RAVAZ (1929) lors de ses études sur le court-noué et il pensait qu'il s'agissait d'une manifestation de cette maladie.

Xiphinema americanum COBB

Selon RASKI et LIDER (1960), ce Nématode se rencontre en Californie souvent et en bien des endroits, mais il ne se reproduit pas dans le sol des serres chaudes et on ignore même l'importance de sa descendance.

DALMASSO (1967) écrit : « Jusqu'à une date récente, cette espèce a été considérée comme une entité bien définie. On la signalait dans divers pays, ce qui lui donnait un caractère très cosmopolite, mais divers systématiciens ont d'abord différencié, à partir de *X. americanum,* d'autres espèces plus ou moins voisines : *X. brevicolle, X. opistohysterum.* Tout dernièrement LIMA (1965) considère que le complexe *X. americanum* englobe au moins 7 espèces valables et qu'à maintes reprises, on a confondu des types nouveaux avec *X. americanum.* Donc de nombreux travaux relatifs aux transmissions de viroses seraient à reconsidérer quant à l'identité nouvelle du vecteur.

« L'espèce de ce groupe que l'on rencontre couramment en France et dans les pays riverains de la Méditerranée semble distincte de celles que l'on trouve aux Etats-Unis où ont été effectués les principaux tests de transmissions de virus à partir de *X. americanum.* A ces considérations purement systématiques s'ajoutent quelques légères différences biologiques et écologiques entre les populations américaines et européennes.

« *X. americanum,* avant qu'interviennent ces importantes révisions était connu comme vecteur du virus des taches annulaires du tabac (voir tome I, p. 618), du virus des taches annulaires de la tomate (voir tome I, p. 610) et du Grape yellow vein virus (voir tome I, p. 611).

Xiphinema mediterraneum MARTELLI et LAMBERTI

Xiphinema mediterraneum Martelli et Lamberti, 1967. « Cette espèce, selon DALMASSO (1970), appartient au groupe de *X. americanum*. On la rencontre dans certains sols légers, alluvionnaires, ayant un pourcentage en limons élevé. Elle est rare dans les terrains sableux, qui renferment peu d'éléments fins et elle craint les sols asphyxiants, saturés en eau pendant une grande partie de l'année.

« Son adaptation à la sécheresse, son aptitude à vivre sur des hôtes variés, sa longévité remarquable qui atteint plusieurs années, font de cette espèce, malgré une multiplication souvent freinée par l'environnement conduisant rarement à des populations excessives, l'un des Nématodes les plus largement répandus aux abords de la Méditerranée. On la trouve dans une grande partie de la France (Provence, Languedoc, Corse, Sud-Ouest, Bordelais, Cognac, Val de Loire, Champagne, Bourgogne, Alsace), dans la péninsule ibérique, en Italie, Grèce, Bulgarie, Turquie, Moyen-Orient et Afrique du Nord. Cette espèce n'existe pas dans le nord de l'Europe (étant absente en Allemagne, Belgique et Pays-Bas) mais signalée en Angleterre dans le Kent par FLEGG (1968) à titre exceptionnel sur cerisiers et pêchers.

« Elle est endémique dans tout le midi de la France où on la rencontre dans tous les sols, sauf dans les zones très sableuses et les hauts sommets. Mais à ces exceptions près, elle existe partout souvent associée à une faune phytoparasite ayant des aptitudes écologiques analogues comme *Helicotylenchus varicaudatus, Macroposthonia xenoplax, Paratylenchus ssp*. Elle fait aussi pratiquement défaut dans les sols maraîchers très travaillés où les façons culturales constituent un obstacle à son maintien sous forme de populations appréciables. Et pourtant, son installation paraît avoir été nettement influencée par l'homme ; ceci est d'ailleurs encore net dans le nord de l'aire où elle est rare dans les zones incultes et où elle se localise essentiellement dans les vignobles et les vergers. L'expansion de *X. mediterraneum* a dû être favorisée par le déboisement qui s'est instauré à l'âge du bronze après l'introduction de l'agriculture et qui a marqué un tournant irréversible dans les conditions édaphiques des régions méditerranéennes, conduisant peu à peu vers les sols arides et secs des garrigues et maquis. En dépit de l'absence de tout document paléontologique, on peut supposer que c'est vers cette époque que *X. mediterraneum*, à partir de stations refuges où il avait pu se maintenir pendant les phases plus fraîches et plus humides qui avaient précédé, s'est répandu dans les vallées. Là, il a progressivement acquis le caractère d'endémisme qu'on lui connaît actuellement.

AUTRES ESPÈCES

« *Xiphinema rivesi* Dalmasso, 1969. Cette espèce appartient comme la précédente au groupe de *X. americanum*. Elle est très localisée en France et n'est connue actuellement que dans le Bordelais, dans les pâtures, vignobles et vergers. Il s'agit probablement d'un îlot détaché dans l'aire d'origine reste à établir.

« *Xiphinema brevicolle* Lordello et Da Costa, 1961. Egalement du groupe *X. americanum*, il est très rare puisqu'il n'est connu, chez nous, que dans les sables littoraux du cordon languedocien. Il en est un peu de même en Italie où il a été signalé dans une localité de Vénétie par MARTELLI et LAMBERTI (1967). Il s'agit là de localisations septentrionales mineures, car cette espèce est, par contre, très commune en Israël dans les zones sableuses centrales et côtières où COHN (1960) a dénombré des populations très élevées.

« *Xiphinema italiae* Meyl., 1953, est répandu autour du bassin méditerranéen, surtout dans le Sud (MARTELLI et LAMBERTI, 1967) et il remonte jusqu'en Toscane, il est aussi commun en Grèce (TERLIDOU, 1967), en Bulgarie (STOYANOV, 1964), en Turquie, en Israël (COHN, 1969), en Algérie (DALMASSO et CUANY, 1969).

« En France il est rare et son aire se limite à deux zones : celle des sables littoraux du Roussillon, Languedoc et Bas-Rhône et celle de la plaine alluviale de Carpentras. Sa taille paraît influencée par la granulométrie du sol, elle est plus faible dans les stations comportant des fractions importantes de limons et argiles. On peut considérer que les populations françaises constituent les îlots les plus nordiques de son aire. Tout comme *X. brevicolle* il constitue « une espèce caractéristique de la faune des sables littoraux méditerranéens ».

En 1972, DALMASSO indique que « cette espèce est fréquente autour de Béziers où elle est souvent trouvée associée au *X. index*. Comme ce dernier elle est capable de véhiculer, sans l'altérer, le virus de court-noué et de le transmettre de plant à plant. »

Xiphinema vuittenezi Luc, Lima, Weischer et Flegg, 1964. « C'est, écrit DALMASSO (1970), une espèce continentale, très répandue en Allemagne et dans l'est de la France et qui s'étend largement vers l'Europe centrale. BRZESKI le donne comme le *Xiphinema* le plus commun en Pologne ; il est aussi présent en Hongrie (SAROSPATAKI et al, 1968). Il se raréfie vers l'Atlantique : une seule localité (East Malling) en Angleterre et le Jardin botanique de Lisbonne au Portugal.

« Sa distribution est très intéressante en France : en effet, outre l'Alsace qui prolonge à l'Ouest les importants foyers mis en évidence par WEISCHER dans le bassin rhénan, *X. vuittenezi* a été trouvé plusieurs fois le long de la Loire, de l'Allier et aux environs de Paris. Il faut souligner que toutes ces régions reçoivent annuellement entre 500 et 700 mm de pluie, soit moins que les régions environnantes où l'espèce n'a pu encore être trouvée. On ne sait pas encore s'il s'agit de la partie la plus occidentale de l'aire principale de l'espèce qui atteindrait la Loire par là Champagne et le bassin de la Moselle ou si l'on se trouve là en présence d'un vaste îlot relique traduisant un recul de cette même aire. Or il semble que l'aire soit effectivement coupée entre le Morvan et les Ardennes. »

En Suisse (1978), cette espèce a été trouvée, associée à *X. index*, dans le Valais.

« *Xiphinema neovuittenezi* Dalmasso, 1969. C'est une espèce très localisée qui n'est actuellement connue que dans les sols sableux du Languedoc et du Roussillon, c'est-à-dire sous climat chaud et très sec (pluies annuelles inférieures à 500 mm). Comme *X. italiae* et *X. brevicolle*, ce Nématode caractérise la faune des sables littoraux du Languedoc.

« *Xiphinema pyrenaicum* Dalmasso, 1969. Cette espèce récemment décrite est souvent associée à *X. diversicaudatum* qu'elle rappelle beaucoup par sa taille et sa morphologie. On ne la connaît jusqu'à présent que dans le sud-ouest de la France (une dizaine de localités éparpillées entre les Charentes et le Roussillon).

« *Xiphinema coxi* Tarjan, 1964. Il existe manifestement deux formes de *X. coxi*. Les populations que l'on rencontre en Europe diffèrent assez sensiblement de celle trouvée à Orsino-Merritt Island en Floride, qui a servi de type, et à laquelle elles ont été rattachées. En France *X. coxi* vit dans les régions boisées du vieux socle hercynien : Corse, Maures, Bretagne, Vosges, Massif Central, bordure des Pyrénées. Cette espèce fréquente les sols humides et incultes, s'adaptant mal aux cultures. Son aire qui est morcelée et dispersée, implique une ancienne répartition beaucoup plus étendue. Les spécimens bretons avec des tailles qui n'excèdent pas 3 mm se distinguent des individus plus orientaux qui atteignent facilement 4 mm. On le multiplie sur rosier. Il serait le vecteur du virus de l'enroulement foliaire du cerisier, de la maladie du virus latent des taches annulaires du fraisier (tome I, p. 609) et de la mosaïque de l'arabette (tome I, p. 602).

« *Xiphinema diversicaudatum* (Micoletzki, 1927), Thorne, 1939. C'est une espèce de climats doux et humides et, à ce titre, elle abonde dans la rhizosphère de nombreux végétaux le long des côtes de l'Atlantique et de la Manche. En Angleterre ce Nématode, d'après PITCHER et JHA (1961), est ordinairement clairsemé dans les sols cultivés et dense sous les haies, les buissons et les bois. Au contraire il est assez exceptionnel en bordure de la Méditerranée, probablement en raison de la sécheresse estivale. Il est ainsi cantonné sur la Côte d'Azur et la Riviera italienne, dans les endroits humides (forêts épaisses, îles...) ou dans les terres irriguées (serre de rosiers) et il descend encore plus au Sud en Toscane, dans le Latium et même en Grèce.

Ce Nématode est un vecteur du virus de la mosaïque de l'arabis (*Arabic mosaic virus*) provoquant sur la vigne la mosaïque de l'arabette (tome I, p. 600) ainsi que du virus latent des taches annulaires du fraisier (*Strawberry latent ringspot virus*) qu'on peut trouver également sur vigne (tome I, p. 609) et des taches annulaires du framboisier (tome I, p. 608).

2° genre Longidorus (micol.) Filipjev

« Les *Longidorus*, selon RITTER (1972), sont apparemment assez proches des *Xiphinemas* mais bien distincts si l'on considère des caractères fins (par exemple le nombre de base des chromosomes), sont souvent de grande taille (quelques espèces atteignent 10 mm). La partie basale de l'aiguillon moins élargie et dépourvue d'ailettes ainsi que la structure de la gonade, les caractérisent également. »

Ces Nématodes sont aussi des vecteurs pour la transmission de certains virus, dont certains peuvent attaquer la vigne. C'est ainsi que la maladie de Pfeffingen du cerisier est due au *Raspberry ringspot virus* (tache annulaires du framboisier) a été trouvée sur vigne en Allemagne et elle est transmise par diverses espèces de *Longidorus* dont *L. elongatus*.

Longidorus elongatus (De Man, 1876), Hooper, 1961. Ce Nématode est le vecteur des virus des anneaux noirs de la tomate (*Tomato black ringspot virus*) qui a été signalé en Allemagne sur la vigne (tome I, p. 603) et des taches annulaires du framboisier (tome I, p. 608).

« L'aire de cette espèce, selon DALMASSO (1970), est à la fois vaste et clairsemée et elle a été signalée aux Pays-Bas, en Grande-Bretagne et en Allemagne. Il existe toutefois des variations notables dans la taille des individus et la forme du contour labial entre les populations d'origines différentes et l'étude écologique doit en tenir compte. Ainsi les spécimens recueillis dans le nord de la France se rattachent aisément aux types britanniques et néerlandais, caractérisés par l'absence d'expansion céphale ; par contre les individus provenant de localités méridionales montrent presque tous une proéminence nette. Enfin deux populations récoltées dans les pâtures à St-Emilion et à Ouroux (S.-et-L.) présentent un pourcentage de mâles très élevé atteignant 50/50, alors que le mâle de *L. elongatus* est normalement rare. Ce phénomène se répète pour d'autres espèces de *Longidorus,* mais aucune explication satisfaisante concernant le déterminisme du sexe n'a pu encore être donnée. »

Longidorus attenuatus Hooper. « C'est le vecteur d'une souche anglaise et allemande du virus des anneaux noirs de la tomate. On l'a trouvé notamment en Angleterre, selon DALMASSO (1967), en association avec cette virose sur luzerne et betterave. Il est présent en France dans quelques localités (Bellegarde dans le Gard), en Allemagne et en Italie, mais son rôle exact est encore mal connu. »

Longidorus macrosoma Hooper, 1961. « HARRISSON (1962) a montré que ce Nématode pouvait transmettre une souche anglaise du virus des taches annulaires du framboisier. En France, d'après DALMASSO (1967, 1970) il est réparti assez uniformément. Cependant on le rencontre plus fréquemment dans le sol au voisinage de rosacées, notamment autour des cerisiers qui constituent l'un de ses hôtes préférentiels. En Europe ce Nématode a été signalé en Angleterre et en Belgique (D'HERDE et VAN DER BRANDE, 1964). Il est inconnu en Ecosse et très rare en Allemagne où le Rhin semble constituer sa limite orientale. Il apparaît ainsi comme une espèce atlantique débordant sur la partie occidentale de la Méditerranée. »

Longidorus profundorum Hooper, 1965. « Cette espèce abonde dans les haies, les bois et les pâturages du Nord, du Bordelais, du Bassin parisien et du Bassin de la Loire. Il existe aussi dans les hautes vallées du Massif Central et se maintient dans les sols cultivés en vergers (pommiers et poiriers) et en vignobles. *L. profundorum* couvre la majorité du territoire à l'exception du Bas-Rhône et du Languedoc-Roussillon ; on le trouve, par contre, de temps à autre dans les vignobles du Haut-Var.

« Il vit principalement dans les milieux naturels et on peut comparer son importance à celle de *X. mediterraneum,* mais avec une aire plus vaste. En Europe il n'est guère signalé qu'en Angleterre et en France. On ne le connaît pas en Allemagne. Il doit, toutefois, déborder en Belgique, en Italie du Nord et sur la péninsule ibérique. Son aire concorde assez bien avec celle de *L. macrosoma,* mais il est plus commun que ce dernier parce qu'il paraît moins inféodé aux plantes ligneuses, notamment dans la moitié nord de la France.

« D'autre part, alors qu'en Angleterre il se localiserait dans les couches profondes (d'où son nom) on le rencontre chez nous à tous les niveaux, ce qui indiquerait qu'il s'y trouve peut-être à son optimum. »

Longidorus caespiticola Hooper, 1961. « Commune dans le Finistère et en Seine-Maritime, cette espèce est beaucoup plus rare dans la moitié sud de la France, on la rencontre surtout dans les pâturages et dans les cultures de fraisiers. »

C'est un des vecteurs de la mosaïque de l'arabette (tome I, p. 600).

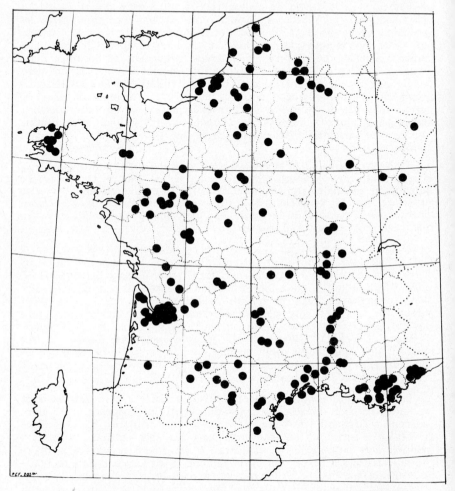

Fig. 146. — Aspect de la répartition du genre *Longidorus* en France (d'après DALMASSO).

Longidorus goodeyi Hooper, 1961 « a été signalé en Angleterre, en Allemagne et dans le nord-est de la France ».

Longidorus vineacola Sthuhran et Weischer, 1964 « présente également une aide discontinue : une localité en Allemagne (alluvions sableuses de la Moselle), cinq localités dans l'ouest de la France, plusieurs en Israël. Bien que peu fréquente, cette espèce atteint quelquefois des populations élevées et cause alors, selon COHN et KRIKUN (1966), des dommages sérieux aux cultures.

« A ces espèces anciennes, il convient d'ajouter *L. globulicauda* Dalmasso, 1969, installée en Bretagne et *L. closelongatus* Stoyanov, 1964, qui remplace *L. elongatus*ˈ dans le Midi.

« Mais la majorité des espèces à aire restreinte et vraisemblablement d'introduction récente est groupée sur les sables entre Narbonne et Montpellier. On y compte *L. taniwha* que l'on retrouve d'ailleurs près de Fréjus et en Israël alors que la description originale est basée sur des populations néo-zélandaises. Il en est de même pour *L. tarjani* récolté à deux reprises aux environs d'Agde (Hérault) et qui est le seul emplacement nouveau pour cette population originaire de Floride. *L. laevicapitatus*, qui vit habituellement sur la canne à sucre aux Antilles, à l'île Maurice et en Côte d'Ivoire a été trouvé aux environs de Béziers et de Sète et représente peut-être une introduction au moment des essais de canne à sucre dans la région, mentionnés par O. DE SERRES. Enfin *L. juvenilis* Dalmasso, 1969, fréquente les sols d'alluvions bordant de petits cours d'eau des environs de Fréjus (Argens, Reyran, Préconil) dans le Var. »

« *Paralongidorus maximus* (Butschli, 1874), Siddiqi, 1964. « Seule espèce à représenter le genre en France, *P. maximus* est un très grand Nématode (adulte 1 cm) qui se développe essentiellement dans les sols alluviaux très sableux. Les plaines bordant les embouchures et les lits des grands cours d'eau lui sont particulièrement favorables. Dans les sols lourds ses populations sont moins élevées et par là moins dangereuses pour les cultures. Son aire est morcelée : Aquitaine, Loire, Seine, Rhin. Il est occasionnel dans la région méditerranéenne ; les localités les plus méridionales connues sont Sainte-Maxime et Grimaud (Var). »

B - Famille des Trichodoridae

« Le genre *Trichodorus* Cobb, écrit RITTER (1972), est très bien caractérisé par la structure de l'odonstyle d'assez grande dimension (25 à 70 microns), incurvé et composé de trois éléments plus ou moins parallèles dans sa partie médiane, éléments se rejoignant vers la pointe et vers la base. L'œsophage est fin et se prolonge par un bulbe piriforme à la fois glandulaire et musculaire.

« Les espèces assez nombreuses (dont 7 ou 8 en France) sont de petite taille (souvent moins de 1 mm). Elles vivent en ectoparasites sur les racines de nombreuses plantes spontanées et cultivées auxquelles elles peuvent transmettre des viroses de type « Rattle ». Ces Nématodes échappent souvent à l'examen du fait de leur fragilité qui en fait disparaître beaucoup pendant le transport des échantillons. »

« Les *Trichodorus*, d'après DALMASSO (1967), ne sont connus comme vecteurs de maladies à virus que depuis 1961. On ne retrouve apparemment pas de liaisons nématode-virus aussi étroites que celles existant entre les *Xiphinema* ou *Longidorus* et les ringspots. Ainsi le virus *Rattle* du tabac est transmissible par huit espèces de *Trichodorus* et le virus du brunissement précoce du pois par trois. Dans les deux cas, les vecteurs appartiennent à deux groupes distincts de *Trichodorus*, notamment d'après les caractères des mâles.

« En France on a trouvé plusieurs espèces de *Trichodorus* dont *T. pachydermus, T. primitivus, T. viruliferus, T. teres*, toutes quatre impliquées dans la transmission du virus *Rattle* du tabac » ou du brunissement précoce du pois, mais aucune corrélation n'a encore pu être réalisée entre leur présence sur les cultures les plus diverses et l'existence de viroses du type *Rattle*.

L'importance viticole de ce groupe signalé en Californie par RASKI (1955) reste à préciser.

METHODES DE LUTTE CONTRE LES NEMATODES

La lutte contre les Nématodes parasites de la vigne se confond dans la pratique avec la lutte contre les maladies à virus et nous avons déjà évoqué cette question dans le tome I, p. 575 et suiv. L'étude détaillée des produits chimiques est présentée dans la dernière partie du tome III. Donc nous nous bornerons ici à fournir quelques renseignements particuliers :

Repos du sol

Selon DALMASSO (1967) « les procédés culturaux classiques (jachères et assolement) sont partiellement mis en échec par la résistance des Nématodes qui subsistent longtemps dans le sol, même en l'absence d'hôte, sous certaines conditions. Ainsi, selon RASKI et HEWITT (1965), *X. index* et le *fan leaf* (court-noué) de la vigne se maintiennent durant plus de cinq ans après l'arrachage du vignoble en Californie. Des labours, même profonds et répétés ne suffisent pas à éliminer les Nématodes, mais la structure du sol joue là un rôle considérable.

« Dans les cas où il y a endémisme du vecteur de la maladie, l'infestation est possible même sur des sols « neufs » à partir de la faune et de la flore naturelle, c'est ce qui se produit en Angleterre avec le virus de la mosaïque de l'Arabis et *X. diversicaudatum*. La lutte est alors très difficile. De plus on a vu que beaucoup de Nématodes vecteurs avaient la plupart du temps une grande gamme de plantes-hôtes. Ainsi on connaît pour *X. americanum* plus d'une centaine d'hôtes. Ceci rend bien souvent délicate l'élimination totale du Nématode par une rotation appropriée alors qu'une population réduite reste redoutable dans le cas qui nous préoccupe.

« D'autre part, certains assolements favorables sur le plan agronomique ne sont pas à conseiller du point de vue nématologique. Ainsi la luzerne multiplie de nombreuses espèces dont *X. americanum*, *X. vuitte-nezi* et plusieurs *Longidorus*.

« En définitive, l'assolement doit être envisagé comme un facteur modérateur ou préventif vis-à-vis des Nématodes, mais cette solution se révèle le plus souvent insuffisante. Son effet est bénéfique lorsqu'on inclue une culture sarclée qui élimine une grande partie de la flore spontanée. A cet égard, les progrès récents en matière de désherbage chimique sont de nature à accroître sensiblement les difficultés de survie des Nématodes dans les cultures non hôtes du vecteur, mais contaminables par celui-ci. C'est ainsi qu'en Ecosse, TAYLOR (1965) signale que la destruction complète des adventices dans les parcelles de framboisier aboutit à l'élimination des vecteurs et partant des risques de contamination de cette culture par le virus de l'anneau noir de la tomate. »

Chapitre VII

LES GASTÉROPODES
(du grec γαστηρ, ventre et ποδος, pied)

Ce sont des mollusques pulmonés stylommatophorés à tête plus ou moins distincte, pourvus d'une langue, d'un appareil dentaire et d'un manteau non divisé qui sécrète une coquille simple, clypéiforme ou contournée en spirale.

Vulgairement ce sont les *escargots* ou limaçons. Les limaces proprement dites (sans coquille) n'attaquent que rarement la vigne.

I — SYMPTOMES

Au début du printemps, lorsqu'il fait doux et humide, les escargots s'alimentent en recherchant toutes les parties tendres de la vigne : d'abord les bourgeons en voie d'épanouissement, puis les jeunes feuilles en voie de croissance dont ils arrivent à dévorer la totalité du limbe, ne laissant que les pétioles. Lorsque les feuilles sont plus grandes ils ne mangent que le limbe en respectant les grosses nervures.

Fig. 147. — Dégâts d'escargots sur feuille (original).

Fig. 148. — Dégâts d'escargots sur souche (originaux).

Comme les escargots ont des mœurs nocturnes il est rare dans la journée de les apercevoir sur les lieux de leurs méfaits, mais il est facile de voir les traces de leur passage sur les portions de limbe non détruites par la présence de leur mucosité séchée, brillante.

Les sommets des rameaux très verts et très tendres peuvent être également dévorés.

Les escargots peuvent aussi s'attaquer aux inflorescences en mangeant de préférence les étamines, puis les grappes ou en rongeant le pédoncule de celles-ci, les faisant avorter ou les engluer de leur bave. Selon FAVARD (1932) « les escargots commettent aussi des dégâts dans les raisins mûrs, vidant le raisin de sa pulpe et de plus, certains cachés dans les grappes sont emmenés à la cuve et peuvent, lorsqu'ils sont en grand nombre, gâter le vin en lui communiquant un goût de corrompu.

« Ils salissent les raisins de table, affectionnant particulièrement les raisins à gros grains lâches : Cinsaut, Aramon, Panses, etc... »

II — DESCRIPTION

« Tout escargot, écrit ROUZEAUD (1889) possède un *pied* c'est-à-dire une sole ventrale sur laquelle il rampe et un *manteau* c'est-à-dire une partie dorsale, cutanée, adhérente au corps, qui produit la coquille et qui est toujours recouverte par elle.

« La partie antérieure du corps, celle qui porte la bouche, les tentacules de la vision et ceux du tact (4 appendices rétractiles vulgairement appelés *cornes*) est la *tête*.

« La partie postérieure et effilée du pied, d'où semble sortir la matière visqueuse et luisante que l'escargot laisse après lui, est une manière de *queue*.

« On peut encore distinguer dans l'ensemble du corps deux parties principales :

« 1° Celle qui peut sortir de la coquille, lorsque l'animal se met en marche et y rentrer complètement lorsqu'il se rétracte. Cette partie comprend le pied, la tête et tout le tiers antérieur du sac où sont logés les viscères. Cet ensemble est le *corps antérieur.*

« 2° Celle qui ne sort jamais de la coquille et s'étend depuis le sommet de celle-ci jusqu'à son ouverture ; cette partie tordue en spirale, comme la coquille qui la contient, comprend tout le manteau qui en est la peau et les deux autres tiers du sac contenant les viscères. C'est le *corps postérieur.* »

III — BIOLOGIE

« Les escargots, écrit ROUZEAUD, passent une bonne partie de l'année, toute la saison froide, dans un état de repos absolu : ils hivernent et pour cela ils se retirent sous les pierres, dans les fissures du sol, sous les amas de feuilles sèches, dans les trous des vieux murs, dans les creux ou les crevasses des arbres. Le même abri en renferme parfois plusieurs, et le choix se porte sur les cachettes où les variations de température peuvent moins les atteindre. En effet les escargots redoutent la chaleur qui si elle coïncide avec un certain degré d'humidité les réveille infailliblement avant la fin de l'hiver ; or tout réveil accidentel est nuisisible à ces animaux entraînant un taux considérable de mortalité (Yung, 1887).

« Pendant leur sommeil hivernal les escargots peuvent supporter les températures les plus basses ; on en a vu d'entièrement congelés revenir ensuite à la vie. Il faut seulement que le gel et le dégel se produisent d'une façon graduelle et presque insensible.

« La durée de l'hivernage varie suivant les conditions climatiques, la température, le degré d'humidité et l'altitude. Dans les pays froids le sommeil peut être de 7 ou 8 mois alors que dans le Midi il s'étend ordinairement de la fin novembre au milieu de mars. Il existe aussi des différences entre les espèces, par exemple H. pisana se rencontre à Montpellier en plein mois de janvier ; de même les jeunes sortent avant les adultes et ont plus de chance de mortalité.

« Pour hiverner l'escargot ferme complètement sa coquille en produisant un mucus qui va donner une membrane appelée épiphragme qui selon les espèces sera mince, d'aspect corné ou vitreux ou épais et imprégné de calcaire. Ces opercules ont pour but de s'opposer à l'évaporation des liquides internes et de prévenir la dessiccation ; ils tombent dès que l'animal sort de sa coquille.

« Les escargots peuvent supporter pendant plusieurs heures des températures de 40 à 50°, ne mourant que vers 60°, mais ils craignent la sécheresse et la dessiccation.

« Leur nourriture est très variée : bourgeons et jeunes pousses, feuilles plus ou moins succulentes de divers végétaux. La durée de la digestion est d'environ 8 jours, de sorte qu'au bout de deux semaines le tube digestif est entièrement vide, d'ailleurs ces animaux peuvent jeûner plusieurs mois.

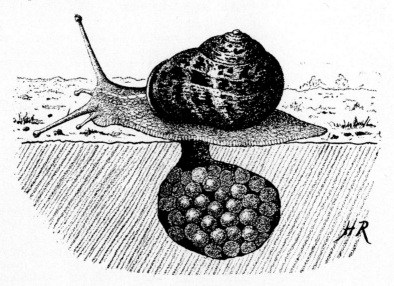

Fig. 149. — Ponte des escargots (d'après ROUZEAUD).

« Les escargots sont hermaphrodites mais ils ne peuvent se féconder eux-mêmes. Il y a donc chez eux fécondation réciproque, chacun des accouplés jouant en même temps le rôle de mâle et celui de femelle, puisqu'il reçoit alors de la semence fécondante et qu'il en fournit. Comme celle-ci est contenue dans une sorte de cartouche chitineuse solide, en forme de fuseau allongé et plus ou moins régulier, dont l'expulsion n'est pas aussi aisée que celle d'un liquide, l'accouplement des escargots dure 10 ou 12 heures. Après cette longue et double étreinte, chaque sujet emporte dans ses organes femelles de quoi féconder ses propres œufs.

« La fécondation s'opère quelques jours après l'accouplement, mais dans une période assez courte puisqu'on voit souvent des escargots pondre dans les 4 ou 5 jours qui suivaient l'accouplement.

« La ponte arrive toujours dès les premières pluies qui suivent celles qui ont provoqué l'accouplement. L'escargot se met en quête d'un lieu où le sol soit assez meuble et assez détrempé pour qu'il puisse facilement y enfoncer la tête. Et il enfonce celle-ci aussi loin qu'il peut et il la tourne dans tous les sens jusqu'à ce qu'il y ait creusé, en refoulant peu à peu la terre humide, une cavité arrondie d'un volume à peu près égal à celui de sa coquille.

« Quand ce nid est bien établi, ce qui arrive dans les terres légères après cinq ou six heures de travail, l'escargot laisse tomber une à une et de quart d'heure en quart d'heure de grosses perles d'un blanc nacré qui sont les œufs fécondés.

« Les escargots communs pondent en général une centaine d'œufs et l'opération de la ponte dure de 24 à 36 heures. Les œufs peuvent éclore, chez certaines espèces, huit jours après la ponte. »

IV — SYSTÉMATIQUE

Il existe de nombreuses espèces d'escargots pouvant s'attaquer à la vigne et on estime à une dizaine d'espèces celles qui lui sont nuisibles.

D'après ROUZEAUD (1889), « dans le centre et le nord de la France, les seules espèces réellement nuisibles sont *Helix pomatia* L., *H. aspersa* Muller, *H. nemoralis* L. et *H. hortensis*, cette dernière étant considérée comme une variété de la précédente. La plus redoutable pour la vigne est *H. aspersa*, puis *H. pomatia* et *H. nemoralis*.

« Le Midi possède certaines espèces du Nord (*H. aspersa* et *H. nemoralis*) plus *H. vermiculata* Muller, *H. lactea* Muller, *H. pisana* Muller, *H. melanostoma* Drap., *H. aperta* Born, *H. elegans*. Cela fait au minimum 8 espèces nuisibles. Cependant si l'on remarque que *H. lactea*, *H. melanostama* et *H. aperta* sont très localisés sur certains points de notre territoire, que *H. elegans* ne cause pas plus de dégâts dans nos vignes que *H. cespitum*, *H. neglecta* et *H. variabilis* dont je n'ai pas parlé ; que *H. nemoralis* ne commence à se montrer que là où *H. vermiculata* a disparu, c'est-à-dire entre 300 et 400 m d'altitude, on conclura en fin de compte que trois espèces seulement peuvent causer dans le Midi de grands ravages. Ce sont *Helix pisana*, *H. vermiculata* et *H. aspera*.

Helix pomatia L. C'est l'escargot de Bourgogne, ou escargot vigneron, hélice vigneronne, Limaçon des vignes.

All. Schnecke.
Ital. Chiocciola, Chiocciole.
Angl. Snail, Edible-snail.
Port. Caragol.

C'est la plus grosse espèce, appréciée pour la table depuis l'occupation romaine en Gaule, à cause de l'excellente qualité de sa chair. La coquille de l'adulte mesure de 35 à 45 mm ; elle est épaisse, de coloration jaune grisâtre.

Fig. 150. — Diverses espèces d'escargots (d'après JAMAIN).

Les œufs, de 5 à 6 mm de diamètre, mous et blanchâtres, sont pondus en paquets et déposés en groupe dans un trou cylindrique creusé dans le sol à une profondeur de 5 cm. La ponte se répète à plusieurs reprises et s'échelonne depuis le mois de juin jusqu'au mois de septembre. La fécondité moyenne est de 70 œufs ; la durée d'incubation est de près d'un mois et l'animal est capable de se reproduire un an après sa naissance.

A la tin du mois d'octobre l'escargot s'enfonce dans les fissures du sol ou se réfugie sous les hautes herbes, la mousse, etc... et sécrète l'épiphragme d'hiver. L'activité ne reprend que dans les derniers jours d'avril.

Cette espèce se trouve surtout dans les régions calcaires de la France septentrionale et du Massif Central, rare dans l'Ouest et pratiquement inconnue en dessous d'une ligne allant du bassin de la Garonne à Orange.

« *Helix aspersa* Muller. Il habite toute la France et abonde partout dans les bois, les champs, les vignes et les jardins. C'est la plus grande espèce comestible du Sud-Ouest. GEOFFROY (1767), lui avait donné le nom français de *Jardinier*, qui n'est pas resté ; on le désigne plus couramment sous le nom vulgaire d'*Hélice* ou d'*Escargot chagriné*, à cause des sculptures de sa coquille, *Petit gris*.

« L'escargot chagriné est un mollusque très prolifique ; il pond une ou deux fois, de mai à octobre et fait à chaque ponte 100 à 120 œufs. Ceux-ci sont ovales, d'un blanc opaque tirant sur le vert. Ces œufs, d'après TURPIN (1832), portent dans leur enveloppe une infinité de petits cristaux très réguliers de carbonate de chaux.

« Les jeunes individus deviennent adultes dans les premiers mois de leur deuxième année ; ils possèdent alors ce rebord épais blanc et opaque intérieurement qui caractérise les vieux sujets.

« Cet escargot ne s'enfonce pas dans la terre pour hiverner ; aussi son épiphragme est-il vitreux, corné, non calcaire et formé souvent de minces feuillets transparents superposés. Il passe l'hiver dans le creux des arbres et des rochers ou sous les tas de pierres et les trous des murs bâtis à pierre sèche.

« *Helix nemoralis* L., appelé par GEOFFROY « La livrée ». C'est la plus jolie espèce de France pour l'éclat et la variété de coloration de sa coquille, qui est d'un beau jaune citron avec ou sans bandes brunes. Les variétés rayées sont de beaucoup les plus répandues ; on en connaît une, sans bandes, dont le fond est d'un rouge pelure d'oignon uniforme. Suivant que cette espèce possède une coquille à bouche noire ou blanche on a affaire à l'*Helix nemoralis* ou à l'*H. hortensis*, cette dernière étant plus commune dans le Nord que dans le Midi où les deux formes ne se rencontrent d'ailleurs pas avant 3 ou 400 mètres d'altitude. L'importance viticole est donc faible dans le Midi et dans l'Aude par exemple, on ne rencontre cette espèce qu'à partir de Limoux quand la vigne commence à céder le pas aux céréales.

« Dans le Centre et le Nord cet escargot se trouve très répandu dans les vignobles ; bien que comestible il est peu estimé.

« *Helix vermiculata* Muller. C'est la grande espèce comestible du sud-est de la France et aussi celle qui se rencontre le plus fréquemment dans les vignes, se vendant sur tous les marchés depuis Nice jusqu'à Perpignan. L'animal se retire fort dans l'intérieur de sa coquille, de manière qu'on ait de la peine à l'apercevoir quand il y est enfermé, d'où son surnom à Montpellier de *mourguéta* (religieuse). Il existe deux variétés, l'une grise avec des bandes brunes et l'autre blanchâtre sans bandes ni raies, les deux étant mélangées avec prédominance de la seconde. L'épiphragme est blanc et mince, à peine incrusté de calcaire et ressemble beaucoup à un opercule en papier. Cette espèce hiverne sous les pierres plates, dans la terre des talus fortement gazonnés ou au pied des haies vives ainsi que dans les murettes bâties à pierre sèche. L'escargot vermiculé pond en septembre dès qu'il survient quelques bonnes pluies.

« *Helix lactea* Muller. Cette espèce, très répandue en Espagne et en Algérie, a été acclimatée dans le Roussillon et se tient de préférence dans les vignes.

« Cet escargot, un peu plus grand que le précédent est aussi plus plat, d'un brun foncé, rougeâtre, uniforme ; il ne présente ni raies ni bandes mais une infinité de petits points blancs. Toute l'ouverture de la coquille est colorée en brun foncé. Excellente espèce comestible, plus délicate que la précédente. Aude (Fitou, Leucate), Pyrénées-Orientales.

« *Helix pisana* Muller. Escargot de Pise (1). De taille moyenne, il est très abondant dans toute la région du Sud-Est et fait le plus de mal aux vignes. C'est par milliers que les jeunes montent au printemps à l'assaut des souches et comme ils sont très voraces ils font, quoique petits, une grande consommation de bourgeons. L'extrême voracité de ces escargots appelés aussi *Cagarauletas* en patois s'explique par le fait qu'ils atteignent en quatre ou cinq mois l'âge adulte. A l'époque de la reproduction en septembre on ne rencontre plus de jeunes et tous les adultes possèdent alors, à l'entrée de leur coquille, ce bourrelet rose caractéristique qui avait fait donner à l'espèce le nom significatif d'*Helix rhodostoma*. Cet escargot est souvent consommé cuit à l'eau salée et assaisonné d'huile et de vinaigre.

« *Helix melanostoma* Draparnaud. Appelé en patois *Terrassan* (Provence) cet escargot se rencontre en Bas-Languedoc et en Provence dans les vignes, les jardins, les plantations d'oliviers ou d'amandiers. Sa coquille arrondie et épaisse, sans autres marques colorées que le collier noir ou brun qui entoure son ouverture, suffit pour le faire reconnaître. Il ferme sa coquille avec un épiphragme blanc, calcaire et à peine bombé. Il hiverne dans la terre, surtout au pied des amandiers et ne sort qu'après les grandes pluies.

« Cette espèce se trouve en Espagne, en Italie et en Algérie.

« *Helix aperta* Born. Cette espèce, qui est rendue très reconnaissable par une coquille brune et largement ouverte où l'animal semble ne pas pouvoir contenir, porte en Provence le nom de *Tapada* et dans le Roussillon celui de *Cargo tapat* à cause de la présence presque constante de son épiphragme qui est blanc, calcaire et excessivement bombé.

« Cette curieuse espèce se rencontre en Provence, en Corse et en Roussillon. Elle a été signalée aussi en Espagne, en Italie et en Algérie. Aux premiers froids cet escargot rentre dans la terre, s'y enfonce jusqu'à vingt centimètres de profondeur environ et y passe dix mois de l'année sans prendre de nourriture. L'animal sort de terre vers la fin de l'été et se nourrit de graminées et de feuilles de vigne. C'est le meilleur au goût et le plus léger pour l'estomac ; sa chair est tendre et délicate.

« *Helix splendida* Draparnaud. Cette espèce, de taille moyenne, n'a qu'une importance secondaire. Elle se tient dans les garrigues pierreuses et calcaires sur les ajoncs et les genêts. De là elle gagne quelquefois les vignes qui avoisinent les terrains en friche.

---

(1) ou escargot des pois.

V — MÉTHODES DE LUTTE

1° *Le ramassage des escargots* est une pratique courante réalisée par les amateurs ou les vignerons qui les destinent à leur usage culinaire. Mais cela est insuffisant en cas de grande invasion.

2° *Les abris-pièges* peuvent servir dans les pépinières ou les plantiers en disposant des morceaux de planches ou des tuiles reposant sur des pierres ou des tasseaux pour laisser un espace de 2 ou 3 cm au-dessus du sol ; au petit jour les escargots viennent se réfugier sous ces abris où il n'y a plus qu'à venir les ramasser pour les détruire.

3° *Les poudrages* avec des substances diverses : cendres de bois, chaux vive, suie, poussières des routes ont une certaine action en se fixant sur le corps gluant de l'escargot et en l'incommodant au point d'en faire périr un certain nombre. Mais ces produits perdent toute efficacité après une pluie ou un arrosage.

4° *Le sulfate de fer* peut être disposé au pied de chaque cep en l'entourant à sa base. Les escargots sont brûlés par ce produit et ils restent sur place comme cuits, leurs tissus désorganisés.

5° *Le sulfate de cuivre* éloigne les escargots qui n'aiment pas les feuilles traitées avec des produits cupriques, ce qui explique que les escargots s'attaquent au printemps aux vignes américaines (porte-greffes et hybrides) ou aux vignes françaises avant le premier traitement anti-mildiou, contenant du cuivre.

6° Pour des traitements d'une certaine importance on a recours à l'emploi de la *métaldéhyde* ou alcool solidifié. Ce produit est moyennement soluble dans l'eau (200 ppm). On peut préparer soi-même un appât en mélangeant à sec 50 à 100 g de métaldéhyde à 1 kg de son, de blé, de maïs ou de lin. Puis on ajoute progressivement de l'eau de manière à obtenir un son grumeleux qui est d'une dispersion plus commode et d'un pouvoir attractif plus grand. Ce mélange est employé soit à la volée dans les rangées de vigne, soit réparti en petits tas d'une vingtaine de grammes, écartés de 1,50 à 2 mètres. La dose d'emploi est de 60 à 80 kg de mélange sec par hectare.

Le son attire les escargots et dès que la métaldéhyde entre en contact avec la peau de l'animal, il excite de façon extraordinaire la sécrétion des glandes à mucus, ce qui entraîne la dessiccation et la mort de l'escargot. Le son ainsi préparé conserve son efficacité pendant quelques jours.

On trouve aussi dans le commerce des spécialités appelées *Molluscicides* ou *Hélicides* qui contiennent en général 5 % de métaldéhyde additionnée d'une matière agglutinante. La plupart de ces spécialités sont vendues sous forme de granulés employés à des doses variant de 15 à 30 kg par hectare. On vend aussi des poudres mouillables appliquées à la dose de 4 kg par hectare. Ces pulvérisations sont intéressantes pour assurer la protection d'une végétation abondante et touffue ou quand les escargots demeurent dans les souches sans redescendre sur le sol.

Tous ces traitements sont interdits une semaine avant la récolte en raison de la toxicité importante pour l'homme, le gibier et les chiens, la DL 50 pour le chien par ingestion étant de 600 à 1.000 mg/kg.

Chapitre VIII

LES ARACHNIDES

(du grec αραχνη, araignée)

La classe des Arachnides appartient, comme celle des Insectes, à l'embranchement des *Arthropodes* : animaux à symétrie bilatérale, à corps composé d'anneaux hétéronomes, portant des organes de locomotion articulés, pourvus d'un cerveau et d'une chaîne ganglionnaire ventrale.

Les *Arachnides* se distinguent des Insectes par l'absence d'ailes et d'antennes, par l'existence d'un *céphalothorax* résultant de la fusion de la tête et du thorax et par la présence en général de quatre paires de pattes. Les pièces buccales comprennent une paire de chélicères, sortes de pinces mandibulaires qui ont la forme de stylets, chez de nombreuses espèces d'acariens phytophages et des pédipalpes ou palpes maxillaires.

« Les Arachnides sont exclusivement terrestres (quelques-uns sont semi-aquatiques). La respiration est généralement trachéenne ; les stigmates respiratoires sont le plus souvent abdominaux, mais ils se trouvent parfois sur le thorax (Acariens) ou au voisinage de la bouche (Acariens) ; elle est cutanée chez la plupart des Acariens. Les Acariens sont phytophages, prédateurs ou parasites des Vertébrés et Invertébrés.

« Sauf quelques exceptions, les Arachnides ont les sexes séparés ; l'accouplement est souvent précédé de curieux préludes ou « agaceries » nuptiales. Presque tous sont ovipares mais certains Acariens sont ovovivipares. » (Bonnemaison, 1961)

Division des Arachnides

Les Arachnides se divisent en 10 ordres dont les deux principaux en Europe sont :

— Les *Aranéides* ou Araignées vraies, dont le corps est nettement divisé en céphalothorax et abdomen, ces deux parties étant reliées par un fin pédicelle ;

— Les *Acariens* qui ont le corps d'une seule venue, sans pédicelle et où l'on trouve tous les parasites de la Vigne.

Acariens

Ce sont des animaux de très petite taille, ne dépassant guère un millimètre, à corps ovoïde ou vermiforme, généralement pourvu d'un sillon transversal, qui passe derrière la deuxième paire de pattes. Ils possèdent généralement 4 paires de pattes aux stades nymphaux et adultes, mais les larves n'ont que trois paires de pattes tant à l'état adulte qu'à l'état larvaire. Les pattes comprennent de 2 à 7 articles. Les pièces buccales sont disposées pour mordre ou pour sucer.

D'après Bonnemaison (1961) « le dimorphisme sexuel est assez fréquent : les mâles sont généralement plus petits et moins nombreux que les femelles ; leur aspect est parfois très différent de celui des femelles de la même espèce. Un sexe peut présenter plusieurs formes alors que l'autre sexe ne comprend qu'une forme ».

Chez de nombreux acariens, l'insémination se fait sans accouplement des sexes (*Eriophyidae*), le mâle déposant ses spermatophores sur le végétal que la femelle vient récolter par la suite.

La parthénogenèse est un phénomène largement répandu chez les Acariens. Dans la plupart des espèces, les œufs non fécondés donnent des individus mâles, le plus souvent haploïdes (parthénogenèse arrhénotoque). Quelques espèces sont thélytoques, l'œuf vierge donnant des femelles (*Bryobia*), dans ce cas le mâle peut ne pas exister.

Classification des Acariens nuisibles à la Vigne

La classification des Acariens est en pleine évolution et Rambier (1979) vient d'établir une classification moderne de tous les Acariens qui comprend deux groupes : Les *Anactinotrichida* et les *Actinotrichida*. Ce dernier renferme les *Eriophyoidea*, les *Tetranychoidea* et les *Acaroidea* dans lesquels on trouve les parasites de la Vigne.

Ne voulant pas entrer dans des détails systématiques complexes qui dépassent notre sujet, nous avons toutefois préféré utiliser une classification ancienne encore largement répandue dans les publications actuelles :

Les Acariens se divisent en 5 sous-ordres dont deux comprennent des espèces nuisibles à la Vigne :

1° - *Thrombidiformes :* Une paire de stigmates sur ou au voisinage du rostre, parfois absents. Palpes généralement libres et bien développés, modifiés en forme de pinces ou en organes sensoriels. Chélicères généralement modifiés permettant de saisir ou de percer les parois (espèces prédatrices). Ventouses génitales présentes ou manquantes, mais jamais de ventouses anales.

Dans ce sous-ordre 3 familles sont à distinguer :

A - Les *Tetranychidae*, dont le tégument du corps est mou, coloré de teintes très vives en général, non divisé en régions distinctes et le plus souvent couvert de poils : Araignée rouge, Araignée jaune et Tisserand.

B - Les *Tenuipalpidae* ou *Brevipalpidae* (ex *Phytoptipalpidae*) au corps plat et au rostre court ; tégument fortement réticulé ; pattes courtes ; mouvements lents. Ex. *Brevipalpus lewisi.*

C - Les *Eriophyidae* au corps allongé et de très petite taille, strié transversalement, ne possédant que deux paires de pattes : Erinose, Acariose.

2° *Sarcoptiformes.* Corps mou, blanchâtre avec des pattes courtes. Pas de stigmates ou avec un système trachéen débouchant dans des stigmates et sur des aires poreuses situées sur des parties variées du corps. Mandibules presque toujours chéliformes. Palpes simples. Ventouses anales souvent présentes : Acarien des Racines.

1° *Thrombidiformes*

A — LES TETRANYCHIDAE

Les Acariens de cette famille possèdent la particularité de sécréter des fils soyeux, extrêmement ténus qui forment plusieurs couches superposées, constituant des « toiles » à proximité des feuilles et des fruits. Selon V. MAYET et P. VIALA (1893) « le fil de la toile paraît provenir d'un liquide visqueux sortant par l'ouverture buccale. Telle est l'opinion de DUJARDIN et de SIEBOLD qui font déboucher les glandes soyeuses dans les mandibules. L'Acarien est loin de tendre sur tous les végétaux le même nombre de fils. Plus la feuille est glabre, plus le tissu de sa toile est serré. Sur les cépages tomenteux, à l'abri desquels il peut circuler, un plus petit nombre de fils y sont tendus. On les trouvera avec la masse des Acariens, surtout à la bifurcation des nervures ».

GRANDJEAN (1948) a indiqué que « la glande à soie est logée dans le palpe qu'elle traverse pour aboutir au petit mamelon (en forme de doigt) qui est sa filière. La soie sort par 5 à 8 trous à l'extérieur du mamelon terminal du pédipalpe ».

Selon BONNEMAISON (1961) « les sécrétions soyeuses arrivent à recouvrir entièrement les feuilles, notamment dans les cultures sous serres. Ces toiles sont grisâtres à jaunâtres et les attaques de Tétranyques sont souvent désignées par les praticiens sous le nom de « grise ». Les Acariens font pénétrer leur rostre dans le tissu lacuneux et désorganisent celui-ci ; l'air pénétre dans les cellules mortes et donne à la feuille un aspect grisâtre « plombé ».

Cycle biologique

Selon GRANDJEAN (1938) « les Acariens passent fondamentalement par sept formes successives qui sont l'œuf, la prélarve, la protonymphe, la deutonymphe, la tritonymphe et l'adulte. J'appelerai *stases* ces sept formes. Au contraire les *stades* ou les *phases* sont les périodes quelconques, séparées par des changements continus ou discontinus dans lesquelles se divise le développement. Elles ne correspondent pas toujours à des stases, mais désignent aussi bien des situations où deux stases coexistent, l'une se formant dans l'autre, ou encore servent à distinguer les aspects différents d'une même stase.

« Les six stases qui succèdent à l'œuf ont dû être actives à l'origine, mais d'étranges phénomènes de régression les ont frappées. Certaines stases restées actives ont perdu quelques poils (beaucoup de protonymphes) ou la quatrième paire de leurs pattes (toutes les larves) ou plusieurs paires de pattes (les *Tetrapodili*) ou leurs organes buccaux (les deutonymphes hétéromorphes des *Acaridae*). D'autres, plus touchées, sont devenues inertes et rudimentaires, d'autres enfin ont complètement disparu. Tous ces phénomènes qu'il faut attribuer à l'inhibition sont à distinguer des phénomènes généraux de l'évolution régressive, qui ont des effets beaucoup plus réguliers passant sans cahots d'une stase à l'autre. L'inhibition, au contraire, a des effets fantaisistes et temporaires. Elle agit sur certaines stases, mais elle en épargne d'autres, sans motif apparent ; généralement les organes qu'elle efface ne sont pas détruits et quand ils reparaissent ils n'ont subi aucun dommage. Ainsi les ongles de la deutonymphe chez *Allothrombium fuliginosum* se retrouvent chez l'adulte. La tritonymphe, entre ces deux stases, n'a pas d'ongles du tout. »

Contrairement à ce qui est souvent écrit, les œufs d'hiver des Tétranyques, qui ont subi l'hibernation donnent au printemps des mâles et des femelles, et ensuite de nombreuses générations bisexuées se succèdent.

D'après BONNEMAISON (1961) « Les acariens pondent davantage dans une atmosphère sèche que sous une humidité relative élevée de l'air. Les jeunes larves survivent difficilement dans une atmosphère très humide ; dans un air sec, elles peuvent ingérer une grande quantité de nourriture, l'eau étant dans ce cas facilement évaporée par la cuticule.

« La croissance peut être interrompue par des arrêts de développement ou des *diapauses*. Lorsque les conditions de milieu (température, lumière, humidité) deviennent inférieures au seuil minimum ou supérieures au seuil maximum de développement ou si l'alimentation est déficiente la croissance est arrêtée, mais elle reprend dès que ces facteurs défavorables disparaissent, il s'agit dans ce cas d'un « *arrêt de développement* ». Pour d'autres acariens, la croissance s'arrête brusquement à une stase déterminée, même si l'animal à ce moment se trouve placé dans des conditions de milieu permettant normalement son développement ; puis cette activité reprend après un certain temps variant de plusieurs semaines à plusieurs mois ; cette période de sommeil est appelée *diapause*. » En général c'est une diapause facultative c'est-à-dire déterminée par les conditions de milieu dans lesquelles s'est déroulé le développement des formes jeunes (photopériode, température, alimentation).

Division des Tetranychidae (d'après BONNEMAISON, 1961).

3 genres principaux se rencontrent sur la Vigne et causent la plupart des dommages observés actuellement : *Panonychus*, *Eotetranychus* et *Tetranychus*. Ces genres se différencient par de petites particularités anatomiques des soies et de l'*empodium* (petit nodule sclérifié ou grande soie placée dans le prolongement du tarse) ou *apotère*, qui est le dernier article à l'extrémité de la patte :

+ *Panonychus* : *Empodium* rappelant une « griffe » simple presque aussi longue que les 3 paires de soies proximoventrales ; Tarse I avec soies duplex situées au voisinage de l'extrémité distale du segment. Soies dorsales insérées sur des tubercules.

— *Panonychus ulmi* KOCH ou Araignée rouge.

+ *Eotetranychus* : *Empodium* ne ressemblant pas à une griffe comprenant (sauf pattes I et II des mâles) 3 paires de poils de longueur égale. Soies dorsales non insérées sur des tubercules, en 7 rangées transversales.

— *Eotetranychus carpini* Oud ou Araignée jaune.

— *Eotetranychus sex maculatus*, Etats-Unis.

— *Eotetranychus williamettei* Mc Gregor ou Williamette mite, Etats-Unis.

+ *Tetranychus : Empodium* avec partie dorsale de la « griffe » tarse I avec soies duplex largement séparées sur le dos du segment.

— *Tetranychus urticae* Koch = Tetranyque Tisserand.

— *Tetranychus turkestani* Ugar Nikol ou Tisserand du Midi.

— *Tetranychus pacificus* Mc Gregor ou Pacific Mite, Etats-Unis.

ARAIGNÉE JAUNE

I — SYNONYMIE

Fr. Maladie rouge de la Vigne, Tétranyque de la Vigne et du Charme, Acarien des Charmilles (en Suisse).
Ital. Ragnetto giallo, Tetranico.
All. Spinnmilben.

II — DESCRIPTION

Selon DELMAS (1956) « dès le débourrement les femelles hivernantes sortent de dessous les écorces pour se porter sur les bourgeons et envahir le feuillage. Les acariens se localisent sous les feuilles le long des nervures, protégés par quelques rares fils de soie. Leurs piqûres provoquent la formation de taches courant de part et d'autre des nervures, jaunâtres ou le plus souvent d'un beau rouge, selon le cépage (Pl. 15 fig. 3, 4), de sorte que la feuille finit souvent par être d'une belle couleur rouge sur laquelle le réseau des nervures apparaît nettement toujours coloré en vert. C'est là l'aspect caractéristique de la « *Maladie rouge de la vigne* ».

« Cette coloration, écrit RAMBIER (1958) se manifeste avec une particulière intensité, à partir du mois de juin et dans le courant du mois d'août. De loin, elle donne aux parcelles envahies un aspect automnal tout à fait inhabituel à cette période de l'année et qui tranche parmi les parcelles restées saines. »

« Ensuite, indique encore DELMAS, les feuilles se nécrosent et tombent prématurément. Dans le cas de fortes attaques la coloration rouge a atteint tout le feuillage dès le début de juillet et les feuilles peuvent avoir disparu au début d'août. Il y a alors départ des bourgeons anticipés dont le feuillage est atteint à son tour.

« La *récolte* est diminuée, surtout en qualité par baisse du degré alcoolique.

« Les *sarments* ne sont pas aoûtés ce qui influe sur la végétation de l'année suivante.

« Avant la fin de la végétation, les femelles hivernantes sont passées sous les écorces. Elles quittent les feuilles dès que celles-ci sont trop altérées. »

III — SYSTEMATIQUE ET DESCRIPTION

L'araignée jaune est appelée *Eotetranychus carpini* OUDEMANS. Mais cette espèce est probablement constituée par plusieurs sous-espèces ou races biologiques de sorte que certains auteurs désignent la forme vivant sur la Vigne : *Eotetranychus carpini vitis* BOISD. ou E. *carpini F. vitis* DOSSE.

La *femelle* adulte mesure 0,38 × 0,22 mm et possède un corps légèrement allongé (plus que celui de l'araignée rouge). Sa couleur est entièrement jaune citron pour les femelles hivernantes (pl. 15, fig. 5) et jaune clair avec quelques petits points foncés sur les côtés pour les femelles actives (Pl. 15, fig. 6). Son dos porte sept rangées de soies à la base desquelles se trouve une tache oculaire rouge. Le Péritrème (trachée en forme de crosse) est droit, légèrement renflé à l'extrémité distale.

Le *mâle* se distingue par sa taille plus petite et son corps plus élancé.

L'*œuf* est sphérique, lisse, incolore et son diamètre peut atteindre 0,12 mm.

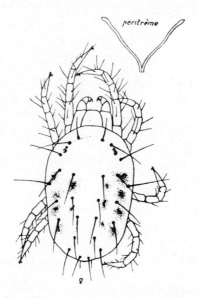

Fig. 151. — *Eotetranychus carpini* (d'après RAMBIER).

Cette espèce, connue comme l'Acarien du Charme, fut découverte par DELMAS et RAMBIER en 1954 dans le vignoble biterrois et serait responsable de la « Maladie rouge de la Vigne » décrite par MAYET et VIALA et attribuée alors à une autre espèce *T. urticae* ou *telarius* L. DELMAS (1956) indique en effet que « la description donnée par ces auteurs, les quelques données biologiques que l'on y trouve et surtout la planche en couleur, remarquable d'exactitude, ne permettent guère de douter qu'il s'agit en réalité de *E. carpini* ».

IV — BIOLOGIE

« L'araignée jaune, selon RAMBIER (1958) hiverne à l'état de *femelles adultes* (espèce gyno-hivernante). On les découvre sous les écorces parfois rassemblées en nombre considérable. Elles affectionnent les replis sous les bras au niveau de l'implantation des coursons, mais on peut les trouver aussi jusqu'au voisinage du sol et même légèrement enterrées.

« Dans le Midi, les sorties commencent dès la seconde quinzaine de mars, parfois même avant le débourrement de la Vigne. On peut apercevoir alors, quand le temps est ensoleillé, quelques rares femelles se promenant activement sur les coursons et les plaies de taille, plus tard sur les bourgeons lorsque les écailles sont tombées. Ensuite ces femelles s'insinuent entre les premières feuilles qui sont encore fermées. On peut les trouver alors sur la face supérieure. Lorsque les feuilles se sont dégagées et étalées, elles passent sur la face inférieure où elles se localisent le long des nervures. »

Selon MATHYS (1967) « Dès que la première feuille commence à s'étaler, la population est déjà en pleine activité. La surface foliaire, très restreinte à ce moment-là, est souvent recouverte d'acariens qui se

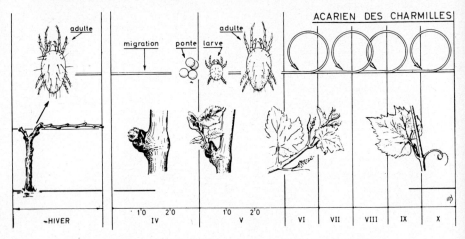

Fig. 152. — Cycle évolutif moyen de *Eotetranychus carpini* (d'après MATHYS in BOVEY).

nourrissent pendant une dizaine de jours avant de commencer à pondre. L'activité précoce du ravageur est particulièrement préjudiciable à la vigne, qui ne parvient pas à débourrer normalement, même lorsque le nombre d'acariens est relativement restreint.

« La *ponte* intervient au moment où les pousses atteignent 3 à 5 cm ; elle s'échelonne sur plusieurs semaines et les œufs ont une période d'incubation de 10 jours environ. »

« Les premières pontes d'après RAMBIER commencent dès le mois d'avril. Chaque femelle peut pondre de 30 à 40 œufs en moyenne. La vitesse de développement dépend étroitement de la température. En laboratoire, à température constante de 31 °C, l'incubation et le développement larvaire peuvent s'accomplir en huit à neuf jours. De ce fait, le nombre de générations est très variable d'une année à l'autre. En moyenne 5 à 6 générations » (on en compte parfois jusqu'à 10).

Toutefois, à 20 °C le cycle évolutif dure 25 jours environ, soit 10 jours pour l'incubation des œufs et 12 à 15 jours pour la vie larvaire.

L'activité larvaire, qui s'étend sur une semaine environ, est interrompue par une nymphose durant 3 à 5 jours. De ce stade de repos sortent les protonymphes qui, à leur tour, subiront encore deux transformations avant d'atteindre le stade adulte.

Dans le Bordelais, selon TOUZEAU (1971) « les sorties d'hibernation sous climat atlantique se produisent à la mi-avril. Après quelques jours de nutrition, les premières pontes sont effectuées à la face inférieure des feuilles, le plus souvent près des nervures. L'oviposition se produit pendant 12 à 20 jours pour chaque femelle, pondant en moyenne de 20 à 40 œufs.

Après 8-10 jours d'incubation, les œufs éclosent et donnent naissance à des larves qui restent groupées en petites colonies. L'évolution complète de la première génération dure en général une trentaine de jours. Au cours de l'année 5 à 6 générations se succèdent, la durée d'un cycle n'excédant pas 15 à 18 jours sous des conditions climatiques favorables (25 à 30 °C).

« Au cours des premières générations, *E. carpini* se disperse lentement dans le feuillage. Jusqu'au mois de juin, l'acarien reste localisé sur les feuilles de la base et ce n'est qu'à partir de la mi-juillet, en Aquitaine, que les formes mobiles colonisent l'ensemble de la végétation. »

V — CONDITIONS DE DEVELOPPEMENT

1° Répartition géographique

L'araignée jaune est plutôt une espèce méridionale : du Bordelais à la Provence, en passant par le Gers, l'Aude, les Pyrénées-Orientales, le Languedoc, l'Ardèche. On la trouve aussi un peu en Bourgogne.

En Europe, elle a été signalée en Italie.

2° Réceptivité des vignes

On ne possède que des observations fragmentaires. C'est ainsi qu'en Roussillon VIDAL et MARCELIN (1970) ont noté que les cépages les plus sensibles, par ordre décroissant sont : Muscat d'Alexandrie, Jaoumet, Maccabeu, Carignan, Grenache, Muscat de Terracina.

ZANARDI (1962) en Italie cite les cépages très sensibles : Riesling, Pinot, Trebbiano, Barbera, Sangro Ven.

3° Plantes-hôtes

Cet acarien vit généralement sur le Charme, le Noisetier et le Saule, dans les régions septentrionales, mais on ignore pourquoi il est passé sur la Vigne dans la région méridionale.

4° Ennemis naturels

Comme pour l'Araignée rouge les principaux prédateurs sont des acariens des genres *Typhlodromus* et *Amblyseius* qui contrôlent fort bien les populations de Tétranyques. L'acarien prédateur *Allothrombium fuliginosum Her.*, qui est actif durant l'hiver, détruit un grand nombre de femelles hivernantes.

Parmi les insectes prédateurs, il faut citer aussi *Scolothrips longicornis, Stethorus punctillum, Orius vicinus.*

5° Influence du climat

« La répartition des dégâts, selon DELMAS (1956) est fortement influencée par le climat local. Il paraît évident que l'attaque est plus importante dans les endroits où le sol est relativement frais. Souvent les points bas sont plus atteints que les autres. Il est probable que les femelles redoutent une trop grande sécheresse hivernale. La nature du sol intervient aussi pour la même raison. »

D'après TOUZEAU (1971) « *E. carpini* est sensible aux grosses chaleurs et de fortes pluies alternées avec des températures élevées provoquent des mortalités importantes d'œufs. Dans le vignoble bordelais, les pullulations sont intenses au mois de mai lorsque le nombre de feuilles est réduit et que les larves et nymphes de 1re génération cohabitent avec les femelles hivernantes. A cette époque le nombre de formes mobiles peut dépasser 150 par feuille. Puis la densité d'acariens diminue. A partir du mois de juillet, la multiplication des acariens s'intensifie, l'écimage réduit l'accroissement de la végétation et les densités de formes mobiles augmentent pour atteindre souvent leur maximum en septembre avant la descente des femelles hibernantes. »

Eotetranychus williamettei Mc Gregor est une espèce très voisine décrite aux Etats-Unis (Californie). Elle s'en distingue par les proportions plus élancées du doigt terminal du prédipalpe.

Eotetranychus viticola Rekk., espèce décrite en Russie présente des différentes plus marquées, ayant le peritrème recourbé.

TÉTRANYQUE TISSERAND

I — SYNONYMIE

Fr. Maladie rouge de la Vigne (en partie) ; Tisserand commun, Grise (des jardiniers), Araignée jaune à deux taches, Araignée jaune commune, Acarien jaune commun.
Ital. Tetranico.

II — SYMPTOMES

La minutieuse et longue description donnée par V. MAYET et P. VIALA (1893) fait évidemment double emploi avec celle de l'araignée jaune.

Ce qui distingue en général les jaunissements ou les rougissements provoqués par les deux espèces c'est que dans le cas du Tisserand il y a une production abondante de soie qui tapisse la face inférieure de la feuille (toile) et ayant l'aspect d'un véritable tissu grisâtre recouvrant et protégeant les colonies d'acariens. De plus cette espèce est beaucoup moins fréquente dans les vignobles.

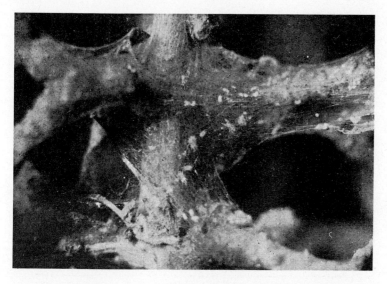

Fig. 153. — Dégâts de Tisserand sur raisins de serre (d'après FLAMANT).

V. MAYET et P. VIALA avaient noté que :

« La *matière colorante* des cellules des feuilles envahies par la Maladie rouge est exclusivement concentrée dans les cellules en palissade, contrairement à celle des Hybrides Bouschet qui est uniformément répandue dans toutes les cellules du tissu lacuneux et du tissu palissadique. Lorsque la feuille est entièrement carminée, les Tétranyques ont disparu. »

Sur les raisins cultivés en serre, les toiles sont beaucoup plus importantes et mieux visibles que sous les feuilles. Les dégâts de Tétranyche furent signalés pour la première fois en France par SAHUT (1891) à Celleneuve près de Montpellier.

III — SYSTEMATIQUE ET DESCRIPTION

Selon V. MAYET et P. VIALA (1893) la « Maladie rouge de la Vigne » était due à une seule espèce d'acarien appelé alors *Tetranychus telarius* L., puis plus tard *T. urticae* KOCH (avec pour synonymes *T. bimaculatus* HARVEY et *T. althea* HANSTEIN).

Nous savons, depuis les études de RAMBIER (1954) qu'il s'agissait de dégâts dus à *E. carpini*. De plus, à la même époque cet auteur observait que le Tetranyque à deux taches du Midi ou Tisserand commun n'était pas *T. urticae*, mais une espèce très voisine, connue alors seulement en Russie sous le nom de *T. turkestani* et aux Etats-Unis sous le nom de *T. atlanticus* MC GREGOR, noms aujourd'hui mis en synonymie.

« *T. turkestani* ou *T. atlanticus* MC GREGOR (RAMBIER 1958) se distingue de *T. urticae* par la conformation du pénis, mais les femelles sont identiques. »

La femelle mesure de 0,53 à 0,60 mm x 0,3 mm avec une forme ovoïde et globuleuse. Sa coloration est variable avec l'âge : d'abord jaune rosé, hyaline, elle devient progressivement d'un vert sale pour les femelles actives (Pl. 15, fig. 2), virant à l'orangé en période sèche ou à l'automne (femelles hibernantes). Sur les côtés du corps les femelles

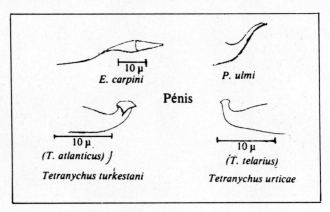

Fig. 154. — Différents types de Pénis chez les acariens (d'après RAMBIER).

actives portent deux grandes taches brunes qui sont absentes, par contre, chez les femelles hibernantes. Sur le dos on compte 6 rangées
de soies dorsales. L'empodium, à l'extrémité du tarse est formé par
3 paires de soie d'égale longueur. Le péritrème est recourbé à l'extrémité distale en un crochet simple et cloisonné. Taches oculaires rouges.

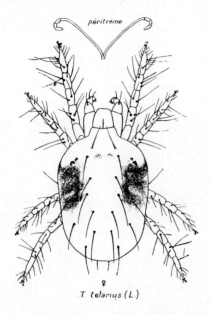

Fig. 155. — *Tetranychus turkestani* (d'après RAMBIER).

Le mâle est de taille plus réduite (0,33 - 0,37 mm x 0,15 mm) avec
un corps élancé, subpiriforme, aminci vers l'arrière. Sa couleur est
jaune vert pâle après la mue, puis jaune roux avec les deux taches
brunes sur les côtés, mais d'intensité moindre. Les mâles n'hibernent
généralement pas.

L'œuf est sphérique, apparemment lisse, car les striations méridiennes sont très difficiles à voir, avec un pédicelle apical ; mesurant
0,12 à 0,13 mm de diamètre il est d'abord blanc translucide, puis jaune
rosé.

IV — BIOLOGIE

Selon RAMBIER (1958) « c'est un Tétranyque de plantes basses,
mais très polyphage, il ne dédaigne pas les végétaux ligneux, même
arborescents et peut se développer également avec intensité sur la
Vigne.

« Il hiverne sous forme de femelles adultes (orangées) qui sortent
très tôt d'hibernation. D'ailleurs, sous certains climats, lorsque la plante-
hôte conserve des organes chlorophylliens en hiver, cette espèce peut
se maintenir sous tous ses stades de développement pendant la mau-

vaise saison. Sur Vigne, le vieillissement de la feuille à l'automne concourt à la production de femelles hivernantes qui trouvent refuge sur les écorces et même dans la terre au pied des souches.

« Au printemps, c'est surtout sur les mauvaises herbes du vignoble que l'on rencontre habituellement *T. urticae*. Il se propage ensuite à la Vigne qu'il n'attaque sévèrement qu'au cours de l'été. »

« La vigne selon MATHYS (1967) n'est généralement envahie qu'après une ou plusieurs générations accomplies sur la flore spontanée. La destruction de celle-ci permet donc d'éliminer une dangereuse source d'infection. Plus rarement la vigne peut être infestée dès le départ de sa végétation et on trouve alors ensemble des œufs et des stades post-embryonnaires, rendant la lutte plus difficile. »

Après quelques jours de préoviposition, les femelles déposent leurs œufs assez groupés à la face inférieure ou supérieure des feuilles, au milieu d'un tissage abondant de toile assurant une bonne protection de la ponte. Chaque femelle, suivant les générations, pond de 40 à 100 œufs, sur une période de 14 à 18 jours. Selon la température et l'humidité, l'incubation de l'œuf varie de 3 jours (à 25 °C) à 20 jours (à 14 °C).

Le développement larvaire demande de 4 à 30 jours (5 jours à 25 °C).

Le nombre de générations dans l'année varie de 7 à 12 le plus souvent, mais sous certains climats favorables on peut atteindre une vingtaine.

A la fin de l'été les acariens peuvent migrer des plantes basses vers la Vigne et y poursuivre leur évolution jusqu'en octobre-novembre, époque à laquelle les femelles hibernantes se réfugient dans leurs abris.

A tous les stades actifs, ce Tétranyque tisse des toiles soyeuses à la face inférieure des feuilles. Ces toiles sont disposées en plusieurs couches parallèles, plus ou moins horizontales, reliées entre elles par des fils verticaux ; elles assurent une excellente protection des œufs et de toutes les formes contre le vent, la pluie, les prédateurs et les traitements acaricides (BONNEMAISON, 1961).

V — CONDITIONS DE DEVELOPPEMENT

1°) Répartition géographique

Cet acarien est cosmopolite et il existe dans les 5 continents sur des plantes très diverses. Sur la Vigne on le trouve principalement dans les cultures sous serres, mais plus rarement en plein air, pépinières notamment. En France quelques foyers existent en Champagne et en Bourgogne, les attaques ayant lieu dans les jeunes vignes.

2°) Réceptivité des vignes

TRENTINI, in MELIS (1956), cite par ordre décroissant de sensibilité : Teroldego, Merlot, n., Lagrein, Vernaccia, Negrara, Schiave, Nosiola, Muscat jaune. Les cépages les plus résistants sont la Rossara, le Pinot gris et en grande partie aussi les variétés à raisins blancs.

Dans la vallée de la Loire, le Muscadet, le Gamay noir à jus blanc et Seibel 5455 sont très attaqués.

3°) Plantes-hôtes

Le Tisserand est un acarien très polyphage se développant sur les Rosacées (Pommier, Poirier, Prunier, Cerisier, Pêcher, Rosier, Fraisier), les légumineuses (Haricot, Féverolle, Trèfle, Luzerne, Vesce), les Composées (Dahlia, Chrysanthème), les Solanées, les Cucurbitacées (Melon), l'œillet, etc.

4°) Ennemis naturels

En France, les principaux prédateurs sont des Coléoptères : *Stethorus punctillum*, des *Coccinellidae* (*Oligota Holobus*) *flavicornis*, des *Staphylinidae* ; un Thrips (*Scolothrips longicornis*), des Punaises (*Orius minutus, Orius vicinus, Malacocoris chlorizans, Anthocoris nemorum*, etc.) ; des Diptères Cécidomyides (*Therodiplosis persicae*), mais surtout des Acariens : *Amblyseius aberrans, A. finlandicus, A. californicus, Typhlodromus pyri*).

ARAIGNÉE ROUGE

I — SYNONYMIE

All. Rote Spinnen, Spinenmilben, Milbenspinnen.
Angl. Red spider, spider mite.
Ital. Tetranico, ragnetto rosso.
Esp. Aranuela roja.
Port. Aranhiço vermelho.

II — SYMPTOMES

Au printemps les premiers dégâts peuvent apparaitre très tôt. Dès le débourrement on peut remarquer un rabougrissement des feuilles (Pl. 16, fig. 3) qui jaunissent et se recroquevillent. En cas d'attaques graves les feuilles malades finissent par sécher et tomber. « En général, indique RAMBIER (1958) les attaques en cours de saison sont peu visibles tant que les Acariens séjournent à la face inférieure des feuilles. Mais sitôt qu'ils piquent l'épiderme supérieur, les symptômes se manifestent très rapidement par des décolorations dues aux piqûres qui vident le contenu cellulaire du parenchyme palissadique et provoquent sur les cépages blancs une sorte de « grise » généralisée donnant un aspect jaune argenté (Pl. 16, fig. 2, 4), mat et poussiéreux à l'ensemble du feuillage. Sur les cépages rouges, cette altération s'accompagne d'un rougissement anthocyanique. »

La chute prématurée des feuilles en cas d'attaque importante diminue la qualité de la récolte (plus faible teneur en sucres et acidité élevée) et nuit à l'aoûtement des sarments.

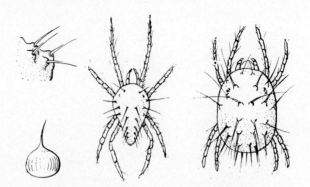

Fig. 156. — *Panonychus ulmi* (d'après MATHYS).
1. Soies dorsales ; 2. Œuf ; 3. Mâle ; 4. Femelle.

III — SYSTEMATIQUE ET DESCRIPTION

L'araignée rouge, nommée d'abord *Tetranychus pilosus*, CAN. puis *Paratetranychus pilosus* CAN et ZACHER, *Metatetranychus ulmi* (KOCH), est appelée maintenant *Panonychus ulmi* Koch.

Cette Araignée rouge n'est pas spécifique de la Vigne et elle a pour hôtes de nombreuses plantes cultivées.

La femelle possède un corps ovale, globuleux, rouge ou brun rouge, mesurant 0,40 × 0,25 mm ; son dos fortement bombé porte 7 rangées transversales des soies insérées sur des protubérances ou tubercules blanchâtres, bien visibles à la loupe (Pl. 16, fig. 1).

Le mâle, plus élancé que la femelle est aussi plus petit 0,27 × 0,16 mm. Son corps, subpiriforme, se rétrécissant vers l'arrière est de couleur orange pâle à la naissance et devient par la suite rouge vermillon, puis rouge brun. Les tubercules sont absents.

Selon RAMBIER (1958) « les *œufs* sont en général rouges en forme d'oignon (parfois rosés), ovoïdes, aplatis aux pôles, striés en surface suivant des lignes méridiennes et avec un pédicelle effilé au pôle supérieur ».

IV — BIOLOGIE

« Cette espèce hiverne à l'état d'œuf (*espèce ovohivernante*). Sur Vigne, les œufs d'hiver sont déposés autour des bourgeons et des cicatrices foliaires (Pl. 16, fig. 7) surtout au niveau des premiers nœuds, mais on les trouve aussi disséminés le long des bras et du tronc dans les replis et les crevasses des écorces.

« L'éclosion se produit au premier printemps, en avril-mai. D'après différents observateurs, elle serait plus tardive sur Vigne que sur Arbres fruitiers. Elle peut s'échelonner pendant une quinzaine de jours ou trois semaines. Le nombre d'œufs qui n'éclosent pas est d'autant plus élevé que l'échelonnement des éclosions, dépendant des conditions climatiques, est plus grand. »

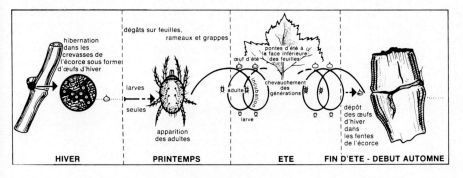

Fig. 157. — Cycle biologique de *Panonychus ulmi* (d'après SANDOZ).

La mortalité naturelle est parfois importante, pouvant atteindre 40 % et plus. En effet, la diapause des œufs n'est rompue que lorsqu'ils ont subi des froids hivernaux, avec des températures au-dessous de — 5 °C. Plus ces températures moyennes inférieures à 5 °C sont fréquentes, plus les éclosions printanières sont importantes et groupées. Par contre, dans les régions à hiver doux, les mortalités des œufs d'hiver peuvent être assez importantes et les éclosions très échelonnées (vignobles littoraux).

« Si la température se maintient au-dessus de 14°, l'éclosion des œufs d'hiver s'achève en une semaine environ. Ce délai, écrit MATHYS (1953), n'excède généralement pas 2 à 3 semaines en conditions défavorables. » A l'éclosion les *larves* mesurent 0,2 mm et elles se nourrissent en piquant la face inférieure des feuilles.

Elles se développent en 18-20 jours.

« Les *premiers adultes*, écrit MATHYS (1953) atteignent leur complet développement dès le début de mai et l'on observe durant la seconde décade du même mois, les premières pontes dont procédera la première génération de l'été. Fait extrêmement important pour la lutte chimique contre *P. ulmi*, il se trouve ainsi chaque année une brève période, coïncidant habituellement avec la fin de la floraison des pommiers, pendant laquelle il n'existe pas d'œufs sur les végétaux, les pontes d'hiver étant écloses et les premières pontes d'été n'étant pas encore apparues. »

« C'est à ce moment que se situe la période optimum des traitements pour les Pommiers, un peu après la fin de la floraison, au moment où l'on constate l'apparition des premiers adultes. » (BONNEMAISON).

La *durée de vie* des adultes est de 12 à 18 jours pour les femelles et de 10 jours pour les mâles ; elle dépend d'ailleurs de l'état physiologique du feuillage.

La *fécondité des femelles* diminue graduellement avec les générations : elle est en moyenne de 26 œufs par femelle pour la première génération, de 16 pour la deuxième, de 14 pour la troisième.

La ponte commence en moyenne 3 jours après la dernière mue et se poursuit pendant 10-12 jours.

« Les *œufs d'été* sont pondus sur les feuilles, généralement à la face inférieure, où se tiennent le plus souvent les adultes et les larves. Cependant lorsque le temps est très chaud, d'après RAMBIER (1958), ces derniers envahissent également la face supérieure des feuilles. L'incubation des œufs d'été varie de 5 jours à 25 °C jusqu'à 15 jours à 15 °C. »

Pour BONNEMAISON (1961) « la durée d'incubation dépend des conditions climatiques et peut-être aussi de facteurs internes ; elle varie de 6 à 21 jours, avec une moyenne de 15 jours ».

Dans la pratique, le *déroulement du cycle* complet se produit en 18-20 jours au printemps, 4 à 8 jours en été et 20 à 25 jours à l'automne.

« Les conditions optimales de multiplication d'après TOUZEAU (1971) sont réalisées avec une température moyenne de 23 à 25 °C et une hygrométrie de 60-70 %, permettant le développement complet du cycle en 13 jours. Cette durée atteint 25 jours à 20 °C, 35 jours à 15 °C et 50 jours à 11 °C Au-dessous de 8° aucun développement embryonnaire n'est possible. Avec des hygrométries inférieures, on note de nombreuses mortalités d'œufs et de formes mobiles et une diminution, puis un arrêt des pontes. Inversement les périodes pluvieuses prolongées correspondant à des températures basses sont défavorables. »

De même, les températures élevées accompagnées d'une faible hygrométrie détruisent les œufs. Ainsi s'expliquent certains arrêts brusques de la multiplication de l'Araignée rouge au cours de l'été avec des températures de 30 à 35 °C, mais une faible hygrométrie. Ces conditions climatiques anéantissent d'ailleurs également les larves et même les adultes.

MATHYS (1955) indique « qu'à raison de 12-14 jours pour l'accomplissement du cycle biologique complet on peut obtenir, théoriquement au bout d'un mois et demi, une descendance de 400.000 individus environ à partir d'une seule femelle ».

Comme les diverses générations se chevauchent largement les pullulations maximales s'observent en général dans le courant du mois de juillet, à l'époque où coexistent des individus de deuxième et troisième génération.

Nombre de générations. Au cours de la saison 6 à 8 générations peuvent se succéder, mais en année défavorable, elles se réduisent à 3 ou 4.

« L'étalement des éclosions des œufs d'hiver d'après TOUZEAU (1971) provoque le chevauchement des générations qui se succèdent sans interruption jusqu'à la fin de l'été :

— 6 à 8 générations dans les régions méditerranéennes.

— 5 à 6 générations dans les régions atlantiques.

— 2 à 4 générations dans les régions continentales les plus septentrionales ou en altitude.

« Le nombre de générations est sous la dépendance des conditions climatiques et peut varier considérablement, pour une même région, d'une année à l'autre. L'action conjuguée de la température et de l'hygrométrie règle en effet l'importance de l'ovogenèse, la durée du cycle évolutif et les taux de mortalité des divers stades de l'acarien. »

« La première et la deuxième générations selon BONNEMAISON (1961) ne pondent que des œufs d'été, la troisième et la quatrième des œufs d'été et des œufs d'hiver et la cinquième, qui pond en septembre-octobre, uniquement des œufs d'hiver. Ces œufs d'hiver assureront la survivance de l'espèce pendant la mauvaise saison. »

Trois facteurs principaux influent sur la ponte des *œufs d'hiver :* la durée du jour ou photopériode, la température et la nature de l'alimentation (vieillissement du feuillage) :

La diapause devient totale dès 10-15 °C et pour une photopériode de 12 heures, ce qui correspond approximativement aux conditions de la fin septembre. Toutefois le dépôt des œufs d'hiver par les femelles des dernières générations intervient dès la fin août ou le début de septembre. Par exemple dans le Bordelais, où l'on compte en général, 5 générations, ce dépôt est effectué par des femelles de quatrième et cinquième générations. La ponte des œufs d'hiver est d'environ un œuf par jour et par femelle.

Tandis que l'alimentation sur les feuilles senescentes peut déclencher un dépôt plus précoce des œufs d'hiver, certains pesticides augmentent parfois de façon considérable les populations en allongeant la période d'activité et de ponte des individus de la dernière génération.

V — CONDITIONS DE DEVELOPPEMENT

I°) Répartition géographique

L'araignée rouge est présente dans l'ensemble des régions cultivées, situées entre le 30ᵉ et le 60ᵉ degré de latitude nord. Dans l'hémisphère austral, on l'observe en Tasmanie et en Nouvelle-Zélande (TOUZEAU, 1971).

Sur la vigne, cette espèce a été trouvée en Allemagne, en Suisse, en Italie. En France, V. MAYET l'avait déjà signalée en 1893. Actuellement, elle est surtout nuisible aux vignobles de la moitié nord de la France : Champagne, Bourgogne, Alsace, Anjou ainsi qu'à une partie de ceux du Sud-ouest (Bordelais). Dans le midi méditerranéen ses dégâts sur Vigne restent encore très localisés (Vaucluse). » (RAMBIER, 1958).

2°) Réceptivité des vignes

Aucun auteur ne fait état de sensibilité particulière des cépages ou inversement de résistance.

3°) Plantes-Hôtes

L'araignée rouge s'attaque à tous les Arbres fruitiers, surtout au Pommier, au Poirier, au Prunier, au Pêcher et au Cerisier ainsi qu'au Groseillier à grappes, au Fraisier et à divers arbustes : *Cotoneaster*, *Ulmus*, *Salix*, *Cratoegus oxyacantha*, etc.

4°) Animaux parasites

La multiplication de l'Araignée rouge est entravée par de nombreux ennemis naturels, notamment par divers Acariens du genre *Typhlodromus* qui hivernent sous les écorces à l'état adulte ainsi qu'une punaise *Malacocoris chlorizans* PZ. observée par MATHYS (1954).

BRYOBE DES GRAMINÉES

Cet acarien des Graminées et des Pommiers ou des Poiriers a été vu, selon DELMAS (1956) parfois sur la Vigne, mais sa présence n'est qu'accidentelle.

Appelé *Bryobia praetiosa* KOCH, cette espèce appartient bien à la famille des *Tetranychidae*, mais à la sous-famille des *Bryobiinae*. Il s'agit en réalité d'un ensemble de formes souvent parthénogénétiques, toutes rouge foncé, mais à modes de vie très variés. Pour MATHYS (1954) il s'agirait du « complexe Bryobia » formé de plusieurs espèces, à morphologie très voisine, mais dont la biologie diffère en de nombreux points.

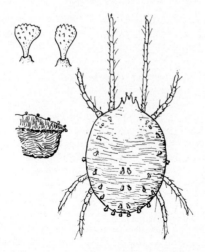

Fig. 158. – *Bryobia* sp. (d'après MATHYS). En haut à gauche soies dorsales en spatules, à droite, adulte au corps strié et rugueux (avec détail à gauche), pattes antérieures très longues.

L'espèce trouvée épisodiquement sur Vigne passe l'hiver sous forme d'œufs en diapause. Ces œufs sont arrondis et rouge clair et se rencontrent toujours sur les parties ligneuses.

L'adulte femelle possède un corps aplati, brun à surface fortement striée. Les soies dorsales sont spatuliformes ou en forme d'épine.

On compte 3 à 4 générations par an.

ACARIENS DES RACINES

HOPP (1958) a observé en Allemagne, dans la région de Fribourg deux espèces d'Acariens vivant sur les racines des vignes européennes et américaines : *Caloglyphus michaeli* Oud. et *Tyrophagus brauni* Hopp. Ces acariens peuvent causer des dommages aux racines de Vigne. Le traitement peut être réalisé avec du DDT, du Vapam ou du Sulfure de carbone.

*
* *

CARACTERES GENERAUX DES DEGATS
DUS AUX TETRANYQUES

Les dégâts dus aux Tétranyques peuvent devenir importants et RAMBIER (1958) les classe en deux catégories :

« 1° *Les dégâts de printemps* ou de débourrement. Ils se manifestent lorsqu'au départ de la végétation les jeunes pousses sont envahies par les larves qui viennent d'éclore (*P. ulmi*) ou des femelles qui sortent d'hivernage (*E. carpini*).

« Leurs piqûres provoquent des lésions aussi bien sur le rameau en formation, sur la grappe naissante que sur la jeune feuille. Il s'ensuit des nécroses et des dessèchements d'organes qui sont très préjudiciables à la plante lorsqu'ils intéressent des pousses entières. Il en résulte également un ralentissement de la croissance, l'apparition de déformations d'autant plus prononcées qu'à cette époque de l'année la température peut être relativement basse et la croissance de la vigne faible. Ainsi, certaines souches attaquées sévèrement depuis plusieurs années ont-elles tendance à prendre un port nanifié.

« 2° *Les dégâts d'été* ou de véraison sont ceux qui se manifestent soit sur les feuilles adultes par les modifications de coloration déjà signalées, soit sur les pousses d'août des extrémités dont les feuilles se boursouflent et prennent un aspect jaune poudreux. Dans les cas graves les feuilles se grillent, sèchent et tombent. L'attaque évolue de la base des rameaux vers les extrémités. Bien souvent ces attaques procèdent par foyer : dans un vignoble donné, seuls certains tènements sont envahis. Dans une parcelle de même encépagement, certaines souches ou certaines rangées sont plus gravement atteintes que l'ensemble.

« Toutes les perturbations que subit de ce fait la fonction chlorophyllienne influent à plus ou moins longue échéance sur la production et notamment sur la teneur en sucres :

		kg degrés
Témoin	7 kg à 12°3	86,10
Ceps attaqués par *E. Carpini*	6,5 kg à 10°1	65,65

PLANCHE 15

ARAIGNEES JAUNES

1. — Forte attaque d'araignées jaunes avec défoliation (Cl. Sandoz) ;
2. — Araignée jaune, fortement grossie (Cl. Sandoz) ; 3. — Dégâts sur cépage
blanc (Cl. Sandoz) ; 4. — Dégâts sur cépage rouge (Cl. Sandoz) ; 5. — Forme
hibernante d'Araignée jaune sur écorce d'un cep (Cl. Sandoz) ; 6. — Araignées
jaunes à la face inférieure d'une feuille (Cl. Sandoz) ; 7. — Aspect « roussi »
des feuilles parasitées (Cl. Sandoz).

L'influence sur la récolte et sur la production de bois n'est appréciable que si l'attaque des acariens se maintient importante pendant plusieurs années. Des souches sévèrement attaquées depuis longtemps n'ont fourni que 200 à 300 g de bois contre 500 à 1.000 g sur les ceps demeurés sains.

En dehors de ces cas extrèmes, il n'est pas possible de mettre en évidence une différence significative pour les quantités de vendange et de bois. Par contre il est plus facile d'observer une déficience qualitative du bois par un défaut d'aoûtement, ce qui peut augmenter la sensibilité au gel d'hiver. »

*
* *

METHODES DE LUTTE CONTRE LES ACARIENS

L'extension brutale des Acariens sur la Vigne après 1950 a clairement montré le rôle néfaste que pouvait présenter, dans certains cas, la lutte chimique provoquant un déséquilibre biologique en détruisant les prédateurs naturels. Tandis qu'avant 1939 les dommages causés par les Tétranyques n'étaient que sporadiques et localisés, les viticulteurs doivent maintenant tenir compte de leur généralisation et des dommages possibles qu'ils peuvent provoquer. De parasites très facultatifs et très secondaires, les Tétranyques sont devenus des parasites importants.

Actuellement la lutte contre les Acariens est devenue un ensemble complexe qu'on ne peut dissocier, ni séparer de la lutte chimique au moyen d'acaricides spécifiques.

Il faut donc envisager successivement :

A - *Les influences des facteurs ambiants :* traitements chimiques réalisés contre les autres parasites de la vigne et influence de ces substances sur les prédateurs des acariens ; climat, poussières, sensibilité des cépages, procédés culturaux.

B - *Lutte chimique contre les Tétranyques* et cadences de traitements.

A — Influence des facteurs ambiants

I — LES TRAITEMENTS CHIMIQUES

C'est indiscutablement l'emploi de certains insecticides (Parathion, Carbaryl, DDT) qui ont provoqué brutalement la plupart des pullulations d'acariens, observées dans les vignobles depuis 1950.

Ces brusques pullulations, appelées « resurgences » par les auteurs anglo-saxons, aboutissent à une solution provoquée et entretenue d'un ravageur, normalement rare et peu dangereux, par suite des traitements chimiques appliqués à la culture. C'est ce qui est arrivé avec les Tétranyques sur les Vignes traitées contre les Vers de la grappe au moyen d'esters phosphoriques ou de carbamates. On a observé une rupture de l'*équilibre biologique* par suite de l'influence simultanée de 3 facteurs :

1° *La destruction des ennemis naturels* des Acariens, due au fait que ces animaux prédateurs sont plus sensibles que les Acariens phytophages de la vigne à l'action des substances chimiques employées.

2° Cette destruction a entraîné la *pullulation des Tétranyques* qui ont pu se développer sans contrainte n'ayant plus de prédateurs pour freiner leur développement.

3° On assiste aussi à une *stimulation des capacités physiologiques* des Tétranyques (longévité, fécondité, vitesse de développement, pourcentage des femelles) le plus souvent par modification biochimique de la feuille de vigne qui devient plus appétissante et plus nutritive (RAMBIER, 1979).

4° *La sélection des races résistantes* aux insecticides vient accentuer le mécanisme précédent. Les causes de cette résistance sont variables dues soit à des particularités morphologiques, soit à des particularités physiologiques.

La *résistance aux pesticides*, écrit RAMBIER, (1979) est largement répandue chez les Tétranyques et si elle ne se manifeste pas pour le moment dans le cas de *E. carpini*, elle est fréquente dans les populations de *P. ulmi* ainsi que chez celles de *T. urticae* et de *T. turkestani*, en particulier dans le Midi. »

UNTERSTENHOFER (1961) a étudié « la formation de la résistance des acariens aux acaricides, notamment vis-à-vis des esters phosphoriques (Parathion, Demeton, Thiometon, Phencapton, Phosdrine, etc.). Dans une population donnée d'acariens il existe des différences de résistance génétiquement fixées. Les acaricides agissent comme agents sélectifs qui favorisent unilatéralement les génotypes résistants, qui restent finalement les seuls à se multiplier. Conformément à l'apparition relativement rare des gènes de résistance, l'accroissement de la résistance progresse d'abord lentement et ensuite de façon accélérée, selon l'allure d'une courbe exponentielle et nécessite un accroissement en progression géométrique des doses léthales.

« La formation de la résistance dépend de plusieurs facteurs : la matière active (différence entre les produits employés), la rapidité de la mortalité de la population qui favorise l'apparition plus rapide de la résistance, la nature de la plante-hôte. Il faut aussi tenir compte de la *résistance croisée :* la résistance vis-à-vis d'un acaricide peut constituer une prédisposition à l'apparition accélérée d'une résistance vis-à-vis d'autres acaricides (cas de composés phosphorés étudiés par HANSEN, 1958). »

DITTRICH (1961) a étudié « la question de la diminution de la vitalité des acariens accompagnant l'accroissement de leur résistance. Avec l'augmentation de la résistance on observe une diminution des œufs pondus et cela d'autant plus que la température ambiante est plus élevée. De plus, les individus résistants supportent moins bien les températures élevées et ils sont plus sensibles à une carence de nourriture. Enfin le rapport des sexes est en faveur des mâles. Par conséquent la résistance aux acaricides diminue la vitalité des acariens. De plus la résistance n'est pas un phénomène stable, elle disparaît dès qu'une population est soustraite à l'effet d'un acaricide sélectif. La perte de résistance se réalise d'autant plus rapidement que la température et l'humidité sont élevées. De façon générale cette régression s'accomplit néanmoins plus lentement que l'accroissement de la résistance étant donné que les produits antiparasitaires exercent une sélection plus profonde que les conditions ambiantes. Il ne faut donc pas s'attendre à ce que peu de temps après la fin de l'application d'un acaricide, l'ancienne sensibilité réapparaisse ; en effet il faut un certain temps avant que les facteurs de résistance disparaissent dans une mesure suffisante ».

Dans un essai, réalisé sur Aramon, en 1955, RAMBIER (1958) a fait pulluler *E. carpini* avec un seul traitement appliqué le 18 avril avec le parathion (0,01 %), le malathion (0,05 %), l'E.P.N. (0,025 %) et un soufre mouillable (0,2 %). La moyenne des Acariens par feuille, établie sur 11 répétitions était le 7 juillet de 23,2 pour le témoin, 41,6 pour le parathion, de 51,6 pour le soufre, de 98 pour le malathion et de 103 pour l'E.P.N. Les poudrages furent aussi néfastes que les pulvérisations. Les organochlorés et les arséniates ne montrèrent pas de tels dangers.

Les fongicides de synthèse (Zinebe, Captane) favoriseraient aussi les pullulations, mais les résultats obtenus sont très variables.

« Dans les essais sur les actions secondaires des traitements antitordeuses effectués dans le Gard, AGULHON et als (1975, 1977) ont montré que parmi les insecticides classiques expérimentés seuls le *dichlorvos* et le mélange *fenitrothion + trichlorfon* ont permis d'obtenir des populations de Tétranyques plus faibles qu'avec les autres produits et voisines du témoin non traité. Mais, écrit RAMBIER (1979) ces populations sont demeurées encore trop élevées au cours des trois années successives des essais et ont provoqué quelques dégâts au feuillage.

« Les insecticides nouveaux ne paraissent pas non plus sans danger. Des essais encore fragmentaires avec les *pyréthrénoïdes* de synthèse (perméthrine, fenvalerate) nous ont montré qu'il y avait aussi danger de développement de *P. ulmi* et d'*E. carpini* dans les parcelles traitées avec ces produits.

« Dans les vignobles (modèle B) soumis régulièrement aux traitements anti-tordeuses une lutte indirecte est encore possible à l'aide de certains traitements anti-mildiou. Dans les essais collectifs du Gard (ITV + PV + INRA) nous avons pu bien mettre en évidence l'action de frein de la *dichlofluanide* à l'égard de *P. ulmi*, mais surtout celle très prononcée du *mancozèbe* et du *manèbe* vis-à-vis d'*E. carpini*. Dans ces essais les populations les plus abondantes sont toujours dans les parcelles traitées aux produits cupriques, ainsi qu'au mélange éthylphosphite d'aluminium + folpel. »

CHABOUSSOU (1956 à 1974) a fait de nombreuses études sur les conditions de pullulations des acariens.

« En ce qui concerne les fongicides il a montré que la bouillie bordelaise à 0,5 % avait entraîné une augmentation nettement supérieure de *P. ulmi* par rapport à celle enregistrée avec la dose de 2 %. Cette incidence positive du cuivre à faible dose est aussi à rapprocher des résultats obtenus avec divers fongicides organiques utilisés purs. L'adjonction de cuivre dans la formule entraîne une multiplication très significativement supérieure des populations de *P. ulmi* (les différences peuvent être de 1 à 10).

« Le captane possède également un effet positif sur la multiplication de l'araignée rouge. HERING (1958) enregistre aussi des populations d'œufs d'hiver de *P. ulmi* plus élevées sur les parcelles traitées à l'Oxychlorure de cuivre et au captane que celles traitées au Zinèbe.

« Par rapport aux témoins, Manèbe et Propinèbe n'entraînent qu'une très légère majoration des œufs d'hiver de *P. ulmi*, sans différence significative. Toutefois le Zinèbe et la bouillie bordelaise à 2 % provoquent une multiplication significative par rapport aux témoins. »

II — LES PREDATEURS

A - *LES ACARIENS* ont heureusement de nombreux ennemis naturels parmi les Acariens et les Insectes, qui les chassent activement.

« Les *Typhlodromes*, de la famille des *Phytoseiidae*, sont les acariens prédateurs les plus actifs contre les Tétranyques, donc des auxiliaires très précieux du vigneron. D'après RAMBIER (1958, 1972) ce sont des acariens blanchâtres pyriformes, largement arrondis à l'extrémité postérieure, avec de longues pattes. Ils sont très mobiles, pondent des œufs translucides, lisses, ovoïdes, légèrement allongés. Ils ont une forme larvaire hexapode et deux formes nymphales, octopodes, plusieurs générations dans l'année. Ils se promènent sur le feuillage, se nourrissent de proies variées, attaquant les acariens phytophages. Ce sont les femelles qui passent l'hiver sous les écorces.

« Plusieurs espèces se rencontrent sur Vigne. Dans le Midi il s'agit surtout d'*Amblyseius aberrans* OUD. (= *Typhlodromus aberrans* = *T. vitis* OUD.), mais aussi de *T. soleiger* RIBAGA, *T. tiliae* OUD., *T. pyri* SCHEUTEN), etc.

« Les Typhlodromes hibernent sous les écorces et sortent dès le débourrement pour gagner les jeunes pousses. On compte 3 ou 4 générations par an. Au laboratoire à température constante le développement demande une semaine environ à 25 °C et un mois à 15 °C pour *T. aberrans*. Ils vivent aux dépens de toute la microfaune du feuillage (eriophyides, thrips, etc.) et s'attaquent à tous les stades de développement des Tétranyques : œufs, larves, adultes. Ils pourraient même, pour certains, se contenter accidentellement d'un régime plus ou moins végétarien.

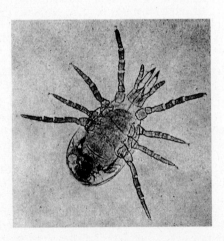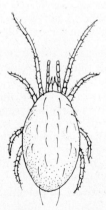

Fig. 159. — *Typhlodromus sp.* (d'après MATHYS).

« Ce sont des hôtes constants du vignoble, mais leur densité varie considérablement suivant les régions, les parcelles, les cépages, etc. Leur présence est très utile pour empêcher le départ des pullulations.

« Parmi les autres acariens acarophages il faut mentionner les *Anystis*, au corps rouge trapézoïdal qui courent rapidement sur les feuilles. Les *Trombidium*, également rouges, mais à pilosité un peu serrée, soyeuse, un peu en forme de sablier, les *Cunaxidae* et les *Cheyletidae*. Tous ces prédateurs qui sont pour la plupart colorés en rouge, vivent dispersés sur le feuillage et parfois sur les écorces. »

« La situation actuelle des Tétranyques dans le vignoble méridional peut, selon RAMBIER (1979) être schématisée par deux modèes extrêmes :

— *Le modèle A* est une vigne d'Aramon ne recevant aucun traitement insecticide sur le feuillage et pour les fongicides : des poudrages au soufre trituré et des pulvérisations de cuprozinèbe. Dans ce modèle il n'y a pas de Tétranyques, mais seulement un prédateur, le typhlodrome *Amblyseius aberrans*, qui est un prédateur de protection. Il vit et se développe sur la végétation indépendamment de la présence de Tétranyques et cependant les combat lorsqu'ils apparaissent sur la vigne. Ainsi tendent-ils à s'opposer à l'installation des Tétranyques et à protéger le feuillage qui les héberge. Dans ce type de vignoble, lorsqu'un foyer de Tétranyques se manifeste, il est en général localisé et il est recommandé de ne pas traiter avec un acaricide. Les typhlodromes et ensuite les *Scolothrips* et les *Stethorus* élimineront le ravageur.

Ce modèle, qui était celui de la situation des vignobles avant l'emploi des insecticides de synthèse, est un bon équilibre, peu fluctuant ; il tend de plus en plus à disparaître, mais il existe encore et on doit s'efforcer de le maintenir.

— « *Le modèle B* est celui d'un vignoble d'Aramon ayant reçu depuis de nombreuses années des traitements anti-tordeuses (esters phosphoriques, metidathion). Les traitements fongicides sont des poudrages au soufre et des pulvérisations avec des oxychlorures de cuivre, du manèbe et du zinèbe. Ce modèle présente une population de Tétranyques abondante avec dégâts du feuillage. On y trouve les 3 espèces de Tétranyques de la région (*E. carpini, P. ulmi* et *T. turkestani*) mais le même modèle existe avec une seule espèce, *E. carpini* en général.

« La population des prédateurs est toujours très faible et ne se manifeste en général qu'après l'arrêt de tout traitement à l'arrière-saison. Le typhlodrome caractéristique est ici une autre espèce : *Amblyseius californicus* (*A. chilenensis*) et fait partie d'une autre catégorie de prédateurs : les prédateurs de nettoyage. Ce sont des espèces qui recherchent les foyers de Tétranyques où elles trouvent leur habitat normal d'activité alimentaire. Elles ne se maintiennent pas sur la plante en l'absence de Tétranyques.

Ce modèle tend à se généraliser. C'est celui du vignoble traité régulièrement aux insecticides, en particulier dans la plaine de l'Hérault et du Gard. »

MATHYS (1954) « souligne l'importance des Typhlodromes, qui se distinguent par leur couleur jaune, une taille élancée et de longues pattes leur assurant une grande mobilité. Leur voracité est surprenante :

un seul individu parvient en deux jours à détruire 20 à 25 acariens. Après avoir implanté dans la victime son appareil buccal muni de fortes pinces, le prédateur la vide de son contenu en quelques minutes.

« Après hibernation, les femelles pondent à la mi-mai des œufs allongés, d'une taille double à celle de *P. ulmi.* Ce prédateur se tient de préférence dans le feutrage de la face inférieure des feuilles au point de jonction des nervures, et c'est là qu'il dépose ses œufs à raison d'une dizaine par femelle.

« On le trouve moins sur certains cépages (Riesling, Johannisberg ou Sylvaner, SV 5-247) alors que les Seibel 1000 et 7053 sont peu attaqués par l'araignée rouge parce qu'ils abritent un nombre relativement élevé de Typhlodromes. »

B - *LES INSECTES* sont aussi des prédateurs utiles.

« On rencontre parfois des *Chrysopes*, dont les pontes si caractéristiques sont constituées par des œufs blancs, ovoïdes, dressés isolément au bout d'un long pédicelle filiforme.

On trouve aussi fréquemment les larves de certaines *Cécidomyies* acariphages. De couleur rose ou rouge, elles tissent au moment de la nymphose un cocon dans lequel elles s'enferment, le plus souvent le long d'une nervure principale.

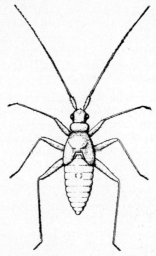

Fig. 160. — Nymphe de *Malacocoris chlorizans* (d'après MATHYS).

De minuscules *Punaises anthocorides* se livrent aussi à une chasse active. « Une punaise *Malacocoris chlorizans* Pz, d'après MATHYS (1953), dont l'activité ininterrompue de la mi-mai à la mi-septembre provoque un véritable massacre de ravageurs dans tous les vergers menacés par *P. ulmi.* »

De petites *Coccinelles* noires, du groupe des *Scymnus* avec leurs larves foncées ornées de mamelons poilus sont également de très efficaces prédateurs (*Stethorus punctillum*).

Enfin il faut mentionner les *Thrips* dont tout un groupe, les *Scolothrips* (BOURNIER, 1954) sont de redoutables ennemis des Tétranyques. Sur la plante, on les reconnaît assez facilement : par leur teinte paille sur laquelle se détachent nettement les trois taches brunes de chacune des ailes, ce qui a valu à l'une des espèces le nom de *sex maculatus*. De plus, leur pronotum est orné de grosses soies.

De la présence ou de l'absence de ces prédateurs dépendent des équilibres favorables ou défavorables aux Acariens phytophages.

III — LE CLIMAT

« Les variations dans les pullulations d'acariens d'après RAMBIER (1958) sont avant tout le fait de facteurs climatiques qui sont parmi les plus anciens et qui, jadis, ont eu le principal rôle dans le déclenchement des pullulations comme cela se produisit aux environs de 1890 et de 1909.

« Ce sont surtout des facteurs de base, indispensables à l'action des autres facteurs. Les différents éléments du climat : température, humidité, pluie, lumière, vent, etc., agissent sur le développement des populations d'acariens. Une température assez élevée (28-30 °C), l'absence de longue période pluvieuse sont directement favorables à la multiplication des Tétranyques. La température agit avant tout sur la vitesse du développement, mais aussi sur l'activité des individus. Au laboratoire à température constante en passant de 12 à 22 °C, la durée de développement de l'œuf passe d'un mois à une dizaine de jours.

« La vitesse de l'ovogenèse et par suite le taux journalier d'oviposition varient dans le même sens. C'est dire l'influence de ce facteur sur le nombre des générations.

« Ainsi, dans une parcelle, ce sont souvent les microclimats les plus chauds qui sont les plus envahis (rangées abritées par un mur, etc.). Cela est d'autant plus vrai que l'on se trouve dans des régions moins chaudes.

« Par contre les pluies printanières ou estivales qui s'accompagnent en général d'une chute de température stoppent brutalement les pullulations. Cette action n'est bien souvent que momentanée. Mais parfois (1957) dans le Languedoc cette action s'est prolongée durant tout le printemps. »

Dans certains vignobles étrangers, l'irrigation par aspersion tous les 10 jours en juin-juillet diminue de moitié le nombre de Tétranyques par feuille alors que celui des Typhlodromes demeure constant.

IV — LA POUSSIERE

« La présence de poussière sur les souches favorise, d'après RAMBIER (1958) les pullulations. C'est ainsi que les ceps en bordure d'un chemin poussiéreux sont les plus atteints.

« Cette poussière peut avoir deux origines principales :

— elle peut provenir du *sol même du vignoble,* sous l'action du vent, souvent à l'occasion de labours rapides et répétés. Les terres argileuses, qui deviennent très poussiéreuses en été, sont souvent des emplacements de foyers.

— elle peut avoir aussi une *origine industrielle* et provenir d'une fumée d'usine (fabriques de ciment, carrières, four à chaux) et même en Italie des retombées de cendres volcaniques.

Enfin il faut tenir compte du facteur poussière lors de l'application des traitements par poudrage.

« La poussière agit directement ou indirectement par de nombreux mécanismes sur les biocoenoses acariennes. Mais surtout elle tend à disperser les Tétranyques. Or Davis a montré chez un *Tetranychus* que, pour un même effectif global, les populations denses comparées aux populations éparses, pondent moins d'œufs, ont une proportion d'œufs variables plus faible, une mortalité de larves plus forte. D'autre part la dispersion des populations entrave l'action sanitaire des prédateurs.

Sous l'action de la poussière, certains Tétranyques tissent des toiles plus épaisses et renforcent ainsi leur protection vis-à-vis des auxiliaires.

Nous avons pu observer encore que la poussière tendrait à éliminer un grand nombre de prédateurs. »

V — CEPAGE

« Lorsqu'on examine une parcelle de Vigne complantée de divers cépages, il est courant d'observer que c'est seulement certains d'entre eux qui subissent des dégâts importants. Les phénomènes qui règlent cette sensibilité sont très mal connus : ils sont soit d'ordre mécanique : épaisseur, dureté de la cuticule foliaire, pilosité, soit parfois biochimique.

« En règle générale, écrit RAMBIER (1958) les Vignes américaines et les Hybrides sont moins attaqués que les cépages français. Certains sont particulièrement sensibles comme l'Aramon, le Muscat bl., le Muscat d'Alexandrie, le Gamay en Beaujolais, le Picquepoult (Folle bl.), le St-Emilion dans le Gers, le Sémillon, le Merlot dans le Bordelais, le Pinot en Bourgogne et Champagne.

« Dans les vignobles où plusieurs espèces de Tétranyques se trouvent en mélange comme en Bourgogne et dans le Bordelais, il est plus difficile de voir si tel cépage est plus sensible à l'une ou l'autre de ces espèces. Parfois il semble bien que le Sémillon est surtout attaqué dans l'Entre-deux-mers par *E. carpini*, alors que le Merlot porte principalement *P. ulmi*, mais j'ai pu observer d'importantes différences de sensibilité d'un même cépage suivant les régions et suivant les années. Même les hybrides peuvent être localement très attaqués comme le 7120 C dans le Gard. »

VI — LES PROCEDES CULTURAUX

1°) Le greffage

La nature du porte-greffe, par sa vigueur, peut favoriser ou entraver le développement de *P. ulmi*, d'après les essais réalisés sur Merlot par CHABOUSSOU et CARLES (1973), les cépages sur Riparia favorisant la reproduction des acariens et ceux sur 420A l'entravant. Pour *E. carpini* c'est l'inverse qu'on observe, par suite d'une plus grande richesse en acides aminés.

Selon RAMBIER (1958) « les porte-greffes ne sont pas favorables au développement des Tétranyques et ne se présentent pas comme des agents dangereux de contamination de nouvelles parcelles lors de l'établissement d'une vigne.

« Par contre, on peut propager les espèces ovohivernantes comme *P. ulmi* par l'utilisation des greffons prélevés dans un vignoble contaminé. En particulier, en Champagne, MALBRUNOT a observé une très forte contamination de *P. ulmi* en chambre chaude après greffage avec des bois qui portaient des œufs.

« De même la transplantation à partir de pépinières de plants greffés peut être la source de contamination non seulement avec *P. ulmi* mais également avec les espèces de plantes basses comme *T. telarius* qui affectionne les plantations denses et bien arrosées des pépinières et dont les femelles adultes peuvent demeurer en hiver sous les jeunes écorces.

2°) Les labours

« Ils peuvent dans certains cas favoriser les pullulations par la poussière qu'ils soulèvent. Ils peuvent avoir un autre effet favorisant d'une manière indirecte, lors de la destruction brutale des mauvaises herbes en provoquant une migration des Tétranyques de ces herbes vers les souches. Cela ne peut avoir quelque importance que si certaines de ces plantes (liserons par ex.) sont en abondance et déjà fortement contaminées.

« Le cas le plus fréquent de ces migrations est celui résultant de la destruction ou du dessèchement de certaines bordures de parcelles. Cela ne joue pratiquement que pour *T. telarius* (ou *T. atlanticus*) qui se rabat sur les quelques rangées de vigne les plus voisines dont le feuillage est ainsi attaqué au cours de l'été (effet de bordure et de voisinage).

Pour les deux principales espèces viticoles (*P. ulmi* et *E. carpini*) ce mécanisme ne paraît pas jouer car elles vivent toujours sur des végétaux ligneux, même de préférence arborescents et jamais sur plantes herbacées.

3°) Mode de conduite

« Le palissage des souches est également un facteur favorisant. En Languedoc les vignes les plus atteintes sont souvent celles établies sur fil de fer.

« En Champagne, en Bourgogne et en Gironde, où le palissage est la règle, les parcelles contaminées sont très atteintes et l'attaque se présente sous un aspect plus homogène que dans les vignobles non palissés. Les populations d'acariens y sont en effet dans des conditions optimales d'exposition et la dissémination des individus suivant les souches d'une même rangée est facilitée par les rameaux qui se touchent.

4°) Les fumures

« Des recherches ont montré que différents Tétranyques (*P. ulmi*, *T. telarius*) présentaient des populations d'autant plus importantes que les fumures appliquées à la plante hôte étaient plus fortes. Ainsi GARMAN et KENNEDY indiquent qu'au bout de 3 semaines sur les plantes fumées, on obtient une descendance de 79 individus par femelle, alors que sans fumure elle n'est que de 23,2.

« A l'aide du P.32, Rodriguez a mis en évidence qu'une forte proportion de phosphore prélevée dans la plante par des femelles de Tétranyques passait dans les œufs. Aussi n'est-il pas anormal de voir certaines vignes surabondamment fumées présenter des attaques particulièrement sévères. »

B — Lutte chimique contre les Tétranyques

Les traitements chimiques ne peuvent prétendre éliminer totalement les Tétranyques et le seul but à atteindre doit être de les maintenir au-dessous d'un seuil économiquement nuisible, ce qui implique la connaissance des *seuils de nuisance.* Ceux-ci sont exprimés en nombre de formes mobiles (larves, nymphes et adultes cumulés) par feuille. Ils varient suivant l'époque, car il est évident qu'une même population d'acariens sur une très jeune feuille au mois d'avril est beaucoup plus dangereuse que sur une feuille adulte au mois d'août.

Selon Baillod et al (1974) « le praticien dispose de trois possibilités, basées sur le contrôle visuel, pour juger de la nécessité d'un traitement :
— l'estimation de population, méthode couramment utilisée, longue, mais précise.
— l'évaluation du risque sans dénombrement, réalisée empiriquement par chacun ; il s'agit d'un procédé subjectif et peu sûr.
— l'évaluation du risque par fréquence d'occupation des feuilles. Elle est rapide car elle ne nécessite pas de comptage. On détermine simplement le pour cent de feuilles occupées par un ou plusieurs acariens.

L'estimation de population par contrôle visuel se fait à l'aide d'une loupe binoculaire (10 x) sur des organes prélevés dans la culture. Sur le bois de taille, le contrôle des œufs d'hiver de l'araignée rouge, recherchés autour des bourgeons du sarment ou à sa base sur une portion de bois de 2 ans, permet la prévision de graves attaques. En période de végétation, le contrôle des formes mobiles sur feuilles exige un échantillonnage de 100 feuilles au printemps et 50 en été.

Baillod, Bassino et Piganeau (1979) ont cherché à perfectionner la *méthode du pourcentage de feuilles occupées* par un acarien dans le cadre des recherches pour la lutte intégrée.

« L'intérêt pratique de cette méthode réside dans la rapidité et la facilité de contrôle pour lequel une petite loupe de poche suffit. Lors de l'examen de 100 feuilles, il suffit de séparer les feuilles occupées par un acarien ou plus et de les compter.

« La répartition de *P. ulmi* a été étudiée durant la saison, sur 3 étages de végétation : inférieur, médian et supérieur, sur la base d'échantillons de 100 feuilles prélevées à raison d'une feuille par cep et par étage (Maurin, 1972). Les résultats, exprimés en nombre d'acariens pour 100 feuilles ou en % de feuilles occupées, fournissent des indications concordantes : au printemps, la population se tient dans les étages inférieur et médian, suite logique de la colonisation des pousses par les larves issues des œufs d'hiver. En été le maximum de population habite l'étage médian, puis en fin de saison l'étage médian ou supérieur, ce qui correspond aux phases de multiplication et de dispersion sur le végétal.

« A partir d'un niveau critique (70-80 %) d'occupation des feuilles la croissance des acariens est très rapide et devient insupportable.

« Pour *E. carpini* les résultats sont légèrement plus dispersés, traduisant une répartition plus irrégulière de cette espèce.

Le danger est d'autant plus grand que le pourcentage de feuilles occupées est plus élevé. Les contrôles français et suisses aboutissent à des relations mathématiques qui permettent de donner une correspondance entre la fréquence d'occupation et le nombre moyen d'acariens par feuille.

Fréquence d'occupation	Nombre moyen d'acariens par feuille
20 %	0,28 à 0,34
30 %	0,52 à 0,58
40 %	0,89 à 0,96
50 %	1,50 à 1,62
60 %	2,63 à 2,70
70 %	4,52 à 5,06
80 %	7,56 à 12

Au printemps on peut supporter un pourcentage relativement élevé de feuilles occupées, car les populations se diluent rapidement dans la masse végétale. Au contraire en été il est indispensable de maintenir un taux d'occupation suffisamment bas pour éviter les pullulations estivales et dans une certaine mesure pour *P. ulmi* les pontes hivernales sur les bois, qui commencent en août dans la plupart des régions et même en juillet dans le Valais.

« Le choix du seuil de tolérance est à définir dans chaque région et pour chaque espèce d'acarien.

	seuil de tolérance		
	entre les stades E et H	dès le stade H à l'été	dès la mi-août
France sud-est et sud-ouest	70 %	70 %	30 %
Suisse romande et Tessin	60 %	60-70 %	30-45 %
Valais			20-30 % (dès le 15 juillet)

Ces seuils sont applicables dans les vignes où les prédateurs sont absents. Ils facilitent la lutte avec un minimum de traitement sur une période de plusieurs années. Les périodes les plus favorables pour une intervention se situent au printemps avant la ponte des œufs d'été sur feuilles (stades E-G selon les régions) et en été juste avant la ponte des œufs d'hiver sur bois.

Pour l'araignée rouge *P. ulmi,* les seuils de tolérance indicatifs et provisoires de 10 à 20 formes mobiles par feuille au stade E-F et de 3 à 5 formes mobiles en été seront adaptés en fonction de la région, du cépage et de l'époque d'intervention, sur la base de l'expérience de l'observateur. »

Dans le Sud-Ouest, Touzeau (1971) indique que « pour *E. carpini* au moment du débourrement (stades C et D) un traitement doit être envisagé quand le nombre de femelles hibernantes dépasse 20 à 30 par bourgeon. Après le débourrement (stades E-F) pour *P. ulmi* un traitement est indispensable si le nombre de formes mobiles atteint 15 à 20 par feuille. Ces traitements sont d'autant plus nécessaires que les températures se maintiennent basses et retardent le développement normal de la végétation.

« Au-dessous de ces populations, la croissance végétative paraît généralement normale et il est préférable de ne pas traiter, surtout dans les régions septentrionales ou celles du littoral atlantique où il est fréquent que la première génération d'araignées rouges soit décimée naturellement par des conditions climatiques défavorables au cours du mois de mai. »

Depuis, Touzeau (1979) précise que la lutte « peut être conçue globalement suivant *deux stratégies,* correspondant à deux états d'esprits différents :

« 1° On envisage de *combattre régulièrement, chaque année,* les acariens au moyen de produits acaricides lorsque les pullulations deviennent dangereuses, sans agir sur les causes possibles de ces pullulations. Dans ce cas, il suffit d'intervenir avec les produits homologués lorsqu'apparaissent les tétranyques ou leurs symptômes. Avec une telle méthode, on se condamne pratiquement à lutter chaque année.

« 2° On tente d'*agir, dans toute la mesure du possible, sur certaines causes de pullulations des acariens* et, parallèlement, tant que la situation le rend nécessaire, on utilise des acaricides pour abaisser les niveaux de population.

Cette seconde méthode, plus difficile à réaliser et plus délicate à mener à bien, doit aboutir à la disparition, progressive mais durable, du problème des tétranyques ou, tout au moins, à maintenir les populations à un niveau économiquement supportable, sans interventions régulières.

« Dans ce cas, il convient d'agir selon les directives ci-dessous :

a) apporter au vignoble une *fertilisation rationnelle* et équilibrée, en évitant tout abus à un excès de vigueur.

b) *choisir des insecticides anti-tordeuses* qui ne favorisent pas la multiplication des acariens (azinphos, carbaryl, parathion).

c) *utiliser des fongicides anti-mildiou,* possédant à titre secondaire une certaine action freinante sur les tétranyques : mancozèbe, manèbe et propinèbe.

d) la *méthode de lutte directe* la plus intéressante, à long terme, consiste à intervenir en été juste avant le dépôt des pontes d'hiver de *P. ulmi* (1re quinzaine d'août) avec un acaricide spécifique efficace contre les œufs, les larves et les adultes. Cette méthode permet d'éliminer dans une forte proportion des populations hivernantes d'œufs (*P. ulmi*) ou de femelles (*E. carpini*) et d'éviter des pullulations dangereuses au moment du départ en végétation au printemps suivant. Ce traitement ne se justifie que si on observe au début août, au moins 30 % des feuilles hébergeant des araignées rouges ou présentant des symptômes caractéristiques d'araignées jaunes.

e) en cas de non-exécution de ce traitement, il peut être indispensable d'*intervenir peu après le débourrement*, surtout quand les conditions climatiques sont défavorables à un bon départ en végétation de la vigne. Mais c'est également le cas où le traitement est le plus difficile à réussir. L'absence de surfaces foliaires importantes et de mouvement de sève rendent peu efficaces les produits systémiques et les basses températures diminuent notablement l'efficacité de certaines matières actives. L'intervention est justifiée si on observe au moins 15 à 20 formes mobiles par petite feuille.

Si l'araignée rouge domine, utiliser de préférence le Tetrasul efficace à la fois sur les œufs d'hiver encore non éclos et sur les jeunes larves.

Si l'araignée jaune est la plus importante, utiliser un acaricide spécifique efficace contre les adultes.

f) sauf de rares cas, il est généralement *inutile de traiter les acariens entre le stade* 2-3 *feuilles étalées et le mois de juillet*. En effet, cette époque correspond à la période de croissance rapide de la vigne et le développement de la végétation aboutit à une dilution des populations existantes de tétranyques. Cependant si au début juillet on constate plus de 30 % de feuilles hébergeant *P. ulmi* ou présentant des symptômes de *E. carpini* on ne peut attendre le début août pour traiter et il convient d'avancer le traitement acaricide d'été ».

Epoque des traitements

1° *Les produits d'hiver* ne sont valables que contre l'araignée rouge, puisque c'est la seule espèce à hiberner sous forme d'œufs et situés à découvert. La première possibilité d'intervention se situe avant l'éclosion des œufs d'hiver de *P. ulmi*, au stade C-D. A partir de ce stade on peut utiliser une huile minérale contre les œufs qui deviennent plus vulnérables à mesure que leur éclosion approche. Toutefois 20 à 30 % des œufs, bien cachés sous les écorces, restent viables parce qu'inaccessibles à la bouillie.

Des essais réalisés par BERNON (1954) contre *E. carpini* ont montré que cette araignée jaune résistait parfaitement sous les écorces à l'échaudage des ceps, aux fumigations de soufre sous cloche aux doses de 10 à 20 g par souche, aux pulvérisations d'huile d'anthracène, au traitement à l'arsenite de soude ou au traitement de sulfate de fer additionné d'acide sulfurique.

En Champagne, les essais de FRANÇOT et MALBRUNOT (1956) contre *P. ulmi* ont montré que les différents produits employés (Oléoparathion, oléomalathion, oléodiazinon, colorant nitré, huile jaune) et appliqués au stade de pré-débourrement (19 avril) n'avaient pas donné de différence significative entre eux et que leur efficacité, quoique intéressante, était insuffisante et ne dispensait pas d'un traitement de post-débourrement.

En Italie Trentini (in Melis, 1956) a entrepris plusieurs essais, réalisés en Vénétie pour détruire *T. urticae*. Les traitements d'hiver (1-15 mars) sur vignes écorcées ou non ont donné les résultats suivants :

1er *groupe* : Polysulfures de calcium à 30-32° Bé à concentration variable (10 à 35 %). Sur les vignes écorcées on a eu de bons résultats avec des concentrations de 25 % et plus ; sur les autres au contraire, également avec de fortes concentrations on a eu des résultats presque négatifs. Ceci fait supposer que l'effet acaricide, qui a eu lieu dans le premier cas, était plutôt dû à l'écorçage.

2e *groupe* (sur vignes non écorcées) : Polysulfures de calcium mélangés avec des huiles d'anthracène. On a obtenu une moyenne de mortalité variant entre 59,2 et 66,5 % contre 12,6 % au témoin.

3e *groupe* (sur vignes non écorcées) : Les huiles d'anthracène ont donné une mortalité oscillant entre 89,2 et 98,8 %.

4e *groupe* : On a utilisé des huiles minérales additionnées de D.N.C. et la mortalité varia de 26,4 à 47,8 %.

5e *groupe* : Les esters phosphoriques à forte concentration, additionnés avec beaucoup de mouillant ont donné des résultats négatifs.

Par conséquent pour les traitements d'hiver (ou de prédébourrement) les produits les plus actifs sont ceux à base d'huiles d'anthracène.

De toute façon l'efficacité de destruction n'est pas totale et ne dépasse pas 95 à 99 % et comme les acariens ont une faculté extraordinaire de reproduction, les 1 à 5 % restants suffisent pour redonner une population active.

2° *Les traitements de post-débourrement ou de printemps* sont à réaliser quand les pousses atteignent 5 à 10 cm de longueur, au stade E-F.« Dans le cas de *P. ulmi* un seul traitement suffit presque toujours, indique Baillod et al (1974), si on intervient au bon moment, après l'éclosion des œufs d'hiver, mais juste avant la ponte des œufs d'été. Pour cela il faut surveiller l'apparition des mâles, de forme et de couleur caractéristiques, postés en attente auprès des femelles en nymphose. Il reste alors quelques jours pour traiter avant l'apparition des premières pontes d'été.

« Le mois de juin (en Suisse) correspond à l'intervalle séparant la première génération de l'araignée rouge de la seconde. Cette période est marquée par une chute naturelle de population. Un contrôle et une intervention ne sont guère nécessaires à ce moment, si l'on a suivi attentivement l'évolution des acariens au printemps ; mais en juillet il y a lieu de reprendre la surveillance de cette espèce. »

Les essais de Trentini, au moment de l'invasion des acariens sur les jeunes bourgeons, avec des esters phosphoriques employés à diverses concentrations ont donné une mortalité variant de 58,6 à 96,3 %. Avec le sulfate de nicotine et des soufres mouillables on n'a même pas obtenu 40 %. Avec du polysulfure de calcium additionné à un soufre mouillable, la mortalité a oscillé de moins de 40 % (dose la plus basse) à 78,5 % (dose la plus élevée). Enfin un insecticide à base de roténone a provoqué une mortalité comprise entre 75,2 et 87,5 %.

3° *Les traitements d'été* sont à envisager de mai à juillet. Pendant cette période le nombre de feuilles augmente rapidement et la surface foliaire croît plus vite que les populations d'acariens. En conséquence le nombre de formes mobiles par feuille diminue alors rapidement et se maintient au-dessous d'un niveau dangereux, bien que les populations totales par souche soient en progression.

Puis avec l'arrêt de croissance de la vigne, accompagné de conditions climatiques souvent favorables aux acariens, on assiste à une reprise des pullulations en juillet-août. A cette époque, les feuilles adultes peuvent supporter, sans grand dommage, des populations de l'ordre de 30 à 50 formes mobiles par feuille, quelle que soit l'espèce de tétranyque considérée. Donc un traitement ne sera envisagé que si le seuil de nuisance est atteint, sinon il est préférable de s'abstenir. Contre *E. carpini* le traitement d'été est généralement le plus utile.

4° *Les traitements d'automne* sont sans intérêt car ils ne peuvent servir à diminuer sérieusement les populations d'acariens et à réduire les infestations du printemps prochain. Les pontes d'hiver de *P. ulmi* débutent dès la fin août et les femelles hibernantes de *E. carpini* gagnent leurs abris d'autant plus tôt que les pullulations sont importantes.

Pendant l'hiver une proportion importante des œufs de *P. ulmi* est supprimée au moment de la taille, notamment avec la taille courte. Pour les formes hibernantes de *E. carpini* ou *T. urticae* on constate aussi de fortes mortalités au moment de leur reprise d'activité, de sorte que, sans qu'on puisse toujours l'expliquer, il est fréquent qu'un vignoble infesté une année soit pratiquement indemne l'année suivante.

Les produits acaricides

Ils sont assez nombreux et chaque année le Service de la Protection des Végétaux dresse la liste des produits homologués ou en autorisation provisoire de vente. Le tableau suivant, établi par Touzeau fournit l'essentiel des renseignements sur ces produits, en 1979.

On notera aussi, au point de vue utilisation qu'on classe souvent les produits acaricides en deux groupes :

1° *Les Acaricides de contact*, qui n'agissent que par contact. Il est donc nécessaire d'effectuer le traitement avec le plus grand soin en utilisant une grande quantité de liquide afin de mouiller toute la végétation de la vigne. De plus il est recommandé d'opérer lentement et à forte pression.

2° *Les Acaricides systémiques* qui pénètrent rapidement dans tous les organes de la vigne. Ils ne risquent donc pas d'être entraînés par les pluies puisqu'ils sont véhiculés par la sève jusqu'aux organes en voie de croissance, qui sont ainsi protégés. Ces produits ont leur meilleure efficacité pendant la période de croissance. Enfin leur emploi demande moins de soins que pour les acaricides de contact.

ACARICIDES HOMOLOGUÉS OU EN AUTORISATION PROVISOIRE DE VENTE EN 1979

(d'après TOUZEAU)

1°) Esters phosphoriques de contact

— Matières actives : *azinphos, dialifor ou dialiphos, diéthion, malathion, méthidathion, parathion, phosalone,*

— stades sensibles : œufs d'été, larves et adultes,

— actions secondaires : Produits polyvalents, très toxiques pour la faune utile (sauf diéthion),

— utilisation : produits à éviter pour lutter spécifiquement contre les Tétranyques.

2°) Esters phosphoriques systémiques

— Matières actives : *diméthoate, formothion, monocrotophos, oxydémethon methyl, vamidothion,*

— stades sensibles : œufs d'été, larves et adultes,

— actions secondaires : produits polyvalents très toxiques pour la faune,

— utilisation : emploi à réserver surtout au printemps au début de la période active.

3°) Acaricides spécifiques Sulfones et Sulfonates

A = Matières actives : *chlorofenizon, fenizon, propargite, tetradifon* (tédion),

— stades sensibles : œufs d'été et larves seulement,

— actions secondaires : produits généralement neutres,

— utilisation : produits à utiliser 2 fois consécutives à 10 jours d'intervalle ou de préférence en mélange avec des matières efficaces contre les adultes.

B = *Tetrasul,* produit neutre valable contre les œufs d'hiver et d'été, larves et nymphes, intéressant contre *P. ulmi* au moment du débourrement.

4°) Acaricides spécifiques composés halogénés

— Matières actives : *bromopropylate, dicofol,*

— stades sensibles : œufs d'été, larves et adultes,

— actions secondaires : produits neutres sur les insectes,

— utilisation : Produits à action progressive à utiliser surtout en traitement d'été.

5°) Acaricides spécifiques divers

A = Matières actives : *benzoximate, dioxathion + fenizon, chlorfénéthol + chlorfensulfide,*

— stades sensibles : œufs d'été, larves et adultes,

— utilisation : Produits à bonne action de choc, utilisables à toute époque de l'année.

PLANCHE 16   ARAIGNÉES ROUGES

1. — Araignée rouge fortement grossie (Cl. Sandoz) ; 2. — Aspect en fin de saison d'un vignoble attaqué, au premier plan (Cl. Sandoz) ; 3. — Attaque de printemps provoquant un rabougrissement de la végétation (Cl. Sandoz) ; 4. — Face inférieure d'une feuille envahie par les araignées rouges (Cl. Sandoz) ; 5. — Œufs d'hiver fortement grossis, avec des œufs déjà éclos, incolores (Cl. Sandoz) ; 6. — Dégâts sur jeune feuille montrant les nécroses dues aux nombreuses piqûres des araignées rouges (Cl. Sandoz) ; 7. — Œufs d'hiver sur sarment (Cl. Sandoz).

B = *Cyhexatin* contre larves et adultes de *P. ulmi* seulement, moyennement toxique pour la faune utile, à réserver uniquement contre les attaques de *P. ulmi.*

C = *Fenbutatin oxyde* contre larves et adultes ; produit à action progressive, à utiliser surtout en traitement d'été.

Essais de Produits Acaricides

Dans les vignobles du Sud-Ouest, les essais réalisés par la Protection des Végétaux en 1968 et 1969 (FERRON et MIMAUD, 1970) ont donné les résultats suivants contre *E. carpini*, en 1968 :

— Le *dicofol* (produit de référence) à 50 g/hl et le *Phenkapton* à 20 g/hl ont assuré une protection assez suffisante du vignoble pendant une durée minimum d'un mois, dans les trois essais entrepris. La forte hétérogénéite des populations d'acariens n'a cependant permis de faire ressortir statistiquement cette action que dans un seul essai.

— Le *chloropropylate* à 25 g/hl s'est révélé irrégulier. D'efficacité moyenne dans deux essais, il s'est montré nettement insuffisant dans le troisième.

— Le *binapacryl* à 50 g/hl a donné des résultats médiocres dans les trois essais, confirmant la faible action acaricide de ce produit contre *E. carpini* déjà observée en 1966.

« En 1969 les essais ont porté sur *E. carpini* encore mais parfois aussi contre *P. ulmi.*

— Le *dicofol* s'est montré très bon contre *P. ulmi,* mais d'une rémanence un peu faible dans les essais contre *E. carpini.*

— L'association BCPE à 37,5 g/hl *et* CPAS à 37,5 g/hl a donné des résultats prometteurs et paraît avoir une rémanence intéressante supérieure à un mois.

— Le *chloropropylate* à 25 g/hl s'est révélé décevant contre *P. ulmi* et moyen contre *E. carpini.*

— Le *tétrasul* à 40 g/hl a donné d'excellents résultats contre *E. carpini,* tant par son action immédiate que par sa persistance.

— Le *monocrotophos* à 30 g/hl et le *dialifor* à 48 g/hl ont une faible durée d'action à l'égard de *E. carpini* et ils deviennent insuffisants au bout de trois semaines.

— L'*oxythioquinox,* expérimenté à 12,5 g/hl sur *P. ulmi* s'est bien comporté pendant quinze jours, mais il a fléchi rapidement par la suite.

— La *chlorphénamidine* à 50 g/hl qui a donné des résultats satisfaisants à l'égard de *P. ulmi* sur arbres fruitiers, s'est montrée décevante à l'égard de cette même espèce sur Vigne. »

En Champagne, MALBRUNOT, RICHARD et PINEAU (1960) ont réalisé divers essais :

1° *Contre l'Araignée rouge (P. ulmi)* le meilleur produit est l'*Oxydemethon-methyl* qui se détache nettement des autres produits Phosphamidon, Endothion et Phosdrin, non significativement différents entre eux.

2° *Contre le Tétranyque (T. urticae)* les 3 meilleurs produits sont le Tédion (Trichlorophenyl parachlorophenyl sulfone), le Metasystemox (Oxy-demethon methyl) et le Kelthane (Dichlorophenyl trichoroéthanol) avec quelques produits nouveaux : Fac 10 (Isopropilamide de l'acide diethyl dithiophosphoril acétique), l'Ovicar S (Dioxane dithiolbis diethyl dithiophosphate + P.C.P.B.S.) et la Shell Phosdrin.

Les essais de 1961, réalisés par les 3 auteurs champenois ont montré que pour l'Araignée rouge les acaricides de contact (Kelthane, Tedion) très efficaces en application d'été en raison de leur longue persistance semblaient moins intéressants en traitement de printemps, où l'action est plus à rechercher.

En traitement de printemps (début mai) trois produits sont sensiblement équivalents : Ethion, Gusathion et Demeton méthylé, leur action de choc est très bonne ainsi que leur persistance. Le Phenkapton s'est montré insuffisant pour contrôler l'invasion printanière.

Les acaricides systémiques Demeton, Fac 10, Morphotox, Dimecron, et Kelthane (sauf en pulvérisation pneumatique) ont une bonne efficacité, seule la Phosdrine manque de persistance.

Des essais de G. VIDAL (1978) en Roussillon pour la lutte contre l'Araignée jaune (*E. carpini*) montrent l'intérêt du *Dicofol*, supérieur au *Cyhéxatin*. Les comptages des formes mobiles sur 10 demi-feuilles ont été faits à 4 dates après le traitement du 15 juillet :

	J + 4	J + 8	J + 15	J + 30
Dicofol	142	41,2	83	8,5
Cyhexatin	182	132,8	108,2	34
Témoin	609	436,8	525,2	143

Des nombreux essais réalisé par J.-P. VIDAL et MARCELIN (1970-1973) on peut retenir que parmi les Insecticides acaricides :

— Le *Parathion Diethion*, poudre mouillable, produit de référence, reste en tête.

— Le *Monocrotophos* possède une action de choc et ovicide convenables, mais les résultats au bout d'un mois sont inférieurs au Parathion Diéthion.

— Le *Méthomyl* a une certaine action de choc, freine la pullulation sans pour cela l'arrêter.

— Le *Dicofol*, en traitement aérien a une bonne efficacité.

Des essais de poudrage, en mélange avec du soufre sublimé à 70 %, de Méthomyl à 4 % avec soit du Fénizon à 2 %, soit du Dicofol à 2 % soit du Chlorfénizon à 2 % ont montré que la meilleure formulation était obtenue avec le dicofol, suivie par le fénizon avec une action plus lente et enfin le chlorfénizon. Ces formulations permettent une lutte couplée avec celle contre l'Eudemis sans intervention spéciale contre *E. carpini*.

⁎

B — LES TENUIPALPIDAE

Ces Acariens ont un corps allongé 0,2 à 0,3 mm, de couleur orangée, au rostre court, non conique. Le tégument est strié ou présente une réticulation. Ils sont peu mobiles et se tiennent de préférence au contact des nervures principales.

Une espèce : *Brevipalpus lewisi* Mac Gregor, connue depuis 1949 aux Etats-Unis comme nuisible aux Orangers, Citronniers et Grenadiers a été trouvée sur Vigne par RAMBIER (1954) dans l'Hérault et le Vaucluse, parasitant des Hybrides, non traités au soufre. Cet acarien provoque un brunissement de la face inférieure des feuilles, le long des nervures ainsi qu'à la base des rameaux et sur les grappes.

Un soufrage permet de se débarrasser facilement de cette espèce.

C — LES ERIOPHYIDAE

Ce sont des acariens qui piquent les feuilles, les bourgeons, les inflorescences ou les fruits. Ces piqûres entraînent la formation de poils hypertrophiés (Erinose) ou des déformations de feuilles (Acariose).

La systématique de ces Acariens a été revue par KEIFER à plusieurs reprises (1938, 1955, 1975) aboutissant à une grande super-famille les *Eriophyidae*, ainsi définie :

« Acariens microscopiques, mesurant au maximum 0,2 mm, vermiformes et phytophages, qui sont caractérisés par un céphalothorax court, un abdomen très allongé, orné de nombreuses stries transversales ; deux paires de pattes sans griffes tarsales, mais avec ambulacre plumeux, les deux paires de pattes postérieures manquantes. Orifice génital ou *épigynium* situé juste derrière les pattes et recouvert d'un tégument transversal ; pas d'yeux, pas de cœur, pas d'appareil excréteur, pas de système respiratoire ; présence de quelques *setae* ou soies. »

Cette super-famille comprend 3 familles dont les *Eriophyideae*, famille qui se subdivise en 5 sous-familles dont deux contiennent des espèces nuisibles à la Vigne.

— *Cecidophyinae : Colomerus vitis.*

— *Phyllocoptinae : Calepitrimerus vitis Nal.*

Cette classification a pour conséquence de fusionner sous le premier nom l'Erinose (*Eriophyes vitis*) et la Grape bud mite (*Colomerus vitis*) dont les symptômes sur la Vigne sont bien différents et sous le second nom *Epitrimerus vitis* et *Phyllocoptes vitis*, qui causent l'Acariose.

Il ne nous appartient pas de discuter de la systématique, mais pour tenir compte des symptômes des dégâts nous maintiendrons séparés l'Erinose de la « Grape bud mite », d'autant que cette dernière maladie n'a pas été observée en France jusqu'ici.

ÉRINOSE

I — SYNONYMIE

Fr. Erineum, Erinnose (FABRE et DUNAL), Phytoptus de la Vigne (V. MAYET), Phytopte de la Vigne, Phytoptose (PORTES et RUYSSEN).
Ital. Erinosi, Fitopto della vite.
Esp. Erinosi, sarna de la vid.
Port. Erinose, fitoptose.
All. Pockenkrankheit der Rebe, Blattgallmilbe, Gallmilbe.
Angl. Erinose, bud mite disease, Erineum mite, Blister mite (Austr.).

II — HISTORIQUE

MALPIGHI (1680) en Italie fut le premier à décrire les galles végétales. « Il soupçonnait qu'il s'agissait de productions morbides développées par l'action d'un parasite animal à lui inconnu, ces galles provenant de l'action des gouttes d'un liquide corrosif déposé sur les feuilles par l'animal, en même temps que ses œufs. »

En 1737, REAUMUR indiqua que les galles en forme de clou des feuilles du tilleul étaient probablement dues à des insectes extrêmement petits qu'on ne peut apercevoir qu'avec l'aide d'une très forte loupe.

Ces idées zoologiques furent ensuite abandonnées au profit de productions végétales que SCHRADER, à la fin du XVIIIᵉ siècle, classa dans les champignons parasites sous le nom d'*Erineum vitis*. PERSOON (1809) adopta ce nom, puis FRIES (1815) en fit le genre *Phyllerium* présenté comme voisin du champignon qui provoque la « Cloque du Pêcher ». Pour PALISSOT de BEAUVAIS il ne fallait voir là que des algues et pour UNGER (1833) des hypertrophies de cellules (cc qui est conforme à la vérité pour les dégâts mais qui laissait de côté la cause première).

FABRE et DUNAL (1853) persistent encore dans cette erreur mycologigue et baptisent le parasite *Erineum vitis necator* (Erineum de la vigne meurtrier) tandis qu'ils dénomment la maladie : *Erinnose*.

La Zoologie va reprendre sa place avec le mémoire de TURPIN (1833) « Sur le développement des galles du Tilleul » où il décrit dans ces galles un petit acarien, se rapportant à l'animal indiqué par REAUMUR, dont la forme définitive prend 4 pattes et qu'il nomma, avec LATREILLE, le « Sarcopte du tilleul ». L'année suivante (1834) DUGÈS, à Montpellier, émettait l'opinion que cette forme tétrapode ne devait être qu'une larve d'un adulte octopode, comme l'ensemble des Arachnides. FEE (1834) observe aussi « une larve allongée avec 4 pattes terminées par de petits pénicilles pileux et attachées à la partie antérieure du corps. »

En 1850, von SIEBOLD trouve dans les galles de l'*Erineum* un acarien non encore parvenu à l'état adulte ou pré-adulte pour lequel il créa plus tard, en 1870, le genre *Eriophyes*.

En 1851, DUJARDIN, demeurant fidèle à l'idée de TURPIN, continue de considérer les acariens à 4 pattes comme des Adultes et crée le genre *Phytopus*, que Léon DUFOUR va transformer en *Phytoptus*.

PAGENSTECHER (1857) se référant au genre *Phytoptus* créé par DUJARDIN, nomme *Phytoptus vitis* l'acarien trouvé dans les galles des feuilles de *V. vinifera* L., dénomination que l'allemand LANDOIS (1864) s'attribue dans son étude sur l'Erinose en feignant d'ignorer tous ses prédécesseurs (critique formulée par V. MAYET).

SCHEUTEN (1857) retrouve la forme à 8 pattes signalée par DUGÈS et comme cet auteur il rapproche les *Phytoptus* des Tétranyques par l'examen des pattes et des parties de la bouche. (Il y a évidemment confusion avec ces derniers acariens.)

THOMAS dans une série d'articles parus entre 1869 et 1873 étudie l'Erinose au point de vue des déformations produites sur les végétaux et cite plus de 70 plantes attaquées. Il semble croire à une seule espèce d'acarien qu'il appelle simplement *Phytoptus*, nom auquel il voudrait voir substituer celui *Phytocoptes* (φυτον plante, χοπτω, je coupe) de sorte que le *Phytoptus vitis* est devenu *Phytocoptes vitis* d'autres auteurs. DONNADIEU (1875) dans sa Thèse adopte les idées de DUGÈS et le nom générique de *Phytocoptes* de THOMAS ; il dénomme *Phytocoptes epidermidi* (ou *epidermi*) la forme adulte sexuée alors qu'il considère la forme ordinaire des *Phytoptus* comme une forme larvaire des Tétranyques (groupe créé en 1832 par DUFOUR).

La même année, BRIOSI (décembre 1875) étudiait le parasite dans les collections du Baron MENDOLA en Sicile à Favara qui étaient fortement envahies. Il publiait un mémoire détaillé, avec de bonnes planches à l'appui, qui ont souvent été reproduites dans les livres depuis. Il n'a pas vu les individus adultes à 8 pieds, décrits par DONNADIEU (et pour cause puisque ce dernier a confondu avec les Tétranyques), ni les deux paires de pattes rudimentaires décrites par LANDOIS.

NALEPA, fondateur de la systématique des Eriophydes, entreprend dès 1886, de décrire et classer tous les acariens de cette famille trouvés ou non dans les galles des végétaux. Il divise la famille en deux sous-familles et le *Phytoptus vitis* PGST devient *Eriophyes vitis* (PGCT, 1857) NAL., 1890.

III — SYMPTOMES

Ils peuvent se présenter sur tous les organes herbacés, où l'on observe des dégâts spectaculaires, généralement sans gravité.

A — Les Feuilles

« Au printemps, écrit RAVAZ (1888), dès que la vigne bourgeonne, de petites protubérances se présentent souvent sur les jeunes feuilles en voie d'épanouissement. Si le bourgeon est très duveteux, il est difficile de le distinguer à première vue, mais il suffit de faire disparaître par un léger frottement avec le doigt les longs poils qui recouvrent encore la face supérieure des feuilles pour les apercevoir nettement : elles apparaissent alors colorées en rouge dans la majeure partie des cas, quelquefois en jaune chez un certain nombre de cépages ; elles ont rarement la même teinte que la partie saine de la feuille : leur contour est régulier, généralement circulaire et elles ne mesurent pas au-delà de 2 à 3 mm de diamètre. A mesure que la feuille grandit et que les poils lanugineux dont elle était entourée disparaissent, les galles augmentent aussi en étendue et deviennent plus distinctes. Mais elles changent de couleur. Sauf chez les hybrides Bouschet et quelques autres cépages, où elles sont toujours nuancées de rouge, elles présentent la teinte verte

Fig. 161. — Dégâts d'Erinose sur feuille (original).

normale des feuilles ; en quelques points cependant elles sont d'un vert plus foncé. En même temps leur contour se modifie. Comme elles se développent à peu près exclusivement aux dépens du parenchyme, elles paraissent formées par la juxtaposition de petits mamelons qui se seraient soudés les uns aux autres par leur base et suivant les nervures et les sous-nervures ; celles-ci par suite, sont toujours fortement dessinées en creux à la face supérieure.

« En nombre très restreint, les galles n'impriment pas d'autres caractères à la page supérieure que ceux que nous venons de décrire. Il
n'en est plus de même lorsqu'elles sont très nombreuses : elles se
réunissent les unes aux autres, au point d'occuper toute la surface foliaire
et la déforment souvent considérablement. La feuille devient fortement
rugueuse en dessus, dure, coriace et se brise sous la main ; souvent elle
replie ses bords en dessous, ce mouvement d'involution peut même être
assez marqué pour que la feuille se roule en cigare. Ces cas sont très
rares ; ils se présentent seulement lorsque l'Erinose se développe avec
une grande intensité et presque toujours sur les feuilles de la base des
rameaux. A la fin de la végétation, les galles se décolorent plus tôt que
les tissus avoisinants ; souvent même elles prennent une teinte jaune
très accentuée.

« A la face inférieure, correspondant aux excroissances de la face
supérieure, se trouvent des concavités, plus ou moins profondes, tapis-
sées par un épais feutrage de poils. Au début de l'altération, ces poils
sont souvent masqués par le duvet qui se trouve normalement à la face
inférieure chez les cépages très tomenteux ; plus tard, il est toujours
facile de les distinguer des poils lanugineux auxquels ils sont mêlés ;
leur coloration est d'un blanc mat, mais à mesure qu'ils vieillissent, ils
prennent une teinte rousse qui devient de plus en plus foncée. Lorsque
les galles occupent tout le dessus de la feuille, les poils occupent eux
aussi toute la face inférieure, qui paraît alors recouverte par un épais
duvet dense et serré, de couleur variant du blanc mat au roux foncé.
A l'automne, cette teinte passe au brun, par suite du développement sur
ce duvet de petits champignons qui appartiennent au genre *Pleospora*.
Parfois les poils se développent aussi à la face supérieure de la feuille,
le plus souvent sans occasionner une saillie correspondante de la feuille
au-dessous, mais elle peut exister. Lorsque les feuilles sont déjà âgées
au moment où elles sont atteintes, il ne se forme aucune galle. VIALA
a rapporté d'Amérique des échantillons d'*Aestivalis* dont les feuilles presqu'entièrement couvertes des poils d'*Erineum* en dessous ne portaient
aucune protubérance. » Dans l'herbier VIALA (in E.M.) nous avons noté
de beaux spécimens d'Erinose avec des poils roux, mais apparemment
sans protubérances, sur des échantillons d'*Aestivalis* provenant du Texas
et du Maryland, sur *Lincecumii* provenant de Neosho (Missouri) et sur
Bicolor provenant de Washington. (1)

PLANCHON (1883) signale avoir vu sur un échantillon de *Vitis parvifolia*
(= *flexuosa*) récolté dans l'Himalaya par HOOKER de l'*Erineum* à la fois
sur les deux faces de la feuille.

Le feutrage est constitué par des poils très denses qui sont d'abord
de couleur blanche, parfois blanc rosé, et qui deviennent graduellement
de couleur brune ou rouille. On ne doit pas confondre ce feutrage blanc
au printemps avec la sortie des conidiophores et des conidies du mildiou, qu'on peut éliminer de la surface de la feuille par simple frottement du doigt, alors que le feutrage provoqué par l'Erinose est persistant, puisque les poils sont issus du limbe avec lequel ils font corps.
De plus le Mildiou ne provoque jamais de boursouflures du limbe.

---

(1) Nous avons observé en 1980 les mêmes dégâts sur feuilles de *Lincecumii* au sud de Charleston (South Carolina).

L'importance des boursouflures est très variable, depuis quelques unités à plusieurs dizaines par feuille et dans ce cas les feuilles malades sont plus pesantes, plus épaisses au toucher et elles s'enroulent plus ou moins intensément.

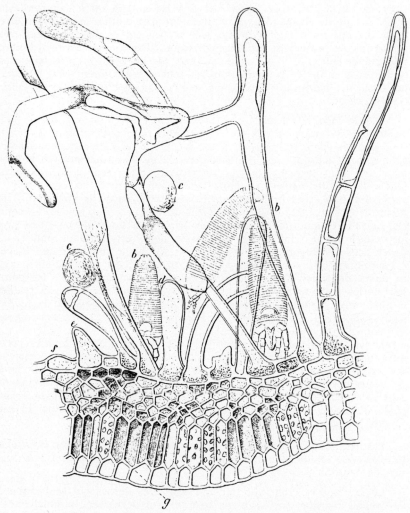

Fig. 162. — Coupe d'une boursouflure d'Erinose (d'après BRIOSI).

« Si, écrit V. MAYET (1887), on fait une coupe au rasoir à travers une de ces déformations de la feuille, on reconnaît que cet aspect feutré provient des cellules de l'épiderme, qui se sont hypertrophiées démesurément allongées en forme de poils cylindriques, renfermant très peu de chlorophylle. Ces poils, généralement unicellulaires, souvent renflés à leur extrémité, quelquefois ramifiés, s'entremêlent avec leurs voisins et forment parfois un lacis inextricable. L'examen des tissus sous-jacents un peu plus petit et surtout plus étroit que la femelle. Sa couleur est jaune pâle, parfois verdâtre (sans doute par absorption de grains de chlorophylle). Ces individus sexués ne vivent que peu de temps. »

Landois (1864) fournit une description détaillée de tous les organes des adultes dont il faut retenir la distinction des sexes :

« La femelle est toujours plus grosse que le mâle : 130 × 35 microns contre 98 × 28 microns. A la partie inférieure du corps, entre le céphalothorax et l'abdomen se trouve l'ouverture qui conduit aux organes de la génération.

« Cette ouverture consiste, dans les acariens femelles, en une dépression transversale de la peau extérieure de 17 microns de large. L'extrémité postérieure du céphalothorax et la partie antérieure de la peau que l'abdomen portent chacune une valvule par laquelle cet orifice peut être ouvert ou fermé. Cette ouverture de l'appareil sexuel des femelles se prolonge immédiatement en un oviducte, à parois assez épaisses jusqu'à l'ovaire impair. L'ovaire est constitué par un utricule qui, vers l'extrémité postérieure du corps, devient de plus en plus étroit. Ordinairement il renferme un seul ovule presque complètement développé et 3 ou 4 ovules imparfaits ; cependant dans l'ovaire de femelles plus fortes et plus grosses, nous avons compté aussi 10 à 12 ovules, dont les premiers, déjà plus complètement développés, étaient rangés sur une seule ligne dirigée vers l'orifixe sexuel. Les ovules postérieurs sont placés par groupes de 2 à 4 à côté les uns des autres. L'œuf en sortant de l'ovaire a la surface gluante par laquelle il adhère, après la ponte, aux excroissances des plantes.

« Les organes de la génération mâle ont une structure tout à fait analogue à celle de la femelle. L'orifice extérieur de l'appareil est également placé dans un sillon muni de deux valvules entre le céphalothorax et l'abdomen ; seulement la fente est sensiblement plus étroite (6, 7 microns) que chez la femelle. De cet orifice part un tube qui, passant sous l'estomac, se dirige vers la partie postérieure du corps, où il est garni de mamelons hémisphériques. Ces mamelons sont de nature cellulaire et développent dans l'intérieur de petits spermatozoïdes arrondis qu'il n'est pas rare de voir en mouvement dans les cellules séminifères.

« Nous n'avons pas encore observé l'accouplement des acariens ; il est vraisemblable que les valvules, placées à l'ouverture des appareils de la génération, servent comme organes d'adhérence. »

« La technique de la préparation des *E. vitis* est, selon Mathez (1965), très délicate, du fait de leur petite taille et de leur abdomen annelé ; fréquemment le corps se contracte lorsqu'on dépose le couvre-objet et les possibilités d'observation au microscope se trouvent réduites.

« La meilleure technique de préparation est la suivante : les acariens décolorés dans l'acide lactique, chauffé à 50 °C pendant quelques heures, sont déposés par groupes de 4 ou 5 dans le liquide de Kiefer I, après 1 minute passage dans le K II pendant quelques instants ; le K III permet d'effectuer le montage en mettant très peu de liquide pour éviter la contraction de l'acarien.

« Il est parfois nécessaire de dilater, de gonfler au maximum les acariens morts et desséchés, avant de procéder au montage des prépa-

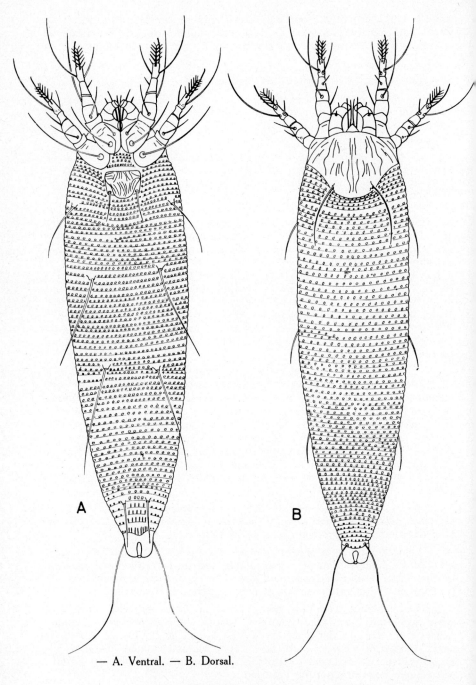

— A. Ventral. — B. Dorsal.

Fig. 165. — Femelle d'*Eriophyes vitis* (d'après MATHEZ)

rations ; pour y parvenir on les dépose pendant quelques minutes dans le liquide d'André, liquide qui peut servir aussi à les conserver, les décolorant très lentement (2-3 mois).

« Pour obvier aux inconvénients de l'observation au microscope avec contraste de phase et immersion on peut étudier les acariens avec un microscope à la lumière incidente, sans immersion, les acariens sont déposés sur les bords d'une goutte d'eau et mesurés vivants, sans couvre objet. »

Composition des liquides de KEIFER :

	I	II	III
Sorbit	40 g	40 g	24 g
Gomme arabique ...			16 g
Eau distillée	40 cc	40 cc	
Formaldéhyde			200 cc
Hydrate de chloral .	112 g	128 g	148 g
Résorcine	8 g		
Iode	4 g	4 g	4 g
Iodure de potasse ...		4 g	4 g

Composition du *liquide d'André* : eau distillée 30 cc, hydrate de chloral 40 g, acide acétique cristallisable 30 cc.

« En Suisse, MATHEZ n'a pu observer que des individus femelles mesurant en moyenne 150 microns de longueur pour 36 de large, avec de très grandes différences entre les moyennes des longueurs des individus prélevés durant l'hiver sous les écorces du courson (160 × 37 microns) ou dans les bourgeons de la base des sarments et ceux prélevés dans les bourgeons de l'extrémité du sarment (qui sont plus petits 118 × 36 microns et qui correspondent à de jeunes femelles).

« Les adultes hivernent sous les écailles externes du bourgeon dormant ; au printemps, la jeune pousse, à peine sortie du bourgeon, est contaminée et il y a formation de galles. »

VI — BIOLOGIE

Les femelles pondent sur les feuilles au printemps, puis disparaissent.

A — Les œufs

« Les *œufs*, d'après LANDOIS, déjà fécondés mesurent entre 0,023 et 0,031 mm. Au-dessous de l'enveloppe, se trouve dans ces œufs, une couche de très petites cellules à bords foncés (les cellules du blastoderme) qui ont 1,3 à 1,7 micron. Les *œufs pondus* sont ovales et mesurent 30-35 × 20-28 microns et bientôt on distingue le jeune embryon, dont le corps se recourbe de manière à rapprocher vers le milieu de la face ventrale les deux extrémités correspondant à la tête et à l'abdomen. Les quatre pattes commencent à paraître déjà dans cette position recourbée de l'embryon sous la forme de rudiments petits et courts, entre lesquels la tête se reconnaît distinctement. Puis les deux extrémités s'écartent de telle sorte que l'embryon s'étend de plus en plus dans l'enveloppe de l'œuf. Son corps grossit beaucoup et peut atteindre 75 microns de long. La pellicule de l'œuf s'étend à mesure que l'embryon grandit et elle s'attache étroitement aux formes du corps de celui-ci, propriété caractéristique des Arachnides ovipares en général. Dans cet état, l'embryon peut déjà se mouvoir vivement, mais il n'a pas encore les tarses plumeux. »

Selon MATHEZ, l'œuf est elliptique, blanchâtre et faiblement translucide, sa surface est réticulée ; dimensions 49 × 40 microns (moyenne de 50 œufs). Si l'on considère que l'orifice génital ou *epigynium* des femelles est de 19 microns, on constate que les œufs sont énormes par rapport aux dimensions des femelles. »

B — Larve

« La *larve*, écrit V. MAYET, mesure 100 à 130 microns de long sur 30-40 de large et ne peut être vue à l'œil nu que posée sur une feuille de papier blanc. Pour bien les voir, RAVAZ (1888) conseille de placer dans un verre de montre des fragments de feuilles malades et de les placer au soleil où ils se dessèchent ce qui oblige les larves à les abandonner et à se répandre dans le verre de montre.

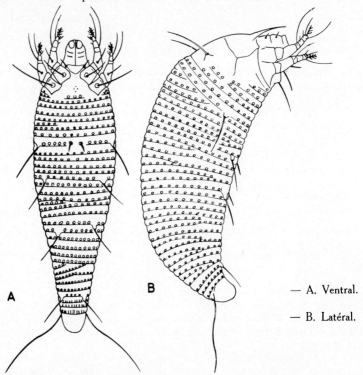

A

B

— A. Ventral.

— B. Latéral.

Fig. 166. — Larve d'*Eriophyes vitis* (d'après MATHEZ).

fait reconnaître la présence de nombreux grains d'amidon, indice d'un travail nutritif important occasionné par la production des cellules piliformes et la prolifération de celles du parenchyme, qui est toujours plus ou moins épaissi. »

B — Les Rameaux

Exceptionnellement les jeunes rameaux peuvent être envahis dans les cas graves (RAVAZ, 1897). Nous en avons personnellement vu, en 1950, sur des échantillons de 7120C, provenant du Gard, les boursouflures étant disséminées sur les mérithalles.

DUPUY (1935), dans l'Aude, a observé que de « jeunes plantations d'Aramon littéralement envahies dans tout leur feuillage présentaient au début de l'été des pousses rabougries, avec un aspect buissonnant rappelant le court-noué, puis en hiver des sarments à peu près inutilisables pour la taille. »

« Les pétioles, les pédoncules et les vrilles, écrit MATHEZ (1965) sont quelquefois partiellement recouverts d'un manchon de galles qui ne semble pas perturber leur élongation. Ces attaques sont simultanées de celles des feuilles et des inflorescences. Les galles se déssèchent en même temps que celles des feuilles. »

C — Les Inflorescences

Les inflorescences peuvent également être parasitées en cas d'invasions généralisées (chez les cépages non soufrés au début du printemps ou les hybrides qui ne reçoivent pas de traitements anti-oïdium). Sporadiquement de tels échantillons sont envoyés pour examen au Laboratoire. Ces attaques sont connues depuis longtemps.

PLANCHON (1886) « signale qu'en Bourgogne (à Beaune et Joigny) on a trouvé de l'Erinose sur des inflorescences de vigne (axe principal, rameaux secondaires, pédicelles des fleurs) qui portent des touffes caractéristiques. Low (1879 et 1880) avait précédemment observé la formation de poils d'*Erineum* sur le pédicelle et le calice des fleurs de vigne sur des échantillons provenant de l'Ecole de Klosterneuburg près de Wien et transmis par RATHAY. FOEX a fait également cette observation dans un domaine près de Montpellier La présence de ce parasite sur les organes reproducteurs ne saurait être absolument inoffensive. Mais il est peu probable que cette altération soit assez profonde et étendue pour compromettre une récolte. »

En Italie, les premiers cas d'Erinose sur raisin ont été signalés par CAVAZZA (1886) à l'Ecole d'Alba, puis par CUBONI (1888) aux environs d'Alba, et par TROTTER (1903) à Parme.

Selon RAVAZ (1888) « toutes les parties constitutives des fleurs peuvent être atteintes: la corolle, les étamines, les ovaires. C'est sur les pétales que l'action de l'Erinose est le plus visible. Ces organes deviennent épais ; leur coloration est rougeâtre, jamais d'un vert clair comme à leur état normal et au lieu de se détacher en capuchon, ils s'ouvrent en étoile. Les étamines restent ainsi plus courtes ; leurs filets s'épaississent, deviennent verts et demeurent souvent soudés contre les ovaires. Les ovaires sont aussi souvent atteints, ils sont alors déformés, bosselés irrégulièrement et recouverts de poils nombreux.

« Lorsque la fleur est ainsi altérée, elle cesse de s'accroître, elle coule presque toujours et chez quelques cépages, dans les années défavorables, la coulure ainsi produite a causé d'assez grands dégâts.

« Même après la floraison les grains de raisin peuvent être attaqués ; les touffes de poils n'entravent pas considérablement le grossissement de la baie. »

COUDERC (1921) a observé des attaques graves sur des raisins de 1 Seibel « les jeunes inflorescences sont surtout atteintes tout d'abord à leur sommet, le grappillon s'atrophie et se couvre d'une teinte blanchâtre légèrement rosée, les jeunes boutons restent petits et ne tardent pas à se dessécher. Puis toute la grappe est envahie et se dessèche à son tour.

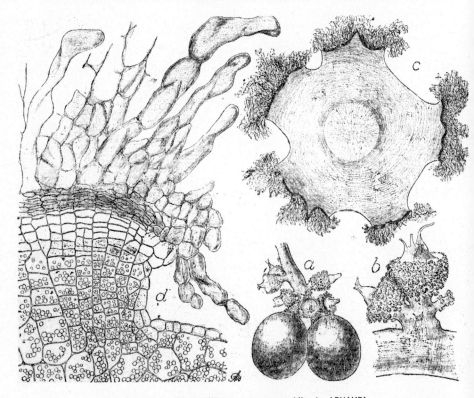

Fig. 163. — Dégâts d'Erinose sur grappe (d'après ARNAUD).

Les poils nacrés forment des masses concrescentes le long des pédicelles, à la base du calice, en bourrelets renflés, encroûtant même les boutons, mais plus rarement. » MATHEZ (1965) indique que « les boutons floraux sont contaminés alors que la grappe n'est pas hors du bourgeon terminal. Les piqûres provoquent une hypertrophie des cellules, notamment de celles de la coiffe (corolle en capuchon) ; les pétales se séparent et les *E. vitis* pénètrent à l'intérieur de la fleur en bouton ; celle-ci s'épanouit prématurément, les pétales restent fixés par la base au calice (déhiscence en étoile) ; les pétales et les anthères peuvent se souder.

Quelques galles se développent à l'intérieur et à l'extérieur de la fleur. On remarque fréquemment la présence d'œufs et de larves, généralement à l'intérieur des pétales. La fleur avorte et tombe au moment de la floraison ; les inflorescences perdent ainsi dix à quinze fleurs, rarement plus. »

D — Les grappes

ARNAUD (1913) a décrit et dessiné les altérations des grappes, provenant de raisins de Forster et Frankenthal, cultivés dans une véranda non chauffée : « Le pédoncule du grain paraît enveloppé d'un manchon de couleur brun ferrugineux ou chocolat, analogue à celle des poils vieux de l'Erinose. A un examen plus attentif on voit que le manchon est formé d'un certain nombre de touffes de poils très rapprochées. Ces touffes sont portées au sommet de protubérances parenchymateuses formées par l'action d'une assise subéro-phellodermique qui a donné du côté interne du phelloderme, dont les cellules contiennent de l'amidon comme celles de l'écorce normale, et du côté externe, du liège dont les cellules sont plus ou moins brunes ; au-dessus se trouvent les poils de l'Erinose. Cet état représente seulement les traces d'une attaque ancienne d'Erinose, les *Phytoptus* ont disparu depuis plusieurs semaines, ils avaient d'abord amené la formation des poils, puis il s'est formé un liège cicatriciel qui a amené la mort et par suite le brunissement des poils. »

IV — SYSTEMATIQUE

Nous avons vu dans l'historique le long cheminement parcouru par les Naturalistes pour arriver à identifier correctement cet acarien qui s'est appelé successivement *Phytoptus vitis* DUJARDIN, 1851 (mite de la plante), *Phytoptus vitis* PAGENSTECHER, 1857, *Phytoptus vitis* LANDOIS, 1864, puis *Eriophyes vitis* (PGST., 1857) NALEPA, 1900, nom qui selon KEIFER devrait faire place à celui de *Colomerus vitis*, n'ayant trouvé aucune différence morphologique entre les deux espèces.

V — DESCRIPTION

D'après NALEPA (1890) l'*Eriophyes vitis* « possède un corps allongé, cylindrique ; un bouclier triangulaire orné de nombreuses lignes longitudinales ; sur le bouclier 2 *setae* dorsales de la même longueur que celui-ci et dirigées vers l'avant ; protubérances éloignées du bord postérieur ; rostre bien développé ; article 5 un peu plus court que l'article 4, ambulacre plumeux à 5 paires de branches ; carène sternale simple ; *setae* coxales II avant angle coxal interne ; abdomen avec environ 80 anneaux ; *setae* ventrales I longues et fines ; *setae* ventrales II un peu plus courtes ; *setae accessoriae* absentes ; tégument protecteur strié ; *setae* génitales longues, 2 rangées de stries sur le volet génital.

Mâle : 140 microns de long et 33 de large.

Femelle : 160 microns de long et 32 de large. »

« L'acarien adulte selon V. MAYET (1890) mesure 2 à 4 dixièmes de millimètres de long, sa forme est celle d'un ovale aplati et fortement atténué dans sa partie postérieure, principalement chez le mâle, qui est

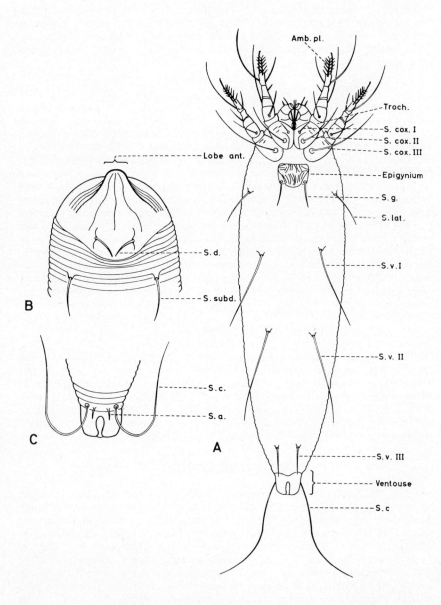

Fig. 164. — Terminologie des Eriophyides femelles (d'après NALEPA) : A, face ventrale ; B, bouclier ; C, extrémité postérieure, face dorsale.

Légende : Amb. pl. = ambulacre plumeux (6° article) ; Troch. = trochanter ; Epigynium = orifice génital ; Lobe ant. = lobe antérieur ; S, soies ou setae ; S.a. = setae accessoires ; S.c. = setae caudales ; S. cox. = setae coxales ; S.d. = setae dorsales ; S.g. = setae génitales ; S. lat. = setae latérales ; S. subd. = setae subdorsales ; S. v. = setae ventrales.

PLANCHE 17   ERINOSE ET ACARIOSE

1. — Boursouflures de la face supérieure de la feuille, dues aux piqûres d'Erinose sur l'autre face (Cl. Sandoz) ; 2. — Début d'attaque d'Erinose et boursouflures rougeâtres (Cl. Sandoz) ; 3. — Feutrage blanc dû à l'Erinose sur la face inférieure de la feuille (Cl. Sandoz) ; 4. — Attaque d'Erinose sur les boutons floraux (Cl. Sandoz) ; 5. — Vue à fort grossissement du feutrage montrant l'acarien de l'Erinose (Cl. Sandoz) ; 6. — Aspect d'un sarment atteint d'Acariose (Cl. Sandoz).

« Le corps de la larve est allongé, flexible, vermiforme, presque cylindrique, brusquement atténué du côté de la tête, plus insensiblement du côté postérieur, qui se recourbe un peu vers le ventre. Les deux paires de pattes étendues en avant dépassent sensiblement la tête, l'abdomen est strié transversalement de fins replis au nombre de 60 à 70 qui rappellent les anneaux d'une sangsue. Le céphalothorax est uni, sans stries transversales, séparé de l'abdomen par un petit sillon circulaire. La tête se termine en cône tronqué légèrement incliné vers le sternum. L'armature buccale se compose de deux stylets pointus que l'animal peut rétracter ou allonger au dehors de la bouche. L'ouverture anale est placée à l'extrémité du corps dans une dépression formée par un disque un peu excavé. Sur le corps on peut compter six paires de poils, deux paires pour la région dorsale, l'une sur le premier, l'autre sur le dernier anneau, quatre paires pour la région ventrale : la première entre le neuvième et le douzième anneau (à partir du cephalothorax), la deuxième entre le vingtième et le vingt-deuxième anneau, la troisième vers le trente-huitième et la quatrième sur le cinquième avant-dernier. Ces poils sont rigides, divergents, élastiques et servent évidemment à protéger l'animal contre les chocs du dehors.

« Les pattes, qui chez l'adulte sont composées de 7 articles, n'en ont que 6 chez cette larve. Elles sont incolores, transparentes, le premier article inséré sur le thorax semble correspondre à la hanche ; le deuxième le plus long peut être considéré comme la cuisse ; les trois suivants représentent le tibia et le sixième le tarse. Ce dernier est formé d'une pièce grêle, cylindrique, légèrement recourbée à l'extrémité, à côté de laquelle se voit une pointe ou stylet barbelé comme une plume,

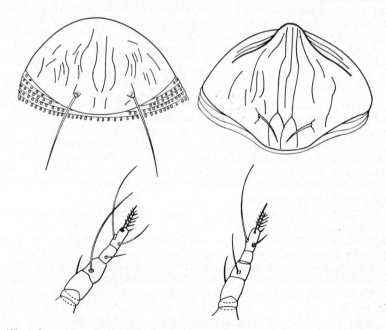

Fig. 167. — Comparaison des boucliers et des pattes chez *Eriophyes vitis* et chez *Phyllocoptes vitis* (d'après MATHEZ).

éminemment propre à assurer la solidité de la marche au milieu des filaments de la galle.

« Au-dessous de l'insertion de la seconde paire de pattes, après le deuxième et le sixième repli abdominal, sont placés les organes génitaux, qui à l'extérieur, apparaissent sous la forme d'un opercule fixé aux téguments par en haut, libre et arrondi par en bas. Cet opercule recouvre les organes génitaux. Des œufs s'aperçoivent dans l'intérieur du corps, les plus développés situés du côté de l'orifice génital. Ils sont renfermés dans un ovaire en forme de tube, remplissant presque toute la cavité abdominale et se dirigeant d'arrière en avant. Les *œufs*, au moment de la ponte, sont couverts d'une substance glutineuse à l'aide de laquelle ils adhèrent aux poils de la plante. Ils ont une forme un peu allongée et paraissent d'abord homogènes, pleins d'une fine matière granuleuse. Ils grossissent bientôt et l'on y distingue une ligne centrale, puis la forme arrondie de l'embryon. Enfin, après la rupture de la membrane vitelline, on peut reconnaître l'animal entier replié sur lui-même, avec les contours de la tête bien distincts, ainsi que les stries de l'abdomen. Au moment de l'éclosion, le jeune *Phytoptus* n'a encore aucun poil.

« L'animal se meut avec vitesse, malgré la disposition peu avantageuse de ses pattes, placées trop avant, tandis que l'abdomen trois fois et demi plus long que le céphalothorax est supporté par le disque anal, qui forme ventouse.

MATHEZ donne une description moderne de la larve : « Corps trapu, fusiforme, annelé, lobé ou pointillé ; bouclier avec *setae* dorsales ; ambulacre plumeux avec 3 paires de branches ; ventral 29 à 33 anneaux ou demi-anneaux, dorsal 37 à 41 ; ventral 3 anneaux entre les *setae* ventrales III et la plaque caudale ; pas d'*epigynium*, mais présence de 2 soies très courtes à la hauteur de l'*epigynium* de la femelle ; à part absence de *setae* génitales, même disposition et même nombre de soies que sur la femelle ; ventouse rétractible ; longueur pendant la nymphose 105 microns.

C — Nymphe

« Corps assez allongé, légèrement fusiforme, annelé, lobé ou pointillé ; bouclier avec *setae* dorsales ; ambulacre plumeux avec 4 paires de branches ; ventral 48-53 anneaux ou demi-anneaux, dorsal 55-58 ; ventral 4 anneaux entre *setae* ventrales III et plaque caudale ; pas d'*epigynium*, mais présence de 2 soies très courtes à la hauteur de l'*epigynium* de la femelle ; à part absence *setae* génitales, même disposition et même nombre de soies que sur la femelle ; ventouse rétractible ; longueur pendant nymphose 156 microns.

« Dans ce travail, l'enveloppe pupale contenant la future nymphe sera appelée *pseudopupe I* ; l'enveloppe pupale contenant le futur adulte *pseudopupe II* (KIDO et STAFFORD, 1948). Les différences entre les moyennes sont statistiquement assurées et permettent de bien distinguer les deux nymphoses. Ainsi lors des nymphoses, les pseudopupes I ont une moyenne de 106 microns de longueur et les pseudopupes II une longueur de 156 microns, les futures nymphes 87 microns et les futurs adultes 125 microns.

« Le processus des deux nymphoses est à peu près le même : chacune d'elles dure environ deux jours. L'abdomen perd peu à peu sa souplesse et tout le corps s'engourdit lentement. L'enveloppe pupale se dilate et se détache du contenu ; une fois dégagée des parois de l'enveloppe pupale, la nymphe ou l'adulte se trouve au milieu de celle-ci ; par des contractions et des décontractions successives de l'abdomen et en prenant appui avec la ventouse contre les parois de l'enveloppe pupale, l'acarien se meut vers l'extrémité antérieure de celle-ci ; après une douzaine d'heures d'efforts, la nymphe ou l'adulte se trouvent dans la partie antérieure de l'enveloppe pupale, qui se déchire près du bouclier, libérant l'ériophyde. »

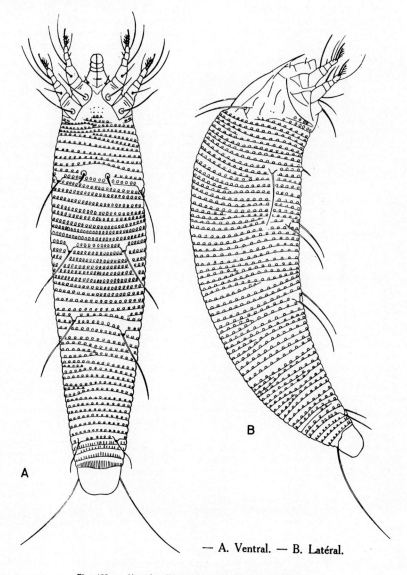

A

B

— A. Ventral. — B. Latéral.

Fig. 168. — Nymphe d'*Eriophyes vitis* (d'après MATHEZ).

D — Evolution annuelle de l'Erinose

En Suisse, sur Gamay, MATHEZ (1965)a constaté que :

— *au début du printemps*, les deux ou trois premières feuilles sont fortement contaminées, puis l'attaque diminue pour être souvent nulle lors de l'étalement des 7e et 8e feuilles. Cette phase initiale est désignée sous le nom de *premier cycle*.

— *à la fin du printemps*, lors de l'étalement des 9e et 10e feuilles, on observe une reprise de la contamination, avec un maximum aux environs de la 13e feuille. Puis en été et en automne, l'extrémité du sarment est contaminée par vagues successives. Cette seconde phase est appelée *deuxième cycle*.

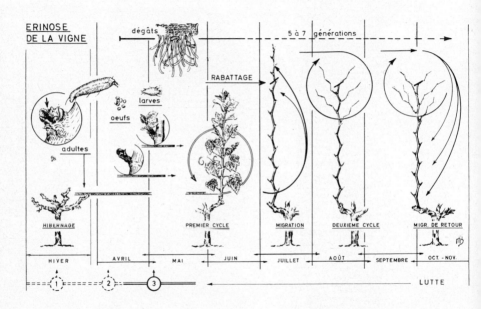

Fig. 169. — Cycle évolutif moyen d'*Eriophyes vitis* (d'après MATHEZ).

« Pour le *premier cycle*, l'attaque se fait à partir des adultes parfaits qui hivernent sans diapause sous les écorces du bois de l'année précédente isolément ou par groupes plus ou moins importants (jusqu'à 100 individus) dont 80 % se trouvent à une distance de moins de 1,5 cm de la base du sarment d'où ils proviennent. D'autres adultes hivernent sous les écailles externes du bourgeon, formant des groupes très importants (jusqu'à 300-400 individus) généralement très serrés les uns à côté des autres, agglomérés « en pelote ». Certains peuvent pénétrer jusqu'à la zone cotonneuse, entre le bourgeon principal et les bourgeons secondaires, mais jamais jusqu'à la pousse embryonnaire (contrairement aux observations faites en Californie).

« Au stade B des bourgeons, les « pelotes » commencent à se défaire, c'est le début de la migration vers le sommet du bourgeon et au stade C les premiers individus parviennent sur la jeune pousse. Au stade D, sur les premières feuilles visibles, on constate le début de la formation des galles, indiquant que les *E. vitis* se nourrissent, la présence des premières pontes. Au stade E, si la population hivernante est très importante, on observe parfois, à la base de la jeune pousse, et sous la première écaille charnue au sommet des nouveaux bourgeons axiliaires, la présence d'*E. vitis* et d'œufs. Les piqûres d'acariens provoquent, dans certains cas, la formation de galles. Enfin au stade F, sur les feuilles de la base, apparition des premières larves. Il n'y a pas encore de pseudopupes. On trouve les premières femelles hivernantes mortes. Sous les écailles charnues, à la base de la pousse et à l'extrémité des nouveaux bourgeons axiliaires, les œufs n'ont pas encore éclos.

« Un certain nombre d'acariens de la première génération estivale émigre des premières feuilles vers le bourgeon terminal et contamine les jeunes feuilles avant que celles-ci soient étalées. On peut considérer que les feuilles du premier cycle forment un réservoir de population migrante.

« *Deuxième cycle.* Si l'on considère le développement de l'Erinose dans son ensemble, il y a souvent rupture dans la contamination (présence de feuilles indemnes) entre le premier et le deuxième cycle. Les premières feuilles de ce dernier sont faiblement contaminées par les premiers acariens migrants. Par la suite et jusqu'à la fin de la période de la végétation, les feuilles sont plus ou moins contaminées. Ces variations sont dues :

— aux migrations partielles plus ou moins importantes, selon qu'elles proviennent d'une feuille fortement ou faiblement contaminée ;

— à l'addition des acariens de deux migrations partielles en provenance de deux feuilles. Par exemple les acariens migrants de la première feuille parviennent à la hauteur de la 3e feuille en même temps que les acariens migrants quittent celle-ci. Ces deux groupes contaminent ensemble une jeune feuille sur le bourgeon terminal de la pousse principale ou des pousses axiliaires.

« La contamination du deuxième cycle débute déjà à la fin du printemps ; jusqu'en automne, il y a des migrations partielles de ces premières feuilles attaquées vers les nouvelles pousses axiliaires qui se développent après le rognage.

« En automne, avant la chute des feuilles, les *E. vitis* quittent les galles et se déplacent vers les bourgeons d'hiver. On peut noter l'importance des pousses axiliaires (entre-cœurs) comme lieux de multiplication.

E — Nombre de générations

« Il est très difficile d'observer les différents stades du cycle évolutif d'*E. vitis*. Toutes les observations directes nécessitent la destruction des galles, ce qui provoque le départ des *E. vitis*. En disséquant tous les deux jours pendant les premiers stades phénologiques, un nombre important de jeunes pousses, on peut observer avec une certaine précision, l'apparition des premières pontes, des premières larves et des premières pseudopupes. En procédant par extrapolation à partir des observations faites pour la première génération il est possible d'établir le nombre approximatif de générations pendant une période de végétation (7 à Sion dans le Valais). Ces générations ne se succèdent pas toutes sur la même feuille ; il y a toujours des migrations partielles. Au début du mois d'août, sur les feuilles de la base, l'épiderme qui supporte les galles se modifie : les membranes cellulaires s'épaississent et les cellules deviennent liégeuses. Les galles se dessèchent et provoquent ainsi le départ des *E. vitis*.

« Au moment de la chute des feuilles, il arrive que les galles ne soient pas entièrement desséchées. On trouve ainsi tous les stades évolutifs d'*E. vitis* sur les feuilles tombées naturellement. Les adultes vivants sont les plus nombreux. La densité des populations varie suivant l'état de conservation des galles. Il apparaît que le premier gel entraîne la mort de tous les stades évolutifs présents sur les feuilles, à l'exception de quelques adultes. »

F — Recherches biologiques américaines

« Les études, effectuées en Californie, par SMITH et STAFFORD (1948), KIDO et STAFFORD (1955), SMITH et SCHUSTER (1963) sur *V. vinifera L.* aboutissent à subdiviser l'espèce en trois formes ou biotypes :

— Forme des bourgeons (bud-mite strain).

— Forme gallicole des feuilles (erineum strain).

— Forme non gallicole des feuilles (leaf-curl strain).

Seules les deux premières souches peuvent avoir une importance économique. La troisième ne semble apparaître que sporadiquement dans les vignobles californiens.

« Les *E. vitis* de la *forme des bourgeons* provoquent (SMITH et STAFFORD, 1948) sur l'épiderme de la tige herbacée l'apparition de légers tissus cicatriciels ; à la base de la jeune pousse contaminée, les entrenœuds sont anormalement courts ; parfois le bourgeon terminal dépérit et le développement du rameau est arrêté. Les *E. vitis* hivernent sous forme adulte ; ils pénètrent le plus possible à l'intérieur du bourgeon dormant, parviennent souvent jusqu'à la jeune pousse embryonnaire et compromettent ainsi son développement futur (SMITH et SCHUSTER, 1963). Pendant la période de végétation, les différents organes de la pousse, bourgeons axillaires, boutons floraux, feuilles, stipules, bractées peuvent être attaqués.

« Les *E. vitis* de la *forme gallicole des feuilles* hivernent comme adultes sous les écailles externes du bourgeon dormant ; au printemps, la jeune pousse, à peine sortie du bourgeon, est contaminée ; le symptôme essentiel est la formation de galles avec poils hypertrophiés sur la face inférieure des feuilles, occasionnellement sur les pétioles, les vrilles, les pédoncules, les boutons floraux ; la face supérieure présente alors de petits dômes de couleur rose-rouge, aux endroits attaqués.

« Les études faites en Californie ne sont pas très détaillées en ce qui concerne la *forme non gallicole des feuilles ;* les *E. vitis* de cette forme provoquent la croissance anormalement grande de poils de la feuille et une sorte d'enroulement de cette dernière.

« A partir de ces descriptions sommaires, on peut considérer que la biologie et les dégâts des deux principales formes sont très différents :

Pour la forme des bourgeons : profonde pénétration dans les bourgeons d'hiver et parfois dégâts aux pousses embryonnaires ; pas de formation de galles sur les feuilles.

Pour la forme gallicole des feuilles : pénétration superficielle dans les bourgeons d'hiver ; formation de galles (érinose) sur les feuilles.

« En Suisse romande seule la forme gallicole des feuilles est connue. »

VII — CONDITIONS DE DEVELOPPEMENT

1°) Répartition géographique

L'Eriophyes vitis est connu dans toute l'Europe viticole : France, Espagne, Portugal, Italie, Allemagne, Europe centrale, mais il existe parfois des espèces voisines comme *Eriophyes vitigenusgemma* décrite par MAL'CHENKOVA (1970) en Moldavie ou *Eriophyes oculivitis* décrite en Egypte par ATTIAH (1969).

Aux Etats-Unis c'est P. VIALA (1889) qui semble l'avoir observé le premier (cf. Description). Cet acarien a été signalé aussi en Israël (BERNSTEIN, 1961), en Australie (MAY, 1958), au Chili (GARTEL, 1970, au Brésil (J. de SOUZA, 1969).

2°) Réceptivité de la Vigne

La sensibilité des vignes soit des cépages issus de *V. vinifera* soit des espèces américaines ou de leurs hybrides est très variable et dépend essentiellement à l'heure actuelle des traitements contre l'Oïdium ou de l'emploi d'insecticides pour lutter contre d'autres parasites. C'est pourquoi au printemps on peut observer des manifestations importantes de cet acarien sur le feuillage, qui disparaît ensuite après le premier ou le second soufrage. L'acarien se réfugie alors sur les vignes américaines ou mieux sur les Hybrides avec parfois des différences curieuses. C'est ainsi que dans les collections de l'Ecole de Montpellier j'observe chaque année des dégâts sur les feuilles de 333 EM, alors que les souches de 41 B, situées sur la rangée suivante, n'en portent presque jamais (et c'est l'inverse pour le mildiou). Les dégâts sur grappes nous sont toujours apportés sur des Hybrides, fait déjà connu par RAVAZ (1927) qui a mentionné le 7120 C et le 4986 S. [1]

En 1886, RAVAZ a procédé à une notation sur une partie des cépages de la Collection de l'Ecole que nous donnons ci-dessous :

— *cépages très atteints* : Souvenir du Congrès, Sucré de Marseille, Clairette Mazelle, Noir Hardy, Bucheter, Aramon Pignat, Aramon, Cinsaut, Muscat blanc de Frontignan, Muscat rouge, Gros Ribier, Petit Ribier, Bonne Vituaigne, Piquepoul rouge, Pougnet, Gros Gamay, Montepulciano, Muscat rond d'Espagne.

---

(1) C'est donc par insuffisance bibliographique que MATHEZ a pu écrire dans sa thèse que « Toutes les publications concernant l'*E. Vitis* se référent à la seule plante-hôte *V. Vinifera* ».

— *cépages assez atteints :* Michelin, Muscat Talabot, Terret-Bourret, Muscat bifère, Moulas, Chatus, Guadura, Renard, Pinot blanc, Mazzari, Pietro Corintho, Vigne de chien.

— *cépages peu atteints :* Joannenc, Lignan, Comte Odart, Noir hâtif de Marseille, Sauvignon, Aramon blanc, Terret noir, Grenache blanc, Œillade de Bellevue, Olivette noire, Olivette blanche, Marocain, Aspiran gris, Piquepoul, Morrastel, Brun Fourca, Tibouren, Colombaud, Tripier, Altesse, Bas plant, Syramuse, Estaca Saouma, Marsanne, Passerille blanche, Syrah, Marsanne, Abélione, Rousse, Chichaud, Gamay de l'Aube, Gamay teinturier, Gamay très fertile, Gamay noir, Gitana, Silvana, Lacrima nera, Verdicchio, Rodites, etc.

— *cépages indemnes :* Berlandieri, Mustang (*candicans*), *Cinerea*, *Cordifolia*, Grand Noir ou Sphinx, Scuppernong, etc.

En Californie, Bioletti et Twight (1901) signalent l'Erinose sur Flame Tokay (Ahmeur bou Ahmeur), Mission, Zinfandel et sur Muscat.

3°) Influences climatiques

« L'humidité est la condition climatérique, écrit Ravaz, qui favorise le développement de l'Erinose. L'année 1888 en est une preuve. D'ailleurs, c'est au printemps qu'elle sévit avec le plus d'intensité ; dès que les sécheresses arrivent, elle cesse de progresser. »

Pour Couderc (1921) « les conditions météorologiques paraissent capitales dans le développement de l'Erinose : un temps brumeux ou pluvieux semble par sa prolongation favoriser nettement l'envahissement des tiges et des grappes par le parasite ».

Selon Mathez « l'analyse des observations recueillies dans divers vignobles suisses pendant trois années de végétation ne fait pas apparaître de différence quant à l'influence des facteurs abiotiques locaux, température, insolation, humidité. Il semble que les fluctuations des populations d'*E. vitis* d'une année à l'autre soient dues à des phénomènes plus généraux, par exemple automne précoce, hiver rigoureux ».

VIII — METHODES DE LUTTE

Ce parasite fait rarement des dégâts qui puissent justifier un traitement particulier, d'autant que les soufrages utilisés contre l'Oïdium suffisent la plupart du temps à limiter les dégâts causés par l'acarien aux quelques feuilles ou rameaux non protégés. Seuls certains hybrides, comme le 7120 C cultivé dans la vallée du Gardon nécessitent un traitement pour protéger les inflorescences soit par un soufrage, soit par un acaricide. D'autres produits, dans le passé ont été préconisés comme la *Bouillie sulfo-calcique* à 32° Bé à des doses variant de 5 à 8 % selon la date de traitement, les *huiles d'anthracène* seules ou additionnées de *colorants nitrés*. En 1915 Semichon avait même proposé l'emploi de l'eau chaude à 55-65° en aspersion et Noel (1906) recommandait de plonger les boutures-greffons pendant 10 minutes dans l'eau chaude à 50 °C pour tuer les acariens.

En réalité le viticulteur a rarement l'occasion d'intervenir directement.

⁂

GRAPE BUD MITE

« En Californie, SMITH et STAFFORD (1948) ont observé une espèce très voisine qui ne vit que dans les bourgeons de la Vigne d'où son nom. L'animal ne se distinguerait pas de celui de l'Erinose et il a été appelé *Colomerus vitis* PGST.

Cet acarien hiverne dans les bourgeons et passe au début du printemps sur les jeunes rameaux avec les œufs fraîchement pondus. Dès que les nouveaux bourgeons seront formés à l'aisselle des feuilles, les acariens s'y installent et notamment dans les bourgeons de la base des rameaux, où ils sont les plus abondants. Contrairement à l'Erinose, il n'y a *jamais formation de galles* sur les feuilles. On compte plusieurs générations par an.

Les rameaux parasités se développent mal, se rabougrissent et prennent l'aspect « balai de sorcière ». La récolte est nulle. Les dommages sont sporadiques et localisés.

« Le soufre demeure inefficace contre cet acarien vivant dans les bourgeons et on ne connaît actuellement aucun moyen de contrôle (WINKLER, 1974). »

ACARIOSE

I — SYNONYMIE

Fr. Court-noué parasitaire de la Vigne (Suisse).
All. Acarinose, Milbenkrankheit, Krauselmilbe, Krauselkrankheit.
Ital. Acariosi.
Esp. Acariosis.
Port. Acariose, acariase.

II — SYMPTOMES

Au printemps on constate que certains bourgeons ne débourrent pas du tout, d'autres poussent faiblement, restent rabougris puis tombent. Certains rameaux vont continuer de croître, mais avec une vitesse ralentie, aboutissant à former des rameaux grêles, à entre-nœuds courts, rappelant les symptômes du court-noué, ce qui explique la dénomination suisse de « court-noué parasitaire » dû à un acarien, utilisée notamment par Faes (1905, 1943), Mathys (1957).

Selon Burnat et Jaccard (1909) « les rameaux rabougris très souvent se ramifient vers la base par suite du développement des bourgeons mis à nus par la chute de leurs feuilles inférieures ; il en résulte, lorsque le vigneron n'ébourgeonne pas, la formation d'une sorte de tête buissonnante tout à fait caractéristique pour l'Acariose. Parfois les repousses inférieures forment autour des rameaux rabougris une sorte de couronne en faux-cols. Il n'est pas rare non plus que des rameaux complètement rabougris, formés d'une dizaine d'entre-nœuds courts, finissent par s'allonger vers leur sommet en produisant un axe normal à longs entre-nœuds et porteur de feuilles normalement développées. Dans ce cas, la portion rabougrie du rameau s'accroît en épaisseur, ce qui est d'ailleurs nécessaire tant pour soutenir que pour nourrir celle qui s'allonge. »

D'après Faes (1943) « En général au printemps, les bois rabougris se développent avec les premières chaleurs et les rameaux tendent à reprendre leur diamètre normal et les entre-nœuds leur longueur accoutumée. Mais les feuilles de la base qui étaient plissées, et gaufrées ne s'étalent jamais de façon normale : elles restent plus ou moins recroquevillées, de sorte que la souche porte, à un moment donné, d'assez longs bois garnis de très petites feuilles. Les ceps ressemblent à des *balais*.

« La végétation avançant, on voit alors les feuilles supérieures, qui n'ont pas été malades, se développer normalement sur les rameaux et en juillet-août on ne peut guère distinguer à distance par sa végétation une vigne qui a été malade au printemps d'une autre qui ne l'était pas. Mais ce qui est grave dans cette affection c'est que les *grappes* ne se développent guère : elles avortent ou poussent en vrilles *(fourchettes)*, elles *filent* comme disent les vignerons. »

Les *feuilles* piquées par les acariens présentent à la face supérieure de nombreuses bullosités et sont plus ou moins gondolées. Selon Boubals et Huglin (1951) :

« Ces irrégularités du limbe sont dues au non-développement des parties piquées par les acariens. Ces parties sont visibles à l'œil nu et se présentent sous forme d'une mosaïque visible par transparence et composée par des nécroses brunes entourées d'un réseau plus ou moins compliqué de petites taches claires, souvent allongées. Cette mosaïque est différente de la mosaïque nécrotique et stomatique : (virose) : ici les zones nécrosées qui se sont formées à la suite des piqûres des acariens sont plus étendues et ne sont pas localisées aux cellules stomatiques. Les cellules voisines de ces nécroses perdent leur chlorophylle, s'hypertrophient et forment des traînées blanchâtres. »

« Une *seconde attaque* survient fréquemment dans le courant du mois d'août, note Faes (1943) qui se porte sur les rebiots (entre-cœurs) lesquels sont à leur tour rabougris avec de très petites feuilles, plus ou moins plissées ou déformées, piquées de points blancs très visibles par transparence. Comme les vrilles sont au contraire normalement développées, elles semblent très longues par rapport aux petites feuilles qui les accompagnent : les sarments atteints acquièrent ainsi un aspect *effiloché* tout à fait caractéristique. »

Allure générale de l'infection. « Une parcelle de vigne selon Boubals et Huglin (1951) atteinte d'Acariose a un aspect très différent selon qu'elle est jeune ou vieille :

« Ce sont surtout les *jeunes plantations* qui attirent l'attention car le rabougrissement intéresse la plupart des souches et sur chacune d'elles la grande majorité des rameaux. De plus la grande vigueur des jeunes souches provoque le développement de nombreux bourgeons secondaires ce qui leur donne l'aspect buissonnant.

Fig. 169 bis. – Dégâts de l'Acariose sur ce jeune plant (à gauche) en comparaison avec un jeune plant sain (à droite) d'après MATHYS).

« Dans les *vignes âgées* au contraire, il n'y a que peu de pieds atta-qués, d'ailleurs partiellement (1 ou 2 bras par gobelet) et par suite de la faiblesse de la plante il y a peu de bourgeons secondaires qui démarrent.

« Ce sont donc surtout les jeunes plantations qui souffrent de l'Acariose.

« Les *dégâts* sont variables. Dans les cas les plus graves, lorsque les inflorescences sont atteintes, il peut y avoir coulure d'où une perte directe de la récolte. Les dégâts habituels sont un retard dans le déve-loppement, une destruction plus ou moins importante de la végétation, le départ de bourgeons secondaires, de gourmands et d'entre-cœurs, le mauvais aoûtement du bois qui sont autant de facteurs préjudiciables aussi bien à la récolte de l'année qu'à celle de l'année suivante. »

Pour MATHYS (1967) « les dégâts les plus graves sont causés très tôt au printemps, un peu avant le stade de la « pointe verte » par les femelles qui ont hiverné dans le bourgeon et s'attaquent aux ébauches des grappes. A ce moment les individus qui ont hiverné sous les écorces du cep n'ont généralement pas encore émigré vers les bourgeons ; leur migration débute environ 10 jours plus tard avec un certain échelonne-ment. »

III — SYSTEMATIQUE ET DESCRIPTION

C'est MULLER-THURGAU (1904) qui le premier signala sur des vignes du Lac de Bienne cette affection et la désigna sous le nom de *Milbenkrank-heit* (maladie due à un acarien) pour la distinguer du Roncet ou *Kraus-elkrankheit.*

CHODAT (1905) arriva aux mêmes conclusions en étudiant des vignes court-nouées à Genève et proposa le nom d'*acariose.* Il appela l'acarien responsable *Phytoptus bullulans* car la piqûre se traduit sur la feuille par des bullosités et un recroquevillement.

FAES (1905) pensa d'abord à l'identité de cet acarien avec celui de l'Erinose, mais renonça vite à cette idée erronée.

NALEPA (1905) recevant des échantillons de FAES et MULLER-THURGAU reconnut deux nouvelles espèces d'acariens différentes qu'il décrivit sous les noms de *Phyllocoptes vitis* NAL. (sur feuilles acariosées) et de *Epitrimerus vitis* NAL. (sur feuilles brunies).

Finalement on reconnaît aujourd'hui l'identité de ces deux espèces souvent associées dans les vignes. En Californie KEIFER (1932) a mon-tré que les acariens de ce groupe possèdent deux sortes de femelles morphologiquement différentes : *Phyllocoptes vitis* est la femelle hiver-nante (deutogyne) qu'on trouve d'abord sous les écorces, puis sur les bourgeons et enfin sur les feuilles. Le nom actuel de cet acarien est *Calepitrimerus vitis* NAL.

Une autre espèce : *Phyllocoptes viticolus* PANT. a été signalée en Ita-lie et en Allemagne par PANTANELLI (1911).

L'acarien adulte mesure 0,16 × 0,046 mm, selon Stellwaag (1928) ; son corps est allongé et vermiforme. L'abdomen en forme de quenouille est annelé transversalement chez *Phyllocoptes vitis* alors que ces sillons sont ondulés chez *Epitrimerus vitis*. Le bouclier triangulaire est garni de sillons longitudinaux. Ces acariens sont pourvus dans la partie supérieure de leur corps de deux paires de pattes.

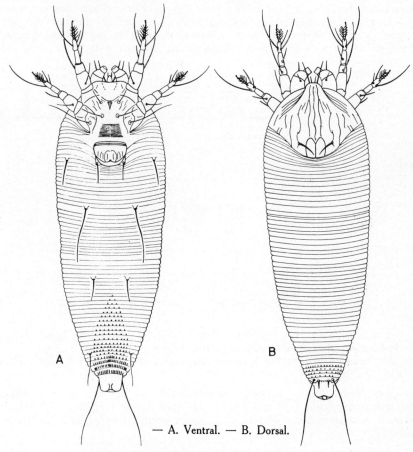

— A. Ventral. — B. Dorsal.

Fig. 170. — Femelle de *Phyllocoptes vitis* (d'après MATHEZ).

IV — BIOLOGIE

Les *femelles* hivernent à l'abri des écorces du bois de 2 à 4 ans et à la base des sarments dans les replis. On les trouve aussi sous les écailles des bourgeons inférieurs.

Gay-Bellile (1977) indique que « Hude à Cognac a maintes fois mis en évidence de véritables nids d'acariens dans la bourre des bourgeons, sous les écailles, avant même le stade gonflement de ces derniers, alors que très peu d'acariens se retrouvaient dans les anfractuosités des écorces à la base des sarments. »

Au printemps, lorsque la vigne débourre, les femelles se concentrent dans les bourgeons, envahissent la bourre, puis les jeunes pousses, dont elles piquent les cellules avec leurs pièces buccales pour se nourrir des sucs cellulaires, avec une prédilection très marquée pour la face inférieure des jeunes feuilles où elles sont très facilement visibles au microscope. Les cellules blessées meurent, provoquant des malformations des feuilles, l'atrophie des sarments et l'avortement des grappes. Au cours de la croissance, les acariens délaissent les feuilles un peu âgées, dont ils ne peuvent plus percer la cuticule et gagnent les jeunes feuilles. La période d'activité s'étend de la mi-avril à la mi-octobre.

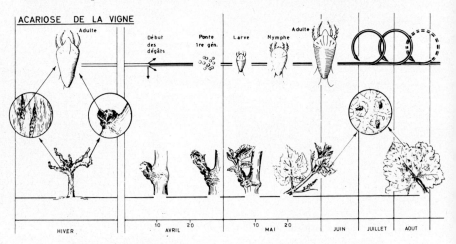

Fig. 171. — Cycle évolutif moyen de *Phyllocoptes vitis* (d'après GUIGNARD).

Les *œufs*, fort gros par rapport aux adultes, sont ronds, blanchâtres et faiblement chitinisés. Leur incubation dure 8 à 10 jours et à ce moment-là ils prennent une forme allongée. On les trouve isolés à la face inférieure des feuilles.

Les *larves* qui en sortent ressemblent beaucoup aux adultes ; elles se muent au bout de 8 à 10 jours en *nymphes* qui restent immobiles durant une semaine, subissent deux mues pour atteindre enfin le stade adulte.

L'*adulte* se met immédiatement en quête de nouriture et le cycle biologique recommence. Le nombre de générations est très variable, 3 ou 4 par an en général, seulement 2 en Allemagne d'après STELLWAAG (1956), mais il peut atteindre une dizaine de générations. Vers la fin septembre le nombre des acariens diminue considérablement et peu à peu ils se retirent vers la base des sarments pour y passer l'hiver.

V — CONDITIONS DE DEVELOPPEMENT

1°) Répartition géographique

Cette maladie a d'abord été signalée en Suisse sur les bords du lac de Bienne, puis de Neuchâtel, du Léman, de Zurich et de Constance, ainsi que dans le Valais (Sion). Elle existe aussi en France, notamment dans les vignobles de l'Est, en Champagne (RICHARD, 1962), en Savoie, dans la Vallée de la Loire : Anjou et Muscadet, d'après GEOFFRION (1959), mais elle devient de plus en plus rare en descendant vers le Midi (Languedoc, Provence). Il y a aussi souvent des « fausses acarioses ».

Les grands vignobles européens ne sont pas épargnés : Allemagne, Autriche, Italie, Espagne... ainsi que les Etats-Unis (Californie).

2°) Sensibilité des cépages

L'acariose semble attaquer tous les cépages. BOUBALS et HUGLIN (1951) ont constaté des dégâts sur Carignan, Aramon, Cinsaut, Chasselas, Servan, Alicante-Bouschet, Grand Noir de la Calmette, des hybrides tandis qu'ARNAUD (1931) a publié des photos de Rupestris du Lot atteints d'Acariose.

3°) Influences climatiques

Ces acariens sont assez résistants au froid et à la chaleur. La gravité des dégâts dépend en grande partie des conditions climatiques du printemps : lorsqu'elles sont peu favorables à un départ rapide de la végétation, les acariens provoquent des dégâts plus importants car ils peuvent arriver à envahir tout le feuillage. Au contraire en année normale les dommages sont faibles, localisés et peuvent même passer inaperçus.

VI — METHODES DE LUTTE

1° *Les Traitements de pré-débourrement* sont destinés à détruire les femelles hivernantes.

FAES (1905) .avait proposé d'appliquer après la taille de février-mars, des solutions aqueuses de *Lysol* (*Phénol*), de savon noir à 3 % avec du *Phénol* à 0,5 ou 1 %.

RAVAZ (1925) avait signalé l'emploi des *bouillies sulfocalciques* à 32° Bé qui employées à la dose de 5-8 %, lorsque les bourgeons commencent à gonfler (stade B) donnaient de bons résultats.

Les traitements effectués avec du *Carbolineum* ou du *dinitrocarbolineum* en Suisse (MATHYS, 1967) permettent de prévenir les méfaits de l'Acariose durant le repos de la végétation. Les essais de GUIGNARD et al (1970) confirment la très bonne efficacité des traitements réalisés peu avant le gonflement des bourgeons avec le dinitrocarbolineum ou au stade pointe verte C avec l'Oleoendosulfan.

MATHYS (1957) indique que « les interventions au moyen de *Bouillie sulfocalcique* à 6 % au stade B (bourgeon dans le coton) réduisent les populations d'acariens, mais se révèlent insuffisantes lors de fortes invasions de *Phyllocoptes*. En effet les écailles des bourgeons et les écorces (avant la migration) les mettent en grande partie à l'abri des produits chimiques.

Les pulvérisations au *soufre mouillable* à 2 % ou les soufrages sont, pour ces mêmes raisons, peu opérants au stade B. Tous deux ont d'ailleurs une efficacité inférieure à celle de la bouillie sulfocalcique. »

En Champagne, PARIS et DIDIER (1963) ont montré la supériorité des traitements de prédébourrement sur ceux de post-débourrement. Parmi les produits appliqués en prédébourrement, la bouillie sulfocalcique et l'oléoparathion se montrent les plus intéressants avec l'avantage pour la bouillie sulfocalcique d'avoir une action moins étroitement liée que celle de l'oléoparathion aux conditions climatiques.

Classement d'après l'analyse statistique (d. signif. 13,7)

1 -	Oléoparathion	35,3
	Bouillie sulfocalcique	38,3
2 -	Huile jaune	52,3
	Soufre micronisé mouil.	52,6
3 -	Parathion méthyl	66,5
	Phenkapton	78,2
4 -	Démeton	80,7

Les essais réalisés en Champagne par PINEAU et RICHARD (1963) ont montré que les meilleurs produits en pré-débourrement sont l'Oléoparathion (Pacol à 3 %) et la Bouillie sulfocalcique à 1 %. On trouve ensuite un second groupe avec le mélange DNOC + huile d'anthracène (Véraline 3) et le soufre micronisé mouillable (Thiovit) à 2 kg.

Les essais de LAFON et al (1790) à Cognac confirment les résultats obtenus en Champagne : Bouillie sulfocalcique à 5 %, Oléoparathion à 2 %, Huile jaune + DNOC à 3 % et soufre micromisé à 2 kg/hl. Ce dernier produit a une très bonne efficacité si le temps est chaud. L'emploi des huiles jaunes est aussi intéressant permettant de lutter également contre les cochenilles.

2° *Les traitements de post-débourrement* sont moins efficaces. Dans leurs essais PINEAU et RICHARD (1963) le Parathion méthyl (Méthyl Bladan 40), le Phenkapton (Phénudine) et le Déméton méthyl (Méta Systemox i) ont eu une action nettement insuffisante.

Toutefois GUIGNARD et al (1970) signalent que le Phenkapton jadis satisfaisant (MATHYS, 1957, 1959) se révèle maintenant tout à fait inopérant. Il est possible d'intervenir curativement en cas de mauvais départ de la végétation pour débloquer les vignes fortement infestées. Les produits très efficaces sont l'Ethion à 0,1 %, l'Endosulfan à 0,15 %.

Enfin il est rarement nécessaire de lutter contre l'acariose en fin d'été, si la protection de la vigne a été correctement effectuée au printemps. En cas d'attaque grave on pourra intervenir avec un produit à base d'éthion car l'endosulfan n'est plus utilisable après la floraison.

*
* *

Acariose bronzée

A Cognac, GAY-BELLILE (1977) a signalé que depuis 1974 « des symptômes très différents sont apparus sur de nombreuses vignes présentant des populations importantes .d'Acariose (peut-être autre espèce) à rapprocher de l'Acariose bronzée de la Tomate (*Eriophyes lycopersia ?*).

« A partir de la fin juillet, mais d'une façon très nette, surtout à partir de la mi-août, on voit se développer assez brusquement une couleur d'un brun rougeâtre sur les feuilles les plus anciennes. Le développement de ce brunissement s'étend de proche en proche sur tout le feuillage, même vers les extrémités des sarments et parfois simultanément avec les symptômes classiques de l'Acariose. Ce brunissement reste diffus au début de l'attaque et ce sont les surfaces de limbes exposées au soleil qui prennent la teinte. La teinte tire sur le rouge-brun et s'observe surtout par la face supérieure des feuilles ; celles-ci donnent l'impression d'avoir été passées au cirage brun acajou, avec des reflets de bronze d'où le nom « d'Acariose bronzée ». Les acariens d'abord visibles sur la face inférieure des feuilles gagnent en partie la face supérieure au fur et à mesure de l'extension du brunissement. Les feuilles deviennent moins fonctionnelles et arrivent même à se dessécher. On constate aussi des chutes de degrés de 2 à 3° ainsi qu'un mauvais aoûtement des bois. »

2° *Sarcoptiformes*

ACARIEN DES RACINES

MANGIN et VIALA (1902) ont décrit les attaques d'un acarien vivant sur les racines de la vigne : *Coepophagus echinopus* FUM. et ROB. qui vit le plus souvent en saprophyte dans le sol aux dépens des détritus organiques. Il est capable aussi d'attaquer les plantes vivantes : bulbes, tubercules ou racines, surtout quand elles sont altérées déjà par d'autres maladies. On pensait alors qu'il pouvait jouer un rôle complémentaire sur les racines phylloxérées.

I — SYMPTOMES

Des dégâts furent observés en Provence en 1895. Sur les racines, l'acarien trace des sillons longitudinaux, parallèles le plus souvent à la direction des racines. Ces sillons, sur les racines jeunes et vigoureuses, sont creusés dans l'écorce et mesure 0,5 à 1 mm de diamètre ; ce sont de vraies galeries, d'abord superficielles qui zèbrent l'écorce aux premiers stades d'altération. D'abord isolées, elles se multiplient et se ramifient peu à peu dans tous les sens, se fusionnent et s'enchevêtrent irrégulièrement. L'écorce brunit et les tissus s'affaissent. Bientôt le parasite pénètre dans la masse des tissus et pousse ses galeries vers le bois, le cambium et les rayons médullaires. La présence des acariens, très mobiles, est signalée par les nombreuses déjections qui sont très caractéristiques par leur forme constante, ovoïde régulière et leur aspect noir d'encre ou brun noirâtre. Les racines finissent par être persillées de galeries, et finissent par se décomposer totalement.

Extérieurement la souche s'affaiblit et se rabougrit avec des rameaux d'allongement irrégulier, puis un aoûtement incomplet.

II — SYSTEMATIQUE ET DESCRIPTION

L'acarien des racines, appelé aussi Acarien des Bulbes s'appelle actuellement *Rhizoglyphus echinopus* FUMOUZE et ROBIN, appartenant à la famille des *Acaridae* et au sous-ordre des Sarcoptiformes.

Les *mâles* mesurent 0,45 mm à 0,72 mm et les *femelles* de 0,50 à 1,1 mm. Le cycle biologique complet s'effectue en une trentaine de jours.

Les *œufs* mesurent 125 × 75 microns et présentent extérieurement un revêtement d'inégale épaisseur présentant de fines stries rayonnantes.

Cet acarien se rencontre sur les bulbes de Tulipes, de Jacinthes, de Lis, de Glaïeul et de Narcisse ainsi que sur les tubercules de Pomme de terre et de Dahlia, principalement sur les bulbes blessés.

Depuis, cet acarien n'a plus été signalé sur vigne, sauf dans certains cas de *Phtiriose*, maladie due à l'action simultanée de cochenilles blanches et d'un champignon *Bornetia corium* et découverte en Palestine, avec parfois la présence de cet acarien.

Clef de détermination des Acariens de la Vigne

A - Acariens vermiformes avec 2 paires de pattes à l'avant du corps, de couleur blanc crème ; taille très petite :

— boursouflures nombreuses et petites à la face supérieure des feuilles avec en dessous un tomentum blanc au printemps devenant ferrugineux à l'automne

Erinose (Eriophyes vitis)

● feuilles restant petites, recroquevillées, très duveteuses au printemps. Rameaux rabougris, nains

Acariose (Phyllocoptes vitis)

● en été jeunes feuilles déformées, gaufrées, boursouflées

Acariose (Epitrimerus vitis)

B - Acariens non vermiformes avec 3 paires de pattes chez les larves ou 4 paires chez les nymphes et adultes. Corps de couleur jaune ou rouge ; taille petite

● corps rouge à rouge brun

— corps globuleux ; soies dorsales longues insérées sur les protubérances blanches. Œufs rouges en forme d'oignon ; formes mobiles assez actives

Araignée rouge (Panonychus ulmi)

— corps aplati ; œufs ovales. Formes mobiles peu actives demeurant au contact des nervures principales à la face inférieure des feuilles

Brevipalpus lewisi

● corps de teinte blanchâtre à jaune ; œufs sphériques et lisses, corps jaune vert avec deux grandes taches latérales foncées sur les côtés ; 6 rangées de soies dorsales ; production de toile abondante

Tisserand (Tétranychus urticae)

● corps jaune clair avec quelques petits point foncés sur les côtés. Sept rangées de soies dorsales

Araignée jaune (Eotétranychus carpini)

● corps pyriforme, de grande taille, largement arrondi à l'arrière. Pattes longues et effilées. Œufs ovales, argentés

Typhlodromus sp.

● corps blanchâtre, crème, jaunâtre, verdâtre ou rosé, tronqué à l'extrémité postérieure. Sans tache oculaire colorée, sans ponctuation foncée sur l'abdomen. Souvent une marque linéaire postéro-médio-dorsale blanc crémeux. Pattes courtes.

Tydeides (1)

---

(1) Ces Acariens, selon RAMBIER (1958), souvent très nombreux sur Vigne, sont considérés comme ind'férents vis-à-vis des Tétranyques. Ils ne sont pratiquement pas non plus nuisibles à la Vigne.

CHAPITRE IX

LES INSECTES

Les Insectes sont des Arthropodes à respiration trachéenne, dont le corps se divise en trois parties distinctes : la tête, le thorax et l'abdomen. La tête porte une seule paire d'antennes, une paire de mandibules et 2 paires de maxilles, la seconde paire étant fusionnée ; le thorax porte 3 paires de pattes et généralement une ou deux paires d'ailes. L'abdomen est segmenté, dépourvu de pattes.

Division des Insectes

La classification des Insectes a été complètement remaniée à partir de documents paléontologiques et d'après la position et la nervation des ailes. On distingue deux sous-classes :

I - Les *Aptérygotes qui sont des insectes primitifs, dépourvus d'ailes :* Thysanoures, Collemboles, etc... insectes qui ne s'attaquent pas en principe à la Vigne.

II - Les *Ptérygotes* qui groupent les insectes pourvus d'ailes ou qui en sont dépourvus en corrélation avec la vie parasitaire. On les divise en deux sous-ordres :

— A - Les *Paléoptères,* qui ne peuvent replier leurs ailes (Ex. Ephémères).

— B - Les *Néoptères* qui peuvent replier leurs ailes en arrière, soit à plat, soit en forme de toit. Toutes les espèces nuisibles à la Vigne appartiennent à ce sous-ordre, qu'on subdivise en trois sections :

— Les *Polynéoptères,* dont les ailes postérieures possèdent une petite aire membraneuse appelée *néala,* très développée et pourvue de nombreuses nervures. Ces Insectes ont les ailes repliées en arrière, en position de repos. Leurs métamorphoses sont incomplètes, les ailes étant visibles aux deux derniers stades larvaires. Cette section comprend les *Isoptères* (Termites) et les *Orthoptères* (Grillons).

— Les *Paranoptères* dont la *néala* n'est pas toujours développée et qui ne comprend, lorsqu'elle existe, qu'une seule nervure généralement ramifiée à son extrémité.

Trois ordres intéressent la Vigne : les *Thysanoptères* (Thrips), les *Hétéroptères* (Punaises) et les *Homoptères* (Cochenilles, Phylloxera, Cigales et Cicadelles).

— Les *Oligonéoptères* ont une *néala* de petite taille ne renfermant qu'une seule nervure simple ; au repos les ailes sont repliées en arrière. 4 ordres contiennent des espèces parasites de la Vigne : Les *Coléoptères* (Hannetons, Altise, Cigarier, Gribouri, Vespère), les *Lépidoptères* ou Papillons (Pyrale, Cochylis, Eudemis, Sphinx, Noctuelles), les *Diptères* (Cécidomyie) et les *Hymenoptères* (Guêpes, frelon).

1° *Les Isoptères*

(du grec ισο, égal et πτερον, aile)

Les Isoptères ont un appareil buccal du type broyeur ; les deux paires d'ailes sont membraneuses, de longueur souvent égale et identiques, se superposant au repos sur la face dorsale de l'abdomen ; les tarses ont presque toujours 4 articles.

Les Termites ou fourmis blanches des pays chauds sont des insectes aux mœurs sociales fort curieuses. Elles vivent en colonies nombreuses appelées *termitières* et occasionnent parfois de très grands dégâts.

Comme dans les fourmilières on trouve des individus de formes diverses, tels que les *ailés sexués* mâles et femelles et des *aptères asexués* : les *ouvriers*, chargés des soins domestiques, de la construction et de l'élevage des jeunes et des *soldats*, chargés de la défense de la colonie et remarquables par leur énorme tête carrée.

Dans les vignobles méditerranéens (France, Italie, Afrique du Nord, etc...) on rencontre parfois dans les souches dépérissantes deux espèces de termites : *Calotermes flavicollis* ou Termite à cou jaune et *Reticulitermes lucifugus* ou Termite lucifuge.

Une troisième espèce *Reticulitermes flavipes* ssp. *santonensis* existe dans l'Ouest de la France, de la Dordogne à la Loire Atlantique, vivant principalement dans les charpentes des maisons, mais dans les Charentes elle s'attaque parfois aux bois des foudres.

TERMITE A COU JAUNE

I — SYNONYMIE

Termite à col jaune, Termite flavicolle.
All. Termiten.

II — SYMPTOMES

Le termite à cou jaune vit à l'intérieur des souches de vigne. Pourvu de puissantes mandibules noires, il ronge l'intérieur du cep. La présence dans son corps de Protozoaires lui permet d'assimiler la cellulose.

Le vignoble de Banyuls est très atteint et FERRERO estime en 1959 « que 80 % des souches étaient atteintes à cette époques. De nombreuses galeries parcourent les divers bras et le tronc de la souche. Si l'on fend une de ces galeries, une sciure formée par les déchets se répand et l'on voit s'agiter de petites larves à 6 pattes, empressées à fuir la lumière. Leur nombre est variable selon l'âge de la colonie et l'âge de la vigne, mais il est très fréquent de trouver plusieurs centaines de larves dans un cep.

« Les dégâts sont importants surtout dans les anciennes plantations abandonnées durant les années de mévente des Vins doux naturels. Le manque de soins et de façons culturales, l'envahissement par les mauvaises herbes sont autant de facteurs qui entraînent l'affaiblissement des plants et par suite une plus grande vulnérabilité aux parasites. La grande majorité des ceps sont rongés aux deux tiers, mais la vie continue grâce à un faible passage où circule difficilement la sève.

« Il est difficile de savoir à quel âge les souches commencent à être contaminées, mais des plants de quatre ou cinq ans se trouvent porteurs de larves malgré les soins apportés actuellement à cette culture. C'est cependant sur les vignes de plus de 10 ans que les dégâts sont les plus importants.

« Le vignoble ne survit que par des apports d'engrais fréquents. Chaque année une grande partie des plants doivent être remplacés dont la mort est imputable au *Calotermes flavicollis*, auquel se joignent parfois les larves de *Vesperus Xatarti*.

« La pénétration se fait par les plaies de taille ou par le courson et les termites forent des galeries dans le bois. On trouve généralement le couple royal dans une galerie élargie, sans véritable chambre nuptiale. »

« Les dégâts, indique V. MAYET (1890) ne sont jamais graves. Quand un cep est assez vieux, assez évidé pour se briser, on n'a qu'à le remplacer. »

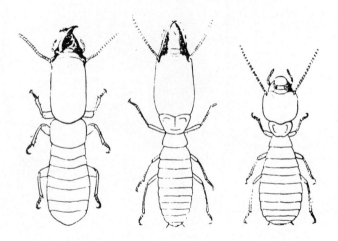

Fig. 172. — Les Termites (d'après CHOPARD). De gauche à droite : soldat de *Calotermes flavi-collis*, ouvrier de *Reticulitermes lucifugus*, soldat de *R. lucifugus*.

III — SYSTEMATIQUE ET DESCRIPTION

Le Termite à cou jaune appartient à la famille des *Calotermitidae* et s'appelle *Calotermes flavicollis* FABR.

Les adultes sont ailés, chaque aile mesurant 10 mm de longueur et légèrement enfumée. Le corps atteint 6 mm de long et sa couleur générale est brun noir, sauf le prothorax qui est jaune ainsi que la bouche, les antennes et les pattes. Cette espèce se distingue par une tête quadrangulaire, assez grosse, un grand écusson cervical échancré en avant et une pelote faisant fonction de ventouse entre les griffes de chaque tarse, ce qui caractérise le genre *Calotermes*.

Il existe aussi des *sexués néoténiques*, c'est-à-dire des formes dont les fonctions génitales se sont établies sans que le corps perde l'apparence larvaire et sans ailes.

Les *soldats* atteignent environ 8 mm, leur couleur est blanc jaunâtre avec une énorme tête quadrangulaire tirant sur le roux, et des mandibules munies de fortes dents à moitié aussi longues que la tête ; prothorax cylindrique.

La *reine* n'a pas d'abdomen hypertrophié.

Il n'y a que de *faux ouvriers* (pseudergates), longs de 5 à 6 mm qui sont d'un blanc pur et méritent bien le nom de « fourmis blanches » qu'on leur donne parfois.

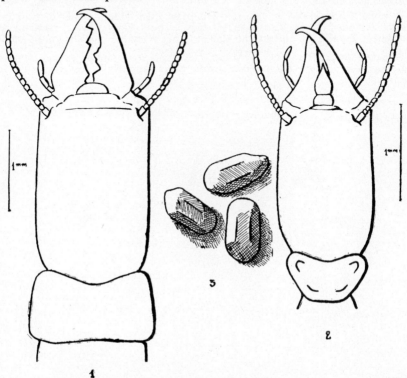

Fig. 173. — Détermination des Termites français (d'après BOURNIER) : 1, tête et prothorax de *Calotermes* ; 2, tête et prothorax de *Reticulitermes* ; 3, déjections de *Calotermes*.

IV — BIOLOGIE

En septembre, dans la région de Banyuls, RICHARD (1954) indique que les termites ailés sortent des ceps par de petits trous et ils montent le plus haut possible pour prendre leur envol et à la faveur du vent, ils peuvent être emportés fort loin. Après quelques minutes de vol, les termites tombent à terre et perdent leurs ailes. Le mâle et la femelle se disposent l'un derrière l'autre et se déplacent très rapidement « en tandem ». Cette promenade peut durer une heure puis le couple trouve un endroit qui lui convient sur un vieux cep où il s'insinue dans l'écorce ou dans une fente. La vie aérienne des Termites est terminée. Pour former la « loge nuptiale » ils vont agrandir la fente et la colmater pour en faire une toute petite chambre où ils vont s'accoupler. Là, la Reine va commencer à pondre au bout de quelques semaines, des œufs, tandis que le Roi et la Reine agrandissent peu à peu la loge.

Au début décembre la Reine ralentit un peu son rythme de ponte, mais la colonie de Termites commence à se former car de petites larves sont sorties des premiers œufs pondus. »

Ces *larves* sont blanches et sont alimentées au début par les sexués et ensuite par des larves âgées et par les faux-ouvriers.

D'après BONNEMAISON (1961). « Les Termites absorbent des aliments qui sont malaxés avec de la salive, puis dégurgités et distribués aux jeunes larves sous forme d'une bouillie plus ou moins visqueuse. Il y a également une alimentation proctodéale (par l'intestin postérieur), constituée par une substance fluide renfermant des fragments de bois et des Flagellés symbiotiques, qui est émise par les Termites à la suite d'attouchements dans la région dorsale ou périanale par les antennes du Termite quémandeur. »

Ces jeunes larves blanches et maladroites sur leurs pattes se laissent lécher et nourrir par le couple royal. Pendant l'hiver elles changent de peau, ce qui leur permet de grandir.

Au printemps suivant, la femelle reprend sa ponte pendant que les jeunes larves commencent à vaquer aux travaux de la colonie. Ces *faux-ouvriers* vont creuser des galeries dans le bois, nourrir les plus jeunes larves ainsi que le couple royal, s'occuper des œufs. Puis, il va apparaître les *soldats* qui ont en principe pour rôle d'assurer la défense de la colonie contre les ennemis (principalement les fourmis), mais étant aveugles, leur efficience est très réduite. Cependant ils sont extrêmement sensibles aux bruits et ils alertent la colonie de Termites en heurtant violemment la tête sur le substrat. Ils sont incapables de s'alimenter et ils sont donc nourris par les faux-ouvriers.

Au bout d'un an, la jeune colonie comprend une cinquantaine d'individus et elle a commencé à creuser des galeries profondes autour de la loge initiale. Chaque nouvelle larve apporte sa contribution de travail à la communauté et pendant toute la saison chaude l'activité est très intense.

« Au début du second printemps, on voit les plus fortes larves changer une nouvelle fois de peau, grandir et acquérir sur les côtés du corps quatre expansions jaunâtres, qui sont les gaines où vont se former les ailes de l'adulte (fourreaux alaires). Les larves deviennent alors des *nymphes*. Au cours de l'été les fourreaux alaires grossissent, se gonflent et s'écartent du corps ; les nymphes qui étaient rosées au printemps passent au blanc laiteux et en août leur peau se fend pour laisser sortir l'adulte. Celui-ci est d'abord blanc et mat, mais en quelques jours il brunit, puis noircit. En septembre le cycle recommence et les adultes vont essaimer pour fonder de nouvelles colonies sur d'autres ceps de vigne. Dans les vieilles colonies, âgées d'une dizaine d'années, on peut compter 600 individus en moyenne.

Selon BOURNIER (1956) « cette espèce est à peu près inoffensive. Les colonies relativement peu nombreuses, de l'ordre du millier d'individus, vivent uniquement dans le bois des arbres dépérissants ou des vieux ceps de vigne ».

TERMITE LUCIFUGE

I — SYMPTOMES

Le Termite lucifuge, répandu dans le sud-ouest, en Saintonge et en Gascogne habite normalement les vieilles souches de Pin laissées sur place dans le sol après l'abattage et présentant un certain degré de pourriture (FEYTAUD, 1914).

Il attaque le bois mort de la vigne, comme il attaque tous les bois morts. Sur les vieilles souches, les grosses plaies de taille sont des zones de pénétration du parasite qui va creuser des galeries comme dans le cas du Termite à cou jaune. C'est donc un parasite secondaire qui ne s'installe que dans les souches en voie de dépérissement.

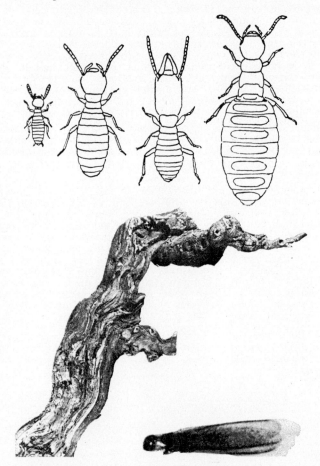

Fig. 174. — Le Termite lucifuge (d'après CHOPARD). De gauche à droite : larve, nymphe, soldat et reine ; en bas : souche attaquée par les termites avec un insecte adulte (d'après FERRERO).

II — SYSTEMATIQUE ET DESCRIPTION

Son nom scientifique est actuellement *Reticulitermes lucifugus* Rossi (autrefois *Termes lucifugus*). C'est l'espèce la plus répandue en Europe. Les *adultes* ont des longueurs différentes selon les sexes : 5 mm environ pour les mâles et 6 mm pour les femelles non fécondées et 8-9 mm pour les femelles fécondées. Le corps est brun brillant, les ailes mesurent 9 mm ; elles sont brunâtres avec la nervure radiale non ramifiée. Il n'y a pas de pelote entre les griffes. Les femelles pleines d'œufs ont l'abdomen distendu, d'un blanc sale, sauf les plaques chitineuses de la partie dorsale et ventrale, qui restent brunes.

Les *ouvriers* et les *soldats* mesurent de 4 à 6 mm ; le corps ressemble à celui d'une fourmi, couvert de poils courts et bruns, de couleur brun clair chez l'ouvrier, tirant sur le roux chez les soldats. Ces derniers ont des mandibules longues et fines, ne portant que de légères dentelures à la base.

IV — BIOLOGIE

Elle est comparable à celle du Termite à cou jaune. Les colonies se développent principalement dans les souches de Pins, plus rarement dans les souches de vigne ou de Micocoulier. Les colonies peuvent atteindre 100.000 individus et elles envahissent parfois les habitations.

Répartition géographique

En France cette espèce existe dans la Gironde, les Landes, la Dordogne, la Charente-Maritime, les Pyrénées-Atlantiques, ainsi que dans le Midi : Var, Hérault, Aude et Pyrénées-Orientales.

En Europe elle existe en Hongrie, Serbie, Italie, Sicile, Espagne, Portugal, Madère et même en Afrique (Maroc).

Reticulitermes flavipes Kollar ssp. *santonensis* Feytaud.

Cette espèce, qui est un peu plus petite que la précédente vit sur les plantes potagères ou florales (Fève, Chou, Géranium, Dahlia) mais ronge surtout les charpentes des habitations, notamment à Paris, dans les Charentes, la Vendée et un peu dans le Midi.

METHODES DE LUTTE CONTRE LES TERMITES

1) Mesures préventives

Les Termites ne peuvent subsister que dans les lieux suffisamment humides, ce qui implique de draîner les sols et d'éviter la construction des immeubles dans des dépressions humides. Aucune pièce de bois ne devra être au contact de la terre.

Les arbres dépérissants susceptibles d'héberger des Termites seront arrachés et examinés ; les morceaux de bois importants se trouvant dans le sol seront enlevés sur une profondeur de 80 cm.

Certains tuteurs employés dans les jeunes vignes peuvent être contaminés par les Termites. Nous avons vu, au Vénézuela, de grosses tiges de canne à sucre et des bambous fortement infestés.

Pour les bois destinés à la construction des maisons ou des locaux de la ferme, il est nécessaire de traiter les poutres avant leur mise en place avec des produits commerciaux à base de créosote dissous dans du mazout ou du pétrole (4-5 kg/m^3). Ce traitement peut servir également pour imprégner les gros tuteurs en bois destinés au palissage. Il existe aussi des entreprises spécialisées qui utilisent des pentachloro-phénols et des chloronaphtalenes, produits toxiques qu'un particulier ne peut manipuler. Citons aussi le *Xylophène*, spécialité chlorée toxique et répulsive.

2) Mesures curatives

Il est évidemment plus difficile de traiter les charpentes en place ou les tuteurs ainsi que les souches atteintes par les Termites. Dans ce dernier cas, MAYET (1907), préconisait de faire, avec une grosse vrille, un trou dans le cep aboutissant en pleine colonie et d'introduire, par ce canal, quelques centilitres de sulfure de carbone. Les Termites seront foudroyés sans aucun dommage pour la souche.

Les insecticides chlorés (DDT, HCH aldrine) n'ont donné que des résultats partiels. La dieldrine est un peu plus efficace, mais les essais réalisés dans la région de Banyuls n'ont permis que de retarder l'envahissement des ceps, en pulvérisant avant le débourrement une solution à 300 g de matière active par hl. Il faut disposer d'un appareil à forte pression, en prenant soin de bien mouiller le sol, le pied des souches et les plaies de taille.

Lorsqu'il n'y a que quelques souches envahies par les Termites, le remède le plus pratique est de les arracher et de les brûler.

2° Les Orthoptères

(du grec ορθος, droit et πτερον, aile)

Ces Insectes ont des pièces buccales du type broyeur, des pattes postérieures sauteuses et des tarses à 3-4 articles. Les ailes antérieures sont durcies et recouvrent les ailes postérieures, qui sont membraneuses et repliées en éventail. L'abdomen est formé de 10 segments. L'organe copulateur mâle est symétrique, l'oviscapte bien développé. Les adultes possèdent des organes stridulants et des tympans auditifs développés.

Dans cet ordre on ne trouve que deux insectes causant des dommages à la Vigne : le Barbitiste de Berenguier et les Ephippigères. Plus accessoirement, on peut rencontrer les grillons (grillon domestique et grillon transparent) dans les Vignes, les Courtillières dans les pépinières ou dans les plantiers et en Afrique du Nord on observait certaines années des méfaits dus aux Criquets migrateurs, qui dévoraient l'ensemble du feuillage et des jeunes rameaux ne laissant indemnes que les parties lignifiées.

BARBITISTE DE BERENGUIER

I — SYNONYMIE

Appelés en Provence *Boudragos* ou *Boudrayos* par les Viticulteurs, ces « sauterelles du Var » furent identifiées par V. MAYET en 1888 sur des échantillons envoyés par Bérenguier et récoltés entre Sainte-Maxime, Ramatuelle et Bormes-les-Mimosas.

II — SYMPTOMES

« Ces insectes sont très voraces et les premiers dégâts ont lieu dans les bois ou les forêts de chênes-lièges. On compte parfois sur le même arbre des centaines de Barbistes qui le dépouillent totalement de ses feuilles en quelques jours.

« Dans les cultures, toutes les récoltes sont atteintes et en premier lieu la Vigne et les Arbres fruitiers. Les fleurs et les fruits sont d'abord dévorés, ce qui donne aux ravages un caractère de gravité exceptionnel ; les parties vertes sont ensuite attaquées. La destruction continuelle des pousses entraîne parfois dans les jeunes vignes la mort des ceps. » (BERENGUIER in V. MAYET, 1890).

III — SYSTEMATIQUE, DESCRIPTION ET BIOLOGIE

Les Barbitistes se distinguent des Ephippigeres par des ailes avortées comme chez ces derniers, mais beaucoup moins conchiformes, un pronotum jamais relevé en forme de selle arabe, des tibias antérieurs munis de trous auditifs.

Systématiquement le Barbitiste de Berenguier est appelé *Barbitistes berenguieri* MAYET et il dépend de la famille des *Phaneropteridae*.

« *Les adultes*, écrit V. MAYET, mesurent de 23 à 29 mm, le mâle généralement plus petit. Le corps est d'un noir violacé tirant sur le vineux orné en-dessus de trois bandes longitudinales d'un jaune pâle presque blanc, les deux latérales plus larges que la dorsale. Les élytres atteignent à peu près la longueur du premier segment abdominal chez le mâle et le milieu de ce segment chez la femelle, d'une couleur jaune avec deux bandes longitudinales vineuses et les bords externes d'un jaune blanc. *L'oviscapte*, de couleur rousse violacée, composé de quatre lames, est aplati latéralement, légèrement recourbé vers le haut à son extrêmité, qui est fortement épineuse sur les bords supérieurs et inférieurs.

« Cette espèce diffère du *B. Fischeri* YERS par sa taille généralement plus grande, plus trapue, sa couleur violacée alors que la teinte du *B. Fischeri* varie du vert au vert foncé luisant. Le pronotum est parallèle et d'égale largeur chez les deux sexes alors que chez *B. Berenguieri* il est notablement dilaté postérieurement, plus large en proportion chez le mâle que chez la femelle.

Les *pontes*, déposées en juillet dans les terres incultes, éclosent depuis la fin mars jusqu'au début de mai (50 à 60 œufs par femelle).

Les *larves* rongent les jeunes feuilles des arbrisseaux (Cistes, genêts) et deviennent adultes en juin.

Les *adultes* migrent alors vers les cultures et rongent les parties jeunes des Vignes, Arbres fruitiers, cultures maraîchères, Châtaignier, Chêne. Les *œufs* sont déposés isolément dans le sol.

Cette espèce présente comme les criquets le phénomène de grégarisation.

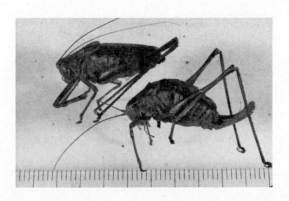

LES ÉPHIPPIGÈRES

Ce sont les Orthoptères à élytres absents ou rudimentaires, cachés sous le pronotum. Celui-ci constitue une plaque dorsale élargie en arrière et creusée en son milieu à la manière d'une selle arabe d'où le nom d'Epphipigere (*Epphipium*, selle ; *gero*, je porte). L'oviscapte des femelles est très long, en forme de sabre, pointu à son extrémité.

Quatre espèces peuvent se rencontrer occasionnellement sur la Vigne, mais la plus répandue dans le Midi est l'Ephippigère de Béziers.

ÉPHIPPIGÈRE DE BÉZIERS

I — SYNONYMIE

Fr. Porte-selle, Bourdrague, Cousi-cousi, Gril, Gros gril, Grillet (à Roquemaure).
All. Sattelschrecke.

II — SYMPTOMES

L'Ephippigère s'attaque principalement aux raisins verts ou mûrs qu'il mordille ; les baies attaquées se désschent. Les rameaux peuvent être aussi rongés superficiellement avec destruction de l'écorce ; les feuilles sont parfois dévorées également.

Plusieurs insectes, présents sur un pied de Vigne, peuvent, en quelques jours, détruire une récolte. BERVILLÉ (1963) a compté 10 à 20 Ephippigères par cep dans la région de St-Georges-d'Orques, près de Montpellier. GRASSÉ (1928) relate qu'en 1924, à Frontignan, les bandes voraces de jeunes larves, en avril-juin, avaient dévoré parfois les bourgeons et les jeunes feuilles.

III — SYSTEMATIQUE, DESCRIPTION ET BIOLOGIE

L'*Ephippiger biterrensis* MARQUET fut décrit par cet auteur à Toulouse en 1877.

Syn. *E. crusiger* FIEB.

L'*adulte* est de grande taille 30 à 40 mm, non compris l'oviscapte qui mesure 23 à 25 mm. La plaque dorsale du prothorax appelée pronotum est jaunâtre, lisse à sa partie antérieure et elle est ornée d'une tache brun foncé en forme de croix. La couleur varie du vert jaunâtre au jaune pâle, avec l'abdomen d'un noir profond. Le dessous du corps est toujours jaune, les pattes fréquemment violacées.

Les jeunes *larves* naissent en avril. Au premier âge elles sont d'un brun verdâtre, qui, après la mue, tourne au vert franc plus ou moins uniforme. Après avoir subi plusieurs mues (5 fois), elles donneront des *nymphes* longues de plusieurs centimètres et munies de petits moignons d'ailes vers la fin juin. L'insecte parfait apparaît fin juin à juillet et il provoque alors des dégâts dans les vignes. « L'accouplement, d'après GRASSÉ (1928) a lieu au crépuscule ou à la nuit close. Le mâle fixe à l'extrémité de la femelle une masse gélatineuse grosse comme un pois, nommée spermatophore. Elle contient le sperme qui s'écoule lentement dans les voies génitales femelles ».

D'août à septembre la femelle va pondre isolément 50 à 80 œufs dans le sol, dans de la terre meuble à 2 ou 3 cm de profondeur. Dans ce but elle recourbe l'extrémité de son abdomen de façon à pénétrer perpendiculairement dans le sol son oviscapte. Les *œufs* sont blancs, allongés, cylindriques, un peu fusiformes, 5 x 1 mm et sont séparés les uns des autres par des distances de un à plusieurs centimètres. Ils demeurent ainsi jusqu'au moment de leur éclosion au printemps suivant.

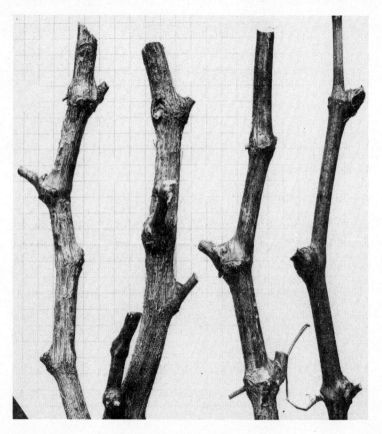

Fig. 175. — Dégâts d'Ephippigère sur rameaux.

Autres espèces

E. ephippiger FIEB. est une espèce répandue dans toute la France et l'Europe tempérée. Elle est de petite taille (19 à 30 mm) avec un pronotum rugueux et sans taches. Le corps est de couleur variable vert, jaune, violacé, roux, brun, selon le milieu, les moignons d'élytres sont de teinte ferrugineuse. L'oviscapte atteint 2 à 2,5 fois la longueur du pronotum.

Cette espèce est assez hygrophile et peut se rencontrer dans les endroits humides. Des invasions importantes sont cycliquement constatées dans diverses régions (Languedoc, Sud-Ouest, Rhénanie).

E. terrestris YERS. est une espèce surtout nuisible aux arbres fruitiers, qui est localisée dans la région méditerranéenne (Provence, Italie). Cette espèce se distingue des précédentes par son oviscapte atteignant trois fois la longueur du pronotum. Elle mesure 25 à 37 mm. Sa coloration générale variable est souvent brun rose.

E. provincialis YERS. est une espèce de grande taille 26 à 46 mm, de couleur ferrugineuse dont l'oviscapte dépasse nettement 3 fois la longueur du pronotum. Elle est limitée à la région des Maures en Provence, où elle cause, certaines années, des dégâts importants aux cultures.

E. vitium SERVILLE est d'ordinaire entièrement vert avec le ventre jaune, parfois jaune soufre sur les coteaux secs. Cette espèce est plus petite que *E. Bitterensis* mesurant seulement 22 à 25 mm chez le mâle et de 25 à 30 mm chez la femelle avec un oviscapte court de 20 à 22 mm. C'est l'Ephippigere le plus anciennement connu, il est répandu dans le Centre de la France, remonte jusqu'aux environs de Paris, existe en Bourgogne, et la vallée du Rhône. C'est le Porte-selle de ces régions. Il abonde dans les taillis, les haies, les prairies et les céréales. Après la moisson il émigre dans les vignes, où il fait quelques dégâts.

Pour GRASSÉ (1928) cette espèce est identique à *E. ephippger.*

Lutte contre les Ephippigères

Autrefois la lutte se limitait au *ramassage* des adultes, mais ce procédé est long, coûteux en raison du prix de la main-d'œuvre et de toute façon il est incomplet car beaucoup d'insectes se cachent sous les feuilles et sont de ce fait difficiles à repérer et à ramasser.

On a essayé les pulvérisations à base d'*Arséniate de plomb* qui n'assuraient qu'une protection relative. De meilleurs résultats ont été obtenus avec des appâts à base de son mélassé arséniqué épandus entre les rangées de vigne. Bien que très efficaces ces appâts étaient d'un emploi délicat à cause de leur toxicité. ROUSSEL (1947) indique que pour 100 kg de son, 30 litres d'eau il faut 5 kg d'arseniate de soude et 10 kg de mélasse.

Après 1950, les arseniates ont été partout remplacés par l'*Hexachloro-cyclohexane* ou H.C.H. qui peut être employé sous plusieurs formes : en poudrage ou en pulvérisation contre les jeunes larves et pour constituer des appâts empoisonnés contre les adultes. Selon TROUILLON (1950) « il faut 1 kg de matières actives (soit 10 kg du produit commercial à 10 %) pour 100 kg de son de blé. Dans le cas du *Lindane* 150 g de matière active suffisent. On prépare ces appâts en mélangeant intimement ave l'insecticide et le son. Pelleter soigneusement et ajouter avant l'emploi, l'eau en quantité suffisante pour « friser » le son, soit de 60 à 80 litres d'eau pour 100 kg de son, en continuant à bien malaxer le mélange qui ne doit pas former de boules ou de grumeaux.

L'épandage de l'appât se fera le soir ou le matin de très bonne heure au pied des souches, à raison de 50 à 80 kg d'appât humide par hectare. Dans le cas de pullulations très importantes, il peut être nécessaire de faire plusieurs applications à quelques jours d'intervalle. Tous les Ephippigères ayant consommé l'appât meurent sur place dans les 48 heures.

Enfin on peut envisager des pulvérisations au *Parathion* avec 30 à 40 g de matière active par hl.

Ephippigère de Béziers. femelle.

Ephippigère de Béziers, mâle.

Fig. 176. — Ephippigère de Béziers mâle et femelle et dégâts sur les raisins (d'après V. MAYET).

LE GRILLON TRANSPARENT

I — SYNONYMIE

Fr. Œcanthe.
All. Weinhahnchen, Weinhackl (perceur de vigne).

II — SYSTEMATIQUE ET DESCRIPTION

Les Œcanthes sont des Orthoptères de la famille des *Achetidae* dont plusieurs espèces sont réputées comme nuisibles à la Vigne. En Amérique RILEY (1881) a mentionné deux espèces : *Œcanthus latipennis* Riley et *O. niveus* de ʹʹ., qui provoquent la rupture des sarments bourrés de leurs œufs.

En Europe, il n'y a qu'une espèce connue, fort peu nuisible d'ailleurs à la Vigne : *Œcanthus pellucens* Scopoli, appelée autrefois *Gryllus pellucens* Scop., *Gryllus italicus* Olivier, Latreille, *Œcanthus pellucens* Serville et *O. pellucens* Rambur. Cette espèce fut d'abord trouvée sur la Ronce par SALVI (1750), puis sur la Centaurée, la Salicaire, le Millepertuis et le Chardon. Elle a été signalée pour la première fois sur Vigne par PERRIS (1869) puis par PLANCHON (1879) et HORVATH (1884).

Les *adultes* ont un corps grêle, allongé, un prothorax plus étroit antérieurement que postérieurement, des élytres enveloppant latéralement le corps, une teinte générale claire, presque blanche et son corps est transparent (d'où son nom de *pellucens*). La longueur est de 11 à 14 mm, non compris l'oviscapte qui mesure 5 à 6 mm. Les ailes repliées se moulent sur l'abdomen qu'elles couvrent presque jusqu'à l'extrémité. Les antennes, très fines sont plus longues que le corps. Les pattes sont très développées et très fines.

« Chez la *femelle*, écrit FEYTAUD (1914) l'abdomen porte une tarière assez longue formée de deux pièces symétriques dont l'extrémité tronquée présente quelques dentelures. C'est au moyen de cet appareil que la femelle creuse le sarment pour y enfoncer ses œufs jusque dans la moelle.

III — BIOLOGIE

Les orifices de ponte sont arrondis, un peu saillants et semblent avoir été faits avec une grosse épingle. Ils sont rangés en série au-dessus les uns des autres, généralement du côté nord ou à la face inférieure des sarments. Chaque trou donne accès dans une galerie rectiligne au fond de laquelle un ou plusieurs œufs sont enfoncés dans la moelle.

Les *œufs*, d'après HORVATH, mesurent 3,25 x 0,5 mm, d'un blanc légèrement ambré, lisses, un peu arqués en forme de banane avec le bout antérieur brun jaunâtre et couvert de granulations perforées à leur sommet. Ces œufs hivernent et éclosent au mois de juin.

Les *larves* se nourrissent de pucerons et en août on voit apparaître les *adultes* qui se nourrissent de chenilles, de larves de Tenthrède, etc. La ponte se fait sur les sarments encore verts. Il n'y a donc qu'une génération par an.

Les sarments portant des pontes se trouvent surtout au voisinage des bois car l'insecte vit en effet de préférence dans les broussailles et les taillis. Comme il est plus carnassier qu'herbivore il ne touche ni aux feuilles ni aux raisins. C'est donc un insecte inoffensif pour la vigne.

*
* *

Acheta deserta Pall. Selon TOUZEAU (1971) c'est un petit grillon noir et pubescent, à tête globuleuse, antennes longues et fines, dont l'abdomen porte à son extrémité, comme tous les grillons, deux longs cerques flexibles.

Ses dégâts sont locaux (régions méridionales, Hongrie), assez rares, mais certaines pullulations peuvent atteindre 20 à 30 individus par cep. L'attaque se situe dans la deuxième décade d'avril, peu après le débourrement. Les bourgeons sont partiellement dévorés et seules se développent deux ou trois petites feuilles déformées. Par la suite les yeux latéraux émettent de nouvelles pousses, mais celles-ci sont stériles.

Fig. 176 bis. – Ephippigère de Béziers.

3° Les Thysanoptères

(du grec θυσανος, frange et πτερον, aile)

« Ce sont de minuscules insectes, mesurant 1 à 2 mm de longueur. La tête est triangulaire et asymétrique ; les pièces buccales sont du type suceur. Il existe des yeux composés et 3 ocelles ; les antennes sont grandes et comprennent 6 à 9 articles. Les deux paires d'ailes, très spéciales, sont étroites et formées d'un axe slérifié bordé de longues soies régulièrement réparties de part et d'autre.

« Les *larves* diffèrent des adultes par l'absence des ailes et leur coloration, qui est souvent jaune ou orangée, alors que les adultes sont bruns ou noirs. Les deux premiers stades larvaires (prépupe et nymphe) ne s'alimentent pas et restent immobiles. » (BONNEMAISON, 1961).

En France, on peut trouver sur la Vigne plusieurs espèces de Thysanoptères, le plus souvent accidentellement, principalement à la mauvaise saison, car, indique BOURNIER (1957), « les anfractuosités de l'écorce servent de refuge à des hivernants : *Toeniothrips frici* UZEL, *Chirothrips manicatus* HALIDAY, *Limothrips denticornis* HALIDAY, qui ne peuvent faire de dégâts car leur nombre est très faible. »

L'espèce principale causant des dégâts à la Vigne est *Drepanothrips reuteri* UZEL ou Thrips de la Vigne, et secondairement le Thrips des serres : *Heliothrips hoemorrhoidalis* BOUCHÉ. BOURNIER cite encore *Thrips tabaci* LIND. ou Thrips du Tabac et de l'Oignon qui pourrait s'attaquer à la Vigne ainsi que le *Scolothrips sexmaculatus* PERGANDE, qui est un prédateur de l'Araignée jaune. V. MAYET (1890) avait signalé autrefois le Thrips de Syrie ou *Heliothrips Syriacus* MAYET, trouvé sur des vignes de Jaffa (Palestine).

THRIPS DE LA VIGNE

I — SYMPTOMES

Selon BOURNIER (1957) : « Lorsque la femelle insère l'œuf dans les tissus de la feuille ou de la jeune tige la tarière les blesse profondément, mais ce sont surtout les piqûres nutriciales qui provoquent un dégât caractéristique. En effet, l'insecte pique les cellules superficielles et les vide. Il ne reste donc que les parois cellulosiques qui donnent aux surfaces attaquées un aspect nacré lorsque le dégât est récent. Cependant les plages ainsi lésées brunissent, puis les couches sous-jacentes se subérisent provoquant sur les jeunes pousses et les jeunes feuilles des taches, des traînées brunâtres qui rappellent les accidents dus au froid, à l'anthracnose ou aux brûlures provoquées par des traitements.

« Sur les feuilles de *V. riparia* et ses hybrides où la couche de tissu lacuneux est assez mince, la nécrose s'étend d'un épiderme à l'autre. Lorsque les tissus qui l'entourent se développent cette partie morte qui ne peut évidemment s'accroître se déchire et tombe et l'on obtient un dégât assez semblable à celui que fait le Cigarier *Byctiscus betulae* lorsqu'il se nourrit.

« Si, au contraire, le tissu lacuneux est épais, la nécrose n'atteint pas toute l'épaisseur de la feuille et les trous sont très rares, mais la feuille se recroqueville tout de même (observation faite sur Carignan en avril 1957). Dans les deux cas on note, autour des parties attaquées, des œufs et des déjections brunes.

« Les Thrips attaquent les bourgeons qui viennent de s'ouvrir et ce sont les deuxième et troisième feuilles qui sont surtout touchées. Souvent piquées au pétiole elles se dessèchent entièrement. »

Fig. 177. — Nécroses et déchirures sur feuilles, dues aux Thrips (d'après BAILLOD).

« Ces dégâts sur feuille, indique BOURNIER (1962) sont intéressants à observer puisque ce sont eux qui signalent la présence des Thrips. Cependant ils sont négligeables et le vrai dégât est celui qui est infligé aux jeunes grappes au moment de la floraison. Les Thrips se nourrissent sur les tissus tendres et les grappes, au moment de leur apparition, sont

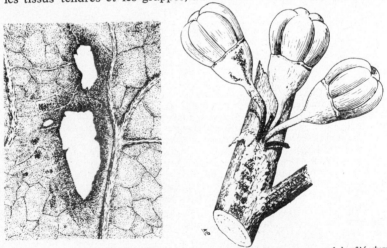

Fig. 178. — Dégâts de Thrips sur feuille (à gauche) avec par transparence un œuf à côté duquel on distingue des déjections et dégâts sur pédicelle et pédoncules floraux, à droite (d'après BOURNIER).

THRIPS DE LA VIGNE

particulièrement attractives pour l'insecte. Celui-ci crible de piqûres nutriciales et blesse par ses pontes les pédoncules floraux ou les pédicelles, ce qui provoque le *flétrissement et la chute des fleurs et même de grappes entières.* Cette coulure, qui passe souvent inaperçue, est parfois mise à tort sur le compte d'un effet physiologique. La confusion est facilitée par le fait qu'au moment où le dégât devient apparent on ne trouve plus un seul insecte sur la grappe détruite. En effet, dès que le flétrissement consécutif aux piqûres se manifeste les Thrips, larves ou adultes, se déplacent immédiatement vers un autre organe turgescent et tendre.

« Cependant la présence des Thrips peut aussi se manifester par un autre type de lésions. Les piqûres produisent un *retard de croissance des pousses affectées* et l'on constate sur la même souche des différences notables avec les tiges indemnes. Les mérithalles beaucoup moins longs complètent la ressemblance avec le court-noué. Il est possible que cette nanisation soit due à une toxicité de la salive des Thrips. Dans les cas de pullulation asesz faible et de bonne résistance de la vigne, ce retard de croissance s'efface peu à peu en cours de végétation, mais si la pullulation est forte et le végétal peu résistant, la vigne attaquée accuse pendant toute la saison les dégâts de Thrips qui peuvent, en se répétant plusieurs années consécutives, amener dans des cas extrêmes la mort

Fig. 179. — Altérations de la pellicule des grains de raisins de table (d'après BERNON).

de la souche. Dans le vignoble du Lodévois on m'a notamment cité le cas d'une jeune vigne qui a dû être arrachée après trois ans d'attaques de Thrips. Il semble donc que, favorisé par l'extension des encépagements d'hybrides, l'insecte se soit adapté peu à peu à nos vignes françaises et qu'il se soit peut-être formé une race biologique capable d'y causer des dégâts. »

« Lorsque les circonstances sont favorables les dégâts se poursuivent pendant l'été et l'on trouve des subérisations bien caractéristiques sur l'épiderme même des raisins. » (BOURNIER, 1957).

Fig. 180. — Dégâts de Thrips sur sarment avec zones striées et réticulées visibles à la taille (d'après BAILLOD).

ARNAUD (1931) précise que « les feuilles piquées par les Thrips, prennent, par places, une *apparence argentée* qui rappelle celle du *plomb* du prunier. Cet aspect se rencontre soit sur des plages arrondies, soit le long des nervures, soit sur la majeure partie de la surface. »

BERNON (1969) a observé diverses altérations de la pellicule des grains de raisins de table : présence de plaques dartreuses de teinte marron clair, de formes très diverses et le plus souvent à contour irrégulièrement dentelé ou parfois réticulé. Les grains ainsi altérés sont dispersés sur toute la grappe, aussi bien dans les zones cachées que sur sa surface apparente et ces plaques dartreuses ne peuvent être attribuées aux brûlures dues à l'épandage du soufre au cours d'une journée chaude de l'été. Ces altérations proviennent des piqûres des Thrips peu de temps après la floraison qui blessent les cellules épidermiques des jeunes baies. Un liège cicatriciel se forme lentement, au gré de la croissance de la baie et prend les formes variées que l'on découvre ensuite quand on regarde les grains.

En Suisse romande, BAILLOD (1974) indique que « sous l'effet des piqûres les tissus de la plante réagissent en formant des plaques de liège, plus ou moins espacées. Sur les *sarments, les pétioles et les rafles* ces dommages apparaissent bien délimités sous forme de zones claires striées transversalement de bandes brunes : plaques ou filets allongés. Sur les *grains*, parfois aussi sur les sarments, elles prennent un aspect réticulé. A la taille ces zones sont encore bien visibles sur le bois de l'année. »

II — SYSTEMATIQUE ET DESCRIPTION

Le Thrips de la Vigne a pour nom scientifique *Drepanothrips reuteri* UZEL et dépend de la famille des *Thripidae* qui fait elle-même partie du sous-ordre des Térébrants ou *Terebrantia* (femelles possédant un oviscapte).

L'adulte femelle mesure 0,70 à 0,85 mm avec un corps jaune clair. Des taches plus foncées sont visibles sur le thorax, tandis qu'une bande brune transversale souligne la partie antérieure de chacun des segments abdominaux. Tête plus large que longue et légèrement rétrécie vers l'arrière. Les 3 ocelles, rouge vif, sont très groupées. Antennes à 6 articles,

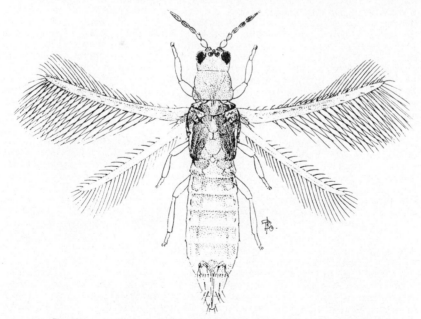

Fig. 181. — Le Thrips de la Vigne. *Drepanothrips reuteri* (d'après BOURNIER).

1 très clair, 2 et 3 jaunâtres, les autres brun foncé ou même noirs. Prothorax 1,5 fois plus large que long, beaucoup plus large que la tête, avec 3 longues soies à chaque angle postérieur. Pattes jaunes, fémurs et tibias légèrement gris. Ailes grisâtres avec des aréoles basales plus claires.

Le *mâle* est plus petit et plus mince que la femelle, le 9e segment abdominal porte deux appendices en forme de faucille, plats et minces, clairs à la base et noirs au sommet et que l'on nomme « *drepanœ* », d'où le nom du genre.

Les Thrips adultes sont faciles à repérer grâce à leur couleur jaune brun clair et à leurs ailes repliées sur le dos. Ils sont généralement groupés à la face inférieure des feuilles, le long des nervures principales et secondaires, plus rarement à la face supérieure.

III — BIOLOGIE

« Les femelles hivernent à l'état adulte dans un état de quiescence et de semi immobilité ; elles ne s'alimentent pas. Elles utilisent les abris les plus divers, en particulier sous les écorces des plantes-hôtes (Chêne, Hêtre, Noisetier, Erable, *Orchis*) et surtout sur les hybrides de *Riparia*, plus rarement sur *V. rupestris* ou sur *V. vinifera* en Hongrie (PILLICH) ou en France sur Carignan (BOURNIER). Ce dernier auteur en a trouvé aussi dans des litières de feuilles de chêne proches des vignobles.

« Dans le Midi de la France les adultes sortent de leur torpeur hivernale dans les premières journées chaudes du mois d'avril et gagnent les jeunes pousses vertes ou les bourgeons voisins. Il est difficile, indique BOURNIER (1957), de fixer l'apparition des Thrips par rapport au stade développement de la Vigne car les conditions climatiques ont un effet différent sur l'insecte et son hôte. Il est vraisemblable que les femelles ont été fécondées à l'automne précédent car comme PANTANELLI (1911) et KARNY nous n'avons jamais trouvé de mâles en hibernation ou à la sortie printanière. Les femelles se nourrissent en vidant le contenu des plages de cellules épidermiques puis insèrent leurs œufs sous l'épiderme à l'aide de leur tarière. Ces *œufs* sont pondus isolément à raison de un ou deux par jour. Leur pôle postérieur, qui fait une légère saillie à la surface de leur feuille, est généralement protégé par une goutte d'excréments, miellat brûnatre que la femelle dépose immédiatement après la ponte. Ces œufs sont très visibles lorsque, au binoculaire, on observe la feuille par transparence. Leur petite masse claire de 190 microns de longueur se détache assez nettement sur le fond vert. Une seule femelle peut pondre 80 à 100 œufs.

« Le développement de l'insecte est évidemment lié aux conditions écologiques. Il semble être favorisé par la chaleur humide. Dans l'Hérault sous le climat d'été la durée du développement complet oscille autour de 22 à 25 jours, c'est-à-dire : incubation de l'œuf 6 à 10 jours, larve 5 à 9 jours, pronymphe 1 à 2 jours, nymphe 1 à 4 jours. En Californie, BAILEY (1942) donne des durées voisines : œuf 6 à 10 jours, larve 4 à 9 jours, pronymphe 1 à 1,5 jour, nymphe 1,5 à 2 jours, et 22 jours pour le cycle complet, au milieu de l'été.

« *La larve néonate* a grossièrement la forme de l'adulte et mesure 300 à 330 microns de longueur. Elle est d'un blanc hyalin, sauf les tibias qui sont légèrement gris. Les yeux sont rouge vif et toutes *les soies du corps sont brunes et élargies en entonnoir à l'apex*. Ce dernier caractère est remarquable car il permet de distinguer sans erreur possible les larves de *D. reuteri* de toutes les autres larves d'espèces vivant sur la vigne. Seul le deuxième article des antennes porte deux soies capitées, les autres ont des soies effilées.

« La *larve du deuxième stade* paraît au bout de 2 à 3 jours. Selon PRIESNER (1928) qui en fournit une diagnose très précise cette larve a une coloration jaunâtre et elle est beaucoup plus grosse que la larve, mesurant 800 microns et sa tête est moins volumineuse par rapport aux dimensions de son corps. Les larves I et II se nourrissent abondamment, elles se tiennent généralement à la face inférieure des feuilles ou à l'intérieur des jeunes grappes où elles fuient une trop grande intensité lumineuse.

« Les deux stades suivants sont des stades nymphaux appelés pronymphes ou prépupes pour les larves du 3ᵉ âge et nymphes ou pupes pour les larves du 4ᵉ âge. Ces stades sont caractérisés par le fait que les insectes ne prennent aucune nourriture et qu'ils sont très peu mobiles. A la fin du 2ᵉ stade les larves se réfugient dans les plis des feuilles ou se laissent tomber sur le sol où elles s'enfoncent très peu : c'est là qu'elles vont se nymphoser.

« *La pronymphe* a une coloration orangé clair et ses yeux sont rouge brun. Les fourreaux alaires atteignent le troisième segment abdominal. Les antennes présentent 6 segments assez distincts. Les soies du corps ne sont pas capitées comme chez la larve, mais pointues.

« La *nymphe* a la même couleur que la pronymphe, mais les yeux sont beaucoup plus gros et annoncent déjà ceux de l'adulte. Au travers des fourreaux antennaires repliés vers l'arrière, on aperçoit déjà les 6 segments. Les fourreaux alaires atteignent le septième segment abdominal.

« Comme pour de nombreuses espèces de Thysanoptères, le Thrips de la vigne est probablement parthénogénétique, ce qui explique que les femelles se trouvent en très forte proportion par rapport aux mâles.

« Les auteurs américains comptent 5 à 6 générations par an en Californie alors qu'en Italie PANTANELLI pense qu'il n'y en a que 2 et il est vraisemblable que pour le Midi de la France ce nombre doit être le même.

IV — CONDITIONS DE DEVELOPPEMENT

1) Répartition géographique

Le Thrips de la Vigne a été observé en Amérique du Nord (Californie) et en Europe : France, Italie, Hongrie, mais son aire géographique est peut être plus importante, les dégâts étant confondus avec d'autres maladies.

2) Plantes-hôtes

C'est une espèce polyphage s'attaquant au Chêne, au Hêtre, à l'Erable, au Noisetier et aux *Orchis*. Chez la Vigne nous avons déjà indiqué sa plus grande fréquence sur *V. riparia* et ses descendants ainsi que sur certains hybrides comme 12375 SV et 18.315 SV qui sont des descendants complexes de *Rupestris* et de *Vinifera*, espèces moins fréquemment attaquées.

3) Conditions climatiques

Les hivernants sont favorisés par un temps doux et sec. Les adultes semblent préférer les terrains assez humides, cependant de longues périodes pluvieuses et en particulier des pluies violentes causent une grosse mortalité aussi bien des adultes que des stades préimaginaux.

V — METHODES DE LUTTE

« Les *traitements d'hiver* destinés à détruire les adultes hivernants cachés sous les écorces n'ont qu'une efficacité tout à fait insuffisante sur la pullulation printanière, dont il est par ailleurs impossible de prévoir l'importance.

« Pour les *traitements de printemps* on se basera sur l'observation des dégâts sur les deuxième et troisième feuilles où ils sont aisément visibles et relativement bénins et il suffit de surveiller leur apparition pour savoir s'il y a lieu d'effectuer un traitement. Il est d'ailleurs facile d'avoir une idée assez exacte du nombre des insectes en secouant vigoureusement les extrémités des pousses sur une feuille de papier ou mieux un carré de toile noire, puisque les insectes larves et adultes sont jaune clair.

« Les pulvérisations, écrit BOURNIER (1957) sont plus efficaces que les poudrages et on utilisera des insecticides de contact : DDT, Lindane, Diazinon et surtout le Parathion associé avec une émulsion d'huile. Un deuxième traitement appliqué 15 jours plus tard doit suffire à protéger la récolte. Le premier traitement sera réalisé après le débourrement. »

LE THRIPS DES SERRES

Cette espèce, appelée *Heliothrips hoemorrhoidalis* Bouché est répandue dans le monde entier, causant des dégâts à de nombreuses plantes cultivées ou d'ornement : Orangers, poiriers, pommiers, vigne, melons, concombres, laurier-thym, érable, frêne, lauriers, œillets, rosiers, azalées, rhododendrons, orchidées, etc., donc espèce très polyphage.

En plein air les dégâts sur vigne sont rares (V. Mayet en 1889 à Montpellier ; Targioni, 1887 en Italie aux environs de Palerme) mais ils peuvent être importants dans les serres à Vigne. Sur des Chasselas ainsi cultivés, V. Mayet a observé que presque toutes les feuilles avaient la cuticule plus ou moins rongée par des myriades de ces insectes. Beaucoup de feuilles étaient desséchées, au grand détriment de la récolte.

Description et Biologie

L'adulte femelle mesure 1,2 à 1,4 mm de longueur sur 0,25 à 0,30 mm de large. Le corps est brun foncé avec l'extrêmité de l'abdomen d'un rouge ferrugineux, entièrement couvert de sculptures rappelant les mailles d'un filet ou les alvéoles hexagonaux d'une ruche, en particulier sur la face dorsale de la tête, du thorax et de l'abdomen. Les antennes sont blanches et composées de 8 articles dont le dernier est anormalement long et effilé. Les ailes, presque transparentes, n'ont qu'une seule nervure longitudinale.

« Les *œufs* sont insérés dans les feuilles ; l'éclosion a lieu 5 ou 6 jours plus tard. Les *larves* sont jaunâtres ; leurs piqûres et celles des adultes entraînent la mort des cellules et la formation d'une multitude de petites taches blanches qui diminuent la vigueur des plantes et déprécient les fleurs des plantes d'ornement. Le développement larvaire dure une quinzaine de jours et la *nymphose* se réalise dans le terreau ou sous les débris les plus divers. Dans les serres, selon Bonnemaison, (1961) il peut y avoir 10 à 12 générations par an. Les mâles sont inconnus. »

On *lutte* par des pulvérisations ou des poudrages à base de nicotine, de rotenone ou de parathion en intervenant à deux ou trois reprises, à 8 jours d'intervalle.

4° *Les Hétéroptères*

Le super-ordre des Hémipteroïdes (*Hemiptera* L., 1758, *Rhynchota* Burmeister, 1835) encore appelé *Hémiptères* (du grec ημισυς, demi et πτερον, aile) renferme des Insectes qui montrent le minimum de modifications au cours de leur croissance. Celle-ci comporte le plus souvent 5 mues. Sauf chez quelques familles d'Homoptères, ces Insectes n'offrent pas de métamorphoses, mais les jeunes, dans bien des cas, peuvent cependant présenter une coloration et un aspect extérieur très différents des adultes. Les larves ont le même mode de vie que les adultes (développement paurométabole). Les ébauches d'ailes n'apparaissent distinctement qu'après la 3ᵉ mue et les organes génitaux qu'au dernier stade.

Le super-ordre des Hémipteroïdes se subdivise en 2 ordres :

— Les *Hétéroptères* (du grec ετερος, dissemblable, πτες, aile) qui ont les ailes supérieures semi-transparentes, disposées à plat sur le dos au repos et se croisant.

— Les *Homoptères* (du grec ομος, semblable, πτερον, aile) qui ont les ailes supérieures uniformes, inclinées en toit sur le dos au repos et ne se croisant pas.

Caractères généraux des Hétéroptères

Ces insectes ont la tête peu mobile, des antennes de 1 à 5 articles insérées sur le dessus ou le dessous de la tête, des yeux composés hémisphériques ou réniformes et généralement 2 ocelles. Les pièces buccales sont du type piqueur comprenant un rostre ou trompe. Les ailes antérieures sont partiellement épaissies (hémélytres) et les ailes postérieures sont membraneuses.

Les larves ont la même biologie que les adultes et ne s'en différencient que par l'absence d'ailes et d'armure génitale.

Vulgairement ce sont les *Punaises*, qui ne sont pas des insectes spécifiques de la Vigne, mais qui peuvent y vivre lorsque la végétation spontanée du vignoble a été détruite par les labours ou les herbicides.

Classification des espèces nuisibles à la vigne

Elles appartiennent à 4 familles distinctes :

1° Dans la famille des *Pentatomidae* on peut signaler cinq espèces :

— *Palomena prasina* L., punaise verte ou brune trouvée en Italie, dans le midi de la France et en Afrique du Nord.

— *Palomena viridissima* Poda vivant occasionnellement sur la Vigne en Italie et dans le Midi de la France.

— *Eurydema oleraceum* L. ou Punaise potagère, au corps noir à reflets bleuâtres avec quelques taches jaunes ou rougeâtres réparties sur la face dorsale. Cette punaise vit principalement sur les Crucifères sauvages ou cultivées: V. MAYET (1890) l'a parfois rencontrée en grande quantité dans les vignobles des sables du littoral de l'Hérault, de mai à août. Elle vit en général sur une crucifère spontanée des dunes du littoral *Nathiola sinuata*, mais peut s'attaquer aux jeunes feuilles de vignes en enfonçant son bec dans le parenchyme, qu'elle crible de petites surfaces desséchées.

— *Eurydema ornatum* L., espèce voisine de la Punaise du Chou (*Eurydema ventralis* Kol.) vit aussi sur les Crucifères spontanées et passe occasionnellement sur la Vigne, pouvant y provoquer quelques dégâts.

— *Zicrona coerulea* L. ou Punaise bleue est un insecte utile qui fait la chasse aux Altises.

2° Dans la famille des *Cydninae* (rattachée parfois à la famille précédente) il faut citer :

— *Sehirus bicolor* L. appelé aussi *Cydnus bicolor*. Son corps est d'un noir luisant, finement ponctué de taches blanches. C'est la « Punaise à quatre taches blanches » commune dans les jardins potagers et qui a été vue parfois sur la Vigne, suçant les jeunes pousses ou les raisins en Europe, en Algérie, en Russie (Caucase, Turkestan).

3° Dans la famille des *Pyrrhocoridae* (qui est également incluse à la famille des *Pentatomidae* par certains auteurs) il faut signaler :

— *Pyrrhocoris apterus* L. qui est la punaise rouge et noire très commune dans les jardins, vulgairement appelée Punaise tête de mort, Cherche-Midi ou le Suisse. C'est un insecte omnivore qui a été observé parfois suçant les grains de raisins, mais les dégâts sont faibles.

4° Enfin dans la famille des *Capsidae* on trouve plusieurs espèces :

— *Lopus sulcatus* FIEB. ou Grisette de la Vigne.

— *Lygus pratensis* FAB., de couleur jaune à brun rougeâtre qui vit normalement sur les choux, les fèves, les betteraves, les pommes de terre, les arbres fruitiers, etc... mais trouvée sur vigne au Tyrol ou en Italie.

— *Nysius senecionis* SCHILLER, punaise rencontrée sur vigne en France et en Algérie, de couleur gris clair un peu jaunâtre. Vit principalement sur les Crucifères.

LA GRISETTE DE LA VIGNE

I — SYNONYMIE

Fr. Grisette, Margotte. Lopus laboureur.
Esp. Aceitero, Sardineiro.
Ital. Cimice della vite.

II — SYMPTOMES

La Grisette vit exclusivement aux dépens des boutons floraux, plantant son rostre dans le pédoncule de la fleur ou dans le bouton lui-même qui prend une couleur brune à l'endroit piqué. Selon PATRIGEON (1884) « si les piqûres sont confluentes, le grain devient noir. Parfois une portion seulement de l'enveloppe florale est mortifiée, s'amincit et se perfore. Dans tous les cas, la fleur se désorganise entièrement : l'ovaire se fâne, le style et le stigmate sont jaunes et atrophiés, le grain demeure stérile. Si le raisin n'est attaqué que partiellement, les grains maltraités ou la grappe secondaire dont ils font partie peuvent succomber seulement. Si beaucoup de grains ont souffert, on voit bientôt le raisin tout entier dépérir ; il se fâne et tombe peu après par une section qui se produit à quelque distance de l'attache du pédoncule sur le rameau. »

III — SYSTEMATIQUE ET DESCRIPTION

Cet insecte a été remarqué comme ampélophage en 1860 à Auxerre par le Dr POPULUS, puis vers 1875 dans le vignoble de Coulange-la-Vineuse y faisant des dégâts assez sérieux. Appartenant à la famille des *Capsidae* son nom scientifique est *Lopus sulcatus* FIEBER, 1861.

L'*adulte* mesure 6 à 7 mm pour 2 de large, un peu plus chez la femelle. La teinte générale du corps est brune un peu fumeuse avec des taches et des bandes jaunes. Le thorax est brun rougeâtre fumeux en dessus. Les pattes sont longues, brunes, teintées de jaune.

Fig. 182. — La grisette de la vigne femelle (d'après JAMAIN).

Les élytres chez le mâle dépassent l'abdomen de 1 mm environ alors que chez la femelle, qui ne vole pas, les ailes ne dépassent pas le 6ᵉ anneau abdominal. Les ailes inférieures sont membraneuses enfumées, avec des reflets irisés à peine moins longues que les élytres chez le mâle et rudimentaires (à peine la moitié) chez la femelle.

IV — BIOLOGIE

L'insecte hiverne sous forme d'*œufs* qui ont été pondus en juin de l'année précédente, soit dans les parties tendres des échalas, au ras du sol, soit dans les anfractuosités du cep ou même dans le sommet du courson par la plaie faite par le sécateur. La grisette creuse d'abord avec sa trompe plusieurs trous dans la moelle et y dépose 1 à 4 œufs, enfoncés à 1 ou 2 mm du bord de la section.

Les *œufs* sont ovoïdes, allongés et mesurent 1 x 0,3 mm. Ils sont d'un blanc nacré au moment de la ponte, puis avant l'éclosion ils passent au rose, puis au rouge, teintes dues à l'embryon vu par transparence. Après la sortie de la larve, l'enveloppe de l'œuf desséchée prend la forme d'une lame blanchâtre qui peut subsister plus d'un an, témoignant ainsi du passage de la Grisette. L'éclosion des œufs se produit entre la fin mars et la première quinzaine d'avril.

Les *jeunes larves* manifestent une grande activité dès leur naissance et se fixent sur des plantes spontanées croissant dans les vignes : Laiteron, pissenlit, seneçon, chiendent, etc. affectant particulièrement le seneçon.

A sa naissance la larve ne mesure que 1 à 1,3 mm de long avec un corps rouge clair, une tête volumineuse et deux yeux d'un rouge foncé. En 10 jours elle double de volume ; adulte la larve mesure 3 mm environ et prend une teinte rouge sombre un peu grisâtre, avec de petites bandes longitudinales d'un blanc sale.

Avant le trentième jour généralement une mue transforme la larve en *nymphe*, qui mesure 3,5 mm de long. Les ailes, très petites encore, s'accusent distinctement, les supérieures ne dépassant pas la base du métathorax. La couleur générale est brun sépia foncé avec les taches et les bandes comme chez la larve. Entre le quarantième et le cinquantième jour la taille de la nymphe atteint 5 à 5,5 mm x 2 mm et une couleur brunâtre. La nymphe mange avidement et c'est souvent à ce stade qu'elle gagne la vigne, pour y exercer ses ravages dans les fleurs non épanouies.

Entre le cinquantième et le soixantième jour à partir de l'éclosion (fin mai) apparaît l'insecte ailé, apte à se reproduire qui vit exclusivement aux dépens des fleurs de vigne. Au bout de 3 à 4 semaines, l'acte reproducteur accompli, les adultes disparaissent complètement des vignes et retournent sur les Composées, les Graminées ou les Crucifères sauvages.

V — LUTTE

Cet insecte est peu répandu dans les Vignes actuellement et il est rare d'avoir à traiter spécialement contre lui avec des pulvérisations à base de Parathion ou de Lindane. Vers 1880 des dégâts avaient été observés dans l'Yonne, l'Indre, le Cher et dans l'Aude (Ouveillan).

5° *Les Homoptères*

(du grec ομος, semblable et πτερον, aile)

Ce sont aussi des insectes piqueurs, comme les Hétéroptères, possédant un rostre ou labium dépourvu de palpes labiaux dans lequel glissent les styles mandibulaires et maxillaires. Ils s'en différencient par les ailes antérieures membraneuses et le plus souvent translucides ; de plus elles sont légèrement plus fortes que les ailes postérieures. Au repos, les deux paires d'ailes sont souvent disposées en toit au-dessus du thorax et de l'abdomen. Les formes aptères sont fréquentes.

Classification.

L'ordre des Homoptères est divisé en cinq sous-ordres qui représentent chacun un type morphologiquement bien tranché.

I - Les *Cicadinea* ou *Cicadaires* s'opposent aux autres Homoptères par leurs antennes très particulières, formées de deux articles courts et globuleux surmontés d'un fouet ou *flagellum*, par des ailes à nervation assez complète avec des nervures transverses et des pattes postérieures généralement sauteuses.

Les Cicadaires sont répartis en cinq super-familles qui contiennent toutes des espèces vivant sur la Vigne :

A - Les *Cicadoidea* avec la famille des *Cicadidae* ou Cigales.

B - Les *Cercopoidea*, dont les larves vivent dans un amas spumeux, bien connu sous le nom de *Crachat de Coucou* ou *écume printanière*. On y trouve notamment les genres *Aphrophora, Clasteroptera* et *Philaenus*.

C - Les *Jassoidea* ou Cicadelles (Leafhoppers). Elles comprennent quatre familles, dont deux renferment des espèces vivant sur la Vigne :
— *Typhlocybidae* avec les genres *Empoasca, Erythroneura* ou *Zygina*.
— *Jassidae* avec les genres *Scaphoideus, Penthimia, Draeculacephala, Carneocephala, Neokolla, Pagaronia*, etc.

D - Les *Membracoidea* remarquables par leurs expansions pronotales : genre *Cerasus* et *Centrotus*.

E - Les *Fulgoroidea*, caractérisés bien souvent par un prolongement cephalique : genre *Hysteropterum*.

II - Les *Psyllinea* ou Psylles

III - Les *Aleurodinea* ou Aleurodes ne contiennent pas d'espèces nuisibles à la Vigne.

IV - Les *Aphidinea* ou Puçerons ont des antennes dépourvues de fouet terminal, des ailes à nervation complète et oblique, des fémurs postérieurs minces, inaptes au saut et des formes aptères fréquentes. L'espèce la plus importante de ce groupe est indiscutablement le *Phylloxéra*.

V - Les *Coccinea* ou Cochenilles sont les insectes les plus évolués des Hémiptères. Exclusivement phytophages ils sont adaptés à la vie sédentaire allant de pair avec un aptérisme permanent des femelles, les mâles seuls étant ailés, n'ayant conservé d'ailleurs que les ailes antérieures, tandis que la paire de pattes postérieures est réduite à des balanciers munis d'un dispositif d'accrochage. Les pièces buccales sont atrophiées.

LES CIGALES

Les cigales sont des insectes très connus des populations du Midi de la France, faisant partie du folklore local grâce à leurs chants stridents émis au cours des journées chaudes de l'été. On imagine mal, à priori, que ces animaux puissent provoquer des dégâts aux vignes.

Cependant, les femelles sont munies d'un oviscapte ou tarière qui leur sert à percer les bois tendres des sarments pour y déposer leurs œufs, devant éclore avant l'automne.

Comme le montrent les photos ci-jointes, on observe sur les rameaux attaqués, une succession de trous elliptiques ressemblant vaguement aux dégâts causés par les grêlons, mais ces trous semblent être faits avec

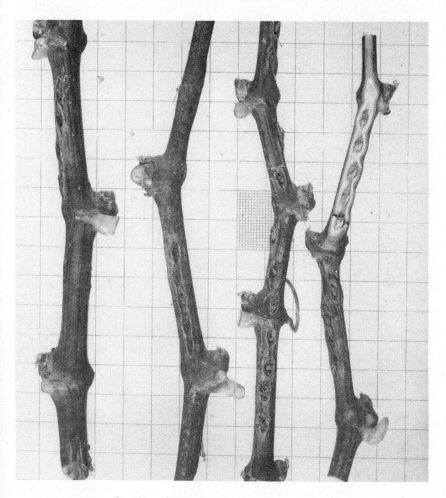

Fig. 183. — Dégâts de cigales sur rameaux (original).

une pointe mal effilée qui aurait grossièrement déchiré et traversé l'écorce, atteignant presque la moelle. Les extrémités des pousses attaquées peuvent se dessécher complètement.

Selon V. MAYET (1890) de sérieux dommages ont été signalés en Orient (Perse, Asie Mineure, Grèce) mais on peut les trouver parfois en France (à Grand Gallargue, près de Lunel en 1962).

« Les cigales se rencontrent principalement dans les terres profondes et pas trop humides ; au contraire les sols sableux ou pierreux ou très compacts, ou irrigués en ont peu. (V. MAYET).

En Perse, LEPRIEUR (1877) signale qu'aux environs de Téhéran on est obligé parfois d'arracher la vigne dont les racines sont complètement détruites par les larves de cigales (1).

Plusieurs espèces peuvent être trouvées sur la vigne :

— La *Grande cigale* ou *Cicada plebeja* SCOPOLI, appelée aussi la cigale plébéienne est répandue dans tout le sud de l'Europe, mais en France elle ne dépasse pas Lyon et Grenoble vers le Nord. L'adulte qui mesure en moyenne 30 à 35 mm de long et exceptionnellement jusqu'à 50 mm possède un corps noir ou brunâtre en dessus et en partie jaune en dessous, avec le prothorax bordé de jaune en arrière ainsi que le bord externe des ailes supérieures. Les ailes sont translucides avec des nervures très marquées réunies à l'apex par une nervure bordante. Les fémurs antérieurs sont renflés et épineux en dessous. Les mâles possèdent des organes stridulants.

La femelle perfore les rameaux avec sa tarière pour y déposer isolément ou en petits groupes une quarantaine d'œufs en juillet. L'éclosion a lieu en septembre-octobre. Les larves gagnent le sol et piquent les racines.

Le développement larvaire exige quatre années. Les pattes antérieures des larves sont très grosses et en forme de serpe. Au mois de juin de la dernière année la larve remonte à la surface du sol, s'accroche à un rameau et effectue sa dernière mue. La Grande cigale vit en général sur les Pins.

— *Cicada orni* L. est une espèce de taille moyenne 23-28 mm, propre à la région de l'Olivier. On l'appelle parfois la Cigale du Frêne. Son corps est brun tacheté de jaune et revêtu de poils blancs ; le rostre atteint la base de l'abdomen. Les ailes antérieures portent 11 taches noirâtres. La durée de la vie larvaire de cette cigale est de un à deux ans ; commune dans le Midi sur les Pins, elle est plus rare sur l'Olivier, les Arbres fruitiers et la Vigne (en Orient et en Grèce).

— *Cicada* (ou *Cicadatra*) *atra* OLIVIER est une petite espèce entièrement noire, sauf quelques taches jaunes sur le thorax ; elle mesure 22 à 25 mm, ailes comprises. Appelée la petite cigale noire ou le cigalon, elle est propre à la région de l'olivier. En raison de sa petite taille et de son vol rapide cette cigale est moins facile à observer bien qu'assez répandue. Elle place souvent ses œufs dans les bouts de sarments de vigne ; vit aussi sur le mûrier.

— *Cicada* (ou *Tibicena*) *hoematodes* SCOPOLI est une espèce plus nordique, rencontrée en Bourgogne (cigale des Vignes), dans l'Ouest au sud de la Loire et jusqu'en Seine et Marne à Fontainebleau. Mesurant 26 à 38 mm elle possède un pronotum rougeâtre (Cigale sanglante ou Cigale à anneaux rouges), un liseré de même couleur qui borde postérieurement chaque anneau de l'abdomen et des pieds rouges.

---

(1) BOUBALS et NAZEMILLE (1966) signalent les dégâts d'une petite cigale verte (*Cicadra sp.*) dont la femelle pond dans les rameaux en perçant l'écorce, puis les larves attaquent les racines. On lutte avec l'H.C.H.

LES CICADELLES

Sous le nom de Cicadelles ou petites cigales on rassemble souvent dans la littérature viticole non seulement les vraies Cicadelles appartenant à la super-famille des *Jassoidea* que nous étudierons en premier, mais également des représentants des super-familles des *Cercopoidea*, des *Fulgoroidea* et des *Membracoidea*.

AUDOUIN (1842) est le premier à avoir signalé les dégâts d'une espèce de Cicadelle : *Penthimia atra* FABR., trouvée dans les Vignes du Maconnais. Plus tard V. MAYET (1890) a décrit deux autres espèces : *Empoasca (Typhlocyba) flavescens* FABR. et *Typhlocyba viticola* TARG., reconnue aujourd'hui comme synonyme de la précédente par VIDANO (1958).

Actuellement on a dénombré, à travers le monde, une quarantaine d'espèces dont beaucoup ont été signalées, dans le Tome I, à propos de la Maladie de Pierce et de la Flavescence dorée. En France, BONFILS et SCHVESTER (1960) ont capturé dans le Sud-Ouest 34 espèces dans des parcelles de Vigne. En réalité 3 ou 4 espèces seulement provoquent des dommages certains dans notre pays, et méritent d'être étudiées attentivement.

Les Jassoidea

Les Cicadelles de cette super-famille se caractérisent par des pattes postérieures sauteuses avec les tibias carénés et armés de rangées d'épines mobiles, ce qui les distinguent aisément des *Cercopoidea*.

D'autre part, les antennes sétiformes possèdent un fouet composé de nombreux articles et sont insérées entre les yeux et le sillon frontal, alors que chez les *Fulgoroidea* elles sont insérées sous les yeux.

Enfin le pronotum, normalement développé et parfois prolongé vers l'avant mais jamais vers l'arrière, ne permet pas de les confondre avec les *Membracoidea*.

Les ailes sont disposées en toit et donnent à l'animal un aspect général triangulaire ou ovoïde. Le dimorphisme sexuel est souvent très marqué, les femelles étant brachyptères ou d'une coloration différente de celle des mâles.

Les Cicadelles ne produisent pas de bruit et leurs ailes ne sont pas transparentes. L'état larvaire ressemble à la forme parfaite. Ce n'est guère que par l'absence d'ailes qu'il s'en distingue et c'est là encore un caractère qui sépare nettement ces insectes des Cigales, aux larves souterraines si différentes de l'adulte ailé.

Typhlocybidae

Ce sont des insectes de petite taille dont l'aspect général évoque celui des Jassides. Les espèces viticoles importantes sont *Empoasca flavescens* ou Cicadelle verte. *Empoasca lybica* ou Cicadelle africaine et *Zygina rhamni* ou *Erythroneura simplex*. Mais on trouve aussi parfois *Empoasca decipiens*, *Empoasca pteridis*, *Erythroneura comes* (Californie) ainsi que *E. variabilis* et *E. elegantulae*, *Typhlocyba tenerrima*.

LA CICADELLE VERTE

I — SYNONYMIE

Fr. Cicadelle de la « Grillure » des feuilles.
Angl. Grape leaf-hopper.
Ital. Cicadelle della Vite.
All. Rebzikaden.

II — SYMPTOMES

Ils ont été décrits par différents auteurs, comme VIDANO (1963, 1964, 1967), LEONARDI (1963), LAFON, COUILLAUD et HUDE (1970), BRANAS (1971, 1974), BONFILS et LECLANT (1972), MOUTOUS et FOS (1971, 1972), TOUZEAU (1968, 1971), la Station Fédérale de Lausanne (1968), etc...

Les dégâts dus aux Cicadelles apparaissent dans le vignoble à partir du mois de juillet, rarement avant (dans les cas graves) et demeurent bien visibles durant les mois d'août et de septembre. Les insectes, à tous les stades de leur évolution, se tiennent normalement à la face inférieure des feuilles ; ils se nourrissent en piquant les nervures, plus rarement les pétioles ou les rameaux et puisent ainsi la sève élaborée qui circule dans le liber. Celui-ci sera détruit par l'absorption du cytoplasme ainsi que par des actions mécaniques et chimiques de la salive des Cicadelles. De plus l'obstruction des vaisseaux du liber par une substance gommeuse autour des points de piqûres provoque le brunissement des petites nervures. Cette première manifestation des dégâts échappe, la plupart du temps, aux observateurs non exercés, d'autant que les dégâts provoqués par les piqûres des larves n'apparaissent que 8 à 10 jours après. Les vaisseaux du bois sont aussi endommagés.

Ces nécroses nervaires entraînent une diminution, puis une interruption de la circulation de la sève qui intéresse les zones périphériques du limbe, provoquant l'apparition des décolorations suivies par des dessiccations marginales, avec parfois des digitations entre les nervures principales (cf tome I, Pl. 14 fig. 5 et 6, p. 512). Ces dessiccations progressent de la périphérie du limbe vers le centre. La zone desséchée, de couleur marron ou brique, est séparée des parties vertes de la feuille par une zone décolorée ou jaunâtre (cépages blancs) ou rouge (cépages noirs).

Le liseré jaune ou rouge est bordé intérieurement par une zone décolorée et la partie desséchée est limitée par les fines nervures secondaires ou tertiaires, ce qui donne à ses bords intérieurs un aspect de ligne brisée. Il se forme aussi entre les nervures des taches décolorées aux contours polygonaux à allure de mosaïque. Cette « grillure » des feuilles adultes est due aux altérations du système conducteur de la sève (bois et liber) et la gravité des dégâts va dépendre du nombre de piqûres, pouvant aboutir à la chute des feuilles vers la fin août, mais les pétioles restent attachés aux rameaux.

Les dégâts apparaissent d'abord sur les feuilles adultes de la base des rameaux, puis ils remontent progressivement vers le sommet. Les feuilles exposées à l'ouest et au sud sont généralement les plus grillées, les vaisseaux nécrosés ne pouvant assurer une alimentation suffisante en eau pour équilibrer l'évaporation provoquée par l'exposition prolongée au soleil.

Les jeunes feuilles ne se dessèchent généralement pas, mais elles s'épaississent et s'enroulent, comme dans le cas de Rougeau traumatique, puisque la sève élaborée ne peut plus redescendre vers le corps de la souche.

Les dommages peuvent n'affecter qu'une partie du feuillage, sans rapport avec la disposition des rameaux ou des bras. Leur intensité est variable depuis le simple enroulement, la dessiccation marginale du limbe jusqu'à la chute totale du feuillage. Ces dégâts foliaires influent évidemment sur la récolte, entraînant une baisse quantitative de la production (les baies n'étant plus alimentées ou insuffisamment), mais surtout une chute de la richesse en sucres des raisins. On observe également un mauvais août ement des bois et finalement un affaiblissement des souches.

En Charente, LAFON et al, signalent « qu'en fin d'année, par temps humide, les parties grillées du pourtour de la feuille peuvent être envahies par la pourriture grise, qui progresse vers l'intérieur du limbe. Ces dégâts continuent par la suite et dépassent progressivement la limite initiale des dégâts de Cicadelles. Ainsi, la trace des dégâts de Cicadelles peuvent disparaître et il ne subsiste plus alors qu'un dessèchement périphérique avec des traces de Botrytis à la limite interne. »

L'examen microscopique des souches, selon LEONARDI, a mis en évidence de graves altérations dans les nervures. En outre, dans les tissus atteints, on observe des bandes assez larges de matière brune, jaune ou jaune brunâtre, disposées plus ou moins irrégulièrement entre les cellules. »

III — SYSTEMATIQUE ET DESCRIPTION

Appelée d'abord *Chlorita flavescens* FABRICIUS, 1794, puis *Chlorita vitis* GOETHE, 1875, *Typhlocyba flavescens* et *T. viticola* TARGIONO, 1888, c'est aujourd'hui *Empoasca flavescens* RIBAUT, 1936, certains auteurs donnant aussi *Empoasca vitium* PAOLI 1930, *Empoasca vitis* GOETHE, mais en raison de la priorité des noms il est plus juste d'écrire *Empoasca flavescens* (FABR.). RIBAUT.

L'*adulte* mesure de 2,5 à 3,7 mm de longueur sur 0,75 mm de large de forme fragile allongée, de couleur vert clair ou jaunâtre luisant, et même rose, les yeux noirs les élytres parfois rayés de bandes plus claires, les pattes fortement épineuses d'un vert bleuâtre avec les ongles noirs. Au repos, les nervures cubitales des ailes postérieures forment un X brun, souvent visible par transparence.

Les adultes se déplacent assez rapidement obliquement et s'envolent lorsqu'on agite le feuillage. On peut en rencontrer plus d'une dizaine sur une même feuille. On observe, en même temps, des larves et des dépouilles ou exuvies blanchâtres, vides qui sont les restes des mues de l'insecte (Pl. 14, fig. 4).

IV — BIOLOGIE

L'hibernation a lieu sous forme d'adultes abrités sur des arbustes à feuillage vert persistant (Ronces, Ifs, Troenes, Chèvrefeuilles, lierres, etc...) dans les parcs ou les bois de Conifères (Genévrier, sapin, épicea, pin).

Vers la fin avril, dans les régions précoces, ou au début mai ailleurs, les femelles vont migrer sur la vigne, les mâles ayant disparu au cours de l'hiver ou au début du printemps. Après s'être alimentées quelques jours, les femelles vont pondre, au cours de 4 à 5 semaines d'activité 15 à 20 œufs, insérés dans les nervures principales à la face inférieure des feuilles.

La fécondation a eu lieu antérieurement, soit au cours de l'hivernage, soit peut-être à l'automne avant la migration.

Les *œufs* hyalins mesurent 0,7 mm et se présentent sous une forme allongée, légèrement réniforme ; on ne peut les observer qu'après dilacération des nervures dans lesquelles ils ont été pondus. L'incubation dure de 5 à 7 jours pour BONFILS et LECLANT dans le Midi et 8-10 jours pour TOUZEAU dans le Sud-Ouest.

Fig. 184. — *Empoasca flavescens* (d'après VIDANO) : à gauche, femelle ; à droite, mâle.

Les *larves* ressemblent aux adultes, mais leur taille est plus réduite, variant de 0,7-0,9 mm pour le 1er stade à 2,3-3 mm pour la nymphe du dernier âge. Les jeunes larves sont blanc hyalin, avec des yeux globuleux noirs et des antennes longues, mais plus courtes que le corps. A partir du 3e stade, la coloration devient verte à rose pâle avec des ébauches d'ailes. Ces larves sont très mobiles, se déplacent obliquement à la façon des crabes et restent cantonnées le plus souvent à la face inférieure des feuilles. Le développement larvaire complet comprend cinq stades et dure 3 à 4 semaines. Les larves laissent sous les feuilles les exuvies blanches, qui sont les dépouilles des mues successives et qui permettent de déceler, *a posteriori*, la présence des cicadelles.

La *durée d'un cycle* demande 55 à 60 jours et suivant les années il peut y avoir 3 à 4 générations sur la vigne, mais compte tenu de l'exploitation du vignoble, seules les deux premières générations ont une importance économique. « Les premiers adultes de la génération de printemps apparaissent au début de la deuxième décade de juin en

Aquitaine. La deuxième génération évolue au cours des mois de juillet et août et une troisième génération partielle en septembre-octobre. En raison du chevauchement de ces dernières, écrit TOUZEAU (1971) on n'enregistre dans l'évolution des pullulations larvaires que deux maxima nets, l'un à la fin juin l'autre au cours du mois d'août dans la région de Bordeaux. A partir de la fin septembre et jusqu'au début novembre, les adultes migrent progressivement vers leurs refuges hivernaux. »

En Suisse, dans le Tessin on compte trois générations annuelles, de mai à octobre.

V — CONDITIONS DE DEVELOPPEMENT

1° Répartition géographique

La cicadelle verte est distribuée sur tous les continents, y compris l'Amérique du Nord où elle a été introduite vers 1958. Elle s'étend à toute l'Europe tempérée : Allemagne, Autriche (Tyrol), Suisse, France, Italie, Espagne ainsi qu'à l'Afrique du Nord : Algérie, Tunisie, et l'Asie. En France on la rencontre dans toute la région Aquitaine (Gironde, Dordogne, Lot, Tarn, Tarn-et-Garonne, Basses-Pyrénées, les Charentes), ainsi qu'en Languedoc.

2° Réceptivité de la Vigne

Tous les cépages ne présentent pas la même sensibilité. TOUZEAU (1968, 1971) signale que « les cépages à feuilles tomenteuses hébergent beaucoup moins de larves que ceux à feuilles glabres. Parmi les cépages blancs, le Sémillon est particulièrement touché. Le Sauvignon et la Muscadelle sont également sensibles, ainsi que le Gros Manseng et le Saint Emilion (Ugni-blanc) à un degré moindre toutefois. Par contre il n'a pu observer des dégâts notables sur le Merlot blanc, le Colombard, le Chasselas et divers autres cépages de table. Sur cépages rouges, le Cabernet franc présente la sensibilité la plus élevée, mais le Merlot, le Cabernet-Sauvignon et le Tannat sont également atteints. Les hybrides, en revanche, paraissent résistants. Il reste à déterminer si les cépages n'extériorisant aucun dégât sont des cépages tolérants, supportant des populations de Cicadelles importantes ou si l'insecte délaisse certaines variétés pour se concentrer sur d'autres. »

COUPIN (1952) en Tunisie note que tous les cépages sont touchés : Carignan d'abord, Clairette, Alicante, Bouschet, Grenache, etc. Cependant BOVARD (1956) signale qu'en Tunisie le Grenache et le Pedro-Ximénés résistent bien, alors que le Carignan et la Clairette sont assez sensibles.

BRANAS (1974) indique comme cépages très sensibles : Malbec, Cabernet franc ; sensibles : Tannat, Mérille, Fer, Sémillon, Clairette ; peu sensibles : Valdiguié, Jurançon noir, Raffiat, Gros Manseng ; à peu près évité par les insectes : 12.375 SV. Les feuilles se révolutent chez le Tannat, le Sémillon, le Raffiat, le Gros Manseng ; elles rougissent par plages chez le Tannat, le Cabernet franc. On a trouvé des dégâts à Frontignan sur le Muscat et l'Alphonse Lavallée, dans les collections de l'E.M. divers cépages dont Tachtas, très sensibles ; en Corse Nielluccio et Vermentino ; au Portugal, à Setubal PORTO SOARES FRANCO a noté comme très sensibles le Muscat d'Alexandrie, la Periquita, l'Alicante Bouschet alors que sont résistants le Moreto et Tinta Carvalha. En Suisse les cépages rouges sont les plus touchés : Merlot, Gamay, Pinot mais aussi les cépages blancs Muller-Thurgau et Chasselas.

3° Plantes-Hôtes

Cette cicadelle est polyphage s'attaquant à des arbres comme chêne, tilleul, érable, aux Solanacées (Cicadelle de la pomme de terre), aux arbres fruitiers, au houblon, au coton, au thé à Ceylan, etc.

4° Conditions climatiques

L'insecte pour se développer recherche l'ombre et l'humidité, vivant sur le côté le moins ensoleillé de la souche et sur les souches les plus vigoureuses, donc les plus touffues. Selon CHABOUSSOU (1971) le niveau d'attaque par la Cicadelle se trouve lié à l'état physiologique de la vigne, influencé par des facteurs culturaux tels que le greffage, la nature des fumures, les traitements pesticides. L'excès d'engrais azotés entraînerait la multiplication des cicadelles, de même qu'une carence en potasse la favorise.

VI — METHODES DE LUTTE

Le premier point à envisager est celui de *l'opportunité du traitement*, compte tenu de la présence d'autres ravageurs dans le vignoble : Tordeuse de la grappe, Acariens. Partout où des traitements sont habituellement appliqués contre les Tordeuses de la grappe, la lutte spécifiquement dirigée contre la Cicadelle verte ne s'impose pas, à condition de toucher l'ensemble de la végétation : les deux ravageurs se trouvent à peu près en même temps à un stade sensible (BONFILS et LECLANT, 1972).

En second lieu, les stations d'avertissements tiennent compte du *seuil de nuisance :* on estime qu'il convient d'intervenir pour une population moyenne d'une larve par feuille, calculé sur 100 feuilles prélevées sur 100 souches réparties au hasard. Au-dessus de ce seuil il est possible de redouter une réduction notable de la récolte. Ce contrôle exige des passages tous les trois jours durant la période critique. « Dans le Sud-Ouest, le seuil de nuisance est souvent atteint au cours du mois de juin (première génération) et en juillet-août (deuxième génération). Mais les pullulations ne sont pas généralisées dans une région et seules quelques parcelles, généralement isolées, proches de taillis, de bois ou de parcs, dans lesquels hivernent les adultes méritent d'être protégées par des traitements insecticides. Il arrive également qu'en arrière-saison, au mois de septembre, les pullulations dépassent une nouvelle fois le seuil tolérable (fin de deuxième génération et troisième génération partielle) mais à cette époque, elles ne présentent plus de danger particulier pour la végétation ou pour la maturation et il n'est pas nécessaire d'intervenir. » (TOUZEAU).

D'après les essais réalisés en Dordogne par TOUZEAU, ARNAULD et FELTRIN (1969) :

— 29 larves pour 100 feuilles pendant 30 jours en juin ont provoqué l'apparition de rougissements ou dessèchements sur 7 % des feuilles ;

— 78 larves pendant la même période ont déterminé l'apparition des dégâts sur 14 % des feuilles.

— 20 larves pour 100 feuilles pendant 40 jours en août-septembre ont été responsables de l'apparition de dégâts sur 5 % de feuilles nouvelles et ont augmenté en outre ceux produits par l'attaque de juin ;

— 68 larves pour 100 feuilles pendant la même période ont provoqué des dégâts sur 29 % de feuilles nouvelles et augmenté ceux déjà observés précédemment.

En définitive, la surface foliaire active se trouvait réduite au moment de la vendange de :
— 5 % pour une population larvaire de 29 larves en juin et 20 larves en août-septembre (moyenne 25) ;
— 15 % pour une population larvaire de 78 larves en juin et de 68 larves en août-septembre (moyenne 73) ;

Par conséquent tous ces essais confirment les résultats de 1967, année pour laquelle le grillage avait atteint 37 % de la surface foliaire pour des populations de 91 larves pour 100 feuilles en juin et 155 larves en août-septembre (moyenne 123), tous ces essais ayant été réalisés sur Cabernet franc. Les résultats sont plus faibles avec le Merlot, cépage moins sensible.

L'influence sur la richesse en sucres des baies a été minime :
— Au 4 octobre on a noté 9°7 pour 5 % de réduction de surface foliaire et 8°9 pour 15 % ;
— Au 9 octobre les différences se sont atténuées : 9°8 et 9°6 en raison des conditions particulièrement humides de 1968, défavorables à une bonne maturation.

D'après Moutous et Fos (1971) il faut atteindre le nombre de 136 larves pour 100 feuilles pour entraîner une diminution significative à la récolte. Si une faible population, de l'ordre de 27 cicadelles pour 100 feuilles, provoque certaines grillures, les répercussions sur la récolte sont négligeables. Selon Maurin (1971) on observe d'importantes grillures et même la chute des feuilles pour des populations de 51 et 76 cicadelles pour 100 feuilles.

Moutous (1979) précise « qu'il faut dépasser le seuil de 100 larves pour 100 feuilles pour entraîner une diminution significative de la récolte et que la lutte chimique ne devra commencer qu'à partir de ce seuil ; les populations plus faibles entraînant bien des grillures du feuillage, mais des répercussions négligeables sur la récolte.

« Les produits utilisables sont : Azinphos à 40 g de M.A./hl, Methida-thion à 30 g M.A./hl, Méthomyl à 37,5 g M.A./hl, Oxydemeton methyl à 25 g M.A./hl, Parathion à 30 g M.A./hl. Cependant pour éviter des effets défavorables sur la faune utile il faut préférer l'Oxydemeton methyl et le Methidathion. »

Lagaude (1979) préconise aussi des spécialités à base de Formothion à 50 M.A./hl, substance agissant par contact et par voie systémique.

Les traitements seront exécutés au moment des pullulations maxima en juin et surtout en juillet-août ce qui permet de maintenir les populations larvaires au-dessous du seuil de nuisance pendant un minimum d'un mois.

Les poudrages donnent également de bons résultats, mais leur durée d'efficacité est moindre.

EMPOASCA DECIPIENS

Cette Cicadelle, dénommée Empoasca decipiens PAOLI, 1930 avec pour synonyme Empoasca (Chlorita) decipiens METCALF, 1968 est très semblable à Empoasca flavescens et ne peut être déterminée avec certitude que par la dissection.

Signalée comme ampélophage seulement en Italie par PAOLI (1930) et VIDANO (1958), elle a été classée comme « espèce-compagne » commune dans les vignobles du Sud-Ouest de la France par BONFILS et SCHVESTER (1960).

C'est une espèce polyphage effectuant son cycle sur de nombreuses plantes spontanées herbacées et arbustives et seuls les adultes ont été observés sur Vigne. Selon les régions et les conditions ambiantes on compte 4 à 5 générations. L'adulte mesure 3 mm de longueur et il est de couleur vert franc.

Commune en Europe occidentale (France, Italie), au Maroc où les dégâts sont nuls sur Vigne, cette Cicadelle est considérée comme ampélophage nuisible au Belouchistan (JANJUA et SAMUEL, 1941).

LA CICADELLE AFRICAINE DE LA VIGNE

I — SYNONYMIE

Esp. El « Mosquito verde » (RUIZ CASTRO).

II — SYSTEMATIQUE ET DESCRIPTION

Cette Cicadelle fut découverte par ZANON, en août 1920 sur une vigne en pergola dans le jardin de la Mission à Benghazi (Cyrenaique). Envoyée au Dr Ernest de BERGEVIN, de l'Université d'Argel, celui-ci créa pour elle une nouvelle espèce *Chlorita lybica*, décrite en 1922. En 1926, PAOLI distingua une nouvelle espèce de cicadelle en Somalie méridionale qu'il nomma *Empoasca benedettoi*. Mais trois ans plus tard en examinant les exemplaires de *Chlorita lybica* il identifia les deux espèces, comme n'en faisant qu'une nommée maintenant *Empoasca lybica* De Berg.

Les *adultes* ont l'aspect général de la Cicadelle verte mais leur taille est plus petite 2,5 à 3,2 mm. La couleur du corps varie du jaune au vert ; les élytres sont légèrement enfumés au tiers distal.

Fig. 185. — *Empoasca libyca* (d'après VIDANO) : à gauche, femelle ; à droite, mâle.

III — BIOLOGIE

L'hibernation des adultes se déroule sur diverses plantes arbustives ou herbacées, puis les adultes reviennent sur la vigne en Italie de la fin avril au début mai pour y rester jusqu'en octobre. Chaque femelle dépose 50 œufs environ isolément à l'intérieur des pétioles et des nervures principales des feuilles. L'incubation dure 8 à 10 jours et l'évolution larvaire de 3 à 4 semaines au printemps et en automne contre 15 à 20 jours seulement en été. Tous les adultes vivent à la face inférieure des feuilles. Les œufs, insérés dans les nervures sont verdâtres, légèrement incurvés et mesurent 0,5 mm de longueur.

Dans l'année on compte 4 à 5 générations qui se superposent à partir de la deuxième. La migration des adultes vers les refuges hivernaux se produit en octobre-novembre.

IV — CONDITIONS DE DEVELOPPEMENT

1° Répartition géographique

C'est une espèce méditerranéenne, abondante dans les situations chaudes : Sud de l'Italie (Sicile, Sardaigne), sud de l'Espagne (Almeria, Murcie) et en Afrique du Nord (Libye, Tunisie, Algérie) en Tanzanie et au Moyen-Orient (Israël).

2° Plantes-hôtes

C'est une espèce polyphage qui constitue un ravageur important du cotonnier, des Solanacées, des Malvacées et même des Composées (*Inula viscosa*) et des Labiées (*Mentha rotundifolia*) en Espagne selon RUIZ CASTRO.

3° Réceptivité de la Vigne

En Espagne RUIZ CASTRO dans la région d'Almeria indique que le 161-49 C. présente les dommages les plus accusés (aspect chlorotique et décolorations partielles du limbe) alors que le Teleki 8 B est moins atteint ainsi que Rupestris du Lot et 99 Richter ; enfin le 333 EM n'apparaît pas touché.

V — DEGATS

Cette cicadelle africaine, voisine d'*Empoasca flavescens* est nettement thermophile, de sorte qu'on la rencontre dans les pays méditerranéens où les dégâts peuvent être importants, par exemple dans les vignes d'Ohanes, conduites en pergolas dans la région d'Almeria et de Murcie et cela depuis une quarantaine d'années (1925) selon RUIZ CASTRO.

Elle cause des grillures et des dessèchements analogues qui sont parfois accentués par des vents chauds, augmentant le déséquilibre hydrique des vignes parasitées. Le grillage du feuillage peut être total au point de provoquer à l'automne le départ d'une nouvelle végétation à partir des bourgeons secondaires, ce qui nuit à un bon aoûtement des sarments et provoque une déficience des substances de réserve. Dans les vignobles infestés plusieurs années de suite, on assiste à un rabougrissement progressif des souches, des sarments et à une diminution quantitative et qualitative de la récolte. En outre, les attaques sur les jeunes feuilles sont plus fréquentes et provoquent des crispations foliaires en raison de l'arrêt de croissance des zones nervaires nécrosées.

VI — LUTTE

Pour combattre les larves, Ruiz Castro (1965) a eu de bons résultats avec des pulvérisations de Nicotine à 70 g par hl d'eau et encore meilleurs avec des poudres nicotinées à 10 % employées à la dose de 18-20 kg par hectare.

Actuellement les insecticides modernes signalés pour la Cicadelle verte sont aussi valables contre la Cicadelle africaine.

ZYGINA RHAMNI

I — SYSTEMATIQUE ET DESCRIPTION

Appelée d'abord *Zygina blandula* (Rossi) var. *simplex* Ferrari, 1882, puis *Erythroneura simplex* Ribaut, 1936 (binome encore fréquemment adopté par les auteurs modernes), *Typhlocyba rhamni* Ferrari 1882, *Erythroneura eburnea* Moutous, Bonfils et Carle (1962), c'est actuellement *Zygina rhamni* Ferr. d'après les études de Vidano (1959, 1962).

Cette espèce méditerranéenne a été appelée par Vidano (1958) « la vraie cicadelle de la Vigne » en Italie où on la rencontre dans toutes les régions viticoles.

« *L'adulte mâle*, écrit V. Mayet (1904) est, pour une fois, le pâle conjoint, sans éclat, de teinte uniforme, d'un jaune pâle, couleur de paille, sauf les ailes postérieures qui sont nacrées et son seul ornement consiste dans l'extrémité des tarses postérieurs noirs.

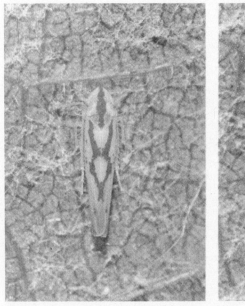

Fig. 186. — *Zygina rhamni* (d'après VIDANO) : à gauche, femelle ; à droite, mâle.

« L'*adulte femelle* porte, au contraire, une robe voyante. Sur un fond jaune moins pâle se détachent des bandes et des ornements qui sont tantôt d'un rose rouge, tantôt d'une rouge vermillon. Ces ornements consistent dans une bande longitudinale étroite sur la ligne dorsale de la tête et du corselet et dans une bande en zig-zag composée de larges taches occupant le milieu des élytres dans presque toute leur longueur. »

D'après LEONARDI (1963) « l'insecte vit à la face inférieure des feuilles et provoque des altérations chromatiques caractéristiques en forme des taches dispersées ou alignées près des nervures. Les altérations sont provoquées par les piqûres de l'insecte, qui vide le tissu palissadique du limbe. Des dégâts plus importants sont provoqués par les larves et les nymphes qui restent sur la même feuille alors que les adultes se déplacent facilement. La couleur des taches peut être vert pâle, jaune citron ou blanc argenté ; plus tard les feuilles très atteintes se dessèchent et tombent.

« Les caractères pathologiques peuvent s'étendre aux organes qui ne sont pas directement atteints : les grappes et les rameaux qui mûrissent et aoûtent irrégulièrement. »

En France les dégâts dus à cette espèce sont en général absolument insignifiants (BONFILS et SCHVESTER, 1960).

II — BIOLOGIE

Le *cycle biologique* de cette espèce, selon SCHVESTER et al (1962) serait analogue à celui de *Empoasca flavescens* et il y aurait possibilité pour deux générations. Les adultes peuvent être trouvés dans les Vignes au printemps à la période correspondant à celle des « migrations de retour » sur vigne d'*E. flavescens*. Comme pour cette dernière l'œuf est pondu dans l'épaisseur des tissus des nervures ; l'hivernage a sans doute lieu à l'état adulte ayant retrouvé l'espèce en cette saison sur les Ronces. Enfin l'observation çà et là vers la mi-septembre de quelques néonates peut laisser supposer l'existence d'une troisième génération partielle. On ignore pour quelle raison dans nos régions, cette Cicadelle ne prospère pas davantage sur la Vigne, qui est son hôte de prédilection d'après VIDANO. Cette pauvreté des populations sur les *Vitis* dans le Sud Ouest enlève en tout cas à l'espèce tout caractère nocif direct. »

***

Jassidae

Les ailes disposées en toit donnent un aspect général ovoïde ou triangulaire selon que leurs apex se croisent plus ou moins ou au contraire un contour élargi vers l'arrière si le champ apical s'étale latéralement.

Dans cette famille l'espèce la plus nuisible en France est *Scaphoideus littoralis* qui sert de vecteur à la Flavescence dorée ; secondairement on peut ajouter *Penthimia nigra,* mais aux Etats-Unis de nombreuses espèces de cette famille peuvent servir de vecteurs pour transmettre la Maladie de Pierce.

LA CICADELLE DE LA FLAVESCENCE DORÉE

I — SYSTEMATIQUE ET DESCRIPTION

C'est une espèce polyphage, d'origine nord-américaine, qui a été importée accidentellement et qui fut d'abord découverte dans le vignoble du Sud-Ouest en 1958, où elle se montra strictement ampélophage (BONFILS et SCHVESTER, 1960). Appelée *Scaphoideus littoralis* BALL. cette Cicadelle est devenue importante comme insecte vecteur des mycoplasmes de la Flavescence dorée, facilitant la dissémination de cette maladie en France.

L'adulte mesure 4,8-5,2 mm pour les mâles et 5,5-6 mm pour les femelles. Le corps est de forme générale fuselée, allongée, de teinte générale brun ocre, l'avant-corps plus clair avec trois bandes transversales brunes sur la tête pour la femelle et une seule pour le mâle. Les élytres sont brunâtres et tâchés de noir ; les ailes sont fonctionnelles.

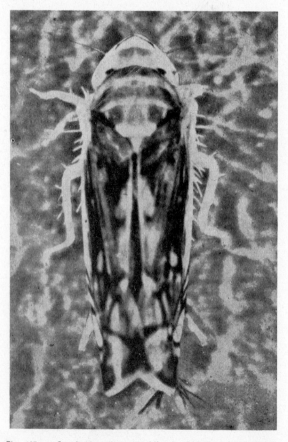

Fig. 187. — *Scaphoideus littoralis* (d'après CARLE et SCHVESTER).

II — BIOLOGIE

Cette Cicadelle n'a qu'une génération annuelle. De juillet à septembre chaque femelle pond environ 24 œufs qu'elle insère dans l'écorce des coursons ou des longs bois, isolément ou par groupes de 2-4 et jusqu'à 10-12 alignés l'un derrière l'autre.

L'*œuf* est allongé, aplati latéralement, réniforme et mesure 1,3 x 0,3 mm, de couleur bistre clair à ocre brun, à chorion lisse, sans ornementation.

L'hibernation se fait donc à l'état d'œufs qui vont éclore à partir de la deuxième quinzaine de mai avec un échelonnement jusqu'au début juillet.

La *larve* va évoluer au cours de juin et juillet, soit 50 à 55 jours en passant par cinq stades larvaires, mesurant 1,5 mm au premier stade pour atteindre 5 mm au cinquième stade. Leur coloration varie du blanc hyalin au blanc crème pour les jeunes larves ; mais à partir du quatrième stade, la couleur devient bistre avec des taches plus foncées sur le corps. A tous les stades, les larves sont sauteuses. Elles portent, en outre, à l'extrémité postérieure de l'abdomen et en position dorso-latérale, deux taches noires triangulaires symétriques, caractéristiques de l'espèce.

Les larves se nourrissent aux dépens du bois et du liber des tissus conducteurs, la prise de nourriture se faisant par piqûres dans les nervures, à la face inférieure des feuilles ; les stylets pénètrent jusqu'aux vaisseaux conducteurs pour y prélever de la sève. Les réactions du tissu foliaire sont peu visibles ; cependant on note un arrêt de croissance (la plante restant naine), une dessiccation marginale des feuilles dont le limbe jaunit, des taches foncées aux points des piqûres. Les larves se rencontrent principalement à la face inférieure des jeunes feuilles de la base des ceps et de préférence sur les gourmands et les repousses.

Les premiers *adultes* apparaissent fin juillet - début août et, après 10 jours de maturité sexuelle ils s'accouplent et quelques jours après les femelles pondent. La durée de vie des adultes est d'un mois environ, puis ils disparaissent.

III — DEGATS

En général, les populations de *Scaphoideus littoralis* sont peu abondantes dans les vignobles français et n'atteignent pas les densités d'*Empoasca flavescens*, avec lesquelles elles sont parfois mélangées. Par conséquent on n'observe aucun symptôme particulier sur la végétation. Toutefois avec des densités élevées obtenues expérimentalement on obtient des manifestations assez semblables à celles causées par *Empoasca libyca*. (Touzeau, 1971).

Mais c'est par son aptitude à transmettre la Flavescence dorée que *S. littoralis* se montre nuisible (cf. tome I page 505 et suiv.). Les expériences de Schvester (1961 à 1969) ont précisé les modalités de cette transmission dans les vignobles du Sud-Ouest.

IV — CONDITIONS DE DEVELOPPEMENT

1° Répartition géographique

Cette Cicadelle ne paraît pas faire de dégâts sur la Vigne en Amérique du Nord ; elle n'est d'ailleurs pas mentionnée dans le livre de Winkler (1962, 1974). En Europe, elle existe maintenant en Suisse, en Italie, en France principalement dans les vignes du Sud-Ouest (Gironde, Charente, Gers, Landes, Basses et Hautes-Pyrénées), en Corse et dans les Alpes-Maritimes (Vence).

2° Plantes-Hôtes

Seule la Vigne est parasitée et principalement le Baco 22 A, les autres plantes prospectées par SCHVESTER et AL (1962) ne portent pas cette Cicadelle.

V — METHODES DE LUTTE

La mise au point d'une méthode de lutte chimique efficace a été rendue possible par le fait que cette Cicadelle ne présente qu'une génération par an et par sa monophagie sur Vigne, ce qui exclut la possibilité de réinfestation à partir de plantes-hôtes réservoirs. Les essais réalisés par SCHVESTER, CARLE, MOUTOUS ont montré l'efficacité du Carbaryl à 150 g M.A./hl, du Dimethoate à 65 g M.A./hl. On peut aussi employer contre les larves le parathion à 30 g M.A./hl avec une rémanence de 15-20 jours et le formothion à 50 g M.A./hl dont la durée d'action ne dépasse pas une semaine.

Cinq traitements sont conseillés, les trois premiers contre les larves, à une quinzaine de jours d'intervalle du 15 juin au 10-15 juillet pour le Sud-Ouest ; les deux autres contre les adultes à 12-15 jours d'intervalle à partir du début du mois d'août.

Les essais de CARLE (1964) ont montré que la pulvérisation pneumatique à 150 l/ha permet d'améliorer l'action de choc de l'insecticide et sa rémanence. AGULHON (1978) précise que la pulvérisation pneumatique permet d'atteindre plus aisément la face inférieure des feuilles où se situent les insectes, donc d'accroître l'efficacité du traitement.

PENTHIMIA NIGRA

Cette cicadelle signalée par AUDOUIN en 1842 sur la vigne en Maconnais, présente des variations de teintes et de disposition de couleurs (présence ou absence de taches rouges) qui ont d'abord fait croire à plusieurs espèces distinctes, mais actuellement, selon RIBAUT (1952) on distingue huit formes ou variétés.

Son nom fut d'abord *Cercopis nigra* GOEZE, 1778 ; *C. aethiops* SCHRANK, 1781 ; *C. atra* FABRICIUS ; *C. sanguinicollis* (var.) FABRICIUS 1794 ; *Cicada hoemorrhoa* PANZER ; *C. Thoracica* PANZER, 1794 , *Cercopis castanea* GMELIN ; *C. biguttata* GMELIN 1788 ; *Penthimia atra*, GERMAN 1830, *P. atra* AUDOUIN 1832, *P. atra* FABR. et actuellement *Penthimia nigra* GOEZE.

L'*adulte* se distingue par une forme trapue et élargie, mesurant 4,5-5 x 3 mm de teinte générale noire brillante ou brun foncé ; tête large, noire, pronotum noir ou avec deux taches rouges ; elytres couvrant entièrement l'abdomen, tantôt noires, tantôt rouges, tantôt jaspés de rouge et de noir, ailes fonctionnelles ; le dessous du corps est entièrement noir, mais parfois cependant l'abdomen est rouge. Les pattes sont longues surtout les postérieures, servant au saut, qui portent une double rangée d'épines aiguës.

C'est une espèce polyphage vivant sur divers buissons et les jeunes taillis de chêne. Elle peut piquer occasionnellement les feuilles de vigne qui flétrissent (JOLICOEUR, 1894). Dans les vignes du Sud-Ouest BONFILS et SCHVESTER (1960) l'ont récoltée assez fréquemment pour être placée dans la catégorie des « espèces compagnes » mais ce n'est qu'accidentellement qu'elle est susceptible de faire des dégâts notables à la Vigne.

V. MAYET (1904) indique que cet insecte dans le Vaucluse abonde sur la vigne et il est noté comme ampélophage à Lyon, Condrieu, Valence, Lunel, Claret, Narbonne, Banyuls.

PHILAENUS SPUMARIUS L.

Cet insecte fait partie de la super-famille des *Cercopidae* et il a pour synonyme *Philaenus leucophthalmus* L., *Ptyelus spumarius* L. et il est commun dans les prairies, vivant au dépens de nombreuses plantes herbacées sur lesquelles il effectue son cycle. On le trouve aussi parfois sur la Vigne et BONFILS et SCHVESTER (1960) dans les vignobles du Sud-Ouest le considèrent comme « espèce compagne ».

Par ses piqûres nutritives profondes, il désorganise les tissus du bois des jeunes rameaux, provoquant jusqu'à la dessiccation et la chute des feuilles, selon VIDANO (1965).

HYSTEROPTERUM BILOBUM

D'après V. MAYET (1890). La famille des Fulgorides, dont le genre *Hysteropterum* fait partie, renferme des insectes aux formes bizarres, bien connus sous le nom de Fulgores porte-lanternes, porte-chandelles, etc..., espèces presque toutes exotiques. Les Fulgorides sont intermédiaires entre les Cicadelles et les Cigales, ayant comme eux les tarses à trois articles, mais se distinguant par la tête souvent pourvue de grands appendices ou garnis de crêtes saillantes ; l'abdomen est parfois couvert d'une poussière cireuse analogue au secrétion des cochenilles et des pucerons.

Le genre *Hysteropterum* comprend une trentaine d'espèces vivant dans la zone tempérée. L'insecte trouvé sur des vignes en Gironde et signalé par BLANCHARD (1880) sous le nom d'*Hysteropterum apterum* ne cause pas de dommages à la Vigne, mais à l'époque on croyait avoir affaire à un nouvel ennemi comparable au *Phylloxera*. D'après LICHTENSTEIN (1880) l'insecte pique les feuilles de la vigne et d'une foule d'autres arbres, mais sans faire beaucoup de mal.

V. MAYET dénomme cet insecte *Hysteropterum grylloides* FABRICIUS 1794 avec pour synonyme *H. flavescens* OLIVIER parce que pour lui *H. apterum* est une espèce nord-africaine, jamais trouvée en France.

En réalité, d'après BONFILS et LECLANT (1972) *H. grylloides* serait en réalité *H. bilobum* FIEBER, 1872.

L'adulte mesure 5-6 x 3 mm, de couleur rousse ou feuille morte, et une forme courte élargie vers le milieu ; tête large et saillante, surtout à cause du développement hémisphérique des yeux et du vertex qui, est carré, séparé du front et des joues par une carène élevée ; élytres très inclinés en forme de toit, plus à leur sommet qu'à leur base, couvrant le corps, tectiformes à nervures saillantes et recouvrant les ailes inférieures à demi avortées, non fonctionnelles. L'insecte ne pouvant pas voler, saute et les pattes postérieures sont organisées pour cela avec des tibias très développés, garnis de nombreuses épines à l'extrémité.

Cet insecte ne se rencontre qu'occasionnellement sur la vigne et ne provoque pas de dommage.

LA CICADELLE BUBALE

I — SYNONYMIE

Angl. Buffalo Tree Hopper.
Ital. Cicalina Buffalo.

II — SYSTEMATIQUE

Cet Insecte, appelé *Ceresa bubalus* FAB. appartient à la Famille des Membracides qui comprend des Homoptères ayant un pronotum volumineux, se terminant en une forte pointe à l'arrière. Il y a seulement deux ocelles ; les antennes sont insérées en avant des yeux et le flagellum comprend plusieurs articles. Les tibias sont anguleux et les tarses ont trois articles.

Ce Membracide est originaire d'Amérique du Nord où on le trouve dans toute la zone tempérée des Etats-Unis, de l'Atlantique au Pacifique, ainsi qu'au Canada. Découvert d'abord en Hongrie (1912), il fut trouvé pour la première fois en France dans de jeunes vignes de l'Hérault en 1918 et décrit par LALLEMAND (1920), puis en 1927 par POISSON (1929) aux environs de Banyuls (P. Or.), par UVAROW (1930) à Vence dans les Alpes-Maritimes et par BERNARD (1934) à Fréjus (Var).

Il existe dans le Midi de la France une espèce voisine : *Centratus cornutus* L. vivant sur les Légumineuses ligneuses (*Spartium*).

Fig. 188. — *Ceresa bubalus* adulte vu de face et de profil (d'après VIDANO).

III — DESCRIPTION

L'adulte mesure 8 à 10 mm et il est de couleur sombre, gris ardoisé (à vert pâle pour BONNEMAISON). Son pronotum est très développé formant deux cornes volumineuses pointues qui, vues de dessus, sont dirigées d'abord en avant, puis s'infléchissent légèrement en crochet vers l'arrière. L'arête dorsale est légèrement plus courte que le corps et n'atteint pas complètement la longueur des ailes. Vue de profil, cette arête forme une carène bombée terminée en pointe postérieurement. Elle est de couleur verte, parsemée de taches claires. Les yeux sont visibles latéralement en raison de l'élargissement de la tête.

La femelle possède une longue tarière retractile très puissante.

Fig. 189. — Œufs pondus par *Ceresa bubalus* sur un rameau de V. *vinifera* sous l'écorce (d'après VIDANO).

IV — BIOLOGIE

La *femelle* dépose ses œufs, d'août à octobre, sous l'écorce des arbustes âgés de 1 ou 2 ans ou des jeunes rameaux de la Vigne et des Arbres fruitiers (Pommier surtout). Grâce à son oviscapte puissant, en forme de lame de couteau, elle incise d'abord l'écorce parallèlement aux fibres du bois et provoque ainsi une blessure allongée, semi-concentrique, dans la profondeur de laquelle elle enfonce sa ponte : 6 à 12 œufs accolés les uns aux autres, disposés en rangées parallèles perpendiculairement à l'axe du rameau. Ces *œufs*, de forme ovale et de couleur blanche, mesurent 0,13 x 0,035 mm en moyenne ; ils sont profondément enfoncés dans le bois et ne sont visibles qu'après grattage de l'écorce.

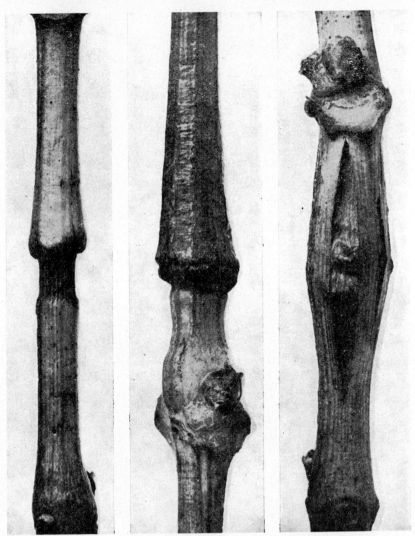

Flg. 190. — Dégâts de *Ceresa bubalus* sur rameaux (d'après VIDANO).

Lorsque ces lésions sont nombreuses et très rapprochées sur un rameau de vigne ou une branche d'arbre fruitier, elles peuvent entraîner leur dessèchement.

Au printemps suivant, les œufs vont éclore depuis la fin avril jusqu'à la mi-mai. Les jeunes *larves* vont alors émigrer sur des plantes basses : Légumineuses (Trèfle, Luzerne, Mélilot), Pomme de terre, Dahlia, Oseille, Plantain, Pissenlit, Chrysanthème, etc... Ces larves vont subir cinq mues successives avant de donner des adultes en juillet-août. Elles sont gris verdâtre, aplaties latéralement et fortement bombées et présentent dorsalement sur le thorax et l'abdomen, des tubercules épineux légèrement incurvés vers l'arrière.

L'accouplement des adultes se produit le soir, peu de temps après la dernière mue et la ponte intervient à partir d'août.

V — DEGATS

Sur la Vigne, les incisions des femelles, légèrement courbes et larges de 5 à 7 mm sont disposées dans le sens de la longueur du rameau et peuvent entraver la circulation de la sève ce qui aboutit en automne à la formation d'un rougeau traumatique de la partie supérieure du rameau située au-dessus de cette incision, qui forme même parfois une annellation complète. Les piqûres larvaires entraînent la formation d'un bourrelet cicatriciel plus ou moins volumineux de la part du cambium, ce qui donnera aussi du Rougeau à l'automne, car la sève élaborée ne peut plus descendre vers le tronc et les racines, comme dans le cas de l'incision annulaire. « Les piqûres dans les tissus corticaux, faites avec le rostre de l'insecte, sont quelquefois désordonnées, indique VIDANO (1964), mais le plus souvent en anneau ou en spirale pour sucer la sève pendant les quatre à huit minutes de la piqûre ». Les dommages ne sont pas très graves sur les vignes adultes, mais ils sont assez spectaculaires à l'automne du fait du rougissement des extrêmités des rameaux.

VI — CONDITIONS DE DEVELOPPEMENT

1° Répartition géographique

On a vu dans l'historique que cet insecte vivait en Amérique du Nord, mais on ignore comment il est venu en Europe, sans doute à l'occasion d'importations de plants ou de légumes. Actuellement l'insecte a été reconnu en France, en Italie, en Espagne, en Hongrie, en Yougoslavie, en Albanie, en Russie, en Suisse, en Bulgarie, en Roumanie.

2° Réceptivité de la Vigne

VIDANO (1964) indique que toutes les Vignes ne régissent pas également aux blessures de l'insecte. Le Clinton et d'autres hybrides ne manifestent pas de notables altérations, ni des rameaux, ni des feuilles. Chez *V. vinifera* il y a des différences entre les cépages : la Neretta et la Barbera ont des rougissements foliaires prononcés, alors que chez la Freisa ce rougissement est tardif et faible et chez l'Erbaluce le jaunissement foliaire est intense, mais tardif.

3° Plantes-hôtes

De nombreuses plantes cultivées peuvent être parasitées par *Ceresa bubalus* : des Arbres fruitiers (Pommier, Poirier, Prunier, Cerisier, Prunellier, Pêcher, Abricotier, Cognassier, Noisetier, Noyer ,Kaki, Olivier), des Arbres d'ornements autres que les essences résineuses : Peuplier, Tilleul, Saule, Cornouiller, Chêne, Aulne, Platane, Orme, Frêne, Lilas,

Troëne, etc..., ainsi que de nombreuses plantes herbacées déjà citées à propos de la biologie et bien d'autres : Tabac, Aubergine, Datura, Plantain, Centaurée, dont VIDANO fournit une liste très détaillée.

4° Ennemis naturels

En Amérique cet insecte est parasité par un Hyménoptère Mimaride : *Polynema striaticorne* GIRAULT qui est oophage, arrivant à détruire selon BALDUFF (1928) plus de 30 % des œufs de *Ceresa bubalus*, avec trois générations annuelles. VIDANO a proposé d'introduire cette espèce en Italie, mais nous ignorons les résultats obtenus.

5° Influences climatiques

Le développement de l'insecte se fait régulièrement vers 19-20 °C, alors qu'aux températures de 27-28 °C les jeunes succombent d'après COUTURIER (1938) ; un rôle négatif du manque d'humidité dans les pays du sud vient s'ajouter.

Dans les vallées alpines du Piemont l'insecte ne se trouve pas au-delà de 800 m d'altitude.

V.II — METHODES DE LUTTE

Sur la Vigne il n'est pas envisagé de traiter chimiquement, mais il est vraisemblable qu'en cas d'une invasion locale il soit possible de limiter les dégâts au moyen d'un insecticide classique, à base d'ester phosphorique. On pourrait aussi penser à détruire les œufs sous les écorces avec des huiles de goudron, mais il faudrait pouvoir détruire au préalable les écorces, ce qui est très difficile sans brûler les organes de la Vigne. Pour atteindre les larves au printemps les traitements devraient être réalisés sur les plantes herbacées adventices ou poussant au voisinage des plantations.

On ne peut donc que conseiller de brûler les bois de taille des vignes atteintes par *Ceresa bubalus* pour détruire l'hiver les pontes.

*
* *

Caractères distinctifs des larves de Cicadelles et des dégâts.

— Larves à abdomen allongé, plutôt cylindro-conique, de couleur blanc hyalin au premier stade avec des yeux globuleux noirs, puis devenant aux stades suivantes vert plus ou moins intense ou rose à rose orangé ; antennes moins longues que le corps. Larves très mobiles, se déplaçant rapidement et obliquement...

Feuilles de vigne présentant des dessèchements marginaux ou inter-nervaires et diverses modifications de coloration (rougissements ou jaunissement). *Empoasca flavescens.*

— Larves à abdomen allongé, aplati dorso-ventralement, de couleur crème avec deux bandes jaune vif s'étendant longitudinalement du niveau des yeux à l'extrémité postérieure du thorax. Antennes plus longues que le corps. Larves marchant très lentement et se déplaçant peu, cantonnées près des nervures.

Feuilles de vigne piquetées de petites taches blanc-argenté groupées autour des nervures ou dispersées sur tout le limbe. *Zygina rhamni*

— Larves de taille plus forte que les deux précédentes, abdomen nettement triangulaire, ramassé, de couleur blanc laiteux (1° et 2° stades) avec ensuite une moucheture irrégulière brun ocre à noir dont l'importance augmente à chaque stade..., ainsi que deux taches apicales symétriques, triangulaires noir brillant visibles à tous les stades. Larves sauteuses, très agiles.

Pas de symptômes foliaires... *Scaphoideus littoralis.*

— 1 058 —

PHYLLOXERA

I — SYNONYMIE

Fr. Maladie de la Vigne, Nouvelle maladie de la Vigne.
All. Reblaus.
Ital. Fillossera.
Esp. Filoxera.
Port. Filoxera. Filoxera da Videira.
Angl. Phylloxera, Grape-roat gall louse (U.S.A.). Grape Leaf Louse.

II — HISTORIQUE

C'est en 1854, pour la première fois, que cet insecte fut signalé sur la Vigne par Asa Fitch aux Etats-Unis comme il sera précisé dans la partie systématique.

On ignore évidemment comment le Phylloxera est parvenu en Europe, mais on sait qu'à la suite de la crise de l'Oidium, il y a eu, entre 1856 et 1862, de nombreuses importations de cépages américains, soit sous forme de boutures, soit de plants racinés (venus de Géorgie notamment) à destination de divers pays viticoles : France, Allemagne, Autriche, Italie, Portugal ou chez des amateurs cultivant la vigne en serre en Angleterre et en Irlande. C'est vraisemblablement l'Isabelle, cépage résistant à l'Oidium mais sensible au Phylloxera, qui fut à la base du transport de l'insecte en Europe.

C'est ainsi que P. Giraud (1886) indique que « l'Isabelle et d'autres variétés américaines étaient cultivées dans les jardins botaniques depuis longtemps, ayant cueilli des fruits mûrs d'Isabelle en 1830. En 1848 lors de l'invasion de l'Oidium en Italie, le Comte Ridolfi fit d'importantes plantations d'Isabelle en Toscane et les propriétaires Siciliens suivirent son exemple. André Leroy, d'Angers, à partir de 1849 introduisit des Etats-Unis les cépages Catawba, Diana, Delaware, York Madeira.

« Enfin c'est l'envoi de plants racinés venant de New York à Roquemaure et à leur multiplication à Tonnelle près de Tarascon dans la pépinière des frères Audibert, qu'est due l'invasion phylloxerique ».

En 1863, les premiers signes du mal se déclarent en Europe, d'abord en Angleterre dans les serres à raisins de Hammersmith, près de Londres, puis en France à Pujaut dans le Gard où l'on soupçonnait les dégâts, selon M. David de Penaurun, sans en connaitre l'origine.

Mais, d'après Duclaux (1874) « c'est à partir de 1865 que la maladie est constatée d'une façon non douteuse sur le plateau de Pujaut près de Roquemaure dans un sol caillouteux formé par le Diluvium alpin (galets silicieux), reposant sur un sous-sol imperméable. La maladie aurait été vue en divers points du Vaucluse, mais sans certitude ».

Bazille, Planchon et Sahut (1868) notent que « au cours de l'année 1865, la maladie a été constatée à Orange par Ripert, puis par Delorme à Arles ainsi que par Galtier, régisseur du Château de Lagoy, près de Saint-Rémy ». Beaucoup d'autres viticulteurs seraient à citer (M. de Gasparin, Desplans, Marin, etc.).

« En 1866 écrit Duclaux, l'invasion descendait rapidement les pentes du plateau de Pujaut et apparaissait au voisinage du village de Roquemaure. Dans le Vaucluse on l'observait en divers lieux : au Plan de Dieu,

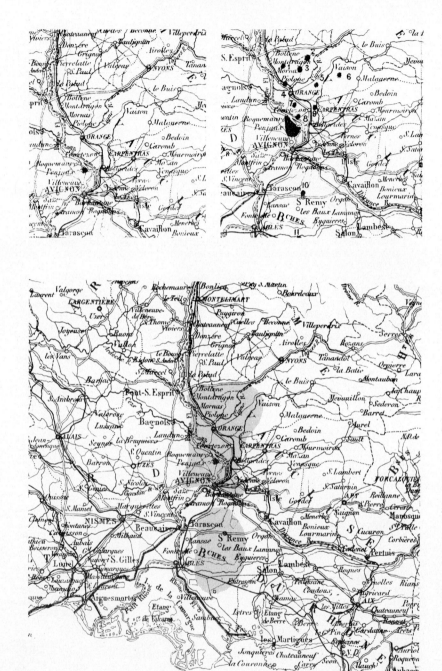

Fig. 191 – Cartes montrant les premiers foyers phylloxériques découverts en 1865, 1866 et 1867 dans les départements méridionaux du Gard, du Vaucluse et des Bouches-du-Rhône (d'après DUCLAUX).

près d'Orange, (dans des terrains maigres, pierreux, secs), à Uchaux, Sérignan, Sainte-Cécile-les-Vignes, Travaillan, Piolenc, Violès, Jonquières, Châteauneuf-du-Pape, Gigondas, Caderousse.

Dans les Bouches-du-Rhône la maladie était signalée à Saint-Rémy et à Saint-Martin-de-Crau.

« Cette dissémination rapide de la maladie à de nombreuses communes permet de penser que le Phylloxera avait dû se répandre et se multiplier activement depuis quelques années notamment dans les vignes établies dans des terrains maigres, secs, peu profonds, gagnant ensuite les sols argileux ou argilo-calcaires, ne laissant indemnes que les terrains sablonneux de la Durance ».

DELORME (1867), vétérinaire et propriétaire à Arles signale « qu'une nouvelle maladie de la vigne est apparue en Crau, sur le territoire d'Arles sur une vigne plantée en 1863 et de la plus belle apparence jusqu'en 1865. Mais fin juillet 1866 le fermier vit un certain nombre de ceps dont le feuillage perdait sa couleur vert foncé et prendre une teinte rougeâtre sur diverses feuilles. Le mal prit de l'extension, les feuilles tournèrent rapidement au rouge foncé et dès la fin d'août, elles étaient tombées jusqu'à la dernière. On comptait alors deux cents souches malades et la plupart des grappes étaient déjà en partie flétries et commençaient à se dessécher, ainsi que l'extrémité des rameaux. Au début décembre, lorsqu'on commença à tailler, la plupart des souches étaient déjà desséchées et cassantes dans leurs parties supérieures. En arrachant une souche je trouvai les racines à peu près aussi malades que les extrémités supérieures, puisque déjà plusieurs racines étaient mortes. Leur tissu était de couleur très foncée, noirâtre et elles cassaient aussi facilement que du bois sec. Dès la fin de février, toutes les souches malades étaient mortes.

« Pendant toute la saison d'hiver, la maladie n'avait pas cessé de s'étendre dans toutes les directions, mais toujours de proche en proche. Sur les pieds où la maladie était la plus avancée, les jets étaient malingres et grêles et la plupart ne portaient point de fruits. Pendant l'été, le mal a continué à s'étendre par voisinage immédiat et en septembre, les pieds morts ou malades occupaient une étendue de 5 hectares environ et leur produit fut à peu près nul. Une autre vigne de 4 ha, plantée en 1854 et située à 700 m, possède, depuis mai, une cinquantaine de souches malades. Dans divers quartiers de la Crau, notamment aux environs de Saint-Martin et dans les plantations du Domaine de Vergières, la maladie a pris également une gravité extrême en 1867. »

Au cours de l'année 1867, DUCLAUX indique que « la maladie va progresser autour des communes déjà atteintes gagnant dans le *Gard* les communes de Montfaucon, Saint-Geniès-de-Comolas, Saint-Laurent-des-Arbres au nord de Roquemaure et poursuivant ensuite vers Orsan, Codolet et Chusclan. Vers l'Est le mal est signalé à Sauveterre au bord du Rhône et Tavel au sud. Dans le *Vaucluse* la tache s'étend au nord depuis Bollène, Mondragon, Mornas jusqu'à la région d'Avignon, Bédarrides, s'arrêtant aux bords de la Durance. Enfin dans les *Bouches-du-Rhône* il y a généralisation de l'attaque en Crau depuis Graveson, Tarascon, Saint-Rémy, Les Baux, Saint-Martin-de-Crau, Fontvieille ».

Au début, les viticulteurs ayant trouvé, sur les racines mortes des ceps, des traces de mycelium avaient attribué les méfaits à un cryptogame, opinion exprimée d'ailleurs par JOULIÉ (1868) après sa visite aux vignobles de Roquemaure. D'autres pensaient au Pourridié, qui vit généralement dans les situations humides. Or dans le cas présent, les dégats atteignaient des vignes plantées en coteau, jeunes et vigoureuses sur des parcelles bien drainées. Cependant à première vue les dégâts ressemblaient beaucoup à ceux causés par ce champignon : les souches dépérissaient et mouraient par taches et ces taches s'agrandissaient d'année en année. De plus en arrachant les ceps morts on constatait que les racines étaient pourries. MARÈS songeait aux froids de l'hiver, puis au Rougeot.

Les destructions constatées dans les communes atteintes prenaient des proportions importantes et elles étaient de nature à affoler les populations agricoles de ces régions qui parlaient des « taches de Roquemaure » et de la « maladie de la vigne » observée dans la vallée inférieure du Rhône (Vaucluse et Bouches-du-Rhône).

Cette erreur sur l'origine cryptogamique du mal aurait pu se prolonger encore plusieurs années si un appel à la Société d'Agriculture de l'Hérault n'avait été adressé par GAUTIER, maire de Saint-Rémy-en-Provence, par Gustave LEVAT, Ingénieur à Arles, au nom de plusieurs propriétaires de la Crau. Une commission spéciale fut désignée le 6 juillet 1868 pour aller sur place étudier le mal et comprenait le Président G. BAZILLE, le Professeur PLANCHON, de la Faculté des Sciences et F. SAHUT, Horticulteur. Accompagnée par le Marquis de l'ESPINE, Président de la Société d'Agriculture d'Avignon, par BEDEL (ou VEDEL), Inspecteur des Eaux et Forêts à Avignon et par de nombreux propriétaires du Vaucluse et des Bouches-du-Rhône, la Commission se déplaça le 15 juillet 1868 pour visiter durant trois jours les points où la maladie avait été signalée en Provence.

Selon SAHUT (1885), « la découverte du Phylloxera fut faite dans le vignoble situé sur le plateau attenant au Château de Lagoy près de Saint-Rémy ».

Au début l'examen porta sur les racines des ceps les plus atteints et déjà abandonnés par l'insecte, donc les membres ne trouvèrent rien, ni aucune trace de cryptogame. Les recherches se poursuivirent jusqu'au moment où SAHUT fit passer à PLANCHON une racine sur laquelle se voyait une traînée de points jaunes. Ce dernier, à l'aide de sa loupe, découvrit un puceron jaune, fixé au bois et suçant la sève. Toutes les personnes présentes virent ainsi des milliers de pucerons sur les racines profondes, comme sur les racines superficielles, formant des renflements anormaux sur le fin chevelu, causés par la piqûre de l'insecte.

Dans les jours qui suivirent d'innombrables pucerons furent trouvés à Graveson chez L. FAUCON, au Plan de Dieu près d'Orange chez VILLE, etc. Puis « en revenant de notre tournée d'exploration, écrit encore SAHUT (1885) nous visitâmes le vignoble de M. de LAGOY, géré par M. DELORME et situé près de Saint-Martin-de-Crau (1) où nous pûmes observer le premier exemple de grande mortalité qui s'étendait déjà, à ce moment, sur une surface de près de 8 hectares. Partout ailleurs, dans les départements des Bouches-du-Rhône, de Vaucluse et du Gard, il y avait alors un grand nombre de points attaqués, caractérisés par un affaiblissement plus ou moins apparent, mais la mortalité commençait à peine par quelques pieds de vigne au centre des parties atteintes et ne s'étendait pas encore à de grandes surfaces, comme à Saint-Martin-de-Crau ».

Les ceps étaient anéantis et desséchés sur les 8 hectares et autour on pouvait voir 6 à 7 hectares de vignes mourantes.

Rentré à Montpellier et aidé de DONNADIEU, préparateur de Zoologie à la Faculté des Sciences, PLANCHON examina l'insecte au microscope et le dénomma provisoirement *Rhizaphis vastatrix*, puisqu'il s'agissait d'un puceron vivant sur les racines. Le Rapport des 3 délégués, présenté à la Société d'Agriculture de l'Hérault fut publié dans le *Messager du Midi* le 22 juillet 1868 et quelques jours après, le 3 août, paraissait la note

_____

(1) Il semblerait que M. de Lagoy possédait deux propriétés, l'une à Saint-Rémy (le château de Lagoy au nord de la ville) et une autre à Saint-Martin-de-Crau.

« Sur une maladie de la vigne actuellement régnante en Provence » (avec la diagnose latine du *Rhizaphis vastatrix*) dans les comptes rendus de l'Académie des Sciences.

A partir de cette publication capitale des « Entomologistes de l'Hérault » (1), la cause du mal qui tuait les vignes dans le Midi était reconnue et PLANCHON, dans les jours qui suivirent, retrouva partout l'insecte sur les racines des ceps malades, s'y multipliant par myriades d'individus, ce qui amenait l'épuisement des souches les plus vigoureuses.

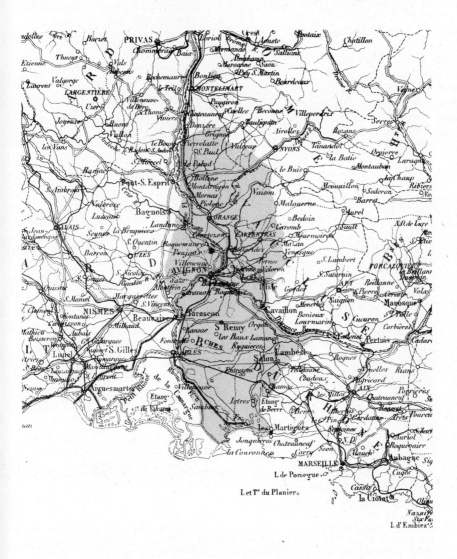

Fig. 192 – Carte de l'invasion phylloxérique dans le Midi en 1868 (d'après DUCLAUX).

---

(1) Ainsi appelés ironiquement par ceux qui ne croyaient pas à l'action du Phylloxera.

Il restait à identifier l'animal et savoir d'où il venait. N'ayant vu que des insectes souterrains dépourvus d'ailes, PLANCHON chercha obstinément la forme ailée qui existe chez les pucerons à certaines phases. Le 17 août 1868 il découvrit à Sorgues chez H. LEENHARDT une nymphe à fourreaux d'ailes, laquelle, mise en tube, donna le 28 août « un élégant petit moucheron ou plutôt comme une cigale en miniature portant étalée à plat ses quatre ailes transparentes ».

Cet insecte, soumis pour examen au savant hémiptériste de Paris, V. SIGNORET, fut rapporté par celui-ci (22 septembre) au genre *Phylloxera* dont dépendait le Phylloxera du Chêne (*Phylloxera quercus*).

Un an plus tard, dans la même vigne de Sorgues, un heureux hasard permit à PLANCHON, le 11 juillet 1869, de découvrir sur quatre pieds d'un cépage inconnu (nommé à tort *Tinto* et supposé européen) de nombreuses galles pareilles à celles du *Pemphigus vitifoliae* décrit par Asa FITCH aux Etats-Unis.

Au même moment, LALIMAN, à Bordeaux observait lui aussi des galles dans ses collections.

L'année suivante, quelques jours avant le 26 juillet 1870, grâce à des envois de galles phylloxériques faits par LALIMAN, l'identité spécifique du Phylloxera des galles et du Phylloxera des racines fut constatée par PLANCHON et LICHTENSTEIN.

De son côté, en 1870, le Professeur RILEY, qui habitait alors Saint-Louis-du-Missouri, établissait l'identité de l'insecte à galles d'Europe et de celui d'Amérique d'une part et l'identité des types Gallicoles et Radicicoles d'autre part. Ces observations furent confirmées lors de son voyage en France en 1871.

Les années suivantes, les recherches de CORNU, BALBIANI, BOITEAU, LICHTENSTEIN permirent de compléter le cycle biologique du Phylloxera et d'aborder les problèmes de la lutte. Plus tard au début du XXᵉ siècle l'équipe des chercheurs italiens, GRASSI, FOA, GRANDORI et TOPI apporta de nombreuses précisions sur la biologie de l'insecte comme on le verra en détail dans la partie biologique.

Par conséquent l'*année* 1868 marque un tournant important, puisque le parasite a été reconnu en France, puis identifié. A partir de là toutes les régions françaises qui vont être successivement envahies, tous les pays où le parasite sera découvert sauront exactement la cause de la destruction de leurs vignes. En quelques années les méthodes de lutte seront mises au point en France dont le vignoble servira de vaste champ d'expériences pour les pays qui auront la chance de n'être atteint que beaucoup plus tard. Nous donnerons plus loin la marche de l'invasion phylloxérique dans le monde à propos de la Répartition géographique actuelle du Phylloxera.

III — SYMPTOMES

Il faut envisager d'abord l'allure des taches phylloxériques au vignoble, puis examiner les altérations du feuillage, des sarments et enfin celles des racines.

A — Les Taches phylloxériques

DELORME (1867) est le premier à décrire les symptômes du Phylloxera au vignoble (cf. Historique). Puis BAZILLE, PLANCHON et SAHUT (1868) ont fourni certaines précisions sur les symptômes et sur leur évolution dans le temps :

« Des vignes jusque-là vigoureuses et luxuriantes sont prises, dès le mois de mai ou de juin, d'un arrêt de végétation qui se traduit par un certain jaunissement ou par une rubéfaction anormale des feuilles.

Les feuilles primaires (celles des rameaux principaux) se flétrissent et tombent même vers la fin de juillet, d'août ou de septembre ; les pousses secondaires ou latérales semblent vouloir faire effort, mais se rabougrissent à leur tour. Les raisins des cépages noirs restent rougeâtres et ne mûrissent qu'imparfaitement.

« L'hiver interrompt cette végétation languissante et la saison suivante, ne trouvant que des bourgeons amaigris, voit dépérir jusqu'à mort complète ou presque absolue le corps entier de la souche. »

« La présence du Phylloxera dans un vignoble, d'après Foex (1891) se manifeste extérieurement par des points où la végétation est faible et languissante. Au centre de la tache on trouve des souches mortes ou fortement déprimées entourées par des souches de moins en moins malades au fur et à mesure qu'on gagne la périphérie et qu'on retrouve les

Fig. 193 – Aspect d'une tache phylloxérique dans une jeune plantation (photo BOUBALS).

ceps normaux au feuillage vert foncé. C'est ce que G. Bazille appelait « une tache d'huile ». Les rameaux des souches les plus malades sont rabougris et s'aoûtent mal à l'automne. Dès le mois de juillet les feuilles prennent un aspect jaunâtre ou rougeâtre selon les cépages et elles tombent prématurément.

« La fructification, qui augmente d'abord quelquefois d'une manière sensible, sous l'influence des premiers effets du mal, va ensuite en diminuant. Les raisins n'arrivent plus à maturité (faute de feuilles pour les nourrir), restent rouges et sont souvent millerandés.

« En hiver, au moment de la taille, les ceps les plus malades sont desséchés et leurs bois sont devenus cassants. En arrachant ces souches on constate que le système radiculaire est gravement endommagé. »

On s'est demandé au bout de combien de temps une tache apparaissait-elle après l'invasion du Phylloxera ? En général les données manquent parce que on ne connaît pas avec certitude l'année de l'introduction du Phylloxera en un point. Cornu « a pu observer en Suisse la première tache phylloxérique dans la villa du Baron de Rothschild à Pregny aux environs de Genève. Dans les serres à raisins de table la plantation datait de 1866 et quelques plants, en 1869, furent remplacés avec des plants en pots provenant d'un horticulteur d'Angleterre. L'année suivante il y eut un grand nombre d'individus ailés. La première tache se montra, dès 1871 chez M. GOLAY-LERESCHE à quelques centaines de mètres de là, *après une année seulement*. Ainsi donc une année seulement sépare l'invasion réelle et l'apparition des symptômes extérieurs ».

Si on en juge par la vitesse de l'invasion phylloxérique en France on peut retenir que la progression du mal se fait en moins de trois ans : la première année est celle de la contamination par des ailés, des radicicoles voire par des gallicoles dans le cas des vignes américaines ; la seconde année l'insecte se multiplie abondamment et souvent à la fin de l'été les premières manifestations de dépérissement apparaissent. Enfin, au cours de la troisième année les souches les plus faibles meurent.

B — Altérations du feuillage

1° *LES FEUILLES* attaquées par le Phylloxéra présentent de petites excroissances, appelées galles.

PLANCHON (1875) a constaté les galles les plus anciennement recueillies sur des échantillons récoltés au Texas, par le botaniste Suisse BERLANDIER en 1834 et qui sont conservés dans l'herbier de ENGELMANN, en Amérique, ce qui prouve d'une façon irréfutable l'origine américaine de l'insecte.

Les galles furent décrites pour la première fois en Amérique par Asa FITCH, en 1854, qui avait remarqué dans les vignobles de New York « de petites galles ou verrues saillantes à la face inférieure des feuilles et s'ouvrant à la face supérieure par un orifice étroit et garni de poils. Au fond de chaque galle, une sorte de pou rebondi à suçoir plongé dans le tissu de la feuille et entouré d'œufs d'où sortaient des petits à marche relativement rapide pour aller semer autour d'eux de nouvelles galles ».

a) Morphologie des galles

En France, CORNU (1873, 1874, 1875), le premier, a étudié en détail les galles et leur formation :

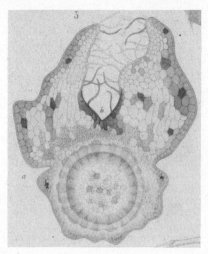

Fig. 194. – Coupe d'une galle de vrille (d'après CORNU)

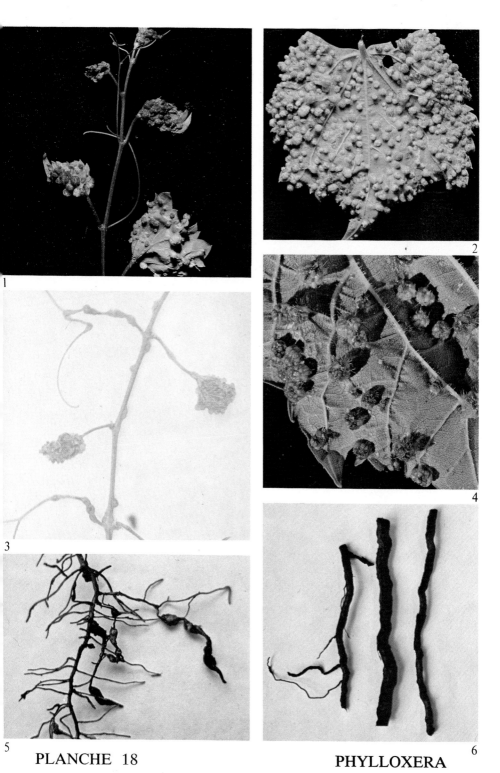

PLANCHE 18 — PHYLLOXERA

1. — Jeune rameau ayant des feuilles portant des galles rougeâtres à la face inférieure (Cl. Labry et Galet) ; 2. — Face inférieure d'une feuille couverte de galles (Cl. Labry et Galet) ; 3. — Rameau fortement envahi par les galles, visibles aussi sur les vrilles, les pétioles et les feuilles (Cl. Labry et Galet) ; 4. — Détail d'une partie de feuille portant des galles (Cl. Labry et Galet) ; 5. — Nodosités phylloxériques sur jeunes racines (Cl. Galet) ; 6. — Tubérosités phylloxériques (Cl. Galet).

« Elles sont toujours formées par une dépression de la face supérieure de la feuille, dépression dont l'insecte occupe le centre et devenant de plus en plus profonde à mesure qu'elle s'accroît autour de lui. L'orifice supérieur de cette cavité, en forme de fente, est garni de poils roides et entre-croisés, parfois disposés en cône ou en pinceau, fermant l'ouverture à tout ennemi venu du dehors, mais s'infléchissant pour livrer passage aux jeunes insectes voulant sortir. La partie externe de la galle se couvre aussi de poils, variables suivant les cas, provenant d'une réaction de l'épiderme ».

C'est la piqûre de l'insecte qui va entraîner une réaction de la vigne et c'est ainsi qu'il va se produire autour du canal de la piqûre une galle formant une hernie irrégulière, visible à la face inférieure de la feuille, correspondant à une profonde invagination de la face supérieure du limbe.

b) Formation des galles

« Quand le Phylloxera, écrit Cornu (1875) s'est fixé en un point d'un tissu jeune (feuille, tige, vrille ou radicelle encore très jeune) et dont les éléments déjà formés n'ont plus qu'à croître en diamètre et en longueur il y détermine une modification spéciale. Les cellules soumises à l'action absorbante de l'insecte sont, dans une région plus ou moins étendue, frappées d'un arrêt de développement ; elles demeurent étroites, tandis que le reste du tissu continue à s'accroître autour d'elles. Il en résulte deux conséquences :

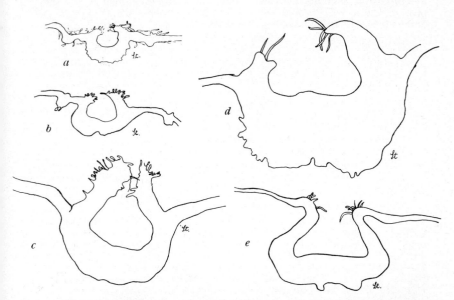

Fig. 195. – Formation des galles (a, b, c), et aspect des galles incomplètes (d, e) chez les cépages résistants (d'après STELLWAAG).

« 1° Vis-à-vis de l'insecte, au point où le tissu ne s'est pas accru comme aux alentours, il se produit une dépression par suite de la différence du développement, dépression où se trouve logé l'insecte.

« 2° Cette différence de développement produit dans l'ensemble du tissu, dont tous les éléments devraient acquérir un accroissement égal, des tiraillements, des tensions qui seront d'autant plus fortes que le nombre des points non accrus sera plus considérable. Ces tensions détermineront des effets variables, qui pourront aller jusqu'à des segmentations cellulaires.

« L'étude d'une *galle de tige* va nous montrer le mécanisme de la formation de ces altérations, mécanisme identique dans tous les cas, quoique s'appliquant à des organes très différents.

« Dans la galle de tige, une portion seulement de la partie externe de la région corticale est frappée d'un arrêt de développement : la tension s'exerce principalement sur les parties situées à droite et à gauche de ce point et y détermine des tiraillements dont la conséquence est la formation des parois latérales de la galle. Ces tensions n'exercent pas, en général, leur action sur une partie très étendue de la couche corticale ; le cylindre central n'est intéressé que dans le cas où deux ou plusieurs insectes se sont fixés vers le même point et produisent plusieurs galles.

« Les cellules prennent des allongements divers, se multiplient en se cloisonnant et c'est par ce mécanisme très simple que l'insecte finit par être enfermé dans une cavité. »

« Les *changements physiologiques* sont peu connus, mais ils sont assez profonds pour que les tissus des galles soient contaminés par le Mildiou (*Pl. viticola*), même chez les vignes résistantes. Parfois la formation de la galle s'arrête et la galle avorte, laissant néanmoins une trace visible sur le feuillage avec une petite touffe de poils au centre (Chez *V. vinifera* et certains hybrides). Plus rarement la piqûre se réalise à la face inférieure et la galle est visible alors sur la face supérieure de la feuille (chez *V. Berlandieri* et certaines hybrides » (BRANAS, 1974).

Cette ontogénèse de la galle est un peu sommaire et depuis, ROSEN (1916) et surtout STERLING (1952) travaillant tous deux sur *V. vulpina* (*Riparia*) ont élucidé bien des problèmes, ainsi que MAILLET sur Baco 1. Les résultats de ces chercheurs sont très voisins et n'en diffèrent que par quelques détails :

« Si la feuille de *V. vulpina* possède six couches de cellules, celle de Baco 1 en possède sept à huit, mais la répartition des tissus est cependant identique :

— une couche I formant épiderme ;
— une couche II formant tissu palissadique ;
— une couche III formant par endroits le parenchyme vasculaire ;
— des couches IV, V, VI et quelquefois VII formant le parenchyme lacuneux ;
— une couche VII ou VIII formant l'hypoderme.

« La formation de la galle commence à la piqûre du nouveau-né. Celui-ci enfonce son *proboscis*, formé de quatre soies rostrales formant canal, à une profondeur variable. Les soies peuvent même traverser entièrement la feuille, mais ordinairement elles s'arrêtent à la couche III ou IV. Comme chez la plupart des Homoptères, la piqûre s'accompagne du dépôt d'une substance chromophile ou « gaîne nutriciale ». Dès 1910, PETRI avait montré que cette gaîne était une sécrétion effectuée par l'Insecte et non une réaction de l'hôte, un bourrelet protecteur en quelque sorte, comme on le pensait depuis les travaux de MILLARDET (1898).

« Les cellules des différentes couches situées autour même des soies vulnérantes manifestent un grand ralentissement de leur activité mitotique, alors que les cellules situées à leur contact ou au-delà subissent une nette accélération de leur rythme mitotique. Il en résulte une inégalité de croissance, à l'origine de la galle en forme de cupule. Ce double phénomène : ralentissement et accroissement mitotique des diverses cellules situées autour du point piqué détermine :

1° Un accroissement de l'épaisseur de la feuille autour de la région piquée, et le maintien de cette épaisseur, à l'endroit même de la piqûre ;

2° Une tension des tissus dans la zone restée sans divisions, créant ainsi une zone de courbure au voisinage immédiat de la piqûre.

Dans la couche épidermique, certaines cellules prolifèrent et forment de gros poils qui, s'enchevêtrant les uns dans les autres, assurent la fermeture de la galle et ne permettent plus que la sortie du nouveauné descendant de la mère. Celle-ci est devenue « prisonnière » de la galle dont elle a provoqué la formation.

« La *structure des cellules* change en même temps. MEYER (1950) a montré que les nucléoles des cellules gallicoles de *V. vinifera* arrivaient à avoir 4 fois leur volume normal, atteignant jusqu'à 2,6 microns au lieu de 0,7 micron. Dans les feuilles de Baco I analysées, le volume du nucléole augmente bien de 50 % (et non de 4 fois ; cependant notre analyse porte sur de jeunes galles) ; mais le noyau lui-même de la cellule tout entière augmente dans les mêmes proportions, si bien que le *rapport cellule/noyau* et le *rapport noyau/nucléole* restent tous deux constants et voisins de 2,5 microns. Il y a hypertrophie générale de tout le complexe cellulaire.

« Les cellules les plus proches des soies restent libres d'enclaves, mais celles qui les entourent sont remplies, pour une bonne partie tout au moins, de gros grains d'amidon et elles ont une grosse vacuole centrale.

« PANTANELLI (1909) a fait une analyse chimique des galles de Phylloxera. Il trouve qu'elles contiennent plus d'azote organique et d'azote proétique que les feuilles normales. Les cendres contiennent moins de calcium, de fer et de magnesium ; il trouve en abondance de l'amidon, de l'albumine, des graisses et des phosphates. »

Selon MARCHAL et FEYTAUD (1913) :

« La feuille de la vigne européenne ne réagit jamais à la piqûre du Phylloxera par une prolifération active de ses éléments cellulaires de sorte que le fond de la galle se déprime beaucoup moins que sur la vigne américaine. La saillie correspondante de la face inférieure de la feuille est par suite moins prononcée. En outre l'orifice de la galle ne se ferme jamais aussi parfaitement que sur les feuilles de la vigne américaine.

« L'arrêt de développement produit par les piqûres du parasite est incomplet sur la vigne européenne ; aussi l'orifice de la galle continue-t-il à s'élargir sensiblement pendant l'accroissement de la feuille. Les poils qui se développent en abondance sur le pourtour de l'orifice des galles sur la vigne américaine manquent d'ailleurs presque totalement sur la vigne européenne. Il résulte de ces différences que la galle sur vigne européenne est largement ouverte. Elle peut être exceptionnellement fermée, quand elle se forme sur le bord du limbe, à la base des dents marginales, la fermeture étant alors déterminée par le rabattement d'une dent marginale sur l'ouverture.

« GRANDORI constate, en outre, qu'une fondatrice fixée sur la vigne européenne pond un nombre d'œufs beaucoup plus réduit que sur la vigne américaine et qu'elle produit tout au plus une quarantaine de petites larves de nouvelle génération. De plus le développement sur feuille européenne est beaucoup plus lent que sur feuille américaine.

« GRASSI et FOA (1909) ont pu mettre en évidence la façon dont le Phylloxera gallicole arrive à produire les galles. En plaçant des feuilles de vignes américaines dans l'intérieur d'une chambre humide, ils ont pu suivre le travail des néogallicoles récemment fixés sans être gênés par l'accroissement de la feuille ; en quelque sorte immobilisée dans sa croissance, quoique maintenue vivante : les galles demeuraient long-temps ouvertes et l'intérieur restait visible. Ils purent alors constater que les néogallicoles piquent la feuille à plusieurs reprises en des points différents, disposés suivant une circonférence. Les diverses piqûres ont lieu à des intervalles de quelques heures, avec 3 ou 4 positions différentes par insecte et par jour. Dans le cas d'une vigne sur les feuilles de laquelle il ne se développe pas de galles (vignes européennes) les piqûres circonscrivent une aire circulaire qui se mortifie et qui forme une tache noire à la place de la galle qui se serait développée. »

c) Dimension des galles

Elles sont variables, de 1 à 5 mm de diamètre et elles forment des pustules plus ou moins sphériques (Pl. 18, fig. 1, 2, 4) ressemblant à des verrues. Ces dimensions sont d'autant plus grandes que la feuille est plus développée.

d) Coloration des galles

Normalement la coloration est verte, comme on peut l'observer chez *V. riparia* et certains de ses descendants (*Riparia-Berlandieri* par exemple) et cette coloration persiste durant toute la végétation (Pl. 18, fig. 2, 4). Au contraire chez *V. rupestris* et ses descendants (Pl. 18, fig. 1) les galles d'abord vert clair deviennent rapidement rougeâtres et d'une coloration intense au point que les vignes mères, soumises à une forte attaque de galles phylloxériques présentent au printemps une teinte rougeâtre généralisée, ce qui permet de les distinguer de loin au milieu des autres vignes vertes (99, 110 R, 3309 C...).

e) Nombre de galles

Ce nombre par feuille est très variable, depuis quelques unités à plusieurs centaines (Pl. 18, fig. 2), arrêtant la croissance de la feuille qui s'enroule, parce que la face supérieure croît plus lentement et devient pesante (poids des galles, des insectes et des œufs). Dans le cas d'une forte invasion les galles se développent en dehors des feuilles et envahissent les pétioles, les vrilles et les jeunes tiges.

f) Développement des galles

Le développement complet demande 10 à 14 jours. L'interruption de la succion marque un arrêt de la formation de la galle, qui avorte et demeure stérile (c'est le cas d'une partie des variétés de *V. Berlandieri*).

« Lorsque les Phylloxeras s'attaquent à des feuilles adultes, ils n'y déterminent jamais la formation de galles ; c'est ce qu'a constaté Balbiani (1874) en faisant vivre des Phylloxeras sur des feuilles adultes de vigne. »

« Il n'est pas toujours facile, écrit Henneguy (1884) de trouver les *premières galles*. Un seul individu printanier, éclos vers le 15 avril, peut former une galle qui passe inaperçue ; les jeunes qui sortiront de cette galle se répandront sur les vignes voisines, pourront être en partie détruits et ne produiront que quelques galles isolées qui pourront également passer inaperçues. Ce ne sera souvent qu'à la troisième ou quatrième génération que les galles deviendront plus nombreuses et commenceront à devenir visibles. »

g) Nombre de Phylloxeras par galle

Chaque galle ne renferme en principe qu'un Phylloxera gallicole et sa ponte, mais à l'arrière-saison certaines galles, plus développées que les autres peuvent contenir 2, 3 ou 4 gallicoles qui, au lieu d'émigrer, sont restés dans la galle formée par leur mère, l'agrandissant par leur piqûre et l'utilisant en commun. Le cadavre noirci de la mère s'y trouve généralement, entouré des dépouilles brunes de ses œufs. Parfois aussi ce sont plusieurs jeunes qui se sont établis côte à côte sur la feuille et ils ont grandi dans la cavité unique formée par leurs galles respectives, qui ont fusionné.

h) Circonstances favorisant la formation des galles

Les *foyers*, qui se forment dans les vignobles, ont pour origine les œufs d'hivers pondus l'année précédente et ayant survécu aux rigueurs de l'hiver. Ces foyers sont bien visibles dans le cas des vignes mères où les parcelles peuvent être totalement envahies certaines années. En effet on sait que ce sont les *années chaudes et sèches* qui sont favorables à la formation des galles (1950 par exemple), d'une part parce que les attaques au printemps ont été précoces, intéressant un grand nombre de jeunes feuilles en voie de croissance et d'autre part du fait de l'augmentation des générations qui entraîne une pullulation plus abondante. Au contraire, en 1951, après un printemps froid et pluvieux, nous avions observé à l'Ecole de Montpellier que les galles étaient rares même chez les variétés qui avaient eu l'intensité maximum en 1950 (Rupestris du Lot, 140 Ruggeri).

La *sensibilité des feuilles* diminue du sommet du rameau vers la base, car les Phylloxeras préfèrent les jeunes feuilles en voie de croissance. Cependant lorsque la pullulation devient intense les insectes peuvent s'établir sur des feuilles plus âgées. Par ailleurs les souches vigoureuses, établies dans les sols profonds et frais ont un feuillage plus sensible pour des raisons de vitesse de croissance favorisant la formation des galles et de l'importance du mouvement de la sève qui permet aux insectes de mieux se nourrir.

« Le rôle de l'*âge des vignes* est peu connu mais, selon BRANAS (1974) il est constaté à l'occasion de la plantation vigne sur vigne lorsque se succèdent les Hybrides non greffés, incomplètement résistants aux radicicoles et à feuillage sensible. Peu nombreux la première année, les gallicoles deviennent abondants de 4 à 7 ans, puis l'infestation décroît : 1° cycle pas de galles, mais radicicoles nombreux et en compétition sur les racines relativement peu développées de la jeune plantation, nombreux ailés, nombreux œufs d'hiver ; infestation massive à la deuxième feuille (année) et pendant les suivantes jusqu'au moment où, le système radiculaire étant adulte, la concurrence entre les radicicoles étant moins sévère, les ailés deviennent moins nombreux ».

La sensibilité des *espèces et variétés* est aussi à prendre en considération et ce problème important sera étudié en détail à propos de la réceptivité des vignes. Les galles se rencontrent fréquemment chez certaines espèces américaines : *V. riparia, V. rupestris, V. Berlandieri* et *V. Caribaea*. Une espèce asiatique *V. amurensis* en porte aussi quelques fois. Par contre les vignes européennes, issues de *V. vinifera* ne sont atteintes que dans des conditions exceptionnelles. C'est ainsi qu'au Brésil (1980), dans l'Etat du Rio Grande do Sul, j'ai pu récolter des feuilles de Merlot, de Sémillon et de Cabernet-Sauvignon présentant de nombreuses galles.

2° *SUR LES PETIOLES, LES VRILLES ET LES JEUNES RAMEAUX,* les galles phylloxériques prennent une forme allongée, irrégulière (Pl. 18, fig. 3) en relief, avec des poils nombreux. Comme l'écrit CORNU (1878) « la galle affecte la forme d'une verrue creusée à son sommet et présentant une ouverture allongée. C'est, parfois encore, une sorte de fente dont les bords, parallèles à la direction longitudinale de l'organe, sont renflés et surélevés. Cette fente est, suivant le cas, plus ou moins béante ; elle est toujours garnie de poils nombreux.

« La tige et les pétioles n'étaient pas modifiés dans leur direction par la présence des galles. Il en était de même pour les vrilles, quand les galles étaient situées à la base, au point où ces vrilles étaient les plus larges et les plus lignifiées. Mais au-delà du point où elles se ramifient, à l'endroit où elles deviennent plus grêles et moins rigides, la galle avait déterminé, outre la dilatation des bords de la fente, une courbure toute locale de la vrille, courbure qui faisait infléchir le reste de l'organe. Aux endroits où plusieurs galles étaient nées, à la même hauteur, mais de côtés différents, la courbure s'exagérait encore ; elle se joignait à la tendance naturelle des vrilles à s'enrouler et produisait des effets particuliers de torsion.

« Si on fait une coupe transversale d'une galle formée sur une vrille, on voit que le tissu nouveau résulte de l'hypertrophie d'une portion seulement de l'écorce, plus précisément le parenchyme cortical que les faisceaux libéroligneux ne sont pas déformés et qu'ils sont restés sans altération. Les bords de la fente ont grossièrement la forme d'un V, dont la partie inférieure et moyenne serait dilatée au point de dépasser même le diamètre de la vrille. Des poils longs et cloisonnés garnissent l'intérieur et surtout les bords de la fente ; ils sont formés par l'allongement des cellules de l'épiderme, qui se continue à la surface de toute la formation nouvelle, aussi bien à l'extérieur qu'à l'intérieur de la cavité. Au-dessous de l'épiderme, sur les parties latérales, on rencontre un grand nombre de cellules colorées en rouge plus ou moins vif. Le collenchyme a perdu son aspect ordinaire ; il s'est modifié et il est remplacé par des cellules diversement allongées et peu régulières. Le plancher de la galle offre quelques cellules mortes et brunies ; au-dessous se trouve une zone où les cellules sont remplies d'amidon : c'est le seul endroit où l'on en rencontre, toutes les autres parties en sont dépourvues.

« Les galles formées sur les tiges sont identiques à celles des vrilles ; elles sont seulement plus volumineuses, en général.

« Dans les pétioles des feuilles, les faisceaux affectent une disposition différente de celle des tiges. Ils sont répartis sur la coupe transversale suivant une ellipse un peu déprimée d'un côté et de ce côté se trouvent deux faisceaux libéro-ligneux, en dehors du premier contour, faisceaux correspondant aux deux côtes qui forment un sillon, à la face supérieure du pétiole. C'est à cette face, qui correspond à la face supérieure de la feuille, que se sont, comme sur la feuille, uniquement fixés les Phylloxeras. Les galles sont, comme dans les cas précédents, formées aux dépens du tissu qui correspond au parenchyme cortical. Quelquefois, le faisceau libéro-ligneux extérieur le plus rapproché est un peu dévié de sa position ; mais il ne se produit, comme plus haut, aucune perturbation dans la forme du cylindre central.

« Il y a cependant des cas où, sur la vrille, l'altération gagne le cylindre central : c'est lorsque deux insectes se sont établis sur deux points voisins l'un de l'autre ; les galles ainsi formées sont plus ou moins confluentes ; elles déterminent des torsions qui ont pour effet de modifier la forme générale de la vrille et la régularité du contour de la coupe. On obtient aussi des sections très variables ; mais le changement produit dans le cylindre ligneux paraît être surtout une inflexion des faisceaux plutôt qu'une prolifération des anciens éléments ; les plus voisins deviennent obliques, au lieu de conserver leur direction normale.

« Quand le cylindre central est entamé et ouvert, les cellules de la moelle s'allongent du côté de la galle ; au lieu de conserver leur forme hexagonale, elles deviennent irrégulièrement rectangulaires, se segmentant comme les autres et peuvent renfermer, au point le plus rapproché du parasite, quelques globules d'amidon. La structure ordinaire de la vrille est entièrement changée du côté correspondant à la double galle ; mais c'est un cas tout particulier. Dans ces conditions, on peut constater une prolifération plus ou moins abondante des éléments, qui fait généralement défaut dans les conditions les plus ordinaires.

« En résumé, sur les tiges, les pétioles et les vrilles, les points hypertrophiés, sous l'action d'un insecte unique, sont situés au-dessous de l'épiderme, dans le parenchyme cortical ; en outre l'hypertrophie ne se développe pas aux dépens des cellules qui sont directement en contact avec l'insecte et son suçoir ou dans le prolongement de celui-ci ; mais ce sont les parties voisines, situées latéralement, qui se modifient d'une manière spéciale.

Quand un Phylloxera abandonne une galle, celle-ci noircit par la partie interne ; cette couleur provient du tissu mort. »

« Le Phylloxera gallicole, écrit MAILLET, peut piquer la vrille ou le pétiole, surtout en fin d'été, lorsque l'infection est à son maximum. La déformation ne revêt pas alors cet aspect de « fini » qu'on rencontre sur la feuille. La galle est bien souvent incomplètement fermée, formant plutôt une rigole, une fente et non une petite logette fermée. Sur tous les organes aériens, autres que la feuille, la galle est uniquement formée aux dépens du tissu cortical et dans ce tissu, selon CORNU (1878) « c'est uniquement le parenchyme cortical situé entre l'épiderme et les faisceaux des fibres libériennes qui se trouve déformé ».

C — Altérations des Sarments

CORNU (1878) indique que « la tige lignifiée des *vignes européennes* n'est jamais attaquée : dans des cas très rares, sur les boutures enracinées depuis une année ou deux, des insectes, chassés par la destruction des racines, se réfugient, mais en petit nombre, sur la partie ligneuse principale, en réalité sur la tige.

« Les *vignes américaines* ne nourrissent pas d'insectes sur leur vieux bois.

« Cependant, sur une *vigne asiatique : V. amurensis,* dont les feuilles donnèrent naissance à quelques galles assez chétives, les insectes se fixèrent sur le bois même de la bouture et y déterminèrent un gonflement notable, qui produisit la rupture complète de l'écorce desséchée de l'année précédente et qui fit saillie au dehors, ainsi que cela se montre sur les grosses racines. »

D — Altérations des Racines

« Ce qui rend le Phylloxera redoutable, écrit CORNU (1873), c'est que, non seulement il vit aux dépens des organes souterrains de la vigne, mais qu'il en détruit les radicelles, spécialement chargées de nourrir le cep. Ce n'est pas l'absorption par le parasite d'une certaine quantité de sève qui fait mourir la plante, mais bien la *destruction des racines.*

« Quand on déchausse un cep dans une région envahie depuis plusieurs années par le Phylloxera, on est frappé, au premier coup d'œil, de l'absence du chevelu ; les racines grêles sont très rares, les racines les plus grosses se terminent souvent brusquement ; leur extrémité est cariée, leur tissu interne prend souvent une teinte rouge ; l'écorce offre un aspect particulier : elle a une surface bosselée et crevassée, qui dénote un état anormal des tissus. Moins facile à noter que les autres, ces caractères sont pourtant bien reconnaissables ; mais, ce qui est saisissant sur le pied souffrant depuis longtemps par l'action du parasite, c'est la rareté des petites racines et l'absence presque complète du chevelu. »

Les piqûres des Phylloxeras radicicoles provoquent des lésions différentes selon l'âge des racines c'est-à-dire selon l'organisation anatomique acquise par les racines. On sait qu'annuellement il se forme un périderme qui est une couche de liège apparue vers la fin du printemps dans l'assise la plus interne du pericycle. A l'automne cette assise subéro-phellodermique cesse de fonctionner et tous les tissus situés à l'extérieur du liège se dessèchent et tombent. Chaque année il va se former une nouvelle couche de liège qui restera plus ou moins adhérente à la précédente.

Si la piqûre du Phylloxera atteint la radicelle avant la formation du périderme, elle provoque une *nodosité*; si elle l'atteint après cette formation, plus loin de l'extrémité, elle provoque une *tubérosité*.

1° Nodosités phylloxériques

Elles ont été reconnues pour la première fois par PLANCHON (1868) : c'est le premier symptôme le plus net et le plus évident de la maladie : les radicelles au lieu d'être cylindriques et grêles se renflent en *tête d'oiseau*, ce qui frappe toujours les cultivateurs habitués à observer des plantes saines ; de plus elles attirent l'œil par leur couleur qui est voisine d'un jaune vif ou du jaune d'or. « Lorsqu'un Phylloxera se fixe sur une radicelle nouvelle, écrit CORNU (1875), c'est toujours un jeune et il choisit sans exception le point situé exactement au niveau du point végétatif : il enfonce son suçoir dans la partie extérieure de la radicelle. Déjà, après un jour, la radicelle s'est notablement modifiée sous son influence ; il s'est produit en dessous de lui une légère dépression du côté opposé, un gonflement qui va jusqu'à doubler le diamètre de l'organe. »

a) Morphologie des nodosités

Selon CORNU (1878) « dans les terrains très fertiles et très frais, on en rencontre encore quelquefois pendant plusieurs années, tandis que dans les terrains secs ou peu fertiles, elles disparaissent après l'été de la première année, la production de radicelles n'ayant pas lieu avec facilité.

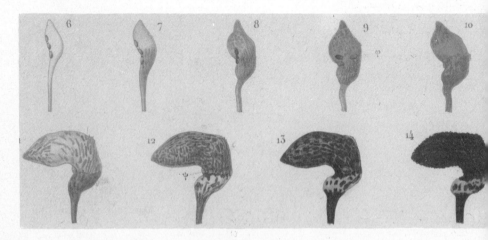

Fig. 196. − Accroissement successif et formation des nodosités phylloxériques (d'après CORNU).

« Ces renflements ou nodosités ont des *formes* très diverses : tantôt ils ont l'apparence d'un crochet renflé dans la portion courbée, ressemblant à un bec de héron, le Phylloxera occupant la partie interne de la courbure ; tantôt, au contraire, la radicelle est démesurément accrue, couverte de bosselures et creusées d'un grand nombre de cavités séparées et distinctes ou confluentes. Ces dépressions impriment à la formation tout entière des torsions très diverses, qui donnent lieu à des formes très nombreuses et très différentes.

« La *couleur* est aussi variable que la forme : opaline dans certains cas, elle est quelquefois très brune et subéreuse comme celle des racines adultes ; d'autres fois elle est plus claire et l'on distingue à la loupe de petites plaques brunes assez régulièrement espacées, se détachant sur un fond blanchâtre ou jaunâtre. La teinte ordinaire et fondamentale est d'un jaune vif ou d'un jaune d'or, mais cette couleur ne dure pas longtemps dans la nature ; les renflements qui la présentent ne tardent pas à la perdre et à tourner au brun ; ceux qui, par leur couleur brillante, frappent le plus le regard sont relativement jeunes et beaucoup plus récents que ceux qui, plus sombres, ont pris la teinte brune.

« Vers la fin de l'été les renflements prennent une teinte noire, deviennent flasques, pourrissent ou plutôt se flétrissent. L'absorption, qui n'a lieu qu'à la faveur du tissu jeune et toujours renouvelé, ne peut plus avoir lieu ; la suppression des radicelles entraîne de proche en proche et fatalement le dépérissement et la mort de la vigne.

b) Formation et développement de nodosités

« Les renflements, dus à l'action de l'insecte, sont tous *terminaux* donc produits par le tissu jeune et en voie de formation de l'extrémité des radicelles ; aucune nodosité ne se forme sur les parties déjà complètement développées de la racine ou de la radicelle.

« Les renflements produits sur les radicelles par un *Phylloxera unique* prennent en général la forme d'un crochet ; la radicelle se renfle tout autour de l'insecte, au-dessus et au-dessous de lui, mais surtout au-dessus, c'est-à-dire surtout du côté de la partie terminale qui continue à s'accroître en se recourbant plus ou moins. Elle forme ainsi une sorte de retraite où le Phylloxera se trouve logé. Quelquefois, le renflement ainsi formé reste définitivement stationnaire ; le plus souvent au contraire le point végétatif n'est pas épuisé et l'extrémité radicellaire, demeurée pleine de vie et d'activité, continue à s'allonger ; elle peut de nouveau s'accroître et être modifiée à son tour par la présence de nouveaux Phylloxeras. Le renflement est d'abord translucide et opalin, avec un point végétatif d'un jaune vif, pendant deux ou trois jours. Il prend bientôt une couleur jaune d'or, différente comme teinte et comme origine, de celle du point végétatif ; elle est très accentuée, dans certains cas, vers le sixième jour.

« Si l'extrémité ne doit pas s'accroître, elle revêt une teinte plus foncée, imitant en cela la base du renflement ; puis la teinte jaune tourne au brun et l'on aperçoit, à la loupe, des peluches brunes, qui dessinent un réseau comme sur la porcelaine craquelée. Le tissu extérieur, qui brunit de plus en plus, se fendille, quelquefois assez régulièrement pour produire ainsi des alignements remarquables. La couleur jaune est due à un liquide jaune et réfringent qui occupe les cellules des assises périphériques situées en-dessous de l'épiderme ; à mesure que les couches les plus extérieures s'exfolient, il reste en-dessous d'elles un nombre de plus en plus petit de cellules jaunes. Telle est l'explication sommaire du changement que les renflements offrent dans leur aspect. Si la nouvelle formation s'accroît par son extrémité, la partie renflée seule subit ces modifications ; quant à la partie supérieure au-dessus elle prend l'apparence d'une radicelle ordinaire, avec souvent un diamètre supérieur à celui qu'elle avait au-dessous du renflement.

« Quand il y a sur la radicelle *plusieurs Phylloxeras*, l'altération est plus considérable, le renflement est plus important, le développement est plus rapide, la teinte jaune apparaît plus tôt. Selon le nombre et l'emplacement des piqûres on arrive à une grande variété de formes, notamment des masses mamelonnées.

« La production d'un renflement n'exige pas la présence prolongée du parasite : deux jours au plus suffisent pour faire naître, au bout de quatre jours après le départ de l'insecte, un renflement en forme de crochet, mais l'action est plus lente que si l'insecte eût été présent. Ainsi, les altérations de la racine sont produites uniquement par l'action du suçoir de l'insecte ; elles dépendent du nombre des Phylloxeras et du temps pendant lequel ils demeurent sur cet organe ; l'effet produit est entièrement local et pour ainsi dire proportionnel à ce nombre et à ce temps.

La nodosité atteint sa taille définitive en 10 à 15 jours.

« Les vignes émettent des radicelles saines ; le Phylloxera modifie ces radicelles et y développe des nodosités ; ces nodosités développent elles-mêmes des radicelles saines que le Phylloxera vient encore occuper et altérer. A la fin de l'été, toutes ces formations se décomposent.

Quant à la plante, elle est épuisée :

1° Parce qu'elle a nourri ces renflements, dont le développement l'a déjà affaiblie, (et elle a nourri aussi les Phylloxeras) ;

2° Parce que les moyens nécessaires pour puiser sa nourriture dans le sol lui font défaut.

Quand les radicelles, ainsi que les réserves qui peuvent en constituer d'autres, sont entièrement détruites, la vigne meurt.

c) Mode d'action du Phylloxera

Selon CORNU (1875, 1878) « il y a d'abord une *action purement méca-nique*, qui agit sur les cellules en voie d'élongation et aboutit à la pro-duction du tissu nouveau.

« Il faut y adjoindre aussi l'*absorption du contenu des cellules* qui peut déterminer une excitation cellulaire favorisant la formation de la galle.

« On a pensé également à l'*action d'un liquide irritant*, injecté par le Phylloxera, mais cette hypothèse n'a pu être démontrée. Si le Phyllo-xera excrétait un liquide irritant, opinion qui a généralement cours, la nodosité devrait se produire vis-à-vis de l'insecte, tandis que celui-ci se trouve au contraire logé dans une dépression produite en même temps que le renflement se développe de l'autre côté. D'autre part, si ce liquide, épanché en quantité de plus en plus grande, était à la fin la cause de la destruction des renflements, le nombre considérable des insectes réunis sur un même point, devrait hâter cette destruction de l'organe attaqué, dont la durée devrait être inversement proportion-nelle au nombre de Phylloxeras : il n'en est rien. Les renflements pro-duits par un grand nombre ou un petit nombre d'insectes, quoique plus volumineux dans le premier cas que dans le second, n'en offrent pas moins un développement parallèle et les nodosités les plus grosses ne périssent pas pour cela forcément les premières. »

On suppose aujourd'hui qu'une *substance de croissance*, non déter-minée pour le moment, serait injectée par les radicicoles ou induite par leur activité. Cette substance aurait une action inhibitrice à haute dose près de la piqûre et serait favorable à l'expansion à une certaine dis-tance (d'après BRANAS, 1974). Pour NYSTERAKIS (1946) la salive du Phyllo-xera contiendrait de l'acide indol-β-acétique qui serait injecté dans les tissus au moment des piqûres.

Enfin, selon CORNU, « la *pourriture des renflements* et leur décom-position sont uniquement des faits biologiques des cellules tuées, ayant été vidées de leur substance.

« Un point important à signaler c'est la *destruction simultanée* de toutes les nodosités radicellaires, quels que soient leur âge et leur origi-ne, qu'elles proviennent de Phylloxeras rares ou nombreux, fixés depuis peu ou depuis longtemps, encore présents ou ayant déjà émigrés. Cette destruction se présente et s'impose à une période quelconque de l'évolution des renflements ; elle surprend et fait périr les nodosités jeunes et les adultes, produites par un petit nombre d'insectes ou par un grand nombre. Dans la nature, la période qui voit brusquement périr les renflements coïncide avec l'époque la plus chaude de l'année (première quizaine d'août dans l'Hérault, seconde quinzaine dans la Gironde et la Charente), époque pendant laquelle les plantes, ayant puisé dans le sol toute l'humidité qu'il peut leur céder, ne peuvent plus rien lui emprunter. Donc la sécheresse entraîne la mort des renflements. Par contre il est possible que les arrosages d'été empêchent les nodosités de périr. Les nodosités deviennent flasques, se rident, s'aplatissent et elles se décomposent assez lentement en prenant une teinte noire.

« La destruction de ces renflements est un phénomène d'ordre végétatif. La cause occasionnelle est la période sèche et le repos de la végétation ; quand par un moyen ou un autre la végétation se continue ou que le sol demeure frais, les renflements peuvent ne pas disparaître et demeurer jusqu'à l'arrière-saison, parfois même passer l'hiver.

« Lorsque le Phylloxera se pose sur une racine, c'est-à-dire un organe muni d'une zone génératrice (cambium), deux cas peuvent se présenter :

1) le suçoir de l'insecte peut faire sentir son action jusque vers la zone génératrice : c'est le cas des racines grêles, grosses au plus comme un tuyau de plume. Il y a excitation du tissu générateur donnant du côté externe un tissu cortical et du côté interne un tissu ligneux ; ce dernier n'épaissit pas ses éléments. Il en résulte une petite bosse sur laquelle vit et se développe le Phylloxera ;

2) le suçoir de l'insecte ne peut plus intéresser un autre tissu générateur que celui du périderme, qui exfolie annuellement l'écorce. Dans ce cas, ce tissu générateur donne souvent naissance à des éléments nouveaux du côté externe et s'infléchit lui-même diversement ; de cette façon il produit aussi une bosse, mais toute locale, au point où se sont, entre les fentes de l'écorce, fixés les Phylloxeras. Un effet semblable est produit sur la tige lorsque le Phylloxera s'y fixe dans des conditions analogues (cas très rare observé une seule fois sur *V. amurensis*). »

d) Structure anatomique d'une nodosité

Selon CORNU (1875).

« Si l'on fait une *coupe transversale,* on remarque que la structure fondamentale de la radicelle n'est pas altérée ; ce qui a changé, c'est la dimension relative des éléments. Plus petits vis-à-vis de l'insecte, où ils sont frappés d'un arrêt de développement, ils sont au contraire plus larges du côté opposé. Cette modification n'intéresse pas encore le cylindre central où les éléments sont à peine modifiés : la couche protectrice a conservé sa disposition particulière.

« Après deux ou trois jours, l'action, primitivement concentrée sur la partie corticale, se fait sentir sur le cylindre central, où elle détermine des allongements cellulaires particuliers. L'action déterminée par l'insecte est un arrêt dans l'accroissement des cellules situées dans le voisinage de son suçoir ; elles restent petites, hexagonales, sans méats entre elles, souvent assez régulièrement alignées en files rayonnantes ; la structure primitive de l'organe très jeune y demeure plus longtemps visible. Les cellules sont déjà, le premier jour, devenues le siège d'un abondant dépôt d'amidon. Les autres, au contraire, se sont dilatées fortement. Si l'organe s'était normalement développé, la section serait circulaire et tous les éléments homologues seraient égaux. L'arrêt de développement va entraîner des tensions et la section devient reniforme.

« Sur la *coupe longitudinale,* il est facile de voir, par un raisonne-
ment semblable, que l'arrêt de développement forcera l'organe à se
courber : telle est l'origine de la forme en crochet des renflements. A
cette courbure correspond une tension considérable des éléments qui
sont le plus éloignés de l'insecte. Telles sont les causes, purement physiques d'ailleurs, qui déterminent la dilatation des éléments radicellaires.
Les uns ne s'accroissent pas autant qu'ils le devraient, les autres doivent s'accroître davantage pour compenser l'effet précédent.

« Les cellules douées d'une activité végétative plus faible que les
autres, entourées d'éléments au contraire très actifs et recevant par
endosmose des liquides nutritifs qu'elles ne peuvent utiliser les déposent
sous forme d'amidon. Telle est l'explication du dépôt d'amidon vis-à-
vis de l'insecte dans le renflement. On peut observer un dépôt analogue dans les galles et particulièrement dans les galles de vrilles et
de tiges.

« Les divers phénomènes énumérés plus haut, s'ils sont réellement
produits par des tensions, devront disparaître dès que ces tensions ne
se feront plus sentir. La cause, étant locale, ne peut atteindre les
éléments nouveaux formés de plus en plus loin par le point végétatif
de la radicelle en voie d'élongation. C'est pour cette raison que la
racine renflée s'allonge cependant en une extrémité saine et à structure
normale. Dans le cas où, comme pour un grand nombre de radicelles
grêles, l'élongation s'arrête de bonne heure, le point végétatif termine
son allongement et le renflement est exactement terminal.

« En même temps que le renflement s'accroît, des *phénomènes
secondaires* viennent compliquer et masquer les effets primitivement
produits. L'épiderme de la racine s'est rempli d'un liquide réfringent,
d'abord incolore, puis jaune vif ; il se fendille par plaques, meurt, brunit et s'exfolie. Les cellules situées au-dessous se cloisonnent transversalement, puis radialement ; à la dilatation des cellules succède aussi
leur multiplication. La couche protectrice dédouble la plupart de ses
éléments ; elle perd ses caractères primitifs, tout en délimitant encore
assez nettement le contour interne de l'écorce. Les éléments vasculaires
s'élargissent d'une façon considérable, jusqu'à acquérir un diamètre
quatre fois supérieur ; en particulier les trachées deviennent mécon-
naissables.

« Les éléments libériens sont à peine modifiés ; dans la couche
rhizogène, la partie située vis-à-vis des faisceaux vasculaires présente
quelques cloisonnements : elle n'a pas pour cela perdu la faculté d'émettre des radicelles nouvelles, qui se produisent du côté opposé à l'insecte,
c'est-à-dire au point le plus éloigné de celui où les cellules ont été frappées d'un arrêt de développement.

« Les autres cellules de la zone rhizogène se sont diversement allongées sous l'influence des tensions et se sont plus rarement cloisonnées ;
mais l'altération qu'elles ont subie se fera sentir quand la radicelle se
changera en racine.

« Ainsi donc l'action du Phylloxera sur les radicelles se réduit à
l'*arrêt du développement de cellules* en voie d'élongation ; de là il résulte des tensions et par suite des dilatations cellulaires. La structure
fondamentale de la radicelle est à peine altérée ; on y retrouve, malgré
les cloisonnements ultérieurs des cellules, le type primitif. La radicelle
n'a perdu ni la propriété de s'allonger, ni celle d'émettre des radicelles
nouvelles ; ces divers éléments sont sains, bien constitués, et peuvent
servir à la nutrition de la plante. Les modifications d'où provient le
renflement résultent de ce fait que l'insecte se fixe vis-à-vis du point
végétatif de la radicelle ; l'effet désastreux qu'il produit sur la vigne
tient à la destruction ultérieure des renflements. L'*étude anatomique*
va nous en montrer le mécanisme :

« Dans la *radicelle saine,* la transformation en racine se fait de la manière suivante : un tissu générateur se forme sur le bord des faisceaux libériens ; il s'établit un cercle continu de cambium qui contourne et comprend les faisceaux vasculaires. Il produit vis-à-vis des faisceaux libériens, en dedans des faisceaux ligneux, en dehors des éléments corticaux. La couche rhizogène, à cette époque, s'organise de manière à produire intérieurement du parenchyme cortical et extérieurement un tissu générateur de liège. Cette couche subéreuse deviendra la partie extérieure de la radicelle changée en racine ; elle frappe de mort tout le tissu cortical primitif à partir de la couche protectrice, c'est-à-dire dans beaucoup de cas, la moitié du tissu total de la radicelle.

« L'époque à laquelle ce phénomène survient se reconnaît anatomiquement d'une façon très nette sur les radicelles, dont le nombre des faisceaux vasculaires est faible et égal à deux ou trois ; ces faisceaux se sont rejoints au centre sans laisser de tissu cellulaire entre eux. C'est justement quand ils présentent ce caractère que les renflements sont frappés de mort. Dans quelques cas on voit des ébauches de cambium et de suber ; mais la *radicelle renflée* meurt avant d'avoir pu achever ces formations. En effet l'exfoliation de la partie corticale, qui constitue la moitié de la masse totale du tissu, est un phénomène éminemment périlleux pour la radicelle: elle exige que les différentes parties qui devront, les unes être frappées de mort et les autres, au contraire, se développer activement, aient conservé intacts leurs caractères anatomique qui détermineront leur sort. Or, dans les renflements, par suite des modifications signalées plus haut, la couche protectrice et la couche rhizogène se sont altérées et, tout en conservant une partie de leurs caractères, ont perdu la faculté de s'isoler l'une de l'autre quand la mortification du tissu se produit.

« L'exfoliation de la partie corticale, normale et régulière quand elle se produit sur une partie saine, change brusquement quand elle atteint un renflement. La mort du tissu gagne le cylindre central. Dans certains cas, le renflement se trouve en avance sur le reste de la radicelle et les phénomènes d'exfoliation commencent à s'y produire ; mais, dans ces conditions, elle frappe de mort cet organe pour deux raisons : la première est l'altération des couches rhizogène et protectrice ; l'autre tient à ce que le tissu exfolié se trouve entre deux parties plus jeunes que lui, situation différente des conditions normales.

« La façon dont périt le renflement est distincte dans ces deux cas. Dans l'un ou l'autre il est surpris et meurt avec toutes les radicelles, saines ou non, qu'il portait. Son tissu renferme encore, à cet instant, des quantités d'amidon, variables suivant les cas. Ce phénomène est lié avec la période sèche de la saison chaude et varie beaucoup suivant les localités et les conditions diverses. On voit que le nom de *pourriture* appliqué à la transformation des renflements pourrait être remplacé par un autre plus exact : les renflements ne pourrissent pas, ils se *flétrissent* et deviennent noirs. Ce flétrissement les laisse à demi desséchés et brunis dans le sol.

« La mort du renflement entraîne le brunissement de la radicelle ou de la racine et cet effet se propage de proche en proche jusqu'aux racines de plus en plus grosses. Quand une plaie accidentelle détruit une portion de racine, il se forme d'ordinaire un tissu particulier et protecteur qui empêche la lésion de s'étendre. Ici rien de pareil et l'altération gagne régulièrement du terrain.

« On doit donc considérer les renflements comme produits par une cause mécanique, l'arrêt du développement du tissu vis-à-vis de l'insecte, qui rend compte des différentes particularités dans l'étude des renflements :

1° Situation de la partie renflée du côté opposé à l'insecte et non sous lui ;

2° Formation du renflement se rattachant ainsi à celle des galles ; c'est un cas particulier d'un phénomène plus général (galles diverses) ;

3° Dépôt d'amidon vis-à-vis de l'insecte (renflements, galles) ;

4° Allongement du renflement en une extrémité saine ;

5° Développement de radicelles saines ;

6° Destruction du renflement et des radicelles saines qu'il porte.

« Toutes ces circonstances sont inexplicables dans l'hypothèse d'un venin. Rien ne peut donc s'opposer à la destruction du renflement ; elle est la conséquence d'un phénomène végétatif interne. »

Cornu, en 1878 complète cette étude anatomique en y ajoutant quelques précisions :

« Si on fait une coupe transversale d'une radicelle renflée sous l'influence d'un Phylloxera et recourbée en crochet, on constate que le contour n'est plus circulaire, mais réniforme, la dépression correspondant à l'emplacement qu'occupait l'insecte. Au microscope on observe que la structure anatomique de la radicelle renflée présente la même disposition que la radicelle normale, mise à part l'irrégularité du contour. Mais si l'on compare la structure anatomique du renflement avec celle de la même radicelle en un point sain situé au-dessous, on remarque aussitôt une différence considérable : la dimension des éléments issus cependant d'un même point végétatif n'est plus le même ; chacun d'eux s'est notablement accru en diamètre et c'est *cette dilatation des éléments constitutifs* qui produit, pour la plus grande partie, la dilatation générale et détermine le renflement.

« La structure anatomique du renflement montre que la dilatation de la radicelle est produite moins par la formation d'éléments nouveaux que par l'accroissement diamétral de ceux qui existent déjà. Ce résultat est très curieux et très digne de remarque. Quoique l'accroissement en diamètre soit l'effet principal produit, ce n'est cependant pas le seul. En effet, tandis que dans la partie la plus éloignée de l'insecte, les cellules ont en général conservé leur forme circulaire ou elliptique comme dans une radicelle saine, mais plus dilatée, on observe qu'auprès du point où l'insecte se tient, les cellules sont demeurées beaucoup plus petites, *par arrêt de développement*. Elles ont une forme un peu aplaties et se développent transversalement, de plus elles sont étroitement soudées entre elles. C'est par cette raison anatomique que l'insecte se trouve logé dans une dépression, formée aussi bien dans le sens transversal que dans le sens longitudinal de la radicelle. Ce sont les cellules demeurées petites qui se remplissent d'amidon. Enfin les cellules les plus en contact avec le suçoir de l'insecte s'allongent souvent beaucoup dans le sens du rayon et leur contenu brunit, surtout quand le renflement devient plus âgé ou quand un grand nombre d'insectes se sont fixés côte à côte.

« Les cellules de la périphérie sont colorées en jaune vif, teinte qui est due à un liquide oléagineux et réfrigent qui passe du blanc au jaune vif, puis tourne au brun en prenant de l'âge. Les cellules périphériques se dessèchent, brunissent, puis s'exfolient sous l'action des couches plus internes. Ces cellules demeurent adhérentes entre elles par groupes et forment des plaques brunes, qui, dans leur intervalle, laissent apercevoir les cellules jaunes qui subsistent encore et ne sont pas rompues, produisant l'apparence particulière signalée plus haut. »

« Il est fort douteux écrit Millardet (1898) que les nodosités seules peuvent suffire à tuer la vigne, mais elles peuvent l'affaiblir considérablement. C'est le cas du Solonis : les tubérosités sont peu nombreuses et probablement très peu dangereuses ; mais son chevelu se trouve criblé de nodosités d'assez fortes tailles. Il perd ainsi au mois d'août la plus grande partie de son appareil absorbant, ce qui dans certains sols peut entraîner un affaiblissement irrémédiable. »

2° Tubérosités phylloxériques

CORNU (1874) a montré que les *racines grêles* peuvent se renfler sous l'influence du .Phylloxera, mais les troubles qu'il y produit sont d'une nature tout autre que ceux qu'il détermine sur la radicelle, les deux organes n'ayant pas la même anatomie. Dans les deux cas la présence du Phylloxera active les formations cellulaires : sur la racine grêle l'effet est considérable, tandis que sur la radicelle cet effet ne se produit qu'à un degré beaucoup moindre.

« Si on compare les deux formations : dans la radicelle il y a, suivant la région considérée, diminution ou exagération des dimensions, dépôt abondant d'amidon, formation d'une dépression vis-à-vis de l'animal ; dans la racine, où l'on voit une véritable hypertrophie en face de l'insecte, rien de tout cela ne se produit, en général. Il y a donc, en résumé, une grande différence entre les deux effets parce qu'en réalité, ils sont produits sur deux organes anatomiquement non comparables. »

« Lorsque les racines offrent un diamètre qui dépasse 5 à 6 millimètres, le suçoir de l'insecte n'a plus d'action sur la zone génératrice, écrit CORNU (1878) et celle-ci ne donne plus naissance à des éléments hypertrophiés. Quel que soit le nombre des Phylloxeras fixés en un point d'une grosse racine, il ne paraît pas que l'altération signalée chez les petites puisse se produire, sauf à la longue. Il semble même dans un grand nombre de cas qu'aucun effet n'est produit.

« On y voit parfois cependant des bosselures irrégulières, visibles sur le contour, auquel elles communiquent une forme ondulée. On pourrais croire que cette structure a été imprimée par un sol caillouteux et peu homogène.

« Normalement il se produit chaque année une couche de périderme dans l'épaisseur du tissu cortical qui exfolie l'écorce ancienne, située au-dessus de lui. Ce périderme forme une zone circulaire régulière. Chez les racines couvertes d'un grand nombre d'insectes la production du périderme est troublée et ce dernier ne suit plus une ligne régulière. Les cellules situées au-dessous de lui peuvent ensuite se segmenter diversement et produisent des hypertrophies locales. Assez fréquemment le périderme s'approche très près de la zone génératrice (cambium) ; cela se montre surtout sur les racines qui ne sont pas trop grosses ou sur celles qui portent en un même point un nombre considérable de Phylloxeras. Dans ce cas et à la longue, après plusieurs exfoliations successives, c'est-à-dire après plusieurs années, le cambium peut être influencé. Il n'est pas rare de voir des lames de périderme suivre un chemin flexueux, naître de plusieurs points à la fois à des hauteurs différentes et s'entrecroiser, l'inférieure frappant de mort une partie du tissu épargné par l'autre. On a dans ce cas un exemple des désordres extrêmes qui peuvent se produire dans la fonction ordinairement régulière du renouvellement annuel de l'écorce.

« Les bosselures que présente l'écorce après la formation irrégulière du périderme appartiennent en général au prolongement des rayons medullaires, qui se sont dilatés en éventail. Enfin, dans quelques cas plus rares, sous l'action répétée d'insectes fixés en grand nombre au même point, le tissu ainsi hypertrophié devient plus important et peut se détruire à l'arrière-saison. On voit parfois cette destruction pénétrer jusqu'au bois lui-même, en frappant de mort en un point la zone génératrice.

« La vigne meurt quand, après la suppression de ses diverses radicelles, successivement détruites, elle n'a plus d'organes absorbants et a épuisé ses réserves. »

Selon MILLARDET (1898) la tubérosité se produit par suite de la piqûre du Phylloxera, sur les racines ou les radicelles, dans les points où l'accroissement en longueur de ces dernières est terminé. C'est par suite de cet accroissement que la nodosité se courbe en crochet. Quand l'accroissement en longueur n'existe plus, la courbure n'a pas lieu et la tumeur déterminée par la piqûre prend une forme hémisphérique. Au-dessous même de l'insecte, l'hypertrophie du tissu cortical est le plus souvent moins forte qu'autour de lui, de sorte que chez beaucoup de tubérosités le sommet prend la forme d'une cupule au centre de laquelle l'animal est fixé ; souvent il n'existe au sommet qu'un simple méplat.

« Les tubérosités peuvent se produire sur les nodosités, sur le corps des radicelles jusqu'à 4 mm de leur sommet ou plus haut. Chez la vigne européenne, elles peuvent apparaître sur des racines de tout âge et même sur le pivot, soit sur sa partie souterraine, soit au niveau du sol. Chez les vignes très résistantes *Riparia, Rupestris, Cordifolia* elles sont en général rares et n'affectent que les racines les plus jeunes d'un ou deux ans au plus.

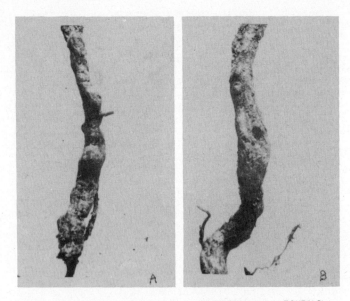

Fig. 197. – Tubérosités phylloxériques sur 239-36 Galibert (photo BOUBALS).

« Il est bon de distinguer les tubériosités en deux classes : les *sous-épidermiques* et les *sous-péridermiques*. Les premières se forment sur les radicelles ou racines encore revêtues d'un épiderme vivant ; les secondes sur les racines pourvues d'un périderme et dont l'épiderme et l'écorce primaire sont morts ou exfoliés.

« Quels que soient le lieu de leur apparition et l'âge des organes, à la surface desquels elles se produisent, les phénomènes qui accompagnent leur développement sont essentiellement les mêmes et d'une grande simplicité.

« Si, dans le point où l'insecte a enfoncé son suçoir, l'épiderme est encore vivant, on voit les cellules placées à une certaine profondeur au-dessous de cette membrane se cloisonner rapidement et former une tumeur plus ou moins hémisphérique avec un enfoncement ou un méplat au centre, où l'insecte est fixé. Une huitaine de jours suffit à la production de ce renflement. Comme pour les nodosités, la poussée exercée sur l'épiderme par l'hypertrophie des tissus sous-jacents, détermine peu à peu des fissures de cette membrane, fissures par lesquelles les agents de pourriture s'introduisent dans la tubérosité.

« Si, au point où l'insecte a enfoncé sa trompe, l'épiderme a déjà disparu et a été remplacé par cette mince couche de liège appelée périderme primaire, le tissu sous-jacent s'hypertrophie également et le renflement se forme comme précédemment. Ici encore, surtout au pourtour de la tubérosité où la pression des tissus hypertrophiés sur l'enveloppe péridermique est la plus forte, cette enveloppe éclate, ouvrant ainsi un accès facile aux agents de pourriture contenus dans le sol.

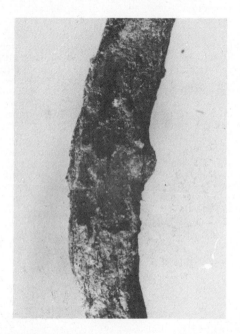

Fig. 198. – Tubérosités phylloxériques sur 12-397 Seyve-Villard (photo BOUBALS)

« Sur les racines plus âgées, il arrive que le périderme primaire est mort ou même a été exfolié. Il a été remplacé, dans ses fonctions protectrices du corps vasculaire de la racine, par le périderme secondaire qui s'est développé en dedans de lui. Si les racines sont plus vieilles encore, le périderme secondaire est mort, fissuré, en partie détruit et une couche de périderme tertiaire s'est formée en dedans qui protège la partie vivante de la racine. Dans tous les cas, la piqûre du Phylloxera au travers d'un périderme de quelque ordre qu'il soit détermine une tubérosité constituée essentiellement comme il a été dit précédemment et pourrissant pour les mêmes causes.

« La forme des tubérosités varie suivant qu'elles sont simples (produites par un seul insecte) ou composées (produites par plusieurs insectes plus ou moins rapprochés). Leur grosseur et la saillie qu'elles forment au-dessus de la racine varient également. C'est sur la vigne européenne qu'elles sont les plus grosses et saillantes. Cette saillie peut y atteindre jusqu'à 3 mm tandis que sur les vignes très résistantes elle ne dépasse pas 1 mm.

« Les tubérosités des hybrides franco-américains sont le plus souvent intermédiaires, mais on en trouve, suivant les cas, d'assez grosses et de très petites, comme pour les nodosités. On peut dire que les plantes qui ont les plus grosses nodosités ont aussi les plus grosses tubérosités. J'ai toujours considéré l'absence de tubérosités comme le critérium le plus certain de la résistance assurée.

« Il sera bon de remarquer encore qu'au point de vue de la rapidité avec laquelle elles pourrissent, les tubérosités offrent de l'analogie avec les nodosités : les grosses pourrissent avant les petites et même pourrissent plus profondément que ces dernières. Cela tient, comme pour les nodosités, à ce que chez les grosses le tégument protecteur externe (épiderme, périderme) est beaucoup plus fissuré que chez les petites et que, par conséquent, elles offrent beaucoup plus de prise aux germes de pourriture qui se trouvent dans le sol.

« Quant à l'époque de formation des tubérosités, on peut dire, en général, que sur les plantes qui ne sont pas au dernier degré de rabougrissement phylloxérique, les tubérosités sous-épidermiques commencent à se former en août, alors que les nodosités pourrissent. Leur formation dure tout l'automne et une partie de l'hiver, c'est-à-dire aussi longtemps que la chaleur le permet. Un petit nombre commence à pourrir avant et pendant l'hiver, la plupart seulement au printemps ou pendant l'été de l'année suivante. Il me paraît qu'un certain nombre de plus petites ne pourrit jamais.

« D'habitude, la pourriture s'étend rapidement de la tubérosité aux tissus sous-jacents et de l'écorce passe au corps ligneux de la racine. Ce passage se fait habituellement par les rayons medullaires, la pourriture marchant plus rapidement dans le parenchyme de ces derniers que dans le tissu plus serré et plus dur des faisceaux ligneux. Chez la vigne européenne, le Jacquez, etc., les racines de l'année, de un à deux millimètres de diamètre, qui sont couvertes de tubérosités, se trouvent fréquemment envahies par la pourriture dans toute leur épais-

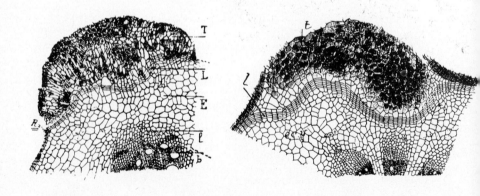

Fig. 199. – Tubérosités phylloxériques (d'après RAVAZ)
– à gauche : tubérosité non pénétrante sur racine de *Rupestris-Berlandieri* ; la tubérosité T très proéminente et altérée ne pénètre pas dans l'écorce ; l'écorce vivante E est aussi épaisse au point piqué qu'ailleurs ; Liège L.
– à droite : tubérosité plus âgée sur racine de Jacquez. Les tissus de la tubérosité sont très altérés ; une couche épaisse de liège l les sépare de la partie saine de la racine.

seur, dès la fin de septembre. Quant aux racines plus grosses, la pourriture n'arrive à leur centre que plus tard, à la seconde ou à la troisième année ; plus lentement encore chez celles qui ont un diamètre supérieur à 5 mm.

« Or, comme dans une racine dont toute l'épaisseur, même en un seul point, est pourrie, la portion toute entière de cette racine qui est comprise entre le point pourri et l'extrémité, lors même qu'elle serait restée saine, est perdue pour la plante ainsi que tout le chevelu qu'elle porte, on comprend combien les tubérosités peuvent être graves. L'effet que n'ont pas pu produire sur la plante des milliers de nodosités, une demi-douzaine de tubérosités placées sur les racines principales le produira fatalement, avec le temps, c'est-à-dire le rabougrissement et la mort.

« Pour les *tubérosités sous-épidermiques*, la pourriture est presque toujours arrêtée d'une manière définitive par l'endoderme, membrane subéreuse, très résistante, qui forme une barrière naturelle presque infranchissable aux agents de pourriture, tout autour du corps ligneux. En outre, dès que l'endoderme est sur le point de se fendiller, il se développe immédiatement au-dessous de lui une couche solide de liège (périderme primaire) qui ne tarde pas à remplacer l'endoderme. Une fois ce périderme formé, tout ce qui est situé en dehors de lui, épiderme, tubérosités, écorce et même endoderme s'atrophie, s'exfolie et disparaît. Dès lors le périderme primaire constitue la membrane protectrice extérieure de la racine. En général les tubérosités sous-épidermiques sont assez peu dangereuses pour la plante.

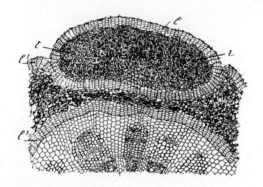

Fig. 200. – Tubérosité t peu pénétrante exfoliée avec l'écorce morte par suite de la formation d'une nouvelle couche de liège l$_2$ (d'après RAVAZ).

« Les *tubérosités sous-péridermiques* le sont infiniment plus, au moins pour la vigne européenne et la plupart de ses hybrides, aussi longtemps du moins que le périderme extérieur est du périderme primaire. Dans la vigne européenne, en effet, ce n'est qu'à la troisième ou même quatrième année qu'il se forme en dedans du périderme primaire un manteau de périderme secondaire servant à l'élimination, à l'exfoliation des tubérosités. Or, pendant ces deux ou trois années, la pourriture de ces dernières a eu le temps d'envahir la racine sur toute son épaisseur.

« La pourriture des tubérosités n'entraîne pas toujours fatalement, après une ou deux années l'envahissement de toute l'épaisseur de la racine car il peut se former des plaques de liège ou plaques de défense pour empêcher la pourriture de pénétrer plus profondément. Ces plaques sont dues à l'irritation produite par la pourriture sur les tissus sains de la tubérosité. Si la pourriture parvient à percer ou à tourner cet obstacle, il se forme quelquefois plus en dedans une nouvelle plaque de défense. La vigne européenne n'en forme que rarement plus de deux, mais chez le Jacquez, l'Herbemont, le Cunningham, etc., il y en a trois ou parfois quatre.

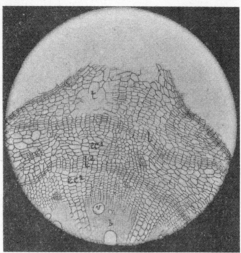

Fig. 201. – Coupe d'une tubérosité t peu pénétrante sur Rupestris Ganzin ; l, liège isolant la tubérosité de l'écorce ; ec_1, écorce morte par suite de la formation de la couche de liège normale l_2 ; écorce vivante ec_2. La pénétration de la tubérosité est moindre que l'épaisseur de l'écorce exfoliée (d'après RAVAZ).

Dans les *Riparia, Rupestris* et *Cinerea,* le périderme secondaire se forme dans les racines de l'année et quelquefois même à moins de 30 cm de leur extrémité, de manière que les tubérosités sous-péridermiques peuvent souvent être exfoliées peu de semaines après leur formation. Cependant cette particularité ne me semble pas de première importance pour leur résistance parce que beaucoup d'*Aestivalis,* de *Cordifolia* et de *Berlandieri* possèdent une très haute résistance, bien que le périderme secondaire s'y forme tardivement à la 3e ou 4e année comme dans la vigne européenne.

Chez les racines de vigne européenne plus âgées (plus de 3 ou 4 ans), la surface extérieure de la racine est constituée non par le périderme primaire, exfolié mais par le secondaire. La piqûre du Phylloxera détermine également des tubérosités sur ces racines et lorsque la pourriture atteint ces tubérosités, il se forme également dans leur intérieur des plaques de défense. Ces plaques de liège sont plus épaisses et plus complètes et arrêtent plus souvent la pourriture d'une façon définitive. On peut donc dire, en résumé, que pour la vigne européenne, les tubérosités les plus dangereuses sont celles qui se forment sous le périderme primaire c'est-à-dire sur les racines de un et deux ans, peut-être même de trois. »

Selon BRANAS (1974) « Par un mécanisme hormonal, analogue à celui qui provoque les nodosités, les cellules situées à une certaine distance de la piqûre subissent une expansion supplémentaire, ce qui produit un cratère en relief. En même temps, un cloisonnement consécutif à une dédifférenciation organise les cellules en strates et en files en avant de la piqûre en formant un liège qui se raccorde par ses bords au périderme normal comme une sorte de cuvette. Finalement le centre du cratère se désorganise à la suite de son abandon par le radicicole, par brunissement des cellules qui meurent et de leur contenu ; une zone nécrosée forme alors secteur sur les coupes transversales.

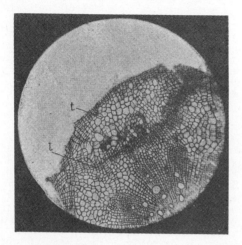

Fig. 202. – Coupe d'une tubérosité pénétrante t, sur *Riparia-Candicans* Munson, avec liège de cicatrisation, l. (d'après RAVAZ).

« Les tubérosités sont petites et superficielles lorsque le nouveau périderme se forme rapidement, isole l'altération qui meurt et est exfoliée sans que l'anneau conducteur soit endommagé. Il en est ainsi chez les plantes résistantes comme *V. riparia*, sur lesquelles elles ne dépassent pas 1 mm de diamètre.

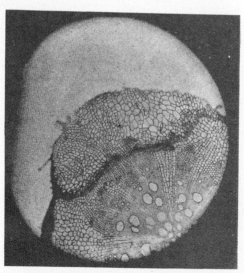

Fig. 203. – Coupe d'une tubérosité, t, assez pénétrante sur *Vinifera-riparia* 141 A l Mgt, atteignant presque le bois, avec liège de cicatrisation, l et écorce vivante, ecv. (d'après RAVAZ).

« Les tubérosités grosses et pénétrantes, qui apparaissent chez les plantes non résistantes, peuvent comporter plusieurs péridermes incomplets formés successivement de plus en plus profondément, trop lentement pour empécher l'altération de pénétrer jusqu'au cambium ; les tubérosités sont grosses, larges (3-4 mm) et pénétrantes. Entre ces extrêmes, il existe une foule de cas intermédiaires. La même racine peut présenter plusieurs tubérosités opposées ou non, chacune étant soustendue par un liège comme si elle était isolée.

« Le *mécanisme des dégâts* est déclenché par la mort du liber et du cambium, qui n'a que des conséquences bénignes lorsqu'elle n'est que partielle, mais qui, lorsqu'elle est complète à un même niveau par la présence de plusieurs tubérosités, amène la mort de l'extrémité de la racine en interrompant le transport des matériaux par le liber. Le système radiculaire subit ainsi une mutilation qui peut être meurtrière. »

IV — SYSTEMATIQUE

Au point de vue systématique d'après P. MAILLET (1957) « le Phylloxera appartient à la famille des *Phylloxeridae* qui fait partie de la superfamille des *Aphidoidea* (qui comprend en outre les *Aphididae* ou Pucerons vrais, les *Chermesidae* et les *Eriosomatidae*).

« Les *Phylloxeridae* sont des pucerons ovipares, dont les formes ailées portent les ailes couchées à plat sur le corps. Les antennes sont très courtes, formées de trois articles, avec une rhinarie primaire chez les formes aptères et deux rhinaries chez les formes ailées. Les sexués aptères sont dépourvus de rostre et de stylets, comme chez les *Eriosomatidae*. Les femelles agames conservent un réceptacle séminal à l'encontre des *Aphididae*. Enfin la femelle fécondée pond un seul œuf d'hiver comme chez les *Eriosomatidae*. »

Le Phylloxera de la Vigne fut étudié pour la première fois en 1854 par l'entomologiste américain Asa FITCH (ou C.H. FITCH selon P. MAILLET), chargé par l'Etat de New York d'examiner les insectes utiles ou nuisibles à l'agriculture. Ayant observé l'insecte dans les galles situées à la face inférieure des feuilles de Vigne il le nomma *Pemphigus vitifoliae* (1) par analogie avec les pucerons qui provoquent des galles sur les feuilles de l'Orme ou du peuplier. Ce même insecte fut retrouvé dans l'Etat du Missouri les 3 et 6 décembre 1866 par RILEY, puis par WALSH qui le signalèrent comme nuisible alors que FITCH le considérait comme sans danger. En 1867 le Dr Henri SCHIMER découvre non seulement les galles mais aussi un individu ailé qu'il supposait être le mâle. La présence de longs poils à l'extrémité des tarses l'incite à séparer cet insecte du genre *Pemphigus* et il le baptise *Dactylosphaeora vitifoliae* (STELLWAAG, par erreur typographique sans doute, écrit *Dactylospora*).

En Europe, à la même époque, l'insecte est signalé près de Londres à Hammersmith (1863) et en quelques points de l'Angleterre et de l'Irlande (1867-1868) dans des cultures sous serres. Etudié par l'entomologiste WESTWOOD (1867) celui-ci le nomme *Peritymbia vitisana* (2).

En France, la découverte du puceron par PLANCHON (1868) en compagnie de BAZILLE et SAHUT lui permet d'en établir la diagnose latine dans la première note à l'Académie des Sciences du 3 août et il le baptise provisoirement *Rhizaphis vastatrix*, puisqu'il s'agit d'un puceron des racines dévastant la vigne. SIGNORET (1868), consulté par PLANCHON sur l'identification de l'insecte, le rapporta au genre *Phylloxera*, genre créé en 1834 par BOYER de FONSCOLOMBE pour le Phylloxera du chêne (*P. quercus*). Ce nom, qui veut dire « sèche-feuille » (du grec φυλλον,

---

(1) *Folium, i* étant un nom neutre il est plus exact d'écrire *vitifolii*.

(2) MAILLET, par erreur typographique, a écrit *Visitana*.

feuille et ζηρειν, dessécher) s'applique bien au chêne car l'insecte fait sécher les feuilles aux points piqués, mais ce n'est pas le cas avec la vigne. Cependant, PLANCHON, dans sa seconde note parue à l'Académie des Sciences en septembre 1868, dénomme *Phylloxera vastatrix* le puceron trouvé en Provence et ce nom devint alors tristement célèbre dans le monde entier.

En 1869, LICHTENSTEIN émit l'hypothèse que l'insecte américain appelé *Pemphigus vitifolii* provoquant des galles sur les feuilles des vignes américaines et l'insecte trouvé en France vivant sur les racines n'étaient que deux formes du même animal. Cette idée, d'abord très critiquée, fut admise lorsque PLANCHON et son beau-frère LICHTENSTEIN (1870) réussirent à faire passer et vivre sur les racines le Phylloxera des galles.

En 1871, RILEY vint en France pour constater l'identité entre le *Pemphigus* et le *Phylloxera* et de retour en Amérique il trouva lui-même l'insecte sur les racines des vignes, observations publiées dans le *Rural New-Yorker*, article que PLANCHON traduisit dans le *Messager Agricole* du 10 décembre 1871.

DONNADIEU (1887) prétendait qu'il y avait deux espèces de Phylloxera sur la vigne : le *Phylloxera vastatrix* (radicicole) et le *Phylloxera pemphigoides* (gallicole) sous le prétexte principal que l'insecte des racines ne s'établit jamais sur les feuilles pour y donner des galles. Ces arguments furent réfutés, avec raison, par LAFITTE (1887).

Quelques zoologistes ont voulu donner d'autres dénominations comme *Viteus vastator* GRASSI et FOA (1908), puis *Viteus vitifolii* (Fitch) Schimer tandis que BORNER (1914) dénommait *Phylloxera pervastatrix* sa race biologique du Nord de l'Allemagne (cf. Races biologiques). Citons aussi *Rhizocera Vastatrix* (Planch.), Kirk, *Xerampelus Vastator* (Planch.) Del Guercio.

Les règles de la nomenclature internationale sont en faveur de *Dactylosphaera vitifolii* SHIMER (1867), mais l'usage viticole fait prévaloir la dénomination de *Phylloxera vastatrix* PLANCHON, 1868 que nous conserverons dans ce livre, d'autant que le terme de *vastatrix* évoque mieux les ravages considérables de l'insecte, alors que le nom de *vitifolii* paraît le limiter à la feuille de vigne où les dégâts sont secondaires ou même nuls (sur *V. vinifera*).

V — DESCRIPTION ET BIOLOGIE

La description du *Phylloxera* et de son cycle biologique ont fait l'objet de très nombreux travaux et publications aboutissant à une bibliographie très importante, que nous avons patiemment rassemblée et dépouillée. Deux livres fondamentaux furent publiés : Etudes sur le *Phylloxera vastatrix* de Maxime CORNU (1878), Professeur au Museum à Paris qui décrit les trois premières formes connues de l'insecte (Gallicole, Radicicole, Ailé) et dont les premiers travaux remontent à 1872, puis le livre de G. BALBIANI (1884) sur le Phylloxera du Chêne et le Phylloxera de la Vigne, où l'auteur, Professeur au Collège de France, étudie surtout la forme sexuée et l'œuf d'hiver, à la suite de ses nombreuses notes à l'Académie des Sciences parues entre 1873 et 1887.

Mais de nombreuses observations ont été réalisées par les chercheurs français : PLANCHON (1868-1887), LICHTENSTEIN (1870-1880), BOITEAU (1872-1887) vétérinaire à Villegouge (Gironde), P. de LAFITTE (1878-1887) en Lot-et-Garonne, Valéry MAYET (1879-1890), Professeur de Zoologie à Montpellier, HENNEGUY (1881-1904) préparateur de BALBIANI, MILLARDET (1877-1898) Professeur à Bordeaux, P. MAILLET (1957) ainsi que par des chercheurs étrangers, l'Américain RILEY (1866-1884), l'Anglais WETSWOOD, l'Es-

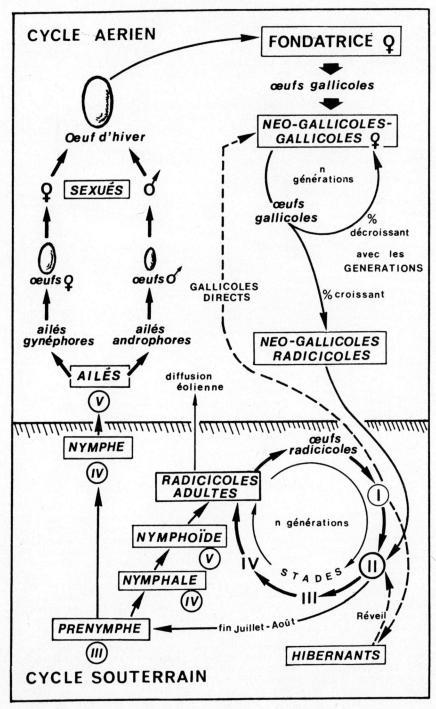

Fig. 204. – Schéma général du Cycle biologique du Phylloxera (Original).

pagnol Graells (1878-1880), les Suisses V. Fatio et Demole-Ador, les Italiens Grassi, Foa, Grandori et Topi (1904-1920), les Allemands Blankenhorn, Borner, Stellwaag, Breider (1938-1952), Rilling (1960-1967), etc., travaux dont nous allons présenter une synthèse originale :

Selon V. Mayet (1890) « Le Phylloxera possède un cycle biologique complexe, dû à la présence de quatre formes principales, se succédant l'une à l'autre, toujours dans le même ordre, ayant un nombre plus ou moins grand de générations et pondant des œufs en quantités toujours décroissantes :

« 1° *Le Gallicole* ou « Phylloxera des feuilles », qui est la forme multiplicatrice donnant uniquement par parthénogenèse un grand nombre d'œufs jusqu'à 5 ou 600 œufs par femelle.

« 2° *Le Radicicole* ou « Phylloxera des racines », qui est la forme dévastatrice, tuant la vigne où les femelles ne pondent plus qu'une centaine d'œufs, toujours par voie asexuée. »

D'après Balbiani cette forme souterraine est due à une adaptation secondaire et d'après nos observations faites en Amérique du sud, au Vénézuela (1973) nous pensons que sous les Tropiques où la Vigne conserve toujours son feuillage, puisque la croissance est continue en raison du climat relativement chaud (22 à 36 °C), le Phylloxera est un banal insecte du feuillage de *V. Caribaea*. Il n'a donc nul besoin de chercher à s'enterrer pour survivre au froid qui n'existe pas dans ces régions. En quittant les Tropiques pour les régions tempérées il s'est trouvé confronté au problème de la chute annuelle des feuilles et aux hivers de plus en plus rigoureux en s'élevant en latitude en direction de New York et du Canada, ce qui aurait provoqué l'adaptation à une vie souterraine pour survivre d'une année à l'autre. On ignore évidemment si ce transport vers le Nord est le fait de l'homme, au moment de la Colonisation de l'Amérique ou s'il est antérieur et dû à une migration naturelle.

« *Les hibernants* selon Mayet sont des jeunes radicicoles du premier stade qui passent l'hiver sur les grosses racines, à l'état de léthargie, pour se réveiller au printemps.

« 3° *Les Ailés* ou « forme colonisatrice » sont produits par des radicicoles du troisième stade se transformant en *nymphes* (4e stade) qui sortent du sol et donnent les Ailés. Ceux-ci sont morphologiquement semblables, mais ils pondent soit des œufs mâles (*ailés androphores*), soit des œufs femelles (*ailés gynéphores*).

« 4° *Les Sexués* mâle et femelle, issus des œufs d'Ailés, vont s'accoupler et chaque femelle ne pondra qu'un œuf unique, hibernant jusqu'au printemps suivant en diapause et qu'on appelle pour cela *œuf d'hiver*. C'est la « forme régénératrice ».

Cette théorie de la régénération par les Sexués fut formulée par Balbiani (1875-1884) qui avait remarqué l'atrophie graduelle frappant l'ovaire dans les générations successives de femelles agames. Et il supposa que si le mâle n'intervenait pas à ce moment pour ranimer cette faculté près de s'éteindre, l'espèce devrait nécessairement disparaître par stérilité, après un certain nombre de générations agames. Finalement il en déduisait qu'en détruisant l'œuf d'hiver il pourrait arrêter l'invasion phylloxérique. Cette hypothèse fut combattue d'abord par Lichtenstein (1876) qui citait des expériences de plusieurs savants ayant obtenu pendant de longues années des reproductions parthénogénésiques d'Aphidiens sans avoir remarqué moins de vigueur au bout de huit à neuf ans que le premier jour. Lui-même observa qu'à la 6e génération de ces pucerons aptères, la fécondité était supérieure à la génération précédente de mai.

Elle le fut aussi par Boiteau (1886) qui réussit à élever pendant 6 ans des radicicoles jusqu'à la 25e génération parthénogénétique, sans constater de dégénérescence ni de diminution de la puissance prolifique.

Elle fut aussi contestée en Italie par Targioni-Tozzetti (1883) qui n'admettait pas l'idée de Balbiani sur la diminution de fécondité des radicicoles, de génération en génération, passant de la première, de 20 à 24 graines ovariques, pour se réduire dans les générations suivantes à 10-12, 6-7, 3-2 et pour finir pour devenir stériles sans le renouveau par les sexués au bout de 4 ou 5 ans. Pour cet Auteur, il s'agit seulement d'une preuve sensible de l'équilibre qui s'établit entre l'organisme même et la vie, à un moment donné, et les conditions extérieures directement ou indirectement favorables pour celle-ci ; équilibre prompt à se changer à la belle saison quand la nouvelle végétation de la vigne fournit une source plus copieuse d'aliments à son parasite. On ne voit pas pourquoi cela ne se reproduirait pas chaque année.

Lichtenstein, se basant sur la persistance de la colonie d'une année à l'autre, grâce aux hibernants et sur le relèvement de la fécondité dans les générations printanières, envisage l'hypothèse d'une reproduction indéfinie par parthénogènese sous la forme radicicole.

Nous reviendrons plus loin en détail sur ce problème de la dégénérescence ovarienne, qui existe bien réellement.

Les travaux des chercheurs italiens, Grassi et ses collaborateurs permirent de préciser certains points et d'avancer comme démontrées les propositions suivantes :

1° La jeune larve issue de l'œuf d'hiver est incapable d'infecter les racines de vigne américaine ou européenne.

2° La larve issue de l'œuf d'hiver (Fondatrice) qui forme normalement et facilement une galle sur la vigne américaine, meurt au contraire le plus souvent, sans pouvoir en former sur la vigne européenne.

3° Si, sur la vigne européenne, des générations gallicoles peuvent éventuellement se constituer sur les feuilles, elles s'éteignent généralement d'elles-mêmes, avant que ne soient apparus les gallicoles destinés à passer sur les racines et à les infecter. Cette dernière règle comporte toutefois de très rares exceptions et les chercheurs italiens ont pu voir apparaître sur des vignes européennes un certain nombre de gallicoles susceptibles de passer sur les racines. Il en résulte que l'œuf d'hiver peut, d'une façon très exceptionnelle, infecter directement et par l'intermédiaire des générations gallicoles, les racines des vignes européennes.

4° Enfin l'œuf d'hiver n'est que très rarement pondu sur la vigne européenne.

Par ailleurs on avait remarqué que les générations successives de gallicoles n'étaient pas toutes semblables entre elles et l'on admettait que le passage du type issu de l'œuf d'hiver (fondatrice) au type radicicole s'effectuait graduellement par l'intermédiaire de 3 générations de gallicoles successives, tous les individus étant identiques pour une même génération, mais différents d'une génération à l'autre.

« En réalité les Italiens ont montré que, *dans une même génération*, les derniers nés pouvaient différer entièrement des premiers. Il résulte de leurs recherches que, parmi les larves qui naissent des œufs de gallicoles (appelés néogallicoles) on peut distinguer deux types différents :

— Les *néogallicoles-gallicoles* ou N.G.G., c'est-à-dire nés dans une galle et donnant eux-mêmes des galles et qui sont à caractère morphologique gallicole nettement tranché, piquant uniquement les feuilles.

— Les *néogallicoles-radicicoles* ou N.G.R., c'est-à-dire nés dans une galle, à caractère morphologique et biologique radicicole et qui descendront dans le sol pour aller infester les racines.

A côté des nymphes qui en muant vont donner les Ailés on trouve des fausses nymphes ou *nymphales* qui ont l'aspect de radicicoles, mais qui portent des fourreaux alaires et quelques ommatidies.

Enfin, les auteurs anciens pensaient qu'il n'y avait que *trois mues* pour atteindre le stade adulte. En réalité pour tous les Phylloxeras (gallicoles, radicicoles, Ailés et Sexués) ce nombre est de *quatre* et il y a donc cinq stades (GRASSI, 1908, 1909).

A - *LE PHYLLOXERA DU FEUILLAGE*

On a vu, à propos des altérations du feuillage, que le Phylloxera ne vivait que sur certaines espèces de *Vitis* ou leurs hybrides, accomplissant ainsi son cycle biologique complet.

Sur ces vignes à partir de l'œuf d'hiver, produit par les Sexués, on obtiendra chaque année, au printemps, une femelle appelée la *Fondatrice*, chargée d'établir la nouvelle colonie de *Gallicoles*, dont plusieurs générations se succéderont sur les feuilles, les rameaux et les vrilles.

Ce n'est donc que sur ces vignes qu'on pourra observer le « cycle biologique aérien du Phylloxera ».

Il est important aussi de noter que la Fondatrice et les Gallicoles sont des insectes aptères, qui ne volent donc pas et ils sont agames c'est-à-dire qu'ils se reproduisent sans accouplement par simple parthénogénèse.

1° LA FONDATRICE

L'éclosion de l'œuf d'hiver, provenant de la fécondation des sexués va donner naissance à une femelle, appelée la *Fondatrice* car, par parthénogénèse, elle va produire la nouvelle génération de Phylloxeras gallicoles qui vont envahir progressivement tout le feuillage des cépages sensibles.

A — Date d'éclosion

« Fripé et parcheminé durant la diapause, l'œuf d'hiver, écrit MAILLET (1957), se gonfle au printemps et reprend une forme cylindrique régulière. La date du réveil a été suivie par de nombreux chercheurs : la date la plus avancée est le 20 mars à Palerme en Sicile (GRASSI, 1908) et la plus reculée le 30 avril à Tuapsé, au Caucase (VODINSKAIA, 1928) et en Alsace (MAILLET, 1951). La même année on constate une différence très nette de quinze jours à trois semaines entre le réveil à Montpellier (5-10 avril) et celui en Alsace, qui tient aux différences des climats locaux. A Paris BALBIANI (1876) avait observé le réveil du 9 au 15 avril et V. MAYET (1890) à Montpellier du 25 mars au 5 avril. Toutes ces variations sont en relation avec les températures maxima et minima. »

B — Nombre restreint des éclosions de l'œuf d'hiver

« Dans un vignoble infesté très fortement au milieu de l'été, écrit MAILLET, il est rare de trouver au printemps suivant plusieurs fondatrices sur un même cep. Dans les cas les plus favorables, le maximum de galles primaires a été de 6 sur une même feuille de Baco 1, en Dordogne. Plus habituellement, sur un vignoble repéré en fin de saison pour sa densité phylloxérique gallicole, on ne retrouve les galles de fondatrice que par unités bien isolées dans le vignoble. De divers essais sur d'autres Aphides il apparaît que la mortalité semble être plus élevée lors de la rupture de la diapause qu'au cours de l'hiver, c'est-à-dire provoquée plus par des facteurs internes que par des facteurs externes.

« Le pourcentage d'éclosion des œufs d'hiver est assez faible comme chez d'autres *Aphidoidea*, de l'ordre de 2 % seulement. De plus, comme l'a bien remarqué MAILLET d'une année à l'autre le nombre des éclosions est très variable, entre 2 et 60 % provoquant ensuite des pullulations plus ou moins importantes sur les feuilles.

« Il est intéressant de noter ces variations qui donnent dès le printemps une image assez juste de ce que sera l'infection phylloxérique gallicole dans la région. »

C — Intensité de l'attaque

« D'une année à l'autre, on enregistre de fortes variations dans le nombre de fondatrices et il y a une *corrélation significative* entre le nombre de fondatrices dans un vignoble et l'intensité de l'infection gallicole au cours de l'année dans la région. C'est ainsi que MAILLET (1957) a donné quelques résultats, obtenus en Dordogne :

« 1952 : 62 % des ceps avaient au moins 1 galle de fondatrice. Forte année gallicole.

1953 : 2 % des pieds seulement. Très faible année gallicole.

1954 : 30 % des pieds. Bonne année gallicole.

1955 : 5 % des pieds. Assez faible année gallicole.

« Il est évident que les perturbations atmosphériques peuvent troubler plus ou moins le déroulement et le rythme normal des générations gallicoles au cours de la saison. Mais dans l'ensemble la relation reste valable et on peut prévoir, dès le printemps, ce que sera en été l'infection phylloxérique gallicole. »

D — Points d'attaque de la Fondatrice

La Fondatrice pique toujours les jeunes feuilles, mais jamais les racines de la Vigne.

En effet, les expériences de GRASSI, réalisées en Sicile, ont permis de démontrer cette impossibilité : en plaçant des écorces de Vigne, contenant des œufs d'hiver sur des ceps indemnes de Phylloxera, tant sur les feuilles que sur les racines de Vignes américaines ou françaises :

a) Œufs d'hiver placés sur les feuilles

— Des Vignes américaines ou des hybrides : quelques galles apparaissent ;

— Des Vignes françaises : on ne voit aucune galle complète ; quelques piqûres très rares, mais les galles avortent.

b) Œufs d'hiver placés sur les racines

Aucun insecte et aucune trace d'infection n'a été décelée dans les Vignes américaines ou françaises.

Les expériences de MAILLET ont confirmé ces observations : *un insecte des premiers stades ne peut effectuer ses mues normales et pondre sur les radicelles.*

Cependant, au début des études biologiques sur le Phylloxera plusieurs auteurs ont soutenu des opinions contraires. C'est ainsi que MARCHAL et FEYTAUD (1913) rappellent que « la rareté des galles » sur les vignes européennes en général et sur certaines vignes américaines, qui sont précisément les plus éprouvées par le radicicole, ont fait penser que, sur ces vignes, l'individu issu de l'œuf d'hiver (la Fondatrice) au lieu de suivre sa destinée de gallicole, pouvait descendre aux racines et devenaient radicicole, opinion exprimée par FATIO (1876). « Les grosses pondeuses vertes des racines, paraissent être le produit direct de l'œuf d'hiver, soit que cet œuf ait hiverné sur les racines, soit qu'éclos sur le bois aérien, le jeune gallicole soit entré prématurément sous terre, faute d'avoir pu former sa galle. A Genève, les individus issus de l'œuf d'hiver entrent en très grande majorité très promptement dans le sol. » C'était aussi l'avis de HENNEGUY (1887) qui pensait, en se basant sur une expérience de SAVRE, que la mère Fondatrice ne tardait pas en général sur nos cépages français à descendre sur les racines et s'y fixer. En effet SAVRE avait badigeonné au goudron toute la hauteur du cep sauf le bois de deux ans. Or, au printemps suivant ces vignes françaises présentèrent un assez grand nombre de galles. Cela tiendrait, pour lui, à ce que les Fondatrices n'ont pu descendre sur les racines et qu'arrêtées par les vapeurs toxiques du goudron elles se sont répandues sur les feuilles pour y former des galles.

BOITEAU (1876) et V. MAYET (1890) estimaient, par contre, que la forme gallicole n'était jamais supprimée et que toutes les Fondatrices vivaient sur les organes aériens. Mais ils font remarquer que sur la vigne européenne les galles sont le plus souvent incomplètes, mal formées et que les jeunes descendent aux racines dès la troisième et parfois la deuxième génération.

Les observations de MAILLET (1957) confirment les expériences de GRASSI : « La Fondatrice ne se rencontre que sur la feuille. Les observations de racines ou radicelles, effectuées à l'époque de l'éclosion, ne montrent que des nouveaux-nés nettement radicicoles (ce sont des *hibernants* venant de se réveiller). Jamais nos prédécesseurs et nous-même n'avons signalé, au début du printemps des nouveau-nés de type gallicole sur les organes hypogés de la vigne. Inversement, tous les nouveau-nés recueillis sur les feuilles au début du printemps ont le *type gallicole*. »

Toutes les expériences réalisées par MAILLET ont prouvé que la fondatrice ne peut donner des générations radicicoles. *Un insecte des premiers stades ne peut effectuer ses mues normales et pondre sur les radicelles.*

Cependant, dans des essais de Laboratoire, il a réussi à faire piquer une radicelle par une Fondatrice et l'y faire vivre 7 jours au maximum, donc se nourrir sur la racine et y pondre plusieurs dizaines d'œufs avant de mourir.

Il en conclut que « le fait de ne trouver la fondatrice gallicole que sur la *feuille* et non sur la racine est déterminé par un *preferendum physiologique* (chimiotaxie vraisemblablement) du nouveau-né lui-même pour la jeune feuille. Nous ne pensons pas, à la suite de nos expériences, qu'entre en jeu ici une impossibilité *mécanique* due à une morphologie inadaptée (faible longueur des soies rostrales du nouveau-né gallicole). »

E — Rareté des premières galles sur V. vinifera

Les premières galles ne se trouvent que très rarement sur les feuilles de *V. Vinifera* MAILLET, en explorant les collections de l'Ecole de Montpellier n'en a trouvé que 3 sur des centaines de pieds observés. Par contre en été on trouve des galles en plus grand nombre sur *V. vinifera*. Ces galles sont manifestement le résultat d'infections secondaires ou tertiaires dues à des conditions particulières, car elles ne sont précédées d'aucune formation de galle primaire. Personnellement nous avons observé dans les collections de l'Ecole que les cépages français portant des galles avaient leurs rameaux qui jouxtaient des rameaux de vignes américaines et qu'à la faveur des fils de fer de ces vignes conduites en espalier, les Phylloxeras gallicoles passaient d'une espèce à l'autre.

Donc, comme l'indique MAILLET « cette infection secondaire sur *V. vinifera*, rare certes, mais indéniable, montre qu'il ne s'agit pas d'une impossibilité mécanique de la feuille de *V. vinifera* pour le jeune Phylloxera, mais d'un *preferendum physiologique* du nouveau-né. La non-fixation du nouveau-né tient certainement à la constitution biochimique du tissu de la feuille. Modifions le métabolisme de la plante (ex. culture en serre) et nous voyons immédiatement des changements importants dans les mœurs de l'Insecte. Tout pépiniériste a remarqué que les feuilles de *V. vinifera* cultivées en serre sont souvent chargées de galles phylloxériques. »

Cela explique peut-être aussi la présence de galles sur les feuilles de *V. vinifera* (Cabernet-Sauvignon, Merlot, Sémillon). L'existence de poils laineux à la face inférieure des cépages ne peut être retenue comme un critère de résistance ; c'est seulement un facteur qui rend plus difficile le cheminement du jeune gallicole pris dans l'enchevètrement des poils.

F — Lieu de formation de la première galle

En sortant de l'œuf d'hiver, la larve de la Fondatrice quitte l'emplacement où elle est née et gagne les jeunes feuilles pour s'y fixer. Parfois elle erre plusieurs jours à la recherche d'un endroit propice. Elle peut aussi, après avoir commencé de piquer une feuille, délaisser son premier emplacement pour en chercher un autre. La fondatrice pique la face supérieure de la feuille, de la première à la sixième feuille du cep. Dans 80 % des cas elle pique la feuille sur le bord, contrairement aux autres générations de gallicoles, dont les galles se tiennent franchement au milieu de la feuille. Cette piqûre entraîne, comme on l'a vu dans les symptômes, une réaction de la vigne et il va se produire autour du canal de la piqûre une galle, formant une hernie irrégulière de 1 à 5 mm de diamètre.

BOITEAU (1876) précise que sur les bourgeons en éclosion, on ne trouve les Phylloxeras que sur les feuilles déjà décollées et toujours sur la face qui plus tard sera lisse et supérieure. Ces feuilles, au 27 avril, ont 5 ou 6 millimètres de diamètre.

G — Etude des galles de la fondatrice

MAILLER, en 1950 à Montpellier a constaté l'éclosion de l'œuf d'hiver entre le 5 et le 10 avril et dans la semaine du 22 au 28 avril il a noté que sur 113 galles :

a - 10 ont déjà des œufs (50 œufs au maximum) ;

b - 8 ont 2 insectes du même stade ou de stade voisin ;

c - 4 galles renferment, en plus du Phylloxera, des insectes étrangers (Acariens, larves de Thrips) ;

d - 2 galles sont observées saillant sur la face supérieure avec des Insectes en excellent état ;

e - de nombreuses galles ont avorté ; on y trouve seulement une dépouille de nouveau-né ; d'autres galles ont avorté avant la première mue de l'Insecte par mort de celui-ci.

La semaine suivante, du 28 avril au 2 mai, sur 100 galles examinées à la loupe binoculaire :

a - 50 ont des œufs (maximum observé : 350) ;

b - 10 ont 2 Phylloxeras (de même stade ou de stades différents) dans une seule galle ;

c - 10 hébergent des prédateurs (toujours les mêmes : Thrips et Acariens) ;

d - Plusieurs galles ont avorté et ne renferment que la dépouille du nouveau-né.

« De ces observations ont peut déduire que :

1° Dès la fondation gallicole, on trouve dans 10 % des cas des galles avec deux fondatrices. Ce sont donc des « associées » vivant en commun. Il peut donc y avoir des *galles polygines.*

2° Le fait de piquer la face inférieure de la feuille est rare (2 % des cas) mais ne paraît pas être un obstacle à la vie de l'Insecte. Dans ces galles saillant à la face supérieure du limbe, le Phylloxera peut accomplir normalement son cycle et pondre sans paraître véritablement gêné. Dans une feuille d'hybride toutes les galles (plus de 100) saillaient à la face supérieure alors que dans les autres feuilles du même cep il n'y avait pas ce renversement total dont le déterminisme nous échappe.

« Enfin, le 8 mai, sur 40 galles observées, nous avons noté que :
— 20 ont un seul occupant ;
— 5 en possèdent 2 ;
— 1 en possède 3 ;
— 1 en possède 4, tous adultes ;
— 5 sont encore sans œufs. »

H — Morphologie et développement de la Fondatrice

BALBIANI (1876) a observé le Phylloxera issu de l'œuf d'hiver juste après son éclosion car le jeune individu portait encore à son extrémité postérieure l'enveloppe de l'œuf, sous forme d'une membrane chiffonée et noirâtre.

Fig. 205. – Nouveau-né fondatrice, issue de l'œuf d'hiver (longueur 300 microns). Remarquer la faible longueur du rostre et des soies rostrales (d'après MAILLET).

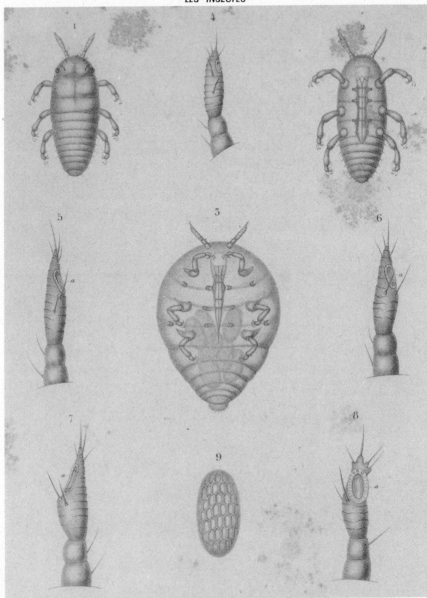

Fig. 206. – La Fondatrice (d'après BALBIANI) : I, face dorsale ; 2, face ventrale ; 3, fondatrice adulte, renfermant des œufs murs prêts à être pondus. Evolution du troisième article des antennes : fusiforme chez la fondatrice, 4 ; encore fusiforme chez le gallicole de première génération, 5 ; tendance à se renfler en 6 à la génération suivante, le poil latéral postérieur s'insérant presque au même niveau que le poil antérieur et le fossette olfative s'est un peu agrandie ; enfin dans les générations suivantes 7 et 8 le troisième article a pris des caractères ordinaires des gallicoles : très renflé dans sa partie moyenne et taillé en bec de flute aux dépens de sa face externe ; les poils latéraux sont presque au même niveau et rapprochés ; les poils terminaux sont longs et robustes ; enfin la fossette olfative est arrivée au maximum de sa grandeur. On voit en 8a que la dépression de l'organe olfactif est entourée sur son bord d'une lamelle chitineuse en dedans et de son fond s'élève un disque porté sur un pédoncule court. Entre le disque et la bordure chitineuse règne un sillon circulaire assez profond comprenant une rangée de petits cônes très pâles, percés d'un orifice à leur sommet. Ces cônes servent probablement au passage des baguettes des cellules olfactives ; 9, œuf de gallicole, pondu par la fondatrice, à surface réticulée en relief du chorion.

« Cette mère fondatrice mesure 0,42 mm x 0,16 mm. Au sexué femelle elle ressemble par sa forme allongée, ses antennes longues et déliées, à article terminal fusiforme et atténué à sa base. Son rostre est bien développé et la pointe s'avance jusqu'au milieu de l'abdomen. »

« Quelques heures après son éclosion, écrit BOITEAU (1876), l'insecte a une couleur jaune très clair, son abdomen est cylindro-conique, ses pattes sont très longues et grêles ; ses antennes très mobiles sont allongées, striées en travers et le dernier article est fusiforme, présentant une légère échancrure en bec de flûte. Sur le devant du front et entre les deux antennes existent deux poils divergents très visibles.

« La *Fondatrice adulte* mesure 0,33 x 0,140 mm et sa couleur s'est foncée : l'abdomen et une partie du thorax sont jaune citron et la partie antérieure du corps est brune. Les poils des segments de l'abdomen, du thorax, des pattes et des antennes se sont allongés ; ceux du milieu du front sont les mêmes. L'abdomen est devenu plus conique ; il se rapproche beaucoup de celui des aptères souterrains. »

L'évolution de la larve en adulte se fait d'après STELLWAAG (1928) en 5 stades : au 1er *stade* le corps est jaune transparent, mesurant 0,04 x 0,016 mm (1), les pattes et les antennes étant plus foncées ; le 3e article des antennes est toujours de faible diamètre, légèrement étranglé à la base et à son extrémité. Les soies piqueuses sont beaucoup plus courtes que celles des radicicoles de même âge, leur extrémité atteint tout au plus le premier segment de l'abdomen. Les pattes sont terminées par un tarse formé d'un seul article. Absence de tubercules et peau plissée.

Au 2e *stade*, le troisième article des antennes devient plus court et plus fort. Les soies des antennes et des pattes sont moins développées.

Au 3e *stade* le puceron a grossi, mais sa morphologie est peu différente.

Au 4e *stade* le puceron est devenu gros et volumineux ; les antennes et les pattes paraissent plus courtes, bien qu'elles aient conservé leur taille. Pas d'orifice sexuel.

Au 5e *stade* l'insecte est adulte et il atteint 1 à 1,25 mm : c'est un sac plein d'œufs de couleur vert jaunâtre, avec des nuances selon les individus. Pas de tubercules, un orifice sexuel. Vu d'en haut seules les extrémités des antennes sont visibles.

« Dès que la larve, sortie de l'œuf d'hiver, pique la feuille, la première mue peut se produire. Le 2e stade est sédentaire et ne dure que 2 jours ; pendant la mue la galle se développe déjà autour de l'insecte. Les 3e et 4e stades ne durent aussi généralement que 2 jours chacun. Pendant que la galle se développe, les œufs se forment et la Fondatrice, après la 4e mue, va se mettre à pondre. L'ensemble de sa vie est en moyenne de 50 jours : les dix premiers jours sont occupés à rechercher un lieu de ponte, les 10 jours suivants sont consacrés à son développement et à la formation des œufs dans son corps, enfin les 30 derniers jours sont réservés à la ponte. »

MAILLET indique une durée de vie un peu plus courte : 8 jours pour le développement intra-ovulaire, 10 jours pour accomplir les 5 stades du nouveau-né à l'adulte et 20 jours de ponte, soit 38 jours au total.

I — Ponte

Le nombre d'œufs pondus par une Fondatrice peut atteindre 550 à 600 avec une cadence moyenne de 30 à 35 œufs par jour (maximum obtenu en boîte de Petri : 46, 54 et 76).

---

(1) Il doit y avoir une erreur de mesure : cm au lieu de mm. Cf. BALBIANI (1876) et BOITEAU (1876).

J — L'Œuf

Il est de couleur jaune citron, avec la surface lisse ou réticulée selon BALBIANI (1875).

K — Eclosion de l'œuf

GRASSI estime à 8 jours le temps s'écoulant entre la ponte de l'œuf et son éclosion. MAILLET « a obtenu, à Montpellier, un intervalle plus long, voisin de 13 jours, dû à un printemps froid et à un temps couvert. Expérimentalement des œufs mis à l'étuve ont éclos :

— en 8 jours à 20° ; en 6 jours à 22° et en 5 jours à 26°. La durée du développement peut aller de 5 à 13 jours suivant les conditions atmosphériques, la température étant le principal facteur déterminant cette durée. »

Mécanisme de l'éclosion. Selon CORNU (1878) « la masse de l'œuf ne demeure pas simple, elle se divise en globules secondaires, qui paraissent anguleux, à cause de leur pression réciproque ; la membrane externe s'épaissit un peu en se colorant et la teinte de l'œuf est un peu changée ; elle est alors d'un jaune plus roux.

Fig. 207. – Œufs de Gallicoles, à l'intérieur d'une galle (Original).

« Un peu plus tard, les yeux de l'embryon apparaissent sous forme de trois taches de pigment rouge ; dans certains cas, ils sont visibles de très bonne heure. Puis les deux extrémités se différencient un peu : la partie antérieure de la membrane correspondant à la tête présente une forme arrondie, la partie postérieure restant plus aigue ; l'œuf paraît un peu plus dilaté dans le sens transversal ; la teinte générale tourne au brun jaunâtre. Lorsque le brunissement commence, on constate, avec l'aide d'une loupe, que les deux extrémités n'ont pas exactement la couleur de la partie centrale : l'une présente une teinte noire, faible, mais qui s'étend assez loin ; l'autre une tache noire, plus foncée, beaucoup plus limitée et située à l'extrémité.

« Au microscope on s'aperçoit que la teinte foncée correspond à la partie postérieure de l'insecte déjà presque entièrement formé et que la tache noire est due à une ligne noire qui s'étend en demi-cercle dans un plan passant par le grand axe de l'œuf et qui partage, en parties égales, la ligne qui joindrait les deux yeux de l'embryon. Avec un plus fort grossissement (x 140) on peut s'assurer que cette ligne noire offre, en réalité, la forme d'une crête, déterminée par l'épaississement très spécial d'une membrane, qui appartient à l'œuf ; elle est destinée à fendre la membrane de l'œuf au moment de l'éclosion. Cette membrane n'est pas simple, mais formée de deux lames. La partie interne est incolore et c'est elle qui porte l'épaississement en forme de crête. La couche externe présente une coloration brune et c'est elle qui communique à l'œuf la teinte brûnâtre qu'il prend en vieillissant.

« Dans l'intérieur de l'œuf, l'embryon se présente avec les pattes repliées sur l'abdomen, le long du suçoir et de sa gaine, les antennes réfléchies et parallèles aux pattes. Pour rompre la coque et s'en échapper, les segments du jeune présentent des lignes de petits poils réfléchis sur lesquels il prend un point d'appui pour repousser la membrane de l'œuf et cheminer à l'intérieur ; mais comme cette membrane, épaisse et double, serait trop difficile à entamer, la crête spéciale fait l'office d'une scie pour fendre la couche externe.

« L'embryon qui possède un tégument propre, est donc bien protégé par cette double membrane, dont la couche externe s'épaissit de plus en plus ; à travers ces parois diverses et non soudées, l'endosmose ne doit pas se faire aisément. Cela explique la résistance des œufs aux causes de destruction. »

DONNADIEU (1887) précise que « BALBIANI a indiqué une crête en dent de scie, qui appartiendrait à la région céphalique de l'embryon et dont celui-ci se débarasserait au moment de l'éclosion. CORNU a remarqué que ce prétendu épaississement appartient à la membrane de l'œuf. C'est en effet la partie externe de l'enveloppe qui est le siège de cette particularité.

« Quand l'éclosion approche, cette enveloppe se dessèche, suivant la ligne que M. CORNU a très bien décrite ; il se produit le long de cette ligne un exfoliation par petits lambeaux anguleux, qui ont été pris pour les dents d'une scie à l'aide de laquelle l'embryon déchirerait l'enveloppe de l'œuf. La dessiccation de cette portion chitineuse de l'enveloppe a pu, en faisant perdre à cette région sa transparence normale, faire croire à un épaississement. Il serait difficile cependant de trouver un épaississement au point où doit, précisément, se faire une déchirure. Une fois la dessiccation et le commencement d'exfoliation produits, la déchirure s'accuse vite sous les efforts de l'embryon qui se gonfle et qui ne tarde pas à faire éclater l'œuf d'abord suivant la ligne régulière dont il est question et ensuite suivant une ligne des plus irrégulières, affectant l'œuf dans le sens de son grand diamètre et s'étendant à peu près normalement jusqu'au tiers inférieur.

« Débarassé de son enveloppe dans sa région antérieure, le nouveau-né se sert de ses pattes antérieures pour se hisser en dehors de cette enveloppe qui, agglutinée à la racine au moment de la ponte, reste fixée à cette racine et de dessèche rapidement. Après ce premier et faible effort, le jeune Phylloxera, dont le corps paraît lubrifié au moment de l'éclosion, se repose comme pour se ressuyer et, après environ deux heures d'immobilité, il commence sa vie active. »

2° LES GALLICOLES

A — Origine des Gallicoles

Selon les observations de MAILLET « la première galle, celle de la Fondatrice, se forme vers le 10 avril. L'éclosion du premier œuf pondu par elle se produit, en France tout au moins, vers le 8 mai. Il se trouve donc un intervalle de 4 à 5 semaines entre la première et la deuxième galle. Pendant ce temps, la Vigne a poussé vigoureusement et comme le nouveau-né pique toujours les feuilles de l'apex du rameau à peine ouvertes, on constate que, de la quatrième à la neuvième feuille ordinairement, on ne trouve pas de galle. La galle de la fondatrice, rare, nous l'avons vu, passe ainsi souvent inaperçue et l'invasion phylloxérique semble dater de la deuxième quinzaine de mai. Par sa fécondité extraordinaire, la fondatrice multiplie très rapidement la population phylloxérique. Sur Baco 1, nous avons constaté, en partant d'une seule Fondatrice, que les feuilles portent jusqu'à 150 à 200 galles. A la deuxième génération, fin juin, certaines feuilles sont littéralement couvertes de galles et il n'est pas rare d'en trouver plus de 750 par feuille sur ce cépage particulièrement réceptif. »

B — Points d'attaque des Gallicoles

« Les Gallicoles, selon BOITEAU (1876) ont une agilité considérable. Ils marchent très vite et se dérobent facilement à la vue. Sur une surface lisse et unie, feuille de papier, lame de verre, pampre de vigne ils parcourent 13 ou 14 millimètres à la minute soit 80 cm à l'heure. Immédiatement après la naissance, ils abandonnent la galle et se dirigent vers le sommet des pampres à la recherche des feuilles tendres. »

« La direction des gallicoles est toujours dans le sens ascendant. Les Phylloxeras se dirigent, par le pétiole, vers le pampre ; arrivés sur le nœud qui correspond à la feuille, ils le suivent transversalement, sur le quart environ de sa circonférence et se dirigent presque à angle droit vers la partie supérieure. Leur marche est très sûre, très rapide et ce n'est que bien rarement qu'ils se fourvoient sur un pétiole ou une vrille et dans ce cas ils ne tardent pas à les abandonner.

« Rendus au sommet du pampre, ils retardent leurs mouvements et font plusieurs marches et contre-marches avant de se fixer sur l'une des deux ou trois feuilles les plus tendres. Impossible d'en trouver sur les jeunes feuilles situées au-dessous de celles portant les galles mais toutefois on décèle leur présence sur les quatre entre-nœuds situés au-dessous des galles. »

« En effet, écrit MAILLET « le jeune insecte venant d'éclore monte au sommet du rameau, s'insinue dans le bourgeon terminal et pique la jeune feuille, la plus externe, à peine ouverte. La feuille est attaquée en n'importe quel point, sur les nervures ou dans leurs intervalles ou sur le bord externe. Lorsqu'en fin de saison l'infection s'est généralisée sur le cep, on peut voir l'Insecte piquer et vivre sur le pétiole sur les vrilles et même sur les rameaux (Pl. 18, fig. 3). Aucune incompatibilité ne s'oppose à l'Insecte pour aller sur une partie aérienne quelconque de la Vigne, mais une préférence (*preferendum*) très nette se manifeste pour le limbe de la feuille et surtout pour celui des jeunes feuilles, d'autant que les galles ne se forment que sur les jeunes feuilles en croissance. Certes, un gallicole pourra piquer une feuille âgée, mais la galle ne pourra se former et l'Insecte périra ».

C — Morphologie des Gallicoles

C'est CORNU (1878) qui a donné la première description détaillée du nouveau-né gallicole, suivi par BALBIANI (1884) qui indique qu'il ressemble à sa mère, mais il en diffère, quand il est jeune, par sa taille moindre et surtout par la présence d'un long suçoir et d'organes digestifs bien développés ; à l'âge adulte par son ovaire d'un grand nombre de gaines ovifères (45 à 50). Il est toujours facile de le distinguer des jeunes larves ordinaires des galles ou des racines par le dernier article de ses antennes, qui est fusiforme. Une autre particularité de son organisation est d'avoir son suçoir logé dans une dépression profonde de la face ventrale du corps, dépression en forme de gouttière, d'où il résulte qu'il ne fait presque pas saillie au-dessus de cette surface. Sa taille moyenne, quand il n'a pas encore mangé est de 400 x 160 microns.

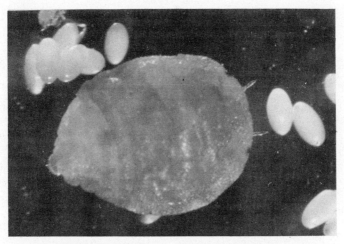

Fig. 208. – Femelle néogallicole avec ses œuts (Original).

« Les deux poils latéraux du troisième article des antennes, qui est fusiforme, sont placés à une certaine distance, l'un en arrière de l'autre ; les poils terminaux sont un peu plus longs que chez la Fondatrice et la fossette olfative est petite et ovale. Dans la première génération de Gallicoles, issue de la Fondatrice, le troisième article est encore fusiforme, mais les deux poils latéraux se sont un peu rapprochés l'un de l'autre, les poils terminaux se sont encore un peu allongés et la fossette olfative s'est agrandie surtout dans la direction longitudinale.

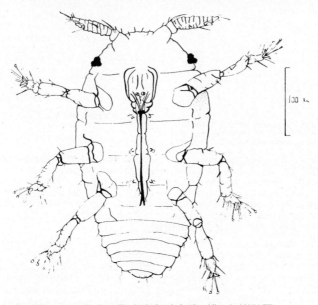

Fig. 209. – Néogallicole-gallicole de 2e génération (d'après MAILLET).

« Dans la génération suivante, le troisième article tend à se renfler dans la partie moyenne par la projection de sa face externe en dehors, le poil latéral postérieur est remonté presqu'au même niveau que le poil antérieur, la fossette olfactive s'est encore un peu agrandie.

« Enfin, dans toutes les générations suivantes, le troisième article a pris les caractères ordinaires qu'on lui voit chez les jeunes larves radicicoles : il est très renflé dans sa partie moyenne et taillé en bec de sifflet aux dépens de sa face externe, les poils latéraux sont rapprochés et presque au même niveau, les poils terminaux sont longs et robustes et la fossette olfactive est arrivée au maximum de sa longueur. »

Le *Gallicole* adulte est aptère, sa forme générale est globuleuse surtout en pleine période de ponte où l'animal est gonflé par les ovaires en grande activité. Ce n'est plus alors qu'un « sac » bourré d'œufs à différents stades. Sa taille ne dépasse pas 1,5 x 1,2 mm. Le céphalothorax est élargi, arrondi dorsalement ; les yeux sont du type larvaire, formés de 3 ocelles rouges réunis en triangle en arrière des antennes.

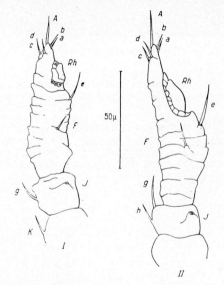

Fig. 210. – Antennes de néogallicoles (d'après MAILLET).
I – antenne de néogallicole-gallicole fondatrice
II – antenne de néogallicole-radicicole, 3e génération
Rh, Rhinarie ou fossette olfactive.

« Les *antennes*, organes du tact et de l'odorat, sont formées écrit V. Mayet de trois articles, les deux premiers courts et épais, le troisième long, plus ou moins fusiforme ou taillé en bec de sifflet, suivant que la génération de l'insecte est plus ou moins rapprochée de la Fondatrice et portant à l'extrémité externe de la partie entaillée le stigmate olfactif ou chaton (rhinarie). Les antennes, minces et effilées sont terminées par un poil robuste.

« Les *pattes* sont relativement courtes et ne servent pour ainsi dire pas à l'Insecte obèse, qui se déplace avec peine à l'intérieur de sa galle et ne peut ordinairement plus en sortir. Les pattes, en dehors des deux parties basilaires peu visibles, la hanche et le trochanter, sont composées de trois parties bien apparentes : la cuisse, le tibia et le tarse ; ce dernier avant la deuxième mue est formé d'un seul article terminé par un double crochet ; après la deuxième mue, une séparation oblique, souvent peu visible, figure un second article.

« Le *rostre* ou suçoir est composé de quatre stylets solides, les deux internes représentant les mâchoires, soudés, ce qui réduit apparemment à trois ces appendices, logés au repos dans une gaine articulée s'allongeant ou se raccourcissant comme une lunette d'approche et qui n'est que la lèvre inférieure transformée en étui fendu dans sa longueur. Quand l'insecte veut sucer la feuille les stylets sortent de leur étui, se dressent perpendiculairement au ventre pour percer le parenchyme et les sucs de celui-ci, montant par capillarité entre les trois stylets, arrivent dans l'œsophage.

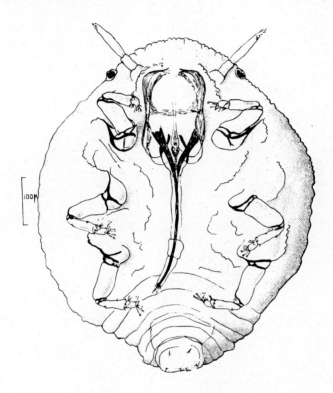

Fig. 211. – Gallicole adulte (d'après MAILLET).

« Les *stigmates* ou orifices des trachées respiratoires, très difficiles à voir, sont au nombre de six paires placées latéralement sur la partie ventrale : une sur le prosternum, une sur le metasternum et quatre plus petites sur les quatre premiers segments abdominaux. »

L'insecte d'abord de couleur jaune soufre après la mue, passe progressivement au jaune d'or, puis au jaune orange, couleur qu'il conserve jusqu'à la mort. La cuticule dorsale est rugueuse mais elle est totalement *dépourvue des tubercules* sombres, présents chez les radicicoles, qui sont les restes atrophiés des glances cirières des autres Aphides.

« On reconnaît l'âge des gallicoles aux mêmes caractères que celui des individus radicicoles ; la seule différence c'est une forme des antennes un peu plus allongée que chez les individus des racines » (CORNU, 1878).

D — Différents types de Gallicoles

Les chercheurs français (Cornu, Balbiani) n'avaient décrit qu'un type de Gallicoles tout en observant quelques modifications morphologiques dans les antennes des générations postérieures à la seconde.

Au contraire, les chercheurs italiens, sous la conduite de Grassi (1912) ont eu le grand mérite de découvrir le *polymorphisme* des gallicoles et de faire une étude minutieuse des caractères morphologiques leur permettant de distinguer ces divers types de gallicoles. Les différences apparaissent dans la structure des antennes, dans la disposition des poils des pattes et surtout dans la longueur des soies rostrales :

Les *néo-gallicoles-gallicoles* se caractérisent par des antennes plus grêles et d'autre part sur le troisième article, l'espace qui s'étend entre le bord proximal de la fossette olfactive et la pointe de l'antenne (les soies n'étant pas comprises) mesure environ un tiers de la longueur de cet article.

Chez les *néo-gallicoles-radicicoles* les antennes sont dans l'ensemble plus massives ; le troisième article est taillé à son extrémité en bec de flûte et l'espace ci-dessus correspond à peu près à la moitié de la longueur de l'article.

Aussi bien sur le tarse des pattes thoraciques que sur le tarse des pattes méso et métathoraciques, les soies sont notablement plus longues chez les néo-gallicoles-gallicoles que chez les néo-gallicoles-radicicoles. Il existe également une différence de finesse et de longueur entre les trois paires de soies qui ornent le bord distal du tibia.

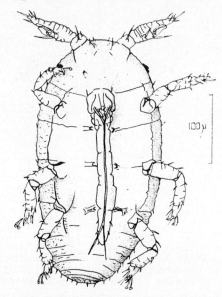

Fig. 212. – Néogallicole-radicicole de 2ᵉ génération (d'après MAILLET).

Enfin, si l'on considère la longueur des soies piqueuses du rostre et non la longueur de leur étui, on peut constater facilement à la fin de l'automne une différence considérable entre les néo-gallicoles-gallicoles et les néo-gallicoles-radicicoles. En effet, tandis que dans les premiers (N.G.G.) l'extrémité des soies rostrales atteint à peine le niveau de la troisième paire de pattes, chez les N.G.R. elle s'étend bien au-delà de cette limite et peut atteindre même l'extrémité de l'abdomen.

Les deux types de néo-gallicoles se répartissent de la façon suivante dans la succession des générations :

1° - Les Fondatrices, issues de l'œuf d'hiver sont toutes, sans exception, des *néo-gallicoles-gallicoles* (N.G.G.).

2° - Les individus de deuxième génération sont tous des *néo-gallicoles-gallicoles*, sauf la dernière vingtaine qui est formée d'individus à caractères radicicoles (et pour Maillet cela se présente en de rares exceptions, quand le nombre d'œufs pondus est élevé).

3° A la génération suivante provenant des œufs pondus dans la deuxième galle on obtient 90 % environ de *néo-gallicoles-gallicoles*, alors que les derniers œufs pondus par la mère (10 % environ) vont donner des *néo-gallicoles-radicicoles* (N.G.R.).

4° Aux générations suivantes le nombre des N.G.G. ira en diminuant au profit des N.G.R. et finalement dans les dernières générations on n'a presque plus de N.G.G.

Foa et Grandori (1908) font observer que les caractères différentiels de la longueur du rostre correspondent au genre de vie auquel l'individu est destiné. Selon les données de Petri, dans les racines de la vigne européenne en un ou deux ans, l'épaisseur des tissus corticaux utilisables par le Phylloxera oscille entre 300 et 1.250 microns, tandis que dans les feuilles des mêmes vignes, l'épaisseur de la partie utilisable varie entre 150 et 175 microns et encore moins dans les vignes américaines. Or chez les N.G.G. la longueur utilisable du rostre est inférieure à 140 microns, tandis que chez les N.G.R. elle dépasse 140 microns pour arriver à plus de 200 microns chez les néo-radicicoles. Cela explique aussi que les Fondatrices et les néo-gallicoles-gallicoles ne se fixent pas sur les racines en raison même de leur conformation morphologique et ce n'est que dans des conditions artificielles et par contrainte que quelques rares exemplaires peuvent arriver à se fixer ; mais alors ils ne tardent pas à mourir avant d'avoir achevé leur développement. Si cette briéveté du rostre met obstacle à l'évolution des néo-gallicoles sur les racines, il n'en résulte pas toutefois, forcément, que cette particularité morphologique empêche les néo-gallicoles de se nourrir sur les racines. Mais elle paraît intervenir en les empêchant de déterminer le degré d'irritation nécessaire pour la production des nodosités et des tubérosités de la racine.

« Au contraire, les néo-gallicoles-radicicoles, en raison de leurs longues soies rostrales sont très bien constitués pour provoquer la prolifération des tissus corticaux des racines. Aussi l'infection de ces dernières se fait-elle très aisément au moyen des larves de cette catégorie. On doit même remarquer que ces N.G.R. ont un pouvoir infectant supérieur à celui des radicicoles ordinaires et les racines des vignes européennes s'infectent plus facilement et d'une façon plus intense avec des galles foliaires contenant des néo-gallicoles-radicicoles qu'avec les œufs des radicicoles. Ce fait s'explique par la faible quantité de réserves nutritives dont sont pourvus les N.G.R. Poussés par la faim plus que les radicicoles ordinaires, ils ne peuvent risquer des aléas des migrations plus ou moins lointaines et se jettent immédiatement sur les racines. » (Marchal et Feytaud, 1913).

La distinction entre ces deux types de Gallicoles a été établie (in Maillet) à partir de quatre points de différenciation indiscutables : .

« a) *Les antennes* sont formées de trois parties : flagelle, pédicelle et scape. Leur longueur est voisine dans les deux formes mais les antennes sont beaucoup plus minces chez le N.G.G. (20 microns au lieu de 30) ; la *rhinarie* (1) est également plus petite chez le N.G.G. (15 microns

---

(1) La rhinarie est un organe des sens, au rôle mal connu qui était appelé autrefois le *chaton*.

au lieu de 30). Sa base est à la moitié du flagelle du N.G.R. et au tiers de celui du N.G.G. La *chetotaxie* (2) est nettement différente dans les deux formes : les poils du N.G.R. sont plus robustes, plus longs, insérés sur des papilles. Leur nombre est cependant identique dans les deux cas : 7 pour le flagelle, 2 pour le pédicelle, 1 pour le scape.

« b) - *Les pattes.* La chetotaxie des pattes des N.G.R. est différente de celle des N.G.G., avec 11 poils au tarse et 8 poils au tibia (dont 3 séries de pairs et 2 impairs), mais sans entrer dans le détail des mensurations de chacun d'eux.

« c) - *La cuticule.* Son ornementation diffère dans les deux groupes : chez le N.G. radicicole, les poils sont implantés sur de petites pailles et entourés d'une aréole claire, tandis que la plage aréolaire est plus petite chez le N.G. gallicole et que le poil central n'a pas de papille d'implantation visible.

« d) - *Les soies rostrales.* La longueur des soies rostrales et celle du rostre diffèrent aussi de façon nette. Un fait est indéniable : le N.G. gallicole a des soies rostrales nettement plus courtes que le N.G. radicicole, ceci indépendamment de toute question de race.

« Cependant il faut noter qu'entre ces deux groupes bien tranchés, il existe des *formes intermédiaires*, en petit nombre d'ailleurs et appartenant plutôt à tel ou tel groupe que réellement intermédiaires. Ces insectes semblent pouvoir s'adapter indifféremment à la vie sur les feuilles ou à celle sur les racines.

« Une mère parthénogénétique gallicole donne des *œufs* tous morphologiquement identiques. Cependant, ceux-ci donnent deux sortes d'individus ayant des caractères morphologiques et un comportement différents : Ce sont, d'une part, les *néo-gallicoles-gallicoles* ou individus à rostre court, vivant sur les feuilles et, d'autre part, les *néo-gallicoles-radicicoles* ou individus à rostre long, descendant sur les racines.

« A l'origine de cette divergence, il existe vraisemblablement un *déterminisme génétique*. Cependant, deux faits prouvent que les facteurs génétiques ne sont pas les seuls à orienter, dès l'œuf, la destinée du jeune qui en sortira. C'est, d'une part, l'existence des individus *intermédiaires*, d'autre part, le fait qu'à chaque génération ce sont toujours les *derniers œufs pondus* qui donnent les individus à tendance radicicole.

« Les *intermédiaires*, individus morphologiquement mi-gallicoles mi-radicicoles, ont un comportement également intermédiaire et peuvent soit provoquer de jeunes galles, soit descendre aux racines. Les facteurs externes influencent le choix du nouveau-né qui possède une double potentialité. On ne peut donc pas dire que chez les jeunes Phylloxeras gallicoles les différences morphologiques, génétiquement déterminées, aillent toujours de pair avec des différences biologiques.

« Le fait que les *derniers œufs pondus* dans chaque galle donnent des jeunes à caractère radicicole ajoute encore un argument à l'hypothèse d'une influence du milieu, venant se greffer sur un déterminisme génétique de base. Nous avons vu, en effet, que la galle, loin d'être une enveloppe morte, est au contraire un tissu vivant, réagissant à l'inoculation répétée de poison par une prolifération de tissus spéciaux, avec accumulation d'amidon et de diverses autres substances. Le microclimat régnant à l'intérieur de la galle se modifie donc progressivement tout au long de la vie du gallicole. Celui-ci voit de même sa nourriture changer progressivement, allant du suc cellulaire du tissu frais, à celui des cellules dégénérées des vieilles galles.

« On ne peut tenir pour fortuit le parallélisme qui existe entre l'évolution de la ponte de la mère gallicole (donnant des œufs à ten-

---

(2) La chetotaxie comprend la forme, la distribution et l'emplacement des soies ou poils.

dance d'abord gallicole, puis radicicole) et l'évolution de la galle elle-même, servant de nourriture à l'Insecte et lui créant un microclimat particulier. »

RILLING (1961) a étudié l'influence de la lumière et de la température sur le développement des œufs de gallicoles, dans des élevages en Laboratoire :

« Dans le cas d'un éclairement prolongé sont apparus, indépendamment de la température, presque exclusivement des gallicoles.

« Dans les cultures à l'obscurité, c'étaient les radicicoles qui dominaient, pour des températures allant jusqu'à 28 °C. Pour des températures supérieures leur pourcentage diminuait au profit des formes intermédiaires et dans une moindre mesure des formes purement gallicoles.

« L'influence de la température est encore plus nette pour les œufs dans les cultures à l'obscurité. En dessous de 27 °C, ce sont surtout des œufs de radicicoles qui sont pondus, tandis qu'au-dessus ce sont surtout des œufs de gallicoles. Le maximum des œufs intermédiaires se situe autour de 26 °C.

« Il ressort des expériences que l'œuf de gallicole a la capacité de produire, aussi bien des gallicoles que des radicicoles, des formes intermédiaires et dans quelques cas aussi des nymphes et des Ailés. Les radicicoles et les gallicoles sont des modifications de la même forme de base, dont les caractères essentiels ont été réalisés sous l'influence de la lumière et de la température. »

E — Biologie du Néo-gallicole-gallicole

« Dès sa naissance, écrit MAILLET, dans la galle provoquée par sa mère, le jeune N.G.G. chemine à travers les poils enchevêtrés de l'ouverture et grimpe le long du rameau, à la recherche d'un endroit convenable pour y enfoncer ses soies rostrales. Ce besoin d'activité paraît traduire une nécessité vitale. Après plusieurs cheminements et courses apparemment désordonnés, l'Insecte pique la jeune feuille et demeure sur place. Il se produit, en outre, un phénomène de plus en plus fréquent au fur et à mesure que l'on avance dans les générations estivales : de nombreux nouveaux-nés demeurent dans la galle-mère et y pondent plus tard de sorte qu'une même galle peut ainsi abriter plusieurs générations (mère, filles et petites-filles). Néanmoins des observations prolongées ont permis à MAILLET de voir que de nombreux nouveau-nés se promènent au milieu des poils et sur la feuille, puis rentrent de nouveau dans la galle, bref manifestent une intense activité peu après leur naissance. Même s'ils restent dans la galle maternelle, il semble bien qu'ils en soient sortis avant d'y élire définitivement domicile. S'il survient un brusque coup de vent (Mistral dans le Midi) on comprend sans peine que le nouveau-né gallicole soit le principal vecteur de la propagation phylloxérique (*propagation éolienne*). Avec une feuille de papier enduite de graisse et tendue entre deux rangées de Vignes, on peut ainsi recueillir certains jours de grand vent, plusieurs dizaines d'insectes en quelques heures.

« Le gallicole adulte vit et meurt dans la galle qu'il a provoqué. Cependant, il peut exceptionnellement en sortir lorsque la feuille, détachée de son support, se flétrit. L'absence ou la déficience de nourriture détermine un mouvement et quelquefois on voit l'Insecte sortir à travers les poils de l'ouverture de la galle, sauf lorsque celle-ci est hermétiquement fermée par l'enchevêtrement des poils.

« Expérimentalement, on peut le faire repiquer de jeunes feuilles, mais le pourcentage des succès est assez faible. L'Insecte ne tarde pas d'ailleurs à mourir à sa nouvelle place, n'ayant plus autour de lui le micro-climat que réalise la galle. Il est très difficile d'obtenir une nouvelle galle complète par repiquage artificiel de Phylloxeras sur de jeunes feuilles. La feuille, en effet, perd très rapidement son pouvoir cécidogène et ne réagit que pendant sa toute première croissance aux piqûres du Phylloxera. »

« Il est difficile d'infester massivement des feuilles saines par apport de galles phylloxériques déposées sur les rameaux sains. Les résultats sont meilleurs en entremêlant les rameaux des deux ceps, ce qui évite le dessèchement des feuilles portant les galles phylloxériques.

F — Biologie du Néo-gallicole-radicicole

« Les caractères morphologiques du N.G.R. étant nettement radicicoles, il était logique de penser que ces Insectes étaient aptes à venir se fixer sur les racines. En effet, le simple examen des nouveau-nés fixés sur les feuilles démontre qu'ils sont tous N.G.G. ou intermédiaires à tendance gallicole, mais jamais N.G.R. Tous les essais pour faire piquer ces derniers sur les feuilles s'avèrent infructueux. Si la piqûre a lieu, l'Insecte meurt avant d'avoir mué.

« Inversement, tous les examens de radicelles chargées de jeunes Phylloxeras prouvent que ceux-ci appartiennent, sans exception, au type radicicole, sans pouvoir distinguer ceux qui sont purement radicicoles, c'est-à-dire nés de mère radicicole (N.R.R.) et ceux qui sont de mère gallicole (N.G.R.). Il est d'ailleurs beaucoup plus difficile d'infester massivement des feuilles, par apport de galles phylloxériques déposées sur des rameaux sains, que d'infester des racines saines avec des feuilles phylloxérées, enterrées dans le sol au voisinage du pied, car l'humidité de la terre évite un dessèchement rapide de la feuille et des œufs, ce qui leur donne le temps d'éclore. Les résultats sont meilleurs avec des feuilles portant des galles des dernières générations, celles où le pourcentage de N.G.R. est le plus élevé.

G — Destinée des générations gallicoles

On a vu que les nouveau-nés de la première génération étaient tous des *néo-gallicoles-gallicoles* et qu'ensuite dans les générations suivantes il apparaissait des *néo-gallicoles-radicicoles* dont la proportion allait en augmentant d'une génération à l'autre au cours de l'été.

MAILLET indique qu'à cette étude morphologique devait correspondre une étude biologique expérimentale qui devait prouver d'une manière indiscutable que les caractères morphologiques différents des jeunes gallicoles correspondaient à des destinées différentes. Les expériences suivantes le prouvent :

« 1° Sur des semis de *V. rupestris* et de *V. vinifera* nous avons chargé le 20 mai 1954 les *radicelles* avec des pontes de plusieurs fondatrices (œufs de première génération). Un contrôle effectué en été ne révèle aucune infection phylloxérique radicicole. Donc, les œufs de la fondatrice, d'où sortirent les jeunes gallicoles de première génération ne peuvent donner d'infection radiculaire.

« 2° Sur les *feuilles* d'un semis de *V. rupestris* nous avons placé des œufs de pondeuses de première génération, donnant par conséquent les jeunes de deuxième génération (infection des 8 et 20 juin). Le 15 juillet nous constatons quelques galles phylloxériques aux feuilles et quelques nodosités aux radicelles. Ce qui prouve que la lignée de deuxième génération contient des néo-gallicoles-gallicoles fondant de nouvelles colonies de gallicoles et quelques néo-gallicoles-radicicoles descendant aux racines.

« 3° Une expérience identique effectuée sur les *racines* par apport, le 10 juin, d'œufs de pondeuse de première génération, donne dans le courant de l'été une bonne infection radiculaire. Certains jeunes de deuxième génération gallicole, éclos artificiellement sur les racines, y sont demeurés et ont formé des colonies radicicoles.

« Au fur et à mesure qu'on avance dans la saison, l'infection radiculaire par apport d'œufs de gallicoles est d'autant plus intense que les œufs sont de génération plus éloignée de la fondatrice.

« La simple étude morphologique du jeune gallicole donne donc une image exacte de sa destinée. On ne peut plus nier la divergence des deux lignées gallicoles manifestée par la différence morphologique des deux sortes de nouveau-nés gallicoles. »

Enfin, PLANCHON (1877) indique qu'il est très rare que les aptères des galles donnent des insectes ailés. Cependant SHIMER ayant ouvert plus de 10.000 galles a fini par trouver en septembre 1865 et en octobre 1866 quatre insectes parfaits et trois nymphes, ces dernières dans une même galle.

H — Nombre de générations

Les générations gallicoles sont toutes aptères et agames, la reproduction se réalisant donc uniquement par parthénogenèse. Les générations se succèdent sans interruption, du printemps à l'automne, en moyenne de 3 à 5 générations par an, parfois 7-8 sur certains ceps. En réalité leur nombre varie d'une année à l'autre. Il dépend du système de taille, ainsi que de la vigueur de la Vigne. En pinçant les rameaux (pour faire grossir les raisins) on établit une solution de continuité entre les générations phylloxériques. Au contraire, en laissant toute la végétation on parvient à compter le nombre des générations. Sur un pied de Baco 1, en Dordogne, MAILLET est arrivé à dénombrer 7 générations.

I — Durée de vie des Gallicoles

Entre le gallicole nouveau-né (ou néo-gallicole) et l'adulte les auteurs anciens (BALBIANI, CORNU) avaient signalé trois mues successives, mais GRASSI (1914) a corrigé cette erreur en précisant que le cycle gallicole comportait bien cinq stades successifs, donc 4 mues, cycle qui a été confirmé par les études de MAILLET. On peut d'ailleurs retrouver parfois les quatres exuvies de l'Insecte dans la même galle, mais en général le gallicole nouveau-né a l'habitude de piquer une première fois une jeune feuille, puis mue et émigre ensuite pour former sa galle définitive sur une autre feuille ou sur une autre partie de la feuille. Dans la galle, on retrouve les exuvies dont les soies rostrales restent fichées dans le parenchyme de l'excroissance. L'intervalle de temps compris entre chaque stade varie suivant la température et l'humidité. Il est voisin de deux à trois jours, ce qui donne dix jours en moyenne de l'éclosion à la ponte de l'adulte qui commence le lendemain de la dernière mue. Le pore génital ne s'ouvre qu'au cinquième stade.

Le gallicole adulte vit environ un mois et meurt dans la galle qu'il a provoquée. (cf. Biologie).

J — Ponte des Gallicoles

Une fois fixé dans la galle, le Gallicole ne bouge plus et il reste immobile au fond de sa loge. Aussitôt après la dernière mue, gonflé comme une outre, il commence sa ponte. Dans l'espace de trois semaines environ, cinq ou six cents œufs sont pondus dans la galle et s'accumulent au-dessus de l'Insecte, mais on n'en trouve jamais toute cette quantité à la fois, car au bout de huit jours les éclosions commencent et les jeunes émigrent alors que la ponte est à peine à moitié faite.

Dans les générations suivantes, la faculté reproductive diminue progressivement, d'une centaine d'œufs par génération pour terminer à 200 seulement dans la dernière génération, ce qui est conforme à la théorie de la dégénérescence des ovaires, de BALBIANI, théorie qui fut combattue vivement en son temps, comme nous l'avons déjà indiqué. Plus tard FRANCESCHINI (1895) et GRASSI (1912) remarquèrent des différences numériques des ovarioles et sans en tirer les extrapolations hardies de BALBIANI confirmèrent néanmoins la dégénérescence à travers les générations et leur variation suivant les différentes phases du cycle.

Certains points demeurent encore obscurs et pour MAILLET (1957) :

1° Il existe bien une *dégénérescence ovarienne* à travers les générations phylloxériques successives.

2° Pour chaque génération de Phylloxeras prélevés sur le même cep, il existe une certaine valeur maximum du nombre des ovarioles. On peut même parler d'une certaine *constance* pour les Phylloxéras arrivés au terme de leur développement (bêtes disséquées).

3° Ce nombre optimum varie de *cépage en cépage* et dans une mesure moindre de *cep à cep*.

4° Il varie aussi suivant les *années* Ex en septembre 1950 le même ·pied de 140 Ruggeri n'avait plus de gallicoles, tandis qu'en 1951 il portait encore, à la même date, des Insectes ayant 30 ovarioles en moyenne.

5° Il varie suivant l'*âge de la Vigne* : celle-ci porte en général plus de gallicoles à fort pourcentage d'ovarioles lorsqu'elle est jeune et vigoureuse. »

BOITEAU (1876) avait déjà signalé des différences avec les cépages, indiquant que dans une galle de Taylor (*Labrusca-Riparia*) il avait compté plus de 600 œufs, mais que dans les galles de vignes françaises il n'avait pu en compter que 200.

K — Eclosion de l'œuf de Gallicole

« La coque de l'œuf s'ouvre, écrit BOITEAU (1876) pour donner issue à l'insecte, en deux valves, avec mortification d'un lambeau en croissant. Si le mode d'éclosion est le même (que pour l'œuf d'hiver), il n'en est pas ainsi de la membrane enveloppant l'embryon. Celle-ci est difficilement apercevable ; elle est vaporeuse et très blanche ; sa ressemblance avec celle des insectes sexués est frappante, mais cette dernière est plus volumineuse et s'affaisse davantage. »

L — Infection des racines par les néo-gallicoles-radicicoles

CORNU a observé que cette infection ne se faisait pas en suivant la tige, mais en se laissant tomber de la feuille sur le sol.

M — Infection des feuilles par des radicicoles

Les chercheurs se sont demandés si on pouvait se passer du *cycle sexué* (Ailés, Sexués et œuf d'hiver) et obtenir des gallicoles à partir des radicicoles. C'est le problème du « Gallicole direct ». (cf. Radicicole)

« Plusieurs auteurs l'ont étudié et l'ont résolu expérimentalement dans des serres, indique MAILLET. En atmosphère très humide et chaude, ils ont pu assister à l'infection des feuilles par la montée de jeunes radicicoles le long du cep. Mais les données morphologiques et les distinctions entre néo-gallicoles et néo-radicicoles étant encore imparfaitement connues ou non admises diminuent la valeur des résultats enregistrés par CORNU, FOEX, FRANCESCHINI, BORNER. »

Foa (1914), toujours en serre, a pu faire piquer quelques feuilles de Clinton par des néo-radicicoles. Les quelques galles formées ont donné des néo-gallicoles à caractères morphologiques moins radicicoles que leur mère. Maillet « en déchaussant la moitié des racines d'un plant de Rupestris en pot a assisté à la montée des radicicoles quelques jours après, fuyant les racines desséchées et gagnant les jeunes feuilles des rameaux.

« Enfin, en serre, sur certains ceps, issus de *V. vinifera* notamment, apparurent de nombreuses galles dont les hôtes présentaient des caractères radicicoles incontestables. L'absence de toute infection gallicole dans la région élimine, *ipso facto*, l'hypothèse d'une contamination d'origine gallicole. Les caractères morphologiques radicicoles des Insectes attestent qu'ils venaient des racines.

« Ces trois cas prouvent donc indiscutablement que, dans certaines circonstances assez exceptionnelles, les jeunes radicicoles peuvent monter le long du cep pour venir piquer les feuilles et donner directement de nouvelles générations gallicoles. Les potentialités des radicicoles demeurent intactes, le fait de passer de l'état radicicole à l'état gallicole ne les a pas annihilées. »

B - *LE PHYLLOXERA DES RACINES*

Cette forme souterraine, la première découverte en France, en 1868, est la plus pernicieuse, car, d'une part on ne la remarque pas en parcourant les vignes, sauf au stade ultime lorsque les souches dépérissent fortement et d'autre part elle entraîne la mort des ceps par destruction du système radiculaire, justifiant bien ainsi son appellation par V. Mayet « de forme dévastatrice ».

C'est le Phylloxera des racines qui est responsable de la destruction du vignoble européen au siècle dernier, constitué alors uniquement de variétés de *V. vinifera*.

. Les *néo-gallicoles-radicicoles* viennent s'établir sur les racines et les radicelles de la Vigne pour donner plusieurs générations de *Radicicoles* ainsi que des *Hibernants*, en fin de saison, qui vont entrer en diapause jusqu'au printemps suivant.

Origine du cycle souterrain. Balbiani (1884) s'est interrogé sur l'habitude du double genre de vie aérien et souterrain du Phylloxera. Pour lui on sait, chez les pucerons ordinaires, que quelques femelles vivipares hivernent çà et là, cachées sous les pierres, la mousse ou les écorces des arbres, pour continuer à se reproduire au printemps. En s'enfonçant sous terre, les premiers Phylloxeras n'avaient probablement aussi d'autre but que d'hiverner et ayant rencontré les racines de la vigne, ils s'y sont fixés, puis multipliés. Ce qui n'avait été d'abord qu'un accident pour quelques individus est devenu plus tard une loi pour l'espèce et peu à peu la vie souterraine a pris le dessus sur la vie aérienne. En un mot, le Phylloxera n'est devenu radicicole que par nécessité, c'est-à-dire pour échapper aux causes de destruction par le froid et l'absence de nourriture et cet instinct s'est perpétué et fortifié par transmission héréditaire de génération en génération jusqu'à nos Phylloxeras actuels.

« Cette manière de voir pourrait être encore défendue par des arguments tirés de la Paléontologie. Les vignes fossiles des terrains tertiaires rappellent les types américains (*riparia, cordifolia*) qui sont actuellement attaqués par les Gallicoles. On peut admettre que le Phylloxera existait déjà à cette époque, et qu'au moment de l'époque glaciaire il a du s'adapter au refroidissement du climat et à la défeuillaison de la vigne ce qui l'a amené à se réfugier dans le sol.

« Avec la vie souterraine un changement important s'est opéré puisque les larves de gallicoles ont perdu la faculté de se métamorphoser en insectes parfaits ou ailés et de donner des œufs fécondés. Cette production reste exclusivement dévolue aux insectes radicicoles. Cette vie souterraine offre aussi l'avantage de permettre à l'insecte de vivre à l'abri de ses ennemis qui attaquent la vie aérienne et maintiennent, en les décimant, leur propagation dans des limites compatibles avec la santé de la plante nourricière. »

3° LE RADICICOLE

On désigne sous ce nom : soit le jeune insecte descendu des feuilles (*néo-gallicole-radicicole*), soit l'insecte né sur les racines (*néo-radicicole-radicicole*) provenant des générations précédemment fixées sur les racines.

A — Morphologie

D'après CORNU (1878) « les jeunes comme les adultes offrent des apparences variables dues en partie à la coloration qui est un caractère peu important et principalement à l'état d'allongement de l'abdomen. Dans certains cas, les anneaux sont très écartés les uns des autres, l'extrémité anale est pointue et la forme générale de l'insecte est alors celle d'une amande. Si les anneaux sont contractés, la forme, beaucoup plus ramassée, est à peu près elliptique.

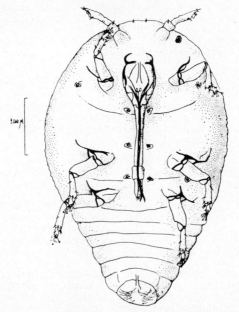

Fig. 213. – Radicicole (d'après MAILLET).

« Les *antennes* sont terminées par un long et robuste poil, entouré de quatre autres : trois étroitement groupés ensemble et peu distincts les uns des autres et un autre isolé. Au-dessous de l'organe sensitif ou chaton (rhinarie), très développé ici et du même côté que lui, on trouve un autre poil très allongé et un autre un peu plus court situé au-dessous du précédent ; l'article basilaire présente deux poils symétriques.

« Cet organe sensitif, comparé au chaton d'une bague, est une sorte de tympan, destiné à remplir les fonctions du tact, de l'audition ou de l'odorat ; il présente une membrane mince bombée, entourée d'un cadre ovale circulaire, constituée par une partie beaucoup plus épaisse. L'antenne est parcourue par des plis transversaux, non exactement super-posables chez les divers individus, ni même d'une antenne à l'autre sur le même insecte ; mais leur nombre et leur disposition ne sont pas livrés au hasard. Ces plis sont curvilignes et confluents, suivant la position que la même ride occupe sur le contour, suivant qu'elle est de face ou de profil.

« Les *pattes* ont toutes à peu près la même disposition avec des légères différences dans la longueur relative de certains poils. Les pattes sont formées de 4 articles : la hanche, la cuisse, la jambe et le tarse. Sur la partie dorsale de ce dernier se trouvent, vers l'extrémité, deux grands poils courbés, dilatés à l'extrémité en forme de fusil trom-blon. A la partie opposée du tarse se trouvent deux autres poils symé-triques et égaux comme les premiers, mais un peu plus courts ; ils sont courbés en sens inverse et se redressent ; leur extrémité est très faiblement dilatée et présente un coude brusque un peu au-dessous de leur partie extrême. Deux autres poils, situés du même côté, plus rappro-chés de l'extrémité et plus petits, affectent une forme et une disposition analogues et sont situés entre les ongles, qu'ils dépassent à peine ; la première paire de poils est la plus épaisse et la plus nette ; les deux autres viennent ensuite, par ordre de grandeur et de netteté. Quand la patte est à plat, les ongles étant écartés par la pression de la lamelle, ces poils se présentent disposés en éventail ; on reconnaît aisément leur nombre et leur position, mais leur forme se voit beaucoup mieux de profil. Ainsi l'extrémité porte trois paires de poils spéciaux, souvent brisés ou empâtés avec diverses impuretés qui masquent leur présence ; il y a en outre deux autres poils symétriques à la base du tarse, vers la région où il se divisera en deux articles après la deuxième mue et enfin un autre poil isolé et impair sur la partie supérieure du tarse.

« Sur la jambe on trouve d'abord trois couples de poils symétriques par rapport au plan de symétrie de l'organe, puis deux poils impairs, l'un antérieur, l'autre postérieur. La cuisse offre deux paires de poils symétriques et un autre poil impair. »

Son *rostre* est constitué par la transformation des deux mâchoires et des deux mandibules en soies faisant office de stylet, comme dans la généralité des Hémiptères. Ici, les soies sont au nombre de 3, la médiane étant formée par la coalescence des 2 mandibules est plus longue que les stylets maxillaires, le tout enfermé dans une gaine de quatre articles, constituée elle-même par le développement en tube hémicylindrique de la lèvre inférieure ; à sa base, la gaine est protégée par une pièce conique, représentant le labre ou lèvre supérieure. La sève monte par capillarité dans ce tube, qui se recourbe, droit ou oblique sous la tête. C'est en l'enfonçant jusqu'au premier tiers dans la jeune racine que l'insecte puise la sève.

Selon MAILLET (1957) « le néo-radicicole ressemble beaucoup au néo-gallicole-radicicole. On ne peut même pas distinguer, sur une racine, en juillet ou en août, parmi les nouveau-nés, ceux qui sont nés sur les racines de mères radicicoles et ceux qui proviennent de mères gallicoles. Tous les deux ont des soies rostrales longues, des antennes en bec de sifflet, les poils des pattes implantés sur une grosse papille trapézoïdale (surtout les poils du tibia), moins longs et plus drus que ceux des néo-gallicoles-gallicoles, une cuticule formée d'aréoles plus visibles avec un petit poil au milieu. Le passage est continu entre les deux types ».

La taille du radicicole adulte est un peu plus petite que celle du gallicole : 1 mm au plus, les antennes sont toujours fortement entaillées extérieurement en bec de sifflet et il y a la présence constante de 70 tubercules bruns (identifiés par Cornu) saillants sur le dos disposés en lignes longitudinales et transversales : 12 sur la tête, 12 sur le prothorax, 8 sur le mesathorax, 8 sur le metathorax, 6 sur le premier anneau de l'abdomen et 4 sur les six anneaux suivants (le dernier anneau abdominal n'en porte pas). Ces parties saillantes de la cuticule sont, au premier abord, une différence importante entre les deux formes, mais quand le Radicicole vient de muer, ces disques formés par les rides de la peau, relevés en verrue, colorés en brun et ayant un poil épineux au centre, ont à peu près disparu. Il faut un à deux jours pour qu'ils soient de

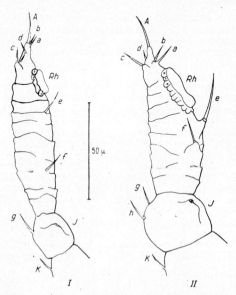

Fig. 214. – Antenne d'un néonate gallicole I, et d'un néonate radicicole II (d'après MAILLET).

nouveau bien visibles. Il faut noter que si on examine au microscope la peau dorsale d'un Gallicole, traité par la potasse caustique, on retrouve la trace de ces disques saillants. Le poil épineux y est et même autour la peau est un peu épaissie et ridée. D'après V. Mayet « ces tubercules sont des glandes cirières atrophiées, réduites au rôle mécanique de tampons contre les chocs ou de coussinets contre les frottements, dans les formes vivant sous terre (Radicicoles et Nymphes). N'ayant plus de raison d'être chez celles qui vivent dans l'air (Gallicoles, Sexués, Ailés) elles tendent à disparaître ».

B — Biologie

Après s'être débarassé de l'enveloppe de l'œuf, le nouveau-né radicicole est animé d'une activité remarquable. Il est très rare qu'il pique immédiatement la racine. En général il se déplace dans le sol pour trouver une racine à sa convenance où il se fixera. Ces déplacements des radicicoles sont souvent de faible étendue : ils sont difficiles dans les terres argileuses, compactes et impossibles dans les terrains sableux mouvants. La propagation par voie souterraine de racine à racine est donc très lente et ne se réalise que sur de courtes distances.

Par contre, dès 1872, Faucon avait noté la migration de nombreux radicicoles à la fin de l'été, en les recueillant sur une planchette recouverte de papier huilé. Grassi et ses collaborateurs ont constaté en Italie que des bandes de Phylloxéra pouvaient être rencontrées à la surface du sol, la plupart étant des néonates ou nouveau-nés. En se plaçant à plat ventre près d'une souche infectée, dans un sol fendillé, les chercheurs italiens ont pu apercevoir de très nombreux phylloxéras radicicoles, qu'ils ont pu également recueillir en disposant sur le sol un papier imprégné d'huile de vaseline. Dans les conditions normales ces migrations hors du sol peuvent être observées durant tout l'été, sauf pendant les périodes de trop grande chaleur qui engourdissent les insectes (sommeil automnal).

Selon MAILLET, cette remontée vers la lumière n'est pas obligatoire car on peut maintenir artificiellement, dans un pot recouvert de 10 cm de sable, une population de radicicoles d'année en année et l'obliger ainsi à effectuer tout son cycle souterrain. Néanmoins, la tendance du néoradicicole à monter vers la surface du sol et à circuler dessus constitue un des graves dangers de l'extension phylloxérique et l'un des moyens les plus efficaces pour envahir un vignoble, établi avec des vignes françaises. Dans les vignobles d'Hybrides producteurs directs, qui portent souvent des galles phylloxériques, il y a ordinairement pullulation phylloxérique généralisée.

Le *vent* est aussi un moyen de transport pour ces Phylloxeras migrateurs. FOA a observé la montée des Radicicoles à plusieurs centimètres de hauteur sur les herbes et jusqu'à 60 cm sur le feuillage d'une vigne. La vitesse de déplacement est de 2 mm par minute.

L'évolution de la larve néonate en adulte se réalise, comme pour le Gallicole en cinq stades successifs, nécessitant 4 mues.

Le *premier stade* est celui du néo-radicicole, sortant de l'œuf. Il s'installe sur une racine qu'il pique pour se nourrir ; il se met alors à grandir et à se développer.

Le *deuxième stade* se différencie nettement du premier, la coupe en sifflet de l'antenne s'efface, la sensoria devient plus petite. Comme les antennes ne grandissent pas, elles semblent plus petites comparativement à la longueur du corps. Le tarse s'étrangle par un pli transversal et se trouve parfaitement scindé en deux. Les sculptures de la face dorsale se transforment. Les tubercules deviennent plus gros et plus foncés.

Le *troisième stade* ne diffère du deuxième que par la dimension des insectes plus grosse.

Le *quatrième stade* se distingue du précédent par un accroissement de la taille et par l'apparition des œufs, cependant l'orifice génital fait encore défaut. Les antennes croissent en proportion, alors que les pattes, ne grandissant pas en proportion, semblent plus petites.

Le *cinquième stade* est celui de l'insecte arrivé à son complet développement et déjà décrit.

Il y a donc 4 mues, contrairement à l'opinion des anciens chercheurs (CORNU, BALBIANI, MAYET) qui n'en avaient signalé que 3. CORNU a fort bien décrit *la mue*, c'est-à-dire le passage d'un stade à l'autre « Quand le Phylloxéra est sur le point de muer, il prend une teinte brune assez foncée, due à un épaississement de la peau. Puis il arrache son suçoir implanté dans le tissu de la racine et on le voit s'allonger en portant à droite ou à gauche la partie postérieure de son corps, qui prend parfois un mouvement de rotation circulaire : la peau finit par se fendre à la partie antérieure, dans un plan médian vertical ; la fente s'arrête sur la face abdominale, vers l'insertion des soies du suçoir ou un peu plus bas et à une distance égale sur la partie dorsale. L'insecte s'agite par instants, puis semble se reposer pour reprendre ensuite ses mouvements de flexion désordonnés pour arriver à quitter cette enveloppe qui l'entoure étroitement de toutes parts et avec laquelle la nouvelle peau doit avoir une adhérence complète. En effet, chaque organe se trouve moulé dans un organe identique, chaque poil dans l'intérieur d'un autre poil ; les trois nouvelles soies du suçoir sont contenues dans la cavité de chacune des anciennes. Il lui faut donc vaincre une résistance de frottement considérable car les organes nouveaux sont comprimés, étant plus grands que ceux qui les contiennent. Pour se dépouiller de cette enveloppe l'animal dispose sur toute la longueur de son corps de petits poils déprimés, dont l'extrémité est tournée vers la partie postérieure de l'animal. Ce sont ces petits poils qui permettent au Phylloxera de cheminer dans son ancienne peau et de s'en débarrasser ; il prend sur eux un point d'appui et tout mouvement qu'il fait concourt à faire reculer son enveloppe par un mécanisme analogue à celui qui fait monter un épi d'orge placé dans la manche. A la suite des mouvements qu'exécute l'insecte la partie postérieure paraît être dépouillée la première ; la peau se fend ensuite à la partie antérieure, sous l'effort de la pression de l'insecte cheminant ainsi. »

Les insectes qui viennent de muer sont d'abord jaune clair ; ils foncent par la suite ; ils peuvent d'ailleurs avoir des colorations très différentes selon leur habitat : ceux des radicelles sont plus clairs que ceux situés sur l'écorce qui sont parfois presqu'aussi sombres que les hibernants.

Au fur et à mesure qu'ils vieillissent les radicicoles deviennent de plus en plus sédentaires. Ce sont évidemment les jeunes larves qui sont les plus mobiles, mais d'après les observations de MORITZ (1893) certains radicicoles après une mue peuvent changer de place et même revenir à leur place primitive après avoir erré un moment. Il a trouvé aussi des insectes dans les cavités du sol, dépourvues de racines.

L'insecte est adulte et apte à la ponte après deux semaines ou trois, car de la ponte à l'éclosion il faut compter une semaine environ. Ce délai est plus ou moins long suivant les conditions atmosphériques. On estime que l'évolution complète d'un radicicole demande de 24 à 32 jours : 8 à 10 jours pour le développement de l'œuf, 2 à 3 jours pour chacun des 4 premiers stades et 8 à 10 jours pour l'insecte adulte.

Le nombre des ovarioles est moins grand que chez le gallicole la cadence de la ponte en est d'autant diminuée. Une femelle fondatrice radicicole ne pondra pas plus de 200 à 300 œufs et BALBIANI (1884) a démontré la régression progressive du nombre des graines ovariques à chaque génération pour aboutir à une centaine dans les dernières générations.

Il a observé la dégénération progressive de l'appareil femelle chez le Phylloxera en notant les pontes d'une femelle pendant : 20 jours consécutifs (9-20 juillet). Les pontes quotidiennes ont été de : 5, 3, 3, 4, 4, 5, 3, 3, 3, 1, 2, 4, 2, 2, 2, 3, 1, 1, 1, 1, soit au total 53 œufs. Après la dernière ponte la mère vécut encore trois jours. En supposant la même fécondité chez les 53 filles on obtient une descendance de 2.809 individus en quarante jours et de 1.488.877 individus en deux mois.

« Mais il faut remarquer que la fécondité diminue en raison directe du nombre de générations, issues les unes des autres, c'est-à-dire du printemps à l'automne. La raison de cette diminution est d'abord le progrès de l'âge, qui rend les animaux de moins en moins fertiles, ensuite l'avortement d'un nombre de plus en plus grand de gaines ovariques chez les femelles d'une même lignée. Par conséquent les chiffres théoriques ci-dessus ne sont pas atteints. En effet l'atrophie graduelle qui frappe l'ovaire dans les générations agames successives fait rapidement descendre le nombre de tubes ovariques. »

« Combien de temps l'insecte souterrain peut-il suffire à sa propre multiplication sans avoir besoin d'un nouvel accouplement ? Nous pensons 4 ou 5 ans. »

En réalité cette hypothèse est fausse, puisque BOITEAU avait réussi à élever pendant 6 ans jusqu'à la 25e génération parthenogénétique des radicicoles sans constater la moindre dégénérescence. Les conclusions des travaux de MAILLET lui permettent d'affirmer que :

1° Le nombre des ovarioles des populations radicicoles est toujours moins élevé que celui des populations gallicoles ;

2° La dégénérescence est moins nette à travers les générations et elle peut même ne pas exister du tout. Sur un pied de *V. vinifera* (Pinot) en pot, le nombre moyen des ovarioles des parasites était, en juillet 1951 de 9 pour atteindre un maximum de 14 en septembre de la même année. On ne voit guère, en ce cas, de dégénérescence. La théorie de BALBIANI n'a donc pas la rigueur démonstrative que son auteur lui attribuait et son échec sur le plan pratique s'explique par là-même.

« Quoi qu'il en soit, on peut conclure que, dans une population phylloxérique, le *nombre des ovarioles* varie fortement, ce qui explique les variations dans l'intensité de l'infection phylloxérique d'un vignoble, chaque ovariole ayant une production maximum de 10 à 15 œufs.

« Mais le fait le plus intéressant, à notre avis, est qu'il faut nettement séparer la notion de *résistance au Phylloxera* de celle de *réceptivité au Phylloxera*. En effet, aussi paradoxal que cela puisse paraître, ce sont les plants les plus réputés pour leur *résistance au Phylloxera* (*V. riparia, V. rupestris*) qui ont la *population phylloxérique la plus abondante et la plus prospère* c'est-à-dire avec un maximum d'ovarioles aboutissant au maximum de ponte.

« Cette notion de résistance a été et reste toujours bien souvent confondue avec celle de réceptivité. RAVAZ (1897) avait pourtant déjà fort bien noté que la réceptivité des radicelles au Phylloxera ne renseignait en rien sur la résistance réelle du plant au parasite. Et, quand on parcourt un vignoble d'hybrides, on constate bien souvent qu'il est couvert de galles phylloxériques alors que le cépage qui les porte est très résistant (ex. Baco 1) très réceptif au Phylloxera gallicole, dans la région des Eyzies et pourtant fort résistant. »

C — Détermination de l'âge d'un Phylloxera

« Les mues, écrit CORNU, constituent des repères fixes dans la vie des insectes ; leur intervalle varie suivant les conditions extérieures, mais d'une façon limitée et pour ainsi dire proportionnelle à ces variations. Savoir à quelle mue est parvenu le Phylloxera, c'est donc savoir en réalité son âge et s'il est rapproché ou éloigné de la période de la ponte.

« A mesure que l'insecte passe de l'état de jeune à l'état adulte, les *pattes* paraissent devenir plus courtes ; elles s'accroissent en réalité, mais la comparaison avec le reste du corps les fait paraître plus petites ; elles deviennent en fait plus larges et plus longues, malgré leur faible accroissement relatif. De plus elles prennent une teinte très foncée qui n'existe pas à un degré aussi marqué chez les jeunes : cette teinte est plus noire que dans les membranes du jeune qui tournent surtout au brun. Le jeune n'a qu'un seul article au tarse ; tous les poils sont robustes et allongés ; après la première mue le tarse possède deux articles.

« Les *antennes* ne possèdent jamais que trois articles ; le terminal est toujours beaucoup plus grand que le basilaire et le moyen ; mais elles ne conservent pas leur aspect primitif. Au lieu d'être toujours munies de longs poils, elles en offrent de plus en plus courts ; la forme générale s'allonge ; il n'y a plus un étranglement aussi notable entre l'article moyen et l'article terminal ; ce dernier devient cylindrique et s'atténue à son extrémité, en pointe obtuse. Les antennes du jeune sont relativement très grosses et munies de poils robustes ; le chaton est large et bien indiqué. Après la première mue, l'article terminal, qui était ovale, taillé en bec de flûte et séparé de l'article moyen par un étranglement très brusque, est plus allongé ; l'étranglement est moins brusque ; le chaton devient moins gros et surtout les poils sont moins robustes ; les replis sont beaucoup moins forts et sont comme lacérés.

« Après la deuxième mue l'étranglement est sensible dans quelques positions, mais il est faible ; l'article terminal est plus cylindrique, les replis y sont rares et peu marqués, les poils y sont toujours courts ; il est à peu près trois fois plus long que l'article moyen.

« Après la troisième mue l'article terminal est cylindrique, beaucoup plus étroit que celui qui le porte et près de quatre fois plus long ; le plan du chaton occupe moins du quart de la longueur totale, les replis sont nombreux et bien marqués. »

Ces observations devraient être revues puisqu'on sait maintenant qu'il y a 4 mues et non 3.

D — Alimentation des Radicicoles

Les radicicoles se nourrissent uniquement à l'état liquide : l'un des canaux formés par les soies sert à injecter la salive et l'autre à prendre les aliments dans la plante-hôte. La piqûre, qui aboutit d'abord dans une cellule, est limitée par une sorte de tunique qui enveloppe progressivement le rostre.

Il n'y a pas de défécation car les insectes n'ont pas d'orifice anal.

E — Nombre de générations

Les générations se succèdent sans interruption du printemps à l'automne. On peut en compter 6 ou 7 en France, seulement 3 à 5 en Allemagne et 7 ou 8 en Italie. Ce nombre est toujours étroitement lié aux conditions atmosphériques. Si l'automne est doux on trouve encore des adultes capables de pondre jusqu'en novembre. La température du sol intervient également. On peut avoir un plus grand nombre de générations dans un sol léger se réchauffant facilement que dans un sol plus froid situé sous un climat plus chaud. Sous les climats chauds, on constate au milieu de l'été un sommeil estival, provoqué par les températures élevées, sommeil estival assez semblable à celui constaté en hiver.

F — Ponte

« Quand un radicicole adulte est sur le point de pondre, on aperçoit, indique Cornu (1878) dans l'intérieur de son corps un gros œuf occupant une partie de l'abdomen et même du thorax ; quelquefois ce n'est pas le seul œuf visible, on en voit un ou deux autres, généralement · de plus petite dimension. Ils apparaissent par transparence et sont jaunes sur un fond plus foncé ; ils ne sont séparés, en effet, de la peau, relativement translucide, que par des organes très translucides eux-mêmes.

« Lorsque l'insecte s'apprête à pondre, il allonge les anneaux de son abdomen en pointe conique et lui donne tout le développement possible ; la partie postérieure de l'animal paraît trilobée et surtout très proéminente et relevée en l'air. Il exécute avec cette extrémité une série de mouvements coniques, plus ou moins entrecoupés d'arrêts et dont le sens se modifie ; il se déplace souvent à droite et à gauche et d'avant en arrière.

« Les œufs expulsés ne sont pas régulièrement disposés sur un ou deux cercles concentriques, comme chez les divers Phylloxeras du Chêne, mais sans ordre, le plus souvent en petits tas, çà et là sur les racines, où ils sont irrégulièrement placés et agglutinés ensemble.

« La partie terminale de l'abdomen, qui paraît trilobée n'est pas le dernier article. L'anus est situé dans l'intervalle du dernier et de l'avant-dernier segment, du côté ventral. Le rebord de l'avant-dernier segment, sous l'influence de l'écrasement, fait hernie, sous forme de deux bourrelets latéraux, en entraînant les parois de l'oviducte et peut-être des segments invaginés ; le dernier segment du corps est rejeté en arrière ; c'est lui qui apparaît comme le lobe médian entre les deux lobes latéraux appartenant, en réalité, soit à l'article inférieur, soit à des pièces normalement situées à l'intérieur du corps et qui sortent dans ces circonstances.

« Le nombre d'œufs pondus par jour est très variable. Cela dépend absolument de la vitalité de la mère, vitalité étroitement liée, comme les mues, à la température et probablement aussi au genre de nourriture dont elle dispose. Dans une enceinte chauffée de 28 à 40° la ponte était de 5 à 6 œufs par jour, nombre semblable à celui obtenu par BALBIANI sur des insectes conservés dans des vases de verre dans une chambre où la température atteignait 35°. Sur les racines, dans le sol, ce nombre est bien moindre : 1 à 3 œufs par jour pendant l'été alors que vers 10° il faut plus de deux jours pour pondre un œuf. Il faut tenir compte également de la diminution du nombre des tubes ovariques qui, selon BALBIANI (1876) s'atrophient successivement après avoir été extrêmement nombreux (jusqu'à 24). Les groupes d'œufs disposés en tas, près des mères, se composent d'une dizaine ou d'une quinzaine d'œufs, souvent moins. Pour une température moyenne la durée d'incubation est de cinq à huit jours, mais dans la saison la plus chaude l'éclosion se produit plus rapidement en deux ou trois jours. Par contre on ignore la durée pendant laquelle la ponte d'une mère se continue, probablement entre un et deux mois. »

G — L'Œuf du Radicicole

Il mesure 300-330 x 160-170 microns. Des différences de taille existent entre les œufs d'une même ponte et il est difficile de les attribuer à des caractères anatomiques. De forme ovoïde, sa couleur est plus claire que celle du Gallicole : verdâtre au printemps et d'un vert vif par la suite. Les œufs deviennent plus sombres en mûrissant ou lorsqu'ils sont conservés longtemps : bruns en automne et en hiver. Leur enveloppe externe est mat. Cette enveloppe, rarement épaisse, est formée de trois couches. Entre la ponte et l'éclosion il s'écoule 8 à 10 jours. Les yeux apparaissent peu après le début de la segmentation sous forme de trois taches de pigment rouge ; ils sont visibles de très bonne heure ; ensuite apparaissent les extrémités.

H — Destinée des Radicicoles

Les jeunes Phylloxeras radicicoles ont *quatre destinées possibles*, résumées ainsi par MAILLET :

— La plus simple et la plus normale est de donner un individu du deuxième stade, puis du troisième, du quatrième et enfin un adulte *radicicole*, identique à sa mère.

— La seconde est celle de la *lignée ailée :* en passant par l'individu du deuxième stade, puis par la *prénymphe* du troisième stade, la *nymphe* du quatrième stade et l'*ailé* adulte.

— Une autre éventualité est celle de la *nymphoïde :* prénymphe du troisième stade, *nymphale* du quatrième stade et, par régression des caractères alaires, *adulte nymphoïde* du cinquième stade.

— Enfin, plus rarement le jeune radicicole sort de terre, monte sur le cep, pique les feuilles et devient un *gallicole direct*.

Chaque potentialité de l'individu radicicole se manifeste selon les conditions de milieu dans lesquelles l'insecte se trouve placé. Il ne semble pas y avoir ici *prédéterminisme génétique*.

La formation du Gallicole direct a beaucoup intéressé les chercheurs car elle constitue un des graves dangers de l'extension phylloxérique et l'un des moyens les plus efficaces offerts à l'Insecte pour envahir un vignoble. [1]

GRASSI et FOA (1908) ont recherché si, dans certaines conditions, les radicicoles pouvaient subir une adaptation régressive, vivre sur les parties aériennes de la vigne et produire des galles. Déjà RILEY (1870) avait obtenu dans une serre la production par un radicicole d'une galle foliaire incomplète, dont la fondatrice mourut d'ailleurs avant d'avoir pondu.

BALBIANI (1874) élevant des radicicoles dans des tubes de verre, les accoutuma à vivre dans un air de plus en plus sec et obtint, après 3 générations, des individus adaptés à la vie aérienne, qui se fixèrent à la face inférieure des feuilles, mais ne produisirent pas de galles.

CORNU (1877) vit dans une serre très humide, des radicicoles s'établir sur les racines adventives et constata en outre la formation d'une galle foliaire produite par l'un d'entre eux.

MARION (1877) pense que les galles qui apparaissent tardivement dans le courant de l'été sont produites par des radicicoles sortis de terre et venus se fixer sur les feuilles.

FRANCESCHINI (1891) put faire vivre des radicicoles sur les feuilles et obtenir indirectement des générations gallicoles.

Ces observations sont confirmées et complétées par celles de GRASSI et FOA qui, après divers essais infructueux, furent mis par le hasard en présence d'un fait des plus intéressants : dans une serre où il n'y avait pas eu d'œufs d'hiver et où par suite il n'existait pas de gallicoles, un cep de Clinton présentait de nombreuses racines adventives.

Les radicicoles s'y fixèrent en grand nombre et s'y multiplièrent dès le printemps, grâce à des conditions favorables de température d'humidité et d'ombre. Peu à peu les radicicoles, accoutumés à vivre dans le milieu aérien, émigrèrent des racines adventives vers les rameaux et se fixèrent aux feuilles, produisant des galles pour la plupart incomplètes, quelques-unes bien constituées. GRASSI et FOA suivirent pendant quatre générations l'évolution de ces gallicoles développés à partir des Phylloxeras souterrains et constatèrent que leurs galles, de plus en plus nombreuses étaient aussi de plus en plus parfaites.

Or, tandis que les néonates de la première génération avaient les caractères de néoradicicoles typiques par la constitution des antennes et des soies des pattes et se distinguaient seulement par un léger raccourcissement du rostre, ceux des générations suivantes offraient des caractères de gallicoles de plus en plus marqués. Il est intéressant de noter, en particulier, que la longueur du rostre, voisine de 170 microns chez les premiers, a diminué progressivement dans les néonates des générations successives, s'abaissant au-dessous de 160 microns et se rapprochant de plus en plus de celle du rostre des néogallicoles typiques, issus de l'œuf d'hiver.

L'observation très précise de GRASSI et FOA établit donc nettement la propriété qu'ont les radicicoles de s'adapter à une existence gallicole et la modification progressive de leurs caractères qui les différencie des radicicoles typiques et les rapproche des gallicoles vrais. Ils ont constaté aussi que la longueur du rostre qui est de 170 microns environ chez les néoradicicoles du printemps dépasse 190 microns chez ceux de l'automne et 200 microns chez les hibernants. Il existe donc, parmi les générations souterraines, des différences saisonnières, en rapport sans doute avec les variations des racines.

---

(1) Voir aussi page 1 112.

En résumé les principaux points mis en lumière par les travaux de GRASSI et ses collaborateurs sur les radicicoles sont :

1° Les radicicoles présentent des variations annuelles, la longueur du rostre augmentant progressivement de la première génération printanière à la génération des hibernants.

2° En l'absence de vignes américaines porte-galles, ils peuvent assurer, par leurs migrations, la propagation de l'espèce.

3° Les radicicoles peuvent s'adapter éventuellement à une vie aérienne et former indirectement des générations de gallicoles, dont les caractères se rapprochent progressivement de ceux des gallicoles vrais.

L'évolution des radicicoles vers les Ailés dont les descendants pondront l'œuf d'hiver, sujet à une très forte mortalité, ne constitue pas un grand danger dans les vignobles greffés où l'œuf d'hiver n'existe pratiquement pas. Par contre dans les vignobles d'Hybrides où les Gallicoles sont abondants, le problème se présente différemment, car ordinairement il y a pullulation phylloxérique généralisée. MARCHAL et FEYTAUD (1913) ont résumé les recherches entreprises à leur époque :

« GRASSI et FOA ont cherché à établir si les œufs d'un radicicole peuvent indifféremment donner naissance à des radicicoles ou à des ailés ou s'ils sont prédestinés à donner l'une de ces deux formes.

« BORNER nie d'une façon absolue la prédestination des néoradicicoles. Il pense que tous sont semblables et que leur évolution en apteres virginipares ou en ailés sexupares est déterminée par les conditions du milieu.

« GRASSI et FOA (1908) ont cherché en vain à différencier les deux formes parmi les néoradicicoles. C'est seulement après la deuxième mue qu'ils parviennent à distinguer les futurs ailés par leur teinte plus sombre, la forme et les dimensions de l'antenne, le développement des tubercules et par leur plus grande mobilité. Ils constatent que les deux premières générations souterraines ne produisent pas d'ailés et que les générations suivantes en produisent plus ou moins suivant les conditions du milieu.

« Dans une première série d'expériences (1909) des œufs de radicicoles pris sur les racines d'une vigne américaine et répartis à la fois sur des racines de vignes américaines et de vignes européennes, donnèrent naissance, sur les premières à une grande quantité d'ailés, tandis que sur les secondes ils donnaient exclusivement des aptères agames. Il semble donc que sur les vignes européennes il se produit une quantité de nymphes beaucoup plus faible que sur les vignes américaines. Ils constatent aussi que sur une vigne donnée la production des ailés est influencée sensiblement par les conditions de température, d'humidité et de fumure.

« Dans une autre série d'expériences, GRASSI et FOA ont élevé des néoradicicoles sur des fragments de vigne américaine, dans des capsules de Petri. En groupant un grand nombre d'individus sur le même fragment, ils ont obtenu une grande majorité d'ailés, tandis qu'en isolant chaque individu sur un fragment distinct, ils ont vu se développer presque exclusivement des apteres. Ainsi, suivant les conditions de milieu et notamment suivant la nature du cépage (américain ou européen) et la répartition des individus il se développe soit une majorité d'ailés, soit une majorité d'apteres. »

Par conséquent les travaux de GRASSI et FOA permettent de conclure que tandis que les premières et les dernières générations de chaque année ne comprennent que des radicicoles, les générations de l'été et du début de l'automne comprennent à la fois des radicicoles et des ailés. Les larves des apteres et des ailés sont identiques, elles ne sont nullement prédestinées à donner une de ces deux formes ; leur destinée, déterminée par les conditions du milieu et notamment par la nature du cépage ne se manifeste qu'après la deuxième mue. Les ailés se développent de préférence à la fin de l'été et sur les vignes américaines.

I — Migration des Radicicoles

L'insecte peut se déplacer de 3 manières différentes, qui ont été étudiées par Faucon (1872), Cornu (1874), Boiteau (1876).

1° *Progression à la surface du sol.* Elle a été très bien décrite par Faucon, en cherchant à voir sur le sol des insectes des galles. Il a observé les radicicoles, en nombre tellement considérable que, dans certains endroits, on en trouve plusieurs dans chaque centimètre carré de surface.

« Les pieds qui fournissent la plus forte émigration sont ceux qui sont situés sur le pourtour des foyers et dont la végétation est encore assez luxuriante. Si l'on fouille le sol, on constate que les racines secondaires sont encore intactes dans la partie qui avoisine le centre de rayonnement. Les extrémités sont complètement décomposées et il n'existe nul vestige de radicelles. Les jeunes insectes, ne trouvant pas la nourriture qui leur convient ou en quantité insuffisante, sortent par les fentes du sol pour aller à la recherche d'un milieu plus propice. Dans les foyers récents où la vigne est pourvue d'un chevelu abondant, il est presque impossible de vérifier ce mouvement. »

Pour Cornu le Phylloxera séjourne peu au dehors, où le soleil l'aurait vite fait périr. À l'air sec les insectes meurent rapidement par dessiccation ; cela peut se constater aisément en laissant à l'air libre une racine chargée de Phylloxera. L'insecte se glisse donc aussitôt qu'il le peut dans une autre fissure, comme l'a constaté d'ailleurs M. Faucon.

Le voyage par essaims tient sans doute à la constitution du sol et à la présence d'un lieu infecté côte à côte avec une vigne saine. La surface du sol blanche et unie rend de plus l'observation facile. On est dans des circonstances tout à fait spéciales. En ce cas, les Phylloxeras partent d'un point unique où ils sont en très grand nombre et se dirigent vers un autre endroit ; dans la marche ordinaire, ils partent de divers points de la zone attaquée et très étendue comparativement ; ils y sont plus ou moins disséminés et s'éloignent dans des sens assez divers. Dans le premier cas la délimitation est parfaite entre la région fortement infectée et la région saine ; dans le second on passe insensiblement d'un point sain à un autre qui ne l'est plus.

Donc le Phylloxera peut passer d'une souche à l'autre par la surface du sol.

2° *Progression par l'air.* « Il est certain que le Phylloxera se répand en dehors du sol et qu'il se disperse dans les vignobles par l'intermédiaire de l'air. C'est la forme ailée qui voyage ainsi, soit qu'elle vole à l'aide de ses longues ailes, soit que le vent la soulève et l'emporte jusqu'à 20 ou 30 km de la vigne phylloxérée. On trouve d'ailleurs des ailés pris dans des toiles d'araignées. Le nombre d'individus ailés est beaucoup plus grand qu'on ne l'avait cru jusqu'ici. Faucon en a rencontré en quantité notable voyageant à la surface du sol. »

Mais les radicicoles peuvent aussi être emportés par le vent.

Foa (1907) a observé la montée des radicicoles à la surface du sol et leur transport à distance par le vent. L'insecte peut s'élever à plusieurs centimètres sur les herbes et jusqu'à soixante centimètres sur le feuillage d'une vigne. Elle a montré également que ces radicicoles rencontrés ainsi sur la vigne ou emportés par le vent étaient bien des insectes souterrains et non des néo-gallicoles-radicicoles nés dans une galle par des expériences en pots.

3° *Progression dans l'intérieur du sol.* Les expériences de PLANCHON ont prouvé que l'insecte peut trouver un chemin, même dans les profondeurs du sol ; guidé sans doute par la délicatesse de ses organes de perception, il pénètre dans les fissures impraticables de la terre et, dans un temps assez court, il parcourt un chemin relativement grand.

MARES (1880) indique que souvent on trouve la terre pleine de Phylloxeras à une profondeur variant de 5 à 15 cm et quelquefois beaucoup plus bas, ce sont des radicicoles.

4° Enfin il y a *l'homme* qui aide inconsciemment à la migration en transportant les insectes soit sur ses vêtements, soit avec la terre collée à ses chaussures, soit avec ses instruments de travail, soit surtout avec des plants de vigne ayant des racines.

4° LES HIBERNANTS

« On nomme ainsi, écrit V. MAYET, les Phylloxeras qui passent l'hiver, disposés par petits groupes dans les fentes de l'écorce ou sous les plaques subéreuses exfoliées depuis longtemps des grosses racines.

« Ils demeurent là, à l'abri d'une trop grande humidité et du contact immédiat du sol. Quand on soulève ces plaques on aperçoit, groupés ou isolés, de nombreux insectes bruns, aplatis, que leur forme non atténuée en arrière a fait comparer à de petites tortues » ; leurs soies sont enfoncées dans le tissu vivant de la racine. La longueur des soies rostrales est remarquable : elle atteint 230 à 240 microns, c'est-à-dire le maximum observé chez les jeunes radicicoles.

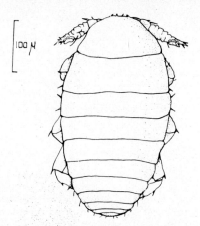

Fig. 215. – Jeune radicicole hibernant (d'après MAILLET). Remarquer la position caractéristique des antennes et des pattes.

On les rencontre souvent groupés côte à côte dans une position caractéristique : les antennes et les pattes repliées sous le corps. Pour V. MAYET « ces légions de parasites sont composées de jeunes gallicoles descendus des feuilles et surtout de radicicoles nés en automne. Ils sont généralement très petits, n'ayant pas subi la première mue ou n'ayant pas dépassé la seconde ; mais çà et là se trouvent quelques adultes ayant commencé leur ponte avant les froids et continuant lentement à l'accomplir. La plupart des œufs ainsi pondus périssent, mais ceux qui par une température moyenne au-dessus de + 10° ont pu évoluer, éclosent et les jeunes vont grossir les groupes d'hibernants. En dessous de 10° les insectes s'engourdissent. D'après les essais de Maurice

GIRARD le Phylloxera peut supporter sans périr des froids de — 8 à — 10 °C dans le sol alors que la température de l'air atteint — 25 à — 30 °C (1879-1880) et détruit les vignes. »

C'est PLANCHON et LICHTENSTEIN (1870) qui ont trouvé en plein hiver de jeunes Phylloxeras en état de léthargie. Cette découverte a une portée pratique considérable car elle prouvait que les radicicoles persistent durant l'hiver et ne disparaissent pas après la nymphose. Le cycle peut donc se dérouler entièrement sous terre d'une année à l'autre.

A — Morphologie

« Ces hibernants, indique CORNU (1878) sont, comme les Phylloxeras jeunes, munis d'antennes et de pattes très longues. D'abord d'un jaune vif, ils deviennent rapidement bruns, de plus en plus foncés. Assez souvent, on voit, à la partie antérieure et sur les côtés de l'abdomen, des tubercules plus ou moins nets, qui sont surtout visibles sur la peau de l'insecte rendu transparent par l'action des réactifs. Ce qui est très évident au premier coup d'œil, c'est que ces insectes sont très petits et qu'ils ont tous la même taille ; ils sont non pas bombés en forme de tortue, mais relativement aplatis ; quelquefois même leur partie dorsale est concave. Les antennes sont en général réfléchies, les pattes repliées sous l'abdomen ; aucun mouvement n'a lieu chez ces organes. L'insecte reste immobile, à moins que des circonstances extérieures ne le forcent à changer de place pendant l'observation. Les yeux sont peu visibles, à cause de la teinte brune générale ; la peau est non pas couverte d'aspérités hémisphériques comme chez les autres insectes, mais munies d'élévations et de dépressions sinueuses et pour ainsi dire vermiculées.

« L'hibernant ne choisit pas de place déterminée pour y former de petits groupes, il se dissémine sur les racines en dehors des radicelles extrêmes, qui sont le siège de modifications particulières pendant l'hiver. Aux points qu'il occupe, il enfonce son suçoir dans les tissus ; quand on veut l'en déplacer ou l'enlever, il demeure retenu par les soies de son suçoir, qu'il faut violemment arracher de l'écorce. Le Phylloxera a besoin d'un tissu vivant, sinon il meurt de faim. »

B — Biologie

« Lorsque le sol se réchauffe, le Phylloxera hibernant sort de son engouement et après une première mue, il reprend son activité : c'est ce qu'on appelle le *réveil* du Phylloxera. En 1873 il a eu lieu vers le 15 avril à Montpellier et vers la même époque à Tarascon chez M. Faucon. Le réveil de l'insecte a lieu sous l'influence du réchauffement du sol, mais la température est difficile à préciser. Dans mes essais, l'hibernation est obtenue au laboratoire en dessous de 10° en moyenne (de 8 à 12°) par conséquent le réveil des hibernants doit s'effectuer à des températures supérieures à 10°. Toutefois il faut noter que durant l'hiver les hibernants peuvent se déplacer et changer de lieu malgré des basses températures de 5 à 6°, sur de courtes distances.

« Si le Phylloxera hibernant n'est qu'un jeune arrêté dans son développement par une température trop basse, ce développement devra se produire quand la température viendra à s'élever. Des essais réalisés dans une enceinte chauffée à une température moyenne de 30° (avec des variations de 24,5 à 35°) ont montré qu'après trois jours, les hibernants, de plats qu'ils étaient, avaient pris une apparence bombée ; le lendemain certains avaient déjà mué et les jours suivant eurent lieu les mues successives donnant aux Phylloxeras leur belle couleur jaune d'or identique à celle des individus de l'été. Après douze jours une dizaine d'insectes étaient en train de pondre et cela se poursuivait pendant quelques jours. Donc tous les hibernants ne se réveillent pas en même temps : les plus gros d'abord et les petits en dernier.

« En conséquence :

1° Le réveil du Phylloxera ne paraît pas être lié à celui de la végétation, puisque le changement d'état de l'insecte est déterminé par la chaleur seule. Les écarts entre le débourrement des cépages paraît sans action bien qu'en 1873 il y ait eu, pour les Terrets, trois semaines de retard sur le Chasselas et l'Aramon. L'intervalle entre l'apparition des premiers insectes jaunes et des premiers œufs a été de six à huit jours dans mon expérience. Dans la nature il doit être un peu plus long, car le sol n'est pas porté à une température aussi élevée (douze jours environ à Montpellier).

« 2° Dans les sols peu profonds et facilement échauffés le Phylloxera se réveillera plus tôt que dans les autres ; la date du réveil variera aussi avec la profondeur dans les terrains profonds et difficilement traversés par la chaleur.

« 3° Dans les pays chauds ou dans les terrains peu profonds et facilement échauffés, le Phylloxera, hivernant plus tard, se réveillant plus tôt, favorisé pendant l'été par une température plus élevée, multiplie ses générations et doit produire un effet plus considérable que dans les pays froids ou dans les terrains difficilement pénétrés par la chaleur solaire. » Le réveil des hibernants se réalise au printemps à une époque où il y a suffisamment de nouvelles radicelles pour que les insectes puissent quitter leur retraite et recommencer leurs ravages. »

MAILLET (1957) a réalisé diverses expériences pour savoir si la diapause du Phylloxera était une vraie diapause physiologique ou bien un arrêt de développement dû simplement aux mauvaises conditions de milieu. Ses essais lui ont permis de tirer les conclusions suivantes :

« 1° Le réveil des hibernants n'est pas lié au débourrement de la Vigne. Il est surtout fonction de la température du sol. Le débourrement joue cependant un rôle indirect dans l'accomplissement du cycle. En effet, si, par suite d'un réchauffement du sol, des hibernants sortent de diapause, muent et deviennent adultes, ils sont destinés à périr si le débourrement n'a pas lieu. En l'absence de radicelles sur lesquelles l'adulte vit obligatoirement, ils végètent et meurent très vite.

« 2° Les hibernants ne quittent pas, pendant l'hiver, les lieux où ils effectuent leur diapause. Si on enterre des racines portant des hibernants au pied d'une Vigne saine, on n'observe pas au printemps suivant l'infection radicicole de cette Vigne. Les hibernants sont donc restés sur les racines enterrées et n'ont pas émigré sur les racines de la plante saine. »

« La reprise d'activité normale des hibernants a lieu lorsque la température du sol dépasse 11 °C. Par conséquent elle se produit à des dates différentes suivant les lieux et les années :

Palerme, 1er - 5 mars, par GRANDORI.
Tuapsé (Caucase), 25 mars 1930, par VODINSKAYA.
Tuapsé (Caucase), 23 avril 1929, par VODINSKAYA.
Montpellier, 15 avril 1880, par V. MAYET.
Montpellier, 20 avril 1950, par P. MAILLET.
Moldavie, fin mai 1928, par DIAMANDIDI.

Pendant l'hiver un simple réchauffement peut réveiller les hibernants qui vont muer. Cela peut expliquer l'observation de VODINSKAYA en 1930 sur un réveil le 25 mars alors que les premiers œufs pondus par les fondatrices n'ont été observés que le 9 mai, tout comme en 1929.

« En France on peut retenir que le réveil des hibernants accuse un retard habituel de dix à quinze jours sur celui de l'œuf d'hiver.

« *Réceptivité des espèces de Vigne.* Les hibernants s'observent en grand nombre sous l'écorce des racines de *V. vinifera*, alors qu'ils sont beaucoup moins nombreux sur la Vigne américaine. On sait aussi que les nymphes sont moins abondantes sur les Vignes françaises. Nous touchons là un des points importants de la résistance des Vignes américaines par rapport à celle des Vignes françaises :

— Le *départ massif des nymphes* sur les Vignes américaines réduit, chaque année, dans une large mesure, la population phylloxérique ;

— L'*absence presque totale d'hibernants* sur la Vigne américaine fait qu'au printemps suivant le système radiculaire de ces Vignes a le temps de se reformer et de croître avant la migration sur les racines des jeunes néo-gallicoles-radicicoles de deuxième génération.

« Au contraire, sur la Vigne française, les nombreux hibernants des grosses racines (leur lieu d'élection) déterminent des lésions irréparables et nombreuses qui empêchent la circulation de la sève. Ce sont les tubérosités, beaucoup plus nocives que les nodosités. De plus, dès le printemps, lors du débourrement, ces Vignes sont envahies par les hibernants qui se réveillent et détruisent immédiatement les jeunes radicelles d'un plant déjà affaibli par les tubérosités. Le plant français n'a donc pas le temps de « reprendre des forces » comme peut le faire le plant américain. Son état sanitaire va s'aggravant d'année en année.

« A chaque printemps la Vigne américaine reforme son système radiculaire avant les grandes invasions phylloxériques de l'été. L'infection peut se maintenir d'année en année sans que le plant en souffre trop. Les différences du comportement des Phylloxeras sur la Vigne française et sur la Vigne américaine expliquent en partie la résistance plus grande des plants américains.

« D'autre part, les diverses sortes de Vignes réagissent différemment aux piqûres phylloxériques. Les tubérosités des troncs radiculaires déterminent des nécroses profondes dans les tissus de *V. vinifera*, nécroses altérant l'écorce, l'assise génératrice et les rayons médullaires. Il se forme des « bouchons » sur le passage de la sève. Sur les Vignes américaines, seule la couche corticale, non vitale, est atteinte. L'assise génératrice reste intacte et le passage de la sève continue.

« En ce qui concerne les nodosités des radicelles, on constate des différences aussi notables. Une nodosité se produisant sur la Vigne française détermine en quelques jours la mort de la radicelle. Sur la Vigne américaine, où la croissance est plus rapide et où les tissus sont moins altérés par la piqûre, la radicelle continue à pousser et ne meurt généralement pas. La jeune racine forme une série de zigzags, courbures déterminées par les piqûres, mais, la circulation de la sève continuant, la racine alimente toujours la plante.

« De toutes ces considérations, nous pouvons conclure que les conditions de la résistance des Vignes américaines au Phylloxera sont bien plus favorables que celles de *V. vinifera*. Elles tiennent à la fois à des *causes physiologiques* de la plante (résistance des tissus et croissance plus rapide des racines) et à des *causes biologiques* du parasite (rareté d'hibernants et nymphose plus abondante). L'hôte et le parasite y jouent donc leur rôle. »

5° LES PRENYMPHES

Les larves des radicicoles qui vont évoluer vers les formes ailées ne se différencient pas des autres aux 1er et 2e stades, mais au 3e stade on distingue certains insectes dont le corps est plus allongé. Ces individus, décrits pour la première fois par CORNU, ont été appelés *Prénymphes* par MAILLET. Ils se forment à partir de la deuxième génération de radicicoles, c'est-à-dire dès la fin du mois de juillet.

« Leur corps est allongé, écrit CORNU, de couleur fauve ou rougeâtre, muni de tubercules très apparents. Il présente deux parties un peu bombées sur les côtés, à la place où se développeront ultérieurement les ailes ; les antennes s'allongent, l'abdomen s'étrangle. Ce stade dure deux à trois jours, puis il se transforme en nymphe, en se dépouillant de sa peau devenue trop étroite. »

6° LES NYMPHES

A — Morphologie

Les *nymphes* sont des radicicoles du 4ᵉ stade, dont le caractère distinctif important est l'*apparition des fourreaux alaires*, avec un corps plus élancé, de 1 à 1,25 mm de longueur. Le rapport longueur/largeur varie de 1,7 à 2,3, mais la longueur est difficile à mesurer, l'insecte ayant l'abdomen plus ou moins contracté. Le 3ᵉ article de l'antenne est également plus long qu'au 4ᵉ stade des radicicoles ; la longueur du flagelle antennaire est de l'ordre de 165 microns.

« La teinte générale des nymphes selon CORNU est d'une couleur fauve tirant sur le jaune (surtout vers la région thoracique) qui oscille entre le jaune d'or et le jaune rougeâtre, suivant les cas. On aperçoit

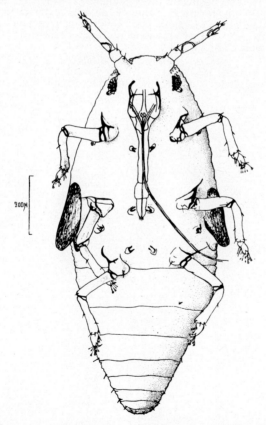

Fig. 216. – Nymphe prête à muer (4ᵉ stade) avec par transparence le dessin des antennes de l'ailé (d'après MAILLET).

sur les côtés les fourreaux de la première paire d'ailes, correspondant aux élytres des Coléoptères, insérés sur le second article du thorax, ceux des ailes de la deuxième paire étant beaucoup plus petits et cachés par les premiers. Ces fourreaux sont noirs, non à cause de leur contenu qui est d'une grande blancheur, mais par le fait de la peau, qui a pris une teinte foncée sur toute cette région ; ils se montrent comme deux petites taches noires, qui se confondent avec le fond noir des racines et font paraître l'insecte comme muni d'un étranglement. Les fourreaux des grandes ailes procèdent du deuxième segment du thorax ; celui des petites ailes, du troisième.

Les appendices, antennes et pattes, sont colorés en noir ; ils sont plus longs que ceux des individus aptères.

« Les nymphes sont munies de tubercules très apparents, disposés suivant des lignes longitudinales avec une double ligne dorsale et une double ligne marginale.

« La taille des nymphes varie parfois du simple au double. Leur couleur jaune d'or et jaune fauve ou rougeâtre, si particulière, est en partie due à la couleur de leur peau, qui devient brun gris, comme chez les aptères, quand elle s'épaissit et surtout à une coloration spéciale des globules graisseux. Ces globules ne sont pas jaune citron mais d'un jaune rosé comme chez l'ailé.

« L'antenne est beaucoup plus longue, à cause du développement extrême de l'article terminal, sillonné de plis extrêmement nombreux et très fortement accusés, mais peu étendus transversalement. Les poils sont demeurés les mêmes et souvent assez robustes ; le chaton est relativement peu développé.

« Les pattes sont de même plus allongées, le tarse acquiert une longueur plus grande, des poils nouveaux se montrent. » D'après MAILLET les pattes s'accroissent et ont en moyenne 50 microns aux tarses, 130

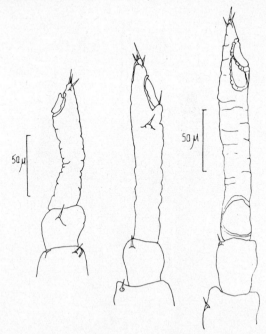

Fig. 217. – De gauche à droite antenne d'un radicicole, d'une nymphoïde et d'une nymphe (on voit par transparence le dessin de l'antenne de l'ailé) (d'après MAILLET).

microns aux tibias et 145 microns aux fémurs. Chez la nymphe, de couleur jaune d'or à orangée se voient très nettement les 70 tubercules dorsaux qui sont ainsi distribués : 12 céphaliques, 28 thoraciques et 30 abdominaux.

« Les soies rostrales sont très longues et atteignent 400 microns en moyenne, contre 280 microns à celles du futur ailé. La nymphe est en effet la forme qui a les soies rostrales les plus longues. Les yeux sont toujours du type larvaire au nombre de 3 ocelles rouges de chaque côté de la tête. Mais, au fur et à mesure que l'Insecte approche de la dernière mue, on voit par transparence se former l'œil composé de l'Ailé, ainsi que trois autres ocelles : une paire située sur le front, entre les deux gros yeux composés et un ocelle isolé au sommet de la tête. A ce moment on voit également des œufs en formation dans les tubes ovigères, mais la nymphe ne pond jamais, comme l'a supposé à tort GERSTACKER.

« La nymphe se nourrit et on la trouve en effet le bec planté dans les nodosités des radicelles qui est son lieu d'élection. Il est exceptionnel de la trouver sur les grosses racines, au cours d'un déplacement à la recherche d'une fente lui permettant de sortir du sol. La nymphe se trouve assez facilement en été sur les radicelles des vignes américaines qui, hypertrophiées et tordues sous l'effet des piqûres, portent souvent au creux de leurs courbures des paquets de radicicoles où s'entremêlent de nombreuses nymphes. Sur la Vigne française les recherches sont souvent infructueuses et la proportion de nymphes y est beaucoup plus faible que sur les Vignes américaines. »

B — Apparition des nymphes

Selon V. MAYET, les nymphes peuvent être observées à partir de la seconde quinzaine de juin, dans la région de l'Olivier du moins, sur les racines des jeunes souches, principalement sur les nodosités. CORNU, de son côté, indique que les nymphes peuvent apparaître dès le mois de juin et qu'elles disparaissent à l'automne.

C — Distribution des nymphes sur la Vigne

« PLANCHON et LICHTENSTEIN (1874) signalent que les nymphes se trouvent plus fréquemment sur les nodosités que sur les grosses racines. Elles n'y sont cependant pas nombreuses ; mais, point capital, elles le deviennent par la transformation des individus qui y sont fixés. Il faut, pour s'en assurer, les observer pendant plusieurs jours de suite, en les conservant (opération assez difficile car les nodosités pourrissent aisément). »

De son côté, CORNU précise « que les nymphes se montrent non pas sur les grosses racines, mais sur le renflement des radicelles. »

Selon STELLWAAG (1928) les nymphes peuvent également apparaître dans les galles des feuilles. Mais cela ne semble pas avoir été retrouvé depuis.

Pour MAILLET « le lieu d'élection de la nymphe est presque constamment les nodosités, c'est-à-dire les déformations des radicelles. Il est rare, sinon exceptionnel, de la trouver sur les grosses racines. Lorsqu'on l'y rencontre, il s'agit manifestement de sujets en déplacement, les soies non piquées dans le tissu et qui cheminent à la recherche d'une fente leur permettant de sortir du sol. On peut garder des nymphes piquées sur radicelles plus d'une semaine, en boîte de Pétri humide, avant d'arriver à la dernière mue donnant l'ailé. Le passage de la nymphe à l'ailé est, en effet, bien plus long que celui du radicicole du quatrième stade à celui du cinquième stade, qui ne dure que deux à trois jours.`

« Il existe aussi des différences biologiques selon les espèces de Vigne : La nymphe se trouve assez facilement en été sur les radicelles de Vignes américaines qui, hypertrophiées et tordues sous l'effet des piqûres, portent souvent au creux de leurs courbures des paquets de radicicoles où s'entremêlent de nombreuses nymphes. Sur la Vigne française, les recherches sont souvent infructueuses. La proportion des nymphes y est beaucoup plus faible que sur les Vignes américaines : en juillet 1951 aucune nymphe recueillie sur *V. vinifera* alors que sur *V. rupestris* de nombreux exemplaires furent récoltés. Par contre, en août 1952 aux Eyzies (Dordogne) nous récoltâmes sur un pied de *V. vinifera* en pot, 45 nymphes pour 85 radicicoles, alors qu'ordinairement la proportion est bien moins grande en pleine terre. Ce pourcentage anormal s'expliquerait par l'humidité constante entretenue dans ces pots arrosés très fréquemment. En effet l'humidité influe considérablement sur la formation des nymphes. »

D — Nymphose

Le passage de la nymphe à l'ailé est bien plus long que le passage du radicicole de 4° stade à celui du 5° stade qui ne dure que 2 à 3 jours. En effet, en boîte de Petri, MAILLET a parfois attendu plus d'une semaine pour arriver à la dernière mue donnant l'ailé.

La nymphose a lieu à la surface du sol, jamais sur les racines des Vignes. V. MAYET indique que c'est généralement le matin que les nymphes quittent les racines pour se transformer en Ailé. Mais MAILLET a pu assister à la montée des nymphes à toute heure du jour, y compris aux plus fortes chaleurs d'été. La nymphe monte soit le long du cep, venant de la racine, soit par une fente du sol, ce qui prouve son cheminement dans le sol. Immobile, en pleine lumière, la nymphe est prête à muer et sa couleur est plus sombre, effet de la cuticule prête à se détacher. La peau, de la tête au prothorax se fend sagittalement, dorsalement et ventralement. La sécheresse relative de l'air comparé au sol et les mouvements constants de la nymphe facilitent plus que sur les racines la rupture de la peau et la sortie de l'insecte. Si les ailes sont mouillées par la pluie avant qu'elles soient complètement déployées l'insecte a du mal à se dégager et peut mourir sur place.

Un point remarquable à noter : c'est que les nymphes se rencontrent en très grande majorité *groupées.* En effet GRASSI (1914) avait constaté, sur des élevages de Phylloxeras en boîte de Petri, qu'il obtenait un nombre de nymphes beaucoup plus important lorsque les jeunes radicicoles sont élevés en groupe sur une même racine que lorsqu'ils sont élevés isolément. MAILLET également a pu recueillir 10 et 12 nymphes tassées dans le creux d'une nodosité et plus rarement une nymphe isolée sur une radicelle. Leur production serait-elle la conséquence d'un « effet de groupe », comme BONNEMAISON (1951) l'a noté pour diverses *espèces de Pucerons.* On peut aussi admettre « l'effet du facteur trophique ». Une radicelle coupée de son support a tout son métabolisme complètement perturbée. Les réserves de sève qu'elle contient s'épuisent certainement plus rapidement avec plusieurs Phylloxéras s'y nourrissant qu'avec un seul.

Facteurs favorisant la nymphose

1° *L'humidité* semble jouer un rôle dans la formation des nymphes. MAILLET a placé deux pots de 3306 C, l'un dans un bac, à niveau constant d'eau et l'autre dans le sol à moitié enterré. En août l'examen des deux ceps a donné 46 radicicoles pour 48 nymphes, soit 51 % pour le pot à grande humidité et 74 nymphes pour 296 radicicoles (soit 20 % de nymphes pour le pot à demi enterré).

Artificiellement, MAILLET « a provoqué la sortie des nymphes en arrosant la terre. Quelques heures après, on assiste ordinairement à une sortie des nymphes à travers les fentes du sol, qui attendaient les conditions propices pour s'échapper du sol. En boîte de Petri légèrement humide, des nymphes conservées sur de jeunes radicelles se transforment en Ailés en six à sept jours, le temps de cette transformation variant suivant leur état de vieillissement. Un choc thermique (mise à la glacière à 7-8° quelques heures, puis réchauffement sous la lampe de la loupe) suffit à provoquer la dernière mue ».

2° *L'espèce de vigne* a aussi un rôle comme cela a déjà été indiqué *V. vinifera* ne produit que peu ou pas d'ailés, le cycle du Phylloxera a tendance à rester hypogé et l'infection phylloxérique se maintient indéfiniment par le simple apport annuel des hibernants qui redonnent au printemps la lignée radicicole.

E — Rapport nymphes/radicicoles

Les premières nymphes apparaissent ordinairement dans la deuxième quinzaine de juillet, mais les facteurs climatiques interviennent pour avancer ou retarder les premières sorties d'ailés. MAILLET a obtenu les rapports suivants en fonction des dates :

	Nymphes	Radicicoles	Rapport N / N + R
1er au 15 juillet	0	8	0
15 au 31 juillet	34	179	16
1er au 15 août	279	236	54
15 au 31 août	918	729	55
1er au 15 septembre	160	269	37
15 au 30 septembre	17	179	9

Donc, la nymphose a lieu en général au cours du mois d'août et elle intéresse un peu plus de la moitié de la population phylloxérique radicicole. Toutefois il y a de grandes variations individuelles et pour chaque pays, on constate qu'il existe une période très nette où le nombre des nymphes l'emporte de beaucoup sur celui des radicicoles. D'autre part, la présence des nymphes de la mi-juillet à la fin septembre montre que leur formation n'est pas liée à telle ou telle génération, mais qu'elle affecte plusieurs générations au cours de l'été. Il existe néanmoins un maximum ordinairement observé à la troisième génération et vers le milieu du mois d'août.

7° NYMPHALES ET NYMPHOÏDES

GRASSI et FOA (1909) ayant observé des ailés virginipares chez le *Phylloxera quercus* ont cherché à savoir s'il existait des formes analogues chez le *Phylloxera vastatrix*. Leurs recherches ont été négatives et elles paraissent établir que les ailés sont tous de même nature et produisent toujours des sexués. Mais à côté des nymphes typiques qui, irrévocablement, se transforment en ailés, on rencontre parfois des *formes intermédiaires* entre les aptères virginipares (radicicoles) et les ailés sexupares : ce sont les *nymphes virginipares* observées d'abord par GERSTAECKER (1874) qui avait signalé des nymphes de Phylloxera de la Vigne ayant la possibilité de pondre des œufs de radicicoles. Cependant selon MAILLET, « son observation est sujette à caution, car il avait simplement, sur des racines conservées dans l'alcool, vu des nymphes avec des œufs et des jeunes tout autour. Plus sérieuse paraît être l'observation de MORITZ (1891, 1893) qui a observé trois cas de nymphes anormales. Mais il n'abandonne pas l'idée qu'elles sont destinées à devenir ailés ».

L'observation des nymphes de MORITZ confirme la théorie de la non prédestination des néoradicicoles et du dimorphisme déterminé par les influences du milieu. Ces formes anormales paraissent représenter des individus orientés d'abord vers la forme ailée et qui par la suite ont changé de destination.

GRASSI et FOA (1908) ont appelé ces formes intermédiaires *Ninfali* ou *Nymphales,* car au lieu de se transformer en ailés elles donnent des individus offrant les caractères de nymphes par la longueur des antennes, les yeux à plus de trois facettes, les fourreaux alaires moins développés tandis qu'elles pondent des œufs ayant donné par la suite des radicicoles normaux. Ces nymphales ont été retrouvées en abondance, jusqu'à 8 et 10 % des nymphes.

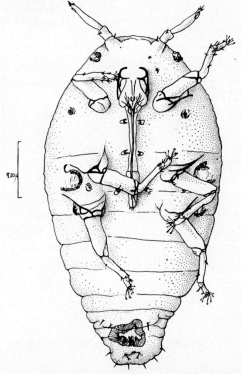

Fig. 218. – Nymphoïde du 5ᵉ stade (d'après MAILLET ; remarquer quelques stades regressés de la lignée ailée (yeux à ommatidies, fourreaux alaires visibles) et aussi le pore génital, indiquant le stade adulte.

MAILLET confirme l'exactitude des observations de GRASSI et FOA. Sur la Vigne française il n'a jamais trouvé de « fausses » nymphes. « Toutes avaient l'allure de la nymphe typique : longues antennes, yeux composés, muscles thoraciques bien développés, abdomen allongé, fourreaux alaires, pas d'ouverture génitale. Sur les Vignes américaines par contre et notamment sur Rupestris du Lot il n'est pas rare de trouver, parmi toutes les nymphes recueillies sur une racine, une ou deux fausses nymphes ou « nymphales ». On ne peut parler du caractère morphologique stable de la nymphale car tous les intermédiaires existent, depuis le type radicicole à yeux composés, mais à fourreaux alaires à peine visibles et réduits à une petite plage pigmentée jusqu'à la nymphe à muscles thoraciques bien développés et à ommatidies nombreuses, en passant par la nymphale avec plus ou moins d'ommatidies et des muscles thoraciques plus ou moins développés.

« Mais, parmi ces fausses nymphes, il en est indubitablement du 5ᵉ stade, c'est-à-dire des adultes reconnaissables à leur ouverture génitale. Ce sont des insectes nés d'une nymphale (observation faite en boîte de Petri) et pour les distinguer de ces dernières, nous proposons de les appeler *nymphoïdes*. Ils dérivent tous d'une nymphale, par une *mue régressive*. Par exemple une nymphale du 4ᵉ stade à fourreaux alaires de 130 microns a donné une nymphoïde du 5ᵉ stade dont le fourreau alaire n'avait plus que 85 microns. Cette mue régressive intéresse aussi les autres caractéristiques morphologiques séparant la nymphe du radicicole : diminution du nombre et de la pigmentation des ommatidies, raccourcissement de la longueur du flagelle antennaire, qui reste cependant intermédiaire entre celui de l'ailé et celui du radicicole ; enfin il y a aussi réduction de la puissance des muscles thoraciques. Biologiquement ces nymphoïdes pondent des œufs donnant des radicicoles normaux.

« Cette mue régressive, rappelant celle qui existe chez les Termites, est un intéressant phénomène de convergence biologique entre deux lignées évolutives distinctes. Cependant, les individus sujets à cette régression sont toujours exceptionnels et de faible importance dans le cycle phylloxérique. Néanmoins ils constituent un fait biologique très intéressant, car ils apportent la preuve que le déterminisme de la nymphose n'est pas entièrement génétique, puisqu'il n'est pas irrévocable. La formation des nymphes est sûrement soumise à l'influence des facteurs externes et peut, en cas de changement de ceux-ci, être modifiée dans un sens ou dans l'autre. »

C - LES PHYLLOXERAS AILÉS ET SEXUÉS

La forme ailée est la forme colonisatrice du Phylloxera qui sera transportée au loin sous l'action des vents. Ces individus ailés sont de deux types : les uns de petite taille vont pondre de petits œufs, ce sont les *androphores ;* les autres plus grands, appelés *Gynéphores* donneront des œufs plus gros.

Les petits œufs donneront naissance à des *Sexués mâles*, tandis que les gros œufs fourniront des *Sexués femelles.* Après accouplement la femelle sexuée pondra un œuf unique appelé *œuf d'hiver.*

9° L'AILÉ

C'est la forme parfaite du Phylloxera.

A — Description

D'après CORNU (1878) l'Ailé est de couleur jaune d'or, très vif et très brillant, aussitôt après la mue ; fauve ou orangé quelque temps après. Le thorax est d'un jaune plus pâle, les ailes sont blanches, les membres flexibles encore et transparents. Il est entièrement dénué de tubercules et n'en acquiert pas. Les ailes dépassent longuement le corps. Il présente de gros yeux saillants en forme de framboise, accompagnés d'une paire d'yeux plus petits et d'une paire d'ocelles et un ocelle sur la partie antérieure au sommet de la tête.

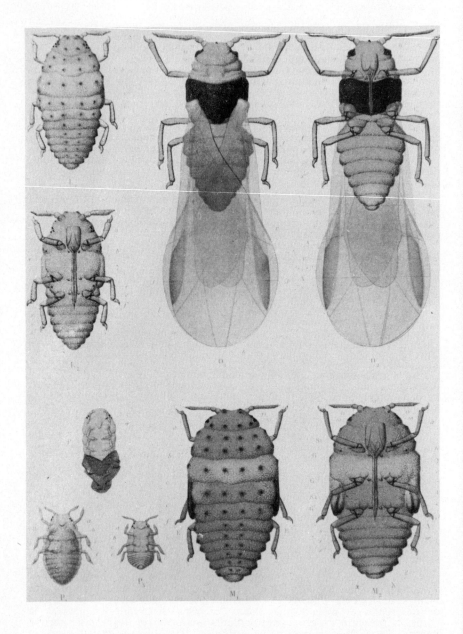

Fig. 219. – Divers stades du Phylloxera (d'après CORNU) : L1, L2 : radicicoles ;M1, M2 : nymphes ; O1, O2 : ailés ; P1 : éclosion de l'œuf d'hiver ; P2 : sexué femelle ; P3 : sexué mâle.

« Après un séjour d'un certain temps à l'air, les membranes se durcissent et se consolident, leur teinte se fonce ; les ailes deviennent grises ; les pattes et les antennes deviennent plus foncées ; le thorax est alors noir, le reste de l'insecte est d'un fauve rougeâtre, teinte due à la superposition de la couleur des globules graisseux jaune-orangés et la couleur foncée de la peau. Ce changement est assez rapide et se produit au bout d'un jour, parfois du matin au soir. »

« Le corps est très allongé et rappelle celui d'une cigale en miniature, écrit V. MAYET. Aussitôt après la mue (de la nymphe) l'Ailé est entièrement d'un jaune d'or, très pâle sur le thorax ; les ailes sont blanches, repliées transversalement et en long, encore chiffonnées et molles. La tête tournée vers le haut, l'insecte les écarte de son mieux pour les étendre par leur propre poids. En observant alors les ailes au microscope, on voit que peu à peu l'air pénètre dans l'intérieur des trachées, qui apparaissent alors sous forme de lignes noires. Autour d'elles se dessinent des bandes plus sombres qui sont les nervures. C'est le sang pénétrant dans les ailes (fait mis en lumière par KUNCKEL d'HERCULAIS, 1875) et surtout l'air entrant dans les trachées, munies intérieurement d'une membrane spiralée, qui font redresser les trachées et les nervures, ainsi que les larges membranes qui les réunissent. Après un délai de deux heures environ, les téguments de l'insecte ont pris suffisamment de consistance pour qu'il puisse satisfaire ses instincts d'émigration. »

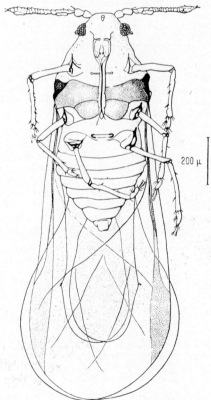

200 μ

Fig. 220. – Schéma d'un ailé (d'après MAILLET).

Le *corps de l'Ailé adulte* mesure de 1 à 1,5 mm, non compris les ailes ; il est de couleur jaune orangé, sauf le mesothorax qui est brun noir et l'on voit par transparence le système musculaire alaire très développé.

« Les *deux paires d'ailes*, indique CORNU sont d'abord chiffonées et molles ; elles sont bouchonnées et forment deux petits mas cristallins ; les grandes ailes recouvrent encore les petites, qui sont plus réduites et peu visibles ; les grandes ailes sont disposées de telle sorte que leur extrémité est repliée en dessous de leur surface. L'insecte les écarte de son corps et les déplie lentement ; elles s'allongent peu à peu, mais demeurent encore assez étroites ; les plis longitudinaux s'effacent ensuite et elles s'étendent de plus en plus. Elles prennent d'abord la forme d'un triangle dont le sommet est à leur insertion. La base étant formée par le pli de l'extrémité repliée en dessous ; elles enjambent ensuite l'une sur l'autre, mais leur surface est encore comme gaufrée longitudinalement, leur extrémité se recourbe vers le sol. Les nervures commencent enfin à devenir distinctes et les trachées apparaissent dans leur intérieur. »

Selon MAILLET « la caractéristique des Phylloxéridés ailés est de porter les ailes couchées à plat sur le corps. Les ailes antérieures ont une longueur qui varie de 1.100 à 1.250 microns. Leur nervation est extrêmement simplifiée. La radiale manque, la médiane est simple, les deux cubitales se rejoignent, formant une furca. Les ailes postérieures, d'une longueur de 600 à 800 microns, sont dépourvues de nervures obliques. On remarque, sur le bord anal de l'aile antérieure, le sillon, véritable coaptation, dans lequel vient s'engager le bord costal de l'aile postérieure, au moyen de deux hamuliés, fins hameçons graciles.

« V. MAYET mentionne que les ailes sont de couleur claire, transparentes, un peu irisées ; leur surface est finement chagrinée ; leurs granulations microscopiques, aplaties, semblent dirigées en arrière et imbriquées l'une sur l'autre. Les grandes ailes dépassent le corps de près de 1 mm, elles sont remarquables par deux fortes nervures longitudinales, une externe et une interne partant de la base cette dernière se trifurquant du côté interne, par leur bord teinté de jaune un peu avant l'extrémité et par un repli inférieur en forme de gouttière destiné à recevoir les appendices des ailes postérieures. Celles-ci ne dépassent le corps que d'un tiers de millimètre ; elles n'ont qu'une nervure chitineuse, mais sont soutenues par les deux appendices en forme de crochet placés sur leur bord supérieur, libres à l'état de repos et pendant le vol s'accrochant dans la gouttière de l'aile supérieure ».

1° *La tête*, saillante, est séparée du thorax par un sillon profond et étroit ; elle est remarquable par les antennes et les yeux :

— Les *antennes*, toujours formées de trois parties, ont une longueur de 210 à 265 microns ; c'est-à-dire un tiers environ de la longueur du corps ; le dernier article surtout est très long et porte deux stigmates olfactifs ou rhinaries, l'un près de la base mesure 35 à 40 microns et l'autre apical ayant de 25 à 30 microns.

·« On a attribué à l'antenne le rôle d'organe soit du tact, soit de l'audition, soit de l'olfaction ; on sait que les jeunes se déplacent assez rapidement, mais en tâtant le sol avec leurs antennes. Il est évident d'un autre côté que les ailés, qui doivent parcourir d'assez grands espaces, ont besoin, pour se diriger dans leurs migrations vers les vignobles nouveaux, d'être guidés par un sens délicat, dont les aptères, lents et lourds par nature n'ont guère besoin sous terre » (CORNU).

— Le *système oculaire*, de couleur rouge, est multiple comprenant :

1° Un ocelle médian situé sur le sommet de la tête, entre les deux antennes ;

2° Deux ocelles symétriques placés en arrière, de chaque côté de la tête ;

3° Deux groupes de trois ocelles placés très en arrière identiques à ceux que l'on rencontre chez les gallicoles et les radicicoles ;

4° Deux grands yeux en forme de framboise formés par la réunion d'un grand nombre (plus de 200 facettes) de cristallins hémisphériques (ommatidies) à pigment rouge vif, placés latéralement au-dessus des trois yeux primitifs.

Enfin, le *suçoir*, moins long que chez les formes aptères, ne dépasse pas le sternum.

2° *Le thorax*, un peu plus long que large a les segments antérieur et postérieur jaunes, tandis que celui du milieu (mésothorax) est noir. Les ailes sont fixées sur le bord dorsal des deux derniers segments. Les six pattes, solidement attachées au-dessous des 3 segments (une paire par segment) sont longues, épineuses, fortement chitinisées, d'un jaune plus foncé que le corps.

3° *L'abdomen*, composé de huit segments, atténué en arrière, séparé du thorax, ressemble à une toupie par suite de l'étranglement de la base du premier segment. Le dernier segment, celui qui avec l'avant-dernier borde l'anus, a la propriété de se dilater plus ou moins et offre fréquemment une coloration plus jaune. Les stigmates, au nombre de six paires, sont disposés comme chez les autres formes.

« Les *pattes* sont beaucoup plus allongées que chez la mère pondeuse. La cuisse est très étroite près de son intersection et renflée en massue près du genou. La jambe est un peu claviforme ; le tarse est assez allongé. Les poils sont robustes et bien développés et il y en a deux de plus que chez les nymphes » (CORNU).

Les *ovaires* d'une femelle ailée sont faciles à observer par transparence au microscope ; ils n'ont généralement que deux tubes ovigères dans 70 % des cas.

BALBIANI (1884) a fourni une coupe détaillée de l'appareil reproducteur d'une femelle ailée, que nous reproduisons ci-dessous : Chaque ovaire est réduit à une seule gaine *d*, dont l'extrémité postérieure *b* constitue à elle seule la trompe correspondante. C'est la disposition la plus fréquente de l'appareil femelle chez l'ailé, observée 7 fois sur 10 à Montpellier en 1874. On trouve ensuite par ordre de fréquence : deux gaines à chaque ovaire ; deux à l'un et trois à l'autre ; trois de part et d'autre et enfin trois d'un côté et quatre de l'autre. Il en résulte que le nombre maximum des œufs pondus par l'ailé est de 7, car chaque tube ovarique, quoique renfermant deux ovules, n'en mûrit qu'un seul.

V. MAYET a personnellement observé une fois un ovaire contenant huit œufs, mais cela paraît être exceptionnel.

PLANCHON (1871) est le premier à avoir remarqué que les Ailés ou *Sexupares* comprennaient deux types :

— des individus de petite taille, 1 mm environ, appelés *Androphores* (porte-mâle) ;

— des individus plus grands mesurant 1,25 mm, appelés *Gynéphores* (porte-femelle).

B — L'essaimage

« Lorsque le temps est beau, écrit V. MAYET, en début d'après-midi, le Phylloxera ailé prend son vol. Malgré la longueur de ses ailes l'insecte vole très mal, tourbillonant au départ et ce n'est qu'après avoir relevé un instant les ailes dans un plan perpendiculaire à son corps que l'insecte peut s'envoler de son support. Si l'air est calme, il franchit

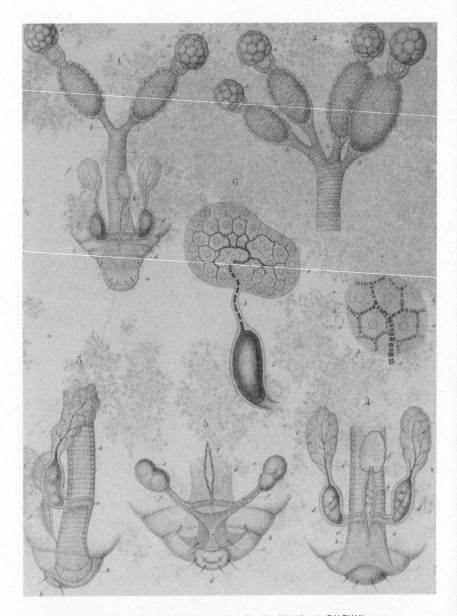

Fig. 221. – L'appareil reproducteur d'une femelle ailée (d'après BALBIANI).

1. Vue d'ensemble par la face dorsale de la disposition la plus fréquente : chaque ovaire est réduit à une seule gaine *d*, dont l'extrémité postérieure *b* constitue à elle seule la trompe correspondante ; *c*, oviducte commun.
2. Les deux ovaires d'une femelle ailée, composés chacun de deux gaines (celles de gauche renferment chacune un petit œuf mâle et celles de droite un gros œuf femelle.
3 et 4. Organes accessoires d'une femelle radicicole (de profil et de dos) *c*, glande sébifique avec son réservoir dilaté en poche *d* et *e*, conduit excréteur ; *f*, réceptacle séminal avec son conduit excréteur *g* s'ouvrant dans la portion vaginale par un col effilé ; *h*, position de l'anus sur le dernier segment abdominal.
5. Extrémité postérieure d'une grosse larve de radicicole, après macération dans la potasse caustique et montrant la membrane interne chitineuse comprenant de nombreux plis longitudinaux fins et serrés.
6. Glande sébifique d'une femelle gallicole.
7. Agrandissement d'une partie de la glande.

quelques dizaines ou quelques centaines de mètres au plus. Mais si le vent souffle il peut être transporté à de nombreux kilomètres et c'est ainsi que les colonies lointaines sont normalement fondées. Le Phylloxera ailé est donc plus porté par le vent que soulevé par ses propres ailes. »

C — Apparition et abondance des Ailés

Selon V. MAYET, « les Ailés sont surtout abondants dans les régions où les vignes sont jeunes ; certaines années cependant on en rencontre peu. Ils commencent à apparaître fin juin ; en juillet il n'y en a pas encore beaucoup... Août et septembre sont les mois de grande éclosion. Vers le milieu d'octobre, il n'y en a généralement plus dans les vignes. Toutefois avec un automne relativement chaud (1888) on peut avoir beaucoup d'ailés recueillis en octobre, de trouver même des nymphes les premiers jours de novembre et d'en obtenir des Ailés. C'est donc le froid seul qui arrête leur apparition dans le midi de la France. Il est permis de supposer que dans les pays chauds comme Panama, cette production d'Ailés dure la plus grande partie de l'année et qu'alors l'œuf fécondé produit par le Sexué femelle ne soit plus un œuf d'hiver. L'Ailé se trouve au vol de 1 heure à 5 heures du soir, autour des souches, principalement dans les lieux d'élection de l'œuf d'hiver ou dans les toiles d'araignées tendues entre les pampres ou à l'extrémité des sarments, sous le revers des jeunes feuilles dont il se nourrit ».

Selon BOITEAU (1877) les ailés ont été très nombreux cette année et malgré ce qu'on a pu dire ils ont un vol très soutenu. On peut les observer, en août vers 4-5 heures du soir. On voit alors voltiger une foule d'insectes dont les mouvements sont plus ou moins saccadés. Parmi ce nombre on en voit à vol régulier, continu, rapide : ce sont presque tous des Phylloxeras.

En 1879 il écrit « Les insectes ailés abandonnent les vignes dont le système aérien est peu développé et se portent de préférence sur des vignes en bon état de végétation qui paraissent leur offrir une chance de prospérité pour leur progéniture. Il est d'observation générale que les insectes ailés diminuent dans un vignoble à mesure que l'invasion se généralise, malgré l'état relativement prospère de ce même vignoble. Les foyers primitifs sont souvent les seuls qui disparaissent d'une manière complète et cela parce que l'insecte, qui trouve amplement à satisfaire ses instincts de reproduction dans le voisinage, se maintient longtemps dans leur circonférence et leur envoie des légions d'émigrants régénérés.

« Pendant l'année 1878, les ailés ont été peu nombreux dans nos vignobles et certains champs, où en 1877 ils étaient très abondants, n'en présentaient que peu de spécimens. Souvent les insectes ailés restent dans le sol, surtout par les temps froids et humides ; la pluie peut également les projeter par terre et les forcer à se cacher sous les mottes. Dans ces circonstances ils pondent dans les couches les plus superficielles, une dizaine de centimètres au plus de la surface. Les œufs sexués, déposés dans ces conditions, sont féconds et les insectes qui en proviennent ont tous les attributs de ceux qui sont pondus à l'extérieur.

MAILLET « indique qu'il faut attendre les grosses chaleurs d'août et du début de septembre pour voir apparaître sur les ceps les premiers ailés. Les auteurs anciens ont signalé, lors de la grande invasion phyl-loxérique, de nombreux essaims d'ailés, en nombre parfois considérable, qui permettaient la récolte de plusieurs milliers d'individus. Cinq ans de recherches consécutives, tant sur Vignes françaises que sur Vignes américaines, ne nous ont jamais permis d'assister à de tels phénomènes, qui semblent aujourd'hui disparus. Tous les ailés recueillis le furent par unités, tout au plus par dizaines, ordinairement sur le bois de deux à trois ans, aux gerçures de l'écorce. Les Insectes morts après la ponte (l'ailé ne vit que quelques jours et meurt là où il a pondu) sont rarement groupés. Sur un même cep, on peut en récolter plusieurs, mais toujours isolés, jamais en amas. Il n'y a jamais de ces concentrations de pondeuses, comme on en voit pour les gallicoles et les radicicoles.

« L'ailé vole, mais très mal. Il paraît lourd, malhabile, et décolle difficilement de son support. Il est plus porté par le vent que soulevé par ses propres ailes ».

C — Lieu de ponte des Ailés

V. MAYET indique que : « Arrivé sur une vigne jeune et vigoureuse, toujours choisie de préférence à une vigne vieille ou malade, l'Ailé se pose sur les feuilles tendres de l'extrémité des sarments et gagne bien vite le dessous de la feuille. Là, il plante son rostre et pendant vingt-quatre heures environ il se nourrit. Il est alors apte à pondre. Les œufs sont pondus par groupes de 2 à 4. »

BALBIANI (1874) avait prédit que la ponte devait se faire sur les parties duveteuses des vignes et que les insectes avaient besoin de se nourrir. L'année suivante, à Cognac avec CORNU il vérifia l'observation

Fig. 222. – Les ailés et les œufs mâles et femelles (d'après GRASSI)

faite en Gironde par Boiteau (1875) qui avait vu le Phylloxera ailé se fixer à la face inférieure des feuilles et pondre à l'angle formé par les nervures ou le long des nervures ou dans le duvet abondant.

D'après Franceschini (1895), les ailés déposent leurs œufs, soit à la face inférieure des feuilles, près des nervures, soit le plus souvent sur l'écorce du cep. Topi (1909) constate que ces œufs sont très rares sur les feuilles et qu'ils sont déposés à peu près exclusivement sur l'écorce. Il remarque aussi que les ailés ne pondent pas sur tous les cépages, qu'ils ont une préférence très marquée pour les plants américains, tandis qu'ils pondent rarement sur les plants européens ou sur les vignes européennes greffées sur souche américaine. Ses expériences démontrent de façon indiscutable que l'insecte distingue les cépages, non pas à l'écorce, mais au feuillage, probablement guidé par l'odorat.

Grassi (1914) a indiqué que l'ailé, dans les pays méridionaux préférait pondre sur l'écorce des souches, mais que dans les pays septentrionaux il choisit de préférence la feuille.

Maillet (1957) a recherché en vain l'ailé ou ses œufs sous la feuille dans les collections de l'Ecole de Montpellier. Sans mettre en doute les observations antérieures il pense qu'actuellement la ponte à la surface inférieure des feuilles est un phénomène exceptionnel, tout au moins à Montpellier et aux Eyzies. Chaque fois qu'il a trouvé l'ailé ce fut dans les gerçures de l'écorce, le long du cep, un peu plus à l'extérieur que le sexué, qui s'enfonce plus profondément dans les fentes de l'écorce pour y pondre son œuf d'hiver. Il l'a trouvé aussi à la surface du sol, venant de muer, les ailes encore fripées et dépigmentées.

D — Nombre d'œufs pondus

« Après s'être nourri et avoir pris son vol, écrit Maillet, l'ailé est apte à la reproduction. Dès le stade nymphe, on peut déjà voir par transparence les œufs à moitié formés dans le corps de la larve. A la mue imaginale, ils n'ont cependant pas leur taille définitive.

« Le nombre d'œufs pondus est assez variable. V. Mayet signale que l'ailé pond de 1 à 8 œufs, avec une moyenne de 2 œufs. Grassi et Foa (1912) signalent de même que la moyenne est de 2 œufs par imago en Italie.

« La moyenne de nos observations est plus élevée : 3 à 4 œufs en général (dissections effectuées sur des ailés fraîchement éclos) :

Pour un lot de 160 ailés la distribution de la fécondité a été de :

1 œuf	......	10	4 œufs	 50	7 œufs	 3
2 œufs	.....	21	5 œufs	 30		
3 œufs	.....	39	6 œufs	 7		

E — Types d'œufs pondus

Planchon (1871) est le premier à avoir indiqué les deux types de Sexupares :

— les androphores vont pondre de petits œufs, mesurant 250-274 x 120-152 microns ;

— les gynéphores donneront des œufs plus gros, mesurant 323-383 x 163-176 microns.

Tous ces œufs sont ovales, hyalins, d'un jaune pâle, puis au bout de quelques heures ou jours ils se rident et présentent alors des *plages polygonales ou hexagonales*, limitées par les mailles d'un réseau chitineux. Mais peu de temps avant l'éclosion, les plis s'effacent et l'œuf redevient lisse, laissant voir l'embryon. En été les œufs mâles dominent : 5 mâles pour 1 œuf femelle alors qu'en septembre la proportion s'inverse : 1 mâle pour 3 femelles et plus tard uniquement des femelles, tous ces rapports pouvant être modifiés par des facteurs locaux. Les œufs sont pondus à une certaine hauteur au-dessus du sol, mais très rarement sur les pousses de l'année.

BALBIANI (1884) indique qu'il a vu souvent les deux sortes d'œufs pondus par le même insecte. Pour V. MAYET, à Montpellier ce cas est rare En Italie GRASSI soutient la version de PLANCHON, ce que plus tard MAILLET confirme car il a toujours obtenu des ailés androphores et des ailés gynéphores, mais sans caractères morphologiques distinctifs. De plus, le nombre d'œufs pondus par un seul ailé ne peut donner d'indication sur la destinée de cet œuf : mâle ou femelle. Les deux courbes (Nombre d'ailés par rapport au nombre d'œufs pondus par ailé) se chevauchent sans qu'il soit possible de les séparer.

« L'influence du milieu intervient en outre pour *déterminer le sexe des œufs pondus par les ailés*, ce qui explique qu'à certaines périodes on observe la prédominance d'ailés gynophores ou d'ailés androphores, tandis qu'à d'autres il existe des ailés de ces deux sortes et d'autres pondant à la fois des œufs mâles et des œufs femelles. »

« En Allemagne, BORNER (1909) constate que les œufs mâles se développent beaucoup plus lentement que les œufs femelles. Mais TOPI (1909) en Italie ne constate aucune différence entre les deux sexes à ce point de vue. Mais il fait remarquer que le Phylloxera présente un cas très net de *proterandrie*. Durant tout le mois d'août il trouve en moyenne cinq mâles pour une femelle. En septembre, les femelles dominent (sept ou huit femelles pour deux ou trois mâles). En octobre les œufs d'ailés ne donnent plus naissance qu'à des femelles » (MARCHAL et FEYTAUD, 1913).

10° LES SEXUÉS

Les œufs pondus par les Ailés vont éclore en donnant des mâles pour les petits œufs et des femelles pour les œufs les plus gros. Cette éclosion se réalise au bout de six à sept jours environ en août et septembre et même plus rarement au début d'octobre. Les Sexués ont d'abord été étudiés par CORNU (1873), faisant suite à l'étude du Phylloxera du chêne par son collaborateur BALBIANI en 1873 et celui-ci donna deux ans plus tard, en 1875 des détails sur la biologie des Sexués.

A — Morphologie

Les sexués se reconnaissent facilement à l'absence de rostre et de soies rostrales : ils ne se nourrissent donc pas et ce manque d'appareil suceur fait que l'intestin n'est pas fonctionnel et qu'il n'y a pas non plus de glandes salivaires. Leur vie est brève, de 8 jours à 1 mois, puisqu'ils vivent entièrement sur leurs réserves, provenant du jaune de l'œuf et que renferme la cavité de leur corps.

D'après BALBIANI (1875) : « Les sexués sont de très petite taille, donc difficiles à observer dans la nature :
— le *mâle* mesure 260-350 x 120-140 microns ;
— la *femelle* est un peu plus grande : 400-500 x 200-220 microns.

Comme les œufs donnant les mâles ont en moyenne 270 microns et ceux donnant les femelles 400 microns, on voit que l'accroissement de taille de l'œuf à l'adulte est très faible, beaucoup plus faible que celui des autres formes, le gallicole par exemple pouvant atteindre 5 à 6 fois la taille de son œuf.

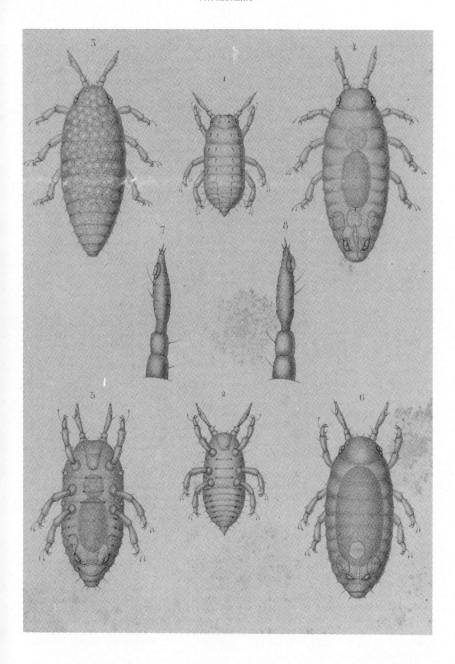

Fig. 223. – Sexué mâle : 1, face dorsale et 2, face ventrale ; 3, sexué femelle, après son éclosion ; 4, un jour après son éclosion avec par transparence les organes de la reproduction ; 5, femelle éclose depuis 3 jours avec par transparence l'ovaire formé par une seule gaine uniloculaire et l'œuf fécondable ; 6, femelle adulte avec par transparence le gros œuf mûr, près d'être pondu ; 7, antenne gauche du sexué mâle ; 8, antenne droite du sexué femelle, avec l'article terminal un peu plus long et élancé et sa partie postérieure plus mince (d'après BALBIANI).

« Les deux sexes différent encore : 1° par la *coloration*, qui est jaune vif, quelquefois plus ou moins brunâtre ou rougeâtre chez le mâle ; jaune clair chez la femelle ; 2° par la *forme des poils* des quatre rangées du dos et des deux rangées latérales : poils courts, raides et cylindriques chez le mâle ; souples, déliés et effilés au bout chez la femelle ; 3° par la *forme des antennes*, dont l'article terminal est plus aminci à la base et comme pédonculé chez la femelle. (Ce dernier article n'a qu'un seul stigmate olfactif). Dans les deux sexes, les pattes sont courtes et robustes, teintées en noirâtre, ainsi que les antennes, d'où un contraste de ces appendices avec la couleur plus claire du corps, qu'on n'observe pas dans les autres formes du Phylloxera où les antennes et les pattes participent à la teinte jaune générale de l'insecte.

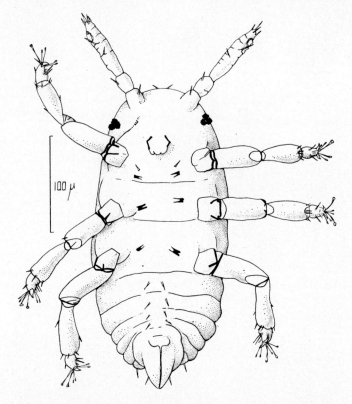

Fig. 224. – Sexué mâle (d'après MAILLET)

« *Le mâle*, renferme, dès l'instant de l'éclosion, de nombreux filaments spermatiques mûrs dans sa double capsule spermifique. Ces petits mâles, si imparfaitement organisés pour la vie individuelle, ne vivent que pour la reproduction et s'y montrent d'une ardeur extrême, pouvant féconder deux femelles, sans prendre de repos, dans l'espace de quelques minutes. »

« Le *mâle* se reconnaît facilement au prolongement du dernier segment abdominal qui forme une sorte d'étui bivalve sclérifié qui sert de pénis, au milieu duquel passe le canal éjaculateur. L'organe de copulation est donc très simplifié. Par transparence, on voit facilement les deux testicules et les deux glandes accessoires.

« La *femelle* est remarquable par l'œuf volumineux et toujours
unique qui emplit sa cavité abdominale, remontant parfois jusque près
de la tête, de sorte que, comme l'indique V. MAYET « l'insecte sur le
point de pondre est en quelque sorte un œuf monté sur six pieds et
muni de deux antennes ». L'ovaire n'est représenté que par une seule
gaine ovifère, composée de la chambre germinative, de la loge contenant
l'œuf et de l'oviducte, qui se confond ici avec la partie postérieure de
la gaine » (MAILLET).

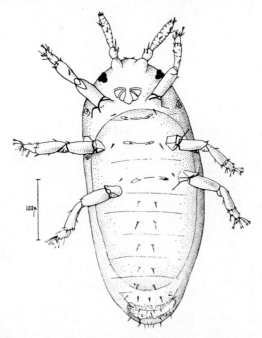

Fig. 225. – Femelle sexuée (avec l'œuf d'hiver en transparence) d'après MAILLET

B — Développement des Sexués

« CORNU et BALBIANI n'avaient pas vu muer les sexués. Pour eux,
les adultes, mâle ou femelle, sortaient directement de l'œuf et ils
s'accouplaient. La femelle pondait l'œuf d'hiver et les sexués mouraient
quelques jours après. Le Sexué serait donc un insecte du premier stade.

« Pourtant LEMOINE (1885) avait noté qu'après l'éclosion l'insecte
subit une mue avant de se libérer de son point d'attache et de commencer sa vie active. Par analogie avec les autres Aphides, GRASSI et ses
collaborateurs pensèrent que l'insecte sexué devait être du cinquième
stade, comme dans les autres phases du cycle. Son assistante FOA put
établir que les quatre mues chez le sexué sont successives sans changement de lieu ; à côté de la coque de l'œuf on avait, à l'éclosion de
l'adulte, quatre exuvies emboîtées les unes dans les autres et difficilement discernables.

« MAILLET a confirmé ces vues italiennes et il a observé que ces
larves, contrairement aux formes du même type des autres phases du
cycle, ne bougent pas et adhèrent à la coque de l'œuf après leur éclosion.
Elles restent ainsi plusieurs jours et ne se libèrent que lorsqu'elles sont
adultes. De l'œuf à l'adulte il y ⌐ bien toujours 4 mues, donc cinq

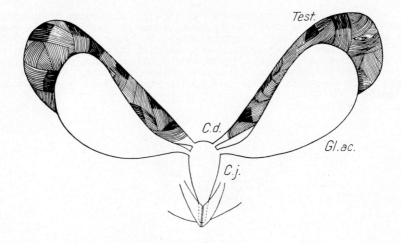

Fig. 226. – Organes génitaux mâles (d'après MAILLET) : Test, testicule ; C. d., canal déférent ; C. j., canal éjaculateur ; Gl. ac., glandes accessoires.

Fig. 227. – Garniture chromosique du Phylloxera (d'après MAILLET) : Plaque équatoriale, vue de dessus, dans une cellule du blastoderme d'un œuf de femelle parthenogénétique (2n + 2x) à gauche et d'un œuf de mâle (2n + x) à droite.

stades. La durée des stades larvaires est très variable. A Montpellier, en août, il a obtenu des adultes trois jours après l'éclosion de l'œuf. En septembre de la même année, des sexués n'ont éclos que quatorze jours plus tard. La moyenne est de six jours. Par contre en Dordogne aux Eyzies, les sexués ne peuvent éclore parce que les nuits sont très fraîches et leur imposent une véritable diapause. Certains œufs ont éclos mais n'ont pu subir les quatre mues successives du sexué ; d'autres ont avorté avant l'éclosion. On est donc là au-dessous du seuil biologique du Phylloxera sexué. »

WINKLER (1950) a indiqué qu'en Californie l'important facteur qui a ralenti la propagation du Phylloxera était le manque d'Ailés déposant des œufs viables, d'où l'absence d'une génération gallicole normale. Il en est de même au Chili. Donc le développement du Phylloxera se fait entre certaines limites thermiques et hygrométriques, le froid nocturne comme la sécheresse en pays chaud pouvant bloquer la nymphose, aboutissant à l'absence de gallicoles.

C — Sex-ratio ou Rapport mâle/femelle

BALBIANI signale que le pourcentage des mâles est de 20 % chez les Aphides en général et chez les Phylloxéridés en particulier. V. MAYET note 2 à 3 mâles pour 7 à 8 femelles.

Pour BOITEAU (1876), « la proportion des mâles aux femelles a été d'environ 4 ou 5 %, dans les naissances obtenues en vases clos. Elle ne doit guère être plus considérable en général puisqu'il est très difficile d'en voir à l'état de liberté ».

GRASSI constate que la proportion varie dans le temps : 5 mâles pour 1 femelle en août alors qu'en octobre les femelles sont plus nombreuses. MAILLET à Montpellier a obtenu en septembre 3 mâles pour 2 femelles et en octobre 4 femelles pour 1 mâle. En Allemagne à Wurzburg, BREIDER (1952) a trouvé en août 5 mâles pour 1 femelle et en septembre 1 mâle pour 3 femelles. On peut donc retenir que les mâles dominent au début, mais que le pourcentage des femelles augmente au point de l'emporter en fin de saison.

D — Sexualité du Phylloxéra

1° Organes génitaux mâles

Selon MAILLET (1957) « les organes mâles des Phylloxéridés sont réduits aux organes essentiels. Ils comprennent :

1° Une *paire de testicules*, pouvant atteindre 100 microns x 50 microns ; les canaux déférents, très courts, convergent en un canal éjaculateur impair, qui se dévagine partiellement lors de la copulation et s'engage dans le pénis, simple étui bivale formé par le prolongement du dernier segment abdominal.

2° Une *paire de glandes accessoires*, un peu plus petites que les testicules et s'ouvrant au niveau de la jonction des canaux déférents ».

2° Garniture chromosomique

Les travaux de MORGAN (1906 à 1915) sur les Phylloxéridés ont, en grande partie, élucidé le mécanisme du sexe chez les Phylloxéridés. Mais il a fallu attendre les études de MAILLET (1954, 1957) pour connaître la garniture chromosomique du Phylloxera de la Vigne. « Cette garniture répond à la formule $2n + 2x$ chez les générations parthénogénétiques où les mitoses restent équationnelles. Dans l'ovogénèse des femelles parthénogénétiques, on a donc des ovocytes de formule $2n + 2x$, qui donnent une descendance uniquement composée de femelles.

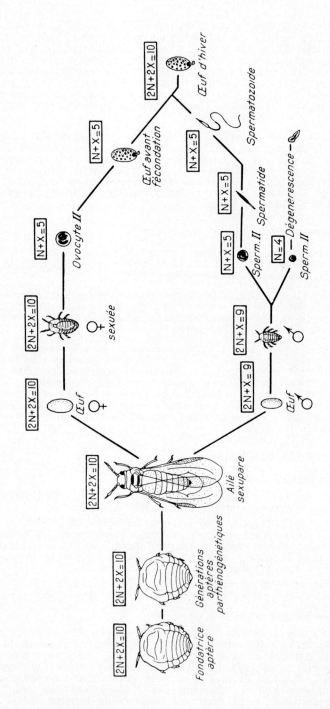

Fig. 228. – Schéma du cycle chromosomique chez le Phylloxera de la Vigne (d'après MAILLET).

« Mais chez les ailés androphores, la division de maturation de l'ovocyte reste équationnelle pour les autosomes et devient réduction-nelle pour les hétérochromosomes. Le sexupare androphore pond des œufs parthénogénétiques diploïdes, de formule 2n + x, qui donneront automatiquement des mâles. Dans la spermatogénèse de ces mâles 2n + x on constate l'existence de deux sortes de spermatides répondant aux formules (n + x) et (n), mais seule la première sorte évolue en spermatozoïdes, l'autre dégénère.

« Dans l'ovogénèse des femelles sexuées 2n + 2 x, par contre, la réduction chromatique a lieu normalement et les ovocytes répondent tous à la formule chromosomique n + x. L'œuf d'hiver avant d'être fécondé, possède donc n + x chromosomes.

Le nombre n étant égal à 4 la garniture chromosomique diploïde sera de 2n + 2 x = 10 et pour le mâle de 2n + x = 9. L'œuf fécondé, aura de nouveau 2n + 2 x = 10.

« Cette garniture chromosomique comprend :

1° Une paire 1 nettement plus longue que les autres, ayant souvent la forme d'un V ;

2° Une paire 2, près de deux fois plus petites ;

3° Une paire 3 et une paire 4 subégales ;

4° Les hétérochromosomes, nettement individualisés et de forme typique : en haltère dissymétriques, l'une des boules étant plus grosse que l'autre. A la métaphase, sur des plaques équatoriales vues de profil, les hétérochromosomes sont toujours en dehors du plan des autosomes. Ils sont situés côte à côte, au-dessus du plan équatorial.

« La garniture chromosomique du Phylloxera de la vigne présente donc, par sa diploidie, les caractères des Aphides primitifs alors que d'autres espèces de Phylloxéras sont tétraploïdes.

3° Spermatogénèse

« Chez le mâle (2n + x = 9 chromosomes), on constate l'existence de deux spermatocytes l'un à n + x = 5 chromosomes, l'autre à n = 4 chromosomes. Un premier fait intéressant à noter est que cette spermatogénèse débute en pleine embryogénèse. En effet, à l'éclosion de l'œuf mâle, les spermatocytes sont déjà formés. La première division de maturation a lieu lors de la formation du système nerveux de la future larve, c'est-à-dire 24 ou 48 heures après la ponte de l'œuf sexué de l'ailé.

« Le spermatocyte sain à n + x = 5 chromosomes mesure 2,7 microns. Il continue son évolution normale, se divise et donne deux spermatides.

« Le spermatocyte à n = 4 chromosomes est bien plus petit (1,5 microns) ; la masse chromatique, au lieu d'être bien individualisée, se condense en un amas sans contour défini. Le cytoplasme est très réduit et la cellule entière dégénère par caryolyse. Cependant certains parviennent à se diviser et la dégénérescence n'intervient qu'au stade de la spermatide.

« L'évolution, soit vers la dégénérescence, soit vers la spermatogé-nèse normale, est complète en 3 à 5 jours après l'éclosion de l'œuf, c'est-à-dire qu'elle s'effectue pendant les 4 mues successives du mâle. Lorsque le mâle adulte se met à bouger, il possède son stock complet de spermatozoïdes mûrs.

4° Spermatozoïde

« Le spermatozoïde mûr de Phylloxera montre :
1° Un acrosome de 13 microns environ ;
2° Une tête chromatique de même longueur, mais plus large ;
3° Un long segment intermédiaire de 90 à 100 microns ;
4° Un flagelle caudal de 280 microns.

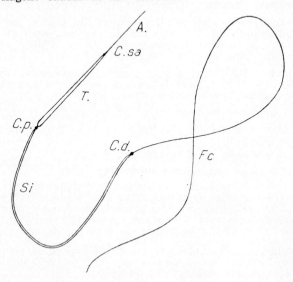

Fig. 229. – Schéma d'un spermatozoïde de Phylloxera (d'après MAILLET) : A, acrosome ; C. sa., centrosome sous-acrosomien ; T, tête ; C.p. centrosome proximal ; S.i., segment intermédiaire ; C.d. centrosome distal ; F.c., flagelle caudal.

« Après fixation aux vapeurs osmiques et à l'hématoxyline de Heidenhain, on distingue un centrosome sous-acrosomien et deux centrosomes : un proximal et un distal, de chaque côté du segment intermédiaire. La longueur totale du spermatozoïde mûr avoisine donc 400 microns environ, soit une fois et demie en moyenne la longueur totale de l'insecte. On conçoit donc que les faisceaux de spermatozoïdes soient contournés et enchevêtrés les uns dans les autres à l'intérieur du testicule, comme les fils d'une pelote. »

5° Organes génitaux femelles

« Comme celui de tous les Aphides, écrit MAILLET, l'ovaire des Phylloxeras est de type acrotrophique.

« Dans chaque ovariole, on distingue un *germarium* globuleux sans filament suspenseur, de 100 à 150 microns, composé de cellules nourricières cunéiformes à gros noyaux très chromophiles. A la base de ce germarium, se trouvent les jeunes cellules germinales remplaçant les œufs maturés, au fur et à mesure de la ponte. Un même ovariole contient jusqu'à 4 et 5 œufs à différents stades de développement. Signalons, pour mémoire, l'existence à la base du vagin, d'une paire de glandes cémentaires et d'une spermathèque non fonctionnelle et atrophiée. »

« Il y a deux glandes sébifiques destinées à enduire l'œuf au moment de la ponte ; l'oviducte est muni de fibres musculaires transversales striées, destinées à faciliter l'expulsion de l'œuf »

E - Accouplement

L'éclosion des œufs petits donnant des mâles ou des gros œufs donnant des femelles se fait là où ils ont été pondus, sous les feuilles ou sous les écorces. Selon BALBIANI, « le jeune mâle ou la jeune femelle vont se dépouiller en grande partie de l'enveloppe de l'œuf, qui vient s'affaisser à l'extrémité postérieure de leur corps, comme une membrane chiffonée. Ils demeurent ainsi, dans une sorte de léthargie, gardant la position qu'ils avaient dans l'œuf, les appendices repliés contre le corps, pendant plusieurs heures, quelquefois un jour entier, avant de commencer à remuer.

« Aussitôt sortis de la période d'immobilité qui précède leur réveil définitif, les individus des deux sexes se recherchent pour l'accouplement, qui se fait dans les lieux mêmes où ont été déposés les œufs des femelles ailées, qui donnent issue aux sexués. Les mâles, comme tous ceux des Aphidiens, sont très ardents pour le rapprochement sexuel et un seul peut suffire, dans un court intervalle, à plusieurs femelles, ce qui compense, dans une certaine mesure, le désavantage résultant de l'infériorité du nombre des individus mâles ; néanmoins un grand nombre de femelles, surtout parmi celles qui éclosent tardivement, restent sans s'accoupler, ne pondent point ou mettent au monde un œuf stérile, qui ne tarde pas à se détruire.

BALBIANI (1884) mentionne que « les spermatozoïdes transmis à la femelle par le mâle pendant l'accouplement ne sont pas emmagazinés dans le réceptacle séminal de celle-ci, comme chez les autres insectes, mais dans l'oviducte. Ce réservoir ou poche copulatrice reste par conséquent toujours vide, comme chez les femelles agames, mais pour un motif bien différent, à savoir : son exiguité et surtout l'étroitesse de son canal d'entrée, qui ne permettrait pas au pénis, du mâle d'y pénétrer ».

F — Formation de l'œuf d'hiver

Au moment de l'accouplement la femelle après ses quatre mues entre en activité. L'œuf d'hiver se voit déjà par transparence dans son corps mais il n'a encore que la moitié environ (120 à 150 microns) de sa taille définitive (270 à 300 microns).

« Cette femelle va désormais se vider de toutes ses réserves pour achever la croissance de l'œuf d'hiver.

« Tout le cycle, du vitellus de l'œuf de l'ailé au vitellus de l'œuf d'hiver, se fera sans apport extérieur puisque le sexué ne se nourrit pas. L'absence de copulation n'empêche, en outre, ni l'achèvement de l'œuf d'hiver, ni même sa ponte ; en élevage, écrit MAILLET, on trouve ainsi des œufs d'hiver pondus et non fécondés. Ils ne peuvent donner de fondatrice au printemps suivant. »

G — Ponte

« Après la fécondation, toutes les femelles abandonnent les feuilles ou le bois pour se diriger vers les écorces faiblement soulevées, c'est-à-dire vers celles du bois de deux ans ou celles plus âgées, qui offrent suffisamment d'adhérence pour assurer jusqu'au printemps la sécurité de leur ponte. Arrivées là, indique V. MAYET, elles font pénétrer l'extrémité de leur abdomen entre deux fibres saillantes de l'écorce et y déposent péniblement leur œuf unique, l'œuf d'hiver, auprès duquel, leur mandat accompli, épuisées par de violentes contractions, elles ne tardent pas à mourir. Dans la recherche de l'œuf d'hiver, la dépouille de la femelle sexuée sert très souvent de point de repère pour arriver à l'œuf qui n'est pas loin. »

« L'œuf fécondé, note encore BALBIANI, demeure dans le lieu où il a été déposé pendant toute la saison froide, garanti des intempéries par l'écorce qui le recouvre, car jamais il n'est pondu à nu, comme font de leurs œufs les Pucerons ovipares ordinaires, qui les déposent à la surface des branches ou du tronc des arbres ou les collent sur les plantes herbacées basses qui passent l'hiver sans se détruire.

« Au printemps suivant, en avril généralement, l'œuf éclôt et donne naissance à la Fondatrice. »

11° L'ŒUF D'HIVER

Il a été découvert par BALBIANI en 1874 et décrit en 1875, puis étudié par BOITEAU (1876), vétérinaire à Villegouge (Gironde), près de Fronsac.

A — Lieu de ponte

On vient de voir que l'œuf d'hiver est toujours pondu *sous les écorces de la Vigne*, principalement celles du bois de deux ans, de préférence à l'endroit où cette écorce est un peu déhiscente par suite de la coupe du sécateur, plus rarement sur le bois de trois ans (V. MAYET, 1881)

Fig. 230. - Femelle sexuée en train de pondre l'œuf d'hiver (d'après MAIL-LET). Remarquer la grosseur de l'œuf par rapport au corps de la femelle.

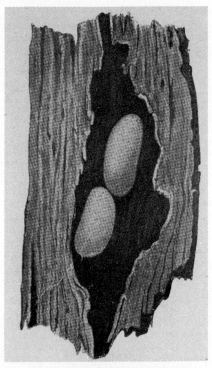

Fig. 231. - Œufs d'hiver sur des écorces (d'après GRASSI).

Selon BOITEAU « au moment où la désunion commence à se faire entre l'écorce de l'année précédente et celle de l'année courante, il y a dessèchement de la première et par suite diminution de son volume, tant en largeur qu'en épaisseur. Le rétrécissement amène des déchirures et des vides ; l'amıncissement amène un écartement entre l'écorce vive et celle qui se déssèche. Il se forme de petits tunnels communiquant entre eux par des déchirures plus ou moins nombreuses ; leurs diamètres ont à peine quelques dixièmes de millimètres. C'est dans ces galeries que s'enfoncent les femelles sexuées ; elles vont tant qu'elles peuvent pénétrer et quand les diamètres deviennent trop petits elles pondent et meurent sur les lieux. Les œufs d'hiver sont fixés au plancher, au plafond ou aux côtés de la galerie. C'est ce qui explique pourquoi on ne les trouve que sur les parties des ceps assez jeunes pour remplir ces conditions de corridors assez étroits formés par des rayons médullaires très rapprochés. Jusqu'ici, il m'a été impossible d'en rencontrer sur les parties des ceps ayant plus de dix ou douze ans d'âge. »

Cette ponte est réalisée normalement sur les Vignes américaines et leurs hybrides (porte-greffes ou producteurs directs), mais exceptionnellement sur les cépages issus de V. vinifera.

LICHTENSTEIN (1881) mentionne qu'à Montpellier, chez Pagézy il a trouvé les œufs d'hiver, en très grande quantité, sur le bois de 2 ans du Clinton (vendus comme crossette) donc facilitant la dissémination du parasite et aussi dans les fagots de sarments destinés à être brûlés et par conséquent hors d'atteinte des traitements d'hiver.

BALBIANI (1874) avait pensé à une génération sexuée hypogée sur des racines de ceps français, mais BOITEAU, l'année suivante malgré de minutieuses recherches n'a jamais pu en découvrir sur les racines ; ni les sexués ni l'œuf d'hiver. Il pense qu'avec le froid des premiers jours d'octobre les insectes ont cherché à se protéger.

En effet en déchaussant un jeune pied de vigne il en a trouvé en abondance sous les écorces recouvertes par la terre jetée par la charrue. Beaucoup d'œufs avaient été déposés et des jeunes sexués se promenaient sur le collet de la plante. Il ne serait pas étonnant, d'après cela, que leur présence fut constatée sur les racines superficielles.

BOITEAU (1879) a fini par trouver deux œufs d'hiver fécondés dans les couches tout à fait superficielles du sol. Le premier était fixé à la face inférieure d'une petite motte de terre qui se trouvait à la surface du sol, sur le milieu de l'intervalle de deux ceps ; le second a été trouvé en projetant de la terre dans des solutions concentrées de sel marin. Les deux n'avaient pas de tache rouge, mais le contenu était segmenté pour le second. »

BALBIANI (1879) répond que « ces deux œufs sont tout à fait accidentels, mais il ne s'agit pas d'un nouveau lieu d'élection de l'œuf fécondé ; d'ailleurs ces œufs paraissent déjà altérés ».

Le Dr FATIO (1879) pensait avoir trouvé un œuf fécondé sur les racines d'une vigne cultivée en vase, mais il ne s'agit pas de conditions normales et de plus il ne décrit pas l'œuf avec le petit point rouge du micropyle, seul caractère infaillible pour l'identifier.

MAILLET a personnellement observé que les façons culturales peuvent être à l'origine de ce que nous considérons comme une anomalie du cycle. Un œuf d'hiver peut acquérir un site hypogé par enterrement de l'écorce à la suite de labour et de binage, mais toujours artificiellement. L'œuf d'hiver occupe toujours un site épigé.

Pour découvrir l'œuf d'hiver V. MAYET recommande de soulever les écorces du bois de deux ans de préférence ou de trois ans et de regarder sur le bois et contre l'écorce soulevée, au moyen d'une loupe. Ces recherches sont à opérer là où chaque année des galles sont observées sur les feuilles. En effet les Ailés d'habitude, se réunissent par essaim sur certains points, véritables lieux d'élection, toujours les mêmes chaque année, où ils opèrent leur ponte. Leurs descendants, les Sexués,

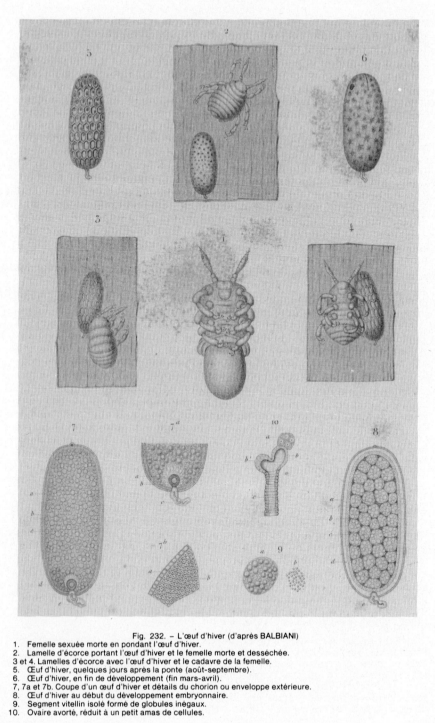

Fig. 232. – L'œuf d'hiver (d'après BALBIANI)

1. Femelle sexuée morte en pondant l'œuf d'hiver.
2. Lamelle d'écorce portant l'œuf d'hiver et le femelle morte et desséchée.
3 et 4. Lamelles d'écorce avec l'œuf d'hiver et le cadavre de la femelle.
5. Œuf d'hiver, quelques jours après la ponte (août-septembre).
6. Œuf d'hiver, en fin de développement (fin mars-avril).
7, 7a et 7b. Coupe d'un œuf d'hiver et détails du chorion ou enveloppe extérieure.
8. Œuf d'hiver au début du développement embryonnaire.
9. Segment vitellin isolé formé de globules inégaux.
10. Ovaire avorté, réduit à un petit amas de cellules.

pondent l'œuf d'hiver sur les mêmes souches et les Gallicoles qui en sortent sont nécessairement nombreux au printemps, dans ces localités encore mal déterminées mais qui pour le Languedoc nous paraissent être des endroits un peu humides, bas-fonds bien exposés ou coteaux exposés au Nord.

« Sur les plants français, où les galles se produisent difficilement, la recherche est moins facile. Il faut, dans ce cas, choisir les souches sur lesquelles de nombreux Ailés ont été vus l'été précédent. Nous n'avons personnellement jamais pu trouver des œufs d'hiver sur les plants français. On peut ajouter que le mois de mars est l'époque la plus favorable pour les recherches, l'œuf fécondé, à cette époque, étant de teinte beaucoup plus claire que pendant l'hiver. »

« Pourtant, note MAILLET, ce fut bien sur des cépages indigènes que BALBIANI et BOITEAU, en 1875, le trouvèrent pour la première fois. Il nous est arrivé, rarement certes, mais sept ou huit fois néanmoins, de découvrir des galles de fondatrice dans des vignobles de *V. vinifera* éloignés de vignobles de cépages hybrides ou américains. L'œuf d'hiver, qui donne cette fondatrice gallicole, peut donc éclore sur *V. vinifera*. La récolte de cet œuf est beaucoup plus fructueuse sur les Vignes américaines ou sur leurs hybrides. »

B — Mode de fixation de l'œuf d'hiver

« L'œuf d'hiver selon BALBIANI (1875) est toujours déposé sur le bois, jamais sur les feuilles. Lorsqu'on détache de la surface du bois de minces lamelles d'écorces en voie d'exfoliation, on trouve, soit à la face interne de ces lamelles, soit sur l'écorce restée en place, de petits corps allongés et luisants, tranchant à peine sur le fond brun de la surface corticale et par conséquent difficiles à apercevoir même à la loupe : ce sont les œufs d'hiver et très souvent on reconnaît, à côté de chaque œuf, une petite masse brune informe : c'est le corps ratatiné et désséché de la femelle qui l'a pondu et qui est morte à côté de sa progéniture. »

L'œuf d'hiver, parfois fixé par un petit pédicelle ou pédoncule, est placé entre deux fibres saillantes, tantôt collé sur le bois, tantôt sur l'écorce elle-même. On reconnaît, à coup sûr, l'œuf fécondé au *petit point d'un rouge brun* opposé au pédicelle et qui n'est que le micropyle, ouverture par laquelle les spermatozoïdes ont pénétré pour opérer la fécondation.

« L'œuf est accolé au fond d'une fente de l'écorce, écrit MAILLET. Il est maintenu par un pédicelle élastique et il faut souvent entrouvrir les fentes de l'écorce avec une aiguille lancéolée, sous la loupe binoculaire, pour arriver à le découvrir. BORNER (1910) dans un vignoble de Lorraine où les vignes américaines et françaises se trouvaient mélangées, avait signalé la présence inusitée des œufs d'hiver sous l'écorce de la Vigne française et en avait conclu à la préférence d'une certaine race de Phylloxera pour la vigne française (cf. les races biologiques). »

C — Essais de rupture de la diapause de l'œuf d'hiver

MAILLET a fait de nombreuses tentatives en vue de briser cette diapause par des variations thermiques (mises à l'étuve à 26 °C ou chocs thermiques de 0° à 15°), par des procédés chimiques. Toutes ces opérations ont été inefficaces, alors que sur un Aphide du Chêne, un simple choc thermique a permis de débloquer précocement la diapause de ces œufs.

D — Morphologie de l'œuf d'hiver

« L'œuf d'hiver, écrit BALBIANI (1875) est allongé, presque cylindrique, arrondi aux deux bouts, dont le postérieur, à peine plus volumineux que l'antérieur, porte un appendice en forme de queue, d'une structure particulière, qui sert à la fixer sur son support.

« Jaune, lorsqu'il est récemment pondu, il prend, dans les jours qui suivent la ponte, une teinte plus foncée, qui passe graduellement au vert olive, en même temps que de nombreuses petites taches plus obscures, arrondies, apparaissent à sa surface et y déterminent un pointillé noir qui se détachant sur le fond vert, donne à l'œuf un aspect assez élégant. Il est luisant, translucide, avec un dessin superficiel en relief formant des mailles hexagonales comme les œufs des individus ailés.

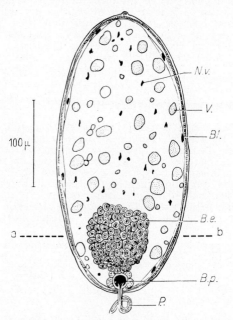

Fig. 233. – Coupe longitudinale d'un œuf d'hiver en diapause (d'après MAILLET) : P, pédicelle fixateur, *p*, bouton pédicellaire ; *B e.*, boulette embryonnaire ; *Bl.*, blastoderme ; *V*, vitellus ; N v., noyaux vitellins.

« Dès le lendemain de la ponte, commencent les modifications qui marquent le début du développement. Le blastoderme se forme à sa surface et le vitellus de nutrition se fragmente en masses hexagonales plus ou moins volumineuses. C'est quelque temps après que se montrent la coloration vert foncé et les petites taches noires. Même sur les œufs les plus anciennement pondus, je n'ai pu constater aucune trace de l'embryon. Mais ce retard, qui existe aussi chez le *Phylloxera quercus* est en faveur de son éclosion printanière. »

« L'œuf d'hiver, indique MAILLET (1957), mesure 270-300 x 100-120 microns, donc peu visible à l'œil nu. Sa couleur est jaune olive à la ponte, puis passe au vert foncé dès le début de la diapause qui a lieu quelques jours après et finalement à l'approche de l'éclosion, en mars, sa teinte s'éclaircit et vire au jaune ambré. BORNER (1909) a fait remarquer que contrairement à l'affirmation de BALBIANI, le chorion n'avait pas de structure polygonale externe. En réalité la coque semble parsemée de petits creux irréguliers et présente un aspect chagriné. »

« A son pôle extérieur, on aperçoit nettement un petit bouton brun, d'où part un pédoncule enroulé en tire-bouchon, le pédoncule fixateur, entouré d'une gangue gélatineuse, par lequel l'œuf se colle aux parois de l'écorce.

« Les œufs de Phylloxeras d'après BALBIANI (1876) offrent une résistance plus grande que les insectes. Pour s'en convaincre, il suffit d'examiner la structure de leur enveloppe, les propriétés physiques et chimiques de celles-ci, qui en font un abri sûr pour le jeune animal en voie de formation contre les agents extérieurs naturels et trop souvent aussi contre les insecticides. Ce n'est rien moins qu'un sextuple rempart qui l'isole du monde ambiant et des nombreuses enveloppes qui l'entourent dans l'intérieur de l'œuf deux surtout constituent des moyens de protection d'une grande efficacité.

« *Les parois de l'œuf* comprennent successivement :

D'abord à la périphérie de l'œuf, une couche adventice ou membrane externe qui ne se forme qu'au moment de la ponte et qui est appelée *pellicule superficielle ;* très mince et transparente, elle entoure complètement l'œuf comme un sac et s'en détache assez facilement au cours des manipulations.

Puis viennent 3 membranes qui constituent l'enveloppe proprement dite de l'œuf, à savoir :

— une membrane intermédiaire ou *exochorion ;*
— une membrane interne ou *chorion ;*
— la *membrane vitelline ;*

et enfin les deux tuniques connues sous le nom d'*enveloppe séreuse* et d'*amnios* qui revêtent immédiatement l'embryon. Celles-ci sont fort minces et fragiles ; elles manquent dans les œufs où le développement n'a pas encore commencé et n'existent plus dans ceux qui contiennent un embryon bien formé. Quant aux autres enveloppes, elles se retrouvent toutes dans les divers œufs du Phylloxera, mais avec des modifications.

« 1° La *pellicule superficielle* forme, à la surface de l'œuf frais pondu des radicicoles, une sorte de vernis mince et uniforme, composé de très fines granulations réfringentes, agglutinées par une substance amorphe, claire et homogène. Ce sont ces granulations qui donnent à l'œuf sa belle couleur jaune vif et son aspect opaque ; plus tard, à mesure que l'œuf vieillit, la pellicule se fendille en petits fragments polygonaux ou irrégulièrement arrondis et ces granulations prennent une teinte brune, signe précurseur de l'éclosion. L'épaisseur de la pellicule superficielle varie d'un œuf à l'autre, elle est en moyenne de 2 microns ; en comprimant l'œuf sous le microscope, on parvient à la détacher par plaques plus ou moins larges, au-dessous desquelles apparaît l'enveloppe propre avec son éclat et sa transparence normale.

« Les propriétés microchimiques de cette couche lui assignent une composition élémentaire qui n'est ni franchement celle des matières grasses ni celle des substances albuminoïdes ordinaires. Ainsi, elle est complètement insoluble dans l'eau, fort peu soluble dans le sulfure de carbone, le pétrole, l'huile lourde tandis qu'elle est dissoute avec facilité par l'alcool absolu, les solutions alcalines concentrées, l'acide acétique pur et l'acide sulfurique. La solution prend, suivant l'âge des œufs, une couleur tantôt jaune, tantôt brune, due aux granulations colorées de la pellicule.

« Dans les autres œufs de Phylloxera (gallicoles, ailés, sexués) la pellicule superficielle est d'une minceur à peine appréciable ; jamais elle ne renferme de granules jaunes ou bruns et paraît exclusivement formée par la substance fondamentale homogène, ce qui explique la transparence et l'aspect brillant que ces œufs continuent à présenter pendant tout le cours du développement.

2° L'*exochorion* avec le *Chorion*, qui lui est sous-jacent, sont les principales enveloppes de l'œuf. Elles constituent comme deux couches différentes d'une même membrane, tant elles se ressemblent par l'ensemble de leurs caractères ; elles se forment aussi l'une et l'autre, tandis que l'œuf est encore dans l'ovaire. Ce sont deux membranes chitinisées, parfaitement transparentes et incolores, mais qui par les progrès de l'âge prennent, dans l'œuf hypogé, une teinte bistrée, sans cesser d'être transparentes. Leur réunion est si intime qu'on ne parvient à les séparer qu'en laissant les œufs pendant plusieurs heures dans une forte solution alcaline ; en exerçant alors une compression, l'exochorion se détache du chorion sous forme d'une membrane molle, hyaline et homogène, présentant une grande disposition à former des plis et à prendre un aspect chiffoné. Dans les œufs souterrains, la surface extérieure est lisse et unie, mais chez ceux des insectes ailés et dans l'œuf fécondé, elle est élégamment sculptée de facettes hexagonales régulières, séparées par des lignes saillantes ou cotes, qui donnent à l'œuf une apparence gaufrée : ce sont les empreintes des cellules épithéliales qui revêtent l'œuf à l'intérieur de l'ovaire et constituent la membrane formatrice du chorion et de l'exochorion. Le chorion de l'œuf d'hiver, au lieu d'être homogène comme chez les autres œufs, est traversé dans toute son épaisseur par des canalicules très fins et très serrés, perpendiculaire à la surface qui lui donnent une apparence poreuse. Dans une vue de face, les orifices extérieurs de ces petits canaux paraissent comme de fines ponctuations sombres, entourées d'une aréeole claire. Les canalicules poreux de l'œuf, très développés chez quelques insectes, constituent comme on sait, un appareil pneumatique pour le passage de l'air nécessaire à la respiration de l'embryon. Notons aussi que le petit appendice, en forme de pédoncule, du pôle postérieur de cet œuf et qui a pour usage de fixer celui-ci sur l'écorce du cep, est formé par un prolongement commun du chorion et de l'exochorion. Au pôle antérieur, ces deux membranes présentent une ouverture micropylaire simple au centre d'une petite dépression circulaire, trace de l'insertion du cordon qui reliait l'œuf à la chambre germinative (canal vitellin des auteurs). Dans l'œuf récemment pondu, il n'est pas rare de voir quelques spermatozoïdes filiformes engagés dans cette ouverture ; jamais rien de semblable ne s'observe sur les autres œufs qui sont féconds sans accouplement et où le micropyle s'oblitère de bonne heure.

« 3° *La membrane vitelline* ne peut être décelée que sur l'œuf encore contenu dans le follicule ovarique et avant la formation du chorion. Plus tard et surtout dans l'œuf pondu, ces deux membranes contractent une adhérence intime que je n'ai pas réussi à rompre par aucun moyen mécanique ou chimique. Dans l'œuf ovarien c'est une enveloppe fine et anhiste, véritable membrane de cellule qui ne présente rien de particulier à noter.

« De cette description il résulte que c'est surtout au chorion et à l'exochorion que l'œuf du Phylloxera doit sa solidité et son imperméabilité, grâce aux propriétés bien connues de la chitine qui forme la substance de ces membranes et malgré leur faible épaisseur qui ne dépasse pas 3 microns pour les deux réunies. Mais ces qualités physicochimiques de l'enveloppe ne suffisant pas à expliquer la résistance que les œufs présentent dans les milieux où les insectes éclos succombent avec plus ou moins de rapidité. Il faut reconnaître au germe ou à l'embryon lui-même des propriétés vitales particulières qui lui permettent de s'adapter à des conditions d'existence fort différentes de ses conditions normales. Telle est l'aptitude à la vie aquatique que possèdent tous les œufs du Phylloxera. Non seulement ils vivent et éclosent parfaitement sous l'eau, mais on peut soutenir même que ce milieu leur convient mieux que l'atmosphère, car pour peu que celle-ci ne contienne pas une suffisante quantité d'humidité, ils se déssèchent et meurent. »

E — Cytologie de l'œuf d'hiver

Selon MAILLET (1957) :

« Peu d'auteurs se sont intéressés à la cytologie de l'œuf d'hiver, sans doute à cause de la rareté des œufs et de leur petitesse.

« Dès 1884 BALBIANI, le premier, avait fait une étude assez poussée qui reste valable dans son ensemble, en dehors de quelques points de détail. Il a très bien vu la polarisation de l'œuf : micropyle au pôle antérieur, pédoncule fixateur au pôle postérieur. Dans ses *Mémoires sur la génération des Aphides* (1869-1871) il a fort bien décrit, mais non expliqué, la masse verdâtre que l'on trouve au pôle postérieur de la plupart des œufs des Aphides et que l'on sait être aujourd'hui le mycétome. Or dans son étude sur l'œuf d'hiver du Phylloxera cette masse a échappé à son observation.

« GRASSI et son école (1912) ont bien décelé cette étrange masse qui se tient autour du bouton pédicellaire. Ils n'en ont fait cependant aucune étude cytologique et se contentent de la signaler en l'appelant blastoderme.

« Dans la coupe longitudinale de l'œuf d'hiver on voit que le bouton pédicellaire est entouré d'un manchon homogène de nature plus réfringente que le bouton lui-même, de couleur brune et nettement visible par transparence. Quelques gros noyaux entourent ce bouton, mais ne participent pas à l'embryogénèse car on les retrouve autour du bouton lorsque l'embryon est bien développé, un peu avant l'éclosion. Au-dessus du bouton, à l'intérieur de l'œuf, se trouve une masse granuleuse, sphérique ou légèrement allongée, atteignant 30 à 50 microns de diamètre. Cette masse est formée de quelques centaines de cellules indifférenciées et semblables entre elles, dont chacune possède un noyau de 2 à 3 microns et un nucléole de 0,8 micron. Cette masse occupe l'endroit exacte du mycetome des œufs d'Aphides. Ne le serait-elle pas ? De nombreux caractères cytologiques infirment cette hypothèse :

1° La masse n'est pas pigmentée, contrairement au mycetome ovulaire des autres Aphides.

2° Elle est faite de cellules bien individualisées avec noyau et nucléole.

3° A ce stade, *toute autre formation* embryonnaire cohérente manque dans l'œuf, alors que les œufs des Aphides, en général, possèdent un embryon déjà bien avancé avant le commencement de la diapause.

« Des coupes répétées, en mars 1954 ont permis de pouvoir saisir le réveil de cette masse embryonnaire primaire et d'en suivre le développement jusqu'à l'éclosion. Il s'agit bien de *la masse embryonnaire primitive.*

« Comme les autres Hémiptères, le Phylloxera a un développement du type endoblastique. Après formation du blastoderme, la bandelette germinative s'enfonce dans le vitellus, au pôle postérieur de l'œuf et, glissant autour du bouton pédicellaire, vient former une boulette de cellules embryonnaires encore indifférenciées et l'œuf entre en diapause. En général, dans les œufs d'hiver des autres Aphides, l'embryon en diapause possède déjà les premiers ébauches appendiculaires plus ou moins développées. Ici, rien de tel. La diapause a lieu avant la différenciation des cellules embryonnaires primaires. Le stade embryologique de diapause de l'œuf d'hiver du Phylloxera est donc remarquable par sa précocité. »

F — Eclosion de l'œuf d'hiver

BOITEAU (1876) a observé cette éclosion en Gironde « Le 27 mars les diamètres des œufs avaient augmenté de 3/100ᵉ et 6/100ᵉ de millimètres. L'œuf était devenu plus clair et sa couleur tirait sur le roux ambré, de difficilement apercevable, il était devenu très visible. Son adhérence aux écorces était moindre par le désséchement du pédicule qui le fixe. Le 7 avril, j'ai constaté la présence de l'embryon, à travers ses enveloppes. Les premiers points visibles sont les yeux, puis viennent les pattes et les segments de l'abdomen. Sur la courbure qui correspond à la tête de l'insecte on aperçoit une ligne noire, noueuse à sa partie concave. Cette ligne passe entre les deux yeux et se prolonge jusqu'au quart du grand diamètre de l'œuf. Elle forme une scissure par emporte-pièce (elle se détache sous la forme d'un croissant) qui divise l'extrémité de l'œuf en deux valves, laissant une ouverture par laquelle sort le jeune Phylloxera.

« L'éclosion de l'œuf d'hiver peut être fixée dans la Gironde au 15 avril. Une élévation de température précoce pourrait l'avancer de quelques jours.

« Au moment de l'éclosion, les œufs, qui étaient devenus pleins et brillants, se flétrissent de nouveau ; ils se chiffonnent à leur partie postérieure et prennent une teinte brun chocolat ; leur surface paraît chagrinée. La tête de l'insecte correspond à la partie opposée au point rouge, contrairement aux suppositions qui avaient été faites.

« L'insecte, après son éclosion, laisse sur place la coque de l'œuf, plissée à sa partie postérieure et ouverte en deux valves à sa partie antérieure ; elle est de couleur jaune paille. Après sa naissance le jeune Phylloxera reste un certain temps sous les écorces qui l'abritaient ; ses mouvements, assez lents au début, deviennent plus rapides quand il a été découvert quelques instants. »

G — Action de l'eau sur l'éclosion

BALBIANI (1876)

« Pour étudier *l'action de l'eau*, des œufs ont été mis dans un tube contenant 10 cm d'eau. Les œufs tombent au fond sans revenir jamais à la surface. Les éclosions se font à intervalles successifs comme dans l'atmosphère, suivant l'état de développement des œufs au moment de l'immersion. Les œufs dont l'embryon était encore peu développé au moment de l'immersion accomplissent très bien toutes les phases de leur évolution ; jusqu'à l'éclosion. Mais au printemps, où le travail embryogénique exige souvent 20 à 25 jours, l'immersion devenait souvent fatale aux œufs alors qu'en été où l'incubation dure 8 à 10 jours au plus, tous les œufs éclosent également bien, à quelque période de leur évolution qu'ils aient été immergés.

Une différence analogue s'observe entre les insectes nés sous l'eau et ceux éclos dans l'atmosphère. Les premiers continuent souvent leur vie dans l'eau dix à quinze jours après l'éclosion, si la température n'est pas trop élevée, tandis que les seconds meurent déjà au bout de douze à quarante-huit heures, les plus jeunes étant ceux qui présentent la plus longue résistance.

« L'œuf ou l'insecte plongé dans l'eau se trouve dans les conditions d'un animal aquatique qui respire l'air en dissolution dans ce liquide, mais n'ayant pas d'organes spéciaux pour ce mode de respiration, ce sont les membranes de l'œuf ou les téguments du corps qui remplissent le rôle des branchies. Dans l'eau privée d'air par ébullition et refroidie, l'insecte meurt par asphyxie. »

12° RACES BIOLOGIQUES

Les recherches de BORNER (1908-1914) réalisées en Lorraine à Villers-sur-l'Orme, près de Metz tendaient à établir qu'il existait dans cette région une race de Phylloxera, qui diffère biologiquement du Phylloxera habituellement rencontré en France. Il poursuivit plus tard, en Allemagne ses investigations jusqu'en 1939 et il modifia souvent ses résultats et ses dénominations. Cette théorie, fausse et aujourd'hui abandonnée, fut largement combattue, par les chercheurs italiens et plus récemment MAILLET n'a pu mettre en évidence les deux races biologiques de BORNER.

Le point de départ de la théorie de BORNER reposait sur le fait qu'en Lorraine, en serre, le Phylloxera ailé préfère, pour déposer ses œufs les vignes européennes aux vignes américaines. De plus l'œuf d'hiver ne se trouve que sur vigne européenne ou sur *V. Labrusca*, de sorte que les feuilles de ces deux espèces portent des galles foliaires, alors que les vignes américaines, qui en présentent généralement, en sont dépourvues.

BORNER proposa de désigner cette race sous le nom de *pervastatrix* en 1914 dont il changea le nom en 1923 pour l'appeler *vastatrix*. C'est la race du Nord « Nordliche, Lothrugishe deutsche, Fuchsreblaus » qui se montre particulièrement nuisible par les altérations qu'elle provoque sur les racines non seulement des vignes européennes mais encore de certaines vignes américaines telles que *V. arizonica, Berlandieri, cordifolia, monticola, palmata, Solonis*. Cette race *pervastatrix* se serait formée en Amérique dans la région des Monts Alleghanys, par adaptation au *V. Labrusca* qui y vit, puis transportée en Europe. Il pensait aussi que dans le Midi de la France les deux races coexistaient.

La seconde race fut d'abord désignée sous le nom de *vastatrix* en 1914, puis de *vitifolii* en 1923. C'est la race du sud « Sudliche, Sudfranzosiche reblaus, Ufereblaus. »

Entre ces deux races il avait établi des différences :

A — Différences morphologiques

1° Les Tubercules

Chez le Phylloxera radiciole on trouve un ou deux tubercules placés sur le côté du métathorax. BORNER rencontra deux tubercules dans 80 % des individus de la race *vastatrix* et un tubercule dans 50 à 65 % des individus de la race *vitifolii*. Les nymphes auraient toujours, dans les deux races, deux tubercules marginaux. En réalité BORNER abandonna rapidement ce caractère qui ne se rencontre dans certains cas que chez un individu sur deux à la suite des critiques formulées par SCHNEIDER-ORELLI et LEUZINGER (1924). MAILLET a trouvé tantôt deux tubercules nettement séparés, tantôt deux tubercules juxtaposés, tantôt enfin deux tubercules confondus et ceci uniquement au sein d'une population vivant sur un même cépage : sur 140 radicicoles examinés 30 % étaient à tubercules séparés, 20 % à tubercules juxtaposés, 15 % avec tubercules confondus et 35 % sans tubercules visibles. De plus un même individu peut avoir un tubercule d'un côté et deux tubercules de l'autre côté.

2° Les soies rostrales

« BORNER s'intéressa ensuite à la longueur des soies rostrales, qui sont au nombre de 4 : deux mandibules formant stylets externes et deux mailles formant stylets internes. Il retint le rapport de la longueur a des soies rostrales à la longueur b de celles du tibia de la troisième paire de pattes, rapport qui lui a permis de distinguer les deux races. Les différences sont surtout frappantes chez le nouveau-né, tant gallicoles que radicicoles.

Ce rapport a/b varie chez les néo-gallicoles *vitifolii* entre 2,05 et 2,90 (moyenne 2,5) et chez les néo-gallicoles *vastatrix* entre 2,75 et 3,70 (moyenne 3,20).

« On trouve des exemples de races pures de *vitifolii*, à rostre court, dans les champs de pieds-mères de plusieurs pays du Centre et du Sud de l'Europe. Les races pures de *vastatrix*, à long rostre, sont connues en Allemagne, dans le Nord de la Suisse, en Italie, en Hongrie, en Espagne, au Portugal, en Russie méridionale et dans le Sud de la France.

B — Différences biologiques

« Pour BORNER, le comportement biologique des deux races est différent. En règle générale, les vignes attaquées par le *vastatrix* aux feuilles et aux racines présentent à la fois des nodosités et des tubérosités ; par contre les vignes immunes au *vastatrix*, celles dont le *vitifolii* attaque les racines et les feuilles, ne portent que des nodosités.

« A partir de là, BORNER établit une classification très complexe des vignes, selon leur réceptivité gallicole et radicicole à l'égard de l'une ou de l'autre race :

1° Un groupe attaquable par les deux races *vastatrix* et *vitifolii* ; exemples : *V. vinifera*, *V. Labrusca*, quelques variétés de *V. riparia* et de *V. rupestris*.

2° Un groupe jouissant de l'immunité à l'égard de *vastatrix* ; exemples : les *riparia en général* et les hybrides de *riparia x rupestris*, *riparia x Berlandieri*.

3° Un groupe jouissant de l'immunité vis-à-vis de *vitifolli* ; exemple le *Berlandieri x rupestris* 110 Richter.

4° Un groupe ne donnant avec les deux races que des galles stériles ; exemple le Mourvedre x *rupestris* 1202 Couderc.

Il y aurait donc deux races géographiques, morphologiques et biologiques.

« BORNER a aussi admis la possibilité d'une hybridation entre les deux races, ce qui entraîne la disjonction des caractères dans la génération sexuée, sans oublier les variations de la taille des soies rostrales qui peuvent être influencées par les conditions extérieures (température, humidité...) » (MAILLET).

Les travaux de BORNER sont très touffus et inexacts. C'est ainsi qu'il classait parmi les *vignes immunes* (ne présentant pas de galles sur les feuilles ; ni de nodosités sur les racines) : *V. riparia*, *V. rubra*, certaines races de *V. Berlandieri* et des hybrides comme 3306 C., 3309 C., Hybride Franc, Drômois, Cabernet x rupestris 33 a etc. Or tous les viticulteurs et les pépiniéristes savent bien que les galles phylloxériques sont parfois très abondantes sur les *Riparia*, les *riparia x rupestris* : 3306, 3309.

Dans le second groupe il mettait les vignes qui ne sont attaquées que faiblement et occasionnellement comme le 1202 C, l'Aramon rupestris Ganzin n° 1, le 143 B, Oberlin 595 et 604. Ces vignes, après l'hiver sont généralement débarassées du Phylloxera (*vignes résistantes*). En réalité si les *Vinifera-riparia* sont relativement résistants il n'en est pas de même des *Vinifera-rupestris* (1202 C, ARG 1) qui dépérissent plus ou moins rapidement.

Le troisième groupe réunissait les vignes où il n'apparaît aucune galle sur les feuilles ou seulement des galles incomplètement développées, le plus souvent stériles, mais qui présentent sur les racines des nodosités et des tubérosités ; elles peuvent être contaminées d'une façon durable, mais sont en grande partie résistantes : 101-14, 44 Laquenexy,

33 Laquenexy (Madeleine Royale x Riparia). En fait le 101-14 comme le 44 Laquenexy portent généralement à Montpellier de nombreuses galles phylloxériques.

Enfin son dernier groupe est encore plus étonnant, comprenant les vignes normalement attaquées avec galles fertiles sur les feuilles et nodosités sur les racines, pouvant être contaminées d'une façon durable et n'étant pas généralement résistantes.

En dehors des vignes européennes, de *V. silvestris*, *V. Labrusca* on trouve certaines races de *V. arizionica, Berlandieri, monticola palmata, Rupestris, Solonis,* diverses vignes asiatiques et des hybrides *Riparia-vinifera, Riparia-Labrusca, Riparia-Rupestris, Vinifera-rupestris, Berlandieri-riparia,* etc.

C'est encore erroné puisqu'à Montpellier, dans les collections de l'Ecole aucune des 37 variétés de *V. Labrusca* ne présentent la moindre galle phylloxérique, ni celles de *V. monticola* ou de *V. rubra.* Par contre il est bien démontré et heureusement pour les viticulteurs que les *Riparia-rupestris,* les *Riparia-Berlandieri* et les *Rupestris-Berlandieri* ont leurs racines résistantes aux attaques de l'insecte.

Enfin, les études de BORNER en Lorraine lui avaient permis de faire les constatations suivantes :

1° Les ailés sexupares préfèrent nettement pour y déposer leurs œufs les vignes européennes aux vignes américaines, alors que dans le sud de la France et en Italie c'est l'inverse.

2° Les seules fondatrices, rarement observées d'ailleurs, qui ont pu arriver à maturité, se sont développées sur la vigne européenne.

3° L'élevage des gallicoles descendant de ces fondatrices ne réussit pas sur des vignes connues comme portant des galles (101-14, 3309 C., Riparia Geisenheim 1) et réussit au contraire sur la vigne européenne et *V. Labrusca.*

4° En serre il n'a pu obtenir des galles à partir des radicicoles que sur les vignes européennes.

Si la théorie de BORNER eut des partisans en Allemagne et en Europe Centrale, avant 1939, elle eut aussi beaucoup de détracteurs :

En 1922 FOA fit remarquer dans une suite d'articles que la conception de deux races distinctes était inexacte. Elle obtint les mêmes résultats en faisant varier l'origine des lignées de Phylloxera destinées aux expériences. Elle démontra notamment que la longueur des soies du rostre chez les formes gallicoles était assez constante, lorsque ceux-ci se développaient sur des porte-greffes comme le 3309 C. Au contraire cette longueur variait beaucoup lorsque le développement avait lieu sur *V. Labrusca* ou ses hybrides. Elle conclut que l'infection des feuilles par les gallicoles ne pouvait se manifester que si les ailés pondaient les œufs d'hiver sur le cépage où ils sont nés eux-mêmes ou des cépages très voisins ; dans tous les autres cas les galles avortaient.

TOPI (1925) rappelle qu'il a déjà combattu les idées de BORNER sur l'existence de deux espèces de Phylloxera, idées mal fondées. De même il formule l'hypothèse que le Phylloxera du *Riparia* appelé *Peritymbia vitifolii* peut exercer sur les vignes européennes une action analogue à celle que subit de son fait le *Riparia ;* il suppose donc que ce Phylloxera, s'attaquant surtout aux jeunes racines, forme sur celles-ci des nodosités abondantes ; mais il pense qu'au cours de l'automne et de l'hiver qui suit, cette vigne attaquée peut être complètement ou presque libérée du Phylloxera. Il escompte ce résultat soit parce que ces radicicoles se sont transformés pour le plus grand nombre en Phylloxera ailés donnant ainsi naissance aux sexués, soit enfin parce que la mort de ces jeunes racines, causées par l'automne, entraîne celle des quelques radicicoles qui se sont abritées sur elles.

TOPI (1926) montra que les différences de comportement constatées entre les Phylloxeras du Nord de l'Italie et du Sud provenaient en réalité de l'origine différente des lignées utilisées pour l'expérimentation.

DEWITZ (1927) à Geisenheim pensait que les différences signalées tenaient plutôt à une adaptation des vignes à un nouveau climat qu'à une question de race.

En Italie GRASSI et TOPI (1927) constatèrent des différences de comportement identiques, dans les régions froides, notamment aux environs du Lac Majeur : les fondatrices ne provoquaient pas de galles sur les vignes américaines, alors qu'elles étaient normalement abondantes sur la vigne européenne. Par contre des galles originaires de Vintimille et de Toscane infectèrent les feuilles de vignes américaines et non celles de *V. vinifera*.

' En Suisse, SCHNEIDER-ORELLI et LEUZINGER (1924), avaient observé également cette variation du cycle.

Selon les chercheurs italiens, les résultats obtenus par BORNER s'expliqueraient par la diversité du comportement de deux catégories de gallicoles (les gallicoles directs et les gallicoles indirects). En effet GRASSI et FOA (1908) ont montré qu'en plus des gallicoles issus de l'œuf d'hiver et de la fondatrice (gallicoles indirects), les radicicoles peuvent donner naissance, dans certaines conditions, à des gallicoles appelés gallicoles directs. Le comportement de ces deux sortes de gallicoles, sur une même vigne, est différent et ce serait là l'une des causes d'erreur de BORNER.

MAILLET (1957) a essayé de déceler, par la *méthode biométrique*, l'existence de deux races possibles de Phylloxeras, en mesurant la longueur du rostre sur des Phylloxeras prélevés sur le même cépage (pour éliminer les variations dues au cépage) à deux époques différentes : juillet et septembre.

« Les résultats sont très nets : toutes les courbes n'ont qu'un seul sommet en juillet, sommet qui varie avec chaque cépage de 166 à 192 microns. On pourrait penser que l'un des sommets (166 microns) correspond à la race pure *vitifolii*, le second (192 microns) à la race pure *vastatrix* et le troisième (176 microns) aux hybrides des deux races.

« En septembre toutes les courbes n'ont qu'un seul sommet, le même à 192 microns, c'est-à-dire le plus fort sommet de juillet. Or si la théorie de BORNER existait on aurait dû trouver en septembre les mêmes trois sommets distincts. En fait l'existence d'un sommet unique en septembre, c'est-à-dire au moment où le jeune gallicole-radicicole a sa pleine potentialité radicicole, morphologiquement et biologiquement, montre que ce néonate a atteint sur tous les cépages son évolution saisonnière normale. Donc les critères morphologiques sont des critères fragiles, puisqu'ils varient suivant les cépages et suivant la saison.

« L'impossibilité de déceler morphologiquement les deux races de Phylloxeras ne doit pas faire oublier les différences de comportement biologique de l'Insecte dans certaines infections phylloxériques. Ces différences observées sont indéniables, qu'elles soient observées par les partisans de la théorie des races : BORNER, VASILEV (1929), SCHILDER (1947), PRINTZ (1937), etc., ou par ses détracteurs : GRASSI (1927), TOPI (1927), SCHNEIDER-ORELLI (1939), KOZHANSTCHIKOV (1930), etc. »

Les expériences de MAILLET en Dordogne aux Eyzies ont montré l'importance du facteur écologique, les nuits très fraîches s'opposent à l'éclosion des sexués et il n'y a pas d'œuf d'hiver pondu. On peut donc penser que la biologie du Phylloxera en Allemagne n'est pas identique dans son comportement et son cycle qu'en Italie, en dehors de toute question de races.

En conclusion, il semble bien que les théories de BORNER doivent être abandonnées et qu'on ne peut retenir sa conception de 2 Phylloxéras :

— un *Phylloxera du Riparia* (*P. vitifolii*) qui serait un parasite secondaire ;

— un *Phylloxera du Labrusca* (*P. vastatrix*) qui serait le véritable exterminateur des vignobles européens.

VI — CONDITIONS DE DEVELOPPEMENT

1° Répartition géographique

Nous avons vu dans l'Historique comment le Phylloxera fut identifié, pour la première fois en *France* (et en Europe d'ailleurs) dans la région méridionale. On connaît grâce à DUCLAUX (1874) sa progression dans cette région, année par année, avec les cartes reproduites ici :

« En 1868, les deux grandes taches se sont rejointes au travers des alluvions de la Durance. Le fléau a marché vers le nord jusqu'à Pierrelatte et Grignan dans la *Drôme*. A l'Est en *Vaucluse* il a envahi l'arrondissement de Carpentras et il a pénétré profondément dans la vallée de la Durance jusqu'à Lauris. Les communes de Caromb et Vaison sont également atteintes. Dans les *Bouches-du-Rhône* : Arles, Salon, Istres, St-Chamas, Les Martigues sont envahies et dans le *Gard* tous les vignobles de la Côte du Rhône sont touchés jusqu'à Laudun et près de Pont-Saint-Esprit. Vers l'Ouest Beaucaire, Montfrin et Redessan sont contaminées à leur tour. Dans la *Drôme* on découvre aussi une tache à Bonlieu-sur-Roubion, près de Montélimar.

« En 1869, la tache du *Vaucluse* a peu progressé vers l'Est où elle a rencontré les massifs montagneux du Ventoux et du Luberon, s'arrêtant à Cadenet, Vénasque et un point isolé à Joucas. Mais au sud de la Durance dans les *Bouches-du-Rhône*, la moitié de l'arrondissement d'Aix est envahi, contaminant Rognes, Lambesc, Pélissanne, Coudoux, Berre avec une tache à Aix et une autre à Meyrargues. Plus à l'Est dans le *Var* on commence aussi à découvrir des taches phylloxériques à Trets, St-Maximin, La Cadière, Ollioules, Le Beausset. Dans la *Drôme* le mal a progressé au-delà de Donzère et plus au nord diverses communes de la vallée de la Drôme : Loriol, Livron, Crest, Aouste, Divajeu. Dans le *Gard* la « tache de Roquemaure », comme on l'appelle, s'étend sans interruption depuis Pont-St-Esprit au nord jusqu'au voisinage d'Arles à la limite du département. La maladie progresse maintenant vers l'ouest dépassant Redessan pour englober Manduel, Marguerittes ; au-delà de Nîmes on a découvert des taches isolées en direction de Montpellier à Milhaud, Langlade, Aspères, Saint-Mathieu-de-Treviers, St-Gély-du-Fesq. »

Cette même année un autre grand foyer va être découvert dans la *Gironde*. En effet, à Floirac, en face de Bordeaux, dans sa propriété de la Touratte, LALIMAN découvrait des galles phylloxériques sur des plants américains, venant de Géorgie, le 14 juin 1869, l'introduction de ces plants datant de 2 ou 3 ans auparavant. Puis le mal envahit les communes de Montussan, Saint-Loubès, Bouliac et d'autres communes de ce canton de Carbon-Blanc.

L'année suivante 1870 ce sera le tour de plusieurs communes des cantons de Créon, de Branne, de Pujols et de Sainte-Foy-la-Grande.

Dans le Midi, en 1870, indique encore DUCLAUX, « on découvre de nouveaux points d'attaque dans le *Gard* à Anduze, Quissac et Vauvert ainsi que dans l'*Hérault* à Boisseron, Lansargues, Lunel-viel, les Matelles, le Triadou. Les taches s'agrandissent partout aussi bien dans le Gard (Nîmes et l'arrondissement d'Uzès) qu'en Provence où tout l'arron-

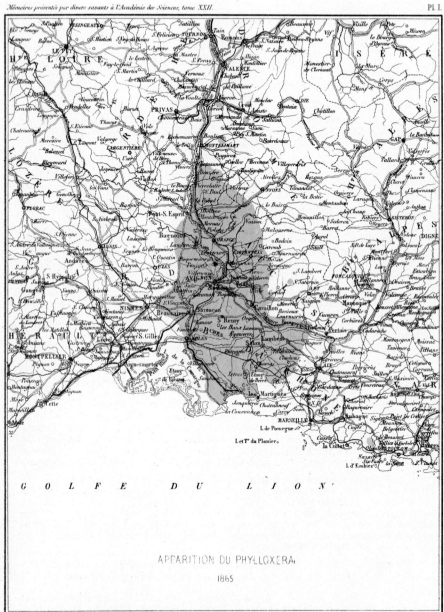

Fig. 234. – Territoires phylloxérés dans le Midi en 1869 (d'après DUCLAUX).

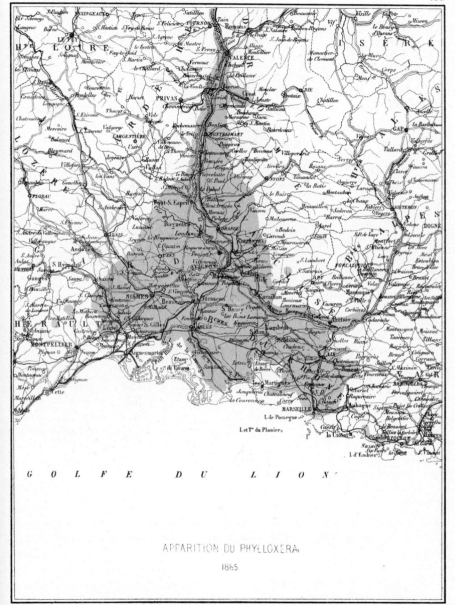

Fig. 235 - Extension de la tache phylloxérique du Midi en 1871 (d'après DUCLAUX).

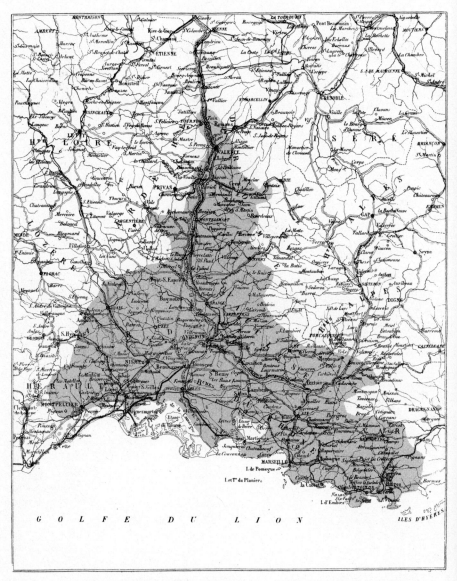

Fig. 236.—Pays vignobles atteints par le Phylloxera dans le Midi en 1873 (d'après DUCLAUX).

dissement d'Aix est envahi. En *Vaucluse* l'extension se poursuit dans la vallée de la Durance dépassant Pertuis. Enfin les taches de Loriol et de Crest se rejoignent dans la vallée de la *Drôme*.

« L'année suivante, 1871, toute la vallée du Rhône est phylloxérée depuis Valence jusqu'à Fos-sur-Mer et atteint Cadarache dans la vallée de la Durance avec un nouveau foyer à Oppède près d'Apt. Dans le *Var* on découvre deux nouveaux foyers à Brignoles et à La Garde, près de Toulon. Dans le *Gard*, le Phylloxera continue d'envahir l'arrondissement de Nîmes et celui d'Uzès jusqu'au Vidourle. Enfin dans l'*Hérault* 5 nouvelles taches ont été trouvées à Grabels, Murviel-lès-Montpellier, Fabrègues, Villeneuve-lès-Maguelonne et Mauguio. »

Dans la *Gironde*, le Phylloxera, qui était cantonné jusqu'ici dans l'Entre-deux-Mers, va traverser la Dordogne dans la région de Libourne et s'intaller dans les vignobles environnants.

En 1872 le Phylloxera est découvert à Crouin, faubourg de Cognac chez le pépiniériste FERRAND, qui avait reçu de son fils, établi en Amérique depuis près de 8 ans, des variétés de type *Labrusca*, indique MOUIL-LEFERT (1875) : Union-Village, Tokalon, Concord, Anna, Diana et Catawba ainsi que des *Aestivalis* et des *Cordifolias*. L'insecte est également trouvé à Chérac, en Charente-Maritime, à 10 km de Cognac, puis à Montels l'année suivante.

« De nouveaux foyers selon DUCLAUX ont été découverts dans l'*Hérault* en direction de l'Ouest à Popian, près de Gignac, à Villeveyrac, à Montbazin, à Castries. Dans la *vallée du Rhône* le Phylloxera continue toujours à progresser vers le nord apparaissant à Chanos-Curson près de Romans ; à Saillans dans la Vallée de la Drôme ainsi qu'au Buis (au sud de Nyons) ; dans le *Vaucluse* à Apt et il remonte la vallée de la Durance jusqu'à Sainte-Tulle et la vallée du Verdon jusqu'à Gréoulx-les-Bains. Dans le Var une nouvelle tache est signalée près d'Hyères. Le Phylloxera est également observé pour la première fois en Beaujolais à Villié-Morgon.

« En 1873, la maladie fait un large bond vers le Nord de la vallée du Rhône atteignant St-Peray, Tournon, Tain-l'Hermitage, puis les plateaux d'Ampuis et de Condrieu tandis que sur la rive gauche dans *l'Isère* ce sont les environs de Vienne, Chanas, Roussillon, Sonnay qui sont parasités. Plus bas dans la vallée de la Drôme le mal est découvert à Die, Luc-en-Diois, Châtillon-en-Diois et dans la vallée de l'Aigues à la Motte-Chalançon. Le département de l'*Ardèche* commence à être contaminé : Aubenas (en 1872) en provenance de la vallée du Rhône par Viviers, Le Teil, Rochemaure, Bourg-St-Andéol, St-Marcel et un foyer à Chomérac en direction de Privas. »

« Le département du *Gard* est maintenant presque complètement phylloxéré le parasite ayant dépassé Alès, St-Amboix et Barjac au nord tandis qu'au sud il est au pied des remparts d'Aigues-Mortes et à l'ouest à St-Hippolyte-du-Fort. »

Dans l'*Hérault* tout le nord-est du département est pris jusqu'à St-Martin-de-Londres, avec un foyer isolé à Ganges. Dans la basse vallée de l'Hérault le mal a été découvert à Clermont-l'Hérault et au sud de Pézenas. Dans les *Bouches-du-Rhône* presque tout le département est envahi y compris le nord de la Camargue ; dans le *Var* la maladie se développe en direction de l'Est gagnant Correns, Le Val, Pignans avec deux foyers isolés à Lorgues et Draguignan.

Dans les *Basses-Alpes*, le Phylloxera avait pénétré en 1872 par la vallée de la Durance : Corbières, Sainte-Tulle, Gréoux-les-Bains et en 1873 le parasite va progresser dépassant Manosque, Céreste, Quinson. » retrouve la rivière à Châteauneuf et en descend à peu près parallèlement les deux rives jusqu'en face de Saint-Savinien.

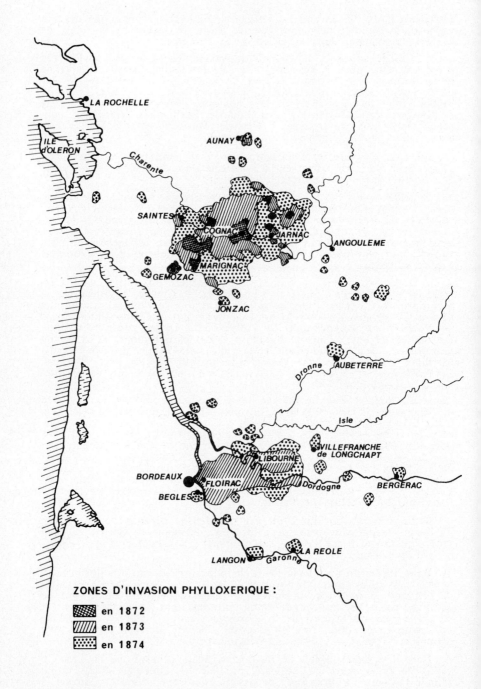

Fig. 237. – L'invasion phylloxérique dans le Sud-Ouest au cours des années 1872, 1873 et 1874 (d'après GIRARD).

Dans la *Gironde*, presque toutes les communes des cantons de Castillon-la-Bataille, Libourne, Lussac et Fronsac sont envahies, c'est-à-dire les vignobles de Saint-Emilion et leurs voisins (Fronsac, Pomerol). En même temps, le Phylloxera traverse la Garonne pour s'installer au Sud de Bordeaux, à Bègles.

« En 1874 dans le Midi, l'immense tache phylloxérique apparaît, écrit DUCLAUX (1875), sur la carte comme un triangle ayant pour base la mer méditerranée depuis Agde et Sète dans l'*Hérault* jusqu'à Bormes-les-Mimosas dans le *Var* avec le sommet du triangle à Vienne (Ampuis, Sainte-Colombe, St-Romain-en-Gal). Plus au nord des foyers isolés sont signalés au sud de Lyon à Soucieu-en-Jarrest et Brignais et au nord de la ville en Beaujolais à Villié-Morgon et Vaux-Renard. Dans la vallée de l'Isère des taches phylloxériques existent à St-Lattière, St-Hilaire, St-Marcellin, Beauvoir ainsi que dans les *Basses-Alpes* à Noyers-sur-Jabron, près de Sisteron et à Curel. Dans le *Var* de nouveaux foyers sont signalés au Revest, à Taradeau, à Figanières. Dans le département de la *Loire* l'insecte est découvert à Sury-le-Comtal et Saint-Romain-du-Puy, au sud-est de Montbrison.

« Dans les *Charentes*, les taches isolées reconnues les années précédentes dans les cantons de Cognac, Segonzac, Jarnac ainsi que les communes de Montils, Colombier, Lajard en Charente Maritime vont devenir confluentes au cours de cette année 1874. De plus on voit apparaître de nouveaux foyers à Aulnay, Aigre, St-Pierre-de-Juillers. Un autre, destiné plus tard à servir de trait d'union avec l'invasion girondine, se montre à Aubeterre.

« La *Dordogne*, qui ne présentait en 1873 que deux points d'attaque dans les cantons très éloignés de Villefranche-de-Longchapt et de Savignac-les-Eglises, voit grandir beaucoup le premier, voisin de l'invasion du Libournais et en présente deux nouveaux à Sigoulès et à Saint-Alvère. La traînée phylloxérique de la *Gironde* augmente peu de largeur, mais elle s'allonge jusqu'aux confins de l'arrondissement de Bergerac, dans la vallée de la Dordogne et dans celle de la Garonne, elle a envoyé des colonies à Langon, la Réole et jusqu'à Marmande dans le *Lot-et-Garonne*. Elle a poussé une pointe sur la rive droite de la Gironde, du côté de Blaye et se montre pour la première fois largement répandue de l'autre côté du fleuve.

Enfin, dans les *Deux-Sèvres* le Phylloxera est apparu dans le canton de Chef-Boutonne, à quelques kilomètres du département de la Charente et s'étend les années suivantes à 3 autres cantons de l'Ouest.

« En 1875 on constate l'apparition du Phylloxera en *Saône-et-Loire* à Mancey entre St-Gengoux-de-Scissé et Tournus. La haute vallée de la Durance continue à être envahie avec de nouveaux foyers à Serres dans les *Hautes Alpes*. Dans le *Var* le mal est trouvé à Tourrette, Flayosc, Le Cannet-des-Maures, Les Arcs, Roquebrune, Saint-Tropez, Saint-Maximin et dans les *Alpes-Maritimes* à Cagnes. Dans le département de l'*Hérault* toutes les communes entre le Vidourle à l'est et l'Hérault à l'ouest sont contaminées jusqu'à Montagnac, plus un foyer à Lunas découvert l'an passé par G. BAZILLE, et les communes d'Abeillan, Bessan, Vias et Faugères. Dans la *Loire* la tache de Sury-le-Comtal s'est considérablement élargie et on signale un nouveau foyer à Tarare ; enfin dans le *Puy-de-Dôme* une tache est trouvée au Mézel près de Vertaison » (chez ARCHIMBAUD l'origine de la maladie remonterait à 1868).

Dans le *pays du Cognac*, le Phylloxera va se répandre très vite et au cours de l'année 1874, il gagne toute la Grande et la Petite Champagne, les Borderies et les Fins Bois ; avec la sécheresse de l'été 1875, les dégâts vont encore s'aggraver. Dans l'arrondissement de Saintes on compte 44 communes phylloxérées sur 109, dans l'arrondissement de Saint-Jean-d'Angély 21 communes sur 120 et dans l'arrondissement de Jonzac 23 communes sur 120. En 1875, la tache charentaise a gagné vers l'est les bords de la Charente, laisse en dehors Angoulême, mais

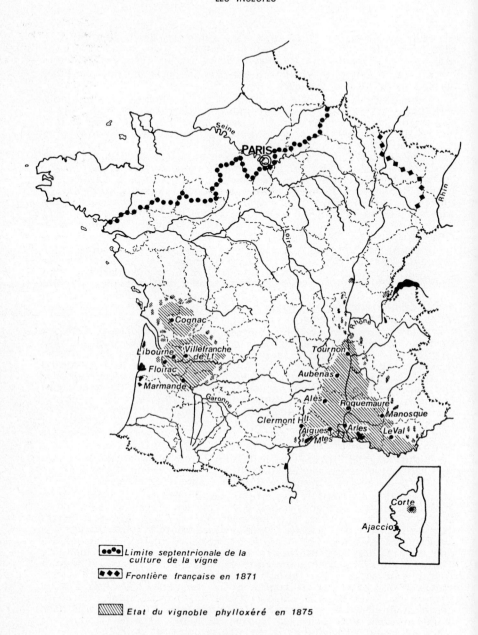

Fig. 238. – L'invasion phylloxérique en France, situation en 1875 (Original).

retrouve la rivière à Châteauneuf et en descend à peu près parallèlement les deux rives jusqu'en face de Saint-Savinien.

Dans la *Gironde*, le Médoc est envahi, en 1875, par le Phylloxera, découvert dans les vignes des palus de Ludon et de Macau, et de nouvelles taches sont trouvées sur la rive droite de la Gironde (cantons de Bourg et de Saint-André-de-Cubzac) ainsi que sur les bords de la Garonne (cantons de Podensac, Cadillac, Labrède, St-Macaire). Les avant-gardes de la vallée de la Garonne sont reliées au gros de l'invasion. La vallée de la Dordogne est atteinte jusqu'à Bergerac et celle de l'Isle est effleurée à Montpont.

« En 1876 selon Duclaux le Phylloxera gagne l'arrondissement de Béziers avec les foyers de Cessenon, Cazouls-les-Béziers, Nissan, arrivant dans l'*Aude* à Coursan. Dans l'arrondissement de Montpellier l'insecte a envahi Florensac, Marseillan, Agde et se dirige vers Sérignan. Dans les *Alpes Maritimes* de nouveaux points d'attaque sont signalés à la Bocca près de Cannes et à Rimier (Nice). Dans les *Hautes Alpes* les environs de Gap sont atteints tandis que dans les *Basses Alpes* le vignoble des Mées est envahi, le parasite s'approchant même de Digne. Toute la portion viticole du département de l'*Ardèche* est atteinte ainsi que toute la région au sud de Lyon dans le *Rhône*. En Beaujolais le parasite a envahi Lantigné, Fleurie, Chiroubles, Regnié ainsi que les communes de St-Cyr-au-Mont-d'Or, Saint-Didier-au-Mont-d'Or, Curis, Limonest, Vernaizon, Charnay. Dans l'*Ain* c'est le vignoble de Culoz qui est touché à Talissieu et dans l'*Isère* celui de Pontcharra, puis Dienoz et St-Jean-de-Bournay.

« En *Charente Maritime*, la maladie gagne peu de terrain au-delà de Saint-Savinien, par suite de la rareté des vignes, mais elle termine, par la prise du canton de St-Porchaire, l'envahissement de l'arrondissement de Saintes et apparaît dans les trois arrondissements indemnes jusque-là : Marennes, (Royan et Marennes), Rochefort (à Aigrefeuille et Surgères), la Rochelle (à Bénon). Plus au nord le département des *Deux-Sèvres*, atteint l'année précédente à Loubillé (canton de Niort), voit grandir cette colonie nouvelle. Vers l'est, l'invasion gagne Angoulême et augmente dans les vallées de la Drôme et de la Lizonne. Dans la *Gironde*, le Médoc attaqué dans les environs de Cantenac, Macau et Ludon présente deux taches nouvelles vers son extrémité septentrionale (Bas-Médoc) dans les communes de Saint-Yzans et d'Ordonnac. La vallée de la Dordogne est atteinte jusqu'au confluent de la Vézere et une avant-garde apparaît à Carlux, presque sur les limites du Lot. Sur la rivière du Lot, un large point d'attaque se montre à Pujols, Ledat et Sainte-Livrade. Dans la vallée de la Garonne, la maladie s'avance presque jusqu'à Agen et envoie en avant deux colonies l'une à Layrac dans la vallée du Gers, l'autre dans les communes de Dunes et de Mansonville : c'est par là que commence l'invasion du *Tarn-et-Garonne*. »

D'après Mouillefert (1876). « Le Phylloxera a été découvert le 18 septembre 1876 à *Orléans* dans le faubourg St-Marceau chez plusieurs propriétaires (Alleaune, Chatelain, Coutant) : la tache principale étant chez Alleaune. En vérifiant chez divers pépiniéristes de la ville il a trouvé plusieurs pieds d'Isabelle dont les racines étaient saines, introduite depuis 1855. Par contre chez Transon frères des pieds de *V. riparia* et de Clinton, fournis par Haage et Schmidt d'Erfurt (Prusse) portaient un grand nombre de Phylloxeras sur leurs racines. Ces plants ainsi que d'autres cépages exotiques semblent avoir bien résisté au mal alors que les vignes françaises dont les Muscats de Hambourg situés en treilles des précédents sont morts depuis plusieurs années, et on y trouve encore des Phylloxeras sur leurs racines. »

« En 1877 écrit Duclaux, vers l'Ouest dans les *Charentes* la maladie, n'ayant devant elle qu'une région pauvre en vignes et contrariée par les vents régnants, progresse lentement et sauf le point d'attaque de

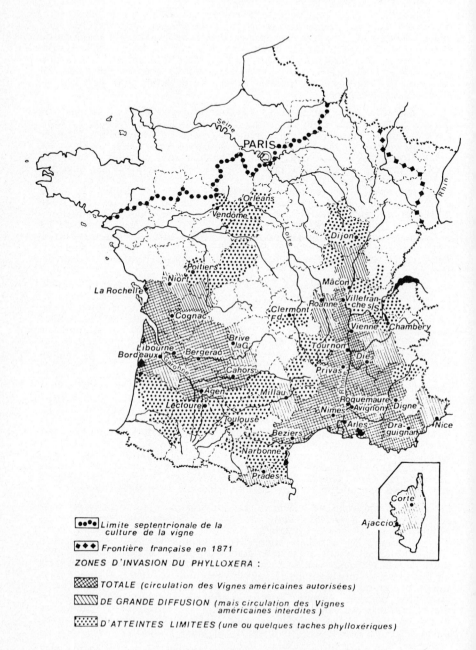

Fig. 239. – L'invasion phylloxérique en France,
situation en décembre 1980 (Original)

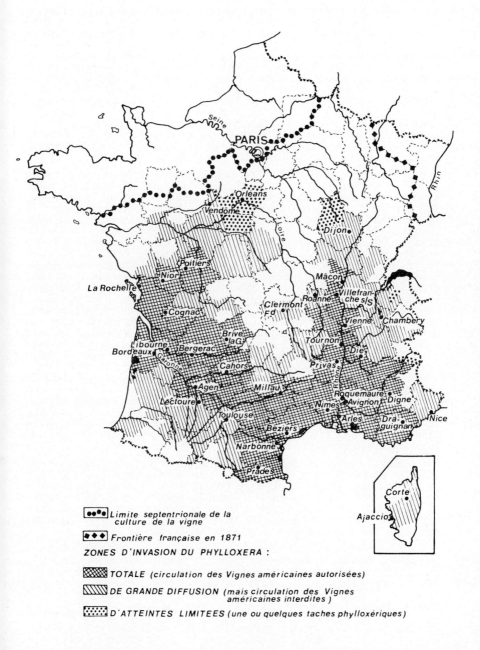

Fig. 240. – L'invasion phylloxerique en France, situation en 1883 (Original).

Marennes, se maintient à 15 ou 20 km de la côte. Les îles de Ré et d'Oléron sont encore indemnes. La vallée de la Sèvre est effleurée à Niort, celle de la Boutonne complètement envahie, celle de la Charente atteinte jusqu'à Ruffec. De l'autre côté du plateau du Limousin et dans le bassin de la Gironde, la tache existant depuis 1874 dans la vallée de la Dronne et de la Lizonne a rejoint vers l'ouest le gros de l'invasion et s'est étendue vers l'est jusqu'à Mareuil et Ribérac. A partir de ce point, une large bande de terrain encore indemne, bien qu'entourée sur trois côtés par l'ennemi, s'étend vers l'ouest jusqu'à 10 ou 15 km de la Gironde. Cette immunité s'explique par la rareté des vignes dans cette région et le ralentissement qui en résulte dans la marche de la maladie. Quelques communes en sont exemptes par exemple celles de Coutras, Le Fieu, les Peinturés dans le canton de Coutras, celles de Bayas, de Saint-Ciers-d'Abzac, Lagorce, Lapouyade, Maransin, Tizac-de-Galgon dans le canton de Guîtres. Sur les limites de la Charente, le canton de Montguyon est aussi très peu atteint.

« La jonction de la tache de la Charente avec la tache girondine se fait par Blaye et à partir de ce point la limite de l'invasion court de l'est à l'ouest, embrassant dans le périmètre atteint, une grande longueur de la vallée de l'Isle, depuis le Pizou jusqu'à Mussidan et laissant en dehors deux grosses avant-gardes, entre lesquelles est assis Périgueux et une autre plus éloignée vers le nord à Saint-Pardoux-la-Rivière. Quand cette limite de l'invasion rencontre une vallée elle s'y enfonce profondément. C'est ainsi que la vallée de la Vézère est atteinte jusque près de Montignac, celle de la Dordogne jusqu'au voisinage de Souillac, celle du Lot jusqu'au-delà de Villeneuve-sur-Lot avec une avant-garde à 70 km plus loin à Saint-Géry, près des limites de l'Aveyron. La vallée de la Garonne est atteinte jusqu'à Moissac et une colonie nouvelle, ayant sans doute pour origine une importation de vignes américaines y apparaît à Toulouse. La vallée du Gers est attaquée jusque près de Lectoure dans les communes de St-Mézard, Goulens et Berrac ; celle de la Baïse montre la maladie jusqu'à peu près à moitié distance entre Moncrabeau et Condom. A partir de ce point l'extension du fléau vers l'ouest est empêchée par l'absence des vignes. Le cours de la Gélise sépare à ce niveau la terre forte du sable des dunes et sur toute la rive gauche de la Garonne et de la Gironde la vigne n'occupe qu'une bande de largeur variable, mais toujours assez faible. Cette bande est atteinte dans toute son épaisseur, sauf dans le Médoc où la maladie occupe les bords du fleuve et laisse en dehors un long ruban de vignes indemnes dont le régime des vents régnants explique et peut assurer encore quelque conservation.

« Entre Floirac et Moissac, le point de départ de l'insecte et le point le plus éloigné qu'il ait atteint dans le sud-ouest il y a 140 km en droite ligne. Il y en a 280 entre Pujaut, point de départ de la vallée du Rhône et la limite extrême de l'invasion vers le nord en 1877. Comme la maladie a commencé à peu près au même moment dans les deux régions on peut admettre que sa vitesse d'extension dans le Bordelais est deux fois moindre que dans la vallée du Rhône.

« L'envahissement de l'*Isère* continue. La vallée de la Bourbre est attaquée à Bourgoin, Cessieu et Crémieu. Dans la vallée de l'Isère le mal progresse assez lentement dans les points où il s'était déjà déclaré, mais il s'est implanté à Tullins, la Buisse entre Voiron et Voreppe. Dans les *Hautes Alpes* la vallée du Buech est complètement envahie depuis Aspres jusqu'à Ribiers. De là l'insecte a gagné Gap par les communes de Veynes, Montmaur et la Roche. Dans la vallée de la Durance il a gagné Tallard et dans la vallée de la Bléone il a atteint Digne. Dans le *Var* deux arrondissements Toulon et Brignoles sont complètement envahis et dans celui de Draguignan les communes du Muy, Puget, Fréjus, Saint-Raphaël sont prises. Dans les *Alpes Maritimes*, en dehors de Cagnes et de Cannes contaminées en 1876, on a découvert le Phylloxera à St-Laurent-du-Var et autour de Nice. La marche est plus lente. Dans l'*Aveyron* l'insecte a été trouvé à Nant (en 1875) dans la vallée de la Dourbie, venant sans doute des Cévennes, ainsi qu'à St-Jean-du-Bruel. Près de Millau, dans la vallée du Tarn la maladie a été signalée à Comprenac sur les bords du Tarn, St-Georges-de-Luzençon et au Viala sur les bords du Cernon et la Muse. Deux autres taches existent à St-Sulpice dans la vallée du Trévezet sur la limite même du Gard et à Saint-Sernin, dans la vallée de la Rance. Dans la *Lozère* on a deux petites taches dans la partie supérieure du cours du Tarn, sur le Tarnon aux environs de Florac et au pied du massif montagneux qui sépare les deux départements du Gard et de la Lozère.

L'*Hérault* est en grande partie envahi dans la plaine et toute la moitié Est. Il reste quelques communes viticoles indemnes dans l'arrondissement de Lodève, de St-Pons et de Béziers où Capestang est maintenant phylloxéré.

« Toute la région du Beaujolais comprise entre Lyon et Villefranche est atteinte. La tache de Mancey s'est agrandie, gagnant Dulphey, Royer, Brancion, Tournus, Curtil. Le vignoble de l'*Ain*, est touché à son tour : Meillonnas, Oyonnax, Cuisiat, Jasseron, Drom, Beynost, Meximieux, la tache de Talissieu n'ayant fait que peu de progrès. »

TRUCHOT (1878) rappelle que le Phylloxera a été trouvé le 24 mai 1875 dans la commune de Mezel (P. de D.). En 1877 deux nouvelles taches ont été découvertes à 200 m du foyer primitif à l'est de la vigne de M. Archimbaud.

PRILLIEUX (1877) mentionne la découverte du Phylloxera sur plusieurs points de la commune de Vendôme (Loir-et-Cher), l'insecte étant installé depuis plusieurs années par des importations de cépages bordelais provenant de chez Laliman en 1869. La commune de Bois-la-Barbe est aussi fortement atteinte, avec la présence de l'Isabelle. L'insecte a aussi été trouvé à Rocé et à Villetrun par des plants importés de Bois-la-Barbe.

Enfin dans le *Lot* l'insecte est découvert à Labastide-Marnhac, puis à Grégols.

En 1878 l'Administration du Ministère de l'Agriculture publie pour la première fois la liste des arrondissements phylloxérés et ceux dans lesquels la circulation des Vignes américaines est autorisée (Arrêté du 11 décembre 1878) :

Ain - Bourg *, Belley *, Trévoux * (1).
Alpes (Basses) - *Digne*, Castellane *, *Forcalquier, Sisteron* (2).
Alpes (Hautes) - Gap, Embrun *.
Alpes Maritimes - Nice, Grasse.
Ardèche - *Privas, Largentière, Tournon*.
Aude - Narbonne *.
Aveyron - Millau, Saint-Affrique.
Bouches-du-Rhône - *Marseille, Aix, Arles*.
Charente - *Angoulême, Barbezieux, Cognac*, Confolens *, Ruffec.
Charente Inférieure - La Rochelle (sauf Ile de Ré) *Jonzac*, Rochefort, Marennes (sauf l'Ile d'Oléron), *Saint-Jean-d'Angély, Saintes*.
Corrèze - Brive *.
Corse - Ajaccio *, Corte *.
Côte d'Or - Dijon *, Beaune *.
Dordogne - Périgueux, *Bergerac*, Nontron, Ribérac, Sarlat.
Drôme - *Valence, Die, Montélimar, Nyons*.
Gard - *Nîmes, Alès, Uzès, Le Vigan*.
Garonne (Haute) - Toulouse *.

●●●● Limite septentrionale de la
culture de la vigne

◆◆◆ Frontière française en 1871

ZONES D'INVASION DU PHYLLOXERA :

TOTALE (circulation des Vignes américaines autorisées)

DE GRANDE DIFFUSION (mais circulation des Vignes
américaines interdites)

D'ATTEINTES LIMITEES (une ou quelques taches phylloxériques)

Fig. 241 – L'invasion phylloxérique en France, situation en 1894 (Original).

Gers - Lectoure *.
Gironde - *Bordeaux*, Bazas, *Blaye, La Réole*, Lesparre, *Libourne.*
Hérault - *Montpellier*, Béziers, St-Pons, *Lodève.*
Indre - Le Blanc *.
Isère - Grenoble *, Saint-Marcellin, La Tour-du-Pin, *Vienne.*
Loir-et-Cher - Blois *, Vendôme *.
Loire - Saint-Etienne, Montbrison, Roanne.
Loire (Haute) - Yssingeaux *
Loiret - Orléans *.
Lot - Cahors - Figeac *, Gourdon.
Lot-et-Garonne - Agen, Marmande, Nérac, Villeneuve-sur-Lot.
Lozère - Florac *.
Puy-de-Dôme - Clermont-Ferrand *.
Pyrénées-Orientales - Céret *, Prades.
Rhône - Lyon, Villefranche.
Saône-et-Loire - Mâcon, Chalon-sur-Saône.
Savoie - Chambéry *.
Sèvres (Deux) - Niort, Melle.
Tarn-et-Garonne - Montauban,*, Castelsarrazin *, Moissac*.
Var - *Draguignan, Brignoles, Toulon.*
Vaucluse - *Avignon, Apt, Carpentras, Orange.*
Vienne - Poitiers *, Civray *.

La situation est grave puisque ces 39 départements totalisent une superficie en vignes de 2.144.891 ha sur lesquels 373.443 ha ont été détruits par le Phylloxera et 243.038 ha sont envahis, mais n'ont pas encore succombé, soit au total un peu plus de 34 %.

Dans le Midi, l'insecte va s'étendre dans l'*Aude* en gagnant Ouveillan, puis Ginestas et Mirepeisset. Les *Pyrénées Orientales* sont également infestées par la découverte à Prades d'une tache occupant une vingtaine d'hectares et due à une introduction de plants du Gard 5 ans auparavant. Tous les autres départements méditerranéens sont totalement envahis. En remontant vers Lyon, tous les départements de la vallée du Rhône sont également phylloxérés. En *Savoie* l'insecte est découvert aux Marches, mais l'invasion remontait au moins à 3 ans et à Saint-Jean-de-la-Porte (1877).

La *Côte d'Or* est phylloxérée à son tour par la découverte d'un foyer à Meursault et un autre au Jardin Botanique de Dijon.

Dans la *Gironde* on compte maintenant 376 communes infestées sur un total de 488 communes viticoles, avec 18 nouvelles communes envahies, offrant la répartition suivante par arrondissement : Bordeaux : 104 ; Libourne : 117 ; Bazas : 11 ; La Réole : 92 ; Blaye : 37 et Lesparre : 3.

Les départements de. la *Dordogne* et des *Charentes* sont pratiquement entièrement phylloxérés, sauf l'île de Ré et l'île d'Oléron. Les vallées de la Garonne et de ses affluents sont fortement envahies : le département du *Lot-et-Garonne* en totalité, les cantons de Moissac, Auvillar et Lavit dans le *Tarn-et-Garonne*, tandis que dans le *Lot*, le Phylloxera est découvert à Figeac. Dans le *Gers* l'insecte est trouvé depuis 1877 à Saint-Mézard et à Berrac.

Dans la *Vienne* le parasite est identifié à Chasseneuil (arrondissement de Poitiers) et à Sommières-du-Glain (arrondissement de Civray).

Au cours des années suivantes, les deux grandes taches phylloxériques du Midi et du Sud-Ouest vont faire leur jonction complète en 1883 et la circulation des vignes américaines se fera librement dans toute cette vaste zone. La marche de l'insecte se poursuivra en direction des vignobles du nord d'une part par la Bourgogne vers la Champagne, ce qui sera réalisé en 1890 par la découverte du foyer de Tréloup dans l'Aisne et par la conquête d'autre part de toute la vallée de la Loire et des départements du Centre.

LE VIGNOBLE FRANÇAIS
DURANT LA CRISE PHYLLOXERIQUE (EN HA)

	Vignes détruites	Vignes Phylloxérées	Total	Vignes américaines
1877	288.595	237.840	526.435	1.357
1878	373.443	243.038	616.481	3.830
1879	474.760	319.760	794.520	6.441
1880	558.605	454.254	1.012.859	9.904
1881	671.802	582.604	1.254.406	
1882	763.799	642.978	1.306.777	17.096
1883	859.352	642.363	1.501.715	28.012
1884	1.000.619	664.511	1.665.130	52.777
1885		569.186		75.262
1893		465.599		608.613
1899				961.958

Les tableaux et les cartes ci-jointes permettent de se faire une bonne idée sur la progression phylloxérique. Dans notre livre *Cépages et Vignobles de France* nous avons fourni tous les détails pour chaque département.

En 1880 on compte 45 départements phylloxérés, soit 6 de plus qu'en 1878 : Ariège, Jura, Landes, Basses-Pyrénées, Haute-Savoie, Tarn.

En 1881 on a 47 départements phylloxérés par l'adjonction du Cher et des Hautes-Pyrénées, et la circulation des vignes américaines est autorisée dans 20 départements.

En 1882, il y a 52 départements phylloxérés, soit en plus l'Indre-et-Loire, la Vendée, la Haute-Vienne, la Seine-et-Marne et le Cantal et la circulation des vignes américaines est autorisée dans 28 départements.

En 1883, on compte 53 départements phylloxérés avec le Maine-et-Loire ; l'année suivante (1884) il faut ajouter la Loire-Inférieure et en 1885 le Doubs.

En 1886, on a 59 départements phylloxérés avec les départements de l'Allier, de la Nièvre, de l'Yonne, de la Seine-et-Oise ; l'autorisation de la circulation des vignes américaines s'étend à 40 départements.

En 1887 on a 60 départements phylloxérés par l'addition de la Haute-Marne tandis qu'en 1888 ce nombre est porté à 63 par l'arrivée des départements de la Haute-Saône, de la Sarthe, de l'Aube.

En 1894 on dénombre 69 départements phylloxérés par l'adjonction des départements de l'Aisne, de l'Eure-et-Loir, de la Marne, de la Mayenne, de la Seine et des Vosges. De plus la circulation des vignes américaines est autorisée dans 62 départements.

En 1897, ce sont 72 départements qui sont phylloxérés : avec l'addition de l'Eure, la Meuse et la Meurthe-et-Moselle.

Enfin en 1900 le dernier arrêté paru précise qu'il y a 73 départements phylloxérés par l'adjonction des Ardennes.

Pratiquement, en 1900, l'invasion phylloxérique est terminée et la circulation des vignes américaines est autorisée dans la plus grande partie des départements viticoles sauf la Champagne (où elle débutera l'année suivante) et dans quelques cantons de l'Allier, des Alpes-Maritimes, de la Corrèze, de la Corse, du Jura, des Landes, de la Loire Atlantique, des Basses et Hautes-Pyrénées, de la Seine-et-Marne et de la Seine-et-Oise.

COMMUNES ENVAHIES (c) ET SUPERFICIES DETRUITES PAR LE PHYLLOXERA DANS LE MIDI EN HA

	Hérault	Gard	Vaucluse	B.-du-Rhône	Drôme	Basses-Alpes	Hautes-Alpes	Alpes-Marit.	Var	Corse	Aude	Pyr.-Or.	Ardèche
1865		1 c.	1 c.	1 c.									
1866		2 c.	11 c.	2 c.									
1867		10 c.	16 c.	5 c.									
1868		17 c.	19 c.	10 c.	3 c.								
1869	2 c.	25 c.	22 c.	17 c.	8 c.				5 c.	1 c.			
1870	7 c.	28 c.	30 c.	20 c.	10 c.								
1871	12 c.								7 c.				1 c.
1872	16 c.				13 c.	3 c.	1 c.	1 c.	8 c.				
1873	117 c.				17 c.	5 c.	2 c.	3 c.	13 c.	3 c.			9 c.
1874	156 c.								16 c.				
1875	192 c.								24 c.				
1876	217 c.			30.744		6 c.	8 c.	5 c.					
1877	70.700	83.664	30.500	29.272	20.404	1.874	200	70	14.121	24			12.123
1878	85.916	96.092	31.000	37.078	15.248	1.900	1.000		30.476	54		10	17.806
1879	112.668	97.794	33.500	39.456	22.955	2.317	1.500		39.245	365	1	550	22.929
1880	131.668	101.353	37.378	40.310	26.168	2.802	1.800		50.032	251	2	1.000	23.269
1881	152.095	98.781	46.900	41.019	28.826	3.304	2.000		51.284	500	28	10.000	23.940
1882	168.095	99.581		45.248	20.607	5.102	2.120		54.080	1.000	1.010	15.000	25.515
1883	183.108	100.179	38.807	44.614	31.005	5.742	2.700		54.483		1.633	16.000	24.552
1884	192.000	100.215		46.700	32.077			1.370	60.857	1.350	14.129	31.000	25.000
1885								1.450					
Superficie totale													
1868	212.640	90.038	31.022	45.659	29.590	8.981	5.149	12.864	74.018	16.000	123.125(1)	73.206(1)	29.180
1900	191.352	74.133	25.966	28.888	19.353	6.373	2.625	15.790	45.341	9.200	133.568	63.449	17.641

(1) 1880

	Gironde	Charente	Charente Maritime	Deux-Sèvres	Vienne	Vendée	Loire-Atlantique	Maine-et-Loire	Indre-et-Loire	Loir-et-Cher	Loiret
1868	1 c.										
1869	6 c.										
1870	7 c.										
1871	22 c.										
1872	100 c.	1 c.	1 c.								
1873	115 c.		2 c.								
1874	206 c.										
1875	273 c.		88 c.	1 c.							
1876	348 c.										
1877	7.243	7.188	5.938	20							
1878	10.612	24.897	14.190	117							
1879	16.984	39.920	29.535	871							
1880	20.500	42.440	39.796	1.681							
1881	21.800	53.713	54.421	5.400	20						
1882	24.350	49.829	72.346	4.442	1.032	150		1 c.	5	1	1
1883	24.492	74.160	80.287	6.153	1.880	150	2 c.	8 c.	6	3	1
1884	50.000	77.358	84.668	7.513	2.727	200	6		20	6	6
1885	50.287									29	8
1886	61.660				4.650		11	94 c.	101	36	20
1887					7.400			1.000		45	30
1888									700	700	37
1889	66.820						1.438		9.500		360
1894	70.376				22.200	12.700		40.000	21.815	13.569	719
1897	71.533				27.125				24.525	18.082	16.712
1899											
Superficie totale 1868	134.093	111.665	131.024	21.686	29.782	16.658	31.996	33.763	43.101	25.660	31.566
1900	137.023	13.276	46.882	5.094	17.950	13.734	26.722	19.374	49.850	34.027	11.288

	Dordogne	Lot-et-Garonne	Tarn-et-Garonne	Lot	Haute-Garonne	Aveyron	Tarn	Lozère	Gers	Landes	Basses-Pyrénées	Hautes-Pyrénées
1875			1 c.			1 c.						
1876			3 c.			2 c.						
1877	2.989	1.800	10	42	1 c.			16	25			
1878	3.328	2.800	250	216				17	14			
1879	5.995	4.500	1.000	2.041	3 c.	61	2	68	50	1 c.	1 c.	
1880	12.058	12.000	3.000	8.268	8 c.	149	5	85	70			1 c.
1881	13.084	32.000	6.000	13.045	5	383	55	176	50	2		
1882	31.178	40.000	12.000	38.128	6	981	60	344	114	3		4
1883	33.506	60.000		45.733	13	1.250		345	150	4	5	4
1884	34.377	90.000		47.858	76	2.430	75	573		4	5	4
1885										8	25	
1886							10.500					
1897		100.000		80.000		17.000	58.500		90.000	73 c.		
1899										1.000		
Superf. totale												
1868	82.094	68.000	35.611	57.298	55.951	18.000	38.608	566	94.847	19.133	19.775	14.036
1900	27.620	53.453	28.286	21.300	35.619	12.458	21.901	700	49.590	20.220	15.662	3.774

COMMUNES ENVAHIES (c) ET SUPERFICIES DETRUITES PAR LE PHYLLOXERA DANS LE CENTRE-EST EN HA

	Isère	Savoie	Haute-Savoie	Loire	Rhône	Saône-et-Loire	Côte-d'Or	Yonne	Ain	Jura	Doubs	Haute-Saône
1872	4 c.				1 c.							
1873	8 c.											
1874				2 c.	4 c.							
1875												
1876	11 c.	1 c.				1 c.	2 c.		1 c.			
1877	310	2 c.		80	51		3 c.		26			
1878	415			100	687	150	12		37			
1879	1.298	3	1 c.	91	2.014	200	15		72	4 c.		
1880	1.728	20		1.053	5.915	300	18		387			
1881	2.572	28		1.965	9.737	645	58		591			
1882	4.295	45	5	1.063	12.863	1.238	55		1.200	5		
1883	3.110	55	5	1.039	12.806	2.187	90		3.500	8		
1884	5.081	100	7	1.311	16.807	3.784			4.500			
1885					19.343	6.945					1 c.	
1886					22.275							
1887								10 c.				
1888								88 c.				2 c.
1889												
1894								1.000				
1895								2.000				
1896			1.900	3.400								
1897		800						5.600			1.500	989
1898			2.400	4.600								
1899								12.390				2.032
1902								21.065				
Superf. totale 1868	27.639	11.617	7.341	12.670	38.155	39.385	32.095	40.892	18.494	19.314	7.561	12.647
1900	26.328	12.138	7.102	16.693	40.252	36.754	27.947	27.374	16.121	10.478	4.936	5.795

	Puy-de-Dôme	Cantal	Lozère	Haute-Loire	Corrèze	Haute-Vienne	Allier	Nièvre	Cher	Indre
1875	1 c.									
1876										
1877			16		1 c.					1 c.
1878			17	1 c.	12				1 c.	
1879			68	3 c.	15				3 c.	
1880			85		24					10 c.
1881			176	7	160	1 c.				10
1882	2	1 c.	344	19	1.127	4				
1883	5		345	10	1.513					470
1884	5		573	70	1.984					513
1885	8								48 c.	10.000
1886					3.409					
1887							1 c.	1 c.		
1888							8 c.	17 c.		
1889			600							
1894	400	197								
1897	10.000									
1899	15.000									
Superf. totale										
1868	27.137	353	566	6.426	16.573	2.882	15.263	10.442	14.162	20.134
1900	39.355	260	700	6.507	7.138	206	13.840	6.772	7.212	10.650

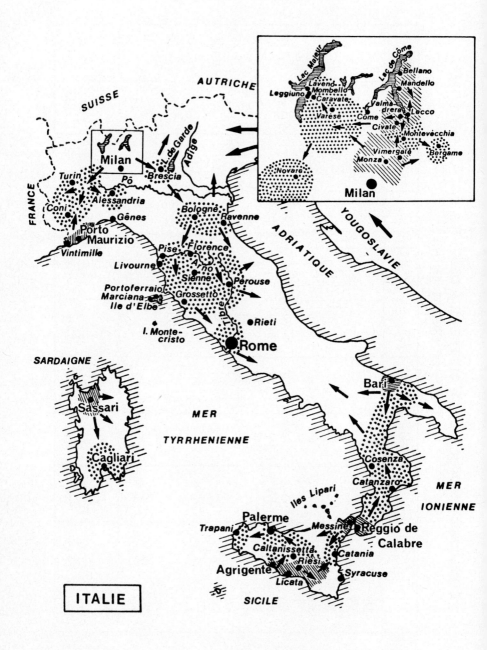

Fig. 242. – L'invasion phylloxérique en Italie (Original).
Légende : hachures : territoires envahis avant 1885
points : territoires envahis entre 1886 et 1896.

L'INVASION PHYLLOXERIQUE DANS LE MONDE

Il nous paraît intéressant de faire ici une synthèse des publications relatives à l'invasion phylloxérique dans le monde, ce qui permet de se faire une idée sur la rapidité de la progression de l'insecte dans certains pays, alors que dans d'autres, diverses circonstances climatiques ou topographiques ont freiné la marche en avant, sans oublier les mesures administratives ou les traitements d'extinction. Nous avons tenté de dresser pour les principaux pays viticoles européens une carte de l'invasion avec les documents fragmentaires en notre possession. Bien qu'imparfaites ces cartes permettront de mieux suivre le texte, assez aride ou fastidieux par ses énumérations de communes ou de villages.

Il nous a fallu rester aux limites politiques des pays d'avant 1914 et conserver les noms de l'époque, ne pouvant pas toujours nous y retrouver dans les noms actuels des villes rebaptisées après 1919 ou 1945. Que les habitants de ces pays concernés veuillent bien nous excuser, il leur sera facile à eux de rétablir les noms actuels.

1°) Italie

Le Phylloxera fut officiellement découvert en août 1879 à *Valmadrera*, près de *Lecco* (Province de *Côme*) sur des plants introduits en contrebande depuis 3 ans chez un amateur de vignes. La tache occupait déjà 6 hectares. En septembre, deux autres foyers étaient trouvés dans la Province de *Milan* à *Civate* et *Agrate*, toujours près de *Lecco*.

En mars 1880, un second foyer phylloxérique était constaté en Sicile, l'insecte ayant été repéré à *Riesi* (Province de *Caltanissetta*) sur 20 ha, puis à *Girgenti* (aujourd'hui *Agrigento*) sur 2 ceps cultivés en pot et le 4 août à *Retiro*, village situé à 3 km de *Messine*, sur 7.000 pieds, ainsi qu'à *Anunziata* (1), près de *Trapani* près de la côte ouest de l'île.

Enfin le 23 octobre 1880, un troisième foyer phylloxérique était repéré sur la côte occidentale de la Ligurie, dans la villa du Marquis DURRAZZO à *Porto-Maurizio*, près d'*Imperia*, sur des plants importés de France, 4 ou 5 ans auparavant.

A partir de ces trois foyers distincts, le Phylloxéra va progresser plus ou moins rapidement :

A - *La Sicile* est la région la plus touchée (50 ha environ) et les foyers vont se multiplier autour d'*Agrigento* et de *Messine* au cours des années 1882 et 1883, avec de nouveaux points d'attaque au nord de Messine à *Milazzo* (1883) et à l'est de Riesi à *San Michele*, près de *Caltagirone* (1883). Puis en 1884 l'insecte est découvert à *Lentini, Salice* et *Bucceri*. Sur les 7 Provinces qui composent la Sicile, seules les Provinces de Palerme et de Trapani sont encore indemnes ; dans les autres on dénombre pour Messine : 2.047 foyers (43 ha), pour Catania : 164 foyers (7 ha), pour Caltanissetta : 6.231 foyers (283 ha) et pour Agrigento : 160 foyers (1,5 ha).

En 1885, on compte deux nouvelles communes phylloxérées dans la Province d'Agrigento : *Campobello* et *Ravanusa*, près de Riesi.

En 1889, la Province de Palerme sera, à son tour, envahie à partir du foyer de Caltanissetta, sur 380 ha environ répartis dans les villages de *Montemaggiore, Alininessa, Belsito, Polizzi, Generosa, Caccamo*. Dans la Province d'Agrigento, les dégâts portent sur 150 ha, avec les nouvelles communes atteintes de *Favara, Castrofilippo, Naro, Licata, Canicatti* tandis que dans la Province de Caltanissetta, 15 des 28 communes sont phylloxérées : *Riesi, Butera, Mazzarino, Sommatino, Piazza, Niscemi, Terranova, Pietraperzia, Caltanissetta, Barrafranca, Castrogiovanni, Delia, Villarosa, Marianopoli et Serradifalco.*

En 1892, le Phylloxéra est présent dans 22 communes de la Province de Palerme, 22 dans celle de Caltanissetta, 11 dans celle d'Agrigento, 18 dans celle de Messine, 34 dans dans celle de Catania et 32 dans celle de Syracuse, soit au total 139 communes représentant 158.000 ha de vignes. En 1894 la Province de Trapani est finalement aussi phylloxérée.

En 1896, on compte 205 communes phylloxérées comprenant 159.000 ha de vignes détruites et 81.000 ha de vignes atteintes. Les *Iles Lipari* (sauf Stromboli) sont aussi attaquées et 75 % des vignes détruites.

B - En *Italie du Nord*, les vignobles du Lac de Côme vont être atteints dès 1882 à *Mandello, Bellano* avec 46 nouveaux foyers. En 1887 la tache s'est agrandie avec plusieurs communes au nord de *Montevecchia* et dans l'arrondissement de Varèse (*Leggiuno, Mombello, Caravate, San Giano et Laveno* sur les bords du Lac Majeur). En 1889 on découvre 141 nouveaux foyers entre la région de Côme et de Varèse.

Le foyer de la Province de Milan va s'agrandir également au fil des années : *Monza* (1879), *Gessate, Garigate, Caponago, Vimercate* et *Concorezzo* en 1882 ; *Pessano* et *Marcallo* en 1887.

Mais certaines Provinces de l'Italie du Nord ne seront phylloxérées qu'assez tard, à la fin du siècle : *Coni, Turin, Novare, Brescia, Bergame* en 1896 et *Alessandria* en 1899.

C - En *Ligurie*, le long de la Riviera italienne, un nouveau foyer phylloxérique est découvert en 1882 à *Vintimille*, non loin de celui de Porto-Maurizio (1880). Ces deux taches vont s'agrandir et on comptera 61 foyers en 1885, puis 74 en 1886 avec de nouvelles communes atteintes : *Isolabona, Apricale, Bajardo, Piani, Poggi, Borgo, Santa Agata, Caramagna, Castelvecchio, Oneglia, Bestagno, Diano Castello, Albenga.* L'année suivante d'autres communes seront phylloxérées à leur tour : *Bordighera, Dolcea-que, Vallecrosia, Soldano, Borghetto*, etc. Finalement, en 1897 on compte 21 communes atteintes dans l'arrondissement de *San Remo* et 10 dans celui de *Porto-Maurizio* intéressant 2.000 ha de vignes dont 520 ha envahis et 132 ha détruits.

D - *L'île de Monte-Cristo*, où le Gouvernement avait établi des pépinières, sera phylloxérée en 1882, ainsi que *l'île d'Elbe*. Dans cette dernière le mal va progresser, occupant 150 ha en 1889 (*Marciana, Porto Longone, Porto Ferraio*).

E - En *Sardaigne*, le Phylloxera est trouvé en 1883 à *Sassari*, au nord-ouest de l'île et dans deux communes voisines : *Sorso* et *Usini*, contaminant près de 200 ha de vignes. La région de *Cagliari*, au sud de l'île sera atteinte en 1894.

F - Dans *l'Italie du sud*, le Phylloxéra sera d'abord découvert en 1883, dans la Province de Reggio de Calabre sur le territoire des communes de *Sambatelo, Gallicio* et *Selio*, puis à *Reggio de Calabre* et enfin à *Bari*, au bord de la mer Adriatique.

L'année suivante d'autres communes seront atteintes : *Villa San Giovanni, Motta, Pellaro.* En 1897 les provinces de Reggio di Calabria et de Catanzaro sont en grande partie phylloxérées, surtout le versant ouest de la chaîne de l'Apennin.

G - *L'Italie centrale* ne sera contaminée par l'insecte qu'à la fin du XIXe siècle.

En 1896, ce sont les provinces de Bologne et de Ravenne en Emilie ; de Livourne, Pise, Florence, Sienne, Arezzo, Grosseto en Toscane ;

de Pérouse dans l'Ombrie ; de Rome dans le Latium (1891) tandis qu'en 1899 les provinces suivantes sont encore considérées comme indemnes : Ancône, Plaisance, Reggio-Emilia, Modène, Parme, Ascoli, Ferrare, Forli, Macerata et Pescara. La Venetie est également indemne.

Progression du Phylloxera en Italie. Le tableau suivant permet de se rendre compte de la progression de l'insecte dans les vignobles italiens :

LE PHYLLOXERA EN ITALIE

	Communes envahies (sur 7.310)	Provinces phylloxérées (sur 62)	Superficies infestées en ha
1879	3	3	24,5
1880	12	4	36
1881	16		56
1882	23		100
1883	39		386
1884	60		2.956
1885	76		3.174
1886	114		4.534
1887	152		8.456
1888	209		33.373
1889	264		75.613
1890	306		109.427
1891	341		136.242
1892	386		187.056
1893	462	19	200.125
1894	508		243.566
1895	544	28	287.140
1896	625		302.620
1897	672		330.794
1898	816	32	350.948
1899	908		351.033
1900	966	35	351.082
1901	1.013		351.128
1902	1.046		351.188
1903	1.110		351.220
1904	1.161		351.262
1905	1.259		351.216
1930	5.084	48	1.011.499
1941	5.601	52	

Au 31 décembre 1899, on dénombre 886 communes phylloxérées se répartissant ainsi par provinces :

315 en *Italie du Nord :* Brescia (76), Côme (96), Milan (6), Pavie (2), Novare (48), Turin (10), Coni (2), Alessandria (2), Porto-Maurizio (67), Gênes (6).

46 en *Italie Centrale :* Bologne (1), Ravenne (2), Livourne (7), Pise (16), Florence (7), Sienne (1), Arezzo (5), Grossetto (2), Perouse (3), Rome (2).

118 en *Italie du Sud* : Cosenza (3), Bari (2), Catanzaro (39), Reggio di Calabria (74).

257 en *Sicile* : Messine (37), Catania (54), Syracuse (32), Caltanissetta (26), Agrigento (32), Palerme (63), Trapani (13).

98 en *Sardaigne* : Sassari (73), Cagliari (25).

et 52 communes non précisées.

La région la plus touchée, à cette époque, est la Sicile, puis par ordre décroissant des dégâts : la Sardaigne, la Calabre, la Lombardie, le Piémont, la Ligurie, la Toscane, les Marches, l'Ombrie, le Latium et les Pouilles. Sur les 12 régions qui constituent l'Italie de cette époque on ne trouve donc que deux régions indemnes : la Vénétie et l'Apulie (Adriatique).

Ensuite, au cours du XXᵉ siècle, la progression de l'Insecte se poursuivra plus lentement, en raison de la structure particulière du vignoble italien, constitué en grande partie de cultures mixtes où les vignes sont associées à d'autres cultures, les parcelles étant d'ailleurs souvent isolées les unes des autres par des champs.

C'est ainsi qu'en 1940, le Ministère de l'Agriculture a publié la liste des communes infestées : 5.601 sur un total de 7.310, soit un pourcentage de 65 % environ. Toutes les Provinces étaient alors atteintes sauf celle de Rieti, envahie depuis.

En 1950, les vignes non greffées, occupaient encore 470.000 ha sur un vignoble global estimé à 2.800.000 ha (dont 1 million en culture spécialisée).

2°) Espagne

Selon Foex (1895) « deux grandes taches phylloxériques, découvertes vers 1872 ont débuté l'une à Malaga, l'autre dans l'Ampourdan ».

I - En *ANDALOUSIE*, dans la *Province de Malaga* des plants portant des œufs d'hiver auraient été plantés, en décembre 1874, dans la propriété de l'Indiana à *Moclinejo*, commune à 2 lieues à l'est de Malaga. En 1877, on constatait l'existence de 12 foyers, puis de 132 en 1878 et plus de 1.500 en 1879, ces foyers occupant une superficie de 326 ha.

A partir de ces multiples foyers l'insecte va gagner les vignobles voisins et passer aux collines situées à l'ouest du Cerro de la Reina. En 1880, le Phylloxera se transporte au nord de Malaga pour envahir les vignobles de *Las Lomas, Aguimar, Colmenares* et *Casabermeja,* au nord-ouest tous les vignobles jusqu'à *Almogia,* puis de-là s'étendre à ceux de *Benaque, Macharaviaya, Olias* et *Totalan.* L'insecte se dirigera ensuite sur *Borge, Cutar, Iznate, Benamocarra* et sur les célèbres collines *Los Montes de Malaga.* En peu d'années tout ce vignoble de 112.232 ha, répartis sur 86 communes, sera ravagé. C'est ainsi qu'en 1885 on dénombre :

— 14 communes totalement détruites pour 28.552 ha (*Algarrobo, Almachar, Benagalbon, Benamargosa, Benamocarra, Borge, Comares, Cutar, Iznati, Macharaviaya, Moclinejo, Olias, Totalan, Velez-Malaga*).

— 18 communes, considérées comme perdues, soit 43.082 ha.

— 3 communes gravement atteintes, soit 5.672 ha.

— 6 communes peu atteintes, soit 6.163 ha.

— 45 communes indemnes pour 28.763 ha.

Dans ces sols arides et pierreux l'insecte va se développer rapidement au point qu'en 1900 tout sera détruit dans les trois zones viticoles : *Montes, Vega* et *Serrania.*

De ce grand foyer phylloxérique, le mal va s'étendre aux provinces voisines : en 1885 c'est au tour de la *Province d'Almeria* d'être atteinte par le parasite, dans le district d'*Adra*, mais l'attaque est plus ancienne puisque sur 2.534 ha de vignes, on ne compte plus que 1.200 ha de vignes saines. Un autre foyer est découvert à *Berja*. En 1889 on constate des dégâts importants dans les vignobles de *Dalcas, Enix, Almocita, Fondon, Alcolea, Lubrin* et *Alpujarra*.

Dans la *Province de Grenade*, l'invasion daterait de 1883 et l'on observe rapidement des dégâts importants puisqu'en 1886 on considère que presque toutes les vignes sont perdues. Cette même année, 1886, le Phylloxéra est trouvé aux environs de Grenade à *Atarfé*, commune voisine de *Santafé*.

Dans la *Province de Cadix*, le vignoble de *Xeres* est envahi vers 1894 sur 30 à 40 ha et en 1897 on compte 1.600 ha attaqués sur un total de 8.000 ha. On connaît aussi quelques foyers dans le district de *Puerto-Santa-Maria*, en face de Cadiz et dans le district de *San Lucar de Barremada*.

Dans la *Province de Séville*, l'apparition de l'insecte remonterait à 1889, mais officiellement le mal n'est reconnu que le 1er août 1891. L'année suivante, en 1892 on compte déjà 600 ha envahis sur un vignoble total de 10.500 ha.

En 1897, l'insecte s'est propagé dans plus de 1.000 ha et 650 ha sont détruits, dans les communes de *Marchena, Moron, Cazalla-Coronil, Osuna, Pruna, Montellano, Arahal, la Puebla de Cazalla et Constantina*.

La *Province de Cordoue* est phylloxérée depuis 1888, mais seulement en 1890 officiellement.

La *Province de Jaen* est atteinte en 1890, mais en fait le 20 juin 1891 officiellement.

« De 1895 à 1899, selon Martinez-Zaporta, la conquête de toute l'Andalousie se parachève, le parasite atteignant à la limite occidentale la *Province de Huelva*, bien que celle-ci ne se déclarât atteinte qu'en 1900 et officiellement en 1901. »

II - En *CATALOGNE*, dans la *Province de Gérone*, le vignoble d'*Ampourdan* aurait été atteint à peu près vers la même époque qu'à Malaga (1878 ?), le mal débutant dans le secteur *Ampurias, Rosas, Cadaquès*, le long de la *Costa Brava*, la première commune touchée étant *Rabos*, près de la frontière française. En 1884 les deux tiers de ce vignoble, d'environ 9.000 ha, sont détruits. Les vignobles les plus maltraités sont ceux de montagne et de coteaux élevés dans l'isthme de *Rosas, Cadaquès, Puerto de la Selva, Palau, Vilajuiga, Llansa, Garriguella, Rabos, Perelada*, etc., c'est-à-dire toute la zone bordant les Pyrénées entre *le Perthus* et *Port-Bou*.

Ce second foyer phylloxérique va progresser vers le sud de la Catalogne : le 17 octobre 1882, le Phylloxéra est découvert à *Tordera*, à la limite de la Province de Gerone et dans certains vignobles du nord-ouest de la *Province de Barcelone* (infestée depuis 1880, selon Martinez-Zaporta). On le trouve ensuite aux portes mêmes de la ville de *Barcelone* (vignobles de *Horta et Saint Andrès*).

En 1886, on constate une extension du fléau sur la côte jusqu'à Barcelone au point qu'en 1889 on compte 23 foyers à *Arenys*, 13 à *Granollers*, 1 à *Barcelone*, 15 à *Igualda*, 3 à *Maurera*, 16 à *Mataro*, 8 à *Sabadell*, 11 à *San Feliu de Llobregat*, 10 à *Vilafranca*, 4 à *Tarrasca* et 1 à *Villanueva-y-Geltru*, soit 105 foyers pour un vignoble de 61.566 ha dont 525 ha sont détruits et 2.473 ha envahis. En 1894 toute la Province de Barcelone est phylloxérée et seule la bande sableuse du littoral (*Mataro et Arenys*) résiste encore un peu.

La *Province de Tarragone* sera phylloxérée en 1888. Quelques années plus tard, en 1897, les six districts de *Tarragone, Valls, Vendrell, Falset, Reus et Montblanch* ont subi des ravages importants ; seuls les districts de *Gandessa* et de *Tortosa* sont encore indemnes.

Enfin, la quatrième province de la Catalogne, celle de *Lerida* ne sera reconnue phylloxérée que le 7 août 1894. Ce sont d'abord les vignes de plaine qui sont envahies, les terrains montagneux du Nord étant épargnés.

III - *UN TROISIEME GRAND FOYER PHYLLOXERIQUE* sera découvert en 1889, au nord-ouest de l'Espagne, à proximité du Portugal, l'insecte paraissant venir de ce pays (de la région de *Tras-os-montes*) :

Dans la *Province de Leon*, la maladie remonterait à 3 ou 4 années auparavant (1886) et le foyer occuperait 30 à 35 ha, sur la limite de la *Province d'Orense*, région qui est elle-même atteinte depuis 1882 aux environs de *Verin et Monterrey*, ainsi que sur les bords du *Rio Sil* à 60 km (*Barco de Valdeorras*).

La *Province de Salamanque* est reconnue phylloxérée en 1884, puis on signalera l'insecte dans la *Province de Zamora* en 1886.

Dans sa marche vers l'est, le Phylloxera va atteindre la *Province de Valladolid* beaucoup plus tard en 1897 et de là gagnera les provinces voisines en direction de la vallée de l'Ebre.

L'ESTREMADURE sera envahie au cours de cette période 1895-99 et d'après MARTINEZ-ZAPORTA (1950) « à en juger par la disposition des zones infectées, on peut conclure qu'il s'agit ici d'une contagion dont le foyer se situe au Portugal, de l'Andalousie et de la Province du Leon, qui lui sont contiguës et où l'épidémie est déjà déclarée. »

Dans cette région de l'Estrémadure, la *Province de Badajoz* est reconnue malade en 1897 (24 juin) dans le district d'*Almendralejo* où l'insecte a déjà détruit 417 ha de vignes, plus 1.022 ha envahis, sur un vignoble total de 7.249 ha. Dans le district de *San Vicente* au Nord, près du Portugal, on dénombre 35 ha envahis dont 11 ha détruits. Dans le district de *Fuente del Maestre* 152 ha sont contaminés, dont 47 ha détruits et dans le district de *Rivera del Fresno* 32 ha sont phylloxérés.

La *Province de Caceres* est également reconnue phylloxérée le 16 juillet 1897.

LA VIEILLE-CASTILLE sera contaminée à partir de la Province du Leon et de celle de Valladolid. Ce sera d'abord la *Province* de *Palencia* en 1897, puis celle de *Burgos* en 1898 (qui ne sera d'ailleurs reconnue officiellement phylloxérée qu'en 1901). L'invasion de la Rioja Alta va débuter en 1900 officiellement c'est au tour de la *Province de Logrono* d'être infestée. Dans cette dernière Province, l'insecte existait depuis quelques années à *Mondavia*, puis il est trouvé en 1899 à *Sarasaja*, à 15 km de *Haro*, ainsi que dans 13 communes de la Haute-Rioja et 2 de la Basse-Rioja. Les *Provinces de Soria* et de *Segovie* ne seront déclarées phylloxérées que beaucoup plus tard, en 1910. Le petit vignoble de la *Province de Santander* ne sera touché qu'en 1906 et celui de la *Province d'Avila* en 1907.

Les *PROVINCES BASQUES* vont être envahies à partir de la Rioja : d'abord la *Province d'Alava* (Vitoria) en 1901, puis celle de *Guipuzcoa* en 1907 et celle de *Vizcaya* en 1908, dans les vignobles peu nombreux de Bilbao et de San Sébastian.

A côté, la *Province de Navarre* sera envahie en 1896 et on estime, en 1899, que 60 % du vignoble est touché, la propagation du mal se faisant rapidement du nord au sud.

En *ARAGON*, la *Province de Saragosse* est déclarée phylloxérée au début de 1900, l'insecte ayant été décelé au cours de l'année précédente, les nombreux foyers phylloxériques de Tarragoje et de Navarre n'étant pas étrangers à ce fait. La même année, la *Province de Huesca* est reconnue phylloxérée et en 1902 celle de *Teruel*.

Les *ASTURIES (Province d'Oviedo)* seront phylloxérées en 1894.

En *GALICE*, la première province touchée fut celle d'*Orense* en 1888 officiellement mais nous avons vu que l'invasion était plus ancienne en réalité, remontant à 1882. Les deux autres Provinces, peu viticoles d'ailleurs, ne seront reconnues malades qu'en 1906 pour celle de *Pontevedra* et en 1909 pour celle de la *Coruna* (La Corogne), dont le vignoble est d'ailleurs insignifiant.

Dans la *REGION DE VALENCIA*, c'est la *Province d'Alicante* qui sera contaminée la première en 1899 et reconnue officiellement en 1900, puis celle de *Castellon* en 1901 et enfin celle de *Valencia* en 1905.

Fig. 243. – L'invasion phylloxérique en Espagne et au Portugal (Original).
Légende : hachures : territoires envahis avant 1890
points : territoires envahis entre 1891 et 1900.

Dans les *ILES BALEARES*, c'est l'*île de Majorque* qui fut la première reconnue malade en 1890 (et officiellement en 1891). En 1897, les trois districts (*Palma, Inca et Nanocor*) sont totalement infestés avec la moitié des vignes détruites (9.000 ha). A cette époque les vignobles de l'*île de Minorque* (302 ha) et de l'*île d'Ibiza* (120 ha) sont encore indemnes : ils ne seront phylloxérés qu'après 1902.

« Au début du XXe siècle, selon MARTINEZ-ZAPORTA (1950), sur un vignoble primitif de 2.030.850 ha le Phylloxera en a détruit 1.036.807 ha en un peu moins de 30 ans et 125.296 ha sont atteints. Dans les 43 provinces envahies il reste 661.737 ha intacts. Les vignobles de 4 Provinces indemnes et des Iles Canaries épargnées représentent 200.779 ha. Les superficies reconstituées couvrent 323.858 ha de sorte que la perte pour l'Espagne est de 734.000 ha. »

Dans la *NOUVELLE-CASTILLE*, le Phylloxéra va pénétrer dans le vignoble de la Mancha par la *Province d'Albacète*, touchée dès 1901 et contaminée elle-même par la *Province de Murcie* où l'insecte a été identifié dès 1894 dans la région de Carthagène et de là dans les vignobles d'*Aljorra, Miranda, Santa-Ana, Plan, Los Medicos, Albujon* et *Pozo-Estrecho*. La *Province de Ciudad Real* sera donc reconnue phylloxérée en 1905 et le mal va s'étendre à tout le sud-est de cette importante zone viticole.

L'invasion phylloxérique de l'Espagne va s'achever entre 1910 et 1918 par les Provinces du centre : A partir de la région de Saragosse, le Phylloxera va pénétrer dans la *Province de Guadalajara* en 1913, puis en 1914 on découvre quelques foyers à la limite sud-ouest de la *Province de Madrid* à *San Martin de Valdeiglesias*, profitant de la brèche que constitue la vallée du Rio Alberche, d'où le mal s'étendra plus tard. Puis, en empruntant la vallée du Tage, l'insecte passe de l'Estremadure à la *Province de Tolède* vers 1912 mais seulement reconnu officiellement en 1915 : enfin d'autres foyers apparaissent dans la zone proche de la Sierra de Cuenca et s'étendront à toute la *Province de Cuenca* (1918), bien qu'il soit fort probable, selon Martinez-Zaporta, que les foyers apparus au sud de cette province soient dus à une invasion provenant de la province d'Albacète.

Le tableau ci-dessous donne chronologiquement la marche du Phylloxéra dans les diverses Provinces (48) :

— 20 novembre 1888 : Almeria, Barcelona, Gerone, Granada, Malaga, Léon, Orense, Salamanca, Tarragona, Zamora.
— 1890 : Cordoba (7 avril), Lugo (7 août).
— 1891 : Baléares (4 juin), Jaen (20 juin), Sévilla (1ᵉʳ août).
— 1894 : Cadiz (27 juin), Lérida (7 août), Murcia (7 août), Oviedo (7 août).
— 1896 : Navarra (21 novembre).
— 1897 : Badajoz (24 juin), Cacéres (16 juillet), Palencia (10 avril), Valladodid (24 juin).
— 1900 : Alicante (29 janvier), Huesca (7 novembre), Logrono (29 janvier), Zaragoza (26 janvier).
— 1901 : Alava (2 mars), Albacète (14 mars), Burgos (22 novembre), Castellon (7 novembre), Huelva (12 mars).
— 1902 : Teruel (10 novembre).
— 1905 : Ciudad Real (1ᵉʳ septembre), Valencia (26 juillet).
— 1906 : Pontevedra (26 janvier), Santander (10 février).
— 1907 : Avila (16 septembre), Guipuzcoa (16 octobre).
— 1908 : Vizcaya (30 janvier).
— 1909 : Coruna (22 juin).
— 1910 : Segovia (17 octobre), Soria (23 juillet).
— 1913 : Guadalajara (28 janvier).
— 1915 : Madrid (30 novembre).
— 1918 : Cuenca (en août), Toledo (12 avril).

L'année 1888 sert de point de départ aux déclarations officielles et regroupe par conséquent toutes les Provinces phylloxérées antérieurement.

Depuis 1918, tout le territoire espagnol est reconnu phylloxéré et la circulation des vignes américaines est libre d'une Province à l'autre.

« En 1950, écrit Martinez-Zaporta, tout le vignoble péninsulaire et celui des Iles Baléares est envahi par le Phylloxéra. Mais il reste encore des vignes sur de petites superficies de terrains sablonneux et naturellement inondables (au bord des rivières) où subsistent des vignes franches de pied. Il y a aussi dans la partie méridionale du plateau ibérique (principalement dans la province de Ciudad Real) des plants indigènes sur des sols du miocène, appelés « calares » (sédiments calcaires, durs) sous un climat très chaud (50° et plus) et un état hygrométrique très bas. »

3°) Portugal

Dans ce pays « le Phylloxéra serait apparu en 1865 sur la *rive droite du Douro* dans la Quinta da Azinheira à *Gouvinhas*, arrondissement de Sabrosa. « En 1869 la vigne de Gouvinhas était déjà anéantie, selon SUSPIRO (1950) et le mal s'étendait aux vignobles voisins. Cependant, ce n'est qu'en 1871 que l'on reconnaît effectivement l'existence · de l'insecte dans une vigne de *Bertelo*, arrondissement de *Santa Marta de Penaguiao* et l'année suivante, l'invasion s'étend déjà rapidement aux arrondissements de *Sabrosa, de Régua, de Santa Marta de Penaguiao, d'Alijo* et de *Sao Joa da Pesqueira*, tous dans la région du Douro.

« Au début, l'invasion progressa lentement sans qu'on y attachât une grande attention et le dépérissement des vignes était attribué à divers facteurs (climat, infertilité...). Mais la découverte en 1871 de l'insecte et sa dissémination rapide à travers les vignobles du Douro, en 1872, démontrèrent éloquemment la gravité des dégâts auxquels la viticulture portugaise se trouvait exposée. De 1872 à 1879 les services officiels cherchèrent à combattre le fléau par tous les moyens dont on disposait alors.

« Malgré tout, l'insecte continuait sa marche inexorable et c'est ainsi qu'en 1879, les attaques se développaient dans tous les sens et dans des proportions effrayantes. Les arrondissements de *Vila Real, Armamar, Tabuaço, Lamego, Carrazeda de Anciâes, Mirandela, Vinhais, Macedo de Cavaleiros, Fozcoa et Figueira de Castelo Rodrigo* se trouvaient déjà infectés, c'est-à-dire outre la région du Douro, d'importantes zones viticoles des districts de *Bragance* (dans le nord du pays) et de *Guarda* (dans la région du *Dao*, située au sud du Douro) ». En 1881, on estimait que 15.000 ha de vignes étaient détruites ou envahies dans la région du Douro, productrice des vins de Porto.

BAPTISTA et SUSPIRO (1956) ont publié en détail la marche de l'invasion phylloxérique par arrondissements :

« En 1880, la progression se poursuit vers le sud avec *Murça, Vila Flor Alfandega da Fé, Meda, Celorico da Beira et Coimbra*.

« En 1881, d'autres arondissements sont atteints en direction du sud : *Viseu, Carregal do Sal, Covilha et Leiria*, mais aussi *Porto* à l'embouchure du Douro et *Mogaduro* dans le nord-est.

« Les années suivantes, de 1882 à 1886, les arrondissements du nord-est et de la région du *Minho* (où l'on prépare les « vinhos verdes ») seront phylloxérés à leur tour : *Braga* (1884), *Condeixa, Valença de Minha* etc... Mais vers le sud, en direction de Lisbonne l'insecte s'installe aux environs de *Santarem* (1882), *Pombal* (1885), *Abrantès, Sintra* (1887)... »

En 1884, sur un vignoble global de 350.000 ha on compte 72.000 ha phylloxérés et 22.000 ha détruits.

Lisbonne est contaminé en 1889, *Setubal* en 1890 et la province d'*Alentejo* est envahie avec une grande intensité en 1891.

Finalement, en 1895, tout le pays est considéré comme phylloxéré, à l'exception de la région sud de l'*Algarve*, qui est d'ailleurs très peu viticole (*Faro*).

L'Ile de Madère a été reconnue contaminée dès 1883 dans les régions de *Funchal, Porto Moniz, S. Vicente, Santa Ana, Machico, Calheta* et

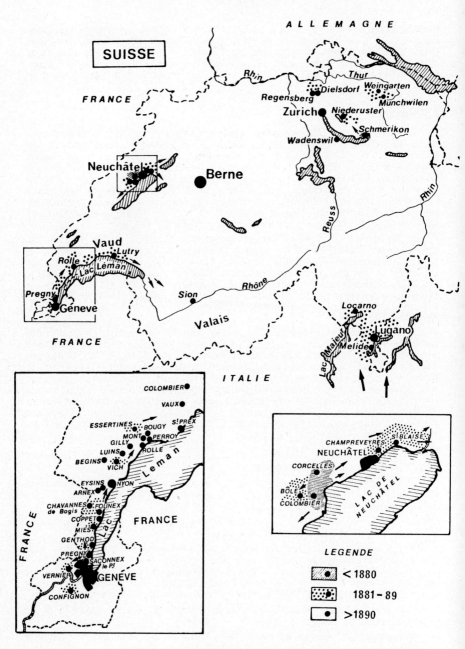

Fig. 244. – L'invasion phylloxérique en Suisse (Original).

Santa Cruz. Selon MOUILLEFERT, l'origine du mal serait plus ancienne (1870 ?). En 1886, c'est au tour de la région de *Ponta do Sol* et l'année suivante de *Ribeira Brava* et *Camara de Lobos.*

L'archipel des Açores a été phylloxéré en 1887 dans les régions de *Ponta Delgada, Lagoa, Ribeira Grande, Angra do Heroismo, Praia da Victoria et Horta.*

Actuellement, au Portugal, il subsiste encore un vignoble non greffé dans les terrains sablonneux comme dans la région de *Colares,* au voisinage de la mer, la région de *Sétubal* (sables du Pliocène) et sur les vastes étendues sablonneuses le long du littoral de *l'Alentéjo* et de *l'Algarve.*

4°) Suisse

Nous avons vu dans les symptômes que le Phylloxéra fut découvert dès 1871 à *Pregny* dans le *canton de Genève,* tache qui devint importante à partir de 1874 et sur laquelle de nombreuses expériences furent tentées pour la faire disparaître.

En 1875, un second foyer fut identifié à *Schmerikon,* dans le *canton de Saint-Gall* et un troisième à *Muhlberg* dans le *canton de Thurgovie* sur des raisins de Black Hambourg (Frankenthal) et de Muscat d'Alexandrie introduits d'Angleterre en 1868 et cultivée dans des serres à raisins. Le *canton de Neuchâtel* fut atteint en 1877 avec des plants importés d'Annaberg (Allemagne) aux *Trois-Rods* et au *Colombier.* Cette tache, d'abord détruite, reparaîtra en 1879. D'autres points d'attaque sont trouvés à *Corcelles* et à *Saint-Blaise* (1880), cette dernière tache menaçant les vignes du bord du lac de Bienne.

Dans ce canton, selon V. MAYET (1882), « les points d'attaque principaux sont : *Trois-Rods, Colombier et Neuchâtel* et quatre autres points moins importants : *La Favarge, Champreveyres, Saint Blaise et Corcelles* (ce dernier découvert en 1877). Le *foyer de Bôle,* trouvé en 1881 et les petits foyers voisins font partie du foyer de Trois-Rods. »

En 1883, deux nouvelles communes, voisines de Prégny, sont envahies : *Genthod et Petit-Saconnex* et en 1885 encore deux autres : *Confignon* et *Vernier.* Pour le canton de Genève les vignes détruites représentent 7 ha sur un total de 1.928 ha.

En 1886, le Phylloxéra est trouvé dans le *canton de Zurich* à *Niederüster, Regensberg* et *Dielsdorf,* mais surtout, le *canton de Vaud* est envahi à *Fournex* chez Louis Magnin, dans le cercle de Coppet, puis à *Mies.*

DUFOUR (1894) donne l'apparition chronologique de l'insecte dans ce canton : *Fournex et Mies* en 1886, *Vich* en 1887, *Chavannes de Bogis, Essertines-sur-Rolle* en 1888, *Luins* en 1890, *Eysins* en 1891, *Mont, Perroy, Saint-Prex, Vaux, Colombier* en 1892, *Coppet, Begnins, Gilly, Bougy* et *Arnex-sur-Orbe* en 1893.

Au 1er janvier 1889, la situation phylloxérique est la suivante :

Canton de	Communes	Foyers	Ceps infestés	Ceps détruits
GENEVE	18	189	4.655	36.887
NEUCHATEL	12	785	9.736	—
ZURICH	10	151	400	8.284
VAUD	2	2	8	900
Total	42	1.127	14.799	

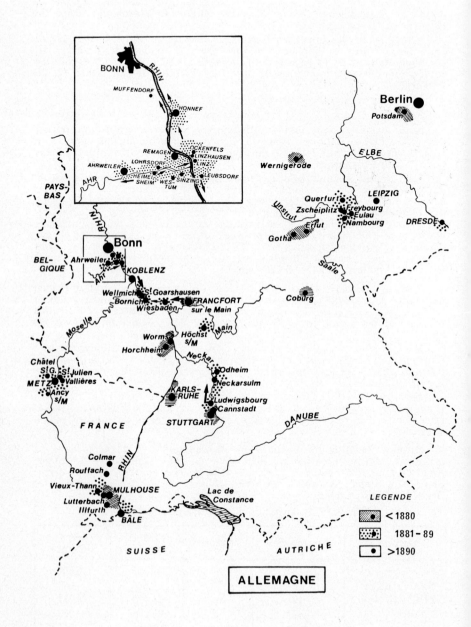

Fig. 245. — L'invasion phylloxérique en Allemagne (Original).

ce qui laisse supposer que les 2 foyers des cantons de Saint-Gall et de Thurgovie ont été détruits.

En 1897, le *canton de Genève* est gravement atteint car 37 communes sont maintenant contaminées et plus de 53 ha de vignes ont été détruites.

Le *canton de Vaud* possède 28 communes phylloxérées avec notamment la tache de *Lutry* (1897) qui menace la côte en direction de *Lavaux*.

Le *canton de Zurich* ne possède que quelques petits foyers nouveaux.

Dans le *canton de Neuchâtel*, de 1886 à 1897 le nombre de ceps infestés est passé de 11.590 à 18.564 tandis que dans *le canton de Thurgovie* on trouve plusieurs foyers, vieux de 8 à 10 ans à *Junenberg* près de *Weingarten* (district de *Munchwilen*).

Enfin dans le *canton du Tessin* le Phylloxéra est découvert en 1896, mais le mal était plus ancien car toute la partie du canton située au sud de Mélide est infectée au point de rendre impuissant les moyens curatifs ordinaires. Le reste du canton ne renferme que 14 communes contaminées dont 13 appartiennent au district de *Locarno* et 1 à celui de *Lugano*.

En 1899, l'insecte progresse : dans le canton de Vaud on découvre 64 nouveaux foyers et 384 éclaboussures, dans celui de Zurich 200 ha sont atteints et 40 ha détruits. En Thurgovie on détecte 9 taches dans le vignoble de *Webzikon*, 3 à *Kalthausen* et l'extension du foyer d'*Innanberg*.

Les autres cantons seront phylloxérés à leur tour au début du XX° siècle : *Berne* en 1905, *le Valais* en 1906.

En 1950, le Phylloxéra est répandu dans presque tout le vignoble suisse, exception faite de certaines parcelles du Valais et de la Suisse orientale. La reconstitution s'est faite par le greffage sur vignes américaines et une petite proportion (10 % environ) d'hybrides producteurs directs.

5°) Allemagne

La marche de l'insecte dans ce pays comprend deux périodes : la première qui va de 1874 à 1881 correspond à l'identification du Phylloxéra dans des pépinières privées ou commerciales ; la seconde période, à partir de 1881, voit les vignobles se contaminer progressivement.

Le premier foyer phylloxérique fut découvert en 1874 dans le *Domaine royal d'Annaberg*, près de Bonn, à la suite d'une introduction de vignes américaines, en provenance de Washington, en 1866.

D'autres importations américaines amenèrent l'identification du Phylloxéra les années suivantes : en 1875 à *Horcheim*, près de Worms (Hesse), à *Erfurt* (Saxe), à *Karlsruhe* (Bade) et à *Schoneberg* près de Berlin. En 1876, l'insecte sera identifié à *Bollweiler* (Bollwiller) en Alsace, puis en Wurtemberg dans les jardins royaux de Berg, faubourg de *Stuttgart* et à la Villa royale de la Wilhelma à *Cannstatt*. Tout fut arraché et brûlé. D'autres foyers furent trouvés dans le Duché de Saxe à *Coburg* (Cobourg) et *Gotha* ainsi que dans le Brandebourg à *Wernigerode*.

En 1877, l'insecte est reconnu à *Hambourg* sur des vignes élevées en pots, dans une serre à *Eppendorf* ainsi qu'en Silésie chez Reinecke à *Rauschwitz*, dans le cercle de Glogow (Glogau). En Lorraine le Phylloxéra est découvert dans les pépinières des frères Simon au village de *Plantières*, sur la rive droite de la Moselle, donc aux portes de Metz.

En 1878, de nouveaux foyers sont signalés à *Kiel*, *Potsdam* et à *Sachsenhausen*, faubourg de Francfort chez A. Baumann dont les plants venaient de chez Simon.

De ces foyers l'insecte va progresser au cours des années suivantes gagnant les vignobles des vallées de la Saale et de l'Unstrut dans le Duché de Saxe (*Dobichau, Zeuchfeld, Possenhain*), les vignobles de Franconie (*Sickershausen, Iphofen, Sulzfeld*), ceux du Wurtemberg (*Kocherndorf, Neckarsulm, Odeheim, Niedernhall Criesbach*).

En 1881, le fléau va attaquer les vignobles de la *vallée de l'Ahr* grâce à des plants importés d'Autriche (*Klosterneuburg*). C'est d'abord la commune de *Heimersheim* (cercle d'Ahrweiler) sur la rive gauche de l'Ahr, petit affluent du Rhin. En 1883, on détectera 3 nouveaux foyers en amont et en aval du premier. En 1884, le Phylloxéra franchit le Rhin pour apparaître à *Linz*, en face de *Remagen*. Ce foyer provient de vignes importées du Texas en 1861 par le Général Baron Gérold dans sa propriété du Château d'*Ockenfels*. En 1885 la tache, s'agrandit dans la vallée de l'Ahr à *Lohrsdorf* et *Sinzig* et sur la rive droite du Rhin à *Ockenfels, Linzhausen, Honnef, Leubsdorf*. En 1887, cette tache s'élargit encore avec la découverte de nouveaux foyers à *Westum* et dans les communes déjà atteintes. Puis en 1894, l'insecte est trouvé à *Muffendorf*, près de *Bonn* à la limite des vignobles de la rive gauche du Rhin et sur la rive droite en 1897, à *Saint Goarhausen, Bornich, Wellmich et Hiedschied*.

L'envahissement de la vallée du Rhin va se poursuivre aussi en amont. C'est ainsi que dans la région de *Wiesbaden*, en 1887, un foyer est trouvé à *Biebrich sur Rhin* sur des vignes provenant de chez Goethe, horticulteur à *Cannstatt* près de Stuttgart. Puis ensuite on découvre quelques petits foyers dans les jardins de *Wiesbaden, de Hocht-sur-Mein* et les localités voisines.

Par ailleurs dans la région de Francfort, en 1887, un autre foyer sera identifié à *Hailer*, près de *Meerholz* au nord-est de la ville.

Dans le *pays de Bade*, en 1886, la tache de *Karlsruhe* persiste sans s'étendre et un nouveau foyer est découvert à *Ilgenheim*, près de Bâle.

Dans le *Wurtemberg*, après Stuttgart, le Phylloxéra est retrouvé en 1887 à *Neckarweihingen* (arrondissement de *Ludwigsbourg*) sur 40 ha, puis en 1888, sur le coteau du *Bopser* au sud de Stuttgart tandis qu'en 1897 on comptera 17 nouveaux foyers dans les districts de *Neckarsulm, Lochendorf, Oedheim, Niedernhall et Criesbach*.

En Alsace, après le premier foyer de Bollwiler, l'insecte sera identifié dans les communes de *Hegenheim, Rouffach, Lutterbach* et *Illfurth* au cours de l'année 1887.

En 1888, le Phylloxéra est découvert en Lorraine à *Vallières-Saint-Julien*, ville où l'on fait un commerce actif de plants de vigne.

En 1895, de nouvelles communes sont contaminées en Alsace à *Pfastat-Thann, Vieux Thann*, en Lorraine à *Chatel-St-Germain, Ancy-sur-Moselle, Scy-Chazelles et Vantoux* mais l'ensemble ne représente que 16 ha sur un vignoble de 21.672 ha.

En *Saxe* l'insecte est trouvé en 1887 à *Lossnitz* près de Dresde où tous les vignobles sont ravagés puis à *Oberwartha*.

Dans la *Saxe prussienne* on va détruire en 1887 les 49 foyers repérés à *Freybourg-sur-Unstrut, Zscheiplitz, Poedelist, Eulau, Grost et Dobichau*, puis en 1888 on trouvera 89 nouveaux foyers dans les deux cercles de *Querfurt et Nambourg*. En 1897, on aura 116 nouveaux foyers dans cette région, ainsi qu'un grand foyer à *Lobitzsch*.

La *Bavière*, phylloxérée quelques années plus tôt et désinfectée, sera à nouveau envahie en 1897 avec 9 nouveaux foyers.

La *Franconie*, déjà contaminée, sera fortement envahie, à partir de 1902.

Le vignoble de la *Moselle* allemande, ne sera atteint que beaucoup plus tard, pendant les années 1920, mais la reconstitution du vignoble ne s'intensifiera qu'après 1945.

Actuellement, toutes les régions viticoles allemandes sont phylloxérées, mais on peut remarquer que l'insecte a progressé lentement, sans doute en raison des conditions climatiques qui restent défavorables à une multiplication intense de l'insecte et aussi grâce aux nombreux traitements d'extinction réalisés sur les foyers dès que ceux-ci étaient repérés. On a constaté aussi que le Phylloxéra se développait plus intensément dans les régions calcaires, peut-être parce que la vigne n'y était pas tout à fait à l'aise et possédait ainsi moins de résistance (HEUCKMANN, 1950).

Le tableau suivant montre la progression de l'invasion phylloxérique en Allemagne avec les superficies contaminées :

1884	15 ha	1905	301 ha	1935	1.556 ha
1890	56 ha	1918	704 ha	1939	2.143 ha
1895	102 ha	1924	844 ha	1940	2.190 ha
1900	156 ha	1926	924 ha	1943	2.292 ha
1904	250 ha	1930	1.104 ha		

En 1950, la situation du vignoble se présentait ainsi :

	Superficies	
	Totales	Phylloxérées
Rhénanie-Palatinat	40.556 ha	23.470 ha
Bade-Wurtemberg	11.687 ha	4.609 ha
Wurtemberg-Hohenzollern	184 ha	
Bade du sud	5.623 ha	4.611 ha
Nord-Westphalie	57 ha	
Bavière	3.375 ha	650 ha
Hesse	2.723 ha	1.850 ha
TOTAL 1950	64.205 ha	35.190 ha
1953	67.661 ha	44.861 ha

D'après le Ministère de l'Agriculture, au 31 décembre 1966 il y avait en Allemagne Fédérale 737 communes phylloxérées pour une superficie de 54.590 ha.

En Hesse et en Rhénanie-Palatinat on a enregistré la plus forte invasion avec respectivement 80,2 % et 79,2 % des surfaces atteintes tandis qu'en Bavière on ne compte que 18,7 % des surfaces. Les petites régions viticoles de la Sarre et de la Rhénanie-Westphalie disposent encore de zones non phylloxérées.

6°) Luxembourg

Les premières taches phylloxériques furent décelées en 1907, sur différents points éloignés d'environ 15 km, l'insecte ayant été introduit avec des plants racinés provenant de Lorraine.

La progression fut plutôt lente car la pluviosité (750 mm), la température moyenne (9°) et la nature du sol (marneux et fréquemment compact) n'ont pas favorisé le nombre des générations annuelles. La lutte dite d'extinction a été menée avec succès pendant 15 ans jusqu'en 1922, année où il fut décidé de procéder à la reconstitution systématique du vignoble.

7°) Autriche

L'apparition du Phylloxéra dans ce pays serait due à l'introduction de plants de vigne résistants à l'oidium, mais phylloxérés en provenance d'Angleterre ; introduction réalisée par le Baron von Babo, alors Directeur de l'École de Viticulture de Klosterneuburg, près de Vienne. L'insecte fut découvert en mai 1872 par son successeur L. Rosler sur des plants de Clinton (4 ha) introduite des Etats-Unis vers 1868. Ce premier foyer phylloxérique sera malheureusement une source d'infections pour d'autres vignobles, par suite des envois de plants à travers tout l'Empire d'Autriche-Hongrie.

I - *En Basse-Autriche* (ou Niederosterreich), l'insecte va se répandre assez rapidement malgré l'arrachage de la collection phylloxérée de *Klosterneuburg* dans les communes voisines :

Nussdorf (1873), *Weidling* (1875), ces 3 communes étant situées sur la rive droite du Danube à 5 km en amont de Vienne. Puis ce fut le tour de *Grinzing* (1881), *Korneuburg* et *Sudbahngebiet* en 1882.

En 1886, en *Basse-Autriche*, 13 communes étaient phylloxérées dans les arrondissements d'*Ober-Hollabrunn, Baden, Korneuburg* et *Hernals* avec 343 ha de vignes phylloxérées sur un total de 1.896 ha.

Au cours des années suivantes le mal va progresser dans d'autres communes, augmentant les dommages. En 1893 on compte 144 communes phylloxérées.

En 1912, le Ministère de l'Agriculture indique qu'en Basse-Autriche la superficie envahie atteint 37.369 ha sur un total de 39.466 ha, soit 94 % du vignoble.

II - *La Styrie* (ou Steiermark) sera envahie un peu plus tard (vers 1880 ?) mais dès 1884, dans le district de *Rann*, la maladie se développe d'une façon effrayante.

En quelques années, la plus grande partie du vignoble, située dans la basse vallée de la Mur (de *Gratz à Leibnitz*) sera détruite et en 1912 les superficies envahies s'élèveront à 27.466 ha pour un vignoble total de 32.535 ha, soit 80,65 %. Jusque dans les années 1930, il est resté un vignoble indemne autour de *Stainz* mais qui a fini par succomber à peu près totalement.

III - *La Carniole* sera trouvée atteinte également vers 1880 à *Gurkfeld, Rudolfswerth, Tschernembl* et *Adelsberg*. En 1884, dans ce district de Gurkfeld, on a dénombré 170 foyers sur 42 ha de vignes.

En 1899, il y avait 77 communes phylloxérées avec 10.649 ha de vignes atteintes sur un total de 11.631 ha, soit 91 %.

IV - *En Istrie*, le Phylloxéra fut découvert en 1880 à *Piramo* (Piran) et à la fin de 1884 les districts de *Capo d'Istria* et de *Parenzo* avaient plus de 58 ha de vignes atteintes sur un total de 1.139 ha.

En 1889, on compte 822 ha phylloxérés sur un vignoble global de 47.060 ha :

— Arrondissement de *Capo d'Istria* (800 ha) : *Pirano, Isola, Corte d'Isola, S. Pietro dell'Amata, Castelvenere, Salvore, Capo d'Istria, Monte Careanze, Muggia, Borst, Bolliunz.*

— Arrondissement de *Parenzo* (22 ha) : *Umago, Matterada, Petervia, Buje, Merischie, Verteneglio.*

En 1895, seuls sont épargnés les districts de *Pola, Pisino et Volosca*.

V - A *Trieste*, l'insecte, introduit probablement en 1879 avec, comme pour *Pirano*, des plants provenant de Klosterneuburg ne sera identifié qu'en 1888. Les progrès seront très rapides gagnant non seulement le territoire de la ville de Trieste, mais aussi les vignobles situés à l'est de la ville : *Servola, Scorcola, Chiarbola, Santa Maria Maddalena, Chiadino*, par où le fléau est apparu.

En 1893 on compte 48 communes atteintes, soit pratiquement tout le vignoble de 1.244 ha.

VI - Les *Comtés de Goritz et de Gradisca* seront envahis par les communes de *Stajk, Lamarna et Gabria*, sur la limite de la Carniole. En 1895 sur un vignoble de 6.976 ha, plus de 50 % est touché. Seule la rive droite de l'*Isouza* est encore indemne.

VII - Au *Tyrol*, dans le Trentin tout le vignoble de 14.563 ha est encore indemne en 1900, mais le Phylloxéra se trouve à 30 km de la frontière italienne.

Le tableau ci-dessous fait le point de la situation en Autriche à la fin du XIXe siècle :

	Superficies en ha	
	Vignes	Phylloxérées
Basse Autriche	39.713 ha	24.960 ha
Styrie	34.056 ha	16.220 ha
Carniole	11.631 ha	10.649 ha
Istrie	47.060 ha	29.889 ha
Trieste	1.244 ha	1.224 ha
Goritz	6.976 ha	3.280 ha
Moravie	12.110 ha	2.284 ha
Tyrol	14.563 ha	—
TOTAL	165.353 ha	88.506 ha

Nous n'avons pas trouvé d'information sur l'apparition du Phylloxéra dans le Trentin, ni en Moravie.

Actuellement presque tout le vignoble autrichien est considéré comme phylloxéré sauf quelques vignobles dans l'ouest de la *Wachau* (*Spetzergraben*), dans des terres de Loess sableuses aux environs de *Krems*.

8°) Hongrie

En 1875, le Phylloxéra fut identifié pour la première fois à *Pancsova* (*Pancevo* aujourd'hui) à 3 lieues de Belgrade sur des plants venus d'Amérique et de France vers 1870.

Un second foyer fut découvert dans le nord du pays dans le Comitat de *Presbourg* (aujourd'hui *Bratislava*) à *Malaczka* sur des plants venant de l'Ecole de Klosterneuburg.

Ces deux foyers avaient donc une origine très différente et une dispersion géographique très grande, le premier se trouvant dans la Yougoslavie actuelle et le second en Tchécoslovaquie.

De nouveaux points d'attaque seront trouvés les années suivantes sans que l'on connaisse bien l'origine des plants malades introduits. Le tableau ci-dessous permet de voir la progression du Phylloxéra en Hongrie où l'on comptait alors 5.770 communes viticoles :

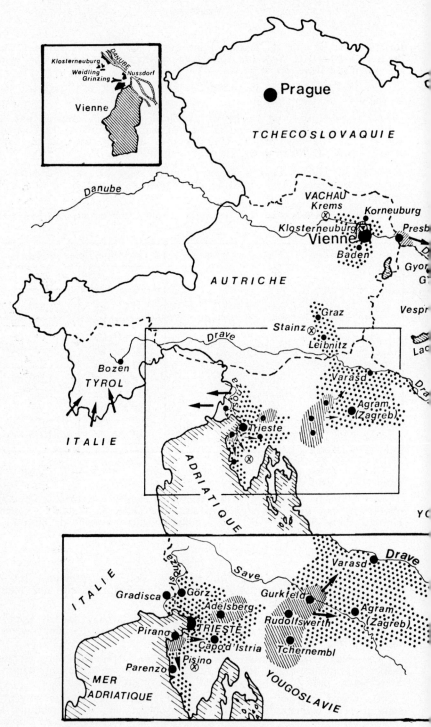

Fig. 246. –L'invasion phylloxérique en Autriche-Hongrie (Original).

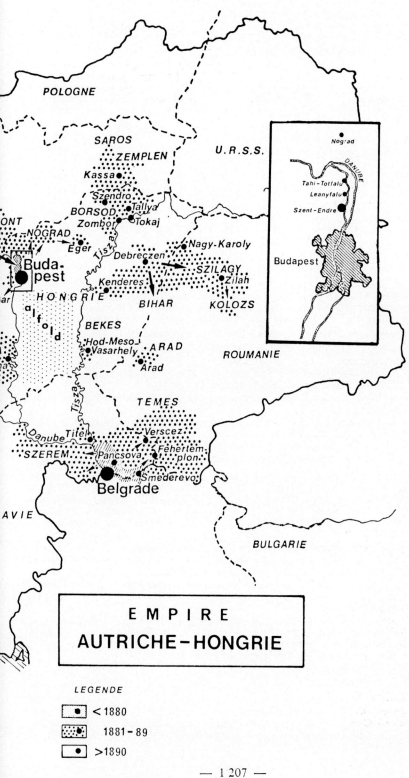

POLOGNE

U.R.S.S.

SAROS

ZEMPLEN

Kassa

Szendro

BORSOD
Zombor

Tallya

Tokaj

ONT

NOGRAD

Eger

Tisza

Debreczen

Nagy-Karoly

SZILAGY

Zilah

Buda-
pest

HONGRIE

Kenderes

ar

a
l
f
o
l
d

BIHAR

KOLOZS

BEKES

Hod-Meso-
Vasarhely

ARAD

Arad

ROUMANIE

ia

TEMES

Tisza

Danube

Tifel

Verscez

SZEREM

Pancsova

Fehertem-
plon.

AVIE

Belgrade

Smederevo

BULGARIE

DANUBE

Nograd

Tahi-Tottalu
Leanyfalu

Szent-Endre

Budapest

EMPIRE
AUTRICHE-HONGRIE

LEGENDE

< 1880

1881 - 89

> 1890

PROGRESSION DU PHYLLOXERA EN HONGRIE

Communes phylloxérées		Communes phylloxérées	
Nouvelles	Totales	Nouvelles	Totales
1875 1	1	1890 268	1.813
1878 5	6	1891 425	2.238
1880 32	38	1892 154	2.392
1881 15	53	1893 35	2.427
1882 29	82	1894 89	2.516
1883 48	130	1895 96	2.612
1885 266	396	1896 162	2.774
1886 186	582	1897 68	2.842
1887 228	810	1898 21	2.863
1888 437	1.247	1899 180	3.043
1889 298	1.545		

Par conséquent, en 25 ans, plus de la moitié (soit 52,7 %) des communes viticoles avaient été envahies par le Phylloxera. En raison des changements des noms de communes, il nous a été très difficile de suivre l'invasion de l'insecte par province ou par département.

Chronologiquement, en 1880, les 38 communes phylloxérées étaient :
— 5 en deçà du Danube : Titel, Gomba, Bator-Keszi, Kiskeszi, Pozsony (Presbourg).
— 8 au-delà du Danube : Sz-Fehervar, Adony, Tahi Totfalu, Bogdany, Leanyfalu, Szent Endre, Soly, Meszes-Gyrok.
— 6 en deçà de la Tisza : Kenderes, Barcza, Szendro, Kassa, Tallya, Beregszasz.
— 16 au-delà de la Tisza : Pancsova, Franzfeld, Vercecz, Paulis, Retisova, Fehertemplon, Nagy-Karoly, Peer, Pele, Pele-Szarvad, Tasnad-Szanto, Arad, Hod-Mezo-Vasarhely, Szatmarnemesti, Zilah.
— 3 en Croatie : Kray, Pusca, Laduc.

En 1881, 15 nouvelles communes sont atteintes : Szinyervarallja, Jabuka, Bavanistye, Kisujszallas, Szollos-Ardo, Liter, Szent-Istvan, Vilonya, Vorosbereny, Apa, Szent-Gyorgy, Papkeszi, Hajmasker, Kustely et Zombor. La plupart des vignes qui ont apporté le Phylloxéra dans ces communes proviennent de Klosterneuburg en Autriche, d'Erfurt en Allemagne ou de France.

En 1884, on estime que près de 7.000 ha sont détruits, sur un vignoble de 425.314 ha. Les zones contaminées forment des groupes plus ou moins grands, parfois reliés les uns aux autres.

En 1886, les dégâts se sont fortement accentués : 48.000 ha sont phylloxérés dans les 35 départements contaminés et un tiers de cette superficie est détruit.

En 1887, l'invasion a fait un nouveau accroissement important atteignant 76.102 ha dont 32.000 ha sont entièrement détruits, gagnant certaines communes des départements de *Gyor, Haydu* et *Bekes* avec la répartition suivante des 810 communes envahies :

— En deçà du Danube .... 210 communes
— Au-delà du Danube .... 192 communes
— En deçà de la Tisza .... 152 communes
— Au-delà de la Tisza .... 187 communes
— Transylvanie .... 1 commune
— Croatie - Slavonie .... 68 communes

En 1888, le fléau s'étend sur 115.000 ha répartis dans 41 départements ou Comitats.

La situation du vignoble hongrois en 1894 (qui comprenait 622.254 jochs (1 joch = 57 a 55) soit 358.107 ha avant l'invasion, en 1870) est la suivante :

— Vignes en terrains sablonneux, indemnes .... 122.722 jochs
— Vignes en terrains ordinaires, indemnes .... 173.715 jochs
— Vignes phylloxérées produisant encore .... 85.648 jochs

TOTAL .... 382.085 jochs

La superficie détruite par l'insecte est donc de 240.000 jochs.

Actuellement la plus grande partie du vignoble hongrois a été reconstituée sur les porte-greffes américains, mais il subsiste encore un important vignoble franc de pied, dans la plaine hongroise ou *Alfold*, établi sur des terrains sablonneux (environ 100.000 ha).

Géographiquement, le premier foyer fut celui de *Pancsova* (1875) dans le département de *Torontal* à la frontière de la Serbie. Il prit rapidement une grande extension au point qu'en 1883 on comptait plus de 1.000 ha de vignes envahies dont 25 % détruites sur les territoires de Pancsova et des 4 communes voisines.

Ce foyer va s'étendre d'une part vers le sud, en direction de la Serbie qui sera touchée en 1880 à *Sméderevo*, et d'autre part vers le nord, dans le département de Temes à *Versecz*, foyer qui occupe, en 1883, avec les 3 communes voisines, une superficie de 235 ha et un second foyer à *Fehertemplon*, évalué à 63 ha.

— La seconde tache, de la région de *Presbourg* gagnera les communes environnantes.

— A partir de 1880, un nouveau foyer va s'établir au bord du Danube au nord de Budapest débutant à *Tahitotfalu* pour comprendre, en 1883, une superficie phylloxérée de 600 ha, appartenant à 26 communes.

— Une quatrième tache phylloxérique sera découverte, en 1883, au nord du *Lac Balaton*, intéressant 700 ha de vignes, réparties dans 18 communes dont 17 au département de *Veszprem* et 1 (Felso-Ors) au département de *Tolna*.

— Plus au sud, en Croatie, un cinquième foyer sera découvert vers 1881 près d'*Agram* (aujourd'hui Zagreb). En 1896 on ne comptera plus que 18.829 ha indemnes sur un total de 40.359 ha.

La marche du Phylloxéra va se poursuivre d'ouest en est, franchissant le Danube pour gagner la Tisza et continuer en direction de la Transylvanie :

Au nord de la Hongrie, de nouveaux foyers seront signalés dans les départements de *Saros* et de *Zemplen*, sur les frontières de la Galicie en 1884.

En dessous, une vingtaine de commnues sont touchées dans les Comitats de *Hont* et de *Nograd* ainsi que dans le département de *Borsod* où l'on compte, en 1883 deux taches distinctes qui menacent le vignoble de *Tokai :* d'une part à *Szendro* dans la vallée du *Bovda* (300 ha répartis sur 10 communes) et d'autre part à *Barcza* dans la vallée du *Sajo* (200 ha sur 6 communes). Le fléau gagne ensuite la région d'*Eger* (1886).

La *Transylvanie* sera atteinte par l'insecte en 1882 à *Kolozs* puis dans la plaine d'*Arad* et dans la région de *Debreczen*.

L'année suivante, en 1883, un autre foyer sera observé à la limite des vignobles d'*Ermellek* sur 15 villages, avec la commune de *Peer* comme point de départ (département de *Szillagy*). De là l'insecte a pénétré dans le département de *Bihar* où il a dévasté près de 500 ha de vignes.

Enfin la *Dalmatie* a été phylloxérée vers 1895, dans la région de *Bigliano*.

En 1891, les importations de vignes américaines de France sont suspendues pour 1 an et définitivement en 1894 à cause des maladies nouvelles (Black-rot) ce qui a entraîné la création de nombreux établissements de greffage : 243 en 1897 ayant produit 16,5 millions de greffés. Il est bon de rappeler que cette interdiction entraîna l'achat en France de 10 kg de pépins, en 1896, par la Maison Teleki qui éleva et multiplia dans ses pépinières de Villany les célèbres Riparia-Berlandieri Teleki, mais cela est une autre histoire, déjà évoquée dans notre ouvrage sur les vignes américaines, en 1956.

9") Serbie

Le Phylloxéra fut découvert à *Smédérevo* (Semendria) en 1880 et le premier rapport phylloxérique, établi en 1884, donne les superficies attaquées dans les communes phylloxérées :

Semendria	1 ha	Kragoujevatz	17,10 ha
Valiero	0,25 ha	Belgrade	0,90 ha
Pojarevatz	74,75 ha	Négotine	54,20 ha

soit 148,20 ha au total, plus 60 ha suspects sur un vignoble de 34.000 ha.

En 1885, la répartition des communes phylloxérées était la suivante :
— *Département de Belgrade* : Vischnitza, Slantzi, Velikoselo, Grotzka, Ropotchevo.
— *Département de Smederevo* : Smederevo et Seona.
— *Département de Kragoujevatz* : Geabari et Natalintzi.
— *Département de Pojarevatz* : Pojarevatz, Loutchitza, Tchirikovatz, Prougovatz, Kostolatz, Drmna, Tcheteregé, Geobaré, Baré, Beragné, Mihailovatz, Kouryatché, Pétrovatz, Toponitza, Veliko Laolé et Batoucha.
— *Département de Kraina* : Jaboukovatz, Kamenitza, Mihailovatz, Djagnevo et Négotine.

En 1892, près de 10.000 ha étaient détruits par le Phylloxéra et 11.000 atteints. Il ne restait plus que 22.000 ha indemnes.

10") Yougoslavie

Au moment de l'invasion phylloxérique les territoires qui forment aujourd'hui la Yougoslavie faisaient partie de l'Empire d'Autriche-Hongrie (Slovénie, Croatie, Carniole, Istrie, Dalmatie, Bosnie, Herzégovine et Vojvodina) ou de la Turquie (Macédoine). Seuls étaient indépendants la Serbie et le Montenegro.

Milissavlyevitch (1950), rappelle que le premier foyer phylloxérique fut celui découvert en 1875 à *Pantchévo* (Pancsova) et à partir de là l'insecte se propagea dans toutes les directions, au sud vers la Serbie (1882) et la Macédoine (1912), à l'ouest vers la Croatie (1881) et à l'est vers la Roumanie.

« Un autre foyer phylloxérique a été découvert en 1880 en Slovénie, l'invasion était probablement venue d'Autriche. De là la propagation phylloxérique prit deux directions : la Croatie et la Dalmatie. Son extension en Dalmatie alla relativement très lentement : en Dalmatie septentrionale l'apparition fut notée en 1897, en Dalmatie Centrale en

1912 et en Dalmatie méridionale en 1920. Au-delà, les hautes montagnes et les terrains sableux se montrèrent comme un obstacle naturel sérieux à son extension.

« Aujourd'hui, le Phylloxéra existe dans toutes les régions viticoles de Yougoslavie, exception faite de certaines contrées du Monténégro où sa présence n'a pas été encore constatée, région d'ailleurs où la vigne est peu cultivée.

« Les vignobles yougoslaves ont généralement péri dans la période de 1885 à 1910. La reconstitution des vignes commença pratiquement en 1885. La submersion se pratique encore dans certaines régions de Vojvodina et on a utilisé avec succès la plantation dans les terrains sableux, dont les plus nombreux se trouvent en Vojvodina. »

11″) Roumanie

Selon NICOLEANO (1900), le Phylloxéra fut introduit en Roumanie avec l'apport de variétés étrangères, après la grande Exposition de Paris de 1867. Il semble que les premiers dégâts aient été signalés vers 1882-1884 mais officiellement c'est en juillet 1884 dans le district de *Prahova*, que le mal fut identifié.

En 1887, l'insecte est trouvé dans le district de *Couvourloni* et de *Botouchany*. Dans le premier district ce sont les communes de *Galatz, Tilechti, Branichti, Indipendenza, Fiskou, Slobodsia Konaki* et *Pekua* sur 49 ha près de la frontière russe du Prout. *Tilechti* a été phylloxéré en 1874 et *Galatz* en 1875 par Marinovitch.

La progression du Phylloxéra dans le vignoble qui occupait 95.876 ha en 1865, 138.742 ha en 1892 et 168.000 ha en 1900 est facile à suivre avec les chiffres ci-dessous donnant les superficies phylloxérées :

L'INVASION PHYLLOXERIQUE EN ROUMANIE

	Communes phylloxérées	Superficies phylloxérées
1884		910 ha
1885		1.200 ha
1886		4.900 ha
1887		6.513 ha
1888	94	24.995 ha
1889	116	29.064 ha
1890	140	30.464 ha
1891	162	31.918 ha
1892	181	33.124 ha
1893	244	34.877 ha
1894	269	40.088 ha
1895	340	44.310 ha
1896	388	49.793 ha
1898	486	56.071 ha
1899	503	61.597 ha

Nous ne possédons plus de renseignements postérieurs à 1900, mais il est probable que maintenant tout le vignoble roumain soit phylloxéré en dehors des terrains sableux qui occupent une vingtaine de milliers d'hectares.

12°) Bulgarie

Dans ce pays le Phylloxéra serait apparu, en 1884 à *Grenze*, près de *Vidin* (ou Widdin) sur le Danube, venant de Serbie. L'insecte est trouve également dans le département de *Lom-Palanka* et l'ensemble représente 44 ha de vignes phylloxérées. En quelques années le mal va se répandre dans tous les vignobles de la Bulgarie septentrionale.

En 1896, il y a 9 départements phylloxérés : 3.800 ha de vignes sont détruits, 7.000 ha sont malades et 13.000 ha sont considérés comme indemnes. On note quelques essais de submersion.

En 1899, le Phylloxéra est trouvé en Bulgarie méridionale à *Sliven* et à *Stara-Zagora*, puis l'année suivante dans le département de *Philippopolis* (Plodiv). Puis en 1901 sont déclarés phylloxérés les arrondissements de *Carlovo, Kazanluk* et *Jambolé* (Yambol).

On estime alors que sur un vignoble total de 110.900 ha la superficie détruite représente 8.176 ha et celle envahie 16.340 ha.

En 1906, le Phylloxéra est découvert à *Bourgas*, sur les bords de la Mer Noire et à Anchielo.

Actuellement, il semble que tout le vignoble soit phylloxéré et reconstitué sur des porte-greffes américains.

13°) Russie

I - *La Crimée* fut la première région atteinte, en 1872. On trouva l'insecte sur des plants expédiés d'Allemagne, chez M. RAIERSKI à *Tesseli* (Crimée), mais ce ne fut qu'au bout de 8 ans (24 octobre 1880) que sa présence fut officiellement constatée par DANILEVSKI, Directeur du Jardin botanique de Nikita. Un mois après le gouvernement engageait deux divisions d'infanterie sous les ordres du Général KORF pour inspecter toutes les vignes de la Crimée à raison de 1 ou 2 pieds sur 100, parfois davantage dans les zones suspectes. En juillet 1881 le travail se termina après l'examen de 210.000 ceps. Finalement la maladie se trouvait circonscrite dans une étroite région fermée par des frontières naturelles la chaîne d'Yaila, les hauteurs de Laspi et d'Ai-Youri et la mer, cette tache fut traité au sulfure de carbone à raison de 180 g par mètre carré.

D'autres invasions furent signalées en 1883 puis en 1885 et 1886, toujours dans l'angle ouest du rivage méridional.

II - *La Bessarabie* (Moldavie actuelle) fut phylloxérée en 1875 à cause d'un Conseiller d'Etat nommé CRISTI, qui fit venir des plants racinés de chez HAGUE et SCHMIDT, d'Erfurt et les mit dans sa propriété de *Telechevo* (district d'*Orgueif*) à 40 km au nord de *Kichineff*. Un second foyer fut découvert en 1878 chez le viticulteur TCHOTOSK à *Drasslitchen* (district de K*ichineff*) qui avait acheté 130 plants à CRISTI, ce qui constitua un foyer de 10 ha à 15 km du premier. Un troisième foyer fut identifié dans une autre propriété de CRISTI à *Louparetchi*, située à 12 km, puis un quatrième à *Mikaoutsi* près de Drasilitchen.

En 1887, le mal a progressé et de nouveaux foyers sont trouvés à *Goiany* (7 ha appartenant encore à CRISTI), à *Telechovo, Draslitcheni* et *Kichineff* (propriété LOUKIANOFF).

Tous ces foyers sont situés au nord de Kichineff, entre cette ville et *Orgueif*.

En 1897, toute cette région est menacée ainsi que les localités voisines de la Podolie et du Gouvernement de Kherson.

III - *Le Caucase* fut atteint pour la première fois en 1877 par la découverte du Phylloxéra dans la propriété du Baron de LONGUEIL, située près de *Koutaïs* et dans celle du Colonel de WEDENSKY établie dans le district littoral de *Soukloum-Kaleh*. La présence officielle de l'insecte fut reconnue le 6 juillet 1881.

A partir de 1880, le fléau s'étendit rapidement et à la fin de 1896 il avait envahi, en Transcaucasie, la presque totalité du gouvernement de *Koutaïs* ainsi qu'une partie de celui de *Tiflis*. En Ciscaucasie, il existe dans les colonies allemandes d'*Eigenfeld* et sur divers points du territoire. Sur les 98.325 ha du vignoble caucasien on estime que près d'un tiers est attaqué. Le gouvernement de Koutaïs est considéré comme perdu à l'exception des districts de *Letchgoum* et de *Rachta*, situés sur le cours supérieur du Rion.

Le 13 septembre 1883, le Phylloxéra est signalé dans le nord du Caucase, dans la province du Kouban sur quelques points éloignés et menace le littoral de la Mer Noire.

Plus tard l'*Azerbaidjan* sera envahie en 1925 et l'*Arménie* en 1926, sauf le sud, vers la frontière turque.

En 1934, selon TAIROFF, demeuraient encore indemnes de Phylloxéra l'Astrakhan, le Don, la région d'Anapa, Novorossisk, le Daghestan et la Crimée (par suite de l'extinction des foyers). Enfin la région de Tachkent était suspecte.

En 1959, VERDEREVSKIY indique que « le Phylloxéra est répandu seulement en Moldavie, en Ukraine de la rive droite du Dniepr, en Transcaucasie et, partiellement, sur les côtes de la Mer Noire au Caucase. Toutes les autres zones viticoles, comprenant les Républiques de l'Asie centrale, l'Azerbaidjan oriental, le Daghestan, le Caucase septentrional et l'Ukraine de la rive gauche du Dniepr, ne connaissent pas cet ennemi dangereux. »

14°) Grèce

Le Phylloxéra est apparu pendant l'occupation des Turcs en *Macédoine*, au village de *Kapoutzides*, près de Salonique (*Tessaloniki*) en 1898. On ne sait si l'insecte provenait de Bulgarie ou de Serbie, pays infestés depuis plusieurs années ou bien d'autres vignobles turcs déjà envahis.

A la même époque, certaines *îles de la Mer Egée*, également sous domination turque, furent envahies : *Samos* (1892), *Lesbos* (1894), *Lemnos* (1906) et 1908 pour *Chio*, *Ikaria* (ou Nikaria).

La *Thrace* fut contaminée en 1904, puis ce fut le tour de l'*Epire*, dans la région de *Konitsa* (1910) près de frontière de l'Albanie actuelle.

L'insecte va progresser durant la guerre des Balkans et contaminer toute la Macédoine, la Thrace et une partie de l'Epire jusqu'en 1929.

De Macédoine, le Phylloxéra va gagner en Thessalie la région de *Tirnavos*, puis d'autres communes de cette région entre 1934-1935 : *Rapsani, Ambeliakas, Elassona, Livadi, Vlasdon, Mouzaki, Phanari, Kastraki, Kalambaca, Portaria, Messinikolas, Nouvelle Anhialos, Almiros.*

En 1940, le mal va s'étendre aux *Iles Sporades*.

En 1946, on s'est aperçu, selon POTIRIADES (1950) que les vignes de l'*Eubée centrale* étaient attaquées (*Aphrati, Gides, Theologos*, etc.), ainsi que celles de l'*île de Skopelos* au nord de l'Eubée.

« L'année suivante (1947), l'insecte apparaissait en *Attique* dans la région de *Oropos* » et depuis 1953 cette région est massivement infestée.

« Certaines *îles du Dodécanèse* étaient phylloxérées en 1950 : *Patmos, Lipsi, Leros, Kos, Astypalaia...*). A *Rhodes* l'insecte y a été trouvé en 1961, dans une pépinière d'Etat, mais il n'existerait plus depuis. D'autres îles sont jusqu'ici indemnes : *Chalki, Tilos, Symi, Karpathos* et *Cassos* (Kasos).

« Dans les *Cyclades*, l'île d'*Amorgos* serait phylloxérée.

« En 1950, la situation phylloxérique était la suivante :

	Superficie phylloxérée
1°) Macédoine et Thrace	247.000 stremmas (1)
2°) Iles d'Egée et des Cyclades	50.000
3°) Epire (en partie)	10.000
4°) Thessalie	100.000
5°) Eubée centrale	25.000
6°) Attique (région d'Oropos)	3.000
7°) Iles du Dodécanèse	10.000
	445.000

ce qui sur un vignoble total de 2.600.000 stremmas représente 17 % de la superficie cultivée. »

Depuis, l'invasion phylloxérique se poursuit lentement : en mars 1962, l'insecte est découvert à *Itéa*, près de Delphes et peu après dans le Péloponèse près de *Corinthe* à *Akrata*.

En 1968, les services grecs estimaient que 32 % de leur vignoble était phylloxéré, soit 77.000 ha de vignes.

Les régions indemnes sont la Crète, quelques îles du Dodécanèse la plupart des Cyclades, une grande partie du Péloponèse et 3 départements de l'Epire.

15°) Turquie

L'empire Ottoman comprenait, au moment de la crise phylloxérique, de nombreux pays viticoles, qui devinrent indépendants par la suite : Albanie, une partie de la Grèce, de la Bulgarie et de la Yougoslavie, Chypre, Liban, Syrie, Palestine, Jordanie. Comme pour l'Empire d'Autriche-Hongrie, nous traiterons ici de ces divers pays.

I - Dans la *Turquie d'Europe*, le premier foyer, âgé de 4 ou 5 ans, fut découvert en 1885 à Kizil-Toprak, près de Constantinople (*Istamboul* d'aujourd'hui), ainsi qu'à *Maslak*, sur la côte européenne du Bosphore.

ORAMAN (1950) fait remonter cette première invasion avant 1871 en précisant qu'il s'agissait de l'introduction de cépages de Bordeaux, effectuée pour le compte d'un secrétaire du Sultan, nommé KOSE RIZA EFENDI, qui les destinait à son vignoble de Kusdili à *Kadikoy*.

Ce premier foyer de *Kizil-Toprak* (100 ha) va progresser en quelques années pour s'étendre au-delà d'*Erenkemy* et occuper près de 1.000 ha, en 1888. Bientôt toutes les vignes situées autour d'Istamboul seront envahies et en 1897 on estime que 508 ha sont entièrement détruits et 2.500 ha sont phylloxérés sur un total de 5.000 ha. En 1899, le mal progresse toujours : le foyer de Constantinople a perdu un quart de sa superficie primitive et de nouveaux foyers sont apparus sur le littoral de la mer de Marmara à *Guebzé* et dans le Haut-Bosphore.

II - *En Turquie d'Asie*, vers 1885, le Phylloxéra fut constaté d'abord dans certains districts de la *vilayet de Brousse* (Bursa), mais surtout un grand foyer phylloxérique fut trouvé, en 1888, aux environs de *Smyrne* (*Izmir*), foyer représentant 6.000 ha en 1889.

Le premier point d'attaque constaté l'a été à *Roudja* et *Seidikeny* villages situés à quelques kilomètres de Smyrne. La pénétration a eu lieu en suivant les deux lignes de chemin de fer et leurs embranchements : *Smyrne-Aidin* avec embranchement sur *Sokia* pour la première ligne et *Smyrne-Cassaba-Afiom-Cara-Hissar*, avec embranchement de *Magnésie* vers *Soma* pour la seconde ligne. A partir de là, l'insecte s'est propagé dans les vignobles environnants. Quant aux autres points sur le littoral, la propagation a eu lieu au moyen de fruits, légumes, racines diverses exportées de Smyrne.

La marche du Phylloxéra sera inégale selon les régions :

— Dans les riches plaines d'alluvions de *Magnésie (Manissa)*, *Hamidié*, *Hereukioi* et *Bournabat*, les vignes atteintes en 1894 paraissent encore robustes et productives, car les ceps sont très espacés (150 à 200 par ha) alors qu'ailleurs on met 400 à 500 ceps par ha. Ces vignes très espacées n'ont pas les racines enchevétrées et la transmission du Phylloxéra est arrêtée.

— Dans les sols pauvres et peu profonds, comme à *Phocée*, *Vourla*, *Sivri*, *Hissar*, *Tchechné*, *Cocloudja* et *Bourdja* le Phylloxéra se développe rapidement en 3 ans.

En 1902, le deuxième foyer comprend tous les vignobles de Smyrne, englobés dans une ligne partant de la mer en face de l'île de Mételin et passant par *Pergame, Soma, Ak-Hissar, Kik-Agatch, Cassaba Sokia* et s'arrêtant au chenal séparant l'île de Samos (complètement envahie). Dans le vilayet d'Aidin où se trouve Smyrne, on estime en 1896 que 2.500 ha de vignes sont détruites sur un total de 27.500 ha. En 1899, les destructions seront portées à 10.000 ha.

III - Le troisième point d'attaque se situe en Syrie d'alors, dans la *caza de Caiffa* et comprend les vignobles de *Zamarine* et *Hédéra*. Dans cette région (qui fait partie aujourd'hui de l'Etat d'Israël) l'origine du Phylloxéra est due à l'importation de France de cépages bordelais, du midi et de vignes américaines pour les besoins des colonies juives du Baron EDMOND DE ROTHSCHILD. Dès l'apparition du Phylloxéra en 1891, les colons juifs arrêtèrent les plantations franches de pied et reconstituèrent le vignoble de Zamarine avec des vignes greffées sur vignes américaines, au point qu'en 1902 il y avait 900 ha de vignes greffées contre 800 ha de vignes franches de pied.

A partir de ce foyer, l'insecte se mit à envahir en quelques années, les vignobles de Samarie et de Galilée, qu'il fallut arracher et replanter en vignes greffées, car ils étaient établis en terrains lourds, argilo-calcaires alors que dans les terres sablonneuses du littoral les progrès ont été très lents, voire nuls.

IV - Le *vignoble d'Ankara* a été atteint seulement vers 1918 pour ne progresser ensuite que lentement jusqu'à la ligne *Antalya, Konya Kocaeli* sur la Mer Noire en raison de la discontinuité des vignobles et du climat défavorable.

Vers 1956, des petits foyers ont été identifiés dans le nord-est à la frontière russe, à *Antiaka* (Antioche) et à *Kilis* à la frontière syrienne.

En 1958, on estime que 207.000 ha étaient phylloxérés, dont 47.000 depuis 1920, sur un total de 800.000 ha. Il semble, d'après ces renseignements, qu'une grande partie du vignoble turc soit encore indemne de Phylloxéra.

16°) Autres vignobles d'Asie

L'île de Chypre demeure indemne de Phylloxéra. Elle fut protégée de la contamination par une Ordonnance turque du 5 août 1889 qui prohibait l'introduction des fruits et légumes dans l'île.

La *Syrie* a été envahie par l'insecte depuis 1930 (1) d'une part, dans le nord par *Alep*, près de la frontière turque et d'autre part, dans le sud du pays, le mal venant du Liban et ayant pénétré dans la région de *Daraia* située à l'ouest de Damas. Seul le *Djebel Druse* est encore indemne.

Le *Liban* est phylloxéré depuis 1910 et le vignoble a été reconstitué sur vignes américaines, principalement depuis 1952.

La *Jordanie* serait également phylloxérée.

En *Israël* on a vu que l'invasion avait débuté en 1891. Depuis, la plupart des vignobles créés ont été greffés. « Mais néanmoins certains, indique HOCHBERG (1950), continuent à planter franc de pied en particulier dans les terres légères ou moyennes du littoral sud. Il existe aussi dans cette région des vignes âgées de 30 ou 40 ans, sans Phylloxéra dans des terres assez lourdes. »

L'*Iran* et l'*Irak* seraient indemnes.

L'*Afghanistan* était encore indemne, lors de mon voyage en 1967.

Le *Cachemire* serait par contre phylloxéré depuis 1890.

L'*Inde* serait indemne ; cependant comme on y cultive l'Isabelle dans l'Etat de Bangalore, je pense qu'il y a un risque d'y trouver l'insecte prochainement.

Le *Japon* et la *Corée du Sud* cultivant principalement des hybrides américains, il est possible que le Phylloxéra soit présent dans les vignes, mais on manque d'informations.

La *Chine* possède le Phylloxéra depuis 1914, en Mandchourie du sud ; on ne sait s'il en existe dans les autres régions viticoles.

Formose (*Taiwan*) et l'*Indonésie* possèdent quelques vignobles complantés d'hybrides américains qui ont dû introduire l'insecte dans ces îles.

17°) Océanie

La *Nouvelle Zélande* a été phylloxérée vers 1890.

L'*Australie* a été atteinte en 1875 par la découverte d'un foyer dans les vignobles de Tyansford du district de *Geelong* à 70 km au sud-ouest de Melbourne. En 1880, les ravages s'étendraient à 19 vignobles de cette région, qui dépend de la *Province de Victoria*. En 1885, un second foyer est identifié à 6 miles au sud-ouest de Geelong dans les vignobles de *Waurn-Ponds*. A partir de 1901, le parasite s'étend dangereusement dans toute la Province et gagne aussi à cette époque (1899) la province des *Nouvelles Galles du Sud*.

Le *Queensland* est envahi à partir de 1910 et une seconde fois en 1932.

Jusqu'ici l'*Australie du sud* demeure indemne, mais il est bien évident que dans un avenir proche, cette Province sera contaminée à son tour.

Selon BUCHANAN, en 1978 sur une superficie totale de 70.000 ha de vignes, seulement 1.200 ha seraient infestés par le Phylloxéra.

18°) Amérique

Aux *Etats-Unis*, il semble bien que les Etats de l'Est soient le point de départ de l'invasion mondiale qui va secouer le monde viticole, sans qu'on puisse affirmer d'ailleurs que l'insecte soit originaire de cette région. Vers 1858, le Phylloxéra franchira les Montagnes Rocheuses et s'installera en Californie, sans doute transporté dans les bagages des émigrants emportant avec eux des boutures ou des plants de vigne, ou se faisant expédier des plants par des pépiniéristes installés dans les Etats de New-York, Ohio et Massachussetts, notamment du Catawba. Toutefois, l'insecte ne sera identifié qu'en 1873. Actuellement l'importance du Phylloxéra en Californie demeure faible sans doute grâce à la profondeur des sols qui permettent aux racines de s'installer puissamment dans ces terres légères souvent sablonneuses et soumises à des irrigations. Le cycle biologique y serait incomplet d'après WINKLER.

Le *Canada* est naturellement phylloxéré par la présence spontanée de *V. riparia* et par son vignoble de l'*Ontario* constitué par des Hybrides américains ou français.

Le *Mexique* possède le Phylloxéra depuis 1895, date de son apparition dans l'Etat de *Coahuila*, mais il resterait encore des zones indemnes.

Au *Panama*, l'insecte existe depuis longtemps, car dès 1879, PLANCHON avait reçu des échantillons de feuilles portant des galles.

La *Colombie* possède aussi le Phylloxéra et le *Vénézuela* semble être envahi depuis 1965 à partir de ce pays selon les observations de SALINAS aux environs de *Mérida*.

La *Bolivie* possède le Phylloxéra dans ses vignobles.

Le *Pérou* est phylloxéré depuis 1906, à la suite d'introduction de vignes américaines, venant de Rochester N.Y., dans les vignobles de la **Chincha**. Mais il subsiste aujourd'hui quelques vignobles indemnes. Dans la région de Lima, l'introduction, vers 1888 d'une grande collection de vignes de Bordeaux aurait amené l'insecte.

L'*Uruguay* est phylloxéré depuis 1879.

Le *Brésil* a reçu le Phylloxéra dans l'Etat de Minas Gerais avec un envoi américain de 8.000 pieds d'Isabelle en 1893. Puis ce fut le tour de l'Etat de Sao Paulo en 1899 et dans le Rio Grande do Sul vers 1916, dans les vignobles de Garibaldi. Actuellement en 1980 nous avons retrouvé l'insecte dans tous ces Etats, plus celui de Santa Catarina et de Pernambouc car les vignes américaines (porte-greffes et hybrides producteurs directs) existent dans tous ces Etats.

Le *Chili* était encore indemne en 1971.

L'*Argentine* a d'abord été envahie en 1888, dans les vignobles de *Villa Elisa* appartenant à la *Province de Buenos Aires*. Le vignoble des Andes est contaminé depuis 1920 à *Catamarca, Cuyo et San Juan* en 1929, ainsi qu'à *Mendoza* en 1931.

La progression phylloxérique dans ce pays paraît lente et les dégâts faibles car le climat est désertique, les terres très profondes et il n'y a pas de Gallicoles.

19°) Afrique

Sur ce continent, le Phylloxéra fut d'abord identifié en *Algérie*. Le décret du 24 juin 1879 avait prohibé en Algérie l'importation de ceps, de sarments, de feuilles ou de raisins frais ainsi que les fruits et légumes provenant des régions phylloxérées. De plus, la loi du 23 mars 1883 avait organisé le service phylloxérique et créer les moyens de lutte.

Malgré ces dispositions administratives un premier foyer fut découvert le 2 juillet 1885 dans le vignoble de *Mansourah* près de Tlemcen par HAVARD et un second à *Sidi-bel-Abbès* le 19 août, ces deux communes appartenant au département d'Oran.

Le 26 mars 1886, GROGER, à son tour, signale le Phylloxéra dans le vignoble de *Philippeville*, sur la rive droite du *Zeramma*. La contamination portait sur 67 taches disséminées autour ; elle était due à l'introduction frauduleuse de boutures en provenance de Sicile.

En Oranie, quelques semaines plus tard, de nouvelles taches venaient s'ajouter à celles découvertes en 1885 : aux Trembles et au Télégraphe (*Sidi-bel-Abbès*), à *Ain-Kerchera* (Tlemcen) et à *Karguentah*, près d'Oran.

En 1887, un nouveau foyer fut trouvé à *La Galle*, près de la frontière tunisienne. Malgré les traitements d'extinction, le mal continua à s'étendre et de nouvelles communes furent envahies : *Mascara* en 1889, *Saïda* en 1892, *Jemmapes, El Kantour, Sillègue* en 1893. Puis ce fut le tour du Sahel d'*Alger* en 1907 à Bellevue.

Au cours des années qui vont suivre les dégâts phylloxériques vont progresser et pour plus de détails nous renvoyons au tome 3 de notre livre Cépages et Vignobles de France (Chapitre XVIII, l'Algérie).

En 1901, le département de Constantine était phylloxéré à 60 %, le département d'Oran à 13 %. En 1912, l'ensemble de l'Algérie avait été atteinte à 97,3 %.

La reconstitution sur vignes américaines débuta en 1899, une loi du 23 mars 1899 ayant autorisée la culture des vignes américaines dans certaines circonscriptions des départements d'Oran et de Constantine. En 1913, on avait replanté 30.981 ha et 97.763 ha en 1918 dans les trois départements algériens. La reconstitution s'est terminée en 1933 et les vignes françaises directes ne subsistaient plus que dans les régions sablonneuses du littoral (*Mostaganem, Turgot*) et dans les régions de *Mercier-Lacombe* et *Palikao* (vignoble de Mascara).

La *Tunisie* fut atteinte une première fois en 1905-1906 par la découverte d'un foyer de 11 ares dans le vignoble des Acacias à *Souk-el-Kémis*, au voisinage de la frontière algérienne.

Donné pour avoir été éteint en 1915, le mal réapparut à 16 km de là à *Saint Joseph de Thibar* dans le vignoble des Pères Blancs en 1917. Dans la même région, d'autres petits foyers avaient été signalés en 1909 au vignoble de Zaouen, en 1911 au vignoble des Palmiers, en 1923 dans un vignoble près du *Kef* et en 1933 dans un petit vignoble indigène à *Nebeur*. Tous ces vignobles étaient situés dans la partie nord occidentale de la Tunisie ; ils étaient isolés et très éloignés de la partie principale du vignoble établie dans la région de Tunis. Les arrachages successifs avaient intéressé 288 ha au total.

Par contre, le foyer, identifié le 4 mars 1936 par le professeur Vivet au sud de Tunis, dans le vignoble de *Nassen*, déclencha toute l'invasion du vignoble tunisien car ce foyer était presqu'au centre du vignoble.

De 1940 à 1946, on arracha plus de 15.000 ha et la reconstitution débuta après 1949 pour recréer le vignoble de 42.600 ha, objectif du Statut viticole franco-tunisien.

Au *Maroc*, le premier foyer connu date de 1919 et fut décelé dans le vignoble de la Compagnie Marocaine aux environs de *Kenitra* (Port-Lyautey). Vers 1929, un second foyer fut reconnu dans la région de *Fès*, ainsi que dans la région de *Meknès*. Puis l'insecte gagne, en 1933, les vignobles du *Rharb* où on le découvre à la ferme Lay, près d'*Allal Tazi*. Enfin, à cette époque la région du littoral atlantique est touchée avec des taches dans les vignobles des environs de Rabat et de Casablanca. La région d'Oujda ne sera contaminée qu'en 1939 et la zone de la Berkane qu'en 1958. Il en est de même du vignoble du Rif (Ouergha en 1952, Taounate et Rapsaï en 1953), et du territoire des Beni Snassen. Seuls restent indemnes les vignes établies dans les sables des Zemmours de Port-Lyautey et des Aït-Yazem au sud de Meknès (avec cependant quelques foyers isolés, mais ne s'étendant pas).

Il faut aussi mentionner que les vignes des Oasis dans toute l'Afrique du Nord ne sont pas greffées en général.

La *Libye* doit être maintenant phylloxérée car toutes les plantations nouvelles se font avec des plants greffés venant de France.

L'*Egypte* paraît être encore indemne.

Dans le vignoble d'*Afrique du Sud* le Phylloxéra a été découvert en 1886, mais sa présence remonte probablement à 1880 avec l'introduction de ceps d'Isabelle.

Les *Iles Canaries* sont indemnes (1972).

2° Réceptivité de la vigne

Dès le début de l'invasion phylloxérique en Europe, on s'est préoccupé de connaître le mécanisme de la résistance des espèces et variétés, de mettre au point des méthodes pour mesurer l'affaiblissement au vignoble ou en pots ou en serre, d'établir une échelle de résistance et enfin de tenter de découvrir les facteurs de transmission de la résistance.

A - *LE MECANISME DE LA RESISTANCE*, comme l'indique BRANAS (1974) « est ignoré. Les caractéristiques morphologiques auxquelles il a été envisagé de la rapporter ont été progressivement écartées . »

En effet de nombreuses théories ont été mises en avant, que nous allons passer en revue :

1° La Vigueur

« On a d'abord pensé, écrit FOEX (1888) que la résistance qu'offrent les vignes américaines aux attaques du Phylloxéra était due à leur vigueur, à leur grand développement radiculaire et à la faculté qu'elles auraient de refaire leurs racines plus promptement que l'insecte ne pouvait se multiplier pour les détruire. Cette explication, assez plausible à première vue, ne peut pourtant être considérée comme suffisante. En effet, on est amené à reconnaître que l'abondance même des racines est une cause favorable à la multiplication de l'insecte et on conçoit qu'étant donné l'accroissement prodigieusement rapide de ce dernier, lorsqu'il se trouve dans des conditions favorables, il arrive toujours un moment où le parasite se trouve en nombre suffisant pour détruire les racines. D'ailleurs une preuve décisive est donnée par V. MONTICOLA, d'une végétation médiocre, qui résiste très bien à l'action du Phylloxéra, tandis que l'Aramon, dont la végétation est remarquablement vigoureuse, succombe à ses attaques. »

2° Morphologie des racines

Plusieurs hypothèses ont été formulées au moment de l'invasion phylloxérique, mais la plupart ont été écartées par la suite, les expériences au champ n'ayant pas confirmé les résultats obtenus en laboratoire :

a) FOEX (1876) avait suggéré que « l' *état de lignification* plus parfait chez certains cépages américains paraissait être l'une des causes de la résistance relative qu'ils opposent aux attaques du Phylloxéra. » En se basant sur le fait que les tissus végétaux renferment d'autant moins de matières minérales qu'ils sont dans un état de lignification plus avancé, il a dosé les cendres des racines de divers cépages :

POIDS DES CENDRES

Grenache	3,54 à 3,88 % de matière sèche
Concord	3,10 % de matière sèche
Alvey	2,84 % de matière sèche
Herbemont	2,71 % de matière sèche
Taylor	2,38 % de matière sèche

Par conséquent les racines du Grenache et du Concord (*V. Labrusca*) ont donné des nombres beaucoup plus élevés que celles des vignes issues des hybrides américains provenant de l'*Aestivalis* (Alvey, Herbemont) ou du croisement *Riparia-Labrusca* (Taylor). »

En réalité, les exemples sont mal choisis car on sait depuis que le Taylor est sensible au Phylloxéra ; il faudrait reprendre les analyses avec les porte-greffes reconnus actuellement résistants et vérifier si le classement demeure valable et cela dans des situations différentes de climat et de sol.

b) Foex (1877), avait pensé ensuite à la différence dans la *largeur des rayons medullaires*. Dans ses études il avait remarqué que les vignes américaines (Herbemont, Jacquez, Solonis, Clinton, Taylor...), jugées alors résistantes, avaient des rayons medullaires nombreux et étroits, comparativement à ceux des Viniferas (Aramon, Grenache) étudiés.

On ne peut encore retenir cette hypothèse, critiquée en son temps par Millardet (1885), car tous les cépages étudiés par Foex sont en fait sensibles au Phylloxéra (Herbemont... Taylor). On sait depuis que la largeur des rayons médullaires est plus faible chez les espèces résistantes comme *V. riparia* et *V. rupestris*, que ces rayons sont plus nombreux et formés de cellules plus petites à parois plus épaisses que chez les vignes européennes, mais on n'a jamais pu faire un classement des espèces et des porte-greffes en fonction de ce critère.

c) Coste (1877) avait cru que la *dureté des racines* pouvait expliquer la résistance des vignes américaines (*V. riparia*) par rapport aux racines charnues de *V. vinifiera*. Cette hypothèse ne peut être retenue car il existe aussi des vignes résistantes, comme *V. cordifolia* qui ont des racines charnues.

d) Stellwaag Kittler (1955) estime qu'il existe une liaison entre le degré de sensibilité d'un cépage et la longueur de la *coiffe de la racine*. Plus elle cache le bout de la racine, moins le cône méristématique de la racine est exposé au danger, car le Phylloxera s'introduit premièrement dans la zone d'allongement derrière la coiffe radiculaire qui sert d'obstacle mécanique pour les poils piquants de l'insecte. Les cépages américains ont une coiffe longue ou moyenne alors qu'elle est courte chez les cépages européens, de qui expliquerait la résistance des premiers et la sensibilité des seconds. Mais la longueur de la coiffe dépend non seulement du cépage, mais aussi de l'influence de la qualité du sol et de la température. Dans les sols légers se développent des coiffes longues et dans les sols lourds des courtes.

Enfin, d'autres auteurs comme Niclovitz (1955) et Hetz (1956) admettent que la coiffe n'est pas toujours un obstacle infranchissable pour les rostres du Phylloxéra. On ne peut donc rien tirer de positif de cette théorie.

e) Ravaz (1897) a montré que ce qui importait le plus dans la résistance phylloxérique « ce n'était pas le nombre de tubérosités mais leur *pénétration dans les tissus*. Celles qui n'intéressent que les couches externes de l'écorce sont sans importance, mais celles qui pénètrent jusqu'au bois sont les plus graves.

« Les premières, à l'automne surtout, quand le Phylloxéra a cessé ses piqûres, se séparent de la racine par une couche de liège qui se forme à la limite des tissus sains et des tissus malades. Dans les secondes, la couche de liège ne peut se former que par endroits dans l'écorce et sur les côtés ; aucune barrière ne s'oppose à la pénétration de l'altération dans le bois.

« Mais la pénétration d'une tubérosité dans l'écorce ne donne encore pas cependant la mesure exacte de sa gravité. C'est qu'il faut tenir compte d'un phénomène spécial qui joue un certain rôle dans la défense de la vigne contre les attaques du Phylloxéra : la *chute périodique de l'écorce.* Grâce à la formation d'une couche de liège, l'écorce secondaire tombe comme l'écorce primaire, non plus, il est vrai, à la manière d'un fourreau, mais par fragments, un peu comme l'écorce des platanes. Cette couche d'écorce qui se détache ainsi a une épaisseur qui varie avec chaque variété de vigne. Elle peut entraîner dans sa chute toute la tubérosité, si celle-ci est peu pénétrante. Dans ce cas, les tubérosités sont absolument sans gravité. La racine, après la chute de l'écorce, est entièrement saine au point correspondant à une piqûre. Mais, quand son épaisseur est inférieure à la profondeur de la tubérosité, celle-ci n'est plus exfoliée et sa gravité peut être exprimée exactement par la différence qui existe entre la profondeur de l'altération et l'épaisseur de la couche d'écorce qui s'exfolie normalement. »

3° Composition chimique des racines

Elle a fait également l'objet de diverses études, mais, signale BRANAS (1974) « il n'a pas été fait beaucoup de progrès depuis qu'il avait été reconnu que l'immunité des vignes américaines était déterminée par l'inadaptation du Phylloxéra à la saveur de leur suc cellulaire. Les recherches ont porté sur des caractéristiques biochimiques : tanins, acidité du jus extrait par pression (AVERNA SACCA), système d'enzymes (PICHI) ; leurs résultats n'ont pas été confirmés. En fait, sur les racines résistantes, le temps de nourriture des radicicoles est plus bref, les tubérosités sont moins pénétrantes et la pullulation est moins intense : les radicicoles ne peuvent se nourrir sur les racines les plus résistantes et, lorsqu'ils ont le choix, ils préfèrent les moins résistantes. »

A - BOUTIN (1876) pensait avoir trouvé un *principe résinoïde* en proportion différente dans les racines des cépages américains résistants (les plus riches) et dans les racines des vignes françaises, qui n'en possèdent que la moitié :

	Ecorce de racines desséchées	Racines sans écorce
Clinton	14,90 %	1,57 %
Concord	11,08 %	1,10 %
Folle bl.	8,10 %	0,74 %

Cette matière, dont il ne fournit aucune précision sur sa nature chimique, s'opposerait à l'écoulement de la sève, résultant de la piqûre du Phylloxéra et expliquerait la résistance à l'insecte.

V. MAYET (1890) a critiqué cette théorie en indiquant « qu'il n'y avait pas de perte de liquide, sur les racines françaises, par la petite piqûre que l'insecte fait avec son rostre. Au reste, les analyses faites à l'Ecole de Montpellier n'ont pas confirmé la proportionnalité des matières résinoïdes avec le degré de résistance. »

B - Le Dr AVERNA-SACCA (1909), de la Station de Portici, reprenant les travaux de COMES sur « la civilisation des plantes sauvages » (théorie voulant prouver que la culture intensive à l'aide de la fumure et de l'irrigation pouvait faire diminuer l'acidité naturelle des organes et rendre savoureux les fruits) pensait que, comme pour le Mildiou (cf tome 1, page 146), le degré de résistance des vignes américaines au Phylloxéra était en rapport intime avec *l'acidité de leurs sucs végétaux.* Il s'est donc intéressé à l'analyse des tissus corticaux des racines pour y doser l'acidité (exprimé en alcali N/10) et les substances tanniques (en pour cent de substance sèche).

	Acidité	Tannins
Vignes de semis		
Riparia glabre N° 25	425,3	3,299
Rupestris N° 1	380,3	
Riparia tomenteux N° 13	273,8	
Rupestris N° 6	180,3	
Espèces et Porte-greffes		
Berlandieri x Rességuier N° 2	270,8	3,040
Berlandieri x Riparia 34 E.M.	265,6	
Riparia x Rupestris 3309 Couderc	178,7	
Berlandieri x Riparia 157-11 C	175,7	
Rupestris du Lot	168,2	
Riparia Gloire	141,3	
Mourvedre x Rupestris 1202 C	114,7	
Aramon Rupestris Ganzin N° 1	70,9	
Vignes européennes de semis ramenées à l'état sauvage		
Nero Valente	205,7	1,055
Calabrèse	170	
Moscato	112,1	
Vignes européennes cultivées		
Lambrusco di Cisterna	48,9	0,325
Trebbiano	45,7	
Nero Valente	45	
Moscato	42,5	
Calabrèse	35,9	

« Les acides favoriseraient le développement des couches subéreuses de protection. Les vignes qui se montreraient résistantes, indique l'auteur, sont celles qui contiennent encore dans le sucs corticaux de leurs jeunes racines un titre d'acidité d'environ 150. »

C - Nysterakis (1946) a pu démontrer que l'apparition des cécidies foliaires et radiculaires était due, chez la Vigne, à l'action de l'acide indol-béta-acétique, secrété par le Phylloxéra. Il a admis, en ce qui concerne la résistance de certaines vignes au Phylloxéra, que la quantité d'acide indol-beta-acétique secrété par l'Insecte, n'était probablement pas la même pour toutes les vignes et que les cellules de celles-ci ne réagissaient pas toujours de la même façon en présence d'une quantité donnée d'auxine, conditions qui entraîneraient des différences de sensibilité. En injectant le même nombre de petits cristaux de l'hormone à divers racinés de Vignes ou en injectant la même dose d'une solution d'acide indol-beta-acétique il a constaté que les tissus des cépages sensibles au Phylloxéra manifestaient une activité méristématique plus grande que ceux des Vignes résistantes. Par exemple, les tubérosités provoquées sur les racines du 161-49 C restaient petites, celles qui se formaient sur les racines du 7053 Seibel étaient plus grosses (résistance moyenne), enfin celles produites sur les racines de la Syrah étaient beaucoup plus volumineuses.

En conséquence, pour cet auteur « la résistance des Vignes américaines et de leurs hybrides au Phylloxéra tient principalement à la faible sensibilité de leurs cellules à l'égard de l'hétéroauxine secrétée par l'Insecte. Les différences de sensibilité des cellules des organes de la Vigne envers les auxines, la modification de cette sensibilité lorsque les conditions de milieu varient, pourraient contribuer à expliquer les anomalies apparentes souvent constatées : présence de nodosités seules ou accompagnées de galles foliaires, de nodosités et de tubérosités, etc... La dose variable d'auxine que le Phylloxéra doit secréter dans chaque organe d'une Vigne ou de Vignes d'espèces différentes serait, en outre, un autre facteur très important, qui rendrait aléatoire l'application d'une méthode basée uniquement sur la sensibilité des cellules des diverses espèces de Vignes en vue de préciser d'avance leur résistance au Phylloxéra. »

D - PRINTZ (1950) remarque d'abord que le phylloxéra attaque aussi bien les cépages résistants que les sensibles. Mais dans une vigne résistante, il retire sa trompe au bout de quelque temps et il se forme un anneau rouge autour de la piqûre. La substance colorante rouge est un produit d'oxydation de certaines flavones.

Il a recherché si, entre la teneur des feuilles et des racines en Flavones ou en autres substances phénoliques, et la résistance au Phylloxéra, il existait un rapport.

Il a d'abord constaté que les cépages sensibles au Phylloxéra contenaient moins de flavones que les autres.

En outre, il a observé que les variétés résistantes manifestaient une activité catalytique plus élevée et une plus forte activité de péroxydase dans les racines.

La séve que le Phylloxéra pompe dans les tissus, contient des fragments de matières albuminoïdes. Quand le tissu est piqué, une enzyme de désintégration (protéolytique) de l'albumine se sépare, qui appartient vraisemblablement au groupe des cathepsines. A l'aide de ce ferment, injecté avec sa salive, le Phylloxéra hydrolyse l'albumine des tissus piqués et la transforme d'une manière assimilable pour lui, assurant ainsi sa nutrition protéique. La cathepsine n'est efficace que dans un milieu à faible rH, tandis qu'elle devient inactive pour des valeurs de rH élevées.

Le Phylloxéra produit la cathepsine sous une forme active. Les vignes résistantes possédant un rH élevé et grâce à la prédominance d'un système oxydase-flavone-péroxydase peuvent produire une inactivation de l'enzyme, entraînant l'incapacité du Phylloxéra à se nourrir. Les cépages sensibles, au contraire, à faible rH, ne peuvent induire cette inactivation. Enfin, la tache rouge se produit à la suite de la pénétration de l'oxygène de l'air dans la blessure, ce qui provoque par oxydation la transformation des flavones en quinones. »

Ces résultats sont en grande partie contredits par les travaux de HENCKE (1948) qui a trouvé des teneurs en flavones, des activités oxydase, peroxydase, catalase différentes selon les cépages et différentes aussi chez un même cépage selon l'époque de l'année ou les conditions de culture (serre ou plein air). Toutefois cet auteur indique qu'il n'est pas en mesure de pouvoir établir de rapport entre ces différences et les divers degrés de résistance au Phylloxéra des cépages étudiés.

E - ZWEIGELT (1948) a écrit que « La substance active des Aphides est leur salive qui entre par les piqûres dans les tissus et cela est nécessaire pour que l'insecte puisse ensuite sucer. Par action enzymatique la salive transforme l'amidon en sucre et elle est aussi vénéneuse. Mais brusquement les tissus cherchent à s'opposer à cette action désorganisatrice par la mobilisation des noyaux des cellules et quelquefois par la production d'hemi-cellulose autour des parois des cellules menacées. Naturellement en vain.

Pourquoi certains Aphides forment-ils des galles et d'autres non ? Les préparations anatomiques montrent que les canaux des piqûres se colorent bien avec la Safranine pour les Aphides non cécidogènes et ils restent bien visibles durant plusieurs jours. Au contraire pour les Aphides cécidogènes, comme le Phylloxéra, les canaux disparaissent

presque aussitôt. Cela signifie que la plante-hôte décompose immédiatement la salive et que commence alors le développement pathologique.
La galle même est donc une réaction de défense. Si la vigne n'est pas
capable de produire la galle, par manque d'une réaction correspondante,
les Phylloxéras meurent et disparaissent. Mais alors, les tissus aussi autour
des piqûres meurent et se nécrosent. Il est donc hors de doute que la
salive agit comme poison si la plante n'est pas capable de la décomposer
et de la rendre inactive par suite d'une phagocytose et d'un accroissement anormal. La cécidie ainsi est une réaction locale de défense contre
la mort des tissus et en ce sens c'est un succès pour la plante. En
apparence, cela semble aussi un succès du parasite, lequel y trouve sa
nourriture et son habitation. Mais il est devenu l'esclave de sa propre
galle. Il a du s'adapter parfaitement à la plante qui a réagi et n'est
plus capable de sucer et de se nourrir sur les tissus qui n'ont pas réagi.
Les tissus qui ne réagissent pas sont par cela même immunisés et ne
peuvent plus être attaqués par ce parasite.

« C'est la première réaction de la plante aux attaques du parasite,
accompagnée de la spécialisation de celui-ci, qui a conduit à l'immunisation. Cela est une immunisation passive. Ainsi toutes les plantes, qui
n'ont pas une réaction suffisante, acquièrent de cette manière une
immunité passive.

« Tous les parasites, dépendant de leurs hôtes, ont du s'adapter à
des situations et des conditions spéciales, ainsi ils deviennent spécialisés
et si les hôtes changent selon les diverses régions, le parasite devra
s'adapter à d'autres formes ou espèces de plantes et aussi à des
différences de climat, de terrain, etc... Une espèce de parasite, d'abord
uniforme, se différencie donc en races et types biologiques.

« La spécialisation et l'adaptation sont toujours inhérents aux goûts.
Ainsi le parasite refuse une chose, non parce qu'il a une structure
spéciale et des caractères de défense, mais simplement parce qu'il a
perdu l'habitude de se nourrir de cette chose qui ne lui convient plus.
Par suite de cette spécialisation, la polyphagie alimentaire tend à
devenir une monophagie absolue.

« Les chercheurs ont étudié les causes premières de la spécialisation :
Le tannin dans les cellules des plantes, le degré d'acidité des sucs
cellulaires, le contenu des glandes et huiles essentielles, l'épaisseur de la
cuticule, tous ces systèmes de défense en somme n'ont aucune valeur.
Dans mes recherches j'ai pu constater qu'il n'y a pas d'obstacle pour
un Aphide de s'adapter à sa plante. Il n'existe pas de défense contre lui,
toutes les structures sont au service du parasite. Il existe seulement
des réactions défensives.

« Il n'y a pas d'immunité comparable à ce qui existe dans le règne
animal par la production d'anticorps ou par l'injection d'un sérum
immunisant empêchant une nouvelle infection. Le problème est donc
plus simple : ce n'est pas le parasite qui produit la galle, c'est la plante
qui se défend contre le poison et qui commence un développement de
tissus pathologiques pour décomposer la salive vénéneuse qui y a été
introduite.

« Et d'autre part, ce n'est pas la plante qui empêche la formation
d'une galle, au moyen d'hypothétiques facteurs défensifs, mais simplement le fait que la plante n'est pas capable de produire dans les
tissus les réactions nécessaires qui sont devenues la base indispensable
pour la vie du parasite qui s'est adapté et spécialisé.

La doctrine de l'immunité doit être abandonnée... »

F - ANDERS (1955) sur des racines de jeunes semis de *Vitis* a obtenu
l'induction de déformations analogues aux nodosités en y appliquant
localement ou généralement, des extraits salivaires, de la salive de
Phylloxéra ainsi que des homogénats de l'insecte ou de ses œufs. Par

ailleurs l'analyse de la salive du puceron par chromatographie ne permet pas de déceler l'Acide indol-beta-acétique en traces dosables, mais par contre ANDERS a pu caractériser la présence, en concentration importantes, de divers acides aminés lesquels appliqués seuls ou en mélange sur des racines de semis provoquent la formation de tumeurs cécidoïdes analogues aux nodosités. Le tryptophane notamment, se montra particulièrement actif, et ce précisément aux concentrations où il existe dans les excréta salivaires du Phylloxéra ; le mélange histidine-tryptophane-glutamine a montré une action si nette que les nodosités ainsi provoquées ne pouvaient être distinguées d'authentiques.

G - MASPOLI (1950) en Argentine, indique que la théorie la plus moderne sur la résistance phylloxérique des vignes américaines serait due à la conformation spéciale des tissus de la racine. Cette théorie s'appuie sur les constatations suivantes :

« — *Physiologiques* : L'examen des altérations démontre que celles-ci intéressent directement les tissus conjonctifs des feuilles et de l'écorce et parfois les centres médullaires de la racine.

— *Morphologiques* : Les racines affectées présentent des hypertrophies produites par une formation excessive de cellules néoformées, la protubérance se trouvant alors limitée par la résistance des cellules environnantes.

— *Chimiques* : La piqûre du parasite provoque dans la région lésée la transformation de l'amidon en sucre quand celui-ci existe. Ce phénomène fait supposer l'existence d'une substance acide soit inoculée par le parasite, soit se formant à l'intérieur des tissus lésés. Quand la croissance de l'hypertrophie cesse, les tissus s'altèrent peu à peu en donnant origine à la formation de substances analogues à celles obtenues par la décomposition du glucose. Ces phénomènes pourraient être expliqués par une saturation par absorption des cellules de ces substances étrangères qui ne sont pas résorbées par la suite.

« Une seconde série de constatations se rapporte à l'étude comparative des formes d'activité des facteurs physiologiques morphologiques et chimiques sur les systèmes radiculaires de vignes européennes peu résistantes et de vignes américaines résistantes. On constate que les lésions sont plus profondes sur les premières et affectent les tissus de différentes couches cellulaires, tandis que, chez les américaines, elles restent circonscrites aux tissus corticaux.

« Résultats : dans les premières se produit l'altération du tissu fibro-vasculaire et les éléments anatomiques sont envahis de liquides en décomposition qui finissent par détruire la racine tandis que les américaines ne souffrent que d'un début de décomposition circonscrit à la zone corticale. De plus les tissus travaillent eux-mêmes une cicatrisation rapide.

« D'autre part, on remarque en comparant des racines de vignes européennes et américaines, du même âge, que ces dernières présentent une lignification plus parfaite, des tissus plus denses et plus serrés. Il en résulte qu'elles sont moins perméables dans leurs tissus. Par contre les racines européennes produisent par réaction de défense un afflux de sève aux points attaqués, ce qui a pour résultat opposé d'offrir une alimentation plus abondante au parasite, tandis que les racines américaines effectuent une défense sèche par cicatrisation qui protège la blessure et l'isole du parasite. »

H - BOUBALS (1966) a étudié les diverses causes possibles de la résistance au Phylloxéra, ainsi que les facteurs de transmission aux hybrides de cette résistance. Ses conclusions sont intéressantes à rapporter :

« 1°) Lorsqu'une racine de vigne est piquée par le Phylloxéra, sur une partie autre que son extrémité en voie de croissance active, il apparaît une transformation et souvent un renflement de la racine à cet endroit et que l'on appelle d'une manière très générale *tubérosité*. Cela résulte de l'intervention en ces lieux, soit directement à partir du Phylloxéra, soit à partir de la plante sous l'action de l'insecte, de composés ayant une activité auxinique (SCHVESTER, 1960).

« 2°) Il se forme d'autant plus de tubérosités que la plante est plus sensible. Chez les plantes les plus résistantes au Phylloxéra il n'apparaît pas de tubérosités (classe O de la notation en serre) ou il en apparaît simplement une ou deux (classe I) sur l'ensemble des racines d'un plant s'étant développé en serre dans un pot tronconique de 12 cm de haut et 7 cm de diamètre. Par contre, chez les plantes les plus sensibles au Phylloxéra (classe 3), les tubérosités sont contiguës sur toutes les racines.

« 3°) Au point de piqûre phylloxérique il y a le plus souvent néoformation de cellules dans la partie corticale, ce qui donne l'aspect tubéreux à la racine. C'est chez les plantes les plus sensibles au Phylloxéra que ces protubérances sont en général les plus volumineuses. Chez les plantes les plus résistantes du genre *Vitis* (*V. cinerea* et 41 B par exemple) il n'y a pas néoformation des cellules corticales et la racine ne présente pas de boursouflures aux points de piqûres phylloxériques.

« On peut provoquer la formation de tubérosités sur des racines de plantes résistantes ou sensibles et en particulier sur celles de plantes qui n'en forment pas sous l'action des piqûres phylloxériques (41 B par exemple), en insérant des cristaux d'acide indol-béta-acétique dans la partie corticale de ces racines. Ces tubérosités apparaissent à côté de la partie où a lieu l'insertion, une quinzaine de jours après.

« 4°) Les coupes transversales effectuées dans les tubérosités phylloxériques ont confirmé :

— Qu'il y a constamment formation d'un liège épais chez les plantes résistantes (classe 1).

— Que la formation de ce liège est plus ou moins constante chez les plantes plus ou moins sensibles (classes 2 et 3).

— Que chez les plantes très sensibles (classe 3) : *V. vinifera*, 22 A Baco, Sénasqua, très souvent il n'y a pas formation de liège.

« Pour une espèce donnée, le liège se forme aussi bien sur des racines qui se développent en serre que sur des racines qui sont isolées en survie dans un tube à essai où on a apporté des Phylloxéras.

« Par contre, il n'y a pas formation de liège dans les tubérosités artificielles provoquées par l'acide indol-béta-acétique sur des racines en terre ou isolées en survie dans un tube à essai.

« 5°) Le lieu de formation du liège est variable selon la résistance des plantes :

— Chez les plantes les plus résistantes de la classe 1, le liège se trouve localisé dans la partie la plus externe du parenchyme cortical de la racine et n'isole alors qu'un tout petit groupe de cellules. C'est le cas chez le *Riparia-Berlandieri* 8 B, *V. cinerea, Berlandieri* et le *Vinifera-Berlandieri* 41 B.

— Chez des plantes de la même classe de résistance, le liège peut être localisé au milieu du parenchyme cortical, ex. *Rupestris-Berlandieri* 110 R.

— Chez les plantes de la classe 1, le liège peut être parfois presque contigu avec le liber externe. C'est le cas de *V. riparia*, Rupestris du Lot, *V. Doaniana, Riparia-Berlandieri* 5 BB, Salt creek.

— Chez les plantes appartenant aux classes 2 et 3, le liège est souvent localisé dans le liber et même contre le bois. C'est le cas du 261-13 Galibert, du *Rupestris-vinifera* 4.401 C. Parfois le liège ne se forme pas constamment : Dog Ridge.

« De toute façon, que le liège se forme dans la partie médiane du parenchyme cortical ou qu'il se forme dans les tissus conducteurs, on constate qu'il isole toujours des groupes importants de cellules.

« 6°) Les tissus isolés par le liège devenant des tissus morts, ceux-ci sont normalement rapidement altérés par divers champignons parasites (MILKO, 1961). Dans ce cas, cette altération ne paraît avoir de graves conséquences pour la racine, et par là pour la plante, que si le liège de la tubérosité se trouve localisé dans le liber ou au voisinage du bois.

« Même quand il n'y a pas formation de liège comme chez les plantes sensibles il y a cependant altération des tissus néoformés qui sont très fragiles par suite de leur contact direct avec la terre, c'est-à-dire avec une foule de microorganismes saprophytes. Dans ce cas, comme il n'y a pas de barrière subéreuse isolante qui puisse arrêter l'altération, celle-ci gagne les tissus conducteurs jusqu'au centre de la racine ce qui amène la destruction de cette dernière dans la zone de piqûre.

« Comme l'ont dit RAVAZ (1903) et plus récemment SPIRIN (1961), la résistance au Phylloxéra radicicole dans le genre *Vitis* paraît bien dépendre de la rapidité avec laquelle est formée dans la partie corticale de la racine un liège qui isole la partie piquée par l'insecte où en particulier les cellules ont proliféré d'une manière anarchique chez un certain nombre d'espèces. Cette réaction de défense est d'ailleurs perceptible très tôt chez les Vitacées les plus résistantes qui ne forment pourtant pas de tubérosités. En effet nous avons vu lors de l'examen de l'extrémité de radicelles de *Parthenocissus, Ampelopsis* et de *V. rotundifolia*, inoculées par le Phylloxéra, qu'il apparaissait de petites nécroses aux points de piqûre. Ces nécroses étaient toujours entourées d'une zone subéreuse qui se forme très rapidement, très peu de temps après la piqûre.

« *Donc, en conclusion*, il paraît y avoir deux types de causes de résistance au Phylloxéra radicicole qui interviennent chez les Vitacées :

« 1°) Tout d'abord quand le Phylloxéra est apporté sur une racine d'une variété donnée il peut y rencontrer des conditions propres à cette racine qui l'empêchent de s'y fixer dessus pour piquer et se nourrir de façon à assurer son développement normal. C'est là pour employer le terme de PAINTER (1951) un phénomène de *résistance par « antibiosis ».* Il semblerait que cette cause agisse à des degrés divers dans la famille des Vitacées. Elle apparaît très nettement chez les racines et les radicelles de *Leea, Cissus,* et *Tetrastigma.* Elle est très nette également chez les racines de *Parthenocissus et Ampelopsis,* mais un peu moins nette chez leurs radicelles. Dans le genre *Vitis* cette cause de résistance se ressent aussi nettement que chez les deux genres précédents sur les radicelles et les racines de *V. rotundifolia,* un peu moins sur celles de *V. Berlandieri* et de plantes F1, issues de croisements entre *V. vinifera* et *V. Berlandieri.* Cette cause intervient moins nettement encore pour les racines et les radicelles d'espèces comme *V. rupestris* ou *V. riparia.* Enfin cette cause n'intervient pas chez l'espèce très sensible *V. vinifera* et chez beaucoup d'hybrides interspécifiques dans la composition desquels elle entre.

« 2°) Ensuite, lorsque le Phylloxéra apporté sur une racine d'une variété donnée peut se fixer, piquer, se nourrir et pondre, c'est une autre cause de résistance qui intervient pour limiter sur la racine les conséquences néfastes de la piqûre. Il s'agit de la formation dans la tubérosité d'un liège qui circonscrit plus ou moins la mort des tissus radiculaires. Il semblerait que cette cause de résistance se manifeste chez toutes les Vitacées qui peuvent être piquées par l'insecte (*Parthenocissus, Ampelopsis, Vitis*) mais c'est surtout dans le genre *Vitis* qu'elle joue un rôle important du point de vue pratique parce que les lésions phylloxériques y sont plus étendues. Il s'agit là d'une réaction de la plante à la suite de la piqûre, autrement dit d'une *résistance par « tolérance »* pour reprendre le terme utilisé par PAINTER.

« Par conséquent dans les genres taxonomiquement les plus éloignés de la vigne cultivée, la résistance au Phylloxéra radicicole apparaît comme résultant d'un *phénomène de répulsion des racines* à l'égard de l'insecte. Il est plus net chez les genres *Leea, Tetrastigma et Cissus* que chez les genres *Parthenocissus* et *Ampelopsis* qui sont botaniquement plus voisins des vignes cultivées sensibles.

« Dans le genre *Vitis*, le sous-genre des *Muscadiniae* (*V. rotundifolia*) assure la liaison phylogénétique entre les *Ampelopsis* et le sous-genre des *Euvites* (espèces américaines, asiatiques et européenne) où la résistance, si elle est encore due chez certaines à un phénomène de répulsion des racines, dépend surtout de la réaction de ces organes après la piqûre du Phylloxéra. C'est alors un liège qui, suivant le lieu où il se forme dans les tissus radiculaires, permet aux espèces de tolérer plus ou moins bien les piqûres de l'insecte. »

G - Enfin pour terminer, il faut signaler qu'on a regardé comme facteur d'immunité la propriété que présentent diverses espèces ou divers cépages de *favoriser la production des Ailés* et de se libérer ainsi automatiquement des Phylloxéras qui les infestent. Cette hypothèse mentionnée par MARCHAL (1923) a été reprise en Allemagne par STEEVAAG-KITTLER (1954) qui pensait que la formation des nymphes chaque automne avait une importance pour l'autopurification des ceps américains. KLEVER (1959) a également étudié les facteurs stimulant la formation des nymphes.

B - L'AFFAIBLISSEMENT

D'après BRANAS (1974) « Les radicicoles vivent et se nourrissent sur toutes les vignes ; celles qui sont résistantes survivent et prospèrent alors que celles qui sont sensibles dépérissent plus ou moins rapidement selon la gravité de la mutilation du système radiculaire. La résistance est déterminée d'après les dégâts ; c'est une méthode incertaine parce que ceux-ci dépendent à la fois de la résistance propre de la variété et de l'infestation dont ses racines sont le siège. A un extrême, en présence de rares radicicoles, des plantes relativement sensibles peuvent paraître résistantes (sols peu phylloxérants, conditions physiques défavorables à l'insecte, système radiculaire très étendu, etc.) ; à l'autre extrême, des plantes peu sensibles semblent perdre leur résistance lorsque les insectes sont contraints de se nourrir en grand nombre sur un petit nombre de racines.

« La proportion du nombre des radicicoles à la surface de nourriture qui leur est offerte doit rester relativement constante pour que les comparaisons soient valables. Cette proportion s'élève dans les sols superficiels (à sous-sol de craie compacte, ou asphyxiante en profondeur, etc.) comme dans les enceintes étroites (pots, caisses, etc.), où le même nombre des radicicoles établis dans un espace plus restreint correspond à une plus grande pullulation.

« L'affaiblissement provoqué par le Phylloxéra est d'autant plus important que les vignes sont plus sensibles, mais il est difficile de l'apprécier *au vignoble*. Il a fallu très longtemps pour admettre l'insuffisance de la résistance du Clinton, du Taylor, du Jacquez et encore plus longtemps pour celle du 1202, des autres *Vinifera-rupestris* et des Hybrides producteurs directs.

« La résistance est souvent surestimée chez les vignes établies dans les sols peu phylloxérants et chez celles qui sont jeunes ou très vigoureuses lorsqu'elles sont plantées dans des sols riches et frais ou qu'elles reçoivent des fumures efficaces et des irrigations. La densité de l'infestation est diminuée dans le premier cas par les caractéristiques défavorables du milieu et, dans le second, par l'expansion du système radiculaire ; en plus, chez les vignes vigoureuses, la résistance apparente est accrue par la plus grande épaisseur de l'écorce qui met le cambium hors de portée des piqûres. Enfin, chez les jeunes vignes, le système radiculaire mutilé est rapidement restauré par la formation de nouvelles racines assez longues, qui continuent d'explorer le même volume de terre et qui maintiennent la puissance. L'affaiblissement phylloxérique devient sensible dès que les souches vieillissent parce que la croissance des racines en épaisseur et en longueur diminue de plus en plus.

« La mesure de l'affaiblissement par la comparaison de la même variété vivant sur ses racines et greffée sur un sujet résistant, prend la forme d'un rapport non greffé / greffé dont les termes sont l'expression végétative, le poids des sarments, le rendement, la circonférence de la tige, etc... Le rapport est influencé par la vigueur du porte-greffe de référence et par l'âge des vignes car il est fréquent qu'il soit supérieur à 1 pendant la période juvénile de vignes assez sensibles pour ne lui devenir inférieur qu'à l'âge adulte et parfois seulement à 15 ou 20 ans.

RAPPORT DU POIDS DES SARMENTS : CEP NON GREFFE / GREFFE

	5 ans	10 ans	15 ans	20 ans	25 ans
132-11 C	1,10	0,90	0,70	0,60	0,30
71-20 C	0,60	0,35	0,35	0,40	0,30

Les espèces partiellement résistantes (*V. Lincecumii*), des porte-greffes (1202 C, Aramon-rupestris Ganzin 1, 2, 9), des hybrides producteurs directs, se comportent de cette manière. »

C - L'ETAT PHYLLOXERIQUE AU VIGNOBLE

« Il est influencé, selon BRANAS, par l'irrégularité de l'infestation qui peut être très différente selon les endroits ; les résultats ne sont que peu améliorés par la comparaison de variétés voisines comprenant des témoins parce que les insectes délaissent les moins sensibles dont la résistance est surestimée. Ils deviennent évidents, toutefois, lorsque l'expérience est prolongée pendant plusieurs dizaines d'années ; la durée de l'expérience peut être abrégée en apportant en été au pied des souches des masses de feuilles avec galles que l'on enfouit légèrement pour empêcher une dessiccation trop rapide.

« En *pots ou en caisses,* la comparaison peut être conduite rapidement par la méthode RAVAZ (1897) : des plants racinés d'un an, comprenant la variété à éprouver et une variété de résistance connue, sont plantés en emmêlant leurs racines dans une motte de terre argileuse entourée de sable ; les radicelles se développent ainsi surtout dans le sable. L'infestation est réalisée en été en apportant, à plusieurs reprises, des feuilles avec galles légèrement enfouies le long des tiges. La densité de la pullulation évite, dans une certaine mesure, que les radicicoles se fixent préférentiellement sur la variété la plus sensible ; cantonnés dans la terre argileuse, ils sont contraints de vivre sur les racines puisque le sable s'oppose à ce qu'ils se portent vers les extrémités où naissent les radicelles. L'insecte n'en manifeste pas moins ses préférences et se nourrit aux dépens de la variété la moins résistante. Cette disposition présente encore l'avantage d'avoir des racines d'âge comparable (racinés d'un an) pour examiner la gravité de leurs lésions. Le Riparia Gloire servait de témoin. En octobre, soit trois mois après l'infestation l'examen portait sur les racines de 1 et 2 ans. La comparaison portait sur le nombre, les dimensions et la pénétration des tubérosités.

EXPERIENCES DE RAVAZ (1897)

| | Tubérosités sur racines | | Pénétration réelle de la tubérosité en microns |
	de 2 ans	de 1 an	
Riparia gloire	—	+	—
Rupestris ganzin	—	—	—
Rupestris martin	+	+	58
V. monticola	+ +	+	657
101-14 Mgt	+	+	36
Rup-Aestiv. Lezignan	+	+	108
Riparia Candicans M.	+ +	+	80
Cinerea Rup. Munson	+	+	45
Cord Rup. 1 Grasset	+	+	
Al. Bt x Rip. 141A Mgt	+ +	+	36
Cab. x Rup. 33 A2 Mgt	+ +	+	250
Aram. Rup. Ganzin 1	+ +	+	
Aram. Rup. Ganzin 2	+ +	+	132
3103 Couderc	+ +	+	612
1202 Couderc	+ +	+	504
136 EM	+ +	+	

« Chez les vignes résistantes, les tubérosités sont rares, petites, l'altération restant superficielle, isolée par un liège ou par plusieurs, jusqu'à 5 ; chez *V. vinifera*, elles sont larges, proéminentes, nombreuses et profondes sans qu'il puisse se former plus de deux couches de liège toujours incomplètes.

« *L'infestation des plants en pots* ou en *terrines* donne des résultats aléatoires en raison de l'irrégularité de la pullulation et de la préférence pour les radicelles et les nodosités que manifestent en général les radicicoles. L'analyse rapide des descendances par cette méthode n'est pas possible sans réserves.

« *L'infestation de racines en survie* donne des résultats encore plus aléatoires parce que les insectes sont très sensibles aux conditions de milieu qu'il est difficile de rendre comparables.

La *détermination de la résistance* repose donc sur l'observation (la mesure) de l'affaiblissement des souches, dont les résultats doivent être interprétés en tenant compte des conditions de milieu plus ou moins favorables à l'insecte et contrôlés par la méthode RAVAZ, de comparaison en pots. C'est une opération de longue durée. Les méthodes rapides ne sont pas sûres. »

Cette critique, formulée par BRANAS, ne doit pas être retenue, car BOUBALS a précisément étudié la « relation entre le degré de résistance phylloxérique trouvé en serre et le degré de résistance effective en plein champ. Il a étudié pour cela 97 variétés d'Hybrides producteurs directs, de résistance phylloxérique variable. Si un Hybride est résistant au Phylloxéra radicicole il doit y avoir approximativement autant de bois de taille sur les souches non greffées que sur les souches greffées et le rapport R du poids du bois de taille G/N.G. doit se rapprocher de l'unité. On peut considérer que jusqu'à une valeur de R = 1,9 l'action du Phylloxéra, en plein champ peut être tenue pour négligeable.

TABLEAU-RELATION ENTRE LA NOTATION DE LA RESISTANCE PHYLLOXERIQUE EN SERRE ET LA RESISTANCE EFFECTIVE EN PLEIN CHAMP

Notation de la résistance phylloxérique en plein champ Valeur du rapport R	Notation de la résistance phylloxérique en serre			
	0 Résistance pratique	1 Résistance pratique	2 Sensibilité	3 Grande sensibilité
0 à 1,89 (résistance pratique)	2	6	16	6
1,9 à 3,9 (faible sensibilité)		3	11	9
4 à 7,9 (sensibilité)		1	3	7
8 à 14 (grande sensibilité)			5	5
Souches non greffées Mortes ou Mourantes (très grandes sensibilité)			8	15

« On peut constater que 4,1 % des hybrides sont notés résistants en serre (classes 0 et 1) alors qu'ils sont sensibles en plein champ (R supérieur à 1,9) et que 22,6 % des plants sont notés sensibles en serre (classes 2 et 3) alors qu'ils sont résistants en plein champ (R inférieur à 1,9), ce qui ne peut être pris pour un défaut pour une technique (en serre) un peu trop sélective. Finalement on peut dire que cette méthode de détermination rapide de la résistance en serre donne des résultats qui reflètent assez bien le comportement des vignes en plein champ. »

D - ECHELLE DE RESISTANCE

De nombreux auteurs se sont évidemment préoccupés d'établir des échelles de résistance des espèces des variétés ou des hybrides de vignes face aux attaques des Phylloxéras radicicoles. Le travail de base le plus complet est celui de RAVAZ (1895) qui a été revu et complété en 1966 par BOUBALS (espèces, porte-greffes et producteurs directs). Il faut signaler aussi des notations sur Hybrides établies par ALDEBERT (1928), BERNON et NEGRE (1938) et par divers expérimentateurs.

Plus rares sont les observations sur la présence des galles foliaires, ce qui nous avait conduit à noter en 1950 la sensibilité du feuillage au Phylloxéra des cépages de la collection de l'Ecole de Montpellier.

Pour BRANAS (1974) « Distribuées différemment parmi les espèces de Vitis, la résistance des racines et celle du feuillage sont associées diversement. Elles relèvent de mécanismes distincts. Tous les cas possibles ne se rencontrent pas dans la nature, mais ils seraient observés dans les descendances :

Sensibilité aux radicicoles	Sensibilité aux gallicoles		
	o	+	++
+	V. rupestris (part.)	V. Berlandieri (part.)	V. riparia
++	V. Lincecumii	12-375 SV	—
+++	V. vinifera	—	V. amurensis

A — Sensibilité du feuillage

La présence des galles sur le feuillage des vignes est facile à observer durant la végétation, mais il faut tenir compte de deux facteurs essentiels :

I - *La régularité de leur présence.* « On sait depuis longtemps, écrit CORNU (1878) que les galles se montrent très irrégulièrement sur les diverses espèces de cépages américains : on les voit apparaître une année sur les uns et se montrer, l'année suivante, sur les autres. Le cep dont les feuilles étaient chargées de galles en est parfois exempt pendant de longs intervalles. Il paraît que l'insecte ne laisse pas sur la plante où il a vécu des individus chargés d'y perpétuer sa race dans les années futures. RILEY avait déjà signalé l'apparition très irrégulière des galles, PLANCHON l'avait aussi indiqué dans son livre (1875) sur les vignes américaines et LALIMAN l'a souvent observé chez lui. Un pied de Tokalon (*Labrusca-vinifera*) couvert de galles en 1872 en fut exempt en 1873, puis en présenta de nouveau en 1874. De même les *Riparias* qui en présentent habituellement n'en offrent pas chaque année sur tous leurs pieds ».

En effet, tous les pépiniéristes cultivant des vignes américaines pour la production des bois, savent que certaines années — chaudes et sèches — les galles sont beaucoup plus abondantes que les années froides et humides, ces différences tenant évidemment aux facilités de reproduction de l'insecte. Par conséquent pour établir la sensibilité au Phylloxéra gallicole d'un cépage il faut poursuivre les observations durant plusieurs années.

II - *La sensibilité des espèces et variétés.* Les observations des auteurs anciens (VIALA, RAVAZ, FOEX, MILLARDET) sont très fragmentaires car à l'époque on se préoccupait essentiellement de la sensibilité des racines, facteur primordial pour la survie des vignobles.

Personnellement nous avons longuement étudié les cépages présents dans les collections de l'Ecole de Montpellier (GALET, 1951) et depuis nous avons pu compléter par diverses observations sur le terrains, soit en France, soit en Amérique du Nord ou du Sud :

a) *Espèces.* Seules les espèces du genre *Vitis* peuvent porter des galles phylloxériques et jusqu'ici nous n'en avons jamais observé sur aucune espèce de *Parthenocissus, Ampelopsis, Cissus, Cyphostemma, Cayratia, Tetrastigma, Clematicissus, Rhoicissus* poussant à Montpellier, soit en plein air, soit en serre. CORNU avait d'ailleurs noté que sur les feuilles d'*Ampelopsis aconitifolia*, les Phylloxéras refusèrent absolument de se fixer. Mais il n'est peut-être pas impossible d'en obtenir au laboratoire dans certaines conditions.

Chez les espèces américaines, les galles sont très fréquentes chez *V. riparia* et *V. rupestris*, un peu moins chez *V. Berlandieri*.

— Pour *V. riparia*, les 60 variétés cultivées dans les collections de l'Ecole portent des galles suivant une intensité allant de 2 à 2,5 dans notre échelle de notation :

0 - Pas de galles
1 - Quelques galles rares
2 - Feuillage atteint à 25 %
3 - Feuillage atteint à 50 %
4 - Feuillage atteint à 75 %
5 - Ensemble de la végétation atteint (feuilles, rameaux, vrilles).

Aux Etats-Unis, les vignes sauvages de *Riparia* rencontrées le long des routes portent aussi des galles phylloxériques.

— Pour *V. rupestris* il semble qu'il existe des différences entre les variétés :

— Note 0 : Rupestris de Fort-Worth N°s 1 et 3 de Richter, Fructifère, Viala, Centro, Blanc 18, Staminate, Tyran, Alphonse de Serres.

— Note 1 : Rupestris Ganzin, Giraud, Blanc N° 1.

— Note 1,5 : Rupestris métallique, St-Georges étalé, Y de Couderc, à pousses violettes, Fort-Worth N° 1 de Grasset.

— Note 2 : Rupestris Martin, Mission, Blanc N° 2, Fort-Worth N° 3 de Grasset.

— Note 2,5 : Rupestris Géant, Violet, Fort-Worth N° 2 de Grasset.

— Note 5 : Rupestris du Lot.

Il faut remarquer que les variétés de Rupestris dépourvues de galles phylloxériques étaient situées loin des autres, au bout de la planche réservée aux variétés de *Labrusca*.

— Pour *V. Berlandieri* il y a également des différences de sensibilité :

— Note 0 : Berlandieri Las Sorres N° 7, Gourdin, Tibbal N°s 1 et 2, à grappes cylindriques, Léné, Boutin, 27 R Bell, Salomon N°s 2, 3, 4, 5, 7, Ecole, Chiendent, Planchon, Malègue N° 6, Alazard, Rességuier N° 107, from Chalky, Macquin N°s 4, 5, 6.

— Note 0,5 : Berlandieri Thyers et d'Angeac.

— Note 1 : Berlandieri Lafont N° 9, Boutin C, Malègue N°s 4, 6, 43, 112, 120, Rességuier N°s 1, 2, 4, Millardet, Viala, des calcaires, Las Sorres N° 9, Macquin N°s 1, 2, 3, Salomon N°s 6, 7, Tibbal N° 3.

— Note 1,5 : Berlandieri Gaillard, Mazade, Malègue N° 21.

Les 14 autres espèces américaines, représentées par 90 variétés dans les collections de l'Ecole de Montpellier, ne portent aucune galle phylloxérique, à savoir :

V. aestivalis : A. de Spaunhorst, Jaeger, Jaeger N°s 1, 2, 13, 20, 22, 39, 40, Georgia, Virginia, Sauvage. Seul l'Aestivalis sauvage du Missouri portait des galles (note 1,5), mais il me paraît être un hybride de Riparia-aestivalis.

V. Lincecumii var. A et B.

V. bicolor

V. arizonica : Wetmoore, var. A et B (ce dernier note 1).

V. californica var. A.

V. candicans var. mâle et femelle.

V. cinerea var. Davin, Begoniaefolia, canescens, Arnold.

V. cordifolia var. mâle, Davin, Meissner N° 1, A et B Ecole, N° 9 Couderc, Las Sorres. Seul le cordifolia sempervirens de Munson portait 1 galle.

V. coriacea.

V. girdiana.

V. Simpsoni Manatee.

V. rubra var. Michaux, Munson, Jardin Botanique de Bordeaux.

V. monticola var. Munson N°s 1 et 2, Salomon, Valmy N° 1, Large Bell, Big cluster, Monticola de semis Ravaz (3 clones), Monticola de semis (5 clones).

V. Labrusca var. Ive's seddling, Echionie de Vivie, Poklington, Isabelle, Caroline, Dracut Amber, Israella, Rentz, Muscadine, Maxatawney, Telegraph, Muncy, faux White-Fox, Logan, Lady Washington, Cassady, Northern précoce, Seneca, Miles, Martha, Sylvestre Warre, North Carolina, Concord, Hardford prolific, Venango, Perkins, Union Village, Creveling, Rebecca, Elisabeth, Black-Hawk, North America, Cambridge, Early Victor, Well's large black, Harriague.

Depuis, en visitant certaines régions de l'Amérique du Nord et du Sud, nous avons fait quelques observations intéressantes :

V. *caribaea*, au Vénézuela dans la région de Mérida, présente des galles phylloxériques sur une partie de son feuillage, l'invasion étant limitée par la présence d'un Diptère parasite. COLLOT (1878) a observé des galles sur V. *Caribaea* dans les bois de Panama, grimpant en liane sur les arbres.

Aux Etats-Unis, cette année 1980, nous avons vu et recueilli des échantillons, mis en herbier, portant des galles sur les espèces suivantes :

V. *cordifolia* vers Enfield (North Carolina).

V. *cinerea* près de Kinsgtree (North Carolina)

V. *aestivalis* près de Charleston, South Carolina.

V. *Lincecumii* près de Woodburn en Georgie.

V. *rufotomentosa* près de Zolfo Springs, Floride.

V. *Baileyana* près de Raleigh, North Carolina.

PLANCHON (1875) a signalé qu'à Ridgevay (North Carolina) des galles phylloxériques ont été observées sur V. *rotundifolia* qu'on croyait jusqu'ici absolument indemne. Personnellement nous n'en avons pas observé ni sur les variétés cultivées, ni sur les plantes spontanées poussant aux Etats-Unis au cours de notre voyage en 1980.

Par contre, les espèces asiatiques, dans les collections de l'Ecole sont plus ou moins attaquées :

— Note 0 : (sans galles) : V. *Coignetiae, Romanetii, Davidii* (du Museum).

— Note 0,5 : V. *Davidii* (d'Amsterdam).

— Note 1 : V. *flexuosa, armata, Coignetiae* (de Lyon), *Pagnuccii, Piasezkii.*

— Note 1,5 : V. *Embergeri,* V. *amurensis* (de Genève, Lyon).

— Note 2,5 : V. *betulifolia, reticulata.*

En Russie, à la Station de Sotchi, ROMACHENKO a indiqué que dans les parcelles expérimentales, V. *amurensis* était sensible aussi bien à la forme foliaire (gallicole) qu'à la forme radiculaire (radicicole), les dégâts dépassent 90 %.

Enfin, en ce qui concerne V. *vinifera,* le feuillage des cépages cultivés est normalement indemne de galles phylloxériques. Cependant plusieurs auteurs, au début de l'invasion phylloxérique en mentionne : WESTWOOD (1863) dans les serres anglaises et irlandaises, CORNU (1875) sur des feuilles de Folle blanche en Charente et PLANCHON (1869) à Sorgues sur Tinto.

SIGNORET, en 1869 fit développer des galles sur des feuilles de Chasselas, en y déposant des jeunes gallicoles. LALIMAN on obtint aussi sur Malbec en entrelaçant ses rameaux avec ceux d'un V. *cordifolia,* fait vérifié et signalé en 1872 par CORNU et DUCLAUX. BALBIANI, en 1873 déposa des gallicoles sur feuilles de Chasselas pour avoir des galles et LALIMAN également sur Chasselas.

BALBIANI (1874) à Montpellier a réussi à faire vivre, sur les feuilles des cépages européens, des Phylloxéras empruntés aux racines. Ces insectes ne déterminèrent pas de galles et s'étaient fixés à la face inférieure des feuilles.

LALIMAN (1876) observa des galles sur divers cépages : Gamay de Bourgogne, Alicante du Midi, Cabernets du Médoc et plus tard, en 1880 sur la Malvoisie de la Drôme.

BOITEAU (1876), mentionna que les galles étaient très communes sur les vignes sauvages qui vivent dans les haies à portée des vignobles phylloxérés (observation faite en Gironde à Vérac).

MARES (1877), a vu de nombreuses galles à l'Ecole d'Agriculture dans les collections sur le Colombaud bl, dont un rameau pénètre dans le feuillage d'un pied de Clinton, couvert de galles ; on en trouve aussi cette année sur Taylor, puis sur Aramon greffé sur un Clinton.

En fait, les vignes européennes semblent peu convenir au Phylloxéra et les galles sont toujours en petit nombre. SIGNORET, BALBIANI et LALIMAN ont obtenu ces galles toujours à l'aide d'individus tirés des galles de vignes américaines. Personnellement, dans les collections de l'Ecole j'ai vu des galles sur Chasselas et Cabernet-Sauvignon, cépages dont les rameaux étaient à proximité de ceux de vignes américaines dont le feuillage portait de nombreuses galles. Quelques gallicoles plus curieux ou hasardeux venaient s'alimenter sur le feuillage des Viniferas voisins. J'ai déjà signalé mes observations faites au Brésil en 1980 sur Merlot noir, Sémillon et Cabernet Sauvignon.

A la Station de Sotchi (URSS), ROMACHENKO a noté durant plusieurs années les cépages européens qui portaient des galles phylloxériques, à des degrés divers :

— Fortement atteints : Chasselas blanc, Tcharas.

— Moyennement atteints : Tchaouch, Cabernet, Verdot gris, Kichmich noir, Albourla, Olivette noire.

— Peu atteints : Saperavi, Nimrang, Katta-Kourgan, Tsoli-Kaouri, Mshilmartsvala, Saperavi, Djani, Simonasséouli, Douseline, Muscat de Kolab, Muscat d'Alexandrie, Morrastel, Chiola blanc, Listan tardif, Sercial, Kipritsky, Guimra, Hatmi, Culabi, Agadai, Aligoté.

— Très peu atteints : Odjalechi, Portala, Tshenis dzoudzou, Chabia Kourdzeni, Melanas vasi, Telkenani tetri, Bejanouri, Dzagki artchama, Sémillon, Jguia, Mourvèdre, Kichmich blanc, Houssainé, Kzil Tayfi, Tchilaki rouge, Sanahourail, Sarref.

« Ces observations montrent que, si les conditions sont favorables au développement de l'insecte, les cépages européens peuvent souffrir presqu'autant que les vignes américaines. En outre il faut noter que le processus de la formation des galles sur les jeunes feuilles dépend de la présence dans le vignoble de cépages sensibles qui servent de centre de dispersion et aussi du degré de contamination du secteur.

« Lors de la dispersion des Phylloxéras venant des souches fortement atteintes sur les cépages européens, il se produit, dès le début une formation lente, mais normale de galles. A l'infection primaire des feuilles il se forme surtout des galles stériles et seulement une ou deux galles normales par souche. Les générations suivantes forment un nombre toujours croissant de galles normales et pour certains cépages : Chasselas blanc, Tcharas, Tchaouch, Cabernet, etc..., le degré de contamination peut atteindre les notes 3 (une centaine de galles par souche) ou 4 (jusqu'à mille galles par souche). On constate également la formation par la Fondatrice de galles primaires sur les feuilles de quelques cépages européens dans les plantations mélangées (avec des vignes américaines). »

En conclusion, le Phylloxéra peut vivre sur les feuilles de *V. vinifera*, mais à titre exceptionnel. Pour les besoins des connaissances du matériel génétique, il pourrait être intéressant de pratiquer des infections artificielles sur les cépages cultivés. De plus dans les régions tropicales, où la croissance de la vigne est continue, le Phylloxéra peut se maintenir toute l'année sur la végétation herbacée sans avoir recours au cycle souterrain. Une échelle de sensibilité du feuillage des vignes européennes pourrait offrir un certain intérêt.

b) *Les porte-greffes* vont présenter une sensibilité de leur feuillage qui sera en relation avec leur composition génétique. Nos premières observations ont été publiées en 1951, mais nous les avons complété par des observations plus récentes sur les nouvelles variétés introduites à l'Ecole, depuis 1955 :

Le croisement entre elles des 3 espèces américaines les plus sensibles au Phylloxéra gallicole donne évidemment des plantes sensibles pour la plupart, mais avec des intensités différentes :

Riparia x Rupestris

— Note 1 : Gigantesque, 3307 C.
— Note 1,5 : 11 F Dufour, Arbousset, Gaillard.
— Note 2 : Molines, 3 Blanc, Brémont, Vauchrétien, 108-18 Mgt.
— Note 2,5 : 3306 C., 101-14 Mgt.
— Notes 4 à 5 : 3309 C, 3310 C, 101-1 Mgt, 101-10 Mgt, 101-16 Mgt, Schwarzmann, HG 3, San Michele A, 16-107, 16-108 et 16-109 Prosperi, Massanes.

Berlandieri x Rupestris

— Note 0 : 20.035 Castel.
— Notre 0,5 : 15-99 Prosperi.
— Note 1 : 219 A Mgt, 301 Mgt.
— Note 1,5 : 57 Richter.
— Note 2 : 20.029 et 20.031 Castel, V 15, 8 Richter, 301-4-153 Mgt, 301-37-152 Mgt, 7821 Castel, 1447 et 1742 Paulsen.
— Note 2,5 : 110 Richter, Super 99, 17-37 Mgt, 301-14-152 Mgt, 261-50 C., 770 Paulsen.
— Note 3 : 771, 775, 779, 781, 782, 1103 et 1381 Paulsen.
— Note 4 : 99 Richter, Trabut, 444 Grimaldi, 10 A Teleki, 131 Ruggeri, 725 et 764 Paulsen, Galibert 404.
— Note 5 : 140 Ruggeri, Galibert 408, 414, 417.

Berlandieri x Riparia

— Note 0 : 420 C, 43-3 Laquenexy.
— Note 1 : 420 B, Phénix, 12-57 Mgt.
— Note 1,5 : 420 A, 7605 Cl, Teleki 5 BB, 5 C Sarrians, Rousset, 322 Ruggeri, Teleki 8 B, 5 C Chabrol, 188 Ruggeri.
— Note 2 : 33 E.M., 5 C Chissay.
— Note 2,5 : 157-11 C, 157-21 C, 161-49 C, 34 E.M., 7501 Cl, 59 B, 8 B femelle, Riparia Berlandieri Franck, Ruggeri 33, 205, 225, 240 et 300.
— Note 3 : 8 B Ferrari, SO 4, 5 C Richter, 5 C Clavel, Ruggeri 322 et 325.
— Note 3,5 : 503 Barr, 5 C Saumur.
— Note 4,5 : 125 AA.

Berlandieri x Riparia-Rupestris

— Note 1,5 : 5-32 Prosperi.
— Note 2 : 48-14 et 48-18 Malègue, Daignière.
— Note 2,5 : 48-1, 48-3 et 48-20 Malègue, 11-72 Prosperi.
— Note 3 : 11-71 Prosperi.
— Note 3,5 : 1119 Paulsen, 311 Galibert.
— Note 4 : 1120 Paulsen, Galibert 305, 309 et 312.

Le croisement des 3 espèces américaines les plus sensibles avec les espèces généralement dépourvues de galles phylloxériques va donner des hybrides soit indemnes, soit peu attaqués :

Vinifera x Riparia

— Note 0 : Oberlin 604, 605 et 702 A.
— Note 1 : 143 Mgt, 142 E.M.

— Note 1,5 : 62 Geisenheim.
— Note 2 : Oberlin 595, 44 Laquenexy, Geisenheim 26, 43, 56, 200, 208.
— Note 2,5 : Geisenheim 97, 151, 210.
— Note 3 :Baco 1, Saint-Sauveur d'Alsace.

Monticola x Riparia
— Note 1,5 : Ravaz 1, Colorado, B, C et Cognac, Colorado Jardin
Malègue, 188-04 Cl.
— Note 2 : 2 Ravaz, 6831 Cl.
— Note 2,5 : 188-08 et 188-15 Cl.

Aestivalis x Riparia
— Note 0 : 199-16 Mgt, Aestivalis fructifère.
— Note 1 : Hybride Azémar.

Cordifolia x Riparia
— Note 1,5 : 125-1 et 125-4 Mgt.
— Note 4 : 16 et 89 Geisenheim.
— Note 5 : 125-2 Mgt.

Candicans x Riparia
— Note 0 : Riparia-candicans Jaeger.

Vinifera x Rupestris
— Note 0 : 102 E.M., Couderc 601, 1305, 3601, 501, 84-61, 603, 7502, 5407, 102-5 ter, Alicante Ganzin, Clairette dorée Ganzin, Alicante Terras N° 20, 113 Malègue.
— Note 0,5 : 1202 C.
— Note 1 : Aramon Rupestris Ganzin N° 2, 93-5 C, 4101 C.
— Note 1,5 : Hybride Lacoste, 901 C.
— Note 2 : Aramon Rupestris Ganzin N° 1 et 9, 404 C, 201 C, 3905 C, 3103 C, 136 E.M., Rupestris Rubichon.
— Note 2,5 : 33 Mgt, 503 C, Burger x Lot.

Candicans x Rupestris
— Note 1,5 : Champin.

Cordifolia x Rupestris
— Note 1,5 : 107-11 Mgt, Cordifolia-Rupestris Jardin Malègue.
— Note 4 : Cordifolia-Rupestris N° 1 de Grasset.

Cinerea x Rupestris
Note 0 : Cinerea-Rupestris de Grasset, Rupestris-Cinerea de Munson.

Aestivalis x Rupestris
— Note 1 : Rupestris Taylor.

Monticola x Rupestris
— Note 1 : Pukwana.
— Note 2 : 548-I C.

Vinifera x Berlandieri
— Note 0 : Berl. Colombard N° 3.
— Note 0,5 : 41 B, 29 A Mgt, 57 Malègue, 904 Vidal.
— Note 1 : 333 E.M., 55 Ruggeri.
— Note 1,5 : 19-20, 19-52, 374, 422 B Mgt.
— Note 2 : Berl. Colombard Nos 1 et 2, 107 Vidal, 14-50, 18-49, 18-50 et 422 A Mgt.
— Note 2,5 : 216-2 C, Hybride Verneuil, 19-62 Mgt.

Berlandieri x Candicans
— Note 1 : Barnès.
— Note 1,5 : Bowery.
— Note 2 : Vermorel.
— Note 2,5 : Bouisset, de Grasset.

Riparia-Rupestris-Vinifera
— Note 0 : Bon Noir.
— Note 1 : Précoce de Colmar, Triomphe d'Alsace.
— Note 1,5 : 196-17 Cl.
— Note 2 : 4010 Cl, Victoire.
— Note 2,5 : Etoile 1, Néron.
— Note 3 : Maréchal Joffre, Maréchal Foch, Lucie Kuhlmann, Léon Millot, Etoile 2, Poilu, Fin Noir.
— Note 3,5 : Pinard.
— Note 4 : Millardet, Golia.

Vinifera-Rupestris-Berlandieri
— Note 0 : 150-9 Malègue.
— Note 1,5 : 150-13 M, 20.410 Cl.
— Note 2 : 2427 Grimaldi.
— Note 2,5 : 150-15 M., 23 Hochberg.
— Note 3 : 1321 et 1323 Paulsen.
— Note 4 : 1043 et 1045 Paulsen.

Riparia-rupestris-candicans (et assimilés)
— Note 0 : Solonis type, Doaniana, 215 Cl.
— Note 0,5 : 1613 C (Solonis x Othello).
— Note 1 : Solonis Laliman, 1616 C.
— Note 1,5 : Solonis lobé, Novo-Mexicana, 227-1 Cl.
— Note 2 : 1615 C, Dog Ridge, Mobeetie N° 1.
— Note 2,5 : Solonis, 45 EM. (Solonis-Berlandieri), 59 G (Solonis x York Madeira).
— Note 3 : Hutchison.
— Note 3,5 : Salt creek.
— Note 4 : 216-3 Cl, G 1, Hybride Limeray, 202-4 Mgt.
— Note 5 : 31 Richter, Mobeetie N° 2.

Riparia-rupestris-cordifolia
— Note 1,5 : 4449 Malègue.
— Note 2,5 : 4453 Malègue.
— Note 5 : 4446 Malègue.

Vinifera-cordifolia-rupestris
— Note 2,5 : 62-66 C.
— Note 1,5 : 4 A Mgt.

Vinifera-Cordifolia
— Note 1,5 : 98-76 C.

De ces observations sur le terrain il ressort qu'il semble bien y avoir une relation entre la sensibilité du feuillage au Phylloxéra gallicole et la résistance des racines au Phylloxéra radicicole. J'avais indiqué, en 1951, que l'observation des galles phylloxériques sur la végétation herbacée permettait d'avoir une idée sur la résistance des racines à la forme radicicole. En effet les porte-greffes : *Riparia-rupestris, Berlandieri-riparia,*

Berlandieri-rupestris, qui ont leur feuillage régulièrement attaqué par les gallicoles, sont aussi ceux qui sont les plus résistants à la forme radicicole. Cela tient, sans doute, comme nous l'avons écrit, à propos de la biologie des hibernants, au départ massif des nymphes signalé par MAILLET sur les vignes ' américaines. Cette production d'un grand nombre d'ailés a pour conséquence de libérer les racines des cépages résistants, des Phylloxéras qui les infestent et elle aboutit aussi à la formation d'un plus grand nombre d'œufs d'hiver assurant, au printemps suivant, une plus forte contamination du feuillage.

D'autre part, les racines s'appauvrissent relativement en radicicoles, ce qui contribue à augmenter la résistance des racines, qui sont moins attaquées par une population phylloxérique moins dense.

c) *Les Hybrides producteurs directs* ont des sensibilités très diverses de leur feuillage au Phylloxéra gallicole mais dans la plupart des cas il n'est pas possible de faire un classement génétique comme pour les porte-greffes, parce que ce sont presque tous des hybrides complexes et parfois l'origine génétique est inconnue ou elle est sujette à caution. Donc en dehors de quelques descendants américains, les hybrides français seront classés par le nom des hybrideurs :

Labrusca x Riparia

— Note 0 : Etta, Blue Dyer, Michigan, Taylor, Plant des Carmes, Noah, Huntingdon, Green's N° 1, Pearl, Taylor improved ; Clinton noir et rose, Bacchus, Black Pearl, Faith, Tokalon, Green's N°s 3 et 4, Elvicand, Taylor Narbonne.
— Note 0,5 : King.
— Note 1 : Amber, Oporto, Elvira, Marion, Green's N° 4.

Au moment de l'invasion phylloxérique plusieurs auteurs ont mentionné d'importantes attaques du feuillage. C'est ainsi que CORNU (1878) signale qu'il a vu chez LALIMAN des galles sur un rameau de Clinton, non seulement sur les feuilles, mais aussi sur les pétioles, les vrilles et les entre-nœuds. HENNEGUY mentionne avoir trouvé, en 1883, quelques galles sur Clinton et Taylor et l'année précédente une forte invasion sur des pieds de Vialla avec des feuilles, des vrilles et des pousses déformées.

Labrusca x Riparia

— Note 0 : Etta, Blue dyer, Michigan, Taylor, Plant des Carmes, Noah, Huntingdon, greens N° 1, Pearl, Taylor improved, Clinton noir et rose, Bacchus, Black Pearl, Faith, Tokalon, greens N°s 3, 4, Elvicand, Taylor Narbonne.
— Note 0,5 : King.
— Note 1 : Amber, Oporto, Elvira, Marion, Green N° 4.

Labrusca x Aestivalis

— Note 0 : York Madeira, Diana, Gold Goin, Catawba, Jona, Bailey.

Labrusca x Lincecumii

— Note 0 : Beacon, Dr Collier.

Labrusca x Aestivalis x Lincecumii

— Note 0 : Hopkins.

Labrusca x Aestivalis x Cinerea :

— Note 0 : Belvin, Cynthiana.

Labrusca x Vinifera :

— Note 0 : Hybrides Rogers N°s 1, 2, 3, 4, 7, 9, 15, 19, 30 (note 0,5), 32, 33, 40, 44, Black Eagle, Irwing, Black defiance, Salem, Senasqua, Triumph, Early dawn.

Vinifera x Aestivalis x Cinerea

— Note 0 : Jacquez, Jacquez d'Aurelles, Jacquez à longues grappes, Jacquez à gros grain, Lenoir à gros grain, Bottsi, Herbemont, Oriole, Cunningham, Lenoir, Rulander, Baxter, Robesom'seedling, Pauline, Perry, Neva Munson, Herbemont, Vinita, Black July, Blue Favorite, Louisiana, Alvey, Telegraph, Purple favorite.

Vinifera x Labrusca x Aestivalis

— Note 0 : Delaware blanc, Croton, Excelsior (Rickett), Bailey, Humboldt, R.W. Munson, Delaware noir, Ithaca, Brigthon, W.B. Munson, Schiller.

Vinifera - Labrusca - riparia

— Note 0 : Othello, Autuchon, Brandt, Secretary, Jane Wylie, Mary Wylie.

— Note 1,5 : Peter Wylie, Wylie N° 5.

Baco

— Note 2 : 22 A = Baco blanc.

— Note 2,5 : 37-16 = Douriou.

— Note 3 : 1 ou Baco noir, 2-16 = Tôtmur.

Bertille-Seyve

— Note 0 : 3310, 3408, 3411, 4825, 5563, 6283, 6264, 872, 2667, 413, 453, 460, 893, 2049, 450, 1353.

— Note 1,5 : 2400.

— Note 2 : 2862.

— Note 2,5 : 2846.

Burdin

— Note 0 : 4077, 4503, 4650, 4655, 4672, 4687, 4716, 5440, 5540, 5960, 5963, 6055, 6154.

— Note 1 : 1585.

— Note 2 : 5201.

— Note 2,5 : 6541.

Chambeaudière

— Note 0 : 540, 1337.

— Note 1 : 442.

— Note 2 : 426, 1375, 1391.

— Note 2,5 : 1336, 1349.

Couderc

— Note 0 : 1, 12, 13, 14, 18, 20, 21, 22, 24, 25, 162-46, 162-97, 252-14, 633 H.

— Note 1 : 3, 10, 7120 ou Couderc noir.

— Note 1,5 : 5, 15, 16, 17.

— Note 2,5 : 2, 4, 9, 19, 299-35.

Galibert-Coulondre

— Note 0 : 239-36, 255-10, 256-28, 261-11, 261-12, 261-13, 114-12, 115-22, 133-6, 153-11, 155-9, 155-11, 201-5, 221-31, 238-35, 239-34.

Kuhlmann

— Note 0 : Bon noir = 278-2 K.

— Note 1 : Précoce de Colmar = 277-2 K, Triomphe d'Alsace = 319-3 K.

— Note 2 : Mlle Messimy = 195-3 K, Victoire = 272-1 K, Claire K = 477-1 K.

— Note 2,5 : Etoile 1 = 237-1 K, Néron = 296-1 K.

— Note 3 : St-Sauveur = 65-1, 149-3 = Lucie K, 187-1 K = Maréchal Joffre, 188-2 K = Maréchal Foch, 194-2 K = Léon Millot, Etoile 2 = 237-2 K, Wilson = 252-1 K, Poilu = 252-3 K, Fin noir = 275-2 K.
— Note 3,5 ; 191-1 K = Pinard.
— Note 4 : Millardet = 193-2 K.

Joannes-Seyve
— Note 0 : 9.149, 11.369, 12.426, 12.448, 13.733, 13.756, 16-150, 23-284, 23.416, 24.397, 24.398, 24.610, 24.651, 25.444, 26.205 ou chambourcin, 26.482, 26.487, 26.490, 26.649, 26.654, 26.924.
— Note 1 : 12.428, 15.875, 24.614.
— Note 1,5 : 14.928, 14.982, 25.874, 26.674.

Meynieu
— Note 0 : 1.
— Note 1 : 6.
— Note 2,5 : 3.

Oberlin
— Note 0 : 604, 605, 702 A.
— Note 1 : 782.
— Note 2 : 595 ou Oberlin noir.

Perbos
— Note 0 : 48, 81, 137.
— Note 2 : 82.

Ravat
— Note 0 : 6 ou Ravat blanc, 13, 15, 16, 262.
— Note 1 : 34, 51 ou Vignoles, 253, 327.
— Note 1,5 : 8.

Seibel
— Note 0 : 2.653, 4.646, 4.877, 4.955, 4.991, 5.001, 5.437, 5.450, 5.455 ou Plantet, 5.575, 5.689, 5.717, 5.813, 6.086, 6.288, 7.347, 8.357 ou Colobel, 8.402, 8.602, 8.616, 8.718, 8.724, 9.549 ou de Chaunac, 10.027, 10.793, 11.803 ou Rubilande, 13.047, 13.394, 13.669, 14.655, 14.660.
— Note 1 : 2.003, 4.111, 4.681, 5.163, 5.912, 5.915, 6.093, 6.905, 7.001, 7.157, 7.319, 7.324, 7.574, 7.603, 8.120, 8.820, 8.974, 9.110 ou Verdelet, 10.033, 10.096, 10.123, 11.929, 13.682, 13.693, 13.694, 13.846, 14.114, 14.514, 14.572, 14.956 ou Bellandais, 14.638, 14.664, 14.665, 15.027, 15.051, 15.245.
— Note 1,5 : 2.007, 3.021, 5.351, 5.474, 5.778, 5.860, 6.170, 6.623, 7.044, 7.053 ou Chancellor, 7.122, 7.606, 7.871, 7.984, 8.217, 8.337, 8.380, 10.809, 10.878 ou Chelois, 11.027, 14.189, 14.483, 14.526, 14.639, 14.676, 14.937, 14.994, 14.995.
— Note 2 : 880, 1.000 ou Rosette, 4.643, 4.995, 5.593, 5.897, 6.092, 6.906, 6.980, 7.311, 7.882, 7.892, 8.745 ou Seinoir, 8.906, 8.916, 9.045, 11.257, 11.701, 11.705, 12.242, 12.393, 14.404, 14.654, 15.024, 15.062.
— Note 2,5 : 128, 4.629, 4.986 ou Rayon d'or 5.409, 5.898 ou Rougeon, 6.746, 7.144, 8.704, 8.748, 8.764, 9.249, 11.342, 11.486.
— Note 3 : 5.279 ou Aurore, 6.045, 6.339, 7.162, 8.786, 11.259, 11.697.
— Note 3,5 : 1, 6.468, 8.243, 11.437.

Seyve-Villard
— Note 0 : 10.319, 10.347, 11.318, 12.132, 12.267, 12.286, 12.303, 12.308, 12.309 ou Roucaneuf, 12.327, 12.328, 12.331, 12.347, 12.358, 12.364, 12.375 ou Villard blanc, 12.390, 12.391, 12.395, 12.397, 12.401, 12.413, 12.417, 12.426, 12.622, 12.734, 12.789, 13.359, 15.151, 15.174, 15.403, 15.505, 16.207, 18.283 ou Garonnet, 18.307, 18.315 ou Villard noir, 18.402, 19.159, 19.228, 19.410, 19.439,

20.347, 20.365, 20.366, 20.473, 23-18, 23.369, 23.410 ou Valerien, 23.512, 23.657 ou Varousset, 23.898, 30-56, 34-211.

— Note 1 : 3-160, 7-111, 7-135, 10-271, 10-300, 12-129, 12-259, 18-118, 19-233 (0,5).

— Note 1,5 : 1-72, 23-353, 23-501.

— Note 2 : 5-247, 5-276 ou Seyval, 12-481, 19-421, 23-510.

— Note 2,5 : 14.270, 14.281, 29.399.

— Note 3 : 14.287.

Divers

— Note 0 : 157 Gaillard, 254 Vidal, 36 Perraton, 2 Beyer, 196-37 Cl.

— Note 1 : 2 Gaillard, 9 Emon, 34 Perraton.

— Note 1,5 : 256 Vidal, 580 Jurie.

— Note 2 : 5-10 Péage, 3 Rudelin.

— Note 3 : Humbert 3.

Pour les hybrides on peut remarquer que la plupart des obtentions modernes (Burdin, Galibert-Coulondre, Joannes Seyve, Seyve Villard) portent peu ou pas de galles phylloxériques à Montpellier, ce qui laisse supposer une faible résistance radicicole alors que chez les hybrides anciens (Baco, Couderc, Seibel, Oberlin, Kuhlmann, Bertille Seyve) on trouve des variétés fortement attaquées par les Gallicoles.

B - Sensibilité des racines

LALIMAN (1869) est le premier auteur à avoir signalé la résistance de certaines variétés américaines au Phylloxéra présentes dans sa collection de Bordeaux. D'autres détails étaient fournis dans sa publication de 1871. Pour lui, les cépages dérivant de *V. aestivalis* comme le Clinton, le Jacquez, le Lenoir, échappaient à l'invasion du Phylloxéra alors que les variétés dérivées de *V. Labrusca* (Isabelle, Catawba) succombaient. En réalité le Clinton est un *Riparia x Labrusca*, assez sensible.

MILLARDET, à partir de 1874, s'intéressa à son tour à la résistance des vignes américaines et asiatiques. Dans son ouvrage, paru en 1885, il résumait ainsi ses observations :

« La propriété de résistance au Phylloxéra est strictement héréditaire.

« Elle est à son maximum, qui peut aller jusqu'à l'immunité phylloxérique, dans les espèces suivantes : *V. rotundifolia, rubra, cordifolia, rupestris, riparia, cinerea, aestivalis (monticola ?)*

« Elle est plus ou moins faible chez les *V. candicans, Lincecumii, Labrusca, californica.*

« Elle est nulle dans les *V. vinifera et amurensis*, ainsi que chez toutes les espèces asiatiques que j'ai observées jusqu'ici : *V. Davidii, Romanetii, ficifolia (flexuosa* du Jardin botanique de Bordeaux).

« L'hybridation entre espèces résistantes produit des hybrides résistants ; celle entre espèces non résistantes des hybrides non résistants.

« La résistance des hybrides produits par le croisement d'espèces résistantes avec des espèces non résistantes est diminuée relativement aux première (résistantes), augmentée relativement aux secondes (non résistantes). »

Quelques années plus tard, en 1895, RAVAZ publia le résultat de ses observations dans les champs d'essais de la région de Cognac :

« Les vignes américaines pures ou hybridées n'offrent pas toutes, tant s'en faut, la même résistance aux attaques du Phylloxéra. Les unes meurent presque aussitôt que la vigne européenne. D'autres ont une résistance que l'on peut appeler moyenne, c'est-à-dire qu'elles ne succombent que quand rien ne s'oppose à la multiplication rapide de l'insecte. D'autres ont jusqu'ici résisté partout. Toutes sont attaquées et les espèces résistantes souvent autant que les non-résistantes. Mais elles ne le sont pas de la même façon. Les espèces résistantes ne portent le plus souvent des lésions que sur les radicelles ; les autres en ont à la fois sur les radicelles et sur les racines ou sur les racines seulement et l'on sait que ces dernières sont les plus graves.

« La classification suivante, de 0 à 20, ne s'éloigne pas beaucoup de celles qui l'ont précédée, mais elle me paraît exprimer assez exactement les différences de résistance phylloxérique que j'ai pu observer jusqu'à ce jour :

— Note 20 : Immunité Absolue ?

— Note 19 : Ce sont les vignes de la section *Muscadinia* (*V. rotundifolia, V. munsoniana*). Il n'est pas certain qu'elles soient complètement indemnes ; en tout cas elle ne souffrent en aucune façon du Phylloxéra.

— Note 18 : *V. riparia, V. rupestris, V. cordifolia, Riparia-rupestris, Cordifolia-riparia, Cordifolia-rupestris.*

Il n'existe entre les variétés de *Riparia* aucune différence de résistance phylloxérique et les variétés faibles ne sont pas plus attaquées que les « bons Riparias ». Les lésions phylloxériques que porte le *Riparia* sont presque exclusivement sur les radicelles. Elles sont souvent très nombreuses, j'ai compté jusqu'à 80 nodosités sur 100 radicelles. En général, elles sont petites et allongées, ce qui prouve qu'elles se sont formées lentement. Elles restent limitées à l'écorce et en se décomposant elles ne gagnent pas le corps de la radicelle, par suite de la formation de la couche de liège qui, sur les racines saines comme sur celles qui sont piquées, fait normalement tomber l'écorce. Les Riparias ont parfois des tubérosités, mais il m'a paru qu'elles étaient plutôt petites, peu pénétrantes, généralement limitées à la couche superficielle de l'écorce. Et je ne connais pas de *Riparias* qui soient morts du Phylloxéra.

« Ce qui précède s'applique aussi aux variétés de *Rupestris*. Toutes celles que j'ai étudiées se sont comportées de la même manière. Il semble cependant que leurs radicelles sont un peu moins recherchées par le Phylloxéra que celle des *Riparias,* mais la différence n'est pas grande.

« Les hybrides des 3 espèces (*Riparia, Rupestris, Cordifolia*) sont évidemment très résistants, ni plus ni moins attaqués.

— Note 17 : *V. Berlandieri, V. monticola, Riparia-Berlandieri, Ripariamonticola, Rupestris-Berlandieri.*

Les *Riparia-Berlandieri* et les *Rupestris-Berlandieri* étudiés portent tous, sauf l'un d'entre eux, qui est un hybride naturel, un peu moins de nodosités que le Riparia. Je n'ai pu jusqu'ici trouver des tubérosités sur les racines.

Les *Berlandieri* portent moins de nodosités que les Riparias ; par contre les racines m'ont paru présenter quelquefois des tubérosités un peu plus fortes et plus nombreuses. C'est pourquoi je classe leurs hybrides un peu au-dessous des *Riparias* et des *Rupestris.*

Je suis moins fixé sur *V. monticola,* les résultats ne sont pas assez nets pour se prononcer avec précision. Ses hybrides avec la vigne européenne sont très sensibles au Phylloxéra. Je marque donc d'un point de doute la résistance de cette vigne. Le Riparia du Colorado (Riparia-monticola) ne m'a donné jusqu'ici que quelques nodosités de plus que le Riparia Grand glabre.

— Note 16 : *Rupestris du Lot, Rupestris* de Lézignan, *Cinerea-rupestris,* Champin (*Rupestris-candicans*), *Riparia-aestivalis.*

Le Rupestris du Lot n'est pas une variété pure de *Rupestris*. Il n'a pas non plus la résistance phylloxérique de cette espèce.

Il porte parfois de nombreuses nodosités assez volumineuses mais les tubérosités ne sont ni très nombreuses, ni proéminentes et somme toute cette variété a une bonne résistance, qui est encore augmentée par sa grande vigueur.

« Le Rupestris de Lézignan (*rupestris-aestivalis*) se trouve si chargé de Phylloxéras et de nodosités que je doutai de sa résistance. Mais je n'ai pu trouver de tubérosités sur ses racines, sans doute parce que les tissus de l'écorce ne réagissent pas sous l'action de la piqûre.

— Note 15 : *V. cinerea, V. aestivalis, V. candicans.* Sur toutes ces vignes les tubérosités sont assez fréquentes : elles succombent quelquefois aux attaques du Phylloxéra ou sont très affaiblies.

— Note 14 : *Vialla, Solonis, Novo-Mexicana, Noah*

Le Vialla est assez fréquemment chargé de tubérosités dans les sols secs ou favorables à l'insecte. Il ne se maintient, sans défaillances que dans les sols sablonneux et dans le Beaujolais, malgré quelques défaillances signalées par Perraud. Le Noah a sensiblement la même résistance que le Vialla. Le Solonis et le Novo-Mexicana sont très attaqués par le Phylloxéra, les radicelles se couvrent de nodosités et les tubérosités sont assez fortes et assez nombreuses pour amener le dépérissement de la plante. Ces variétés succombent donc dans les terrains secs, mais se maintiennent mieux dans les terrains frais ou sablonneux. Leur durée est aléatoire.

— Note 13 : *Taylor, Michigan.* Ces variétés sont encore plus atteintes que les précédentes et ne servent plus comme porte-greffes.

— Note 12 : *Herbemont, Jacquez, Clinton.* Ces vignes meurent quelquefois à la troisième année et ne se maintiennent guère que quand elles sont attaquées après plusieurs années de plantation, quand elles ont déjà un puissant système radiculaire. Les nodosités et les tubérosités sont nombreuses.

— Note 11 : *York Madeira, Cynthiana.* Le York Madeira fut longtemps considéré comme la vigne la plus résistante parce que ses radicelles sont peu recherchées par le Phylloxéra, mais les racines portent des tubérosités.

— Note 10 : *Elvira.*

Au-dessous : Othello, Autuchon, Cornnevrin, Concord, *V. Labrusca, Senasqua, Black Defiance, Croton, Duchess,* etc... toutes variétés insuffisamment résistantes au Phylloxéra.

« En résumé : les notes 16 à 20 correspondent à une résistance suffisante pour tous les terrains ; les notes 14 et 15 expriment une résistance qui n'est suffisante que dans les terrains sablonneux et humides, où le Phylloxéra fait peu de mal. Les vignes notées 13 et au-dessous doivent être totalement éliminées de nos vignobles. »

Cette classification de Ravaz a servi de base pour toutes les études phylloxériques et à des détails près elle demeure toujours valable.

Millardet (1898) indique que le Phylloxéra ne se fixe pas sur les racines de *V. rotundifolia* et qu'il n'y a donc ni nodosités, ni tubérosités. Les *Cissus* et les *Ampelopsis* passent jusqu'ici pour participer à cette même immunité.

Des précisions ont été apportées par Boubals (1966) qui a étudié la résistance au Phylloxéra de variétés de vignes, cultivées en serre. Cette longue étude a le mérite d'avoir examiné toutes les variétés américaines ou asiatiques, ainsi que leurs hybrides actuellement cultivées

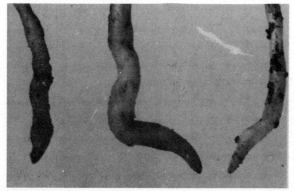

Fig. 247. – Piqûres phylloxériques sur les extrémités de racines en voie de croissance chez *A. aconitifolia*, classe 0 (BOUBALS).

dans les collections de l'Ecole. Des espèces appartenant à d'autres genres de la famille des Vitacées ont été également examinées.

« Les plants racinés ou les plants de semis ont été plantés dans des pots contenant de la terre de bruyère et les pots ont été contaminés au début juillet par des apports de 4 ou 5 feuilles porteuses de galles, ces apports étant renouvelés tous les 15 jours, soit 4 fois de juillet à septembre. Grâce à cette méthode et avec quatre contaminations on assure une parfaite infestation de plants de semis ou de boutures racinées. Par ce moyen, en apportant des feuilles qui ont une dizaine de galles, renfermant chacune 200 œufs ou Phylloxéras, à raison de cinq feuilles par pot et cela pendant 4 fois, on doit amener près des racines 40.000 œufs ou Phylloxéras (10 x 200 x 5 x 4) dont on peut supposer, d'après les travaux de MAILLET, que sur l'ensemble des infestations, au moins la moitié d'entre eux donneront ou seront des Phylloxéras *néo-gallicoles-*

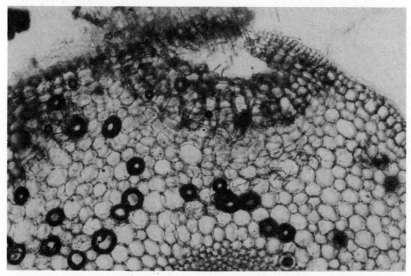

Fig. 248. – Coupe transversale dans l'extrémité d'une jeune racine d'*A. aconitifolia*, classe 0 (BOUBALS).

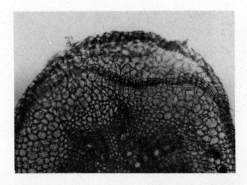

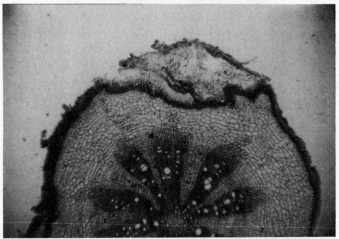

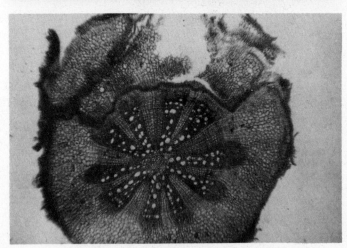

Fig. 249. – Coupes transversales de tubérosités phylloxériques(BOUBALS)
classe 1, classe 2, classe 3.

radicicoles, c'est-à-dire susceptibles de piquer les racines. Cela constitue une infestation considérable, impossible à obtenir dans la nature aussi facilement et aussi rapidement.

« Le tri des plants est uniquement basé sur le nombre, l'importance et les conséquences des tubérosités, en utilisant l'échelle suivante :

— *Immunité* (classe i) : On ne voit aucune trace de piqûre phylloxérique sur les racines à aucun moment après le début de l'infestation. Les Phylloxéras ne se fixent pratiquement jamais sur ces racines, tant sur les troncs radiculaires que sur les extrémités des radicelles en voie de croissance.

— Classe 0 : On ne voit aucune tubérosité sur toutes les racines du plant de semis ou de la bouture racinée considérée. Des Phylloxéras peuvent se fixer sur les extrémités des radicelles qui présentent alors des traces plus ou moins nettes de piqûres (allant de légers renflements à des déformations en bec d'oiseau).

— Classe 1 : Sur l'ensemble des racines de la plante examinée on voit un ou deux renflements (tubérosités) dont les tissus peuvent parfois être nécrosés par suite de leur décomposition sous l'action de saprophytes du sol. En tout cas cette nécrose, lorsqu'elle existe, est localisée à la partie corticale des racines et n'atteint pas le liber.

— Classe 2 : Deux cas se présentent :

— ou bien il y a peu de tubérosités mais la nécrose de leurs tissus est très pénétrante dans la racine et coupe partiellement les communications libériennes entre la tige et la partie extrême des racines ;

— ou bien il y a de nombreuses tubérosités disposées en chapelet et dont la nécrose est plus ou moins pénétrante, dans ce cas les racines n'étant tout de même pas détruites comme dans la classe suivante.

— Classe 3 : Les tubérosités sont très nombreuses, assez volumineuses et pratiquement entièrement décomposées, cette décomposition gagnant le centre de la racine ; chez les plantes les plus atteintes, toutes les racines sont détruites et il ne reste que la tige de la bouture ou du plant de semis.

Les résultats de ses observations ont permis à l'auteur d'effectuer les classements suivants :

« 1° *LES VITACEES* (autres que les *Vitis*) se classent ainsi :

— Un premier groupe comprend des espèces des genres *Leea, Cissus* et *Tetrastigma.* Sur les racines de *Leea guineensis, Tetrastigma voinerianum, Cissus incisa, C. discolor, C. barterii, C. cactiformis, C. quadrangularis, C. antartica.* on n'a jamais vu de Phylloxéras fixés sur les extrémités radiculaires ou les parties du système radiculaire plus âgées. Les insectes observés occasionnellement sur les racines de ces plantes se déplaçaient activement. Ils s'y comportaient exactement de la même façon que sur les racines d'Angiospermes telles que *Ricinus communis, Aristolochia clematitis, Chrysanthemum* sp. Seul *Tetrastigma lanceolarium* a présenté quatre jours après l'apport des galles au fond des pots de nombreux Phylloxéras fixés sur les extrémités radiculaires.

On peut donc dire que ces 3 genres ont une immunité à l'égard du Phylloxéra radicicole.

— Un second groupe réunissant les représentants des genres *Ampelopsis* (25 espèces et variétés) et *Parthenocissus* (3 espèces) permet toujours de voir sur leurs racines des Phylloxéras plus ou moins nombreux fixés sur les extrémités des radicelles en voie de croissance, 4 ou 10 jours après l'apport de galles dans les pots. Puis, plus tard, on ne voit plus d'insectes fixés ni sur les jeunes racines, ni sur les troncs déjà âgés. Sur les extrémités radiculaires où sont fixés les insectes il apparaît d'une part des nécroses superficielles et d'autre part de légères boursouflures et déviations qui correspondent aux nodosités des plantes plus sensibles, mais beaucoup moins volumineuses. Jamais de tubérosités.

Ces deux genres appartiennent à la classe 0.

« 2° *LE GENRE VITIS*

— Section *Muscadinia*. Chez *V. rotundifolia* les extrémités radiculaires en voie de croissance présentent des Phylloxéras fixés (peu nombreux) et d'autres en cours de déplacement. Il n'y a jamais formation de nodosités sur les radicelles qui présentent aux points de piqûre des nécroses peu marquées. Jamais de tubérosités. Cette espèce appartient à la classe 0.

— Section *Vitis*. Les espèces de cette section présentent toutes des nodosités plus ou moins marquées sur les extrémités des radicelles et la plupart du temps des tubérosités plus ou moins nombreuses et plus ou moins volumineuses sur leurs troncs radiculaires. Dans ces tubérosités il se forme un liège plus ou moins profondément dans l'écorce.

La résistance ou la sensibilité au Phylloxéra radicicole de ces *Vitis* correspond aux classes 0, 1, 2 et 3.

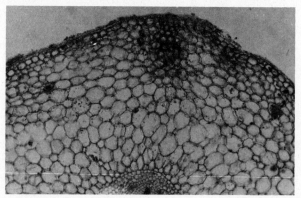

Fig. 250. – Début de formation de liège et nécrose des tissus en un point de piqûre phylloxérique, classe 0 (BOUBALS).

V. riparia. Cette espèce comprend 17 variétés en classe 0, 41 variétés en classe 1 et 1 variété en classe 2 :

— Variétés de classe 0 : Meissner N°s 5, 6, 8, 10 ; Scupernon ; du Kansas ; pubescent blanc ; Scribner ; du Canada ; à grandes feuilles glacées ; à feuilles lisses rouges ; du territoire indien ; Baron Périer ; belle souche ; rouge à gros pieds ; à bourgeons bronzés N° 2 ; Beaupré.

— Variétés de classe 1 : A bourgeons dorés ; à bourgeons bronzés ; Portalis rouge ; pubescent Denis ; à grande feuilles ; à grandes feuilles glabres ; à feuilles vernies Fabry ; Sericea ; Meissner N°s 1, 3, 4, 7, 8, 12 ; Gloire de Montpellier ; à lobes acuminés ; à lobes convergents ; géant de Las Sorres ; Grand glabre ; Martineau ; bois rouge ; Fabre ; sombre N° 2 ; rouge mâle ; mâle ; des bords sableux ; Audouard ; Maurin ; Lombard ; Vulpina ; pubescent rouge ; Paul Estève ; Bazille ; duc de Palban ; violet Lautrec ; Martin des Paillères ; Michel ; pubescent bleu ; pousses vineuses ; vernis luisant ; Pulliat.

— Variété de classe 2 : Meissner N° 9.

Chez cette espèce il y a donc une faible variabilité de la résistance au Phylloxéra.

V. rupestris. On observe 1 variété en classe 0, 13 variétés en classe 1, et 5 variétés en classe 2. La variabilité de la résistance chez cette espèce est notable :
— Variété de classe 0 : Ganzin.
— Variétés de classe 1 : du Lot ; à pousses violettes ; Martin ; violet ; Blanc T. N° 1 ; Gaillard ; Géant ; Centro ; Mission ; Tyran ; St-Georges étalé ; métallique.
— Variétés de classe 2 : Viala ; Staminate ; Fort Worth N°s 1 et 3 ; Blanc T N° 2.

V. Berlandieri. Cette espèce comprend 11 variétés en classe 0, 19 variétés en classe 1 et 2 variétés en classe 2. La variabilité est faible comme pour *V. riparia* :
— Variétés de classe 0 : Malègue N°s 21, 43 ; from chalky ; Salomon N° 2 ; Resseguier N° 2 ; Tibbal N° 2 ; Las Sorres N° 7 ; Macquin N° 1 ; Thyers ; Millardet ; des calcaires.
— Variétés de classe 1 : Malègue N°s 6, 112, 120 ; Salomon N°s 1, 4, 5 ; Macquin N°s 1, 2 ; Tibbal N° 3 ; Rességuier N° 1 ; Boutin ; d'Angeac ; Viala ; Alazard ; Ecole ; Gaillard ; Mazade ; Trabut ; Planchon.
— Variétés de classe 2 : Las Sorres N° 9 ; Macquin N° 6.

V. Labrusca. Parmi les variétés en collection et considérées comme appartenant à cette espèce, il y a certainement des hybrides *Vinifera-Labrusca* comme l'Isabelle par exemple. C'est la raison pour laquelle il y a des variétés classées 2 et 3. Le Concord dont on est certain de la pureté spécifique se montre résistant classe 1.
Le classement donne 7 variétés en classe 1, 12 en classe 2 et 2 en classe 3 :
— Variétés de classe 1 : Maxatawney ; Concord ; Perkins ; Cassady ; Elisabeth ; Muscadine ; Muncy ; Miles ; Rebecca ; Israella ; Echionie de Vivie ; Sylvestre Warre.
— Variétés de classe 2 : North Carolina ; Ive's seedling.
— Variétés de classe 3 : Caroline ; Isabelle.

V. cordifolia. Cette espèce est bien résistante avec une variété en classe 0 et 3 autres en classe 1.
— Variété de classe 0 : Mâle.
— Variétés de classe 1 : A, B, N° 1, de la collection de l'Ecole nationale supérieure agronomique de Montpellier (E.N.S.A.M.).

V. cinerea. Cette espèce paraît également avoir une bonne résistance, les 3 variétés observées appartenant à la classe 1 :
— Variétés de classe 1 : Couderc, Arnold ; *V. cinerea* collection E.N.S.A.M.
Cependant il faut remarquer que contrairement à ce qu'a dit BECKER (1960) se basant sur des travaux de BORNER et SCHILDER (1934) et BORNER (1953) le *V. cinerea*, variété Arnold ne présente pas d'immunité à l'égard du Phylloxéra puisque celui-ci peut amener la formation de quelques rares tubérosités sur ses racines.

V. monticola. Il paraît sensible :
— Variété de classe 2 : Valmy.
— Variété de classe 3 : N° 1 de la collection E.N.S.A.M.
(En fait Valmy est sûrement un hybride et probablement aussi le N° 1).

V. candicans est résistant :
— Variété de classe 1 : A de la collection E.N.S.A.M.
— Variété de classe 2 : B de la collection E.N.S.A.M.

V. doaniana aussi (classe 1).

V. Arizonica et *V. Girdiana* sont très sensibles : classe 3.

Parmi les espèces asiatiques certaines sont résistantes comme *V. reticulata* (0), *V. betulifolia* (0) et *V. Coignetiae* (1). D'autres sont sensibles comme *V. Piazeskii* (2). Enfin *V. Davidii* (3) et *V. amurensis* sont très sensibles.

(En réalité ces espèces ne sont souvent représentées dans les collections que par une variété, donc leur résistance apparente dans les conditions expérimentales demanderait une vérification sur un plus grand nombre d'échantillons).

V. vinifera. C'est l'espèce réputée la plus sensible. Les 42 principales variétés cultivées en France appartiennent toutes à la classe 3. Les tubérosités sans être parfois très nombreuses sont toujours très pénétrantes. Les variétés qui portaient le moins de tubérosités sont Carignan, Sauvignon, Clairette, Panse de Provence, Gros Béclan, Piquepoul, Cabernet Sauvignon, Morrastel Bouschet. »

Branas (1974) mentionne que « les espèces de l'Ancien Continent ne comportent aucun type résistant. Il a été néanmoins signalé chez *V. vinifera* des formes résistantes dans des refuges naturels ou dans des stations isolées de vignes sauvages ou ensauvagées non encore infestées. Tous les cépages de *V. vinifera* sont sensibles, mais ils sont séparés par des différences légères qui n'apparaissent que dans les conditions peu favorables au Phylloxéra ; c'est ainsi qu'à Mendoza, les Criollas et le Cabernet sauvignon se montrent moins sensibles que le Sémillon qui l'est lui-même moins que le Cot.

« Cette particularité a fait considérer à tort certains cépages comme résistants pendant la reconstitution du vignoble français : Durif. Le fait s'est reproduit dans presque tous les pays : Plavaï, Galbena, Raraniagra en Moldavie ; Mtsvané, Rkatsiteli en Géorgie ; Cabernet sauvignon en URSS ; Nocera, Nerello, etc... en Italie. L'existence de gènes de résistance chéz *V. vinifera* reste improbable ; l'obtention de descendants résistants inexpliquée, n'a pas été reproduite. »

D'autres cépages ont été présentés comme résistants au Phylloxéra, durant la crise en France : Aubun, Colombeaud, Etraire de la Dui..., observations réalisées dans des terrains peu favorables à l'insecte, ce qui explique bien la méprise des viticulteurs.

En Espagne, la Crujideira aussi a été considérée comme ayant une moindre sensibilité. Mais un test en serre réalisé par Boubals a montré qu'elle était sensible.

Husfeld (1938) avait cru trouver un *vinifera* immune dans ses serres de Muncheberg. Mais quelques années plus tard, en 1950, son collaborateur De Lattin m'a confirmé qu'il s'agissait, en réalité d'un hybride accidentel de *Riparia*, disparu d'ailleurs au moment de la destruction de cette station.

« 3° *LES PORTE-GREFFES*

Les portes-greffes, utilisés dans le monde entier, ont été particulièrement testés par Boubals (1966) :

« *Riparia-rupestris*. La plupart sont très résistants, mais quelquesune sont en classe 2 et 3.

— Classe 0 : 16-107 et 16-109 Prosperi.

— Classe 1 : 3306, 3307, 3309 et 3310 Couderc ; Molines ; San Michele ; 2 A Paulsen ; 101-1, 101-10, 101-14 et 101-16 Millardet et de Grasset ; 11 F Dufour.

Riparia-Rupestris-Candicans
— Classe 1 : Moobetie N° 1, N" 2 ; 202-4 Millardet et Grasset ; Hutchison ; 216-3 Castel.

Riparia-Rupestris-Vinifera
— Classe 1 : 196-17 Castel ; Golia ; 201 Millardet ; 4.010 Castel.

Les deux derniers hybrides tendent vers la classe 2.

Vinifera-Labrusca-Aestivalis
— Classe 1 : Ithaca ; W. B. Munson.

Riparia-Rupestris-Berlandieri
— Classe 0 : 1.120 Paulsen ; 5-32 Prosperi.
— Classe 1 : 305 et 312 Galibert ; 1.171 Prosperi.
— Classe 2 : 309 et 311 Galibert ; 1.119 Paulsen.

Riparia-Rupestris-Solonis
— Classe 2 : G 1 Grézot.

Riparia-Rupestris-Cordifolia
— Classe 1 : 44-53 Malègue ; 106-8 Millardet.

Riparia-Rupestris-Labrusca
— Classe 1 : 1.447 Geisenheim.

Vinifera-Rupestris-Berlandieri
— Classe 0 : 1.321 Paulsen ; 204-10 Castel.
— Classe 1 : 1.043 Paulsen ; 2.427 Grimaldi ; 150-15 Malègue.
— Classe 2 : 1.323 Paulsen.
— Classe 3 : T A 9 Hochberg.

Vinifera-Rupestris-Cordifolia
— Classe 1 : 62-66 Couderc.

Vinifera-Rupestris-Monticola
— Classe 1 : 13.205.Couderc.

Berlandieri-Rupestris-Cordifolia
— Classe 1 : 1.737 Millardet.

Berlandieri-Candicans-Riparia-Rupestris
— Classe 0 : 31 Richter.

Solonis-Labrusca-Aestivalis
— Classe 2 : 59 et 160 Geisenheim.

Solonis-Labrusca-Riparia-Vinifera
— Classe 3 : 1.613 Couderc.

Berlandieri (Vinifera-Berlandieri).
— Classe 0 : 107 Vidal.

Rupestris - (Berlandieri-Rupestris)
— Classe 0 : 404 et 408 Galibert.
— Classe 1 : 417 Galibert.

Rupestris-Vinifera-Riparia-Labrusca-Aestivalis-Cinerea-Vinifera
— Classe 3 : Excelsior.

Hybrides de Candicans
— Classe 1 : Solonis.
— Classe 2 : Solonis à feuilles lobées.

Divers
— Classe 1 : Salt Creek ; Farotto.
— Classe 2 : Dog Ridge.

« 4° *LES HYBRIDES PRODUCTEURS DIRECTS*

« Les observations de Boubals (1966) ont été faites dans les collections de l'Ecole (Champ du Nord) où chaque variété âgée de 18 ans, était représentée par deux pieds non greffés, deux greffés sur 161-49 C et quatre sur Rupestris du Lot. En comparant le développement des souches non greffées avec celui de l'ensemble des souches greffés il a été déterminé :

1° - Si les souches non greffées étaient aussi vigoureuses que la moyenne des souches greffées on avait la *classe* 0 (résistance au Phylloxéra très nette).

2° - Si les souches non greffées étaient plus faibles que la moyenne des souches greffées on a défini 5 classes de sensibilité suivantes :

— Classe 1 : Jusqu'à un tiers de réduction, cette sensibilité peut à la rigueur être acceptable sur le plan cultural.

— Classe 2 : Jusqu'à une réduction de moitié, cette sensibilité est inacceptable sur le plan pratique.

— Classe 3 : Jusqu'à 2/3 de réduction, cette sensibilité est très importante.

— Classe 4 : Jusqu'à 5/6 de réduction, c'est une grande sensibilité.

— Classe 5 : Ou bien les souches n'ont que de très faibles pousses et ne produisent pratiquement plus, ou bien elles sont mortes depuis un temps plus ou moins long.

Baco
— Classe 0 : Baco noir ou 1, Totmur ou 2-16.
— Classe 2 : Baco blanc ou 22 A.
— Classe 4 : Estellat ou 37-16.

Burdin
— Classe 0 : 4.503.
— Classe 1 : 6.055.
— Classe 2 : 4.077, 4.650.
— Classe 3 : 5.440, 5.963.
— Classe 4 : 1.585, 4.655, 4.672, 4.687, 5.201, 5.540, 6.154, 6.541.
— Classe 5 : 4.716, 5.960.

Chambeaudière
— Classe 0 : 1.375, 1.349.
— Classe 1 : 1.336.
— Classe 2 : 442, 1.391.
— Classe 3 : 1.337.
— Classe 4 : 426.

Couderc
— Classe 0 : 3, 5, 9, 10, 17, 18, 24, 25, 633 H.
— Classe 1 : 15, 21.
— Classe 2 : 13, 16, 20, 22.
— Classe 3 : 12, 14.
— Classe 4 : 23.
— Classe 5 : 2, 4, 8, 19, 26. 4.401, 7.120.

Galibert
— Classe 0 : 201-5.
— Classe 1 : 153-11, 261-12.
— Classe 2 : 255-10.
— Classe 4 : 114-12, 155-11, 256-28, 261-11.
— Classe 5 : 115-22, 133-6, 155-9, 221-31, 238-35, 239-34, 239-36.

Kuhlmann
— Classe 0 : St Sauveur ou 65-1, Millardet ou 193-2, Triomphe d'Alsace ou 319-3.
— Classe 2 : Mlle Messimy ou 193-3.
— Classe 3 : Lucie Kuhlmann ou 149-3, Léon Millot ou 192-2, Wilson ou 252-1, Poilu ou 252-3, Victoire ou 272-1.
— Classe 4 : Maréchal Joffre ou 187-1, Fin Noir ou 275-2, Bon Noir ou 278-2.
— Classe 5 : Maréchal Foch ou 188-2, Pinard ou 191-1, Etoile 1 ou 237-1 - Etoile II ou 237-2, Bon Laurent ou 267-1, Noir précoce de Colmar ou 277-2, Néron ou 296-1, Claire Kuhlmann ou 477-1.

Landot
— Classe 0 : 562, 1.674.
— Classe 2 : 244 ou Landal, 2.282, 2.291.
— Classe 3 : 2.281.
— Classe 4 : 508, 540, 760, 790, 1.678, 1.680, 2.380.
— Classe 5 : 204, 234, 301, 304, 2.283, 2.517.

Meynieu
— Classe 0 : 1, 3.
— Classe 2 : 6.

Oberlin
— Classe 0 : 605.
— Classe 2 : 595 ou Oberlin noir, 604.
— Classe 5 : 702 A, 782.

Seibel
— Classe 0 : 1.000, 4.995, 5.061, 5.437, 5.575, 5.898, 6.092, 6.339, 8.724, 8.745, 8.820, 8.974, 11.347, 11.697, 11.929, 14.483, 14.937, 15.051, 15.062.
— Classe 1 : 4.955, 4.986, 7.162, 7.984, 8.357, 8.764, 8.786, 14.189, 14.638.
— Classe 2 : 128, 156, 2.003, 4.646, 5.279, 5.409, 5.593, 6.740, 7.144, 7.871, 8.602, 8.616, 8.748, 8.906, 9.045, 10.027, 10.793, 10.878, 11.027, 11.342, 11.486, 13.846, 14.114, 14.526.
— Classe 3 : 2.007, 4.629, 5.450, 5.455, 5.689, 6.905, 7.053, 7.157, 7.603, 7.882, 7.892, 8.217, 8.243, 8.380, 8.402, 8.704, 8.916, 9.249, 10.123, 11.701, 13.047, 13.669, 13.682, 13.693, 14.596, 14.995.
— Classe 4 : 3.021, 4.111, 4.643, 4.762, 4.877, 5.001, 5.163, 5.351, 5.474, 5.717, 5.860, 5.897, 5.912, 6.086, 6.606, 6.623, 6.906, 6.980, 7.001, 7.044, 7.311, 7.606, 8.120, 8.214, 8.337, 8.718, 10.033, 10.809, 10.868, 11.257, 13.680, 14.117, 14.404, 14.514, 14.572, 14.639, 14.654, 14.660, 14.664, 14.676, 14.866, 15.027.
6.170, 6.468, 6.746, 7.122, 9.110, 9.549, 10.096, 10.417, 11.705, 11.803, 12.242, 13.694, 13.695, 14.266, 14.326, 14.994, 15.024, 15.245.
— Classe 5 : 880, 2.653, 4.681, 4.825, 4.991, 5.213, 5.813, 5.915, 6.045, 6.093,

Perbos
— Classe 3 : 48.
— Classe 4 : 81.
— Classe 5 : 82, 137.

Perraton
— Classe 3 : 36.
— Classe 4 : 34.

Ravat
— Classe 0 : 13, 253, 327.
— Classe 1 : 6.
— Classe 2 : 15, 51.

— Classe 3 : 34, 262.
— Classe 4 : 16.
— Classe 5 : 8.

Bertille Seyve
— Classe 1 : 872.
— Classe 3 : 2.400, 2.667, 2.846, 2.862, 3.310, 3.408, 3.411.
— Classe 5 : 4.825, 5.563, 6.264, 6.283.

Joannes Seyve
— Classe 0 : 26.205 ou Chambourcin.
— Classe 1 : 12-448, 23-416.
— Classe 2 : 25-444.
— Classe 3 : 11-369, 12-426, 12-428, 23-284, 24-610, 24-651, 26-487, 26-649, 26-654.
— Classe 4 : 13-733, 13-756, 16-150, 24-397, 24-614, 25-874, 26-490, 26-674, 26-924.
— Classe 5 : 9-149, 14-982, 15-875, 24-398, 26-482, 26-627.

Seyve Villard
— Classe 0 : 12.397, 15.151.
— Classe 1 : 5.247, 12.364, 19.410.
— Classe 2 : 1.72, 3.160, 5.276 ou Seyval, 11.318, 12.132, 12.303, 12.390, 19.228, 19.233.
— Classe 3 : 7.111, 7.135, 10.347, 12.129, 12.259, 12.286, 12.308, 12.309 ou Roucaneuf, 12.328, 12.347, 12.375 ou Villard blanc, 12.426, 14.270, 18.283 ou Garonnet, 19.159, 19.439, 23.353, 23.369, 23.501, 23.657, 29.399.
— Classe 4 : 10.271, 12.327, 12.622, 14.281, 14.287, 15.174, 15.403, 16.207, 18.118, 18.315 ou Villard noir, 18.402, 19.421, 23-18, 23.410, 23.512, 23.545, 23.898, 30-56, 34.211.
— Classe 5 : 10.300, 10.319, 12.267, 12.331, 12.358, 12.391, 12.395, 12.401, 12.413, 12.417, 12.481, 12.734, 12.789, 13.359, 18.307, 23.510, 39.639.

Hybrides divers
— Classe 0 : 19.637 Castel, Humbert 3, Jurie 580, Vidal 256.
— Classe 1 :
— Classe 2 : Joussely et 2, Vidal 254.
— Classe 3 :
— Classe 4 : Beyer 2, Gaillard 2, Rudelin 3.
— Classe 5 : Emon 9, Excelsior, Péage 5-10.

Bien d'autres observations sur les Hybrides ont été publiées par RAVAZ et ses collaborateurs, mais comme la plupart de ces cépages ont disparu des circuits commerciaux je ne pense pas qu'il soit utile de les reproduire aussi.

E - HEREDITE DE LA RESISTANCE PHYLLOXERIQUE

Les premiers travaux sont dus à RASMUSON (1914) qui avait déclaré que la résistance au Phylloxéra lui paraissait dominante dans les croisements. Il pensait qu'il y avait 2 facteurs qui intervenaient. Mais les travaux de BREIDER (1939, 1955) ont montré que la résistance était conditionnée par un grand nombre de gènes, donc une résistance polyfactorielle. D'une façon générale les travaux des chercheurs allemands (BORNER, HUSFELD, etc...) sont difficiles à suivre parce qu'ils font intervenir en même temps les problèmes de races biologiques de BORNER...

En France, BOUBALS (1966) a étudié ce problème de l'hérédité sur des individus représentant des F_1 intraspécifiques ou interspécifiques, des F_2 et des croisements de retour interspécifiques.

Les résultats obtenus par cet auteur sont les suivants :

A - CROISEMENTS ENTRE ESPECES AMERICAINES ET
V. VINIFERA

1" Vinifera x Berlandieri.

Les résultats obtenus avec les F_1 montrent qu'à cette génération on obtient une grande dispersion dans la résistance et la sensibilité. La résistance au Phylloxéra radicicole dépend de plusieurs gènes. Il y a des phénomènes de dominance de la résistance qui apparaissent chez certains descendants F_1 qui sont aussi résistants que le parent *Berlandieri*, par contre d'autres sont sensibles.

Dans les croisements de retour avec *V. Berlandieri* on voit que l'on obtient moins de plants résistants avec le 333 EM. qu'avec le 41 B. Cela est en accord avec le fait que l'on a trouvé en serre le 333 EM. nettement moins résistant que le 41 B.

TRANSMISSION HEREDITAIRE DE LA RESISTANCE AU PHYLLOXERA RADICICOLE DANS LE CADRE DU CROISEMENT VINIFERA X BERLANDIERI

Descendances	Géné-ration	Classes de			
		Résistance		Sensibilité	
		0	1	2	3
Berl. Lafont n° 9 x B Malègue 112	PB	26 %	65,2 %	8,6 %	—
Berl. Malègue N° 43 x B Macquin N° 4	PB	61,1 %	38,8 %	—	—
Berl. Malègue N° 6 x B Macquin N° 4	PB	40 %	57,5 %	2,5 %	—
Berl. Macquin N° 1 x chasselas	F_1	5,8 %	8,2 %	15,2 %	70,5 %
Berl. Malègue N° 6 x Aparte probes	F_1	8,2 %	24,8 %	40,6 %	26,3 %
Autofécondation de B. col. N° 2	F2	—	1 %	13,2 %	85,7 %
41 B x 333 EM	F2	15,2 %	23,7 %	22 %	38,9 %
Berl. Malègue 43x333 EM	RB	—	14,9 %	42,9 %	42 %
41 B x Berl. Thyers	RB	7,3 %	38,5 %	25,6 %	28,4 %
41 B x Carignan	RV	0,8 %	14,9 %	46,1 %	38 %
41 B x Chasselas	RV	8,9 %	7,4 %	25,3 %	58,2 %
41 B x Aramon	RV	2,9 %	9,1 %	27 %	60,8 %
41 B x Cinsaut	RV	3 %	6,1 %	25,7 %	65 %
41 B x Maccabeu	RV	4 %	12,2 %	17 %	66,6 %
Montuonico x 333 EM	RV	—	—	—	100 %
354-5-6 x Cinsaut	RV_2	—	8,3 %	16,6 %	75 %
354 AN 2 x Cinsaut	RV_2	—	11,1 %	22,2 %	66,6 %

PB = Parent *Berlandieri*.
RB = Rétrocroisement par *Berlandieri*.
RV = Rétrocroisement par *Vinifera*.
RV_2 = Deuxième Rétrocroisement par *Vinifera*.

Dans les recroisements du 41 B avec différentes variétés de *V. vinifera* on obtient des résultats assez homogènes. Il ne paraît donc pas y avoir de différences génétiques très marquées entre les variétés de *V. vinifera* quant à la sensibilité du Phylloxéra radicicole.

Les résultats du croisement de 333 EM avec *V. vinifera* montrent encore que le 333 EM a moins de facteurs de résistance que le 41 B.

Le deuxième croisement de retour avec *V. vinifera* de plantes de classe 2, issues du premier rétrocroisement 41 B x Carignan montre que par suite des phénomènes de dominance partielle de la résistance au Phylloxéra radicicole des gènes de *V. Berlandieri* il est encore possible d'obtenir des plantes ayant une résistance notable.

2° Vinifera x Riparia

On dispose de deux croisements Baco 1 et 595 Oberlin dont la résistance en serre a été notée 3 qui ont été autofécondés pour donner des F 2 d'une part et qui ont été croisés de retour avec le Riparia d'autre part.

TRANSMISSION HEREDITAIRE DE LA RESISTANCE AU PHYLLOXERA RADICICOLE
DANS LE CADRE DU CROISEMENT VINIFERA X RIPARIA

Descendances	Généra-tions	Classes de			
		Résistance		Sensibilité	
		0	1	2	3
Riparia Meissner 13xR. gloire	PR	2,6 %	97,3 %		
Riparia n° 2 x R. gloire	PR	3,8 %	96,1 %		
Autofécondation de Baco 1	F₂		0,6 %	24,5 %	74,8 %
Autofécondation de 595 Oberlin	F₂		1,7 %	18,5 %	79,7 %
Baco 1 x Rip. gloire	RR		14,3 %	75,2 %	10,3 %
595 Oberlin x Rip. gloire	RR	0,3 %	9,8 %	72,7 %	17 %
Montuonico x 595 ob.	RV				100 %

PR = Parent V riparia
RR = Rétrocroisement par V. riparia

L'ensemble des résultats montre que la résistance au Phylloxéra radicicole dépend, dans ce cas également, de plusieurs gènes et pour ce croisement interspécifique les facteurs de sensibilité sont en grande partie dominants sur les facteurs de résistance. C'est pour cette raison qu'aucun porte-greffe valable *Riparia-vinifera* n'a été utilisé sur une grande échelle dans le monde. Il n'y a pas de différence entre les deux croisements de *Riparia* et entre le comportement du 595 Oberlin et du Baco I tant en F₂ que dans les croisements de retour.

3° Vinifera x Rupestris

Les 3 variétés de *Rupestris* utilisés sont de classe 1 tandis que le 1202 C est de classe 2.

TRANSMISSION HEREDITAIRE DE LA RESISTANCE AU PHYLLOXERA RADICICOLE
DANS LE CADRE DU CROISEMENT VINIFERA X RUPESTRIS

Descendances	Généra-tions	Classes de			
		Résistance		Sensibilité	
		0	1	2	3
Rup. de serres x Rup. du Lot	PR		79,5 %	20,5 %	
Rup. Fort-Worth n" 1 x Rup. du Lot	PR		91,8 %	8,1 %	
Mourvèdre x Rup. du Lot	F1				100 %
Chasselas x Rup. du Lot	F1			9 %	91 %
Autofécondation de 1202 C	F2		4,3 %	42,1 %	53,4 %
1202 C x Rup. Martin	RR		50 %	31,2 %	18,7 %
Mourvèdre x 1202 C	RV		1,7 %	44,6 %	53,5 %

Comme pour les *Vinifera* x *Riparia* la résistance dépend ici de plusieurs gènes. Il y a une nette dominance de la sensibilité. En F_1 presque tout est très sensible et on comprend pourquoi il n'est pas sorti de ce type de croisement des porte-greffes qui ont résisté à une longue expérimentation.

4" Vinifera x Cordifolia

La résistance des variétés de *V. cordifolia* est 1, celle du 98-76 Couderc (Cordifolia x Bourrisquou) est 2.

TRANSMISSION HEREDITAIRE DE LA RESISTANCE AU PHYLLOXERA RADICICOLE
DANS LE CADRE DU CROISEMENT VINIFERA ET CORDIFOLIA

Descendances	Généra-tions	Classes de			
		Résistance		Sensibilité	
		0	1	2	3
Cordif. n° 9 x Cordif. Las Sorres	PC	22 %	76,6 %	1,3 %	
Cordif. A x Cordif. Las Sorres	PC	10,1 %	87,5 %	2,3 %	
Autofécondation de 98-76 C	F2	1,2 %	4,3 %	23,1 %	71,2 %
Cordif. A x 98-76 C	RC	15,6 %	66,2 %	18 %	
98-76 x Carignan	RV		3,2 %	22,7 %	73,9 %

On voit que *V. cordifolia* a moins de facteurs de résistance que *V. Berlandieri*. Dans la F_2 et les croisements de retour avec *V. vinifera* il apparaît surtout un phénomène de dominance partielle de la sensibilité.

5° Vinifera x Cinerea

TRANSMISSION HEREDITAIRE DE LA RESISTANCE AU PHYLLOXERA RADICICOLE
DANS LE CADRE DU CROISEMENT VINIFERA X CINEREA

Descendances	Généra-tions	Classes de Résistance		Sensibilité	
		0	1	2	3
Carignan x Cinerea Couderc	F_1		7,1 %	71,4 %	21,4 %
Murette x Cinerea Couderc	F_1		18,1 %	64 %	17,7 %
Grenache x Cinerea Canescens	F_1	8,3 %	41,6 %	50 %	
Carignan x Cinerea Arnold	F_1	4,2 %	8,5 %	82.9 %	4,2 %

D'une manière générale V. *cinerea* est de la classe de résistance 1 en serre.

Dans le cas de ce croisement la résistance paraît également plurifactorielle, la dispersion entre classes de résistance et sensibilité est importante ; il apparaît notamment des phénomènes de dominance partielle de résistance au Phylloxéra radicicole, comme chez V. *Berlandieri*. Enfin V. *cinerea* Arnold ne présente pas d'immunité au Phylloxéra des racines comme l'avait écrit H. BECKER (1960). Nos résultats sont en accord avec ceux de SCHILDER (1947).

6° Vinifera x Labrusca

Le *Concord* est de classe 1 et serait apparemment une variété pure de V. *Labrusca*. C'est une variété très hétérozygote puisqu'elle donne en autofécondation des descendants résistants et d'autres sensibles et très sensibles.

L'autofécondation du *Triumph* (*Vinifera* x *Labrusca*) montre qu'il y a probablement une certaine dominance partielle des gènes de sensibilité.

TRANSMISSION HEREDITAIRE DE LA RESISTANCE AU PHYLLOXERA RADICICOLE
DANS LE CADRE DU CROISEMENT VINIFERA X LABRUSCA

Descendances	Généra-tions	Classes de Résistance		Sensibilité	
		0	1	2	3
Autofécondation de Concord	P_2	1	1	1	2
Autofécondation d'Isabelle	F_2	5,8 %		17,6 %	76,4 %
Autofécondation de Triumph	F_2		1,6 %	13,3 %	85 %

L'autofécondation de l'Isabelle donne des résultats très voisins, ce qui confirme encore une fois que l'Isabelle n'est pas une vérité pure de V. *Labrusca* mais bien un *Labrusca* x *Vinifera*.

7° Vinifera x Candicans

Le *V. candicans* A est de classe de résistance 1 et le *V. candicans* B de la classe 2. Cette espèce n'a pas beaucoup de facteurs de résistance.

Descendances	Opéra-tions	Classes de			
		Résistance		Sensibilité	
		0	1	2	3
V. candicans B x Candicans A	Pc		81,2 %	18,7 %	
Autofécondation de Candicans	Pc		34,1 %	41,1 %	24,7 %
Grenache x Candicans A	F₁				4

8° Vinifera x Monticola

V. monticola est une espèce assez sensible au Phylloxéra (classes 2-3) et elle paraît avoir dans son patrimoine héréditaire de nombreux facteurs de sensibilité. Croisée avec *V. vinifera* elle ne donne pour cette raison que des plantes sensibles.

Descendances	Généra-tions	Classes de			
		Résistance		Sensibilité	
		0	1	2	3
V. monticola large Bell. A 57 x Mont. B 57	Pм		14,7 %	41,7 %	43,5 %
V. monticola large Bell. A 58 x Mont. B 57	Pм		23,4 %	45,3 %	31,2 %
Grenache x V. monticola n° 1	F₁				3

9° Rubra x vinifera

V. rubra ne se bouturant pratiquement pas on n'a pu déterminer sa résistance phylloxérique en serre.

Dans les croisements F₁ on constate une grande dispersion, très différente selon le cépage vinifera utilisé. Curieusement le croisement qui a donné la plus grande proportion de plants résistants au Phylloxéra est également celui qui a donné la proportion la plus élevée de plants résistants au Mildiou. Il semble y avoir dans ce cas une certaine corréla-tion entre les sensibilités, les plants les plus sensibles au Mildiou étant également les plus sensibles au Phylloxéra.

Descendances	Généra-tions	Classes de			
		Résistance		Sensibilité	
		0	1	2	3
V. rubra x Carignan	F₁		4,8 %	7,2 %	87,8 %
V. rubra x Pinot franc	F₁	4,3 %	43,4 %	30,3 %	21,7 %

10° Vinifera x Arizonica

V. Arizonica étant aussi sensible au Phylloxéra que *V. vinifera* (classe 3) le croisement, en F_1 n'a donné que des plantes très sensibles, également de classe 3.

11° Vinifera x Rotundifolia

V. rotundifolia est doté d'une grande résistance, très proche de l'immunité (classe 0). Un hybride américain *Vinifera x Rotundifolia* a présenté des tubérosités (classe 2).

DAVIDIS et OLMO (1964) ont étudié la transmission héréditaire des hybrides de *Vinifera* x *Rotundifolia*. La répartition des plants, selon les classes de BOUBALS donne les résultats suivants :

	Résistance		Sensibilité	
	0	1	2	3
Almeria x V. rotundifolia n° 3	6	2		1
Hunisa x V. rotundifolia n° 3	2	12	6	
N 53-8 (Vinifera x Rotund.) x Sultanine 4 n		3	1	

Finalement on peut noter que c'est *V. Berlandieri* qui a le comportement le plus voisin de celui de *V. rotundifolia*.

B - CROISEMENTS ENTRE ESPECES AMERICAINES RESISTANTES

On a déjà vu que les croisements intraspécifiques donnaient une meilleure répartition pour les descendants de *V. riparia* (classes 0 et 1) que pour ceux de *V. rupestris* (classes 1 et 2).

Le croisement 3307 x 3309 C (Riparia Z Couderc x Rupestris Martin) a donné 40 % de plants en classe 1, 55 % en classe 2 et 5 % en classe 3 donc 60 % des plants de la F_2 sont plus sensibles que les parents (classe 1). On peut donc penser qu'il y a des gènes de sensibilité au moins chez *V. rupestris*.

Le croisement *Berlandieri x Rupestris* : 57 R x 99 R. a donné une F_2 comprenant 33,9 % de plants en classe 0, 53,4 % en classe 1 et 12,5 % en classe 2. Ces résultats laissent encore à penser que *V. rupestris* renferme un nombre non négligeable de gènes de sensibilité dans son patrimoine, puisque *V. Berlandieri* est l'espèce qui a le plus de gènes de résistance.

Le croisement *Berlandieri x riparia* 161-49 C x 420 A (tous deux de classe 1) a donné une F_2 comprenant 17,5 % de plants de classe 0, 65,6 % de classe 1 et 16,7 % de classe 2. Il y a bien une hétérozygotie pour les gènes de résistance chez les espèces *V. Berlandieri* et *V. riparia*.

« *En conclusion* on peut retenir que chez les espèces de *Vitis* plus ou moins résistantes à l'insecte, il y a une certaine hétérozygotie des gènes conditionnant la résistance, ce qui se traduit par une dispersion notable de la résistance et de la sensibilité entre les descendants des croisements intraspécifiques.

« Par contre, l'espèce *V. vinifera* paraît homozygote pour ses gènes de sensibilité.

« Il apparaît des phénomènes de *dominance partielle de la résistance* dans les croisements d'une part *V. vinifera* et d'autre part *V. rotundifolia*, *V. Berlandieri*, *V. cinerea* et *V. rubra*. (espèces qui ont le plus de résistance phylloxérique).

« Il se manifeste des phénomènes de *dominance partielle de la sensibilité* dans les croisements d'une part *V. vinifera* et d'autre part *V. riparia, V. rupestris, V. Labrusca, V. monticola, V. cordifolia,* et *V. candicans.* Parmi ces espèces, certaines ont une bonne résistance phylloxérique pratique tandis que d'autres sont assez sensibles. »

L'ensemble des connaissances acquises sur l'hérédité de la résistance phylloxérique ont été résumées par BRANAS, en 1974 :

« 1° Les croisements entre *espèces sensibles* (*V. vinifera, Labrusca*) ont toujours donné des hybrides sensibles.

« 2° Les croisements entre *espèces résistantes* se partagent en deux types :

a) Le premier type (*V. riparia, rupestris, cordifolia*) n'a donné que des hybrides résistants en F₁ et par recroisement. L'homozygotie probable de ces espèces est mis en cause par l'observation des descendances élevées en pot (BOUBALS, 1966), mais il est connu que cette méthode est aléatoire.

b) Le second type avec *V. Berlandieri, V. candicans* comporte des formes résistantes (34 EM., 161-49, 99 R., etc...) et d'autres de sensibilité moyenne (33 EM., Solonis, etc...). L'hétérozygotie est vraisemblablement du côté de ces espèces plutôt que chez les précédentes.

« 3° Les croisements entre *espèces résistantes et espèces sensibles* donnent des descendances qui appartiennent aussi à deux types distincts.

— Le premier voit intervenir *V. riparia, V. rupestris, V. cordifolia* comme parents résistants et *V. vinifera, V. Labrusca* comme parents sensibles. Tous les plants F₁ connus ont une résistance intermédiaire ; diminuée par le recroisement avec le parent sensible (3/4 de sang vinifera), la résistance est augmentée jusqu'à devenir pratiquement suffisante par le recroisement avec le parent résistant (196-17, etc...). L'apparition de formes résistantes dans la descendance des F₁ n'a été vue par BOUBALS que dans les élevages en pot. Tout se passe comme si la résistance dépendait de plusieurs facteurs agissant dans le même sens, les espèces sensibles étant homozygotes, les espèces résistantes pouvant présenter une hétérozygotie variable ou être homozygotes.

— Le second type fait intervenir *V. Berlandieri* comme parent résistant dans les croisements avec *V. vinifera* dont les descendants sont des plantes sensibles moyennement (Chasselas-Berlandieri Fénié, vinifera Berlandieri Cozes, hybrides Davin, hybrides de Hochberg) ou bien des variétés pratiquement résistantes (41 B, 333 EM, 422-39-21 Mgt, etc...). Le comportement singulier de *V. Berlandieri* conduit à envisager l'existence d'une dominance des gènes de résistance dans les croisements avec *V. vinifera.* Ce mécanisme de dominance partielle, dont les détails ne sont pas connus, pourrait ne se manifester qu'avec certaines variétés de *V. vinifera* (Chasselas, Pinot, Colombard, Cabernet Sauvignon) ou avec certains clones de *V. Berlandieri.*

« 4° Les *croisements complexes,* comme ceux par lesquels ont été obtenus les hybrides producteurs directs mettent en œuvre *V. vinifera, V. Labrusca* (sensibles), *V. Lincecumii* (résistance moyenne) et *V. riparia, V. rupestris* (résistantes). Les descendants connus ont une résistance partielle ; aucun ne peut être cultivé non greffé dans les milieux phylloxérants. *V. Berlandieri* est entrée parfois dans certains croisements (Davin) qui ont donné seulement des plantes sensibles moyennement.

« Dans le choix des *voies de l'amélioration,* la création de porte-greffes résistants peut faire appel à des espèces parentes résistantes *V. riparia* et *V. rupestris* qui, croisées et recroisées, ne donnent que des résistants. Par contre, *V. Berlandieri* et *V. candicans* ne donnant pas certainement des plantes résistantes même lorsqu'elles sont croisées avec les deux premières espèces, un contrôle est toujours nécessaire.

« La création d'hybrides producteurs directs résistants au Phylloxéra rencontre de grands obstacles parce qu'elle doit faire appel à des espèces productives qui ne sont pas résistantes (*V. vinifera, V. Labrusca*). Dans les croisements du type *Vinifera-rupestris* ou *Vinifera-riparia*, l'obtention de F_1 résistants est improbable ; les faibles chances reposent sur les croisements de ces F_1 entre eux : elles n'ont pas abouti. Les croisements *Vinifera-Berlandieri* offrent de plus grandes possibilités en F_1 ; les hybrides obtenus (Davin, Perraton) ne les ont pas confirmées. En fait, il n'existe pas d'hybride producteur direct cultivable sur ses racines en sol phylloxérant lorsque les circonstances sont favorables au Phylloxéra ».

3° Plantes-Hôtes

Le Phylloxéra vit essentiellement sur la vigne et c'est sur cette plante qu'il y provoque des dommages. Néanmoins il peut vivre sur d'autres plantes agricoles.

C'est ainsi que CORNU (1872) a rencontré le Phylloxéra sur les racines d'un *pêcher* fort malade et en train de périr chez Lafargue à Floirac au milieu des vignes presque mourantes, puis à Bouliac chez Ad. Faure sur les racines de 2 poiriers greffés sur *Cognassier*, ainsi que sur un *Prunier* franc et un *Cerisier* franc. LALIMAN avait aussi établi que les arbres fruitiers mouraient au milieu des vignes détruites.

BRANAS (1974) signale que « l'analogie du comportement du Phylloxéra avec celui d'autres pucerons établis sur *Carya* a conduit à considérer que le premier hôte du Phylloxéra de la vigne pouvait appartenir à ce genre de la famille des Juglandacées dont une espèce *Carya olivaeformis* est le Pacanier dont le fruit est consommé en Amérique du Nord. Cette théorie est appuyée sur la superposition partielle de l'aire du Pacanier avec celle des espèces de *Vitis* (Oklahoma, etc). Dans cette perspective, la spécialisation du Phylloxéra serait un fait récent, postérieur à la séparation des continents, survenu dans les bassins du Mississippi et du Missouri ».

4° Ennemis naturels

Ils sont assez nombreux pour la forme aérienne et ils ont été signalés pour la plupart dès 1880 par LICHTENSTEIN, par PICHARD, par COSTE et plus tard, en 1912 par GRASSI et ses collaborateurs.

A — PARASITES ANIMAUX

1° *Acariens*. Plusieurs espèces ont été signalées. D'abord le Trombidion soyeux (*Trombidium holoriceum*) cité par LICHTENSTEIN et qui semble vêtu de velours rouge. On le trouve fréquemment dévorant les pucerons qu'il rencontre. Son utilité est nulle, COSTE (1880) cite comme ennemi bénin l'acarien rouge *Trombidium fuliginosum* Herm., trouvé dans des galles de Clinton, Vialla et Oporto. En raison de son peu d'agilité cette larve n'est pas capable de nuire beaucoup au Phylloxéra car elle ne peut s'attaquer qu'aux pondeuses immobiles, jamais aux jeunes qui sont très agiles. L'adulte est très agile mais ses moyens de multiplication sont bien trop limités face à la multiplication du Phylloxéra.

PICHARD a observé également cette espèce, au nombre de 1 à 5 par galle. L'animal se fixe par ses appendices bucaux en forme de griffes au corps du Phylloxéra, le rostre de l'acarien semblant agir comme organe de succion. Les larves plus agiles que l'adulte échappent au prédateur, les œufs ne sont pas touchés. Ce sont surtout les grosses galles des feuilles anciennes qui sont envahies, en raison de leur ouverture largement praticable.

Un autre acarien, *Holophora arctata,* vivrait en parasite du Phylloxéra, ainsi que le *Gamasus viridis,* observé en Vaucluse par COSTE. Cette espèce vit sur les feuilles et dans les galles, mais ne paraît pas nuisible au Phylloxéra.

BLANKENHORN (1880) signale que le Phylloxéra a complètement disparu des appareils d'élevage, après l'introduction en masse de *Tyroglyphus phylloxerae.* Des observations analogues ont été faites par SCHRADER et en plein air par OBERLIN à Bollweiler.

Le *Rhizoglyphus echinopus* est un acarien susceptible de parasiter les racines des vignes malades. Il vit généralement dans les matières végétales en décomposition et paraît mettre à profit les lésions produites à l'intérieur des tissus pour se nourrir de leurs constituants. Dans ces conditions, selon VIALA et MANGIN (1902) il se multiplie au point de changer de régime et d'attaquer les racines saines.

BERLESE (1925) admet qu'il s'agit seulement d'un parasite facultatif qui achèverait la destruction des racines attaquées par le Phylloxéra et respecterait au contraire les vignes américaines. Selon MEGNIN (1885), il s'agirait d'un commensal du Phylloxéra.

2° Comme parasite éventuel des radicicoles ROESLER a cité un *myriapode* : *Pollyxenus lagurus.*

3° *Un Thrips,* du genre *Heliothrips* a été décrit par COSTE : son corps, de couleur jaune, couvert de poils courts, est un peu aplati à l'abdomen et il se termine postérieurement par une partie plus longue, sorte de petite queue en éventail, armée de six piquants raides que l'insecte relève et abaisse à volonté.

Il a trouvé aussi un autre Thrips, au corps de couleur jaunâtre. Enfin LICHTENSTEIN a observé dans les galles ou à côté une espèce de Thrips jaunâtre, aux yeux noirs, qui mange les œufs du Phylloxéra de la vigne (et aussi du Phylloxéra du chêne). Cette espèce est assez rare, une galle lui suffit, donc son aide est très petite.

4° *La punaise des bois* (*Anthocoris nemorum*) se trouve fréquemment sur les feuilles ou dans les galles du Phylloxéra qu'elle suce très avidement. Mais cet insecte n'a qu'une petite influence sur la population d'une galle. Utilité très limitée.

5° Dans l'ordre des *Névroptères,* plusieurs espèces ont été signalées comme pouvant s'attaquer aux gallicoles :

D'abord le « lion des pucerons de Réaumur » qui appartient au genre *Hemerobius.* La larve, rayée de blanc et de noir, décime quelquefois la population phylloxérienne d'une feuille, mais son utilité est très faible.

Les *Chrysopes* (*Chrysopa perla* et *Chrysopa vulgaris*), insectes aux yeux dorés et aux ailes membraneuses transparentes ont des larves carnassières qui s'attaquent aux gallicoles. Leurs mandibules soudées aux mâchoires forment deux crochets recourbés vers l'intérieur à l'aide desquels elles saisissent les œufs et les larves du Phylloxéra dans la galle. FEYTAUD a observé ce fait en 1913.

RILEY (1874) en Amérique a mentionné *Chrysopa plorabunda* ainsi que *Chrysopa tabira* comme ennemis naturels des gallicoles.

6° Plusieurs *Coléoptères,* de la famille des Coccinelles s'attaquent aux colonies de gallicoles :

GRASSI, FOA, GRANDORI et TOPI (1912) ont signalé une petite coccinelle *Scymnus hemorrhoidalis* Pullus, très abondante en Sicile et assez répandue en France dont la larve, de 0,5 mm, au corps allongé, noirâtre, pénètre à l'intérieur de la galle foliaire et poursuit la destruction des œufs et des larves du Phylloxéra. A cet état la jeune coccinelle est recouverte des dépouilles de sa victime et des enveloppes d'œufs adhérentes au tégument. L'adulte, de 2 mm est noir avec la tête, les côtés du corselet, les pattes et les extrémités des élytres de couleur rousse ; c'est aussi un prédateur actif du Phylloxéra.

Une autre espèce : *Scymnus biverrucatus*, dont la larve est couverte de poils blancs, frisés, a été vue sur les racines au milieu des Phylloxéras, mais on ignore son rôle exact.

En France, la larve de cette coccinelle est abondante vers la fin juillet, début août ; elle évolue en douze ou quinze jours en insecte parfait.

La coccinelle à vingt-deux points (*Theo 22-punctata L.*) dévore très bien, soit comme larve, soit comme insecte parfait les Phylloxéras de toutes les espèces. Elle n'est cependant pas très abondante et une seule feuille phylloxérée suffit à une coccinelle ; son utilité est donc médiocre.

On rencontre aussi la coccinelle à dix points (*Halysia* 10 - *guttata L.*).

7° Une larve de *Diptère*, appartenant au genre *Syrphus* a été trouvée par Balbiani, larve blanche qui est aphidiphage comme toutes celles des Syrphes ; ce n'est donc peut-être qu'un cas isolé.

Au Vénézuela, dans des galles portées par *V. Caribaea* j'ai découvert une petite larve rose appartenant à une espèce de Diptères, non déterminée encore mais qui est étudiée par le Professeur Salinas (1973) de l'Université de Mérida et par le professeur Osorio (1973), de l'Université de Barquisimeto.

Pour le moment on ne sait pas si cette larve est capable de contrôler les populations de Gallicoles et si elle pourrait servir un jour dans la lutte biologique contre le Phylloxéra des feuilles.

En définitive, aucun de ces animaux vivant sur le feuillage ou sur les racines ne sont susceptibles, pour le moment, d'être employés pour détruire le Phylloxéra.

B — PARASITES VEGETAUX

Cornu et Brongniart (1881) ont examiné des pucerons envoyés par Lichtenstein, couverts d'une production cryptogamique. Il s'agit du *Pleospora herbarum* qui est un saprophyte, ayant envahi les pucerons seulement après leur mort. Il ne paraît pas devoir exercer une influence notable sur la multiplication du Phylloxéra.

Gayon (1881) avait isolé du Phylloxéra *une bactérie aérobie*, productrice de pigment vert sur le lait et le bouillon de poule.

Dubois (1897) a séparé d'un mélange de terre *une bactérie anaérobie* qui se présente sous la forme de filaments longs de 4 à 7 microns, grêles, ondulés, larges de 0,3 à 0,4 micron ou sous la forme de coccus de 0,2 à 0,3 micron, peu mobiles. Cette bactérie ensemencée sur des racines de vignes a provoqué en 2 à 5 jours, la mort de tous les Phylloxéras. La virulence de la bactérie paraît varier suivant la constitution chimique du sol et les influences atmosphériques.

Petri (1907) a décrit, à la surface du corps du Phylloxéra et de la racine attaquée par l'insecte, le *Bacillus vitis* qui serait identique à celui observé en 1885 par de Andrade. Ce bacille, strictement aérobie, forme des colonies hémisphériques blanches ; il liquéfie la gélatine, réduit le carmin d'indigo, mais non les nitrates produit de l'ammoniaque et de l'indol, ne se colore pas par le violet de gentiane phéniqué. Cette bactérie manque dans les galles foliaires. Il semble que les conditions déterminant la réceptivité de la racine de la vigne à ce bacille se trouvent sous la dépendance directe de celles qui provoquent la vulnérabilité au Phylloxéra, car il existe un rapport entre le développement de ces 2 microorganismes sur l'appareil radiculaire.

« Une expérimentation suivie a permis de démontrer que le *Bacillus vitis* était un agent actif de pourriture de la nodosité mais que son action désorganisante était en partie subordonnée à l'invasion antérieure d'autres microorganismes, plus virulents que lui. Il se comporte donc comme un saprophyte.

MORQUER et NYSTERAKIS (1944) ont trouvé, dans la région toulousaine un champignon, *Fusarium lateritium*, qui entraîne à l'intérieur des galles foliaires une mortalité des Phylloxéras s'élevant jusqu'à 60 % des insectes, en août 1940. Les œufs, les larves et les adultes sont également attaqués et détruits par ce champignon. La température minimum pour son développement est de 9 °C..., l'optimum est compris entre 22 et 24° et le maximum est voisin de 35 °C. La propagation de ce parasite paraît s'effectuer, dans la nature, par les larves issues des cécidies et peut-être aussi par les Acariens.

Jusqu'ici il n'y a aucune application pratique pour tenter de lutter efficacement contre le Phylloxéra au moyen de ses ennemis naturels, d'origine végétale.

5° Circonstances favorisantes

On a vu, à propos de la répartition géographique actuelle, que tous les pays viticoles n'étaient pas encore totalement phylloxérés : certains sont entièrement indemnes (Chili, Egypte, Iran, Afghanistan, Chypre), d'autres sont partiellement atteints, l'invasion phylloxérique étant en cours (Grèce, Turquie, Australie), enfin dans les pays infestés depuis longtemps il demeure des zones plus ou moins vastes que l'insecte paraît avoir respecté (Allemagne, Italie, Hongrie, etc.).

A - *Les conditions de transport* ont été prépondérantes, indique BRANAS (1974). « L'essaimage a coïncidé avec les possibilités offertes au transport des plants, des plants racinés notamment, par la courte durée des transports maritimes à vapeur ou par chemin de fer. La lenteur de la marche du Phylloxéra en Asie est en rapport avec la difficulté des transports alors que l'invasion de la Grèce s'est faite le long des voies de communication vers l'Attique et le Péloponèse. »

« B - *L'isolement géographique* (mer, montagne, distance) n'a pas été une protection suffisante pour éviter l'infestation de l'Australie, de la Nouvelle Zélande, etc... Il n'a été efficace (Chypre, Crête, etc.) que lorsque le territoire isolé était principalement en relation avec un pays indemne.

« C - *Les échanges* entre les collections, les pépinières et les cultures d'amateur, rendus possibles par l'accélération des transports, ont été la cause principale de l'introduction du Phylloxéra dans les divers territoires, avec les transports de terre ou de plants d'autres espèces végétales. C'est évidemment à l'activité de l'homme qu'il faut attribuer cette dissémination d'un redoutable parasite : l'existence des services de quarantaine est ainsi justifiée.

« D - La présence d'*espèces de vignes* ou d'*hybrides au feuillage sensible* est favorable à l'invasion parce que la dissémination des gallicoles est facile et que leur pullulation s'ajoute à celle des radicicoles. En l'absence de gallicoles, alors que le cycle est seulement hypogé, l'invasion est moins rapide. Les vignes américaines introduites en France y ont certainement accéléré la progression du Phylloxéra.

« E - *La structure des exploitations* a influencé la rapidité de l'invasion ; celle-ci a été ralentie par la discontinuité de la culture observée lorsque la vigne constitue des massifs plus ou moins éloignés : vignobles français de colonisation en Afrique du Nord, Amérique du Nord, Amérique du Sud, Australie ; elle a été freinée aussi dans les régions de polyculture. Ces caractéristiques influencent la dissémination des insectes.

F - *Le climat* agit d'abord par la *température* :

— « La *température du sol*, selon BRANAS, est un facteur de la pullulation des radicicoles dont le rôle est évident aux différentes latitudes. Le nombre des générations et la pullulation des radicicoles sont diminués aux latitudes élevées, particularité qui explique le succès relatif de la lutte directe en Champagne et en Allemagne par exemple.

« Ls étés chauds sont à la fois favorables à la vigne et au Phylloxéra dans ces situations. Il est admis par beaucoup que les températures élevées du sol relevées aux basses latitudes provoquent une sorte d'anabiose des radicicoles, freinant leur pullulation et gênent probablement leur essaimage ; c'est un facteur qui a pu jouer en Afrique du Nord. Le comportement du Phylloxéra sous les tropiques n'est pas précisé : vraisemblablement introduit, on ne sait s'il a pu s'y maintenir. »

MARES (1880) signalait « qu'on s'explique que la grande prolifération du Phylloxéra se fasse plus particulièrement dans les mois secs et chauds, parce que c'est alors seulement que le sol s'échauffe jusque dans ses profondeurs et qu'il acquiert une uniformité de régime et de température qui ne se rencontre pas au même degré dans les autres saisons. A la fin août 1877, après un mois de sècheresse il trouvait à 40 cm de profondeur des températures variant de 28 à 30", températures qui se sont maintenues pendant le mois de septembre, tant qu'ont duré les sècheresses et les chaleurs ; elles restaient encore supérieures à 20" une partie du mois d'octobre.

« Dans les climats à pluies estivales, la température du sol est moins élevée et moins uniforme et la prolifération du Phylloxéra n'y acquiert ni l'intensité ni l'uniformité qu'on observe dans le Midi méditerranéen. »

La température de l'air, d'après MAILLET, est une condition de la ponte des ailés qui ne pondent pas ou dont les œufs n'éclosent pas lorsque les températures minimales de la fin de l'été sont trop basses.

Dans le tableau ci-dessous, dû à BRANAS on trouve les températures minimales moyennes de l'air et la présence (+) ou l'absence (0) des gallicoles dans deux stations françaises et quatre stations turques :

	Gallicoles	Température	
		Août	Septembre
France (Dordogne)			
Fleurac	+	13°8	13"1
Les Eyzies	0	11°8	10°5
Turquie			
Tekirdag	+	13"	11"5
Izmir	+	16°5	10°5
Gasiantep	0	14°	4°
Konya	0	9"5	2"

« Dans ces conditions les vignes américaines au feuillage sensible ne portent pas de galles ; toutefois la variabilité annuelle des conditions climatiques permet aux gallicoles d'apparaître périodiquement (à Izmir 1 année sur 9).

« Plusieurs régions du globe voient le Phylloxéra cantonné dans un cycle hypogé : quelques sites en France, comme les Eyzies (Dordogne), Mendoza en Argentine où les gallicoles sont occasionnels, la Californie, en partie, le Maroc oriental (Berkane), l'Anatolie et vraisemblablement l'Asie Moyenne. Ce sont des régions dans lesquelles la progression de l'invasion est lente et les dégâts limités en général. Toutefois, si cette cassure du cycle diminue la pullulation du Phylloxéra sur les vignes sensibles aux Gallicoles, il ne semble pas qu'elle puisse avoir de conséquence lorsque *V. vinifera* est l'unique espèce présente.

« Finalement, dans les situations sans gallicoles, la lente progression de l'insecte est à rapporter aux conditions climatiques de l'été (température élevée, sècheresse du sol) qui s'opposent à celles qui caractérisent le climat de la France (avec pluies et températures modérées en été) où.l'invasion a été fulgurante. »

LICHTENSTEIN (1882) rappelle qu'il a déjà mentionné qu'une température constante d'environ 30° amène une évolution rapide du Phylloxéra et détermine l'apparition de nombreux ailés.

Il a profité d'un séjour en Savoie à Aix-les-Bains, pour étudier le ralentissement de cette évolution pour une température plus basse et la comparer avec le Midi :

« Tandis que dans l'Hérault les Phylloxéras printaniers, issus de la Fondatrice ou des hibernants, commencent à circuler et à chercher une bonne place pour s'y fixer dès la fin de mars ou les premiers jours d'avril, ce n'est guère qu'à la fin mai ou dans les premiers jours de juin que ces mêmes formes s'agitent en Savoie.

« Dans le Midi, de cinq en cinq jours, ces petits pucerons muent ou éclosent ; chaque trente jours environ une nouvelle génération s'ajoute à celles qui l'ont précédée. Aussi, dès le mois de juin tout grouille d'insectes de tout âge : aïeules, mères et sœurs confondues.

« En Savoie, je crois pouvoir affirmer que chaque mue est séparée de la précédente par un espace de 20 à 25 jours. En effet, au mois d'août je ne trouve que de grosses femelles solitaires, toutes de la même taille, ce qui indique une naissance simultanée et toutes pondent d'énormes tas d'œufs, ce qui d'après BALBIANI indique des insectes de première génération, puisque ceux qui viennent après ont des pontes toujours plus faibles. Mais ces deux cents ou deux cent cinquante œufs pondus en Savoie le 15 août ne sont rien auprès des Phylloxéras de Montpellier, nés en mars et se reproduisant en moyenne par trente œufs, de mois en mois, donnant 24 millions de petits.

« Cette différence inouïe explique tout naturellement pourquoi, attaqués depuis 8 ou 10 ans, la Savoie, la Suisse et en général tous les pays où la température restera fraîche et au-dessous de 20 à 25° en été se défendront facilement contre un ennemi qui se multiplie si peu. Donc l'évolution estivale peut varier dans sa durée de trente jours à quatre mois selon la température, 30° ou 20° ».

BALBIANI (1876) a voulu étudier l'influence de la témpérautre sur les *œufs de Radicicoles et de Gallicoles* en les plongeant dans de l'eau chaude, à diverses températures et pendant un temps déterminé :

1° Eau à 45° avec immersion de 5 minutes. Tous les œufs sont tués.

2° Eau à 45°, avec immersion de 1 à 4 minutes. La destruction des œufs est proportionnelle au temps d'immersion : 50 % pour 1 minute, 75 % pour 2 minutes et la presque totalité pour 4 minutes.

3° Eau à 50° avec immersion d'1 minute : tous les œufs sont tués alors qu'avec un quart ou une demi-minute, quelques œufs survivent.

4° Au-dessous de 45° avec une immersion de 5 minutes, le nombre d'œufs qui résistent augmentent proportionnellement avec l'abaissement de température jusqu'à 42°, température que tous les œufs peuvent supporter sans inconvénient.

Donc pour une exposition de 5 minutes, la température de stérilité oscille entre 42 et 45°, cette dernière température étant d'ailleurs la limite léthale pour tous les organismes animaux ou végétaux. »

L'influence du froid a fait l'objet de quelques observations :

GIRARD (1875) a placé dans des tubes de métal des Phylloxéras pris dans la période d'hibernation sur les racines où ils étaient fixés pour les soumettre à des températures basses, comprises entre — 6 et — 10° C. Ces insectes n'ont pas présenté d'autres phénomènes que les insectes placés à l'extérieur. On ne doit pas compter sur l'action du froid pour les détruire.

Le même auteur, en 1880, signale que pendant l'hiver 1875-76 il a constaté au laboratoire de Pasteur que des larves hivernantes de Phylloxéra fixées sur les racines ont supporté pendant plusieurs jours l'action directe des températures — 8 et — 10° obtenues par des mélanges réfrigérants. Donc en raison de la mauvaise conductibilité du sol le Phylloxéra souterrain n'a rien à craindre du froid ».

Enfin, LICHTENSTEIN (1880) mentionne que pendant le mois de décembre 1879 on a eu des froids de — 11 et — 12° et que le Phylloxéra n'en a nullement souffert.

L'influence de la lumière a été étudiée par RILLING en Allemagne et son premier travail de 1961 a été signalé à propos de la biologie des Gallicoles.

En 1964 ses travaux ont porté sur les œufs :

Une élévation de température de 23 à 28 °C et la prolongation de la photopériode de 8 à 16 heures de lumière par jour a eu pour conséquence sur le matériel de départ d'œufs de radicicoles comme de gallicoles de provoquer un recul de la naissance des types radicicoles et une augmentation des gallicoles :

Phylloxéras	Température			
	23°	%	28°	%
Radicicoles	24	55,8	10	31,2
Intermédiaires	15	34,8	12	37,5
Gallicoles	1	2,4	8	25
Ailés	3	7	2	6,3
	43	100	32	100

Dans les mêmes conditions extérieures, il apparaît généralement, dans les cultures de radicicoles, beaucoup plus de Phylloxéras radicicoles et des Ailés (ces derniers de préférence à 23° pour 8 heures de lumière) que dans les colonies de gallicoles, qui, à leur tour, donnent des gallicoles.

La différenciation post-embryonnaire pour un des 4 types parthéno-génétiques est aussi prédéterminée dans une faible mesure par le type d'œuf. Toutefois la dernière décision ne se produit que pendant le développement larvaire avec une participation essentielle des facteurs de température et d'éclairement.

L'influence de l'état hygrométrique a été étudiée par BALBIANI (1876) pour connaître l'action exercée sur la vitalité des œufs du Phylloxéra. Les œufs et les insectes, qui viennent d'être extraits du sol, périssent rapidement lorsqu'on les expose dans un lieu sec ; pour les œufs la cause de leur mort est l'extrême minceur de l'enveloppe qui permet la déperdition facile par évaporation des parties fluides internes. La structure particulière du chorion de l'œuf d'hiver tout criblé d'innombrables petits canaux perpendiculaires à la surface, l'expose plus que les autres œufs du Phylloxéra, à la mort par dessiccation. Conservés à sec sur des lamelles d'écorce ils s'aplatissent déjà au bout de quelques jours et n'éclosent point. Au contraire, les œufs exposés librement aux intempéries de l'air conservent parfaitement leur vitalité et éclosent le moment venu. »

G - *L'influence du sol* est à envisager sous plusieurs aspects :

— « *La nature du sol*, indique BRANAS, est plus ou moins favorable à l'insecte : les terres sablonneuses, légères, les arènes granitiques, comme les terres humides, n'offrent au Phylloxéra que de médiocres conditions de pullulation (sols du Bordelais, du Beaujolais), mais ce n'est que dans les sables que la vigne a trouvé de vrais refuges. Par contre, les sols caillouteux, aérés, comme les sols argileux qui se fissurent, se sont montrés extrêmement favorables au Phylloxéra. »

— DUJARDIN (1887) avait étudié *l'origine géologique* des sols viticoles du Gard et il les a classés de 1 à 10, le N" 1 étant attribué à la formation géologique où la résistance des cépages français a été la plus accentuée et le N" 10 à la formation dans laquelle la résistance a été la plus faible :

N" 1	Granit	N° 6	Lias (Oolithe)
N° 2	Dolomies	N" 7	Grès vert
N" 3	Schistes, micaschistes	N" 8	Formations lacustres
N" 4	Trias, Keuper, marnes irisées	N° 9	Molasse coquillière
N" 5	Diluvium alpin	N" 10	Néocomien

Il s'est intéressé aussi à la *composition chimique* et pense notamment que la Magnésie occupe une place très importante dans tous les terrains dans lesquels la vigne française résiste et dans tous ceux où la vigne américaine se comporte le mieux.

— La *structure du sol* a été examinée par CORNU (1874) qui avait remarqué que « c'est dans les sols fissurés, graveleux, comme c'est le cas des terrains de Crau, que l'insecte se répandait avec une effrayante rapidité. En effet le Phylloxéra n'est en rien organisé pour fouiller la terre et ne passe probablement que par les passages praticables : des fentes presque imperceptibles, la trace laissée par une racine décomposée ou par un ver, le retrait de la terre qui se contracte en été, etc...

« Le sol battu et très compact des terres non cultivées, des chemins, etc... est moins propice que tout autre à la progression du Phylloxéra ; c'est pour cela que les treilles dans les jardins et les vignes sauvages livrées à elles-mêmes résistent mieux ou plutôt sont moins accessibles que les vignes en production, plantées dans des terres cultivées et remuées avec soin. C'est pour cela aussi probablement que les terrains sablonneux sont relativement indemnes, les fissures étant constamment remplies par de petits graviers qui barrent la route à l'insecte.

« On manque un peu de données sur la profondeur maximum à laquelle peut vivre le Phylloxéra : il est certain qu'on l'a rencontré à plus d'un mètre de la surface. Peut-être y a-t-il une certaine limite qui, dépassée par les puissantes racines des vignes américaines, leur permet d'aller dans un sol profond, sans être suivies par le parasite, puiser les éléments nutritifs à une distance considérable du niveau du sol ; ce serait à cela que serait due la résistance de ces robustes cépages. »

MARÈS (1876) a fait la comparaison « entre les vignes cultivées et les vignes sauvages. Dans le premier cas, la terre toujours ameublie en surface met le Phylloxéra en communication facile et constante avec l'atmosphère, ce qui lui permet de circuler facilement. De plus, dans ce milieu ameubli, il y trouve des racines tendres ainsi que des radicelles qui favorisent la production du Phylloxéra ailé.

« Les vignes sauvages, comme les treilles dans les cours des fermes, sont établies en sol raffermi et battu, souvent enherbé. Ce tassement de la surface rend difficile la circulation de l'insecte. De plus, quand les ceps sont suffisamment espacés, les communications de l'un à l'autre sont moins faciles ou supprimées. Les racines restent plus fibreuses, plus coriaces et perdent les chevelus tendres et succulents dont s'alimentent les Phylloxéras. »

— Le *relief du sol* possède une certaine influence, signalée par DUCLAUX, en 1874. Pour lui, « la maladie apparaît de préférence et s'étend plus facilement en surface, dans les plaines et dans les pays largement ouverts. Ses plus longues digitations ou ses avant-gardes les plus avancées sont toujours *dans les vallées*. Ce fait est très apparent dans la vallée du Rhône et dans toutes ses vallées tributaires.

« Si l'on étudie la marche de l'invasion dans une vallée, comme celle de la Durance, on voit que les communes dont les territoires confinent au fleuve sont attaquées quelquefois longtemps avant les communes placées pourtant plus près du gros de l'invasion, mais à une altitude plus élevée que les précédentes.

« De plus, si on compare la carte de l'invasion avec la carte géologique de la vallée du Rhône on note la prédilection marquée de la maladie pour les terrains d'alluvion, postérieurs aux dernières dislocations du sol, presque toujours fortement argileux, qui constituent le fond de la vallée du Rhône et des vallées avoisinantes. »

VII - LES DEGATS

1° *Les souches parasitées* des variétés sensibles vont subir un affaiblissement progressif qui va se traduire par une végétation plus faible, des rameaux courts et grêles, des feuilles petites avec une teinte claire. Les grappes diminuent de taille d'année en année, les baies sont plus petites et peuvent se dessécher avant maturité. Finalement la souche ne produit plus de raisin. Curieusement, au moment de l'invasion phylloxérique on a constaté parfois que l'année précédant le dépérissement la souche pouvait donner une belle récolte (ce qui donnait une fausse joie momentanée au viticulteur) comme si elle cherchait à produire le maximum de graines (et donc de baies) pour assurer sa survivance dans sa descendance éventuelle. Chez *V. vinifera*, la mort du cep peut survenir entre 3 et 10 ans et il semble que les souches les plus âgées ayant donc le plus de réserves, en principe, peuvent durer plus longtemps que les jeunes vignes. Il en est de même des souches isolées, ce qui a souvent entretenu l'illusion des cépages résistants.

2° *Dans le vignoble*, comme on l'a vu dans la description des symptômes, les souches phylloxérées forment des taches avec au centre les plus faibles et ces taches s'agrandissent annuellement. Elles finissent par se réunir, l'invasion devient généralisée et elle peut être accélérée par les essaimages. En quelques années les dégâts deviennent suffisamment importants pour nécessiter l'arrachage de la parcelle malade et envisager sa replantation.

Pour *diagnostiquer* un vignoble phylloxéré il est nécessaire de procéder à un examen des racines à l'état frais. On évalue par coupe longitudinale le nombre des tubérosités, leur taille, leur pénétration, on recherche également la présence des radicicoles, des hibernants et des nymphes.

3° *Les conséquences de l'invasion phylloxérique* ont été évidemment considérables en bouleversant toutes les traditions culturales, bien souvent les modes de conduite, sans oublier les incidences sociales et économiques qui marquèrent profondément les vignerons de l'époque et leurs familles.

La *découverte de l'Oidium* (1845-1854) en Europe, que nous avons déjà évoquée à propos de ce champignon avait marqué la fin de la « culture biologique » et introduit la notion de traitement durant la végétation pour protéger le feuillage et les raisins. Mais cela n'avait en rien modifié le mode de conduite de la vigne : taille, espacement, situation topographique et le capital-vigne n'était pas altéré.

Au contraire, l'invasion phylloxérique est infiniment plus grave puisque la présence de l'insecte dans une vigne entraîne sa destruction à plus ou moins brève échéance. Donc le capital-vigne tend rapidement vers zéro. Quand le mal est reconnu dans un village toutes les vignes seront envahies, sans tenir compte des classes sociales ou des opinions politiques ou religieuses du propriétaire ! Tout le monde est concerné, non seulement les exploitants, mais aussi les commerçants qui n'arrivent plus à écouler leur marchandise à leurs clients miséreux. L'arrivée des autres maladies américaines : Mildiou en 1878, puis du Black-rot à partir de 1885, vont encore aggraver cette situation sociale. Enfin pour replanter des vignes il faut disposer de sommes importantes, ce qui n'était pas toujours le cas et explique, en partie tout au moins, la régression de la superficie cultivée :

1869	2.350.104 ha
1900	1.730.451 ha

donc une diminution de 620.000 ha qui n'ont pas été reconstitués faute de moyens financiers, soit 26 % du vignoble initial.

Une autre conséquence parasitaire des arrachages et des replantations fut le *développement et l'extension du court-noué*, facilitée par les échanges de plants, de région à région, la multiplication des plants en pépinières sans aucun contrôle sanitaire. Comme les premiers porte-greffes employés étaient souvent insuffisamment résistants au Phylloxéra, ou sensibles à la chlorose, les plantations ne duraient pas, il fallait arracher et replanter à nouveau. On s'aperçut assez rapidement que les vignes reconstituées plusieurs fois étaient précisément celles qui étaient les plus malades. Cela entraîna une augmentation des charges financières et une accélération du vieillissement du vignoble.

L'*encépagement* fut bouleversé et subit parfois des transformations considérables allant jusqu'à l'abandon des cépages traditionnels (cas de la Folle blanche en Charente). Pour faire face aux investissements des plantations nouvelles, aux charges supplémentaires entraînées par l'achat des vignes américaines (racinés ou greffés-soudés) et par les traitements antiparasitaires, la tendance générale fut de recourir à des cépages à gros rendements ou à des sélections clonales plus productives. On constate une augmentation du rendement moyen par hectare qui passe de 22 hl en 1868 à 39 hl en 1900.

La culture des *Hybrides producteurs directs* fait partie également de cette modification de l'encépagement. Les petits viticulteurs, surtout dans les régions de polyculture, se mirent souvent à la culture des hybrides afin de produire leur vin de consommation familiale à un prix modique et aussi pour diminuer les risques que les maladies faisaient courir à leurs récoltes. Chaque fois que le mildiou ou le black-rot frappait dans une région, on assistait les années suivantes à des plantations d'hybrides et ce phénomène s'est poursuivi tout au long du XXe siècle jusqu'à la réglementation des cépages :

SUPERFICIES PLANTEES EN HYBRIDES

1900	50.000 ha	Estimation P.G.
1914	100.000 ha	Estimation P.G.
1929	216.197 ha	Enquête agricole
1939	300.000 ha	Estimation P.G.
1958	402.000 ha	Cadastre viticole IVCC
1968	299.000 ha	Cadastre viticole IVCC
1980	180.000 ha	Estimation P.G.

Le *mode de conduite* a subi des modifications. Les propriétaires ont cherché à établir leurs vignes dans les plaines préférant laisser en friche les coteaux, aux rendements faibles et de culture difficile. Le provignage a été abandonné par force au profit du greffage rendant plus difficile et aléatoire le remplacement des manquants. La production des plants de vigne (culture des vignes mères de porte-greffes, pépinières) est devenue l'apanage d'une nouvelle profession : les pépiniéristes, ces derniers s'occupant souvent seuls de la sélection des greffons et orientant parfois les plantations en fonction de leurs disponibilités, ce qui a parfois été néfaste à la qualité des vins récoltés. Les densités de plantation ont beaucoup évolué, le renouvellement des plantations étant l'occasion pour le viticulteur d'essayer d'autres écartements en fonction du changement des attelages (le tracteur remplaçant le cheval ou le mulet ou les bœufs qui avaient eux mêmes supplanté la culture à bras d'homme, cette dernière étant de règle sur les coteaux escarpés) ou de la mode (vignes hautes et larges depuis 1950).

Les *conséquences économiques* de l'invasion phylloxérique ont été considérables et ne peuvent d'ailleurs être toutes chiffrables :

— De nombreuses familles de vignerons ont été réduites à la misère et ont dû quitter leurs vignes détruites soit pour chercher un emploi de salarié dans les villes, soit pour s'expatrier en Amérique du Sud (Argentine, Chili...) aux Etats-Unis, en Australie. La création du vignoble algérien avait débuté avec la crise de l'Oidium, mais à partir de 1875 on estime qu'une dizaine de milliers de viticulteurs quittèrent la métropole pour s'installer de l'autre côté de la Méditerranée. Ce peuplement comprenait beaucoup de viticulteurs méridionaux qui apportèrent leurs cépages, leur mode de conduite et leur savoir-faire, ce qui entraîna un rapide développement de ce vignoble dont les vins firent bientôt concurrence aux vins du Midi, engendrant ainsi de nouvelles misères humaines en France.

— Toutes les professions commerciales, en relation avec la viticulture ou la vente des vins et alcools ont été touchées par la crise phylloxérique : négociants en vins, courtiers, foudriers, barricailleurs, distillateurs, vendeurs d'engrais et de machines agricoles ainsi que les ouvriers sans emploi.

— Les *pertes foncières* ont été estimées en 1884 à 6.000 francs-or l'hectare, ce qui représente plus de 14 milliards de francs-or pour la totalité du vignoble français. Il faut y ajouter les frais d'importation de vins de table et de raisins secs destinés à faire face à la demande des consommateurs, soit 4 milliards environ. Enfin il faut mentionner les frais de reconstitution des 1,7 million d'hectares, les pertes de récolte des vignes mourantes et des vignes jeunes improductives. On doit, au total, dépasser 20 milliards de francs-or. Quant aux dégâts des autres pays européens personne n'a cherché à les évaluer, sans doute globalement plus de 50 milliards de francs-or.

— Les *pertes de récolte*, en France, ont été très importantes comme le démontrent les chiffres suivants :

moyenne 1858-1867 .... 50,4 millions d'hls
moyenne 1868-1877 .... 55,3 millions d'hls
moyenne 1878-1889 .... 30,9 millions d'hls
moyenne 1890-1899 .... 35,9 millions d'hls

On peut donc retenir qu'avant le Phylloxéra les récoltes moyennes dépassaient 50 millions d'hls, alors que pendant la crise phylloxérique les récoltes accusent une baisse moyenne de 20 millions d'hls par an, ce qui nous obligea d'une part de réduire fortement nos exportations (perdant ainsi des marchés extérieurs et favorisant la concurrence étrangère ou la création de vignobles locaux qui seront plus tard nos concurrents directs) et d'autre part nous incita à de généreuses importations d'Espagne et d'Italie, ainsi qu'à l'achat massif de raisins secs pour produire des vins artificiels qui finiront par déclancher une crise économique grave au début du XXe siècle, avec les réactions que l'on connaît.

Le désastre français a été moins ressenti par les autres pays viticoles européens dont nous avons montré qu'ils avaient été infestés plus tardivement et qui ont profité des expériences françaises en matière d'établissement des nouvelles vignes et en particulier du choix du porte-greffe en fonction de la nature du sol.

— L'invasion phylloxérique a eu aussi des incidences indirectes sur les *autres spéculations agricoles*. Pour vivre, durant la crise, en attendant de trouver des porte-greffes adaptés à leur région ou pour faire de l'argent liquide destiné à l'entretien du ménage et payer les investissements, les viticulteurs se sont parfois tournés vers l'élevage (beurre et fromages des Charentes), les fourrages, les plantes industrielles (tabac, betterave), l'arboriculture soit en plein, soit en culture mixte (abricotier, olivier, pêcher) avec la vigne, les cultures maraîchères en intercalaire (salades, petits pois...) de céréales comme le maïs (pour amortir les frais de reconstitution) ainsi que la culture des vignes américaines.

— *L'industrie* a largement profité des malheurs de la viticulture au XIXe siècle : développement des machines destinées à combattre le Phylloxéra (pal injecteur, charrue sulfureuse, matériels de traitement pour combattre le mildiou et l'oïdium parasites plus virulents dans les vignobles de plaine que dans les anciens coteaux maigres), tracteurs, matériel de cave, produits chimiques (sulfure de carbone, sulfocarbonates, soufre, sulfate de cuivre, chaux viticole, carbonate de soude, engrais).

VIII — METHODES DE LUTTE

La découverte du Phylloxéra en France suscita un engouement considérable auprès du grand public pour préconiser des remèdes, même les plus absurdes, afin de venir à bout de ce minuscule insecte, grand ravageur. Les Français, qui ont toujours eu des idées, proposèrent plus de 5.000 moyens curatifs aux diverses Commissions du Phylloxéra et Sociétés départementales d'Agriculture. Ils étaient aiguillonnés, il est vrai, par le mirage, des prix institués à l'inventeur d'un procédé efficace pour détruire le Phylloxéra. (Prix qui ne furent d'ailleurs jamais distribués).

VIALA (1896) rappelle que la commission départementale de l'Hérault avait été chargée « de l'essai et du contrôle des procédés présentés au Ministère de l'Agriculture pour concourir d'abord au prix de 20.000 F-or, institué en 1870 pour combattre la maladie des vignes phylloxérées et ensuite à celui de 300.000 F-or institué le 22 juillet 1874 par l'Assemblée nationale (soit environ 13 millions de francs actuels).

« Ces essais ont été poursuivis au Mas de Las Sorres, à 2 km de Montpellier. Plus de 300 procédés sur 700 proposés ont été essayés et les résultats publiés en 1877 par la Commission départementale de l'Hérault : suie, noir animal, pétrole sous diverses formes, goudrons divers, camphre sous diverses formes, composés divers d'arsenic, et de mercure, acide phénique, nicotine, tourteaux de ricin, de sésame, pierre et charbon de schiste, résidus et dérivés divers de la distillation des houilles (naphtaline), cendres pyriteuses. L'échec a été complet et constant. Certains procédés étaient fort bizarres : tisanes de fleurs de coquelicot, de feuilles de noyer, de quinquina... Seuls le sulfure de carbonate et le sulfocarbonate de potassium montrèrent une valeur réelle.

« Ces 2 insecticides ont incontestablement une très grande puissance insecticide, mais cette puissance est loin d'être absolument continue ; elle se maintient plus ou moins longtemps suivant que le terrain est plus ou moins favorable à leur action, suivant que les traitements sont plus ou moins bien exécutés. »

En même temps, devant l'ampleur du désastre phylloxérique les Gouvernements des pays viticoles prirent des mesures administratives pour empêcher la contamination des pays ou des zones indemnes.

Des procédés culturaux furent expérimentés et donnèrent lieu à des développements locaux importants qui ont partiellement subsisté, selon la conjoncture économique : culture des vignes dans les sables, arrosages d'été, submersion hibernale.

Finalement l'emploi des vignes américaines comme porte-greffes a permis de résoudre d'une manière satisfaisante la lutte indirecte contre le Phylloxéra. La création, par voie génétique, d'hybrides producteurs directs a été insuffisante, la presque totalité des plants commercialisés n'ayant pas une résistance phylloxérique suffisante pour faire durer économiquement les plantations, tandis que la minorité résistante ne possédait pas de qualités vinifères acceptables pour le goût européen. *L'emploi des vignes américaines* ne sera pas évoqué ici car nous l'avons largement traité dans nos ouvrages d'ampélographie.

1° MESURES ADMINISTRATIVES

A - Protection des Territoires indemnes

Elle a pour but d'empêcher la pénétration du Phylloxéra dans un pays indemne ou d'éviter la contamination de certains territoires d'un pays non contaminés jusqu'ici. Cela intéresse encore aujourd'hui une douzaine de pays viticoles.

En *France*, quelques années après la découverte de l'insecte (1868) l'administration commença à s'inquiéter de l'extension du mal dans les départements du sud de la France. Il fut créé (1870 ?) une *Commission supérieure du Phylloxéra*, présidée par DUMAS, secrétaire perpétuel de l'Académie des Sciences, et chargée de recueillir tous les procédés de lutte afin d'en examiner la valeur et faire procéder au besoin à des essais. Dans cette commission à côté de sénateurs (FERROUILLAT, MEINADIER), de députés (DESTREMX, JOIGNEAUX, MARTELL, DE GRASSET, VIENNET) figuraient des savants (Baron THENARD, DUCHARTRE, PLANCHON) et des Présidents de Sociétés d'Agriculture : G. BAZILLE et MARÈS pour l'Hérault, CAUSSE pour le Gard, le Marquis DE L'ESPINE pour le Vaucluse et RÉGIS pour la Gironde, plus des hauts fonctionnaires du Ministère de l'Agriculture (PORLIER, HALNA DU FRETAY et MARCHAND).

Au fil des années, la composition de cette Commission sera modifiée et comprendra notamment PASTEUR, CORNU, MARION, BARRAL, BALBIANI, etc...

La commission avait émis le vœu, en 1876, « de voir créer dans les départements viticoles des *comités d'études et de vigilance* chargés de signaler la présence du phylloxéra, de rechercher les moyens de le combattre, d'étudier sa manière de vivre dans les diverses localités, d'expérimenter les procédés proposés pour arrêter le progrès du mal, etc... »

Par une circulaire, en date du 6 mars 1876, l'administration a invité les Préfets à prendre les mesures nécessaires pour réaliser ce désir. Ces comités existèrent et fonctionnèrent dans 56 départements (dans les autres la vigne était secondaire ou bien ils étaient fort éloignés des foyers d'infection).

Pour l'Algérie, le *décret du* 14 *août* 1875 interdit l'entrée de la colonie, non seulement aux cépages, mais encore aux arbres fruitiers.

La *loi du* 15 *juillet* 1878, complétée par celle du 2 août 1879 concernait les mesures à prendre pour arrêter les progrès du Phylloxéra et du Doryphore : circulation des vignes, des échalas, des composts hors des zones phylloxérées, interdiction des importations étrangères de vignes, des échalas ou des composts, délimitation des périmètres phylloxérés et établissement des cartes annuelles, distribution de subventions aux propriétaires effectuant des traitements et sanctions pour les contrevenants à la loi.

La *loi du* 2 *août* 1879 viendra compléter les dispositions de la précédente en matière d'investigation et de traitement. Plusieurs décrets d'application (D. 26 décembre 1878, 8 juillet 1882) et divers arrêtés (A. 13 juin 1882, 14 juin 1882, 15 juin 1882) seront pris concernant l'introduction des plants sur le territoire français, les bureaux de douane agréés, la circulation des plants de vigne les contrôles des jardins, collections et pépinières, etc...

La France fut partagée en trois zones :

— celle qui était indemne où toute circulation des plants et feuilles de vigne, des échalas était interdite ;

— celle qui était récemment envahie où toute circulation demeurait prohibée, mais où l'extinction des foyers observés par un procédé admis était subventionnée ;

— celle qui était totalement phylloxérée et où l'introduction de vignes étrangères était libre.

A partir de 1880 et jusqu'en 1900 une carte de France fut dressée montrant les arrondissements entièrement phylloxérés (avec libre circulation des vignes américaines), les arrondissements en partie atteints (avec interdiction de circulation des vignes américaines) et enfin les arrondissements dans lesquels il n'existe qu'un ou quelques points attaqués.

Simultanément un arrêté annuel mentionnait les arrondissements phylloxérés et ceux dans lesquels la circulation des vignes américaines ou provenant des arrondissements phylloxérés était autorisée.

Nous avons reproduit quelques-unes de ces cartes qui montrent bien la progression du Phylloxéra en France, avec la jonction, en 1883 des deux grandes taches du Midi méditerranéen et du Midi Pyrénées.

Peu après 1900, la Commission supérieure du Phylloxéra cessa ses travaux.

B - Règlements internationaux

Devant l'ampleur du désastre phylloxérique tous les pays viticoles ont cherché à se protéger de l'invasion d'abord par des lois nationales, puis ensuite par des accords internationaux.

L'accord du 17 septembre 1878 précédait la *Convention phylloxérique de Berne*, en date du 3 novembre 1881 et ratifiée en 1882 par cinq Etats : Allemagne (27 février 1882), France (1ᵉʳ mars 1882) Autriche-Hongrie

(19 avril 1882), Suisse (27 avril 1882) et Portugal (1ᵉʳ juin 1882). Par la suite, de 1882 à 1935, douze autres Etats ont adhéré à cette convention : Belgique (8 juin 1882), Luxembourg (18 août 1882), Pays-Bas (17 décembre 1883), Serbie (10 octobre 1884), Italie (5 janvier 1888), Espagne (22 mai 1891), Roumanie (30 décembre 1891), Autriche (20 août 1921), Hongrie (12 juin 1922), Tchécoslovaquie (14 octobre 1926), Bulgarie (2 octobre 1929) et Turquie (1ᵉʳ mars 1935). Cette convention et les compléments qui lui avaient été donnés en 1889 faisaient aux nations adhérentes l'obligation d'adapter leur législation sur plusieurs points : surveillance des pépinières, jardins et serres en vue de rechercher le Phylloxéra ; délimitation des zones infestées ou rendues suspectes par le voisinage de foyers reconnus ; réglementation du transport des plants de vigne ainsi que des plants et produits de l'horticulture. Les mesures édictées, très précises, instauraient un certificat sanitaire délivré par l'autorité compétente du pays exportateur. Malheureusement l'application de ces mesures n'a jamais été très stricte et, à la longue, elles n'ont plus été respectées.

Après les bouleversements politiques de 1914-18, une vingtaine de pays, dont l'U.R.S.S. ont conclu une *Convention Internationale de Rome* (16 avril 1929) pour la Protection des Végétaux. Cette convention reprenait l'essentiel de l'accord de 1881, mais élargi à l'Afrique et à l'Amérique, de sorte que la convention de Berne devint sans objet et fut annulée en 1949 sur proposition de la Suisse. (CHAPONNIER, 1950). Tous les Etats signataires furent priés d'adhérer à l'accord de Rome.

C - Echanges internationaux de matériel

Ces échanges demandent des précautions qui ont fait l'objet d'une recommandation par la conférence méditerranéenne pour la protection des plantes (Paris, 1952) : importation exclusive de boutures sans le bois de 2 ans, lavées, désinfectées, placées en emballage propres et désinfectés, désinfectées de nouveau à l'arrivée.

Les pays importateurs envoient généralement des fonctionnaires spécialisés pour surveiller ces opérations lorsqu'elles représentent des volumes importants, mais les petites quantités échappent presque toujours aux contrôles et sont souvent clandestines, de sorte qu'elles sont souvent responsables de l'apparition du Phylloxéra dans un pays ou une région demeurée indemne.

La désinfection du matériel

Elle a pour but de détruire éventuellement les œufs d'hiver qui pourraient se trouver sous les écorces des sarments, mais on sait que la ponte se fait principalement sur le bois de deux ans, donc la désinfection ne pourrait jouer un rôle efficace que dans le cas des boutures à crosette.

COUANON et SALOMON (1887) ont traité des boutures de vigne d'une part en employant le procédé BALBIANI pour la destruction de l'œuf d'hiver (dont la technique d'emploi sera précisée plus loin) et d'autre part en trempant les boutures dans de l'eau chaude : 5 minutes dans l'eau à 45 °C, une minute ou deux à 50 °C. La plantation fut réalisée en serre et deux mois après, les plants ayant poussé, on constata à l'arrachage qu'il n'y avait aucune différence entre les boutures en expérience et les boutures témoins. Toutefois le badigeonnage au mélange Balbiani s'est montré inférieur au traitement à l'eau chaude. D'autres essais, entrepris en 1900, ont montré que les meilleurs résultats étaient obtenus avec un trempage durant 5 minutes dans de l'eau chaude à 53 °C.

Le *procédé suisse*, mis au point par FAES (1912) consiste à faire tremper les boutures durant 12 heures dans un mélange comprenant 3 % de sulfocarbonate de potassium et 1 % de savon noir.

Depuis, la Conférence pour la protection des végétaux a prescrit, en 1952, de procéder à l'immersion des boutures dans l'huile d'anthracène additionnée de 0,2 % de parathion (à 15 % de matière active). Les fumigations nécessaires à la désinfection des emballages et du matériel emballé se font dans des locaux spécialisés (stations de désinfection) qui sont surveillés directement par le Service de la Protection des Végétaux. On utilise soit du sulfure de carbone (300 à 400 g par mètre cube pendant 1 heure) soit de l'acide cyanhydrique (1 litre de gaz ou 5 g de cyanure par mètre cube pendant 1 heure, sous vide partiel), soit le bromure de méthyle.

Les résultats sont incomplets avec les autres insecticides comme avec les installations mobiles (bâches, etc...).

Pratiquement, le trempage du matériel dans l'huile d'anthracène additionnée de parathion, l'emploi d'emballages neufs, la fumigation au lieu d'embarquement et les manipulations dans un endroit où il n'y a pas de Phylloxéras (sables, villes importantes) éliminent beaucoup de risques. A la réception, diverses dispositions peuvent être prises : destruction des emballages, immersion dans l'insecticide et réemballage ou bien fumigation de l'ensemble. La technique à adopter dépend des possibilités, mais l'exécution requiert toujours beaucoup de méthode et de soin. Des accidents, pouvant entraîner la mort des plants de vigne, peuvent survenir avec l'emploi de substances enrobantes spongieuses qui conservent l'eau et le produit fumigant qui s'y est dissous, les emballages sous film plastique trop imperméable, une durée de transport excessive, un manque d'aération à l'arrivée dans le pays importateur. Finalement, devant les risques financiers importants, la longueur et l'incertitude des poursuites judiciaires, beaucoup de professionnels préfèrent s'abstenir et se contentent d'une « désinfection sur le papier », en accord d'ailleurs souvent avec l'organisme importateur.

L'organisation d'un Service de Quarantaine

Il a pour but de diminuer les risques d'importation d'un matériel étranger, nécessaire cependant pour l'amélioration variétale locale ou pour prévoir l'utilisation future de vignes américaines résistantes au Phylloxéra. Certains pays méditerranéens (Grèce, Chypre) ont ainsi établi des champs de pieds-mères et des pépinières avant toute phylloxérisation, dans des lieux isolés, souvent des îles (Mykonos pour la Grèce, Monte-Cristo d'abord puis Tremiti pour l'Italie). Les pépinières sont surveillées en cours de croissance (gallicoles) et au moment de l'arrachage pour les radicicoles. La sortie de la quarantaine, sous forme de boutures, est organisée avec une désinfection préalable.

Curieusement, les Etats-Unis refusent de recevoir du matériel de multiplication (porte-greffes notamment) de France bien que toutes les maladies et parasites graves existant en France soient précisément d'origine américaine...

2° METHODES CHIMIQUES

Nous avons indiqué que d'innombrables procédés de lutte avaient été proposés pour détruire le Phylloxéra et comme le signale FOEX (1895) « les conceptions les plus diverses et quelques fois les plus bizarres ont été proposées, depuis le venin de crapaud jusqu'au jus de tabac, sans compter les insectifuges tels que les exorcismes ou les brouettes frappeuses (pour reconduire méthodiquement l'insecte jusqu'à la mer ou à la frontière). »

Deux substances chimiques se sont imposées durant la crise phylloxérique d'une part le *Sulfure de Carbone* CS_2 proposé par le Baron THENARD et le *Sulfocarbonate de potassium* $CS_3 K_2$ proposé par DUMAS et expérimenté par MOUILLEFERT qui s'en fit le propagandiste.

Au point de vue de leur emploi on peut distinguer deux sortes de traitements : les traitements d'extinction et les traitements culturaux.

A - Traitements d'extinction

Lorsque le Phylloxéra a été détecté dans un vignoble jusqu'ici indemne, les gouvernements ont souvent pris l'initiative de faire disparaître les vignes atteintes par des traitements d'extinction de façon à empêcher la contamination des vignes voisines.

Le premier travail consiste à délimiter *largement* la tache phylloxérique et d'arracher ensuite non seulement les vignes malades mais encore celles qui paraissent saines et situées en bordure. On brûle sur place les souches, la végétation herbacée si elle existe au moment du traitement et toutes les racines qu'on peut extirper du sol, ainsi que les échalas. Cette *incinération sur place* est nécessaire car le transport ailleurs des débris végétaux de la vigne favoriserait une dissémination accidentelle du puceron.

L'arrachage de la vigne doit être suivi d'un *défoncement* du sol assez profond pour permettre d'extraire les moindres racines de la vigne, brûlées à leur tour sur place.

Ensuite, on emploie un insecticide puissant dans le sol pour tuer les Phylloxéras qui y sont demeurés et enfin il est interdit de replanter de la vigne pendant plusieurs années, généralement 4 ans.

Divers *produits chimiques* ont été préconisés pour cet usage :

1° Le professeur MONNIER, de Genève avait proposé, en 1879, de détruire la tache apparue dans le canton de Neuchâtel avec 300 g par cep (4 trous et 75 g par trou) d'un mélange d'*éther de pétrole* (néoline) avec *l'anhydride sulfureux* comme agent mécanique de diffusion, injecté à 1 m de profondeur. Ce traitement était coûteux (5.500 F par ha, non compris la main-d'œuvre) était d'un emploi délicat (danger d'explosion à la moindre étincelle) et n'a pas donné les résultats escomptés.

2° L'emploi du *sulfure de carbone* fut au contraire fréquemment employé dans les divers pays viticoles, à la dose de 300 g par cep, soit en une application soit en deux traitements de 150 g appliqués à douze jours d'intervalle et s'étendant à 5 rangées de souches autour du point contaminé.

Cette technique a été utilisée en Suisse dans les cantons de Genève et de Neuchâtel, en Allemagne également en imbibant le terrain (après l'arrachage des ceps, des échalas et leur incinération) avec du sulfure de carbone (200 g par mètre carré) et en arrosant de pétrole. Une zone de sûreté, large de 100 mètres a été labourée à 1 mètre de profondeur et traitée de la même manière. Les traitements dans la vallée de l'Ahr ont été répétés l'anneé suivante sur les parcelles arrachées.

Le baron THENARD (1879) indiquait que « pour traiter une tache isolée, rencontrée inopinément dans un vignoble situé à une grande distance d'une contrée envahie, on pouvait faire un *traitement à mort*. Celui-ci consiste en 100.000 injections de sulfure de carbone par hectare, à raison de 700 kg. Puis 5 à 6 jours après on recommence. Cette répétition est nécessaire pour tuer les œufs qui, échappant au premier traitement, arrivaient alors à éclosion. Ce traitement ne s'effectue que sur de petites surfaces et n'exige qu'un faible sacrifice. Appliqué en Suisse depuis 5 ans il a permis de ne perdre que 12 ha de vignes. »

Pour BRANAS (1974) « les foyers découverts sont l'objet de traitements après délimitation de la tache y compris une bande de protection large de 12 mètres : injection de 8.000 litres/ha de CS_2 arrosage du sol avec une solution savonneuse de crésol, arrachage et incinération, nouvel arrosage et nouvelle injection à 4.000 kg/ha (Allemagne) ; arrosage du sol avec du pétrole suivi d'une injection de 200 cm³ de CS_2 par souche (Suisse) ; décapitation, arrachage et incinération des souches et injection de 200 à 1.000 g de CS_2 par pied (Algérie).

« Les traitements d'extinction ont été appliqué en Italie, en Allemagne, en Suisse, en Algérie, en Tunisie. L'invasion a été ralenti lorsque les conditions naturelles étaient peu favorables à l'insecte mais elle n'a pu être arrêtée en dépit d'efforts parfois considérables ; l'insuccès est inévitable car tout foyer découvert a pu donner naissance à d'autres foyers avant de se signaler par l'affaiblissement des souches. »

Foex (1900) indique que « si on considère le rôle qu'ont joué jusqu'ici les traitements d'extinction, on doit reconnaître que lorsqu'ils ont été bien fait, dans un pays encore peu envahi, où les vignobles sont disséminés, ou bien où le climat est peu favorable à la multiplication du Phylloxéra, ils ont retardé d'une manière notable la destruction des vignes. Cependant comme leur emploi n'est pas compatible avec celui des vignes américaines résistantes on peut se demander si en prolongeant la crise et en retardant la plantation des vignobles sur des bases sûres et définitives, il n'a pas été quelquefois plus nuisible qu'utile. »

B - Traitements culturaux

Ces traitements sont destinés à détruire le Phylloxéra tout en conservant la vigne. On espérait, à l'époque, éviter l'affaiblissement des vignes touchées et même leur permettre de reprendre de la vigueur. Malgré tous les efforts entrepris et la grande faveur dont ces traitements jouissaient auprès des viticulteurs, ils n'ont pas permis la survie des vignes phylloxérées dans les sols favorables à l'insecte. La Romanée-Conti, en Bourgogne a été maintenue par les traitements au sulfure de carbone jusqu'en 1938.

I — LE SULFURE DE CARBONE

C'est un liquide incolore, très réfringent, très mobile, qui possède une odeur aromatique, mais les impuretés de fabrication lui communiquent une odeur désagréable, rappelant le chou pourri. Sa densité est de 1,292 à 0°C et de 1,27 à 15°C. Son point d'ébullition est de 46°6 C et il s'évapore en produisant du froid et laisse un dépôt de soufre autour des robinets des bidons. Le sulfure de carbone CS_2 est un produit dangereux, inflammable et explosif qu'il faut donc manipuler avec précaution, d'autant que sa tension de vapeur est élevée (198 mm de mercure à 10 °C) et lui permet de s'enflammer à distance (donc ne pas fumer sur les chantiers de traitement). Il produit chez l'homme des maux de tête, des vertiges et un affaiblissement des forces musculaires et des sens ; on doit donc éviter d'en respirer.

Cet insecticide est peu soluble dans l'eau et sa solubilité décroît lorsque la température s'élève :

Chancel et Parmentier (1884) ont étudié la solubilité du CS_2 dans l'eau en fonction de la température.

Température	Solubilité
3°4 C	2 g par litre
10°	1,94
15°8	1,81
25°	1,70
30°1	1,53
41°	1,05

donc le coefficient de solubilité diminue rapidement à partir de 30° et la dissolution se comporte d'une façon analogue aux dissolutions des gaz n'ayant aucune action chimique sur l'eau.

C'est au Baron Thénard qu'on doit l'usage du sulfure de carbone et il en a relaté, en 1879, les premières expériences « Le produit a été pour la première fois appliqué à la destruction du Phylloxéra au mois de juillet 1869 à Floirac dans le Bordelais, chez le Dr Chaigneau et chez M. Cahussac. Chez le premier, la dose de 1.500 kg par ha a été distribuée dans des trous pratiqués au pal et au maillet, trous distants de 40 à 50 cm au carré. L'effet a été foudroyant sur l'insecte mais la moitié des ceps ont péri. Chez l'autre la dose a été réduite à 600 kg, qui ont été versés avec une burette à huile précédant de 50 cm une charrue qui venait combler la raie préalablement tracée et dans laquelle on avait déposé du tourteau d'arachide. Les résultats ont été satisfaisants.

Depuis, l'honneur du succès revient à M. Allies, de Marseille qui par des traitements à petite dose, mais répétés mensuellement pendant cinq mois consécutifs a sauvé son domaine et a convaincu en même temps M. Talabot, Directeur de la Cie P-L-M à s'emparer de la question, puis à confier au Professeur Marion, de la Faculté de Marseille les expériences qui ont permis de tirer des lois sur la diffusion de la vapeur de sulfure au sein des sols les plus divers, dans des conditions très variées. »

Diffusion du sulfure de Carbone. GASTINE (1877-1893) a fait des essais pour déterminer la zone de diffusion des vapeurs de sulfure de carbone (injecté à l'état liquide et à petite dose) et pour fixer la durée de leur présence dans le sol. Les trous étaient distants de 2 mètres en tous sens, chacun recevant 20 g de sulfure de carbone.

« Dans un *sol sableux, perméable,* les vapeurs de l'insecticide se trouvaient 24 heures après le traitement à plus de 50 cm du trou d'injection, 2 jours après à plus de 75 cm et 3 jours après à 95 cm. Puis il y a diminution et 6 jours après on ne trouve plus que des traces du produit à 25 cm du trou. Donc la diffusion maxima atteint un rayon de 1 mètre autour du trou d'injection.

« Dans un *terrain très argileux* et très compact la diffusion est aussi étendue (30 cm au bout d'un jour, 70 cm au bout de 3 jours et 1 mètre au bout de 4 jours) que dans le sol perméable, mais elle est plus lente.

« Les vapeurs de sulfure de carbone, de densité 2,62 vont remplir les interstices du terrain, pénétrer dans toute sa masse et atteindre ainsi tous les insectes qu'il renferme.

« La dose de liquide à employer est proportionnelle au volume du sol à désinfecter, à sa porosité, à l'état de sa surface qui doit offrir une résistance convenable à la déperdition des vapeurs toxiques vers l'atmosphère.

« Dans les sols argileux, en hiver, les pluies ont rempli tous les espaces du sol et on ne doit pas traiter car le sulfure de carbone, peu soluble, resterait à l'état liquide au fond des trous et ne pourrait se transformer en vapeurs. Son contact prolongé avec les racines de la vigne pourrait altérer ces dernières. En été, les mêmes sols fissurés par la sècheresse laisseraient perdre en quelques heures le sulfure de carbone introduit.

« Donc le *choix de l'époque* du traitement assure véritablement le succès de l'opération, le meilleur moment étant à la fin du printemps lorsque le sol est bien ressuyé ou en automne après les premières pluies.

« Dans les *terres franches* et dans les *terrains légers*, perméables ces difficultés disparaissent et on peut traiter plus facilement, ayant une grande latitude pour le choix de l'époque de traitement.

« Les *terres calcaires* perméables, pierreuses, sèches et peu profondes si fréquentes dans le Midi doivent être traitées pendant la saison humide car c'est seulement à ce moment que les vapeurs du sulfure peuvent être retenues dans la couche arable.

« En résumé, il faut s'attacher à n'exécuter les traitements que lorsque la perméabilité du sol assure l'expansion des vapeurs de sulfure de carbone dans la couche arable et lorsqu'en même temps la surface de ce sol joue le rôle d'un opercule retenant les dites vapeurs. »

Mode d'action du sulfure de carbone. Sur les Phylloxéras l'insecticide agit sans doute par asphyxie, mais il n'a pas été publié d'étude physiologique sur ce point précis. Par contre BALBIANI (1876) a étudié le comportement du sulfure de carbone contre les œufs de Phylloxéra : ceux-ci placés dans du sulfure de carbone liquide présentent, au bout d'un quart d'heure une désorganisation, consistant dans la confluence des granulations graisseuses du vitellus en globules plus gros et même en une seule masse liquide jaune qui s'épanche hors de l'œuf lorsqu'on écrase celui-ci. Si l'on se contente d'arroser les œufs avec du sulfure de carbone et d'attendre son évaporation on ne constate aucun dommage et les œufs éclosent normalement. Enfin, des œufs, placés dans un flacon, contenant des vapeurs de sulfure de carbone, ne sont tués qu'après 10 ou 12 heures d'exposition. »

Le sulfure de carbone est sans action sur les *éléments du sol* car il n'en dissout aucun sensiblement et il disparait d'ailleurs assez rapidement. Toutefois PERRAUD (1894) avait montré qu'il y avait une certaine action antiseptique qui arrêtait la nitrification, de sorte qu'il recommandait d'effectuer le sulfurage avant l'application du fumier dans le sol, plutôt que l'inverse.

BRANAS (1974) rappelle « qu'on a vu, dès 1877, des effets favorables du traitement, même en l'absence de Phylloxéra : souches plus puissantes, feuillage vert foncé. Reproduits depuis par les autres fumigants, ils sont dus principalement à la minéralisation de l'azote des microorganismes tués par les fumigants. Ils ont servi d'argument pour encourager les sulfurages. »

Le traitement n'exerce aucune *action sur la qualité du vin*, mais selon THENARD (1879) le traitement préventif, exécuté un peu avant les vendanges, fatigue certainement la vigne et hâte la maturité du fruit qui n'a pas la qualité d'un raisin sain. Le vin a de la verdeur et il est moins alcoolique.

BOITEAU (1879) avait étudié « le *comportement des racines* de la vigne sous l'action de l'application de sulfure de carbone à des doses comprises entre 12 et 24 grammes par mètre carré. Le produit agit sur la racine en la mortifiant dans une certaine étendue. A l'état liquide ou à l'état de gaz concentré il arrête la vie dans un rayon d'une dizaine de centimètres. La partie atteinte se fonce en couleur, passe au brun et se dessèche. L'effet est surtout manifeste lorsque l'action se produit sur le milieu d'une racine d'un certain diamètre ; toute la partie atteinte est frappée de mort, laquelle s'accuse par une coloration rougeâtre ou brune suivant le temps qui s'est écoulé entre l'application et la constatation de l'arrêt de la vie. Toutes les racines, depuis le chevelu jusqu'aux racines principales subissent la désorganisation. Le cep lui-même dans la partie qui forme le pivot des racines, peut être atteint en tout ou en partie suivant la distance à laquelle il se trouve du foyer d'émission. »

Doses d'emploi. Le traitement doit, selon GASTINE et COUANON imprégner toutes les parties du sol dans lesquelles se développent les racines, être capable d'atteindre uniformément les insectes et débarrasser la vigne sans l'altérer.

Les doses d'emploi ont varié de 150 à 400 kg par hectare selon la nature du terrain (150 à 200 kg dans les sols légers et davantage dans les sols argileux). Au-delà on est limité par la tolérance de la vigne et par le coût élevé du traitement (40 à 50 F-or les 100 kg).

L'Etat a largement subventionné les achats pour aider les viticulteurs, ce qui a permis d'effectuer les traitements destinés à maintenir en vie les vignes atteintes pendant quelques années avant d'envisager leur reconstitution sur vignes américaines :

Superficies défendues par le sulfure de Carbone en France

1878	2.512 ha	1891	72.382 ha
1881	15.933 ha	1894	50.452 ha
1885	40.585 ha	1898	35.874 ha

Appareils de traitement : Au début le sulfure de carbone fut répandu dans le sol au moyen de *tubes creux,* pointus et percés de trous à leur partie inférieure et dans lesquels on versait un volume déterminé d'insecticide (Pals de David et de Delbez).

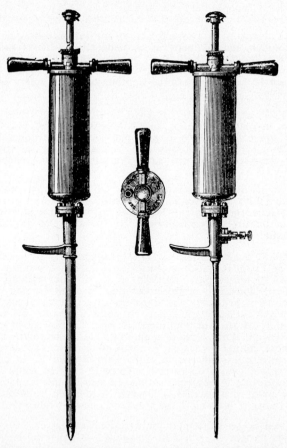

Fig. 251. – A gauche Pal injecteur Gastine à clapet inférieur, à droite Pal injecteur Gastine à clapet latéral et à tige en forme de lame (d'après V. MAYET).

Fig. 252. – Traitement d'une vigne au Sulfure de Carbone (d'après BARRAL).

Puis vinrent les *pals jaugeurs* de Gayraud et de Rousselier qui permettaient d'obtenir l'écoulement d'une quantité déterminée de sulfure renfermée dans un réservoir surmontant la tige creuse de l'instrument.

Ensuite le *Pal injecteur,* imaginé par GASTINE, améliora beaucoup les conditions de la diffusion du sulfure de carbone dans le sol grâce à l'utilisation d'une pompe à piston. On enfonce la tige de l'appareil

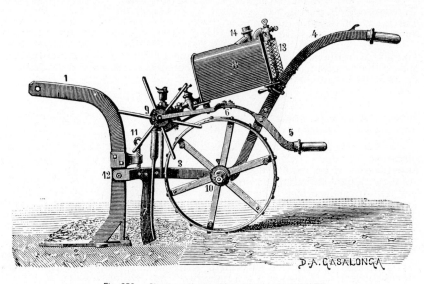

Fig. 253. – Charrue sulfureuse Vernette (d'après V. MAYET).

dans le sol en pesant avec le pied sur une pédale coulissant sur la tige et réglant ainsi la profondeur d'injection. Puis on agit sur le piston du réservoir qui envoie la dose de sulfure dans la tige perforée de trous à son extrémité inférieure. Sans rondelle, chaque coup de piston débite 10 g de sulfure de carbone. Chaque rondelle ajoutée diminue la dose de 1 gramme. Cet appareil fut perfectionné par la maison Vermorel (pal « select » et pal « excelsior »).

Enfin la nécessité de traiter de grandes surfaces donna lieu à l'invention des *charrues sulfureuses* munies d'un coutre, d'un réservoir et d'un dispositif permettant l'écoulement du liquide en profondeur. Divers modèles furent commercialisés : Gastine, Vernette, Saturnin, Rousseil, Salvator vitis, etc...

Emploi du *sulfure de carbone dissous dans l'eau*. Cette technique fut imaginée pour assurer une répartition plus régulière du produit dans le sol et fut proposée, dès 1875, par CAUVY, professeur à l'Ecole de Pharmacie de Montpellier, puis reprise par ROMMIER en 1882. On creuse des cuvettes autour de chaque cep, qui sont remplies de la solution, dosée de 0,6 pour mille (en été) à 1 pour mille (en hiver), ce qui conduit à employer 150 à 200 mètres cubes d'eau par hectare, rendant très incommode l'emploi de cette technique. Des appareils (Brouhot, Fafeur) avaient été commercialisés pour préparer la dissolution du sulfure dans l'eau ; les résultats étaient incertains.

Autres procédés. Il faut citer les *cubes Rohart*, morceaux de bois imprégnés de sulfure de carbone à l'intérieur et placés auprès des racines (peu efficace), le *procédé Crolas et Jobart* (1876) dans lequel une pompe aspirait l'air du sol pour le saturer de sulfure de carbone.

Mode d'épandage. GASTINE (1893) a publié tous les schémas possibles pour effectuer l'épandage dans les vignes au carré, en quinconce, en lignes et le nombre de trous à faire par cep en fonction des doses à appliquer.

II — LE SULFOCARBONATE DE POTASSIUM

« La découverte d'un agent à la fois fertilisant et insecticide écrit V. MAYET (1890), devait, dès le début de l'invasion phylloxérique, préoccuper les chimistes. De nombreuses recherches ont été faites dans ce sens, mais l'idée que les sulfocarbonates de potassium et de sodium pouvaient réunir ces deux conditions est due à DUMAS. En 1874 il avait observé que, soumis à l'influence de l'acide carbonique de l'air et de l'humidité, ces sels se décomposaient lentement en carbonates fertilisants et en sulfure de carbone insecticide :

$$CS_3K_2 + CO_2 + H_2O = CO_3K_2 + CS_2 + H_2S$$

et que, de plus, la lenteur de la réaction permettait aux vapeurs toxiques une action prolongée et d'autant plus efficace.

« Des expériences furent aussitôt organisées à Cognac, sous la direction de deux délégués de l'Académie des Sciences : CORNU et MOUILLEFERT. Il en résulta que l'action sur la reproduction des radicelles était remarquable, l'effet insecticide également et que le sulfocarbonate de potassium, malgré son prix supérieur, à celui du sel de sodium, devait être préféré à ce dernier. L'action fertilisante des sels de potasse étant connue de tous, le sulfure de carbone ayant déjà fait ses preuves, on crut un instant que le remède définitif était trouvé et que son emploi serait partout substitué à celui du sulfure de carbone.

« Il n'en a rien été. Malgré l'ingéniosité du procédé, malgré le prestige qui s'attachait au nom de l'inventeur (Secrétaire perpétuel de l'Académie des Sciences), la pratique est venue juger en dernier ressort. »

Efficacité du Sulfocarbonate de potassium

« Des expériences faites dans des flacons démontrèrent qu'une dissolution au 1/100.000ᵉ de cette substance tuait en 24 heures tous les phylloxéras qui y étaient plongés ; il y avait donc lieu de supposer que l'agent proposé aurait, même à très petite dose, une activité propre considérable, et qu'il créerait en outre dans le sol un milieu gazeux nuisible à l'insecte.

BALBIANI (1876) a essayé « diverses doses de sulfocarbonate de potassium liquide à 38° Bé contre les œufs de Phylloxéra.

Les solutions au 1/10° et au 1/100° ont tué au bout de 24 heures les œufs qui ont bruni sans donner une seule éclosion.

« Dans la solution au 1/500° il y a eu deux éclosions après 6 heures d'immersion dans le verre de montre contenant le liquide mais les Phylloxéras sont morts avant de s'être dégagés totalement hors de leur coque. Il y eut en tout 7 éclosions de 6 à 8 œufs avec un embryon mort à l'intérieur.

« Dans la solution au 1/1.000°, l'action fut moins énergique car les 17 œufs ont pu éclore, mais les jeunes Phylloxéras sont tous morts, soit à l'instant même, soit peu de temps après l'éclosion.

« Enfin la solution au 1/10.000ᵉ a eu une action nulle sur les œufs. Par conséquent les œufs de Phylloxéra sont tués à la dose minima de 1/500ᵉ. »

Mode d'emploi. Le sulfocarbonate de potassium est employé à l'état liquide et dilué dans l'eau (solution à 3 pour mille). Il est versé dans de petites cuvettes formées au pied des souches entourées d'un bourrelet de terre. On emploie l'équivalent de 40 à 50 grammes de sulfocarbonate par mètre carré dissous dans 10 à 15 litres d'eau suivant la perméabilité du sol, ce qui nécessite par hectare de 400 à 500 kg de Sulfocarbonate et de 100 à 150 mètres cubes d'eau.

L'épandage se fait en hiver, pendant le repos de la végétation, après la taille (pour faciliter la circulation) dans des terres déjà imbibées par les pluies et qui se saturent plus facilement.

Cet insecticide, en définitive, n'a pas été beaucoup employé :

| 1878 ..... 845 ha | 1890 ...... 9.377 ha | 1896 ...... 10.222 ha |

en raison de son prix élevé (250 à 300 F-or par ha, avec l'apport d'eau), des difficultés de se procurer de l'eau en abondance et de son efficacité moindre.

III — HEXACHLOROBUTADIENE

L'Hexachlorobutadiène ou Hexachlorure de butane $C - Cl_2 = C - Cl - C - Cl = C - Cl_2$ est un solvant de l'industrie du caoutchouc qui a été essayé en Russie par KOGAN à partir de 1958 comme fumigant pour détruire le Phylloxéra dans le sol. Il est obtenu par chloration de gaz résiduels de l'industrie du pétrole. C'est un liquide incolore ou faiblement coloré, de densité 1,7, très faiblement soluble dans l'eau, incombustible, ni corrosif pour les métaux. Sa température d'ébullition est de 215 °C. Poids moléculaire 260,7.

Utilisé à des doses faibles, de 150 à 250 kg/ha, il détruit le Phylloxéra sans altérer la vigne. Les effets sont valables durant 3 ans. Avec des doses de 500 kg/ha on observe parfois de légers dégâts sur les vignes, qui disparaissent pendant la végétation suivante. Mais les doses de 1.000 kg/ha provoquent des dégâts graves pouvant entraîner la mort des souches.

Le produit émulsionné dans 400 litres d'eau est injecté avec un pal jusqu'à une profondeur de 30 cm et il détruirait le Phylloxéra radicicole dans un délai de 30 à 40 jours.

Essayé en Grèce par Kelperis (1967) cette substance, non phytotoxique pour la vigne jusqu'à la dose de 540 kg/ha, n'aurait pas eu d'action anti-phylloxérique. Au Maroc des essais en arrosage à 120 hl/ha d'une émulsion à 0,7 pour mille auraient été favorables (Branas 1968).

D'après Garkavenko (1970) l'efficacité de l'Hexachlorobutadiène dépend beaucoup de la nature du sol. Pour obtenir une bonne efficacité dans des sols moyennement compacts, la fumigation est effectuée trois fois au cours d'une saison (printemps et automne). Dans les terres argileuses, lourdes, dont l'aération est mauvaise, les résultats sont mauvais.

Expérimenté en Argentine par Vega Ed. (1972) à des doses de 75 kg, 150 kg et 300 kg par hectare sur 3 cépages (Pinot blanc, Gibi et Tempranillo) l'Hexachlorobutadiène a donné de bons résultats car aucun Phylloxéra n'a été observé, durant 2 années, sur les racines des parcelles traitées alors que dans les vignes témoins des 3 cépages on trouvait des milliers d'individus.

En conclusion, ce produit ne paraît pas avoir beaucoup plus d'efficacité que le sulfure de carbone et son emploi se heurte aux mêmes difficultés que celles rencontrées pour les autres fumigants.

IV — SUBSTANCES DIVERSES

En dehors des nombreux produits proposés au moment de la crise phylloxérique, tous inefficaces, un certain nombre d'insecticides modernes ont été expérimentés depuis une trentaine d'années :

Les *Organo-chlorés* font partie de cette série, mais ils sont tous actuellement interdits. Le DDT avait été expérimenté par Simmons et al (1961) en Californie dans un mélange comprenant 45 g de DDT, 45 millilitres de Triton B 1956 et 225 millilitres d'éther dichloroéthyl. Ce traitement était efficace, tuant le Phylloxéra sans altérer la vigne, mais il était très inflammable.

L'HCH, essayé en Allemagne par Rodrian (Reid, 1949) et injecté dans le sol semblait détruire les insectes, mais son emploi était plus cher que le sulfure de carbone (Stellwaag, 1956).

Le paradichlorobenzene, expérimenté en 1930 par Dalmasso et Manzoni s'est montré insuffisant.

Les autres insecticides actifs contre les taupins, les vers blancs ne l'ont pas été contre le Phylloxéra (SPC, TTC, lindane, aldrine, etc...).

Les *esters phosphoriques*, type parathion se sont révélés peu actifs dans les sols calcaires et en profondeur.

Le *Bromure de méthyle*, préconisé par Egorov (1953) arrivait au laboratoire à tuer les Phylloxéras en 2 heures dans une enceinte fermée. L'application au vignoble est beaucoup plus difficile, d'autant qu'il s'agit d'un produit très toxique, dont l'emploi est strictement réglementé.

L'*Aldicarbe*, du groupe des Carbamates, est un insecticide systémique, expérimenté par Boubals et de Redon (1976) qui pénètre par les racines dans le cep ainsi que le *Carbofuram*. Ces deux produits paraissent efficaces contre le Phylloxéra, mais comme ils sont très toxiques ils ne peuvent être employés que pour les vignes à bois pour ne pas risquer de les retrouver dans le raisin et dans le vin.

Selon Branas (1968) « les *produits systémiques*, expérimentés par Gotz (1950), Pieri (1954), Ciferri (1955), n'ont donné aucun résultat positif : il semble que l'élimination du toxique laisse le champ libre à une rapide réinfestation. »

V — LUTTE CONTRE L'ŒUF D'HIVER

Balbiani, à la suite de l'exposé de sa théorie sur la diminution graduelle de la fécondité, évoquée dans la biologie du Phylloxéra, chercha à détruire l'œuf d'hiver, nécessaire pour lui afin de régénérer la race. Les premiers essais de traitement datent de l'hiver 1882-1883 et furent poursuivis les années suivantes pour mettre au point les meilleures proportions du mélange, qui fut appelé le *Mélange Balbiani*. Ce mélange comprend 20 kg d'huile lourde de houille, 60 kg de naphtaline, 120 kg de chaux vive et 400 litres d'eau.

Dans un petit récipient on commence par dissoudre la naphtaline dans l'huile lourde en remuant avec une spatule en bois.

Dans un grand récipient de 500 litres environ (futaille défoncée par exemple) on fait fuser la chaux vive avec de l'eau, puis on y verse dessus le mélange d'huile et de naphtaline tout en remuant. Puis on complète avec de l'eau.

Le transport à la vigne se fait dans des comportes en bois et l'application sur la souche (préalablement décortiquée) se fait au moyen d'un pinceau rond en poils de porc. On badigeonne tout le bois, y compris les plaies de taille (qui peuvent receler l'œuf d'hiver sous leur écorce).

En dehors du prix onéreux de cet épandage, ce traitement ne se justifie pas (cf. biologie) et il n'est plus utilisé aujourd'hui.

Sabate (1876) à Libourne avait proposé de décortiquer les souches au moyen d'un gant métallique à mailles d'acier (gant Sabaté) pour priver la souche des écorces sous lesquelles l'œuf est pondu.

Fig. 254. – Gant Sabaté.

Dans le même ordre d'idées, Bourbon, de Perpignan avait inventé un appareil le *Pyrophore* pour brûler les écorces des vignes. La flamme provenait de la combustion d'un mélange de vapeurs d'essence et d'air, comme dans un fer à souder. Cet appareil avait été mis au point pour lutter contre la Pyrale.

VI — LUTTE CONTRE LES GALLES PHYLLOXERIQUES

Les traitements de printemps ont pour but de détruire les jeunes gallicoles ainsi que les femelles adultes présentes dans les galles afin de limiter les dégâts des générations suivantes.

Les premiers insecticides, utilisés après 1945 ont été des *produits organo-chlorés*, en particulier l'H.C.H. en poudrage à 10 % ou son isomère le Lindane à la dose de 25-30 g de M.A. par hl, de préférence en émulsion. Selon SCHVESTER (1961) la haute efficacité du Lindane serait attribuée à la pénétration de l'insecticide à l'intérieur des galles.

Le S.P.C., selon FREZAL (1948) se comportait sensiblement comme l'H.C.H., bien qu'il soit d'efficacité légèrement inférieure. Enfin le D.D.T. procurait une protection nettement plus faible.

Les *esters phosphoriques* ne sont pas suffisamment actifs. Pour SCHVESTER le méthyl parathion à 30 g de M.A./hl ou le méthyldimeton à 50 g de M.A./hl n'ont donné que des résultats médiocres, tout à fait insuffisants pour protéger le vignoble. Il en est de même d'autres produits expérimentés en Allemagne (E 605, Pestox).

Le *Captane*, essayé par FREZAL et PORTELLI (1954) a donné de bons résultats en Algérie, les feuilles des souches traitées avec ce produit ne portant en moyenne que 1 ou 2 galles chacune contre 5 à 10 dans le cas des souches traitées au Zinèbe ou à la Bouillie Bordelaise. Il faut traiter de bonne heure, dès l'apparition des premières galles, notamment dans le cas des vignes mères car ensuite avec l'encombrement de la végétation sur le sol il n'est plus possible de circuler avec des appareils.

3° METHODES CULTURALES

A - LA SUBMERSION

Historique

La submersion fut pratiquée autrefois pour détruire les insectes et les escargots en Grèce et en Russie (Valéry MAYET, 1890), mais il s'agissait là d'une pratique fort limitée et sporadique.

« Dès la découverte du Phylloxéra à Saint-Rémy, le Docteur SEIGLE, de Nîmes, se basant sur cette donnée physiologique que le puceron devait être organisé pour vivre dans l'air et non dans l'eau, fit inonder son vignoble de Forbarot, situé dans le Vaucluse au Thor. Dans une note reproduite dans le rapport de BARRAL (1876) le Dr SEIGLE indique que dès le 26 juillet 1868, profitant de l'eau de la Durance amenée par un canal entourant sa propriété, il inondait tout son vignoble pendant 12 jours consécutifs, en maintenant constamment l'eau à 15 cm environ au-dessus du sol. En octobre de la même année, il procéda à une seconde submersion durant 20 jours. En 1869, il fit trois submersions : en mai (12 jours) en juillet (8 jours) et en octobre (28 jours). Cette technique lui permit de maintenir son vignoble en état de production. SEIGLE est donc bien le promoteur de la submersion des vignes en France. »

« Louis FAUCON, propriétaire du Mas de Fabre à Graveson (B.-du-Rh.) n'entreprit sa première submersion qu'en 1870, ayant dû faire au préalable des travaux pour amener l'eau du canal des Alpines dans son domaine. Il se fit le propagateur de la méthode et fixa les règles principales de la submersion. Il contribua ainsi pour une large part à la rapide extension du procédé dans le Midi, mais aussi dans l'Ouest.

« CHAUZIT et TROUCHAUD-VERDIER (1887) indiquent que l'exemple donné par FAUCON fut bien vite suivi ; dans le Gard surtout les imitateurs, dès le début, furent nombreux en raison de la régénération rapide du vignoble du Mas de Fabre : 35 hl en 1869 et 849 hl en 1872. A la tête des submersionistes on trouve Valz père qui commença sa première submersion en 1873 sur son domaine de Saint-Laurent d'Aigouze et l'année suivante plusieurs propriétaires, situés sur les bords du Vidourle, l'imitèrent ; de grandes plantations furent établies non seulement dans le Gard, mais aussi dans l'Hérault, les Bouches-du-Rhône, l'Aude, le Vaucluse et la Gironde. »

Cette technique de la submersion obtint donc un succès considérable : il se créa des syndicats et même un journal « le Viticulteur submersioniste » de sorte que la submersion fut tentée dans de nombreux départements, mais elle rencontra des difficultés d'application soit à cause de la trop grande perméabilité des sols, soit comme l'a indiqué Foex (1888) « parce que les hivers froids risquent d'entraîner des accidents graves : la surface inondée se congèle quelquefois sur une assez grande épaisseur et il suffit d'un changement du niveau de l'eau qui supporte la glace pour que des souches soient arrachées ou écrasées suivant que les glaçons s'élèvent ou s'abaissent. »

Enfin la submersion n'est praticable que dans les vignobles de plaine et ne peut réussir en coteaux. (Aménagement coûteux de terrain et manque d'eau).

A l'Etranger cette technique a été rarement appliquée et les résultats obtenus plutôt décevants.

Superficies submergées

Les superficies des vignes submergées ont été, en France, de :

1878	.... 2.838 ha	1888	.... 33.455 ha
1880	.... 8.093 ha	1894	.... 35.325 ha
1883	.... 17.792 ha	1896	.... 37.413 ha (maxim.)
1886	.... 24.500 ha		

Les départements qui ont pratiqué la submersion sont, avec entre parenthèses la superficie maximum entretenue ainsi, (1) :

Hérault (6.000 ha + 2.000 ha d'irrigations d'été), Gard (4.900 ha), Aude (9.500 ha), Pyrénées-Orientales (350 ha), Var (153 ha), Bouches-du-Rhône (7.000 ha), Vaucluse (2.600 ha), Basses-Alpes (304 ha), Drôme (200 ha), Ardèche (24 ha), Isère (63 ha), Rhône (3 ha).

Gironde (13.241 ha), Charente (31 ha), Charente-Maritime (18 ha), Deux-Sèvres (56 ha), Tarn-et-Garonne (40 ha), Aveyron (40 ha), Haute-Garonne (263 ha).

Actuellement il subsiste 5 à 6.000 ha environ dans la basse vallée de l'Hérault, en bordure du Rhône et du Vidourle dans le Gard, en Camargue (B.-du-Rh), en Vaucluse (basse vallée de la Durance) et dans l'Aude (plaine de Narbonne à Coursan).

Pratique de la submersion

Chauzit et Trouchaud-Verdier (1887) se sont livrés à une étude complète de la submersion qui nous servira de base pour présenter cette technique très particulière.

Les deux conditions indispensables pour se livrer à la submersion nécessitent d'une part de pouvoir disposer d'un volume d'eau considérable et d'autre part d'avoir un terrain doué de propriétés physiques spéciales.

---

(1) Les détails par département et par année ont été publiés dans « Cépages et Vignobles de France », tomes 2 et 3.

1° L'eau

Il est important d'envisager le mode d'action de l'eau, les qualités qu'elle doit posséder, les quantités à utiliser et l'amenée des eaux.

a) *Mode d'action de l'eau.* L'eau agit mécaniquement. Par son poids, elle chasse les molécules d'air contenues dans la terre et le Phylloxéra, ne trouvant plus l'oxygène exigé pour sa respiration, meurt *par asphyxie.*

Les radicicoles meurent en 8 jours dans l'eau stagnante, mais ils peuvent survivre plus longtemps dans de l'eau renfermant de l'air entraîné mécaniquement. Les hibernants seraient plus résistants et on ne connaît pas la sensibilité des œufs. Pour humecter le sol et chasser l'air des espaces existants entre les particules de terre il faut maintenir une couche d'eau en charge de 20 à 25 cm.

Tous les submersionistes ont remarqué que les insectes sont détruits d'autant plus rapidement et plus complètement que la couche d'eau est plus épaisse. Or, plus la nappe a d'épaisseur et mieux l'air est chassé, et, quant au sol, il n'est point pour cela plus humide. On sait aussi que, dans les sols très perméables, le Phylloxéra est difficilement asphyxié, parce que l'eau, s'infiltrant alors avec une certaine vitesse, fixe des molécules d'air dans la terre. On n'ignore pas non plus que, dans les endroits qui émergent, l'insecte n'est pas atteint mortellement. Par conséquent le Phylloxéra succombe bien par asphyxie et non comme certains l'avaient supposé par des modifications de ses fonctions de nutrition dans un milieu très humide.

L'eau agit également *sur la vigne* et on s'est demandé comment les racines soumises à la submersion n'étaient pas asphyxiées ? En premier lieu la submersion se fait pendant le repos végétatif de la vigne à un moment où les besoins en oxygène sont faibles, donc l'essentiel du système radiculaire est préservé. Ensuite il faut remarquer que l'eau n'est pas tout à fait stagnante puisqu'une partie s'infiltre dans le sous-sol et qu'elle se renouvelle lentement à la surface avec une faible vitesse qui dépend de la nature du sol et du sous-sol ainsi qu'en fonction de la pente du terrain. Toutefois on a observé que cette eau, qui arrive au sol aérée donc contenant de l'oxygène en dissolution, perdait intégralement son oxygène au contact de la terre. Par conséquent le milieu dans lequel vivent les racines devient rapidement réducteur, ce qui devrait conduire à l'asphyxie. Comme cet accident est très rare, MUNTZ (1895) a recherché les causes de la résistance de la vigne dans ces sols submergés. Ses expériences, en laboratoire, lui ont permis de montrer le rôle déterminant de la qualité des eaux.

b) *Qualité des eaux.* En principe, toutes les eaux sont bonnes pour la submersion des vignes. Qu'il s'agisse d'une eau très aérée, provenant d'une rivière ou d'un canal ou bien d'une eau pauvre en oxygène dissous, comme l'eau de puits, il n'y a pas de différence pratique puisque l'important est de disposer d'un grand volume d'eau. Les eaux très limoneuses sont favorables en apportant des éléments utiles à la vigne, mais elles sont rares en France.

Par contre, les eaux renfermant du *chlorure de sodium* sont nuisibles et il est prudent de faire analyser les eaux de puits, d'un canal ou d'une rivière avant de pratiquer la submersion. Par exemple en Camargue, on sait que les meilleures propriétés sont situées vers Arles car elles peuvent pomper l'eau du Rhône non salée. Mais au fur et à mesure qu'on s'éloigne de la ville les eaux utilisées contiennent de plus en plus de chlorure de sodium, rejeté dans les eaux d'écoulages des propriétés situées en amont.

« Au point de vue insecticide, écrit FOEX (1888) on peut considérer comme moins efficaces, les eaux chargées d'air, telles que celles qui sont élevées par des machines ou qui ont passé récemment par des chutes, parce que les moindres bulles d'air suffisent au Phylloxéra pour prolonger son existence. »

MUNTZ, dans une première série d'essais a observé « que dans l'eau ordinaire la vigne résistait pendant un mois à six semaines, alors que dans l'eau distillée, elle succombait au bout de 8 à 15 jours. Pourtant ces eaux avaient été également aérées et apportaient ainsi une même quantité d'oxygène libre. Mais cet oxygène était rapidement consommé ; au bout de 8 jours environ il n'en restait plus dans l'un et l'autre milieu, ayant servi tant à la respiration du système radiculaire qu'à la combustion qui

Fig. 255. – Vignobles conduits à la submersion,
à gauche, jeunes vignes (original)
à droite, vignes âgées (Cl. BERNARD).

s'effectuait dans la terre. L'analyse des eaux permet de constater l'absence totale de nitrates dans l'eau distillée alors que l'eau de source utilisée contenait 20 mg d'acide nitrique par litre, en combinaison principalement avec la chaux. On peut donc penser que les nitrates existant dans l'eau avaient pu fournir aux racines l'oxygène nécessaire à leur respiration et les préserver ainsi de la mort jusqu'à épuisement complet de la provision d'oxygène disponible.

« Dans une seconde série d'expériences, MUNTZ a fait pousser des vignes dans des récipients contenant soit de l'eau distillée, soit de l'eau distillée avec barbotage d'air, soit avec de l'eau de source contenant 20 mg d'acide nitrique par litre, soit avec de l'eau ordinaire additionnée de nitrate de potasse, à la dose de 400 mg par litre. Au bout de 15 jours, les feuilles des vignes placées dans l'eau distillée non aérée ont commencé à se flétrir et les plants n'ont pas tardé à mourir. Dans l'eau distillée aérée, ils ont parfaitement résisté.

Les vignes placées dans l'eau de source se sont montrées très vivaces pendant deux mois, puis les feuilles ont jauni et les plants sont morts quelques jours après.

Enfin les vignes, ayant reçu de l'eau contenant des nitrates sont demeurées très vertes et plus de 3 mois à partir du commencement de la privation de l'oxygène leur état était des plus satisfaisants. Donc les nitrates sont bien aptes à fournir l'oxygène nécessaire à la respiration des racines et à empêcher l'asphyxie, par réduction des nitrates en nitrites et même en ammoniaque ».

c) *Besoins en eau.* La submersion nécessite de grandes quantités d'eau qui varient principalement avec les propriétés physiques du terrain sur lequel on opère et secondairement avec la durée de l'opération, l'état de l'atmosphère, la perfection des bourrelets.

Théoriquement, pour recouvrir un sol absolument horizontal d'une épaisseur d'eau de 25 cm, il suffirait d'amener un peu moins de 2.500 mètres cubes par hectare, pour tenir compte du volume des souches et des bourrelets. Mais il ne faut pas oublier l'absorption d'une partie de l'eau par la terre, l'évaporation en surface, la perméabilité du sous-sol et les fissures qui se produisent dans les bourrelets. Finalement on estime les besoins entre 10.000 et 80.000 mètres cubes par hectare. En-dessous de 10.000 m³ la submersion est très économique et très efficace ; au-dessus de 80.000 m³, elle devient onéreuse et perd beaucoup de son efficacité.

d) *Amenée des eaux.* On utilise généralement l'eau provenant d'un fleuve ou d'une rivière (Rhône, Vidourle, Durance, Aude, Hérault, Garonne) ou d'un canal, plus rarement d'une source ou d'un puits (Saint-Laurent-d'Aigouze, Aimargues, Beaucaire). L'eau est amenée dans la vigne soit par la pente naturelle des lieux en utilisant un canal de dérivation, soit au moyen de machines élévatoires (pompes, rouets, norias).

L'action des turbines et les longs parcours dans des canaux à pente rapide, avec coudes et siphons, diminuent l'efficacité de la submersion (aération de l'eau).

Le débit de l'eau doit être continu, pour maintenir le même niveau dans les vignes et nécessite de 2 à 10 litres-sec./ha.

e) *arrosages d'été.* On croyait au début que la submersion hibernale détruisait tous les Phylloxéras, sans exception. Cependant en 1879, MARION indique que des observations faites dans plusieurs Mas prouvent que la submersion ne détruit pas tous les insectes, sans parler des pucerons des nouvelles générations et de la dissémination éolienne possible des aptères durant le mois de juillet.

FAUCON (1879) reconnaît qu'il s'était trompé en affirmant jusqu'ici que dans une vigne convenablement submergée il ne restait pas un seul Phylloxéra. Depuis, avec FOEX et MARION, il a reconnu dans son vignoble du Mas de Fabre en avoir trouvé quelques-uns malgré une submersion de 50 jours consécutifs du 6 novembre au 25 décembre. En juillet une dizaine de Phylloxéras ont été repérés.

« En plaçant une feuille de papier enduite d'huile sur une planchette fixée au bout d'un piquet de 2 m il a pu recueillir le 27 août, en quelques heures, 19 Phylloxéras aptères et par conséquent ces insectes soulevés par les vents violents vont porter au loin la maladie. Là est, sans doute, la *principale origine des réinvasions estivales.* »

« Pour les vignes soumises à la submersion, les arrosages d'été ont une grande importance, écrivent CHAUZIT et TROUCHAUD-VERDIER. Tous les ans, quels que soient les soins apportés dans l'exécution de la submersion, on voit, dans les vignobles inondés, des taches phylloxériques, des points faibles, dus en partie aux réinvasions estivales. C'est seulement vers le 15 mai que les taches s'accusent : on observe alors un arrêt complet dans la végétation. Si, à cet instant, on commence à pratiquer un *premier arrosage*, on s'aperçoit, quelques jours après, que les souches *travaillent ;* elles ont pu mieux se nourrir grâce à l'irrigation qui leur a permis d'avoir davantage de substances nutritives dissoutes. En juillet, il faut recommencer et donner un *second arrosage* pour lutter contre la chaleur estivale. Ces arrosages permettront à la souche de reprendre suffisamment de vigueur et d'attendre la submersion hivernale suivante pour être débarrassée des insectes.

« Lorsqu'un vignoble a été mal submergé et que de nombreuses taches phylloxériques apparaissent, les arrosages sont insuffisants car l'insecte est abondant sur les racines. Dans ce cas il ne faut pas hésiter à pratiquer la *submersion estivale*, en mettant 10 à 15 cm d'eau dans les vignes, durant 3 ou 4 jours. Au-delà on doit s'attendre à la destruction des raisins immergés, donc une submersion de 8 jours ne peut être envisagée que dans des cas extrêmes pour sauver la vigne d'un désastre irréparable. L'efficacité de la submersion d'été est très bonne car en juin et juillet l'insecte a une vie active et il meurt très vite asphyxié. »

2° Le Terrain

Il intervient par son inclinaison, son relief, sa composition physique et chimique :

a) *Inclinaison.* Un terrain à pente rapide se prête difficilement à la submersion car il est impossible d'avoir une nappe d'eau d'une égale épaisseur dans la partie haute et dans la partie basse. Au sommet de la pente on n'obtient qu'une faible épaisseur d'eau, insuffisante pour détruire l'insecte alors qu'au bas de la pente, la couche d'eau est très importante et nécessite des travaux de soutènement importants et onéreux.

On peut remédier à cette situation en faisant des sections transversales, c'est-à-dire en multipliant les bourrelets ou en pratiquant des nivellements pour atténuer la pente. Mais il s'agit là de travaux très chers et on estime qu'au-delà d'une pente de 3 à 4 cm par mètre il vaut mieux renoncer à la submersion à cause des frais prohibitifs d'établissement et de l'entretien annuel des bourrelets.

b) *Relief.* La surface du sol doit être plane car, si elle est trop accidentée, l'inondation uniforme du terrain ne peut être obtenue. Les points où la terre affleure le niveau de l'eau constituent des zones de refuge pour le Phylloxera et on observe des affaiblissements des vignes autour. Quand le relief du sol n'est pas très accusé, un simple nivellement suffit pour avoir une surface horizontale ; au contraire, lorsque le terrain présente une série d'ondulations très marquées, la submersion doit être considérée comme pratiquement impossible.

c) *Perméabilité.* Le sol ne doit pas être trop perméable car il doit conserver l'eau. D'après les expériences de Foex et de Valéry Mayet si l'eau s'infiltre rapidement et traverse avec une certaine vitesse le cube de terre où vivent les racines de la vigne, il y a constamment des molécules d'air entraînées par le courant et fixées dans le sol. Ces petites bulles d'air permettent au Phylloxéra de ne pas succomber à l'asphyxie. De plus les sols trop perméables augmentent les dépenses d'eau et aggravent le lessivage du sol.

D'un autre côté, si le sol est absolument imperméable, un faible courant d'eau ne peut être établi, l'air contenu dans la terre y reste confiné, ne se dégage pas et un insuccès est encore à craindre.

Chauzit et Trouchaud-Verdier pour apprécier la perméabilité des sols ont établi un rapport entre les proportions respectives d'argile, de sable et de calcaire.

$$\text{Ce rapport} \quad \frac{\text{sable} + \text{calcaire}}{\text{argile}}$$

devra être le plus étroit possible : on sera dans de bonnes conditions quand il sera égal à 1. Pour les terrains ou la submersion réussit très bien, il varie de 1,5 à 2,5. Dans ceux où elle a été essayée et où elle a échoué, par excès de perméabilité, ce rapport est de 4. Quand ce rapport atteint 0,5 la submersion échoue par excès d'imperméabilité. Enfin les sables du littoral (Aigues-Mortes) ne conviennent pas du tout à cause d'une perméabilité excessive et le rapport est de 24.

Ce sont les terres argilo-calcaires qui se prêtent le mieux à la submersion et il faut que l'imperméabilité relative se rencontre aussi bien dans le sous-sol que dans le sol. En effet les sous-sols composés de gravier et caillout roulés, de sable ou de roches fendillées sont trop perméables et on ne peut maintenir la hauteur de la nappe d'eau.

ANALYSES DE TERRAIN

	FAUCON à Graveson	TROUCHAUD-VERDIER à St-Laurent-d'Aigouze	
		Sol	Sous-sol
Argile	41,54 %	30,62 %	23,50 %
Sable	11,77 %	23,12 %	21,62 %
Calcaire	46,69 %	46,26 %	54,68 %
Rapport S + C/A .	1,4	2,26	3,25

L'imperméabilité du sous-sol peut, parfois, compenser la perméabilité du sol à condition d'établir les bourrelets avec des éléments du sous-sol de façon à obtenir des cuvettes imperméables.

c) *L'altitude* des parcelles est aussi à prendre en considération dans les basses plaines. C'est ainsi qu'en Camargue il est difficile d'évacuer les eaux des terres situées à une altitude inférieure à 2 mètres, de sorte que la valeur des terres dans cette région dépend de leur altitude.

3° Epoque de la submersion

La submersion en été est la plus efficace car elle asphyxie les Phylloxéras en pleine activité et cela en quelques jours. Mais elle présente aussi des inconvénients pour la vitalité de la vigne : asphyxie des racines, destruction des raisins immergés par développement de la pourriture, extension du mildiou et de l'oidium sans oublier la maladie bactérienne. Enfin elle favorise le développement des plantes adventices, difficiles à détruire ensuite en raison du développement de la végétation de la vigne. Ce n'est donc qu'exceptionnellement qu'on doit recourir à cette pratique comme nous l'avons vu à propos des arrosages d'été.

La submersion se réalise donc pratiquement durant le repos de la végétation ou plus exactement pendant le ralentissement de son activité, entre le moment où les sarments sont aoûtés et l'entrée en végétation de la souche, c'est-à-dire entre le 25 octobre et la fin février. La *submersion automnale* commence à partir du 25 octobre soit quelques jours après la fin des vendanges, tandis que la *submersion hivernale* se pratique à partir de la Noël sur les vignes totalement dépouillées de leurs feuilles. Trop prématurée, la submersion peut déclencher l'apparition du rougeau et trop tardive elle peut provoquer l'asphyxie des racines qui entrent en croissance avant l'aération du sol par un labour ou le ressuyage des terres.

4° Epaisseur de la nappe d'eau

L'eau pour agir efficacement doit recouvrir le sol de 20 cm au moins. Pendant le repos de la végétation on peut sans inconvénient en mettre davantage 50 cm et plus jusqu'à recouvrir complètement les ceps. Mais on augmente beaucoup les frais de l'opération. Pour bien connaître les hauteurs d'eau existant dans les parcelles et les surveiller facilement il est conseillé de disposer des règles graduées, surtout dans les parties hautes des parcelles. En visitant ces repères on connaît exactement l'épaisseur de la nappe et on se rend compte aussi des pertes par infiltration et évaporation.

5° Durée de la submersion

Elle varie avec la nature du sol, l'époque de sa réalisation et le climat.

La puissance de multiplication et la vitalité du Phylloxéra sont moins grandes dans le Nord que dans le Midi, donc la durée de la submersion sera plus courte dans les régions septentrionales que dans les pays chauds.

Les submersions automnales, étant plus efficaces que celles réalisées pendant l'hiver (insectes en activité) pourront avoir une durée plus courte.

Mais c'est surtout la perméabilité qui est à prendre en considération.

CHAUZIT et TROUCHAUD-VERDIER (1887) ont évalué les pertes d'eau par jour selon les terrains :

Terrains	Perte d'eau par jour/ha
Peu perméables	1 cm
Moyennement perméables	1 à 4 cm
Perméables	4 à 7 cm
Très perméables	8 à 9 cm

On estime que les conditions convenables pour une bonne submersion se situent entre 1 et 5 cm par hectare et par jour, soit de 100 à 500 mètres cubes d'eau par 24 heures. Au-delà de 8 cm les résultats deviennent aléatoires.

En fonction de ces pertes on peut calculer la durée de la submersion et les volumes d'eau nécessaires par hectare :

Perméabilité	Infiltration par jour en cm	Durée de la submersion en jours		Volume d'eau nécessaire m³/ha
		Automne	Hiver	
Faible	1	50-55	55-60	10.000
Moyenne	1 à 4	55-60	60-65	27.000
Accusée	4 à 7	65-70	70-75	55.000
Très grande ..	8 à 9	90		90.000
Trop grande ..	plus de 10	Submersion impossible		

Ces durées ont été un peu réduites aujourd'hui pour des raisons économiques : 40 jours en automne (situation septentrionale, sols imperméables) à 60 jours en plein hiver avec des sols perméables et un climat favorable au Phylloxéra.

Les clos, d'une perméabilité de 1 centimètre, demandent pour être remplis à 20 cm au-dessus du sol : 2.000 mètres cubes, plus 1.000 m³ pour l'imbibition du sol. L'alimentation pendant 50 jours nécessitera 5.000 m³, soit au total 8.000 m³. Mais dans la pratique, comme il y a toujours des pertes, il faut estimer à 10.000 m³ le volume d'eau moyen par hectare.

Les clos, d'une perméabilité de 9 cm, exigeront pour leur remplissage 2.000 m³ plus 2.000 m³ pour humecter le sol et parer aux premières infiltrations ; ensuite pour les alimenter pendant 90 jours, le volume d'eau nécessaire sera de 81.000 m³ auquel on ajoutera 5.000 m³ pour faire la part des pertes accidentelles, ce qui donne un total de 90.000 m³ pour submerger un hectare de vigne en terrain très perméable.

Donc, selon la nature du terrain, les besoins en eau seront compris entre 10.000 et 90.000 m³. Une partie de cette eau, de 3.000 à 4.000 m³ doit être distribuée en 4 ou 6 heures ; l'autre partie, de beaucoup la plus importante, est apportée journellement dans les clos. Pour des raisons pratiques d'alimentation en eau les Domaines sont organisés de façon à submerger une partie des vignes en automne et l'autre partie en hiver, avec une alternance des clos chaque année.

La submersion de chaque parcelle de vigne doit être annuelle puisqu'on sait qu'il y a toujours des Phylloxéras qui subsistent dans des refuges (digues, chemins) et que des contaminations estivales demeurent possibles par des insectes emportés par le vent ou transportés par les instruments de culture ou amenés avec des plants racinés. Une interruption d'une année voit des taches phylloxériques se former, mais sans gravité si on reprend ensuite correctement le rythme annuel des submersions. Par contre la pratique de la submersion bisannuelle est dangereuse. Préconisée au début en Camargue elle donne des vignes trop irrégulières et trop peu productives faisant courir de gros risques aux plantations, cette technique a été abandonnée.

6° Enlèvement des eaux

En fin de submersion l'alimentation en eau est arrêtée et on ouvre les vannes, pratiquées dans les bourrelets pour permettre l'écoulement des eaux qui retournent à la rivière ou qui s'écoulent dans les clos à submerger. Si le terrain est drainé on débouchera les drains, qui avaient été maintenus fermés au préalable, et la terre sera vite ressuyée.

ETABLISSEMENT DE LA SUBMERSION

A - *L'AMENAGEMENT DU TERRAIN* comprend une série de travaux nécessaires à la réalisation correcte de la submersion :

a - *Nivellement.* C'est une opération très importante car le succès de la submersion et l'avenir du vignoble dépendent en quelque sorte du degré de perfection apporté dans l'exécution de ce travail. Il faut obtenir une surface aussi horizontale que possible pour avoir partout la même épaisseur de la nappe d'eau. Ce nivellement, réalisé autrefois avec des brouettes ou des pelles à cheval, se fait maintenant sans difficultés avec les niveleuses mécaniques et les engins de travaux publics utilisés par les entreprises spécialisées.

b - *Planches.* Le terrain est ensuite subdivisé en *planches* ou *clos* qui sont des bassins entourés de petites digues nommées *bourrelets*. Ces planches ont des formes et des dimensions variables avec la configuration du terrain et son degré d'inclinaison. En principe on doit rechercher une forme carrée qui permet d'exécuter les labours dans deux directions croisées et exige moins de développement de bourrelets pour une même surface que la forme rectangulaire. La surface des planches est en général de quelques hectares (3-5 ha). Les grandes planches ont l'avantage d'avoir moins de bourrelets et partant peu de foyers d'infection. Mais on doit tenir compte du degré d'horizontalité du sol et du volume d'eau dont on dispose, de sorte que si le terrain est incliné et si on a un faible débit d'eau, on est dans la nécessité de réduire la surface des clos. La différence de niveau entre les points hauts et les parties basses ne doit pas excéder 10 centimètres. La pente du sol doit demeurer faible : 4 à 5 cm par 100 mètres.

Les dimensions des planches sont aussi limitées pour diminuer l'effet de la houle : par vent violent (Mistral, Tramontane) il se forme des vagues qui viennent battre les digues, les affouillent ; or la hauteur de ces vagues est d'autant plus grande que le plan d'eau est plus vaste. Les risques de brèches sont aussi plus graves dans les clos étendus parce qu'elles atteignent une plus grande surface. Enfin il faut tenir compte des distances d'assèchement qui ne dépassent pas 50 mètres.

c) *Bourrelets.* Ce sont des levées de terre qui encadrent les planches et qui servent à maintenir le niveau du plan d'eau. Leur établissement doit obéir à certaines règles pour leur assurer une solidité suffisante. On adopte en général une forme prismatique à section trapézoïdale avec des talus inclinés à 45°. La largeur variera avec la dimension de la planche et devra toujours être en rapport avec la poussée de l'eau. Si les clos ont une grande étendue, on donnera aux bourrelets une largeur suffisante pour qu'une charrette puisse circuler à leur sommet : on aura alors de véritables *digues-chemins.* Pour les petits clos, la largeur de la petite base variera de 0,50 à 1 mètre.

La hauteur minimum des digues sera de 65 cm : 20 cm pour l'épaisseur de la couche d'eau, 10 cm pour les différences de niveau, 10 cm pour compenser le tassement et 25 cm pour tenir compte des vagues ; dans la pratique la hauteur d'établissement se situe entre 0,80 et 1 mètre.

Les bourrelets sont édifiés avec la terre provenant du nivellement et il y a lieu de les défendre contre l'érosion des eaux en faisant appel à un engazonnement artificiel (trèfle rampant), et de plus pendant les premières années il faut protéger les berges battues par les vents au moyen de fascines ou de clayonnages (roseaux ou sarments). Au bout de 4 ou 5 ans l'importance des souches et la végétation des sarments forment brise-vent et s'opposent aux dégâts.

L'eau arrive par un bourrelet « porte-eau », c'est-à-dire un bourrelet creusé en son sommet d'un petit canal amenant l'eau.

De distance en distance les bourrelets seront coupés pour permettre à l'eau d'entrer dans les clos et d'en sortir et on utilisera des vannes ou des martellières.

d) *Fossés d'écoulement.* Il faut prévoir des « écoulages » c'est-à-dire des *fossés de retour* ou *retours d'eau* ou *fossés de colature* qui permettront l'évacuation des eaux en fin de submersion. Cet assèchement complet est indispensable, sinon les terres restent mouillées, se réchauffent mal et lentement, les labours sont retardés et les risques du développement du mildiou sont aggravés.

Les eaux de retour sont dirigées par les fossés vers un point bas de la propriété et de là par pompage elles sont déversées dans la rivière ou dans le canal.

e) *La préparation du sol* comprend tout d'abord un *défoncement* souvent rendu nécessaire par le tassement des gros engins utilisés pour le nivellement et l'établissement des bourrelets. La profondeur n'excèdera par 30 ou 40 cm car le système radiculaire de la vigne doit demeurer relativement près de la surface pour éviter son asphyxie. On pratiquera ensuite des labours superficiels pour briser les mottes et régulariser la surface du sol.

B - *LA PLANTATION* peut se faire soit avec des boutures, soit avec des plants racinés. L'emploi des boutures est souvent préférable en prélevant les bois dans les clos les plus sains, de plus les racines se développeront à la profondeur qui leur est le plus favorable. Ces boutures, coudées ou non, doivent être bien buttées. Les plants racinés peuvent être produits sur la propriété même à partir des sarments sélectionnés ou bien être achetés dans le commerce. La profondeur de plantation est de 20-22 cm.

La plantation s'effectue à la fin de l'hiver, à partir de la mi-janvier. On évitera de placer les souches trop près des bourrelets, des chemins ou des fossés car les racines qui vont se développer en-dessous ne subiront pas la submersion et seront envahies par les Phylloxéras qui y trouveront refuge. On doit donc laisser un espace minimum de 1,50 m.

La disposition des plantations était au début en carré ou en quinconce ; actuellement avec les tracteurs on préfère la disposition en lignes espacées de 2 à 2,50 m, les souches sur le rang étant espacées entre 1 et 1,25 m.

C - *LES PRATIQUES CULTURALES* sont celles du Languedoc avec quelques particularités : la taille est généralement tardive, en raison des risques de gelées printanières et parfois d'ailleurs on maintient dans les vignes taillées une nappe d'eau pour lutter contre les abaissements de température. En pratique, certains clos sont taillés avant la submersion de façon à assurer le travail de la main-d'œuvre durant l'hiver. Les gobelets sont à tige élevée.

Les labours sont tardifs et pendant l'été ils seront nombreux pour lutter contre le fort développement des plantes adventices qui poussent vigoureusement dans ces sols frais.

Depuis quelques années certains propriétaires font de la non-culture avec l'emploi d'herbicides. « Il semble que le compactage inévitable des sols non labourés soit favorable à l'asphyxie radiculaire et au salant » (BRANAS).

D - *L'ENCEPAGEMENT*. L'Aramon fut le cépage de base des vignobles soumis à la submersion grâce à sa vigueur et à sa fertilité exceptionnelle. Beaucoup de grappes dépassent 1 kg, atteignant parfois 1,5 à 1,7 kg dans des concours pour trouver les plus belles grappes en Camargue. Des rendements de 8 à 10 kg par cep sont fréquents ce qui correspond à 30 ou 40 tonnes par hectare. Certes, les degrés ne sont pas très élevés en raison de la vigueur des vignes, de leur rendement et de l'humidité permanente du sol, mais avec la concentration des moûts il est possible d'avoir des vins de 9°5 à 10°5 qui demeurent néanmoins des vins de consommation courante, toujours un peu acides et manquant de couleur. C'est pourquoi on cultive toujours à côté un cépage teinturier pour apporter de la couleur au mélange. Le Petit Bouschet fut beaucoup planté, mais mûrissant 8 à 10 jours plus tôt il devait être cultivé dans des clos séparés et vendangé le premier. Les rendements étaient bons autour de 100 à 150 hl-ha. Depuis on a utilisé d'autres teinturiers : Grand Noir de la Calmette, Morrastel-Bouschet et Alicante-Bouschet plus récemment (qui demeure le seul autorisé maintenant). Malheureusement ce dernier, comme son parent le Grenache présente un grave défaut c'est sa sensibilité à la Maladie bactérienne qui fait actuellement de gros ravages dans l'Aude (Il faut alors éviter les submersions tardives). On reproche aussi au Grenache une croissance tardive, rendant ses racines plus sensibles à l'asphyxie ; c'est également un cépage sensible à l'anthracnose et à la pourriture.

Le Carignan, jusqu'ici, était peu répandu, étant tardif et très sensible aux maladies (oidium, mildiou, pourriture). Ce cépage recommandé, hélas, en plaine doit maintenant remplacer l'Aramon qu'il ne vaut pas dans ces situations et il donne des produits inférieurs.

Le Terret, le Cinsaut, le Mourvèdre à croissance trop tardive ont donné de mauvais résultats.

Les hybrides ont été cultivés dans le passé mais ils n'occupent que de faibles surfaces car ils sont très sensibles au salant.

E - *LA FUMURE* des vignes soumises à la submersion pose un problème particulier. En effet les eaux servant à la submersion apportent certaines substances fertilisantes selon leur origine, mais par ailleurs elles entraînent par lessivage d'autres substances de sorte qu'il faut dresser un bilan.

Les eaux de puits sont plus pauvres en air, donc plus actives contre le Phylloxéra. Elles sont aussi moins riches en éléments minéraux que les eaux des fleuves ou des rivières. Des différences existent bien sûr entre ces dernières, c'est ainsi que, d'après les analyses de CHAUZIT, les eaux du Vidourle sont plus pauvres que les eaux de la Durance, analysées par BARRAL :

	Composition moyenne par litre			
	Eau de Puits	Eau du Vidourle	Eau de colature	Eau de la Durance
Azote	0,9 mg	1,27 mg	1,44 mg	1,6 mg
Acide phosphorique	0,2 mg	0,31 mg	0,41 mg	
Potasse	7,3 mg	9,33 mg	9,43 mg	18 mg
Oxygène	0,8 cc	2,55 cc	1,47 cc	

Si on compare les analyses de l'eau du Vidourle et des eaux de colature après submersion on voit que ces dernières se sont un peu enrichies dans leur passage à travers le sol, mais appauvries en oxygène. En comparant la composition chimique du sol avant et après submersion CHAUZIT a montré qu'elle demeurait sensiblement la même. Par contre, en comparant deux terres voisines, l'une submergée depuis 12 ans et l'autre non, il a constaté une diminution de l'azote dans le sous-sol, diminution qui serait due à une réduction des nitrates. On sait que les vignes submergées jaunissent de bonne heure à l'automne, avant les vignes greffées, sans doute par manque d'azote, mais d'autres causes peuvent aussi bien agir (réinfection du Phylloxéra). Les vignes submergées réagissent bien à l'apport d'engrais azotés, apport qui est fait généralement après la submersion avec des engrais rapidement assimilables.

F - *LES MALADIES* sévissent avec intensité dans les vignobles soumis à la submersion. Le *mildiou* constitue un danger permanent avec des attaques précoces dues à la formation de nombreux foyers primaires dans les flaques d'eau, les mouillères, les fossés. Il faut donc savoir détecter la maladie de bonne heure au printemps en visitant soigneusement le terrain et disposer d'un matériel puissant d'intervention et de produits valables.

La *pourriture grise* est également un fléau redoutable auquel s'ajoute depuis peu la *Maladie bactérienne* qui semble se propager d'une manière foudroyante par les eaux qui disséminent les bactéries.

Les *vers de la grappe* (*cochylis* et *eudemis*) sont aussi à redouter car les chrysalides situées sur les bras de la souche échappent à la submersion. Il faut traiter soigneusement car on sait que ces parasites préparent « le terrain » à la pourriture grise achevant d'anéantir la récolte.

Le *court noué* est peu virulent dans les vignobles correctement submergés et constitués avec des bois sains au départ. On n'observe en général que des souches malades isolées, rarement des taches importantes. Les nématodes-vecteurs du virus sont d'ailleurs asphyxiés.

Le *salant* existe dans plusieurs situations, notamment en Camargue, dans la plaine de Coursan, l'étang de Marseillette, etc... La submersion a incontestablement valorisé beaucoup ces territoires plus ou moins salés, autrefois incultes. Mais il faut que les écoulages soient bien faits, sinon l'évaporation de l'eau sur place fait remonter le sel du sous-sol et vient aggraver les dégâts.

B - CULTURE DE LA VIGNE DANS LES SABLES

Historique

L'existence de la vigne dans les sables est ancienne puisque sur la côte Atlantique le vignoble de Cap Breton dans les Landes est mentionné déjà au XVᵉ siècle ainsi que celui de Mimizan et du bassin d'Arcachon. Dans la région méridionale, au moment de l'apparition du Phylloxéra il y avait également un petit vignoble, de 500 ha environ établi dans les sables d'Aigues Mortes (Gard), entourés par des Pinèdes de Pins pignons, des cultures diverses et surtout plus de 4.000 ha de terres incultes (terres hermes) couvertes de mauvais pâturages.

En 1873, dès son arrivée à Aigues-Mortes, un viticulteur nommé Charles BAYLE attira l'attention des propriétaires sur ces vignes des sables qui demeuraient indemnes des attaques phylloxériques. Il se fit un ardent propagandiste de cette utilisation des sables, favorisa les défrichements et devint en quelque sorte le « Faucon des sables ». Sa voix rencontra moins de résistance que celle de son éminent co-initiateur L. FAUCON et dès 1876 les plantations s'étendirent dans cette région au point qu'en 1882 on comptait 4.000 ha de vignes établies dans les sables. En Camargue, Sylvain ESPITALIER, dans son Mas du Roy avait observé en 1874 l'apparente résistance de ses vignes au Phylloxéra et il avait même proposé un curieux procédé d'ensablement des vignes. En 1875, REDARES entreprit de niveler les dunes et de planter des vignes dans son Domaine de Terre-Neuve, situé au bord de la mer. Les années suivantes et plus particulièrement à partir de 1880 de nombreux propriétaires se décidèrent à défricher une partie de leurs sables incultes au point qu'en 1890 le vignoble d'Aigues-Mortes se composait de 6.300 ha de vignes dont 5.000 ha en état de production. D'une valeur à peu près nulle (100 F l'ha), les terres atteignirent en quelques années des prix fabuleux de 5 à 10.000 F-or l'hectare.

Superficies cutivées

Dans le *Gard* après les débuts prometteurs d'Aigues-Mortes la culture de la vigne dans les sables a rapidement gagné les communes voisines du Grau-du-Roi, de Saint-Laurent-d'Aigouze et de Vauvert qui contenaient également des terrains sablonneux sur leurs territoires. En 1877 on comptait 3.510 ha de vignes plantées dans les sables, puis 8.745 ha en 1884 et 10.750 ha en 1894 à l'apogée de cette culture. Depuis le début du XXᵉ siècle, ce vignoble des sables est en régression soit par reconstitution avec des plants greffés (lutte contre les nématodes), soit par abandon de la culture de la vigne au profit d'autres cultures (asperges, primeurs) ou de spéculations foncières (constructions d'immeubles, de routes, de campings, etc...).

En l'absence de statistiques récentes on peut estimer le vignoble des sables du Gard à 2.500 ha environ dont près de 1.000 ha appartiennent à la Compagnie des Salins du Midi (Domaines du Bosquet, de Jarras, du Château Saint Jean).

Dans l'*Hérault*, le cordon littoral faisant suite à celui d'Aigues-Mortes et du Grau-du-Roi fut également défriché et planté en vigne par les propriétaires des grands Domaines riverains : Petit et Grand Chaumont, Haute-Plage, La Grande-Motte, la Petite Motte, le Grand Travers et le Petit Travers dépendant alors de la commune de Mauguio. Plus loin en direction de l'ouest on trouvait encore des vignes dans les sables des communes de Palavas, de Villeneuve-les-Maguelonne, Vic-la-Gardiole, Frontignan, Sète où la Compagnie des Salins du Midi possède le Domaine de Villeroy sur une bande étroite de sable limitée d'un côté par la voie ferrée et de l'autre par la route d'Agde et la mer.

Au hameau « des Onglous », près de Marseillan dans un site aux limites mal définies la possession de quelques arpents de terre donna lieu à d'âpres contestations (déplacements nocturnes des bornes, bagarres) car l'hectare de terre était passé rapidement de 100 F à plus de 10.000 F-or.

L'arrondissement de Béziers possède également un vignoble des sables situé dans les communes de Marseillan, Agde, Portiragnes, Vias, Sérignan, et Vendres.

En 1884 le département de l'Hérault avait 3.517 ha de vignes des sables et 4.269 ha en 1892, année qui représente le maximum des plantations. Actuellement pour les mêmes raisons que dans le Gard il doit rester 1.500 à 1.800 ha en culture.

Dans l'*Aude* les plantations furent peu importantes dans les 3 cantons (Coursan, Narbonne et Sigean) de l'arrondissement de Narbonne pour un total de 600 ha en 1904.

Dans le *Vaucluse* l'établissement de vignes françaises dans les sables atteignit 3.500 ha, occupant les zones sableuses, les alluvions, les levées des fleuves et des rivières (Rhône, Durance, région de Bédoin).

Dans les *Bouches du Rhône* la plantation dans les sables existe en Camargue, plus particulièrement aux Saintes-Maries-de-la-Mer, dans les Isles de la vallée de la Durance et sur la bande de terre appelée « Jai » qui sépare l'étang de Berre de celui de Bolmon, près de Marignane. Ces plantations ont souvent été réalisées par de grandes Sociétés industrielles (Saint Gobain, Péchiney, etc...).

D'autres plantations ont été réalisées ou tentées dans divers départements comme la Drôme, la Gironde, les Landes, les Charentes (Ile de Ré), la Vendée, etc., en somme partout où il y avait des sables disponibles susceptibles d'être plantés en vignes.

Actuellement le vignoble des Sables doit occuper près de 7.000 ha : Gard 2.500 ha, Hérault 1.800 ha, Bouches-du-Rhône 1.000 ha, Aude 500 ha et le solde dans les Pyrénées-Orientales, les Landes, la Gironde, la Charente-Maritime, la Vendée, etc...

D'autres vignobles des sables sont connus dans les pays viticoles : au Portugal (sables littoraux de la région de Colares au nord-ouest de Lisbonne et sur le littoral de l'Algarve et de l'Alemtjo dans le sud), en Hongrie (l'Alfod, région de sables continentaux compris entre le Danube et la Tisza), en Slovaquie, en Roumanie, en Bulgarie, en Algérie (sables du sahel d'Alger et de Guyotville), en Tunisie, etc... Toutes ces zones sableuses offrent un grand intérêt économique car on peut toujours y cultiver la vigne européenne franche de pied avec des frais d'établissement et d'entretien plus faibles que dans les vignobles conduits à la submersion.

Particularités de la culture de la vigne dans les sables

En France, les vignobles des sables sont pratiquement tous situés en bordure de la mer (de quelques mètres entre Sète et Agde à quelques kilomètres à Aigues-Mortes, aux Saintes-Maries) ce qui implique certaines contraintes :

A - LE *CLIMAT* y est donc maritime, moins chaud en été et moins favorable à la qualité que les vignobles de l'Intérieur.

	Hérault		Gard	
	Sète	Montpellier	Aigues-Mortes	Nîmes
Température annuelle	13°7	14°1	14°5	14°3
Pluie en mm	682	732	543	691
Nombre de jours de pluie	70	94	52	86

On notera que la température moyenne annuelle est légèrement plus faible à Sète qu'à Montpellier alors que c'est le contraire dans le Gard parce que Nîmes a un régime plus continental que Montpellier. Dans les deux départements la pluviométrie est plus faible au bord de la mer qu'à l'intérieur.

B - *LE SOL* est évidemment l'élément dominant de cette culture de vignes franches de pied.

Lorsque BAYLE fit connaître ses observations sur la résistance des vignes françaises établies dans les sables d'Aigues-Mortes, de nombreuses théories ont été émises pour tenter d'expliquer ce fait :

1° Le professeur MARION (1879) pensait que le sable de mer avait une *action insecticide,* parce qu'ayant placé des ceps enracinés et porteurs de Phylloxéras dans une fosse contenant du sable d'Aigues-Mortes, il avait constaté, au bout d'un mois, la mort de tous les insectes. Cette idée fut réfutée car on ne voyait pas comment une substance fixe et insoluble pouvait agir sur les insectes.

2° On a supposé aussi que le *sel* (*chlorure de sodium*) renfermé dans les sables d'origine marine était la cause recherchée. Mais ces sables marins, lavés et relavés avec des eaux de pluie pour éliminer le sel, continuent à s'opposer à la vie du Phylloxéra. De plus, les sables d'eau douce des bords des fleuves offrent la même résistance que les sables d'origine marine.

3° La *configuration des grains de sable* a été mise en avant : le sable est formé d'un amas de débris irréguliers de quartz, de silicates qui peuvent par leurs aspérités gêner ou même blesser les phylloxéras. Mais les sables de l'Océan, où la vigne résiste parfaitement, sont formés de grains arrondis, lisses, semblables à un immense tas de cailloux roulés d'un volume presqu'imperceptible.

4° Le sable est généralement accumulé sous *une grande épaisseur* et les racines de la vigne peuvent s'y étendre à l'aise. Mais on connaît le pouvoir prodigieux de multiplication du Phylloxéra capable d'envahir un système radiculaire aussi développé soit-il ; donc cette hypothèse n'est pas valable.

5° VANNUCCINI (1881) en Italie avait émis l'idée que les sables devaient leur action préservatrice contre le Phylloxéra au fait qu'ils se laissent *pénétrer très facilement par l'eau,* de telle sorte que l'insecte succombe-rait à l'action de l'eau et non à celle du sable. Les Phylloxéras adultes sont entourés par des grains de sable qui les touchent de tous côtés. Si une pluie survient l'insecte et ses œufs se trouvent entourés d'une couche d'eau persistante qui gênera considérablement leur respiration. Si cet état se prolonge l'insecte et ses œufs souffriront fortement et pourront périr. Dans ses essais, des racines phylloxérées conservées huit jours dans du sable sec et tassé offraient de nombreux Phylloxéras très bien portants et les œufs avaient éclos. Au contraire des racines phylloxérées conservées dans du sable arrosé une fois ou tous les jours ne présentent que des insectes morts ou engourdis et des œufs non éclos.

SAINT-ANDRÉ, chef de laboratoire à l'Ecole d'Agriculture de Montpellier (1881), avait étudié toutes les théories émises à l'époque sur l'immunité phylloxérique des sables. Il pensait que « la mobilité des sables, l'absence de crevasses dans les sols sableux, l'acuité des particules, la finesse de celles-ci ne sont en aucune façon les causes de la résistance des vignes ; la pauvreté des terres en chaux, la grande proportion de silice qu'elles renferment, leur richesse colossale en acide phosphorique ou en chlorure de sodium ne sont pas davantage les raisons de l'immunité dont jouissent les vignes dans les sols sableux. Pour lui, les mouvements de l'eau dans la terre jouent un rôle de premier ordre ; on constate qu'il existe un rap-port intime entre la *capacité capillaire* d'un sol pour l'eau, c'est-à-dire la quantité d'eau que ce sol peut retenir physiquement quand il est saturé par ce liquide et la résistance des vignes au Phylloxéra. Dans les terres qui possèdent la plus faible capacité capillaire, la vigne est absolument indemne ; dès que cette faculté s'accroît, la végétation est moins luxu-riante, la vigne souffre de la présence du Phylloxéra et elle succombe sous les atteintes de celui-ci lorsque la quantité d'eau retenue par le sol dépasse 40 %. Dans les sables d'Aigues-Mortes cette capacité varie de 23 à 35 % pour tous les sols indemnes, au-delà la végétation devient languis-sante et les vignes meurent rapidement au-dessus de 40 %.

« On comprend ainsi l'influence nuisible d'un excès d'humidité ou d'une grande richesse en matières organiques, le funeste effet de l'apport de limons fertiles dans les terres sableuses, l'insuccès de la culture de la vigne dans quelques parties basses des cordons littoraux. On conçoit la vigueur conservée par la vigne dans des sols très cailloux, au bord des chemins où de nombreux graviers se trouvent mélangés à la terre arable, auprès des murs de soutènement de champs plus élevés que le sol voisin. »

Cette idée de la capacité capillaire d'un sol est évidemment en rela-tion avec la teneur en éléments fins, essentiellement l'argile et rejoint l'explication moderne, qui avait d'ailleurs été émise à l'époque de VANNUCCINI, mais rejetée par lui.

6° Il semble en effet que le sable agit par sa *structure physique* qui ne présente pas d'espaces continus, nécessaires aux déplacements des radicicoles, insectes non fouisseurs. Par contre, ces espaces se forment dans les sols argileux, par retrait au cours du dessèchement, produisant des fentes verticales ou laissant des vides autour des racines et permet-tant ainsi aux radicicoles de circuler.

La valeur anti-phylloxérique des sables dépend donc de leur *richesse en éléments fins.* Les meilleurs sont ceux qui n'ont pas d'argile ; lorsque la teneur en cette dernière atteint 3 % on commence à rencontrer des radicicoles et le greffage devient nécessaire vers 7 % d'argile.

ANALYSE DE TERRAINS SABLEUX

Analyse physique	Aigues-Mortes (Domaine de Jarras)		Saintes-Maries-de-la-Mer			Landes
	Sol	Sous-sol	Domaine Frigoulès	Château Mont-calm	Silvereal D. Pin-Fourcat	
Sable grossier (2 à 0,2 mm)	40,4	40,1	33,7	25,6	6,9	⎫ 98,0
Sable fin (0,2 à 0,05 mm)	32,1	31,3				⎬
Sable très fin (0,05 à 0,02 mm)	1,0	1,1	63,2	67,6	89,4	⎭
Limon (0,02 à 0,002 mm)	1,7	1,8	10,0	2,5	1,5	0,5
Argile (inférieur à 0,002 mm)	2,3	2,2	1,5	3,0	1,5	
Calcaire total %	22,5	23,5	23,0	21,0	24,0	
Calcaire actif %	1,0	1,1				
Matières organiques			0,6	1,3	0,7	

Les analyses ci-dessus, qui proviennent de la SCPA pour Aigues-Mortes, de BORDAS (1944) pour les Saintes-Maries, donnent un aperçu sur la composition physique de ces sols sableux où la vigne française se comporte bien sans dégâts phylloxériques. Par conséquent, avant toute plantation dans un terrain d'apparence sablonneuse il est important de faire procéder à une analyse physique du sol et du sous-sol.

Pour les sables d'origine marine, il est important également de connaître la *teneur en chlorure de sodium*. En effet, « la nappe phréatique, indique BRANAS, en équilibre avec la mer, est de l'eau salée surmontée d'une tranche d'eau douce qui est alimentée par les précipitations et dont l'épaisseur diminue par évapotranspiration. L'aménagement du sol doit permettre aux racines de s'établir dans une couche humectée par l'eau douce, hors de portée de la salinité par ascension de la nappe et à l'abri du dessèchement par la surface.

« Le sol est disposé horizontalement par un nivellement rigoureux en plateformes d'altitude comprise entre 0,90 et 1,50 m. Dans ces conditions, les racines fuient les conditions asphyxiantes du voisinage de la nappe, s'installent superficiellement et sont exposées à partir de sécheresse en été ; la suppression des racines supérieures l'année de la plantation et la suivante les oblige à naître et se développer plus profondément.

« Le niveau de la nappe doit être régularisé pour éviter l'asphyxie des racines lorsqu'il est trop élevé à la suite des précipitations en hiver et au printemps et leur dessiccation lorsque le niveau s'éloigne trop de la surface en été. Un système de fossés est organisé pour évacuer vers les lagunes l'eau de surface qui vient des précipitations. Il peut être complété par un dispositif de pompage installé à la cote la plus basse, dont le fonctionnement doit être arrêté dès que l'eau superficielle stagnante a disparu et que l'eau des fossés est à 30-40 cm de la surface du sol.

« A l'opposé, en été, le sol se dessèche intensément ; pour éviter le dessèchement, des fossés peuvent être tenus pleins d'eau, même saumâtre, dans le but de maintenir une flèche suffisante dans les plateformes plantées en vignes. Mais ces dispositions ne sont que partiellement efficaces et ne sont pas toujours adoptées ; le système radiculaire est souvent éprouvé par l'asphyxie ou par la dessiccation. »

Pour évaluer la teneur en chlorure de sodium il faut prendre la précaution de prélever les échantillons au cours de l'été, de façon à obtenir la teneur maximum du sol. En effet, la teneur en sel se modifie au cours de l'année car le sol sableux repose sur une couche inférieure, appelée par les praticiens la « couche amère » qui est fortement salée, souvent en relation d'ailleurs avec la mer ou des étangs plus ou moins saumâtres. L'hiver, avec les pluies, le sol est partiellement dessalé, mais avec la sécheresse estivale il remonte et peut provoquer des dégâts. On sait que la vigne française peut supporter 1,5 à 3 pour mille de chlorure de sodium.

Le chlorure de sodium est apporté dans le sol par la remontée de l'eau saumâtre de cette couche amère mais aussi par les embruns salés venant de la mer ; enfin au voisinage du littoral on peut avoir une invasion accidentelle de la mer elle-même qui peut alors provoquer de gros dégâts jusqu'à la mort des souches. Les eaux de pluie assurent un certain lessivage et le sel est entraîné en profondeur. Les vignes absorbent toujours des chlorures qui se retrouvent dans les vins au point de dépasser un gramme par litre, ce qui les a fait parfois suspecter de fraude. A la dégustation ces vins présentent une saveur salée.

C - *ETABLISSEMENT DU VIGNOBLE.* Une grande partie des surfaces plantées était au début des dunes recouvertes plus ou moins d'une végétation halophile. Le premier travail de l'homme a donc été de pratiquer un *nivellement* pour obtenir des surfaces planes faciles à cultiver, éliminer les creux plus sensibles au salant et permettre aux racines de la vigne de trouver au même niveau l'humidité et la fraîcheur nécessaires.

L'altitude au-dessus de la mer des parcelles établies près du cordon littoral est très importante pour la végétation et la vie de la vigne. Au-dessous de 0,60 m il n'est pas conseillé de planter et nous avons vu que l'altitude variait entre 0,90 et 1,50 m.

En raison de la présence de la couche amère, sur laquelle surnage une couche plus douce, il est indispensable pour éviter les dégâts dus au sel de maintenir dans les vignobles des *fossés d'évacuation* en bon état pour permettre, s'il y a lieu, l'élimination de l'eau saumâtre.

Le *défoncement* suit les opérations de nivellement et sa profondeur ne dépasse pas 50 cm. Une tranchée réalisée au préalable permet de se rendre compte de la nature du sous-sol qu'il est parfois préférable de laisser en place ; on se contente alors d'un sous-solage pour briser la couche imperméable qui empêche l'humidité souterraine de monter par capillarité.

Les vignobles des sables sont soumis à une action très vive des forts vents d'hiver et de printemps venant du sud ou du nord. Sous l'action des vents du nord (Mistral, Tramontane) les particules de sable volent et se déplacent rapidement et en peu de temps il se produit des dénivellements importants qui tendent à reconstituer les dunes primitives. Certaines souches sont recouvertes par le sable alors que d'autres sont déchaussées gravement, les racines mises à nu, les ceps sont ébranlés la végétation herbacée est meurtrie et les feuilles plus ou moins déchirées. Les vents du sud font moins voler le sable généralement mais les embruns salés qu'ils apportent avec eux brûlent la végétation.

Pour se prémunir contre ces dangers, deux techniques particulières sont utilisées dans les vignobles des sables :

1° *Utilisation d'abris.* Pour diminuer les effets des embruns on réalise des abris de roseaux ou canne de Provence (*Arundo donax L.*). Ils forment des haies entretenues annuellement par un éclaircissage et par un labour profond à 50 cm exécuté alternativement de part et d'autre de la haie pour éviter la progression des rhizomes. Ces haies, établies en plantant les rhizomes, ne sont efficaces qu'à partir de 3 ans. Les roseaux dessèchent le sol, mais leur effet nuisible est faible en comparaison de leur utilité comme abri pour la vigne, l'accumulation du sable et la raréfaction des nématodes dans leur voisinage.

Les *abris morts* sont constitués par des claies de tiges de roseau (Cannis), des lattes de châtaignier ou des treillages en plastique ; ils occupent moins de place, mais durent moins car ils finissent par pourrir ou se dégrader sous l'action des vents violents.

Tous ces abris sont établis perpendiculairement à la direction des vents dominants, c'est-à-dire sensiblement est-ouest au bord de la Méditerranée ou nord-sud sur la côte de l'Océan à cause du vent d'ouest venant de l'Atlantique. On les dispose à des intervalles de 10 à 40 mètres selon leur proximité du rivage et ils sont coupés à plus grande intervalle (200 à 300 m) par des haies perpendiculaires, ce qui assure un compartimentement du terrain. Leur influence microclimatique est d'autant plus favorable que les compartiments sont plus petits.

2° *Enjoncage.* Il est destiné à prévenir ou à limiter les effets néfastes des vents qui font voler le sable. Pour cela on recouvre le sol d'une couche continue de petits joncs, d'herbes sèches des marais, réunies en bottes, rarement en vrac qu'on enfonce légèrement dans le sol avec un *pique-jonc.* Cette machine comporte des disques à bords mousses, de 50 cm de diamètre, solidaires d'un axe tournant librement dans un bâti, chargé à la demande pour que les disques pénètrent en enfonçant les herbes en partie. Il se forme ainsi des lignes de petits brise-vent dépassant la surface du sol de 5 à 15 cm et espacées de 15 à 20 cm.

Fig. 256. – Vignoble des sables littoraux (Cl. BERNARD).

Pour enjonquer un hectare on compte 1.200 à 1.500 kg de litière sèche, rarement davantage. Comme cette herbe des marais coûte cher en main-d'œuvre à ramasser on a essayé de la remplacer par des pailles de céréales qui, brisées par les manipulations, manquent de rigidité.

Dans les vignes adultes, l'enjoncage est pratiqué une fois par an après le premier labour réalisé de novembre à mai. Après le deuxième labour on ne met plus de joncs, mais le sable est encore abrité par ce qui reste de la litière qui n'est enterrée qu'à moitié par ce second labour et surtout par les rameaux de la vigne qui recouvrent déjà le sol.

Dans les jeunes vignes, surtout l'année de plantation on fait 3 enjoncages : le premier après la préparation du sol, le deuxième après le premier labour qui suit la plantation et le troisième après le dernier binage d'automne.

Devant les difficultés de ramassage de l'herbe des marais et leur prix onéreux de ramassage, certains propriétaires comme la Compagnie des Salins du Midi ont eu recours depuis quelques années à l'*enherbement de l'interligne* : on sème de l'orge à la fin de l'été pour qu'elle puisse lever et se développer avant l'hiver, de telle sorte qu'elle va assurer la protection du sol pendant la mauvaise saison. On sème en moyenne 120 kg hectare dès la fin des vendanges. L'orge lève à la faveur des pluies automnales qui généralement sont abondantes à cette période. Au printemps le développement de l'orge est stoppé par l'application d'un désherbant défanant, avec lequel le fauchage devient inutile. Un déchaussage est pratiqué en respectant les plantes du milieu de l'interligne, lequel est finalement labouré à la houe rotative.

Les plants d'orge fixent correctement les sables mais comme ils absorbent pour leurs besoins de l'eau et de l'azote, il est indispensable de les détruire assez tôt au printemps et d'apporter une fumure d'azote nitrique (50 kg d'N par ha) qu'ils restituent sous forme organique.

Enfin dans les jeunes plantiers pour éviter cette concurrence de l'orge on maintient la pratique classique de l'enjoncage.

D - *PRATIQUES CULTURALES*. Les souches sont généralement conduites en gobelet languedocien dans les petites exploitations, mais dans les grands domaines afin de pouvoir vendanger mécaniquement les souches sont transformées ou les nouvelles plantations établies en Guyot simple ou double, en cordon de Royat avec palissage sur fil de fer. Après avoir réalisé un espoudassage mécanique la taille est exécutée avec des sécateurs à fonctionnement hydraulique.

Les *labours* ont été d'abord exécutés à bras d'homme avec des pelles, puis avec des charrues à traction animale, qui évitaient mal l'enherbement. Aujourd'hui on utilise plutôt des houes rotatives et on emploie des charrues décavaillonneuses.

Les *désherbants* chimiques ne sont pas employés, sauf pour détruire des plaques de chiendent, parce que les racines de la vigne vivent relativement en surface et l'on craint des accidents.

On pratique l'*ébourgeonnage* et l'ablation des sagates au printemps, puis le *rognage* afin de faciliter le passage des instruments de culture ou de traitement.

La *fumure* est indispensable parce que les sables constituent un milieu naturel très pauvre comme le montrent les analyses suivantes, réalisées par la Société commerciale des Potasses et de l'Azote au Domaine de Jarras de la Compagnie des Salins du Midi :

Analyse classique d'un sable d'Aigues-Mortes (Jarras) S.C.P.A.

	Sol 0-25 cm	Sous-sol	
		25-50 cm	50-70 cm
pH	8,9	9,0	9,1
N. total ‰	0,37	0,33	0,23
P_2O_5 assimilable ‰	0,06	0,04	0,03
K_2O échangeable ‰	0,08	0,10	0,06
CaO échangeable ‰	7,14	6,26	7,18
MgO échangeable ‰	0,15	0,15	0,16
Na_2O échangeable ‰	0,04	0,04	0,04
Zinc oxalique (ppm)	1,3		
Cuivre oxalique (ppm)	7,0		

Ce sont donc des sols squelettiques qu'il faut enrichir suffisamment pour soutenir des rendements moyens de l'ordre de 75 hl/ha.

La moyenne des essais réalisés par la S.C.P.A. montre que le meilleur rendement dans les vignes expérimentales a été obtenu avec N 70, P 90 et K 200 pour un rendement maximal calculé de 93 hl/ha. Le degré alcoolique diminue en général avec les rendements : il a eu tendance à diminuer avec les doses d'azote, à diminuer aussi avec les doses d'acide phosphorique mais à augmenter avec les doses de potasse. Les effets de la fumure ont été positifs sur les rendements des bois de taille et sur ceux de l'orge en culture intercalaire.

Autrefois on employait beaucoup les fumures organiques qui se décomposaient rapidement dans les sables : tourteaux, cornes torréfiées, laines désagrégées, guanos, etc.) et en évitant les fumures volumineuses capables d'héberger le phylloxéra. Actuellement on recourt aux engrais chimiques en fournissant l'azote avec du nitrate de chaux ou de l'ammonitrate (50 à 100 kg d'N par ha) distribués en deux fois : en mars, une quinzaine de jours avant le débourrement ; et au voisinage de la floraison, la potasse est livrée sous forme de sulfate exclusivement, avant le débourrement, ainsi que l'acide phosphorique éventuellement.

L'établissement des plantations est aléatoire car le dessèchement du sol, au cours des années sèches, progresse en profondeur assez rapidement et crée un milieu défavorable à l'émission des racines, des boutures ou des plants racinés. Les insuccès sont plus fréquents dans les zones à structure plus grossière, qui se dessèchent encore plus vite. On peut y remédier par le paillage plastique (coûteux) ou en ajoutant dans le trou de plantation (fait au plantoir Bonnet à cylindre) un peu de terre riche en limon mais pauvre en argile) ce qui est onéreux et risqué. Le remplacement des manquants par provignage a été longtemps pratiqué, mais semble abandonné aujourd'hui.

Le greffage se pratique depuis quelques années depuis la mise en évidence de la présence des anguillules dans les dunes du littoral. Ces anguillules existaient sans doute à l'état endémique mais leur présence était soit ignorée des viticulteurs soit tenue secrète par ceux qui les avaient détecté pour ne pas faire baisser le prix des terres. Nous avons décrit les dégâts des nématodes dans un chapitre précédent pour ne pas y revenir ici.

« La pullulation, écrit BRANAS, ne se produit que dans les sols sablonneux en présence de plantes-hôtes très sensibles ; plusieurs espèces de la flore naturelle des dunes jouent ce rôle favorable aux anguillules comme la Morelle noire (Solanum nigrum L.) alors que d'autres pourraient avoir un pouvoir répulsif (Arundo donax L.). Des plantes très sensibles cultivées dans les zones maraîchères (tomate, pomme de terre...) favorisent l'infestation des plants de vigne qui leur succèdent. Les dommages, rares dans les terres de l'intérieur, sont généralisés dans les sables littoraux à la suite de la dispersion des nématodes au cours des travaux d'aménagement du sol.

« Les cépages très sensibles sont affaiblis et font pulluler les anguillules en compromettant la culture des autres variétés au même endroit : Ugni blanc, Cot, Monbadon, Merlot blanc, Cabernet franc ; d'autres sont assez affectés : Aramon, Pinot, Sylvaner, etc., enfin certains sont peu affectés : Carignan, Grenache, Piquepoul, Terret,

« Les dégâts sont en général limités aux zones dans lesquelles l'infestation massive est la conséquence de la pullulation des anguillules sur les plantes sensibles. Les variétés sensibles doivent être greffées. Les fumigants n'ont pas d'effet favorable lorsqu'ils sont appliqués sur les vignes établies (en raison de leur toxicité), les animaux qui sont dans les galles échappent aux traitements. »

E - ENCEPAGEMENT. Au début il a été le reflet de l'encépagement local voisin : Aramon et Carignan dans la région d'Aigues-Mortes ; Piquepoul gris, Terret bourret et Clairette du bassin de l'étang de Thau dans la région de Sète. L'Aramon, sensible aux gelées, a rapidement regressé au profit du Carignan qui de plus résiste aux anguillules. Il en est de même du Piquepoul qui a longtemps dominé dans la région de Sète. Par la suite on a planté des teinturiers : Petit Bouschet, puis l'Alicante Bouschet. Pour les vins blancs les plantations se sont orientées vers l'Ugni blanc, productif et à débourrement tardif et même le 12375 S.V.

Depuis quelques années de gros efforts ont été entrepris pour améliorer la qualité des vins récoltés notamment par la Compagnie des Salins du Midi : les vins rouges sont produits avec le Carignan, le Cinsaut, le Grenache plus des cépages améliorateurs Cabernet sauvignon, Cabernet franc, Merlot, Syrah tandis qu'en blanc à côté de l'Ugni blanc on trouve la Clairette et des essais de Riesling, de Sauvignon, de Chardonnay. Le Muscat d'Alexandrie sert pour la préparation de jus de raisin.

Enfin dans ce vignoble des sables, certaines communes comme le Grau-du-Roi et Villeneuve-lès-Maguelonne sont orientées aussi vers la production des raisins de table : Chasselas, Cardinal, Gros Vert, Italia avec un peu d'Alphonse Lavallée et de Muscat de Hambourg qui se comportent moins bien.

F - MALADIES ET ACCIDENTS. Les sables ne transmettent pas le court-noué et comme à une certaine époque, après 1945, le professeur BRANAS pensait que le Phylloxéra était le vecteur de ce virus il fit établir des collections de vignes dans les sables (à Vassal près de Marseillan et à l'Espiguette au Grau-du-Roi) ; malheureusement à la place on a découvert les anguillules, les embruns et le salant ce qui rend difficile les travaux Ampélographiques.

L'oidium est une maladie redoutable au bord de la mer et nécessite des soins vigilants à cause de l'humidité atmosphérique.

La pourriture grise est aussi très favorisée. Le mildiou n'offre guère de difficultés de traitement puisque les appareils circulent mieux sur un sol mouillé que sec.

Les gelées de printemps sont possibles mais rares, la sécheresse peut se manifester d'une façon intense avec le salant, le cinglage et les embruns. Les larves des hannetons (anomala vitis, Polyphylla fullo), les vers gris peuvent aussi causer des ravages importants mais limités.

G - LES VINS. Les vins rouges ont longtemps été des vins de table ordinaires tandis que les vins blancs étaient fréquemment livrés à la Vermoutherie pour la préparation des apéritifs à base de vin, produits par les grandes maisons établies à Sète ou Frontignan.

Depuis 1973 il existe une appellation Vin de Pays intitulée « Vin de pays des sables du golfe du Lion » qui comprend le territoire constitué par des sables dunaires d'apports rhodaniens, marins et éoliens des communes des Saintes-Maries-de-la-Mer (B.-du-Rh.), du Grau-du-Roi, d'Aigues-Mortes, de Saint-Laurent-d'Aigouze et de Vauvert dans le Gard ; de Mauguio, Palavas-les-Flots, Villeneuve-lès-Maguelonne, Vic-la-Gardiole, Frontignan, Sète et Marseillan dans l'Hérault.

LE PUCERON VRAI DE LA VIGNE

Décrit pour la première fois par SCOPOLI en 1763 sous le nom d'*Aphis vitis*, insecte s'attaquant aux vignes d'Autriche, il fut remarqué en France par LICHTENSTEIN, en 1882 au Domaine de Viviers près de Montpellier. Il a été aussi mentionné en Italie aux environs de Trieste, ainsi qu'aux Etats-Unis (Asa FITCH, 1859).

Ce puceron possède des ailes en forme de toit et porte à l'extrémité de son abdomen deux cornicules, petits tubes servant d'écoulement à un liquide sucré secrété par deux glandes appelées nectaires. La couleur du corps est vert foncé ; les yeux, la queue et les cornicules sont noirs. La forme larvaire est ovale, légèrement velue et a également les yeux bruns.

Ce puceron se tient sous les feuilles de la vigne, sur les vrilles et sa présence est toujours décelée par les allées et venues des fourmis, très friandes du miellat sucré. Cette espèce n'a plus été signalée depuis V. MAYET (1890) et il est probable que les traitements insecticides réalisés pour d'autres insectes ont fait fuir cette espèce.

Elle est peut-être identique à l'espèce suivante (?)

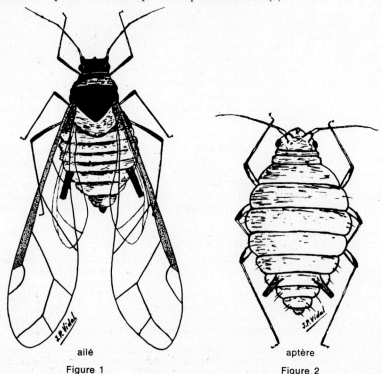

ailé   aptère

Figure 1   Figure 2

Fig. 257. – Le puceron de la vigne (d'après VIDAL).

LE PUCERON DE LA VIGNE

VIDAL et MARCELLIN (1970) ont décrit un autre puceron découvert dans le vignoble de Rivesaltes par le conseiller agricole G. VIDAL en 1968.

Il s'agit de *Brachycaudus helichrysi* Kaltenbach qui a pour synonymes *Anuraphis helichrysi* Kalt., *Aphis helichrysi* Kalt. *Aphis myosotidis* Koch, *Brachycaudus pruni* V. d. Goot, puceron qui normalement vit sur le prunier et qui émigre durant la belle saison sur les Composées, les Borraginées, les Scrofularinées.

L'insecte aptère possède la tête, le thorax et l'abdomen de couleur vert pâle ou rosâtre ; il mesure 1,2 à 1,8 mm de long. Cornicules noirs en tronc de cône épaissis.

L'ailé a la tête et le mésothorax noirs tandis que l'endothorax et l'abdomen sont faiblement et irrégulièrement tachés de foncé sur un fond variant du vert clair au brunâtre.

Les colonies s'établissent au sommet des rameaux dans les premières jeunes feuilles et migrent au fur et à mesure toujours vers les jeunes feuilles pliées en gouttière. Là ils piquent la jeune tige et les rafles des inflorescences qui provoqueront des plages nécrosées de 2 à 8 mm de long. L'extrémité du rameau prend une forme en crosse caractéristique, liée à la moindre croissance des zones nécrosées, de même les inflorescences dont les fleurs avorent presque entièrement.

Les cépages glabres sont les plus atteints : Grenache, Muscat d'Alexandrie, Cardinal alors que la Clairette, le Maccabeu et le Grenache velu ne le sont pas.

La lutte, quand elle est nécessaire se réalise avec des pulvérisations de parathion à 30 g de M.A./hl et 800 l/ha de bouillie. Le traitement doit être précoce, au début mai.

LES COCHENILLES

Les Cochenilles ou Coccides, vulgairement appelées « Kermès », « Poux collants », sont des insectes très particuliers typiquement phytophages, bien adaptés au parasitisme à la suite d'une évolution régressive portant principalement sur les organes de locomotion (atrophie et disparition des pattes et des antennes) et l'exacerbation de la fonction de nutrition.

« Les cochenilles présentent un *dimorphisme sexuel* très accusé : les *mâles* sont allongés, les ailes inférieures sont transformées en balanciers ; les ailes antérieures sont relativement grandes, fortement arrondies à l'extrémité, translucides ou légèrement blanchâtres et ne présentent que deux nervures longitudinales.

« Les *femelles* sont toujours aptères ; le corps est large et aplati, mais il se renfle par la production des œufs. De plus les téguments des femelles sont pourvus de nombreuses glandes ou filières secrétant de la cire ou de la laque. Ces sécrétions soudent les cochenilles au végétal qu'elles parasitent et les protègent des conditions climatiques défavorables et des insecticides ; elles forment un bouclier protecteur à surface irrégulière, souvent grisâtre (Diaspides) où elles imprègnent entièrement la cuticule de l'insecte et la rendent rigide et résistante (Lécanides) ou bien encore, elles forment de longs filaments recouvrant les téguments qui ont alors une consistance molle (Pseudococcides) « (Bonnemaison, 1961).

Dégâts des Cochenilles

Les vignes parasitées par les Cochenilles présentent un certain nombre de symptômes communs :

La plupart des espèces parasites de la Vigne (*Pulvinaria vitis, Pseudococcus citri, Eulecanium corni, E. persicae*) secrètent un *miellat* sucré, rejeté par l'anus et projeté sous forme de gouttelettes sur les feuilles, les rameaux ou les raisins. Sur ce miellat il y a le développement de champignons qui provoquent la maladie de la *Fumagine* et qui vont souiller de noir tous les organes parasités.

La présence de miellat entraîne la circulation sur le cep d'importantes colonies de *fourmis*, qui se nourrissent de ce miellat et qui favorisent même parfois la dissémination des colonies de cochenilles en transportant leurs œufs.

L'observation visuelle de la Fumagine et des fourmis sont de bons moyens de détection de la présence des cochenilles dans une vigne. Mais les conséquences physiologiques sur la Récolte (qualité et quantité) et sur la durée de la souche sont beaucoup plus importantes et peuvent devenir très graves.

En effet, à la vendange on constate que les raisins sont bien moins mûrs que ceux provenant des souches saines avec une perte de 2 à 3°, le déficit peut être aussi quantitatif.

A l'automne le feuillage conserve un aspect vert clair, qui tranche sur les souches voisines vert foncé. Du fait de l'épuisement de la souche, les sarments sont mal aoûtés et la réaction à l'alcool iodé permet de mesurer l'intensité de cet épuisement. Les pieds parasités perdent leurs feuilles les premiers, ce qui contribue encore à diminuer les réserves de la Vigne.

Au printemps suivant, les souches malades accusent des retards de huit à quinze jours dans leurs dates de débourrement. D'ailleurs les bourgeons poussent lentement, demeurent de couleur jaune vert pâle et restent grêles, chétifs. Certains coursons ne débourrent pas du tout et sont secs.

Enfin la floraison est retardée et on note un pourcentage de coulure plus ou moins grand.

« L'action nocive des Cochenilles, écrit GRASSÉ (1927) est plus compliquée qu'elle ne le paraît de prime abord. Les cochenilles avant chaque aspiration de sève inoculent à la plante une salive toxique qui modifie les tissus végétaux. La preuve en est fournie par de nombreux arbres à feuillage caduque qui conservent plus longtemps leurs feuilles parasitées que leurs feuilles saines. Dès que les insectes meurent, ces feuilles tombent. Lorsque les cochenilles sont abondantes, elles se montrent redoutables car elles « saignent » et intoxiquent le cep. Ayant la faculté de se fixer sur la souche ou à la base des coursons elles échappent à la taille et se reproduisent d'une année à l'autre, sans être gênées ».

Cochenilles nuisibles à la Vigne

En France cinq espèces provoquent des dégâts, rarement importants d'ailleurs, qui sont toujours localisés mais qui excitent la curiosité des Viticulteurs.

Dans le Monde, soixante et dix espèces, pouvant vivre sur la Vigne, ont été dénombrées, ces cochenilles, étant le plus souvent des parasites d'autres plantes locales. La seule espèce importante à connaître est une cochenille souterraine, vivant sur les racines des Vignes en Amérique du sud : *Margarodes* ou *Cochenille du Chili*, que nous étudierons d'ailleurs.

La classification des cochenilles, selon BALACHOWSKY (1948) comprend trois familles : *Margaroidae, Lecanoidae* et *Diaspidoidae.*

1° Les *MARGAROIDAE* constituent une famille primitive. Ce sont pour la plupart des Cochenilles de grande taille secrétant d'abondantes productions cireuses. Les mâles possèdent des yeux composés latéraux, muriformes, développés et généralement des yeux simples. Les ailes sont de couleur variable, non repliées en ciseaux le long du corps en position de repos.

Stigmates dorsaux, abdominaux et ventraux présents à tous les stades mâles ou femelles.

— *Margarodes vitium* Giard ou Cochenille du Chili.
— *Margarodes capensis* Giard. Afrique du Sud.
— *Margarodes greeni* Brain. Afrique du Sud.
— *Icerya aegyptiaca* Ril. et How. Egypte.
— *Icerya palmeri* Ril. et How. Mexique. Chili.
— *Icerya* (ou *Pericerya*) *purchasi* Mask ou Cochenille australienne vivant sur les Orangers, les Mimosas, les Rosiers, etc... trouvée sur Vigne au Portugal, en Afrique du Sud et en France par GRASSE à Castelnau-le-Lez.
— *Icerya schrottkyi*, Brésil.
— *Monophlebus serratulae* Léon., Italie. Ne dépose que ses œufs sur la Vigne, tandis que les larves vivent sur les plantes herbacées.

2° *LECANOIDAE.* Pas de stigmates dorsaux abdominaux. Les mâles ont une tête bien dégagée du thorax, pas d'yeux composés, mais plusieurs paires d'yeux simples ; les balanciers sont terminés par des crochets simples ou multiples ; stylet copulateur court ou nul.

Cuticule de la femelle et des larves présentant de nombreux types de glandes, mais toujours dépourvue de glandes tubulaires en chapiteau à bouton central. Anus des adultes et des larves entouré d'un anneau pourvu ou non de soies, bordé ou non de plaques anales.

Cette famille comprend de nombreuses sous-familles parmi lesquelles nous citerons :

+ Les *Lecanines* caractérisées par des plaques anales chez la femelle à tous les stades ; l'anneau anal est bordé de part et d'autre par une plaque triangulaire. Les téguments des femelles sont rendus rigides par l'imprégnation de cires ou de laques. Corps généralement globuleux.

— *Eulecanium corni* BOUCHÉ ou Lecanium du cornouiller et de la vigne.

— *Eulecanium persicae* Fab ou cochenille oblongue.

— *Pulvinaria vitis* L. ou cochenille rouge.

— *Neopulvinaria imeretina* HADZ.

— *Lecanium elongatum* Sign. Egypte.

— *Lecanium fukayai* Kuwana. Japon.

— *Lecanium nigrum* Nietner Ceylan, Egypte.

— *Lecanium oculatum* Ldgr. Afr. du Sud.

— *Lecanium pruinosum* Coqu. Californie.

— *Lecanium silveirai* Hempel. Brésil.

— *Saissetia oleae* Bern. (*L. oleae*) ou Cochenille noire de l'Olivier, très nuisible aux Citrus en Algérie, parfois sur Vigne.

— *Ceroplastes rusci* L. ou Ceroplaste du Figuier vivant sur les Ficus, le laurier-rose et parfois la Vigne en Afrique du Nord, en Italie, en Sicile et en Egypte.

— *Cissococcus fulleri* Ckll. Afr. du Sud.

— *Physokermes coryli* Ldgr. Europe tempérée et méridionale.

— *Cryptinglisia lounsburyi* Ckll. Afr. du Sud.

+ Les *Pseudococcidae* sont des cochenilles de taille moyenne 2 à 4 mm. Les femelles possèdent généralement des pattes ainsi que des antennes et donc contrairement aux Lecanines elles sont *mobiles à tous les stades*. Les téguments sont mous, recouverts d'une fine pruinosité blanche et possèdent des digitations régulièrement réparties sur les bords du corps et parfois sur la face dorsale ; il existe un anneau sclérifié peri-anal où s'ouvrent des pores glandulaires et supportant 6 longs poils. Les œufs sont rassemblée en masses floconneuses blanches (ovisacs).

— *Pseudococcus citri* Risso ou cochenille blanche vivant sur l'Oranger et la Vigne.

— *Pseudococcus adonidum* Westw cosmopolite, Madère, Canaries, Californie...

— *Pseudococcus bakeri* Essig. Californie.

— *Pseudococcus capensis* Brain Afr. du Sud.

— *Pseudococcus filamentosus* Ckll. (*Ps. perniciosus Newst.*) Egypte.

— *Pseudococcus proteus* Storey. Egypte.

— *Pseudococcus subterraneus* Fern. Argentine.

— *Pseudococcus vitis* Nied. Palestine, Afrique du Nord.

— *Phenacoccus aceris*. Sign.

— *Phenacoccus hirsutus* Green Egypte.

— *Ripersia falcifera* Lindgr ou cochenille falcifère, qui vit sur les racines de la Vigne.

+ Les *Asterolecanines* caractérisées par la présence de glandes en 8, chez la femelle à tous les stades.

— *Asterolecanium pustulans* var. *sambuci* Ckll. Egypte.

3° Les *DIASPIDIDAE* ou *Diaspidoidae* forment le groupe le plus évolué des Cochenilles et le plus riche en espèces.

Pas de stigmates dorsaux abdominaux.

Les mâles ont une tête fusionnée avec le thorax, sans trace de cou, pas d'yeux composés mais plusieurs paires d'yeux simples ; balanciers terminés par une soie apicale, stylet copulateur long.

Cuticule de la femelle et des larves présentant des glandes tubulaires en chapiteau à bouton central et d'autres types de glandes. Anus des adultes ou des larves n'étant pas entouré d'un anneau anal rigide et dépourvu de plaques anales.

On divise cette famille en deux sous-familles :

— Les *Phoenicoccinae*, qui ne contiennent pas d'espèces nuisibles à la Vigne ; femelles libres ou encloses dans une enveloppe cornée.

— Les *Diaspidinae*, dans lesquelles les femelles sont abritées sous un bouclier résistant, de structure soyeuse, englobant les exuvies larvaires et nymphales. Les mâles sont ailés ou secondairement aptères, pourvus de longues antennes dépassent toujours la moitié de la longueur du corps.

On distingue cinq tribus dont deux (*Xanthophthalmini* et *Odonaspini* ne contiennent pas d'espèces nuisibles à la Vigne).

3° *Aspidiotini*. Pygidium à macropores tubulaires dorsaux longs, cylindriques ou filiformes, à chapiteau pourvu d'une seule couronne chitineuse, disposés en rangées obliques et débouchant le plus souvent dans des sillons ou cryptes glandifères marginales ou submarginales des différentes aires pygidiales. Pygidium de la femelle pourvu de palettes et de peignes bien développés, toujours dépourvu d'épines glandulaires.

— *Aspidiotus hederae* Vallot ou Cochenille du Lierre très polyphage, parfois sur Vigne : Algérie, Tunisie, Italie, Chypre, Palestine, Afr. du Sud

— *Aspidiotus labiatarum* March. Corse, Grèce, Tyrol, Italie.

— *Aspidiotus lataniae* Sign. Afr. du Nord et du Sud, Eygpte, Etats-Unis, Mexique.

— *Aspidiotus camaranus*. Brésil.

— *Aspidiotus ligusticus* Léonardi (1918) a été décrit sur Vigne à Vintimiglia (Italie) et Lupo (1948) la mention près de Naples à Portici (Italie) et Asmara (Erythrée). Mais Balachoswsky (1951) après examen détaillé pense que les différences sont insuffisantes pour séparer cette espèce d'*Aspidiotus hederae* Vallot.

— *Aspidiotus pectinatus* Ldgr. Afr. du Sud.

— *Aspidiotus rapax* Comst. Italie.

— *Hemiberlesia Camelliae* Sign, très polyphage, accidentellement sur vigne.

— *Hemiberlesia Ceardi* Balachw, espèce désertique d'Algérie (Colomb-Béchar, Ain-Sefra) causant parfois quelques dégâts à la Vigne dans les oasis, cultivée à l'ombre des Palmiers-Dattiers.

— *Hemiberlesia lataniae* Sign., espèce polyphage cosmopolite, subtropicale et dans la région littorale des deux côtés de la Méditerranée. Nuisible aux plantes d'ornement et aux cultures fruitières, parfois sur *Vitis Vinifera*.

— *Chrysomphalus aurantii* Ckll. Egypte, Palestine.

— *Chrysomphalus dictyospermi* Léon. Afr. du Sud, Argentine.

— *Chrysomphalus ficus* Ashm. Egypte, Afr. du Sud. C'est le « Pou de Floride » vivant principalement sur les Aurantiacées et exceptionnellement sur Vigne. Syn. *Chr. aonidum*.

— *Chrysomphalus pedroxiformis* Ckll. et Robins. Philippines.

— *Aonidiella arnoldei* Brésil.

— *Aonidiella leivasi*. Brésil.

— *Aonidiella aurantii* Maskell ou Red scale California (Pou rouge de Californie c'est une espèce cosmopolite et polyphage, nuisible aux *Citrus* mais signalée aussi sur Vigne.

— *Quadraspidiotus perniciosus ou Aspidiotus perniciosus* Comst. C'est le « Pou de San José », célèbre cochenille des Arbres fruitiers qui peut vivre aussi sur la Vigne.

— *Diaspidiotus uvae* Comstock, syn. *Aspidiotus uvae* existe en Californie où elle est connue sur Vigne sous le nom de « grape scale ». Elle a été signalée en Espagne par RUIZ CASTRO (1944) dans divers vignobles d'Andalousie, aux environs d'Almeria.

— *Diaspidiotus viticola* Leonardi. Sign. *Aspidiotus Viticola* Léon a été trouvée en Italie sur des vignes de la province de Naples (Portici, Saint-Georges de Cremano).

— *Aspidaspis Laperrinei* Balachw vit au Sahara central (Hoggar), dans le Fezzan sur diverses plantes spontanées et parfois dans les Oasis sur Vigne et Grenadier.

— *Saharaspis Ceardi* Balachw espèce saharienne vit sur les Figuiers et la Vigne en Algérie (Colomb-Bechar, Ain-Sefra) et à Tardjicht, oasis de l'anti-atlas marocain. Elle peut faire dépérir les sarments.

— *Mycetaspis personnatus* Comst. Espèce tropicale, polyphage, vivant sur Bananier, Citrus et parfois Vigne (au Brésil).

— *Melanaspis obscura* Ldgr. Sud des Etats-Unis.

— *Melanaspis personnata* Ldgr. Amerique.

— *Melanaspis rossi* Ldgr. Afr. du Sud.

— *Targionia vitis* Sign., syn. *Aspidiotus vitis* Sign ou Cochenille grise.

— *Pseudaonidia fossor* Newst. Guyane anglaise ou Guyana.

— *Pseudaonidia tesserata* Ckll. Mexique. Antigua, Maurice.

— *Pseudaonidia trilobitiformis* Green, espèce tropicale cosmopolite Brésil, Antilles, Japon, Java, Afrique tropicale.

4° PARLATORINI Pygidium à macropores tubulaires dorsaux à chapiteaux courts et larges, pourvu de deux couronnes disposées en éléments isolés ou en rangées régulières sur les différentes aires pygidiales. Peignes larges, courts, denticulés généralement sur la marge des segments abdominaux II à IV.

— *Parlatoria camelliae* Comstock, espèce des régions tropicales et subtropicales vit sur les feuilles de Camellia, mais aussi sur les *Citrus, Berberis, Prunus et Vitis*. Présente également en Europe (France, Italie, Suisse).

— *Parlatorea oleae* Colvée Polyphage, arbres fruitiers, Afrique du Nord, trouveé sur Vigne en Italie, Chypre.

5° DIASPIDINI Pygidium de la femelle adulte pourvu seulement d'épines glandulaires, dépourvu de peignes. Deuxième paire de palettes généralement bilobée ; macrocores courts et larges.

— *Aulacapsis pentagona* (Targ). Newst ou *Pseudolacapsis (Diaspis) pentagona Targ*. C'est la cochenille du Mûrier, du Pêcher, de l'Abricotier, du Lilas, etc. parfois sur Vigne en France et en Italie (Lac de Côme, Brianza) (V. MAYET, 1894).

— *Chionapsis vitis* Green. Ceylan.

— *Lepidosaphes pinniformis* Kirk. Italie, Dalmatie.

— *Lepidosaphes ulmi* L. ou cochenille virgule du Pommier trouvée sur Vigne en Europe centrale (Allemagne, Autriche, Hongrie, Italie).

LECANIUM DU CORNOUILLER ET DE LA VIGNE

I — SYNONYMIE

Le Lecanium de la Vigne, Cochenille « café », Cochenille des Prunes.
Angl. Brown apricot scale.
All. Rebenschildlaus.
Ital. Cocciniglia della vite.

II — SYSTEMATIQUE ET DESCRIPTION

Eulecanium corni Bouché appartient à la famille des *Lecaniidae ou* Lécanines. Elle était autrefois dénommée *Lecanium Corni*.

La *femelle* est globuleuse, bombée, brun acajou (Pl. 19, fig. 1), légèrement brillante, sans carène médiane marquée ; elle mesure 4 à 6 mm de long sur 1,5 à 4 mm de large et possède des sillons rugueux bien marqués sur le pourtour. Les antennes possèdent 7 articles.

Balachowsky (1935) précise que « c'est une espèce très polymorphe : sa forme, sa taille et sa couleur varient suivant la plante-hôte et aussi avec le stade d'évolution. La jeune femelle diffère considérablement de la femelle fécondée et cette dernière des individus âgés ayant terminé leur ponte. Certains auteurs ont cru devoir multiplier les formes et ont créé des espèces sur des caractères d'une extrême fragilité, jetant la confusion dans le groupe complexe des *Eulecanium*. Marchal (1908) a débrouillé cette question systématique en effectuant des élevages. Seuls les caractères microscopiques permettront de distinguer avec certitude cette espèce des formes voisines.

« *Caractères microscopiques.* Chez la femelle adulte : antennes bien développées de 7 articulations (au lieu de 8 chez *E. coryli* et *E. persicae*), soies marginales courtes, spiniformes, à pointe légèrement émoussée (filiformes chez *E. persica*e). Avant-dernière épine marginale située sur le lobe postérieur plus longue que les autres et filiforme (spiniforme chez *E. pulchrum*, du Chêne). Epines stigmatiques bien différenciées comprenant une large épine médiane et deux petites épines latérales. Région périanale et lobes postérieurs à cuticule épaissie parsemée de cellules auréolées (impressionnée de stries irradiantes chez *E. coryli*). »

Les *mâles* ailés sont très rares et la reproduction parthénogénétique est de règle.

III — BIOLOGIE

Elle fut étudiée par Réaumur (1738) avec une grande exactitude. L'hibernation a lieu sous forme de *larves du 2e stade* sur le tronc et les bras de la souche. Au mois d'avril, après une seconde mue, ces larves deviennent adultes et entreprennent une migration vers les jeunes rameaux, les feuilles et les inflorescences, sur lesquelles elles se fixent. Elles se développent rapidement et les organes génitaux arrivent à maturité ; les téguments sont gris, puis présentent des zébrures transversales et prennent finalement une coloration acajou pendant la ponte.

Chaque *femelle* pond de 1.500 à 2.000 œufs qui sont expulsés pendant plusieurs jours entre la fin mai et le mois de juillet. La femelle meurt et sa carapace protège les œufs pendant tout le développement embryonnaire.

Les *œufs* sont blancs, de forme ovale et de petite taille. La durée d'incubation varie de 15 jours à 1 mois suivant les conditions ambiantes. L'éclosion se produit à partir de la mi-juin jusqu'aux premiers jours de juillet.

Les *jeunes larves* ou larves du premier stade sont assez semblables à de jeunes pucerons, de forme ovale, mesurant 0,35x0,20 mm et de couleur jaune paille clair mais très aplaties. (Pl. 19, fig. 2 et 3).

En juillet, les larves se dispersent activement ; très mobiles elles s'éloignent du corps de la mère pour grimper avec agilité sur les rameaux pour se répandre sur les feuilles, à la face inférieure. Elles peuvent aussi être transportées à de grandes distances par le vent ou par les instruments agricoles (tracteurs, pulvérisateurs, poudreuses). C'est le *stade de dispersion* de la cochenille. A ce stade, d'après SUTER (1950), la mortalité est souvent supérieure à 60 %.

Au bout de deux ou trois jours les larves vont se fixer, de préférence le long des nervures, sans doute pour avoir une meilleure alimentation qu'au milieu du limbe. Les larves restent ainsi localisées durant presque tout l'été, sans grossir, dans une diapause nettement accusée et dans une immobilité relative.

La *première mue* ou transformation en larves du deuxième stade se produit fin septembre dans le Midi, parfois plus tard.

Selon MARCHAL (1908) la larve de deuxième stade mesure 1,5 à 2 mm de long sur 1 mm de large. Sa forme est également aplatie, mais on remarque dorsalement une carène longitudinale bien marquée. Sa coloration générale est brune, assez variable.

Ces larves se développent très lentement jusqu'au début octobre, puis avant que les feuilles ne tombent, la migration commence à se faire vers les parties ligneuses : sarments, bras, tronc et même les racines.

LAFFOND (1937), en Algérie avait étudié la répartition des cochenilles d'*E. corni* sur 10 sarments et leurs souches.

Sur le vieux bois le nombre total de cochenilles était de 64 (bois de 2 ans), 12 (bois de 4 ans), 20 (bois de 6 ans), 13 (bois de 8 ans) et 19 (bois de 10 ans), donc une localisation importante sur le bois de 2 ans.

Sur les entre-nœuds, comptés à partir de la base, la répartition est la suivante :

entre-nœud N° 1	 40	N° 8	 5
2	 23	9	 4
3	 14	10	 3
4	 8	11	 2
5	 23	12	 0
6	 10	13	 0
7	 14	14	 0

donc même la taille courte à 2 yeux conserve suffisamment de cochenilles pour un nouveau départ du cycle biologique.

Les larves qui restent sur les feuilles meurent au moment de la chute des feuilles. Les froids précoces, dans certains vignobles, qui entraînent une chute anticipée des feuilles occasionnent une mortalité qui excède souvent 50 %.

Les cochenilles sont capables de migrer pendant tout le deuxième stade, qui dure au moins six mois. Les mâles deviennent adultes quand les femelles subissent la deuxième mue. Les femelles non fécondées ne produisent que des femelles.

IV — CONDITIONS DE DEVELOPPEMENT

1° Répartition géographique

Cette espèce est originaire d'Europe tempérée et a gagné de là toute l'Europe méditerranéenne avec deux centres importants d'infection, comprenant l'un toute l'Europe balkanique et centrale (Yougoslavie, Bulgarie, Albanie, Tchécoslovaquie, Tyrol) ravageant les cultures fruitières, l'autre en Algérie, notamment dans les vignobles de la Mitidja. En France les dégâts sont peu importants. (BALACHOWSKY, 1935). En dehors de l'Europe et de l'Afrique du Nord E. corni a été introduite dans la plupart des régions du globe y compris la Californie.

2° Plantes-Hôtes

Cette cochenille est *très polyphage*, pouvant vivre sur un nombre considérable de plantes, de préférence sur les essences ligneuses et secondairement sur les plantes herbacées. Elle est très répandue sur la plupart des arbres fruitiers (Pêcher, Poirier, Pommier, Cognassier, Prunier, Abricotier), le Mirabellier en Lorraine (ROBERT, 1952) le Noyer en Dordogne (PLICHET, 1957), le Noisetier, le Groseiller à grappes, le Cassissier, le Cornouiller, la Glycine, le Robinier, le Chêne, le Frêne, l'Orme, la Vigne-vierge, le Rosier et beaucoup de plantes basses, le *Phaseolus* en particulier et même la Betterave en Belgique.

En Algérie, BALACHOWSKY (1937) l'a observé sur toute une série de plantes adventices dans les vignobles, notamment sur les *Aechium* et en Serbie VOUKASSOVITCH (1930) signale E. corni sur *Polygonum, Taraxacum, Mentha, Thymus, Daucus, Plantago*, etc...

3° Ennemis naturels

Les Oiseaux occasionnent une mortalité considérable. Le champignon *Beauveria brassiana* cause parfois, selon SUTER, une mortalité de 95 %. Le principal prédateur est un coléoptère : *Anthribus nebulosus* ERST. Il a été également observé un Acarien (*Oribatidae*) et deux Hyménoptères parasites (*Enaphycus pulvinaria* HOW, *Pachyneuron coccorum*).

COCHENILLE OBLONGUE

I — SYNONYMIE

Fr. Lecanium du Pêcher.

II — SYSTEMATIQUE ET DESCRIPTION

Nommée d'abord *Lecanium persicae* SIGNORET (du grec λεκαν, cuvette) elle fut appelée ensuite *Lecanium cymbiforme* TARGIONI (en forme de bateau renversé) avec les synonymes de *Lecanium vini* BOUCHÉ, *L. berberidis* SIGN., *L. genistae* SIGN., *L. rosarum* SIGN. Son nom actuel est *Eulecanium persicae* (SIGN.) FABR.

C'est une espèce voisine d'*Eulecanium corni*.

La *femelle* s'en distingue par une taille un peu plus grande 5-8x3-4 mm, une forme moins bombée et ornée d'une carène médiane bien marquée, mais sans sillons rugueux sur le pourtour. Son contour dessine un ovale régulier, interrompu à l'extrémité postérieure par une encoche bien marquée. Sa teinte générale varie du jaune ocreux pâle au brun clair ;

si on l'examine de près on voit que sa carapace porte un réseau de lignes brunes. Les individus intacts portent à leur périphérie de longs filaments de soie rigide secrétés par les glandes sericigènes disposées autour du corps.

« Les *caractères microscopiques*, selon BALACHOWSKY (1935) ne diffèrent d'*E. Corni* que par quelques petits détails : des antennes à 8 articles avec le troisième article le plus développé. Les épines marginales sont filiformes, fines et souples, plus fortes vers l'extrémité du lobe postérieur où elles deviennent spiniformes chez certains individus. Les épines stigmatiques sont nettement différenciées, au nombre de trois, comprenant une épine médiane forte et deux latérales courtes. Le sillon glandifère stigmatique est bien apparent et continu.

« De chaque côté du corps, on trouve de grosses glandes discoïdales dorso-marginales, disposées isolément, au nombre de 5 à 6 avant la première paire de stigmates, 2 entre les stigmates, 6 à 7 entre la dernière patte stigmatique et le sillon anal, soit au total 14 et 15 glandes pour chaque moitié du corps. »

Le *mâle*, très rare, ne joue qu'un rôle insignifiant, la reproduction étant avant tout parthénogénétique.

III — BIOLOGIE

La biologie de cette espèce est semblable à celle d'*E. corni*. Il n'y a qu'une seule génération par an avec hibernation des larves de deuxième stade à la base des sarments, mais ne perdant jamais toute leur activité. Au printemps suivant, la larve s'accroît très vite et c'est généralement en avril qu'elle subit sa seconde mue pour donner la femelle. Celle-ci commence sa ponte en mai et la continue en juin. Les œufs se trouvent réunis sous la femelle qui ne devient complètement immobile que dans les derniers jours de sa vie. Les larves qui sont verdâtres (au lieu d'être rousses chez *Pulvinaria vitis*) et qui éclosent peu après la ponte gagnent les feuilles où leur développement s'effectue lentement. La première mue ne s'opère que dans le courant d'octobre, puis la larve abandonne la feuille pour se fixer sur les sarments.

IV — CONDITIONS DE DEVELOPPEMENT

1° Répartition géographique

La cochenille oblongue est répandue dans toute l'Europe. En France, selon MARCHAL (1908) elle est plus commune dans le Midi. Elle fut d'abord observée dans le Médoc par KEHRIG en 1891, puis V. MAYET (1893) en a trouvé à Montpellier dans les vignes de L. Degrully, à Narbonne, Carcassonne, Montauban, Pau, Auch, Foix. Elle fut sans doute confondue autrefois avec *Pulvinaria vitis* qui lui ressemble beaucoup à l'état jeune. Les régions humides semblent plus favorables à sa multiplication.

2° Plantes-Hôtes

Cette espèce est nuisible au pêcher, à la Vigne avec les dégâts aggravés souvent par la Fumagine. Elle parasite également la Glycine, le Groseiller, le Rosier, le Platane, l'Orme et l'Hortensia dans les serres. (BONNEMAISON, 1961) et on peut y ajouter encore selon VAYSSIERE (1918), l'épine-vinette, la clématite, le mûrier, le fusain du japon, la Vigne-vierge (*Parthenocissus*) ainsi que l'Osyris alba (ARNAUD, 1931).

V. MAYET (1893) note qu'elle a été observée par REAUMUR (1735) sur pêcher et qu'il la comparaît à un bateau renversé. Elle est aussi commune sur Mûrier, sur Hortensia.

PLANCHE 19   COCHENILLES

1. — Rameau infesté par la cochenille du Cornouiller, Eulecanium corni (Cl. Sandoz) ; 2. — Jeune stade larvaire d'Eulecanium corni (Cl. Sandoz) ; 3. — Larve d'Eulecanium corni (Cl. Sandoz) ; 4. — Rameau porteur de Cochenille floconneuse, Pulvinaria vitis (Cl. Sandoz) ; 5. — Cochenille farineuse, Pseudococcus citri (Cl. Sandoz).

3° Ennemis naturels

Cette cochenille possède, fort heureusement, de nombreux insectes parasites qui vivent à ses dépens : les coccinelles à sept points, les Chilocores en sont friands. Les forficules en mangent les œufs et les larves. De plus les larves de plusieurs espèces d'Hyménoptères et de Diptères se développent soit dans le corps, soit sous le corps des Cochenilles jeunes ou adultes.

COCHENILLE ROUGE

I — SYNONYMIE

Fr. Cochenille floconneuse de la Vigne, Gallinsecte (REAUMUR), Pulvinaire de la Vigne.

Angl. Cottony maple scale (WINKLER).

Ital. Cocciniglia rosso, Pulvinaria della vite.

All. Wollige Rebenschildlaus.

Port. Cochonilha vermelha.

Cette cochenille est facile à identifier car sur les rameaux infestés on observe des amas blanchâtres, cotonneux (Pl. 19, fig. 4) qui débordent largement de la carapace.

II — SYSTEMATIQUE ET DESCRIPTION

Appartenant à la famille des *Lecanidae*, caractérisée par les teguments rigides des femelles dus à l'imprégnation de cires ou de laques, cette espèce a été dénommée *Pulvinaria vitis* L., ayant été appelée primitivement *Coccus vitis* L. (1735), puis *Lecanium vitis* ILLIGER (1798) *Calypticus spumosus* COSTA (1829, *Calypticus ampelocecis* AMYOT (1848) *Lecanium vini* BOUCHÉ (1833) et *Pulvinaria betulae* (L.) SIGN.

Le genre *Pulvinaria* (du latin Pulvinar, coussin) a été créé par TARGIONI-TOZZETTI en 1867 pour les Lecanides qui reposent sur un coussin de matière cireuse blanche et qui ne sont fixées au végétal que par la partie antérieure et à un moment donné sont soulevées postérieurement par l'abondance de leur ponte.

La *femelle* adulte mesure 4-4,5x3-4 mm et se présente comme un bouclier convexe, à contours irréguliers, plus étroit en avant qu'en arrière, avec une échancrure profonde à l'extrémité postérieure.

Des sillons en plis transversaux parcourent la face dorsale. La teinte générale est brun sombre parsemé de taches noires.

Au moment de la ponte, il se développe postérieurement un volumineux ovisac, arrondi, cotonneux, de couleur blanche qui déborde de la carapace. Il renferme 1500 à 2.000 œufs brun foncé. La femelle se trouve alors rejetée en avant, obliquement, puis perpendiculairement au substrat végétal. (Pl. 19, fig. 4).

Le *mâle* est un moucheron, ailé, qui mesure 2 mm de long environ. Le thorax est rembruni, l'abdomen d'un rouge brique clair, les deux ailes aussi longues que le corps, blanches, ornées d'une ligne rouge le long du bord extérieur. La tête aplatie en avant est privée de bec et l'insecte ne peut s'alimenter. Cette tête porte deux longues antennes, de 10 articles, deux grands yeux composés et quatre plus petits placés de côté. Ses stades larvaires ressemblent à ceux de la femelle, mais sont plus petits et plus allongés .

III — BIOLOGIE

Les mâles, adultes en octobre, fécondent les femelles et meurent peu après l'accouplement.

Les femelles hivernent fixées aux sarments et graduellement, tout en s'accroissant, elles se modifient beaucoup. Leurs pattes et leurs antennes s'atrophient, leur segmentation s'efface. L'insecte se transforme en une sorte de sac plein d'œufs.

D'après V. MAYET (1890) « *La ponte* a lieu dans le courant du mois de mai et se poursuit jusqu'en juillet, puis la femelle meurt.

« Les *œufs* sont très petits, un peu allongés, de teinte vineuse et vont éclore 15 à 30 jours plus tard.

« En juin il va donc sortir de jeunes *larves*, hexapodes assez agiles, mesurant 0,3 mm, de couleur rougeâtre, ayant le dernier anneau de l'abdomen échancré et deux grands poils à l'extrémité du corps. Ces larves se répandront sur les rameaux et les revers des feuilles et y planteront leur suçoir. Pendant l'été les larves grandissent, tirant de plus en plus sur le fauve et vers le mois de septembre on remarquera deux dimensions différentes :

« Les insectes les plus gros, de forme ovale, seront les femelles qui après l'accouplement se fixeront sur la vigne pour hiverner et pondre au mois de mai. Au moment de la ponte, les corps seront déformés, les pattes et les antennes auront disparu, les segments indistincts feront ressembler le corps à une coque hémisphérique d'un brun roux, bientôt soulevée par les œufs pondus en dessous d'elle.

« Les autres, plus petits, groupés en grand nombre sur certains points du cep, d'une couleur jaune clair, auront en septembre une forme très allongée, mesurant 2,5 x 1 mm et représenteront les pupes renfermant des nymphes, d'où, vers les premiers jours d'octobre, sortiront des mâles ailés. A Montpellier ces éclosions ont eu lieu à partir du 25 septembre. L'accouplement a lieu de suite. »

IV — CONDITIONS DE DEVELOPPEMENT

1° Répartition géographique

Cette cochenille est répandue dans tous les vignobles d'Europe tempérée et méridionale : France, Italie, Suisse, Allemagne, Hongrie, Grèce.

Elle est plus rare en Afrique du nord (Kabylie et régions montagneuses du Maroc) mais elle existe aux Etats-Unis (Californie), au Canada sur Erable à sucre (*Acer saccharinum*), en Uruguay.

2° Plantes-Hôtes

La cochenille rouge n'est pas spécifique de la Vigne, on la trouve également sur l'Aubépine, le Bouleau, l'Aulne et le Noisetier.

3° Ennemis naturels

Le développement de la cochenille est limité par divers *Hymenoptères* comme *Celia troglodytes* SCHUCK, *Encyrtus Swederi* DALM., *Encyrtus duplicatus* NEES, *Coccophagus scutellaris* WESTER, *Blastothrix Schoenheri* WESTW., *Cephycus puncticeps*, DALM. *Ercidnus ventralis* DALM., *Comys Schwederi* DALM étudiés par GOUREAU (1861). Il faut aussi signaler un Diptère : *Leucopis annulipes* ZETT. Toutefois la présence de ces ennemis naturels n'empêche pas de procéder à des traitements chimiques dans le cas de pullulations locales.

NEOPULVINARIA IMERETINA

Cette espèce, souvent confondue avec *Pulvinaria vitis* n'a été identifiée que récemment.

I — SYSTEMATIQUE ET DESCRIPTION

Appelée *Neopulvinaria imeretina* HADZ, elle est fréquente dans le sud de la France.

« Les *femelles* d'après TOUZEAU (1971) sont de teinte grisâtre à beige clair et sont grandes 7,5 x 4,9 mm, comptant parmi les plus grosses cochenilles floconneuses. La carapace s'orne de quelques stries radiales marginales noires. L'ovisac est ovale, mesurant 9 à 10 mm de long sur 6 à 6,5 mm de large et 5,5 à 6 mm de haut.

II — BIOLOGIE

« Ce sont les jeunes femelles fécondées qui hibernent sur les souches et le bois de deux ans, rarement sur les sarments de l'année.

« Après quelques courts déplacements au printemps, la femelle se met à pondre au début de l'été (juin-juillet) jusqu'à 8.700 œufs dont l'incubation va durer 12 à 15 jours. Ces *œufs* sont ovoïdes, de 0,3 mm de long et de couleur blanc jaunâtre à rose clair.

« Les jeunes *larves* migrent sur les feuilles où elles se fixent pendant les heures les plus chaudes de la journée, des deux côté de la feuille. Après 2 mues successives, à la fin juillet et à la fin août, les jeunes *femelles* encore de taille réduite (2 mm) s'accouplent avec les mâles ailés, puis poursuivent leur développement. A partir de la fin octobre, elles migrent progressivement vers les parties ligneuses où elles se fixent pour hiverner. Elles reprennent leur croissance en février, le plus souvent sur place, pour atteindre leur taille définitive en juin.

« En raison de la grande fécondité de l'espèce, le feuillage peut supporter à la fin de l'été des populations très importantes de cochenilles. A la mi-septembre on assiste alors à un dessèchement prématuré de la végétation. »

COCHENILLE BLANCHE

I — SYNONYMIE

Fr. Cochenille blanche de l'Oranger, Cochenille farineuse de la Vigne, Poux de Serres.
Ital. Cocciniglia bianca cotonnosa, cocciniglia cotonnosa della vite.
All. Schmierlause (Pou graisseux).
Angl. Mealy Bug (Punaise floconneuse).
Esp. Cochinilla blanca, cochinilla algodonosa.
Port. Cochonilha farinhenta.
Argentine « Arrope de la vid ».

II — SYSTEMATIQUE ET DESCRIPTION

Cet insecte fut trouvé sur Vigne en Crimée et décrit par NIEDELSKY (1869) sous le nom de *Coccus vitis*. Puis il fut dénommé *Dactylopius vitis* (NIED.) LICHTENSTEIN (1870), *Pseudococcus vitis* (NIED.) LÉONARDI (1920) pour devenir actuellement *Pseudococcus citri* RISSO et même pour certains auteurs *Planococcus citri*. RISSO.

Le genre *Pseudococcus* WESTW. est caractérisé par des antennes à 8 articles.

Les *femelles*, mobiles pendant toute la durée de leur vie, mesurent 3-6 mm x 2-2,5 mm. Elles ont un corps elliptique ou ovale allongé, très légèrement bombé de couleur gris rosé, entièrement saupoudré d'une matière cireuse blanche, farineuse et filamenteuse (Pl. 19, fig. 5) secrétée par des filières arrondies répandues sur toute sa surface. En outre, chaque segment sur ses bords présente de très nombreuses filières produisant une secrétion cireuse intense qui forme tout autour du corps 34 bâtonnets fragiles, cireux, courts, simulant des appendices, se répartissant tout autour du corps et particulièrement à son extrémité postérieure. Quand l'insecte est plongé dans l'alcool ou l'éther qui dissolvent la cire, ces bâtonnets disparaissent. Les antennes ont 8 articles.

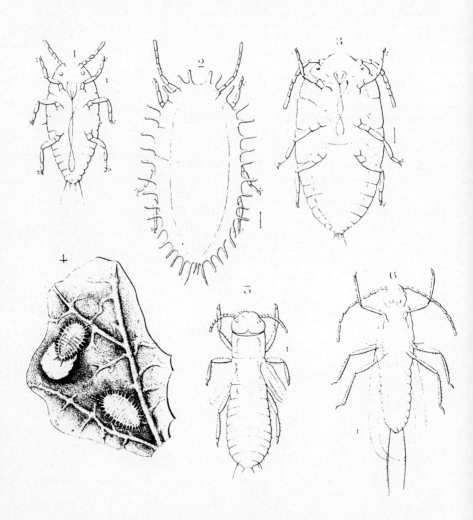

Fig. 258. – La cochenille blanche (d'après V. MAYET)
1 – Cochenille jeune. 2 – Adulte, face dorsale avec les expansions cireuses. 3 – Adulte, face ventrale, sans les expansions cireuses. 4 – Cochenilles, garnies de leur pulvérulence et de leurs expansions blanches. 5 – Nymphe. 6 – Mâle de cochenille blanche.

Le *mâle* est très petit, ayant à peine 1 mm de long avec un corps très étroit, de couleur jaune brun sur la tête et la partie postérieure du thorax, le reste du corps étant jaune. Les deux ailes très longues, dépassant de beaucoup l'abdomen, sont blanches avec les nervures très peu marquées, les ailes inférieures sont réduites à deux petits balanciers terminés par un crochet. Les antennes filiformes ont 10 articles.

III — BIOLOGIE

L'hibernation de cette cochenille a lieu à tous les stades de développement ; elle s'abrite sous les écorces des souches, des bras et même des grosses racines dans le sol.

Au printemps la migration vers les parties aériennes se produit dès le départ de la végétation. La *ponte* débute au mois de mai ; après accouplement, chaque femelle dépose 400 à 500 œufs en masses floconneuses blanches (ovisacs) de 50 à 150 unités sur les organes verts de la Vigne.

Les *œufs* sont elliptiques, de couleur jaune pâle, brillants et mesurent 0,3 mm de longueur.

« Les *larves*, qui doivent produire des *mâles*, restent très petites, très allongées avec des antennes à 7 articles seulement. La pubescence est plus faible que chez les larves femelles et les filières moins nombreuses. Elles se changent en nymphes d'un blanc sale, remarquables par leurs moignons d'ailes et avant de se transformer en adultes mâles ailés, elles restent enfermées environ huit jours dans une loge formée d'un amas de filaments blancs entre deux nervures de la feuille.

« Les *larves*, destinées à donner des *femelles* ont le corps plus allongé que l'adulte avec des antennes à 6 articles. La pubescence du corps est plus longue, les filières très peu nombreuses et l'extrémité de l'abdomen échancrée. Ces larves sont de couleur rosé (V. MAYET, 1890). »

« L'évolution est très rapide et dès le mois de juin apparaissent les nouveaux adultes. 4 à 5 *générations* se succèdent ainsi au cours de l'été et de l'automne dans les vignobles méditerranéens. Les différents stades des diverses générations se regroupent souvent en petites colonies le long des nervures des feuilles et surtout entre les grains de raisin, où l'humidité ambiante leur est particulièrement favorable. » (TOUZEAU, 1971).

RUIZ CASTRO (1965) précise qu'en Espagne, à Almeria, on compte six générations :

1° du 26 mars au 20 mai soit un cycle de 55 jours
2° du 20 mai au 4 juillet soit un cycle de 45 jours
3° du 4 juillet au 11 août soit un cycle de 36 jours
4° du 11 août au 20 septembre soit un cycle de 40 jours
5° du 20 septembre au 10 novembre un cycle de 50 jours
6° du 10 novembre au 25 mars soit un cycle de 135 jours
(génération hibernante)

« Sur la Vigne, indique BONNEMAISON, les cochenilles ne sont nombreuses que dans le courant du mois d'août ; elles peuvent diminuer la récolte dans de très fortes proportions. Les générations se succèdent de façon ininterrompue dans les serres. »

IV — CONDITIONS DE DEVELOPPEMENT

1° Répartition géographique

La cochenille farineuse est une espèce cosmopolite répandue dans les cinq continents. En Europe elle est limitée à la zone méridionale, dans l'aire de la culture de l'Olivier (Grèce, Espagne, Italie). En Afrique du

Nord (Maroc, Algérie, Tunisie), elle se montre très nuisible. Dans les pays chauds, mais secs, elle disparaît presque complètement au cours de l'été. Dans les serres les pullulations peuvent être importantes.

2° Plantes-Hôtes

C'est aussi une espèce très polyphage, s'attaquant aux Aurantiacées cultivées en plein air ou sous serre, au Caroubier, au Figuier, aux Ficus et à un grand nombre de plantes de serres (Cactées, Orchidées, Bromeliacées, etc...).

3° Influences climatiques

« Les attaques sur la Vigne paraissent plus fréquentes, d'après BALACHOWSKY (1935) et plus virulentes dans les endroits chauds et humides, où ils sévissent durant toute la belle saison, mais atteignent leur maximum d'intensité au milieu de l'été. Par contre dans les pays secs et chauds, la Cochenille disparaît complètement. »

4° Ennemis naturels

Ils sont nombreux. RUIZ CASTRO (1965) signale des Coccinelles : *Coccinella septempunctata* L. *Chilocorus bipustulatus* L., *Scymnus Apetzi* MULS., *Scymnus haemorrhoidalis* HBST., *Scymnus Levaillanti* MULS. et *Cryptolaemus Montrouzieri* MULS. (d'origine australienne et qui se nourrit des œufs de la cochenille) ;

— des Diptères : *Leucopsis sp.*

— des Nevroptères :
Chrysopidae : *Chrysopa vulgaris* SCHN. var. viridella NAV. et *Chrysopa venosa* RAMB.
Hemerobidae : *Sympherobius conspersus* NAV., *Sympherobius elegans* STEPH., *Nefasitus fallax* NAV.

— des Hymenoptères : *Anagyrus bohemani* WESTWOOD, *Leptomastidea abnormis* GIRAULT. *Prochiloneurus Bolivari* MERCET, *Signiphora (Matritia) conjugalis* MERCET.

PHTHIRIOSE

Cette maladie, encore appelée Maladie de Jaffa, M. de Palestine, étudiée par MANGIN et VIALA (1903) est une association sur les racines de la Vigne de la cochenille blanche et d'un champignon *Bornetina corium* M. et V. avec parfois en plus la présence de l'acarien des Racines *Rhyzoglyphus echinopus*. Elle n'est connue qu'en Palestine où elle a été signalée par les auteurs anciens : Posidonius, Strabon, Ctésias, citant un « ver des racines » appelé φθειριωσις tandis que dans la Bible il était nommé tôla'at, transcrit en latin : *Tholea* ou *Tholaath* et *Phteira* par les Grecs.

Dans la région de Jaffa et de Caiffa la Phtiriose tue les vignes et s'étend par taches concentriques, un peu comme le Phylloxéra de sorte qu'au moment de l'apparition de cet insecte en Europe certaines personnes avaient avancé l'idée de l'identité entre les deux maladies. Les souches atteintes se rabougrissent et peuvent mourir entre la quatrième et la septième année.

Si on arrache le cep malade, on constate que le champignon entoure les racines d'un manchon qui a la consistance du cuir ; les gaines recouvrant les diverses racines peuvent former des amas séparés ou réunis pesant plusieurs kilogrammes. Ce manchon enveloppe les racines, sans jamais les pénétrer et à l'intérieur de ce fourreau circulent les cochenilles blanches qui sont ainsi protégées par le cuir mycelien du champignon, qui se développe aux dépens du miellat excrété par les cochenilles. Cette sorte d'association symbiotique détermine l'asphyxie et la mort des racines. Alors le mycelium fructifie et les cochenilles émigrent sur de nouvelles racines où elles emportent, sur leurs ornements, les spores du *B. corium*, reconstituant l'association.

Il ne semble pas qu'il y ait des cépages européens présentant des caractères de résistance. Dans les essais réalisés en Palestine (Israël) les Cabernets, les Merlots, le Carignan, le Riesling, le Muscat d'Alexandrie, le Chardonnay, etc... sont aussi attaqués que les cépages locaux : (Hebron, Koudsi, Djendalli, Zitania...). Il en est de même des vignes américaines, ARG 1, Riparias sont également atteints, le Rupestris un peu moins.

C'est une maladie des pays chauds et secs, se développant surtout dans les sols sablonneux et secs, mais pas dans les terres argileuses ou humides. Cela tient au cycle biologique de la cochenille qui a une vie d'autant plus aérienne que le climat devient moins chaud et surtout à atmosphère sèche et moins brûlante. Sous les climats relativement chauds l'habitat de la cochenille se limite aux régions littorales et finalement l'animal s'enterre pour retrouver une certaine humidité à une certaine profondeur.

On a essayé de lutter avec des injections de sulfure de carbone mais depuis le début du siècle on ne reparle plus de cette maladie.

Patouillard (1913) a émis l'hypothèse que ce champignon *Bornetina corium* n'était que la forme conidienne d'un *Septobasidium* du groupe des Basidiomycetes.

PHENACOCCUS ACERIS SIGNORET

Cette cochenille se distingue de la précédente par une taille légèrement plus grande : 4 à 5 mm x 4 mm, l'absence de cônes cireux latéraux blancs et des antennes à 9 articles. Son corps ovale, mou est vert à vert jaunâtre, ou d'un rose vineux légèrement enfariné.

Cette espèce hiverne au stade de vieille larve sous les écorces et dans les fissures du tronc. Elle émigre au printemps sur les parties vertes et se tient le long des nervures des feuilles, sur les rameaux et entre les grains de raisin à l'intérieur des grappes. Au moment de la maturation il se développe une fumagine intense.

Les adultes recherchent en mai-juin les fissures de l'écorce où les femelles pondent leurs œufs sous des amas floconneux en forme de grands sacs. Les larves éclosent à la fin juin jusqu'en juillet et vivent d'abord sur les feuilles avant d'hiverner.

P. aceris parasite le plus souvent les Arbres fruitiers (Pommier, Poirier, Cerisier), les Tilleuls, les Chênes et plus rarement la Vigne.

Des invasions sporadiques ont été signalées dans l'Est de la France : Alsace, Jura, Bourgogne (à Chenas par Soulié, 1957) et dans le vignoble rhénan où on l'appelle, selon Stellwaag (1956) « Schmierlaus » en raison de ses sécrétions.

PHENACOCCUS HYSTRIX BARENSP.

Encore appelée *Heilococcus hystrix* Bar., cette espèce fut étudiée en Allemagne par Zillig et Niemeyer (1929) dans les vignobles de la Moselle, du Rhin et du Palatinat.

Elle est très voisine de la précédente espèce, mais d'après Stellwaag (1956) « elle en diffère par la formation de très longs fils très fins, d'un brillant de soie, étalés en forme de rayons. »

BALACHOWSKY (1935) précise les différences avec *Pseudococcus citri* : présence de 9 articles aux antennes, l'absence de cônes cireux latéraux blancs et par la présence de pores cuticulaires pentaloculaires. Sa taille oscille entre 4 et 5 mm et la couleur de la cuticule de la femelle vivante est légèrement rosée.

Le cycle biologique est identique à *Ph. aceris.*

COCHENILLE FALCIFÈRE

« *Ripersia falcifera* LINDGR. ou *Rhizoecus falcifer* KUNKEL d'HERCULAIS trouvée en 1882 sur des racines de Palmier australien a d'abord été signalée sur Vigne en Algérie par KUNKEL d'HERCULAIS et SALIBA (1891), par V. MAYET (1894), puis par PETRI (1910) en Sicile. Elle se développe principalement sur les liserons et passe facilement sur la Vigne où elle se fixe sur les radicelles à une certaine distance de l'extrémité et ne produit pas de déformations spéciales. En Sicile elle a été observée sur Rupestris du Lot, 420 A et Aramon Rupestris Ganzin n° 1, mais non sur 1202 C. » (ARNAUD, 1931).

La présence de l'insecte sur les *racines* se manifeste par des masses floconneuses de duvet blanc. Ce revêtement de longs filaments blancs, très peu solides, de nature cireuse est secrété comme chez la cochenille blanche par de nombreuses glandes cutanées. « Dans la masse floconneuse indique MAYET (1894), on aperçoit à la fois des œufs en ellipse allongée et des jeunes de tailles diverses ; certains de ces derniers circulent çà et là assez rapidement sur les racines. »

« Le genre *Rhizoecus* diffère des genres voisins par l'absence de digitules ou poils terminés par des boutons, à la base des tarses, les antennes de cinq articles, l'absence d'yeux et la présence sur le dernier article d'un appendice courbé en forme de faux (d'où son nom de *falcifera*) chez la cochenille vivant sur la vigne. Cet appendice est formé par 4 poils aplatis, 3 du côté externe et 1 du côté interne. Ce sont, sans doute, des instruments de fouille. Le corps est allongé, blanc à côtés presque parallèles, revêtu de poils assez longs. » (ARNAUD, 1931).

« La *femelle adulte*, d'après GRASSÉ (1927), a un corps allongé nettement segmenté portant à son extrémité postérieure une incisure médiane et deux tubercules latéraux. Elle est recouverte d'une toison de cire blanche d'aspect cotonneux qui cache sa teinte fauve-ferrugineux. Les antennes, bien développées, portent sur leur dernier article les poils caractéristiques en forme de faucille. La femelle, à maturité, est plus ou moins gonflée et déformée par les œufs qu'elle contient. Elle reste toujours mobile et ne se fixe pas sur sa ponte. »

« Le *mâle* est inconnu . »

« La cochenille falcifère préfère les sols légèrement frais, mais non très humides ; elle provoque un dépérissement des plantes atteintes qui sont en général groupées par taches comme pour le Phylloxéra. La différence avec les taches phylloxériques réside dans le fait que les souches du bord de la tache ne sont guère moins affaiblies que celles du centre. On observe parfois des raccourcissements des entre-nœuds qui rappellent le court-noué. Enfin il est possible que la cochenille n'attaque que les vignes en mauvais état » (ARNAUD, 1931).

GRASSÉ mentionne « qu'en Sicile les dégâts sur la vigne sont fréquents. Elle forme sur les racines de petites colonies en amas cotonneux. En Algérie, les vignes succédant à l'arrachage des Palmiers sont souvent infestés par cette cochenille. A Montpellier PICARD ne l'a trouvé que sur Palmier, jamais sur vigne.

Pour lutter contre cette espèce, il faut recourir à la désinfection du sol et éviter de planter la vigne immédiatement après l'arrachage des Palmiers. »

LA COCHENILLE GRISE DE LA VIGNE

I — SYNONYMIE

Ital. Cocciniglia grigia.
All. Graue Schildlause.
Port. Cochonilha cinzenta.

II — SYSTEMATIQUE ET DESCRIPTION

Cette cochenille a été décrite par SIGNORET (1876) sous le nom d'*Aspidiotus vitis* avec pour synonyme *Diaspis Blankenhornei* TARGIONI, 1879. Son nom actuel est *Targionia vitis* (SIGN.) LÉON. 1907.

« *Le follicule femelle*, presque circulaire, selon GRASSÉ (1927), ressemble à une huître minuscule, fixée à son support par la valve plate et mesure 1,8 à 2,4 mm. Il comprend deux valves, l'une dorsale ou *bouclier*, la plus robuste est de couleur variable, gris cendré foncé sur Vigne ou noir sur Chêne, l'autre ventrale ou *voile* plus mince et blanche est entièrement cireuse ; elle adhère si fortement à l'écorce que lorsqu'on détache la cochenille de son substrat, elle demeure appliquée, formant une trace blanche facilement identifiable. Sur le bouclier souvent déformé, conique, épais, mat, légèrement bombé on aperçoit une petite écaille à position excentrique qui est formée par les mues larvaires. La femelle adulte est libre dans la cavité du follicule ; elle a l'aspect d'un puceron apode, porteur d'antennes tuberculiformes. Pour puiser la sève son rostre doit forcément traverser le voile.

Le *mâle*, à l'état de larve, a un aspect analogue à celui de la femelle, mais son follicule est ovale et ne mesure guère plus d'un millimètre de long. »

« Le mâle adulte ressemble à un minuscule moucheron, 1 à 2 mm de long, privé de rostre comme tous les mâles de cochenilles, de couleur jaune brun uniforme, yeux noirs ; ailes très longues, d'un gris clair hyalin, dépassant l'extrémité du stylet (organe protecteur du pénis), les pieds et les antennes très développées, celles-ci pubescentes, de dix articles. »

« Les *larves*, indique V. MAYET (1890), au sortir de l'œuf, sont ovales, allongées et relativement agiles. A la première mue, les six pattes et les antennes, bien développées, ne fonctionnent plus, s'atrophient et tombent. L'insecte n'est fixé que par son long suçoir, qui, développé, dépasse du double la longueur du corps. Après cette première mue, le corps tend à s'arrondir, avec un peu de parallélisme chez le mâle. La coque de celui-ci est facile à reconnaître. Elle est d'abord beaucoup plus petite, puis elle ne porte qu'une seule dépouille de mue, celle de la femelle deux. »

III — CONDITIONS DE DEVELOPPEMENT

Cette cochenille a été trouvée par SIGNORET (1876) sur les coteaux de Bellet, près de Nice et depuis elle a été observée par MARCHAL et BALACHOWSKY en divers points de la Côte d'Azur et de la Corse. Elle existe dans toute l'Italie sur Vigne et en Sardaigne sur *Quercus*, en Grèce, en Dalmatie, en Espagne, en Turquie, en Russie (Crimée, Arménie, Georgie) et en Afrique du Nord (Algérie, Maroc). Von HEYDEN l'a signalée dans la vallée du Rhin.

C'est essentiellement une espèce vivant sur le Chêne vert et secondairement sur Vigne.

Selon Balachowsky (1951) « la description d'*Aspidiotus vitis* donnée par V. Mayet (1890) se rapporterait en fait à *Aspidiotus hederae* Vallot, espèce méridionale polyphage d'intérêt économique réduit. De plus il indique la présence d'œufs sous le bouclier, ce qui ne peut être le cas pour *T. vitis*, toujours vivipare. »

COCHENILLE DU CHILI

I — SYNONYMIE

Fr. Cochenille des vignes du Chili, Perles de terre.
Angl. Ground pearls.
Esp. Perlita.

II — SYSTEMATIQUE ET DESCRIPTION

Cette cochenille n'existe pas en France, ni en Europe, toutefois elle a été décrite par Giard à Paris et étudiée à Montpellier par V. Mayet. Elle n'est connue actuellement qu'en Amérique du sud et aux Antilles. Mais ses mœurs étranges méritent d'être signalés ici.

Appartenant à la famille des *Margarodidae* cette cochenille s'appelle *Margarodes vitium* Giard. Le genre *Margarodes* fut créé par Guilding (1829) en étudiant aux Iles Bahamas des cochenilles souterraines vivant au milieu des fourmis, qu'il dénomma *Margarodes formicarum*. Ces cochenilles ressemblent à des perles et furent appelées « Ground pearls » (perles de terre) et servirent à confectionner des colliers en les enfilant ou pour orner des bourses de dames. En réalité ces perles sont des larves enkystées.

« L'*adulte femelle* est charnu, court, ramassé, renflé à sa partie postérieure qui est un peu cubique, écrit V. Mayet (1895). Le corps d'un blanc jaunâtre mesure 3-7 x 2-4,5 mm, couvert de poils courts d'un gris doré avec une petite tête seulement visible en dessous. Le thorax porte 6 pieds développés, les antérieurs surtout, qui sont les appendices les plus remarquables de l'insecte, portant à leur tarse un grand ongle ou crochet recourbé qui sert d'instrument de fouille. Les grosses femelles sécrètent une grande quantité de fils cireux très blancs soit hors du kyste au moment de la ponte, soit dans la cavité quand elles n'ont pu ouvrir l'enveloppe. »

« Le *mâle* fut trouvé en Argentine par M. de Marval à Santa Ana (Entre Rios) et Mayet (1897) en a fourni une description : C'est un petit moucheron possédant une paire d'ailes bleu cendré clair. La tête est petite, dépourvue de bouche comme la femelle et munie de yeux énormes, faisant une forte saillie latérale. Les pattes antérieures sont remarquables car elles ne présentent que trois articulations mobiles. L'abdomen est sessile, étranglé à son origine, de forme ovoïdale allongée et composé de dix anneaux dont le dernier paraît formé de deux valves servant à loger la gaine du pénis. Sur le dos des 6e, 7e et 8e anneaux on aperçoit une plaque criblée de perforations légèrement prolongées en tubes et qui correspondent aux glandes cireuses, donnant naissance « aux plumes de la queue du coq » observée par M. de Marval.

III — BIOLOGIE

« La femelle, une fois sortie du kyste, circule çà et là à la surface du sol, marchant péniblement jusqu'à ce qu'elle ait attiré l'attention des mâles qui arrivent en volant. Une fois l'accouplement opéré, la femelle continue à se traîner sur le sol jusqu'à ce qu'elle ait trouvé une terre assez meuble pour pouvoir s'y enfoncer et déposer ses œufs à une faible profondeur.

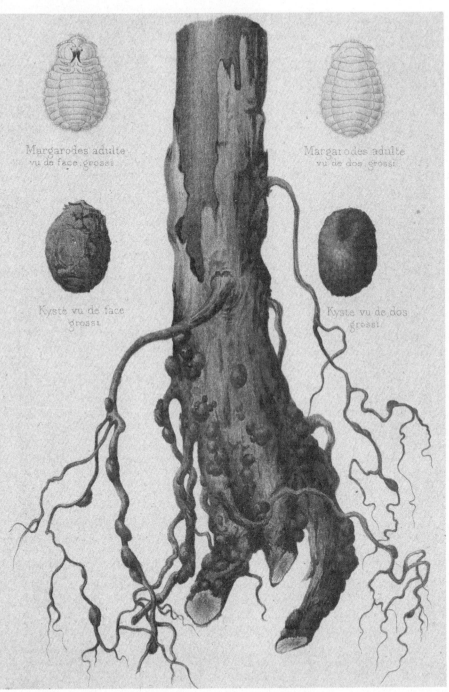

Fig. 259. – La Cochenille du Chili (d'après V. MAYET).

« Au moment de la ponte des glandes cutanées disséminées entre les poils sur les téguments postérieurs de la femelle, secrètent des filaments blancs un peu frisés, de nature cireuse, qui se brisent plus ou moins et dans la masse desquels sont déposés les chapelets d'œufs. Certaines femelles pondent des œufs par parthénogénèse. »

Selon Perez Canto (1896) la *ponte* est lente. Elle dure huit ou dix jours, à raison de 78 à 80 par jour soit 500 à 700 par femelle.

« Les *œufs*, pondus au milieu d'une masse floconneuse de filaments cireux, sont jaunâtres, ovoïdes, légèrement arqués, mesurent 0,8 x 0,3 mm et par suite de la mucosité qui les enduit restent réunis en sortes de chapelets. »

Au bout de 10 à 12 jours, d'après Lataste (1895), ces œufs éclosent et donnent naissance à de petites *larves* grêles, blanches, de 1 mm de long, munies d'une paire d'antennes coudées et terminées en massue et de trois paires de pattes courtes et grêles. Ces larves vont se fixer immédiatement sur les jeunes racines les plus proches. Là, cette larve grandit et se gonfle pour devenir sphérique. A mesure qu'elle s'accroît elle subit plusieurs mues, se revêtant d'une nouvelle cuticule sous les anciennes devenues trop étroites et qui éclatent en même temps que la nouvelle secrète une substance particulière qui renforce et agglutine ensemble les diverses cuticules. D'ailleurs dès la première mue la larve est passée à l'état de *larve-pupe* enfermée dans un kyste, ayant perdu ses pattes et ses antennes. La plus précoce éclosion d'œufs a eu lieu le 5 février au Chili et les premières larves libres ou fixées jusqu'au 20 mars ; à partir de fin avril on ne trouve plus une seule larve qui ne soit enkystée ».

« La larve, d'après V. Mayet (1897), enfermée dans le kyste encore peu solide, agrandit celui-ci par une sécrétion cutanée de plus en plus active ainsi que par la pression de son corps et reste fixée par son rostre à la racine dont elle pompe avidement les sucs. La grosseur des kystes varie entre celle d'un gros grain de sable et celle d'un gros pois.

« Après la dernière mue, commence l'état de *nymphe* proprement dit, caractérisé, comme chez tous les insectes, par l'*hystolyse*, c'est-à-dire la désagrégation des tissus et des viscères précédant la formation des organes de l'adulte. C'est alors que le rostre est retiré dans l'intérieur du kyste, que les parois de celui-ci sont renforcées par une secrétion très abondante de la matière jaune constituant la coque et que celle-ci est fixée à la racine par cette même sécrétion. Le kyste ou perle de terre est définitivement constitué. La nymphe peut absorber de l'eau ou en perdre à travers les parois du kyste. Si les kystes sont laissés au sec pendant quelques mois, ils se bossellent, se rétractent, diminuant de densité au point de flotter au-dessus de la surface de l'eau. Ces phénomènes d'hydratation et de déshydratation peuvent se produire un grand nombre de fois et cela pendant plusieurs années, maintenant le kyste à l'état de vie latente pendant une ou quelques années (6 au moins pour V. Mayet).

« Quand on écrase les kystes vivants, le contenu laiteux qu'ils renferment ne sent à peu près rien, une légère odeur de racine froissée, mais au bout de quelques instants, une heure au plus, commence à se manifester une *odeur forte*, désagréable, un peu musquée, comparable à celle du bouc. Cette odeur persiste longtemps après et elle est due sans doute à un phénomène d'oxydation consécutif à la mort de la cochenille et produisant des acides gras volatils. »

IV — DEGATS

Les dégâts de cette cochenille souterraine ont un peu l'allure de ceux causés par le *Phylloxera :* on voit des taches dans les vignes qui vont sans cesse en s'élargissant d'une année à l'autre, les ceps de la périphérie n'ayant qu'une récolte nulle ou insignifiante et leur végétation, quoique verte, se montre d'autant plus faible et rabougrie qu'ils sont plus rapprochés du centre où les souches sont mourantes ou mortes depuis plus ou moins longtemps déjà. On complètera le diagnostic en examinant les racines des souches malades pour y trouver les kystes.

V — CONDITIONS DE DEVELOPPEMENT

1° Répartition géographique

Cette cochenille existe dans plusieurs Etats sud-américains : au Chili, au Brésil, en Uruguay, en Argentine (régions de Cuyo, de Mendoza et d'Entre Rios) et nous l'avons trouvée au Vénézuela dans le Vignoble de Maracaibo (GALET, 1973).

Les plus gros dégâts connus se trouvent dans les vignobles de la région centrale du Chili (départements de Maipo, Talca, Santiago, Colchagua) où les vignobles sont parfois détruits complètement (CORTEZ, 1956).

2° Réceptivité des Vignes

On possède quelques indications chiliennes : la variété la plus résistante serait le Muscat noir, suivi du cépage Pais, quoique dans de moindres proportions. On signale aussi le César ou Romano qui pourrait être utilisé comme porte-greffe et plus ou moins résistants les cépages Torrontel, Gros Colman, Cot et Cabernet. Au contraire le Sémillon est très sensible. L'opinion générale, écrit CORTEZ (1956), est que le Margorode attaque autant les cépages français que les américains. Des greffages sur cépages américains n'ont donné aucun résultat. Les greffes sur Riparia, Rupestris, Solonis, Jacquez et Clinton poussèrent vigoureusement au début mais au bout de 6 ans leur fertilité diminua et elles atteignirent leur dépression maxima à 8 ans. D'autres essais ont confirmé qu'on ne peut recommander aucune variété pour les plantations dans un terrain margarodé.

3° Plantes-hôtes

En dehors de la Vigne, cette cochenille a été trouvée sur diverses plantes spontanées appartenant à des familles variées : Ombellifères (Fenouil), Graminées (*Paspalum vaginatum ou Chépica*), des Composées (*Baccharis confertifolia ou Chilca* et autres espèces du genre *Baccharis*), des Légumineuses (*Acacia cavenia*), des Polygonacées (*Muhlenbeckia hasterlata* ou Quilo) des Verbenacées (*Castelia cuncato ovata* ou Papilla), des Nyctaginacées (*Bougainwillae spectabilis*) avec en Argentine le lin, des Pruniers, ainsi que *Atriplex lasya* (Polygonacées) et *Pseudobaccharis apartiodies* (Composées).

VI — LUTTE

Elle est difficile. *L'inondation* est un moyen ancien utilisé en Argentine et au Chili, mais indique CORTEZ (1956) « les opinions différent au sujet de cette méthode : d'un côté il y a ceux qui estiment que l'inondation prolongée pendant l'époque où les larves se désinkystent est efficace (En Argentine à Mendoza le Margarodes n'est plus un problème grâce aux inondations) ; d'un autre côté des viticulteurs de la zone centrale du Chili ont remarqué que ce procédé n'avait eu d'autre résultat que l'envahissement des Vignes par la Chépica. En réalité dans les essais entrepris actuellement il faut que les inondations soient poursuivies durant plusieurs années, puisque l'eau n'affecte pas les kystes et qu'il y a des femelles qui ne désinkystent pas chaque année. Ces essais comportent des traitements aux deux époques auxquelles l'insecte est le plus vulnérable à l'eau, c'est-à-dire lorsqu'il est à l'état de femelle et de larve : aux mois de novembre-décembre et février respectivement. On fait aussi varier le nombre de jours d'innondation nécessaires pour détruire Margarodes sans endommager la vigne même.

« Les vignes bien nivelées souffrent moins de l'insecte à cause de la plus grande lenteur avec laquelle l'eau court, ce qui lui fait atteindre une plus grande profondeur dans le sol pendant l'arrosage. »

Des essais sont aussi entrepris pour traiter le sol avant plantation, mais aucun résultat n'a été publié à ce jour. Le *sulfure de Carbone* avait été proposé pour lutter dans les vignobles non irrigables, mais les résultats n'ont pas dû être concluants car ce procédé est abandonné depuis.

On a préconisé également d'apporter de fortes doses de *matière organique* pour aérer le sol et rendre les vignes plus vigoureuses. C'est ainsi que BOUBALS (1979) a noté que pour augmenter la vigueur des souches on avait fait des plantations à faible densité-hectare qui paraissent mieux résister aux attaques de Margarodes.

METHODES DE LUTTE CONTRE LES COCHENILLES

Les méthodes de lutte ne sont pas les mêmes selon les espèces de cochenilles à détruire, en raison de leurs cycles biologiques différents et de leur nature anatomique particulière. Néanmoins il nous a paru nécessaire de traiter le problème de la lutte contre les cochenilles dans son ensemble, en précisant au besoin les traitements qui sont spécifiques contre une espèce.

1° LES TRAITEMENTS D'HIVER

Ou de pré-débourrement sont ceux réalisés pendant le repos végétatif de la Vigne et ils permettent de faire appel à des produits et à des techniques d'emploi qui ne nuisent pas à la Vigne.

Ces traitements sont très efficaces contre les Lécanines (*E. corni*, *P. vitis*...), car à cette époque de l'année toutes les larves se trouvent groupées sur les troncs ou les branches à fruits. Par contre ils sont sans effets notoires contre les Pseudococcides (Cochenilles blanches) qui sont trop bien abritées pendant l'hiver pour être vulnérables aux Insecticides, étant souvent enfoncées profondément dans le sol le long des racines ou encastrées sous les vieilles écorces.

A - Procédés culturaux

Au moment de la *taille*, on aura soin de ramasser tous les sarments, où se trouvent fixées en grandes quantités les cochenilles ou leurs dépouilles et de les brûler.

On conseille aussi de faire un *déchaussage* soigné pour permettre une meilleure exécution des traitements d'hiver. De plus, l'eau accumulée dans les cuvettes de déchaussage peut nuire aux larves hibernantes, abritées sur les organes souterrains.

B - Procédés mécaniques

Puisque certaines cochenilles demeurent sur les écorces du tronc et des bras ou se dissimulent pour s'abriter du froid sous les vieilles écorces on a proposé de réaliser *l'écorçage* ou décorticage, suivi du ramassage des débris éliminés en les recueillant dans un sac ou un seau afin de pouvoir les incinérer ensuite, ce qui permet de détruire une certaine proportion de cochenilles.

Ce brossage des écorces peut se faire à main nue, soit plus facilement en faisant appel à des appareils simples : raclettes, brosses métalliques, gants métalliques (gant Sabaté) ou des chaînes à décortiquer. Le ramassage des débris sera facilité par l'emploi d'entonnoirs spéciaux, disposés, grâce à une échancrure spéciale, radiale, sous le cep même. On s'attachera tout spécialement au parfait nettoyage du dessous des bras porteurs. Un ouvrier peut ainsi nettoyer de 120 à 150 pieds par jour, en gobelet. En raison du prix élevé de la main-d'œuvre, ces techniques ne sont utilisables que pour un petit nombre de souches parasitées.

C - Procédés physiques

L'*échaudage* ou ébouillantage, employé contre la Pyrale, a donné quelques résultats autrefois mais il est totalement abandonné en raison de son prix élevé et les appareils ont rejoint les Musées de la Vigne ou les ferrailleurs.

D - Procédés chimiques

La *chaux* en badigeonnage (30 kg pour 50 à 70 litres d'eau) épandue avec de petits balais fut employée en Algérie avec de la main-d'œuvre locale (enfants) bon marché au temps de la Colonisation. Chaque ouvrier arrivait à traiter 250 pieds par jour, pour une consommation de 300 litres par 1.000 pieds traités. L'action de la chaux, indique DELASSUS (1933), est plutôt mécanique que caustique et seules sont détruites les cochenilles enrobées. L'efficacité de ce procédé se trouve donc généralement restreinte, car la bouillie peu mouillante, pénètre difficilement sous les écorces.

Le *Pétrole*, en émulsion avec le savon, a été proposé par RILEY. On fait dissoudre 2 à 3 kg de savon noir dans de l'eau bouillante, puis on ajoute 5 litres de pétrole et on complète à 100 litres d'eau, avec au besoin 1 litre d'alcool pour faciliter l'émulsion. Ce mélange s'emploie après la taille et on peut le répéter 15 jours avant le débourrement. L'été on réduit la dose de pétrole à 3 %.

Les *huiles de pétrole* ont entraîné parfois des cas de phytotoxicité avec brûlures des bourgeons, retard de plus d'un mois dans la végétation, diminution de la récolte de 75 à 80 % et même l'obligation de l'arrachage de certaines souches (VASSEUR, 1951 et 1952).

Les *Huiles lourdes de goudron*, sous-produits autrefois de la fabrication du gaz d'éclairage, furent employés dans diverses préparations comme par exemple le *Mélange Balbiani* mis au point d'abord pour détruire l'œuf d'hiver du Phylloxera : Huile lourde de houille 5 kg, chaux grasse en pierre 20 kg et eau 100 litres. L'application de ce mélange se fait au pinceau ou avec une brosse dure. Toutes les cochenilles atteintes par l'huile lourde, écrit FEYTAUD (1913), meurent en moins de 24 heures.

« En Algérie, la *bouillie Vivet*, selon DELASSUS (1933) consiste à faire éteindre 30 kg de chaux en pierre dans 100 litres d'eau, puis à y incorporer 10 kg d'huile lourde de goudron en remuant avec un bâton. La mixture obtenue, relativement épaisse, est appliquée au pinceau. Elle est mouillante et pénètre bien sous les vieilles écorces et ne nécessite donc pas un décorticage préalable. Cette bouillie est adhérente et les ceps traités se montrent, au bout de quelques heures, recouverts d'une pellicule d'un blanc jaunâtre qui peut persister plus d'une année. Le traitement est à réaliser en décembre jusqu'au 15 janvier (en Algérie). Plus tard, pour éviter les brûlures, il est prudent de diminuer la dose et de cesser toute application 15 jours avant le débourrement. L'efficacité de cette bouillie en Algérie était bonne. »

Les *huiles d'Anthracène* proviennent de la distillation des goudrons de houille entre 200 et 400 °C. L'huile brute, de couleur jaune verdâtre, contient des corps divers dont l'Anthracène. Ces huiles mouillent parfaitement les téguments des insectes, elles entrent dans les orifices de l'appareil respiratoire et provoquent la mort par asphyxie. Plusieurs types de formules ont été employés comprenant par hectolitre d'eau :

— Huile d'Anthracène 3 l, pétrole 7 l, farine 4 kg.

— Huile d'Anthracène 6,5 l, pétrole 3,5 l, kaolin 2 kg.

— Huile d'Anthracène 7 l, pétrole 3 l, chaux 1 kg, sulfate de fer 1 kg.

Les résultats obtenus sont satisfaisants, mais jamais complets en raison des difficultés d'application. Il faut signaler aussi une action très marquée sur les vieilles écorces qui se désagrègent quelque temps après l'application. On observe un retard assez sensible au débourrement, qui est largement compensé par une poussée plus énergique de la végétation par rapport au témoin non traité. Les rares brûlures constatées sont presque toujours dues à un mauvais dosage ou à une homogénéité insuffisante du mélange. Un ouvrier peut traiter 500 pieds par jour en épandant 0,3 l par souche environ.

BOUCHET (1947) dans des essais de lutte contre *Pulvinaria vitis* en Beaujolais a constaté que la dose de 8 % d'huiles d'anthracène était la concentration limite au-dessous de laquelle il ne fallait pas descendre, à utiliser en hiver après la taille.

FRANÇOT et MALBRUNOT (1955) ont essayé contre *E. corni* en Champagne deux produits proposés en Traitement d'hiver :

— L'un à base d'huile d'anthracène (60 % d'huile d'anthracène et 22 % d'huile de pétrole) utilisé à la dose de 5 % de produit commercial S.

— L'autre étant une association d'huile minérale et de parathion (à 3 %) utilisé à la dose de 1,2 % du produit commercial P.

Ces deux produits ont eu une efficacité comparable.

	Nombre de cochenilles par souche			
	Bloc 1	Bloc II	Bloc III	Moyenne
Produit S ...	6	9	6	6
Produit P ...	8	4	4	5
Témoin	45	24	19	30

Ils ont noté également que l'efficacité du traitement dépendait non seulement du produit employé mais aussi de la façon dont est réalisée l'application, car il faut mouiller avec soin et complètement toutes les charpentes.

Les *huiles jaunes* commerciales sont des mélanges d'huiles d'anthracène et de D.N.O.C. (dinitro-ortho crésols) qui ont une bonne efficacité contre les cochenilles du groupe des Lécanines au stade de larves hibernantes, pas encore protégées par l'épaisse carapace des adultes.

En Californie, JENSEN et Al (1954) pour détruire la cochenille cotonneuse (*Ps. citri*) ont réalisé des traitements d'hiver avec des pulvérisations de *Parathion* qui ont détruit 99 % des cochenilles présentes aux vendanges. Cet excellent résultat, même avec une imprégnation incomplète des cochenilles peut être dû, soit à l'effet de fumigation du parathion, soit au résidu persistant de ce produit dans les écorces rugueuses du cep. Les traitements à diverses doses ont été réalisés de la fin janvier à la fin mars. Les pulvérisations les plus tardives sont peut-être légèrement plus efficaces, car les jeunes cochenilles émigrent vers les coursons en fin d'hiver et sont plus facilement détruites dans cette position moins protégée.

2° LES TRAITEMENTS D'ETE

C'est souvent pendant la période végétative que le viticulteur remarque la présence des cochenilles sur ses Vignes, souvent grâce à l'extension de la Fumagine.

S'il n'y a que quelques pieds contaminés on peut *écraser les cochenilles* et recueillir leurs débris dans un seau pour ne pas laisser de pontes sur le sol. Il faut marquer, avec un roseau par exemple, les pieds malades ainsi nettoyés pour s'assurer quelques jours après que des cochenilles oubliées au premier passage n'ont pas reconstitué la colonie, aidées par les fourmis.

Autrefois on a utilisé de la *Chaux* en poudrage, en visant spécialement, les grappes. Peu de cochenilles sont tuées, mais la chaux absorbe les liquides, se colle sur le miellat et entrave par la suite le développement de la fumagine et de la pourriture. L'emploi de la poussière des chemins a le même usage, mais souille la vendange et risque de provoquer des mauvais goûts.

Riley (1873) avait proposé l'emploi d'une émulsion à base de Pétrole (8 litres) mélangé à 4 litres d'eau, contenant 0,175 kg de savon ordinaire. Cette émulsion forme une crème qui s'épaissit en refroidissant et qu'on délaye ensuite pour s'en servir dans de l'eau froide pour avoir 100 litres.

Lorsque l'invasion des cochenilles est importante on peut tenter d'arrêter la progression en détruisant les jeunes larves vivant à la face inférieure des feuilles avec des insecticides de contact, employés dans la lutte contre les Vers de la grappe.

En Algérie, Delassus (1933) pour arrêter un début de contamination sur quelques pieds préconisait de sacrifier tout espoir de récolte et d'appliquer une abondante pulvérisation avec une *bouillie sulfocalcique* (5 à 7 % dans l'eau d'une bouillie à 30 % Bé). On détruit ainsi parasites, feuillage et grappes, sans cependant nuire aux yeux latents qui permettront à la souche de pousser à nouveau au printemps suivant.

Actuellement, les traitements d'été sont effectués avec des *Esters phosphoriques*, à raison de 15 g de matière active par hl de Parathion ou d'Oléoparathion.

Ces produits pour avoir une efficacité satisfaisante doivent être employés fin juin ou début juillet, lorsque les jeunes larves sitôt après leur sortie de l'œuf viennent se fixer à la face inférieure des feuilles où elles vont vivre jusqu'en octobre. C'est ainsi que Panis et Trevillot (1975) ont eu de bons résultats contre *Planococcus ficus* Sign. en Corse avec des traitements au *Methidathion*, tous les 15 jours en juillet-août (5) plus un traitement au 17 mai à l'apparition des premières larves et un autre un mois après.

Pieri (1953) en Italie, a obtenu une mortalité importante des *Ps. citri* par des traitements avec un ester phosphorique systémique (Octamethylpyrophospharamide) réalisés le 19 juillet et le 12 août, mais les cochenilles ont réapparu un peu avant les vendanges, avec impossibilité de traiter en raison de la toxicité du produit, qui de plus dissout la pruine des raisins, grave inconvénient pour les raisins de table.

En Californie, Jensen et Al (1954) ont pratiqué en mai des pulvérisations de *Parathion* (3 à 5 %) qui ont détruit 99 % des cochenilles cotonneuses (*Pseudococcus citri*). Cet excellent résultat, même avec une imprégnation incomplète des cochenilles peut être dû soit à l'effet de fumigation du parathion, soit au résidu persistant de ce produit dans l'écorce rugueuse.

Enfin, les émulsions d'*huiles blanches* sont d'une efficacité relative, ne parvenant pas à tuer la totalité des cochenilles. Bouchet (1947) préconisait l'emploi d'un litre d'huile blanche du type « été » pour 100 l d'eau, additionné de 50 g de nicotine alcaloïde. Ce traitement est à effectuer de bonne heure car les émulsions d'huiles lubrifiantes retardent la maturation.

Il faut noter aussi que les émulsions d'huiles blanches sont incompatibles avec les soufrages car elles provoquent des brûlures graves.

Par contre RICHARD (1965) a montré, en Champagne, que des traitements réalisés au début avril, avant le débourrement, étaient satisfaisants, quoiqu'incomplets, contre *Eulecanium corni* et *Pulvinaria vitis*. Les meilleurs résultats (moins de 22 cochenilles par cep) ont été obtenus avec les préparations commerciales à base d'huile blanche et de Parathion, suivi par la Véraline, mélange d'huile, de goudron et de DNOC (avec 55 cochenilles par cep) alors que les témoins possédaient 160 à 200 cochenilles par cep.

LA FUMAGINE

I — SYNONYMIE

Angl. Sooty moulds (moisissure de suie).
All. Russthau (rosée noire).
Ital. Fumaggine, Nero, Morfea.

II — SYMPTOMES

La Fumagine se présente sur tous les organes de la Vigne, principalement sur ceux qui sont herbacés, sous forme d'une poussière noire, analogue à de la suie, parfois très abondante et recouvrant toutes les surfaces. Les parties atteintes sont également plus ou moins gluantes.

Les raisins de table, salis par cette couche noirâtre, assez adhérente, sont impropres à la vente.

Les vins, obtenus à partir de raisins souillés par la fumagine ont un goût plutôt désagréable et une composition chimique anormale. Des Analyses, réalisés par KAYSER (1902) font bien apparaître ce déséquilibre.

Les *moûts* sont plus riches en sucres : 17,81 $^0/_0$ contre 16,28 $^0/_0$ au Témoin sain et plus riches en acides : 15,6 g contre 12,5 g en acide tartrique.

Les *vins* sont très riches en extrait sec : 64,5 g contre 22,1 g très acides 9,25 g contre 5,04 g (en acide sulfurique) avec une acidité volatile importante : 0,93 contre 0,27 g et une grande richesse en acide tartrique libre : 3,93 g contre 0,64 g et un peu plus riche en alcool 10°8 contre 10°25 au témoin.

III — SYSTEMATIQUE

« La Fumagine est due, selon ARNAUD (1919, 1931) au développement d'un certain nombre de champignons saprophytes, à mycelium brun foncé, qui vivent à la surface des plantes, sans pénétrer dans leurs tissus. Ce ne sont donc pas des parasites de la Vigne. Ces champignons vivent uniquement aux dépens du *miellat* produit par certaines cochenilles, surtout *Pulvinaria vitis* et *Pseudococcus vitis* ainsi qu'*Eulecanium persicae*.

« Le miellat est constitué par la sève élaborée de la plante que la cochenille va puiser dans la liber et dont elle rejette une partie par l'anus sous forme de petites gouttelettes qui vont tomber sur les feuilles, les rameaux et les grappes et même sur les pierres placées sur le sol. C'est sur tous ces objets que se développe la Fumagine. On peut même observer des Vignes, placées sous des Oliviers parasitées par *Lecanium oleae* se couvrir de Fumagine sans avoir de cochenilles sur la souche.

« La fumagine ne constitue pas une espèce de champignon, c'est un mélange et c'est seulement par tradition qu'on lui donne le nom de *Fumago vagans*. Elle est formée par un petit nombre d'espèces capables de vivre dans des conditions très particulières. En effet, ces formations sont exposées en général à une lumière vive et subissent des alternatives de dessiccation et d'humectation qui seraient fatales à beaucoup d'espèces. Par lui-même le miellat, qui est formé surtout de sucre et de gomme, est un milieu favorable au développement de la plupart des moisissures, mais les causes déjà indiquées ne permettent que le développement des espèces les plus résistantes.

On a signalé autrefois que la présence de Fumagine nuisait à l'assimilation chlorophyllienne. Certes il est incontestable que la fumagine placée sur une feuille arrête une partie de la lumière, mais cela ne suffit pas pour conclure qu'elle soit nuisible ; elle est nuisible si l'intensité lumineuse est au-dessous de l'optimum, elle est utile si cette intensité est exagérée ? La question se complique encore du fait de l'action de la lumière sur l'évaporation de l'eau ; là encore l'influence peut être utile ou nuisible, suivant les cas.

En pratique, dans la culture en plein air, la fumagine a une action négligeable (parfois même utile en signalant la présence des cochenilles) ; en serre, dans les pays brumeux, lorsqu'elle est très abondante, il est possible que la fumagine nuise légèrement à la fonction chlorophylienne, mais cela n'est pas sûr.

Traitements. Les champignons de la fumagine sont très résistants aux produits chimiques et il ne faut pas espérer les détruire une fois installés sur la Vigne.

Le seul moyen pratique de prévenir la fumagine consiste à détruire les cochenilles, responsables de la production de miellat.

6° Les Coléoptères

« Les Coléoptères, écrit Valéry-Mayet (1890), sont des Insectes dont les ailes antérieures ou élytres sont fortement chitinisées et elles servent d'étuis (χολεος) aux ailes postérieures, qui sont membraneuses et repliées en travers sur l'abdomen. Ces ailes postérieures servent seules au vol.

« L'appareil buccal est broyeur, les métamorphoses complètes. Les larves, d'ordinaire munies de pieds, offrent des formes variées, aussi variées que le sont leurs mœurs. »

L'étude des Coléoptères nuisibles à la Vigne sera basée sur la Classification publiée par Balachowsky (1962) :

ORDRE DES COLÉOPTÈRES

I — Super-famille des *Scarabæoidea*
   + Famille des *Scarabæidae*
     — Sous-famille des *Geotrupinæ* : genre *Lethrus*
     — Sous-famille des *Melolonthinæ* : genres *Melolontha, Polyphylla, Anoxia, Rhizotrogus*
     — Sous-famille des *Rutelinæ* : genres *Popilia, Anomala*
     — Sous-famille des *Dynastinæ* : genres *Pentodon, Phyllognatus*
     — Sous-famille des *Cetoniinæ* : genres *Epicometis, Oxythyrea, Cetonia*

II — Super-famille des *Dascilloidea*
   + Famille des *Elateridæ* : genre *Agriotes*
   + Famille des *Buprestidæ* : genre *Agrilus*

III — Super-famille des *Bostrychoidea* : genre *Sinoxylon*

IV — Super-famille des *Cucujoidea*
   + Famille des *Tenebrionidæ* : genre *Opatrum*

V — Super-famille des *Phytophagoidea*
   + Famille des *Cerambycidæ* : genre *Vesperus*
   + Famille des *Chrysomelidæ*
     — Sous-famille des *Eumolpinæ* : genre *Bromius*
     — Sous-famille des *Clytrinæ* : genres *Clythra, Labidostomis*
     — Sous-famille des *Galerucinæ* : genre *Exosoma*
     — Sous-famille des *Halticinæ* : genre *Haltica*
   + Famille des *Curculionidæ*
     — Sous-famille des *Otiorrhynchinæ* : genres *Otiorrhynchus, Peritelus*
     — Sous-famille des *Brachyderinæ* : genre *Geonemus*
   + Famille des *Attelabidæ*
     — Sous-famille des *Rhynchitinæ* : genre *Byctiscus*

Quelques Coléoptères peuvent être très nuisibles à la vigne : ce sont ceux qui rongent les racines, aboutissant parfois à la destruction des jeunes plants dans les mailleuls (Lèthre, Hannetons, Vespère).

D'autres s'attaquent aux bourgeons (charançons) ce qui est encore fort dommageable pour les jeunes plants. Mais la plupart des autres Coléoptères ne sont que des « mangeurs de feuilles » au printemps et leurs dégâts cessent dès qu'on répand sur la végétation des Insecticides chargés de détruire d'autres Insectes beaucoup plus redoutables.

LE LETHRE A GROSSE TÊTE

I — SYNONYMIE

Fr. Coupeur de vigne.

All. Schneider (coupeur) en Autriche, Rebenschneider (coupeur de vigne).

II — SYSTÉMATIQUE

Ce coléoptère appartient à la famille des *Scarabaeidae* et à la sous-famille des *Geotrupinae*.

Le genre *Lethrus* Scopoli (1763), se compose de gros insectes noirs, bizarres de formes et de mœurs, bousiers par leurs affinités nombreuses avec les *Geotrupes*, mais vivant de bourgeons ; rappelant enfin les Lucarnes ou Cerfs-volants, non par leur corps qui est court, mais par la forme et le développement de leurs mandibules » (Valéry MAYET, 1890). Ce genre vit dans les zones steppico-désertiques du sud de l'Europe orientale et de l'Asie. En Europe une seule espèce cause des dégâts aux vignes, mais elle n'existe pas en France :

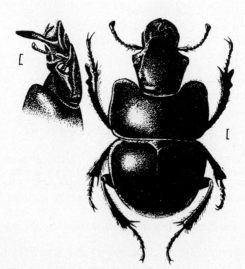

Fig. 260. – *Lethrus apterus* Laxm. (l = 10-20 mm).
A gauche, détail de la tête du mâle montrant les crochets mandibulaires (d'après BALACHOWSKY).

Lethrus apterus Laxmann a pour synonymes *Lucanus apterus* **Laxm.** (1770), *Scarabaeus cephalotes* Pallas (1771), *Lethrus apterus* Sols., *L. scarabaeoides* Hochen, *L. podolicus* Fischer, *Bolbocerus cephalotes* Anchar., *Clunipes scaraboides* Hohenw, *L. cephalotes* Pal.

III — DESCRIPTION

Le Lethre a l'aspect général des *Geotrupes* mais il s'en distingue par sa tête très développée avec une suture frontale droite, par le grand développement des mandibules et par les antennes dont les deux derniers articles sont inclus dans celui qui les précède. Par suite de cette structure, les antennes semblent formées de 9 articles seulement et leur masse triangulaire ne peut se déplier en éventail.

Le corps relativement court et globuleux mesure 17-22 × 11-13 mm et possède une surface un peu rugueuse avec un léger pointillé sur la tête et le thorax ; sa couleur est d'un noir mat avec parfois des reflets légèrement bronzés sur la face supérieure tandis que la face ventrale est noire avec des reflets bleuâtres.

La tête, encastrée dans une échancrure du prothorax, est plus développée chez le mâle et porte des mandibules énormes, dentelées du côté interne et munies en dessous d'une grande corne ou dent dirigée vers le bas qui fait de ces mandibules un appareil très meurtrier pour les jeunes bourgeons. Chez la femelle la tête et les mandibules sont beaucoup plus petites.

Cet insecte est aptère : les ailes inférieures sont nulles et les élytres, très courts, arrondis postérieurement, soudés, formant presque une moitié d'hémisphère sont fortement recourbés sur les deux côtés de l'abdomen.

IV — BIOLOGIE

A - Adultes

Les adultes commencent à apparaître à la surface du sol dans les vignes à partir de la mi-avril ou en mai, mais leur activité épigée est très réduite car selon Von LENGERKEN (1952) et BALACHOWSKY (1962) « ils ne tardent pas à s'enfouir à nouveau pour creuser une galerie de 50 à 70 cm de longueur sur 15 mm de diamètre qui servira plus tard de nid et d'abri. Chaque individu travaille pour son propre compte à l'aide de ses mandibules, de ses pattes et avec son prothorax fonctionnant comme un coin. Les déblais sont rassemblés à l'entrée de la galerie en un petit monticule de près de 3 cm de hauteur. Ces galeries sont toujours creusées dans un sol sec, compact et plus ou moins argileux. Elles comprennent une première partie oblique de 25 à 30 cm de longueur suivie d'une seconde partie s'enfonçant verticalement à 50 ou 60 cm de profondeur. A cette époque de leur existence, les Lethres sont peu nuisibles étant occupés à creuser leurs galeries. Ils ne font que de rares et brèves apparitions à la surface du sol au cours desquelles ils coupent quelques feuilles ou bourgeons qu'ils ramènent ensuite sous terre pour les manger.

« Au début mai, chaque individu a confectionné son habitation et les organes génitaux des deux sexes sont mûrs. C'est alors que les insectes manifestent une activité extérieure beaucoup plus grande, les mâles se livrant des combats acharnés pour posséder les femelles. Après l'accouplement le mâle vient vivre dans la galerie de la femelle ; les mœurs sont monogames et les deux sexes transforment la galerie d'habitation en une galerie de reproduction, en creusant à partir de celle-ci dans toutes les directions des diverticules terminés chacun par une chambre de ponte ovoïde de 3 × 1,5 cm, à parois polies.

B - Œufs

Au fond de cette cavité, se trouve aménagé un petit trou de 8 mm de diamètre dans lequel la femelle dépose un œuf de 6 mm de long environ. Immédiatement après la ponte l'entrée de cette petite cavité est fermée avec un peu de terre et la chambre est remplie avec une boule de matières végétales fraîches et tendres, malaxées et entassées couche sur

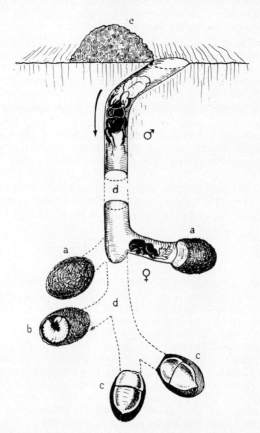

Fig. 261. − Schéma de la galerie de *Lethrus apterus* (D'après Von LENGERKEN)
a, magasin ; b, chambre larvaire ; c, nymphes ; d, couloir de la galerie ; e, déblai extérieur.

couche. Une fois cette boule nutriciale terminée, la chambre est obturée avec de la terre. Chaque femelle aménage ainsi successivement une dizaine de chambres de ponte à partir de sa galerie, puis elle meurt. Elle ne construit qu'un seul système de reproduction durant sa vie.

« Il semble qu'il y ait, au cours de la construction de la galerie de reproduction, division du travail entre les deux sexes : le mâle garde et nettoie l'entrée dont il chasse les intrus ; il assure la récolte du feuillage qu'il va couper sur les végétaux et qu'il amène avec ses mandibules en progressant à reculons dans la galerie où se trouve la femelle. Celle-ci creuse les galeries secondaires, aménage les chambres de ponte et confectionne les boulettes de nourriture destinées aux futures larves. Cette phase d'activité reproductrice qui a lieu dans le courant de mai est celle où les Lethres commettent le plus de ravages aux cultures. »

C - Larve

« L'Œuf éclot au bout d'une dizaine de jours et donne naissance à une larve qui passe à travers la légère paroi de la loge ovulaire et pénètre dans la masse des matières végétales accumulées par la mère. Elle s'en nourrit activement et avec profit car après trois semaines, elle atteint son complet développement. »

D'après HEMICH, in V. MAYET (1890) « la larve adulte mesure 22 à 33 mm de long ; elle est courbée en arc, demi-cylindrique, d'un blanc jaunâtre transparent, sauf les organes buccaux et la tête qui sont d'un brun jaunâtre. Les 3 anneaux thoraciques et les 9 qui composent l'abdomen sont renflés et rugueux. La larve ne change de peau qu'une fois, immédiatement avant sa transformation en nymphe. »

Pour BALACHOWSKY (1962) il y aurait au contraire deux mues.

D - Nymphe

« La larve se nymphose aussitôt dans un cocon en forme de gland, aux parois terreuses très minces, dont la partie inférieure plus large correspond au reste de la boule alimentaire.

« Après deux semaines de métamorphose, en juillet, l'adulte est formé. Il sort de la coque, mais reste dans sa loge pour y passer, inactif, le reste de l'été, l'automne et l'hiver. Il n'abandonne sa galerie natale qu'au début du printemps suivant pour forer à son tour un nouveau trou d'habitation et le cycle recommence. »

V — MOYENS DE LUTTE

Les ravages causés par les Lethres sont parfois terribles, étant donnée l'habitude qu'ont ces insectes de couper les bourgeons de la vigne à la base.

Autrefois en Autriche, en Hongrie, dans les Balkans et en Turquie on pratiquait le *ramassage* des adultes à la main.

On avait aussi proposé d'entourer les vignobles à protéger par un fossé dans lequel les adultes tombent et sont ramassés.

Actuellement il semble que des essais avec des insecticides organiques devraient donner de bons résultats en détruisant les adultes et aussi les larves qui consommeraient les feuilles traitées. La difficulté réside certainement dans le choix de l'époque d'intervention : un premier traitement doit être fait de bonne heure, quand les bourgeons viennent d'éclore. Mais il faut recommencer une autre application un peu plus tard en mai lorsque les insectes récoltent les feuilles pour préparer les boules alimentaires destinées aux larves. Nous ne possédons pas de renseignements sur les résultats obtenus dans les pays d'Europe orientale.

LES HANNETONS

Sous ce nom générique on désigne dans la pratique un certain nombre d'espèces de Coléoptères qui appartiennent à la famille des *Scarabaeidae* et qui possèdent un certain nombre de caractères communs :

— *Le corps des adultes* est en général massif. L'abdomen, gros, élargi postérieurement, se termine par un prolongement ou *pygidium* plus ou moins développé, de forme variable, dépassant souvent les élytres.

— *Les antennes* à leur extrémité sont formées par la superposition de lamelles, en nombre variable suivant l'espèce ou le sexe (plus abondantes et plus développées chez les mâles) constituant une massue (Lamellicornes). Les feuillets sont, au repos, appliqués les uns contre les autres, mais lorsque l'insecte s'agite pour prendre son vol, ces feuillets s'écartent largement à la façon des rayons d'un éventail.

— *Les larves* sont dodues, arquées en demi-cercle, blanches ou incolores avec une tête dure d'un jaune plus ou moins ocracé ou foncé et armée de puissantes mandibules : ce sont les *vers blancs*, bien connus des agriculteurs par les dégâts qu'ils causent aux racines des plantes cultivées.

*
* *

Au point de vue systématique ces Hannetons appartiennent aux genres suivants :

1° Sous-famille des *Melolonthinæ* : genres *Polyphylla, Anoxia, Melolontha, Rhizotrogus.*

2° Sous-famille des *Rutelinæ* : genres *Popilia, Anomala.*

3° Sous-famille des *Dynastinæ* : genres *Pentodon, Phyllognatus.*

4° Sous-famille des *Cetoniinæ* : genres *Cetonia, Epicometis, Oxythyrea.*

Beaucoup de ces Coléoptères sont polyphages et ne sont donc pas uniquement inféodés à la vigne. De même, leur répartition géographique n'est pas uniforme, mais ils peuvent localement provoquer des dommages importants.

Les méthodes de lutte sont identiques pour les différentes espèces à celles entreprises contre le Hanneton commun.

HANNETON COMMUN

I — SYNONYMIE ET SYSTEMATIQUE

Le Hanneton commun appelé Maikäfer (Scarabée de Mai) en All., Maggiolino en Ital., Abejorra en Esp. fut d'abord dénommé *Scarabæus melolontha* L., *S. Majalis* Moll. puis *Melolontha vulgaris* Fabricius pour devenir maintenant *Melolontha melolontha* L.

En France ce coléoptère est fréquent dans le Centre et l'Ouest, mais il est pratiquement inconnu dans le Midi méditerranéen. C'est un insecte polyphage qui s'attaque à de nombreuses plantes cultivées : arbres fruitiers à pépins et à noyaux, céréales, plantes potagères, plantes des prairies.

II — DESCRIPTION

Les adultes apparaissent du milieu d'avril à la fin mai. Leur vie n'est guère que de trois semaines environ, mais comme les sorties hors de terre sont échelonnées pendant 20 ou 25 jours il s'ensuit que leur apparition dure de six à sept semaines.

Ce sont des coléoptères de 20 à 30 mm de long sur 10-15 mm de large, dont le corps est hérissé en dessus de poils cendrés assez courts, plus densément en dessous, surtout sous le thorax où les poils sont plus longs. La tête et le prothorax sont d'un noir légèrement bronzé ou verdâtre, parfois rougeâtre ou même franchement roux. Les antennes, de 10 articles se terminent par une massue de sept longs feuillets chez les mâles et de cinq courts chez les femelles. Les élytres sont de couleur marron ou d'un fauve rouge, finement ponctués, rugueux et couverts de squamules blanchâtres microscopiques. Ils portent chacun 4 côtes longitudinales, non compris la suturale. Le *pygidium* ou dernier anneau dorsal de l'abdomen est triangulaire, prolongé en une pointe large, déprimée, graduellement rétrécie et tronquée à l'extrémité.

Fig. 262. – *Melolontha melolonthal* L. (d'après BALACHOWSKY)
à gauche, mâle ; à droite femelle (l = 20-30 mm).

III — BIOLOGIE

A - Vol des adultes

Les sorties de terre des hannetons hibernants ont lieu, d'après BALACHOWSKY (1962) en fin d'avril, début mai, lorsque la température du sol a atteint au moins 10° C à 25 cm de profondeur. Elles se poursuivent pendant 3 ou 4 semaines, chaque fois qu'il y a une journée chaude et ensoleillée.

« Pendant la journée, les hannetons demeurent immobiles, engourdis suspendus aux pousses des arbres ou des arbustes, ne sortant que rarement de leur torpeur pour voler d'un arbre à l'autre.

« L'heure du vol correspond au crépuscule. On peut voir alors les hannetons mâles et femelles parcourir les airs en bourdonnant, se heurtant aux obstacles et tombant au moindre choc. A première vue il semble normal d'établir une relation entre le vol et la variation de l'intensité de la lumière, hypothèse vérifiée par MEUNIER (1927). Cependant Mme RICOU (in

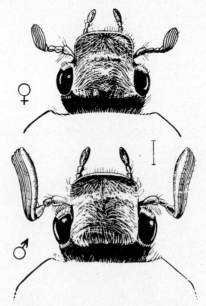

Fig. 263. – *Melolontha melolontha* L. (d'après BALACHOWSKY).
Détail de la tête chez le mâle et la femelle.

BALACHOWSKY) a montré que les différences individuelles sont si considérables qu'il est difficile d'établir une loi générale. En fait, les raisons pour lesquelles le Hanneton se met à voler brusquement de façon massive lorsque le soleil est disparu derrière l'horizon, c'est-à-dire lorsque le luxmètre marque 50 lux au plus, méritent d'être encore étudiées. Divers *stimuli* sont probablement en cause : diminution de l'intensité de la lumière, changements dans la nature de la qualité de la lumière (composition spectrale, degré de polarisation), ionisation de l'air et peut-être aussi la variation du taux de l'humidité de l'air.

« Les insectes, au sortir de terre, ne s'en vont pas au hasard vers l'arbre le plus proche. Ils se dirigent vers certaines lisières forestières ou certains groupes d'arbres en suivant des trajets particuliers ou « voies de vols » orientées d'après le contraste que le contour de ces bois forme avec le ciel après le coucher du soleil et notamment d'après la hauteur des silhouettes. Mais en l'absence de sommets boisés les hannetons peuvent se poser dans les vignes. C'est ce qu'a observé en Champagne COUTURIER (1953) dans le vignoble de Mareuil où la culture de la vigne s'étend jusqu'au sommet de la colline.

Toute activité cesse à la tombée de la nuit.

D - Accouplement

« L'accouplement a lieu aussitôt la sortie de terre. Les couples s'observent aisément car le mâle pend dans le vide accroché à la femelle (qui continue souvent à· s'alimenter) uniquement par l'organe copulateur. Le coït dure une heure ou deux, un même mâle peut féconder plusieurs femelles et une femelle subit le plus souvent plusieurs accouplements au cours de la période de nutrition. La période d'accouplement dure 10 à 12 jours après l'arrivée sur les arbres, mais elle peut se prolonger par temps froid ou pluvieux. Les mâles meurent ensuite. »

LABITTE (1916) a étudié la longévité des hannetons : 19 à 20 jours pour les mâles et 26 à 81 jours pour les femelles.

C - Ponte

Les femelles naissent avec leurs ovaires bourrés d'œufs, en moyenne 5 dans chacun de leurs 12 tubes ovariens, mais la ponte ne suit pas immédiatement l'accouplement. D'après SCHWERDFEGER (1927) « l'alimentation des femelles est indispensable pour obtenir la maturation des œufs et la ponte n'a lieu que 14 à 18 jours après l'accouplement. A ce moment, elles se laissent tomber à terre et s'enfoncent plus ou moins dans le sol. Suivant la nature du terrain et son degré d'humidité, leur pénétration est plus ou moins facile. » Selon V. MAYET (1890) « les femelles s'enfoncent dans le sol à 10 ou 20 cm pour y opérer, en un seul tas, une première ponte de 20 à 30 œufs. Puis elles ressortent, retournent aux feuilles pour s'y nourrir et quelques jours après, suivant le nombre d'œufs restant dans les ovaires, ont lieu une ou deux nouvelles pontes, suivies de la mort de la femelle. » D'après SCHEIDTER (1926) cette troisième ponte est très exceptionnelle et en général les femelles meurent après la seconde ponte ; on trouve alors dans leur corps 3 à 5 œufs inutilisés.

Les lieux de ponte sont choisis avec soin. Ce sont des terres meubles, fraîchement labourées et fumées, ouvertes aux influences de l'air et du soleil, pas trop sèches, pas trop humides. C'est souvent le cas des terres à pépinières.

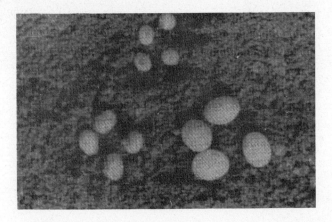

Fig. 264. – Augmentation du volume des œufs d'Hanneton au cours de leur incubation en milieu naturel (d'apres BALACHOWSKY).

Les femelles pondeuses ne s'éloignent guère au-delà de 2 km des lisières des bois : les œufs et les jeunes larves se trouvent en majorité dans la zone comprise entre 200 et 900 m du bois (ROBERT, 1953), puis le nombre d'insectes diminue rapidement et après 1.300 à 1.500 m on n'observe plus que de rares individus.

Après une première ponte de 24 œufs en moyenne (maximum 42), les femelles reviennent dans les bois pour s'alimenter et une deuxième ovogénèse commence. La formation des œufs exige 2 à 3 semaines. Puis on observe un deuxième vol de ponte dans la même direction et à la même distance que le premier, avec un plus petit nombre d'œufs, 16 ± 8 au lieu de 24 ± 14 selon HURPIN (1951). Environ un tiers des femelles pondent une seconde fois et dans certains cas on peut observer une troisième ponte, d'importance très faible.

D - Œufs

Les œufs de Hanneton sont ovales, d'un blanc jaunâtre, longs de 2 à 3 mm. Dès 1896 RASPAIL avait noté que l'œuf change de volume au cours de l'incubation. D'après HURPIN (1956) « il quintuple de volume et triple de poids, ce grossissement étant dû à une absorption d'eau. Il faut donc que le sol possède une humidité suffisante, entre 10 et 20 % d'eau. L'optimum de température est situé aux environs de 18° C (min. 10° C et max. 24° C). Selon HURPIN à 15° C l'éclosion du Ver blanc a lieu 7 semaines après la ponte, à 20° C elle s'opère en 32 jours et à 25° C en 19 jours. Dans la nature on estime à 6 semaines environ la durée de la période d'incubation. Lorsqu'il fait chaud et sec, la mortalité peut devenir très importante.

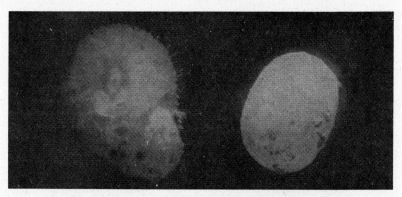

Fig. 265. – Eclosion de l'œuf de *Melolontha melolontha* L. (d'après BALACHOWSKY), a droite, œuf prêt à éclore ; a gauche sortie de la larve.

L'éclosion s'effectue en quelques minutes. La jeune larve blanche, excepté la pointe des mandibules, commence à se pigmenter dès qu'elle est au contact de l'atmosphère et sa capsule céphalique prend une teinte normale au bout de 6 à 8 heures. A ce moment-là le Ver blanc est capable de se déplacer et de s'alimenter.

E - Larves

Les larves de Hanneton portent divers noms vulgaires : ver blanc, ver des jardins, vers matis, meunier, moutonnet, engraisse-gallines, etc.

« La vie larvaire d'après BALACHOWSKY (1962) dure deux années au cours desquelles on compte 3 stades séparés par deux mues. Les stades se distinguent par la largeur de la capsule céphalique, mesurée au niveau de l'insertion des antennes : 2,5 mm pour le premier stade ; 4,5 mm pour le deuxième et 6,8 mm pour le troisième.

« 1er *stade larvaire.* La larve néonate pèse 25 mg environ, son corps est blanc couvert d'une abondante pilosité rousse ; dès qu'elle commence à s'alimenter son pygidium se colore en noir. Ce stade dure environ 3 mois à 15° C (HURPIN, 1955), soit deux mois et demi dans la nature. La première mue se produit lorsque la larve pèse 150 mg en moyenne. Ces larves ne se nourrissent pas d'humus ou de débris de racines à demi décomposés, mais bien de tissus végétaux vivants (BORNER, 1923). Les quantités de nourriture ingérées par individu sont trop faibles pour provoquer des dégâts sensibles aux cultures.

« 2me *stade larvaire.* La première mue se produit en France fin août-début septembre. Elle est précédée et suivie d'un arrêt de l'activité locomotrice et alimentaire pendant quelques jours. La mue s'effectue en 2 ou 3 heures : l'insecte sort de sa dépouille par une fente en T qui se manifeste sur les tergites thoraciques et la capsule céphalique s'ouvre suivant les trois sutures de l'épicrane. La larve qui vient de muer est entièrement blanche, mais la tête et les pattes se teintent en jaune clair peu après. La larve du deuxième stade s'alimente pendant 4 à 6 semaines environ, tant que la température est assez élevée. Vers la mi-octobre lorsque le thermomètre ne marque plus que 10° C près de la surface du sol, le Ver blanc s'enfonce, puis entre en hibernation. La profondeur d'enfouissement varie avec la température ambiante, l'humidité, la nature du terrain (30-40 cm dans le limon des plateaux, près d'1 mètre en terrain sablonneux) et la vigueur de l'insecte. Les vers blancs supportent bien des températures de — 4° C et même jusqu'à — 6° C en Suisse (FAES et STAEHELIN, 1923).

Pendant la première année, d'après MULSANT (1842) « les larves vivent réunies en famille, à la façon de diverses chenilles. Mais au printemps de la seconde année, le besoin d'une nourriture plus abondante les force à se disperser. Donc les larves pratiquent dans toutes les directions des galeries souterraines et dès ce moment elles commencent à attaquer les racines vivantes et à commettre des dégâts qui vont croissant avec leur grosseur et avec la force de leurs mandibules. »

« 3me *stade larvaire.* Dans le courant d'avril, lorsque le sol se réchauffe et atteint plus de 7° C à 30 cm, les larves qui mesurent 2 cm environ reprennent leur activité et remontent vers la surface du sol. La durée de la remontée dépend surtout de la température : plus le sol se réchauffe vite, plus les larves sont rapidement à la surface, mais elle est liée aussi à l'humidité du sol. Fin mai-courant juin la deuxième mue se manifeste et il en sort une larve du troisième stade qui pèse environ 800 mg.

« Ces larves vont s'alimenter abondamment en produisant encore de gros dégâts, d'autant plus terribles que leur taille est plus grande, soit 4 à 5 cm de long. Le corps, semi-cylindrique, arqué, de consistance molle, est d'un blanc sale avec les derniers segments abdominaux ardoisés, composés de 14 segments y compris la tête. Les mandibules sont très fortes et allongées.

Les antennes sont composées de 5 articles, le quatrième étant plus long que le troisième. La tête porte en outre 6 pattes jaunes, très allongées, composées de 4 articles.

« Les segments abdominaux sont garnis de poils plus courts et plus rares, les sept premiers portent en plus, en dessous une ou deux rangées de petits poils spiniformes faisant rape sous le doigt. Le dernier segment abdominal, très volumineux est dépourvu des plis dorsaux que présentent les précédents et il porte à son extrémité la fente anale, avec une ornementation caractéristique. Cette fente anale dessine un accent circonflexe très aplati dont les deux branches seraient presque disposées dans le prolongement l'une de l'autre. Au-dessus se voient deux lignes parallèles de nombreux spicules (40 à 50 chacune) traversant une aire couverte de forts poils crochus, d'un brun foncé. Les flancs et la partie postérieure sont garnis de longues soies souples, d'une teinte plus claire.

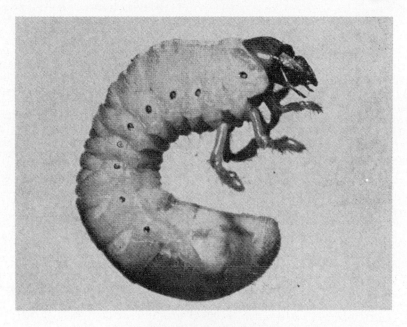

Fig. 266. – « Ver blanc ». Larve du 3e stade de *Melolontha melolontha* L.
(l = 30-35 mm) d'après BALACHOWSKY.

« Le troisième stade larvaire est de beaucoup le plus long puisqu'il persiste un an et c'est aussi le plus nuisible en raison de sa grande longévité et de l'accroissement considérable de la voracité larvaire. Pendant tout l'été les larves ne cessent se s'alimenter que lorsque la chaleur et la sécheresse deviennent insupportables : elles s'enfoncent alors dans des couches plus humides pour remonter vers la surface dès que les conditions d'humidité redeviennent plus favorables. »

Jusqu'au mois d'octobre, les larves dévorent avec voracité toutes les racines à leur portée. Si les vieilles souches résistent assez bien, il est évident que les jeunes plants dans les mailleuls et les pépinières peuvent souffrir beaucoup et même dépérir totalement par destruction complète des racines avec même l'attaque de la portion de la tige enterrée.

« Vers la mi-octobre, d'après BALACHOWSKY (1962), au moment où le sol se refroidit rapidement, les Vers blancs quittent les racines pour s'enterrer

et hiverner comme l'année précédente, à une profondeur toutefois légèrement supérieure, échappant ainsi aux gelées ou aux inondations de courte
durée.

« Au printemps de la troisième année, dans le courant d'avril, les larves remontent près de la surface du sol pour s'alimenter. Mais les dégâts
sont plus limités car elles n'ont plus besoin que d'une ration d'entretien,
leurs réserves étant constituées.

F - Nymphose et prénymphe

« Au début juillet ou même parfois fin juin, les larves ont terminé
leur développement et elles vont redescendre dans le sol, à une profondeur variant de 10 cm à 1 mètre selon la dureté du sol pour y creuser une
loge régulière, de forme ovale, aux parois fortement tassées et cimentées
avec de la salive. Les premiers processus de métamorphose se traduisent
par la vidange du tube digestif : intestin et poche rectale et par un changement de tonus de la musculature abdominale. La larve perd alors ses
deux caractéristiques principales : sa courbure en arc et son volumineux

Fig. 267. – Prénymphe de *Melolontha melolontha* L. (d'après BALACHOWSKY)
(l = 30-35 mm).

pygidium. Elle est devenue une « *prénymphe* », reconnaissable à son corps
beaucoup plus rectiligne que celui du ver blanc, aux pattes qui pendent
inertes et à l'absence de l'accumulation de terre dans le rectum. La durée
de la prénymphose est fonction de la température : très rare à 12° C,
l'optimum se situe à 20-22° C et dure 30 jours (VOGEL et ILIC, 1953).

G - Nymphe

« La nymphe sort de la dépouille larvaire par une fente dorsale des
tergites thoraciques. A sa naissance elle est entièrement blanche, mais au
contact du sol ses téguments commencent à durcir et à se colorer en rosé
d'abord, puis en jaune ambre au bout de quelques heures. »

D'après V. MAYET (1890) « les antennes, les pattes et les ailes sont repliées en avant contre la poitrine, les ailes découvrant presque entièrement sur la partie dorsale les méso et métathorax et entièrement l'abdomen. Celui-ci, très mobile, est incurvé en avant, composé de neuf segments, les trois derniers aussi grands ensemble que les six premiers réunis. Le dernier segment est bilobé à l'extrémité et porte au bout de chacun de ces lobes un appendice charnu dirigé en dehors, mais terminé par une épine brune dirigée en dedans. Cet appareil permet à la nymphe de se retourner dans sa loge. Les huit premiers segments abdominaux portent huit paires de stigmates latéraux arrondis, les quatre premières entourées d'un rebord chitineux de couleur brune, les quatre dernières plus petites et non chitinisées. »

« Dans les élevages, écrit BALACHOWSKY, la durée de la nymphose est de 34 jours à 22° C et de 45 jours à 17° C. VOGEL et ILIC ont montré que la courbe traduisant la relation entre la température et la durée de la nymphose est une hyperbole : 100 jours à 12° et 25 jours à 25° C.

« Dans la nature, avec une température moyenne du sol de 20° C, on peut admettre que la prénymphose dure une quinzaine de jours et la nymphose de 30 à 40 jours, soit fin août à début septembre. »

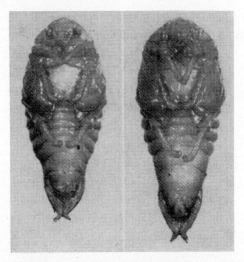

Fig. 268. – Dimorphisme sexuel des nymphes chez *Melolontha melolontha* L. (d'après BALACHOWSKY) ; à gauche, femelle ; à droite, mâle (l = 35 mm).

H - Adultes

Le hanneton adulte va naître 7 à 8 semaines après l'enfouissement de la larve. La sortie de l'imago de la dépouille nymphale est très rapide : une demi-heure au plus. A sa naissance l'insecte a le corps mou, les ailes et les élytres sont d'un blanc pur, le reste du corps étant coloré en brun clair, mais parfois tout l'insecte est blanc. En deux ou trois jours les élytres vont se colorer et prendre leur consistance dure normale. Finalement, fin septembre, le hanneton possède la consistance nécessaire pour crever sa coque. Si l'automne est doux, on peut voir sortir certains adultes en octobre, mais en général ils passent l'hiver dans leur retraite et ne sortent qu'au printemps suivant en avril ou en mai.

Fig. 269. – Préimago de *Melolontha melolontha* L. (d'après BALACHOWSKY)
(l = 35 mm). L'adulte prêt à éclore est visible sous le tégument de la nymphe.

I - Cycle biologique

En résumé le cycle normal triennal du hanneton se répartit ainsi
(V. Mayet, 1890) :

— à l'état d'œuf .... 1 mois
— » de larve de 1re année .... 6 »
— » » de 2me année .... 12 »
— » » de 3me année .... 7 »
— » de nymphe .... 1 »
— » d'insecte parfait, enterré ou hors de terre .... 9 »

total .... 36 mois

Selon Balachowsky (1962) « la durée du cycle évolutif du Hanneton
varie suivant les régions : il est triennal dans le Sud de l'aire de répartition : France, Suisse, Autriche, Hongrie, Yougoslavie tandis qu'il est
quadriennal à la limite Nord de l'aire d'extension : Ecosse, Danemark,
Suède méridionale, Finlande, Russie ; on a même signalé des cycles de
cinq ans en Scandinavie, en Russie septentrionale et dans les pays Baltes.

« En Europe centrale : Allemagne, Tchécoslovaquie, Pologne les deux
cycles existent. En Allemagne le cycle quadriennal a lieu en basse Saxe,
Rhin-Westphalie du Nord et dans le Schleswig-Holstein tandis que le cycle
triennal se trouve au Sud-Ouest d'une ligne passant par Francfort et Stuttgart. En Tchécoslovaquie la majeure partie de la Bohème est soumise au
cycle quadriennal, tandis qu'en Moravie et en Slovaquie méridionale, il est
triennal ou quadriennal suivant les régions. Dans les Alpes les hautes vallées appartiennent au cycle quadriennal (vallées des Grisons en Suisse,
haute vallée de l'Inn, vallée de la Mur et vallée de la Salzach en Autriche)
ainsi que dans le Monténégro et la région de Sandzack en Yougoslavie.

« Le cycle quadriennal est dû à la prolongation des deux premiers stades larvaires : la première mue est reportée au printemps de l'année qui suit les vols et la deuxième mue a lieu une année après. Le premier stade se prolonge pendant dix mois (dont 6 mois de repos hivernal) et le deuxième pendant dix à douze mois également avec sensiblement la même période de repos.

« Dans les régions très froides où le développement demande 5 ans, les deux premiers stades ont la même durée que dans le stade quadriennal, mais le dernier stade se trouve notablement allongé du fait qu'il passe deux hivers au lieu d'un seul.

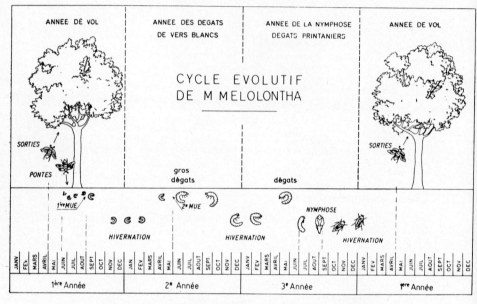

Fig. 270. – Schéma du cycle évolutif triennal de *Melolontha melolontha* L. (d'après BALACHOWSKY).

« D'autre part, pour une même génération les différentes phases distinguées ne se développent pas synchroniquement. En France on observe des vols de Hannetons tous les ans, mais dans des régions différentes selon les années. Dans un endroit déterminé, les Hannetons n'apparaissent que tous les trois ans. »

MAURO (1948) a indiqué « qu'en Champagne, où le cycle biologique est triennal, on pouvait déterminer l'année du vol des adultes en divisant par 3 la somme des chiffres composant l'année

Ex. 1946

$$\frac{1 + 9 + 4 + 6}{3} = 6 \text{ avec reste } 2$$

Quand le reste = 2 c'est l'année du vol 1946
            1 c'est l'année précédant le vol 1945
            0 c'est l'année suivant le vol 1947

On trouverait de même maintenant 1979 (reste 2), 1978 (I) et 1980 (0).

— 1 358 —

IV — CONDITIONS DE DÉVELOPPEMENT

A - Répartition géographique

L'aire de distribution géographique du Hanneton comprend toute l'Europe du Nord et du Centre, la Russie, la Sibérie. En France ce coléoptère pullule dans toute la région située au nord de la Loire : Normandie, région parisienne, la vallée de la Loire, le Nord-Est, un peu dans le Massif Central et dans la région lyonnaise (de la Haute-Loire à la Savoie). Le Hanneton est rare dans le Sud-Ouest (Gironde, Corrèze) et inexistant dans les départements méridionaux au sud d'une ligne Bordeaux-Valence-Digne-Nice.

Cependant, V. MAYET (1907) a observé une invasion extraordinaire dans la plaine de l'Hérault, entre Bessan et Florensac.

B - Réceptivité des espèces

Il n'a pas été mis en évidence de différences de sensibilité entre les racines des vignes américaines, utilisées comme porte-greffes et les racines de vignes françaises, dans le cas des plantations franches de pied.

C - Plantes-hôtes

Les Hannetons sont très polyphages et s'attaquent à un grand nombre de plantes cultivées, de sorte qu'il est difficile de prévoir un assolement valable. Cependant GALLAY (1952) a étudié la notion de *seuil de tolérance* qui découle des observations faites par les agriculteurs en plein champ. Ce *seuil de tolérance absolu* est défini comme le nombre maximum de vers blancs qu'une culture peut supporter sans subir des dégâts d'une portée économique appréciable.

Il existe aussi un *seuil de tolérance relatif* qui est le nombre maximum de vers blancs qu'une culture peut supporter sans subir des dégâts tels qu'ils justifient *économiquement* la mise en œuvre des mesures de lutte. Ce seuil relatif est donc fonction de la valeur des récoltes et du prix des méthodes de lutte employées.

Les résultats obtenus en Suisse sont les suivants :

Seuil de tolérance pendant la saison critique (Vers blancs par mètre carré)

Nature de la culture	Pour la population dénombrée l'été du vol	Pour la population réelle durant l'année suivant le vol
Cultures spéciales (pépinières) ..	2-3	2
Cultures sarclées	5-10	3-4
Céréales	20-25	15
Prairies naturelles et anciennes prairies artificielles	35	20
Prairies artificielles, maïs et autres céréales à faucher en vert	40-60	20-30

D - Influences climatiques

« On a vu, écrit BALACHOWSKY, que le climat est à la base de la durée des cycles et il intervient évidemment dans l'évolution des populations par la température et les pluies qui agissent sur les différentes phases du cycle biologique. Les adultes sont assez résistants au froid pouvant supporter des froids secs de — 5 à — 8° C pendant huit heures (GASSER et WIESMANN, 1950). Au bout de 48 heures on enregistre une certaine mortalité et même la température de — 12° C n'a pas d'effet si son action est limitée à 1 heure. Les régressions de populations seraient dues aux mauvaises conditions climatiques printanières : froid ou pluies et neige persistantes.

« Les œufs sont très sensibles aux influences climatiques. Pour HURPIN (1956) une température supérieure à 25° C est néfaste aux embryons, surtout si la terre est sèche. Mais un sol trop humide est également mortel : dans le limon des plateaux il n'y a pas d'éclosions, quelle que soit la température à 5 % ou 30 % d'eau. Au point de vue thermique la température optimum se situe entre 15 et 20° C.

« Sur les larves, l'hiver n'a guère d'influence sur le taux de mortalité, puisque celles-ci sont enfouies dans le sol. Par contre le climat du printemps et de l'été paraît avoir une grande influence. Une chaleur élevée provoque une mortalité considérable parmi les larves du premier stade, qui ne résistent pas à des températures supérieures à 25° C, maintenues plus de quelques jours (ce qui est le cas du Midi de la France). Les sécheresses estivales ralentissent considérablement la croissance des larves plus âgées qui, elles, ont la possibilité d'échapper aux conditions momentanément défavorables en s'enfouissant plus profondément, mais dans ce cas elles cessent de s'alimenter, s'affaiblissent et constituent des proies plus faciles pour divers entomophages. »

E - Influence de la nature du sol

« Certains sols, écrit BALACHOWSKY, se révèlent incompatibles avec un développement normal du Hanneton, c'est le cas des terres lourdes trop riches en argile et des sols trop sablonneux. Les Vers blancs ne constituent un problème agricole que dans les contrées dont le sol riche en humus repose sur un fond calcaire tendre et émietté ; ailleurs dans les zones à sol lourd ou très pierreux, il n'y a pas de hannetons.

« La composition physique du sol intervient également, en relation avec l'humidité : d'une part dans les sols trop humides (fond des vallées) alors qu'au cours d'un été chaud et sec on assiste à une destruction quasi totale des œufs et des larves dans les sols qui ne peuvent retenir suffisamment d'humidité. Ce sont alors les alluvions fraîches qui permettent au Hanneton de se développer. »

F - Influence de l'alimentation

« Il y a d'abord une action qualitative car les Vers blancs, bien que polyphages, manifestent des préférences alimentaires. C'est ainsi que dans les prairies, selon HURPIN (1958) le Pissenlit (*Taraxacum densleonis* L.), la grande Marguerite (*Leucanthemum vulgare* L.) l'Achillée (*Achillea millefolium* L.) assurent un développement plus rapide que les Légumineuses comme le Trèfle (*Trifolium pratense* L.) ou le Lotier (*Lotus corniculatus* L.) et surtout que les Graminées dont certaines (*Dactylis glomerata* L., *Lolium perenne* L.) se révèlent franchement insuffisantes pour la survie du Hanneton.

« Secondairement on connaît aussi une action quantitative : Couturier et Robert (1956) ont attiré l'attention sur la mortalité considérable
qui se produit lorsqu'un trop grand nombre de Vers blancs vit sur la
même surface de prairies. mortalité due à la raréfaction de la nourriture. »

V — LES DÉGATS

Les hannetons ne causent que peu de dégâts à la végétation herbacée
de la vigne ; par contre les larves provoquent des dommages importants
dans les pépinières et les plantiers en rongeant les racines et les jeunes
tiges, ce qui peut entraîner la destruction totale du jeune plant.

VI — MÉTHODES DE LUTTE

A - Lutte biologique

« La lutte biologique selon Balachowsky a été envisagée à plusieurs
reprises mais sans grand succès jusqu'ici. Néanmoins dans la nature, le
Hanneton possède de nombreux ennemis naturels qui viennent freiner
son extension et sa pullulation :

a) *des prédateurs* qui sont des agents de régulation des populations
de Hannetons. Parmi les oiseaux ce sont surtout les freux qui détruisent
un grand nombre d'adultes ou de vers blancs mais on signale également
les étourneaux, les perdrix, etc. qui font la chasse aux adultes au printemps.

Parmi les mammifères, le rôle des taupes reste mal précisé, Schrage
(1900) doutant de leur utilité. Regnier (1939) a signalé que des populations
importantes de campagnols et de mulots provoquaient une régression très
nette du Hanneton.

b) Des *parasites* : — les *Protozoaires* sont fréquents dans le tube
digestif des larves : le flagellé *Polymastix melolontha* Grassi ainsi que
les grégarines *Stictospora provincialis* Leger et *Euspora fallax* Schneider
ont des relations encore mal définies avec leur hôte. On cite aussi *Plisti-
phora melalonthae* Krieg.

— Les *Nématodes* se révèlent des parasites au sens strict du terme.
Plusieurs espèces ont été décrites dont différents *Mermis*, en particulier
Mermis nigrescens, découvert par Goffart (1933). Ces vers ont l'aspect d'un
filament blanc long de plusieurs centimètres et plusieurs fois replié sur
lui-même, visible à travers le tégument du Ver blanc. Ils détruisent peu à
peu les tissus de leur hôte qui meurt peu avant la nymphose. Weiser (1958)
a signalé en Slovaquie *Neoaplectana melolonthae* et Ruhm (1959) de petits
nématodes de 1 mm nommés *Diplogasteroïdes (Rhabdontolaimus) berwigi.*

— Des *insectes* appartenant à l'ordre des Hyménoptères : ce sont des
Scoliidae, *Tiphia femorata* par exemple, dont la larve vit en ectophage sur
la face ventrale de l'abdomen ; des *Diptères* appartenant essentiellement
à la famille des *Tachinidae* qui parasitent les larves de hannetons : le plus
important est *Dexia rustica* F. mentionné par de nombreux auteurs. Les
Vers blancs parasités se reconnaissent à un point noir sur le tégument,
correspondant au stigmate postérieur du parasite. On signale aussi *Dexia
vacua* Fall., *Dexiosoma caninum* F., *Microphthalma disjuncta* Wild. et *M.
europaea* Egg. Le *Phoridae* : *Megaselia rufipes* Meig., généralement saprophyte, parasite parfois les larves âgées et les nymphes. Kemner (1928) a
signalé aussi *Muscina stabulans* Fall.

D'une façon générale tous les parasites paraissent n'avoir qu'un rôle très limité dans la régression des larves de hanneton.

c) *Des champignons*. Les deux plus fréquents sont des *Beauveria* (*B. densa, B. effusa, B. bassiana*) agents des « muscardines » connus depuis les travaux de GIARD (1893) et *Metarrhizium anisopliae* Metch. qui provoque la « muscardine verte ». Ces deux hyphomycètes sont responsables de 75 % de la mortalité causée par des champignons ; ils s'attaquent à tous les stades mais principalement aux larves du dernier stade. D'autres champignons ont été signalés : des *Spicaria* assez abondants et bien adaptés au hanneton alors que les *Aspergillus* et les *Fusarium* sont le plus souvent des parasites secondaires, hôtes de blessures ainsi qu'une espèce de *Mucor* et une *Empusa* qui se sont révélées pathogènes dans quelques cas. D'autres : *Scopulariopsis* et *Penicillium* produisent une momification d'individus atteints d'autres maladies, mais peuvent témoigner parfois un effet pathogène réduit.

d) *Des bactéries*. Plusieurs espèces ont été signalées avec des virulences différentes : la maladie laiteuse due à *Pseudomonas septica* Bergey est une septicémie provoquée par une bactérie sporulante observée dans des larves du troisième stade récoltées en prairies (Sarthe, Seine-et-Marne, Seine-et-Oise). Une maladie analogue, sinon identique a été décrite par XILLE (1956) sous le nom de *Bacillus fribourgensis*. D'autres bactéries du type *Aerobacter* ou Coccobacilles ont été isolées de vers blancs ou de hannetons présentant des symptômes analogues à la maladie laiteuse, mais sans la production d'un pigment vert qui rend l'insecte fluorescent sous la lampe de WOOD. De même PAILLOT (1919) a étudié *Bacillus hoplosternus* PAILLOT et BALACHOWSKY (1962) a trouvé dans des vers blancs morts ou mourants *Bacillus tracheitis*.

e) *Les Rickettsies*. LORSCH (1952) en Allemagne a décelé une maladie à Rickettsies sur *Melolonthe hipposcatani* F et en forêt de Fontainebleau en 1957. Cette maladie se transmet aussi au hanneton commun ; elle se reconnaît à l'aspect perturbé du tissu adipeux ainsi qu'à un reflet bleuâtre sur l'ensemble du corps de l'animal d'où le nom de « Maladie Bleue ». De plus, en décembre, les larves remontent à la surface du sol où elles viennent mourir.

En conclusion il est difficile actuellement de déterminer le rôle respectif de ces différents parasites, variable selon les régions et suivant les années, certaines épizooties pouvant amener la quasi-disparition des vers blancs. »

B - Ramassage des adultes ou hannetonnage

On comprend sous ce terme les opérations manuelles consistant durant le vol, à gauler les insectes adultes sur les végétaux envahis, à les recueillir pour les détruire. Cette méthode ancienne est évidemment très simple et ne nécessite ni matériel coûteux, ni main-d'œuvre qualifiée. De plus il n'y a aucune incidence fâcheuse pour la faune et la flore. Enfin les hannetons récoltés et écrasés peuvent servir d'engrais. Pour obtenir de bons résultats il faut organiser dans la commune le ramassage collectif et systématique. On sait aussi que les hannetons apparaissent, dans une même localité, en grand nombre tous les trois ans sans qu'on ait pu donner une explication rationnelle de cette périodicité, qui offre un intérêt pratique pour le hannetonnage.

En France, des arrêtés administratifs ont été pris autrefois pour le ramassage des hannetons, avec une attribution de prime de 10 à 20 francs par 100 kg de hannetons collectés. De même en Suisse, des multitudes de hannetons furent ainsi éliminées, mais les résultats étaient insignifiants par rapport aux efforts déployés et aux sommes engagées. En effet on ramassait surtout des mâles en début de période des vols et cela ne représentait qu'un faible pourcentage de la population totale.

C - Destruction des larves

Dans les zones particulièrement infestées on a fait appel aux poules qui peuvent suivre les charrues au moment des labours ou de la préparation des terrains de pépinières. On a aussi exploité des poulaillers roulants comme pour le Gribouri. Par contre, d'après les observations de ZWEIGELT (1914) il est déconseillé de faire dévorer les larves par les porcs, car elles communiquent à ces animaux des maladies parasitaires.

D - Lutte chimique

Au siècle dernier on employait *le sulfure de carbone*, en février avant que les larves ne remontent à la dose de 20 à 28 g par mètre carré, au moyen du pal injecteur. Mais l'emploi de ce produit était très délicat (inflammable et explosif) et onéreux (produit + main-d'œuvre) et de toute façon limité à de petites surfaces (pépinières, cultures florales).

Les *composés arsenicaux* se montraient peu actifs, les hannetons (VIEL, 1951) se détournant du feuillage traité.

Les *produits organo-chlorés*, après 1945 constituèrent les premiers moyens de lutte efficaces. Ce fut d'abord le D.D.T., dont l'action fut étudiée par WIESSMAN (1950), puis l'H.C.H., le lindane, le chlordane, l'aldrine, le dieldrine et l'heptachlore qui furent largement utilisés jusqu'à leur interdiction d'emploi (sauf le lindane).

Actuellement la lutte contre les hannetons se fait au moyen des *Esters phosphoriques*. « Les épandages doivent être effectués avant l'apparition des dégâts car tous ces produits organiques ne commencent à être actifs dans le sol qu'au bout de trois ou quatre semaines. Le meilleur moment pour traiter, écrit BALACHOWSKY est l'automne de l'année des vols : les jeunes larves sont plus sensibles aux toxiques que les vers blancs plus âgés et d'autre part pendant tout l'hiver l'insecticide se trouve peu à peu réparti dans tout le terrain ».

« A défaut, il est encore possible d'opérer au printemps suivant, avril au plus tard, de façon à tuer les vers blancs un mois après c'est-à-dire avant la mue et donc avant le début des gros dégâts. Plus tard, il est très difficile d'intervenir car les cultures sont en place, les larves sont plus résistantes et le composé se diffuse trop lentement dans le sol pour arrêter les dommages. »

Lorsqu'on établit un plantier, il est bon de mêler un peu de poudre insecticide autour du pied dans la terre avant d'établir la butte soit du greffé-soudé, soit de la greffe réalisée sur place.

Les produits autorisés, en 1979, sont à base de chlormephos, chlorpyriphos, diazinon, fonofos, parathion éthyl et méthyl, phoxime, et trichloronate qui seront employés pour le traitement du sol.

Le lindane, seul ou en association, demeure encore autorisé.

HANNETON DES PINS

I — SYSTEMATIQUE

Dénommé d'abord *Melolontha fullo* L., puis *Scarabaeus fullo* L. cet insecte porte actuellement le nom de *Polyphylla fullo* L.

Le genre *Polyphylla* Harris compte une quarantaine d'espèces de grande taille, de 3 à 4 cm de longueur, avec des larves également très volumineuses, atteignant 8 cm de longueur.

En France on ne connaît qu'une seule espèce, appelée vulgairement hanneton foulon, hanneton peint, hanneton du Poitou ou hanneton des pins.

II — DESCRIPTION

Polyphylla fullo est un coléoptère de grande taille pouvant atteindre 4 cm de longueur sur un peu moins de 2 cm de large. Sa coloration est soit brune (var. *marmorata* Muls.) ou noire (var. *luctuosa* Muls.) abondamment tachetée de blanc. Les taches blanches, formées de squamules, dessinent trois bandes plus ou moins nettes sur le pronotum et sont réparties en de très nombreuses marbrures diffuses sur les élytres. La face ventrale est entièrement recouverte d'une fine pubescence blanchâtre dense.

Fig. 271. – Hanneton des pins *Polyphylla fullo* L. (Labor. Zoologie E.M.)
à gauche mâle ; à droite femelle.

Le dimorphisme sexuel, propre à tous les *Polyphylla* se caractérise ici par des antennes de 10 articles, celles du mâle se terminant par une massue de 7 grands feuillets (de 1 cm de long environ) alors que chez la femelle on ne compte que 5 flabelles nettement plus courts (ou 6 pour

V. Mayet). Une sous-espèce *P. fullo macrocera* a été décrite par Reitter (1902) d'après des exemplaires d'Espagne : la massue antennaire mâle, encore plus développée que chez le type, a une longueur sensiblement plus grande que celle de la tête et du thorax réunis. Cette sous-espèce méridionale a été signalée par Porta (1932) en Campanie et en Italie centrale.

Cet insecte se caractérise encore par son *pygidium* non prolongé en pointe et par le cri particulier qu'il pousse, rappelant le piaulement d'un oiseau, cri produit par le frottement du dernier segment abdominal contre le sommet des élytres.

III — BIOLOGIE

Le cycle évolutif du Hanneton des Pins est de trois ans, avec des régimes souvent très nets : les sorties d'adultes, d'après Balachowsky (1962) sont considérablement plus fortes une année sur trois ; ainsi dans la région d'Arcachon, les vols ont eu lieu en 1955, 1958, 1961, etc...

A - Adulte

« L'activité des adultes dure un mois au maximum, de la fin juin à la deuxième décade de juillet. Au début de la période de sorties on observe surtout des mâles, mais les femelles deviennent rapidement plus nombreuses et ce sont elles qui dominent vers la mi-juillet (Sidor, 1956).

« Les adultes se tiennent immobiles toute la journée dans les branches des pins et ne commencent à voler qu'après le coucher du soleil pendant une heure au plus, ils tourbillonnent alors autour de ces arbres allant d'un pin à l'autre, surtout les mâles, car les femelles se posent bientôt sur les branches. Aucun vol diurne n'a été noté même en plein soleil. Dans certaines régions méridionales de Russie, d'après Medvedev (1951) les adultes s'enterrent pendant la journée et ne s'alimentent pas. En général, ils consomment de jeunes aiguilles de pins qu'ils coupent près de leur base et qu'ils achèvent ensuite de brouter complètement. Lorsqu'on les dérange en frappant sur la branche où ils se tiennent, ils émettent une stridulation caractéristique provoquée par une brusque contraction de l'abdomen qui fait vibrer l'arrière des élytres en chassant rapidement l'air.

B - Ponte

« Après l'accouplement qui s'accomplit le soir sur les arbres, la femelle pond 25 à 40 *œufs* dans le sable proche, car cet insecte est très sédentaire et ses déplacements sont limités à une centaine de mètres.

« Les pontes paraissent être déposées de préférence dans les endroits où la végétation herbacée est abondante, mais en dehors du couvert des arbres, si bien qu'à leur éclosion les jeunes larves se trouvent près des radicelles qu'elles attaquent aussitôt. C'est le premier stade larvaire qui hiverne, souvent profondément enfoui et la première mue se produit en juin-juillet de l'année suivante ».

C - Larve

« *La larve*, d'après V. Mayet (1890) est remarquable surtout par sa taille. C'est un énorme ver blanc dont le corps, si on le redresse, dépasse 6 cm de long et atteint 1,5 cm de large. Comparée à celle du hanneton commun, son épaisseur est relativement plus forte. A part cela, même forme, même couleur, mêmes tarses et tibias renflés, mêmes longs poils espacés sur le corps, mêmes bandes transversales de spinules râpeuses sur le dos, mêmes poils du dernier segment fins en dessus, raides et terminés en crochet en dessous. Deux différences anatomiques cependant sont à signaler : 1° dans les antennes (4° article des antennes plus court que le troisième à l'inverse du *Melolontha melolontha* ; 2° dans la double rangée de spinules médianes placées en dessous du dernier segment. »

Le deuxième hiver se passe à l'état de larve du deuxième stade et la seconde mue ne s'observe qu'au printemps suivant. Une troisième hibernation, sous forme de larves du troisième stade, précède la nymphose qui a lieu en mai.

D - Nymphe

« La nymphe, d'après V. MAYET, comparée à celle du hanneton commun, offre, à part ses grandes dimensions, des différences de détails qu'il est utile de signaler :

1° les deux lobes divergents du dernier segment sont terminés par deux pointes mousses rembrunies qui sont encore plus divergentes tandis qu'elles sont convergentes chez le hanneton commun ;

2° la dimension extraordinaire des antennes du mâle apporte à leur position une modification forcée. Ne pouvant plus tenir dans le petit espace qui existe entre les parties de la bouche et le tibia antérieur, elles sont placées *en dehors* de cet espace, reposant sur l'extrémité du tibia et atteignant presque la longueur du tarse. »

« Les *adultes* apparaissent 3 à 4 semaines après la nymphose (juin) et ils ne tardent pas à s'envoler pour engendrer une nouvelle génération, selon BALACHOWSKY (1962). »

« Cet insecte est parasité par plusieurs espèces de diptères dont un grand *Asilidae*, prédateur de 4 cm de long : *Satanas gigas* Everson. Parmi les *Tachinidae, outre Microphtalma disjuncta* Wied., *Hyperecteina polyphyllae* Vill. a été découvert en Russie par GOLOVJANKO (1933). Cette mouche s'attaque le soir de préférence aux femelles, sous l'abdomen desquelles elle dépose ses œufs. »

IV — CONDITIONS DE DÉVELOPPEMENT

A - Répartition géographique

Le Hanneton des Pins vit principalement dans les terrains sablonneux, de sorte que les dégâts sont localisés à certaines régions, en France le long du cordon littoral méditerranéen (vignobles des sables, la région d'Arles), la côte atlantique (Landes), Gironde, Vendée et jusque dans les dunes du Nord et de la Manche. En Europe il a été signalé en Allemagne (Brandebourg), en Belgique, en Hongrie sur les bords du Danube, en Yougoslavie (Voivodine), en Russie (Ukraine, Biélorussie, vallée de la Volga, bords de la Mer Caspienne), en Grèce, en Italie, en Afrique du Nord (Algérie, Tunisie dans les régions sableuses du littoral).

B - Réceptivité des espèces

Toutes les racines de vignes sont attaquées et on n'a pas mis en évidence de différences spécifiques ou variétales.

C - Plantes-hôtes

Les larves de ce coléoptère peuvent s'attaquer à d'autres plantes se rencontrant dans les sols sableux : Pins, *Cyperacéae* sauvages : *Elymus arenarius, Psamma arenaria* et dans la région d'Arcachon, Ardoin a indiqué : *Helichrysum stoechas, Euphorbia paralias, Eryngium maritimum, Psamma arenaria*, mais toute végétation implantée dans les sables infestés est susceptible d'être attaquée, en particulier les plants de pins et les vignobles.

« Les dommages causés à la vigne sont très importants dans certaines régions : en Voïvodine (Sidor, 1956), en Ukraine (Dekhtiarev, 1929) où des populations de 10 à 12 larves au mètre carré ne sont pas rares.

V — MÉTHODES DE LUTTE

On conseillait autrefois en Russie (Golovjanko, 1933 ; Medvedev, 1951) d'enterrer 400 à 500 kg par hectare de polychlorure ou de paradichlorobenzène, techniques qui assuraient une certaine protection des pépinières et des vignobles contre les attaques des vers blancs.

Actuellement on leur substitue avantageusement l'emploi des insecticides organiques de synthèse. Sidor (1956) a obtenu des résultats très satisfaisants en épandant 200 à 250 kg d'H.C.H. à 5 % soit avant le labour, soit dans le trou de plantation ou à défaut en ayant recours au pal injecteur. Pour éviter tout risque de phytotoxicité, Stankovic et Dokmanovic (1956) préconisent l'utilisation du lindane à incorporer au moment de la plantation.

LES ANOXIA

« Ce sont des coléoptères sabulicoles qui vivent surtout dans les dunes littorales ou les alluvions anciennes de certains fleuves ou rivières. On les trouve dans toute l'Europe méridionale, de l'Espagne au Caucase, ainsi qu'au Moyen-Orient et en Afrique du Nord, selon Balachowsky (1962).

« Ils ont les mêmes biotopes et commettent les mêmes dégâts que *Polyphylla fullo* L. Leur biologie est également très voisine, mais leur importance économique est généralement moindre.

« Ce sont des insectes de 2 cm de long, au corps convexe allongé, coloré en brun plus ou moins foncé et généralement entièrement recouvert d'une fine pubescence leur donnant un reflet grisâtre ou blanchâtre. Les deux principaux caractères permettant de les distinguer des genres voisins (*Polyphylla* et *Melolontha*) sont l'absence d'éperon terminal sur les tibias antérieurs du mâle et les quatre flabelles de la massue antennaire de la femelle (le mâle en comptant cinq). En outre les tibias antérieurs du mâle ne portent qu'une seule dent externe. L'écusson arrondi et le bord antérieur du thorax non rebordé, complètent les caractères morphologiques propres à ce genre.

« Les larves se reconnaissent à la tête mate, densément ridée, aux antennes dont le quatrième article est plus court que le premier et surtout par l'absence de la double rangée d'épines sur la face ventrale du pygidium.

« Les adultes, de mœurs crépusculaires, s'enterrent le jour dans le sable et ne s'alimentent pas. Les larves rongent les racines des plantes poussant dans les terrains sablonneux, il s'agit le plus souvent de plantes sauvages, mais lorsque les cultures sont établies dans le sable où elles habitent, elles s'y montrent nuisibles principalement à la vigne mais aussi aux jeunes plantations de pins ou aux pépinières d'arbres fruitiers tels que les pêchers.

I — SYSTÉMATIQUE

« On connaît une vingtaine d'espèces, mal connues au point de vue biologique et qui ne semblent pas avoir d'importance économique réelle. 4 espèces ont été trouvées sur la vigne :

« Anoxia orientalis KRIN.

« Il se reconnaît à son pygidium non échancré à l'extrémité, à l'abondante pilosité très dense et très fine qui recouvre l'abdomen en formant des taches blanchâtres irrégulières sur les côtés des sternites. Le prothorax porte 4 macules luisantes, les postérieures n'allant pas jusqu'à la base du segment.

« Cette espèce vit dans une vaste zone allant de l'Autriche orientale (région de Vienne) jusqu'à la vallée du Dnieper et les bords de la Mer Noire et de la Mer d'Azov, en couvrant tous les Balkans y compris la Tchécoslovaquie et la Grèce. Absent au Caucase, *A. orientalis* présente une autre tache de répartition en Asie Mineure : Turquie, Syrie et Israël. Dans toutes ces régions l'insecte se trouve uniquement dans les sables même s'ils sont riches en sel (MEDVEDEV, 1951). Les dégâts sur vigne provoqués par les larves sont en général très localisés.

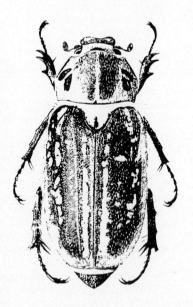
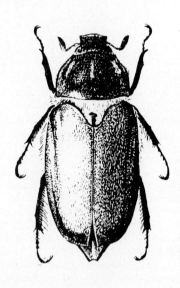

Fig. 272. – *Anoxia orientalis* Kryn
(d'après BALACHOWSKY).

Fig. 273. – *Anoxia pilosa* F. (l = 18-26 mm)
(d'après BALACHOWSKY).

« Les adultes volent de la fin juin au début d'août pendant 20 à 30 minutes, après le coucher du soleil. Ce sont les mâles surtout qui tourbillonnent autour des arbustes, les femelles restent à terre ou sur la végétation basse. La ponte se fait dans le sable, les larves passent deux hivers dans le sol et la nymphose a lieu au printemps de la troisième année. L'adulte sort de terre peu de temps après sa naissance et le cycle triennal est ainsi fermé.

« Anoxia pilosa FABR.

Syn. *cinerea* Motschulsky.

« Cette espèce se distingue par l'uniformité et la finesse de la pubescence blonde ou jaune des élytres, de sorte qu'aucune tache ou strie longitudinale n'est visible. Les élytres sont bruns avec le corps plus foncé, presque noir, les antennes, les palpes et l'extrémité des pattes roux. Une pilosité plus longue et dressée se remarque sur le front et sur l'avant du prothorax. Enfin l'extrémité de l'avant-dernier segment dorsal porte une pubescence aussi fine que celle du pygidium.

« Cet insecte de 2 à 2,5 cm de longueur paraît inféodé à la zone des steppes : Russie méridionale, le bord de la Mer Caspienne, Astrakhan, la Géorgie et le Nord de l'Iran. En Europe il vit principalement dans la plaine pannonique, l'Allemagne du Sud-Est, la Pologne méridionale, l'Autriche, la Hongrie, la Tchécoslovaquie, la Roumanie (Transylvanie), les Balkans, la Grèce, la Yougoslavie (Voïvodine) et l'Italie (Calabre, Sicile).

« Les dégâts et la biologie sont pratiquement identiques à ceux d'*A. orientalis*. La principale différence biologique réside dans l'heure des vols qui s'effectuent avant le coucher du soleil pour *A. pilosa*. Les premières sorties s'observent à partir de 17 heures et l'activité se termine au crépuscule.

« Le cycle évolutif est de trois ans et les larves, qui vivent uniquement dans les sables, passent trois hivers avant de se nymphoser, précédant de quelques semaines la période des vols. Espèce polyphage nuisible principalement à la vigne dans les terres légères et aux arbres fruitiers dans les pépinières.

« Anoxia villosa FABR.

(syn. *cerealis* Scopoli, *glauca* Gmelin, *pilosa* Mulsant).

« C'est un insecte de 2,5 cm de longueur, brun roux, plus foncé sur sa face ventrale, dont la pilosité présente un certain nombre de caractères spécifiques. L'extrémité de l'avant-dernier segment dorsal est garni de poils beaucoup plus longs et plus denses que sur le pygidium. Les taches latérales de l'abdomen sont constituées d'une pubescence pâle concentrée en touffes et au moins aussi longue que celle du reste du corps ; le bord antérieur du prothorax porte une touffe de poils dressés.

« *A. villosa* se rencontre dans toute l'Europe méridionale et occidentale, de la Hollande au Portugal et de la Grèce à l'Ukraine, en évitant l'Allemagne et la Pologne. Très localisé comme tous les *Anoxia* et les autres espèces sabulicoles, il apparaît sporadiquement en nombre. Quelques foyers ont été observés en France dans la région d'Arcachon ; il vit dans le même biotope que *Polyphylla fullo*.

« Le plus souvent ses dégâts sont signalés sur vigne ou arbres fruitiers, mais MANALOCHE (1933) a observé en Roumanie orientale de sérieux ravages des larves sur diverses céréales et légumineuses. ANDRIANO et SNAGOVEANU (1959) confirment ces observations dans la Dobroudja où les larves nuisent aux cultures de maïs, blé, avoine, haricot, etc...

« Ce coléoptère possède un cycle triennal très semblable à celui d'*A. pilosa* ; les vols se produisent en mai-juin au crépuscule. Les adultes se posent sur la végétation avoisinante : *Pinus, Tamaris,* etc..., mais ne semblent pas s'alimenter. D'après ANDRIANO et SNAGOVEANU (1959) la ponte intervient un mois après la sortie ; elle comprend de 14 à 29 œufs déposés à 30-40 cm de profondeur. L'incubation à 21-25° C se fait en 24 jours en moyenne. Après avoir passé trois hivers (à 90 cm-110 cm de profondeur, en Roumanie) les larves se nymphosent en mai-juin à 5-7 cm au-dessous de la surface du sol. A ce niveau, la température est d'environ 20-25° C et la nymphose dure 10-14 jours ; l'adulte sort peu après et le cycle se trouve ainsi fermé. »

Anoxia emarginata COQ.

« Il a été signalé par DELASSUS et al. (1933) comme nuisible à la vigne en Algérie à l'état adulte à Attaba (février 1926) et à l'état larvaire à Oued-el-Alleug (août 1925).

II — MÉTHODES DE LUTTE

« On peut pratiquer le ramassage des adultes ou épandre des insecticides organiques avant le labour ou dans le trou de plantation. Les meilleurs résultats ont été obtenus en appliquant soit au printemps, soit à la fois à l'automne et au printemps des insecticides organo-chlorés à base d'Aldrine, d'H.C.H. ou un mélange D.D.T. + H.C.H. Pour la vigne ou les arbres fruitiers, la méthode la plus sûre est de procéder par arrosage lorsque les larves sont près de la surface ou mieux au pal injecteur. »

LES RHIZOTROGUES

Ce sont des Coléoptères essentiellement méditerranéens vivant dans la région de l'Olivier (Languedoc, Algérie), en Russie et jusqu'en Asie Centrale. On a dénombré plus de 160 espèces, dont 60 vivent en Algérie, une vingtaine en France et en Europe. Leurs larves, comme celles du Hanneton, rongent les racines des plantes attaquées d'où leur nom (ριζα, racine, τρωγειν, ronger) tandis que les adultes mangent les feuilles.

Ces insectes ont un cycle biologique triennal et possèdent de nombreuses variations, rendant difficiles les études systématiques. Sur la vigne, on rencontre principalement 5 espèces : *Rhizotrogus marginipes, Rh. cicatricosus, Rh. ciliatus, Rh. ochraceus* et *Rh. euphytus*. Les moyens de lutte sont identiques à ceux utilisés contre les autres vers blancs.

1° *Rhizotrogus marginipes* MULSANT

I — DESCRIPTION

L'adulte, qui mesure 13-16 mm × 7-8 mm, possède un corps oblong, dilaté postérieurement, de couleur roux jaunâtre pâle chez le mâle, avec la tête et le prothorax tirant sur le rougeâtre chez la femelle. Le prothorax est hérissé de longs poils livides et marqué de gros points enfoncés, très rapprochés. Les antennes sont composées de 10 articles (caractéristique du genre *Rhizotrogus*) avec une massue de 3 feuillets, plus grande chez les mâles que chez les femelles. Les élytres sont blonds, souvent plus pâles le long de la suture, qui est brune, hérissée de quelques longs poils à la base, glabres sur le reste de leur surface.

Fig. 274. – *Rhizotrogus euphytus* (Labor. Zoologie E.M.).

II — BIOLOGIE

La sortie des adultes se fait en avril. Seuls les mâles volent au crépuscule et s'accouplent sur les herbes et les plantes basses où se tiennent les femelles. La période d'activité est assez courte, une demi-heure environ, puis les insectes retournent dans le sol jusqu'au lendemain soir et cela se renouvelle pendant 3 à 4 semaines. On n'observe qu'une seule ponte et la femelle meurt ensuite.

Le cycle biologique est comparable à celui du Hanneton commun. Chaque femelle pond environ 25 œufs dans le sol à 10-15 cm de profondeur et après un mois d'incubation les larves éclosent, vers la fin mai, et se mettent à ronger les racines de la vigne jusqu'à la fin de l'été, moment où a lieu la première mue. Les larves de deuxième stade passent l'hiver dans le sol et remontent en avril de la seconde année pour s'alimenter et subir leur deuxième mue en août. Après l'hibernation du second hiver, les larves du troisième stade remontent pour reprendre leur alimentation de la 3ᵉ année et se nymphoser en août. Les insectes parfaits restent dans la loge nymphale pendant tout l'hiver pour ne sortir qu'au printemps suivant.

III — CONDITIONS DE DÉVELOPPEMENT

Répartition géographique

Cette espèce est méridionale et V. Mayet ne l'a pas rencontrée au-dessus de Lyon, où elle est déjà rare. Il l'a trouvée dans tout le Bas-Languedoc, sur les coteaux les plus secs, notamment à Montpellier (quartier de l'Aiguelongue), à Sète (fort de la Butte ronde), à Narbonne (montagne de la Clape), en Roussillon où on l'appelle « Pare-Massac », en Catalogne espagnole, dans la région de Toulouse et jusqu'à Bordeaux et Mont-de-Marsan.

2° *Rhizotrogus cicatricosus* MULSANT

Cet insecte a été rencontré en France, en Grèce et en Sardaigne. V. Mayet (1890) l'a trouvé près de Montpellier et dans la vallée du Rhône.

L'adulte est de taille moyenne 13-17 mm × 6-7 mm, au corps oblong, d'un rouge clair rosé sur la tête et le prothorax, tandis que les élytres et le reste du corps sont d'un jaune fauve.

3° *Rhizotrogus ciliatus* REICHE

Cette espèce est connue en Italie et en Sicile.

4° *Rhizotrogus ochraceus* KNOCH

Ce coléoptère est assez répandu en Provence, ainsi qu'en Italie. La tête et le prothorax sont d'un brun rougeâtre tandis que les élytres et les pattes sont d'un fauve jaune ou rougeâtre clair.

5° *Rhizotrogus euphytus* BUQUET

C'est une espèce algérienne (la plus petite) mesurant 14-15 mm × 7-8 mm, de couleur fauve, parfois marron, la tête étant plus foncée que le reste du corps.

**

Delassus (1933) signale d'autres espèces algériennes sur la vigne : *Rh. numidicus* Luc. répandue dans le Sahel et le Tell ; *Rh. vorax* Mars., très commune en Oranie et dans la région d'Alger ; *Rh. stupidus* Fairm. trouvée dans la région de Bône ; *Rh. deserticola* Blanch., espèce classique dans les Hauts Plateaux.

POPILLIA JAPONICA NEWMAN

I — SYNONYMIE ET SYSTEMATIQUE

Hanneton japonais. Angl. Japanese beetle.

Cet insecte, qui appartient à la sous-famille des *Rutelinæ* est originaire d'Extrême-Orient. Il fut introduit aux Etats-Unis vers 1915 où il provoque des ravages importants. Il n'existe pas en Europe jusqu'ici, mais nous tenons à le décrire car il figure sur la « liste noire » des Services de la Protection des Végétaux européens.

II — DESCRIPTION

L'adulte est reconnaissable par sa coloration vert métallique brillante avec les élytres d'un jaune brunâtre cuivré et les taches blanches latérales de l'abdomen, formées de petites touffes de poils blancs au nombre de 6 de chaque côté, ainsi que deux sur le pygidium. Sa taille oscille entre 9 et 11,5 mm. Les sexes se différencient par la structure des tibias antérieurs : chez le mâle ils portent deux protubérances, qui sont très peu apparentes chez la femelle.

Fig. 275 – *Popillia japonica* Newm (d'après BALACHOWSKY).

III — BIOLOGIE

D'après Ladd (1976) « aux Etats-Unis les adultes apparaissent selon les localités depuis la fin du printemps jusqu'au début de l'été : à la mi-mai dans l'Etat de North Carolina, vers le 15 juin dans la région de Philadelphie et de St Louis et même au début juillet dans le Michigan et la Nouvelle Angleterre. Les adultes ne volent que pendant le jour et ils sont très actifs pendant les chaudes journées ensoleillées, restant au repos durant les jours frais ou nuageux. La période de plus grande activité des adultes est de 4 à 6 semaines, avec des sorties échelonnées jusqu'en octobre.

Les adultes consomment non seulement les feuilles dont ils dévorent le limbe en épargnant généralement les nervures, mais également les jeunes fruits encore verts qu'ils préfèrent aux fruits mûrs. Les dommages vont de quelques morsures à la disparition presque complète de la pulpe selon la densité des insectes. En effet on observe que les *Popillia japonica se* rassemblent parfois sur de grands arbres, qui sont totalement défeuillés en quelques jours ou même sur certaines organes seulement ».

« La *ponte*, d'après Balachowsky (1962), s'effectue de préférence dans les sols d'humidité moyenne recouverts d'une végétation peu élevée (gazons, prairies, terrains de golf). Chaque femelle dépose 40 à 60 œufs par groupe de 3 ou 4, qui éclosent en deux semaines environ.

« La *jeune larve* dévore les radicelles dès sa naissance et poursuit son activité jusqu'en novembre, époque où elle s'enfonce plus profondément dans le sol pour hiverner. L'hibernation a lieu sous forme de larves au troisième stade, car chacun des deux premiers stades ne dure guère plus de 2 semaines et la deuxième mue se produit généralement à la fin de septembre.

« La remontée a lieu à la fin de mars et elle est suivie d'une nouvelle période d'alimentation qui précède la *nymphose*, dans le courant de mai. Le cycle se trouve donc bouclé en un an par la sortie des adultes de la nouvelle génération. »

IV — CONDITIONS DE DÉVELOPPEMENT

1° Répartition géographique

Cet insecte est originaire d'Extrême-Orient, mais au Japon il n'existe qu'à l'état endémique et il n'est pas nuisible. Par contre aux Etats-Unis les dommages sont importants dans les Etats de la Côte Atlantique (Nouvelle-Angleterre (6 Etats), Pennsylvanie, Delaware, New Jersey, Michigan, Illinois, Missouri, Kentucky jusqu'en Géorgie et en Caroline du Sud.)

2° Plantes-hôtes

C'est un insecte très polyphage qui peut s'attaquer à plus de 275 espèces de végétaux : vignes, arbres fruitiers, maïs, betterave, gazon et diverses plantes ornementales.

V — METHODES DE LUTTE

1° Lutte biologique

« Les Américains, d'après Balachowsky, ont essayé d'enrayer l'extension de ce redoutable ravageur et de limiter l'ampleur de ses dégâts en faisant appel, avant 1939, à la lutte biologique. Parmi les très nombreuses espèces d'entomophages importées d'Extrême-Orient, 5 se sont établies dans l'Est des Etats-Unis, mais seules deux espèces de *Tiphia* paraissent donner des résultats intéressants : *T. popilliavora* Rhow. et *T. vernalis* Rohw, introduits de Corée.

« La lutte bactérienne au moyen de *Bacillus popilliæ* Dutky, qui provoque la « milky disease », ainsi nommée en raison de l'aspect blanc laiteux que prennent les larves atteintes semble plus efficace (DUKTY, 1940). Dans les parcelles traitées avec les spores de cette bactérie, on enregistre d'après WHITE (1940) en quelques années une importante réduction de la population larvaire. Le traitement se fait en enfouissant tous les 3 mètres 2 grammes de poudre renfermant 100 millions de spores par gramme. Bien que cette méthode, assez onéreuse, soit surtout appliquée pour les gazons des parcs et des terrains de golf, elle a été utilisée sur plusieurs dizaines de milliers d'hectares jusqu'à présent. »

2° Lutte chimique

Elle est très difficile car les insecticides modernes permettent de sauver les récoltes, mais leur emploi pour détruire les adultes est toujours délicat, surtout lorsqu'il s'agit de fruits prêts à être récoltés et consommés en raison des risques d'intoxication. Aussi les traitements sont-ils surtout dirigés contre les larves en incorporant au sol des poudres ou des granulés d'insecticides organo-chlorés (DDT, aldrine, chlordane, etc...) aujourd'hui interdits et remplacés par des esters phosphoriques (chlorpyrifos, diazinon, trichlorfon).

Les meilleurs résultats sont obtenus avec des épandages de printemps, car les pluies assurent une meilleure et plus rapide répartition du produit. Les sols traités restent toxiques pour les larves pendant 3 ou 4 ans.

LES ANOMALA

Ces Coléoptères appartiennent aussi à la sous-famille des *Rutelinae* et possèdent un corps ovoïde, globuleux, coloré en vert ou en bleu à reflet métallique.

En Europe deux espèces : *Anomala vitis* Fabr. et *Anomala dubia* var. *aenea* Deg. nuisent à la Vigne en dévorant les feuilles au printemps. En Italie et en Algérie il faut ajouter une troisième espèce, plus méridionale : *Anomala ausonia* Er.

Mais bien d'autres espèces ont été signalées sur la Vigne comme *A. aurata* F. en Grèce et en Syrie ; *A. errans* F. en Hongrie, Bulgarie, Roumanie, en Russie (Ukraine et Crimée) ; *A. solida* Er. en Italie, en Dalmatie, Hongrie et Turquie ; *A. undulata Mels.* aux Etats-Unis S. Carolina), etc...

1° *Anomala vitis* FABR.

I — SYNONYMIE

Fr. Hanneton vert de la Vigne, Petit hanneton vert (Audouin)
Ital. Carruga della vite, murolo, gariola, Palomba di San Giovanni, Surleta d'oro

II — SYSTEMATIQUE

Autres dénominations anciennes : *Melolontha vitis* Fabricius, *Anomala vitis* Stehens, *A. holosericea* Illiger, *Euchlora vitis* Audouin.

III — DESCRIPTION

L'adulte paraît en juin ; il mesure 12-17 × 7-10 mm et présente une belle couleur vert métallique brillant. Son corps est un peu ovale avec les antennes, le bord externe du prothorax et celui des élytres roux. Le dessous du corps est d'un vert bronzé garni de poils sauf sous la partie ventrale qui est presque glabre.

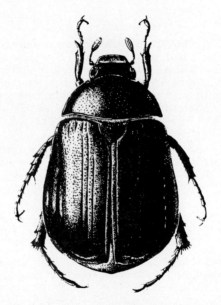

Fig. 276. – *Anomala vitis* F. (d'après BALACHOWSKY).

La couleur vert métallique peut chez un petit nombre d'individus virer au bleu, au vert doré ou plus rarement au vert violacé vineux.

Dès sa sortie, l'insecte se jette avec voracité sur les pampres de la vigne, broutant les feuilles (en respectant les nervures principales) et les rameaux, provoquant parfois des dommages importants dans les vignes du littoral méditerranéen établies dans les sables.

IV — BIOLOGIE

A - Vol des adultes et ponte

« Le soir, au crépuscule, d'après V. MAYET (1890), ces insectes volent par milliers en tourbillonnant dans l'air, puis s'abattent en grand nombre sur quelques pieds de vigne ou sur un même souche. Puis, s'écartant circulairement de leur centre d'attaque, les bandes affamées forment au milieu des vignes des *taches d'huile*, faciles à apercevoir de loin, d'un point élevé, tel que les remparts d'Aigues-Mortes.

« L'accouplement opéré, vers le milieu de juillet, brusquement l'insecte disparaît. Les mâles meurent et les femelles s'enfoncent dans le sable pour y pondre une trentaine d'*œufs* arrondis, légèrement allongés, qui vont éclore dans la première quinzaine d'août. »

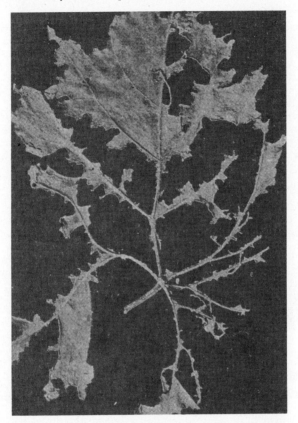

Fig. 277. – Feuille de vigne dévorée par *Anomala vitis F* (d'après BALACHOWSKY).

B - Larve

« La larve vit dans le sable humide à 15 ou 20 cm de profondeur au pied des plantes qui y croissent, mangeant de préférence les racines des graminées, mais s'accommodant parfaitement de celles de la vigne (depuis le défrichement des dunes maritimes). Cette larve ressemble beaucoup à celle du Hanneton commun, mais elle est des deux tiers plus petite. Le corps blanc, couvert de poils blonds, peu serrés, a la même forme allongée, semi-cylindrique, fortement courbée en arc à l'état de repos. Avec la tête, il comprend 14 segments. La tête, d'un roux jaune plus clair est plus petite en proportion, surtout plus étroite. Les pattes sont à peu près dans les mêmes proportions que chez le Hanneton, mais les tarses, beaucoup moins dilatées, plus cependant que chez les pentodons et les cétoines, sont terminés par des ongles pointus relativement plus grands, bien visibles aux six pattes.

« Vers la fin de mars, la larve qui paraît vivre un an et demi, se creuse dans le sable une loge dont elle durcit les parois au moyen d'un liquide, salive ou suc gastrique, rendu par la bouche et gaché avec du sable au moyen des pattes. »

C - Nymphose

« La nymphose a lieu vers le milieu de mai, avec une particularité curieuse : au lieu de faire glisser vers la partie postérieure de son corps la peau qui s'en détache pour laisser apparaître la nymphe, celle-ci reste dans cette peau flétrie, qui, ouverte étroitement d'un côté seulement, l'enveloppe ainsi que ferait un cercueil. Certaines larves d'*Anomala* ne se métamorphosent pas au printemps. Elles passent à l'état de nymphe en août seulement, sont insectes parfaits en septembre et ne paraîtront hors de terre que l'année suivante. C'est la réserve destinée par la nature à perpétuer la race, en cas de destruction totale des insectes parfaits de la génération éclose en juin. Ces insectes d'automne, qui auront vécu près de dix mois sur leurs réserves graisseuses, se confondront l'année suivante avec les insectes de printemps. »

D - Nymphe

« La nymphe est blanche, des deux tiers plus petite que celle du Hanneton commun, relativement longue par rapport à l'insecte parfait. Elle en montre toutes les parties sous sa cuticule translucide. Le corps est un peu arqué, avec un sillon dorsal bien visible sur le thorax et l'abdomen, les trois derniers segments de celui-ci longitudinalement ridés, le dernier segment bilobé, mais les lobes non terminés par les appendices pointus avec une épine brune recourbée au bout qui caractérisent la nymphe du Hanneton commun. Cet appareil, destiné à faciliter les mouvements dans la loge est remplacé ici par des poils ras et serrés qui font paraître l'extrémité du dernier segment comme veloutée. »

V — CONDITIONS DE DEVELOPPEMENT

1° Répartition géographique

L'*Anomala vitis* est présent sur la majeure partie du littoral méditerranéen : Espagne, France, Italie, Grèce, l'Europe tempérée : Autriche, Hongrie et jusqu'à la Mer Noire, ainsi qu'en Algérie et en Tunisie.

2° Plantes-hôtes

C'est un insecte polyphage dont les larves se développent bien dans les sols sablonneux des régions méditerranéennes où poussent spontanément des *Salix*, des *Tamaris*. Par suite de la mise en culture de ces régions lors de crise phylloxérique (vignoble des sables) l'insecte s'est attaqué à la vigne.

VI — DÉGATS

Les dégâts apparents et très spectaculaires sont dus aux adultes qui dévorent le limbe des feuilles en respectant les nervures principales, si bien que les feuilles prennnt un aspect déchiqueté caractéristique, mis en évidence par Balachowsky et Mesnil (1935).

Mais les larves souterraines qui s'alimentent aux dépens des jeunes racines et des radicelles peuvent être nuisibles, particulièrement dans les plantiers.

VII — MOYENS DE LUTTE

Autrefois on conseillait le ramassage des adultes. V. Mayet signalait que « les insectes, pendant le jour restent immobiles, suspendus aux feuilles, et comme ils se réunissent en grand nombre sur un même point, la récolte en est facile. Il faut seulement surveiller attentivement l'époque d'apparition, qui dure à peine quinze jours. Le sol est parfois criblé de trous de sortie. »

Actuellement l'utilisation des insecticides de synthèse doit permettre de maîtriser les attaques.

2° *Anomala dubia var. aenea* DE GEER.

I — SYNONYMIE ET SYSTEMATIQUE

Le Hanneton bronzé fut d'abord dénommé *Melolontha aenea* de Geer., puis *Melolontha dubia* Herbst., *M. Julii* Panzer, *Euchlora Julii* Mulsant, *Anomala Frischii* Burmeister, *Anomala aenea* Mulsant.

II — DESCRIPTION

Cet insecte, d'après V. Mayet (1890), offre de grandes variations sous le rapport de la taille, de la couleur et même de la forme, ce qui a entraîné une synonymie embrouillée.

Pour Balachowsky (1962), la forme typique mesure 10 à 15 mm et sa coloration est bleu métallique. Chez la variété *aenea* elle vire au vert, mais elle peut aussi varier du rouge cuivreux au noir violacé. D'autre part, certaines variétés sont bicolores avec le thorax vert et les élytres brun jaune à suture plus ou moins verte (*var. Frischi* F.) ou le thorax bleu et les élytres clairs à bords violacés, etc... *Anomala dubia* ne possède pas de sillon à la base du pronotum et la massue antennaire est noire. Ce sont là les deux caractères spécifiques essentiels de cette espèce.

III — BIOLOGIE

D'après Rittershaus (1927), le cycle évolutif durerait trois ans, la larve hivernant deux années consécutives, mais Balachowsky (1962) pense avec Medvedev (1949) que la durée d'une génération ne doit pas excéder un an.

Les adultes sont actifs pendant la journée en juin-juillet ; la ponte a lieu dans le sol et chaque femelle dépose une trentaine d'œufs qui éclosent un mois plus tard. La vie larvaire se poursuit jusqu'au printemps suivant, suivie par la nymphose qui dure de 30 à 40 jours. Enfin les adultes de la nouvelle génération apparaissent à la fin du printemps ou au début de l'été.

IV — CONDITIONS DE DÉVELOPPEMENT

1° Répartition géographique

Anomala dubia est une espèce très largement répandue dans toute l'Europe, depuis l'Angleterre jusqu'au Caucase et du sud de la Scandinavie jusqu'en Italie septentrionale ainsi que dans les Balkans. En Russie elle vit de la Baltique à la Mer d'Azov. Dans cette vaste zone, on peut distinguer dans certains secteurs une variété dominant l'autre. Ainsi en France, selon PAULIAN (1941), la forme type n'existe pas et on trouve surtout la variété *aenea* tandis qu'en Europe sud-orientale on rencontre une espèce très voisine : *A. oblonga* F. et au Caucase : *A. abchasica* Motsch.

Anomala dubia est strictement inféodé aux zones sablonneuses et de préférence lorsque celles-ci sont recouvertes par une végétation assez dense.

2° Plantes-hôtes

Ce coléoptère fait des dégâts sur de nombreuses espèces végétales spontanées : saules, peupliers, euphorbes ainsi que sur certaines plantes cultivées : vignes et arbres fruitiers notamment.

Ce sont essentiellement les adultes qui causent des dommages en dévorant le feuillage au printemps.

3° *Anomala ausonia* ERICHS

I — SYNONYMIE ET SYSTEMATIQUE

Anomala cogina Reitter

II — DESCRIPTION

C'est une espèce méridionale, habitant l'Italie et l'Algérie, très semblable à l'*A. vitis* avec lequel elle a été souvent confondue car comme lui elle est de couleur très variable, mais de taille plus réduite, 12 à 15 mm. De plus il n'y a pas de sillon à la base du pronotum et les antennes sont de couleur jaunâtre.

L'insecte adulte est généralement de couleur vert métallique, virant parfois au bleu ; mais on trouve aussi des formes aberrantes avec des élytres jaunes, un thorax bleu ou un pygidium à taches jaunes.

III — BIOLOGIE

A - Vol des adultes et ponte

Selon LUPO (1949) in BALACHOWSKY (1962) « en Italie méridionale, l'adulte sort de terre dans le courant de juin par une belle journée chaude et ensoleillée. Il vit environ 40 jours, de la fin mai aux premiers jours de juillet. Dès leur sortie, les insectes se rassemblent en masse sur certaines plantes qu'ils abandonnent pour s'attaquer à d'autres, dès que le feuillage a été dévoré. Ce grégarisme alimentaire serait dû à des excitations olfactives : c'est l'odeur de leurs congénères due à une substance émise par les glandes unicellulaires du premier segment abdominal qui attirerait les nouveaux venus ; plusieurs centaines d'individus arrivent ainsi à se concentrer sur une même plante et Lupo a compté jusqu'à 23 adultes mangeant une seule feuille de vigne.

« Très actifs pendant le jour, les insectes restent au repos pendant la nuit et ne reprennent leur alimentation que lorsque le soleil est suffisamment haut. L'accouplement n'aurait lieu que de 8 à 12 jours après la sortie, lorsque les organes génitaux sont complètement mûrs. Il se fait au soleil sur le feuillage des arbres et dure environ 10 à 15 minutes sans qu'il y ait renversement du mâle. Quelques jours plus tard, la femelle s'enterre pour pondre une quarantaine d'œufs dans une couche suffisamment humide du sol, de 15 à 35 cm de profondeur et meurt sans réapparaître à la surface une fois cet acte accompli. »

B - Larve

« La larve éclot après 15 jours d'incubation et commence à s'alimenter aux dépens des substances organiques et exceptionnellement de racines vivantes. Lorsqu'il fait trop sec, elle s'enterre plus profondément à la recherche d'une zone plus humide et ne revient dans les couches plus superficielles qu'au retour des conditions plus favorables. Le premier stade dure 25 à 35 jours, une première mue donne naissance vers la mi-août aux larves du deuxième stade qui hiverneront en profondeur dans le sol. La remontée et la reprise de l'activité se produisent vers la mi-mars. A la mi-avril, après la deuxième mue, apparaît la larve du troisième stade qui continue à se nourrir essentiellement de matières végétales plus ou moins décomposées. Fin mai, la larve cesse toute alimentation et vide son tube digestif ; elle se transforme alors en *prénymphe*, stade qui dure 3 à 4 jours et qui s'opère dans le sol à une quarantaine de centimètres de profondeur dans une petite logette. »

C - Nymphe

« La nymphe proprement dite, englobée dans la dépouille larvaire, met 5 à 6 jours à se transformer en adulte. Celui-ci éclot rapidement et le cycle se trouve ainsi fermé en un an. »

IV — CONDITIONS DE DÉVELOPPEMENT

1° Répartition géographique

L'*Anomala ausonia* possède une aire géographique limitée au bassin occidental de la Méditerranée : France méridionale (au sud de la ligne Avignon-Toulouse), Espagne, Italie centrale et méridionale, Sicile, Algérie et Tunisie.

Il est inféodé aux terres sablonneuses dans lesquelles sa larve se développe aux dépens des matières humiques et quelquefois sur les racines vivantes, provoquant ainsi des dégâts à diverses cultures. Cependant la nocivité de cette espèce est essentiellement due aux adultes qui s'abattent dans les vignes, en dévorant parfois totalement le feuillage, lorsqu'il y a des pullulations massives.

2° Plantes-hôtes

Cet insecte n'est qu'un parasite occasionnel de la vigne car il vit de préférence sur les scolymes et les tamarins (en Algérie). Il a été signalé aussi sur un grand nombre de plantes cultivées : les arbres fruitiers (pommier, poirier, pêcher, etc...), le melon, le maïs, le piment, l'orme, le mûrier...

LES PENTODONS

Le genre *Pentodon* Hope fait partie de la sous-famille des *Dynastinae* et on en connaît 34 espèces dont la plupart vivent en Asie centrale. Dans le midi de la France on ne trouve qu'une espèce : *P. punctatus* Vill., tandis qu'en Algérie on rencontre deux espèces : *P. bispinosus* Kuth et *P. algerinus* Herb. Il faut aussi noter *P. idiota* Herbst en Europe sud-orientale et en Asie mineure.

Ce sont des Coléoptères aux formes massives, à la tête plate, au thorax entièrement globuleux, très développé et brillant. Les élytres sont ornés de plusieurs stries ponctuées.

Pentodon punctatus VILLERS

I — SYNONYMIE ET SYSTÉMATIQUE

Fr. Pentodon ponctué.
Ital. Bacherozzo, Zurrone.

Scarabaeus punctatus Villers, *Scarabaeus punctulatus* Rossi ; *Geotrupes punctatus* Sturm ; *Geotrupes monodon* Duftsch, *Pentodon punctatus* Mulsant.

II — DESCRIPTION

Le Pentodon adulte mesure 16-24 × 9-14 mm et possède des formes épaisses et arrondies, d'un noir brillant. Son corps, très globuleux, est dilaté à la partie postérieure. La tête porte sur le front deux petits tubercules pointus recourbés vers l'arrière qui représentent les cornes dont sont pourvus tous les *Dynastinae*, appelés vulgairement Rhinocéros. Le prothorax à angles très arrondis est également très convexe avec une ponctuation dense assez forte. Seul l'écusson en triangle est lisse, plus large que long. Les élytres, graduellement élargis en arrière, sont grossièrement ponctués. Le dessous du corps, d'un noir brillant, est garni de poils roux principalement denses à la base des pattes et à l'intersection des segments. Les pattes sont fortes avec les tibias antérieurs aplatis et garnis extérieurement de trois dents, les postérieurs comme tronqués et garnis de fortes épines, ce qui fait de ces insectes de bons fouisseurs.

III — BIOLOGIE

A - Vol des adultes et ponte

Le cycle évolutif du Pentodon est de 3 ans. Les adultes formés à l'automne passent l'hiver dans leur loge, mais ils peuvent sortir aux pluies de septembre. Toutefois ils ne s'accouplent pas et rentrent ensuite dans le sol, de préférence dans les terres légères. Au printemps suivant, dès le mois de mars et d'avril, les Pentodons commencent à circuler sur le sol, principalement le soir ou au crépuscule, parfois à l'aube.

On les rencontre ainsi jusqu'à l'automne mais particulièrement d'avril à juin. Ce sont de mauvais voiliers et ils se déplacent peu en marchant sur le sol. Au moindre contact ils sont doués d'immobilisation réflexe. Bien qu'ils commettent parfois quelques dégâts, ils s'alimentent peu en général et peuvent même se passer complètement de nourriture d'après V. MAYET (1890) et GRASSÉ (1928), en vivant sur leurs réserves graisseuses, qui sont considérables.

Après l'accouplement, la femelle pond dans le sol une centaine d'œufs dans le courant de mai qui vont incuber durant un mois environ.

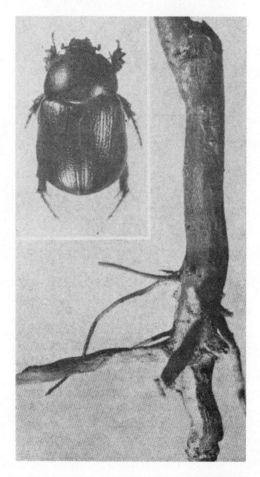

Fig. 278. – *Pentodon punctatus* Vil. et dégâts sur prunier Burbank
(D'après A. GOIDANICH).

B - Larve

Dès leur éclosion, les larves peuvent s'attaquer aux racines vivantes, mais elles vivent également aux dépens des matières végétales en décomposition.

D'après V. MAYET « comparée au ver blanc du hanneton, la *larve adulte* est d'une taille double, surtout plus épaisse ; la tête, plus petite en proportion, presque aussi large, mais moins longue, est plus arrondie ; la partie des pattes représentant le tarse, si renflée chez la larve du hanneton, est relativement effilée chez celle du Pentodon, toujours munie d'un ongle pointu à l'extrémité. »

Fig. 279. – Larve du 3e stade de *Pentodon punctatus* Vil. (d'après LEPIGRE).

Les larves passent un premier hiver un peu plus profondément enfouies, puis, après avoir subi leur deuxième mue, deviennent beaucoup plus voraces et peuvent occasionner des dégâts importants. Une deuxième hibernation à l'état larvaire précède une nouvelle période d'activité au printemps de la troisième année.

C - Nymphose

«La nymphose a lieu dans le sol en juillet, dans une coque de terre ellipsoïde, aux parois cimentées avec les matières stercorales rejetées de la poche rectale. La nymphose dure 4 à 6 semaines. »

D - Nymphe

« La nymphe est blanche, grosse, courte, montrant appliqués contre le corps tous les appendices de l'insecte parfait et revêtue d'une cuticule lisse paraissant comme veloutée. Deux petits tubercules couverts de poils courts terminent le dernier segment abdominal. Des sorties automnales des insectes adultes ont été observées mais elles demeurent courtes et limitées. Toute activité cesse à l'approche de l'hiver et un nouveau cycle recommence. »

IV -- CONDITIONS DE DÉVELOPPEMENT

1° Répartition géographique

En France ce coléoptère ne se rencontre que dans les régions méridionales et en Corse où il remplace en somme le Hanneton commun. Il a été signalé en Algérie, en Italie, à Malte, dans les Balkans et au Proche-Orient.

2° Plantes-hôtes

En dehors des vignes, le Pentodon est nuisible aux vergers (FERRARIS, 1933), au tabac (SANTUCCI, 1954), etc...

V — DÉGATS

Les adultes peuvent s'attaquer au collet des végétaux dans les jardins, mais les dégâts chez la vigne sont dus essentiellement aux larves qui peuvent détruire les qeunes plants mis en place, en rongeant notamment le bourrelet de soudure des greffes.

Pentodon idiota HERBST

I — SYNONYMIE ET SYSTÉMATIQUE

Pentodon monodon Fabr.

II — DESCRIPTION ET BIOLOGIE

« L'insecte adulte, d'après BALACHOWSKY (1962), se distingue des autres espèces de Pentodon par la présence d'un seul tubercule pointu au lieu de deux sur le front. D'autre part le *clypeus* en forme de demi-cercle ne porte aucun denticule. L'aspect général, la taille et la couleur sont semblables à ceux du *P. punctatus.*

« La biologie de *P. idiota* est sensiblement la même que celle du *P. punctatus* avec un cycle évolutif qui dure 3 ans. Les adultes apparaissent d'avril à juin, les pontes éclosent en juillet-août et les larves vivent deux ans dans le sol. Les dégâts ont lieu surtout la deuxième année lorsque les larves ont mué pour la seconde fois. La nymphose s'accomplit dans une loge à une vingtaine de centimètres de profondeur à la fin de l'été de l'année suivante. L'adulte hiverne et un nouveau cycle recommence eu printemps suivant. »

III — CONDITIONS DE DÉVELOPPEMENT

1° Répartition géographique

« C'est une espèce propre à l'Europe sud-orientale et à la plaine pannonique. Elle est répandue de la Tchécoslovaquie au nord de la Mer Caspienne, en passant par le nord des Balkans (Serbie), l'Ukraine et le Caucase. Des foyers isolés ont été signalés en Italie ; la variété *ottomanus* Reitt. est fréquente en Turquie. »

2° Plantes-hôtes

Les adultes sont surtout nuisibles aux jeunes plants de vigne, mais des dégâts importants ont été également signalés sur diverses autres cultures : maïs, tournesol, tabac, pomme de terre, arachide, canne à sucre, pistachier, betterave, pastèque et diverses céréales. Les adultes s'attaquent comme les larves au collet des végétaux, mais leur période de nocivité est moins étendue.

Pentodon bispinosus KUST.

I — SYNONYMIE ET SYSTÉMATIQUE

Pentodon bispinulosus Reitter ; *P. dispar* Baudi.

II — BIOLOGIE

Selon BALACHOWSKY (1962) « cette espèce est répartie dans le sud de la France (Languedoc), en Italie et en Afrique du Nord où elle s'étend jusqu'au Sahara central. Elle est très commune dans le bassin oriental de la Méditerranée et en Egypte.

« Ses dégâts et ses mœurs sont les mêmes que ceux des espèces précédentes, avec lesquelles elle a dû être souvent confondue car elle leur ressemble beaucoup : le principal caractère distinctif étant l'unique tubercule frontal accompagné d'un *clypeus* bidenté à l'avant.

« En Egypte, d'après BISHARA (1958), ce Pentodon se trouve associé à deux autres *Dynastinae* dans les diverses cultures : canne à sucre, maïs, coton, blé, plantes fourragères, plantes maraîchères, arbres fruitiers, etc..

« Dans toutes les oasis sahariennes on trouve *P. bispinosus* avec *P. deserti* Meyden dont les larves vivent dans les terres riches en matières organiques, coupant les plantes au-dessus du collet. Les adultes abrités dans le sol durant le jour font les mêmes dégâts. »

PHYLLOGNATUS EXCAVATUS FORST

I — SYNONYMIE ET SYSTÉMATIQUE

P. silenus Fabr., *P. maritimus* Petagna.

II — DESCRIPTION

« C'est un coléoptère de grande taille, écrit BALACHOWSKY (1962), qui mesure $18\text{-}25 \times 12\text{-}14$ mm, caractérisé par un dimorphisme sexuel accusé.

« Le mâle porte sur sa large tête un corne recourbée et effilée vers l'arrière, tandis que son thorax est profondément échancré. Les élytres

sont parallèles, mais arrondis à leur extrémité, fortement ponctués ;
on distingue également quelques côtes sur leur surface, surtout chez le
mâle, dont l'aspect est parfois moins vernissé que celui de la femelle.
Le dessous du corps est abondamment fourni de poils d'un roux vif.
Tout l'insecte est de couleur marron uniforme et brillante.

« La femelle est dépourvue de corne céphalique et d'échancrure
thoracique ; elle ressemble beaucoup aux Pentodons dont elle ne diffère
que par sa couleur marron chocolat plus claire et son aspect plus brillant.
La ponctuation des élytres est apparente, mais les côtes sont effacées,
leur apparence est lisse et vernissée. D'autre part, le bord externe des
mandibules est dépourvu de denticulations avec l'intérieur lisse. La face
ventrale est de la même couleur que le reste du corps et abondamment
garnie de poils roux. »

III — BIOLOGIE

« La biologie de ce coléoptère, malgré l'importance des dégâts que
ses larves occasionnent dans les vignobles des pays méditerranéens
est peu connue. Son cycle évolutif est très vraisemblablement annuel.

« L'hibernation a lieu à l'état de larves du troisième stade. D'après
MEDVEDEV (1960), les adultes se cachent pendant le jour et volent après
le crépuscule pendant la majeure partie de la nuit. L'adulte vit environ
3 mois, de juin à octobre, *in vitro*, et ne paraît pas s'alimenter et il n'est
même pas sûr, qu'il s'abreuve d'eau miellée. De mœurs crépusculaires,
il est peu actif et ne fait que de rares apparitions à la surface pendant
la journée. Nous avons noté son éclosion de la fin juin à la mi-juillet
et les premières manifestations d'activité à partir du mois d'août.

« La *ponte* commence deux mois après la naissance des imagos (à
partir d'août) et comprend 30 à 40 œufs déposés en deux fois à un mois
d'intervalle. Leur incubation demande une dizaine de jours.

« Les *larves* sont des vers blancs de grande taille et ont été décrites
par BISHARA (1958). A 24°C, les deux premiers stades évoluent en un
mois chacun, le troisième se prolonge sur 4 à 6 mois.

« La *nymphose* s'effectue, sans coque protectrice, en 6 ou 8 semaines
(en mai-juin) et une nouvelle génération d'adultes apparaît. »

IV — CONDITIONS DE DÉVELOPPEMENT

1° Répartition géographique

Ce coléoptère vit surtout dans les sols sablonneux du Bassin occidental de la Méditerranée : France méridionale (Provence et Languedoc),
Italie, Afrique du Nord (du Maroc à la Tunisie) y compris le Sahara
nord-occidental dans les nappes sableuses, d'après PIERRE (1958), ou même,
d'après BALACHOWSKY (1925), dans le terreau accumulé à la cime des
dattiers dans les oasis du Sud-Oranais où il a trouvé des larves.
POPOV (1958) l'a trouvé en Bulgarie et BISHARA (1958) signale ses dégâts
sur toute la région côtière méditerranéenne en Egypte du Nord, au
Sinaï et en Libye.

2° Plantes-hôtes

En dehors de la vigne cet insecte s'attaque à d'autres cultures, mais
ses dégâts n'ont jamais attiré l'attention.

V — DÉGATS

La larve dévore le chevelu des racines et s'attaque également aux tiges en dessous du collet, qui sont complètement incisées. Une même larve peut s'attaquer successivement à plusieurs pieds. Les jeunes vignes sont particulièrement sensibles à ces attaques, alors que les sujets âgés résistent généralement bien. Il semble également que la larve préfère les tissus tendres aux tissus durcis. Les dégâts se manifestent exclusivement dans les terrains sablonneux. Il est possible que la larve puisse vivre aussi dans le terreau ou dans les matières végétales en décomposition.

VI — MÉTHODES DE LUTTE

On a préconisé de protéger les jeunes plants de vigne au moyen de roseaux fendus longitudinalement, ficelés autour de la tige. Actuellement il est plus pratique de faire appel à des morceaux de tuyau d'arrosage en plastique fendus qui s'écarteront au fur et à mesure du grossissement de la tige.

Comme les roseaux étaient attaqués et déchiquetés par les vers, BOISCHOT (1930), enduisait les roseaux avec une peinture à base d'arséniate de plomb et il obtint de bons résultats.

LES CÉTOINES

La sous-famille des *Cetoniinae* comprend deux grands groupes de Coléoptères :

— d'une part les « Cétoines velues » dont le corps, de couleur sombre, tacheté de blanc, est recouvert d'une abondante pilosité blanc-roux donnant un aspect général grisâtre. Ces cétones appartiennent aux genres *Epicometis* Burm. et *Oxythyrea* Mulsant ; elles causent parfois des dégâts dans les vignes ;

— d'autre part les « Cétoines glabres » qui possèdent des couleurs métalliques, généralement vertes à reflet doré ou pourpres, plus rarement noires. Toutes ces cétoines sont glabres en dessus et sont essentiellement des parasites des fleurs.

Epicometis hirta PODA

I — SYNONYMIE ET SYSTÉMATIQUE

Fr. Cétoine velue.
Ital. Cetonie.

Scarabaeus hirtellus L. ; *S. hirtus* Scopoli ; *Cetonia hirta* Fabricius ; *Tropinota hirtella* Mulsant ; *Cetonia hirtella* Erichson ; *Epicometis hirtella* Redtenbacher.

II — DESCRIPTION

L'adulte mesure 9-12 × 6-7 mm, de couleur noir verdâtre mat, le corps couvert de poils gris tirant sur le roux avec sur les élytres une douzaine de taches blanches qui s'estompent chez les individus âgés. Les tibias antérieurs sont armés de 3 pointes. Les individus mâles ont les tarses antérieurs plus courts que les tibias, contrairement aux femelles chez lesquelles ils sont plus longs.

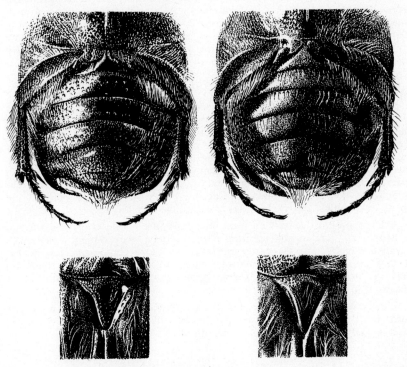

Fig. 280. – Caracteres morphologiques spécifiques de *Epicometis hirta* Poda (à gauche) et de *E. squalida* Scop. (à droite) : différences de ponctuation de la face ventrale de l'abdomen (en haut) et de l'écusson (en bas) d'après BALACHOWSKY.

Une espèce voisine, *E. squalida* Scop, s'en différencie d'abord par la taille qui est plus petite, ensuite par l'étendue de la ponctuation de l'écusson qui est, d'après PAULIAN (1941), limitée aux angles antérieurs chez *E. squalida*, alors qu'elle couvre la majeure partie ou la totalité de l'écusson chez *E. hirta*.

III — BIOLOGIE

Le cycle évolutif dure un an. « *L'adulte*, selon BALACHOWSKY (1962), est formé en août-septembre et il hiverne jusqu'au printemps suivant : les premiers vols ont lieu au début avril, le maximum se situe en mai puis diminue jusqu'à la mi-juillet. Dans certains biotopes bien exposés des apparitions d'adultes en surface se produisent lors des dernières belles journées de l'automne, mais l'activité alimentaire ne commence véritablement qu'au printemps.

« La *ponte*, échelonnée sur plusieurs jours, comprend une vingtaine d'œufs que la femelle place isolément dans une petite boule de terre dans les terrains meubles ou riches en humus et jusque dans des taupinières en Yougoslavie (BEBIC, 1954). Une partie de la population se révèle capable d'effectuer deux pontes. Dans la nature la période d'incubation ovulaire est de 1 à 2 semaines et en laboratoire la température optima est voisine de 23°C.

« La *vie larvaire* se déroule de juin à août : les deux premiers stades durent environ 2 à 3 semaines chacun et le troisième 4 à 6 semaines. Le développement des larves n'est possible que si la température est au moins de 15°C et si le milieu est suffisamment pourvu en matières organiques ; on observe deux mues au cours de cette évolution. »

« La *larve*, d'après V. MAYET (1890), est un ver blanc plus petit des deux tiers que la larve du Hanneton, beaucoup plus court, plus épais, au corps peu courbé en arc, atténué en avant, développé en arrière, aux segments garnis dans leur partie dorsale d'une étroite rangée transversale de longs poils blonds dirigés en arrière. La tête est très petite par rapport au corps. L'abdomen est la partie du corps où les segments sont le plus développés. La larve ne se sert pas de des pattes pour marcher, elle progresse assez rapidement en rampant sur le dos. Les larves de Cétoines vivent en général dans le bois très pourri, dans la vermoulure des arbres, mais la Cétoine velue se contente souvent de débris de feuilles, de racines ou de fumier décomposé.

« La *nymphose* se fait en automne dans une coque ellipsoïde formée de débris de terreau et enduite d'une couche d'excréments mélangés de salive étendue par les pattes de l'insecte. Cette coque, une fois sèche, est très solide. » L'état de nymphe dure un mois environ, précédé de l'état de *prénymphe* qui s'observe quelques jours après la fin de la construction de la coque.

L'insecte parfait, issu de la nymphe, reste plusieurs jours au repos avant de percer la coque et éventuellement d'effectuer sa première sortie à l'air libre si le temps est assez chaud et ensoleillé.

IV — CONDITIONS DE DÉVELOPPEMENT

1° Répartition géographique

La Cétoine velue possède une vaste aire de répartition comprenant la majeure partie de l'Eurasie, le bassin méditerranéen, le Moyen-Orient et l'Asie centrale. Cette espèce est surtout nuisible dans la zone des steppes. D'après WILKE (1924), elle n'existe pas dans les régions où la température moyenne de juillet est inférieure à 17°C (Allemagne du Nord-Ouest, moitié Nord de la France, Angleterre, etc...). L'espèce a été introduite aux Etats-Unis et s'est acclimatée dans certains Etats (Massachusetts). Elle existe aussi en Algérie dans la région de Bône, de la Mitidja et de celle de Mascara (DELASSUS, 1933).

2° Plantes-hôtes

Cet insecte recherche en priorité tous les organes végétaux riches en sucres et s'attaque donc principalement aux fleurs de nombreuses plantes cultivées : arbres fruitiers, citrus (en Afrique du Nord), grenadiers (en Iran), fleurs d'ornement et céréales ou de plantes spontanées appartenant surtout aux familles des Composées et des Crucifères. Les dégâts floraux peuvent être très importants car les Cétoines peuvent brouter la corolle, mordiller le pistil ou les étamines.

L'insecte s'attaque secondairement aux jeunes feuilles et aux bourgeons, lorsque les fleurs font défaut et provoque des dommages aux vignes, au tournesol, au maïs, à la luzerne ou à la betterave.

V — DÉGATS

Ils sont connus sur la vigne, écrit V. MAYET, depuis longtemps, puisque GMELIN (1788) signale les dégâts dus à la Cétoine velue dans les vignobles du bas Volga et plus tard KOWALEVSKY dans la région d'Odessa, où elle gâte souvent les fleurs de vigne. De Grèce, GENNADIUS l'indique comme broutant assez souvent les bourgeons de la vigne, mêlée à d'autres espèces, mais abandonnant les ceps dès qu'il y a dans la campagne suffisamment de fleurs pour les nourrir. » ‘

Oxythyrea funesta PODA

I — SYNONYMIE ET SYSTÉMATIQUE

Cétoine mouchetée, Le drap mortuaire (Geoffroy).

Scarabaeus sticticus L., *S. albopunctatus* de Geer, *Cetonia stictica* Fabr., *Oxythyrea stictica* Mulsant.

II — DESCRIPTION

La Cétoine mouchetée est plus petite que la Cétoine velue, ne mesurant que 8-14 × 4,5,5 mm et proportionnellement plus allongée. Son corps d'un noir violet luisant, parfois un peu verdâtre est parsemé de nombreuses taches blanches et il est garni de poils blanchâtres assez longs, peu touffus.

Une différence fondamentale avec les *Epicometis* réside dans la présence de deux grands denticules au lieu de trois sur la face externe des tibias antérieurs.

Les mâles se distinguent aisément aux 4 taches blanches disposées en ligne sur le milieu de la face ventrale de l'abdomen qui est, de plus, déprimé au même endroit alors que chez la femelle l'abdomen convexe est entièrement noir.

III — BIOLOGIE

Le cycle évolutif se réalise en une année. La Cétoine mouchetée hiverne à l'état adulte dans le sol. D'après BALACHOWSKY (1962) « la période d'alimentation et de reproduction commence souvent tôt en saison, dès le début d'avril, surtout dans les régions méridionales. L'insecte n'est actif que quelques heures par jour et seulement lorsque le soleil brille. Pendant la nuit et les journées froides, il reste caché dans le sol. Les vols se poursuivent tout le printemps et une grande partie de l'été : dans les Cévennes de très nombreuses captures peuvent être faites au début d'août sur les fleurs de châtaigniers.

« Les adultes se nourrissent essentiellement aux dépens du nectar et du pollen des fleurs, parfois ils broutent les pétales ou d'autres éléments tendres et riches en sucre, tels que les jeunes bourgeons de vigne.

« Deux ou trois semaines après le début des sorties commence la *ponte* qui est échelonnée sur plusieurs jours. Au cours de l'incubation, il y a naturellement augmentation du volume et du poids de l'œuf selon le processus propre à tous les *Scarabaeidae*. La durée de l'embryogénèse est fonction de la température du milieu ambiant. A 10°C il n'y a pas d'éclosion, à 20°C elles ont lieu dans un délai de 15 jours en moyenne contre 8 seulement à 30°C (HURPIN, 1958).

Fig. 281. – *Oxythyrea funesta* Poda (d'après BALACHOWSKY).

« Les trois *stades larvaires* se distinguent par la largeur de la capsule céphalique qui est de 1 mm au cours du premier âge, 1,5 mm pour le deuxième et 2,5 mm pour le troisième. Le développement complet de la larve (qui dépasse rarement 25 mm de longueur) est rapide, il a lieu en deux mois au total. Les deux mues se produisent lorsque les insectes pèsent respectivement 15 mg et 90 mg, la larve néonate pensant environ 3 mg. Les larves vivent dans les matières végétales décomposées et par conséquent ne sont pas nuisibles.

« La mue n'est possible qu'au dessus de 10°C, la métamorphose demande au moins 15°C pour se déclencher, mais lorsque la température est maintenue constamment voisine de 32°C la mortalité devient importante pour cette espèce, dont l'optimum thermique se situe autour de 25°C. A cette température la nymphose est enregistrée 40 à 50 jours après la naissance. Dans la nature elle a lieu surtout en août. Elle s'opère dans une coque aux parois solides et dure 4 à 6 semaines.

« L'adulte reste enfermé quelques jours dans la coque nymphale à la fin de l'été, puis il sort au cours de l'automne par les journées chaudes. Il passe ainsi quelques heures au soleil dans les fleurs puis se reenfouit dès que la température baisse dans le courant de l'après-midi. A part ces quelques journées d'activité l'adulte demeure enterré durant la fin de l'automne et l'hiver jusqu'au printemps suivant. »

IV — CONDITIONS DE DÉVELOPPEMENT

1° Répartition géographique

« Cette espèce est très largement répandue depuis les confins du Sahara (var. *pantherina* GORY) et la côte atlantique du Maroc (var. *atlantis* Escal) jusqu'en Russie : région de Kaunas, Vitebsk d'une part, l'Arménie et le sud de l'Azerbaidjan d'autre part. »

2° Plantes-hôtes

« Dans toute l'Europe, cette petite cétoine se montre parfois très nuisible à l'état adulte au moment de la floraison de diverses cultures : arbres fruitiers, plantes ornementales (roses en particulier), attaquant aussi les épis de blé et même les bourgeons de vigne. Des dégâts importants ont été signalés dans certains vergers de pêchers au Maroc ou de poiriers près de Rouen. V. MAYET (1890) signale que la Cétoine mouchetée se trouve sur les jeunes bourgeons de la vigne dans le midi de la France ; elle serait un peu plus fréquente en Sardaigne et en Sicile ainsi qu'aux environs d'Athènes, devenant un véritable fléau dans les îles de la Grèce (Nègrepont, Eubée), pauvres en fleurs.

Cetonia aurata L.

La Cétoine dorée, bien connue et très répandue sur les fleurs des jardins peut se rencontrer occasionnellement dans les vignes (STELLWAAG, 1928). Mais elle parasite en général les roses, où elle provoque des dégâts dans les fleurs.

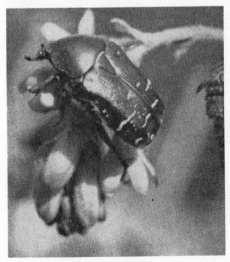

Fig. 282. – *Cetonia aurata* à gauche adulte ; à droite larve dans sa position normale la tête appliquée sur l'abdomen (d'après BALACHOWSKY).

Fig. 283. – Coque nymphale de *Cetonia aurata* L. (en haut) et ponte (en bas) (d'après BALACHOWSKY).

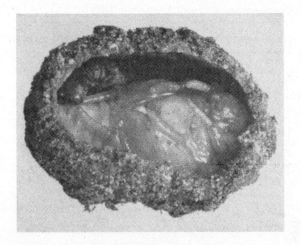

Fig. 284. – Nymphe de *Cetonia aurata* L. dans sa coque, avec la dépouille larvaire rejetée à l'extrémité postérieure (d'après BALACHOWSKY).

Cetonia squalida

V. MAYET ı1893) signale « qu'en Corse cette espèce sévit gravement dans les arrondissements de Bastia, Corté et Calvi. Comme de plus on y fume la vigne, le mal va grandissant. Localement on l'appelle *Mosca ceca* (mouche aveugle) parce que la Cétoine dirige mal son vol et se heurte aux obstacles ».

LES TAUPINS

I — SYNONYMIE

Fr. Larves fil de fer.
All. Drahtwürmer.

II — SYSTÉMATIQUE

Appartenant à la famille des *Elateridae*, ces coléoptères du genre *Agriotes* Eschscholtz sont très nombreux et on en connaît plus de 200 espèces, réparties dans le monde. Dénommés vulgairement « Taupins », ils s'attaquent à de nombreuses cultures et leurs larves, très caractéristiques, sont connues vulgairement sous le nom de « larves fil de fer » en raison de leur dureté. Elles peuvent provoquer des dommages importants aux jeunes greffes dans les plantiers de vigne.

En France, 3 espèces causent des ravages aux cultures :

— *Agriotes obscurus* L. syn. *A. hirtellus* Hbst., *A. obtusus* De Geer, *A. variabilitis* F qui est l'espèce la plus fréquente.

— *Agriotes lineatus* L. syn. *A. segetis* Bjk, *A. striatus* F., *A. suecius* Gmel.

— *Agriotes sputator* L. syn. *A. brunnicornis* Gebl., *A. corallifer* Esch., *A. cribosus* Esch., *A. fusculus* Ill., *A. graminicola* Redt., *A. productus* Rey.

Ces deux dernières espèces sont plutôt nordiques, alors que dans les régions méridionales on rencontre d'autres espèces : *A. ustulatus* Schall., *A. sordidus* Ill., *A. meticulosus* Cand., *A. gurgistanus* Fald., etc...

III — DESCRIPTION

« Les taupins, selon BALACHOWSKY et MESNIL (1936), ont une forme générale allongée, en amande, assez déprimée en dessus, terminée en ogive. Le corps est de couleur sombre, entièrement recouvert dessus et dessous d'une fine pubescence d'un gris blanchâtre, les élytres étant souvent moins foncés que le reste du corps. La tête est large et inclinée,

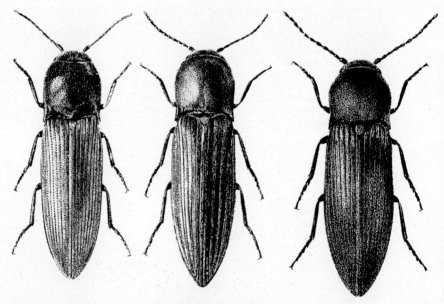

Fig. 285. – Les taupins : à gauche *Agriotes sputator* L. (l : 6-7 mm) ; au centre *A. lineatus* L. (l : 7-10 mm) ; à droite *A. obscurus* L. (l : 7-10 mm) (d'après BALACHOWSKY).

profondément enchâssée dans le prothorax. Les antennes sont de longueur médiocre, composées de 11 articles triangulaires, dépassant à peine en arrière le bord postérieur du thorax. Mandibules longues et acérées. Palpes maxillaires de 4 articles, le dernier triangulairement élargi en forme de fer de hache ainsi que le dernier article des palpes labiaux.

« Le prothorax se prolonge sous la tête par une mentonnière légèrement évasée. En arrière, il présente entre les pattes antérieures, une forte pointe engagée dans une ouverture de boutonnière du mésothorax. Ce dispositif, très caractéristique des Elatérides, permet à l'insecte, par le jeu de muscles particuliers, de sauter à quelques centimètres, principalement lorsqu'il se retrouve sur le dos.

« Les élytres sont allongés, pointus, peu convexes, ornés chacun de 9 stries longitudinales. Enfin les pattes peu allongées ont des tarses à 5 articles terminés par un ongle simple.

« Les 3 espèces principales se distinguent par les caractères suivants, d'après BALACHOWSKY (1962) :

A. obscurus L. Long. 7 à 10 mm. Elytres brun noirâtre uniforme, stries équidistantes entre elles et interstries tous semblables même à l'arrière. Le pronotum est distinctement plus large que long et plus densément et régulièrement ponctué au milieu de son disque que sur les côtés.

A. lineatus L. Long. 7 à 10 mm. Elytres roussâtres à interstries pairs plus étroits et plus foncés que les impairs surtout vers l'extrémité. Pronotum aussi long que large, de teinte brun noirâtre à ponctuation forte et bien marquée.

A. sputator L. Long. 6 à 7 mm. Cette espèce généralement plus petite que les précédentes est presqu'entièrement d'un brun rougeâtre (le disque du pronotum est rembruni). Pronotum aussi large que long ou même un peu plus long. Le deuxième article antennaire est plus long que le troisième. Enfin sur le front un rebord allant d'une antenne à l'autre est assez visible.

IV — BIOLOGIE

« Dès 1779, BJERKANDER indiquait que le cycle d'*A. lineatus* s'étendait sur 5 années, ce qui fut confirmé depuis par de nombreux auteurs. Une des caractéristiques du cycle évolutif est la sortie annuelle d'adultes entraînant la formation, dans le même champ, de populations larvaires de tous stades (alors que chez le Hanneton commun on observe des sorties massives d'adultes tous les 3 ans). La longue durée de la vie larvaire (5 ans) et la ponte annuelle aboutissent, lorsque les conditions sont favorables à une forte densité larvaire dans un même lieu. Les adultes se déplacent peu et pondent vraisemblablement dans les champs où ils sont nés. »

A - Adultes hibernants

« L'adulte qui hiverne dans le sol à l'intérieur de la logette de terre confectionnée par la larve, apparaît au printemps à la surface du sol, entre mars et le début avril suivant les régions et les années. Chez les 3 espèces les mâles sont plus nombreux que les femelles au cours des premières sorties, puis le rapport tend à s'égaliser. L'adulte a une activité essentiellement nocturne, principalement entre 19 et 23 heures (G.M.T.). Il semble bien que ce rythme nycthéméral nocturne intéresse toute l'activité de l'insecte (alimentation, copulation, ponte). L'activité diurne parfois observée est exceptionnelle et apparaît surtout aux périodes chaudes et orageuses (plus de 25°C). La dispersion des adultes après leur sortie paraît de faible amplitude : quelques mètres pour les vols, à moins de 100 mètres pour les déplacements par cheminement au sol.

« Les taupins sont phytophages, l'alimentation aux dépens de matiè-res animales, signalée par MESNIL, est exceptionnelle.

« Les accouplements débutent vers le milieu d'avril pour être très fréquents dans la deuxième quinzaine de mai. Les deux insectes se placent dans la même direction, le mâle monté sur la femelle et légèrement déporté sur le côté. La durée de l'accouplement est variable jusqu'à trente minutes. Après la reproduction les mâles meurent généralement plus rapidement que les femelles. Les *Agriotes* ne vivent pas à l'état

Fig. 286. – Larve de taupin *A. lineatus* (d'apres BALACHOWSKY).

Fig. 287. – Ponte d'Agriotes (Inst. du tabac, Bergerac).

adulte plus d'une année ; nés au milieu du mois d'août, ils meurent en juillet de l'année suivante. La période de leur activité à la surface du sol excède rarement 5 mois. »

B - La ponte

« Elle débute vers le 15 mai pour s'achever vers la mi-juillet. Les œufs sont ronds, de 0,5 mm de diamètre ; ils sont pondus isolément ou le plus souvent par groupe de 3 à 20 unités, parfois sous forme de chapelet de 4 à 5 éléments. Chaque femelle pond en moyenne 150 œufs (de 112 à 237 selon les auteurs). Il existe une nette relation entre la quantité et la qualité de la nourriture ingérée par rapport à la fécondité. Les œufs sont pondus dans des fissures du sol jusqu'à une dizaine de centimètres de profondeur. La durée moyenne d'incubation est de 40 jours, d'autant plus courte que la saison avance. En étuve à 20-25°C elle est de l'ordre de 15 jours. Ces œufs sont très sensibles à la sécheresse. »

C - Stades larvaires

« A l'éclosion, la larve d'un blanc laiteux mesure 1,84-2,5 × 0,22-0,30 mm ; elle est très sensible à l'humidité et peut s'attaquer à des parties végétales souterraines : racines, tubercules de pomme de terre, petites graines en germination. La première mue a lieu 2 mois environ plus tard. Sa taille atteint alors 4 mm et après la deuxième mue 5 à 6,5 mm. On admet couramment qu'il existe 2 mues annuelles, ce qui représente 8 mues durant toute la vie larvaire. Les larves adultes sont allongées et de couleur jaune paille luisante.

« La deuxième année, après une troisième mue, la longueur est de 7 à 8 mm. D'après ROBERTS (1919) les mues se manifestent chaque année entre avril-mai et juillet-septembre, mais les conditions extérieures doivent influencer cette évolution larvaire : c'est ainsi que GUENIAT (1934) a observé 3 mues (mai, juillet, septembre) pour de jeunes stades tandis qu'il n'en trouve qu'une seule (avril) pour le dernier stade. Il est très difficile de distinguer entre eux les différents stades larvaires et il faut avoir recours à des mensurations du corps. L'eau joue un rôle primordial dans la dynamique des populations.

« Les déplacements verticaux et horizontaux des larves dans le sol ont été suivis en effectuant des prélèvement à différentes époques de l'année soit en faisant appel à des techniques de radioactivité. On note généralement deux remontées annuelles, l'une au printemps et l'autre à l'automne. Les températures léthales sont de l'ordre de 40°C, et de — 3 à — 7°C, lorsque les variations sont brutales. »

D - La nymphe

« La larve parvenue au terme de sa croissance passe par un stade particulier, la *prénymphose*, avant de se transformer en nymphe. La larve cesse alors de s'alimenter, généralement en juillet et creuse une cavité dans un bloc de terre où elle apparaît comme distendue, la membrane intersegmentaire délimitant des zones blanches entre les segments jaune ocre. Cette prénymphose dure environ 15 jours. La cuticule de la larve se fend alors sur une ligne médio-dorsale s'étendant progressivement jusque vers le septième ou huitième segment, puis se plisse découvrant la nymphe blanc nacré. » (WILLAUME, 1924).

« *La nymphe* est semi-mobile et réagit aux excitations. Après deux semaines la nymphe s'est colorée et la mue imaginale se produit. La rupture et le rejet de la cuticule nymphale, qui demande quelques heures, laissent apparaître un adulte immature et peu pigmenté. Cette transformation s'opère entre le 15 août et le 15 septembre en Bretagne, avec un maximum fin août-début septembre.

« Au début peu coloré, l'*adulte* se pigmente en quelques jours. Cet adulte reste normalement dans sa logette jusqu'au printemps suivant. Les ovaires des femelles hibernantes ne sont pas développés. ».

V — CONDITIONS DE DÉVELOPPEMENT

1° Répartition géographique

Les 3 espèces se rencontrent dans toute l'Europe jusqu'au Caucase, en Sibérie, en Asie Centrale, dans le Proche-Orient et le Moyen-Orient. Elles ont été introduites en Amérique du Nord (Canada notamment). En Europe c'est surtout dans les zones tempérées humides qu'elles exercent leurs ravages.

2° Plantes-hôtes

Ces 3 espèces sont nuisibles à un très grand nombre de cultures, les larves endommageant ou détruisant les parties souterraines des plantes cultivées : céréales, betterave, tabac, pomme de terre ainsi que de nombreuses cultures maraîchères ou florales, les pépinières et les jeunes plants de vigne.

VI — METHODES DE LUTTE

1° Procédés culturaux

Ils sont basés sur le fait que les œufs et les jeunes larves sont très sensibles à la sécheresse. Ainsi toutes cultures couvrant le sol et laissées en place pendant plusieurs années (plantes fourragères, prairies artificielles) sont favorables à l'accroissement des populations mais ne subissent que rarement des dégâts spectaculaires.

Inversement les cultures sarclées (maïs, betterave, pomme de terre, bien que très sensibles aux attaques de Taupins, entraînent une chute rapide des populations. Ce sont en particulier les façons culturales opérées après la ponte qui, en desséchant le sol, entraînent la mortalité des œufs et des larves. Quelques cultures résistent mieux aux attaques larvaires : lin, pois, certaines crucifères cultivées.

2° Lutte chimique

Les insecticides organiques organo-chlorés (lindane, aldrine, heptachlore) ont permis de lutter efficacement contre les larves.

Actuellement on recommande des insecticides organo-phosphorés à base de chlorméphos, diazinon, fonofos, parathion éthyl...

LE BUPRESTE DE LA VIGNE

I — SYSTEMATIQUE

Agrilus desarofasciatus Lacordaire (syn. *angustatus* Cast.) appartient à la famille des *Buprestidae*.

II — DESCRIPTION

Le Bupreste adulte mesure 5-5,5 × 1,5 mm et il est allongé, étroit, peu convexe, vert olive luisant ou vert bronzé métallique avec la tête et le thorax parfois cuivreux ; certaines formes sont presque noires (*nigrator* Ob., *ustulatus* Ob.) ; les élytres glabres sont sur le tiers postérieur de leur longueur, garnies le long de la suture d'une bande de poils soyeux.

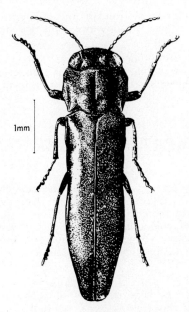

1mm

Fig. 288. – Le Bupreste de la Vigne *Agrilus desarofasciatus* Lac.
(d'après BALACHOWSKY).

III — BIOLOGIE

L'adulte est actif de juin à août, vole au soleil et perfore parfois les feuilles de vigne.

La larve, étudiée par PERRIS (1851) est blanche, aplatie, très grêle, aveugle, apode. La tête est petite avec les parties de la bouche rembrunies. Les segments abdominaux sont au nombre de dix, le dernier bilobé à l'extrémité se termine par deux pointes chitineuses, brunes, tronquées au bout, garnies du côté interne de petites pointes dirigées en avant, organe destiné sans doute à faciliter les mouvements de la larve dans sa galerie. Cette larve creuse dans les sarments de faible ou moyen diamètre des galeries sinueuses typiques des *Agrilus*. Son existence est de près une année et pour se transformer en nymphe, elle pénètre dans le bois lorsque l'écorce est mince ou dans les feuilles même de l'écorce lorsque celle-ci est épaisse.

La nymphose se fait en mai, dans les couches ligneuses, dans une loge creusée à cet effet. La nymphe est nue, blanche, très molle, entièrement glabre.

IV. — CONDITIONS DE DEVELOPPEMENT

Répartition géographique

Cette espèce possède une aire très étendue : toute l'Europe (France, Italie centrale, Allemagne, Grèce) jusqu'en Russie, Caucase, Proche-Orient, Asie Mineure, Egypte, Afrique du Nord ; introduite aux Etats-Unis.

En France, ce Bupreste se trouvait autrefois sur les vignes sauvages (lambrusques) et les vignes abandonnée dans les lieux secs, plus rarement sur les vignes cultivées.

Les *dégâts* sont peu importants car ce coléoptère s'attaque principalement aux sarments morts ou en complet dépérissement. C'est donc un parasite secondaire, ne justifiant pas de traitement particulier.

LES APATES DES SARMENTS

Ce sont des insectes qui s'attaquent principalement aux sarments coupés et conservés en fagots, généralement pour des usages culinaires (grillades) mais également aux bois de greffage. Les nombreuses petites larves blanches de ces coléoptères bruns (les *Quissous* ou *Coussous* des viticulteurs méridionaux) rongent l'intérieur du bois et les sarments finissent par tomber complètement en poussière au bout de deux ou trois ans.

Cependant les Apates peuvent aussi s'attaquer, selon V. MAYET (1890), « à des souches dont la végétation est languissante pour des raisons diverses (pourridié, phylloxéra, etc...). Ce ne sont donc que des parasites d'intérêt secondaire, mais qu intriguent souvent les viticulteurs.

« Ce genre Apate (de απατη, tromperie), qui comprend les *Sinoxylon* et les *Xylopertha*, se distingue par les caractères généraux suivants : corps cylindrique, tête verticale, plus ou moins surplombée par la partie antérieure du prothorax ; mâchoires à deux lobes distincts, tarses de cinq articles ; élytres obliquement tronqués postérieurement et souvent munis d'épines.

« Cinq à six espèces attaquent la vigne en France ou dans les autres régions viticoles, la plus importante étant *Sinoxylon* (σινω, je gâte ; ξυλον, le bois) *sexdentatum*, puis S. *muricatum*, S. *sinuatum*, S. *bimaculatum*. »

Sinoxylon sexdentatum OLIVIER

I. — SYNONYMIE ET SYSTÉMATIQUE

Fr. Quissous, Coussous, Apate des sarments, Cussons.
Esp. Barrenillo.
Ital. Bostriche della vite, Apate.

Cet insecte dépend de la famille des *Bostrychidae* ainsi que quelques espèces voisines appartenant au même genre ou aux genres voisins (*Schistoceros* et *Scobica*). Il est aussi connu sous les noms de *S. chalcographum* Panz. et *S. bidens* F.

II. — DESCRIPTION

L'*adulte* est caractérisé par un corps relativement court de 4 à 6 mm sur 2 à 2,5 mm de large, cylindrique, brun roux, plus clair sur les élytres. La tête est enfoncée dans le thorax et non visible en dessus, insérée très obliquement par rapport à l'axe du corps. Les antennes de 10 articles sont terminées par une massue de 3 articles subflabelliformes entièrement recouverts d'une très fine pubescence dorée répartie par taches. Le prothorax est très massif, volumineux, subsphérique, échancré en avant et parsemé de rugosités en relief et de chaque côté de petites épines relevées ; il représente à lui seul le tiers de longueur du corps. La tête et le pronotum sont d'un noir uniforme et mat. Les élytres rectangulaires sont obliquement tronqués postérieurement et munis chacun de trois dents aiguës (soit six en tout, d'où son nom) ; leur couleur est brun chcolat uniforme avec à leur surface une fine pubescence dressée. La femelle est pourvue d'un robuste oviscapte rétractile.

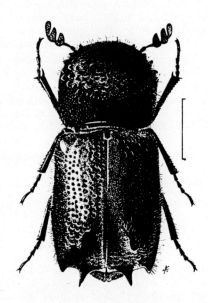

Fig. 289. – *Sinoxylon sex-dentatum* Oliv. (1 = 4-6 mm) (d'après BALACHOWSKY).

III. — BIOLOGIE

PERRIS (1850) a décrit les mœurs de cet insecte : « L'adulte pénètre dans l'intérieur du sarment mort ou malade par un bourgeon ; puis il y fait une galerie circulaire en dessous de l'écorce. Dans les sarments d'un faible diamètre, cette galerie est remplacée par une loge un peu spacieuse. C'est dans cette galerie ou loge que s'opère l'accouplement ; puis la femelle s'enfonce dans le sarment, parallèlement à l'axe et dans cette nouvelle galerie qui a plusieurs centimètres de longueur, elle dépose des œufs blancs, lisses, elliptiques. La femelle abandonne ensuite cette galerie en sortant à reculons, repoussant derrière elle la sciure de forage jaunâtre ou ochracée qui s'accumule au pied des ceps et dénote sa présence. Elle s'en va forer une autre galerie plus loin ou sur un autre cep.

« Les *larves*, à évolution lente, forent dans l'axe du sarment des galeries longitudinales qui sont bourrées au fur et à mesure de la progression des larves et de leur croissance par la sciure excrémentielle très tassée, blanche, formant un véritable bourrelet farineux. Le bois du sarment se trouve entièrement transformé en poussière sous une écorce devenue très mince et cela en 4 mois au plus.

« Les larves adultes atteignent 4 à 7 mm de long ; elles sont blanches, charnues, composées, y compris la tête, de 13 segments, dont l'intersection, par suite des replis transversaux de la peau est parfois difficile à saisir. La tête est rousse et chacun des trois segments thoraciques porte une paire de pattes assez développées, composées de cinq pièces dont la dernière ou tarse, en forme d'ongle, est seule rembrunie.

« La *nymphose* a lieu dans la galerie sans formation de coque nymphale et les adultes sortent du sarment en perforant des trous ronds vis-à-vis de l'endroit où la nymphose s'est produite. »

« Il y a bien deux générations annuelles, comme l'a bien observé V. MAYET : celle dont on trouve les individus éclos au printemps et qui pond en mai et celle qui, éclose en août, pond en septembre pour donner les larves d'automne et les insectes parfaits au printemps suivant.

« PICARD (1914) signale que PERRIS, BARBEY et TARGIONI-TOZZETTI n'en ont trouvé qu'une seule, ce qui est possible dans les climats moins chauds que le Midi. » (BALACHOWSKY, 1962).

« En Dordogne, MOUTOUS et FOS (1971) n'ont observé également qu'une génération avec nymphose en août pour obtenir quelques jours plus tard des adultes qui resteront immobiles, en diapause, jusqu'au mois de mai suivant. »

IV — CONDITIONS DE DEVELOPPEMENT

1° Répartition géographique

Ce coléoptère est répandu dans toute la région méditerranéenne et en Europe méridionale : en France jusqu'à la Loire, en Italie, en Espagne, en Afrique du Nord, en Egypte, en Syrie et en Asie Mineure.

2° Plantes-hôtes

L'Apate s'attaque aux rameaux et aux tiges ligneuses des essences feuillues les plus variées, en dehors de la vigne : figuier, caroubier, olivier, pêcher, poirier, mûrier, etc.. et le plus souvent sur les sujets dépérissants ou affaiblis.

V — DEGATS

Les attaques sont de deux types ; selon BALACHOWSKY (1962) :

« — celle qui est précoce, se manifeste au printemps et elle porte sur les parties ligneuses des végétaux vivants. Elle correspond aux galeries profondes nutriciales. La vigne est fréquemment attaquée au-dessous du niveau des bourgeons sur le bois jeune et vivant.

« — Un deuxième type d'attaque, qui suit la période alimentaire, apparaît en général en mai ou juin et se porte également sur des sujets déficients, exceptionnellement sur des végétaux sains ; il est très fréquent sur la vigne. Ce sont les galeries de ponte qui débutent en général à travers un bourgeon sur le sarment ou à la base de celui-ci. Les fagots de sarments empilés en plein air sont ainsi rongés par les larves qui les réduisent en poussière au bout de deux ou trois ans.

Ces attaques, souvent localisées géographiquement, ne présentent qu'un intérêt économique secondaire.

VI — METHODES DE LUTTE

Il n'est pas prévu de lutte chimique contre cet insecte.

On a signalé un certain nombre d'*insectes prédateurs* : des Coléoptères appartenant aux *Cleridae : Denops albofasciata* Charp., *Tillus unifasciatus* Fabr. et *Opilo mollis* L. ; des Hyménoptères : *Dendrosoter ferrugineus* Mars., *Monolexis lavagnei* Picard, *Laelius perrisi* Kieff. et *Pteromalus bimaculatus* Nées. Tous ces parasites freinent l'extension des *Sinoxylon.*

Sinoxylon perforans SCHRANK

Appelé autrefois *S. muricatum* Fabr. « Ce coléoptère est voisin du précédent dont il diffère par la taille, qui est double, 7 à 8 mm de long sur 3 de large, sa couleur qui est un peu plus sombre. L'extrémité des élytres, obliquement tronquée, porte de chaque côté 4 épines, ensemble 8, dont 6 plus petites et moins aiguës sur le pourtour de l'entaille des élytres et 2 plus grandes, plus aiguës au milieu du disque formé par cette entaille et de chaque côté de la suture. » (V. MAYET, 1890).

Selon LESNE (1906) « les élytres sont plus clairs, pourvus d'une pubescence couchée avec des antennes dépourvues de pilosité dorée. »

Cycle biologique

AVEYTAN (1951) en Arménie a signalé deux générations par an, avec hibernation de la larve.

Par contre les travaux italiens de FREIDIANI (1952) ne concernent qu'une génération annuelle avec hibernation des adultes dans des loges creusées dans le bois mort de nombreux végétaux. En avril-mai les adultes sortent pour pondre uniquement sur le bois de taille de la vigne et ils forment des galeries annulaires, puis pondent dans les vaisseaux du bois. Les larves se développent dans le bois de taille et la nymphose a lieu en juin-juillet dans une loge sous l'écorce. Puis les adultes nouvellement formés se nourrisent en creusant des galeries dans le bois en végétation de la vigne, des cerisiers ou des poiriers. Des trous de forage, s'écoule la sève qui durcit en grumeaux. Un même insecte peut faire 5 à 6 galeries de nutrition. Ces dégâts durent de juillet à septembre avec un maximum en août. Puis les adultes recherchent du bois mort ou dépérissant pour y forer leurs galeries d'hibernation. Par conséquent cet insecte n'est nuisible qu'au moment de la nutrition des jeunes adultes, mais le bois mort de vigne est la seule nourriture qui convienne à son développement larvaire.

D'après Lesne, la biologie de cette espèce ne diffère guère de celle de *S. sexdentatum*, vivant plus fréquemment sur les chênes (*Quercus suber* et *Q. ilex*) alors que sur la vigne elle s'attaque aux ceps dépérissants ou morts.

Son importance économique est nulle.

Répartition géographique

Le centre géographique de cette espèce paraît être l'Italie, du nord au sud de la péninsule. On la rencontre également dans le Tyrol, en Hongrie, dans les Balkans jusqu'au Caucase et en Crimée. En France elle est répandue çà et là en Provence, mais plus rare en Languedoc. Elle a été signalée également dans le Massif Central et aux abords du bassin de la Seine.

Maison et Pargade (1972) pensent avoir retrouvé cette espèce à Aydie dans les Pyrénées-Atlantiques (vignoble du Madiranais).

Schistoceros bimaculatus OLIV.

« Cette espèce circaméditerranéenne est connue également sous les noms d'*Apate bimaculata* Oliv., *Sch. auritus* Foriwal., de 5 à 11 mm, de forme allongée avec le thorax de même largeur que les élytres, lui donnant un aspect cylindrique brun grisâtre avec les antennes rousses » (Lesné, 1898).

Son importance économique est à peu près nulle car on ne la trouve qu'accidentellement dans les sarments de vigne dépérissante et aussi dans les branches de *tamaris*. « Son nom lui vient de deux taches blanches portées par le prothorax. Celui-ci, d'après V. Mayet, renflé et râpeux en avant, est garni dans la même région de poils d'un roux doré qui se prolongent vers l'arrière sous forme d'une bande médiane étroite ; de chaque côté et en arrière, une grande tache formée par des poils blancs avec une ou deux petites taches noires au milieu. »

Bernes (1934) signale que « dans le Var, à Roquebrune-sur-Argens, cet insecte a été identifié par Pussard dans un lot de sarments ou de bras de souches, présentant près des bourgeons et sur les sections de taille des orifices circulaires de 2 à 3 mm de diamètre.

« On compte deux générations par an : l'une au printemps (avril-mai), l'autre en été (août-septembre). Les femelles pondent des œufs isolés soit à l'aisselle ou à côté d'un bourgeon, soit sur la moelle au niveau d'une section de taille. Chaque larve creuse dans la moelle une galerie longitudinale où s'opère la chrysalidation ; puis apparaissent les adultes qui élargissent leurs dégâts dans le bois. Ainsi tous les yeux atteints à leur base par une galerie ou traversés par celle-ci sont détruits. Ces dégâts sont surtout appréciables lorsque les pontes ont eu lieu à la base des sarments qui doivent former ensuite les coursons de remplacement. »

Scobicia pustulata F.

Appelée aussi *Sc. humeralis* Lucas, cette espèce mesure 2,5 à 4,5 mm, elle est cylindrique, allongée, brune avec les antennes ; la base des fémurs, les tarses, la base du pronotum et les élytres d'un roux clair (Lesne, 1900). La tête est ornée d'une brosse formant couronne frontale ; déclivité sans tubercules latéraux saillants, mais creusée d'un callus margino-apical.

Ce colépotère a été signalé par Delassus, Pasquier et Lepigre (1934) comme nuisible à la vigne en Algérie, aux environs de Tlemcen. Son importance économique est nulle.

Xylonites retusus OLIV.

Appelé aussi *Apate sinuata* Fabr., ce coléoptère fut trouvé par Perris dans les Landes sur le chêne, le châtaignier et la vigne. V. Mayet en avait reçu des échantillons des environs de Lyon et il en a donné une courte description : la taille est petite, le corps allongé, 5 cm de long sur 2 de large, la robe d'un noir brillant. Les antennes sont composées de 9 articles avec la massue faiblement dentée en scie et composée de 3 gros articles aplatis. Le prothorax, moins renflé que chez les *Sinoxylon* est râpeux, garni sur les bords de petites dents relevées et de poils blonds. Les élytres, obliquement tronqués, sont comme évidés dans cette entaille, dont les bords latéraux, nettement dessinés, portent chacun une dent très émoussée sur les côtés et une autre plus aiguë à l'extrémité des élytres.

Depuis, Maison et Pargade (1972) ont retrouvé cet insecte dans les Pyrénées-Atlantiques et de Meirleire (1975) l'a observé dans des sarments desséchés à Gyé-sur-Seine (Aube). L'intérieur des sarments était rongé en totalité, empli de sciure et parfois occupé par la larve à corps charnu, de 5 mm de long. Au voisinage des nœuds il a noté la présence de trous de 1,5 mm de diamètre environ. Ces larves mises en élevage ont donné le *X. retusus*, insecte rencontré dans une grande partie de la France, mais pas plus au nord que l'Oise. Il n'a jamais été signalé comme étant spécialement nuisible à la vigne en pleine végétation ; en revanche, il s'installe parfois sur les ceps abandonnés ou dépérissants.

Apate monocha FABR.

« L'Apate Moine, d'après V. Mayet (1907), est la plus grande espèce européenne du genre, atteignant 16 à 19 mm. Le corps est entièrement noir, mat sur la tête et le corselet, brillant sur les élytres. La tête est couverte de poils roux, broussailleux, occupant toute la surface chez le mâle, ne dépassant pas l'épistome et le front chez la femelle.

« Parasite du palmier-dattier, il a été retrouvé sur l'oranger en Palestine et sur la vigne en Algérie (Oran, Alger, Djidjeli), les attaques se produisant sur le bois mort. »

Rostrychus (Apate) capucinus L.

« L'apate Capucin, écrit V. MAYET (1907) est fort commun dans les vieilles souches de chêne et de châtaignier, en Europe, en Asie et en Afrique du Nord. Il l'a trouvé aux environs de Lunel et en Camargue dans des tas de souches stockées pour le feu.

« C'est un insecte de 6 à 15 mm, ayant la tête et le corselet noirs, les élytres et l'abdomen rouges. Le thorax globuleux, bien que quadrangulaire, est entièrement couvert de spinules émoussées. Son évolution complète demande deux ans. »

L'OPATRE DES SABLES

I — SYNONYMIE ET SYSTEMATIQUE

All. Staubkäfer.

L'opatrum sabulosum L. (syn. *intermedium* Fitch., *tricarinatum* Motsh.) fait partie de la famille des *Tenebrionidae*, dépendant de la superfamille des *Cucujoideae*.

II — DESCRIPTION

L'Opatre adulte mesure de 6 à 11 mm de long et 3,5 à 5 mm de large ; il est un peu aplati, d'un brun terreux, ayant les élytres soudés et garnis de stries longitudinales verruqueuses. La tête, munie de petites

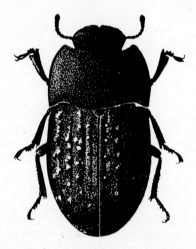

Fig. 290. – L'opatre des sables *Opatrum sabulosum* L. (d'après BALACHOWSKY).

antennes, est dissimulée dans l'échancrure du thorax, celui-ci étant de la même largeur que les élytres. Les pattes sont courtes et l'insecte est lourd et maladroit.

III — BIOLOGIE

Les métamorphoses de l'Opatre des sables ont été décrites par LUCAS (1871) : « La *larve* ressemble à celle du Tenebrion (ver de farine), en plus petit, 18 mm contre 25 à 30 mm ; elle est cylindrique, de couleur jaune brillant, un peu plus rembrunie surtout sur la partie thoracique et à la partie postérieure de chaque segment. Les larves évoluent de mai à juillet.

« La *nymphe*, qui se trouve en août dans une petite loge pratiquée dans le sol, est d'un blanc pur quand elle vient de se transformer et devient peu à peu ferrugineuse à mesure qu'elle se rapproche de sa dernière métamorphose. A part l'armature de l'abdomen, elle n'offre rien de particulier. Cette armature, destinée à faciliter les mouvements dans la loge, se compose d'expansions membraneuses placées sur les côtés de chaque segment et chitinisées sur leurs bords latéraux, mais sans épines sur le bord terminal, comme on en voit chez les nymphes de Ténébrions. Le dernier segment est terminé par deux pointes, blanches comme le reste du corps, avec une épine brune au bout.

« Au mois de septembre, les *insectes parfaits* sont éclos et ils s'enfoncent dans le sol pour y passer l'hiver jusqu'au printemps suivant, sauf les années très chaudes où ils peuvent faire de fugaces apparitions. On peut alors les observer par milliers dans les cultures où ils s'alimentent peu.

« La femelle pond un centaines d'œufs au printemps de 1,4 × 1,9 mm. »

IV — CONDITIONS DE DEVELOPPEMENT

1° Répartition géographique

L'Opatre des sables occupe une très large aire géographique remontant très au nord de l'Europe : Finlande, Pays Baltes, toute la Russie jusqu'au lac Baikal ; on le trouve dans toute l'Europe, le Moyen-Orient et le Proche-Orient mais il fait défaut en Afrique du Nord. Toute une série de sous-espèces et variétés ont été créées avec une répartition localisée (ssp. *guttiferum* Seidl en Andalousie, *Reitteri* Schust. au Caucase, etc...).

2° Plantes-hôtes

Les céréales sont fréquemment attaquées par les adultes : d'abord les graines en voie de germination dans le sol, puis les tiges. Les larves s'attaquent aux céréales mais surtout aux légumes obtenus par semis (pois, haricot, etc...) ainsi qu'au tabac, au tournesol, à la betterave, la pomme de terre, etc...

V — DEGATS

Avant l'invasion phylloxérique cet insecte ne parasitait pas la vigne, ne s'attaquant ni à la racine, ni à la feuille, ni au raisin. Mais depuis 1880 environ on observe des dommages dans les plantiers greffés car l'Opatre mange les bourgeons enterrés dans le sol ou la butte et ronge aussi les bourrelets de soudure. La larve qui est friande de détritus encore frais ou de feuilles jaunes, étiolées, dévore facilement les bourgeons du greffon en train d'éclore, dans la terre ou ceux qui font saillie de un ou deux centimètres hors de la butte.

VI — METHODES DE LUTTE

Les larves de l'Opatre sont fréquemment parasitées par une *Tachinidae* : *Stomatomyia acuminata* Rond.

La lutte chimique reposait jusqu'ici sur l'emploi des insecticides organo-chlorés (DDT, HCH) et maintenant sur les organo-phosphorés.

Autres Opatres nuisibles à la vigne

O. perlatum Germ., espèce méditerranéenne, serait nuisible dans le Midi de la France, la larve s'attaquant parfois aux racines de la vigne.

O. libanii Baude est une espèce de Méditerranée orientale signalée par BODENHEIMER (1930) comme nuisible à la vigne en Israël.

LE VESPÈRE

I — SYNONYMIE

Fr. *Menge-maillols* (mange plantiers), *Boutou* (Roussillon), *Mûre* (ressemblance avec ce fruit).

Esp. *Vilda* (en Aragon), *Castanuela* (dans la Manche), *Moncheta* ou *Mancheta* ou *Castaneta* (en Levante), *Gusano blanco* (Almeria) et parfois dans d'autres provinces (Alhama principalement) l'adulte se nomme *Sacristan* et la larve *Confite*.

Ital. *Vespero*.

II — HISTORIQUE

Le Vespère a été trouvé pour la première fois par Léon DUFOUR en 1813 dans les montagnes de Moxente, près de Valencia (Espagne). Mais cet individu femelle ne fut cependant décrit qu'en 1839 par MULSANT et dédié au Juge de paix Xatart, qui en avait trouvé un second exemplaire femelle dans cette localité. En 1850, J. DUVAL donnait la description du mâle, capturé à Prades (P.-O.). Mais jusqu'en 1871 cet insecte demeura rare en France, car on le recherchait en été, alors qu'il apparaît en hiver. Les observations de V. MAYET, puis celles d'OLIVER ont montré l'abondance de cet insecte, qui peut devenir localement un fléau pour la vigne.

III — SYMPTOMES

Le Vespère ne provoque aucun dégât visible sur la végétation de la vigne, car les adultes ne s'alimentent pas avant l'accouplement.

Les larves, dès leur naissance, gagnent le sol et s'installent sur les racines qu'elles se mettent à ronger et à sectionner, entraînant le flétrissement des jeunes plants et cela est particulièrement grave dans les plantiers nouvellement établis. Mais les larves peuvent aussi s'attaquer à des souches âgées et OLIVER (1879) avait observé que ces souches n'avaient plus de pivot et ne tenaient au sol que par les racines latérales partant du collet. Attaquées à leur tour elle ne pouvaient plus alimenter la souche et entraînaient, avec leur perte, la mort de la plante.

IV — SYSTEMATIQUE

Le genre *Vesperus* (de *vesper*, soir), créé par Latreille (1829) se compose de Longicornes ou *Cerambycidae* aberrants non seulement par leur dimorphisme sexuel mais aussi par leurs mœurs. Ils appartiennent au groupe des *Lepturinae* et à la tribu des *Vesperini*.

On a dénombré jusqu'ici 17 espèces qui sont nuisibles aux cultures les plus variées de la région méditerranéenne occidentale (France, Italie, Espagne, Portugal et Afrique du Nord).

En France, le genre *Vesperus* est représenté par 3 espèces, qui vivent dans la zone de culture de l'olivier : *V. strepens* Fabr. et sa variété *litigiosus* Muls., *V. luridus* Rossi qu'on ne trouve qu'à l'est du Rhône et *V. xatarti* (Duf.) Muls. qui parasite la vigne en Roussillon et en Espagne.

En Espagne, en dehors des 3 espèces précitées on a signalé *V. bolivari* Paulino, *V. brevicollis* Graells, *V. sanzi* Reitt., *V. hispanensis* Fuente, *V. flaveolus* Muls. et *V. conicicollis* Fairm.

En Afrique du Nord, en dehors des deux dernières espèces, on rencontre *V. semiobscurus* Pic., espèce spéciale au Maroc occidental.

Seule, le *V. Xatarti* en France provoque des dégâts sur la vigne et sera étudié ici.

V — DESCRIPTION

Le *Vespère mâle* est un Longicorne normal, dont les antennes dépassent la longueur du corps et qui mesure 18 à 22 mm de long. Les élytres sont plans, de couleur brun clair ou jaune paille, et ils recouvrent entièrement l'abdomen, ainsi que les ailes inférieures, organisées pour le vol.

Le *Vespère femelle* est de plus grande taille, 20 à 30 mm. Ses antennes dépassent à peine la moitié du corps, les ailes inférieures sont nulles ou avortées, toujours impropres au vol ; les élytres sont déhiscents, plus courts que l'abdomen, généralement gonflé d'œufs. Le corps est d'un gris tirant tantôt sur le brun, tantôt sur le livide clair, toujours plus

Fig. 291. – *Vesperus Xatarti* Muls. (Labor. Zoologie E.M.) ; à gauche mâle ; à droite femelle.

foncé sur la tête et le prothorax, ceux-ci densément recouverts de poils livides. Les téguments sont toujours plus ou moins mous. L'abdomen dilaté, ovoïde ou arrondi au moment de la ponte se termine par une longue tarière rétractile, qui s'enfonce dans les fissures ou sous les écorces au moment de l'oviposition.

Il y a donc un dimorphisme sexuel très accusé. Les mâles ne sortent qu'à la nuit complète et sont fortement attirés par la lumière. D'après DELLA BEFFA (1949) ils volent du crépuscule jusqu'à l'aube.

VI — BIOLOGIE

La biologie du *Vesperus Xatarti* a été étudiée par LICHTENSTEIN et MAYET (1873), puis par OLIVER (1879), VILLALBA (1939) à Almeria, DELLA BEFFA (1959) et GRANDI (1951) en Italie et RUIZ CASTRO (1965) en Espagne.

A - Adultes

Les adultes se forment dans la terre à partir de la fin septembre et durant le mois d'octobre. Ils restent ainsi enfermés jusqu'à la fin décembre ou au début janvier. Cependant quelques individus apparaissent dès la fin novembre. Les mâles sortent les premiers, devançant de quelques jours les femelles. Cette sortie peut se prolonger jusqu'en mars. Exceptionnellement LICHTENSTEIN (1876) a observé des femelles déjà fécondées à la Noël. D'après OLIVER (1879) « à l'époque de la sortie de terre, on aperçoit souvent, près du tronc des souches, à 10-30 cm du collet, de nombreux trous de sortie, de 9 mm de diamètre et si l'on fouille la terre, la galerie qui les suit conduit à une coque de Vespère nouvellement percée. L'apparition des dits trous fixe, d'une manière certaine, la date sur la sortie de l'insecte. »

« Pendant le jour les mâles se tiennent abrités sous les bras de la vigne, dans le tronc caverneux des oliviers ou sous les pierres ; le soir, d'après V. MAYET (1892), ils commencent de suite à voler et sont attirés par les lumières. Ce sont de bons voiliers. »

Les grosses femelles aptères, apparues plus tard, se tiennent dans les mêmes abris que les mâles.

Les adultes ne mangent pas, ayant assez de réserves physiologiques pour vivre quelques semaines au plus (un mois environ).

Les mœurs de ces insectes sont donc crépusculaires et nocturnes. « Les mâles reprennent leur activité au coucher du soleil, de 18 à 22 heures, selon RAMBIER (1951). Ils sont attirés par les lumières et viennent voler autour des lampes allumées. Ils recherchent l'humidité ; les femelles se noient souvent dans les petits bacs à sulfatage. Avant l'accouplement, ces dernières ont un géotropisme négatif très net. A la tombée de la nuit, elles grimpent sur les troncs et les branches des arbres ou arbustes. Cependant quelques très rares individus isolés manifestent une certaine activité en plein jour, quelquefois malgré un vent sec très violent. »

B - Accouplement et ponte

« L'accouplement peut avoir lieu dès la sortie de terre, les mâles et les femelles étant matures bien avant leur émergence. Vers 18 h 30-19 h, les mâles commencent à voler au voisinage des buissons et arbustes à la recherche des femelles qui se tiennent aggripées aux rameaux. La copulation se fait par chevauchement du mâle sur la femelle et peut ne durer que quelques minutes (4). Ils peuvent s'accoupler plusieurs fois. OLIVER (1879) a signalé que l'accouplement dure deux ou trois heures, quelquefois plus. Un mâle peut féconder plusieurs femelles, du moins en captivité.

« Quelques heures après l'accouplement, la femelle peut commencer
de pondre. L'oviposition, d'après RAMBIER, se fait à l'aide d'un oviposi-
teur tubulaire, membraneux et souple, sauf dans sa portion distale où
il est aplati, en partie sclérifié et rigide. Il est très mobile et se termine
à l'apex par deux petits prolongements digitiformes tactiles. Sa longueur
totale est de 22 mm. Au repos, il est entièrement rétracté dans l'abdomen. La femelle peut le dévaginer en partie ou entièrement au dehors
et s'en sert presque constamment pour explorer les fissures du support
sur lequel elle se déplace.

« Pendant l'oviposition, qui se fait presque toujours dans la profondeur d'une fente très étroite (0,5 mm de largeur), les œufs guidés par
le canal de cette trompe génitale sont déposés côte à côte, imbriqués

Fig. 292. – Détail de la ponte de *Vesperus Xatarti* (× 4) (d'après VINCENT).

comme les tuiles d'un toit. Le dépôt est souvent intermittent et peut durer plus d'une heure. Une même femelle dépose de trois à cinq pontes. La moyenne des œufs trouvés dans l'abdomen avant toute ponte est de 700.

« Des femelles non fécondées peuvent rejeter leurs œufs, mais ceux-ci n'éclosent pas, la fécondation étant indispensable au développement. La ponte a la forme d'une plaque unistratifiée, de dimensions variables et collée au support. Il est très rare de trouver un œuf isolé. Les pontes peuvent avoir de 3 à 500 œufs. La moyenne générale est comprise entre 50 et 250.

« Les pontes sont exceptionnellement situées au niveau du sol dans des fentes de rochers (schistes feuilletés). Le plus souvent on les découvre sous les écorces à partir de 30 cm et au-dessus. »

VILLALBA (1939) a observé à Almeria (Espagne) « que la femelle ne pondait jamais moins de 500 œufs ; la moyenne constatée alors fut de 900 et le maximum de 1.123 œufs. La ponte est déposée sous les écorces des vignes, soit sur les sarments bas, soit au niveau du sol dans les anfractuosités des écorces de plantes variées (arbres fruitiers, chêne vert, olivier, etc...). Les années d'invasion de Vespère s'annoncent par l'accumulation considérable des pontes que l'on observe de tous côtés sur les plantes dès l'hiver. »

C - Œufs

Les œufs sont blanc ivoire, ellipsoïdes, mesurant 2-2,2 mm × 0,5-0,9 mm ; ils sont enduits d'une matière visqueuse protectrice jaunâtre et adhésive.

« Au cours de l'incubation, selon RAMBIER (1951), l'œuf change de teinte. Il devient légèrement plus jaunâtre. Bien avant l'éclosion, on aperçoit par transparence la jeune larve à l'intérieur. A la température du laboratoire (16-17°C) les premières éclosions ont eu lieu 70 jours après la ponte. Dans la nature ces éclosions se situent de mars à mai et principalement en avril. Tous les œufs d'une même ponte éclosent en quatre ou cinq jours, la plupart d'entre eux en deux jours. »

D - Larves

« Peu avant sa sortie de l'œuf, la jeune larve est animée de mouvements continus. Elle déplace sa tête dans tous les sens, ouvre et ferme ses mandibules, essaie de mordre. Elle arrive ainsi parfois à percer le chorion et sort alors par l'extrémité antérieure. Mais très souvent une déchirure se produit dans la région dorso-postérieure sous la pression de la jeune larve agitée. Celle-ci sort en se dégageant à reculons. Le chorion n'est jamais mangé, mais s'effrite en partie sous l'influence des agents atmosphériques.

« *La jeune larve, dite néonate*, est molle, blanchâtre, de forme allongée et mesure 2 à 2,5 mm × 0,9 mm. Elle est pourvue de pattes qui lui servent à se déplacer, aidée dans sa progression par les mouvements ondulatoires de son corps. Sa tête porte des taches oculaires (6 ocelles disposés par trois, en triangle à la base de chaque antenne). Elle est ornée, en outre, de longues soies érigées qui sont implantées principalement sur les côtés et le dessus du corps.

« Dès sa sortie de l'œuf, la larve chemine sur la ponte, grimpe sur son support et l'explore en tous sens. Au moindre heurt, au moindre vent, elle est projetée sur le sol où elle continue son exploration, escaladant les mottes de terre jusqu'à ce qu'elle disparaisse dans une petite fente du sol, ce qui a lieu au bout de trois à cinq minutes. »

Selon Oliver, la jeune larve commence par manger la coque de
l'œuf avant de s'enfoncer dans le sol. D'après Villalba, à Almeria « les
éclosions ont lieu en février-mars. La mortalité de ces larves est considérable non seulement en raison de leur vulnérabilité mais aussi par

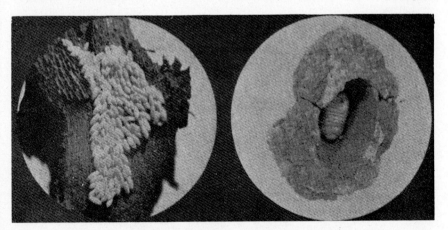

Fig. 293. – *Vesperus* sp. (d'après VILLALBA in BALACHOWSKY) à gauche, ponte sur écorce de vigne (lég. grossi) ; à droite larve dans sa coque hivernale prête à se nymphoser.

l'attaque des prédateurs. Cette mortalité s'accuse encore davantage lorsque
la larve ne trouve pas rapidement à se nourrir après son éclosion.
Cette larve primaire ou épigée diffère morphologiquement des stades
évolués par sa structure : elle est cylindrique et transversalement ornée
de longs pinceaux de soies brunes dépassant la largeur du corps qui
jouent le rôle de soies locomotrices. Cette larve primaire (dont le poids

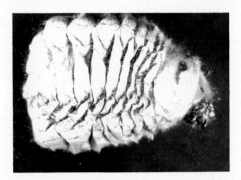

Fig. 294. – Larve secondaire de *Vesperus Xatarti* (Labor. Zool. E.M.).

n'excède pas un milligramme pour Ruiz Castro) chemine rapidement
dans le sol et atteint les radicelles du chevelu radiculaire des plantes
hospitalières. Elle se transforme en larve du 2ᵉ stade, de forme très
différente et aux mœurs essentiellement souterraines. La larve passe
ainsi par 4 stades successifs pour atteindre son complet développement
en 3 ou 4 ans.

La *larve secondaire* est alors massive, de forme trapézoïdale ou d'un cube allongé, légèrement plus large à la partie postérieure, mesurant 25 × 13 mm, arrivant à peser 1,8 g. Cette larve est aveugle, son corps est ferme, blanc, muni de soies courtes et blondes et de 3 paires de pattes bien développées. C'est cette forme particulière qui lui a valu d'être appelée « mouro » ou « boutou » par les vignerons catalans. La larve va se fixer sur les racines de la vigne et grâce à ses fortes mandibules elle peut sectionner des racines de la grosseur d'un doigt. Elle chemine lentement en creusant dans le sol de véritables tunnels pour

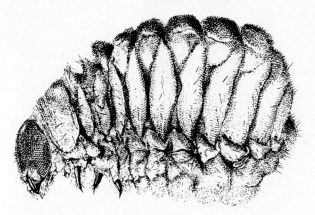

Fig. 295. – Larve évoluée de *Vesperus strepens* F. (d'après BALACHOWSKY).

passer au besoin d'une racine à l'autre. L'activité larvaire se manifeste surtout au printemps et à l'automne alors que pendant l'été et l'hiver on note un fort ralentissement de cette activité. En effet à l'automne et surtout au printemps les larves remontent tout près de la surface du sol et c'est le moment où elles sont le plus nuisibles. Au contraire pendant l'été et l'hiver la plupart des larves s'enfoncent dans la terre au-delà de la zone des racines. Normalement, d'après VILLALBA (1939), les larves se trouvent de 25 à 30 cm de profondeur, mais elles peuvent descendre à 50 cm et même jusqu'à plus d'un mètre.

La nature du sol intervient également. Les larves sont très rares dans les sols fortement argileux, mais elles abondent dans les terrains schisteux et sableux. D'après RAMBIER, certaines zones des terrasses caillouteuses (crest) de la plaine du Roussillon leur conviennent également. Selon DELLA BEFFA, les larves descendent moins profondément dans les terres incultes que dans les sols meubles et cultivés.

RAMBIER indique que « les larves âgées peuvent être classées en trois groupes principaux, d'après la mesure de la longueur de leurs mandibules, mais il y a cependant des dimensions intermédiaires. Le nombre de stades et de mues est difficile à préciser, car ces larves supportent facilement le jeûne et présentent alors des mues régressives surnuméraires. »

V. MAYET (1890) avait d'ailleurs déjà signalé que la larve subit plusieurs mues sous terre et passe 3 ans avant de se transformer en nymphe. Ce qu'il y a de certain c'est qu'on trouve toujours en juin trois types de larve bien distincts par la taille : les petites nées au printemps sans doute, les moyennes accomplissant leur deuxième année et les grandes leur troisième année.

Les larves sont très polyphages et s'attaquent aussi bien aux racines des plantes herbacées qu'à celles des plantes ligneuses. Dans les jardins elles sont communes sur les racines d'abricotier, de poirier, de figuier, de fusain, de mimosa. Elles s'attaquent parfois aux racines du chêne-liège (dans les parcelles incultes) ainsi qu'aux céréales et aux luzernes tout en préférant le sol travaillé des vignobles.

E - Nymphes

A la fin de sa troisième ou quatrième année, la larve arrivée à son complet développement construit une coque lisse intérieurement située à l'extrémité d'un couloir larvaire souterrain et dans cette coque va se produire la nymphose, au moment des grandes chaleurs de juillet et d'août. Les premières nymphes se rencontrent fin juillet et les dernières en octobre. Le moment le plus favorable est le mois d'août. La durée du stade nymphal est de 15 jours à un mois.

« La *nymphe*, d'après V. MAYET, rappelle les formes de l'insecte parfait : le corps est blanc, glabre ; la tête est inclinée sur le prothorax au point d'être parfois dépassée par celui-ci, qui est convexe ; les antennes et les élytres passent sur la partie ventrale entre les pieds intermédiaires et postérieurs. L'abdomen, composé de 8 segments très saillants dans leur partie dorsale, porte sur chacun des 5 premiers une large rangée transversale de soies fauves, courtes, raides et dirigées en arrière. Le segment anal est terminé par deux pointes coniques, chitineuses, rembrunies à l'extrémité et incurvées en dedans.

« La métamorphose en insecte parfait a lieu à la fin de l'été. D'après OLIVER, c'est vers le 20 septembre que, sur le littoral des Pyrénées orientales du moins, les premiers individus éclos se trouvent dans le sol. En octobre et surtout novembre, le nombre de ceux qui sont mis au jour par les binages est de plus en plus grand ; mais ce n'est que fin décembre, que les premiers mâles se voient normalement hors de terre (et pour XAMBEU, dans la région de Prades, de la fin janvier au 15 mars).

« Si on descend plus au sud, l'époque d'apparition est devancée : elle devient automnale. PIOCHARD DE LA BRULERIE (1875) a en effet capturé en septembre à Medinaceli (Vieille Castille) un mâle et trois femelles cachés sous une pierre. »

VII — CONDITIONS DE DEVELOPPEMENT

1° Répartition géographique

En France, *Vesperus Xatarti* n'a été signalé jusqu'ici que dans les Pyrénées-Orientales, particulièrement dans la région des Albères (vignoble de Banyuls et des communes voisines) ainsi qu'autour de Prades, Vernet-les-Bains, Thuir, Rivesaltes. Il a été trouvé aussi dans l'Aude à Fitou et Leucate. V. MAYET a signalé *V. luridus* en Corse et dans les Bouches-du Rhône et *V. strepens* dans le Var, les Alpes-Maritimes et les Alpes de Haute-Provence, espèce dont la nocivité est à peu près nulle.

En Italie, CARPENTIERI (1930) écrit que le Vespère le plus commun est *V. luridus*, puis *V. serraticornis* et *V. Solieri*. En Ligurie on rencontre également *V. strepens*.

En Espagne, *V. Xatarti* est fréquent dans la région d'Almeria et on y trouve aussi les espèces signalées dans la Systématique. Il en est de même pour le Maroc.

2° Réceptivité de la vigne

Il n'a pas été signalé de résistance particulière des espèces américaines ou de leurs descendants aux attaques du Vespère. CARPENTIERI se borne à signaler une mortalité de 55 % des plantes racinés de Riparia Gloire dans une pépinière. L'olivier paraît mieux résister en raison de sa grande vigueur et on peut donc penser que les porte-greffes vigoureux (Rupestris et ses hybrides) sont plus aptes à se défendre que les descendants de Riparia. RAMBIER indique que le Mourvèdre et le Jacquez sont moins facilement détruits ; le 7120 C. aussi d'après RAVAZ (1935).

3° Circonstances favorisantes

On ne connaît actuellement que l'influence de la nature du sol, signalée à propos du développement des larves. La température doit aussi avoir un rôle important étant donné la répartition géographique méditerranéenne de cet insecte, mais l'influence du climat en général n'a pas été étudiée jusqu'ici.

4° Plantes-hôtes

Nous avons vu à propos de la biologie que cet insecte était polyphage. Dans les Pyrénées-Orientales, FERRERO (1958), a trouvé jusqu'à 400 larves sur les racines d'un figuier. Il l'a retrouvé également sur la plupart des arbres fruitiers et forestiers de la région, ainsi que sur légumineuses, cucurbitacées sauvages, rosacées (ronce en particulier) ; la larve est très friande de racines de diverses plantes communes des jardins.

VIII — LES DEGATS

Les dégâts causés par les *Vesperus* sont généralement peu fréquents. Lorsqu'ils apparaissent, ils se manifestent en invasion massive, toujours assez localisée géographiquement. Ce sont les larves des 2ᵉ au 5ᵉ stades qui, selon BALACHOWSKY (1962), sont nuisibles, s'attaquant au système radiculaire de plantes variées. La vigne est attaquée fréquemment et peut avoir ses racines complètement détruites ; les ceps jaunissent et se dessèchent.

IX — MÉTHODES DE LUTTE

1° Ramassage des adultes et des larves

C'est la méthode la plus ancienne, préconisée par OLIVER, qui payait les adultes 10 centimes pièce, le ramassage se faisant au flambeau qui attire les insectes la nuit. RAMBIER indique qu'on peut aussi arracher au début novembre les souches et les arbres morts, les adultes se trouvant encore en terre.

La destruction des larves se réalise en mars en bêchant les parties de vigne les plus atteintes. La couleur blanche des larves tranche sur celle de la terre et l'ouvrier les détruit facilement.

2° La méthode des chiffons

Elle consiste, d'après RAMBIER, à planter dans la vigne des piquets de châtaignier de 60 cm de long, près de l'extrémité supérieure desquels on enroule sur deux à trois tours une bande de tissu de 10 cm environ de largeur et qu'on fixe avec un cordon. Les femelles viennent pondre dans les plis du tissu. Il suffit alors de récolter les pontes en temps opportun et de les détruire. Les piquets sont mis en place dès la première quinzaine de novembre et ils sont enlevés fin février ou début mars. Dans les expositions où les sorties sont précoces, il y a intérêt à changer les piquets vers le 1ᵉʳ février. On peut alors laisser le 2ᵉ lot de piquets jusqu'à fin mars.

3° Lutte chimique

V. MAYET avait expérimenté avec succès l'emploi du *sulfure de carbone*. Les larves se tenant le plus souvent contre les souches, deux trous suffisent pour chacune d'elles. Les trous sont à 25 cm du pied et reçoivent chacun 7 g de sulfure de carbone. On peut ne faire ce traitement que tous les 3 ans et la vigne n'en souffre pas.

Les *insecticides organo-chlorés* ont donné de bons résultats, les plus efficaces étant l'HCH, le SPC, le Chlordane, le S.N.P., mais aujourd'hui ces produits sont tous interdits.

Actuellement les viticulteurs s'orientent vers des pulvérisations de D.N.O.C. ou d'huiles jaunes, exécutées avant le départ de la végétation.

LES CHRYSOMELES

Ce groupe de Coléoptères comprend de nombreuses espèces, nuisibles à beaucoup de plantes agricoles, dont la vigne. Ce sont des insectes aux couleurs vives, très brillantes, qui se nourrissent en général des parties herbacées, mais dont les larves peuvent parfois avoir une vie souterraine sur les racines comme c'est le cas du Gribouri.

Chez la vigne, les espèces nuisibles actuellement connues appartiennent à 4 sous-familles :

— *Eumolpinae* : *Bromius obscurus* L. (Gribouri)
— *Clytrinae* : genres *Clytra* et *Labidostomis*
— *Galerucinae* : *Exosoma lusitanica* (Malacosome)
— *Halticinae* : *Haltica ampelophaga* (Altise).

LE GRIBOURI OU ÉCRIVAIN

I — SYNONYMIE

Pour DEMERMETY (1849), « son nom de Gribouri viendrait de Grippe-bourre (du vieux mot latin *buria*, signifiant bourgeon de la vigne). En Bourgogne on orthographiait Gripevin, Esgrippevin, d'où l'on a fait Ecrivain. »

Mais pour THENARD (1854), « le nom d'Ecrivain vient sans doute des dégâts sur les feuilles rappelant les entailles qui seraient faites avec le bec bien ouvert d'une plume sans encre. »

Le synonyme d'Eumolpe vient du grec ευμιολπος, harmonieux.

Aux environs de Paris le Gribouri porte aussi le nom de Diablotin, ailleurs de Bête à la forge, Bête à café.

All. Schreiber, Rebenfallkäfer, Weinstockfallkäfer.

Ital. Scrivano, Bromio della vite, Eumolpo, Escrivano.

Esp. Escribano de la vid, Scrivano, Eumolpo.

Port. Eumolpe.

Angl. Western grape root worm.

II — HISTORIQUE

Selon V. MAYET (1890), « cet insecte n'était pas connu des Anciens contrairement aux dires de WALCKENAER (1835) qui avait cru reconnaître le Gribouri dans le *Volucra* des Romains et dans l'*Ips* des Grecs (THEOPHRAS-TE) dont les larves mangent les feuilles, ce qui n'est pas cas du Gribouri.

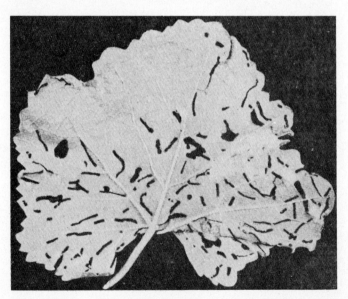

Fig. 296. – Incisions « en écriture » de l'adulte de *Bromius obscurus* L. sur feuille de vigne (d'après BALACHOWSKY).

dont la larve est souterraine. La première mention sérieuse remonte à PLUCHE (1732) qui le cite comme « un petit hanneton qui passe l'hiver en terre au pied du cep et le fait souvent périr ». Mais GEOFFROY (1764) a eu le tort d'affirmer que « la larve du Gribouri détruit les jeunes pousses de la vigne et en fait périr les fleurs », ce qui est une double confusion avec l'Altise pour les feuilles et la Cochylis pour les fleurs. Plus tard, en Bourgogne, VALLOT (1841) signale que, d'après les vignerons, « les Ecrivains s'enfoncent en terre, rongent la racine et tuent le cep ». Puis AUDOUIN (1842) indique que « la larve de l'Eumolpe vit aux dépens des racines, s'attache au collet et mange les jeunes radicelles, ce qui ne tarde pas à faire dépérir la vigne ». La première observation sérieuse et précise sur les métamorphoses du Gribouri est due à VINAS (1863), agent-voyer à Béziers, mais cet article a été ignoré par HORVATH (1873), par LICHTENSTEIN et MAYET (1878), mais on peut dire que les Trois Mémoires se complètent. Enfin ANDRE (1887) a fourni de nouvelles observations. »

Fig. 297. – incisions linéaires de *B. Obscurus* L. sur grains de raisin verts (d'après VINCENT, in BALACHOWSKY).

III — SYMPTOMES

Les adultes, qui ont passé l'hiver dans le sol, commencent à sortir lorsque la végétation de la vigne est déjà avancée, soit dans le courant de mai ou au début juin dans le Midi de la France, soit en juillet plus au Nord (Bourgogne, Champagne). Ils grimpent sur les feuilles et les rameaux, dans lesquels ils pratiquent des incisions nutriciales, linéaires ou arquées de 1,5 mm de large sur 3 à 15 mm de long. Ces découpures du limbe sont irrégulièrement orientées et rappellent plus ou moins l'aspect d'une « écriture » d'où le nom de l'insecte. Mais ces découpures sur les feuilles et les jeunes pousses sont plus spectaculaires que dangereuses.

Cependant l'insecte ne s'en tient pas toujours là, car il peut aussi entamer les pédoncules et les grains de raisin encore verts, qui ont leur cuticule parsemée de découpures. Les baies fendues se dessèchent et cessent de croître ou bien elles sont envahies par des moisissures ou des champignons (*Botrytis, Penicillium,* etc...). Les années de grande invasion, la perte est considérable.

Les larves du Gribouri s'enfoncent dans le sol dès leur naissance et elles ont une *vie souterraine.* Elles restent en général groupées, elles décortiquent les racines, creusent des sillons et percent même sous l'épiderme des sortes de tunnels dans lesquels elles s'enfoncent. Ces galeries, visibles de l'extérieur, donnent aux racines attaquées un aspect cannelé, très caractéristique. D'après Vinas (1864), ces incisions affectent

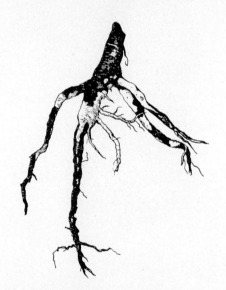

Fig. 298. – Racine de vigne décapée par la larve de *B. obscurus* L.
(d'après QUAYLE in BALACHOWSKY).

également une forme linéaire et elles sont parfois suffisamment profondes pour abriter les larves. Cependant, d'après Quayle (1908), le décapage des racines est irrégulier et ressemble beaucoup à celui pratiqué par les larves des *Scarabaeidae.* Dans l'Hérault, V. Mayet a remarqué que les grosses racines étaient recherchées de préférence ; en Champagne avec un mode de conduite tout différent (ancienne taille de Champagne avec couchage annuel) l'insecte se porte avant tout sur les radicelles. C'est à l'automne, époque où la larve est déjà grosse, que se produisent les plus importants dégâts, puis quand viennent les froids, l'animal quitte les racines pour s'enfoncer profondément, comme le ver blanc, et ne remonter qu'au printemps.

IV — SYSTEMATIQUE

Ce Coléoptère appartient à la famille des *Chrysomelidae* et à la sous-famille des *Eumolpinae* qui comprend le genre *Bromius.*

Les dénominations anciennes de cet insecte furent d'abord *Cantharis octava* (huitième cantharide) Aldrovand F. (1602), *Cryptocephalus niger, elytris rubris* GEOFFROY (1764), *Cryptocephalus vitis* FOURCROY (1785), *Eumolpus vitis* KUGELLAN et FABRICIUS (1801), *Adoxus vitis* KIRBY (1837), *Bromius vitis* CHEVROLAT (1837), et REDTENBACHER (1849), puis *Adoxus obscurus* L., *Adoxus vitis* F. var. *villosulus* Schr. Son nom actuel est *Bromius obscurus* L.

V — DESCRIPTION

L'insecte adulte mesure 5 à 5,5 mm de longueur sur 3 à 3,5 mm de largeur ; il est de forme ramassée, trapu, subquadrangulaire avec la tête rentrée dans le thorax et les élytres carrés. La tête est noire avec un sillon entre les deux yeux et possède deux antennes grêles, un peu plus renflées à l'extrémité qu'à la base. Ces antennes moniliformes et

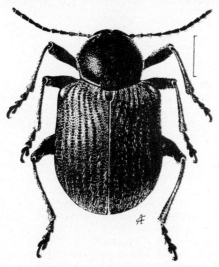

Fig. 299. – Adulte de *B. obscurus* L. (d'après BALACHOWSKY).

effilées dépassent la moitié de la longueur du corps. La tête et le thorax sont noirs à reflets légèrement luisants. Les élytres, qui recouvrent entièrement l'abdomen, sont d'une couleur rouge tirant sur le brun ou le ferrugineux. BALACHOWSKY (1963) mentionne « que suivant les individus les élytres sont bruns ou noirs ou brun noir. Cette variation de coloration purement individuelle a été à l'origine de la création de variétés que l'on croyait adaptées à la vigne (var. *vitis*) ou aux *Epilobium* (*Oenotheraceae*). En fait les formes aux élytres bruns ou noirs vivent indifféremment sur les deux plantes et peuvent s'hybrider entre elles comme l'a démontré expérimentalement QUAYLE (1908). Les téguments sont parsemés d'une fine pilosité roussâtre plus ou moins abondante suivant les individus et qui, elle aussi, est à l'origine de la création d'autres variétés (var. *villosulus* Schr.) donc seul nom de *Bromius obscurus* L. doit prévaloir.

« Les hanches sont arrondies, sphériques (caractère de la tribu). Pattes robustes avec des tibias à arcure légèrement prononcée et les tarses à 3ᵉ article bilobé sur ses deux faces. »

Seul VINAS (1864) a mentionné les individus mâles en écrivant : « J'ai observé les Eumolpes à chaque instant du jour et je n'ai jamais pu les surprendre accouplés, quoique j'aie vu souvent certains d'entre eux ayant le pénis dehors et essayant de s'accoupler ; j'ai même constaté que cet organe avait une longueur qui, dans certaines moments, égalait celle de l'insecte. » V. MAYET (1890) a noté de son côté que « certains individus, pris tout d'abord pour des mâles, sont relativement moins larges, plus élancés avec des élytres plus arrondis aux épaules, mais à la dissection ils ont été reconnus femelles ». BALBIANI aurait vu trois mâles. Cependant malgré des recherches minutieuses, JOBERT et de VERGNETTE-LAMOTTE (1881) ont disséqué des centaines d'individus sans trouver de mâles.

On admet donc aujourdh'ui que cette forme mâle n'existe pas et que les femelles se reproduisent uniquement par *parthénogenese* avec des œufs non fécondés.

VI — BIOLOGIE

A - Adultes et ponte

Les femelles adultes ayant passé l'hiver dans le sol commencent à sortir dans la seconde quinzaine de mai, lorsque la végétation de la vigne est déjà avancée. Le plus grand nombre se montre en juin et juillet. Ces adultes mènent sur les ceps une vie active qui dure près de 3 mois et même parfois davantage.

Après une courte période d'alimentation, la femelle commence à pondre en juin à Montpellier et cette ponte se poursuit d'une manière échelonnée jusqu'en août. Les pontes sont déposées à la base des souches, généralement un peu au-dessus du collet sous les vieilles écorces exfoliées, d'après les observations de GIRARD (1874). Les pontes peuvent être également déposées à même le sol au voisinage des ceps, dans les liens qui attachent la vigne aux échalas et même d'après DUPONT (1889) sur les feuilles inférieures qui étaient plissées, froissées et prises dans ces attaches. VINAS en enfermant des insectes dans une boîte contenant des feuilles de vigne a obtenu également des pontes sur le limbe. Ces pontes comprennent des agglomérats de 20 à 40 œufs, parfois davantage.

B - Œufs

Les œufs sont elliptiques, $1 \times 0,5$ mm, ressemblant à ceux de l'Altise mais ils s'en distinguent par une teinte jaune très claire ; de plus ils ne portent pas de fragments noirs de déjections. Selon DUPONT, « leur coque est excessivement mince et il suffit d'une très légère pression pour les écraser. Ils sont aussi très délicats : quelques heures d'exposition au soleil suffisent pour les dessécher ou tout au moins pour les tuer. Collés à la feuille ils sont très peu adhérents : le moindre choc suffit pour les détacher et les faire tomber. C'est probablement à cause de leur peu d'adhérence et de leur délicatesse que les femells déposent leurs œufs dans les paquets de feuilles serrés par les liens. Ils sont ainsi à l'abri de la dessiccation et peuvent rester adhérents jusqu'au jour de l'éclosion. Il a trouvé dans les vignes des pontes de Gribouri depuis la fin juin jusqu'après la mi-août. C'est dans la première quinzaine de juillet qu'elles sont le plus abondantes.

« Au microscope avec un faible grossissement on distingue très bien leur mince enveloppe et de nombreuses granulations réparties d'une manière uniforme. Après quelques jours ces granulations se condensent à l'une des extrémités où se formera la tête et dans la partie moyenne de l'œuf qui sera l'intestin de la larve. Enfin la veille de l'éclosion, on distingue nettement tous les organes de la larve : la tête qui est incolore ou légèrement brunâtre avec des mandibules très brunes surtout vers les extrémités ; les pattes, les stigmates, l'intestin rempli de nombreuses granulations noirâtres et même les poils qui couvrent la jeune larve. »

C - Larves

« Une dizaine de jours après la ponte, écrit ANDRE (1887), les œufs donnent naissance à des *larves* minuscules, de 1 mm de longueur environ, assez agiles, à corps blanc, courbé et surmonté d'une tête brune. Des poils dressés ornent les douze anneaux qui suivent la tête et le dernier segment en montre quelques-uns plus longs et placés en prolongement du corps. »

D'après VINAS (1864) « ces larves ressemblent beaucoup à celles des Altises au moment de leur naissance ; seulement elles ont la tête plus forte et plus carrée et surtout les mandibules plus fortes et paraissant avoir beaucoup plus d'énergie. Elles sont aussi moins velues et de couleur plus claire. Ces larves marchent assez vite sur une surface horizontale ou légèrement inclinée, mais elles ne peuvent grimper ni même se tenir sur une surface ayant une inclinaison de 25 à 30 %, même quand cette surface est le dessous d'une feuille de vigne qui offre cependant de nombreuses aspérités. Dès leur naissance ces larves vont s'enfoncer dans la terre où elles se nourrissent de la couche extérieure des racines de la vigne. »

La *larve adulte* mesure 7 à 8 mm de longueur. Son corps est blanc, de consistance molle, composé de quatorze anneaux, y compris le segment anal et la tête qui est d'un brun clair et plus chitineuse. Ce corps est garni de cils espacés et jaunâtres (soies souples), plus nombreux sur le dos que sous le ventre. Cette larve ressemble donc assez à celle des petits vers blancs de *Scarabaeidae*, dont elle possède le comportement souterrain.

La larve qui va évoluer lentement durant l'automne et l'hiver s'enfonce profondément en terre le long des racines de la vigne qu'elle arrive à détruire complètement.

D - Nymphose

La nymphose se produit en terre dans une coque circulaire, aux parois fortement tassées ; vers la fin mars la larve quitte les racines et la métamorphose s'opère dans cette loge. V. Mayet a observé « la nymphe à Montpellier à la fin avril. La nymphe possède un corps blanc, composé de douze anneaux, muni sur chacun de ceux-ci d'une rangée transversale de cils raides assez longs et de quelques poils épars plus courts. La tête est fortement inclinée sur la poitrine, les parties de la bouche très visibles, les antennes recourbées en arrière. Les élytres et les ailes, assez développés, sont ramenés sur l'abdomen et passent entre les deux paires de pattes postérieures. Cette nymphe est surtout remarquable par les deux grands ongles recourbés du bout de l'abdomen et par ceux plus grands encore, mais moins recourbés, dont l'extrémité des cuisses antérieures et postérieures est armée. Cette armature et les poils des segments servent à faciliter les mouvements.

« Au bout d'une quinzaine de jours, la nymphe, qui de blanche est peu à peu devenue brune en commençant par les yeux les antennes et les pattes, se transforme en insecte parfait en rejetant la cuticule qui l'enveloppait. Pendant quelques jours encore, celui-ci séjourne dans sa coque terreuse et enfin apparaît au jour, fin mai ou commencement de juin. »

Selon Horvath (1873), les larves qui ne se métamorphosent pas au printemps, recommencent leurs ravages et ne construisent leur coque que fin juillet pour apparaître en août à l'état d'insecte parfait. Mais Mayet (1899) conteste ces résultats qu'il n'a pu reproduire en captivité : « les larves conservées en janvier dans leurs coques ne les ont pas quittées et aucune racine n'a été rongée. Fin mai s'est opérée la nymphose qui a duré une douzaine de jours et le 12 juin les Gribouris adultes ont entamé de leurs mandibules les parois de la coque pour gagner la lumière et les feuilles de vigne. »

VII — CONDITIONS DE DEVELOPPEMENT

1° Répartition géographique

Le Gribouri est originaire d'Europe et ses dégâts sur la vigne européenne, *V. vinifera* sont connus depuis le XVe siècle. Sa répartition géographique coïncidait donc autrefois avec celle des vignobles : France, Espagne, Portugal, Italie, Suisse, Luxembourg, Allemagne, Autriche, Hongrie. Aujourd'hui son aire dépasse nettement au Nord et à l'Est celle de la vigne car l'insecte vit sur divers *Epilobium* (notamment *E. spicatum*) en Europe centrale et orientale ainsi qu'en Afrique du Nord.

En Amérique du Nord l'insecte a été introduit en 1880 et il est signalé comme nuisible dans les Etats de l'Ouest (Californie, Nevada, Washington, Utah) et aussi dans l'Est (New Hampshire). On a noté aussi sa présence au Mexique.

Il est difficile de préciser si l'insecte était originellement inféodé aux *Epilobium* ou s'il vivait également sur les vignes européennes spontanées. Les deux « races » distinctes de coloration (forme noire sur epilobe et forme brune sur la vigne) sont tenues pour des variations d'une seule et même espèce.

2° Réceptivité de la vigne

L'importance du Gribouri a beaucoup diminué en Europe parce que le cycle larvaire s'effectue presqu'exclusivement sur les racines de *V. vinifera* qui sont probablement plus tendres et plus faciles à creuser et ronger que les racines dures des vignes américaines. Cependant sporadiquement on signale des attaques importantes sur les feuilles et les grappes (et non sur les racines) sur des hybrides dans l'île de Ré (ROERICH et GUIBERT, 1949), sur 7053 Seibel dans cette même île par BRUNETEAU (1955), sur Jacquez, ainsi qu'aux Etats-Unis. Il n'y a pas eu d'observation systématique sur les différentes variétés d'hybrides pour voir s'il y avait une relation entre l'importance des attaques et le pourcentage de *Vinifera* contenu dans les croisements.

En observant des racines de Taylor, MAYET (1891) a vu des bourrelets de cicatrisation sur plusieurs points. Donc les racines des vignes américaines résistent en réparant les dégâts occasionnés.

La conséquence pratique c'est que depuis la reconstitution phylloxérique en Europe, le Gribouri est devenu plutôt une curiosité, voire une rareté, sur les vignes et qu'il s'est réfugié sur les *Epilobium*. On manque d'ailleurs de précisions en ce qui concerne le développement larvaire sur ces plantes.

3° Influence du sol

Il semble que le Gribouri ait une affinité particulière pour les terres légères et sablonneuses et qu'autrefois les vignes établies dans les terres argileuses et lourdes souffraient moins de ses attaques.

VIII — LES DEGATS

Au XIX° siècle, lorsque cet insecte avait une certaine diffusion, des dégâts importants étaient parfois observés. Il était rare que ces attaques fassent périr les souches mais elles les affaiblissaient beaucoup et la présence de l'Ecrivain était décelée de loin par l'aspect de la végétation qui rappelait, à s'y méprendre, les taches phylloxérées.

Depuis, le greffage sur vignes américaines et l'emploi des insecticides chimiques contre les vers de la grappe ont pratiquement fait disparaître cet insecte, comme nous l'avons signalé plus haut.

En Amérique du Nord, les dégâts seraient plus fréquents et plus accusés qu'en Europe.

IX — METHODES DE LUTTE

1° Récolte des adultes

Comme pour l'Altise on a employé le ramassage des insectes adultes au printemps au moyen de l'entonnoir à altises, puisque le Gribouri au moindre bruit ou au moindre mouvement de la souche replie ses pattes et ses antennes puis se laisse tomber sur le sol où il simule la mort.

On peut aussi recourir à l'usage des poules, des canards et surtout des dindons et des pintades qui mangent énormément d'insectes en les promenant du matin au soir dans les vignes ou en recourant comme pour le Cigarier à des poulaillers portatifs ou roulants.

2° Destruction des larves souterraines

Le Baron THENARD (1854) a songé atteindre les larves dans le sol au moyen d'un gaz insecticide. Il expérimenta des *tourteaux de colza et de moutarde*, qui, préparés de façon spéciale (la graine doit être chauffée en dessous de 80°), ont la propriété de dégager lentement des vapeurs très insecticides d'essence de moutarde.

V. MAYET (1890) devant les difficultés de préparation préconisait l'usage du sulfure de carbone, qui fut employé avec succès en Hongrie par HORVARTH (1891) en traitement d'automne. La meilleure dose pour PICARD (1911) est de 30 g par mètre carré.

3° Lutte chimique contre les adultes

Les traitements arsenicaux de printemps (arséniate diplombique et arséniate d'alumine en pâte, à la dose de 1 %) sont actifs au printemps en pulvérisation sur le feuillage.

Actuellement les esters phosphoriques permettraient de faire face à une invasion.

4° Protection contre les adultes

BRUNET (1909) a signalé des essais réalisés en Californie pour empêcher les Gribouris de remonter de la terre jusque sur les plants de vigne. Les souches ont été recouvertes individuellement avec des cages en toile métallique, soutenues par des montants en bois et isolant tout un espace de terre autour du pied de vigne. Ces cages ont été laissées en place de mai à la mi-juillet, le sol demeurant non cultivé. La croûte du terrain durci a empêché l'invasion, par conséquent dans les zones infestées de Gribouri il serait souhaitable de laisser inculte un espace de 30 ou 40 cm autour des souches.

L'utilisation de films plastiques, aujourd'hui, pourrait peut-être rendre le même service, combinée avec le désherbage chimique.

LES CLYTRES

I — SYSTEMATIQUE

Le genre *Clytra* Laich. (ou *Clythra*) dépend de la famille des *Chrysomelidae* et de la sous-famille des *Clytrinae*.

Plusieurs espèces ont été signalées occasionnellement comme nuisibles à la vigne en Europe, en Afrique du Nord et au Proche-Orient :

— *Clytra 6 punctata* F., espèce signalée par DELASSUS et al. (1933) en Algérie. « Les adultes en rongeant les jeunes greffons parviennent à les réduire à l'état de moignons informes, en mettant les jeunes feuilles en dentelle, en dévorant les parties tendres des tiges. »

— *Clytra 8 punctata* F. est associée à la précédente en Algérie, selon DELASSUS.

—*Clytra 9 punctata* Ol., espèce signalée sur vigne en Israël par BODENHEIMER (1930) et dans le sud-est de l'URSS par DOBROVOLSKI (1951).

— *Clytra valerianae* Men. ne cause que des dégâts insignifiants sur la vigne dans le sud-est de l'URSS, d'après DOBROVOLSKI.

— *Clytra viscina* Lac. C'est l'espèce la plus commune en Afrique du Nord, rencontrée sur la vigne par DELASSUS et al. (1933), sur les jujubiers, sur les arbres fruitiers (BALACHOWSKY, 1930) et sur rosier au Maroc par LEPINEY et MIMEUR (1932).

II — BIOLOGIE

« Toutes ces espèces, écrit BALACHOWSKY (1963), de 3 à 12 mm de longueur, ont une forme allongée, robuste, subparallélipépidique ou ovalaire de couleur rouge, jaune ou brun clair aux élytres maculés ou non de taches ponctiformes ou de bandes plus sombres disposées sub-symétriquement. La tête et le thorax sont souvent d'un bleu-vert métallique foncé et brillant.

« Les *adultes* possèdent un régime phytophage exclusif et le plus souvent phyllophage ; ils dévorent les feuilles tendres, les jeunes pousses et s'attaquent parfois aux bourgeons et aux fleurs.

« Les *larves* sont myrmécophiles et vivent dans les fourmilières ; elles ne sont donc jamais nuisibles aux plantes cultivées. Ces larves possèdent une forme recourbée avec un corps mou, blanc, décoloré, à segmentation peu apparente. Elles sont incluses dans un *fourreau larvaire* construit dès le premier stade, aux dépens de la capsule ovulaire vide, sur laquelle la larve agglomère progressivement ses excréments mêlés de terre. Ce fourreau prend une consistance solide mais souvent friable. La larve s'enfonce entièrement dans son étui, ne laissant dépasser que sa tête fortement sclérifiée brune ou noire à vertex épaissi formant un véritable clapet, fermant hermétiquement la coque par rétraction en cas de défense. La larve pourvue de pattes bien développées chemine en dégageant l'avant de son corps hors du fourreau dans lequel elle s'enferme au moindre danger. Le fourreau augmente de taille au fur et à mesure de la croissance de la larve et la nymphose s'opère toujours dans cette même coque.

« Toute la vie larvaire s'opère dans la fourmilière et l'alimentation de l'insecte à ce stade paraît constituée de débris végétaux apportés par les fourmis.

« Après la nymphose, l'adulte s'échappe de la coque larvaire par un trou circulaire, abandonne aussitôt la fourmilière et mène une vie essentiellement extérieure. Il est héliophile, thermophile, vole au soleil par temps clair aux heures chaudes de la journée. Les adultes apparaissent parfois en masse, du début du printemps jusqu'en été, formant de véritables essaims défeuillant les arbres à feuilles jeunes et tendres en quelques heures, cisaillant les fleurs ou coupant les pousses et bourgeons. Ce type d'attaque est brutal mais fugace, il ne se prolonge pas au-delà de quelques jours à quelques semaines. Il est probable que cette intense période d'alimentation précède l'accouplement et la ponte et s'atténue beaucoup lorsque ces actes vitaux ont commencé à se manifester. »

III — MOYENS DE LUTTE

Ces insectes ne donnent pas lieu à des traitements particuliers car ils sont rarement dangereux, puisque les larves vivent dans les fourmilières.

Dans les vignobles où les adultes seraient nombreux au point de s'attaquer aux parties herbacées, des traitements insecticides aux esters phosphoriques doivent permettre de les détruire.

LES LABIDOSTOMIS

« Le genre *Labidostomis* Steph. comprend des insectes très voisins des *Clytra*, dépendant comme eux de la sous-famille des *Clytrinae*. Ce sont des Coléoptères de même couleur, caractérisés par une taille plus grande (15 mm environ) et un dimorphisme sexuel accusé. Le mâle est pourvu de longues et robustes pattes antérieures et de fortes mandibules saillantes « en tenaille»; ces caractères, d'après BALACHOWSKY (1963), sont atténués chez la femelle.

« Les antennes sont fortement serriformes, le thorax bleu acier et les élytres rouges, pourvus ou non de maculations.

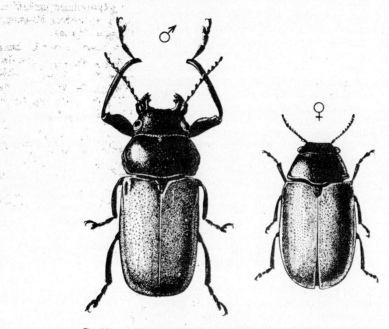

Fig. 300. – *Labidostomis lucida* Germ. mâle et femelle (d'après BALACHOWSKY).

« Comme les *Clytra*, les *Labidostomis* s'attaquent aux organes végétatifs jeunes des végétaux les plus divers, non seulement aux essences arbustives, mais aussi aux plantes basses. Les invasions sont moins massives, moins virulentes, mais plus étendues dans le temps ; on peut trouver les adultes durant tout l'été jusqu'en septembre. Cependant les grands essaimages ont lieu de mai à juillet suivant le climat. »

Plusieurs espèces ont été signalées sur la vigne, sans faire cependant de gros dégâts :

— *Labidostomis lucida* Germ. est une espèce répandue dans toute l'Europe tempérée et méridionale, s'attaquant principalement aux cerisiers et accessoirement à la vigne en France (V. MAYET), et en Russie, dans le Kouban (DOBROVOLSKI, 1951), détruisant 5 à 10 % du feuillage entre avril et juin. Nous l'avons observé en Basse-Ardèche à St-Remèze en 1975.

Les adultes mesurent de 5 à 8 mm, la tête et le thorax sont d'un vert métallique brillant et les élytres d'un jaune paille. Il y a un dimorphisme sexuel accusé : le mâle est pourvu de longues et robustes pattes antérieures et de fortes mandibules saillantes, en tenaille ; la femelle a les pattes antérieures normales et une taille plus réduite.

— *Labidostomis taxicornis* Fabr. ou *Clythra taxicornis*. Il mesure 8-12 × 3 mm, possède un corps de couleur vert bleuâtre brillant, avec des élytres d'un jaune testacé. Comme dans l'espèce précédente il y a un dimorphisme sexuel. Cette espèce, répandue dans les régions méditerranéennes a été trouvé en Algérie sur les arbres fruitiers, en Italie sur les rosiers et en France sur des plantes diverses dont la vigne, aux

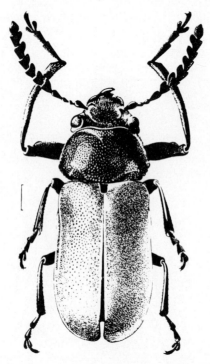

Fig. 301. – *Labidostomis taxicornis* F. mâle (d'après BALACHOWSKY).

environs de Montpellier par V. MAYET. « Elle entaille les pampres de ses grandes mandibules, mais ses ravages ne durent pas. Son activité est en raison directe de la chaleur solaire. Au bout d'une quinzaine de jours, l'accouplement et la ponte opérés, ces insectes qui ont apparu presque tous à la fois disparaissent aussi très brusquement. »

Cet insecte fut trouvé également par PLANCHON (1887) aux environs de Saint-Tropez.

— *Labidostomis pallidipennis* Geb. Espèce trouvée en Russie dans la région d'Astrakan sur la vigne et divers *Populus* et *Salix* par DOBROVOLSKI (1951).

— *Labidostomis hordei* F. Signalée sur l'orge, le chysanthème et la vigne, notamment au Maroc et dans le sud-ouest de l'Europe.

MALACOSOME DU PORTUGAL

I — SYNONYMIE ET SYSTEMATIQUE

Ce coléoptère appartient à la famille des *Chrysomelidae* et à la sous-famille des *Galerucinae.* D'abord dénommé *Malacosoma lusitanica* L., puis *Clythra lusitanica* L., c'est actuellement l'*Exosoma lusitanica* L. Fr. Galéruque des Narcisses.

II — DESCRIPTION

L'insecte adulte possède des téguments mous (d'où son nom : μαλαχος, mou, σoμα, corps). Selon V. Mayet (1896), « le corps mesure 7-9 × 4 mm et il est oblong, épais, cylindrique, entièrement de couleur jaune-rougeâtre, sauf en dessous, le milieu et la base du sternum qui sont noirs. La tête est en museau obtus et possède des antennes relativement épaisses qui atteignent les deux tiers de la longueur du corps. Les élytres sont oblongs, arrondis à l'extrémité et à épaules saillantes. Les pattes sont assez grandes, de grosseur moyenne, les postérieures notablement plus longues.

« Les mâles se distinguent par la forme du dernier segment ventral qui est profondément entaillé de chaque côté et creusé d'un sillon. »

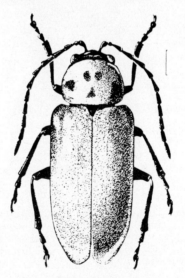

Fig. 302. – Malacosome du Portugal (d'apres BALACHOWSKY).

III — BIOLOGIE

« Les accouplements sont faciles à observer en liberté et dans le laboratoire, mais la femelle captive meurt toujours sans avoir pondu. » Les adultes, d'après Balachowsky et Mesnil (1936), apparaissent dans le courant de mai. On les rencontre fréquemment sur les tiges des liliacées et des amaryllidacées qu'ils rongent à la façon des Criocères et souvent sur les fleurs de diverses plantes dont ils dévorent la corolle.

La biologie de cet insecte est mal connue. Selon LABOISSIERE (1934) les larves sont blanches, étroites, à côtés parallèles, mesurant 15 à 18 mm de long. Leurs 6 pattes sont aussi faiblement chitinisées. Ces larves se reconnaissent à leurs mandibules coupantes, sans dentelure et à leur absence d'ocelles. Ces larves vivent en groupe, parfois plusieurs dizaines dans un même bulbe de narcisse. Lorsqu'elles ont achevé de dévorer une plante, elles passent à la plus proche pour recommencer leurs dégâts.

Vers le début d'avril, les larves creusent une loge ovoïde dans les tissus attaqués et plus ou moins décomposés. Elles enduisent les parois avec leurs excréments, puis se transforment en nymphes. Un mois après environ, l'adulte éclôt.

IV — CONDITIONS DE DEVELOPPEMENT

1° Répartition géographique

Le Malacosome est signalé sporadiquement en France comme faisant des dégâts sur la vigne, principalement dans la région méridionale à Montpellier (BERNON, 1935), Sète, Frontignan, Balaruc, dans la vallée du Rhône au sud de Lyon, dans presque toute la vallée de la Garonne, dans les Pyrénées (environs de Luchon), dans les Cévennes (Aigoual), le Var, les Alpes-Maritimes, par V. MAYET (1896), en Loire-Atlantique sur du Muscadet (CHAIGNEAU, 1963), dans le Sauternais et dans la région d'Eauze (Armagnac) par MOUTOUS et FOS (1971).

L'aire de distribution géographique comprend toute l'Europe méridionale et centrale ainsi que l'Algérie.

2° Plantes-hôtes

L'insecte attaque parfois les cultures de narcisses, mais peut vivre sur de nombreuses plantes spontanées de la famille des Liliacées et des Amaryllidacées.

V — DEGATS

Ils sont très caractéristiques sur la vigne et se manifestent en mai. Les adultes, très voraces, dévorent le parenchyme des feuilles, ne laissant subsister que les grosses nervures. Les souches attaquées peuvent donc être plus ou moins défeuillées ce qui nuit à leur bonne alimentation.

BERNON a signalé que les inflorescences pouvaient subir des dommages, l'insecte s'attaquant à la corolle qui brunit. Le bourgeon terminal et les entre-cœurs peuvent aussi être atteints. Il semble que ce sont les organes jeunes, remplis de sève sucrée qui attirent les insectes et ceux-ci peuvent être très nombreux sur une même souche. GEOFFRION (1971) a noté que les pullulations paraissent localisées à certains vignobles et toujours à la même époque.

« Lorsqu'on veut saisir un Malacosome, écrit V. MAYET, il projette ses antennes en avant, replie ses pattes contre son corps et contrefait la mort en répandant une odeur désagréable, rappelant celle des Coccinelles. »

VI — METHODES DE LUTTE

Autrefois on pratiquait le ramassage des adultes avec l'entonnoir à Altises, ce qui est encore possible en cas d'une attaque très localisée.

Mais actuellement l'usage des insecticides, comme le Parathion, permet de se débarrasser de ce coléoptère, généralement peu dangereux et très localisé.

ALTISE

I — SYNONYMIE

Son nom vient du grec Αλτιχος (habile à sauter). *Puce de la vigne, pucerotte ; puce de terre* en Bourgogne (DURAND) ; *puce bleue, barbot bleu, barbot* ou *babot* en Gironde (PETIT-LAFITTE) ; bleuette.

All. *Erdfloehe* (puce de terre), *Rebenerdfloh* (puce de terre de la vigne).

Ital. *Altica, altica mangia-viti* (OTTAVI), *pulce* ou *pulce delle viti, altica della vite.*

Port. *Pulgão, pulgão da vinha, âltica, saltao.*

Esp. *Altisa, altisa de la vid, azulita, pulgon de la vid, pulguilla, roe, escarabajo, escarabajuelo* dans la Manche ; *pulga* à Avila ; *pulgon, coquillo* à Almeria ; *corocha* à Badajoz ; *animalo* aux Baléares ; *escarbatet* à Castellon ; *escarbato, saltiro* en Catalogne ; *coco* dans le Leon ; *cuquillo* à Madrid ; *blaveta* à Valence d'après RUIZ CASTRO.

Angl. Grape flea beetle.

II — HISTORIQUE

Dans l'antiquité, les Grecs connaissaient peut-être déjà cet insecte si on admet son identité avec les « cantharides » de la vigne dont parlent à la fois les Géoponiques et PALLADIUS, comme le veut WALKENAER (1835).

Pour AUDOUIN (1842) l'Altise est connue depuis fort longtemps en Andalousie puisque déjà au moyen âge on avait recours, pour sa destruction, à des prières publiques dans l'église de Malaga. De plus l'importante synonymie, rapportée par RUIZ CASTRO (1965) est une preuve supplémentaire de sa grande diffusion en Espagne.

En ce qui concerne la France l'opinion des auteurs diverge. Pour Valéry MAYET (1890) l'Altise se trouvant sur divers végétaux, le saule entre autres, de temps immémorial sans doute, on ne peut considérer l'Espagne comme le point de départ de l'espèce. Pour AUDOUIN, au contraire « l'invasion s'est faite à partir de l'Espagne, dans les vignobles qui avoisinent les Pyrénées et particulièrement près de Perpignan. L'Altise a commis de grands dégâts, il y a 25 ans environ, dans les communes de Collioure, de Port-Vendres et de Banyuls-sur-Mer. En 1838 j'ai trouvé une grande quantité d'Altises dans ces mêmes localités ainsi que dans les vignes de Rivesaltes, Espira-de-l'Agly, Baixas, etc... Dans l'Hérault l'insecte a été trouvé en 1819 à Vendres et plus tard dans les communes d'Agde, de Marseillan, de Frontignan, de Montbazin puis de Mauguio, St-Nazaire et de Lunel ». CAZALIS-ALLUT (1849) mentionne l'Altise, dès 1825, dans son domaine des Aresquiers à Vic-la-Gardiole et il pensait qu'elle avait une prédilection pour les vignobles

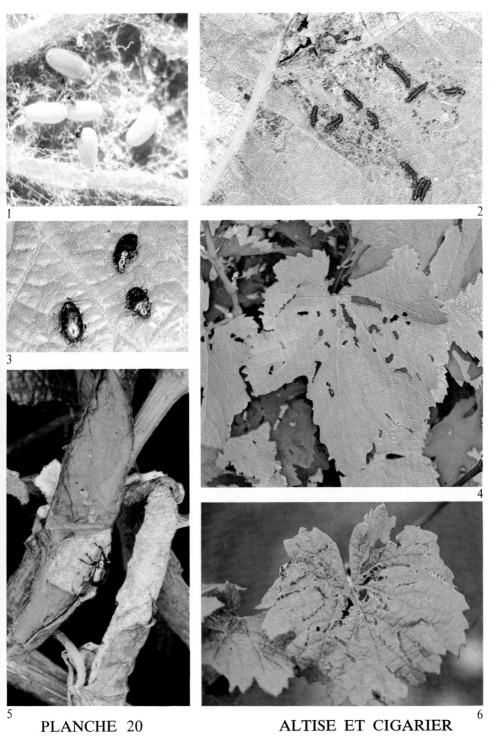

PLANCHE 20   ALTISE ET CIGARIER

1. — Œufs d'Altise pondus à la face inférieure des feuilles (Cl. Sandoz) ;
2. — Larves d'Altise, dévorant le limbe en respectant les nervures (Cl. Sandoz) ;
3. — Altises adultes, de couleur bleu métallique (Cl. Sandoz) ; 4. — Dégâts
d'Altises adultes perforant le limbe (Cl. Labry et Galet) ; 5. — Cigares
formés par le Cigarier, dans lesquels il pond un ou deux œufs jaune pâle
(Cl. Sandoz) ; 6. — Le Cigarier fait aussi des perforations sur les feuilles qui
sont rectilignes (Cl. Sandoz).

du littoral. Dans la région de Lyon, Foudras (1859) signale l'insecte sur le saule bien avant 1819 et en Gironde, dans le Médoc, Petit-Lafitte (1868) note des ravages depuis 1853.

En Algérie, c'est probablement à partir de l'Espagne, grâce au trafic maritime intense entre les deux pays que l'Altise est venue s'installer sur les vignes, aux environs de 1849, dans la région d'Oran, gagnant ensuite le département d'Alger, puis celui de Constantine.

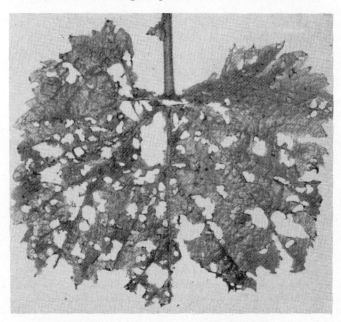

Fig. 303. – Dégâts sur vigne des adultes d'*Haltica ampelophaga* (d'après JALACHOWSKY).

III — SYMPTOMES

Au printemps les Altises adultes se nourrissent des feuilles de la vigne : elles dévorent le parenchyme en respectant les nervures un peu fortes, de sorte que les feuilles prennent l'allure d'une dentelle.

Plus tard, les larves vont également se nourrir du parenchyme et comme elles vivent à la face inférieure des feuilles elles ne vont respecter que les nervures et l'épiderme supérieur qui ne tarde pas à brunir et se dessécher. La tache ainsi formée s'agrandit d'une façon irrégulière avec la partie centrale qui a pris une teinte feuille morte. En retournant la feuille il est facile d'identifier l'insecte par ses larves noirâtres (photo 2 de la planche 20). Les feuilles les plus gravement atteintes peuvent se dessécher en totalité et tomber, au point que certaines souches ne portent plus que quelques feuilles à l'extrémité supérieure des rameaux.

L'effeuillage précoce expose les raisins à l'action du soleil provoquant leur dessèchement. C'est ce qu'on observait parfois en Algérie, les dégâts étant aggravés par l'action du sirocco, vent violent et chaud. La récolte était soit perdue en totalité, soit en partie, mais par suite de l'insuffisance de feuilles les raisins mal mûris ne donnaient que des vins défectueux.

Les larves peuvent aussi ronger l'écorce des rameaux en y creusant des rainures, ainsi que les rafles et des morceaux de grappe peuvent tomber sur le sol ; enfin les grains eux-mêmes peuvent être rongés.

IV — SYSTEMATIQUE

Ce petit coléoptère appartient à la grande famille des Chrysomelidés et à la sous-famille des *Halticinae* dont dépend le genre *Haltica*.

D'abord appelée *Chrysomela oleracea* L., l'Altise fut ensuite appelée *Altica oleracea* Geoffroy (cette confusion est due à AUDOUIN car il s'agit en réalité d'une espèce distincte), puis *Altica ampelophaga* Guérin-Menneville et finalement *Haltica lythri* Aubé, ssp. *ampelophaga* Guér. qui est son nom actuel. BALACHOWSKY (1963) rappelle que certains systématiciens (KUHNT, PORTEVIN, HEIKERTINGER) considèrent les deux formes comme deux espèces distinctes (*H. lythri* Aubé et *H. ampelophaga* Guér.) mais que d'après les travaux de divers naturalistes et écologistes, il semble plus vraisemblable d'admettre que *H. ampelophaga* n'est qu'une variété ou une forme méridionale d'*H. lythri* qui se serait adaptée secondairement à la vigne, la forme typique vivant uniquement aux dépens des *Lythraceae* et des *Oenotheraceae*.

Selon PICARD (1926) « *H. ampelophaga* serait donc une race allotropique et xérophile de *H. lythri* du midi, race elle-même du *lythri* du nord. Plus on descend au sud, plus le type *ampelophaga* prédomine. C'est le seul qui existe en Algérie, tandis que dans le nord de la France, on ne trouve que le type *lythri*. »

V — DESCRIPTION

L'Altise possède un corps ovale, allongé, mesurant $3,5-4,5 \times 2,5-3$ mm (donc plus grand que celui d'*H. oleracea* qui ne dépasse pas $3-3,5 \times 1,75-2$ mm), d'une brillante couleur bleu métallique avec souvent des reflets verdâtres ou même franchement verts (on trouve d'ailleurs toutes les nuances entre ces deux couleurs. La tête est petite avec des antennes longues, filiformes, atteignant le tiers de longueur des élytres ; ceux-ci sont striés de lignes irrégulièrement ponctuées. Les pattes postérieures présentent des cuisses largement dilatées qui permettent des bonds vifs et assez étendus, comparables aux sauts exécutés par les puces. Le vol est rapide et on peut assister à des migrations importantes d'essaims.

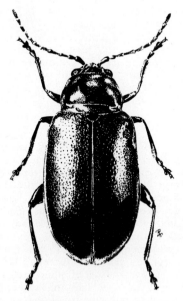

Fig. 304. – L'altise de la Vigne *Haltica lythri* Aubé ssp. *ampelophaga* (d'après BALACHOWSKY).

VI — BIOLOGIE

La biologie de l'Altise a été étudiée par V. MAYET (1888, 1890), FEYTAUD (1911, 1917), PICARD et PAGLIANO (1921), PICARD (1926) et BALCELLS (1953, 1954).

A - Adultes et accouplement

« L'Altise, selon V. MAYET, passe l'hiver abritée sous les écorces, les feuilles mortes, dans les fentes des murs, les murs de soutènement en pierres sèches ou sous les écorces des platanes plantés le long des routes. En Algérie, LECQ (1884), l'a signalé sous les feuilles des arbres à feuillage persistant : cyprès, lentisques, pins, faux-poivriers, encalyptus et les troncs de mûriers, etc...

« Au printemps dès l'éclosion des bourgeons de la vigne, c'est-à-dire en mars pour le sud de l'Espagne et l'Algérie, en avril pour le midi de la France, les Altises sortent de leur retraite, prennent leur vol, s'abattent en foule au plus près sur les feuilles naissantes qu'elles commencent à dévorer, les perçant de milliers de petits trous, s'atta-quant même aux jeunes rameaux. » (Photo 4, pl. 20).

« En fait, écrit PICARD (1921), l'insecte quitte ses retraites d'hiver au printemps à une époque variable qui est fonction de la température de la saison (il faut en moyenne 15 à 16°C). Ordinairement les premiers individus sortent aux premiers jours ensoleillés de la fin de mars ou du début d'avril. Ils sont peu actifs, ne s'accouplent pas encore et se cachent de nouveau dès que le temps se refroidit. Ce n'est que quelques jours plus tard, vers le 14 avril, qu'on voit les Altises en nombre un peu considérable et que s'observent les premières tentatives d'accouplement. » Pour V. Mayet « l'adulte commence à manger pour réparer le jeûne de l'hiver, puis il s'accouple, pond et ne tarde pas à mourir. En réalité les accouplements débutent dès l'apparition et coexistent avec les premiers repas de l'insecte. Ils sont multiples, quelquefois presque journaliers et se répètent jusqu'aux derniers jours de la vie des conjoints. Cette multiplicité d'unions sexuelles paraît d'ailleurs inutile à la fécondation des œufs. Une femelle qui vécut un mois après la mort de son mâle pondit encore, dans ce laps de temps, plus de 200 œufs qui donnèrent tous des larves. »

B - Œufs

« Les œufs, selon V. Mayet, au nombre d'une trentaine environ, un peu moins en France, un peu plus en Algérie, sont pondus au revers de la feuille en une ou plusieurs plaques séparées. Ils sont jaunes, ellipsoïdes, 0,5 × 0,25 mm et chacun est surmonté d'un petit amas brun terminé en pointe (fragment de déjections de l'insecte servant probablement de moyen de protection contre les espèces carnassières) » (photo 1 de la pl. 20). Pour Picard « les pontes sont déposées par plaques ou par petits amas qui peuvent comprendre de 1 à 31 œufs, avec une moyenne de 12, non seulement à l'envers des feuilles mais aussi au-dessus. Sur 524 œufs pondus par une femelle, 144 se trouvaient à la face supérieure. En fait si les œufs sont plus souvent placés en dessous de la feuille cela tient à ce que l'adulte, surtout à mesure que la température s'élève, fuit l'ardeur du soleil en se confinant davantage sur la face la moins éclairée.

« Les pontes sont extrêmement nombreuses. Bien loin de déposer une trentaine d'œufs puis de mourir, la femelle peut survivre jusqu'à la fin de juillet et pondre presque jusqu'à sa mort, atteignant ainsi un total qui dépasse fréquemment 500 œufs (avec 35 à 55 émissions). Une Altise pèse en moyenne 5,7 mg et un œuf 0,11 mg ; donc en admettant une émission de 500 œufs, le poids total de la ponte est de 55 mg, soit environ 10 fois son propre poids.

« Cette énorme fabrication de matière vivante ne peut être obtenue que par une absorption intense de nourriture durant toute la vie de l'insecte, équivalent à 332 mg en moyenne soit 58 fois son poids. Donc l'adulte détruit une quantité de feuillage beaucoup plus grande qu'on ne le pensait. »

Au laboratoire, Balcells (1953), trouve une fécondité moyenne de 170 œufs pour la génération hibernante ; dans les conditions naturelles la fécondité est beaucoup plus faible. La femelle cesse de se reproduire lorsque la température maximum journalière atteint 33°C et la température minimum 28°C.

C - Larves

La larve va apparaître au bout d'un temps d'incubation variable avec les conditions climatiques, en moyenne 7 à 8 jours pour V. Mayet. « Au laboratoire, d'après Balachowsky (1963), avec une hygrométrie saturante l'incubation dure 19 jours à 16°C, 11 jours à 19°C, 9 jours à 22°C, 6 jours à 26°C et 4 jours à 32°C. Le seuil thermique minimum est de 10°3C et le seuil maximum de l'ordre de 32,5 à 33°C. Une humidité relative de 80 % provoque un allongement de la durée du développement embryonnaire : si le déficit hygrométrique est plus accusé, les œufs ne peuvent plus se développer. »

Au moment de l'éclosion, la jeune larve est entièrement jaune. La tête noircit tout d'abord et quatre ou cinq heures après l'éclosion, le corps entier devient noirâtre (photo 2 de la pl. 20). Dans les jours qui suivent la teinte s'éclaircit par le fait qu'à mesure que la taille augmente, les tubercules d'un noir brillant, surmontés de longs poils, s'écartent davantage, laissant paraître dans leurs intervalles la couleur de la peau, qui d'abord noirâtre, passe au brun puis au jaune sale à l'approche de la mue. 6 ou 7 jours après sa naissance la première mue s'effectue et dure 24 heures environ. La larve se courbe en arc et se dégage de son enveloppe par une fente dorsale ; elle apparaît alors d'un beau jaune orangé, mais quelques heures après elle redevient très noire, pour passer au brun clair jusqu'à la seconde mue. Celle-ci a lieu de 5 à 8 jours après la première, selon la température (12 jours pour V. MAYET). Cette fois encore les larves sortent très jaunes de l'enveloppe et noircissent quelques heures après. Elles demeurent noires pendant deux ou trois jours, puis virent progressivement au brunâtre. Elles deviennent alors très vagabondes.

Les très jeunes larves sont peu mobiles ; elles entament la feuille, non par la tranche, mais par la surface, près de l'endroit où elles sont nées et la rongent en respectant l'épiderme de la face opposée. En grandissant elles deviennent capables de trouer la feuille de part en part, comme l'adulte, de changer de place et même d'aller attaquer les grappes.

Pour V. MAYET, les larves adultes mesurent 6 × 1,5 mm et possèdent douze segments, non compris la tête et un mamelon ambulatoire anal. BARBIER (1894) en Algérie avait donné comme grosseur maximum 12 × 3 mm. De plus il avait indiqué que si les jeunes larves restaient groupées sur le revers de la feuille où elles étaient nées, elles se séparaient après la première mue et circulaient d'une feuille à l'autre. Si elles tombent à terre, elles peuvent très bien alors remonter sur le cep et après leur deuxième mue, faire des parcours de plus de 10 mètres sur le sol. Les larves craignent le soleil et s'abritent par conséquent en dessous des feuilles. Après la première mue elles deviennent moins sensibles et peuvent habiter indistinctement sur les deux faces des feuilles, choisissant notamment la face supérieure chez les cépages velus (Clairette, Mourvèdre, Petit Bouschet).

Selon BALCELLS, à une hygrométrie saturante, le développement larvaire dure 36 jours à 17°5C, 25 jours à 20°C, 15 jours à 25°C. 11 jours à 30°C. Le seuil thermique minimum est de 6°3C, le seuil maximum 32°5 à 35°C. A 80 % d'humidité relative, le développement est un peu plus lent.

D - Nymphes

La *nymphose* se produit dans le sol, dans une petite loge creusée à 10 cm de profondeur pour V. MAYET et seulement de 2 à 5 cm pour PICARD. BARBIER indique que dans les premiers jours de juillet il suffit de gratter la terre avec les doigts sous un cep ayant fortement subi les attaques des larves pour voir à 3 ou 4 cm de profondeur de nombreuses nymphes d'une belle couleur jaune d'or. V. Mayet indique que cette couleur, déjà signalée par Audouin, correspond aux métamorphoses réalisées hors du sol alors que dans le sol la couleur est blanche. Mais les essais de Picard montrent que ni l'obscurité, ni la vie souterraine n'influent sur la couleur des nymphes qui restent d'un jaune vif.

La durée du développement prénymphal et nymphal, pour Balcells, est de 22 jours à 17°5C, 11 jours à 22°5C, 8 jours à 25°C, 7 jours à 30°C. Le seuil thermique minimum est de 12°6C pour les prénymphes, de 10°05C pour les nymphes ; le seuil thermique maximum est de 35°C pour les deux stades.

La nymphe mesure 4 × 3 mm, la tête étant inclinée sur le devant du thorax et ne faisant pas partie de la longueur.

Toutes les parties du corps se chitinisent graduellement et se rembrunissent, en commençant par les yeux, les parties de la bouche, les antennes et les pattes, continuant par la tête et le dessus du thorax. Au bout de huit jours environ, la nymphe, ayant rejeté sa cuticule vers l'extrémité abdominale, est devenue un insecte parfait.

L'Altise adulte, ayant pris sa belle couleur vert métallique et ses téguments étant suffisamment solidifiés reste 24 heures dans sa loge, puis elle se fraye un passage dans la terre pour remonter à l'air libre. Dès le lendemain elle commence à s'alimenter en broutant les feuilles et quelques jours après, la ponte commence pour produire une nouvelle génération.

Bien que cette espèce soit d'origine méridionale, elle supporte assez mal la forte chaleur et elle a besoin d'humidité. Donc, à mesure que l'été s'avance, les adultes se tiennent de plus en plus à l'ombre à l'intérieur des souches. Les pontes sont concentrées sur les feuilles de la base des rameaux et les dégâts deviennent de moins en moins apparents.

E - Nombre de générations

Au laboratoire, V. Mayet et Balcells ont pu obtenir sans difficulté 5 générations successives d'Altises. Mais en plein champ il est plus difficile d'évaluer le nombre des générations en raison des pontes échelonnées et de la longévité des adultes. Les femelles se reproduisent quelques jours après leur apparition (7 jours ± 2,5). Le développement complet de l'œuf à l'adulte a une durée identique quelle que soit la génération, mais dépend de la température, soit 81 jours à 17°5C, 60 jours à 20°C, 38 jours à 25°C, 33-34 jours à 30°C. Le cycle complet exige, selon Balcells, une somme de 714,3 degrés-jours, avec un seuil thermique de 7°64C.

Compte tenu de ces exigences thermiques, le nombre de générations qui se succèdent d'avril à août serait, d'après Balcells, de une en Europe centrale, de deux à Bordeaux (Feytaud), de deux et demi à Montpellier (V. Mayet, Picard), de trois à quatre à Barcelone et de quatre à cinq en Algérie. Dans ce dernier pays, les auteurs anciens signalaient jusqu'à 5 ou 6 générations. Il convient de compter une génération en moins pour chaque augmentation de 400 m d'altitude. Pour l'Europe et le bassin méditerranéen, Balcells a pu préciser les lignes isothermiques qui séparent les zones où doivent se succéder respectivement 1, 2, 3, 4 ou 5 générations dans l'année.

PICARD, au laboratoire, a observé la succession suivante des générations :

« *1re génération*. Les pontes débutèrent du 17 au 25 avril selon les femelles pour se continuer jusqu'à la fin de juin et même jusqu'au 22 juillet pour une femelle. Les œufs commencèrent à éclore au début de mai et dès les premiers jours de juin apparaissaient les adultes de première génération, mais cette éclosion s'échelonna sur plus de deux mois.

« *2e génération*. Les adultes apparus le 7 juin commencèrent à manger dès leur sortie. Mais ils ne s'accouplèrent et pondirent qu'après un temps de repos et les premiers œufs ne furent déposés que le 24 juin. Comme l'apparition des adultes fut très espacée, il en fut de même des pontes qui se continuèrent jusqu'au 3 septembre. La fécondité fut moindre qu'à la première génération : le maximum fut de 395 œufs par femelle et beaucoup d'œufs ne donnèrent pas de larves, spécialement parmi les derniers émis. Les premiers adultes de cette seconde génération se montrèrent le 1er août.

« *3e génération*. Après un repos d'une dizaine de jours, ces adultes commencèrent la ponte de troisième génération, qui débuta le 10 août et ne se continua pas au-delà des premiers jours de septembre, pas plus tard, par conséquent, que celle des adultes de seconde génération. La fécondité des femelles fut encore plus faible, le maximum d'œufs ayant été de 75, dont une forte proportion se dessécha sans éclore. Les individus de cette génération furent adultes à partir de la fin septembre et continuèrent à se montrer pendant tout le mois d'octobre.

« La période de reproduction étant très longue, ces trois générations sont enchevêtrées d'une façon inextricable, de sorte qu'on rencontre à toute époque, dans les vignobles, des œufs, des larves de toute taille et des adultes, les individus à chacun de ces stades pouvant appartenir à des générations différentes et certains individus d'une génération étant bien plus âgés que certains d'autres de la génération précédente.

« A partir du commencement de septembre, tous les adultes existant à ce moment des 3 générations cessent de manger, de s'accoupler et de pondre. Ils quittent le feuillage de la vigne et se rendent dans les abris les plus divers : écorce des souches et des arbres avoisinants, broussailles, mousses, amas de feuilles sèches, fentes de murs, etc... Ils y demeurent jusqu'au printemps et y sont rejoints par les retardataires qui éclosent en octobre. »

En Espagne à Mataro, BALCELLS indique que « les œufs sont pondus entre le 10 mai et le 30 juin ; les larves sont présentes sur la vigne entre le 25 mai et le 24 juillet ; les nymphes entre le 18 juin et le 26 juillet ; les adultes de deuxième génération sortent entre le 7 juillet et le 4 août. Ces adultes pondent entre le 7 juillet et le 26 septembre ; les larves sont présentes entre le 15 juillet et le 21 octobre ; les nymphes entre le 9 août et le 2 novembre. Les adultes de troisième génération se reproduisent entre le 23 août et le 26 septembre ; les larves sont présentes entre le 28 août et le 21 octobre, les nymphes entre le 27 septembre et le 2 novembre. »

« A Montpellier, selon PICARD, les œufs commencent à éclore au début du mois de mai ; les larves sont présentes durant le mois de mai. Les adultes de deuxième génération apparaissent au début du mois de juin et ils pondent du 24 juin au 3 septembre. Les larves sont présentes pendant les mois de juillet et d'août. Les adultes de troisième génération pondent du 10 août au 3 septembre. »

On constate donc que les générations se superposent si bien que l'on trouve constamment à l'automne des adultes, des œufs et des larves sur la vigne. En Espagne la densité de la population larvaire atteint son niveau maximum entre le 15 et le 30 août ; la densité maximum des adultes est observée entre le 15 septembre et le 15 octobre.

A l'automne lorsque les températures moyennes sont de l'ordre de 20 à 22°C les adultes cessent de manger, de s'accoupler et de pondre de sorte que l'Altise hiverne uniquement au stade imaginal. On constate une forte mortalité de ces insectes adultes durant l'hiver, non pas à cause des froids vifs, mais plutôt par un temps doux et humide, qui favorise le développement de champignons parasites.

F - Ennemis naturels

La lutte biologique au moyen de champignons ou d'insectes parasites a été essayée, sans grand succès, au début du siècle et elle n'est pas rentrées dans la pratique.

Parmi les champignons entomophages, le plus connu fut *Beauvaria globulifera*, importé d'Amérique en 1892 et étudié par TRABUT (1898) sous le nom de *Sporotrichum globuliferum*. Les Altises hibernantes sont parfois parasitées en quantité considérable et forment de gros amas d'individus agglomérés les uns aux autres par le mycelium du champignon. Cette destruction s'observe surtout lors des hivers doux et humides. Sur les larves on a signalé aussi *Beauveria bassiana*.

La *punaise bleue* ou *Zicrona caerulea* L. fut longuement étudiée par FEYTAUD (1913) à Bordeaux, car au moyen de son rostre elle peut piquer les Altises et leurs larves qu'elle épuise par succion.

Un autre diptère *Degeeria funebris* Meig. peut aussi parasiter l'Altise (VANEY et CONTE, 1903) ainsi que *Degeeria lactuosa* Meig, mais ces insectes sont eux-mêmes parasités par un Ichneumonide du genre *Mesochorus*.

Un Hyménoptère Brachonide *Perilitus brevicollis* Haliday offre la particularité d'avoir successivement une génération bisexuée issue des adultes hibernants et une génération unisexuée qui se développe aux dépens des larves pendant l'été.

Enfin, BALACHOWSKY (1963) signale le Sphégide *Entomognathus brevis* Linden qui capture un grand nombre d'adultes, entreposés ensuite dans son nid.

VII — CONDITIONS DE DEVELOPPEMENT

1° Répartition géographique

Comme il a été indiqué dans l'historique, l'Espagne serait le point de départ de l'Altise, puisqu'elle est signalée dès le XIIIᵉ siècle en Andalousie et de là elle aurait gagné au XIXᵉ siècle le midi de la France et toutes les régions occidentales de la Méditerranée. Actuellement on rencontre des Altises au Nord jusqu'au centre de la France, en Allemagne, en Suisse, au Tyrol, en Hongrie, en Croatie, en Grèce et jusqu'en Russie (Crimée, Odessa, Arménie), en Espagne, en Italie et au Portugal y compris les Açores, mais non à Madère ni aux Canaries. Les Altises existent en Afrique du Nord, en Egypte, peut-être en Syrie et même au Brésil (DA CUNHA BUENA, 1928).

D'après les études écologiques de Balcells (1954) l'Altise peut vivre dans les régions septentrionales de l'Europe et elle est susceptible d'envahir toutes les zones de culture de la vigne non seulement en Europe, mais dans le monde en entier.

2° Réceptivité de la vigne

En ce qui concerne la sensibilité des cépages issus de V. vinifera, Barbier (1894) avait observé que les Altises préféraient les cépages à feuilles tendres : Alicante (Grenache), Brun Fourca, plutôt que les cépages à feuilles velues et coriaces comme le Petit Bouschet, la Clairette, le Mourvèdre sur lesquels elles s'installaient sur la face supérieure. Da Silva Rosa (1959) au Portugal a étudié le comportement de l'Altise vis-à-vis des espèces américaines et de leurs descendants :

— espèces et hybrides sains ou présentant peu de dégâts : V. rupestris Scheele (var. Ganzin, Mission, Martin, Métallique, Fort-Worth N° 2), V. california Bentham, V. candicans Engel., V. cordifolia Mchx (var. mâle), V. Labrusca L. (Concord), V. Berlandieri (var. Las Sorres) et les hybrides 45 E.M., 420 A, 301-37-152 Mgt, 1202 C., Riparia du Colorado, 215-1 Cl, 216-2 C., 132-5 C.

— espèces et hybrides moyennement attaqués : V. Berlandieri (var. Tibbal), V. Longii ou Novo-Mexicana, V. riparia Mchx (Gloire de Montpellier), 101-14 Mgt, Gauthier ou Phénix, V. rupestris (Lot), 108 Mgt, 420 C, 31 R, 57 R, 125-1 Mgt, 216-3 Cl, 188-04 et 188-08 Cl, 227-1 Cl, 142 EM., 444-6 M.

— espèces et hybrides très sensibles : V. riparia Mchx (var. Fabre), Grand Glabre, violet, Géant de Las Sorres, Meissner N° 9, Bazille, Scribner, à bourgeons bronzés, V. Lincecumii Buckley, V. aestivalis Mchx, les Berlandieri-rupestris (3306, 3307, 3309, 3310 C, Gigantesque N° 2), les Rupestris-Berlandieri (17-37 Mgt, 301 A Mgt, 219-7 Mgt, 301-14-153 Mgt, 8 R, 60 R, 99 R, 110 R, 20.029 Cl, 20.053 Cl), les Vinifera-rupestris (ARG 1, ARG 2, ARG 9, 93-5 C, 1305 C), des hybrides de Cordifolia (125-4 Mgt, 106-8 Mgt, 107-11 Mgt, 125-1 Mgt), des hybrides d'Aestivalis (Jacquez, Herbemont, Azémar, York Madeira, des hybrides de Candicans (Solonis robusta, Solonis, 1616 C, 202-4 Mgt), des hybrides de Labrusca (Vialla, Taylor), et le 41 B Mgt.

3° Autres plantes-hôtes

Picard (1926) a observé que la vigne-vierge (Parthenocissus quinquefolia) n'est acceptée qu'avec répugnance par les larves d'Altises et que beaucoup meurent sans manger, un petit nombre de ces larves parvient à l'état adulte.

Le saule (Salix alba) est encore plus mal accepté, peu de feuilles sont grignotées et aucun œuf n'est déposé sur le feuillage. Cela contredit l'opinion émise par V. Mayet, rappelée dans l'historique. En battant des saules en Bourgogne on arrive à trouver des Altises (surtout H. lythri Aubé) qui les utilisent comme abri, mais ni pontes ni larves.

La salicaire (Lythrum salicaria) est toujours dévorée avidement en captivité par les adultes et les larves au même degré que la vigne.

Les epilobes (Epilobium hirsutum) sont aussi consommées comme les salicaires.

Les oenothères (Oenothera biennis, speciosa, taraxifolia, rosea, macrocarpa) sont offertes avec succès aux Altises.

En Algérie, de PЕYERIMHOFF (1919) a rencontré l'Altise sur des onagrariées (*Circaea Lutetiana* et *Epilobium hirsutum*) et P. LЕSNЕ sur des fuschias cultivés, plantes que BALACHOWSKY a retrouvées attaquées en 1936 dans la région de Cholet (Anjou).

Enfin les *rosiers* en Algérie peuvent être mangés exceptionnellement, avec de très rares pontes sur leur feuillage.

PICARD « insiste sur les rapports existants entre la faune des Lythrariées et Onagrariées et celle de la vigne. En effet le Gribouri ou Ecrivain (*Bromius obscurus* var. *villosolus*) n'est qu'une race ou variété de *Bromius obscurus* qu'on trouve au bord de l'eau sur les Epilobes. Chez les Lépidoptères il existe quatre espèces de Sphingides connues en Europe comme ampélophages (*Deilephila elpenor, porcellus, livornica* et *celerio*) et qui se développent également sur les *Lythrum*, les *Epilobium*, les *Circaea*, etc...

Il y a donc un ensemble d'insectes, appartenant à des groupes divers, vivant aussi bien sur la vigne que sur les Lythrariées et Onagrariées, plantes cependant éloignées dans la classification botanique. Tout permet de supposer que la vigne n'est pas l'habitat primitif et que toutes ces espèces : Altise, Gribouri, Sphingides ont subi une évolution biologique parallèle et sont des émigrées des Salicaires et des Onagrariées. Elles se sont acclimatées sur la vigne à mesure que celle-ci couvrait des espaces de plus en plus étendus. »

VIII — LES DEGATS

L'Altise, au début du XX⁰ siècle était considérée comme un des plus dangereux ennemis de la vigne, s'attaquant non seulement aux feuilles, mais encore aux rameaux verts et aux grappes. Elle était d'autant plus redoutable, que se déplaçant souvent par vols, elle pouvait s'abattre brusquement en grand nombre sur une parcelle de vigne jusqu'alors épargnée. Ces vols ont pu faire croire à de véritables « pluies d'Altises », fait rapporté par CAPUS et FЕYTAUD (1911) qui ajoutent « qu'en Gironde de grands ravages ont été commis depuis 6 ou 7 ans, notamment en Médoc et dans l'Entre-deux-Mers (Carbon blanc). En 1910 les Altises n'ont laissé aucune feuille sur les ceps et un très grand nombre de grappes se sont flétries, rongées à la base par ces insectes ».

Actuellement, l'importance économique des Altises a fortement diminué et seuls des dégâts localisés sont encore signalés, notamment sur les vignes qui ne reçoivent pas de traitements chimiques réguliers (vignes abandonnées, vignes d'hybrides ou vignes mères). La généralisation des méthodes de lutte chimique ont soit un effet répulsif (soufre) soit un effet destructif (produits organo-chlorés et esters phosphoriques).

IX — METHODES DE LUTTE

1° Destruction des adultes hibernants

CAZALIS-ALLUT (1849) avait proposé de construire des *abris artificiels* pour les Altises afin de les détruire avec plus de facilité : des pierres plates sous lesquelles on mettait des joncs, des broussailles, du mauvais foin. Ces abris étaient disséminés dans les vignes et autour. Après la chute des feuilles on mettait le feu à ces abris. D'AURELLE DE PALADINES

(1887) préconisait la même chose, mais sans les pierres, ainsi que BARBIER (1894) en Algérie. De plus, pour cet auteur, « à la fin de l'hiver, en février et mars, il faut se livrer à une chasse sérieuse en explorant toutes les broussailles, les touffes de graminées, sous les écorces des arbres et même les tas de pierres. Plutôt que de brûler ces abris (les Altises s'éloignent en sentant la chaleur et reviennent ensuite) il vaut mieux les arroser avec une solution d'acide sulfurique à 10 % ou avec de l'huile lourde de goudron (on fait dissoudre 4-5 kg de soude commerciale dans 100 litres d'eau et on ajoute, en remuant, 10 litres d'huile lourde ».

DELASSUS (1934) préconisait de disposer dans les vignes après vendange des *fagots* bien serrés de broussailles aromatiques (cyprès, thuya, myrte), de bottes de diss ou de roseaux que l'on visite et brûle durant l'hiver ou qu'on arrose de la solution sulfurique ou de l'émulsion d'huile lourde ou de pétrole.

Pour l'Algérie il proposait aussi l'emploi de *végétaux-pièges* comme le cyprès nain ou mieux le Vétyver ou Chiendent des Indes (*Andropogon muricatus* Retz) qui est une graminée vivace aux feuilles longues et étroites formant des touffes denses de 1 à 2 m de hauteur. Ces plantes sont disposées à l'extrémité des rangs de vigne. Leur incinération, après un léger arrosage de pétrole ou d'huile lourde détruit les Altises venues s'y réfugier. Cette opération a lieu en décembre-janvier et ne porte aucun préjudice à la souche elle-même. Une autre graminée *Penisetum villosum* Hort. est parfois aussi utilisée.

Sous les écorces des arbres il est préférable d'utiliser des *flambeurs à pétrole* (Flambeur Gaillot) dont la flamme permet d'atteindre les Altises sous les écorces.

D'AURELLE DE PALADINES (1887) avait pensé également à l'emploi de haies de cyprès, maintenues à 2,50-3 m de haut et dépouillés de leurs branches d'en bas jusqu'à 50 cm. Quand les Altises s'y sont réfugiées, on les fait tomber sur des plaques de tôle goudronnées ou enduites de coaltar liquide, disposées sur le sol. Pour cela on place en dessous des cyprès des plats dans lesquels on fait brûler des matières produisant beaucoup de fumées : les Altises se laissent tomber et s'engluent sur les plaques, où il est facile de les détruire.

Enfin BARBIER avait indiqué qu'au printemps on pouvait créer des *abris artificiels* pour que les Altises viennent s'y réfugier la nuit. On enfourche des paillassons à bouteilles sur des piquets de roseau ; le matin, au lever du soleil, on agite ces paillassons sur un sac et on les remet en place pour le lendemain. Il en est de même avec de petites bottes de paille placées sur des piquets.

2° Récolte des altises au printemps

L'appareil le plus connu au XIXᵉ siècle fut l'*entonnoir à Altises*, large de 50-60 cm de diamètre, peu profond, offrant une échancrure comme un plat à barbe et présentant en son centre, au-dessous de son orifice, un collet auquel s'adapte un petit sac. Le pied de vigne est engagé délicatement dans l'échancrure : on tape alors légèrement sur les bourgeons à l'aide d'une poignée d'herbes pour faire tomber les Altises qui dégringolent dans le sac.

Un autre appareil très simple est fabriqué avec un *sac de soufre* ou de farine, fendu le long de sa couture latérale jusqu'à 20 cm du fond. La partie supérieure est cousue après deux bâtons, de telle sorte qu'en écartant ou rapprochant ces deux bâtons, on peut ouvrir ou fermer l'entrée du sac. L'ouvrier, tenant un des bâtons dans chaque main, engage le pied de vigne dans la fente latérale et rapproche les bâtons l'un contre l'autre. La souche se trouve enfermée dans le sac. Alors, avec son pied l'ouvrier frappe de petits coups sur le tronc du cep et les Altises tombent dans le fond du sac, souvent muni d'un petit entonnoir à Altises avec petit sac pour empêcher les Altises de s'échapper.

Les Altises recueillies sont soit ébouillantées, soit jetées dans un bac contenant de l'huile lourde.

La *pelle à Altises*, imaginée par PORTIER, est une pelle large et plate, présentant en sa partie médiane une échancrure dans laquelle le pied de vigne est engagé. La pelle est enduite de coaltar pour que les Altises qui tombent sur la pelle s'y engluent. De temps en temps on racle la pelle et on remet du coaltar. On utilise deux pelles par souche.

La récolte des Altises avec ces divers appareils ne peut se pratiquer que le matin, alors que les insectes, engourdis par le froid et l'humidité se laissent facilement tomber au lieu de s'envoler. Un homme peut secouer 150 à 200 souches par heure, et en Gironde, d'après GAYON et LAFFORGUE (1912) une femme pouvait faire 1.000 à 1.200 pieds par jour au premier ramassage, récoltant 20.000 Altises alors que pour les 2e et 3e ramassages, plus rapides, elles arrivaient à faire 1.800 à 2.000 pieds et capturaient 10.000 Altises par jour.

Au prix actuel de la main-d'œuvre le ramassage des Altises est trop onéreux et d'ailleurs avec la généralisation des traitements insecticides, les Altises ne sont plus un danger.

3° L'échenillage

L'échenillage est également une opération abandonnée. Il consistait à ramasser les feuilles de vigne portant des pontes ou des chenilles et à les brûler. On conseillait notamment de récolter toutes les feuilles de la base des rameaux, en dessous des grappes qui sont le plus souvent contaminées. On opérait en une ou plusieurs fois.

4° Lutte chimique

Les Altises n'aiment pas les feuilles souillées par une poudre quelconque. C'est ainsi que l'emploi du *soufre* pour lutter contre l'oïdium chasse les Altises vers les vignes non traitées.

AUDIBERT (1887), dans son vignoble de La Crau (Var) avait utilisé avec succès des poudrages avec de la chaux hydraulique, exécutés le matin au moment de la présence de la rosée sur les feuilles, ce qui permettait une bonne adhérence. Le lendemain toutes les larves avaient cessé de vivre et gisaient sur le sol.

On a également proposé l'emploi de poudres diverses à base de pyrèthre (P. GERVAIS), de poussières de tabac en Algérie (MALGLAIVE, 1887), du plâtre cuit, des cendres, etc...

CAPUS et FEYTAUD (1911) « ont expérimenté sur des larves, au laboratoire, différentes substances chimiques :

« — la *bouillie bordelaise* à 2 % de sulfate de cuivre dont l'absorption a été funeste aux larves, qui sont mortes pour la plupart du 4e au 8e jour.

(Gastine, en 1887, avait déjà noté un effet répulsif du cuivre envers les Altises).

« — la *bouillie bordelaise nicotinée*, à 1,33, 1,5 et 2 %, qui a été très énergique. En application externe, elle immobilise les larves sur place. En nourriture, elle manifeste aussi son action rapidement : au bout de quelques minutes la larve présente les symptômes de l'intoxication nicotinée (convulsions et rejets des matières absorbées) ; presque toujours elle meurt sur place.

« — l'action du *chlorure de baryum* mélassé à 1 %, 1,5 % et 2 % a été insuffisante, sauf pour les très jeunes larves, aussi bien dans le cas du traitement direct que dans le cas de l'empoisonnement des feuilles.

« — les *produits arsenicaux* ont été tous plus actifs que le chlorure de baryum, mais leurs effets ont été en général beaucoup moins rapides et moins complets que ceux de la nicotine : l'absorption de nourriture traitée n'a paru intoxiquer que les larves d'âge moyen qu'à partir du troisième jour. Exception doit être faite pour l'arséniate de plomb dont l'action a été presque aussi foudroyante que celle de la nicotine et qui, soit en application directe, soit en application sur la nourriture, a immobilisé et tué la plupart des larves dès les deux premiers jours.

« Au vignoble, la bouillie bordelaise nicotinée agissait très nettement contre l'Altise, à la fois en éloignant les insectes parfaits dont elle diminuait la ponte, en tuant sur place les larves déjà présentes sur les ceps, en empoisonnant celles qui naissaient peu de jours après l'application et aussi, semble-t-il, en arrêtant le développement d'une partie des œufs.

« Le chlorure de baryum est insuffisamment actif pour être utilisé contre l'Altise. »

Avant 1940, les *traitements arsenicaux* ont eu un très grande efficacité contre les Altises, à tous les stades. Ces traitements étaient communs avec ceux effectués contre les vers de la grappe. Ils agissaient par ingestion. On utilisait soit l'arséniate de plomb (le meilleur), soit l'arséniate d'alumine, soit l'arséniate de chaux à raison de 1 kg par hl d'eau.

Comme l'emploi des arsenicaux était interdit après la véraison, il fallait, en cas d'attaque tardive, recourir soit à la *nicotine* (en pulvérisation mouillante, à raison de 250 cm³ de nicotine titrée à 500 g et de 750 g de savon blanc par hl d'eau), soit à des poudrages avec du *fluosilicate de baryum* (poudre pure à 98 % mélangée à 5 fois sa partie de chaux).

Les traitements arsenicaux sont actuellement interdits. Ils furent remplacés par les *produits organo-chlorés*, commercialisés après 1945, mais interdits aujourd'hui. Le D.D.T. utilisé soit en poudrage à 10 % de produit actif, soit en pulvérisation à 1 % agissait par contact et par ingestion. L'H.C.H. ne pouvait s'employer qu'avant la floraison, à cause de son odeur désagréable, soit en poudrage à 10 %, soit en pulvérisation à 1 %. D'action rapide, cet insecticide agissait aussi par contact et par ingestion.

Actuellement les *esters phosphoriques* utilisés dans la lutte contre les vers de la grappe servent en même temps à combattre les Altises et ces insectes ne sont plus guère que des curiosités dans les vignes ainsi traitées. En cas d'attaque tardive on peut être amené, après la vendange, à faire un traitement spécial pour détruire la seconde génération d'Altise, cas qui s'est présenté au Maroc en 1952 (Vidal, 1953).

LES CHARANÇONS COUPE-BOURGEONS

Les Charançons, appelés aussi Lisettes dans le nord de la France sont des insectes de la famille des *Cucurlionidae* qui provoquent parfois des dégâts importants aux jeunes pousses de la vigne et notamment aux bourgeons, ce qui peut les rendre dangereux dans les plantiers.

De nombreuses espèces ont été trouvées occasionnellement sur la vigne, car il s'agit d'insectes polyphages passant facilement des arbres fruitiers ou des plantes d'ornement à la vigne.

La famille des *Cucurlionidae* est divisée en plusieurs sous-familles dont deux comprennent des genres nuisibles à la vigne :

— la sous-famille des *Otiorrhinchinae* (ωτιον, auricule, ρυγχος, bec) avec les genres *Otiorrhynchus* et *Peritelus* ;

— la sous-famille des *Brachyderinae* (βραχυς, court, ρινος, nez) avec le genre *Geonemus* qui se différencie de la sous-famille précédente par le sillon servant à loger l'antenne, dirigé vers le bas, en dessous de l'œil au lieu d'être dirigé vers le haut.

A - Les Otiorrhynques

« Ces Coléoptères se distinguent par une taille relativement grande, un corps aptère, aux téguments très durs. Leur coloration est sombre, noire ou brune, devenant parfois grise, jaunâtre ou en partie métallique par un revêtement de poils, de squamules ou d'une excrétion cireuse tégumentaire.

« Le bec, selon V. MAYET (1890), est court, découpé à son extrémité, s'élargissant sur les côtés sous forme de lobes en deçà et au-delà de l'insertion des antennes. Ces découpures et ces lobes justifient le nom donné à ces insectes.

« L'antenne est coudée, le fouet ou funicule composé de 10 articles. Le pronotum ou corselet s'élargit au milieu ; il en est de même des élytres soudés, qui sont durs, toujours plus larges que le corselet, mais peu saillants aux épaules. Les cuisses sont renflées, les tibias armés d'une épine à leur extrémité.

« La forme varie suivant les sexes. Les mâles, ordinairement plus sveltes que les femelles, ont souvent des impressions sur le métasternum et la base de l'abdomen ; leur segment anal présente parfois une sculpture spéciale et les tibias peuvent subir diverses modifications.

« Ces insectes sont nocturnes et d'ordinaire polyphages. Durant le jour, ils se tiennent blottis sous les pierres, dans les mousses, sous les mottes, enterrés au collet des arbres ou des souches. Certaines espèces, surtout parmi les plus grandes, se tiennent de préférence sur les arbustes et les buissons et c'est particulièrement chez ces dernières que s'observe la sécrétion cireuse pulvérulente, jaune ou grise, pulvérulence qui disparaît au moindre contact.

« Les larves sont toutes souterraines, vivant de racines. »

Une trentaine d'espèces ont été signalées sur la vigne en Europe et en Asie Mineure. Nous prendrons pour base de description une espèce appelée communément l'*Otiorrhynque de la Vigne* :

Otiorrhynchus sulcatus FABRICIUS

I — SYNONYMIE

Fr. Otiorrhynque sillonné, Otiorrhynque de la Vigne.
Ital. Otiorinco, Oziorrinco della vite, ladroni (larrons).
Port. Gorgulhos.
All. Dickmaulrussler (charançon à gueule épaisse), Lappenrussler (charançon à lobes).

II — SYSTEMATIQUE

Connu aussi sous le nom d'*O. linearis* Stierl., ce Charançon appartient au sous-genre *Dorymerus* Seidlitz.

III — DESCRIPTION

L'adulte mesure 9 à 11 mm et possède une robe noire à mouchetures fauves en dessus tandis qu'en dessous il est gris, pubescent et finement ponctué. Le rostre est pourvu sur toute sa longueur d'un sillon médian qui se creuse entre deux saillies caréniformes et se bifurque en avant. Les antennes brunes, atteignant 5 mm, ont le deuxième article du funicule une fois et demi aussi long que le premier ; le troisième est oblong, les quatre suivants subsphériques.

Fig. 305. – *Otiorrhynchus sulcatus* F. (d'après BALACHOWSKY).

Le prothorax est couvert en dessus de gros annules arrondis, brillants, apparaissant fortement en relief. Les élytres, déprimés, faiblement soudés entre eux sont ornés de 10 stries, garnis dans les interstries de petits granules assez irrégulièrement disposés. Ils sont couverts d'une fine pilosité dorée, formant çà et là des taches assez vagues. Toutes les cuisses portent en dessous une forte dent simple et non crénelée.

Le mâle, très rare, se distingue par un segment anal faiblement concave (au lieu de convexe chez la femelle) et par des élytres plus étroits.

IV — BIOLOGIE

A - Adultes

La reproduction de cet insecte est parthénogénétique du fait de la rareté des mâles.

Les premières femelles apparaissent au printemps à l'air libre à partir de la fin avril ou le début mai, mais elles sont assez peu actives. Leur maturation génitale n'est pas terminée et demande, d'après THIEM (1921), de 45 à 125 jours suivant les individus, les conditions de milieu et d'alimentation.

Ces femelles possèdent une très longue longévité, qui chevauche sur deux années, avec une existence moyenne de 17 mois, et exceptionnellement de 23 mois. Donc elles pondent durant tout l'été, l'automne et toute l'année suivante.

Leurs mœurs sont nocturnes et durant le jour les insectes s'abritent dans des cachettes diverses, sous les pierres ou sous les mottes. Ces adultes s'attaquent aux bourgeons et aux jeunes pousses, puis au feuillage de la vigne, de sorte, indique FEYTAUD (1918) « que les bourgeons tendres disparaissent comme par enchantement, du soir au matin, sous leurs mandibules (d'où l'appellation vulgaire de *ladroni*, donnée en Italie). Puis les adultes s'attaquent aux rameaux, mordant profondément l'écorce et mettant à nu la partie ligneuse, qu'ils entament aussi bien souvent. Les pousses des vignes envahies sont alors marquées d'ulcérations et de cicatrices, dont l'aspect et la fréquence font songer aux effets d'un violent orage de grêle. »

B - Ponte et œufs

Les Otiorrhynques *pondent* surtout la nuit, aussi bien sur les plantes qu'au ras du sol, entre les particules de terre. Leurs œufs parfaitement lisses, tombant et roulant comme de petites billes, arrivent ainsi normalement à la surface du sol. La ponte a lieu 30 à 50 jours après les premières sorties des femelles. Elle est échelonnée de juin à septembre. Les ovaires renferment de 500 à 600 œufs, mais tous ne se développent pas et la moyenne de la ponte pour chaque femelle varie entre 70 et 280 œufs qui sont pondus à intervalles réguliers, par paquets de 5 à 50.

L'œuf est subsphérique, légèrement allongé à surface lisse et résistante ; il mesure 1 mm et sa teinte claire, au moment de la ponte devient rapidement jaunâtre puis brune ou noirâtre. Son incubation est de 15 à 20 jours pour FEYTAUD, alors que BALACHOWSKY (1963) donne 25 à 30 jours.

C - Larves

La *jeune larve* déchire l'œuf vers un de ses pôles et sort. Presque aussitôt, elle descend dans les interstices du sol, pour aller à la recherche des matières organiques qui lui servent de nourriture.

A sa naissance, la jeune larve mesure 1,5 mm environ et elle a la tête beaucoup plus développée, relativement au reste du corps. La larve adulte, étudiée par BOUCHE (1832), WESTWOOD (1837), NORDLINGER (1869) atteint 12 mm de longueur en position allongée, 8 à 10 en position normale et 4 de large. Apode et trapue, elle est de couleur blanchâtre, avec la tête brun roux. Son corps composé de 14 segments, y compris la tête et le mamelon anal, est muni d'une double rangée longitudinale de petits mamelons ambulatoires un peu luisants, garnis de poils blonds, rangés transversalement sur les segments. Les mouvements sont lents et l'insecte, déterré, tend aussitôt à rentrer dans le sol. Cette larve, très polyphage, est nuisible aux racines de la vigne dont elle ronge les radicelles et la partie corticale des souches ; elle attaque également les racines des asters, pivoines, phlox, fraisiers, framboisiers, etc... ; elle s'introduit parfois accidentellement avec les composts dans les cultures florales de serre.

L'évolution larvaire est longue et irrégulière, elle varie, selon BALA-CHOWSKY (1963), entre 9 et 22 mois. En effet, d'après FEYTAUD (1918), « la ponte est surtout active entre le 15 juillet et le 15 août, mais elle s'étend en réalité du 15 juin à la fin septembre, c'est-à-dire sur plus de trois mois. Les larves nées tardivement à l'automne, hivernent à un stade de développement très faible et ne grossissent que l'année suivante ; leur métamorphose s'effectue au cours de l'été, donnant des insectes parfaits en fin de saison. Quelques-unes, rares, atteignent le deuxième hiver et ne se transforment qu'au second printemps ».

D - Nymphe

La *nymphose* s'opère en terre dans une loge et dure une vingtaine de jours. Cette transformation se réalise du 15 avril au 15 mai et même selon le climat en juin. La nymphe, longue de 9 à 10 mm, est d'un blanc sale, avec les yeux bruns. La tête est rabattue et appliquée sur la face ventrale du thorax. A son extrémité font saillie les deux grosses mandibules. Les antennes sont appliquées sur les côtés de la tête et du thorax et sur les fourreaux des élytres. Ceux-ci recouvrant en partie les pattes postérieures, sont écartés l'un de l'autre, ce qui montre que la soudure des élytres n'est que secondaire et ne s'effectue que chez l'imago. Les diverses parties du corps de la nymphe portent, comme celles de la larve, des poils ou soies à disposition constante.

V — CONDITIONS DE DEVELOPPEMENT

1° Répartition géographique

Ce Coléoptère existe dans toute l'Europe septentrionale, occidentale et centrale, ainsi qu'en Angleterre. On le retrouve en Amérique du Nord (Etats-Unis) et Canada où il a été introduit depuis 1831) ainsi qu'en Australie et en Nouvelle-Zélande.

2° Plantes-hôtes

Les larves sont très polyphages et en dehors de la vigne elles peuvent s'attaquer à de nombreuses plantes : bégonias, cineraires, primevères, fougères, saxifrages, fraisiers, framboisiers, etc...

VI — LES DEGATS

Dans le vignoble languedocien, les dégâts sont nuls ou très limités, mais dans le Sud-Ouest on a parfois assisté à de fortes invasions, nécessitant le ramassage des adultes au cours de la nuit (il faut environ

15.000 insectes pour faire 1 kg). Des ravages importants ont été signalés par FEYTAUD (1916) « dans l'île d'Oléron, ainsi qu'en Anjou, en Allemagne, en Suisse, dans le nord de l'Italie, en Angleterre et en Belgique.

« Les dégâts sur les parties aériennes de la vigne commis par les adultes sont ceux qui mettent les viticulteurs en éveil : la section des pousses renouvelée constamment sur les mêmes souches entraîne un rabougrissement des rameaux qui se ramifient avec des entre-nœuds très courts. Tout en blessant de nombreux rameaux, les Otiorrhynques coupent aussi des grappes.

« Mais ces dégâts, déjà graves, sont surpassés de beaucoup par ceux que font les larves sur les parties souterraines. Les premiers réduisent directement la récolte de l'année et compromettent indirectement celle des années suivantes en empêchant le développement des bois de taille ; les seconds portent atteinte à la vitalité même des ceps.

« Les larves vivent à la manière des vers blancs de Hannetons : elles coupent les petites racines et rongent plus ou moins profondément les grosses, exerçant même leurs méfaits sur la base des jeunes tiges. Les ceps, attaqués par une légion de ces larves, privés de radicelles, atteints de plaies profondes dans leurs parties vitales, dépérissent progressivement, cessent de produire et meurent au bout de quelques années.

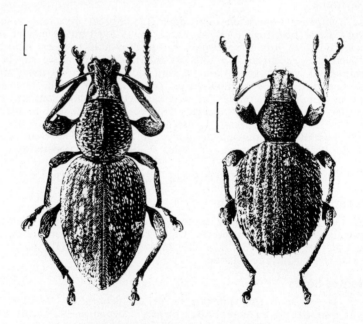

Fig. 306. – *Otiorrhynchus fullo* Schr. (à gauche) et *O. crataegi* Germ. (à droite) (d'après BALACHOWSKY).

« En temps ordinaire, l'Otiorrhynque existe à l'état sporadique dans les vignes où ses dégâts passent à peu près inaperçus. Lorsqu'une invasion se manifeste à la suite d'une pullulation anormale de l'espèce en un point donné, elle intéresse d'abord quelques ceps seulement, puis s'étend de proche en proche en rayonnant tout autour suivant le mode de la tache d'huile, comme une invasion phylloxérique. C'est ainsi qu'à St-Pierre-d'Oléron la tache couvrait plus de 60 hectares et intéressait plus de 300.000 ceps. »

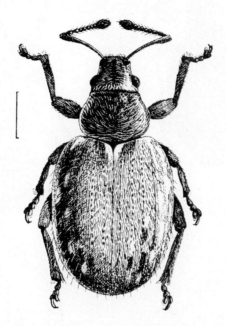

Fig. 307. – *Cyclomaurus insidiosus* Fauts (d'après BALACHOWSKY) sporadiquement nuisible à la vigne en Oranie.

Autres espèces nuisibles à la vigne

— *O. singularis* L. (syn. *picipes* F.), espèce polyphage s'attaquant principalement aux arbres fruitiers et parfois à la vigne dont elle cisaille les bourgeons. Commun dans le Sud-Ouest (FEYTAUD, 1918).

— *O. impressiventris* Fairm. ssp. *veterator* Uytemb. est nuisible aux arbres fruitiers et à la vigne en Europe occidentale et atlantique. Cet insecte attaque les jeunes pousses et les jeunes greffes.

— *O. turca* Boh. provoque des dommages aux vignes et aux cultures fruitières en Turquie (Anatolie, littoral oriental de la Mer Noire), au Caucase, en Russie du Sud-Est et au Proche-Orient.

— *O. lavandus* Germ. est une espèce signalée en Grèce et en Yougoslavie où elle se montre principalement nuisible à la vigne, ainsi qu'à la luzerne.

— *O. globus* Boh. présente en Europe centrale et méridionale (en Italie notamment), mais les dégâts paraissent peu importants.

— *O. graecus* Stierl. connue en Grèce, dans le sud de l'Albanie et en Turquie. Dégâts insignifiants.

— *O. asphaltinus* Germ. (syn. *tauricus* Stev.), espèce spéciale à l'Europe orientale (sud de l'Ukraine, Crimée, Mer Noire), la Turquie et l'Azerbaidjan où elle apparaît parfois en invasion massive.

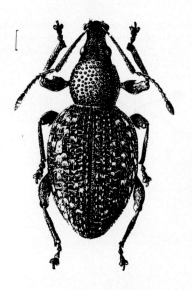

Fig. 308. – *Otiorrhynchus turca* Boh.
(d'après BALACHOWSKY).

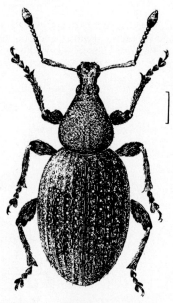

Fig. 309. – *Otiorrhynchus impressiventris*
Farm. ssp. *veterator* Uyt.
(d'après BALACHOWSKY).

Fig. 310. – *Otiorrhynchus cribricollis* Gyll.
(d'après BALACHOWSKY).

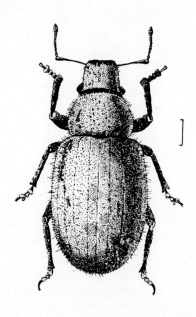

Fig. 311. – *Strophomorphus porcellus* Sch.
(d'après BALACHOWSKY, nuisi-
ble à la vigne en Europe occidentale).

Bien d'autres espèces nuisibles occasionnellement aux vignes sont citées dans la littérature : *O. scitus* Gyll, *O. lugens* Germ., *O. excellens* Kirsh. en Grèce ; *O. longipennis* Stierl., *O. polycoccus* Gyll. en Europe balkanique ; *O. peregrinus* Stier. en Turquie et en Syrie ; *O. fullo* Schr. en Rhénanie et en Alsace ; *O. crataegi* Germ. en Europe centrale ; *O. cribricollis* Gyll. en Espagne et au Maroc ; *O. velutinus* Germ., signalé comme nuisible à la vigne en Autriche par Essig (1933) ; *O. juvencus* Gyll. trouvé sur la vigne par Suire dans l'Hérault ; *O. orbicularis* Herbst. qui s'attaque principalement à la betterave en Tchécoslovaquie et en Dalmatie et secondairement à la vigne ; *O. anthracinus* Scop. nuisible à la vigne dans le Valais (Suisse) et le nord de l'Italie, s'attaquant aux bourgeons et aux jeunes pousses ; *O. tristis* Scop. rencontré sur la vigne en Rhénanie et en Italie ; *O. bisphaericus* Reiche trouvé en Grèce et *O. sensitivus* Scop répandu en Europe, centrale, etc...

B - Les Péritèles

Le genre *Peritelus* GERMAR, créé par cet auteur en 1824 comprend plus de 200 espèces de petits Charançons gris, nuisibles aux cultures, surtout dans les terres meubles.

Ces Charançons se distinguent des genres voisins par l'absence ou le faible développement des ptérygies, un écusson nul, les hanches prothoraciques contiguës et des ongles soudés. Comme les Otiorrhynques ce sont des Charançons aptères, polyphages, aux mœurs essentiellement nocturnes ou crépusculaires.

Quelques espèces s'attaquent occasionnellement à la vigne et peuvent alors provoquer des dommages.

Peritelus sphaeroides GERM.

I — SYNONYMIE

Fr. Péritèle grise, grisette (rég. parisienne).
Ital. Peritelo grigio.
Esp. Gorgojo gris.
Angl. Vine weevil.

Connu autrefois sous le nom de *Peritelus griseus* Oliv., ce Charançon est très polyphage et il se montre fréquemment nuisible aux arbres fruitiers et parfois à la vigne.

II — DESCRIPTION

L'adulte est de couleur grise, le plus grand du genre, mesurant de 4 à 7,5 mm de long, revêtu de squamules rondes, serrées, avec parfois de petites taches foncées ou de courtes linéoles plus claires, éparses. Le rostre est conique et canaliculé. Les élytres sont en ovale allongé, toujours convexes. Les individus mâles ont le corps plus étroit et une taille nettement inférieure à celle des femelles.

III — BIOLOGIE

Selon BALACHOWSKY (1963), « cet insecte ne possède qu'une seule génération par an : les adultes ayant hiverné, pondent du début d'avril à la fin de mai. Les *œufs* sont déposés à même le sol, au nombre de 3 ou 4 au même endroit, au voisinage du collet des plantes. Ils sont ovalaires, d'un blanc rosé, mesurant 0,6 × 0,5 mm. L'incubation dure 5 à 6 jours et la *larve* évolue avec rapidité sur les racines de différentes plantes dont la plupart sont des essences forestières. Elle mesure de 5 à 6 mm à son complet développement, de couleur blanche avec un corps légèrement atténué vers le sommet et une tête brune claire. Son aspect général présente une certaine analogie avec les larves d'*Otiorrhynchus*.

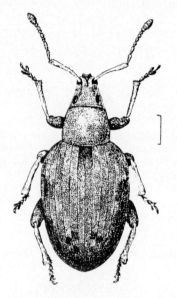

Fig. 312. – *Peritelus sphaeroides* Germ. (d'après BALACHOWSKY).

« La *nymphose* a lieu dans le sol, dans une coque terreuse et les adultes apparaissent du début de juin à la fin d'août. Ces adultes de la nouvelle génération, d'après STELLWAAG (1928), se rassemblent parfois dans les vergers et les vignobles en masse considérable à partir de juin et commettent des dégâts importants en détruisant les bourgeons. Il se manifeste alors de véritables invasions ayant un caractère épidémique et généralisées pour toute une région.

IV — DEGATS

« Les adultes nés tardivement hivernent, les autres meurent avant la mauvaise saison. Dans le midi de la France, les ravages sur la vigne sont le plus souvent exercés par les adultes qui apparaissent tôt au printemps, généralement en avril ; les bourgeons sont évidés, l'insecte délaissant leur partie extérieure. Un peu plus tard les jeunes pousses sont rongées et leur écorce tendre est souvent décapée ce qui amène leur dessèchement. Les dégâts sont généralement nocturnes mais ils peuvent avoir lieu en plein jour lors des pullulations massives.

« Cet insecte nuit à toutes les cultures mais plus spécialement aux arbres fruitiers à pépins. C'est cependant avant tout un insecte forestier évoluant normalement sur les essences feuillues (chêne, hêtre, orme, etc...).

« Cette espèce est répandue dans toute l'Europe tempérée et méridionale et s'étend à l'Est jusqu'en Russie centrale. »

Peritelus noxius BOH.

« C'est une espèce polyphage, écrit BALACHOWSKY (1963), ayant une préférence pour la vigne ; elle s'attaque aussi secondairement au fraisier.

« L'insecte se caractérise par sa forme globuleuse, ses élytres étant à peu près aussi larges que longs, sa taille de 3,5 à 5,5 mm, le revêtement de ses téguments qui est composé de squamules brunes, fauves ou grisâtres, formant sur les élytres des taches plus claires. La pubescence dorsale fine, couchée est peu distincte et les stries 4-5 des élytres sont sinueuses. Le metasternum est concave chez le mâle et plan chez la femelle.

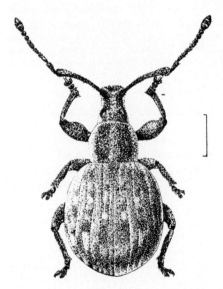

Fig. 313. – *Peritelus noxius* Boh. (d'après BALACHOWSKY).

« L'adulte apparaît parfois en pullulations massives, même en dehors des régions méridionales. Des invasions importantes ont été observées en Sologne en 1954, provoquant la destruction de plusieurs hectares de fraisiers. En Provence et dans le Roussillon, l'adulte s'attaque occasionnellement au feuillage et aux fleurs de framboisiers et du jasmin cultivé. Il vit aussi sur divers végétaux sauvages, notamment *Artemesia* et *Inula viscosa*.

« *Peritelus noxius* apparaît très tôt, parfois dès la fin de mars ; son rythme vital est crépusculaire et nocturne et cet insecte est actif jusqu'au début de juillet. La nature de ses dégâts se présente sur la vigne sous forme d'échancrures irrégulières sur le bord du limbe des feuilles et d'excavations dans les bourgeons. Le cycle évolutif de cette espèce est mal connu. L'état de fraîcheur des adultes apparaissant au printemps laisse supposer que leur transformation s'opère dans le sol et que leur éclosion est printanière, comme chez *P. sphaeroides*. Il est plus fréquent dans le sud de la France et en Italie du Nord. »

Peritelus senex BOHEMAN

« C'est, écrit V. MAYET (1890), le plus petit des *Peritelus* vivant sur la vigne : 2,5 à 4,5 mm × 1,5 à 3 mm. Corps relativement court, subglobuleux ; la robe est de couleur tantôt uniforme, allant du gris assez clair au gris foncé ; tantôt marquée de taches plus foncées ou plus claires. Rostre moitié aussi large que la tête, rétréci par-devant avec les lobes latéraux saillants ; antennes rousses. Prothorax un peu plus court que large avec les côtés fortement globuleux, habituellement marqué de deux bandes longitudinales plus foncées, ces deux bandes prolongées parfois sur les élytres, qui sont courts, à peine plus larges que longs, arrondis sur les côtés, sphériques en arrière.

« Cette espèce pullule en quantité énorme dans tous les terrains sablonneux du midi de la France ; c'est la plus répandue sur la vigne en Camargue, dans les vignobles du littoral sablonneux du Gard, de l'Hérault, de l'Aude et des Pyrénées-Orientales. Elle vit également sur les bords de l'Océan. »

Signalé aussi en Italie par MUZZI.

D'autres espèces de *Peritelus* ont été observées occasionnellement sur la vigne :

— *P. subdepressus* Mulsant que V. MAYET a trouvé dans les terrains un peu secs du Languedoc et qui existe aussi en Italie.

— *P. familiaris* Bohem., insecte de grande taille, 4 à 4,5 mm de long, qui commet des dégâts en Europe centrale, particulièrement en Hongrie, en Serbie et en Russie méridionale.

— *P. flavipennis* Dur. qui est polyphage a été signalé comme nuisible à la vigne dans le Midi.

C - *Geonemus flabellipes* OLIVIER

Appelé aussi *G. tergoratus Germ.* c'est un insecte de 10 à 15 mm de longueur, oblong, aptère, recouvert de squamules d'un gris clair, le dessus du corps (rostre et tête compris) pourvu de très courtes soies claires, couchées, peu visibles.

Selon V. MAYET (1890), « c'est une espèce méridionale aux mœurs nocturnes et crépusculaires et qui est nuisible à la vigne parce que c'est le coupe-bourgeon qui compromet le plus gravement la récolte dans certaines parties du Bas-Languedoc : de Beaucaire à Béziers on le rencontre dans les taillis, les buissons de chêne-vert mais pas sur la vigne ; il pullule au contraire sur certains coteaux secs de la vallée de l'Aude, de Carcassonne à la mer (Narbonne, Lézignan, Capendu, Ginestas, Aigues-Vives, Minerve, Olonzac). Depuis, HOFFMANN l'a trouvé dans la région côtière des Alpes-Maritimes, sur de jeunes pêchers et JOESSEI. dans les vallées du Rhône et de la Drôme sur poirier.

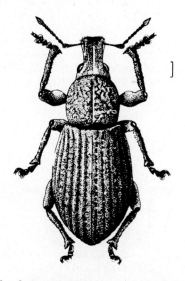

Fig. 314. – *Geonemus flabellipes* Oliv. (d'après BALACHOWSKY).

« L'adulte se rencontre dès le début d'avril et il s'alimente en dévorant les jeunes pousses, le feuillage et les bourgeons. Les ravages apparaissent brusquement certaines années. La ponte, indique BALACHOWSKY, n'a pas été observée. Les larves prélevées dans le sud de la France sur des racines d'*Osyris alba* L. en mai se sont nymphosées vers la mi-juin ; les adultes sont apparus du 26 juin au 3 juillet. La *larve* mesure 9,2 à 9,5 mm × 3,8 mm ; elle est blanche, régulièrement cylindrique et arquée ; la tête est brun-rouge, à sillon médian profond.

« C'est une espèce largement répandue en Europe méridionale (Espagne, nord de l'Italie), aux Baléares, en Afrique du Nord et à Madère. »

D - *Cneorhinus plagiatum* SCHALLER

Connu aussi sous les noms de *C. geminatus* Fabr., *C. globatus* Herbst, *C. parapleurus* Marsh., *Philopedon plagiatum* Schaller, ce Charançon est signalé depuis longtemps, (RATZEBURG, 1839), comme nuisible à la vigne. Il est répandu dans toute la zone maritime de l'Europe et en Afrique du Nord. Il a été décrit comme « ampélophage nouveau » par PINEAU en 1947 et 1954 dans des vignes de Vendée et de la Vienne. Il préfère les terrains sablonneux ou tout au moins très meubles. On le connaît depuis longtemps dans l'Hérault (au Sablas près de Montpellier), à Sète, sur le littoral du Gard et en Gironde.

L'*adulte* est de forme globuleuse, caractéristique, mesurant 4,5 à 10 mm × 3 à 4 mm, couvert de squamules arrondies d'un gris cendré et d'un brun fauve, ces dernières formant trois bandes (rarement absentes) sur le prothorax et des macules ou des bandes sur les interstries impaires des élytres. Les élytres sont soudés, rebordant fortement l'abdomen, les ailes inférieures sont nulles. Le rostre, la tête et le reste du corps portent une pubescence claire et relevée. Le mâle est moins obèse que la femelle.

La biologie de cet insecte est mal connue. Les adultes apparaissent au début d'avril en Vendée, font des dégâts sur les bourgeons de la vigne, s'accouplent à la fin du mois et disparaissent vers le 10 mai. Les larves vivent aux dépens des racines de *Calamagrostis arenaria* Link, de *Cynodon dactylon* L. et peut-être d'autres graminées des sols secs et siliceux.

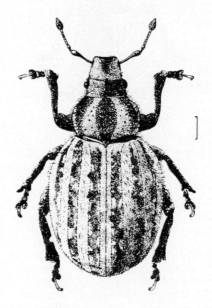

Fig. 315. – *Cneorhinus plagiatum* Schall. (d'après BALACHOWSKY).

Les ravages sont nocturnes et dans la journée les insectes se réunissent par groupes au pied des ceps. On peut procéder au ramassage nocturne à la lanterne.

Ce Charançon recherche les sols dénudés, propres et meubles, de sorte qu'en Vendée les agriculteurs s'abstiennent de labourer leurs vignes, d'autres buttent leurs ceps car l'insecte n'attaque pas les bourgeons enterrés dans le sable. Les poudrages avec le DDT ou l'HCH avaient été efficaces.

LUTTE CONTRE LES CHARANÇONS
COUPE-BOURGEONS

La *récolte des insectes adultes,* soit en plein jour, soit la nuit pour les espèces nocturnes, ne peut être réalisée qu'au stade familial sur de petites surfaces, en raison du coût élevé de la main-d'œuvre.

Les traitements avec les *organo-chlorés* avaient donné de bons résultats, mais ils sont interdits par la législation.

Actuellement, en cas de besoin il faut faire appel aux insecticides *organo-phosphorés.*

LE CIGARIER DE LA VIGNE

I — SYNONYMIE

Coigneau ou *Instrumentier,* c'est-à-dire faiseur de cornets, d'instruments pour O. DE SERRES (1604) ; *Formion* pour ESTIENNE et LIEBAULT (1618) ; *Bêche* pour PLUCHE (1732) ; *Becmare vert* pour GEOFFROY (1762) ; *Velours vert, Rouleur* pour ROZIER (1771).

Connu aussi sous les noms de *Rhynchite, Attelabe, Bec mord* (de bec mordant) et par corruption *Becmore, Becmare, Becmart,* ou bien encore *Urbec* ou *Urebec* (de bec brûlant), *Hurebet, Urcebère, Ulber, Ullebar, Elulber, Urebée, Albère, Ubériot, Philbert, Chalibert,* on l'appelle aussi *Diableau, Drubet, Cognaux, Destreaurs, Grimaud, Destreau, Gorgellion, Elbia* (patois d'Albère) ; aux environs d'Angers on dit *Bécan* (animal à bec) ou *Pécan* ou bien encore *Cunche, Lisette* ; en Languedoc : *Cigareur* ; dans les Côtes du Rhône : *Instrumentier.*

All. *Rebenstecher, Rebstichler, Rebstecher* (piqueur de vignes) ; *Zigarrenmacher* (fabricant de cigare) ; *Zigarrenwickler* (enrouleur de cigare).

Ital. *Sigaraio, Rinchite della vite, Punteruolo, Gorgaglione, Pizzifierro, Pizzetto, Rovigiolo, Padronella, Pampanella, Tagliadizzo, Tagliadiccio.*

Esp. *Cigarreo, Cigarrero.*

Port. *Cigarreiro, Charuteiro.*

II — HISTORIQUE

Ce Coléoptère est connu depuis fort longtemps et le nom latin de *Volvox,* employé par PLINE, semble se rapporter à lui. D'après LE GRAND (1864) « à diverses époques, les populations se sont beaucoup préoccupées de l'invasion des Rhynchites. En 1448, les Grands Vicaires d'Autun mandent aux curés des paroisses environnantes d'enjoindre aux *Becmares,* pendant les offices et les processions, de cesser leurs ravages et de les excommunier.

« Au commencement du XVI⁰ siècle, une sentence de mort est rendue par l'Official de Millière, dans le Cotentin, contre les *Becmores* et les sauterelles qui désolaient le territoire de cette paroisse.

« Enfin, en 1516, Jean MILON, Officier de Troyes, rendait une sentence ecclésiastique contre les brûches ou autres animaux semblables nommés en français Hurebets, lesquels ravagent depuis quelques années les fruits des vignes ; requête à l'effet de nous demander d'avertir les animaux sus-nommés et de les forcer par les moyens ecclésiastiques à quitter le territoire dudit lieu... Nous avertissons par cet écrit les susdites bruches et autres animaux du même genre, sous peine de malédiction et d'ana-thème, que dans l'espace de six jours, à partir de cet avertissement, ils aient à se retirer des vignes et territoires dudit endroit de Villenauxe et à ne plus porter aucun dommage ultérieur ni en ce lieu, ni en aucun autre de ce diocèse de Troyes... »

Fig. 316. – Attaque classique de *Byctiscus betulae* L. : à gauche feuille roulée en « cigare » renfermant les œufs ; à droite morsures de nutrition de l'adulte sur feuille avant la ponte (photo VINCENT in BALACHOWS-KY).

Plus tard, une ordonnance du 2 janvier 1765 était prise pour la destruction des Beches par le baillage de Vermandois, siège royal et présidial de Reims, faisant de grands dégâts dans les vignobles de la montagne de Reims afin d'enjoindre aux vignerons de ramasser les cornets de Beches et de les mettre dans des sacs et de les disposer dans un lieu indiqué pour les brûler...

III — SYMPTOMES

Au printemps, on observe parfois des feuilles qui ont pris l'allure d'un petit cigare ; celui-ci, d'abord de couleur verte, se dessèche et brunit au bout de quelques jours, car le petiole a été sectionné partiellement par l'insecte. Sur une souche, on peut trouver assez facilement une dizaine de cigares qui pendent des rameaux et on remarque avec souvent l'insecte encore présent dessus. (Planche 20, fig. 5).

En cas de sortie précoce du Cigarier, les jeunes bourgeons sont criblés de piqûres nombreuses qui entraînent leur disparition complète et provoquant ainsi des dommages graves. Parfois aussi l'adulte s'alimente quelque temps des feuilles qu'il crible de piqûres irrégulières, souvent rectilignes, allongées, rappelant un peu celles qui sont faites par l'Ecrivain.

IV — SYSTEMATIQUE

Ce petit Coléoptère appartient à la grande famille des Charançons ou *Curculionidae* que TER MINACIAN (1952) a subdivisé en 2 familles distinctes : les *Curculionidae* et les *Attelabidae*. Cette dernière comprend des Charançons, de forme massive, ayant des couleurs métalliques brillantes, un rostre allongé, assez épais et des antennes non coudées, comme chez les autres *Curculionidae*.

Depuis deux siècles cet insecte a porté divers noms latins :

Curculio Betulae Linné, 1758.
Curculio Betuleti Fabricius, 1792.
Rhinomacer totus viridisericeus Geoffroy, 1762.
Rhinomacer violaceus Scopoli, 1763.
Rhinomacer alni, R. bispinus, R. unispinus, R. inermis Muller, 1776.
Rhinomacer viridis Fourcroy, 1785.
Attelabus Betuleti Fabricius, 1792.
Rhynchites Betuleti Herbst, 1797.
Involvulus Betuleti Schrank, 1798.
Byctiscus Betuleti Thomson, 1859.
Byctiscus Betulae L. Bedel, 1886, qui est son nom actuel.

Comme son nom l'indique, il vit aussi sur le bouleau (*betula*) dans les pays froids où les deux premiers descripteurs LINNÉ et FABRICIUS l'ont observé l'un en Suède, l'autre au Danemark. On le rencontre également sur le noisetier (*corylus*), le peuplier (*populus*), le saule (*salix*), le hêtre (*fagus*), l'aulne (*aulnus*), le charme (*carpinus*), l'érable (*acer*), l'aubépine (*crataegus*). Dans les régions tempérées, l'insecte se porte de préférence sur la vigne dont les feuilles tendres sont faciles à rouler, mais on l'observe aussi sur les arbres fruitiers : pommier, prunier, cognassier, châtaignier.

D'après V. Mayet (1888), « c'est par erreur que Linne et Audouin ensuite ont signalé comme ampélophages les *Rhynchites bacchus* et *R. populi*. Le premier, de couleur cuivre rouge tirant sur le vineux et de forme plus allongée vit exclusivement sur les rosacées, notamment pommier, prunier, cerisier et plus rarement sur poirier et abricotier. Le second, vert métallique à ventre noir, de taille moitié plus petite, ne roule les feuilles que du peuplier, du tremble et parfois du bouleau ».

V — DESCRIPTION

L'insecte adulte, de forme oblongue, mesure $4,5-7 \times 2,5-3,5$ mm et possède une coloration métallique variable selon les individus, soit d'un beau vert doré ou d'un bleu sombre, soit plus rarement violet ou pourpre doré. D'après Picard (1913), « il y a quelque raison de penser que la coloration du corps est en relation avec la température à laquelle la nymphe a été soumise. On remarque, en effet, que les individus bleus sont en majorité dans les régions froides, tandis que dans le midi de la France, la forme verte se rencontre presqu'exclusivement ».

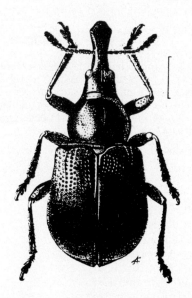

Fig. 317. – *Byctiscus betulae* L. ou Cigarier de la Vigne (d'après BALACHOWSKY).

La partie ventrale possède la même couleur que le reste du corps. « Ses téguments dorsaux paraissent glabres, mais portent sur la déclivité des élytres une très fine pubescence blanche. Ce dernier caractère, selon Balachowsky et Hoffmann (1962), permet à lui seul de le distinguer de *R. populi* dont il est très voisin et avec lequel il est souvent confondu. » Le cigarier mâle se distingue de la femelle par la présence d'une forte épine dirigée en avant et placée de chaque côté du prothorax. Les antennes sont droites ou à peine coudées.

VI — BIOLOGIE

A - Accouplement et ponte

Cet *insecte*, qui est diurne, passe l'hiver dans le sol au pied des arbres ou des souches, sous les écorces du cep ou dans des crevasses des troncs. Il sort de sa retraite vers la mi-mai ou au début juin selon le climat et s'alimente en broutant les feuilles et les jeunes pousses en les criblant de piqûres de nutrition très irrégulières souvent allongées (fig. 6, pl. 20). Ces dégâts sont toujours peu importants et ne gênent nullement la vigne.

Au bout de quelques jours, *l'accouplement* a lieu et la femelle va commencer d'attaquer les feuilles pour leur confier sa ponte. Dans le Midi entre le 10 et le 20 juin toutes les pontes sont terminées et on observe de nombreux cigares qui pendent des rameaux. Plusieurs auteurs ont décrit avec minutie la *fabrication de ces cigares* : Rozier (1771), Nordlinger (1855), Gehin (1857), V. Mayet (1888), Maisoneuve (1909) dont nous faisons une synthèse :

Tout d'abord la femelle incise à moitié, à l'aide de ses mandibules, le pédoncule d'une feuille, ce qui amène un ralentissement dans la circulation de la sève vers la feuille qui devient plus molle et plus facile à rouler et replier. Les nervures principales sont également piquées et mâchonnées. Ensuite en s'aidant de son bec et de ses pattes l'insecte roule un premier lobe foliaire, puis à l'aide de son bec pique çà et là dans les nervures secondaires du rouleau commencé et dépose dans chaque trou ainsi pratiqué un petit œuf. Reprenant son travail l'insecte roule, mais en sens inverse, un second lobe qui reçoit à son tour une seconde ponte. Il en va de même du troisième qui est roulé sur le précédent, mais dans le sens opposé, puis du quatrième lobe et finalement le cinquième lobe sert de recouvrement à tous les autres. Il faut cinq à six jours pour qu'une feuille soit entièrement roulée. Chaque femelle peut façonner plusieurs cigares, car sa fécondité lui permet de pondre de 30 à 40 œufs. Le cigare obtenu conserve sa fraîcheur et sa couleur pendant plusieurs jours, parfois davantage. Finalement il brunit et se dessèche et il reste suspendu verticalement, étant retenu au rameau par une portion du pétiole. Les extrémités du cigare ne sont pas obturées.

Selon Nordlinger, une secrétion agglutinante qui sert à fixer la partie de la feuille qui vient d'être roulée, sort par la partie postérieure de l'abdomen de l'insecte et finit par encoller solidement la feuille par cette manière de repassage répété. Si les feuilles sont petites (saule ou bouleau) il en faut 10 ou 15 pour confectionner le rouleau ; le peuplier et le poirier en exigent quatre ou cinq ; sur l'aulne, le cognassier parfois et la vigne toujours une seule suffit.

B - Œufs

Les *œufs* placés dans chaque cigare sont en nombre très variable, de 1 jusqu'à 16, le plus souvent 5 ou 6. Ces œufs ressemblent à de petites perles transparentes, hyalines de 0,5 à 0,8 mm de diamètre, qui s'allongent par suite de leur développement et deviennent jaunâtres. L'incubation des œufs dure en moyenne une dizaine de jours, mais elle dépend évidemment de la température et de l'humidité relative de l'air. Pour Gotz (1959), le minimum de la durée d'éclosion est de 4 jours à 29°C et avec une humidité de 72-78 %. Des humidités plus élevées raccourcissent la durée et des plus basses la prolongent. Il en est de même pour les températures inférieures à l'optimum, ce qui est généralement le cas en cette période du printemps.

C - Larve

La *larve* est blanche, molle, apode et mesure 6-7 × 3,5 mm. Elle est couverte de poils blonds, espacés, assez raides, son corps est formé de douze segments, non compris la tête, de couleur rousse.

Dès sa sortie de l'œuf, soit en moyenne du 10 au 25 juin, la larve commence à se nourrir du parenchyme de la feuille desséchée, constituant autour d'elle une loge irrégulière qu'elle agrandit peu à peu, en raison de son propre accroissement. Les excréments, en forme de filaments bruns, pulvérulents, sont rejetés entre les replis du fourreau et de là ils tombent sur le sol.

Au bout de trois à cinq semaines, pour V. Mayet, et seulement 20 à 25 jours pour Balachowsky, soit environ entre la mi-juillet et le début d'août, la larve est adulte et quitte le cigare, demeuré suspendu au rameau, en pratiquant une ouverture arrondie et tombe sur la terre où elle s'enfonce avec d'autant plus de facilité que le sol est ameubli. Arrivée à une certaine profondeur non précisée la larve se confectionne une loge arrondie à parois lisses, de la grosseur d'un pois, loge dans laquelle s'opère la nymphose, qui dure une dizaine de jours, jusqu'à 3 semaines pour Mayet.

D - Nymphe

La *nymphe* blanche, couverte de soies abondantes, mesure 5-6 × 4 mm et présente ébauchées les formes de l'insecte parfait.

E - Sortie des adultes

Les *adultes* éclosent du 15 au 30 août, et restent pour la plupart dans leur logette jusqu'au printemps suivant. Mais si à des pluies abondantes automnales succèdent de belles journées chaudes on revoit certains Cigariers sur le feuillage de la vigne à la fin septembre, parfois même accouplés. Mais il n'y a jamais en France de seconde génération. Ces individus se rassemblent aux premiers froids enfouis sous les mousses des régions boisées, les feuilles sèches, les écorces, où ils attendent le printemps suivant.

F - Ennemis naturels

Selon V. Mayet, « les ennemis naturels du Cigarier sont assez peu nombreux en France pour que nous n'ayons pas eu l'occasion de les observer. Ils paraissent plus abondants en Allemagne. Ratzeburg (1839-1844) cite cinq espèces d'Hyménoptères vivant aux dépens de plusieurs Charançons et en particulier de notre espèce : d'abord deux Braconides : *Bracon discoideus* Wesmann et *Microgaster laevigatus* Wesmann ; ensuite deux Ichneumonides : *Pimpla flavipes* Gravenhorst et *Ophioneurus simplex* Gravenshorst ; enfin un Chalcidide : *Elachestus carinatus* Ratzeburg. »

Feytaud (1918) signale un Hyménoptère ravisseur : *Cerceris Ferreri* Lind. et plusieurs Hyménoptères parasites : des Pimpla (*Pimpla flavipes* Ratz), des Braconides (*Bracon discoideus* Wsm, *Diospilus capito* Nees., *Apanteles hoplites* Ratz) et plusieurs petits Chalciens (*Elachistus Idomene* Walck, *Poropoea Defilippi* Rond).

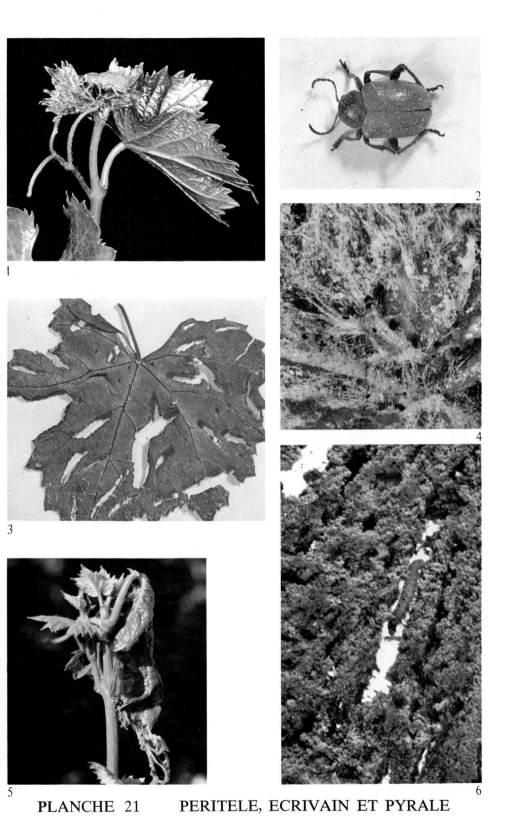

PLANCHE 21   PERITELE, ECRIVAIN ET PYRALE

1. — Peritele sur jeune pousse (Cl. Sandoz) ; 2. — Ecrivain ou Gribouri (Cl. Galet) ; 3. — Dégâts d'Ecrivain (Cl. Galet) ; 4. — Jeune chenille de Pyrale (Cl. Sandoz) ; 5. — Jeunes pousses attaquées par la Pyrale (Cl. Sandoz) ; 6. — Jeune chenille entrée en hibernation (Cl. Sandoz).

Marsais (1909) mentionne « qu'un des plus curieux ennemis du Cigarier est le *Cerceris* qui pique le Cigareur entre les anneaux de l'abdomen, l'empoisonne et le transporte dans les magasins où vivent les larves. Le Cigareur piqué est en léthargie, les fonctions de relation seules sont supprimées. Il faut environ cinq à six attelables pour nourrir une de ces larves ».

Ruiz Castro (1965) a fourni une liste détaillée des ennemis naturels :

* Braconidae

> *Apanteles hoplites* Datz.
> *Bracon discoideus* Wesm.
> *Calyptus politus* (Ratz.) Reinh.
> *Calyptus tibialis* Hal.
> *Sigalphus caudatus* Nees.

* Carabidae

> *Dromius linearis* Ol.

* Chalcididae

> *Elaschistus idomene* Walck.
> *Poropea defilippi* Rond.
> *Poropea stollwerckü* Frst.
> *Pteromalus orchestis* Rats.

* Ichneumonidae

> *Pimpla brunnea* Brishke.
> *Pimpla inquisitor* (Scop.) Schmkn.

* Phoridae

> *Aphiochaeta rufipes* Meig.

De tous ces ennemis connus, ce sont les Chalcidés qui revêtent une certaine importance parce que le nombre de leurs générations est beaucoup plus grand que celui des Cigariers.

VII — CONDITIONS DE DEVELOPPEMENT

1° Répartition géographique

Le Cigarier est présent dans tous les vignobles de l'Europe occidentale (France, Allemagne, Luxembourg, Autriche, Italie, Espagne, Yougoslavie (de l'Adriatique) mais il paraît rare ou inexistant dans le bassin oriental de la Méditerranée. En Asie on le trouve jusqu'en Mandchourie. Il n'est pas signalé sur les autres continents.

2° Réceptivité des vignes

Il n'existe pas, semble-t-il, de différences entre les cépages issus de *V. vinifera* qui sont attaqués dans toutes les régions viticoles européennes. En ce qui concerne les vignes américaines ou leurs descendants il n'y a pas d'études complètes. Zweigelt (1929) a cité quelques hybrides très atteints : 1000 S, 1832 Cl, Baco I et d'autres indemnes : 4J0 BS, 595 Oberlin, Seibel 4638, 4995, 5213, 5279, mais cela est bien insuffisant pour en tirer parti.

VIII — LES DEGATS

Les dommages causés à la vigne ne sont pas dus aux faibles quantités d'éléments absorbés par les adultes et les larves, mais bien à la perte du feuillage, car toute feuille roulée se dessèche rapidement, puis tombe sur le sol.

Lorsqu'il n'y a que quelques cigares par souche, ces dégâts sont supportables par la vigne. « Par contre, écrit Marsais (1906), si ce fait se répète sur un certain nombre de feuilles d'un même cep, toutes les fonctions qui s'exercent par elles : respiration, assimilation chlorophyllienne, transpiration se trouvent singulièrement ralenties. La plante s'affaiblit, l'aoûtement est compromis et en tout cas les raisins, exposés directement au soleil et au vent, se dessèchent avant la récolte ; la migration des sucres ne se fait plus. etc... »

Des invasions massives de Cigarier ont été observées dans le vignoble français, par V. Mayet (1900) dans l'Hérault, près de l'étang de Thau ; dans le Jura, près de Lons-le-Saunier en 1954 par Pignal, entraînant des défoliations supérieures à 75 %. Ce dernier auteur a compté 5 à 6 insectes par cep, soit une densité moyenne de 35 à 40.000 à l'hectare. Ces pullulations n'intéressaient que le Chardonnay, alors que les hybrides restaient indemnes.

En Allemagne, des invasions importantes ont été signalées en 1750 à Landau (Nordlinger, 1855), en Bavière rhénane et dans le duché de Bade en 1756 par Roth, ainsi qu'en Hongrie, au Caucase, etc...

IX — METHODES DE LUTTE

1° Le ramassage des cigares

Déjà conseillé par O. de Serres, il doit être réalisé avant la fin juin lorsque les larves sont encore présentes dans les cigares. Ceux-ci, récoltés dans des sacs, seront brûlés immédiatement et il est bon de renouveler cette opération manuelle plusieurs fois dans la seconde quinzaine de juin. Par cette méthode on n'évite pas les dégâts (qui sont déjà faits) mais on arrête la multiplication de l'insecte pour l'année suivante.

2° La récolte des adultes

Elle se pratique le matin de bonne heure en employant l'entonnoir à Altises ou un sac de toile tendu sur un cerceau de bois flexible, placé en dessous de la souche. Les insectes recueillis doivent être détruits.

Ces deux techniques sont évidemment fort coûteuses en main-d'œuvre et Martin (1910) a signalé en Touraine l'emploi de poulaillers roulants qu'on fait séjourner dans les vignes de la fin mars à juillet. Les poules sont entraînées à rechercher les insectes et à les dévorer.

3° La lutte chimique

Elle est évidemment la plus commode pour de grandes surfaces de vignes à protéger. Comme l'insecte passe l'hiver dans le sol on avait songé à employer le *sulfure de carbone*, mais celui-ci ne traverse pas les parois des loges et de plus l'insecte est souvent sorti avant les froids.

Avant 1939, on détruisait les adultes avec des *pulvérisations arseni-cales,* à base d'arséniate de plomb à 0,5 % ; appliquées en mai dès l'apparition des insectes. Mais ces produits sont maintenant interdits. Les essais de traitement avec la *nicotine* étaient moins efficaces.

Après 1945, on a utilisé avec succès les *produits à base de D.D.T.* ainsi que l'*H.C.H.,* produits employés durant la période d'alimentation des jeunes adultes avant la ponte, c'est-à-dire en mai

Comme les produits organo-chlorés sont interdits maintenant, on a recours aux *esters phosphoriques,* substances qui donnent des résultats remarquables. En effet, ils permettent le choix de la date du traite-ment, parce que leur action en profondeur permet de les employer avec succès lorsqu'il est déjà trop tard pour les produits à base de D.D.T. On avait d'ailleurs essayé en Suisse de commercialiser un mélange de ces deux produits : le D.D.T. s'attribuant la mission de l'action prolongée et le parathion agissant en profondeur (Hafliger et Geigy).

7° Les Lépidoptères

CARACTERES GENERAUX

« Les insectes qui composent ce groupe, appelés vulgairement Papillons, écrit VALERY MAYET (1890), ont pour caractère principal d'avoir quatre ailes recouvertes d'écailles brillantes et colorées, imbriquées comme les tuiles d'un toit, d'où leur nom (λεπισ, écaille - πτερον, aile). L'appareil buccal est suceur, c'est-à-dire formé d'une trompe constituée par les deux mâchoires qui se sont accolées, démesurément allongées et sont à l'état de repos enroulées en spirale. Les métamorphoses sont complètes.

« Les larves, connues sous le nom de *Chenilles*, ont les six pieds ordinaires des insectes, plus des pieds membraneux en nombre variable placés par paire sous l'abdomen et appelés « fausses pattes ».

« Les nymphes ou *Chrysalides* ayant tous les appendices visibles, mais d'ordinaire soudés au corps, sont immobiles, tantôt supendues par quelques fils de soie, tantôt renfermées dans un cocon soyeux ou terreux entièrement clos. »

« Le régime phytophage presque exclusif des larves, écrit BALACHOWSKY (1966) fait des Lépidoptères des insectes particulièrement nuisibles aux plantes cultivées. Cette nocivité résulte le plus souvent d'une adaptation récente à la civilisation de l'homme par passage de la flore sauvage, formant l'habitat originel de la plupart des espèces, aux végétaux cultivés.

« Le *papillon* reste avant tout un stade de reproduction s'alimentant peu et pouvant même, dans bien des cas, être totalement privé de fonctions digestives. Cependant les adultes sont également nuisibles car ils assurent la pérennité de la descendance en déposant leurs œufs soit sur les plantes constituant le futur habitat des chenilles, soit à leur proximité permettant ainsi le développement ultérieur des larves. Dans bien des cas, la destruction des papillons est indispensable pour garantir l'avenir des cultures.

« Les *chenilles*, par contre, constituent un stade à croissance rapide, très vorace, d'active assimilation, au cours duquel des réserves sont accumulées en abondance dans l'organisme, permettant ainsi une vie imaginale ultérieure intense mais de courte durée. Dans certains cas, la larve dévore plus que son propre poids de matière végétale en 24 heures. »

CLASSIFICATION

La classification des Lépidoptères nuisibles à la Vigne est basée sur celle publiée par BALACHOWSKY (1966) :

A - Sous-Ordre des *Homoneura*... pas d'espèces sur Vigne.

B - Sous-Ordre des *Heteroneura*.

++ Division des *Monotrysia* (1 seul orifice génital chez la femelle).

Famille des *Heliozelidae*

— *Holocastia Rivillei Stainton* (chenille mineuse des feuilles de Vigne).

++ Division des *Ditrysia* (2 orifices génitaux chez la femelle).

I - + Super-famille des *Cossidea*

Famille des Cossidae... *Cossus cossus* L. (Cossus gâte-bois).

II - Super-famille des *Tinoidea*
Famille des *Psychidae...* *Pachytella unicolor* Hufn (Grande Psyché des prairies).
Famille des *Gelechiidae...* *Epidola stigma* Stg.
III - Super-famille des *Tortricoidea.*
Famille des *Cochylidae...* *Eupoecilia ambiguella* Hbn. *(Cochylis)*
Famille des *Tortricidae* (Tordeuses)
— sous-famille des *Tortricinae*
   = *Argyrotaenia pulchellana* Hmw. *(Eulia)*
   = *Cnephasia incertana* Tr.
   = *Clepsis spectrana* Tr. (Tordeuse de la Vigne).
— sous-famille des *Sparganothinae*
   = *Sparganothis pilleriana* Den. et Schiff. (Pyrale)
— sous-famille des *Olethreutinae*
   = *Lobesia botrana* Den. et Schiff. *(Eudemis)*
   = *Selania Ceplastriana* (Tordeuse des crucifères)
IV - Super-famille des *Zygaenoidea*
Famille des *Zygaenidae*
   = *Theresimima ampelophaga* Bayle (Zygène de la vigne)
V - Super-famille des *Noctuoidea*
+ Famille des *Noctuidae* (Noctuelles)
   = *Euxoa tritici* L.
   = *Scotia segetum* Schiff. (Noctuelle des moissons)
   = *Scotia exclamationis* L.
   = *Scotia crassa* Kb.
   = *Amathes c-nigrum* L.
   = *Noctua pronuba* L. (Noctuelle fiancée)
   = *Spodoptera exigua Hb.*
+ Famille des *Arctiidae* (Ecailles ou chelonies)
   = *Arctia caja* L. (Ecaille martre)
   = *Arctia villica* L. (Ecaille fermière)
VI - Super-famille des *Sphingoidea* (Sphinx)
Famille des *Sphingidae*
   = *Deilephila elpenor* L. (Sphinx rose de la vigne)
   = *Celerio lineata* F. (Sphinx commun de la Vigne)
   = *Deilephila porcellus* L. (Sphinx petit pourceau).
   = *Hippotion celerio* L.
VII - Super-famille des *Pyraloidea.*
Famille des *Pyralidae*
   = *Ostrinia nubilalis* (Pyrale du Maïs).
   = *Cryptoblabes gnidiella* (Pyrale du Daphné).
Famille des *Geometridae*
   = *Peribatodes rhomboidaria* (Boarmie des Bourgeons).

Nous ne suivrons pas complètement cet ordre systématique préférant étudier d'abord les Tordeuses qui causent les plus graves dommages à la Vigne, puis les espèces secondaires appartenant aux groupes des Noctuelles, des Ecailles, des Sphinx et enfin les papillons trouvés occasionnellement sur la Vigne.

HISTORIQUE

Les Tordeuses de la grappe sont originaires d'Europe, bien qu'il soit difficile de les identifier dans les écrits anciens, faute d'une description précise.

WALCKENAER (1835) pensait que la Pyrale pourrait être l'insecte dénommé *Kampe* par les Grecs ou sous les termes latins d'*Involvulus* (Plaute), de *Convolvulus* dont Caton conseillait de se débarrasser en badigeonnant le cep et le dessous des branches avec un mélange de soufre et de bitume cuits dans du marc d'huile. Mais ces noms peuvent aussi bien s'appliquer à la Pyrale qu'à la Cochylis ou même à d'autres insectes qui roulent les feuilles de la vigne comme le Cigarier. Pour V. MAYET (1890) « PLINE et COLUMELLE, en se servant indifféremment des mots *Volucra* et *Aranea* ou *Araneus* pour un animal qui enveloppait de fils le grain de raisin et le mangeait, semblent avoir voulu parler de la Cochylis, le seul ampélophage qui agisse ainsi. »

En définitive on ne peut rien tirer de définitif de ces citations anciennes et il faudra attendre la fin du XVIIIe siècle, l'époque des grands Naturalistes, pour trouver des renseignements précis concernant la Pyrale, la Cochylis et l'Eudemis, cette dernière espèce se répandant surtout dans les vignobles français après l'invasion phylloxérique.

PYRALE

I — SYNONYMIE

Fr. Pyrale de la vigne (Bosc d'Antic, 1776), Phalène de la vigne (Roberjot, 1787), Chape de la vigne et Pyrale de Florensac (Faure Biguet et Sionest, 1802), Ver de la vigne (Rhône et Saône et Loire), Ver à tête noire (Côte d'Or), Ver de l'été à Ay (Marne), Couque (Pyrénées-Orientales), Babote ou Babota (à Marseillan et Florensac, Hérault).

En 1562, l'abbé LEBOEUF, auteur d'une histoire du diocèse de Paris, paraît être un des premiers à parler avec précision de la pyrale, alors dénommée le « ver coquin », nom qui fut donné aussi, à la *Cochylis*, d'après NISARD (1851).

Angl. Vine pyralid caterpillar.

All. Springwurm (Ver du printemps), Laubwurm (ver du feuillage), Springwurmwickler.

Ital. Pirale della vite, Tortrice della vite.

Esp. Piral de la vina, Sapo, Rebujadora, Gusano verde (ver vert), Torcedora, Oruga de rebujo, Revolvedora, Revoltona.

Port. Piral da vinha.

Le mot Pyrale est dérivé du grec πυρ, feu, parce que les vignes dévastées par cet insecte semblent avoir été la proie des flammes (feuilles desséchées, comme brûlées).

II — HISTORIQUE

La première description exacte de la Pyrale fut donnée en 1786 par Bosc dans son « Mémoire pour servir à l'histoire de la chenille qui a ravagé les vignes d'Argenteuil », ville située près de Paris.

Plus tard, en raison des ravages causés par la Pyrale dans divers vignobles français (Champagne, Mâconnais, Beaujolais, Midi) AUDOUIN, professeur au Museum d'Histoire naturelle de Paris, fut chargé d'une grande enquête sur ce parasite et rédigea une « Histoire des insectes nuisibles à la vigne et particulièrement de la pyrale » livre qui fut publié en 1842, après sa mort (survenue en 1841). Seul le premier fascicule est d'Audouin, le reste a été écrit par BLANCHARD et MILNE-EDWARDS.

III — SYMPTOMES

La pyrale se nourrit essentiellement de feuilles et elle ne s'attaque que secondairement aux inflorescences.

Au début du printemps les jeunes chenilles évident certains *bourgeons* en perforant ou en dévorant entièrement les ébauches de feuilles, réunies entre elles par des fils soyeux secrétés par l'insecte.

Au cours de la seconde quinzaine de mai, les chenilles dévorent **les jeunes feuilles** en voie de croissance en les réunissant d'abord par **des** fils soyeux, puis en les perforant, produisant finalement des trous **ou** de larges brèches dans le limbe, rappelant un peu les dégâts causés **par** les escargots.

« Les dégâts s'accentuent au fur et à mesure de la croissance des chenilles. Celles-ci tissent de nombreux fils soyeux, roulant d'abord le bord des feuilles, puis rassemblent plusieurs feuilles en paquets où elles tissent leurs fourreaux soyeux blancs, qui leur servent d'abris. Les

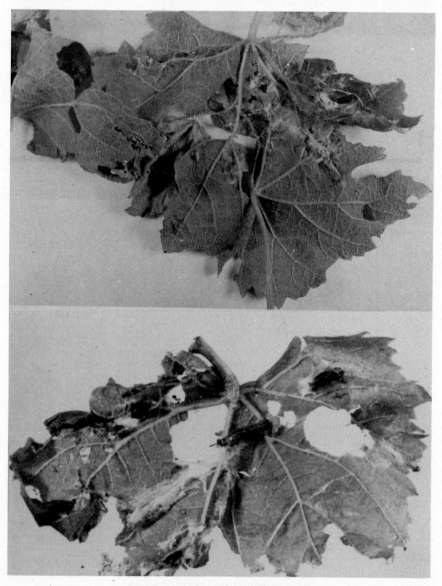

Fig. 318. – Dégâts de Pyrale sur feuilles (original).

dégâts atteignent leur maximum d'intensité fin mai-début juin, au moment où les chenilles parviennent à leur stade adulte. En cas de forte invasion de la pyrale, l'extrémité des jeunes pousses reste rabougrie et on assiste à un départ des yeux latents qui vont donner des entre-cœurs stériles. Les jeunes feuilles du sommet peuvent se dessécher complètement.

« Tant que les larves sont très jeunes, écrit AUDOUIN, elles ne mangent pas les grappes de raisin, qu'elles se contentent d'entailler et ces grappes en se fânant, leur servent simplement de retraite et présen-

Fig. 319. – Dégâts de Pyrale sur grappes (original).

tent un soutien à leurs fils. Mais lorsque les chenilles acquièrent plus de force et qu'il s'en montre aussi une plus grande quantité elles ne se bornent plus à inciser les pédoncules des grappes, elles s'attaquent jusqu'aux grains en les coupant et souvent en les rongeant. Cependant les pyrales préfèrent les feuilles aux fruits et il est très rare de les voir se loger dans des grappes isolées et sans y être attirées par les feuilles environnantes. »

Les dégâts répétés de Pyrale peuvent devenir dangereux pour l'avenir du vignoble car ils entraînent un affaiblissement des ceps, dont les feuilles sont dévorées, et ces derniers s'épuisent à émettre une seconde végétation au moyen des entre-cœurs. Finalement les récoltes sont fortement réduites et peuvent même être localement anéanties si aucun traitement n'intervient.

IV — SYSTEMATIQUE

La pyrale de la vigne, comme cela a déjà été indiqué est une Tordeuse (*Tortricidae*) dépendant de la sous-famille des *Sparganothinae*, caractérisée par des palpes labiaux très longs et par quelques particularités des armures génitales.

Cette espèce fut d'abord appelée *Pyralis vitana* Fabricius (1787) pour désigner l'insecte qui ravageait les vignes d'Argenteuil, étudié par Bosc (qui s'appelait d'abord Dantic). Cependant en Autriche, quelques années plus tôt (1776) SCHIFFERMULLER et DENIS avaient décrit le même insecte sous le nom de *Tortrix Pilleriana*, mais l'identité des deux espèces ne fut reconnue que beaucoup plus tard par AUDOUIN en 1837.

D'autres noms furent proposés pour cette espèce, qui ne sont aujourd'hui que des synonymes :

Tortrix luteolana HUBNER (1796), *Pyralis vitis* LATREILLE (1805), *Tortrix Danticana* WALCKENAER (1835), *Pyralis vitana* AUDOUIN (1842), *Œnophthira* (ou *Œnophtira* par erreur) *Pilleriana* DUPONCHEL (1844), *Œnectria Pilleriana* GUENÉE (1845).

Actuellement, le nom scientifique de la Pyrale est : *Sparganothis Pilleriana* DENIS et SCHIFF.

V — DESCRIPTION

Le *papillon* de la Pyrale est plus grand que celui de la Cochylis ou de l'Eudemis. Il mesure, au repos, de 11 à 16 mm de l'extrémité des palpes labiaux aux extrémités postérieures des ailes et 10 à 14 mm de l'extrémité des mêmes palpes à l'extrémité de l'abdomen. L'envergure des ailes est de 20 à 24 mm. (VOUKASSOVITCH, 1924).

Le papillon mâle est en général d'une taille plus petite que la femelle.

« Ce qui frappe, à première vue dans cette espèce, écrit PICARD (1921) c'est la *largeur de l'aile antérieure* et surtout sa *brusque courbure* peu après son point d'attache avec le tnorax. Le papillon paraît ainsi, au repos, avoir des épaules. Cet aspect est généralement mal rendu sur les figures. »

La coloration est assez variable avec une teinte jaunâtre, à reflets plus ou moins dorés, pouvant devenir brune. Comme on le voit sur la fig. 3 de la Planche 23, les ailes antérieures présentent une tache près de la base et trois bandes transversales brunes : les deux premières obliques et sinuées de part et d'autre du milieu de l'aile et la dernière presque droite formant un liseré au bord externe.

Ces bandes, plus nettement marquées chez les mâles, s'estompent plus ou moins complètement chez certains individus, en particulier chez les femelles, les formes extrêmes apparaissent souvent unicolores.

Les grandes variations dans la coloration des papillons furent d'abord signalées par Bosc (1786), puis par FABRICIUS (1794). Mais tandis que Bosc se demandait seulement s'il ne fallait pas regarder comme une variété nouvelle les deux individus éclos chez lui et qui différaient de ceux qu'il avait décrits, par l'absence totale de bandes, FABRICIUS avait fait une espèce nouvelle de ces individus sans bandes et d'une coloration uniforme : *Pyralis pilleriana*, tandis que ceux présentant des bandes sur les ailes antérieures étaient appelés : *Pyralis vitana*.

AUDOUIN (1842), dans son livre, a consacré une longue description aux variations de la coloration de la surface des ailes antérieures :

« Tantôt leur *fond* est d'un jaune doré clair, un peu mat, comme chez les mâles, c'est l'état le plus ordinaire ; tantôt il est d'un jaune doré verdâtre métallique ; d'autres fois il offre une teinte brune rougeâtre, nuancée de violet et de vert obscur. Ces différences constituent autant de variétés qu'on peut rassembler en 3 groupes : 1° différence dans le fond de la couleur de l'aile ; 2° différence dans la couleur des taches et des bandes ; 3° différence dans leur forme.

« La *couleur des bandes* peut être plus ou moins foncée et dans le cas où le fond est brun ou roussâtre se confondre avec lui.

« La *forme des bandes* varie encore plus que leur couleur. Elles peuvent être très larges ou très étroites, se diviser pour former des taches angulaires distinctes, quelquefois réduites à de petits points. Les bandes peuvent même disparaître complètement et la surface des ailes est alors unicolore.

« Les ailes postérieures sont d'un gris brun uniforme avec la frange plus claire. »

Les *papillons femelles* présentent des variations de couleur beaucoup plus grandes que les papillons mâles, chez qui les bandes n'arrivent jamais à s'effacer complètement. VOUKASSOVITCH, sur une centaine de papillons femelles n'a compté que 25 femelles présentant les 3 bandes plus ou moins visibles. Chez les 75 autres, les ailes antérieures ne portaient que 2 bandes ou des taches foncées. Un certain nombre, une quinzaine, avaient les ailes d'une couleur uniforme, sans dessins.

La couleur de la tête, du thorax, des pattes et de l'abdomen s'harmonise avec celle des ailes antérieures.

Les antennes sont composées le plus souvent de 54 articles, mais aussi de 52 à 56. Le nombre d'articles peut varier d'une antenne à l'autre chez un même individu. Le premier article est beaucoup plus développé que les autres ; le dernier article chez les mâles est semblable aux autres mais chez les femelles il est très long et très grêle.

Les yeux sont semi-circulaires, de couleur vert tendre ; les ocelles existent au nombre de deux.

Enfin l'adulte est reconnaissable facilement à ses palpes labiaux très développés, quatre fois plus longs que la tête et qui prolongent cette dernière en un « bec » pointu et arqué vers le bas.

L'abdomen du mâle présente 7 segments, mais chez la femelle on remarque un huitième segment rudimentaire. D'ailleurs l'abdomen de la femelle est toujours plus gros que celui du mâle et s'en distingue encore par une teinte verdâtre, visible surtout en dessous et qui est due à la coloration des œufs contenus à l'intérieur.

Des écailles couvrent l'abdomen ; elles sont d'un gris violacé à sa face dorsale et d'un blanc jaunâtre à sa face ventrale ; enfin son extrémité se termine par une sorte de disque membraneux entouré d'écailles allongées d'un jaune pâle.

VI — BIOLOGIE

Le cycle biologique de la Pyrale, dans l'ensemble de son aire, ne comprend qu'une seule génération par an (espèce univoltine), avec cette particularité que le cycle est à cheval sur deux années consécutives, par suite d'une longue diapause hivernale des chenilles, pouvant durer 7 à 9 mois.

1° CHENILLE

La Pyrale passe l'hiver à l'état de jeune chenille, née pendant l'été et qui est presqu'immédiatement entrée en *diapause* ou *anabiose*. Cette chenille mesure alors 2 mm de long, sa tête et le premier anneau sont d'un noir brillant (Pl. 21, fig. 4) tandis que le reste du corps est d'un jaune légèrement verdâtre et couvert de poils de la même couleur, visibles seulement avec un fort grossissement de la loupe.

A - LIEUX D'HIBERNATION

Dans la grande majorité des cas les chenilles vont chercher à se réfugier dans les *fissures du bois* ou *sous l'écorce*, utilisant la moindre anfractuosité ou la plus légère séparation entre le bois et l'écorce.

ANTONIADIS (1918) a étudié la distribution sur la souche des chenilles de Pyrale pendant l'hiver :

— du collet à la soudure de la greffe : pas de pyrale ;

— 10 cm au-dessus, rien encore, pas même de trace de cocon vide ou autre ;

— 10 cm au-dessus, rien encore, sauf tout à fait à la limite supérieure de cette zone au début de la formation d'un vieux bras mort : 8 Pyrales vivantes et 1 morte ;

— 10 cm en dessus (sur le début du second bras disparu par la taille) 4 Pyrales vivantes et 1 morte ;

— 10 cm au-dessus : rien, on arrive ensuite à la base du petit bras, divisé en 4 petits bras portant les coursons et on dénombre 28 Pyrales vivantes et au-dessus sur le bras lui-même 25 Pyrales vivantes et 3 mortes.

— sur chacun des autres petits bras on dénombre 10 à 16 Pyrales vivantes ;

— enfin sur les coursons : rien.

Fig. 320. – Distribution des Pyrales sur une souche d'aramon (d'après ANTONIADIS).

Par conséquent sur les 130 Pyrales dénombrées, 105 sont réparties à la base des bras ; c'est donc dans cette région que les badigeonnages d'insecticides doivent être effectués, alors que la base du tronc est pratiquement dépourvue de chenilles.

Les chenilles se réfugient également dans les fissures des *échalas* ou des piquets en bois supportant les fils de fer dans les vignes palissées. En effet, écrit LEBRUN (1909), « elles trouvent des abris dans les fentes des échalas, dans les liens d'osier, dans les pailles ayant servi à l'accolage, dans les vieilles feuilles qui restent suspendues aux sarments et aux fils de fer, dans les mauvaises herbes desséchées, dans les débris de bois qui traînent sur le sol. »

En dehors des souches, il est possible que certaines chenilles peuvent *hiberner sur le sol* dans des débris végétaux divers, provenant de plantes adventices ayant servi de refuge aux chenilles avant de se dessécher. Pour VIDAL (1918) cela expliquerait l'attaque de jeunes plantiers dès la première année de la mise en place, l'étalement des sorties des chenilles au printemps sur plus d'un mois, celles ayant séjourné sur le sol arrivant en dernier sur les jeunes pousses et enfin les insuccès dans les traitements d'hiver limités aux souches.

SEMICHON (1915) pense que, dans les terres très meubles, certaines chenilles peuvent *hiverner dans le sol,* échappant ainsi à tous les traitements réalisés sur les souches. Cela se produit surtout les années de grande invasion.

Par conséquent les traitements d'hiver ne devront pas se borner aux souches elles-mêmes mais être étendus aux échalas et aux piquets ; enfin le ramassage de toutes les parties ligneuses traînant sur le sol ou accrochées aux fils de fer peut être bénéfique.

Dans leur lieu de refuge, les chenilles filent chacune un petit cocon, long de 5 à 6 mm, ovoïde, formé d'une soie grisâtre et ténue ; c'est dans cet étroit fourreau qu'elles restent blotties, durant 7 à 8 mois, jusqu'à ce que les premiers rayons du soleil viennent les tirer de leur sommeil léthargique et leur faire sentir le besoin de nourriture.

B - APPARITION DES CHENILLES AU PRINTEMPS

Selon V. MAYET (1903) « En février pour le Languedoc et la Provence, en mars pour les vignobles plus septentrionaux, l'insecte perce son cocon et se place à côté, tout prêt à monter sur la souche à l'eclosion des premiers bourgeons. »

Cette époque durant laquelle la chenille resterait sous les écorces en dehors de son cocon, est indiquée par tous les auteurs comme la plus convenable pour l'application des traitements d'hiver, la chenille étant à ce moment-là le plus vulnérable.

Cependant, note VOUKASSOVITCH (1924), « il est extrêmement difficile de préciser cette époque de la sortie des chenilles hors des cocons, qui varie d'une année à l'autre. Le fait que les chenilles sortent de très bonne heure et attendent longtemps avant de monter sur la souche ne semble pas être général. SABATIER (1904) aux environs de Carcassonne, trouva le 27 avril 1903, sous les écorces auprès de cocons abandonnés par les chenilles de Pyrale d'autres encore intacts. VOUKASSOVITCH, le 19 avril 1924 a observé le même fait : dans les bourgeons on pouvait voir des chenilles de 3 mm de longueur, tandis que sous les écorces seulement un certain nombre de celles-ci étaient sorties et restées à côté du cocon les autres se trouvant encore dans les cocons intacts. »

C - MONTÉE DES CHENILLES VERS LES POUSSES

Pour V. MAYET (1903) « Aux premières pousses de l'année, la chenille quitte son abri et commence à gagner l'extrémité du bourgeon, rapprochant autant que possible les feuilles et les petites grappes dont elle broute les parties les plus tendres, sans cependant construire un véritable fourreau. »

L'époque de la montée des chenilles varie suivant les années. C'est ainsi que VOUKASSOVITCH, à Toulouse, en 1922 indique qu'à la suite de froids tardifs au mois d'avril, la végétation se trouva peu avancée. Au début de mai, les bourgeons n'avaient, en général, que les premières feuilles épanouies et les premières chenilles y furent trouvées le 5 mai. En 1923, la montée fut plus précoce, le 19 avril il y avait déjà des chenilles de 3 mm environ dans les bourgeons.

« Généralement, la montée commence avec le débourrement, mais certaines années les chenilles peuvent sortir des écorces avant cette époque et s'attaquer aux diverses plantes qui croissent dans les vignes, notamment les chardons. La sortie des chenilles peut se prolonger très longtemps et il s'en suit une grande différence de taille entre les chenilles d'une même souche. Cette différence de taille (de 1,6 mm à 3 mm au 19 avril) s'accentua encore beaucoup plus par la suite (de 5 à 22 mm au 14 juin 1922). Quand on observe les chenilles d'une même souche, on peut remarquer qu'elles sont le plus souvent divisées en plusieurs catégories nettement différenciées les unes des autres ; l'une de ces catégories est plus nombreuse tandis que les autres se rangent dans un ordre décroissant. Par contre, si l'on observe les chenilles de plusieurs souches, on trouve un mélange de toutes les tailles.

« On a objecté, que la différence de tailles entre les chenilles provient d'une capacité d'assimilation plus ou moins grande, ce qui doit être vrai, dans une certaine mesure. De plus, les chenilles de 4 à 5 mm trouvées le 30 juin, tandis que les autres commençaient à se chrysalider, sont sûrement des individus anormaux. Cependant ces deux causes ne semblent pas suffire pour expliquer ces variations dans la grandeur des tailles.

« Certains auteurs ont admis que les chenilles passent l'hiver plus ou moins profondément sous les écorces de la vigne ou même sous la terre et que, surtout dans ce dernier cas, plus d'un mois leur est nécessaire pour parvenir jusqu'aux pousses, mais cette hypothèse (un mois de vie active sans prendre de nourriture) paraît excessive. Des comptages, réalisés au laboratoire sur des écorces prélevées sur des souches ayant des chenilles de 3 mm ont permis de voir que la sortie des chenilles s'est poursuivie durant 35 jours et il faut y ajouter la douzaine de jours pour la sortie antérieure des chenilles de 3 mm. Donc l'échelonnement des sorties de chenilles suffit par lui-même à expliquer les grandes différences des tailles. Les causes de cet échelonnement sont dues aux variations de température et d'humidité suivant les expositions différentes des cocons sur les souches.

« Il reste, comme dernière explication possible, l'échelonnement des pontes des papillons l'été précédent et un mois environ sépare les chenilles des premières pontes de celles des dernières pontes. »

La durée de la migration des chenilles hivernantes vers les pousses est souvent de plus courte durée : 19 à 23 jours en Basse Autriche par exemple.

Une autre hypothèse a été avancée pour tenter d'expliquer la présence dans les vignes, en juin de chenilles adultes de 20 à 30 mm de longueur à côté de toutes petites chenilles de 5 à 8 mm. Cette hypothèse repose sur le fait que certains observateurs ont signalé des Papillons de Pyrale pris au piège au début du mois de mai. On ne peut expliquer ces phénomènes que par un changement dans les mœurs de la Pyrale. Il est possible que dans les années favorables, les chenilles, nées en août, se mettent à brouter, à grossir puis à se transformer en chrysalides. C'est dans cet état qu'elles passent l'hiver, donnant le papillon au début du printemps et des petites chenilles en juin.

Cette hypothèse pour être confirmée demanderait de nouvelles recherches ; elle n'est pas impossible dans certains vignobles quand on sait
les formidables possibilités d'adaptation des cycles biologiques des
insectes.

En conclusion, la sortie des chenilles et leur montée dans les pousses
s'étale en moyenne entre 20 à 25 jours, parfois davantage et cette lenteur
fait que souvent le viticulteur ne s'attend pas à avoir des dégâts aussi
importants que ceux qu'il va bientôt constater dans son vignoble.

D - CROISSANCE DES CHENILLES

Comme l'avait bien remarqué AUDOUIN « les chenilles ne commencent
à s'alimenter qu'après s'être mises à l'abri sous une espèce de fourreau
qu'elles se filent. C'est en vain qu'on essaye de leur faire prendre leur
nourriture hors de ce fourreau et lorsqu'elles sont obligées de le quitter,
soit parce qu'elles ont été inquiétées, soit parce qu'il ne leur offre plus
de nourriture, leur premier soin est de se construire un nouvel abri.

« Par conséquent, dès que les chenilles ont gagné les extrémités des
pousses, leur premier soin est de tendre des fils et de rapprocher
autant que possible les feuilles et les petites grappes qui constituent
le bourgeon.

« Lorsque les feuilles commencent à se développer et que les
petites chenilles ont atteint une longueur d'environ 1 cm, elles quittent
l'extrémité des pousses et descendent au milieu des feuilles adultes
et des inflorescences (seconde quinzaine de mai dans le Maconnais),
mais le changement est progressif et dure une quinzaine de jours. La
chenille recommence à tendre des fils entre-croisés de manière à former
au-dessus d'elle une espèce de toit surbaissé, puis elle grimpe sur cette
bâtisse comme sur un échafaudage pour construire un second étage à
sa demeure. Ce nouveau travail s'exécute, comme le premier, à l'aide
de fils entre-croisés et lorsque la trame est suffisamment épaisse, la
chenille détruit avec ses mandibules les premières brides devenues inutiles
et rend ainsi sa retraite assez spacieuse. Enfin elle tapisse de fils la
portion de la surface de la feuille qui constitue le plancher de sa loge.

« La construction de cette loge exige quelques heures mais il est bien
rare que la chenille l'abandonne avant qu'elle ne soit complètement
terminée. Ce n'est qu'alors, du moins en apparence, que commence la
destruction de la vigne : mais cette destruction peut être attribuée au
moins autant aux actes qui précèdent qu'à la voracité de la chenille. En
effet, ces fils innombrables jetés dans toutes les directions, entravant
la végétation, arrêtent complètement la floraison et la fructification des
grappes qui s'y trouvent mêlées et de cet enchevêtrement des grappes,
des feuilles et des vrilles résulte l'aspect de désolation qui donne aux
vignobles envahis par la Pyrale un caractère tout particulier.

« Les chenilles sont prodigues de leur soie : Chaque fois que leurs
anciens fourreaux ou ceux des autres chenilles semblent gêner leurs
mouvements, elles les détruisent sur le champ pour en former de
nouveaux ; elles emploient souvent aussi un grand nombre de fils
uniquement dans le but de rapprocher des feuilles et des grappes qui ne
leur servent que d'abri momentané. Enfin elles se construisent dans le
même but et seulement à ce qu'il paraît pour s'y réfugier à chaque
changement de peau et lors de leur transformation en chrysalides, des
fourreaux blancs à parois distinctes au milieu des fils qui les enlacent
déjà.

« On pense assez généralement que les dégâts de la Pyrale ont
lieu surtout *pendant la nuit ;* en effet la chenille paraît rechercher l'ombre
et craindre la chaleur du soleil lorsqu'elle doit s'y trouver exposée sans
abri. Cependant on peut observer des larves, au milieu du jour, se
transportant activement d'une feuille à l'autre, suspendues à leurs fils
et se livrer à toute leur voracité. Mais c'est surtout de grand matin ou
à la chute du jour que ces chenilles, comme celles de la plupart des

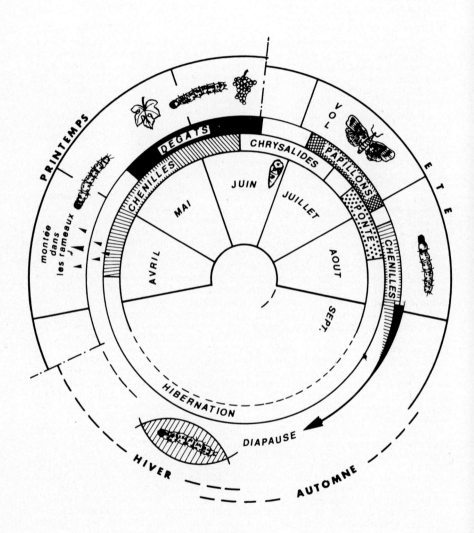

Fig. 321. – Cycle biologique de la Pyrale (original).

Lépidoptères, redoublent d'ardeur et on entend distinctement, à ces heures du jour, le bruit qu'elles font en mangeant. »

« Chaque larve, écrit V. MAYET (1903), se construit un fourreau pour son propre compte, mais il arrive qu'une même feuille est utilisée par plusieurs chenilles, de sorte qu'on a pu dire que les Pyrales vivaient en société dans la même loge. Le cas se présente lorsque les larves sont nombreuses sur une même souche, encore chacune d'elles a-t-elle son petit fourreau séparé pour y opérer tranquillement ses mues.

« La chenille de la Pyrale est soumise à des changements de peau et on compte 4 mues et la durée qui sépare deux mues est de 10 à 12 jours, ce qui donne 40 à 50 jours d'existence larvaire active. » On a donc 5 stades larvaires ; cependant RUSS en Basse-Autriche a mis en évidence l'existence de 6 stades larvaires.

AUDOUIN (1842) a décrit les cinq périodes :

« La *première période*, beaucoup plus longue que les autres, comprend tout le temps qui s'écoule depuis le moment où la larve sort de l'œuf jusqu'à sa première mue, qui a lieu au printemps, quelques jours après qu'elle a gagné les bourgeons.

La *deuxième période* commence immédiatement après la première mue. La chenille mesure alors 4 millimètres environ. Cette période se termine après le deuxième changement de peau et pendant toute sa durée l'insecte croît d'environ 2 millimètres.

La *troisième période* s'étend jusqu'après le troisième changement de peau ; la chenille atteint alors 7 ou 8 millimètres de longueur.

La *quatrième période* commence après cette troisième mue et dure jusqu'à la quatrième ; la longueur de la chenille est de 8 à 10 millimètres.

Enfin la *cinquième période* finit à l'époque où la chenille se métamorphose en chrysalide.

« Lorsque les larves sont au moment de changer de peau, on remarque dans les vignes des fils bien plus nombreux que d'ordinaire et disposés en fourreaux ; retirées dans l'intérieur de ces fourreaux elles y restent quelques jours immobiles et sans prendre aucune nourriture ; leur corps est contracté et leurs couleurs ternies ; enfin leur peau se fend longitudinalement sur le dos, et, se refoulant en arrière, laisse apercevoir une nouvelle enveloppe plus brillante que la précédente. A peine cette transformation a-t-elle eu lieu que les larves recommencent à manger jusqu'à ce qu'une nouvelle mue ramène les mêmes phases.

« Comme les chenilles augmentent chaque jour de grosseur et qu'elles consomment par conséquent de plus en plus de nourriture, les dégâts vont toujours croissant pendant toute la durée de leur vie et ils n'ont atteint toute leur intensité que lorsque les larves, ayant accompli les diverses périodes de leur existence active, sont au moment de passer à l'état de chrysalide. »

VOUKASSOVITCH (1924) a suivi au laboratoire la croissance de quelques chenilles :

3 mai : sortie des chenilles des écorces.

4 mai : mise des chenilles, de 1,8 à 2 mm sur des feuilles de vigne.

7 mai : taille 2,4 à 2,6 mm et vers midi, début de la 1re mue.

8 mai au matin, fin de la 1re mue, nouveau fourreau et la chenille recommence à s'alimenter.

10 mai : taille 4 mm.

18 mai : taille 6 mm et 2e mue.

23 mai : taille 8 mm.

26 mai : taille 10 mm et 3e mue.

2 juin : taille 13 mm.

5 juin : taille 13,4 mm et 4e mue, se terminant le 6 au matin.

9 juin : taille 20 mm.

« La chenille ne grandit plus qusqu'au 11 juin et dès ce jour son corps se raccourcit et devint plus large pour atteindre 14 mm de longueur le 15 juin. Elle cessa de manger, ferma son fourreau aux deux extrémités et s'y fit intérieurement un autre fourreau larvaire. Alors que V. MAYET avait indiqué que la transformation en chrysalide a lieu 8 jours après la 4e mue, elle a eu lieu ici 13 jours après cette mue. »

E - DESCRIPTION DE LA CHENILLE ADULTE

La taille des chenilles adultes varie de 25 à 30 mm, selon AUDOUIN. Leur coloration est très variable : verte, vert sale foncé, verdâtre avec des lignes longitudinales jaune verdâtre ou grisâtre et même d'un jaune vif (Pl. 22, fig. 2) ; en fait il y a des variations de couleur allant du gris sale au gris verdâtre, la partie dorsale étant plus foncée que la partie ventrale. « D'ailleurs indique VOUKASSOVITCH, la coloration d'une chenille varie dans des intervalles de temps assez courts et elle semble être surtout sous l'action de la nutrition. La lumière ne paraît jouer aucun rôle, les chenilles entretenues dans un endroit sombre présentant les mêmes variations de coloration. Cependant la taille de la chenille semble avoir une certaine influence : ce sont les chenilles de 13 à 15 mm de longueur qui présentent généralement les couleurs les plus foncées (vert foncé). » La tête et l'écusson prothoracique sont brun noir foncé brillant et les soies du corps insérées sur des taches verruqueuses petites et blanchâtres.

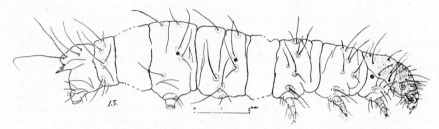

Fig. 322. – Chenilles de Pyrale, disposition des disques pilifères (d'après VOUKASSOVITCH).

Le corps de la chenille comprend la tête, le thorax et l'abdomen.

La *tête* porte 6 ocelles de chaque côté, disposés en demi-cercle et une paire d'antennes rudimentaires, tout à fait à la base des mandibules, composées de 4 articles.

Les pièces buccales comprennent :

1) un labre large, assez saillant, recouvrant complètement les mandibules et échancré profondément dans son milieu de manière à former 2 lobes arrondis, chacun portant quelques poils ;

2) deux mandibules, très larges à 5 dents ;

3) une paire de maxilles très petites, peu consistantes avec des palpes maxillaires à 2 articles ;

4) un labium très grand dépassant sensiblement les autres parties buccales et supportant, au centre, la filière conique et des deux côtés, les deux palpes labiaux, grêles, allongés à 4 articles chacun.

Le *thorax* est formé de trois segments thoraciques portant chacun une paire de pattes, appelées par AUDOUIN « pattes écailleuses » à 3 articles mobiles, dont le dernier est terminé par des griffes avec 2 petits poils à leur côté.

Le premier segment thoracique appelé prothorax porte du côté dorsal une plaque brun roux ou rougeâtre avec les bords plus clairs et divisée en deux parties par une ligne médiane claire. Chaque partie porte 6 poils forts, insérés sur un disque pilifère.

L'abdomen comprend 9 segments, le 9ᵉ se continuant par un lobe conique qui simule un 10° segment. Sur les segments abdominaux on trouve du 1ᵉʳ au 8ᵉ compris, une paire de stigmates semblables à des points noirâtres, placés latéralement et 5 paires de fausses pattes (pattes abdominales ou pattes membraneuses) situées sur le 3ᵉ, 4ᵉ, 5ᵉ, 6ᵉ et 9ᵉ segments. Ces fausses pattes sont en forme de petits mamelons charnus, tronqués à leur sommet où l'on distingue une petite excavation en forme de cupule, armée de nombreux petits crochets de longueurs différentes insérés circulairement sauf sur la 5ᵉ paire qui ne présente qu'un demi-cercle d'épines, ouvert vers l'extérieur.

La peau de la chenille est couverte par une multitude de petites pointes triangulaires, serrées les unes contre les autres, sauf sur les plaques pilifères qui sont lisses.

F - NOMBRE DE CHENILLES PAR CEP

Ce nombre est très variable, selon les années et les localités, de 20 à 60 en moyenne, parfois davantage. C'est ainsi qu'AUDOUIN, dans le Maconnais, en 1837, a pu compter jusqu'à 160 chenilles par souche. Les chenilles quittent rarement le lieu où elles sont nées, mais elles peuvent être transportées par des vents violents.

G - DÉPLACEMENT DES CHENILLES

D'après AUDOUIN (1842. « La chenille se déplace sur la feuille d'une façon particulière : son corps est d'abord complètement étendu et toutes ses pattes adhèrent à cette surface ; mais bientôt elle soulève ses pattes anales et les porte en avant, puis s'arc-boutant sur ces organes et lâchant prise avec ses autres pattes membraneuses elle s'allonge par un mouvement d'ondulation et semble pousser en avant la partie antérieure de son corps à l'aide de sa partie postérieure, prenant alors appui sur les quatre premières paires de ses pattes membraneuses, elle détache de nouveau ses pattes anales et recommence le manège qui vient d'être décrit. Les chenilles adultes peuvent parcourir 50 centimètres par minute avec des ondulations qui se succèdent rapidement. »

2° CHRYSALIDE

A - ÉPOQUE ET DURÉE DE LA NYMPHOSE

La transformation des chenilles en chrysalides se produit surtout dans la seconde quinzaine de juin et peut se poursuivre jusqu'au 10 juillet, en raison de l'étalement des sorties de diapause des chenilles au printemps.

La durée de la nymphose est de 20 à 25 jours, d'après ROBERJOT, BOSC, DRAPARNAUD, de 14 à 16 jours pour AUDOUIN, V. MAYET avec des limites extrêmes de 12 et 18 jours. En Beaujolais, GUILLEMIN (1904) a trouvé des chrysalides depuis le 23 juin jusqu'au 14 juillet, soit pendant une durée de trois semaines.

B - LIEU DE LA NYMPHOSE

« Quand le moment de leur métamorphose est arrivé, écrit AUDOUIN, les chenilles vont chercher un abri dans les feuilles recoquillées, desséchées et entrelacées de fils qui leur ont déjà servi précédemment de refuge et en partie de nourriture. Mais si les vignes n'ont pas été fortement ravagées et que les chenilles n'y trouvent pas suffisamment de nids convenables, elles s'en font de nouveau en incisant au moyen de leurs mandibules les pétioles de quelques feuilles qui ne tardent pas à fâner et qui, desséchées et réunies à d'autres feuilles et même quelquefois à des grappes au moyen de fils, leur offrent des lieux de retraite convenables, au milieu desquels elles se cachent. Cette habitude curieuse de la chenille explique parfaitement l'observation qu'on avait faite, que les feuilles brunes et sèches étaient plus nombreuses proportionnellement dans les vignobles qui n'avaient été que médiocrement ravagés. »

« Quelques jours avant la nymphose, note VOUKASSOVITCH, 2 à 4 jours au laboratoire, la chenille cesse de manger. Elle passe tout son temps à consolider son fourreau, à le fermer aux deux extrémités, à se faire une sorte de loge à l'intérieur. Son activité est entrecoupée de pauses, de moments de repos de plus en plus longs, puis enfin elle s'immobilise. Pendant toute cette période son corps se raccourcit progressivement de 7 à 8 mm (passant de 20 mm à 12 ou 13 mm) et s'élargit un peu. »

C - NYMPHOSE

« La chenille, une fois blottie dans ce réduit, écrit AUDOUIN, ne prend plus aucune nourriture et c'est au bout de deux ou trois jours qu'a lieu sa transformation : à quelques mouvements de contraction succède bientôt une immobilité complète, pendant laquelle on distingue sous la peau et par transparence quelques mouvements analogues à ceux d'une chenille qui marche ; mais ces mouvements ne sont qu'intérieurs et, à travers la peau, qui n'y participe pas, on aperçoit les pointes dont la chrysalide va être garnie.

« Les formes et les couleurs de la chenille ont déjà subi à cette époque de grands changements : son corps est légèrement conique et la partie antérieure est devenue beaucoup plus large que la partie postérieure. Les pattes écailleuses sont toutes ramassées vers la tête et les pattes membraneuses, au lieu d'être saillantes sont, au contraire, rentrées dans la peau et comme contractées. Le tubercule terminal du corps paraît entièrement détaché des derniers anneaux et prend une teinte d'un jaune rosé pâle ; le deuxième et le troisième anneau sont d'un beau vert tendre, mais tous les autres ont une teinte olivâtre plus pâle en dessous qu'au dessus.

« Des plis nombreux ne tardent pas à se former à la partie postérieure du corps ; aussitôt les pattes écailleuses, changeant de direction, se redressent de manière à former un angle droit avec le corps. En même temps la partie antérieure du corps continue à s'élargir et on voit se former tout d'un coup une fente médiane le long de la tête et des trois premiers anneaux, ainsi qu'une petite déchirure transversale entre la tête et le premier anneau. Cette fente, qui permet de distinguer le thorax de la chrysalide, la base des ailes et le commencement de l'abdomen, s'élargissant progressivement, ces parties font bientôt saillie et la chrysalide semble se gonfler sans que pourtant sa partie antérieure se dégage encore de la dépouille de la chenille, qui se plisse de plus en plus à sa partie postérieure, tandis que les pattes écailleuses continuent à s'écarter les unes des autres. Enfin l'enveloppe de la chenille se détache entièrement à la partie antérieure et la chrysalide, se redressant, refoule en arrière cette dépouille transparente et plissée, que quelques légers mouvements de contraction suffisent pour faire tomber complètement.

D - MORPHOLOGIE DE LA CHRYSALIDE

« Au moment où la chenille vient de se transformer en chrysalide, celle-ci comme chez tous les papillons nocturnes, est d'un vert pomme tendre. Mais bientôt le thorax et l'abdomen passent au jaune pâle et le bord de chaque segment se colore en brun ; la tête et les ailes restent verts plus longtemps et ce n'est qu'au bout de quelques heures que la totalité de la chrysalide a acquis la couleur définitive brun chocolat (Pl. 22, fig. 2). Cette chrysalide mesure 12 à 14 mm de longueur et un diamètre maximum de 3 mm. La partie antérieure du corps s'avance en une petite pointe obtuse ; les anneaux du thorax sont lisses, ayant seulement quelques rides transversales et un poil de chaque côté ;

le prothorax seul offre une ligne longitudinale un peu élevée ; les antennes et les ailes sont lisses et l'on aperçoit déjà par transparence les articles des antennes et les principales nervures des ailes. Tous les anneaux de l'abdomen présentent en dessus deux rangées transversales de petites épines très rapprochées les unes des autres : l'une près du bord antérieur, l'autre près du bord postérieur. Sur chaque segment on remarque encore quatre ou cinq poils fauves, formant dans toute la longueur de l'abdomen une quadruple série longitudinale. Le dernier anneau se termine en une pointe longue et obtuse, munie de huit petits crochets recourbés en dedans, dont deux de chaque côté et les quatre autres à l'extrémité. En dessous, les anneaux de l'abdomen présentent seulement quelques poils au milieu et sur les parties latérales.

« Renfermée dans l'intérieur du cocon ou fourreau que la chenille a filé avant de se métamorphoser, la chrysalide s'y trouve soutenue par les 8 épines recourbées qui garnissent l'extrémité de son abdomen et qui s'accrochant dans les fils qui l'entourent, la maintiennent en place malgré les secousses occasionnées par le vent. Elle y reste habituellement immobile, mais pourtant lorsqu'on l'ébranle, elle contourne son abdomen en dilatant et contractant tour à tour tous les anneaux de son corps. Ces mouvements deviennent d'autant plus rapides et plus violents qu'on l'excite davantage et dans ce cas on la voit quelquefois se retourner en entier. »

E - DISTINCTION DU SEXE DES CHRYSALIDES

D'après VOUKASSOVITCH « Les chrysalides mâles sont plus petites que les chrysalides femelles :

— chrysalide mâle : longueur 8,2 à 10,8 mm ; largeur 2,2 à 3,4 mm,
— chrysalide femelle : longueur 9,2 à 12,3 mm ; largeur 2,4 à 3,4 mm.

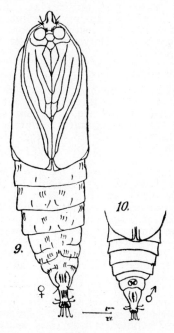

Fig. 323. – Chrysalide femelle de Pyrale, vue du côté ventral et chrysalide mâle (d'après VOUKASSOVITCH).

La forme de la chrysalide mâle est plus élancée que celle de la femelle. Le dernier segment est prolongé dorsalement par une pointe longue et obtuse garnie de huit petits crochets recourbés en dedans. Du côté ventral, il est voûté, légèrement bombé et présente l'orifice anal. Le prothorax présente une forte saillie médiane, de couleur plus foncée que le reste du corps. A sa base, de chaque côté, se trouvent deux soies dont l'externe est plus courte. Entre les yeux, sur le front, se trouvent quatre soies courtes, disposées suivant une ligne.

C'est surtout la longueur des chrysalides qui permet de distinguer les sexes. »

Dans un vignoble, on peut souvent remarquer de nombreuses chrysalides dans les feuilles sèches. En examinant le pétiole de celles-ci, on constate qu'il est incisé et d'après AUDOUIN, ce sont les chenilles elles-mêmes qui l'incisent avant leur chrysalidation.

3° PAPILLON

A - APPARITION DES ADULTES

Selon AUDOUIN « l'apparition des papillons de la Pyrale a lieu ordinairement du 10 au 20 juillet avec des variations suivant les vignobles : fin juin dans l'Hérault, surtout après des pluies chaudes qui font toujours avancer les éclosions ; du 1er au 5 juillet à La Rochelle mais c'est toujours du 15 au 20 juillet qu'on en trouve le plus. De même, en Maconnais, ils apparaissent ordinairement du 15 au 20 et quelquefois du 25 au 30 juillet, selon la température. A Argenteuil, les premiers papillons se rencontrent au 20 juillet, mais ce n'est guère qu'au 30 qu'on les rencontre en grande abondance.

Dans le Midi, VOUKASSOVITCH indique « qu'en 1922, les premiers papillons éclos furent trouvés vers le 27 juin et les derniers à la fin juillet. En 1923, les éclosions furent plus tardives et commencèrent au début de juillet pour finir dans la première quinzaine d'août. » Par conséquent les éclosions peuvent se poursuivre pendant une période de trois semaines à un mois et c'est sur les vignes les plus hâtives que l'on voit les papillons les plus précoces.

B - ECLOSION DU PAPILLON

V. MAYET (1903) avait indiqué que l'éclosion se produisait le matin. Mais pour VOUKASSOVITCH (1924) « les éclosions ont surtout lieu dans la nuit et plus rarement dans la journée. Ainsi, sur 460 papillons dont les éclosions furent observées, 75 seulement éclorent entre 8 heures et 18 heures et sur une autre série de 165 éclosions, 37 eurent lieu dans la journée. Les jours de pluie sont particulièrement favorables à ces éclosions.

« On peut suivre par transparence les mouvements du papillon en train d'éclore. D'abord l'abdomen se contracte, puis le thorax. Sous la pression, la chrysalide éclate dans la région thoracique, le long des lignes de sutures des antennes et des pattes, tandis que la partie céphalique se sépare, se fend et l'insecte apparaît. Il ne sort d'abord qu'à moitié, son abdomen restant engagé dans les téguments de la chrysalide. Il reste ainsi une minute environ, puis brusquement, comme s'il était projeté hors de la chrysalide, il se dégage complètement et franchit une distance de quelques centimètres, en courant, puis s'arrête, immobile.

« Les ailes sont d'abord fripées, beaucoup plus courtes que le corps, mais au bout d'une ou deux minutes elles s'étendent lentement et possèdent alors la longueur de l'abdomen. Après quelques instants, elles commencent à se soulever et à retomber légèrement, leur allongement devient plus rapide. En 3 minutes environ, elles sont complètement étalées, se soulèvent à moitié et s'abaissent plusieurs fois, puis brusquement se soulèvent complètement et se rejoignent sur le dos verticalement. Elles demeurent dans cette position de 1 à 6 minutes, puis se séparent et se rabattent dans leur position normale. Le papillon est encore mou ; il marche alors un peu, en traînant son abdomen gonflé d'un liquide blanchâtre, acide, qu'il rejette ensuite. »

C - PROPORTION DES MALES ET DES FEMELLES (sex-ratio)

Les éclosions des mâles, observées par VOUKASSOVITCH en laboratoire, eurent lieu simultanément avec celles des femelles alors que chez la cochylis et l'eudemis les éclosions de mâles sont surtout observées au début.

Sur 100 papillons capturés au moyen de pièges lumineux, MARCHAL (1904) a trouvé en moyenne 40 femelles pour 60 mâles. Ce pourcentage moyen de femelles peut descendre à 20 % pendant les invasions de peu d'importance comme ce fut le cas en Champagne en 1911 (CHATENAY). Au Portugal A. de SEABRA (1919) obtint un pourcentage de 64 % de mâles.

GUILLEMIN (1904) a fait des captures de papillons pour connaître les proportions de papillons mâles et femelles :

	Mâles	Femelles	Total
18 juillet	4	6	10
22 juillet	6	9	15
26 juillet	7	13	20
30 juillet	14	16	30
TOTAUX ..	31	44	75

ce qui donne une proportion de 42 % de mâles pour 58 % de femelles.

Dans ses élevages, VOUKASSOVITCH obtint plus de femelles que de mâles : en 1922 sur 165 chenilles élevées il y eut 100 papillons femelles pour 65 mâles, soit une proportion de 60 %. En 1923, les 460 chrysalides recueillies dans le vignoble donnèrent 253 papillons femelles et 207 mâles soit une proportion de 55 % de femelles.

Il est difficile, devant ces résultats contradictoires, de savoir ce qui se passe réellement dans la nature car il est bien connu qu'avec les pièges lumineux on prend plus de mâles que de femelles et par ailleurs l'élevage au laboratoire ne peut être comparé à l'ambiance d'un vignoble.

D - VOL NUPTIAL

Les pyrales s'élèvent peu au-dessus du sol et leur vol n'est pas non plus de longue durée, dix mètres au plus ; elles partent d'un cep pour aller se poser sur un autre pas trop éloigné. C'est au coucher du soleil que les papillons volent en plus grand nombre et leur vol ne cesse qu'avec la nuit. Le matin, au crépuscule, le vol recommence et cesse peu après le lever du soleil ; cependant on peut en observer aussi le jour par temps couvert.

E - ACCOUPLEMENT

« Peu de temps après leur éclosion, écrit AUDOUIN, les papillons cherchent à s'accoupler. C'est seulement pendant quelques jours, peut-être de trois à cinq, que la plupart des papillons se montrent plus ardents et voltigent en grand nombre au crépuscule.

L'accouplement a lieu sur les feuilles de vigne, le mâle et la femelle se tiennent bout à bout, la tête dirigée à l'opposé l'un de l'autre, les ailes du mâle recouvrant en partie celles de la femelle (mais parfois c'est l'inverse). La jonction des deux individus s'opère alors et ils demeurent dans cette position souvent pendant près de 24 heures, dans une immobilité complète. Cet accouplement s'effectue généralement au crépuscule du soir et peut se prolonger pendant tout le jour suivant. »

F - NOMBRE D'ACCOUPLEMENTS CHEZ LES FEMELLES ET CHEZ LES MALES

Des expériences réalisées par VOUKASSOVITCH on peut retenir que l'accouplement ou les accouplements de la première nuit suffisent pour que la femelle accomplisse sa ponte ; les 2 femelles qui restèrent une nuit avec un mâle chacune pondirent plus d'œufs que les 2 femelles qui furent successivement en contact quatre nuits durant avec 4 mâles différents. Dans la nature il n'y a probablement qu'un accouplement de chaque femelle. Mais les mâles peuvent s'accoupler plusieurs fois à des femelles différentes.

G - DURÉE DE VIE DES PAPILLONS

Les papillons ne s'alimentent pas et vivent donc sur leurs réserves ; ils peuvent néanmoins prendre un peu d'eau dans la rosée matinale. La durée de vie est de l'ordre de 10 à 12 jours, mais beaucoup d'individus ne vivent que 3 ou 4 jours.

Dans les essais réalisés par VOUKASSOVITCH, la durée de la vie des mâles varie comme celle des femelles suivant le degré d'humidité du milieu :

— des *mâles vierges* gardés dans un milieu sec ne vécurent que 3 à 5 jours alors qu'en milieu humide ils vécurent 12 jours chacun ;

— des *mâles*, qui s'étaient *accouplés*, gardés ensuite dans un milieu sec vécurent 4 jours contre 4 à 9 jours pour ceux placés dans un milieu humide ;

— les *femelles* vivent en moyenne 4 jours dans un milieu complètement sec, 6 jours dans un milieu normal et 8 jours dans un milieu saturé d'humidité.

Par conséquent l'humidité a toujours une action sur la durée de la vie des papillons mâles ou femelles. Pour ces dernières elle intervient aussi sur la quantité d'œufs pondus, dont le nombre croît avec l'augmentation du degré d'humidité, pour devenir maximum dans une atmosphère saturée de vapeur d'eau.

H - PONTE

L'action de l'humidité joue un grand rôle dans la multiplication de l'espèce. D'ailleurs le papillon ne pond que la nuit, lorsque l'air est plus humide. GOTZ (1950) a montré que la ponte avait lieu surtout de 19 heures à 4 heures du matin, avec un maximum de 21 à 24 heures, quelques plaques pouvant être déposées durant le jour.

Une période d'humidité (pluie ou vents du sud dans le Midi) à l'époque de la ponte peut favoriser celle-ci et augmenter dans de notables proportions le nombre d'œufs pondus. Par contre la sécheresse joue un rôle défavorable et aura une certaine répercussion sur l'intensité de l'invasion de l'année suivante.

La ponte a lieu très peu de jours après l'éclosion des papillons, mais l'époque varie nécessairement selon les localités, dès le 25 juin en Roussillon, mais vers le 20 juillet à La Rochelle et le 7 août en Maconnais.

La ponte s'effectue toujours à la *face supérieure des feuilles* le plus souvent dans les parties abritées de la souche et selon RUSS jusqu'à une hauteur de 75 à 100 cm.

La pyrale est très féconde et d'après VOUKASSOVITCH, le nombre d'œufs pondus peut varier de 118 à 396, répartis en 3 à 7 ooplaques, dans la majorité des cas en ooplaques de 40 à 60 éléments. L'importance des ooplaques est variable : les petites ne contiennent qu'une douzaine d'œufs, la majorité en renferme de 50 à 60 mais de très grandes peuvent être composées de 150 à 200 œufs. Sur chaque feuille de vigne on trouve une ou deux plaques, parfois 4 ou 5 et plus rarement 10 ou 12. Audouin, en Beaujolais a calculé que certains ceps portaient plus de 3.000 œufs.

Voukassovitch a étudié la ponte des femelles vierges et des femelles fécondées :

« Presque la moitié des femelles vierges observées n'ont pas pondu et les autres n'ont commencé à pondre qu'à partir de la quatrième nuit après l'éclosion. Les œufs des femelles vierges n'éclosent pas. Ces œufs sont souvent pondus isolément ou par deux ou trois, plus rarement jusqu'à 10 et exceptionnellement jusqu'à 53.

« Les pontes des femelles fécondées présentent une régularité beaucoup plus grande. Les premiers œufs furent pondus, dans tous les cas, la deuxième nuit après l'éclosion et les pontes eurent lieu toujours en plusieurs nuits.

« Il n'y a pas de rapport pour les femelles fécondées ou vierges entre la durée de la vie, le nombre de nuits durant lesquelles les pontes ont eu lieu et le nombre d'œufs pondus. Pour les femelles fécondées la moyenne des œufs pondus est de 200 environ. »

« En dehors de la Vigne, les pontes de Pyrale ont été trouvées sur un *certain nombre de plantes :* sur le saule, l'aubépine, l'églantier, la luzerne, le liseron, le rosier, l'aubépine, le *Stachys germanica L.* par V. Mayet (1890) sur le sureau, la ronce, le liseron par von Babo (1905) ; le prunier, le cognassier, le châtaignier, le chêne par Voukassovitch (1924). Toutes ces plantes diverses étaient toujours à proximité des vignobles. »

Sur les feuilles la femelle dépose ses œufs en reculant, en faisant peu de mouvements, se bornant à allonger ou à raccourcir son abdomen et en changeant à peine de place.

Tous les œufs sont réunis en une seule masse ou *ooplaque* groupant normalement de 40 à 60 œufs, agglutinés au moyen d'une substance visqueuse secrétée par la femelle. Cette ponte est réalisée en quelques minutes (4 ou 5), car trois ou quatre secondes suffisent pour le dépôt de chaque œuf : la femelle l'ayant fait sortir l'applique, sans le lâcher, contre le corps sur lequel elle repose, puis l'y fixe en passant dessus plusieurs fois l'extrémité de son abdomen et en l'arrosant avec un liquide gommeux suintant de son corps. Elle place de la sorte ses œufs par rangées, en les appuyant latéralement un peu les uns sur les autres, comme le sont les tuiles d'un toit ; puis au bord de chaque rangée elle fait couler une petite quantité de matière gommeuse et lorsque la dernière rangée est déposée, elle emploie plusieurs secondes à couvrir le tout de cette même matière.

L'opération étant achevée, le papillon reste deux à trois minutes sur ses œufs, puis s'envole à quelque distance. Les femelles semblent rechercher les surfaces parfaitement lisses pour y effectuer leur ponte. C'est pourquoi les œufs ne se trouvent jamais sur le tronc, les tiges ou la partie inférieure des feuilles.

Les femelles meurent peu après la ponte, dans l'heure qui suit, selon Guillemin (1904).

4° LES ŒUFS

A - MORPHOLOGIE

Les œufs sont ovales, comprimés, mesurant 1 à 1,3 mm de long sur 0,8 à 0,9 mm de large ; leur couleur va se modifier depuis la ponte jusqu'à l'éclosion des chenilles. En effet ces œufs sont d'abord de couleur vert pomme tendre (Audouin) ou vert émeraude (Balachowsky), puis ils passent insensiblement au vert jaunâtre et de là au jaune pur, pour devenir ensuite bruns, puis d'un brun grisâtre et enfin d'un gris noirâtre à l'approche de l'éclosion, lorsque les petites chenilles sont complètement formées. Après l'éclosion les ooplaques vides prennent une couleur blanche avec reflets irisés.

B - INCUBATION

La durée d'incubation est variable dépendant à la fois de la température et de l'état hygrométrique de l'air, en moyenne une dizaine de jours : ROBERJOT donnait 20 jours tandis qu'AUDOUIN indiquait 9 jours avec prolongation jusqu'à 16 jours. Il a d'ailleurs pu hâter l'éclosion en soumettant les pontes à une température de 36° dans une serre humide où les feuilles étaient entassées.

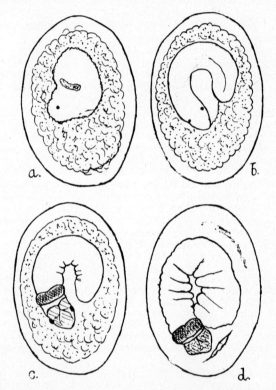

Fig. 324. – Développement embryonnaire de la chenille de Pyrale (d'après VOUKASSOVITCH) : a) au 4e jour après la ponte ; b) au 5e jour ; c) au 6e jour ; d) chenille en train d'éclore.

VOUKASSOVITCH a suivi les diverses phases du développement embryonnaire au microscope, le chorion étant transparent, en faisant pondre le papillon sur une lame de verre et en observant de préférence des œufs isolés. La durée d'incubation fut de 7 jours et quelques heures à la température moyenne de 29 °C. A la fin du quatrième jour après la ponte, la couleur des œufs changea passant du vert au jaunâtre. A ce moment les contours de la chenille se dessinèrent vaguement et un de ses yeux fut visible comme un point rouge. Le cinquième jour passé, les deux yeux furent visibles ; le sixième jour la chenille fut complètement formée avec la tête et la plaque dorsale colorées en marron clair. Le septième jour, elle finit par manger toute la masse vitelline et quelques heures après elle sortit de l'œuf.

« Les œufs des femelles vierges n'éclosent pas, mais ils subissent un commencement de développement qui se poursuit durant une soixantaine de jours après la ponte, puis la masse vitelline se désagrège, se fragmente et se dessèche.

« *L'humidité* exerce une action favorable sur le développement des œufs : dans un milieu saturé d'humidité 1 ou 2 % des œufs se développent jusqu'au dernier stade, sans que les chenilles puissent éclore. Ce pourcentage augmente de plus en plus suivant la sécheresse du milieu et parfois plus de la moitié des œufs n'éclot pas. Dans un milieu très sec on n'obtient qu'un petit nombre de chenilles : 32 sur un total de 302 œufs, donc 10 % environ seulement. On mesure ainsi le rôle important de la sécheresse estivale dans le Midi, tempéré toutefois par le fait que les pontes sont faites sur les feuilles intérieures des souches dans un milieu relativement humide à cause de la transpiration des feuilles.

« *L'exposition au soleil* des pontes est défavorable à l'éclosion mais les résultats varient suivant le stade de développement des œufs, l'action du soleil étant d'autant plus forte que les œufs se trouvèrent dans un stade de développement moins avancé. Ces résultats négatifs, obtenus avec des œufs pondus sur des lames de verre, sont dans la nature moins importants parce que les œufs restent sensiblement à la même température que les feuilles vertes et ne sont pas incommodés. »

Les œufs deviennent très sensibles lorsque le développement embryonnaire est achevé et la sécheresse provoque, dans le chorion, une mortalité plus ou moins forte des jeunes chenilles.

C - ÉCLOSION

Parvenues à la fin de leur développement embryonnaire les chenilles restent immobiles un certain temps avant d'éclore souvent presque simultanément sous l'effet d'une excitation quelconque. AUDOUIN avait signalé qu'une légère insufflation avec l'haleine suffisait à déclencher cette sortie presque simultanée et il supposait que, sous l'action de la température chaude et humide, l'éclosion des chenilles était hâtée. Mais pour VOUKASSOVITCH, « le souffle ne joue que le rôle d'un excitant. Pour lui il suffit d'une excitation quelconque, soit un souffle, soit un rayon de lumière projeté brusquement ou un faible coup sur le support pour provoquer l'éclosion. Il suffit qu'une seule chenille commence à remuer et aussitôt d'un bout à l'autre de la ponte, presque instantanément, toutes les chenilles s'attaquent avec leurs mandibules au chorion, l'entame, le tiraille et en peu de temps se frayent un passage. Les œufs d'une même ponte éclosent ainsi presque tous simultanément. »

SAVARY et BAGGIOLINI (1956) ont indiqué que cette éclosion des œufs d'une même ooplaque, très rapide va de quelques heures à deux jours au maximum.

5° SORTIE DES CHENILLES ET HIVERNAGE

Selon les vignobles, l'apparition des chenilles varie de la fin juillet à la mi-août. Dès leur sortie des œufs, ces jeunes chenilles se dispersent sur les feuilles et marchent rapidement, même à reculons. Bien que la vigne soit à cette époque de l'année couverte de feuilles fraîches et tendres, les petites chenilles ne s'alimentent pas, mais elles se préoccupent uniquement de trouver un abri convenable, pour hiberner à l'état de *diapause* ou *anabiose* jusqu'au printemps suivant.

DERESSE (1891) indique que parfois les chenilles mangent avant de pénétrer sous les écorces. V. MAYET (1903) pense qu'il s'agit là d'une exception due à des circonstances particulières : privation d'écorces pour s'abriter et feuilles très tendres pour la saison mises à leur disposition.

Nous avons déjà signalé la possibilité d'alimentation des chenilles aboutissant à la formation d'une chrysalide en automne qui hibernera, mais cela serait exceptionnel et pourrait se rencontrer peut-être dans des vignobles tropicaux ou subtropicaux à forte humidité ambiante et croissance continue de la vigne, à condition que l'insecte soit présent dans la région considérée.

Pour gagner ses abris préférés sous l'écorce des bras, ou les anfractuosités des piquets en bois, les petites chenilles, qui mesurent alors 2 mm environ, après s'être promenées quelque temps sur les feuilles se rapprochent du bord et se laissent tomber, soutenues par un long fil soyeux qu'elles secrètent ; on les voit suspendues dans l'air, attendant qu'un vent favorable vienne les lancer sur le tronc de la vigne. Là c'est dans les fissures du bois ou sous l'écorce que les petites chenilles cherchent à se réfugier utilisant la moindre anfractuosité ou la plus légère séparation entre le bois et l'écorce. Elles affectionnent les coursons, les parties coudées et même les échalas utilisés dans les vignes.

Dès que leur abri est choisi, les chenilles se font un petit cocon de soie blanche à tissu très serré.

Sur les souches, les endroits préférés des chenilles sont les écorces de la partie inférieure des bras, notamment près de l'insertion des coursons et à la base des bras. Les bois de l'année et le tronc des souches hébergent peu de cocons, toutefois les quelques individus qui trouvent abri dans les premiers peuvent, avec des boutures ou des greffons, concourir à la propagation du parasite. Les échalas en bois hébergent souvent aussi de nombreuses chenilles.

6° CYCLE BIOLOGIQUE

En résumé, le cycle biologique de la Pyrale se présente comme suit :

1re ANNEE
— Chenilles
+ Montée dans les pousses, de la mi-avril à la mi-mai.
+ Croissance des chenilles et *dégâts* causés aux vignes jusqu'au 15 juin environ.

— Chrysalides .... 2e quinzaine de juin à mi-juillet.
— Papillons .... du 10 au 30 juillet.
— Pontes .... 2e quinzaine de juillet à début août.
— Œufs (incubation) ... fin juillet à 1re quinzaine d'août.
— Chenilles
+ Naissance et apparition au vignoble de la fin juillet à la mi-août.
+ Recherche d'un abri pour passer l'hiver, avec une longue diapause de 7 à 9 mois.

2e ANNEE
+ Sortie des chenilles au printemps et recommencement du nouveau cycle biologique.

Par conséquent la *période des dégâts* s'étend sur deux mois environ, au printemps.

VII — CONDITIONS DE DEVELOPPEMENT

1° REPARTITION GEOGRAPHIQUE

En France, le premier foyer reconnu et bien prouvé fut trouvé aux environs de Paris, dans le *vignoble d'Argenteuil* et signalé par LEBŒUF en 1526. Un peu plus tard, en 1629, un autre foyer fut découvert à proximité, dans les vignes de Colombes et le ver y causa d'affreux ravages. Puis en 1783, BOSC signala de nouveau l'insecte à Argenteuil et le décrivit en 1786. De grands dégâts furent encore commis après 1807. Actuellement ce *foyer parisien* ne fait plus parler de lui car la quasi-totalité des vignes ont disparu faisant place à des immeubles ou des usines.

En *Champagne* et plus particulièrement dans la Marne l'existence de la Pyrale est connue depuis 1733 sur le territoire d'Ay et on organisa alors des processions religieuses pour se débarrasser de ces *vermisseaux*. Les dégâts se renouvelèrent de 1779 à 1785, puis après une période de disparition reparurent en 1820. Ce *foyer champenois* existe encore maintenant et justifie les nombreux essais de produits de traitements réalisés depuis une vingtaine d'années par les Services techniques du C.I.V.C.

Le troisième grand foyer fut observé en *Mâconnais* et en *Beaujolais* et s'étendit plus tard à la Côte d'Or.

Dans le Mâconnais la pyrale sera reconnue dès 1746 à Romanèche et ses environs et le mal persiste encore en 1767 au point que les habitants font des prières à la paroisse d'Avenas pour obtenir la délivrance du fléau et cette procession était connue à Romanèche sous le nom de Procession d'Avenas ou de « Notre-Dame des Vers ». L'abbé ROBERJOT, en 1787 mentionnait ses observations sur la pyrale à Saint Verand et signalait l'année 1785 comme une des plus désastreuses pour le Mâconnais. En 1808, les dégâts sont toujours importants à Romanèche et un arrêté préfectoral de 1810 vînt remettre en vigueur la loi sur l'échenillage. Plus tard, d'autres années se montrèrent désastreuses comme 1825, 1828, 1833 et 1837 (avec une intensité réellement effrayante).

Au début du XXᵉ siècle, LEBRUN (1909) mentionne que la Pyrale ne se limite pas aux environs de Romanèche, mais aussi dans les coteaux de Pruzilly, Saint-Amour, Fleurie, dans le voisinage de Mâcon, dans les côtes et les arrière-côtes qui longent la Saône en remontant vers le nord à travers les cantons de Saint-Gengoux, Lugny, Tournus, Sennecey et jusqu'aux environs de Chagny.

En Beaujolais, région voisine, la période 1808-1811 provoqua les mêmes plaintes des viticulteurs de cette région au point qu'en 1811 l'échenillage fut prescrit. Le mal réapparut en 1825, en 1833 et en 1837.

Dans la Côte d'Or les premiers dégâts ne furent observés qu'à partir de 1837, mais demeurèrent limités.

Ce troisième foyer persiste toujours actuellement et nécessite des traitements, selon les intensités des manifestations d'une année à l'autre.

En *Languedoc-Roussillon* la Pyrale existe aussi depuis fort longtemps. Le professeur DRAPARNAUD de la Faculté de Médecine de Montpellier publia sur l'insecte un mémoire datant de 1801, mais vers 1730, RIGAUD de BELBEZE aurait fait une première publication, avec des dessins coloriés sur la Pyrale qu'il désignait alors sous le nom de « Lisette ». Son petit-neveu, MAFFRE de RIGAUD, de Pézenas, publia également un mémoire en 1824 qui reçut en 1830 une médaille de la Société Royale d'agriculture de Paris.

Dans l'Hérault, BERNON (1965) mentionne que les viticulteurs, en 1820, demandaient des « secours pécuniaires et scientifiques sous formes d'indemnités et de primes d'encouragement à trouver un remède propre à détruire la maladie ». La pyrale, d'abord signalée à Marseillan et Florensac, fut trouvée ensuite à Adge, Pomérols, Pinet, Mèze, Gigean, Poussan, Montbazin, Villeneuve-lès-Maguelone. Elle existe aussi à Vic-Mireval. En dehors des communes de la basse-vallée de l'Hérault, de celles de l'étang de Thau et du cordon littoral, il faut citer le foyer de la région de Lunel, à l'est de Montpellier, donc partout où il y a une influence maritime ou fluviale.

Dans le Gard, LAGAUDE (1977) indique des foyers au sud de la Vistrenque et de la Vaunage, ainsi qu'en Camargue.

Dans les Pyrénées-Orientales la pyrale paraît avoir toujours existé, mais les premières preuves datent de 1816 dans les vignes du Vernet et de Pia et se prolongèrent jusqu'en 1837.

BERNON mentionne « les villes de Perpignan, Rivesaltes, Salses, Pey-restortes et Saint-Hippolyte. Mais on n'en trouve pas à Baixas, ni à Espira de l'Agly ».

Actuellement, selon G. VIDAL (1978) la pyrale est localisée dans un périmètre englobant Salses, Rivesaltes, Saint-Laurent-de-la-Salanque dans la zone productrice de vins doux naturels (environ 10.000 ha).

En *Provence*, la Pyrale est signalée depuis 1959, selon SIRIEZ (1970) mais elle ne semble pas être combattue régulièrement.

Dans la *région toulousaine*, les premiers dégâts ont été signalés dès 1780 et provoquèrent des processions en l'honneur de Saint-Simon, enter-ré dans la basilique Saint-Saturnin à Toulouse. L'insecte réapparut en 1808, puis en 1829 et en 1838 dans la commune de Saint-Simon.

Le grand vignoble de la Gironde et du sud-ouest paraît être épargné jusqu'ici et il faut arriver en *Charente-Maritime* dans la région de La Rochelle à Saint-Sauveur-de-Nuaillé pour trouver des ravages, mention-nés dès 1756 par ARCERE, puis en 1801 par GOUGEAUD BONPLAND. D'autres années furent funestes : 1826, 1833, 1837.

En Vendée, on connaît deux petits foyers à Beauvoir-sur-Mer et à la Tranche où des dégâts furent enregistrés en 1945.

Dans la *Vallée de la Loire* la Pyrale a été trouvée dans le vignoble du Muscadet causant des ravages pendant les périodes de 1925-1927, puis de 1930-1934, le Gros Plant se montrant moins affecté que le Muscadet. Selon GEOFFRION (1966), à la suite des ravages des années 1925-1927, les viticulteurs, mal renseignés sur les traitements possibles, plantèrent des hybrides en remplacement du Muscadet. De nouvelles attaques eurent lieu en 1930, 1931 et jusqu'en 1934, année où s'amorcera la disparition progressive de la Pyrale.

En Anjou, le parasite existe depuis longtemps, mais il n'est pas très commun, indique MAISONNEUVE (1926).

Enfin, en *Alsace*, la Pyrale aurait fait une apparition soudaine en 1963, selon SIRIEZ, dans certaines communes du Haut-Rhin (Barr, Col-mar).

En Europe, d'après BOVEY (in BALACHOWSKY, 1966) « la Pyrale est connue dans toute l'Europe méridionale et moyenne, atteignant au Nord, bien au-delà de la limite de la culture de la vigne le Danemark, l'extrême sud de l'Angleterre (Ile de Wight, Cornouailles) et de la Scandinavie, en Nor-vège et en Suède (Iles d'Oland et de Gotland).

« On la rencontre en Afrique du Nord où ses foyers sont limités à la région de Philippeville et à l'Oranie, en Asie mineure, en Russie méri-dionale, dans le sud-est de la Sibérie, en Corée, en Chine et au Japon. Elle aurait été introduite au Mexique, d'après STELLWAAG ; enfin OBRAZ-TSOV (1956) la cite en Amérique du Nord, ce qui demanderait confirmation car MACKAY (1962) ne la cite pas dans son étude sur les *Tortricinae* nord-américains. »

WINCKLER (1974) précise bien que cette espèce n'existe pas aux Etats-Unis.

BOVEY mentionne la Pyrale en Suisse comme un ravageur secondaire.

STELLWAAG (1928) indique encore l'Afrique du Sud, la Roumanie, la Bessarabie (d'après VITKOWSKY, 1914) et le nord de la Perse.

PÉRIODICITÉ DES ATTAQUES

« Les manifestations de la Pyrale d'après SIRIEZ ont toujours été très irrégulières (influence des insectes parasites). C'est ainsi que de 1820 à 1920, on a compté en Champagne, onze périodes d'intenses pullulations d'une durée variant de deux à onze ans, elles-mêmes séparées par des accalmies variant de deux à neuf ans. Les traitements n'ont rien changé à cette irrégularité, en réduisant à la fois les populations de la Pyrale et celles de ses ennemis naturels. V. MAYET remarquait qu'il est rare que la Pyrale et la Cochylis attaquent simultanément le même vignoble. »

2° RECEPTIVITE DE LA VIGNE

Selon AUDOUIN, en Bourgogne, dans la Côte de Nuits le Pinot noir est beaucoup plus attaqué que le Gamay, bien que ces deux variétés soient souvent mélangées dans les mêmes vignes. Dans les Pyrénées Orientales, le Grenache est beaucoup plus atteint que le Mataro (Mourvèdre). Dans l'Hérault, DUNAL avait indiqué qu'en 1838 les cépages les plus ravagés étaient à feuilles glabres : l'Alicante (Grenache) alors que le Carignan, aux feuilles cotonneuses, n'avait presque pas souffert. De même les cépages noirs sont plus attaqués que les cépages blancs. Ainsi, en Charente, le Balzac noir (Mourvèdre) est plus maltraité que la Folle blanche.

3° PLANTES-HOTES

La Pyrale de la vigne n'est pas une espèce spécifique de cette plante et elle peut vivre aux dépens de nombreuses espèces.

« C'est même sur une Labiée, le *Stachys germanica* qu'elle fut étudiée pour la première fois par PILLERIUS en Allemagne. Elle a été trouvée aussi sur le *Myrica gale* dans les Landes, sur l'*Asclepias vincetoxicum* en Provence, sur diverses Carduacées un peu partout, selon PICARD (1921). On peut élever facilement sa chenille avec les feuilles des végétaux les plus divers : luzerne, fraisier, ronce, frêne, guimauve, etc. »

D'après une étude de REICHART (1958) la chenille a été observée sur 116 espèces végétales se rattachant à 38 familles différentes, avec une préférence marquée pour les Composées (23 espèces), les Légumineuses (11 espèces) et les Rosacées (11 espèces, dont le fraisier). Beaucoup de ces 116 plantes sont capables d'assurer le développement larvaire complet de l'éclosion à la nymphose et des pontes dans la nature ont été observées outre la Vigne sur *Castanea, Convolvulus, Crataegus, Cydonia, Lactura, Medicago sativa, Phaseolus vulgaris, Prunus, Quercus, Robinia pseudo-acacia, Rosa, Rubus, Salix, Sambucus nigra, Solanum tuberosum, Stachys germanica.*

Malgré cette polyphagie, PICARD pensait que l'insecte préférait la vigne, parce que cette plante lui convient particulièrement peut-être comme nourriture, mais aussi en lui offrant un abri favorable pendant l'hiver.

De même, BOVEY rappelle que VOUKASSOVITCH (1924), constatant que les attaques sur plantes herbacées, buissons ou même arbres au voisinage des vignobles sont presque toujours proportionnelles au degré d'infestation de ces derniers, pense que la Vigne est la seule plante qui permette la pullulation de l'insecte. Ce point de vue n'est plus soutenable depuis que l'on a observé la nocuité de la Pyrale dans les fraisières et le fait qu'elle reste peu abondante sur les plantes sauvages, ailleurs qu'au voisinage des cultures, tient à d'autres facteurs. »

Dans son article sur la polyphagie de la Pyrale (1924), le même auteur fournit une liste de plantes-hôtes :

— Papillionacées : Trèfle des prés (*Trifolium pratense* L.), Trèfle incarnat (*T. Incarnatum* L.), *T. Angustifolium* L., Luzerne (*Medicago sativa* L.), Luzerne lupuline (*M. Lupulina* L.), Vesce (*Vicia sativa* L.), *V. Hirsuta* Koch, *V. Cracca* L.

— Rosacées : Ronces (*Rubus fructicosus* L. et *R. Caesius* L.), Cerisier (*Prunus avium* var. *cerasus* L.), Cognassier (*Pirus cydonia* L.), Prunier épineux (*Prunus spinosa* L.)

— Composées : Chardon (*Cardus crispus* L.), Achillée millefeuille (*Achillea millefolium* L.), *Andryala sinuata* L., Centaurée des prés (*Centaurea pratensis* L.)

— Polygonées : Oseille (*Rumex acetosa L.*), Petite Oseille (*R. Aceto-sella L.*)

— Ombelliferes : *Tordylium maximum L.*, Fenouil (*Fœniculum vulgare Gaert*).

— Malvacées : Mauve (*Malva rotundifolia L.*)

— Urticées : Pariétaire (*Parietaria officinalis L.*)

— Hypericinées : Millepertuis (*Hypericum perforatum L.*)

— Ficacées : Figuier (*Fircus carica L.*)

— Cupulifères : Chêne (*Quercus*)

— Salicinées : Osier (*Salix viminalis L.*)

— Fougères : Fougère (*Pteris aquilina L.*)

« Un grand nombre de plantes citées évoluent plus rapidement que les chenilles, fleurissent et se dessèchent avant que le développement de celles-ci arrive à sa fin. Les chenilles sont donc obligées d'émigrer plusieurs fois de plantes hospitalières.

L'auteur s'est livré à des élevages sur de nombreuses plantes y compris des plantes à goût ou parfum prononcés, faits déjà observés par LUSTNER pour les chenilles de la Cochylis. Mais le rôle de toutes ces plantes-hôtes demeure faible car la chenille de la Pyrale préfère la Vigne où elle trouve le maximum de conditions favorables à son développement et à sa diapause hivernale. »

« Au cours des dernières années on a observé des attaques assez fortes sur Fraisier, notamment dans les cultures du Valais central (Suisse) dès 1955 par SAVARY et BAGGIOLINI et dans celles de la partie française de la vallée de la Moselle, dès 1958 (HARRANGER et FANNERT). Enfin la pyrale a été signalée comme ravageur du Théier en 1927 sur les rives de la Mer Noire près de Batoum où ses chenilles ont aussi légèrement attaqué les *Citrus* (TULASHVILI, 1930). »

4° INSECTES PARASITES

La Pyrale est attaquée par de nombreux prédateurs qui se multiplient bien les années où la Pyrale se montre abondante dans les vignes. Progressivement, d'année en année, ces prédateurs finissent par apparaître en nombre tel qu'à un moment donné, presque toutes les chenilles de pyrale se trouvent infestées et que peu de larves parviennent au stade de papillon. Il en résulte une forte régression de l'espèce pour plusieurs années. Mais les parasites, éclos en nombre proportionnel à celui des victimes détruites, se trouvant alors dans l'impossibilité de pondre, disparaissent à leur tour jusqu'à ce que, les Pyrales étant redevenues nombreuses, de nouvelles conditions favorables à leur multiplication se présentent pour eux. On a donc un équilibre biologique naturel en l'absence de tout traitement chimique, complété parfois par des gelées printanières qui détruisent les jeunes pousses et enlèvent toute nourriture aux chenilles de Pyrale.

AUDOUIN a signalé 24 espèces susceptibles de s'attaquer à la Pyrale : liste complétée par VOUKASSOVITCH :

I - Des *Coléoptères* carnassiers comme les Carabiques ex. *Carabus auratus L.* (Carabe doré), des Malacodermes : le Malachie bronzé ou *Malachius aeneus Fabr.*, s'attaquant aux larves et aux adultes.

II - Des *Névroptères* comme *Hemerobius perla* ou Hemerobe perle qui dévore les larves et les œufs de Pyrale.

III - Des *Hyménoptères*.

a) Famille des Ichneumonides

Ichneumon melanogonus Grav., *Pimpla instigator* Panz., *Pimpla alternans* Grav., *Agrypon (Anomalon) flaveolatum* Grav., *Limneria (Campoplex) majalis* Grav.

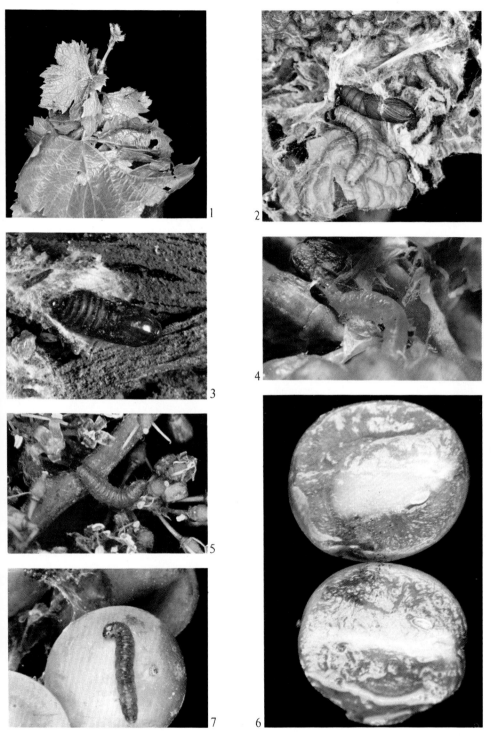

PLANCHE 22   LES VERS DE LA GRAPPE

1. — Dégâts de Pyrale : jeunes feuilles dévorées et fils de soie reliant les autres entre-elles (Cl. Sandoz) ; 2. — Chenille et chrysalide de Pyrale au début de l'été (Cl. Sandoz) ; 3. — Chrysalide d'Eudemis sous l'écorce du cep (Cl. Sandoz) ; 4. — Chenille de 1re génération d'Eudemis (Cl. Sandoz) ; 5. — Chenille de 1re génération de Cochylis (Cl. Sandoz) ; 6. — Grain ouvert montrant la perforation due à la chenille (Cl. Sandoz) ; 7. — Chenilles de 2e génération de Cochylis (Cl. Sandoz).

b) **Famille des Chalcidides**

Chalcis minuta L., *Monodontomerus* (*Diplolepis*) *cupraeus* Spin., *Monodontomerus nitidus* Smith, *Pteromatus deplanatus* Walk., *Pteromatus communis* Nées, *Pteromatus cupraeus* Nées, *Pteromatus ovatus* Nées, *Pteromatus larvarum* Nées, *Eulophus pyralidum* Aud.; *Diplolepis obsoleta* F.

c) **Famille des Proctotrypides**

Bethylus formicarius Aud. (*Goniozus Audouini* Wstw.)

d) **Famille des Fumenides**

Eumenes zonalis Aud. (*Discaelius zonatus* Panz.)

IV - *Des Diptères* : *Tachina* (*Musca*) *hortorum* Meigen., *Syrphus* (*Melanostoma*) *hyalinatus* Macquart, *Erynnia nitida* Rob. Desv., cette dernière signalée par V. Mayet (1905).

Selon Sicard (1908) la mouche *Parerynnia* ou *Erynnia vibrissata* Rond. aux environs de Montpellier a détruit 60 % des Pyrales de la vigne. Fin juin, sa larve de 3 mm vit à l'intérieur du corps des pyrales à l'état de chrysalide ; elle perce la tête près des yeux et la tue, puis se nourrit de ses tissus. Mais cette mouche est elle même parasitée par deux Hymenoptères : *Chalcis minuta* et *Pteromalus* sp.

Enfin Voukassovitch a étudié *Nemorilla floralis* Fall. mais cette espèce cause peu de dégâts en définitive.

V - *Des Orthoptères* comme le perce-oreille ou *Forficula auricularia* ainsi que des *Araignées* comme *Theridion benignum* Walck. et des *Mollusques* comme la petite limace ou *Limax agrestis* LmK qui se nourrit principalement des pontes de chenilles.

Guillemin (1904) mentionne le rôle utile de certains oiseaux qui capturent des chenilles de pyrale pour nourrir leurs couvées : moineaux, pinsons, chardonnerets.

Tous ces parasites peuvent limiter l'extension de la Pyrale, mais on ne peut les considérer comme de véritables auxiliaires en cas de forte invasion et se dispenser d'appliquer des traitements physiques ou chimiques.

5° **CIRCONSTANCES FAVORISANTES**

a) *L'influence du climat* a été étudiée et en premier lieu l'action de la température : Les *froids de l'hiver* sont sans action sur les chenilles de Pyrale. Pendant l'hiver de 1879-1880 avec des froids de — 25 à — 30 °C en Bourgogne on avait pensé que les chenilles en souffriraient. Il n'en a rien été, selon André (1882) car jamais les Pyrales n'ont été aussi abondantes que dans l'été qui a suivi.

Audouin avait congelé des larves de Pyrale au point de les rendre cassantes comme du verre. Ramenées peu à peu à une température modérée, elles reprirent leur activité et ne parurent avoir souffert en rien de l'expérience. Il ne faut donc pas croire qu'un hiver rigoureux soit susceptible de tuer les chenilles et de réduire une invasion de printemps ; son influence est nulle.

Les *gelées printanières,* au contraire ont une certaine efficacité car à cette époque, les petites chenilles ont quitté leurs abris et se trouvent plus exposées aux abaissements de température. C'est ainsi qu'en Mâconnais on avait expliqué la brusque disparition de la Pyrale en 1811, 1831, 1838 et 1848, le phénomène étant d'ailleurs plus visible dans les bas-fonds que sur les coteaux.

La *pluie* est sans influence sur les chenilles qui restent bien abritées dans leurs fourreaux de soie, mais elle est parfois d'un secours précieux en juillet contre les papillons qui n'ont pas encore pondu. Il n'est pas rare, en effet, de voir après les orages le sol jonché de papillons, qui auparavant voltigeaient à l'entour.

Gotz (1950) à l'aide d'appareils ingénieux a pu préciser l'influence des facteurs microclimatiques et de l'éclairement sur l'éclosion des papillons, l'accouplement et la ponte. Ces diverses fonctions se déroulent chacune selon un rythme qui leur est propre, leur période d'activité optimum journalière ne chevauchant pas :

— *L'éclosion des papillons*, qui peut se produire de 3 à 23 heures, a lieu de préférence le matin et le soir avec maximum de 8 à 9 heures et de 20 à 21 heures.

— *L'accouplement* a lieu la nuit de 21 heures à 8 heures du matin, avec un optimum de 23 heures à 3 heures, au moment où il n'y a précisément pas d'éclosion.

Quant à *la ponte*, elle a surtout lieu de 19 heures à 4 heures du matin avec un maximum de 21 à 24 heures ; quelques ooplaques peuvent cependant être déposées durant le jour.

Ces diverses activités se manifestent lorsque la température est comprise entre 14 et 28 °C, avec une humidité relative variant de 40 à 100 %.

La longévité des papillons, qui ne s'alimentent pas, est relativement courte, prolongée toutefois par une *forte humidité* qui par ailleurs favorise la ponte. Dans un milieu complètement sec, la moyenne de la durée de la vie est de 4 jours pour les femelles et de 3,5 jours pour les mâles alors que dans un milieu saturé d'humidité ses durées de vie sont respectivement de 8 et 7 jours.

Durant le jour, les papillons restent immobiles sur les ceps, les feuilles ou les sarments. Ils deviennent actifs après le coucher du soleil et, lors des pullulations, volent en essaims denses dans les vignes. Positivement phototactiques, ils sont attirés par les pièges lumineux et Marchal (1912) signale des captures de plusieurs dizaines de milliers d'individus par nuit.

Les expériences de Russ (1969) sur *l'influence de la lumière* lui ont permis d'établir qu'un éclairage, de 16 demi-heures de jour, environ 230 lux, agissant à différentes températures a provoqué une accélération de l'embryogénèse des œufs. Cette accélération de la vitesse de développement, surtout dans la zone des températures basses, montre qu'il est possible aux embryons de compenser une réduction de la vitesse de développement si des conditions de lumière appropriées sont fournies. La température minimum de développement de l'embryon est comprise entre 12 et 13 °C.

Pour Bernon (1965) « Les conditions qui favorisent son développement tiennent :

1° à l'*exposition* : les vignobles situés face au sud ou à l'est, à l'abri des vents du nord, sont recherchés par l'insecte ;

2° à l'*altitude* : en plaine, les dégâts diminuent dès que l'on s'élève sur le coteau voisin ; ce sont les creux, les parties basses des parcelles qui se trouvent les plus atteints ;

3° à l'*hygrométrie ;* il se pourrait qu'il en soit ainsi car l'emplacement de ses dégâts coïncide souvent avec ceux de la Cochylis qui, on le sait, est hygrophile ; le milieu des vignes, moins aéré que les bords lui paraît favorable ;

4° les *bords des vignobles inondés* paraissent sujets aux attaques de pyrales, surtout lorsqu'ils sont en aval de parcelles déjà atteintes. ;

b) *L'âge des vignes.* La pyrale préfère les vieilles souches où elle trouve davantage de vieilles écorces et d'anfractuosités ou de fissures pour permettre aux chenilles de s'y tenir durant l'hiver. Donc les plantiers sont à l'abri des attaques de l'insecte.

c) *Le mode de conduite* exerce une certaine influence : les vignes où on laisse subsister une grande partie du vieux bois (charpentes, bras longs, cordons) et surtout celles qu'on soutient à l'aide d'échalas, se trouvent doublement exposées aux ravages de l'insecte qui y trouve de nombreux refuges pour l'hiver. On a aussi noté l'augmentation des dégâts dans les parties de vignes qui avoisinent les tas d'échalas, entreposés durant l'hiver, toujours pour les mêmes raisons.

VIII — LES DEGATS

L'importance économique de la Pyrale a beaucoup regressé. Autrefois, dès la fin du XVIIIe siècle et pendant la première moitié du XIXe siècle elle constituait le seul fléau économique en matière d'insecte. Les moyens de lutte étaient d'abord fort précaires (échenillage manuel) et réclamaient une main-d'œuvre abondante. Puis, à partir des travaux de Benoît RACLET l'échaudage se répandit et permit de contrôler le parasite. Au début du XXe siècle l'usage des insecticides, l'arsenic d'abord, puis les produits de synthèse maintenant ont fait reculer cet insecte, sans toutefois le faire disparaître de la plupart des foyers où il était connu. On a même observé, dans certaines régions, une recrudescence du parasite, sans que l'on en connaisse les causes : en Champagne (MALBRUNOT et RICHARD, 1958), en Basse-Autriche (RUSS, 1960), en Hongrie (REICHARDT, 1958) et en Suisse romande (BAGGIOLINI et al, 1964).

« La Pyrale, selon BOVEY in BALACHOWSKY (1966) était sans doute déjà un ravageur de la vigne en France, en Allemagne et en Hongrie lorsqu'elle fut décrite en 1776 par DENIS et SCHIFFERMULLER dans leur « *Catalogue systématique des Papillons de Vienne* » d'après des exemplaires reçus de Hongrie où le professeur Mathias PILLER les avait récolté dans sa vigne à Buda. Dix ans plus tard, BOSC attirait, pour la première fois en France, l'attention sur l'insecte. Depuis lors, des pullulations plus ou moins graves, souvent catastrophiques, ont été signalées dans de nombreuses régions d'Europe.

« Pour la France, où la Pyrale a sévi surtout dans les vignobles du Midi, du Bordelais, du Beaujolais, de la Bourgogne, moins fréquemment en Champagne, V. MAYET a donné un intéressant aperçu sur les pullulations antérieures à 1890 avec appréciation des dégâts. Il a suivi le ravageur dans 23 communes des départements du Rhône et de la Saône et Loire et estimé les pertes occasionnées de 1825 à 1837 à 30-40 millions de francs-or. Dans les Pyrénées Orientales, c'est une diminution de récolte de 14.000 hl de vin qui lui fut imputable pour la seule année 1838.

« En Allemagne, la Pyrale a causé de très gros dégâts au début du siècle (1901-1911), notamment dans les vignobles du Palatinat, de la Province rhénane et de la vallée de la Moselle.

« En Europe Centrale, ses méfaits, souvent très graves, ont été signalés de Hongrie, de Basse-Autriche, de Bulgarie, de Yougoslavie. En Hongrie, où JABLONOWSKI (1900) lui a consacré une importante monographie, l'espèce est répandue aussi bien dans les vignobles des plaines que dans ceux de montagne et selon REICHARDT, ses apparitions y sont périodiques, à des phases de latence de 10 à 15 ans succèdent des gradations de 4 à 5 ans.

« En Suisse, où FOREL (1822) l'a observée dès le début du XIXe siècle dans le canton de Vaud, son importance est restée faible. Des pullulations sporadiques et toujours localisées y ont été observées, principalement dans les vignobles de Suisse romande.

Son importance économique est également faible en Italie, en Grèce, en Espagne, au Portugal et en Afrique du Nord où des attaques ont sévi, vers 1930, dans les vignobles de Philippeville. »

DELASSUS (1933) a mentionné deux foyers en Algérie l'un à Phillipeville, l'autre en Oranie à Rio Salado. Dans le premier foyer l'apparition datait de 1911-1912 et sa détermination précise de 1920-1921 à Valée, le long de l'Oued Sat-Saf. Le second foyer était plus récent (mai 1933).

« Lorsque la vigne pousse rapidement, les ravages de la Pyrale sont bien moindres que lorsque la végétation se développe lentement. D'une part les dégâts sont vite réparés et ensuite parce que les organes de la vigne, en poussant vite, distendent et rompent continuellement les fils et les toiles tissées par la chenille. Celle-ci use ses réserves et ses forces dans de constantes réparations s'épuise et son évolution se poursuit dans de mauvaises conditions. Au contraire, dans les vignes à végétation languissante (vignes court-nouées par exemple) les dégâts de la Pyrale sont importants », (PICARD, 1921).

IX — METHODES DE LUTTE

La pyrale, ayant été le premier grand ravageur de la Vigne avant l'introduction des parasites américains, a suscité de nombreuses méthodes de lutte dans les régions viticoles atteintes, méthodes qu'on peut classer en cinq catégories :

1° METHODES RELIGIEUSES

Ces méthodes sont très anciennes et font appel au Clergé catholique. « C'est ainsi qu'au Moyen Age, pour conjurer les ravages des « vermisseaux » dès 1460, une belle procession était organisée à Notre-Dame, paroissiale de Dijon. De plus, les bêtes malfaisantes étaient mises en jugement avec défenseurs et accusateurs publics. La cause des « vers » fut envoyée devant l'autorité ecclésiastique en vue d'exorcisme. En 1516, injonction est faite par l'official de Troyes, Jean MILIN, aux vers et chenilles, auxquels un avocat a d'ailleurs été donné, d'évacuer dans un délai de six jours, sous peine d'anathème, le territoire de Villemor en Champagne.

« Après plaidoirie, le vicaire de Valence, vers 1585, condamne les vers au « banissement ». Un siècle plus tard, une requête est présentée à l'officiel de Clermont par le lieutenant général de la Sénéchaussée et un avocat de la Cour pour avoir « sentence d'adjuration, de malédiction et d'excommunication contre les chenilles, vermisseaux et autres insectes qui faisaient dommage dans les vignes des demandeurs » (in PORTES et RUYSSEN, 1889).

Il est évidemment impossible de dire à quelle espèce de « ver » ces injonctions s'adressaient. En ce qui concerne la Pyrale FOILLARD (1934) indique que :

« Dès l'origine du mal, on avait appelé la protection du ciel par des prières publiques, des processions et surtout le fameux pèlerinage à « Notre-Dame du Ver », dont il est fait mention sur le registre paroissial de Romanèche, dès 1767. La protectrice des vignobles avait d'abord fixé son séjour dans la vieille chapelle des Minimes de Montmerle (Ain), en face de Rogneins sur la rive gauche de la Saône. Mais en raison des accidents survenus dans la traversée de la rivière, par temps d'orage, les pèlerins rapportèrent leur madone à Avénas, au nord de Beaujeu ; depuis, cette statue a disparu. »

2° METHODES BIOLOGIQUES

Ces méthodes sont basées sur la connaissance du cycle biologique de la Pyrale et visent à l'extermination du parasite aux différents stades de son évolution :

A - L'ÉCHENILLAGE. La destruction des chenilles pendant la période végétative est une pratique fort ancienne qu'on réalisait dans le Mâconnais par exemple durant le mois de juin, au moment des plus grands dégâts lorsque le vigneron était effrayé par l'étendue et l'intensité du mal. Des arrêtés préfectoraux invitaient d'ailleurs les propriétaires à faire l'échenillage.

Ce travail pouvait être exécuté de plusieurs manières, soit en écrasant les vers entre les doigts ou au moyen d'un tampon de feuilles, soit en enlevant complètement les feuilles contenant les chenilles. Les résultats ne sont jamais complets car on oublie forcément des larves et cela dépend de la qualité de la main-d'œuvre employée (enfants) et aussi du moindre ébranlement du cep qui provoque la chute immédiate des chenilles sur le sol où il est difficile de les poursuivre.

De plus AUDOUIN avait reconnu que ce procédé présentait un grave inconvénient, en entraînant la destruction des Ichneumons, parasites naturels de la Pyrale, enfin cette opération de l'échenillage est actuellement trop onéreuse, en raison du prix élevé des salaires horaires des ouvriers et du nombre important d'heures à y consacrer.

B - LE RAMASSAGE DES CHRYSALIDES et leur destruction présentent les mêmes inconvénients que l'échenillage. De plus ces chrysalides sont parfois parasitées par des Hyménoptères qu'on élimine du même coup.

C - LE RAMASSAGE DES PAPILLONS est matériellement impossible directement, avec un filet à papillons. Cependant, pour faire la chasse aux papillons de Pyrale dans les vignes, BOURCHANIN (1903), viticulteur à Corcelles (Beaujolais) a fabriqué un appareil garni de toile métallique fine et engluée. Deux ouvriers circulent dans les vignes qui sont recouvertes par l'appareil ce qui oblige les papillons à quitter leur refuge et venir se coller aux parois gluantes. Des traverses en osier frôlent les pampres pour chasser les Pyrales. Un hectare est parcouru en deux heures environ. Puis on a proposé de faire appel à des pièges lumineux (cf. procédés physiques).

D - LA CUEILLETTE DES PONTES consiste à récolter les feuilles de vigne sur lesquelles les ooplaques ont été déposées et visibles sous la forme d'une goutte de cire.

Dès 1809, BERTRAND d'ACETIS, officier de santé à Romanèche, avait vanté cette destruction des pontes au point que pendant longtemps ce procédé fut considéré comme le meilleur moyen de protection.

En 1825, Claude TARDY, vigneron à Lancié eut le premier le courage de ramasser les œufs avant leur éclosion au début d'août. Les feuilles étaient recueillies dans la poche des tabliers des ouvriers puis versées dans des sacs, aux fins de destruction. Il faut 15 à 20 journées d'ouvrier par hectare pour cette opération qui doit être terminée en une dizaine de jours avant la sortie des chenilles. Chaque ouvrier peut ainsi détruire 150.000 œufs de pyrale. TARDY obtint un certain résultat que le Comice de Beaujeu crût devoir encourager par une prime de 200 F-or et une médaille de bronze. En 1835, le préfet du Rhône prescrivit l'enlèvement méthodique des pontes et l'on crut, à l'époque que la « pyrale était vaincue ». En réalité, ce procédé coûteux en main-d'œuvre, est impraticable sur de grandes surfaces.

E - LUTTE BIOLOGIQUE PAR L'EMPLOI DE PARASITES DE LA PYRALE

Nous avons vu que les invasions de Pyrale sont soumises à des cycles en relation avec le développement des parasites. Mais on n'a pas réussi, jusqu'ici, à contrôler efficacement la Pyrale par l'emploi de ses parasites.

De même il est possible que l'usage de certains insecticides ne vienne perturber l'équilibre naturel existant entre la Pyrale et ses parasites.

Les essais champenois de lutte au moyen du *Bacillus Thuringiensis*, répétés plusieurs années, n'ont jamais donné de résultats satisfaisants contre la Pyrale de la Vigne.

3° METHODES CULTURALES

A - OPÉRATIONS EN VERT

L'ébourgeonnage ou émondage fut essayé successivement par SANLAVILLE, vigneron à Saint-Etienne-la-Varenne, puis par MÉTRAT, maire de Salles qui crurent tenir un moyen efficace... Ils commençaient par écarter la terre environnant le pied du cep, puis de la base jusqu'en haut ils enlevaient toutes les pousses avec l'ongle. Ce retranchement, fort délicat, n'empêchait pas les larves plus tardives de monter à leur tour. En fait on estime que l'ébourgeonnage n'élimine au maximum qu'un tiers des chenilles présentes dans les bourgeons en voie de développement. De plus, si on répétait l'opération on faisait plus de mal que de bien.

L'enlèvement successif des feuilles occupées par les chenilles présente le grave inconvénient d'agir sur la physiologie de la vigne et d'altérer la fécondité (coulure) sans assurer une diminution notable de la Pyrale.

L'écimage ou le pincement des rameaux ne sont pas non plus très efficaces, en raison de l'échelonnement des sorties des larves au printemps et perturbent la croissance de la vigne.

Enfin toutes ces opérations en vert sont coûteuses en main-d'œuvre et sans rapport avec les résultats obtenus.

B - LES LABOURS D'HIVER « sont indispensables, indique CROUZAT (1918) car ils meurtrissent et tuent les Pyrales qui sont dans le sol. Au contraire dans les vignes non labourées pour des raisons diverses (inondations par exemple) et malgré les traitements d'hiver on constate la présence de pyrales au printemps. »

C - L'ENFOUISSEMENT DES SOUCHES, à l'automne, reposait sur le principe que la chenille craignant l'humidité, devait être tuée par un séjour prolongé dans le sol. Lorsque les feuilles étaient tombées on taillait les souches en Charente inférieure, seule région à appliquer cette technique, puis on buttait complètement les ceps jusqu'à la naissance des branches dans le système de la taille d'Aunis.

Les résultats étaient bons, mais cette opération n'est possible qu'avec un mode de conduite particulier à souches basses et bras courts permettant l'enfouissement, de plus il nécessite un travail à bras d'homme, pénible et onéreux aujourd'hui.

D - LE RECÉPAGE DES SOUCHES avait été proposé par BERTRAND D'ACETIS (1810) pour les années désastreuses en coupant les ceps au ras du sol et en ne laissant que les rejets de la base ou bien en les provinant de manière à ne laisser sortir hors de terre que le bois d'une ou deux années. Par ce procédé on a obtenu une diminution du nombre des pyrales en Mâconnais, mais aussi une réduction de la récolte l'année qui suit le traitement.

4° PROCEDES PHYSIQUES

Ces procédés vont faire appel à des manutentions manuelles ou mécaniques au moyen d'appareils divers pour obtenir le brossage des ceps ou l'écorçage, mais surtout à l'action de la chaleur (échaudage, assainissement des échalas, emploi de la vapeur d'eau) ainsi qu'à l'usage de la lumière artificielle (pièges lumineux).

A - L'ÉCORÇAGE ET LE BROSSAGE DES CEPS avaient pour but de faire disparaître les vieilles écorces du tronc et des bras, sous lesquelles les chenilles s'abritent durant l'hiver, de recueillir ces débris et de les brûler. BERTRAND D'ACETIS avait même conseillé de boucher ensuite les fentes du tronc avec de l'argile pour y enfermer les insectes. Cet écorçage est aussi utile comme moyen de faire pénétrer les produits chimiques insecticides. De toute façon AUDOUIN, après avoir expérimenté l'écorçage des souches, puis le brossage à Argenteuil, avait noté que les résultats demeuraient toujours incomplets car une grande partie des petites chenilles échappaient nécessairement et l'opération était trop onéreuse en main-d'œuvre puisque le brossage des ceps d'une vigne de 7 ares demandait 9 journées d'homme.

Néanmoins, au cours de la seconde moitié du XIXᵉ et au début du XXᵉ siècle divers matériels à décortiquer les souches ont été proposés dans les Concours agricoles et certains se sont répandus dans la pratique :

1 - *Le gant Sabaté* était composé d'un gant de toile, entièrement recouvert d'un réseau de mailles en fer galvanisé, complètement souple. Ce gant de fer, pesant de 650 à 940 grammes selon les modèles, permettait d'enlever les écorces correctement et il pénétrait bien dans les sinuosités de la souche. Mais son emploi était extrêmement pénible pour les ouvriers qui se blessaient souvent et ne pouvaient s'en servir longtemps. Son poids excessif et son prix élevé, 9 F-or, en rendaient l'usage peu pratique. Chaque ouvrier pouvait décortiquer 500 ceps en gobelet par journée de travail, donc 1 hectare de vigne dans le Midi était nettoyé en 9 journées.

2 - *Les raclettes* étaient constituées soit d'une lame d'acier courbée à un bout et appointée à l'autre avec les deux extrémités dentelées (raclette Bellot des Minières), soit d'une lame de forme triangulaire, dentelée sur les deux côtés, solidement emmanchée et de maniement rapide (raclette Pugens), soit d'une lame concave et légèrement incurvée en dehors, dentelée sur les côtés et fixée à un manche en bois (raclette

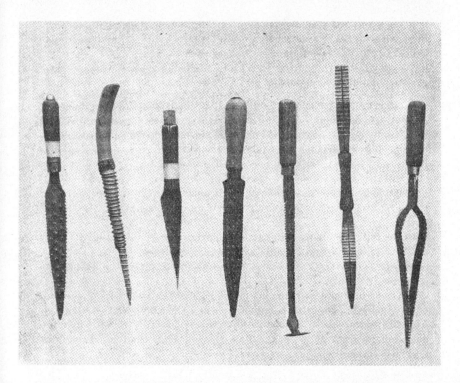

Fig. 325. – Râpes à décortiquer (d'après BARBUT) : 1. Râpe Pouchou. - 2. Lime Bertrand. - 3. Râpe Revel. - 4. Râpe Amouroux. 5. - Râpe Dancausse. - 6. Râpe Marty Jean. - 7. Râpe Marty Pierre.

Samson), soit des dents de lame faucheuse ou des peignes métalliques fixés en leur centre à une tige métallique (raclette Jansou, raclette Denarnaud, peigne Laussinot, raclette Traillou, etc.)

« Le travail fait par ces raclettes était en général assez bien fait et ne semblait pas être trop fatigant. Un ouvrier faisait généralement une souche en 4 ou 5 minutes soit de 80 à 100 ceps par journée de huit heures, ce qui met le prix de revient à 50 F-or par hectare (33 journées de femme à 1,50 F), d'après SARCOS (1910).

3 - *Les râpes à décortiquer* possédaient à la fois des bords dentelés et des aspérités sur leur surface. Elles faisaient un travail plus énergique que les raclettes, parfois même trop violent. Leur maniement semblait un peu plus pénible et moins rapide que celui des raclettes, un ouvrier ne pouvant décortiquer qu'une centaine de souches par jour, selon SARCOS. Citons la râpe Pouchou, la râpe Amouroux, la râpe Lombard, la râpe Dancausse, la râpe Chabert, la râpe Marty et la râpe Bertrand qui était constituée par un simple morceau de bois dur, de forme conique qu'entourait un fil d'acier enroulé en spirale.

4 - *Des brosses et des griffes* furent aussi proposées, comme la brosse métallique de Vermorel ayant une surface de 15 x 3 cm, la brosse Fraîche, la griffe Ganjon-Vermorel, formée de 6 tiges de fil de fer recourbées à angle droit et aplaties transversalement l'ensemble étant maintenu dans un manche en bois ou en fer. Ces appareils, satisfaisants en petite culture, étaient plutôt destinés à terminer le travail réalisé avec les râpes.

Brosse métallique Vermorel   Griffe Vermorel

Fig. 326. – Brosse métallique Vermorel et griffe Vermorel.

5 - Avec les *chaînes métalliques* le travail est beaucoup plus vite fait qu'avec les râpes ou les raclettes, à peu près le double de la besogne, mais on secoue beaucoup ups les souches. De plus certaines chaînes semblent être de véritables scies articulés ; elles attaquent profondément l'aubier, faisant des plaies profondes et ne respectent pas toujours les bourgeons.

Les chaînes les plus diffusées mesuraient 75 cm de longueur et elles étaient à mailles carrées (chaîne Robert) ou rondes ou semblaient avoir été découpées dans une cotte de maille (chaîne Raynaud). La chaîne Pouchelon comprenait cinq brins d'une chaîne à mailles longues, réunis à l'aide de deux poignées.

L'ouvrier se servait de ces chaînes métalliques en prenant une extrémité dans chaque main et en imprimant un mouvement de va-et-vient pour faire tomber les écorces du cep. L'opération est longue donc onéreuse à cause du prix de la main-d'œuvre.

Le décortiqueur G. Lavergne, constitué par une lanière de cuir emboîtée à chacune de ces extrémités dans un manche en bois faisait le même travail que les chaînes.

Le décorticage était assez onéreux : 40 à 60 F-or pour une vigne de palus, plantée à 2.500 ceps-ha et 100-120 F-or pour une vigne à 10.000 pieds-ha. Mais, seul avantage, on peut ne l'employer que tous les deux ans.

Pour GUILLEMIN (1903) il faut recueillir les écorces sur une plaque de tôle échancrée ou dans un entonnoir portant aussi une échancrure qui permet d'entourer le tronc des ceps. De cette façon toutes les écorces sont recueillies, sans pertes. Il ne reste plus qu'à les mettre en tas pour les faire brûler.

L'écorçage des souches à la main étant très onéreux, FERROUILLAT (1897) pensait obtenir indirectement la disparition des écorces en badigeonnant, plusieurs années de suite, la vigne avec une dissolution d'acide sulfurique à 10 % ou encore avec le mélange Skawinski (sulfate de fer 50 kg et acide sulfurique 1 à 2 kg par hl d'eau). Ce badigeonnage détruit les insectes et en même temps il détermine la chûte des écorces.

B - LES FLAMBEURS avaient été proposés pour brûler les parasites cachés sous les écorces. Mais on a constaté que la température de la flamme ne dépassait pas 45 °C, sous une seule épaisseur d'écorce. Les flambeurs calcinent et noircissent les écorces mais comme celles-ci sont très mauvaises conductrices de la chaleur, elles protègent les chenilles qui se trouvent cachées sous elles, rendant le traitement inefficace. Les flambeurs fonctionnaient soit à l'essence, soit à l'acétylène, leur manipulation est délicate et minutieuse. (Pyrophore de Bourbon, flambeur de Gaillot).

C - LE GAZOTHERME A CLOCHES, de Angles et Farcot a pour principe d'utiliser les gaz chauds et asphyxiants produits par une lampe à pétrole à combustion intensive sur un foyer contenant du charbon sulfuré ou du charbon et du soufre, brûlant dans une cloche qui recouvre les souches à traiter.

Il résulterait des essais réalisés que les vignes peuvent supporter un séjour de cinq minutes dans une atmosphère d'air chaud à 250 °C.

D - L'ASSAINISSEMENT DES ECHALAS intéressait les vignobles où ils étaient employés (Bourgogne, Champagne, région parisienne). L'action du froid hivernal est insuffisante pour tuer les chenilles logées dans les interstices du bois et protégées par leurs fourreaux de soie. AUDOUIN avait obtenu la destruction des chenilles en chauffant à 100° un four à plâtre ou à pain qui contenait des échalas, et également en réalisant des fumigations d'anhydride sulfureux dans un cylindre en fer galvanisé, transporté à la vigne. Il faisait brûler des mèches soufrées dans un petit foyer situé au-dessous du cylindre. L'appareil renfermant 250 échalas consommait 250 g de soufre pour chaque opération, durant dix à quinze minutes.

MONTOY (1879), en Bourgogne, a compté 40 à 50 chenilles par échalas, ce qui montre l'intérêt du traitement. Mais il est impossible de tremper les échalas dans l'eau bouillante à cause du coût du chauffage et de la masse importante d'eau à utiliser. Le chauffage au four est cher (difficultés de transport) et il désorganise les tissus du bois, diminuant la durée des échalas. Par conséquent cet auteur recommandait l'ébouillantage des échalas en les plaçant dans une caisse pouvant contenir une « borde » (300 à 350 échalas) où l'on envoie pendant 15 à 20 minutes de la vapeur d'eau fournie par une chaudière.

Dans les vignes en espaliers, les piquets de tête et les intermédiaires en bois peuvent aussi abriter les Pyrales ; il faut donc les assainir en les arrosant avec une solution d'arsenite de soude un peu savonneuse. (voir plus loin).

Dans les vignobles où l'on ne sert pas d'échalas il avait été conseillé de placer près des ceps de vieux piquets de bois, des sarments ou des bottes de paille ou de foin pour offrir des retraites aux chenilles de pyrale. Il suffisait ensuite de récolter ces pièges et de les brûler.

E - L'emploi D'ANNEAUX AGGLUTINANTS avait été proposé par AUDOUIN pour empêcher, au début du printemps, les jeunes chenilles de gagner les bourgeons en voie de croissance. Il expérimenta le caoutchouc fondu pur ou mêlé d'huile, ce dernier moins satisfaisant que le premier car il se desséchait rapidement et s'écaillait au soleil.

Des liens entourant le cep, formés de brins de laine ou de morceaux de drap enduits de caoutchouc avaient aussi l'inconvénient de se sécher trop rapidement en surface et laissaient passer les chenilles. Actuellement des essais pourraient être entrepris avec des substances gluantes modernes, mais l'application individuelle à chaque tronc pose des problèmes de main-d'œuvre.

F - L'ECHAUDAGE des ceps, pendant l'hiver, est une invention de Benoît RACLET, propriétaire à Romanèche. Il avait remarqué que la treille placée sous la fenêtre de sa cuisine, conservait un feuillage verdissant et donnait en abondance des raisins. Cette souche recevait plusieurs fois par jour les eaux chaudes de vaisselle dont se débarrassait, la cuisinière par la fenêtre. Les premières tentatives d'ébouillantage des ceps avec des appareils de fortune datent de 1828 et l'année suivante RACLET faisait savoir qu'il détenait un moyen efficace de combattre la pyrale. Quelques essais eurent lieu mais ne retinrent pas l'attention et RACLET ne recueillit que de l'indifférence et des sarcasmes de ses voisins, de sorte qu'il abandonna, ayant été nommé greffier au Tribunal de Roanne.

Quand il revint en 1837-1838, une violente invasion de Pyrale fut observée en Beaujolais et devant la recrudescence du parasite, RACLET reprit ses essais et perfectionna ses appareils en employant la chaudière qui servait alors à faire la lessive et en utilisant le dessous d'un cafetière pour répandre l'eau sur les souches. « Il s'adjoint, écrit FOILLARD (1933) des opérateurs consciencieux avec lesquels il travaille lui-même, exerçant une surveillance de tous les instants. Ces précautions ne font qu'accroître l'hostilité, au point que les « échaudeurs » doivent se faire garder par deux gros chiens. Sa vigne des Breneys à Romanèche, seule de son espèce, montre une végétation luxuriante et des promesses exceptionnelles de récolte, au pied du coteau du Moulin à vent, complètement dépouillé. Cependant ses voisins refusent d'employer son procédé qu'ils soupçonnaient d'altérer la santé de la Vigne.

La Société académique de Mâcon nomma, dans sa séance du 10 février 1842, une commission pour étudier l'échaudage et ses conclusions furent les suivantes « La Commission n'hésite pas à déclarer que le procédé de M. Raclet lui paraît un moyen sinon infaillible de détruire la Pyrale, du moins le plus avantageux, le plus simple et le plus économique de tous ceux employés jusqu'à ce jour ; qu'il est susceptible d'être appliqué en grand dans tous nos vignobles et qu'il ne saurait nuire en rien à la végétation. »

Cependant, il fallut attendre le dépôt du rapport BATILLAT, pharmacien à Mâcon, nommé par DELMAS, préfet de Saône-et-Loire, pour qu'on reconnaisse en 1842 la valeur de l'échaudage. L'année suivante cette technique devint d'un emploi général, mais B. RACLET, ruiné et paralysé, quitta le pays et mourut le 30 mai 1844. Il reçut, sur son cercueil, la Légion d'honneur... D'abord enterré à Saint-Germain-des-Bois (ou Saint-Germain-en-Brionnais), son corps fut ensuite transféré à Romanèche où une statue lui fut édifiée en 1864. Une fête annuelle est célébrée encore de nos jours.

Une autre version, moins flatteuse pour B. RACLET, tient au fait qu'il aurait fait croire à son entourage que la destruction des pyrales était due à des substances chimiques, tenues secrètes, ajoutées à l'eau bouillante. Il voulait en effet vendre son procédé et c'est ce qu'il fit croire à AUDOUIN, lors de son enquête, puisque celui-ci écrit : « On a vanté et essayé à diverses époques quelques mélanges inconnus, poudres ou liqueurs, qui généralement n'ont amené aucun résultat. Pourtant, en 1830, deux propriétaires de Romanèche MM. RACLET et PONT de VAUX, firent faire, au moyen d'un *liquide dont la composition est restée secrète*, des lotions sur les ceps d'une vigne de 8 ares. Une commission, nommée par la Société d'agriculture de Mâcon, constata qu'une partie des pyrales placées sous les écorces des ceps mis en expérience avaient péri, mais que toutes celles qui s'étaient réfugiées dans les parties coudées des branches avaient résisté à cette immersion. »

« Les deux inventeurs n'ayant pu vendre leur procédé pour toucher des indemnités, gardèrent le secret de l'ébouillantage pendant une dizaine d'années jusqu'à ce que CHAMUSSY, l'associé de B. RACLET dans son affaire de mine, l'incita à dévoiler son procédé et à pratiquer des traitements au grand jour, rapportent DERESSE et DUPONT (1890).

« Dans la région on reprocha à RACLET d'avoir laissé la pyrale ruiner les vignerons pendant plus de 10 ans et de n'avoir rien voulu dévoiler à AUDOUIN au moment de son enquête. »

C'est donc à partir de 1842, année de la publication de l'ouvrage d'AUDOUIN que les vignerons commencèrent à employer le procédé RACLET qui se répandit en Mâconnais et en Beaujolais, puis le Languedoc où JAUSSAN (1882) s'en fit le propagandiste.

Fig. 327. – Matériels pour l'échaudage et le clochage (d'après G. FOEX) : A. Chaudière portative. - B. Entonnoir pour le remplissage de la chaudière. - C. Soupape de sûreté. - D. Robinets pour remplir les cafetiè- res. - E. Crochets pour le transport. - F. Foyer. - G. Cafetière à bec pour la distribution de l'eau bouil- lante. - H. Tonneau coupé pour le clochage.

Le principe de l'échaudage consiste à répandre de l'eau bouillante, produite par une chaudière fixe ou montée sur roues. L'ouvrier prélève l'eau de la chaudière en remplissant une cafetière métallique, d'environ 1 litre de capacité, munie d'un long bec avec un orifice fin pour s'intro- duire dans les interstices des souches. L'eau arrive ainsi sur le cep à une température comprise entre 80 et 90°, suffisante pour dissoudre rapidement la gomme des coques soyeuses logées dans les écorces fissu- rées et tuer les petites chenilles, mais pour cela il faut qu la température de l'eau, au moment de toucher la larve soit supérieure à 60°. Pour mieux conserver la chaleur de l'eau certaines cafetières étaient isolées par des étoffes de drap, d'autres possédaient au centre une cheminée dans laquelle on plaçait de la braise pour maintenir la température aux environs de 100 °C (cafetières à réchaud). En effet, par temps froid, malgré la rapidité du travail, la température peut baisser de 30° ; c'est pourquoi il vaut mieux opérer en fin d'hiver, par temps doux (février à fin mars). BARBUT et SARCOS (1903) ont voulu se rendre compte de l'abaissement de température résultant de la mauvaise conductibilité des écorces en plaçant un thermomètre sous des écorces dans une étuve à température constante, 100°. Ils n'obtenaient que 75° sous une couche d'écorce et 63° sous deux couches, au bout de 10 minutes, donc il y a une perte de chaleur de près de 40 %, qui doit être encore plus élevée au vignoble, en raison du froid extérieur et de l'évaporation qui se produit à la surface des souches ébouillantées, surtout avec un vent violent.

Il faut un minimum de 1 litre d'eau par cep et jusqu'à 2 ou 3 litres pour les vieilles souches, portant de nombreux bras ; en Beaujolais il fallait 100 hl d'eau par hectare (densité de 10.000 pieds/ha) alors que dans le Midi, il suffisait de 40 hl environ. Le prix de revient, selon JAUSSAN était de 52 F-or par hectare (main-d'œuvre 40 F, charbon 8 F, amortissement du matériel 4 F).

En Bourgogne, en raison de la densité des souches, le prix de revient variait de 115 à 120 F l'hectare, y compris l'échaudage des échalas. Pour réaliser ce travail il faut deux ouvriers : l'un, *le chauffeur*, alimente la chaudière en eau et entretient le feu ; l'autre, *l'arroseur*, verse l'eau sur les ceps. Cette équipe permet de traiter 1.500 à 2.000 pieds par jour.

En Languedoc, selon JAUSSAN, pour servir une chaudière il faut un homme et cinq femmes pour distribuer l'eau sur les souches. De plus l'une d'elles aide l'homme à changer la chaudière de place. Il faut aussi prévoir le transport de l'eau du réservoir à la vigne avec une charrette à cheval et son conducteur pour amener les barriques pleines.

La chaudière ou ébouillanteuse débite 200 à 250 litres d'eau bouillante par heure et consomme 50 à 60 kg de charbon par jour. Plusieurs modèles d'échaudeuses furent construits (Bourdil, Thomas, Caizergues, Vermorel, Massonnaud, Berthoud, etc...).

Des modifications ont été apportées à cette technique en supprimant les cafetières par des tuyaux de caoutchouc placés à chacun des robinets de la chaudière et munis à leur extrémité d'une petite lance en fer-blanc de 40-50 cm et terminée par un bec recourbé. L'eau est ainsi toujours à 96° environ et jaillit en force permettant d'atteindre aisément les parties horizontales des ceps ; enfin le personnel est moins nombreux : un chauffeur et trois femmes dont l'une sert d'aide au chauffeur.

Mais il y a aussi des inconvénients : on ne mesure pas la quantité d'eau épandue, qui dépend donc de l'habileté de l'ouvrière ; les tuyaux s'usent vite à ces températures (fissures) et par temps froid l'eau se refroidit très vite dans ces tuyaux de 7 mètres de long et on n'obtient pas à l'extrémité une température suffisante pour tuer les chenilles.

Il y eut aussi des *bidons à échauder* posés sur un trépied et munis d'un tuyau de caoutchouc terminé par une lance à manche de bois. Un foyer dans le bidon maintenait la température et l'appareil permettait de traiter toutes les souches environnantes avant d'aller se réapprovisionner à la chaudière.

Pour élever artificiellement la température d'ébullition de l'eau, AUBIN (1903) a proposé d'ajouter diverses substances chimiques comme les chlorures de potassium, de sodium ou de calcium ou des nitrates de soude ou de potasse à des concentrations permettant d'avoir 105 à 110°. Mais les engrais sont chers et le chlorure de sodium, nocif pour la vigne, est à rejeter. De même, CROUZAT (1918) ajoutait 2 à 3 kg de carbonate de soude par hl d'eau pour élever de 2 à 3° la température d'ébullition.

DEGRULLY (1903), de son côté proposait d'ajouter un insecticide comme une émulsion de pétrole (1 l.) et de savon (400 g) par hl d'eau ou bien le procédé Grzybowski (vapeur surchauffée additionnée de pétrole nicotiné).

G - EMPLOI DE LA VAPEUR D'EAU. Comme l'ébouillantage exige le transport et la manipulation d'une énorme quantité d'eau, différentes personnes ont proposé de recourir à la vapeur d'eau :

En 1884, un propriétaire de Carcassonne, M. Mirepoix avait mis au point l'ébouillantage des ceps avec de l'eau chauffée à 120° sous pression de 3-5 atmosphères.

GRZYBOWSKI (in SARCOS, 1903) avait proposé un générateur de vapeur automobile pouvant circuler autour de la vigne comprenant des tuyaux distributeurs avec une lance pour diriger le jet de vapeur au ras de la souche qui arrive à 90 °C.

PERRAUD (1904) avait songé à utiliser la vapeur d'eau produite en abondance, puisqu'un litre d'eau peut fournir 1.680 litres de vapeur à 100°. Mais cette vapeur, *émise à l'air libre*, perd très vite sa température (la détente produit un refroidissement énorme) et mouille moins rapidement et moins complètement les écorces que l'eau bouillante. Les essais réalisés n'ont pas été satisfaisants.

L'emploi de la vapeur *sous cloche* montre qu'on ne peut dépasser 65° sans danger pour les bourgeons de la vigne, mais en dessous on ne détruit pas toutes les chenilles.

ANGLES, l'inventeur du Gazotherme déjà cité avait aussi proposé d'envoyer sous sa cloche de l'*air chaud et sec*, économisant ainsi beaucoup de calories.

Une autre variante est de traiter les souches à la vapeur, *en vase clos et sous pression* (Appareils Rousset, de Nîmes et Valent, de Carcassonne).

La vapeur d'eau est produite par un générateur tubulaire et à l'aide de tuyaux en caoutchouc de 15 mm de diamètre on amène cette vapeur dans des cloches métalliques, en tôle plombée, recouvrant les ceps taillés, pendant une demi-minute à 100°. L'appareil permet de traiter 1.000 pieds avec 500 litres d'eau, 90 kg de charbon et 3 hommes (un chauffeur et deux hommes s'occupant chacun d'une cloche) à la cadence de 120 souches par heure, en déplaçant les cloches toutes les minutes.

L'*ébouillanteur* des frères GUYOT, de Carcassonne, est formé par un manchon en toile imperméable ayant l'aspect d'un gros entonnoir et fixé à sa partie inférieure autour du tronc du cep et maintenu ouvert en haut par une anse suspendue à une tige recourbée, fichée en terre. L'eau bouillante est fournie par une chaudière et par une pompe l'eau ayant servi dans les manchons, est refoulée dans la chaudière.

La souche restait immergée dans l'eau à 100° pendant une minute ; il faut 5 jours pour traiter 4.260 souches. Les souches n'ont pas souffert de ce bain mais la moitié des bourgeons ont été tués. Donc l'eau ne devrait pas dépasser 70° avec une durée du bain portée à quatre ou cinq minutes.

L'appareil « Le Simple » de FOREST, de Mâcon est composé d'une sorte de marmite chauffée par une lampe à souder. La vapeur sous pression s'échappe par un orifice circulaire que l'on promène le long de la souche. Le travail est assez long, mais peu coûteux.

H - L'emploi de L'EAU CHAUDE A 70° environ fut proposée par SEMICHON (1915) à la suite de l'usage fait par un viticulteur, VILLEBRUN, de Cuxac d'Aude, qui arrosait d'eau chaude ses souches envahies par les chenilles, les tuant ainsi. Les jeunes pousses de la vigne, fortement touchées aussi, flétrissaient d'abord mais le lendemain reprenaient leur turgescence et leur vigueur. Au lieu de la cafetière classique, SEMICHON préférait l'emploi d'un pulvérisateur à dos d'homme (protégeant son doc avec un sac de balles de blé) contenant 10 litres à 100° + 5 l'eau froide pour avoir un mélange voisin de 70° et l'eau arrivant sur le cep à 55-60°. Cette technique est utilisable sur les chenilles ou sur les pontes (fin juillet-début août). Un homme peut traiter 1.000 à 1.200 pieds par jour et le traitement revient 20-25 F-or par ha.

1 - EMPLOI DE LA LUMIÈRE ARTIFICIELLE. La Pyrale comme tous les papillons nocturnes est attirée par la lumière. ROBERJOT (1787) est le premier a avoir utilisé cette propriété en faisant allumer des feux dans les vignes de Saint Verand (S. et L.) à la chute du jour pendant le mois de juillet, à raison de 8 feux par hectare. Beaucoup de papillons vinrent voltiger mais peu furent brûlés en définitive.

Vers 1830, DELAHANTE reprit cette méthode et aux feux de bois ou de paille, il substitua des lampions espacés de distance en distance, dans les fossés de la vigne, de manière que les papillons vinssent ou s'y brûler ou se noyer ou s'engluer soit dans l'huile, soit dans la graisse qui alimentaient ces feux. Plus tard, vers 1900 on a essayé des feux crépusculaires avec des appareils perfectionnés sans beaucoup plus de succès. Cette chasse aux papillons par le feu est un leurre, surtout pour les propriétaires qui la pratiquent isolément.

AUDOUIN cite également les expériences tentées en 1837 par DESVIGNES, par MAFFRE, par CARRAUD, viticulteurs de Saône-et-Loire.

Plus tard au début du XXᵉ siècle une amélioration de ce procédé fut la mise au point de *lanternes-pièges* ou *lampes-pièges* fonctionnant soit au pétrole, soit à l'acétylène.

Au Concours de Carcassonne, SARCOS (1910) fournit les résultats des essais :

Les deux lampes alimentées par l'essence de pétrole éclairaient peu et ne furent pas retenues par le jury.

Toutes les lampes à acétylène présentées (15) ont consommé à peu près une égale quantité de carbure et leur intensité lumineuse était sensiblement la même ; elles résistent suffisamment au vent. Il faut en général 12 lampes par hectare et chacune dépense 10 centimes de carbure par jour. Citons les lampes de Cochet et Barriol, à Andrézieux (Loire), de Barral à Carcassonne, de Pauchelon à Carcassonne, de Liotard à Paris et de Vermorel à Villefranche (Phare « Méduse »).

GASTINE (1903) avec sa lampe piège, fonctionnant à l'acétylène et munie d'un plateau-piège garni d'huile de pétrole pouvait recueillir un millier de papillons de Pyrale par appareil dont 42 % de femelles, dont les trois quart n'avaient pas encore pondu. Il disposait 4 appareils par hectare à partir de la fin juillet et durant le mois d'août.

Cette technique a été beaucoup plus employée contre la Cochylis et l'Eudemis et sera donc évoquée à nouveau à propos de ces insectes.

5° TRAITEMENTS CHIMIQUES

Dans l'antiquité, selon R. BILLIARD (1913) les agronomes latins pour détourner les vers des vignes les enfumaient en faisant brûler du fumier de bœuf, des ongles de chèvres, etc... Ils recouraient aussi au badigeonnage des ceps avec une émulsion de résine et d'huile ou avec un mélange de bouse, d'urine humaine ou animale...

L'Abbé ROBERJOT (1787), curé de Saint Vérand en Mâconnais, essaya tout d'abord les fumigations, le soufre, les plantes à saveur alcaline, la chaux, le plâtre, la suie, la cendre, sans aucun résultat.

Actuellement les traitements chimiques peuvent être employés :

— soit *pendant l'hiver* pour tenter de détruire les chenilles, pendant leur diapause ou au moment de leur réveil,

— soit *au printemps* quand les chenilles vont commencer à s'alimenter et à provoquer des dégâts.

I - TRAITEMENTS D'HIVER

A - LE CLOCHAGE OU SULFURISATION est le procédé le plus ancien. Il consiste à mettre la souche dans un milieu insecticide pendant un temps assez long pour détruire les larves de Pyrale, réfugiées sous les écorces. En général on fait appel au gaz sulfureux, provenant de la combustion du soufre en faisant brûler 20 à 25 g de soufre par souche.

On utilise soit des cloches en bois, soit des cloches en zinc plus légères ou en tôle galvanisée. Ces cloches sont tronconiques et leur capacité varie de 82 à 125 litres ce qui correspond à des diamètres de 45 à 55 cm pour des hauteurs de 50 à 60 cm. En effet la combustion de 20 g de soufre exige un volume d'air de 75 litres à 30 °C et de 82 litres à 50 °C selon les mesures effectuées par PERRAUD (1903). « Après dix minutes de combustion on obtient, à 10 cm au-dessus du sol, des températures de 34-36° qu'il s'agisse de mèches soufrées suspendues ou de soufre concassé brûlant dans un godet : tandis qu'au sommet de la cloche les températures atteignent au maximum 50-51° avec le soufre et 77-99° avec les mèches soufrées au bout de 3 minutes parce que les mèches brûlent plus rapidement. Une dizaine de minutes suffisent pour brûler le soufre et tuer les chenilles de Pyrale.

« Sur la vigne, pendant le repos complet de la végétation, le gaz sulfureux produit est sans action pendant une durée de 10 à 15 minutes Mais les températures parfois élevées qui accompagnent sa production peuvent être nuisibles. Une température supérieure à 90 °C pendant 2 minutes désorganise les bourgeons, il en est de même pour les températures comprises entre 90 et 70° agissant pendant 3 minutes. Cette action est encore plus marquée quand la température extérieure est inférieure à 0°, ce qui est fréquent dans les vignobles de l'Est.

« A partir des pleurs jusqu'au débourrement, le traitement devient d'une exécution délicate, car les bourgeons gorgés de sève peuvent être détruits par l'action combinée de l'acide sulfureux et de la température, dès que celle-ci atteint 60 °C. Dès l'éclatement des bourgeons, les dégâts apparaissent à partir de 55 °C. Il faut donc arrêter les traitements dès l'ouverture des premiers bourgeons. »

Pour la réalisation pratique un ouvrier peut manipuler 20 cloches, dont le prix varie de 10 à 12 F-or. Chaque cloche reste sur la souche pendant 10 minutes environ et les cloches étant placées sur la même ligne, l'ouvrier fait brûler successivement le soufre dans chacune d'elles et toutes les 10 minutes il recommence la manœuvre, traitant ainsi 120 souches par heure, soit 960 souches par journée de 8 heures. Le prix de revient à l'époque variait de 33,30 F-or (110 kg de soufre à 12 F, main-d'œuvre 15,5 F et amortissement du matériel (1 cloche valant 10-12 F : 4,60 F) à 40,80 F par hectare pour les mèches soufrées, plus chères (90 kg à 23 F).

Dans le Midi, un homme et deux femmes, selon CROUZAT (1918) peuvent actionner une batterie de 32 cloches : l'homme déplace les cloches et un petit récipient en fer battu, qui reçoit la mèche soufrée ; il allume et pèse sur la cloche pour l'enfoncer légèrement dans le sol ; les femmes mettent aussitôt la terre contre la paroi extérieure pour butter la cloche et éviter les pertes de gaz. On tue ainsi non seulement les Pyrales qui sont sur les souches, mais aussi celles du sol, qui sont sous la cloche.

La sulfurisation donne de bons résultats, mais indique CHAUZIT (1906) « il faut réunir certaines conditions : la terre doit être sèche quand on opère car avec un sol mouillé, l'acide sulfureux au lieu de s'insinuer sous les écorces, se dissout dans l'eau. Il importe aussi que le terrain soit de nature sablonneuse ou parfaitement ameubli au préalable pour que les cloches puissent s'enfoncer dans la terre, le gaz alors ne s'échappe pas au dehors. On doit opérer après les grands froids de l'hiver, quand la température se radoucit, parce que, à ce moment, les chenilles, réveillées par la chaleur, sortent de leur cocon et sont alors plus sensibles au gaz sulfureux. Certains cépages comme le Petit Bouschet, acceptent mal ce traitement et on perd des coursons. »

Le clochage, mis au point par JAUSSAN à Béziers, fut employé dans l'Hérault, le Gard (vignoble des sables) et en Beaujolais où le Gamay, l'Aligoté et le Corbeau supportaient bien ce traitement.

L'opération du clochage n'allait pas sans danger : il fallait s'abstenir par temps de pluie et prendre des précautions minutieuses pour éviter de tuer la végétation de la vigne, d'après les expériences de PERRAUD.

REYSSIER, bourrelier à Villefranche avait repris un procédé connu dans l'antiquité en couvrant le cep d'une boîte conique dans laquelle il poussait, au moyen d'un soufflet, la vapeur d'une mèche soufrée, afin d'asphyxier les insectes. Mais on détruisait en même temps les bourgeons de la vigne.

ANGLES et FARCOT ont utilisé les gaz asphyxiants produits par une lampe à pétrole sur un foyer de charbon sulfuré.

B - DIVERS PRODUITS CHIMIQUES ont été proposés au début du siècle. C'est ainsi que BARBUT (1902) dans l'Aude en a expérimenté plusieurs :

— *l'acide nitrique*, étendu de six fois son volume d'eau a entraîné un retard au débourrement de la végétation et a détruit en moyenne 50 % des pyrales et 40 % des cochylis. Ce produit avait été proposé en 1897 par SOURDON (qui avait essayé aussi de badigeonner les souches avec de l'eau additionnée au dixième d'acide chlorhydrique, très bon marché),

— le mélange *acide sulfurique* (10 kg) et *hyposulfite de soude* (2 kg) par hectolitre d'eau donne un fort dégagement de vapeurs sulfureuses qui devraient détruire les insectes sous les écorces mais les résultats ont été très insuffisants : 23 % des cochylis et 26 % des pyrales détruites.

— le *Bioxyde de Mercure* proposé par CAZEAUX contre le Black rot à raison de 40 cm³ par litre d'eau ou additionné avec de la chaux (10 kg par hl d'eau pour 6 litres de liqueur mercurielle) n'a eu qu'une efficacité insuffisante, entre 42 et 60 %.

— Le lysol (1) en solution au dixième a retardé la végétation au printemps et s'est montré tout à fait insuffisant : 20 % de cochylis et 26 % de pyrale.

— *l'acide sulfurique*, en solution à 16 % n'a pas donné de bons résultats, ne détruisant au mieux que 44 % des pyrales.

L'année suivante, BARBUT et SARCOS (1903) ont plongé des larves, sorties de leurs cocons dans deux solutions à 10 % et 16 % en volume d'acide sulfurique. Après un séjour de 10 minutes, les chenilles sont sorties vivantes de ces bains et aussi agiles qu'auparavant. Par ailleurs des écorces plongées durant 24 heures dans une solution d'acide sulfurique à 20 %, soit 36 % en poids, n'étaient mouillées qu'à l'extérieur et quand on soulevait les couches successives de l'écorce elles se montraient sèches et les pyrales qui s'y trouvaient se portaient à merveille. Le corps des chenilles ne paraît pas être mouillé par le liquide corrosif car il est recouvert d'une couche gélatineuse protectrice.

_____

(1) *Lysol* : Mélange de crésol et de savon potassique dans l'huile de lin.

Pieyre de Mandiargues (1896) dans son vignoble des Saintes Maries n'a pas obtenu de bons résultats avec des badigeonnages à l'acide sulfurique à 10-12 %.

Le *sulfure de carbone émulsionné* a été essayé par Marchal (1918) en traitement d'hiver et lui a donné de bons résultats. Les chenilles sont rapidement tuées par le mélange : Sulfure de carbone 2, oléine 1,5, potasse 0,1 et eau 100 l.

Des essais réalisés par la société centrale d'agriculture de l'Hérault en 1898 ont permis de comparer l'efficacité de différents traitements d'hiver exécutés après la taille :

Pourcentage de destruction des Pyrales existant sur les ceps :

Ebouillantage (Raclet)	80 %	Acide sulfurique	44 %
Bichlorure de mercure	77 %	Chlorure de chaux	29 %
Hypochlorite de soude	64 %	Clochage	10 %
Acide nitrique	60 %	Hyposulfite de soude	
Chaux et huile lourde	45 %	et acide sulfurique	8 %

C - traitements arsenicaux. C'est le droguiste Arnal, de Carcassonne, qui proposa en 1903 l'arsenic lors d'un « Concours de lutte contre la Pyrale » organisé par la Société départementale d'Agriculture de l'Aude. Mais les premiers résultats furent décevants (cf tome I, pages 427-428) et il dut modifier sa formule, qui donna alors satisfaction.

Les doses admises ne doivent pas dépasser 1.250 g d'arsenic par hl d'eau. On l'emploie à la veille du débourrement ; il faut bien mouiller la souche et faire en sorte que le liquide atteigne le dessous de l'extrémité de ses bras.

En Oranie, les essais de Delassus et Frezal (1934) ont montré que les pourcentages les plus élevés (70 à 75 %) de mortalité des chenilles ont été obtenus avec les mélanges savonneux d'arsenite de soude à 2 % alors que l'arsenite de soude seul ou les produits commerciaux renfermant de l'arsenite de soude ne donnent que des pourcentages de mortalité de 44 à 53 %.

Marchal (1916) avait recommandé de faire, quelques jours avant le débourrement, une pulvérisation d'une solution savonneuse, contenant 2 à 3,5 % d'arsenite de soude. La bouillie, très pénétrante, s'infiltre sous les écorces, imprègne les chenilles et leurs cocons.

Ruiz Castro (1950) indique qu'en Espagne on utilise cette formule de Marchal :

Arsenite de soude (à 60 % de richesse)	2 à 2,5 kg
Savon mou (selon dureté de l'eau)	500 à 750 g
Eau	100 litres

ce traitement s'applique en mars-avril contre les chenilles hivernantes.

Marchal (1918) a réalisé diverses expériences pour connaître le mode d'action de l'arsenic sur les chenilles hivernantes de la Pyrale, qui ne s'alimentent pas ne peuvent donc pas absorber le produit. L'intoxication des chenilles est due à une action directe par contact de l'insecticide qui se manifeste en quelques minutes et jusqu'à plusieurs heures après le traitement. Mais il y a surtout une action lente (plusieurs semaines après le traitement) qui peut s'expliquer par une pénétration lente au travers des écorces ainsi que par la faculté que présente la chenille d'absorber par la bouche l'eau atmosphérique qui les imbibe et qui contient un peu d'arsenic.

En France la loi du 12 juillet 1916 sur les substances vénéneuses et le décret du 14 septembre 1916 ont réglementé l'utilisation des composés arsenicaux insolubles et interdit l'emploi des arsenicaux solubles.

Toutefois après divers arrêtés une circulaire du 10 août 1922 en tolère la vente à condition que les produits mis en vente soient colorés pour éviter les méprises.

Dans beaucoup de pays européens : Allemagne, Suisse, Italie... l'emploi des Arsenicaux est formellement prohibé.

En Champagne, on a observé plusieurs des cas de mortalité de souches après des traitements d'hiver aux Arsenicaux. Pour vérifier l'action de ces produits, MOREAU (1936) a fait absorber, après la chute des feuilles une solution d'arsenite de soude en trempant un sarment dans des flacons gradués, jusqu'à l'approche des gelées. Puis en mai alors que les yeux des souches témoins avaient totalement débourré il a fait réaliser un comptage :

CEPS AYANT ABSORBÉ EN GRAMMES D'ARSENITE DE SOUDE

Le 3 mai	plus 1,80	1,33-1,53	0,91-1,06	0,73-0,78	0,31-0,63
Bois de taille morts	100 %	70 %	53 %	35 %	20 %
Yeux débourrés		2 %	40 %	42 %	49 %
Yeux sur le point de dé.		12 %	30 %	30 %	51 %
Yeux non débourrés		86 %	30 %	28 %	—
Yeux morts	100 %	—	—		
Le 10 juillet	M	M	M	M	Végétat.
Souches mortes			+ repousses	+ repousses	normale

D'autres essais sur des vignes conduites en « chablis » ont montré que les ceps traités à la dose de 0,55 g d'arsenite de soude ne présentaient aucun dommage ; ceux traités à 0,83 g avaient un retard de la végétation au printemps et ceux traités à 1,11 g possédaient quelques charpentes mortes.

Pour RAVAZ, consulté, les produits à base d'arsenite de soude solubles sont très toxiques lorsqu'ils sont absorbés par les plaies de taille après badigeonnage ou pulvérisation et il faut éviter de traiter les bourgeons et n'agir que sur les bras et le tronc. L'arsenic qui ruisselle se rassemble au collet au niveau de la soudure ce qui détermine la mort du greffon alors que le sujet est généralement indemne.

D - L'emploi de GAZ ASPHYXIANTS a été expérimenté par ANGLES et SARCOS (1903), notamment l'hydrogène sulfuré. Dans une atmosphère contenant 10 % environ d'hydrogène sulfuré les pyrales sont mortes et les feuilles de vignes ne paraissaient pas avoir souffert de leur séjour dans le gaz toxique.

L'expérience a été faite ensuite dans les vignes, en recouvrant les ceps avec une cloche. Après cinq minutes les Pyrales étaient saisies par le gaz, mais elles n'étaient pas mortes. Après dix minutes quelques-unes étaient mortes et au bout d'un quart d'heure il n'en restait pas une seule en vie. Quant aux souches elles n'ont pas souffert de ce traitement. Les cloches devront être en bois, en toile ou en carton car l'hydrogène sulfuré se décompose au contact des métaux.

E - L'emploi des HUILES D'ANTHRACÈNE ne donne que des résultats insuffisants, l'efficacité dans les essais suisses de BAGGIOLINI et al (1964) ne dépassant pas 30 à 40 %. Ceux obtenus en Algérie par DELASSUS et FREZAL (1934) sont encore plus mauvais : seulement 17 % de mortalité.

II - TRAITEMENTS DE PRINTEMPS

Les traitements de printemps ont été préconisés par Desrue et Chasset qui avaient remarqué que la Pyrale subissait plus vite l'influence des premiers rayons solaires au printemps que la vigne elle-même ; il s'ensuivait donc qu'un ver de Pyrale sortait plus vite de son fourreau que la vigne ne débourrait et on voyait que des bourgeons à peine éclatés abritaient déjà des vers.

A - une pulvérisation de solution arsenicale, additionnée de nicotine, avec un mouillant énergique, permettait à la solution de pénétrer dans les multiples replis des feuilles emprisonnées dans le bourgeon et au milieu desquelles les jeunes vers nus s'étaient abrités. Ce fut un plein succès, ne laissant en moyenne qu'un ver par cep, assez irrégulièrement, de-ci de-là.

Chasset (1938) indique encore que par souci d'économie, il supprima la nicotine et appliqua l'année suivante une bouillie bordelaise mélangée d'arsenate de plomb qui donna pleine satisfaction.

Jusqu'en 1939, les viticulteurs employèrent les arsenicaux insolubles, généralement de l'arseniate de plomb à 30 %, à la dose de 750 g par hl d'eau. Ce procédé efficace permettait une application selon la densité probable de l'invasion. Mais il présentait l'inconvénient de nécessiter deux traitements à 15 ou 20 jours d'intervalle pour tenir compte de l'apparition très échelonnée des chenilles.

En Champagne, Malbrunot et Richard (1958) ont montré que les traitements de printemps avec l'Arseniate de plomb (à 84 g/hl de matière active) étaient nettement inférieurs à ceux effectués avec le Parathion méthyl ou le Lindane.

L'arsenic dans les vins. De nombreuses personnes se sont préoccupées de connaître l'incidence des traitements arsenicaux sur les vins. Dans une étude réalisée en Suisse, Faes (1934) a montré que les produits arsenicaux pulvérisés sur la végétation et les grappes (arseniate de plomb) s'éliminent continuellement par les pluies, si bien qu'au moment des vendanges il ne reste plus que de minimes quantités d'arsenic sur les raisins. L'arsenic restant sur les grappes est fixé pour la plus grande partie sur la rafle (jusqu'à 72 mg par kg). Sur le grain, la quantité d'arsenic dosée ne dépasse par 0,8 mg par kg.

Dans le moût, la teneur en arsenic ne dépasse pas 1 mg par litre et dans le vin, la teneur moyenne en arsenic oscille entre 0,025 et 0,05 mg par litre.

La plus grande partie de l'arsenic du moût se retrouve fixée dans les lies (jusqu'à 10 mg par kg).

Le danger d'intoxication pour les animaux et le gibier consommant des herbages ou des feuillages souillés par l'arsenic s'est révélé très minime.

Faillant (1901), de La Chapelle de Guinchay a pulvérisé sur les souches rongées par les chenilles de Pyrale un mélange de 100 à 150 g de *Carbure de calcium* pour 8 litres d'eau (dans un appareil de 10 litres). Tous les vers ont été détruits et on a pu observer que les tissus des rameaux ainsi que les inflorescences n'avaient pas souffert de ce traitement.

B - Avec la commercialisation des insecticides organiques après 1945, les traitements de printemps ont prouvé qu'il était possible de lutter efficacement contre la pyrale dans des vignobles régulièrement atteints, comme la Champagne.

Dans cette région, les services techniques du CIVC, d'abord avec Françot et Malbrunot, puis pendant près de 20 ans, avec Richard se sont efforcés de tester tous les produits commercialisés et de mettre au point les techniques d'emploi.

1° - Les *insecticides organo-chlorés* furent les premiers employés, avant d'être interdits. Le *DDT* a une action de choc plus faible que les parathions, mais sa durée d'action est plus longue, une dizaine de jours en moyenne et son efficacité se manifeste même aux températures inférieures à 10°.

Le *Toxaphène* (toujours autorisé) se classait en second, bien avant le *Lindane*, le *Chlordane* et la *Dieldrine*.

2° - Les *insecticides organophosphorés* sont actuellement très utilisés, en particulier le *Parathion méthyl*, à la dose de 600-800 g/ha. Cette substance possède une bonne efficacité, à condition de traiter par beau temps, avec une température supérieure à 10 °C. Il sert d'ailleurs de produit de référence dans les essais. On le préfère au *Parathion éthyl* qui est encore plus toxique pour l'homme et les animaux et qu'on peut employer à des doses moitié moindres : 300 à 400 g/ha.

D'autres esters phosphorés sont utilisables et ont une efficacité voisine, quoique légèrement inférieure : l'*Azinphos*, le *Bromophos*, le *Methamidophos*, le *Mévinphos*, le *Trichlorfon* et l'*Acéphate*.

On trouve ensuite le *Phosalone* et le *Méthidathion*, d'une efficacité moindre.

3° - Dans le groupe des *Carbamates* deux substances ont été expérimentées : d'une part le *Carbaryl* qui se classe toujours après le Parathion méthyl et le *Méthomyl*, utilisé à la dose de 500 g/ha qui se montre d'une efficacité pratiquement identique au Parathion méthyl.

4° - Les *Pyrethrinoïdes de synthèse* sont les dernières substances chimiques commercialisées. Dans les essais champenois de RICHARD (1980) la *Décamethrine*, à la dose de 12,5 g/ha possède une très bonne efficacité devançant le Méthomyl et le Parathion methyl. La *Fenvalérate* confirme sa bonne efficacité à côté du Parathion méthyl. La *Perméthrine* se classe ensuite. Mais la *Cyperméthrine* n'a qu'une action insuffisante à 30 g/ha et devrait être testée à des doses de l'ordre de 50 g/ha.

Précisément les résultats obtenus au cours de l'année 1980 par PALGE (1981) confirment la bonne efficacité des Pyrethrines, avec entre parenthèses le nombre de larves vivantes sur 10 souches :

— groupe de tête : Cyperméthrine à 50 g M.A./ha (5), Décaméthrine à 12,5 g (5,3), Fenvalérate à 100 g (7,3), Fenvalérate à 75 g (7,8), Méthomyl à 400 g (8,1) servant de produit de référence.

— groupe de queue : Cyperméthrine à 40 g (11,3) Décaméthrine à 7,5 g (17,6).

— Témoin : 72,6.

Cet essai avec une ppds 5 % : 6,82 est hautement significatif.

En Roussillon, les essais de MARCELIN et G. VIDAL (1978, 1980) font apparaître une très bonne performance du *Fenvélérate* qui devance le Parathion, une bonne efficacité de la *Cyperméthrine* comparable au Méthomyl et une infériorité de la *Décaméthrine*.

1° - Il faut employer des produits à *action de choc* pour détruire rapidement en 24-48 heures les chenilles. On s'est aperçu que les insecticides à action lente donnaient de moins bons résultats parce que les chenilles de pyrale se mettent très vite à l'abri, loin des dépôts de ces insecticides.

2° - Les traitements doivent être réalisés sur des *chenilles jeunes* car les chenilles âgées, à partir du troisième stade, sont plus difficiles à atteindre et offrent plus de résistance à l'action des produits.

3° - Au printemps la *sortie des chenilles* s'étale sur un mois et plus, en fonction de la température ambiante. On ne peut donc espérer tuer les chenilles en une seule application, car si on retarde la date de traitement pour avoir le maximum de chenilles dans la végétation, celles qui seront les plus âgées ne seront pas tuées. C'est ainsi que RICHARD (1979) indique qu'avec une seule application de parathion méthyl le 5 juin (10-11 feuilles étalées) sur une population de larves jeunes et anciennes, le coefficient d'efficacité n'a été que de 67 % alors qu'avec deux traitements : le 29 mai (5-6 feuilles étalées) et le 5 juin il a obtenu un coefficient d'efficacité de 97 %. Cela montre aussi l'inutilité pratique d'un troisième traitement, parfois réalisé par certains viticulteurs.

En cas d'une attaque précoce importante, la première intervention sur la végétation peut être avancée au stade de 3 feuilles étalées.

Le *seuil provisoire tolérable* a pour limite supérieure la présence de 3 à 4 chenilles par souche, ce qui peut entraîner déjà des dégâts notables (ACTA, 1980).

COCHYLIS

I — SYNONYMIE

Fr. Teigne des raisins, Teigne de la vigne (ROZIER, 1771), Teigne de la grappe (FAURE-BIGUET et SIONEST, 1802), Ver de la fleur, Ver rouge (Bourgogne), Ver coquin (Vallées du Rhône et de la Saône), Ver de la vendange (Champagne), Mazar (Bourgogne), Arde ou Harde (Armagnac), Ver de la vigne (Suisse), Butz, Füler en Alsace.

Ital. Tignuola del fior della vite (larve de 1re génération), Tignuola del uva (larve de 2e génération) ; Tignuola della vite, Tarlo ou Verme dell'uva, Tortrice dell'uva, Gattina dell'uva, Tignuola del grappolo, Vermet Verme rosso, Carol, Bissol, Gatta.

Esp. Cochylis, Aranuela, Polilla de la vid (mite de la vigne), Polilla del agraz, Polilla del racimo (mite de la grappe), Coquilide, Gusano encarnado (ver rouge), Gusano de las uvas (Petit ver des raisins), Gusano ou Gusanillo de la vid (petit ver de la vigne), Oruga picara (ver coquin), Oruga de la vendimia (chenille de la vendange), Corch de la vina.

Port. Cochylis da vinha, Lagarta da vinha, Lagarta vermelha ; Tinha da vinha et Tinha do cacho (larve de 1re génération), Lagarta da uva (larve de 2e génération).

Angl. Tortrix moth.

All. Heuwurm (ver du foin) pour la chenille de 1re génération ; Sauerwurm (Ver aigre) pour la chenille de 2e génération ; Traubenwickler, Traubenmotte (mite du raisin), Einbindiger, Schwarzköpfiger Wurm (Ver à tête noire), Sauerwurmmotte, Weinmotte (teigne du raisin). Les larves sont aussi connues des paysans sous les noms de Wurm, Wolf, Gosse, Spinnwurm, Traubenmade, Beerenwickler.

II — HISTORIQUE

« En raison de l'ancienneté et de la gravité de ses dégâts, écrit BOVEY (1966), la Cochylis est l'un des premiers insectes nuisibles dont on ait éprouvé le besoin de connaître la biologie et le comportement en vue de le combattre. C'est le Genevois Charles BONNET (1740) qui donna la première description des dégâts causés dans le vignoble par la chenille rougeâtre de cette Tordeuse. »

PAZUMOT, le 7 juillet 1769 fait part à l'Académie de Dijon des Dégâts du « Ver rouge » dans les régions du Senonnois, du Tonnerois et de l'Auxerrois.

En 1770, BEGUILLET, dans son *Œnologie,* fait aussi la description du ver de la vigne, connu en Bourgogne sous le nom de *Mazard ;* puis l'Abbé ROZIER, en 1771, dans son *Mémoire des Insectes essentiellement nuisibles à la vigne,* parle de la « Teigne des grains » et des pertes considérables qu'elle fait subir à la vigne en Champagne, Bourgogne, Beaujolais, Lyonnais et Dauphiné.

La première description détaillée de l'insecte fut faite par HUBNER en 1796 qui l'appela *Tinea ambiguella* et PALLAS (1799), au cours d'un voyage en Russie, signala cette espèce comme exerçant des ravages dans les vignes de la Crimée.

En 1802, FAURE-BIGUET et SIONEST font une étude scientifique de la « Teigne de la grappe » qu'ils appellent *Tinea Omphaciella.*

En 1811, le Dr NENNING (ou MENNING) fut chargé par le gouverne-menu du Grand-Duché de Bade d'aller étudier dans l'île de Reichenau (Lac de Constance) l'insecte connu dans cette localité depuis 1713, année où il exerça des ravages restés célèbres.

En 1813 et 1821, MORELOT (1831) indique de nombreux dégâts en Côte d'Or.

En 1829, ROSER signale des ravages causés par le ver du raisin dans les vignobles des environs de Stuttgart.

Depuis cette époque, la Cochylis s'est répandue dans de nombreux vignobles européens et n'a cessé de causer des dommages aux récoltes.

III — SYMPTOMES

La Cochylis est essentiellement un « ver de la grappe », puisque les chenilles de la 1re génération vivent dans les inflorescences, s'atta-quant exceptionnellement aux rameaux et aux pétioles des feuilles, tandis que les chenilles de la 2e génération ne se rencontrent qu'exclusi-vement dans les baies des raisins. Nous verrons en détail, à propos de la biologie de chaque génération, les modalités de ces attaques.

A - Symptômes sur les Inflorescences

Les jeunes chenilles au printemps pénètrent dans l'intérieur des boutons floraux en perçant, avec leurs mandibules, un trou à peine perceptible, à travers les pétales formant la corolle, près de leur insertion sur le disque constitué par le pédoncule de la fleur.

Les vers ainsi parfaitement cachés vont dévorer les diverses parties de la fleur dont ils font leur nourriture. Il n'y a qu'une chenille par bouton floral et dès qu'elle a fini de ronger une fleur elle passe à un autre bouton floral en pénétrant de préférence dans un bouton en contact avec celui qu'elle abandonne pour éviter de se découvrir.

Mais rapidement la chenille grossit et ne peut plus se loger dans un seul bouton. Alors elle agglutine par des fils de soie quelques fleurs, de façon à se constituer un abri tubuleux dans lequel elle se dissimule ; de ce fourreau protecteur elle peut attaquer toutes les fleurs voisines. Les fleurs ainsi agglomérées, au nombre de cinq à dix, ne peuvent s'épanouir librement, avortent, se fânent bientôt et jaunissent, prenant l'aspect du foin (d'où le nom allemand de *Heuwurm*) ; parfois la nouaison se produit mais les grains atrophiés ne tardent pas à se dessécher. Souvent on observe deux ou trois agglomérations de fleurs desséchées, quelquefois plus, sur une même grappe.

Les jeunes chenilles peuvent aussi percer l'axe de la grappe encore tendre et y pratiquer une galerie où elles trouvent à la fois le vivre et le couvert, vivant ainsi en *mineuses*. Ce fait fut d'abord signalé par MAISONNEUVE (1907), puis par PICARD et FABRE (1911) et par BERNON (1953). Dans ce cas, l'inflorescence se dessèche entièrement et la perte est totale et immédiate.

Certaines années, précoces et sèches, provoquent une floraison rapide et les chenilles poursuivent leurs ravages dans les grappes ayant des petits grains noués et cela jusqu'à la fin juillet.

Donc les chenilles de première génération peuvent causer un préjudice important car les fleurs ou les petits grains ne leur offrant qu'une nourriture peu abondante, elles en sacrifient un grand nombre pour assurer leur développement. On estime que trois chenilles peuvent dévorer une grappe de grosseur moyenne.

B - Symptômes sur les Rameaux et les Pétioles des feuilles

Les chenilles peuvent vivre en mineuses, comme pour les grappes. PICARD et FABRE (1911) ont photographié de tels dégâts obtenus dans des élevages : les chenilles pénètrent le plus souvent à l'aisselle des feuilles et leur présence se décèle par un trou garni d'une toile et d'excréments. Si l'on fend le rameau, on trouve la Cochylis creusant une galerie dans la partie médullaire de la tige ou encore dans le pétiole ou les vrilles.

MARCHAL (1912) cite d'autre part le cas de chenilles observées en plein vignoble dans des *rameaux* à l'intérieur desquels elles avaient pénétré au voisinage d'un nœud ou dévorant des feuilles à l'extrémité des jeunes pousses ; mais de telles attaques provenant apparemment d'œufs pondus trop loin des grappes, restent exceptionnelles.

GRASSÉ (1927) a signalé également le minage des pétioles, des vrilles et des rameaux.

C - Symptômes sur les raisins

Les vers de la deuxième génération attaquent en été les grains verts en perforant, à l'aide de leurs mandibules, la pellicule de la baie, dans le voisinage du pédicelle y déterminant un trou rond leur permettant de pénétrer à l'intérieur (Pl. 22, fig. 7).

L'orifice d'entrée prend une coloration bleuâtre, la peau se durcit et forme une auréole coriace, par le séjour du ver et l'accumulation de ses excréments. Bientôt le grain entier prend une teinte analogue à celle de la maturité, tranchant vivement sur la couleur verte uniforme de la grappe.

On estime qu'une seule chenille, en l'espace d'un mois, peut détruire plus d'une trentaine de grains.

On reconnaît facilement les grappes attaquées par la Cochylis, non seulement aux grains vidés mais aussi aux nombreux fils soyeux tendus de l'un à l'autre. Ce sont toujours les grains de l'extrémité inférieure de la grappe qui sont atteints les premiers (on juge très bien l'étendue du mal en pressant dans la main l'extrémité du raisin, devenue molle et spongieuse sous les attaques prolongées de la chenille).

Ces grappes, partiellement détruites par la Cochylis, paraissent plus légères, car les grains dévorés sont plus ou moins creux en raison de la sécheresse du moment.

On trouvera d'autres détails sur l'attaque des raisins à propos de la biologie de la chenille de 2ᵉ génération.

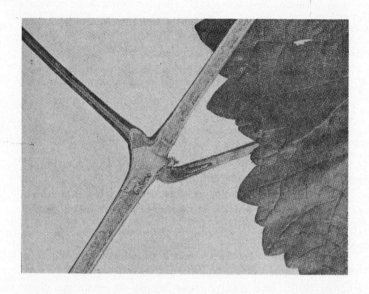

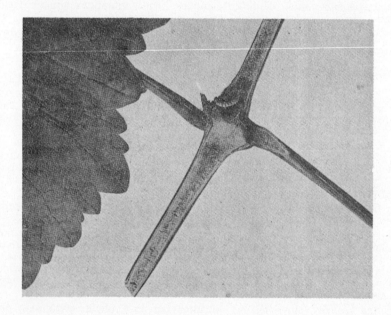

Fig. 328. – Larve de Cochylis logée dans le pétiole d'une feuille (en haut) et larve dans un rameau au milieu d'un nœud (en bas) (d'après PICARD et FABRE).

IV — SYSTEMATIQUE

La cochylis appartient à la famille des *Cochylidae* (ou *Phaloniidae*) qui dépend de la superfamille des *Tortricoidea* dont les espèces sont appelées vulgairement les « Tordeuses » parce que les chenilles ont l'habitude d'enrouler ou de tordre, à l'aide de fils soyeux, les feuilles des plantes dont elles se nourrissent.

Le genre *Cochylis* du grec κογχυλη, coquille a été créé par TREITZCHKE en 1830 aux dépens du genre *Tortrix*, de LINNÉ.

Selon l'Abbé ROZIER, l'insecte reçut son premier nom latin d'ADAMSON (1771) qui le nomma *Phalaena scutella* alors que STELLWAAG donne *Phalaena tinea*, nom fourni par STRENGER (1778). Puis on trouve *Phalonia ambiguella* HUBNER (1785) et *Tortrix (Tinea) ambiguella* HUBNER (1796), année où cet auteur fournit une description détaillée de l'insecte, avec figures.

Au cours du XIXᵉ siècle bien d'autres noms furent donnés à ce papillon ravageur de la vigne : *Tinea omphaciella* FAURE-BIGUET et SIONEST (1802), *Tinea uvae* MENNING (1811), *Phalina tinea* HORTER (1822), *Tinea uvella* VALLOT (1822), *Pyralis ambiguella* FOREL (1825), *Tortrix roserana* FROELICH (1829), *Cochylis* ou *Tinea* TREITZCHKE (1830), *Conchylis ambiguella* WOOD (1833), *Conchylis roserana* DUPONCHEL (1836), *Tortrix uveana* FREYER (1839), *Cochylis omphaciella* AUDOUIN (1842), *Conchylis roserana* HERRICH-SCHAFTER (1843), *Conchylis ambiguella* WILKINSON (1859), *Clysia ambiguella* MEYRICK (1895).

« Une révision systématique de la famille des *Cochylidae* basée à la fois sur les caractères extérieurs et sur ceux des armures génitales, a conduit RAZOWSKI (1960) à un regroupement des espèces qui place *ambiguella* Hb. dans le genre *Eupoecilia* Steph., lequel comprend un petit nombre d'espèces paléarctiques ». (BOVEY, 1966), par conséquent, pour les systématiciens le nom scientifique à retenir est *Eupoecilia ambiguella* Hb, mais dans le texte nous continuerons à appeler l'insecte *Cochylis*, seul terme connu des vignerons.

V — DESCRIPTION

Le PAPILLON mesure 12 à 15 mm d'envergure avec les ailes déployées et seulement de 6 à 9 mm au repos, avec les ailes repliées sur l'abdomen, légèrement recourbées et terminées en arrière par un ressaut brusque, sorte de queue de coq, ce qui lui donne un aspect tout différent de celui de la Pyrale. De plus, on ne peut confondre la Cochylis avec la Pyrale car sa taille est moitié moindre et la couleur toute différente ; enfin elle n'a pas d'épaules arrondies aux ailes antérieures.

Le *corps* est jaune pâle avec quelques reflets argentés sur la tête et le thorax, reflets remarquables surtout quand l'insecte est un peu défraîchi. L'abdomen est gris brun jaunâtre, montrant 6 anneaux, faiblement velu.

La *tête* est faiblement velue, de couleur argentée jaunâtre. Les yeux sont semi-circulaires et il n'y a pas d'ocelles. Dans les pièces buccales les mandibules et les palpes maxillaires à 2 articles sont très peu développées ; les palpes labiaux le sont relativement beaucoup plus.

Les *antennes* sont filiformes, courtes, 4 mm, un peu courbées, composées de 37 à 42 articles d'une teinte jaune paille, annelées de brun ou gris clair.

Les *ailes antérieures*, d'une teinte dominante jaune ocre, sont traversées sur la face supérieure vers leur milieu par une bande trapézoïdale brun noir, dont la base la plus large est située sur le bord costal supérieur de l'aile, Pl. 23, fig. 2 ; elles présentent aussi sur le bord dorsal une tache triangulaire située entre la fascie transversale et le tornus. De chaque côté de la bande brune se voit une ligne argentée et une série de petites taches de la même nuance situées à l'extrémité des ailes. La frange est large, brillante, de la couleur de l'aile. La face inférieure des ailes est brune, parfois mêlée de jaune.

Les *ailes postérieures* sont uniformément d'un gris perle ardoisé avec les franges un peu plus claires. Chez les mâles, selon DERESSE et DUPONT (1890), cette couleur est plus claire et plus blanchâtre.

D'après SUIRE (1954) « les nervures 3 et 4 de l'aile postérieure sont tigées ainsi que les nervures 7 et 8 de l'aile antérieure, ce qui éloigne le genre *Clysia* des genres voisins *Phteochroa* Stph. *Idiographis* Ld et *Euxanthis* (Hb (dont une espèce *E. hamana* L. souvent capturée dans les pièges-appâts jusqu'à 10 % aurait été confondue avec la Pyrale selon CHATENAY, 1913). »

Pour MARCHAL (1911) « le *mâle* se distingue de la femelle, en dehors des armures génitales, par son abdomen plus petit et ses ailes postérieures plus claires. Mâles et femelles sont à peu près également nombreux. »

VI — BIOLOGIE

Les premiers travaux biologiques sur la Cochylis sont l'œuvre de savants suisses comme le rappelle P. BOVEY (in BALACHOWSKY, 1966) citant « les Vaudois Alexis FOREL (1787-1872) et Jean de la HARPE (1802-1877). Dans trois mémoires datant de 1822, 1825 et 1841 (ce dernier en collaboration avec BUGNION et BLANCHET) FOREL décrit les divers stades du ravageur, montre en quoi il se distingue de la Pyrale et expose les résultats des observations qui l'ont conduit à l'existence de deux générations.

« Reprenant l'étude de l'insecte à la demande des autorités de son canton, alarmées des ravages de la Cochylis, De la HARPE (1850) confirme les observations de son compatriote et examine divers procédés de lutte. »

En France, de nombreuses études seront consacrées à ce parasite AUDOUIN (1842), DERESSE et DUPONT (1890), KEHRIG (1893), PERRAUD (1900), LABORDE (1900-1904), BRIN (1900-1901), CAPUS et FEYTAUD (1909-1912), MARCHAL (1911-1913), MAISONNEUVE, MOREAU et VINET (1907-1916), VOUKASSOVITCH (1924), GEOFFRION (1959) etc... En Allemagne également plusieurs Entomologistes ont fait d'importants travaux : DEWITZ (1901-1922), GOTZ (1938-1962), JANCKE (1937-1940), LUSTNER (1899-1926), SCHWANGART (1907-1918), SPRENGEL (1926-1931), STELLWAAG (1917-1949).

Tous ces travaux ont été suscités à la suite des invasions catastrophiques survenant dans les vignobles européens à partir de 1890 et se poursuivant au début du XXe siècle (période 1908-1911). Plus tard d'autres attaques seront enregistrées dans les années 1925-1927, puis 1937-1940.

A — NOMBRE DE GENERATIONS

Comme l'indique BOVEY (1966). « Dans l'ensemble de la zone viticole où elle commet des dégâts, la Cochylis évolue en *deux générations* annuelles :

— les chenilles de la première attaquant les grappes immédiatement avant, pendant et peu après la floraison ;

— les chenilles de la seconde se développant dans les raisins verts dès le mois d'août et jusqu'à l'époque de la maturité.

« Ces deux générations de « vers » sont désignées de façon très expressive par les auteurs allemands sous les noms de « Heuwurm » et « Sauerwurm ».

« A la limite Nord de l'aire, en Angleterre, en Scandinavie et dans les pays Baltes, l'espèce ne présente qu'*une génération* annuelle, les papillons apparaissant en juin-juillet.

« Si le bivoltinisme est la règle dans toutes les régions viticoles où sévit la Cochylis, un *troisième vol* peut exceptionnellement se manifester durant les étés particulièrement chauds. Le cas, très rare en Europe moyenne, plus fréquent dans les régions méridionales, a été constaté, selon STELLWAAG (1921) en 1908 dans le Palatinat à la suite d'une période très chaude au début d'octobre, en 1839 dans la région de Lausanne, en 1899 en Gironde, en 1908 en Anjou, en 1910 en Gironde et en Languedoc. Un troisième vol faible a été observé en octobre 1959 en Valais et au Tessin par BAGGIOLINI. »

On verra à propos de l'Eudemis, que le nombre de générations est conditionné par le *Photopériodisme* et il est possible qu'il en soit de même pour la Cochylis, mais cela n'a pas été étudié.

B — CYCLE BIOLOGIQUE

BOVEY (1966) a fourni un tableau indiquant la durée moyenne des stades évolutifs de chaque génération que nous reproduisons ci-dessous pour fixer les idées, avant d'entrer dans le détail :

1° vol des papillons (génération hivernante)	mi-avril - début mai à fin mai - mi-juin
Première génération Œuf : 12-15 jours Chenille : 25 jours Chrysalide : 10 jours	fin avril - début mai à fin juin - mi-juillet
2° Vol des papillons	juillet-août
Deuxième génération Œuf : 7-10 jours Chenille : 20-25 jours Chrysalide : 8-9 mois	juillet à avril-mai

Pour le Beaujolais, DERESSE et DUPONT (1890) donnent le cycle suivant :

1° Fin avril et commencement de mai : éclosion des papillons.

2° Mai : ponte.

3° Fin mai jusqu'au commencement de juillet : Ravages des chenilles dans les *fleurs* de raisin.

4° Deuxième quinzaine de juillet : chrysalidation.

5° Fin juillet et commencement d'août : éclosion des papillons et ponte.

6° Août et septembre : ravages des chenilles dans les *grains* de raisin.

7° Fin septembre : sortie des larves des grains.

8° Fin octobre jusqu'au commencement de mai suivant : chrysalides.

Le premier vol des papillons, au printemps, représente la première manifestation de la Cochylis et s'il indique la venue de la première génération (qui commence avec l'œuf) il marque la fin du cycle biologique de la génération précédente, ayant évolué au cours de l'année précédente.

Mais, dans la pratique, les viticulteurs associent le vol des papillons à la génération qui en découle, de sorte que nous ferons débuter le cycle biologique de chaque génération à partir du vol des papillons, issus en réalité de la génération précédente.

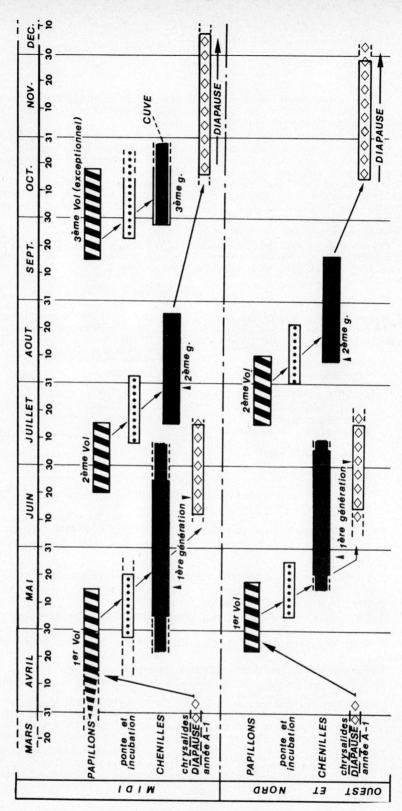

Fig. 329. – Cycle biologique de la Cochylis (original).

C — EVOLUTION DE LA PREMIERE GENERATION

1° PAPILLONS

A - Apparition des Adultes

« Les papillons, issus des chrysalides hivernantes de la seconde génération, apparaissent généralement dans les vignobles septentrionaux au cours de la première quinzaine de mai ou dès la mi-avril dans les régions méridionales et même exceptionnellement dès la fin mars (PICARD, 1911).

« Si les conditions climatiques sont favorables indique BOVEY (1966), le vol augmente assez rapidement en intensité pour atteindre son maximum lorsqu'est formée la seconde ou la troisième feuille. Le vol principal s'échelonne normalement sur 2 à 3 semaines et sa concentration sur une période relativement courte a pour conséquence que les apparitions successives des œufs, des chenilles et des chrysalides sont assez espacées, si bien que le deuxième vol peut se manifester très intense en juillet-août en l'espace de quelques jours. »

« D'une année à l'autre, des différences assez marquées se manifestent en un *lieu donné* dans la date d'apparition des premiers papillons. Par exemple dans la région de Colmar, OBERLIN (1890) pendant une période de 34 années consécutives (1856-1889), a observé que le vol a débuté dans 22 cas durant la deuxième décade de mai, 3 cas durant la première et 9 durant la dernière décade de mai, les dates extrêmes étant le 1ᵉʳ mai 1869 et le 1ᵉʳ juin 1879.

« En ce qui concerne les différences en fonction de *la latitude*, on note pour la France que dans le Midi, les papillons paraissent en avril et mai, soit 8 jours plus tôt que dans la Gironde et 14 jours plus tôt que dans le bassin parisien. Mais comme le développement de la vigne et celui des chrysalides présentent un assez étroit parallélisme avec la température, le grand vol correspond, bon an mal an, à l'époque où la troisième feuille mesure 3 cm de diamètre et il touche à sa fin à la sixième feuille ».

« A température égale, selon BRIN (1900), le phénomène d'apparition des papillons varie aussi suivant la *région considérée*. C'est ainsi que sur les bords de la Méditerranée on verra l'insecte ailé apparaître une huitaine de jours en avance sur les régions girondine et charentaise et une quinzaine de jours sur les vignobles du Saumurois de l'Anjou, des environs de Paris et même de la Champagne. »

D'une année à l'autre, dans un même lieu, les dates d'apparition sont variables suivant une amplitude qui croît du sud vers le nord comme le montrent les chiffres suivants obtenus pendant 10 ans (1958-1967) dans les Stations d'Avertissements de la Protection des Végétaux :

APPARITION DES PAPILLONS DE PREMIERE GENERATION

		durée du vol
Montpellier	du 17 avril au 6 mai	soit 20 jours
Avignon	du 15 avril au 9 mai	soit 25 jours
Bordeaux	du 9 avril au 21 mai	soit 43 jours
Lyon	du 8 avril au 16 mai	soit 39 jours
Beaune	du 14 avril au 19 mai	soit 36 jours
Strasbourg	du 20 avril au 27 mai	soit 38 jours
Reims	du 14 avril au 25 mai	soit 42 jours

TOUZEAU (1971), dans sa région d'Aquitaine, note que « le vol s'étend, selon les années, sur 4 à 6 semaines avec une période de pointe d'une quinzaine de jours. Les émergences ont lieu uniquement pendant le jour, à des températures comprises entre 15 et 25 °C. »

PICARD (1913) signale qu'en 1911 à Montpellier des papillons de Cochylis éclos au dehors furent trouvés par lui dès le 24 mars et provenaient sans doute de chenilles ayant filé leur cocon dans des situations plus abritées que celles des vignes.

GRASSÉ (1927) indique que le vol durerait de mars à juin dans la région de Montpellier, ce qui explique le chevauchement des générations les unes sur les autres.

B - Vol nuptial

Les papillons sont de *mœurs nocturnes*. Leur activité, qui dépend assez étroitement des conditions météorologiques et en premier lieu de la *lumière*, commence à se manifester, d'après SPRENGEL (1929, 1931) au début de la nuit pour atteindre son maximum peu avant minuit et se prolonger jusqu'à l'aube.

« Dans la journée, écrit BRIN (1901), les papillons sont au repos, sous les feuilles de la vigne. Un vent violent ou des chocs brutaux, seuls les décident momentanément à quitter leur appui. Dans cette action, le vol est lourd et saccadé. Ils ne laissent la page inférieure de la feuille sous laquelle ils s'étaient solidement cramponnés que pour aller vers une feuille assez voisine. Souvent, dans cette tourmente, gênés et affolés par la lumière du jour, ils ne se mettent pas du premier coup sous la feuille. Ils restent parfois sur la page supérieure, où ils sont aisément saisissables.

« Dès les premiers jours de son éclosion, le papillon est peu disposé à se déplacer. Au bout de trois à quatre jours, il devient plus agile, plus empressé. Le moment de la fécondation est venu. Les mâles quittent plus volontiers leurs retraites pour aller à la recherche des femelles. Ces dernières se déplacent moins facilement, vont moins loin que les mâles, mais abandonnent momentanément leurs abris. Elles ont donc un vol plus court.

« En général le vent contrarie le déplacement des papillons qui restent cramponnés sous les feuilles quand l'air est fortement agité. »

D'une manière générale les papillons ne quittent guère les vignobles et volent rarement au-dessus des ceps ; ils se tiennent de préférence dans les couches basses où ils effectuent de courts vols de feuille à feuille. Comme l'a indiqué MARCHAL (1911) « la contamination semble se faire à partir d'un foyer primitif, de proche en proche et non à de grandes distances.

« Le papillon n'a qu'une existence courte, cinq à six jours pour les mâles, une quinzaine de jours pour les femelles.

« On admet que l'unique fonction du papillon est de procréer et qu'il ne prend aucune nourriture. (Par conséquent il ne cause aucun dommage direct à la vigne). Mais il est probable que pour compenser la perte d'eau de ses tissus il doit humer les liquides qui perlent sur les nectaires des grappes, les gouttelettes de rosée ou de sécrétion sucrée qu'il peut rencontrer sur les feuilles de vigne. DEWITZ, au laboratoire, a constaté que des Cochylis placées dans un vase avec du papier buvard imprégné d'eau, suçaient le liquide en déroulant leur trompe ; donc un insecticide agissant par ingestion utilisé tôt pourrait exercer une action toxique sur les papillons. »

« Au cours de leur vie, les papillons très hygrophiles, écrit BOVEY (1966) recherchent avidement des aliments liquides, de l'eau en particulier qui pour les femelles jouent un rôle important dans le développement des œufs et la ponte. Cette exigence alimentaire présente une certaine importance pratique en ce qu'elle permet de capturer les papillons au moyen de liquides attractifs dans des pièges alimentaires, très largement utilisés pour le contrôle du vol.

« L'emploi par Götz de l'horloge de nutrition, enregistrant heure par heure les captures dans un piège alimentaire, a permis de constater que l'activité nutritive indispensable à la maturation des œufs et à la ponte se déroule de 20 heures à 9 heures et présente un maximum de 21 à 24 heures. »

« D'après les travaux des chercheurs allemands (Stellwaag, Sprengel, Götz) il y a une action du microclimat sur l'activité, la vitalité et la fécondité des papillons. Si le vent, à partir d'une certaine intensité, les pluies faibles survenant par temps frais diminuent l'intensité des vols et les pluies fortes les stoppent (et inversement de faibles pluies par temps chaud agissent comme stimulants de l'activité), l'action de ces deux composants du climat est incomparablement plus faible que celle de la température et de l'humidité.

« Le vol n'est possible que lorsque la température crépusculaire et nocturne est supérieure à + 13 °C. Alors que toute activité est interrompue au-dessous de 12 °C, de très faibles vols peuvent se produire de 13 à 14° avec une forte humidité. Dès lors, l'activité augmente avec la température pour atteindre son optimum vers 18-20°, son maximum de 22 à 25°, puis diminue rapidement pour cesser complètement à partir de 27-28 °C.

La cochylis est par ailleurs *très hygrophile*. Tous les viticulteurs savent que dans les vignobles présentant des parties sèches et des parties basses et humides les papillons volent en beaucoup plus grand nombre dans ces dernières, ce qui tient au fait que 60 à 90 % d'humidité relative représentent les conditions optimales.

« C'est ainsi qu'avec des températures de 22 à 25 °C et des humidités de 60 à 90 % on a pu enregistrer durant l'essaimage les plus hauts sommets de la courbe du vol. Faisant part d'observations de Picard (1911) à Montpellier où des papillons de Cochylis ont été vus volant avec animation et pendant en plein jour par temps couvert avec vent chargé d'humidité, Marchal relève que leur hygrophilie est telle qu'elle arrive parfois à dominer leurs réactions habituelles vis-à-vis de la lumière (photopathie). Plus la température diminue et plus l'air se dessèche à partir des normes précitées, d'autant plus se ralentira l'intensité du vol qui cessera complètement au-dessous de 13-14° ou de 40-50 % d'humidité relative, quelle que soit la valeur de l'autre composant. »

C - Sex-Ratio

Les premiers adultes éclos sont des mâles et pendant une période qui peut dépasser 10 jours, ceux-ci restent très nettement majoritaires, puis le sex-ratio s'équilibre et en fin de vol, les femelles sont les plus nombreuses, représentant, d'après Paillot (1913) plus des trois quarts des papillons capturés.

D - Accouplement

« Quand un mâle poursuit une femelle, écrit Perraud (1900) pour s'accoupler, ces insectes viennent se poser sur une feuille, se plaçant bout à bout, la tête dirigée à l'opposé l'un de l'autre. Quand les deux individus sont unis, ils restent ainsi dans une immobilité à peu près complète jusqu'à 24 heures de suite. Il est très difficile de désunir deux individus accouplés, sans rompre quelque organe. La fécondation opérée, le mâle meurt presqu'aussitôt. »

D'après Paillot (1913). « Les pariades, très animées et assez longues, mettaient aux prises quelques femelles et un nombre de mâles 3 à 4 fois plus grand tous très excités ; l'accouplement terminé, tout rentrait soudainement dans le calme. Pendant la plus grande partie de l'essaimage, il existe toutefois une transition plus graduée entre la phase d'activité et celle de repos.

« Le nombre de jours s'écoulant entre l'accouplement et la ponte n'est pas inférieur à 2. La moyenne de la durée des accouplements a été de 7 heures. En résumé le temps s'écoulant entre l'éclosion du papillon et le dépôt du premier œuf fécondé ne doit pas être inférieur à 3 jours. La durée de la copulation est variable : en moyenne 2 heures environ mais des chiffres moindres (1/2 heure) ont pu être notés et aussi quelques chiffres supérieurs (4 heures). »

« L'accouplement a lieu au moment du vol, il peut être long et se prolonger pendant 2 heures. La présence d'un seul spermatophore, écrit Geoffrion (1959), dans les voies génitales de presque toutes les femelles disséquées, laisse supposer que le rapprochement des sexes ne se produit qu'une seule fois. »

Les accouplements se produisent de minuit à 10 heures du matin, l'activité sexuelle étant plus particulièrement intense, à l'aube, de 4 à 5 heures.

E - Ponte

1° Lieux de ponte

Selon Picard (1911) « la ponte ne se produit pas à tous les temps. Par les temps secs où le mistral souffle, le papillon se cache. Par les journées humides et tièdes, lorsqu'un vent faible vient de la mer et que le ciel est couvert, les Cochylis et Eudemis sont très excitées, volent, même en plein jour, et déposent leurs œufs sur les grappes. On pourrait donc, sans doute, prévoir les jours de ponte, ce qui serait fort utile pour la date du premier traitement. »

« Les œufs, d'après Bovey (1966) sont normalement déposés sur les jeunes grappes où leur localisation est assez variable. Au début du vol, lorsque les boutons sont encore enveloppés par les bractéoles, c'est sur ces derniers organes que la femelle les dépose. Sur des grappes plus développées, on trouve de préférence les œufs sur les boutons floraux, tantôt à leur base, tantôt latéralement ou au sommet, mais ils peuvent être aussi fréquemment localisés sur le pédicelle ou la rafle, exceptionnellement sur les pampres. »

Marchal (1911) indique que « l'œuf est fixé le plus souvent sur le côté du bouton floral au niveau d'un nectaire ou encore dans la dépression qui occupe le sommet du bouton, plus rarement sur l'axe floral ou sur une bractéole.

« En Gironde, il a été remarqué que la Cochylis recherche pour la ponte les grappes se trouvant à l'ombre et que celles qui sont exposées au soleil sont toujours moins envahies que les autres.

« En Allemagne une observation du même ordre a été faite et il a été constaté que les parties des ceps exposées à l'Est, celles qui étaient le mieux abritées du vent d'Ouest et de la pluie étaient aussi celles où l'on rencontrait le plus de chenilles. »

2° Réalisation de la ponte

Perraud (1900) a observé « qu'au moment de la ponte les papillons femelles, ordinairement très paisibles, sont dans un état de grande surexcitation. Contrairement à leur habitude, ils se déplacent alors fréquemment, se dissimulant sous les feuilles et paraissant affectionner les grappes comme lieu de repos. Le moindre ébranlement du cep, voire le simple balancement des feuilles sous l'action de la brise semble les inquiéter beaucoup.

« Contrairement à la Pyrale qui opère sa ponte en quelques minutes, la Cochylis met parfois plusieurs heures pour accomplir la sienne. Explorant les grappes, la pondeuse recherche des anfractuosités pour y déposer ses œufs ; elle passe facilement d'une grappe à l'autre sur le

1 2

3 4

PLANCHE 23   LES TORDEUSES DE LA GRAPPE

1. — Petite tordeuse de la grappe (Eulia pulchellana) ; 2. — Cochylis (Clysiella ambiguella) ; 3. — Pyrale (Sparganothis pilleriana) ; 4. — Eudemis (Lobesia botrana).

(Cl. Raffineries de Soufre réunies).

même cep mais ne change pas volontiers de souche. Les œufs, pondus à des intervalles plus ou moins longs, sont placés le plus souvent dans les plis, parfois entr'ouverts, qui séparent les pétales. C'est accidentellement, croyons nous, qu'ils sont déposés sur les feuilles ou les rameaux. On n'en trouve que rarement aussi sur le pédoncule ou les pédicelles ».

« Pour pondre écrit BRIN (1901) la femelle quitte les jeunes feuilles au printemps pour visiter les mannes. Là elle s'oriente, explore son support, cherche une anfractuosité et quant elle est en partie dissimulée, qu'elle se croît en lieu sûr, abritée par les pédicelles et les organes floraux qui les terminent, elle y pond un premier œuf, les ailes à demi déployées, tremblantes. Elle se déplace peu après, cherche à nouveau un autre point sur la même manne et continue sa ponte. Elle se déplace ensuite, pour porter sa semence sur des mannes voisines. Une même femelle peut passer d'un cep à celui qui est le plus proche. Quelquefois, mais très rarement, elle s'arrête sur des feuilles pour y pondre. L'œuf, sorte de petite perle, jaune verdâtre, est plus généralement déposé entre les pétales à leur point d'insertion sur le pédicelle. Quelquefois aussi on en trouve sur les bractéoles des fleurs.

« Les femelles survivent peu après la ponte du dernier œuf, mais ne meurent pas sur le champ. Au vignoble, on observe les papillons pendant près de trois semaines ; cela tient aux pontes échelonnées, tous les individus ne naissant pas à une même date, mais bien à 8 ou 10 jours d'intervalle. La longévité relative des femelles s'explique par la rencontre du mâle, qui peut être retardée par bien des circonstances et en particulier par les accidents météorologiques qui prennent la plus large part. »

3° Mode de ponte

AUDOUIN (1842) a, par erreur, indiqué que les œufs, d'un gris terne très pâle étaient disposés en petites plaques, analogues, quant à la forme, aux pontes de la Pyrale.

C'est FOREL (1856) qui a signalé le premier que « les œufs sont ordinairement *isolés*, mais quelquefois rapprochés par lignes ou par groupes de trois, quatre et même six ou sept. Ils sont disposés sur les nouveaux rameaux, les pétioles et surtout sur les grappes, sur l'axe des pédoncules. En août on les retrouve sur les pédoncules et la peau du raisin. »

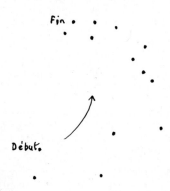

Fig. 330. – Ponte de Cochylis (d'après KEHRIG).

KEHRIG (1893), dans la 3ᵉ édition de son livre, figure la ponte isolée d'une femelle ayant pondu 15 œufs en mai 1892. Il indique que « le dépôt de chaque œuf était suivi d'un déplacement du papillon, qui, ailes frémissantes et déployées à moitié, portait chaque fois ses pattes à l'arrière de l'abdomen pour se dégager. »

« Généralement écrit PERRAUD (1900), les œufs sont *isolés* sur des boutons différents, exceptionnellement nous en avons compté plus de deux ou trois sur le même bouton. Une femelle pond habituellement de 4 à 5 œufs sur la même grappe, souvent moins quelquefois plus. »

4° Epoque de la ponte

« L'accouplement ayant lieu le soir, écrit PAILLOT (1913), les premiers œufs fécondés sont *pondus le surlendemain;* il semble en effet que les œufs pondus le lendemain sont stériles (expériences faites sur Eudemis et cochylis de deuxième génération). »

« La ponte indique BOVEY (1966) a lieu principalement l'après-midi et jusqu'à la tombée de la nuit (21 heures). Alors que la Cochylis était généralement considérée comme essentiellement une espèce nocturne, on a en réalité affaire, suivant la fonction envisagée dans sa phase d'activité maximum, à un insecte crépusculaire, nocturne ou de l'aube. »

5° Nombre d'œufs pondus

LUSTNER (1898) a étudié le développement des œufs à l'intérieur de l'organe génital de la femelle. « Il les a trouvé dans le corps au nombre d'une trentaine, en chaînes, adhérant ensemble. La chaîne constitue les ovaires. Blancs au début, ils jaunissent ensuite, puis au bout de quelque temps sont moitié blancs, moitié jaunes. Leur développement est très inégal. A la fin on voit de gros œufs jaunes à côté de petits blancs. A la préparation microscopique, les œufs les plus mûrs tombent des ovaires ; ils sont jaunes (couleur due à la condensation du protoplasma) ». Puisqu'il a observé les œufs à des états de développement différents cela implique que la ponte doit se faire successivement à des intervalles plus ou moins longs.

Le nombre d'œufs pondus par chaque femelle a donné lieu à une polémique entre PICARD (1911) et MAISONNEUVE (1911, 1915) que nous résumons : Selon PICARD, chacun des deux ovaires est constitué, comme chez les autres papillons, de quatre gaines ovariques. Chaque gaine contient une file d'œufs de moins en moins mûrs de la base au sommet et séparés les uns des autres par une cellule vitellogène. Il y a chez la Cochylis 20 œufs par gaine, soit 80 par ovaire et 160 par femelle.

MAISONNEUVE, au contraire, pense que le nombre d'œufs est très variable et que les circonstances extérieures exercent à cet égard une grande influence : C'est ainsi que LABORDE en 1900 avait compté 6 gaines ovariques et 12 œufs par gaine, soit 72 œufs au total ; puis, en 1902, il avait observé 8 gaines renfermant de 8 à 12 œufs, soit une moyenne de 80 œufs.

Dans ses dissections pratiquées sur des femelles dans les premiers jours du vol, MAISONNEUVE a trouvé : 120, 140, 160, 170 œufs et plus tard seulement 80. La proportion d'œufs mûrs est très variable. Il semble, aussi, qu'il ait des *différences entre les générations :* une vingtaine d'œufs par gaine pour les femelles de première génération et seulement une douzaine pour les femelles de seconde génération. Enfin, il reste à savoir si tous les œufs qui remplissent les ovaires sont *tous pondus, tous fécondés et s'ils éclosent tous.*

Pour BOVEY « Les ovaires des femelles contiennent en moyenne 20 œufs par ovariole dont 5 à 6 sont à maturité au moment de l'éclosion

(MARCHAL, 1912), ce qui donne au total 160 œufs dont 30 à 40 sont prêts à être pondus. Sitôt après l'accouplement les femelles peuvent donc pondre dès que les conditions climatiques le permettent.

« La ponte est naturellement liée au degré d'activité des papillons. Elle est fonction d'une part de l'état de développement des ovaires, d'autre part de *la température et de l'humidité.* L'optimum vital de la ponte est toutefois plus limité que celui de l'activité générale des papillons. Les pontes les plus importantes sont enregistrées à une température de 20 à 25 °C avec une forte humidité, 70-90 %. Quelle que soit l'humidité, aucun œuf n'est pondu au-dessus de 28 °C, ni au -dessous de 15 °C. De 15 à 20 °C, des pontes de quelque importance ne sont possibles que par forte hygrométrie.

« La densité de la ponte dépendra naturellement aussi de la *longévité des femelles,* elle-même fonction du microclimat. Soumises à des températures constantes supérieures à 32 °C, des femelles fécondées meurent le premier jour quelle que soit l'humidité. A 32 °C. elles peuvent vivre jusqu'à 3 jours dans un milieu saturé d'humidité. De 20 à 28 °C, la longévité est en moyenne de 5 jours avec une forte hygrométrie, 70-90 %, de 1 à 3 jours avec une hygrométrie moyenne ou faible, 7-40 %. Elle est prolongée à des températures plus basses. Ces données de SPRENGEL (1931) se rapportent à des papillons privés de nourriture. Dans la nature où ils ont la possibilité d'absorber des liquides, leur durée de vie, fortement influencée par l'état hygrométrique de l'atmosphère, est notablement prolongée. Dans les meilleures conditions, les adultes peuvent vivre deux à trois semaines.

« Durant les étés très chauds, il n'est pas rare que des températures élevées, associées à une faible hygrométrie, entraînent localement ou sur de grandes surfaces une mortalité massive des papillons aussitôt après l'éclosion, ce qui se traduit par une réduction de l'intensité du vol et de la ponte. Au contraire, des températures moyennes persistant plusieurs jours à l'époque du vol peuvent, sous certaines conditions, conduire à des dégâts dont l'ampleur dépasse les prévisions. Les femelles, subsistant plus longtemps dans les vignobles, sont susceptibles de déposer passablement d'œufs durant les courts moments favorables à la ponte. Il faudrait d'ailleurs reprendre l'étude de l'action des facteurs abiotiques et de la nutrition sur la durée de vie des papillons.

« Mais la ponte suppose l'existence dans les ovaires d'œufs mûrs dont le développement est lui-même fonction de la température à laquelle les papillons sont soumis dès leur éclosion. Aussi, avec GÖTZ (1943) convient-il d'établir une distinction fondamentale entre la « température de maturation » qui agit durant tout le temps de la formation et de la maturation des œufs et la « température de ponte » qui intervient durant la courte période journalière de leur dépôt. La température règle d'autre part la période de préoviposition qui sépare l'éclosion de la femelle du dépôt du premier œuf, laquelle fut en moyenne de 4,5 ; 5,8 et 7,3 jours avec des papillons soumis à des températures constantes de 26°, 20° et 15 °C. A basses températures, les œufs mûrissent lentement et sont, de ce fait, déposés à des intervalles plus ou moins longs, tandis qu'aux températures optimales, la ponte s'échelonne sans interruption, quoique avec une intensité variable, d'un individu à l'autre. C'est ce qui ressort clairement d'expériences de ponte à différentes températures, méthodiquement conduites par GÖTZ (1943). Ce ne sont donc pas exclusivement les conditions de température régnant durant certaines heures et jours de la période de vol qui seront déterminantes pour l'évolution dynamique de l'insecte, mais la somme de chaleur agissant sur les papillons. Par temps froid, quelques heures favorables à la ponte seront sans effet si la maturation des œufs est par ailleurs stoppée. D'autre part, on doit admettre que, par temps plus chaud, des conditions défavorables durant les heures de ponte ne suffiront souvent pas à prévenir une calamité si elles ne déterminent qu'un décalage du dépôt des œufs.

« On voit ainsi que cette action gradologique de la température et de l'humidité est en soi fort complexe, mais les conclusions de l'Ecole de STELLWAAG, conférant à ces deux facteurs un rôle déterminant dans la régulation des populations des deux Tordeuses de la grappe, doivent être révisées et complétées à la suite de la thèse de GEOFFRION (1959). L'analyse des conditions de température et d'humidité ne suffit en effet pas toujours à expliquer l'ampleur des dégâts et après avoir mis en évidence à plusieurs reprises une évolution assez anarchique des vers de la grappe dans les vignobles français, GEOFFRION fut amené à rechercher l'intervention d'autres éléments du milieu physique et à préciser le rôle capital de la *lumière*.

« Après que l'on eut reconnu chez de nombreux insectes l'importance de ce facteur dans l'induction de la diapause comme moyen d'adaptation du cycle évolutif au climat local et à la phénologie de la plante-hôte, on a, depuis une dizaine d'années, mis en évidence son action sur la fécondité et la ponte, mais ce problème d'un grand intérêt gradologique n'a fait l'objet, jusqu'à maintenant, que de peu d'études. »

GEOFFRION (1959) dans sa thèse a étudié particulièrement l'*influence de la lumière* et il a obtenu les résultats suivants :

1° Pour une température de 22,5 °C et une humidité de 80 % maintenues constantes dans l'étuve d'élevage, la suppression de la lumière provoque une diminution considérable de l'importance de la ponte, en entravant le développement normal des ovocytes. Par contre aucune modification dans l'appareil génital mâle n'a pu être notée.

2° Dans les élevages effectués en l'absence de lumière et toujours soumis aux conditions climatiques optima précédentes, on constate au bout de 5 jours un rétrécissement brusque des ovarioles provoqué par une altération des ovocytes en position 5-6-7. Au bout de 11 jours, les ovocytes en position 11-12-13 et ceux de la base des ovarioles sont altérés à leur tour. L'étude histologique permet de mettre en évidence les étapes de cette résorption. Le mécanisme de cette dégénérescence, étudié chez le Carpocapse (*Laspeyresia pomonella*) se manifeste déjà au bout de 84 heures par la destruction des cellules nourricières, dont les résidus constituent de grosses granulations chromatiques. Les cellules folliculaires sont ensuite altérées et le cytoplasme de l'ovocyte se creuse de lacunes. L'ovocyte s'aplatit et finit par disparaître.

3° L'intensité de l'éclairement conditionne l'importance de la ponte.

4° En lumière colorée, l'élevage donne un maximum d'œufs dans le jaune-orangé et un minimum aux deux extrémités du spectre visible. Mais ces résultats restent à préciser avec l'emploi de meilleurs filtres.

En conclusion l'intensité de l'éclairement conditionne dans une large mesure l'importance de la ponte de la Cochylis en agissant sur la vittelogénèse et il est donc utile dans la prévision des attaques des Tordeuses de la grappe de donner une place à la lumière et à la durée d'insolation. »

2° LES ŒUFS

A - Morphologie

« Les œufs, écrit MAISONNEUVE (1911), sont collés à la surface des grains de raisin. Très petits il faut les chercher avec attention et persévérance, parfois avec la loupe. Ils sont fixés non par un point de leur surface, mais largement appliqués sur la peau du grain.

« De forme ovalaire et plan convexe, la face plane adhère tout entière et solidement, comme un œuf de poule coupé en deux suivant son grand diamètre et qui serait collé par la surface sectionnée. L'œuf de la Cochylis présente ainsi la forme d'une petite écaille très peu saillante et au premier abord on pourrait le prendre pour une espèce de cochenille. Sa dimension à peu près constante est de 0,7 x 0,5 mm.

« Sa couleur est jaune verdâtre. De petites taches rouge orangé, de forme ovalaire assez régulièrement disposées suivant une ligne circulaire s'y forment bientôt. Cet œuf est donc très solidement attacné au grain de raisin, d'autant plus qu'une étroite zone très mince, manifestement formée de l'expansion de l'enveloppe même de l'œuf, le circonscrit et augmente la surface d'adhésion, de sorte que ni vent, ni pluie ne sont capables de le détacher. »

« L'œuf, selon Bovey (1966), est lenticulaire plan-convexe, un peu plus long que large et mesure 0,75-0,90 x 0,60 mm-0,65 mm. Collé à son substrat par la base plane, il est cerclé d'une double zone marginale et diaphane. La zone périphérique, à peine visible, est formée par la substance glutineuse qui assure l'adhésion de l'œuf ; la zone interne, particulièrement visible chez les œufs âgés de plus de un ou deux jours, par la partie marginale du chorion. Ce dernier, qui présente à sa surface un réseau à mailles polygonales très net, laisse apparaître par transparence tous les stades successifs du développement embryonnaire.

« Fraîchement pondu, l'œuf, opalescent, est de coloration gris-jaune clair uniforme. Au bout de peu de temps on voit apparaître à sa surface des taches orangées assez vives qui résultent du dépôt de granulations pigmentées dans des cellules vitellines polygonales. Après éclosion, le chorion reste un certain temps adhérent à son support où il est facilement visible sous la forme d'une minuscule tache argentée. »

D'après Brin (1901) « Les jeunes œufs ressemblent aux glandes perlées avec lesquelles on les a souvent confondues. Les points rouges sur les œufs âgés augmentent la couleur de protection. Il se produit là un phénomène de mimétisme grâce auquel les œufs dans cet état ont une ressemblance extraordinaire avec les jeunes boutons floraux. »

B - Incubation et développement des œufs

La durée d'incubation des œufs varie évidemment avec les conditions climatiques : pour la première génération elle est habituellement en France de 7 à 9 jours, mais peut atteindre une quinzaine de jours dans des vignobles plus froids. Forel (1860) indique en Suisse que « vers le neuvième ou le dixième jour, on distingue par transparence la tête et le premier anneau de la jeune chenille. Enfin le onzième, douzième ou treizième jour, on peut observer les mouvements de l'insecte replié dans l'œuf, ainsi que le jeu de ses mâchoires pour percer son enveloppe. »

« La durée de l'évolution écrit Feytaud (1913) est fortement influencée par la température. Dans la nature, au mois de juillet, lorsque le temps est très chaud, comme en 1911, l'œuf peut éclore au bout de cinq jours tandis qu'au printemps et en automne la durée de l'évolution peut atteindre dix ou onze jours.

« Pendant les premiers jours, aucun indice saillant ne permet de fixer où en est le développement de l'embryon. Le vitellus jaunâtre se répartit en une masse annulaire périphérique et en une petite masse centrale réunie à la première par une sorte de pédicule. Le reste est occupé par l'ébauche de l'embryon, disposée en croissant.

« Peu à peu, la zone vitelline périphérique s'amincit ; la masse embryonnaire s'étale et se précise et l'on peut, au microscope, ou avec une forte loupe, distinguer une extrémité céphalique plus large et une extrémité abdominale repliée vers le centre de l'œuf.

« La tête se développe toujours vers l'extrémité du grand axe de l'œuf, la face ventrale appliquée contre le support, tandis que l'abdomen repose sur sa face latérale. Quant à l'enroulement du corps, il a lieu tantôt dans un sens, tantôt dans l'autre avec une proportion sensiblement égale d'œufs à enroulement dextre et d'œufs à enroulement senestre.

« C'est seulement dans les derniers jours (en admettant une durée d'évolution de 5 ou 6 jours) qu'il apparaît dans l'œuf des modifications très nettes. C'est d'abord la pigmentation des yeux, qui forment deux taches brunes, puis noires, sur les côtés et un peu en avant de la tête. A partir de ce moment on distingue aussi fort bien le tube digestif, qui renferme le vitellus.

« Quelques heures, parfois un jour après la pigmentation des yeux, on voit se teinter progressivement les mandibules, situées très près l'une de l'autre, au voisinage du plan de symétrie de la tête, entre les yeux et en avant d'eux. Puis la face dorsale de la tête noircit en quelques heures.

« En même temps que la tête et ses annexes prennent leur aspect définitif, le reste du corps achève de se dessiner et les divers segments thoraciques et abdominaux se distinguent de plus en plus les uns des autres. La petite chenille est alors complètement constituée et prête à éclore.

« Après l'éclosion l'œuf vide se présente sous la forme d'une lentille de teinte blanc-grisâtre, à reflets irisés, avec une fente transversale située vers l'extrémité du grand axe de l'œuf. »

MAISONNEUVE (1911) a fourni quelques précisions supplémentaires sur le développement de la larve dans l'œuf :

« D'une transparence parfaite, on peut suivre à travers la membrane d'apparence chagrinée, due à ses cellules constituantes, toutes les transformations qui s'y passent et qui aboutissent à la formation du corps de la larve. C'est ainsi qu'on voit apparaître, au bout de quelques jours, vers le centre, mais plus près d'une des extrémités, une petite tache noire, C'est la tête de la larve qui commence à se dessiner. En avant, cette tête montre deux petites mandibules saillantes de couleur blonde, hérissées de denticules très aigus, au nombre de quatre pour chacune. On voit ces mandibules s'écarter et se rapprocher, s'engrener l'une dans l'autre, paraissant détacher des parcelles de la masse vitelline, qu'elles poussent vers l'entrée du tube digestif. Le corps, de couleur pâle et plus étroit que la tête, est replié horizontalement sur lui-même, de façon que l'extrémité de l'abdomen se trouve très rapproché de la tête. Le tube digestif, qui en occupe toute la longueur, est animé de contractions rythmiques assez rapides qui poussent tantôt dans un sens et tantôt dans l'autre la matière brune, liquide qui le remplit. Vers la fin de l'incubation la larve remplit l'œuf entièrement et sa tête, armée des mandibules qui ont grossi et noirci, vient maintenant buter contre la paroi de l'œuf. »

« Les connaissances sur la durée de développement et la mortalité des œufs de la Cochylis en fonction de la température et de l'humidité, écrit BOVEY, reposent principalement sur les études de Mlle SPRENGEL (1931) et de STELLWAAG (1940, 1943).

« A la suite d'expériences à température constante, où elle avait noté en particulier les durées d'incubation suivantes :

8-9 jours à 20 °C   7 jours à 22 °C   6 jours à 25 °C

Mlle SPRENGEL a exprimé le développement embryonnaire en fonction de la température par la formule :

$$D (t - 5°) = 120 \text{ degrés/jour}$$

« Les expériences de STELLWAAG comme d'ailleurs celles de GÖTZ (1941) sur l'Eudemis, infirment l'hypothèse de JANCKE et ROESSLER (1940) selon laquelle la durée de l'incubation dépendrait dans une large mesure des températures qui ont influencé, au moment et immédiatement après la ponte, les premiers processus du développement des œufs. En réalité, l'incubation est fonction de la température à laquelle l'œuf est soumis de la ponte à l'éclosion et l'hygrométrie n'a pratiquement pas d'influence sur sa durée.

« STELLWAAG a cherché à préciser la durée d'incubation d'œufs soumis, dans les ceps, aux variations naturelles de température. Les résultats obtenus correspondent à ceux calculés par la formule de SPRENGEL, à température constante.

Température	Durée d'incubation en jours		
	T° constante Sprengel	T° variable Stellwaag	Calculée (hyperbole)
10			24
12,5			16
14		12,5-13	13,3
15		11-13,5	12
16		11,8	10,9
17		9,3-10,5	10
19,5		7,2	8,2
20	8-9		8
22	7		7
25	6		6
28	5,8		5,2
30	5		4,8

« Le développement embryonnaire peut être suivi, par transparence, mais s'il est difficile au praticien de situer chaque stade observé dans la nature, il n'est cependant pas sans intérêt pratique de préciser que l'apparition d'une tête noire visible au travers du chorion se manifeste environ 24 heures avant l'éclosion.

« En ce qui concerne l'action des facteurs abiotiques sur le développement embryonnaire, SPRENGEL (1931) note que ce dernier se déroule sans mortalité appréciable de + 20 à 28 °C, avec forte hygrométrie, 50-90 %. Par contre, sous des conditions microclimatiques voisines de + 32 °C, seule une partie des œufs parvient à éclosion. Avec une hygrométrie de 50 à 70 %, la mortalité affecte plus des deux tiers des œufs ; avec 70-90 %, moins de la moitié. Une température de + 35 °C tue tous les œufs en peu de temps quelle que soit l'humidité, l'expérience montrant que leur sensibilité est plus particulièrement élevée au début du développement embryonnaire et qu'elle diminue fortement à partir du moment où les yeux apparaissent visibles dans l'embryon.

« En résumé, si l'optimum vital du développement de l'œuf est moins étroitement limité que ceux de la durée de vie des papillons et de la ponte, les températures supérieures à + 32 °C n'en présentent pas moins une grande importance gradologique. »

C - Eclosion

« Les éclosions ont lieu exclusivement durant le jour, lorsque les conditions de température sont comprises entre + 15 et + 25 °C, avec maxima vers + 17 °C et l'humidité relative entre 45 et 95 %.

« Les premiers individus apparaissent entre 5 et 6 heures, les derniers entre 19 et 20 heures, le maximum des sorties journalières se situant de 10 à 12 heures, comme chez la Pyrale. »

« Au bout d'une quinzaine de jours pour la ponte de première génération, écrit BRIN (1901) et d'une dizaine de jours pour celle de la seconde, l'éclosion a lieu. On peut en suivre la marche par les changements successifs dans la coloration des œufs. De vert jaunâtre au début, ils deviennent peu à peu rougeâtres, par l'apparition de la tête et du premier anneau. Un peu plus tard, le corps replié dans l'œuf s'amplifie et, à l'aide de ses fortes mandibules, la jeune larve perce la coque de l'œuf. Elle mesure alors en long 2 mm environ. »

3° CHENILLE

A - Lieux de l'attaque

Au sortir de l'œuf, la chenille néonate, malgré sa faible dimension, est douée d'une très grande agilité et d'une grande voracité. Pour satisfaire ses besoins alimentaires, elle opère une première migration dans l'inflorescence où elle est née ou bien elle stationne plus ou moins longtemps avant de s'attaquer à un bouton floral, souvent d'ailleurs celui où l'œuf a été pondu.

« La chenille écrit BOVEY (1966) cherche à s'abriter du soleil, puis elle s'insinue entre les pédicelles d'un groupe de boutons floraux, les accolent avec des fils soyeux pour construire autour d'elle, généralement entre trois pédicelles, un échafaudage soyeux très léger qui lui suffit pour prendre un point d'appui et pour commencer à s'alimenter en taraudant avec des mandibules le bouton floral qu'elle a choisi. Elle interrompt de temps en temps ce travail pour renforcer sa retraite soyeuse et construire à l'intérieur du premier réseau un fourreau soyeux plus dense lui servant d'abri et où elle reste immobile au plus fort de la chaleur du jour.

Avec ses mandibules, la chenille perce un trou, à peine perceptible, à travers les pétales, près de leur insertion sur le disque formé par le pédoncule de la fleur. Se trouvant ainsi parfaitement cachée et abritée la larve peut en toute sécurité dévorer les diverses parties de la fleur, en commençant par les étamines qui sont les organes les plus tendres, puis détruisant ensuite le style et le stigmate, mais respectant l'ovaire en général.

« La chenille passe ensuite à un bouton floral voisin, en prenant soin de le relier au précédent par un réseau de fils soyeux. Elle se constitue ainsi une sorte de tunnel aranéeux d'un blanc grisâtre. « A un âge un peu plus avancé, elle agglutine par des fils de soie quelques boutons, de façon à se constituer un abri tubuleux dans lequel elle se dissimule et elle attaque toutes les fleurs voisines de sa retraite. »

« Une seule chenille peut détruire un nombre considérable de boutons ou de jeunes grains et l'on estime que de 3 à 5 chenilles suffisent pour anéantir une grappe de forte taille. » (MARCHAL, 1911).

« Il n'est pas rare, indique BRIN (1901), de voir la grappe en formation entièrement enlacée dans ses mailles irrégulières. Au fur et à mesure que la croissance du ver avance, on voit également les capuchons se flétrir et prendre la couleur feuille morte. A la faveur des liens soyeux qui les enserrent, ils restent attenant à la charpente de l'inflorescence, lui donnant l'aspect d'une grappe atteinte d'une coulure accidentielle et totale. Un seul ver ne produit que partiellement cet effet et une partie seulement de la manne est perdue. »

« Dès le début, écrit BOVEY, ces amas de boutons rassemblés au moyen de fils soyeux permettent d'apprécier facilement l'intensité de l'attaque. Les boutons floraux cisaillés se dessèchent. Au fur et à mesure de leur croissante et à partir de leur abri soyeux qu'elles agrandissent au gré des besoins, les larves détruisent toujours plus de boutons et de fleurs, ces dernières s'étant épanouies entre-temps.

« Parfois les chenilles pénètrent en plus ou moins grand nombre dans le pédoncule ou la rafle, provoquant le dessèchement de toute la partie de la grappe située au-delà de ce niveau. STELLWAAG (1928) relevant que ce type de dégâts fut catastrophique en 1925 dans le Palatinat, chaque dixième grappe étant atteinte par l'activité mineuse des chenilles, met ce phénomène en relation avec les conditions climatiques, des journées particulièrement chaudes paraissant inciter les chenilles à consommer les parties les plus aqueuses de la plante. »

B - Gravité de l'attaque

« La gravité de l'attaque de première génération dépend, écrit Bovey, naturellement de la densité de population de l'insecte et, dans une certaine mesure, des conditions de développement des grappes en mai-juin. Une floraison et un épanouissement rapide des grappes ne permet-tront pas aux chenilles de rassembler et de détruire beaucoup de boutons. Au contraire, les dégâts seront graves lorsque par temps froid ces processus s'échelonnent sur une longue période. Aussi n'est-il pas surpre-nant que, lors de pullulations de l'insecte, cette première génération puisse conduire à des pertes considérables. »

C - Morphologie de la chenille

« La chenille naissante, écrit GRASSÉ (1927) atteint tout au plus 1 mm de long ; sa tête relativement grosse est presque noire, ses anneaux sont munis de longs poils. La face dorsale du premier segment est plus foncée que le reste du corps. Après avoir subi ses deux premières mues, la chenille devient bien reconnaissable. La couleur du corps varie du gris verdâtre au brun rougeâtre pouvant tirer sur le violacé. La tête et le bouclier du premier segment sont d'un noir brunâtre brillant. »

« Au printemps, les chenilles tirent davantage sur le verdâtre qu'en été. On peut expliquer cette différence par le régime alimentaire beaucoup plus riche en chlorophylle au printemps (grains verts) qu'en été. »

« La chenille qui vient d'éclore, écrit VOUKASSOVITCH (1924) mesure 0,98 à 1 mm de longueur ; sa capsule buccale est large de 0,24 à 0,2 mm ; l'abdomen, dans sa partie antérieure a 0,18 mm. La couleur du corps est verdâtre, la capsule buccale marron et la plaque dorsale vert marron. »

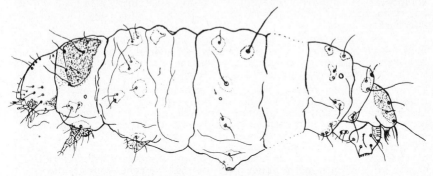

Fig. 331. – Chenille de Cochylis (d'après FULMEK, in VOUKASSOVITCH).

« Cette chenille va présenter cinq stades larvaires. A son complet développement elle mesure 10-12 mm de longueur et sa capsule buccale est large de 1 à 1,10 mm. La coloration générale du corps varie du gris verdâtre au rouge violacé, les individus de la génération estivale corres-pondant plus fréquemment à ce second type (BRIN, 1900 et MARCHAL, 1912). »

« La tête et l'écusson prothoracique, d'après BOVEY (1966) sont brun foncé à brun noir d'où le nom allemand de « Schwarzköpfiger Wurm » ; l'écusson anal est jaunâtre. Dans l'Hérault, PICARD (1911) a observé une prédominance de chenilles à tête brun rouge. Les pattes abdominales sont munies d'une couronne de 25 à 30 crochets très recourbés et de dimen-sions identiques. Les soies sont insérées sur des verruqueux assez gros. »

« A part sa taille et sa coloration, la morphologie externe de la chenille de Cochylis est la même que celle de l'Eudemis. Quelques différences très faibles sont les suivantes, indique encore VOUKASSOVITCH : la rangée paradorsale présente sur le mésothorax, au lieu d'une plaque pilifère, deux plaques dont la deuxième est sans poil ; la rangée latérale du 9ᵉ segment abdominal au lieu de 3 poils n'en a que 2 ; enfin, le crochets qui garnissent les pseudopodes sont également grands.

« La chenille de la Cochylis est beaucoup moins agile que celle de l'Eudemis. En général, au contact, elle réagit peu. »

« La tête et le prothorax de la chenille, selon V. MAYET (1890) sont d'un brun rouge foncé ; le reste du corps, qui est grisâtre lorsque l'insecte est jeune, est après la première mue d'une rose violacé tendre, mais bien tranché. Cette teinte est surtout marquée dans les chenilles de la 2ᵉ génération, qui se nourrissent de raisins mûrs ou presque mûrs alors que celles de la première génération sont parfois verdâtres. Il y a là un cas de mimétisme animal intéressant à signaler. »

D'après BRIN (1900) « le premier anneau du corps est de consistance cornée, de couleur brun noirâtre, tranchant nettement avec la couleur de la tête. Il est traversé par un sillon médian transversal et jaunâtre. Il est en même temps lisse et brillant.

« Les onze autres, à l'exception du troisième, portent à la partie dorsale deux rangées de plaques lisses qui émettent chacune un poil dressé de même nuance que le corps. Les trois premiers anneaux portent à la face ventrale 3 paires de petites pattes thoraciques ou écailleuses. Les sixième, septième, huitième et neuvième anneaux portent les paires de pattes ventrales ou abdominales ; elles sont membraneuses. Enfin le dernier anneau du corps supporte les pattes anales, sortes de tubercules garnis d'une rangée d'épines élargies à leur extrémité.

« Les pattes thoraciques correspondent aux pattes du papillon et sont composées de cinq articles terminés par un ongle corné, à la base duquel on remarque un talon disposé à vouloir se cacher dans les parties charnues voisines.

« Les pattes membraneuses ou en couronne, au nombre de cinq paires sont tronquées à leur sommet et armées d'un nombre assez considérable de petits crochets qui servent à fixer la chenille sur les parties du végétal sur lesquelles elle marche.

« Le dernier anneau porte à sa partie postérieure une sorte de tubercule semi-circulaire hérissé de poils rigides dirigés vers le bas. Les anneaux portent des stigmates très visibles. Le premier, placé sur le premier anneau, immédiatement au-dessous de la plaque dorsale noire, est entouré d'un petit rebord noir qui le met en évidence plus que tous les autres. Les deuxième, troisième et douzième anneaux sont privés de stigmates. Les autres anneaux les portent sur leur partie latérale. Ils consistent en une petite ouverture qui se détache comme un point noirâtre sur la peau de la chenille.

« Les pièces buccales, très remarquables, présentent les parties les plus intéressantes au point de vue des dégâts qu'elles occasionnent dans la jeune manne et dans les grains en voie de maturité. Elles sont extrêmement solides, de consistance cornée. On trouve à la partie supérieure la lèvre supérieure ou labre ; sur les côtés les mandibules, les mâchoires et enfin la lèvre inférieure. La lèvre supérieure recouvre en entier les mandibules. Elle forme ainsi deux lobes arrondis. Sa surface est recouverte de poils rigides et épars. Les mandibules sont lisses et convexes en dessus. Elles sont terminées par cinq dentelures irrégulières, d'inégale longueur. La plus courte, étroite, est celle qui se trouve le plus près du bord externe. Les trois autres sont plus aiguës. La dernière, celle qui termine le bord interne, est arrondie. Le dessous de la mandibule est nettement concave.

« Les mâchoires sont moins consistantes, formées de plusieurs anneaux terminés par un petit mamelon portant trois dentelures. Les palpes maxillaires sont formés de deux anneaux assez grêles ; le premier l'est beaucoup plus que le second.

« La lèvre inférieure est très développée et dépasse toutes les autres parties de la bouche, elle est terminée en pointe à son extrémité par la filière. C'est une sorte de canal à droite et à gauche duquel se trouvent les palpes labiaux de quatre anneaux. »

D - Développement de la chenille

Ce développement demande 20 à 25 jours normalement (5 semaines pour PICARD, 1911), ce qui correspond selon les vignobles et les années à la période comprise entre la fin juin et la première quinzaine de juillet, moment où les grappes sont complètement dépouillées des enve-loppes florales et des étamines, tandis que les ovaires fécondés atteignent la taille d'un petit pois. Parvenues à leur complet développement, les chenilles vont bientôt quitter le lieu de leurs dégâts pour se chrysalider.

« On a peu étudié jusqu'ici écrit BOVEY (1966) le développement larvaire de la Cochylis en fonction de la température. Cela tient sans doute au fait que ce stade est assez résistant aux facteurs abiotiques, les chenilles mobiles ayant la possibilité de se soustraire dans la souche à des températures nocives. Seules de très hautes températures agissant assez longtemps en été peuvent provoquer une mortalité importante, les toutes jeunes chenilles et celles qui approchent de la nymphose étant les plus sensibles. MARCHAL pense que la chaleur doit surtout agir sur les chenilles en constituant une condition défavorable pour les périodes de mues, la dernière mue précédant la nymphose correspondant à la phase la plus critique.

« FEYTAUD a effectivement constaté en 1911 dans le Bordelais qu'au début de juillet, la plupart des fourreaux de nymphose renfermaient des larves mortes à la suite des fortes chaleurs (30-35,7 °C à l'ombre) dont l'action se traduit aussi, lorsqu'elle ne les tue pas, par un ralen-tissement de l'activité et de la croissance des chenilles. »

DEWITZ (1912) a étudié l'influence de la chaleur sur des chenilles de Cochylis de différentes grosseurs :

Chenilles de 2,5 mm .... 10 minutes à 40 °C .... vivantes
Chenilles de 3,3 mm .... 10 minutes à 40 °C .... vivantes
Chenilles de 3 à 3,5 mm ...... 15 minutes à 40 °C .... mortes en partie
Chenilles de 2,5 à 4 mm ...... 5 minutes à 45 °C .... mortes
Chenilles de 2,5 à 3 mm ...... 10 minutes à 45 °C .... mortes
Chenilles de 2,5 mm .... 15 minutes à 45 °C .... mortes
3 chenilles adultes .... 20 minutes à 40 °C .... mouvements ralentis puis 2 mortes
3 chenilles adultes .... 45 minutes à 40 °C .... mouvements ralentis puis 3 mortes
4 chenilles adultes .... 2 minutes à 45 °C .... mouvements ralentis puis 4 mortes
5 chenilles adultes .... 10 minutes à 45 °C .... mortes

Comme pour l'Eudemis, les températures de 45 °C, de 1 à 10 minutes d'exposition entraînent la mort des chenilles.

SEDLACZYCK (1918) a observé que pour la chenille du *Bombyx* la somme des températures diurnes indispensables pour le passage du stade chenille au stade papillon était de 1.500 °C. Il serait intéressant de faire le même travail pour la Cochylis.

MAISONNEUVE (1909) « en Anjou indique qu'il paraît exister une relation indéniable entre le développement de la grappe et celui de la Cochylis ; l'observation montre que l'évolution de l'une est en quelque sorte parallèle à celle de l'autre. Cette année, 1909, les pluies à partir du 25 mai ayant prolongé et rendu irrégulière la floraison jusqu'au début juillet, rien d'étonnant dès lors que l'apparition des larves de première génération ait été irrégulière et se soit démesurément prolongée au point de trouver des larves en assez grand nombre le 22 juillet dans des grains de la grosseur de petits pois. A cette date on pouvait donc voir, sur les mêmes ceps, tout à la fois des papillons de seconde génération, éclos depuis quelques jours, de nombreuses chrysalides plus ou moins avancées et des larves de première génération dont certaines pas encore adultes. Si ces larves se nourrissent ordinairement des organes floraux, on voit cependant que, dans des circonstances particulières, elles peuvent s'adapter à d'autres conditions d'existence et s'alimenter du contenu des grains déjà noués. On a même rencontré des larves qui s'étaient enfoncées dans les sarments herbacés ou les vrilles dont elles dévoraient le tissu intérieur. Le dommage commis par ces vers retardataires ne nous a pas paru important ; il se bornait à quelques grains troués et desséchés. Cette irrégularité dans l'évolution de la Cochylis rend difficile certaines années la détermination de l'époque des traitements. »

« Le développement des larves, écrit GRASSÉ (1927) est entrecoupé de quatre périodes de repos qui correspondent aux mues. Le rejet de la peau s'effectue, hors du fruit, dans le fourreau de soie. »

4° CHRYSALIDE

A - Epoque et lieux de la nymphose

C'est à la fin juin ou au cours de la première quinzaine de juillet que la chenille songe à se chrysalider.

MAISONNEUVE, MOREAU et VINET (1909) ont étudié les lieux de chrysalidation des larves de première génération et rappellent d'abord les opinions en cours :

« AUDOUIN (1842) a indiqué que la chenille, réfugiée entre les petits grains flétris ou desséchés réunis par des fils, se construit une coque soyeuse et s'y transforme en chrysalide.

« FOREL (1860) écrit que la chenille se forme une petite coque de toile blanche dans la grappe ou une fente d'échalas ou sous les éclats de l'écorce d'un cep ou bien qu'elle coupe un petit morceau de feuille, s'accroche à quelque partie du cep et le roule autour d'elle en filant sa coque, qu'elle se contente souvent de replier le bord d'une feuille et de s'y envelopper dans sa petite toile. En outre il ajoute qu'il est possible que quelques chenilles se cachent en terre à cette époque, mais que c'est probablement le plus petit nombre.

« KEHRIC (1892) signale que parfois la chenille se chrysalide au revers de la feuille 2, quelquefois dans le pédoncule de la grappe. Il a même trouvé des chrysalides sur le sol, mais les débris de particules florales trouvés sur le cocon montrent que ces insectes étaient tombés du cep.

« Frappés de la disproportion existant entre le nombre de vers dans les grappes et le petit nombre de chrysalides trouvés un peu plus tard, MAISONNEUVE et AL ont entouré de gaze plusieurs souches après avoir entouré le pied des ceps avec un panier en toile métallique. Les comptages sur ces souches et sur celles non enveloppées montrent qu'il y a quelques cocons dans les grappes, très peu sous les écorces et aussi sous le feuilles (presque toujours les plus basses). Mais le fait intéressant c'est qu'en soulevant quelques mottes de terre au pied des ceps, on constate que plusieurs cocons étaient fixés par une de leurs extrémités soit sur un des côtés de la motte, soit au-dessous d'elle ou encore sur le cep lui-même à quelques centimètres au-dessous du niveau du sol. Ces résultats ont été obtenus en terrain argileux, mais dans les sables siliceux on ne trouve pas de cocon en terre et peu dans les sols schisteux.

« Par conséquent les chrysalides de première génération ne se cantonnent pas dans un endroit déterminé mais suivant les localités elles adoptent indifféremment telle ou telle partie de la plante ou même le sol. L'établissement de pièges-abris en été peut donc servir pour lutter contre la Cochylis. »

Deresse et Dupont (1890) ont indiqué que la chenille tisse autour d'elle une sorte de coque soyeuse, le plus généralement dans la grappe même en la faisant adhérer à une feuille voisine. Parfois elle fait son cocon dans une fente d'échalas, sous les vieilles écorces soulevées du cep et des bras, dans les liens. Plus rarement elle se forme un fourreau en découpant un fragment de feuille, en l'accrochant au cep ou à l'échalas et en l'enroulant autour d'elle pour abriter son cocon. »

Pour Paillot (1913) « le temps s'écoulant entre l'avant-dernière mue de la larve et sa transformation en chrysalide, est fonction de la température et de l'état hygrométrique de l'air ambiant. En 1911, les larves de première génération, ayant quitté les mannes le 28 juin se sont chrysalidées moins de 4 jours après.

« Dans la Côte de Beaune les larves de première génération de la Cochylis se sont surtout chrysalidées dans les feuilles et plus particulièrement sous les liens de paille qui rattachent les pampres à l'échalas. J'ai observé aussi que les larves erraient sur le cep un certain temps avant de se filer un cocon et même que certaines mangeaient les feuilles. Cette année dans une vigne à Mâcon, conduite sur fil de fer, sans liens de paille, les Cochylis se sont chrysalidées surtout sous les écorces du vieux bois. »

« La chenille de première génération, écrit Marchal (1911) se retire souvent pour se nymphoser dans la partie centrale de la grappe qu'elle vient de ravager. On constate alors que la rafle ou la ramification contre laquelle le cocon est accolé, a été profondément rongée, au niveau même où il se trouve placé. La chenille peut d'ailleurs choisir des abris très variés pour sa nymphose : c'est ainsi que l'on peut souvent rencontrer son cocon à la face inférieure des feuilles, presque toujours sur les plus basses ou bien sous les écorces, sous les mottes au pied des ceps ou encore dans les fissures des sols argileux ; on n'en rencontre pas dans les sols sablonneux. »

Perraud (1900) réfute l'opinion de Morelot (1831) indiquant que la Cochylis pouvait s'attaquer aux feuilles de vigne. Dans tous ses élevages il a constaté, au contraire que, les larves se privaient de manger plutôt que de se nourrir de feuilles.

« Les larves peuvent subir, sans périr, de longs jeunes jusqu'à 18 jours. Le manque de nourriture paraît accélérer la transformation en chrysalide : des larves qui avaient atteint à peu près la moitié de leur taille furent enfermées dans des boîtes ; après avoir subi toutes leur métamorphoses, elles étaient parvenues à l'état de papillon mais ceux-ci étaient plus petits que dans les conditions ordinaires.

« La transformation en chrysalide se fait dans des points divers. Quelquefois la chenille reste dans la grappe même où elle se trouve en réunissant plusieurs boutons avec ses fils de soie pour en faire un paquet et c'est dans cette coque soyeuse que s'opère la nymphose.

« Le plus souvent la chenille se retire sous les écorces du cep ou dans les fentes des échalas pour y tisser le cocon dans lequel elle se transforme ; parfois elle constitue un fourreau avec un fragment de feuille qu'elle fixe à l'échalas ou au cep et qu'elle enroule autour d'elle pour abriter son cocon.

« Nous avons essayé sans succès d'offrir à la Cochylis des abris artificiels (petits paquets de bûches de paille fixés au bras ou au corps des souches, ainsi que des bandes d'étoffes).

Répartition des chrysalides de 1re génération :

	1897	1898
Dans les fleurs de vigne	35	50
Sous l'écorce des souches	192	186
Dans les fentes d'échalas	51	83
Dans les liens de paille	3	1

Donc les chrysalides se rencontrent principalement, pour la première génération sous l'écorce des ceps, puis dans les fissures d'échalas, en moins grande quantité dans les fleurs et rarement dans les liens,

« Pendant plusieurs années d'observations, nous n'avons rencontré que trois fois des chrysalides fixées sur les feuilles. Dans les vignes dressées en cordon sur fil de fer, la presque totalité des chrysalides de 1re génération se trouvent sous l'écorce des souches. »

Au cours de l'année 1911, très favorable à la Cochylis, MOREAU et VINET ont observé que les larves de la 1re génération se sont retirées en beaucoup plus grand nombre que les années précédentes *sur le sol*, fixées sur des mottes de terre, des pierres, des débris de schiste, des parcelles de bois, des brins d'herbe. On en a rencontré aussi sur des groseilliers et des cassissiers. A Lattes chez P. Gervais nous avons vu, au début juillet, que les cocons fixés sous les feuilles étaient en bien plus grand nombre que dans nos régions et qu'on en trouvait davantage sous les feuilles que dans les grappes. Quelques uns étaient fixés sur le pédoncule des grappes ou sur les sarments, mais point sur le sol, récemment labouré.

Récemment GEOFFRION (1959) a indiqué que les herbes du sol et les mottes de terre peuvent également servir d'abris.

En définitive, on peut retenir que pour les chenilles de première génération, la chrysalidation a lieu de préférence dans les grappes elles-mêmes, parfois sur le revers des feuilles au milieu des ceps, plus rarement sur les rameaux ou sous les écorces du cep ainsi que sur les échalas et les liens de paille chez les vignes échalassées. Enfin, exceptionnellement les chrysalides peuvent se rencontrer sur le sol (mottes de terre) ou sur les herbes du sol.

B - Formation du cocon

« La chenille, avant de se chrysalider, écrit MARCHAL (1911), va se confectionner un cocon allongé, de forme assez irrégulière, qui est constitué d'une couche de soie d'un blanc grisâtre, revêtue à l'extérieur de particules étrangères constituant une enveloppe granuleuse et brune. Ce cocon se prolonge généralement en arrière en une partie plus étroite presque tubuleuse où l'on trouve la dépouille cuticulaire de la chenille qui est rejetée en arrière de la chrysalide au moment de sa transformation. »

« La couche soyeuse du cocon protège l'insecte contre les influences extérieures ; elle est loin pourtant d'opposer un obstacle insurmontable à l'action de l'eau chaude. Des chrysalides de Cochylis entourées de leurs cocons et immergées dans de l'eau chaude à 55° périssent au bout d'un quart de minute, à 50° au bout d'une demi minute. Les émulsions savonneuses de pétrole, d'huiles végétales, de sulfure de carbone pénètrent les cocons et tuent les chrysalides à condition d'être employées en quantités suffisantes pour les mouiller entièrement (LABORDE, 1902). »

« Les cocons selon BRIN (1900) sont formés par un réseau de fils, à mailles extrêmement serrées. Le feutrage qu'ils réalisent de cette façon est un facteur des plus puissants qui s'oppose à la destruction facile de l'insecte. »

« Le cocon de la Cochylis, écrit LABORDE (1901) est *toujours de couleur brune ou gris sale*, ordinairement de la couleur de l'écorce, parce que le ver la ronge pour obtenir un peu de son qu'il agglutine ensuite avec des fils de soie afin d'en constituer la partie externe de ce cocon. Sa forme est celle d'un sac plus large en haut qu'en bas dont l'ouverture est diminuée par un rapprochement incomplet des bords et fermée par des particules d'écorce agglutinées. Il est donc bien mal fermé et il présente en outre une particularité qui n'existe jamais pour l'Eudemis : c'est *l'existence d'une ou même deux ouvertures* quand il a été détaché de l'écorce qui lui servait de support. Le ver ne se donne donc pas toujours la peine de tisser une enveloppe entière puisqu'il utilise pour créer son logement la surface de la lame d'écorce sur laquelle il s'est placé, ou les surfaces voisines de deux lames entre lesquelles il s'est installé. »

« La larve pour se chrysalider selon MAISONNEUVE et AL (1909) se confectionne toujours un fourreau de soie et elle a l'habitude constante d'y agglutiner à l'extérieur, des parcelles détachées des parties voisines qu'elle a rongées, mais surtout des débris de fleurs (capuchons floraux, étamines, pistils). C'est à la fois un moyen de protection contre les intempéries et un masque, d'apparence végétale, capable de tromper les ennemis qui sont friands de cette larve.

« Si la larve reste dans la grappe, elle y fixe son fourreau à l'aide de quelques fils jetés çà et là ; si au contraire elle se réfugie sous une écorce, souvent elle se déplace en emportant avec elle la petite demeure qu'elle s'est construite. Pour cela elle a soin de ne pas fermer complètement le cocon en ménageant vers l'une de ses extrémités et un peu en deçà un espace libre qui occupe un tiers ou un quart de la longueur du fourreau. Cette ouverture se trouvant au niveau du thorax qui porte les pattes, lui permet de marcher en emportant avec elle sa maison. L'insecte se contente donc du moindre abri, son seul souci étant d'éviter les brûlants rayons du soleil et de trouver un endroit frais, valable pour une quinzaine de jours c'est-à-dire le temps d'accomplir sa métamorphose.

« Une fois que le ver a trouvé l'abri convenable, son premier soin paraît d'obturer l'orifice ayant servi au déplacement en y formant un feutrage de fils de soie qui font, en outre, adhérer solidement le cocon au support. »

MOREAU et VINET (1911) ont pu observer « la façon dont la larve de Cochylis se déplace avec son cocon, constitué de débris floraux pour gagner l'endroit où elle le fixera définitivement. Sur le sol le déplacement du cocon par le ver est très laborieux; celui-ci sort son corps presque entièrement de son étui, auquel il reste attaché par sa partie abdominale, prend un point d'appui sur un objet quelconque (pierre, parcelle de terre, etc.) avec ses pattes et le plus ordinairement avec ses mandibules, puis contracte son corps qui rentre dans le fourreau végétal, en rapprochant celui-ci du point d'appui. Le ver se déplace ainsi par bonds successifs de 5 à 8 mm environ. Une larve observée a traîné ainsi son cocon sur une distance de 8 à 10 cm puis l'a fixé sur un morceau de bois en l'attachant par un simple fil de soie. La larve peut se retourner aisément dans son cocon, apparaissant tantôt à l'une de ses extrémités, tantôt à l'autre.

« La disposition des cocons sur le sol, la difficulté de se déplacer font que le ver ne descend pas le long de la souche mais se laisse tomber soit sous l'action du vent, soit en se suspendant par un fil. »

Marchal (1912) précise que « la chenille se déplace en portant avec elle son fourreau relevé comme une chenille de Psyché. Lorsqu'elle arrive au point qu'elle choisit pour se métamorphoser, elle fixe le fourreau en l'appliquant contre le support par son ouverture, le ferme, puis en renforce l'intérieur d'un épais revêtement soyeux, tout en se retournant pour se chrysalider, la tête vers l'extrémité libre du cocon. »

C - Transformation de la larve en Chrysalide

« Pour que le papillon puisse sortir, écrit Maisonneuve (1917), il est nécessaire que le cocon présente une ouverture. Celle-ci existe en effet mais précisément juste à l'extrémité opposée à celle qui permettait à la larve de sortir ses pattes et de marcher. L'ouverture a la forme d'une fente, que masque complètement le rapprochement des bords du cocon mais qu'il est facile de reconnaître en écartant légèrement ceux-ci. C'est par là que le papillon sortira du cocon la tête la première. Comme la tête de la larve était dirigée vers l'autre ouverture, il faut en conclure qu'un merveilleux instinct doit pousser le ver aussitôt qu'il a fermé son orifice temporaire avec les fils de soie à se retourner bout pour bout dans sa loge afin de présenter désormais sa tête au seul orifice qui persiste.

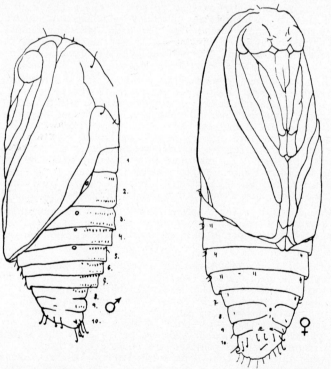

Fig. 332. – Chrysalides mâle et femelle de Cochylis (d'après FULMEK, in VOUKASSOVITCH).

« Bientôt, la larve rejette vers l'extrémité postérieure de son corps, par conséquent du côté de l'orifice qu'elle vient de clore, sa dépouille cutanée ou exuvie et cessant ses mouvements, elle se montre maintenant à l'état de momie ou chrysalide. »

D - Morphologie de la chrysalide

La *chrysalide* est d'une couleur brun rouge clair uniforme, un peu foncée vers la tête, de teinte beaucoup plus pâle que celle de la Pyrale ; elle mesure de 5 à 8 mm de long. Elle est reconnaissable à son aspect ramassé et à son extrémité obtuse, tronquée, « Le dernier segment est armé, sur chacune de ses faces, de huit soies crochues, les huit dorsales étant beaucoup plus longues que les huit ventrales. » (GRASSÉ, 1927). Les anneaux de l'abdomen sont garnis sur le dos d'une double rangée de très fines épines, mais celles de la première rangée sont toujours plus grandes que celles de la seconde qui disparaissent même entièrement sur les quatre derniers anneaux.

Les *sexes* se reconnaissent facilement à la structure du cône terminal formée de la fusion de trois segments chez le mâle, de quatre segments chez la femelle. L'orifice sexuel se trouve sur le neuvième segment, entre deux petits mamelons, chez le mâle, sur le huitième segment chez la femelle.

« De plus les mâles sont ordinairement plus fusiformes que les femelles et leur couleur brun jaunâtre est plus claire que celle des femelles » (BRIN, 1900).

E - Influence du climat sur le développement de la chrysalide

« Selon BOVEY, les recherches de GÖTZ (1944) ont montré qu'en thermostat, la nymphose peut se produire de + 12 à + 29 °C, le processus étant accéléré aux températures élevées, retardé aux températures basses. Aucune chenille ne se métamorphose à partir de + 33 °C.

« La durée de la nymphose est la plus faible avec 9 jours entre + 27 et + 29 °C ; elle est de 12 jours à + 20 °C et de 23 jours à + 15 °C. Aucun papillon n'éclôt au-dessus de + 32 °C, ni au-dessous de + 12 °C, mais le développement peut se produire jusqu'à + 10 °C, ce qui permet de distinguer pour la chrysalide une *température de maturation* et une *température d'éclosion*. Cette limite de + 12 °C est celle que nous avons notée pour l'activité de l'adulte, qui se trouve ainsi bloqué dans sa chrysalide, lorsqu'il est prêt à éclore, par toute température inférieure, tandis que le développement de chrysalides immatures peut se poursuivre encore entre + 10 et + 12 °C.

« Aux températures élevées, la durée de nymphose des deux sexes est presque identique et, lors du deuxième vol, la protérandrie est due au fait que les chenilles mâles de la première génération se métamorphosent un peu plus tôt que les femelles, leur développement étant plus rapide. Il en va autrement pour les chrysalides hivernantes et, lors du premier vol, la protérandrie résulte de ce qu'aux basses températures du printemps, la durée moyenne de la nympose des femelles est un peu plus longue que celle des mâles.

« Dans les conditions du laboratoire, l'expérience montre que, dans les limites vitales de température, la mortalité est faible tant que l'hygrométrie reste supérieure à 50 %. On peut donc admettre que ce facteur n'a pas beaucoup d'importance dans la nature, sauf indirectement lorsqu'il favorise, au printemps, le développement des mycoses. D'une façon générale, la mortalité nymphale est plus forte en hiver qu'en été ; les périodes critiques ne sont pas les plus froides, mais celles de transition, humides et variables, notamment en novembre et à partir de la mi-février. La mortalité nymphale est en général d'autant plus forte que les chrysalides sont plus légères. »

D — EVOLUTION DE LA SECONDE GENERATION

1° Papillons

A - Apparition des adultes

« Après une période de nymphose de 10 à 15 jours apparaissent et se dessinent de plus en plus nettement sous la carapace de la chrysalide les linéaments extérieurs du papillon, en même temps que les organes internes de l'insecte ailé se reconstituent aux dépens de ceux de la larve, qui se détruisent.

« Enfin, quand le moment est venu, la fente antérieure du cocon s'entrouvre, la tête du papillon apparaît, puis une partie de son corps qui s'est fait un passage à travers une fissure de la carapace, de la chrysalide. Celle-ci entraînée par la sortie du papillon apparaît à son tour et dépasse l'orifice du cocon, mais retenue par les épines qui hérissent sa surface et surtout par les soies à crochet de l'extrémité de son abdomen, sa partie postérieure reste cachée dans le fourreau. » (MAISONNEUVE, 1911)

Cette disposition assure au papillon un point d'appui stable qui lui est indispensable pour lui permettre de se libérer.

B - Vol nuptial

Ces papillons vont constituer le *deuxième vol*. Suivant les conditions climatiques ce vol débute dès la fin juin dans les régions méridionales, dans le courant de juillet dans le Val de Loire pour s'échelonner sur une période de 3 à 4 semaines (donc jusqu'au début août). Comme pour le premier vol on observe une très nette protérandrie, les mâles étant en forte prédominance au début du vol. » (BOVEY)

C - Accouplement

L'accouplement a lieu de suite et très peu de jours après, ses œufs ayant été déposés sur la râfle de la grappe ou sur le grain lui-même, le papillon ne tarde pas à mourir.

« Les observations de MAISONNEUVE (1912) tendent à prouver aussi que la vie de chaque papillon est moins longue à la seconde qu'à la première génération. Enfin les femelles de la seconde génération renferment moins d'œufs, 100 à 110 contre 200 pour celles de la première génération. Ces différences ne sont pas bien surprenantes ; tandis que la première génération met 6 à 7 mois à se préparer à la ponte, la seconde y suffit en 3 ou 4 semaines. »

D - Ponte

« Les femelles de la seconde génération, écrit PERRAUD (1900) agissent exactement à la façon de celles de la première. Elles recherchent les raisins pour déposer leurs œufs qui sont aussi, dans la grande majorité des cas, pondus isolément. Il est plutôt exceptionnel, en effet, d'en trouver deux ou plus dans le voisinage les uns des autres. Ordinairement ils sont placés sur le disque à la base des grains, rarement sur les autres parties des grappes et plus rarement encore sur les autres organes de la vigne.

« Une femelle pond, en moyenne, de 4 à 5 œufs sur un raisin. Deux femelles et quelquefois un plus grand nombre peuvent pondre simultanément ou successivement sur la même grappe. »

La femelle poursuit sa ponte sur d'autres grappes jusqu'à épuisement de ses ovaires, fait observé par A. MALINET, vigneron à Verzenay en 1889 (JOLICŒUR, 1893).

LUSTNER (1898) a presque toujours trouvé les œufs de la seconde génération sur les baies du raisin, rarement sur le pédoncule et exceptionnellement sur les feuilles. Sur le même raisin il a observé de 1 à 10 œufs.

Les hautes températures estivales peuvent être préjudiciables à la ponte. C'est ainsi que MAISONNEUVE (1911, 1912) avait estimé en Anjou que le mois de juillet 1911 ayant été exceptionnellement chaud et sec (min. 12-18°, max. 29-38°) la ponte de la deuxième génération n'avait pas eu lieu bien que les femelles disséquées étaient remplies d'œufs. Pour lui les papillons avaient succombé à la chaleur. Cette observation a été faite aussi en Gironde par KEHRIG (1907) pour la deuxième génération de la Cochylis et la troisième génération de l'Eudemis ainsi que dans la région de Montpellier par PICARD (1911).

CHAUVIGNÉ (1916) indique que les hautes températures estivales en Anjou (+ 31°C) ne sont efficaces pour la destruction de la Cochylis et de l'Eudemis que quand elles se produisent pendant le séjour des œufs sur la pellicule du grain.

La ponte se produit donc dans le Midi du début juillet à la fin juillet ou au commencement d'août dans les régions septentrionales.

2° Les œufs

« En raison des conditions de température qui règnent en juillet dans les vignobles, la durée d'incubation est généralement plus courte que pour la première génération ; elle varie dans la nature de 7 à 10 jours. » (BOVEY)

3° Chenilles

A - Lieux d'attaque

« Les jeunes chenilles écrit BOVEY (1966) vont apparaître au cours de la première quinzaine d'août et elles effectuent en général une migration de moins longue durée que lors de la première génération, la pénétration dans le grain ayant lieu le plus souvent au voisinage de l'emplacement où se trouvait l'œuf. Selon MARCHAL (1911) il peut même se faire que la chenille pénètre directement dans le grain en perforant la face profonde du chorion, ce qui paraît se produire sur les grappes exposées au soleil.

« Des observations de FEYTAUD montrent en effet que ce sont surtout des influences météorologiques et en particulier la chaleur solaire, qui interviennent pour faire varier la longueur de la première migration.

« Alors qu'un stade vagabond d'assez longue durée paraît être la règle en laboratoire ainsi que dans la nature sur les grappes à l'ombre ou par temps couvert, il est au contraire très court ou inexistant sur les grappes exposées au soleil. »

« Aussitôt, après son éclosion, selon DERESSE et DUPONT (1890), la jeune larve parcourt avec agilité la surface du grain et à l'aide de ses mandibules aiguës, perfore la pellicule ordinairement dans le voisinage du pédicelle. Une tache bleu-grisâtre ou brune indique la place où la larve a pénétré dans le grain ; la peau qui entoure cette tache devient calleuse et dure par le séjour prolongé de la chenille dans ce premier gîte et l'encombremnt occasionné par ses déjections. Elle pénètre ensuite jusqu'aux pépins encore tendres dont elle ronge l'amande après avoir dévoré la pulpe charnue qui les entoure. Lorsque la substance du grain est presque dévorée, celui-ci se ramollit, la peau s'affaisse et ce qui reste de la pulpe se putréfie. La chenille l'abandonne alors pour passer à une baie voisine qu'elle rapproche de la première à l'aide de ses fils soyeux, parfois aussi elle entame la pellicule d'un grain sans y pénétrer.

« L'orifice d'entrée sert à l'insecte à rejeter ses excréments au dehors. Les déjections, vertes au début, deviennent d'un brun foncé ; elles ressemblent alors à des graines de pavot et restent accrochées au fils tendus entre les grains. La substance des grains qui ont été habités par ces vers entre bientôt en fermentation ; il s'y forme des acides-l'acide acétique notamment — ce qui lui donne une saveur aigre, d'où la dénomination de *sauerwurm* (ver aigre, ver de l'acidité) donnée en Allemagne à cette chenille de 2ᵉ génération. La pourriture survient et achève bientôt la destruction de la partie de la baie épargnée par la chenille. Par un temps sec, des dégâts sont moins importants, mais le plus souvent les pluies d'août et de septembre, dont les gouttes restent fixées aux grains spongieux et aux fils soyeux qui les entourent aggravent considérablement le mal et communiquent la pourriture de proche en proche à la grappe entière.

ARNAUD (1911) a observé en élevage la *pénétration des chenilles dans les grains* » : Ayant atteint, après une heure et demie d'efforts, un bouquet de grains la chenille se fixa à l'intersection de deux brins formant cavité. Là, un pédoncule lui servant de point d'appui, elle avait l'air d'étudier, en promenant la tête, si elle ne se trompait pas de nourriture. Enfin, après une bonne demi-heure de tâtonnements, la tête devint immobile et se fixa sur un point juste au-dessus du pédoncule. Les mandibules, par un mouvement vertical, en se rapprochant, grattaient la peau de leurs fines cisailles. Puis au bout d'une demi-heure environ, il remarqua un mouvement latéral des mandibules et vit sur le bord de l'orifice, obtenu au prix de tant de travail, des bribes de peau invisibles à l'œil nu. Donc la *larve ne mange pas la peau*, mais seulement la partie juteuse du grain. Par conséquent ne mangeant pas la peau, elle ne peut s'empoisonner et si quelques chenilles meurent c'est accidentellement lorsqu'un peu de poison est resté collé à la partie poilue des mandibules, en arrière des cisailles et mélangé à la pâtée. »

MINOD et BALTZINGER (1917), en Suisse, ont décrit avec détails l'attaque au vignoble des grappes par la seconde génération : « La larve de la Cochylis pénètre le plus souvent dans l'intervalle qui sépare quelques grains pressés les uns contre les autres et les pique successivement de telle façon que les orifices qu'elle y pratique se font face. Voyons-là à l'œuvre dans un premier grain : logée dans le canal qu'elle s'est creusée à l'intérieur de celui-ci, elle en consomme activement les parois ; la chair, partiellement desséchée, lui assure un aliment relativement solide. Comme un mineur qui étaie les galeries qu'il vient de forer, de crainte des éboulements, le ver fixe, au moyen de soie, dans le grain fouillé et refouillé toutes les parties branlantes qui menacent de choir, les pépins, masses relativement énormes et qui, dépouillés de la chair qui les enveloppait, sont maintenant suspendus, libres ou à peu près, au centre de la caverne.

« Autour des pépins sont aménagés des couloirs qui se réunissent en espaces plus grands, permettant au ver de se retourner commodément : tantôt, par l'ouverture unique qui lui a servi d'entrée, il met la tête à la fenêtre et observe les alentours ; tantôt il se retourne et passe par cette même ouverture l'autre extrémité du corps qui se gonfle, s'entrouvre et expulse tout à coup, par une contraction brusque, les résidus de la digestion, sous forme d'une boulette oblongue, lancée dans l'espace, qui va retomber à 4-5 cm plus loin, car la larve est un locataire soigneux qui évite d'encombrer sa demeure de trop de détritus.

« Feutré dans la soie dont il tapisse ses galeries, le ver les agrandit sans relâche jusqu'à ce qu'il ait vidé le grain de son contenu ou que celui-ci, attaqué par les moisissures depuis l'extérieur, tombe en putréfaction. Il le quittera alors pour chercher subsistance et gîte dans un grain voisin, mais il a soin de joindre celui qu'il quitte et celui qu'il entame par un pont de soie. Si les deux grains sont très proches il réunit les lèvres des deux orifices par des faisceaux de fils ou, si la distance est plus grande, par une véritable toile : dès lors les grains pourront moisir et se détacher du pédicelle, se recroqueviller de la façon la plus imprévue, peu importe ; immuablement unis par des tunnels de soie ou abouchés et comme cousus ensemble par les lèvres des ouvertures qu'y a percées l'insecte, ils resteront unis comme les pièces d'un appartement par des corridors.

« Autour de ces premiers grains qui, vidés peu à peu par l'appétit de la larve, se dessèchent et se raccornissent, d'autres grains, plus avancés, plus juteux sont piqués à leur tour et ceux-ci vont moisir aisément ; renseigné par son instinct, le ver ne se soucie plus de tisser des réseaux autour de ces grains-là, condamnés à choir à bref délai ou du moins à pourrir avant d'avoir fourni une part bien forte de matière alimentaire à l'insecte : récoltant moins sur chaque raisin, celui-ci en pique beaucoup et accumule rapidement les réserves qui lui permettront, peu de jours après, de se chrysalider. La pourriture va envahir le pericarpe de ces grains là et en fait une peau brune, coriace et cassante qui se laisse aisément détacher de la pulpe. Puis elle va gagner les grains non piqués soit par leur point de contact soit à distance par les spores qui pénètrent par une blessure ou par un stomate.

« Ainsi on trouvera fréquemment sur une grappe 3 à 10 grains fortement attaqués, rongés, vidés par l'insecte, soudés ensemble par de la soie, recroquevillés et desséchés, ne contenant plus que les pépins mis à nu ; autour de ces grains, une dizaine d'autres moins rongés, parfois à peine piqués puis dédaignés, qui tombent en décomposition et contaminent autour d'eux 20, 30, 40 grains. Très vite la moitié d'une grappe sera altérée. Ces grappes pourries constituent des foyers d'infection à partir desquels le moindre vent entraîne des nuages de spores qui vont servir à parasiter d'autres grappes.

« On peut certes porter à la cuve ces raisins dont le péricarpe seul, en général, est détérioré ; mais la pulpe, saine en apparence, a changé de saveur : moins sucrée elle est devenue en revanche légèrement amère et pour peu que l'attaque ne soit pas très récente, il s'ajoute à cette amertume un goût de moisi. Ainsi donc, si la quantité de jus, *dans les grains récemment atteints,* n'a pas beaucoup diminué, la qualité est fortement amoindrie. Si les raisins ainsi avariés sont en très forte proportion, ils peuvent déterminer la casse du vin. Dans les grains plus anciennement piqués, tout est perdu : la pulpe rongée par l'insecte ne persiste plus qu'à l'état de lambeaux desséchés, l'enveloppe du grain se plisse et se raccornit, enveloppant les pépins dénudés. La proportion des grains ainsi abimés est élevée ; elle dépasse quelquefois la moitié du total des grains pourris. Or, non seulement ces grains desséchés ne renferment plus de jus, mais durant une certaine période, avant leur dessiccation complète, ils peuvent absorber encore une petite quantité de sève qui, autrement, eût profité aux grains sains. Ce qui est plus grave c'est que, portés au pressoir, ils amplifient outre mesure la masse de matière inerte par rapport à celle du jus et retiennent par capillarité une petite proportion de ce dernier, qui reste ainsi emprisonné dans les marcs aux dépens de la quantité de moût. Ils peuvent en outre altérer le goût de ce dernier. »

B - Morphologie de la chenille

« La chenille, écrivent Deresse et Dupont (1890), jaunâtre ou d'un blanc sale dans son premier âge, prend après la première mue une coloration brun rougeâtre passant ensuite à une teinte carminée après une nouvelle mue. Toutefois cette série de nuances présente des variations assez étendues et nous avons trouvé dans les baies des larves adultes jaunâtres, à peine rosées, alors que dans les grains voisins il y a avait des larves d'un rose bien prononcé. La coloration rouge paraît d'ailleurs

LES INSECTES

s'atténuer après quelque temps que la larve ait quitté les raisins et nous avons trouvé des larves de Cochylis presque blanches quelque temps avant leur chrysalidation. Plusieurs auteurs, dont BOISDUVAL (1867), attribuent la couleur jaune verdâtre de la larve de la pyrale à la chlorophylle des feuilles dont elle se nourrit. Nos observations faites sur des raisins noirs et sur des raisins blancs nous font considérer la coloration de la Cochylis comme indépendante de la couleur des baies qu'elle détruit. »

« D'une façon générale, écrit MAISONNEUVE (1912) les vers de la seconde génération n'atteignent pas la dimension de ceux de la première et une différence correspondante existe entre les papillons mesurés de la tête à l'extrémité de l'abdomen ; les premiers ont environ 8 mm, les seconds seulement 7 et même 6 mm. »

« La coloration de la chenille, selon BRIN (1901), d'un blanc sale, quelquefois d'un blanc verdâtre au début, passe au jaune rosé et en définitive au rouge carmin qui lui a valu le nom de *ver rouge des vendanges*. Cette dernière coloration ne semble pas stable. Elle pâlit souvent au bout de quelques jours. Au moment des vendanges il n'est pas rare de trouver, en même temps que des sujets très rouges, d'autres présentant des dégradations de teintes allant au jaune sale. Ce phénomène prouve que la nature de la nourriture influe peu sur la coloration de l'individu. Ses déjections abondent près de la porte d'entrée dans le grain. Elles ressemblent à des grains de pavot et s'accumulent dans le tissu aranéeux. »

C - Développement de la chenille

« L'accroissement de l'insecte étant rapide écrit BOVEY (1966), ses ravages grandissent en proportion de sa taille. La pénétration dans le grain est généralement plus rapide que lors de la première génération, car elle n'est précédée que d'une minime sécrétion soyeuse. Elle a souvent lieu, quand elle n'est pas directe, au point de contact de deux grains que la chenille ne tarde pas à relier par un tube soyeux dans lequel elle se tient et qu'elle prolonge au fur et à mesure de sa progression dans chaque grain attaqué.

« Du fait que chaque grappe offre en juillet une nourriture plus importante (un à deux grains suffisant à assurer la croissance d'une larve) les dégâts de la seconde génération seraient, à égale densité de population, beaucoup moins importants que ceux de la première, s'ils n'étaient aggravés par le *Botrytis* qui s'installe régulièrement sur les grappes véreuses dès que leur teneur en sucre en permet le développement. Par temps humide et pluvieux, cette pourriture peut prendre des proportions considérables en envahissant progressivement un grand nombre de grains sains situés au voisinage des grains blessés et ainsi compromettre sérieusement la qualité de la vendange.

« Durant le jour, les chenilles se tiennent généralement immobiles dans leur fourreau soyeux qu'elles quittent souvent durant leur période d'activité crépusculaire et nocturne. Lorsqu'on les y dérange, elles se laissent tomber au moyen d'un fil de soie, mais leurs mouvements sont lents, ce qui les distingue des larves beaucoup plus agiles de l'Eudemis. »

4° Chrysalide

A - Epoque de la nymphose

ANDRÉ (1882) avait affirmé, à tort, que la Cochylis passait l'hiver à l'état de larve pour ne se chrysalider au printemps que peu de jours avant l'éclosion. En réalité, les chenilles vont quitter les souches un peu avant les vendanges, se mettre à la recherche d'un abri, puis tisser leur cocon. Plus tard, avec des différences selon les vignobles, elles vont se transformer en chrysalides et attendre ainsi le printemps suivant.

FOREL (1860) en Suisse avait indiqué qu'en 1839 « la plupart des chenilles avaient abandonné les grappes et passé à l'état de nymphes depuis le 15 au 25 septembre. Cependant à la vendange, du 10 au 15 octobre, on trouvait encore dans le raisin quelques chenilles attardées ».

Selon PERRAUD (1900) « dans les régions du Centre et de l'Est de la France, la période la plus active de la chrysalidation s'étend du 20 octobre au 15 novembre. Mais il n'est pas rare de trouver des chenilles non transformées jusqu'aux premiers jours de décembre, surtout lorsque le froid n'a pas été rigoureux ».

Pour BRIN (1901) « la chrysalidation, à l'automne, traîne et tant que durent les beaux jours, on ne trouve dans les logements que des larves. Suivant la région l'époque de la chrysalidation sera avancée ou reculée. Dans les Charentes, en 1897, fin septembre, l'insecte était encore à l'état de larve et se préparait à passer l'hiver sous l'écorce où il n'était pas encore profondément enfoncé. Au commencement d'octobre, beaucoup déjà avaient commencé à filer une bourre soyeuse où ils devaient hiverner. Vers la fin de ce mois, la métamorphose commençait et quelques larves étaient transformées en chrysalides, environ le cinquième. Cette mue devait se continuer assez vite, de telle façon qu'a fin novembre on ne trouvait plus que des chrysalides. En Gironde (1899) dans les Palus du Médoc et dans les îles de la Gironde (Bouchaut) je trouvai le 26 octobre le début de la chrysalidation. Le 20 octobre la chrysalidation était complète dans les vignobles des environs de Paris (Sartrouville, Maisons-Laffitte, Houilles, Cormeilles, Sannois ».

« En Gironde, écrit LABORDE (1900) le départ général des larves se fait entre le 15 et le 22 septembre. Pour expliquer ce brusque abandon de la grappe par les larves on peut invoquer des raisons diverses telles que : proportion trop élevée du sucre dans le jus du raisin, d'où on peut déduire une influence du cépage, abaissement de la température extérieure, développement complet de la larve. C'est très probablement la dernière raison qui est la plus importante et ce qui le prouve c'est que longtemps après les vendanges on trouve encore des larves de dimensions variables dans les raisins retardataires ou *reverdons*, lesquels par conséquent doivent être ramassés avec soin et détruits avec leurs vers. Donc plus les vendanges sont hâtives, plus elles tendent à détruire un grand nombre de larves de Cochylis ou d'Eudemis. »

Pour V. MAYET (1890) « les chenilles de la deuxième génération commencent à se métamorphoser en chrysalides en décembre et cette transformation s'achève en janvier. Il est très rare, en Languedoc, de trouver des chenilles non transformées en février ».

En définitive, avec des variations annuelles, la chrysalidation s'opère à partir de la fin septembre ou du début octobre dans les vignobles septentrionaux pour ne s'achever que fin janvier dans les vignobles méridionaux. Il en résulte que l'échaudage, utilisé autre fois contre la Pyrale pouvait être efficace contre la Cochylis en opérant de bonne heure pour atteindre les chenilles avant leur transformation en chrysalides c'est-à-dire la première quinzaine d'octobre en Beaujolais (DERESSE, 1892) et tout le mois de novembre dans le Midi (V. MAYET).

B - Lieux de la nymphose

« Les chenilles de la génération estivale d'après BOVEY (1966), parviennent à leur complet développement avant la période des vendanges de sorte que la majorité d'entre elles échappent au pressoir, qui n'en détruit qu'un petit nombre. Selon les vignobles et les conditions annuelles cette époque varie depuis la fin août à la mi-septembre dans les régions du Midi jusqu'au début octobre dans les vignobles septentrionaux.

« Comme les chenilles cessent de s'alimenter à partir de ce moment, elles quittent les grappes et s'en vont à la recherche d'un abri pour l'hiver et pour se nymphoser ultérieurement. D'après les expériences réalisées par GÖTZ (1938) la chenille est guidée vers le cep ou l'échalas par la perception de zones sombres et elle y confectionnera son cocon à une hauteur quelconque, dès qu'elle aura trouvé un abri convenable, c'est-à-dire une fente d'une largeur voisine de 2 mm. Le choix de l'emplacement du lieu d'hibernation ne se fait donc pas au hasard. »

Les *abris* les plus convenables et les plus fréquents pour les chenilles, puis pour les chrysalides, sont les écorces des souches et les fentes des échalas quand ils existent. De même on trouve accessoirement les liens de paille et enfin quelques refuges occasionnels.

1° *Les écorces*. Pour DERESSE et DUPONT (1890) « les écorces soulevées des souches, surtout aux bifurcations, abritent le plus grand nombre de chenilles ».

Pour BRIN (1901) « les larves préfèrent de beaucoup les retraites sous les vieilles écorces. Dans le Midi, où les échalas n'existent pas les larves sont presque toutes réfugiées sous les écorces.

« Les lieux de localisation préférés par le Ver coquin sont variables avec le *système de taille* : sur les gobelets on en trouve peu dans les coursons, le plus grand nombre étant sur les bras. Sur les cordons de Royat on trouve l'insecte à la base des empattements, dans les replis qu'ils forment à leur point d'insertion avec le cordon et sous le cordon en des points correspondant aux coursons. Ils sont rares sur le cordon ou entre les coursons, ainsi que sur la partie verticale et coudée du cordon.

Sur les cordons de Guyot les insectes se partagent également entre les longs bois et les vieilles écorces du cep, toujours dans des replis où ils ont beaucoup de chances d'échapper à leurs ennemis naturels et aux traitements.

« Donc les cordons se prêtent mieux que les gobelets au logement de la Cochylis. »

2° *Les échalas*, dans les vignobles palissés, constituent également un refuge de choix, ce qui était le cas, au début du siècle dans les vignobles des environs de Paris, de la Champagne ou de la Bourgogne où les vignes étaient plantées très serrées avec un grand nombre d'échalas en bois. Depuis, l'adoption des fils de fer supportés soit par des piquets en fer, soit en bois, a bien modifié cet état des choses. Néanmoins dans les situations où l'on continue à utiliser des échalas, il demeure indéniable, comme l'écrivent DERESSE et DUPONT (1890), que « les fissures et l'aubier pourri des échalas abritent un grand nombre de chenilles ou de chrysalides. Quelques-unes se fixent à la surface même de l'échalas en se dissimulant adroitement : après avoir rongé la surface grisâtre de l'échalas, la larve recouvre sa toile de la sciure qu'elle a produite ainsi et la coloration de cette enveloppe se confond parfaitement avec la teinte uniforme de l'échalas. Certains individus rongent les échalas de chêne et de châtaignier, surtout sous les écorces et dans l'aubier pourri et se font une niche en hémicycle dans laquelle ils filent leur cocon soyeux ; d'autres profitent des galeries qu'un grand nombre d'insectes ont perforées.

« Comme les chenilles de première génération, celles de la seconde découpent également un fragment de feuille qu'elles enroulent en cigare en tissant leur cocon ; ces fourreaux sont fixés aux échalas par l'extrémité correspondant à la partie anale de la chenille et forment avec leur support un angle plus ou moins ouvert. Ce fait se présente lorsque le cocon n'a pas été tissé parmi les feuilles prises dans un lien de paille. Dans ce dernier cas, le fragment de feuille non enroulé est simplement appliqué contr l'échalas. »

3° *Les liens de paille*, parfois encore employés de nos jours mais de plus en plus remplacés par d'autres matériaux (tisus, fils de nylon, ficelles, etc.) offrent aussi un abri, moins sûr certes que les écorces ou les échalas, mais dont certaines chenilles s'accomodent. « Ces liens, note BRIN (1901) enserrent à l'automne des touffes de feuilles qui se dessèchent. C'est le plus souvent dans ces feuilles dont les deux bords ont été rapprochés par la chenille et maintenus dans cette situation par ses fils soyeux qu'on en découvre encore. »

4° D'autres *refuges occasionnels* peuvent servir éventuellement et ont été signalés par différents auteurs :

C'est ainsi que PICARD (1913) mentionnait que les larves de Cochylis, ayant dévasté les treilles, peuvent aller se chrysalider dans les *interstices des murs* contre lesquelles elles sont appliquées.

En ce qui concerne *le sol*, « on a souvent pensé, écrit LABORDE (1900) que la chrysalidation pouvait se faire dans la terre mais l'expérience a montré que cette hypothèse était fausse. Il est cependant intéressant de savoir si les chrysalides peuvent se conserver dans ces conditions ou non et, comme conséquence, si on pourrait se contenter, dans le décorticage des souches, au lieu de ramasser les écorces, de les enfouir dans la terre par un labour.

« Enfouies le 24 novembre dans la terre à 5 cm de profondeur et déterrées le 6 avril suivant les 6 chrysalides de Cochylis ont toutes péri tandis que sur 15 chrysalides d'Eudemis 3 étaient encore vivantes mais l'une d'elles n'a pu éclore ensuite.

« Il est donc prudent de ramasser les écorces au lieu de les abandonner sur le sol. »

SCHWANGART (1912) indique « qu'il n'a jamais rencontré une chrysalide de Cochylis ou d'Eudemis qui soit vivante dans un sol compact (cas du Palatinat). Cependant il est vraisemblable qu'on trouve des larves d'hiver dans les vignes où la couche superficielle du sol est constituée par des roches corrodées entre lesquelles ne se trouve que peu de terre, particulièrement dans les situations sèches et les sols perméables et dans les angles ou les fissures des pierres. Mais leur nombre en est infime vis-à-vis celui des souches et des échalas. Leur voisinage de la surface du sol les expose à périr.

Dans l'Anjou, MAISONNEUVE (1911) n'a pu déceler dans le sol au pied des souches que quelques rares cocons pour la génération d'été et aucun pour celle de l'hiver.

PICARD (1913) rappelle que : « Des essais ont montré que des chrysalides enfouies sous 3 cm de sable ou de terre n'avaient qu'une éclosion pratiquement nulle (1 %) et qu'avec 1 cm de terre on n'obtenait que 10 %. En examinant le sol on trouvait soit les chrysalides mortes dans leur cocon, soit les cocons vides et les papillons éclos et morts avec les ailes plissées n'ayant pu se dégager complètement. Il demeure donc aquis que le papillon au moment de son éclosion est presque toujours incapable de traverser une couche de terre légère ou de sable fin de 1 cm d'épaisseur, toujours de 3 cm. »

« Les *débris végétaux* qui jonchent le sol et en particulier les feuilles sèches dont les chenilles rapprochent les bords pour s'y abriter au mieux, sont parfois utilisées (BRIN, 1901).

Dans les vignobles soumis à la *submersion* les chrysalides sont exposées à séjourner plus ou moins longtemps dans l'eau. Selon LABORDE (1900) :

« Si le traitement est fait de bonne heure, il surprendra les larves de Cochylis non encore chrysalidées et les forcera à quitter leurs logements pour échapper à l'asphyxie, donc à refaire un second abri occasionnant une dépense nouvelle de leurs réserves alimentaires. Le plus souvent ces vers donnent des chrysalides non viables ou bien les chenilles se dessèchent sans se chrysalider.

« Si la submersion survient plus tard, la chrysalide à l'état léthargique périt sous l'eau. Les chrysalides de Cochylis au laboratoire plongées dans un verre contenant 15 cm d'eau périrent au bout de 15 jours alors que le plus grand nombre des Eudemis résistèrent pendant 30 jours, mais au bout de 40 jours, durée normale d'une submersion, elles étaient toutes mortes. La mort se produit par absorption d'eau qui pénètre probablement par osmose : aussi les cadavres sont-ils très gonflés. Quelquefois aussi les moisissures jouent un rôle pour amener la mort des chrysalides immergées.

« Il n'est pas nécessaire, pour que la chrysalide soit noyée, qu'elle soit plongée sous une couche épaisse d'eau ; il suffit seulement que le cocon en soit imprégné suffisamment. Ainsi des cocons avaient été plongés 24 heures dans l'eau pour bien les imbiber, puis retirés et mis dans un flacon bouché pour éviter leur dessiccation. Au bout d'un mois 17 chrysalides sur 25 avaient péri noyées. Par conséquent, dans les hivers très pluvieux, il est possible que les chrysalides soient détruites de cette manière. »

PERRAUD (1900) mentionne également que quelques chenilles utilisent des galeries creusées dans le bois par d'autres insectes pour y établir leurs quartiers d'hiver et parfois aussi les canaux medullaires des vieux bois laissés sur les souches. Mais PICARD (1911) à Montpellier conteste la présence de la larve de Cochylis dans la moelle des sarments. Il s'agit en réalité, d'après l'examen des échantillons faits au laboratoire de Zoologie, de larves de Tenthrèdes, d'Osmies, etc. ; les premières ressemblent beaucoup aux chenilles de Cochylis, ce qui explique l'erreur.

C - Influences climatiques

Elles jouent évidemment un rôle important, parfois déterminant pour la survie des chrysalides durant la période hivernale.

L'influence du froid a été étudiée par LABORDE (1900) qui a placé des chrysalides dans des flacons soit en atmosphère sèche soit avec un peu d'eau puis plongées dans une saumure entre — 10° et — 12 °C pendant la journée et la nuit, l'appareil étant arrêté, la température se relevait pour être égale à la température ambiante. Donc les chrysalides étaient soumises à des alternatives de refroidissement et de réchauffement analogues à celles qui se réalisent dans la nature pendant un hiver rigoureux.

« Les chrysalides de Cochylis ont toutes résisté pendant les 10 jours de l'expérience aussi bien à l'air humide qu'à l'air sec. Avec l'Eudemis, au bout de 5 jours 40 % des chrysalides étaient mortes en milieu humide et en milieu sec et au bout de 10 jours la mortalité était de 50 % en milieu humide et de 80 % en milieu sec. Il est donc incontestable que l'Eudemis est plus sensible au froid que la Cochylis dans le milieu naturel humide et cela s'explique par la différence d'habitat d'origine des deux espèces.

« Pour faire périr par le froid les chrysalides il a fallu les conserver dix jours environ à une température constamment maintenue entre — 12° et — 15 °C, conditions qui ne sont jamais réalisées dans nos régions tempérées. »

Les froids ordinaires, selon VERMOREL (1890) ne nuisent nullement à la chrysalide. Pourtant lors de l'hiver excessivement rigoureux 1879-1880 qui, pendant une période de plus d'un mois fit descendre le thermomètre jusqu'à — 25 °C une grande quantité de Cochylis furent anéanties. Mais hélas ce fut également une catastrophe pour nos vignobles qu'on dut arracher en grande partie.

A l'automne, des froids précoces survenant avant la chrysalidation peuvent déterminer la mort d'un certain nombre de chenilles (MARSCHAL, 1911).

L'*influence de la chaleur* a également été expérimentée par LABORDE, en vue de connaître les possibilités de l'ébouillantage comme traitement d'hiver, des chrysalides d'Eudemis, dégagées de leurs cocons ont été plongées, pendant une minute, dans de l'eau à des températures croissantes :

Température	Chrysalides tuées
40 °C	20 %
45 °C	40 %
50 °C	100 %
55 °C	100 %

dans une autre expérience, les chrysalides libres et enfermées dans leurs cocons ont été maintenues dans l'eau à 55 °C pendant des temps variables.

Temps en secondes	Chrysalides libres	Chrysalides dans le cocon
15	50 %	10 %
30	100 %	100 %
60	100 %	100 %

« Par conséquent le cocon protège un peu dans une certaine mesure la chrysalide de l'action de l'eau chaude puisque à 55 °C il n'y a que 10 % de chrysalides tuées et dans un autre essai à 50° pendant une minute elles n'ont pas souffert, alors que libres elles sont mortes. Donc pour l'Eudemis la température mortelle est relativement basse et l'ébouillantage doit être efficace. Cette température fatale est nettement inférieure pour les Cochylis qui dans leurs cocons périssent toutes à 55 °C au bout de 15 secondes et à 50 °C au bout de 30 secondes, donc la Cochylis résiste moins bien à l'action de la chaleur. »

L'*influence de l'humidité* est très importante car la chenille, comme la chrysalide durant l'hiver, redoute l'humidité qui favorise leur envahissement par des moisissures ce qui en fait succomber un grand nombre.

LABORDE a indiqué que les Ichneumons sont la principale cause de la destruction des chrysalides de Cochylis et d'Eudemis : 31 à 35 % dans ses observations. Les moisissures constituent la seconde cause, mais progressive dans le temps : 8 % en novembre et 25 % au 15 avril.

BUHL (1902) a signalé qu'autrefois en Franconie et dans le Wurtemberg les souches, à l'entrée de l'hiver étaient recouvertes de terre ou de fumier et la Cochylis était alors inconnue dans ces régions. Depuis l'abandon de cette pratique, la Cochylis s'est propagée : la terre ou le fumier entretenait autour des souches, un milieu humide et relativement chaud très favorable au développement des moisissures, faisant périr un grand nombre de chrysalides.

On a également constaté qu'une grande accumulation de *neige* persistante était défavorable à l'insecte, à cause de l'humidité qu'elle entretient dans ses retraites hivernales.

E — EVOLUTION DE LA TROISIEME GENERATION

Nous avons déjà évoqué la posisbilité d'un *troisième vol* au cours des étés particulièrement chauds. La première observation de ce vol est due à FOREL en 1839 qui avait indiqué que « du 15 au 20 septembre il avait vu voltiger dans les vignes des papillons fraîchement sortis des nymphes de deuxième génération. La température était extrèmement chaude et l'atmosphère chargée d'électricité comme en été. Des expériences directes lui ont prouvé que cette troisième génération commençait bien réellement la saison ou plutôt n'était qu'une anticipation des métamorphoses qui ont lieu au printemps suivant dans les années ordinaires.

BRIN (1900) signale « qu'en 1899 à Saint-Emilion (Gironde) on a eu une troisième génération en raison des températures très chaudes qui développent chez l'insecte des caractères de précocité. Heureusement pour les vignerons cette troisième génération arrive rarement à bien, grâce aux gelées d'octobre qui viennent brusquement entraver la croissance des individus. Elle traîne, elle est languissante : les représentants de la race s'atrophient, se défendent mal contre leurs ennemis naturels, disparaissent en grand nombre ».

« Ce troisième vol de papillons, note MARCHAL (1911) peut pondre leurs œufs en septembre-octobre. Dans la plupart de nos vignobles, la troisième génération ainsi amorcée ne présente pas d'intérêt pratique, en ce sens que les œufs ou les jeunes chenilles que ces papillons d'automne peuvent produire sont condamnés à périr avant l'hiver ; l'ébauche de cette troisième génération doit alors être considérée comme favorable puisqu'elle entraîne la ruine de la descendance de tous les papillons qui éclosent ainsi d'une façon prématurée.

« Il reste néanmoins à se rendre compte si, dans certaines parties de notre vignoble méridional, le troisième vol de papillons n'a pas une plus grande généralité qu'on ne le suppose et s'il n'y aurait pas aussi parfois une troisième génération de chenilles, au moins partielle et pouvant se transformer en chrysalides pour passer l'hiver. »

Le Professeur PICARD (1910-1911) a contesté l'existence de cette troisième génération. Pour lui les chrysalides d'hiver les mieux exposées se trouvent dans les conditions de celles de l'été lorsque les beaux jours se prolongent donnant un automne relativement chaud. On verra des éclosions de papillons après les vendanges. Ce fait a permis de dire improprement que la Cochylis avait 3 générations et l'Eudemis parfois 4. Bien entendu, il n'en est rien : les papillons éclos à l'automne sont les frères de ceux qui écloront au printemps et non leurs pères. La succession des éclosions a seulement été plus échelonnée encore que de coutume et séparées en deux cohortes par les froids vifs de l'hiver. Inutile d'insister sur le fait que ces vols prématurés (et non tardifs) d'adultes venant après les vendanges sont de bon augure pour le vigneron car ils mourront sans postérité. Il y a donc simplement accélération de la métamorphose et non pas une génération de plus. »

« En élevage, écrit PERRAUD (1900), il est facile d'obtenir des papillons de 3ᵉ génération en cueillant les premières chrysalides formées en octobre et en les maintenant à 25 °C pour qu'après quelque temps éclosent les papillons. Placés ensuite dans de petites cages et exposés dehors aux variations de température de novembre très peu se sont accouplés et tous sont morts sans pondre. »

En Allemagne, BUHL (1911) indique que cette troisième génération a très rarement été observée. Ce fut le cas en 1899 et les larves ont été enlevées avec les vendanges.

En conclusion, ce troisième vol de Cochylis est possible les années chaudes et sèches. Il peut y avoir exceptionnellement ponte des œufs de la 3e génération et un début de développement des chenilles qui finissent alors à la cuve ce qui aboutit à une diminution de la population hivernale et à une réduction des attaques au printemps suivant.

VII — CONDITIONS DE DEVELOPPEMENT

1° Répartition géographique

Selon BOVEY (1966) « la Cochylis est une Tordeuse paléarctique dont l'aire géographique dépasse très largement vers le Nord celle de la Vigne cultivée.

« En Europe, elle est répandue sur la plus grande partie du continent. On la rencontre des rivages de la Méditerranée jusqu'au sud de l'Angleterre et de la Scandinavie. Elle existe au Danemark, en Pologne, dans les pays Baltes et l'extrême sud de la Finlande. Elle est fréquente dans tous les pays d'Europe centrale et balkanique, le sud de la Russie d'Europe (Ukraine, Crimée, Caucase) ainsi que dans les régions asiatiques voisines du Kazakstan et de l'Uzbekistan. L'espèce est également présente plus à l'Est en Asie, notamment dans diverses régions de Chine, à Formose et au Japon où elle serait sans importance économique (HEDDERGOTT, 1953). En Europe, la limite Nord de l'aire géographique de la Cochylis correspond à peu près à l'isotherme de juillet de + 17 °C.

« En 1906, la Cochylis a été observée aux environs d'Alger, sur des pentes très ombragées, mais l'espèce ne paraît pas s'être maintenue en Afrique du Nord. »

La Cochylis n'existe pas en Amérique.

En France, la plupart des régions viticoles ont été envahies par la Cochylis au XVIIIe siècle, notamment la Champagne, la Bourgogne, le Beaujolais, le Dauphiné, les vignobles des environs de Paris. Puis au XIXe siècle ce furent le Languedoc, le Roussillon, la vallée de la Loire (Touraine, Anjou, Saumurois, Nantais), la Sarthe, les Charentes, la Gironde, les Landes, le Gers, la Haute-Garonne.

« Dans les vignobles français, écrit BRIN (1901) les documents révèlent des invasions importantes dès le début du XIXe siècle. Les années 1804, 1812, 1821 et surtout 1826, d'après MORELOT (1831) sont les témoins de vrais désastres dans la Côte d'Or et plus particulièrement dans la Côte de Beaune. En 1857 le Dr LABOULBENE signale les dégâts occasionnés par la Cochylis aux environs de Villefranche-sur-Saône. En 1868, CORET présente une note analogue ayant trait aux vignobles de Puteaux. KEHRIG (1892) indique qu'en Bas-Médoc la Cochylis apparut dans plusieurs vignobles en 1864 et qu'en 1865 on ne signalait que peu de dégâts. Il faut arriver aux années 1886 (pays de Sauternes), 1887, 1890 et 1892 pour entendre jeter des cris amers par les viticulteurs girondins. En 1891 les viticulteurs bourguignons se plaignent fortement ainsi qu'en 1897 à Chassagne-Montrachet. Dans les Charentes certains propriétaires, en 1897, perdirent les trois quarts de leur récolte. »

« La Cochylis, écrit FEYTAUD (1911) est un insecte du Nord, affectionnant les vignobles frais, non abrités et se développant surtout pendant les années froides et pluvieuses. Partout où l'Eudemis a été importée, la Cochylis a dû lui céder la place.

« En des années froides et humides comme 1910, la Cochylis peut se relever un peu et augmenter de nombre par rapport à l'Eudemis, mais celle-ci reprend bien vite le dessus. La Cochylis ne reste seule que dans les vignobles à sol froid et mal exposés, qui présentent des conditions de milieu très spéciales et défavorables à l'autre espèce. »

Actuellement la Cochylis a souvent disparu devant l'extension de l'Eudemis. Néanmoins il reste des foyers importants dans plusieurs vignobles français. C'est ainsi que BERNON (1965) mentionnait que la Cochylis était toujours fréquente dans le nord du Gard (Pont-Saint-Esprit) et en bordure du Rhône ; on la trouve également dans l'Est de l'Hérault dans l'Aude (val de Dagne) et en Roussillon, notamment dans les vignobles élevés du pays des Fenouillèdes.

En Allemagne, la Cochylis demeure abondante dans les vignobles du Wurtemberg, du Palatinat, de la Moselle, de la Sarre, de la Hesse et du pays de Bade. Par contre elle ne cause presque pas de dégât en Haute-Silésie, à l'extrême limite de la culture de la vigne.

En Suisse, la Cochylis prédomine largement dans tous les vignobles de la Suisse allemande et en Suisse romande dans ceux des cantons de Neuchâtel, Vaud, Genève et Fribourg, tandis qu'au Valais et dans le Tessin l'Eudemis et la Cochylis coexistent.

En Italie, la Cochylis existe surtout dans les provinces septentrionales et centrales : Piémont, Lombardie, Toscane. Elle est présente aussi en Sardaigne, mais absente dans les provinces méridionales (Campanie, Pouilles).

En Europe centrale (Autriche, Hongrie, Tchécoslovaquie) la Cochylis est également présente. Peu importante en Bulgarie elle paraît plus nuisible en Roumanie, notamment dans les vignobles de la plaine et en Bessarabie.

L'Espagne connaît aussi les ravagse de ce papillon. Il en est de même du Portugal.

2° Réceptivité de la vigne

Selon AUDOUIN, la Cochylis paraît indifférente sur la nature du cépage. Cependant, aux environs de Paris, CORET et FALLOU (1868) ont noté que le Gamay serait particulièrement attaqué. « En Languedoc, le Terret est le plus atteint, probablement parce qu'il mûrit plus tard que l'Aramon ou le Carignan. La Cochylis dispose de près d'un mois de plus pour achever ses ravages et se métamorphoser tranquillement en chrysalide pour l'année suivante, tandis qu'avec l'Aramon les chenilles vont à la cuve et sont tuées par la fermentation ». (V. MAYET 1890).

« D'après MARCHAL (1912) les cépages qui ont des inflorescences compactes et des grappes serrées sont, en général, plus ravagés que les autres. Cela s'explique par les conditions plus favorables que les chenilles trouvent dans les grappes pour s'abriter, évoluer et passer d'un grain à l'autre, enfin la pourriture se propage avec plus de facilité dans les grappes compactes.

« D'autre part, les cépages à floraison lente sont plus ravagés que ceux à floraison rapide, du fait que les chenilles doivent, pour se nourrir, en consommer une partie proportionnellement plus grande. Enfin il existe aussi un rapport entre l'intensité de l'attaque et l'état de développement des grappes au moment du vol maximum.

« Il est difficile d'établir une liste des divers cépages par ordre décroissant de sensibilité, celui-ci pouvant varier d'une région à l'autre suivant la composition des vignobles. MARCHAL a donné quelques précisions sur cette sensibilité pour les principales régions viticoles de France.

FISCHERS (1907) a fait un classement à l'Institut de Geisenheim :

— Cépages très fortement atteints : Gamay noir, Muscat Caillaba, Riesling, Ortlieber bl., Sémillon, Traminer rot, Urbanitraube blau, Vanilletraube bl.

— Cépages fortement atteints : Alicante, Blaufrankisch, Bouquet-Riesling, Damascener blau, Damascener bl., Elbling bl., Gamay de Liverdun, Gewurztraminer, Heunisch bl., Königstraube bl., Lacrima Christi, Madeleine Angevine, Muscat bifère, Riesling bl. et rot, Sylvaner rot, Traminer bl. Zierfandler rot.

— Cépages moyennement sensibles : Affentaler blau, Burgunder blau (Pinot), Burgunder bl., Chasselas bl., Farbtraube, Gansfusser blau, Goldriesling, Gutedel bl. (Chasselas), Lämmerschwanz, Sylvaner vert.

— Cépages très peu sensibles : Bouquet-traube, Findento, Lamberttraube bl., Muskateller rot.

Les Hybrides sont en général moins attaqués que les cépages européens.

GEISSLER (1959) a cherché à préciser sur un abondant matériel de semis, issu de croisements interspécifiques de *Vitis* les particularités et les caractères qui conditionnent cette apparente résistance et dans quelle mesure ils ont une influence sur le degré de l'attaque. Il a constaté que la pilosité, la densité des grains, la vitesse de développement des grappes et leur situation sur le cep ainsi que la grosseur et le nombre des premières feuilles ont une influence favorable ou défavorable et que, par exemple, des semis à grappes pileuses et à développement rapide sont moins attaqués par la première génération. Il ne croit pas à l'existence de substances répulsives pour le papillon.

« On voit ainsi que les différences du degré d'attaque que l'on peut observer dans les vignobles où croissent plusieurs cépages relèvent de phénomènes de préférence et de tolérance, selon la terminologie de PAINTER, puisque conditionnés essentiellement par des particularités morphologiques. L'antibiose ne joue pratiquement aucun rôle.

CAILLE (1911) signale que l'Ugni blanc n'est attaqué ni par la Pyrale, ni la Cochylis ou l'Eudemis au milieu de cépages fortement endommagés.

« La Cochylis exerce ses ravages sur tous les cépages, indique BRIN (1901), mais ils sont plus marqués sur ceux qui sont les plus précoces ou ceux dont les grappes sont les plus serrées et dont la peau du grain est le plus mince.

« Dans le Midi on signale les Picquepouls comme particulièrement touchés ; dans le Gers le Tannat, cultivé en hautains, la Folle blanche en Gironde, les Cabernets sont également très pris ainsi que les Colons (Verdot), Fer, Manzin, Saint-Maquaire. Les Merlot et Malbec en souffrent moins. Dans les Charentes la Folle blanche, raisin très serré à grain très juteux, à peau extrêmement mince, est très éprouvée. Puis viennent, par ordre décroissant le Colombar, le Blanc Ramé, le Saint Emilion. Le Petit noir ou Dégoûtant est très pris, surtout dans l'île de Ré. Dans la vallée de la Loire les Gros plants, les Muscadets, Chenins ; aux environs de Paris les Gamays, le Meunier souffrent énormément des dégâts du ver, les Chasselas aussi. En Champagne, Bourgogne, Beaujolais Pinots et Gamays sont également endommagés. Dans les vignobles de la Savoie et des Côtes u Rhône la Syrah et la Roussanne le sont aussi. »

Dans l'Isère, LAURENT (1900) indique que certains cépages sont nettement plus atteints que d'autres : Mondeuse, Portugais bleu, Joubertin, Peloursin, Provereau, alors que le Grand Noir, l'Alicante Bouschet, l'Othello, le Clinton sont moins touchés.

Dans l'Ardèche, FARCY (1911) indique que les Syrahs et les Hybrides Bouschet ont été relativement épargnés tandis que les Chasselas, les Gamays et l'Etraire de l'Adhui ont souffert davantage.

Dans le Jura, GENOT (1911) note que le Chardonnay et le Poulsard sont les plus atteints, le Pinot noir et surtout le Trousseau le sont moins (le premier trop hâtif et le second trop tardif).

En Touraine, selon CHAUVIGNÉ (1911) les principaux cépages atteints sont les Gamays, les Pinots et le Breton (Cabernet-franc). Les Groslots et le Cot, tout en restant très endommagés se présentent dans une situation meilleure.

CAPUS (1911) a remarqué que les larves de Cochylis ou d'Eudemis les plus précoces se trouvaient sur les cépages qui fleurissent les premiers, tandis que les cépages voisins, situés dans les mêmes conditions climatiques, mais dont la floraison était plus tardive étaient envahis postérieurement. Cette différence dans l'époque d'envahissement de la grappe par les larves se constate non seulement entre deux cépages différents mais encore entre ceps de la même variété quand les dates de leur floraison viennent à différer par suite de conditions agrologiques ou culturales. En 1902 j'avais émis l'hypothèse que les papillons sortis les premiers de leur chrysalides seraient portés par leur instinct à pondre sur les cépages les plus hâtifs, seuls susceptibles de fournir à leurs larves plus précoces les conditions d'alimentation et de vie suffisantes.

CAZEAUX-CAZALET, de son côté, suppose que les papillons pondent indifféremment sur les grappes hâtives comme sur les tardives, mais les œufs posés de bonne heure sur des grappes tardives, lesquelles seront encore incomplètement développées au moment de l'éclosion des œufs, ne donneront pas d'invasion parce que les jeunes larves ne pourraient avoir une évolution normale au milieu de ces organes incomplètement formés.

Autre point important : les invasions de chenilles ont moins de durée quand la floraison s'achève rapidement. Les cépages qui fleurissent vite sont plus vite débarrassés de leurs larves. Cela tient à deux raisons : les cépages qui fleurissent avant que les larves ne soient nées rejettent avec la fleur est éclose leur enveloppe florale où un certain nombre d'œufs sont déposés et 2° on remarque que, dès que le fruit est noué, les chenilles commencent à quitter la grappe, comme si ce nouveau milieu les gênait dans leur évolution. En effet les larves de Cochylis ou d'Eudemis ont un impérieux besoin de s'abriter. Or il leur est difficile de s'abriter dans les grappes où le fruit vient de se former. Il est alors trop petit et les larves sont déjà trop grosses pour s'y réfugier. Il leur est aussi plus difficile de se former un fourreau avec de jeunes fruits qu'avec des fleurs ; les jeunes fruits sont alors plus écartés que les fleurs et ont un support plus résistant. On les voit quelquefois chercher un abri dans deux grains réunis dont un seul serait insuffisant pour les refermer, en creusant une sorte de conduit qui va de l'un à l'autre.

« Inversement, les cépages dont la floraison est longue à s'achever conservent plus longtemps les chenilles et ont subi en 1911 les dégâts les plus importants, atteignant parfois le tiers aux quatre cinquième de la récolte.

OBIEDOFF et PEHLIVANOGLOU (1915) en observant les dégâts de Cochylis et d'Eudemis dans les collections de l'Ecole de Montpellier tirent des conclusions sur les cépages les plus sensibles et les plus résistants :

« La structure des grappes est le caractère fondamental car les cépages les plus attaqués sont ceux à grappes serrées, où les grains se comprimant les uns contre les autres, sont littéralement étranglés à l'intérieur de la grappe (Ex. certains Chasselas). Ici, les larves, une fois arrivées aux grappes, commencent à percer d'abord un grain, le vident et passent facilement aux grains qui se touchent. Ainsi, une larve vide en peu de temps toute une série de grains, quelquefois 9 (Chasselas de Fontainebleau) et même plus (12 pour la Perle Impériale blanche).

« La forme de la grappe est sans influence, mais la forme des grains au contraire a une influence appréciable. Les grains allongés comme ceux de la Santa Paula, une fois percés par une larve, se fendent tout le long ; la fente est très profonde et la larve est obligée de déménager, mais le grain est perdu.

« Le goût de la pulpe paraît avoir une influence marquée sur l'importance des altérations. Les vignes françaises sont plutôt choisies par les insectes.

« Les cépages les moins touchés par les insectes sont ceux dont la grappe est très lâche à l'état normal ou ceux dont la grappe a subi un éclaircissement par suite d'une attaque de mildiou.

« Les grains qui ne se touchent pas présentent des inconvénients notables pour la vie d'une larve. Ainsi, après avoir fini un grain, la chenille est obligée de l'abandonner définitivement pour chercher sa nourriture dans un autre grain, qui est séparé du premier par un espace assez grand.

« Il faut noter ensuite un cas particulier d'immunité, lié au volume de la pulpe. Par exemple, les vignes américaines qui ont des grains à pulpe très réduite, ou remplis presque entièrement par les pépins, portent assez souvent des grains entamés en plusieurs endroits, sans que les larves aient pu pénétrer à l'intérieur : ou bien le goût des raisins américains ne convient pas aux exigences des larves ou tout simplement le volume de la pulpe est trop réduit pour qu'une larve puisse s'y loger. »

Pour Maisonneuve (1915) en Anjou la gradation descendante suivie par la Cochylis est : Gamay, Pinot de la Loire, Groslot, Cabernet, Othello.

Baltzinger (1916) en Suisse a indiqué par ordre croissant les variétés les plus attaquées : Mondeuse, Gamay de Vaux, Chasselas, Seibel I, Jurie 580, Duchess et Seibel 128.

Paillot (1913) en Saône et Loire note que le Gamay blanc (Melon) et l'Aligoté sont infestés de vers alors que les cépages rouges voisins n'en avaient qu'un nombre insignifiant. La même constatation a pu être faite dans le Maconnais et en Beaujolais.

« Tous les cépages, écrit Perraud (1900), peuvent être ravagés par la Cochylis. Dans une vigne comprenant diverses variétés, les plants les plus précoces au débourrement seront les plus éprouvés par les vers de la 1re génération parce que la femelle déposera sa ponte sur les premières mannes formées au printemps. Le contraire s'observera à la seconde génération qui commettra — directement ou indirectement — d'autant plus de dégâts que la maturité et donc la vendange seront plus tardives. Mais ces différences sont faibles et on ne peut établir une classification des cépages car d'une année à l'autre les cépages les plus résistants deviennent les plus atteints. »

Picard (1911) signale que « la Cochylis préfère le Carignan à l'Aramon. Cela s'explique d'abord par l'éclairement car elle ne pond qu'à l'ombre pour protéger, à son éclosion, sa descendance contre une chaleur trop vive. Or le Carignan avec ses grains serrés et son feuillage large recouvrant les grappes offre à l'insecte des surfaces d'ombre plus considérables que l'Aramon à grains écartés et à feuilles plus petites. D'autre part les grains plus serrés du Carignan ne distendent pas les fils de la chenille comme ceux de l'Aramon dont la grappe s'allonge davantage et plus rapidement. »

Pour Deresse et Dupont (1890) « les cépages à grains tendres sont préférés à ceux à peau coriace. Les plants américains sont assez peu atteints et lorsqu'ils se trouvent mélangés à des plants français, la Cochylis se porte de préférence sur ces derniers :

1° Cépages presque indemnes, à peine quelques grains attaqués çà et là : Noah, Black défiance, Oporto, Senasqua, Canada.

2° Cépages peu attaqués, sur lesquels les dommages sont insignifiants : Cornucopia, Othello, Secretary, Cunningham, Huntingdon, Pinot gris et noir, Mondeuse.

3° Cépages assez attaqués (dégâts estimés 25 %) : Aramon, Montmélian (Douce noire), Jacquez.

4° Cépages très attaqués (dégâts évalués à plus de 75 %) : Gamay, Petit Bouschet, Etraire de l'Adui, Portugais bleu, Cynthiana, Carignan Bouschet.

« Dans l'Hérault les cépages blancs sont les plus attaqués, surtout les Terret-bourret. Dans le Gers le Tannat est le plus attaqué en hautains alors que en vigne basse la Folle blanche et le Malbec n'ont pas été endommagés. En Gironde, les cépages à grand rendement : Verdot Colon, Fer, Mancin, sont plus attaqués que les cépages fins : Merlot, Malbec, Cabernet-Sauvignon ; rien dans les blancs.

« En Savoie la Roussette est particulièrement atteinte. En Charente, la Cochylis semble préférer les cépages blancs : Folle blanche et autres. Dans le Nantais le Gros Plant (Folle bl) et le Muscadet sont indifféremment atteints. En Touraine le Groslot et le Cabernet-Sauvignon sont de beaucoup les plus ravagés. Dans l'Allier les raisins du Goujet et du Bon noir ont autant souffert que les petits Gamays de Chantelle et de Saint-Pourçain. Dans l'Yonne Gamay et Tresseau sont plus sensibles que les autres. Dans la Sarthe le Gamay Beaujolais et le Pinot Meunier sont plus atteints que le Cot et le Chenin noir (Pinot d'Aunis). Au Tyrol, MACH indique que les raisins serrés et à pulpe délicate comme les variétés précoces souffrent davantage.

3° Plantes-hôtes

La Cochylis est une Tordeuse très polyphage. C'est ainsi que LUSTNER (1914) a offert aux larves de Cochylis 93 espèces végétales sous forme de feuillage ou de fruit et sur ce nombre 63, appartenant à des familles les plus diverses, ont été acceptées et consommées plus ou moins avidement (certaines de ces plantes renfermant des substances odoriférantes ou d'un goût très marqué, ce qui fait ressortir la large polyphagie de l'insecte. Les plus importantes de ces plantes appartiennent à 15 familles de Dicotylédones :

— Acéracées : *Acer campestre* L.
— Rhamnacées : *Rhamnus catharticus* L. (Nerprun), *R. frangula* L. (Bourdaine).
— Vitacées : *Ampelopsis hederacea* ou *Parthenocissus quinquefolia* (Vigne-vierge).
— Araliacées : *Hedera helix* L. (Lierre).
— Cornacées : *Cornu mas* L. (Cornouiller), *C. alba* L. (C. blanc), *C. sanguinea* L. (C. sanguin).
— Saxifragacées : *Philadelphus coronarius* L. (Seringat).
— Ribesiacées : *Ribes nigrum* L. (Cassis), *R. rubrum* L. (groseiller à grappes), *R. grossulariae* L.
— Rosacées : *Crataegus pyranantha* L. (Buisson Ardent), *Prunus spinosa* L., *Rubus idaeus* L. (Framboisier), *Sorbus aucuparia* L. (Sorbier des Oiseaux), *Spiraea crenata* L.
— Celastracacées : *Evonymus europaeus* L. (Fusain d'Europe).
— Légumineuses : *Medicago sativa* L. (Luzerne).
— Renonculacées : *Clematis vitalba* L. (Clematite).
— Oléacées : *Ligustrum vulgare* L. (Troène), *Syringa vulgaris* L. (Lilas).
— Rubiacées : *Gallium mollugo*.
— Cariophyllacées : *Silena inflata* L. (Silène enflé).

— Caprifoliacées : *Lonicera caprifolium* L. (Chèvrefeuille), *L. perich-lymenum* L. (Chèvrefeuille des bois), *L. racemosa* L., *L. xylosteum*, *Sambucus racemosa* L. (Sureau à grappes), *Symphoricarpus race-mosus Viburnum opulus* L. (Boule de neige), *V. lantana* L. (Man-cienne).

— Conifères : *Juniperus communis* L. (genevrier) d'après LABERGERIE (1916).

Mais les chenilles sont capables de se nourrir aux dépens d'une quantité d'autres végétaux qui n'attirent pas les femelles pondeuses (cf. LUSTNER).

« La Cochylis existait certainement en Europe bien avant l'introduction de la culture de la vigne ; elle y vivait aux dépens des plantes sauvages précitées qui sont encore les seules nourricières dans toute la partie nord de son aire. Dans les régions viticoles, l'attraction massive exercée par la Vigne cultivée sur de vastes surfaces détourne normalement les papillons de leurs autres plantes hôtes. Mais lorsqu'un gel intense détruit la récolte au printemps, il est intéressant d'observer souvent une abondance de chenilles sur les *Ribes* ou sur d'autres hôtes (*Lonicera, Viburnum, Rhamnus...*) sis à proximité des vignobles. » (BOVEY, 1966).

BRIN (1901) indique qu'à l'île de Ré il a fréquemment trouvé les papillons de Cochylis dans les abris de Tamaris servant à fixer les dunes littorales de la « côte sauvage » et bordant les vignes et sur ceux formant brise-vents de distance en distance, à travers le vignoble, sans y avoir jusqu'ici trouvé les œufs.

« On peut dire que les systèmes actuels de culture, détruisant toute espèce de végétation spontanée, à l'intérieur et à l'extérieur des vignobles, obligent la Cochylis à se réfugier sur la vigne, à se rabattre uniquement sur elle. D'autre part, la culture intensive lui fournissant le moyen de se nourrir plus facilement et à satiété, permet à l'espèce de se multiplier aisément au point de devenir un véritable fléau. Ce fait a été maintes fois mis en lumière par les défrichements en pays neufs où l'on opère dans un laps de temps relativement court. Les insectes qui survivent, trouvant sur la plante cultivée une nourriture qui est mieux de leur choix, s'abattent sur elle et peuvent être accidentellement parasitaires ou au contraire manifester des dégâts constants par la suite.

PAILLOT (1913) indique que « outre le rôle alimentaire joué par certaines plantes sauvages (cornouiller, épine noire, viorne) il existe un rôle de protection joué par toutes les espèces de plantes avoisinant les vignes et plus particulièrement à la première génération. En effet à la fin avril la végétation de la vigne est encore peu avancée et n'offre qu'un abri médiocre alors que les buissons avoisinants, très fourrés ont déjà de nombreuses feuilles. Même à la deuxième génération, les papillons se montraient plus abondants dans la haie que dans la vigne, au moins pendant certains jours. Le rôle d'abri et de protection contre le vent ou les intempéries apparaît donc très nettement dans ce cas.

Culture intensive de la vigne, BUHL (1911) se demande quelles sont les causes de cette augmentation funeste des deux espèces. Il est évident que la culture trop exclusive et trop intense de la vigne qui date en Allemagne d'environ quarante ans (1870) a amené un appauvrissement aussi bien de la flore que de la faune indigène. Ainsi toutes les plantes jugées inutiles, non seulement les arbustes mais aussi les arbres fruitiers ont été arrachés, le fil d'archal a remplacé la haie vive, les ruisseaux mêmes ont été forcés de s'écouler dans des lits cimentés. Comme ça on a créé une sorte de steppe culturale et on a fourni à l'insecte une possibilité illimitée de se propager, le papillon trouvant partout des vignes où il peut déposer ses œufs tandis qu'on a privé ses ennemis naturels de toute occasion de se reproduire et de s'abriter.

4° Animaux prédateurs et parasites

« Parmi les Vertébrés, écrit BOVEY (1966), le rôle des *Chauve-souris* est assez douteux et celui des oiseaux insectivores fort limité par l'insuffisance des abris et des possibilités de nidification dans la plupart des vignobles. En fait, les grands vignobles n'abritent pas d'oiseaux, et une action de ces derniers, des mésanges en particulier, ne se manifeste qu'au voisinage de bosquets ou de forêts.

« De même les insectes prédateurs observés dans les vignes (*Coccinelidae, Cleridae, Chrysopidae, Heteroptera*) n'y jouent qu'un rôle insignifiant en raison de leur faible densité.

« La Cochylis héberge par contre une faune de parasites *Hyménoptères* assez riche en espèces. Selon THOMPSON (1945) on a signalé dans l'ensemble de son aire 43 Ichneumonides, 3 Braconides, 10 Chalcidoides et 2 Tachinaires. Cependant, en raison du caractère monocultural de la plupart des vignobles où sévit la Cochylis, le parasitisme, qui peut affecter les œufs, les larves ou les chrysalides, reste faible et insuffisant pour jouer un rôle limitatif appréciable. Cela tient à l'impossibilité de la plupart de ces parasites d'y trouver, en nombre suffisant, les hôtes intermédiaires nécessaires au déroulement de leur cycle évolutif et, sous forme de nectar et de pollen, la nourriture indispensable à la maturation de leurs œufs. Cependant sous certaines conditions le parasitisme hivernal peut être appréciable et affecter plus du tiers des chrysalides (MARCHAL, 1912). Dans le Val de Loire, GEOFFRION (1959) note qu'il a atteint 85 % en 1951, ce qui doit être assez exceptionnel, encore que ce chiffre ne doive pas faire illusion puisqu'il se rapporte à une population de chrysalides ne représentant qu'une faible proportion de la population de départ. »

« Les chrysalides de la Cochylis, indique LABORDE (1900) peuvent être détruites par divers insectes qu'il a fait identifier : *Pimpla stigmatica, P. coxalis* et *P. cinctella* PEREZ de la famille des Ichneumonides. Le développement des œufs et des larves logés dans les chrysalides est assez rapide car dans certaines, récoltées fin octobre, un mois environ après leur formation, non seulement le corps de la larve avait remplacé complètement la substance de la chrysalide, mais on trouvait déjà des insectes parfaits. Une chrysalide envahie par un Ichneumon se distingue facilement d'une chrysalide saine : les articles de l'abdomen ont perdu toute mobilité et se sont allongés comme lorsque la chrysalide est réduite à sa coque après le départ du papillon. »

« Les Ichneumons, écrit BRIN (1901) sont des Hyménoptères de petite taille, à quatre ailes membraneuses, transparentes, traversées par un réseau de nervures solides, à corps allongé, grêle, terminé chez la femelle par une tarière, qui lui permet de percer le corps des larves ou des chrysalides et même la paroi des cocons. Après avoir percé le corps de sa victime, la femelle y dépose ses œufs qui vont donner des larves apodes. Celles-ci se nourrissent d'abord aux dépens de la graisse de son hôte, puis pour sa métamorphose complète, dévore ensuite les tissus vivants. L'adulte sort des cocons de Cochylis dès le courant novembre. L'abondance de ces insectes utiles explique, comme en 1898 la disparition presque complète de la Cochylis.

« Les coccinelles ne sont pas rares non plus certaines années notamment la coccinelle à sept points (*Coccinella septempunctata*) et la petite coccinelle à douze points (*Micruspus duodecimpunctata*). On trouve aussi des araignées.

« Les *Oiseaux* insectivores, écrit MARCHAL (1911), sont généralement considérés comme de très actifs destructeurs de la Cochylis, mais on manque de précisions sur l'importance de cette consommation dans le régime alimentaire global.

Dans le Palatinat, Schwangart rapporte qu'il a vu pendant des heures des hirondelles (*Hirundo rustica*) donner la chasse aux Cochylis et aux Pyrales au moment de l'essaimage des papillons. Les Sitelles ont été vues également par cet auteur rechercher d'un façon très active les chrysalides sous les écorces. Les mésanges déchirent les cocons pour becqueter les chrysalides qu'elles renferment. Les bergeronnettes, les gobe-mouches, les torcols, les pies-grièches, etc... qui sont communs dans les vignobles, rendent probablement des services analogues.

Les araignées, de diverses espèces paraissent rendre aussi de précieux services. On a aussi constaté que les forficules ou perce-oreilles, certaines larves de Syrphides et d'Hémérobies, les larves de deux Coléoptères (*Malachius bipustulatus* et *Clerus formicarius*) peuvent détruire un certain nombre de chenilles ou de chrysalides ; mais d'une façon générale, il ne semble pas qu'il y ait à compter sur l'efficacité pratique de leur intervention.

Les Hyménoptères parasites ont une importance bien plus considérable. Parmi eux, un Ptémoralien le *Caenacis parviclana* se rencontre fréquemment dans les chrysalides d'hiver de la Cochylis et de l'Eudemis. Chaque Chrysalide contient toujours plusieurs larves parasites. Les autres espèces mentionnées sont *Agripon flaveolatum* Grav. *Pimpla alternans* Grav., *Omorga cingulata* Brischke, *Pimpla stigmatica* Perez, *Pimpla coxalis* Perez, *Pimpla cinctella* Perez, *Pteromalus vitis* Perez.

Marchal et Feytaud (1911) ont observé en Gironde, en Dordogne et en Saône et Loire des œufs de Cochylis et d'Eudemis qui présentaient une teinte noirâtre. En ouvrant ces œufs ils ont trouvé à l'intérieur une petite nymphe d'Hyménoptère, identifié comme étant *Oophthora semblidis* Aurivillius, Chalcidien désigné par Wassiliew sous le nom de *Pentarthron carpocapsae* ; parasite pouvant infecter les œufs de plusieurs Bombyx et de bien d'autres espèces d'insectes appartenant à des ordres différents.

Rubsamen (1909) a mentionné, en Allemagne 5 espèces d'Ichneumons parasites de la Cochylis et 1 espèce pour l'Eudemis.

Catoni (1910) en Italie a reconnu 16 espèces de guêpes et depuis il en a trouvé 8 nouvelles : *Pimpla examinator, P. alternans, P. detrita, P. strigipleuris, P. turinellae, Angita tenuipes, Gambrus inferus, Herpestomus furunculus, Omorgus difformis, Habrocryptus alternator, H. punctiger, Cinxaelotus erythrogaster, Microcryptus nigrotinctus, Phaeogenes sp., Microplitis tuberculifera, Exochus tibialis, Platylabus dimidiatus, Agrypon flaveolatum, Eulimnecia crassifemur, Hemiteles areator, H. nigriventris, H. hemipterus, H. sordipes ; Microgaster globatus, Dibrachys boucheanus, Pezomachus seritens, Eurytoma rosae, Cricellius decipiens, Habrocytus acutigona.*

Certaines espèces vivent en parasites du second degré, c'est-à-dire vivent en parasite dans les guêpes elles-mêmes.

Schwangart (1912) a observé que certaines espèces étaient communes au Tyrol méridional et à l'Allemagne comme *Pimpla alternans, Omorgus difformis, Habrocryptus alternator, Agrypon flaveolatum, Eurytoma rosae.* A la Pyrale et à la Cochylis sont communes d'après Rubsamen : *Pimpla alternans, Agrypon flaveolatum, Monodontomerus aereus.*

« Au Tyrol certaines espèces détruisent jusqu'à 40 % des papillons mais en Allemagne leur rôle est à peu près nul. Il faudrait des cultures intercalaires pour favoriser les Ichneumons en choisissant des arbres et des arbrisseaux appropriés.

Feytaud (1913) mentionne parmi les Ichneumoniens *Ichneumon deceptor* que Schwangart signale comme un parasite de la Cochylis et de l'Eudemis, *Pimpla examinator* parasite de la Cochylis et de l'Eudemis,

P. alternans très abondant dans les chrysalides de Cochylis et d'Eudemis et également de la Pyrale ; *P. turionellae* qui s'attaque à *Cacoecia costana*, à la Cochylis et à l'Eudemis ; *Agrypon flaveolatum* parasite les chenilles et les chrysalides de Pyrale, de Cochylis et d'Eudemis, surtout en Allemagne ; *Omorgus difformis* vit dans les chenilles d'Eudemis et de Cochylis et présente deux générations par an.

Plusieurs espèces d'*Angilia* étudiées par MARCHAL (*A. melanius, A. exareolatus, A. vestigialis*) sont des parasites fréquents d'Eudemis.

Habrocryptus alternator attaque les chrysalides de Cochylis et d'Eudemis ; *Phygadeuon varicornis* a été obtenu de chrysalides d'Eudemis en France et en Allemagne et *Hemiteles areator* aussi dans le sud-ouest de la France et au Tyrol italien.

Parmi les Chalcidiens il note *Chalcis minuta* parasite de la Pyrale, *Chalcis psilla* parasite de l'Eudemis en Italie, plusieurs espèces de Pteromales (*Pt. communis, Pt. larvarum, Pt. cupreus, Pt. ovatus*) parasitent la Pyrale, selon AUDOUIN et on peut rattacher à ce groupe *Dibrachys affinis* et *D. boucheanus* observés par SILVESTRI parmi les parasites de l'Eudemis.

MARCHAL a décrit *Eulophus polydrosis* comme parasite des chenilles d'Eudemis et SILVESTRI a signalé une espèce voisine *Elachistus affinis* ; on peut citer aussi *Elasmus flabellatus*, parasite de la Teigne de l'Olivier mais trouvé aussi sur Eudemis.

Oophthora semblidis parasite les œufs de la Pyrale, de la *Cochylis* et de l'*Eudemis*.

Parmi les Proctotrypiens *Bethylus formicarius* (*Goniozus Audouini*) est un ennemi de la Pyrale et *Parasierola gallicola* est un parasite de l'Eudemis, cité par SILVESTRI.

Enfin parmi les *Tachinides* on trouve plusieurs espèces de Diptères s'attaquant aux papillons de la vigne : *Parerynnia vibrissata* est un parasite de la Pyrale, étudié par SICARD (1908), de même *Tachina hortorum*. Sur l'Eudemis on trouve *Phytomyptera nitidiventris* vivant dans les chenilles en France et en Italie.

PAILLOT (1913) indique qu'en 1911 il avait trouvé d'assez nombreux œufs de cochylis parasités par *Oophthora semblidis ;* ces œufs se distinguaient facilement des autres par leur couleur noire brillante. En 1911 il y avait moins d'œufs de 2e génération sur les grappes de telle sorte que la proportion des œufs parasités s'élevait à 6 ou 8 % et pour l'eudemis de 4 à 5 %.

PICARD (1911). Le rôle des *oiseaux* insectivores en France n'a jamais été étudié de façon suivie. Les oiseaux ne feront jamais disparaître les insectes sous peine de disparaître à leur tour. Mais leur utilité consiste à maintenir un certain équilibre qu'il est dangereux de rompre en détruisant farouchement les oiseaux. En Allemagne le rôle des oiseaux a été mieux observé et les espèces suivantes ont été signalées comme dévorant les chenilles dans les vignes : Linotte, Serin d'Europe, Rossignol des murailles, Rouge-queue, Bergeronnette grise et jaune, Gobe-mouche gris, Alouette huppée, Torcol.

5° Microorganismes pathogènes

« On ne connaît pas avec certitude de virose de la Cochylis et de l'Eudemis. Selon une donnée ancienne de SCHWANGART, cité par ESCHERICH (1914) une polyédrose aurait été observée chez la Cochylis mais le fait n'ayant jamais été confirmé, nous le citons avec réserve, écrit BOVEY (1966).

« Par contre les chenilles dans leur cocon et les chrysalides peuvent être atteintes de diverses mycoses qui agissent surtout en automne et en hiver sur les populations des deuxième (Cochylis et Eudemis) et troisième

Génération (Eudemis). 5 espèces de champignons sont citées par MARCHAL (1912) et PAILLOT (1942) à savoir *Citromyces glaber* Wehm, *Verticillium heterocladium* Penz., *Beauveria bassiana* Bals., *Beauveria densa* Fries et *Spicaria farinosa* var. *verticilloides* Fron, cette dernière étant la plus répandue et efficace.

« La mortalité causée par ces champignons sur les chrysalides hibernantes ou les chenilles avant nymphose est assez variable ; elle dépend surtout des conditions d'humidité et de température. Les individus se trouvant à proximité du sol ou sur des parties du cep recouvertes de terre par un labourage ou un buttage sont plus particulièrement atteints. La mortalité fungique est la plus forte durant les hivers doux et humides, pouvant atteindre une proportion importante de la population hibernante des deux Tordeuses. FEYTAUD (1917) et VOUKASSOVITCH (1924) notent respectivement une mortalité par mycoses de 46-58 % durant l'hiver 1913-1914 dans le Bordelais et de 68 % environ sur l'Eudemis durant l'hiver 1920-1921 aux environs de Toulouse. Lors de prélèvements successifs faits dans la région lyonnaise au cours de l'hiver 1940-1941 par PAILLOT (1942) cette mortalité causée presque exclusivement par *Spicaria farinosa* a atteint de 15 à 60 % des hivernants.

« Il est intéressant de noter que ces mycoses peuvent également affecter les formes hibernantes des parasites dans la chrysalide de leur hôte et contribuer ainsi à réduire leur action (VOUKASSOVITCH).

« D'autre part, les chenilles des deux Tordeuses de la grappe sont également sujettes à des bactérioses. En 1937 et 1938, METALNIKOFF a reconnu en laboratoire qu'à une dose moyenne d'emploi, une suspension de spores de *Bacillus thuringiensis* var. *thuringiensis* provoquait une mortalité de 25 à 75 % des chenilles des deux espèces (KRIEG, 1961).

LABORDE (1900) a observé diverses moisissures sur les chrysalides, il a obtenu deux Isariées différentes et il a constaté aussi que le *Sporotrichum globuliferum*, parasite des Altises pouvait attaquer également les chrysalides de Cochylis et d'Eudemis.

« L'utilisation des *champignons entomophytes*, écrit MARCHAL (1911) a été maintes fois préconisée, mais elle est très difficile car les spores répandues en rencontrent pas toujours les conditions de milieu favorables à leur développement, en particulier l'humidité et le confinement qui leur conviennent. C'est en partant de cette remarque qu'on a fait des expériences dans le Palatinat et la vallée du Rhin pour butter les vignes pendant la période hivernale. Sous l'influence de l'humidité qui se trouve ainsi entretenue sur les écorces, une mortalité très grande déterminée par les champignons se déclare dans les champs qui ont été soumis au traite-ment. Cette mortalité peut s'élever dans certains cas jusqu'à 85 et 90 %, mais parfois il y a eu des échecs, tenant peut-être à la rareté des champignons entomophytes ; il faudrait prévoir un ensemencement artificiel. L'espèce la plus fréquemment mentionnée est *Isaria farinosa ;* LABORDE a cité *Sporotrichum globuliferum*.

L'*Isaria farinosa* fut observé déjà sur la Cochylis en 1894 dans le Beaujolais par SAUVAGEAU et PERRAUD. Plus récemment, écrit FEYTAUD (1924) ce champignon a été étudié dans le Palatinat par SCHWANGART puis en France par MARCHAL et par FRON qui a précisé sa dénomination spécifique et enfin par VOUKASSOVITCH (1922).

Mais les essais en grande culture n'ont pas donné de résultats décisifs. Le pourcentage des Eudemis momifiées examinées par nous à la fin de l'hiver 1913-1914 varie de 46 à 58 % et VOUKASSOVITCH a obtenu 70 %. Les expériences dans le Palatinat ont montré que le buttage des ceps l'augmentait nettement passant de 55 à 90 %. Donc la pratique du labour d'automne qui chausse les ceps est-elle de fort bon aloi.

FRON (1913) a étudié une espèce voisine d'*Isaria farinosa* qu'il a décrite sous le nom de *Spicaria farinosa* var. *verticilloides*. Les essais réalisés n'ont pas permis une contamination des chrysalides, de l'Eudemis particulièrement.

Des essais de contamination par divers *Bacillus* de grappes présentant à la fois des Cochylis et des Eudemis n'ont pas été positifs (CHATTON, 1913).

Toutes ces observations et ces expériences montrent que la lutte biologique ne peut suffire pour détruire la Cochylis et réduire, de façon notable, les dégâts dans les vignes.

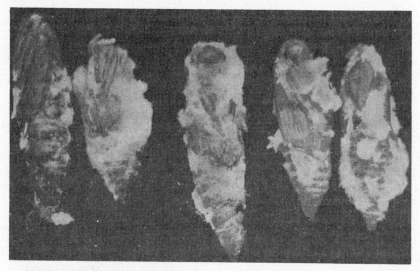

Fig. 333. – Chrysalides momifiées par *Spicaria farinosa* var. *verticilloides* (d'après VOUKASSOVITCH).

6° Circonstances favorisantes

A - Ecologie et dynamique des populations

Selon BOVEY (1966) « c'est un fait d'observation courante que dans tous nos grands vignobles les populations de la Cochylis et de l'Eudemis sont soumises *dans le temps et dans l'espace* à des variations numériques de grande amplitude. Mais contrairement à ce que l'on observe chez d'autres Lépidoptères ravageurs (Cheimatobie, Hyponomeutes) où les pullulations se succèdent avec une certaine périodicité, les fluctuations des Tordeuses de la grappe sont *irrégulières* et *d'amplitude très variable*.

« En raison de la grande importance économique de ces deux ravageurs, on a naturellement cherché à préciser les causes de leurs variations numériques. L'apport le plus original et le plus important est celui des auteurs allemands qui de 1928 à 1944 (STELLWAAG et ses collaborateurs SPRENGEL, GÖTZ, WITTERSTEIN, MAERKS) ont poursuivi dans le Palatinat, où coexistent les deux espèces, une série de remarquables recherches qui ont permis de préciser le rôle du climat sur la dynamique de leurs populations. En France peu d'études systématiques ont été consacrées à ce problème depuis les recherches de MARCHAL (1912) jusqu'à la thèse de GEOFFRION (1959) qui vient de compléter les données des auteurs allemands.

« On est maintenant bien renseigné sur les facteurs abiotiques (température, humidité, lumière) de régulation mais on l'est beaucoup moins sur les facteurs biotiques. De nombreux organismes ont été signalés comme antagonistes de la Cochylis et de l'Eudemis, en particulier des mycoses, des parasites et des prédateurs, mais aucune étude biocénotique de longue haleine n'en a précisé l'action.

« Dans tous les grands vignobles d'Europe moyenne, où la vigne en monoculture constitue une biocénose très pauvre, *l'évolution dynamique de la Cochylis* est essentiellement fonction des facteurs abiotiques, ce qui explique dans une très large mesure l'irrégularité, dans le temps et dans l'espace, des fluctuations de population de l'insecte et partant de l'ampleur de ses dégâts. Le rôle insignifiant des facteurs biotiques est marqué en particulier par le fait que le passage de faibles à fortes densités et vice-versa se manifeste le plus souvent sans transition

« Trois facteurs, dans cette évolution dynamique, jouent un rôle déterminant :

— la température et l'humidité agissant sur l'imago durant le vol, la ponte et le développement des œufs ;

— et le degré d'insolation auquel sont soumis les papillons dès leur éclosion.

De ce fait l'ampleur des dégâts ne dépendra pas nécessairement de la densité de population des papillons de la génération précédente, mais dans une large mesure des conditions microclimatiques qui règnent dans les vignobles au moment du vol. Si ce dernier coïncide avec une période durant laquelle les conditions se rapprochent des normes optima précisées plus haut, à savoir une température assez élevée avec forte hygrométrie la ponte sera abondante et un faible vol pourra avoir comme conséquence de graves dégâts. Si, au contraire, de fortes chaleurs entraînent une mortalité massive des papillons et des œufs, un vol intense sera suivi de dégâts insignifiants. On a cité dans la littérature de nombreux cas de cette nature. C'est ainsi qu'en l'année 1911, caractérisée par une grave invasion de première génération, la seconde génération fut pratiquement supprimée dans de nombreux vignobles européens à la suite de fortes chaleurs accompagnées d'une sécheresse exceptionnelle (MARCHAL, 1912). Des faits semblables furent signalés en 1921 dans le Palatinat (STELLWAAG, 1927) et en Suisse romande (FAES et STAEHELIN, 1922), en 1957 dans les vignobles du Sud-Ouest (RICHARD, 1959).

« Des observations consignées par STELLWAAG (1927) font bien ressortir l'irrégularité des variations des populations des chenilles et des dégâts d'une génération à l'autre et d'une année à l'autre. Si des variations extrêmes sont assez fréquentes, cependant dans tous les cas où les conditions microclimatiques au moment du vol ne sont ni très favorables, ni très défavorables, l'ampleur des dégâts dépendra dans une large mesure de la densité de population des papillons.

« On oppose volontiers la Cochylis, « Insecte du Nord » à l'Eudemis, « Insecte du Sud », mais ces termes prêtent à confusion en ce qu'ils laissent entendre que ces différences sont questions d'affinités thermiques. En réalité, ainsi que l'a montré STELLWAAG (1938) les exigences thermiques des deux espèces sont assez semblables alors que diffèrent leurs exigences hygrométriques. Tandis que l'Eudemis affectionne les lieux secs et chauds, la Cochylis recherche les lieux humides et elle se trouve exclue des vignobles méridionaux beaucoup plus par la sécheresse de l'atmosphère que par les températures élevées. C'est aussi l'hygrométrie qui, dans les vignobles où coexistent les deux espèces, règle de génération en génération et d'année en année l'importance relative de chacune d'elles, ces variations ne résultant nullement d'une compétition pour la nourriture.

« La connaissance des exigences hygrométriques de la Cochylis explique aussi pourquoi l'espèce n'est pas uniformément répartie dans un vignoble donné, mais se concentre dans les combes, dans les parchets établis sur sols humides ou envahis de mauvaises herbes. Tous les vignerons connaissent ces zones plus particulièrement menacées par les « vers », ces « Wurmlocher » des praticiens allemands. »

B - Influences climatériques

1° *La température* est un des facteurs les plus importants. On a vu que les froids de l'hiver étaient normalement sans action contre les chrysalides de Cochylis et qu'il fallait atteindre au moins des températures de — 25 °C pour constater des mortalités. Donc aucune espérance ne peut être fondée sur les froids de l'hiver pour obtenir la destruction des chrysalides de Cochylis.

La température maximum que peut supporter la matière vivante est comprise entre 55 et 60 °C, par conséquent tout procédé destiné à détruire les larves ou les chrysalides par la chaleur devra permettre d'atteindre au minimum cette température de 55 °C (échaudage, vapeur d'eau, flambage).

PICARD (1911) observe que la chaleur et le froid agissent sur la rapidité de l'évolution de la Cochylis.

« La différence de durée que l'on constate entre la métamorphose d'été, qui s'effectue en quinze jours, et celle d'hiver, qui demande environ 5 mois, n'a pas d'autre cause. D'ailleurs, en plaçant l'hiver des chrysalides dans une pièce chauffée on obtient en mars, avec deux mois d'avance, des papillons, d'où les erreurs enregistrées sur les observations de l'éclosion au printemps avec des chrysalides conservées à l'intérieur de la maison.

« La date d'apparition des papillons de printemps est donc sous la dépendance du relèvement plus ou moins précoce de la température. Elle variera dans une large mesure suivant les régions et suivant les années. D'autre part il n'est pas deux chrysalides, dans leur refuge hivernal, qui soient placées dans des conditions identiques (orientation, exposition aux rayons solaires, épaisseur de l'abri cortical) sans oublier les différences de nutrition. Tout cela explique l'irrégularité des éclosions qui est très espacée. Il s'en suit évidemment que les pontes et les naissances des larves sont échelonnées sur une longue période. Il y a des larves déjà grosses alors que d'autres sortent de l'œuf. Le retard ainsi produit ne se rattrape pas. Et voilà comment les générations s'enchevètrent et comment on trouve dans la même parcelle des Cochylis à tous les stades possibles de leur évolution.

« Inversement, lors des étés froids ou dans les pays froids, l'évolution peut être prolongée à une de ses périodes ou à toutes, de telle sorte que la chrysalide, qui normalement serait d'été, se trouve saisie prématurément par le froid et passe au rang de chrysalide d'hiver. Le cas n'arrive jamais pour la Cochylis mais il est fréquent, au point de devenir la règle, pour l'Eudemis dans tous les pays de latitude élevée.

« La chaleur peut encore expliquer d'autres phénomènes. La plaine de l'Hérault est généralement moins éprouvée par la Cochylis que les autres pays vignobles. On a souvent observé une disparition presque complète de l'insecte après la première génération. Il suffit en effet, en juillet, d'une période de chaleur excessive, coïncidant avec une grande activité des pontes ou avec une éclosion considérable des larves pour qu'œufs et jeunes chenilles soient grillés et que s'arrêtent les dégâts.

« Une *action indirecte* est à noter car elle agit sur la nourriture de la chenille, c'est-à-dire sur la vigne. Lors des printemps ni trop chauds ni à sautes de température trop brusques, la croissance se présente dans de bonnes conditions et ne subit pas d'à-coups ; dans le cas opposé elle est lente et se fait péniblement. VALLOT, puis RAVAZ avaient remarqué que lorsque la vigne pousse rapidement les ravages sont bien moindres qu lorsque la végétation marche lentement. D'abord les dégâts sont vite réparés, ensuite les organes de la vigne, en poussant vite, distendent et rompent continuellement les toiles de la chenille. Celle-ci use ses réserves et ses forces dans de constantes réparations, s'épuise et son évolution se poursuit dans de mauvaises conditions. De même les vignes court-nouées à végétation languissante souffrent plus que d'autres des dégâts de la Pyrale.

« 2° *L'humidité*. L'humidité ou inversement la sécheresse, jouent un certain rôle qui le plus souvent vient s'ajouter à celui de la température. C'est ainsi que la grande sécheresse de l'air, constatée en juillet dans la plaine de l'olivier, est responsable, autant que la chaleur, de la mortalité intense qui se produit à cette époque sur les embryons et les jeunes chenilles.

« L'Eudemis paraît moins sensible à la sécheresse et davantage à la pluie que la Cochylis. Dans les localités où les deux espèces sont mélangées, la seconde tendra à prendre le dessus dans les années pluvieuses et dans les années sèches la première regagnera le terrain perdu.

« L'humidité a un autre effet c'est de compléter l'œuvre néfaste des chenilles en favorisant la pourriture des grains attaqués comme cela s'est passé en 1910. »

« En 1911, la seconde génération de Cochylis a été très réduite ou même presque supprimée, selon MOREAU et VINET (1912) sous l'influence de la chaleur et de la sécheresse. Nous avons trouvé beaucoup de vers de première génération desséchés dans leurs cocons avant la chrysalidation ainsi que des chrysalides desséchées. »

MARCHAL (1912) confirme qu'en 1911 CHATANAY en Champagne a observé que les éclosions des papillons de la deuxième génération avaient été normales en juillet, le maximum des vols étant du 18 au 20, puis la fin du vol est survenue de façon très brusque en moins de deux jours et la ponte manqua presque complètement dans le vignoble. Cela tient à la sécheresse et à la chaleur excessive du mois de juillet 1911. Or les papillons ont besoin d'eau pour se maintenir en vie et effectuer leur ponte ; la rosée leur est indispensable ».

« Les étés secs et chauds, écrit BRIN (1901) sont défavorables à l'insecte (cas de 1893 et 1898). Au moment de la vendange on constatait peu ou pas de trace d'attaque par les vers. Mais lorsque la larve existait, on a pu constater que l'évolution de la larve quoique rapide, ne l'avait pas été suffisamment pour lui permettre de quitter les grains aussitôt la véraison, comme c'est son habitude. A l'époque des vendanges on la trouvait dans les raisins et elle fut conduite à la cuve ou au pressoir. Dans les années hâtives une vendange hâtive contribue pour une part à la destruction d'un bon nombre d'individus. »

« Les étés très chauds et secs, écrit FEYTAUD (1924) de 1911 et 1918 ont provoqué une vraie débacle dans le monde des Cochyllis, tandis que les étés relativement frais et humides de 1910, 1912, 1913 et 1917 ont favorisé leur expansion.

« A côté de la température, l'*état hygrométrique* de l'air compte pour une grosse part dans ces effets naturels ; le facteur sécheresse semble plus actif en plein été que le facteur température et l'humidité agit plus ou moins directement sur les chenilles et les chrysalides pendant l'automne et l'hiver en favorisant le jeu des champignons entomophytes.

En Suisse, FAES (1930) a indiqué que les années chaudes et sèches sont peu favorables au développement de la Cochylis ; dans le vignoble vaudois ce fut le cas des années 1892, 1893, 1897, 1900, 1904, 1905, 1911, 1918, 1921 alors que les années favorables au ver sont les années pluvieuses, de mai à juillet : 1889, 1891, 1907, 1909, 1910, 1913, 1915, 1916, 1924.

On aura donc de faibles dommages les années sèches et chaudes surtout si chaleur et sécheresse coïncident avec la ponte du papillon et l'éclosion des jeunes vers (fin mai — commencement de juin et fin juillet — commencement d'août).

3° *Les vents.* Pour PICARD (1911) les vents n'ont pas d'influence sur l'évolution des papillons, mais ils en ont sur leur dispersion, qui se fait souvent dans le sens du vent dominant. Toutefois la Cochylis ne vole pas les nuits agitées, mais les brises faibles sont favorables à la dispersion. »

Selon BRIN (1901) les vents doivent aider à la contamination des vignes en favorisant le vol des papillons. Les vents chauds, comme le sirocco en Algérie, le vent d'autan en Languedoc tuent les frêles chenilles en même temps qu'une partie des grappes est desséchée. »

4° *La pluie.* Lorsqu'elle survient pendant le vol des papillons la pluie peut avoir un effet favorable en entravant la ponte.

5° *La grêle* agit plus brutalement que la pluie et extermine la Cochylis tout en ravageant la vigne et en compromettant la récolte.

C - Influence de la topographie et des abris

Selon BRIN (1901) « d'une façon générale, la Cochylis se trouve presque toujours localisée dans les plaines ou à flanc de coteau, dans une *dépression du sol.* Partout où il y a déclivité bien marquée de terrain c'est là que nous la trouverons presque à coup sûr, alors que dans les vignobles voisins, assis sur des croupes il y a en a fort peu et même pas du tout. Dans les plaines basses et humides qui forment les îles et les palus de la Gironde ainsi que dans les îles et les plaines bordant le Rhône nous avons toujours trouvé un nombre d'individus plus grand que dans les coteaux avoisinants. Pour ces mêmes coteaux, l'exposition ne paraît pas devoir exercer une action prépondérante.

« D'autre part *les abris* naturels ou artificiels ne sont pas étrangers à la protection de l'insecte et, par déduction, à sa multiplication. En première ligne on doit faire entrer les collines abritant des vents domi-nants, puis les bois : l'insecte pullule près des lisières du bois alors qu'il est en plus petite quantité au milieu de la parcelle de vigne. Il en est de même des rangées de vignes avoisinant les villages, les fermes. En Charente on peut affirmer que, du côté nord d'un abri, la Cochylis se tient presque en permanence. Les simples rideaux d'arbres, utilisés comme brise-vents dans le Midi et les rangées de *Tamarix*, employés pour la même raison dans les îles de l'Océan et dans les îles de la Gironde, favorisent le repos et la ponte des papillons de Cochylis. Dans leur zone de protection, leur nombre y est toujours plus grand qu'au centre des pièces plus directement éprouvées par les' grands vents régnants. Partout où, dans les vignobles, il y a des cultures fruitières, tel qu'aux environs de Paris à Triel, Sartrouville... il y a toujours plus d'insectes sous les ceps recevant l'abri de ces arbres que partout ailleurs. »

« Cette préférence de l'insecte pour les lieux abrités écrit PERRAUD (1900) peut s'expliquer assez facilement par les habitudes du papillon qui cherche un lieu calme pour s'accoupler et pondre. Cette prédilection est si prononcée qu'il n'y a pas de localité où elle ne puisse être remar-quée et souvent on est frappé de la différence que l'insecte semble établir entre des portions du même terrain que rien ne divise et dont l'exposition seule varie. Quelle que soit la situation d'un vignoble envahi, qu'il s'étende en mi-côte ou se trouve en plaine, il est rarement absolument plat et comprend une série de petits bassins séparés par de légers monticules, parfois à peine sensibles et cela dans la même exposition on voit que le fond des cuvettes est généralement la partie la plus infestée. D'une manière générale, les parties bien exposées au vent, comme les plateaux élevés et les sommets de coteau sont moins attaquées. Il n'y a pas d'orientation préférentielle au Nord ou au Sud pour l'insecte. Son choix dépend surtout de la direction des vents dominants dans la contrée. »

D - Influence du mode de conduite

« Plus les vignes sont vigoureuses et fructifères, écrit BRIN (1901), plus leurs raisins procurent aux parasites de la vigne une *nourriture* abondante et leur assurent aussi des conditions plus favorables à un meilleur développement. En plus ces vignes leur assurent une meilleure protection sous les écorces plus fournies qui s'exfolient facilement et dans les fentes des échalas ou des pieux qui soutiennent les fils de fer.

« Plus les ceps sont jeunes, plus le *logement* qu'ils offrent est restreint, car les écorces sont peu fissurées. Au contraire, plus les ceps sont vieux, plus le rhytidome qui les recouvre est épais et laisse des lanières prestes à s'exfolier sous lesquelles larves et chrysalides trouvent un excellent refuge. La question de volume comparé des souches, jeunes et vieilles, varie d'un centre viticole à l'autre, Si, à âge égal on passe des vignes du Sud-Est et du Sud-Ouest à ceux du Nord-Est et de l'Est de la France on voit que les ceps du Midi sont beaucoup plus gros que ceux du Nord et que, par conséquent, les premiers offriront un logement bien plus considérable aux parasites que les seconds.

« On a vu que le système de taille intervient aussi pour offrir une charpente plus ou moins développée. Le gobelet ou le Guyot double permettent de réduire au minimum la surface couverte par de vieilles écorces. Le cordon de Royat au contraire l'augmente dans une notable proportion (le Chablis également en Champagne).

« Les treilles, les hautains remplissent au maximum les meilleures conditions d'abri. L'usage de la taille Dezeimeris est une cause d'aggravation du mal. Les chicots laissés se dessèchent, leur moelle se désagrège et leur canal médullaire, entièrement libre, donne accès aux larves qui y sont merveilleusement protégées. Le nombre de ceps plantés par hectare est aussi une condition qui a son importance.

« La quantité de *piquets*, pieux, échalas ou pesseaux nécessaires à soutenir la vigne ou aider à sa taille, est aussi un des facteurs importants de la conservation de la cochylis dans nos vignobles. Leur état de vétusté, leur mauvais entretien sont autant de causes qui facilitent le logement de l'insecte. En passant du Sud au Nord le nombre d'échalas augmente, passant de 10.000 en Anjou à 12 et 15.000 dans les vignobles des environs de Paris et 40 ou 50.000 dans ceux de la Champagne. Les dimensions des souches se réduisent tant en hauteur qu'en grosseur et ne laissent que peu de place aux larves, obligées d'utiliser les échalas pour s'abriter. Les vieilles écorces des arbres qui servent d'appui aux hautains de la Savoie, du Jura, des Pyrénées donnent aussi le couvert au ver coquin. »

Selon PERRAUD (1900) « les systèmes de taille qui comprennent beaucoup d'échalas (Beaujolais, Bourgogne, Champagne, Isère, Savoie) offrent un abri aux chenilles au moins 20 % en Beaujolais, davantage dans les treillards de l'Isère et encore plus en Champagne où les souches sont enterrées par provignage de sorte que la Cochylis se réfugie dans les échalas. Au contraire, dans les vignes établies sur des charpentes en fer ou celles cultivées sans support, tous les insectes hivernent sous les écorces des ceps.

Mais partout les invasions ne paraissent pas liées au mode de culture ; elles peuvent être aussi redoutables dans les vignobles sans support que dans ceux riches en échalas. Toutefois il semble logique d'admettre que certains modes de culture peuvent favoriser jusqu'à un certain point la chrysalidation des chenilles en offrant des abris plus spacieux et plus nombreux. Les systèmes de culture à grand développement, à fortes souches et à longs bras qui offrent comme refuge de larges surfaces couvertes d'écorce, seraient ainsi plus exposés aux ravages de la Cochylis. Mais il faut tenir compte aussi des exigences de l'insecte c'est-à-dire de l'abondance ou de la rareté des raisins, qui constituent sa nourriture, apparaît comme devant jouer un rôle plus important encore sur sa multiplication. Les souches ayant le plus grand développement sont celles qui doivent avoir la récolte la plus abondante et donc la proportion de raisins détruits restera sensiblement la même dans tous les cas. »

VIII — LES DEGATS

Du fait de sa répartition géographique, la Cochylis présente une importance économique différente selon les vignobles. Puisque nous avons vu que cet « insecte du nord » ne se développait bien que dans les situations humides, les plaines de préférence aux coteaux, ce sont donc les vignobles septentrionaux qui subiront les plus gros dommages, ainsi que certains microclimats humides des vignobles méridionaux.

Il faut noter aussi que depuis l'adaptation de l'Eudemis à la vigne au début du XXᵉ siècle, on a assisté à une concurrence entre les deux espèces, entraînant souvent une régression, voire une disparition totale de la Cochylis d'où l'expression souvent rencontrée dans la littérature que « l'Eudemis chasse la Cochylis ».

D'après BODENHEIMER (1926) il semble que les premiers dégâts dans les vignobles allemands remontent au XVᵉ ou XVIᵉ siècle et au fur et à mesure du développement de la culture de la vigne en Europe centrale et moyenne les ravages ont augmenté au point que dès le XVIIIᵉ siècle on signale de nombreuses « années à vers » (Wurmjahre) caractérisées par des pertes de récolte importantes.

En France, nous avons vu dans l'historique que les premiers dommages certains ont été signalés dès le XVIIIᵉ siècle, pour s'étendre au cours du XIXᵉ siècle, en Côte d'Or notamment. En 1857 LABOULBENE a cité les dégâts occasionnés par la Cochylis dans les environs de Villefranche-sur-Saône. En 1868, CORET fait part des dégâts causés dans les vignobles des environs de Puteaux, près de Paris.

JOLICŒUR (1894) indique que dans la Marne après s'être montré abondamment en 1878, 1879 et 1880 la Cochylis reparut avec une si grande intensité en 1887, 1888 et 1889 que certains lots de vigne à Verzenay accusaient en 1888 la perte de 80 % de la récolte.

Dans la Gironde, selon KEHRIG (1893) la Cochylis n'avait jusqu'en 1888 fait éprouver aux viticulteurs que des pertes minimes. Dans les vignobles à vins blancs, le ver a de tout temps été vu. En Bas-Médoc la Cochylis apparut en 1864 et un peu en 1865 ; depuis on n'en parlait plus.

En 1889, la Cochylis a été signalée dans toutes les régions viticoles de France, causant d'importants dégâts. En 1891, plus particulièrement dans la Vallée de la Saône, un grand nombre de vignobles ont perdu de 25 à 75 % de leur récolte. En 1896 et 1897 les dégâts, encore aggravés par la pourriture ont été considérables.

La périodicité des invasions de Cochylis n'a rien qui doive surprendre, elle est dans l'ordre normal des choses. Dès qu'une espèce animale se multiplie dans des proportions exagérées, on voit bientôt apparaître et se multiplier parallèlement d'autres êtres destinés à vivre à ses dépens. C'est là une loi naturelle qui ne permet à aucune espèce de prendre un développement prépondérant. Cet accord admirable entre les diverses productions de la nature aurait même suffi sans doute dans beaucoup de cas pour maintenir un juste équilibre et empêcher les progrès du mal, si une civilisation croissante n'était venue, en augmentant nos besoins, multiplier aussi les sources du fléau.

Comme l'indique Bovey (1966) « jusqu'à l'introduction de mesures efficaces de lutte chimique, vers 1920 ; la Cochylis a été, avec le mildiou, l'oïdium et le gel, l'une des principales causes de l'irrégularité de la production vinicole. »

Importance des destructions

Selon Vermorel (1890) le nombre de grains détruits par une seule larve est très variable : on a pu compter de 7 à 34 boutons floraux dans une même toile et on a souvent rencontré 4, 5 et 6 vers dans une même grappe. On peut juger par là de l'intensité effroyable des dégâts occasionnés dans les grappes fleuries par cette première phase évolutive de l'insecte.

En Bordelais, Laborde (1900) rappelle que la chenille pique le grain vert et au bout de quelques jours, elle entraîne une altération du grain bien connue.

Dans les années très sèches, comme 1898 et 1899, les dégâts des vers sont limités à la destruction des grains atteints, qui se dessèchent plus ou moins complètement. Mais lorsque le temps est suffisamment humide, ces grains piqués ne tardent pas à être envahis par des altérations secondaires diverses, dont la pourriture grise est la plus fréquente et deviennent, par suite, non seulement un foyer de contamination pour les grains restés sains, mais aussi une source très importante de la plupart des maladies du vin.

Vinification des raisins cochylisés (voir Eudemis).

EUDÉMIS

I — SYNONYMIE

Fr. Tordeuse de la grappe (V. Mayet).
Angl. Grape berry moth.
All. Bekreuzte Traubenwickler.
Ital. Tignoletta dell'uva.
Port. Eudemis.
Esp. Eudemis, Polilla.

II — HISTORIQUE

L'Eudemis fut signalée pour la première fois comme ravageur de la vigne en *Autriche* par Denis et Schiffermuller (1776) qui décrivirent l'insecte. Puis Jaquin, en 1788 la mentionna comme nuisible aux vignes des environs de Vienne. Selon Kollar (1837), fréquente sur les treilles en 1800, l'Eudemis fit des ravages encore plus considérables dans les vignobles pendant les années 1816, 1817 et de 1828 à 1835. Dès lors, elle se propagea de plus en plus et de 1902 à 1903 envahit toute l'Autriche, où elle se montra plus dangereuse que la Cochylis.

En *Allemagne*, Treitzchke l'observa, en 1854, volant autour des treilles de vigne, mais l'insecte fut remarqué pour la première fois dans un vignoble en 1870, à Edenkoben, par Froelich. Une forte attaque est signalée en 1889 par Zschocke dans le Palatinat et Lustner communique, en 1902 et 1903, que l'insecte prend de plus en plus d'importance dans le Rheingau. Dès 1905, le ravageur cause de grands dégâts dans les vignobles du Palatinat (Rudesheim) et apparaît dans la vallée de la Moselle.

En *Suisse* l'Eudemis a été trouvée par Faes le 18 juillet 1910 dans le vignoble genevois de Satigny puis s'est répandue dans les vignobles vaudois, valaisans et tessinois.

En *France*, selon les écrits de V. Mayet (1890), Laborde (1900), Capus et Feytaud (1908) l'Eudemis fut d'abord signalée en 1890 dans les Alpes-Maritimes (vignoble de Bellet) venant peut-être d'Italie. Elle fut trouvée en 1891 par Kehrig dans une treille d'un jardin de Bordeaux et se répandit les années suivantes dans plusieurs jardins au sud de Bordeaux. L'insecte avait sans doute été introduit accidentellement avec des plants ou des raisins secs provenant d'Italie ou des Alpes-Maritimes. Trouvant dans le Bordelais des conditions particulièrement favorables à son extension, il y prit un développement rapide. En 1892 et 1893 l'Eudemis se propageait dans les jardins et la campagne voisine. En 1894, Audebert repérait sa présence générale à Villenave d'Ornon et à Léognan, puis le papillon se propageait rapidement sur les Côtes de Bordeaux, le Libournais, le Saint-Emilionnais et gagnant vers le Sud et l'Est les départements voisins. En novembre 1899 il est trouvé dans les cultures de Chasselas de Port-Sainte-Marie (Lot-et-Garonne).

Des dégâts importants sont observés en Gironde en 1896 et 1897 et à partir de cette date la Cochylis disparaît peu à peu devant l'Eudemis, partout où cette dernière s'installe c'est-à-dire dans les situations chaudes. Mieux adaptée, plus prolifique, plus active, plus vorace elle affame la Cochylis et l'oblige à disparaître.

Dans le Beaujolais, selon Paillot (1912) l'Eudemis fut signalée par Perraud en 1905 et les années suivantes les dégâts furent assez considérables. En quelques années les autres régions viticoles furent envahies à leur tour (voir Répartition géographique).

III — SYMPTOMES

Comme la Cochylis, l'Eudemis est essentiellement un « ver de la grappe » la première génération s'attaquant aux inflorescences et les suivantes aux baies. C'est tout à fait exceptionnellement qu'on peut observer des dégâts de mineuses.

« Lors de la *première génération*, écrivent Viala et Marsais (1927) les jeunes vers rongent les grappes de fleurs non écloses, dessèchent les dernières ramifications de la rafle ou grappe toute entière, soit en la perforant, soit en emprisonnant un certain nombre de fleurs dans un lacis de fils ; le dessèchement d'un nombre plus ou moins grand de fleurs se produit avant la floraison.

« L'Eudemis se promène et s'agite sur une même grappe et avant de se chrysalider peut détruire une grappe entière, même si une seule chenille est éclose sur la grappe.

« Dès son éclosion, la chenille de la *deuxième génération* s'agite, perfore la peau d'un ou plusieurs grains et bientôt pénètre dans celui qu'elle a choisi ; elle file à l'ouverture une trame, variable de densité, de soies qui réunissent parfois deux ou trois grains dans un lacis jeté entre les ouvertures des grains qu'elle a piqués. Elle sort souvent du grain pour en piquer un ou deux nouveaux et se loger enfin dans un dernier. Les grains, même piqués à l'état vert, prennent une coloration rouge sale ou vineuse terne qui se diffuse peu à peu dans l'épaisseur de la baie. »

« Les chenilles provenant d'œufs non pondus sur les grappes, écrit Grassé (1927) partent à la recherche d'inflorescence ; si elles n'en rencontrent pas, elles *minent* soit les pétioles, soit les vrilles, soit même les rameaux. Sur les vignes américaines et sur certains producteurs directs, il a trouvé des larves d'Eudemis vivant à l'intérieur de galles phylloxériques. »

Les *feuilles de vigne* et les *jeunes pousses* peuvent être exceptionnellement dévorées par les larves d'Eudemis. SCHWANGART (1910) l'a constaté dans les vignobles allemands, LUSTNER a fait la même observation ainsi que ZSCELROCKE.

MARCHAL a remarqué des rameaux verts ou des pétioles minés par les chenilles, ainsi que FEYTAUD (1911) sur les pousses terminales dans la région de Montpellier.

PICARD et FABRE (1911), « dans un élevage, ont trouvé quelques rameaux perforés par les chenilles d'eudemis. L'extrémité de presque toutes les pousses est occupée par un petit ver qui a creusé un canal longitudinal dans cette partie encore tendre. Les vrilles aussi sont trouées. SCHWANGART a d'ailleurs noté que, dans des cas très rares, l'Eudemis dévorait l'extrémité des pousses. »

En résumé, la première génération d'Eudemis attaque les inflorescences, avant et pendant la floraison ; la seconde génération exerce ses ravages sur les raisins verts en juillet-août, parfois même dès la fin juin. Enfin la troisième génération se développe sur les raisins en voie de maturation.

IV — SYSTEMATIQUE

L'Eudemis appartient à la famille des *Tortricidae*, voisine de celle des *Cochylidae*.

Le sous-genre *Eudemis* avait été créé par HUBNER pour les Tordeuses qui, à l'aile supérieure, ont les nervures costales 7, 8 et 9 (à partir du bord interne) se réunissant sur une tige commune partant de la base de l'aile, une tige trifurquée et qui ont l'aile inférieure presque triangulaire.

L'insecte fut d'abord décrit sous le nom de *Tortrix botrana* par SCHIFFERMULLER et DENIS en 1776, puis il porta divers noms synonymes : *Tortrix vitisana* JACQUIN (1778), *Tinea permixtana* HUBNER (1796), *Tinea reliquana* HUBNER (1816), *Cochylis ou Tortrix reliquana* TREITSCHKE (1843), *Tortrix ou Noctua Romaniana* O'COSTA, 1840, *Conchylis vitisana* AUDOUIN (1842), *Cochylis botrana* HERRICH-SHAFFER (1843), *Penthina vitivorana* PACKARD (1860), *Eudemis rosmariniana* MILLIERE (1864), *Grapholita botrana* HEINEMANN (1863), *Coccyx botrana* PRAUN (1869), *Eudemis botrana* FREY (1880), *Polychrosis botrana* RAGONOT (1894). Son nom actuel est *Lobesia botrana* DEN et SCHIFF, mais dans le texte nous conserverons le nom d'*Eudemis*, seul terme connu des Viticulteurs.

V — DESCRIPTION

« Le *papillon* est en moyenne de dimensions légèrement plus faibles que celui de la Cochylis. Il mesure 10 à 13 mm d'envergure et, au repos, 5 à 8 mm de long. Son coloris, assez complexe, est tel que toute confusion des deux espèces est exclue dans les vignobles, au moment du vol.

« Les ailes antérieures sont marbrées de taches sombres alternant avec des zones claires, gris bleuté ou bleues, jamais blanches. (Pl. 23 fig. 4). Le champ basal, limité par une étroite bande foncée, est brun vert olive. Du milieu du bord costal de l'aile, se détache une bande foncée transversale qui va se rétrécissant vers le bord dorsal et présente distalement un prolongement dentiforme dirigé vers l'apex. L'extrémité de l'aile est marbrée de taches claires et foncées. Les ailes postérieures sont grises, plus claires vers la base et frangées d'écailles grisâtres.

« Il n'y a pas de dimorphisme sexuel très marqué, si ce n'est que les mâles possèdent sur les ailes des androconies filiformes et se distinguent par leur corps plus étroit. Les tibias sont clairs et munis de longues épines apicales. » (BOVEY, 1966)

Pour Laborde (1901) « par rapport à la Cochylis on voit une bien plus grande variété de taches et même de couleurs et celles-ci varient encore suivant la génération que l'on considère.

« A la première génération le papillon a une forme peu différente de celle de la Cochylis ; cependant les extrémités des ailes sont moins relevées en queue de coq et il est un peu plus petit, ayant 7 à 8 mm de long seulement. Le corps est gris bleuté ainsi que le fond des ailes antérieures sur lequel sont imprimées des taches nombreuses et bien délimitées, d'un brun plus ou moins foncé mélangé de roux ; la plus large tache présente une forme et une disposition très analogues à celle de la Cochylis et comme pour celle-ci les ailes postérieures sont de couleur grisâtre et unie.

« Le papillon de deuxième et troisième génération est également un peu plus petit que le précédent, ses ailes ont des couleurs et des dessins tranchant moins sur le fond qui est d'un gris fauve et cette nuance domine dans l'ensemble. Il y a cependant des individus dont l'aspect est plus voisin du précédent, tandis que d'autres sont encore plus petits, de couleur plus claire et de dessins plus effacés. Ces derniers paraissent même constituer une véritable variété, car les vers et les chrysalides d'où ils proviennent ont des particularités assez caractéristiques. »

Comme la Cochylis, le papillon de l'Eudemis n'a pas d'épaules arrondies aux ailes antérieures.

« Le papillon, écrit Grassé (1927), nettement plus svelte et plus court que celui de la Cochylis, atteint au maximum 8 mm de long et son envergure ne dépasse guère 12 mm. La coloration des ailes éminemment variable, rend parfois délicate la détermination exacte de l'animal et a été la cause de nombreuses confusions. Sur un fond gris bleuâtre ou gris jaunâtre sont répandues des taches dont le nombre et la forme ne sont pas constants ; elles donnent l'impression de marbrures à reflets veloutés. Les unes simulent des bandes transversales à contour très irrégulier, les autres arrondies forment des taches intercalaires. Leur coloration d'un gris olivâtre passe au brun noirâtre et même bleuâtre. La tache ronde située vers l'extrémité de l'aile est la plus fréquente. Les ailes postérieures grises sont plus foncées à l'extrémité qu'à la base. »

VI — BIOLOGIE

A — NOMBRE DE GENERATIONS

« Alors que la Cochylis évolue normalement en deux générations annuelles dans l'ensemble de son aire, écrit Bovey (1966), l'Eudemis présente, suivant les régions, deux ou trois générations annuelles, avec parfois l'ébauche d'une quatrième dans les régions méridionales.

« Le cycle bivoltin est la règle dans toute la partie septentrionale de l'aire, notamment en Autriche, en Allemagne, en Suisse et une partie de la France (Alsace, Bourgogne, Champagne et Val de Loire).

« Une troisième génération, sans doute partielle, a été observée en 1911 par Marchal (1912) dans le bassin Parisien (treille) et Geoffrion (1959) relève qu'elle apparaît occasionnellement durant les étés chauds dans la Vallée de la Loire. C'est également le cas en Suisse, dans les vignobles valaisiens et tessinois.

« Cette troisième génération est plus fréquente dans le Mâconnais et le Beaujolais ; elle devient la règle dans tous les vignobles méridionaux de France (Bordelais, Midi, Provence), dans ceux des autres pays méditerranéens (Italie centrale et méridionale), Péninsule ibérique, Afrique du Nord, Grèce, Asie mineure (Palestine) ainsi que dans le sud de la Russie.

« On sait maintenant, à la suite des recherches de Komarova (1949) que le nombre des générations est conditionné par la *photopériode.* L'action de la lumière s'exerce sur les chenilles du premier stade et conduit à une diapause nymphale de 100 % si la durée du jour est inférieure à 12 heures. Une troisième génération plus ou moins complète n'apparaîtra donc que dans les régions où les conditions climatiques locales permettent aux chenilles du premier stade de la seconde génération d'évoluer à une période de l'année où la durée de l'éclairement n'a pas atteint le seuil critique. »

Geoffrion (1970) a fourni une synthèse des travaux de Mme Komarova (1949).

« En Russie méridionale elle a observé que le pourcentage des chenilles issues du deuxième vol et diapausées variait considérablement d'un endroit à un autre dans la zone d'observation, ce qui se traduisait par un troisième vol, important ou nul.

« Elle pensa d'abord que la *nature de la nourriture* pouvait avoir une action prépondérante sur ces phénomènes, mais les recherches entreprises se révélèrent négatives.

« *L'influence de l'humidité* (de 40 à 100 % d'humidité relative) fut sans action et ne permit pas d'obtenir des modifications dans le pourcentage de diapause des chenilles.

« A la suite des travaux américains de Dickson, sur la Tordeuse orientale du pêcher, Mme Komarova pensa qu'une relation *photopériode-diapause* pouvait également exister pour l'Eudemis. Elle soumit des œufs et des chenilles d'Eudemis à des durées journalières d'éclairement variables : obscurité, puis 8, 10 ou 12 heures de lumière. Les résultats confirmèrent cette hypothèse : les durées journalières d'éclairement courtes provoquaient la diapause des chrysalides, mais seulement lorsque les stades jeunes, en particulier le stade œuf, y avaient été soumis. A partir du 3e âge les effets de ces courtes durées d'éclairement ne sont plus sensibles. L'influence de la photopériode permet de comprendre la raison de la variation considérable du pourcentage de diapause au cours d'années successives et au cours de la même année dans des vignobles peu éloignés, mais différents par leur altitude. En étudiant dans le vignoble d'Azerbaidjan deux localités distantes de 8 km l'une en plaine (Kirovabad) et l'autre en altitude (Khanlar) elle a trouvé qu'en plaine les chrysalides d'Eudemis issues du deuxième vol entrent rarement en diapause et le troisième vol y est abondant, provoquant des dégâts sérieux. Au contraire à Khanlar les chrysalides diapausées issues du deuxième vol sont en général très nombreuses, si bien que le troisième vol est nul ou très faible. Du fait de la différence de température entre ces deux situations viticoles, l'émergence des adultes du premier vol est plus tardive à Khanlar et l'évolution des chenilles beaucoup plus lente qu'à Kirovabad. Le deuxième vol est donc plus précoce en plaine et ses pontes y sont déposées plus tôt, avant la période où la durée journalière d'éclairement induit la diapause, si bien que le troisième vol peut se produire. Au contraire, en altitude, les œufs sont déposés plus tardivement et donnent des chenilles dont l'évolution se fait sous une durée d'éclairement journalier provoquant la diapause, aussi le troisième vol est-il faible ou nul. Cette période critique se situait le 20 juillet pour une durée du jour de 14 h 38 minutes à laquelle il faut ajouter une durée d'éclairement crépusculaire de 1 heure (qui a également une certaine influence).

« La détermination d'une *période critique* au-delà de laquelle la dispause est obligatoire, permet de comprendre facilement l'irrégularité du troisième vol au cours des années successives. Ces expériences permettent aussi de conclure que la *température* qui règle tout à la fois la précocité de l'apparition des adultes au printemps, la durée de l'incubation de leurs œufs et la vitesse du développement de leurs chenilles, est responsable, mais seulement d'une manière indirecte, de l'importance de la diapause des chrysalides issues du deuxième vol et en conséquence de l'importance numérique du troisième. Celui-ci est donc prévisible : il pourra suivant les circonstances, être nul, partiel ou total, selon que les pontes et l'évolution des chenilles auront lieu avant ou après la date critique correspondant à la durée d'éclairement journalier entraînant la diapause.

« Dans la vallée de la Loire la période critique se situe du 6 au 8 juillet ; si la ponte est déposée avant cette date la diapause n'est pas induite et le 3ᵉ vol a lieu. Si la ponte est postérieure à cette période critique la diapause est induite et il n'y a pas de 3ᵉ vol. Mais pour que ce 3ᵉ vol partiel ait une importance économique il faut que les populations soient suffisamment abondantes. »

GEOFFRION (1970) a effectué des expériences de durée d'éclairement variable sur des chenilles en élevage. Elles lui ont permis de montrer que pour le Val de Loire, la diapause était toujours induite lorsque les durées journalières d'éclairement décroissantes étaient inférieures à 15 heures 45 minutes. Ces observations qui confirment les constatations faites dans la nature permettent de fixer la période critique dans les premiers jours de juillet. La détermination de cette période critique, qui peut être fixée pour chaque grande région viticole sera fonction de sa latitude et de son altitude ; elle permettra la prévision du troisième vol et éventuellement dans les expositions les plus favorables celle du 4ᵉ vol.

« Pour une région déterminée, si la ponte est déposée avant la période critique, il y a un troisième vol ; si elle est déposée en partie avant et en partie après, le 3ᵉ vol n'est que partiel. Enfin, si l'ensemble de la ponte est déposée après la date critique il ne peut y avoir de 3ᵉ vol.

« Par exemple pour les vignobles de la vallée de la Loire, la ponte du deuxième vol doit être déposée avant le 9 juillet, ce qui ne peut se produire que dans les années à premier vol extrêmement précoce. Ceci peut également arriver lorsque le premier vol se produit à une date normale, mais que les températures de juin très élevées ont accéléré l'évolution des chenilles (3 fois en 22 ans). De plus les risques de dégâts provenant des chenilles issues du troisième vol sont très limitées (populations faibles et les températures élevées accélèrent la maturité des grappes et rendent les vendanges plus précoces. »

B — CYCLE BIOLOGIQUE

BOVEY (1966) a publié le tableau suivant donnant la durée moyenne des divers stades évolutifs de chaque génération dans la nature et l'époque de leur apparition :

	Europe moyenne	Midi
Génération hivernante		
1ᵉʳ vol de papillons	début mai à mi-juin	mi ou fin avril à début juin
Première génération		
œuf : 7-11 jours	début mai	fin avril
chenille : 22-28 jours	à mi-juillet	à fin juin
chrysalide : 5-7 jours		
2ᵉ vol de papillons	juillet à mi-août	fin juin à fin juillet

Deuxième génération

œuf : 4-5 jours	mi-juillet	début juillet à août
chenille : 21 jours		
chrysalide : 5 jours		
ou diapause : 8-9 mois	à fin avril	
3° vol de papillons		août à septembre

Troisième génération

œuf : 5-6 jours	juillet-août
chenille : 22-28 jours	à avril
chrysalide : 7 mois	

VERMOREL et DANTONY, en 1911, ont observé en Beaujolais les vols d'Eudemis.

1re *génération :* du 28 avril au 30 mai, soit 1 mois (max. du 15 au 16 mai et du 22 au 23 mai).

2° *génération :* du 16 juillet au 3 août, soit 18 jours (max. du 20 au 21 juillet).

3° *génération :* du 23 août au 8 septembre, soit 15 jours (max. du 30 au 31 août).

BERNON (1948) indique, pour l'année 1947 dans le Midi, la répartition suivante des périodes de vol :

— Premier vol de papillons : du 25 avril au 15 mai.

— Deuxième vol de papillons : du 9 au 25 juin.

— Troisième vol de papillons : du 22 juillet au 9 août.

VIDAL et MARCELIN (1964) ont donné le cycle biologique de l'Eudemis en 1963 dans le Roussillon :

« *Premier cycle*

— 1er vol des papillons dès le 15 avril et prises dès le 18 avril, se terminant le 14 mai.

— Premières pontes constatés le 18 avril, puis pontes importantes du 21 au 29 avril, peu nombreuses après le 29.

— Premières éclosions le 4 mai et importantes du 6 au 15 mai, plus faibles jusqu'au 20 mai.

— Premières chrysalides du 27 mai au 4 juin et chrysalidation généralisée du 4 au 15 juin.

— 2° vol des papillons dès le 10 juin avec premières prises à partir du 13 et dernières prises le 10 juillet.

— Premières pontes le 18 juin et pontes importantes du 22 au 28 juin, puis peu nombreuses jusqu'au 5 juillet.

— Premières éclosions de la 2° génération à partir du 30 juin, généralisées du 1er au 7 juillet, plus faibles jusqu'au 15 juillet.

— Chrysalides à partir du 18 juillet, nombreuses à partir du 24.

« *Troisième cycle*

— 3° vol de papillons à partir du 25 juillet avec prises à partir du 26 jusqu'au 3 septembre.

— Pontes observées dès le 29 juillet et importantes du 4 au 14 août.

— Eclosions à partir du 6 août, mais importantes à partir du 10 août.

« *Quatrième cycle*

— 4° vol de papillons dès le 1er septembre, prises très rares à partir du 3.

— Piégeage arrêté dès le début des vendanges.

La différence des dates entre les différents postes a été assez faible, mais suffisante cependant pour justifier un décalage dans les traitements. »

Pour la Gironde, Capus a fourni les dates des diverses phases biologiques de l'Eudemis pour 2 années consécutives, fort différentes :

	1907	1908
1er vol de papillons	20 au 30 mai	5 mai
Première génération		
— œufs		20 mai
— chenilles	8 juin	27 mai
— chrysalides	26 juin	10 juin
2e vol de papillons	10 au 30 juillet	25 juin
Deuxième génération		
— œufs	fin juillet	10 juillet
— chenilles	5 au 30 août	16 juillet
— chrysalides	20 août	10 août
3e vol de papillons	1er septembre	17 août
Troisième génération		
— œufs		
— chenilles		fin août
— chrysalides		8 septembre
		fin septembre
4e vol de papillons		20 octobre

Donc, en Bordelais pour avoir 3 générations complètes, il faut que le premier vol soit précoce, au début mai.

Marchal (1911) remarque que « suivant les pays et les années, la manière dont évoluent et se succèdent ces trois générations est fort variable. Tantôt elles sont distinctes l'une de l'autre ; tantôt au contraire elles chevauchent l'une sur l'autre, en se prolongeant chacune pendant une longue période, de sorte que l'on peut trouver au même moment tous les stades évolutifs de l'insecte. Cette dernière circonstance se présente surtout dans les climats septentrionaux et lorsque le printemps est coupé par des séries de jours froids et pluvieux. »

C — EVOLUTION DE LA PREMIERE GENERATION

L'Eudemis hiverne à l'état de *chrysalide* dans un cocon soyeux tissé à l'automne sous les écorces de la souche ou dans les fentes des échalas.

1° Papillons

A - Apparition des adultes

« Les papillons de la génération hivernante selon Bovey (1966) apparaissent plus ou moins tôt suivant les conditions climatiques locales et annuelles, normalement fin avril ou début mai, souvent même plus tôt dans les régions méridionales (1). Ainsi, selon Silvestri (1912), ils volent par endroits dès le début d'avril en Italie, dans les Iles et en Calabre 10 à 14 jours plus tôt que dans les autres régions viticoles de la péninsule.

« Dans les régions où coexistent les deux espèces, il y a un synchronisme plus ou moins marqué entre les périodes et la durée des vols des deux premières générations. Toutefois, dans les régions septentrionales, on note souvent des différences assez nettes dans le déroulement du

---

(1) GRASSÉ (1927) note « qu'aux environs de Montpellier il a pu observer des Eudémis adultes du début avril à la fin mai ».

premier vol. Alors que chez la Cochylis, le grand vol se concentre sur une période de deux à trois semaines après l'épanouissement, au début de mai, de la quatrième feuille, on observe souvent chez l'Eudemis une apparition plus précoce des premiers papillons, dès le début ou la mi-avril, et un vol plus échelonné, parfois sans maximum aussi marqué que chez l'autre espèce.

« STELLWAAG (1924) relève en particulier que dans aucune des années précédentes les deux périodes de vol de l'Eudemis n'ont été clairement délimitées dans le Palatinat. Mais au fur et à mesure que l'on se dirige vers le Sud, ce chevauchement des générations se fait plus exceptionnel et dans les régions méridionales les trois vols sont, sauf de très rares exceptions (1909 dans le Bordelais d'après FEYTAUD) très nettement séparés. Suivant les conditions locales et annuelles, le premier vol s'échelonne sur trois à cinq semaines.

« L'Eudemis est avant tout, dans ses activités, un *insecte crépusculaire.* »

Selon PAILLOT (1913) « le phénomène de protérandrie n'a pu être constaté aussi facilement pour les Eudemis que pour les Cochylis : les premières éclosions sont bien constituées au début principalement par des mâles, mais comme les éclosions de la première génération ont lieu par essaimages successifs, empiétant les uns sur les autres, il en résulte qeu la protérandrie ne peut que difficilement être observée pour chaque période d'éclosion. »

B - Vol nuptial

« Le vol des papillons d'après BOVEY débute au coucher du soleil, atteint son maximum peu après et se termine avant la nuit noire. Par temps couvert, les papillons volent parfois en grand nombre durant l'après-midi. Après une immobilité nocturne, ils peuvent reprendre une activité à l'aube pour disparaître à nouveau dans les ceps vers 8 ou 9 heures ; toutefois l'*essaimage crépusculaire* reste le plus important. Au vol, les papillons de l'Eudemis se reconnaissent à la vivacité de leurs mouvements. D'autre part, lorsqu'il sont au repos, ils sont plus facilement dérangés à la moindre excitation. A n'importe quel moment de la journée, ils peuvent s'envoler, s'élevant en zig-zag dans l'air et parcourir plusieurs mètres avant de se retrouver en position de repos dans la souche.

« Les conditions microclimatiques qui règnent durant le vol exercent une grande influence sur la longévité et l'activité des papillons, sur l'intensité de la ponte et partant sur la dynamique des populations de l'Eudemis.

« La longévité maximale des femelles a été enregistrée par JANCKE et ROESSLER (1940) avec 58 jours à la température constante de + 13°5 avec 36 jours à + 16 °C ; elle s'abaisse à 9-11 jours aux températures de + 30 à + 34 °C. Dans les conditions de la nature, elle est en moyenne de 7 à 12 jours, toujours plus courte chez les mâles où elle correspond, suivant les conditions ambiantes, à 58-80 % de celle des femelles.

A la température constante de + 18 °C, la longévité moyenne augmente avec l'humidité :

Humidité relative	Longévité moyenne	
	Mâles	Femelles
— à 30 %	6 jours	7 jours
— à 60 %	7 jours	9 jours
— à 90 %	8 jours	12 jours

« Les travaux de STELLWAAG (1939) mettent en évidence les différences fondamentales entre l'Eudemis et la Cochylis, quant aux exigences du papillon. Si les températures optimales pour l'activité des papillons et la ponte se situent chez les deux espèces de + 20 à + 25°C, il est intéressant de relever d'une part que la limite supérieure est plus élevée chez l'Eudemis, quelques œufs pouvant encore être pondus de + 32 à + 34°C, d'autre part qu'une activité se manifeste au-dessous du seuil de la Cochylis. Mais la différence fondamentale réside dans les *exigences hygrométriques*. Aux températures optimales mentionnées ci-dessus les vols les plus intenses et les pontes les plus abondantes sont enregistrés chez la Cochylis lorsque l'humidité est forte, comprise entre 70 et 100 % et chez l'Eudemis lorsqu'elle varie de 40 à 70 %.

D'après les observations de STELWAAG, on voit, aux humidités moyennes en particulier, que le vol et la ponte de l'Eudemis peuvent se produire à des températures notablement plus basses que pour la Cochylis. »

« *Le vol*, selon MARCHAL (1911), qui commence aussitôt après le coucher du soleil, atteint son maximum aux environs de Paris, pour la première lignée annuelle vers 19 h 45. A l'époque où les papillons sont les plus nombreux on peut constater, le long des treilles envahies, une nuée de ces insectes, formant par places des groupes assez denses qui tourbillonnent. Cette danse aérienne n'est pas tant en rapport immédiat avec la ponte qu'avec le rapprochement des sexes et la maturation des éléments sexuels. Elle prend fin un peu avant 20 h 30, avec la tombée de la nuit ; les papillons gagnent alors leurs retraites et disparaissent. »

Pour CHABOUSSOU (1962) « l'essaimage présente son maximum aux températures supérieures à + 15°C, pour une valeur d'éclairement de 60 à 80 lux. Tous les papillons ne sont pas occupés durant l'essaimage à des vols de ceps en vue de se nourrir et de l'accomplissement de leurs fonctions reproductrices. On peut en voir s'élever au-dessus des ceps pour entreprendre des vols plus longs et apparemment sans buts, que MARCHAL (1912) considère comme favorables à une accélération du métabolisme et des processus de maturation. »

C - Alimentation des papillons

« On admettait généralement, écrit MARCHAL (1911) que les papillons de la Cochylis et de l'Eudemis ne prenaient pas de nourriture pendant le cours de leur existence. Cependant DEWITZ avait constaté que les Cochylis, en captivité, pouvaient dérouler leur trompe pour absorber l'eau dont un papier buvard se trouvait imprégné.

« Les papillons d'Eudemis, en captivité, absorbent avec avidité le miel ou les liquides sucrés que l'on met à leur disposition. Si l'on approche doucement de la tête d'un papillon, conservé quelque temps en captivité, la pointe d'un pinceau chargé de miel, le papillon ne tarde pas à venir prendre la nourriture qui lui est présentée. En liberté j'ai vu à diverses reprises des Eudemis boire des liquides fermentés et mélassés qui transudaient au niveau de la fermeture de quelques-uns de mes pièges d'expériences.

« L'eau pure est d'ailleurs fort recherchée des Eudemis et des Cochylis. Elles meurent très rapidement en captivité si on ne leur en fournit pas. On ne peut conserver les Eudemis pendant 8 à 10 jours qu'en leur donnant de l'eau ou des aliments liquides.

« Ces faits nous portent à penser que la rosée est indispensable à la Cochylis et à l'Eudemis et que, si elle vient à manquer, les papillons meurent avant d'avoir pu effectuer la ponte ou en ne donnant qu'une ponte très réduite. »

D - Accouplement

D'après MARCHAL (1911), les accouplement ont lieu au moment du vol d'essaimage ; ils sont de longue durée et souvent se prolongent plus d'une heure. Les deux insectes sont placés dans le prolongement l'un de l'autre et en contact par leurs extrémités postérieures, le mâle plus petit étant partiellement engagé sous le toit formé par les ailes de la femelle. »

E - Ponte

1° LIEUX DE PONTE

« Bien que les œufs de première génération, écrit MARCHAL (1911), soient le plus fréquemment pondus sur les jeunes grappes, très souvent aussi pourtant, lorsque les mannes ne sont pas très nombreuses, l'Eudemis dépose son œuf sur les tiges vertes des sarments, en des points qui peuvent même être fort éloignés des grappes ; plus rarement il lui arrive d'abandonner ses œufs sur les feuilles.

« Les œufs pondus sur les grappes peuvent être localisés de façons fort diverses. Lorsqu'ils sont pondus d'une façon précoce, à un moment où les boutons sont encore enveloppés par les bractéoles c'est sur ces dernières que le papillon les dépose ; plus tard lorsque les bractées s'écartent et que les boutons se dégagent c'est de préférence sur ceux-ci qu'ils sont placés, tantôt à leur base, tantôt latéralement, tantôt au sommet ; très fréquemment on en rencontre aussi sur les pédicelles ou sur la rafle.

« Au second et au troisième vol de l'Eudemis, les œufs sont pondus d'une façon beaucoup plus exclusive sur les grappes et ils sont alors déposés sur les grains, sans élection particulière pour une région déterminée de ceux-ci.

« L'attraction qu'exerce le grain de raisin sur l'Eudemis au moment de la ponte est très forte et très remarquable. C'est surtout par l'intermédiaire de la vue qu'elle paraît s'exercer, l'odorat ne pouvant jouer qu'un rôle secondaire ; comme le papillon du deuxième vol ne trouve sur le grain aucun liquide nutritif qu'il puisse utiliser, ce qui doit le conduire à déposer son œuf sur le grain plutôt qu'ailleurs, c'est une sensation tactile transmise surtout par les organes sensoriels de l'extrémité postérieure de son abdomen ; la nature polie, lisse et fraîche du grain de raisin est ce qui doit déterminer le papillon à déposer son œuf à la surface plutôt que partout ailleurs.

« Cette pensée m'a conduit à admettre que si l'on pouvait modifier la nature de la surface du grain, l'insecte n'aurait plus de raison pour le considérer comme une place d'élection pour y opérer sa ponte. A la deuxième génération si on enrobe les grappes dans une poudre inerte, comme de la chaux ou si on les recouvre d'un enduit continu (mélasse) ces grappes se trouvent protégées et elles ne présentent pas d'œufs alors qu dans les mêmes ceps les grappes non traitées en présentent un grand nombre. »

2° EPOQUE DE LA PONTE

La ponte débute un à deux jours après l'accouplement, si les conditions écologiques sont favorables. Elle a lieu avant ou pendant l'essaimage. Selon GÖTZ (1943) « la ponte se déroule en juin de 17 à 23 heures, avec un maximum de 21 à 22 heures ». De faibles pontes peuvent aussi se produire à l'aube.

« La femelle de l'Eudemis, écrit BOVEY (1966), est caractérisée par le développement postmétabolique de ses œufs, lié à une assez longue durée de vie et à une nutrition intense.

« La ponte débute peu de temps après l'éclosion et se poursuit durant toute la durée de la vie de la femelle, mais la majorité des œufs est déposée dans le courant de la première semaine. A intervalle de 2 à 3 jours, se succèdent des périodes de ponte alternant avec des périodes de repos nécessaires à la maturation de nouveaux œufs. »

3° REALISATION DE LA PONTE

« La femelle pondeuse écrit MARCHAL (1912), a une allure caractéristique, voltigeant en furetant, la tête tournée du côté de la vigne et se maintenant de temps à autre suspendue dans l'espace au même niveau ; on la voit aussi se poser sur un sarment, le parcourir en décrivant des zigs-zags ou des tours de spires et glisser à sa surface en faisant vibrer ses ailes. Puis elle reprend son vol et passe d'un cep à l'autre, ne franchissant d'un bond que de petites distances, de sorte que pendant longtemps l'observateur peut ne pas la perdre de vue. La femelle dépose son œuf d'une façon beaucoup plus rapide que la Cochylis. A peine s'est-elle posée pour pondre qu'elle recourbe et étire son abdomen pour mettre son extrémité en contact avec la plante, puis aussitôt, elle s'envole, laissant à la place qu'elle quitte l'œuf dont elle vient de se décharger. »

4° MODE DE PONTE

Comme pour la Cochylis, les œufs d'Eudemis sont pondus *isolément.*

5° NOMBRE D'ŒUFS PONDUS

Pour PICARD (1911) « chaque femelle comprend deux ovaires, de quatre gaines ovariques chacun. Chaque gaine contient environ 15 œufs, soit 120 par femelle. »

Dans des essais au laboratoire, MARCHAL (1911) a obtenu 37 à 44 œufs par femelle pondus en quelques heures, mais à la dissection des femelles il constatait qu'il restait encore une quarantaine d'œufs de sorte qu'en liberté le minimum d'œufs pondus ne doit pas être inférieur à 80 et peut atteindre 120 selon PICARD.

Normalement le nombre des œufs pondus s'échelonne entre 50 et 80, mais peut atteindre au maximum 107 pour VOUKASSOVITCH et 110 pour FEYTAUD. MAERCKS (1935), dans des conditions optimales d'élevage a obtenu le chiffre record de 313.

6° INFLUENCE DE LA TEMPERATURE SUR LA PONTE

« Si aucun vol ne se produit au-dessous de + 14 °C écrit BOVEY, il est intéressant de relever que des œufs peuvent être encore pondus lorsque la température au crépuscule se maintient pendant un certain temps à + 13 °C et cela sans que l'on constate de prises dans les pièges de contrôle. L'intensité de la ponte augmente rapidement au-dessus de + 14 °C jusqu'à 25 °C, puis diminue progressivement pour cesser complètement au-dessus de + 34 °C. »

2° Les œufs

A - Morphologie

L'œuf d'Eudemis ressemble beaucoup à celui de la Cochylis mais il est un peu plus petit, mesurant 0,65 à 0,78 sur 0,60 à 0,62 mm ; cependant comme ces dimensions sont chevauchantes pour les deux espèces, elles ne permettent pas une distinction sûre.

La distinction se fera par la *coloration*, comme l'a signalé MARCHAL (1911, 1912) : d'abord jaunâtre, l'œuf prend ensuite une teinte gris clair transparente avec des reflets irisés, souvent très vifs, comparables à ceux d'une petite opale ; de légères irisations peuvent aussi se présenter dans l'œuf de la Cochylis, mais elles sont toujours beaucoup moins marquées ; en outre il n'apparaît pas dans l'œuf de l'Eudemis de taches oranges disséminées dans le vitellus et sa coloration reste uniforme. »

« Enfin le réseau polygonal du chorion, dépourvu de côtes saillantes, est d'une finesse beaucoup plus grande que celui de l'œuf de la Cochylis. Vue au microscope, sa surface apparaît presque lisse, non chagrinée comme chez l'autre espèce.

« L'œuf d'Eudemis, comme celui de la Cochylis se présente également avec l'aspect d'une petite lentille collée par une de ses faces sur le support et cerclée d'une double zone marginale aplatie et diaphane, la périphérique irrégulière, très mince et à peine visible, formée d'une substance glutineuse faisant adhérer l'œuf à son support, la plus interne, réfringente, formée par le chorion lui-même et ne devenant bien apparente que lorsque le développement est assez avancé ; son contour est elliptique. »

Fig. 334. – Œuf d'Eudemis (d'après NOURY).

B - Incubation et développement des œufs

« La durée d'incubation, dépendante de la température indique BOVEY, varie pour la première génération de 7 à 11 jours.

« L'influence des facteurs abiotiques sur le développement des œufs a fait l'objet de recherches détaillées de la part de JANCKE et ROESSLER (1940), STELLWAAG (1940) et GÖTZ (1941) sous des conditions constantes ou variables de température et d'humidité.

« La durée du développement embryonnaire est fonction de la *température* dans des limites comprises entre + 9 et + 34,5° C. Selon STELLWAAG, l'embryon est susceptible d'évoluer au-dessus de + 9°, température qui peut être considérée comme le zéro de développement, lequel est de + 5° C chez la Cochylis, mais l'éclosion exige une température supérieure à + 10 °C.

« Sur des œufs soumis en thermostat à une humidité de 70-77 %, GÖTZ a observé les durées d'incubations suivantes :

Température	Jours	Température	Jours
10°9	40	22°	5,5
		24°	4,5
10°7	39	26°	4,5
15	14,5	29-33°	3,5
17	10	34,5°	4
20	7		

« La durée minimum d'incubation à température constante se situe
à + 30 °C avec 3,5 jours. De + 30 à + 34,5 °C, limite supérieure que
l'œuf peut supporter de façon durable, on observe un léger ralentissement de l'incubation qui par ailleurs est maximum de + 10,5° à
+ 11 °C avec 38 à 40 jours.

« La relation entre ces deux variables est une fonction exponentielle,
représentée par une chaînette asymétrique, dont GÖTZ précisa la formule,
courbe qui dans les limites de température de + 12 à + 30 °C correspond assez exactement à l'hyperbole équilatère de la loi de Blunck
Bodenheimer, pour un zéro de développement de + 9 °C et une constante
thermale de 1740 à 1800 degrés-heures (STELLWAAG).

« Aux températures supérieures à + 21 °C, la somme des températures effectives requise pour l'incubation est à peu près la même, que
les œufs soient soumis en thermostat à température constante ou dans
la nature à température variable. Au-dessous de + 21 °C, on observe
par contre une accélération du développement chez les œufs soumis à
des variations de température.

« Dans les conditions de la nature, le gain réalisé par rapport à une
température constante égale à la température moyenne durant l'incubation
est de 1 jour à + 21 °C, de 2,5 jours à + 16 °C et presque 3,5 jours à
+ 15 °C, selon STELLWAAG.

« Sur la base d'expériences précises GÖTZ et STELLWAAG ont réfuté
(comme pour la Cochylis) l'hypothèse de JANCKE et ROESSLER selon
laquelle la durée d'incubation est essentiellement déterminée par la
température à laquelle les femelles sont soumises immédiatement avant et
pendant la ponte, plus précisément par la température qui a influencé
les premiers processus de développement de l'œuf après sa fécondation.
En réalité cette durée est déterminée par les conditions de température
auxquelles l'œuf est soumis de la ponte à l'éclosion. Selon GOTZ (1941),
une diminution de l'humidité relative se traduit par une légère prolongation de la durée d'incubation, plus marquée aux basses qu'aux hautes
températures. Elle est sans importance pratique, car des basses températures associées à une faible hygrométrie n'agissent pas simultanément
dans la nature de façon durable.

« L'influence de l'humidité et de la température sur la mortalité
embryonnaire a été étudiée par GÖTZ dont les recherches ont complété,
en les précisant celles de JANCKE et ROESSLER (1940) et de STELLWAAG
(1940). Bien que basées sur un matériel relativement restreint, les
expériences effectuées avec des œufs soumis dès la ponte à des conditions
constantes de température et d'humidité et résumées dans le tableau
ci-dessous exprimant dans chaque cas les pourcentages d'éclosion, mettent
bien en évidence l'action de ces deux facteurs :

Température	Humidité relative en %						
en degrés C	100	90-93	72-77	50-59	30-33	27	0
+ 10°9	44	52	8	8	3	0	0
14°5	90	93	100	84	83	43	8
18°0	100	100	100	100	100	62	31
22°1	100	100	103	93	90	75	70
30°1	93	95	95	83	54	39	11

On voit qu'aux températures moyennes, la mortalité est relativement
faible ou nulle quelle que soit l'humidité et qu'elle augmente progressivement au-dessus de + 22 °C et au-dessous de + 18 °C, dans une
mesure d'autant plus grande que l'hygrométrie est faible.

Il ressort de ces constatations, qu'au voisinage des températures limites de développement, le sort de l'œuf va dépendre essentiellement de l'humidité atmosphérique, dont l'action néfaste s'exercera dans la nature particulièrement durant les étés chauds. Aux températures supérieures à + 30 °C, la mortalité s'accroît rapidement et si + 34,5° C représente la température limite qui peut être supportée de façon durable, sous une humidité optimum (80-90 %) des températures extérieures supérieures à + 36°5 ou inférieures à + 5 °C peuvent être supportées sans dommage si elles n'agissent pas trop longtemps, pour les premières toutefois seulement si les œufs ont dépassé le stade de haute sensibilité qui caractérise le début de l'embryogénèse. Ainsi, après un passage de 12 heures à + 25 °C des œufs supportent sans grandes pertes une exposition de + 37 à + 38 °C pendant 24 heures, mais une exposition de 48 heures entraîne une mortalité. Au-dessus de + 40 °C la mortalité est rapide ; elle survient en 9 minutes à + 45 °C.

« Il est intéressant de préciser que les œufs supportent plus longtemps des températures extrêmes basses (+ 3,5° à + 5 °C) que des températures extrêmes hautes (+ 35° à + 38 °C). Le passage momentané des œufs à des températures inférieures au zéro de développement (+ 9 °C) retarde naturellement l'époque de l'éclosion, mais d'une durée ne correspondant pas exactement à celle de l'action du froid, qui a ainsi pour effet de stimuler le développement ultérieur.

« Une fois le développement embryonnaire terminé, l'éclosion peut se produire de + 11,5° à + 37,9 °C et la jeune chenille est capable de supporter sans dommage dans le chorion plusieurs jours froids, jusqu'à + 4 °C pour éclore dès que la température a franchi le seuil précité.

« La *lumière* n'a pas d'action sur la vitesse de développement des œufs pondus, mais il serait intéressant de vérifier si, ce qui est probable, elle joue sur l'ovogénèse un rôle comparable à celui qui a été mis en évidence chez la Cochylis par GEOFFRION. »

C - Eclosion

« Elle a lieu principalement dans la matinée et un peu en début d'après-midi, écrit FEYTAUD (1913).

« Jamais je n'ai vu la jeune chenille de l'Eudémis abandonner son œuf en perçant sa face profonde pour pénétrer directement dans le grain. Je l'ai toujours vue sortir au contraire en perforant la face superficielle de l'œuf, de façon à se libérer à l'extérieur.

« KEHRIG dit au contraire que la larve pénètre directement dans le grain, sur le point même où l'œuf a été déposé et sans se montrer au dehors. Cela tient peut-être à des conditions climatériques différentes.

« Les coques d'œufs, qui ont été abandonnées, présentent sur le côté une petite fente qui a livré passage à la chenille et dont les lèvres sont souvent si rapprochées qu'il faut alors beaucoup d'attention pour la découvrir. Ces coques vides apparaissent sous la forme de petites écailles arrondies et nacrées. »

3° Chenilles

A - Lieux de l'attaque

On a vu, à propos des symptômes, que les chenilles de première génération s'attaquaient essentiellement aux fleurs, vivant plus rarement en mineuses dans les rameaux, les vrilles ou le pétioles.

« Dans son comportement écrit BOVEY, la chenille néonate se distingue de celle de la Cochylis en ce qu'elle présente après son éclosion un *stade vagabond* de plus longue durée. Il peut s'écouler au printemps jusqu'à 10 heures, parfois même 24 heures, avant qu'elle n'attaque un bouton pour pénétrer à l'intérieur. »

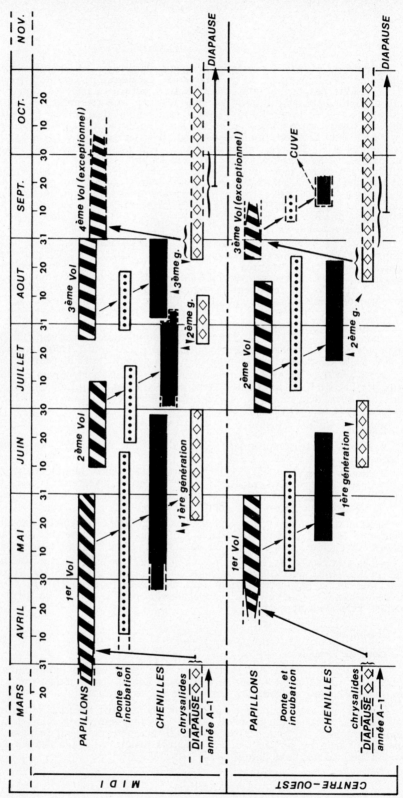

Fig. 335. – Cycle biologique de l'Eudemis (original).

« En effet, la jeune chenille venant d'éclore est très agile, écrit MARCHAL (1911) et peut errer pendant plusieurs heures sans avoir commencé à se nourrir. Je l'ai toujours vue émigrer à une certaine distance du point où se trouvait l'œuf d'où elle était sortie. Si l'œuf est pondu sur une tige ou sur le pétiole d'une feuille, cette distance peut être considérable. La jeune chenille ne rencontre pas de grappe sur son chemin peut alors se résoudre à se nourrir en entamant le sarment, au niveau d'une bifurcation ou de la jonction d'un pétiole après avoir constitué un abri soyeux à ce niveau.

« Lorsque l'œuf de première génération est pondu sur une grappe, la chenille aussitôt éclose s'insinue entre les boutons de l'un des groupes floraux ; elle se loge dans l'espace pyramidal que limitent les pédicelles convergents d'un même bouquet, de façon à avoir tout autour d'elle des points suffisamment rapprochés pour lui permettre d'amarrer facilement son fil soyeux. Sa cachant entre trois ou quatre boutons floraux, elle les réunit au moyen de fils de soie d'une grande ténuité et ce n'est qu'après ce travail préliminaire au bout d'un temps variable, une ou deux heures, que la chenille abritée dans sa retraite commence avec ses mandibules le taraudage du bouton qu'elle a choisi pour se nourrir. »

C'est pendant cette période de liberté et de vagabondage, que la chenille est la plus vulnérable aux insecticides.

« Les chenilles de première génération de l'Eudemis occasionnent des dégâts qui, dans leur nature et leur ampleur, sont comparables à ceux de la Cochylis. Toutefois elles attaquent et rassemblent moins de boutons que la Cochylis. » (BOVEY)

B - Morphologie de la chenille

« A son éclosion la chenille mesure 0,95 à 0,98 mm de longueur. La capsule céphalique brun foncé est suivie d'un corps entièrement blanchâtre et effilé, muni de poils proportionnellement très longs.

Elle passe, comme celle de la Cochylis par 5 stades larvaires d'après STELLWAAG, dont les dimensions sont les suivantes :

Stade I : 0,98 - 1,5 mm

Stade II : 1,9 - 3 mm

Stade III : 4,5 - 5 mm

Stade IV : 6 - 7 mm

Stade V : 10 - 11 mm

« A son complet développement, la chenille de l'Eudemis se distingue au premier coup d'œil de celle de la Cochylis à sa taille plus grêle, mais surtout à la coloration de son corps qui varie du jaune verdâtre au brun clair, laissant souvent voir par transparence le contenu intestinal. La cuticule est très finement granulée, ce qui confère à la peau un ton mat faisant ressortir les verruqueux lisses et plus clairs.

« La *tête*, large de 0,91 à 0,93 mm, est jaune brun clair, l'écusson prothoracique brunâtre, parfois plus foncé sur le bord postérieur et l'écusson anal jaune clair.

« Les *fausses pattes abdominales* sont munies d'une double rangée de crochets, les uns courts, les autres longs, alternant régulièrement, au nombre de 30 à 40, tandis que les fausses pattes anales en comptent en moyenne 25. Il y a un peigne anal de 6 à 8 dents. »

« La chenille de l'Eudemis, selon LABORDE (1901) a le corps d'un gris verdâtre au printemps et en été ou gris violacé en automne quand elle mange des raisins mûrs et la tête d'un brun rouge plus clair que celui de la Cochylis avec comme elle un collier plus foncé mais beaucoup plus étroit. Certaines larves sont différentes ; le corps, plus délié encore, est d'un jaune sale avec quelques reflets verdâtres et la tête d'un brun clair a un collier extrêmement mince, de couleur un peu plus foncée, qui n'existe même pas très souvent ; adulte cette larve à 7 à 8 mm au maximum et plus jeune elle a le corps diaphane, d'un jaune très clair, avec une tête blanc opale. »

« La chenille nouveau-née, écrit GRASSÉ (1927), se différencie difficilement de celle de la Cochylis, mais le bouclier dorsal du premier segment est aussi clair que le reste du corps.. La chenille complètement développée mesure de 9 à 10 mm de long, elle est ordinairement verdâtre, mais peut aussi avoir une teinte rougeâtre qui ne passe jamais au rose franc. Les vignerons rhénans la nomment « ver à tête jaune » parce que la tête et le bouclier prothoracique sont blonds ou jaunâtres.

« La similitude de colorations des chenilles de Cochylis et d'Eudemis peut conduire à des confusions. SILVESTRI (1912) a donné un moyen de les éviter : l'examen à la loupe de ces larves montre que les poils chez l'Eudemis s'insèrent sur des petites plaques bordées de blanc. Mais ce caractère est d'une observation délicate. »

« En plus de leurs caractères de coloration, les chenilles sont reconnaissables à *la vivacité de leurs mouvements*, à leur agilité. Au moindre dérangement, elles abandonnent leurs fourreaux soyeux, se tortillent dans la grappe, puis se laissent tomber à terre au moyen d'un fil de soie. » (BOVEY).

La course de la chenille d'Eudemis est au moins deux ou trois fois plus rapide que celle de la Cochylis.

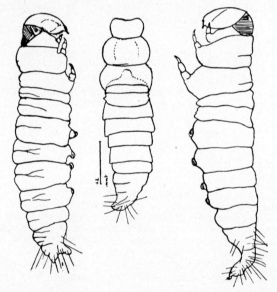

Fig. 336. – Chenille d'Eudemis en pronymphose (d'après VOUKASSOVITCH).

C - Développement de la chenille

« La chenille d'Eudemis est plus vorace que celle de la Cochylis, note LABORDE (1901) ce qui explique la rapidité de son développement qui lui fait produire deux générations pendant que la Cochylis n'en donne qu'une seule.

« A la génération de printemps le développement des deux vers a sensiblement la même activité, mais on distingue une petite différence dans l'invasion des jeunes grappes. L'Eudemis, pour se loger, se contente d'une seule ramification de la manne, dont elle n'utilise généralement qu'un petit nombre de fleurons qu'elle réunit par des fils formant une trame légère.

« La Cochylis, dont le ver est plus vigoureux, notamment à cette époque, ne se contente pas d'un si petit logement et très souvent elle embrasse deux branches de la grappe avec un tissu très dense ; elle dévore pendant ce temps un plus grand nombre de fleurons ou de grains à peine noués que l'Eudemis. Donc la Cochylis doit faire un peu plus de mal que l'Eudemis à la génération de printemps. Mais cette dernière se rattrape aux générations suivantes. »

Le temps nécessaire au développement de la chenille est en moyenne de trois semaines. En effet, au bout de 20 à 28 jours, les chenilles ont atteint leur complet développement, de mi ou fin mai au début de juin dans les régions méridionales, de fin juin au début de juillet dans les vignobles d'Europe moyenne.

DEWITZ (1912) a étudié l'*action de la chaleur* sur les larves d'Eudemis :

a) œuf dans lequel la chenille commence à se former
— 15 minutes à 40 °C - chenilles vivantes
— 9 à 19 minutes à 45 °C - chenilles mortes

b) chenilles de différentes grosseurs
— longueur 3 mm - 15 minutes à 40 °C - mouvements ralentis
— longueur 3,5 mm - 15 minutes à 45 °C - mortes

Des essais sur d'autres espèces semblent montrer que les larves meurent à 43° en 15 minutes, ce qui est l'extrême limite vitale.

Selon PICARD (1911) « Les deux espèces Cochylis et Eudemis entrent en concurrence partout où elles se trouvent en contact. L'avantage semble rester à l'Eudemis à développement plus rapide. Mais dans d'autres régions les deux espèces restent mélangées et même la Cochylis peut parfois reprendre l'avantage grâce à un été pluvieux ou des vendanges détruisant l'Eudemis. Dans les années humides (1910) les deux espèces ont un concurrent sérieux dans le Mildiou de la grappe qui leur enlève une partie de leur nourriture et va jusqu'à les faire mourir de faim avant la nymphose. C'est ainsi que dans certaines vignes très atteintes à la fois par le champignon et par l'insecte, aucune chrysalide ne se rencontre sous les écorces. Toutes les larves sont mortes avant la dernière mue. »

Pour PAILLOT (1913) « les chenilles de Cochylis sont peu sensibles aux variations de température et leur durée de vie ne varie que dans de faibles limites. Mais pour l'Eudemis une variation existe et j'évalue à 15 jours environ l'accroissement de la durée du stade larvaire occasionné par l'abaissement de la température moyenne. Il y a certainement dans cette différence de sensibilité l'explication des différences considérables dans les cycles d'évolution des deux insectes : condensation relative et régularité des deux générations pour la Cochylis ; irrégularité et mélange des générations pour l'Eudemis ; en effet les variations individuelles doivent être assez grandes pour cette espèce et conséquemment les éclosions ne peuvent être condensées en 2 ou 3 périodes bien définies. »

4° Chrysalide

A - Epoque et lieu de la nymphose

La nymphose débute dans le Midi à la fin mai (Roussillon) et se poursuit au cours du mois de juin alors que dans les vignobles septentrionaux les premières chrysalides n'apparaissent qu'au cours de la seconde quinzaine de juin ou au début de juillet.

« Contrairement à la Cochylis, la chenille de l'Eudemis ne transporte pas de fourreau au moment de la nymphose et tisse son cocon à l'endroit où elle doit se chrysalider, le fixant solidement par toute sa surface au lieu choisi. Pour la génération estivale, les chenilles se métamorphosent plus volontiers dans les grappes ou dans le repli d'une feuille que sous les écorces de la souche. » (BOVEY)

B - Morphologie de la chrysalide

VOUKASSOVITCH (1924) indique que « les chrysalides sont de couleur brun foncé, souvent même olivâtre foncé. Leur grandeur varie suivant les sexes, les mâles étant en général plus petites. FULMECK (1912) indique comme coefficient longueur/largeur : 3,5 pour les chrysalides mâles et 3,6 pour les femelles. SILVESTRI (1912) donne 5-6 mm pour la longueur et 1,6-1,7 mm pour la largeur.

« Dans ses mesures, VOUKASSOVITCH a obtenu les variations suivantes :

— sur 27 chrysalides mâles : longueur 4,2 à 6,75 mm ; largeur 1,5 à 1,8 mm ;

— sur 31 chrysalides femelles : longueur 4,7 à 6,75 mm ; largeur 1,6 à 1,9 mm.

Dans un même sexe, la longueur des chrysalides accuse des variations beaucoup plus grandes que la largeur ; mais chez les chrysalides mâles comme chez les chrysalides femelles, l'amplitude de ces deux variations est presque la même.

« Le coefficient longueur/largeur pour les 27 chrysalides mâles est surtout compris entre 3,2 et 3,8 (9), puis entre 2,7 et 2,8 (6) et enfin entre 3,5 et 3,6 (5).

Pour les 31 chrysalides femelles, ce coefficient est surtout compris entre 3,5 et 3,6 (11), puis 3,2 à 3,3 (6) et enfin 2,9 à 3 (5). En général ces coefficients sont légèrement inférieurs à ceux donnés par FULMECK.

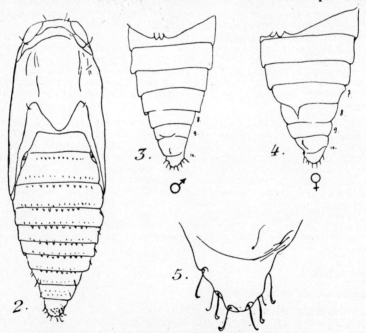

Fig. 337. – Chrysalides d'Eudemis (d'après FULMEK, in VOUKASSOVITCH) : 1. Chrysalide vue du côté dorsal. - 2. Extrémité postérieure d'une chrysalide mâle. - 3. Extrémité postérieure d'une chrysalide femelle. - 4. Cremaster de la chrysalide, grossi 35 fois.

« La forme des chrysalides est élancée, surtout chez les mâles. L'extrémité anale, allongée fortement, se termine par une surface en forme d'éventail, à arêtes vives, dont le bord libre, de chaque côté de la ligne médiane est faiblement échancré trois fois. Dans chacun des enfoncements ainsi formés, se trouve un crochet long de 0,1 à 0,3 mm, fortement recourbé vers l'extrémité libre. Le crochet moyen de chaque côté est très renforcé. Du côté dorsal le segment terminal porte irrégulièrement de petites épines et des deux côtés quatre poils. Les segments abdominaux (2e au 8e) présentent deux rangées d'épines ; le 9e a un petit nombre d'épines qui se trouvent disposées seulement sur le milieu du dos en rangée, tandis que des deux côtés, elles sont irrégulièrement ordonnées. Sur le front, on trouve une paire de poils de chaque côté, une autre paire plus bas. Les 3 segments thoraciques portent chacun une paire de poils, insérés latéralement ; les segments abdominaux présentent plusieurs rangées (7) longitudinales de poils très courts et très fins. En plus on trouve sur les segments du 2e au 7e, une paire de stigmates très visibles, sauf ceux du 7e segment qui sont rudimentaires. »

La chrysalide est plus effilée, moins épaisse que celle de la Cochylis et se termine par une pointe aiguë. La couleur est franchement brune (plus foncé que celle de la Cochylis) sauf au printemps où elle a une teinte verdâtre, alors que celle de la Cochylis est rouge brique un peu brun.

« Le cône anal se termine par une surface en forme d'éventail, à arête vive, faiblement échancrée, munie de quatre soies dorsales et quatre soies latéro-dorsales. Ce caractère et la *coloration plus foncée* séparent la chrysalide de l'Eudemis de celle de la Cochylis dont l'extrémité conique porte seize crochets. On distingue les sexes comme chez la Cochylis. » (BOVEY)

C - Formation du cocon

« Le cocon de l'Eudemis indique LABORDE (1901), constitue toujours une *enveloppe complète* qui ne présente de solution de continuité qu'à l'extrémité par où doit sortir le papillon et qui est fermé par deux lèvres s'appliquant très exactement l'une sur l'autre et sur une large surface. Le tissu est beaucoup plus blanc, à reflet soyeux et plus serré que celui de la Cochylis ; à sa surface extérieure il y a quelques débris étrangers agglutinés, grains de sable ou de poussière, mais jamais de particules d'écorce, de sorte que le cocon se distingue nettement sur le fond brun de son support. »

Le cocon est d'après MARCHAL (1911) fusiforme, plus serré, mieux fermé et plus blanc que celui de la Cochylis, dépourvu de particules d'écorce rongée. Sa structure l'a fait considérer comme plus résistant aux actions climatériques ou insecticides. Pour faire périr la chrysalide il faut d'après LABORDE une immersion d'une demi-minute dans l'eau à 55° ; si l'immersion ne dure qu'un quart de minute il y a seulement 10 % de chrysalides tuées ; au contraire si les chrysalides sont sorties de leur cocon, on constate une mortalité de 50 %.

De même, pour cet auteur, la chrysalide résiste à la submersion pendant un temps plus long que celle de la Cochylis : plus de 30 jours contre 15 à cette dernière.

Les chrysalides paraissent moins résistantes au froid que celle de la Cochylis, ce qui est en rapport avec le caractère plus méridional de l'Eudemis.

D - EVOLUTION DE LA SECONDE GENERATION

Apparition des adultes et ponte

« Après une durée moyenne de nymphose de 7 jours, soit 2 à 3 jours plus courte que chez la Cochylis, apparaissent les papillons du deuxième vol, lequel s'échelonne sur 3 à 5 semaines en juin-juillet dans les régions méridionales, en juillet-août dans celles où le bivoltinisme est la règle, plus ou moins tôt suivant les conditions climatiques locales et annuelles.

« Les papillons de première génération (deuxième vol) de l'Eudemis pondent leurs œufs de façon assez exclusive sur les grains de verjus qui exercent sur eux une attraction très forte et très remarquable. L'odorat ne semble jouer pour cette génération qu'un rôle secondaire, car c'est surtout par la vue que se manifeste cette attraction. D'après MARCHAL, le réflexe de la ponte paraît être déclenché par la nature lisse, polie et fraîche du grain de raisin, ce qui explique que les grappes enrobées d'une poudre inerte soient en général beaucoup moins pourvues d'œufs.

« En raison des conditions de température plus favorables, la durée d'incubation des œufs est en moyenne de 5 à 6 jours. Dès son éclosion, la chenille néonate quitte le plus souvent le grain sur lequel elle est née, erre parfois un certain temps dans la grappe avant de commencer à se nourrir. Comme pour la Cochylis, la durée de ce stade errant est en relations étroites avec les conditions d'éclairement et d'insolation ; elle est généralement très courte pour la deuxième et troisième génération. » (BOVEY)

Selon MARCHAL (1911) « les chenilles de deuxième génération attaquent les grains de raisin d'une manière plus directe que pour la première génération et généralement la chenille pénètre dans le grain sans avoir tissé de toile.

« Toujours, pourtant, j'ai constaté une migration de la chenille, celle-ci pénétrant le plus souvent dans un autre grain que celui sur lequel l'œuf avait été pondu. Habituellement, toutefois, la migration n'est pas assez grande pour que les jeunes chenilles quittent la grappe où elles sont nées et les grappes qui présentent des œufs éclos offrent aussi des grains piqués. »

« Les chenilles de la seconde génération, écrit GRASSÉ (1927) se développent plus vite que celles de la première. Elles se chrysalident 17 à 20 jours après l'éclosion ; leur nymphose ne demande guère plus de cinq jours. »

« Les *dégâts* occasionnés par la deuxième génération, écrit BOVEY, sont comparables à ceux de la Cochylis, et surtout graves parce qu'ils favorisent le développement de la pourriture grise. Tant qu'elles attaquent les grains de verjus, les chenilles d'Eudemis y font en général une plaie unique et profonde. Au contraire, à l'approche de la maturité, elles évitent de pénétrer à l'intérieur des grains trop aqueux, se contentent d'y faire des blessures superficielles rapprochées. En raison de leur plus grande mobilité dans la grappe, elles blessent en moyenne davantage de grains que celles de la Cochylis, ce qui peut conduire à de plus graves dégâts, surtout lorsque les conditions climatiques sont favorables à la pourriture.

« Dans les régions où l'Eudemis évolue en deux générations, toutes les chenilles parvenues à leur complet développement, après 21 jours en moyenne, gagnent leurs quartiers d'hiver pour s'y nymphoser dans un cocon soyeux tissé sous les écorces de la souche dans les anfractuosités de cette dernière ou des échalas. Sur la souche, les cocons sont tissés sous la première couche corticale et VOUKASSOVITCH (1924) les a trouvés plus particulièrement abondants à la face inférieure des branches maîtresses, ensuite dans la zone où ces derniers se détachent du tronc. Ils sont moins nombreux sur le tronc lui-même. »

E — EVOLUTION DE LA TROISIEME GENERATION

« Dans les régions méridionales où apparaît régulièrement une troisième génération, les chenilles de la seconde génération se comportent au moment de la nymphose comme celles de la première génération et les chrysalides formées donnent naissance au bout de 5 à 6 jours aux papillons du *troisième vol*, qui a lieu en août-septembre, parfois même dès fin juillet. Ces papillons pondent encore leurs œufs sur les grains comme ceux du deuxième vol. Les chenilles qui en éclosent occasionnent des dégâts comparables à ceux de la génération précédente, mais généralement plus graves encore.

« Dans une zone intermédiaire, l'existence et l'importance de cette troisième génération est liée aux conditions climatiques locales et annuelles. Elle est souvent partielle et les chenilles n'ont pas toujours la possibilité de parvenir à la nymphose avant la fin de la période de végétation. » (BOVEY)

« Dans la vallée de la Loire, écrit GEOFFRION (1970, 1977), au cours de certaines années, un troisième vol partiel et peu important peut se manifester en août ou au début septembre. Son existence dépend de la précocité du 2ᵉ vol : si les œufs sont déposés dans les premiers jours de juillet, les chrysalides du deuxième vol ne sont pas toutes diapausées et donnent de nouveaux adultes au début de septembre. D'une ponte tardive éclosent des chenilles qui se contentent alors de mordiller l'épiderme des grains dont elles provoquent la pourriture ; très fréquemment ces chenilles meurent écrasées sous le pressoir du moins avec les cépages vendangés précocement.

« Dans les vignobles de Champagne, d'Auvergne, du Limousin, de la Bourgogne, de la Franche-Comté, de l'Alsace, le troisième vol est inconnu ou tout à fait exceptionnel. Dans l'Orléanais il est très rare, il a cependant été constaté en 1959. Il n'en va plus de même dans les régions plus méridionales : il est constant à partir de Lyon vers le sud. Mais il fait parfois défaut au nord, comme ce fut le cas en 1956 pour le vignoble du Beaujolais. Ce troisième vol est constant en Provence, en Languedoc et en Roussillon. Enfin en Aquitaine il est constant, toutefois il n'est que partiel au cours de certaines années.

« En Suisse dans les vignobles du Tessin le plus fréquemment deux vols se succèdent, ce n'est qu'au cours d'année très précoces qu'un troisième vol peut se produire (en 1961 en particulier) et être responsable de quelques dégâts tardifs. »

« Le troisième vol d'Eudemis, selon GRASSÉ (1927) a lieu dans le vignoble méditerranéen, entre le 15 et le 25 août. Il va sans dire qu'il n'est possible de trouver des papillons avant ou après cette période. La troisième génération évolue comme la précédente, un peu moins vite peut-être. »

Epoque et lieux de la nymphose

« La troisième génération de chenilles, écrit MARCHAL (1911) s'attaque au raisin en voie de maturation ou déjà mûr ; elle prend ses quartiers d'hiver à la fin de septembre ou au commencement d'octobre, sous les *écorces*. Le nombre des chenilles détruites par la vendange sera d'autant plus grand que celle-ci aura été faite d'une façon plus précoce. »

PAILLOT (1913) indique que la chrysalidation en automne de l'Eudemis est plus rapide que celle de la Cochylis et cette année toutes les larves qui avaient quitté les grappes vers le 1ᵉʳ septembre (dans la région de Mâcon) étaient toutes trouvées transformées en chrysalides dès le début du mois suivant.

« Un certain nombre de chenilles se sont filées un cocon dans *l'intérieur des grappes* mêmes, d'autres dans les *feuilles sèches* avoisinant les grappes (jusqu'à 5 cocons dans les replis d'une famille). A la deuxième génération les chenilles recherchent un abri dans les écorces de la souche et dans les fentes des échalas ou des *piquets en bois* soutenant les fils de fer. Dans une vigne où la deuxième génération d'Eudemis avait détruit la moitié de la récolte on a trouvé un assez grand nombre de chrysalides entre les grains desséchés des grappes pourries abandonnées sur le cep après vendange. On a donc intérêt pour l'Eudemis à enlever toutes les grappes après la vendange. »

LABORDE (1900) au Château Carbonnieux (Graves) a observé que « le plus souvent les chrysalides de cette 3e génération sont logées dans les *feuilles mortes* de l'intérieur du cep. On les trouve en effet principalement dans celles qui avoisinent les raisins attaqués par les vers ou bien encore dans les feuilles sèches ou plus ou moins flétries qui sont empaquetées par les liens. On peut également les découvrir dans les agglomérations de grains altérés et desséchés ou encore dans l'intérieur de ces grains secs eux-mêmes et jusque dans des grains encore incomplètement dévorés. »

« L'abandon des grappes par les vers se fait comme pour la Cochylis entre le 15 et le 22 septembre dans la Gironde. Donc ici aussi plus les vendanges sont hâtives plus elles tendent à éliminer un grand nombre de larves qui s'en vont à la cuve.

« En quittant la grappe, les larves d'Eudemis vont rechercher un logement pour l'hiver dans les interstices de l'écorce et parfois les fentes des échalas et les liens. Chaque larve se hâte de fabriquer son cocon dès qu'elle est retirée sous l'écorce et en quelques jours il est terminé. Ce cocon est formé d'un tissu très serré et très résistant, *parfaitement blanc* et soyeux ; l'ouverture par où sortira le papillon est formée de deux lèvres qui s'appliquent très exactement l'une sur l'autre, de sorte que l'enceinte occupée par la chrysalide est absolument close.

« Dès que la larve s'est enfermée dans son cocon, la chrysalidation commence et elle est finie au 10 octobre. »

« Dans la région languedocienne, selon GRASSÉ (1927) on trouve des cocons dès le début de septembre. Ces cocons sont dits « cocons d'hiver » et sont tissés presque exclusivement sous les écorces des ceps ou dans les anfractuosités des échalas. Un faible nombre d'entre eux se rencontrent *dans la terre ;* certaines observations personnelles nous autorisent à écrire que cette localisation est plus fréquente qu'on ne le suppose. La chrysalidation s'opère en octobre, parfois plus tôt. »

A la Station de Villefranche-sur-Saône, ZOLOTAREWSKY (1923) dans une jeune vigne de 4 ans, a observé que les larves d'Eudemis ne pouvant s'abriter sous les écorces se chrysalident dans les *galeries creusées dans le sol* argileux par les lombrics. Elles sont placées presque toujours en groupes de 3 à 5 et ne s'enfoncent à l'intérieur de la motte que de 2 à 3 cm: Mais dans les vignes âgées les chrysalides s'observent uniquement sous les écorces des souches.

Pour VEAUVY (1938) « on sait encore peu de choses sur les mœurs de l'Eudemis à l'époque de sa chrysalidation. Rechercher l'Eudemis sur les souches entre les écorces est très décevant. Même dans les vignes qui souffrirent le plus des dégâts de la troisième génération, la récolte des chrysalides est très maigre. Les décorticages ne donnent rien de comparable à ce que l'on observe pour la pyrale, qui se cantonne à la partie supérieure des coursons. Ici, au contraire, il faut écorcer toute une souche pour trouver finalement une chrysalide cachée sous les écorces au niveau de la terre, parfois même sur la base de la souche qui sera découverte par le déchaud. Puis sur plusieurs couches on ne trouvera rien et par hasard on tombera sur un nid de trois ou quatre insectes hivernants et cela dans les situations les plus diverses de protection contre les pluies ou les vents dominants. L'orientation même ne semble pas jouer.

« En définitive, rien ne prouve que l'Eudemis place tous ses cocons sur les souches à la troisième génération. Nous rappellerons que les vols des papillons ne s'effectuent pas obligatoirement sur les lieux mêmes de leurs attaques. Par ailleurs, des observations sur l'emplacement des chrysalides hivernales de parasites divers les firent découvrir parfaitement isolés des plantes que les insectes auront à dévorer. Cet éparpillement des chrysalides est la principale cause d'échec des traitements d'hiver dirigés contre le ver des fruits. »

F - EVOLUTION DE LA QUATRIEME GENERATION

Dans les régions les plus méridionales, on a parfois observé une quatrième génération partielle. Ce fut le cas en 1908 dans la Gironde (FEYTAUD), en 1913 dans la région de Toulouse (VOUKASSOVITCH) à la suite d'étés particulièrement chauds.

Cette quatrième génération, issue de papillons qui volent en octobre, est trop tardive pour avoir quelque importance économique ; elle est d'ailleurs nuisible à l'espèce car elle ne parvient pas à la nymphose avant les froids.

Pour BERNON (1953) « cette quatrième génération est la plupart du temps peu importante ou négligée puisqu'elle se produit après la date moyenne des vendanges et que seules les récoltes très tardives (Vins doux naturels, raisins de table tardifs) ou les plantes sauvages (*Daphne gnidium* L.) peuvent supporter les attaques de l'Eudemis. »

« On sait, écrit PICARD (1913) que la durée de la chrysalidation est beaucoup plus longue en hiver qu'en été et l'on peut se demander si ce fait est sous la dépendance exclusive de la température ou si les générations diffèrent par des propriétés héréditaires, cette dernière opinion étant soutenue en particulier par DEWITZ. On peut cependant remarquer que les cas fréquents d'apparition de papillons d'automne ne se concilient pas très bien avec sa théorie, car ces adultes appartiennent à la même génération que ceux qui doivent éclore après l'hiver. Ces apparitions tardives sont au contraire plus facilement explicables si l'on admet qu'elles sont dues à un automne spécialement chaud et à une exposition particulièrement favorable de certaines chrysalides.

« Pour vérifier ce que deviennent des nymphes soumises pendant l'hiver à une température voisine de celle de l'été, des cocons d'Eudemis furent placés en octobre dans une étuve à 26-28 °C. Un premier papillon fut obtenu le 31 décembre et plusieurs autres les jours suivants jusqu'au 15 janvier ; les autres chrysalides étaient mortes et desséchées par manque d'humidité dans l'installation. Donc on a obtenu des adultes environ quatre mois avant l'époque normale. En février 1912 des vols d'Eudemis furent constatés dans plusieurs celliers des environs de Béziers et provenaient de chenilles apportées avec la vendange et qui avaient filé leur cocon dans des situations plus abritées que celles des vignes. C'est d'ailleurs toujours près des celliers qu'on observe le plus de dégâts à cause des grandes quantités de larves apportées dans les comportes. »

CHAUVIGNÉ (1914) signale qu'il a observé des larves d'Eudemis, dans la moelle des coursons parce qu'elles y rencontrent un tissu peu résistant. La larve rejette derrière elle par l'extrémité ouverte du canal médullaire la sciure qui résulte de son travail ; elle avance jusqu'au nœud où elle est arrêtée par le diaphragme. Elle laisse au-dessus d'elle une petite épaisseur de sciure qui l'isole du froid et des intempéries. On peut trouver aussi de la Cochylis.

« Il semble que ce soient les dernières générations de larves d'automne qui procèdent ainsi car elles sont surprises par la disette et l'état climatérique ; elles se hâtent de se mettre à l'abri. »

En réalité selon PICARD, il s'agit d'une Tenthrède *Erylytus calceatus* dont la larve ressemble à celle de l'Eudemis.

VII. — CONDITIONS DE DEVELOPPEMENT

1° Répartition géographique

« L'Eudemis est une espèce paléarctique, écrit Bovey (1966) dont l'aire de distribution est beaucoup plus limitée que celle de la Cochylis. En Europe, où elle s'est particulièrement répandue dès la fin du XIXe siècle et le début du XXe siècle, elle est abondante dans toutes les régions viticoles méridionales, notamment en France, en Espagne, au Portugal, en Italie, en Yougoslaovie, en Grèce, en Bulgarie, en Roumanie et en Russie (Bessarabie, Crimée, Astrakan, Transcaucasie du Nord). Elle est également connue en Asie Mineure, en Palestine, en Iran (Azerbaidjan), ainsi qu'en Afrique du Nord (Maroc, Algérie, Lybie, Egypte).

A l'encontre de la Cochylis, elle ne dépasse pas la limite Nord de la culture de la vigne et se rencontre, en Europe moyenne, dans les endroits chauds, mêlée à la Cochylis, en proportion variable suivant le climat local et annuel. Alors que la Cochylis est un « insecte du Nord », l'Eudemis est un « insecte du Sud ».

En *France*, après sa découverte dans les environs de Bordeaux en 1891, l'Eudemis gagna la région des Graves, puis les vignobles de Barsac et de Sauternes dès 1898. Entre temps, d'après Feytaud (1920) « la propagation de l'insecte s'était faite aussi le long de la rive droite, sur les côtes de Cernon, Bauliac, La Tresne, Langoiran, Cadillac, Sainte Croix du Mont ainsi que vers le Libournais.

« Moins de 10 ans après sa découverte à Bordeaux, l'Eudemis occupait donc une bonne partie des vignobles girondins : région des Graves, pays de Sauternes, côtes de la Gironde jusque vers Langon, côtes de la Dordogne dans le Saint-Emilionnais. La marche envahissante se poursuivit chaque saison de proche en proche et par création accidentelle de foyers nouveaux. Elle était toutefois lente et limitée dans les vignobles de Palus dont beaucoup demeurent les fiefs exclusifs de la Cochylis.

« La diffusion se produisit de bonne heure sur l'Entre-deux-mers, plus tard sur le Réolais où elle était encore très incomplète en 1910, enfin sur le Blayais et le Médoc où elle se poursuit progressivement.

« De la Gironde l'invasion rayonnait sur les départements voisins et en moins de 30 ans l'Eudemis s'était glissée à peu près partout dans le Sud-Ouest de la France, vers le Nord jusqu'au-delà de la Loire (Anjou, 1909), vers l'Est jusqu'au Massif Central (Vignes du Forez et de l'Orléanais). Un gros foyer apparut dans la région beaujolaise après 1900 et devint grave en 1905. De là l'insecte gagnait l'Ain (1912), la Côte d'Or (1913), l'Yonne (1914) et la Marne à Ay (1914).

« Dans le Sud-Ouest, l'Eudemis se répandit, en 1911, dans tout le Périgord jusqu'à la Bachellerie et Terrasson (Dordogne) et même jusqu'à Brive (Corrèze). Le Lot-et-Garonne fut envahi à partir de la Gironde, puis ce fut le tour des raisins de table de Moissac (Tarn-et-Garonne), du Tarn, de la Haute-Garonne (1908), du Gers, des Landes aux environs de Dax et de Saint-Sever, puis dans les serres à vignes de Guéthary et sur les treilles de Saint-Jean-de-Luz en 1913, les hautains des environs d'Argelès (1915), les treilles des environs de Tarbes (1916) dans les Hautes Pyrénées, les vignes de Jurançon (1919) de Salies de Béarn, de Lahontan et de Tardets dans les Basses Pyrénées.

« Dans le Midi, les coteaux de l'Aude et de l'Hérault possédaient déjà l'Eudemis en 1909, puis l'insecte gagnait la région de Banyuls (Pyrénées Orientales) en 1912. Le Gard et l'Ardèche étaient envahis à leur tour. L'Isère était contaminée à partir de 1911. »

Donc actuellement toutes les régions viticoles sont parasitées avec des intensités variables.

En *Allemagne* nous avons vu dans l'historique les premiers points d'attaque. On peut ajouter que la Bavière fut touchée dès 1870 sur des espaliers (TASCHENBERG) et le vignoble du Rhin à partir de 1895.

Au *Luxembourg* l'Eudemis apparaîtra en 1908 et de 1911 à 1913 la proportion des Eudemis passe dans les vignobles de 0,4 à 20 %.

En *Suisse*, FREY (1880) est le premier à mentionner la présence de l'Eudemis, trouvée dans le Haut-Valais, près de Viège par MEYER-DURR et sur les bords du lac de Bienne, bien avant que des dégâts aient été signalés dans les vignobles. C'est en effet, en 1910 que FAES constate les premiers ravages dans le vignoble romand à Satigny près de Genève et en 1912 SCHNEIDER-ORELLI observe les papillons et les chenilles en nombre à Wädenswill (Zurich). Depuis lors, l'insecte ne cesse de gagner du terrain dans les vignobles romands, notamment dans le bassin du Léman, en Valais et au Tessin.

En *Italie*, l'invasion remonterait au XIXe siècle, venant peut-être d'Autriche, gagnant tout le centre et le sud du pays ainsi que la Sicile et l'île d'Elbe.

En *Algérie* les dégâts d'Eudemis se sont généralisés après 1918.

Aux *Etats-Unis*, l'Eudemis n'existe pas, et c'est par erreur avec d'autres espèces que le mal a parfois été cité dans la littérature. (RILEY)

2° Réceptivité de la Vigne

Comme pour la Cochylis, on a observé que les cépages à longue floraison et à grappes serrées sont plus particulièrement sujets aux attaques d'Eudemis.

3° Plantes-hôtes

Comme la Cochylis, l'Eudemis est une Tordeuse polyphage qui peut vivre sur une quarantaine d'espèces, appartenant à diverses familles et qui ont été signalées par divers auteurs, notamment en Allemagne par HARTMANN (1880), DISQUE (1906), LUSTNER (1907-1914), WISMANN (1913), STELLWAAG (1928), en France par PICARD (1911), MARCHAL (1912), FEYTAUD (1911-1912), MARCHAND (1916), VOUKASSOVITCH (1924).

La liste ci-dessous énumère les principales espèces citées dans la littérature :
— Cariophyllacées : *Silena inflata* L. (Silène enflé).
— Vitacées : *Vitis vinifera* L. (vigne cultivée), *Parthenocissus quinquefolia* L. (vigne-vierge).
— Rhamnacées : *Zizyphus vulgaris* L. (Jujubier).
— Térébinthacées : *Rhus glabra* L. (Sumac).
— Araliacées : *Hedera helix* L. (Lierre).
— Cornacées : *Cornus mas* L. (Cornouiller) *C. sanguinea* L.
— Ribesiacées : *Ribes nigrum* L. (Cassis), *R. rubrum* L. (groseiller à grappes), *R. grossulariae* L.
— Rosacées : *Prunus spinosa* L., *Rubus fructicosus* L., *Amygdalus Communis* L. (Amandier).
— Papilionacées : *Trifolium pratence* L. (Trèfle commun).
— Crassulacées : *Sedum album* L., *Sedum acre* L.
— Ombellifères : *Falcaria vulgaris* Bernh.
— Légumineuses : *Medicago sativa* L. (Luzerne).
— Renonculacées : *Clematis vitalba* L. (Clematite).
— Oléacées : *Ligustrum vulgare* L. (Troène).
— Rubiacées : *Gallium mollugo*.
— Caprifoliacées : *Lonicera caprifolium* L. (Chèvrefeuille), *L. xylosteum, Viburnum lantana* L.

— Composées : *Achillea millefolium* L. (millefeuille), *Taraxacum officinale* Wig. (Dent de lion), *Chrysanthemum vulgare* L.
— Ericinées : *Arbutus unedo* L. (Arbousier).
— Convolvulacées : *Convolvulus arvensis* L. (Liseron).
— Solanées : *Solanum tuberosum* L. (Pomme de terre).
— Labiées : *Lamium amplexicaule* L., *Rosmarinus officinalis* L. (Romarin).
— Fumariacées : *Fumaria officinalis* L. (Fumeterre).
— Daphnoidées : *Daphne gnidium* L. (Garou).
— Graminées : *Poa annua* L., *Bromus sterilis* L.
— Polygonées : *Polygonum aviculare* L.
— Euphrobiacées : *Mercurialis annua* L. (Mercuriale).
— Berbéridées : *Berberis* sp.

Cette liste, non limitative, est à rapprocher de celle établie pour la Cochylis ; on peut ainsi voir que de nombreuses plantes sont communes aux deux espèces.

En 1911, PICARD et MARCHAL ont trouvé les chenilles en abondance dans les inflorescences de *Daphne gnidium* L. sur le littoral méditerranéen et ils ont remarqué que partout où se trouvaient des *Daphne* très parasités par l'Eudemis, celle-ci était, dans les vignobles voisins, très rare ou même totalement inconnue. D'après MARCHAL (1912) l'Eudemis a du exister de tout temps dans le Midi de la France, sur les plantes sauvages qui en constituent, sans doute, le foyer originel principal et d'où elle s'est disséminée sur les vignes des autres régions françaises.

« Suivant les observations de PICARD qui a trouvé également dans le Midi, à la fin de décembre, des chenilles de taille moyenne dans les inflorescences desséchées du *Daphne*, il semble que l'Eudemis peut, dans des conditions particulières, hiverner à l'état de chenille. »

« A cette hypothèse de MARCHAL, STELLWAAG (1924) objecte que l'Eudemis n'a jamais été observée sur le *Daphne gnidium* avant que l'on ait constaté sa présence dans les vignobles méridionaux et que la plante n'existe pas en Allemagne où l'Eudemis est pourtant connue depuis des décennies. » (BOVEY)

GRASSÉ (1928) indique que les grappes du Garou ou Sain Bois (*Daphne gnidium* L.) et de la vigne vierge hébergeant souvent et en abondance les chenilles d'Eudemis. En Roussillon sur les Daphnées des garrigues, des friches et des bois de pins qui bordent les vignobles, les chenilles d'Eudemis se comptaient par centaines. Ces larves sont d'un vert plus foncé (due à la nature de l'aliment) et d'après ses observations (10 août - 15 septembre) elles marquaient une forte avance dans leur développement sur les chenilles de la vigne. Il pourrait même y avoir une 4e génération dans la région de Banyuls-sur-Mer.

En Algérie BANNHIOL (1913) indique que l'Eudemis vit sur beaucoup de plantes sauvages et cultivés : Vigne-vierge, Chèvrefeuille, Lierre, Daphné et il peut arriver que les larves soient nombreuses sur ces plantes, tandis que la vigne à côté reste indemne.

Plusieurs auteurs ont élevé artificiellement les chenilles sur d'autres plantes : DEWITZ (1905) sur des fruits mûrs de *Rubus ideus*, *Ribes rubrum et Fragaria* sp., avec des feuilles de *Seneccio* ; *Achillea millefolium* et *Labium verum*.

LUSTNER (1914) a constaté que les jeunes larves acceptent *Lamium amplexicaule* L., *Solanum tuberosom* L., *Chrysanthemum vulgare* L. et mangent très bien *Poa annua* L., *Polygonum auriculare* L., *Sedum album* et *S. acre* L., *Mercurialis annua* L., *Falcaria vulgaris* Bernh, *Convolvulus arvensis* L., *Achillea millefolium* L., *Taraxacum officinale* Weler de même que les feuilles de *V. vinifera*. »

VOUKASSOVITCH (1924) dans ses élevages « a observé que le Fraisier et la Douce-amère (*Solanum Dulcamara* L.) semblent impropres à la nourriture des chenilles. Sur le seneçon (*Senecio vulgaris* L.), la Luzerne (*Medicago sativa* L.) et le Chardon (*Carduus crispus* L.) les chenilles subsistèrent un temps plus ou moins long. Sur la Menthe (*Mentha rotundifolia* L.) une chenille se développa, mais resta petite, sans se chrysalider.

« Les chenilles se développèrent normalement sur le Liseron (*Convolvulus arvensis* L.), la Camomille (*Anthemis nobilis* L.) et *Barkhausia taraxacifolia* L. C. ainsi que sur le Plantain (*Plantago lanceolata* L.) et sur la Mauve (*Malva rotundifolia* L.)

« Certaines plantes peuvent donc servir de nourriture aux chenilles de l'Eudemis, mais c'est sur les feuilles de la vigne que le développement des chenilles a été le plus rapide, avec une avance de 5 jours sur les plantes les plus favorables. Les chenilles préfèrent aux pousses fraîches, les parties végétatives à l'état de décomposition. L'air humide confiné des boîtes de Petri convient bien à l'élevage des chenilles avec des feuilles déjà un peu décomposées. »

4° Microorganismes pathogènes

FEYTAUD (1914) a étudié la mortalité des chrysalides d'Eudemis pendant l'hiver :

« *Les champignons entomophytes* appartiennent aux genres *Verticillium Beauveria* et *Spicaria*. Les chyrsalides tuées ont l'aspect de *momies ;* l'intérieur est occupé par une masse blanche d'aspect pierreux, constituant un sclérote ; les filaments qui en partent traversent le tégument de la chrysalide et s'épanouissent à l'extérieur en masses floconneuses. En secouant ces momies, on voit s'en détacher une très fine poussière blanche de spores.

« *Les animaux entomophages* qui font périr les Cochylis et Eudemis hibernantes, sont de deux catégories :

— les unes sont des prédateurs qui pénètrent dans les cocons au cours de l'hiver pour dévorer les chrysalides ;

— les autres sont des parasites qui proviennent d'œufs pondus dans les chenilles à l'automne.

« Parmi les premiers se rangent de nomberuses petites araignées qui vivent sur les ceps et les larves du *Malachius* ou Cocardiers (qui ressemblent aux larves de Cochylis mais qui n'ont pas de fausses pattes abdominales et portent à l'extrémité postérieure du corps deux petites pointes brunes cornées.

Les parasites qui pondent leurs œufs dans les chenilles sont presque tous des Ichneumons qui se développent dans les chenilles puis dans les chrysalides ; les adultes sortent au printemps.

Des comptages, réalisés dans diverses propriétés de Gironde ont donné les résultats suivants :

	Labarde	Pessac	Gradignan	Léognan	Preignac
Eudemis vivantes	12,9	9,9	25,0	6,8	14,3
Eudemis mortes	87,1	90,1	75,0	93,2	85,7
— Hyphomocycètes	57,9	59,8	48,2	47,5	50,0
— Ichneumons	21,8	19,0	13,1	16,9	29,5
— Prédateurs	1,3	8,1	5,0	20,3	2,7
— Divers	6,1	3,2	8,7	8,5	3,5

LABORDE (1900) en Gironde a observé la destruction de chrysalides d'Eudemis par des Ichneumons étudiées par PEREZ : *Pimpla Laordel, Cryptus minutulus, Phygadeon Eudemis, Pteromalus vitis.*

5° Circonstances favorisantes

A - *L'influence du climat* est prépondérante comme on l'a vu à propos de la biologie des divers stades du papillon :

1. - Pour MAISONNEUVE (1914) « les chrysalides de Cochylis et d'Eudemis à l'état de vie ralentie pendant l'hiver sont capables de résister à des *températures très basses*. En effet, protégée par son épaisse cuticule de nature cornée, la chrysalide qui est en outre enveloppée d'un cocon de soie, substance très isolante et abritée sous une épaisse écorce, très mauvaise conductrice de la chaleur, peut laisser passer impunément les froids les plus rudes de nos hivers.

« Ce qui me paraît beaucoup plus dangereux pour la vie des chrysalides ce sont les hivers doux et humides qui permettent le développement des myceliums des champignons et des moisissures qui s'infiltrent partout, forment des réseaux au-dessous des vieilles écorces, entourent et envahissent les chrysalides et souvent, malgré leur cocon protecteur, les pénètrent et les dessèchent. C'est ainsi qu'à la fin d'un hiver doux on trouve toujours un grand nombre de chrysalides momifiées. Le parasite végétal a tué le parasite animal. »

SICARD (1913) a recherché dans les vignes ayant le plus souffert des gelées d'hiver l'action du froid.

	recueillies	Chrysalides vivantes	parasitées	mortes
1ʳᵉ parcelle	17	15	1	1
2ᵉ parcelle	25	18	4	3

donc le déchet est bien faible.

2. - *Influence des températures élevées*

« Plusieurs auteurs ont proposé de lutter contre les chenilles en pulvérisant de l'eau à 60-70 °C. Les chenilles sont incontestablement détruites, écrivent VIALA et MARSAIS (1927) quand les gouttelettes d'eau peuvent les atteindre à une température de 60° ; fleurs et grains ne seraient pas altérés. Quand la chenille est entourée, sur les grappes de fleurs, par un réseau de fils de soie, l'eau chaude n'arrive pas à les toucher à une température suffisante. D'autre part la vaporisation de l'eau détermine un abaissement de température difficile à chiffrer ; il faudrait donc pulvériser l'eau à 70-80° auquel cas les organes, surtout les fleurs seraient détruits. Ce procédé est donc inapplicable dans la pratique.

« On a pensé que les hautes températures de l'été dans certains vignobles pouvaient nuire aux vers de la grappe, les chenilles hors des grains étant « cuites » mais en petit nombre, la majorité à l'intérieur des baies étant hors d'atteinte. Seuls les œufs non éclos peuvent être détruits. Donc il ne faut pas compter, même en Algérie, sur les chaleurs intenses pour réduire les invasions d'Eudemis. Seul dans la région de Guyotville on a constatté un arrêt relatif du mal sous l'influence d'un violent *sirocco*, dont l'action desséchante peut avoir été aussi efficace que la température élevée. »

Dans la vallée de la Loire, MOREAU et VINET (1924) ont étudié le comportement, en fonction de la température, de la Cochylis et de l'Eudemis.

« Pour la *Cochylis* une arrière-saison chaude peut provoquer l'apparition d'une troisième génération, nettement accusée en 1920 et aussi distincte de la seconde que celle-ci l'était de la première. La température élevée des 11 et 12 juillet 1921 (40 et 41 °C) a arrêté subitement et presque totalement les captures des papillons de deuxième génération au moment où allait se produire le plein vol. L'insecte a été atteint dans son évolution. L'action de la chaleur s'est exercée sur les chrysalides et sur les œufs déjà pondus (absence d'une troisième génération malgré une arrière-saison plus favorable qu'en 1920).

	Proportion de papillons du 20 au 25 juillet	
	Cochylis	Eudemis
1911	93 %	7 %
1919	80 %	20 %
1920	17 %	83 %

« Pour l'*Eudemis* en 1920, la première génération est peu importante et nettement distincte de la seconde, celle-ci empiétant sur la troisième également réduite. En 1921, l'Eudemis l'emporte sur la Cochylis : du 27 avril au 2 octobre il y eut constamment des papillons d'Eudemis dans la vigne. Bien qu'il y ait eu une réduction des captures pendant les fortes chaleurs, l'action de la température est bien moins marquée que pour la Cochylis d'une part sur les chrysalides (continuation du vol des papillons) et d'autre part sur les œufs (troisième génération très importante). L'Eudemis est bien l'insecte des pays chauds. Donc une arrière-saison chaude et sèche favorise l'Eudemis en permettant l'évolution complète de la troisième génération et si cela se renouvelle plusieurs années de suite (1920, 1921) on assiste à la substitution de l'Eudemis à la Cochylis. »

VIII — LES DEGATS

« Dans toutes les régions où elle apparaît en *deux générations*, écrit BOVEY (1966), en particulier dans la partie septentrionale de son aire, l'Eudemis cause des dégâts comparables à ceux de la Cochylis. Il faut noter toutefois que les chenilles de première génération rassemblent et dévorent en moyenne moins de boutons ou de fleurs ; par contre, en raison de leur plus grande mobilité, celles de seconde génération endommagent souvent davantage de grains, ce qui peut conduire, par temps pluvieux, à une pourriture plus généralisée des grappes.

« Dans les régions méridionales, les dégâts de l'Eudemis sont sérieusement aggravés par l'existence d'une *troisième génération* qui, sévissant jusqu'à la vendange, conduit dans les vignobles fortement infestés à de lourdes pertes.

« En Europe moyenne, l'Eudemis n'apparaît plus ou moins abondante et toujours associée à la Cochylis que dans les vignobles à climat privilégié et surtout lorsque, durant le vol des papillons, les conditions microclimatiques se rapprochent des normes optimales à l'activité de ces derniers ; aussi est-il difficile d'exprimer la part des dégâts qui revient à chacune d'elles.

« Son importance relative s'accroît au fur et à mesure que l'on se dirige vers le Sud et, dans la plus grande partie des vignobles méridionaux, où la Cochylis est rare ou absente, elle est seule responsable des dégâts sur grappes. C'est le cas en Espagne et au Portugal, dans certains vignobles du Midi de la France, en Italie centrale et méridionale, en Grèce, en Bulgarie, en Asie Mineure et en Palestine, dans le Sud de la Russie (Crimée) ainsi qu'en Afrique du Nord.

« L'Eudemis à la première génération dessèche les fleurs pendant ɔu après la floraison, en rongeant la charpente de la rafle, souvent le pédoncule (VIALA et MARSAIS, 1927) ou en emprisonnant les bouquets de fleurs d'une grappe par des fils de soie.

« La deuxième et la troisième générations percent les grains aux divers états et surtout avant, pendant ou après la véraison. Chaque chenille peut piquer plusieurs grains avant de se fixer dans l'un d'eux. Quand l'attaque du grain a lieu au moment où celui-ci est devenu juteux, après véraison surtout, le petit canal creusé dans la pulpe laisse sourdre, à son ouverture, un peu de liquide. Ce liquide est un milieu de culture pour diverses moisissures et surtout le *Botrytis cinerea*; les *Mucor* et *Penicillium* (pourritures noires, roses, rouges, vertes) sont moins fréquents, mais ils pénètrent aussi dans le canal du grain et envahissent lentement la pulpe.

« Sans pourriture grise, le grain de raisin envahi par la chenille se dessécherait, les dégâts seraient sans doute notables, mais n'auraient jamais l'intensité et la gravité que surajoute la pourriture grise.

« Si en année de forte invasion, la première génération sur les fleurs n'amène que des dégâts partiels, ceux-ci peuvent cependant atteindre jusqu'à la moitié des inflorescences. L'attaque sur les fruits, par la deuxième génération peut, par contre, détruire jusqu'à la totalité des raisins ou en atteindre la moitié ou davantage par suite du développement du *Botrytis*. »

Utilisation des raisins piqués par la Cochylis et par l'Eudemis

LABORDE (1900) est le premier auteur à s'être penché sur l'utilisation des raisins cochylisés. « En effet pour réduire les dommages causés par cet insecte les années humides, l'enlèvement des grains piqués s'impose pour la Cochylis, comme pour l'Eudemis. Ce triage dans le vignoble bordelais ne s'effectue en général qu'au moment des vendanges; il porte alors sur des grains complètement altérés et ayant perdu la totalité ou la plus grande partie de leur jus, mais aussi sur des grains beaucoup moins atteints, c'est-à-dire susceptibles de fournir encore du moût, quoique de qualité inférieure. Certains propriétaires de grands crus rejettent totalement ces grains avariés, mais les autres cherchent à utiliser le mieux possible ces grains plus ou moins avariés.

« Pour l'Eudemis il y a tout intérêt à pratiquer l'enlèvement des grains piqués à chacune des deux générations estivales qui ont lieu respectivement avant et après la véraison. Pour la Cochylis il est plus rationnel aussi d'enlever les grains piqués quand ils sont encore verts, mais on peut aussi avoir à poursuivre l'opération après la véraison. Il faut donc considérer l'emploi des grains verts et des grains vérés plus ou moins mûrs, qui ont une composition chimique bien différente.

« 1° *Grains verts*. Ces grains sont assez riches en éléments organiques et minéraux, assimilables pour les animaux de la ferme, notamment ceux de la basse-cour qui en sont très friands. Mais cette dernière consommation est généralement insuffisante pour faire disparaître des quantités assez considérables de ces grains — 200 à 300 kg par jour —, parfois davantage. Seuls les grands animaux (chevaux, bœufs, vaches) seraient capables d'utiliser de pareilles quantités de grains verts. Mais l'ingestion d'un tel aliment en trop grande abondance n'est pas sans danger pour la santé de ces animaux, à cause de l'excès d'acidité du jus et de la fermentation. »

« 2° *Grains vérés*. Ces grains sont évidemment plus riches en sucres et contiennent au moins 100 g par litre. On peut donc les faire fermenter et obtenir un « petit vin très acide » qui pourra être mélangé ultérieurement aux vins de seconde cuvée si les grains piqués n'étaient pas trop atteints par la pourriture grise, ce qui les rendrait sensibles à la Casse brune. »

Vinification des vendanges cochylisées et eudemisées

Pour Ventre (1913). « Il faut recourir simultanément aux méthodes mécaniques, chimiques et biologiques. En effet, la quantité de moûts que rendent les raisins est hors de proportion avec celle qui devrait normalement exister. La proportion de rafles, peaux et pépins est considérable et apportera des perturbations dans la constitution des vins. Si on veut rétablir dans leur ensemble la valeur des différents éléments du vin, on devra recourir à l'*égrappage* ou ce qui reviendra sensiblement au même, au cuvage très court.

« D'autre part, de manière à purifier le milieu, on devra employer *l'acide sulfureux* à des doses pouvant atteindre 15 grammes par hl de vin. Afin d'avoir des fermentations actives et régulières, il faudra faire appel aux pieds de cuves abondants et très actifs. Dans ces conditions, on aura après 48 heures de fermentation des vins normaux et relativement fins. Si la maturité était trop avancée et que malgré l'ensemencement copieux de la vendange, la fermentation soit trop lente, l'addition de phosphate d'ammoniaque à la dose de 20-25 g par hl donnerait les meilleurs résultats.

Analyse de deux vins provenant de la même vendange :

— L'un traité rationnellement (égrappé, sulfité, phosphaté, levuré).

— L'autre obtenu par fermentation spontanée (sulfité et phosphaté).

Les deux vins ayant été décuvés au bout de 4 jours. Le moût titrait 230 g de sucre avec une acidité totale de 5,6 g en acide sulfurique et 0,2 g d'acidité volatile.

	Vinification	
	rationnelle	spontanée
Alcool	13°1	12°4
Acidité totale sulfurique	5,2	5,1
Acidité volatile	0,54	0,93
Extrait sec à 100°	24,5	31,6
Cendres totales	2,9	3,2
Alcalinité des cendres totales en tartre	4,53	4,85
Crème de tartre	4,28	4,37
Examen microscopique	Levures saines	Mycoderma aceti
Dégustation	Fruité fin	Apre, dur, amer

Hugues (1921 et 1937) a récolté des raisins, en 1920 piqués par les vers dans une vigne d'Aramon et d'autre part des raisins sains :

	Moût des raisins	
	sains	eudemisés
Sucres réducteurs en g/l	175	225
Acidité totale sulfurique en g/l	5,48	11,10
Acidité volatile sulfurique en g/l	0,10	0,35
Alcool en volume %	Néant	0°3
Couleur	Incolore	Nettement rouge
Vin (goutte et presse) par kg	712,5 cc	647,5 cc
Marc de raisin en g/l	125	215

« Donc le moût des raisins eudemisés est beaucoup plus sucré et surtout beaucoup plus acide que celui des raisins sains. Mais si on calcule en valeur absolue non pas ce que contient le moût ou le vin de 1 kg de raisins malades, mais ce que contient le moût ou le vin de 1,720 kg de raisins sains (poids correspondant au 215 g de marc alors que 125 correspondent à 1 kg) on constate un *défaut de sucre et un surcroît d'acidité.*

« L'analyse des vins obtenus montre une teneur élevée en alcool, un excès d'acidité, un extrait sec très fort et un goût d'amer particulier. On remarque aussi la présence d'une dose très élevée d'acide tartrique libre et une déviation saccharimétrique nettement positive, cette dernière anomalie probablement due à la présence de matières dextriniformes.

	Vin de raisins	
	sains	eudemisés
Alcool	10°3	12°0
Extrait sec à 100°	20,5	52,75
Acidité totale suff. g/l	4,75	11,94
Acidité fixe	3,92	11,06
Acidité volatile	0,83	0,88
Sucres réducteurs en glucose	0,80	3,85
Déviation saccharimétrique	0	+ 4
Acide tartrique libre	0,34	3,12
Rapport alcool/Extrait	4	1,9

NEGRE (1951) indique que « les raisins attaqués par la larve de l'Eudemis sont souvent le siège d'un développement bactérien produisant les transformations suivantes : attaque des sucres et surtout du glucose avec formation d'acides gluconique et glycuronique. D'où une augmentation de l'acidité fixe qui, dans de tels moûts, peut être élevée. Ces acides n'étant pas décomposés par la levure alcoolique, les vins qui en résultent ont eux-mêmes une acidité fixe élevée.

« D'autre part ces mêmes moûts de vendanges eudemisées se caractérisent par un « extrait non sucre » supérieur à la normale. Il résulte d'une part de la concentration du jus dans le raisin abimé et soumis, de ce fait, lorsque l'atmosphère est sèche à une évaporation intense, concentration qui a aussi un effet direct sur l'acidité et sur la teneur en sucres et d'autre part de la formation des acides fixes ci-dessus cités.

« Le degré en puissance déterminé par densimétrie est par suite plus élevé que ne sera le degré alcoolique du vin. La méthode chimique (dosage des sucres par la liqueur de Fehling donne elle-même, si les précautions utiles ne sont pas prises, des résultats trop élevés du fait de l'existence de l'acide glycuronique capable de réduire ce réactif, acide que l'on dose en bloc avec les sucres. »

EUDÉMIS AMÉRICAINE

Cette espèce, voisine de l'Eudémis, est connue dans l'Est des Etats-Unis sous le nom de *Grape berry moth* (Papillon du grain de raisin). Bien qu'elle n'existe pas en Europe, nous en donnons une courte description d'après les auteurs américains : Isely (1917), McGrew et Still (1972) et Winkler (1974), pour montrer les différences avec notre Eudémis européenne.

Description et Biologie

Polychrosis viteana Clem. possède deux générations par an, rarement trois.

Les *papillons* de la première génération apparaissent de bonne heure au printemps, lorsque les bourgeons de la vigne sont éclos, la sortie se poursuivant durant plusieurs semaines.

L'adulte est petit, brun pourpre, avec les ailes mesurant près de 12 mm (1/2 inch). La ponte a lieu 3 ou 4 jours après la sortie des papillons et les œufs sont pondus sur les fleurs des inflorescences en voie de croissance par les premiers papillons éclos et sur les grappes nouées par les derniers.

Les *œufs* sont très petits, aplatis et déposés à la surface des tiges, des bourgeons floraux ou des jeunes grains où ils apparaissent comme des perles brillantes. Ces œufs éclosent en quelques jours pour donner des larves.

Les premières *larves* se nourrissent des fleurs, les autres mangent de suite les grains après la nouaison, en produisant des taches rougeâtres, très caractéristiques et en suivant la rupture de la peau. Le point d'entrée s'effectue indifféremment par tous les côtés de la surface des grains, mais avant qu'ils aient atteint une certaine grosseur, à peu près la moitié des larves entre par le pourtour des pédicelles.

La croissance de la chenille dure trois semaines environ. Adulte elle mesure 10 mm de long, avec une couleur allant du vert sombre au pourpre foncé, la tête et le thorax étant noirs.

La chenille adulte se déplace de la grappe vers la feuille où elle découpe un morceau du limbe sur trois côtés pour le replier et attacher la partie libre avec des fils. Le cocon est tissé dans cette portion de feuille pliée et la larve va se transformer en chrysalide, de couleur vert brunâtre.

Les papillons de la seconde génération vont émerger 12 à 14 jours après, c'est-à-dire au cours du mois de juin et jusqu'en juillet pour les derniers éclos. Après la ponte et l'incubation des œufs, les larves vont s'alimenter à partir de la fin juin pour les plus précoces en attaquant les jeunes baies. Ces larves précoces produisent des dommages plus importants, en consommant davantage de baies que les larves tardives, nées vers la fin juillet qui trouvent alors des grains plus gros. La période d'alimentation dure environ trois semaines. Les larves qui mûrissent avant la mi-août peuvent donner une troisième génération. Mais la majorité des chenilles vont fabriquer leur cocon dans les derniers jours de septembre jusqu'à la mi-octobre sur de vieilles feuilles tombées sur le sol où elles passeront l'hiver.

Dégâts

Les chenilles de la première génération se nourrissent de boutons floraux, de fleurs épanouies ou de petites baies détruisant avec leurs toiles une partie des grappes dans lesquelles elles vivent. Ces dommages de la première génération peuvent être plus importants que ceux des générations suivantes, si les larves sont nombreuses.

Les dommages causés par la seconde génération de chenilles intéressent des grains encore verts ou en voie de maturation. Les points de pénétration des larves dans les grains ressemblent aux attaques de Black-rot. Suivant le temps ces grains parasités pourrissent ou se dessèchent.

Lutte

Elle résulte d'une combinaison de plusieurs méthodes : en août, une culture du sol pour détruire les cocons présents dans les feuilles tombées sur le sol, en partie grâce aux agents naturels. Au printemps un labour permettra d'enterrer les cocons sous 5 à 8 cm de terre et on laisse ainsi jusqu'à deux semaines après la floraison. On peut ensuite recultiver le sol. Enfin on pourra faire des traitements sur la souche avec des pulvérisations de Carbaryl.

LA PETITE TORDEUSE DE LA VIGNE

I — SYNONYMIE

Fr. Eulia. Nouveau ver de la grappe.

II — HISTORIQUE

C'est un insecte polyphage qui vit aux dépens des feuilles, des fleurs et des fruits de nombreuses plantes des forêts ou des champs. Les premiers dégâts furent observés sur de jeunes plants de *Pinus sylvestris* dans les années 1926-1928 simultanément en Allemagne et en Autriche, les chenilles s'attaquant aux aiguilles de pin de la pousse terminale, rassemblées au moyen de fils de soie.

Après 1950, Eulia sera signalée comme occasionnant des ravages dans les plantations de pommiers, en Italie dans la région de Ferrare et du Véronèse par BONGIOVANNI (1954) et par IVANCICH-GAMBARO (1959), en France par BERVILLÉ et SCHAEFFER (1954, 1957) comme « nouveau ver de la grappe » dans la région de Mauguio (Hérault) et de Pont-Saint-Esprit (Gard) et enfin en Suisse d'abord sur pommiers en 1955, puis sur vigne en 1957 dans le Valais (Sierre, Rarogne) ainsi que sur abricotiers aux environs de Sion et de Saxon, toujours dans le Valais et sur vigne et pêchers dans le Tessin à Gordola.

On ne connaît pas les raisons qui ont poussé cet insecte à passer des forêts sur les arbres fruitiers, puis sur la vigne. D'après BOVEY (1966) « dans les cas forestiers, les facteurs qui ont promu au rang de ravageur cette Tordeuse sont à rechercher dans l'extension de la monoculture ; mais dans les vergers il n'est pas exclu que l'évolution de nos méthodes de traitement et l'emploi généralisé de certains insecticides polyvalents aient joué un rôle.

III — SYMPTOMES

« Les dégâts causés par cette Tordeuse, écrivent BERVILLÉ et SCHAEFFER (1954) sont analogues à ceux de l'Eudémis. Les chenilles attaquent les grains de raisin en les mordillant et même en y pénétrant ; elles rongent également le pédicelle des fruits sur la rafle et cette attaque est très caractéristique. Ces attaques se montrent particulièrement favorables au développement de la pourriture, grâce aux multiples portes d'entrée créées par les morsures, à tel point qu'un fort pourcentage de grappes, proches de la maturité présentent des **dommages** considérables. »

« Sur pommiers, Bervillé (1962) a signalé qu'en mars-avril les petites chenilles apparues sur les feuilles, broutent le parenchyme foliaire en respectant l'épiderme supérieur. Il est donc possible de trouver de tels dégâts sur Vigne.

« D'une manière générale les dommages sur inflorescences de la première génération se confondent pratiquement avec ceux des autres Tordeuses de la grappe et passent inaperçus. Les dégâts des deuxième et troisième générations sont infiniment plus graves en raison du développement de la pourriture. »

En Suisse, selon Baggiolini (1961) « la chenille de la deuxième génération n'entame que superficiellement le grain déjà bien développé et proche de la véraison ; elle passe facilement d'une grappe à l'autre, favorisant ainsi la pénétration des champignons de la pourriture qui augmentent grandement les dégâts.

« Les dommages les plus importants imputables à *Eulia* sont causés à partir du mois d'août et durant les mois de septembre et d'octobre par des chenilles atteignant en automne leur développement maximum. »

IV — SYSTEMATIQUE

Cette Tordeuse, appelée d'abord *Eulia pulchellana* Haw. (syn. *politana* Haw., *sylvana* Hb.) appartient maintenant au genre *Argyrotaenia* qui groupe des espèces caractérisées par des palpes courts, par la nervation alaire et quelques particularités des armures génitales. Son nom scientifique actuel est donc *Argyrotaenia pulchellana* Haw.

V — DESCRIPTION

Le *papillon* a une envergure de 12 à 17 mm. Les ailes antérieures, dont le bord costal est légèrement arqué à sa base, ensuite rectiligne, ont une coloration de fond ocre clair. Sur chaque aile on observe une large bande transversale d'un brun ferrugineux partant du milieu du bord costal et aboutissant au tiers basal externe. On voit également une petite tache de même couleur, triangulaire ou en demi-cercle, un peu avant l'angle supérieur et touchant le bord ; la base près du corps est variablement tachée ou rembrunie. Chez certains spécimens à taches plus développées on distingue presque trois bandes transversales obliques ; parfois la bande médiane est interrompue, ou bien la teinte passe au brun gris (Pl. 23 fig. 1).

Les ailes postérieures sont gris argenté, avec des franges blanchâtres. Le thorax porte deux touffes d'écailles piliformes.

La femelle est à peine plus grande que le mâle, avec l'abdomen plus gros, à écailles plus claires.

L'Eulia diffère à première vue de l'Eudémis par sa taille supérieure, les ailes antérieures à bandes beaucoup plus tranchées et à fond presque dépourvu de dessins accessoires. Quant à la Cochylis elle n'a qu'une large bande transversale et médiane sur les ailes postérieures et la Pyrale, qui a une taille plus grande, possède en général trois bandes transversales brunes.

VI — BIOLOGIE

Dans les régions méridionales (Midi de la France, Province de Vérone en Italie, Transcaucasie en URSS) l'Eulia évolue en trois générations, comme l'Eudémis, tandis que dans le Valais (Suisse) il n'y a que deux générations avec parfois une troisième génération partielle.

La première génération est plus précoce que celle de l'Eudémis ; la seconde devance un peu celle de l'Eudémis et il y a pratiquement coexistence pour les troisièmes générations des deux insectes.

EVOLUTION DE LA PREMIERE GENERATION

1° Papillons

A - Apparition des adultes

L'insecte hiverne à l'état de *chrysalide*, le plus souvent dans une feuille desséchée, repliée, collée à une branche ou tombée au sol. Le vol des papillons est précoce puisque les éclosions commencent fin février ou dès les premiers jour de mars et se poursuivent durant un mois environ jusqu'au début d'avril.

L'allure du papillon est semblable à celle de l'Eudémis : durant la journée il s'envole promptement quand il est dérangé et se pose à courte distance, de préférence sur les feuilles de vigne, plus rarement sur les plantes adventices ou sur le sol.

B - Accouplement et Ponte

« L'accouplement a lieu aussitôt après l'éclosion et la ponte se produit 6 à 8 jours plus tard. La femelle pond ses œufs imbriqués, réunis au nombre de quelques unités à une centaine en *ooplaques* irrégulières, subelliptiques, recouvertes d'un film transparent très résistant. De couleur jaune citron, ces ooplaques virent au brun clair ; elles mesurent de 3 à 6 mm de diamètre.

« Sur les pommiers, l'oviposition a lieu d'abord sur les rameaux avant l'épanouissement des feuilles, mais chez la vigne le lieu habituel de ponte est la face supérieure des feuilles.

« La ponte est fortement influencée par les conditions météorologiques et le dépôt des premiers œufs est parfois retardé de plusieurs semaines. De ce fait de nouvelles ooplaques peuvent être observées jusqu'à la mi-mai. La durée d'incubation des œufs, dépendante de la température et du degré d'insolation des ooplaques varie de 18 à 30 jours. » (BOVEY, 1966)

2° Chenilles

Les larves de première génération apparaissent généralement au début mai en Italie ou à partir de la mi-mai dans le Valais (BAGGIOLINI, 1961). La jeune chenille gagne la face inférieure de la feuille où elle se construit immédiatement un fourreau soyeux de protection le long de la nervure principale pour entamer ensuite le parenchyme par petites plages tout en respectant les nervures et l'épiderme supérieur, de sorte que la feuille est « squelettisée » de plus en plus par la chenille. Cette première phase des dégâts apparaît ainsi bien visible par transparence. Plus tard, les feuilles bien développées sont réunies l'une contre l'autre, seule l'extrémité des pousses présentant un enroulement.

Lorsque la chenille s'en prend à un grain de raisin, elle le fait à l'abri d'une feuille collée ou de la collerette de la fleur sur les abricots (à Châteauneuf, Valais).

Les dégâts des chenilles de première génération semblent peu importants et passent souvent inaperçus, probablement aussi parce que le fruit infesté tombe prématurément.

La *chenille* adulte mesure 15 à 18 mm. Sa couleur fondamentale est le vert clair presque transparent, parfois légèrement brunâtre et uniforme, la tête est légèrement plus foncée et porte des ocelles dont seuls les 3e, 4e et 6e, normalement pigmentés, apparaissent foncés. L'écusson prothoracique, de même couleur que la tête, prend parfois une coloration jaune miel. Les verruqueux sont peu visibles, parfois un peu plus clairs que le reste du corps. Le peigne anal, bien développé, compte 6-8 spicules.

Cette chenille, comme celle de l'Eudémis, est très vive, pouvant effectuer des mouvements brusques et se tortiller, de sorte que les viticulteurs non avertis la confondent souvent avec cette dernière espèce. On trouve les larves de première génération dès la seconde quinzaine de mai et pendant tout le mois de juin.

3° Chrysalides

La nymphose a lieu dans le fourreau de protection entre les restes des organes attaqués. Elle dure 7 à 10 jours et les premières chrysalides apparaissent au début de juin dans la province de Vérone (Italie) et vers la fin juin dans le Valais (Suisse).

La chrysalide mesure 8-9 mm, de couleur verte au moment de sa formation elle prend ensuite une teinte ocre ou brunâtre. Dorsalement elle présente deux rangées transversales de courtes épines sur chaque segment.

EVOLUTION DE LA DEUXIEME GENERATION

Le deuxième vol des papillons d'*Eulia* se produit durant la seconde quinzaine de juin dans les régions méridionales alors qu'en Suisse ce deuxième vol s'observe en juillet et se poursuit parfois jusqu'en août, avec maximum à la mi-juillet dans les vergers du Valais central.

Les pontes s'opèrent encore à la face supérieure des feuilles et en raison des conditions plus favorables de température, les premières ooplaques sont déposées trois à quatre jours après l'éclosion et l'accouplement. Après une période d'incubation variable, de l'ordre de 10 à 21 jours, apparaissent les chenilles de deuxième génération.

Selon BAGGIOLINI « la plus grande partie de la population larvaire de cette génération commence son activité, dans le Valais, au mois d'août et se développe pendant les mois de septembre et d'octobre pour parvenir à maturité et se nymphoser avant l'hiver.

« Au cours des années très chaudes, les chenilles les plus grandes de la deuxième génération, évoluant plus rapidement, peuvent se nymphoser déjà vers le milieu du mois d'août et être à l'origine d'un troisième vol et même d'une *troisième génération* partielle. L'activité de cette génération possible vient s'ajouter à celle de la population larvaire de la deuxième génération avec laquelle elle se confond.

« Les dommages les plus importants imputables à *Eulia* sont donc causés à partir du mois d'août et durant les mois de septembre et d'octobre par des chenilles atteignant en automne leur développement maximum. »

« Dans les régions méridionales, d'après IVANCICH-GAMBARO (1959) toutes les chenilles de deuxième génération parvenant au terme de leur développement avant le début d'août, donnent des chrysalides qui se transforment en papillon la même année, le troisième vol ayant lieu durant les deux dernières décades d'août. Les chenilles de la troisième génération qui en découle évolueront jusqu'en octobre-novembre, leurs chrysalides constituant la totalité des hivernants.

« Si les chenilles, écrit BOVEY (1966), peuvent se nourrir du feuillage durant toute la saison, l'importance particulière des deuxième et troisième générations tient au fait qu'elles s'attaquent de préférence aux fruits. A l'abri d'une feuille ou, sur les pommes, dans et autour de la cavité pédonculaire, la chenille occasionne des blessures superficielles irrégulières, plus ou moins étendues, qui parfois entament la pulpe assez profondément pour que son corps y trouve place. Les fruits attaqués perdent toute valeur commerciale et deviennent le plus souvent la proie de la pourriture. Ces dégâts s'aggravent en août et se poursuivent jusqu'à la récolte, à partir de laquelle les larves terminent leur développement aux dépens du feuillage.

« Parvenues au terme de leur croissance, les chenilles se confectionnent un cocon soyeux lâche soit dans le repli d'une feuille, soit dans un amas de feuilles et les chrysalides qui hivernent présentent une diapause vraie, dont le déterminisme est encore inconnu, mais qui est probablement induite par la photopériode.

« Chez la Vigne, les chenilles de deuxième et troisième générations attaquent superficiellement les grains, provoquant le développement de la pourriture. Elles rongent également les pédicelles des fruits sur la rafle, s'entourent de fils lâches et se chrysalident dans la grappe, à l'intérieur d'un fourreau plus dense que celui de l'Eudémis. La nymphose a lieu exceptionnellement dans le repli d'une feuille. »

SCHAEFFER (1957) « a suivi l'évolution de plusieurs chenilles recueillies en automne : une chenille récoltée le 17 octobre 1955 dans une grappe était chrysalidée le 5 décembre ; une autre, adulte le 31 octobre, s'est transformée vers le 5 novembre. La chrysalidation (dans le Midi) est donc assez tardive ; en fait on trouve encore des chenilles dans les grappillons jusqu'à la seconde quinzaine de novembre. »

VII — CONDITIONS DE DEVELOPPEMENT

1° Répartition géographique

Selon BOVEY (1966) « cette espèce est répandue dans toute l'Europe, des rivages méditerranéens jusqu'aux 66° de latitude Nord (BENANDER, 1946), de l'Atlantique jusqu'en Transcaucasie et en Asie Mineure. »

En France, Eulia a été observée en Languedoc par BERVILLÉ et SCHAEFFER d'abord dans le Gard (Aimargues, Le Cailar, Pont-Saint-Esprit), puis dans l'Hérault (Montpellier, Saussan, Mauguio, Candillargues, Lunel, Saint-Just, Vérargues, Baillargues, communes situées à l'Est de Montpellier dans une région où les plantations de pommiers ont été très importantes après 1950). L'insecte a été trouvé ensuite dans d'autres communes : Frontignan, Valros, Saint-Paul-de-Mauchiens, puis dans le département des Bouches-du-Rhône et le Vaucluse (région de Cavaillon).

En Italie, Eulia a été observée dans les vergers de la région de Ferrare (BONGIOVANNI, 1954), puis dans la région de Vérone sur pommiers et poiriers (IVANCICH-GAMBARO, 1959). Mais EYNARD (1979) ne la mentionne pas sur vigne.

En Suisse, les premiers dégâts dans le Valais central remontent à 1955 dans les vergers de pommiers, de poiriers et d'abricotiers puis ils s'étendent à la vigne en 1957.

On ne sait rien sur sa répartition éventuelle dans d'autres pays viticoles européens soit qu'Eulia n'existe pas sur Vigne, soit qu'elle continue à être confondue avec l'Eudémis.

2° Plantes-hôtes

La petite Tordeuse de la vigne est très polyphage ayant été observée, selon BOVEY (1966) sur « *Centurea, Erica, Calluna, Potentilla Ranunculus, Acer, Senecio, Vaccinium, Genista, Solidago, Myrica, Helichrysum, Aster, Hibiscus, Phaseolus, Prunus, Pyrus, Crateagus, Vitis, Populus, Quercus, Pinus, Betula, Rhamnus*. On peut y ajouter *Pimpinella saxifraga, Evonymus, Artemisia vulgaris, Ononis spinosa*, la Ramie (*Bohemia nivea*) en Géorgie (ZVORUIKINA, 1936) et surtout les cultures de thé en Transcaucasie (KALANDADZE et DZASHI, 1949) et les cultures de maïs en Italie (MARTELLI, 1938).

VIII — METHODES DE LUTTE

Dans les vergers la lutte contre le Carpocapse a une incidence sur les populations d'Eulia, mais des traitements particuliers sont à envisager avant et après floraison.

Dans les vignes, les traitements contre l'Eudémis ont une certaine efficacité. Toutefois dans les zones particulièrement infestées des traitements avec le méthyl parathion après la floraison permettent d'obtenir une bonne mortalité des chenilles. Pour les chenilles plus âgées, BERVILLÉ recommandait de forcer les doses jusqu'à 60 g de M.A. de méthyl parathion pour avoir une mortalité satisfaisante.

CNEPHASIA INCERTANA

Syn. Tordeuse grise (en Suisse).

Cette Tordeuse, très polyphage, vit normalement sur de nombreuses plantes spontanées appartenant aux genres *Achillea, Anthyllis, Centaurea, Cerastium, Chaerophyllum, Cirsium, Dianthus, Echium, Globularia, Lithospermum, Lotus, Medicago, Ononis, Petasites, Plantago, Primula, Saxifraga, Teucrium, Trifolium, Tussilago, Vicia, etc...* Elle est répandue dans toute l'Europe, le Proche-Orient et le Moyen-Orient (dans les zones montagneuses) et elle remonte au Nord presque jusqu'au cercle polaire.

Exceptionnellement on la trouve sur la vigne. C'est ainsi qu'en Suisse, BOVEY a pu observer en 1931 une attaque dans le vignoble vaudois (district de Morges), FAVARD (1945) l'a rencontré en France dans le vignoble de l'Armagnac (Gers) et GOTZ (1957) en Allemagne a signalé des dégâts de cette espèce dans le pays de Bade.

Description et Biologie

Cnephasia (Chephasiella) incertana Tr. (Syn. *subjectana* Guén., *minorana* H.S., *minusculana* Led.) possède un papillon de petite taille, 14-17 mm ayant des ailes gris clair à gris brun avec des dessins sombres plus ou moins marqués. Les ailes postérieures sont gris brun, parfois plus foncées dans leur partie apicale.

Les femelles sont en général plus foncées que les mâles.

Les *chenilles*, qui atteignent 10 à 14 mm de long sont de couleur vert sombre à noirâtre avec des verruqueux plus clairs, mais noirs au niveau de l'insertion de la soie. La tête, jaune avec une tache noire près des ocelles, est bordée de brun ou de noir dans sa partie postérieure. Les écussons prothoracique et anal (le premier avec une bande médiane claire) ainsi que les pattes thoraciques et le peigne anal sont noirs. Les fausses pattes abdominales sont caractérisées par une double rangée de crochets.

La *chrysalide*, longue de 8 mm est de coloration brune.

Les papillons volent de la fin mai au début de juillet. Ils se maintiennent immobiles sur les feuilles et les branches durant le jour. De mœurs crépusculaires et nocturnes ils volent à la tombée de la nuit. La ponte a lieu sur les branches où la femelle, à l'aide de son oviscapte protractile, dépose ses œufs, isolément ou par groupes, dans les fentes des écorces et de préférence sous les amas de lichens.

Les *œufs*, entourés d'un chorion dur, sont ovalaires, vert olive brun et mesurent 0,4 mm. Ils se développent rapidement et dès fin juin on peut observer les jeunes chenilles qui, sans prendre de nourriture, se confectionnent un petit cocon d'hibernation sous les lichens, dans les fentes ou sous des lambeaux d'écorce.

Au printemps, dès le départ de la végétation, les chenilles reprennent leur activité, se laissent tomber au moyen d'un fil de soie sur le sol, pouvant ainsi être entraînées à une certaine distance par le vent.

Symptômes et dégâts

Dans le Gers, FAVARD (1945) a décrit les dégâts sur vigne : « Les très jeunes bourgeons envahis de tomentum semblent protégés. Au contraire, dès que les bourgeons s'ouvrent, les chenilles s'insèrent entre les feuilles à l'intérieur des pousses, qu'elles referment avec des fils de soie et dévorent de l'intérieur. Certains bourgeons peuvent ainsi renfermer deux à trois chenilles chacun. Ils se fânent en peu de temps et se sèchent, l'intérieur vidé.

« Actuellement les Hybrides producteurs sont les plus atteints, vraisemblablement à cause de la plus grande vulnérabilité des bourgeons mieux ouverts et moins velus que les autres variétés. Nous pensons que les labours chassent les chenilles de leur habitat ordinaire et, en leur supprimant toute nourriture, les portent à envahir la vigne : sur vigne labourée nous avons compté 1 à 3-4 chenilles par cep de *vinifera* et 4 à 6 chenilles sur Seibel 128 et 2.007 alors que dans une vigne non labourée il n'y a qu'une chenille pour 12 pieds de vigne. »

En Suisse BOVEY a indiqué que « les chenilles, en assez grand nombre s'attaquaient, en avril-mai, aux jeunes pousses de la vigne de façon très caractéristique. Cachées entre les feuilles encore repliées du sommet du rameau, elles rongeaient l'extrémité de ces dernières un peu en-dessous du bourgeon terminal, provoquant ainsi leur dessèchement. De ce fait le rameau était amputé de sa partie la plus importante, destinée à donner naissance aux grappes. Dans les parcelles les plus infestées, BOVEY a observé de 3 à 8 chenilles par cep, en moyenne 4,8.

« Les dégâts se traduisent localement par la destruction totale des pousses. Mais même lorsqu'ils ne présentent pas une telle gravité, ils entraînent un arrêt momentané de la croissance et une diminution de récolte. On peut aussi observer des chenilles sur des feuilles âgées, dont elles replient le bord au moyen de fils de soie pour s'y constituer un abri.

« Ces dégâts sur vigne ont été consécutifs à une pullulation de l'insecte aux dépens des mauvaises herbes, à la faveur de conditions microclimatiques particulières et il est probable que la ponte et l'hibernation ont eu lieu sous l'écorce des ceps. »

Des cas semblables furent observés par GOTZ (1957) dans le pays de Bade avec 6 à 10 chenilles par cep.

Lutte

Les esters phosphoriques (Parathion, Diazinon) en poudrage ou en pulvérisation ainsi que le DDT en poudrage ont donné de bons résultats dans les essais effectués par GOTZ.

TORDEUSE DE LA VIGNE

I — SYNONYMIE

All. Geflammter Rebenwickler, Geflammter Traubenwickler.

II — HISTORIQUE

C'est un parasite occasionnel de la vigne, d'abord signalé par KEHRIG en 1890 qui l'observa dans l'île du Nord de la Gironde (Château Carmeil) où un grand vignoble fut envahi pendant plusieurs années de suite, coïncidant avec la destruction de plantes palustres. Plus tard SCHWANGART (1911) le trouva en Allemagne dans la région de Bad-Dürkheim où il causait de grands ravages. PICARD (1912) a décrit cet insecte à partir d'échantillons récoltés en Camargue au Mas de Giraud tandis que V. MAYET avait noté sa présence dans la plaine de la Salanque (P.O.), région humide. Enfin DALMASSO (1913) a reconnu l'insecte en Italie.

III — SYMPTOMES

Cette Tordeuse de la vigne n'a qu'une faible importance économique du fait de sa localisation aux situations humides, rarement plantées en vignes. Mais localement les dégâts peuvent présenter une certaine gravité.

La chenille ronge les divers organes de la vigne et entortille les feuilles et les jeunes pousses de fils de soie. Par rapport à la Pyrale, indique PICARD, l'attaque est beaucoup plus précoce et se produit *dès le début d'avril*. La chenille apparaît dès que la vigne débourre et atteint toute sa croissance à la fin d'avril alors que les Pyrales n'ont encore que quelques millimètres.

Toutefois, depuis 1913, on ne signale plus de dommages sur la vigne, mais seulement sur d'autres plantes cultivées : Rosiers en serre (Danemark), choux-fleurs (Hollande), asperges et cyclamens (Allemagne).

IV — SYSTEMATIQUE

Primitivement dénommé *Cacoecia costana* Fab. puis *Siclofola gnomena* Hbn S. *betulana* Donovan, ce papillon s'appelle aujourd'hui *Clepsis spectrana* Tr.

V — DESCRIPTION

« Le papillon, indique PICARD (1912-1913), ressemble à s'y méprendre à celui de la Pyrale par son allure, sa forme et ses dimensions (22-25x12-13 mm). Mais les ailes antérieures sont munies de deux taches brunes, l'une oblique, l'autre parallèle au bord antérieur de l'aile. Les ailes au repos sont repliées en toit, avec une pente très peu inclinée ; les épaules sont fortement marquées.

« La coloration de la femelle est d'un jaunâtre doré assez uniforme avec sur les ailes supérieures une bande ondulée noire partant du milieu du bord antérieur et se dirigeant obliquement vers l'angle postéro-interne, en se fondant de plus en plus avec la teinte générale de l'aile. Sur le bord antérieur, près de l'angle supérieur, se trouve une autre tache foncée. Les ailes inférieures sont grises et sans tache. Chez le mâle, dont la taille est un peu plus petite, la coloration foncière est d'un gris jaunâtre plus clair, les bandes sombres sont plus tranchées et les deux taches principales sont souvent accompagnées de quelques petits points obscurs.

« Le papillon est donc facile à distinguer de celui de la Pyrale dont l'aile antérieure a trois bandes complètes au lieu d'une seule en zigzag. Les palpes de la Pyrale sont aussi plus longs. »

VI — BIOLOGIE

La Tordeuse de la vigne évolue en deux générations annuelles, les chenilles de la seconde hivernant à la moitié de leur développement sous les écorces des ceps ou sous divers abris.

Mais le réveil au printemps est plus précoce que celui de la Pyrale, puisque les chenilles se répandent dans les vignes sitôt après le débourrement pour s'attaquer aux jeunes pousses en voie de développement qu'elles agglutinent de fils de soie à la façon de la Pyrale. Les dégâts sont donc tout à fait comparables.

La *chenille* atteint son complet développement à partir de la fin avril en Camargue, mais plus généralement en mai dans le Midi ou en juin dans les vignobles du Nord. Elle mesure alors 20 à 25 mm de long et diffère de celle de la Pyrale par sa coloration toujours plus sombre. La teinte, qui est assez variable, est généralement d'un brun sale, allant du verdâtre foncé au vineux, avec le dessous plus clair. Sur le dos et sur les flancs sont des rangées longitudinales de tubercules blancs, d'où part un poil noir. La tête et le prothorax sont d'un brun noir luisant. Cette chenille est extrêmement vive et se tortille au moindre attouchement.

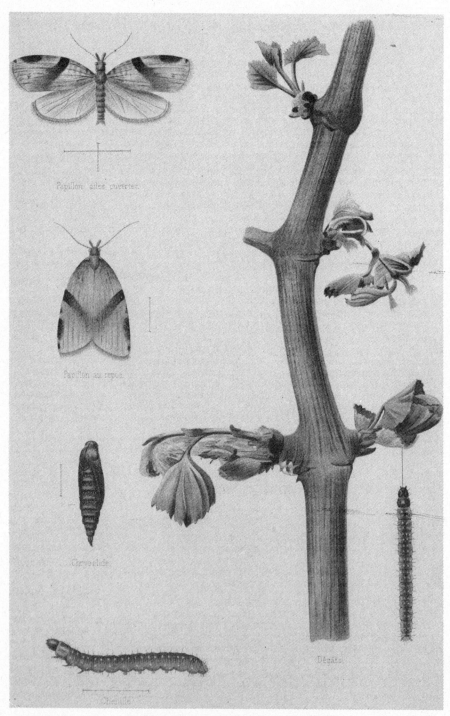

Fig. 338 – La Tordeuse de la grappe (d'après PICARD)

La *nymphose* a lieu dans des paquets de feuilles agglutinées par les chenilles. La chrysalide est noire et diffère de celle de la Pyrale par les rangées dorsales d'épines remplacées par des tubercules émoussés. La chrysalide mesure 10 mm de long environ et se termine en pointe, légèrement aplatie. Il n'y a pas de cocon. Selon PICARD « Dans le Midi de la France, le développement est extrêmement rapide : les premiers papillons sont apparus dès le 25 avril en Camargue, mais le plus grand nombre des adultes survient au début mai. Il est certain que dans des climats moins chauds, l'évolution est un peu plus tardive : en Gironde KEHRIG (1911) vit les chenilles apparaître vers le 15 avril, quelques-unes se chrysalidèrent le 25 avril et les premiers adultes se montrèrent le 18 mai ; il y a donc trois semaines de différence pour l'éclosion des premiers papillons entre la Gironde et le bord de la Méditerranée.

« La seconde génération, dans la région de l'olivier, peut s'observer en juin alors qu'en Gironde c'est en juillet-août. Les chenilles se nourrissent du feuillage et ne touchent pas aux grains de raisin mais elles peuvent cependant nuire aux grappes en sectionnant leur pédoncule. La seconde apparition des adultes se produit à la fin de l'été (en août-septembre) ; ils donnent naissance à de nouvelles chenilles qui prennent de la nourriture à l'automne, commencent à grandir, puis hivernent dès que la température s'abaisse et restent cachées pendant la mauvaise saison sans l'alimenter. Ce sont elles qu'on retrouve au printemps sur les bourgeons et ce fait explique l'apparition beaucoup plus précoce que pour la Pyrale de chenilles déjà grosses. »

VII — DEGATS

« Comme toutes les Tordeuses bivoltines hivernant à l'état de chenilles immatures, écrit BOVEY (1966), cette espèce présente trois périodes de dégâts : une *période automnale*, sans importance économique et une *période printanière*, qui sont le fait de la deuxième génération ; une *période estivale* (première génération).

« Si les dégâts présentent de grandes analogies avec ceux de la Pyrale, les deux espèces se distinguent cependant dans leur biologie par deux caractères essentiels, à savoir : le nombre des générations et l'hivernation. Celle-ci se fait à l'état de chenille déjà développée mais immature dans le premier cas et de chenille néonate dans le second. »

VIII — CONDITIONS DE DEVELOPPEMENT

1° Répartition géographique

Cette espèce, plus hygrophile que les autres Tordeuses de la grappe, ne se rencontre que dans les vignobles où l'humidité est suffisante pour permettre son évolution : Ile de la Gironde, Camargue, plaine de la Salanque en Roussillon. C'est une espèce très commune dans une grande partie de l'Europe et on trouve sa larve dans les lieux humides.

Pour PICARD (1913), la submersion en Camargue a un effet défavorable en permettant l'envahissement de *Cacoecia costana*. Cet insecte est très polyphage et très hygrophile. Or la submersion concourt à le maintenir sur la vigne pour deux raisons : 1° en maintenant un milieu humide qui lui est indispensable ; 2° en noyant les plantes basses comme les *Rumex* qui lui servent de nourriture.

« Les vignobles arrosés en juillet sont beaucoup plus attaqués que les autres parce que les papillons ont tendance à s'y concentrer. Ces arrosages faits dans le Midi avant le 14 juillet devraient être retardés parce que c'est l'époque du maximum de vol des papillons. »

2° Plantes-hôtes

Cette Tordeuse se rencontre sur de nombreuses plantes signalées par PICARD (1962) : *Arundo phragmites, Euphorbia palustris, Cicuta virosa, Epilobium hirsutum, Iris pseudacorus, Lilum candidum, Nasturtium palustre, Rumex, Scirpus lacustris, Spiraea ulmaria, Comarum palustre, Glyceria spectabilis, Symphytum, Urtica, Viola Centaurea, Lysimachia, Equisetum,* etc...

« La plupart de ces plantes n'ont d'autre caractère commun que de vivre dans des lieux humides et il semble que ce soit là une condition indispensable pour la vie de cette espèce. En Camargue le point de départ de multiplication de l'insecte semble avoir été l'oseille sauvage (*Rumex*) qui était abondante et couverte de chenilles dans le vignoble atteint, qui était de plus soumis à la submersion. Comme ces plantes basses sont noyées en grande majorité par la submersion hivernale, il se produit une sélection en faveur des chenilles réfugiées sur les ceps et elles auront tendance à ne plus quitter les ceps. »

3° Ennemis naturels

PICARD (1912) « a observé, en Camargue un parasite qui est une mouche du groupe des Tachinaires *Nemorilla varia*, de couleur grisâtre, un peu plus petite que la mouche domestique. Elle pond de 1 à 3 œufs sur le corps des chenilles adultes de *Cacoecia* ; l'œuf est collé à la peau, d'un blanc laiteux, discoïdal et aplati et s'ouvre par une fente latérale au moment de l'éclosion. La petite larve pour pénétrer dans la chenille doit perforer la peau près du point où était fixé l'œuf et dévore entièrement sa victime. Le développement du parasite est très rapide, débute dans la chenille, se poursuit dans la chrysalide et lorsque la larve se transforme en pupe elle fait éclater l'enveloppe de la chrysalide complètement vidée de son contenu. Comme le papillon ne pourra pondre sur les chenilles d'été (qui n'ont pas terminé leur croissance) le cycle se poursuit sur d'autres espèces, servant d'hôte intermédiaire. »

IX — MOYENS DE LUTTE

Il est difficile avec les insecticides d'atteindre les chenilles enfoncées dans les bourgeons ou dans les paquets de feuilles agglomérées. Le pincement à la main rend, au contraire, de grands services et a été pratiqué avec succès au domaine de Giraud. Le meilleur traitement reste l'ébouillantage (PICARD).

Actuellement les traitements arsenicaux réalisés en fin d'hiver doivent permettre d'éliminer cette espèce, ainsi que des traitements de printemps comme ceux effectués contre la Pyrale, en faisant au besoin une première application plus précoce.

MÉTHODES DE LUTTE
CONTRE LES VERS DE LA GRAPPE

Les premières méthodes de lutte ont d'abord été inspirées de celles utilisées au XIXe siècle contre la Pyrale, mais nous verrons que ces traitements d'hiver sont peu efficaces contre les chrysalides des vers de la grappe.

Actuellement la lutte est uniquement effectuée durant la période végétative de la vigne contre les chenilles, les papillons ou leur ponte. Pour être efficace il faut tenir compte d'un certain nombre de facteurs : stades phénologiques de la vigne, vitesse de croissance, localisation des dégâts sur les inflorescences (première génération) ou sur les raisins (générations suivantes), nombre des générations, spécificité de certains produits valables pour une espèce et non pour les autres sans oublier les problèmes de répartition géographique des espèces, de leur localisation même à des petits territoires (microclimats).

« Le problème pratique, indique BERNON (1953) est de connaître l'époque d'apparition des jeunes chenilles pour qu'il soit possible de les tuer. Tous les ans, dans la région méridionale, on les rencontre deux fois pour la Cochylis et trois, si ce n'est quatre, pour l'Eudemis.

« Malheureusement ces deux manifestations pour la Cochylis et trois pour l'Eudemis sont essentiellement variables selon les lieux et dans le temps et il n'est pas possible, a priori, au départ de la végétation de régler un cycle d'applications d'insecticides comme on s'impose un plan de fumures ou de reconstitution.

« Les études faites à la Station d'avertissements de Montpellier ont montré qu'une même date de traitements ne peut être admise pour une région aussi variée qu'est la circonscription Languedoc-Roussillon. Il existe un décalage entre le Roussillon plus précoce, le Bas-Languedoc proprement dit et la vallée moyenne de l'Aude ; quelquefois trois ou quatre jours s'interposent entre les traitements du Roussillon et ceux du Languedoc et plus de quinze jours peuvent retarder les opérations quand il s'agit de la région de Marseillette (Aude).

« Mais comme il n'existe pas de limite nette entre les régions et que les caractéristiques de chacune d'elles se relient progressivement il est nécessaire de disposer du réseau d'observateurs le plus serré possible car par exemple, dans la région de Marseillette, Pépieux est plus précoce que Saint-Frichoux, qui est cependant en avance sur Blomac et plus encore sur Marseillette ou Capendu.

« Par ailleurs, pour un lieu déterminé, il n'y a aucune fixité : en 1951 la date convenable pour l'application des traitements se situait à fin juillet, tandis qu'en 1952 le moment du traitement avait 24 jours de retard (fin août). »

La lutte contre les Vers de la grappe est donc assez complexe et nécessite toute une organisation à l'échelle de la propriété ou d'une région, ce qui est le but poursuivi par les Stations d'Avertissements chargées de recueillir le maximum d'informations sur les époques de vols des diverses générations de la Cochylis, de l'Eudemis ou d'Eulia pour fournir les meilleures indications sur l'importance des vols et les dates d'application des traitements.

1° Les Avertissements et le piégeage

A - Répartition géographique et biologie des parasites

On a vu, à propos de chaque espèce, qu'il y avait des microclimats différents conditionnant la présence ou l'absence de l'une ou l'autre espèce : la Cochylis recherchant les sols humides et frais des plaines ou des situations littorales ou la proximité de fleuves entretenant une atmosphère humide. Au contraire l'Eudemis supporte beaucoup mieux les situations sèches des coteaux, des terres arides. Cependant des variations de populations sont observées d'une année à l'autre, ce qui montre tout l'intérêt du piégeage pour savoir à quelle espèce on a affaire, à l'importance des populations justifiant ou non l'exécution d'un traitement chimique.

La croissance de la vigne et le repérage des divers stades végétatifs offrent aussi une certaine importance. On sait que les papillons déposent, au premier vol leurs œufs sur les inflorescences. Par conséquent les cépages qui fleurissent de bonne heure risquent d'être les plus atteints au printemps. La durée de la floraison a également son importance car une floraison étalée est favorable aux attaques et au développement des chenilles. De même les vignes qui sont vigoureuses avec une végétation abondante touffue et des grappes serrées sont les plus atteintes.

B - Seuil de Nuisibilité

La première génération des Vers de la grappe agit en entraînant une diminution de la récolte future, par destruction d'une partie des boutons floraux. On a cherché à connaître le *seuil de nuisibilité* afin de savoir à partir de quel nombre de chenilles pour 100 grappes il était utile de traiter.

Le groupe de travail français pour l'application de la « Lutte intégrée » a proposé, pour les régions méridionales, le seuil élevé de 100 chenilles (ou 200 glomérules) pour 100 grappes et 10 à 25 chenilles pour les régions septentrionales. L'importance de l'attaque est chiffrée par l'examen de 100 grappes réparties dans la parcelle et à raison d'une grappe par cep, parmi les plus développées de la souche. Selon BASSINO (1978) ce seuil n'a été que rarement atteint dans les nombreux cas étudiés. Ces destructions, qui semblent élevées, n'ont qu'un effet négligeable sur le poids de la récolte.

Pour la deuxième génération, ce seuil de nuisibilité est beaucoup plus bas : 1 à 10 seulement car 10 chenilles pour 100 grappes suffisent parfois à déprécier la récolte. En effet la progression de l'attaque est soudaine en raison des conditions climatiques favorables à un développement rapide des chenilles. En quelques jours seulement, de nombreuses baies peuvent être perforées par les chenilles qui viennent de naître. De plus, il faut tenir compte du risque indirect que représente le développement éventuel de la Pourriture grise qui va s'installer dans les baies attaquées par les vers. Si la fin de l'été ou le début de l'automne deviennent pluvieux, les dommages peuvent devenir très graves, diminuant non seulement la quantité de récolte mais également abaissant la qualité. C'est pourquoi le nombre tolérable de pénétration est nécessairement très bas.

Pour la troisième génération, habituellement plus échelonnée, on a une nocivité comparable à la seconde, avec le risque indirect de l'installation du *Botrytis*.

Pour la seconde génération de Cochylis ou la troisième génération d'Eudemis la date des vendanges a son importance. Il est indiscutable que des vendanges précoces permettent d'envoyer à la cuve les chenilles avant qu'elles n'aient pu quitter les grappes et cela contribue à diminuer l'importance de la première génération de l'année suivante. Par contre dans les vignobles où l'on pratique des vendanges tardives (Sauternais, vins doux naturels, raisins de table tardifs) on accroît la population des chenilles qui ont tout le temps de quitter les grappes et d'aller se réfugier sous les écorces pour se chrysalider.

En conséquence, selon AGULHON et BASSINO (Acta, 1980) « la lutte contre les Tordeuses de la grappe, qui ne doit pas être systématique, doit tenir compte des principes suivants :

— les *dégâts directs*, dont le niveau tolérable varie selon le terroir, ne sont importants que dans le cas de fortes infestations, notamment sur les raisins de table et les cépages très sensibles à la coulure ;

— les *dégâts indirects* et essentiellement ceux des deuxième et troisième générations sont importants, même dans le cas d'infestations faibles, parce qu'ils favorisent l'installation et le développement du *Botrytis* sur les blessures occasionnées aux baies.

« D'un point de vue pratique, lorsque les deux espèces cohabitent, et bien que leur évolution présente quelques différences, on intervient comme si une seule espèce était présente, celle qui domine. »

C - Conception de la lutte

Selon BASSINO et ses collaborateurs (1978) pour améliorer la protection contre les Tordeuses de la grappe, il est nécessaire :

— de déterminer avec précision la date de l'intervention, à l'échelle de la parcelle ou d'un groupe de parcelles (unité culturale homogène) d'une exploitation ;

— d'éviter les pénétrations de vers dans les baies, afin de limiter l'installation du *Botrytis*.

« L'évolution lente de la première génération, le climat peu favorable à une bonne efficacité des insecticides, la difficulté d'atteindre les chenilles dans les glomérules, rendent, à cette époque, la lutte incertaine.

« Il en est de même pour la troisième génération ; à ce stade avancé de la culture il est difficile de faire pénétrer l'insecticide dans la grappe.

« Par contre, pour effectuer une intervention rationnelle, de bonnes conditions sont plus souvent réunies, lors de l'évolution de la deuxième génération. En effet :

— la période de vol des papillons est brève et souvent bien séparée de la précédente ;

— l'éclosion des œufs est très groupée : en une quinzaine de jours, la quasi-totalité des larves est présente dans le vignoble ;

— la température est généralement élevée et les grappes ne sont pas encore fermées.

« C'est donc sur cette deuxième génération que l'on agit en priorité pour limiter les attaques des vers de la grappe.

« La connaissance de l'évolution des vols de papillons est acquise par l'intermédiaire des pièges qui capturent les adultes. »

Ce travail est réalisé, selon les régions, soit par les Stations d'Avertissements en liaison avec certains grands Domaines, intéressés par la lutte, soit par des centres de développement agricole dépendant des Chambres d'Agriculture, qui ont dû souvent former des équipes de piégeurs, rémunérés par les Caves coopératives locales.

D - Méthodes de contrôle

On fait appel essentiellement à trois méthodes :

1° *Contrôle visuel*. Il consiste à observer 100 grappes parmi les plus développées, de préférence situées à l'intérieur de la végétation, à raison d'une grappe par cep pris au hasard dans la parcelle.

— pour la *première génération*, l'observation porte sur les glomérules, constitués par les boutons rongés et rassemblés entre eux par des fils soyeux. Ce contrôle se situe habituellement avant la floraison (les Stations d'Avertissements en précisent l'époque).

— pour la *deuxième génération et les suivantes*, l'observation des pontes, environ une semaine après le début du vol, fournit une indication sur le niveau du risque et l'importance probable de l'attaque. L'observation des points de pénétration, effectuée après l'intervention, renseigne sur l'efficacité de celle-ci. (AGULHON et BASSINO, 1980).

2° *Piégeage alimentaire*. C'est la méthode la plus ancienne et la plus couramment utilisée par les Stations d'Avertissements. D'après OBERLIN (1911) elle a pris naissance en Alsace sur une observation fortuite : des viticulteurs ayant laissé dehors le soir des verres contenant un peu de vin ont trouvé le lendemain matin un grand nombre de papillons dans les verres. On a donc eu l'idée de suspendre dans les vignes des petits récipients contenant un liquide attractif et de les visiter chaque jour pour recueillir les papillons pris dans les pièges, de les dénombrer et de rajouter un peu de liquide au besoin.

Le *liquide attractif* le plus couramment employé est constitué d'après
BERNON (1973) « par 200 cm³ de lie de vin, 200 cm³ de vinaigre, 150 g de
mélasse ou de sucre et d'eau en quantité suffisante pour avoir un litre
de mélange ». On peut aussi utiliser aussi de la lie de cidre, de l'eau
miellée, de la piquette et même du jus de poire non désacifié à 36-38°
Bé, à raison de 40 cm³ par litre d'eau. Selon TOUZEAU (1971) dans le Bordelais cette dernière formule présente un pouvoir attractif beaucoup
plus important que l'eau mélassée et elle est donc employée dans le
Sud-Ouest. Les résultats ne semblent pas aussi bons dans les vignobles
septentrionaux. PICARD (1913) avait déjà indiqué que l'eau mélassée n'attire les papillons que lorsqu'elle est en fermentation et qu'il faut donc
ajouter un peu de lie de vin. Une formule plus diluée, employée aussi
dans la pratique comprend seulement 10 % de sucre ou de mélasse,
10 % de lie de vin, 80 % d'eau et quelques gouttes de vinaigre (pour
attirer les papillons).

Les *récipients* sont de nature diverses. Toutefois SCHWANGART (1912)
a montré que l'expérience conduisait à préférer les récipients en verre,
en pierre ou en terre cuite aux boîtes en tôle où l'échauffement évaporait
trop vite le liquide, ce qui rendait le piège inutile.

Les godets en terre cuite classiques ont une douzaine de centimètres de diamètre et on les garnit aux trois-quarts, soit 250 cm³ environ
de liquide par pot. Il faut compter sur un minimum de 150 godets par
hectare, généralement de 200 à 250. L'ouillage se fait tous les jours et
un ouvrier peut remplir 500 pièges par jour.

Chaque godet est placé au niveau des grappes à l'intérieur du feuillage d'une souche touffue. Les papillons, attirés par le liquide se pla-
quent à sa surface où il est possible de les dénombrer. Le décompte a
lieu à heure fixe, de préférence le matin. On peut ainsi dresser le gra-
phique du vol des papillons étudiés. Celui-ci présente toujours des irrégularités tenant aux variations de température, d'insolation et d'humidité. La pluie amène une diminution des prises parce que les papillons
recherchent moins alors les liquides pour boire du fait de la pluie et
de l'état hygrométrique élevé.

Les pots sont placés dans les vignes par groupe de cinq, disposés
en croix de Saint-André sur trois ou cinq rangs suivant les écartements.
Ces groupes doivent être judicieusement répartis pour représenter les
diverses expositions du vignoble : plaines, coteaux, vallées avec ses
différents versants.

Les pièges alimentaires agissent par libération d'odeurs et attirent
ainsi les papillons qui se noient dans les godets. FEYTAUD (1914) constatait
alors que « si les femelles sont attirées tout comme les mâles, on capture surtout dans les premiers jours une majorité de mâles, puis on
prend une proportion croissante de femelles qui, dans cette première
période, n'ont pas encore pondu. A la période maximum du vol on prend
d'ordinaire, plus de femelles que de mâles, mais la plupart ont déjà
pondu leurs œufs en partie ; enfin, à la fin du vol, on prend encore une
majorité de femelles dont presque toutes ont achevé leur ponte.

« La courbe du vol présente nettement une phase ascentionnelle,
un plateau et une phase de déclin, ce qui est le cas en Gironde pour le
vol de juillet, on peut considérer que la ponte générale est achevée et
la période utile terminée lorsque la courbe commence à décliner, malgré
les conditions atmosphériques favorables au vol. On peut ainsi réduire
la durée de la chasse au minimum, économiser des produits et de la
main-d'œuvre, tout en conservant les insectes auxiliaires favorables (qui
sont aussi attirés par les pièges). La période de piégeage dure 15 ou
20 jours au plus. Il faut enlever les godets en dehors des périodes de
vols pour ne pas détruire les auxiliaires utiles. Pour la Cochylis les
pièges servent pour les deux vols (mai et juillet) et pour l'Eudemis pour
les trois vols (mai, juillet et septembre). »

En définitive les pièges alimentaires sont peu onéreux, d'un emploi facile pour les particuliers mais les indications fournies ne sont que relatives et ne renseignent pas toujours sur le niveau réel de la population. Il arrive qu'au printemps de faibles prises correspondent à des pontes nombreuses sur les grappes et il faudrait pouvoir compléter cette observation par la recherche des pontes, opération longue, difficile et onéreuse. En été les inconvénients sont moins importants car les conditions d'évolution sont meilleures.

Détermination des espèces prises dans les pièges

Dans les pièges alimentaires des postes d'observations de nombreux auteurs comme CHATANAY (1913), FEYTAUD (1917), HUGUES (1928), SUIRE (1954) ont signalé qu'à côté des papillons de Pyrale, de Cochylis ou d'Eudemis on recueillait aussi des microlépidoptères parasites de plantes non cultivées. C'est le cas par exemple de *Lobesia reliquana Hb* qui peut être confondue avec l'Eudemis.

Il est donc important de savoir faire la distinction en ce qui est nuisible à la vigne et ce qu'il ne l'est pas pour prévoir les périodes de traitement.

SUIRE a établi la distinction des espèces sur l'observation de la charpente alaire comme le montrent les figures reproduites ci-contre.

D'après PICARD (1913) « La faune qui se prend aux godets est très différente de celle des pièges lumineux, elle consiste surtout en cétoines (*C.morio*) d'une extraordinaire abondance, les grillons, très abondants aussi, les fourmis, les polistes, les *Sarcophaga*, etc., en somme une faune nettement xérophile.

« Les divers essais ont montré que les appâts alimentaires attirent en majorité les femelles et les pièges lumineux les mâles. »

3° *Piégeage sexuel*. C'est la plus récente technique, utilisée depuis peu contre les Vers de la grappe. Quelques zoologistes avaient bien remarqué au XIXe siècle que les insectes femelles exerçaient une certaine attraction sur les mâles de la même espèce. Ils avaient alors attribué cette action à l'émission « d'odeurs » ou à des « radiations ». Plus tard on s'aperçut qu'il s'agissait en réalité de l'émission de signaux chimiques et que ce phénomène pouvait intéresser l'ensemble du comportement des insectes.

Le nom de *phéromones* fut proposé, en 1959, pour désigner les substances chimiques qui peuvent provoquer des modifications de leur comportement sexuel ou de leur physiologie. Ces substances sont sécrétées par certaines glandes abdominales des femelles, pour les phéromones sexuelles et peuvent être libérées en jets, en gouttelettes, en minces pellicules sous forme d'aérosols ou de gaz. Ces phéromones sont véhiculées par l'air et par les vents en facilitent la diffusion, en augmentant le volume d'air imprégné. Toutefois si la vitesse du vent est trop élevée il se produit des phénomènes nuisibles de dilution et de turbulence.

Dès les premiers jours de leur vie d'adultes les femelles émettent des bouffées de phéromones sexuelles destinées à attirer les mâles, signalant ainsi leur présence. Ces substances chimiques peuvent être considérées comme des « messages d'amour ». De leur côté, les individus mâles, de la même espèce que les femelles, volent le plus souvent dans le sens du vent et remontent celui-ci dès qu'ils perçoivent, par leurs cellules réceptrices fixées sur leurs antennes, la présence de la phéromone sexuelle à la recherche de la femelle émettrice qui leur servira de partenaire. La distance à laquelle s'exerce cette attraction sexuelle est variable avec les espèces, la densité des populations et les conditions climatiques (température, hygrométrie, pluie, vent) depuis quelques dizaines de mètres jusqu'à plus de 1.000 mètres.

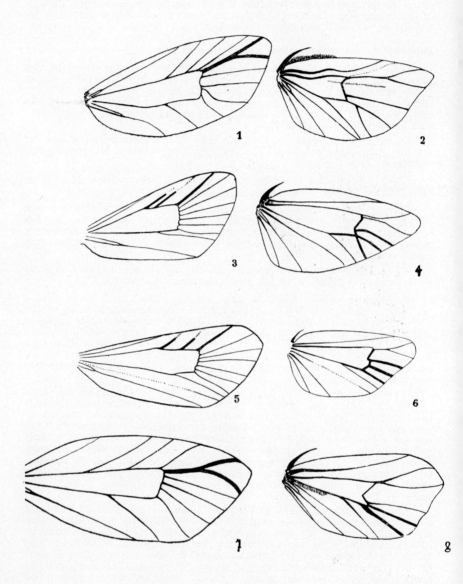

Fig. 338 bis. – Nervation des ailes antérieures et postérieures des Vers de la Grappe.

D'après Bovey (1966) « l'étude de leur sécrétion et de leur action a été entreprise par Götz (1939) en Allemagne qui a par ailleurs examiné la possibilité de leur utilisation pour la lutte contre ces deux Tordeuses (1941). Il a tout d'abord vérifié, chez ces dernières, la spécificité de leur action : l'odeur sexuelle de la femelle de la Cochylis n'attirant pas les mâles d'Eudemis et réciproquement. Il a montré que le pouvoir attractif est proportionnel à la concentration. A l'aide d'un piège spécial, composé de quatre ailettes verticales engluées disposées en croix, avec au centre, une cage en mousseline renfermant les femelles vierges, il a constaté qu'un petit nombre de ces dernières attirait les mâles d'une distance d'au moins 20 mètres pour l'Eudemis et d'au moins 25 mètres pour la Cochylis, ces distances devant pouvoir être augmentées avec un plus grand nombre de femelles appelantes. Avec la Cochylis le nombre des captures a été deux à trois fois plus élevé sur des surfaces engluées blanches que sur des noires, vraisemblablement à la suite d'une orientation phototaxique positive durant le vol d'accouplement.

« Les deux espèces étant caractérisées par une très nette protéandrie ces premiers résultats laissaient entrevoir la possibilité d'utiliser ce pouvoir attractif des femelles pour détruire les mâles au début du vol, avant qu'ils aient la possibilité de s'accoupler. Mais ces essais furent interrompus par la guerre. »

Deux techniques de piégeage sexuel sont possibles :

— d'une part l'emploi de *femelles vierges*, ce qui nécessite l'installation et l'entretien d'un élevage ;

— d'autre part l'utilisation de *phéromones synthétiques*, après leur isolement et leur identification dans les phéromones naturelles.

Les premières tentatives d'isolement furent effectuées en Allemagne sur le Ver à soie (*Bombyx mori*) par Butenandt (1939) et nous verrons plus loin la situation en ce qui concerne les Vers de la grappe.

En France, Chaboussou et Carles (1962) sont les premiers chercheurs à s'être intéressés au piégeage sexuel, mais depuis les Stations d'Avertissements de la Protection des Végétaux et des Chambres d'Agriculture effectuent de nombreux travaux sur cette question.

Théoriquement ces substances peuvent servir dans trois voies différentes :

1° *Le piégeage de surveillance des populations* pour connaître les dates et l'importance des vols, ce qui rend de grands services aux Stations d'Avertissements pour renseigner les viticulteurs sur les dates de traitements.

2° *Le piégeage de masse* qui cherche à attirer dans des pièges la totalité des mâles de l'espèce à combattre pour empêcher tout accouplement des femelles. Les essais entrepris jusqu'ici demeurent insuffisants.

3° *La méthode de confusion* consiste à imprégner régulièrement et de façon continue l'atmosphère du vignoble à protéger avec une concentration de phéromone telle que soit interrompue chez les mâles la perception des signaux chimiques émis par les femelles. On y parvient soit au moyen de diffuseurs répartis dans la parcelle, soit par des pulvérisations de microcapsules imprégnées. Cette technique d'abord employée sur le Carpocapse des pommes aux Etats-Unis a été essayée sur vigne par Roehrich (1980) avec un grand nombre de diffuseurs pour brouiller les signaux émis par les femelles d'Eudemis.

Il a obtenu une réduction importante des dégâts. Mais l'application est complexe et nécessite encore de nombreux perfectionnements car il demeure encore un certain pourcentage de femelles fécondées. Il faut mettre au point les diffuseurs (par exemple l'application automatique de fibres creuses chargées de phéromones, engluées sur le feuillage) et définir une stratégie sur de grandes surfaces en intervenant chimiquement en première génération lorsque les populations sont élevées.

Donc pour le moment le rôle des phéromones est limité aux avertissements concernant l'Eudemis. En ce qui concerne la Cochylis la technique ne paraît pas encore bien au point puisque BASSINO et MOUCHART (1979) signalent que le piège sexuel à Cochylis permet de capturer d'autres papillons, de l'espèce *Lobesia bicinctana* dont la base des ailes antérieures est brune.

Piégeage de surveillance de l'Eudemis

I - Emploi des femelles vierges

Le principe consiste à disposer dans les vignes de petites cages qui renferment les femelles vierges et de disposer autour des surfaces englués où viendront se coller les mâles attirés par la présence des femelles.

CHABOUSSOU et CARLES, après avoir constaté que les surfaces horizontales capturaient davantage que les panneaux verticaux ont préconisé deux dispositifs :

— un *piège à tambour*, constitué par un cylindre horizontal de rhodoïd épais, mesurant 50-60 cm de long pour 50 cm de diamètre, englué sur ses deux faces et monté sur un roulement à billes permettant de s'orienter d'après le vent et de se disposer ainsi de façon favorable à la remontée des mâles vers les femelles, qui sont placées dans une petite cage en nylon, suspendue à l'intérieur du cylindre. Ce piège est destiné aux captures en masse. Dans la cage les femelles peuvent s'abreuver à un coton trempant dans un abreuvoir à oiseaux. On réapprovisionne les pièges tous les quatre jours, en mettant de 5 à 10 femelles vierges dans la cage, où l'on maintient une certaine fraîcheur au moyen d'un tapis de mousse, humecté à chaque visite. On peut également abriter la cage avec des rameaux de vigne entrelacés sur l'armature, ce qui limite la fonte de la glue le long des parois durant l'été.

— un *piège panoramique* pour les recherches, composé par trois panneaux circulaires en tôle galvanisée, de 62 cm de diamètre, englués et disposés suivant les trois plans de l'espace, la cagette renfermant les femelles étant encastrée au centre. On dispose en dessous un plat à couscous rempli d'eau, de manière à recueillir les papillons insuffisamment englués et à les dénombrer.

Les auteurs ont mis au point des techniques d'élevage pour disposer d'un grand nombre de femelles : on recueille à l'automne les chenilles de la troisième génération qui vont donner au laboratoire les chrysalides, disposées ensuite dans des tubes individuels. Pendant l'hiver on sépare les chrysalides mâles des femelles d'après les caractères extérieurs (abdomen plus volumineux chez les femelles à extrémité arrondie et présence de deux plaques jaunes, alors que les mâles ont un abdomen assez effilé terminé par une touffe de poils).

L'élevage se fait à la température de 23-25 °C avec une humidité relative de 60-90 % et une horloge horaire assure une photopériode de 16 heures par jour.

Pour la ponte, les couples de papillons sont disposés dans des tubes de 10 cm de long, bouchés aux extrémités avec un tampon d'ouate d'un côté et de l'autre par une mèche de coton trempant dans l'eau pour maintenir une certaine hygrométrie dans le tube.

L'accouplement se produit dans les six heures qui suivent et les femelles déposent leurs œufs sur les parois du tube 36 à 48 heures après, avec une ponte échelonnée durant six à sept jours, limite de leur longévité. Chaque tube renferme 180 à 220 œufs.

Au bout d'une semaine, les premiers œufs pondus éclosent et les chenilles mettent trois ou quatre heures à sortir à la température de 24 °C. Elles seront élevées sur un milieu artificiel à base de farine de maïs, de germes de blé, de levures de bières et d'eau. Les chrysalides seront recueillies sur ce milieu et les sexes séparés. Les femelles obtenues seront divisées en deux lots : l'un pour l'alimentation des pièges et l'autre pour assurer la perennité de l'élevage.

« Les expériences de piégeage sexuel, écrit Bovey, ont montré que la hauteur optimum pour le piège se trouvait à 50 cm au-dessus des pampres et que, pour l'Eudemis, on capturait autant de mâles avec un piège noir que blanc, contrairement à ce que Götz avait constaté pour la Cochylis. L'attractivité du piège dépend du nombre des femelles appelantes et s'est trouvée plus que quadruplée lorsque ce nombre a passé de deux à quatre.

« De + 14-15 °C, seuil d'activité de l'Eudemis, à + 23 °C à 21 heures, les captures paraissent proportionnelles à la température. On a mis en évidence, ce qui s'explique clairement, une plus grande activité des mâles se trouvant sous les vents dominants. Chaboussou et Carles ont enregistré dans les secteurs correspondants de sensibles régressions de contaminations, appréciables au moins jusqu'à 40 mètres du piège, dans les zones situées sous le vent. Cette diminution doit être attribuée incontestablement à la raréfaction des pontes, consécutive à la capture des mâles avant accouplement, laquelle pour un seul piège correspondait à la population de 3-4 hectares. »

Pour Vidal et Marcelin (1973) le piégeage sexuel, avec des *femelles vierges* d'élevage, donnent des résultats remarquables pour l'observation des vols en premier et deuxième vols, par contre en troisième vol les piégeages alimentaires sont supérieurs, ce qui s'explique surtout par la briéveté (24 heures) de la vie des femelles dans les pièges. C'est ainsi qu'en 1974 les prises enregistrées pour cinq pièges alimentaires se sont montrées supérieures à celles d'un seul piège à phéromone (883 contre 116) au cours du troisième vol d'Eudemis.

II - Utilisation des phéromones synthétiques

Depuis quelques années on est parvenu à identifier et à synthétiser quelques phéromones, à la suite notamment des travaux de Descoins (1976) et de Roehrich (1976). La substance principale des diverses formulations est le Trans-7, cis. 9-dodecadényl acétate employée à des doses variant de 10 à 100 microgrammes.

Ces pièges à phéromones sont vendus prêts à fonctionner, ils éliminent l'élevage des femelles, ne nécessitent aucun entretien au vignoble, à l'inverse des pièges alimentaires.

Pièges à phéromones de synthèse. Il existe plusieurs modèles de pièges ; tous basés sur le même principe : une surface engluée pour retenir les papillons mâles attirés par les femelles vierges ou les capsules de phéromone disposées au-dessus de la surface engluée. Un toit permet à la fois la protection de la capsule et de la surface engluée contre les pluies.

— Le *piège* « Phérotrap » comprend un fond en carton plastifié et englué de 22 x 15 cm, soit 330 cm², surmonté d'un autre carton non englué, avec le cylindre à phéromone entre les deux.

— Le *piège à assiettes*, utilisé en Aquitaine a la forme de deux assiettes creuses, dont l'inférieure est engluée avec au centre la capsule de phéromone ou la cage à femelles.

— Le *piège à cylindre* O.I.L.B. (Organisation Internationale de Lutte Biologique) est un cylindre de 16 cm de long et de 10 cm de diamètre, dont la partie inférieure est engluée (environ 210 cm²).

Un crochet ou des attaches permettent de fixer ces pièges dans les souches ou de les suspendre aux fils de fer des vignes palissées.

Durée d'action des capsules

La phéromone sexuelle est contenue dans une petite capsule cylindrique, de couleur brunâtre, perméable pour que la substance puisse diffuser ; cette capsule est déposée dans le fond du piège.

La durée d'action d'une capsule, avec 100 microgrammes, est très bonne de cinq à sept semaines. Les captures sont plus précoces qu'avec les femelles d'élevage. Au début du vol, à cause de la protéandrie il y a peu de femelles en liberté et les capsules de phéromones sont très attractives, puisque pratiquement sans concurrence. Ensuite le nombre des captures diminue à cause de l'apparition des femelles. Dans une parcelle les pièges doivent être éloignés d'environ 500 mètres pour ne pas avoir d'interaction.

Comparaison des pièges alimentaires et des pièges à phéromones synthétiques

« La comparaison des captures entre les pièges alimentaires et les pièges à phéromones synthétiques, écrit TOUZEAU (1975) sont nettement à l'avantage de ces derniers, pratiquement quatre fois plus. Il en est de même avec la comparaison avec les pièges lumineux (essais réalisés sur le Carcocapse des pommes).

« Enfin, en raison du même principe du piégeage sexuel, les capsules de phéromones synthétiques se révèlent assez sélectives, nettement plus que le piégeage lumineux ou le piégeage alimentaire. Néanmoins certaines espèces de tordeuses voisines de celle pour laquelle la phéromone a été isolée peuvent être capturées, parfois en grand nombre dans les phérotraps. »

Les essais en Roussillon, réalisés par SOBRAQUES et G. VIDAL (1977) confirment la nécessité absolue de surveiller en parallèles les pièges alimentaires et les pièges à phéromones :

— sensibilité des phéromones en première génération d'Eudemis, quelles que soient les conditions atmosphériques ;

— insuffisance des phéromones lorsque la température s'élève, les pièges alimentaires donnent des prises plus importantes en troisième génération (le 25 juillet nous avions 286 et 432 prises en pièges alimentaires contre seulement 59 et 2 pour les pièges à phéromones).

D'après ROEHRICH, « en première génération, la prévision négative est possible : à des captures nulles ou très faibles dans les pièges correspondent des dégâts nuls ou nettement en-dessous des seuils de tolérance. En deuxième génération les corrélations sont très lâches et en troisième génération l'insuffisance des résultats ne permet pas encore de conclure. En effet dans la région d'Angers et dans le Madiranais on a enregistré peu ou pas de captures et cependant les dégâts ont été très importants. Inversement, en Lombardie, on a eu beaucoup de captures et pratiquement pas de dégâts. »

Pour BASSINO (1978) « le piégeage sexuel ne peut être employé comme indicateur de risque que si la population d'Eudemis est suffisamment élevée dans la parcelle. La pose du piège vers la fin de la première génération et les relevés journaliers permettent de fixer avec précision le début du vol des papillons de la deuxième génération. »

III - Détermination de la date d'intervention

« On estime, écrit BASSINO (1978) qu'il s'écoule de huit à dix jours entre l'accouplement des adultes et l'éclosion des œufs. Ces éclosions étant groupées, un produit insecticide qui agit par contact, appliqué convenablement sur les baies, dix jours après les premières captures dans le piège sexuel, tue la quasi-totalité des larves, au fur et à mesure de leur sortie de l'œuf.

« Pour protéger efficacement les baies et éviter les pénétrations de larves, suivant la méthode indiquée ci-dessus, il faut choisir un insecticide qui agit surtout par contact et dont la durée d'efficacité pratique, de l'ordre de 12 à 15 jours, est susceptible de couvrir la période d'éclosion des œufs.

« Si pour une raison quelconque (qualité défectueuse de la pulvérisation, pluie) le résultat est douteux, un contrôle visuel peut être fait, 10 jours après ce traitement, soit environ 20 jours après les premières captures de papillons.

« Dans le cas où l'on relève dans la parcelle 10 % de grappes atteintes ou plus, il est indispensable d'effectuer un traitement de « rattrapage » avec un insecticide comme le dichlorvos, le mevinphos ou le parathion. Ces trois produits, qui ont l'avantage d'agir par tension de vapeur, n'ont qu'une durée d'action très limitée. Le traitement de rattrapage est capable d'arrêter une attaque, mais le dégât principal est fait, si l'on considère que l'intérêt de cette lutte est d'empêcher les chenilles de léser les baies.

« La qualité de la pulvérisation revêt une importance primordiale et il est bien admis que l'appareil pneumatique est celui qui convient le mieux. Les jets doivent être orientés vers la zone des grappes et le produit appliqué sur les deux côtés du rang. »

2° Méthodes biologiques

A - L'echenillage avait été préconisé au début du siècle, notamment par BORIES (1911) qui indiquait « que pour la première génération de printemps, dès que les inflorescences sont visibles, il suffit de les presser légèrement entre le pouce et l'index pour écraser la chenille qui se trouve au centre et on jette à terre la petite bourse. On repasse à quelques jours d'intervalle pour enlever les bourses qui ont pu se former postérieurement.

« A la deuxième génération l'opération consiste à enlever délicatement, avec les doigts quand cela est possible ou au ciseau, tous les grains piqués ou ayant l'apparence d'être atteints. Ces grains sont d'ailleurs très facilement reconnaissables et se détachent généralement de la grappe avec facilité. Ils sont recueillis dans un seau pour être brûlés. »

« L'echenillage, écrit LABORDE (1900) est assez facile avec la Cochylis, mais avec l'Eudemis, dont le ver plus agile échappe très souvent aux recherches en abandonnant la grappe sans qu'on la voie, il est bon de se munir comme pour la chasse à l'altise d'un plateau contenant du pétrole dans lequel les fuyards viennent trouver la mort.

Si l'echenillage est commencé assez tard, une seule visite des grappes peut être suffisante, mais les vers auront produit alors la plus grande partie de leurs dégâts. S'il est commencé de bonne heure, il faut faire au moins deux visites à cause des pontes et des éclosions successives. »

Ce procédé manuel possède donc une certaine efficacité, mais il n'est jamais complet, car il y a toujours des chenilles oubliées. De plus il est très coûteux en main-d'œuvre : selon les estimations de BRIN (1901) ou de FILHOL (1911) il faut compter une dizaine de journées de femmes par hectare travaillant huit heures par jour, ce qui à l'époque revenait à 20 F-or (10 journées à 2 F). Enfin ce travail réclame beaucoup de dextérité de la part des ouvrières pour ne pas abîmer les inflorescences, notamment lorsqu'on utilise des pinces plates ou des ciseaux courbés.

B - Le ramassage des chrysalides en vue de leur destruction avait été proposé dans le Trentin (Italie) par CATONI. Selon RAVAZ (1913) on devait disposer, dans la première quinzaine d'août, à la base des sarments et sur le bois de 2 ans, des bandelettes d'étoffe coupées en lanières de 25-30 cm de longueur sur 10-12 cm de largeur (chiffons, sacs de jute, etc., n'ayant pas mauvaise odeur). Avec ces lanières on emmaillotte mollement le bois de deux ans et on les fixe avec un lien de raphia, fil de fer... Pour une vigne jeune peu développée, une seule bandelette suffira tandis que pour les vignes âgées ayant des bifurcations de bras et des coursons il en faudra plusieurs. Les replis du tissu constituent un refuge de choix que les chenilles préfèrent toujours aux abris offerts par la nature dans les fentes des vieilles écorces ou des piquets.

« Un ouvrier peut appliquer mille bandelettes par jour. Au printemps suivant on retire les bandelettes à la fin avril pour permettre aux insectes utiles de quitter avant ces abris qui seront récoltés pour être ébouillantés. On a trouvé en moyenne 12 chrysalides de Cochylis par bandelette. »

Une autre technique faisait appel à des *pièges-abris*, proposés d'abord en Allemagne par ZWEIFLER, de l'Ecole de Geisenheim. On dispose sur divers points du vignoble des abris artificiels dans le but d'y procurer un logement pour les vers. Ces tentatives, selon BRIN (1901) n'ont pas abouti.

En Anjou, MAISONNEUVE (1910) indique que des pièges-abris, constitués par des botillons de paille, recommandés par CHARLOT, n'ont pas donné de résultats satisfaisants. En effet, on ne trouve que de rares chrysalides logées à l'intérieur des tuyaux de paille. Il en est de même dans ceux suspendus dans les souches.

C - Le ramassage des papillons, comme pour la Pyrale, ne donne que des résultats insuffisants et il est onéreux au point de vue main-d'œuvre. DUFOUR (1898) avait proposé des *écrans englués*, fabriqués avec de la toile métallique recouverte de glu et possédant un manche en bois. En Suisse le moment le plus propice est fin juillet entre 18 et 20 heures. Ces raquettes engluées furent expérimentées par FAES (1917) dans le vignoble d'Yvorne. « Les prises, de 19 à 20 heures, sont satisfaisantes mais les dégâts causés par une centaine d'écoliers circulant dans les vignes ont été assez importants (rameaux cassés). Les papillons de Cochylis sont plus faciles à attraper en mai à la première génération car ils volent lentement alors que pour la seconde génération, en juillet les papillons évoluent avec beaucoup plus de rapidité, donc les prises sont plus faibles. »

Pour LABORDE (1900) « la capture des papillons de Cochylis étant facile on a cherché à appliquer ce procédé à l'Eudemis, mais dans ce cas, les résultats ont été tout différents. Les prises sont très faibles non seulement à la première génération, mais aussi à la seconde où le nombre de papillons est beaucoup plus considérable. Ce fait s'explique fort bien si on se rappelle que l'Eudemis ne se déplace pas pendant la nuit, mais seulement aux environs du crépuscule.

« De plus, la chasse avec l'écran englué donne plus de difficulté avec l'Eudemis qu'avec la Cochylis, le premier papillon étant plus léger et ayant un vol plus rapide et plus tortueux qui l'empêche d'être atteint facilement par l'écran. » Diverses techniques avaient été proposées pour améliorer cette technique de ramassage.

D - Emploi des Prédateurs et Lutte biologique

L'équilibre biologique naturel s'exerce à travers un certain nombre de prédateurs comme les oiseaux, les chauve-souris, des insectes et des champignons. CAPUS et FEYTAUD avaient évalué de 30 à 60 % la proportion de Cochylis qui pouvaient disparaître ainsi. Cela n'est pas négligeable, mais nous avons déjà vu à propos de chaque espèce que tous ces prédateurs ne pouvaient servir pour détruire efficacement ces papillons.

L'emploi des parasites naturels des Tordeuses n'a eu aucune application pratique. Aucun virus n'affecte la Cochylis et l'Eudemis.

Nous avons vu, à propos de la biologie, que certaines mycoses pouvaient détruire un certain pourcentage des chrysalides hivernantes mais les expériences réalisées par PAILLOT (1912), avec *Spicaria farinosa* en particulier, furent décevantes. De même VOUKASSOVITCH (1925) était sceptique sur les possibilités pratiques d'emploi des spores de champignons.

« Le *Bacillus thuringiensis*, découvert en 1912 par BERLINER sur la Teigne de la farine est un des premiers produits biologiques utilisés en agriculture. L'efficacité de cette bactérie est surtout due à un cristal rhomboédrique qui est formé en même temps que les spores. Lorsque ce cristal est ingéré par certaines espèces de chenilles, il est digéré par l'intestin moyen par des enzymes et libère des substances toxiques qui paralysent le tube digestif de l'insecte.

Par la suite, la perméabilité de l'intestin moyen est modifiée, le pH de l'hémolymphe change et la microflore de l'intestin envahit l'organisme ce qui provoque une septicémie. Tous ces processus, écrivent SCHMID et ANTONIN (1977) ne jouent que pour des insectes où le pH de l'intestin est assez élevé et qui sont pourvus d'enzymes capables de dissoudre le cristal. Cela nous explique la spécificité du BT. vis-à-vis de quelques larves de Lépidoptères (HURPIN, 1973) et spécialement son inocuité pour les auxiliaires.

« Ce BT a d'abord été employé, avec un certain succès, contre la pyrale du maïs par METALNIKOV et CHORINE (1929). Quelques années plus tard, de 1935 à 1940, METALNIKOV fit des études sur les chenilles des Tordeuses de la grappe mais ses recherches ne dépassèrent pas le stade expérimental.

« Plus récemment, ROEHRICH (1963) a mis en évidence une sensibilité des chenilles de l'Eudemis suffisante pour que l'on puisse envisager l'emploi de ce BT. dans la protection de la vigne. Diverses publications ont démontré une assez bonne efficacité contre la Cochylis et l'Eudemis, mais en général cet effet est considéré comme insuffisant, à cause du seuil de tolérance qui est très bas (ROEHRICH, 1968, 1970 ; BAGGIOLINI, 1969). Pour remédier à cette insuffisance lors des applications pratiques on a envisagé d'améliorer l'efficacité en ajoutant de faibles doses d'insecticides ou diverses substances pour protéger le BT. du rayonnement solaire.

« Les trois produits testés à base de BT. se sont révélés comme insuffisants pour lutter contre les vers de la grappe. En effet une efficacité de 60 % n'est pas suffisante même pour les régions avec une faible menace de vers, puisque toute blessure de raisins causée par les vers de deuxième génération peut augmenter le danger de la pourriture.

« L'addition de sucre à 1 ou 2 % augmente de 20 % l'efficacité du BT., dû sans doute à un double effet :

— le sucre peut augmenter la persistance du BT. contre les facteurs abiotiques de l'environnement, spécialement le rayonnement et la pluie.

— le sucre empêche les larves de pénétrer dans les grains et augmente ainsi leur mortalité ; mais ce changement du comportement des larves peut être également dû au fait que le sucre stimule la nutrition. Les larves resteraient ainsi plus longtemps à la surface des grains et absorberaient plus d'agent pathogène, ce qui pourrait augmenter la mortalité.

« L'efficacité du BT. + sucre est aussi efficace dans la lutte contre la deuxième génération des vers de la grappe que certains produits chimiques autres que le parathion (Méthidathion, Acéphate, Trichlorphon Phosalone). Son efficacité est donc suffisante pour les vignobles exposés à une menace moyenne. Cependant pour toute application de BT. il y a quelques règles à observer :

1 - Le BT. est un produit d'ingestion et son effet curatif sur des larves déjà installées dans les grappes est très faible. Il faut donc traiter dès l'apparition des premières pénétrations.

2 - L'efficacité du BT. est fortement influencée par les températures. (Van der GEEST, 1971 ; VANKOVA et SVESTKA, 1976). Pour un bon effet, des

températures élevées de l'ordre de 20 °C sont en général nécessaires. La faible efficacité enregistrée dans l'essai contre la première génération en est une confirmation. C'est pourquoi le BT. n'est autorisé en Suisse que contre la deuxième génération.

« Pour assurer une bonne efficacité du traitement, nous recommandons d'ajouter 1 % de sucre. »

CHABOUSSOU et CARLES (1960) ont essayé la Bactospéine, préparation de poudre mouillable à base de *B. thuringiensis* titrant 900 UB/mg et utilisées à 300 g/hl, produit qui n'a eu aucune efficacité en pulvérisation pour la première génération ou en poudrage pour la deuxième génération.

Depuis d'autres formulations ont été expérimentées. C'est ainsi que MARCELIN et G. VIDAL (1981) ont essayé la Bactospeine à diverses concentrations UI AK/mg (Unité Internationale *Anagasta Kuehniella* : 6.000, 8.500, 16.000 et à des doses différentes de 0,5 à 1,5 kg/ha. Leurs conclusions sont les suivantes : « Les travaux de 1980 confirment les résultats obtenus en 1978. Utilisé avant ou au début des éclosions (J-3 à J = 0) le *Bacillus Thuringiensis* a une efficacité comparable à la référence chimique, Methidathion. Ce produit peut être caractérisé par la cotation (0 et 12) c'est-à-dire ayant une action de choc nulle mais présentant 12 jours de rémanence pratique au vignoble. »

Une autorisation provisoire de vente a été faite en 1981 pour une poudre mouillable à base de ce bacille T. (Bactospeine PM 16.000 S) pour lutter contre l'Eudemis, la Cochylis et l'Eulia en deuxième et troisième génération. Le produit doit être présent sur les grappes avant l'apparition des chenilles et le traitement est donc lié aux avertissements régionaux, pour traiter dès que les premières pontes sont au *stade tête noire*, avec une pulvérisation soignée sur les grappes (50 à 300 l/ha).

Si le vol est très étalé ou si les deux espèces cohabitent, un second traitement pourra être nécessaire 15 jours après le premier.

L'avenir dira si cette lutte biologique est valable, dans les conditions de la pratique, pour lutter contre les vers de la grappe en deuxième et troisième générations.

3° Méthodes physiques

Ces méthodes ne sont plus employées aujourd'hui car elles demandent pour leur application une main-d'œuvre abondante et leur efficacité n'est jamais complète, ne dispensant pas de traitements chimiques par la suite.

A - L'écorçage ou décorticage est une opération longue, minutieuse réalisée durant l'hiver avec les instruments signalés à propos de la Pyrale. Dans les vignobles septentrionaux elle présente un inconvénïent supplémentaire, observé en Anjou par MAISONNEUVE (1914) c'est de rendre la souche décortiquée plus sensible aux froids de l'hiver et de provoquer une véritable épidémie de broussins.

B - L'ébouillantage est sans effet contre les chrysalides. V. MAYET (1897) avait indiqué et, les expériences de LABORDE (1900) l'ont confirmé, qu'il fallait agir, pour la Cochylis avant la transformation des chenilles en chrysalides, c'est-à-dire en novembre dans le Midi. Par contre dans les vignobles septentrionaux, où cette transformation est plus précoce, il faudrait réaliser l'opération en octobre, sur des vignes taillées préalablement. Quand à l'Eudemis l'opération n'est pas réalisable, en raison de la précocité de la chrysalidation.

C - Le flambage des écorces est inefficace puisque LABORDE avait constaté qu'en faisant agir un flambeur, pendant deux minutes, la température sous une seule épaisseur d'écorce ne dépassait pas 45 °C. Dans ses essais il a obtenu les résultats comparatifs suivants :

	Mortalité de l'Eudemis
Ebouillantage au tube de caoutchouc	77 %
Ebouillantage à la cafetière	100 %
Flambage	40 %

D - L'emploi de la vapeur d'eau expérimenté en Anjou par Maisonneuve (1910) ne s'est pas répandu à cause des difficultés d'emploi (il
faut un mélange de vapeur et d'eau pour avoir une température de 80 à
90° à la sortie de l'appareil), de plus ce procédé demande beaucoup d'eau
(140 litres pour 100 souches).

E - Les pièges lumineux. Cette technique est basée sur le fait que
les papillons sont facilement attirés par la lumière. On a donc songé à
exploiter cette observation en disposant dans les vignes des lanternes-
pièges pendant la nuit afin d'attirer les papillons et les détruire par des
procédés divers. Comme l'a indiqué V. Mayet (1898) « cette capture des
papillons a eu de chauds partisans avec des succès et des échecs. Si le
temps est beau et chaud, l'opération réussit bien, mais s'il fait froid
ou s'il pleut c'est l'insuccès. Comme le temps en mai est très variable
on ne conseille pas ce procédé au printemps alors qu'en été la chasse
aux papillons est plus fructueuse.

« Les pièges lumineux sont généralement composés d'une petite
lampe à pétrole garnie de son verre et entourée d'un manchon de verre
portant un petit parapluie de fer-blanc (la bougie peut remplacer la
lampe à pétrole). Il suffit que les lanternes brûlent pendant les quatre
heures du vol de l'insecte, c'est-à-dire de 20 h 30 à 24 h 30. On peut
entourer la lanterne d'un plateau contenant un peu d'eau ou de l'huile
ou de la glu pour retenir les papillons. »

De nombreux essais ont été réalisés dans le Midi, dans le Bordelais
et surtout en Champagne (travaux de Chatanay, de la Station de Cha-
lons-sur-Marne) où la valeur de la récolte permet de mieux supporter
les frais importants causés par cette technique. Les conclusions de ces
travaux, présentés par Depuiset (1911) et Marchal (1912) sont les suivantes :

1° Les grillages métalliques autour des lampes ne sont d'aucune
utilité. Il en est de même pour les réflecteurs. Ceux-ci n'ont d'avantages
que lorsque les lampes sont très élevées au-dessus du sol ;

2° Les tourtières étamées sont préférables aux tourtières en tôle
noire, probablement parce que la lumière s'y réfléchit de façon plus
intense ;

3° Les plateaux contenant de l'eau additionnée de pétrole sont de
beaucoup supérieurs aux écrans englués quels qu'ils soient ;

4° Les prises de papillons sont d'autant plus nombreuses que les
lampes sont plus rapprochées du sol. La hauteur de 20 à 25 cm au-
dessus du sol semble être la distance la plus favorable ;

5° Plus la lampe est rapprochée de la surface du liquide contenu
dans les plateaux et plus les prises sont abondantes.

6° Les femelles et les mâles se font prendre en proportions presque
équivalentes à celles où les deux sexes se rencontrent dans la nature
et les femelles sont prises à des stades quelconques de la ponte ; si les
pièges fonctionnent par beau temps depuis le début du vol des papillons,
les femelles prises avant la ponte sont de beaucoup les plus nombreuses.

7° Au début du vol, les mâles sont pris en beaucoup plus grand nombre que les femelles, ce qui tient à une éclosion plus précoce des mâles

(protéandrie) ; la majeure partie est prise avant la fécondation et, dans ces conditions, la capture des mâles offre une importance à peu près égale à celle des femelles.

8° Comme corollaire on peut admettre que le piégeage lumineux, tel qu'il se pratique en Champagne, est d'une efficacité certaine, quoique limitée et au moins égale à celle de la plupart des traitements insecticides.

9° L'efficacité des pièges lumineux est subordonnée à l'observation de certaines règles : les pièges doivent constituer un réseau continu sur un territoire aussi étendu que possible. Les lampes doivent être placées au ras du sol, dans le voisinage immédiat des plateaux. L'image de la lampe dans le liquide exerçant une très vive attraction sur les papillons, la surface du liquide doit être maintenue aussi réfléchissante, aussi propre que possible et le cône d'ombre doit être annulé ou très réduit. L'action des pièges dépendant surtout des rayons propagés directement ou par réflexion il y a intérêt à avoir un nombre de foyers assez élevé mais il ne paraît pas utile d'avoir des sources de grande intensité : 20 lampes d'une intensité de 5 B. à l'hectare suffisent.

10° Les circonstances climatériques sont des facteurs de première importance influant sur l'efficacité des pièges lumineux : le maximum d'efficacité est obtenu par une succession de nuits chaudes et calmes.

11° La plus grande objection qui puisse être faite à l'emploi des pièges lumineux est la destruction d'un assez grand nombre d'Hyménoptères ou autres auxiliaires, qui se montrent utiles en refrénant naturellement la Cochylis ou la Pyrale. De nouvelles observations devront être faites pour établir si cette destruction répétée tous les ans ne pourrait pas avoir de dangereuses conséquences.

En effet, CHATANAY (1913) a trouvé dans ses pièges lumineux plus de 300 espèces d'insectes, avec des fréquences très variables :

I - *LEPIDOPTERES* ce sont les plus fréquents : diverses *Vanessa*, dont la présence est accidentelle, *Deilephila elpenor* L. régulièrement trouvé dans les prises mais peu de dégâts ; quelques Bombycides comme *Chelonia caja*, *Pygoera bucephala* L., *Euchelia Jacobae* L., *Hepialus lupulinus* L. *Harpyia* sp., *Notondites* variés.

— des Noctuelles très variées, la plupart purement accidentelles *Plusia gamma* L., *P. Chrysitis* L., *Cucullia* sp., *Mamestra* sp., nombreux *Agrotis* où dominent les « vers gris » *A. exclamationis* L. et *A.pronuba* L. ; enfin trois espèces : *Heliothis dipsaceus* L. *Aedia funesta* Esp., *Agrophila trabealis* Sc. qui forment 10 à 15 % des prises et sont souvent confondues avec la Pyrale ;

— des Phanélides très variées mais peu nombreuses avec prédominance de *Sterrha clathrata* L. et *Lythria purpuraria* L. ;

— des Microlépidoptères souvent confondus avec la Pyrale comme *Crambus* sp., *Botrys repandalis* L., *Pionea forficalis* L. et *Botrys urticalis* L. On trouve aussi *Xanthosetia hamana* L., *Pterophorus pentadactylus* L. et *P.tridactylus* L.

II - Des *HYMENOPTERES* : nombreux Ichneumonides avec plusieurs espèces d'*Ophion*, des Braconides, Chalcidiens et Proctotrupides la plupart entomophages donc leur destruction répétée pourrait modifier l'équilibre des espèces.

III - Des *COLEOPTERES* avec prédominance des espèces parasites de la vigne : *Thyamis* sp., *Adoxus obscurus*, *Othiorrhynchus ligustici* et des Carabides : *Carabus auratus* L. en particulier.

IV. - Des *HEMIPTERES* : espèces peu nombreuses mais très riches en individus : divers *Lygus*, des Cicadides (*Ptyelus spumarius* et *P. linetus* et surtout *Evacanthus interruptus*, ce dernier parasite de la vigne) mais jamais de *Phylloxera* en dépit d'une opinion assez répandue.

V - Des *DIPTERES* : très abondants et très variés, les groupes prédominants étant les Tipulides (*Tipula, Chironomus* variés) les Cécidomyes, quelques Empides (*Empis, Hemerodromia, Platypalus*) quelques Leptitides (*Leptis Scolopacea*) des Syrphiaires (*Syrphus, Eristalis*) de très nombreux Dolichopodides (*Dolichopus, Meterus scambus, Orthochile...*) des Acalyptérées (*Chlorps, Anthomyza, Hygromyza, Sphaerocera, Limosina*) des Phorides (*Phora, Gymnophora*).

VI - Des *NEVROPTERES* : peu variés : des *Chrysopa* dont la larve vit aux dépens des Cochylis et *Limnophilus rhombicus*.

VII - Des *ORTHOPTERES* rares et accidentels : *Forficularia auricula ria Labia minor, Tetrix subulata, Stenobothrus* sp.

De *nombreux modèles* de pièges lumineux ont été commercialisés : lanterne de Bouzanquet et Allier, lampe Phoebé de Liotard, etc. D'une manière générale on a reconnu la supériorité des lampes à acétylène sur les lampes à pétrole. On a même essayé en Champagne des lampes électriques.

Vermorel (1911) a voulu connaître le rayon d'action des lampes-pièges. A partir de 25 mètres, les Cochylis se dirigent vers la lampe et viennent se noyer dans le plateau. Les Eudemis, à cette distance, paraissent insensibles à l'action de la lumière. On est donc mal fondé de dire que les lampes attirent les papillons du voisin. Un autre essai a porté sur la hauteur de la source lumineuse : les lampes basses ont, pendant deux nuits, capturé plus de papillons que les lampes hautes, puis le phénomène s'est inversé. »

La couleur des lampes a une influence sur les prises (Faes, 1917).

	Moyenne par lampe
Lumière blanche	217 papillons
Lumière verte	214 papillons
Lumière rouge-brun	165 papillons
Lumière jaune	164 papillons

Cet auteur, Directeur de la Station de Lausanne a également expérimenté des appareils plus compliqués :

— d'une part un *aspirateur à papillons* composé d'une boîte en fer cylindrique à partie supérieure évasée, dans laquelle était placé un moteur électrique faisant fonctionner une roue d'aspiration. A l'embouchure de l'appareil était fixée une lampe électrique : les papillons attirés par la lumière sont ensuite aspirés et entraînés dans un sac placé au-dessous de la roue d'aspiration ;

— d'autre part un *abatteur de papillons* constitué par un moteur électrique actionnant à 80 tours/sec. deux paires de longues baguettes d'acier disposées en croix, de chaque côté du disque. 4 lampes électriques étaient fixées de chaque côté du disque. Sous le moteur on dispose d'un récipient contenant un liquide-piège attirant les papillons. Enfin une bande métallique entoure l'appareil pour protéger de la pluie les lampes et le récipient. Les papillons, attirés par la lumière et le liquide-piège viennent se jeter contre l'appareil et sont broyés par les baguettes.

En première génération de Cochylis les résultats ont été nuls. Par contre en deuxième génération les papillons sont attirés par la lumière mais ils sont refoulés par le courant d'air produit par la course des moteurs et les baguettes d'acier. Donc ces appareils ne peuvent fonctionner que moteurs arrêtés c'est-à-dire comme de simples pièges lumineux et alimentaires.

4° Méthodes chimiques

La lutte chimique contre les vers de la grappe et notamment contre la Cochylis débuta à la fin du XIXe siècle et depuis de nombreuses substances ont été expérimentées :

A - Le Pyrèthre

C'est le premier produit utilisé, qui fut préconisé en Suisse par Jean DUFOUR, Directeur de la Station Viticole de Lausane.

« La poudre de pyrèthre, appelée « *poudre persane* », écrit DUFOUR (1892) est douée d'une odeur caractéristique et d'un goût légèrement poivré. Sa couleur varie du jaune au brun.

« Plusieurs espèces de *Pyrethrum* (*P. roseum, Carneum, Cinerarioefolium Villemoti,* etc.), plantes de la famille des Composées, voisines des camomilles, servent à sa fabrication. Leurs fleurs ou capitules sont séchées et réduites en poudre. Le pyrèthre du commerce provient soit du Caucase, soit de la Dalmatie (la meilleure qualité).

« Lorsqu'on saupoudre des vers isolés avec du pyrèthre on voit bientôt quelle action énergique il exerce sur eux. Les vers se contorsionnent, se tordent, se rapetissent bientôt d'une façon singulière. Des larves mesurant 8 à 9 mm deviennent en quelques heures de petites larves de 4 à 5 mm, immobiles ou secouées de légers mouvements convulsifs. La mort survient toujours, mais au bout d'un temps assez variable. On ne peut malheureusement poudrer les grappes avec le pyrèthre à cause de son prix élevé (2,50 F-or le kg) d'où l'intérêt de son mélange : une solution de savon noir 3 à 5 %, additionnée de poudre de pyrèthre de 1 à 1,5 %. Ce mélange ne tue pas les vers instantanément et d'une manière absolument constante ; il agit au bout d'un temps plus ou moins long suivant l'âge et la vigueur des individus traités. »

Les principes actifs du pyrèthre sont des esters chrysanthémiques d'un alcool cétonique, la pyréthrolone. La teneur de la fleur en pyréthrines est voisine de 2 à 3 g par kilogramme. Moins les fleurs sont épanouies et plus elles sont riches en produit ; cette teneur s'accroît encore dans les fleurs âgées.

Les résultats obtenus avec le pyrèthre furent très satisfaisants aussi bien en France (MARCHAL, 1912) qu'en Allemagne (SCHWANGART, 1913), en Autriche ou en Italie. En raison du prix élevé du pyrèthre on essaya de cultiver la plante dans plusieurs régions viticoles sans grand succès. Après 1914 il semble que les difficultés d'approvisionnement soient à l'origine de disparition quasi-totale de cette substance face à l'emploi des produits arsenicaux.

Nous verrons plus loin, à propos des produits de synthèse qu'on utilise depuis quelques années des *Pyrethrinoïdes* dont les propriétés insecticides sont très intéressantes.

B - Les produits arsenicaux

On connaît l'histoire de l'emploi de l'arsenic en viticulture, exposée à propos de la Pyrale et de son traitement d'hiver. Mais contre les vers de la grappe, les traitements arsenicaux ne sont efficaces que contre les chenilles en voie de développement. Comme il s'agit de substances très toxiques leur emploi fut réglementé en France et seulement autorisé pour lutter contre la première génération de Cochylis et d'Eudemis afin de ne pas courir le danger de trouver de l'arsenic sur les raisins ou dans le vin.

L'arseniate de plomb, en traitement de printemps, fut utilisé pour la première fois en Allemagne par DEWITZ (1907), à la suite de sa mission en Amérique, puis en France la même année par CAPUS et FEYTAUD dans le Bordelais et en 1908 par MAISONNEUVE, MOREAU et VINET en Anjou. Ces auteurs, en 1912, ont indiqué que « l'arseniate de plomb agissait sur les vers de la Cochylis de deux façons différentes : dans le cas ordinaire le poison produit son effet d'un seul coup et empoisonne brutalement l'insecte qui en a avalé une dose assez forte. Mais souvent, les grappes n'ont reçu que peu d'insecticide et dans ce cas il peut y avoir un empoisonnement lent dont les caractères sont les suivants : le ver reste petit, chétif, malingre ; il prend une couleur jaunâtre, ses mouvements sont très lents ; il arrive difficilement à tisser son cocon et rarement sa métamorphose s'accomplit. »

Pour VIALA et MARSAIS (1927) contre l'Eudemis « les produits arsenicaux sont supérieurs à la nicotine et au pyrèthre (le chlorure de baryum ayant une efficacité moins grande ayant été abandonné) mais la loi de 1916 interdit l'emploi des arsenicaux solubles et limite celle des arsenicaux insolubles à la fin de la floraison. Cependant les traitements arsenicaux réalisés 10 ou 15 jours avant la vendange ont été beaucoup plus efficaces que la nicotine ou le pyrèthre et aucune trace d'arsenic de ces traitements n'a été retrouvée dans le vin.

« L'arseniate de plomb se montre légèrement supérieur à l'arseniate de chaux. Le premier est acheté dans le commerce tout préparé mais le second peut être obtenu par le viticulteur en faisant une bouillie bordelaise assez alcaline à laquelle on ajoute 200 g par hl d'arseniate de soude. Il se forme non seulement de l'arseniate de chaux mais aussi de l'arseniate de cuivre. »

Des essais de traitement contre les vers de la grappe ont été réalisés dans la vallée de l'Hérault par BRANAS et al (1937) essais qui ont permis de dégager un certain nombre d'enseignements :

« Parmi les arsenicaux employés, l'arseniate de plomb obtenu au moment de l'emploi (mélange d'arseniate de soude et d'acétate de plomb (1 et 3 p) a paru marquer une certaine supériorité sur les autres formes essayées. L'arseniate diplombique en pâte a fait preuve aussi d'une plus grande efficacité que l'arseniate diplombique en poudre. L'arseniate de chaux semble moins actif sur les vers de la grappe. L'Eudemis aurait une sensibilité plus grande pour l'arseniate triplombique naissant (qui se forme en forte proportion quand on mélange l'arseniate de soude et l'acétate de plomb) que pour l'arseniate diplombique.

« Ces produits sont d'ailleurs relativement bon marché et ils doivent rester les traitements de base jusqu'au voisinage de la véraison. Dans les vignes vigoureuses un effeuillage léger permettra de mieux atteindre les grappes. L'addition d'un mouillant à base de fiel de bœuf ou d'alcool terpenique sulfoné favorise l'emploi des sels arsenicaux.

« Avec les arseniates insolubles (Pb, Al, Ca) la très jeune chenille intoxiquée par l'arsenic meurt rapidement. La chenille plus âgée meurt au bout d'un temps plus ou moins long, parfois au moment de se nymphoser, mais n'arrive jamais à donner un papillon. Les arseniates insolubles sont présentés comme des insecticides d'ingestion. Cependant de jeunes chenilles évoluant sur des couches d'arseniate fraîchement déposées, meurent sans en avoir absorbé. Cela a été mis en évidence par les Américains pour le carpocapse. Quant aux vers plus âgés leur destruction est d'autant plus rapide que la suspension arsenicale les mouille mieux.

« Deux traitements par génération sont ici indispensables. »

DEGRULLY (1913) rappelle les formules des arsenicaux utilisés :

I - Arseniate de plomb :

	Formule	
	Ordinaire	Intensive
Arseniate de soude anhydre ...	200 g	300 g
Acétate neutre de plomb	600 g	900 g
Eau	100 litres	100 litres

« Dissoudre l'arseniate dans 25 litres d'eau et l'acétate dans 75 litres puis verser, peu à peu, et en agitant la solution d'acétate dans celle d'arseniate. Pour rendre cette bouillie mouillante, GASTINE fait ajouter 600 g de savon blanc dissous dans 12-15 l d'eau chaude ainsi que 100 g de carbonate de soude. La solution de savon est ajoutée en dernier.

« *II - Arseniate de chaux, préconisé* par Et. MARÈS, surtout pour l'altise, brûle un peu : 500 g d'arseniate de soude dans 50 l d'eau, faire un lait de chaux avec 400 g de chaux blutée dans 10 litres d'eau à verser lentement et en agitant dans la solution d'arséniate puis compléter à 100 litres.

« *III - Bouillie cupro-arsenicale.* Faire une bouillie bordelaise à 2 kg pour 50 l d'eau et verser dedans la bouillie arsenicale à 200 g d'arséniate pour 50 litres. On peut remplacer la bouillie par 1 kg de verdet neutre. »

« *L'Arseniate de plomb* est selon, MOREAU et VINET (1912) actuellement le plus puissant insecticide à condition d'être répandu en temps opportun et abondamment. Un seul traitement permet d'obtenir 92 % de mortalité.

« Etant donné l'échelonnement des papillons à la première génération il est nécessaire de faire un second traitement environ quatre semaines après l'apparition des prepiers papillons. »

En effet, c'est ce qui s'est produit dans des essais I.TV. réalisés chez AMPHOUX (1951) « où la différence de rendement obtenue ne couvre pas les frais très élevés du traitement arsenical. L'échec serait dû à la longue durée du vol de deuxième génération de la Cochylis et à la notion de grand vol ayant servi de base à la Station d'Avertissement. Il aurait mieux valu traiter huit à dix jours plus tôt. »

La présence d'arsenic dans les moûts et les vins a beaucoup préoccupé les chimistes.

Des analyses de von der HEIDE en Allemagne in CAPUS et FEYTAUD (1908) montrent qu'une certaine proportion d'arsenic et de plomb passent dans le vin :

Teneurs en milligrammes	Pour 100 g de moût, vin, lie, marc				
	Moût	Marc	Lie fraîche	Lie desséchée	Vin
Plomb	0,8	1,4	4,8	20,7	0,6
Arsenic	0,3	0,7	3	12,9	0,2

Dans le vin ces substances s'éliminent par les soutirages : 0,2 et 0,1 mg après un soutirage et 0,05 mg après deux soutirages et un collage. »

	Arsenic en milligrammes	
	Vignes traitées	Vignes non traitées
Raisins entiers desséchés pour 100 g de produit sec	0,050 à 0.300	
Marcs desséchés pour 100 g de produit sec	0,012 à 1,250	0,038 à 0,060
Vins par litre	0,012 à 0,620	0,500
Lies par litre	0,040 à 0,400	0,050

Les raisins, les marcs, les vins, les piquettes et les lies qui proviennent de vignes traitées à l'arséniate de plomb, ne renferment pas, d'après les analyses effectuées par MUTTELET et TOUPLAIN (1912), une proportion d'arsenic différente de celle qu'on trouve dans les produits provenant de vignes non traitées.

En ce qui concerne le plomb les vins et les piquettes n'en renferment pas, mais certaines lies en ont une proportion notable, enfin les raisins peuvent quelquefois retenir à leur surface une quantité de plomb rendant dangereuse leur consommation en nature.

C - La Nicotine

C'est un puissant insecticide de contact et d'ingestion dont le pouvoir insectifuge est en outre très marqué. Après ingestion, traversant la paroi du tube digestif il agit sur le système nerveux provoquant rapidement la paralysie et la mort. C'est d'ailleurs pour les ouvriers un produit désagréable à répandre pouvant provoquer des nausées.

La nicotine a été commercialisée avant 1939 sous deux formes :

— d'une part des *jus de tabac ordinaires* dont la teneur en alcaloïde était variable, de l'ordre de 8 à 20 g parfois jusqu'à 30-35 g par litre. Ces jus provenaient du lessivage méthodique à l'eau des déchets de tabac des manufactures. La nicotine s'y trouvait en partie sous forme libre et surtout en combinaison avec des acides organiques (malates). L'emploi de ces jus a parfois donné des accidents végétatifs (brûlures) en raison de la variabilité des teneurs en nicotine.

— d'autre part des *extraits titrés de sulfate de nicotine* pouvant atteindre 500 g de nicotine par litre. Le titrage étant connu ces extraits sont d'un emploi plus facile car il suffit de les diluer pour connaître exactement le titrage souhaité. On utilise en général 100 à 150 g d'alcaloïde pur par hectolitre d'eau (en moyenne 130 g), soit par conséquent 0,26 litre de la solution titrée à 500 g par litre.

Pour rendre les solutions mouillantes et adhérentes on ajoute soit des produits commerciaux, soit du savon, 3 kg ; en Algérie les colons employaient du jus obtenu par macération des feuilles de figuier de Barbarie (*Opuntia vulgaris*).

FEYTAUD (1913) a précisé « l'action ovicide de la nicotine sur les Tordeuses de la grappe en montrant qu'elle n'arrête pas le développement embryonnaire des œufs traités, mais par un avortement au dernier stade. Il semble que l'embryon soit tué au moment où il ronge la coque de l'œuf, imprégnée de nicotine. Appliquée sur les œufs, sans bouillie cuprique l'action de la nicotine est insuffisante à 0,05 %, devient importante au-dessus de 0,10 % et très grande à 0,15 % (entraînant une mortalité de 70 %). Il pense que l'action abortive de la nicotine sur les œufs de Cochylis et d'Eudemis se ramène à une action insecticide interne sur la chenille naissante. La mort survient pour la plupart des chenilles dans l'œuf, d'autres sont tuées durant l'acte de l'éclosion ou immédiatement après leur sortie car les chenilles fraîchement écloses sont extrêmement sensibles à l'action de la nicotine. »

« Ces résultats, qui ont été confirmés par MAERCKS (1935) montrent que l'action ovicide de la nicotine se ramène en fait à une action larvicide.

« La nicotine paraît essentiellement agir par ingestion, car l'examen microscopique montre que presque toutes les chenilles mortes avaient entamé le chorion, mais une certaine action de contact n'est pas exclue. L'expérience a montré qu'une mortalité satisfaisante était encore atteinte six à sept jours après l'application, effectuée ainsi au début du développement embryonnaire. » (BOVEY, 1965)

« La nicotine, en première génération avait une très bonne efficacité, mais toujours un peu inférieure à celle de l'arséniate de plomb (VIALA et MARSAIS, 1927). Elle était ajoutée aux bouillies cupriques nettement alcalines, pour faciliter la libération de l'alcaloïde, surtout si on emploie du sulfate de nicotine. »

CAPUS (1911) avait préconisé de « mélanger la nicotine à de l'essence de pétrole et à du savon (Nicotine 133 g, pétrole 3 litres, savon 3 kg, eau 100 litres). Ce mélange avait tué 100 % des chenilles de Cochylis et 99 % celle d'Eudemis soit que l'essence ait ajouté son action à celle de la nicotine, soit qu'elle ait facilité le mouillage des agglomérations. »

D - Le Chlorure de Baryum

Il fut préconisé en Russie par l'entomologiste KRASSILCHTCHIK (1909) en bouillie à la dose de 1 à 2 %. Ce produit, sans action sur la végétation de la vigne (absence de brûlures jusqu'à 2 %), possède une efficacité variant de 56 à 83 % contre les chenilles, selon CAPUS et FEYTAUD (1910) mais il ne s'est pas répandu à cause des effets caustiques possibles sur les grappes. De plus on ne peut le mélanger avec les bouillies cupriques car le chlorure de Baryum précipite alors sous forme de sulfate de Baryum. Enfin il est inefficace contre les œufs de l'Eudemis.

En Suisse, FAES (1911) a essayé « le chlorure de Baryum à 1 % associé à 1 % de Verdet, mais il n'a pas obtenu de résultats satisfaisants. De plus ce mélange a provoqué des brûlures assez fortes sur les feuilles et les grappes, ce n'est donc pas un produit à recommander. »

Selon FEYTAUD (1913) le chlorure de Baryum n'a aucune action abortive sur les œufs d'Eudemis, malgré des doses de 2 et 3 %, supérieures à celles utilisées contre l'Eudemis.

E - Le sulfure de baryum

Conseillé par CAZENEUVE il fut essayé avec efficacité en Beaujolais par PERRAUD (1908) contre l'Eudemis. En Gironde à la dose de 1,25 % avec 2 % de mélasse la mortalité a varié de 29 à 50 % au printemps, un peu plus en été.

F - Les Fluorures et les Fluosilicates

Des produits à base de fluor furent employés dans la lutte contre les vers de la grappe à partir de 1926, faisant suite aux travaux américains de MARCOVITCH. Ces produits agissent surtout comme poison stomacal et aussi comme insecticide de contact.

Le premier produit expérimenté fut le *fluorure de sodium* sous-produit de la fabrication de l'aluminium par traitement de la cryolithe (fluorure d'aluminium et de sodium). Soluble dans l'eau ce produit a l'avantage de n'être que très peu toxique pour l'homme et les animaux, mais sa faible efficacité contre les chenilles l'a fait éliminer.

Le *fluosilicate de soude*, sous-produit de la fabrication des superphosphates est une poudre blanche, assez lourde et faiblement soluble dans l'eau (7,14 g par litre d'eau à 15°) qui agit à la fois par contact et par ingestion. Son action sur les parasites varie avec la taille de ses cristaux et sa pureté. Sa toxicité est comparable à celle de l'arséniate de chaux. Il peut provoquer des brûlures en solution aqueuse pure aussi on le mélange avec de la chaux, 1 à 1,5 kg pour 2 kg de fluosilicate de soude et 100 litres d'eau. On l'emploie aussi en poudrage mêlé à la chaux ou au soufre.

Le *fluosilicate de Baryum* est pratiquement insoluble dans l'eau (0,34 g par litre d'eau) et s'utilise en poudrage, 10 kg mêlé à 90 kg de chaux ou en mélange plus complexe : fluosilicate 10 kg, soufre sublimé 30 kg et chaux 60 kg.

C'est un produit intéressant car il ne brûle pas. Les poudres à 10 % sont utilisées à des doses de 30 à 50 kg/ha, en relation avec la finesse, la densité de la poudre et l'importance de la végétation. On les emploie quand les arsenicaux sont interdits à partir de la deuxième génération. Selon BRANAS (1937) leur efficacité était à peu près comparable à celle d'un poudrage à la roténone à 0,5 %.

Actuellement ces substances ont disparu du marché commercial.

G - Les bouillies cupriques

« Appliquées sur les grappes avant la ponte elles exercent sur les papillons de Cochylis et d'Eudemis une *action insectifuge très nette* et diminuent sensiblement le nombre des œufs pondus sur les grappes et par suite le nombre des chenilles. Contre l'Eudemis, la bouillie bourguignonne ou la bouillie bordelaise entraînent une diminution du nombre des chenilles de plus de 40 %, et le chlorure cuivrique seulement 16 %. Mais l'action des sels de cuivre est cependant trop faible pour qu'on puisse songer à l'utiliser spécialement contre ces insectes. » (CAPUS et FEYTAUD, 1910)

H - Poudres chimiques

Les poudres ont l'avantage d'enrober la chenille d'une poussière très fine et adhérente qui doit provoquer son asphyxie par obstruction des organes respiratoires. Mais les poudres, si elles pénètrent bien à l'intérieur des souches présentent l'inconvénient de n'avoir qu'un effet fugace à cause de leur faible adhérence.

De nombreuses substances furent expérimentées. C'est ainsi que BRIN (1901) en a donné toute une liste :

« Les *poudres sternutatoires :* poivre ordinaire, poivre de Cayenne, poudre de staphysaigre, de tanasie, de quillaja (bois de Panama) ont été essayées, toutes sans effet sur le ver. La poudre de cévadille a une action réelle mais possède des propriétés vénéneuses pour les ouvriers.

« Le *pyrèthre* est d'une efficacité parfaite, mais son prix est trop élevé pour un emploi en grand dans les vignobles.

« Les *sels d'arsenic* sont très vénéneux et d'une efficacité certaine, mais ils sont trop toxiques pour les ouvriers.

« Le *soufre* est sans effet sur le ver, de même les sels de cuivre en poudre ou les sels de fer.

« La *naphtaline* proposée en 1897 par CAZENEUVE et employée par COLOMB-PRADEL (1898) en mélange avec le soufre et 10 % de naphtaline n'a donné aucun résultat en Gironde ou en Charente, jouant un simple rôle insectifuge.

« L'*acétylène*, expérimenté par SEVERIN (1898) s'est montré insuffisant. Le mélange ayant donné les moins mauvais résultats était constitué par 1 kg de carbure de calcium finement granulé, légèrement imbibé d'essence de térébenthine, 1 kg de naphtaline, 8 kg de soufre, le tout étant additionné d'un litre de pétrole. Cette poudre odorante est répandue sur les inflorescences à l'apparition des premiers vers.

« Le *talc* en poudre, plus adhérent donne de bons résultats au laboratoire mais au vignoble il faut l'appliquer au moment de l'apparition des premières éclosions, quand le ver est peu abrité.

Le Baron de CHEFDEBIEN (1892) a proposé un *mélange de talc et de soufre* pour combattre en même temps l'oïdium, employé aux heures matinales quand la larve est hors de son abri.

« DUFOUR (1892) en Suisse a eu de bons résultats avec l'emploi de poudres très fines de *charbon de bois.* »

« Les *poussières caustiques*, celles des routes, la chaux, la cendre tamisée n'ont qu'une efficacité très relative à cause de leur peu d'adhérence et elles ne peuvent atteindre le vers que hors de son cocon. »

Le poudrage des grappes à la chaux fut préconisé par Bonet (1919) en Roussillon. Pour cet auteur les chenilles en voulant percer la peau du grain reculent devant l'amertume de la chaux et meurent de faim. Cablat (1920) a enregistré des échecs avec ce traitement.

I - Produits chimiques divers

De nombreuses substances ont été proposées. Brin (1901) en a fourni une première liste, en précisant que ces liquides insecticides, pour être efficaces, doivent mouiller le ver, tant hors de son logement que lorsqu'il y est abrité sans endommager ni les inflorescences, ni les jeunes pousses de la vigne :

« *Les huiles* ont d'abord été proposées : huile de colza, de lin, d'œillette, de cade, puis les huiles empyreumatiques. Leur application, faite avec une burette, permet de déposer une goutte sur l'agglutination contenant le ver ; la pénétration dans la logette est parfaite, mais la tache d'huile s'étend de proche en proche et amène la destruction partielle de la manne. Cette action très fâcheuse a fait abandonner ce procédé.

« Il en est de même des *pétroles* en général, seuls ou en mélange avec d'autres substances.

« Quant aux *dérivés des goudrons*, le lysol n'agit que très faiblement et imparfaitement. La créoline ou crésyline est d'une pénétration parfaite ; même employée à la dose de 3 % dans une solution de savon mou, elle offre un danger réel pour les tissus végétaux.

« L'*acide phénique* est sans action appréciable sur le ver et altère les grappes.

« Les solutions de *bichromate de potasse*, de *sulfocarbonate de potassium* à petite dose, le *sulfure de carbone* en émulsion présentent les mêmes inconvénients. Le *sulfure d'ammonium* en solution à 3 % dans du savon noir également à 3 % a un pouvoir insecticide relativement énergique, mais comme l'a mentionné Dufour il attaque les pulvérisateurs. »

Un peu plus tard, Marchal (1913) a fourni des renseignements sur d'autres substances expérimentées en France :

« Le *sulforicinate d'ammoniaque* mérite d'attirer l'attention par ses propriétés mouillantes, son adhérence et son action insecticide ; mais en raison de son action sur la végétation il ne peut être employé qu'à une dose inférieure à 0,5 % ou en combinaison qui diminue son action caustique ; à la dose très faible de 0,2 pour mille il conserve en pulvérisation ses propriétés mouillantes.

« Le *thymol* à 1 % associé au savon de colophane s'est montré efficace contre les chenilles d'Eudemis (Feytaud).

« L'*aniline* à 1 ou 2 %, la *paranitraniline* à 1 % dans une décoction de bois de Panama, la *métanitroparatoluidine* à 0,5 % dans l'alcool à 40°, le *jaune de quinoléine* en poudrage ou à 1 % dans une décoction de bois de Panama ne donnèrent pas de résultats sensibles.

« Les extraits divers de *Digitale* ont eu une action tantôt nulle, tantôt stupéfiante, mais de peu de durée sur les chenilles d'Eudemis.

« Les extraits de *Fougère mâle*, la *poudre de Scikke* ne se sont pas montrés plus actifs.

« Les recherches sur la *pyridine* ont confirmé celles de 1911. De 1,5 à 2 % elles se montrent efficaces contre les chenilles ; l'oléate de pyridine employé aux mêmes doses reste inefficace (trop faible quantité de pyridine).

« La *quinoléine* à 1 % dans un liquide mouillant est efficace contre les chenilles d'Eudemis, mais la dose de 0,5 % est insuffisante. »

Le *mélange pyridine* (2/3) *et quinoléine* (1/3) proposé par le professeur Cazeneuve (1912) à raison de 200 g par hl mêlé à des produits cupriques (Verdet ou Bouillie bourguignonne) ne s'est pas imposé dans la pratique.

Le *Phénol* a donné des résultats insuffisants, agissant plutôt comme insectifuge. De plus son emploi pourrait donner un mauvais goût au vin.

Le *savon noir* a été essayé en Allemagne par Fuhr, Lustner, Schwangart qui ont eu de très bons résultats avec un mélange de 500 g de savon noir et 400 g de polysulfure par hl ayant obtenu contre la deuxième génération de Cochylis une efficacité de 67 à 87 %. Le traitement agit peut-être un peu comme insectifuge et sans doute aussi en détruisant les œufs.

Bien d'autres produits seuls ou en mélange ont été préconisés mais aucun n'est arrivé à s'imposer dans la pratique.

J - La roténone

L'apparition sur le marché commercial de cette substance dans les années 1920-1939 marque un tournant important dans la lutte contre les vers de la grappe et ouvre la voie aux produits organiques de synthèse qui vont la remplacer après 1945.

La roténone est le principe insecticide essentiel de diverses Légumineuses des régions tropicales (Malaisie, Amérique du Sud) que les indigènes utilisent pour la capture des poissons. Cette substance n'est pas toxique pour l'homme et les animaux supérieurs lorsqu'elle est absorbée par la bouche, mais elle est toxique quand elle est injectée dans le sang. Pour les insectes on observe une action toxique rapide par contact et une action plus lente par ingestion.

La roténone est extraite du suc des racines de plantes appartenant aux genres *Derris* comme le *Derris elliptica* Benth. de Malaisie, *Lonchocarpus* comme le *Lonchocarpus Nicou* d'Amérique du sud (Pérou) qui sont les deux plantes les plus importantes au point de vue industriel, mais elle est présente dans d'autres espèces appartenant aux genres *Tephrosia, Milletia, Mundulea,* etc.

La teneur en roténone des racines est de l'ordre de 5 %, parfois plus importante jusqu'à 25-30 % dans certains cas.

Les poudres roténonées utilisées en viticulture, à la dose de 30 à 50 kg par hectare, contenaient de 0,5 à 1 % de principe actif, ces basses teneurs s'expliquant par le prix élevé du produit (6,5 F le kg en 1937). Les expériences réalisées dans la vallée de l'Hérault montraient que le minimum d'emploi était de 25 kg de poudre à 1 % et qu'il fallait prévoir jusqu'à 40 kg pour les vignes vigoureuses. Pour abaisser le prix de revient des traitements il était conseillé de faire d'abord des traitements arsenicaux contre la première et deuxième générations pour réserver le traitement à la roténone en troisième génération (Branas, 1937).

Malheureusement la roténone n'avait qu'une action assez fugace, son pouvoir insecticide étant rapidement détruit par l'action de la lumière, de l'eau et des alcalis, ce qui obligeait à faire deux traitements par génération, en augmentant les frais. Il existe encore quelques spécialités contenant de la roténone.

K - Le Nirosan

C'est le premier insecticide organique de synthèse fabriqué par la firme allemande Bayer et dont l'efficacité fut démontrée par les essais de Zillig (1940) en Allemagne et en Suisse par Wiesmann et Peyer (1940) et Bovey (1941).

Ce produit du groupe des carbamates est un insecticide d'ingestion sans danger pour l'homme qui montra une grande efficacité contre les vers des deux générations de la Cochylis et de l'Eudemis. Il fut largement utilisé en Suisse et en Allemagne pendant la période 1940-1944, mais non diffusé en France. Il a disparu ensuite devant le succès des organo-chlorés et l'effacement momentané de l'industrie allemande après 1945.

L - Produits organo-chlorés

Le *D.D.T.*, commercialisé sous le nom de Gésarol est un produit suisse de la Société Geigy, c'est le Dichlorodiphenyl-trichloroéthane d'où son nom abrégé de D.D.T. Les premiers essais réalisés dans le Midi par BERNON (1947), PITHIOUD et ROUSSEL (1947) montrèrent une très bonne efficacité de ce nouvel insecticide, dont l'usage se répandit très rapidement pour lutter contre l'Eudemis, agissant par contact et par ingestion. Par contre il était pratiquement sans action contre la Cochylis.

L'H.C.H. ou Hexachlorocyclohexane a peu été employé parce qu'il possède une odeur de moisi qu'il communique au raisin et au vin. Le *Lindane*, son isomere gamma est inodore. BOURON (1956) indique qu'il donne des résultats insuffisants.

Actuellement tous les organochlores ¿ont interdits.

M - Le Carbaryl

Ce produit, non toxique pour l'homme, est un méthyl-naphtylcarbamate ; il agit à la fois par contact et par ingestion. Contre les vers de la grappe le Carbaryl présente une bonne efficacité en première génération, insuffisante en seconde génération. Son usage répété a le défaut de favoriser le développement des Acariens.

N - Le Méthomyl

Cette substance, du groupe des Carbamates, agit par contact, ingestion et systémie avec une action acaricide complémentaire. De bons résultats avec une bonne fiabilité et une efficacité constante ont été observés en Roussillon depuis 10 ans par J.-P. VIDAL et MARCELIN (1970, 1971) avec une action ovicide excellente (réduisant les éclosions de 100 % en 7 jours) dans les essais de MARCELIN et G. VIDAL (1981).

O - Les Esters phosphoriques

Ces produits organo-phosphorés ont remplacé les organo-chlorés dans la lutte contre les vers de la grappe et de nombreuses substances ont été mises au point. Ils agissent par contact, par ingestion et par les vapeurs qu'ils émettent, donc ils peuvent servir aussi bien pour la lutte préventive que pour la lutte curative, puisque leur action en profondeur leur permet d'atteindre les chenilles qui ont déjà pu pénétrer dans les baies. Par contre ils ont une durée d'efficacité plus faible que les insecticides préventifs classiques (arsenicaux, D.D.T.).

Les températures élevées qui surviennent quelques heures après les traitements sont favorables à l'action des Organophosphorés mais il ne faut pas oublier que la toxicité pour l'homme et les animaux augmente parallèlement, ce qui oblige à prendre des précautions (vêtements, masque) lorsqu'on traite par temps chaud.

Le *Parathion méthyl*, à la dose de 30 g de M.A. (matière active) par hl demeure toujours le produit de référence, agissant par contact, ingestion et pénétration. Seul défaut il peut favoriser le développement des acariens.

Le *Parathion éthyl* s'utilise à la dose de 20 g de M.A. par hl avec les mêmes qualités insecticides, toutefois son efficacité est renforcée par des températures supérieures à 18 °C.

Le *Malathion* agit par contact, ingestion et vapeur, mais sa persistance est faible et il peut également favoriser le développement des Acariens.

Le *Méthidathion* agit par contact, ingestion et il a une certaine action en profondeur. C'est aussi un acaricide agissant sur les formes mobiles. « Il possède une bonne fiabilité et une efficacité constante contre l'Eudemis » écrivent MARCELIN et G. VIDAL (1981).

Parmi les autres organophosphorés autorisés il faut citer l'*Acéphate* qui agit par contact, ingestion et qui possède un fort pouvoir de pénétration (systèmie). Mais les résultats sont parfois irréguliers, comme l'indique BAIN (1974, 1976) dans les comptes rendus annuels de la Protection des Végétaux.

P - Les Pyrethrinoïdes de synthèse

Déjà signalés à propos de la Pyrale, ils sont l'objet de nombreux essais contre les vers de la grappe. Ces substances chimiques ont les mêmes propriétés que le Pyréthre naturel, sans avoir l'inconvénient de son instabilité à la lumière. Actuellement quatre produits sont commercialisés :

La *Perméthrine* est un insecticide de contact qui a une bonne action ovicide : 88 % à sept jours dans les essais de MARCELIN et G. VIDAL (1981). Ce produit est neutre vis-à-vis des acariens.

La *Cyperméthrine* agit par contact et par ingestion, avec une action complémentaire sur les Araignées jaunes. Son utilisation en curatif est intéressante en première génération, mais son action de choc est limitée à trois jours, d'après MARCELIN et G. VIDAL (1981).

Le *Fenvalerate* n'a qu'une action de choc limitée à trois jours. Il agit par contact et par ingestion et possède une action acaricide.

La *Décaméthrine* montre une action de choc plus importante que les produits précédents, de l'ordre de sept jours, écrivent MARCELIN et G. VIDAL. Agissant par contact et par ingestion, la Décaméthrine possède une action complémentaire contre les Araignées jaunes. Son action ovicide lui permet de réduire les éclosions de 73 % en sept jours.

Les doses homologuées d'utilisation sont, en 1981 :

	Tordeuses de la grappe	Pyrale
Cyperméthrine	3 g/hl	
Décaméthrine	1,75 g/hl	0,75 g/hl
Fenvalérate	7,5 g/hl	10 g/hl
Perméthrine	4 g/hl	7,5 g/hl

5° Techniques d'emploi

Les *traitements d'hiver*, qu'il s'agisse de procédés physiques ou de produits chimiques sont pratiquement inefficaces, à l'inverse de ce qu'on observe pour la Pyrale, donc actuellement il est inutile d'engager des dépenses dans cette voie.

Les *traitements de printemps et d'été* sont les seuls qui peuvent combattre avec succès les vers de la grappe et limiter leurs dégâts. Si l'on excepte la lutte biologique entreprise à partir du *Bacillus thuringiensis*, qui en est encore au stade expérimental, on doit reconnaître que pendant la période végétative de la vigne on lutte uniquement avec des produits chimiques, ceux-ci ayant beaucoup varié au cours du siècle.

Après les balbutiements du début, période pendant laquelle on a essayé une foule de produits, on peut distinguer plusieurs périodes dans la lutte, caractérisées par les produits utilisés :

— avant 1920, les traitements ont été réalisés avec le savon-pyrèthre et les arsenicaux, ces derniers gagnant d'importance chaque année, malgré leurs détracteurs, cristallisés, pour des raisons toxicologiques, autour du Professeur CAZENEUVE, de la Faculté de Médecine de Lyon.

Jusqu'en 1920 la protection des récoltes est mal assurée par insuffisance ou inexistence des traitements chimiques et le recours à des produits peu efficaces ou des méthodes biologiques peu valables.

— De 1920 à 1940, l'emploi des insecticides va se généraliser et le vignoble ne connaîtra plus de pertes catastrophiques dues à l'action des vers de la grappe. En raison des interdictions légales édictées dans la plupart des pays viticoles (en France l'arrêté du 25 février 1928 interdit les traitements arsenicaux après la véraison) l'emploi des produits arsenicaux — essentiellement l'arseniate de plomb — fut limité à la lutte contre les chenilles de première génération, parfois de la seconde, en traitements préventifs, l'insecticide étant ajouté aux bouillies cupriques employées pour lutter contre le mildiou.

Contre la deuxième génération et éventuellement la troisième génération d'Eudemis, la nicotine fut utilisée, FEYTAUD (1913) ayant montré son action ovicide. Les fluosilicates furent peu employés, mais les poudrages à base de rotenone eurent un certain succès pour la protection des raisins de table contre la deuxième génération.

— De 1945 à 1972 la lutte contre les vers de la grappe s'est orientée vers l'emploi des produits organiques de synthèse d'abord avec les organo-chlorés (DDT, HCH, Lindane) remplacés progressivement par les composés organo-phosphorés, mis au point par l'industrie chimique (avec le parathion en tête).

— Depuis 1973, les organo-chlorés étant interdits, tous les traitements sont réalisés avec des organo-phosphorés, en recourant à de nouvelles substances soit employées pures, soit en mélange avec les parathions. Enfin on observe ces dernières années la commercialisation d'un nouveau groupe de produits : les Pyréthrénoïdes dont les débuts sont actuellement prometteurs.

Lutte préventive

« Elle a pour but la destruction des œufs ou des jeunes chenilles avant leur pénétration dans les fleurs ou dans les grains. C'est évidemment l'idéal pour préserver la récolte, mais nous avons vu que dans la pratique on acceptait un certain seuil de nuisibilité. En effet étant donné l'échelonnement des vols qui conditionne la ponte et les éclosions larvaires, une action préventive satisfaisante implique de nombreux traitements répétés ce qui est coûteux. Comme la majorité des éclosions se répartit sur une période de deux à trois semaines, on effectue simplement deux traitements à huit jours d'intervalle en cas de fortes contaminations.

Les bulletins publiés par les Stations d'Avertissements permettent aux Viticulteurs de se faire une idée chaque année sur l'intensité des invasions et d'en tirer des conséquences pour leur propre vignoble.

« Normalement le traitement préventif sera exécuté 8 à 10 jours après le vol maximum contre la première génération, immédiatement après contre les deuxième et troisième générations. On le renouvelera 8 jours après en cas de forte invasion. En général ce traitement coïncide au printemps avec le stade H de BAGGIOLINI (boutons floraux séparés), qui assure une bonne imprégnation de la grappe. Exceptionnellement on peut intervenir plus tôt sur des grappes avec des boutons encore serrés. » (BOVEY, 1966).

Lutte curative

« Cette méthode vise à la destruction des larves ayant déjà pénétré dans les grains. Elle repose sur l'emploi des produits agissant en profondeur et sur la détection des premiers dégâts.

« A la première génération les premiers dégâts sont caractérisés par l'agglutination de deux boutons floraux au moyen de fils de soie. Ils sont à rechercher dès le stade H. Ces contrôles, selon CHABOUSSOU, doivent porter sur les cépages les plus précoces et être effectués si possible, tous les deux jours ou au moins deux fois par semaine sur 50 à 100 grappes disséminées.

« Les premiers dégâts de seconde génération, à rechercher dès 4-8 jours après le début des pontes, se manifestent sur le grain 48 heures après l'éclosion sous la forme d'une auréole violacée, les déjections de la jeune chenille apparaissant 4 jours après à la surface du grain. Chez l'Eudemis, la larve attaque le deuxième grain 6 jours après son éclosion et dans les régions méridionales, les dégâts de troisième génération se produisent, d'après CHABOUSSOU 40 à 45 jours après la découverte de ceux de seconde génération.

« Le traitement curatif avec un insecticide agissant en profondeur (parathion et produits similaires) doit être exécuté dans la semaine qui suit l'apparition des premiers dégâts. Lorsqu'elle peut être basée sur une bonne détection de ces derniers, cette méthode donne d'excellents résultats, mais en première génération surtout, il faut veiller à ne pas traiter trop tard. La supériorité du traitement curatif aux esters phosphoriques sur le traitement préventif à la nicotine, tient au fait que les premiers agissent à la fois comme larvicides et ovicides, leur mécanisme d'action sur les œufs étant assez comparable à celui de la nicotine et qu'ils permettent d'atteindre dans une assez large proportion les jeunes chenilles ayant déjà pénétré dans les boutons floraux ou les grains de raisin » (BOVEY, 1966).

Mode de pulvérisation

La qualité de la pulvérisation a fait l'objet de nombreuses études. Il est évidemment indispensable que le produit chimique soit bien distribué au niveau des grappes afin que les grains soient bien enrobés d'insecticide.

Les appareils de traitement doivent comporter des jets bien disposés pour atteindre les grappes et les mouiller le plus complètement possible. Il faut donc des appareils à forte pression, possédant l'équipement « traitement de la grappe », spécialement mis au point pour lutter contre la pourriture grise.

Il faut signaler aussi une nouvelle formulation de certains insecticides : la *microencapsulation*. C'est un procédé nouveau qui permet d'isoler des particules de matière active les unes des autres, la taille de ces particules variant de 0,5 à 500 microns.

Chacune de ces microcapsules se comporte comme un petit réservoir qui libère progressivement l'insecticide qu'il contient. Les avantages sont une nette diminution de la toxicité, donc entraîne une plus grande sécurité des manipulations et une persistance d'action beaucoup plus grande, permettant une économie très nette dans le cas d'applications répétées.

Le principe de la microencapsulation est d'enfermer les gouttelettes de matière active par un polymère poreux. La minceur des parois de la microcapsule permet une libération progressive du produit. Actuellement deux produits sont ainsi commercialisés : le parathion méthyl et le diazinon.

LA ZYGÈNE DE LA VIGNE

I — SYNONYMIE

Fr. Procris mange-vigne.
Ital. Zygaena della vite.

II — HISTORIQUE

Cette espèce fut d'abord étudiée par BAYLE-BARELLE (1824) de Milan, puis par PASSERINI (1829, 1830) de Florence. WALCKENAER (1836) indique que PALLAS paraît avoir, dès le XVIIIᵉ siècle, observé l'insecte dans les vignes de Crimée. Ach. COSTA (1877) de Naples a fourni dans son livre beaucoup de détails sur l'insecte. En France MILLIERE (1882) a le premier signalé l'espèce dans les Alpes-Maritimes (région de Cannes), retrouvée ensuite dans la région de Manosque (Alpes de Haute-Provence) par GIARD (1904).

III — SYMPTOMES

Les petites chenilles au printemps mangent les jeunes bourgeons et passent successivement aux feuilles les plus tendres. Elles les attaquent, non pas sur le bord, mais au milieu du limbe, à la manière des escargots.

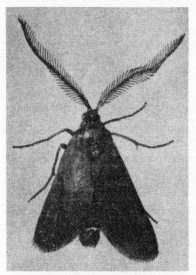

Fig. 339. — La Zygène de la vigne au repos (envergure 20-24 mm) d'après KATANA in BALACHOWSKY.

IV — SYSTEMATIQUE

Dénommée d'abord *Sphinx ampelophaga* Hubner, cette espèce s'est appelée successivement *Sphinx vitis* Freyer, *Procris vitis* Bonnelli, Boisduval, *Zygaena ampelophaga* Bayle, *Procris ampelophaga* Passerini, Duponchel, Audouin, *Atychia ampelophaga* Treitschke, *Ino ampelophaga* Bayle, Leach, Curo, Targioni, Staudinger et Wocke et maintenant *Theresimima ampelophaga* Bayle.

Elle appartient à la famille des *Zygaenidae* qui dépend de la Super-famille des *Zygaenoidea* dont les adultes sont caractérisés par l'atrophie des palpes maxillaires et souvent aussi de la trompe.

V — DESCRIPTION

Le *papillon,* long de 12 mm environ les ailes fermées, mesure 20 à 25 mm d'envergure. Les ailes antérieures sont d'un brun verdâtre ou bleuâtre uniforme, légèrement bronzé tandis que les ailes postérieures, nettement plus courtes, sont entièrement d'un brun noirâtre. Le corps est d'un vert brillant avec des poils noirs. Des écailles dorées ou cuivrées sur la tête et le thorax donnent un léger reflet métallique aux papillons des deux sexes. Les antennes, presque aussi longues que le corps sont nette-ment pectinées chez le mâle, plus brièvement chez la femelle.

VI — BIOLOGIE

La biologie de la Zygène a fait l'objet de nombreuses études, parti-culièrement en Italie et en Hongrie, ce qui a permis de préciser le nombre des générations.

En Europe centrale, l'insecte ne possède qu'*une seule génération* d'après les études réalisées par IsSEKUTZ (1957) en Hongrie :

La Zygène passe l'hiver, en diapause à l'état de chenille à la fin du stade II ou du stade III en s'abritant sous les écorces, dans les fissures

Fig. 340. — Chenille de Zygène au 5ᵉ stade (d'après KATANA)

des ceps ou des échalas, à l'intersection des bras ou dans la moelle de vieux sarments.

Au printemps suivant, lorsque les bourgeons de la vigne sont gonflés prêts à éclore, les chenilles du stade II ou III se portent sur ces bourgeons dans lesquels elles s'enfoncent partiellement en évidant l'intérieur, ce qui entraîne leur avortement. A un stade plus avancé, les chenilles dévorent les pousses, puis les jeunes feuilles, en pratiquant de profondes perforations. Ce sont ces attaques des chenilles après diapause qui sont économiquement les plus graves car elles peuvent défeuiller complètment les ceps, détruire les bourgeons et anéantir les récoltes.

La *chenille* a un corps relativement court et gros. ISSEKUTZ a décrit cinq stades qui mesurent 2 mm (I), 4 mm (II), 6 mm (III), 14 mm (IV et V). La couleur est variable avec le stade : quand la chenille est jeune, la couleur générale est le gris jaunâtre avec trois bandes longitudinales sur le dos et une autre sur chacun des flancs. Ces bandes sont formées par des séries de taches allongées de couleur sombre, placées sur chaque anneau, le ventre de couleur plus claire. Quand la chenille est adulte, dit MILLIERE, le dos et les flancs sont d'un brun rougeâtre et le ventre jaune ; la tête très petite noire ; les 6 pattes écailleuses et les 10 fausses pattes sont jaune clair. Le corps est recouvert en-dessus de gros points pilifères bleuâtres donnant naissance à de nombreux poils bruns, urticants, de forme étoilée. La face ventrale, toujours plus claire est dénuée de poils.

Fig. 341. — Dégâts de chenilles de Zygène sur feuille de vigne (d'après KATANA)

La nymphose a lieu en mai et elle s'accomplit dans un cocon soyeux fixé à un support ligneux (piquets, sarments).

La *chrysalide* est d'un jaune grisâtre et mesure 10 à 13 mm. Elle est enfermée dans un cocon de soie assez lâche, de couleur blanc cendré un peu bleuâtre.

Les *papillons* apparaissent en juin. Le vol se produit seulement le soir et il est de faible amplitude, les femelles ayant un vol lent et lourd. Les papillons ne semblent pas se nourrir, leur trompe étant atrophiée. Leur longévité paraît courte car les mâles meurent après l'accouplement et les femelles peu après la ponte.

Chaque femelle pond environ 700 œufs au maximum (en moyenne 200 à 300). Ces œufs sont déposés généralement à la face inférieure des feuilles par groupe de 20 à 30, parfois jusqu'à 80, accolés régulièrement sur un même plan. On trouve parfois des pontes à la face supérieure des feuilles et même sur les jeunes pousses. Il semble que la ponte d'une même femelle se répartit sur plusieurs pieds de vigne.

Les *œufs* sont ovalaires, à chorion lisse, mous, de 0,75 x 0,5 mm vert bleuâtre au moment de la ponte, virant au brun dès le début de l'incubation, qui dure de 7 à 12 jours en Italie et de 10 à 14 jours en Hongrie.

Les premières chenilles sont visibles au début juillet et pendant le mois d'août. Aussitôt les petites chenilles se mettent à manger les feuilles les plus tendres. Pendant le jour elles se tiennent sur la face inférieure des feuilles, évitant soigneusement les rayons du soleil, se cachant même dans les fissures et jusque dans le sol quand la chaleur est trop forte. C'est à l'aurore et au crépuscule que les dégâts se commettent.

« Les chenilles du stade I restent groupées les unes contre les autres et décapent le parenchyme de la face inférieure du limbe en respectant l'épiderme supérieur ; il se forme des zones linéaires fenestriformes, plus ou moins incurvées et parallèles les unes aux autres, correspondant en largeur à chaque chenille. Au fur et à mesure qu'elles grossissent, les chenilles tendent à se disperser, alors que leurs morsures dans le limbe se font plus profondes, entamant celui-ci de perforations complètes, arrondies, allongées ou recourbées. La première mue entraîne une forte mortalité parmi les chenilles (jusqu'à 90 % des individus). » (BALACHOWSKY, 1972).

Les chenilles pour leur longue diapause hivernale (7 à 8 mois) vont s'abriter dans la moelle des vieux sarments, dans les fissures des ceps, sous les écorces, etc... Elles tissent alors des toiles de protection pour s'abriter. Malgré cette précaution on constate une forte mortalité parmi ces chenilles en diapause.

En Italie il semble qu'il y ait au moins *deux générations* signalées par SILVESTRI (1943) qui considère que le premier vol des papillons a lieu en avril-mai et le second en août. COSTA (1877) à Naples décrit deux générations et cite même un troisième vol partiel à l'automne, comme le résume V. MAYET (1890) :

« Les papillons apparaissent dans les derniers jours d'avril ou les premiers de mai. Aussitôt la femelle fécondée, les œufs sont déposés sur les branches de la vigne. Au bout de dix à douze jours les petites chenilles éclosent et se mettent à manger. La larve devient adulte au bout d'une trentaine de jours, c'est-à-dire fin mai ou commencement de juin ; elle se retire dans les crevasses de la souche ou des échalas pour se métamorphoser en chrysalide.

« Cet état dure de douze à quinze jours, après lesquels, dans la seconde moitié de juin, apparaît le deuxième vol de papillons. Les œufs sont pondus comme au printemps ; la chenille fait une nouvelle consommation de feuilles de vigne et construit un cocon pour s'y chrysalider. Des premiers cocons filés sortent, fin août, ou premiers jours de septembre, quelques papillons généralement inféconds (3e vol) et que l'hiver tuera. Le reste, plus tardif, passe à l'état de chrysalide l'automne et l'hiver pour apparaître au printemps. »

En définitive, quand il n'y a qu'une génération annuelle, le cycle évolutif de la Zygène se répartit sur deux années et quand il y a deux générations c'est cette seconde génération qui s'étend sur deux années.

VII — LES DEGATS

Les dégâts occasionnés par la Zygène se caractérisent en Europe par une grande irrégularité dans le temps et dans l'espace.

Les dégâts les plus importants sont ceux réalisés au printemps en raison du faible volume de la végétation. En effet les chenilles de la première génération mangent les bourgeons à peine développés et les jeunes feuilles au débourrement, parfois même les bourgeons dormants et jusqu'à l'écorce, de sorte que tout espoir de récolte est perdu. En Palestine KATZ dans un vignoble de 8.000 pieds a observé que 1.000 étaient rongés jusqu'au bois. Donc au printemps les dégâts sont d'autant plus importants que l'attaque des chenilles est plus précoce.

Au contraire, pendant l'été les attaques de la deuxième génération sont moins dangereuses parce que les feuilles bien développées supportent plus facilement les attaques des chenilles.

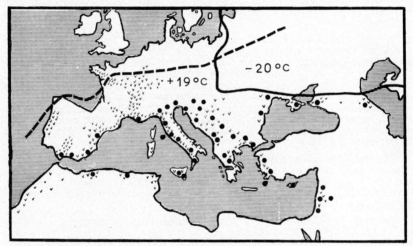

Fig. 342. — Carte montrant l'aire de répartition géographique de la Zygène en rapport avec le climat (Isotherme de Juillet + 19°C et moyenne des minima annuels)

● . Localités de signalisation de la Zygène dans les vignobles, v. (d'après ISSEKUTZ in BALA-CHOWSKY).

« En Italie, note BALACHOWSKY, cet insecte n'a accusé aucune gradation pendant plus d'un demi-siècle (fin du XIXᵉ au début du XXᵉ jusqu'en 1939). En Hongrie, des dégâts sensibles ont été observés dans les vignobles de 1884 à 1891, puis l'insecte a presque complètement disparu jusqu'en 1950. Les dégâts observés à cette époque ne sont pas comparables à ceux signalés par les anciens auteurs, notamment par PALLAS en Crimée (1803) où les vignobles furent entièrement défeuillés et les récoltes anéanties. PASSERINI signale en Toscane des dégâts atteignant 50 % en 1830 et COSTA de 25 à 33 % en 1874. Les ravages en Hongrie s'étendirent à 20-25 % du vignoble. »

En France, les dégâts de la Zygène sont peu importants et paraissent limités à la Provence, mais ils n'ont aucun caractère de gravité. Des ravages importants, mais occasionnels ont été signalés par GIARD (1904) en Autriche, en Crimée et en Palestine.

VIII — LUTTE

Il est assez facile de détruire les chenilles par des pulvérisations d'insecticides de contact et d'ingestion : arsenicaux, DDT et aujourd'hui les organo-phosphorés en cherchant à bien atteindre la face inférieure des feuilles où se tiennent les chenilles. Pendant l'hiver on peut essayer de détruire un certain nombre de chenilles en diapause avec des dinitro-crésylates.

La lutte biologique est mal connue, ISSEKUTZ a noté que 20 % des chenilles étaient parasitées en Hongrie par *Apanteles lacteicola* Vier.

NOCTUELLES

« Les Noctuelles, écrit V. MAYET (1890), sont des papillons polyphages, caractérisés par une taille moyenne, des formes courtes, une trompe bien développée enroulée sur elle-même entre deux palpes comprimés, des antennes en forme de soies ciliées ou pectinées chez les mâles, un corps couvert de longues écailles ressemblant à des poils, un thorax arrondi et un abdomen pointu offrant souvent des bouquets de poils en forme de crêtes. Les ailes sont repliées en forme de chape le long du corps ou plus ou moins aplaties, les supérieures (ou antérieures) toujours plus foncées que les inférieures portent d'ordinaire deux taches ou macules, la tache orbiculaire et la tache réniforme. Les ailes inférieures (ou postérieures), d'habitude plus claires, sont parfois ornées de couleurs vives.

« Les mouvements, nuls ou à peu près pendant le repos, sont très vifs le soir, une ou deux heures avant le coucher du soleil. On voit alors les Noctuelles voler avec rapidité, butinant sur les fleurs, sans jamais se poser.

« Les chenilles sont connues des vignerons sous le nom de « *vers gris ou porquets* », dans le Midi et *El mal duerme* (qui dort mal) en Espagne.

Elles sont nues, luisantes, de couleur grise, parfois ocreuse ou verdâtre, avec des lignes longitudinales plus claires. Elle s'enroulent en rond et restent immobiles dès qu'on les touche ; parfois au contraire elles se détendent brusquement pour s'enrouler en sens contraire.

Biologie

« Les vers gris sont de mœurs nocturnes et pendant le jour ils demeurent cachés à une faible profondeur dans la terre meuble et on ne s'aperçoit de leur présence qu'aux ravages opérés sur les pousses. Les plus grands dommages se constatent en avril et mai. Au cours de la première quinzaine de juin les vers gris disparaissent, s'étant enfoncés dans le sol à 20 cm de profondeur, parfois moins. On les trouve enfermés dans une coque terreuse unie à l'intérieur, formée d'une couche de 1 mm environ d'épaisseur de terre gachée avec de la salive. Dans cette coque le ver se transforme en chrysalide. »

« Les chenilles des Noctuelles, écrit BRUNET (1908) s'enfoncent dans le sol pour ronger les racines de la vigne ; elles commettent ainsi des dégâts importants surtout dans les terres légères. La Noctuelle point d'exclamation se rencontre plus fréquemment dans les sols marneux et compacts. GIRARD a observé des dommages très appréciables dans les vignobles de Mer en Loir-et-Cher. Dans l'Hérault, l'Aude, le Gard, le Vaucluse, des dommages graves sont signalés très souvent, car les chenilles sont très ampélophages. Elles se tiennent dans le jour enterrées à un pouce pour être dans l'obscurité ; elles sortent vers 9 heures du soir et rentrent souvent dans leur loge par le même trou pour se blottir en demi-cercle. La chenille monte sur les ceps pendant la nuit, broute les feuilles tendres et les grappes non fleuries, entaille la tige verte des jeunes rameaux, qui se cassent ensuite au moindre vent et pendent à demi flétris sur le cep. On a vu jusqu'à trente chenilles par cep.

« C'est dans les printemps secs succédant à des hivers secs que les ravages sont les plus grands. L'avance de la végétation favorise également les dégâts. La chenille peut être tuée dans sa retraite souterraine par l'humidité (hiver 1888-1889). »

Nombre de générations

« La plupart des Noctuelles, écrit V. MAYET (1892) n'ont qu'une génération par an. Nées à la fin de l'été, les chenilles n'ont pris que la moitié de leur taille à l'arrivée des froids et passent l'hiver à une faible profondeur dans le sol. Il y a cependant des exceptions. Certaines se changent en chrysalides à l'entrée de l'hiver et ont deux générations. La Noctuelle exiguë en a jusqu'à trois dans l'année, ce qui rend ses attaques si redoutables. »

« Dans les régions Nord, indique FRANÇOT (1945) les Noctuelles n'ont qu'une génération par an ; par contre dans les régions Sud ces mêmes espèces ont plusieurs générations. La Champagne, comme la Région parisienne se trouve, à ce point de vue, être une région intermédiaire et suivant les conditions climatiques de l'année, les Noctuelles peuvent présenter une ou deux générations.

« Pour notre vignoble (Champagne), c'est la génération de l'arrière-saison qui est à l'origine des dégâts du printemps suivant, si les conditions culturales dans les vignes (présence d'herbe à l'automne) sont satisfaites.

« La première génération fournit l'apparition des papillons, le vol et les pontes : courant juin. Incubation ; apparition des chenilles fin juin-fin juillet, chrysalidation.

« Deuxième génération : apparition des papillons, vol et pontes : fin août-septembre. Incubation. Apparition des chenilles fin septembre et octobre ; hibernation des chenilles dans le sol. Sortie des chenilles en mars-avril

Dégâts

« Au printemps dès les premiers beaux jours, les chenilles remontent en surface et affamées se jettent avec voracité sur la végétation nouvelle. Dans les vignes, si leur nombre est important et l'herbe rare, elles causent de rapides dégâts aux jeunes bourgeons en les dévorant à la manière d'un œuf à la coque.

« Il semble bien établi que l'influence de la présence d'herbes dans les vignes à l'arrière saison soit un facteur déterminant des invasions de chenilles de Noctuelles, car les pontes se font sur ces herbes. »

En Champagne (1976) les jeunes chenilles sont parfois visibles de jour dans les feuilles du haut des pousses, puis elles se cachent et ne deviennent actives que la nuit. Leur coloration change en prenant une teinte brune de plus en plus foncée lorsqu'elles atteignent 2 à 5 cm de long.

Leurs dommages sont très visibles, elles trouent d'abord les jeunes feuilles, puis elles dévorent le limbe ne laissant subsister que les nervures. Enfin, si elles sont très nombreuses, elles peuvent s'attaquer aux feuilles adultes, plus rarement aux grains.

Les vers gris au printemps provoquent des dommages aux *bourgeons* qui gonflent ou en train de débourrer. Les dégâts sont particulièrement graves dans le cas des *jeunes greffes* puisqu'il n'y a que 1 ou 2 bourgeons par plant.

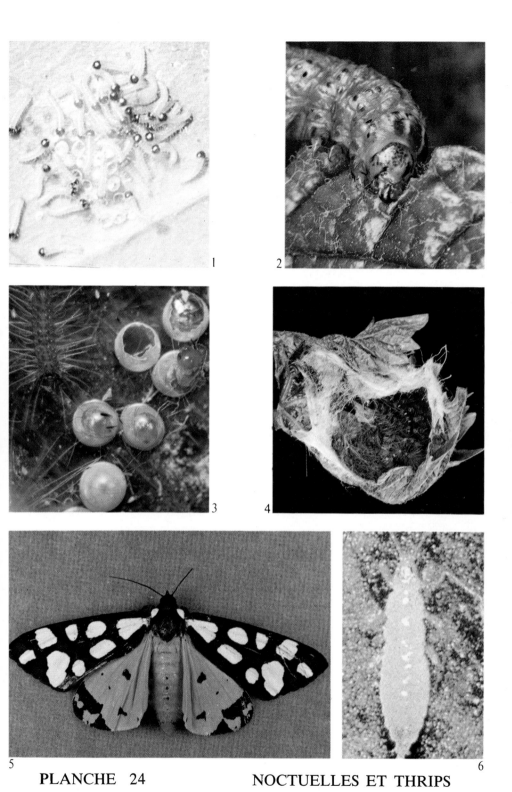

PLANCHE 24   NOCTUELLES ET THRIPS

1. — Eclosion de chenilles de noctuelles (Cl. Sandoz) ; 2. — Chenille de Noctuelle adulte (Cl. Sandoz) ; 3. — Eclosion des chenilles de l'Ecaille fermière (Cl. Sandoz) ; 4. — Début de nymphose de la chenille de l'Ecaiile martre (Cl. Sandoz) ; 5. Papillon de l'Ecaille fermière (Cl. Sandoz) ; 6. — Larve de Thrips (Cl. Sandoz).

Parfois les *raisins* sont attaqués au moment de la maturation les chenilles mordillant l'épiderme ou pénétrant même à l'intérieur. Souvent le développement ultérieur du *Botrytis* vient augmenter les pertes de récolte.

Systématique

La plupart des Noctuelles sont polyphages et la vigne fait partie de leur régime alimentaire souvent par destruction préalable de la flore adventice des vignobles. Aucune espèce n'est inféodée à la vigne, mais les dommages causés par les vers gris peuvent localement dans une parcelle ou dans une région être assez graves pour justifier des traitements.

SAVARY (1956) a dénombré « 18 espèces de Noctuelles dont les larves s'attaquent à la vigne :

« — Le genre *Agrotis* est représenté par les huit espèces suivantes : *A. segetum* Schiff. (noctuelle des moissons), *A. exclamationis* L. (noctuelle point d'exclamation), *A. tritici* L. (noctuelle du chiendent) *A. crassa* Tr., *A. pronuba* (noctuelle fiancée), *A. orbona* Hbn., *A. praecox* L., *A. ypsilon* Rott.

« — Le genre *Euxoa* comprend trois espèces : *E. nigricans* L., *E. corticea* Schiff. et *E. obelisca* Schiff.

« — Le genre *Calocampa* possède deux espèces : *C. exoleta* L. et *C. vetusta* Hbn.

« — Les cinq dernières espèces appartiennent à cinq genres différents : *Heliothis obsoleta* F., *Xylina ornithopus* Rott. *Tryphaena fimbria* L., *Naenia typica* L. et *Amathes C. nigrum* L.

« Toutes ces espèces sont représentées en plus ou moins grand nombre dans ses captures, *A.C. nigrum* est de loin la plus fréquente en Suisse dans les vignobles de Lavaux et de la Côte. »

1° Noctuelle des moissons

C'est une des plus répandues. Dénommée d'abord *Agrotis segetum* Schiff., puis *Euxoa segetum Schiff.* c'est actuellement *Scotia segetum* Schiff. C'est une espèce très polyphage qui vit aux dépens d'un grand nombre de plantes spontanées : *Convolvulus, Polygonum, Cirsium, Atriplex, Plantago, Sinapis, Malva, Rhinantus, Artemisia, Achillea, Eodium, Viola,* etc... et de plantes cultivées : Blé, seigle, maïs, pomme de terre, betterave, chou, navet, tabac, asperge, salade, melon, tomate, épinard, oignon, cotonnier, théier, caféier, etc...

C'est aussi une espèce très répandue puisque son aire de répartition englobe toute l'Europe, presque toute l'Asie et une partie de l'Afrique (Maroc, Kenya, Rhodesie, Afrique du sud).

Le *papillon* mesure 3 à 4,3 cm d'envergure. Ses ailes supérieures sont d'un gris brunâtre terreux à peine éclairci sur leurs disques, parsemées de petites écailles noires. On note aussi la présence de taches réniforme et orbiculaire légèrement plus claires, étroitement cerclées de noir. Les ailes inférieures sont d'un blanc nacré chez les mâles et d'un blanc enfumé chez les femelles, principalement sur les nervures, bordées par une mince frange brunâtre. Les antennes du mâle sont pectinées.

La *chenille* adulte atteint 45 à 52 mm avec un corps brun grisâtre et trois lignes blanchâtres parallèles, dont une dorsale. Chaque segment abdominal porte dorsalement quatre taches arrondies d'un gris noir à peine brillant avec une soie au centre de chacune d'elles.

La chenille est mauvaise grimpeuse parce que les 10 pattes membraneuses perdent leurs petits crochets à la dernière mue ;' elle ne peut donc atteindre que les vignes basses.

La *chrysalide* est d'un ferrugineux brillant, les segments abdominaux sont dépourvus d'épines.

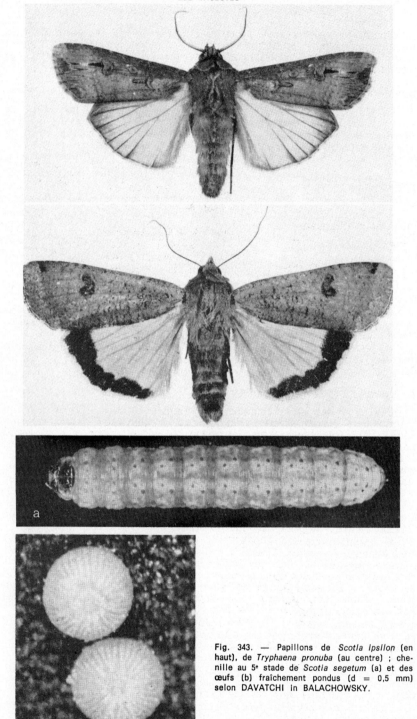

Fig. 343. — Papillons de *Scotia ipsilon* (en haut), de *Tryphaena pronuba* (au centre) ; chenille au 5ᵉ stade de *Scotia segetum* (a) et des œufs (b) fraîchement pondus (d = 0,5 mm) selon DAVATCHI in BALACHOWSKY.

Biologie

En Europe la Noctuelle des moissons hiverne habituellement au stade de larve parvenue jusqu'au terme de son développement. « Dans les régions septentrionales on n'observe qu'une génération par an, mais plus au sud, indique CAYROL (1972), une deuxième génération partielle apparaît en été et au début de l'automne. Enfin dans la moitié Sud de la France il y a deux générations annuelles dont les papillons volent en mai-juin pour la première génération et de juillet à octobre pour la seconde. Dans la partie méridionale de son aire (Turkestan, Nord de l'Iran, sud de l'Espagne, Afrique du Nord il y a trois générations annuelles et même tous les stades de l'insecte peuvent être présents à la fois. « Dans les vignobles du Languedoc, GRASSÉ (1929) a observé que la ponte devait avoir lieu en automne et dès les premiers froids, les chenilles s'enfoncent dans le sol à une profondeur de 10-12 cm. Puis dès le mois d'avril suivant les larves reprennent leur activité et s'attaquent aux bourgeons et aux jeunes feuilles de vigne ; elles sectionnent également les jeunes pampres. Les larves ramassées à cette époque sont de tailles très diverses (moins de 1 cm à 4 cm). « Les chenilles se transforment en chrysalides au cours des mois de mai et juin. Cette population larvaire est à l'origine des papillons qui apparaissent au début de l'été.

« Certaines contrées sont plus que d'autres, semble-t-il menacées de telles invasions de printemps. En France les Services de la Protection des Végétaux signalent très souvent des attaques de *S. segetum* sur la vigne, dès le mois d'avril, dans le bassin Saône-Rhône et dans la région méditerranéenne (Var et Bouches-du-Rhône en 1952), cette région constituant peut être une voie de passage. »

2° Noctuelle point d'exclamation

Elle tire son nom de la disposition des taches sur les ailes. D'après V. MAYET elle est très fréquente sur vigne en Languedoc. Son nom scientifique a d'abord été *Agrotis (Feltia) exclamationis* L. puis *Scotia exclamationis* L.

Le *papillon* long de 20 à 22 mm possède une envergure de 35 à 45 mm. Le thorax est d'un gris pâle avec des reflets un peu violâtres ou rosés. Les ailes antérieures ou supérieures sont d'un brun terreux plus ou moins clair, marquées de taches pâles et brunes avec trois raies transversales sinueuses, très peu marquées parfois, dont celle du milieu offre sur son côté externe une tache noire en forme de coin que l'on a comparé à un point d'exclamation. Tache reniforme souvent foncée, tache orbiculaire effacée. Les ailes postérieures ou inférieures sont blanchâtres chez le mâle, plus ou moins enfumées chez la femelle. Les antennes des mâles ne sont pas pectinées, mais simplement dentées.

La *chenille* adulte mesure 40 à 45 mm de long et elle est de couleur lilas sombre avec un large espace sur le dos ocreux et brillant dont les bords sont limités par une double ligne brune. « Chaque segment abdominal porte quatre petites plaques noirâtres, les deux antérieures plus rapprochées, aussi nettes et presque aussi grandes que les postérieures. Ces chenilles se distinguent de celles des autres Noctuelles par leurs fausses pattes abdominales qui sont garnies chacune (les antérieures surtout) de 10 à 12 crochets disposés seulement d'un côté de la couronne et n'occupant que la moitié de sa circonférence. Les crochets des extrémités sont graduellement plus petits et non égaux entre eux comme chez *S. segetum* » (BALACHOWSKY, 1965).

La *chrysalide*, que l'on trouve en juin dans la terre, est d'un brun roux, brillant. La coque, en forme d'ellipse, où elle est enfermée semble faite de plusieurs morceaux ou manchons de terre très courts ajoutés les uns aux autres, quatre à cinq par loge.

Biologie

Le papillon apparaît en juillet, août et même septembre suivant que la chenille s'est chrysalidée plus ou moins tôt. On trouve encore en effet quelques chenilles pendant les mois de juin et de juillet. Les œufs de ces papillons retardataires produisent des petites chenilles que l'on rencontre en hiver et au printemps mélangées à celles de taille moyenne (V. Mayet)

« C'est la plus ampélophage des Noctuelles, causant les dommages graves signalés dans les plaines de l'Hérault et de l'Aude. Plus rarement que chez la Noctuelle des moissons, la demi-couronne de crochets des fausses pattes disparaît à la dernière mue, de sorte qu'un seul de ces insectes, resté bon grimpeur au moment de l'énorme consommation de feuilles qui précède la nymphose, fait pour sa part plus de dégâts nocturnes que dix chenilles de Noctuelle des moissons qui, ne pouvant plus monter sur les souches, au moment de la fringale, broutent les plantes basses ou les racines.

— « La chenille monte sur les souches pendant la nuit, broute les feuilles les plus tendres et les grappes non fleuries, opérant ainsi un pincement désastreux et, ce qui est encore plus grave, elle entaille la tige verte du jeune pampre qui, se cassant au moindre vent, pend le matin à demi flétri ou tombe même au pied de la souche. On peut voir ainsi des ceps entièrement dépouillés de leur feuillage naissant et cela sur des hectares. Il y a jusqu'à dix, vingt ou trente chenilles par souche. »

« Les dégâts de vers gris observés d'avril à juin doivent être attribués à cette espèce puisque la Noctuelle fiancée se chrysalide en avril. »

« Les femelles sont relativement peu prolifiques pondant en moyenne 779 œufs et 1.200 au maximum selon Sakharov. Les chenilles passent par 6 ou 7 stades. La durée de leur développement, jusqu'au moment où elles cessent de s'alimenter est de l'ordre de 25 jours à 28 °C et de 45 jours à 20 °C. La quiescence qui se manifeste chez les larves parvenues au terme de leur développement est beaucoup plus accentuée que chez les chenilles de *S. segetum*. Des facteurs externes (température, photophériode, alimentation) et internes (génétiques) sont à l'origine de ces phénomènes.

« Toutes les larves se transforment rapidement (3 à 5 jours) en chrysalides si elles sont exposées à une température supérieure ou égale à 28 °C. La proportion des chenilles qui manifestent l'état de diapause à 20 °C est de l'ordre de 95 %, sous une photopériode longue et de 99 % sous une photopériode courte. Les chenilles en l'état de diapause supportent très mal l'action prolongée des températures moyennes ou élevées (supérieures à 18 °C).

« Dans le Nord de l'Europe il n'y a qu'une seule génération par an mais dans le Midi de la France comme dans la région du Donetz en Russie, c'est-à-dire à la limite sud de son aire l'ensemble de la population est bivoltine » (Cayrol in Balachowsky, 1972).

Cette espèce est polyphage s'attaquant notamment à diverses Crucifères cultivées : Choux, raves, colzas... De plus, elle possède une aire étendue comprenant l'Europe, l'Asie paléarctique et l'Afrique du Nord.

3° Noctuelle fiancée

Elle a d'abord été nommée *Noctua pronuba* L., puis *Agrotis pronuba* L. pour s'appeler maintenant *Tryphaena pronuba* L. C'est la plus grande Noctuelle observée sur la vigne.

Le *papillon*, en effet, mesure 5 à 6 cm d'envergure. Les ailes antérieures varient pour la couleur du fond qui permet de distinguer deux variétés bien caractérisées ; l'une aux ailes rougeâtres de teinte presque uniforme, l'autre dont les marques sont plus nettes, a sur les ailes une teinte fondamentale brun rouge ou brun grisâtre tirant parfois jusqu'au noir, mais toujours mélangée de gris cendré. Dans les deux types, l'aire médiane est parcourue de raies transversales plus ou moins sombres. La tache orbiculaire et la tache réniforme sont claires, entourées d'une teinte sombre.

Les ailes postérieures sont d'un jaune d'ocre vif ou orangé, bordées d'une bande noirâtre. Le thorax est brun à collier antérieur plus clair, l'abdomen est d'un gris jaunâtre.

La *chenille* de 4,5 à 5 cm de longueur est de teinte variable tantôt d'un gris terreux tirant sur le verdâtre ou le jaunâtre, tantôt et le plus souvent d'un gris roussâtre pâle. Tête rougeâtre marquée de noir. Elle a sur le dos une ligne jaunâtre très étroite, un peu ombrée de brun sur les côtés. Au-dessus et de chaque côté de chacun des segments abdominaux (sauf le 9e) se trouve une tache noire, linéaire, très apparente. Ces taches sont soulignées sur leur bord externe, d'un trait blanchâtre. Les stigmates sont blancs cerclés de noir. Les premières fausses pattes abdominales sont garnies chacune de 18 à 20 crochets.

Biologie

« Contrairement aux autres Noctuelles qui ne s'envolent pas pendant le jour, le papillon de la Noctuelle fiancée en été s'envole facilement au moindre bruit pour se poser à nouveau quelques mètres plus loin, mais il peut aussi bien couvrir plusieurs centaines de mètres. Dans le nord de la France les adultes apparaissent en mai-juin mais le maximum des prises au piège lumineux se fait en juillet et plus encore en août-septembre.

« Les femelles pondent aussi bien sur les plantes adventices que sur les plantes cultivées et sont très prolifiques : 2.000 à 3.000 œufs relativement petits, disposés en quinconce, en files serrées et régulières formant au début une tache irisée blanche qui devient ensuite brune et noire lorsque l'embryogénèse touche à sa fin. En début de ponte les taches peuvent comprendre 750 à 800 œufs.

« Les jeunes larves se dispersent un ou deux jours après leur éclosion. D'après Magde, les chenilles du premier stade s'alimentent pendant le jour aux dépens des tissus foliaires et se cachent dans le sol pendant la nuit. Lorsqu'elles parviennent au deuxième stade, le rythme de leur activité tend à s'inverser et à partir du troisième stade elles se nourrissent la nuit et se cachent pendant le jour. En fait les chenilles des quatre premiers stades peuvent se maintenir en permanence sur les organes herbacés dans la mesure où elles sont exposées à la fois à une lumière faible et à une humidité relative élevée. »

« Ces chenilles en été parviennent selon V. Mayet, aux deux tiers de leur taille en automne et vont passer l'hiver sous les feuilles sèches, dans les haies ou au pied des souches, enterrées à une faible profondeur, mangeant, si le temps est doux, les plantes qui sont à leur portée. La métamorphose en chrysalide a lieu dans une coque terreuse très peu solide et c'est surtout les années où le printemps est précoce que cette espèce peut être nuisible à la vigne. Les dégâts d'ailleurs ne sont jamais comparables aux trois Noctuelles précédentes. »

« La durée du stade larvaire est de l'ordre de 32 jours à 25 °C (y compris le stade préchrysalide), de 45 jours à 20 °C, de 80 jours à 15 °C, de 150 jours à 10 °C et de 230 jours à 8 °C. Les chenilles ont sept stades ; leur résistance à la chaleur (croissance normale jusqu'à 30 °C) diminue avec les stades au point qu'à 24 °C le taux de mortalité atteint 95 % pour les chenilles du septième stade.

La durée du stade préchrysalide est de 7 jours à 25 °C, de 15 jours à 20 °C, de 32 jours à 15 °C, de 65 jours à 10 °C et de 125 jours à 8 °C. Les préchrysalides se développent jusqu'à une température voisine de 4 °C.

La durée du stade chrysalide est de 20 jours à 25 °C, de 28 jours à 20 °C, de 50 jours à 15 °C et de 120 jours à 10 °C. La température seuil de développement est de l'ordre de 8 °C.

L'*aire de répartition* de la Noctuelle fiancée englobe toute l'Europe, une partie de l'Asie occidentale et l'Afrique du Nord. L'espèce se développe la plupart du temps aux dépens des *plantes sauvages.* Elle attaque occasionnellement les cultures maraîchères et fourragères, la vigne, le tabac, le houblon, la betterave ainsi que les jeunes arbres en pépinières et diverses cultures florales.

4° Noctuelle exiguë

Cette espèce appelée *Agrotis (Caradrina) exigua* L. a été signalée sur vigne pour la première fois par LICHTENSTEIN (1885), puis V. MAYET en 1889 a reçu des chenilles venant de Constantine, ayant fait des ravages dans le vignoble de Bougie et enfin en 1892 des chenilles venant des environs de Tunis et de la Costière du Gard.

Caradrina exigua Hubner est une Noctuelle polyphage qui a été trouvée sur la Vigne au Maroc en 1922. La chenille ronge le paranchyme des jeunes feuilles et parfois même s'attaque aux raisins.

C'est donc une espèce méridionale qui vit principalement sur la Persicaire (*Polygonum persicaria*), le liseron des champs (*Convolvulus arvensis*) et l'Amaranthe (*Amaranthus albus*). Ce n'est qu'à défaut de ces herbes que l'insecte se rabat sur la vigne. Il y a trois générations par an : une de printemps, une d'été et une d'automne. La chenille devient adulte en 15 à 18 jours après sa sortie de l'œuf et elle mange jour et nuit, causant de grands ravages. L'invasion en été se produit à la suite de binages intempestifs en juillet éliminant soudainement la végétation spontanée.

Le *papillon* mesure 27 à 28 mm d'envergure et le corps 12 mm pour les femelles alors que les mâles ne dépassent pas 8 mm de long et 20 mm d'envergure. Le corps et les ailes supérieures sont d'un gris brun tirant sur le lilas avec les taches orbiculaires et réniformes de couleur jaune ou gris clair ; chez les mâles les taches sont très peu visibles. Les ailes inférieures sont d'un blanc hyalin, légèrement teintées de jaune au bord chez les femelles et de brun chez les mâles ; les nervures se détachent en noir sur le fond blanc.

Les *œufs* sont sphériques, très petits, 0,3 mm de diamètre ; leur surface présente des côtes nombreuses, 40 environ ; ils sont pondus en petits amas recouverts d'une bourre soyeuse. L'éclosion paraît se produire 15 ou 20 jours après la ponte.

La *chenille* adulte mesure 20 mm de longueur. Elle n'est pas nocturne comme celle des autres Noctuelles car elle mange jour et nuit. Elle est sans poils, de couleur verte plus ou moins jaunâtre, lisérée de vert plus sombre avec trois bandes plus foncées encore, une étroite sur le dos, deux plus larges sur les flancs. Le ventre est d'une teinte plus claire. La tête, jusqu'à la troisième mue a la même teinte que le corps, puis elle se rembrunit ensuite. Cette chenille est un peu fileuse et peut se laisser descendre suspendue à un fil.

La *chrysalide* longue de 10 à 12 mm est terminée par deux pointes qui lui permettent de se retourner dans le cocon léger qu'elle se file entre les mottes de terre ou parmi les plantes sèches et les débris qui sont au pied des souches.

« Cette espèce est très irrégulière dans ses apparitions, sans que l'on puisse bien expliquer sa disparition momentanée, car on ne lui connaît

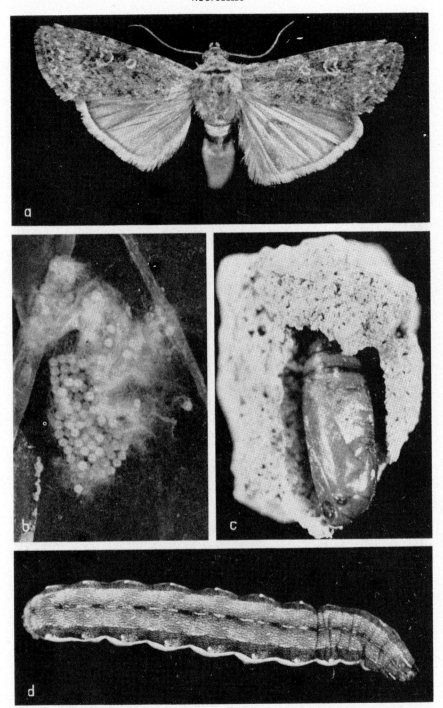

Fig. 344 – *Spodoptera exigua* (d'après DAVATCHI in BALACHOWSKY) : a - papillon ; b - ponte ; c - chrysalide dans sa coque terreuse ; d - chenille au 3e stade.

pas de parasite. Mais on peut penser que sa plante préférée étant la Persicaire des marais, sa multiplication en terrain sec est toute exceptionnelle et que certaines années hivernant dans un sol plus ou moins submergé les chrysalides sont, malgré leur cocon protecteur, en majeure partie détruites par la longueur de la submersion. »

5° Noctuelle Aigle

Cette espèce, nommée *Agrotis aquilina*, a été trouvée en Champagne par MOREAU-BERILLON (1912).

« La chenille est rose, lisse, vert brun ou jaune brunâtre plus ou moins clair ou foncé suivant l'âge. Les douze anneaux dont le corps est formé sont parsemés partout de points noirs et de lignes brunes longitudinales ; la tête est jaunâtre, tâchée de brun. Elle porte 16 pattes, les six premières seules sont écailleuses. Elle apparait quand la vigne commence à bourgeonner. »

6° Espèces diverses

Euxoa tritici L ou Noctuelle du blé est une espèce polyphage commune à toute l'Europe et à l'Asie centrale qui s'attaque non seulement aux céréales, au Tabac, au coton, à la Betterave et aux plantes maraîchères. Les chenilles s'attaquent parfois à la Vigne au printemps.

Scotia crassa Hb. est une espèce commune en Europe centrale et méridionale ainsi qu'en Asie mineure et jusqu'au Turkestan. D'après DELLA BEFFA (1949) cette Noctuelle attaque les pommes de terre, les asperges, les Céréales et la vigne », tout au moins les jeunes plants car le nombre réduit des crochets ornant les fausses pattes de la chenille ne lui permet pas de grimper sur les végétaux » selon SOURÈS (1949).

Amathes C-nigrum L. Cette espèce cosmopolite et polyphage a parfois « causé des ravages assez spectaculaires écrit CAYROL (1972) sur vigne ; ce fut le cas en Crimée en 1927, en Hongrie en 1936. Mais le plus souvent ces attaques « paraissent » négligeables car les chenilles sont habituellement disséminées et non groupées. En réalité, la précocité des attaques et la densité de la population rendent l'espèce dangereuse, notamment dans les vignobles où l'on a coutume d'effectuer des façons culturales à la fin de l'hiver. Dans ce cas les chenilles ne peuvent s'alimenter que sur les ceps, au détriment des bourgeons. Les attaques dispersées, mais très nombreuses éventuellement, sont alors loin d'être négligeables. DELMAS a observé fréquemment des chenilles et des dégâts dans les vignobles de l'Hérault ». On compte deux générations dans le nord de l'Europe et trois dans le Sud.

Spodoptera exigua Hb. est une espèce cosmopolite et polyphage s'attaquant à un grand nombre d'espèces comme la luzerne, la pastèque, la tomate, le maïs, le coton, les oignons, les citrus et la vigne. Le feuillage est entièrement détruit par les chenilles qui ne laissent subsister que les grosses nervures et des lambeaux de limbe. Les feuilles atteintes se dessèchent. Les grains verts sont entamés par les chenilles qui peuvent soit dévorer partiellement leur épiderme, soit pénétrer à l'intérieur du grain.

En Hongrie, VOGT (1974) a signalé des dommages dus à la Noctuelle du Chou (*Mamestra brassicae L.*) dont les chenilles s'attaquent non seulement aux feuilles de Vigne mais aussi aux baies, ce qui crée de nombreux foyers d'infection pour le *Botrytis cinerea* provoquant des pertes graves.

« Le vol de la première génération a lieu entre la mi-mai et le début juin et celui de la seconde entre fin juillet et fin août.

« Des applications de Phosdrin et le Trichlorphène ont produit un effet satisfaisant sur les jeunes larves. »

Ennemis naturels des Noctuelles

Ce sont d'abord des Diptères comme le *Tachina micans* et *Tachina hadenae* qui vivent dans le corps de la noctuelle pour en sortir quand elle se transforme en chrysalide et se changer en pupe.

V. MAYET (1890) a signalé aussi l'*Echinomyia prompta* Meigen, qui s'attaque souvent aux chenilles des Noctuelles. Cette grosse mouche est plus commune dans le Midi que dans le Nord de la France.

Elle détruit souvent la moitié des individus. Elle se métamorphose en pupe dans le corps de la chrysalide. De l'œuf déposé sur la chenille sort une larve, qui perce la peau, pénètre dans la cavité générale et vit du tissu adipeux sans toucher aux organes. Dès que la chenille s'est transformée en chrysalide, ses organes sont attaqués ; elle meurt et le parasite se transforme dans le corps en pupe, qui donne l'insecte parfait en août. Celui-ci dépose en septembre son œuf sur la chenille de Noctuelle et le cycle recommence.

FRANÇOT (1945) mentionne comme parasites des Noctuelles des Hyménoptères : un Ichneumonide (*Amblyteles quadriferunctorius*) et deux Braconides (*Apanteles ruficus* et *Apanteles spurises*).

Lutte contre les Noctuelles

Les invasions de « vers gris » se manifestent en général brusquement dans les vignes et le viticulteur cherche alors des moyens rapides et efficaces pour se débarrasser de ces chenilles.

Le *ramassage manuel* n'est valable que sur de petites surfaces ou pour des plantiers où l'on redoute les effets catastrophiques des larves détruisant les bourgeons.

Selon GRASSÉ (1927) « il est fort coûteux, ne permet pas d'enrayer rapidement une invasion. Par contre l'emploi des *poulaillers roulants* se montre très efficace, la volatile déterre avec beaucoup d'habileté les vers gris dont elle est friande.

« Les *bagues gluantes*, placées autour des souches ne nous paraissent pas très recommandables, leur emploi répugne d'ailleurs au vigneron qui craint d'endommager ses vignes.

« Les *ceintures de coton cardé* manquent d'efficacité ; les *bandes de toile cirée* arrêtent bien le ver dans son ascension, mais sont d'un prix de revient élevé. »

MAZADE (1894) « signale un procédé de défense contre la noctuelle imaginé par CAIROL, de Mauguio et qui a donné d'excellents résultats. Il consiste à entourer le corps du cep d'une *bandelette de toile cirée* qui forme un obstacle infranchissable à la larve de la noctuelle. Ces bandelettes ont 55 cm de large sont maintenues par un brin de raphia placé à son sommet ; elles sont laissées sur les ceps pendant cinq semaines environ puis retirées pour l'année suivante. Une femme place de 300 à 350 bandelettes par jour, donc procédé peu couteux et d'une efficacité absolue.

« ALLIER, de Mauguio, a construit un *disque de zinc*, infléchi en forme d'entonnoir qui empêche le passage des chenilles. »

La *lutte biologique*, tentée ces dernières années au moyen du *Bacillus thuringiensis* s'est montrée inefficace jusqu'ici.

Les Noctuelles comptent évidemment de nombreux *ennemis naturels* parmi les oiseaux (étourneaux, corvidés) et les insectes qui se nourrissent de leurs larves, de leurs œufs ou de leurs chrysalides. Mais les problèmes d'élevage, d'adaptation à une région déterminée font que pour le moment du moins on ne peut compter sur ces parasites pour se débarrasser des Noctuelles.

Le *piégeage lumineux*, comme pour les Tordeuses de la grappe, permet d'avoir une idée sur l'importance des vols et peut servir à prévoir les dates de traitements chimiques.

La présence de la *végétation spontanée* dans les vignes est un élément favorable car les chenilles des Noctuelles subsistent volontiers sur ces plantes basses qui jouent le rôle de plantes-pièges. Il suffit ensuite de détruire ces dernières avec les vers qui y ont trouvé refuge et alimentation.

Les cultures intercalaires fonctionnant comme plantes-pièges sont loin d'avoir donné entière satisfaction.

« Les vignerons de Narbonne ont imaginé de déposer au pied des ceps une poignée de luzerne ou d'herbes fraîchement coupées, qu'on visite tous les matins pour écraser les chenilles venues s'y réfugier.

« On peut faire aussi autour de chaque souche trois ou quatre trous avec un pal en bois. Les chenilles se rendent dans ces retraites dont les parois tassées leur conviennent. Le matin on peut les y écraser facilement en mettant le même instrument dans les trous.

« On peut déchausser les vignes et les arroser largement avec une solution concentrée de brou de noix et de feuilles de noyer. Les chenilles stupéfiées sortent de terre et sont détruites par le soleil » (BRUNET, 1908).

« L'*irrigation* est quelquefois utilisée avec une certaine efficacité, cependant elle ne peut avoir qu'un effet répulsif bien fugace, insuffisant pour éviter des dégâts, les années de grande pullulation » (BERVILLÉ, 1955).

La *lutte chimique* demeure actuellement le seul moyen pratique pour intervenir rapidement et efficacement en cas d'attaques importantes de vers gris. Mais cette lutte est difficile car les vers sont plus ou moins sensibles à l'action de contact des insecticides. Les formes jeunes sont les plus sensibles.

Par ingestion, les insecticides ont une efficacité bien supérieure (mortalité rapide) mais au printemps la rapidité du développement foliaire réduit rapidement l'efficacité du traitement.

1° Le *sulfate de fer*, appliqué au pied des souches, est considéré comme efficace par quelques viticulteurs. En fait il ne peut avoir qu'un effet répulsif pendant quelques heures et au maximum pendant 2 ou 3 jours, à condition encore qu'il soit bien répandu au pied du cep.

2° Les traitements d'hiver effectués avec des spécialités à base d'*arsenite de soude* contre la pyrale semblent avoir une efficacité qui reste à préciser.

3° On peut utiliser les insecticides *organo-chlorés*, DDT, HCH, Aldrine, Dieldrine, chlordane en pulvérisation de la vigne et des plantes basses, en poudrage du cep ou en appâts (son légèrement mouillé).

Les pulvérisations sont à conseiller lorsque la végétation spontanée est abondante en mouillant bien l'ensemble. Ce traitement n'est efficace que pendant quelques jours (3 à 5) en raison du développement foliaire de la vigne et des herbes.

Les poudrages sont à utiliser dès le début des invasions ou mieux préventivement car ils n'agissent que sur les chenilles jeunes.

Les appâts avec 1 % de DDT ou 2 % d'HCH sont efficaces avec du son mouillé répandu à la volée au pied des souches et de préférence le soir. Le son conserve son pouvoir attractif et une grande efficacité tant qu'il reste humide (pays à hygrométrie nocturne élevée) il faut 40 à 50 kg de son par ha.

Les essais de destruction effectués par le Service de la Protection des Végétaux de Montpellier (BERVILLÉ et al, 1953) avaient montré les bons résultats obtenus par l'emploi des composés organo chlorés (interdits actuellement).

4° Le *sulfure de carbone* ne donne pas de résultats au printemps, car ses vapeurs tendent à descendre dans le sol et les chenilles se tiennent dans la partie superficielle du sol, mais on peut l'employer avec succès en hiver, après les fortes gelées qui font descendre les chenilles jusqu'à 20 cm de profondeur.

5° Aujourd'hui, les *pulvérisations* sur la végétation se font avec les insecticides de synthèse autorisés : acéphate (75 g de M.A par hl), de bromophos (50 g/hl) de chlorfenvinphos (50 g/hl) ou de trichlorfon (100 g/hl).

ÉCAILLES ou CHELONIES

Ces papillons de la famille des *Arctiidae* ont de belles couleurs vives et leurs chenilles sont très reconnaissables par les longs poils qui recouvrent leurs corps.

Plusieurs espèces ont été signalées sur la vigne, mais les dégâts sont toujours limités et les grands ravages ne sont qu'exceptionnels.

ÉCAILLE MARTRE

I — SYNONYMIE

Fr. Taure bourude ou bourrue (Languedoc), Hérissonne (LELIEVRE), Torres, Ecaille ou chelonie, Ecaille martre de la vigne, chélonie martre, Chenille bourrue (pour désigner la chenille).

II — HISTORIQUE

C'est généralement, écrit V. MAYET (1896) un insecte inoffensif le plus souvent, vu son petit nombre, mais dont les circonstances atmosphé-riques peuvent provoquer une multiplication extraordinaire imposant aux viticulteurs des pertes de récolte imprévues, surtout dans les régions méridionales, de la Gironde à la Provence.

« Cette année, 1896, on ne parle que de la grosse chenille velue de l'Ecaille Martre. Des Bouches-du-Rhône à l'Aude, elle occupe, depuis le milieu de mars, une bonne partie du personnel des viticulteurs. On ne voit dans les vignes que des gens occupés à les ramasser par décalitres et cela par hectare. Il y en a parfois plusieurs par souches et c'est à recommencer le lendemain. D'où vient cette invasion, la plus formidable que nous ayons encore vue ? De la présence constante de l'insecte sur une foule de plantes spontanées et de sa multiplication extraordinaire occasionnée par l'hiver exceptionnellement doux que nous avons eu. »

III — SYMPTOMES

Les chenilles bourrues au printemps rongent les feuilles et les jeunes pousses non seulement de la vigne mais aussi d'un grand nombre de plantes basses : Plantain, Seneçon, Mouron des Oiseaux. Elles mangent les bourgeons sans les couper à leur base.

« Les dégâts de printemps sont les plus graves écrivent BERVILLÉ et TERRAL (1958). A la reprise de leur activité les chenilles se portent essentiellement sur les plantes basses pouvant se trouver dans le vignoble ou le verger ; elles grimpent ensuite plus ou moins rapidement sur les souches ou les arbres. Les surfaces peu enherbées, l'humidité prolongée du sol, les labours détruisant la végétation adventice favorisent considérablement ces migrations.

« Les bourgeons gonflés peuvent alors être rongés et vidés un peu comme le font les vers gris. Une seule chenille peut ainsi dévorer 5 à 6 bourgeons par jour suivant les conditions climatiques. Certaines souches peuvent être privées totalement de bourgeons normaux. La vigne repart certes sur des bourgeons latents (bourrillon) ou sur des bourgeons du tronc, mais ceux-ci ne portent pratiquement pas de récolte et permettent seulement d'envisager une taille possible l'année suivante.

« Les ravages se poursuivent jusqu'au moment où la végétation a une dizaine de centimètres de longueur ; à ce stade là une jeune pousse ne peut pratiquement plus être sectionnée par la chenille susceptible de la ronger à la base. Les dégâts se poursuivent alors isolément sur les feuilles, les grappes ou les boutons floraux, mais ne sont pas aussi importants. La période critique où l'on devra intervenir, en cas d'invasion, dure environ 15 à 20 jours.

« Les dégâts de la seconde génération sont moins importants, car ils surviennent à un moment où la végétation est abondante. »

IV — SYSTEMATIQUE

Cette espèce appartient à la famille des *Arctiidae*. Primitivement dénommée *Chelonia caja* L. son nom actuel est maintenant *Arctia caja* L.

V — DESCRIPTION

« Le *papillon* mesure 4 à 6 cm d'envergure. Ses ailes antérieures sont d'un blanc roussâtre avec de grandes taches irrégulières d'un brun café au lait foncé, qui occupent parfois la plus grande surface des ailes et peuvent être alors considérées comme en formant le fond. Les ailes postérieures sont d'un rouge vif avec plusieurs (4 à 6) taches d'un bleu foncé métallique entouré de noir, plus ou moins grandes. La tête et le thorax en-dessus sont d'un brun café au lait, avec un collier rouge ; les antennes pectinées sont blanches. L'abdomen est rouge avec trois rangées longitudinales de taches noires, celles-ci d'ordinaire réunies forment des taches transversales sur plusieurs segments ; il est terminé par un pinceau de poils plus jaunes.

VI — BIOLOGIE

« Dans le Nord de l'Europe, indique V. MAYET (1896) il n'y a qu'une génération par an ; dans le Midi il y en a deux ; tous les œufs pondus en septembre sont éclos et toutes les chenilles ont trouvé à vivre. L'insecte est diurne. »

« Les chenilles hivernent à des grosseurs différentes (ponte échelonnée, nourriture plus ou moins abondante). En novembre les plus grosses avaient de 3 à 4 cm de long, les petites 5 mm environ.

« L'hivernation se passe sous les mottes, les pierres, les écorces ; souvent les chenilles forment des nids. A la faveur d'une journée chaude, durant l'hiver, elles peuvent sortir et consommer un peu d'herbe, en particulier les *Diplotaxis* qui poussent encore pendant l'hiver.

« Ces observations sur le terrain écrivent BERVILLÉ et TERRAL (1958) ont confirmé l'essai fait au laboratoire : des chenilles en hibernation, prélevées en janvier 1958 et placées à une température de 16-17° sur de la nourriture fraîche, ont repris immédiatement leur activité en consommant la nourriture sur laquelle nous les avions placées. Ces chenilles mesuraient de 0,5 à 1,5 cm de long. La reprise de leur activité normale est observée lorsque la température minima de la nuit se tient aux environs de + 7 à + 10 °C. Un état hygrométrique élevé semble leur être favorable. On a obtenu les premiers papillons fin avril-début mai et la deuxième génération se terminait à la fin d'août. Pour les deux générations on a constaté des sorties de papillons très échelonnées, ce qui entraîne forcément la présence à une même époque de chenilles ayant une grosseur assez différente. La mortalité hivernale est très variable, on peut l'estimer en année moyenne à 50 %.

« La chenille bourrue est polyphage, toutes les plantes lui sont bonnes : feuilles de pommier, poirier, vigne ; racines et feuilles de navets. Nous avons toutefois constaté deux refus de consommation en ce qui concerne les feuilles de vigne adultes et la Chélidoine (*Chelidonium majus*). »

« La chenille, très polyphage, selon BALACHOWSKY et MESNIL (1935) vit sur un très grand nombre de plantes basses, en particulier sur l'ortie, le plantain, etc... et elle s'attaque également à la vigne. En année normale, elle se rencontre à l'état sporadique dans les vignobles, principalement sur les mauvaises herbes poussant entre les rangs de vigne, sans occasionner de dégâts appréciables.

« Certaines années, l'espèce peut apparaître en invasion massive et dévaster les vignobles. V. MAYET a constaté à Montpellier des dégâts importants et dans le Gard, en 1889, il a vu de 30 à 120 chenilles par cep. DEGRULLY, en 1904, a observé aussi des invasions très importantes dans la région de Montpellier où 400.000 chenilles furent récoltées. D'autres invasions ont été signalées dans le Midi, notamment par PICARD et FEYTAUD ».

« La *chenille*, longue de plus de 5 cm, est noire avec des bouquets de poils très longs, noirs, implantés sur des tubercules également noirs. Les trois anneaux thoraciques sont garnis de poils d'un roux vif insérés sur des tubercules d'un blanc bleuâtre. La tête est d'un noir brillant ; les pattes brunes, ainsi que la partie ventrale. Les stigmates sont blancs.

« L'activité des chenilles bourrues dépend essentiellement des conditions climatiques. Elle est à son maximum par temps doux et humide. C'est pendant ces périodes que les traitements sont les plus efficaces. Au contraire, les vents violents et secs réduisent totalement ou partiellement l'activité de ces insectes. »

Selon FAVARD (1931) « la chenille de l'Ecaille Martre atteint l'âge adulte vers la fin avril-mai. Alors elle se tisse une coque lâche en soie blanche qu'elle renforce de ses poils, au pied des ceps, dans diverses anfractuosités, sous les corniches des murs ou dans les tas de pierres, pour y subir la nymphose, laquelle dure environ 3 à 4 semaines. »

La *chrysalide* est cylindro-conique, d'un noir luisant, avec l'extrémité abdominale bilobée et garnie de petites épines ferrugineuses. Le cocon, dans lequel elle est enfermée, dans une feuille repliée, entre deux feuilles ou dans une fissure d'écorce, est fait de soie grossière formant un tissu peu serré et entremêlé des longs poils de la chenille ».

C'est de mai à juillet que se trouvent les adultes qui sont nocturnes comme tous les *Arctiinae*.

Les papillons ne se nourrissent pas, les mâles ne vivent que quelques jours 4 ou 5 au plus, les femelles vivent 15 jours à 3 semaines. Les mâles sont attirés par la lumière pendant la nuit..

Après l'accouplement, les femelles pondent leurs œufs de la fin mai à la fin juin, groupés par série d'une cinquantaine environ sur les feuilles de pommier et poirier ou sur les tiges des graminées. Jaunâtres au début, les *œufs* prennent une teinte grise après l'éclosion. Dès leur sortie, les jeunes chenilles consomment le parenchyme foliaire en respectant l'épiderme de la face opposée à leur position. Elles demeurent

Fig. 345 – Papillons d'*Arctia villica* (en haut), *Arctia caja* (au centre) et *Celerio lineata livornica* (en bas), d'après STELLWAAG.

groupées sur les feuilles qu'elles dévorent et passent de l'une à l'autre. Le nombre de chenilles portées par une feuille diminue évidemment à mesure qu'elles grossissent. Les jeunes arbres à l'automne peuvent être totalement défeuillés un mois avant la chute normale des feuilles.

D'après V. MAYET (1890) « La chenille de seconde génération, éclose fin juin, grandira en juillet pour se chrysalider en août et apparaître en septembre comme papillon. Celui-ci ayant la bouche atrophiée, ne mange pas ; il vit peu de jours, juste le temps de se reproduire.

« La chenille de la génération d'été passe d'habitude inaperçue ; les pampres à cette époque étant grands, les feuilles nombreuses, résistantes et les mauvaises herbes, que l'on ne bine plus, suffisant à la voracité de l'insecte.

« En Languedoc, BERVILLÉ (1958, 1962) pense qu'il y a au moins deux générations annuelles, parfois trois. C'est ainsi qu'au début d'août 1957 des chenilles ayant atteint leur développement complet ont été observées. Elles ont donné des papillons entre le 25 août et le 9 septembre. Accouplement et ponte se sont produits dès la sortie et cette dernière a continué jusqu'au 27 septembre. La première éclosion a eu lieu le 12 septembre. »

« Les conditions climatiques de l'automne et de l'hiver jouent un rôle déterminant dans les pullulations. Un automne beau et sec est très favorable à la ponte des papillons de la génération d'automne. Les hivers secs favorisent l'insecte. Au contraire, les automnes et hivers pluvieux et froids permettent les attaques d'un champignon l'*Empusa* qui fait des ravages considérables dans les populations de chenilles. Les chenilles malades grimpent sur les tuteurs ou, sur les parties les plus hautes des souches, blanchissent comme saupoudrées de farine, deviennent rigides et meurent.

« Les chenilles que l'on observe au printemps, dès le débourrement sont nées à l'automne (octobre, novembre). Elles se nourrissent pendant l'hiver lorsque la température est favorable, au-dessus de 5 à 6 °C. Elles hivernent au pied des souches, sous les mottes, au bord des talus, dans les parties sèches. »

ÉCAILLE FERMIÈRE

Syn. Ecaille villageoise, Ecaille marbrée.

Cette espèce appelée d'abord *Chelonia villica* L. est devenue depuis *Arctia villica* L.

« Le *papillon*, selon V. MAYET, mesure 5 à 6 cm d'envergure. Les ailes antérieures sont d'un beau noir velouté avec des taches d'un jaune paille clair, de forme irrégulière. Les ailes postérieures sont d'un beau jaune orangé avec quelques points noirs dans leur partie moyenne et une assez grande tache apicale plus ou moins déchiquetée renfermant aussi dans son intérieur deux ou trois espaces jaunes plus ou moins grands. La tête, les antennes, le thorax et les pattes sont d'un noir profond avec deux taches de couleur paille sur les côtés antérieurs du thorax. En dessous, le thorax et les cuisses offrent des poils d'un rouge carminé. L'abdomen est jaune en-dessus avec son tiers postérieur rouge et quelques points noirs ; en-dessous, il est rouge avec deux lignes d'un brun noirâtre.

« La *chenille* adulte mesure plus de 5 cm et elle est entièrement noire avec des tubercules plus pâles supportant des bouquets de poils d'un brun rouge. La tête est également rouge, ainsi que les pattes.

Les stigmates sont blanchâtres cerclés de noir.

« La *chrysalide*, d'un brun noirâtre, avec les entre-deux des segments plus clairs, ceux-ci garnis de petits faisceaux de poils roux est aussi enfermée dans un cocon de soie grossière. » (V. MAYET, 1890)

« La chenille est polyphage, d'après Balachowsky et Mesnil (1935), on la rencontre sur un très grand nombre de plantes basses et plus spécialement sur les *Lamium*. Elle est très velue, couverte de longs poils bruns noirs lustrés et brillants ; sa tête et ses pattes sont brun rouge.

« L'insecte hiverne sous la forme de jeune chenille et reprend son activité au printemps. Il n'y a qu'une seule génération par an. La nymphose a lieu en juin-juillet, dans un léger cocon tissé dans le pli des feuilles.

« Ses dégâts paraissent peu fréquents sur la vigne. Elle se rencontre par contre en abondance sur les plantes basses de l'automne au printemps. »

ÉCAILLE MENDIANTE

« Cette espèce, nommée *Chelonia ou Spilosoma mendica* L., plus petite que les précédentes, est remarquable par la différence de robe existant entre le mâle et la femelle. Le corps gris chez le premier, blanc chez la seconde, est long de 20 à 22 mm, les ailes fermées et de 35 mm environ d'envergure. Dans le mâle, les quatre ailes sont d'un gris uniforme ; dans la femelle, elles sont blanches, un peu transparentes. Chez les deux sexes, les ailes antérieures seules présentent 5 à 6 points noirs épars et disposés parfois un peu différemment. Les antennes, noires chez la femelle, sont grises et pectinées chez le mâle ; enfin, dans les deux sexes, les cuisses offrent des poils d'un jaune fauve et l'abdomen cinq rangées longitudinales de points noirs.

« La *chenille*, que l'on trouve en juin et juillet, est d'un blanc sale tirant sur le jaune ou le gris ; elle offre une large ligne dorsale d'un gris obscur et sur les parties latérales quelques traits obliques qui paraissent formés par des replis de la peau ; sa tête est d'un roux clair brillant. Tout son corps est recouvert de poils raides, blonds ou roussâtres, disposés par bouquets sur des tubercules peu saillants.

« La *chrysalide* est ovoïde et d'un brun luisant. Le cocon soyeux qui la renferme est d'un tissu lâche entremêlé de poils. Le papillon n'éclôt qu'au printemps suivant. » (V. Mayet, 1890)

ÉCAILLE PIED GLISSANT

« Cette espèce, appelée *Chelonia ou Spilosoma lubricepeda* L. possède une envergure de 4 cm. Elle ressemble par la taille et un peu par la couleur à la femelle de l'Ecaille mendiante. Les ailes antérieures sont d'un jaune terne pâle, presque blanc, en-dessus et en-dessous, avec des points noirs. Les points sont au nombre de 12 à 14 dont trois placés sur la côte ou bord d'en haut ; les autres, à l'exception des deux postérieurs, lorsqu'ils existent, forment une ligne oblique qui descend du sommet au bord interne. Les points des ailes inférieurs varient de un à sept, mais il y en a toujours davantage chez la femelle. La tête et le thorax sont de même couleur que les ailes. L'abdomen, d'un jaune fauve, a cinq rangées longitudinales de points noirs. Les pattes sont d'un brun obscur avec des poils jaunes sur les cuisses. Les antennes sont grises avec la tige noire.

« La *chenille* est d'un brun noirâtre avec une ligne dorsale bleuâtre et des tubercules ferrugineux, sur lesquels sont des aigrettes de poils d'un brun jaunâtre ; mais quelquefois la teinte générale du corps est d'un gris roussâtre avec la ligne dorsale rembrunie. Elle court très vite et c'est cette circonstance qui lui a fait donner le nom de *lubricepeda* (pied glissant). On la trouve depuis juillet jusqu'en octobre sur différentes plantes, y compris la vigne sur laquelle, dit DUNAL, elle occasionne parfois des ravages. Nous ne l'avons pas toutefois rencontrée sur la vigne en Languedoc.

« La *chrysalide* est d'un brun rougeâtre, avec de petits crochets ferrugineux à la pointe postérieure. Le cocon est semblable à celui des autres espèces. »

AUTRES ESPECES

Callimorpha hera L. « Cette espèce qui vit principalement sur les plantes basses a été signalée comme nuisible à la vigne en Suisse. Son attaque est tout à fait exceptionnelle dans les vignobles et son importance économique secondaire.

L'Ecaille couleur de rose (*Chelonia hebe*) se montre fort commune dans l'Hérault, selon PICARD (1914). Le papillon est noir avec l'abdomen d'un rouge carmin vif, taché de noir. Les ailes antérieures sont noires avec des bandes longitudinales noires, cernées de jaune et dont quelques-unes peuvent confluer. Les ailes postérieures sont carmin avec un nombre variable de taches noires. Vivant sur les plantes basses sa présence sur la vigne est accidentelle.

CONDITIONS DE DEVELOPPEMENT

1° L'activité des chenilles bourrues dépend essentiellement des *conditions climatiques*. Elle est à son maximum par temps doux et humide. C'est pendant ces périodes que les traitements sont les plus efficaces. Au contraire les vents violents et secs réduisent totalement ou partiellement l'activité de ces insectes.

2° *Ennemis naturels*

Les Ichneumons (comme I. *tribeneatus*) parasitent les chenilles ainsi que des Hymenoptères braconides : *Apanteles villanus* Reinh. s'attaque à *Arctia villica ; Rhogas geniculator* Nees, *Ascogaster rufidens* Wsm. et *Diglochis omnivora* Wlk sont de précieux auxiliaires contre *Arctia caja*. Ces parasites pondraient sur l'œuf même alors que les Ichneumons pondent sur la chenille bourrue déjà éclose.

D'après FEYTAUD (1917) « les Ecailles et les Noctuelles sont victimes de nombreux ennemis naturels. Les premières sont parasitées par un Hymenoptère Braconide *Apanteles cajae*, voisin de celui qui détruit la Piéride du Chou, par un Champignon *Empusa aulicae* et par une bactérie *Bacillus cajae*.

« Les noctuelles servent souvent de proies à des guêpes ravisseuses (Ammophiles et sont parasitées par un Braconide *Meteorus pallidus* et une mouche Tachinaire *Echinomyia prompta*.

« Les chenilles des deux sont aussi la proie de *Coléoptères* carnassiers et de *Vertébrés* insectivores, notamment divers oiseaux qui détruisent les papillons. »

PICARD et BLANC (1913) ont observé une septicémie des chenilles bourrues dues à un bacille qu'ils ont nommé *Cocobacillus cajae*. Les chenilles atteintes deviennent flasques et exhalent une odeur nauséabonde.

« Certaines chenilles sont malades : elles s'immobilisent, cessent de manger et meurent contorsionnées. Leur cadavre, bientôt raidi devient cassant, note V. MAYET (1896). Pour GIARD (1896) le parasite est un champignon, un *Entomophthora* qui a été rencontré pour la première fois en Prusse à Mewe par BAIL (1869). Cet auteur a très bien décrit le gonflement de la chenille, puis l'efflorescence et la momification si caractéristiques des insectes envahis par les Entomophtorées. En France le parasite fut signalé d'abord par LELIEVRE (1879) aux environs d'Amboise qui indique avoir remarqué en avril-mai puis en juillet à la seconde génération des chenilles d'Ecaille-Martre accrochées en grand nombre et toujours la tête en l'air, soit sur des échalas dans les vignes, soit sur des branches de ronces ou d'un arbuste quelconque, parfois contre les palissades, les murailles, etc... On les croirait pleines de vie, mais en les prenant on s'aperçoit bien vite qu'elles sont mortes et généralement les anneaux gonflés et distendus : une espèce de poussière farineuse d'exsudation graisseuse les recouvre.

« Ce champignon a été identifié à *Entomophthora ou Empusa aulicae Reich* qui est un parasite de *Chelonia aulica* L., espèce autrichienne voisine de *Ch. caja*, découvert par FRAUENFELD en 1835, signalé de nouveau par ASSMANN en 1844, retrouvé et nommé par REICHARDT en 1858 et décrit depuis plus complètement par COHN en 1870.

« Dès que des épidémies se produisent il convient de ne pas enlever les chenilles mortes et même d'arrêter tout autre essai de destruction car beaucoup de chenilles qui paraissent saines sont déjà malades et en les conservant l'épidémie progressera plus rapidement. »

METHODES DE LUTTE

1° *Le ramassage manuel* est efficace mais il réclame beaucoup d'attention et demande un temps variable selon l'importance des invasions (en moyenne trois journées par hectare) et il faut renouveler le passage dans les vignes car de nouvelles invasions peuvent avoir lieu après le premier passage.

2° La *lutte chimique* a d'abord été entreprise avec des produits organo-chlorés à longue durée d'action : Toxaphène à 0,5 — 1 %, Dieldrine à 1 %, aldrine à 1 %. Ces produits assurent une bonne protection dans le temps, mais sont interdits aujourd'hui.

Depuis, on emploie le parathion qui a une durée d'action plus courte à la dose de 0,5 %, l'endosulfan à 200 g de M.A./hl, parfois mélangé avec le précédent.

La cadence des traitements dépendra de l'abondance des chenilles, de la rapidité du développement des pousses de la vigne, de l'importance de la végétation spontanée et de la concentration des bouillies utilisées. Il est indispensable de bien mouiller l'ensemble de la végétation.

⁂

Hyphantria cunea Drury. « Ce Lépidoptère du groupe des *Arctiidae* a été observé en 1951 dans différents coins en Autriche : jardins autour de Vienne, dans le Burgenland et dans certains districts de Basse Autriche où il a fait des dégâts parmi les arbres fruitiers, les arbres forestiers et les vignes.

« Des traitements avec le DDT, l'HCH ont été efficaces sur les jeunes chenilles alors que les chenilles adultes résistent. » (BOHM, 1951)

LES SPHINX DE LA VIGNE

Ces papillons, de la famille des *Sphingidae* sont des parasites occasionnels de la vigne et ils provoquent parfois certains dégâts, qui sont toujours limités.

« Les Sphinx. écrit V. MAYET (1890), se reconnaissent de suite à leur corps énorme par rapport au faible développement de leurs ailes toujours étendues, à leurs antennes fortes, courtes, prismatiques, à leur trompe très développée, à leurs ailes antérieures lancéolées et à leur abdomen conique. Leurs couleurs sont généralement belles, aussi bien chez la chenille que chez l'insecte parfait. Chez celui-ci, les sexes présentent peu de différences extérieures. La chenille porte toujours un éperon sur l'avant-dernier anneau. »

« Ces papillons, d'après BALACHOWSKY et MESNIL (1935) sont essentiellement floricoles et ont un vol extrêmement rapide. Les chenilles, de forte taille, épaisses, glabres sont très voraces. La nymphose s'effectue dans le sol, dans une coque terreuse, agglutinée de quelques soies. La ponte a lieu généralement sur les feuilles où les œufs sont déposés en paquets, leur forme est arrondie et leur couleur claire.

« En Europe et dans le bassin méditerranéen, la vigne est attaquée par quatre espèces de Sphinx, qui occasionnent parfois des dégâts très importants aux vignobles. Les espèces que l'on observe le plus fréquemment sur la vigne sont *Pergesa elpenor* L. répandu dans toute l'Europe mais d'intérêt économique secondaire ; *Hippotion celerio* L surtout abondant dans les vignobles d'Algérie ; *Celerio lineata⁻ livornica* Esp. qui est certainement l'espèce la plus nuisible apparaissant en invasions massives dans le Midi, en Afrique du Nord et en Espagne, et enfin *Pergesa porcellus* L. exceptionnellement nuisible à la vigne.

« Tous ces *Sphinx* ne sont pas inféodés à *Vitis vinifera*, leur habitat normal est constitué par différentes plantes sauvages, notamment les *Galium* et les *Epilobium*. On peut également les rencontrer sur des plantes cultivées telles que le Sarrasin.

« *Distinction des* 4 *Sphinx de la vigne :*

I - Abdomen de couleur plus ou moins uniforme, jamais strié ou moucheté de lignes ou de taches blanches ; espèces de l'Europe tempérée, rares dans les régions méditerranéennes.

— a) ailes postérieures maculées à leur base d'une bande noire atteignant environ la moitié de leur surface ; espèce de taille moyenne *Pergesa elpenor* L.

— b) ailes postérieures maculées d'une tache noire n'atteignant pas la moitié de la surface des ailes, limitée à sa partie basilaire ; espèce de grande taille : *Pergesa porcellus* L.

II - Abdomen jamais de couleur uniforme, toujours plus ou moins strié ou moucheté de lignes blanches ; espèces surtout méditerranéennes, rares en Europe tempérée :

— a) Bande rose des ailes postérieures coupée transversalement de 5 à 6 nervures noires très marquées la divisant en autant de cellules *Hippotion celerio* L.

— b) Bande rose des ailes postérieures large et entière, coupée de quelques nervures à peine marquées : *Celerio livornica* Esp. »

Fig. 346. — Papillons de *Pergesa elpenor* (en haut), *Pergesa porcellus* (au centre), *Hippotion celerio* (en bas) d'après STELLWAAG

LE SPHINX ROSE DE LA VIGNE

All Mittlerer Weinschwärmer.

Connu aussi sous le nom de Sphinx de la vigne, d'après GEOFFROY, c'est le *Deilephila elpenor* L. (1) ou encore *Pergesa elpenor* L.

Selon V. MAYET (1890) « c'est la plus ampélophage des espèces de Sphinx.

Description

« Le *papillon* mesure 6 à 7 cm d'envergure. Le corps est rose avec deux bandes longitudinales d'un vert olive jaunâtre sur l'abdomen et cinq lignes divergentes de cette couleur sur le thorax ; celui-ci est bordé de blanc près de l'attache des ailes et la naissance de l'abdomen offre de chaque côté une tache noire arrondie. Les ailes antérieures sont, en-dessus, d'un rose pourpre avec trois bandes d'un vert olive clair. La bande antérieure longe presque toute la côte et elle a le milieu marqué d'un petit point blanc. La bande intermédiaire est oblique et se confond à sa partie supérieure avec la bande précédente. La bande postérieure, également oblique, finit en pointe au sommet. Indépendamment de cela, il y a une petite tache brune contre la base de l'aile et le bord interne est garni de poils blancs depuis son origine jusqu'à la bande postérieure.

Les ailes postérieures sont, en-dessus, d'un rose pourpre avec la moitié basilaire d'un brun verdâtre, le bord supérieur est d'un blanc teinté de verdâtre et le bord postérieur est liseré de blanc pur. Le dessous des quatre ailes est rose, avec une ou plusieurs bandes à leurs partie antérieure d'un jaune verdâtre variant de formes. Les antennes, roses en dedans, d'un verdâtre rosé en dehors, sont liserées de blanc en-dessus. Les pattes sont blanches, la trompe d'un jaune sombre un peu doré. »

Biologie

STELLWAAG (1928) indique qu'il y a une seule génération par an dans l'Europe centrale et deux générations dans l'Europe méridionale.

La chrysalide, qui passe l'hiver, est d'un brun roux rappelant la couleur vieux-bois, avec la partie dorsale plus claire et celle qui correspond aux appendices du vol et de la marche plus foncée. L'extrémité de l'abdomen est en forme de pointe incurvée vers le bas, de couleur noire ; les stigmates et une rangée de petites épines entourant presque entièrement les 4e, 5e et 6e anneaux abdominaux sont également noirs.

FEYTAUD (1917) en Gironde note « l'apparition des papillons vers la fin de mai. Crépusculaires, ils volent à la tombée de la nuit. Leur longue trompe leur permet de puiser du nectar au fond des corolles les plus profondes.

Les femelles fécondées pondent sur les feuilles de la vigne des groupes d'œufs (20 à 25) arrondis, verdâtres, dont l'incubation dure une dizaine de jours.

La chenille, sortie de l'œuf courant juin, mange et grossit en juillet-août pour devenir adulte en septembre, mesurant alors 6 à 7 cm.

La *chenille* est verte quand elle est jeune, conservant parfois cette couleur dans un âge avancé ; mais alors les raies obliques qu'on observe sur ses côtés sont noirâtres au lieu d'être grisâtres. Elle a sur le premier et le deuxième segment de l'abdomen deux taches noires orbiculaires et marquées chacune d'une lunule dont les bords sont d'un blanc violacé

---

(1) BALACHOWSKY et MESNIL (1935) ont écrit par erreur DEILEIPHILA.

et le milieu d'un brun olivâtre. Elle a, de plus, le long du dos, deux rangées de points de cette dernière couleur. Son éperon est recourbé, noir, avec l'extrémité blanchâtre. La tête est petite, ainsi que les deux premiers segments du thorax, dont le dernier segment (métathorax) est seul développé. Les pattes articulées sont d'un gris luisant, les fausses pattes brunes.

Parvenue à la fin de sa croissance, la chenille, quitte le feuillage, s'enfonce dans le sol ou sous les herbes, construit autour d'elle une sorte de coque aux parois unies formée de débris variés et de quelques fils de soie. C'est là qu'elle se transforme en chrysalide pour hiverner.

Dégâts

« Bien que les chenilles du Sphinx rose soient assez polyphages et se nourrissent à l'occasion sur des plantes variées (Salicaire, Epilobe, Caille-lait, etc...) elles sont dangereuses pour la vigne, sur laquelle elles apparaissent quelquefois en grand nombre. Leurs dégâts sont graves lorsqu'ils privent les ceps d'un nombre important de feuilles, circonstance qui compromet l'aoûtement des bois et la maturation des raisins.

« D'ordinaire, le sphinx éprouve les vignes en espaliers, sur lesquelles le voisinage de murs ou de bâtiments favorise sa multiplication en offrant des abris aux larves et aux chrysalides. Dans les vignobles bien tenus, il commet rarement des méfaits graves en plein champ, parce que le travail du sol au cours de l'hiver compromet, dans une large mesure, la survivance des chrysalides. La bonne tenue du vignoble est ainsi le meilleur préventif. »

Pour V. MAYET (1890). « En dehors des vignes en espaliers le sphinx de la vigne ne fait pas des dégâts sérieux. Il ne broute la vigne sous forme de chenille que de juin à fin août, étant à l'état de chrysalide ou de papillon inoffensif lorsque les pousses sont tendres. La présence de la chenille dans les espaliers est d'ordinaire décelée par ses grosses déjections cannelées et verdâtres qui tombent au pied des ceps. Il est donc facile de la détruire dès son repérage. »

LE SPHINX POURCEAU

Appelé aussi sphinx petit pourceau.

en All. Kleiner Weinschwarmer.

Son nom scientifique actuel est *Pergesa porcellus* L. après avoir été dénommé successivement *Sphinx porcellio* L., *Deilephila porcellio* L.

Description

Le *papillon* possède une couleur rose tendre, d'où son nom de pourceau. « C'est le plus petit des sphinx de la vigne, ne mesurant que 3 à 4 cm d'envergure, écrit V. MAYET (1890). La couleur dominante sur le corps et les ailes de cette petite espèce est le rose. Le milieu des quatre ailes est d'un jaune verdâtre clair et le bord antérieur des deux ailes postérieures est teinté de brun.

« La *chenille* est brune ou verte, généralement brune ; elle a de chaque côté, sur le devant du corps, trois taches oculaires noires à prunelle blanche et à iris roussâtre. La corne est courte, à peine saillante ».

D'après STELLWAAG (1928) il n'y aurait qu'une seule génération en Europe moyenne et deux dans le Midi.

Cette espèce, en dehors de la vigne où elle ne commet pas de dégâts appréciables, vit également sur le Caille-lait jaune (*Galium verum* L.) et l'Epilobe (*Epilobium*).

BALACHOWSKY et MESNIL (1935) indiquent que « les invasions généralisées sont rares et qu'ils ont reçu des échantillons de divers vignobles, notamment des Charentes où les dégâts furent d'ailleurs très secondaires.

« Ce sphinx est répandu dans toute l'Europe tempérée, il est moins fréquent en Europe méridionale et fait totalement défaut en Afrique du Nord. »

LE SPHINX COMMUN DE LA VIGNE

Esp. Esfingido de la Vid.

Appelé aussi sphinx à bandes (V. MAYET) ou en anglais The white-lined sphinx, il a d'abord été décrit sous le nom de *Sphinx (Deilephila) lineata* L., puis *Celerio lineata* F. qui serait le type américain. En Europe et en Afrique on possède une variété particulière dénommée *Celerio lineata* F. *var. livornica* esp. car elle fut observée la première fois en Italie à Livourne.

Description

« Le *papillon* possède une taille assez grande, mesurant 75 à 90 mm d'envergure et la femelle est toujours plus grande que le mâle. Les ailes supérieures sont d'un brun olivâtre avec une bande oblique jaunâtre qui traverse l'aile d'un bout à l'autre. Les nervures blanches forment 6 bandes claires parallèles et sensiblement perpendiculaires à la bande jaunâtre. Les ailes inférieures, sont bordées de noir et possèdent une large bande médiane rose carminée terminée par une tache blanche.

« Les quatre raies blanches longitudinales dont le thorax est orné, les deux intermédiaires convergentes, permettent de distinguer cette espèce de toutes les autres. » (V. MAYET, 1890).

« Le thorax, écrivent BALACHOWSKY et MESNIL, est très velu, orné de pinceaux de poils, olivâtres, bordés longitudinalement de liserets blancs. L'abdomen, volumineux, en forme de cigare, est rayé transversalement de bandes alternantes noires, roses et blanches.

Biologie

« Il y a toujours deux générations dans le Midi et en Algérie et vraisemblablement trois dans les régions tropicales.

« Les papillons apparaissent assez tôt au printemps, vers le mois d'avril, au moment du débourrement des premières feuilles de la vigne.

« La femelle pond sur les feuilles des œufs de petite taille, de forme arrondie, de couleur vert émeraude, qui sont déposés en paquets de 50 à 100 éléments et parfois même davantage. L'incubation est rapide et ne dure guère plus d'une quinzaine de jours.

« Les chenilles de la première génération sont adultes vers la mi-juin ou au début de juillet, c'est surtout à cette époque qu'elles sont le plus nuisibles et que les dégâts s'observent dans les vignobles.

« Les chenilles adultes atteignent une très grande taille, 8 à 9 cm et plus. Leur coloration est très variable, mais toujours la même pour les individus issus d'une même famille. On observe le plus fréquemment *deux formes distinctes*, une *forme noire* maculée dorsalement de taches géométriques jaunes et une *forme rose* ou *noire* à taches latéro-dorsales ocellées blanches. L'éperon est bien développé, de couleur jaune dans le premier cas, rose dans le second, avec la pointe toujours noire. »

En Suisse romande (1958) on a observé trois types différents de chenilles : un type presque entièrement noir à lignes longitudinales jaunes pratiquement sans ocelles ; un deuxième également noirâtre mais avec des taches dorsales moins foncées et un autre enfin ayant une couleur fondamentalement plus claire (jaune verdâtre) et présentant des ocelles blanchâtres nettement marqués.

Pour V. MAYET « la couleur de la chenille est très variable, allant du vert clair au noir selon les individus. Sur les moins foncées on observe trois bandes dorsales longitudinales, ponctuées de taches régulières. L'abdomen est de couleur jaunâtre. »

La nymphose a lieu à nu dans la terre, à une faible profondeur. La chrysalide est d'abord jaunâtre, puis brune, mesurant 4, 5 cm de longueur.

« Le papillon de deuxième génération apparaît au début d'août ; les chenilles s'observent dans les vignobles à l'approche de la récolte mais sont toujours en nombre limité et n'occasionnent pas de ravages comparables aux individus de première génération. Les chrysalides de deuxième génération hivernent en terre, tout au moins dans le Midi de la France ; en Algérie il peut y avoir une troisième génération. » (BALACHOWSKY et MESNIL).

Au Maroc, écrivent GUILLEMINET et ROCHE (1957), il y a, selon LESPES, trois générations, observées à port-Lyautey :

	Première génération	Deuxième génération	Troisième génération
Accouplement	avril	8 juillet	26 août
Ponte	avril	9 juillet	27 août
Eclosion	avril	11 juillet	30 août
Chrysalidation	15 juin	13 août	1er octobre
Adultes	5 juillet	23 août	20 octobre ou mars-avril
Durée de l'évolution	3 mois	1 mois et demi	7 mois

« A Casablanca, il semblerait que la première génération évolue plus rapidement avec des éclosions en 1956 dès le 13 juin, les chrysalidations s'étant produites fin mai. Mais en raison de l'étalement des pontes les éclosions ont continué jusqu'au début de juillet.

« Les femelles pondent immédiatement, après l'accouplement, de 80 à 140 œufs sur les feuilles. Mais les populations sont souvent limitées par des parasites, de l'ordre des Diptères.

« Les œufs, de petite dimension, ont une incubation très courte. Les jeunes larves mangent peu au début, mais leur appétit croît rapidement avec leurs dimensions, dévorant les feuilles, les jeunes écorces et les jeunes grappes peu développées. »

Dégâts

La chenille du Sphinx commun de la vigne est très polyphage, vivant ordinairement sur certaines Rubiacées, comme le Caille-lait (*Galium mollugo* L.) des Polygonacées comme l'Oseille (*Rumex acetosa* L) le Sarrazin (*Polygonum fagopyrum* L. et *tataricum*), des Scrofulariacées comme les mûfliers (*Anthirhinum*) et diverses plantes : scabieuse, poischiche, asperge, mimosa, fuschia, plantain, pissenlit et même l'eucalyptus.

Les dégâts sur la vigne portent sur les feuilles que les chenilles découpent profondément, les extrémités des rameaux, sur les jeunes grappes nouées et même les vrilles.

Les chenilles, très voraces, peuvent ainsi dépouillées fortement les souches. Les ravages les plus importants sont ceux causés par les chenilles de la première génération car elles apparaissent en grand nombre. Les chenilles des autres générations sont bien moins nuisibles car elles sont décimées par différents agents destructeurs.

BALACHOWSKY et MESNIL signalent « qu'en 1931 ils ont observé des dégâts considérables dans les vignobles du Var, notamment à Fréjus où les ravages de la première génération ont vivement inquiété les viticulteurs. COTTE (1920) a observé aussi d'importants dégâts en Provence. BERNÈS (1932) signale une invasion de chenilles de sphinx (*D. livornica* dans le Var depuis la mi-mai et il rappelle les invasions précédentes à La Croix (1920), La Motte (1928), Fréjus, Puget, Roquebrune, Le Muy, La Motte, Saint-Tropez, Carcès, Le Luc, etc. (1931). En Algérie, toute une série d'invasions sont restés mémorables, en particulier celle de 1904 où dans le département d'Oran on pouvait compter jusqu'à 200 chenilles par cep. »

Cette invasion a été décrite par MARÈS (1904) « dans tout le vignoble de la région montagneuse de Ain-Bessem, Bir-Rabalou, les Trembles, à Médéa, Berrouaghia, Ben-Chicao, Hamman Rhira, Marguerittes, Sidi Bel Abbes vers la fin mai alors que ces insectes vivent d'habitude sur les Chenopodiacées qui croissent sur les hauts plateaux. Les papillons amenés il y a un mois, par le sirocco et d'autant plus nombreux que grâce à l'abondance des pluies leurs nombreuses chenilles avaient pu se nourrir et arriver à terme, ont pondu dans les vignes. Dans certains endroits on a compté jusqu'à 190 chenilles sur une souche et celle-ci était nettoyée de ses bourgeons terminaux, de ses feuilles et de ses grappes en 2 ou 3 jours. »

En 1923, une invasion formidable fut observée par DELASSUS dans toute la Mitidja (Alger), sévissant particulièrement dans les communes de l'Arba et de Souk-el-Haad.

En Italie, le *Celerio lineata* provoque des dégâts dans le sud dans la région de Bari (à Corato, Ruvo) où il a trois générations par an : la première allant de fin mai-début juin jusqu'à la première quinzaine de juillet ; la seconde allant de la mi-juillet à la première quinzaine d'août et la troisième allant de cette époque jusqu'à la fin octobre.

Des dégâts importants ont été également signalés en Palestine, en Egypte, en Hongrie, en Espagne et même en Mésopotamie où d'après BEDMAN les invasions sont considérées comme une véritable calamité.

Les premières générations sont seules virulentes, le parasitisme très intense qui s'exerce sur cette espèce entrave généralement le développement de la seconde génération. L'attaque de ce sphinx a lieu par *invasions généralisées*, de plus ou moins grande amplitude, pouvant s'étendre à tout un pays. En année normale, on ne trouve que quelques chenilles, dont l'importance économique est négligeable.

En Haute-Garonne, dans le vignoble de Fronton, BESSON (1958) a décrit une forte invasion de ces chenilles venant de friches remplis de *Rumex*. En quelques heures, une quinzaine de chenilles suffisent à dépouiller complètement une souche moyenne.

Cet insecte vit normalement en Afrique du Nord. En 1958, en Suisse romande une forte migration a eu lieu, amenant de nombreux individus. Les premiers papillons ont été signalés dans le vignoble du Valais central au début de mai. Les vols les plus importants ont eu lieu du 10 au 15 mai intéressant les régions viticoles du Valais du Chablais vaudois, du Lavaux, de la Côte et du Pied-du-Jura.

Des pontes ont été observées au début de juin et les premières larves apparurent du 10 juin au 10 juillet.

Les grandes migrations ne sont pas rares : obéissant à des lois mal connues, de nombreux papillons quittant en avril leur pays d'origine montent vers le Nord et envahissent les régions viticoles du sud de la France et de l'Italie. Ils parviennent moins fréquemment à traverser les Alpes pour atteindre parfois le Nord de l'Europe.

HIPPOTION CELERIO L.

All. Grosser Weinschwarmer.

Selon BALACHOWSKY et MESNIL (1935) cette espèce appelée d'abord *Deilephila celerio* L., puis *Chaerocampa celerio* L .est commune sur la vigne dans la région méditerranéenne, mais elle est moins fréquente que *Celerio lineata* var. *livornica*.

« Le *papillon* se reconnaît à la longueur de l'abdomen, terminé en cigare, très étroit et allongé, surtout chez le mâle et à la longueur démesurée de la trompe. Il atteint 40 à 60 mm d'envergure, mais les ailes postérieures sont beaucoup plus courtes que les ailes antérieures. Ces dernières, aux angles extérieurs pointus, sont brunes ou noires, veinées de blanc, formant un dessin irrégulier. Les ailes postérieures sont enfumées à leur base et bordées de noir sur tout leur pourtour ; l'aire centrale est rose, entrecoupée de nervures noires transversales. Le thorax et l'abdomen sont couverts de longs poils gris, bruns et roses. A leur face inférieure, les ailes sont d'une couleur terne plus uniforme. »

« D'après STELLWAAG (1928) il y aurait deux générations par an dans la région méditerranéenne : la première se manifesterait à la fin du printemps et la deuxième à la fin de l'été. En Afrique du Sud, il pourrait y avoir jusqu'à quatre générations.

« Les œufs sont pondus sur les feuilles de vigne parfois mais plus généralement, d'après DELASSUS et al (1934) sur certaines plantes comme le Caille-lait et la Scorzonère.

« La *chenille* diffère notablement de celle des autres Sphinx. Elle est très épaisse, grasse, mesure 7 à 8 cm à son complet développement. Sa couleur varie du vert au brun, mais les segments thoraciques sont très rétrécis par rapport à ceux de l'abdomen. A partir du deuxième segment abdominal, la cuticule est maculée de chaque côté par une tâche orbiculaire blanche et noire jusqu'au huitième segment ; l'éperon est bien développé, érigé, de couleur brune.

« Cette espèce occupe une *aire de répartition* très étendue, allant de l'Atlantique au Pacifique à travers toute l'Europe et l'Asie ; au Nord, elle remonte jusqu'en Angleterre et au Sud on la trouve en abondance sur presque tout le continent africain. Sa présence a également été signalée en Australie.

« La chenille vit principalement sur la Vigne et la Vigne-vierge, mais d'après STELLWAAG (1928) elle vivrait également sur les *Acacia*, le tabac, la pomme de terre. SPULER (1908) la signale aussi sur les *Galium* et les *Linaria*.

« En France, on trouve ce sphinx à l'état sporadique dans toute la région méditerranéenne, mais il ne semble avoir qu'exceptionnellement attiré l'attention des viticulteurs. En Algérie, il s'attaque souvent à la vigne, mais ses dégâts sont nettement inférieurs à ceux du sphinx commun et il apparaît exceptionnellement en invasions généralisées. Dans son ensemble cette espèce se montre peu nuisible à la vigne. »

LUTTE CONTRE LES SPHINX

« En cas d'invasions massives, les traitements arsenicaux sont efficaces (arseniate diplombique à 1 %) et pour les derniers traitements on aura recours à la nicotine ou à la roténéone ».

« Dans le cas de faible invasion, l'échenillage à la main est à conseiller. » (BALACHOWSKY et MESNIL).

Les pulvérisations arsenicales à 1 % donnent de bons résultats car les jeunes chenilles ne résistent pas à cette ingestion. En Algérie on a pu arrêter des invasions avec de simples solutions d'arsenite de cuivre à 150 g par hl.

La nicotine 300 à 400 cm³ de nicotine titrée à 500 g dans 100 litres d'eau ont aussi une action directe ainsi qu'un effet répulsif.

Les essais réalisés par BESSON (1958), de la Protection des Végétaux de Toulouse ont permis de faire trois groupes de produits chimiques :

1° Ceux dont l'action arrête immédiatement les dégâts :

— en provoquant une mort rapide des insectes (moins de 24 heures) : dimethyl-trichloro-hydroxy-ethyl-phosphonate ;

— en provoquant une mort relativement lente (de 3 à 4 jours) : DDT et arseniate de plomb.

2° Produit efficaces, mais dont l'action n'arrête pas immédiatement les dégâts :

— efficacité très bonne (mais les dégâts continuent encore pendant 24 heures) : parathion ;

— efficacité incomplète (25 % des chenilles ne meurent pas après 4 jours) : méthyl-parathion.

3° Produits sans action ou à action très faible : dieldrine, lindane (les chenilles continuent à s'alimenter jusqu'à la nymphose et les nymphes donnent des papillons) (du 14 au 22 juillet).

Au Maroc, GUILLEMENET et ROCHE n'avaient eu de bons résultats qu'avec l'arseniate de plomb à 1,5 % en utilisant 600 l/ha. Ils avaient noté aussi un effet répulsif de certains insecticides : Roténone, Chlordane, Parathion.

LE COSSUS GATE-BOIS

I — SYNONYMIE

All. Weindenbohrer.

II — SYMPTOMES

« Chez les arbres forestiers ou d'ornement, indique PASTRE (1894) la chenille creuse ses galeries sur le tronc et les rameaux. Mais chez la vigne la partie aérienne est intacfe et seule la partie souterraine est perforée ; sur la vigne franco-américaine, la lésion a pour centre le point de soudure.

« Les souches attaquées par les *Cossus* présentent les caractères géné- raux suivants : un trou, formé comme par une vrille de petit calibre, permet à l'insecte de pénétrer dans le tronc ; là il creuse une sorte de loge, de longueur et de profondeur variables, parallèle au centre de la souche, se dirigeant de bas en haut, qui, sur certains pieds, occupe le diamètre du plant tout entier ; le greffon ne vit que par ses parties corticales et souvent même est presque séparé du porte- greffe. Les sujets forts et robustes sont absolument détruits comme les autres. Le diamètre des greffes et leur âge semblent aussi sans grande importance. Tant que les *Cossus* n'ont pas fait assez de mal pour arrêter la végétation, rien ne révèle leur présence ; même après un déchaussage ;

logés dans le bois, ces insectes ont la précaution de boucher le trou avec de la sciure de bois mélangée avec de la terre (en réalité ce sont leurs excréments). On constate seulement sur la partie bouchée un suintement assez constant provenant des cellules détruites ou des déjections. Sur certaines souches, la larve se contente de détruire l'écorce et une partie du cambium sur une profondeur de 1 ou 2 mm. »

III — SYSTEMATIQUE

Cet insecte lignivore fut d'abord décrit, en 1761 par LINNÉ sous le nom de *Bombyx cossus*, puis il fut successivement dénommé *Trypanus cossus* L., *Cossus ligniperda* Godart pour être appelé maintenant *Cossus cossus* L. Il appartient à la famille des *Cossidae* qui comprend notamment les genres *Cossus* et *Zeuzera*.

Le genre *Cossus* est caractérisé par un corps gros et velu, des antennes pectinées dan les deux sexes, une trompe nulle, un abdomen terminé par un oviducte tubulaire destiné à enfoncer les œufs entre le bois et l'écorce des arbres. Les chenilles répandent une odeur fétide, qui révèle facilement leur présence.

IV — DESCRIPTION

Le *papillon* est de grande taille : 35 à 45 mm de long avec une envergure moyenne de 80 mm, mais qui peut varier de 65 à 100 mm. Ce papillon, massif possède une coloration générale terne de teinte gris bistré et un corps trapu recouvert de pilosité.

Les ailes antérieures sont puissantes, bien développées, marbrées de blanc et de gris cendré, chagrinées d'une multitude de petites lignes sinueuses, plus sombres, transversales se détachant sur la couleur foncière de l'aile ; les ailes postérieures sont caractérisées par une pilosité bien apparente à la partie proximale. Au repos, les ailes sont repliées en toit le long du corps.

Le thorax est volumineux, recouvert d'abondants coussinets de poils couchés ; il est marqué sur sa partie postérieure d'une bande noire veloutée en forme de fer à cheval.

Fig. 347. — Cossus gâte-bois (d'après BONNEMAISON)

L'abdomen, épais, très velu, gris foncé a les segments bordés de teintes plus claires.

La femelle diffère du mâle par des dimensions plus grandes et des antennes moins pectinées.

V — BIOLOGIE

Le cycle évolutif de cet insecte varie avec le climat et dure 2 ans en Afrique du Nord (BALACHOWSKY et MESNIL, 1935) 3 ans en France pour V. MAYET (1894). Dans la région parisienne BENARDEAU et MONTUPET (1964) ont constaté dans leurs élevages que 70 % des chenilles évoluaient en 3 ans et 30 % en 2 ans. Elles passent par 14 mues au cours de leur vie et si la quatrième mue intervient avant la première hibernation le cycle ne sera que de 2 ans. Si l'on constate une cinquième mue avant cette période, l'insecte se développera en 3 ans.

« Dans les régions plus septentrionales, le cycle est plus long, indique FERON (1966) et s'accomplit en 3 ou 4 ans. Cependant il ne semble nulle part être inférieur à 2 ans. »

L'*apparition des adultes* peut avoir lieu dès le mois de mai dans le Sud de la France et en Afrique du Nord, mais plus au Nord elle ne se manifeste que de la fin juin à août. L'imago ne vole que la nuit tandis que le jour il reste immobile, ailes repliées, se confondant par sa couleur avec les écorces des arbres. N'ayant pas de trompe, il ne peut se nourrir et vit peu de jours, juste le temps de s'accoupler et pour la femelle de pondre.

L'accouplement nocturne suit de près l'éclosion et la femelle fécondée dépose ses œufs profondément dans les fissures des écorces du tronc, en général à hauteur d'homme, grâce à un puissant oviscapte chitineux retractile. Les œufs sont déposés par groupes de 15 à 50 et chaque femelle pond de 300 à 800 œufs parfois davantage jusqu'à 1.500.

L'*œuf* est très petit 1,5 x 1 mm et « il a la forme d'un sphéroïde oblong, selon LYONNET (1760). A la loupe on voit que de larges sillons ondoyants et inégaux parcourent sa longueur et que ces sillons sont eux-mêmes traversés par des striures très serrées qui les croisent, ce qui donne à l'œuf l'allure d'un tissu d'osier. Ces œufs sont blancs dans l'ovaire ; pondus, ils deviennent grisâtres et de larges raies d'un brun rougeâtre très foncé colorent au moment du passage dans l'ovaire l'intérieur des sillons faisant paraître les œufs d'un brun rouge rayé de noir. Ces œufs, pondus en juillet, éclosent en août, au bout de 8 jours. »

Dès sa sortie de l'œuf, la jeune chenille pénètre sous l'écorce, évoluant d'abord dans la couche sous-corticale, puis gagnant le cambium. Elle ne dépasse guère ce niveau la première année et mesure à peine 2 à 3 cm de long à l'approche de l'hiver, son développement s'arrêtant aux premiers froids.

Au printemps suivant, les chenilles, qui étaient restées durant tout l'hiver en diapause reprennent leur activité ; elles deviennent très actives, voraces et pénètrent profondément dans le bois, creusant des galeries qui atteignent parfois le cœur des arbres. Ces galeries sont ascendantes ou légèrement obliques et leur section est toujours elliptique. Elles attaquent le bois après l'avoir ramolli, en dégorgeant un liquide rougeâtre à odeur fétide, rappelant le vieux cuir ; à l'extérieur, des glomérules rougeâtres de sciure excrémentielle s'accumulent au pied des troncs attaqués. C'est durant cette seconde année d'évolution que les dégâts sont les plus accusés.

Durant le second hiver, les chenilles vont rester abritées dans leurs galeries sans se nourrir, à l'état de diapause. Elles ne vont reprendre leur activité qu'au printemps de la troisième année. Elles remontent à l'extrémité de leur galerie et entament l'écorce pour former un trou de sortie, obturé aussitôt par un bouchon de sciure de bois aggloméré. C'est à cet emplacement que la chenille va se confectionner une large loge nymphale, de forme élargie, entourée de fibre de bois et de sciure agglutinée par la salive formant un véritable cocon ligneux dans lequel va s'opérer la nymphose.

La *chenille* adulte peut mesurer de 7 à 10 cm de longueur. Sa couleur varie du blanc jaunâtre au rosé, avec le dos variant du rose ou rouge vineux au brun rouge. Les côtés sont jaune crème, comme le dessous du corps. La tête est noire, très chitinisée, armée de deux fortes mandibules ; le premier segment ou prothorax présente deux taches noires. La larve est munie de 6 pattes écailleuses et de dix fausses pattes abdominales.

Les soies dorsales, très espacées, sont souples et de couleur dorée.

Dans le cocon, la chenille a toujours la tête tournée du côté de l'issue et de ce côté, le tissu de soie est plus mince pour faciliter la sortie de l'insecte. Rarement la chenille sort de la souche pour se construire un abri dans un tas de feuilles mortes ou en dessous d'une grosse pierre.

« Abritée dans sa loge la chenille demeure quelques jours en repos, indique LYONNET (1760) ; d'abord sa couleur rouge pâlit, son corps commence ensuite à être picoté de points bruns ; ces points deviennent des taches, qui grandissent et finissent par couvrir presque toute la peau, ce qui annonce son changement prochain. En même temps le corps se raccourcit en diminuant vers la partie postérieure et en se renflant de plus en plus vers la partie antérieure, ce qui enfin y fait crever la peau, dont l'animal se dégage en la faisant glisser, par divers mouvements, vers le bout de la queue. On obtient ainsi la chrysalide, qui mesure 50 à 60 mm de long. L'enveloppe est d'abord molle, humide et blanche avec une teinte de rouge sur le dos ; mais peu après elle devient dure, sèche et de couleur marron. Cette chrysalide est remarquable en ce que sa partie antérieure est garnie de deux pointes placées l'une au-dessus et l'autre au-dessous des yeux et qu'elle a encore sur le dos, depuis le corselet jusqu'à l'extrémité du corps, plusieurs rangées de pointes ou spicules, les unes au-dessous des autres, dirigées vers la queue, de manière à former un angle aigu avec le corps.

« La sortie du papillon adulte a lieu environ un mois plus tard l'insecte commence à s'agiter dans sa coque et s'y fait entendre par des ratissements réitérés. C'est alors que ces pointes lui font usage. Celles de son dos, par leur direction, lui servent pour se porter en avant avec force vers le devant de la coque et celles de sa tête lui servent d'outils pour l'entamer à cet endroit qui est le plus faible. Au bout d'un quart d'heure, la chrysalide ayant fait une ouverture à la coque, continue à se porter en avant par divers mouvements et passe presque toute sa partie antérieure par ce trou. Elle se repose un peu et le papillon fait des efforts pour se dégager de l'enveloppe de la chrysalide qui demeure ficher dans le tronc. L'adulte se fixe contre le tronc de l'arbre, la tête vers le haut et reste immobile quelques heures. C'est alors que s'achève ce qui manquait encore à son développement, c'est-à-dire l'extension des ailes. »

Cette éclosion se fait le matin. Une fois les ailes déployées, l'insecte évacue son *meconium* et reste immobile, les ailes pliées jusqu'à la nuit tombante, moment où il s'envole.

VI — DEGATS

Pour V. MAYET (in CARRÉ, 1902) « avant le greffage le mal était inconnu. Mais comme les vignes greffées sont affaiblies, cela explique les nombreux échantillons reçus. Toute vigne attaquée est une vigne qui souffre d'autre chose. En Algérie et en Camargue il faut accuser l'excès de sel dans le sol. La présence de saules près de vignes favorise la contamination et si on abat un de ces arbres la chenille va chercher sa nourriture dans le cep de vigne.

« Dans la Haute-Garonne, les ceps âgés de 8 ans et greffés sur Riparia ont été plantés à proximité de saules, qui sont actuellement dévorés à la base par les chenilles. Ces arbres doivent être arrachés et brûlés ainsi que les ceps contaminés. »

FEYTAUD (1920) a observé des dégâts en Gironde, V. MAYET en Camargue et d'Afrique du Nord il a reçu des ceps attaqués venant de Oran, Miserghin, Saint-Denis-du-Sig, Boufarik, Tunis.

VII — LUTTE

Le *Cossus* est généralement un parasite secondaire qui s'attaque aux arbres souffreteux, ayant de nombreuses plaies de taille (arbres des bord de routes). Chez la vigne ses attaques sont assez rares et on ne peut donc considérer ce papillon comme un ennemi important, méritant une lutte systématique.

PASTRE (1894) pour arrêter les dégâts et l'extension du foyer qu'il avait dans sa propriété avait pris les mesures suivantes : Toutes les souches avaient été déchaussées, puis elles ont été examinées avec le plus grand soin : muni d'un fil de fer le vigneron a scrupuleusement sondé toutes les cicatrices des ceps : sur le plus grand nombre on n'a trouvé qu'une seule chenille par loge, mais cependant un seul pied en portait cinq. Les souches ont été décortiquées, blanchies avec un lait de chaux, le sol a été recouvert, au pied du tronc, de chaux en poudre ; toutes les chenilles ont été détruites. »

On peut aussi envisager d'introduire dans les galeries une substance chimique capable de dégager des vapeurs toxiques : sulfure de carbone benzine, paradichlorobenzène. On place un tampon d'ouate imbibé de sulfure ou de benzine à l'entrée de la galerie qui est obturée avec un mastic.

CHENILLE MINEUSE
DES FEUILLES DE VIGNE

I — HISTORIQUE

« Selon V. MAYET (1890), le premier travail concernant cette espèce, découverte dans l'île de Malte a été publié en 1750 par GODEHEN de RIVILLE, travail reproduit par BONNET (1764) dans le livre Contemplation de la Nature, puis par LATREILLE (Histoire Naturelle des Insectes). Enfin VALLOT (1839) est le premier à décrire cet insecte sous le nom de *Alucita uvella.*

« En 1855, STAINTON, ignorant le travail précédent, le décrit à nouveau sous le nom de *Antispila rivillei*, nom qui fut longtemps adopté. Puis en 1877, RONDANI, de Parme étudie cette espèce qu'il appelle alors *Antispila Rivillella ;* on trouve ensuite les observations de PELLEGRINI (1878, 1879) et le mémoire de TARGIONI-TOZZETTI (1884) qui résume tous les travaux précédents.

II — SYMPTOMES

« La chenille fait dans la feuille une mine courte, transparente, de forme ovalaire, allongée ou irrégulière qui atteint 20 mm de diamètre environ. La partie basale est presque complètement remplie de déjections noires agglomérées qui deviennent plus clairsemées sur le reste du parcours. La feuille se décolore au niveau de la mine, devient jaunâtre, laissant apparaître la chenille par transparence. » (BERRO)

« La mine reste normalement localisée entre deux nervures secondaires. Lorsque le développement larvaire est achevé, on observe, à l'extrémité de la mine, une partie découpée, de forme arrondie. (RÉAL in BALACHOWSKY, 1972).

III — SYSTEMATIQUE

Cette espèce appartient à la famille des *Héliozelidae*, qui dépend elle-même de la super-famille des *Incurvarioidea* appartenant à la Division des *Monotrysia*.

Les noms scientifiques portés successivement par ce papillon ont été *Alucita uvella* VALLOT (1839), *Antispila rivillei* STAINTON (1855), *Antispila rivillella* RONDANI (1877) pour aboutir au nom actuel *Holocacista rivillei* (Stainton). WALLS et DURR.

IV — DESCRIPTION

Le *papillon* est de petite taille 1,5 mm de longueur avec une envergure de 2,5 à 4 mm de sorte qu'il passe souvent inaperçu dans les vignes. Son corps est d'un brun rouge, avec le thorax argenté en dessus, de couleur blanche en dessous. Tête brillante et argentée, trompe courte ; antennes du mâle à peine pubescentes, blanches à la base, métalliques au sommet ; palpes maxillaires nulles, palpes labiaux de trois articles épais, le dernier de ceux-ci en forme de cône aigu, tous couverts de poils assez longs.

Les ailes antérieures sont d'un noir verdâtre avec 4 taches triangulaires, allongées de couleur jaune citron doré dont deux placées sur la côte alaire et 2 contre le bord anal, dans la zone basilaire. Les ailes postérieurs sont brunes avec une frange de poils plus clairs.

Les pattes antérieures sont noires, les paires intermédiaire et postérieure argentées.

V — BIOLOGIE

Dans les régions les plus septentrionales de l'habitat cette espèce possède deux générations, avec l'apparition des premières mines, sur les feuilles en mai. Mais dans les régions plus méridionales il est probable que les générations estivales sont au moins au nombre de deux et n'ont pas été différenciées l'une de l'autre car elles chevauchent plus ou moins entre elles et c'est la dernière, qui est automnale, qui cause le plus de dégâts.

L'hibernation a toujours lieu au stade nymphal. Au printemps suivant les papillons apparaissent fin avril, début mai. Après l'accouplement les femelles vont pondre.

L'*œuf* est blanchâtre, ovalaire mesurant 0,1 mm environ. Il est déposé dans l'épaisseur d'une nervure de feuille de vigne et la larve néonate pénètre aussitôt dans le parenchyme foliaire en accomplissant un trajet incurvé.

La *chenille* adulte ne dépasse pas 4 mm, elle est plate de couleur jaunâtre translucide avec la tête marron, nettement plus étroite à la base du prothorax. Elle possède également une ligne brune sur le dos. La mine reste normalement localisée entre deux nervures secondaires. Lorsque le développement larvaire est achevé, on observe à l'extrémité de la mine, une partie découpée, de forme arrondie.

PLANCHE 25

CECIDOMYIE, FOUDRE,
GRELE ET ROT BLANC

1. — Larve de Cécidomyie (Cl. Sandoz) ; 2. — Coupe transversale d'une galle de Cécidomyie (Cl. Sandoz) ; 3. — Souche foudroyée avec rameaux desséchés (Cl. Sandoz) ; 4. — Effet de la foudre en vigne palissée (Cl. Sandoz); 5. — Souche grelée avec feuilles déchiquetées (Cl. Sandoz) ; 6. — Dégâts de grêle sur sarments (Cl. Galet) ; 7. — Grappe atteinte de Rot blanc (Cl. Galet).

En effet, à l'approche de la nymphose, la chenille cisaille en découpant dans les deux épidermes opposés une rondelle de feuille, qui constitue un fourreau elliptique de couleur blanc jaunâtre, dans lequel elle s'abrite. Elle y tisse à l'intérieur un cocon de soie blanche, de forme elliptique, aplatie, un peu pointue aux deux bouts avec une légère carène allant, d'une pointe à l'autre. Ce fourreau ressemble à un grain de riz, d'où le nom de « grano de arroz » donné à cet insecte par les auteurs espagnols. D'après BERRO, la chenille se laisse tomber à terre, au bout d'un fil et le vent la fait osciller jusqu'à ce qu'elle rencontre une anfractuosité de l'écorce qui lui convienne ; en l'absence d'un tel refuge elle tombe jusqu'au sol et s'enfonce à un ou deux centimètres en terre.

La nymphose a lieu dans le fourreau, en forme de grain de riz. La *chrysalide*, plus sombre que la chenille mesure environ 4 mm de longueur et la mobilité de ses segments abdominaux est remarquable.

VI — DEGATS

Ils varient beaucoup avec les régions et aussi les variétés de vignes. D'après BERRO (1934) les vignes qui souffrent le moins sont celles qui sont caractérisées par un grand développement foliaire, ce qui serait le cas le plus fréquent en Espagne, notamment dans la région d'Almeria. Par contre MALENOTTI (1927) qui a séparé entre elles les générations estivales, estime que si ces dernières sont abondantes, la maturation du raisin peut être perturbée, le taux de sucre baisse et la vinification devient anormale. Si les générations estivales sont d'importance moyenne ou faible, l'automnale pourrait être abondante sans provoquer trop de dégâts, la vendange étant en général achevée à cette époque de l'année. Les divergences d'opinion proviennent surtout des différences existant dans la précocité des cépages. En Grèce, LELAKIS (1961) signale que dans l'île d'Eubée les cépages de table Eftakilo, Razaki et Sultanine ont été plus gravement attaqués que la variété Kolokythia. La variété Tsaoussi n'a été que très légèrement atteinte.

Répartition géographique

Cette espèce, décrite en 1750 à Malte existe actuellement dans tout le bassin méditerranéen : Sicile, Espagne, Italie, Corfou (où elle avait été identifiée par GENNADIUS), dans l'Ile d'Eubée, depuis 1960 par LELAKIS, en Turquie, au Liban. Elle semble inconnue en France ou tout au moins était-elle très rare puisque VALLOT l'avait trouvée dans la région de Dijon.

Parasites naturels

On connaît actuellement 4 parasites naturels Hyménoptères dont trois espèces du genre *Entedon* (*E. antispilae* Rond., *E. rivillellae* Rond., *E. viticola* Rond.) qui appartiennent à la famille des Chalcidides et *Ichneumon vitellae* Vallot. Les deux premiers paraissent les plus importants.

VII — LUTTE

On a proposé soit de ramasser les feuilles atteintes ou de détruire la chenille avec une épingle dans sa galerie, travail exécuté au printemps.

On a aussi conseillé d'effectuer des labours de printemps dans les parcelles attaquées pour ramener en surface et de détruire les chrysalides enfouies dans le sol.

En Grèce, LELAKIS a proposé divers insecticides Diazinon, Gusathion, Rogor, Systox et Dimecron 20.

LA GRANDE PSYCHÉ DES PRAIRIES

Appelée aussi « la Psychide des Graminées », en Suisse « Empaillés » dans le Midi, son nom scientifique est *Pachytella unicolor Hufn.* (Syn. *Canephora unicolor* Hufn., *Psyche graminella* Schiff.)

Cette espèce est commune dans les jardins, les forêts, elle vit normalement sur les graminées. Dans les années sèches, les chenilles peuvent vivre sur la vigne en provoquant des dégâts signalés en France par PERRAUD (1906) et par BENDER (1916) en Beaujolais, FEYTAUD (1944), dans le Sud-Ouest, GEOFFRION (1959) dans la région de Cholet (Maine-et-Loire) ; en Suisse par FAES (1919).

Les chenilles s'attaquent aux jeunes pousses de la vigne qu'elles dévorent souvent complètement, mais parfois il subsiste une partie du limbe. Toute la végétation herbacée d'une souche peut disparaître au printemps.

Le *papillon* est assez grand, 22-25 mm avec des ailes larges, d'un noir opaque intense.

La femelle, de couleur jaunâtre est plus petite, dépourvue d'ailes d'antennes, d'yeux et de pattes (PERRAUD). Les papillons apparaissent en juin-juillet.

La *chenille* d'environ 7-8 mm de long est de couleur brune. Elle a la particularité de se confectionner un fourreau protecteur qu'elle ne quitte jamais.

Ce fourreau, remarquable par sa taille, 30 à 40 mm de long, arrondi, plus large du côté de la tête est d'une contexture très serrée et très résistante. Il présente la particularité d'être couvert de matériaux variés (brindilles, morceaux de feuilles séchées) et de rendre ainsi la chenille très visible.

« Pour manger, la chenille sort du fourreau la tête et les premiers anneaux, rayés de noir dans le sens de la longueur. Elle les rentre, se rétractant vivement dès qu'un insecte ou un objet quelconque l'effleure et disparaît entièrement, à la manière d'un escargot dans sa coquille. Si on insiste, elle peut même en se retirant fermer complètement l'orifice du fourreau. Elle reste alors suspendue par un fil qu'elle sécrète. » (BENDER).

Pour se déplacer, la chenille entraîne avec elle son fourreau et au repos elle rentre totalement dans son habitation, l'ouverture adhérant alors fortement aux feuilles.

La chenille met un an ou deux à se développer et on peut l'observer également accrochée aux murs ou aux piquets. Elle est souvent parasitée par des Hyménoptères (*Ichneumonidae, Chalcididae*) et un Diptère.

FAES conseillait de traiter les vignes avec une bouillie au cuproarsenite de cuivre ; aujourd'hui on peut recourir aux insecticides organophosphorés, en cas de pullulation.

EPIDOLA STIGMA Stg

Cette espèce, très polyphage a été trouvée occasionnellement sur 161-49 C. et Rupestris du lot par SUIRE (1944), les chenilles ayant entièrement défeuillées les souches de ce porte-greffe, dans une plantation d'un an faite sur une friche où la Teigne avait pu évoluer sur des plantes spontanées. Il s'agit donc d'une attaque exceptionnelle par cette espèce, car la chenille vit surtout sur des Composées et des Labiées, ainsi que diverses plantes comme *Crithmum maritimum* les *Cistus* et *Helianthemum, Frankenia pulverulenta.*

Son *aire géographique* semble limitée au bassin occidental de la Méditerranée (France méridionale, Corse, Italie, Espagne, Afrique du Nord).

Biologie

Selon SUIRE les œufs sont pondus en plaques de 8 à 10 éléments sur des plantes basses en juillet ou au début d'août. Les larves néonates apparaissent 10 à 12 jours plus tard, elles pénètrent dans les tiges dont elles minent d'abord la partie superficielle, puis la zone axale. Elles sectionnent les tiges pour se confectionner un abri-fourreau hivernal de 15 à 20 mm en forme de pistolet.

Dès la mi-mars, la chenille gagne le feuillage qu'elle ronge avec voracité et c'est à cette époque que les dégâts ont été observés sur vigne. La chenille mesure 10 à 12 mm de long, de couleur jaune pâle avec la tête noir très foncé, quelques lignes rouges vineuses zèbrent la zone dorsale longitudinalement.

COCHLIOTHECA POWELLI Obth.

Cette espèce spéciale à l'Afrique du Nord a été signalée par JOURDAN (1935) comme pouvant commettre des dégâts à la vigne au Maroc.

FUMEA BETULINA Zell.

Cette espèce, d'abord identifiée par erreur comme étant *Sterrhopteryx hirsutella* Hb. existe en Champagne où elle a été reconnue par MOREAU (1958) comme chenilles à sac, puis par H. de MERLEIRE (1966). Elle appartient à la famille des Psychidés dont seuls les mâles sont pourvus d'ailes. Les femelles, qui restent semblables à des chenilles, même à l'état d'insecte parfait, ne quittent jamais leur abri. Cet abri, en forme de fourreau est constitué de débris végétaux divers : brindilles, fragments de feuilles sèches, etc.

Ce papillon vit d'ordinaire sur chêne et noisetier mais déjà avant 1920 il avait été signalé sur vigne à plusieurs reprises. De couleur gris uniforme il est petit, son envergure ne dépassant pas 8 mm. Dans les élevages, indique de MEIRLEIRE, la sortie des adultes se produit entre le 27 mai et le 11 juin ; la femelle demeure constamment dans son fourreau ; au moment de l'accouplement, elle sort seulement une partie de son corps en position recourbée pour être fécondée. Par la suite la ponte est déposée dans le fourreau ou sur sa paroi extérieure ; les débris végétaux dont il est formé servent aux jeunes chenilles à confectionner l'abri dans lequel elles passent l'hiver. Au printemps suivant, elles cheminent le long des sarments à la recherche de bourgeons gonflés en voie de débourrement qu'elles rongent parfois totalement. Les dégâts, d'importance variable, sont très localisés et généralement faibles. »

Selon MOREAU, les chenilles en sac, appelées en Allemagne « Sacktragerraupen » ont fait une apparition massive dans certains vignobles du Palatinat en 1926 et ont fait l'objet d'une étude par MULHMANN (1954) « Dès que les chenilles sont écloses, leur premier souci est de se confectionner une demeure en forme de sac. Cet abri qu'elles promèneront avec elles pendant toute leur vie, consiste en une sorte de coque dont l'extérieur est constitué de fines particules (débris d'écailles de bourgeons, d'écorces de sarments).

Du côté de son ouverture le sac est légèrement coudé, si bien que celle-ci se trouve de biais. De ce fait le sac prend une position de travers assez curieuse chaque fois que la chenille se meut. Quand elle se déplace, la chenille sort de son logement sans toutefois le quitter complètement, ne laissant apparaître de son corps que les anneaux pectoraux et les pattes, le restant demeurant à l'intérieur du sac. C'est à ce stade de son évolution que la chenille hiberne. Vers la fin du mois de mai ou le début juin, la larve commence, toujours dans son sac, à se transformer en chrysalide. Auparavant elle fixe son habitation, par son ouverture à un support. Puis elle se retourne dans son sac dans le sens opposé à l'ancien orifice (obturé) et se glisse vers le fond où elle pratique une nouvelle ouverture par où le papillon mâle pourra s'échapper facilement. Quand à la femelle élle restera prisonnière durant toute sa vie dans son refuge. La femelle peut pondre jusqu'à 5.000 œufs.

« Les chenilles sont polyphages, ce sont des « ronge-tout » affectionnant plus particulièrement les herbes, les plantes basses ou les bois de feuillus. La vigne n'est attaquée qu'occasionnellement. »

La *lutte* peut se faire avec des pulvérisations de Parathion à 30 g de M.A. par hl.

LA BOARMIE DES BOURGEONS

Ce papillon fait partie de la famille des *Geometridae*. Son nom scientifique est *Boarmia gemmaria* Brahm. devenu depuis peu *Peribatodes rhomboidaria*. En Allemagne il est appelé Rhombenspanner.

Symptômes

Les dégâts ont été décrits par FAES (1939) dans la région de l'Aigle, en Suisse :

La chenille s'attaque aux bourgeons de la vigne, les évidant complètement.

Les bourgeons sont mangés en général sur le côté de façon assez caractéristique et différente des autres parasites.

Description et Biologie

L'hibernation se fait au stade de chenilles qui se réfugient sous les écorces ou sous les pierres dans les vignes. Au printemps ces chenilles reprennent leur activité et s'alimentent toute la journée pendant les mois d'avril et de mai.

De couleur brune, la *chenille* présente une petite bande dorsale plus foncée sur les trois premiers et les trois derniers anneaux de son corps ; on observe également une ligne plus foncée latérale courant tout le long du côté du corps. Elle deviendra adulte vers le commencement de juin atteignant 3 à 4 cm de long et descendra en terre pour s'y transformer en chrysalide. En juillet-août va éclore le papillon d'un gris brunâtre mesurant ailes étalées 4 à 5 cm.

Ces chenilles sont des arpenteuses qui en épousent la courbe caractéristique pour se déplacer, leur corps se soulevant au centre à la façon d'un accent circonflexe ou d'un joug d'attelage recourbé. Elles sont assez difficiles à observer durant le jour car elles sont alors au repos et douées d'un mimétisme très puissant qui les fait souvent confondre avec les sarments ou ressembler à des vrilles lorsqu'elles sont immobiles. Car elles se tiennent, au repos, fixées seulement par les pattes postérieures, le corps rigide, telle une petite branchette.

Dans ses élevages H. de MEIRLEIRE (1979) a obtenu la chrysalidation en terre entre le 11 et le 25 mai. Les *papillons* apparurent entre le 29 mai et le 14 juin (en Champagne).

« La *ponte* a eu lieu du 9 au 20 juin ; elle parut abondante, chaque femelle pouvant déposer environ 200 œufs.

« Les *œufs* déposés sur les feuilles, sont accolés pour la plupart à une nervure. Ils sont finement striés, mesurent 0,7x0,4 mm ; ils virent du vert clair au rose foncé, puis prennent une teinte grisâtre avec l'éclosion. Les toutes premières éclosions s'effectuèrent le 19 juin pour se poursuivre jusqu'à la fin du mois.

L'incubation, de 8 à 12 jours en moyenne, peut vraisemblablement être plus longue si les températures sont en baisse pendant quelques jours, ce qui fut le cas cette année.

« A leur éclosion, les chenilles, très vives, ont 2 mm de long. Elles présentent une bande dorsale blanche, encadrée de chaque côté du corps par une bande brune. » Les chenilles, écloses des œufs pondus jusqu'en septembre, ne causeront en automne que peu de dommages et se retireront ensuite sous les écorces, sous les pierres pour y passer l'hiver. Les dégâts recommenceront au printemps suivant.

Il n'y a qu'une génération par an.

Répartition géographique

Cette espèce a d'abord été signalée en Allemagne par LUSTNER (1901) dans le vignoble de Rheingau, puis dans le Wurtemberg en 1915. En Suisse, FAES l'a observée en 1939 et en France elle n'est connue jusqu'ici que dans le vignoble de Champagne.

Les premiers dégâts ont été vus à Chouilly le 20 avril 1978, puis dans les Chardonnays de la Côte Blanche et à Cernay-les-Reims, puis dans les vignobles de la Montagne de Reims sur les Pinots et les Meuniers.

Plantes-hôtes

Cette chenille très polyphage vit d'ordinaire sur le chèvre-feuille, l'églantier, le prunellier, le lierre, s'attaque parfois à divers arbres fruitiers et très rarement à la vigne.

Lutte

Les traitements en Champagne (1978), quel que soit le produit utilisé ont été très bons, les Boarmies semblant très sensibles à ces applications d'insecticides classiques ou des nouvelles pyréthrines.

H. de MEIRLEIRE a eu de bons résultats avec des applications à base d'endosulfan et de parathion. La pulvérisation doit être soignée et dirigée le mieux possible sur les sarments.

FAES avait proposé de pulvériser sur les souches une bouillie cupro-arsenicale à 0,5 % de sulfate de cuivre neutralisé par la chaux avec 1 kg d'arseniate de plomb et un mouillant.

PYRALE DU DAPHNÉ

Appelé aussi le Phycite des Vignes, c'est le *Cryptoblabes* (*Ephestia*) *gnidiella* MILLEIRE, qui l'a étudié sur *Daphne gnidium* en 1867.

D'après RAGONOT, la chenille vit dans le Midi sur une foule de plantes et a au moins deux générations par an. On la trouve au mois de octobre, novembre, décembre, dans les fruits abandonnés et desséchés de *Chaenomeles japonica*, à l'intérieur des oranges, sur les grappes de raisin, les grains d'oignon, etc.

Sa nourriture de prédilection semble être le raisin et on la trouve en abondance de juillet à septembre à Golfe Juan abimant au moins 10 % de la récolte, écrit GIARD. Elle circule entre les grains déjà gros, les soudant l'un à l'autre pour s'y cacher et les rongeant à la périphérie sans pénétrer à l'intérieur ; de plus elle enveloppe la rafle d'un tissu aranéeux où ses excréments sont engagés. On la trouve dans une grappe par petits groupes de deux à six individus qui paraissent vivre en famille et qui proviennent sans doute d'une même ponte, quoique leurs tailles soient souvent très inégales. Tout grain entamé tombe en pourriture et la contagion s'étend de proche en proche à toute la grappe.

Cet insecte se trouve en Espagne, dans le Midi, en Italie et à Teneriffe faisant partout beaucoup de dégâts à la vigne.

PYRALE DE MAÏS

Gotz (1974) a observé au cours des années 1973 et 1974 plusieurs fois la présence de chenilles d'*Ostrinia (Pyrausta) nubilalis* Hbn. sur les jeunes vignes. Les pousses se cassaient à l'endroit des trous creusés par la Pyrale du Maïs et se desséchaient. Il s'agissait toujours de jeunes vignes situées sur des terrains plantés en maïs l'année précédente ou entourées de champs de maïs.

La lutte peut se faire au moyen d'esters phosphoriques.

TORDEUSE DES CRUCIFÈRES

Selania leplastriana Curtis vit normalement sur les Crucifères sauvages, elle a été signalée en 1898 accidentellement sur vigne dans l'Aude. Les grappes et les feuilles portent de nombreux cocons, mais sans grands dégâts appréciables. La chenille confectionne entre les pédicelles des fleurs ou des jeunes grains un petit cocon en forme de fuseau soyeux, très léger, à mailles larges, de 7 à 8 mm, dans lequel elle se chrysalidera. Sur les feuilles les cocons se trouvent surtout à la face inférieure, dont les poils leur servent de point d'attache.

8° Les Diptères

Les Diptères, du grec διζ, deux et πτερον, aile, comprennent les insectes qui n'ont qu'une seule paire d'ailes membraneuses, la paire d'ailes postérieures étant remplacée par une paire de *balanciers* ou *haltères.*

L'appareil buccal est du type suceur, caractérisé généralement par une trompe. Les mandibules manquent le plus souvent.

Le prothorax et le métathorax sont fusionnés avec un mésothorax développé ; les tarses ont le plus souvent 5 articles.

Les larves, vulgairement appelées asticots, sont apodes, la tête étant souvent non différenciée.

Les nymphes sont libres, mobiles ou immobiles ou enfermées dans la dernière exuvie larvaire appelée pupe ou puparium.

Chez la Vigne, les Diptères sont représentés :

1° Par les *Cécidomyies* (du grec κεκιζ, galle et μυια, mouche) dont deux espèces provoquent quelques dégâts en France.

2° Par la *Mouche des fruits.*

3° Par la *Drosophile.*

CÉCIDOMYIE DES FEUILLES DE LA VIGNE

I — SYNONYMIE

Fr. Cécidomyie de la Vigne
Ital. Cecidamia.
All. Rebenblattgallmucke.

II - HISTORIQUE

Au XVII° siècle MALPIGHI mentionnait une mouche produisant des galles ovales sur les vrilles de la Vigne (fait qui a été constaté à Montpellier par V. MAYET). Plus tard ce n'est qu'en 1854 que des galles causées par des Cécidomyies ont été vues d'une façon certaine sur la vigne européenne par HAIMHOFFEN, de Vienne. Puis en 1862 OSTEN-SAKEN, dans sa monographie des Diptères du nord de l'Amérique, décrit pour la première fois une *Cecidomya (Lasioptera) vitis* vivant sur *Vitis riparia.* Il publia ensuite une étude sur une autre espèce américaine *Cécidomya viticola* dont il n'a observé que la larve et la galle. Toujours aux Etats-Unis WALSH et RILEY ont décrit deux espèces *Cécidomya coryloïdes* vivant sur *V. cordifolia* et C. *Vitis-pomum* vivant sur *V. cordifolia, Labrusca, riparia et vulpina.*

En 1875, HAIMHOFFEN a décrit enfin son espèce trouvée en 1854. En France, les premières observations datent de LICHTENSTEIN (1878) qui, ayant trouvé l'insecte à Montpellier, s'apprêtait à le dénommer *Cécidomyia vitis,* lorsqu'il eut connaissance du Mémoire autrichien. V. MAYET (1890) trouva la Cécidomyie dans l'Hérault (Agde, Béziers, Montpellier) et le Gard (Aigues-Mortes).

En Italie, le professeur ALOÏ a décrit brièvement l'insecte rencontré dans la plaine de Catane (Sicile).

III — SYMPTOMES

« Les galles complètement développées, écrivent Deresse et Perraud, tracent le plus souvent sur l'épiderme de la feuille un cercle parfait de 3 à 4 mm de diamètre ; cependant lorsqu'elles se trouvent sur le bord des nervures ou sur les nervures elles-mêmes, elles sont alors ovales ou plus ou moins déformées.

« La galle elle-même présente généralement l'aspect d'un hémisphère couvert par un cône évasé : la partie sphérique faisant saillie sur la face inférieure de la feuille et la partie conique sur la face supérieure. Chacune de ces parties conserve extérieurement les caractères généraux de l'épiderme qui l'a formée : lisse et luisante en dessus, moins brillante et plus ou moins velue, suivant le cépage en-dessous.

« Des coupes faites à travers ces galles montrent la constitution de leur paroi. D'une grande épaisseur, 1,5 mm environ dans le plan du limbe et plus minces vers les sommets, ces parois sont formées d'un tissu lâche, tendre, gorgé de liquide à l'intérieur, plus dense et recouvert à l'extérieur par les épidermes de la feuille qui se continuent sans modification.

Fig. 348 – Feuille de vigne portant des galles de Cécidomyie (photo de MEIRLEIRE).

« La mince pellicule qui revêt l'intérieur de la galle, blanche et translucide, porte en certains endroits des lésions brunâtres dont les cellules, vues au microscope, paraissent dilacérées : ce sont les points d'attaque de la larve. Une section longitudinale montre vers le sommet de l'hémisphère inférieur un petit canal, mal cicatrisé, traversant la paroi de part en part ; c'est le point d'introduction de la larve qu'elle utilisera également pour sa sortie.

« Les galles sont d'abord d'un vert plus clair que la feuille et prennent ensuite la même teinte ; dès que la larve est sortie, elles se rembrunissent et se dessèchent en commençant vers l'ouverture qui, peu apparente tant que la larve est dans la galle, reste ensuite béante. Parfois les galles sont entourées sur l'épiderme supérieur d'un anneau rougeâtre ; quand elles se trouvent sur les nervures elles deviennent souvent avant leur dessiccation d'un rouge foncé, au moins sur le Gamay et les plants à jus colorés.

« Les galles se trouvent sur toutes les parties du parenchyme, mais souvent elles sont formées sur les nervures. Ne serait-ce pas peut-être une place recherchée par l'insecte ? Là, en effet, la sève arrivera avec plus d'abondance et la larve trouvera mieux qu'ailleurs sa nourriture. Quelquefois aussi nous en avons observé sur les vrilles.

« La présence de ces galles sur les feuilles ne semble pas occasionner de désordre apparent dans les fonctions physiologiques de ces organes, encore moins dans la vie de la plante. Cependant les feuilles qui portent de nombreuses galles et qui ont été attaquées de bonne heure paraissent se développer plus difficilement et restent plus petites ; quelquefois aussi, quand les galles se trouvent en nombre sur une nervure principale ou mieux encore sur une bifurcation, la partie du limbe attaqué s'atrophie et se recroqueville. Mais l'accident, rare d'ailleurs, est local et n'occasionne pas la perte de la feuille qui continue à fonctionner. »

« Le nombre de ces renflements écrits V. MAYET est parfois considérable, jusqu'à 50 ou 60, mais d'ordinaire de 5 à 20 par feuille. Nous en avons observé jusque sur les vrilles. Souvent deux galles voisines se soudent, principalement sur les nervures où leur dimension est plus grande ; elles se confondent alors, formant une tumeur allongée dans laquelle chaque larve a sa loge distincte.

« Cette loge, d'abord très petite, juste de la dimension de la larve qui se tient courbée en demi-cercle, devient ensuite spacieuse jusqu'à 2 mm de diamètre quand la recluse, grandissant, a consommé les cellules du parenchyme tout autour d'elle. Celles-ci, vues au microscope, paraissent comme déchirées. Les galles apparaissent à la fin de mai, la plus grande partie les premiers jours de juin et à la fin du même mois toutes les larves sont sorties. »

BRANAS (1929) a décrit des lésions sur sarments de 15 Couderc provenant d'Oranie, qu'il a attribuées à la Cécidomyie. Ces lésions ressemblent beaucoup aux dégâts dus à la grêle et n'ont jamais été retrouvées depuis.

IV — SYSTEMATIQUE

La Cécidomyie de la Vigne a d'abord été *Cecidomyia œnophila* Haimh., puis *Perrisia œnophila, Janetiella œnophila, Dasyneura œnophila* Haimhoff. Son nom actuel est *Dichelomyia œnophila v.* Haimh

V — DESCRIPTION

L'insecte femelle est petit, mesurant 1,5 mm de longueur et vole avec vivacité. Sa coloration générale est rougeâtre à l'exception de certaines parties de la tête et du thorax grises ou noires. « La tête est noire détachée du thorax ; la face entre les antennes, est d'un rougeâtre pâle, parsemée de poils noirs rares, yeux noirs ; antennes effilées, de 14 articles brun rougeâtre, couvertes de poils courts. Thorax bombé, gris noir dans sa partie dorsale avec des poils noirs isolés, les côtés de la poitrine et le métathorax couleur de chair, ainsi que le scutellum qui est rugueux. Balanciers d'un rougeâtre pâle avec le pédicelle blanc. Abdomen fusiforme, effilé, couleur chair les deux derniers segments pâles, l'oviscapte encore plus pâle, proéminent sans lamelle à l'extrémité. Pattes longues, fines, rougeâtres, les hanches et les articulations plus foncées, grisâtres, les cuisses postérieures avec trois ou quatre soies très fines, divergentes et noires. Ailes d'un quart plus longues que le corps, se couvrant, la surface obscurcie par des poils noirs et serrés, le bord garni de cils se détachant facilement, entre la nervure longitudinale médiane et la nervure bifurqué ; une ligne foncée oblique, composée de poils épais, s'avance vers le bord de l'aile.

« Ces petits et gracieux moucherons sont difficiles à saisir à cause de leur vivacité. Après leur mort, ils perdent leur aspect et leurs couleurs. » (V. Mayet, 1890)

L'insecte mâle, qui n'était pas connu de V. Mayet, a été décrit par Deresse et Perraud (1892) en Beaujolais qui ont fourni les précisions sur les différences entre les deux sexes : « Les antennes effilées sont composées de 14 articles placés bout à bout chez la femelle, au contraire assez fortement pédicellés chez le mâle.

« Le mâle et la femelle qui, à l'exception des antennes, ne présentent pas de différences sensibles dans leur conformation générale, se distinguent facilement par les organes sexuels bien apparents. L'armature copulatrice du mâle est constituée par deux crochets assez gros et biarticulés. L'article basilaire, pourvu extérieurement de poils assez longs et intérieurement de petits cils, est renflé et un peu plus long que l'article terminal ; ce dernier terminé en pointe, paraît garni de petits cils.

« L'oviducte de la femelle est composé d'un tube portant quelques poils ; de ce tube sort la tarière, très effilée et composée de deux articles : le premier cylindrique et muni latéralement de cils courts et droits, le second deux fois plus court avec des cils plus rapprochés et légèrement inclinés. »

VI — BIOLOGIE

Cette espèce n'a qu'une génération par an. Les *adultes* sortent de terre au printemps et volent de mai à juillet selon Delmas (1935). Les femelles pondent leurs œufs sous la cuticule de la face inférieure des feuilles. Les larves qui en sortent pénètrent à travers l'épiderme et vont provoquer sur le trajet des nervures la formation de galles lenticulaires.

« La *larve*, qui se développe à l'intérieur de la galle, se présente sous la forme d'un petit asticot recourbé de 2 à 2,5 mm de long, de couleur rose saumon tirant parfois sur l'orangé. Le corps est atténué aux deux bouts, formé de 14 segments y compris les deux dont semble se composer la tête. La couleur est donnée par le tissu adipeux vu par transparence et qui d'ordinaire ne s'étend pas jusqu'aux extrémités du corps.

« La tête, très petite, est rétractible, formée de deux segments, prolongée en museau allongé, à l'extrémité duquel se trouve l'ouverture buccale ; l'armature interne de celle-ci est formée de pièces chitineuses jaunes, peu distinctes ; deux palpes labiaux paraissant n'avoir qu'un article sont placés à la partie inférieure.

« Le prothorax est renflé, une fois plus que long que la tête, muni en-dessus d'une lame chitineuse rousse, terminée par deux pointes divergentes. Par un mouvement de rétraction de la tête et du bord antérieur du prothorax, ces deux pointes font saillie. C'est l'instrument perforant qui permet à cette larve à bouche inerme de déchirer les tissus du parenchyme pour se nourrir ou se frayer un passage au dehors au moment où elle quitte la galle.

« L'abdomen est formé de 9 segments sensiblement égaux ; les 9 stigmates placés latéralement sont très petits, invisibles à la loupe (mais visibles au micro x 200).

« Dans l'intérieur de la galle, les mouvements sont lents, mais au dehors ils sont assez vifs et à l'occasion ces larves sautent pour quitter la feuille, d'après HAIMHOFFEN. Nous les avons vues simplement se laisser choir et nous nous demandons comment elles pourraient sauter, n'ayant pas l'extrémité abdominale munie de crochets ».

DERESSE et PERRAUD ont observé la sortie des larves de la galle : C'est par des mouvements de flexion de haut en bas que la larve avance lentement à travers l'épaisseur de la paroi (pour faire agir les deux pointes chitineuses). Ces mouvements paraissent laborieux, l'ouverture de la galle étant de diamètre légèrement inférieur à celui de la partie ventrale de la larve qui ne parvient à sortir qu'après de longs efforts. Libre, elle se laisse simplement choir sur le sol où elle ne tarde pas à s'enfoncer à une faible profondeur.

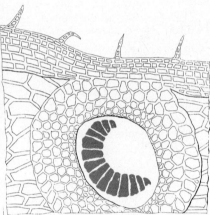

Fig. 349 – Coupe transversale d'une galle de Cécédomyie des feuilles, montrant la larve en place : a gauche schéma d'après DERESSE et PERRAUD ; à droite photo de MEIRLEIRE.

« C'est en terre que s'opère la nymphose, mais dans leurs élevages les auteurs ont eu des cocons sur les feuilles, le long des nervures, de préférence au point de bifurcation.

« Le *cocon* est ellipsoïde, un peu aplati, long de 1,5 à 1,75 mm, légèrement translucide et laisse apercevoir la nymphe qui est à l'intérieur, de couleur blanc rosé. »

Selon BALACHOWSKY et MESNIL « la larve reste abritée dans le cocon durant toute la mauvaise saison pour ne se nymphoser qu'au printemps suivant. Il est possible que l'hibernation se fasse également au stade nymphal. »

La sortie des adultes a lieu en mai de l'année suivante.

En Sicile, ALOI (1886) mentionne trois générations : première apparition des larves le 7 mai, apparition des insectes adultes, le 25 mai.

Seconde apparition des larves le 10 juin et le 2 juillet deuxième apparition des adultes.

· Troisième apparition des larves vers le 15 juillet qui vont gagner le sol pour hiverner à l'état de chrysalides.

VII — CONDITIONS DE DEVELOPPEMENT

1° Répartition géographique

En France les galles de Cécidomyie sont peu répandues et constituent plutôt des curiosités, limitées à des petits microclimats relativement humides. C'est ainsi qu'à l'Ecole de Montpellier il existe un petit foyer à la Condamine, que je connais depuis près de 40 ans. C'est là que je récolte annuellement mes échantillons pour l'enseignement. Par contre dans le champ des Collections, situé à quelques centaines de mètres de là il n'y a jamais de Cécidomyie. J'en ai trouvé aussi en Charente sur Saint-Emilion en 1978.

LICHTENSTEIN est le premier à avoir trouvé cet insecte dans l'Hérault, puis V. MAYET l'a signalé dans l'Hérault et le Gard, DERESSE et PERRAUD en Beaujolais sur Gamay aux environs de Villefranche, STELLWAAG en Alsace et BESSON dans les vignobles de Gaillac (Tarn) et de l'Armagnac (Gers). Dans les autres régions l'insecte n'a pas été signalé, ce qui ne veut pas dire qu'il n'y existe pas soit que ses dégâts discrets passent inaperçus, ou que ses galles soient confondues avec celles du Phylloxéra.

En Europe, la Cécidomyie des feuilles est connue en Autriche, en Hongrie, en Roumanie, dans le sud de la Russie, en Grèce, en Sicile.

2° Réceptivité de la Vigne

Tous les échantillons que nous avons personnellement recueillis sont sur *V. Vinifera*, mais rien ne s'oppose a priori de trouver des galles sur les Vignes américaines et leurs hybrides.

En Beaujolais le Gamay noir est attaqué (DERESSE et PERRAUD), dans le Gers c'est le Cot (MOUTOUS et FOS, 1971) ou le Jurançon blanc (BESSON), dans le vignoble de Gaillac c'est le Mauzac blanc ainsi que le Portugais bleu (BESSON).

3° Parasites naturels

MAYET a signalé la présence de deux Hyménoptères de la famille des Chalcidiens comme parasites de la Cécidomyie.

En résumé l'importance économique de la Cécidomyie des feuilles est nulle car les dommages sont limités aux feuilles, qui ne se dessèchent que très rarement.

Il n'y a pas lieu de traiter contre ce parasite occasionnel.

CÉCIDOMYIE DE LA GRAPPE

I — SYNONYMIE

Fr. Cécidomyie des fleurs de la Vigne (DELMAS).
All. Rebenbluten-Gallenmucke.
Ital. Cecidomia
Esp. Cecidomia.

II — HISTORIQUE

En 1906, RUBSAAMEN, étudiant diverses malformations tératologiques des fleurs de la Vigne, constate que certaines d'entre elles sont en relations étroites avec la présence constante dans la fleur de larves de Cécidomyie. Ces observations étaient faites en Rhénanie sur les cépages Kleinberger, Bourgogne et Riesling. Il rapproche ces altérations de celles

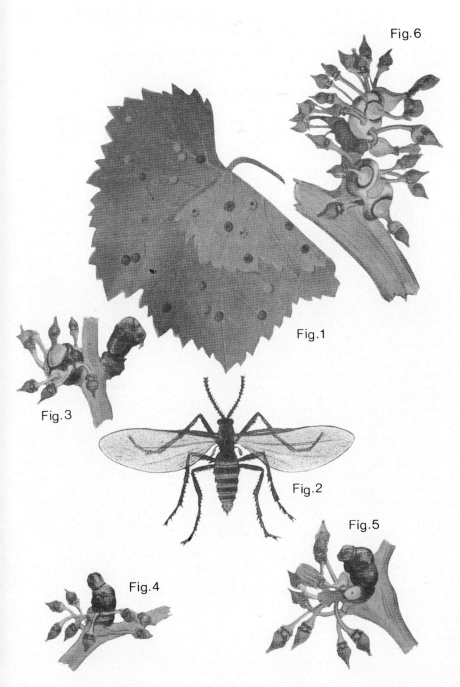

Fig.6

Fig.1

Fig.3

Fig.2

Fig.5

Fig.4

Fig. 350 – Les Cécidomyies de la Vigne (d'après DELMAS) : fig. 1 et 2 : galles et insecte de *Dichelomyia oenophi-la* ; fig. 3 à 6 : déformation de fleurs attaquées par *Contarinia viticola*.

signalées par Dern (1889) et Lustner (1899) et établit nettement qu'elles sont dues aux larves d'une Cécidomyie dont il donne la description sous le nom de *Contarinia viticola* Rubs.

En France cette espèce a été trouvée en Champagne par Vayssiere (1928) et par Chappaz (1928).

III — DESCRIPTION ET BIOLOGIE

Cette espèce apparaît au printemps, un peu avant la floraison en mai en Rhénanie. *L'adulte* mesure 2 mm de longueur, son thorax est brun gris et l'abdomen gris jaune, portant des poils blanc-grisâtres ou jaunâtres.

Après l'accouplement, les femelles, à l'aide de leurs ovipositeurs, introduisent des *œufs* dans les boutons floraux. Presque toutes les fleurs d'une grappe peuvent être ainsi contaminées. On ignore le nombre total d'œufs pondus par une femelle mais celle-ci dépose de 1 à 8 œufs dans une même fleur.

Les œufs donnent naissance à des *larves* de couleur ivoire, vermiformes, dépourvues de pattes, à tête minuscule, qui évoluent à l'intérieur des boutons floraux. Elles vivent en suçant les étamines et l'ovaire. Sous l'action de leurs morsures, les organes atteints s'accroissent démesurément. De l'extérieur on remarque l'hypertrophie de la fleur parasitée : elle est gonflée en forme de petit ballon, d'abord de couleur plus claire. Bientôt, des taches brunes apparaissent qui s'agrandissent et toute la fleur se dessèche, sans avoir perdu son capuchon. On peut observer la chute des boutons floraux attaqués. Les dégâts peuvent être assez importants, c'est ainsi qu'en Champagne on a pu constater jusqu'à 50 % de pertes de fleurs d'une même grappe.

Les larves ont une croissance rapide et mesurent 2,5 mm de long. Les plus jeunes sont blanchâtres, mais plus âgées, elles deviennent jaune citron. Elles abandonnent alors la fleur desséchée et sautent à terre en se courbant en arc, puis se détendant brusquement comme un ressort. Pénétrant dans le sol, elles y trouvent une retraite pendant tout l'été, l'automne et l'hiver dans un cocon terreux.

Au premier printemps, une mue les transforme en nymphes et de la dépouille de celle-ci sortent ensuite les insectes adultes qui pendant les quelques jours de leur existence éphémère iront contaminer les nouvelles fleurs de la vigne. On n'a donc qu'une génération par an.

Les *dégâts* passent en général inaperçus sauf quand il y a une trop grande quantité de fleurs détruites, ce qui a parfois été vu en Rhénanie et au Luxembourg (1913). Dans ces régions il y a toujours une quantité plus ou moins grande de fleurs détruites ainsi, pouvant atteindre 10 % de la récolte. En France, ce parasite n'a été reconnu qu'en Champagne.

IV — LUTTE

Au Luxembourg on a employé la nicotine qui paraît avoir quelque efficacité.

AUTRES ESPÈCES

« En Amérique, indique DELMAS (1935) il existe une espèce nuisible, *Lasioptera vitis* O.S. qui cause des galles rouges sur la grappe et aussi sur les pétioles, les feuilles et les vrilles. D'autres espèces existent en Amérique et en Malaisie.

« Enfin certaines espèces, sans intérêt pratique et ne faisant pas de galles peuvent se rencontrer sur la Vigne, par exemple *Clinodiplosis vitis* Lustner, larve rouge vivant habituellement sur les feuilles atteintes par l'Oïdium et aussi dans les grappes pourries où elle est parfois accompagnée d'une autre larve de Cécidomyie jaune, celle de *Clinodiplosis acinorum* Rubs. Ces deux larves, d'ailleurs, y sont dévorées par celles d'une troisième espèce *Lestodiplosis parricida* Rubs.

« Enfin, dans les cigares du Cigarier, on peut aussi trouver à côté des larves de ce dernier celles de deux Cécidomyies *Clinodiplosis rhynchitou* Rubs. et *Isodiplosis involuta* Rubs.

LA MOUCHE DES FRUITS

Ceratitis capitata Wied. s'attaque à de nombreuses espèces fruitières (Abricot, pêche, pomme, agrumes, figue...) et occasionnellement à la Vigne. Elle serait originaire de l'Afrique occidentale et depuis un siècle elle s'est beaucoup répandue dans les pays du pourtour méditerranéen d'où son nom de « Mouche méditerranéenne des fruits ». Insensiblement elle a gagné des pays plus septentrionaux : Suisse, Allemagne, Belgique.

Les raisins attaqués ne servent que comme nourriture de transition pendant une période très brève, de sorte que les dégâts demeurent très faibles. Les pertes sont plutôt à envisager au cours de la conservation et l'expédition des raisins de table en tant que centre de putréfaction entraînant une dépréciation commerciale des raisins. C'est le cas en Espagne de l'Ohanès.

En effet, RUIZ CASTRO (1950) dans la région d'Almeria a noté qu'il y avait 7 générations par an : les générations hivernales se développent sur les Orangers, dont se termine la cueillette en mars-avril. Aux premiers jours de mai on note que les abricotiers commencent à être infestés et de là l'insecte passe aux cerisiers et poiriers mais surtout sur les figuiers, qui constituent avec les pêchers les fruits de prédilection de ce parasite, envahis jusqu'à la fin de juillet. Peu de temps plus tard on observe l'attaque des pommiers et des cognassiers d'où l'insecte passe à la vigne où il restera environ deux mois, affectionnant surtout les fruits de cueillette tardive. A la fin octobre la mouche des fruits recommence sa ponte sur les orangers.

DESCRIPTION ET BIOLOGIE

« La mouche des fruits mesure 4,5 à 5 mm. Sa tête, assez grosse est jaune avec une bande brun clair entre les deux yeux qui sont vert émeraude. Le thorax est gris argenté parsemé de plusieurs taches noires de formes variées. Les ailes, larges, présentent 3 bandes orangées, une longitudinale et deux transversales ainsi que de nombreuses petites taches noires. L'abdomen, fortement élargi, est jaune brunâtre avec des bandes transversales grises ; oviscapte très effilé. (BONNEMAISON).

« L'hibernation a lieu sous la forme de pupes se trouvant dans le sol, de 1 à 8 cm. Dans le Midi les adultes apparaissent vers la mi-mai et la ponte se fait sur les abricots ou les pêches très précoces. Avec son oviscapte la femelle enfonce de 2 à 6 œufs dans la cuticule du fruit ou dans une blessure. Ces œufs sont blancs, très étroits et longs de 1 mm. La ponte s'échelonne sur plusieurs semaines et une même femelle peut pondre 300 à 400 œufs, parfois davantage. La durée de l'incubation varie de 2 à 5 jours suivant la température et la nature du fruit.

« Les premiers symptômes se manifestent par une petite tache claire au point de pénétration de l'oviscapte qui s'agrandit rapidement en virant au brun ; la pulpe devient molle et se déprime sous le doigt. Les galeries faites par les larves sont souillées par les excréments et entraînent une pourriture rapide des fruits à chair molle ou leur chute (orange, pêche). Le développement larvaire se fait en 9 à 15 jours seulement. La larve revient alors vers la surface du fruit et par une brusque détente se laisse tomber sur le sol, s'insinue par les fissures et se nymphose à une profondeur de 5 à 10 cm. La pupe a la forme d'un petit tonnelet arrondi, lisse, brun foncé d'une longueur de 5 mm.

« L'adulte apparaît 10 à 11 jours plus tard dans le courant de l'été ou 18 à 20 jours au début de l'automne.

« Le nombre annuel de générations varie beaucoup suivant la température. Le cycle complet se fait en 20 jours à une température moyenne de 26 °C et sous une humidité relative de 70 à 75 %, le seuil de développement est de 13°5. Il y a 11 à 13 générations à Honolulu (temp. 23°3), 12 à Calcutta, 7 à 8 sur le littoral algérien, 6 à 7 dans le Sud de l'Italie, 5 à 6 à Rome, 4 à 5 dans le Roussillon, le Languedoc et la Côte d'Azur et 2 dans la région parisienne.

LUTTE

Jusqu'ici on n'a pas eu à traiter les Vignes pour se défendre contre cette mouche des fruits en France. Mais en Espagne Ruiz Castro mentionne que dans la région d'Almeria les premiers essais de traitement ont eu lieu au cours des années 1924, 1926 et 1927 avec des bouillies arsenicales sur les rameaux dépourvus de fruits. De plus des mesures prophylactiques par destruction des fruits attaqués,, la surveillance des marchés et des transports étaient mis en place. 5.000 ha de vignes en parrales furent ainsi traitées. Plus récemment l'emploi du DDT fut expérimenté mais les résultats n'étaient satisfaisants qu'avec des insecticides concentrés à 50 %. Depuis on fait appel à des esters phosphoriques, Chancogne (1960) ayant montré que les produits les plus efficaces par ordre décroissant étaient Mercaptophos à 100 g, Dimethoate à 30-40 g, Mévinphos à 50 g, les deux premiers produits ayant une bonne persistance d'action pendant 8 jours.

On a essayé aussi en Espagne de placer dans les vignes des bouteilles gobe-mouches contenant de l'eau vinaigrée ou du son fermenté. Cela permet au moins de se renseigner sur les dates et l'intensité de l'apparition de l'insecte.

LA DROSOPHILE

Ce diptère, appelé « Mouche des celliers », « Moucheron du Vin », « Musset » est bien connu de tous les Vignerons. C'est le *Drosophila funebris* Fab.

La Drosophile peut se rencontrer dans les vignes à la suite d'attaques de pourriture grise ou de dégâts de vers de la grappe. C'est donc plutôt un parasite de blessures survenant après des attaques d'insectes divers (cochylis, eudémis, guêpes) des blessures accidentelles dues aux piquets ou aux passages des appareils de traitement ou des attaques d'oïdium provoquant le fendillement des baies.

Le jus sucré qui s'écoule des grains ainsi ouverts attire beaucoup d'insectes dont les Drosophiles qui viennent aggraver les dégâts de la pourriture. Les grappes sont parfois couvertes de leur multitude et il se développe bientôt une forte odeur acétique. Les moucherons transportent d'une grappe à l'autre la levure transformant les sucres en alcool et le *Mycoderma aceti* qui fait de celui-ci du vinaigre.

Des dégâts dans les vignobles de Sauternes avaient été signalés en 1899 par Capus où l'on récolte très tardivement les raisins. Ces attaques ont souvent été prises auparavant pour de la Cochylis, les grains abimés étant éliminés comme « mauvais pourri ». L'aspect de la vendange attaquée permet de différencier les deux parasites : les grains blancs envahis par la cochylis sont d'un blanc pâle et n'ont pas cette couleur rouge brique, caractéristique des grains atteints par la Drosophile ; leur pulpe n'est pas pâteuse ; ils sont percés d'une galerie par la chenille, qui attaque successivement plusieurs grains et les relie par des fils de soie tandis que les larves de la mouche vivent plusieurs ensemble dans le même grain.

« Les cépages blancs de la Gironde qui sont le plus atteints sont le Gros Sémillon, le Sauvignon, la Muscadelle, le Doset ou Courbin du Sauternais, le Becquin de Sainte-Croix du Mont. Le Petit Sémillon, le Sémillon rose et le Metternich du Sauternais sont généralement indemnes. Parmi les rouges c'est le Jurançon qui est le plus atteint ».

« *L'insecte adulte* présente deux ailes membraneuses repliées au repos à plat sur la face dorsale du corps. Il mesure 4 mm de long.

« Les *œufs* blancs, ovoïdes, portant deux appendices allongés terminés en spatule sont déposés sur les grains.

« Des *larves* vermiformes en éclosent qui se nourrissent de la pulpe. Au bout de 10 à 14 jours la nymphose se produit sur place, dans la grappe elle-même. Le ver blanchâtre long de 3 à 4 mm devient une pupe d'un brun plus ou moins clair qui reste dans cet état de 10 à 20 jours avant de donner l'insecte parfait. Il se produit de 6 à 8 générations par an. » (Delassus, 1934)

La lutte contre les Drosophiles est indirecte : nécessité de faire des traitements insecticides pour éviter les blessures faites par d'autres animaux, vendanges précoces et propreté des caves avec lavages soignés et pulvérisation d'une solution d'anhydride sulfureux sur le sol, les planchers, les rigoles des celliers.

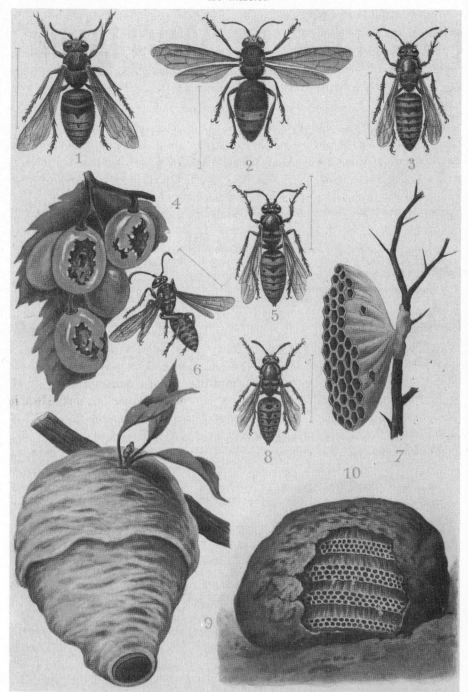

Fig. 351 – Les Guêpes (d'après FEYTAUD) : 1 - *Vespa crabo* ; 2 - *Vespa orientalis* ; 3 - *Vespa silvestris* ; 4 - Raisin attaqué par les guêpes ; 5 - *Vespa vulgaris* ; 6 - *Polistes gallicus* ; 7 - Nid de *P. gallicus* ; 8 - *Vespa germanica* ; 9 - Nid aérien de *Vespa media* ; 10 - Nid souterrain de *Vespa vulgaris* (sorti du sol).

9° Les Hyménoptères

Les Hyménoptères (du grec υμην, membrane et πτερον, aile) possèdent deux paires d'ailes membraneuses, les postérieures étant deux fois plus petites que les antérieures et étant réunies à ces dernières par des crochets pendant le vol ; la nervation est très particulière, délimitant au plus 16 cellules fermées dans l'aile antérieure et étant souvent très réduites.

L'appareil buccal est du type broyeur ou lécheur.

L'abdomen est généralement resserré à l'avant, le premier segment étant fusionné avec le métathorax qui est très court. Il y a toujours un oviscapte modifié pour scier ou percer les tissus ou en forme d'aiguillon.

Les *larves* sont généralement apodes, la tête étant plus ou moins bien développée. Les *nymphes* sont le plus souvent entourées d'un cocon secrété par les glandes labiales.

Nous ne traiterons ici que des Guêpes qui causent fréquemment des dommages aux raisins.

La *Tenthrede de la Vigne* (*Tenthredo strigosa* Dahlbom.) avait été décrite par V. MAYET (1890) mais en réalité cette espèce vit dans les galeries abandonnées par les Apate dans les sarments. Ce n'est donc pas en fait un parasite de la vigne.

LES GUÊPES

Ces Hyménoptères, de la famille des *Vespidae*, aux mandibules fortes et dentées, peuvent occasionnellement s'attaquer aux raisins et détruire une partie de la récolte. Ce sont, de plus, des insectes dangereux pour l'homme à cause de leur *appareil venimeux*, placé à l'extrémité postérieure de l'abdomen, au voisinage de l'anus.

Il comprend deux glandes, l'une à secrétion acide, l'autre à secrétion alcaline, un aiguillon constitué par deux stylets bordés de dents de scie et une gouttière protégeant l'aiguillon. Cet appareil venimeux n'existe que chez les guêpes femelles (reines ou ouvrières). Les mâles sont donc inoffensifs. Le venin de la guêpe provoque une réaction générale, en même temps qu'une douleur assez vive et une tuméfaction qui peut être très grave, voire mortelle dans le cas d'une piqûre de la gorge, si une trachéotomie n'est pas réalisée rapidement.

I — DEGATS SUR LES VIGNES

Les guêpes s'attaquent aux baies des raisins, particulièrement des raisins de table. Elles entament la peau avec leurs mandibules et dévorent la pulpe sucrée, ne laissant finalement que la pellicule qui brûnit. Elles profitent également des blessures accidentelles pour commettre leurs dégâts. Les grains attaqués ne mûrissent plus ; ils pourrissent souvent et cette pourriture se communique aux baies voisines. Les guêpes ont une prédilection pour les raisins musqués, de table ou de cuve, et peuvent provoquer des dommages importants dans les zones de culture des muscats (Frontignan, Lunel, Rivesaltes...). Toutes les grappes d'une souche peuvent être détruites entièrement.

« Si dans les vignobles proprement dits, écrit MAISONNEUVE (1926), les guêpes ne causent généralement pas un dommage appréciable, il n'en est pas de même dans les ceps cultivés en treilles, en vue d'obtenir des raisins de table. Lorsque la fin de l'été est chaude, ces insectes deviennent très abondants et arrivent à détruire toute la récolte d'un espalier ; si elles ne dévorent pas entièrement tout le contenu des grains, les blessures qu'elles leur font facilitent le travail de destruction des mouches et de la pourriture. »

Les guêpes savent monter la garde dans les vignes près de leurs cépages préférés et s'attaquer aux intrus qui viennent les déranger au moment de la récolte ! (C'est le cas de la planche des muscats de table à l'Ecole).

II — SYSTEMATIQUE

Les guêpes sont de taille moyenne ; elles se distinguent assez bien par leur abdomen pédiculé séparé du thorax (taille de guêpe) et terminé en pointe ogivale ; enfin leur robe est mêlée de jaune et de noir.

Les guêpes françaises se répartissent en deux groupes, correspondant à deux genres distincts : les guêpes proprement dites (genre *Vespa*) et les Polistes (genre *Polistes*).

I - *Genre Vespa.* Abdomen cylindrique à base tronquée ; thorax rectangulaire ; *clypeus* (pièce placée au-dessus des mandibules) droit ou plus ou moins échancré en avant. Principales espèces :

— *V. vulgaris* L. (guêpe commune ou vulgaire) dont le premier segment abdominal est noir avec une bordure jaune soufre ; pubescence de la tête très longue et épaisse.

— *V. germanica* Fabr. (guêpe germanique) dont le premier segment abdominal est noir sur le bord antérieur, jaune en-dessus avec trois tâches noires en avant ; pubescence de la tête courte et moins abondante.

— *V. crabo* L. (Guêpe frelon) dont le thorax est plus ou moins noir, le 5ᵉ segment dorsal de l'abdomen jaune soufre.

— *V. orientalis* L. (guêpe orientale) dont le thorax est entièrement roux ferrugineux ainsi que les 2ᵉ et 5ᵉ segments dorsaux de l'abdomen.

— *V. silvestris* Scop. (guêpe sylvestre) au clypeus régulièrement couvert de points épars plus serrés en avant ; tibias antérieurs exceptionnellement tachés de noir en dessous ; nid souterrain.

On rencontre aussi en France *V. media* de GEER., *V. saxonica* Fabr. et *V. rufa* L.

II - *Genre Polistes.* Abdomen fusiforme, thorax retréci en avant et portant en arrière deux oreillettes foliacées, clypeus s'avançant en angle obtus entre les mandibules :

— *Polistes gallicus* L. (Poliste française ou guêpe gauloise) nid petit, aérien, ouvert.

Selon FEYTAUD (1915) « *V. orientalis* ne se rencontre guère que dans la région méditerranéenne ; elle installe son nid dans les vieux troncs d'arbres.

« *V. media* (guêpe moyenne) qui niche sur les hautes branches des arbres et *V. saxonica* (guêpe saxonne) qui construit son guêpier dans les greniers et sous les hangars, sont au contraire l'une et l'autre communes dans le Nord ; la première rare, la seconde absente dans le Centre et le Midi.

« *V. silvestris*, qui établit son nid peu volumineux dans le sol près de la surface, est répandue dans le Centre, assez rare dans le Nord et dans le Midi.

« Les 4 autres espèces existent dans toute la France :

« *V. crabo* établit son nid tantôt dans les troncs d'arbres creux, tantôt sous les hangars et dans les maisons. Ses gâteaux d'alvéoles superposés sont englobés dans une enveloppe générale formée par plusieurs couches de carton grossier, qui s'émiette avec facilité.

« *V. vulgaris* construit sous terre un nid très vaste, également enveloppé de plusieurs couches de carton, mais d'un carton beaucoup plus fin et plus souple que celui des nids de Frelon. La colonie est fort peuplée et vit relativement très tard en automne, jusqu'à la fin octobre.

« *V. germanica*, la plus répandue de toutes, vit dans les mêmes conditions que l'espèce précédente.

« *V. rufa* (guêpe rousse) qui niche également dans le sol, très superficiellement, a des colonies moins vastes et beaucoup moins peuplées que celles des guêpes vulgaire et germanique.

« Enfin *Polistes gallicus*, très commune partout, suspend aux branches des arbustes et de maintes plantes basses son petit nid de carton léger, disposé en forme de disque et sans enveloppe protectrice. La colonie de Polistes est toujours peu nombreuse. »

III — BIOLOGIE

Les mœurs des guêpes sont bien connues depuis l'Antiquité, ayant été observées et décrites par ARISTOTE.

« Les guêpes écrit FEYTAUD (1915) ont des mœurs sociales et vivent généralement en colonies. Industrieuses, elles construisent des nids de carton, dont elles fabriquent la matière en pétrissant des fibres végétales au moyen de leurs mandibules et en les agglutinant avec leur salive. C'est l'observation de ces nids qui aurait donné l'idée aux Chinois de pétrir des fibres (vieux chiffons) pour faire la pâte à papier.

« Ces nids sont tantôt suspendus au faîte des arbres, tantôt cachés dans les cavités des vieux troncs d'arbres ou des vieilles souches de vigne, dans les anfractuosités des murs ou dans le sol. Ils sont typiquement formés par une enveloppe extérieure en forme d'outre, ouverte en bas et par des gâteaux superposés d'alvéoles, dont l'aspect rappelle celui des rayons de cire d'une ruche d'abeilles. Seuls les Polistes forment des nids sans enveloppe.

« Chaque colonie de guêpes comprend une *reine*, mère fondatrice, un grand nombre de femelles aux organes génitaux avortés : ce sont les *ouvrières* et vers la fin de la saison, en automne des *mâles* et des *femelles* dont l'union assure la fécondation des futures reines, fondatrices de nouvelles colonies.

« La reine mère se distingue par une taille plus grande, un abdomen plus massif. Les ouvrières constituent la presque totalité de la population du guêpier. Elles s'occupent de rechercher la nourriture au dehors, nourrissent les jeunes et la reine, enfin elles assurent la défense du guêpier, jouant le rôle des soldats chez les Termites. Les mâles dont la taille est intermédiaire entre la reine et les ouvrières ont une forme plus allongée et sont dépourvus d'aiguillon.

« Aux premiers grands froids, toutes les guêpes meurent sauf les jeunes femelles fécondées qui passent l'hiver, à l'état de vie ralentie dans un abri quelconque.

« A la fin de l'hiver, chaque femelle survivante jette les bases d'une colonie en façonnant elle même la première ébauche du nid, c'est-à-dire un premier gâteau d'alvéoles prismatiques juxtaposés dont les orifices sont tournés vers le bas. Dans chacun de ces alvéoles, la femelle dépose un œuf, qu'elle fixe au moyen d'une sécrétion spéciale.

« Les larves qui naissent de ces œufs seront nourries par la mère et parvenues au terme de leur croissance elles s'enferment dans un cocon soyeux, à l'intérieur même de leur logette, pour effectuer leur métamorphose. Elles en sortent sous la forme ailée d'ouvrières. Elles viennent désormais en aide à la mère et se substituent à elle pour tout ce qui concerne le ménage, l'entretien et l'agrandissement du nid, la nourriture des jeunes larves. La durée totale de l'évolution des ouvrières dure environ un mois.

« La reine, secondée ou remplacée par ses filles pour tous les travaux et nourrie désormais par elles à la becquée, sort de moins en moins du nid et se consacre à la ponte. Elle circule à la surface des gâteaux étagés d'alvéoles, déposant sans répit ses œufs un à un au fond de chaque logette.

« Le guêpier devient chaque jour plus vaste et plus peuplé. Vers la fin de l'été ses dimensions dépassent parfois 50 cm en tous sens ; il comprend alors, dans une enveloppe générale, une douzaine d'étages d'alvéoles, étages appendus horizontalement les uns au-dessous des autres par des piliers de carton. A son apogée la colonie de guêpes possède souvent plus de 10.000 ouvrières, au milieu desquelles sont apparus, en nombre restreint, des mâles et des femelles fécondes.

« Les femelles destinées à devenir les reines fondatrices naissent d'œufs identiques à ceux qui donnent les ouvrières, mais elles sont alimentées plus richement, avec une sorte de *gelée royale* préparée spécialement à leur intention.

« Les mâles proviennent d'œufs parthénogénétiques pondus par la reine qui contracte ou non, lors de chaque ponte, la vésicule qui emmagazine, depuis l'unique accouplement de l'automne, une importante réserve de spermatozoïdes.

« Les ouvrières, normalement stériles, peuvent aussi pondre des œufs parthénogénétiques qui donneront donc uniquement des mâles.

IV — METHODES DE LUTTE

1° Destruction des guépiers

Selon DELASSUS (1934) « les guêpiers de *Polistes gallicus* sont facilement détruits, cette espèce, peu agressive, se laissant assez bien approcher, même pendant le jour. On les grillera simplement, à la tombée de la nuit, avec une torche enflammée faite de chiffons imbibés de pétrole.

« Par contre les nids souterrains de l'irrascible *guêpe germanique* doivent être repérés pendant la journée. Le soir venu, alors que la colonie entière a regagné sa demeure, on verse un liquide insecticide à évaporation rapide (sulfure de carbone, benzine, tétrachlorure de carbone, chloropicrine) dans l'orifice d'entrée que l'on obstrue ensuite avec de la terre humide. »

V. MAYET (1890) recommande l'emploi du pétrole ou de la benzine et de renverser la bouteille sur l'orifice du guêpier qui est ainsi exactement bouché par le goulot. Le lendemain, en retirant la bouteille on trouve la colonie asphyxiée.

Toutefois JOLICŒUR (1894) observe que dans cette opération on tue beaucoup de guêpes (un demi litre de pétrole émulsionné dans la même quantité d'eau) mais elle n'est pas aussi efficace contre les nymphes ; donc 7 à 8 jours après le traitement on assiste au départ d'insectes nouvellement éclos. Il faut donc compléter cette opération par la destruction du guêpier en totalité par le feu.

Dans un grenier, FEYTAUD propose pour détruire un nid de Frelons de recourir aux vapeurs ammoniacales. On verse de l'ammoniaque dans une terrine largement ouverte, que l'on présente brusquement au-dessous du guêpier, de sorte que le rayon inférieur touche presque au liquide. Les guêpes sont tuées en un instant, sans pouvoir se défendre. Il suffit alors de détacher le nid et de le brûler au dehors. On peut aussi traiter l'entrée du nid avec de l'H.C.H. à 25 % en utilisant une bombe insecticide disposée à l'extrémité d'un bâton.

2° Destruction des mères fondatrices

Leur recherche dans les abris d'hiver, souvent préconisée, n'est guère praticable. On a aussi proposé, au printemps la destruction des premières guêpes qui se montrent et qui cherchent à établir leur nid dans les appartements. DURAND (1900) signale que des primes ont été données par certaines communes et que les résultats ont été satisfaisants. En réalité cette destruction est assez aléatoire.

3° Destruction des ouvrières

On a recours à des pièges alimentaires en disposant des liquides sucrés fermentés (mélasse, miel, bière, vin) dans des gobe-mouches. Les guêpes attirées par l'odeur dans ces récipients ont peu de chance de sortir et beaucoup se noient dans le liquide après s'être mouillées les ailes.

4° Protection des grappes

Pour les raisins de table de luxe on peut envisager la mise en sac des raisins dans des sacs de gaze, de crin, de fine toile métallique ou de sacs en plastique.

5° La lutte chimique

Est impossible car la plupart des insecticides actuels sont interdits au voisinage de la maturation des raisins en raison des dangers qu'ils font courir à l'homme ou à d'autres insectes, les abeilles en particulier.

CHAPITRE X

LES OISEAUX

Les oiseaux ont toujours été friands des raisins, qui cependant ne constituent pas leur seule nourriture. Les dangers pour les vignobles sont dus à trois grandes causes :

1° Les oiseaux agissent rarement isolément mais plutôt en bandes nombreuses, ce qui accroît singulièrement les dommages.

2° Ils interviennent massivement à certaines époques de l'année, s'attaquant particulièrement aux raisins de table précoces au point d'en rendre la culture aléatoire. Il en est de même pour les raisins de table tardifs qu'on laisse surmûrir sur souche et dont les oiseaux profitent abondamment.

3° Certaines espèces d'oiseaux sont protégées comme les moineaux, les mouettes ou les goelands, elles peuvent donc se multiplier tranquillement et produire des dégâts aux raisins en toute impunité.

4° Depuis quelques années l'existence d'importants dépôts d'ordures ménagères, conséquence de l'urbanisation, ont provoqué l'établissement à proximité d'importantes colonies d'oiseaux, qui viennent prélever leur dessert dans les vignobles voisins. C'est ainsi que sur la côte méditerranéenne du Languedoc on assiste à une prolifération de goelands qui s'attaquent en bandes serrées aux volailles, aux couvées d'autres oiseaux, aux chalutiers rentrant au port. De même à proximité du grand vignoble de la Compagnie des Salins du Midi, l'épandage des ordures ménagères de la ville de Sète ont attiré des milliers de mouettes. Ailleurs ce sont les moineaux ou les étourneaux qui fondent sur les raisins mûrs.

METHODES DE LUTTE

1° Des *mesures administratives* peuvent être prises par les Préfets pour faire passer une espèce de la liste des espèces protégées à celle des espèces nuisibles, de façon à permettre d'organiser la lutte pour limiter le nombre d'individus notamment par la création de Groupements de défense contre les ennemis des cultures et sous la surveillance du Service de la Protection des Végétaux.

2° Protection mécanique par la mise en place de *filets* ou de *voiles de viscose* pour empêcher les oiseaux d'accéder aux raisins. C'est un procédé efficace, mais coûteux. (Un écheveau de 1 kg de fibres du calibre d'un cheveu permet de protéger 160 à 170 mètres d'un rang de vigne). Il est donc à réserver pour des raisins de valeur élevée, qu'il s'agisse de raisins de table (Cardinal) ou de raisins de cuve (Champagne, Alsace, Muscats).

Ces fils, très fins laissent parfois dans les grappes de minuscules brins, qui éloignent les consommateurs et qu'on ne parvient pas à éliminer parfaitement par une soufflerie.

3° *Protection optique* par la mise en place dans les vignes d'épouvan-tails, de banderoles colorées ou de boîtes métalliques, procédé peu efficace, car les oiseaux s'habituent rapidement.

4° *Protection pyrotechnique* à l'aide de pétards, de canons. **Les** premiers sont de moins en moins utilisés mais pour les seconds **des** progrès notables ont été réalisés ces dernières années avec en particulier des dispositifs qui limitent le fonctionnement des appareils aux seules heures d'activité des étourneaux, on diminue également les nuisances sonores pour les voisins. Mais là aussi il faut savoir que les oiseaux s'accoutument à la cadence des bruits et qu'ils reviennent manger pendant les périodes de silence, ne constatant par ailleurs aucune diminution dans le nombre des participants.

Fig. 352 – Œufs d'oiseaux pondus dans un nid établi sur un cordon de Royat à Petrolina (Brésil).

Fig. 353 – Nichée des mêmes oiseaux.

5° *Protection par la chasse.* L'emploi d'un fusil de chasse est évidem-ment efficace, avec un bon tireur. Mais elle est astreignante et coûteuse donc encore réservée à des vignobles de grande qualité.

6° La *protection acoustique,* mise au point par GRAMET consiste à diffu-ser par des hauts parleurs, disposés dans les vignes, généralement en bordure des parcelles, des cris d'étourneaux effarouchés. Les oiseaux s'éloignent de l'endroit potentiellement dangereux. Ce système a été employé avec succès en Champagne à Bouzy, la protection approchant 100 % selon les vignerons.

Une variante consiste dans l'emploi d'un bruiteur électronique qui diffuse, par hauts-parleurs, un mélange de différentes fréquences afin de brouiller les échanges d'informations acoustiques qui existent normalement entre les oiseaux. Le milieu devient ainsi insécurisant pour eux et ils vont chercher leur nourriture ailleurs. D'après GRAMET pratiquement seuls les étourneaux s'en vont ailleurs alors que, les grives et les merles s'accoutûment très vite.

« Les services que les petits oiseaux rendent à la vigne, écrit MAISONNEUVE (1926), ne sont pas contestables. La plupart d'entre eux : Linots, traquets, fauvettes, mésanges, etc... se nourrissent d'insectes et de larves et en portent à leurs couvées. Malheureusement il s'en faut que le nombre de ces charmantes créatures soit proportionné à l'étendue de nos vignes et d'autre part aux innombrables bataillons d'insectes qui les attaquent. Soit que les oiseaux ne s'y sentent pas suffisamment abrités, soit que les travaux continuels dont ces cultures sont l'objet les écartent, il est constant que très peu d'entre eux y nidifient, si bien que si nous comptons sur ces auxiliaires pour débarrasser nos vignobles des Cochylis, Eudémis, Ecrivains, Cigariers, Pyrales, etc... qui y pullulent, nous attendrons longtemps.

« Les traitements chimiques ne sont pour rien dans cet éloignement des oiseaux puisqu'autrefois la chasse aux Charançons et insectes malfaisants était organisée dans les paroisses, ce qui prouve que les petits oiseaux se montraient déjà complètement insuffisants dans leur rôle d'épurateurs du vignoble.

« Si les petits oiseaux défendent dans une certaine mesure nos vignobles contre les insectes déprédateurs, il en est malheureusement parmi eux que nous sommes obligés d'inscrire sur la liste des malfaiteurs. C'est le cas des grives, des merles, des étourneaux qui dévorent les grappes mûres.

« Le seul remède est de les chasser à coups de fusil. »

Chapitre XI

LES MAMMIFÈRES

LES LAPINS

Les lapins de garenne causent parfois de graves dommages aux vignes, particulièrement importants dans le cas de plantiers. En effet ce rongeur s'attaque aux jeunes pousses tendres qu'il consomme à peu près complètement.

Ce sont évidemment les parcelles de vignes situées en bordure de bois ou de taillis qui sont les plus exposées à ces méfaits. Les dégâts sont sensibles au printemps, au début de la croissance pendant une période de 15 jours à 3 semaines, mais dans les plantiers les jeunes greffes sont au contraire rongées à la fin de l'été au moment où l'herbe fraîche est rare dans les garrigues méridionales.

PROTECTION CONTRE LES LAPINS

La *myxomatose* avait beaucoup détruit de lapins de garenne, dans les années 1950-1970, de sorte que les plaintes au sujet des lapins avaient presque complètement disparu. Depuis les animaux reprennent le chemin des vignes, souvent à proximité des « Chasses réservées » que les propriétaires ne clôturent pas suffisamment bien.

La mise en place d'un *grillage* tout autour de la vigne à protéger est un moyen efficace, mais coûteux. Toutefois il faut exercer une surveillance constante car les lapins, cherchent à passer en-dessous en creusant dans le sol.

L'utilisation de vieilles boîtes de conserve accrochées à des fils qui s'entre-choquent sous l'action du vent n'ont aucun effet dissuasif car l'animal s'habitue rapidement à ces bruits insolites mais sans danger pour lui.

Autrefois, avant 1939 on se protégeait tant bien que mal pendant les périodes critiques de destruction en pulvérisant du pétrole, dont l'odeur désagréable servait de répulsif.

Après 1945, on a employé avec succès l'HCH en pulvérisation à 1 % dont l'odeur de moisi, si caractéristique et si désagréable n'était pas appréciée de Jeannot lapin. On peut aussi faire un poudrage des souches et renouveler en cas de besoin.

Le *paraquat*, désherbant parfois employé dans les vignes aurait aussi un certain effet répulsif contre les lièvres d'après des essais réalisés en 1972 à l'INRA de Versailles par Golleau, de Lavaur et Siou.

RESPONSABILITE CIVILE

L'existence de gibier dans les bois constitue pour les voisins une source d'ennuis. Or l'article 524 du code civil considère comme « immeubles par destination les lapins de garenne ». Ceux-ci appartiennent au propriétaire du fonds où se trouvent situées les garennes. La responsabilité du propriétaire en raison des dégâts causés par les lapins de sa garenne se produit de plein droit par application de l'article 1385 du Code civil. On considère comme garenne un lieu privé, parc ou bois, destiné à attirer et retenir le gibier, à le nourrir et à faciliter sa reproduction, aménagé à cet effet par le propriétaire.

LES SANGLIERS

Ces animaux sauvages, comme les lapins, peuvent provoquer des dommages dans les vignes, non seulement en consommant les raisins mais aussi en cassant des bras ou des coursons au cours de leurs déplacements en raison de leur taille et de leur force.

Là aussi ce sont les parcelles situées près des bois qui sont le plus sujettes à ces dégâts.

En dehors de la chasse, il est difficile de se prémunir contre ces robustes mammifères, qui ont vite raison des grillages qu'on leur oppose.

LE CAMPAGNOL DES CHAMPS

MEYLAN (1975) a observé dans le canton de Vaud en Suisse des jeunes plants de Chasselas sur 3309 C qui avaient été rongés au niveau du sol et même sectionnés en biseau pour les plus faibles.

Cette attaque, assez exceptionnelle, semble due à une forte couverture végétale de plants adventices, le Mouron des Oiseaux (*Stellaria media L.*) qui avait attirée durant l'hiver les campagnols. Ceux-ci avaient creusé leurs terriers dans la parcelle. On a donc intérêt à conserver les vignes exemptes de mauvaises herbes. Pour se défendre d'une attaque, utiliser des appâts empoisonnés.

LA CHAUVE-SOURIS

« La chauve-souris, écrit MAISONNEUVE (1926) joue dans la protection des vignes un rôle efficace. Animal crépusculaire il est à même de pourchasser les insectes crépusculaires : Cochylis, eudémis. Il est bien regrettable que ce petit mammifère ailé ne soit pas plus répandu dans nos campagnes.

F I N

BIBLIOGRAPHIE

OUVRAGES GENERAUX

ARNAUD G. et M., 1930. – Traité de Pathologie végétale. Paris, Lechevalier ed. Tome 1 : 994 p.
AUDOUIN V., 1842. – Histoire des Insectes nuisibles à la Vigne et particulièrement de la Pyrale. Fortin, Masson et Cie ed. Paris, 350 p. et 23 pl. couleurs.
BALACHOWSKY A.S. et MESNIL L., 1935. – Les Insectes nuisibles aux plantes cultivées. Le Chevalier ed. Paris, 1922 p. tome 1 (1935) et tome 2 (1936).
BALACHOWSKY A.S., 1966. – Entomologie appliquée à l'Agriculture. Tome 1 (2 vol.). Coléoptères, tome 2 (2 vol.). Lépidoptères, Masson ed.
BONNEMAISON L., 1961-1962. – Les ennemis animaux des plantes cultivées et des forêts. Ed. SEP Paris, vol. 1 (Nématodes, Arachides, Insectes) 1961 : 606 p., vol. 2 (Coléoptères, Lépidoptères) 1962 : 504 p., vol. 3 (Diptères, Hyménoptères), 412 p.
BOVEY R., 1967. – La défense des plantes cultivées. Ed. Payoy, Lausanne, 5e ed. 848 p.
BRANAS J., 1974. – Viticulture. Montpellier, 990 p.
BRUNET R., 1920. – Maladies et Insectes de la Vigne. La Maison Rustique, Paris, 288 p. 17 pl. couleurs.
DELASSUS M., LEPIGRE A. et PASQUIER R., 1934. – Les Ennemis de la Vigne en Algérie, tome 1 : Les parasites animaux, 250 p. Alger.
FOEX G., 1895. – Cours complet de Viticulture. Paris Masson ed. 5e ed. 1120 p.
JOLICŒUR H., 1894. – Description des ravageurs de la Vigne. Ed. Michaud F., Reims et O. Doin, Paris, 236 p. et 20 pl. couleurs.
LAFON J., COUILLAUD P. et HUDE R., 1966. – Maladies et Parasites de la Vigne. Tome 1, 3e ed. 324 p. ; tome 2, 3e ed. 1970, 330 p.
MAISONNEUVE P., 1926. – L'Anjou, ses vignes et ses vins. Angers, 372 p.
MAYET V., 1890. – Les Insectes de la Vigne. Montpellier, Coulet ed. et Paris, Masson ed., 470 p. 5 pl. couleurs et 80 fig.
PAILLOT A., 1931. – Les Insectes nuisibles des Vergers et de la Vigne, Paris, 374 p. et 242 fig.
RIBEREAU-GAYON J. et PEYNAUD E., 1971. – Traité d'ampélologie tome 2. Culture, pathologie, défense sanitaire de la vigne. Dunod ed. Paris, 720 p.
RUIZ CASTRO A., 1965. – Plagas y Enfermedades de la Vid I.N.I.A. Madrid, 758 p.
STELLWAAG F., 1928. – Die Weinbauinsekten der Kulturlander Berlin, Ed. Paul Parey, 884 p.
VIALA P., 1893. – Les maladies de la Vigne. Paris, Masson ed. et Montpellier, Coulet, ed. 596 p.

NÉMATODES

(Voir aussi Bibliographie des Maladies à Virus dans le tome I)

AGULHON R. et al, 1969 — Essais de désinfection des sols Vignes et Vins, juillet : 45-46.
AGULHON R. et al, 1978 — Essais de désinfection du sol. Le Paysan du Midi 16 novembre.
ALLEN M.W., 1951 — Tour d'horizon sur la situation de l'invasion des nématodes en Californie. Rapport spécial du Comité législatif conjoint sur l'Agriculture et sur les problèmes d'approvisionnement : 22-24.
ALVIN J. BRAUN et KEPLINGER J.A., 1957 — Les nématodes constituent-ils un facteur susceptible de limiter la production de raisin à New-York ? Wines and Vines, mars et Bull. OIV 1957-315 : 70-72.
Anonyme, 1896 — Anguillule sur racines de Jacquez (au Portugal). Rev. de Vit. 5 : 50.
Anonyme, 1898 — L'Anguillule de la Vigne. Rev. de Vit. 10 : 422.
Anonyme, 1971 — Les nématodes des cultures. A.C.T.A. Paris 830 p.
Anonyme, 1947 — Soil fumigation for control of Nematodes and other soil inhabiting organisms. Plant disease Reporter, supplém. : 170.
Anonyme, 1949 — Détermination de la résistance de divers porte-greffes américains et de leurs hybrides à l'anguilosis. Vinos, Vinas y Frutas, Buenos Ayres, sept. rés. in BULL. OIV 226 : 72.
Anonyme 1978 — Les Nématodes. Rev. Suisse de Viti. et Arbor., 10 : 295-296.
BASTIAN Ch., 1865 — Monogr. of The Anguillulidae. Transact. of the Roya. Soc.
BELLATI et SACCARDO P.A., 1881 — Anguillule. Atti del R. Instituto Veneto di Scienze, Lettere ed Arti Tornata del febraio.
BONNET Ad., 1937 — L'anguillule de la Vigne. Progr. Agri. et Vit. 108 : 93-97.
BOUBALS D., 1954 — Les nématodes parasites de la vigne. Progr. Agri. et Vit. 141 : 173-182 et 204-207.
BOUBALS D. et DALMASSO A., 1967 — Résultats d'essais de désinfection de sols à vigne du sud de la France par des fumigants. Réinfestation des sols traités par le nématodes phytophages et en particulier par les vecteurs du court-noué. I.C.V.G. Bernkastel-Kues, Sept. et Progr. Agri et Vit. 1968 ; 21-37 et 74-81.
BOUBALS D., PISTRE R. et DALMASSO A. et al., 1968 — Résultats d'un essai de désinfection en sol profond par des fumigants. Rapport Inst. Techn. du Vin.
BOUBALS D., PISTRE R. et DALMASSO A. et al., 1969 — Essai de désinfection en sol profond. Rapport Inst. Techn. du Vin.
BOUBALS D., PISTRE R., DALMASSO A. et BONGIOVANI M., 1971 — Aspect des atteintes sur racines de vignes au X. Index Progr. Agri. et Vit. : 153-156, 2 pl.

BOUBALS D., 1977 — La désinfection des sols de vignes-mères, de pépinières et de substrats. *Progr. Agri. et Vit.* : 88-89.
BOUBALS D., 1978 — Comportement ru porte-greffe Fercal à l'égard du *Meloidogyne arenaria*. *Progr. Agri. et Vit.* : 13-14.
BOUBALS D., 1978 — Situation des porte-greffes résistants aux nématodes ravageurs directs. *Rapport à la 58ᵉ Ass. Gén. OIV*, Athènes et *Progr. Agri. et Vit.* : 643-650.
BOUBALS D., 1978 — Comportement du porte-greffe *Fercal* à l'égard du nématode *Meloidogyne arenaria*. *Progr. Agri. et Vit.* : 13-14.
BOUQUET A. et DALMASSO A., 1976 — Comportement d'une collection de porte-greffes de vigne en présence d'une population de nématodes *(Meloidogyne sp)* originaire du Sud-Ouest de la France. Connais. Vigne vin, 10, 2, 161-174.
BOVEY R., 1977 — Nématodes vecteurs des virus en Suisse. *Rev. Suisse Vit. Arbor.* : 11.
BOYD J.D., 1973 — Wipes out weeds for 12, months. *Farm. Journ.* Sept. N° 7 : 9, 26/29.
BRANAS J., 1952 — Anguillules sur la Vigne. *Progr. Agri. et Vit.* 137 : 224-228.
BRANAS J., 1971 — Des insuccès avec les fumigants. *Progr. Agri. et Vit.* : 377-380.
CADMAN C.H., 1963 — Biology of soil-bornes viruses. *Annu. Rev. Phytopath.* 1 : 144-173.
CAYROL J.-C., 1959 — Les anguillules parasites de l'agriculture. *Agriculture*, Paris février 41-44.
CAYROL J.-C., 1970 — Essai de traitement nématicide curatif de *Marantha makoyana* à l'aide d'un traitement combiné, Némagon-Temik. *Pepin. Hort. maraîch.*
CICCARONE A., 1952 — Résultats des fumigations nématocides sur le terrain riche en organes végétaux présentant des parasites sur les racines de *Heterodera marioni. Bull. Staz. Pat. Vég.* Rome, 8 : 181-186.
CICCARONE A. et RUGGIERI G., 1951 — Rapport sur les épreuves préliminaires de plein champ pour la lutte contre les parasites des terrains. *Ann. Exp. Agr.* Rome, N.S. 4 : 1063-1078.
CHITWOOD B.G. et BLANTON F.S., 1942 — The efficacy of vapor heat treatments of narcissus bulbs, varity Triumph for control of bulb or stem nematode *Ditylenchus dipsaci* and the tolerance to this treatment of narcissus bulbs, variety King Alfred. *Proc. Helminth. Soc. Wash.*, 9, : 78-82.
CHITWOOD B.G. et FIELDMESSER J., 1948 — Golden nematode population studies. *Proc. Helm. Soc. Wash.*, 15 : 43-55.
CHRISTIE J.R., 1936 — Développement de nodosités de nématodes sur Racines. *Phytopathology*, 26 : 1-22, rés. in *Ann. Epiphyties* 1936 : 271.
CHRISTIE J.R., 1945 — Some preliminary tests to determine the efficacy of certain substances when used as soil fumigants to control the root-knot nematode *Heterodera marioni. Proc. Helminth. Soc. Wash.*, 12 : 14-19.
CHRISTIE J.R., 1947 — Preliminary tests to determine the nematocidal and fungicidal properties of certain chemical compounds when used as soil fumigants. *Proc. Helminth. Soc. Wash.*, 14 : 23-28.
CHRISTIE J.R. et PERRY V.G., 1951 — Removing nematodes from the soil. *Proc. Helminthol. Soc.* Washington, 18 : 106-108.
CIFERRI R. et BERTOSSI F., 1954 — L'efficacité nématocide et anticryptogamique du Parathion. *Notizario Malattie delle Piante*, 12 : 59-64.
CIFERRI R., 1959 — Nématodes et viroses de la Vigne. *II Colt. e Giorn. Vin. Ital.* avril et *Bull. OIV*, 340 : 116.
CIFERRI R., 1962 — I nematocidi. *II coltiv. e Giorn. Vine Ital.* 132-138.
COHN E., TANNE E. et NITZANY F.E., 1970 — *Xiphinema italiae*, a new vector of grapevine fanleaf virus. *Phytopathology*, 60 : 181-182.
COHN E. et ORION D., 1970 — The pathological effect of representative *Xiphinema* and *Longidorus* species on selected host plants. *Nematologica* 16 : 423-428.
COIRO M.I. et LAMBERTI F., 1976 — Reproduction of *Xiphinema index* under different environmental conditions. *VIᵉ Conf. Int. Virus Grape*, Madrid-Cordoba, 13-17 sept.
CONROY R.J., 1951 — Lutte contre l'Anguillule des racines, par fumigation du sol (An). *Agric. Gaz.* N.S. Wales, LXII, 8, 411-414.
CORNU M., 1878 — Etudes sur le *Phylloxera vastatrix* (Renflements radicellaires qu'on pourrait confondre avec les effets dus au *Phylloxera*) : 153-175.
COUILLAUD P., et al. 1969 — Essais de désinfection du sol. *Rapport Inst. Techn. du Vin.*
CUANY A., RITTER M. et SCOTTO LA MASSERE C., 1970 — Nouvelles possibilités de lutte contre les nématodes phytophages par l'emploi de substances non phytotoxiques. *Bull. Techn. d'Inform.*, Paris, Oct. : 605-612.
CUANY A., PISTRE R. et LECLAIR Ph., 1977 — Vers de nouvelles perspectives en matière de désinfection des sols. *Progr. Agri. et Vit.* : 488-498.
DALMASSO A., 1963 — Influence de quelques facteurs écologiques et biologiques sur la population des nématodes phytophages dans divers types de vignobles méditerranéens. St. Rech. I.N.R.A. sur les nématodes, Antibes : 51.
DALMASSO A. et CAUBEL G., 1966 — Répartition des espèces des genres *Xiphinema* et *Longidorus* trouvées en France. *C.R. Acad. Agric. Fr.*, 52 : 440-446.
DALMASSO A., 1966 — Observations complémentaires sur *Longidorella parva* Thorne avec la description de *L. europaea* et *Enchodorella frontiniani* n. sp. *Nematologica* 12 (1) : 147-156.
DALMASSO A., 1967 — Connaissances actuelles sur les Nématodes phytophages et leurs relations avec les maladies à virus. *Ann. des Epiphyties* 18 (2) : 249-272.
DALMASSO A., 1969 — Méthodes de lutte contre les nématodes du Court-noué. *Phytoma*, Janv. : 20.
DALMASSO A., 1970 — Influence directe de quelques facteurs écologiques sur l'activité biologique et la distribution des espèces françaises de la famille des *Longidoridae. Ann. Zool. Ecol. anim.* 2 : 163-200.
DALMASSO A., 1970 — Contribution à l'étude des *Longidorae* de France. Thèse Doct. Sci. Nat., Nice.
DALMASSO A., BOUBALS D., BONGIOVANNI M. et PISTRE R., 1972 — Distribution des nématodes propagateurs du court-noué dans les vignobles méditerranéens français. *Progr. Agri. et Vit.* : 456-462.

DALMASSO A., 1973 — Les nématodes des vignobles. La lutte. *Progr. Agric. et Vit.* : 270-275, 311-317-326-327.
DALMASSO A., 1973 — La reproduction et la notion d'espèce chez le genre *Meloidogyne*. *OEPP/ EPPO Bulletin 3* : 67-73.
DALMASSO A. et BERGE J.B., 1975 — Variabilité génétique chez les *Meloidogyne* et plus particulièrement chez *M. hapla. Cahiers Orstom,* sér. biol. X, 3 : 233-238.
DALMASSO A. et CUANY A., 1976 — Résistance des porte-greffes de vignes à différentes populations de nématodes. *Meloidogyne hapla. Progr. Agri. et Vit.* : 800-807.
DAVAINE C., 1857 — Recherches sur l'anguillule du blé niellé, Paris, 80 p, 3 pl. et *Mem. de la Soc. de Biologie* 1856 : 201.
DELMAS R., 1956 — Rapport français sur les Nématodes. VIII° Cong. Int. OIV, Santiago du Chili in *Bull. OIV 1959, 340* : 57-59.
DIETER A., 1970 — Essais de désinfection des sols de pépinières de vigne infestés de nématodes. *Die Wein-Wissenschaft, 4-5* : 139-154, rés in *Bull. OIV, 472* : 652.
DIMOCK A.W. et LEAR B., 1950 — Soil treatments with parathion for the control of root-knot nematode and golden nematode. *Phytopathology* XL (5) : 460-463.
DOMINGUEZ CARCOA-TEJERO D.F., 1956 — Rapport espagnol sur les Nématodes VIII° Cong. Int. OIV Santiago du Chili in *Bull OIV 1959, 340* : 53-57.
DOUTHIT L.B. et MC GUIRE J.M., 1975 — Some effects of temperature on *Xiphinema americanum* and infection of cucumber by Tobacco ringspot virus. *Phytopathology,* 65 : 134-138.
EDWARDS E.E. — Expériences avec le mélange D-D contre le nématode des racines, *Neterodera marioni* (An), J. Helminth. XXIV, 3, 145-154, 1950.
FELDMAN J.M. et PONTIS R.E., 1964 — *Xiphinema Index* in vineyard soils in Mendoza, Argentine *Plant. Dis. Rept.* 48 : 373-374.
FELDMESSER J., 1969 — Control of root-knot nematode on tomato with systemic chemicals *J. Nematol.* 1 : 7-8 (abst.).
FILPJEV I.N. et SCHUURMANS STEKHOVEN jr. 1941 — A manual of agricultural helminthology Ed. J. Brill., Leiden.
GALET P., 1961 — L'anguillule de la Vigne. *Le Figaro Agricole* : juin N° 115 : 76-77.
GALET P., 1964 — La désinfection des sols. *Le Foyer Rural* N° 865 - 20 mars.
GALET P., 1967 — La désinfection des sols. *Agri-7-jours* N° 69 - 4 mars.
GIRARD A., 1894 — L'anguillule et le sulfure de carbone. *Progr. Agri. et Vit. 21* : 574.
GOODEY T., 1934 — Plant parasitic nematodes and the diseases they cause. XX, 306 p. Méthuen and Co, Londres.
GOODY T., 1945 — *Anguillulina dipsaci* on onion seed ans its control by fumigation with methyl bromide. *J. of Helminth.* XXI, N° 2 et 3 : 45-59.
GORING C.A.I., 1962 — Theory and principles of soil fumigation. *Adv. Pest Control Res. 5* : 47-84.
GRIFFIN G., et EPSTEIN A.H., 1964 — Association of dagger nematode *Xiphinema americanum* with the stunting and winter kill of ornemental spruce. *Phytopathology* 48 : 586-595.
GRIFFIN G.D. et DARLING H.M., 1964 — An ecology study of *Xiphinema americanum* Cobb in an ornemental spruce nursery *Nematologica,* 10 : 471-479.
HARMON F.N. et SNYDER E., 1956 — Comparative value of four rootstocks for Sultanina grape in rootknot nematode-infested soil *Proc. Amer. Soc. Hort. Sci.,* 67 : 308-311.
HARRANGER J., 1972 — Les nématodes des cultures maraîchères *Phytoma,* sept. : 13-22.
HERBES (D') et VAN DER BRANDE J., 1962 — Un appareil destiné à la fumigation du sol *Rev. Agr. Belge* juillet rés in *Bull. Techn. d'Information,* Paris, déc. LXV.
HEWITT W.B., RASKI D.J. et GOHEEN A.C., 1958 — Transmission of fanleaf virus by *Xiphinema index* Thorne et Allen (Abstr.) *Phytopathology* 48 : 393-394.
HIRSCHMANN H., PASCHALAKI-COURTZY N. et TRIANTAPHYLLOU A.C., 1966 — A survey of plant parasitic nematodes in Greece. *Ann. Benakion Phytopathol. Inst.* N.S., 7 : 114-156.
HOBL. L, 1969 — Premier rapport sur la présence d'espèces du genre *Xiphinema* et *Longidorus* dans les sols de vignobles de la Basse-Autriche. *Mitteilungen ; Rebe und Wein, 3* : 180-183 rés in *Bull. OIV* 1969, 462 : 1008.
HOFF J.K. et MAI W.F., 1964 — Influence of soil depth and sampling date on population levels of *Trichodorus christiei. Phytopathology,* 54 : 246.
HORST-FABER, 1961 — Lutte contre les Nématodes. *Rev. Agr. Belge* N° 6, juin, rés in *Bull. Techn. Information,* déc.
JACOB J.J. et BEZOOIJES J.V., 1969 — A manual for practical work in nematology : 47.
KASIMATIS A.N. et LIDER L.A., 196 — Grape rootstock varieties. *Calif. Agric. Ext. Serv.* EXT 47.
KAUFHOLD W., 1963 — Nématodes parasitaires dans les pépinières et les moyens de les combattre. *Die Wein-Wissenschaft* : 6 rés. in *Bull. OIV 390* : 1077.
KAUFHOLD W., 1965 — Bekampfung parasitarer Nematoden in Rebschulen. *Die Wein-Wissenschaft, 6* : 256-260 rés. in *Bull. OIV, 413* : 837.
KAUFHOLD W., 1966 — Bekampfung parasitarer Nematoden in Reschule. *Weinberg und Keller,* 12 : 548-552.
KLINGER J., 1969 — Die Wirkung der Warmwasserbehandlung gegen Erdbeerblattalchen und Erdbeermilben. *Schweiz. Z. Obs-u-Weinb.* 105 : 605-609.
KUNDE R.M., LIDER L.A. et SCHMITT R.V., 1968 — A test of *Vitis* resistance to *Xiphinema Index. Amer. J. of Enology and Vit.,* 1 : 30-36 rés. in *Bull. OIV 448* : 700.
KYROU N., 1968 — The controle of root-knot nematodes in central Macedonia. *Bull. Agricult. Extent. and Educ. Serv.* 5 : 133-136.
LABAT Ch., 1924 — L'anguillule des sables. *Progr. Agri. et Vit. 81* : 474.
LAGAUDE V., 1954 — L'anguillule de la vigne. *Phytoma,* fév. : 27.
LAVERGNE G., 1901 — L'anguillule du Chili *(Anguillula Vialae),* parasite de la vigne et de nouveaux végétaux. *Bull. Min. Agric.* : 603 et *Rev. de Vit.* 18 : 445.
LEAR B. et MAI W.F., 1950 — Use of methyl bromide for killing golden nematodes cysts on used bags and in soil samples. *Phytopathology,* 40 : 17.
LEAR B., 1950 — Efficy of dichlorobutene as a soil fumigant against. *Heterodera rostochiensis* et *H. marioni. Phytopathology* 40 : 17.
LEVY J.F., 1962 — Observations statistiques sur 3.900 plantations de vignes (La durée de repos entre arrachage et plantation). *Vignes et Vins,* avril : 13-15, juin 7-10.

LIBES R., 1924 — L'anguillule de la vigne. *Progr. Agri. et Vit.* 81 : 206.
LIDER L.A., 1954 — Inheritance of resistance to root-knot nematode. *Meloidogyne Incognita* var. *acrita* Chitwood in *Vitis. Proc. Helminth. Soc. Wash.* 21 : 53-60.
LIDER L.A., 1960 — A vineyard trials in California with nematode resistant grape rootstocks. *Hilgardia* 30 : 123-152 rés. in *Bull. OIV 1963, 387* : 637.
LIDER L.A., KASIMATIS A.N. et SCHMIDT R.V., 1967 — Response of St George rootstock vines to summer irrigation and to treatments with the nematocide DBCP. *Amer. J. Enol. Vitic.*, 18 : 55-60 rés. in *Bull. OIV 436* : 628.
LIDER L.A., 196 — Nematode resistant rootstocks for California vineyards. *US. Calif. Leaflet* 114.
LIMA M.B., 1965 — A numerical approach to the *Xiphinema americanum* complex. Symposium Intern. de Nématologie. *Nématologie.*
LINDFORD M.B. et FRANCIS YAP, 1939 — Root-knot nematode injury restricted by a fungus. *Phytopathology*, 29 : 596-609.
LOOMIS N.H. et LIDER L.A., 1971 — Nomenclature of the Salt creek grape. *Fruit var. Hort. Digest* 25 (2) : 41-43.
LOWNBERY B.F. et THOMASON I.J., 1959 — Progress in nematology related to horticulture. *Amer. Soc. Hort. Sci.* 74 : 730-746.
MANDOUL R., 1943 — Les recherches de l'Institut Pasteur sur la destruction des larves de Néma- todes par des champignons prédateurs. *Rev. de Zool. Agr. et appl.* 78 : 41-43.
MARION, 1870 — Recherches sur les Nématoïdes non parasites marins. *Ann. des sci. nat.* 5ᵉ sér. t. XIII Nº 14.
MARTELLI G. et SAROSPATAKI J., 1969 — Nématodes of the family *Longidorae* Meyl, 1960 found in Hungarian vineyards and virus transmission trials with *Xiphinema Index. Phytopath. medit.*, 8 : 1-7.
HENRY M.C., 1978 — Précision sur l'action des Nématodes. *Calif. Agric.* Nº 1 et *Progr. Agri. et Vit.* 180-185.
MEAGHER J.W., 1969 — Nematodes and their control in vineyards in Victoria, Australia. *Int. Pest Control*, 11 : 14-18.
MELIS A., 1956 — Les nematodes in rapport national italien. 8ᵉ *Cong. Int. OIV Santiago du Chili* et *Bull. OIV 1959 341* : 64-68.
MIEGE Em., 1918 — La désinfection du sol. *Ann. des Epiphyties*, 5 : 83-144.
MIMAUD J., 1972 — Eléments pratiques conditionnant le choix d'une méthode de lutte contre les Nématodes. *Phytoma* juillet : 13-19.
NEAL J.C., 1889 — The root-knot disease of the peach orange and other plants in Florida. *U.S. Dept. Agric. Div. Entomol.* Bull. 20 : 1-31.
NEPVEU P. et RITTER M., 1950 — Le Nématode des racines *Heterodera marioni* parasite grave des cultures maraîchères de Vaucluse in. *Au service de l'Agriculture vauclusienne.* D.S.A. de Vaucluse, Nº 2 Avignon.
NESBITT W.B., 1974 — Breeding resistant grape rootstocks. *Hortscience*, 9 : 359-361.
NUSBAUM C.J., 1958 — The reponse of root-knot infected tobacco plants to foliar application of Maleic hydrazide. *Phytopathology*, 48 (6) : 344.
PEACHEY J.E., 1969 — Lutte contre les nématodes parasites des plantes. *SPan*, 12, 2 : 78-80.
PEACHEY J.E. et CHAPMAN M.R., 1966 — Chemical control of plant nematodes. *Tech. Commun. Bur. Helminth.* Nº 36, 120 p.
PEACOCK F.C., 1963 — Systemic inhibition of root knot eelworm. *Meloidogyne Incognita* on tomato. *Nematologica* 9 (4) : 581-583.
PIQUER G., 1950 — Essais de lutte au moyen de séléniate de sodium et du E. 605 contre *Aphelen- choides olesistus*, le nématode des fougères. Mededelingen van de Landbouwhogeschool en de opzoekings-stations van de Staat te Gent XV, 1 : 56-68.
PITCHER R.S. et JHA A., 1961 — On the distribution and infectivity with arabis mosaic virus of a dagger nematodes. *Plant. pathol.* 10 : 67-71.
PITCHER R.S. et POSNETTE A.F., 1963 — Vascular feeding by *Xiphinema diversicaudatum* Micol. *Nematologia*, 9 : 300-304.
PITCHER R.S., 1965 — Interelationships of nematodes and other pathogens of plants. *Helminthol. Abstr.*, 34 : 1-17.
RADER W.E., BURTON W.B. et Mc BETH C.W., 1970 — The movment of 2,4 dichlorophenyl methane suulfonate 35 S in plants. *J. Nematol.* 2 : 143-146.
RADEWALD J.D., 1962 — The biology of *Xiphinema index* and the pathological effect of the species of grapes. *Ph. D. thesis Univ. Calif.* Davis
RADEWALD J.D. et RASKI D.J., 1962 — Studies on the pathogenecity and host-range of *Xiphinema Index. Phytopathology*, 52 : 748-749.
RADEWALD J.D., SHIBUYA F., NELSON J. et BIVENS J., 1970 — Nematode control with 1410, an experimental nematicide-insecticide. *Pl. Disease Reporter* 54 : 187-190.
RASKI D.J., ALLEN M.W. et McCALLUM R.D., 1951 — Sugar-beet nematode, chemical control trials test two methods of applying soil fumigants. *California Agriculture* 5 (2).
RASKI D.J., 1954 — Fumigation du sol pour la lutte contre les nématodes lors de la replantation des vignobles. *PL. Dis. Reporter*, 38 : 811-817.
RASKI D.J., 1955 — Observations complémentaires sur les nématodes attaquant les vignes et les moyens de lutte. *Amer. J. Enol. Vit.* avril 29-31 et *Bull. OIV 296* : 114-115.
RASKI D.J., 1955 — Protection des vignes contre les Nématodes. *Calif. Agric.*, janv. rés. in *Bull. OIV 290* : 138-139.
RASKI D.J. et RADEWALD J.D., 1958 — Reproduction and symptomatology of certain ectoparasitic nematodes on roots of Thompson seedless grape. *Pl. Dis. Reporter* 42 : 941-943.
RASKI D.J. et LIDER L.A., 1960 — Les nématodes dans la production californienne du raisin. *Wines and Vines*, mars et *Bull. OIV. 351* : 55-56.
RASKI D.J. et LEAR B., 1962 — Influence of rotation and fumigation on root-knot nematodes popu- lations on grape replants. *Nematology* : 8 : 143-151.
RASKI D.J., 1962 — Experiments with DBCP in established vineyards. *Plant disease Reporter*, 46 : 516-520.
RASKI D.J. et SCHMITT R.V., 1964 — Grapevine responses to chemical control of Nematodes. *Amer. J. Enology and Vit.* 4 : 199-203.

RASKI D.J., 1965 — Additional observations on the nematodes attacking grapevines and their control. *Amer. J. Enol. 2* : 29-31.
RASKI D.L., HART W.H. et KASIMATIS A.N., 1965 — Nematodes and their control in vineyards. *Univ. of Calif. circ. 533*, 24 p.
RAVAZ L. in DEGRULLY L., 1886 — L'anguillule. *Progr. Agri. et Vit. 6* : 515.
RAVAZ L. et VIDAL D., 1904 — Cause du dépérissement des vignes plantées dans les sables en Algérie. *Progr. Agri. et Vit. 42* : 612.
RAVAZ L., 1929 — Sur le court-noué. *Ann. Ec. Nat. Agriculture Montpellier*, XX, fasc. 11 : 110-125.
RITTER M., 1952 — L'anguillule des racines. *Journ. Fruitières d'Avignon* : 14-26.
RITTER M., 1952 — La lutte contre les nématodes phytoparasitaires. *Phytoma*, Janv. : 9-17.
RITTER M., 1957 — Les anguillules dans les diverses cultures des régions méridionales. *Journ. Fruit. Avignon* : 39-50.
RITTER M., 1961 — Importance et actualité du problème des Nématodes en France. *Journées d'études et d'information* 16-17 nov. ACTA.
RITTER M., 1971 — Les Nématodes et l'Agriculture A.C.T.A. *Journées françaises d'études et d'information*, Paris 3-5 novembre 1971.
RITTER M., 1972 — Place et importance des nématodes dans l'Agriculture. *Phytoma* févr. : 12-22.
RITTER M., 1972 — Origine et développement de la recherche nématologique. *Phytoma*, déc. 9-13.
RUBIN R. — Méthode rapide pour faire des montages permanents de Nématodes (An). *Stain Technology* XXVI, 4, 257-260, 1951 (P).
RUDEL M., 1971 — Vor Kommen einiger Arten der gattung *Xiphirema* in Pfals und Rheinhessen *Weinberg und Keller* 11 : 505-520 rés. in *Bull. OIV, 491* : 72, 1972.
SANDERS H., LOOF P.A.A. et OOSTENBRINK M., 1969 — Key to species of *Meloidogyne. Internatl. Postgraduate Nematology Course*, Wageningen : 3.
SAROSPATAKI G., MARTELLI G. et LEHOCZKY J., 1968 — The occurence of parasitic nematodes of vine in the soil of the Hungarian vine-growing regions, with special reference to virus vectors. *Orsz. szol. gor. Kut. Int. Evk. 13* : 135-150.
SAUER M.R., 1967 — Root-knot tolerance in some grapevine root-stocks. *Austr. J. Exp. Agric. Anim. Husb. 7* : 580-583.
SAVARY A., 1951 — Les anguillules nuisibles aux plantes de grande culture. *Rev. Romande* : 94-96.
SAVARY A., 1951 — Les anguillules des chrysanthèmes. *Rev. hort. Suisse*, 24 N° 3 et 4 : 72-76 et 109-115.
SCHAFER R., 1966 — Les nématodes du Chili rés. in *Bull. OIV, 430* : 1496. *Weinberg und Keller*, 70 : 452-458.
SCHNEIDER J., 1959 — Les nématodes parasites des plantes cultivées en France. *Phytoma* avril : 13.
SCHUURMANS STEKHOVEN J.H., 1941 — A manual of agricultural helminthology.
SCOGNAMIGLIO, 1963 — Recherches des nématodes dans les Abruzzes. *Bull. OIV, 385* : 389.
SCOTTO DE LA MASSESE C., 1961 — Aperçu sur les problèmes posés par les nématodes phyto-parasites en Algérie. Journées d'études et d'information 16-17 nov. *ACTA* : 83-109.
SIRIEZ H., 1972 — Origines et développement de la recherche nématologique. *Phytoma* déc. : 9-12.
SNYDER E., 1936 — Susceptibility of grape roostocks to root knot nematode. *US. Dept Agric. circ.* : 405, 1-16, rés. *E.S.R. 1937*, 80 : 497.
SNYDER E., 1952 — La reconstitucion de las variedades de V. vinifera sobre patrones para resistir a los ataques de la filoxera y de la anguilulosis de la raiz. *Primer Congreso regional anti-filoxerico y de sanidad viticola*, Mendoza.
SUIT R.F., DUCHARME E.P., BROOKS L.T. et FORD H.W., 1963 — Factors in the control of the burrowing nematode of Citrus. *Proc. Fla. State Hort. Soc.*, 66 : 46-49.
TAYLOR A.L., 1939 — Efficient spacing of soil fumigants for field applications. *Proc. Helminth. Soc. Wash. 6* : 62-73.
TAYLOR A.L. et Mc BETH C.W., 1941 — Spot treatments with chloropicrin and ethlene dichloride for control of root knot. *Proc. Helminth. Soc. Wash., 8* : 53-55.
TAYLOR A.L., 1951 — Traitement chimique du sol pour lutter contre les nématodes (An). *Advances in Agronomy*, III, 243-263.
TERLIDOU M.C., 1962 — Communication sur la faune nématologique des vignobles à Lykovrissi. *Geoponica*, 100-101, 312.
TERLIDOU M.C., 1967 — Les nématodes (en grec). Inst. de la Vigne, Athènes, 110 p., 30 fig. rés. in *Bull. OIV, 437* : 872.
TERLIDOU M.C., 1969 — Identification of *Meloidogyne javanica* attacking almond and peach trees in their nursery. *Bull. Agricult. Bank of Greece, 170* : 37-38.
TERLIDOU M.C., 1974 — Effect of root-knot nematode *Meloidogyne javanica* (Treub) Chitwood in vine nurseries. *Vitis*, 12 : 316-319 rés. in *Bull. OIV, 518* : 336.
THOMAS P.R., 1969 — Population development of *Longidorus elongatus* strawberry in Scotland with observations on *Xiphinema diversicaudatum* on raspberry *Nematologica*, 15 : 582-590.
THORNE G., 1927 — The life history, habits and economic importance of some mononchs. *J. of agricultural research*, 34, 3 : 265-286.
THORNE G., 1939 — Some factors governing the success of chemical treatment of soil for nematode control. *Proc. Helminth. Soc. Wash.* 6 (2) : 60-62.
THORNE G. et ALLEN M., 1950 — *Paratylenchus hamafus* n. sp. and *Xiphinema Index* n. sp., two nematodes associated with fig roots. *Proc. Helm. Soc. Washington* 17 : 27-35.
THORNE G., 1961 — Principles of Nematology. Mc Graw Hill Book Company New York, 553 p.
THYLER J., 1933 — The root-knot nematode. *California Agriculture* Exp. Sta Circ. 330 : 1-30 et rev. 1944.
VALLOTON et PERIN, 1977 — Extraction des kystes et des nématodes libres. *Rev. Suisse Vit. Arbor.* : 261-266.
VUITTENEZ A., 1961 — Les nématodes vecteurs de virus et le problème de la dégénérescence infectieuse de la vigne. *Journées d'études et d'information* 16-17 nov. ACTA.
WARD C.H., 1960 — Dagger nematodes associated with forage crops in New York. *Phytopathology*, 50 : 658.
WATSON J.R. et GOFF C.C., 1937 — Control of root-knot in Florida. *Univ. Florida Agric. Exp. Sta.* Gainesville, BULL 311, 22 p.

WEINBERGER J.H. et HARMON F.H., 1966 — A new nematode and phylloxéra resistant rootstock for vinifera grape. *Fruit varieties Hortic.,* digest 20, 4.
WEISCHER B., 1960 — Recherches sur l'apparition des nématodes parasites végétaux dans le sol des vignobles. *Nematologica,* 11 : 29-39 rés. in *Bull. OIV, 355* : 146.
WEISCHER B., 1961 — Nématodes en Viticulture. *Weinberg und Keller,* févr. et rés. in *Bull. OIV, 362* : 115.
WEISCHER B., 1974 — *Xiphinema* - Arten europaischer Weinberge. *Weinberg und Keller,* 2 : 61-77, rés. in *Bull. OIV, 519* : 425.
WINCKEL (Van), 1974 — La neutralisation des virus dans le sol. *Rev. Agri. Belge* janv. et rés. in *Bull. Techn. Information* 1975 : 298.
WINKLER A.J., 1952 — El nematode y su control en Calfiornia. *Primer Congreso regional anti-filoxerico y de sanidad viticola,* Mendoza (R. Argent).
YOUNG P.A., 1940 — Soil fumigationwith chloropicrine and carbone bisulfide to control Tomate root-knot and wilt. *Phytopathology,* 30 : 860-865.
ZWIRN-HIRSCH H.E., 1947 — Champignons destructeurs de nématodes isolés du crottin de mouton (An), T. à p. *Pal. J. Bot. Jérusalem* sér. IV, 56-57.

GASTÉROPODES

BUYSSON (du) H., 1906 — Destruction des escargots. *Progr. Agrl. et Vit.,* 46 : 411.
DEGRULLY L., 1885 — Remède pour la destruction des Escargots dans les Vignes. *Progr. Agrl. et Vit., 3* : 280.
DEGRULLY L., 1915 — Lutte contre les escargots. *Progr. Agri. et Vit.* 63 : 337.
FAES H., 1936 — L'escargot dans les vignes. *Terre Vaudoise* et *Progr. Agri. et Vit.,* 105 : 471.
FAVARD P., 1932 — Les escargots et la vigne. *Progr. Agri. et Vit.,* 97 : 507-509.
HERING M., 1967 — Les dégâts du limaçon dans les vignes de Mosel, Saar-Ruwer. *Bull. OIV 431* : 87 et *Weinberg u. Keller.*
HERING M., 1969 — Dégâts des limaçons des champs sur les raisins. *Weinberg u. Keller 4* : 201-204 et *Bull. OIV 460* : 688.
LARUE P., 1933 — L'escargot devant les tribunaux de Bourgogne. *Progr. Agri. et Vit.* 78 : 383-387.
MALLET Cl., 1973 — Les limcaes, ennemies des jardins mais aussi des grandes cultures. *Phytoma* Juillet : 10-12.
MARTIN T.J. et FORREST J.D., 1969 — Le développement du Mesurol antilimace en Grande-Bretagne. *Pflanzenschutz-Nachrichten Bayer* 22 : 214-254.
ROUZAUD H., 1889 — Lettre sur les escargots nuisibles à la vigne. *Progr. Agri. et Vit.* 11 : 312-320 et 334-342.
WEISS J.-C., 1974 — La lutte anti-limaces. Historique et évolution. *Phytoma,* juin : 15-17.
YUNG E., 1887 — Contributions à l'histoire physiologique de l'escargot. *Mémoires de l'Acad. des Sci. Belgique.*
X., 1896 — Lutte contre les escargots. *Rev. de Vit.,* 5 : 152.

ACARIENS

AGULHON R., 1961 — Lutte contre les parasites animaux. *Vignes et Vins,* mai : 13.
AGULHON R., 1973 — Les acariens de la Vigne. *Agric. Gardoise,* avril : 19-20 et *Vignes et Vins,* mai : 22.
AMPHOUX M., AGULHON R., GAGNE R. et ROZIER J.-P., 1967 — Essai de Lutte, contre les Araignées jaunes. *Rapport Inst. Techn. du Vin.*
ANTONIN Ph., FELLAY D. et GUIGNARD E., 1972 — Etude préliminaire de l'influence du type d'appareil de traitement sur l'efficacité des applications acaricides en arboriculture. *Rev. Suisse d'Agri. et Viti.,* janv. : 22-27.
ARCANGELI G., 1891 — Comparsa di un *Tetranychus* sulle viti nel Pisana. *Agricoltura italiana.*
ARCANGELI G., 1903 — Sul *Tetranychus auranti* et *T. telarius Agricoltura Italiana,* Pisa.
BAGGIOLINI M., GUIGNARD E. et ANTONIN Ph., 1970 — Nouvelle orientation dans la lutte contre les araignées rouges résistantes dans les vergers. *Rev. suisse Vit. et Arboric.,* 11 (2) : 39-44.
BAILLOD M., GUIGNARD E. et ANTONIN Ph., 1974 — La protection de la vigne contre l'araignée rouge *(Panonychus ulmi* Koch) et l'araignée jaune commune *(Tetranychus urticæ* Koch). *Rev. Suisse de Vit., Arbor. et Hort.,* vol. VI, Janv. : 17-22.
BAILLOD M., BASSINO J.-P. et PIGANEAU P., 1979 — L'estimation du risque provoqué par l'acarien rouge *P. ulmi* et l'acarien des charmilles *(E. carpini* en viticulture). *Rev. Suisse Vitic., Arbor. et Hort.,* 11 : 123-130.
BAILLOD M., 1979 — La technique et l'utilité du contrôle d'hiver des pontes de l'araignée rouge *P. ulmi* sur bois de taille en Arboriculture fruitière. *Rev. Suisse Vitic., Arbor. et Hort.,* 11 : 89-92.
BAIN C. et al., 1973 — Essais de traitements contre les Acariens. *Phytoma,* déc. 7.
BAIN C. et al., 1974 — Essais de traitements. *Phytoma,* nov. 9.
BAIN C. et al., 1977 — Essais 1976 contre les acariens. *Phytoma,* déc. 6.
BAKER E.W. et WHARTON G.W., 1952 — An introduction to Acariology. Ed. Mac Millan, New York, 1 vol., 465 p.
BARBUT G., 1900 — Le Tetranyque de la Vigne. *Rev. de Vitl.,* 13 : 167-168.
BASSINO J. et al, 1973 — Estimation rapide du risque que représente l'acarien rouge *Panonychus ulmi* Koch en vergers de pommiers dans une perspective de stratégie de lutte. *Défense des Végétaux, 163,* sept.-oct. : 3-16.
BASSINO J.-P., BLANC M., CHOPPIN de JANVRY E., CAMHAJI E., DESECURES J.-P. et LECOURBE P.H., 1973 — Estimation rapide du risque que représente l'acarien rouge *P. ulmi* en vergers de pommiers dans une perspective de stratégie de lutte. *La Défense des Végétaux* 27 (163) : 214-228.

BERARDO C., 1960 — Du Phylloxera à l'Araignée jaune, un nouveau sujet d'inquiétude au vignoble. *Agriculture*, Paris, déc. : 363-364 et *Bull. OIV*, 1961, *361*, 128.

BERKER (von) J., 1958 — Fir naturlichen Feinde der Tetranychiden. *Z. ang. Ent. 43* : 115-172.

BERNARD A., 1962 — A propos de Tétranyques *(Tenuicris histricinis)*. *Rev. Agric. Afrique du Nord* N° 22 in *Bull. OIV 374 :* 533.

BERNON G., 1954 — Les araignées rouges. *Progr. Agric. et Vit. 142* : 293-299.

BERNON G., 1955 — Le vignoble. *Progr. Agric. et Vit. 143* : 281-283.

BERVILLE P., 1953 — Lutte contre les Araignées rouges. *Phytoma*, mai : 22.

BERVILLE B., 1955 — Les Acariens dans le vignoble du Languedoc. *Phytoma* N° 69, juin : 26-27.

BERVILLE B., 1957 — Essais de produits antiparasitaires sur les Acariens de la Vigne en 1955. *Phytoma*, N° 84 : janvier : 21-22.

BERVILLE B., 1970 — Lutte contre les Acariens. *Le Gard Agricole*, avril : 14-16.

BESSARD A., 1954 — Les Tetranyques ou Araignées rouges des Arbres fruitiers. *Journ. fruitières*, maraîchères, Avignon : 124-130.

BESSARD A., BOURON H. et MIMAUD J., 1955 — Etude de l'influence de deux fongicides organiques de synthèse sur l'évolution des Tetranyues des Arbres fruitiers. *Phytoma*, 69 : 8-10.

BESSARD A. et CHABOUSSOU F., 1954 — La question des Tetranyques ou Araignées rouges sur les Arbres fruitiers. *Rev. Zool. agric. et appl.* : 49-65.

BESSE D. et GOTZ B., 1963 — Influence des éléments nutritifs des V. Vinifera sur le développement de masse de l'acarien des arbres fruitiers. *Paratetranychus pilosus* C et F. *Wein-Wissensch, 12* : 577-587 et *Bull. OIV, 398 :* 412, 1964.

BESSON et al, 1978 — Les actions secondaires des antiparasitaires agricoles. *Phytoma*, Défense des cultures, N° 296 : 3-10.

BLAIR C.A. et GROVES J.R., 1952 — Biology of the fruit tree red spider mite *(M. ulmi)* in Southeast England. *Journ. Hort. Science, 27* : 14-43.

BOISDUVAL, 1867 — Entomologie Horticole. Ed. Donnaud, Paris.

BONNET A., 1902 — Recherches sur le traitement de la Maladie Rouge de la Vigne. *Progr. Agrl. et Vit. 37* : 746-749.

BOULANGER L.W., 1963 — The effect of some fungicides on European red Mite populations In Maine. *J. Econ. Ent.* : 298-300.

BOURNIER A., 1954 — Au sujet des « Thrips » de la vigne. *Progr. Agric. et Vit. 34* : 104.

BOURDEAUX H.B., 1958 — The effect of relative humidity on egg-laying hatching and survival In various spider mites. *J. Ins. Physiol., 2* : 65-72.

BOURON H., PERROT A., BESSARD A. et MIMAUD J., 1955 — Essais de traitement en 1954 sur les Tetranyques des Arbres fruitiers. *Phytoma*, 67, avril : 15-17.

BOURON H., 1956 — Les Acariens (classification animale). *Phytoma*, mai : 12-17.

BOURON H. et MIMAUD J., 1956 — Essais de traitement sur les Acariens des Arbres fruitiers en 1955. *Phytoma*, 81 : 25-27.

BOURON H., MIMAUD J. et RONZEL G., 1957 — Essais de produits pesticides sur *Metatetranychus ulmi* en 1956. *Phytiatrie-Phytopharmacie, 6* : 143-150.

BOURON H., 1967 — Essais de traitements contre les acariens en 1966. *Phytoma*, oct. 51.

BOURON H. et MIMAUD J., 1972 — Essais de traitements sur les acariens. *Phytoma*, déc. 22.

BRANAS J., 1954 — Les araignées rouges. *Progr. Agric. et Vit., 31* : 52.

BRAUENBOER L., 1959 — De chemische en biologisehe bestrijding van de spintmijt *(T. urticæ)*. *Versl. Sandborwk. Onderz. 65* : 1-85.

BRILLOUET J., 1897 — La destruction du Tetranyque Tisserand. *La Vigne améric.* : 242-243.

BRILLOUET J., 1897 — Destruction du Tetranyque Tisserand. *Rev. de Viti. 8* : 370-371.

BRIOSI G., 1907 — Rassegna crittogamica per il secondo semestre dell'anno 1907 *(T. telarius)*. *Atti del R. Istit. Botan. dell'Univ. di Pavia*, sér. II, t. 12.

BURNAT J., 1909 — Rabougrissement des Vignes. *Rev. de Vit. 32 :* 601-602.

BUTLER C., 1905 — Observations on some vines diseases in Sonoma County, California. *Calif. Bul. 169* : 5-17.

CAGLE L.R., 1956 — Life-history of the spider mite *Tetranychus atlanticus* Meg. *Va. Agric. Exp. Stat. Techn. Bull. 124* ; 22 p.

CASANOVA et LHOSTE J., 1961 — Le Dapacryl, acaricide nouveau. *Phytoma*, juin : 23.

CHABOUSSOU F., 1956 — Résultats d'essais d'acaricides vis-à-vis de *Bryobia prœtiosa* Koch sur pêcher et de *Metatetranychus ulmi* Koch sur pommier en 1955. *Phytiat.-Phytopharmacie, 5* : 203-211.

CHABOUSSOU F., 1959 — Essais de traitement de plein champ contre les œufs d'hiver de Tetranyques sur les Arbres fruitiers. *Phytiat.-Phytopharmacie, 8* : 131-140.

CHABOUSSOU F., 1960 — Sur deux cas de pullulations de Tetranyques en corrélation avec les taux d'azote et de potassium dans les feuilles. Influence de certains insecticides. *Rev. Zool. Agric.* Talence : 85-98.

CHABOUSSOU F., 1960 — Essais de divers insecticides contre la Cochylis et l'Eudemis dans le Bordelais en 1959. *C.R. Acad. Agric. de Fr.*, 2 juin : 694-702.

CHABOUSSOU F., 1961 — Influence de certains insecticides utilisés en traitement de la Vigne sur la multiplication de *Panonychus ulmi* Koch. *C.R. Acad. Sciences*, Paris : 2313-2315 et *Vignes et Vins*, 1962. Janv. : 29.

CHABOUSSOU F., 1961 — Efficacité de divers produits utilisés en traitement sur vignes contre *Panonychus ulmi* Koch. Répercussions sur les populations des œufs d'hiver. *Rev. Zool. Agric.* : 121-138.

CHABOUSSOU F., 1961 — Influence des méthodes culturales sur le développement des acariens. *Over. Medel. Land.* Gent : 1069-1087.

CHABOUSSOU F., DELMAS J. et DUREAU (Mme J.), 1961 — Sur l'élévation du taux d'azote protéique et de potasse dans les tissus foliaires de la Vigne, consécutive à l'application de certains produits insecticides. *C.R. Acad. Sci. Paris* : 2338-2340.

CHABOUSSOU F., 1963 — Multiplication des populations de deux espèces de Tétranyques sur vigne à la suite de l'utilisation de certains insecticides dans la lutte contre l'Eudemis. *C.R. Acad. Agric.* n° 3 : 187-199 et *Bull. OIV, 387* : 640.

CHABOUSSOU F. et CARLES J.-P. — Distorsion du diagnostic foliaire de la vigne sous l'influence de certains traitements insecticides. C.R. 1° colloque Europ. contrôle nutrition minérale, fertilisation en vitic. arbor. et autres cultures méditerranéennes, Montpellier : 174-180.

CHABASSOU F., 1963 — Les multiplications de l'araignée rouge (P. ulmi) sur Vigne à la suite des traitements insecticides contre les vers de la grappe. Résultats d'une enquête conduite en 1961 dans le Médoc, le Sauternais, l'Entre-Deux-Mers et la Charente Maritime. Vignes et Vins, nov. 23-29 et Bull. OIV. 389 ; 886.

CHABOUSSOU F., 1965 — Influence des Insecticides et des Anticryptogamiques sur la composition élémentaire des végétaux. Corrélations entre ces répercussions biochimiques et les multiplications de Tetranyques et autres ravageurs. I° colloque CICRA, congrès Intern. des Antiparasitaires, Naples : 17-48.

CHABOUSSOU F., 1965 — Rapports entre les répercussions des pesticides sur la plante et la sensibilité de cette dernière aux attaques des ravageurs animaux et des champignons parasites. C.R. Congr. Pomologique 96e session, Paris : 190-205.

CHABOUSSOU F., 1965 — La multiplication par voie trophique des Tetranyques à la suite des traitements pesticides. Relations avec les phénomènes de résistance acquise. Boll. Zool. agric. Bachic. S 11, vol. 7 : 143-184.

CHABOUSSOU F., 1965 — Les traitements pesticides et la multiplication des Tetranyques. Phytoma, mars : 19.

CHABOUSSOU F., 1966 — Nouveaux aspects de la phytiatrie et de la phytopharmacie. Le phénomène de la trophobiose. Proc. F.A.O. Symposium on integrated control 1 : 33-61.

CHABOUSSOU F., 1966 — Les déséquilibres biologiques consécutifs aux traitements pesticides des vergers et de la vigne. Réponses au Service de la Protection des Végétaux au sujet des pullulations d'acariens, de pucerons et du développement de l'Oïdium. Rev. Zool. Agric., 10-12 : 133-152.

CHABOUSSOU F., 1967 — Etude des répercussions de divers ordres entraînées par certains fongicides utilisés en traitement de la vigne contre le mildiou. Vignes et Vins, juin : 13-25 et nov.: 5-17 résum. Bull. OIV 1968-443 : 98.

CHABASSOU F., 1968 — Sur la modification de la sensibilité de la vigne vis-à-vis des acariens et de l'oïdium à la suite de certains traitements insecticides et fongicides. Atti Accad. ital. Vite, 20 : 71-90.

CHABOUSSOU F., 1969 — Recherches sur les facteurs de pullulation des acariens phytophages de la vigne à la suite des traitements pesticides du feuillage. Thèse Doctorat Paris, 238 p. et C.R. Acad. Agric. 1970. 18 : 14441 et Bull. OIV 1971 485 : 737.

CHABOUSSOU F., 1970 — Sur le processus de multiplication des acariens par les acaricides phosphorés. Rev. Zool. Agric. 2-3 : 33-44.

CHABOUSSOU F., 1973 — Le rôle du Potassium et de l'équilibre cationique dans la résistance de la plante aux parasites et aux maladies. Documentation technique S.C.P.A. N° 16.

CHABOUSSOU F., CARLES J.-P., HARRY P. et LE TORCH J.-M., 1973 — Dynamique des populations de l'Araignée rouge et de l'Araignée jaune sur cépage Merlot rouge en fonction du porte-greffe. Conn. Vigne et Vin N° 4 : 341-357 et Bull. OIV 1974, 517 : 261.

CHABOUSSOU F., 1974 — La lutte intégrée en vignoble. Progr. Agri. et Vit. : 83-92, 149-157, 484-487, 505-517, 580-583, 599-603.

CHARLIERS, 1931 — Traitement de l'araignée grise ou de la maladie rouge. Progr. Agri. et Vit. 96 : 118-119.

CHAUZIT B., 1901 — La Maladie Rouge. Rev. de Viti. 16 : 76-77 et 1902, 18 : 163 acaricide du mancozèbe. Phytoma N° 160, juillet-août : 23.

CIFERRI R., 1962 — Gli acaricidi. Il Colt. e giorn vinic. ital. : 65-67 et

COLBRANT P., BEAUCHARD J. et PIGNAL J., 1966 — Intérêt pratique d'un traitement polyvalent à la fin de l'hiver contre les acariens. Phytoma, nov. 33.

CORBON M., 1967 — Action secondaire du dithane M-45 sur les acariens de la Vigne. Les Vins d'Alsace, 4 : 147-150 et Bull. OIV. 436 : 632.

CUBONI G., 1891 — (L'acarien de la vigne). Bull. Soc. générale des Viticulteurs italiens et trad. in Messager agric. de Montpellier, déc. 1891.

CUBONI G., 1908 — Relazione sulle malattie delle piante studiate del rante il biennio 1906/1907 nella R. Staz. di Patol. veget. dl Roma (T. telarius).

CUISANCE P., 1957 — La Pyrale et les Araignées rouges. Le Vigneron champenois : 141-146.

DAVIS D.W., 1952 — Some effects of DDT on spider Mites. J. Econ. Ent. : 1011-1019.

DAUM R.J. et DEWEY J.E., 1960 — Designing orchard experiment for European red Mite control. J. Econ. Ent. 892.

DEBORD M., 1968 — Les Acariens, sachez reconnaître leurs dégâts, les identifier, les combattre. Le Moniteur vinicole, 30 mars.

DEGRULLY L., 1892 — Les Tetranyques et la Brunissure. Progr. Agri. et Vit. 18 : 169-170.

DEGRULLY L., 1913 — La Maladie Rouge de la Vigne causée par un Tetranyque. Progr. Agri. et Vit. 60 : 385-389.

DELHAYE R., — L'Araignée Rouge en serrée à Vigne. Cong. Raisins de Table Hoeilaart : 57-60 sur la Vigne. Progr. Agri. et Vit., 142 : 101-104.

DELMAS R. et RAMBIER A., 1955 — Les « araignées rouges ». Vignes et Vins N° 38 : 10.

DELMAS R., 1956 — Les acariens en France - Rapport National au Cong. OIV Santiago du Chili et Bull. OIV 1959 340 : 60-69.

DIETRICH J.V., 1964 — Essai de lutte contre les araignées jaunes. Rapport Inst. techn. du Vin.

DIETRICH J.V. et BRECHBUHLER Ch., 1964 — Essai de lutte contre les araignées rouges. Rapport I.T.V.

DOMINGUEZ, GARCOA-TEJERO D.F., 1956 — Les acariens en Espagne - Rapport au 8e Cong. OIV Santiago du Chili et Bull. OIV, 340 : 53-57, 1959.

DRIMUS R. et CINDEA E., 1967 — Un nouvel acaricide fabriqué en Roumanie. Rev. Hort. et Viti. 10 : 71-76 et Bull. OIV 446 : 493.

EATON J.K. et DAVIES R.G., 1950 — La toxicité de certains composés contre les Araignées rouges. Ann. Appl. Biol., 37 (3) : 471-489 et Phytoma, avril 1951 : 28.

G.F. (Fœx), 1902 — L'acarien des racines de la Vigne. Rev. de Vit. 17 : 133.

FERRANT, 1917 — Uber den Massenfang des Rebstechers an unserer Mosel Gesellschaft Luxemburger Freunde.
FERRON J. et MIMAUD J., 1971 — Essais de produits antiparasitaires effectués en 1968 et 1969 par le Service de la Protection des Végétaux. *Phytoma*, janvier : 26.
FLAHERTY D.L. et al, 1969 — Ecology and integrated control of spider mites in San Joaquin vineyards *(T. pacificus et Williamettei)*. *California Agric.*, 23 (4) : 11.
FLESCHNER C.A., 1952 — Host-plant resistance as a factor influencing population density of *Citrus* red mites on orchard trees. *J. Econ. Ent.* 45, N° 4 : 687-695.
FRANÇOT P., 1952 — Attaque d'Araignées rouges sur la Vigne en Champagne. *Le Vigneron champenois* : 225-229.
FRANÇOT P. et MALBRUNOT P., 1956 — Essais de lutte contre l'Araignée rouge en traitement de pré-débourrement entrepris en Champagne au printemps 1956. *Le Vigneron champenois* : 359-362.
FRAZIER N.W. et L.M. SMITH, 1946 — The Williamette mite on grapes. *Hilgardia*, 17 N° 4 : 191-196.
FUKUSHIMA C. et STAFFORD E.M., 1960 — Effects of road dust on spider mites. *California Agric.*, 23 (4) : 10.
GALET P., 1963 — Danger croissant des Acariens. *Le Figaro agricole*, juillet.
GALET P., 1965 — La lutte contre les Araignées rouges. *Agri-7-jours* N° 15 : 12 février.
GASSER R., 1951 — Zur Kenntnis der gemeinen Spinnmilbe *Tetranychus urticæ* Koch. I Mitteilung : Morphologie, Anatomie, Biologie. *Mitt. Schweiz. Entom. Ges.*, 24 : 217-262.
GASSER R., 1956 — Le problème des araignées rouges en culture fruitière. *Cong. pomol. Intern.* 86ᵉ session : 136-151.
GEIER P., 1951 — La lutte contre les Acariens phytophages en Arboriculture fruitière. *Ann. Agric. Suisse* : 911-930.
GEOFFRION R., 1956 — Des foyers d'acariens dans le vignoble de la Loire-Atlantique. *Phytoma*, N° 82, nov. : 33.
GEOFFRION R., 1962 — Les acariens de la Vigne dans la vallée de la Loire. *Phytoma*, octobre : 31-33.
GEOFFRION R., 1973 — Une nouvelle perspective de lutte contre les Arthropodes nuisibles aux plantes cultivées. *Phytoma*, juillet : 20-24.
GOTZ B., 1954 — Neue Moglichkeiten der Spinnmilben bekampfung in Weinbau. *Weinberg u. Keller.*
GOTZ B., 1956 — Ergebnisse einer spatspritzung gegen der Rotespinne. *Weinberg u. Keller* et *Bull. OIV* 1956, 303 : 99.
GOTZ B., 1963 — Etude sur l'action en viticulture de traitements d'hiver sur la mite fileuse des arbres fruitiers *paratetranychus pilosus* Can et Fanz. *Die Wissenschaft*, sept et *Bull. OIV*, 393 : 1348.
GROB H., 1951 — Beobachtungen über den Populations verlauf der Spinnmilben in der Wetschweiz. *Mitt. Schweiz. Entom. Ges.* 24 : 261-278.
GRANDJEAN F., 1938 — Sur l'ontogénèse des Acariens. *C.R. Acad. des Sci.*, 206 : 146-150.
GRANDJEAN F., 1948 — Quelques caractères des Tetranyques. *Bull. du Museum*, Paris 2ᵉ sér. t. XX N° 6 : 517-524.
GUILLON J.-M., 1895 — La Maladie rouge. *Rev. de Viti.*, 4 : 596-597.
GUNTHART E., 1955 — Das Rote - Spinne problem in Weinbau. *Zeitschrift Obst. Weinb.* N° 65 : 14-20.
GUNTHART E. et MAAG, 1957 — Neues uber auftreten und Bekampfung der Spinnmilben an Reben. *Schweiz. Zeit. Obst. Weinb.* 66 : 231-236.
GUNTHART E. et CLAUSEN, 1957 — Der Einfluss einiger wichtiger Pflanzen-Schutzmaknahmen auf die Spinnmilben rauben aus der unterfamille Phytoseiinæ. *C.R. Congr. Intern. de Lutte contre les ennemis des plantes*, Hambourg : 140.
GUNTHART E. et VOGEL W., 1965 — L'influence des produits antiparasitaires sur les araignées rouges. *Boll. Zool. agric. Bachic.* II, vol. 7 : 131-141.
HANSTEIN R., 1902 — Zur biologie der Spinnmilben *(Tetranychus* Duf) *Ztschr. f. Pflanzenkrankheiten* XII.
HANSTEIN R., 1910 — Beitrage zur Kenntnis der Gattung *Tetranychus* nebst Bemerkungen uber *Leptus autumnalis Ztschr. f. wissenschaftl. Zoologie*, I.
HENNEBERRY J.J., 1962 — The effect of host plant nitrogen supply and age of leaf tissue on the fecundity of the two spotted mite *Tetranychus telarius*. *J. Econom. Ent.* : 799-800.
HENNEBERRY J.J., 1963 — Effect of host plant condition and fertilization of the two spotted mite fecundity. *J. Econom. Ent.* : 503-505.
HERING M., 1953 — Beobactungen uber Rote Spinne an Reben im Weinbaugebiet Mosel, Saar und Ruwer wahrend des Jahres 1952. *Rhein. Weinzeinzeitung* 3 : 69-71.
HERING M., 1954 — Araignées rouges et DDT. *Weinberg und Keller*, 1 : 5-9 et trad. NESPOULOUS J. in *Progr. Agri. et Vit.* 1954, 142 : 323-327.
HERING H., 1958 — Beobachtungen uber den Massuenwechsel der Spinnmilben in Weinbergen der Mittelmosel. *Weinberg u. Keller*, 5 : 631-644.
HILTNER L., 1908 — Bericht uber die Tatigkeit der Agrikultur-botanischen Anstalt in Munchen im Jahre 1907 *(Tetranychus und Phytoptus)*, Munchen.
HOPPS M.H., 1957 — Heutigen Stand des Rote-spinne problems in Weinbau. *Weinberg u. Keller* : 174-180.
HOPP H.H., 1958 — Les acariens des racines *Caloglyphus Michæll* oud. et *Tyrophagus Brauni* n. sp. *Die Wein-Wissenschaft* et *Bull. OIV* 329 : 114.
INFANTE G., 1956 — Lutte contre les Acariens. Rapport général au 8ᵉ *Cong. OIV du Chili* in *Bull. OIV*, 309 : 9.
JACOB H.E., HEWITT W.B. et PROEBSTING E.L., 1941 — Red Leaf of Grapevines in California prevented by controlling Mites *(T. pacificus* Mc G.). *Proc. of Amer. Soc. for Hortic. Sci.*, 39 : 285-292.
JANCKE O., 1950 — Rote Spinne an Reben und E 605. *Hofchen-Briefe* N° 3.
JEGEN G., 1918 — Die Rote Spinne. *Schweiz. Ztschr. f. Obst u. Weinbau.*

JENSER G., 1961 — Plum spider mites and the cause of their overpropagation (Panonychus ulmi). Novenytermalis, t. 10, 4 : 361-366.
JUVIN P., 1959 — Araignées rouges, vers de la grappe, parasites de nos vignobles. Vignes et Vins, juin : 25-26.
KEIFER H.H., 1946 — A review of North American economic eriophyid mites. J. Econ. Ent. 39 : 563-570.
KEIFER H.H., 1952 — The Eriophyid mites of California. Bull. Calif. Insect Survey, 2 N° 1, 123 p.
LAGAUDE H. et THÉNARD J., 1955 — Le P.C.P.P.C.D.S. contre les Araignées rouges et jaunes. Phytoma, août : 23-25.
LATHROP F.M. et HILLBORN M.T., 1950 — European red Mite control. J. Econ. Ent. : 172-175.
LEES A.D., 1952 — The significance of the light and dark phases in the photopériodic control of diapause in Metatetranychus ulmi Ann. appl. Biol., 40 : 487-497.
LHOSTE J., 1960 — Insectes et Acariens d'intérêt agricole résistant aux Insecticides. Phytiatrie-Phytopharmacie 9 : 161-166.
LHOSTE J. et LAMBERT J., 1961 — L'ester Dimethylacrylique du 4-6 Dinitro-2-sec-Butyl-phénol, un nouvel acaricide. C.R. Acad. Agric. 11 janv. : 48-54.
LIGHT W.I. St. G., 1968 — Hatching of the winter eggs of the fruit-tree red spider mite (Penonychus ulmi). Ann. appl. Biol. 62, 2 : 227-239.
LOCHER F.J., 1958 — Der Einfluss von D.D.T. auf einige Tetranychen. Z. angew. Zool., 45 : 201-248.
LORENZ D.H., 1978 — Auftreten und Bekampfung der Spinnmilben. Erfahrungen aus dem Jahre 1977. Der Deut. Weinbau 14 : 560-563.
MACABET L., 1954 — Essais de destruction des Araignées avec les Huiles jaunes. Phytoma, déc. : 33.
MAGISTRETTI G. et al., 1956 — Les acariens en Argentine - Rapport National et Bull. OIV 1959, 8ᵉ Cong. OIV, Santiago du Chili, 340 : 35-36.
MALBRUNOT P. et RICHARD M., 1958 — Résultats obtenus en 1957 dans la lutte contre l'Araignée rouge de la vigne en Champagne. Le Vigneron champenois, février : 58-67 et Bull. OIV, 326 : 147.
MALBRUNOT P., RICHARD M. et PINEAU B., 1960 — Résultats obtenus en 1959 dans la lutte contre certains Acariens de la vigne en Champagne. Le Vigneron champenois : 60-66.
MALBRUNOT P., 1960 — Traitements contre les Acariens. Vignes et Vins, avril : 26.
MANGIN L. et VIALA V., 1902 — Sur le dépérissement des vignes causé par un acarien : le Cœpophagus echinopus. — C.R. Acad. Sciences, 134 : 251 et Rev. de Vit. 1902, 17 : 425-432, 453-458, 509-513.
MATHYS G., 1953 — La protection contre les Acariens nuisibles au feuillage des Arbres fruitiers. Rev. romande, 9 : 49-51.
MATHYS G., 1954 — Contribution ethologique du complexe Bryobia prætiosa Koch. Milleilungen der Schweizerischen Entom. Gesellsch. 28 N° 2 : 137-146.
MATHYS G., 1954 — Le problème de la lutte contre les Araignées rouges de la Vigne. Rev. Roman-de Agric. Vitic. Arboric. 10 : 81-84 et Progrès Agri. et Vit. 1954 142 : 299-306.
MATHYS G., 1955 — La lutte contre l'Araignée rouge de la vigne. Rev. romande agric. vit. arboric. 11 (5) : 38-40.
MATHYS G., 1956 — Das Massenauftreten von spinnmilben auf biozootische problem. Meit. Biolog. Bund. : 34-40.
MATHYS G., 1956 — The control of phytofagous Mites in Swiss vineyards by Typhlodromus species. Proc. Tenth Intern. Congr. of Ent., 4 : 607-610.
MATHYS G., 1956 — Protection de la faune utile et application de produits chimiques dans la lutte contre l'Araignée rouge de la Vigne. Rev. Rom. Agric. Janvier N° 1 : 3-5.
MATHYS G. et TENCALLA Y., 1959 — L'identification des principaux acariens nuisibles aux arbres fruitiers et à la vigne. Rev. Romande : 30-32 et Bull. OIV, 347 : 154.
MATHYS G., 1957 — Considérations sur les interventions chimiques contre l'araignée rouge de la vigne. Rev. Romande : 32.
MATHYS G. et TENCALLA Y., 1960 — L'acarien des charmilles (E. carpini) dans le vignoble tessi-nois. Rev. Romande : 29-31 et Bull. OIV, 351 : 72.
MATHYS G., 1961 — Observations sur un phénomène de résistance de l'Araignée rouge à certains acaricides du groupe des esters phosphoriques constatés en Valais. Agriculture romande, décembre 1 (2) 16 et Bull. OIV, 372 : 262.
MATHYS G., 1963 — Etude de la résistance de l'araignée rouge aux acaricides. Agri. romande N° 11 : 99.
MATHYS G. et BAGGIOLINI M., 1967 — Etude de la valeur pratique des méthodes de lutte inté-grée dans les cultures fruitières. Agric. romande, VI N° 3 : 27-50.
MAYET V. et VIALA P., 1893 — La maladie rouge de la vigne. Ann. Ecole Nat. d'Agriculture Mont-pellier 7 : 340-353.
MAYET V. et VIALA P., 1893 — La Maladie Rouge de la Vigne. Progr. Agri. et Vit. 19 : 7-10, 28-32.
MAYET V., 1897 — Le Tetranyque Tisserand et sa destruction. Progr. Agri. et Vit., 28 : 571-573.
MELIS A., 1956 — Les acariens en Italie. Rapport National Cong. OIV Santiago du Chili et Bull. OIV 341 1959 : 61-64.
MELTZER J., 1961 — Insecticidal and Acaricidal properties of Wepsyn. Overd. Mededelingen. Gent, 26 N° 3 : 1429-1434.
MICHEL E., 1966 — Prolifération anormale du puceron Myzus persicæ élevé sur tabacs traités à la phosdrine. Rev. Zool. Agric., 4-6 : 53-62.
MOREAU E. et BADOUR Cl., 1953 — Dégâts provoqués par les Acariens dans le vignoble cham-penois. Le Vigneron champenois : 169-171.
MOREAU E., 1954 — A propos de Tetranyques. Le Vigneron champenois : 280-283.
MUHLMANN H., 1953 — La lutte contre l'Araignée rouge dans le vignoble de Hesse rhénane. Hofchen-Briefe N° 2 : 73-79.
MUHLMANN H., 1953 — Beobachtungen an Spinnmilben im Weinbau Vortrag, gehalten auf Pflanzen-schutztagung in Heidelberg.
MUTH, 1909 — Uber einige seltenere Schaden an der Rebe. Mitt. d. deutsch. Weinb. Ver., 4, et 5, 1910.

NUCIFORA A. et INSERRA R., 1967 — Il *Panonychus ulmi* nei vigneti dell'Etna *Entomologica* t 3 : 177-236.

NUCIFORA A. et INSERRA R., 1968 — Infestazione di ragno rosso *(Panonychus ulmi)* nei vigneti dell'Etna. *Tec. agric., 20*, 1 : 21-48.

PARENT B., 1960 — Effects of pesticides on the European red Mite *Panonychus ulmi* Koch *Ann. Rep. Pommol. F.G. Soc.*, Québec : 73-77.

P.F., 1915 — La Maladie Rouge en 1915. *Rev. de Vit. 43* : 444.

PACOTTET P., 1902 — La Maladie Rouge. *Rev. de Vit. 18* : 285-287, 1 Pl. couleurs.

PERRAUD J., 1891 — Un nouvel ennemi accidentel de la Vigne. *Progr. Agri. et Vit., 16* : 414-417 et *Ann. Station viticole de Villefranche* 1892.

PERRAUD J., 1893 — A propos de *T. telarius. Progr. Agri. et Vit. 19* : 93.

PETERS G., 1934 — Les poudrages au soufre contre les champignons et les animaux parasites. *Anz. f. Schadling*, X : 34-35 rés. in *Ann. Epiphyties*, 35 : 382.

PFEIFFER Cl. et AYATS J.-F., 1970 — Résistance à deux acaricides organophosphorés d'une souche d'acariens dans la région parisienne. *Phytoma*, mai : 33-37.

PIELOU D.P., 1960 — Contagious distribution in the European red mite *P. ulmi* and a method of grading population densities from a count of mite-free leaves. *Canad. J. of Zoology 38* : 645-653.

PIELOU D.P., 1960 — The effect of DDT on oviposition and on behavour in the European red mite *(P. ulmi) Can. J. Zool.*, 38 : 1147-1151.

PIGANEAU P., 1979 — Le contrôle des acariens de la vigne. *Expérimentation et statistique* N° 9 et 10.

PINEAU B. et RICHARD M., 1962 — Essais de produits acaricides entrepris en 1961 dans le vignoble champenois. *Le Vigneron champenois* : 155-158.

PRITCHARD A.E. et BAKER E.W., 1952 — A guide to the spider mites of deciduous fruit trees. *Hilgardia*, 21 : 253-287.

PRITCHARD A.E. et BAKER E.W. 1955 — A revision of the Spide mite *(Tetranychidæ)*. *Pacific Coast Ent. Soc. Francisco*, vol. 2, 472 p.

POLJAKOV I.M., 1963 — Effets des nouveaux fongicides organiques sur les plantes pathogènes (en russe) *Trud. Vsesop. Int. Zashch. Kasc.*, 17 : 80-97 et trad. fr. in *Rev. Zool. Agric.* 10-12 : 152-160.

PUSCHI V., 1892 — (L'acarien de la vigne). *Giornale vinicolo Italiana*, 3 juillet.

PUTMAN W.L. et HERNE D.C., 1960 — Effects of Sevin on phytophagous mites and predators in an Ontario peach orchard. *Canada J. Plant. Sci.* 40 N° 1 : 198-201.

RAMBIER A., 1954 — Un Acarien sur Vigne nouvellement observé en France *(Brevipalpus lewisi). Progr. Agric. et Vit.*, 142 : 333-334.

RAMBIER A., 1957 — Aperçu sur le problème des Tétranyques s'attaquant à la Vigne ♀ France continentale. *IV Congr. Intern. de lutte contre les ennemis des cultures* Hambourg.

RAMBIER A., 1958 — Les Tétranyques nuisibles à la Vigne en France continentale. *Rev. Zool. Agric.* N° 1-3 : 1-20.

RAMBIER A., 1964 — Les Acariens phytophages dans le vignoble méditerranéen. *Acarologia*, fas. sér. : 421-423.

RAMBIER A., 1964 — Essais acaricides réalisés en Bas-Languedoc dans un foyer de *Panonychus ulmi* Koch, résistant au Demeton. *C.R. Acad. d'Agr. de France* : 267-278.

RAMBIER A., 1969 — Influence de traitements au DDT, au parathion et au carbaryl sur les ennemis naturels de *Panonychus ulmi*. *C.R.* 4ᵉ symposium OILB sur la lutte intègre en vignes : 173-178.

RAMBIER A., 1972 — Les acariens dans le vignoble. *Progr. Agric. et Vit.* : 385-396 et *Bull. OIV, 500* : 900.

RAMBIER A., 1979 — Où en est aujourd'hui en viticulture la lutte contre les acariens tétranyques. *Progr. Agric. et Vit.* N° 11 : 236-241.

RAVAZ L., 1916 — Araignée Rouge. *Progr. Agri. et Vit. 66* : 633-634.

RAVAZ L., 1927 — La Maladie Rouge (Tétranyque). *Progr. Agric. et Vit. 88* : 3-5, 1 Pl. couleurs.

REICH H., 1952 — Der augenblickliche Stand der Bekampfung von Blattlaus und Roter Spinne im Ertragsobstbau. *Mitt. Biol. Zentr. Anst. Land. u. Forstwirtschaft*, 74 : 72-75.

RICHARD M. et MALBRUNOT P., 1960 — Essais contre l'oïdium et les acariens en Champagne en 1960. *Le Vigneron champenois* : 433.

RICHARD M., MALBRUNOT P. et PINEAU B., 1961 — Essais de lutte contre l'Araignée rouge sur vigne entrepris en Champagne. *Le Vigneron champenois* : 17-25.

RICHARD M., 1961 — Les acariens nuisibles à la vigne en Champagne. *Le Vigneron champenois* : 128-132.

RICHARD M., 1964 — A propos des Araignées rouges. *Le Vigneron champenois* : 340-342.

RODRIGUEZ J.G., 1958 — The comparative N.P.K. nutrition of *Panonychus ulmi* and *Tetranychus telarius* on apple trees. *J. Econ. Ent*, 51 : 369-373.

ROESLER R., 1953 — Rote Spinne und Witterung. *Ztschr. angew. Entom.*, 35 : 197-200.

ROSTI A., 1954 — A propos de la lutte contre les Araignées rouges. *Terre Vaudoise* 5 juin et *Le Vigneron champenois*.

RUI D. et MORI P., 1968 — Interference fra le applicazioni terapeutiche e le nuove infestazioni di acari fitofagi sulla vite. *Atti Accad. ital. Vite*, 20 : 99-115.

SAHUT F. (in DEGRULLY L.), 1891 — Un nouvel ennemi de la Vigne. *Progr. Agri et Vit. 16* : 241-242.

SAUER M.R., 1969 — Fumigation to control citrus nematode in Sultana vineyards. *J. Aust. Inst. agric. Sci.*, 35 : 128.

SCHIEFER R., 1909 — Der trockene Rost der Reben, versusacht durch Milben. *Tetranychus telarius. Tiroler landw. Blatter*.

SCHRUFT G., 1966 — Nouvelles connaissances au sujet du lieu d'hivernage des acariens des Vignes. *Die Wein-Wissenschaft*, 10 : 481-484 et *Bull. OIV, 430* : 1496.

SCHRUFT G., 1967 — L'existence d'acariens prédateurs de la famille *Phytoseidæ*. *Die Wein-Wissenschaft*, 5 : 184-201 et *Bull. OIV, 436* : 631.

SCHRUFT G., 1969 — La présence d'acariens rapaces des familles *Cunaxidæ* et *Stigmæidœ* sur les vignes. *Die Wein-Wissenschaft*, 8-9 : 320-326. *Bull. OIV 465* : 1243.

BIBLIOGRAPHIE

SCHRUFT G., 1972 — Effets secondaires de fongicides agissant sur les Acariens (Tetranychidæ, Acari) *OEPP/EPPO Bull. 3* : 57-63.

SCHRUFT G., 1978 — Die Bekampfungsmittel gegen Traubenwickler und Spinnmilben im Jahre 1978. *Der Deutshe Weinbau* : 892-898.

SMITH. Leslie M., 1950 — Effet des traitements à la poudre de soufre sur les papillons dévastateurs et les Araignées rouges *(Tetranychus pacificus* et *T. Williametti)*. *California Agric.* et rés. *Bull. OIV, 231* : 93.

STAEHELIN M. et SAVARY A., 1958 — Guide des traitements de la Vigne. *Rev. Romande* avril et *Bull. OIV, 327* : 140-143.

STAFFORD E.M. et KIDO H., 1969 — Newer insecticides for the control of grape insect and spider mite pests. *California Agric., 23 (4)* : 6-8.

STAFFORD E.M. et FUKUSHIMA C., 1970 — Tests of benzomyl for control of Pacific spider mites on grapevines *(T. pacificus)*. *J. econ. Entom., 63* : 308-310.

STELLWAAG F., 1956 — Acariens. VIIIᵉ Cong. Intern. OIV Santiago du Chili in *Bull. OIV 1959, 340* : 31-35.

STEINER H. et BAGGIOLINI M., 1969 — Introduction, à la lutte intégrée en vergers de pommiers. *O.IL.B Paris, juillet* : 1-64.

TARGIONI-TOZZETTI A., 1875 — Relazione della Stazione di Entomologia di Firenze : 82.

TERRIERE L.C. et RAJADHYKSHA N., 1964 — Reduced fecundity of the two-spotted spider mite on metal chelated leaves : *Tetranychus telarius L. J. Econ. Ent., 57* : 95-99.

THORN G.D. et LUDWIG R.A., 1962 — The dithiocarbamates and related compounds. Amsterdam, New York, 298 p.

TISSOT M. et FERRAND G., 1954 — La lutte pratique contre les Araignées rouges. *Défense des Végétaux*, sept. : 13-21.

TISSOT M. et FERRAND G., 1956 — La lutte contre les Acariens nuisibles dans la région lyonnaise. *Phytoma, 79* : 13-17.

TISSOT M., 1967 — Essai de produits contre les Acariens. *Rapport Inst. Techn. Vin.*

TISSOT M.. 1968 — Essais d'acaricides. *Rapport Inst. Techn. du Vin.*

TOUZEAU J., 1967 — Essais de Traitement contre l'Araignée jaune de la Vigne. *Rapport Inst. Techn. du Vin.*

TOUZEAU J., 1977 — Les tétranyques de la vigne. *Vititechnique*, fév. : 18-21.

TRENTINI R.L., 1949 — L'acarien des vignes *(T. telarius L.)*. Inspectorat de la Province ae l'Agri. du Trento 19, fig. 5.

UNTERSTENHOFER G., 1961 — Formation de la résistance des acariens aux acaricides. *Overd Mededelingen. Gent*, 26 Nᵒ 3 et *Hofchen-Briefe*, Bayer 1961 Nᵒ 1 : 1-6.

VAN DE VRIE M., 1966 — Population sampling for integrated control. *Proc. of the FAO symposium on integrated pest control* 2 : 57-75.

VAN MARLE (G.S.) — La lutte contre l'araignée rouge au moyen d'insecticides modernes (azobenzène, HETP, TEP, parathion, composés du sélénium, insecticides systématiques organiques. Dans les cultures florales d'Aalsmee (N. en). Meded. Inst. Pflantenziektend. Onderz. nᵒ 18, 10-27, 1951.

VIDAL G., 1978 — Essai de lutte contre l'Araignée jaune de la Vigne. *Bull. Techn. des Pyr.-Orient.*, Nᵒ 87 : 146-147.

VIDAL J.-P. et MARCELIN H., 1970 — Essai de lutte contre l'araignée jaune de la vigne (Rapport ITV Févr. 1970). *Bull. Techn. des Pyr.-Orient. Nᵒ 56* : 73-78 et *Bull. OIV. 1970, 479* : 77.

VIDAL J.-P. et MARCELIN H., 1972 — Essai de lutte contre *E. carpini*, araignée jaune de la Vigne. *Viticulture. Etudes et expérimentations 1971* : 31-38 rés. in *Bull. OIV 1972, 499* : 795 et *Bull. Techn. Pyr.-Orient. Nᵒ 62* : 16-22.

VIDAL J.-P. et MARCELIN H., 1973 — Essai de lutte contre *E. carpini* avec des formulations expérimentales insecticide-acaricide pour poudrage. *Bull. Techn. des Pyr.-Orient. Nᵒ 69* : 109-114.

VIEL P., 1970 — A propos de la lutte contre les araignées rouges. *Les Bouches-du-Rhône agricoles.*

VINCENT P.M., 1954 — Acariens phytophages de la Vigne. *Le Vigneron champenois* : 106-109.

WAHL C. et MULLER K., 1911 — Ber. d. Haupst. f. Pflanzenschutz i. Baden f.d. Jahr 1911, Stuttgart.

WATSON T.F., 1964 — Influence of host plant condition on population increase ot *Tetranychus telarius*. *Hilgardia* 35 Nᵒ 11.

WEIGEL C.A. et NELSON R.H., 1938 — Essais d'insecticides en serre contre les Tetranyques et les Thrips des Tomates et des Concombres. *J. of. Econ. Entomol.* : 211-216 rés. in *Ann. Epiphyties* 1940 : 125.

WILLIS R.J., 1957 — The influence of the apple spray programme on the incidence of the fruit tree red spider mite *(Metatetranychus ulmi)* in Northern Ireland. *Rep. exp. Rev. Minist. Agric. Nᵒ 1.,* 1955 : 12-28.

X, 1895 — La Maladie rouge et son traitement. *Rev. de Viti., 4* : 240.

X, 1897 — La Maladie Rouge (en Roussillon). *Rev. de Viti, 8* : 136.

X, 1901 — Les acariens au Caucase. *La Vigne américaine* : 330 et 1902 : 5.

X, 1957 — Un nouvel acaricide : le Kelthane. *Vignes et Vins*, juin : 21.

X, 1957 — Les acariens (étude du Ministère de l'Agriculture). *Bull. OIV 316* : 93.

X, 1959 — Traitements anticryptogamiques et invasions d'araignées. *Bull. OIV 344* : 118.

X, 1961 — Lutte contre les araignées. *Bull. OIV 365* : 123.

X, 1961 — Recommandations contre l'araignée rouge. *Rev. Romande* : 47.

X, 1962 — Acariens sur raisins de serre. *Phytoma*, mai : 18.

X, 1963 — Essais de lutte contre le court-noué (Acariose). *Bull. OIV 386* : 529.

ZACHAREWICZ E., 1905 — La « maladie rouge » de la vigne et son traitement. *Rev. de Vit. 24* : 447-448.

ZANARDI D.. 1962 — L'Araignée jaune dans les vignobles de l'Oltrepo Pavese. *Il Colt. giorn. vinic. ital.* Nᵒ 6 et *Bull. OIV, 378* : 1118.

ZANGHERI S. et MASSUTTI L., 1962 — Les acariens en Vénétie. *Rev. Viticolt. Enol.* Nᵒ 3 et *Bull. OIV, 375* : 690.

ERINOSE

A.S., 1951 — Lutte contre les acariens de la vigne. *Rev. Romande, fév.* : 14-15 et *Bull. OIV, 241* : 194-195.

ARNAUD G., 1913 — L'Erinose de la Vigne. *Rev. Phytopath. Appl.,* 15 oct.

BAGGIOLINI M., GUIGNARD E., HUGI H. et EPARD S., 1977 — Contribution à la connaissance de la biologie de l'Erinose de la vigne et nouvelles possibilités de lutte. *Rev. Suisse d'Agric. et Vit.* : 50-52 et *Bull. OIV, 465* : 1242.

BAKER E.W. et WHARTON G.W., 1952 — An introduction to acarology Macmillan Company New York : 146-158.

BALAJ D., 1965 — Die Bekampfung von *Eriophyes vitis. Gradina via si Livada,* 5 : 67-68.

BALACHOWSKY A. et MESNIL L., 1935 — Les Insectes nuisibles aux plantes cultivées, tome I : 732-735.

BARNES M.M., 1958 — Relationship among pruning time response, symptoms attributed to grape bud mite and temporary early season boron deficiency in grapes. *Hilgardia, 28* : 193-226.

BERNSTEIN Z., 1961 — The bud-mite of the grape vine. The Jordan Vallei Commitee for Agricultural Experiments Beith-Yerach, Israel.

BIOLETTI T. et TWIGHT E.H., 1901 — Erinose of the vine. *California Agric. Exp. Sta. Bull., 136* : **1-7.**

BOLLE J., 1905 — Uber die im Jahre 1904 in Gorz beobachteten Pflanzenkrankheiten. *Zeitschr. f.d. landw. Versuchswesen in Osterreich.*

BOLLE J., 1909 — Bericht uber die Tatigkeit der k. k. landw-chemischen Versuchsstation in Gorz im Jahre 1908 *(Phytoptus vitis) Zeitschr. f. d. landw. Versuchswesen in Osterreich,* Jahrg 12.

BONNET A., 1937 — L'Erinose. *Progr. Agric. et Vit. 107* : 487-488 1 pl. en couleurs.

BRIOSI G., 1875 — Sulla phytoptosi della vite. *Atti della stazione chimico-agraria Esper. Palermo,* 1876, 30 p.

BRIOSI G., 1877 — On the *Phytoptus vitis. Month. Microc. Journ.,* Londres 180-192.

BRIOSI G., 1907 — Rassegna crittogamica per il primo semestre dell'anno 1907 con notizie sul carbone et la carie dei cereali. *Atti del R. Istituto Botan. dell. Univers. die Pavia,* sér. 11, t. 12 *(Phytoptus vitis* Land.).

BRIOSI G., 1910 — Rassegna crittogamica dell'anno 1909 con notizie sulle malattio dei trifogli delle veccie causate da parassiti vegetali. *Boll. del Minist. di agric. industr. e commercio* t. 9, ser. C *(Phytoptus vitis* Land.).

BUBAK Fr., 1911 — Tatigkeitsbericht der Station fur Pflanzenkrankheiten und Pflanzenschutz a. d. kgl. landw. Akademie in Tabor (Bohmen) im Jahre 1910. *Zeitschr. f. d. landw. Versuchswesen in Osterreich.* Jahrg 14.

CARRIERE, 1887 — L'Erinose. *Rev. Horticole* : 180.

CECCONI G., 1900 — Erinosi tui grappoli della vite nei dintorni di Fano. *Viticultura moderna,* Palermo, 7 : 4-7.

CHAPPAZ G., 1908 — Erinose et court-noué. *Progr. Agric. et Vit. 49* : 676-677.

CHAPPAZ G., 1909 — Court-noué, Erinose. *Progr. Agric. et Vit. 51* : 649-652.

CHAPPAZ G., 1912 — Court-noué et Erinose. *Progr. Agri. et Vit. 57* : 675.

CORDA A., 1842 — *Icones fungorum hucusque cognitorum,* tome V, Pragæ, pars 11 : 48.

COUDERC G.J., 1921 — Une forme grave d'Erinose. *Rev. de Vit. 55* : 111-112.

CUBONI G., 1889 — Sulla erinosi nei grappoli della Vite. *Nuovo Giron. bot. ital.* Firenze, *21* : 143-146.

DIETER A., 1966 — Beitrag sur Biologie und Bekampfung der Blattgall oder Pockenmilbe der Rebe *(Eriophyes vitis). Weinberg und Keller 5* : 191-209 rés. in *Bull. OIV, 425* : 941.

DONNADIEU A.L., 1871 — Note sur l'Acarus de l'Erinose de la Vigne. *Bull. Soc. centrale d'Agric. Hérault* : 42-44, 1 pl. couleurs.

DONNADIEU A.L., 1872 — Sur l'Acarus de l'Erinose de la vigne. *Journal de Zoologie* par Paul *Gervais* : 45.

DONNADIEU A.L., 1875 — Recherches pour servir à l'histoire des Tetranyques. *Thèse Dr-Sciences* In-8°, Lyon : 20-25, 99-127 et 103-119 et *Lab. Baillères,* Paris.

DUGES, 1834 — Nouvelles observations sur les Acariens. *Ann. Sc. Nat.,* 2ᵉ sér., tome 2 : 104.

DUJARDIN, 1851 — Sur les Acariens à 4 pieds, parasites des végétaux. *Ann. Sc. Nat.* 3ᵉ sér. tome XV.

DUFOUR L., 1832 — (Les Tetranyques). *Ann. Sc. Nat.,* t. XXV.

DUPUY A., 1935 — Traitements liquides en période de végétation contre l'Erinose. *Progr. Agric. et Vit. 104* : 17.

FABRE E. et DUNAL F., 1853 — De l'Erinose in Observations sur les maladies régnantes de la vigne. *Bull. Soc. centrale d'Agri. Hérault* : 35-49.

FEE A.L.A., 1834 — Mémoire sur le groupe des Phylliériées de Fries et notamment sur le genre *Erineum* des auteurs ; Strasbourg : 69-142.

FEYTAUD L., 1917 — L'Erinose. *Rev. de Vit. 47* : 10-12, 1 pl. en couleurs.

FRIES, 1815 — Observations mycologiques.

FRIES, 1825 — *Syst. mycologicum.*

GARTEL W., 1970 — Austriebsschaden und Kummerwuchs als Folge gleichzeitigen Auftretens von Bormangel und Reblattgallmilben in den unbewasserten sudlichen weinbaugebieten chiles. *Weinberg und Keller 17* : 159-200.

GAUNERSDORFER J., 1905 — Beunruhigendes Auftreten der Weinblattmilbe Weinlaube, Wien, Jahrg 37 *(Phytoptus vitis).*

HARPAZ I. et BERNSTEIN Z., 1960 — Occurrence of the bud mite strain of *Eriophyes vitis* in the old worldt and the nature of its damage to grape vines. *XIᵉ Intern. Kongress fur Entomologie in Wein,* 17-25 Aug. 1960, 2 : 47-48.

HAUMAN-ERCK L. et DEVAUTO I.A., 1908 — Enfermedades de las plantas cultivadas observadas en los alrededores de la capital federal en los annos 1906-1908. *Bol. del Minist. de Agric.,* Buenos Aires, vol. X.

HUGHES T.E., 1959 — Mites or the acari. Athlone Press. Univ. London : 187-188.

JACOBS R.H., 1958 — Versuche mit neuen Winter-und - Sommerspritzmitteln zur Bekampfung der Blattgallmilbe *(Eriophyes vitis). Weinberg und Keller 5* : 49-55.

KEIFER H.H., 1938 — Eriophyid studies II. *Bull. Calif. depart. Agric.* 27 (3) : 310.

KEIFER H.H., 1942 — Eriophyid studies XII. *Bull. Calif. Depart. Agric.* 31 (3) : 117-129.

KEIFER H.H., 1944 — Eriophyid studies XIV. *Bull. Calif. Depart. Agric.* 33 (1) : 18-38.

BIBLIOGRAPHIE

KEIFER H.H., 1946 — A review of North American economic eriophyid mites. *Journ. Econ. Ent.* 39 (5) : 563-570.
KEIFER H.H., 1952 — The eriophyid mites of California. *Bull. California Insect. Survey*, 2 (1) : 1-128.
KEIFER H.H., 1955 — Eriophyid studies XXIV. *Bull. Calif. Depart. Agric.*, 44 (4) : 163.
KIDO H. et STAFFORD E.M., 1955 — The biology of the grape bud mite. *Eriophyes vitis Hilgardia* 24 (6) : 119-142.
KONLECHER H. et MAYER N., 1959 — Essais avec de nouveaux produits pour lutter contre l'acarien des galles de feuille *(Eriophyes vitis) Mitteilungen* sér. A, IX, 2, nov. et *Bull. OIV*, 1961, 360 : 123.
KLUCKMANN G., 1914 — Die Weinblattmilbe *Phytoptus vitis* und deren Bekampfung Prakt. *Ratgeber i. Obst. u. Gartenbau.*
KORNAUTH K., 1906 — Tatigkeitsbericht der k. k. landwirtsch. bakter. Pflanzenschutzstation uber das Jahr 1905. *Wien. Zeitschr. f. d. landw. Versuchswesen* 1906 *(Eriophyes vitis).*
KRIEGLER P.J., 1960 — Les effets du Parathion et du Malathion en tant que traitement d'hiver contre *Eriophyes vitis. South Afrik. J. of Agri. Sci.*, 3 sept. et *Bull. OIV*, 1961, 361 : 149.
LACAZE-DUTHIERS, 1853 — Recherches pour servir à l'histoire des galles. *Ann. Sc. Nat.* 3e sér. botan. t XIX.
LANDOIS H., 1864 — Eine Milbe *(Phytoptus vitis* Mihi), Als Ursache des Traubenmisswachses, in *Zeit. fur wissenschaft. Zoologie von Siebold und Kolliker*, t. XIV : 353-364.
LANDOIS H., 1864 — Note sur l'Erineum de la vigne et l'animal qui le produit (trad. Nusbaumer). *Revue viticole* (Ladrey), Paris, Savy : 442-456.
LANDOIS H. et ROESE, 1866 — *Bot. Zeitung* N° 38 : 293.
LOW F., 1874 — Beitrage zur Naturgeschichte der Gallmilben. *Vehr. zool. bot. Ges. Wien*, 24 : 12.
LOW F., 1879 — Beschreibung von neuen Gallmilben nebst Mitteilungen uber einige schon bekannte. *Vehr. zool. bot. Ges. Wien*, 29.
LOW F., 1880 — Beschreib. von neuen Milbengallen etc... *Verhandl. der K. K. Zool. Bot. Gesells. Wien* t. XXIX : 727.
Mc LACHLAN R.A., 1969 — Control of grape leaf blister mite *(Eriophyes vitis)* in the Stanthorpe district, Queensland. *Qd. J. agric. Anim. Sci.*, 26 : 89-94.
MALPIGHI, 1680 — *De excrescentiis et tumoribus plantarum.*
MALTSCHENKOWA N.I., 1965 — Mites of the family *Phyllocoptidæ* pests of vine in Moldavia and measures for controlling them. *Vred. polez. Fauna Bespozvon Moldavii* I : 61-75.
MARSAIS P., 1907 — L'Erinose. *Rev. de Vit.* 27 : 397-400, 1 pl. couleurs.
MASSALONGO, 1900 — Sopra un interessantissimo caso di deformazione inertrofica dell'infiorescenze della vite. Venezia. *Atti Ist. ven.*, 59, 2e partie.
MATHEZ F., 1965 Contribution à l'étude morphologique et biologique d'*Eriophyes vitis*, agent de l'Erinose de la Vigne. Thèse Dr Sci. techniques Zurich. *Schweizerischen. Entom. Gesel.*, 36 (4) : 233-244.
MATHYS G. et HUGI H., 1961 — L'Erinose de la vigne. *Rev. romande d'Agri., Vit. et Arb.*, mars : 29-30.
MAY P. et WEBSTER W.J., 1958 — The bud strain of *Eriophyes vitis* in Australia. *Journ. of Austral. Inst. Agric. Science* : 163-165.
MAYET V., 1887 — Le *Phytoptus vitis* et la maladie de l'Erinose. *Progr. Agric. et Vit.* 8 : 73-79 et 97-101.
MISCIATTELLI et PALLAVICINI M., 1894 — Zoocecidii della flora italica conservati nelle collezioni della R. Staz. di Patol. vegetale Roma. Parte I. Acarocecidii Firenze. *Boll. Soc. bot. ital.* : 217-223.
MISCIATTELLI et PALLAVICINI M., 1899 — Nuova contribuzione all'acarocecidiologia italica Malpighia. Genova, 13 : 14-34.
MORITZ T., 1873 in *Frauendorfr. Blatter* N° 30.
NALEPA A., 1889 — Beitrage zur Systematik der Phytopten. *Sitzber. d. k. Akad. d. Wiss.* Wien.
NALEPA A., 1911 — Eriophyiden, Gallmilben. *Zoocecidien*, Stuttgart, 1911-1924, I : 167-293.
NOEL P., 1906 — L'Erinose. *Rev. des Hybrides* : 785-785.
PACZOSKI J., 1912 — Der wilde Wein aux Cherson *(Vitis silvestris* Gmel). *Bull. f. angew. Botan.* V St Petersburg : 203-206.
PAGGENSTECHER H.A., 1857-59 — Uber Milben, besonders die Gattung *Phytoptus* in *Verhandlung d. nat. med. Vereins zu Heidelberg*, I : 46-53.
PATRIGEON G., 1887 — L'Erinose de la Vigne. *Journal d'Agriculture pratique* (de M. Lecouteux) t. 1 : 489-493, 1 pl. couleurs.
PERRAUD J., 1896 — Sur un parasite de la vigne. *C.R. hebdom. des Séances et Mém. de la Soc. de Biologie*, 3, sér. 10 : 1123.
PERSOON, 1809 — *Sinop. fungorum.*
PIZZINI, 1887 — Acaro infesto alle viti. *Bol. della sezione di Trento del consiglio provinciale d'Agricoltura.*
PLANCHON J.E., 1883 — L'*Erineum* de la vigne et l'acarien qui le produit. *La vigne amér.* : 215-220.
PLANCHON J.E., 1886 L'*Erineum* sur les fleurs de vigne. *La vigne amér.* : 233-234.
PORTES L. et RUYSSEN F., 1889 — Traité de la Vigne. Paris Odoin, t. 3 : 783-790.
R., 1897 — L'Erinose en 1897. *Rev. de Vit.* 7 : 572.
RAVAZ L., 1888 — L'Erinose de la Vigne. *Progr. Agri. et Vit.*, 10 : 482-488, 1 pl. couleurs.
RAVAZ L., 1927 — L'Erinose. *Progr. Agric. et Vit.*, 87 : 528-529.
RÉAUMUR R.A., 1737 — Mémoires pour servir à l'histoire des insectes, tome III : Mém. IX : 511.
RUIZ CASTRO A., 1951 — L'Erinose en Espagne. *Bull. OIV*, 244 : 66.
RUBSAAMEN, 1895 — Uber Cecidodyiden. *Wiener entom. Zeitung.*
SAROSPATAKI G., 1965 — 'L'existence d'un biotope de l'Erinose en Hongrie. *Die Wein-wissenschaft* 4 : 157-167 rés. in *Bull. OIV*, 411 : 538.
SAROSPATAKI G., 1966 — Populations dynamische Uberwinterungssowie toxikologische Untersuchungen der Blattrollrasse der *Eriophyes vitis. Szolo es Gyumolcstermeszetes*, Budapest : 69-83.
SAROSPATAKI G. et al., 1966 — Uber Starkeres Auftreten der Rebengallmilbe *Eriophyes vitis* im Jahre 1965 in Ungarn und Untersuchungen zur Uberwinterung 1964/65. *Wein-Wissen* : 277-287.

— 1 734 —

SAROSPATAKI G., 1969 9 — Bericht uber Bekampfungversuche der Krauselmilbe *Eriophyes vitis* durch Akarizide. *Kiserletugyi Kozlemenjek*, Budapest 1-3 : 3-20.
SCHLECHTENDAL, 1822 — Denkschrift der botan. gesellsch. in *Regeusburg* tome 2 et *Botan. Zeitung* t. 24.
SCHLECHTENDAL, 1911 — Aufsatz in Rubsaamen Die Zoocecidien, Stuttgart.
SCHEUTEN 1857 — Einiges uber Milben. *Trojschl's Arch. fur natura*, 23ᵉ ann. t. 1 : 104.
SCHRUFT G., 1963 — Die Blattgall oder Pockenmilbe der Rebe *(Eriophyes vitis)* und ihre physiologischen Rassen. *Wein-Wissen.* : 249.
SEMICHON L., 1915 — Nouveau procédé de traitement (eau chaude) des insectes, etc... *Rev. de Vit.*, 42 : 397-405.
SIEBOLD (von) C.T., 1850 — Bericht uber die Arbeiten des entomologischen, sektion, etc...
SIEBOLD (von) C.T., 1870 — [L'Erinose]. Rapport sur les travaux de la section entomologique de la Société de Silésie.
SISSON R.L., 1950 — The grape bud mite in Sonoma County. *Calif. Extension Service*, Sonoma County : 1-5.
SISSON R.L., 1953 — Vineyard pruning time effects. *Calif. Extension Service*, Sonoma County : 1-8.
SLAUS-KANTSCHIEDER J., 1906 — Tatigkeitsbericht der k. k. landwchem. Versuchsstation in Spalato uber das Jahr 1905. *Zeitschr. f. d. landw. Versuchswesen in Osterreich.*
SMITH L.M. et STAFFORD E.M., 1948 — The bud mite and the Erineum Mite of grapes. *Hilgardia* : 18 (7) : 317-334.
SMITH L.M. et STAFFORD E.M., 1950 — Grape bud mite problem. *Calif. Agriculture* 4 (9) : 3-4.
SMITH L.M. et STAFFORD E.M., 1955 — Grape pests in California. *California Agric. Exper. Station*, Extension service circular 445.
SMITH L.M. et SCHUSTER R.O., 1963 — The nature and extent of *Eriophyes vitis* injury to *Vitis vinifera Acarologica* 5 (4) : 530-539.
STIFT A., 1906 — Uber die im Jahre 1905 beobachteten Schadiger usw. Osterr.-ungarn. *(Phytoptus vitis). Zeitschr. f. Zuckerind. u. Landwirtsch.*
TARGIONI-TOZZETTI A., 1876 — La Erinosi della vite. *Ann. del Minist. Agricolt. Indust. Comm.*, Roma, vol. 84.
TARGIONI-TOZZETTI A., 1870 — La Erinosi della vite et suoi acari. *Bull. Soc. Entom. Ital.* : 283.
THIOLLIERE J., 1953 — Lutte chimique contre l'Erinose et l'Acariose. *Phytoma*, avril : 20-22.
THOMAS Fr., 1869 — Uber *Phytoptus* Duj. und eine grossere Anzahl neuer oder wenig gekannter Missbildungen, Welche die Milben aus Pflanzen hervorbringen. I Tav. In *Prog. d. Realschule zu Ohrdruf.*
THOMAS Fr., 1870-71 — Schweizerische Milbengallen, *Verhandl. der. St. Gallischen naturw. Gesellschaft.*
THOMAS Fr., 1872 — Milbengallen und verwandter Pflanzen-auswuchse. *Bot. Zeit.* N⁰ 17 : 282.
THOMAS Fr., 1872 — Entwickelungsgeschichte zweier *Phytoptus-gallen* an *Prunus. Glebel's Zeltschr. f. d. gesammten Naturwissenschaften*, t. 39 : 193.
THOMAS Fr., 1873 — Beitrage zur Kenntniss der Milbengallen und der Gallmilben.
THOMAS Fr., 1873 — Die Stellung der Blattgallen an der Holzgewachsen und die Lebenweise von *Phytoptus. Zeitschr. f. d. gesamm. Naturwissenschaft*, t. 42 : 513.
TROTTER A., 1903 — L'Erinose des Raisins. *Agricoltura Moderna et Rev. des Hybrides* : 54-58.
TROTTER A., 1903 — Miscellanee cecidologiche I. Marcellia Avellino, t. 2 : 29-35.
TROTTER A., 1903 — Note di Patologia vegetale. L'Erinosi nei grappoli della Vite. *Giorn. Vitic. Enol. Avellino*, 11 : 12-16.
TRUJILLO, PELUFFO A., 1924 — La erinosis o fitoptosis de la vid *(Eriophyes vitis), Uruguay Minist. Ind. Defensa Agric. Bol. mens.* 5.
TULLGREN, 1904 — Ent. Tidskr., 5.
TURPIN, 1833 — Sur le développement des galles du tilleul. *Nouveau Bull. de la Soc. philomatique:* 163-166.
UNGER, 1833 — Die Exanthueme der Pflanzen.
UZEL H., 1904 — Pflanzenschadlinge In Bohmen 1904. *Wiener landw. Zeitung.*
J.V., 1899 — L'Erinose. *Rev. de Vit.* 9 : 469.
Van LEEUWEN-REIJNVAAN W. et J., 1912 — Einige Gallen aus Java VI Beitrag. Marcellia II.
VALLOT, 1832 — Méd. Acad., Dijon part. d. scienc.
VIALA P., 1884 — Oïdium, Mildiou, Erineum. *Progr. Agri. et Vit.* 1 : 314-316.
VIALA P., 1889 — *Erineum* in Une mission viticole en Amérique.
VIALA P., 1896 — L'Erinose américaine. *Rev. de Vit.* 5 : 98-99.
VIVARELLI L., 1911 — La erinosi del grappolo della vite. *La Rivista.*
WOLFF M., 1922 — Notizen zur Biologie, besonders auch zur Frage des Verbreitungsmodus von Eriophyden. *Zeitschr. f. Pflanzenkh.* : 190.
X., 1946 — Lutte contre l'acariose de la Vigne (Court-noué). *Bull. OIV.* 182 : 36.
X., 1950 — Le problème de la mite (Erineum) du bourgeon de la Vigne. *Calif. Agric.* Sept. rés. In *Bull. OIV*, 237 : 156-158.

ACARIOSE

BERNARD J., 1965 — Viticulteurs, sachez lutter contre l'Acariose. *Vins d'Alsace* : 83.
BOUBALS D. et HUGLIN P., 1951 — L'acariose. *Progr. Agri. et Vit.* 135 : 272.
BOVEY P. et SAVARY A., 1949 — Les esters phosphoriques dans la lutte contre les insectes et les acariens nuisibles. *Rev. romande* : I, janvier : 1-3.
BURNAT J. et JACCARD P., 1908 — L'acariose de la vigne. *Journ. d'Hort. et Viti. Suisse* et *Rev. des Hybrides* 1908 : 1423 et 1909 : 1476-1477.
BURNAT J. et JACCARD P., 1909 — L'acariose de la vigne. *Rev. de Vit.* 31 : 235-239, 257-261, 289-292, 469-472 et 497-502, 1 pl. couleurs.
CHODAT R., 1905 — L'acariose. *Bull. de la classe d'agric. Soc. des arts de Genève* : 125-138.
FAES H., 1905 — Acariose (dit court-noué), Brunissure et Erinose. *Progr. Agri. et Vit.* 44 : 133-146, 1 pl. couleurs.

FAES H., 1918 — L'acariose. *Rev. de Vit. 48* : 209-213 et *49* : 10, 1 pl. couleurs.
FAES H., 1943 — L'acriose (court-noué) de la vigne. *Terre Vaudoise* 23 janvier et *Bull. OIV, 156* : 120.
FAES H., 1943 — Les traitements contre l'acariose. *Terre Vaudoise,* 14 août et *Bull. OIV 159* : 104.
FRANÇOT P. et MAURY P., 1952 — L'Acariose. *Le Vigneron champenois* : 194-197.
FULMEK L., 1912 — Uber die Acarinose oder Krauselkrankheit des Weinstockes. *Allgemein Weinzeitung* N° 39 : 41-42, 21 p.
FULMEK L., 1913 — Die Krauselkrankheit oder Acarinose des Weinstockes. *Ostrerr. Weinbaukalender,* 3 pl. couleurs.
GAY-BELLILE F., 1977 — L'acariose • bronzée • de la Vigne dans les Charentes. *Progr. Agrl. et Vit.* : 54-56.
GEOFFRION R., 1959 — L'acariose de la vigne en 1958. *Phytoma,* fév. : 26-27.
GUIGNARD E., BAGGIOLINI M., CARLEN A., DESBAILLET Cl. et KRISTOF P., 1970 — Possibilités actuelles de lutte contre l'acariose de la vigne. *Rev. vit. Suisse, 1* : 9-13 et *Bull. OIV, 471* : 544.
JACOB N. et al., 1966 — *Phyllocoptes vitis,* eine neue Traubenkrankheit in den Weingarten von Rumanien. *Ann. Inst. Cercetari Prot. Plant.* Bucarest : 313-320.
LAFON J., COUILLAUD P., GAYEBELLILE F. et HUDE R., 1970 — L'acariose de la Vigne. *Le Paysan du Cognac,* juin.
MATHYS G., 1957 — Etude des possibilités d'intervention contre le *Phyllocoptes vitis* Nal., agent du court-noué parasitaire de la vigne. *Rev. Romande Agric. Vitic. Arbor.* 13 (II) : 95-97 et *Bull. OIV, 1958, 323* : 137.
MATHYS G., 1959 — L'acariose ou court-noué parasitaire de la vigne (*Phyllocoptes vitis* Nal.). *Rev. Romande Agric. Vitic. Arbor.* 15 (2) : 21-23.
MULLER-THURGAU H., 1904 — Die Milbenkrankheit der Reben. *Zentralblatt fur Bakteriologie.* Iéna, XV : 623-629.
MULLER-THURGAU H., 1904 — Die Milbenkrankheit der Reben. *Bericht der Schweiz. Versuch. in Wadenswill* fur die Jahre 1903 und 1904 : 15 et *Chronique agricole du Canton de Vaud* 1905 : 377-378.
NALEPA A., 1884 — Die Anatomie der Tyroglyphiden. *Sitzungsber. d. Mat. Naturw. Class der K. Akad. d. Wissensch.* im Wien.
NALEPA A., 1905 — *Anzeiger der K. Akad. der Wiss.* im Wien, *42* : 268.
PANTANELLI E., 1911 — L'Acariosi delle Vite. *Marcellia,* vol. 10 : 133-160.
PARIS R. et DIDIER J.-P., 1963 — Essais de lutte contre l'acariose en Champagne. *Phytoma,* oct. 24-25.
PINEAU B. et RICHARD M., 1963 — Compte-rendu des essais Acariose 1962. *Le Vigneron Champenois* : 61-65.
RAMBIER A., 1972 — Les acariens dans le vignoble. *Progr. Agrl. et Vit.* : 385-396.
RAVAZ L., 1925 — L'acariose. *Progr. Agri. et Vit. 83* : 535-586.
RICHARD M., 1962 — La dernière campagne de lutte contre les parasites. *Le Vigneron champenois* : 367.
SCHRUFT G., 1962 — Beitrage zur Kenntnis der Biologie der Krauselmilben (*Phyllocoptes vitis* Nal. und *Epitrimerus vitis* Nal. Fam. *Eriophyidæ Acarina*) an Reben (*Vitis vinifera* L.). *Wein-Wiss. der deutsche Weinbau* : 191-211.
SONDEY J., 1977 — L'acariose de la vigne. *Vititechnique,* juillet : 9-10.
STELLWAAG F., 1956 — Les Acariens, rapport national Allemagne. *Cong. OIV. Santiago du Chili* et *Bull. OIV 1959, 340* : 31-33.
THIOLLIERE J., 1953 — Lutte chimique contre l'Erinose et l'Acariose de la vigne. *Phytoma, 47* : 20-22.
WIESMANN, 1944 — Acariose des Vignes. *Schweiz. Zeitscfi. fur obst und Weinbau,* 19 févr. et *Bull. OIV 163* : 149-151.
X., 1942 — Traitement contre l'acariose (court-noué) de la Vigne. *Terre Vaudoise,* 4 avril et *Bull. OIV 151* : 133.
X., 1945 — Lutte contre l'acariose de la Vigne (Court-noué). *Rev. romande, 3* : 6.
X., 1946 — Lutte contre l'acariose de la vigne. *Rev. romande,* mars : 24.
X., 1946 — L'acariose. *Bull. OIV, 208* : 78.

TERMITES

ALOI, 1884 — Sulla conparsa della Termite nelle vigne di Catania. *Atti Accad. Glaena Sc. Nat.* Catania.
ALOI et GRASSI B., 1885 (Les Termites). *Bull. di Not. Agr.*
BOFFINET, 1853 — Notice sur les Termites de la Charente Inférieure. *Actes Soc. Linnéenne de Bordeaux.*
BOURNIER A., 1956 — Alerte au Termite lucifuge. *Progr. Agri. et Vit.,* 146 : 384-388.
CHAINE J., 1912 — De la protection des plantes vivantes contre les Termites. *Bull. Soc. Zool. Agric.* Bordeaux, n° 1, février.
CHAINE J., 1919 — Protection des plantes contre les termites. *Progr. Agrl. et Vit.* 73 : 61-67.
CHABOUSSOU F. et BRUNETEAU J., 1953 — La lutte contre les Termites des habitations. *Rev. Zool. Agric. et appliquée* : 29-54.
DESNEUX, 1904 — A propos de la phylogénie des Termites. *Ann. Soc. Entomol. Belgique,* Bruxelles, 48.
FERRERO F., 1959 — Les Termites et leurs dégâts sur vignes dans la région de Banyuls. *Phytoma,* mai : 30-31.
FERRERO F., 1973 — Les dégâts des Termites dans le cru de Banyuls. *Phytoma,* sept. : 25-27.
FEYTAUD J., 1910 — Fondation des colonies nouvelles par les sexués essaimants du Termite lucifuge. *C.R. Soc. de Biologie,* Paris.

FEYTAUD J., 1912 — Contribution à l'étude du Termite lucifuge. *Archives d'Anatomie microscopique,* Paris.
FEYTAUD J., 1914 — Les Termites. *Rev. de Vit., 42* : 5-8, 41-46, 144-149.
FEYTAUD J., 1949 — Le peuple des Termites. Coll. « Que sais-je », Paris.
FEYTAUD J., 1951 — Sur l'emploi de mortiers toxiques contre les termites des murs. *C.R. Acad. Agric.* N° 5, mars et *Progr. Agri. et Vit. 85* : 300-303.
GRASSÉ P.P., 1949 — Ordre des Isoptères ou Termites. *Traité de Zoologie, 9* : 408-544 Masson Ed.
GRASSI B. et SANDIAS, 1893 — Costituzione e Sviluppo della Societa dei Termitidi. *Atti Acad. Giaena,* Catane.
GRASSIES, 1853 — De l'introduction des Termites dans la ville de Bordeaux. *Actes de la Soc. Linnéenne* de Bordeaux.
HANDLIRSCH, 1903 Zur phylogenie der Hexapoden. *Zitzungsber. Akad. Wissensch.,* Wien, *112.*
HETRICK L.A., 1957 — Ten Years of testing organic Insecticides as soil Poisons against the Eastern Subterranean Termite. *J. econ. Ent., 50,* 3 : 316-317.
JACOBSON, 1904 — Zur kenntnis der Termiten Russlands. *Ann. Mus. Zool.,* Saint Petersburg.
LESPÈS, 1856 — Recherches sur l'organisation et les mœurs du Termite lucifuge. *Ann. Sciences Nat. : Zoologie.*
LHOSTE J., 1950 — Les Termites et le Chlordane. *L'Entomologiste :* 71-72.
MAYET V., 1907 — Insectes lignivores de la Vigne. *Rev. de Viti. 27* : 8-11, 36-40, 63-67.
NOIROT C., 1954 — Le polymorphisme des Termites supérieurs. *Année Biol., 30* : 461-474.
NOIROT C. et ALLIOT H., 1947 — La lutte contre les Termites. *Publ. Off. Rech. Scient. Col.,* 1 vol. 96 p. Masson, éd.
PICARD F., 1913 — Les Termites qui vivent dans les souches de Vigne. *Progr. Agri et Vit., 60* : 390-395.
QUATREFAGES, 1854 — Souvenirs d'un Naturaliste.
RICHARD G., 1954 — Les termites ravagent le vignoble de Banyuls. *L'Agri des Pyrénées-Orientales,* 9 septembre.
SCHMITZ G., 1956 — Les Termites et les moyens de les détruire. *Bull. Agric. Congo Belge, 476* : 1551-1596.
SHELFORD V.E., 1949 — Termite treatment with aqueous solution of chlordan. *J. Econ. Ent. 42* : 541.
TARGIONI-TOZZETTI A., 1888 — (Les Termites). *Relazione della Stazione di Entom. di Firenze* : 124.
WOLCOTT G.N., 1951 — The Termite resistance of pinosylvin and other new insecticides. *J. Econ. Ent.* 44 : 263-264.
WOLCOTT G.N., 1955 — Organic termite Repellents tested against. *Cryptotermes brevis* Walker. J. Agric. Univ. P.R. 39 : 115-149.
SMITH L.M. et STAFFORD E., 1955 — Grape pests in California. *Calif. agric. Exp. Sta. Circ. 445,* 63 p.
X, 1942 — Preventing damage to building by subterranean Termites. *U.S. Dept. of Agric.* Farmer's Bull. N° 1911.
VIVET E., 1914 — Les plaies de taille de la vigne et les Termites. *Bull. Agric. Algér., Tun., Maroc,* Alger.

ORTHOPTERES

BERVILLÉ P., 1965 — Attention aux invasions d'Ephippigeres. *Le Paysan du Midi,* 3 juin.
BRUNET R., 1908 — L'Ephippiger. *Rev. de Vit. 30* : 6.
BAUMEL G., 1962 — Contribution à l'étude des Ephippigers dans la région Lodévoise. Dipl. Etudes Sup. Fac. Sci. Montpellier, 58 p.
BERNES J., 1925 — Les Ephippigeres dans le Var. *Progr. Agri. et Vit. 83* : 595-597.
FEYTAUD J., 1914 — Les Oecanthes. *Rev. de Vit. 41* : 98-99.
GALET P., 1959 — Les Ephippigères. *J. de la France Agricole,* 30 juillet et *Bull. OIV, 342* : 91.
GRASSE P.P., 1928 — Sur quelques Insectes de la Vigne. *Progr. Agri. et Vit. 89* : 232-236, 1 pl. couleurs.
HOVARTH G., 1884 — *L'Oecanthus pellucens. Rovartani Lapok* 1 : 8-14.
MAYET V., 1897 — Le grillon transparent. *Rev. de Vit. 27* : 65.
MAYET V., 1891 — Les Ephippigères porte-selles. *Progr. Agri. et Vit., 16* : 28-32, 1 pl. couleurs.
PERRIS V., 1869 — Observations sur les manœuvres de l'*Oecanthus pellucens* pour la ponte de ses œufs. *Ann. Soc. entomol. de France* : 453.
PLANCHON J.E., 1879 — Sur les œufs de deux grillons venus des Etats-Unis. *La Vigne améric. :* 108.
PLANCHON J.E., 1883 — *L'Oecanthus niveus* ou grillon blanc de neige de la vigne. *La Vigne amér. :* 159-160.
PLANCHON J.E., 1887 — Sur les œufs d'*Oecanthus pellucens* pondus dans les sarments. *La Vigne amér.* : 54-57.
RILEY Ch., s. d. — *Oecanthus latipennis. Fith annual Report* : 120, f. 49.
ROUSSEL R., 1947 — Lutte contre les Ephippigers. *Progr. Agri. et Vit., 127* : 352.
SALVI L., 1750 — Memorio intorno Le Locuste Gryllajole, Vérone.
TARGIONI-TOZZETTI A., 1878 — Relazione intorno ai lavori della Stazione di entomol. agraria di Firenze per l'anno 1876. *Ann. di Agricoltura,* p. 64.
TROUILLON L., 1950 — Destruction des Ephippigères et des Barbitistes. *Progr. Agri. et Vit., 134* : 20-21.
TROUILLON L., 1952 — Les Ephippigeres. *Progr. Agric. et Vit., 137* : 287.
TROUILLON L., 1953 — Lutte contre les Ephippigeres. *Phytoma,* juin : 20.
VAYSSIERE P., 1919 — Les sauterelles (Ephippigeres) dans le sud-est de la France. *Ann. des Epiphyties,* 6 : 289-298.
ZANARDI D., 1964 — Un singolare insetto dannoso a vigneti e orti in Sardegna, Il *Brachytripes megacephalus* Lefeb. *Il colt. e giorn. vinicolo Ital.,* 11 : 370-375 rés. in *Bull. OIV* 1965 - *409* : 315.

THRIPS

BAILEY S.F., 1942 — The grape or Vine Thrips : *Drepanothrips reuteri. J. of Econ. Entomology*, **35** N° 3 : 382-386.
BAILEY S.F., 1938 — Thrips of economic importance in California. *Agric. Exp. St. Berkeley*, Circ. 346 : 61-64.
BAILLOD M., 1974 — Dégâts de Thrips en Suisse Romande sur vigne. *Rev. Suisse de Viti., arbor. et Hort.* 6 (2) : 45-48.
BERNON G., 1969 — Altérations de la pellicule des grains de raisins de table. *Progr. Agric. et Vit., 169* : 598-599, 1 fig.
BOURNIER A., 1954 — Au sujet des Thrips de la Vigne. *Progr. Agric. et Vit.*, 142 : 4.
BOURNIER A., 1957 — *Drepanothrips reuteri* Uzel. Le Thrips de la Vigne. *Ann. Ecole Nat. Agriculture, Montpellier*, t. XXX, fasc. 1 et 2 : 145-157.
BOURNIER A., 1962 — Dégâts de Thrips sur vignes françaises. *Progr. Agri. et Vit.* 157 : 164-173, 6 fig.
DIETER A., 1962 — Ueber das Massenauftreten einer Thysanopterenart (*Drepanothryps reuteri* Uzel.) an reben in der Pflaz. *Weinwissenschaft*, 19 Jahrgang : 54-60.
E.Y., 1910 — Le Thrips dans les vignobles de Vilayat d'Aïdine. *Rev. de Vit.*, 33 : 522-523.
FULMEK et KARNY, 1915 — Einige Bemerkungen uber *Drepanothrips* auf dem Weinstock. *Zeitschr. fur Pflanzenkrankh.*, XXV, 7 : 393-398.
KARNY H.H., 1911 — Uber Thripsgallen und Gallenthrips. *Zentbl. Bakt. Parasitkde abt.* 11, **30** : 556-572.
KLINGER J., 1960 — Ueber Thripsschaden an Weinreben. *Schw. Z. Obst. Weinb.* 69 : 479-481.
LEWIS T, 1973 — Thrips. Academic Press, London and New York, 350 p.
MOCRZECKI, 1901 — De physopodis in viti vivantibus. *Messager vinicole* N° 12.
MOULTON D., 1928 — The grape Thrips *Drepanothrips reuteri* Uzel. *Bull. California Dept Agric.* XVII, N° 8 : 455, 457, 2 fig.
PANTANELLI E., 1910 — Gommosi da ferita, Thrips ed acarosi delle vite americani in Sicilia. *Rendic. Accad. Lincei* Ser 5, vol. 19, 1 : 344-353.
PANTANELLI E., 1911 — Danni di Thrips sulle vite americani. *Staz. sperim. agrarie Ital.* XLIV, fasc. 7 : 469-514.
PRIESNER H., 1928 — Die Thysanoptera in Weinbauminsekten der Kulturlander von STELLWAAG F. ed. P. Parey, Berlin.
PRIESNER H., 1926 — Die Thysanopteren Europas : 170. *Fritz Wagner* ed. Wien.
PUSSARD-RADULESCO E., 1930 — Recherches biologiques et cytologiques sur quelques Thysanoptères. *Ann. Epiphyties* : 103-189.
UZEL H., 1895 — Monographie der Ordmung Thysanoptera *Drepanothrips reuteri* n. sp. : 213.

CIGALES

MAYET V., 1890 — Les Insectes de la Vigne (avec bibliogr.).
MAYET V., 1907 — Insectes lignivores de la Vigne (Cigale noire). *Rev. de Vit.*, 27 : 9.
LEPRIEUR, 1877 — (Note sur les cigales). *Bull. Soc. Ent. de France* : 83.

CICADELLES

(Voir aussi Flavescence dorée)

AGULHON R., 1978 — La Cicadelle verte de la Vigne. *Vignes et Vins*, juillet : 29.
Anonyme, 1968 — Altérations foliaires de la Vigne provoquées par la Cicadelle verte *Empoasca flavescens* Fabr. *Agriculture romande*, juillet : 89-91.
BAGGIOLINI M., CANEVASCINI V. et CACCIA R., 1967 — L'*Empoasca flavescens* e l'arrossamento fogliare della vite. *Agricoltore Ticinese*, 6, p. 67.
BAGGIOLINI M., CANEVASCINI V., TENCALLA Y., CACCIA R., SOBRIO G. et CAVALLI S., 1968 — La cicadelle verte *Empoasca flavescens* agent d'altérations foliaires sur vigne. *Schweiz. landw. Forsch.*, 7, fasc. 1, pp. 43-69.
BAGGIOLINI M., CANEVASCINI V., CACCIA R., TENCALLA Y. et SOBRIO G., 1968 — Présence dans le vignoble du Tessin d'une cicadelle néarctique nouvelle pour la Suisse, *Scaphoideus littoralis* vecteur possible de la Flavescence dorée. *Mitteilungen der Schweiz. Entom. Gesel.*, Suisse 60, 3-4 : 270-275 rés. in *Bull. OIV.* 454 : 1388.
BAGGIOLINI M., CANEVASCINI V. et CACCIA R., 1972 — La cicadelle verte (*Empoasca flavescens* F.), cause d'importants rougissements du feuillage de la vigne. *Bull. OEPP*, Paris 1972, n° 3 pp. 43-49, 5 figs., 5 réfs.
BAIN C., LABIT B., MIMAUD J. et TANGUY M., 1975 — Résultats de l'expérimentation effectuée en 1974 par le service de la Protection des Végétaux. *Phytoma*, nov. : 5.
BALACHOWSKY A., 1941 — Biologie et dégâts de la Cicadelle verte. (*Tettigonia viridis* L.) en France. *Ann. des Epiphyties*, 7 : 65-83.
BERGEVIN (de) E. et ZANON V., 1922 — Danni alla Vite in Cirenaica e Tripolitania dovuti ad un nuovo Omottero (*Chlorita libyca* sp. n.) *Agric. coloniale*, 16 : 58-64.
BERGEVIN (de) E., 1924 — A propos de quelques *Thyphlocybinæ* nuisibles à la Vigne. *Bull. Soc. Hist. Nat. Afr. du Nord*, 15.
BLANCHARD E., 1880 — Sur une cicadelle (*Hysteropterum apterum*) qui attaque les vignes dans le département de la Gironde. *C.R. Acad. Sci.* 90 : 1103-1104.
BONFILS J. et SCHVESTER D., 1960 — Les cicadelles (*Homoptera Auchenorrhyncha*) dans leurs rapports avec la vigne dans le Sud-Ouest de la France. *Ann. Epiphyties* 11 (3), pp. 325-336 et *Bull. OIV* 1962 - 378, p. 1130.

BONFILS J. et LECLANT F., 1972 — Reconnaissance et nuisibilité des Cicadelles sur la Vigne. *Progr. Agric. et Vit.* : 343-355.
BOVARD P., 1956 — Les Cicadelles, rapport national de Tunisie. *8e Congr. Int. O.I.V. Santiago-du-Chili* et *Bull. O.I.V.* 1959, *341* : 74.
BRANAS J., 1966 — Les Cicadelles. *Progr. Agri. et Vit., 166* : 147-149.
BRANAS J., 1971 — Au vignoble : rougeot parasitaire et cicadelles. *Progr. agric. et Vit.* : 261-263.
CARLE P., 1964 — Influence du mode de pulvérisation sur l'action du DDT contre *Scaphoideus littoralis*, vecteur de la Flavescence dorée. *Vignes et Vins*, 135 : 13-17.
CARLE P. et SCHVESTER D., 1964 — Nouvelle mise au point pour la lutte contre *Scaphoideus littoralis*. *Vignes et Vins*, décembre : 7-12.
CARLE P., 1965 — Essais de pesticides en plein champ contre *Scaphoideus littoralis (Homopt., Jassidæ)*. *Phytiatrie - Phytopharmacie, 14*, 29 - 38.
CARLE P., 1965 — Adaptation de la pulvérisation à faible volume/hectare à la lutte chimique dirigée contre *Scaphoideus littoralis* (Homopt. Jassidæ). *Phytiatrie - Phytopharmacie, 14, 39 - 44*.
CARLE P., 1965 — Conclusions générales après les essais de 1965 contre *Scaphoideux littoralis*. *Rev. Zool. Agric. et Appl.* N° 10-12 : 129-135.
CARLE P. et MOUTOUS G., 1965 — Observation sur le mode de nutrition sur vigne de quatre espèces de Cicadelles. *Ann. Epiphyties* 16 (4) : 33-354.
CARLE P. et AMARGIER A., 1965 — Etude anatomique et histologique des organes internes de *Scaphoideus littoralis* Ball., vecteur du virus de la Flavescence dorée de la vigne. *Ann. Epiphyties* 16 : 355-382.
CARLE P., 1965 — Progrès dans la lutte contre *Scaphoideus littoralis* Ball. *Soc. de Zool. agricole*, Talence.
CARLE P., MALBRUNOT P., FRANÇOIS B., SAINT-AUBIN, LAMOTHE, GARRABOS, MOUTOUS G. et COLOMES, 1966 — Compte-rendu des essais de produits insecticides conduits en 1965 contre *Scaphoideus littoralis*. *Soc. de Zool. agricole*, Talence.
CAUDWELL A., SCHVESTER D., et MOUTOUS G., 1972 — Variété des dégâts des cicadelles nuisibles à la vigne. Les méthodes de lutte. *Progr. Agri. et Vit.* 583-590 et 1973 : 8-16.
COUPIN A., 1952 — Le Vignoble et les Cicadelles en 1952. *Feuille d'Inform. Vit. et Arboricoles de Tunisie*, nov. : 2-9.
DELAS J. et FELTRIN C., 1968 — Recherche sur les relations possibles entre l'alimentation de la vigne et les grillures du feuillage. *Rapport ITV.*
DLABOLA J., 1963 Zwei neue *Erythroneura* - Arten an der Weinrebe *(Homoptera, Typhlocybinæ)*. *Reichenbachia, 1* : 309-313.
EYER J.R., 1925 — Preliminary note on the control of grape leaf hopper with calcium cyanid. dust. *J. Econ. Ent.* 18 : 235.
FOSTER, 1915 — Combination spraying experiment for the control of mildew and leaf-hoppers on grape vines. *Mthly Bull. State Commiss. Hortic.* Sacramento Cal.
FREDIANI D., 1956 — Note morfo-biologiche sulla *Cicadella viridis* L. nelle Italia centrale. *Boll. Lab. Ent. Agr. Portici*, 14 : 1-47.
GHAURI M.S.K., 1963 — A new Grape-vine Leaf-hopper from Iraq. *Ann. Mag. nat. Hist.* 6 (sér. 13): 381-383.
HALL., 1912 — Fighting leaf-hoppers in the vineyard. *Bull. 344 New York Agric. Exp. Sta.*
HARTZELL F.Z., 1913 — The grape leaf-hopper. *New York Agr. Exp. Sta. Bull.* 359 : 31-51.
HARTZELL F.Z., 1910 — The grape leaf-hopper. *(Thyphlocyba comes)*. *New York Agr. Exp. Sta.* Geneva Bull 331 et 1912 Bull. 344.
HASEMAN L., 1917 — The periodical cicada in Missouri. *Miss. Agric. Exp. Sta.* Columbia Bull. 137.
HODGKISS, 1913 — The false tarnished plant bug as a pear pest. *New York Agr. Exp. Stat.* Geneva Bull. N° 368.
HOWARD, 1921 — Nicotine dust for grape leaf-hopper. *Calif. Cult.*
JACOBS R.H., 1969 — Beobachtungen uber Auftreten und Schadwirkung von *Empoasca flavescens* F. und deren Bekampfung im Sudtiroler weinbau. *Die Wein-wissenschaft*, 1 : 23-24 rés. In *Bull. OIV, 458* : 452.
JEWETT H.H., 1924 — The grape leaf-hoppers of bluegrass Kentucky *(Erythreneura* sp.*)* *Kentucky Sta. Bull.* 254 : 87-130.
JOHNSON, 1911 — The grape leaf-hopper in the Lake Erie Valley. *Bull. US. Dept. Agric. Washington* Bull. 97 ; 1912 N° 116 et 1914.
LAFON J., COUILLAUD P. et GAY-BELLILE F., 1968 — Carences, toxicité, Cicadelles. *Le Paysan.*
LAGAUDE V., 1979 — Les Cicadelles de la Vigne. *Vititechnique*, sept. : 15.
LAMIMAN J.F., 1933 — Control of the grape Leaf hopper in California. *Univ. of Calif.*, Berkeley, circ. 72, 20 p.
LEONARDI M., 1963 — Travaux effectués en Italie sur les caractères pathogènes des vignes atteintes par les Cicadelles. *Progr. Agri. et Vit.* 160 : 227 et *Bull. OIV.* 394 : 463.
LICHTENSTEIN J., 1880 — (Sur *l'Hysteropterum apterum*). *Le Messager agricole du Midi* : 205.
LONG (de), 1916 — The leaf-hoppers ou Jassoidea of Tennesse. *Tenn. Sta. Bd. Entom.* Knoxville, Bull. 17.
LONG (de), 1922 — The boom nozzle system and the traction duster as factors in grape leaf hopper control. *II. Econ. Ent.*, Geneva (New York).
LYNN C.D., JENSEN F.L. et FLAHERTY D.L., 1965 — Leafhoppers treatment levels for Thompson seedless grapes used for raisins or Wine. *Calif. Agric.*, 19 N° 4 : 4-6.
MAILLET P., 1956 — Contribution à l'étude des Homoptères Auchénorhynques Jassides récoltés en 1956 dans le Périgord noir. *Cahiers des Naturalistes* N.S. 12 N° 4 : 97-100.
MARLATT, 1907 — The periodical Cicada. *US. Dept. of Agric. Bur. Ent.* Bull. 71 : 181.
MAYET V., 1904 — Les cicadelles nuisibles à la vigne. *Rev. de Vit.* 21 : 573-578, 1 pl. couleurs.
MORRILL D.E., 1915 — The grape leaf-hopper *(Typhlocyba*. *New Mexico Bull.* : 94.
MORRILL D.E., 1921 — Notes on the uses of nicotine dusts. *II Econ. Ent.* Geneva, New York.
MOUTOUS G., FOS A. et FELTRIN C., 1969 — Etude de l'influence de quelques fongicides sur la pullulation des Cicadelles. *Rapport ITV* 8 p.

MOUTOUS G. et FOS A., 1971 — Essais de lutte chimique contre le Cicadelle de la Vigne *Emposca flavescens* FABR. — Résultats 1970. *Rev. Zool. Agric. Pathol. Végét.*, *1*, pp. 55-60.

MOUTOUS G., 1973 — Influence des niveaux de populations de cicadelles de la Vigne *Empoasca flavescens* Fabr. sur le symptome de la « grillure » des feuilles. *Ann. Zool. Ecol. Anim.* 5 (2) : 113-185.

MOUTOUS G., FOS A., BESSON J., JOLY E. et BILAND P., 1977 — Résultats d'essais ovicides contre *Scaphoideus littoralis* Ball., cicadelle vectrice de la Flavescence dorée. *Rev. Zool. Agri. et Path. vég.* N° 2 : 37-49.

MOUTOUS G., 1979 — Les cicadelles de la vigne : méthodes de lutte. *Progr. Agri. et Vit.* : 232-235.

QUAYLE H.J., 1908 — The grape leaf-hopper. *Univ. of Calif.*, Berkeley Bull. N° 198 : 177-218.

QUAYLE H.J., 1908 — The Grape leaf-hopper. *Journ. Ec. Ent.*, vol. 1.

QUAYLE H.J., 1915 — Spaying for the grape leaf-hopper. *Calif. Univ. Agric. Coll. Berkeley*, circ. 126.

QUAYLE H.J., 1924 — Calcium Cyanid dust for control of the grape leaf-hoppers. *// Econ. Ent. Geneva*, 17.

RIBAUT H., 1936 — Homoptères Auchénorhynques I. (Typhlocybidæ). *Faune de France. 31*, pp. 1 - 231, figs. 1 - 629.

RIBAUT H., 1952 — Homoptères Auchenorhynques II. (Jassidæ). *Faune de France 57*, Paris, pp. 1 - 474.

ROUSSEL C., 1973 — Les particularités de la lutte contre les parasites de la vigne dans le Sud-Ouest de la France (Les Cicadelles). *Progr. Agric. et Vit.* : 292-294.

ROSS W.A. et ROBINSON W., 1923 — The susceptibility of grape leaf-hopper eggs to nicotine. *Agric. Gaz. Canada* N° 3, Ottawa, mai, juin.

ROSS W.A., 1923/24 — Miscellaneous notes on the grape leaf-hopper control *(Erythroneura comes)*. *54 Ann. Rept. Ent. Soc. Ontario* : 24-26.

RUIZ CASTRO A. et MENDIZABAL M., 1939 — La « roya colorada », producida por *Empoasca libyca* de Bergevin en los parrales de Almeria. *Bol. Pat. veg. y Ent. agric. 8* : 150-161.

RUIZ CASTRO A., 1943 — Dos Tiflocibidos, nuevos en Espana, que atacan a la vid y al pimiento. *Bol. Pat. veg. y Ent. agric., 12* : 143-189.

RUNER G.A. et BLISS C.I., 1923 — The three-banded grape leaf-hopper and other leaf-hoppers injuring grapes. *(Eryt. tricincta). II. Agric. Research 26* n° 9 : 419-424.

SCHMUTTERER M., KLOFT W. et LUDICKE M., 1957 — Coccoidea in SORAUER-BLUNCK, Handbuch der Pflanzenkrankheiten V/4. P. Parey, Berlin : 403-472.

SCHVESTER D., 1972 — Cicadelles de la vigne. *OEPP/EPPP*, Bull. n° 3, pp. 37 - 42, Paris 1972, 1 fig., 10 réfs.

SCHVESTER D., CARLE P., 1964 — Nouvelle mise au point sur la lutte contre Scaphoideus littoralis, Cicadelle vectrice de la Flavescence dorée de la vigne. *Rev. Zool. agric. appl., 63* (4-6), 3 - 10. id. *Vignes et Vins*, 135, 7 - 12.

SCHVESTER D., CARLE P. et MOUTOUS Gilberte, 1961 — Sur la transmission de la flavescence dorée des vignes par une cicadelle. *C.R. Acad. Agric. Fr., 147*, n° 18, pp. 1021-1024.

SCHVESTER D., MOUTOUS Gilberte, BONFILS J. et CARLE P., 1962 — Etude biologique des cicadelles de la vigne dans le sud-ouest de la France. *Ann. Epiphyties 13*, n° 3, pp. 205-237.

SLINGERLAND M.V., 1904 — The grape leaf-hopper *(Typhlocyba comes). Exp. Stat. Agric. Geneva*, New York, Bull. 215.

SORAUER P., 1956 — Handbuch der Pflanzenkrankheiten. Tierische Schaddinge an Nutzpflanzen. 2 teil, 3 Lief. Heteroptera und Homoptera, 408 p. P. Parey Ed.

STAFFORD M. et JENSEN F.L., 1953 — Resistance du Leaf-Hopper *(Erythroneura Comes)* au D.D.T. et au Malathion. *Calif. Agric.*, avril et *Bull. OIV, 269* : 45.

TOUZEAU J., 1968 — La Cicadelle *Empoasca flavescens* et le « grillage » de la Vigne dans le Sud-Ouest de la France. *Phytoma*, juillet : 31-35.

TOUZEAU J., ARNAULD F. et FELTRIN C., 1968 — Observations et expérimentation sur la Cicadelle *Empoasca flavescens* en Dordogne. *Rapport ITV*.

TOUZEAU J., ARNAULD F. et FELTRIN C., 1969 — Observations et expérimentations sur la Cicadelle *Empoasca flavescens* en Dordogne en 1968. *Rapport ITV*, 8 p.

TRENTINI R., 1961 — Osservazioni sulle Cicaline della Vite e degli alberi da frutto in provincia di Trentino. *Terra Trentina* N° 10 : 364-371.

VIDANO C., 1957 - 1958 — Le Cicaline italiane della vite (Hemiptera Typhlocybidæ). *Boll. Zool. Agr. Bachic.* Milan (2), 1, pp. 61 - 115, 26 figs.

VIDANO C., 1959 — Sulla identificazione specifica di alcuni Erythroneurini europei (Hemiptera Typhlocybidæ). *Ann. Mus. Civico Stor. natur. Genova*, 71, pp. 328 - 348, 8 figs., 22 réfs.

VIDANO C., 1962 — Ampelopatie da Tiflocibidi. La *Empoasca libyca* Bergevin nuovo nemico della Vite in Italia. *L'Italia Agricola, 99* : 329-344.

VIDANO C., 1963 — Appunti comparativi sui danni da Cicaline alla Vite. *Informatore fitopatologico*. *13*, Bologna 1963 pp. 173 - 177, 1 fig.

VIDANO C., 1963 — Alterazioni provocate da insetti in *Vitis* osservate sperimentali e comparate. *Ann. Fac. Sci. Agrar. Univ. Torino* vol. 1 : 513-642.

VIDANO C., 1964 — Scoperta in Italia dello *Scaphoideus littoralis* Ball., Cicalina americana collegata alla Flavescence dorée della Vite. *L'Italia Agricola, 73* : 1031-1049.

VIDANO C., 1965 — Responses of *Vitis* to insect vector feeding. *Proc. Int. Conf. of Virus and vector on perennial hosts. Univ. Calif. Davis* 6-10 sept.

VIDANO C., 1967 — Sintomatologi esterna ed interna da nisetti fitomizi su *Vitis. Centro di Ent. alpina e forestale* N° 116 et *Ann. Acad. Agric. Torino, 109* : 117-136.

VIDANO C., 1970 — Viruslike symptoms on grapevine induced by insects in *Virus Diseases of small fruits and grapevines*, de FRAZIER Univ. Calif. Berkeley : 256-260.

WOODWORTH, 1900 *(Tettigonia atropunctata).* US Dept. Agric. Div. Ent. Bull. 26 : 93-94.

CICADELLE BUBALE

ALFARO A., 1948 — Existencia en Espana del membracido *Ceresa bubalus* Fabr. *Bol. Pat. veg. y Ent. agr.*, Madrid, 16 : 105-118, 10 fig.

BALACHOWSKY A., 1939 — Sur les dégâts et l'extension en France de *Ceresa bubalus* Fabr., membracide américain nuisible aux Arbres fruitiers. *Rev. Path. vég. et Ent. agr.* France, 26 : 39-61.

BALDUF W.V., 1928 — Observations on the Buffalo tree hopper *Ceresa bubalus* Fabr. and the bionomics of an egg parasite *Polynema striaticorne* Girault. *Ann. Ent. Soc. Amer.*, Columbus, Ohio, 21 : 419-435.

BERNARD F., 1934 — Note sur des Hémiptères capturés à Fréjus et à Banyuls-sur-Mer. *Rev. Française d'Ent.*, Paris, 1 : 178-180.

BOSCHI G.F., 1958 — Presenza in Emilia di un dannoso emittero. *Inform. fitopat.*, Bologna, 8/20 : 363-364.

BOVEY P. et LEUTZINGER H., 1938 — Présence en Suisse de *Ceresa bubalus*. Membracide nuisible d'origine américaine. *Bull. Soc. Vaudoise Sci. Nat.*, 110, N° 247 : 193-200, Lausanne.

COUTURIER A., 1938 — Sur la présence de *Ceresa bubalus* Fabr. dans le Sud-Ouest de la France. *Bull. Soc. Ent. France*, Paris, 43 : 211-212.

COUTURIER A., 1938 — Remarques sur la biologie de *Ceresa bubalus* Fabr., Membracide d'origine américaine. *Rev. Zool. Agric.*, Bordeaux 37 : 145-157.

COUTURIER A., 1939 — Mode de formation, structure et mise en œuvre de l'oviscapte chez *Ceresa bubalux* Fabr. *Bull. Soc. Linn. Bordeaux*, 37 : 148-158.

COUTURIER A., 1941 — Nouvelles observations sur la vie larvaire de *Ceresa bubalus* Fabr. *C.R. Acad. Agric. France*, 27 : 214-218.

COUTURIER A., 1953 — Observations sur le comportement larvaire chez *Ceresa bubalus* Fabr. : choix du ponit de fixation sur l'hote. *Act. Congr. Luxembourg, 72° Session. Assoc. Franç. Avanc. Sci.* : 450-452.

DALMASSO G. et EYNARD I., 1976 — Manuale di Viticoltura moderna, 7° ed. Hoepli, Milano : 749-750.

FUNKHOUSER W.D., 1923 — *Membracidæ*, in the Hemiptera or sucking Insects of Connecticut. *State Geol. and Nat. hist. surv. Bull.* N° 34 : 163.

GOIDANICH A., 1946 — La scoperta della *Ceresa bubalus* in Italia. *Italia Agricola*, Roma, 133 : 717-719.

GOIDANICH A., 1948 — La corologia europea e i reperti italiani di un Membracide neartico. *Redia*, Firenze, 33 : 17-26.

GOIDANICH A., 1949 — La *Ceresa bubalus* dilaga in Piemonte. *Il Coltiv. Giron. Vin. ital.*, N° 4 : 46, Casale Monferrato.

GOODWIN J.C. et FENTON F.A., 1924 — Morphological studies on the injury to Apple caused by *Ceresa bubalus*. *Phytopathology*, 14/7 : 334-335.

GRANDI G., 1951 — Introduzione allo studio dell'Entomologia, 2 vol. : 950 et 1332, Ediz. Agricole, Bologna.

HORVATH G., 1931 — La première capture de *Ceresa bubalus* F. en France. *Bull. Soc. Ent. de France* N° 6 : 92.

IOSIFOV M., 1957 — *Ceresa bubalus* F., a new pest of fruit trees and Lucerne in Bulgaria. *Bull. Inst. Zool. Acad. Sci. Bulgarie*, Sofia, 6 : 569-575.

LALLEMAND V., 1920 — Un Membracide nouveau pour la faune française. *Bull. Soc. Ent. France* N° 3 : 53.

MANEVAL H., 1930 — A propos de *Ceresa bubalus* F. *Bull. Soc. Ent. France* N° 17 : 276.

NEDELTCHEV N., 1965 — Dégâts causés par le *Ceresa bubalus* F. aux vignes en Bulgarie. *Hort. Vit. Sci.* 2 : 821-822.

NONVEILLER G., 1951 — *Ceresa bubalus* F., a pest of fruit-trées little known in Jugoslavia. *Plant Prot.* N° 5, Belgrade : 67-72.

POISSON R., 1929 — Sur la présence dans le Midi de la France d'un Hémiptère-Homoptère américain de la famille des *Membracides* : *Ceresa bubalus* Fab. et sur sa biologie. *C.R. Acad. Sci.*, Paris, 188 : 572-573.

POISSON R., 1937 — Quelques observations biologiques et morphologiques sur *Ceresa bubalus* Fab., Insecte Hémiptère-Homoptère de la famille des Membracides d'origine américaine. *Bull. Soc. Sci. Bretagne*, 14, fasc. hors série, Rennes : 32-50.

ROBERTI D., 1959 — La *Ceresa bubalus* Fabr., nuovo insetto dannoso alle piante da frutto nel Piacentino. *Agr. Piacentina* N° 10, 3 p., 2 fig.

ROBERTI D., 1961 — Nuovo orientamenti nella difesa delle colture erbacee ed ortofrutticole dai parassiti animali con riferimento all'ambiente nomntano. *Econ. Trentina*, Trento N° 1-2.

SARINGER G., 1961 — Az amerikai bivalykaboca *Ceresa bubalus* F. ujabb elofordulasa Magyarorszagon. *Rovartani Kozlemenyek*, Budapest, 14 N° 4 : 97-104, 1 fig.

SERVADEI A., 1942 — Sulla presenza in Albania della *Ceresa bubalus* F. e la sua diffusione in Europa. *Redia*, Firenze, 28 : 1-10, 3 fig.

UVAROV B.P., 1930 — Un Membracide américain dans les Alpes-Maritimes. *Bull. Soc. Ent. France* N° 15 : 242.

UVAROV B.P., 1939 — An american Membracid in Jugoslavia. *Proc. R. Ent. Soc. London*, (A), 14, pts 2-3 : 48.

VERESHCHAGIN B.V. et VERESHCHAGINA V.N., 1956 — *Ceresa bubalus* F. injurious to orchards in the southern Dniester district (en russe). *Rev. Ent. URSS*, Moscou 35 pt 4 : 822-825.

VIDANO C., 1948-1949 — La biologia della Cicalino-Buffalo americana. *Ceresa bubalus* F. in Italia. *Tesi di laurea nella Facoltà di Scienze Agrarie dell'Universita di Torino*, anno academico 1948-1949.

VIDANO C., 1959 — Analisi morfologica ed etiologica del ciclo etero gonico.

VIDANO C., 1963 — Alterazioni provocate da Insetti in *Vitis* osservate, sperimentate e comparate. *Ann. Fac. Sci. Agr. Univ. Torino*, 1 : 513-644, 50 fig.

VIDANO C., 1963 — Deviazione trofica ampelofila della *Ceresa bubalus* Fabr. e rispondenza reattiva del vegetate. *Atti. Acc. Sci. Torino, 98* : 193-212.

VIDANO C., 1964 — Eccezionali strozzature anulari caulinari provocate da *Ceresa bubalus* Fabr. in *Vitis. Centro di Entomol. alpina e forestale del Consiglio Nazionale delle richerche, Torino* ; 74 : 57-112, 3 Pl. couleurs rés. in *Bull. OIV* 1964, 404 : 1064-1065 et *Ann. Fac. Sci. Agr. Torino, 2* : 57-107.

VIDANO C., 1965 — Reperti inediti biologici e fitopatologici della *Ceresa bubalus* Fabr. quale nuovo fitomizo della vite. *Rivista di Viticoltura e di Enologia*, Conegliano : 457-482, 2 Pl. couleurs et *Bull. OIV, 1965, 407* : 80.

VIDANO C., 1967 — Sintomatologia esterna ed interna da insetti fitomizi su *Vitis. Ann. Acad. Agric. Torino, 109* : 117-136.

VOIGT E., 1969 — Az amerikai bivalykaboca (*Ceresa bubalus* F.) kartele szoloben. *Szolo-Gyumolesterm., 5* : 293-301, Budapest.

YOTHERS N.A., 1934 — Biology and Control at tree hopper injourious to fruit shrub in the Pacific Northwest. *U.S. Dept. Agr. Techn. Bull.* N° 402, Washington.

PHYLLOXERA

ABESSADZE K.J., MAKAREVSKAJA K.E. ET ZSCHAKAJA K.E., 1930 – Uber die verschiedenen grade der Widerstandsfahigkeit gegen Reblaus allgemein verbreiteter georgischer Rebensorten, bedingt durch die Unterschiede in der anatomischen Struktur ihrer Wurzeln. Scientific papers of the applied Sections of the *Tiflis Botan. Garden*, H 7.

ABRIC A., 1882 – Sur l'amploi du bitume de Judée pour combattre les maladies de la Vigne. *C.R. Acad. Sci. 93* : 406-407.

ADOR A., 1874 – Note sur l'apparition du Phylloxera dans le canton de Genève à Preigny et sur divers moyens curatifs proposés. *C.R. Acad. Sci., 79* : 789.

ALDEBERT P.,1928 – Contribution à l'étude des lésions phylloxériques sur les racines d'Hybrides producteurs directs. *Montpellier, Dehan, Impr.*, 8 p.

ALEXIDJE H.E., 1949 – Lutte contre le phylloxera. *Vinod. i Vinogr.*, 5 août et *Bull. O.I.V.*, Nov. : 105.

ALLEN A., 1879 – Phylloxera. Porto Lib. Int. E. Chardron, 64 p.

ALLIBERT, 1878 – Résultats obtenus par le traitement des vignes phylloxérées au moyen des sulfocarbonates et du pal distributeur. *C.R. Acad. Sci. 83* : 479-480.

ALLIES F., 1876 – Résultats obtenus dans le traitement par le sulfure de carbone des vignes attaquées par le Phylloxera ; mesure dans laquelle ce traitement doit être appliqué. *C.R. Acad. Sci. 83* : 702-704.

ALLIES F., 1876 – Sur un procédé d'application directe du sulfure de carbone dans le traitemenrt des vignes phylloxérées. *C.R. Acad. Sci. 82* : 612-615 et 1044-1045

ALLIES F., 1876 – Lettre à M. Dumas sur l'emploi du sulfure de carbone contre le Phylloxera. *C.R. Acad. Sci. 82* : 1380-81.

ALLIES F., 1876 – Nouvelle note concernant les résultats obtenus par le traitement des vignes phylloxérées au moyen du sulfure de carbone ; emploi du nouveau pal distributeur. *C.R. Acad. Sci. 83* : 1222-1224.

ALLIES F., 1877 – Résultats obtenus par l'application du sulfure de carbone aux vignes attaquées par le Phylloxera. *C.R. Acad. Sci. 85* : 435-436.

AIMEIDA E BRITO (de) F., 1884 – Le Phylloxera et autres épiphytes de la vigne en Portugal. Lisbonne, Impr. nationale.

AIMENAS (de las), 1878 – La Filoxera. Madrid, Impr. Hernandez, 52 p.

ALPHANDEREY jeune, 1870 – Réclamation contre M. Faucon au sujet de la priorité et l'idée de l'emploi de l'eau comme moyen curatif des vignes. *Messager du Midi*, 9 avril.

AMBROY T., 1883 – La submersion des vignes. Montpellier, Coulet, 2e édit., 1 vol. in-12, 100 p.

ANDERS F., 1955 – Zytologische Untersuchungen an der Reblaus-Blattgalle. *Experientia*, XI/8 : 322-323.

ANDERS F., 1955 – Zur biologischen Charakterisierung der galleninduzierenden Substanz aus dem Speicheldrusensekret der Reblaus. *Verdhl. d. dtsch. Ges. in Erlangen* : 421-428.

ANDERS F., 1957 – Reblaus und colchicindizierte Keulenbildung an der Wurzel von *Vitis* Samlingen. *Naturwiss. 44* : 95-96.

ANDERS F., 1957 – Uber die gallenerregenden Agenzien der Reblus (*Viteus vitifolii* Shimer). *Vitis, 1* : 121-124.

ANDERS F., 1957 – Neuere Auffassungen uber die Reblaus-Resistenz. *Vitis, 1* : 142-152.

ANDERS F., 1958 – Aminosauren als gallenerregende Stoffe der Reblaus. *Experientia, 14* : 62-63.

ANDERS F., 1959 – Das galleninduzierende Prinzip der Reblaus. *Verh. D. Zool. Gesellsch.*, Frankfurt, *Zool. Anz., 22, Suppl.* 355-363.

ANDERS F., 1961 – Untersuchungen uber das cecidogene Prinzip der Reblaus. III. Biochemische Untersuchungen uber das galleninduzierende. *Agens. Biol. zbl. 80* : 199-233.

ANDERS F., DRAWERT F., KLINKE K. et REUTHER K.H., 1963 – Genetische und biochemische Untersuchungen uber die Bedeutung der Amino und Nucleinsauren im Ursachengefuge von Neoplasmen (Tumoren und Gallen). *Experientia 19* : 219-224.

ANDRADE CORVO (de) L., 1885 – Sur le rôle des bacilles dans les ravages attribués au Phylloxera vastatrix. *C.R. Acad. Sci. 101* : 528-530.

ANDRE Ed., 1882 – Les parasites et les maladies de la vigne, Beaune.

ANEZ H., 1869 – Documents relatifs à une maladie de la vigne qui sévit dans la Camargue et une autre en Provence. *C.R. Acad. Sci. 68*, 24 mars : 734.

ANEZ H., 1870 – Développement et mœurs du *Phylloxera vastatrix* (cité). *C.R. Acad. Sci. 70* : 135.

ANEZ H., 1872 – Note pour revendiquer la priorité de la submersion des vignes. *C.R. Acad. Sci. 74* : 106, 595, 1232.

ANEZ H., 1874 – Mortalité des vignes. Inondation des vignes phylloxérées. Paris, La Maison Rustique éd., 36 p.

Anonyme, 1868 – Seconde note annonçant la gravité du mal inconnu qui fait dépérir les vignes de la Côte du Rhône, du Gard et de Vaucluse. *Messager du Midi*, Nombre 24 mai.

Anonyme, 1870 – Excursion des membres de la Société d'agriculture de l'Hérault et de la Sociét d'Agriculture du Gard pour visiter les vignobles malades de St Césaire et de Langlade. *Messager du Midi*, 23-24 juin et *Courrier du Gard*, 29-30 juin.

Anonyme, 1870 – Le Phylloxera à Lansargues (Hérault). *Messager du Midi*, 3 août.

PHYLLOXERA

Anonyme, 1871 – Note constatant la présence du Phylloxera à Villeneuve les Maguelonne et à Fabrègues. *Messager du Midi*, 9 novembre.
Anonyme, 1873 – Le Phylloxera, submersion des vignes. Visite au domaine de L. Faucon. Paris, Masson ed., 50 p.
Anonyme, 1874 – Procédés de lutte contre le Phylloxera. *Congr. viticole Montpellier* : 255-270.
Anonyme, 1876 – (Le Phylloxera). Assoc. vitcole de l'arrondissement de Libourne. Libourne, Impr. Interêt public, 62 p.
Anonyme, 1876 – The Phylloxera. *The Wine Trade review* 15 nov. London : 404 et 1 pl. sur le cycle du Phylloxera.
Anonyme, 1877 – Actes du Congrès phylloxérique international Lausanne 6-18 août. Lausanne Impr. Vincent L., 122 p.
Anonyme, 1877 – Rapporto dei delegati al Congresso di Losanna per la Phylloxera. *Ann. di Agricoltura*, vol. 104, 72 p. Roma, Tip. Botta.
Anonyme, 1877 – Le Phylloxera, Comité d'Etudes et de Vigilance. Rapports et documents. I, année 1877. Paris Masson éd., 322 p.
Anonyme, 1878 – Le Phylloxera, Comité d'Etudes et de Vigilance. Rapports et documents. II, année 1878. Paris Masson éd., 332 p.
Anonyme, 1878 – Le Phylloxera, Comité d'Etudes et de Vigilance. Rapports et documents. Paris Masson éd., 196 p.
Anonyme, 1878 – Relatorio da Commissao nomeada para assistir ao congresso phylloxerico da Suisse, etc... Coimbra, Impr. Univ., 224 p.
Anonyme, 1879 – Le Phylloxera, Comité d'Etudes et de Vigilance. Rapports et documents. III, année 1879. Paris Masson éd., 424 p.
Anonyme, 1879 – Le Phylloxera et le Sulfure de Carbone. *Journ. d'Agriculture pratique.*
Anonyme, 1879 – Traitement des vignes phylloxérées au coteau de l'Ermitage. Lyon, Pitrat aîné.
Anonyme, 1880 – Atti della Commissione Consultiva per la Fillossera. *Ann. di Agricoltura*, Roma, 620 p., 8 cartes en couleurs.
Anonyme, 1880 – Congresso internacional filoxerico de Zaragoza du 1 au 11 octobre 1880, Zaragoza, 270 p.
Anonyme, 1881 – La Fillossera in Italia. *Ann. di Agricoltura*, Roma Tipogr. Cenniniana, 618 p.
Anonyme, 1881 – Commission supérieure du Phylloxera, session de 1880. Paris Impr. Nationale, 134 p., 1 carte.
Anonyme, 1882 – Commission supérieure du Phylloxera, session de 1881. Paris Impr. Nationale, 398 p., 1 carte.
Anonyme, 1882 – Enquête faite par la Société de Viticulture de San Francisco sur les moyens de combattre le Phylloxera. *Commission supérieure du Phylloxera* 1882 : 357-362.
Anonyme, 1883 – Compte rendu des travaux du Service du Phylloxera, année 1882. Paris, Impr. Nationale, 604 p.
Anonyme, 1884 – Compte rendu des travaux du Service du Phylloxera, année 1883. Paris, Impr. Nationale, 496 p., 1 carte.
Anonyme, 1884 – Atti della Commissione consultiva per la Fillossera (session dec. 1883). *Ann. di Agricoltura.* Roma, Tipog. Botta E. 156 p.
Anonyme, 1884 – Atti della Commissione consultiva per la Fillossera (session 14-17 mai 1884). *Ann. di Agricoltura.* Roma, Tipog. Botta E. 202 p.
Anonyme, 1884 – Rapport sur la situation phylloxérique en Hongrie pour l'année 1883. Ministre royal hongrois de l'Agriculture, 70 p., 1 carte.
Anonyme, 1884 – Les charrues sulfureuses (Lugan, Gastine, Pairaube, Valent). *Progr. Agric. et Vitic.*, 1 : 78-80, 196-198, 295-297, 346-347, 361-363 et 2 : 59-60 (4 figures).
Anonyme, 1884 – Les pals injecteurs. *Progr. Agric, et Vitic.*, 1 : 63-65.
Anonyme, 1885 – Le concours des charrues sulfureuses de Saintes. *Progr. Agric. et Vitic.*, 3 : 433-435.
Anonyme, 1885 – La question des insecticides. *Progr. Agric. et Vitic.*, 3 : 384-388.
Anonyme, 1885 – Compte rendu des travaux du Service du Phylloxera année 1884. Paris, Impr. Nationale, 610 p.
Anonyme, 1885 – Atti del Congresso fillosserico internazionale Torino, ottobre 1884. *Ann. di Agricoltura*, Roma, Tipogr. Botta, 402 p.
Anonyme, 1885-1889 – Comptes rendus annuels du Comité central d'études et de vigilance contre le Phylloxera du Lot et Garonne. Agen, Impr. V. Lenthéric.
Anonyme, 1886 – Compte rendu des travaux du Service du Phylloxera année 1885. Paris, Impr. Nationale, 484 p., 1 carte.
Anonyme, 1887 – Compte rendu des travaux du Service du Phylloxera année 1886. Paris, Impr. Nationale, 466 p., 1 carte.
Anonyme, 1887 – Une nouvelle charrue sulfureuse (Noël). *Progr. Agric. et Vit.* 7 : 409-410, 1 fig.
Anonyme, 1888 – Isperienze ed applicationi del metodo curativo col solfor di carbonio nei vigneti fillosserati in Italia. *Ann. di Agricoltura*, Roma, Tipogr. Botta, 110 p.
Anonyme, 1888 – Compte rendu des travaux du Service du Phylloxera année 1887. Paris Impr. Nationale, 328 p., 2 cartes (France et Algérie).
Anonyme, 1889 – Atti della Commissione consultiva per la Fillossera 1888. *Ann. di Agricoltura*, Roma, Tipogr. Botta, 88 p.
Anonyme, 1889 – Atti della Commissione consultiva per la Fillossera 1889. *Ann. di Agricoltura*, Roma, Tipogr. Botta, 114 p., 1 carte couleurs.
Anonyme, 1890 – Compte rendu des travaux du Service du Phylloxera années 1888 et 1889. Paris, Impr. Nationale, 336 p., 2 cartes.
Anonyme, 1890 – Atti della Commissione consultiva per la Fillossera 1890. *Ann. di Agricoltura*, Roma, Tipogr. Botta, 448 p., 1 carte en couleurs.
Anonyme, 1892 – Atti della Commissione consultiva per la Fillossera 1891. *Ann. di Agricoltura*, Roma, Tipogr. Botta, 120 p., 1 carte.
Anonyme, 1892 – Atti della Commissione consultiva per la Fillossera 1888. *Ann. di Agricoltura*, 122 p., 1 carte.
Anonyme, 1893 – Rapport du Conseil d'Etat au Grand Conseil sur la situation phylloxérique du vignoble vaudois. *Chron. Agric. du canton de Vaud*, suppl. II, 30 nov. : 475-488.
Anonyme, 1894 – Décret du 8 février 1894 relatif à la délimitation des territoires phylloxérés. *J.O.* 24 février et *Rev. de Vit. 1* : 276.
Anonyme, 1894 – Le Phylloxera en Italie (et en Espagne). *Rev. de Vit. 2* : 167-168.
Anonyme, 1895 – Le pal Moet et Chandon. *Rev. de Vit. 3* : 198-199, 2 fig.
Anonyme, 1895 – Une nouvelle espèce (?) de Phylloxera au Chili. *Rev. de Vit. 3* : 225.
Anonyme, 1895 – Le Phylloxera en Alsace-Lorraine (à Scy). *Rev. de Vit. 4* : 457.

Anonyme, 1895 – Le Phylloxera sur les feuilles des *Riparia Rupestris. Rev. de Vit. 4* : 117-118.
Anonyme, 1895 – Décret du 31 décembre 1894 relatif à la délimitation des territoires phylloxérés. *Rev. de Vit. 3* : 75.
Anonyme, 1895 – Compte rendu des travaux du Service du Phylloxera années 1890-1894. Paris, Impr. Nationale, 204 p., 2 cartes (France et Algérie).
Anonyme, 1896 – Les galles phylloxériques. *Rev. de Vit. 6* : 317-318, 1 fig.
Anonyme, 1896 – Situation phylloxériques de l'Italie. *Rev. de Vit. 6* : 320.
Anonyme, 1896 – La lutte contre le Phylloxera dans le canton de Genève. *Rev. de Vit. 5* : 399-400.
Anonyme, 1896 – Les engrais dans les sols de dunes. *Rev. de Vit. 6* : 639.
Anonyme, 1897 – Les engrais dans les sols de dunes. *Rev. de Vit. 7* : 723.
Anonyme, 1898 – Traitement des vignes phylloxérées. *Rev. de Vit. 10* : 166.
Anonyme, 1898 – Compte rendu des travaux du Service du Phylloxera années 1895-1897. Paris Impr. Nationale, 322 p.
Anonyme, 1899 – Le sulfurage. *Bull. Moet et Chandon,* févr. : 69.
Anonyme, 1900 – Compte rendu des travaux du Service du Phylloxera années 1898-1899. Paris Impr. Nationale, 254 p., 1 carte.
Anonyme, 1904 – Désinfection des boutures. *Rev. de Vit., 21* : 508.
Anonyme, 1907 – Un nouveau procédé de lutte contre le Phylloxera (Pal Parant). *Rev. des Hybrides* : 873-875.
Anonyme, 1907 – Le Phylloxera dans le canton de Vaud. *Chronique agric. du canton de Vaud* et *Rev. des Hybrides* : 878-881.
Anonyme, 1910 – Bericht uber die Verbreitung der Reblaus in Osterreich in den Jahre 1907, 1908, und 1909. Wien, 314 p., 1 carte en couleurs.
Anonyme, 1924 – L'acidité des racines de la vigne. *Progr. Agric. et Vit.*
Anonyme, 1948 – Révision projetée de la Convention internationale phylloxérique. *Bull. OIV. 212* : 23-29.
Anonyme, 1950 – Rapport national autrichien sur le Phylloxera et la reconstitution des vignobles. *6ᵉ Congr. O.I.V. Athènes,* 1 : 101-110.
Anonyme, 1950 – Rapport national luxembourgeois sur le Phylloxera et la reconstitution des vignobles. *6ᵉ Congr. O.I.V. Athènes,* 1 : 193-194.
Anonyme, 1950 – Rapport national marocain sur le Phylloxera et la reconstitution des vignobles. *6ᵉ Congr. O.I.V. Athènes,* 1 : 194-196.
Anonyme, 1950 – Rapport national péruvien sur le Phylloxera et la reconstitution des vignobles. *6ᵉ Congr. O.I.V. Athènes,* 1 : 196-200.
Anonyme, 1950 – Rapport national suisse sur le Phylloxera et la reconstitution des vignobles. *6ᵉ Congr. O.I.V. Athènes,* 1 : 212-214.
Anonyme, 1950 – Rapport national tunisien sur le Phylloxera et la reconstitution des vignobles. *6ᵉ Congr. O.I.V. Athènes,* 1 : 215-219.
Anonyme, 1952 – Compte rendu de la Conférence méditerranéenne pour la protection des végétaux (Sicile 20-23 octobre). *Bull. OIV 264* : 70-71.
Anonyme, 1956 – Lutte contre le Phylloxera (rapport Luxembourg). *8ᵉ Congr. OIV. Santiago, Chili,* III : 558 et *Bull. OIV. 338* : 86.
Anonyme, 1963 – La lutte contre le Phylloxera (Hexachlorure de butane). *Italia vinicola e agraria* N° 2 et *Bull. OIV, 386* : 523-524.
Anonyme, 1976 – La lutte contre le Phylloxera radicicole sur les variétés de *V. vinifera* franches de pied. *Progr. Agric. et Vit., 10* : 311-312.
Anonyme, 1978 – La lutte contre le Phylloxera radicicole sur les variétés de *V. vinifera* franches de pied. *Progr. Agric. et Vit., 10* : 311-312.
Anonyme, 1978 – Researcher believes phylloxera control should be a major concern. *California and Western States Grape Grower,* déc. : 26-28.
APPLETON H., 1880 – The *Phylloxera vastatrix* and its ravages in the Sonoma valley. *Board Calif. State Vit. Com. First Ann. Rept.* Second ed. (Rev.).
ARYA H.C. et HILDEBRANDT A.C. 1969 – Effect of gamma radiation on callus growth of Phylloxera gall and normal grape stem tissue in culture. *Indian J. Exp. Biol., 7* : 158-162.
AUBERGIER, 1875 – Résultats obtenus au moyen du sulfocarbonate de potassium, sur les vignes phylloxérées de Mézel. *C.R. Acad. Sci. 81* : 785-789.
AUBERGIER, 1876 – Résultats obtenus par l'emploi des sulfocarbonates dans des vignes du Puy de Dôme. *C.R. Acad. Sci. 83* : 964-966.
AUBERGIER, 1877 – Sur l'état des vignes de Mézel, près de Clermont-Ferrand, d'après un rapport de M. Truchot. *C.R. Acad. Sci. 84* : 1488-1489.
AUBONNE G.J., GOMEZ J.M., LANGLAIS F., PYANSON A., QUIROGA V.M. et BLANCHARD E.E., 1937 – Informe de la Comision de Estudio del probleme Filoxerico, San Juan (Argentine).
AUDOYNAUD A., 1877 – Discussion sur des expériences exécutées sur les vignes phylloxériques à Las Sorres. *Ann. Agronomiques, 3,* 2ᵉ F. : 279-293.
AUDOYNAUD A., 1883 – Sur la résistance des vignes dans les terres sableuses. *Ann. Agronomiques,* Paris et *Ann. Ec. Agri. Montpellier* 1885, I : 98-110.
AUDOYNAUD G., 1885 – Note complémentaire sur la culture de la vigne dans les sables. *Messager agricole du Midi, 26* : 62-64.
AVERNA-SACCA R., 1909 – L'acidita dei succhi nelle viti americane in rapporto alla loro resistenza di esse alla fillossera. *Giorn. di Viticolt. ed Enolog.* Avellino et trad. fr. in *Revue du Vignoble,* Villeneuve-sur-Lot 1910, janv. : 7-12.

AVERNA-SACCA R., 1910 – L'acidita dei succhi delle piante in rapporto alla resistenza sontro gli attachi dei parasiti. *Le Stazione agrarie ital., XLIII.*

AVIGNON, 1881 – Sur l'emploi du goudron comme préservatif contre le Phylloxera. *C.R. Acad. Sci.* 93 : 556-557.

AZAM (Dr), 1874 – Communication sur le Phylloxera dans le Bordelais. *Congr. Intern. Viticole, Montpellier,* 26 oct. : 349-40.

AZAM (Dr), 1875 – Le Phylloxera dans le département de la Gironde. *C.R. Acad. Sci.* 81 : 36-38 (2 cartes).

AZAM (Dr), 1876 – Le Phylloxera dans le département de la Gironde. Extrait des *Mémoires présentés par divers savants à l'Académie des Sciences,* Paris Impr. Nat., 4 p., 1 carte.

AZAM et al., 1876 – Compte rendu du Congrès interdépartemental tenu à Bordeaux 1-4 déc. 1875. Bordeaux, éd. Feret 106 p., 1 pl. et 1 carte.

AZAM (Dr), 1877 – Le Phylloxera dans le département de la Gironde. *C.R. Acad. Sci.* 84 : 755-757.

AZAM (Dr), 1881 – Résistance des vignes dans le sable. *Congr. phylloxérique Bordeaux* : 497.

AZANZA Y AZCONA Ap., 1918-1919 – La Filoxera en los vinedos reconstituidos. Pamplona, 152 p.

R.B., 1907 – Détermination de la pureté du sulfure de carbone. *Rev. de Vit.* 28 : 552-553.

BALBIANI G., 1869 – Mémoire sur la génération des Aphides. *Ann. Sc. Nat. Zool.,* 5e série, Xi : 1-89.

BALBIANI G., 1870 – Mémoire sur la génération des Aphides. *Ann. Sc. Nat. Zool.,* 14.

BALBIANI G., 1871 – Mémoire sur la génération des Aphides. *Ann. Sc. Nat. Zool.,* 15.

BALBIANI G., 1873 – Sur la reproduction du Phylloxera du Chêne. *C.R. Acad. Sci.* 77 : 830-834 et 884-890 et Mémoire à l'Acad. Sciences, 22, n° 14, 21 p.

BALBIANI G., 1873 – Découverte de la forme sexuée chez le Phylloxera du Chêne. *C.R. Acad. Sci.* 13 oct. 77 : 884-890.

BALBIANI G., 1874 – Sur la première génération annuelle du Phylloxera du Chêne. *C.R. Acad. Sci.* 78 : 1024-1027.

BALBIANI G., 1874 – Le Phylloxera ailé et sa progéniture. *C.R. Acad. Sci.* 31 Août, 79 : 562-568.

BALBIANI G., 1874 – Sur la prétendue migration des Phylloxera ailés sur les chênes à Kermès (réponse à la note de Lichtenstein). *C.R. Acad. Sci.* 79 : 640-645.

BALBIANI G., 1874 – Observation à propos d'une communication récente de M. Lichtenstein (cité p. 652) sur quelques points de l'histoire naturelle du Phylloxera. *C.R. Acad. Sci.* 79 : 685-687.

BALBIANI G., 1874 – Sur l'existance d'une génération sexuée hypogée chez le *Phylloxera vastatrix. C.R. Acad. Sci.* 79 : 991-993.

BALBIANI G., 1874 – Recherches sur le coaltar dans le traitement des vignes phylloxérées. *C.R. Acad. Sci.* 79 : 854-860.

BALBIANI G., 1874 – Remarques au sujet des notes récentes de MM. Signoret et Lichtenstein sur les diverses espèces connues du genre Phylloxera. *C.R. Acad. Sci.* 79 : 904-907.

BALBIANI G., 1874 – Observations relatives à une note récente de M. Rommier sur les expériences faites à Montpellier sur des vignes phylloxérées avec le coaltar de M. Petit. *C.R. Acad. Sci.* 79 : 907.

BALBIANI G., 1874 – Observations sur la reproduction du Phylloxera de la Vigne. *C.R. Acad. Sci.* 79 : 1371-1384.

BALBIANI G., 1875 – Les Phylloxera sexués et l'œuf d'hiver. *C.R. Acad. Sci.* 81 : 581-588.

BALBIANI G., 1875 – Le Phylloxera du chêne et le Phylloxera de la vigne. *C.R. Acad. Sci.* , 2 nov.

BALBIANI G., 1876 – Sur l'éclosion prochaine des œufs d'hiver du Phylloxera. *C.R. Acad. Sci.* 82 : 666-669.

BALBIANI G., 1876 – Sur la parthenogenese du Phylloxera, comparée à celle des autres pucerons. *C.R. Acad. Sci.* 83 : 205-209.

BALBIANI G., 1876 – Nouvelles observations sur le Phylloxera du chêne, comparé au Phylloxera de la vigne. *C.R. Acad. Sci.* 83 : 699-702.

BALBIANI G., 1876 – Remarques au sujet d'une note de M. Lichtenstein sur la reproduction des Phyllóxeras. *C.R. Acad. Sci.* 83 : 732-735.

BALBIANI G., 1876 – Recherches sur la structure et sur la vitalité des œufs du Phylloxera. *C.R. Acad. Sci.* 83 : 954-959, 1020-1026 et 1160-1166.

BALBIANI G., 1876 – Sur l'éclosion de l'œuf d'hiver du Phylloxera de la Vigne. *C.R. Acad. Sci.* 82 : 833-834.

BALBIANI G., 1877 – Remarques à propos de la Communication précédente de M. Laliman. *C.R. Acad. Sci.* 85 : 507-509.

BALBIANI G., 1877 – Observations relatives à une communication récente de M. Boiteau sur la comparaison entre le Phylloxera du chêne et le Phylloxera de la vigne. *C.R. Acad. Sci.* 85 : 1203-1204.

BALBIANI G., 1879 – Remarques relatives à une communication de M. Boiteau sur la présence d'œufs d'hiver du Phylloxera dans les couches superficielles du sol. *C.R. Acad. Sci.* 89 : 846-847.

BALBIANI G., 1880 – Rapport adressé à M. le Ministre de l'Agriculture sur les expériences à entreprendre pour arriver à la destruction de l'œuf d'hiver du Phylloxera.

BALBIANI G., 1882 – Sur la nécessité de détruire l'œuf d'hiver et des expériences à entreprendre dans ce but. *C.R. Acad. Sci.* 94 : 707-712 et 1027-1028.

BALBIANI G., 1882 – Sur le traitement des vignes phylloxérées par le goudron, à propos d'une communication récente de M. Cornu. *C.R. Acad. Sci.* 95 : 590-591.

BALBIANI G., 1883 – Réponse à la note précédente de Targioni-Tozzetti. *C.R. Acad. Sci.* 96 : 167-179.

BALBIANI G., 1883 – Rapport sur les expériences à entreprendre pour arriver à la destruction de l'œuf d'hiver du Phylloxera. *Commission supérieure du Phylloxera* : 125-134.

BALBIANI G., 1884 – La destruction de l'œuf d'hiver. Rapport au Ministre de l'Agriculture et *Progr. Agric. et Vit.* 2 : 229-230 et 403-404.

BALBIANI G., 1884 – Destruction de l'œuf d'hiver du Phylloxera. Impr. Nouvelle, Paris.

BALBIANI G., 1884 – Le Phylloxera du chêne et le Phylloxera de la vigne. Gauthier-Villars éd. Paris. *Acad. Sci.,* 48 p., 11 pl.

BALBIANI G., 1884 – Sur les effets du badigeonnage goudronneux sur les vignes phylloxérées. *C.R. Acad. Sci.* 99 : 634-637.

BALBIANI G., 1885 – Rapport sur la destruction de l'œuf d'hiver du Phylloxera. *Commission supérieure du Phylloxera* : 152-167.

BALBIANI G., 1885 – Sur l'utilité de la destruction de l'œuf d'hiver du Phylloxera. *C.R. Acad. Sci. 100* : 159-161.
BALBIANI G., 1887 – Observations au sujet d'une note récente de M. Donnadieu sur les pontes hivernales du Phylloxera (du chêne). *C.R. Acad. Sci. 104* : 667-669.
BALME L., 1874 – Expériences sur un mode de traitement des vignes phylloxérées par le suc d'une Euphorbe (*E. sylvatica*). *C.R. Acad. Sci. 79* : 788-789.
BALTET Ch., 188? – Moyens de combattre le Phylloxera ou puceron souterrain de la vigne. Troyes, Imp. Dufour-Bouquet, 12 p.
BAPTIST B.A., 1941 – The morphology and physiology of the salivary glands of Hemiptera-Heteroptera. *Quart. J. microsc. Sci. 83* : 91-139.
BAPTISTA A. et SUSPIRO E., 1956 – Rapport national portugais sur la lutte contre le Phylloxera. *8ᵉ Congr. O.I.V. Santiago du Chili III* : 558-584 et *Bull. O.I.V.* 1959. *339* : 19-45 (51 réf. bibliogr.).
BARRAL J.A., 1876 – Les irrigations dans le département des Bouches du Rhône, Paris, Imp. Nationale.
BARRAL J.A., 1876 – Les irrigations dans le département de Vaucluse. Paris, Imp. Nationale.
BARRAL J.A., 1876 – Sur les irrigations dans le Midi de la France et particulièrement dans le département des Bouches-du-Rhône. *C.R. Acad. Sci. 87* : 1311-1313.
BARRAL J.A., 1878 – Sur l'explication des effets des irrigations pratiquées dans le Midi de la France. *C.R. Acad. Sci. 87* : 39-41.
BARRAL J.A., 1883 – La lutte contre le Phylloxera. Paris, Marpon C. et Flammarion E., 3ᵉ éd.
BARRAL J.A., 1883 – Influence de l'humidité souterraine et de la capillarité du sol sur la végétation des vignes. *C.R. Acad. Sci. 96* : 420-423.
BARRAL J.A., 1884 – La lutte contre le Phylloxera. 5ᵉ éd. Marpon et Flammarion éd. Paris, 1 carte (Vigne des sables) 284 p.
BASTIDE C., 1878 – L'indicateur pratique du viticulteur ou nouveau système de traitement pour le Phylloxera. Montpellier, Impr. Grollier, 62 p.
BASTIDE Et., 188? – Le Phylloxera et le sulfure de carbone.
BATALHA REIS A., 1877 – Estado da questao di Phylloxera. Lisboa, Impr. nacional.
BATTANCHON G., 1886 – Traitement des vignes phylloxérées avec le sulfure de carbone mêlé d'essence de pétrole. *Progr. Agric. et Vit. 6* : 334-337.
BATTANCHON G., 1887 – Le Phylloxericide Maiche. *Progr. Agric. et Vit. 8* : 101.
BAUDET, 1871 – Note concernant l'emploi de la naphtaline pour combattre les ravages du *Phylloxera vastatrix*. *C.R. Acad. Sci. 73* : 1159.
BAUDRIMONT A., 1874 – Etudes relatives au Phylloxera. Expériences faites sur des rameaux de vigne immergés dans l'eau tenant divers produits en dissolution. *C.R. Acad. Sci. 79* : 1061-1063 et 1193-1196.
BAUDRIMONT A., 1874 – Expériences faites avec des agents vénéneux sur des vignes saines. *C.R. Acad. Sci. 79* : 1392-1393.
BAUDRIMONT A., 1877 – Invasion du Phylloxera dans le Médoc. Bordeaux, Feret et fils éd.
BAYLE Ch., 1885 – Note sur l'état actuel du vignoble d'Aigues-Mortes. *Progr. Agric. et Vit. 3* : 290-294.
BAYLE Ch., 1887 – Culture de la vigne dans le sable. *Progr. Agric. et Vit. 7* : 234-240.
BAUER, 1885 – Le mercure contre le Phylloxera en Californie. *Progr. Agric. et Vit. 3* : 166.
BAUER Alf., 1914 – Der Heurtige Stand der Reblausfrage. *Der Weinbau der Rheinpflaz.*
BAUER A., 1920 – Die Reblausgefahr fur die Pfalz. *Der Weinbau der Rheinpfalz*, n° 16 et 17, 18 p.
BAUER Alf., 1922 – Neue Reblausfragen. *Der Weinbau der Rheinpflaz*, n° 15, avril 13, 8 p.
BAUER Alf., 1924 – Borners Immuntheorie und Reblausarten. *Weinbau und Kellerwirtchaft.*
BAUER Alf., 1925 – Schluss i.d. Reblausrassenfrage. *Wein und Rebe.*
BAUER Alf., 1925 – Lebensfragen des pfalzischen Weinbaues. Amerikaner-reben und Weinbau. *Landuaer Anzeiger*, n° 212.
BAUER Alf., 1925 – Uber die Anpflanzungen amerikanischer Ertragskreuzungen in der Pflaz. *Landauer Anzeiger* n° 285 et 297.
BAUER Alf., 1925 – Die Umstellung des pfalzischen Weinbaus mit Rucksicht auf die erhohte drohende Reblausgefahr. *Pfalzwein* n° 15 et 16 : 16 p.
BAUER Alf., 1926 – Aufgaben der Reblausbekampfung und Rebenveredlung. Bonn, 16 p.
BAUER Alf., 1926 – Stand der Reblausverseuchung und Rebveredlung in der Pflaz. *Der Pflazwein.*
BAUER A., 1929 – Reblaysbekampfung und Rebveredlung in der Pflaz nach dem Stande von 1928. Neustadt, 46 p.
BAZILLE G., PLANCHON J.E. et SAHUT F., 1868 – Rapport à la Société d'Agriculture de l'Hérault sur la nouvelle maladie de la vigne. *Messager du Midi*, 22 juillet.
BAZILLE G., PLANCHON J.E. et SAHUT F., 1868 – Sur une maladie de la vigne actuellement régnante en Provence (diagnose latine du *rhizaphis vastatrix*). *C.R. Acad. Sci. 67* : 333-336, 3 août.
BAZILLE G., PLANCHON J.E. et SAHUT F., 1868 – Note sur la nouvelle maladie de la vigne. *Bull. Soc. Centr. Agric. Hérault* : 416-425 et *L'Indicateur de Carpentras*, 9 août.
BAZILLE G., PLANCHON J.E. et SAHUT F., 1868 – Note sur une maladie de la vigne actuellement régnante en Provence (Extrait des C.R. Acad. des Sci., 3 août 1868). *Bull. Soc. Centrale d'Agric. de l'Hérault* : 641-647.
BAZILLE G., 1868 – Note sur la maladie de la vigne en Provence. *Bull. Soc. Centr. Agric. Hérault* : 652-666.
BAZILLE G., 1869 – Note sur la nouvelle maladie de la vigne en Provence. *Messager du Midi*, 12 et 13 novembre et *Journal de l'Agriculture* de Barral, 20 novembre : 521-528.
BAZILLE G., 1869 – Lettre sur la maladie qui attaque les vignes de la Provence et du Comtat. *Messager Agricole du Midi*, avril : 80-84 et *Bull. Soc. Centr. d'Agric, Hérault* : 215-222.
BAZILLE G., 1869 – Lettre rendant compte de la tournée de la Commission de la Soc. des Agric. de France dans la Provence et la Gironde. *Messager du Midi*, 25 juillet.
BAZILLE G., 1871 – Le Phylloxera à Mauguio. *Messager du Midi*, 25 juin et *Messager Agricole du Midi*, 10 juillet.
BAZILLE G., 1871 – Etudes sur le Phylloxera (et possibilités de greffage). *Messager du Midi*, 29 juin et *Messager Agricole du Midi* du 10 juillet : 150-153.
BAZILLE G., 1873 – Résultats d'expériences faites, à Hyères, sur la destruction du Phylloxera par le sulfure de carbone. *C.R. Acad. Sci. 77* : 934-936.
BAZILLE G., 1874 – Description d'un expérience faite sur des vignes cultivées dans des tonneaux pour constater l'efficacité de la méthode de la submersion contre le Phylloxera. *C.R. Acad. Sci. 78* : 268.
BAZILLE G., 1874 – Nouvelles observations sur les migrations du Phylloxera à la surface du sol et sur les effets de la méthode de submersion. *C.R. Acad. Sci. 79* : 569-570.
BAZILLE G., 1874 – Enquête sur la situation des vignobles de la France, au point de vue du Phylloxera. *Congr. Intern. Viticole, Montpellier*, 26 oct. : 26-30.

BAZILLE G., 1874 – Communication sur des faits nouveaux relatifs au Phylloxera. *Congr. Intern. Viticole, Montpellier,* 26 oct. : 129-138.

BAZILLE G., 1878 – Exposé de la question du Phylloxera. Sec. Vitic. de *Soc. Agric. de Provence,* 14 juin, 16 p. et *La vigne américaine.*

BAZILLE L., 1871 – Compte rendu d'une conférence faite à St Aunès devant des délégués des Commissions des communes voisines et de Riley. *Messager du Midi,* 27 juillet.

BEAUME G., 1874 – Emploi des eaux d'épuration du gaz d'éclairage pour la destruction du Phylloxera. *C.R. Acad. Sci. 79* : 651.

BECK O., 1873 – Die Wurzellaus des Rebstocks. Trier, 24 p.

BECKE A., 1926 – Empfehlenswerter Rebsatz und amerikanische Unterlagen fur das Etschland. *Tirol Landw. Z.*

BECKER J., 1917 – Fruhes Altern der Weinberge. *Allg. W.Z.*

BECKER H. u. BRUCKBAUER H., 1955 – Untersuchungen zur Histogenese der Reblausblattgallen. *Gartenbauwiss. 19* : 189-211.

BECKER H., 1956 – Uber die Bedeutung der Blattreblaus in deutschen Weinbau. *Weinberg und Keller 3* : 23-28.

BECKER H., 1960 – Untersuchungen an hochresistenten Unterlagen. *Weinbau und Keller 7* : 291-300.

BECKER H., 1962 – La résistance phylloxérique des vignes greffées. *Deut. Weinbau et Bull. O.I.V. 379* : 1239.

BECKER H. et PARNIEWSKI D., 1962 – Recherches sur la méthode de sélection dans l'obtention des vignes greffées résistantes au Phylloxera. *Weinberg u. Keller 10* et *Bull. O.I.V. 381* : 1530.

BEDEL, 1868 – Rapport de la Commission désignée pour vérifier des essais de guérison de la maladie de la vigne. *Bull. Soc. Agric. et Hort. Vaucluse,* octobre : 332 et *Messager Agric. du Midi,* IX : 377-378.

BEDEL, 1869 – Deuxième réunion de la Commission départementale de Vaucluse. *Bull. Soc. Agric. et Hort. Vaucluse,* février : 65-72 et *Messager Agric. du Midi,* X : 102-106.

BEDEL, 1869 – Nouvelles communications adressées par les viticulteurs de l'arrondissement d'Orange à la Commission départementale de Vaucluse. *Bull. Soc. Agric. et Hort. Vaucluse,* mars : 98-99.

BEDEL, 1869 – Troisième réunion de la Commission départementale de Vaucluse. *Bull. Soc. Agric. et Hort. de Vaucluse,* avril : 118-135 et *Messager Agric. du Midi,* X : 135-143.

BEDEL, 1869 – Résumé de l'enquête faite par la Commission départementale pour l'étude de la nouvelle maladie de la vigne. *Bull. Soc. Agric. et Hort. Vaucluse,* janv., févr., avril et juin et tirage à part de 53 p. ainsi que *Bull. Soc. Centr. Agric. Hérault* : 223-268.

BEDEL, 1870 – Conclusions de la Commission départementale pour l'étude de la nouvelle maladie de la vigne. *Bull. Soc. Agric. et Hort. Vaucluse,* XIX : 264-265, sept. et *Messager Agric. du Midi,* X : 297-299.

BELLENGHI T., 1870 – La *Phylloxera vastatrix* Planchon e *il Dactylosphaera vitifoliae* Shimer. *Giorn. di Agric. del regno d'Italia* (de F.L. Botter) XIII : 231-235.

BELLENAUD D., 1877 – Le Phylloxera en France et en Suisse. Chalon sur Saône, 1er sept.

BELLOT DES MINIERES A., 1886 – L'acide sulfurique contre l'œuf d'hiver. *Progr. Agric. et Vit., 5* : 96.

BENDER, 1881 – Le Phylloxera dans le Centre et l'Est. *Congr. Vitic. Montbrison* : 12-19.

BENOIST C., 1887 – Reconstitution des vignes phylloxérées par le sulfure de carbone dissous dans l'eau. Bordeaux Feret.

BERG C., 1879 – La Phylloxera vastatrix. *Ann. soc. Argentina de Horticultura,* Buenos Aires, I, n° 3, août : 39-47.

BERLESE A., 1904 – Considerazioni sulla question filloserica. *Atti della R. Accad. dei Georg. I,* Firenze Ricci.

BERLESE A. et Del GUERCIO G., 1917 – Nouvelles expériences pour combattre le Phylloxera de la vigne (trad. Antoniadis). *Progr. Agric. et Vitic. 48* : 373-377.

BERLESE A., 1925 – Gli Insetti tome 2.

BERLET, 1913 – Stalldungereinfuhr und Reblausbekampfung. *Der Weinbau der Rheinpfalz.*

BERNARD A., 1879 – Etude sur le Phylloxera. Chaumont, Cavaniol.

BERTI, 1881 – Istruzione per i delegati incarita della ricerca e della destruzione della Fillossera. Roma, Tipogr. Botta, 8 p.

BERTON, 1879 – Sur l'emploi de l'huile d'asphalte contre le Phylloxera *C.R. Acad. Sci. 88* : 73-74, 115.

BERTRAND, 1870 – Lettre à Hortolès pour recommander l'emploi préventif de la chaux contre le Phylloxera. *Bull. Soc. Centr. Agric. Hérault,* 2 juillet.

BERVILLE P., 1970 – La lutte contre le Phylloxera gallicole. *Le Paysan du Midi.*

BESSE D. et GOTZ B., 1963 – Chemische und histologische Analysen von Blattern der Rebe *V. vinifera* aux Kulturen mit verschiedenem Nahrstoffgehalt des Bodens. *Wein-Wiss18* : 533-548.

BESSE D. et GOTZ B., 1969 – Uber der Aminosauregehalt in gallengeweben der Rebe. *Die Wein-Wissenschaft, 11-12* : 422-427 et *Bull. O.I.V. 1970, 467* : 67.

BESSIL J., 1945 – Groupement des propriétaires de vignobles sinistrés de guerre établis dans les sables du littoral méditerranéen. *Progr. Agric. et Vit.,* 37-42.

BIDAULT P., 1881 – Sur un moyen d'empêcher le développement du Phylloxera par le gazonnement du sol dans l'intervalle des ceps de vigne. *C.R. Acad. Sci. 93* : 1057-1058.

BILLEBAULT, 1871 – Note relative à l'emploi du goudron de gaz contre les divers fléaux qui ravagent la vigne et en particulier contre le *Phylloxera vastatrix. C.R. Acad. Sci. 73* : 899.

BIMARD (Marquis de), 1871 – Extension rapide du Phylloxera dans la vallée du Rhône. *Soc. régionale de viticulture de Lyon,* 18 août.

BIOLETTI F.T., 1901 – The Phylloxera of the Vine. *Univ. Calif. Bull. n° 131,* 16 p.

BIOLETTI F.T., FLOSSFEDER F.C.H. et WAY A.G., 1921 – Phylloxera resistent stocks. *Calif. Univ. Agric. Exper. Sta.,* Berkeley Bull., *331.*

BISSET G.F., 1888 – Nouvelles expériences relatives à la désinfection antiphylloxérique des plants de vigne. *C.R. Acad. Sci. 106* : 247-248 et *Prog. Agric. et Vitic. 9* : 39.

BLANCHARD E., 1873 – Le Phylloxera de la Vigne. *Revue des Deux-Mondes,* 1er nov.

BLANCHARD E., 1876 – Sur une expérience devant être exécutée en vue de la destruction du Phylloxera. *C.R. Acad. Sci. 83* : 843-846.

BLANKENHORN A., 1874 – Zur statistik des Bestrebungen auf dem Gebiete des Weinbaues. *Ann. de Œnologie* IVB, d. 4 heft. 7 p. Heidelberg.

BLANKENHORN A. et MORITZ J., 1875 – Die Wurzellaus des Weinstockes, *Phylloxera vastatrix.* Heidelberg. Winters universistatbuchhandlung.

BLANKENHORN A., 1877 – Les ennemis naturels du Phylloxera en Allemagne. *C.R. Acad. Sci. 85* : 1147-1149.

BLANKENHORN A., 1878 – Uber die *Phylloxera vastatrix* und die organisation ihrer Bekampfung. (Vortrag gehalten, 7 febr. 1878, im polytechnischen Verein in Karlsruhe), Heidelberg, Carl. Winter.

BLANKERHORN A., 1880 – A tous ceux qui étudient la question phylloxérique. *Ann. der Œnologie, Heidelberg* et *La Vigne améric.* : 171-174.

BLANKERNHORN A. et HECKER F., 1883 – Uber den Weinbau der Vereinigten Staaten von Nordamerika und die Bedeutung der amerikanischen Reben fur die Erhaltung des europaischen Weinbaues. *Mitteil. des œnologischen.* Inst. Karlsruhe, 60 p.

BOITEAU P., 1875 – Ponte du Phylloxera ailé. Journal *L'Intérêt public,* Libourne : 2, 9 et 16 serptembre.

BOITEAU P., 1876 – Le Phylloxera ailé et sa descendance. L'œuf d'hiver et son produit. Libourne.

BOITEAU P., 1876 – Sur l'œuf d'hiver du Phylloxera. *C.R. Acad. Sci. 82* : 155-157.

BOITEAU P., 1876 – Eclosion de l'œuf d'hiver du Phylloxera de la Vigne dans la Gironde ; caractéres de l'insecte. *C.R. Acad. Sci. 82* : 984-986.

BOITEAU P., 1876 – Sur le Phylloxera issu de l'œuf d'hiver. *C.R. Acad. Sci. 82* : 1043-1044 et 1143-1145.

BOITEAU P., 1876 – Sur les galles des feuilles de vignes françaises ; ponte de l'insecte issu de l'œuf d'hiver ; éclosion des œufs formant la deuxième génération ; migration de ces nouveau-nés. *C.R. Acad. Sci. 82* : 1316-1318.

BOITEAU P., 1876 – Sur le Phylloxera aérien. *C.R. Acad. Sci. 83* : 131-134.

BOITEAU P., 1876 – Observations sur le développement et les migrations du Phylloxera. *C.R. Acad. Sci. 83* : 430-432.

BOITEAU P., 1876 – Lettre à M. Dumas sur le produit de l'œuf d'hiver du *Phylloxera vastatrix. C.R. Acad. Sci. 83* : 848-851.

BOITEAU P., 1876 – Traitement des vignes phylloxérées. *C.R. Acad. Sci. 83* : 1026-1031.

BOITEAU P., 1877 – Procédés pratiques pour la destruction du Phylloxera. *C.R. Acad. Sci. 84* : 21-26 (1 fig de pal).

BOITEAU P., 1877 – Sur la préparation et l'emploi du liquide destiné à badigeonner les vignes atteintes du Phylloxera. *C.R. Acad. Sci. 84* : 252-258 (avec fig. du matériel).

BOITEAU P., 1877 – Observations sur les tubes ovigeres du Phylloxera. *C.R. Acad. Sci. 84* : 1365-1367.

BOITEAU P., 1877 – Observations diverses sur le Phylloxera. *C.R. Acad. Sci. 85* : 932-933.

BOITEAU P., 1877 – Sur le développement des œufs du Phylloxera du Chêne et du Phylloxera de la Vigne. *C.R. Acad. Sci. 85* : 1096-1097.

BOITEAU P., 1878 – Sur quelques-uns des résultats obtenus dans le traitement des vignes phylloxérées. *C.R. Acad. Sci. 86* : 296-299.

BOITEAU P., 1879 – Effets du sulfure de carbone sur le système radiculaire de la vigne. *C.R. Acad. Sci. 88* : 895-901.

BOITEAU P., 1879 – Recherches sur les causes de réinvasion des vignobles phylloxérés. *C.R. Acad. Sci. 89* : 135-139.

BOITEAU P., 1879 – Sur la présence dans les couches superficielles du sol d'œufs d'hiver du Phylloxera fécondés. *C.R. Acad. Sci. 89* : 772-774.

BOITEAU P., 1879 – Réponse à M. Balbiani au sujet de la présence de l'œuf d'hiver du Phylloxera dans le sol. *C.R. Acad. Sci. 89* : 1027.

BOITEAU P., 1880 – Sur l'emploi du sulfure de carbone pour la destruction du Phylloxera. *C.R. Acad. Sci. 90* : 167-173.

BOITEAU P., 1880 – Résultat des traitements effectués sur les vignes atteintes par le Phylloxera. *C.R. Acad. Sci. 90* : 1329-1332.

BOITEAU P., 1880 – Observations relatives à l'influence exercée par la saison dernière sur le développement du Phylloxera ; remarques sur l'emploi des insecticides. *C.R. Acad. Sci. 91* : 753-755.

BOITEAU P., 1881 – Du sulfure de carbone. *Congr. Vitic., Montbrison* : 73-105.

BOITEAU P., 1881 – Sur le traitement des vignes par le sulfure de carbone. *C.R. Acad. Sci. 92* : 1398-1400.

BOITEAU P., 1881 – Observations faites en 1881 sur le Phylloxera et sur les moyens de défense en usage. *C.R. Acad. Sci. 93* : 943-946.

BOITEAU P., 1881 – Observations relatives à l'influence exercée par la saison dernière sur le développement du Phylloxera ; remarques sur l'emploi des insecticides. *Observations sur le Phylloxera,* Acad. Sci. Paris : 7-9.

BOITEAU P., 1882 – Observations pour servir à l'étude du Phylloxera. *C.R. Acad. Sci. 94* : 453-454.

BOITEAU P., 1882 – Observations faites pendant la campagne viticole 1881-1882. *C.R. Acad. Sci. 95* : 1200-1204.

BOITEAU P., 1883 – Sur les générations parthénogénésiques du Phylloxera et sur les résultats obtenus par divers modes de traitement des vignes phylloxérées. *C.R. Acad. Sci. 97* : 1180-1183 et *Observations sur le Phylloxera,* Acad. Sci. Paris : 51-54, 1884.

BOITEAU P., 1885 – Etudes sur la reproduction du Phylloxera ; distribution du sulfure de carbone dans le sol par les machines. *C.R. Acad. Sci. 100* : 31-34 et 612-615.

BOITEAU P., 1886 – Suite des résultats obtenus sur l'élevage, en tubes, du Phylloxera de la Vigne. *C.R. Acad. Sci. 102* : 195-196.

BOITEAU P., 1887 – Sur les générations parthénogénésiques du Phylloxera, observation de la 25e génération. *C.R. Acad. Sci. 105* : 157.

BOJNANSKY F., 1962 – Résultats de l'application de quelques produits systémiques de protection dans la lutte contre le Phylloxera. *Pok. Vinohr. Vinars., Bratislava* : 119-141 et Bull. O.I.V. 1963, 388 : 762.

BOLLE J., 1882 – Die Mittel zur Bekampfung der Reblaus. *Atti e memorie della i. r. Societa agraria di Gorizia.* Heft 2-4 : 22 p.

BORDAS J., 1944 – Les vignobles de sable en Camargue. *Ann. Agronomiques,* avril : 215-220.

BONNEMAISON L., 1951 – Contribution à l'étude des facteurs provoquant l'apparition des formes ailées et sexuées chez les Aphidinae. *Ann. INRA, série C,* 2, 1-380.

BORDE de TEMPEST E., 1873 – Phylloxera, sa destruction certaine. *Le Messager Agricole,* janvier, 14 p.

BORNER C., 1907 – Systematik und Biologie der Chermiden. *Z.A.,* 32, 10 dec. : 413.

BORNER C., 1907 – Untersuchungen uber Tannenwollause. *Mitt. aus der Kais. Biol. Ans. f. L. und Forst.,* H. 4.

BORNER C., 1908 – Beobachtungen und Versuche uber die Biologie der Reblaus. *Mitt. aus der Kais. Biol. Ans. f. L. und Forst.,* H. 6.

BORNER C., 1908 – Zur Biologie der Reblaus. *Mitt. aus der Kais. Biol. Ans.* Berlin. H. 6, 22, 5 p.

BORNER C., 1908 – I - Zur Systematik uber Chermesiden der Phylloxerinen. *Zoologischen Anzeiger 33* N° 17/18 : 600-612. II - Experimenteller Nachweis der Entstehung diocischer aus monocischen Cellaren. *Zoologischen Anzeiger 33* N° 17/18 : 612-616. III - Zur Theorie der Biologie der Chermiden. *Zoologischen Anzeiger 33* N° 19/20 : 647-663.

BORNER C., 1908 – Das System der Phylloxerinen. *Zoolog. Anzeiger 33,* N° 16.

BORNER C., 1909 – Uber der Chermesiden. V - Die Zucht des Reblaus-Wintereies in Deutschland. *Zoolog. Anzeiger 34,* N° 1 : 13-29.

BORNER C., 1909 – Cholodkovskya, Aphrastasia und Gilletea. *Zoolog. Anzeiger 34,* 27 juillet : 554.

BORNER C., 1909 – Zur Nomenclatur der Phylloxerengattungen. *Zoolog. Anzeiger 34,* 27 juillet : 557.
BORNER C., 1909 – Zur Biologie und Systematik der Chermesiden. *B.C. 29 B.* : 118 et 129.
BORNER C., 1909 – Untersuchungen uber die·Chermiden. Untersuchungen uber die Phylloxerinen. *Mitt. aus. der Kais. Biol. Ans. f.L. und Forst.,* H 8 : 60-72.
BORNER C., 1910 – Untersuchungen uber die Phylloxerinen. *Mitt. aus. der Kais. Biol. Ans. f.L. und Forst.,* H 10.
BORNER C., 1910 – Die Deutsche Reblaus, ein durch Anpassung an die Europaerrebe entstandene Varietat. Metz Veerlag Meistertzheim, 4 p.
BORNER C., 1911 – Untersuchungen uber die Phylloxerinen. *Mitt. aus. der Kais. Biol. Ans. f.L. und Forst.,* H 11.
BORNER C., 1912 – Untersuchungen uber die Reblaus. Bericht uber die Tatigkeit d. Kais. biol. R.A. ; f ; L ; u. F. in Jahre 1911. *Mitt. aus. der Kais. Biol. Anstalt f. Lang u. Forstwirtschaft* N° 12.
BORNER C., 1914 – Uber Reblausanfallige und immune Reben, Biol. Eigenheiten der Lothringer Reblaus. *Biol. Zentralblatt 34,* 8 p.
BORNER C., 1914 – Experimenteller Nachweiss einer biol. Rassendifferenz zwischen Reblausen aus Lothrìngen und Sudfrankreich. *Peritymbia (Phylloxera) vitifolii per vastatrix* C.B. 1910 *Ztschr. f. angew. Ent.* Bd1, Heft 1.
BORNER C. et RASMUSON, 1914 – Untersuchungen uber die Anfalligkeit der Reben gegen Reblaus. Ber. u. d. Tatigkeit d. *Kais. biol. R. Anstalt F. Land. u. Fortschaft 1913 Berliner Mitteilungen* N° 15 : 25-29.
BORNER C., 1918 – Uber blutlosende Safte in Blattlauskorper und ihr Verthalten gegenuber Pflanzensaften. *Mitt. a. d. Kais. Biol. Anstalt f. Land u Forstchaft,* Hetf 16, A 12.
BORNER C., 1920 – Denkschrift zur Organisation der Rebenzuchtung in Deutschland, Berlin *Dtsch. Landwirtschaftsges.*
BORNER C., 1921 – Uber die Sanierung von Reblausherden durch Anbau gepfropfter Reben. *Nachrichtenbl. f. d. deutschen Planzenschutzdienst.* 4, 5.
BORNER C., 1921 – Uber die Umwandlung von Wurzelretläusen zu Blattrebläusen. *Mitt. aus. der Kais. Biol. Anst.* H 16 : 163-167.
BORNER C., 1921 – Zur Heimatfrage der Reblaus. *Ztschr. f. angew. Ent.* 8.
BORNER C., 1921 – Insektenzeitschlussel. *Arbeiten a. d. Biol. R. A.*
BORNER C. und THIEM, 1921 – Neuere Mittel zur Reblausbekampfung. *Mitt. d. biol. Reichsanstalt.*
BORNER C. und THIEM, 1922 – Die Reblausbekampfung mittelst Dungung. *Weinbau und Weinhandel.*
BORNER C., 1922 – Gibt es eine oder zwei Reblausrassen amerikanischer Herkunf? *Weinbau u. Kellerw. 1,* H 24 : 5 p.
BORNER C., 1922 – Die Vernichtung der Reblaus durch vorubergehenden Anbau von Pfropfreben. *Der Deutsche Weinbau.*
BORNER C., 1923 – Neue Aufgeben der Reblausforschung. *Zeitschr. f. Schadlingsbekampfung* N° i: 32-38.
BORNER C., 1923 – Das Problem der Reblausarten. *Conf. Phytopath. Hollande* : 69-72.
BORNER C., 1924 – Neue Untersuchungen zur Reblausrassenfrage. *Angew. Botanik, 6,* H 2 : 160-168.
BORNER C., 1924 – Die Losung des Problems der Reblausarten. *Weinbau u. Kellerw.*
BORNER C., 1924 – Das Problem der Reblausarten. *Verh. deutsch. Ges. angew. Ent.*
BORNER C., 1924 – Neue Untersuchungen zur Reblausrassenfrage. *Angew. Bot. 1. 6* H 2 : 160-168.
BORNER C., 1925 – Die Reblaus und ihre Bekampfung. *Flugbl. 34 Biol. Reichanst.* Neubearbeitet.
BORNER C., 1925 – Die neuen Forschungen zur Reblausrassenfrage. *Der deutsche Weinbau* Jahrg. 4.
BORNER C., 1925 – Die Reblaus und ihre Bekampfung. *Flugblatt* N° 34 (Neue Ausgabe) *der biolog. Reichsanstalt in Berlin-Dahlem.*
BORNER C. und THIEM, 1925 – Uber die Natur nuzeitlicher Reblausbekampfungsmittel. *Arb. a. d. Biol. R.A.*
BORNER C., 1926 – Die neuen Forsuchungen zur Reblausrassenfrage. *Deutscher Weinbau* N° 1, 2, 3, 4, 5.
BORNER C., 1927 – Uber den Einfluss der Nahrung auf die Entwicklungsdauer von Pflanzenparasiten nach Untersuchungen an der Reblaus. *Z. angew. Entom., 13.*
BORNER C., 1930 – Races du Phylloxera tiré du Weinbaulexicon.
BORNER C., 1932 – Pfropfrebenbau und Reblausbekampfung. *Weinbau u. Kellerwirtsch., 2,* 148 bis 163 : 173-175.
BORNER C., 1934 – *Phylloxera vastatrix.* Bionomics. *Mitt. Biol. Reich.,* Berlin.
BORNER C. und SCHILDER F.A., 1934 – Beitrage zur Zuchtung Reblaus und mehltaufester Reben. *Biol. Reichenst. L. U. F. Mitt.,* H *49* : 17-34.
BORNER C. und SCHILDER F.A., 1934 – Das Verhalteb der Blattreblaus zu den Reben des Naumburger Sortiments. *Mitt. Biol. Reichanst. Land. u. Forstw., 49.*
BORNER C., 1938 – Reblaus 1937. *Beil. Nachr. Bl. Deutsch.* 18 N° 61.
BORNER C., 1939 – Anffalligkeit, Resistenz und Immunitat der Reben gegen die Reblaus. *Zeitschr. f. hygien. Zoologie und Schadlingsbekampfung, 31* : 274.
BORNER C. und SCHILDER F.A., 1939 – Reblaus 1938. *Beil. Nachr. Bl. Deutsch.* 19 N° 7.
BORNER C., 1942 – Die Anfalligkeit der Unterlagsreben gegen die Reblaus. *Wein und Rebe, 8* : 145-164.
BORNER C. und SCHILDER F.A., 1943 – Die ersten reblausimmunen Rebenkreuzungen. *Angew. Bot.* 25 (1, 2).
BORNER C., 1949 – Die erblichen Grundlagen von Befall und Nichtbefall der Pflanzen durch tierische Parasiten. *Nachrichtenblatt f. d. deutschen Pflanzenschutzdienst.* Jahr 3 : 121.
BORNER C. und HEINZE K., 1957 – Aphidina-Aphidoidea in Handbuch Pflanzenkrankh., V, 2 teil : I-402. Berlin.
BOUBALS D., 1966 – Etude de la distribution et des causes de la résistance au Phylloxera radicicole chez les Vitacées. *Ann. Amélior. Plantes 16* (2) ꞏ145-184.
BOUBALS D., 1966 – Hérédité de la résistance au Phylloxera radiciole chez la Vigne. *Ann. Amélior. Plantes 16* (4) : 327-347.
BOUBALS D. et REDON (de) C., 1976 – Actions de certains insecticides systémiques sur le Phylloxera radicicole. *Progr. Agric. et Vit. 2* : 41-43.
BOUBALS D., 1977 – Le développement de la viticulture dans les pays arabes. *Progr. Agric. et Vit.* : 57-58.
BOUBALS D., 1978 – Résultats de tests de résistance effectués sur les porte-greffes Harmony et Fercal. *Progr. Agric. et Vit.,* : 12-14.
BOUCAU Y., 1888 – Culture de la vigne dans les sables des Landes. Bordeaux, Feret éd., 308 p.
BOUCHARDAT M., 1879 – Les vignes phylloxérées. *Revue scientifique de la France et de l'étranger,* 1er février.
BOUCHARDAT M., 1879 – Destruction des œufs d'hiver pour combattre le Phylloxera. *Annuaire de Thérapeutique.*
BOUCOIRAN A., 1953 – Sur un essai de traitement du Phylloxera gallicole. *L'Avenir Viticole* : 187-188.
BOUDET L. et SYLVESTRE P., 1877 – Destruction successive du Phylloxera. Montpellier, Coulet éd., 16 p.
BOUFFARD A. – Les vins des vignobles des sables. *Progr. Agric. et Vit. 3* : 381-382.
BOUFFET M., 1887 – Traitements au sulfure de carbone ; époque la plus favorable. *Prog. Agric. et Vit. 8* : 421-422.
BOUILLAUD J., 1876 – Note sur les récents progrès du Phylloxera dans les départements des deux Charentes. *C.R. Acad. Sci. 83* : 873-875.

BOUILLAUD J., 1878 – Nouvelle note sur les progrès du Phylloxera dans les deux départements de la Charente, à l'occasion de la dernière communication de M. de La Vergne. *C.R. acad. Sci.87* : 232-238.
BOUILLON L.H., 1875 – La vigne, sa régénération par un nouveau procédé de culture pour la guérir du Phylloxera. Nancy, 16 p.
BOULAY H., 1874 – Dix années d'études sur la fumure de la vigne en Languedoc. *Le document technique de la SCPA* : 41-56.
BOULAY H., 1977 – La fumure du vignoble des sables. *Midi Libre*, 19 janv.
BOULEY A.M., 1874 – Le Phylloxera dans le centre de la France. Chalon-sur-Saône, Imp. Dejussieu, 10 p.
BOULEY A.M., 1874 – Extrait du rapport de la Commission de la Société Agricole de Chalon-sur-Saône au Préfet de Saône-et-Loire sur le Phylloxera. *C.R. Acad. Sci. 79* : 143-145.
BOULEY A. M. et al., 1877 – Rapport, fait au nom de l'Académie des Sciences, sur les mesures à prendre contre le Phylloxera dans les régions non envahies ou qui commencent à l'être. *C.R. Acad. Sci. 84* : 428-432.
BOULEY A.M., 1877 – Sur les expériences faites à Pregny par le canton de Genève. *C.R. Acad. Sci. 84* : 537-538.
BOURDON Ch., 1881 – Sur le traitement des vignes phylloxérées par insufflation de vapeurs de sulfure de carbone. *C.R. Acad. Sci. 92* : 343-345.
BOURGEOIS, 1874 – Observations sur les obstacles qu'il faudrait opposer à l'envahissement des vignes par le Phylloxera. *C.R. Acad. Sci 79* : 97-98.
BOUSCAREN J., 1870 – Le Phylloxera, excursion dans le Vaunage (traitements). *Messager du Midi*, 4 juiilet.
BOUSCHET H., 1874 – Les vignes américaines. *Congr. Intern. viticole, Montpellier*, 26 oct. : 163-172.
BOUSCHET H., 1874 – Moyen de transformer promptement, par les vignes américanes, les vignobles menacés par le Phylloxera. *C.R. Acad. Sci. 78* : 513-515.
BOUTIN, 1874 – Note sur des analyses comparatives des racines de vigne à l'état sain et de la vigne envahie par le Phylloxera. *C.R. Acad. Sci. 78* : 1289.
BOUTIN, 1874 – Sur l'efficacité de la méthode de submersion comme moyen d'amendement de la vigne en Crimée. *C.R. Acad. Sci. 79* : 149-150.
BOUTIN, 1874 – Sur la composition chimique comparative des diverses parties de la vigne saine et de la vigne phylloxérée. *C.R. Acad. Sci. 79* : 772.
BOUTIN aîné, 1876 – Etudes d'analyses comparatives sur diverses variétés de cépages américains, résistants et non résistants. *C.R. Acad. Sci. 83* : 735-740.
BOUTIN aîné, 1876 – Rapport sur les expériences faites, dans plusieurs communes de la Charente, en vue de la destruction du Phylloxera. *C.R. Acad. Sci. 83* : 788-790.
BOUTIN aîné, 1877 – Etude d'analyses comparatives sur la vigne saine et sur la vigne phylloxérée. *C.R. Acad. Sci. 85* et *Mémoires présentés par plusieurs savants à l'Académie des Sciences,* t. 85, N° 6, 20 p.
BOYER, 1879 – Recherches sur la végétation de la vigne dans les sols sableux du département du Gard. *Congr. viticole Nimes*, 21-23 sept. 61-66.
BOYER, 1880 – Sur la végétation de la vigne dans les sols sableux du département du Gard. *Congr. phylloxérique Nimes*, 24 sept. 1879. Nimes, Clavel-Ballivet et Cie.
BOYER de FONSCOLOMBE, 1834 – Notice sur le genre *Phylloxera. Ann. Soc. Entom. de France, 3* : 221 et 1841 : 196.
BRANAS J., 1946 – Le Phylloxera gallicole sur les Hybrides. *Progr. Agric. et Vit. 126* : 209.
BRANAS J., 1950 – Historique, sommaire, situation actuelle, objectifs généraux et moyens de la reconstitution des vignobles. Rapport général. *VIe Congr. Intern. Vigne et Vin,* Athènes. Vol. I : 28-50 et Rapport national : 129-160.
BRANAS J., 1950 – Les Hybrides et le Phylloxera gallicole. *Progr. Agric. et Vit. 134* : 119-121.
BRANAS J., 1968 – Sur le Phylloxera. *Progr. Agric. et Vit.* : 359-369 et 379-386.
BRANAS J., 1968 – Le Phylloxera et les insecticides. *Prog. Agric. et Vit.* : 401-406.
BRAND K., 1925 – Das Kulturalverfahren mit Schwefelkohlenstoff. *Allg. W. Z.*
BREIDER H., 1937 – Bodenverschiedenheit und Reblausverseuchung. *Forschungsdienst. 8* : 420-425.
BREIDER H., 1938 – Untersuchungen zur Vererbung der Widerstansfahigkeit von Weinreben gegen die Reblaus. *Z. Pflanzenzucht 20,* Heft 11/12.
BREIDER H. u. HUSFELD B., 1938 – Die Schadigung der Rebe durch die radicicole Form der Reblaus. *Gartenbauwissenschaft. 12* : 41-69.
BREIDER H., 1939 – Untersuchungen zur Vererbung der Widerstandsfahigkeit von Weinreben gegen die Reblaus. *Z. f. Pflanzenzuchtung 23,* H, I : 145-168.
BREIDER H., 1939 – Morphologisch, anatomical Merkmale der Rebenblätter als Resistenzeingenschaften die Reblaus *Phylloxera vastatrix. Der Zuchter,* 11, 8 : 229-244.
BREIDER H., 1947 – Uber die Widerstandsfahigkeit der Rebe gegen die Reblaus. *Wiss. Beihefte der Weinbau* N° 2.
BREIDER H., 1948 – Rebenveredlung und Unterlagenzuchtung. *Wiss. Beihefte der Weinbau* N° 3.
BREIDER H., 1948 – Untersuchungen zur direkten Bekampfung der Reblaus Phylloxera. Wiss. Beihefte der Weinbau N° 11.
BREIDER H., 1949 – Von der Reblaus. *Das Weinblatt* H. 15/16, 2 p.
BREIDER H., 1950 – Feuilles de Vinifera résistantes ? *Der Deutsche Weinbau,* déc.
BREIDER H., 1952 – Beitrage zur Morphologie und Biologie der Reblaus. *Dactylosphaera vitifolii* Schim. *Sonderdruk aus Zeit. f. Ang. Entom.,* 33 H 4 : 517-543.
BREIDER H., 1955 – La résistance phylloxérique et son amélioration génétique. *Bull. O.I.V. 289* : 91.
BREIDER H., 1955 – Résistance au Phylloxera et obtention de vignes résistantes. *Weinberg und Keller,* 2 février et *Bull. O.I.V. 294* : 80.
BREZENAUD (de) F., 1887 – Rapport sur la situation des vignobles dans les régions de l'Est-Central et du Sud-Est au 1er novembre 1886. *Commission supérieure du Phylloxera* : 104-111.
BRUNFAUT J., 1875 – La Vigne et le Phylloxera. Paris, A. Lefin éd., in-12° de 74 p.
BUCHANAN G.A., 1979 – The biology, quarantine and control of grape Phylloxera. *Study tour report series* N° 37 Victoria, Dep. of Agriculture Australia, 42 p.
BUCHANAN G.A. et HARDIE W.J., 1978 – The implications of D.C. Swan's observations for viticulture in Victoria. *J. Austr. Inst. Agric. Sci,* 44 : 77-81.
BUCHNER P., 1912 – Ueber intracellulare Symbioten bei zuckersaugenden Insekten und ihre Vererbung. *Ges. Morph. Physiol.,* Munich.
BUCHNER P., 1930 – Tiere und Pflanze in Symbiose. Gebruder Borntraeger, Berlin, 900 p.
BUSGEN M., 1889 – Betrachtungen uber das Verhalten des Gerbstoffes in den Pflanzen Jenaische. *Z. f. Naturw.* Bd 24 N.F. 17.
BUSH Is. et Son, 1869 – Illustrated description Catalogue of Grape vine. St Louis, Missouri, 58 p.

CAGNE H., 1958 – La lutte contre le Phylloxera gallicole semble facile et économique. *Phytoma*, avril : 19-20.
CAMARA A.L. et GRILLO H.V.S., 1923 – Relatorio apresentado ao Minist. Agric. sobre la filoxera. *Bol. Minist. Agric. Indust. Com. 12* (4).
CAMPANA, 1880 – Sur la découverte de l'œuf d'hiver dans les Pyrénées-Orientales. *C.R. Acad. Sci. 91* : 963.
CANTIN C., 1904 – Destruction de l'œuf d'hiver du Phylloxera par le lysol. *Progr. Agric. et Vit. 41* : 374-375.
CANTIN C., 1905 – Sur la destruction de l'œuf du Phylloxera par le lysol. *Progr. Agric. et Vit. 43* : 154.
CARRIERE E., 1868 – La nouvelle maladie de la vigne. *Rev. Horticole* : 301, 341, 364, 425 (avec vignettes).
CARRIERE E., 1869 – La nouvelle maladie de la vigne. *Rev. horticole* : 88, 243, 304, 312, 343, 358.
CARRIERE E., 1881 – La revue antiphylloxérique internationale de Klosterneuburg. *Rev. Horticole* : 45.
CARTIER, 1870 – Essais de traitements contre le Phylloxera à la Cie des Salins du Midi. *Messager Agricole du Midi*, 5 déc., 381.
CAZALIS F., 1868 – Emploi des arrosages à l'urine de vache pure pour détruire le Phylloxera. *Messager Agric. du Midi*, IX, 5 novembre : 375.
CAZALIS F., 1869 – De la maladie de la vigne causée par le Phylloxera. *L'Insectologie agricole* N° 1 et 2.
CASSIUS C., 1877 – Préparation de sulfure de carbone amené à l'état solide au moyen de la gélatine. *C.R. Acad. Sci. 85* : 748 et 841 (réclamation de Rohart pour la priorité), 933 (réponse).
CASTERAN P., 1953 – La culture mécanique des sables. *Viticulture et Œnologie* Béziers : 110-112.
CATTA J.D., 1879 – Instructions pour servir à la détermination de l'état phylloxérique. G.M. Nouguiès éd. Albi.
CATTA J.D., 1880 – Sur l'action de l'eau dans les applications de sulfure de carbone aux vignes phylloxérées. *C.R. Acad. Sci. 91* : 904-906 et *Observations sur le Phylloxera* par les délégués de l'Académie : 21-33.
CATTA J.D., 1881 – Sur les accidents de végétation qui se produisent dans le traitement des vignes phylloxérées. *C.R. Acad. Sci. 92* : 1487-1488.
CATTA J.D., 1882 – Rapport sur la situation phylloxérique dans la région du Centre en 1881. *Commission supérieure du Phylloxera* 1882 : 64-76.
CATTA J.D., 1883 – Rapport sur la situation phylloxérique dans la région du Centre en 1882. *Commission supérieure du Phylloxera* : 77-91.
CATTA J.D., 1888 – Est-il possible de démontrer qu'une vigne ait été détruite par le sulfure de carbone ? *Progr. Agric. et Vit. 9* : 370-372.
CATTA J.D., 1897 – La défense du vignoble algérien contre le Phylloxera. *Rev. de Vit. 8* : 314-317.
CAUSSE L., 1878 – Etude des vignes américaines. Nîmes, Typogr. Clavel-Balleret, 48 p.
CAUVY B., 1874 – Note sur l'action que la terre des vignobles exerce sur les gaz sulfurés et Mémoire sur le monde de propagation du Phylloxera. *C.R. Acad. Sci. 79* : 651-652.
CAUVY B., 1874 – Communication sur le Phylloxera. *Congr. intern. viticole, Montpellier*, 26 oct. : 196-206.
CAUVY B., 1879 – Sur la réinvasion estivale des vignes phylloxérées traitées par les insecticides. *C.R. Acad. Sci. 89* : 505-506.
CAUVY B., 1882 – La vérité sur le sulfure de calcium, insecticide Cauvy et sur le Sulfocarbonate de potassium. Montpellier ?
CAUVY B., 1885 – Traitement des vignes phylloxérées par dissolution du sulfure de carbone dans l'eau et par l'emploi des sulfocarbonates. *Prog. Agric. et Vit. 3* : 321-326.
CAZENEUVE P., 1891 – Dernières observations sur le sulfure de carbone vaseliné. *Progr. Agric. et Vit. 16* : 132-135.
CAZENEUVE P., 1891 – Sulfure de carbone vaseliné. *Prog. Agric. et Vit. 16* : 196-200.
CAZAL-GAMELSY J., 1884 – Le sulfoscope. *Prog. Agric. et Vit. 2* : 95-96.
CERCELET M., 1906 – Les lésions phylloxériques. *Rev. de Vit. 25* : 425-426 (1 pl. couleurs).
CERIS (de) A., 1868 – Mention faite d'après Joulie, de la nouvelle maladie de la vigne observée à Roquemaure. *Journ. d'Agriculture pratique*, 25 juin : 858.
CERTES A., 1877 – Le Phylloxera et le budget. Extrait du *Correspondant*.
CESSIEUX, 1881 – Le Phylloxera dans la Loire. *Congr. vitic. Montbrison* : 20-33.
CHAIGNEAU G., 1953 – Résultats d'essais de lutte contre le Phylloxera dans les Deux-Sèvres. *La Défense des végétaux* n° 5 : 23-29.
CHAILLON J., 1870 – Observation de Faudrin, professeur à Châteauneuf de Gadagne, de nuées d'insectes ailés semblables à des cigales microscopiques. *Bull. Soc. Agric. et Hort. Vaucluse* XIX : 281-283.
CHAMPIN A., 1878 – Observation relative à la transformation du Phylloxera aptère en Phylloxera ailé dans les galles. *C.R. Acad. Sci. 87* : 552.
CHAMPIN A., 1878 – Le Phylloxera ailé dans les Galles. *La Vigne améric.* : 227-228.
CHAMPIN A., 1879 – Le sulfure de carbone et les paysans, lettre de la vigne américaine au principal des insecticides. Extrait du *Journal d'Agriculture pratique*. Paris, Masson éd.
CHANCEL G. et PARMENTIER F., 1884 – Sur quelques réactions du sulfure de carbone et sur la solubilité de ce corps dans l'eau. *C.R. Acad. Sci. 99* : 892-894.
CHANDON de BRIAILLES R., 1895 – La lutte contre le Phylloxera en Champagne. *Rev. de Vit 3* : 140-144.
CHANDON de BRIAILLES R., 1895 – De l'influence du sulfure de carbone sur la nitrification. *Rev. de Vit. 4* : 320-322.
CHANDON de BRIAILLES R., 1896 – L'invasion phylloxérique en Champagne. *Rev. de Vit. 6* : 434-435.
CHAPONNIER A., 1948 – Révision de la Convention phylloxérique internationale. *Bull. O.I.V. 212* : 29-30.
CHAPONNIER A., 1950 – Révision éventuelle de la Convention phylloxérique internationale de Berne du 3 novembre 1881 (Rapport général). *Bull. O.I.V. 230* : 35-44.
CHAPPELLIER P., 1884 – Note sur une culture antiphylloxérique. Paris. Impr. Stè Anon. Publications périod., 14 p.
CHARLES A., 1879 – Les ravages du Phylloxera en France. Paris *Annuaire illustré du Phylloxera*.
CHARMET M., 1873 – Le Phylloxera. Impr. Bellon Lyon, 18 p.
CHARPENTIER F., 1874 – Mémoire pour la destruction du *Phylloxera vastatrix*. Lyon, Assoc. typographique, 8 p.
CHAUZIT B. et TROUCHAUD-VERDIER L., 1887 – La submersion des vignes. *Progr. Agri. et Vitic. 8* : 12-14, 3439, 55-60, 79-81, 117-123, 158-163, 355-362, 454-459, 480-488.
CHAUZIT B., 1896 – La fumure des sols sablonneux. *Rev. de Vit. 5* : 145.
CHEFDEBIEN (Baron de), 1874 – Sur l'emploi du sulfure de carbone pour combattre le Phylloxera. *C.R. Acad. Sci. 78* : 1640-1641.
CHENDRIKOV G.L., 1957 – Utilisation des pals injecteurs dans la lutte contre le Phylloxera. Ministère de l'Agriculture, URSS, 12 p. (en russe) et *Bull. O.I.V. 321* : 133.
CHEVREUL E., 1878 – Sur les cubes ou prismes de M. Rohart propres à la destruction du Phylloxera. *C.R. Acad. Sci. 86* : 1431-1432.
CHIRON, 1870 – Lettre sur les inondations d'été. *Messager du Midi*, 31 juillet et *Bull. Soc. Agri. et Hort. Vaucluse* 1er août 1871 : 228.

CHUARD E., 1897 – Le carbure de calcium comme phylloxéricide. *Chron. agric. du canton de Vaud*, 25 mai : 275-279 et *Progr. Agric. et Vit. 8 : 27*.

CHUARD E., 1918 – Phylloxera. Rapport de la station viticole et du Service phylloxérique sur les travaux durant l'année 1917. Lausanne Impr. L. Burki, 62 p.

CHUARD E., 1919 – Phylloxera. Rapport de la station viticole et du Service phylloxérique sur les travaux durant l'année 1918. Lausanne Impr. L. Burki, 40 p.

CLEVER U., 1959 – Zur Nymphosedetermination bei der Reblaus. *Naturwiss. 46 :* 81-90.

CLEVER U., 1959 – Beitrag zu einer Entwicklungsphysiologie des Reblausgenerationswechsels. *Vitis 2 :* 8-22.

CLOEZ, 1869 – Liqueur pour la destruction des pucerons *(Quassia amara)* des rosiers, arbres fruitiers, etc. *Rev. Hort.*, 1er août.

CLOUET J., 1870 – Etude sur la maladie de la vigne et la culture de la truffe dans le département de Vaucluse. *Journal d'Agric. pratique*, 10 février : 202-205.

COIGNET, 1874 – Communication sur la fumure et le Phylloxera. *Congr. Intern. viticole, Montpellier*, 26 oct. : 153-157.

COLLOT L., 1879 – Le Phylloxera à Panama sur le *Vitis caribaea* D.C., lettre à M. Planchon. *C.R. Acad. Sci. 88 :* 72-73.

COMES O., 1909 – Del faginolo commune, storia, filigenesi, qualita e suszeptata tissicita sue razze dovunque coltivate e loro sistemazione. Napoli, Portici.

Commission départementale de l'Hérault, 1877 – Expériences faites à Las Sorres contre le Phylloxera. Montpellier, Grollier.

Commission départementale de la Charente Inférieure pour l'étude du Phylloxera, 1878. *C.R. Acad. Sci.*

Commission Fédérale Suisse, 1882 – Circulaire du 7 juillet 1881. *C.R. des Services du Phylloxera.*

Compagnie des chemins de fer du P.L.M., 1878 – Instructions pour le traitement des vignes par le sulfure de carbone. Paris, Paul Dupont éd.

CONVERT F., 1879 – Les vignes d'Aigues-Mortes. *Journ. Agric. pratique 2 :* 317-322.

CONVERT F., 1882 – La reconstitution des vignobles, les submersions et les plantations dans les sables. *Journ. Agric. pratique.* Paris, La Maison Rustique.

CONVERT F. et DEGRULLY L., 1883 – Sur les ressources que présente la culture de la vigne dans les sables en Algérie. *C.R. Acad. Sci. 96 :* 1413-1414.

CONVERT F., DEGRULLY L., BERNARD F. et VIALA P., 1884 – *Congr. Vit. Montpellier,* Coulet.

CONVERT F., 1894 – Gaston Bazille. *Rev. de Vit. 1 :* 514-517, photo.

CONVERT F., 1907 – La fertilité des sols et le sulfure de carbone. *Rev. de Vit. 28 :* 79.

COOK M., 1902 – Galls and Insects producing them. *Ohio Naturalist II :* 263-278.

COOMBE B.G., 1963 – Phylloxera and its relation to South Australian viticulture. *S. Austr. Dep. Agric., Techn. Bull.* N° 31, 56 p.

CORNU M., 1872 – Observations sur les galles, le Phylloxera ailé et le Phylloxera attaquant les arbres fruitiers. *C.R. Acad. Sci. 75 :* 722-725.

CORNU M., 1872 – Etudes sur les ravages produits par le Phylloxera. *C.R. Acad. Sci. 75 :* 1690-1693.

CORNU M., 1873 – Observations relatives au *Phylloxera Vastatrix. C.R. Acad. Sci. 76 :* 1002-1007.

CORNU M., 1873 – Note sur l'identité du Phylloxera des feuilles et de celui des racines. *C.R. Acad. Sci. 77 :* 190-193.

CORNU M., 1873 – Sur quelques particularités relatives à la forme ailée du Phylloxera au point de vue de la propagation de l'insecte. *C.R. Acad. Sci. 77 :* 656-663.

CORNU M., 1873 – Comparaison du *Phylloxera vastatrix* des galles avec celui des racines, 4e note. *C.R. Acad. Sci. 77 :* 710-714.

CORNU M., 1873 – Etudes sur le Phylloxera. *C.R. Acad. Sci. 77 :* 766-770 et 825-830.

CORNU M., 1873 – Sur la production des galles dans les vignes attaquées par le Phylloxera. *C.R. Acad. Sci. 77 :* 879-883.

CORNU M., 1873 – Note sur les renflements produits par le Phylloxera sur les radicelles de la vigne. *C.R. Acad. Sci. 77 :* 930-934.

CORNU M., 1873 – Note sur la formation des renflements sur les radicelles de la vigne. *C.R. Acad. Sci. 77 :* 1009-1015.

CORNU M., 1873 – Développement des renflements sur lès radicelles de la vigne. *C.R. Acad. Sci. 77 :* 1088-1093 et 1168-1175.

CORNU M., 1873 – Note sur les mœurs du Phylloxera. *C.R. Acad. Sci. 77 :* 1276-1286 et 1330-1336.

CORNU M., 1873 – Hibernation du Phylloxera des racines et des feuilles. *C.R. Acad. Sci. 77 :* 1423-1430.

CORNU M., 1873 – Etude des formes du Phylloxera, examen comparatif des jeunes des racines et des feuilles, des individus hibernants, des individus sexués. *C.R. Acad. Sci. 77 :* 1478-1485.

CORNU M., 1873 – Note sur les Phylloxeras hibernants, leur agilité, leur réveil produit artificiellement. *C.R. Acad. Sci. 77 :* 1534-1539.

CORNU M., 1874 – Influence des chaleurs printanières sur le Phylloxera. *C.R. Acad. Sci. 78 :* 1285-1289.

CORNU M., 1874 – Méthode suivie pour la recherche de la substance la plus efficace contre le Phylloxera à la Station viticole de Cognac. *C.R. Acad. Sci. 79 :* 1042-1045, 1189-13, 1314-1316, 1388-1392.

CORNU M., 1874 – Lettre à M. Dumas sur les vignes phylloxérées de Pregny. *C.R. Acad. Sci. 79 :* 1236-1240.

CORNU M., 1874 – Etudes sur la nouvelle maladie de la vigne. *Mémoires Acad. Sci. 22,* N° 6, 46 p., 3 pl. Impr. nat. Paris et *Mémoires présentés par différents savants à l'Académie des Sciences,* Paris, 25, N° 3.

CORNU M., 1875 – Note sur la présence de galles phylloxériques développées spontanément sur des cépages européens. *C.R. Acad. Sci. 81 :* 327-330.

CORNU M., 1875 – Note sur les altérations déterminées sur la vigne par le *Phylloxera vastatrix. C.R. Acad. Sci. 81 :* 737-742.

CORNU M., 1875 – Note sur la formation, la structure et la décomposition des renflements déterminés sur la vigne par le Phylloxera. *C.R. Acad. Sci. 81 :* 950-955.

CORNU M. et MOUILLEFERT P., 1876 – Expériences faites à la Station viticole de Cognac dans le but de trouver un procédé efficace pour combattre le Phylloxera. Impr. Nat. Paris, 240 p.

CORNU M., 1876 – Etudes sur la nouvelle maladie de la vigne. *Mém. prés. Div. Sav. Acad. Sci. Inst. Nat. France,* 12, n° 6.

CORNU M., 1877 – Sur l'arrachage des vignes phylloxérées. *C.R. Acad. Sci. 84 :* 921-922.

CORNU M., 1878 – Etudes sur le *Phylloxera vastatrix.* Mémoires Académie des Sciences, XXVI N° 1 : 358 p., 24 pl. coul. Impr. Nat. Paris.

CORNU M., 1878 – Aucun mycelium n'intervient dans la formation et dans la destruction normales des renflements développés sous l'influence du Phylloxera. *C.R. Acad. Sci. 87 :* 247-249.

CORNU M., 1881 – Remarques sur les accidents causés par l'emploi du sulfure de carbone dans le traitement des vignes du Midi de la France. *C.R. Acad. Sci. 93* : 28-30.

CORNU M. et BRONGNIART Ch., 1881 – Sur des pucerons attaqués par un champignon. *C.R. Acad. Sci. 92* : 910-912 et *Observations sur le Phylloxera*, Acad. Sci. : 57-59.

CORNU M., 1882 – Absorption par l'épiderme des organes aériens. *C.R. Acad. Sci. 95* : 511-514.

COSTA A., 1875 – Rapporto sulla Malattia delle viti causata dalla Fillossera. *Atti dell R. Istituto d'Incoraggiamento. Napoli 13*, 2e ser. 74 p., 2 pl.

COSTE U., 1877 – Etude anatomique de la lésion produite par le Phylloxera sur les racines de la vigne. Montpellier. Impr. Centrale du Midi, 48 p.

COSTE U., 1877 – Des effets des piqûres du Phylloxera sur les racines de divers cépages. *La Vigne améric.* : 105-107.

COSTE U., 1878 – Etude anatomique des racines et le Phylloxera. *Congr. Viticole Montpellier* : 25-40.

COSTE U., 1880 – Les ennemis du Phylloxera gallicole. *C.R. Acad. Sci. 91* : 460-464.

COSTE U., 1884 – Caractères distinctifs des altérations des tissus de la vigne produites par le Phylloxera, l'anthracnose, le mildew et la gelée. *C.R. Soc. d'Agric. Hérault*, 24 mars, 16 p. et *Progr. Agric. et Vit. 1* : 220-221.

COUANON G., 1882 – Rapport sur la situation phylloxérique dans la région de l'Ouest en 1881. *Commission supérieure du Phylloxera* 1882 : 77-93.

COUANON G., 1883 – Rapport sur la situation phylloxérique dans la région de l'Ouest en 1882. *Commission supérieure du Phylloxera* : 92-110.

COUANON G., 1884 – Rapport sur la situation phylloxérique dans les régions du Nord-Est, de l'Ouest, du Centre-Ouest et du Sud-Ouest (campagne 1883). *Commission supérieure du Phylloxera* : 45-78.

COUANON G., 1885 – Rapport sur la situation phylloxérique dans les régions du Nord-Est, de l'Ouest, du Centre-Ouest et du Sud-Ouest (campagne 1884). *Commission supérieure du Phylloxera* : 71-100.

COUANON G., 1886 – Rapport sur la situation de la viticulture en Algérie (campagne de 1885). *Commission supérieure du Phylloxera* : 62-77.

COUANON G., 1886 – Rapport sur la situation phylloxérique dans les régions du Nord-Est, de l'Ouest, du Centre-Ouest et du Sud-Ouest (campagne 1885). *Commission supérieure du Phylloxera* : 35-61.

COUANON G., 1887 – Rapport sur la campagne 1886. *Commission supérieure du Phylloxera* : 1-34.

COUANON G., 1887 – Rapport sur la situation de la viticulture en Algérie (campagne de 1886). *Commission supérieure du Phylloxera* : 35-55.

COUANON G. et SALOMON E., 1887 – Expériences relatives à la désinfection antiphylloxérique des plants de vigne. *C.R. Acad. Sci. 104* : 340-342 et *Progr. Agric. et Vit. 7* : 176-179.

COUANON G., HENNEGUY L.F. et SALOMON E., 1887 – Nouvelles expériences relatives à la désinfection antiphylloxérique des plants de vigne. *C.R. Acad. Sci. 105* : 1029-1031 et *Progr. Agric. et Vit. 8* : 498-500.

COUANON G., 1888 – Rapport sur la situation de la viticulture en France et en Algérie (campagne 1887). *Commission supérieure du Phylloxera* : 24-59.

COUANON G., HENNEGUY L.F. et SALOMON E., 1888 – Nouvelles expériences relatives à la désinfection antiphylloxérique des plants de vigne. *Commission supérieure du Phylloxera* : 118-121.

COUANON G., 1890 – Rapport sur les campagnes de 1888 et 1889 France et Algérie. *Commission supérieure du Phylloxera* : 24-59.

COUANON G., 1895 – Rapport sur la situation du vignoble français, année 1894. *Commission supérieure du Phylloxera* : 16-54.

COUANON G., 1898 – Rapport sur la situation phylloxérique en France et en Algérie. *Commission supérieure du Phylloxera* : 5-56 et 121-126.

COUANON G., MICHON J. et SALOMON E., 1899 – La désinfection antiphylloxérique des plants. *C.R. Acad. Sci.* et *La Vigne américaine* : 20-22.

COUANON G., MICHON J. et SALOMON E., 1900 – Désinfection antiphylloxérique des plants de vigne. *C.R. Acad. Sci. 130* et *Progr. Agric. et Vit. 33* : 28-29.

COUDERC G., 1902 – La résistance phylloxérique des Viniferas. *Rev. des Hybrides* : 127-129.

COUDERC V., 1879 – Quelques mots sur le Phylloxera, son entomologie, ses métamorphoses, ses mœurs, ses habitudes, sa prodigieuse fécondité. Ed. Chabrié éd., Villeneuve-sur-Lot.

COULONDRE E., 1950 – La galle phylloxérique. *La Vitic. nouvelle 28* : 24-25.

COULONDRE E., 1952 – Le Phylloxera gallicole. *L'Avenir Viticole* : 110.

COUTURIER A. et HUGLIN P., 1956 – Rapport national français sur la lutte contre le Phylloxera. *8e Congr. O.I.V., Santiago du Chili*, III : 538-547 et *Bull. O.I.V.* 1959, *338* : 66-75.

COVELLE E., 1880 et 1881 – Le Phylloxera dans le canton de Genève en 1879 et 1880. Rapports au département de l'Intérieur. Genève. Ch. Schuchardt.

COVELLE E., 1882 – Le Phylloxera dans le canton de Genève en 1881. Genève, Ch. Pfeffer.

COVELLE E., 1883 – Le Phylloxera dans le canton de Genève en 1882 et 1883. Genève. Ch. Pfeffer.

CRILLON A., 1870 – Rapport au ministre de l'Agriculture sur la résistance des treilles et des vignes des bords des champs. *Bull. Soc. Agric. et Hort. Vaucluse*, XX, juin : 169-171.

CROLAS D. et AUDOYNAUD A., 1876 – Recherches sur les phénomènes qui accompagnent l'introduction et la diffusion des vapeurs de sulfure de carbone dans le sol. Montpellier, Boehm et fils.

CROLAS D. et JOBART F., 1876 – Traitement des vignes phylloxérées à l'aide des vapeurs de sulfure de carbone introduites et diffusées dans le sol au moyen d'un appareil aspirateur. *C.R. Acad. Sci. 82* : 615-617.

CROLAS D. et FALLIERES E., 1878 – Des moyens pratiques et sûrs de combattre le Phylloxera. Paris, Masson éd.

CROLAS D., 1881 – Rapport à M. le Ministre de l'Agriculture et du Commerce sur les traitements au sulfure de carbone appliqués en 1881, au champ d'expériences départemental de St Germain au Mont d'Or. Lyon, *Gazette agric. et viticole*.

CROLAS D. et VERMOREL V., 1884 – Guide du vigneron pour l'emploi du sulfure de carbone contre le Phylloxera. Paris, La Maison Rustique.

CROLAS D. et VINCEY M.P., 1886 – Rapport à M. le Ministre de l'Agriculture sur les travaux du Comité et des Syndicats. Lyon, Waltemer et Cie.

CROZIER F.P., 1884 – Traité pratique et raisonné de la défense des vignes. Paris, La Maison Rustique, 230 p.

CULERON M., 1883 – Emploi pratique du sulfocarbonate de potassium contre le Phylloxera dans le Midi de la France. *C.R. Acad. Sci. 96* : 621-624.

CZEH A., 1889 – Uber die Bekampfing der Reblaus in Osterreich und Ungarn und die sich hieraus fur unsere Verhaltnisse ergebenden Folgerungen. Mainz. 78 p.

CZEH A., 1899 – Bericht uber eine 1898 erfolgte Besichtigung der Wiederherstellungsarbeiten in den durch die Reblaus verwusteten Weinbergen Ungarns. Mainz, Ph. von Zabern éd., 60 p.

DAHLEN H.W., 1876 – Ueber das Auftreten der *Phylloxera vastatrix. Ann. der Œnologie*, 6, H. 2, 14 p.
DALMASSO G. et MANZONI L., 1930 – Sugli esperimentali col Paradiclorobenzolo come rimedio antifillosserico. *Nuovi Annali dell'Agricoltura*, X, Roma.
DALMASSO G., 1950 – Révision éventuelle de la Convention phylloxérique internationale. *Bull. O.I.V. 230* : 33-34.
DALMASSO G., 1954 – Nouvelles observations sur la résistance des *V. vinifera* au Phylloxera. *Il Colt. e Giorn. Vinic. Ital.*, sept. et *Bull. O.I.V. 284* : 204-205.
DALMASSO G., 1956 – Lutte contre le Phylloxera. Rapport général. *8e Congr. O.I.V. Santiago du Chili,* I : 285-310 et *Bull. O.I.V. 308* : 5-30.
DALMASSO G., 1963 – Nouvelles tentatives de lutte contre le Phylloxera avec des produits systémiques. *Colt. Giorn. Vinic. Ital. 5* : 168 et *Bull. O.I.V. 390* : 1099-1100.
DALMASSO G., 1967 – Ritornaro alle viti franche di piede anche in terreni fillosserati ? *Il Coltivatore e Giorn. Ital,* mai : 121-125.
DANESI L., 1898 – Fillossera, metodi di difesa ; mezzi per la ricostituzione dei vigneti. *Congr. naz. Agric. ital., Torino,* 12 p.
DANESI L. et TOPI M., 1911 – Esperienze sulla disinfezione delle piante. *Rend. della R. Accademia dei Lincei, Roma* 20 : 772-778 et *Progr. Agric. et Vit.* 1912, 57 : 348.
D'ARBAUMONT J., 1878 – Sur le mode de formation de quelques nodosités phylloxériques. *C.R. Acad. Sci. 87* : 865.
DAVID et ROMMIER A., 1878 – Sur le dosage du sulfure de carbone dans les sulfocarbonates de potasse et de soude. *C.R. Acad. Sci. 81* : 156-158.
DAVIDIS U.X. et OLMO H.P., 1964 – The *Vinifera* X *V. rotundifolia* hybrids as Phylloxera resistant rootstocks. *Vitis 4,* 2 : 129-143.
DAVIDSON W.M. et NOUGARET R.L., 1921 – The grape phylloxera in California. *U.S. Dept. Agr. Bull. 903* : 1-28.
DEGRULLY L., 1884 – Naphtaline et huile lourde. *Progr. Agric. et Vit. 2* : 414-415.
DEGRULLY L., 1885 – Utilisation des clous. *Progr. Agric. et Vit. 4* : 69.
DEGRULLY L., 1886 – Traitement des vignes par l'eau sulfocarbonée. *Progr. Agric. et Vit. 5* : 29-32.
DEGRULLY L., 1886 – Nouveau pal injecteur Gastine. *Progr. Agric. et Vit. 5* : 487-489 (6 fig.).
DEGRULLY L., 1888 – Les nouveaux remèdes. *Progr. Agric. et Vit. 9* : 239 et *10* : 110-112.
DEGRULLY L. et GASTINE G., 1893 – Essais de traitement par le sulfure de carbone. *Progr. Agric. et Vit. 20* : 320-328.
DEGRULLY L., 1899 – Les excursions viticoles de la Société d'Agriculture de l'Hérault. *Progr. Agric. et Vit. 31* : 677-695.
DEGRULLY L., 1904 – Lésions phylloxériques. *Progr. Agric. et Vit. 42* : 739 (1 pl. couleurs).
DEGRULLY L., 1920 – Le Phylloxera gallicole sur les Hybrides. *Progr. Agric. et Vit. 75* : 224-225.
DEGRULLY L., 1921 – Producteurs directs et Phylloxera gallicole. *Progr. Agric. et Vit. 76* : 151-152.
DEHERAIN P.P., 1881 – Ravages causés par le Phylloxera sur les vignes françaises. *Revue scientifique,* 16 avril.
DEJARDIN A.C., 1887 – Du rôle probable de la magnésie et de divers autres éléments dans la résistance des cépages français et américains au Phylloxera. *C.R. Acad. Sci. 104* : 1249-1251 et *Prog. Agric. et Vit. 8* : 525.
DEJARDIN Al. Cam. 1887 – Recherches et observations sur la résistance de la vigne au Phylloxera. *Journal de l'Agriculture,* Masson éd., 24 p. et *La Vigne Améric.* : 185-186 et 357-358.
DELACHENAL et MERMET, 1875 – Dosage du sulfure de carbone dans les sulfocarbonates alcalins industriels. *C.R. Acad. Sci. 81* : 92-95.
DELACHENAL, 1876 – Sur les Phylloxeras des feuilles de la vigne française. *C.R. Acad. Sci. 82* : 1252-1253.
DELACHENAL, 1876 – Lettre à M. Dumas relative aux expériences sur l'emploi du sulfure de carbone et des sulfocarbonates. *C.R. Acad. Sci. 82* : 1428-1431.
DELACHENAL, 1876 – Lettre à M. Dumas sur les conditions pratiques de l'emploi des insecticides pour combattre le Phylloxera. *C.R. Acad. Sci. 83* : 962-964.
DELAMONTE D., 1881 – Monographie sur le Phylloxera et la maladie phylloxérique de la vigne. *Bull. de l'Association scientif. algérienne,* 1er fascicule et tiré-à part Alger. Impr. Adolphe Jourdan, 260 p., 1 pl. couleurs (et 40 p. de bibliog.).
DELAPORTE L., 1950 – Plantation de *Vinifera* dans les sables. *Almanach agricole tunisien* et *Rev. Agric. de l'Afr. du Nord,* 1627 : 733-736.
DELORME, 1868 – Lettre adressée le 8 décembre 1867 au Président du Comice agricole d'Aix sur une nouvelle maladie de la vigne. *Revue agricole et forestière de Provence,* 5 mars, *Bull. Soc. centr. Agric. Hérault* : 385-389 et *Messager agricole du Midi* IX : 346, 5 novembre.
DELORME, 1868 – De la maladie de la vigne dans le département de Vaucluse. Note lue devant la section d'agriculture du *Congrès scientifique de France,* 7 déc.
DELORME, 1869 – Lettre au Dr Cazalis sur l'état des vignes sur le territoire d'Arles. *Messager agricole du Midi* X : juillet : 183-188 et *Rev. Hort.* : 399-400 et 434-436.
DELORME, 1870 – Lettre au Dr Cazalis en date du 25 mai 1870. *Messager agricole du Midi,* 5 juin : 156-158.
DELORME, 1871 – Lettre au Dr Cazalis en date du 28 mai 1871 sur l'état des vignobles de la région d'Arles. *Messager agricole du Midi,* 10 juib : 139-143 et 10 août : 209.
DELORME, 1874 – Essai d'infection d'une vigne saine par la mise en contact de Phylloxera avec ses racines. *C.R. Acad. Sci.* 79 : 784-787.
DEMAILLE, 1876 – Sur l'emploi de la potasse et de la chaux dans le traitement de la vigne (phylloxera). *C.R. Acad. Sci. 82* : 617-618.
DEMOLE F., 1877 – Rapport présenté à la classe d'agriculture de la Société des Arts de Genève. *Congr. phylloxérique intern.* Lausanne, 6-18 août, 18 p.
DENIS Th., 1884 – Culture de la vigne en buttes-billons (pour empêcher l'invasion du Phylloxera). *Progr. Agric. et Vit. I* : 51-53.
DENIS Th., 188. ? – Ebouillanage de la vigne par le lait de chaux additionné de potasse brute du commerce.
Département fédéral du Commerce et de l'Agriculture, 1882. Rapport sur le Phylloxera en Suisse en 1881. Berne et Neuchâtel.
DERNA, 1899 – Ueber die Anpflanung von amerikanischen Reben. Darmstadt éd. Kichler, 16 p.
DERNA, 1914 – Zur Reblausbekampfung in der Rhainpflaz. *Der Weinbau der Rheinpflaz.*
DERNA, 1923 – Uber den heutigen Stand der Reblausbekampfung in Deutschland. *Weinbau und Weinhandel.*
DERZHAVINA M.A. et SOBETSKII L.A., 1971 – Chemical composition of leaf galls caused by aphids (en russe). *Akad. Nauk. Mold., SSR,* Kishinev : 64-74.
DESFORGES, 1874 – Sur quelques procédés de destruction de l'oïdium et du Phylloxera (eau de savon). *C.R. Acad. Sci.* 79 : 600.

DESMARTIS T., 1869 – La nouvelle maladie de la vigne et le Phylloxera. *Indicateur vinicole de la Gironde*, 18 sep.
DESMARTIS T., 1869 – Rapport au Ministre de l'Agriculture : nouvelle maladie de la vigne occasionnée par le *Phylloxera vastatrix*.
DESMARTIS T., 1869 – (Notes sur le Phylloxera). *Annal. Soc. entom. de France*, 4e sér. IX, 24 nov.
DESMARTIS T., 1870 – Notes entomologiques sur le Phylloxera de la vigne. *Journal de viticulture pratique*, 24 mars : 329-330.
DESMARTIS T., 1870 – Lettre au Ministre de l'Agriculture sur la nouvelle maladie de la vigne. *Indicateur vinicole de la Gironde*, 8 janvier.
DESPETITS, 1886 – Sulfure de carbone. *Prog. Agric. et Vit. 5* : 311-312.
DESPLANS L., 1868 – Détails sur la maladie dans le Comtat. *Congr. scientifique, 35e session, Montpellier*, 7 déc. 1868 et *Messager agricole*, 5 mars 1869.
DESTERMES A., 1878 – Apparition du Phylloxera à Figeac (Lot). *C.R. Acad. Sci. 86* : 579.
DETJEN L.R., 1919 – The limits in hybridization of *V. rotundifolia* with related species and genera. *North Carolina Agr. Exp. Sta. Techn. Bull. 17* : 1-25.
DEWITZ J., 1912 – Bericht uber die station Metz in *Ber. d. hoh. Lehranstalt Geisenheim*.
DEWITZ J., 1913 – Versuche bezuglich der Moglichkeit einer Infektion der Weinberge der Mosel durch die Reblaus. *Ber. Geisenheim*.
DEWITZ J., 1914 – Die Immunsande. *Z. f. Weinbau und Weinbehandlung* : 175-184.
DEWITZ J., 1915 – Uber die Einwirkung der Pflanzenschmarotzer auf die Wirtspflanze. *Naturw. Z. f. Land. u. Forstw. 13* : 288.
DEWITZ J., 1915 – Uber das Verhalten der Reblaus im Boden wahrend der kalten Jahreszeit. *Naturw. Z. f. Land u. Forstw.*
DEWITZ J., 1916 – Versuche mit sulfokarbonsauren Kalium. *Ber. Geisenheim*.
DEWITZ J., 1916 – Befall verschiedener Rebensorten durch die Reblaus Beobachtungen aus den Jahren 1914 und 1915. *Ber. Geisenheim*.
DEWITZ J., 1917 – Uber Hamlysine (Aphidolysine) bei Pflanzenlausen. *Zool. Anzeiger* N° 13 : 389.
DEWITZ J., 1919 – Entseuchung von Versandreben durch Blausauregas. *Wein und Rebe 2* : 10.
DEWITZ J., 1919 – Befall verschiedener Rebensorten durch die Reblaus. Beobachtungen aus dem Jahr 1918, angestellt in Metz, 513-530, 3 pl.
DEWITZ J., 1921 – Befall verschiedener Rebensorten durch die Reblaus. *Landw. Jahrbuch.*
DEWITZ J., 1927 – Die Bekampfung der Reblaus. Merkblatt 6 des deutschen Pflanzenschutzdienstes.
DEWITZ J., 19..? – Die Immunsande. *Mitteilungen der Preussischen Rebenveredlungskommission.* Band 53, N° 5 : 435-484.
DIERICK G.F., 1949 – Breaking of diapause in the winter eff of the european red Spider. *Nature, 165* N° 4205 : 900.
DONNADIEU A.L., 1870 – Compte rendu d'une excursion faite avec divers viticulteurs pour voir sur place le Phylloxera dans le terroir du Triadou, près de St Jean de Cuculles. *Union nationale*, Montpellier 22 sept. et *Bull. Soc. centr. Agr. Hérault* 1871 : 224-227.
DONNADIEU A.L., 1887 – Sur la ponte du Phylloxera pendant la saison d'hiver. *C.R. Acad. Sci. 104* : 483-485.
DONNADIEU A.L., 1887 – Sur quelques points controversés de l'histoire du Phylloxera. *C.R. Acad. Sci. 104* : 836-839.
DONNADIEU A.L., 1887 – Sur les deux espèces ou formes du Phylloxera de la Vigne. *C.R. Acad. Sci. 104* : 1246-1249.
DONNADIEU A.L., 1887 – Les véritables origines de la question phylloxérique. Paris. Baillière et fils.
DOUYSSET P., 1874 – Production des vignes américaines. *Congr. Intern. viticole, Montpellier*, 26 oct. : 172-179.
DREYFUS L., 1889 – Ueber Phylloxerinen, Wiesbaden.
DREYFUS L., 1894 – Zu S. Krassiltschiks Mitteilungen uber die vergleichende Anatomie und Systematik der Phytophtires mit besonderer Bezugnahme auf die Phylloxera. *Zool. Anz. 62.*
DROUYN DE LHUYS, 1874 – Rapport du Président sur le Phylloxera. *Congr. intern. viticole, Montpellier*, 26 octobre : 1-26.
DUBOIS L., 1870 – Remède préventif contre le Phylloxera et moyen curatif de l'oïdium (goudron de Norvège). *Courrier du Gard*, 8 juillet.
DUBOIS L., 1897 – Sur une bactérie pathogène pour le Phylloxera et pour certains acariens. *C.R. Acad. Sci. 125* : 790 et *Rev. de Vit. 8* : 588-589.
DUCHARTRE P.E.S., 1872 – Note sur un traitement employé en Irlande contre le Phylloxera. *C.R. Acad. Sci. 75* : 727.
DUCLAUX E., 1872 – Etudes sur la nouvelle maladie de la vigne dans le Sud-Est de la France. Mémoires présentés par divers savants à l'*Académie des Sciences*, Paris 1874 N° 22, 54 p., 13 cartes et *C.R. Acad. Sci.* ,16 déc. 1872, 75 : 1686-1690.
DUCLAUX E., CORNU M. et FAUCON L., 1873 – Rapport sur les études relatives au Phylloxera. *C.R. Aca. Sci. 76* : 1454-1464.
DUCLAUX E., 1873 – Recherches sur le *Phylloxera vastatrix* et sur la nouvelle maladie de la vigne. *Mémoires présentés par divers savants à l'Académie des Sciences, 22,* N° 5, 51 p. et 8 cartes.
DUCLAUX E., 1875 – Annexes : Pays vignobles atteints par le Phylloxera en 1873, 1874 et 2 cartes.
DUCLAUX E., 1875 – Pays vignobles atteints par le Phylloxera en 1874. *C.R. Acad. Sci. 80.* : 1085-1086.
DUCLAUX E., 1875 – Traitement, par les sulfocarbonates, de la tache qui avait signalé l'apparition du Phylloxera à Villié-Morgon. *C.R. Acad. Sci. 81* : 829-831.
DUCLAUX E., 1876 – Annexe : Pays vignobles atteints par le Phylloxera en 1875, 1 carte.
DUCLAUX E., 1877 – Pays vignobles atteints par le Phylloxera (1877). *C.R. Acad. Sci. 85* : 1145-1147.
DUCLAUX E., 1877 – Progrès de la maladie du Phylloxera dans le Sud-Ouest de la France. *C.R. Acad. Sci. 85* : 1206-1209.
DUCLAUX E., 1877 – Etudes sur la nouvelle maladie de la vigne dans le Sud-Est de la France. Annexe. Mémoires présentés à l'*Académie des Sciences*, Paris 25 N° 7, 4 p.
DUCLAUX E., 1878 – Annexe. Pays atteints par le Phylloxera. Mémoire présenté à l'*Académie des Sciences*, Paris 26 N° 3, 4 p.
DUCLAUX E., 1883 – (Le Phylloxera). *C.R. Acad. Sci.*, 12 février.
DUFOUR Ed., 1878 – Voyage d'études dans quelques vignobles où l'on s'applique à combattre le Phylloxera (Libourne, Bordeaux, Montpellier, Marseille). Impr. centrale du Midi, Montpellier, 24 p.
DUFOUR J., 1893 – La situation phylloxérique du canton de Genève. Rapport du Département fédéral de l'Agriculture, 16 p.
DUFOUR J., 1894 – Guide du vigneron dans la lutte contre le Phylloxera. Lausanne Lib. Duvoisin, 142 p., 1 carte.

DUFFOURG-BAZIN, 1886 – La vigne dans les sables da la grande Lande. *Congr. vitic. Agen* : 147.
DUFRENOY, 1877 – Emploi des terres pyriteuses pour le traitement des vignes phylloxérées. *C.R. Acad. Sci. 85* : 608.
DUJARDIN A.C., 1887 – Du rôle de la magnésie dans la résistance des ceps français au Phylloxera. *C.R. Acad. Sci. et Progr. Agric. et Vit. 8* : 52-53.
DUMAS J.B., 1870 – Lettre de Laliman sur l'immunité dont jouiraient vis-à-vis du Phylloxera certains cépages américains du groupe des *aestivalis*. *C.R. Acad. Sci.*, 8 août.
DUMAS J.B., DUCHARTRE P.E.S. et al., 1871 – Rapport à M. le Ministre de l'Agriculture par la Commission instituée pour l'étude de la nouvelle maladie de la vigne. Impr. Nat. Paris, juillet, 8 p.
DUMAS J. B., 1873 – Les expériences au sulfure de carbone de M. Monestier. *C.R. Acad. Sci. 77* : 251.
DUMAS J. B., 1874 – Mémoire sur les moyens de combattre l'invasion du Phylloxera. *C.R. Acad. Sci. 78* : 1609-1620.
DUMAS J. B., MILNE-EDWARDS H., DUCHARTRE P.E.S., BLANCHARD Ch. E., PASTEUR L., THENARD P., ARNOULD et BOULEY H.M., 1874 – Rapport sur les mesures administratives à prendre pour préserver les territoires menacés par le Phylloxera. *C.R. Acad. Sci. 78* : 1807-1813.
DUMAS J. B., 1874 – Observations relatives au Phylloxera de la vigne (divers procédés). *C.R. Acad. Sci. 79* : 514-521.
DUMAS J. B., 1874 – Communication relative à la destruction du Phylloxera (travaux de Mouillefert sur le sulfocarbonate et le coaltar). *C.R. Acad. Sci. 79* : 849-851.
DUMAS J. B., 1874 – Sur la composition et les propriétés physiologiques des produits de goudron de houille. *C.R. Acad. Sci. 79* : 935-937.
DUMAS J. B., 1874 – Note sur l'apparition du Phylloxera à Preigny, près de Genève. *C.R. Acad. Sci. 79* : 1231-1233.
DUMAS J. B., 1875 – Note sur l'emploi des sulfocarbonates alcalins. *C.R. Acad. Sci. 80* : 1048-1051.
DUMAS J. B., 1875 – Observations concernant la note d'Aubergier. *C.R. Acad. Sci. 80* : 785-788.
DUMAS J. B. et al., 1875 – Rapport sur la réclamation dont a été l'objet le décret rendu sur la demande de M. le Gouverneur de l'Algérie, relatif à l'importation en Algérie de plants d'arbres fruitiers ou forestiers venant de France. *C.R. Acad. Sci. 81* : 1175-1182.
DUMAS J. B., 1876 – Etudes sur le Phylloxera et sur les sulfocarbonates. Paris, Gauthier-Villard éd., 112 p.
DUMAS J. B., PASTEUR L., BLANCHARD E., BRONGNIART Ch., CORNU M. et GIARD A., 1889 – Sur les *Entomophtora*, champignons parasites des insectes à essayer contre le Phylloxera. *C.R. Acad. Sci. 249* : 504-514.
DUMONT A., 1873 – Sur la possibilité d'appliquer la submersion de la vigne pour détruire le Phylloxera dans la vallée du Rhône. *C.R. Acad. Sci. 76* : 150-151.
DUMONT A., 1874 – Sur le canal d'irrigation du Rhône. *C.R. Acad. Sci. 78* : 315-317.
DUPLESSIS J., 1877 – Sur la présence du Phylloxera dans le département du Loir-et-Cher. *C.R. Acad. Sci. 85* : 532, 748.
DUPLESSIS J., 1878 – Sur l'étendue de la surface envahie par le Phylloxera dans le Loiret. *C.R. Acad. Sci. 86* : 946.
DUPLESSIS J., 1891 – Le Phylloxera et le Laboratoire agricole départemental. Orléans, Impr. Michau, 30 p.
DUPONCHEL A., 1872 – Guérison des vignes atteintes du Phylloxera par la submersion. Avignon, Impr. Chaillot, 10 p.
DUPONCHEL A., 188.. – Le Phylloxera : submersion des vignes ; visite de la Commission départementale de l'Hérault au domaine de M. Faucon.
DUPONCHEL A., 1883 – Les irrigations insecticides. Paris, Hachette, 36 p.
DUPONT, 1873 – Sur la nouvelle maladie de la vigne. *Journal d'Agriculture pratique*, janv. 78.
EGOROV P.I., 1952 – Le bromure de méthyle, produit pour la lutte contre le Phylloxera. *Vinod. i Vinogr.* 7 juillet, rés. in *Bull. O.I.V.* 1953, *263* : 82-83.
ELIE de BEAUMONT J. B., 1874 – Observations sur les procédés de destruction du Phylloxera (neige). *C.R. Acad. Sci. 79* : 99-100.
EMICH (de) G., 1877 – Mémoire sur la question du Phylloxera dans le royaume de Hongrie. Lausanne, 12 p.
EMICH (de) G., 1880 – Jelentes A Phylloxeraugy Tanulmanyozasa Vegett. Budapest, in-4° de 80 p.
ERB., 1872 – Note sur un procédé de destruction du Phylloxera. *C.R. Acad. Sci. 75* : 1612.
ESCARRA J., 1892 – Disposition rationnelle des trous d'injection dans le traitement par le sulfure de carbone. *Progr. Agric. et Vit. 17* : 298-299.
ESCOFFIE H., 1868 – Résumé des premières observations faites à Saint Rémy et à Sérignan. *Petit Journal*, 3 août.
ESPIERRE (d') G., 1884 – Essai de charrues sulfureuses. *Progr. Agric. et Vit. 1* : 139-140.
ESPIERRE (d') G., 1886 – Essais d'engrais analyseurs dans les sables d'Aigues-Mortes. *Progr. Agric. et Vit. 5* : 67.
ESPINE (Marquis de l') , LOUBET, OLIVIER, RASPAIL et BEDEL, 1869 – Conclusions de la Commission départementale de Vaucluse, instituée pour l'étude de la nouvelle maladie de la vigne. *Bull. Soc. Agric. et Hort. Vaucluse 18* : 258-262.
ESPINE (Marquis de l') et BEDEL, 1869 – Lettre à M. le Préfet de Vaucluse sur la maladie de la vigne, 13 décembre 1869. *Bull. Soc. Agric. et Hort. Vaucluse 18* : 369-371 et *Messager Agric. du Midi X* : 98-107.
ESPINE (Marquis de l') et BEDEL, 1870 – Lettre à M. le Préfet de Vaucluse en date du 25 janvier 1870. *Le Méridional*, Avignon, 25 janvier 1870 et *Bull. Soc. Agric. et Hort. Vaucluse 19* : 51.
ESPINE (Marquis de l'), 1871 – Observations sur la prétendue diminution d'intensité de la maladie de la vigne. *Bull. Soc. Agric. et Hort. Vaucluse 20* : 195.
ESPINOUSE (Dr) A., 1874 – Du Phylloxera. Son traitement dans le Midi. *Ass. Fr. pour l'avancement des Sciences*, Bordeaux, Feret éd., 32 p.
ESPITALIER S., 1874 – Ensablement des vignes phylloxérées avec addition d'engrais. Instructions pratiques. Montpellier, Coulet éd., 30 p.
ESTINGOY E., 1876 – Ampélographie ou guérison des vignes et simultanément destruction du Phylloxera, Bordeaux, Impr. Gounouilhou, 30 p.
FAAS K.H., 1965 – 50 ans de Phylloxera dans la région viticole Moselle-Sarre-Ruvec. *Weinberg u. Keller 5* : 221-232 et *Bull. O.I.V. 411* : 839.
FABRE J. H., 1877 – Sur un cépage américain non attaqué par le Phylloxera (Riparia). *C. R. Acad. Sci. 85* : 780.
FABRE J. H., 1880 – Etudes sur les mœurs du Phylloxera pendant la période d'août à novembre 1880. *C.R. Acad. Sci 91* : 800-806 et *Observations sur le Phylloxera, Acad. Sci. 1881* : 11-17.

FABREGUE-CARBONEL et BOYER F., 1870 – Nouvelle maladie de la vigne. *Bull. Soc. Agric. du Gard*, juillet : 124-128.
FAES H., 1874 – Le Phylloxera sur les feuilles. *Chron. agric. du canton de Vaud.*
FAES H., 1906 – Phylloxera et porte-greffes. *Rapport de la Station viticole et du service Phylloxera*, Lausanne.
FAES H., 1912 – Désinfection phylloxérique à la station de Lausanne. *Terre Vaudoise*, février.
FAES H., 1915 – Le Phylloxera gallicole dans le vignoble vaudois. *Terre Vaudoise 7 :* 269-270.
FAES H., 1917 – Phylloxera. Rapport de la station vitic. *Terre Vaudoise.*
FAES H. et STAEHELIN M., 1922 – Le Phylloxera gallicole. *Annuaire Agric. Suisse*, 4 : 295-303.
FAES H., 1923 – Le Phylloxera en Valais et la reconstitution du vignoble. *Actes Soc. Helvétique des Sci. Natur.*, Zermatt et Impr. Reeger Arthur, Sion.
FAES H., 1927 – Le Phylloxera gallicole. *Progr. Agric. et Vit. 88 :* 400-402.
FALLIERES E., 1878 – L'étude du Phylloxera et les moyens de le combattre. *Assoc. Vit. de Libourne.* Impr. Dessiaux et Constant, 34 p.
FALLIERES E., 1879 – Rapport sur le Phylloxera adressé à M. le Ministre de l'Agriculture. *Bull. Assoc. Vit. Libourne*, II* : 21.
FALLIERES E., 1883 – Dosage volumétrique du sulfure de carbone dans les sulfocarbonàtes. *C.R. Acad. Sci. 96 :* 1799-1802.
FALLOT B., 1894 – Note sur les antiphylloxériques (camphre). *Rev. de Vit. 2 :* 432-433.
FARACI G., 1910 – Sur la résistance des vignes au Phylloxera. *Rev. de Vit. 34 :* 175-180 et 201-204.
FATIO V. et DEMOLE-ADOR, 1875 – Le Phylloxera dans le canton de Genève, de mai à août 1875. Genève, impr. Ramboz et Schuchardt, 44 p., 1 carte et 1 pl. couleurs.
FATIO V., 1876 – Lettre à M. Dumas sur le Phylloxera. *C.R. Acad. Sci. 82 :* 1378-1380.
FATIO V. et DEMOLE-ADOR, 1876 – Le Phylloxera dans le canton de Genève, d'août 1875 à juillet 1876. Rapport au Département de l'Intérieur. Genève, Ramboz et Schuchardt.
FATIO V. (Dr), 1877 – Instructions sommaires à l'usage des Commissions centrales d'études et de vigilance du Phylloxera. *Bull. Soc. centr. Agric. de la Savoie*, Chambéry, 20 p., 1 pl.
FATIO V., 1878 – Etat de la question phylloxérique en Europe. Ed. H. Georg, Genève.
FATIO V. (Dr), 1879 – Le Phylloxera en Suisse en 1878. Rapport officiel de la Commission du Phylloxera, avec 1 carte. Genève et Berne.
FATIO V. (Dr), 1879 – Instructions sommaires à l'usage des experts cantonaux et fédéraux en Suisse. Genève, Ramboz et Schuchardt.
FATIO V., 1880 – Désinfection des véhicules par l'acide sulfureux anhydre. *C.R. Acad. Sci. 90 :* 851-854.
FATIO V. (Dr), 1880 – Le Phylloxera en Suisse durant l'année 1878. Genève.
FAUCON L., 1869 – Quelques nouvelles notes sur la nouvelle maladie de la vigne dans le territoire de la commune de Graveson. *Messager Agricole du Midi*, 5 novembre : 369-376.
FAUCON L., 1869 – Nouvelles maladies de la vigne. *Le Messager Agricole du Midi*, 5 août, 5 sept., 5 oct., 20 oct., 5 déc. et 5 janv. 1870 et *C.R. Acad. Sci. 69* 25 juin et brochure de 48 pages, in-8.
FAUCON L., 1870 – Nouvelle maladie de la vigne. *Journal d'Agriculture Pratique*, 14 avril et 28 juillet.
FAUCON L., 1870 – Nouvelle maladie de la vigne (Irrigations et inondations). *Messager Agricole du Midi*, 5 janvier : 430-436.
FAUCON L., 1870 – Lettre à M. Masson du 13 janvier 1870 sur les bons effets de la submersion pendant l'hiver. *Messager Agricole du Midi*, 5 mars : 52-53.
FAUCON L., 1870 – Quelques mots sur la submersion des vignobles. *Messager Agricole*, 3 avril.
FAUCON L., 1870 – Lettre à M. Masson, notaire à Courtheson, en date du 11 avril 1870. Bons effets des submersions. *Messager Agricole du Midi*, 5 mai : 114-115.
FAUCON L., 1870 – Nouvelle maladie de la vigne. *Journ. d'Agriculture pratique*, 14 avril : 512-516.
FAUCON L., 1870 – Maladie de la vigne. *Journ. d'Agriculture pratique*, 28 juillet : 131.
FAUCON L., 1870 – Maladie de la vigne (suite des notes...), brochure in-8. Avignon, Amédée Chaillot, impr.
FAUCON L., 1870 – Notes sur la maladie de la vigne dite du Phylloxera dans le territoire de la commune de Graveson. *Messager Agricole du Midi*, 10 août : 213-219 et brochure.
FAUCON L., 1871 – Destruction du Phylloxera par la submersion des vignes : lettre à M. le Ministre de l'Agriculture et du Commerce en date du 18 septembre 1871. *Journ. d'Ariculture pratique*, 12 octobre : 1056-1060.
FAUCON L., 1871 – Lettre à Planchon en date du 18 octobre 1871 publiée avec la réponse de Planchon. *Messager Agricole du Midi,*13 novembre.
FAUCON L., 1871 – Traitement par submersion des vignes attaquées par le *Phylloxera vastatrix. C.R. Acad. Sci. 73 :* 784-785.
FAUCON L., 1872 – Passage du Phylloxera d'un cep à l'autre au-dessus du sol. *C.R. Acad. Sci. 75 :* 639-642 et 683-684.
FAUCON L., 1872 – Le Phylloxera, ses modes de propagation. Avignon, Impr. Chaillot, 8 p.
FAUCON L., 1872 – Notes sur la nouvelle maladie de la vigne. Montpellier, Gras.
FAUCON L., 1872 – Notes sur la maladie des vignes dite du Phylloxera. Avignon, Impr. A. Chaillot : 105-144 p.
FAUCON L., 1872 – Etude sur les moyens de guérir les vignes atteintes du Phylloxera. *Soc. Agric. et Hort. Vaucluse, 21,* juillet et Avignon, A. Chaillot éd., 32 p.
FAUCON L., 1873 – Le *Phylloxera vastatrix*, ce qu'il devient pendant l'hiver. *C.R. Acad. Sci. 76 :* 766-769 et Montpellier, Hamelin.
FAUCON L., 1873 – Note sur les résultats déjà obtenus par le procédé de submersion des vignes pour combattre le Phylloxera. *C.R. Acad. Sci. 76 :* 361.
FAUCON L., 1873 – Observations sur le réveil du Phylloxera au mois d'avril 1873. *C.R. Acad. Sci. 76 :* 1070-1071.
FAUCON L., 1873 – Sur l'époque à laquelle il conviendrait d'appliquer la submersion aux vignes atteintes par le Phylloxera. *C.R. Acad. Sci. 77 :* 663-666.
FAUCON L., 1873 – Renseignements sur le Phylloxera. *Bull. Soc. Agric. et Hort. Vaucluse*, févr.
FAUCON L., 1873 – Application de la submersion des vignes atteintes par le Phylloxera. Brochure 8 p.,Avignon, Impr. Chaillot.
FAUCON L., 1873 – Observations relatives aux résultats obtenus par les études scientifiques concernant le Phylloxera. *C.R. Acad. Sci. 77 :* 1175-1176.
FAUCON L., 1874 – Mémoire sur la maladie de la vigne et sur son traitement par le procédé de la submersion. *Mémoires présentés par divers savants à l'Académie des Sciences*, 92 p.
FAUCON L., 1874 – Communication sur la submersion. *Congr. Intern. viticole, Montpellier*, 26 octobre : 139-142.
FAUCON L., 1874 – Instructions pratiques sur le procédé de la submersion. Montpellier, Coulet éd., 156 p.
FAUCON L., 1874 – Le *Phylloxera vastatrix*, ce qu'il devient pendant l'hiver. *Messager Agricole du Midi*, 14 p.

FAUCON L., 1878 – La submersion des vignes. *Bull. Soc. Agric. et Hort. Vaucluse*, juillet : 251-261.
FAUCON L., 1879 – Résultat des recherches faites dans le but de trouver l'origine des reinvasions estivales du Phylloxera. *C.R. Acad. Sci. 89* : 693-696 et 738-744.
FAUCON L., 1879 – Expérience relative au transport des Phylloxeras par le vent. *C.R. Acad. Sci. 89* : 983.
FAUCON L., 1879 – Sur le traitement par la submersion des vignes attaquées par le Phylloxera. *C.R. Acad. Sci. 89* : 80-83, 402.
FAUCON L., 1879 – Nouvelles observations sur la submersion des vignes. Coulet éd. Montpellier, 16 p.
FAUCON L., 1879 – Nouvelles et importantes observations sur le meilleur mode d'emploi de la submersion des vignes. Avignon, Impr. A. Lagrange, 20 p.
FAUCON L., 1879 – Rapport sur le volume d'eau nécessaire à la submersion d'un vignoble. *Commission supérieure du Phylloxera* : 78-81.
FAUDRIN M., 1869 – Cultures intercalaires pour lutter contre le Phylloxera. *Revue Horticole*, 16 novembre : 429.
FERET Fils, 1870 – La nouvelle maladie de la vigne (Etisie) et le puceron *Phylloxera vastatrix*. *Almanach des buveurs, éd. Feret* : 72-85.
FERMAUD M., 1886 – Le sulfure de carbone. *Progr. Agric. et Vit. 5* : 258.
FERROUILLAT P., 1898 – Rapport sur les expériences de viticulture faites à l'Ecole nationale d'agriculture de Montpellier. *Commission supérieure du Phylloxera* : 128-144.
FJODOROW S.M., 1959 – Die holsgeschen grandlager der Reblausbekampfung Sowjet Wissenschaft. *Natur Weiss Bert.* jg. 964-978.
FIEDLER, 1886 – Un nouveau remède contre le Phylloxera (créosote). *Progr. Agric. et Vit. 6* : 106-107.
FEUILLERAT A., 1898 – Traitement au sulfure de carbone dissous (Appareil Brouhot). *Rev. de Vit. 9* : 453-455, 3 fig.
FITCH (ASA), 1854 – Description du *Pemphigus vitifolii*. *Trans. of the New York State Agricult. Soc.* : 862 et *Patent Office Report* : 79.
FLEMING W.E. et BAKER F.E., 1935 – The use of Carbon disulphide against the Japanese Beetle. U.S. dept. Agric. Washington Techn. Bull. N° 478, 92 p.
FOA Anna et GRANDORI K., 1908 – Studi sulla Fillossera della vite. Difference tra la fillossera gallicola et fillossera radicicola. *C.R.Royal. Accad. dei Lincei.* Roma. Cl. sc. fis. mat. et nat., *17* : 276-281.
FOEX G., 1876 – Notes relatives aux effets produits par le Phylloxera sur les racines de divers cépages américains et indigènes. *C.R. Acad. Sci. 83* : 1218-1219 et *La Vigne américaine* 1877 : 77-79.
FOEX G., 1877 – Deuxième note relative aux effets produits par le Phylloxera sur les racines de divers cépages américains et indigènes. *C.R. Acad. Sci. 84* : 115-117.
FOEX G., 1877 – Sur la structure comparée des racines des vignes américaines et indigènes et sur les lésions produites par le Phylloxera. *C.R. Acad. Sci. 84* : 922-924 et *La Vigne américaine* : 148-149.
FOEX G., 1879 – Causes de la résistance des vignes américaines aux attaques de Phylloxera. Montpellier, Impr. Boehm, 8 p., 1 pl. couleurs.
FOEX G., 1879 – Rapport à M. le Directeur de l'Ecole Nationale d'Agriculture sur les expériences de viticulture. Montpellier, Coulet éd., 66 p., 9 pl.
FOEX G., 1879 – Etudes sur la réinvasion du Phylloxera dans les vignes traitées par les insecticides. *C.R. Acad. Sci. 89* : 291-292.
FOEX G., 1882 – Rapport sur les expériences entreprises à l'Ecole d'Agriculture de Montpellier en 1881. *Commission supérieure du Phylloxera* 1882 : 94-104.
FOEX G., 1883 – Rapport sur les expériences de viticulture faites à l'Ecole nationale d'agriculture de Montpellier en 1882. *Commission supérieure du Phylloxera* : 111-123.
FOEX G., 1884 – Rapport sur les expériences de viticulture faites à l'Ecole nationale d'agriculture de Montpellier en 1883. *Commission supérieure du Phylloxera* : 85-102.
FOEX G., 1885 – Rapport sur les expériences de viticulture faites à l'Ecole nationale d'agriculture de Montpellier. *Commission supérieure du Phylloxera* : 107-125.
FOEX G., 1886 – Rapport sur les expériences de viticulture faites à l'Ecole nationale d'agriculture de Montpellier. *Commission supérieure du Phylloxera* : 122-130.
FOEX G., 1887 – Rapport sur les expériences de viticulture faites à l'Ecole nationale d'agriculture de Montpellier. *Commission supérieure du Phylloxera* : 112-126.
FOEX G., 1888 – Rapport sur les expériences de viticulture faites à l'Ecole nationale d'agriculture de Montpellier en 1887. *Commission supérieure du Phylloxera* : 78-96.
FOEX G., 1890 – Rapport sur les expériences de viticulture faites à l'Ecole nationale d'agriculture de Montpellier. *Commission supérieure du Phylloxera* : 69-88.
FOEX G., 1894 – L'œuvre viticole de Planchon (avec photo). *Rev. de Vit. 2* : 537-546 ; 584 (statue).
FOEX G., 1895 – Rapport sur les expériences de viticulture faites à l'Ecole nationale d'agriculture de Montpellier. *Commission supérieure du Phylloxera* : 55-65.
FOEX G., 1898 – Rapport sur la situation des vignobles et de son inspection (Sud). *Commission supérieure du Phylloxera* : 57-120.
FOEX G., 188. – (Le Phylloxera). Bulletin des viticulteurs submersionnistes. Avignon, Seguin frères.
FOEX G., 1900 – La crise phylloxérique en France (historique). *Congr. Intern. Viticulture, Paris* : 34-89 et Paris. Soc. anonyme des Publications périodiques, 55 p.
FOREL F.A., 1871 – Notice sur les ravages causés dans les vignobles du midi de la France par le *Phylloxera vastatrix*. Lausanne, brochure in-12 de 22 p.
FOREL F.A., 1875 – Le *Phylloxera vastatrix* dans la Suisse occidentale jusqu'au 31 décembre 1874. *Bull. Soc. Vaud. Sc. Nat., 13* N° 74 : 661-683, 1 carte.
FOUQUE, 1874 – Note sur l'emploi du sulfure de carbone pour combattre le Phylloxera. *C.R. Acad. Sci. 78* : 17-59.
FOUQUE, 1874 – Sur les moyens d'employer le sulfure de carbone dans le traitement de la vigne attaquée par le Phylloxera. *C.R. Acad. Sci. 79* : 22-23.
FOURNET G., 1877 – Traitement des vignes phylloxérées par le sulfure de carbone fixé dans des matières pulvérulentes. *C.R. Acad. Sci. 84* : 219-222.
FRANCESCHINI F., 1879 – Notizie sulla fillossera della vite. Milano.
FRANCESCHINI F., 1893 – Studi sulla fillossera della vite. Roma.
FRANCESCHINI F., 1895 – Fillossera della vite. *Dizionario d'agricoltura*, vol. 3.
FRANCHINO A., 1931 – Sulla origine della *Vitis vinifera*. Consorzio per la Viticoltura, Macerata.
FRANÇOIS J., 1876 – Sur les effets produits par l'absence de culture à la surface du sol dans les vignobles attaqués par le Phylloxera. *C.R. Acad. Sci. 82* : 1147-1149.
FRAENKEL, 1952 – Communication au *Congr. Intern. Entomologie*, Amsterdam.

FREMY Edm., 1879 – Questions relatives au Phylloxera adressées à M. P. Thenard. *C.R. Acad. Sci. 89* : 924-926.

FREZAL P., 1948 – Destruction des Phylloxeras gallicoles. *Ann. Inst. Agricole Alger* (4) : 8 p. et tiré-à-part 1951. Impr. Imbert Alger.

FREZAL P. et PRUDHOMME J., 1950 – Rapport algérien sur le Phylloxera. *6e Congr. O.I.V. Athènes* : 51-92.

FREZAL P. et PORTELLI R., 1954 – Action du captane sur le Phylloxera gallicole de la vigne. *C.R. Acad. Agric. 40* : 563-566 et *Bull. O.I.V.*, 1955, *287* : 121.

FROGATT, 1922 – Leaf Galls of Phylloxera at Howlong. *Agric. Gaz. N.S. Wales,* Sydney.

FRUCHIER Ch., 1875 – Le Phylloxera. Congr. vit. interdép. de Bordeaux, 1er déc. 1875. Impr. Barbaroux, Digne 1876.

FUMOUZE et ROBIN Ch., 1867 – (le *Tyroglyphus longior*). *Journal de l'Anatomie et de la Physiologie*, n° 5, sept. et octobre.

GACHEZ, 1876 – Sur la destruction du Phylloxera par la culture intercalaire du maïs rouge. *C.R. Acad. Sci. 82* : 632.

GALET P., 1950 et 1951 – Observations sur la résistance aux maladies des Hybrides producteurs (Mildiou et Phylloxera). *Progr. Agric. et Vit. 133* : 300-307, 325-330, 353-358 ; *134* : 11-15, 50-53 et 1951, *136* : 178-182, 196-199.

GALET P., 1956 – Les porte-greffes. Rapport nat. français au *Congr. Intern. O.I.V. Santiago du Chili* et *Bull. O.I.V. 1957, 316* : 12-32.

GALET P., 1959 – Les méfaits actuels du *Phylloxera. La France Agricole* N° 753, 3 déc.

GALET P., 1959 – La Galle sur les feuilles de Vigne. *Le Foyer rural* N° 834, 18 octobre.

GALET P., 1964 – Méfaits actuels du *Phylloxera. Le Foyer rural* N° 880, 4 sept.

GALET P., 1973 – La culture de la vigne au Venezuela. *La France Viticole* N° 11 : 295-316.

GALET P., 1978 – Le centenaire de l'invasion phylloxérique. *La France viticole,* sept. : 199-204.

GARCIA DE LOS SALMONES N., 1893 – La invasion filoxerica en Espana y las cepas americanas. Barcelona Tipogr. L. Tasso, 288 p.

GARKAVENKO A.S., 1970 – Moyens efficaces de lutte contre l'action du Phylloxera sur les vignes *V.vinifera* vivant sur leurs propres racines. *10e session O.I.V. Chypre* et *Bull. O.I.V.,* 1971, *489* : 983-9876.

GAROGLIO P.G., 1951 – Les produits chimiques dans la lutte contre le Phylloxera *Experimenta,* Mendoza, juillet et *Bull. O.I.V. 248* : 156-158.

GARRAUD R. (Abbé) 1888 – Notice sur le Clos de Vougeot. Le Phylloxera au XVe siècle. Impr. Lib. de Citeaux.

GARRIGOU F., 1880 – Conférence sur le Phylloxera du 26 février à l'Ecole supérieure de commerce de Bordeaux. Feret éd., 44 p.

GASPARIN (Cte de) P., 1868 – La nouvelle maladie de la vigne. *Bull. Hebdom. de l'Agriculture* 23 mai et 11 juillet et *Journ. de l'Agr.* 5 et 20 août, 20 oct. et 20 nov.

GASPARIN (de) P., 1868 – Lettre à M. Barral. *Bull. Soc. Centr. Agri. Hérault* : 667-669.

GASPARIN (de) P., 1883 – Sur la constitution physique et chimique des terrains vignobles traités par la submersion dans le sud-est de la France. *C.R. Acad. Sci. 96* : 1552-1555.

GASTINE G., 1877 – Expériences faites pour apprécier la diffusion des vapeurs du sulfure de carbone dans le sol comme insecticide. *C.R. Acad. Sci. 84* : 1219-1221.

GASTINE G., 1882 – Rapport sur la situation phylloxérique dans la région de l'Est en 1881. *Commission supérieure du Phylloxera* 1882 : 34-63.

GASTINE G., 1883 – Rapport sur la situation phylloxérique dans la région de l'Est en 1882. *Commission supérieure du Phylloxera* 1883 : 46-76.

GASTINE G., 1884 – Sur la recherche et le dosage de faibles quantités de sulfure de carbone dans l'air, dans le gaz, dans les sulfocarbonates.

GASTINE G., 1884 – Emploi du sulfure de carbone contre le Phylloxera. Paris, Masson éd.

GASTINE G. et COUANON G., 1884 – Emploi du sulfure de carbone contre le Phylloxera. Bordeaux, Feret et fils éd., 276 p.

GASTINE G., 1884 – Rapport sur la situation phylloxérique dans les régions de l'Est, du Centre-Est et du Sud-Est (campagne 1883). *Commission supérieure du Phylloxera* : 33-44.

GASTINE G., 1885 – Rapport sur la situation phylloxérique en 1884. *Progr. Agr. et Vit. 3* : 388-389 et 435-437.

GASTINE G., 1885 – Rapport sur la situation phylloxérique dans les régions de l'Est, du Centre-Est et du Sud-Est (campagne 1884). *Commission supérieure du Phylloxera* : 27-70.

GASTINE G., 1886 – Rapport sur la situation phylloxérique dans les régions de l'Est, du Centre-Est et du Sud-Est (campagne 1885). *Commission supérieure du Phylloxera* : 78-106.

GASTINE G., 1886 – Sur la diffusion du sulfure de carbone. *Progr. Agric. et Vit. 6* : 375-378, 444-447.

GASTINE G., 1887 – Rapport sur la situation phylloxérique dans les régions de l'Est, du Centre-Est et du Sud-Est (campagne 1886). *Commission supérieure du Phylloxera* : 56-76.

GASTINE G., 1888 – Rapport sur la situation phylloxérique dans les régions de l'Est, du Centre-Est et du Sud-Est (campagne 1887). *Commission supérieure du Phylloxera* : 60-77.

GASTINE G., 1890 – Rapport sur la situation phylloxérique dans les régions de l'Est, du Centre-Est et du Sud-Est (campagne 1888 et 1889). *Commission supérieure du Phylloxera* : 60-68.

GASTINE G., 1890 – Les traitements au sulfure de carbone. *Progr. Agric. et Vit. 14* : 449-455.

GASTINE G., 1891 – Sulfure de carbone vaseliné et sulfure de carbone pur. *Progr. Agric. et Vit. 16* : 246-248.

GASTINE G., 1891 – Sur le meilleur mode d'emploi du sulfure de carbone. *Progr. Agric. et Vit. 16* : 151-158.

GASTINE G., 1893 – Manuel pratique pour l'emploi du sulfure de carbone contre le Phylloxera. Montpellier, Coulet éd., 164 p. et Marseille, Impr. Samat et Cie.

GASTINE G., 1894 – Sur la résistance au Phylloxera des vignes américaines. *Progr. Agric. et Vit. 21* : 564-568, 590-598.

GASTINE G., 1895 – Sur la fertilisation indirecte des terres par le sulfure de carbone. *Progr. Agric. et Vit. 23* : 529-533, 629-638.

GASTINE G., 1897 – Rapport sur la composition des terres de la Camargue, la composition des sables du cordon littoral rhodanien, la nature du salant de la Camargue. *Bull. Minist. Agric.,* 91 p.

GASTINE G., 1898 – Etude sur les sables. *Ann. Sci. Agron.,* I : 240.

GASTINE G., 1914 – Notice sur l'emploi du sulfure de carbone pour la destruction des insectes nuisibles, etc... Marseille, Impr. du Sémaphore, Barlatier, 48 p.

GAUTIER G., 1886 – Rapport du jury chargé de visiter les exploitations concernant la prime d'honneur, etc... dans le département des Bouches-du-Rhône en 1886. *Messager Agricole du Midi* : 11-16.

GAYON U. et MILLARDET A., 1879 – Sur les matières sucrées des vignes phylloxérées et pourridiées. *C.R. Acad. Sci. 89* : 288-291.

GAYON U., 1881 – Recherches effectuées en vue de découvrir des organismes parasites du Phylloxera. *C.R. Acad. Sci. 93* : 997-999.

GELIS A. et THOMMERET-GELIS, 1882 – Sur un sulfocarbomètre destiné à déterminer les quantités de sulfure de carbone contenues dans les sulfocarbonates alcalins. *C.R. Acad. Sci. 95* : 967-969.

GENNADIUS P., 1879 – Le Phylloxera (en grec). Athènes, 78 p.

GENIN F., 1879 – Destruction du Phylloxera. Mémoire à l'Académie des Sciences, 1er déc. 1878. Semur, Impr. Verdot, 40 p.

GEORGES (de), 1877 – Sur l'emploi des sulfocarbonates. *C.R. Acad. Sci. 84* : 1368-1369.

GERHARDT K., 1922 – Uber die Entwicklung der Spirallockengalle von *Pemphigus spirothecae* an der Pyramiden-pappel. *Z.f. Pflanzenkrankheiten und Gallenkunde, 32.*

GERSCH M., 1953 – Uber die Ausscheidung von Farbstoffen bei der Reblaus. *Zool. Anz., 151* : 225-236.

GERVAIS P., 1869 – Dégâts causés par le Phylloxera. *Ann. Soc. Entom.* 4° serv. *9* : 53-54.

GERVAIS P., 1896 – La reconstitution des terrains calcaires. III - Résistance au Phylloxera. *Progr. Agric. et Vit. 25* : 343-355.

GIBAUDAN E., 1884 – Aperçu critique sur le concours spécial de charrues sulfureuses à Carcassonne. *Progr. Agric. et Vit. 2* : 337-338.

GIBAUDAN E., 1885 – Etude sur les sulfo-charrues. *Progr. Agric. et Vit. 3* : 109, 114-147.

GIBAUDAN E., 1885 – Sur la diffusion du sulfure de carbone. *Progr. Agric. et Vit. 3* : 8-10, 74-76.

GIBAUDAN E., 1885 – Sulfure de carbone et huiles lourdes en mélange. *Progr. Agric. et Vit. 3* : 393.

GINKU A.I., 1971 – Free amino acid level in leaves and galls of different varieties of grape (russ.). *Akad. Nauk. Mold. SSR., Kishinev* : 74-79.

GINKU A.I., 1971 – Quantitative changes in protein fractions in grape leaves and galls in connection with Phylloxera nutrition (russ.). *Akad. Nauk. Mold. SSR.* : 79-82.

GIRARD M., 1874 – Etat actuel de l'invasion phylloxérique dans les Charentes. *C.R. Acad. Sci. 79* : 215-217.

GIRARD M., 1874 – Etat actuel de l'invasion du Phylloxera dans les Charentes. *C.R. Acad. Sci. 79* : 364-365.

GIRARD M., 1874 – Sur quelques expériences de laboratoire concernant l'action des gaz toxiques sur le Phylloxera, état actuel de la maladie dans les Charentes. *C.R. Acad. Sci. 79* : 596-598.

GIRARD M., 1874 – Sur l'état actuel de l'invasion du Phylloxera dans les Charentes. *C.R. Acad. Sci. 79* : 649-651.

GIRARD M., 1874 – Influence de la température sur le développement du Phylloxera. *C.R. Acad. Sci. 79* : 907.

GIRARD M., 1874 – Effets produits par les premiers froids sur les vignes phylloxérées dans les environs de Cognac. *C.R. Acad. Sci. 79* : 1145.

GIRARD M., 1874 – Le Phylloxera de la Vigne. Paris, Hachette éd, in-12, 120 p.

GIRARD M., 1875 – Note concernant l'influence du froid sur le Phylloxera hibernant. *C.R. Acad. Sci. 80* : 436.

GIRARD M., 1876 – Instructions générales sur les vignobles des Charentes. *Mém. de divers savants Acad. Sci.,* 25 N° 4, 84 p. et 3 cartes.

GIRARD M., 1879 – Les ennemis naturels du Phylloxera de la Vigne. *Bull. Soc. Agric. de France, 19* : 229-236.

GIRARD M., 1880 – Sur la résistance du Phylloxera aux basses températures. *C.R. Acad. Sci. 90* : 173-174.

GIRARD M., 1880 – Le Phylloxera de la Vigne. 3e éd. populaire Hachette, Paris.

GIRAUD P., 1886 – Le Phylloxera en France. *Rev. Horticole* : 102.

GIRAUD P., 1886 – Emploi du sulfocarbonate de potassium. *La Vigne américaine* : 135-136.

GOETHE, 1890 – Betrachtungen uber die Reblaus. ; gegenwartigen Stande der Sache (fruhjahr 1889) Geisen-heim., 20 p., 2 pl. coul.

GOIDANICH A., 1960 – Enciclopedia agraria italiana R.E.D.A. Roma (art. Fillossera della vite : 682-698).

GOLLMICK F. et SCHILDER F.A., 1941 – Histologie et morphologie des feuilles, leur relation avec l'attaque du Phylloxera. *Mitteilungen Biol. Reichanstalt Berlin-Dahlem* et *Bull. O.I.V.* 1950, nov. 175.

GORKAVENKO E.B., 1972 – Trombidions depradateurs actifs du Phylloxera. *Vinod. i Vinogr., 5* : 43-45 et *Bull. O.I.V., 502* : 1078.

GOTZ Br., 1950 – Versuche zur Bekampfung der Blattreblaus. *Der Weinbau Wissenschaft.,* juin, 3 : 65-76.

GOTZ B., 1952 – La lutte contre le Phylloxera des feuilles. *Wein und Rebe,* 14 p. et *Bull. O.I.V., 260* : 95.

GOTZ B., 1952 – Die Bekampfung der gallicolen von *Phylloxera vitifolii. Z. Pflkrank., 59* : 5-6, 189-198.

GOTZ B., 1956 – Der augenblickliche Stand der kausal-analytischen Forschung auf dem Gebiet der Reblaus-Resistenz und Immunitat. *Weinberg u. Keller, 3* : 126-132.

GOTZ B., 1962 – Reblausrassen und Unterlagenproblem. *Rebe und Wein, 15* : 4-6.

GOTZ B., 1962 – Morphologische Rasseuntersuchungen an Wurzelreblausen in Baden-Wurttemberg. *Wein-Wiss.,* 17 : 267-277.

GOTZ B., 1966 – Untersuchungen uber das Auftreten von Reblausrassen ihre morphologische merkmale und •physiologischen Eigenschaften im Himblinck auf das Unterlagenproblem Jahresber 1965 d. Forschungrin-gen d. *Deutsch. Weinbau b.d. DLG.*

GOTZ B., 1966 – Uber das Auftreten der Fundatrix von *Dactylosphaera vitifolii* in sudbaden. *Die Wein-wissenschaft. 2* : 70-82 rés. in *Bull. O.I.V. 422* : 502.

GOTZ B., 1966 – Zum Fundatrix Auftreten von *Dactylosphaera vitifolii* in fruhjahr 1966. *Die Wein-wissenschaft 11* : 541-547 rés. in *Bull. O.I.V. 431* : 88.

GOUBET Th., 1868 – Compte rendu des recherches et des travaux sur la maladie de la vigne. *Soc. d'Agric. et Hort. Vaucluse,* août : 230-241.

GOUY P., 1901 – Les expériences du Péage sur la résistance phylloxérique des Franco-Américains. *Rev. des Hybrides* : 9-16.

GOUY P., 1901 – Le Phylloxera en Angleterre. *Rev. des Hybrides* : 159.

GOUY P., 1909 – La désinfection des plants de vigne (procédé suisse). *Revue des Hybrides* : 1536.

GRAELLS (de la Paz) M., 1878 – La Phylloxera de la Vid. Inst. industrial del Minist. de Fomento, 12 mai 1878 Madrid. Impr. Hernandez, 16 p.

GRAELLS (de la Paz) M., 1878 – Eclosion de l'œuf fécondé avant l'hiver. *C.R. Congr. Viticole,* Montpellier, sept. 1878.

GRAELLS (de la Paz) M., 1879 – Pontuorio filoxerico dedicado à los viticultores espanoles y delegados officia-les, Madrid. Impr. Martinez, 62 p., 2 pl. couleurs.

GRAELLS (de la Paz) M., 1880 – Sur l'œuf d'hiver du Phylloxera. *Journal de l'Agriculture* : 27.

GRAELLS (de la Paz) M.P., 1880 – Sur l'œuf d'hiver du Phylloxera. *La Vigne améric.* : 102-106.

GRAELLS (de la Paz) (Dr) M.P., 1880 – A proposito del huevo de invierno. *Las vides americans y Phylloxera en Espana* : 249.

GRANDORI R., BONFIGLI B., TOPI M., FOA A. et GRASSI B., 1912 – Contributo alla conescenza della Filloserine e in particolare della filossera della Vite, 456 p., 74 pl., 19 tableaux.

GRANDORI R., 1914 – Risultati dei nuovi studi italiani sulla fillossera della Vite. 15, 17 Tof. Mailand.

GRASSÉ P.P., 1955 – La crise viticole vue sous l'angle de la recherche scientifique. Rapport présenté aux parlementaires le 18 mai 1955. *La Journée vinicole*, 18 juin et *Bull. O.I.V., 293* : 87 et *295* : 169.

GRASSET J., 1870 – Bulletin des essais entrepris contre le Phylloxera par les délégués de la Soc. d'Agric. Hérault. *Messager Agricole du Midi*, 5 août.

GRASSI B., 1904 – La questione fillosserica in Italia. *Rivista d'Italia*, février.

GRASSI B. et FOA Anna, 1907 – Ricerche sulle fillossere e in particolare su quella dell vite, eseguite nel R. Osservatorio antifillosserico di Fauglia fino all'agosto del 1907, per incarico del Ministero d'agricoltura.*Rendic. R. Accad. dei Lincei*, cl. Sc. fis., nat. Roma, *16* : 305-317.

GRASSI B. et FOA A., 1907 – Inaspettata scoperta di una Fillossera sulle radici della Quercia. *Rendic. R. Accad. dei Lincei*, cl. Sc. fis. mat. et nat. Roma, *16* : 1-3.

GRASSI B., 1907 – La comparsa della Fillossera gallecola in Toscana. *Il Progresso Agricolo*, nov.

GRASSI B. et FOA A., 1907 – Ricerche sulle fillossera e in particolare su quelle della vite, eseguite nel R. Osservatorio Antifillosserico di Fauglia fino all'agosto de 1907, per incarico del Ministero di agricoltura. *Boll. Ufficiale de Minist. di agric., ind.* e comm. : 1-13.

GRASSI B. et FOA A., 1908 – Ulteriori ricerche sulla Fillossera della Vite. Produzione delle galle da parte delle radicicola. Differenze tra le Fillossere radiciole nelle varie stagioni dell' anno. *Rendic. R. Accad. Lincei*, Roma, *17* : 753-760.

GRASSI B. et GRANDORI R., 1908 – Ulteriori ricerche sulla Fillossera gallicole della Vite. *Rendic. R. Accad. Lincei*, Roma, *17* : 760-770.

GRASSI B. et FOA A., 1908 – Sulla classificazione delle Fillossere *R.V. 17* S. 5a, 2° S.

GRASSI B., 1908 – La lotta contro la Fillossera. *Rivista d'Italie*, mars, *3* : 353-382.

GRASSI B. et FOA A., 1909 – Le nostre ultime ricerche sulla Fillossera della Vite *Rendic. Atti Accad. Lincei*, Roma et *R.V. 18* S 5a, 2° S. f. 6°

GRASSI B., 1909 – Ulteriori ricerche sui Fillosserini *R.V. 18* S 5a 2° S. f. 10° et 12°.

GRASSI B., 1909 – Di alcune questioni d'indole generale collegantisi con lo studio della Fillosserine *R.V. 18* S 5a, 2° S. f. 11° et *Rend. Atti Accad. Lincei*. Roma, *18*.

GRASSI B., 1910 – Osservazioni intorno al fenomeno della rudimentazione nei Fillosserini *R.V. 19* S 5a 1° S. f. 2°.

GRASSI B., 1910 – Gli ovarioli delle Fillossere *R.V. 19* S. 5a, 1° S. f. 11°.

GRASSI B., FOA A. et TOPI M., 1911 – Studi sulla diffusione spontanea della Fillossera *R.V. 20* S, 5a 2° S. f. 11°.

GRASSI B., 1912 – Contributo alla conoscenza delle Filloserine ed in particolare della Fillossera della Vite, Roma.

GRASSI B., 1915 – Biologie du Phylloxera de la Vigne (traduction fr. résumant ses travaux). *Bull. mensuel des renseignements agricoles*, année VI N° 10, Rome.

GRASSI B., 1915 – Ricerche fatte incarico del Ministero di Agric. intorno alla fuoriuscita dal terreno, delle prime larve (neonate) della fillossera della vite. *Boll. del Min. di agric. ind. e commerc., 14.*

GRASSI B. et TOPI M., 1917 – Esistono diverse razze di fillossera della vite ? ; *Rend. Accad. Lincei* Roma : 265-273.

GRASSI B. et TOPI M., 1924 – Le due spacie di fillossera della vite, distinte dal Borner, sono inconsistenti. *Atti R. Accad. Lincei, 33* : 81-84 et *Wein und Rebe, 6*.

GRASSI B. et TOPI M., 1924 – Sperimenti sulle presente diverse razze o specie di Fillossera della Vite. *Rend. Acad. Naz. dei Lincei, 33* sér. 5, 1° sem. : 47-52.

GRETHER, 1920 – Verfahren fur Bekampfung der Reblauskrankheit *Wein und Rebe*.

GRIMALDI Cl., 1888 – Il primo caso di resistenza alla fillossera delle viti coltivate nelle sabbie in Italie. Portici, 8 p.

GRIMALDI Cl., 1980 – Sopra la resistenza alla fillossera di vigneti coltivati in sabbie siciliane. *Il Coltivatore*, ann. 36 : 105-108, 3 fig.

GRIMALDI Cl., 1890 – Sulle sabbie antifillosseriche. *Nuova Rassegna*, ann. N° 6, 8 p.

GRIMALDI Cl., 1893 – La Fillossera e finita ? Giarre, Tip. Cristaldi, 9 p.

GRIMAUD G., 1874 – Sur quelques faits relatifs au Phylloxera, à la submersion des vignes et des blés, application au procédé Naudin aux vignes qu'on ne peut pas submerger. *C.R. Acad. Sci.* : 1195-1196.

GROSJEAN, 1887 – Rapport sur la situation du vignoble du Sud-Central au 1er novembre 1886. *Commission supérieure du Phylloxera* : 97-103.

GUERIN Père, 1880 – Traité spécial de la maladie des vignes, de l'oidium et du Phylloxera. La Mans, Monnoyer.

GUERIN-MENNEVILLE F.E., 1869 – Sur la nouvelle maladie de la vigne. *Journ. de l'agric.*, 5 déc. : 615-621.

GUERIN-MENNEVILLE F.E., 1870 – Sur la nouvelle maladie de la Vigne. *Ann. de la Soc. entomol. de France* 4e sér., 10, 5 févr. : 14.

GUERIN-MENNEVILLE F.E., 1872 – Sur la maladie de la vigne et le Phylloxera prétendue cause de cette maladie. *C.R. Acad. Sci.* 75 : 684-687.

GUERIN-MENNEVILLE F.E., 1873 – Le Phylloxera n'est pas la bonne cause, mais une conséquence de la maladie de la vigne. *C.R. Acad. Sci.* 77 : 929.

GUEYRAUD F., 1873 – Expériences relatives à l'action de l'ammoniaque et à l'action prolongée de l'eau sur le Phylloxera. *C.R. Acad. Sci.* 77 : 111-112.

GUEYRAUD, 1876 – Emploi d'un *pal distributeur* pour amener les sulfocarbonates sur les racines des vignes phylloxérées. *C.R. Acad. Sci. 83* : 432-434.

GUEYRAUD F., 1877 – Résultats obtenus dans le traitement des vignes phylloxérées par les sulfocarbonates alcalins, appliqués au moyen du pal distributeur.*C.R. Acad. Sci. 84* : 697-701 (lfig du pal).

GUEYRAUD F., 1877 – Sur la régénération des ceps phylloxérés par l'emploi du sulfocarbonate de potasse. *C.R. Acad. Sci. 84* : 924-925.

GUEYRAUD F., 1877 – Traitement par les sulfocarbonates des vignes d'Orléans et de Saint-Jean-le-Blanc. *C.R. Acad. Sci. 85* : 62-64.

GUILLAUME G., 1877 – Découverte du Phylloxera dans le canton de Neuchâtel. *C.R. Acad. Sci. 85* : 212.

HALLE W., 1956 – Die Speicherung und Ausscheidung von Vitalfarbstoffen nach parentaler Aufnahme und nach Injektion bei der Reblaus. *Diplomarbeit*, Jena.

HALLE W., 1959 – Beitrag zur Histochemie der Reblaus *Dactylosphaera vitifolii* Shim. *Naturwiss., 46* : 212-213.

HALLER Ph., 1878 – Des petits ennemis du Phylloxera. Studie zu e Ehren des Congresses deutscher Œnologen in Freiburg i/Brisgau. *Ann. der Œnologie*, Heidelberg.

HAMM (Dr) 1880 – Mémoire sur les moyens applicables à la destruction du Phylloxera. *C.R. Acad. Sci. 90* : 506-512, 806.

HARTMAIR V. et HOLB J., 1968 – Ein Beitrag zur Frage der Reblausbekampfung an wurzelechten Reben durch Hexachlorbutadien *Mitteilungen, Rebe und Wein, 3* : 159-162 et rés. in *Bull. OIV.* 450 : 1011.

HAY A., 1873 – Note relative à l'emploi contre le Phylloxera d'une décoction de tabac mélangée avec de la chaux *C.R. Acad. Sci., 77* : 666.

H.E., 1894 – L'acide phénique. *Rev. de Vit. 1 :* 497.

HENCKE O., 1958 – Untersuchungen uber die biochemischen Grundlagen der Reblausresistenz der Reben. *Phytopathol. Zeitschrift,* 32 H. 2 : 149-166.

HENKE O., 1961 – Uber die Bedeutung der Stickstoffverbindungen fur die stoffwechselphysiologischen Beziehungen zwischen Parasit und Wirt am Beispiel Reblaus. *Rebe Phytopathol. Z., 41 :* 387-426.

HENKE O., 1963 – Uber den Stoffechsel reblausanfalliger und unanfalliger Reben. *Phytopathol. Z., 47 :* 314-326.

HENNEGUY F., 1880 – Observations sur le Phylloxera. *C.R. Acad. Sci. 91 :* 749-752.

HENNEGUY F., 1881 – Effets produits par le sulfure de carbone sur les vignes du Beaujolais. *C.R. Acad. Sci. 93 :* 131-133.

HENNEGUY F., 1881 – Résultats obtenus, dans le traitement des vignes phylloxérées, par l'emploi du sulfure de carbone et du sulfocarbonate de potassium. *C.R. Acad. Sci. 93 :* 503-506 et *Observations sur le Phylloxera,* Acad. Sci. Paris : 1-5.

HENNEGUY F., 1882 – Sur l'œuf d'hiver du Phylloxera. *C.R. Acad. Sci. 94 :* 1288-1289.

HENNEGUY F., 1882 – Sur le phylloxera gallicole. *C.R. Acad. Sci. 95 :* 1136-1140.

HENNEGUY F., 1882 – Sur l'extension du Phylloxera à Béziers, dans des vignobles soumis au traitement. *C.R. Acad. Sci. 95 :* 473-474.

HENNEGUY F., 1883 – Sur les procédés de M. Mandon et de M. Aman-Vigié pour le traitement des vignes phylloxérées. *C.R. Acad. Sci. 97 :* 1404-1406.

HENNEGUY F., 1883 – Sur le Phylloxera gallicole. *C.R. Acad. Sci. 97 :* 1348-1350 et *Observations sur le Phylloxera. Académie des Sciences,* Paris : 55-57, cahier IV, 1884.

HENNEGUY F., 1884 – Sur les procédés de M. Mandon et de M. Aman-Vigié pour le traitement des vignes phylloxérées. In *Obervations sur le Phylloxera*. *Académie des Sciences,* Paris Gauthiers-Villars : 59-61.

HENNEGUY L.-F., 1886 – Rapport sur la destruction de l'œuf d'hiver du Phylloxera. *Commission supérieure du Phylloxera :* 131-144.

HENNEGUY L.-F., 1886 – Rapport sur la destruction des œufs d'hiver. *Progr. Agric. et Vit. 5 :* 14-16 et 21-24.

HENNEGUY F., 1886 – Instructions pratiques pour le badigeonnage antiphylloxérique de la vigne. *Progr., Agric. et Vit. 5 :* 69-71.

HENNEGUY L.-F., 1887 – Rapport sur la destruction de l'œuf d'hiver du Phylloxera. *Commission supérieure du Phylloxera :* 130-146.

HENNEGUY L.-F., 1888 – Rapport sur la destruction de l'œuf d'hiver du Phylloxera. *Commission supérieure du Phylloxera :* 108-117.

HENNEGUY L.-F., 1890 – Sur la destruction de l'œuf d'hiver du Phylloxera. *C.R. Acad. Sci. :* 87.

HENNEGUY L.-F., 1890 – Rapport sur la destruction de l'œuf d'hiver. *Commission supérieure du Phylloxera :* 89-90.

HENNEGUY L.-F., 1904 – Les insectes, Masson ed. Paris.

HENNER J., 1951 – Recherches sur la possibilités de vaporisation dans les vignobles par temps de gelée pour lutter contre les œufs d'hiver du Phylloxera. *Pflanzenschtz. Berichte, Wien.* 10 juillet et *Bull. OIV 1952, 253 :* 154.

HENNER J., 1951 – Recherches sur l'emploi de pulvérisations à basse température dans le vignoble pour combattre le *Dactylospharea vitifolii Pflanzensch., VII 1/2 :* 1-10.

HERIG M., 1962 – Contribution à la question de l'influence exercée sur l'aptitude des vignes à supporter le Phylloxera par des produits chimiques. *Weinberg u. Keller* N° 8 et *Bull. OIV, 380 :* 1375.

HERISSON A., 1886 – Rapport sur la situation des vignobles dans la région Sud au 1er novembre 1885. *Commission supérieure du Phylloxera :* 113-121.

HERISSON A., 1887 – Rapport sur la situation des vignobles dans la région du Sud, au 31 décembre 1886. *Commission supérieure du Phylloxera :* 89-96.

HEUCKMANN W., 1950 – Rapport national allemand sur le Phylloxera et la reconstitution des vignobles. 6e Congr. O.I.V., Athènes : Vol. I. 92-100.

HOARD L.O., 1955 – Origine et diffusion du Phylloxera. *El cultivator moderno,* Barcelone, juillet in *Bull. O.I.V.* n° 295 : 158.

HOCHBERG, 1950 – Rapport national israelien sur le Phylloxera et la reconstitution des Vignobles. *6e Congr. O.I.V. Athènes* I : 179-182.

HOFMANN E.L., 1957 – Untersuchungen über unterschiedliche Nodosita tenbildung an der Wurzel verschiedener Rebensorten bei Reblausbefall und deren Bedeutung für die Resistenz-zuchtung. *Vitis, I :* 66-81.

HOFFMANN E.L., 1957 – Die Histologie der Nodositäten Verschiedener Rebensorten bei Reblausbe fall. *Vitis, I :* 125-141 et *Bull. OIV. 319 :* 93 et 1958, *323 :* III.

HOPP H.H., 1955 – Effet de la sécrétion du Phylloxera gallicole sur les tissus des plantes. *Die Wein-Wissench.* 6 dece. et *Bull. OIV, 1956 302 :* 67.

HOPP H.H., 1955 – Wirkung von Blattreblaus auf Pflanzengewebe. *Weinbau Wiss. Beihefte 9 :* 9-22.

HOPP H.H., 1958 – Untersuchungen über die Reblaus Jahresber. 1955/56. *Weinbauinst. Freiburg i. Br.* 83-84.

HORVATH G., 1876 – A fillokszera-kerdeshez. Budapest.

HORVATH G., 1880 – Jelentes a phylloxeraugy tanulmanyozasa czeljabol tett kulfoldi utazasarol. Budapest.

HORVATH G., 1880 – Jelentes melyet A Phylloxeraugy Tanulma nyozasa. Budapest, in-4° de 74 p.

HORVATH G., 1881 – Rapport sur le Phylloxera en Hongrie 1872-1880 au Ministre de l'Agriculture. Budapest, 12 p., 1 carte.

HORVATH G., 1881 – Vedekezes a fillokszera Ellen. Budapest, *Termeszettudomanyi kozlony, 140 :* 28 p.

HORVATH (de) G., 1882 – Rapport de la station phylloxérique hongroise. Budapest 1re année.

HORVATH G., 1882 – Rapport sur le Phylloxera en Hongrie pendant l'année 1881. Budapest, 14 p., 1 carte.

HORVATH G., 1882 – Rapport annuel de la Station phylloxérique hongroise. 1re année, 1881. Budapest, 28 p.

HORVATH G., 1882 – Jelentes az orszagos Phylloxera-kiserleti allomas. 1881 ik-evi Mukodeserol. Budapest, 90 p.

HORVATH G., 1883 – Jelentes az orszagos Phylloxera-kiserleti allomas 1882 ik-evi Mukodeserol. Budapest, 122 p.

HORVATH G., 1883 – Rapport sur le Phylloxera en Hongrie pendant l'année 1882. Budapest, in-4°, 12 p. 1 carte.

HORVATH G., 1883 – Le phylloxera et le froid de l'hiver. Budapest.

HORVATH G., 1885 – Jelentes az orszagos Phylloxera-kiserleti allomas 1884 ik-evi Mukodeserol. Budapest, 76 p. 1 pl. couleurs.

HORVATH G., 1886 – Jelentes az orszagos Phylloxera-Kiserleti allomas 1885 Ik Evi Mukodeserol (Rapport annuel de la Station phylloxérique. 5° année). Budapest, in-4°, 80 p.

HUGOUNENQ P., 1879 – Du Phylloxera et des moyens de le combattre, Montpellier, Impr. Boehm, 24 p.

HUSFELD B., 1939 – Genetik und Rebenzuchtung. *Agronomia Lusitana,* 1 t. II.

HUSFELD B., 1943 – Gendanken zur Resistenzzuchtung. *Sonder. aus. der Zuchter,*15 H, 10-12 oct.

HUSFELD B., 1962 – Méthodes de détermination de la résistance de la Vigne au Phylloxera. Communication présentée au *10e Congr. OIV Tbilissi* et *Bull. OIV* 1963, *392 :* 1164-1173.

HUSMANN G., 1881 – Viticulture et Œnologie américaines, New York, 166 p., trad. d'American grape growing and Vine making, 1880 par Duchesse de Fitz-James, Nimes.

HUSMANN G.C., 1930 – Testing Phylloxera-resistant grape stocks in the Vinifera regions of the United States. *U.S. Dept. Agric.* Techn. Bull. N° 146, 54 p.

HUXLEY T.H., 1858 – On the agamic reproduction and morphology of Aphids *Trans. Linn. Soc.* London, *22.*

JABLONOWSKI J., 1914 – Diskussionsbemerkungen zum Vortrag Borner. *Zeitschrift f. angewandte Entom.,* I : 66.

JABLONOWSKI J., 1925 – Der heutige Stand der Reblausfrage in Ungarn. *Anzeiger f. Schadlingskunde,* I : 18-19 et 28-30.

JACHIMOWICZ J., 1927 – Gibt es eine Universalrebe unter den reblausfesten Unterlagen ? *Allg. Wein-Zeitung.*

JANICKI (von Dr) C., 1908 – Ergebnisse der neuen Forschungen in Italien über die Biologie der Phylloxeriden und ins besondere der Reblaus. *Zool. Centralblatt, 15,* N° 12/13 : 353-378.

JAUBERT J.B., 1876 – Sur le mode d'emploi des sulfocarbonates. *C.R. Acad. Sci. 83 :* 31-33.

JAUSSAN L., 1878 – De l'emploi rationnel du sulfure de carbone dans le traitement des vignes phylloxérées. Béziers, Granier et Malinas.

JAUSSAN L., 1881 – Sur les opérations effectuées par l'Association syndicale de l'arrondissement de Béziers pour combattre le Phylloxera. *C.R. Acad. Sci. 92 :* 678-683 et *Observations sur le Phylloxera,* Acad. Sci. : 49-54.

JAUSSAN L., 1884 – Traitement des vignes par le sulfure de carbone. *Prog. Agric. et Vit. 2 :* 71-73.

JAUSSAN L., 1885 – Après sept ans de lutte ; observations sur les effets du sulfure de carbone. Béziers, P. Rivière.

JAUSSAN L., 1885 – Après sept ans de lutte. *Progr. Agric. et Vit. 3 :* 121-124.

JEANNENOT J.L. et DURAND E., 1873 – Exposé des divers procédés de guérison proposés à la commission pour combattre la nouvelle maladie de la vigne. Montpellier Impr. Grollier, 46 p.

JEANNENOT J.L. et DURAND E., 1877 – Résultats des divers procédés de guérison proposés pour combattre la nouvelle maladie de la vigne. *Bull. Soc. Centr. Agric.* Hérault : 273-415.

JOBARD F., 1876 – Guérison des vignobles atteints par le Phylloxera, Montpellier.

JOFFROY, 1877 – Les terrains argilo-calcaires et le Phylloxera. *C.R. Acad. Sci. 84 :* 25-27.

JOLICŒUR, 1893 – Détection du Phylloxera. *La vigne française :* 259.

JOSSINET, 1892 – Note sur le sulfure de carbone vaseliné. *Progr. Agric. et Vit. 18 :* 248-254.

JOUBERT P.-Ch., 1870 – Emploi de gaz toxiques contre le Phylloxera. *Moniteur vinicole* et *Messager du Midi,* 14 juin et 28 juin.

JOULIE H., 1868 – Note sur la nouvelle maladie de la Vigne. *Bull. Soc. Centrale d'Agric. de l'Hérault :* 390-396.

JOURDAN L., 1873 – Injection de diverses sbstances toxiques à l'intérieur du cep. *C.R. Acad. Sci., 79 :* 789.

JOURDES, 1870 – Résultats des inondations hivernales pour faire périr le phylloxera. *Bull. Soc. Centr. Agri. Hérault :* 312 et *Journ. Agric.,* 20 juillet : 184-188.

JUBB G.L. Jr, 1976 – Grape phylloxera : Incidence of foliage damage to wine grapes in Pennsylvania. *J. Econ. Entomol., 69 :* 763-766.

JUGE Ch., 1874 – Méthode de culture propre à combattre le Phylloxera (fumure). *C.R. Acad. Sci., 79 :* 459-460.

JULIAN P., 1966 – Les vignobles de la Compagnie des Salins du Midi et leurs productions. *Vignes et vins, 155* déc. 9-12.

JULIEN, 1875 – Sur la présence du Phylloxera en Auvergne. *C.R. Acad. Sci. 80 :* 1347-1348.

JULLIEN J., 1887 – Traitements des vignes phylloxérées par les eaux de vidange polysulfurées, sulfocarbonatées, hydrocarburées. Impr. Bourron, Montélimar.

KATSCHTHALER K., 1910 – Kurze Anleitung uber Rebveredlung. Vortreiben von veredelten Reben im Glashause und deren weitere Behandlung. Mistelbach.

KATSCHTHALER K., 1912 – Ratgeber im neuen Weinbaue. Mistelbach.

KELPERIS J., 1967 – Essai de lutte phytopharmaceutique contre le Phylloxera. *Bull. Inst de la Vigne,* Lykovrissi, Athènes, I, 22 p. et *Progr. Agr. et Vit.* 1968 : 350-351.

KLERK (de) C.A., 1974 – The grapevine Phylloxera. *South Africa Dept. Agric. Techn. Services* N° 1, 4 p.

KLIGERMAN I.I. et ZOTOV V.V., 1973 – The role of the structural organization of the protoplast in phylloxera resistance of grapevines. *Biologiya 8 :* 57-61, Odessa, URSS.

KOBER F., 1899 – Belehrung uber die Anwendung des Schwefelkohlenstoffes behufs langerer Erhaltung Alter, einheimilcher, von der Reblaus befallener Weingarten. *Der Weinlaube* N° 42 et 43, Wien.

KOBER F., 1902 – Belehrung uber die Anwendung des Schwefelkohlenstoffes behufs langerer Erhaltung alter, einheimilcher, von der Reblaus befallener Weingarten. *Landwirthschafts Gefellschaft* Wien, 28 p.

KOGAN L.M., 1961 – Une nouvelle méthode chimique de lutte contre le Phylloxera. *Vinodelie I Vinogradarstvo,* N° 8 : 38-41 et rés. in *Bull. O.I.V.*

KOZHANSTCHIKOV J., 1928 – New biometrical investigation of the Phylloxera-races. *Z. indust. Abstammungs und Vererbungslehere, 47 :* 270-274.

KOZHANSTCHIKOV J. 1930 – Les races et les modifications du *Phylloxera vitifolii. Revue d'Entomologie URSS :* 69-77.

KRASAN F., 1887 – Uber die Ursachen der Haarbildung im *Pflanzenreich Osterr. botan. Zeitschrift., 37 :* 7, 47, 93.

KRASSILSESCHIK S., 1888 – Le Phylloxera en Russie. Extrait du compte rendu de la Commission du Phylloxera d'Odessa, ed. franç., Marseille J. Cayer et Journal *La Vigne française* 31 octobre.

KRASSILSESCHIK S., 1892 – Zur Anatomie und Histologie des *Phylloxera vastatrix Horae Soc. Entomol. Rossic.*

KROEMER K., 1921 – Beobachtungen uber die Einwirkung von Sulfoergethan auf Reben. *Ber. d. hoh. Lehranstalt usw. Geisenheim* 1920-1921.

KVASSEY (de) E., 1876 – Note sur l'apparition du Phylloxera en Hongrie. *C.R. Acad. Sci. 83 :* 1282.

KUSTER E., 1911 – Die Gallen der Pflanzen. Leipzig.

KUSTER E., 1930 – Anatomie der Gallen. *Handbuch der Pflanzenanatomie,* Bd V/I. Berlin.

KUSTER E., 1947 – Uber die Gallen der Pflanzen und ihre zytologishe Erforschung. *Forschungen und Fortschritte 21/23 :* 143-144.

LA BAUME (Cte de), 1869 – Lettre à M. le Dr Fr. Cazalis sur le Phylloxera en date du 29 juin 1869. *Messager agric. du Midi, 10 :* 190-192.

LACROIX, 1868 – La nouvelle maladie de la vigne. *Journ. Union séricicole,* 12 et 19 août.

LADREY C., 1878 – Découverte du Phylloxera à Meursault. *C.R. Acad. Sci., 87 :* 155.

LADREY C., 1878 – Rapport au Ministre de l'Agriculture sur l'invasion du Phylloxera dans la Côte d'Or. Paris, Masson ed. 55 p., 5 pl., 1 carte.

LAFAURIE J., 1880 – Sur un procédé de préparation du sulfure de carbone à l'état solide, pour le traitement des vignes phylloxériques. *C.R. Acad. Sci. 91* : 964-965.

LAFITTE (de) P., 1878 – Commission départementale du Lot-et-Garonne du Phylloxera. Agen, Impr. V. Lenthéric, 104 p.

LAFITTE (de) P., 1878 – Discours sur le Phylloxera. Agen, Impr. V. Lenthéric, 120 p.

LAFITTE (de) P., 1879 – Mémoire sur le Phylloxera. *C.R. Acad. Sci. 88*, 7 avril (cité).

LAFFITE (de) P., 1879 – Instructions pratiques sur le Phylloxera. Comité central d'étude et de vigilance du Lot-et-Garonne, Agen, Impr. V. Lenthéric – arrondissement de Villeneuve, 24 p., 1 carte – arrondissement d'Agen, 24 p., 1 carte – arrondissement de Marmande, 24 p., 1 carte – arrondissement de Nérac, 24 p., 1 carte.

LAFITTE (de) P., 1879 – Conférence sur le *Phylloxera vastatrix*. Agen, V. Lenthéric, ed.

LAFITTE (de) P., 1879 – Essai sur la destruction de l'œuf d'hiver du Phylloxera. Agen, Impr. V. Lenthéric, 68 p.

LAFITTE (de) P., 1879 – Sur les causes de réinvasion des vignobles phylloxérés. *C.R. Acad. Sci. 89* : 502-505.

LAFITTE (de) P., 1879 – Sur les causes de réinvasion des vignobles phylloxérées. *C.R. Acad. Sci. 89* : 847-850.

LAFITTE (de) P., 1879 – (Sur le Phylloxera). *Journal de l'Agriculture*, 15 nov., 20 déc. et 10 janv. 1880.

LAFITTE (de) P., 1879 – L'œuf d'hiver au Congrès viticole de Nîmes. Paris, Masson ed. et *Journ. de l'Agric.* 3 janvier 1880 : 20 p.

LAFITTE (de) P., 1880 – Sur le lieu d'origine du Phylloxera. *Journal d'Agriculture*, Paris, 20 mars, 4 p.

LAFFITE (de) P., 1880 – A propos de l'observation de M. Graells sur l'œuf d'hiver. *Journal de l'Agric.*, 26 juin.

LAFITTE (de) P., 1880 – Sur les traitements des vignes par le sulfure de carbone. *C.R. Acad. Sci. 91* : 842-844.

LAFITTE (de) P., 1880 – Sur l'essaimage du Phylloxera en 1880. *C.R. Acad. Sci. 91* : 906-911.

LAFITTE (de) P., 1881 – Sur l'essaimage du Phylloxera en 1880. *Observations sur le Phylloxera, Acad. Sci.* : 25-29.

LAFITTE (de) P., 1881 – Sur l'œuf d'hiver du Phylloxera. *C.R. Acad. Sci. 93* : 828-831.

LAFITTE (de) P., 1881 – L'œuf d'hiver du Phylloxera. *Congr. Vit. de Bordeaux*, 3 p.

LAFITTE (de) P., 1881 – Sur le traitement des vignes par le sulfure de carbone. *Observations sur le Phylloxera, Acad. Sci.* Paris : 19-20 et C.R. du Congr. Viticole de Clermont-Ferrand, sept.1880 in *La Vigne Française*, sept. : 353-355.

LAFITTE (de) P., 1881 – Conduite des traitements au sulfure de carbone. *Congr. phylloxérique, Bordeaux* : 567-602.

LAFITTE (de) P., 1881 – De la destruction de l'œuf d'hiver du Phylloxera. *Journ. Agric. pratique*, 31 déc. 4 p.

LAFITTE (de) P., 1881 – Le Phylloxera et l'oiseau. *Journ. Agric. pratique*, sept., 4 p.

LAFITTE (de) P., 1882 – Essai sur une bonne conduite des traitements au sulfure de carbone. *Congr. phyllo. Bordeaux*, Feret et fils.

LAFITTE (de) P., 1882 – Sur l'emploi des huiles lourdes de houille dans les traitements contre l'œuf du Phylloxera. *C.R. Acad. Sc. 95* : 592.

LAFITTE (de) P., 1882 – Sur l'emploi du bitume de Judée pour combattre les maladies de la vigne. *C.R. Acad. Sci. 94* : 569-571.

LAFITTE (de) P., 1883 – Quatre ans de lutte pour nos vignes. Masson ed. Paris, in-8° de 596 p.

LAFITTE (de) P., 1883 – Recherches expérimentales sur la marche, dans les tissus de la vigne, d'un liquide introduit par un moyen particulier en un point de la tige. *C.R. Acad. Sci. 97* : 244-246 (SO 4Cu) 297-300 et 479-481.

LAFITTE (de) P., 1884 – Destruction de l'œuf d'hiver du Phylloxera. Rapport au *Comité central d'études et de Vigilance du Lot-et-Garonne*, 19 juillet et *Progr. Agric. et Vit. 2* : 73-77.

LAFITTE (de) P., 1885 – Naphtaline et huile lourde. *Progr. Agric. et Vit. 3* : 3-4.

LAFITTE (de) P., 1885 – Les traitements contre l'œuf d'hiver. *Progr. Agric. et Vit. 4* : 104.

LAFITTE (de) P., 1885 – Sur l'avenir de la viticulture française en présence du Phylloxera. *Journ. Agric. pratique*, 16, 23, 30 juillet et 6, 13 août : 20 p.

LAFITTE (de) P., 1885 – Sur les élevages de Phylloxeras en tubes. *C.R. Acad. Sci. 100* : 265-268.

LAFITTE (de) P., 1885 – Sur les traitements des vignes par le sulfure de carbone. *C.R. Acad. Sci. 100* : 332-335.

LAFITTE (de) P., 1885 – Les badigeonnages et les charrues sulfureuses ; réponse à une note de M. Boiteau. *C.R. Acad. Sci. 100* : 781-783.

LAFITTE (de) P., 1885 – Le Phylloxera en Algérie. *Journ. Agric. pratique*, 20 août, 6 p.

LAFITTE (de) P., 1886 – Sur la défense de la vigne par la destruction de l'œuf (d'hiver) du Phylloxera. *C.R. Acad. Sci. 102* : 347-348.

LAFITTE (de) P., 1886 – Note sur la préparation du mélange pour le badigeonnage des vignes. *Progr. Agric. et Vit. 5* : 103-105.

LAFITTE (de) P., 1887 – Le badigeonnage de la vigne. *Progr. Agric. et Vit. 7* : 106-107.

LAFITTE (de) P., 1887 – Les badigeonnages contre l'œuf d'hiver. *Comité d'étude et de vigilance.* Rapport à M. le Ministre, Agen, V. Lenthéric, ed.

LAFITTE (de) P., 1887 – L'œuf d'hiver du Phylloxera. *C.R. Acad. Sci. 104* : 1044-1046.

LAFITTE (de) P., 1887 – Le badigeonnage des vignes phylloxérées. *C.R. Acad. Sci. 104* : 1153-1154.

LAFITTE (de) P., 1887 – Sur l'histoire du Phylloxera de la vigne (Réponse à la note de Donnadieu). *C.R. Acad. Sci. 104* : 1419-1421.

LAJEUNIE F., 1876 – Commission nommée pour l'étude du Phylloxera. Angoulême, Impr. charentaise, 52 p.

LALIMAN L., 1869 – Nouvelle phase du Phylloxera, découverte fin juillet 1869, de la forme vivant dens les galles des feuilles. *Bull. Soc. d'Agric. et d'Hort. de Vaucluse* : 254-255.

LALIMAN L., †869 – (Variétés résistantes au Phylloxera). *Cong. viticole Beaune.*

LALIMAN L., 1869 – Excursion dans le sud-ouest de la Commission des Agriculteurs de France. *Journ. de viticulture pratique*, 16 sept. : 4-6.

LALIMAN L., 1869 – Des nouvelles maladies de la vigne. *Messager du Midi* 7 et 8 octobre.

LALIMAN L., 1869 – Lettre du 13 novembre sur certains cépages américains résistants au Phylloxera. *Messager du Midi*, 18 novembre.

LALIMAN L., 1870 – Sur une variété de vigne qui paraît être à l'abri des atteintes du *Phylloxera vastatrix* (V. aestivalis). *C.R. Acad. Sci. 71* : 358.

LALIMAN L., 1870 – Lettre à Planchon en date du 27 juin sur l'immunité de certains cépages américains. *Messager du Midi*, juillet.

LALIMAN L., 1871 – Lettre à Lichtenstein accompagnant un envoi d'échantillons de vins américains faits à Bordeaux. *Bull. Soc. Centr. Agri.* Hérault, 17 avril : 69-70.

LALIMAN L., 1871 – Lettre au Dr F. Cazalis sur l'insuccès des traitements essayés. *Messager agricole du Midi*, 10 juin : 133-134.

LALIMAN L., 1871 – (Etudes sur le Phylloxera). *Ann. Soc. Agric. Gironde* 26e année : 151.
LALIMAN L., 1872 – Sur le *Phylloxera vastatrix. C.R. Acad. Sci. 74* : 1601.
LALIMAN L., 1872 – Dumas signale une série d'études sur le *Phylloxera vastatrix. C.R. Acad. Sci. 75* : 429.
LALIMAN L., 1874 – Communication sur les vignes américaines.*Congr. Intern. viticole, Montpellier,* 26 oct. : 157-159.
LALIMAN L., 1876 – Résultat d'observations faites sur des vignes présentant des *Pemphigus* en grande quantité. *C.R. Acad. Sci. 83* : 324-325.
LALIMAN L., 1877 – Sur un insecte destructeur du Phylloxera. *C.R. Acad. Sci. 85* : 507.
LALIMAN L., 1880 – Sur le Phylloxera gallicole et le Phylloxera vastatrix. *C.R. Acad. Sci. 91* : 275-277.
LA LOYERE (Vte de) A., 1869 – Compte rendu de la tournée faite par la Commission de la Société des Agriculteurs de France, chargée d'étudier la nouvelle maladie de la vigne. *Bull. Soc. des Agric. de France, 2* : 15 août : 25.
LA LOYERE (Vte de) A. et MUNTZ A., 1878 – Sur la production d'huiles sulfurées douées de propriétés insecticides. *C.R. Acad. Sci. 86* : 1185-1187 et 1495, 1378 (réclamation de Chevalier).
LA LOYERE (Vte de) A., 1880 – Du Phylloxera en 1880. *Journ. Agric. pratique* et Libr. Agric. Paris, 20 p.
LAMOLERE (de), Chemins de fer P.L.M., 1876 – Instructions sur l'emploi du sulfure de carbone au moyen du pal injecteur Gastine pour le traitement des vignes phylloxérées, Marseille ; Impr. Barlatier-Feissat, 26 p.
LANGER G., 1910 – Die veredlung der Weinrebe. Frankfurt, 25 p.
LA PERRE de ROO, 1874 – Sur l'emploi des déchets de lin contre le Phylloxera (au pied des ceps). *C.R. Acad. Sci., 79* : 365.
LAROQUE (de) E., 1886 – La vigne en Camargue et dans la plaine du Bas-Rhône. *Progr. Agric. et Vit. 5* : 460-463, 481-487, 503-508 et *6* : 10-13.
LARUE P., 1922 – Le sulfure de carbone insecticide. *Rev. de Vit. 56* : 223-226.
LARUE P., 1923 – Diffusion du sulfure de carbone dans le sol. *Rev. de Vit. 59* : 121.
LAUGIER, 1881 – Résultats obtenus dans les vignes phylloxérées par un traitement mixte au sulfure de carbone et au sulfocarbonate de potassium. *C.R. Acad. Sci., 92* : 1001-1003 et *Observations sur le Phylloxera,* Acad. Sci. : 61-62.
LAUGIER, 1882 – Résultats des traitements effectués en 1881-82 dans les Alpes-Maritimes en vue de la destruction du Phylloxera. *C.R. Acad. Sci. 95* : 709-711.
LAUGIER, 1883 – Résultats fournis par les traitements des vignes phylloxérées dans les Alpes-Maritimes. *C.R. Acad. Sci. 97* : 943-944.
LAUGIER, 1884 – Résultats fournis par les traitements des vignes phylloxérées dans les Alpes-Maritimes. *Observations sur le Phylloxera.* Acad. Sci. Paris : 49-50.
LAUREAU J., 1876 – Sur le pouvoir absorbant du charbon de bois pour le sulfure de carbone et sur l'emploi du charbon sulfocarbonique à la destruction du Phylloxera. *C.R. Acad. Sci. 83* : 1280-1282.
LAURENT DE L'ARBOUSSET A., 1884 – Compte rendu 1883-1884. Rapport de la commission d'examen des vignobles. Nimes, Impr. Clavel et Chastagnier, 59 p.
LAVAL H., 1869 – De la nouvelle maladie de la vigne dans le département du Vaucluse. *Messager agricole du Midi,* 5 février, 10 : 13-19 et brochure in-8°, de 12 p.
LAVAL H., 1869 – Lettre à Planchon sur la maladie de la vigne en date du 13 octobre (avec observations de Planchon). *Messager du Midi,* 20 octobre et *Messager agricole du Midi,* 5 novembre : 346-347 et *Bull. Comice agric. de Carpentras* : 412-419.
LAVAL H., 1870 – Lettre sur la maladie de la vigne dans l'arrondissement de Carpentras, 20 juillet. *Messager agricole du Midi,* 5 août : 243-246.
LAVAL (de) E., 1872 – Mode économique d'application des liquides curatifs de la vigne.*Paris-Journal,* 25 septembre.
LAVAL (de) E., 1873 – Réclamation de priorité à propos de l'emploi du sulfure de carbone contre le Phylloxera. *C.R. Acad. Sci., 77* : 601-602.
LAVALLEE A., 1878 – Les Vignes asiatiques et le Phylloxera, résistance qu'elles peuvent offrir. *Soc. Nat. d'Agric. de France.* Paris, 11 p.
LA VERGNE (Cte de) F., 1874 – Sur un moyen de préserver les vignes menacées par le Phylloxera. *C.R. Acad. Sci., 78* : 406-408.
LA VERGNE (Cte de) F., 1876 – Emploi du coaltar et des sulfocarbonates contre le Phylloxera. *C.R. Acad. 82* : 725-728.
LA VERGNE (Cte de) F., 1876 – Note sur le traitement économique des vignes phylloxérées, au moyen des sulfocarbonates. *C.R. Acad. Sci., 83* : 1221-1222.
LA VERGNE (Cte de) F., 1878 – Résultats obtenus par l'application du sulfocarbonate de potassium au traitement des vignes phylloxérées. *C.R. Acad. Sci., 86* : 1531-1534.
LECLAIR Ph. et RIVES M., 1966 – Piqûres de Phylloxera sur feuilles de 420 A. *Rev. Zool. Agric.,* et *Bull. O.I.V., 425* : 940.
LECLANT F., 1968 – Connaissances actuelles sur les pucerons dans leurs relations avec les maladies à virus des plantes. *Ann. Epiphyties,* 19 : 455-482.
LECLERE, 1882 – Sur l'emploi du bitume de Judée, dans l'antiquité, comme préservateur de la vigne. *C.R. Acad. Sci., 94* : 704-706.
LECOQ de BOISBAUDRAN, 1873 – Effets que le sulfure de carbone, employé pour détruire le Phylloxera, paraît exercer sur la vigne. *C.R. Acad. Sci., 77* : 771.
LECOQ de BOISBAUDRAN, 1874 – Sur l'attaque du Phylloxera par le Sulfure de carbone. *C.R. Acad. Sci., 78* : 1829-1830.
LEENHARDT H., 1869 – Lettre à F. Cazalis du 21 juin. *Messager agricole du Midi, 10* : 180-181, 5 juillet et *Bull. Soc. Centr. Agric. de l'Hérault* : 269-272.
LEENHARDT H., 1869 – Lettre à Gaston Bazille constatant les bons effets de l'acide carbolique (phénique) contre le Phylloxera. *Messager du Midi,* Montpellier 3 sept. et *Messager agricole du Midi, 10* : 301-302.
LEENHARDT H., 1871 – Lettre à F. Cazalis du 28 mai sur le mode d'introduction des liquides insecticides dans le sol. *Messager agricole du Midi,* 10 juin : 135-137.
LEENHARDT H., 1871 – Lettre au Directeur du Messager du Midi sur l'emploi de l'acide carbolique (phenique) contre le Phylloxera. *Messager du Midi,* 23 juillet
LE GOUES E., 1874 – Destruction du Phylloxera par un amendement antiparasitaire. Lettre au Président de la Soc. Agric. Gironde, Bordeaux, Impr. Gounouilhou, 26 p.
LE JOURDAN A., 1869 – Rapport de la Commission chargée d'étudier la maladie de la vigne dans le département des Bouches-du-Rhône. *3° ser. 6* : 272-299.
LEMAIGRAN L., 1886 – Traitement pratique au Sulfocarbonate. *Progr. Agric. et Vit., 6* : 35-39 et 74-79.

LEMOINE (Dr) V., 1885 – Sur le Développement des œufs du Phylloxera (du chêne). *C.R. Acad. Sci. 100* : 222-225.

LEMOINE (Dr) V., 1885 – Système nerveux du Phylloxera. *C.R. Acad. Sci.* 101 : 961.

LEMOINE (Dr) V., 1886 – Sur l'appareil digestif de divers Phylloxeras. *C.R. Acad. Sc. 102* : 220-222.

LE MOULT L., 1912 – Sur la destruction de certains Hémiptères par les parasites végétaux. *C.R. Acad. Sci. 155* : 656-658.

LEONHARDT H., 1940 – Beitrage zur Kenntnis der Lachniden, der wichtigsten Tannenhonigerzeuger. *Z. angew. Entom. 27* : 208-272.

LE SOURD, 1870 – Numéro spécial consacré au Phylloxera. *Journ. d'Agriculture pratique,* 24 mars, 1 Pl. couleurs.

LESPIAULT, 1881 – Vignes américaines et sables. *Congr. phylloxérique, Bordeaux :* 100-143.

LEVADOUX L., 1945 – Lutte contre les Phylloxeras gallicoles. *Progr. Agric. et Vit., 124 :* 135-137.

LEVADOUX L., 1953 – Le Phylloxera, danger permanent. *Rev. Zool. Agric. 52 :* 1-4.

LEVI A., 1882 – Les insecticides et les vignes américaines (Souvenirs de la tournée dans le Midi de la France). *Rev. antiphylloxérique intern.* 5-7, 16 p.

LEVI A., 1883 – L'enquête phylloxérique en Autriche. La vérité sur les traitements culturaux. Impr.Burger à Bayreuth. *Rev. antiphylloxérique intern.* n° 11-12.

LEVY J.-F., 1962 – Lutte chimique contre le Phylloxera radicicole. Où en sont les recherches soviétiques ? *Vignes et Vins, 109 :* 5-6.

LEYDIER H., 1869 – Maladie de la vigne, sa cause, sa marche, son remède. Journal *La Ruche,* 16 et 23 mai.

LEYDIER H., 1869 – Etat des vignes à Gigondas (Vaucluse), lettre à Cazalis en date du 24 juin. *Messager agricole du Midi, 10 :* 182-183.

LIBES R., 1924 – Emploi du paradichlorobenzene contre les insectes du sol. *Progr. Agric. et Vit. 82 :* 400-403.

LICHTENSTEIN J., 1868 – Lettre sur un prétendu Thrips américain que M. Sérigne fils, de Narbonne avait donné comme cause de la maladie de la vigne. *Messager du Midi,* 10 août.

LICHTENSTEIN J., 1869 – Communication sommaire sur la maladie de la vigne et sur le Phylloxera. *Ann. Sci., Entomol. de France,* 4ᵉ sér., *9 :* 27-28, 26 mai.

LICHTENSTEIN J., 1869 – Lettre au Directeur du Messager du Midi sur l'extension des ravages du Phylloxera dans le Comtat. *Messager du Midi,* mai et *Messager agricole du Midi,* 5 juin : 152-53.

LICHTENSTEIN J., 1869 – Nouvelle maladie de la Vigne : le *Phylloxera vastatrix. Insectologie Agricole* 3ᵉ année n° 3 : 65-69.

LICHTENSTEIN J., 1869 – Identité spécifique probable du *Phylloxera vastatrix* Planchon et du *Pemphigus vitifolii* Fitch *Journ. d'Insectologie,* 1ᵉʳ sem. : 65.

LICHTENSTEIN J., 1869 – Lettre réfutant l'idée du Commandant Marchand sur le rôle des oiseaux pour détruire le Phylloxera. *Messager du Midi,* 30 juin.

LICHTENSTEIN J., 1869 – Le puceron de la vigne au point de vue entomologique. *Messager du Midi,* 26 juillet.

LICHTENSTEIN J., 1869 – Communication relative au *Phylloxera vastatrix* et au *Nysius cymoides. Soc. Entomol. de France.* 4ᵉ sér. 9 : 43, 11 août.

LICHTENSTEIN J., 1869 – Note sommaire sur la forme gallicole du Phylloxera. *Ann. Soc. Entomol. de France,* 4ᵉ sér. *9 :* 48.

LICHTENSTEIN J., 1869 – Des hémiptères ampélophages et du Phylloxera. *Messager agricole du Midi, 10 ;* 273-277, 5 sept.

LICHTENSTEIN J., 1869 – Communication verbale au sujet du Phylloxera. *Ann. Soc. Entomol. de France,* 4ᵉ sér., *10 :* 10-11, 9 févr.

LICHTENSTEIN J., 1870 – Lettre sur la nouvelle maladie de la vigne. *Messager du Midi,* 18 mars et *Messager du Midi,* 5 févr. : 107-108.

LICHTENSTEIN J., 1870 – Nouveaux renseignements sur le Phylloxera. *Journ. de viticulture pratique,* 24 mars.

LICHTENSTEIN J., 1870 – Insectes nuisibles à la vigne : *Phylloxera vitifoliae* Fitch. *Messager agricole du Midi,* 10 avril : 84-89.

LICHTENSTEIN J., 1870 – Lettre au Dr Signoret constatant l'identité du *Phylloxera vastatrix* avec le *Dactylosphoera vitifoliae* de Shimer. *Ann. Soc. Entomol. de France,* 4ᵉ sér. 10 : 38, 27 avril.

LICHTENSTEIN J., 1870 – Sur la nouvelle maladie de la vigne. *Congr. agricole de Valence :* 68-75, 115-16.

LICHTENSTEIN J., 1870 – Lettre au Dr Bellenghi au sujet de l'identité du *Phylloxera vastatrix* et du *Dactylosphoera vitifolii, Messager du Midi,* 17 juin.

LICHTENSTEIN J., 1870 – Sur un moyen pour empêcher l'irruption du *Phylloxera vastatrix* dans les vignes non encore infestées *C.R. Acad. Sci.* 71 : 356-357.

LICHTENSTEIN J. et PLANCHON J.E., 1870 – Des modes d'invasion des vignobles par le Phylloxera. *Messager agricole,* Montpellier.

LICHTENSTEIN J. et PLANCHON J.E., 1870 – Le Phylloxera. Instructions pratiques. Montpellier.

LICHTENSTEIN J., 1870 – Précisions sur les écrits américains concernant le Phylloxera. *Bull. Soc. Centr. Agric. Hérault :* 2 mai : 298-300.

LICHTENSTEIN J., 1870 – Note sur des insectes qui attaquent la vigne. *Ann. Soc. Entomol. de France,* 4ᵉ sér. *10 :* 50-51, 25 mai.

LICHTENSTEIN J., 1870 – Lettre à la Commission du Ministre de l'Agriculture pour l'étude de la maladie de la vigne. *C.R. Acad. Sci.,* 28 août.

LICHTENSTEIN J., 1870 – Les phylloxeras ailés et leur ponte. *Bull. Soc. centr. Agric. Hérault,* 22 août : 333.

LICHTENSTEIN J., 1870 – Etude de l'*Anthocoris insidiosus* comme mangeuse du Phylloxera. *Messager du Midi,* 6 mars et *Messager agricole du Midi,* 10 mars : 59.

LICHTENSTEIN J., 1870 – Présence du Phylloxera à Murviel-les-Montpellier. *Messager du Midi,* 26 juillet.

LICHTENSTEIN J. et PLANCHON J.E., 1871 – Conseils sur le traitement des vignes atteintes du Phylloxera. *Messager du Midi.*

LICHTENSTEIN J. et PLANCHON J.E., 1871 – Le Phylloxera et son action sur les divers cépages américains, d'après C.V. Riley.

LICHTENSTEIN J. et PLANCHON J.E., 1871 – Le Phylloxera de la Vigne en Angleterre et en Irlande (traduction d'une note de Westwood). *Messager Agricole du Midi,* 10 juillet : 186-190 et tirage à part, Montpellier.

LICHTENSTEIN J. et PLANCHON J.E., 1872 – Le Phylloxera, faits acquis et revue bibliographique. *Congr. scientifique de France.* 35ᵉ session et tirage à part, Montpellier.

LICHTENSTEIN J., 1872 – Sur un procédé de destruction du Phylloxera par l'enfouissement et la destruction ultérieure des jeunes sarments. *C.R. Acad. Sci.* 75 : 771-772.

LICHTENSTEIN J., 1873 – Sur l'état actuel de la question du Phylloxera. *C.R. Acad. Sci.,* 77 : 342-343.

LICHTENSTEIN J., 1873 – Conférence sur le Phylloxera. *Le Messager du Midi,* 5 juillet.

LICHTENSTEIN J., 1873 – Sur la rapidité de la reproduction du Phylloxera. *C.R. Acad. Sci.* 77 : 522-523 et 520-521 (Note de DUMAS).

LICHTENSTEIN J., 1874 – (Note sur le Phylloxera). *Le Messager du Midi*, 3 sept.
LICHTENSTEIN J., 1874 – Sur quelques nouveaux points de l'Histoire naturelle du *Phylloxera vastatrix*. *C.R. Acad. Sci., 79* : 598-600.
LICHTENSTEIN J., 1874 – Observations à propos de la communication récente de Balbiani sur les diverses espèces connues du genre *Phylloxera*. *C.R. Acad. Sci. 79* : 781-783.
LICHTENSTEIN J., 1874 – Communication sur *Phylloxera Rileyi. Congr. Intern. viticole, Montpellier*, 26 oct. 182-183.
LICHTENSTEIN J., 1874 – Sur l'emploi du sable dans le traitement des vignes attaquées par le phylloxera. *C.R. Acad. Sci. 78* : 1641-1643.
LICHTENSTEIN J. et PLANCHON J.E., 1874 – Le Phylloxera de 1864 à 1873, résumé pratique et scientifique, Montpellier.
LICHTENSTEIN J., 1875 – Rectification à une note précédente (Octobre 1874) concernant l'espèce de Phylloxera observée à Vienne par Kollar. *C.R. Acad. Sci. 80* : 386-387.
LICHTENSTEIN J., 1875 – Observations faites sur les divers Phylloxeras. *C.R. Acad. Sci., 80* : 1223-1224.
LICHTENSTEIN J., 1875 – Sur les migrations du Phylloxera du Chêne. *C.R. Acad. Sci., 80* : 1302-1304.
LICHTENSTEIN J., 1875 – Notes pour servir à l'histoire du genre Phylloxera. *C.R. Acad. Sci., 81* : 527-529.
LICHTENSTEIN J., 1876 – Sur les œufs des Phylloxeras. *C.R. Acad. Sci., 82* : 610-612.
LICHTENSTEIN J., 1876 – Sur le Phylloxera issu de l'œuf d'hiver. *C.R. Acad. Sci., 82* : 1145-1146.
LICHTENSTEIN J., 1876 – Notes pour servir à l'histoire des Phylloxeras et plus particulièrement de l'espèce *Phylloxera Acanthokermes*. Kollar. *C.R. Acad. Sci., 82* : 1318-1321.
LICHTENSTEIN J., 1876 – (Sur le Phylloxera). *Ann. Agronomiques, 2* : n° 1.
LICHTENSTEIN J., 1876 – Confirmation nouvelle des migrations phylloxériennes. *C.R. Acad. Sci., 83* : 325-327.
LICHTENSTEIN J., 1876 – Note sur les Phylloxeras. *C.R. Acad. Sci., 83* ; 656-657.
LICHTENSTEIN J., 1876 – Réponse à M. Balbiani au sujet des migrations et des pontes des Phylloxeras. *C.R. Acad. Sci., 83* : 846-848.
LICHTENSTEIN J., 1876 – Tableau biologique du Phylloxera. Bordeaux, Feret et fils éd.
LICHTENSTEIN J., 1877 – Note pour servir à l'histoire des insectes du genre Phylloxera. *Annales agronom.*, Paris, Masson éd. et *Ann. Soc. Ent. de Belgique*, Bregniey et Van de Weghe éd., Bruxelles.
LICHTENSTEIN J., 1878 – Le Phylloxera ailé dans les galles. *La Vigne améric.* : 248-249.
LICHTENSTEIN J., 1878 – Histoire du Phylloxera ; précédée de considérations générales sur les pucerons, Montpellier, Coulet, éd.
LICHTENSTEIN J., 1879 – Le Phylloxera en Espagne. *La vigne française* : 79.
LICHTENSTEIN J., 1880 – Résistance des Pucerons aux froids rigoureux. *C.R. Acad. Sci., 90* : 80-81.
LICHTENSTEIN J., 1880 – Complément de l'évolution biologique des Pucerons des galles du peuplier *(Pemphigus bursarius). C.R. Acad. Sci., 91* : 339-340.
LICHTENSTEIN J., 1880 – Observations pour servir à l'étude du Phylloxera (Ennemis naturels). *C.R. Acad. Sci., 91* : 1045-1048.
LICHTENSTEIN J., 1881 – Sur l'œuf d'hiver du Phylloxera. *C.R. Acad. Sci., 92* : 849-850.
LICHTENSTEIN J., 1881 – Observations pour servir à l'étude du Phylloxera. *Observations sur le Phylloxera*, Acad. Sci. : 31-34.
LICHTENSTEIN J., 1881 – Biologie du Phylloxera. *Congr. vitic., Montbrison* : 34-42.
LICHTENSTEIN J., 1882 – Quelques observations sur les Phylloxeras de la Savoie. *C.R. Acad. Sci. 95* : 373-375.
LICHTENSTEIN J., 1882 – Le Smynthurus vitis, insecte pris à tort pour le Phylloxera. *La Vigne amér.* : 254.
LICHTENSTEIN J., 1882 – Le puceron vrai de la Vigne*(Aphis vitis* Scopoli). *C.R. Acad. Sci.* : 1500-1502.
LICHTENSTEIN J., 1882 – Observations pour servir à l'étude sur le Phylloxera. *C.R. Acad. Sci. 94* : 1307-1308.
LICHTENSTEIN J., 1883 – De l'évolution biologique des pucerons en général et du Phylloxera en particulier. Bordeaux, Librairie vinicole et viticole.
LICHTENSTEIN J., 1884 – Maladies de la vigne in Insectes ampélophages. Montpellier, Grollier et fils.
LICHTENSTEIN J., 1884 – Tableau synoptique des maladies de la Vigne. *Progr. Agric. et Vit. I :* 12, 27, 41, 57, 111, 143, 302, 336.
LICHTENSTEIN J., 1884 – Les insecticides Riley (en réponse à Mouillefert. *Progr. Agric. et Vit. 2* : 213-214.
LICHTENSTEIN J., 1885 – Les pucerons (1re partie). Montpellier, Coulet, éd., et Baillière et fils, Paris.
LIEBERT E., 1869 – Une nouvelle maladie de la vigne. *Revue des Deux-Mondes*, 15 décembre.
LINSBAUER L., 1913 – Uber verschiedene Rebenvortreibversuche. *Allgemeine Wein-Zeitung, 18,* 30 jahrg.
LIVACHE ACH., 1884 – Préparation rapide de liqueurs titrées de sulfure de carbone. *C.R. Acad. Sci. 99* : 697-698.
LLOUBEL N., 1878 – Apparition du Phylloxera à Prades (P.-O.). *C.R. Acad. Sci. 86* ; 580.
LOUBET L., 1878 – Lettre au rédacteur du Messager du Midi en date du 7 août. *Bull. Comice agricole de Carpentras,* 2 : 328-331.
LOUBET L., 1878 – (Sur le Phylloxera). *Bull. Comice agricole de Carpentras* n° 3. Carpentras. Impr. Tourrette, 124 p. te, 124 p.
LOUBET L., 1882 – De la situation du Phylloxera dans le département du Vaucluse, depuis 1868. Conf. faite en Avignon le 8 mai 1882. Carpentras, Impr. Tourrette, 32 p.
LUCA (de) S., 1873 – Action de la terre volcanique de la Solfatare de Pouzzoles sur les maladies de la Vigne. *C.R. Acad. Sci., 77* : 1431-1432.
LUNARET (de) L., 1880 – Les vendanges de 1880 en pays phylloxéré et le canal d'irrigation du Rhône, solution de la question du Phylloxera. *Messager agricole du Midi,* oct. et nov.
LUTRAND F., 1868 – Emploi de l'acide phénique. *Bull. Soc. Centr. Agri. Hérault* : 490.
MACH Ed., 1872 – Die Phylloxera vastatrix in Frankreich. *Ann. der Œnologie*, 3Bd., 4 H., 24 p.
MAFFRE E., 1872-80 – Racines adventices ou volantes créées par une méthode nouvelle et mises hors d'atteintes du Phylloxera, Montpellier, Impr. Boehm et fils, 16 p.
MAGISTRETTI G., MOYANO A. et BERSANI L., 1956 – Rapport national argentin sur la Lutte contre le Phylloxera. *8e Congr. O.I.V. Santiago du Chili,* III : 532-537 et *Bull. O.I.V.,* 1959, *338* : 60-65.
MAGNIEN L.A., 1878 – Le Phylloxera, conférence faite à Dijon le 28 avril. Dijon, Manière-Loquin éd., 35 p.
MAGNIEN L.A., 1879 – Rapport sur le Phylloxera dans le département du Rhône en 1879. Lyon Gazette Agric. et Vit., 12 p.
MAGNIEN L., 1887 – Compte rendu des réunions viticoles tenues à Dijon, 4-5-juin 1886 au Concours Régional, Dijon, Impr. Carré, 88 p.
MAILLET P., 1952 – Sur la possibilité de transmission de virus par le Phylloxera de la Vigne *C.R. Acad. Sci., 235* : 907.
MAILLET P., 1954 – Sur les chromosomes du Phylloxera de la Vigne. *C.R. Acad. Sc., 239* : 622-624 et *Vitis,* 1957, *1* : 153-155.

MAILLET P., 1954 – Mise en évidence d'un antigène spécifique dans les vignes atteintes de dégénérescence infectieuse. *C.R. Acad. Sci. 241 :* 261.

MAILLET P., 1957 – Contribution à l'étude de la biologie du Phylloxera de la Vigne. Thèse Doct. Paris et *Ann. des Sc. Nat. Zool.,* 11e sér. : 283-410.

MAILLET P., 1957 – Phylloxera et écologie. *Vitis, I :* 57-65.

MAILLET P., 1957 – Le Phylloxera de la Vigne. Quelques faits biologiques et les problèmes qu'ils soulèvent. *Rev. de Zool. Agric.* (3), 7-9, 19 p.

MAISTRE J., 1873 – La Vigne et la sécheresse. *Journal de l'Agriculture.*

MAISTRE J., 1877 – Sur les effets des sulfocarbonates. *C.R. Acad. Sci. 85 :* 535.

MAISTRE J., 1877 – Effets des sulfocarbonates dilués sur les vignes. *C.R. Acad. Sci. 84 :* 117-118.

MAISTRE J., 1878 – Emploi du sulfocarbonate du potassium pour le traitement des vignes phylloxérées. *C.R. Acad. Sci. 87 :* 102-103.

MAISTRE J., 1881 – Le meilleur moyen de combattre la maladie de la Vigne. *Journal de l'Agriculture.*

MAISTRE J., 1882 – Moyen de combattre la maladie de la vigne. *C.R. Acad. Sci. 95 :* 474-475.

MAISTRE J., 1883 – La vigne et la sécheresse, l'irrigation des vignes. *Journ. de l'Agriculture.*

MAISTRE J., 1884 – L'irrigation des vignes. *Journal de l'Agriculture.*

MALEGUE V., 1879 – Les irrigations et le sulfure de carbone. *C.R. Acad. Sci. 89 :* 401-402.

MALEGNANE (de) 1873 – Observations relatives à l'opinion exprimées par M. Guérin-Menneville sur l'apparition du Phylloxera considérée comme une conséquence de la maladie de la vigne. *C.R. Acad. Sci.,* 77 : 1015.

MALENOTTI E., 1930 – La lotta contra la filossera gallicola in Ungherra ed in Romanaia. *Italia vinic. agrar.,* XXN° 2 : 23-25 rès. *Rev. of App. Entom. :* 330.

MANZONI L., 1950 – Sulle cause della resistenza della viti alla filossera. *Riv. di Viticolt. Conegliano,* 3 : 47-53.

MANZONI G., 1952 – Considerazioni su differenze anatomiche in radici di barbatelle di *V. vinfera, riparia, rupestris, Berlandieri. Ann. della Speriment. agrar.* Roma.

MARCHAL P. et FEYTAUD J., 1912 – Les données nouvelles sur le Phylloxera. *Bull. Soc. d'Etudes et de Vulg. Zoologie Agricole, Bordeaux :* 34.

MARCHAL P. et FEYTAUD J., 1913 – Les données nouvelles sur le Phylloxera. *Rev. de Vit.* 60 : 5-11, 33-40, 104-110, 1 Pl. couleurs.

MARCHAL P., 1923 – La question des races du Phylloxera de la Vigne. *Ann. des Epiphyties* N° 6 et *Progr. Agric. et Vit.* 1924 *82 :* 327-330 et 352-354.

MARCHAL P., 1931 – La question des races du Phylloxera de la Vigne. *Ann. des Epiphyties 16 :* 232 et rès. in *Progr. Agric. et Vit.* 1931 ; *96 :* 501-503.

MARCHAND, 1869 – Mémoire sur le Phylloxera. *Comice viticole des Pyr. Orientales,* 30 juin : 50-54.

MARÈS H., 1868 – Communication au Comice de Carpentras sur la pourriture des racines. *Bull. Soc. Centrale d'Agric. Hérault :* 402, 415.

MARÈS H., 1868 – Lettre à M. Barral. *Bull. Soc. Centr. Agri. Hérault :* 669-675

MARÈS H., 1868 – Arrêté du Ministre de l'Agriculture lui donnant mission pour étudier la nouvelle maladie de la vigne à Roquemaure, le Var et les Alpes-Maritimes. *Messager du Midi,* 17 août.

MARÈS H., 1868 – Communication sur la nouvelle maladie de la vigne (action du froid). *Bull. du Comice agric. de Carpentras,* 2 : 308-320 et *Messager agricole,* 5 août : 231-234 et 24 août :492-493.

MARÈS H., 1868 – Note sur la pourriture des racines, maladie de la vigne qui sévit actuellement dans les vignobles des rives du Rhône. *Messager du Midi,* 6-7-sept., *Messager agricole du Midi, 9 :* 331-339 et *Bull. Soc. Centr. Agri. Hérault :* 455.

MARÈS H., 1868 – Lettre à M. Barral en date du 2 décembre. *Messager agricole du Midi, 9 :* 412-416.

MARÈS H., 1868 – Discussion sur la nouvelle maladie de la vigne devant le Congrès scientifique de Montpellier, séance du 7 décembre. *Messager agricole du Midi,* 5 mars 1868 : 58-61.

MARÈS H., 1869 – Lettre à M. Barral en date du 14 décembre 1869. *Journal de l'agriculture* 20 déc. : 733-734 et 5 janvier 1870 : 37-38.

MARÈS H., 1870 – Excursion dans la Crau d'Arles. *Bull. Soc. Centr. Agric. Hérault,* 3 juillet.

MARÈS H., 1873 – Note sur la maladie de la vigne caractérisée par le Phylloxera. *C.R. Acad. Sci. 76 :* 209-213.

MARÈS H., 1873 – Sur la maladie de la vigne. *C.R. Acad. Sci. 76 :* 335-336.

MARÈS H., 1873 – De la propagation du Phylloxera. *C.R. Acad. Sci.,* 77 : 1408-1411.

MARÈS H., 1873 – Sur les résultats des expériences faites par la Commission de la Maladie de la Vigne du département de l'Hérault. *C.R. Acad. Sci.,* 77 : 1455-1460.

MARÈS H., 1874 – Des progrès de la maladie de la vigne pendant l'hiver. Des moyens pratiques de combattre la maladie de la Vigne (engrais). *C.R. Acad. Sci.,* 78 : 1620-1624.

MARÈS H., 1874 – Travaux de la Commission départementale de l'Hérault pour la maladie de la Vigne. *Congr. Intern. viticole, Montpellier,* 26 oct. : 51-56.

MARÈS H., 1874 – Communication sur le Phylloxera. *Congr. Intern. viticole, Montpellier,* 26 oct. : 30-39.

MARÈS H., 1875 – Sur les résultats des expériences faites par la Commission de la maladie de la Vigne du département de l'Hérault en 1874. Traitement des vignes malades. *C.R. Acad. Sci. 80 :* 1044-1048.

MARÈS H., 1876 – Sur le danger de l'introduction de certaines vignes américaines dans les vignobles de l'Europe. *C.R. Acad. Sci. 82 :* 1138-1140.

MARÈS H., 1876 – Des moyens de reconstituer les vignes dans les contrées où elles ont été détruites par les Phylloxera et sur le Phylloxera de la Vigne. *C.R. Acad. Sci. 82 :* 958-963 et Montpellier, Grollier éd.

MARÈS H., 1876 – Résultats obtenus dans le traitement par les sulfocarbonates des vignes phylloxérées. *C.R. Acad. Sci. 83 :* 427-429.

MARÈS H., 1876 – Résultats obtenus sur les vignes phylloxérées par leur traitement au moyen des sulfocarbonates, des engrais et de la compression du sol. *C.R. Acad. Sci. 83 :* 1142-1146.

MARÈS H., 1877 – Sur l'emploi des sulfocarbonates et du sulfure de carbone dans le traitement de la vigne. *C.R. Acad. Sci. 84 :* 1440-1444.

MARÈS H., 1877 – Production de galles phylloxériques sur les feuilles des cépages du Midi de la France. *C.R. Acad. Sci. 85 :* 273-277.

MARÈS H., 1877 – Sur la disparition spontanée du Phylloxera. *C.R. Acad. Sci. 85 :* 564-567.

MARÈS H., 1880 – Du traitement des vignes phylloxérées. *C.R. Acad. Sci. 90 :* 28-31 et 74-77.

MARÈS H., 1880 – Résultats obtenus dans le traitement des vignes par le sulfocarbonate de potassium. *C.R. Acad. Sci. 90 :* 1530-1532.

MARÈS H., 1881 – Sur le traitement des vignes phylloxérées. *C.R. Acad. Sci. 92 :* 109-114.

MARÈS H., 1881 – Rapport sur les travaux et expériences de la Commission départementale de l'Hérault en 1880. *Commission supérieure du Phylloxera :* 69-77.

MARÈS H., 1881 – Rapport du Président de la Commission départementale de l'Hérault. *C.R. des travaux du Service du Phylloxera..*

MARÈS H., 1881 – Sur le traitement des vignes phylloxérées. *Observations sur le Phylloxera.* Acad. Sci. : 35-40.

MARION A.F., 1876 – Expériences relatives à la destruction du Phylloxera. *C.R. Acad. Sci. 83* : 38-41.

MARION A.F., 1876 – Sur l'emploi de sulfure de carbone contre le Phylloxera. *C.R. Acad. Sci. 82* : 1381.

MARION A.F., 1876 – Rapport sur les expériences faites par la Cie P.L.M. pour combattre le Phylloxera (par le sulfure de carbone et les Sulfocarbonates). *C.R. Acad. Sci. 83* : 1087-1088.

MARION A.F., 1877 – Sur les résultats obtenus par l'emploi du sulfure de carbone pour la destruction du Phylloxera. *C.R. Acad. Sci. 85* : 1209-1210.

MARION A.F., GASTINE G. et CATTA J.D., 1878 – Rapport sur les expériences et sur les applications en grande culture effectuées en 1877. Cie des chemins de fer P.L.M. Paris, Paul Dupont.

MARION A.F., 1878 – Action insecticide des sables. Rapport sur les expériences et les applications réalisées.

MARION A.F., 1878 – Traitement des vignes phylloxérées par le sulfure de carbone. Rapport sur les expériences et sur les applications en grande culture effectuées en 1877. Paris, Impr. P. Dupont, in-4° de 171 p.

MARION A.F., 1879 – Rapport sur les expériences et les applications réalisées et sur les résultats obtenus, campagne 1878. Paris, Paul Dupont, 82 p.

MARION A.F., 1879 – Sur la réapparition du Phylloxera dans les vignobles soumis aux opérations insecticides. *C.R. Acad. Sci. 88* : 1308-1309.

MARION A.F., 1879 – Application du sulfure de carbone au traitement des vignes phylloxérées. Rapport sur les résultats obtenus en 1878. Paris, P. Dupont, 82 p.

MARION A.F., 1882 – Application du sulfure de carbone au traitement des vignes phylloxérées. Marseille.

MARION A.F., 1882 – Rapport sur les travaux des années 1880-1881 et sur les résultats en grande culture.

MARION A.F., COUANON G. et GASTINE G., 1890 – Traitements par le sulfure de carbone. *Commission supérieure du Phylloxera* : 91-96.

MARION A.F. et GASTINE G., 1891 – Remarques sur l'emploi du sulfure de carbone. *Progr. Agric. et Vit. 15* : 520-523 et *C.R. Acad. Sci.*

MARKINE M.I., 1962 – Vignobles cultivés sur les sables donnant des récoltes élevées. *Vinod. i Vinogr.* N° 5 et rés. in *Bull. O.I.V., 379* : 1269.

MARSAIS P., 1908 – Résistance phylloxérique. *Rev. de Vit., 30* : 649-652, 685-691.

MARSAIS P., 1940 – A propos de la lutte biologique contre les parasites des plantes cultivées. Une opinion de Pasteur relative au Phylloxera. *Rev. de Vit. 91* : 140-142.

MARTIN (de) L., 1870 – Le Phylloxera dans le Gard. *Messager du Midi,* 3 juillet et *Journal de l'Agriculture,* 5 août.

MARTIN (de) L., 1873 – Le Phylloxera. *Bull. Soc. Centr. Agric. Hérault,* 10 p.

MARTIN, 1881 – Ennemis naturels du Phylloxera. *Congr. phylloxérique, Bordeaux* : 504.

MARTINEZ-ZAPORTA M., 1950 – Rapport national espagnol sur le Phylloxera et la reconstitution des vignobles. *6e Congr. O.I.V. Athènes* vol. 1 : 111-125.

MASPOLI A.O., 1950 – La résistance naturelle des vignes américaines au Phylloxera et leur usage en Viticulture . *Vinos, Vinas y Frutas,* Buenos-Aires, mars et *Bull. O.I.V. 234* : 68-69.

MASSA G., 188... – De l'acide sulfureux comme moyen de détruire le Phylloxera et de rehausser le pouvoir fécondant des engrais.

MASSON C., 1868 – Lettre du 5 juin à Marès sur la nouvelle maladie de la vigne (description des dégâts à Couthezon). *Comice agricole de Carpentras, 2* : 302-305.

MASSON C., 1869 – Lettre au Dr Cazalis sur l'état des vignes dans la région de Courthézon (Vaucluse) en juin 1869. *Messager agricole du Midi,* 5 juillet, *10* : 188-190.

MAUME L., 1942 – Etudes biochimiques sur vignes dans les sables du cordon littoral. *Ann. Agronomiques, avril* : 543-564.

MAYET V., 1879 – Observations sur les pontes du Phylloxera ailé en Languedoc. *C.R. Acad. Sci. 89* : 894-895.

MAYET V., 1879 – Expériences sur l'efficacité de la submersion. *Journ. de l'Agr.,* 7 août.

MAYET V., 1880 – Sur l'œuf d'hiver du Phylloxera (obtenu dans un tube à essai à Montpellier). *C.R. Acad. Sci., 91* : 715-717.

MAYET V., 1881 – Sur les moyens à employer pour détruire l'œuf d'hiver du Phylloxera. *C.R. Acad. Sci., 93* : 689-691.

MAYET V., 1881 – Nouvelles recherches sur l'œuf d'hiver du Phylloxera ; sa découverte à Montpellier. *C.R. Acad. Sci. 92* : 783-785 et *Observations sur le Phylloxera,* Acad. Sci. : 55-56.

MAYET V., 1881 – Sur l'œuf d'hiver du Phylloxera. *C.R. Acad. Sci. 92* : 1000-1001 et *Observations sur le Phylloxera,* Acad. Sci. : 63-64.

MAYET V., 1882 – Résultats des traitements effectués, en Suisse, en vue de la destruction du Phylloxera. *C.R. Acad. Sci. 95* : 969-976.

MAYET V., 1879 – Sur l'œuf d'hiver du Phylloxera. *C.R. Acad. Sci. 94* : 1028-1029.

MAYET V., 1883 – De la désinfection des boutures de vigne. *La Vigne améric.* : 154-157.

MAYET V., 1888 – *Le Phylloxera vastatrix. Progr. Agric. et Vit. 9* : 216-221, 242-248, 266-272, 282-289, 1 Pl. couleurs.

MEGNIN P., 1885 – Note sur un acarien utile. *Bull. Insect. agric.*

MEHRING H., 1904 – Die reblausvernichtende Eigenschaft der Flugsanboden. *Naturw. Z. f. Land u. Forstwirt,* 2e an. : 429-436.

MEHRING H., 1905 – Quarzsplitter als Reblausfeinde. *Mitt. Geisenheim.*

MENUDIER A., 1878 – Instructions sur les moyens pratiqués de combattre le Phylloxera. *Commission départementale instituée pour l'étude du Phylloxera.* Saintes, Impr. Hus : 31 janvier, Bull. N° 7, 48 p. ; août, 16 p. et 19 déc., 40 p.

MENZEL R., 1943 – La lutte contre le Phylloxera autrefois et aujourd'hui. *Schw. Zeit. f. Obst u. Weinbau,* 20 nov. et *Bull. O.I.V., 1944, 163* : 144-145.

MENZEL (Dr) R., 1947 – Nouvelles possibilités pour la lutte contre le Phylloxera chez les producteurs directs. *Bull. O.I.V., 193* : 148.

MERCIER, 1877 – Sur un procédé de solidification du sulfure de carbone. *C.R. Acad. Sci. 84* : 916-917.

MERMET A., 1875 – Sur un réactif propre à reconnaître les sulfocarbonates en dissolution. *C.R. Acad. Sci. 81* : 344-345.

MESCHINET (de) 1878 – Lettre à Millardet (sur le Phylloxera et un mycelium) Niort, Impr. Favre, 3 p.

MESNIL (du) Eug., 1874 – Sur l'emploi de l'outil désigné sous le nom de dame ou de pilon pour combattre le Phylloxera et cultiver la vigne. *C.R. Acad. Sci. 79* : 461.

MESNIL (du) E., 1876 – Sur le dépérissement des vignobles de la Côte d'Or. *C.R. Acad. Sci. 83* : 817.

METSCHNIKOFF E., 1866 – Embryologische Studien an Insekten. *Ztschr. Wiss. Zool., 16.*

MEYER J., 1950 – Gigantisme nucléolaire et cécidiogénèse. *C.R. Acad. Sci. 231* N° 23.

MICE L., 1877 – Commission générale du Phylloxera pour la Gironde. Travaux exécutés pendant le premier semestre 1877, Bordeaux, Impr. Crugy., 12 p.

MICE L., 1878 – Deuxième rapport sur les travaux exécutés en 1877. Commission générale du Phylloxera. *Soc. d'Agric. de la Gironde*, 32 p.
MICE L., La VERGNE (Comte de) et FROIDEFOND, 1879 – Rapport à M. le Préfet de la Gironde sur les travaux concernant le Phylloxera et exécutés en 1878. *Soc., Agric. de Gironde*, Bordeaux, 62 p.
MICE L., 1881 – Procédés de lutte contre le Phylloxera. *Congr. phylloxérique, Bordeaux* : 144-162.
MICHELIN M., 1896 – La lutte contre le Phylloxera dans le canton de Genève, année 1895. Genève, Impr. Wyss et Duchêne, 9 p.
MILISSAVLYEVITCH D., 1950 – Rapport national yougoslave sur le Phylloxera et la reconstitution des vignobles. *6eCongr. O.I.V., Athènes*, 1 : 222-227.
MILIUS Alph. 1876 – Note sur la préparation d'un mélange contenant du cyanure de potassium. *C.R. Acad. Sci. 82* : 1190..
MILLARDET A., 1876 – Etudes sur les vignes d'origine américaine qui résistent au Phylloxera. Paris, Gauthier-Villard, éd.
MILLARDET A., 1877 – Observations au sujet d'une communication récente de M. Fabre. *C.R. Acad. Sci. 85* : 899-900.
MILLARDET A., 1878 – Théorie nouvelle des altérations que le Phylloxera détermine sur les racines de la vigne européenne. *C.R. Acad. Sci. 87* : 197-200 et *J. Agric. Pratique* : 186-187.
MILLARDET A., 1878 – Sur les altérations que le Phylloxera détermine sur les racines de la Vigne. *C.R. Acad. Sci. 87* : 315-318.
MILLARDET A., 1878 – Résistance au Phylloxera de quelques types sauvages de vignes américaines. *C.R. Acad. Sci. 87* : 739-740.
MILLARDET A., 1882 – Pourridié et Phylloxera. Bordeaux, Feret et fils, éd., 43 p. et *Mém. Soc. Sc. physiques et naturelles*, Bordeaux 4 *(2e s.).*
MILLARDET A., 1885 – Histoire des principales variétés et espèces de vignes d'origine américaine qui résistent au Phylloxera. Feret éd., Bordeaux et Masson, éd. Paris, 240 p.
MILLARDET A., 1891 – Nouvelles recherches sur la résistance et l'immunité phylloxérique. *Journ. d'Agric. Pratique*, 10 déc., 10 p.
MILLARDET A., 1894 – Sur les résultats généraux de l'hybridation de la vigne (Résistance des hybrides au Phylloxera). *Rev. de Vit. 1* : 84-88.
MILLARDET A., 1898 – Etude des altérations produites par le Phylloxera sur les racines de la vigne. *Actes de la Soc. Linnéenne de Bordeaux, 53*, 30 p. et 5 Pl. et tiré à part Lib. Feret, Bordeaux.
MILLARDET A., 1898 – Américains ou franco-américains. *Rev. de Vit. 9* : 76-77.
MILLARDET A., 1898 – Altérations phylloxériques sur les racines. *Rev. de Vit. 10* : 692-698, 717-722 et 753-758, 20 fig.
MILLECKER F., 1924 – Die Phylloxera in Banat 1875-1895. *Wrschatz Banater Bucherei, 12.*
MILLOT Ch., 1877 – Le Phylloxera à Mancey. Commission départementale de Saône-et-Loire. Mâcon, Impr. Protat, 12 p.
MILNE-EDWARDS H., 1873 – Note sur les observations de M. Lecoq de Boisbaudran relatives à l'apparition du Phylloxera dans les vignobles de la Charente. *C.R. Acad. Sci. 77* : 572-573.
MILNE-EDWARDS H., DUCHARTRE P.E.S., BLANCHARD Ch. E., PASTEUR L., THENARD P., BOULEY H.M. et DUMAS J.B., 1874 – Rapport sur la mission de M. Cauvy concernant les moyens de préserver les vignes de l'invasion du Phylloxera. *C.R. Acad. Sci., 79* : 200-204.
MILNE-EDWARDS H., DUCHARTRE P.E.S., BLANCHARD Ch. E., PASTEUR L., THENARD P., BOULEY H.M. et DUMAS J.B., 1875 – Rapport sur les mémoires présentées par les délégués de l'Académie à la Commission du Phylloxera. *C.R. Acad. Sci. 81* : 871-874 et *Recueil des Savants étrangers* : 73-74.
Ministre de l'Agriculture et du Commerce d'Autriche-Hongrie, 1880 – Rapport sur le Phylloxera en Hongrie.
Ministre de l'Agriculture et du Commerce d'Autriche-Hongrie, 1881 – Rapport sur le Phylloxera en Hongrie pendant l'année 1881.
Ministerio di Agricoltura, Industria e Commercio d'Italia, 1881 – Instruzioni per i delegati della ricerca e della dietruzione della fillossera. Roma.
Ministero di Agricoltura, Industria e Commercio, 1881 – Annali di Agricoltura 1881, n° 25 – La filossera in Italia. Roma Tipogr. Cenniniana, 624 p. 1 carte.
Ministero di Agricoltura e Commercio, 1884 – Relazione sui provvedimenti contro la Filossera adottati in Italia. Roma Tipogr. Camera dei deputato, 512 p.
Ministero di Agricoltura, Industria e Commercio, 1884 – La Fillossera in Italia. Roma, Tipogr. Botta, 38 p.
MIRAGLIA, 1881 – Le Philloxera en Italie. *Congr. phylloxérique, Bordeaux* : 521.
MIRET Y TERRADA J., 1874 – Estudios sobre la *Phylloxera vastatrix* Barcelona Libr. de Eudaldo Puig, 216 p.
MITTMANN, 1926 – Aus dem Arbeitsgebiete der staatlichen Anstalt fur Rebenzuchtung und Rebenpfropfung in Offenau. *Der Weinbau.*
MOHORCIC H., 1927 – Uber die zur Regeneration der Weingarten und zur Hebung des Weinbaues in Jugoslavien erlanssenen gesetzlichen Bestimmungen. *Allg. Weinzeitung.*
MOLLIARD M., 1913 – Recherches physiologiques sur les galles. *Rev. gén. Bot.* 25 : 225-252, 285-307, 341-370.
MOLLIARD M., 1917 – Production artificielle d'une galle. *C.R. Acad. Sci., 165* : 160-162.
MONCASSIN L., 1888 – Les traitements au sulfure de carbone dissous dans l'eau. *Progr. Agric. et Vit. 9* : 388-390.
MONCLAR, 1882 – L'eau et la vigne – *Journ. d'Agric. pratique*, avril.
MONESTIER M., 1874 – Communication sur le Phylloxera. *Congr. Intern. viticole, Montpellier*, 26 oct. : 142-153.
MONESTIER Ch., 1874 – Sur l'application du sulfure de carbone mélangé au goudron et aux alcalins pour la destruction du Phylloxera. *C.R. Acad. Sci., 78* : 1828.
MONNIER D. et COVELLE E., 1878 – Le Phylloxera dans le canton de Genève, d'août 1877 à février 1878. Genève, H. Georg édit., 36 p.
MONNIER D., 1878 – Rapport sur le traitement des vignes phylloxérées en Suisse par les procédés de M. Denis Monnier. *Journal d'Agriculture pratique.*
MORGAN T.H., 1906 – The male and female eggs of Phylloxerans of the Hichories. *Biol. Bull. 10 N°5.*
MORGAN T.H., 1907 – The production of two kinds of spermatozoa in Phylloxerans. *Proc. Soc. Exp. Biol. Med. 5.*
MORGAN T.H., 1909 – A biological and cytological and cytological study of sex determinationin Phylloxerans and Aphids. *J. Exp. Zool.*, 7 : 239.
MORGAN T.H., 1912 – The elimination of the sex chromosomes from the male-producing eggs of Phylloxerans. *J. Exp. Zool.*, 12 : 479.
MORGAN T.H., 1915 – The predetermination of sex in Phylloxerans and Aphids. *J. Exp. Zool.*, 19 : 285.
MORITZ J., 1880 – Die Rebenschadlinge vorneehmlich die *Phylloxera vastatrix*, Berlin.

MORITZ J., 1882 – Bei Gelegenheit der Phylloxera Vernichtungsarbeiten an der Ahr gesammelte Erfahrungen. Rudesheim a. Rh.

MORITZ J., 1891 – Rebenschadlinge vornehmlich die *Phylloxera vastatrix*. Berlin P. Parey ed. 92 p.

MORITZ J., 1893 – Beobachtungen und Versuche betreffend die Reblaus und deren Bekampfung. *Arb. a. d. Kaiserl. gesund. 8*, Berlin I, Springer.

MORITZ J., 1896 – Beobachtungen und Versuche betreffend die Reblaus und deren Bekampfung. *Arb. a. d. kais. Gesundh. Amt., 12.*

MORITZ J. et SCHERPE R., 1904 – Uber die Bodenbehandlung mit Schwefelkohlenstoff und ihre Einwirkung auf das Pflanzenwachstum. *Arb. a. d. Biol. Abt. fur Land.u.Forstwirt. am Kaiserl. 4*, H. 2 : 123-156.

MORITZ J. et SCHERPE R., 1905 – Uber die Haltbarkeit des Schwefelkohlenstoffes im Boden. *Arb. a. d. Biol. R.A.*

MORITZ J., 1907 – Beobachtungen und Versuche betreffend die Biologie der Reblaus und die SPrufung von Mitteln zur Bekampfung der Reblaus. *Mitt. d. kais. biol. Anst.*

MORITZ J., 1908 – Beobachtungen und Versuche betreffend die Reblaus. *Phylloxera vastatrix* und deren Bekampfung. *Arb. a.d. kais. Gesundh., Amt., 8* et 12. *Arb. a. d. kais. biol. Anst. f. Land. u. Forsttw., 6*, 45 : 499-571.

MORITZ J., 1911 – Untersuchungen uber die, Lebensdauer abgeschnittener reblausbesetzter Rebwurzeln und der hauf befindlichen im Boden. *Mitt. a.d. kais. biol. Anst. f.L. u.F.*, 11.

MORITZ J., 1911 – Was kann und soll der deutsche Winzer zur Bekampfung der Reblauskrankheit tun ? *Flugblatt 34 der kais. Biol. Anstalt f.Land u.Forstw.* Berlin.

MORITZ J. et BORNER C., 1912 – Prufung von Reblausgiften. *Ber. uber die Tatigkeit d.biol. R.A. 1911 Mitt.*

MORLOT E., 1880 – Des sulfures et sulfocarbonates divers de M. Dumas, Epinal, Fricotel.

MORQUER R.et NYSTERAKIS F., 1944 – Les commensaux et les ennemis du Phylloxera. *Progr. Agric. et Vit. 121* : 132-134, 152-155, 168-171.

MORTIER, 1886 – Rapport de la Commission du Phylloxera et des Insecticides (sables de Gascogne). *Progr. Agric. et Vit. 6* : 222-227.

MORTIER, 1886 – Lutte contre le Phylloxera. *Congr. vitic., Bordeaux* : 47-137.

MOSER L., 1969 – Lutte biologique contre le Phylloxera. *Mitteilungen*, 1 : 1-5 et *Bull. O.I.V., 459* : 566.

MOUILLEFERT P., 1874 – Expériences sur l'emploi des sulfocarbonates alcalins pour le destruction du Phylloxera. *C.R. Acad. Sci. 79* : 645-647.

MOUILLEFERT P., 1874 – Expériences faites à Cognac sur des vignes phylloxérées avec le coaltar recommandé par M. Petit. *C.R. Acad. Sci. 79* : 773-775.

MOUILLEFERT P., 1874 – Nouvelles expériences avec les sulfocarbonates alcalins pour la destruction du Phylloxera ; manière de les employer. *C.R. Acad. Sci. 79* : 851.

MOUILLEFERT P., 1874 – Effets du sulfocarbonate de potassium sur le Phylloxera. *C.R. Acad. Sci. 79* : 1184-1189.

MOUILLEFERT P., 1875 – Origine du Phylloxera à Cognac. *C.R. Acad. Sci. 80* : 1344-1346.

MOUILLEFERT P., 1875 – Le Phylloxera, moyens proposés pour le combattre. Etat actuel de la question, Paris, Masson éd., 142 p., 1 carte de France et 1 pl. couleurs.

MOUILLEFERT P., 1876 – Lettre adressée à M. le Président de la Commission du Phylloxera. *C.R. Acad. Sci., 82* : 317.

MOUILLEFERT P., 1876 – Etat actuel des vignes soumises au traitement du sulfocarbonate de potassium depuisl'année dernière. *C.R. Acad. Sci. 83* : 34-38.

MOUILLEFERT P., 1876 – Remarques, à propos des observations présentées par M. Bouillaud, sur les effets produits par les sulfocarbonates. *C.R. Acad. Sci. 83* : 959-960.

MOUILLEFERT P., 1876 – Résultats obtenus à Cognac sur les vignes phylloxérées, en combinant le traitement avec les sulfocarbonates alcalins et la décortication des ceps suivie d'un badigeonnage. *C.R. Acad. Sci. 83* : 1224-1227.

MOUILLEFERT P., 1876 – Expériences faites à la station viticole de Cognac, en collaboration avec M. Cornu, dans le but de trouver un procédé efficace pour combattre le Phylloxera. Extrait des *Mémoires présentés par divers savants à l'Académie des Sciences.* Paris, Impr. Nat. in-4° de 240 p.

MOUILLEFERT P., 1876 – Le Phylloxera, moyens proposés pour le combattre. Etat actuel de la question. Paris, Masson éd., 1 carte et 1 pl. couleurs, 139 p.

MOUILLEFERT P., 1876 – Résultats obtenus à Cognac avec les sulfocarbonates de sodium et de baryum appliqués aux vignes phylloxérées. *C.R. Acad. Sci. 83* : 209-214, 851.

MOUILLEFERT P., 1876 – Note sur la présence et l'origine du Phylloxera à Orléans. *C.R. Acad. Sci. 83* : 728-732.

MOUILLEFERT P., 1877 – Reconstitution du vignoble français par le sulfocarbonate de potassium. *C.R. Acad. Sci. 84* : 694-697.

MOUILLEFERT P., 1877 – Expériences faites à la Station viticole de Cognac dans le but de trouver un procédé efficace pour combattre le Phylloxera. *C.R. Acad. Sci. 84* : 1077-1078.

MOUILLEFERT P., 1877 – Résultats obtenus à Cognac depuis 1875 par l'emploi des sulfocarbonates alcalins. *C.R. Acad. Sci. 84* : 1367-1368.

MOUILLEFERT P., 1877 – Sur l'état des vignes traitées à Cognac par les sulfocarbonates alcalins. *C.R. Acad. Sci. 85* : 29-30.

MOUILLEFERT P., 1877 – Le Phylloxera. Résumé des résultats obtenus en 1876 à la station viticole de Cognac. Paris. Libr. agric. de la Maison Rustique, 56 p.

MOUILLEFERT P., 1877 – Le Phylloxera, Comité de Cognac, résumé des résultats obtenus de 1874 à 1877 avec les sulfocarbonates alcalins. Paris, Maison Rustique, éd., in-4° 48 p. et Cognac.

MOUILLEFERT P., 1877 – Le phylloxera, solution pratique de la guérison des vignes phylloxérées par les sulfocarbonates alcalins. Système Mouillefert et Hembert, Paris, Masson éd., in-4°, 48 p.

MOUILLEFERT P., 1878 – Conservation des vignes françaises, application des sulfocarbonates à la guérison des vignes. Paris, Librairie Agricole.

MOUILLEFERT P., 1879 – Traitements des vignes phylloxérées par le sulfocarbonate de potassium ; brochure in-8°de 76 p. Lib. agricole de La Maison Rustique, 76 p.

MOUILLEFERT P., 1879 – Application du sulfocarbonate de potassium aux vignes phylloxérées. *C.R. Acad. Sci. 89* : 27-29.

MOUILLEFERT P., 1879 – Sur les résultats fournis par le traitement des vignes phylloxérées, au moyen du sulfocarbonate de potasse sur le mode d'emploi de cet agent. *C.R. Acad. Sci. 89* : 774-776.

MOUILLEFERT P., 1880 – Application du sulfocarbonate de potassium au traitement des vignes phylloxérées. Brochure in-4° de 112 p. La maison Rustique, Paris.

MOUILLEFERT P. et HUMBERT F., 1880 – Emploi du Sulfocarbonate de potassium contre le Phylloxera. *Bull. Soc. des Agri. de France.* 1er mars.

MOUILLEFERT P., 1881 – Des sulfocarbonates. *Congr. vitic, Montbrison* : 53-66.
MOUILLEFERT P., 1881 – Le sulfocarbonate. *Congr. phylloxérique, Bordeaux* : 216-227.
MOUILLEFERT P., 1881 – Nouvelles instructions théoriques et pratiques pour l'application du sulfocarbonate de potassium. Paris Soc. Nat. contre le Phylloxera, 61 p.
MOUILLEFERT P., 1881 – Action du sulfocarbonate de potassium sur les vignes phylloxérées. *Observations sur le Phylloxera. Acad. Sci.* : 41-47.
MOUILLEFERT P., 1881 – Action du Sulfocarbonate de potassium sur les vignes phylloxérées. *C.R. Acad. Sci. 92* : 218-224.
MOUILLEFERT P., 1883 – Traitement des vignes phylloxérées par le sulfocarbonate de potassium en 1882. *C.R.Acad. Sci. 96* : 180-181.
MOUILLEFERT P., 1883-1884 – La défense du vignoble français contre le phylloxera. Revue bi-mensuelle, tome 1, 308 p.
MOUILLEFERT P., 1887 – La défense de la vigne contre le phylloxera. *Ann. Agronomiques, t. 13* N° 2 : 32 p.
MOUILLEFERT P. et HEMBERT F., 1883 – Guérison et conservation des vignes françaises. Brochure in-8° de 64 p. 3ᵉ édition La Maison Rustique, Paris.
MOUILLEFERT P., 1884 – Traitement par le sulfocarbonate de potassium. *Bull. Soc. Centr. Agric. Hérault* 24 mai et *Progr. Agric. et Vit.* 1 : 209.
MOUILLEFERT P., 1884 – Le procédé Riley contre le Phylloxera. *Progr. Agric. et Vit.* 2 : 197-199.
MOUILLEFERT P., 1884 – La défense du vignoble français contre le Phylloxera. Tome II ; 186 p.
MOUILLEFERT P., 1899 – Excursion agricole dans la Camargue, la Crau et la Corse. *Progr. Agric. et Vit., 32* : 51-58, 84-88, 148-153, 205-208 et 245-249.
MOURRET E., 1869 – Lettre du 3 septembre sur une vigne inondée par les pluies. *Messager du Midi*, 7 sept.
MOURRET E., 1870 – Lettre à Planchon sur la faculté de pénétration des liquides dans le sol et dans l'arrosage des souches malades. *Messager du Midi*, 22 mars.
MOURRET E., 1874 – Le Phylloxera dans le domaine de Mourret, Nîmes, Impr. Rouinoux, 77 p.
MULCEY, 1871 – Le Phylloxera, terrible fléau de la vigne et traitement par l'échaudage. *Gazette du Midi* 21 avril et 7 sept.
MULLE J., 1880 – Ein vortrag uber Rebenschadlinge in Steiermark, insbesonders die Reblaus *Phylloxera vastatrix*, Marburg.
MULLE J., 1882 – Souvenirs d'une tournée dans le Midi de la France.*Revue antiphylloxérique intern.*, 8-10, 80 p.
MULLER O.L., 1882 – Untersuchungen über den anatomischen bau amerikanischer und europaischer Rebenwurzeln mit besonderer Berucksichtigung ihrer Widerstandsfahigkeit gegen die Reblaus « Pannonia ».
MULLER K., 1923 – Die neuen Ausfuhrungsbestimmungen zum Rebiausgesetz. *Weinbau u. Kellewirtschaft.*
MULLER K., MUTH F. et STELLWAAG F., 1924 – Die Reblausgefahr fur den deutschen Weinbau. *Weinbau und Kellerwirtschaft, 3*, H. 18 : 14 p.
MULLER K., 1925 – Uber die bisherigen Stand der Reblausverseuchungen in Baden und uber die Staatliche Fursorge zur Reblausbekamfung. *Weinbau und Kellerwirtschaft.*
MULLER F.P., 1950 – Die Verminderung der Gaswirkung von Hexa-und Estermitteln im Hinblick auf die direkte Bekampfung der Wurzelreblaus. *Der Wissenschaft. 3.* iuin : 90-95.
MULLER-THURGAU H. et KOBEL F., 1924 – Kreuzungsversuche bei Reben *Schweiz. versuchsanstalt f. Wein, Obst und Gartenbau*, Wadenswil. Bern Landw. Jahr. d. Schweiz.
MUNSON T.V., 1902 – La résistance aux maladies et aux intempéries chez les diverses vignes américaines. *Rev. des Hybrides* : 46-48.
MUNTZ A., 1883 – Dosage du sulfure de carbone dans les sulfocarbonates. *C.R. Acad. Sci. 96* : 1430-1433.
MUNTZ A. et HEMBERT F., 1887 – Nouveau système de traitement des vignes phylloxérées au moyen du sulfocarbonate de potassium persulfuré. Sec. Vitic. de la *Soc. des Agric. de France* et *Progr. Agric. et Vit., 7* : 466-468.
MUNTZ A., 1895 – Les Vignes. Berger-Levrault éd. Paris, 577 p.
MUROZ DEL CASTILLO D.J., 1878 – La Plaga filoxerica, primiera parte : El Insectico y la vid. Conferencia publica doda el 9 de octubre 1878 en el Ateneo de Logrono.
MUTH F., 1924 – Wie kann die Prufung der Amerikaner-Unterlagsrebe auf Affinitat und Adaptation gefordert werden ? *Mitt.d.deutschen Landwirtschaftsgesellschaft.*
MUTH Fr., 1925 – Zur Frage der Schwefelkohlenstoffbehandlung der Reben. *Mitt. der deutshen Landwirtschaftsgesellschaft.*
NAPOLÉON BARON A PRATO J., 1881 – Beitrag zur Losung der Phylloxera-Frage Der Intern. Phylloxera-Congress zu Saragossa Wien, 40 p.
NAPOLÉONE BARONE A PRATO G., 1883 – La Fillossera in Austria Rapport au Congr. antiphylloxérique de Sarragosse Gorizia, Tip. Paternolli, 74 p.
NARBONNE P., 1884 – Traitement à la charrue sulfureuse. *Progr. Agric. et Vit.* 3 : 44-46.
NATCHEVE P.D., 1958 – Le Phylloxera gallicole et les moyens de lutte *Lozarstvo i Vinarstvo*, Sofia, mai-juin et rés. in *Bull. O.I.V., 330* : 89.
NAUDIN Ch., 1874 – Objections au procédé de l'arrachage des vignes pour la destruction du Phylloxera ; indications d'un autre procédé. *C.R. Acad. Sci., 79* : 197-199.
NAUDIN Ch., 1874 – Sur les moyens proposés pour combattre la propagation du Phylloxera et en particulier sur la méthode de l'arrachage. *C.R. Acad. Sci., 79* : 787.
NESSLER J., 1875 – Die Rebwurzellaus ihr workommen bei Genf Und Sudfranreich... Stuttgart, Ulmer éd., 28 p.
NICOLAS, 1884 – Rapport sur la situation de la viticulture en Algérie (campagne 1883). *Commission supérieure du Phylloxera* : 79-84.
NICOLAS, 1885 – Rapport sur la situation de la viticulture en Algérie (campagne 1884). *Commission supérieure du Phylloxera* : 101-106.
NICOLAS G., 1945 – Résistance des vignes au Phylloxera et sensibilité de leurs cellules aux Phytohormones. *C.R. Acad. Agric.* N°10 et *Rev. de Vit.* 1946 ; 379.
NICOLEANO G.N., 1900 – La lutte contre le Phylloxera en Roumanie, Bucarest Min. Agric. 169 p., 1 carte.
NIKLOWITZ W., 1955 – Histologische Studien an Reblausgallen und Reblausabwehrnekrosen (V. *vulpinae, vinifera* et *riparia) Phytopatol. Z., 24* : 299-340.
NIKOLAEV P., 1965 – Méthode d'emploi des fumigants par contact dans la lutte contre le Phylloxera radiculaire (en russ.). *Vinodelie I Vinogradarstvo, I* : 28-31 rés. in *Bull. O.I.V. 410* : 418.
NIPEILLER Ad., 1875 – Naturgeschiche der Reblaus Kaiserlauten 4 avril, 15 p.
NIPEILLER AD., 1886 – Die Reblauskrankheit Kaiserlauten, 16 p.
NOTELLE M., 1879 – Le Phylloxera et la Potasse. *Rev. Industries et Sc. chimiques et agric.* Paris ; Ed. Quantin : 683-691.

NOTELLE M., 1879 – Le Phylloxera et la potasse. *Journal des Economistes N° 28, nov.*
NOUGARET R.L. et LAPHAM M.H., 1928 – A study of Phylloxera infestation in California as relate to types of soils. *US. Dept. Agric. Techn. Bull.* N° 20, 38 p.
NOVI G., 1880 – Sur l'emploi des sables volcaniques dans le traitement des vignes attaquées par le Phylloxera. *C.R. Acad. Sci. 90 :* 1258-1259.
NYSTERAKIS FR., 1946 – Résistance des vignes américaines au Phylloxera et sensiblité de leurs cellules aux phytohormones. *C.R. Acad. Agri.* N° 10, 5-12 juin rès. in *Bull. O.I.V. 186 :* 170-171.
NYSTERAKIS F., 1948 – Phytohormones et inhibition de la croissance des organes végétaux attaqués par les Aphides. *C.R. Acad. Sc., 226 :* 746.
OBERLIN Ch., 1881 – La dégénérescence de la vigne cultivée, ses causes et ses effets. Solution de la question phylloxérique. *Soc., Agr. et Vit. Ribeauville,* 13 fév., 50 p.
OBERLIN Ch., 1894 – La fatigue des sols et le sulfure de carbone. *Rev. Intern. de Vitic. :* 278.
OBERLIN Ch., 1894 – Bodenmudigkeit und Schwefelkohlenstoff. Mainz.
OBERLIN Ch., 1913 – Die Rekonstruktion der Weinberge ohne Pfropfen. *Weinbau und Weinhandel.*
OLIVEIRA (d') M.P., 1879 – Le Phylloxera et le sulfure de carbone en Portugal. Paris, Masson.
OLIVER P., 1878 – Le Phylloxera ; mœurs et caractères. Commission de défense contre le Phylloxera. Perpignan et tirage à part, Perpignan. Impr. Latrobe Ch., 20 p.
OLIVER P., 1879 – Le pyrophore insecticide contre le Phylloxera, Perpignan, Latrobe Ch., éd.
OLIVER P., 1879 – Sur les avantages des traitements préventifs contre le Phylloxera. Perpignan, 14 p.
OLIVER P., 1880 – Le sulfure de carbone. Perpignan, Latrobe Ch., éd.
OLIVIER J., 1869 – Lettre à M. Bedel sur la maladie de la vigne aux environs d'Orange. *Bull. Soc. Agri. et Hort. Vaucluse,* 18 : 229-232.
OLIVIER J., 1870 – Lettre sur divers remèdes proposés ou expérimentés pour la guérison de la vigne. *Bull. Soc. Agri. et Hort. Vaucluse, 19 :* 71-76.
OLIVIER J., 1950 – Enquête sur le Phylloxera gallicole. *La Vitic. Nouvelle, 29 :* 21-22.
ONARAN M.H., 1956 – Rapport national turc sur la Lutte contre le Phylloxera. *8ᵉ Congr. O.I.V. Santiago du Chili,* 111 : 598-593 et *Bull. O.I.V. 1959, 339 :* 45-50.
ORAMAN Nail, 1950 – Rapport national turc sur le Phylloxera et la reconstitution des vignobles. *6ᵉ Congr. O.I.V., Athènes,* 1 : 219-222.
OSORIO ROJAS J.M., CHAVEZ TORREZ A. et MORALES SANCHEZ J., 1973 – La Phylloxera una amenaza como plaga de la uva en Venezuela. *IIᵉ seminario fruticola nacional* 25-28 juillet, Caracas.
OSTROYA G., 1885 – Nouveaux procédés pour combattre avec succès le Phylloxera et les autres parasites de la vigne. Florence, 12 p.
PAGNOUL, 1895 – Action du sulfure de Carbone sur la nitrification. *Progr. Agric. et Vit. 24 :* 694-696.
PAILLOT A., 1932 – L'infection relative chez les insectes, Paris.
PALLAS, 1883 – Lettre relative à l'utilisation, pour la culture de la vigne, des terrains sablonneux des Landes et de la Gironde. *C.R. Acad. Sci. 96 :* 1706.
PANTANELLI E., 1909 – Ricerche fisiologiche sur le Viti americane oppresse da galle filloseriche. *Staz. Sperim. Agri. Ital., 42 :* 305-336.
PAPALÉONTIOU D., 1956 – Lutte contre le Phylloxera (Rapport Grèce). *8ᵉ Congr. O.I.V., Santiago, Chili, 3 :* 548-553 et *Bull. O.I.V., 1959, 338 :* 76-81.
PARVILLE (de) H., 1872 – Extrait des « Causeries scientifiques » sur l'emploi du cuivre contre le Phylloxera. *C.R. Acad. Sci. 74 :* 1386 et réponse de Robert E. : 1602.
PASTRE J., 1881 – Observations relatives aux accidents survenus dans les vignes traitées en 1881 par le sulfure de carbone. *C.R. Acad. Sci. 93 :* 506-509.
PASTRE J., 1885 – Vignes américaines et vignes sulfurées. *Progr. Agric. et Vit. 3 :* 62-65.
PAULINO D'OLIVEIRA M., 1879 – Le Phylloxera et le sulfure de carbone. Paris, Masson, éd.
PAULINO D'OLIVEIRA M., 1879 – Le Phylloxera et le Sulfure de Carbone. *Journal d'Agriculture Pratique.*
PAULSEN Fr., 1933 – Storia della invasione fillosserica e ricostituzione dei vigneti in Italia. *Nuovi Annali dell'Agricoltura,* anno XII : 153-198.
PEGLION V., 1900 – Sulle cause della resistenza delle viti americane alla fillossera. Firenze, 61 p. *Atti della R. Accad. dei georgofili, 23.*
PEGLION V., 1900 – La fillosserra della vite. Avellino éd., Pergola, 44 p.
PEKLO J., 1916 – Ueber die Blutlaus. *Landw. Arch., 7.*
PELIGOT E., 1884 – Note sur le sulfure de carbone et sur l'emploi de sa dissolution dans l'eau pour le traitement des vignes phylloxérées. *C.R. Acad. Sci. 99 :* 587-591 et *Progr. Agric. et Vit., 2 :*277-278.
PELLICOT et JAUBERT, 1882 – Note relative à la destruction du Phylloxera par le sulfate de fer. *C.R. Acad. Sci., 95 :* 21.
PENAURUN (de) D., 1868 – Observations faites à Pujault sur la nouvelle maladie de la vigne, lettre du 31 juillet 1868 au Président de la Soc. d'Agriculture du Vaucluse. *Bull. Soc. Agri. et Hort. Vaucluse,* 1868 : 258-262.
PEREZ M., 1874 – Instructions élémentaires sur le Phylloxera. *Ass. Fr. pour l'Avancement des Sciences,* Bordeaux, Feret éd., 20 p.
PEREGALLO A., 1885 – Les insectes nuisibles à l'agriculture. 2ᵉ partie. La Vigne. Nice.
PERBOS A., 1930 – Résistance au Phylloxera (des hybrides). *Rev. des Hybrides :* 157-158.
PERRAUD J., 1890 – Les plantations de vigne dans les sables d'Aigues-Mortes. *Progr. Agric. et Vit. 13 :* 217-220, 258-260.
PERRAUD J., 1894 – Action antiseptique du sulfure de carbone. *Rev. Intern. de Vitic. :* 306.
PERRAUD J., 1894 – Action du sulfure de carbone sur la nitrification. *Progr. Agric. et Vit. 21 :* 391 et *Bull. Soc. Nat. d'Agr. :* 179.
PERRAUD J., 1894 – Action du sulfure de carbone sur quelques champignons et ferments et en particulier sur la fermentation nitrique. *Rev. de Vit. 1 :* 481-485, 511-513.
PERRET M., 1874 – Communication sur la conservation des vignes atteintes par le Phylloxera. *Congr. Intern. viticole Montpellier,* 26 oct. : 138-139.
PERRIER (Dr), 1870 – Le Phylloxera (revue des moyens de lutte). Journal *Les Droits de l'Homme,* 11 et 12 juillet.
PESQUIDOUX (de) J., 1930 – L'épreuve (apparition du Phylloxera en Bourgogne) Livre de Raison. Paris, Plon, éd. in *Bull. des Engrais,* 25 décembre : 573-574.
PESSON P., 1944 – Contribution à l'étude morphologique et fonctionnelle de la tête, de l'appareil buccal et du tube digestif des femelles des Coccides. *Thèse Fac. des Sci. Paris* et *Ann. Epiphyties.*
PESSON P., 1951 – Les Homoptères in GRASSE P.P. Traité de Zoologie, tome X : 1581-1590. Masson éd. Paris.
PETIT E., 1886 – La lutte contre le Phylloxera en France, en Suisse et en Algérie, Oran. Impr. Chazeau-Mouchot et Cⁱᵉ.

BIBLIOGRAPHIE

PETIT L., 1873 – Sur quelques matières propres à la destruction du Phylloxera. *C.R. Acad. Sc.*, *77* : 193-194.
PETIT L., 1873 – Nouvelle note concernant les résultats fournis par l'emploi contre le Phylloxera des goudrons provenant de la distillation de la houille. *C.R. Acad. Sci. 77* : 1176-1177.
PETIT L., 1884 – Emploi de la chaux des épurateurs à gaz pour combattre le Phylloxera. *C.R. Acad. Sci.*, *79* : 600-601.
PETIT Th., 1876 – Etat de la question du Phylloxera. Paris Libr. Agricole.
PETRI L., 1907 – Studi sul marciume delle radici nelle Viti fillosserate. *R. Staz. di Patol. veg.* Roma. 1 vol., 146 p., 9 tabl., 25 fig.
PETRI L., 1909 – Uber die Wurzelfaule phylloxerierter Weinstocke Zeitschr. f. Pflanzenkrank. 19 : 18-48.
PETRI L., 1910 – Nuove osservazioni sopra i processi di distruzione delle tuberosita filloserichi. *Rendic. Accad. Lincei, 19.*
PETRI L., 1910 – Osservazione sopra il rapporto fra la composizione chimica delle vite e il grado di resistenza alla fillossera. *Atti d. Real. Accad. dei Lincei,* Roma, *19 (1) :* 27.
PETRI L., 1910 – Ricerche istologiche su diversi vitigni in rapporto al grado di resistenza alla fillossera. *Atti d. Real. Accad. dei Lincei,* Roma, *19 (1) :* 505, 578.
PETRI L., 1911 – L'acidité des sucs et la résistance phylloxérique. *Rev. de Vit. 41 :* 487-492, 505-508, 544-551.
PICARD F., 1914 – Les champignons parasites des insectes et leur utilisation agricole. *Ann. E.N.S.A. Montpellier* fasc. 11 : 121-248.
PICHARD F., 1880 – Sur un acarien destructeur du Phylloxera gallicole. *C.R. Acad. Sci., 90 :* 1572-1573.
PICHARD P., 1883 – Aptitude des terres à retenir l'eau. Application à la submersion des vignes. *C.R. Acad. Sci. 97 :* 301-304.
PICHI P., 1893 – Contribuzione allo studio istologico ed istochimico delle viti. *Ann. R. scuola Vitic. Conegliano.*
PIERI G., 1954 – La lotta antifillosserica con l'insetticida sistemico Pestox 66. *Ann. sper. Agr. Rome,* VIII et *Bull. O.I.V., 280 :* 197.
PIERI G., 1956 – Action ovicide de quelques huiles minérales jaunes vis-à-vis de l'œuf d'hiver du Phylloxera. *Riv. di. Viticoltura,* Conegliano, 2 : 35-38 et *Bull. O.I.V. 1957, 312 :* 117.
PIERI G., 1957 – Prove sull'azione del captano sulla filloxera gallicole della vite. *Riv. di Vitic. Conegliano :* 119-121 et *Bull. O.I.V. 318 :* 112.
PIGASSOU C., 1886 – L'essence de térébenthine contre le Phylloxera. *Progr. Agric. et Vit. 5 :*79.
PIGNEDE Th., 1876 – Sur un mode de traitement des vignes phylloxérées par la chaux. *C.R. Acad. Sci. 83 :* 601-602.
PINCOLINI L., 1950 – Le Phylloxera dans la région de Cuyo *Vinos, Vinas y Frutas,* avril et *Bull. O.I.V. 234 :* 69.
PIROVANO A., 1954 – Sulla resistenza alla fillossera della *Vitis vinifera. Riv. Viti., Enol. 7 :* 211-214 et *Bull. O.I.V. 1955, 287 :* 131.
PIROVANO A., 1961 – La résistance au Phylloxera et l'enracinement superficiel de la vigne. *Ital. vin. ed. agra.,* 31 mars et *Bull. O.I.V. 363 :* 127.
PIEYRE A., 1887 – Le Phylloxericide de Maiche. *Progr. Agric. et Vit. 8 :* 87-88.
PLANCHON J.E., 1868 – Discussion sur la nouvelle maladie de la vigne devant le Congrès scientifique de Montpellier, 7 déc. *Messager agricole du Midi,* 5 mars 1869 : 59-61.
PLANCHON J.E. et VIALLA L., 1868 – Excursion faite en Camargue pour y étudier les vignes malades. *Bull. Soc. Centr. Agric. Hérault,* 3 août : 489.
PLANCHON J.E., 1868 – Nouvelles observations sur le puceron de la vigne *Phylloxera vastatrix (nuper Rhizaphis* Planch.) *C.R. Acad. Sci. 67 ;* sept. 588-594 et *Bull. Soc. Centr. Agric. Hérault,* 1868 : 475-484 et tirage à part, Montpellier. Impr. Grollier, 8 p.
PLANCHON J.E. et SAINT-PIERRE C., 1868 – Premières expériences sur la destruction du puceron de la vigne. *Bull. Soc. Centrale d'Agric. Hérault :* 426-454 et *Messager agricole du Midi 9 :* 273-285.
PLANCHON J.E., 1869 – *Rhyzaphis vastatrix. Bull. Soc. des Agr. de France,* 1er nov. : 113.
PLANCHON et LICHTENSTEIN J., 1869 – Conseils pratiques contre le Phylloxera ? *Messager du Midi,* 25 août et *Journal d'Agriculture pratique,* 2 : 404-407.
PLANCHON J.E., 1869 – Le Phylloxera, instructions pratiques. *Bull. de la Soc. des Agric. de France,* 1er nov. : 113 et *Journal de l'Agriculture,* 4 nov. : 655.
PLANCHON J.E. et LICHTENSTEIN J., 1869 – Des modes d'invasion des vignobles par le Phylloxera. *Messager du Midi,* 25 août ; *Messager agricole du Midi* 5 septembre, *Journ. d'agric. pratique,* 2 : 404-407 et tirage à part 6 p. in-8˚.
PLANCHON J.E., 1869 – Observation sur une lettre de M. H. Laval relativement à la nouvelle maladie de la vigne, en date du 13 octobre 1869. *Messager du Midi,* 20 octobre, *Bull. Comice agricole de Carpentras,* 1869 : 419-426 et *Messager agricole du Midi,* 5 nov. 351-355.
PLANCHON J.E. et LICHTENSTEIN J., 1869 – Notes entomologiques sur le *Phylloxera vastatrix. Bull. Soc. Agric. de France,* 1er nov., 4 : 113-128.
PLANCHON J.E. et LICHTENSTEIN J., 1869 – Notes entomologiques sur le *Phylloxera vastatrix,* pour faire suite au rapport de M. L. Vialla. *Bull. Soc. des Agric. de France :* 350-375 ; *Messager Agricole du Midi, 10 :* 406-417 ainsi que conjointement avec le rapport Vialla sous le titre commun : Le Phylloxera ou La nouvelle maladie de la vigne. Montpellier, Coulet in-8˚ de 84 p. avec vignettes.
PLANCHON J.E., 1870 – Lettre au Dr Cazalis sur les essais à faire avec le soluté alcalin d'huile de cade et de bisulfure de calcium pour la destruction du Phylloxera. *Messager du Midi,* 13 janvier.
PLANCHON J.E., 1870 – Essais préliminaires sur la destruction du Phylloxera... *Le Vigneron du Midi,* du Dr Cazalis pour l'année 1870, Montpellier, in-12 : 81-96 et tirage à part.
PLANCHON J.E., 1870 – Maladie de la vigne. Divers articles publiés dans le *Messager du Midi* 22 juin, 7 juillet, 9 juillet et tirage à part, Montpellier in-8˚, 18 p. avec vignettes.
PLANCHON J.E., 1870 – Rapport sur la maladie du Phylloxera dans le département de Vaucluse. *Bull. Soc. Agri. et Hort. Vaucluse,* 19 : 241-278, *Messager agricole du Midi,* 5 octobre : 305-330 et *Bull. Soc. Centr. agric. Hérault :* 168.
PLANCHON J.E. et LICHTENSTEIN J., 1870 – De l'identité spécifique du Phylloxera des feuilles et du Phylloxera des racines de la vigne. *C.R. Acad. Sci. 71,* 1er août : 298-300, *Journal d'agriculture pratique* 11 août : 181-182. *Messager du Midi,* 26 juillet et *Messager agricole du Midi,* 5 août : 235.
PLANCHON J.E. et LICHTENSTEIN J., 1870 – Lettre à M. Drouyn de Lhuys sur l'intérêt qu'il y aurait à introduire d'Amérique les insectes, qui, dans ce pays, dévorent le Phylloxera. *Bull. Soc. Agric. de France,* 15 août : 297 et *Rev. Hort. :* 324
PLANCHON J.E., 1870 – Mesures de surveillance contre le Phylloxera et essais des moyens de le détruire. *Bull. Soc. Centr. Agric. Hérault,* 20 mars : 62-63.
PLANCHON J.E. et LICHTENSTEIN J., 1870 – Apparition du Phylloxera à Mauguio. *Messager du Midi,* 20 juin.
PLANCHON J.E. et LICHTENSTEIN J., 1870 – Conseils pratiques contre le Phylloxera. *Messager Agric. du Midi,* 5 juillet.

PLANCHON J.E. et LICHTENSTEIN J., 1870 – Première invasion du Phylloxera dans l'Hérault, à Lunel-Vieil. *Messager du Midi*, 7 juillet.

PLANCHON J.E. et LICHTENSTEIN J., 1870 – Instructions pratiques adressées aux viticulteurs sur la manière d'observer la maladie du Phylloxera et le Phylloxera lui-même cité in *C.R. Acad. Sci. 70.*

PLANCHON J.E. et LICHTENSTEIN J., 1870 – Des modes d'invasion des vignobles par le Phylloxera. *Messager agricole de Montpellier*, 5 sept.

PLANCHON J.E., 1871 – Note sur la découverte faite par Riley du Phylloxera sur les racines. *Messager agricole du Midi*, 5 février : 19-21.

PLANCHON J.E. et LICHTENSTEIN J., 1871 – Lettre au Dr Vignal, secrétaire du Comité de défense des vignes de Mauguio. *Messager du Midi*, 3 juillet.

PLANCHON J.E. et LICHTENSTEIN J., 1871 – Le Phylloxera, renseignements scientifiques. *Messager du Midi*, 13 juillet.

PLANCHON J.E. et LICHTENSTEIN J., 1871 – Conseils sur le traitement des vignes atteintes du Phylloxera. *Messager du Midi*, 30 juillet et 15 août.

PLANCHON J.E. et LICHTENSTEIN J., 1871 – Article résumant des observations récentes de Riley sur l'immunité relative de certains cépages américains vis-à-vis du Phylloxera. *Messager du Midi* 3 déc. et *Messager agricole du Midi* 10 décembre.

PLANCHON J.E., 1871 – Traitement au moyen de l'acide phénique et autres insecticides des vignes attaquées par le *Phylloxera vastatrix*. *C.R. Acad. Sc.*, 73 : 783, 25 sept.

PLANCHON J.E., 1871 – Conseils sur le traitement des vignes atteintes de Phylloxera. *Messager du Midi*, 30 juillet.

PLANCHON J.E. et LICHTENSTEIN J., 1871 – Le Phylloxera de la vigne en Angleterre et en Irlande (trad. de la note de Westwood, 1869). *Messager agricole du Midi*, 10 juillet : 186-190 et tirage à part, Montpellier.

PLANCHON J.E. et LICHTENSTEIN J., 1872 – Le Phylloxera, faits acquis et revue bibliographique (1868-1870), 483 articles signalés. *Congr. scientifique de France*, 35e session à Montpellier, Impr. Jean Martel aîné, 121 p., 1 pl. couleurs.

PLANCHON J.E. 1872 – Sur l'extension actuelle du Phylloxera en Europe. *C.R. Acad. Sci.* 75 : 1007-1009.

PLANCHON J.E. et LICHTENSTEIN J., 1873 – De la marche de proche en proche du Phylloxera. *C.R. Acad. Sci.*, 77 : 461-463.

PLANCHON J.E., 1873 – Rapport à M. le Ministre de l'Agriculture sur une Mission aux Etats-Unis et Rapport à La Société d'agriculture de l'Hérault sur la même mission. Montpellier, Grollier.

PLANCHON J.E., 1874 – Compte rendu de sa Mission en Amérique. *Congr. Intern. viticole*, Montpellier 26 oct. 57 et 159-163.

PLANCHON J.E., 1874 – Le Phylloxera en Europe et en Amérique. *Revue des Deux-Mondes*, 1er fév. et 15 fév., tiré à part. Paris, Claye.

PLANCHON J.E., 1874 – Le Phylloxera et les Vignes américaines à Roquemaure (Gard). *C.R. Acad. Sci.*, 78 : 1093-1095, 20 avril.

PLANCHON J.E.et LICHTENSTEIN J., 1874 – Le Phylloxera de 1854 à 1873, résumé pratique et scientifique.

PLANCHON J.E., 1874 – Les vignes sauvages des Etat-Unis de l'Amérique du Nord. *Ann. de la Soc. d'Hort. et d'Hist. Nat. de l'Hérault et Bull. Soc. Bot. de France.*

PLANCHON J.E., 1874 – La vigne et le vin aux Etats-Unis. *Rev. des Deux-Mondes*, 15 fév., 30 p.

PLANCHON J.E., 1875 – Les vignes américaines, leur culture, etc..., leur résistance au Phylloxera et leur avenir en Europe. 1 vol. in-16", 240 p. Montpellier, Coulet éd.

PLANCHON J.E., 1875 – La défense contre le Phylloxera. *Ann. Agri.* 1 : 174.

PLANCHON J.E., 1877 – Les mœurs du Phylloxera de la vigne. *La Vigne améric.* : 97-103.

PLANCHON J.E., 1877 – Les mœurs du Phylloxera de la vigne, Montpellier, 1 pl. couleurs, Grollier éd.

PLANCHON J.E., 1878 – Sur l'origine du Phylloxera découvert à Prades (Pyr-Orient.). *C.R. Acad. Sci.*, 86 : 749, 25 mars.

PLANCHON J.E., 1877 – La question phylloxérique en 1876. La *Revue des Deux-Mondes*, 15 janvier.

PLANCHON J.E., 1878 – Sur l'origine du Phylloxera découvert à Prades (Pyr.-Orient.). *C.R. Acad. Sci. 86 :* 749-750.

PLANCHON J.E., 1879 – Sur les principaux types (espèces ou variétés) de vignes américaines. *Ass. fr. Avanc. des Sci. Cong. Montpellier.*

PLANCHON J.E., 1880 – A propos de l'œuf d'hiver. *La Vigne amér.*, mars : 69-70.

PLANCHON J.E., 1880 – A propos de l'observation de M. Graells. *La Vigne améric.* avril : 119.

PLANCHON J.E., 1881 – Origine du Phylloxera. *Congr. vitic., Montbrison* : 4-11.

PLANCHON J.E., 1885 – Quels sont les remèdes employés jusqu'ici contre les ravages du Phylloxera et quels résultats ont-ils donnés ? *Congr. Int. de Bot. et d'Hort.*, Anvers.

PLANCHON J.E., 1887 – Quelques mots sur l'histoire de la découverte du Phylloxera. *La Vigne américaine :* 84-88, 118-124 (réponse de Sahut).

PLANCHON J.E., PULLIAT V. et ROBIN, 1887 – Les vignes américaines résistantes ; choix et culture des cépages. *La vigne américaine*, 15 déc.

PLUMEAU (Dr) A., 1872 – (Le Phylloxera). *Ass. française pour l'avancement des Sciences*, Bordeaux : 636.

PLUMEAU A., 1877 – Le Phylloxera sur la tige. *Soc. d'Agric. de la Gironde*, 2 mai, 12 p.

PLUMEAU A., 1881 – Sulfure de carbone et sulfocarbonates. *Congr. phylloxérique, Bordeaux* : 50-92.

PLUMEAU A., 1881 – La submersion. *Congr. phylloxérique, Bordeaux* : 93-99.

POIROT A., 1880 – Sur les effets produits par la culture de l'absinthe comme insectifuge et sur son application préventive contre le Phylloxera. *C.R. Acad. Sci. 91* : 607.

POLIWZEW F.P. et WOROTYNZEWA A.F., 1962 – Zur frage der Bekampfung der Reblaus in den eigenwurzei. Weingarten Moldawiens. Sadowodstro. *Winogr. i winod.* Moldawi N° 4.

POMIER-LAYRARGUES E., 1869 – Appel aux propriétaires de l'Hérault et du Midi, en vue de lutter contre le Phylloxera. *La Liberté*, Montpellier, juin 1869 et *Messager agricole du Midi*, 5 juillet 1870 : 193-197.

POMIER-LAYRARGUES E., 1871 – Lettre au Dr Cazalis sur l'action destructive de la terre coaltarée sur le Phylloxera. *Messager agricole du Midi*, 10 juillet : 170-171.

POPOFF M. et JOAKIMOFF D., 1916 – Die Bekampfung des Reblaus durch Umanderung der Rebenkultur. *Z.f. angew. En.*, BdIII : 367-382.

POPOFF M. et JOAKIMOFF D., 1917 – Uber die Zuchtung phylloxerafester Reben. *Z.f. angew. Ent.*, BdIII et IV 1917/18.

PORTELE K., 1913 – Das Einsanden der Rebenveredlungen. Eine Methode zum Vortreiber Schnittreben. *Allg. W.Z.* N° 15, 30.

PORTES L. et RUYSSEN F., 1889 – Traité de la vigne et de ses produits (Le Phylloxera, tome 3 : 463-620), Paris O. Doin éd.

PORTIER, 1874 – Moyen de préserver et d'arrêter les ravages du Phylloxera (semer du tabac dans les lignes). *C.R. Acad. Sci. 79* : 311-312.
POTIRIADES J., 1950 – Rapport natonal Grec sur le Phylloxera et la reconstitution des vignobles. *6e Congr. O.I.V. Athènes,* I : 160-178.
PRILLEUX Ed., 1877 – Invasion du Phylloxera dans les vignobles des environs de Vendome. *C.R. Acad. Sci., 85* : 509.
PRILLEUX Ed., 1877 – Sur les causes qui ont amené l'invasion du Phylloxera dans le Vendomois. *C.R. Acad. Sci., 85* : 532-535.
PRINTZ I., 1937 – Contribution to the question of the changes in the virulence of Phylloxera of biotypes. *Plant Protection,* Léningrad fasc. 12 : 137.
PRINTZ Ia I., 1950 – Bases biochimiques de l'immunité envers le Phylloxera. *Blagovjeschtschenskij,* Moscou (en russe) et rés. in *Bull. O.I.V.* 1955, *294* : 82-83.
PRINTZ Ia. I., 1952 – Culture de vignes franc de pied dans les régions infestées par le Phylloxera. *Vinodelie I Vino-gradarstvo,* Juin et rés. in *Bull. O.I.V. 261* : 129.
PRINTZ I., 1954 – La lutte contre le Phylloxera. *Revue L'Union Soviétique, N° 1, janvier (en russe) et Bull. O.I.V., 279* : 161-162.
PRINTZ I., 1955 – Bases biochimiques de l'immunité phylloxérique. *Bull. O.I.V., 294* : 82.
PRINTZ I.I. et KISKIN P.K., 1961 – Culture de variétés de vignes résistantes au Phylloxera et de haute qualité (en russe). *Acad, Sci. Moldavie,* Kichinev *Inst. Zool.* Phylloxera et moyens de lutte. Publication 1 : 82-96.
PRINTZ Ia I., 1964 – Wurzelechter Weinbau mit Hexachlorobutadien. *Weinberg u.Keller, 1* : 19-24 et rés. in *Bull. O.I.V., 398* : 415-416.
PROFFT J., 1937 – Beitrage zur Zymbiose der Aphiden und Psylliden. *Morph.v. Oekol.d.Tierce,* 32 : 289.
PULLIAT V., 1877 – le Phylloxera en Autriche-Hongrie et à Nice. *La Vigne améric.* : 103-105.
RASMUSON, 1914 – Inheritance in *Vitis. Mittel. Biol. Anst.* Berlin : 28-34.
RAOUX, 1868 – Résumé de la discussion sur la nouvelle maladie de la vigne. *Bull. Soc. Agri. et Hort. Vaucluse,* août : 228-229.
RAOUX, 1868 – Nouvelle maladie de la vigne. *Bull. Soč. Agri. et Hort. Vaucluse,* sept. 283-288.
RASPAIL E., 1869 – Lettre constatant les affreux ravages commis par le Phylloxera dans son vignoble. *Messager du Midi,* 5 juillet.
RAVAZ L. et GOUIRAND G., 1894 – Recherches sur l'affinité des vignes greffées. *Rev. de Vit. 1* : 201-204, 281-28; *2* : 125-128, 173-174.
RAVAZ L., 1894 – Sur la résistance au Phylloxera. *Rev. de Vit. 2* : 576-580.
RAVAZ L., 1895 – Choix des porte-greffes. *Rev. de Vit. 4* : 461-468, 581-586, 605-611.
RAVAZ L., 1897 – Contribution à l'étude de la résistance au Phylloxera. *Rev. de Vit. 7* : 109-114, 137-142, 193-199.
RAVAZ L., 1897 – Le carbure de calcium contre le Phylloxera. (Procédé Chuard). *Rev. de Vit. 7* : 82-83.
RAVAZ L., 1897 – Sur la résistance phylloxérique. Réponse à M. Millardet. *Rev. de Vit. 8* : 688-694.
RAVAZ L., 1898 – Sur la résistance phylloxérique. *Rev. de Vit. 9* : 99.
RAVAZ L., 1898 – Sur la résistance phylloxérique du 33 A2. *Rev. de Vit. 9* : 105-106.
RAVAZ L., 1898 – Les nouveaux cépages. Résistance phylloxérique et adaptation. *Progr. Agri. et Vit. 29* : 551-555, 591-594, 607-612 et *Soc. des Viticulteurs de France,* mars.
RAVAZ L., 1902 – Les vignes américaines. Porte-greffes et Producteurs directs. Coulet, éd. Montpellier.
RAVAZ L., 1903 – Nouvelles recherches sur la résistance au Phylloxera. *Ann. Ec. Nat. Agric. Montpellier,* I : 1-20.
RAVAZ L., 1903 – Nouvelles recherches de la résistance au Phylloxera. *Ann. Ecole Nat. Agric. Montpellier II* fasc. 3 : 169-185.
RAVAZ L., 1914 – L'acidité des racines de la vigne. *Progr. Agr. et Vit. 61* : 6-9.
RAVAZ L., 1920 – Encore les galles phylloxériques. *Progr. Agr. et Vit. 75* : 249 et 272.
RAVAZ L., 1922 – Les galles phylloxériques. *Progr. Agric. et Vit. 78* : 271-272.
RAVAZ L., 1927 – Les galles phylloxériques. *Progr. Agric. et Vit. 88* : 249-255.
RAVAZ L., 1928 – Galles phylloxériques. *Progr. Agric. et Vit. 92* : 295-296.
RAVAZ L., 1928 – Contre les galles phylloxériques. *Progr. Agric. et Vit. 89* : 352-354, 1 fig.
RAVAZ L., 1929 – Les galles phylloxériques. *Progr. Agric. et Vit. 92* : 413-417, 1 pl. couleurs.
RAVAZ L., 1931 – Encore les galles phylloxériques. *Progr. Agric. et Vit. 96* : 324-325.
RAVAZ L., 1935 – Contre le Phylloxera gallicole. *Progr. Agric. et Vit. 103* : 269-271.
RAYNIER, 1870 – Rapport de la Commission de Viticulture sur la maladie du Phylloxera. *Bull. Soc. Agric. Aude,* mai : 129-139.
REGIS F., 1881 – Les insecticides et leur emploi. *Congr. phyiloxérique, Bordeaux* : 401.
REGNER A.V., 1876 – Le Phylloxera (Autriche).
REICH L., 1881 – De la submersion des vignes. *Congr. vitic., Montbrison* : 43-52.
REICH L., 1889 – Note sur la culture de la vigne dans les terrains salés de la Camargue. *Congr. Inter. d'Agric. Paris* : 700-702.
REJOU, 1873 – Note sur l'emploi des feuilles de tabac pour combattre le Phylloxera. *C.R. Acad. Sci., 77* : 666.
REMY A., 1869 – Le Phylloxera au Congrès de Beaune. *Journal d'Agriculture,* 5 déc. : 666-668.
REXES F.G., 1876 – Le Phylloxera détruit et la vigne régénérée. Angoulême, Debreuil A., éd. 32 p.
RICHARD M., 1962 – A propos de Phylloxera. *Le Vigneron Champenois* : 318-319.
RICHARD M., 1963 – Lutte contre le Phylloxera in Compte rendu des activités techniques pour 1962. *Le Vigneron Champenois* : 222.
RIED, 1949 – Recherches sur la lutte directe contre le Phylloxera. *Das Weinblatt,* Neustadt, 19 mars et rés. in *Bull. O.I.V., 221* : 58.
RILEY Ch., 1866 – *Le Pemphigus vitifoliae* Fitch insecte nuisible à la vigne *Prairie Farmer,* 3 nov. et 8 déc.
RILEY Ch., 1868 – Grape vine leaf gall in the *Americain Entomologist,* Saint-Louis (Missouri) in-4° vol. I : 248 avec vignette d'une feuille chargée de galles.
RILEY Ch. V., 1870 – The grape leaf gall Louse *Phylloxera vitifolii* Fitch (identité de la forme gallicole et radicicole). *The American Entomol. and Botan., N° 12* déc. : 354-359.
RILEY Ch. V., 1873 – Six annual Report of the state entomologist : 44-69.
RILEY Ch. V., 1873-75 – Habits and depredations of the grape Phylloxera. *Reg. Us. Com. Ag.*
RILEY Ch. V., 1874 – The grape Phylloxera *Pop. Sc. monthly.*
RILEY C.V., 1874 – The american Oak Phylloxera, *Phylloxera Riley* Licht. 6° Annual report of the State entomologist : 64, Missouri.
RILEY C.V., 1874 – Les espèces américaines du genre Phylloxera. *C.R. Acad. Sci., 79* : 1384-1388.
RILEY C.V., 1875 – New facts regarding the grape phylloxera. Tr. Ac. Sc. St Louis.
RILEY Ch. V., 1875 – Fin de l'Histoire du Phylloxera. St Louis du Missouri.

RILEY C.V., 1878 – Uber dem Weinstock schadliche Insekten. *Ann. der Onologie.*
RILEY C.V., 1878 – Die Rebenphylloxera. *Ann. der Œnologie,* Heidelberg.
RILEY Ch., 1881 – Sur le phylloxera et les lois destinées à empêcher son introduction dans les localités non infestées. *The American. Naturalist,* V : 186.
RILEY Ch., 1884 – Un nouveau remède contre le Phylloxera (pétrole et savon). *C.R. Soc. centr. Agric. Hérault* 24 mars et *Progr. et Vit. I :* 208.
RILEY Ch., 1884 – Réception et conférence sur les insecticides. *Prog. Agric. et Vit. 2 :* 10-15.
RILEY C.V., 1884 – Quelques mots sur les insecticides aux Etats-Unis et proposition d'un nouveau remède contre le Phylloxera. *Soc. Agric. Hérault* 30 juin, 8 p. et *La Vigne américaine :* 207-214.
RILLING G. und RADLER F., 1960 – Die Kontrollierbare Aufzucht des Reblaus auf Gewehekulturen von Reben. *Naturwiss., 47 :* 547-548.
RILLING G., 1960 – Das Skelettmuskelsystem der Ungeflugelten. *Vitis, 2 :* 222-240.
RILLING G., 1961 – Die Bedeutung von Umweltfaktorenim Entwicklungszyklus der Reblaus. *Vitis, 3 :* 38-47 et rés. in *Bull. O.I.V.* 1962, *371 :* 113-114 et*380 :* 1373.
RILLING G., 1962 – Die formative Wirkung von Licht und Temperatur bei der Reblaus. *Naturwiss. 49 :* 90-91.
RILLING G., 1964 – Die Entwicklungpotenzien von Radicicolen und Gallicoleneiern der Reblaus in Beziehung zu Umweltfaktoren *Vitis, 4 :* 144-151 et *Bull. O.I.V. :* 838.
RILLING G., 1967 – Die Speicheldrusen der Reblaus. *Vitis, 6 :* 136-150 et *Bull. O.I.V. 439 :* 1006.
RILLING G., 1968 – Versuche zur Modifikabilitat der Stechorstenlange bei der Reblaus. *Vitis, 7 :* 130-140 et *Bull. O.I.V., 453 :* 1256.
RILLING G., RAPP A., STEFFAN H. et REUTHER K.H., 1974 – Freie und gebundene Aminosauren der Reblaus und Moglichkeiten ihrer Biosynthèse aus saccharose. *Z. angew. Entomol. 77 :* 195--210.
RILLING G., RAPP A. et REUTHER K.H., 1975 – Veranderungen des Aminosaurengehaltes von Rebenorganen bei Befall durch die Reblaus. *Vitis, 14 :* 198-219.
RILLING G., 1975 – Zur Frage der direkten oder indirekten Schadigung von Rebenwurzeln bei Befall durch die Reblaus. *Vitis,* 40-42.
RIPERT F. et DESPLANS L., 1868 – Détails sur la maladie de la vigne dans le Comtat. *Congr. scientifique,* 35e session Montpellier, 7 déc. et *Messager agricole du Midi,* 5 mars 1869 : 58.
RISLER E., 1875 – Rapports au Conseil d'Etat de Genève sur l'arrachage et le traitement des vignes phylloxérées de Pregny. Genève, Impr. J. Benoit et Cle.
ROBERT E., 1868 – Sur l'intervention d'une espèce d'*Aphis* dans la maladie qui affecte les vignobles du Midi de la France. *C.R. Acad. Sci., 67 :* 767-768.
ROBERT E., 1872 – Note sur l'action conservatrice du cuivre. *C.R. Acad. Sci. 74 :* 1602.
ROBIN J.E., 1877 – Phytotomie pathologique. Etude anatomique de la lésion produite sur les racines de la vigne. Détermination du degré de résistance au phylloxera des divers cépages par le Dr. u. Coste. *La Vigne américaine :* 80-85.
ROBINSON A., 1883 – Sur l'utilisation, pour la culture de la vigne, des terrains sablonneux des Landes et de la Gironde. *C.R. Acad. Sci., 97 :* 243-244.
ROEHRICH R., 1951 – Le Phylloxera, ennemi toujours actuel de nos vignobles. *Rev. Zool. Agr. 50 :* 37-39.
ROESSLER L., 1874 – Lutte contre le Phylloxera en Autriche (trad. Lichtenştein). *Congr. Intern. viticole,* Montpellier, 26 oct. : 65 et 179-182.
ROESSLER L., 1875 – Die Phylloxera vastatrix Œsterreichisshes landw. Vochenblatt.
ROESSLER L., 1875 – Lettre à M. Dumas sur l'apparition du Phylloxera en Prusse. *C.R. Acad. Sci. 80 :* 29.
ROESSLER L. et CHAMPIN A., 1882 – Revue antiphylloxérique internationale. 1re année n° 1 à 10.
ROHART F., 1875 – Etat de la question du Phylloxera, Paris, Masson éd.
ROHART F., 1876 – Question du Phylloxera. Les bois injectés au sulfure de carbone. Paris, Impr. Lecomte, 40 p. (N° 1) et 32 p. (N° 2).
ROHART F., 1878 – La destruction pratique du Phylloxera. Paris, Libr. scient. Lacroix, 26 p.
ROHART F., 1879 – Action sur la vigne du sulfure de carbone à dégagement lent et prolongé. *C.R. Acad. Sci., 89 :* 575-576.
ROMACHENKO I.S., 1951 – De la sensibilité des cépages au Phylloxera gallicole dans la région de l'Amour. *Vinod. i Vinogr.,* 3 et *Bull. O.I.V. 250 :* 164.
ROMMIER Alph., 1873 – Note sur la tache phylloxérée de Mancey (S. et L.). *C.R. Acad. Sc. 76 :* 386-388.
ROMMIER A., 1874 – Sur l'emploi des alcalis du goudron de houille à la destruction du Phylloxera. *C.R. Acad. Sci., 78 :* 958-959.
ROMMIER A., 1874 – Sur les nouveaux points attaqués par le Phylloxera en Beaujolais. *C.R. Acad. Sci. 79 :* 648-649.
ROMMIER A., 1874 – Expérience faites à Montpellier sur des vignes phylloxérées avec du coaltar Petit. *C.R. Acad. Sci., 79 :* 775-777.
ROMMIER Alph., 1876 – Expériences relatives au traitement des vignes phylloxérées par l'acide phénique et les phénates alcalins. *C.R. Acad. Sci. 83 :* 960-961.
ROMMIER Alph., 1877 – Nouvelles expériences à tenter pour combattre le Phylloxera. *C.R. Acad. Sci., 84 :* 380.
ROMMIER A., 1878 – Phylloxera, vignes et traitements en 1878. *Soc. des Agric. de France.* Paris Impr. Donnaud, 16 p.
ROMMIER A., 1879 – Limite de la résistance de la vigne aux traitements sulfocarboniques. Paris.
ROMMIER Alph., 1880 – Sur l'influence toxique que ie mycélium des racines de la vigne exerce sur le Phylloxera. *C.R. Acad. Sci., 90 :* 512-515 (et intervention de L. Pasteur).
ROMMIER A., 1882 – Phylloxera et Principes fertilisants. Paris. La Maison Rustique.
ROMMIER A., 1884 – Sur l'emploi de la solution aqueuse de sulfure de carbone pour faire périr le Phylloxera. *C.R. Acad. Sci. 99 :* 695-697.
ROSEN H.R., 1916 – The development of the Phylloxera vastatrix leaf gall. *Amer. journ. Bot., 3 :* 337-36.
ROUFFIANDIS J., 1887 – Expériences physiologiques sur les vignes américaines et indigènes. *C.R. Acad. Sci. 104 :* 1251-1252.
ROUGET P., 1887 – Rapport sur la situation viticole de l'arrondissement de Toulon. Toulon Impr. Isnard, 95 p.
ROUSSEAU, 1874 – Emploi contre le Phylloxera des « résidus d'enfer » des moulins à huile. *C.R. Acad. Sci., 79 :* 150-151.
ROUSSELIER J., 1876 – Traitement des vignes phylloxérées à Aimargues ;' emploi d'un *projecteur souterrain* pour la distribution du liquide insecticide. *C.R. Acad. Sci. 83 :* 434-437.
ROUSSELIER, 1876 – Traitement des vignes phylloxérées par un mélange de sulfure de carbone, d'huile lourde et d'huile de résine. *C.R. Acad. Sci. 83 :* 1219-1220.
ROUVIERE F., 1870 – Procédé de lutte contre le Phylloxera. *Bull. Soc. Centr. Agric. Hérault,* 1er août : 331.

ROUX, 1871 – Le *Phylloxera vastatrix* (à Lunel-Vieil). *Journal de Lunel,* 23 mai.
ROVIRA VALLE F., 1950 – Les vignobles de Chincha attaqués par le Phylloxera. *6ᵉ Congr. O.I.V. Athènes,* I : 647-649.
ROY-CHEVRIER J., 1900 – Contribution à l'étude des Hybrides Producteurs directs. *Rev. de Vit. 14 :* 536-541, 566-571, 592-596, 620-625, 649-651.
ROY-CHEVRIER J., 1907 – Les Hybrides et la qualité. *Congr. intern. Vit. Angers et Rev. des Hybrides,* 1908 : 1170.
RUIZ CASTRO A., 1950 – Ampélophages des racines et des souches de vigne, étudiés dans le vignoble espagnol. *6ᵉ Congr. O.I.V., Athènes,* I : 597-608 et Bull. O.I.V. 1951, juin : 67.
RYABTCHOUN O.P., 1971 – Sur le procédé biologique de la lutte contre le Phylloxera (cultures herbacées). *Vinod. i. Vinogr. 31, 7 :* 43-44 et *Bull. O.I.V., 491 :* 71.
SABATE J., 1876 – Sur la destruction du Phylloxera au moyen de la décortication des ceps de vigne. *C.R. Acad. Sci. 83 :* 437-438.
SABATE J., 1876 – Résultats obtenus par la décortication des ceps de vigne. *C.R. Acad. Sci. 83 :* 1085-1087.
SABATE J., 1878 – Destruction des œufs d'hiver du Phylloxera par l'écorçage. *C.R. Acad. Sci. 86:* 105.
SAGNIER H., 1889 – Sur la reconstitution du vignoble par la submersion les irrigations et les plantations dans les sables. *Congr. Intern. d'Agric. Paris :* 777-780.
SAHUT F., 1868 – Lettre à M. Barral sur la nouvelle maladie de la vigne, 23 juillet. *Journal de l'Agriculture* 5 août et *Bull. Soc. d'Agr. de l'Hérault :* 639-641.
SAHUT F., 1884 – Traitement des vignes phylloxérées. *Revue Horticole,* 12 p et *Messager agricole du Midi.*
SAHUT F., 1885 – De la résistance au Phylloxera et de l'adaptation au sol. *Progr. Agric. et Vit., 3 :* 266-272.
SAHUT F., 1885 – Etat actuel de la Question des moyens de défense. *Progr. Agric. et Vit., 3 :* 417-421 et 431-433.
SAHUT F., 1885 – Les Vignes américaines, Coulet 1ʳᵉ éd. 1885 : 26-42 et 3ᵉ édition : 26-34.
SAHUT F., 1887 – Sur la découverte du Phylloxera ; réponse à M. Planchon. *La Vigne américaine :* 118-124.
SAHUT F., 1887 – Traitement au sulfure de carbone. *Progr., Agric. et Vit. 7 :* 10-14.
SAHUT F., 1899 – Un épisode rétrospectif à propos de la découverte du Phylloxera. Montpellier, Impr. Charité, 16 p.
SAHUT F., 1900 – La défense du vin et la découverte du Phylloxera, Montpellier, Impr. de la Charité, 36 p.
SAINT-ANDRE, 1881 – Recherches sur les causes de la résistance des vignes au Phylloxera dans les sols sableux. Montpellier, Grollier. Impr. et *Message Agricole du Midi, 22 :* 187-191.
SAINT-ANDRE, 1882 – La viticulture dans les landes de Gascogne. *Journal de l'Agriculture,* mars : 423-426. Paris, Masson éd.
SAINT-ANDRE, 1884 – L'immunité phylloxérique de la vigne dans les sables. *Progr. Agric. et Vit. 2 :* 154-155, 178-179, 227-228, 241, 274-275 (article non terminé).
SAINT-ANDRE, 1881 – Recherches sur les causes qui permettent à la vigne de résister aux attaques du Phylloxera dans les sols sableux. *Observations sur le Phylloxera,* Acad. Sci. : 71-74 et *C.R. Acad. Sci., 92 :* 850-853.
SAINT-LEON BOYER-FONFREDE J., 1874 – Le Phylloxera, Bordeaux, Impr. Gounouilhou, 18 p.
SAINT-PIERRE C., 1868 – Essais de substances contre le Phylloxera. *Bull. Soc. Centr. Agri. Hérault,* 3 août : 489.
SAINT-PIERRE C., 1871 – Note sur la résistance du puceron pendant les froids de l'hiver 1871. *Bull. Soc. Centr. Agric. Hérault,* 6 mars et le *Messager agricole du Midi,* 10 avril : 77-79.
SAINT-PIERRE C., 1872 – Recherches du Phylloxera sur les racines de la vigne sauvage dite lambrusque. *C.R. Acad. Sci. 75 :* 1258.
SAINT-RENE TALLANDIER H., 1889 – Rapport général sur le Phylloxera (Historique, lutte). *Congr. Intern. d'Agric. Paris :* 679-696.
SALINAS P.J. et BAUTISTA D., 1973 – La Filoxera de la Vid en Los Andes venezolanos. *IIᵉ Seminario frutícola nacional* 25-28 juillet 1973, Caracas.
SALINAS J. et BAUTISTA D.A., 1974 – La Filoxera de la Vid en Los Andes venezolanos. *IXᵉ Reunión de la Asociación latinoamericana de Fitotecnia,* Panama, mars.
SANNINNO F.A., 1909 – L'acidité des sucs des vignes américaines par rapport à leur résistance au Phylloxera (trad. de l'art. de Averna Sacca R. paru dans *Rivista di Conegliano,* 15 oct. 1909). *La vigne américaine :* 333-336.
SARRAND, 1873 – Note relative à deux remèdes contre le Phylloxera. *C.R. Acad. Sci., 77 :* 562.
SAUREL (Dr), 1870 – Lettre en date du 27 juillet préconisant de plâtrer le pied des souches. *Messager du Midi,* 3 août.
SAURET (Dr), 1879 – Sur la pesanteur spécifiques des sarments. La Vigne americ. : 22-23.
SAVIGNON (de) F., 1881 – Le Phylloxera en Californie. *C.R. Acad. Sci. 92 :* 66-68.
SAVIN Cl., 1962 – Une méthode simple et efficace de combattre le Phylloxera gallicole dans les plantations de porte-greffe. *Bull. O.I.V., 378 :* 1126 et *Grad. via si liv.* Bucarest n° 5.
SAVIN G., BALAJ D., ZINCA N. et DUSCHIN I., 1965 – Resultate obtinute in combatarea filoxerei gallicole la vitele portaltoi. *Anal. Sect. Prot. Pl. Inst. Cent. Cerc. Agric.* i : 163-174.
SCHAEFER H., 1972 – Uber Unterschiede im Stoffwechsel von reblausvergal gallten und gesunden Rebenblattern. *Phytopathol. Z. 75 :* 285-314.
SCHAEFFER H., 1974 – Weitere Untersuchung uber den Stoffwechsel der Reblausblattgallen unter besonderer Berucksichtigung des an die Gale angrenzenden Gewebes. *Wein-wiss. 29 :* 133-164.
SCHAEFFER M., 1969 – La crise du Phylloxera. *Economie Méridionale* n° 67, 24 p.
SCHALLER G., 1959 – Untersuchungen uber die gallbildung ind Nekrosereaktion der Rebensorten unter Berucksichtigung derTassendifferenzierung dert Reblaus. *Phytopathol. Z., 36 :* 67-83.
SCHALLER G., 1960 – Untersuchungen uber den Aminosäurengehalt des Speicheldrusenkretes der Reblaus. *Entomol. Expl. Appl., 3 :* 128-136. North-Holland. Publi. Amsterdam.
SCHALLER G., 1963 – Biochemische Rassentrennung bei der Reblaus durch Speichelanalysen. *Zool. Jb. Physiol., 70 :* 278-283.
SCHALLER G., 1968 – Untersuchungen zur Erzeugung kunstkicher Pflanzebgallen. *Marcellia,* 35 : 131-153.
SCHANDERL H., 1949 – Uber die Hefesymbioseder Cerambiciden und Aphiden. *Verh. d. Deutsch. Zool.*
SCHANDERL H., LAUFF G. et BECKER H., 1949 – Studien uber die Mycetom und Darmsymbiositen der Aphiden. *Z. f. Natur Forsch,* 4.
SCHEFER, 1880 – Sur l'emploi du bitume de Judée dans la culture de la vigne. *C.R. Acad. Sci. 90 :* 1462-1463.
SCHILDER F.A., 1947 – Perspectives de lutte contre le Phylloxera par la sélection de la vigne. *Nachr. bl. deutsch. Pflanzchutzdienst, I :* 104-105.
SCHILDER F., 1947 – Die Russellange der Reblaussrassen. *Fetschrift Appell d. Biol. Zentralanst.* Berlin-Dahlem : 53-54.

SCHILDER F., 1947 – Zur Biologie der Reblausrassen. *Der Zuchter.* 17/18 : 413-415.
SCHIMER H., 1867 – On a new genus in Homoptera, le *Dactylophoera vitifoliae. Proceed. Acad. Nat. Soc. of Phila-delphia.* N° 1, janvier : 2-11.
SCHNEIDER-ORELLI O. ET LEUZINGER H., 1924 – Vergleichende Untersuchungen zur Reblausfrage *Bl. Viertelj. Naturf. Ges. Zurich, 69* : 1-50.
SCHNEIDER-ORELLI O., 1939 – Untersuchungen zur Reblausfrage. *Mitt. Schweig. Ent. ges., 27 :* pt 12 : 584.
SCHNEIDER-ORELLI O., 1939 – Essais comparés sur le matériel du Phylloxera du Nord et du Sud de la Suisse. Communication à la *Soc. Entomol. Suisse, 17,* fascicule 12.
SCHNEIDER-ORELLI O., 1939 – Vergleichende Untersuchungen an nord und sudschweizerischen Reblausmate-rial. *Mitt. Schweiz. Entomol. ges. 17* : 1-27.
SCHNEITZLER J.B., 1874 – Communication sur le Phylloxera en Suisse. *Congr. Intern. viticole, Montpellier,* 26 oct. : 40-41.
SCHNEITZLER J.B., 1874 – Lettre à M. Dumas sur la présence du Phylloxera à Cully (Suisse). *C.R. Acad. Sci. 79 :* 1234-1236.
SCHNETZLER J.B., 1875 – Découverte du Phylloxera dans les vignobles du nord de la Suisse. *C.R. Acad. Sci., 80* : 312, 637.
SCHNETZLER J.B., 1876 – Observation de vignes américaines attaquées par le Phylloxera. *C.R. Acad. Sci. 83 :* 535.
SCHOLL S., 1955 – Recherches morphologiques sur les races de Phylloxera fondatrices dans les pépinières américaines du sud de la Bade. *Zeitschrift fur Pflanzenkrankheiten* 6e tome, fasc. 11, 62 : 711-721 rés. in *Bull. O.I.V. 1956 - 302 :* 99.
SCHVESTER D., 1959 – Sur la nocuité du Phylloxera gallicole. Incidence de traitement sur la récolte. *Rev. Zool. Agric. appl.* 10-12 : 4 p.
SCHVESTER D., 1960 – Quelques aspects biochimiques de la résistance des vignes au Phylloxera. *Rev. Zool. agric. appl. 1, 3 :* 8-13.
SCHVESTER D., 1961 – Contribution à la mise au point d'une méthode de lutte chimique contre la forme gallicole du Phylloxera de la vigne. *Ann. Epiphyties, 12 :* 101-114 et *Bull. O.I.V., 367 :* 12 p.
SEILLAN J., 1884 – 2e concours de charrues sulfureuses. *Progr. Agric. et Vit. 1 :* 311.
SICK E., 1927 – Une forte invasion de Phylloxeras gallicoles en Alsace. *Rev. de Vit. 67 :* 159.
SIGNORET V., 1868 – *Le Rhizaphis vastatrix* Planchon doit être placé dans le genre *Phylloxera* Boyer de Fonsco-lombe. *Bull. Soc. Entom. de France.* 12 août et 23 sept.
SIGNORET (Dr) V., 1869 – *Phylloxera vastatrix,* hémiptère homoptère de la famille des Aphidiens, cause préten-due de la maladie actuelle de la vigne. Mémoire lu le 22 déc. 1869 devant la Soc. entomol. de France et publié le 13 avril 1870 dans les *Ann. Soc. Entomol.* 4e sér., 9 : 549-596, pl. X et tirage à part, in-8. Paris.
SIGNORET (Dr) V., 1870 – Note sur quelques faits nouveaux se rattachant à l'histoire du *Phylloxera vastatrix,* séance du 24 août. *Ann. Soc. Entomol. de France,* 4e sér. *10 :* 73-76, 31 déc.
SIGNORET (Dr) V., 1870 – Communication verbale constatant l'absence des tubercules chez une femelle adulte du Phylloxera prise dans les galles des feuilles de vigne. *Ann. Soc. Entomol. de France,* 4e sér., 10 : 52-53, 25 mai.
SIGNORET (Dr) V., 1870 – Lettre de Lichtenstein sur les galles. *Messager du Midi,* juin.
SIGNORET (Dr) V., 1870 – Notes lues sur le Phylloxera des feuilles et l'opinion de Riley. *Ann. Soc. Entomol. de France,* 4e sér. *10 :* 40-41, 8 juin.
SIGNORET (Dr) V., 1870 – *Phylloxera vastatrix. Ann. Soc. Entomol. de France* :580, pl. 10.
SIGNORET (Dr) V., 1872 – (Sur le Phylloxera). *Journal de l'Agriculture,* 17 fév. 1 : 258.
SIGNORET (Dr) V., 1873 – Du Phylloxera et de son évolution. *C.R. Acad. Sci. 77 :* 343-346.
SIGNORET (Dr) V., 1874 – Observations sur les points qui paraissent acquis à la Science au sujet des espèces communes du genre Phylloxera. *C.R. Acad. Sci., 79 :* 778-781.
SIGNORET V., 1874 – Quelques observations à propos des espèces du genre Phylloxera. *C.R. Acad. Sci., 79 :* 1310-1313.
SIMMONS P., BARNES D.F. et SNYDER E., 1951 – Lutte contre le Phylloxera. *Wines and Vines,* dec. et *Bull. O.I.V.1952, 253 :* 130.
SIRIEZ H., 1961 – Une crise viticole de plus d'un quart de siècle. *Rev. Fr. d'Agriculture* 1967 et *Phytoma,* fév. 13-23 et mars : 27-36, 1968.
SIRIEZ H., 1969 – A propos de la crise phylloxérique et du Phylloxera *Phytoma,* janv. : 41.
SOF I., 1891 – Excursion viticole (aux Salins de Villeroy). *Progr. Agric. et Vit. 16 :* 255-260.
SOKOLOVSKAYA T.I., 1966 – Amino acid composition of protein in healthy and Phylloxera-infected grape roots-russ.) *Biokim. Osn. Zashch. Rast ; Akad ; Nauk SSSR. :* 113-118.
SOKOLOVSKAT.I., 1969 – The formation of a protective cork layer in vine roots attacked by Phylloxera. *Sel'hoz. Biol.* 4 : 881-884, Odessa URSS.
SOL P., 1883 – Vignes américaines traitées par les insecticides. *Journal vinicole,* 24 juillet.
SOLLIER L., 1872 – Note relative à un procédé de destruction du Phylloxera au moyen d'une décoction de tabac. *C.R. Acad. Sci. 75 :* 21.
SOLODONA N.P., KOSELEV G.P. et PEROV N.N., 1968 – Studies on phylloxera resistant rootstocks-preliminary communication. *Vinodelie i Vinogradarstvo,* 28 : 51-2.
SOULAGES (de) L., 1879 – Quelques mots sur le Phylloxera. Paris, Tavera Ch. éd., 24 p.
STEINEGER P., 1943 – Expériences sur le Phylloxera. *Schw. Zeitschriff fur Obst u. Weinbau* N°4.
STEINGRUBER A., 1896 – Etude sur la reconstitution des vignobles détruits par le Phylloxera (Autriche).
STELLWAAG F., 1924 – Die Grundlagen fur den Anbau reblauswiderstandsfahiger Unterlagsreben zur Immuni-sierung verseuchter Gebiete. Berlin.
STELLWAAG F., 1951 – Zwei Abbaukrankheiten der Rebe im Ausland. *Der Weinbau-Wissenschaft.,* juin : 73-77.
STELLWAAG F., 1951 – Die Reblausgesetzgebung in der Schweiz. *Deutschen Wein-Zeitung,* 5 : 15 mars.
STELLWAAG F., 1952 – Versuchezur Abtotung des Reblaus unter. Erhaltung des Stockes 1951/52. *Das Wein-blatt,* H. 33/34.
STELLWAAG F., 1952 – Recherches sur la destruction du Phylloxera tout en conservant les souches en 1951-52. *Das Weinblatt* et rés. in *Bull. O.I.V.* 1953, *266 :* 106.
STELLWAAG F., 1953 – Evolution de la lutte contre le Phylloxera jusqu'en 1953. *Der Deutsch Weinbau,* 20 juin et *Bull. O.I.V., 270 :* 52-54.
STELLWAAG F., 1956 – Lutte contre le Phylloxera ? Rapport national allemand. VIIIe *Congr. O.I.V. Santiago du Chi-li, 3 :* 524-532 et *Bull. O.I.V.,* 1959, *338 :* 52-60.
STELLWAAG-KITTLER F., 1954 – Das Auftreten der geflugelten reblaus. *Der Deutsche Weinbau, 9 :* 424-737.
STERLING Cl. 1952 – Ontogeny of the Phylloxera gall of grape leaf. *Am. Journ. Bot.* 39. N° 1.

STEVENSON A.B., 1963 – Abundance and distribution of the grape phylloxera. *Phylloxera vitifoliae* in the Niagara peninsula, Ontario. *Canada J. Plant. Sci., 43 :* 37-43.

STEVENSON A.B., 1966 – Seasonal development of foliage infestationsof grape in Ontario by *Phylloxera vitifoliae Canada Ent., 98 :* 1299-1305.

STEVENSON A.B., 1967 – *Leucopis simplex* (Diptèra) and other species occuring in galls of *Phylloxera vitifoliae* in Ontario *Canada Ent., 99 :* 815-820.

STEVENSON A.B., 1968 – Soil treatments with insecticides to control the root form of the grape Phylloxera. *J. econ. Entomol. 61 :* 1168-1171.

STEVENSON A.B., 1970 – Strains of the grape phylloxera in Ontario with different effects on the foliage of certain grape cultivars. *J. Econ. Ent., 63 :* 135-138.

STEVENSON A.B. et JUBB Jr G.L., 1976 – Grape phylloxera : Seasonal activity of alates in Ontario and Pennsylvania vineyards. *Environ. Ent. 5 :* 549-552.

SUMAC K., 1882 – Note sur le Phylloxera. Epernay, Bonnedame et fils éd.

SUSPIRO Ed. A., 1950 – Rapport national portugais sur le Phylloxera et la reconstitution des vignobles. *6e Congr. O.I.V. Athènes,* 1 :201-202.

SVELTLJAKOVA R.I. et KLIGERMAN I.I., 1969 – Nucleotide composition of nucleic acids in phylloxera resistant and non-resistant vine varieties and species. *Biochim. Immunit. Pokoja Rast. Moskva :* 126-129.

SYLVESTRE, 1879 – Destructions successives du Phylloxera. Procédé Sylvestre. Montpellier, Coulet éd.

TANNREUTHER G.W.,1907 – History of the germ-cells and early embriology of certains Aphids. *Zool. Jahrb. Abt. Anat. Ontog. 24 :* 609-642.

TAPIE J., 1868 – Nouvelle maladie de la vigne. *Petit Journal* 27 juillet, 3 août, 10 août et 17 août.

TARDIEU, 1870 – Lettre à Faucon sur les bons effets de la submersion des vignes à Orange. *Journ. Agric. pratique :* 134, *Revue Horticole :* 303-304.

TARGIONI-TOZZETTI A., 1870 – Etude sur le Phylloxera. *Bull. Soc. Entomol. Ital.* avril, mai et juin.

TARGIONI-TOZZETTI A., 1881 – Notizie sulla Fillissera delle viti. *Bull. de la Soc. Entom. Ital.,* Florence.

TARGIONI-TOZZETTI A., 1883 – Sur les propositions de M. Balbiani pour combattre le Phylloxera et sur l'œuf d'hiver du Phylloxera des vignes américaines et des vignes européennes. *C.R. Acad. Sci. 96 :* 164-167.

TAUGOURDEAU, 1885 – Emploi de l'arsenic contre le Phylloxera. *Progr. Agric. et Vit. 3 :* 102 et 4 : 383-384.

TAYLOR D. et BOWEN T.J., 1955 – Resistant stocks for grapes at Stanthorpe. *Qd Agric. 91 :* 15-18.

TERREL des CHERVES,1881 – Solution pratique. *Congr. phylloxérique, Bordeaux :* 465.

THENARD (Baron) P., 1869 – Lettre à M. le Vicomte de La Loyere, 2 août. Paris, brochure in-8° de 8 p.

THENARD (Baron) P., 1870 – Essai de traitement de la vigne par le sulfure de carbone. *Bull. Soc. des Agr. de Fr. :* 391.

THENARD (Baron) P., 1879 – Réponses aux questions de M. Fremy relatives à l'emploi du sulfure de carbone appliqué à la destruction du Phylloxera. *C.R. Acad. Sci. 89 :* 926-931.

TISSERAND E., 1881 – Rapport sur les travaux administratifs entrepris contre le Phylloxera, pendant l'année 1880. *Commission supérieure du Phylloxera* pour 1881. Impr. Nationale Paris, 1881 : 17-37.

TISSERAND E., 1882 – Rapport sur les travaux administratifs entrepris contre le Phylloxera et sur la situation du vignoble français pendant l'année 1881. *Commission supérieure du Phylloxera,* 1882 : 31-32.

TISSERAND E., 1883 – Rapport sur les travaux administratifs entrepris contre le Phylloxera et sur la situation du vignoble français pendant l'année 1882. *Commission supérieure du Phylloxera,* 1883 : 25-40.

TISSERAND E., 1884 – Rapport sur les travaux administratifs entrepris contre le Phylloxera et sur la situation des vignobles français et étrangers pendant l'année 1883. *Commission supérieure du Phylloxera,* : 13-32.

TISSERAND E., 1885 – Rapport sur les travaux administratifs entrepris contre le Phylloxera et sur la situation des vignobles français et étrangers pendant l'année 1884. *Commission supérieure du Phylloxera,* : 11-25.

TISSERAND E., 1886 – Rapport sur les travaux administratifs entrepris contre le Phylloxera et sur la situation du vignoble français pendant l'année 1885. *Commission supérieure du Phylloxera,* : 25-34.

TISSERAND E., 1886 – Rapport sur la situation phylloxérique en 1885. *Progr. Agric.et Vit. 6 :* 223-228.

TISSERAND E., 1887 – Rapport à M. le Ministre de l'Agriculture. *Commission supérieure du Phylloxera :* V-IX.

TISSERAND E., 1888 – Rapport sur les travaux administratifs entrepris contre le Phylloxera et sur la situation du vignoble français et étranger pendant l'année 1887. *Commission supérieure du Phylloxera,* : 11-23.

TISSERAND E., 1890 – Rapport sur les travaux administratifs entrepris contre le Phylloxera et sur la situation du vignoble français et étranger pendant les années 1888 et 1889. *Commission supérieure du Phylloxera,* : 11-22.

TISSERAND E., 1895 – Rapport à M. le Ministre de l'Agriculture. *Commission supérieure du Phylloxera :* 1-15.

TOCHON P., 1880 – La Savoie viticole aux prises avec le *Phylloxera vastatrix.* Chambéry. Impr. Ménard, 64 p.

TOCHON P., 1880 – Situation phylloxérique des vignes de l'arrondissement de Chambéry. Rapport au *Congr. Inter. viticole de Lyon,* 24 p.

TOCHON P., 1884 – Le Congrès international phylloxérique de Turin du 24 octobre 1884. Chambéry, Impr. Ménard, 32 p.

TOPI M., 1903 – Ulteriori ricerche sulla fillossera della Vite. *Boll. del Minist. di Agric., 8,* 11 f. 8°.

TOPI M., 1909 – Ulteriori ricerche sulla fillossera della Vite. *Boll. del Minist. di Agric., 17,* II f 8°, decemb., Roma.

TOPI M., 1910 – Sulla esistenza delle alate gallicole della Fillossera della Vite. *R.V. 19* S, 5a 2° S. f 12°.

TOPI M., 1914 – Come si diffonde la fillossera. *Giornale « Coltivatore »,* 31 : 10 nov., 7 p.

TOPI M., 1914 – Sull esistenza e significato di razze bologiche distinte della fillossera della vite. *Il Coltivatore,* Casale n° 6, 20 mars.

TOPI M., 1916 – Un esperimento di Lotta antifillosserica. Torino, Tipogr. V. Bona, 34 p. et *Ann. della R. Accad. di Agri. Torino, 59 :* 2 mars.

TOPI M., 1924 – Ancora sulla esistenza di diverse specie di fillossera della vite e sulla attaccabilita delle viti americane da parte della fillossera. *R. Accademia Naz. dei Lincei,* 33, sér. 5 : 528-530.

TOPI M., 1925 – Sur l'existence d'espèces différentes de Phylloxera de la vigne et sur la résistance des vignes américaines aux attaques du Phylloxera. *Progr. Agric. et Vit. 83 :* 237-238.

TOPI M., 1926 – Sulle probabile cause del diverso comportamento della fillossera specialmento gallicola, in rapporto ai vari vitigni americani. *Monitore zool. Ital. 37 :* (4) 74-84.

TOPI M., 1927 – Sulla esistenza di diverse razze della Fillossera della Vite e sui loro presunti caratteri distintivi. *Monitore Zool. Ital. 38,* Siena : 167-180.

TOPI M., 1927 – La lotta contra la fillossera gallicola della vite. *Boll. R. Staz. Path. Veg. Roma, 4 :* 367-381.

TOPI M., 1929 – Der Kampf gegen die Gallenreblaus. *Wein und Rebe,* H.I., 12 p. et *Boll. R. Staz. Pathologia vegetale, Roma.*

TOPI M., 1928/29 – Ueber die Existenz verschiedener Reblausrassen und uber ihre vermeintlichen unterscheidenden Eigenschaften. *Wein und Rebe 10 :* 408-421.

— 1 780 —

TOPI M., 1929 – Observations sur le Phylloxera gallicole. *Progr. Agric. et Vit. 92* : 509-511.
TOPI M., 1950 – Rapport national italien sur le Phylloxera et la reconstitution des vignobles. *6e Congr. O.I.V., Athènes*, I : 183-183.
TOPI M., 1952 – Sur la lutte contre le Phylloxera. *Riv. di Vit. e Enol., Conegliano* dec. 409-411 et *Bull. O.I.V.*, 1953, *265* : 92-93.
TOPI M., 1956 – Rapport national italien sur la lutte contre le Phylloxera. *8e Congr. O.I.V. Santiago du Chili*, III : 553-558 et *Bull. O.I.V.*, 1959, *338* : 81-86.
TRABUT L., 1913 – L'œuf d'hiver du Phylloxera. *Bull. Soc. Agri. Alger* : 43-44.
TRIMOULET A.-H., 1869 – Rapport sur la maladie nouvelle de la vigne. *Soc. Linéenne de Bordeaux*, 13 sept. et brochure in-8°, 16 p.
TRIMOULET A.-H., 1869 – Deuxième rapport sur la nouvelle maladie de la vigne. *Soc. Linéenne de Bordeaux*, 24, 3° livraison, 24 novembre et brochure in-8° de 16 p.
TRIMOULET A.-H., 1875 – 5e mémoire sur la maladie de la vigne. 507 remèdes préconisés. Bordeaux, Impr. Degreteau, 56 p.
TROITZKY N.N., 1932 – Das Reblausproblem und seine losung in der Union d. SSR. Moscou, 36 p. (all. et russ.).
TRONC G., 1874 – Expérience sur l'emploi du tabac pour combattre le Phylloxera. *C.R. Acad. Sci. 79* : 459.
TROUCHAUD L., 1876 – Sur la présence du Phylloxera dans les vignes submergées. *C.R. Acad. Sci. 82* : 1146-1147.
TROUCHAUD-VERDIER L., 1879 – La submersion. *Congr. viticole, Nîmes* : 51-80.
TROUCHAUD-VERDIER L., 1879 – Rapport sur la submersion dans le département du Gard. *Congr. viticole, Nîmes* 21-23 sept. : 51-80.
TRUCHOT, 1878 – Sur l'état des vignes phylloxérées dans la commune de Mezel. *C.R. Acad. Sci. 86* : 456-457.
TRUCHOT, 1879 – Lettre à M. le Président de la Commission du Phylloxera (tache de Mezel). *C.R. Acad. Sci. 88* : 74-75.
TURKOVIC Z., 1966 – Contribution à l'état actuel des recherches concernant la culture des vignes franches de pied. *Schweiz. Zeit. fur Obst und Weinbau, 24* : 645-651, 24 réf. et rés. in *Bull. O.I.V.*, 1967, *432* : 195-196.
TWIGHT Ed., 1952 – Essais de lutte contre le Phylloxera en Californie. *Progr. Agric. et Vit., 137* : 129-134.
TZO-SCUNOGLOU J., 1887 – Le Phylloxera et le mildiou en Turquie d'Asie. *Progr. Agric. et Vit. 8* : 436-437.
UICHANGO L.B., 1924 – Studies on the entomology and postnatal development of the Aphididae with special reference to the history of the symbiotic organ or myceton. *Philip. Journ. Sc. 24.*
VALET A., 1877 – Le Phylloxera et la Champagne. Epernay Typogr. de Bonnedame et fils, 20 p.
VALIN P., 1868 – Observation sur la mortalité de la vigne dans le Sud-Est. *Bull. Hebdomadaire de l'Agric.*, 18 juillet : 454.
VALZ Ad., 1875 – Le Phylloxera et la submersion (dans le Gard). Journaux du Midi.
VANDEL A., 1931 – La Parthogénèse. Paris G. Doin éd., 412 p.
VANEL L., 1868 – Apparition et progrès de la nouvelle maladie de la vigne. *Bull. Soc. Agri. et Hort. Vaucluse*, août : 241-243.
VANNUCCINI V., 1881 – Etude des terres où la vigne indigène résiste au Phylloxera. *Messager Agricole*, 10 septembre : 330-340.
VANNUCCINI V., 1883 – Quelle est la cause de la résistance au Phylloxera des vignes plantées dans le sable ? *Messager Agricole du Midi, 24* : 10 mai : 180-185.
VANNUCCINI V., 1885 – Mémoire sur l'irrigation des vignes comme moyen de combattre le Phylloxera. *Messager Agricole* 10 juillet : 261-270 et 10 août : 305-312.
VASILIEF I.-V., 1929 – Est-il nécessaire de contrôler le Phylloxera gallicole ? rès. in *Rev. of App. Entom.* : 585.
VASSILLIERE F., 1886 – Les sulfureurs à traction animale. *Progr. Agric. et Vitic. 6* : 390-391.
VASSILIERE L., 1898 – Rapport à M. le Président du Conseil, Ministre de l'Agriculture J. Méline. *Commission Supérieure du Phylloxera* : 1-4.
VEGA Ed., 1972 – Control de la Filoxera de la vid con Hexaclorobutadieno. *IDIA*, Mendoza N° 290, fév. : 15-18.
VEGA J., 1956 – Control de Phylloxera, excluiding use of resistant Stocks. *Bull. O.I.V.*, 308 : 31-42.
VERGNE (de la) M., 1869 – Maladie nouvelle de la vigne. Rapport fait à la Société d'Agriculture de la Gironde. *Ann. Soc. Agri. Gironde* et tirage à part, in-8°, 16 p.
VERGNE (de la) M., 1870 – Rapport sur la maladie de la vigne. *Bull. Soc. Agric. de France* : 391.
VERGNE (de la) M., 1878 – Résultats obtenus par le sulfocarbonate de potassium. *C.R. Acad. Sci. 87* : 1531.
VERMOREL V., 1886 – Moyens pratiques de vérifier la pureté du sulfure de carbone. *Progr. Agric. et Vitic. 5* : 383-388.
VERMOREL V., 1891 – Expériences comparatives entre le sulfure de carbone vaseliné et le sulfure de carbone pur. *Progr. Agric. et Vit. 16* : 200-202.
VERMOREL V. et PERRAUD J., 1893 – Guide du vigneron contre les ennemis de la vigne. Montpellier, Libr. Coulet, 208 p.
VERMOREL V., 1901 – Emploi du sulfure de carbone en horticulture. Montpellier, Coulet éd., 39 p.
VERMOREL V. et CROLAS (Dr), 1910 – Manuel pratique des sulfurages. *Libr. du Progr. Agric. et Vit.* Villefranche, 17° éd.
VERNIERE, 1874 – Le sulfure de carbone, remède curatif et préventif contre le Phylloxera. Montpellier, Coulet éd.
VIALA P., 1889 – Une mission viticole en Amérique. Coulet éd. Montpellier et Masson éd., Paris, 388 p.
VIALA P. et RAVAZ L., 1892 – Les vignes américaines. Adaptation. Montpellier, Coulet éd.
VIALA P., 1896 – Le champ d'expériences du Mas de las Sorres. Insecticides et vignes américaines. *Rev. de Vit.* 5 : 5-15, 29-33.
VIALLA L., 1869 – Rapport de la Commission des Agriculteurs de France sur la nouvelle maladie de la vigne. *Bull. de la Soc. des Agric. de France* : 293-349 et *Messager Agricole du Midi* ; 355, *Le Journal d'Agriculture Pratique* et *Le Journal de l'Agriculture.*
VIALLA L., 1870 – Lettre sur la gravité de la maladie de la vigne dans le Gard. *Messager du Midi* 25 juin, *Messager agricole du Midi* 5juillet : 196 et *Bull. Soc. Centr. Agri. Hérault*, 2 juillet : 313-317.
VIALLANES H., 1879 – Sur le Phylloxera dans la Côte d'or *C.R. Acad. Sci. 89* : 83-85.
VIALLANES H., 1879 – Note rectificative de l'opinion émise par M. Viallanes au sujet des taches phylloxériques des environs de Dijon. *C.R. Acad. Sci. 89* : 944.
VICENZA A., 1897 – Influence du sulfure de carbone sur la végétation. *Rev. de Vit. 8* : 291.
VIDAL J.L., 1954 – Le Phylloxera gallicole et les Hybrides. *La Vitic. Nouvelle* : 276-280.
VIDAL J.P. et MARCELIN H., 1970 – *Brachycaudus Helichrysi*, puceron parasite de la vigne. *Progr. Agric. et Vit.* : 15 avril.
VIDAL J.P., 1972 – Le Phylloxera et l'histoire des porte-greffes en Roussillon. *Bull. Techn. des P.O. N° 65* : 115-120.

VIGER, 1894 – La lutte phylloxérique en Côte d'Or. Rev. de Vit. 2 : 283-284.
VILLEDIEU G., 1875 – Influence de l'humidité sur le Phylloxera. C.R. Acad. Sci. 80 : 1348.
VILLEPERDRIX (de), GENSOUL, MARIN et DUGRAIL, 1868 – Rapport de la Commission envoyée à Roquemaure pour étudier la maladie de la vigne. Bull. Soc. Centrale d'Agric. Hérault : 397-401.
VIMONT G., 1878 – Rapport présenté au nom de la Commission de Viticulture. Soc. Agric. de France, Paris, 173 p.
VIMONT G., 1879 – Commission internationale de viticulture. Rapport présenté au nom de la Commission. 173 p. Impr. Donnaud.
VIMONT G., 1879 – Le Phylloxera en 1879 (mémoire adressé à M. Paulin Talabot, directeur général de la Cie des Chemins de fer P.L.M.). Paul Dupont, Paris, 44 P.
VIMONT G., 1880 – Petit manuel et calendrier phylloxérique à l'usage des vignerons de Champagne. Epernay Impr. Doublat, 18 p., 1 pl. couleurs.
VIMONT G., 1896 – La défense des vignes champenoises. Rev. de Vit. 6 : 331-334.
VINCENDON-DUMOULIN et GENIN, 1879 – Réponse des délégués de l'Isère au journal Le Sud-Est, 8 p., Impr. Giroud St Marcellin.
VINCENDON-DUMOULIN s.d. (1880 ?) – Réponse du sulfure de carbone à la vigne américaine. St Marcellin, Impr. Giroud, in-4°, 4 p.
VINCENT C., 1877 – Note sur un nouveau mode de fabrication des sulfures, des carbonates et des sulfocarbonates alcalins. C.R. Acad. Sci. 84 : 701-702.
VINCENT C., 1881 – Note sur les sulfocarbonates alcalins et en particulier sur le sulfocarbonate de potassium (dosage). Observations sur le Phylloxera, Acad. Sci. : 65-69.
VIVET E., 1942 – Les progrès de l'invasion phylloxérique en Tunisie. Rev. Agr. Afr. Nord, Alger, 1187 : 117-118.
VODINSKAYA K.I., 1932 – Die Gallenreblaus in Tuapsé. Bulml. of Plant Protection Entom. N° 4 Leningrad Acad. Agr.
VOGT C., 1874 – Rapport sur le Congrès vinicole de Montpellier, 1874. Genève, Impr. Jarrys, 28 p.
VOGT C., 1876 – Rapport sur le Congrès intern. de Bordeaux, déc. 1875. Genève, Impr. Pfeffer, 26 p.
VOGT K., 1876 – Lettre au groupe régional girondin. Bull. du Phylloxera dans la Gironde N° 2 : 93, Bordeaux.
VOLKOVITCH S., 1963 – Découverte d'un produit spécifique antiphylloxera. Izvetia, Moscou et Bull. O.I.V., 388 : 763.
VRYONIDES Ph., 1970 – Technique d'introduction de vignes en zone non phylloxérée. Expériences récentes. Bull. O.I.V., 478 : 1293-1298.
WANNER, 1913 – Un Phylloxera septentrional. Journal agricole d'Alsace-Lorraine et Progr. Agr. et Vit. 60 : 772-775.
WARICK R.P. et HILDEBRANDT A.C., 1966 – Free amino acid contents of stem and Phylloxera gall tissues cultures of grape. Plant Physiol. 41 : 573-578.
WARTENBERG H., 1949 – Das Reblausproblem. Festschr. funfzigj. Best. BZA Berlin-Dahlem : 173-176.
WEBER H., 1930 – Biologie der Hemipteren, Berlin.
WEBSTER F.M. et PHILLIPS W.J., 1912 – The Spring green Aphis or green Bug. U.S. Dept. Agric. Bur. Entom. Bull, 110 : 94.
WHEELER J.H., 1882 – Investigation du Phylloxera en Californie. Journal de l'Agriculture, octobre, 4 p.
WESTWOOD J.O., 1867 – Notice avec pl. sur le Peritymbia vitisina. Asmolean Society of Oxford, 21 nov.
WESTWOOD J.O., 1869 – Note sur le Peritymbia vitisina. Gardener chronicle, 30 janvier : 109 et Proceed. of the London Entomol. Soc. 1° février.
WILLIAMS R.N., 1979 – Foliar and subsurface insecticidal applications to control aerial form of the grape phylloxera. J. Econ. Entomol. 72 : 407-410.
WINKLER A.J., 1950 – Rapport national américain sur le Phylloxera et la reconstitution des vignobles. 6° Congr. O.I.V., Athènes, I : 126-128.
WITLACZIL E., 1882 – Zur Anatomie der Aphiden. Arb. Zool. Inst. Wien, 4.
WORTMANN J., 1924 – Uber das Auftreten und den Gang der Reblausverseuchungen in den Preussischn Weinbaugebieten. Verossentlichungen der Preussischen Hauptlandwirt. Heft 5 : 24 p.
ZACHAREWICZ Ed., 1885 – Sur les cendres de Tamaris. Progr.Agric. et Vit. 3 : 181-182.
ZANKOV et GJUROV, 1956 – Etude du sol en vue de la culture des vignes franches de pied (en russe). Nauch. Trud. Selsk. Inst. Dimitrov, 3 : 197-205.
ZOELLER Ph. et Grete A., 1875 – Note sur l'emploi du Xanthate de potasse contre le Phylloxera. C.R. Acad. Sci. 80 : 1347.
ZOTOV V.V. et SOKOLOVSKAYA T.I., 1961 – Quantitative Veranderungen der Eiweissfraktionen in Phylloxerabefallenen Rebwurzeln. Biochemie der Fruchte und Gemuse, Sammalband 6, verl. Akad. d. Wiss., d. URSS, Moscou.
ZOTOV V.V., 1965 – Die Erhohung des energetischen Stoffwechsels in befallenem Gewbe als Faktor der Phylloxera-Resistenz der Weinrebe. Symp. Inst. fur Phytopathol. Aschersleben der Deutschen Akad. der Landwirt. Berlin 19-21 août 1964, N° 74 : 259-264.
ZOTOV V.V., SVELTLYAKOVA R.I., SOKOLOVSKAYA T.I., STOROZHUK E.M. et KUCHER A.A., 1966 – Physiology of the resistance of grape to Phylloxera (russ.). Sel'skokhoz. Biol. I : 410-420.
ZWEIGELT F., 1915 – Beitrage zur Kenntnis des Saugphanomens der Blattlause und der Reaktion der Pflanzenzellen. Zbl. Bakt. Abt. II, 42 : 265.
ZWEIGELT F., 1916 – Blattlausgallen, unter besonderer Berucksichtigung der Anatomie und Aetiologie. Centralblatt fur Bakteriologie, Parasit. u. Infektion. 47 band, H. 16/22 : 408-535.
ZWEIGELT F., 1917 – Blattlausgallen, unter besonderer Berucksichtigung der Anatomie und Aetiologie. Zbl. Bakt. u. Parasitenkunde Abt II, 47 : 408-535.
ZWEIGELT F., 1948 – Il Problema dell'immunita. Riv. di Viticoltura e di Enol., Conegliano, déc. : 415-418 et Bull. O.I.V. 1949, 215 : 84-85.

COCHENILLES

ALAN M.N., 1969 — Bi-58 (dimethoate) against citrus mealy bug (Ps. citri Zasc. Rast. (en russe) : 14 : 26.
AMYOT, 1848 — Méthode mononymique : 490.
ANDRE, 1882 — Les Parasites de la Vigne, Beaune.
Anonyme, 1934 — Enfermedades y peste mas communes de la Vid. Servicio Sanidad Vegetal. Minist. Agricoltura : 13-14.

Anonyme, 1940 — *Margarodes vitium* Giard. *Agenda del Salitre.* Corporacion de Ventas de Salitre I Yodo : 466.
Anonyme, 1948 — *Margarodes vitium* en Argentine. *Vinos, Vinas y Frutas* Oct. et *Bull. OIV* 1948, 214 : 67.
ARANHA M.F., 1956 — Rapport portugais sur les ennemis animaux de la Vigne. *8ᵉ Congr. OIV Santiago du Chili,* 3 : 655-656 et *Bull. OIV* 1959, 341 : 71-72.
ARIMONDY G., 1895 — La Fumagine vaincue. *Rev. de Vit.,* 4 : 203-205.
ARNAUD G., 1910 — La fumagfine de la Vigne et des arbres fruitiers. *Progr. Agri. et Vit.* 54 : 655-657.
ARNAUD G., 1911 — Contribution à l'étude des Fumagines. *Ann. Ecole Nat. Agri. Montpellier,* fasc. III et IV : 211-330.
ARNAUD G., 1919 — Fumagines de la Vigne. *Rev. de Vit.* 50 : 90-92.
ASA FITCH, 1850 — (Cochenilles). *Annual Report of New York,* 69 N° 96.
BADOUR C., 1959 — De nouveau des cochenilles. *Le Vigneron champenois* : 244-246.
BAKER A., 1917 — Cycle évolutif de l'Aphide *Macrosiphum Illinoiensis* (grapevine aphis) nuisible aux vignes d'Amérique. *II. Agric. Res.* 11.
BALACHOWSKY A., 1942 — Essai sur la classification des Cochenilles. *Ann. Ec. Agri. Grignon* : 34-48.
BALACHOWSKY A., 1948-1951 — Les cochenilles de France, d'Europe, du nord de l'Afrique et du bassin méditerranéen, 6 évol. Edit. Hermann, Paris Actualités scientifiques.
BARNES M.M., ASH C.R. et DEAL A.S., 1954 — Ground Pearls on Grape roots. *California Agriculture,* vol. 8, N° 12-5.
BATTANCHON G., 1906 — Parasites endophages de *Diaspis pentagona. Progr. agric. et Vit. 96* : 323-325.
BELLIO G., 1941 — Expériences de lutte hivernale avec l'anhydride sulfureux contre les cochenilles cotonneuses *(Ps. citri)* sur les Vignes. *Ann. Fac. agraire de Naples, Portici,* sér. III, 12 : 208-240.
BENASSY C. et BIANCHI H., 1957 — Incidence des traitements insecticides sur les parasites des Coccides. *Phytiat-Phytopharmacie,* 6 : 135-141.
BERLESE A. et Del GUERCIO G., 1891 — Esperienze fatte in Sicilia. *Boll. de Notizie Agrarie,* 13, avril.
BERLESE A., 1893 — Le cocciniglie, italianæ viventi sugli agrumi. *Riv. di Pat. végét.,* Avellino, 2, N° 14 : 74.
BERVILLE P., 1953 — La lutte contre les cochenilles de la Vigne. *Phytoma,* nov.
BODENHEIMER F., 1924 — The coccidæ of Palestine, Tel-Aviv.
BODENHEIMER F., 1929 — Uber die Moglickeiten einⁿer biologischen Bekampfung von *Pseudococcus citri* Risso in Palestina. Berlin.
BOISDUVAL, 1867 — Entomologie horticole : 312.
BONNEMAISON L., 1947 — Remarques sur l'utilisation des composés insecticides de synthèse. *Agriculture,* Paris : 187-189.
BOSELLI F., 1928 — Elenco delle specie d'insetti dannosi e loro parassiti ricordati in Italia dal 1911 al 1925, Portici.
BOUCHÉ, 1833 — Naturgeschichte Garten Insecten.
BOUCHÉ, 1851 — Ent. Zeitung Stettin, tome XII.
BOUCHET R.L., 1947 — La Pulvinaire ou Cochenille rouge de la Vigne. *La Pomologie française,* fév.-mars : 32 et *Phytoma* 1948 sept./32.
BOUCHET R.L., 1948 — Le Traitement d'hiver et la lutte contre les Cochenilles de la Vigne et des Arbres Fruitiers. *Rev. de Vit.,* 94 : 364-366.
BOUSCAREN A., 1860 — La Maladie noire de la Vigne. *Bull. Soc. d'Agr. de l'Hérault* : 216.
BOYER de FONSCOLOMBE, 1834 — *Ann. Soc. Entom. de France,* t. III : 214.
BROTHERSTON R.P., 1914 — Mealy bug on vines. *Gard. Chron.,* London.
BROTHERSTON R.P., 1921 — Mealy bug on vines *(Pseudococcus). Gard. Chron.* London, 69.
BRUNET R., 1910 — Quelques insectes nuisibles à la vigne (cochenilles). *Rev. de Vit. 34* : 5.
BUBAK Fr., 1911 — Tatigkeitsber. d. Sta. f. Planzenkr. u. Pflanzenschutz a ; d ; kgl. landw. Akadem. i. Tabor *(Lecanium vitis). Zeitschr. f.d. landw. Versuchswesen, 14.*
CABANE, 1948 — D.D.T. et cochenille. *Progr. Agri. et Vit.,* 129 : 347-348.
CARLES R., 1948 — La cochenille cause l'épuisement de la Vigne. *Progr. Agri. et Vit. 129* : 283-285.
CAZALIS Fr., 1863 (Cochenille blanche). *Messager Agr. du Midi.*
CHAUZIT B., 1899 — Lutte contre la Fumagine de la Vigne. *Rev. de Vit. 12* : 619.
COCKRELL et ROBINSON, 1916 — Descriptions and records of Coccidæ. *Bull. Améric. Mus. Nat. Hist. New York.*
COMMES O., 1885 — Sulla melata o manna e sul modo di combatteria. Portici, mars.
COMSTOCK, 1881 — Report of Entomologist of Department of Agriculture, Washington : 334.
COMSTOCK H., 1881 — Report of the Entomologist. Report of Commission of agriculture introduction : 277.
CONSTANCA DE MELO CABRAL M., 1953 — Quelques essais de lutte contre le *Pseudococcus citri* de la Vigne. 7ᵉ *Cong. OIV Rome* et *Bull. OIV* 1955, 293 : 73-76.
CONTE et FAUCHERON L., 1907 — Sur la présence de levures dans le corps adipeux de diverses Coccides. *C.R. Acad. des Sciences,* CXIV : 1223.
COOPER C.M., 1953 — Mealybug in Grapevines. *Journ. of Agric. South Australia,* rés. in *Bull. OIV,* 276 : 1633.
CORTIEZ T. (Mᵐᵉ), 1956 — *Margarodes vitium* Giard. Rapp. Nat. Chilien *in 6ᵉ Cong. OIV, Santiago du Chili* : 602-610 et *Bull. OIV* 1959, 340 : 38-53.
CORTZAS C., 1956 — Rapport grec sur les ennemis animaux de la Vigne. *8ᵉ Cong. OIV Santiago du Chili,* 3635-636.
COSTA A., 1827 — Prospetto di una nuova divisione del genre *Coccus.*
COSTA A., 1829 — Famiglia Coccinigliferi e Gallinsetti. *Fauna del Regno de Napoli,* 10, Pl. VI, fig. 12.

CUSCIANNA N., 1931 — La Cocciniglia del Susino *(Eulecanium corni)* in provincia di Trieste. *Bol. Lab. Zool. Gen. Agr. in Portici* : 280-298.
DEGANS J., 1933 — Les cochenilles de la Vigne et la Fumagine. *Progr. Agri. et Vit. 99* : 14-17.
DEGRULLY L., 1891 — La Fumagine. *Progr. Agri. et Vit., 16* : 385-387, 1 pl. couleurs.
DEGRULLY L., 1900 — La Fumagine. *Progr. Agri. et Vit., 33* : 165-168, 1 Pl. couleurs.
DEGRULLY L., 1910 — Traitement d'hiver contre les cochenilles et la Fumagine. *Progr. Agri. et Vit: 53* : 65.
DEGRULLY L., 1917 — Pour détruire les cochenilles de la Vigne. *Progr. Agric. et Vit., 117* : 56-57.
DEGRULLY L., 1919 — Cochenilles et Fumagine de la Vigne. *Progr. Agric. et Vit., 123* : 530-532.
DEGRULLY L., 1927 — Traitement de la Fumagine. *Progr. Agri. et Vit. 87* : 91.
DELMAS R., 1939 — Les cochenilles de la Vigne. *Progr. Agri. et Vit. 111* : 192-195, 1 Pl. en couleurs.
DELMAS R., 1956 — Rapport français sur les ennemis animaux de la Vigne. *8ᵉ Congr. OIV Santiago du Chili,* 3 : 620-634 et *Bull. OIV 1959*, *340* : 57-71.
DENNINGER C. et DUMONT L., 1952 — Les insecticides organiques de synthèse dans la lutte contre les cochenilles nuisibles aux cultures. *3ᵉ Cong. Intern. de Phytopharmacie*, vol. 2 : 310-317, Paris.
DOMINGUEZ GARCOA-TEJERO D. Fr., 1956 — Rapport espagnol sur les ennemis animaux de la Vigne. *8ᵉ Congr. OIV Santiago du Chili* 3 : 616-620 et *Bull. OIV, 1959*, *340* : 53-57.
DUFFOUR et VINAS, 1872 — La Fumagine de la Vigne. *C.R. Cong. Scient. de France,* 35ᵉ session Montpellier : 447.
DUNAL F., 1832 — Insectes qui attaquent la Vigne. *Ann. Soc. d'Agr. Hérault* : 92.
DUNN D.H., 1921 — Mealy bug on vines *(Pseudococcus). Gard. chron.,* London : 69.
DUPAYS H., 1902 — Pulvérisateur à pétrole Vermorel. *Rev. de Vit. 17* : 443.
EDWARDES F.A., 1915 — *(Pseudococcus citri). Gard. Chron.* London.
ESSIG E.O., 1910 — Notes of California coccidæ. *Pomona college. II. of Entomol.* 2.
ESSIG E.O., 1920 — Control of brown apricot scale and the italian pear scale on deciduous fruit trees *(Eulecanium). Calif. Univ. Agric. Expt. Sta.* Berkeley, circ. 224.
ESSIG E.O., 1920 — The grape scale in California. *Mo ; Bull. Dept. Agric.* California, 9.
Cte de F., 1899 — Traitement de la cochenille. *Rev. de Vit., 12* : 653.
FABRICIUS, 1775 — *Syst. Ent.* : 744.
FABRICIUS, 1780 — *Species Ins.* tome II : 395.
FABRICIUS, 1787 — *Mantissa* : 317.
FABRICIUS, 1803 — *Syst. Rhyngotorum,* 310, 24.
FAUVEL, 1852 — (Les cochenilles). *Bull. Soc. Linn. de Normandie,* t. VIII : 290.
FAVARD P., 1952 — Les Fourmis nuisibles et leurs rapports avec les pucerons et les cochenilles. *Progr. Agri. et Vit.,* 137 : 358-362.
FENTON F.A., 1917 — Beobachtungen uber die Schildlause *Lecanium corni* und *Physokermes piceæ* in Wisconsin. *The canadian Entomologist,* London, 49.
FEYTAUD J., 1913 — Les cochenilles de la Vigne. *Bull. Soc. Zool. Agri,* Bordeaux et *Progr. Agri. et Vit. 109* : 559-562.
FEYTAUD J., 1913 — Les ennemis naturels des insectes ampélophages. *Rev. de Vit.,* 39 : 5-9, 36-40, 76-81, 97-101, 137 141.
FEYTAUD J., 1915 — Note sur la cochenille oblongue *L. persicæ. Ann. des Epiphyties.*
FEYTAUD J., 1916 — Les cochenilles de la Vigne. *Bull. Soc. Etude Vulg. Zool. Agric.* Bordeaux.
FEYTAUD J., 1917 — Les cochenilles de la Vigne. *Rev. de Vit. 46* : 357.
FLEBUT, 1922 — The grape Mealybug. *Mthly Bull. Cal. St. Dept. agric.* Sacramento.
FOURCROY, 1785 — *Catal. Insect. qui in agro Parisiensi reperiuntur.*
FRANCOT P. et MALBRUNOT P., 1955 — Essais de lutte par Traitement d'hiver contre les cochenilles de la Vigne en Champagne. *Le Vigneron champenois* : 73-75.
GALET P., 1967 — Les cochenilles de la Vigne. *Le Figaro Agricole,* N° 187 - Juin.
GALET P., 1973 — La culture de la vigne au Venezuela *(Margarodes vitium). La France Viticole,* nov. 2956-316.
GAMBERO P., 1953 — Notes sur la biologie de *Pseudococcus citri* Risso en Veneto. *Mém. Soc. Ent. Ital.* 32 : 41-53.
GAMERRE L., 1928 — El *Margarodes vitium* Giard. *La Vina* N° 8-67.
GASPARINI, 1865 — Sulla Malattia dell'uva. *Atti del R. Inst. di Napoli,* 2ᵉ sér., vol. 11.
GAULLE (de) G., 1906-08 — Catalogue systématique et biologique des Hymenoptères de France. *Feuille des Jeunes Naturalistes,* Paris.
GENNADIUS P., 1880 (Cochenilles). *Journal d'Athènes,* 23 février.
GENNADIUS P., 1881 — Sur une nouvelle espèce de Cochenille *Aspidiotus coccineus* d'Athènes. *Ann. Soc. ent. de France* : 189.
GEOFFROY, 1762 — *Hist. abrégée des Ins. des env. de Paris,* tome 1 : 506.
GIARD A., 1894 — Lettre à F. Lataste *(Margarodes vitium). Soc. Sci. du Chili,* 6 août.
GIARD A., 1894 — *Margarodes vitium. C.R. Soc. biol.* 10 février, 19 mai, 16 juin et 10 nov.
GIARD A., 1895 — La Maladie des vignes du Chili *(Margarodes). Rev. de Vit.* 3 : 233-236.
GIARD A., 1896 — Traitement des vignes margarodées d'après F. Lataste. *Rev. de Vit.* 5 : 77-81.
GIARD A., 1902 — L'*Icerya Palmeri* dans les vignes du Chili. *Bull. Soc. Entomol.,* N° 19 in *Rev. de Vit.* 1903, *19* : 262.
GIRARD M., 1878 — Catal. raisonné des Insectes utiles et nuisibles : 181, Paris, Hachette ed.
GMELIN, 1791 — *Systema naturæ,* 2218.
GŒTHE R., 1884 — Beobachtungen uber Schildlause und deren Feinde angestelt an Obst-baumen und Reben im Rheingau. *Jahrbucher d. nassauischen Vereins fur Naturkunde.*
GRASSE P.P., 1927 — Les cochenilles de la Vigne. *Progr. Agri. et Vit.* 88 : 543-549, 1 pl. couleurs.
GRELLET, 1923 — Remède contre la Fumagine. *Rev. de Vit.* 58 : 444.
GREEN E.E., 1923 — On a small Collection of Coccidæ from Mesopotamia with description of a new species. *Bull. of Entomol. Res.,* 8 : 469, avril, London.
GUILDING, 1829 — *Margarodes formicarum. Trans. Linn. Soc. London* t. XVI : 115, fig. 1 à 12.
HALLER V., 1880 — Uber die Rebenschildlaus *Coccus vitis. Ann. der Oenoligie, Heidelberg* : 230.

HARRIS, 1843 — On Cocci or Bark lice. *New. Engl. Farmer* XXIII, 4.

HAVORTH, 1812 — Observations on the *Coccus vitis. Trans. ent. Soc. of London*, tome 1 : 297-309.

HOWARD F.K., 1916 — The mealy bug of the muscat grape *(Pseudococcus). MO ; Bull. Com. Hort. Calif*, 5.

ILLIGER, 1798 — Kœfer Preussens, Hallæ.

INFANTE G., 1956 — Rapport général sur la Lutte contre les ennemis animaux de la Vigne. *8° Congr. OIV, Santiago et Bull. OIV, 309* : 9-13.

JANZON J.E., 1941 — La cochenille farineuse. *Vinos, Vinas y Frutas*, août et *Bull. OIV 1942, 149* : 118.

JENSEN F., STAFFORD E.M. et BREAK R.A., 1954 — La cochenille cotonneuse du raisin. *California Agric.* mars et *Bull. OIV, 279* : 143-44.

JORDAN, 1916 — Uber das Auftreten von *Dactylopius vitis* Weinbau der Rheinpfalz.

KALTENBACH, 1874 — Die Pflanzenfeinde : 95, Stuttgart, J. Hoffmann.

KAYSER E., 1902 — Sur la vendange atteinte de Fumagine. *Rev. de Vit. 18* : 38-40.

KORESSIOS Ph., 1870 — (La Phthiriose). L'*Eclectique*, journal d'Athènes, (20 janv. et 24 juin) in *Bull. Soc. Agri. de France* 2 : 195.

KOCH Fr. W., 1905 — Beobachtungen an *Lecanium vitis*, der kleinen Rebenschildlaus, wahrend des Jahres 1904. *Der Deutsche Wein.*

KUNKEL d'HERCULAIS J., 1878 — Histoire de la cochenille vivant sur les racines des Palmiers de la section des *Seaforthia* ; expos de caractères du genre *Rhizœcus. Ann. de la Soc. Entomol. de France*, 5° sér., VIII : 161, Pl. VI.

KUNKEL d'HERCULAIS J. et SALIBA F., 1891 — Contribution à l'histoire naturelle d'une cochenille, le *Rhizœcus falcifer. C.R. Acad. Sciences, 113* : 227-230, 27 juillet.

LAFFOND P., 1937 — Observations sur la localisation de la cochenille *E. corni* sur les sarments de Vigne en Algérie. *Progr. Agri. et Vit. 107* : 532-534.

LAFFORGUE G., 1914 — Traitements d'hiver des parasites. *Rev. de Vit. 41* : 225-232.

LARUE P., 1917 — Cochenilles de la Vigne en Hongrie. *.Rev. de Vit. 46* : 270.

LATASTE F., 1893 — *Margarodes vitium. Actas Soc. Cient. de Chile,* 3.

LATASTE F., 1894 — Comment se nourrit la larve-pupe du *Margarodes vitium* Giard. *Actas Soc. Cient. de Chile, 4* : 224.

LATASTE F., 1895 — *Margarodes vitium. Actas Soc. Cient. de Chile, 5* : 111.

LATASTE F., 1896 — Le *Margarodes vitium* est-il originaire du Chili ou de la République Argentine ? *Actas Soc. Cient. de Chile, 6, N° 23-25.*

LATASTE F., 1897 Nouvelles ibservations sur la Zooéthique du *Margarodes vitium. Actas Soc. Cient. de Chile, 7, N° 93-105.*

LAVAUR J., 1954 — Observations sur la lutte contre la Cochenille du Cornouiller. *Phytoma* juin : 27.

LEAL Ad. Ruiz, 1954 — *Margarodes vitium. Bull. Techn. Fac. Sc. Agrarias* N° 7 et 8, t. II : 49-87.

LECLERE, 1882 — Sur l'emploi du bitume de Judée dans l'Antiquité, comme préservateur de la Vigne. *C.R. Acad. des Sciences*, 13 mars, *94* : 704-706.

LEONARDI G., 1913 — Contr. alla conoscenza delle Cocciniglie dell' Africa occidentale e meridionale. *Boll. Lab. Zool. gen. Agr. Portici* : 185-222.

LEONARDI G., 1920 — Monografia delle Cocciniglie italiane, 1 vol. Portici : 555 p., 375 fig.

LEONARDI G., 1922 — Elenco delle specie di insetti dannosi e loro parassiti ricordati in Italia fino al 1911, Portici, 2 : 65.

LICHTENSTEIN J., 1870 — Les Coccides de la Vigne. *Bull. Soc. Entomol. de France* 25 mai.

LICHTENSTEIN J., 1872 — Manuel d'Entomologie à l'usage des Horticulteurs : 74, Montpellier, Hamelin éd.

LICHTENSTEIN J., 1884 — Tableau synoptique des Maladies de la Vigne, Montpellier.

LINDINGER L., 1913 — Die Schildlause. Stuttgart, E. Ulmer : 13.

LINDINGER L., 1920 — *Targionia vitis* auf Rebe. *Entom. Rundschau.*

LINNE, 1735 — *Systema naturæ*, t. 11, 741, 16.

LIZER C., 1916 — Un Coccido asiatico nuevo para la Replucica Argentina, *Chrysomphalus dictyospermi pinnulifera* MasK. *Physis*, Buenos Aires.

LOMBARDI D., 1937 — Osserv. sulla morf. e biol. della *Targionia vitis* Sign. *Boll. Ist. Ent. Bologna X* : 117-138.

LOTRIONTE, 1920 — La Cocciniglia grigia dela Vite. *La nuevo agricoltura del Lazio*, Roma.

LUPO N., 1948 — Revisione delle Cocciniglie italiane VI. *Boll. Lab. Ent. Agr. Portici*, VIII : 137-208.

LUSTNER G., 1919 — Abnorme Eierablage der Schmierlaus der Rebe *(Dactylopius vitis). Ber. d. Lehranstant f. Wein-u Obst. und Gartenbau zu Geisenheim* : 128-129.

MAGISTRETTI G., MOYANO A. et BERSANI L., 1956 — Rapport argentin sur les ennemis animaux de la Vigne. *8° Cong. OIV Santiago du Chili, 3* : 598-600 et *Bull. OIV. 1959, 340* : 35-37.

MALENOTTI E., 1924 — La malattia della mosca - *(Pseudococcus vitis). Pagine agric.*, Livorno, N° 9 et 10.

MALENOTTI E., 1925 — I quartieri d'inverno dello *Pseudococcus vitis. Pagine Agricole*, Livorno, avril (4), mai (5).

MALENOTTI E., 1928 — Fumaggine della vite e foglie di fico. *Pagine agricole*, Livorno, sept. : 4.

MALENOTTI E., 1928 — Sulla sistematica dello *Pseudococcus vitis* Nied. e suoi rapporti biologici tra *Simæthis nemorana* Hubn. e *Pseudococcus citri* Risso e loro importanza in viticoltura. *Archives de l'Ass. Agric. Sc. et Lett. Verona*, S.V. 5 et *Anzeiger f. Schadlingskunde*, 1930, 7 : 79-84 et *8* : 91-94.

MANGIN L. et VIALA P., 1903 — Sur un nouveau groupe de champignons les Bornetinées et sur le *Bornetina corium* de la vigne. *C.R. Acad. des Sciences, 136* : 1699, 29 juin.

MANGIN L. et VIALA P., 1903 — Sur les variations du *Bornetina corium* suivant la nature des milieux. *C.R. Acad. des Sciences*, 137 : 139, 13 juillet.

MANGIN L. et VIALA P., 1903 — La Phthiriose, maladie de la Vigne due aux *Dactylopius vitis* et *Bornetina corium. C.R. Acad. des Sciences*, t. *136* : 397, 9 février.

MANGIN L. et VIALA P., 1903 — La Phthiriose. *Rev. de Vit. 19* : 269-271, 329-335, 357-363, 385-388, 529-535, 613-618, 697-705 ; *20* : 5-9, 173-176, 201-204, 257-258, 317-323, 409-411, 469-473, 497-504, 525-527, 581-584, 609-613.

MANGIN L. et VIALA P., 1904 — Nouvelles observations sur la Phthiriose de la Vigne. *C.R. Acad. des Sciences, 138*, 22 fév. 529 et *Rev. de Vit.* 1904, *21* : 205-210, 237-241.

MANZONI L. et RUI D., 1934 — Rassegna dei principali casi fitopatologici osservati a Conegliano nei 1933, Pavia.

MANZONI G., CARLI E., PIERI G. et de ROSA T., 1951 — Indagini sulla lotta contro la cocciniglia cotonnosa della vite *(Pseudococcus citri)*. *Ann. della Sperimentaz. Agraria*, Roma, 38 p.

MANZONI G. et CARLI E., 1952 Recherches sur la lutte contre la cochenille cotonneuse de la Vigne *(Pseudococcus citri)*. I — Essais de lutte hivernale et estivale. *Annali della sperimentazione agraria*, Roma Vol. VI N° 1 : 171-192.

MARCHAL P., 1908 — Notes sur les cochenilles de l'Europe et du Nord de l'Afrique. *Ann. Soc. Entomol. de France.*

MARCHAL P., 1909 — Sur les cochenilles du Midi de la France et de la Corse. *C.R. Acad. Scl. Paris, 29 mars.*

MASPOLO, 1948 — Margarodes en Argentine. *Vinos, Vinas y Frutas* sept. et *Bull. OIV*, 213 : 51.

MAYET V., 1888 — La cécidomyie et les cochenilles de la vigne. *Progr. Agri. et Vit. 9* : 10-13.

MAYET V., 1893 — La cochenille oblongue *(Eulecanium persicæ)*. *Progr. Agric. et Vit., 19* : 465-466.

MAYET V., 1894 — Les cochenilles de la Vigne. *Progr. Agric. et Vit. 21* : 139-142, 167-172, 225-232, 280-284, 1 Pl. couleurs.

MAYET V., 1895 — A propos des cochenilles de la Vigne. *Progr. Agri. et Vit. 23* : 60-61.

MAYET V., 1895 — *Margarodes vitium.* C.R. *Congr. annuel d'Entomologie*, Paris 27 février.

MAYET V., 1895 — La cochenille du Chili *(Margarodes vitium). Rev. de Vit. 3* : 477-482, 512-516, 557-562.

MAYET V., 1896 — La cochenille du Chili. *Progr. Agri. et Vit. 25* : 95, 101.

MAYET V., 1896 — Encore la cochenille du Chili. *Progr. Agri. et Vit. 25* : 425.

MAYET V., 1897 — La cochenille du Chili *(Margarodes vitium). Progr. Agri. et Vit. 27* : 319-325, 1 Pl. couleurs.

MAYET V., 1901 — Principales cochenilles de la Vigne. *Progr. Agri. et Vit. 36* : 757-760.

MC DANIEL E., 1923 — A mealy bug on grape *(Pseudococcus maritimus)*. *II. Econ. Entom.*, 16.

MC LACHLAN R.A., 1969 — Summer control of grape scale *(Eulecanium persicæ* F. in the Stanthorpe district Queensland (Austr.). *Qd J. agric. Anim. Sci.*, 26 : 95-97.

MELIS A., 1948 — Lutte rationnelle contre les insectes en agriculture. *R.E.D.A.* Rome : 396-399.

MELIS A., 1956 — Rapport italien sur les ennemis animaux de la Vigne. *8e Congr. OIV Santiago du Chili*, 3, 637-654 et *Bull. OIV* 1959, *341* : 53-71.

MILAZZO A., 1873 — Le *Coccus citry* (sic) o La Maladie des Vignes. Palermo.

MODEER, 1778 — Gætheborgska vetensk, tome III.

MORLEY C., 1909-10 — On the hymenopterous parasites of Coccidæ. *The Entomologist.*

MUHLMANN H., 1965 — Uber die Gunde der Schwankungen imm im Auftreten der Schmierlaus *(Phenacoccus aceris)*. *Weinberg und Keller*, 1 : 3-6 rés. in *Bull. OIV*, 409 : 315.

MYBURGH A.C. et VAN DEN BERG H.C., 1969 — Choice of insecticides against mealybug on table grapes *(Pl. citiri)*. *Dec. Fruit Gr.*, 19 : 321.

MYBURGH A.C. et VAN DEN BERG H.C., 1969 — How to improve efficiency of mealybug contol on table grapes *(Pl. citri)*. *Dec. Fruit Gr. 19* : 344-345.

MYBURGH A.C. et VAN DEN BERG H.C., 1970 — Experiments with new insecticides against mealy bug in grapes *(Planococcus citri) Dec. Fruits Gr. 20* : 36-37.

NIEDELSKY A., 1869 (Cochenilles, Phtinose). *Gazette Agr. russe* N° 2 : 19-23 et N° 3 : 36-38 et trad. Wœlkel in *Bull. Soc. Agri. de France* 1870, t. 11 : 67-70 et 105-108.

NIZAZOV O.D., 1969 — Parasites and predators of vine mealy bug *(Planococcus citri)* (en russe). *Zasc. Rast. 14* : 38-40.

NORDLINGER, 1869 — Die kleinen Feinde der Landwirthschaft, Stuttgart : 609.

OLALQUIAGA FAURE G., 1956 — Rapport chilien sur les ennemis animaux de la Vigne. *8e Cong. OIV Santiago du Chili*, 3 : 601-615 et *Bull. OIV* 1959 : *340*.

OLIVIER, 1792, Encycl. 439, 5 Pl. CXX, fig. 13 à 16.

PAILLOT A., 1940 — Nouvelles formules de traitement d'hiver des Arbres fruitiers contre les cochenilles et les œufs des pucerons. *C.R. Acad. Agric.* 26 : 221-224.

PANIS A. et TREVILLOT R., 1975 — Lutte contre la cochenille farineuse dans le vignoble méditerranéen. *Progr. Agri. et Vit.* : 470-473.

PASTRE J. in DEGRULLY L., 1890 — Sur la nouvelle maladie du noir de la Vigne. *Progr. Agri. et Vit. 14* : 257, 329.

PASTRE J., 1891 — Brunissure de la Vigne. *Progr. Agri. et Vit. 16* : 226-233.

PATOUILLARD N., 1913 — Sur un *Septobasidium* conidifère. *C.R. Acad. des Sciences, 156* : 1699, 2 juin.

PEREZ CANTO C., 1896 — Sobre la embriolaja del *Margarodes vitium. Actas de la Soc. Cientifice de Chili* : 14 (avec fig.).

PESSON P., 1951 — Ordre des Homoptères in GRASSE P.P., *Traité de Zoologie*, t. X : 1390-1656.

PETRI L., 1910 — Primè osservazioni sui deperimenti dei vitigni portinesti in Sicilia. *Boll. Uffic. Ministero di Agric. Industria e Commercio*, anno IX, vol. 11, sér. C : 1-16, Roma.

PHILIPPI F., 1894 — *Margarodes vitium.* Journal El Ferrocaril 27 et 29 déc.

PHILIPPI F., 1894 — *Margarodes vitium. Bull. Soc. Nat. d'Agr. du Chili.*

PICARD F., 1912 — Les cochenilles de la Vigne. *Progr. Agri. et Vit. 57* : 10-18.

PICARD F., 1914 — Les champignons parasites des Insectes et leur utilisation agricole. *Ann. Ecole Nat. Agri. Montpellier*, fasc. II-III.

PIERI G., 1952 II — Rapport sur les traitements insecticides en poudre contre la cochenille cotonneuse de la vigne effectuée en 1950. *Annali della Sperimentazione agraria*, Roma, Vol. VI, N° 1 : 193-196.

PIERI G., 1953 — Novita nella lotta contro la Cocciniglia cotonosa. *Riv. di Vit. e di Enol.*, Conegliano : 122-123.

PLANCHON J.E., 1870 — La Phthiriose ou dédiculaire des racines chez les anciens et les Cochenilles de la vigne chez les modernes. *Bull. Soc. Agri. de France*, 2 : 267-275, 15 juillet.

PORTER C.E., 1916 — Materiales para la entomologia econ. de Chile VI - El genero *Icerya*. *Ann. Zool. aplicada, Santiago de Chile (Icerya palmeri).*

PRINZ F., 1925 — Beitrage zur Biologie und Bekampfung der Rebschadlinge *(Pseudococcus citri)*, Tiflis.

PRINZ F., 1928 — Die Schmierlaus *(Pseudococcus citri* Risso) am Rebstock in Transkaukasien. *Anzeiger fur Schadlingskunde*, IV, 9 : 119, sept. Berlin.

QUEQUETT, 1858 — Observations on the structure of the White Filamentous of the *Coccus vitis. Trans. micr. of London.*

RATZEBURG, 1844 — Forstinsecten t. 111 : 191.

RAVAZ L., 1922 — La fumagine. *Progr. Agri. et Vit.*, 78.

REAUMUR R.A., 1738 — Histoire des Gallinsectes. *Mém. sur l'histoire des Insectes*, t. IV, Paris.

RICHARD M., 1963 — Les cochenilles de la Vigne. *Le Vigneron champenois* : 227-228.

RICHARD M., 1965 — Essai de lutte contre la Cochenille floconneuse de la Vigne. *P. vitis. Le Vigneron champenois* : 76-78.

RICHARDS I.M., 1918 — Mealy bug on Vines. *Gard. Chron.* London.

RIVIERE Ch., 1901 — *Aspidiotus ficus* et cochenille de la vigne. *Rev. de Vit. 15* : 491-495.

RUI D., 1948 — La Cocciniglia cotonosa e la fumaggine. Conegliano.

RUIZ CASTRO A., 1944 — Un coccido ampelophago nuevo en Espana *(D. uvæ). Bol. Pat. veg. Ent. Agr. 13* : 55, 78, Madrid.

SANZIN, 1915 — The « white Cochineal of the vine » *(Ps. citri)* in the provinces of Mendoza and la Rioja (Argentine). *Intern. agrartechn. Rundschau.*

SCHMUTTERER H., 1952 Zur Lebensweise der nadelholz. Diaspidinen und ihre Parasiten in den Nadelwaldern Frankens. *Z. angew. Ent.* 33 : 111-136, 369-420, 545-584.

SCHURMANN G., 1915 — A scale enemy of the vine in Uruguay *(Pulvinaria vitis). Rev. Assoc. Rural Uruguay.*

SCHURMANN G., 1916 — *Pulvinaria vitis* in Uruguay. *Intern. agrartechn. Rundschau.*

SCHURMANN G., 1922 — El *Margarodes vitium* Uruguay *Minist. Indust. Defensa Agricola Bol. mens. III*, N° 8, août. Montevideo.

SHRANK. 1804 — *Fauna Boica*, T. II, I, 1261, 144.

SIGNORET V., 1868-76 — Essai sur les cochenilles ou Gallinsectes. *Ann. Soc. Entom. France.*

SIGNORET V., 1873 — Essai sur les Cochenilles. *Ann. Soc. Ent. de France* : 29, 46, Pl. 11.

SIGNORET V., 1875 — Etude sur les Cochenilles. *Ann. Soc. Entomol.* : 324, 387.

SIGNORET V., 1876 — Essai sur les Cochenilles. *Ann. Soc. Ent. de France* : 601.

SILVESTRI F., 1940 — Extrait d'Entomologie appliquée, Portici, 1.

SILVESTRI F. — Coccidei parassiti della vite *(P. vitis). Boll. di Entomol. agra. e Patol. veg.*, IX, f. 4-7.

SMITH. 1914 — Mealy bug parasites in the far east. *Mthly. Bull. State Comm. Hortic.* Sacramento Cal.

SOMES M.P., 1914 — Entomologist's report. *Bienn. Rept. Missouri State Fruit Expt. Sta Mountain Grove* 1913-14 Bull. N° 24 *(Aspidioutus uvæ).*

SORAUER P., 1957 — Handbuch der Pflanzen krankheiten. Tierische Schadlinge an Nutzplanzen, 2 teil. 4 Lief. Homoptera, 11 T1, 586 p. Paul Parey, efit.

SOULIE H., 1957 — Une pseudococcine inhabituelle dans le vignoble de Bourgogne et Franche-Comté. *Phytoma* oct. : 42 *(Ph. aceris).*

STELLWAAG F., 1956 — Rapport allemand sur les ennemis animaux de la Vigne. *8ᵉ Congr. OIV Santiago du Chili*, 3 : 594-598 et *Bull. OIV* 1959, *340* : 31-35.

STRABON (trad. MULLER C. et DUBNER F.), 1853 — Georgiques, lib. VII : 263 Paris Ed. Firmin-Didot.

SUTER P., 1950 — Zur Biologie von *Lecanium corni* Bouché. *Mitt. schweiz. Ent. Ges.*, 23, 2 : 95-103.

TARGIONI-TOZZETTI A., 1865 — Sur les nouvelles maladies de la Vigne. Lettres à la Direction du Journal « L'Agriculteur » (Lucca), 21 octobre.

TARGIONI-TOZZETTI A., 1867 — Etudes sur les cochenilles.

TARGIONI-TOZZETTI A., 1868 — Introduzione alle Memoria per gli studie sulle Cocciniglie e catalogo dei generi e delle specie della famiglia dei Coccidi. *Atti Soc. Ital. di Sc.*, 11, Milano.

TARGIONI-TOZZETTI A., 1876 — Studii sulle cocciniglie. *Soc. ital. Sc. Nat.*, 111, Milan.

TARGIONI-TOZZETTI A., 1876 — Sur les nouvelles maladies de la Vigne. Rapport sur les travaux de la Station d'Entomologie Agricole de Florence pour 1875 sur *Dactylopius brevispinus* Targ. *Ann. de l'Agric.*

TARGIONI-TOZZETTI A., 1879 — *Bull. Soc. ent. Ital.* : 17.

TARGIONI-TOZZETTI A., 1881 — *Relazione della R. stazione di Entom. agr.* : 152.

TARGIONI-TOZZETTI A., 1885 — Nota sopra alcune Cocciniglie. *Boll. Soc. Entomol. ital.*, 13, Firenze.

THIEM, 1925 — Die wichtigsten Schildlause des Obst und Weinbaues. *Biol. Reichsanstalt f. Land. u. Forstwirtschaft*, Flugblatt N° 77, octobre.

TOUZEAU J., 1955 — Le vignoble tunisien et la cochenille farineuse. *Le Colon français en Tunisie*, 12 févr. et *Bull. OIV. 289* : 124.

TRABUT L., 1901 — *Aspidiotus ficus* en Algérie. *Rev. de Vit. 15* : 552-553.

TRABUT L., 1910 — La défense contre les cochenilles et autres insectes ailés, Alger.

TRABUT L., 1911 — Catalogue des Cochenilles observées en Algérie. *Bull. Soc. Hist. nat. Afr. du Nord*, 3ᵉ ann. N° 4, Alger.

TRABUT L., 1919 — La défense contre les cochenilles par les coccinelles. *Rev. Hort. de l'Algérie.*

URQUIJO LANDALUZE P., 1941 — Un efecto fisiologico de las cochinillas sobre los agrios y la vid. *Estacion de Fitopatologia agricola* - La Coruna, sept. N° 13 : 245-249.

VALCKENAER, 1835 — Ins. nuisibles de la Vigne. *Ann. Soc. entom. de France* : 263.

VALLOT, 1840 — Ins. ennemis des Vignes. *Mem. de l'Acad. des Sci. de Dijon* : 312.

VASSEUR R. et BIANCHI H., 1953 — Sur l'efficacité de produits insecticides divers utilisés contre les cochenilles diaspines des arbres fruitiers en traitements d'hiver. *Ann. des Epiphyties*, 1 : 45-58.
VASSEUR R., SCHVESTER D. et BIANCHI H., 1953 — Essais de traitements d'hiver contre la cochenille floconneuse de la Vigne *(Pulvinaria vitis)*. *Phytiat.-Phytopharmacie* : 59-61.
VAYSSIERE P., 1918 — Nouveaux habitats pour la cochenille oblongue. *Lecanium persicæ* Fab. *Bull. Soc. Pathol. Vég.* : 75.
VAYSSIERE P., 1926 — Contribution à l'étude biologique et systématique des Coccides. *Ann. Epiphyties*, XI, fasc. 4-5.
VIALA P., 1893 — Traitement de la Fumagine. *Rev. de Vit.* 1 : 19-20.
VIALA P., 1924 — La coopération scientifique (Les cochenilles dans la Bible). *Rev. de Vit.* 61 : 212.
VIERECK, 1915 — Notes on the life-history of a species of Wasp-like parasites of the genus *Leptomastix*, parasitic on the mealy bug. *Mthly. Bull. State Commiss. Hortic.* Sacramento California.
VOUKASSOVITCH P., 1930 — Sur la polyphagie de la cochenille. *Eulecanium corni. C.R. Soc. Biol.*, 104 No 25, Paris.
VOUKASSOVITCH P., 1931 — Les ennemis naturels de la cochenille *Lecanium corni. C.R. Soc. biol.*, 106 : No 8 Paris.
WALCKENAER, 1835 et 1836 — Recherches sur les insectes nuisibles à la Vigne connus des anciens et des modernes. *Ann. Soc. Entomol. de France*.
X, 1896 — Fumagine et traitement d'automne. *Rev. de Vit.* 6 : 489-490.
X, 1898 — La cochenille de la Vigne en Tunisie *(Dactylopius vitis)*. *Rev. de Vit.* 10 : 421-422.
X, 1946 — La Fumagine de la Vigne. *La Voix des Colons*, 9 déc. et *Bull. OIV 1947, 191* : 76.
X, 1951 — Le *Pseudococcus citri* de la Vigne. *La Semana vitivinicola* 20 Octobre et *Bull. OIV, 249* : 125.
ZILLIG H. et NIEMEYER L., 1925 — Massenauftreten der Schmierlaus, *Phenacoccus hystrix* Ldgr. im Weinbaugebiet der Mosel, Saar und Ruwer. *Arbeit. biolog. Reichanstalt fur Land-und Forstwirtsch Berlin-Dahlem*, XVII : 68.
ZIMMER, 1912 — The grape scale. *US. Dep. Agric. Entomol.* Bull. No 97, Washington.
ZWOLFER H., 1957-1958 — Zur Systematik, Biologie und Okologie unterirdisch lebenden Aphiden. *Z. angew. Entomol.* 40 : 528-575 et *43* : 1-53.

COLEOPTERES

I — *LE LETHRE A GROSSE TETE*

ALDROVANTE, 1602 — *De animalibus Insectis*.
BALACHOWSKY A. et MESNIL L., 1935 — Les insectes nuisibles aux plantes cultivées t.1 : 651-654.
BALACHOWSKY A., 1962. — Entomologie, vol. 1, t.1 : 40-44.
EMICH G., 1884 — Die metamorphose des *L. cephalotes Matemat. und Naturwiss. Bericht. Ungarn*, Bd 11 : 184-188.
EMICH G., 1884 — Métamorphoses du *Lethrus apterus Rovartani Lapok* : 30 et Suppl. fr. : 4.
DOBROVOLSKI B.V., 1951 — Les Coléoptères nuisibles (rus), 1-453.
FISCHER, 1824 — *Ann. des Sciences nat.* t.1 : 221.
ERICHSON, 1847-1848 — Naturgeschichte der Insecten Deutschlands.
LENGERKEN (von) H., 1952 — Der Mondhornkafer und seine verwandten Leipzig, 1-57.
MAYET V., 1890 — Les insectes de la vigne : 429-434.
MEDVEDEV S.L., 1952 — Pastincatousye *(Scarabaeidae)* Podsem *Melolonthinae* Fauna S.S.R. Zestkakrylye. *Akad. Nauk. SSSR. 10* (1) : 234.
OSSIPOV N., 1916 — *Lethrus apterus* and measures for its control *The Horticulturist* Rostov du Don. 5 : 238.
NORDLINGER, 1869 — Des petits ennemis de l'agriculture : 119.
PORTA A., 1929 — Fauna Coleoptorum Italica Ed. Tipografico Piacentino Piacenza. Vol. III : 405.
REITTER E., 1909 — Fauna germanica. Die Kafer der Deutsches Reiches *(Scarabaeidae)* Stuttgart : 323.
SCHREINER Ja-F., 1903 — Le Lèthre et le moyen de le combattre. Trav. du bureau d'Entom. St Petersbourg, 1 fasc., 45 p., 1 pl.
SEMENOV-TIAN-SHANSKIJ A. et MEDVEDEV S., 1936 — Synopsis des genres et espèces de la Tribu *Lethrini*. Tab. anal. faune URSS. *Inst. Zool. Ac. Sc. URSS 18* : 74.
STELLWAAG F., 1928 — Die Weinbauinsekten : 407-410.
ZVEREZOMB-ZOUBOWSKY E.V., 1956 — Les ennemis de la Betterave. *Acad. Sc. de l'Ukraine*, Kiev : 145, 1 vol.

II — *LES HANNETONS ET LES CETOINES*

ARROW G.J., 1913 — Notes on the Lamellicorn *Coleoptera* of Japan and descriptions of new species. *Ann. Mag. Nat. Hist. 12* (8) : 394-408.
BALACHOWSKY A.S. et MESNIL L., 1935 — Les Insectes nuisibles aux plantes cultivées. Paris t.1 : 651-661.
BALACHOWSKY A.S., 1962 — Entomologie appliquée à l'agriculture. T.1, vol. 1 et vol. II : 55-58.
BALOCK J.W., 1934 — The status of *Tiphia vernalis* Rohwer, an imported parasite of the Japanese beetle, at the close of 1933. *J. Econ. Ent.* 27 : 491-496.
BALTHAZAR V., 1956 — *Lamellicornia* (en tchèque) *Fauna C.S.R. 8,1* 131, 287.
BEARD R.L., 1945 — Studies on the milky diseases of Japanese beetle larvae. *Connecticut Agric. Expt Bull*, 491 : 505-582.
BEDEL L., 1911 — Faune des Coléoptères du Bassin de la Seine. *Ann. Soc. Ent. Fr.*
BISHARA S.I., 1958 — Comparative morphology of some dynastid larvae injurious to agriculture in Egypt. *Bull. Soc. Ent. Egypte 42* : 501-514.

BOHM H., 1950 — Beobachtungen uber Auftreben des rauhharigen Rosenkafers als Schadling von Obstbaumbluten in Osterreich. *Pfl. Schutz. Bericht 5* : 241-257.

BOUCHET R.L., 1949 — La lutte chimique contre les Hannetons et les Vers blancs dans les pépinières, les vignobles et les vergers. *Vitic.-Arbor., 95* : 69-72.

BOURQUI P., GALLAY R., GEIER P., HORBER E., MURBACH R., SAVARY A. et SCHENKER P., 1950 — Le Hanneton et le Ver blanc. *Rev. Romande* déc. : 89-103.

BOURQUI P., GALLAY R., MURBACH R., et PUGNAT C., 1952 — Le Hanneton et le Ver blanc. Nouveaux enseignements, nouveaux procédés de lutte. *Rev. Romande agric., 8* : 73-84.

BOVEY P., 1948 — Sur les dommages causés en 1948 par la Cétoine velue *Tropinota hirta. Rev. Rom. Agric. 11* : 87.

BOVING A.G., 1939 — Descriptions of the three larval instars of the Japanese beetle. *Proc. ent. Soc. Washington, 41* : 183-191.

BRUNET R., 1910 — Quelques insectes nuisibles de la Vigne. *Rev. de Vit., 34* : 5-8 et 35 (1911) : 5-9, 1 pl. couleurs.

CAIRASHI E., COUTURIER A., HARRANGER J., ROBERT P., et ROLLAND L., 1949 — Essais de lutte contre le Hanneton commun dans la haute vallée de la Saône au printemps 1949. *C.R. Acad. Agric. 35* : 537-541.

CAIRASHI A., 1949 — Essais de lutte contre les Hannetons par pulvérisations faites d'avions avec des solutions de DDT dans la région de Sarrebourg. *C.R. Acad. Agri. Fr.* : 541-542.

CAPUTA J. et MURBACH R., 1951 — Essais de lutte contre les Vers blancs en 1949-50. *Rev. romande* août : 67-69.

CATTAT H., 1953 — Observations et conseils pratiques concernant la lutte contre les Hannetons. *Terre Vaudoise* 12 sept. et rés. in *Le Vigneron champenois* : 369-371.

CAUDWELL A., GRUNER L. et BENABEDRABOU A., 1975 — Les vers blancs et le dépérissement des vignes dans les sables de Mostaganem. *Progr. Agri. et Vit.* : 701-703, 763-776, 797-800.

CHAUVIGNE A., 1895 — Contre les Vers blancs. *Ann. Soc. Agri. Indre-et-Loire* et *Rev. de Vit., 4* : 334.

CHAUVIN R., 1941 — Sur le fouissement chez les larves de Cétoines. *Bull. Soc. ent. Fr., 46* : 126-128.

CLAUSEN C.P., JAYNES H.A. et GARDNER T.R., 1933 — Further investigations of the parasites of *Popilia japonica* in the Far East. *U.S. Dept. Agric. Tec. Bull.* 366.

CLAUSEN R. et GUNTHART E., 1946 — Essais de lutte contre le ver blanc avec l'Hexachlorocyclohexane. *C.R. 1er Congrés Int. Phytopharmacie,* Heorrlee : 289-293.

CLAUSEN R., 1948 — La lutte chimique contre le Hanneton commun. *Mitt. Schw. Ent. Ges., 21* : 403-444.

CLEMENÇOT H., 1898 — Procédé simple et pratique pour éloigner les Hannetons et les insectes de la vigne. *La Vigne amér.* : 153-157.

COSTE-FLORET P., 1897 — Destruction des insectes ampélophages. *Progr. Agri. et Vit. 28* : 64-72, 94-102, 155-161, 178-181.

COUTURIER A., 1950 — Observations préliminaires sur la biologie d'un nématode (*Mermithidae*) parasite de la larve du hanneton commun. *VIIIe Congr. Intern. Ent. Stockholm,* 1948 : 637-639.

COUTURIER A., 1952 — Caractères des pullulations du Hanneton commun dans l'Est de la France. *IXe Cong. Int. Ent. Amsterdam* 1951 : 627-629.

COUTURIER A., HERZOG R. et BLAISINGER P., 1954 — Remarques sur un foyer à Hannetons du vignoble champenois. *Le Vigneron champenois 1* : 28-34.

COUTURIER A. et HURPIN B., 1951 — Résultats principaux des observations relatives au Hanneton commun dans la région de Dannemarie en 1950. *C.R. Acad. Agr., 37* : 161-165.

COUTURIER A., 1955 — Recherches sur le comportement du Hanneton commun au cours de sa vie aérienne. *Ann. Epiphyties, 1* : 19-60.

COUTURIER A., 1955 — Maintien de la direction de vol chez *Melolontha melolontha* L. *C.R. Acad. Sci. 240* : 561-563.

COUTURIER A., 1956 — Orientation « astronomique » et déterminisme de la direction des grands vols chez *Melolontha melolontha* L *C.R. Acad. Sci., 242* : 121-124.

COUTURIER A., 1958 — Recherches sur les migrations du Hanneton commun. *Ann. Epiphyties, 6* : 257-329.

CUISANCE P., 1948 — La lutte contre les Hannetons et les Vers blancs. *Progr. Agri. et Vit. 130* : 238-240.

DAVATCHI A., TAGHI-ZADEH F. et SAFAVI M., 1959 — Contribution à l'étude biologique et économique des coléoptères phytophages et xylophages de l'Iran. *Rev. Path. vég. Ent. agric. Fr.* 38 : 235-252.

DAVIS J.J., 1920 — The green Japanese beetle problem. *J. econ. Ent. 13* : 185-194.

DECOPPET M., 1920 — Le hanneton, biologie, apparition, destruction ; un siècle de lutte dans le canton de Zurich. Ed. Payot, Lausanne, 130 p.

DEKHTIAREV N.S., 1929 — Notes on the scarabeid beetles attacking vines in Ukraine. *Bull. ent. Res. 20* : 95-96.

DIMITRU F., 1935 — Contribution à la biologie de la Cétoine *Epicometis hirta* (en roum.). *Anal. Inst. Cerc. agron. Rom. 7* : 209-232.

DOBROVOLSKY B.V., 1951 — Les Coléoptères nuisibles (en russe) 453 p.

DUKTY S.R., 1940 — Two new spore-forming bacteria causing milky diseases of Japanese beetle larvae. *J. Agric. Res. 61* : 57-68.

FAES H. et STAEHELIN M., 1923 — La destruction du Ver blanc. *Annuaire Agri. Suisse,* 5 p et *Progr. Agri. et Vit. 80* : 493-497.

FAVARD P., 1939 — Les Cétoines de la Vigne et du verger. *Prog. Agric. et Vit. 111* : 564-566, 593-596.

FERRARIS T., 1933 — Un terribile devastatore di barbatelle. *Giorn. Agric. Domenica, 43* : 236.

FEYTAUD J., 1913 — Les ennemis naturels des insectes ampélophages. *Rev. de Vit., 39* : 5-9, 36-40, 76-81, 97-101, 137-141.

FEYTAUD J., 1916 — Les Insectes de la vigne. *Rev. de Vit., 45* : 5-7, 1 pl. couleurs.

FILHOL (de) O., 1896 — De l'emploi de la Nicotine et du sureau pour se débarrasser du ver blanc. *Rev. de Vit., 6* : 637-638.

FLEMING W.E., 1958 — Biological control of the Japanese beetle especially with Entomogenous Diseases. *Proc. Xth Int. Cong. Ent. Montréal, 3* : 115-126.

FRANÇOT P. et MAURO J., 1948 — Expérimentation au champ contre les Vers blancs. *Le Vigneron champenois* : 27-33.

FRANÇOT P., 1949 — Lutte contre les Vers blancs en Viticulture. *Le Vigneron champenois* : 141-144.

FRANÇOT P. et MAURY P., 1949 — Destruction des Vers blancs et gris. *Le Vigneron champenois* : 320-321.

GARDNER T.R. et PARKER L.B., 1940 — Investigations of the parasits of *Popilia Japonica* and related *Scarabeidae* in the Far East from 1929 to 1933 inclusive. *U.S. Dept. Agric. Tec. Bull., 738.*

GASSER R. et WIESSMANN R., 1950 — Contribution à l'étude écologique et à la destruction du Hanneton. *Rev. Path. Vég. Ent. agric. Fr., 29* : 43-103.

GIARD A., 1893 — *Isaria densa,* champignon parasite du Hanneton commun. *Bull. Biol. Fr. Belg., 24* : 1-112, 4 planches.

GOIDANICH A., 1938 — I rapporti fitopatologi dei *Coelotteri Scolitidi* con gli altri paristi delle piante lignose e con le condizioni di vegetazione di queste. *Boll. Istit. Entom. Univ. Bologna, 11* : 203-211.

GOLOVJANKO Z.S., 1936 — Manuel pour déterminer les larves de *Coleoptera lamellicornia* de la partie européenne de l'U.R.S.S. (en russe) *Akad. naut. URSS* : 26.

GOLOVJANKO Z.S., 1933 — Results obtained with polychlorids and paradichlorobenzes against the larvae of *Polyphylla fullo* L. and *Melolontha hippocastani* F. *Bull. ent. res. 24* : 531-536.

GRASSE P.P., 1928 — Sur quelques insectes de la Vigne. *Prog. Agric. et Vit., 99* : 232-236.

GRIDELLI E., 1947 — Che cosa è la carruga o melolonta della vite. *Mem. Soc. ent. ital., 26* : 59-62.

GRUNER L., 1968 — Contribution à l'étude de l'ovogénèse d'un Dynastide *Phyllognathus silenus* F. Essais préliminaires de chimiostérilisation. *Ann. Epiphyties, 19* (2) : 267-304.

GUENNELON G., 1959 — Le problème des cétoines grises dans la basse Vallée du Rhône. *Ann. Epiphyties 10* : 369-406.

HADLEY C.H., 1940 — The Japanese beetle and its control. *U.S. Dept. Agric. Farmers Bull., 1856* : 1-22.

HOLENSTEIN R., 1948 — La lutte contre les Vers blancs dans les Vignes. *Schweiz. Obst und Weinbau 25* : 439-442, rés. in *Vitic.-Arbor.* 1949, *95* : 191.

HURPIN B., 1951 — Les pontes multiples chez le Hanneton commun. *C.R. Acad. Agr. 37* : 195-197.

HURPIN B., 1955 — Action de l'Aldrine et du Lindane sur les larves de *Melolontha melolontha* L. *Phyt.-Phytho. 4* : 197-201.

HURPIN B., 1956 — Influence de la température et de l'humidité du sol sur le développement embryonnaire du Hanneton commun. *Rev. Path. Vég. Ent. Agric. 35* : 75-92.

HURPIN B., 1957 — Détermination en laboratoire des doses d'emploi du chlordane, de l'heptachlore et du parathion pour la lutte contre les vers blancs. *Phyt.-Phytho. 6* : 31-34.

HURPIN B. et VAGO C., 1958 — Les maladies du Hanneton commun. *Entomophaga, 3* : 286-330.

HURPIN B., 1961 — Sachons distinguer entre les nombreuses espèces de vers blancs. *Phytoma, 129* : 11-16 et *130* : 23-27.

HURPIN B., 1962 — Dans : Traité d'entomologie appliquée à l'Agriculture de A.S. Balachowsky, *1*, 1. Les *Scarabaoidea,* pp. 24-204. Ed. Masson, Paris.

HURPIN B. et FRESNEAU M., 1964 a — Elevage de deux Dynastides, *Oryctes nasicornis* L., *Phyllognathus silenus* F. *Rev. Path. Veg. et Ent. Agr. de Fr., 43* (2) : 75-96.

HURPIN B. et FRESNEAU M., 1964 b — Sur la biologie de Microphthalma *europaea* Egg. Tachinaire parasite des larves de *Scarabaeidae. Entomophaga, 9* (2) : 187-205.

KING J.L., 1939 — Colonization of Japanese beetle parasites in the Eastern States. *U.S. Bur. Ent. and Plant. Quar. Insect Pest Surv. Bull., 19* : 25-28.

LATIÈRE H., 1899 — Le *Lethrus cephalotes. Rev. de Vit., 12* : 509-510.

LENGERKEN (von) H., 1952 — Der Mondhornkafer und seine verwandten, Leipzig, 1-57.

LUPO V., 1947 — Studio morfologico, anatomico e istologico della *Anomala ausonia* var. *neapolitana* Reitt. *Boll. Lab. Ent. Agr. Portici, 7* : 97-314 et 1949, *9* : 78-110.

MAGNIEN, 1895 — La destruction des vers blancs et des hannetons. *Rev. de Vit., 3* : 472.

MALENOTTI E., 1927 — Un insetto che vieta la viticoltura. *Giorn. vinic. Ital. 1,* 1-12.

MALENOTTI E., 1935 — La Carruga della vite, *Anomala vitis* II *Coltivatore, 13.*

MANOLACHE C., 1934 — Asufra unei invazii de *Anoxia villosa* F. in Dobrogea (en roum.). *Bull. Soc. Nat. Roman, 5* : 12-14.

MARIE P., 1928 — Utilisation de la naphtaline pour éloigner les Hannetons au moment de la ponte. *Rev. Path. vég. et Ent. agr. Fr., 15* : 152-155.

MARTELLI M., 1949 — L'esaclorocicloesano nella lotta contro le larve del *Pentodon punctatus* VII. *Redia, 34* : 303-311.

MAURO J., 1948 — Les Vers blancs. *Le Vigneron champenois* : 23-26.

MAURIZIO A., 1954 — La lutte chimique contre les hannetons et l'apiculture. *Terre Vaudoise,* 5 juin.

MAURY P., 1949 — Premiers résultats officiels sur les essais entrepris au printemps 1949 en vue de détruire les Hannetons. *Le Vigneron champenois* : 322-324.

MAURY P., 1952 — Dégâts occasionnels dans les jeunes plantations par l'emploi abusif d'insecticides contre les Vers blancs. *Le Vigneron champenois* : 230-231.

MAYET V., 1866 — Description des métamorphoses de l'*Anomala vitis. Ann. Soc. Linéenne de Lyon.*

MAYET V., 1891 — Quelques insectes de la Vigne. *Progr. Agri. et Vit. 16* : 99-104.

MAYET V., 1893 — Les cétoines ampélophages. *Progr. Agri. et Vit., 19* : 363-366.

MAYET V., 1894 — Les rongeurs de boutures et de greffes. *Rev. de Vit., 1* : 573-576, 601-604, 677-679.

MAYET V., 1907 — Un ampélophage extraordinaire (Hanneton). *Progr. Agri. et Vit., 47* : 561-562.

MEDVEDEV S.I., 1951 — Pastineatousye. *Scarabaeidae Fauna SSSR* (en russe). *Akad. Naut. SSSR 10* : 1-512.

MEDVEDEV S.I., 1960 — Faune de l'URSS. *Scarabaeidae Inst. Zool. Ac. Sc. URSS, 10* : 1-397.

MURBACH R., KELLER Ch., et BOURQUI P., 1952 — Echec au Ver blanc. *Rev. Romande,* mars : 19-21.
NICOLOVA V., 1957 — Observations sur la biologie de *Tropinota (Epicometis) hirta* Poda (en Bulg.). Bull. *Plant Protect. Sofia, 6* : 54-58.
NIKLAS O.F., 1956 — Untersuchungen uber das Auftreten von Krankheiten und Schadigungen, Insbesondere uber die « Lorscher Seuche ». *Rickettsia melolonthae* Krieg in Freilandpopulationen des Maikafer-Engerlings *(Melolontha* sp.). *Ztschr. f. Pflanznkrankh., 63* : 81-95.
OHAUS F., 1915 — Beitrag zur Kenntnis der Ruteliden. *Stett. ent. Ztg 76* : 88-145.
OSSIPOV N., 1916 — *Lethrus apterus* Laxm. and measures for its control. *The Horticulturist,* Rostov sur Don, *5* : 238-245.
PACZOVSKI J., 1913 — *Epicometis hirtella* L. et la lutte contre cet insecte (en russe). *Gowt Cherson* 1-22.
PANIN S., 1955 — Faune de la République Populaire de Roumanie. *Scarabaeidae, 10,* 1-118.
PAULIAN R., 1941 — Faune de France, *38,* Coléoptères Scarabaeidés : 1-239. Lechavalier éd., Paris.
PEYERIMHOFF (DE) P., 1939 — Coléoptères nouveaux ou mal connus de la Berbèrie. Le genre *Anomala. Bull. Soc. Entom. Fr., 44* : 219-223.
PEYERIMHOFF (de) P., 1945 — Etudes sur la systématique des coléoptères du nord-africain : Les *Rhizotrogus. Bull. Soc. Entom. Fr., 114* : 2-76.
POLIVKA J.B., 1954 — Control of Japanese beetle larvae with isodrin and endrin. *J. econ. Ent., 47* : 707.
POPOV P., 1958 — Insectes nuisibles aux cultures (en Bulg.). *Bull. Plant Prot. Sofia, 7* : 60-64.
PRINZ Y.I., 1928 — Notes on vine pests (en russe). *Ent. Kab. Koop. Vinog. Konkorduja* : 1-126.
PRINZ Y.I., 1932 — Notes on vine pests (en russe). *Ent. Kab. Koop. Vinog. Konkorduja* : 1-136.
PULLIAT V., 1890 — Un moyen de se préserver du ver blanc. *La Vigne amér.* : 304.
P.F., 1894 — Un nouveau procédé de défense contre le ver blanc (étoffe de laine). *Rev. de Vit., 1* : 446.
RASPAIL X., 1891 — Remarques sur le développement du Hanneton et son séjour en terre à l'état d'insecte parfait. *Bull. Soc. Zool. Fr., 16* : 271.
RASPAIL X., 1893 — Contribution à l'histoire naturelle du Hanneton, mœurs et reproduction. *Mém. Soc. Zool. Fr., 6* : 202.
REGNIER R., 1946 — Les recherches sur les Hannetons. Doit-on continuer à préconiser le Hannetonnage ? *C.R. Acad. Agric.,* 32 : 799-804.
REGNIER R. et ARNOUX J., 1946 — Recherches sur la biologie des vers blancs de première année. Etude des moyens de lutte. *C.R. Acad. Agric.* 32 : 807-811.
REGNIER R. et JOARY P., 1949 — La lutte contre le Ver blanc. *C.R. Acad. Agric. Fr.* : 528-531.
REGNIER R., 1953 — Réflexions sur les incidences des traitements contre les Hannetons. *Phytoma,* mai : 13-18.
REGNIER R., HURPIN B. et MAILLARD J., 1953 — Peut-on prévoir l'importance et la date des grandes sorties printanières des Hannetons ? Quand doit-on traiter ? *C.R. Acad. Agric., 39* : 573-579.
REISET M.J., 1867 — Mémoire sur les dommages causés à l'agriculture par le Hanneton et sa larve, mesures à prendre pour la destruction de cet insecte. *C.R. Acad. Sci.* 65 : 125-138.
REITTER E., 1909 — *Fauna germanica.* Die Kafer des Deutsches Reiches *(Scarabaeidae)* Stuttgart : 301-345.
RICHARD M., 1953 — Protection des jeunes plants de vigne contre les Vers blancs. *Phytoma,* nov. : 21-22 et Le Vigneron champenois 1954 : 73-74.
ROBERT P., 1951 — Les pontes multiples chez le Hanneton commun. *C.R. Acad. Agric., 37* : 197-199.
ROBERT P., 1953 — L'évolution d'une population de Hannetons communs dans un foyer simple à Rouffach. *Ann. Epiphyties, 4* : 257-281.
SANTUCCI F., 1954 — *Pentodon punctatus. Il Tabacco* : 96-105.
SAUVAGEAU C., 1894 — La culture pratique du champignon du Ver blanc. *Rev. de Vit., 1* : 625-631.
SAUVAGEAU C., 1894 — La destruction des Vers blancs. *Rev. de Vit., 1* : 531-534, 576-579.
SAVCENKO E.N., 1938 — Matériaux sur la faune des *Scarabaeidae* de l'URSS (en russe). *Akad. naut. SSSR,* 1-208.
SCHENK P.J., 1918 — Plant enemies living in or on the ground. *Tidjschr. Plantenz.* 24 : 149-159.
SCHINDLER, 1923 — Le *Phyllognathus silenus* F. nuisible à la vigne au Maroc. *Bull. Soc. Sc. Nat. Maroc, 3* : 120-121.
SCHREINER Ja, Th. 1903 — *Lethrus aptérus* Laxm. et les moyens de lutte. *Arb. entomol. Bureau 4* : 1-45.
SEMENOV-TIAN-SHANSKIJ A. et MEDVEDEV S., 1936 — Synopsis des genres et espèces de la tribu *Lethrini* (en russe). *Tab. anal. faune* URSS. *Inst. Zool. Ac. Sc.* UHSS, *18* : 1-104.
SIDOR C., 1956 — Protection of young vineyards against cockchafers grubs on the sands of Vojvodina and some observations on *Polyphylla fullo* Fab. (en serbe). *Zast. Bilja, 83* : 35-47.
SCHREAD J.C., 1953 — Isodrin, Endrin and Lindane for grub control in turf. *J. Econ. Entom. 46* : 357-359.
SLINGERLAND M.V., 1898 — The grape vine Flea-Beetle. *Cornell Univ. Ithace* N.Y. - Bull. *157* : 219, Bibl.
SMITH L.B., 1922 — Larval food habits of the Japanese beetle. *J. econ. Ent.* 15 : 305-310.
SMITH L.B., 1923 — Feeding habits of the Japanese beetle which influence its control. *US. Dept. Agr. Bull.* 1154, 1-11.
SMITH L.B. et HADLEY C.H., 1926 — The Japanese beetle. *US. Dept. Agr. Dept. Circ., 363* : 1-67.
STANCIC J., 1956 — The most frequent and most important grubs appearing in our country and the way to distinguish them (en serbe). *Plant. Prot.* 35 : 53-78.
TROUVELOT B., ACHARD J. et POUTIERS H., 1949 — L'opération Hanneton d'Etrepagny. *C.R. Acad. Agric.,* 35 : 531-537.
VERMOREL V., 1887 — Note sur la destruction des Vers blancs par le sulfure de carbone. *Cong. viticole Mâcon* et *Progr. Agri. et Vit., 8* : 445-450.
VIEL G., 1946 — Etude de laboratoire sur l'efficacité de substances chimiques envers les Hannetons et leurs larves. *C.R. Acad. Agric.* 32 : 804-807.

VOGEL W. et ILIC B., 1953 — Der Einfluss der Témpératur bei der Verpuppung der Engerlinge von *Melolontha vulgaris* F. *Mitt. schweiz. ent. Ges.* 26 : 265-276.
WHITE R.T., 1941 — Development of milky disease on Japanese beetle larvae under field conditions. *J. econ. Ent.* 34 : 213-215.
WIESMANN R., GASSER R. et GROB H., 1950 — Versuch zur Bekampfung des Maikafers durch Flugzeng behandlung mit DDT Staubemittel. *Mitt. schweiz. Ent. Ges.*, 23 : 1-36.
WILKE S., 1924 — Uber Lebensweise und Verbreitung des zottigbehaarten Blutenkafers *Epicometis hirta* in Deutschland. *Ent. Bl.* 20 : 113-125.
WILLE H., 1956 — *Bacillus fribourgensis*, n. sp. Erreger einer « milky disease » im engerling von *Melolontha melolontha* L. *Mitt. schweiz. Ent. Ges.* 29 : 271-282.
X., 1890 — Un moyen de se préserver du Ver blanc (labour). *La Vigne amér.* : 304-305.
X., 1896 — Les moyens de combattre les Vers blancs. *Rev. de Vit.*, 6 : 467.
X., 1897 — Un procédé préventif à expérimenter contre les Vers blancs dans les nouvelles plantations. *Rev. de Vit.* 7 : 358.
X., 1946 — Lutte contre les Hannetons et les vers blancs. *Le Vigneron champenois* : 377-378.
X., 1948 — La lutte contre les Hannetons et les vers blancs. *Rev. Romande agric.*, avril : 31.
XAMBEU P., 1896 — Mœurs et métamorphoses d'Insectes. 5e mémoire. *Ann. Soc. linn. Lyon*, 42 : 53-100.
XAMBEU P., 1910 — Mœurs et métamorphoses des espèces du genre *Rhizotrogus* Latr. *Nat. Paris* 32 : 164-167.
ZILLIG H., 1949 — Schaden durch Maikafer-Engerlinge in Rebschulen. *Der Weinbau*, 11 : 197-198.
ZVEREZOMB-ZOUBOWSKY E.V., 1956 Les ennemis de la Betterave (en russe). *Acad. Sc. de l'Ukraine*, Kiev, 1 vol., 276 p.
ZWEIGELT F., 1926 — Zur periodizitat des Maikafers. *Zeit. angew. Entom.*, Berlin : 123-137.
ZWEIGELT F., 1927 — Der Maikafer in Osterreich. *Deut. gesellsf. Entomol.* : 81-98.
ZWEIGELT F., 1928 — Der Maikafer Berlin : 1-446.

III — *LES TAUPINS*

AGUILAR (D') J., 1948 — Remarques sur le comportement des adultes d'*Agriotes*. *C.R. Acad. Sc.*, 226 : 756-758.
AGUILAR (D') J., 1950 — Nouvelles études sur le problème des Taupins en Bretagne. *C.R. Acad. Agric. Fr.*, 36 : 561-565.
AGUILAR (D') J., 1950 — Remarques sur l'action toxique persistante de l'hexachlorocyclohexane dans le sol. *C.R. Acad. Sc.*, 231 : 1352-1354.
AGUILAR (D') J. et GRISON P., 1948 — Premières études sur le problème des Taupins en Bretagne. *C.R. Acad. Agric. Fr.*, 34 : 261-267.
AGUILAR (D') J., 1962 — Famille des *Elateridae* in BALACHOWSKY Entomologie, Tome I, Premier volume : 204-233.
ANGLADE P., 1960 — Incidences des façons culturales et des traitements chimiques sur les populations larvaires d'Elatérides. *Ann. INRA Sér. C. Ann. Epiphyties*, 11 : 297-323.
BASDEN J.F., 1951 — A method of distinguishing the larval stages of *Agriotes sputator* L. *Bull. ent. Res.*, 41 : 395-413.
BECKER E.C., 1956 — Revision of the nearctic species of *Agriotes Canada Ent.* 88 suppl. 1 : 101 p.
BONNEMAISON L., 1947 — Essais préliminaires de traitements contre les Taupins. *C.R. Acad. Agri. F.* 15 oct. : 557.
BONNEMAISON L., 1948 — Sur une nouvelle méthode de lutte chimique contre les Taupins. *C.R. Acad. Agri. Fr.*, 11 fév. : 174.
BONNEMAISON L., 1949 — La lutte chimique contre les Taupins. Etat actuel de la question. *La Pomme de terre française*. Janv.
BONNEMAISON L., 1950 — Lutte contre les larves de Taupins *Phytoma*, mars : 28.
BONNEMAISON L., 1955 — Diverses méthodes de protection des cultures contre les taupins. *Ann. INRA Sér. C. Ann. Epiph.* 6 : 329-405.
BRIAN M., 1947 — On the ecology of the beetles of the genus *Agriotes*. *J. anim. Ecol.* 16 : 210-224.
DAUPHIN A., 1942 — Observations biologiques sur quelques Elatérides. *Rev. fr. Ent.* 9 : 10-12.
DURNOVO Z.P., 1935 — Sickness in *A. obscurus* and *A. sputator* caused by the Fungus *Entomophtora Ephaerosperma* Fress. *Plant. Prot.* 1 : 151-152.
FALCONER D.S., 1945 — On the movment of Wireworms of the genus *Agriotes* on the surface of the soil and their sensitivity to light. *J. exp. Biol.* 21 : 33-38.
GIARD A., 1896 — L'*Ascida fascicularis* Germar. *Rev. de Vit.*, 6 : 77-78.
GRANDORI R. et ROTA P., 1954 — Esperimenti di lotta con aldrin contro Elateridi e maggiolino. *Boll. Zool. agr. Bachir.* 20 : 3-26.
GUENIAT E., 1934 — Contribution à l'étude du développement et de la morphologie de quelques Elatérides. *Mitt. Schweiz. Ent. Ges.* 16 : 167-298.
HORST A., 1922 — Zur Kenntnis der Biologie und Morphologie einiger Elateriden und ihre Larven. *Arch. Naturgesch.* 88 : 1-90.
LANGENBUCH R., 1932-33 — Beitrage zur Kenntnis der Biologie von *A. lineatus* und *A. obscurus Z. ang. Ent.* 19 : 278-300 et 20 : 296-306.
LEES A.D., 1943 — On the behaviour of wireworms of the genus *Agriotes*. I Reaction to humidity : 43-53 ; II Reaction to moisture : 54-60. *J. exp. Biol.* 20.
LILLY J.H., 1956 — Soil insects and their control. *Ann. Rev. Entom.* I : 203-222.
LONG W.H. et LILLY J.H., 1958 — Wireworm behaviour in response to chemical seed treatments. *J. Econ. Ent.* 51 : 291-295.
MAYET V., 1894 — Les rongeurs de boutures et de greffes (*Cebrio gigas*). *Rev. de Vit.*, 2 : 83-86, 128-131.
MESNIL L., 1930 — Nos connaissances actuelles sur les Elatérides. *Bull. Path. Veg. Ent. agric.* 17 : 178-204.
PEREZ R., 1948 — Essais de lutte contre les larves des Taupins avec l'H.C.H. à Pleyber christ (Finistère) en 1947. *C.R. Acad. Agri. Fr.*, 12 mai : 641.
PEREZ R., 1949 — La lutte contre les Taupins avec les insecticides modernes. *Phytoma*, juillet : 15-18.

POSPELOVA V.M., 1939 — The tests of concentrating baits as a control measure against *A. obscurus. Bull. Plant. Prot. 1* (20) : 38-43.
PRINTZ Ya. I., 1937 — The effects of soil acidity on the distribution of larvae *A. obscurus. Summ. Scient. Res. Work of Inst. Pl. Prot. Year 1936,* Part I : 208-211.
ROEBUCK A., BROADBENT L. et REDMAN R.F.W., 1947 — The behaviour of adult click beetles of the gen. *Agriotes. Ann. appl. Biol. 34* : 186-196.
SCHWARZ O., 1891 — Revision der palearktischen Arten der Elateriden gattung *Agriotes. Deutsch. ent. Z. 35* : 81-114.
SUBKLEW W., 1938 — Die Bekampfung der Elateriden (Eine Uebersicht uber die Literatur). *Z. ang. Ent. 24* : 511-581 (1046 référ.).
THOMAS C.A., 1931 — The predatory enemies of *Elateridae. Ent. News. 42* : 137-140 ; 158-167.
THOMAS C.A., 1932 — The diseases of *Elateridae. Ent. News 43* : 149-155.
THOMAS C.A., 1940 — The biology and control of Wireworms. A review of literature. *Bull. P. Agric. Exp. St. N° 392.*
X., 1974 — Les Taupins. *Phytoma,* janv. : 5.

IV — *LE BUPRESTE DE LA VIGNE*

FEYTAUD J., 1913 — Les ennemis naturels des Insectes ampélophages. *Rev. de Vit. 39* : 5-9, 36-40, 76-81, 97-101, 137-141.
MAYET V., 1907 — Insectes lignivores de la Vigne. *Rev. de Vit.,* 27 : 182.
PERRIS E., 1877 — Etude sur les larves de Coléoptères. *Ann. Soc. ent. Fr.* Paris.
THERY A., 1928 — Etudes sur les Buprestides de l'Afrique du Nord. *Mem. Soc. Sc. nat. Maroc.* Rabat 19.

V — *LES APATES DES SARMENTS*

ANDRE, 1882 — Les Parasites de la Vigne. Beaune.
AVEYTAN A.S., 1951 — Injury to grape-vine in Armenia by the False Back beetle. *Sinoxylon perforans* Schr. *Ent. Obozv.* 31 ; 34-4 : 422-427.
BALINT S.A., 1907 — *Bostrychus (Apata) capucinus* a szoloben. Uber das Auftreben des *Bostrychus capucinus* in Weingarten. *A.m. kir. szoleszeti kiserleti allomas es ampelologiai intezet evkonyve.* I. evf 1906 (1907) : 32.
BARBEY A., 1906 — Recherches biologiques sur les insectes parasites du Figuier *(S. sexdentatum). F. des J. Nat.* n° 426, avril.
BARGAGLI P., 1872 — Alcuni escursioni entomologiche fatta in Italia nel 1872. *Bull. Soc. entomol. Ital. (S. sexdentatum).*
BARGAGLI P., 1878 — Di alcuni Insetti nocivi ai rami di querce, di Cerro et di Leccio. *Bull. Soc. entomol. Ital.*
BERNES J., 1934 Un parasite accidentel de la vigne : l'apate bimaculé. *Progr. Agri. et Vit., 101* : 321-323.
CAMERANO L., 1880 — Del *Sinoxylon muricatum* Fabr. in Piemonte. *Annali della R. Accad. dl Agric. di Torino,* vol. XXIII.
CHITTENDEN, 1899 — *(Schistocerus). U.S. Dept. Dir. Agric. Ent. bull.* 19.
CIFERRI R., 1922 — Insetti nocivi alla vite. *Riv. Agric. Parma.*
DEI A., 1881 — Il *Sinoxylon sexdentatum* nel Senese. Riposte al Camerano. *Bull. Soc. ent. Ital.*
FEYTAUD J., 1914 — Les insectes xylophages de la vigne. *Rev. de Vit., 41* : 41-45.
FEYTAUD J., 1916 — Les insectes de la vigne. *Rev. de Vit. 45* : 5-7, 1 pl. couleurs.
FEYTAUD J., 1920 — Insectes de la vigne (xylophages). *Rev. de Vit., 52* : 5-7, 1 pl. couleurs.
FREDIANI D., 1952 — Richerche morfo-biologiche sul *Sinoxylon perforans* Schr. *Boll. Labor. Ent. agric.* Portici 19, 1.
GIRARD M., 1879 — Les larves des sarments de vigne. *Soc. des Agric. de Fr.*
KOLLAR V., 1850 — Uber einen bisher noch nicht beachteten Feind des Weinstockes *(Apate subspinosus) Sitzungsber. Ak. Wiss.* Wien.
LABOULBENE A., 1890 — Sur un insecte Coléoptère attaquant les vignes en Tunisie. *C.R. Acad. Sci. Paris* du 10 mars.
LESNE P., 1898 — *(Schistocerus). Ann. Soc. ent. de Fr.* vol. 67.
LESNE P., 1906 — Révision des Coléoptères de la famille des Bostrychides, 5ᵉ mémoire. *Ann. Soc. Ent. France* : 446-561.
LICHTENSTEIN J. et PICARD F., 1918 — Notes biologiques sur quelques Coléoptères de l'Hérault. *Bull. Soc. entom. de Fr. (Sinoxylon),* 27 février.
MAISON P. et PARGADE P., 1972 — Dégâts inhabituels d'un insecte xylophage sur la vigne en végétation *(Xilonites retusus). Progr. Agri. et Vit.* : 7-11.
MAYET V., 1907 — Insectes lignivores de la vigne. *Rev. de Vit.,* 27 : 100-102, 179-182.
MEIRLEIRE (de) H., 1975 — Quelques Bostrychides, hôtes occasionnels de la vigne *(Xilonites retusus). Phytoma,* juin : 17.
MOUSTOUS G. et FOS A., 1971 — Observations sur quelques ravageurs nouveaux ou occasionnels de la vigne. *Phytoma,* déc. : 25-26.
OLIVIER, 1830 — *Encycl. d'Hist. Nat.* tome V, p. 110.
PERRIS, 1850 — Mœurs et métamorphoses de quelques Apates. *Ann. Soc. ent. de Fr.* sér. 2 : 555-570, avec pl.
PICARD F., 1913 — Sur un Braconide, nouveau parasite de *Sinoxylon sexdentatum* dans les sarments de vigne. *Bull. Soc. Entom. de Fr.,* 22 octobre : 399.
PICARD F., 1914 — Les insectes du Figuier *(S. sexdentatum). Progr. Agri. et Vit., 62* : 279-286.
PICARD F., 1919 — Insectes qui attaquent le bois (Faune du Figuier). *Ann. des Epiphyties* : 6 : 34-118.
QUAINTANCE, 1899 *(Schistocerus). U.S. Dept. Agric. Div. Ent. Bull.* 20.
QUAINTANCE, 1922 *(Schistocerus). U.S. Dept. Agric. Div. Ent. Bull.* 1220.
SAINT-ALBIN (de) E., 1960 — Observations sur quelques Coléoptères de la Vigne dans une localité de la Moyenne Provence. *L'Entomologiste, 16* : 94-96.

SCHRUFT G., 1964 — Observations sur l'apparition et la biologie du Scarabée perceur de bois en forme de capuchon (*Bostrychus capucinis* Fab.) ennemi occasionnel des vignes. *D. Wein-wissenchf.* 6 : 279-283 et *OIV* 1964 : 403 : 975.

TARGIONI-TOZETTI A., 1884 (*Sinoxylon*). *Relazione della R. Stazione di Entolol. agra. Firenze* : 282.

VALLOT, 1839 — Mémoire sur les Insectes, ennemis de la Vigne.

VI — L'OPATRE DES SABLES

BOGDANOW-KATKOW (N.N.) 1932 — Excursions entomologiques dans les jardins et potagers. Moscou-Léningrad, 528 pages.

BRUNET R., 1911 — Quelques insectes nuisibles de la vigne. *Rev. de Vit.*, 55 : 5-9, 1 pl. couleurs.

LUCAS H., 1871 — Note sur la vie évolutive de l'*Opatrum sabulosum. Ann. Soc. ent. Fr.* 1, ser 5 : 452.

LALANDE, 1920 — Le charançon coupe-bourgeons des jeunes greffes. *Rev. Agric. Afr. Nord* (Alger).

MAYET V., 1894 — Les rongeurs de boutures et de greffes. *Rev. de Vit.* 1 : 677-679.

NEPVEU P., 1953 — (*Opatrum sabulosum*). *C.R. Acad. Agric., Paris* 39 : 228-231.

REICHARDT A.N., 1936 — Révision des Opatrines de la région paléoarctique. *Public. Acad. Sci. URSS*, Moscou-Léningrad, 1 vol, 223 p.

SOURSAC L., 1924 — Observations sur l'Opatre des Sables. *Progr. Agri. et Vit.*, 81 : 598-599.

VII — LE VESPERE

AZAM C., 1881 — *Feuille des Jeunes naturalistes*, Paris, 133 : 11.

AZAM C., 1883 — *Ann. Soc. Ent. France, 11.*

BEFFA (Della) G., 1949 — Gli insetti dannosi all'Agricoltura e i moderni metodi e mezzi di lotta. U. Hoepli ed. Milan 978 p.

BRUNET R., 1908 — Vesperus, otiorhynques, Ephippiger. *Rev. de Vit.* 30 : 5-6.

CARPENTIERI F., 1930 — Trattato di Viticoltura moderna t. 2 : 528-529.

DELMAS M.G., 1954 — Le Vespère de la Vigne. Techniques de lutte. *Rev. Zool. Agr.*, Talence, 53, N° 7-9 : 110-120.

DUFFY E.A.J., 1957 — A monograph of the immautre stages of African timber beetles. *Edit. British Museum*, 338 p.

FERRERO F., 1958 — Le Vespère et ses dégâts sur Vigne dans les Pyrénées-Orientales. *Phytoma*, mars : 28 et *Bull. OIV*, 327 : 130.

GIRARD M., 1979 — Note sur le Vesperus Xatarti. *Ann. Soc. ent. de Fr.* Bull. 9.

GRANDI G., 1951 — Le Vespère. *Boll. Lab. Ent. R. Ist. Bologna, 1* : 33-36.

GRENIER, 1872 — Observations relatives sur une ponte de *Vesperus Xatarti. Ann. Soc. ent. de Fr.*

JACQUELIN DUVAL, 1850 — Description du V. Xatarti male. *Ann. Soc. Ent. France.*

JATTA G., 1892 — Un insetto (*Vesperus luridus* Rossi). *L'agricoltura meridionale*, Portici.

LATREILLE, 1829 — Règne animal de Cuvier, tome 4 : 129.

LESNE, 1905 — Vesperus strepens. *Rev. Horticole* Paris.

LICHTENSTEIN J., 1872 — Note sur une ponte du *Vesperus Xatarti. Ann. Soc. ent. de Fr.* bull 5.

LICHTENSTEIN J., 1873 — Description de la larve de *Vesperus Xatarti. Ann. Soc. ent. de Fr.* Bull. 3.

LICHTENSTEIN J., 1873 — Note pour servir à l'histoire du *Vesperus Xatarti. Ann. Soc. ent. de Fr.*

LICHTENSTEIN J. et MAYET V., 1873 — Sur les métamorphoses du *Vesperus Xatarti. Ann. Soc. ent. de Fr.* : 117-122 avec planches.

LICHTENSTEIN J., 1875 — Réponse à la note de M. Pellet sur le *Vesperus Xatarti. Nouv. et Faits ent.* Paris N° 5.

LICHTENSTEIN J., 1878 — Sur le Vesperus Xatarti. *Ann. Soc. ent. de Fr.*

LUCAS, 1872 — Note sur la description de la larve de *Vesperus Xatarti. Ann. Soc. ent. de Fr.*

LUCAS, 1873 — Note relative à la larve du *Vesperus Xatarti. Ann. Soc. ent. de Fr.*

MAYET V., 1874 — Observations sur les mœurs de Vesperus. *Petites nouvelles ent.* Paris.

MAYET V., 1879 — Le Vesperus Xatarti. *Bull. insectol. agric.* Paris et *Bull. Soc. ent. de Fr.* 1882.

MAYET V., 1892 — Le Vespère de Xatart. *Progr. Agr. et Vit.* 38 : 441-447, 1 pl. couleurs.

MENDIZABAL M., 1939 — Notas para un estudio de las especies espanolas de 1 genero « Vesperus ». Estacion de Fitopatologia Agricola, Almeria.

MULSANT, 1839 — Description du *Vesperus Xatarti* femelle Histoire naturelle des Coléoptères de France, Longicornes 1ʳᵉ éd.

MULSANT, 1871 — Histoire des Métamorphoses du *Vesperus Xatarti. Ann. Soc. Lin.* Lyon.

NOEL, 1905 — Vesperus Xatarti Naturaliste t. 27.

OLIVER J., 1879 — Mœurs du *Vesperus Xatarti* et moyens de le détruire. *Ann. Soc. ent. de Fr.*

OLMI, 1976 — Un caso piemontese di gradazione di *Vesperus strepens* Fab. in *Vitis* e reimpiego di una vecchia tecnica insetticida. *Ann. Facolt. Sci. Agraria, Univ. Torino* 1973/75 reed 1976, 9 : 347-360.

PALUMBO Mina, 1892 — Vesperus Xatarti. *L'Agric. ital.* : 68-79.

PELLET, 1874 — Vesperus Xatarti fait périr les vignes. *Nouv. et Faits*, N° 3.

PELLET, 1874 — Un article sur le *Vesperus Xatarti* inséré dans le journal « Moniteur vinicole. ». *Ann. Soc. ent. de Fr.*

PELLET, 1874 — Quelques mots sur le *Vesperus Xatarti. Nouv. et Faits.*

PELLET, 1876 — A propos de *Vesperus Xatarti L'Abeille*, 14 : 10-12.

PERRIS, 1877 — Larves de Coléoptères Paris, Deyrolle éd.

PICARD F., 1929 — Coléoptères *Cerambycidae. Faune de France* 20. Lechevalier, éd. Paris, 168 p.

PIOCHARD DE LA BRULERIE, 1875 — Le *Vesperus Xatarti. Bull. Soc. ent. de Fr.* : 32.

PLANET L.M., 1924 — Histoire naturelle des Longicornes de France. *Encyclopédie Entomologique*, Lechevalier éd. Paris, 356 p.

RAVAZ L., 1935 — Notes sur les attaques de *Vesperus Xatarti. Prog. Agr. et Vit.*, 104 : 32-34.

RAMBIER A., 1951 — A propos du *Vesperus Xatarti. Progr. Agr. et Vit.*, 135 : 88-93.

REY, 1882 — Quelques mots sur le *Vesperus Xatarti. Ann. Soc. Linn.*, Lyon.

ROSELLA Et., 1934 — Le Vespère de la Vigne. *Progr. Agr. et Vit.*, 102 : 216-219.

RUIZ CASTRO A., 1951 — Ampélophages des racines et des souches de Vigne étudiés dans le vignoble espagnol. *Bull. O.I.V., 244* : 67-70.
URIEN et MADRAZO Diego, 1892 — Enfermedades de la Vid, Madrid : 121-126.
VILLALBA M.M., 1939 — Notas para un estudio de las especies espanolas del genero *Vesperus. Bol. Pat. veg. y Ent. agr. 8* : 65, Madrid.
VILLIERS A., 1946 — Coléoptères Cerambycides de l'Afrique du Nord. *Faune de l'Empire Français,* 5.
VILLIERS, 1978 — Faune des Coléoptères. France I. *Cerambicidae* : 66-76.
XAMBEU P., 1875 — (Le Vesperus Xatarti). *Bull. Soc. Ent. Fr.* : 31.
XAMBEU P., 1891 — Mœurs et métamorphoses des insectes. Le Coléoptériste.
KAMBEU P., 1886 — *Vesperus Xatarti. Bull. Insectol.* Paris.
XAMBEU P., 1885 — Note au sujet de l'apparition du *Vesperus Xatarti. Ann. Soc. ent. de Fr.*
X., 1913 — Un insecto que causa graves danos a los vinedos *(Vesperus Xatarti). Revista del Inst. Agric. catalan de San Isidor.*
X., 1950 — La destruction du Vespère de la vigne sera-t-elle possible ? *Agriculture,* Paris, oct. et *Bull. OIV, 238* : 156.

VIII — *CHRYSOMELIDÆ*
(sauf Gribouri et Altise)

BAGGIOLINI M. et EPARD S., 1968 — Un nouveau ravageur de la vigne *(Clytus arietis L.). Agric. Romande, 7-8* : 91-92.
BALACHOWSKY A.S., 1936 — *Labidostomis lucida* Germ. nuisible au Cerisier dans l'Yonne. *Bull. Soc. ent. France 15* : 251-252.
BEDEL L., 1889-1901 — Faune des Coléoptères du Bassin de la Seine. *Halticini, V* : 114-117, 166-205, 282-329.
BERNARD L., 1914 — Technique des traitements contre les insectes de la Vigne. Paris, éd. Baillière, 364 p.
BERNON C., 1935 — Les Malacosomes : parasites de la Vigne. *Progr. Agr. et Vit., 103* : 130-132, 1 pl. couleurs.
CALLENS J.Y., 1946 — Quelques résultats obtenus dans la lutte contre les parasites des plantes cultivées au moyen du DDT. *Rep. Ist. Int. Cong. Plant Prot. Heverlee* : 423-428.
CHAIGNEAU G., 1963 — Un parasite inhabituel *(Exosoma lusitanica). Phytoma,* déc. 30.
CHAPUIS M.F., 1874 — Genera des Coléoptères X : Phytophages. Paris, 455 p.
COSTA-LIMA (da) A., 1955 — Insetos do Brazil. IX Coléopteros (3ᵉ partie). *(Clytrinae)* : 160-163.
GEOFFRION R., 1971 — Un ravageur inhabituel de la Vigne *(Exasoma lusitanica). Phytoma.* Janv. : 35-36.
HOFFMANN A., 1952 — Répertoire analytique des espèces animales nuisibles aux cultures en France. *Ann. Epiphyties 4* : 398-404.
JOLIVET P., 1952 — Quelques données sur la myrmécophilie des Clytrides. *Inst. Roy. Sc. nat. Belgique Bull. 28* : 9-12.
LABOISSIERE, 1934 — *[Malacosome]. Ann. Soc. Ent. Fr.* : 21.
LECAILLON A., 1896 — Note relative à la coque excrémentielle des œufs et des larves de certains insectes, en particulier du *Clytra quadripunctata. C.R. Soc. Biol.* : 506-510.
LECAILLON A., 1896 — Nouvelles observations sur la statoconque ovulaire du *Clytra quadripunctata C.R. Acad. Sci. 123* : 258-260.
LECAILLON A., 1898 — Recherches sur l'œuf et le développement embryonnaire de quelques Chrysomélides. *Thèse Doctorat* Paris, 230 p.
LEFEVRE E., 1872 — Monographie des Clytrides d'Europe et du bassin de la Méditerranée. *Ann. Soc. ent. Fr. 2 5ᵉ S.* : 49-396.
LICHTENSTEIN J. et PLANCHON J.E., 1880 — Les petits ennemis de nos Vignes. *La Vigne amér.* : 156-160.
MAYET V., 1896 — Quelques ampélophages d'occasion (Malacosome, Glythre). *Progr. Agric. et Vit., 26* : 175-182, 1 pl. couleurs.
MAYET V., 1907 — Deux ampélophages accidentels (Psyché des prairies et la galéruque de l'Aune). *Progr. Agri. et Vit. 48a* : 400-403, 1 pl. couleurs.
MAYET V., 1907 — La larve du Malacosome du Portugal. *Bull. Soc. ent. Fr.* 24 avril : 115.
MEDVEDEV L.N., 1961 — Révision des espèces paléarctiques du genre *Clytra* Laich *Rev. ent. URSS, 40* : 636-651 (en russe).
MOUTOUS G. et FOS A., 1971 — Observations sur quelques ravageurs nouveaux et occasionnels de la vigne. *Phytoma,* déc. : 25.
PICARD F., 1924 — Les origines de la faune de la Vigne. *Feuilles nat. 45* : 25-27.
PLANCHON J.E., 1887 — Un ennemi accidentel de la Vigne : le *Clythra taxicornis* Fabr. *La Vigne amér.* : 197-199.
PORTEVIN G., 1934 — Histoire naturelle des Coléoptères de la France. Paris, tome II.!, *Chrysomelidae Galerucinae, Halticini,* 266-317.
RUIZ CASTRO A., 1947 — Fauna entomologica de la vid en Espana. Estudio sistematicobiologico de las species de mayor importancia economica. IV *Coleoptera. Inst. Esp. Ent.* Madrid, 132.
XAMBEU V., 1909 — Mœurs et métamorphoses des Coléoptères de la tribu des Chrysomélides. *Naturalist, 31* : 60-62, 66-68, 80-81.

IX — *GRIBOURI*

ALDROVANDE, 1602 — *De Insectis* : 472.
ANDRE Ed., 1887 — Métamorphoses de l'*Eumolpus vitis. Le Naturaliste,* Revue Illust. Sci. Nat. Paris, 1ᵉʳ juillet : 96-98.
BEFFA (Della) G., 1949 — Gli Insetti dannosi all'Agricoltura e i moderni metodi e mezzi di lotta. U. Hoepli ed. Milan, 631.
BEDEL L., 1901 — Faune des coléoptères du bassin de la Seine V : 137, 248.

BERNARD L., 1914 — Technique des traitements contre les insectes de la Vigne. Ed. Baillière, Paris.
BONNEMAISON L., 1953 — Les parasites animaux des plantes cultivées : 255.
BRUNETEAU M., 1955 — Attaque de Gribouri à Ste-Marie-de-Ré sur les feuilles et les grappes de 7053 Seibel (figures). Phytoma, nov. : 16.
BRUNET R., 1909 — Destruction du Gribouri. Rev. de Vit., 31 : 52-53.
CLEMENÇOT H., 1898 — Procédé simple et pratique pour éloigner les hannetons et insectes de la vigne. La Vigne amér. : 156-157.
COOKE M., 1882 — Injurious insects of the orchards and vineyards : 194.
COSTE-FLORET P., 1897 — Destruction des insectes ampélophages. Progr. Agr. et Vit., 28 : 158-159.
DEMERMETY, 1849 — Quelques faits sur l'Ecrivain. Journ. d'Agr. de Dijon.
DOBROVOLSKI B.V., 1951 — Coléoptères nuisibles (principalement à la Province du Don et Nord-Caucase). Rostow, 455 p.
DUPONT E., 1889 — Contribution à l'étude du Gribouri. Prog. Agri. et Vit., 12 : 192-194 et Rev. Stat. vitic. de Villefranche, 1890.
GEOFFROY, 1764 — Histoire abrégée des insectes des environs de Paris.
GIRARD M., 1874 — Bromius vitis. Bull. Soc. Ent. de France, 22 juillet : 63 et 140.
GUERIN-MENEVILLE F.E., 1846 — Note sur un moyen pour prévenir les dégâts d'Eumolpus vitis. Ann. Soc. Ent. France : 35.
HORN G., 1892 — (Gribouri). Amer. Entomol. Soc. Vol. 19 : 106.
HORVATH (Von) G., 1872 (ou 1873) — Beitrag zur Naturgeschichte von Eumolpus vitis. Ann. Soc. Imper. Zool. Wien : 37-40.
HORVATH (Von) G., 1891 — Notes sur le Gribouri. Progr. Agri. et Vit., 16 : 553-554.
JABLONOWSKI, 1895 — A szölö Betegsegei es Ellenssegei. Budapest.
JANCKE (Dr), 1943 — Expériences sur la lutte contre l'Ecrivain. Der Deutsche Weinbau 31 janv. et Bull. OIV, 156 : 71-72.
JOBERT et VERGNETTE-LAMOTTE (de) A., 1881 — (Le Gribouri). C.R. Acad. Sci. Paris, 93 : 975-977.
JOLICŒUR H. et TOPSENT, 1892 — Etudes sur le Gribouri. Mém. Soc. Zool. France, Paris.
LATREILLE, 1804 — Histoire naturelle générale et particulière des Crustacés et des Insectes. Paris : 331.
LATREILLE, 1819 — Nouveau Dict. d'Hist. Naturelle, tome X : 640.
LICHTENSTEIN J., 1874 — (Le Gribouri). Ann. Soc. Ent. France, série 5, Bull. : 228.
LICHTENSTEIN J., 1876 — (Le Gribouri). Ann. Soc. Ent. France, série 5 : 105.
LICHTENSTEIN J., 1879 — Etude sur le Gribouri ou Ecrivain de la vigne. Montpellier : 12.
LICHTENSTEIN J. et MAYET V., 1878 — Etude sur le Gribouri. Ann. Soc. des Agr. de France et Ann. Soc. Hort. et d'Hist. de l'Hérault.
MAYET V., 1888 — Le Gribouri ou Ecrivain. Progr. Agr. et Vit. 10 : 262-269.
MAYET V., 1891 — Contribution à l'Etude du Gribouri ou Ecrivain. Progr. Agr. et Vit., 16 : 532-534, 1 pl. couleurs.
MAYET V., 1899 — Nouvelles observations sur le Gribouri. Rev. de Vit., 12 : 20-21.
MAYET V., 1905 — Les dégâts du Gribouri ou Ecrivain. Progr. Agr. et Vit., 43 : 538-540, 1 pl. couleurs.
MONTILLOT L., 1891 — Les insectes nuisibles : 114-116.
PICARD F., 1911 — Le Gribouri ou Ecrivain de la Vigne. Progr. Agr. et Vit. 55 : 705-709, 1 pl. couleurs.
PLUCHE, 1732 — Spectacle de la nature, Paris, t. II : 353.
PREYHS, 1922 — Achtung auf den Weinstockfallkafer (Eumolpus vitis). Allgem. Weinzeitung, 39 : 94.
QUAYLE H.C., 1908 — (Le Gribouri). Journ. Ec. Entom. N° 3 : 175 et Calif. Agr. Exp. St. Bull. : 195.
QUAINTANCE, 1922 — (Le Gribouri). U.S. Dept. Bull. 1220 Washington : 43.
R., 1895 — Contre le Gribouri. Rev. de Vit., 4 : 51.
RENDU V., 1876 — Les insectes nuisibles à l'agriculture : 106-107.
SAJO K., 1896 — Der Weinstockfallkafer (Eumolpus vitis). Woch. f. Entomol.
SAJO K., 1897 — (Eumolpus vitis) Woch. f. Entomol. N° 9 : 129-134.
SCAVIOLI G., 1915 — Bromius vitis Venezia Agricola, Venise XVIII : 31.
THENARD (Baron), 1854 — (Lutte contre le Gribouri). C.R. Acad. Sci. Paris, 39, 6 novembre : 886.
TOUCHEY, 1828 — (Le Gribouri). Bull. Soc. Agric. Hérault : 5.
VALLOT, 1841 — Histoire des Insectes ennemis de la vigne : 278.
VINAS Z., 1864 — Observations sur l'Eumolpe de la Vigne. Rev. viticole. Dijon : 269-276.

X — ALTISE

ALMEIDA (d') J.V., 1901 — In Portugal beobachtete Pflanzenkrankheiten I : Schadliche Insekten — par NOACK F. Ztschr. Pflz. Krankh., 11 : 236-237.
AUDIBERT jeune, 1887 — Un bon moyen de se préserver des altises (chaux). La Vigne amér. : 135-136.
AURELLE de PALADINES (D') L., 1887 — Principaux moyens de destruction de l'Altise de la vigne. La Vigne amér. : 94-97.
BALACHOWSKY A.S., 1936 — L'altise de la vigne nuisible aux Fuschias cultivés. Rev. Path. Vég. Ent. agr. Fr., 23 : 313-315.
BALCELLS R.E., 1951 — Datos para el estudio del ciclo biologico de Zicrona caerulea L. Publ. Inst. Biol. appl. Barcelone, 11 : 125-139.
BALCELLS R.E., 1953 — Estudio biologico de Haltica lythri subspecie ampelophaga Guér.-Menn. Publ. Inst. Biol. appl. Barcelone, 14 : 5-46.
BALCELLS R.E., 1954 — Estudio ecologico de Haltica lythri subspecies ampelophaga Guér.-Menn. Publ. Inst. Biol. appl. Barcelone, 17 : 5-37.
BALCELLS R.E., 1954 — Sobre la distribution geografica de Haltica lythri subspecies ampelophaga Guéri-Menn. Publ. Inst. Biol. appl. Barcelone, 18 : 5-41.
BARBIER A., 1887 — Destruction de l'Altise. Algérie agricole.
BARBIER A., 1894 — L'altise de la Vigne. Rev. de Vit. 2 : 250-254, 347-353.

BARBIER A., 1896 — La lutte contre l'altise. *Rev. de Vit.* 5 : 264-266.
BESSON J., 1955 — Manifestation précoce de l'Altise de la vigne dans le Tarn-et-Garonne et la Haute-Garonne. *Phytoma*, mai : 27.
BARGAGLI P., 1878 — Ricordi di una escursione entom. al Monte Amiato. Coleotteri. *Bull. Ital.* 10 : 18.
BENLLOCH M., 1928 — Estudios sobre nuevas formulas insecticidas o modification de las usuales. *Bot. Path. veg. Ent. agr.* 3 : 131-137.
BENOIST R., 1915 — Sur l'*Entomognathus brevis* Lind. (Sphegidae). Hyménoptère chasseur d'altises. *Bull. Soc. Ent. Fr.* : 241-242.
BLIN H., 1920 — Succédanés du jus de Nicotine comme Insecticides. *J. Agri. Prat.*, Paris, 34 : 17-18.
BONNEFOY J.M., 1926 — Un moyen entomologique de destruction de l'altise. *Progr. Agr. et Vit.*, 86 : 369-371.
BORDE, 1884 — L'Altise de la vigne. Alger.
BOUTAN L., 1911 — Etude zoologique sur l'Altise de la Vigne. *Bull. Zool. Agric.* N° 2 : 44-46.
BOUCLIER-MAURIN H., 1924 — La lutte contre l'altise. *Rev. agr. Afr. Nord* 22 : 415-416.
CAPUS J. et FEYTAUD J., 1911 — Recherches sur l'altise. *Rev. de Vit.* 35 : 353-359.
CAZALIS-ALLUT L.C., 1949 — De l'Altise de la vigne. *Bull. Soc. Centr. Hérault.*
CAZALIS-ALLUT L.C., 1865 — Œuvres Agricoles : XXI - De l'Altise de la Vigne : 142-155.
B.C., 1910 — La lutte contre les altises. *Rev. de Vit.* 33 : 407-409.
CHAPOULIE P., 1922 — Pratique de la lutte contre les altises. *Rev. agr. Afr. Nord* 20 : 203-206.
CHAUZIT J., 1913 — Lutte contre l'Altise de la Vigne. *Rev. de Vit.* 39 : 533-534.
CHEFDEBIEN (Baron de), 1897 — Lutte pratique contre l'altise (Pyrèthre). *Rev. de Vit.* 7 : 531-534.
CHEVALIER G. et LAFFOND P., 1938 — Contribution à l'étude des poudres roténonées. *C.R. Acad. Agr. Fr.* 24 : 380-386.
DA CUNHA BUENO A., 1928 — Combate as vaquinhas da videira. *Characas e Cuintaes*, Sao Paulo, 37 : 392-393.
DA SILVA ROSA A.L., 1959 — La Bio-écologie de la *Haltica lythri* Aubé ssp. ampelophaga Guér. *IXe Congr. OIV. Alger* et *Bull. OIV.* 1962 ; 377 : 876-882 et 378 : 1019-1047.
DA SILVA ROSA A.L., 1959 — Sur la résistance de diverses vignes à l'attaque de la *Haltica lythri* Aubé ssp. ampelophaga Guér. *IXe Congr. OIV. Alger* et *Bull. OIV*, 1962 : 375 : 611-615.
DAUBE 1836 — *Altica oleracea*, dégâts causés dans les vignes des environs de Montpellier. *Ann. Soc. Ent. Fr.* : 46.
DAUBE, 1837 — Ravages causés par *Altica oleracea* aux vignes de Montpellier. *Ann. Soc. Ent. Fr.* : 49.
DE ARIS C.B., 1918 — Una plaga de la Vina y de los Frutales. La Pulguilla (*Altica ampelophaga*). *Bol. Agric. Tec. y Econ.* Madrid, 10 : 395-398.
DEBRAY F., 1894 — Essai de destruction des Altises au moyen de champignons. *Rev. de Vit.* 2 : 203-204.
DEGRULLY L., 1905 — Traitements mixtes contre l'Altise et le mildiou. *Progr. Agr. et Vit.*, 43 : 417-418.
DEGRULLY L., 1906 — Les traitements arsenicaux contre l'Altise et le Cigarier. *Progr. Agr. et Vit.* 45 : 573-576.
DEGRULLY L., 1906 — Les traitements arsenicaux contre les Altises. *Progr. Agr. et Vit.*, 45 : 485-486.
DEGRULLY L., 1914 — La lutte contre les insectes. *Progr. Agr. et Vit.* 31 : 487-490.
DEGRULLY L., 1922 — Deux vieux ennemis de la vigne : le Ver gris, l'Altise. *Progr. Agr. et Vit.* 77 : 413-417.
DEGRULLY L., 1923 — Traitements contre l'altise. *Progr. Agr. et Vit.* 79 : 149-153.
DEGRULLY L., 1926 — Traitements contre l'altise. *Progr. Agr. et Vit.*, 85 : 367-370.
DUNAL F., 1832 — Les Insectes de la Vigne. *Bull. Soc. Centr. Agri. Hérault* : juin et juillet.
EBELING W., 1945 — DDT contre l'altise. *J. Econom. Entomology*, 38 : 600 rés. in. *Bull. OIV.* 191 : 74, 1947.
FAVARD P.G., 1931 — L'altise de la vigne. *Progr. agr. et Vit.* 45 : 513-514.
FEYTAUD J., 1911 — L'altise de la vigne. *Bull. Soc. Zool. Agr.* Bordeaux.
FEYTAUD J. et CAPUS J., 1911 — Recherches sur l'Altise de la Vigne. *Rev. de Vit.*
FEYTAUD J., 1913 — Les ennemis naturels des insectes ampélophages. *Rev. de Vit.*, 39 : 5-9, 36-40, 76-81, 97-101, 137-141.
FEYTAUD J., 1917 — La défense de la vigne contre les insectes. *Bull. Soc. Etud. Vulg. Zool. Agr.* 16 : 33-42.
FEYTAUD J., 1929 — La défense contre les insectes de la vigne. *Rev. Zool. agr. appl.* 28 : 161-167.
FOUDRAS, 1859 — Monographie des Halticides. Magnin, Blanchard et Cie Ed. Paris.
GARCIA-TEJERO F.D., 1954 — Halticinos de interes agricola. *Bol. Pat. vege. Ent. Agr.* 21 : 343-393.
GAY A., 1914 — L'altise (Pucerotte, Puce de la vigne, Bleuette). *Rev. de Vit.* 41 : 522-523.
GAYON U. et LAFFORGUE G., 1912 — L'altise en Gironde. *Rev. de Vit.* 37 : 841-846, 873-879.
GASTINE G., 1887 — Action des sels de cuivre contre les altises. *Progr. Agri. et Vit.*, 8 : 93-97.
GIRARD M., 1880 — Sur les dégâts causés aux vignobles par l'*Haltica ampelophaga*. *Bull. Soc. Ent. Fr.* : 94.
GRUVEL, 1905 — La défense contre les Altises. *Bull. Soc. Zool. Agric.* n° 3.
GUERIN-MENNEVILLE M.F.E., 1845 — Les ravages considérables causés à la vigne par une espèce d'*Altica*. *Bull. Soc. ent. fr.* 67-68.
GUERIN-MENNEVILLE M.F.E., 1858 — IV Mélanges et Nouvelles : Ravages des altises. *Rev. Mag. Zool.* sér. 2, 10 : 414-416.
JOLIVET P., 1952 — Notes sur *Haltica ampelophaga*. *Inst. roy. Sc. nat. Belgique*. Bull. 28 : 57.
KUNCKEL d'HERCULAIS J. et LANGLOIS C., 1891 — Mœurs et métamorphoses de *Peritelus brevicollis* Hallday, Hyménoptère Braconide parasite de l'altise de la vigne en Algérie. *Ann. Soc. Ent. Fr.* 60 : 457-466.
LABUCHELLE A., 1909 — L'Altise dans les vignobles. *La Feuille Vinicole de la Gironde*, 8 juillet et *La Vigne Amér.* : 216-218.
LECQ H., 1884 — L'Altise de la Vigne, Alger.

LOPEZ A.G., 1930 — El « pulgon » de la vid (Haltica ampelophaga). Bol. Path. vég. Ent. agr. 4 : 145-151.

MACQUART M.J., 1847 — Altica oleracea : quelques mots sur les dégâts qu'elle cause à l'agriculture. Ann. Soc. Ent. Fr. 44.

MALGLAIVE, 1887 — Guerre aux Altises et aux parasites de la vigne, Alger.

MARCHAL P., 1913 — Rapport phytopathologique pour l'année 1912. Bull. Agr. Alg. Tun. 9 : 193-199.

MARCHAL P. et PRILLIEUX Ed., 1916 — Rapport phytopathologique pour l'année 1914. Ann. Epiphyties 3 : 1-30.

MARSAIS P., 1907 — L'Altise de la Vigne. Rev. de Vit. 27 : 539-543 (1 pl. couleurs).

MARTINAND, 1909 — L'Altise dans les vignobles. La Vigne amér. : 237-241.

MAYET V., 1888 — L'altise de la Vigne. Progr. Agr. et Vit. 10 : 302-313.

MAYET V., 1890 — Les insectes de la vigne : 304-318.

OGLOBLIN D., 1917 — Espèces nouvelles de la tribu Halticinae de la région paléarctique. Rev. russe Ent. Moscou 17 : 20-39.

OGLOBLIN D., 1925 — Einige neue Haltica-Formen aus der palaarktischen Region. Rev. russe Ent. Moscou, 19 : 91-96.

PAILLOT A., 1915 — Les microorganismes parasites des Insectes. Ann. Epiphyties 2 : 188-232.

PATRIGEON G., 1887 — Destruction directe de l'altise par l'essence minérale. La Vigne amér. : 167.

PERRAUD J., 1903 — Observations sur les parasites de l'Altise et de la Pyrale. Rev. de Vit. 20 : 229-232.

PEYERIMHOFF (DE) P., 1915 — [L'Altise]. Ann. Soc. Ent. France : 40.

PEYERIMHOFF (de) P., 1919 — Notes sur la biologie de quelques Coléoptères phytophages du Nord-Africain. Ann. Soc. Ent. France : 227.

PICARD F., 1913 — La lutte contre l'Altise dans l'Hérault. Bull. Agr. Alg. Tun. 86-89.

PICARD F. et PAGLIANO J., 1921 — Sur la biologie de l'Altise de la Vigne. C.R. Acad. Sci. 172 : 399-401. Rev. de Vit. 54 : 225 et Progr. Agr. et Vit. 76 : 236.

PICARD F., 1926 — Recherches sur la biologie de l'Altise de la Vigne. Ann. Epiphyties 12 : 177-196 et Prog. Agr. et Vit., 1927, 87 : 114-117, 160-164 et 271-274.

RUIZ CASTRO A., 1947 — Fauna entomologica de la vid en Espana. Inst. Esp. Ent. Madrid : 132.

RUIZ CASTRO A., 1951 — La Pyrale, l'Altise, le Cigarier et l'Erinose dans le vignoble espagnol. Bull. OIV. 244 : 62-70.

SICARD H., 1914 — Sur la prétendue destruction des Insectes parasites de la Vigne par les gelées d'hiver. Progr. Agr. et Vit. 61 : 266-268.

SICARD H., 1931 — Note préliminaire sur la biologie et la morphologie de Degeeria lactuosa, Tachinaire parasite de l'Altise de la Vigne. Bull. Soc. Ent. Fr. : 158-162.

SEABRA (DA), 1908 — [L'Altise]. Bull. Soc. Port. Sc. nat. 1 : 189.

TRABUT L., 1898 — Le champignon des Altises (Sporotrichum globuliferum). C.R. Acad. Sci. 126 : 359 et Rev. de Vit. 9 : 164.

TRABUT L., 1898 — Destruction de l'Altise de la Vigne par un champignon parasite. Rev. de Vit. 9 : 317-323.

TRABUT L., 1899 — Les Altises pendant l'hiver. Rev. de Vit. 10 : 524-527.

TRABUT L., 1918 — Les abris à Altises. Bull. Agr. Alg. Tun. 24 : 9-10.

VANEY C. et CONTE A., 1903 — Sur un Diptère (Degeeria funebris) parasite de l'Altise de la Vigne. C.R. Acad. Sci., 136 : 1275-1276 et Rev. de Vit. 19 : 710 et Prog. Agr. et Vit. 40 : 243.

VIDAL, 1953 — Prog. Agric. et Vit., 140 : 43.

VIVET E., 1923 — Premiers traitements contre l'Altise et l'Eudemis. Rev. Agr. Afr. Nord 21 : 129-130.

WALKENAER, 1835-1836 — Recherches sur les Insectes nuisibles à la vigne connus des anciens. Ann. Soc. Entom. France, tIV-V : 687.

XI — CURCULIONIDÆ

ANDRE Ed., 1881 — Les Otiorrhynchus ou coupe-bourgeons. Les parasites et les Maladies de la Vigne : 101-107.

BARGAGLI P., 1885 — Rossegna biologica di Rincofori Europei. Tribu Ceuthorrinchini. Bull. Soc. ent. Ital. 17 : 311-332.

BOUCHE P.F., 1834 — Description de la larve et de la nymphe d'Otiorrhynchus sulcatus. Naturgesch. der Insekten. Berlin : 202.

BOVEY P., 1943 — Les charançons coupe-bourgeons nuisibles à la Vigne. La Terre Vaudoise, 18 déc. et Bull. OIV 1944, 162 : 157-158.

CAILLOL H., 1954 — Catalogue des Coléoptères de Provence, IVᵉ partie. Edit. Mus. N.H. Natur. 1 vol. 427 p. Paris.

CHABOUSSOU F. et LABEYRIE A., 1952 — Peritelus sphaeroides nuisible à la vigne dans le Bordelais. Notes phytosanitaires en 1950. (Extr. Ann. INRA, 1 : 107).

DESBROCHERS J., 1902 — Monographie des Thylcites (Cycloderes). Le Frelon 11-12 : 136.

ESSIG E.O., 1933 — Economic importance of the genus Brachyrrhinus (Otiorrhynchus). Monthly Bulletin Dept Agr. St. Calif. 22 : 397.

FAIRMAIRE L., 1882 — L'otiorrhyhchus sulcatus nuisible dans les serres à Vignes en Belgique. Bull. Soc. ent. Fr. Paris : 78 (ainsi que 1888 : 47).

FAVARD P., 1934 — Les coupe-bourgeons de la Vigne. Progr. Agri. et Vit. 101 : 549-551.

FAVARD P., 1954 — Les Vers blancs et la Vigne. La Viticulture Nouvelle : 39-40.

FEYTAUD J., 1906 — Les charançons coupe-bourgeons de la Vigne. Bull. Soc. Zool. Agricole Bordeaux V : 134-142.

FEYTAUD J., 1914 — L'Otiorrhynque sillonné (Otiorrhynchus sulcatus) dans l'île d'Oléron. Bull. Soc. Zool. agr. Bordeaux : 7-14, 21-25, 53-55.

FEYTAUD J., 1916 — Sur l'invasion d'Otiorrhynques de Saint Pierre d'Oléron. C.R. Acad. agr. Paris et Bull. Soc. Zool. Agr. Bordeaux : 100-105.

FEYTAUD J., 1917 — Sur la reproduction parthénogénétique de l'Otiorrhynque sillonné (O. sulcatus). C.R. Acad. Sci. Paris : 767-769.

FEYTAUD J., 1918 — Etude sur l'Otiorrhynque sillonné *(O. sulcatus). Ann. des Epiphytìes* V : 145-192 (Bibliog.).
FEYTAUD J., 1918 — Les Curculionides de la Vigne. *Rev. de Vit. 48* : 1-7, 1 pl. en couleurs.
FIDLER J.H., 1936 — On the first instar larvae of some species of *Otiorrhynchus* found on strawberries. *Bull. ent. Res. 27* : 369-376.
FLACHS K., 1937 — Krankheiten und Parasiten der Zierpflanzen, Stuttgart : 250-264.
FRANÇOT P. et MALBRUNOT P., 1955 — L'Otiorrhynque de la Livèche parasite facultatif de la vigne en Champagne. *Le Vigneron champenois* : 296-298.
GIRARD M., 1885 — Note sur le traitement cultural contre les Otiorrhynques. *Bull. Soc. Entom. de Fr.* V : 6.
GRANDI, 1913 — Gli stati postembrionali di un Coleittero *(O. cribricollis* Gyl.) a riproduslone partheno-genetica ciclia irregolare. *Boll. Lab. Zool. gen. agrar.* Portici.
GRASSE P.P., 1923 — Quelques charançons coupe-bourgeons de la Vigne. *(Philopedon et Otiorrhynchus. Progr. Agri. et Vit., 79* : 572-575.
GUERCIO (del) G., 1906 — Deux coléoptères nuisibles à nos vignes (Otiorrhynque et cigareur). *La Vigne amér.* : 138-144.
HERING M., 1957 — Nouveaux essais et expériences de lutte contre l'insecte dévastateur *(Otiorrhynchus sulcatus) Weinberg und Keller*, sept et *Bull. OIV 1958, 328* : 111.
HERING M., 1959 — La lutte contre *O. sulcatus* à la lumière de nouvelles constatations. *Weinberg und Keller*, juin et *Bull. OIV 1959, 342* : 80.
HERING M., 1960 — Contribution à la connaissance de *O. sulcatus* comme ennemi de la vigne. *Weinberg und Keller*, juin et *Bull. OIV 1960, 354* : 106.
HERING M., 1961 — Les relations entre *O. sulcatus* et les légumineuses en Viticulture. *Weinberg und Keller*, juin et *Bull. OIV. 1961, 365* : 99.
HERING M., 1965 Le redoutable Dickmaulrussler, insecte nuisible des plantes de serre. *Weinberg und Keller* nov. : 520-524 et *Bull. OIV 1966, 419* : 107.
HOFFMANN A., 1931 — Description de la larve d'*Otiorrhynchus rugostriatus* Goez. *Bull. soc. ent. fr.* 183.
HOFFMANN A., 1933 — Etude du groupe *Otiorrhynchus singularis. Bull. soc. ent. France*, 24.
HOFFMANN A., 1948 — Les *Otiorrhynchus* de la faune française nuisibles à l'Agriculture. *Ann. Epiphyties 14* : 65-83.
HOFFMANN A., 1950 — Coléoptères Curculionides 1re partie. Faune de France 52 1 vol., 486 p. Lechevalier ed. Paris.
HUSTACHE A., 1923-1931 — *Curculionidae* gallo-rhénans. *Ann. Soc. ent. France* 1.189 p.
IBBOTSON A. et EDWARDS C.A., 1954 — The Biology of *Otiorrhynchus clavipes*, a pest of strawberries. *Ann. appl. Biol. 41* : 520-535.
KEMNER, 1916 — *Otiorrhynchus sulcatus*, ett skadedjur bland annat pa krukvaxter *Tradgarden*, Stockholm.
KLINGER J., 1963 — Recherches sur la résistance des vignes greffées à *O. sulcatus. Die Wein-Wissenschaft, 7* : et *Bull. OIV 1963, 390* : 1078.
KUNKEL D'Herculais, 1882 — Sur les ravages de *O. sulcatus. Bull. Soc. Entom. Fr.,* 11,6 : 58.
LICHTENSTEIN J., 1880 — Les petits ennemis de nos vignes. *La Vigne amér.* : 156-159.
LODOS N., 1955 — Curculionides nuisibles aux Arbres fruitiers en Turquie. *Thèse* Ankara, 137 p.
LUCAS H., 1869 — Note sur la métamorphose de l'*O. sulcatus. Ann. Soc. entom. Fr.* sér. 4, 9 : 50.
LUCAS H., 1869 — Observations sur les dégâts de l'*O. sulcatus. Bull. Soc. Entom. Fr.*, Paris.
LUSTNER, 1909 — Bekampfungsversuche gegen den Dickmaulrussler *(O. sulcatus). Geinsenheimer Jahresber* : 134.
MAISONNEUVE P., 1904 — Etude sur les dégâts commis par un charançon dans les vignobles de Montjeau, la Pommeraye, etc... *Bull. Soc. Indust. et Agricole*, Angers : 102-110.
MASSEE A.M., 1928 — *Otiorrhynchus singularis* L. *Ann. Rep. East Malling Res.* St. 194.
MAYET V., 1902 — Un ennemi de la Vigne à Madère *(Atlantis noctivagans* Woll.). *Progr. Agri. et Vit. 37* : 722.
MILES H.W., 1921 — Some important insect pests of Strawberries. *J. Bath. et West and S. C. Soc. 16* : 57-72.
MULLER C.A., 1901 — *O. sulcatus.* Der gefurchte Dickmaulrussler. *Ztschr. f. Pflanzenkrankh.,* 11 : 214-216.
NEROMAN, 1855 — Dégâts de l'*O. sulcatus* sur diverses Tongères. *Trans. Entomol. Society*, Londres.
OLALQUIAGA FAURE G. et CAMPOS L., 1956 — Le « Burrito » de la vigne *(Pantomorus xantographus). Rapp. chilien au 8e Cong. OIV Chili* et *Bull. OIV 1959 - 340* : 49.
PINEAU J., 1947 — Note sur les dégâts d'un ampélophage nouveau *(Philopedon plagiatum* Sch.). *C.R. Acad. agr. Fr.* 11 juin.
PINEAU J., 1954 — Les dégâts du *Philopedon plagiatum* Schall sur les vignes de la côte vendéenne. *Phytoma*, janv. : 22.
PLANCHON J.E., 1879 — Un ennemi accidentel de la vigne *(Peritelus griseus). La Vigne amér.* : 121-124.
PRESTON, 1849 — *O. sulcatus.* Larven and Kamelien. *Gardeners Chronicle* : 774.
PULS, 1881 — Sur les ravages de l'*O. sulcatus* dans les serres. *Bull. d'Arboriculture*, Grand.
RIGOTARD M., 1914 — Une attaque d'*O. sulcatus* dans le vignoble de l'Ile d'Oléron. *Journ. d'Agric. pratique, 78* : 2, 94.
RITZEMA-BOS, 1895 — Dégâts de l'*O. sulcatus. Ztschr. f. Pflanzenkrankh.,* V : 346.
SCHMIDT Léa, 1958 — Results of biological examinations of insecticides against. *Otiorrhynchus lavandus* Germ. *Plant Protection*, Belgrade, 49-50 : 121-128.
SEIDLITZ, 1865 — Monographie der Curculionisen ; Gattung *Peritelus Berlin ent. Zeitung*, IX : 271.
SIDOR C. et JOVANOVIE, 1957 — *O. Lavandus* Germ., un fléau de la région de Fruskagora. *Zalchita* Bila, Belgrade et *Bull. OIV, 1959, 339* : 96-97.
THEOBALD F., 1911 — The weevil Weevil. *Report on Economic Zoology*, Londres : 48.
THIEM H., 1922 — Zur Biologie und Bekampfung des gefurchten Dickmaulrusslers *Ztsch. f. angew. Entom.,* 8 : heft 2.
THIEM H., 1932 — Der gefurchte Dickmaulrussler *(Otiorrhynchus sulcatus* als Gewachshausund Freilandschadling. *Die Gartenbauwwissenschaft* 6 : 519-540.

VOGEIMANN, 1904 — Praktische Erfahrungen uber den Dickmaulrussler und seine Bekampfung. *Mitt. uber Weinbau und Kellerwirtschaft* : 71.
WENY J., 1886 — Un ennemi inconnu de la vigne. Supplément français du *Rovartani Lapok*, Budapest, 2 et 3 : 9.
WESTWOOD, 1837 — Métamorphoses d'*O. sulcatus Gardeners. Magazine, 12* : 158.
WESTWOOD, 1837 — *O. sulcatus Gardeners Chronicle* : 13.

XII — *LE CIGARIER*

ALDROVANDE, 1602 — De *Animalibus insectis*, Bologne.
BARGAGLI P., 1884 — Rassegna biologica di Rincofossi Europaei. Firenze 1883-1887. *Bull. Soc. Ent. Ital.* : 3-52, 149-258.
BASSERMAN-JORDAN F., 1923 — Geschichte des Weinbaues, 2, 11.
BENLLOCH M., 1941 — Le cigareur de la vigne. *Agricultura* (Madrid), avril ; res. In *Bull. OIV 1942, 151* : 93.
BENLLOCH M., 1944 — El « cigarro » de la vid. *Hojas divulgadoras. Ministerio de Agricultura*, Madrid, *30*, 4 p.
BERLESE, 1925 — Gli Insetti, Milano, 11 : 526.
CANAVARI J., 1912 — Gli Insetti della vite, descritti ed illustrati, Pisa.
CORET P., 1875 — Petites nouvelles entomologiques, 1 : 528.
DEGRULLY L., 1904 — La lutte contre le cigareur. *Progr. Agr. et Vit., 41* : 225-227, 1 pl. couleurs.
DEGRULLY L., 1906 — Les traitements arsenicaux contre le cigarier. *Progr. Agri. et Vit. 45* : 573-576.
DELLA BEFFA, 1921 — Il Sigaraio *(Rh. betulae)*. R. *Osserv. fitopatol.* Turin Fogl. istruz. 15.
DZENGELCOVSKY, 1916 — *Byctiscus betulae*. The Horticulturist.
FABRE J.-H., 1908 — Bilder aus der Insektenwelt. Stuttgart, I : 63-64 et IV : 93-99.
FABRE J.-H., 1923 — Le Rhynchite du peuplier, le Rhynchite de la Vigne, etc... *Souvenirs entomologiques 7ᵉ ser.*, Paris : 145-210.
FERRANT, 1917 — Uber den Massenumfang des Rebenstechers an unsrer Mosel. *Gesellschaft Luxemburger Naturfreunde.* Luxembourg.
FEYTAUD J., 1918 — Les Curculionides de la Vigne. *Rev. de Vit., 48* : 7.
GARCIA-TEJERO F.D., 1955 — Rinquitinos de interes agricola. *Bol. Pat. veg. Ent. Agr. 22* : 233-277.
GEHIN, 1857 — Insectes du Poirier, Metz.
GOOSS-HEIM, 1925 — Note sur les larves du genre *Rhynchites* Schneid. La Défense des Plantes. Petersburg, II.
GOTZ B., 1952 — Essais comparatifs sur l'efficacité des poisons synthétiques contre *B. betulae*. *Wein und Rebe*, 28 p. in *Bull. OIV., 260* : 95.
GOTZ B., 1959 — Contribution sur le développement embryonnaire du « piqueur de la vigne » « Byctiscus betulae » (en All.). *Die Wein-Wissenschaft* N° 6 rés in *Bull. OIV 1960 - 352* : 117.
GROULT, 1875 — Notes Entomologiques. Petites nouvelles entomol. Paris I : 524-532.
GUERCIO (del) G., 1906 — Deux coléoptères nuisibles à nos vignes. *Bull. Off. Minist. Agri.* Rome 19 avril et La *Vigne Amér.* 1906 : 142-144.
HAFLIGER E. et GEIGY J.R., 1953 — Nouveaux développements dans la lutte contre les cigariers de la vigne. *Schweitz. Zeits. fur Obst und Weinbau*, 21 février rés. in *Bull. OIV. 1953, 267* : 81.
HOFFMANN A., 1946 — Les Rhynchites de la faune française nuisibles à l'agriculture. *Ann. Epiphyties 12*, fasc. I : 1-7.
HUBERT, 1839 — Mémoire de la Soc. des sciences physiques et d'Hist. Natur. Genève, VIII, 2.
KOLLAR V., 1837 — Nat. der Schadlichen Insecten Bezug auf Landdwirtschaft und Forsicultur. Wien, 8.
KRIEG H., 1924 — Der Rebstecher seine Biologie und seine Bekampfung *(Byctiscus betulae)*. Wein und Rebe, 6 : 2 et 3, 66-74, 91-108, Mainz, rés. in *Rev. Appl. Ent.* 1924, *12* : 436-437.
LANGERKEN (Von) H., 1939 — Ergebnisse der Insekten biologie : 78-79 et 117-121.
LE GRAND G., 1864 — Note sur le *Rhynchites betuleti* ou Urébec. *Revue Viticole* (Dijon) : 339-347.
LUSTNER, 1907 — Aufforderung zur Bekampfung des Rebstichlers. *Geisenheimer Mitt. uber Weinbau u. Kellerwirtschaft* : 103.
LUSTNER, 1909 — Zur Biologie des Rebstechers *(Rh. betuleti)*. Bericht der koniglichen *Lehranstalt fur Wein, Obst u. Gartenbau zu Geisenheim* fur das Jahr 1908.
LUSTNER, 1908 — Zur Bekampfung des Rebstechers. *Weinbau u. Weinhandel* N° 22 : 213.
MAISONNEUVE P., MOREAU L. et VINET E., 1909 — La lutte contre le cigarier au moyen des insecticides. *Rev. de Vit., 32* : 38-42, 60-65, 88-90.
MAISONNEUVE P., MOREAU L. et VINET E., 1910 — Traitements contre le cigarier en 1910. *Rev. de Vit., 34* : 151-153.
MARSAIS P., 1906 — Attelabe, Cigareur. *Rev. de Vit., 25* : 229-232, 1 pl. couleurs.
MARTIN J.B., 1910 — L'Urbec de la vigne. *Progr. Agri. et Vit. 53* : 557-558 et *54* : 26-28.
MAYET V., 1888 — Le Rhynchite ou Attelabe. *Prog. Agr. et Vit., 10* : 239-245.
MOLZ E., 1907 — Versuche zur Aufhellung des Farbendimorphimus bei *Rhynchites betuleti*. Ber. der Kgl. *Lehranstalt fur Wein, Obst u. Gartenbau zu Geisenheim* : 295-297.
MORITZ J., 1891 — Die Rebschadlinge, Berlin : 65-68.
MULLER K., 1919 — Bericht der Hauptstelle fur Pflanzenschutz in Baden 1915-1918 E. Ulmer.
NORDLINGER, 1855 — Die Kleinen Feinde der Landwirthschaft, Stuttgart.
OGER A., 1909 — La lutte contre la *cochylis* et le cigarier par l'arsenic. *Rev. de Vit., 32* : 118-121.
PAILLOT A., 1913 — Le cigarier. *Rev. de Phytopath*.
PEREPECHAI P.A., 1930 — Dégâts provoqués à la vigne par *Rhynchites betuleti* à Kamouichewskaia. *Vestn. Vinogr. Vinod.* 2 (7) : 547-548, Odessa.
PICARD F., 1913 — Le cigareur ou Rhynchite de la vigne. *Progr. Agr. et Vit. 59* : 422-426, 1 pl. couleurs.
PICARD F., 1922 — Notes biologiques sur quelques Hyménoptères : *Apanteles hoplites* Ratzb., parasite de *Byctiscus betulae*. *Bull. Soc. Ent. Fr.*, 29.
PIGNAL S., 1955 — Le cigarier de la vigne devient inquiétant. *Phytoma*, juin : 24-25.
PORTELE, 1911 — Achtung auf den Rebenstecher. *Allg. Weinzeitung*, 38 : 97.
PRELL H., 1924 — Die biologischen Gruppen der deutschen Rhynchitiden. *Zoolog. Anzeiger, 61*.

PRELL H., 1924 — Die trichtterolle der Ahornblattnolers. Biologisches und Taxonomisches uber einer sehr bemertenswerten Russelkafer. *Zool. Anz. 61* : 156 et 158-170, Leipzig.

PRELL H., 1926 — Ueber den Brutparasitismus eines deutschen Rhynchitinen und seine Bedeutung. *Zool. Anz., 65* : 81-288, Leipzig.

RATZEBURG P., 1839-1844 — Die Forst-Insekten, Berlin.

RATZEBURG P., 1848 — Die Ichneumonen der Fortsinsekten. Berlin : 214.

REH L. in SORAUER, 1913 — Handbuch der Pflanzen krankheiten, III. Die tierischen Schadlinge Berlin : 552.

REPLIES, 1914 — Progressive horticulture and market-gardening (en russe) Petrograd.

RITZEMA-BOS, 1891 — Tierische Schadlinge und Nutzlinge, Berlin : 295-296.

RONOJOVIC, 1905 — Ber. der Abteilung fur Pflanzenschutz der Kgl. landw. chem. Versuchs-station zu Belgrad 1903.

ROSTER D., 1883 — Osservazioni biologiche sul *Rhynchites betuleti. Rev. scient. ind. di Guidi Vin.,* anno 15, Firenze.

ROZIER (Abbé), 1771 — Cours complet d'agriculture XIII : 27.

RUBSSAMEN Ew. H., 1908 — Die wichtigsten deutschen Rebschadlinge und nutzlinge, Berlin : 96-98.

RUIZ CASTRO A., 1946 — El « cigarrero » de la vid, *Byctiscus betulae* L. *Bol. pat. veg. Ent. agr., 14,* Madrid.

RUIZ CASTRO A., 1947 — *Byctiscus betulae* L. *Fauna entomologica de la vid, 4* : 98-127, Madrid.

SCHMIDT-GOBEL H.M., 1882 — Der Rebstecher (*Rh. alni* Mull, *betuleti* F.) sein Leben und sein Treiben und seine Vertigung. Fur Entomologen und Weinbergsbesitzer nach mehrjahrigen Beobachtungen. Wien, Carl Gerolds Sohn.

SCHREINER, 1915 — Species of *Rhynchites* and *Anthonomus* injuring orchards. *Referat Review of appl. Entom.* : 533.

STELLWAAG F., 1918 — Das Massenauftreten des Rebstechers (*Byctiscus betulae*) in der Rheinpfalz im Fruhjar 1917. *Ztschr. f. angew. Entom.,* 4 : 274-277.

STELLWAAG F., 1919 — Rebstichler. *Ztschr. f. angew. Entomol.,* 5 : 129.

TER MINACIAN M.E., 1945 — Répartition et écologie des *Attelabidae* de l'U.R.S.S. *Sborn. Ak. naouk Arm. S.S.R.* : 177-194.

TER MINACIAN M.E., 1950 — Faune de l'U.R.S.S. *Attelabidae. Acad. Sci. U.R.S.S.* Moscou, 27 (2), 1 vol., 231 p.

VAN EMDEN F., 1938 — Morphologie des larves de *Rhynchites. Trans. Roy. Ent. Soc. London* : 15-82.

VOSS E., 1930 — Monographie der Rhynchitinen, Tribus *Byctisini Koleopt. Rundschau, 16* : 191-243.

WAHL C. et MULLER K., 1912 — Bericht der Hauptsammelstelle fur Pflanzenschutz in Baden : 29.

WALCKENAER, 1836 — Recherches sur les Insectes nuisibles à la Vigne. *Ann. Soc. Entomol. Fr.,* 243.

ZIMMERMANN J., 1949 — Untersuchungen uber die Anfalligkeit der Rebe gegen den Rebstichler *(Byctiscus betulae). Der Zuchter,* 19 band, Heft 10 : 297-301.

I - PYRALE

ACZEL M., 1944 – Bekampfungsversuch gegen den Springwurm. (*Sparganothis pilleriana* Schiff.). In Ungarn und eine vollstandige Liste der bisher bekannten Wirtspflanzen (en hongr.). *Jahrb. amtl. Pfl. Sch.* : 195-207.

Anonyme, 1879 – (Lutte contre la pyrale de la vigne). *Ministère de l'Agriculture.*

Anonyme, 1898 – La pyrale. *Rev. de Vit. 9* : 696-697.

Anonyme, 1902 – La pyrale. *Bull. Moet et Chandon,* t 2 : 55-60 et 108-110.

ANTONIADIS P., 1918 – Recherches sur la Pyrale. *Progr. Agric. et Vit. 69* : 9-12.

ANTONIADIS P., 1919 – Recherches sur la Pyrale. *Progr. Agric. et Vit. 73* : 31-33.

ANTONIADIS P., 1920 – Y aura-t-il beaucoup de pyrales en 1920 ? *Progr. Agric. et Vit. 74* : 207-208.

ARTAUD DE LA FERRIERE, 1811 – Mémoire sur la pyrale de la vigne. Extr. dans *C.R. Soc. Agric. de Lyon* : 70.

AUDOUIN V., 1837 – Notice sur les ravages causés dans quelques cantons du Mâconnais par la Pyrale de la Vigne. *C.R. Acad. Sci. 5* : 4 sept.

AUDOUIN V., 1837 – Considérations nouvelles sur les dégâts occasionnés par la Pyrale de la Vigne, particulierement dans la commune d'Argenteuil. *C.R. Acad. Sci. 5* : 25 sept.

AUDOUIN V., 1842 – Histoire des insectes nuisibles à la vigne et particulierement de la pyrale. Paris, Fortin, Masson et Cie éd., 1 vol. in-4, 350 p. et atlas de 23 pl. en couleurs.

BAGGIOLINI M., NEURY G. et HUGI H., 1964 – Essais de lutte contre la pyrale de la vigne (*Sparganothis pilleriana* Schiff.). *Agric. Romande, 3, n° 4* : 38-40.

BARBUT G., 1902 – Pyrale et Cochylis. *Progr. Agric. et Vit. 38* : 607-611.

BARBUT G., 1903 – Concours d'appareils contre la Pyrale. *Progr. Agric. et Vit. 39* : 196-200, 226-235, 259-270, 322, 686.

BARBUT G. et SARCOS O., 1903 – Observations au sujet de la Pyrale. *Progr. Agric. et Vit., 39* : 299-301

BARBUT G. et SARCOS O., 1903 – Sur quelques moyens de destruction de la pyrale. *Rev. de Vit. 19* : 285-287.

BERNON G., 1965 – La pyrale actuelle. *Progr. Agric. et Vit., 171* : 149-154.

BERTHELOT E., 1902 – La pyrale de la vigne (d'après le livre d'Audouin). *La Vigne améric.* : 309-313, 346-352, 380-385, et *1903* : 26-32, 58-62, 90-96, 183-188, 213-215.

BERTRAND D'ACETIS, 1910 – Mémoire sur la pyrale de la vigne (manuscrit). Extr. dans *C.R. Soc. Agric. de Lyon* : 106.

BOGNAR S., REICHART G. et al., 1957 – Vedekezès a Szölöilonca (*Sparganothis pilleriana* Schiff.) ellen lombos allapothan. *Növényvéd időszeri kerdési 2* : 47-53.

BOSC d'ANTIC L.A., 1786 – Mémoire pour servir à l'histoire de la chenille qui a ravagé les vignes d'Argenteuil en 1786. *Mém. Soc. Roy. d'Agric. de Paris,* trim. d'été : 22 et suiv.

BOSC 1813 – Notice sur la Pyrale et autres insectes qui nuisent aux vignobles. *Ann. de l'Agric. de France.*

BOURCHANIN, 1903 – Un nouveau piège à papillons. *Rev. de Vit. 19* : 459.

BOURGEOIS, 1841 – Etude sur la Pyrale. *Ann. Soc. d'Agr. de Lyon.*

BRULE, 1860 – La Pyrale de la vigne, d'après les recherches d'Audouin : *La Bourgogne*, revue de C. Ladrey, Dijon : 385-405, 577-592.

BRUNET R., 1923 – Le Matériel viticole. Paris. Libr. Baillière, 2e éd., 1 vol. in-18e, 440 p.

BUGNON, 1841 – Sur quelques Insectes qui nuisent à la vigne. *Neue Denkschrift Allgem. Schweiz. Geselsch.*

CARLES P., 1916 – La lutte contre la Pyrale au commencement du 19e siècle. *Rev. de Vit. 45* : 91-96.

CASTELLI J.-B., 1920 – Traitement d'hiver contre la Pyrale. *Le Réveil Agricole*, Marseille, N° 1 397 : 7 fév.-15 mars.

CAUSSE P., 1918 – Efficacité des Echaudages tardifs. *Progr. Agric. et Vit., 69* : 198-199 et *C.R. Acad. Agric.*

CERCELET, 1905 – Traitement préventif contre les Pyrales. *Rev. de Vit. 23* : 154-156.

CHAPPAZ G., 1910 – La Pyrale de la vigne. *Progr. Agric. et Vit., 53* : 161-166.

CHAPPAZ G., 1938 – Lutte contre la Pyrale de la vigne. *Le Vigneron champenois* : 35-42, 75.

CHASSET L., 1938 – Lutte contre la Pyrale de la vigne. *Congr. régional pour l'étude de la lutte contre les Ennemis de la Vigne*, Macon 16-17 janv. : 120-130.

CHAUZIT B., 1903 – La lutte contre la pyrale et le concours de Carcassonne, *Rev. de Vit. 19* : 708-710.

CHAUZIT B., 1904 – La Pyrale. *Bull. Soc. Vitic. de France* : 50.

CHAUZIT B., 1904 – La Pyrale et ses traitements. *Rev. de Vit. 21* : 351-356, 377-382.

CHAUZIT B., 1906 – La Pyrale, ses mœurs et son traitement. *Rev. de Vit. 25* : 5-9.

CHAUZIT B., 1906 – Traitement d'été de la pyrale. *Rev. de Vit. 25* : 561-562.

CHUARD E., 1905 – La pyrale et les traitements arsenicaux. *Chron. agric. du Canton de Vaud.* Lausanne, 18 : 119-121, 149-151.

COMES H., 1917 – La profilaxia en Patologia vegetal. *Bol. Agric. Tecnica y Economica*, Madrid.

COMPANYO, 1837-38 – Notice sur les insectes qui ravagent quelques cantons des vignobles du département des Pyrénées-Orientales. *Bull. Soc. philomatique de Perpignan* : 183.

COSTE-FLORET P., 1896 – Destruction des insectes de la vigne (échaudage). *Rev. de Vit. 5* : 186-192.

COSTE-FLORET P., 1897 – Destruction des insectes ampélophages. *Progr. Agric. et Vit. 28* : 64-72, 94-102, 155-161, 178-181.

COUANON G., 1904 – Traitement d'hiver contre la Pyrale et la Cochylis en Champagne. *Rev. de Vit. 21* : 215-218.

CROUZAT L., 1918 – La Pyrale, sa destruction. *Progr. Agric. et Vit. 70* : 586-589.

CUISANCE P. 1957 – La Pyrale et les araignées rouges. *Le Vigneron champenois*, avril 141-146.

DAGONNET, 1837 – Notice sur les dégâts occasionnés dans le cours de l'année 1837 par quelques insectes, etc. *Rapports Soc. Agric. de la Marne* pour les années 1837, 1838 et 1839.

DAUMEZON G., 1917 – Sur l'origine d'une maladie bactérienne de *Sparganothis pilleriana* en France. *Bull. Soc. pathol. végétale*, France.

DAUNASSANS, 1859 – De la Pyrale et des moyens de la combattre. *Journal de l'Aigle*, Toulouse, avril.

DE BONDY, 1811 – Arrêté et instruction du Préfet du Rhône. *C.R. Soc. Agric. de Lyon* : 107.

DEGRULLY L., 1902 – Les badigeonnages acides contre la Pyrale. *Progr. Agric. et Vit. 38* : 569-570.

DEGRULLY L., 1903 – La lutte contre la pyrale. *Progr. Agric. et Vit. 39* : 129-131.

DEGRULLY L. et AUBIN, 1903 – La lutte contre la Pyrale par l'eau surchauffée. *Progr. Agric. et Vit. 40* : 630-631.

DEGRULLY L., 1903 – Ebouillantages insecticides contre la Pyrale. *Progr. agric. et Vit. 40* : 725-726.

DEGRULLY L., 1905 – Les traitements arsenicaux contre la Pyrale. *Progr. Agric. et Vit. 43* : 449-450, 589.

DEGRULLY L., 1905 – La Pyrale et le clochage des jeunes vignes. *Progr. Agric. et Vit. 44* : 737-739.

DEGRULLY L., 1909 – Les traitements arsenicaux et l'Académie de Médecine. *Progr. Agric. et Vit. 51* : 65-66.

DEGRULLY L., 1909 – L'emploi des composés arsenicaux en agriculture. *Progr. Agr. et Vit. 51* : 131-133.

DELASSUS M. et FREZAL P. 1934 – La Pyrale de la vigne en Oranie. *Journées économ. de l'Oranie.* Rio Salado, 5 déc., 14 p.

DEL RIVERO J.-M., 1953 – La piral de la vid. *Minist. Agricultura, Madrid*, N° 6-53 H, mars, 12 p.

DERESSE A., 1891 – La Pyrale. *Revue de la Station viticole de Villefranche* (Rhône) : 116-117.

DESCHAMPS A., 1905 – Traitement contre la Pyrale et la Cochylis. *Rev. de Vit. 23* : 186-187.

DESVIGNES 1837 – Discours sur la destruction de la pyrale, lu à la réunion qui eut lieu à la Chapelle de Guinchay (S. & L.) le 13 août 1837.

DESVIGNES, 1838 – Manuel ou Instruction pratique pour la cueillette des pontes de la Pyrale, juillet.

DEWITZ J., 1905 – Uber Fangversuche angestellt mittels Azetylenlampen an den Schmetterlingen von *Tortrix pilleriana.* *Ztschr. f. wissenschaftliche Insektenbiologie*, Bd. I : 106-116.

DEWITZ J. 1905 – Die Bekampfung der ampelophagen Microlepidopteren in Frankreich. *Zentralblatt f. Bakteriologie u. Parasitenkunde usw.* Abt. II, Bd XV : 449.

DEWITZ J. 1907 – Ein Bekampfungsmittel gegen den Springwurm in *Weinbau u. Weinhandel*, 25 Jahrg. : 22.

DRAPARNAUD, 1801 – Mémoire sur l'insecte qui a dévoré en l'an IX les vignes des communes de Marseillan et de Florensac. *Bull. Soc. Sci. et Belles Lettres*, Montpellier, 24 juillet 1801, *1* : 86.

DUFILHO M.-E., 1922 – L'arséniate diplombique et sa préparation comme insecticide. *C.R. Acad. Agric. France, 8* : N° 33, 15 nov.

DUMERIL, 1837 – Rapport sur les dégâts occasionnés dans les Vignobles d'Argenteuil par les chenilles d'une espèce de Pyrale. *C.R. Acad. Sci.* Paris, *5* : 27 août.

DUNAL F. 1834-38 – Des insectes qui attaquent la vigne dans le département de l'Hérault. *Bull. Soc. Agric. Hérault*, 1837.

FABRICIUS, 1787 – Mantissa insectorum, *2* N° 28 : 227.

FABRICIUS, 1794 – Entomologia systematica, *3* (2) : 242.

FAHRINGER 1922 – Beitrage zur kenntnis einiger Schmarotzerwespen usw. *Ztschr. f. angew. Entomologie*, Bd 8.

FAILLANT, 1901 – Le carbure de calcium contre la Pyrale. *Rev. de Vit. 15* : 660.

FARINES, 1824 – Mémoire sur la chenille connue vulgairement sous le nom de *Couque* ; Perpignan.

FAURE-BIGUET et SIONEST, 1809 – Mémoire sur quelques insectes nuisibles à la vigne, Lyon, an X et extr. dans le *C.R. Soc. Agric. de Lyon*, 36.

FERRIER A., 1976 – La fête Raclet 1976 à Romaneche-Thorins 30 et 31 octobre. Le *Moniteur vinicole*, 20 octobre.

FERROUILLAT L., 1897 – L'ébouillantage des souches. *Progr. Agric. et Vit., 27* : 37-41.

FEYTAUD J., 1909 – Essais d'ébouillantage contre la Cochylis et l'Eudems. *La vigne améric.* : 85-90.

FEYTAUD J., 1913 – Les ennemis naturels des insectes ampélophages. *Rev. de Vit. 39.* 5-9, 36-40, 76-81, 97-101, 137-141.

FOILLARD L., 1934 – Un sauveur de la vigne Benoît Raclet ; histoire d'une grande découverte en Beaujolais et en Mâconnais Villefranche-en-Beaujolais, Guillermet éd., 1 vol., 126 p., 5 pl. en couleur.

FOREL A., 1822 – Sur le ver destructeur de la vigne (1re mémoire). *Feuille du Canton de Vaud*, 121 : 3 et 39.

FOREL A., 1825 – Mémoire sur le ver destructeur de la vigne (2e mémoire). *Feuille du Canton de Vaud*, 146 février : 33.

FOREL A., BUGNION C. et BLANCHET R., 1841 – Mémoire sur quelques insectes qui nuisent à la vigne dans le Canton de Vaud. *Neue Denkschr. Allgm. Schweiz. Ges. ges. Naturk, 5 :* 1-44 et Réimpr. *Isis,* 1843 : *12 :* 860-864.

FOUDRAS, 1825-27 – Rapport sur un concours ouvert pour la destruction de la Pyrale de la Vigne : commissaires M. de Martinel, Balbis et Foudras. *Mém. Soc. Agric. de Lyon :* 32.

FRANÇOT P. et MALBRUNOT P., 1956 – Essais de lutte contre la Pyrale de la Vigne entrepris en Champagne en 1956. *Le Vigneron Champenois* déc. : 447-451 et *Bull. OIV* 1957 *311 :* 100.

GASTINE G. et VERMOREL V., 1901 – Sur les ravages de la Pyrale dans le Beaujolais et sur la destruction des papillons nocturnes au moyen de pièges lumineux alimentés par le gaz acétylène. *C.R. Acad. Sci.* Paris, *133 :* 488-491 ; *Rev. de Vit. 16 :* 354-357 et *Progr. Agric. et Vit. 36 :* 338-342.

GASTINE G., 1903 – Les pièges lumineux contre la Pyrale. *Progr. Agric. et Vit.39 :* 630-641.

GASTINE G., 1911 – Traitements insecticides arsenicaux. *Progr. Agric. et Vit. 55 :* 646-654.

GAULLE (de) J., 1906-1907 – Catalogue de Hyménoptères de France. *La Feuille des jeunes naturalistes.*

GEOFFROY P., 1958 – Lutte contre la Pyrale. *Le Vigneron champenois :* 358.

GEOFFRION R., 1966 – La pyrale de la vigne dans les vignobles de l'Ouest. *Phytoma* janv. : 31-40.

GEOFFRION R., 1981 – La Pyrale de la Vigne. *Phytoma* avril : 5-6.

GOETHE et ZWEIFLER 1889-1890 – Die Winterquartiere des Springwurmes. *Mitt. uber Weinbau u. Kellerwirtschaft.*

GOTZ B., 1943 – Freilanduntersuchungen über Aussclüpfen, Begattung und Eiablage beim Springwurmwickler (*Sparganothis pilleriana* Schiff.) *Anz. f. Schädlingsk., 19 :* 61-70.

GOTZ B., 1950 – Der Einfluss von Tageszeit und Witterung auf Ausschlüpfen, Begattung und Eiablage des Springwurmwicklers (*Sparganothis pilleriana* Schiff.). *Z. angew. Entom., 31 :* 261-274.

GOTZ B., 1960 – Der Einfluss von Tageszeit und Witterung auf Ausschlüpfen, Begattung und Eiablage des Springwurmwicklers *Sparganothis pilleriana* Schiff. *Zeit. f. ang. Entom., 31 :* 261.

GUERIN-MENEVILLE F.-E., 1839 – Notice sur les pyrales et particulièrement sur quelques espèces nuisibles à l'agriculture et aux forêts. Extr. du *Dictionnaire pittoresque d'Hist. nat.,* avril.

GUILLEMIN F., 1903 – La destruction de la pyrale pendant l'année 1903 dans la commune de Romanèche-Thorins. *La Vigne améric. :* 249-254.

GUILLEMIN F., 1904 – Remarques personnelles et expériences faites sur la Pyrale pendant l'année 1904. *La Vigne améric. :* 244-250.

HARRANGER J. et FARNERT B., 1960 – Pyrale de la vigne et du fraisier. *Phytoma,* nov. : 37-38.

HERPIN (Dr J.) Ch., 1845 – Note sur divers moyens propres à la destruction de la Pyrale de la vigne. *Ann. de l'Agr. française.*

HEUZE (J.), 1880 – La Pyrale et l'œuf d'hiver du Phylloxera. *La Vigne française :* 86-87.

JABLONOWSKI J., 1900 – Szolömoly es a szölöioncza. Eletmo djuk es irtasuk. *Kiserletugui közlemenyek,* Budapest *3,* N° 4, 94 p.

JANCKE O. 1940 – Die Wirtspflanzen des Springwurmes (*Sparganothis pilleriana* Schiff.). *Anz. f. Schadlingsk., 16 :* 136-138.

JANCKE O., 1941 – Der Springwurm. *Biol. Reichanst. f. Land u. Forstwirt.,* mars,.N° 178, 12 p.

JANCKE O., 1941 – Zur diesjahrigen Springwurmbekampfung in der Pflaz, *Der Deutsche Weinbau,* N° 49, 2 p.

JAUSSAN L., 1882 – De la Pyrale et des moyens de la combattre. Béziers.

JURIC, 1833-34 – Rapport sur les moyens de répression de la Pyrale de la Vigne. *Mém. Soc. Agric. de Lyon :* 86.

KALTENBACH, 1872 – Die Pflanzenfeinde aus der Klasse der Insekten.

KOLLAR, 1852 – Neue Beobachtung uber *Tortrix vitisana* ein dem Weinstocke in *Oesterr. sehr schoedliche Insekte Verhandl. Zool. Bot. Verein,* Wien.

LADREY C., 1876 – La Pyrale de la Vigne, Dijon.

LAFFORGUE G., 1914 – Les traitements d'hiver des parasites de la vigne. *Rev. de Vit. 41 :* 225-232, 259-263.

LA HARPE (de) J.-C., 1885 – Rapport présenté à la Société vaudoise des sciences naturelles sur les renseignements qui lui sont parvenus au sujet de la destruction du Ver de la Vigne dans le canton en 1854. *Bull. Soc. vaud. sci. nat. 4 :* 284-296.

LAVAL, 1861 – Destruction de la Pyrale de la Vigne, rapport sur les expériences faites à Romanèche en 1842. *La Bourgogne,* revue de C. Ladrey, Dijon, A. Maître, éd. : 35-45.

LEBOEUF (Abbé), 1562 – Histoire du diocèse de Paris.

LEBRUN L., 1909 – L'échaudage contre la pyrale. *Progr. Agric. et Vit. 51 :* 335-338.

LUSTNER, 1903 – Zur Bekampfung des springwurmwicklers (*Tortrix pilleriana* H.). *Geisenheimer Jahresbericht :* 197.

LUSTNER, 1905 – Aftreten und Bekampfung des Springwurmwicklers in der Gemarkung Lorch im Reingau, 1904. *Geisenheimer Jahresbericht,* Berlin.

LUSTNER, 1905 – Bekampfung des Springwurmwicklers in der Gemarkung Lorch im Rheingau. *Geisenheimer Jahresbericht :* 132.

MABILLE (Dr), 1861 – Moyen propre à détruire les papillons de la Pyrale. *La Bourgogne,* Dijon, A. Maître, éd. : 505-506.

MALBRUNOT P. et RICHARD M., 1958 – Résultats obtenus au printemps 1957 dans la lutte contre la pyrale de la vigne en Champagne. *Le Vigneron Champenois,* janvier : 10-18, et *Progr. Agric. et Vit. 149 :* 175-179, *150 :* 37-41.

MALBRUNOT P. et RICHARD M., 1959 – Résultats obtenus en Champagne au cous de l'année 1958 dans les essais de lutte contre la pyrale. *Le Vigneron champ. :* 41-44.

MALBRUNOT P., RICHARD M. et PINEAU B., 1959 – Essais de lutte contre la pyrale de la vigne en Champagne au cours de l'année 1959. *Phytoma, 110 :* 32-33 et *Le Vigneron Champenois :* 467.

MARCELIN H. et VIDAL G., 1978 – Essais de lutte contre la Pyrale de la Vigne. *Bull. Techn. des P.-O.,* N° 87 : 139-143.

MARCELIN H. et VIDAL G., 1980 – Essais de lutte contre la Pyrale de la Vigne. *Bull. Techn. des P.-O.,* N° 96 : 102-103.

MARCHAL P., 1904 – Rapport sur la Pyrale de la Vigne. *Bull. Minist. Agriculture et Bull. mens. de l'Off. de renseign. agr.,* fév. : 177-196.

MARCHAL P., 1918 – La lutte hivernale contre la pyrale de la vigne (*Œnophtira pilleriana*) par l'emploi des arsenicaux, *Ann. Epiphyties, 5 :* 74-82.

MARCHAL P., 1919 – La lutte hivernale contre la Pyrale de la vigne par l'emploi des arsenicaux. *Progr. Agric. et Vit. 72 :* 296-302,

MAYET V., 1888 – La Pyrale de la vigne. *Progr. Agric. et Vit. 9 :* 399-409, 425-430, 446-449, 473-480. 1 pl. couleurs.

MAYET V., 1903 – La Pyrale de la Vigne. *Progr. Agric. et Vit. 39* : 36-44, 1 pl. couleurs.
MERAT, 1810 – Mémoire sur la pyrale de la vigne (manuscrit). *Extr. dans le Lycée de l'Yonne,* an X.
Ministero di Agricultura, 1890 – Sulla Piralide della vite in Piemonte e sopra i mezzi per combatterla. *Relazione della R. Stazione di Entomol. agrar. di Firenze, Toma.*
MIREPOIX, 1884 – (Ebouillantage des ceps). *Bull. Soc. centr. agri. agri. Aude* : 70.
MONTOY, 1879 – Echaudage de la Vigne. *La Vigne améric.* : 63-67.
MOREAU E., 1934 – Compte rendu des traitements d'hiver contre la Pyrale. *Le Vigneron de la Champagne* : 264-265, 329-330.
MOREAU E., 1936 – Au sujet des traitements d'hiver contre la Pyrale à l'aide de produits à base d'arsenite de soude. *Le Vigneron de la Champagne* : 30-31.
MOREAU E., 1936 – Un ennemi de la Pyrale (Syrphe hyalin). *Le Vigneron de la Champagne* : 225-226.
MOREAU E., 1936 – Compte rendu des traitements effectués en 1936 contre la Pyrale dans les vignobles de Moet et Chandon. *Le Vigneron de la Champagne* : 269-271.
MOREAU E., 1937 – Résultats des traitements effectués en 1937 contre la Pyrale. *Le Vigneron de la Champagne* : 306-307.
MOREAU E., 1938 – Rapport relatif aux traitements effectués en 1938 contre les chenilles de Pyrale. *Le Vigneron de la Champagne* : 355-359, 368-371, 385-390.
MORENO A.A., 1966 – Pequeños ensayos de lucha contra la pyral de la vid. *Bol. Patol. veg. y Entom.,* Madrid : 45-58.
MOSSE J., 1904 – Les traitements hâtifs contre le Mildiou et la Pyrale. *Rev. de Vit. 21* : 419-421.
MOSSE J., 1905 – Traitements combinés contre le Mildiou, l'Oidium, l'Altise et la Pyrale. *Rev. de Vit. 23* : 541-544.
MUNO, 1911 – Erfolgreiche Bekampfung des Springwurmes. *Mitt. in Weinbau u. Kellerwirtschaft.*
NICOLAS H., 1910 – Sulfure de carbone, Pyrales et Cochylis. *Rev. de Vit. 34* : 588-589.
NORDLINGER, 1869 – Die kleinen Feinde der Landwirthschaft Stuttgart.
PALGE C., 1981 – Compte rendu des essais de lutte contre la Pyrale, année 1980. *Le Vigneron champenois* : 103-104.
PARIS, 1862 – Note sur la Pyrale. *Bull. Soc. ent. de France* : 19.
PERRAUD J., 1901 – De la Pyrale et des moyens de la combattre. *Progr. Agric. et Vit. 36* : 210-214, 233-237, 269-272, 297-300, 321-326, 369-377.
PERRAUD J., 1903 – Observations sur le clochage employé pour détruire la pyrale de la vigne. *C.R. Acad. Sci., 135* : 15 juin *La Vigne améric.* : 25-28 et *Rev. de Vit. 20* : 49-50.
PERRAUD J., 1903 – Observations sur les parasites de la Pyrale et de l'Altise. *Rev. de Vit. 20* : 229-232.
PERRAUD J., 1903 – La Pyrale et l'Altise dans les vignobles du Sud-est. *Soc. des Viticulteurs de Francs,* session de 1903, Paris.
PERRAUD J., 1903 – Nouvelles études sur la destruction de la Pyrale. *Rev. agr., vit. et hort. des régions du Sud-est,* 15 nov. 254-257 et 15 déc. : 265-270.
PERRAUD J., 1904 – Le clochage à la vapeur d'eau pour la destruction de la Pyrale de la Vigne. *Rev. de Vit. 21* : 368-369.
PEYERIMHOFF (de) P., 1869 – Le ver de la vigne. *Bull. Soc. d'Hist. nat. de Colmar.*
PEYERIMHOFF (de) P., 1876 – Etude sur les tordeuses. *Ann. Soc. entom. de France.*
PICARD F., 1921 – Les microlépidoptères de la Vigne : Pyrale, Cochylis, Eudémis. *Progr. Agric. et Vit. 76* : 8-13, 41-45, 61-69, 115-119.
PIEYRE de MANDIARGUES, 1896 – A propos du Papillonnage, Pyrale et Cochylis. *Rev. de Vit. 6* : 41-43.
PREDESCU S., 1966 – Neue Beitrage zum Studium der Bekampfung von. *Sparganothis pilleriana* Schiff. (en Roum.). *Lucrari stüntifice ale Inst. Agron. Timisoara* : 417-430.
RAVAZ L., 1918 – L'arsenic contre la Pyrale et l'Apoplexie. *Progr. Agric. et Vit. 69* : 318-322.
RAVAZ L., 1918 – Décorticage des vignes pyralées. *Progr. Agric. et Vit. 70* : 339-340.
RAVAZ L., 1918 – La Pyrale dans les Charentes. *Progr. Agric. et Vit., 69* : 507-509.
RAVAZ L., 1918 – Quelques échecs des traitements contre la Pyrale. *Progr. Agric. et Vit. 70* : 73-75.
RAVAZ L., 1920 – Les traitements arsenicaux contre la Pyrale. *Progr. Agric. et Vit. 74* : 53-55.
RAVAZ L., 1937 – La recherche de la Pyrale. *Progr. Agric. et Vit. 107* : 129-131
RAVAZ L., 1937 – Elevage des Pyrales. *Progr. Agric. et Vit. 107* : 297.
RECAPE, 1838 – Conseils aux cultivateurs d'Argenteuil sur les moyens de détruire la Pyrale de la Vigne.
REICHARD G., 1958 – Die Nährpflanzen des Springwurmwicklers (*Sparganothis pilleriana* Schiff.) in Ungarn (en hongr. *Folia ent. hung.* n.s. *11* : 423-446.
RICHARD M. et BADOUR C., 1954 – La pyrale de la vigne. *Le Vigneron champenois* : 383-385.
RICHARD M., 1964 – Essai de lutte contre la pyrale en 1963. *Le Vigneron champenois* : 67-68.
RICHARD M., 1965 – Mise en garde concernant l'emploi de l'Arsenite de Soude. *Le Vigneron champenois* : 363.
RICHARD M., 1966 – Compte rendu des essais de pyrale de la vigne. *Le Vigneron champenois* : 130-132.
RICHARD M., 1967 – Compte rendu des essais de lutte contre la pyrale. *Le Vigneron champenois* : 5-8.
RICHARD M., 1970 – Compte rendu des essais de lutte contre la pyrale de la vigne en 1969. *Le Vigneron champenois* : 71-73, 385-386.
RICHARD M. 1971 – Compte rendu des essais de lutte contre la pyrale en Champagne (1970). *Le Vigneron champenois* : 113, 164-167.
RICHARD M., 1972 – Compte rendu des essais de lutte contre la pyrale en 1971. *Le Vigneron champenois* : 152, 242, 321, 347-348.
RICHARD M., 1974 – Compte rendu des essais de lutte contre la pyrale en Champagne (1973). *Le Vigneron Champenois* : 6-9, 197-198, 247, 262-263, 292, 330.
RICHARD M., 1975 – Compte rendu des essais de lutte contre la pyrale en 1974. *Le Vigneron champenois* : 18-20, 247.
RICHARD M., 1976 – Compte rendu des essais de lutte contre la pyrale en 1975. *Le Vigneron champenois* : 447-448, 262-263.
RICHARD M., 1977 – Compte rendu des essais de lutte contre la pyrale (en 1977). *Le Vigneron champenois* : 457-459, 256-257, 327-328.
RICHARD M., 1978 – Compte rendu des essais de lutte contre la pyrale. *Le Vigneron champenois* : 120-121, 284.
RICHARD M., 1979 – Essais de lutte contre la pyrale menés en 1978. *Le Vigneron champenois* : 153-156, 272-273, 333.
RICHARD M., 1980 – Compte rendu des essais de lutte contre la pyrale en 1979. *Le Vigneron champenois* : 132-134.
RICHARD M., 1980 – La Pyrale de la vigne. *Vititechnique,* juillet : 23-24.
RITZEMA, 1918 – Insektenschaden in het Vorjahr 1918. *Med. Landbouwhoogeschool Wagenningan* : 68-74.

ROBERJOT (l'abbé), 1787 – Sur un moyen propre à détruire les chenilles qui ravagent la vigne. *Mém. Soc. roy. d'Agriculture*, Paris, trim. de printemps : 193.

ROZIER (Abbé) F., 1772 – Des insectes essentiellement nuisibles à la Vigne. *Tableau annuel des progrès de la physique, de l'histoire naturelle et des Arts*, 1re année par DUBOIS.

RUIZ CASTRO A, 1950 – La pyrale, l'atise, le cigarier et l'érinose dans le vignoble espagnol. *6e Congr. OIV Athènes* et *Bull. OIV*, 1951, *244* : 62-70.

RUSS K., 1960 – Beitrag zur Biologie und Bekämpfung des Springwurmes (*Sparganothis pilleriana* Schiff.) im niederösterreichischen Weinbaugebiet *Pflanzenschutzber, 23* : 129-170.

RUSS K., 1960 – Ein Schritt weiter in der Springwurmwicklerbekampfung *Winzer*, Wien : 36.

RUSS K., 1966 – Untersuchungen uber die Abhangigkeit der Sexualbiologie des Springwurmwicklers *Sparganothis pilleriana* Schiff. von diurnalen Licht-Dunkel-Situationen. *Pflanzenschutznachrichten*, Wien : 161-190.

RUSS K., 1968 – Beobachtungen uber diapausale und postdiapausale proterandrische Entwicklungsvorgange an Raupen des Springwurmwickler (*Sparganothis pilleriana* Schiff.). *Pflanzenschutznachrichten*, f. 5-7 : 57-68.

RUSS K., 1969 – Untersuchungen uber die Wirkung verschieden hoher Temperaturen auf die Manifestation der Diapause des Springwurmwicklers (*Sparganothis pilleriana* Schiff.). *Planzenschutznachrichten*, Wien : 1-9.

RUSS K., 1969 – Beitrage um Territorialverhalten der Raupen des Springwurmwicklers (*Sparganothis pilleriana* Schiff.) *Planzenschutznachrichten*, Wien : 1-9.

RUSS K., 1969 – Untersuchungen uber den Einfluss des Lichtes auf die Geschwicklers (*Sparganothis pilleriana* Schiff.). Die Wein-Wisseinchaft, 6/7, rès.in *Bull. OIV, 462* : 1007.

SABATIER T., 1904 – La Pyrale, sa destruction par les insecticides Carcassonne.

SABATIER J. et BARBUT G., 1904 – La lutte contre la Pyrale par les badigeonnages insecticides. *Progr. Agric. et Vit. 42* : 290-297.

SABATIER J., 1905 – Destruction de la Pyrale, procédé Limongy. *Progr. Agric. et Vit. 44* : 231-235.

SABATIER J., 1906 – La Pyrale de la vigne et les insecticides . *Journ. Agric. pratique*, I : 365-367.

SARCOS O., 1903 – Concours d'appareils destinés à combattre la Pyrale et la Cochylis. *Rev. de Vit. 19* : 198-203, 225-228, 294, 686-689.

SARCOS O., 1903 – Traitement de la Pyrale par un gaz toxique : l'hydrogène sulfuré. *Progr. Agric. et Vit. 40* : 34-36.

SARCOS O., 1903 – Destruction de la Pyrale par les gaz asphyxiants. *Rev. de Vit. 20* : 47-48.

SARCOS O., 1904 – Pyrale et Cochylis. Leur destruction par les badigeonnages. *Rev. de Vit. 22* : 605-611.

SARCOS O., 1917 – L'emploi des émulsions arsenicales en hiver en Viticulture. *Rev. de Vit. 46* : 229-233.

SAUZEY, 1837 – Instructions pour la destruction du Ver de la Vigne, Lyon.

SAUZEY, 1842 – Rapport sur la destruction de la Pyrale. *Ann. Soc. d'Agr. de Lyon*.

SAVARY A. et BAGGIOLINI M., 1954 – La pyrale de la Vigne (*Sparganothis pilleriana* Schiff.) ravageur nouveau des fraisières valaisiennes. *Rev. romande Agric., Vitic. et Arbor. 12* : 120-123.

SAVARY A. et BAGGIOLINI M., 1958 – La lutte contre la pyrale de la Vigne dans les cultures de fraises. *Rev. romande Agric., Vitic. et Arbor. 14* : 81-83.

SCHIFFERMULLER et DENIS, 1776 – System. Verzeichniss der Schmetterlinge der Wienergegend : 126, in 4e.

SEABRA (de) A.-F., 1919 – Note sur l'existence en Portugal de Tortrix de la Vigne *Oenophthira pilleriana*. *Bull. Soc. Portug. des sci. nat.*, t. VIII, Lisbonne : 48-150.

SEMICHON L., 1915 – Nouveau procédé de traitement des insectes et des cryptogames par l'eau chaude et les bouillies chaudes. *C.R. Acad. Sci., 159*, 5 mai et *Rev. de Vit. 42* : 397-405.

SEMICHON L., 1915 – L'invasion des pyrales et la destruction des pontes. *Rev. de Vit. 43* : 37-42.

SCHWANGART F., 1909 – Grundlagen einer Bekampfung des Traubenwicklers auf naturlichen Wege. In Uber die Traubenwickler und ihre Bekampfung usw. *Mitteilungen der deutschen Weinbauvereins.*

SCHWANGART F., 1915 – Uber Rebenschadlinge und nutzlinge IVVorstudienzur biologischen Bekampfung des Springwurmes der Rebe (*Oenophthira pilleriana* Schiff.) Naturwissenschaftl. *Ztschr. f. Forst. u. Landwirtschaft* 13 Jahrg. Heft 8/9.

SICARD H., 1908 – Un nouveau parasite de la Pyrale de la Vigne. *C.R. Acad. Sci. 146*, 941-943, *Prog. Agric. et Vit.*, 1909, *51* : et *Rev. de Vit. 30* : 666.

SIRIEZ H., 1968 – Un ravageur oublié : la Pyrale de la Vigne. *Revue Fr. d'Agriculture*, Paris : 33-46.

SIRIEZ H., 1970 – Un ravageur presque oublié : la Pyrale de la vigne. *Phytoma* : février 41-47, mars 35-39, mai 39-45.

STEFANI (de), 1914 – Insetti occasionalmente dannosi alle vite Palermo Tipografia G. di Giòrgi.

STELLWAAG F., 1917 – Vorstudien zur biologischen Bekampfung des Springwurmes und der Traubenwickler. *Der Weinbau d. Reinpfalz.*

VALLOT, 1841 – Mémoire pour servir à l'histoire des Insectes ennemis de la Vigne. *Mémoires de l'Académie de Dijon* et *Ann. Soc. Agr. de Lyon.*

VAUTRIN DE LAMOTTE, 1858 – Réflexions pratiques pour arriver à la destruction de la Pyrale, Epernay.

VERMOREL V. et GASTINE G., 1902 – Note sur un nouveau procédé pour la destruction de la Pyrale et d'autres insectes nuisibles. *C.R. Acad. Sci. 134*, 7 juillet : 66-68.

VERMOREL V., 1902 – La lutte contre la Pyrale. *Rev. de Vit. 17* : 388-389.

VERMOREL V., 1902 – Les pièges lumineux et la destruction des insectes nuisibles. Montpellier et Paris.

VERMOREL V. et DANTONY E., 1909 – De l'emploi de l'arseniate ferreux contre les insectes parasites des plantes. *C.R. Acad. Sci.* 302-304.

VIALA P., 1895 – Echaudage des souches avec les solutions au sulfate de fer contre la Pyrale. *Rev. de Vit. 4* : 494-495.

VIDAL G., 1918 – A propos de la Pyrale. *Progr. Agric. et Vit. 70* : 343-345.

VIDAL G., 1978 – Pyrale de Vigne. Expérimentation de pheromones pour le piègeage. *Bull. Techn. des P.-O.* N° 87 : 144-145.

VIDAL J.-P. et MARCELIN H., 1970 – Essai de lutte contre la pyrale de la vigne. *Viticulture et Expérimentation* : 107-109, rès. in. *Bull. OIV*, 1971, *485* : 736.

VOUKASSOVITCH P., 1923 – Hyménoptères parasites de la Pyrale de la Vigne. *C.R. Acad. Sci. 177* : 906, 5 nov. et *Rev. de Vit. 1924, 60* : 98.

VOUKASSOVITCH P., 1924 – Contribution à l'étude de l'Eudemis (*Polychrosis botrana* Schiff.), de la Pyrale de la vigne (*Œnophtira pilleriana* Schiff.) et de leurs parasites. Thèse, Toulouse. Libr. Marqueste, 248 p.

VOUKASSOVITCH P., 1924 – La polyphagie chez la Pyrale de la Vigne (*Œnophtira pilleriana* Schiff.). *Rev. Zool. agr. et appl. 23* : 201-214, 234-238.

VOUKASSOVITCH P., 1924 – Sur la multiplicité des parasites de la Pyrale de la vigne (*Œnophtira pilleriana* Schiff.) *C.R. Soc. biol. 40* : 402-405.

VOUKASSOVITCH P., 1925 – Contribution à l'étude des insectes parasites de l'Eudemis (*Polychrosis botrana* SCHIFF.) et de la Pyrale de la Vigne (*Œnophthira pilleriana* Schiff.). *Ann. Epiphyties, II* : 107-124.

BIBLIOGRAPHIE

VRAMANT, 1860 – De la Pyrale et des moyens sûrs et faciles de la détruire, Epernay.
WALKENAER (de), 1835-36 – Recherches sur les insectes nuisibles à la Vigne connus des anciens et des modernes. *Ann. Soc. Entom. de France, 4 :* 687 et *5 :* 219.
WESTWOOD, 1847 – The Pyralis of the vine. *Gardener's Chronicle.*
ZSCHOKKE, 1903 – Bekampfung des Traubenwicklers und des Springwurmwicklers. *Jahresbericht der pfalzischen Wein und Obstbauschule. Neustadt a. H.*
ZSCHOKKE, 1904 – Die naturlichen Feinde des Springwurmes. *Pfalzische Wein u. Obstbauzeitung :* 49.
ZSCHOKKE, 1906 – Der Springwurmwickler in Trauben ? *Weinbau u. Weinbehandlung,* Jahrg. 26 : 369-370.

II – LES VERS DE LA GRAPPE

ABET V., 1910 – Traitements contre la Cochylis appliqués à Labarraque (Aude). *Progr. Agric. et Vit. 54 :* 469-471.
ABET V., 1911 – Expériences contre la Cochylis. *Progr. Agric. et Vit. 56 :* 608-610.
AGULHON R., 1961 – Lutte chimique contre quelques parasites animaux de la vigne. *Vignes et Vins,* mai : 13-16.
AGULHON R., 1973 – Les Tordeuses de la grappe. *Vignes et Vins,* mai : 18-22.
ALDINGER, 1914 – Bekampfung des Heu- und Sauerwurmes mit Nikotin. *Der Weinbau,* 13, N° 8 : 127.
ALINIAZEE M.T. et JENSEN F.L., 1973 – Microbial control of the grape leaffolder with different formulations of *Bacillus thuringiensis. J. econ. Ent., 66 :* 57-159.
AMBANOPOULO N.G. et al., 1911 – Enquête sur les effets du décorticage contre la cochylis. *Progr. Agric. et Vit. 56 :* 694-698, 758-763.
AMPHOUX M., 1942 – Cochylis, 1941. *Progr. Agric. et Vit. 118 :* 23-25.
AMPHOUX M., 1951 – La cochylis. Les enseignements de la campagne, 1951. *Le Vrai Cognac :* 577-578.
AMPHOUX M., 1952 – Les enseignements de 1951 (avertissements). *Vignes et Vins* 20 : 6.
AMPHOUX M., 1952 – La Cochylis, les enseignements de la campagne, 1951. *Vignes et Vins,* juin : 16-19.
ANDRE Ed., 1882 – Les Parasites et les Maladies de la Vigne. Beaune, 1 vol. in-8, 252 p.
Anonyme, 1887 – La Cochylis. *La Vigne améric. :* 254-255.
Anonyme, 1902 – Badigeonnage contre l'oïdium et la Cochylis. *Rev. de Vit. 18 :* 439.
Anonyme, 1909 – Destruction de l'*Eudemis botrana. La vigne améric.* 49-52.
Anonyme 1910 – Réponse à l'enquête du Progrès Agricole sur la Cochylis. *Progr. Agric. et Vit. 54 :* 592-599, 722-725.
Anonyme, 1915 – Pour lutter contre la Cochylis et l'Eudémis. *La vie agricole et rur.* Paris.
Anonyme, 1916 – Décret du 14 septembre et arrêté du 20 septembre 1916 sur la vente et l'emploi en agriculture des composés arsenicaux. *Rev. de Vit.* 45 : 223, 235-240, 247.
Anonyme, 1919 – Essais de destruction de la Cochylis et de l'Eudemis par des Champignons parasites. *Vie agric. et rurale,* Paris : 123.
Anonyme, 1920 – Zur Verwendung von Arsenmitteln im Weinbau. *Ztschr. f. angew. Entomol.* 1920 S. 197/198.
Anonyme, 1920 – Les parasites de la Cochylis-Eudemis. *Progr. agric. et Vit. 74 :* 565-566.
Anonyme, 1921 – Contro le tignuole dell-uva. *Riv. agric.* Parma : 342.
Anonyme, 1921 – Prorogation de l'emploi des sels arseniaux dans la vigne (Décision ministérielle du 27 avril 1921). *Rev. Agric. Afr. Nord, Alger.*
Anonyme, 1921 – Zur Bekämpfung des Heu- und Sauerwurmes mit arsensaurem Blei (Bleiarsenat). *Scheiz. Ztschr. f. Obst- u. Weinbau* 30 : 198-200.
Anonyme, 1921 – Zur Sauerwurmbekämpung. *Schweiz. Ztschr. f. Obst- u. Weinbau* 30 : 245-246.
Anonyme, 1922 – Uber das Auftreten des Heuwurmes in der Pfalz im Jahre 1922 *Der Weinbau der Rheinpfalz,* 10.
Anonyme, 1925 – Protokoll der Konferenz zur Besprechung der Bedeutung und Anwendung von Arsen- und Bleigiften gegen Obst- und Weinbauschädlinge. *Schweizerische Zeitschr. f. Obst- und Weinbau :* 137 ff. Jahrg. 34.
Anonyme, 1925 – Diesjährige Erfolge u. Mißerfolge bei der Heuwurmbekämpfung. *Pfalzwein.*
Anonyme, 1925 – Résultats des essais de lutte contre le ver de la vigne effectués en 1925 dans la vigne du Séminaire à la Combettaz (Suisse). *Progr. Agric. et Vit. 85 :* 64-65.
Anonyme, 1926 – Lutte contre les vers de la vigne en 1926. *Terre Vaudoise* et *Progr. Agric. et Vit. 85 :* 443-445.
Anonyme, 1928 – Quelques observations sur la Cochylis et l'Eudemis en Alsace. *Progr. Agric. et Vit. 89 :* 315-317.
Anonyme, 1936 – Eudemis et Cochylis. *Progr. Agric. et Vit. 106 :* 67-69.
Anonyme, 1939 – La lutte contre Cochylis, Eudemis et Pyrale par la méthode des spores de bactéries pathogènes. *P.V. Ligue nat. de lutte contre les ennemis des cultures* réunion du 24 novembre, 4 p.
Anonyme, 1957 – Les traitements tardifs contre les Tordeuses. *Bull. d'Inform. du Ministère de l'Agriculture* n° 7, sept.et *Bull. O.I.V. 320 :* 122.
Anonyme, 1961 – Traitement de l'Eudemis et de la Cochylis. *Progr. Agric. et Vit. 156 :* 69-70.
Anonyme, 1963 – Avertissement et Vers de la grappe. *Bull. Techn. Chambre Agric. P.O.* N°24.
Anonyme, 1965 – Les vers de la grappe à Pont-Saint-Esprit. *Prog. Agric. et Vit.* 163 : 47-48.
Anonyme, 1970 – Parmi les tordeuses de la grappe une nouvelle recrue : L'Eulia *Les Vins d'Alsace* N° 7 : 129-130.
Anonyme, 1972 – Lutte contre les Tordeuses de la grappe. *Vignes et Vins,* avril : 19.
Anonyme, 1978 – Produits de pulvérisation contre les tordeuses de la grappe. *Vititechnique,* mai : 18-19, 21.
ANOUILH P., 1910 – La lutte contre l'Eudemis et la Cochylis *Progr. Agric. et Vit. 53 :* 618-619.
ARION G., 1913 – Contributiuni la studiul Cochylisukui si al Eudemisului in Romania, Bucuresti, Tip. Cooperativa.
ARMET H., 1925 – La lutte contre la Cochylis et l'Eudemis. *Progr. Agric. et Vit. 83 :* 18-22, 36-40.
ARNAUD L., 1911 – Observations sur la manière de se nourrir de la Cochylis et sur sa destruction. *Progr. agric. et Vit. 56 :* 787-790.
AUDEBERT O., 1909 – La lutte contre la Cochylis et l'Eudemis. *Progr. Agric. et Vit. 51 :*69-78.
AUDEBERT O., 1910 – La campagne de 1910 contre l'Eudemis. *Progr. Agric. et Vit. 53 :* 415-417.
AUDEBERT O., 1912 – La défense contre l'Altise, la Cochylis et l'Eudemis. Etat actuel de la question. *Rev de Vit.* 37 :71-76.
AUDISIO E., 1904 – Pourquoi les invasions de la Cochylis sont intermittentes. *La Vigne améric. :* 216.219. Il Coltiv., 17 juillet 1904.
AUDOUIN J., 1842 – Histoire des insectes nuisibles à la vigne et particulièrement de la Pyrale. Paris, Fortin, Masson et Cie, ed. I vol. in-4°, 350 p. et atlas de 23 pl. couleurs.
AURIER Y., 1972 – Mises au point au sujet des vers de la grappe. *Bull. Chambre d'Agric. du Gard,* avril : 8-9.
AURIER Y., 1978 – De la mobilité des papillons de tordeuses. *Agriculture gardoise,* mars : 13-14.
B. G., 1916 – Les bouillies arsenicales, leur emploi, précautions hygiéniques. *Rev de Vit.* 44 : 194-195, 285-286.

BABO A. (Baron Von) et MACH E., 1889 – Der Springwurm und der Sauerwurm. *Die Weinlaube*, Klosterneuburg : 240, 388.
BABO A. (Von) et MACH E., 1910 – Handbuch des Weinbaues und der Kellerwirtschaft. Bd I. Weinbau Berlin, P. Parey éd.
BACH, 1858 – Ueber *Cochylis Roserana* die Weinmotte. *Natur. und Offenbarung*, IV : 254-264.
BACON Ch., 1910 – Vignoble de Maine et Loire (Lutte contre la Cochylis). *Rev. de Vit. 33* : 109-110.
BACON Ch., 1911 – La Cochylis et l'Eudemis dans le Maine et Loire. *Rev. de Vit. 35* : 144-145.
BACON Ch., 1911 – L'émulsion d'essence de pétrole comme insecticide. *Rev. de Vit. 35* : 741.
BAGGIOLINI M., GROB A. et BOURGUINET P., 1961 – Observations sur la biologie de *Agryotaenia (Eulia) pulchellana* Hw. ravageur nouveau des arbres fruitiers et de la vigne en Valais central. *Bull. Soc. entom. Suisse*, Berne, 34, n° 650 : 67-82 et *Bull. O.I.V., 383* : 123.
BAGGIOLINI M., 1961 – Une nouvelle tordeuse nuisible aux arbres fruitiers et à la vigne *Eulia (Argyrotaenia) pulchellana* Hw. *Rev. Romande* : 68-71.
BAGGIOLINI M. et al., 1966 – Osservazioni e ricerche sulle tignole dell'uva nei vigneti ticinesi. *Ricerca agronomica in Swizzna, 5,* 3-4 : 427-435.
BAGGIOLINI M. et al., 1966 – Beobachtungen und Untersuchungen uber den Traubenwickler *(Clysia ambiguella* Hb. et *Lobesiana botrana* Schiff.) in den Weingarten des Tessins. *Schweiz. Landwirt. Forschung*, Bern. : 427-455.
BAGGIOLINI M. et CARLEN A., 1968 – Pourriture de la grappe et vers de la grappe. *Agric. romande* 11 : 142-144.
BAIN C., LABIT B., MIMAUD J. et TANGUY M., 1973 – Essais de traitement en 1972. *Phytoma*, déc. 7.
BAIN C., LABIT B., MIMAUD J. et TANGUY M., 1974 – Essais de traitement en 1973. *Phytoma*, nov. 9.
BAIN C., LABIT B., MIMAUD J. et TANGUY M., 1975 – Lutte contre les insectes de la vigne en 1974. *Phytoma*, nov. 5.
BAIN C., LABIT B., MIMAUD J. et TANGUY M., 1976 – Lutte contre les insectes de la vigne en 1975. *Phytoma*, nov. 7.
BAKO, 1917 – Az 1915 ès 1916 evi szölömolyirto kiserletek tanulsagai (Bekämpfung der Trauvenwickler). *Kiserletügyi közlemengyek* 20, 11, 5 c.
BALACHOWSKY A.S., 1928 – Notes sur la biologie de l'Eudemis. *Rev. Agric. Afr. du Nord* : 3-8.
BALLARD P., 1938 – Note sur les produits arsenicaux. *Progr. Agric. et Vit. 110* : 37-38.
BALTZINGER G., 1916 – Rapport sur la Cochylis (en Suisse). *Rev. de Vit. 45* : 48-51.
BALTZINGER G., 1916 – Recherches sur le traitement de la Cochylis. *Rev. de Vit. 45* : 170-173.
BARBUT G., 1910 – La Cochylis et l'Eudemis, concours d'appareils à Carcassonne. *Progr. Agric. et Vit. 54* : 686-690, 709-716, 749-756 et 775-779.
BARBUT G., 1911 – Les pièges lumineux au concours de Carcassonne. *Progr., Agric. et Vit. 55* : 13-22 avec figures.
BARBUT G., 1911 – La Cochylis et l'Eudemis. *Progr. Agric. et Vit. 55* : 352-354.
BARBUT G., 1911 – La station d'essais agricoles de Carcassonne. Expériences contre le mildiou et la Cochylis. *Progr. Agric. et Vit. 56* : 544-547, 574-578.
BARGE I., 1921 – L'emploi de la nicotine contre les insectes. *Rev. Agric. Afr. Nord,* 10 : 585.
BARSACQ J., 1911 – Les parasites de l'Eudemis en Russie. *Rev. de Vit. 36* : 561-563.
BARY (de) A., 1867 – Zur kenntnis insektentötender Plize. *Botan. Zeitung*, 25.
BASSERMANN-JORDAN Fr., 1908 – Erfahrungen der Praxis mit moderner Wurmbekämpfung. *Mitt. des Deutschen Weinbauvereins,* Mainz K. Theyer.
BASSERMANN-JORDAN Fr., 1910 – Die Wurmfrage im pfläzischen Weinbau und die oberpolizeiliche Vorschrift vom 9 Oktober 1910. *Vortrag abgedruckt in « Der Heu- und Sauerwurm »,* Neustadt.
BATHIE (de la) P., 1905 – Lanterne-piège pour Cochylis. *Rev. de Vit. 24* : 77-78.
BATTANCHON G., 1889 – Note sur la Cochylis. *Progr. agric. et vit.,* 12 : 141.
BATTANCHON G., 1892 – Quelques essais de destruction de la cochylis. *Progr. agric. et vit. 18* : 390-392.
BATLLE, 1911 – La Cochylis et l'Eudemis dans les Pyrénées-Orientales. *Rev. de Vit. 35* : 134-135.
BAUDERE H. et al., 1911 – La Cochylis et l'Eudemis dans la Gironde. *Rev. de Vit. 35* : 137-144.
BAUER, 1913 – Heu- und Sauerwurmbekämpfung mit Nikotin, Schwefelkohlenstoff Petrolum, Schmierseifenemulsion. *Beibl. d. hess. Landw. Zeitschr.*
BAUNHIOL (Dr), 1913 – La Cochylis et l'Eudemis en Algérie. *Revue de Phytopathologie,* 20 mai.
BEACH, 1901 – Blausaureverraucherung von Pflanzen. *Zeitschr. f. Pflanzen krankh.,* Bd·11-133.
BEGUILLET, 1770 – Œnologie.
BEIDERLINDEN, 1913 – Neues Verfahren zur Bekämpfung des Heu- und. Sauerwurmes. *Mitt. uber Weinbau und Kellerwirtschaft* : 62, 76, 90.
BEIDERLINDEN, 1922 – Uber die Bekämpfung des Heuwurmes. *Nassauer Land.* 104.
BELLOT des MINIERES A., 1900 – Les propriétaires du Château Carbonieux. *L'Eudémis botrana.* Feuill. vinic. Gironde, 25.
BELLOT des MINIERES A., 1900 – *L'Eudémis botrana. Feuill. vinic. Gironde* 25 : 118, 138.
BERATLIEF C., 1967 – Eine Studie uber das sexuelle und Eiablage-verhalten des Traubenwicklers unter kontrollierten Bedingungen. *An. Inst. Cercetari Agron.,* Bucuresti, vol. V : 395-402.
BERLEPSCH H., 1925 – Der gesamte Vogelschutz. Halle, Gesenius.
BERLESE A., 1893 – Esperenze contre la *Cochylis ambiguella Giornale di Patolog. veget.* Padova n° 6-12.
BERLESE A., 1894 – La lotta contro la *Cochylis ambiguella. Boll. di Entom. agr. e Patol. veget,* VII : 162-165.
BERLESE A. et LEONARDI G., 1896 – Notizie intorno all'effetto degli insettifugli nella lotta contro la *Cochylis ambiguella Rivista patolog. veget.* IV : 304-343.
BERLESE A., 1901 – Metodo di lotta razionale contro la *Cochylis ambiguella* ed altri insetti. *Boll. di entom. agrar. e Patolog. veget.* Ann. 8 : 205-210.
BERLESE A., 1901 – Misura della reticelle che permettono il passaggio ai parassiti della Cochylis e non alla porfalla. *Boll. Entomol. agraria e Patolog. vege.* Ann. 8.
BERLESE A., 1902 – Importanze nella economia agraria degli insetti endofagi distruttori degli insetti nocivi. *R. Scuolo sup. Agric. Portici Boll.* N° 4 : 27.
BERLESE A., 1902 – Lotta contro la Cochylis. *Boll. di Entom. agrar. e Patolog. veget.* Ann. 9 : 82-86.
BERLESE A., 1916 – Die Raub- und Schmarotzerinsekten und ihre Verwendung im Dienste der Landwirtschaft. *Intern. agrartrechn. Rundschau* : 195.
BERNARD, 1914 – Technique des traitements contre les insectes de la vigne. Paris, Baillière et fils ed.
BERNARD, 1918 – Cochylis et eudemis. Captures des papillons par les pièges à liquides. *La vie agric. et rurale.* Paris : 407-409.
BERNARD P., 1953 – Répercussion des traitements de défense contre les Vers de la grappe dans les Vins doux naturels. *Vignes et Vins,* oct. 22-24 et 1954, févr. : 6-7.

BERNARD J., 1965 – Les tordeuses de la grappe. *Les Vins d'Alsace :* 265-267.
BERNARD J., 1966 – L'évolution des tordeuses de la grappe en 1965. *Phytoma* 176, mars : 34-40.
BERNATZKY J., 1921 – Versuche mit Tabakauslauge und Venetan im Kampf gegen den Heu- und Sauerwurm. *Allg. Weinzeitg.,* 38 : 185.
BERNON G., 1946 – Lutte contre l'Eudemis (D.D.T.). *Progr. Agric. et Vit. 126 :* 285-290.
BERNON G., 1948 – La lutte contre l'Eudemis en 1947. *Progr. Agric. et Vit. 129 :* 156-163.
BERNON G., 1953 – Les vers de la grappe. *Progr. Agric.et Vit. 140 :* 225-233.
BERNON G., 1963 – Avertissements et Vers de la grappe. *Progr. Agric. et Vit. 159 :* 99-100.
BERNON G., 1965 – Le vignoble méridional en 1964. *Progr. Agric. et Vit. 163 :* 7-10, 36-38.
BERNON G., 1970 – Tordeuses de la vigne en 1970. *Progr. Agric. et Vit. 170 :* 195-197.
BERNON G., 1970 – Cochylis en Costière. *Progr. Agric. et Vit. 173 :* 254-260.
BERNON G., 1973 – A propos de vers de la grappe. *Progr. Agric. et Vit. 173 :* 254-260.
BERNON G., 1974 – Larves d'Eudemis au 17 janvier. *Progr. Agric. et Vit. 174 :* 82.
BERRO AGUILERA J.M., 1926 – The caterpillar of grapes fort export. *P. botrana* (en esp.) *Estac. Pat. veg. Almeria,* Divulgacion, 56 p.
BERTHELOT A., 1919 – Sur une nouvelle bouillie insecticide et anticryptogamique pour la vigne. *Rev. de Vit.* 51, 266-267.
BERTHOUMIEU V., 1894 – Monographie des Ichneumonides d'Europe et des pays limitrophes. *Ann. Soc. entomol. de France.*
BERTRAND G., 1919 – Sur la haute toxicité de la Chloropicrine vis-à-vis de certains animaux inférieurs. *C.R. Acad. Sci.,* 168, n° 7, avril.
BERTRAND G. et ROSENBLATT M., 1919 – Action toxique de quelques substances volatiles sur divers insectes. *C.R. Acad. Sci.* 168, 5 mai.
BERTRAND J., 1921 – Sur des essais de traitement au Pyrethre contre l'Eudemis. *Progr. Agric. et Vit. 76 :* 595-598.
BERTRAND-LAUZE, 1911 – La cochylis et l'eudemis. Leur traitement. *Congr. vitic. Montpellier :* 407-441.
BERTRIN G., 1933 – Traitements contre l'Eudemis. *Progr. Agric. et Vit. 99 :* 424-426.
BERVILLÉ P. et SCHAEFFER L., 1954 – Un nouveau « ver de la grappe ». *(Eulia pulchellana) Phytoma,* N° 62, nov. : 18-19.
BERVILLÉ P., 1962 – Observations sur les dommages de la tordeuse. *Eulia (Argyrotaenia) pulchellana,* nuisible aux arbres fruitiers et à la vigne. *Congr. pomologique,* Avignon.
BERVILLÉ P., 1969 – La lutte contre les vers de la grappe, et les acariens. *Le Paysan du Midi,* sept.
BERVILLÉ P., 1972 – Les tordeuses de la grappe. *Agriculture Audoise,* mai : 17-29.
BERVILLÉ P., 1972 – Les tordeuses de la grappe. *Le Paysan du Midi :* 1er et 8 juin.
BESSIÈRE, 1911 – Le savon contre la Cochylis. *Progr. Agric. et Vit. 55 :* 801-803.
BICHET R., 1926 – La lutte contre la Pyrale, la Cochylis et l'Eudemis en Bourgogne, en Champagne et dans la Loire inférieure. *Progr. Agric. et Vit. 85 :* 566-572.
BICHET R., 1926 – Particularités biologiques de la Cochylis et de l'Eudemis en Bourgogne. *Progr. Agric. et Vit. 86 :* 183-184.
BICHET R., 1926 – La lutte contre les vers ampélophages en Bourgogne. *Progr. Agric. et Vit. 86 :* 62-63.
BIDET, 1759 – Traité sur la nature et sur la culture de la vigne, 2e edit. revue par M. du Hamel du Monceau. Paris, 2 vol. in-12.
BIERMANN, 1919 – Uber die Wirksamkeit der Nikotin und Schmierseifen bruhen gegen den Sauerwurm und gegen die durch den Graufäulepilz *(Botrytis cinerea)* versursachte Rappen oder Stiefaule. *Weinbau und Wein-handel :* 38-40.
BIERMANN, 1922 – Das praktische Spirtzen gegen Peronospora, Heu- und Sauerwurm. *Wein und Rebe* 4.
BIEVER K.D. et HOSTETTER D.L., 1975 – *Bacillus thuringiensis* against. Lepidopterous pests of wine grapes in Missouri. *J. econ. Ent. 68 :* 66-68.
BILLAUD H., 1911 – La Cochylis et l'Eudemis dans l'Yonne. *Rev. de Vit. 35 :* 151-152.
BIOLETTI F.T., 1909 – Les arsenicaux en Amérique. *Rev. de Vit. 31 :* 405-406.
BIRON M., 1923 – Les combinaisons à base d'arsenic dans le traitement de l'Eudemis et de la Cochylis. *Progr. Agric. et Vit. 79 :* 181-182.
BIRON M., 1928 – Traitement contre l'Eudemis et la Cochylis au moyen de poudres arsenicales. *Progr. Agric. et Vit. 89 :* 331-334.
BIRON M., 1929 – Pulvérisations arsenicales liquides et poudrages. *Rev. de Vit. 70 :* 25-27.
BIRON M., 1930 – Poudrages au fluosilicate de Baryum. *Rev. de Vit. 72 :* 226-229.
BIRON M., 1931 – Recherches sur les vers de la vigne. *Progr. Agric. et Vit. 95 :* 446-451.
BLANC H., 1957 – Les vers de la grappe. Nouvelles données biologiques. Méthode rationnelle de lutte. *Les cahiers du départ. agric. d'Esso standard,* Paris, juin n° 4 : 1-69.
BLANCHARD E., 1897 – Contre la cochylis. *Progr. agric. et vit. 28 :* 195.
BODENHEIMER F.S., 1926 – Ueber Zeit und Ort derältesten Heu- und Sauerwurmschäden. *Anz. f. Schadlingskun-de,* 2 : 100-103.
BODENHEIMER F.S., 1930 – Die Schädlingsfauna Palästinas. *Z. angew. Ent.,* 16 : 250-253.
BOHS K., 1914 – Uber die Verwendung von Tabakextrakt gegen den Traubenwickler. *Mitt. uber Weinbau u. Keller.* N° 5 : 75-78.
BOISDUVAL (Dr), 1867 – Essai sur l'entomologie horticole. Paris, 1 vol. in-8, 648 p. avec fig.
BOIXIO (de) (Baron), 1944 – Procédés de lutte contre la cochylis. *Progr. Agric. et Vit. 121 :* 35-41.
BOLAY A. et BAILLOD M., 1975 – Quelques problèmes particuliers de protection phytosanitaires en viticulture. *Rev. suisse de Vitic., Arbor., Hort.,* janv. 9-11.
BOLLER E., AMSLER P., KELLER E. et NAF J., 1970 – Untersuchungen an den Rebzikade *(Empoasca flaves-cens* F.) und am Einbindfigen Trauvenwickler *(Clysia ambiguella* Hbn.) in der Ostschweiz. *Schweiz. Ztschr. f. Obst und Weinbau,* 106 : 651-660.
BONCHIOL, 1913 – La Cochylis et l'Eudemis en Algérie. *Rev. de Phytopathol.*
BONET J., 1918 – La Cochylis et l'Eudemis vaincues. *Progr. Agric. et Vit. 70 :* 395.
BONET J., 1919 – Contre la Cochylis, l'oïdium etc... *Progr. Agric. et Vit. 72 :* 200-202.
BONET J., 1919 – La chaux contre la Cochylis. *Progr. Agric. et Vit. 72 :* 339.
BONET J., 1919 – Pour combattre la Cochylis et l'Eudemis. *Progr. Agric. et Vit. 73 :* 6-7.
BONNET Ch., 1740 – Sur une petite chenille qui vit dans l'intérieur des grains de raisin. *Œuvres complètes,* t. 1 : 367.
BONNET Ch., 1779 – Œuvres d'Histoire naturelle et de philosophie, tome 1er Neuchâtel, Observation XVIII : 367-370.

BORIES B., 1911 – La lutte contre la Cochylis par écrasement. *Progr. Agric. et Vit.* 55 : 229-232.
BOSC, 1812 – Rapport sur une Teigne *(tinea uvella)* qui vit aux dépens des bourgeons de la vigne et des grains de raisins. *Ann. de l'Agric. française* t. 51 : 241-244.
BOSELMANN et KOCH, 1923 – Uber das Schiscksal dses Arsens bei der Vergarung arsenhaltiger Obstsäfte. *Zeitschr. f. Untersuchung d. Nahrungs u. Genussmittel*, Bd 46.
BOUCHARD A., 1876 – Essai sur l'histoire de la culture de la vigne dans le département de Maine-et-Loire, Angers.
BOUCHARD A., 1898 – La lutte contre la Cochylis dans le Maine-et-Loire. *Rev. de Vit.* 10 : 393-395.
BOUNHIOL J.J., 1938 – Recherches expérimentales sur le déterminisme de la métamorphose chez les Lépidoptères. *Bull. biol. Fr. Belg.*, Supp. 24 : 1-199.
BOUFFET M., 1911 – Efficacité de l'huile d'olive contre la cochylis. *Progr. agric. et Vit.* 56 : 119-120.
BOURON M., 1956 – Résultats des expérimentations effectuées en 1955 par le Service de la Protection des Végétaux. *Phytoma, 78* : mai 24-28.
BOURON M., 1957 – Résultats des expérimentations effectuées en 1956 par le Service de la Protection des Végétaux. *Phytoma*, oct. 6.
BOURON M., 1967 – Résultats des essais insecticides et fongicides effectués en 1965 par le Service de la Protection des Végétaux. *Phytoma*, oct. 49-50.
BOURON H., 1968 – Résultats des essais insecticides et fongicides effectués en 1967 par le Service de la Protection des Végétaux. *Phytoma*, nov. 36.
BOURON H. et MIMAUD J., 1972 – Résultats de l'expérimentation effectuée en 1971 par le Service de la Protection des Végétaux. *Phytoma*, déc. 22.
BOVEY P., 1942 – La lutte contre les vers de la Vigne en 1941. *Publ. Sta. féd. essais agric. Lausanne, 315,* 12 p. et *Bull. O.I.V., 152* : 84.
BOVEY P. et MARTIN H., 1944 – La lutte contre les vers de la vigne en 1942 et 1943. *Stat. Féd. d'essais vit. et arb., Lausanne.* N° 333, juillet, 16 p. et *Bull. O.I.V., 163* : 152-154.
BOVEY P., 1946 – Résultats des essais effectués en 1945 contre les vers de la vigne (Cochylis et Eudemis). *Rev. rom. agr. vit. et arb.* mai, 5 : 35-36.
BOYER de la GIRODAY F., 1899 – Note sur la capture des Cochylis par les lanternes-pièges. *Rev. de Vit.* 12 : 555-558.
BOYER L., BADOUR C., FRANÇOT P. et MAURY P., 1953 – Résultats du premier essai de lutte concertée et collective contre les Vers de la grappe de 2ᵉ génération en 1952 entrepris à Mailly-Champagne. *Inst. techn. du Vin*, 48 p. et *Le Vigneron Champenois :* 47.
BRANAS J., DELMAS R., BONNIOL J. et MAHOUX, 1937 – Rapport présenté par le Comité technique chargé de l'étude des procédés à essayer dans la lutte contre la Cochylis et l'Eudemis, etc... Montpellier, Impr. Causse, Graille et Castelnau, 32 p. et résumé in *Rev. de Vit.*, 324-327.
BRANAS J., 1937 – L'Eudemis. *Rev. de Vit.* 87 : 154-155.
BRANAS J., 1938 – L'Eudemis. *Rev. de Vit.,* 88 : 242-244.
BRANAS J., 1943 – Quelques insectes nuisibles à la vigne. *Progr. Agric. et Vit.* 120 : 254-255, 1 Pl. couleurs.
BRANAS J., 1955 – Les vers de la grappe et les insecticides. *Progr. Agric. et Vit.* 143 : 306-308.
BRIN F., 1898 – Recherches sur les moyens de destruction de la Cochylis. *Rev. de Vit.* 9 : 44-49.
BRIN F., 1899 – Capture des papillons de Cochylis par les lanternes-pièges. *Rev. de Vit.* 12 : 73-75.
BRIN F., 1899 – L'*Eudemis botrana* et la Cochylis dans les grappes en 1899. *Rev. de Vit.* 12 : 708.
BRIN F., 1900 – La Cochylis. *Rev. de Vit., 13* : 500-502 et 14 : 10-13, 37-39, 1 pl. couleurs.
BRIN F., 1901 – La Cochylis. *Rev. de Vit.* 15 : 41-45, 153-158, 179-183, 212-216, 346-351, et *16* : 481-485 et 505-510.
BROCHARD P., 1898 – La destruction de la Cochylis. *Rev. de Vit.* 10 : 134-135.
BRUNET R., 1909 – L'emploi des composés arsenicaux. *Rev. de Vit., 31* : 145-149, 173-178, 201-203.
BRUNET R., 1910 – Notre enquête sur la cochylis et l'eudemis. *Rev. de Vit.* 35 : 14, 113-154, 202-255, 1 pl. couleurs.
BRUNET R., 1911 – La Cochylis et l'Eudemis dans les départements. *Rev. de Vit.*, 35 : 14, 130-154, 202.
BUGNION, BLANCHET et FOREL J., 1841 – Mémoire sur quelques insectes qui nuisent à la vigne dans le canton de Vaud. *Neue Denkschrift Allgem. Schweiz. Gesellsch. t. V* : 44, pl. 1.
BÜHL F., 1902 – La lutte contre la Cochylis et la Pyrale en Bavière. *Rev. de Vit.* 18 : 614-615.
BÜHL F., 1911 – Manière biologique de combattre l'Eudemis et la Cochylis. La protection des oiseaux en Allemagne. *Progr. Agric. et Vit.* 55 : 546-556. *Congr. Vitic.* Montpellier : 330-342 et *Commun. Soc. Vitic. France :* 330-342.
BURDETTE R.C., 1935 – Emploi des poudres de Derris et des bouillies à l'arséniate de plomb contre la mineuse de la vigne. *Melittia satyriniformis. J. Econ. Entomol.* 28 : 229-231 in *Ann. Epiphyties* 1936 : 122.
CABLAT E., 1920 – Enquête sur les moyens de défense contre la Cochylis et l'Eudemis (chaux). *Progr. Agric. et Vit.* 74 : 153-154.
CADORET A., 1911 – Destruction des Lépidoptères ampélophages. *Progr. Agric. et Vit.* 56 : 48-49.
CAILLE G., 1911 – Cépages réfractaires à la cochylis (Ugni Blanc). *Progr. Agric. et Vit.* 55 : 575-576.
CAPUS J., 1902 – Commission d'études sur la destruction de l'*Eudemis botrana*. Expériences effectuées au château de Latresne (Gironde) 1901-1902. *Feuill. vinic. Gironde.*
CAPUS J., 1907 – Eudemis et Cochylis. *La Vigne améric.* : 178-181, 216-224, 238-240.
CAPUS J., 1907 – Eudemis et Cochylis. *Progr. Agric. et Vit.* 47 : 742-747, 769-774.
CAPUS J. et FEYTAUD J., 1907 – Expériences contre l'Eudemis au printemps 1907 dans la Gironde. *Feuille vinicole, Gironde, Soc. Zool. Agr. Gironde* et *La Vigne améric.* : 306-314.
CAPUS J. et FEYTAUD J., 1907 – Expériences contre l'Eudemis. *Progr. Agric. et Vit.* 48 : 409-414 et *Bull. Soc. Zool. Agric.* n° 4.
CAPUS J. et FEYTAUD J., 1908 – Expériences contre l'Eudemis pendant l'été 1907 en Gironde. *Progr. Agric. et Vit., 50* : 77-87.
CAPUS J. et FEYTAUD J., 1908 – Expériences contre l'*Eudemis botrana. Rev. de Vit.* 29 : 231-234, 257-259, 285-290.
CAPUS J., 1908 – Lutte contre l'Eudemis et la Cochylis. *La vigne améric.* : 15-18.
CAPUS J. et FEYTAUD J., 1908 – Expériences contre l'Eudemis pendant l'été 1907 dans la Gironde. *Feuille vinicole Gironde*, 26 mars et 2 avril. *La Vigne améric.* 182-190, 207-214.
CAPUS J. et FEYTAUD J., 1909 – Eudemis et Cochylis. Mœurs et Traitements. Paris. Ch. Amat ed. 70 p., et *Soc. Zool. Agric. Gironde.* 1ᵉʳ juillet et cité dans *Progr. Agric. et Vit.* 52 : 300-302.
CAPUS J. et FEYTAUD J., 1909 – L'Eudemis et la Cochylis en 1909. *La Vigne améric.* : 276-278.
CAPUS J., 1910 – Les traitements contre l'Eudemis et la Cochylis. *Congr. des Vitic. de France*, février et *Progr. Agric. et Vit.*, 53 : 464-469.

BIBLIOGRAPHIE

CAPUS J. et FEYTAUD J., 1910 – Sur une méthode de traitement contre la Cochylis et l'Eudemis. *C.R. Acad. Sci.* 23 mai.

CAPUS J. et FEYTAUD J., 1910 – Expériences contre l'Eudemis et la Cochylis en 1909. Essai comparatif de divers traitements insecticides. *Rev. de Vit. 33 :* 393-399, 426-430, 455-459.

CAPUS J. et FEYTAUD J., 1910 – La lutte contre l'Eudemis et la Cochylis par la méthode préventive. *Rev. de Vit. 33 :* 231-237, 261-265, 291-294.

CAPUS J., 1911 – Les traitements contre l'Eudemis et la Cochylis. *Congr. vitic. Montpellier :*362-371.

CAPUS J., 1911 – Les avertissements pour les traitements des maladies cryptogamiques et des insectes parasites de la vigne. Origine et fonctionnement de la Station de Cadillac. *Progr. Agric. et Vit. 55 :* 578-580, 658-662, 687-689, 709-712, 773-776.

CAPUS J., 1911 – Recherches sur l'évolution et les traitements de l'Eudemis et de la Cochylis en 1911. *Rev. de Vit. 36 :* 272-278.

CAPUS J., 1911 – Essais de traitements insecticides externes sur la Cochylis et l'Eudemis en 1911. *Rev. de Vit. 36 :* 10-11.

CAPUS J., 1911 – A propos des œufs d'Eudemis et de Cochylis. *Rev. de Vit. 36 :* 327-329.

CAPUS J. et FEYTAUD J., 1911 – Les traitements préventifs contre l'Eudemis et la Cochylis en grande culture. *Rev. de Vit. 35 :* 124.

CAPUS J. et FEYTAUD J., 1911 – Les invasions d'Eudemis et de Cochylis dans la Gironde en 1910. Recherches sur les traitements insecticides. *Rev. de Vit. 35 :* 430-434, 453-460, 482-487.

CAPUS J. et FEYTAUD J., 1911 – Eudemis et Cochylis. Mœurs et traitements. 3e éd. Paris et Bordeaux.

CAPUS J., 1912 – La biologie et le traitement de l'Eudemis et de la Cochylis en 1911. *Revue de Vit. 37 :* 593-600, 633-638, 681-686, 707-712, 773-778, 818-821, 846-851.

CAPUS J., 1912 – Expériences relatives à l'action des insecticides sur les œufs d'Eudemis. *Progr. Agric. et Vit. 57 :* 197-199.

CAPUS J., 1916 – L'effeuillage, moyen de défense contre les parasites de la vigne. *Bull. Soc. Etude vulg. zool. agric.* Bordeaux n° 11 et 12.

CARLES et BARTH, 1912 – Recherches sur les Arsenicaux. *Bull. Soc. chimique de France.*

CARSTENSEN, 1919 – Die Bekämpfung des Heu- und Sauerwurmes mit Nikotinbrühen. *Landw. Zeitschr. f. d. Rheinprov.* 20 : 305.

CARUSO G., 1895-1897 – Esperienze sui mezzi per combattre le tignuola della vite fatte nel 1894-1896. *R. Accad. Georgofili Ann.,* Firenze.

CATONI G., 1902 – Un systema per distruggere la tortrice. *Il Coltivatore, 48 :* 103-105.

CATONI G., 1910 – La Tignuola dell'uva. *Il Coltivatore :* 390, 422, 550.

CATONI J., 1910 – Nouveau traitement contre la Cochylis (Sulfure de Carbone et savon) *Progr. Agric. et Vit. 54 :* 538.

CATONI G., 1910 – Nouveau traitement contre la Cochylis. *Feuilles d'Information Minist. Agric.,* Paris N° 37.

CATONI G., 1910 – Contributo per un metodo per combattire le Tignuole dell-uva. Casale Casone.

CATONI G., 1914 – La tignuole dell'uva ed i loro nemici naturali nel Tirolo del Sud. *Riv. Vitic. Enol. Agrar. Conegliano.*

CATONI G., 1914 – Die Traubenwickler *(Polychrosis botrana* und *Conchylis ambiguella)* und ihre natürlichen Feinde in Südtyrol. *Z. angew. Ent.,* 1 : 248-259.

CAUSSE P., 1916 – L'ébouillantage contre la Pyrale et la Cochylis. *Rev. de Vit. 45 :* 30-31.

CAUSSE P., 1916 – Le traitement de la Cochylis et de la Pyrale à l'eau chaude. *Rev. de Vit. 44 :* 409-411.

CAVAZZA D., 1891 – La lotta contre la tignuola dell'uva. *Italia agricole* et Giornale di agricolt. Milano-Piacenza.

CAVAZZA D., 1898 – La lutte contre la Cochylis. *Rev. de Vit.* 10 : 247-248.

CAVAZZA D., 1904 – Sur les moyens propres à combattre la Cochylis. *Rapport au Cong. des Vitic.* Castel S. Giovanni rès in *Progr. Agric. et Vit.* 42 : 53-55.

CAZENEUVE P., 1911 – Sur l'inefficacité de l'arseniate de plomb et des composés arsenicaux contre la Cochylis et l'Eudemis. *Rev. de Vit. 36 :* 349-355.

CAZENEUVE P., 1912 – Un dernier mot contre l'arséniate de plomb. *Rev. de Vit. 37 :* 603-604.

CAZENEUVE P., 1912 – La pyridine et la quinoléine contre la Cochylis et l'Eudemis. *Rev. de Vit. 37 :* 409-411.

CAZENEUVE P., 1914 – Le danger de l'intoxication arsenicale et plombique en Agriculture. *Rev. de Vit. 41 :* 29-34, 64-68.

CAZENEUVE P., 1914 – Le danger des traitements arsenicaux en Agriculture. *Rev. de Vit. 41 :* 448-451.

CAZENEUVE P., 1921 – Sur plusieurs cas d'intoxication mortelle par l'arsenic dans les milieux viticoles. *Rev. de Vit. 55 :* 401-409 et *Communication Acad. Médecine,* 7 juin.

CENCELLI-PERTI (Dr), 1888 – La Tortrice dell'uva. *Nuove Renseigna di vitic. ed. Enologia della Soc. di Conegliano :* 158-159.

C.E.P.D.A.C., 1970 – A propos du D.D.T. (Le D.D.T., auxiliaire toujours précieux pour l'organisation mondiale de la santé. *Vignes et Vins,* mai : 47-49.

C.E.P.D.A.C., 1970 – Les pullulations des ennemis des cultures. *Vignes et Vins,* juin : 35.

CHABOUSSOU F., 1958 – La lutte contre l'Eudemis et la Cochylis. état actuel de la question. *Rev. Zool. agr. et appl.,* 57 20-28.

CHABOUSSOU F., 1960 – Essais de divers insecticides contre la Cochylis et l'Eudemis dans le Bordelais en 1959. *C.R. Acad. Agric. France,* 22 juin : 694-702 et *Bull. O.I.V.,* 357 : 142.

CHABOUSSOU F. et CARLES J.P., 1960 – Essais de traitements chimiques contre la première génération de la Cochylis et les première et deuxième générations de l'Eudemis dans le Bordelais en 1959. *Rev. Zool. agr. et appl.,* 59 : 1-8.

CHABOUSSOU F. et CARLES J.P., 1960 – Essais de lutte chimique contre la Cochylis et l'Eudemis dans le Bordelais en 1959. *Vignes et Vins,* juin : 17-30.

CHABOUSSOU F., 1961 – Contre la Cochylis et l'Eudemis : D.D.T., esters phosphoriques. *Le journal de la France Agricole,* 4 mai et *Bull. O.I.V. 364 :* 124-125.

CHABOUSSOU F. et CARLES J.P., 1962 – Observations sur le piègeage sexuel des mâles d'Eudemis *(Lobésia botrana). Congrès de l'Ass, Fr. pour Avanc. Sci.,* juillet et *Rev. Zool. agr. et appl. n° 7-9, 66 :* 81-98.

CHALVERAT J., 1978 – Observations sur les vers de la vigne en 1976 dans le vignoble neuchâtelois. *Rev. suisse Vitic., Arboric. Hort.,* 10 : 127-131.

CHANCRIN E., 1909 – La Cochylis et les traitements à effectuer pour sa destruction. *La Vigne améric. :* 159-160, 206-210.

CHANDON DE BRIAILLES R., 1896 – Destruction de la Cochylis en Champagne. *Rev. de Vit. 5 :* 506-510.

CHAPPAZ G., 1909 – Les pièges lumineux contre la Pyrale et la Cochylis. *Progr. Agric. et Vit. 52 :* 97-100.

CHAPPAZ G., 1909 – Traitements de printemps et d'été contre la Cochylis, l'Eudemis et la Pyrale. *Progr. Agric. et Vit. 51 :* 589-593.

CHAPPAZ G., 1910 – Les pièges lumineux contre la Pyrale et la Cochylis. *Progr. Agric. et Vit. 54* : 161-164.
CHAPPAZ G., 1910 – Les pièges lumineux contre la Pyrale et la Cochylis. *Progr. Agric. et Vit. 53* : 461-464.
CHAPPAZ G., 1910 – Organisation des syndicats contre la Pyrale et la Cochylis. *Progr. Agric. et Vit. 54* : 217-221.
CHAPPAZ G., 1911 – La lutte contre la Pyrale et la Cochylis par le papillonnage. *Progr. Agric. et Vit. 56* : 449-454.
CHAPPAZ G., 1911 – A propos de pièges lumineux. *Progr. Agric. et Vit. 55* : 33-36.
CHAPPAZ G., 1911 – La lutte contre les papillons de Pyrale et de Cochylis. *Progr. Agric. et Vit. 55* : 541-545.
CHAPPAZ G., 1911 – La lutte contre la deuxième génération de la Cochylis. *Progr. Agric. et Vit. 56* : 93-96.
CHAPPAZ G., 1911 – Premières attaques des parasites. Station d'avertissements. *Progr. Agric. et Vit. 55* : 605-609.
CHAPPAZ G., 1926 – La Cochylis et l'Eudemis. *La Vie agric. et rurale.*
CHAPPAZ G., 1928 – La lutte collective contre la cochylis. *Rev. de Vit. 68* : 26-29.
CHAPPAZ G., 1928 – La lutte contre la Cochylis en Champagne en 1927. *Progr. Agric. et Vit. 89* : 229-232.
CHAPPAZ G., 1937 – Les produits arsenicaux contre la Cochylis et l'Eudemis. *Le Vigneron champenois* : 295.
CHAPPAZ G., 1938 – Pyrethre et Roténone. *Le Vigneron champenois* : 9.
CHAPPAZ G., 1938 – Lutte contre la Cochylis. *Le Vigneron champenois* : 93.
CHARLOT R., 1908 – Un nouveau moyen de défense contre la Cochylis et l'Eudemis. *Progr. Agric et Vit., 50* : 36-40.
CHASSIOTIS, 1913 – La viticulture en Grèce. *La vie agric. et rurale* : 378.
CHATANAY J., 1913 – Les essais de pièges lumineux en Champagne en 1911-1912. *Ann. Epiphyties* : 365-371.
CHATILLON J., 1911 – Les prétendus méfaits de l'arsenic (Lettre au Sénateur Cazeneuve). *Progr. Agric. et Vit. 56* : 109-110.
CHATTON E., 1913 – Recherches sur l'action pathogène de divers Cocco bacilles sur l'Hanneton, le ver à soie, la Cochylis et l'Eudemis. *Ann. Epiphyties* : 379-390.
CHAUVIGNÉ A., 1911 – Les divers traitements de la Cochylis. *Rev. de Vit. 36* : 47-50.
CHAUVIGNÉ A., 1912 – Contribution à la biologie de la Cochylis dans le centre. *Rev. de Vit. 37* : 197-199.
CHAUVIGNÉ A., 1914 – L'hivernage de l'Eudemis. *Rev. de Vit., 41* : 477-479, 639.
CHAUVIGNÉ A., 1915 – Théorie de la décroissance du degré de chaleur des pulvérisations chaudes. *Rev. de Vit. 43* : 415-417, 493-495.
CHAUVIGNÉ A., 1915 – A propos de l'efficacité des traitements chauds contre les insectes ampélophages. *Rev. de Vit. 43* : 58-59.
CHAUVIGNÉ A., 1916 – La génération des Ampélophages dans le Centre en 1916. *Rev. de Vit. 45* : 216-219.
CHAUVIGNÉ A., 1919 – Nouvelle contribution à l'étude de l'action de la chaleur sur la Cochylis. *Rev. de Vit. 50* : 365-366.
CHAUVIGNÉ A., 1920 – Action de la chaleur pour la destruction de la Cochylis et de l'Eudemis en 1919. *C.R. Acad. Agric.* 26 mai et *Rev. de Vit. 53* : 11-12.
CHAUVIGNÉ A., 1920 – Action de la chaleur pour la destruction de la Cochylis et de l'Eudemis en 1919. *Progr. Agric. et Vit. 74* : 595-597.
CHAUVIGNÉ A., 1921 – Simples constatations sur l'action de la chaleur solaire sur la Cochylis et l'Eudemis en 1920. *Rev. de Vit. 54* : 336-338.
CHAUVIN R. et d'AGUILAR J., 1946 – Les données récentes de la microclimatologie et leur importance en écologie entomologique. *Ann. biol. Fr.*, 7-9 : 165-195.
CHAUZIT B., 1896 – Papillonnage. *Rev. de Vit. 5* : 630-631.
CHEFDEBIEN (Baron de), 1892 – Traité de la cochylis.
CHIARI M., 1917 – Lotta invernale contro « la tignoletta » e la « piralide » della vite. *Rev. agric. Parma.*
CODEREY J., 1901 – Chasse aux papillons du ver. *Chron. agric. Canton de Vaud, 14* : 284-285.
COLOMB-PRADEL E., 1898 – Destruction de la Cochylis par les produits naphtalinés. *Rev. de Vit. 9* : 695-696, 724-725.
CONFIENZA F., 1915 – La tignola dell'uva. *Consigliere dell'agricoltore*, Turin.
CONSTANT, 1883 – Chenilles nouvelles ou peu connues. *Ann. Soc. Entom. de France* : 11.
CONTINI E., 1923 – La tignuola della vite. *Rivista Agric.* Roma, N° 16, 20 avril : 247-249.
CORET, 1868 – La cochylis. *Bull. Soc. Entom. de France*, p. XCIX.
COSTE-FLORET P., 1897 – Destruction des insectes ampélophages. .*Progr. Agric. et Vit., 28* : 64-72, 94-102, 155-161, 178-181.
COUANON G., 1904 – Traitement d'hiver contre la Pyrale et la Cochylis en Champagne. *Rev. de Vit. 21* : 215-218.
COUANON G., SALOMON Et. et R., 1915 – A propos de l'emploi de l'eau chaude contre les parasites de la vigne. *Rev. de Vit. 42* : 526-527.
COUANON G. et SALOMON R., 1916 – L'emploi de l'eau chaude contre les parasites de la vigne. *C.R. Acad. Agric.*, 29 nov. et *Rev. de Vit. 45* : 372-373.
COULONDRE E., 1918 – Contre la Cochylis et la Pyrale. *Progr. Agric. et Vit. 70* : 459.
COX J.A., 1949 – Champs d'expériences pour la lutte contre *Polychrosis viteana*. *J. Econ. Entom. Wisconsin et Bull. O.I.V.*, 1950 *223* : 76.
CROSASSO F., 1908 – La chasse aux papillons du ver de la vigne. *Chron. agric. Canton de Vaud* 524-526.
CUISANCE P., RICHARD M., BOYER L., BADOUR C., FRANÇOT P. et MAURY P., 1953 – Résultats du premier essai de lutte concertée et collective contre les vers de la grappe de deuxième génération en 1952, entrepris à Mailly-Champagne. *Le Vigneron Champenois* : 47-62, 89-100, 126-140.
CUISSET R., 1970 – Les vers de la grappe. *Agri-Sept*, 17 juillet : 18.
CZÉH A., 1898 – Uber die Bekämpfung des Heu- und Sauerwurmes und die Nutzbarmachung eines natürlichen Feindes desselben. *Weinbau und Weinhandel*, Frankfurt, *16* : 101-102.
CZÉH A., 1903 – Die Vermehrungsfähigkeit des Heu- und Sauerwurmes. *Weinbau und Weinhandel.*
CZÉH A., 1903 – Noche einige Worte zur Vermehrungsfähigkeit des Heu- und Sauerwurmes. *Weinbau und Weinhandel.*
CZÉH A., 1903 – Die Ergebnisse der in den Domänialweinbergen durchgeführten Versuche zur Bekämpfung des Heu- und Sauerwurmes. *Weinbau und Weinhandel.*
CZÉH A., 1903 – La lutte contre la Cochylis dans le vignoble de Steinberg sur le Rhin. *Congr. Intern. d'Agreic.* Rome, 11 : 54
CZÉH A., 1906 – Die Bekämpfung des Heu- und Sauerwurmes in den königl. preuss. Domanialweingutern im Rheingau. *Weinbau und Weinhandel* 24 : 93-94, 104.
CZÉH A., 1915 – Die Bekämpfung des Heu- und Sauerwurmes in den königl. preussischen Domänial- weingarten im Rheingau im Jahre 1914. *Weinbau und Weinhandel* : 49-51, 55-56.
DAGONET, 1838 – Notice sur les dégâts occasionnés, dans le cours de l'année 1837, par quelques insectes, particulièrement sur les dévastations opérées dans les vignobles du département (Marne) par la teigne de la vigne. Châlons.

DAHLEN H.W., 1890 – Wieviel Dollesche Lampen sind fur den Hektar Weinberg notwendig ? *Weinbau und Weinhandel* 8 : 179.
DAHLEN H.W., 1890 – Zur Bekampfung des Heu-und Sauerwurmes. *Weinbau und Weinhandel* : 153-155.
DALMASSO G., 1910 – La lotta contro le tignuole dell'uva. *Staz. Sperim. agrar. ital.*, Modena, vol. 43.
DALMASSO G., 1913 – L'stratto di tabacco contro le tignole dell'uva. *Riv. di Vitic. Enol.*, Conegliano : 330-331.
DALMASSO G., 1913 – Un microlepidoptero ampelofago poco noto. *(Cacœcia Costana* F.). *Riv. di Vitic. Enologia ad Agraria,* Conegliano.
DALMASSO G., 1914 – Un metodo singulare di lotta contro le tignuole dell'uva. *Riv. di Vitic. Enol.*, Conegliano : 6-10.
DALMASSO G., 1914 – Relazione d'un viaggio viticole-enologico nella regione renana. *Boll. Ministero d'agricolt.*, serie B n° 4.
DALMASSO G., 1914 – I resultati d'un primo anno di lotta organizzata contro le tignuole dell'uva in Piemonte. *Rev. Vitic. Enol. Agrar.* Conegliano : 192-197.
DALMASSO G., 1920 – I resultati di'un tentativo di lotta contro le tignuolo dell'uva Casalmonferrato, il coltivatore, 1920.
DALMASSO G., 1922 – La lotta contre la tignuole dell'uva *(Clysia e Polychrosis).* Casale Monferrato 86 p., 19 fig., 4 tabl.
DALMASSO G., 1943 – La lotta contro le Tignuole dell'uva. *Staz. Sperim. Agraria.* Ital.
DANILEWSKI A.S., 1965 – Photoperidism and seasonal deveolpment of insects. Oliver and Boy, Edimbourg et London.
DARDIGNA A., 1911 – Le mercure contre la Cochylis. *Progr. Agric. et Vit.* 55 : 319.
DARPOUX H., 1943 – Les bases scientifiques des avertissements agricoles. *Ann. Epiphyties,* 4 : 178-203.
DAUREL G., 1909 – La lutte contre l'Eudemis. *Progr. Agric. et Vit. 51 :* 175-176.
DAVID E., 1912 – Essais de capture des Eudemis et Cochylis avec des produits mélassés en fermentation. *Progr. Agric. et Vit. 57 :* 525-530.
DAVID E., 1913 – Capture des papillons d'Eudemis avec l'eau mélassée en fermentation. *Progr. Agric. et Vit. 59 :* 292.
DAVID E., 1914 – Sur le piégeage des papillons. *Progr. Agric. et Vit. 62 :* 18-19.
DEGRULLY L., 1889 – La Cochylis de la grappe (dans la Drôme). *Progr. agric. et vit. 11 :* 503.
DEGRULLY L., 1892 – La lutte contre la cochylis (Procédé Dufour). *Progr. agric. et Vit. 17 :* 378-380, 422-424, 515-516.
DEGRULLY L., 1896 – Insectes nuisibles (Eudemis dans le Var). *Progr. agric. et vit. 25 :* 705.
DEGRULLY L., 1897 – Invasion de cochylis et de pyrale ; procédés actuels de défense. *Progr. agric. et vit. 27 :* 759-761.
DEGRULLY L., 1897 – La chasse à la cochylis par les lanternes-pièges. *Progr. agric. et vit. 28 :* 61-63.
DEGRULLY L., 1897 – Traitements d'automne et d'hiver contre la cochylis. *Progr. agric. et vit. 28 :* 345-347.
DEGRULLY L., 1898 – La lutte contre la cochylis. *Progr. agric. et vit.* 29 : 777-779.
DEGRULLY L., 1898 – Nouvelle formule contre la cochylis (huile de colza et essence de lavande). *Progr. agric. et vit. 30 :* 3.
DEGRULLY L., 1898 – Inefficacité de la naphtaline contre la cochylis. *Progr. agric. et vit. 30 :* 65-66.
DEGRULLY L., 1898 – Naphtaline et cochylis (réponse de la Rochemacé). *Progr. agric. et vit. 30 :* 94-95.
DEGRULLY L., 1898 – Un ennemi de la Cochylis *(Pimpla). Progr. agric. et vit. 30 :* 216-217.
DEGRULLY L., 1898 – Traitements préventifs contre la cochylis. *Progr. agric. et vit.,* 30 : 357-360.
DEGRULLY L., 1898 – La lutte contre la cochylis (acide nitrique). *Progr. agric. et vit. 30 :* 415, 454.
DEGRULLY L., 1899 – Les traitements contre la cochylis. *Progr. agric. et vit.* 31 : 709-710.
DEGRULLY L., 1903 – Les insecticides en solutions chaudes contre la Cochylis. *Progr. Agric. et Vit. 40 :* 33-34.
DEGRULLY L., 1906 – La lutte contre la cochylis et l'eudemis. *Progr. Agric. et Vit. 46 :* 3-5.
DEGRULLY L., 1906 – Contre la Cochylis (Piège Catoni). *Progr. Agric. et Vit. 46 :* 273-274.
DEGRULLY L., 1907 – Traitements d'hiver et de printemps contre la Cochylis et l'Eudemis. *Progr. Agric. et Vit. 48 :* 641-642.
DEGRULLY L., 1908 – Traitements contre l'Eudemis et la Cochylis. *Progr. Agric. et Vit. 49 :* 628-630.
DEGRULLY L., 1908 – Traitements d'hiver contre la Cochylis et l'Eudemis. *Progr. Agric. et Vit. 50 :* 373-374.
DEGRULLY L., 1909 – Traitements contre la Cochylis et l'Eudemis. *Progr. Agric. et Vit. 51 :* 560-561, 775-778.
DEGRULLY L., 1910 – Traitements d'été contre la Cochylis. *Progr. Agric. et Vit. 54 :* 64-68.
DEGRULLY L., 1910 – Contre la cochylis (Chaux). *Progr. Agric. et Vit. 54 :* 132-133.
DEGRULLY L., 1910 – Traitements d'hiver contre la Cochylis. *Progr. Agric. et Vit. 54 :* 496-500.
DEGRULLY L., 1910 – Le décorticage contre la Cochylis. *Progr. Agric. et Vit. 54 :* 557-558.
DEGRULLY L., 1910 – A propos des traitements contre la Cochylis. *Progr. Agric. et Vit. 54 :* 677-679.
DEGRULLY L., 1911 – Quels insecticides devra-t-on employer contre la Cochylis ? *Progr. Agric. et Vit. 55 :* 193-194.
DEGRULLY L., 1911 – Cochylis et sels arsenicaux. *Progr. Agric. et Vit. 55 :* 765-767.
DEGRULLY L., 1911 – Les nouvelles formules de traitement contre la Cochylis. *Progr. Agric. et Vit. 56 :* 3-9.
DEGRULLY L., 1911 – Echaudage d'automne contre la cochylis. *Progr. Agric. et Vit. 56 :* 421-424.
DEGRULLY L., 1912 – Les traitements contre la Cochylis et l'Eudemis. *Progr. Agric. et Vit. 57 :* 449-452.
DEGRULLY L., 1913 – Altises, Cochylis, Eudemis. Bouillies arsenicales et cupro-arsenicales. *Progr. Agric. et Vit. 59 :* 545-548.
DEGRULLY L., 1914 – La lutte contre les insectes. *Progr. Agric. et Vit. 61 :* 487-490.
DEGRULLY L., 1915 – Contre la Cochylis et l'Eudemis. *Progr. Agric. et Vit. :* 530-532
DEGRULLY L., 1916 – Les traitements de printemps contre la Cochylis et l'Eudemis. *Progr. Agric. et Vit. 65 :* 221-224.
DEGRULLY L., 1916 – Lutte contre la Cochylis et l'Eudemis. *Progr. Agric et Vit. 66 :* 29-31.
DEGRULLY L., 1916 – L'Eudemis dans les vignobles du Biterrois. *Progr. Agric.et Vit. 66 :* 175-176.
DEGRULLY L., 1917 – Traitements d'hiver contre la Cochylis et l'Eudemis. *Progr. Agric. et Vit. 67 :* 102-103.
DEGRULLY L., 1917 – Cochylis et Bouillies arsenicales. *Progr. Agric. et Vit. 67 :* 437-439.
DEGRULLY L., 1917 – Le décorticage contre la Cochylis. *Progr. Agric. et Vit. 67 :* 137-139.
DEGRULLY L., 1918 – Traitements contre la Cochylis et l'Eudemis. *Progr. Agric. et Vit. 69 :* 337-342.
DEGRULLY L., 1919 – Contre la Cochylis et l'Eudemis. *Progr. Agric. et Vit. 72 :* 145-149.
DEGRULLY L., 1919 – Traitements insecticides de printemps : Altise, Cigarier, Pyrale, Cochylis, Eudemis. *Progr. Agric. et Vit. 1919 :* 292-295.
DEGRULLY L., 1920 – La défense contre la Cochylis et l'Eudemis. *Progr. Agric. et Vit. 74 :* 341-345.
DEGRULLY L., 1920 – Le pyrèthre contre la Cochylis et l'Eudemis. *Progr. Agric. et Vit. 75 :* 5.

DEGRULLY L., 1920 – Les traitements d'hiver contre Cochylis et Eudemis. *Progr. Agric. et Vit.* 75 : 533-537.
DEGRULLY L., 1920 – Pour préserver des atteintes de l'Eudemis des raisins de conserve. *Progr. Agric. et Vit.* 75 : 492-493.
DEGRULLY L., 1921 – Contre la Cochylis et l'Eudemis. *Progr. agric. et Vit.* 76 : 493-495.
DEGRULLY L., 1922 – La lutte contre la Cochylis par le savon-pyrethre. Influence de quelques produits chimiques sur la végétation. *Progr. Agric. et Vit.* 76 : 245-247.
DEGRULLY L., 1924 – Recrudescence des attaques de l'Eudemis. *Progr. Agric. et Vit.* 82 : 131-132.
DEGRULLY L., 1925 – La défense contre Cochylis et Eudemis. *Progr. Agric. et Vit.* 83 : 461-463.
DEGRULLY L., 1926 – Contre Cochylis et Eudemis. *Progr. Agric. et Vit.* 86 : 366-367.
DEGRULLY L., 1926 – La défense des cépages blancs contre Cochylis et Eudemis. *Progr. Agric. et Vit.* 86 : 319-321.
DEGRULLY L., 1927 – Les émulsions de pétrole contre l'Eudemis. *Progr. Agric. et Vit.* 87 : 503-504.
DELASSUS M., 1925 – Contribution à l'étude de l'Eudemis en Algérie. *Bull. Soc. Hist. nat. Afr. du Nord*, 16 : 166.
DELASSUS M. et LAFFOND, 1936 – L'utilisation des poudres à base de rotènone dans la lutte contre l'Eudemis. *C.R. Acad. Agric.*, 22 janvier, *Progr. Agric. et Vit.* 105 : 210-212 et *Rev. Vit.*, 84 : 196-198.
DELASSUS M., 1937 – La rotènone contre l'Eudemis. *Le Vigneron champenois* : 138.
DELASSUS M., 1945 – La lutte contre l'Eudemis. *Rev. Agric. Afr. Nord*, 13 avril et *Bull. O.I.V.*, 170 : 83-84.
DEL GUERCIO G., 1893 – Sulle larve della *Conchylis ambiguella* Hbn. e sulla efficacia di nuovi mezzi proposti per distruggerle. Modene. *Staz. Sperim. agrar. ital.*, 25 : 280-305.
DEL GUERCIO G., 1894 – Quelques observations sur l'opportunité des traitements d'hiver et de printemps contre la Cochylis de la vigne. *Revue inter. de vitic. et d'œnologie* : 110-118.
DEL GUERCIO G., 1899 – Delle Tortrici della fauna italian specialmente nocive alle piante coltivate. Nuove relazioni intorno ai lavori della *R. Stazione di Entomol. agraria di Firenze Ser.* 1 : 117-193.
DEL GUERCIO G., 1916 – Der Einfluss des guten Wetters zur Blutezeit auf den Heuwurm und Sauerwurm. *Schweiz. Zeitscher. f. Obst. u. Weinbau*, Frauenfeld.
DELMAS R., 1938 – La Cochylis et l'Eudemis. *Progr. Agric. et Vit.* 109 : 589-593, 1 pl. couleurs.
DELMAS R., 1960 – Le problème des traitements contre les Tordeuses de la grappe. *C.R. Acad. Agric. France*, 46 : 687-689 et *Bull. O.I.V.* 357 : 140-142.
DELMAS R., 1960 – Essais d'insecticides du groupe des esters phosphoriques en traitements curatifs contre la Cochylis. *C.R. Acad. Agric. France* 46 : 689-694 et *Bull. O.I.V.*, 357 : 142.
DEMIERE J., 1919 – La Cyanamide contre la Cochylis. *Prog. Agric. et Vit.* 73 : 603.
DEL RIVERO J.M., 1950 – A contribution to knqwledge of control measures against *S. pilleriana on grape vine* (en esp.). *Bol. Pat. vég. Ent. agric.*, 17 : 261-290.
DEPERRIÈRE G., 1898 – La Cochylis et la naphtaline. *Rev. de Vit.* 9 : 746-748.
DEPERRIÈRE G., 1910 – La lutte contre la Cochylis. *Rev. de Vit.* 34 : 271-272.
DEPERRIÈRE G., 1911 – La Cochylis en Maine-et-Loire. *Rev. de Vit.* 36 : 145-146.
DEPUISET P., 1911 – Le papillonnage en Champagne. *Rev. de Vit.* 35 : 121-124.
DERESSE A. et DUPONT E., 1890. – La Cochylis. *Revue Station viticole de Villefranche* : 23-155.
DERESSE A., 1890 – Un nouveau parasite de la Cochylis. *Revue Station Viticole de Villefranche* : 172-175.
DERESSE A., 1890 – Supplément à l'étude de la Cochylis. *Revue Station viticole de Villefrtanche* : 217-223.
DESCOINS C., 1976 – Essais sur les phéromones de *Lobesia botrana* in La Lutte intégrée. *Rev. Suisse Vitic. Arboric. Hortic.*, 4 : 147-160.
DESFLASSIEUX A., 1909 – Les traitements contre la Cochylis et l'Eudemis. *Progr. Agric. et Vit.* 52 : 78-80, 102-105.
DEUMIE M., 1911 – Determination de la date d'éclosion des Cochylis et des Eudemis. *Progr. Agric. et Vit.* 55 : 265-266.
DEWITZ J., 1901 – La ponte de la première génération de la Cochylis. 6me *Congr. Intern. agric.Paris* T. 2 : 336-337.
DEWITZ J., 1904 – Fang von Schmetterlingen mittels Azetylenlampen. Allgem. *Zeitschrift f. Entomol. IX.* : 382-386 und 401-409.
DEWITZ J., 1905 – Die Häufigkeit der Sauerwurms in den Weibergen der Lehranstalt im Sommer 1905 nebst Bemerkungen über das Verhalten der Art C. *ambiguella* et *E. botrana. Bericht Lehranst. f. Wein, obst u garten-bau Geisenheim für 1905* : 188-193.
DEWITZ J., 1905 – Untersuchungen ueber die Verwandlung der Insektenlarven II. *Arch. Anatom. Physiol. Abt. Suppl.* : 389.
DEWITZ J., 1905 – Uber den Einfluss der Wärme auf die Raupen der Traubenmotte C. *ambiguella* et *E. botrana Bericht Geisenheim für 1905* : 161-188.
DEWITZ J., 1905 – Die Verteilung der Geschlechter bei C. *ambiguella Bericht Geisenheim für 1905* : 194-196.
DEWITZ J., 1905 – Beobachtungen über die Biologie der Traubenmotte *Cochylis ambiguella* Hbn betreffend *Ztschr. wiss. Insektenbiologie* Bd I : 193-199, 237-247, 281-285, 338-347.
DEWITZ J., 1905 – Die Bekämpfung der ampelophagen Mikrolepidopteren in Frankreich. *Zeitschr. Bakt. Abt. 2*, Bd. 15 : 449-467.
DEWITZ J., 1906 – Uber die Bekämpfungsmethoden, welche in Frankreich gegen die beiden Traubenmotten *Cochylis ambiguella* (einbindiger Traubenwickler) und *Eudemis botrana* (bekreuzter Traubenwickler) in Anwendung kommen. In : *Mitt. Weinbau u. Kellerwirtschaft.* Geisenheim Bd. 18 : 7.
DEWITZ J., 1906 – L'action de l'arséniate de plomb sur les larves de l'Eudemis et de la Cochylis. *Progr. Agric. et Vit.*, : 366-370.
DEWITZ J., 1906 – Versuch über die Wirkung des arsensauren Bleies auf die Raupen der Traubenwickler. *Mitt. über Weinbau und Kellerwirtschaft. Jahrg. 18* : 177-183.
DEWITZ J., 1907 – Die Bekämpfung der einbindigen und des bekreuzten Traubenwicklers. Landwirtsch. Bd. 36 : 959-997.2 tab., 12 abb.
DEWITZ J., 1907 – Der Einfluss der Warme auf Insektenlarven *Ztbl. Bakt. Abt. 2 Bd 17* : 40-53.
DEWITZ J., 1907 – Bekämpfungsversucxhe gegen den Heuwurm an der Mosel im Sommer 1907. *Mitt. d. deutschen Weinbauvereins* : 352.
DEWITZ J., 1908 – Die Vernichtung des Heu- und Sauerwurmes durch Gase und Dämpfe. In : *Mitt. Weinbau u. Kellerwirtschaft.* Geisenheim. 20. Jahrg. : 115-117.
DEWITZ J., 1908 – Essais de traitements contre la Cochylis et l'Eudemis. *Progr. Agric. et Vit.*, 50 : 231-240.
DEWITZ J., 1909 – Die Bekämpfung der Raupen der Traubenwickler nach modernen Methoden. In : *Mitt. Weinbau und Kellerwirtschaft*, Geisenheim. 21. Jahrg. : 144-152.
DEWITZ J., 1909 – Zusammenfassender Bericht über die an der Mosel in den Jahren 1907 und 1908 gegen die Traubenwickler ausgeführten Bekämpfungsversuche. *Bericht der Kgl. Lehranstalt zu Geisenheim für 1908.* Berlin : 112-129.

DEWITZ J., 1909 – Essais de traitements contre la Cochylis et l'Eudemis. *Progr. Agric. et Vit. 52 :* 421-428, 445-453.
DEWITZ J., 1909 – Das Zudecken der Reben als Bekämpfungsverfahren gegen den Sauerwurm *Weinbau und Weinhandel, 27 :* 423.
DEWITZ J., 1909 – Die Traubenwickler im Herbst und Winter. Zusammenstellung der in den verschiedenen Landern und Gegenden gemetchen Beobachtungen. *Geisenheimer bericht :* 201-237.
DEWITZ J., 1910 – Das vorzeitige Auskommen der Traubenxickler. *Weinbau und Weinhandel, 28 :* 506.
DEWITZ J., 1910 – Bericht der Kgl. Lehranstalt für Wein-, Obst- und Gartenbau zu Geisenheim für 1909. Berlin, Parey. : 191-221.
DEWITZ J., 1911 – Die Zahl der Männchen und Weibchen bei den Kleinschmetterlingen der Rebe. *Weinbau u. Weinhandel 29 :* 273-274, 285.
DEWITZ J., 1911 – Mitteilungen bezügl. der Bekämpfung von Schädlingen. Einwirkung von verstäubtem Gips und Zement auf die Heuwürmer und andere Insektenlarven : 292-295.
DEWITZ J., 1911 – Erhöhung der Tätigkeit der Flüssigkeiten, Gegenstände zu benetzen. In : *Mitt. Weinbau u. Kellerwirtschaft.* Geisenheim 23. Jahrg. : 185.
DEWITZ J., 1911 – Bearbeitung der Litteratur der Traubenwickle. *Bericht Geisenheim* N° 2 : 218, 277.
DEWITZ J., 1912 – Chemische Verschied nheit der Blütflüssigkeit de Geschlechter bei Insekten : 195-198.
DEWITZ J., 1912 – Das Olen der Gescheine als Bekämpfungsmittel des Heuwurmes. In : *Weinbau und Weinhandel.* Jahrg. 30 : 19.
DEWITZ J., 1912 – L'influence de la chaleur sur les larves des insectes. *Progr. Agric. et Vit. 58 :* 808-816.
DEWITZ J., 1913 – Die Zahl der beim Lichfang erbeuteten Weibchen der Schmetterlinge. *Intern. Entomol. Ztschr.* 6 N°41 : 285.
DEWITZ J., 1916 – Aussere Merkmale der Geschlechter bei Insektenlarven. *Zool. Anzeiger :* 124-126.
DEWITZ J., 1916 – Untersuchungen über Geschlechtsunterschiede N° 3 Zusammenfassung fruherer Mitteilungen. *Zool. Anz.* Bd 47 : 126-132.
DEWITZ J., 1918/19 – Uber die und Weise, wie staubförmiges Schweinfurter Grün auflnsektenlarven wirkt. 1918/19 : 126.
DEWITZ J., 1921 – Die Arsenverbindungen als Bestäubungsmittel gegen den Heu- und Sauerwurm. *Weinbau und Weinhandel.* Jahrg. 39 : 236-238.
DEWITZ J., 1922 – Die Verwendung von Arsenpräparaten zur Schädlingsbekämpfung in Frankreich. *Weinbau und Kellerwirtschaft* 10 : 163-164.
DIENHART J.P., 1899 – Mottenfang. *Weinbau und Weinhandel.* Jahrg. 17 : 304.
DIENHART J.P., 1901 – Denkschrift über die « Wehlener Methode » zur Bekämpfund des Heu- und Sauerwurmes. Trier : 35.
DIETRICH J.V. et BRECHBUHLER Ch., 1967 – Essais de lutte contre l'Eudemis en 1966. *Rapport Inst. techn. du Vin,* 6 p.
DILLAIRE, 1907 – Traitement de l'Eudemis par la chaux. *Progr. Agric. et Vit.* 47 : 108-110.
DIMCEV V., 1961 – Heuwurm *(Clysia ambiguella)* im Gebiet Varna und seine Bekampgung. *Rastitelna sastita,* Sofia, f. 3: 38.
DINGIER, 1921 – Uber den Arsengehalt von Blättern, Früchten und Wein nach Vorbehandlung mit Schweinfurter Grün. *Zeitschr. f. angew. Entom.* 187-188.
DISSOUBRAY J., 1910 et 1911 – Rapports sur les expériences faites en 1909 et 1910 (commission de la Pyrale et de la Cochylis). Beaune.
DISSOUBRAY J., 1911 – Résultats des traitements contre la pyrale et la cochylis en Bourgogne. *Progr. Agric. et Vit. 55 :* 581-584.
DISSOUBRAY J., 1911 – Les traitements de la pyrale, de l'Eudemis et de la Cochylis. *Rev. de Vit.* 35 : 588-589.
DISSOUBRAY J., 1911 – Un piège lumineux économique pour la capture des papillons ampélophages. *Rev. de Vit. 35 :* 743-744.
DISQUÉ H., 1907 – Verzeichnis der in der Pflaz vorkommenden Kleinschmetterlinge. Mitt der Pollichia, eines naturwissenschaftl. *Vereins der Rheinpflaz,* Bad-Durkheim.
DISQUÉ H., 1908 – Versuch einer mikrolepidopterologischen Botanik. *Deutsche entomol. Zeitschrift.* Iris, Dresden.
DOBREDEW A.J., 1915 – *Clysia ambiguella* u *Polychrosis botrana* and methods of controlling them according to the latest researches (en russ.) Petrograd.
DOCHNAHL, 1914 – Eine neue Art der Bekämpfung des Heu- und Sauerwurmes (Fanggürtel). Das Weinblatt. *Weinblatt und Kellerwirtschaft.* Nr. 20 : 80.
DOLLES W., 1898 – Zum nächtlichen Einfangen der Motten des Heuwurmes und Springwurmes mittels Lämpchen. *Weinbau und Weinhandel* 7 : 329-331.
DUARTE D'OLIVEIRA, 1918 – Un ennemi de la vigne en Amérique. *Polychrosis viteana* Clem. *Rev. de Vit.* 48 : 353-357.
DUFAY C., 1964 – Contributions à l'étude du phototropisme des Lépidoptères Noctuides. *Ann. Sci. Nat. Zool., 6 :* 281-408.
DUFOUR E., 1889 – Destruction de la cochylis. *Progr. agric. et vit. 12 :* 27-28.
DUFOUR J., 1890 – Destruction des vers de la vigne (Cochylis). *Progr. agric. et vit.* 14 : 105-106.
DUFOUR J., 1892 – Le ver de la Vigne (Cochylis). *Chron. Agric. Canton de Vaud :* 179-218 et *Station Viticole de Villefranche* 1893 (extrait).
DUFOUR J., 1892 – La lutte contre la cochylis. *Progr. agric. et vit.* 17 : 422-424.
DUFOUR J., 1893 – Destruction du ver de la Vigne (La Cochylis). Recherches sur l'emploi des insecticides. *Chr. agr. Canton Vaud,* Lausanne, 48 p.
DUFOUR J., 1894 – Les traitements contre la Cochylis doivent-ils avoir lieu en hiver ou en été ? *Rev. intern. Vit. et Œnol. Villefranche* n°8 : 300-306.
DUFOUR J., 1897 – La lutte contre la cochylis. *Progr. agric. et vit. 28 :* 92-93.
DUFOUR J., 1898 – Destruction de la Cochylis. *rev. de Vit. 9 :* 633-636.
DUFOUR J., 1903 – Ver de la vigne (chasse). *Chron. agr. canton Vaud. 16 :* 223-226.
DUFFOURC-BAZIN G., 1897 – La Cochylis dans le Sud-Ouest. *Rev. de Vit. 7 :* 736-737.
DUGAST J., 1917 – Vins anormaux. *Ann. des falsifications et des Fraudes.*
DUMMLER A., 1922 – Verbrennungserscheinungen an Reben durch Spritzmittel. *Weinbau und Kellerwirtschaft l.*
DUNAL F., 1837 – Des insectes qui attaquent la vigne dans le département de l'Hérault. Montpellier. *Bull. agric. Hérault.*
DUPONCHEL, 1836 – Histoire naturelle des Lépidoptères ou papillons de France t. IX : 418, pl. 257, fig. 8.
DURAND J., 1911 – Lampes avertisseurs (lettre). *Progr. Agric. et Vit.* 56 : 15-16.
DURAND J., 1921 – Traitements préventifs contre l'Eudemis et la Cochylis. *La vie agric. et rurale, 18 :* 171-173.

VERS DE LA GRAPPE

ENGELHARDT, 1922 – Neuzeitliche Bekämpfung der Rebkrankheiten. Weinbau und Kellerwirtschaft.
EHRENHARDT H., 1959 – Weitere Untersuchungen zur Prognose des Apfelwicklerfluges. *Mitt. d. BBA f. Land u. Forstwirtschaft*, h97 : 167.
EHRENHARDT H., 1968 – Untersuchungen zur Ermittlung des Flugverlaufes der Traubenwickler *(Clysia ambiguella* Hbn. und *Polychrosis botrana* Schiff.) mit Hilfe von Lichtfallen. *Die Wein-Wissenschaft, 23* : 385-407 et *Bull. O.I.V., 454,* 1388.
EHRENHARDT H. et DIETER A., 1968 – Untersuchungen über die Lockwirkung von Lichtfallen auf die Motten der Traubenwickler *(Clysia ambiguella* und *Polychrosis botrana)* im Vergleich zu Duftfallen *Die Wein-Wissenschaft, 23* : 457-474.
EHRENHARDT H., 1968 – Observations sur le vol de l'Eudemis et de la cochylis au moyen de lampes pièges. *Wein-Wissenschaft.,* 23, 10/11 : 385-407 et *Bull. O.I.V.* 457 : 296.
Erfolge der Heuwurmbekämpfung (Nikotin), 1914 – Mitt. über *Weinbau und Keller.*
ESMENARD G., 1914 – Le tignuola dell'uva. Osservazioni ed esperimenti compinti nell'Alto Canavese. *Consigliere dell'Agricoltore.* Torino.
F.E., 1928 – Eudemis et Cochylis. *Rev. de Vit.* 69 : 12. 1 pl. couleurs.
FABER, 1913 – Der Heu- und Sauerwurm und seine Bekämpfung im Grossherzogtum Luxembourg Referat in *Mitt. über weinbau und Keller wirtschaft :* 123. Luxemburger Weinzeitung.
FABRE H., 1910 – La nicotine : composition, préparation, utilisation agricole et ses dangers. *Progr. Agric. et Vit.* 54 : 740-748.
FABRE H., 1913 – Essais sur les toxicités de quelques composés arsenicaux utilisés en agriculture. *Ann. Epiphyties, 1* : 63-76.
FABRE J., et BREMOND E., 1928 – Les vins provenant des vendanges eudemisées. *Ann. des Falsifications et des Fraudes.*
FAES H., 1909 – L'*Eudemis botrana,* un nouvel ennemi de nos vignobles. *Terre Vaudoise,* Merkblatt 3 Sorten.
FAES H., 1910 – L'*Eudemis botrana,* un nouvel ennemi de nos vignobles. *Terre Vaudoise,* 4 p.
FAES H., 1910 – Sur certains procédés nouveaux employés dans la lutte contre le ver de la vigne.
FAES H., 1911 – La lutte contre la Cochylis en Suisse. *Rev. de vitic., 36* : 240-243, 355-358.
FAES H., 1911 – Essais effectués dans le vignoble Vaudois en 1910 pour lutter contre le ver de la vigne (tirage à part de La terre vaudoise). Lausanne.
FAES H., 1911 – La lutte contre la Cochylis en Suisse. *Congr. vitic. Montpellier :* 393-402.
FAES H., 1912 – Traitement de la Cochylis. *Rev. de Vit.* 37 : 759-760.
FAES H., 1912 – Le ver de la vigne – Cochylis – en 1911. Résultats des traitements. Lausanne.
FAES H., 1913 – Bekämpfungsversuche gegen den Traubenwickler in der Schweiz im Jahre 1912. *Intern. agrartechn. Rundschau I :* 510.
FAES H., 1914 – Le pyrèthre et la lutte contre les vers de la vigne. *Terre vaudoise :* 71-73, 91-93, 97-100. Lausanne.
FAES H., 1914 – Pyrethrum-Arten als Bekämpfungsmittel des Heu- und Sauerwurmes. *La Terre Vaudoise* Nr. 5, 6, 8, 9. Lausanne.
FAES H., 1915 – La lutte contre le ver de la vigne par la poudre pyrèthre. *La terre vaudoise* p. 120-121, 140-141.
FAES J., et PORCHET, 1916 – La Station viticole cantonale vaudoise de Lausanne, 1886.
FAES H., 1917 – Traitements effectués dans le vignoble vaudois en 1916 contre le ver de la vigne (Cochylis). *Station viticole de Lausanne,* Impr. Vaudoise, 24 p. in-4° et res. in *Rev. de Vit.* 47 : 184-185 et *Prog. Agric. et Vit., 67 :* 539-548.
FAES H., 1917 – La lutte contre le ver de la vigne (Cochylis). *Verh. Schweiz. Nat. Ges. Jahresvers.* 99 : 257-258.
FAES H., 1919 – Essais de traitements effectués dans le vignoble vaudois contre le ver de la vigne (Cochylis) en 1918, Lausanne, 12 p.
FAES H., 1919 – Le Pyrèthre et sa culture. Imprim. Vaudoise, Lausanne et *Progr. Agric. et Vit.* 73 : 510-514.
FAES H., 1920 – La lutte contre le Ver de la vigne en 1919. *La terre vaudoise,* XII, ann.
FAES H., 1921 – L'Action du savon-pyrèthre sur les chenilles de Cochylis et d'Eudémis. *Progr. agric. et Vitic.* 76 : 68.
FAES H., 1921 – Les traitements contre le ver de la vigne (Cochylis) 1920. *La terre vaudoise.* Lausanne et *Progr. Agric. et Vit.,* 76 : 38-42 et 248.
FAES H., 1921 – La culture indigène du pyrèthre. *Ann. Agric. Suisse.* Lucerne.
FAES H., 1922 – La lutte contre le ver de la vigne (Cochylis) en 1921 et la solution de savon pyrèthre. *La terre vaudoise* 14.
FAES H. et STAEHELIN M., 1922 – Les traitements contre la Cochylis en 1921. *Annuaire Agric. Suisse,* Berne, 24 : 17-25 et *Progr. Agric. et Vit.* 78 : 326-330, 350-353.
FAES H. et TONDUZ, 1923 – Les sels arsenicaux en agriculture. *Ann. agric. de la Suisse, 1923.*
FAES H. et STAEHELIN M., 1925 – La lutte contre les vers de la vigne (Cochylis et Eudemis) de 1922 à 1924. *Annuaire agric. de la Suisse, 26 :* 131-154.
FAES H. et STAEHELIN M., 1925 – La lutte contre la Cochylis et l'Eudemis en Suisse. *Rev. de Vit.* 62 : 370.
FAES H., 1929 – La lutte contre les vers de la vigne en Suisse. *Rev. de Vit.* 70 : 249-255.
FAES H., 1930 – Influence des conditions climatériques sur le développement des insectes et champignons parasites des cultures. *Rev. de Vit.* 72 : 461-465.
FAES H. et STAEHELIN M. et BOVEY P., 1932 – La lutte contre les parasites de la vigne, champignons et insectes en 1930 et 1931. *Annuaire agric. de la Suisse,* Berne : 29-31.
FAES H., 1940 – Emploi de bactéries sporogènes pour combattre les vers de la grappe et la Pyrale. *Bull. O.I.V., 141 :* 244 et *Terre vaudoise,* 15 juin.
FAES H., 1942 – Lutte contre les vers de la vigne. *Terre vaudoise,* 27 juin, 4 et 25 juillet et *Bull. O.I.V. 152* : 86-87.
FAHRING H., 1921 – Beitrage zur Kenntnis der Lebensweige einiger Schmarotzerwespen. *Ztschr. f. angew. Entomol.* Bd VIII : 378.
FARCY J., 1911 – La Cochylis et l'Eudemis dans l'Ardèche. *Rev. de Vit.* 35 : 135-136.
FARINES, 1824 – Mémoire sur la chenille connue vulgairement sous le nom de Couque. Perpignan.
FARINI, 1900 – Cochylis. Caccia alle farfalle. Padova, 38 p.
FAUDRIN J.C., 1978 – La Protection du vignoble. Avertissements agricole concernant le mildiou et les vers de la grappe. Journée d'Etudes organisée par le Comité interpr. des Côtes du Rhône in *Journée vinicole,* 5 mars.
FAURE BIGUET et SIONEST, 1802 – Mémoire sur quelques insectes nuisibles à la vigne. *Bull. Soc. d'Agric. Lyon,* an X : 5.
FEDOROV S.M., 1930 – *Polychrosis botrana* Schiff., as an important pest of vines in the Crimea (en russ.). *Vest. Vinogr. Vinodel.* SSSR, 2 : 174-177.
FERRON J. et MIMAUD J., 1971 – Résultats des essais des produits antiparasitaires, effectués en 1968 et 1969 par le Service de la Protection des Végétaux. *Phytoma,* janv. 26-27.
FEYTAUD J., 1909 – Les traitements d'hiver contre la Cochylis et l'Eudemis : essai pratique d'ébouillantage. *Bull. Soc. zool. agric.* Bordeaux et *La vigne améric. :* 85-90.

— 1 815 —

BIBLIOGRAPHIE

FEYTAUD J., 1909 – La destruction de l'Eudemis. *Rev. de Vit. 31 :* 92-97, 124-129, 149-151, 184-188, 208-210.
FEYTAUD J., 1909 – Utilisation des insecticides arsenicaux. *Rev. de Vit. 31 :* 533-534.
FEYTAUD J., 1909 – Traitements contre l'Eudemis. *Progr. agric. et vitic. 51 :* 195-198.
FEYTAUD J., 1910 – Les traitements contre les vers du raisin (Cochylis et Eudemis). *Rev. de Vit. 33 :* 518-519.
FEYTAUD J., 1911 – Caractères biologiques différentiels de la Cochylis et de l'Eudemis. *Rev. de Vit. 35 :* 113-114, pl. couleurs.
FEYTAUD J., 1911 – Aire géographique de la Cochylis et de l'Eudemis. *Rev. de Vit. 35 :* 114-115, 156.
FEYTAUD J., 1911 – A propos du nombre des générations annuelles de la Cochylis et de l'Eudemis. *Bull. Soc. d'études. Bordeaux :* 91, 167.
FEYTAUD J., 1911 – La Cochylis en 1911 ; suppression de la génération estivale. *Bull. Soc. études zool. agric.* Bordeaux et *Progr. Agric. et Vit., 56 :* 463-465.
FEYTAUD J., 1912 – Action des insecticides sur les œufs de la Cochenille et de l'Eudemis. Bordeaux. *Bull. Zool. Agric.,* octobre :
FEYTAUD J., 1913 – Action des insecticides sur les œufs de la Cochylis et de l'Eudemis. *Bull. Soc. Zool. Agric. :* 19.
FEYTAUD J., 1913 – Recherches sur la Cochylis et l'Eudemis dans le Bordelais en 1912. *Ann. Epiphyties, 1 :* 253-330.
FEYTAUD J., 1913 – La destruction naturelle de la Cochylis et de l'Eudemis. *P.V. de la Soc. Linéenne de Bordeaux.*
FEYTAUD J., 1913 – Les ennemis naturels des insectes ampélophages. *Rev. de Vit. 39 :* 5-9, 36-40, 76-81, 97-101, 137-141.
FEYTAUD J., 1913 – Cochylis et Eudemis, procédés de capture des papillons. *Bull. Soc. d'étude et de vulg. de la Zool. Agric. :* 33-41.
FEYTAUD J., 1914 – La mortalité des Chrysalides de Cochylis et d'Eudemis pendant l'hiver. *Rev. de Vit. 41 :* 573-575.
FEYTAUD J., 1914 – Sur la mortalité des Eudemis pendant l'hiver. *Bull. Soc. Etude Vulg. Zool. Agric.*
FEYTAUD J., 1914 – Remarques sur la capture des papillons de Cochylis et d'Eudemis au moyen de pièges-appâts. *Rev. de Vit. 41 :* 682-685.
FEYTAUD J., 1914 – Recherches sur la Cochylis et l'Eudemis. *Progr. Agric. et Vit. 61 :* 746-754.
FEYTAUD J. et BOS, 1914 – Observations sur l'emploi des pièges-appâts contre Eudemis. *Bull. Soc. Etude Vulg. Zool. Agric.* Bordeaux : 30-34, 35-50.
FEYTAUD J., 1915 – Recherches sur la Cochylis et l'Eudemis dans le Bordelais en 1913. *Ann. Epiphyties, 2 :* 109-152.
FEYTAUD J., 1915 – Recherches sur l'Eudemis et la Cochylis dans le Bordelais en 1914. *Ann. Epiphyties IV :* 218-266.
FEYTAUD J., 1915 – La défense contre la Cochylis et l'Eudemis. *Rev. de Vit. 42 :* 421-424.
FEYTAUD J., 1916 – Notes sur l'Eudemis et la Cochylis dans le Bordelais en 1916. *Ann. Epiphyties 5:* 230-237.
FEYTAUD J., 1916 – Instruction sommaire pour la défense contre la Cochylis et l'Eudemis. *Revue de Vit. 44 :* 350-353.
FEYTAUD J., 1916 – Recherches sur les pièges-appâts. I. Les Appâts empoisonnés. *Bull. Soc. Etude. Vulg. Zool. Agric.* Bordeaux. II. L'inégalité des prises : 33-38, 81-85.
FEYTAUD J., 1916 – Recherches sur les pièges-appâts. III. Le pourcentage des sexes. *Bull. Soc. Etude Vulg. Zool. Agr.* Bordeaux : 113-118.
FEYTAUD J., 1917 – Recherches sur la Cochylis et l'Eudemis dans le Bordelais en 1914 et 1915. *Ann. Epiphyties 4 :* 218-276.
FEYTAUD J., 1917 – Notes pratiques pour la lutte contre Altise, Pyrale, Cochylis, Eudemis. *Rev. de Vit. 46 :* 299-303.
FEYTAUD J., 1917 – Action des insecticides sur les œufs de l'Eudemis. *Bull. de la Soc. d'étude. Vulg. Zool. Agric.* Bordeaux.
FEYTAUD J., 1917 – La défense de la vigne contre les insectes. *Bull. Soc. Etude vulg. Zool. Agric.* Bordeaux.
FEYTAUD J., 1918 – Notes sur l'Eudemis et la Cochylis dans le Bordelais en 1916 et 1917. *Ann. Epiphyties 5 :* 230-238.
FEYTAUD J., 1918 – Eudemis et Cochylis. Recherches sur les pièges-appâts. *Bull. de la Soc. Etude. Vulg. Zool. Agric.* Bordeaux.
FEYTAUD J., 1919 – Moyens de lutte contre l'Eudemis et la Cochylis. *Rev. de Vit. 50 :* 193-197, 241-245, 277-281 et *Bull. Soc. Etude de Vulg. Zool. Agric.* Bordeaux.
FEYTAUD J., 1919 – Essais de traitements arsenicaux tardifs contre l'Eudemis. *Ann. Epiphyties, 6 :* 313-319.
FEYTAUD J., 1919 – Action de la chaleur et de la sécheresse sur la Cochylis. *Progr. Agric. et Vit. 73 :* 149-152 et *C.R. Acad. Agri.*
FEYTAUD J., 1919 – L'hiver et les insectes. *Bull. Soc. Zool. Agric.*
FEYTAUD J., 1920 – Sur l'extension de l'Eudemis en France. *Progr. Agric. et Vit. 75 :* 281-284 et *Bull. Soc. Zool. Agric.* Gironde.
FEYTAUD J., 1920 – Traitements d'hiver contre l'Eudemis et la Cochylis. *Rev. de Vit. 53 :* 423-424.
FEYTAUD J., 1921 – Recherches sur la Cochylis et l'Eudemis dans le Bordelais en 1918 et 1919. *Ann. Epiphyties, 8 :* 323-338.
FEYTAUD J., 1921 – Les vers de la grappe : Cochylis et Eudemis. *Journ. Agric. Pratique* et *Progr. Agric. et Vit. 76 :* 473-474.
FEYTAUD J., 1922 – Répartition géographique et climatique de la Cochylis et de l'Eudemis. *Rev. Zool. Agric. et App. :* 85-89.
FEYTAUD J., 1922 – Le cycle normal des générations de la Cochylis et l'Eudemis. *Rev. Zool. Agric. et App. :* 42-47.
FEYTAUD J., 1922 – Les formes de développement de la Cochylis et de l'Eudemis. *Rev. Zool. Agric. et App., t. 21.*
FEYTAUD J., 1922 – Les vers du raisin. *Rev. Zool. Agric. et App. 21 :* 6-14.
FEYTAUD J., 1923 – Les causes naturelles de destruction de l'Eudemis et de la Cochylis. *Rev. de Zool. Agric. et App.*
FEYTAUD J., 1923 – L'arséniate diplombique contre les vers des fruits. *C.R. Acad. Agric.,* 18 juillet.
FEYTAUD J., 1924 – Les causes naturelles de destruction de l'Eudemis et de la Cochylis. *Rev. de Vit. 60 :* 278-281.
FEYTAUD J., 1925 – Le traitement des grappes contre l'Eudemis et la Cochylis. *Rev. Zool. Agric. et appl. 24 :* 233-237.
FEYTAUD J., 1938 – Les avertissements agricoles dans la lutte contre l'Eudemis et la Cochylis. *Rev. Zool. Agric.,* Bordeaux : 33-40.

FILLOL (de) OI. 1911 – Echenillage. *Rev. de Vit. 36* : 686-690.
FISCHER E., 1906 – Uber die Ursachen der Disposition und uber Frühsymptome der Raupenkrankheiten. *Biol. Zentrabbl.* Leipzig. Thieme.
FISCHER E., 1907 – Beobachtungen uber des Verhalten einzelner Traubensorten gegenuber der Beschadigung durch den Heu- und Sauerwurm *Ber. der Kgl. Lehranstalt f. Wein, Obst und Gartenbau zu Geinseheim.*
FISCHLE, 1914 – Die Heu- und Sauerwurmbekämfung in der großen Praxis. *Weinbau u. Weinhandel 32.*
FIXMER F., 1906 – Auftreten und Bekämpfung des Rebenwicklers an der Obermosel. *Der deutsche Weinbau.*
FIXMER F., 1913 – Zur Bekämpfung des Heu- und Sauerwurms im Luxemburger Weinbaugebiet. *Luxemburger Weinzeitung* : 351-358.
FLAMANT G., 1957 – Les vers de la grappe. Essais en 1956. *Vignes et Vins,* mai : 8.
FONTENOUILLE G.L., 1911 – La Cochylis. Impr. de l'Est, Besançon, 30 p. et *Rev. de Vit.* 1913 : 40 : 347.
FONZES-DIACON M., 1911 – Chlorure de Baryum et Bouillies cupriques. *Progr. Agric. et Vit.* 55 : 739-740.
FOREL A., 1825 – Mémoire sur le ver destructeur de la vigne. *Feuilles du canton de Vaud, avec planches.*
FOREL A., 1860 – Note sur la Pyrale (Cochylis) ou teigne de la vigne. *ann. Soc. linéenne de Lyon. N.S. T. 7* : 173-186.
FOSCK – Les teignes de la vigne.
FOUSSAT, 1914 – Bouillies Anticryptogamiques et insecticides en viticulture. *Bull. Agric. Algér., Tun., Maroc,* Alger.
FRANK und ROHRIG, 1896 – Uber Fanglaternen zur Bekämpfung lanwirtschaftlicher schädlicher Insekten. Landw. Jahrb. Bd. 25 : 483-495.
FRENCH, 1912 – *Cacoecia responsana. The Journ. Dept. Agric. of Victoria,* Melbourne.
FREY, 1880 – Die Lepidopteren der Schweiz. Leipzig.
FRIEDERICHS K., 1906 – Zur Kenntnis einiger Insekten und Spinnentiere von Villafranca (Riviera di Ponente). *Ztschr. f. wiss. Insektenbiologie.* Husum. Cr. Schroder.
FROHLICH G., 1829 – Enumeratio Tortricum in regno Wurtembergico : 52 n° III.
FROHLICH G., 1907 – Mitteilung in der Sammlung Beitrag zum Auftreten des Heu- und Sauerwurmes nach statistischen Angaben, herausgegeben von der Vereinigung pflazischer Weinproduzenten, etc. Neustadt a. d. Hardt. H. Meiniger.
FRON G., 1911 – Note sur quelques mucédinées observées sur *Cochylis ambiguella. Bull. Soc. Mycologique de France* t. XXVII.
FRON G., 1912 – Sur une mucédinée de la Cochylis. *Bull. Soc. Mycologique de France.*
FRON G., 1913 – Recherches sur les parasites végétaux de la Cochylis et de l'Eudemis. *Ann. des Epiphyties 1* : 372-378.
FROUMENT R., 1921 – Moyens de lutte contre l'Eudemis (Arsen). *Progr. agric. et vitic.,* montpellier 75 : 566-573.
FUHR, 1909 – Ein Beitrag zur Wurmbekämpfung. *Mitt. d. deutsch. Weinbauvereins.* Mainz. Theyer.
FUHR et KISSEL, 1911 – Versuche zur Bekämpfung des Heu- und Sauerwurmes im Jahre 1910. Arbeiten der Landwirtschaftskammer f. d. Großherzogtum Hessen. Heft 7.
FUHR et KISSEL, 1915 – Die Nikotinbekämpfung des Heu- und Sauerwurmes in Hessen im Jahre 1914. *Ztschr. f. Weinbehandlung.* Bd. 2 : 25.
FULMEK L., 1911 – Anleitung zur Heu- und Sauerwurmbekämpfung. *Allgem. Weinzeitung.*
FULMEK L., 1911 – Die Traubenwickler. *Mitteil. der K.K. Pflanzenschutzstation,* Wien.
FULMEK L., 1912 – Zur Kenntnis der Raupe und Puppe der beiden. Traubenwickler. *Zentralblatt fur Bakteriologie.*
Flugbatt d. Kgl. Zentralstelle für die Landwirtschaft. I. Die praktische Anwendung der konz. Tabakslauge zur Bekämpfung des Heuwurmes. 2. Die Bekämpfung des Heu- und Sauerwurmes. (Abdruck 1914. S. 67 in « Der Weinbau »). Der Weinbau (Württemberg) 1915.
GABOTTO L., 1920 – La Polvere Caffaro all' arseniato di piombo alla prova nella lotta contro le Tignole della vite. « *Gazzetta Agraria »,* Alessandria, 31 octobre.
GABOTTO L., 1920 – I risultati di un esperimento di lotta collettiva contro le tignuole. Casal Monferrato, Arti grafiche.
GABOTTO L., 1920 – Ancora per la lotto contro le tignuole dell'uva. *Il Coltivatore,* Casal Monferrato, 30.
GACHON C., 1971 – L'évolution des tordeuses de la grappe en 1970. *Phytoma,* juin : 23-26.
GAILLARD-PERRÉAZ-ROSSET G., 1901 – Résultats obtenus à la chasse aux papillons. *Chron. agr. Cant Vaud.* 14 : 235-237
GAILLARD-PERRÉAZ-ROSSET G., 1901 – La chasse aux papillons de la Cochylis. *Chron. Agr. Cant. Vaud.* 15 : 271-273 et *Prog. Agric. et Vit.* 33 : 610-614.
GALET P., 1959 – Les vers de la grappe. *Le Figaro Agricole* N° 91 : 46.
GALET P., 1959 – La lutte contre les vers de la grappe. *Le Foyer Rural,* Paris, mai.
GALET P., 1964 – Les moyens de lutte actuels contre les vers de la grappe. *Le Foyer rural,* N° 867, 5 juin.
GALET P., 1964 – La lutte contre les vers de la grappe. *Le Foyer Rural,* N° 876, 7 août.
GALET P., 1969 – *Eulia pulchellana,* la petite tordeuse de la vigne. *La France Viticole,* Montpellier, nov. : 67-70.
GARINO-CANINA, 1914 – Osservazione sulle sviluppo degli insetti ampelophagi e sui mezzi impiegati per combatterli. *R. Star. Sper. Enol. Asti.*
GASTINE G., 1911 – Traitements insecticides arsenicaux. *Progr. Agric. et Vit.* 55 : 648-654.
GASTINE G., 1911 – Sur le chlorure de Baryum et son remplacement par le carbonate de Baryum. *Progr. Agric. et vit. 56* : 110-115.
GASTINE G. et VERMOREL V., 1915 – Destruction des parasites des plantes par la chaleur humide. *Rev. de Vit. 42.* 521-526 et *progr. Agr. et Vit., 64* : 10-14.
GAUDICHEAU A., 1921 – Une manière simple et peu coûteuse de protéger la vigne contre les insectes. *Progr. agr. et vitic. 76* : 273-274.
GAUTIER A., 1914 – L'emploi des arsenicaux. *C.R. Acad. Médecine,* 3 mars et *Rev. de Vit. 41* : 298-299.
GEEST (Van der) P.S., 1971 – Use of *Bacillus thuringiensis* for the control of orchard pests. *Z. ang. Ent.* 69 : 263-266.
GEIER P. et SAVARY A., 1952 – Expériences récentes dans la lutte contre les vers de la grappe. *Rev. romande* : 25-26.
GEIER P., MATHYS G., MURBACH R. et WEBER A., 1953 – Estimation des populations de vers de la grappe *(Clysia ambiguella* Hb. et *Polychrosis botrana* Schiff.) *Ann. Agric. Suisse, 6* : 953-958 et *Bull. O.I.V. 1953, 272* : 195.
GEISLER G., 1959 – Untersuchungen zur Resistenzzüchtung gegen « Heuwurm-Befall » bei reben *Vitis,* 2 : 84-100 et *Bull. O.I.V., 345* : 124.
GENOT G., 1911 – La Cochylis et l'Eudemis dans le Jura. *Rev. de Vit. 35* : 149-151.
GEOFFRION R., 1951 – Les vers de la grappe dans l'ouest du Val de Loire. *Vignes et Vins,* 13 : 16-19.
GEOFFRION R., 1952 – Quelques observations sur la précocité exceptionnelle de certains parasites des plantes, en liaison avec les conditions climatiques. *Bull. ann. Com. météor. Maine-et-Loire* : 28-32.

GEOFFRION R., 1955 – Influence de divers facteurs écologiques sur la fécondité de la Cochylis (Clysia ambiguella Hb) et du Carpocapse (Laspeyresia pomonella L.). C.R. Acad. Sci. 241 : 1222-1225.

GEOFFRION R., 1956 – La lutte contre les vers de la grappe. Phytoma, 8 : 13-16.

GEOFFRION R., 1959 – Etude biologique de la Cochylis et de lEudemis (Clysia ambiguella Hb et Polychrosis botrana Schiff.) dans les vignobles du Val de Loire et recherches expérimentales sur la fécondité de la Cochylis et du Carpocapse (Laspeyresia pomonella L.). Thèse Fac. Sci. Poitiers. Impr. de l'Anjou, Angers, 204 p.

GEOFFRION R., 1966 – Dix années d'observations sur la diapause du Carpocapse dans la vallée de la Loire. Phytoma, 176 : 19-27 mars.

GEOFFRION R., 1967 – Quelques précisions à propos de la diapause du Carpocapse. Phytoma, 184 : 14-15 janv.

GEOFFRION R., 1970 – Observations sur le 3e vol d'Eudemis dans le vignoble du Val de Loire. Phytoma, janv. 27-36.

GEOFFRION R. et BOUCHET J., 1973 – Dans le Val de Loire en 1972, comme en 1971, des conditions climatiques exceptionnelles ont mis en relief tout l'intérêt et l'importance des avertissements agricoles. Phytoma, juin : 7-10.

GEOFFRION R., 1977 – Les vers de la grappe toujours présents et menaçants. Phytoma, avril : 9-18.

GESCHER Kl., 1903 – Die besten Freunde des Weinbaues. Mitteilungen uber Weinbau und Kellerwirtschaft.

GESCHER Kl., 1905 – Die nutzlichen Insekten und ihre praktische Bedeutung fur den Weibau. Mitteil. Uber Weinbau und Kellerwirt.

GESCHER Kl., 1906 – Neuer Wegweiser fur Schädlingsbekämpfung. Trier I. Lintz.

GESCHER Kl., 1908 – Vorbekämpfung der Weinbergschädlinge. Weinbau und Weinhandel.

GESCHER Kl., 1911 – Die Sauerwurmbekämpfung fur den kleinen und mittleren Winzer. Trier.

GESCHER Kl., 1911 – Ist der Traubenwickler ein Ortstier oder nicht ? Weinbau und Weinhandel 29 : 134-135.

GESCHER Kl., 1911 – Schädlingsbekämpfung im Jahre 1911. Weinbau und Weinhandel 29.

GESCHER Kl., 1915 – Neue Beobachtungen am Heuwurm. Der Weinbau, 14. N° 7 : 80.

GESCHER Kl., 1919 – Die Feinde des Sauerwurmes. Weinbau und Weinhandel. N° 39.

GESUNDHEITSAMT, 1908 – Das Kaiserliche, Zu dem Artikel über : « Erfahrungen der Praxis mit moderner Wurmbekämpfung ». Mitt. d. Deutschen Weinbauvereins. Mainz. K. Thever.

GHARIB A., 1961 – Lobesia botrana. Schiff. Lep. Olethreutidae Entomol. Phytopathol. appl. Téhéran, 19 : 25-27.

GINOUVES E., 1911 – Nouveaux procédés de traitement contre la Cochylis. Progr. Agric. et Vit. 56 : 66-67, 136.

GODARD A., 1916 – Les oiseaux peuvent-ils sauver la vigne ? Rev. de Vit. 44 : 278-280.

GODARD A., 1917 – Les insectes carnivores et la vigne. Rev. de Vit. 46 : 280-282.

GODET, 1918 – Rapport sur l'activité de la station d'essais viticoles à Auvernier en 1917. Annuaire agric. suisse, Berne.

GOETHE R., 1907 – Mitteilungen des deutschen Weinbauvereins : 49.

GOGOUADZE N., 1952 – Le Thiophos, nouveau produit de traitement contre les vers de la grappe Vinod. i. Vinogr. N° 2 et rés. in Bull. O.I.V. 260 : 91.

GOODWIN, 1916 – The control of the Grape berry Worm (Polychrosis viteana). II. Econ. Entom. Concord : 91-106.

GOODWIN, 1916 – The Grape berry Worm (Polychrosis viteana) Ohio Agric. Expt. Sta Wooster Bull. 293.

GORJAT R., 1925 – Etudes comparatives des différents moyens de lutte contre les vers de la vigne. Terre Vaudoise 17.

GORYSHIN N.I., 1964 – Effet de la durée du jour et de la température sur la diapause des Lépidoptères. Entom. obozr. 43 : 86-93.

GOT N., 1938 – Guide pour la lutte contre l'Eudemis. Perpignan, 48 p. in Ann. Epiphyties 1940 : 129.

GÖTZ B., 1938 – Das Verhalten des Traubenwicklers Clysia ambiguella bei der Wahl des Winterpuppunssplatze und die Möglichkeit für die Bekämpfung.

GÖTZ B., 1939 – Untersuchungen über die Wirkung des Sexualduftstoffer bei den Traubenwicklern Clysia ambiguella und Polychrosis botrana Z. angew. Ent. 26 : 143-164.

GÖTZ B., 1939 – Ueber weitere Versuche zur Bekämpfung der Traubenwicklers Clysia ambiguella und Polychrosis botrana mit Hilje des sexuaduftstöffer. Anz. f. Schädlingsk., 15 : 109-114.

GÖTZ B., 1939 – Untersuchungen über das Geschlechtsverhältnis bei den Traubenwicklern Clysia ambiguella und Polychrosis botrana Anz. f. Schädlingsk., 15 : 37-43.

GÖTZ B. et STELLWAAG F., 1940 – Neue Erkenntnisse in der Beobachtung des Traubenwicklermottenfluges. Wein und Rebe, 22 : 1-20.

GÖTZ B., 1940 – Lockflüssigkeiten zur Beobachtung des Traubenwicklermottenfluges. Wein und Rebe, 22 : 15-21.

GÖTZ B., 1941 – Laboratoriumsuntersuchungen über den Einfluss von konstanden und variierendfen Temperaturen, relativer Luftfeuchtigkeit und Licht auf die Embryonalentwicklung von Polychrosis botrana Anz. f. Schädlingsk. 17 : 73-83, 85-96, 125-129.

GÖTZ B., 1941 – Der Sexualduftsdoff als Bekämpfungsmittel gegen die Traubenwickler im Freiland Wein und Rebe, 23 : 75-89.

GÖTZ B., 1941 – Beitrage zur analyse des Mottenfluges bei den Traubenwicklern Clysia ambiguella und Polychrosis botrana Wein u. Rebe, 23 : 207-228.

GÖTZ B., 1942 – Vergleichende Mottenflugbeobachtungen zum Massenwechsel des Traubenwicklers ; Nchr. bl. d. Dt Pflanz. schtz. dienst. 22 : 15-17.

GÖTZ B., 1942 – Zum Geschlechtsverhältnis der Traubenwickler Clysia ambiguella und Polychrosis botrana. Ztschr. f. Angew. En., 29 : 313-328.

GÖTZ B., 1943 – Freiland und Laboratorium-Untersuchungen über Ausschlüpfen, Eiablage und Nahrungsaufnahme bei den Traubenwicklern Clysia ambiguella und Polychrosis botrana Wein und Rebe, 25 : 135-153 et rés. in Bull. O.I.V., 1944, 163 : 76.

GÖTZ B., 1943 – Zum Geschlechtsverhältnis der Traubenwickler Clysia ambiguella und Polychrosis botrana Z. angew. Entomol. 29 : 313-328.

GÖTZ B., 1944 – Freiland und Laboratoriumtersuchungen über das Puppenstadium des eimbindigen Traubenwicklers Clysia ambiguella Z. angew. Entom. 30 : 526-550.

GÖTZ B., 1951 – Die sexualduftstoffe and Lepidopteren. Experienta, Bâle : 406-418.

GÖTZ B., 1962 – Barenraupen als Gelegenheitsschadlinge an Reben. Der Deuts. Weinbau : 400.

GÖTZ B., 1962 – Hinweise zur Bekämpfung des Traubenwicklers. Der Deuts. Wenbau : 361.

GOUREAU, 1863 – Insectes nuisibles. Bull. des Sc. Hist. Nat. de l'Yonne, supplèm.

GRAMMATICA ET MARCHI sul contenuto di piombo ed di arsenico nei vini prodotti da uve irrorate con arseniati. La Sta. sperim. di San Michele a Trento negli anni 1919-1922. Trento 1923.

GRASSÉ P.P., 1926 – Cochylis et Eudemis. Progr. Agric. et Vit. 85 : 15-18, 1 pl. couleurs

GRASSÉ P.P., 1927 – Cochylis et Eudemis. Progr. Agric. et Vit. 87 : 237-239, 311-313, 552-555.

GRASSÉ P.P., 1928 – Eudemis et plantes sauvages. *Progr. Agric. et Vit.* 90 : 541-544.
GREGOR, 1904 – La lutte contre la Cochylis par l'acide phenique. *Rev. de Vit., 21* : 198-199.
GRUN P., 1954 – Vers de la grappe. *Le colon français de Tunisie,* 2 mai et *Bull. O.I.V.* : 193-194.
GUENAUX G., 1916 – Comment lutter contre la Cochylis et l'Eudemis. *Vie agr. et rur.* Paris.
GUENAUX G., 1917 – Traitements de printemps et d'été contre la Cochylis et l'Eudemis. *Vie agric. et rur.*
GUG (CEVA Besançon), 1974 – Aspects nouveaux de la chimie de synthèse : substances attractives sexuelles et régulateur de croissance chez les insectes. *Colloque sur la recherche et les applications des substances de croissance.* Paris, 14 février.
GUITONNEAU L., 1910 – Syndicats de défense contre la pyrale et la Cochylis en Champagne. *Rev. de Vit. 34* : 236-239.
GRABIAS G., 1911 – La lutte contre la Cochylis. *Progr. Agric. et Vit. 55* : 80-84.
GUIRAUD, 1911 – A propos de la faillite des sels arsenicaux. *Progr. Agric. et Vit. 56* : 71-73.
HAEUSSER P., 1929 – Lutte contre la Cochylis et l'Eudemis. *Progr. Agric. et Vit. 92* : 18-21.
HANEL, 1913 – Vogelschutz im Weinbau. *Mitteil. uber Weinbau und Kellerwirt.* : 194.
HANEL, 1913 – Vogelschutz im Weinbaugebiet. Bericht uber *Verhandlungen des 27 Deutschen Weinbaukongress am 6-11 sept. 1913 zu Mainz.*
HANEL, 1914 – Angewandte Entomologie und Vogelschutz. *Ztschr. f. angew. Entomol.*
HARTMANN A., 1880 – Die Kleineschmetterlinge des europaischen Faunengebietes ; Erscheinungszeit der Raupen und Falter, Nahrung und biologische Notizen. *Mitt. d. Munchner Entom. Vereins.*
HASE A., 1925 – Beitrage zur Lebensgeschichte der Schlupfwespe *Trichogramma evanescens* Arbeiten aus der *Biologischen Reichsanstalt fur Land-und Forstwirtschaft.*
HAURIE M., 1950 – Eudemis et Cochylis. *Rev. Agric. Afrique du Nord N° 1615* : 555-556.
HAUTER, 1899 – Ergebnisse der Edenkobener Heu- und Sauerwurmbekämpfungsversuche. Weinbau und Weinhandel, 17 . Jahrg : 109.
HEIDE (Von der) C., 1907 – Uber den Arsengehalt der Weine. Vortrag, gehalten gelegentlich des 24. Deutschen Weinbaukongresses in Mannheim 1907.
HEIDE (Von der) C., 1921 – Wieviel Arsen gelangt auf die Trauben, in die Moste und Weine, wenn die Trauben usw. mit arsenhaltigen Mitteln behandelt werden ? *Wein und Reve.*
HENRICI H., 1941 – In Wieweit eignet sich das Ködern der Traubenwiclerfalter mit Tresterwein zur Festsetzung der Bëkämpfungzeitpunkte und als Bëkämpfungsmassnahme ? *Arb. üb. phys. u. angew. Ent. 8* : 41-68, 81-100.
HERON G., 1911 – Nouveaux procédés de traitement contre la cochylis. *Progr. Agric. et Vit. 56* : 65-66.
HERSTELLUNG von Pyrethrumextrakt fur die Heu- und Sauerwurmbekämpfung. *Weinbau und Kellerwirtschaft 3,* 1924 : 46.
HILZNER, 1906 – Uber die bisherigen Maßnahmen zur Bekämpfung des Heu- und Sauerwurmes. *Mitt. d. Deutschen Weinbauvereins.*
HOEHL, 1914 – Einige Erfahrungen mit dem Eindüten der Trauben im Jahre 1913. *Mitt. über Weinbau u. Kellerwirtschaft.* : 107.
HUBERT A., 1921 – Quelques essais de traitements de la Cochylis. *Progr. agric. et vitic. 76* : 12-14.
HUBNER, 1796 – Die Sammlung Europaischer Schmetterlinge Tineae, Pl. 22, fig. 153 (Recueil des papillons d'Europe).
HUDE R. et VIDAL Y., 1974 – Les tordeuses de la grappe. *Le Paysan,* Cognac, août n° 678 : 44 et Bull. O.I.V., 524 : 836.
HUGUES E., 1921 – Les vins des vendanges eudemisées. *Ann. des Falsifications et des Fraudes.*
HUGUES E., 1921 – Les vins de vendanges eudemisës. *Progr. Agric. et Vit. 76* : 615-617.
HUGUES A., 1937 – Vinification de vins cochylisës et eudemisës. *Progr. Agric. et Vit. 108* : 238-240.
HUGUES A., 1911 – Nids d'oiseaux et Cochylis. *Rev. Française d'Ornithologie N° 23* mars et *Progr. Agric. et Vit. 55* : 439.
HUGUES A., 1911 – Bêtes à bon Dieu et Cochylis. *Progr. Agric. et Vitic. 56* : 770-771.
HUGUES A., 1928 – Sociétés régionales pour l'étude des parasites de l'Agriculture. *Progr. Agric. et Vit. 90* : 540-541.
HURPIN B., 1971 – Principe de la lutte microbiologique en agriculture. *Ann. Parasitologie 46* : 243-276.
HURPIN B., 1973 – La spécificité des micro-organismes entomopathogènes et son rôle en lutte biologique. *Ann. zool. Ecol. anim. 5* : 283-304.
HUSZ B., 1929 – On the use of *Bacillus thuringiensis* in the fight against the corn borer. *Intern. corn borer Invest. Scient. Rep. 2* : 99-105.
IBOS J., 1920 – Az atkator Maeyarorzagon. *Kiserlettügyi Köglemenyek* XXII i no., p. 1-41. Budapest.
ICHÉ L., 1928 – Rapport sur les expériences faites à Adissan (Hérault) sous le contrôle de l'Ecole Nationale d'Agriculture de Montpellier pour rechercher les meilleurs insecticides, la technique et pratique de leur emploi contre la Cochylis et l'Eudemis. *Progr. Agric. et Vit. 89* : 15-21 et 37-40.
INGERSON H.G., 1920 – Life history of the grape berry moth (*Polychrosis viteana*) in Northern Ohio. *U.S. Dept. Agric. Bull.* 911, 38 p.
ISELY D., 1917 – L'eudemis américaine. *Progr. Agric. et Vit. 68* : 492-494.
ISELY Dw., 1918 – Control of the Grape-berry moth in the brie (*Polychrosis Viteana* Clem.) Chautauga Grape Belt. Washington et rès. in *Rev. de Vit. 48* : 353-357.
ISSLEIB, 1914 – Die beseitigung der Insekten, welche den Wein- und Obstbau schädigen durch Verklebung mit Hilfe von Mosschleim. *Zeitschr. f. Pflanzenkrankheit Bd. 24* : 78.
I.T.V., 1966 – Rapport sur les parasites animaux (Eudemis, Pyrale). *Progr. Agric. et Vit. 165* : 344-347.
I.T.V. Perpignan, 1976 – Informations et avis publiës en 1975 (Eudemis). *Bull. Techn. des P.O. N° 78* : 5/-59.
JABLONOWSKI J., 1892 – Utmutati sa syolomoly (*Conchylis ambiguella*) es szoloilooniza (*Tortrix pilleriana*) Irtasava: Budapest.
JABLONOWSKI J., 1900 – Kiserletugyi Közlemenyck Bd III : 269-360.
JABLONOWSKI J., 1900 – A szölömoly es a szölöioncza Életmödjuk es irtásuk. *Kiserletügyi köslemenyek, Budapest,* 3, n° 4, 94 p.
JABLONOWSKI J., 1903 – La lutte contre la Cochylis. *Congrès intern. d'agric. de Rome II* : 512.
JABLONOWSKI J., 1909 – Uber die Eizahl im Eierstock des Traubenwicklers. *Naturw. Ztschr. f. Forts. u. Landwirtschaft* : 467-472.
JABLONOWSKI J., 1911 – Uber die Eizahl im Eierstock des Traubenwicklers. *Nat. Ztschr. f. Forst. u. Landwirtscht., 9* : 467.
JACOB R., 1968 – *Argyrotaenia pulchellana* Haw. ei neuer Schädling im Weinbau Südtirlos. *Die Wein-Wissenschaft, 23* : 219-222 et Bull. O.I.V., 448 : 699 et 450 : 1010.

JACOBSON M., 1965 – Insect sex attractants, Interscience publishers, 154 p.
J.D., 1913 – Nikotin und Kochylin sind wirksame Bekämpfungsmittel des Heuwurmes. *Luxemburger Weinzeitung :* 369-373.
JAGUENAUD G., 1911 – Traitement contre la Cochylis et l'Eudemis. *Rev. de Vit.* 36 : 143-144.
JAGUENAUD G., 1911 – Le traitement radical et curatif contre la Cochylis et l'Eudemis. *Progr. Agric. et Vit. 56 :* 67-69.
JANCKE O., 1937 – Traubenwick erzucht im Laboratorium. *Zeit. Pflanzenkrankh. u. Pflanzenschutz, 47 :* 516-526.
JANCKE O., 1937 – Der Wert der Fanggürtel im Kampf gegen den Heu- und Sauerwurm. *Deutsche Weinbau, 17 :* 730-732.
JANCKE O., 1938 – Laboratoriumsprüfung von Mitteln gegen den Traubenwickler. *Die Umschau,* Hf. 13, 283-285.
JANCKE O., 1939 – Stand der Schadlingsbekämpfung im Wienbau *Wochenblatt der Landesbauernschaft Saarpflaz, 5 :* 477-478.
JANCKE O., 1939 – Schadlingsbekämpfung im Pfälzer Weinbau *Ebendort. 5 :* 1102-1104.
JANCKE O., 1940 – Untersuchungen über die Lebensweise der Traubenwickler. *Das Weinland 4 :* 43-44.
JANCKE O. et ROESLER R., 1940 – Beiträge zur Lebensweise der Traubenwickler *(Polychrosis botrana* und *Clysia ambiguella) Wein und Rebe* N° 7/8 22 : 145-169.
JEGEN G., 1923 – Beiträge zur Kenntnis des Heu- und Sauerwurmes und seiner Bekämpfung mit besonderer Berücksichtigung der Arsenverbindungen. *Schweiz. Ztschr. 79-84, 97-98. 8 Abb. Frauenfeld, 27.th 1923.*
JEMINA A., 1891 – Cochylis e Pirale delle vite. *Relazione al Cororesso di Asti Torino : 34.*
JOHNSON J. et HAMMAR A.G., 1912 – The Grape berry moth. *U.S. Dept. Agric. Bull.* 116.
JORDAN, 1914 – Uber den Erfolg des Anhäufelns 1913-14. *Ztschr. f. Weinbau u. Weinbehandlung,* Bd I : 278.
JORDAN, 1915 – Uber künstliche Infizierung des Heuwurms usw. mit Schmarotzerinsekten. *Ztschr. f. angew. Entomol.* Bd II.
JOUVET F., 1911 – Expériences contre la Cochylis. *Rev. de Vit. 36 :* 587-588.
JUILLET A. et DAVEAU J., 1920 – Le Pyrèthre en viticulture. *Rev. de Vitic. :* 1336-1337.
JUILLET A., GALAVIELLE et ANCELIN, 1921 – La préparation du savon-pyrèthre. *Rev. de Vit. 55 :* 201-206. Propriétés insecticides : 300-306.
JUILLET A., 1924 – Le savon-pyrèthre. *Progr. Agric. et Vit. 81 :* 204-205.
JUNGHENN, 1913 – Volgelschutz in den Weibergen. *Mitt. uber Weinbau und Kellerwirtschaft :* 91.
JULLIEN J., 1889 – A propos de la Cochylis de la grappe. *La vigne améric. :* 394-396.
JUOT A., 1889 – La Cochylis de la grappe. *La vigne améric.* 394-396.
J.W., 1913 – *Polychrosis botrana* oder der bekreutze Traubenwickler in unseren Weinbergen. *Luxemburger Weinzeitung.*
KAPIDANI A. et al., 1969 – Der bekreutze Traubenwickler *(Polychrosis botrana)* und Versuche zu seiner Bekampfung. *Bull. Shkencave Bujqesore,* Tirana : 76-87.
KARADZHOV S., 1974 – Efektivnoct na Entobakterina *(Bacillus thuringiensis* var. *galleriae)* crestchu yablkowia plodov tcherwej *Gradinarzka i Lozarzka Nauka,* 11 : 53-60.
KEHRIG H., 1890 – Cacaoecia costana. Feuille vinicole de la Gironde.
KEHRIG H., 1892 – La Cochylis. Des moyens de la combattre. Bordeaux Feret ed. (1re éd. 1890) 2e éd. 52 p. et 2 pl., 3e éd. 1893, 62 p.
KEHRIG H., 1893 – Note sur l'Eudemis. *Feuille vinicole de la Gironde,* 18 mai.
KEHRIG H., 1907 – L'Eudemis ou ver de la vigne. Les moyens de le combattre. Bordeaux. Lib. Féret.
KEHRIG H., 1909 – Enquête sur l'Eudemis. *Feuill. Vinic. Gironde.*
KEHRIG H., 1911 – Remarques sur la Cochylis et l'Eudemis. *Congr. Vit. de Montpellier :* 342-346.
KEHRIG H., 1911 – La *Tortrix costana* sur la vigne dans le Palatinat et dans la Gironde. *Bull. Soc. d'Etude Zool. Agr., Bordeaux :* 184, décemb. et *S. Nat. agr. de France,* 24 février 1912.
KEHRIG H., 1912 – Capture de la Cochylis et de l'Eudemis. *Rev. de Vit. 37 :* 466-467.
KEHRIG H. et MENEGAUX, 1916 – Les oiseaux dans les vignes du Sud-Ouest. *Bull. Soc. Etude vulgar. Zool. Agric.* 74-77.
KEHRIG H., 1923 – Labeur agricole d'oiseaux. *Rev. de Zool. agr. et appl.* N° 9 : 247-249.
KELLER, 1890 – Der Sauerwurm und seine Bedeutung fur den Weinbau. *Schweiz. landw. Centralblatt.*
KENNEL J., 1908 – Die pallaarktischen Tortriciden. *Zoologica* Bd 21, H. 54 Stuttgart E. Schwiezertart.
KIEFFER F., 1922 – Heu- und Sauerwurmbekämpfung mittels Pyrethrum. *Luxemburger Weinzeitung* 10 : 60-63, 75-78.
KLINGMANN, 1926 – Versuchsarbeiten zur Bekämpfung des Heu- und Sauerwurmes Winter und Frühjahr 1926. Pfalzwein 1926, im Sommer 1916 ; ebendort S. 38.
KLINGNER, 1913 – Kann Reblaud aus Weinbergen, das zum Zwecke der Heu- und Sauerwurmbekämpfung mit Nikotinseifenbrühe bespritzt worden ist, verfüttert werd. *Weinbau der Rheinpfalz :* 176.
KOCH Fr., 1886 – Der Heu- und Sauerwurm oder der einbindige Traubenwickler *(Tortrix ambiguella)* und dessen Bekämpfung. Trier 2e éd. in-8, 30 p. et Pl.
KOCH Fr., 1898 – Die Heu- und Sauerwurm oder der einbindige Traubenwickler *(Tortrix ambiguella)* und dessen Bekämpfung. 3 Aufl. Trier H. Stephanus.
KÖCK, 1904 – Wirkung nikotinhaltiger Dämple auf den Heuwurm. *Ztschr. landw. suchswesen :* 638-641.
KOLLAR V., 1837 – Naturgeschichte der schaedlichen Insekten im Beziehung auf Landwirtschaft und Forstkultur, Wien.
KOLLAR V., 1850 – Ueber Weinbeschadingen durch einen kleinen Nachtfalter *Tortrix Roserana* in den Weingarten von Brum naechst Moedling. *Stizungsber. Akad. Wissensch. Wien,* t. V : 89-91.
KOLLAR V. et CREDLER V., 1914 – Einige interessante ältere Mitteilungen über die Lebensweise und Bekämpfung des Heu- und Sauerwurmes. *Ztschr. f. Weinbau u. Weinbehandlung,* Bd I : 134.
KOMAROVA O.C., 1949 – Causes provoquant la diapause chez la Tordeuse de la grappe *Polychrosis botrana* Schiff. Dok. Akad. Nauk. SSSR(N.S.) *68* (4) : 789-792.
KOMAROVA O.C., 1954 – Cycle vital et conditions de développement de *Lobesia botrana* Den. et Schiff. *Zool. Zhurn,* 32, I : 102-113.
KOTTE W., 1924 – Der Einfluß der Witterung auf die Entwicklung des Heu- und Sauerwurmes. *Weinbau u. Kellerwirtschaft 3 :* 83-84.
KOTTE W., 1926 – Die Beurteilung der Wirksamkeit von Heu- und Sauerwurmbekampfungsmitteln. *Weinbau und Kellerwirtschaft 5.*
KOTZEL, 1916 – Versuche gegen den Heu- und Sauerwurm mit nikotinhaltigen Sto. *Landw. Ztschr. f. d. Rheinprovinz* 17 : 264-265.
KRASSILTSCHIK I.M., 1909 – Uber neue Sporozoen bei Insekten *Arch. fr. Protistenkunde* Bd. 14, Iéna G. Fischer.
KRASSILTSCHIK I.M., 1913 – Bericht der entom. Station der Gouverments bon Bessarabien. Kischinev (en russ.).

KRIEG A., 1961 – *Bacillus thuringiensis* Berliner. Ueber seine Biologie, Pathogenie und Anwendung in der biologischen Schädlingsbekämpfung. *Mitt. Biol. Bundesanst. f. Land und Forstwirtsch.* Heft 103, 80 p.

KRIEG A., 1974 – Die Wirkung ultravioletter Strahlen auf Sporen von *Bacillus thuringiensis* und Versuche zum Strahlenschutz *Apfelkrankh. 81* : 591-596.

KRÜGER, 1909 – Beobachtungen über Schädigung von Obsgehölzen durch arsenha. Brühen. *Mitt. d. k. biol. Anstalt.*

KUHNHOLTZ-LORDAT G., 1937 – Le roténone. *Progr. Agric. et Vit. 107* : 205-206, 321-324.

KULISCH Paul, 1909 – Uber die Bekämpfung des Heu- und Sauerwurmes mit Sch.seifenbrühen. *Landw. Ztschr. f. Elsaß-Lothringen.* 37. Jahrg : 494.

KULISCH Paul, 1914' – Die Bekämpfung des Heu- und Sauerwurmes insbesondere mit Nikotinbrühen. *Landw. Zeitschr. f. Elsaß-Lothringen.* Nr. 17 : 369-372.

LABERGERIE, 1911 – La destruction de la Cochylis. *Rev. de Vit. 36* : 74-75.

LABERGERIE, 1911 – Destruction de la Cochylis, de l'Eudemis et de la Pyrale. *Rev. de Vit. 36* : 612-614.

LABERGERIE, 1912 – Capture de la Cochylis, de l'Eudemis et de la Pyrale. *Rev. de Vit. 37* : 541.

LABERGERIE, 1916 – La Cochylis et ses habitats préférés, notamment les genévriers. *Rev. de Vit. 45* : 71-72.

LABORDE J., 1900 – La lutte contre la Cochylis. *Rev. de Vit. 14* : 201-205.

LABORDE J., 1900 – Etude sur la Cochylis et les moyens de la combattre par les traitements d'hiver. *Rev. de Vit. 14* : 225-228, 258-260, 292-294, 339-342, 399-402.

LABORDE J., 1901 – Sur la Cochylis et l'Eudemis. *Rev. de Vit. 15* : 320-326, 2 pl. couleurs et 397-402.

LABORDE J., 1901 – Sur les moyens de combattre la Cochylis en printemps et en été. *Progr. agr. vitic. 35* : 693-707.

LABORDE J., 1902 – Rapport sur les moyens de combattre l'Eudemis, la Cochylis et l'Altise. Paris.

LABORDE J., 1902 – Recherches nouvelles sur la destruction de l'Eudemis, de la Cochylis et de l'Altise. *Rev. de Vit. 17* : 464-469, 481-484, 513-517, 547-549 et *18* : 173-178.

LABORDE J., 1902 – Sur la destruction des papillons de Cochylis par les lanternes-pièges. *Rev. de Vit. 18* : 173-178.

LABORDE J., 1903 – Sur les traitements contre la Cochylis et l'Eudemis. *Rev. de Vit. 19* : 557-563, 585-590, 646-651.

LABORDE J., 1903 – Expériences sur la destruction de la Cochylis et de l'Eudemis par le procédé Saglio. *Rev. de Vit. 20* : 415-417.

LABORDE J., 1904 – Cochylis et Eudemis. *Bull. Soc. Vitic. de France* : 71.

LABORDE J., 1904 – Les traitements d'automne et d'hiver contre la Cochylis et l'Eudemis. *Rev. de Vit. 22* : 404-407.

LABORDE J., 1904 – Sur la Cochylis et l'Eudemis botrana. Influence de leurs dégâts sur la vinification ; moyens de combattre ces deux parasites. *Progr. agric. vitic. 41* : p. 563-568, 593-598, 629-637.

LABORDE J., 1915 – Vins d'Algérie anormaux. *Ann. des Falsifications et des Fraudes.*

LABOULBÈNE, 1857 – La *Cochylis Roserana* à Villefranche. *Bull. Soc. entom. de France* : 90.

LAFFORGUE G., 1901 – Sulfure de carbone et la Cochylis. *Progr. Agric. et Vit.* : *56* : 104-105.

LAFFORGUE G., 1911 – Sulfure de carbone et Cochylis. *Progr. Agric. et Vit. 56* : 104-105.

LAFFORGUE G., 1911 – Le mildiou, la Cochylis et l'Eudemis dans la Gironde en 1910. *Progr. Agric et Vit. 55* : 101-108.

LAFFORGUE G., 1914 – Les pièges alimentaires dans la lutte contre la Cochylis et l'Eudemis. *Progr. Agric. et Vit. 61* : 38-43.

LAFFORGUE G., 1914 – Les traitements d'hiver des parasites de la vigne. *Rev. de Vit. 41* : 225-232, 259-263.

LAFON J. et COUILLAUD P., 1954 – les vers de la grappe (Eudemis et Cochylis). *Le vrai Cognac* : 773-774.

LAGAUDE V., 1969 – La première génération de « vers » de la grappe. *Agric. du Gard*, avril : 33-35.

LAKIN, 1914 – Die Bekämpfungsmaßnahmen in den Weinbergen von Astrachan. Rostrov am don.

LAKON, 1914 – Die mykologische Forschung der Pilzkrankheiten der Insekten. *Ztschr. f. angew. Entomol.*, Bd I : 277.

LAKON, 1915 – Zur Systematik der Entomophtoreengattung Tarichium. *Ztschr. f. Pflanzenkrankh.* XXV : 267.

LALLEMAND E., 1911 – La Cochylis et l'Eudemis dans le Maine-et-Loire. *Rev. de Vit. 35* : 146-147.

LA MARCA Ch., 1898 – Traitement de la Cochylis en Italie. *Rev. de Vit. 10* : 359-362.

LAMOUROUX, 1911 – La lutte contre la Cochylis. *Progr. Agric. et Vit. 55* : 82-84.

LARGE M., 1958 – L'Eudemis de la vigne. Enseignement de la campagne 1952. *Terre Algérienne* 30 juin et *Bull. O.I.V., 329* : 94-95.

LARUE P., 1914 – Tableau indicateur des traitements insecticides (Cochylis) de Fulmeck. *Rev. de Vit. 41* : 23-24.

LAURENT A., 1900 – La Cochylis dans le Bas Gèvaudan. *Rev. de Vit. 14* : 421-424.

LAURENT J.C., 1972 – Lutte contre les Tordeuses de la grappe. *Vignes et Vins.* N° 206, janv. : 29-30 et *Bull. O.I.V. 494* : 351.

LAURENT J.C. et VAGNY P., 1977 – Rôle des Tordeuses dans le développement de la pourriture grise. *Le Paysan du Midi*, avril.

LEBRUN L., 1911 – La lutte contre la Cochylis et l'Eudemis dans le Centre-Est en 1911. *Progr. Agric. et Vit. 56* : 721-738.

LEBRUN L., 1911 – Premières attaques d'Eudemis. *Progr. Agric. et Vit. 55* : 514-517.

LEBRUN L., 1911 – Quelques essais sur la première génération d'eudemis. *Progr. Agric. et Vit. 55* : 642-645.

LEHMANN H., 1922 – Die tiereschen Rebschadlinge in der Rheinpfalz, imm Jahre 1922. *Weinbau der Rheinpflaz,* 10.

LEHMANN R., 1921 – Untersuchungen über den Arsengehalt von Blättern, Früchten und Wein nach Vorbehandlung mit Schweinfurtergrün. *Wein und Rebe.* Jahrg. 2. Hr. II.

LE MOULT L., 1913 – La destruction des insectes nuisibles par les parasites végétaux. *Progr. Agric. et Vit. 58* : 239-246, 265-277, 297-308.

LENERT A., 1891 – Denkschrift über die Bekämpfung des Sauerwurmes im Bezirksamt Landau (Pfalz) im Jahre 1890. Kaiserslautern 1890, 32, und *Weinbau und Weinhandel* : 79-82, 93-96, 159-162.

LENERT A., 1899 – Bericht über die Bekämpfung des heu- und Sauerwurmes auf dem Versuchsfeld zu Edenkoben. *Weinbau und Weinhandel* 17 : 227.

LENERT A., 1901 – Der Gläschenfang der Traubenmotten. *Weinbau und Weinhandel,* 19 : 301-302.

LENERT A., 1901 – Weitere. Erfahrungen betr. Bekämpfung des Heu- und Sauerwurmes. *Weinbau und Weinhandel9.* Jahrg. S. 547-548.

LENERT A., 1902 – Weitere. Erfahrungen betr. Bekämpfung des Heu- und Sauerwurmes. Verh. d. 20. deutsch. Weinbaukongresses in Kreuznach. Sept. 1901. Mainz, Ph. v. Zabern.

LENERT A., 1902 – Bericht über die bekämpfung des Heu- und Sauerwurmes in dem Versuchsfeld, « Gerech » bei Edenkoben im Jahre 1902. Anwendung von Mottenfanglampen in den Gemarkungen Edenkoben, Diedesfeldund Siebeldingen. *Weinbau und Weinhandel,* Jahr. 20. 1902.

LENERT A., 1903 – Noch einmal die Vermehrungsfähigkeit des Heu- und Sauerwurmes. *Weinbau und Weinhandel,* Bd 21 : 128.

LÉONARD F., 1912 – Sur la pratique des traitements insecticides contre l'Eudemis et la Cochylis. *Bull. Soc. Etudes et vulgarisation de Zool. Agric.,* février et *Rev. de Vit. 37* : 521-526.

LEUZINGER H., 1926 – La lutte contre le ver de la vigne. Lausanne.

LEUZINGER H., 1926 – Observations sur les deux espèces de vers de la Vigne *Cochylis ambiguella* et *Polychrosis botrana* et la lutte entreprise contre ces deux ennemis du vignoble dans le canton du Valais en 1925. *Bull. Soc. Murithienne, 43* : 53-93.

LEUZINGER H., 1930 – Les vers de la Vigne en Valais de 1926 à 1929. *Clysia ambiguella* et *Polychrosis botrana. Bull. Soc. Murithienne, 47* : 90-123.

LHÉRAULT P., 1978 – Les tordeuses de la grappe. *Le Paysan du Midi,* 10 juillet.

LHOSTE J. et BONNET R., 1961 – Sur l'efficacité du Sevin dans la lutte contre les tordeuses de la grappe effectuée en 1960. *Progr. agric. et Vit. 155* : 143-147, 171-173.

LICHTENSTEIN J., 1921 – Sur la biologie d'un Chalcidien. *C.R. Acad. Sciences 172,* octobre : 733.

LINARDOS P., 1950 – Observations sur la biologie et la lutte contre l'Eudemis en Grèce. *VIme Congr. Intern. O.I.V.,* Athènes.

LINARDOS P., 1951 – Observations sur la biologie et la lutte contre l'Eudemis en Grèce. *Bull. O.I.V., 244* : 113-114.

L.N., 1961 – Traitement de l'Eudemis et de la Cochylis. *Progr. Agric. et Vit. 156* : 69-70.

LUNARDONI (Dr) A., 1889 – Gli Insetti nocivi alla vite. Roma : 36.

LÜSTNER G., 1898 – Beitrage zur Biologie des Traubenwicklers *(Tortrix ambiguella* Hub.) *Mitteilungen uber Weinbau und Kellerwirtschaft.* Gersenheim (trad. franç. Melin N., 1899.

LÜSTNER G., 1899 – Zur Bekämpfung des Heu- und Sauerwurmes. *Weinbau und Weinhandel* 17 : 77-78, 87, 97.

LÜSTNER G., 1900 – Bekämpfungsversuche gegen den Heu- und Sauerwurm, Traubenwickler *(Tortrix ambiguella* Hb.). Jahresber. geisenheim : 140.

LÜSTNER G., 1900 – Bekämpfung des Heu- und Sauerwurmes. *Weinbau und Weinhandel* Bd. 18 : 199.

LÜSTNER G., 1900 – Beobachtungen über die Lebensweise des Traubenwicklers. *Bericht der Lehranstalt Geisenheim* fur 1899-1900 : 57-61.

LÜSTNER G., 1901 – Zur Bekämpfung des Heu- und Sauerwurmes im Rheingau. *Weinbau und Weinhandel* 19 : 571.

LÜSTNER G., 1901 – Uben kalte Winter einen nachteiligen Einfluss auf das Leben der Schädlinge unserer Kulturpflanzen aus ? *Geisenheim. Jahresbericht* : 161.

LÜSTNER G., 1902 – Beobachtungen über das Auftreten des bekreuzten Wicklers im Rheingau. *Geisenheimer Jahresbericht* : 206.

LÜSTNER G. et SEUFFERHEL D., 1902 – Die Bekämpfung des Heu- und Sauerwurmes. Geisenheim, Verlag Bechthod.

LÜSTNER G., 1902 – Weitere Erfahrungen bei der Bekämpfung des Heu- und Sauerwurmes. *Weinbau und Weinhandel 20* : 399.

LÜSTNER G., 1903 – Weitere Beobachtungen über die Verbreitung des Bekreuzten Traubenwicklers *(Grapholitha botrana* W.) *Geisenheimer Jahresbericht* : 187.

LÜSTNER G., 1904 – Bekämpfungsversuche gegen den Heu- und Sauerwurm *(Tortrix ambiguella* Hbn.) a) Fangen der Motten mittels Azetylenlampen. *Bericht Geisenheim fur 1903* : 192-193.

LÜSTNER G., 1903-1904 – Zur Bekämpfung des Heu- und Sauerwurmes mittels Fallen. *Geisenh. Jahresber. f.* 1904 : 195-196.

LÜSTNER G., 1905 – Zum Auftreten der beiden Traubenwickler im Rheingau. *Geisenheimer Jahresbericht* : 131 .

LÜSTNER G., 1905 – Prüfungen von Mitteln, welche die Motten von den Stöcken fernhalten sollen. Bericht Geisenheim f. 1904 : 252-253.

LÜSTNER G., 1906 – Ein Beitrag zur Ansiedlung nützlicher Vögel in den Weinbergen. *Mitt. uber Weinbau und Kellerwirtschaft.*

LÜSTNER G., 1907 – Brauchbarkeit der Fuchsschen Fangbänder zur Bekämpfung des Heu- und Sauerwurmes. *Jahresber. Geisenheim* : 341.

LÜSTNER G., 1907 – Uber ein starkeres Auftreten des Heuwurmes des einbindigen Traubenwicklers *(Conchylis ambiguella)* und es Heuwurmes des bekreuzten Traubenwicklers *(Eudemis botrana)* am wilden Wein.*Mitteilungen über Weinbau und Kellerwirtschaft.*

LÜSTNER G., 1908 – Ein Beitrag zur Parasitenkunde des Heu- und Sauerwurles. *Mitteilung des deutschen Weinbauvereins.*

LÜSTNER G., 1908 – Ein gutes und billiges Mittel für die Bekämpfung des heu- und Sauerwurmes. *Weimbau und Weinhandel* 26 : 248.

LÜSTNER G., 1908 – Über die diesjährigen Erfahrungen bei der Heu- und Sauerwurmbekämpfung. Bericht auf der 25. Generalversammlung des deutschen Weinbauvereins zu Eltville. *Mitt. d. deutschen Weinbauvereins.* Mainz, Thever. 1908.

LÜSTNER G., 1909 – Ergebnis der im Frühjahr und Sommer 1909 ausgeführten Heu- und Sauerwurmebekämpfungsversuche. *Geisenheimer Mitt. über Weinbau u. Kellerwirtsch.* 21 : 19.

LÜSTNER G., 1909 – Urteile der Praxis über die Brauchbarkeit des Nikotins zur Heuwurmbekämpfung. *Geisenheimer Mitt. über Weinbau u. Kellerwirtsch.* 21 : 54.

LÜSTNER G., 1909 – Der bekreuzte Traubenwickler *Eudemis botrana. Mitt. über Weinbau und Kellerwirtschaft* : 50-54.

LÜSTNER G., 1910 – Beitrage zur Biologie des Traubenwicklers *Tortrix ambiguella* Hbn. *Mitt. uber Weinbau und Kellerwirtschaft* 81-84, 116-120, 129-134.

LÜSTNER G., 1910 – Fangversuche mit Heu- und Sauerwurmmotten. *Weinbau und Weinhandel* : 347.

LÜSTNER G., 1910 – Über die bekämpfung der Winterpuppe des heu- und Sauerwurmes mit Olen. *Weinbau und Weinhandel 28* : 495.

LÜSTNER G., 1910 – Über das Treiben der Sauerwurmpuppen und den Wert einiger zu ihrer Vernichtung dienenden Werkzeuge. *Weinbau und Weinhandel 28* : 482.

LÜSTNER G., 1910 – Bekämpfungsversuche gegen die Winterpuppe des Heu- und Sauerwurmes. *Geisenheimer Jahresber* : 168.

LÜSTNER G., 1910 – Bewegliche oder provisorische Vogelschutzgehölze zur Bekämpfung des Heu- und Sauerwurmes. *Geisenheimer Ber. Über Weinbau u. Kellerwirtschaft* 22 : 71.

LÜSTNER G., 1910 – Ergbnisse der 1909 ausgeführten Heu- und Sauerwurmbekämpfungsversuche. *Mitt. über Weinbau u. Kellerwirtschaft.* Geisenheim XXII : 19, 35, 82.

LÜSTNER G., 1910 – Heu- und Sauerwurmweheren. Ein Mahnruf an die Winzer. *Geisenheimer. Mitt. über Weinbau u. Kellerwirtschaft* 22 : 179.

— 1 822 —

LÜSTNER G., 1910 – Bekämpfung des Heu- und Sauerwurmes an Rebspalieren. *Geisenheimer Mitt. über Obst- u. Gartenbau* 25 : 126.
LÜSTNER G., 1911 – Zum Anlocken der Meisen in den Weinbergen. *Geisenheimer Mitt. über Obst und Weinbau :* 88.
LÜSTNER G., 1911 – Neuere Erfahrungen bei der Bekämpfung des Heu- und Sauerwurmes. *Mitt. Weinbau u. Kellerwirtschaft* 23 : 40-62.
LÜSTNER G., 1911 – Ein neuer Klebfächer zum Fangen der Heu- und Sauerwurmmotten. *Weinbau und Weinhandel* 29 : 9.
LÜSTNER G., 1911 – Fernhalten der Motten von den reben durch Geruchstoffe. *Geisenheimer Jahresbericht :* 136.
LÜSTNER G., 1911 – Heu- und Sauerwurmkalender. *Mit. über Weinbau und Kellerwirtschaft.*
LÜSTNER G., 1911 – Ein Beweis der Nützlichkeit der Vogel in den Weinbergen. *Weinbau und Weinhandel :* 482.
LÜSTNER G., 1911 – Zur Verpuppung des Heu- und Sauerwurmes im Boden. *Weinbau und Weinhandel,* Bd 29 : 79.
LÜSTNER G. et FISCHER J., 1911 – Über den Wert der Fanggefäße bei der Vernichtung der Heuwurmmotten. *Mitt. Weinbau u. Kellerwirtschaft* 23 : 162-163.
LÜSTNER G., 1911 – Ergebnisse der Heu- und Sauerwurmbekämpfungsversuche im Jahre 1911. *Weinbau und Weinhandel* 29 : 581-584, 593-596.
LÜSTNER G., 1912 – Zum Auftreten des Heu- und Sauerwurmes an schwarzen Johannisbeeren. *Weinbau und Weinhandel :* 325.
LÜSTNER G., 1912 – Vorkommen des bekreuzten Traubenwicklers in Johannisbeeren. *Weinbau und Weinhandel :* 27.
LÜSTNER G., 1913 – Ist der Name, bewegliches oder provisorisches Vogelschutzgeholz berechtig ? *Mitt. über Weinbau und Kellerwirtschaft :* 29.
LÜSTNER G., 1913 – Altere Literatur über die beiden Traubenwickler. *Conchylis ambiguella* Hbn. und *Polychrosis botrana* Hbn. und *Polychrosis botrana* Shiff. *Mitt. d. deutschen Weinbauvereins :* 24.
LÜSTNER G., 1913 – Über den Stand der Heu- und Sauerwurmbekämpfung. *Mitt. d. deutschen Weinbauvereins .*
LÜSTNER G., 1914 – Ergebnisse einiger im Sommer 1913 ausgeführten Peronospora-, Oidium-, und Heu- und Sauerwurmversuche. *Mitt. über Weinbau und Kellerwirtschaft :* 79.
LÜSTNER G., 1914 – Altere Literatur über die beiden Trabenwickler. *Conchylis ambiguella* Hbn. und *Polychrosis botrana* Schiff Teil II, III und IV *Ztschr. f. Weinbau und Weinbehandlung,* Bd. I.
LÜSTNER G., 1914 – Die Nahrung des Ohrwurles nach dem Inhalt seines Kropfes. *Zentrbl. fur Bakt. Par. und Inf.* II.
LÜSTNER G., 1914 – Werden die Raupen des einbindigen Traubenwicklers *(Conchylis ambiguella* Hbn.) von den Marien- oder Herrgott- käfern (Coccinelliden) gefessen ? *Ztschr. f. Weinbau und Weinbehandlung :* 65-69.
LÜSTNER G., 1914 – Das Verhalten der raupen des einbindingen und bekreuzten Traubenwicklers *(Cochylis ambiguella* und *Polychrosis botrana)* zu den Weinbergsunkräutern und anderen Pflanzen *Z.f. Weinbau u. Weinbehandl., I :* 3-35.
LÜSTNER G., 1917 – Das Ausbürsten des heuwurmes aus den Gescheinen, eine empfehlenswerte Maßnahme für die jetzige Zeit. Geisenheimer *Mitt. über Weinbau und Kellerwirtschaft. 29 :* 66.
LÜSTNER G., 1917 – Die bekämpfung des Sauerwurmes während des Krieges. *Mitt. über Weinbau und Kellerwirtschaft.*
LÜSTNER G., 1918 – Berichte über die Bekämpfungsarbeiten gegen den Heu- und Sauerwurm. Geisenh. *Mitt. über Weinbau und Kellerwirtschaft* 6.
LÜSTNER G., 1920 – Über die bisher in den preußischen Weinbaugebieten angestellten wissenschaftlichen und praktischen Versuche zur Bekämpfung des Heu- und Sauerwurms. Zentralbl. Bakt., Parasit. u. Infekt. Jena II. Abt : 120.
LÜSTNER G., 1921 – Bekämpfungsversuche gegen Oidium, Peronospora und Heu- und Sauerwurm. *Wein und Rebe* 2.
LÜSTNER G., 1922 – Über im Sommer 1921 ausgeführte Bekampfungsversuche gegen Peronospora, Oidium, heu- und Sauerwurm. Ferestschrift Geisenheim.
LÜSTNER G., 1926 – Über den Stand der Heu- und Sauerwurmbekämpfung. *Der deutsche Weinbau.* Jahrg. 5.
LYON A.V., 1925 – Problems of the viticultural industry. *Commw. Austr. Inst. Sci. et Ind. Bull. 28,* 84 p.
MAAG R., 1934 – Untersuchungen über die Biologie und die Bekämpfung des Heu- und Sauerwurms. *Schweiz. Landw. Monastshefte, 12 :* 324-332.
MAAG R., 1936 – Weitere Beobachtungen über Biologie und Bekämpfung des Heu- und Sauerwurms. *Schweiz. Landw. Monastshefte, 14 :* 163-169.
MACH E., 1888 – Über di bekampfung der Gossen. *Tiroler Landwirt. Blaetter San Michele, 11 déc. :* 205-208.
MACH E., 1890 – Über die Bekämpfung des Heu- und Sauerwurmes. *Allg. Weinztg.* 7. Jahrg. : 333-344, 345-346, 355-356, 375-376, 434-435, 445-446.
MAERCKS H., 1935 – Ueber die Wirkung von Nicotin auf die Eier des Apfelwicklers *(Carpocapsa pomonella* L.) und des bekreutzen Traubenwicklers *(Polychrosis botrana* Schiff.) *Anz. f. Schädlingsk. II :* 13-19.
MAERCKS H., 1935 – Beobachtungen über Lebensdauer und tägliche Eimenge des bekreuzten Traubenwicklers *(Polychrosis botrana) Anzeiger für Schädlingskunde,* 11 : 49-53.
MAERCKS H., 1937 – Ueber die Sicherheit der Voraussage von Schlüpfterminen bei Schadinsekten. *Arbeiten physiol. angew. Entomologie,* Berlin-Dahlem, 4 : 17-30.
MAERCKS H., 1937 – Methode zur Prufung von Kontaktgiften gegen Traubenwickler im Laboratorium. *Mitteilung der B.R.A., 55 :* 143-150.
MAISON P. et PARGADE P., 1967 – Le piégeage sexuel de l'Eudemis au service de l'avertissement agricole. *Phytoma,* juillet : 9-13.
MAISONNEUVE (Dr) P., 1907 – Etude sur la Cochylis. Biologie et traitements. *Bull. Soc. Indust. agric., Angers.*
MAISONNEUVE (Dr) P., 1909 – La Cochylis. Recherches sur les larves de première génération. *Bull. Soc. Indust. Agric. Angers :* 1-14.
MAISONNEUVE (Dr) P., 1909 – La destruction de la Cochylis. Etudes et Expériences. *Bull. Soc. Indust. Agric. Angers :* 1-45 et *Progr. Agr. et Vit.,* 1909, 51 : 304-309, 327-330.
MAISONNEUVE P., MOREAU L. et VINET E., 1909 – Les cochylis, où les larves de deuxième génération vont-elles se chrysalider ? *Rev. de Vit. 32 :* 623-630.
MAISONNEUVE P., MOREAU L. et VINET E., 1909 – La lutte contre la Cochylis. *Rev. de Vit. 31 :* 261-264, 298-301, 325-331, 356-360, 385-389, 416-421.
MAISONNEUVE P., MOREAU L. et VINET E., 1909 – Destruction des chrysalides de Cochylis par la vapeur d'eau sous pression. *Progr. Agric. et Vit. 51 :* 749-753.
MAISONNEUVE P., MOREAU L., et VINET E., 1909 – La Cochylis. *Rev. de Vit. 32 :* 253-258, 291-294, 623-630.
MAISONNEUVE P., 1910 – L'écrasement de la Cochylis. *Rev. de Vit. 33 :* 188-189.

MAISONNEUVE P., 1910 – Lutte contre le mildiou et la Cochylis en Anjou. *Rev. de Vit. 34 :* 709-714.
MAISONNEUVE (Dr) P., MOREAU L. et VINET E., 1910 – La lutte contre la Cochylis. Etudes et expériences faites en Anjou en 1909. *Bull. Soc. Indust. Agric. Angers :* 1-26 et *Progr. Agric. et Vit. 53 :* 348-355, 377-387, 406-408.
MAISONNEUVE P., MOREAU L., et VINET E., 1910 – La lutte contre la Cochylis (Etudes et expériences faites en Anjou, 1909). *Rev. de Vit. 33 :* 6-11, 32-38, 57-62.
MAISONNEUVE (Dr) P., 1911 – La lutte contre la Cochylis. Etudes et expériences faites en Anjou en 1910. *Bull. Soc. Indust. Agric.* Angers : 1-28.
MAISONNEUVE (Dr) P., MOREAU L. et VINET E., 1911 – La lutte contre la Cochylis. Etudes et expériences faites en Anjou en 1910. *Rev. de Vit. 35 :* 9-14, 39-45, 57-65.
MAISONNEUVE P., 1911 – L'appareil ovarien des Cochylis. *Rev. de Vit. 35 :* 769.
MAISONNEUVE (Dr) P., 1911 – Les œufs de Cochylis. *Rev. de Vit. 36 :* 69-71.
MAISONNEUVE P., 1911 – Traitement contre la Cochylis par l'eau chaude. *Progr. Agric. et Vit. 55 :* 197-198.
MAISONNEUVE P., MOREAU L., et VINET E., 1911 – Sur un curieux changement de régime de la Cochylis et de l'Eudemis. *Progr. Agric. et Vit. 56 :* 10-12.
MAISONNEUVE P., 1911 – Sur l'appareil ovarien des Cochylis. *C.R. Acad. Sci. 152,* 12 juin 1702 et *Rev. de Vit.* 35 : 769.
MAISONNEUVE P., 1911 – Sur la fécondité des Cochylis. *C.R. Acad. Sci. 152,* 29 mai : 1511.
MAISONNEUVE P., 1911 – Les œufs de la Cochylis et la seconde génération de 1911. *Rev. de Vit.* 69-71, 181-186.
MAISONNEUVE P., 1912 – Un nouveau procédé de destruction de la Cochylis (Réponse à Cazeneuve). *Rev. de Vit. 37 :* 601-603.
MAISONNEUVE (Dr) P., 1912 – La lutte contre la Cochylis en Anjou en 1911. *Rev. de Vit. 37 :* 371-377, 411-416.
MAISONNEUVE (Dr) P., 1912 – La lutte contre la Cochylis en Anjou en 1911. Observations et expériences biologiques. *Bull. Soc. Indust. Agric. Angers :* 1-21.
MAISONNEUVE (Dr) P., 1914 – Les pièges-appâts dans la lutte contre la Cochylis. *Bull. Soc. Industr. Agric. Angers.*
MAISONNEUVE P., 1914 – Le froid et les insectes parasites de la vigne. *Rev. de Vit. 41 :* 179-182.
MAISONNEUVE P., 1915 – Essai d'un nouveau procédé contre la Cochylis. *Rev. de Vit. 43 :* 456-459, 475-480.
MAISONNEUVE P., 1915 – Enquête sur le piégeage de la Cochylis en Anjou en 1914. *Rev. de Vit. 42 :* 441-446, 464-465.
MAISONNEUVE P., 1916 – A propos de l'habitat de la Cochylis. *Rev. de Vit. 45 :* 159-160.
MALAFOSSE (de) L., 1911 – Les poudres préservatrices. *Congr. vitic. Montpellier :* 403-406.
MALENOTTI E., 1925 – Istruzioni pratiche per combattre la tignola dell'uva *(Clysia ambiguella, Polychrosis botrana)* *Sindac. agric. Campigl. Marittima,* 10 p. Verona.
MALBRUNOT P., 1958 – Résultats des essais effectués en 1957 contre les vers de la grappe. *Vignes et Vins,* avril : 2-3.
MALBRUNOT P., et RICHARD M., 1958 – Résultats obtenus en 1957 dans la lutte contre la Cochylis en Champagne. *Le Vigneron champenois,* avril : 142-149 et *Bull. O.I.V., 328 :* 132.
MALBRUNOT P., 1959 – Leçon à tirer de la première génération de Cochylis . *Le Vigneron champenois :* 240-247.
MALBRUNOT P., 1960 – Résultats des essais insecticides contre la Pyrale et la Cochylis. *Vignes et Vins,* avril : 26-27.
MALBRUNOT P., RICHARD M. et PINEAU B., 1960 – Essais de lutte contre la Cochylis effectués en Champagne au cours de l'année 1959. *Le Vigneron champenois :* 18-24 et *Bull. O.I.V., 348 :* 148.
MALICKY H., 1965 – Freilandversuche an Lepidopterenpopulationen mit Hilfe der Jermyschen Lichtfalle mit Diskussion biozönologischer Gesichtspunkte. *Ztschr. f. Angew. Ent., 56 :* 358-377.
MALLET R., 1911 – Emploi de la pyridine contre la cochylis. *Rev. de Vit. 36 :* 15.
MALVEZIN F., 1911 – Le sulfure de carbone contre la Cochylis et l'Eudemis. *Progr. Agric. et Vit. 55 :* 215-216.
MALVY et CAZENEUVE, 1911 – L'emploi des sels arsenicaux. *Rev. de Vit. 36 :* 140-143.
MARCELIN H., et LAURENT J.C., 1976 – Rôle des tordeuses dans l'installation de la Pourriture grise. *Bull. techn. des P.O.,* N° 78 : 25-27.
MARCELIN H., VIDAL G., et SOBRAQUES R., 1976 – Essais de piégeages sexuels sur l'Eudemis de la Vigne. *Bull. Tech. des P.O.,* N° 78 : printemps : 15-18.
MARCELIN H., 1977 – Eudemis de la Vigne, réussir la lutte. *Agri-Sept.,* Paris : N° 660, 25 nov. : 17.
MARCELIN H., 1977 – Les causes d'échec dans la lutte contre l'Eudemis. *Vignes et Vins,* nov. 22.
MARCELIN H., 1977 – Lutte contre l'Eudemis de la vigne. *Vignes et Vins* juin : 51-54.
MARCHAL P., 1906 – Recherches sur la biologie et le développement des Hyménoptères parasites. II *Les Platygaster. Arch. de Zool. expér. et générale.* Ann. 34. Paris, Schleicher fr.
MARCHAL P., 1910 – Sur la présence de l'*Eudemis botrana* dans les environs de Paris. *Bull. séances Soc. nat. agric. 9 :* 770.
MARCHAL P., 1911 – Observations biologiques sur l'Eudemis aux environs de Paris pendant l'année 1911. *Bull. séances Soc. nat. agric.,* 10 : 22 p.
MARCHAL P., 1911 – Biologie de la cochylis et de l'Eudemis. *Rev. de Vit. 35 :* 381-385, 419-423.
MARCHAL P., 1911 – Observations biologiques sur l'Eudemis. *Rev. de Vit. 36 :* 690-695, 721-724.
MARCHAL P., et FEYTAUD J., 1911 – Sur un parasite des œufs de la Cochylis et de l'Eudemis. *C.R. Acad. Sci., 152 :* 633, 2 octobre. *Rev. de Vit. 36 :* et *Progr. Agric. et Vit., 56 :* 493-495.
MARCHAL P., 1912 – Rapport sur les travaux accomplis par la Mission d'Etudes de la Cochylis et de l'Eudemis pendant l'année 1911. *Rev. de Vit. 37 :* 312-320 et *Progr. Agric. et Vit. 57 :* 260-266, 291-296.
MARCHAL P., 1913 – Rapports phytopathologiques. *Ann. des Epiphyties* Vol. I : 5.
MARCHAL P., et FEYTAUD J., 1911 – Sur un parasite des œufs de la Cochylis et de l'Eudemis. *C.R. Acad. Sci., 153 :* 633-636 et *Rev. de Vit., 36 :* 419-421.
MARCHAL P., 1912 – Rapport sur les travaux accomplis par la Mission d'études de la Cochylis et de l'Eudemis pendant l'année 1911. *Libr. polytechnique, Paris et Liège,* 1 vol. 326 p.
MARCHAL P., 1912 – Etudes sur la Cochylis et l'Eudemis (Rapport de la Mission d'Etudes pendant l'année 1911). *Progr. Agric. et Vit. 57 :* 260-266, 291-296.
MARCHAL P., 1913 – La Cochylis et l'Eudemis en 1912. *Ann. Epiphyties, 1 :* 248-252.
MARCHAL P., 1913 – Opportunité de l'emploi des arsenicaux et en particulier de l'arseniate de plomb en agriculture. *Ann. Epiphyties, 1 :* 57-62.
MARCHAL P., et FEYTAUD L., 1913 – Rapport phytopathologique pour l'année 1912. *Bull. Agric. d'Algérie et de la Tunisie.*
MARCHAL P., 1916 – Les sciences biologiques appliquées à l'agriculture et la lutte contre les ennemis des plantes aux Etats-Unis, Paris.

MARCHAND P., 1916 – Végétaux autres que la vigne dévorés par la Cochylis et l'Eudemis. *Rev. de Vit. 45 :* 93-94.
MARSAIS P., 1938 – La Cochylis et l'Eudemis. *Congr. région. pour l'étude de la lutte contre les ennemis de la vigne,* Mâcon, 16-17 janv. : 17-32.
MARTELLI G., 1925 – Il verme dell'uva « Cannedda » tignoletta dell'uva *(Polychrosis botrana). R. Osserv., Fitop. Puglie.* Circ. 4, 3 p.
MARTIN G., 1902 – Pièges à Eudemis. *Bull. Soc. études et Vulgarisat. Zoolog. agric.* : 8.
MARTIN G., 1904 – Traitement simultané de l'Eudemis et du Rot brun. *Rev. de Vit. 21 :* 177-180, 222-225, 241-243.
MARTIN G., 1905 – Traitement simultané de l'Eudemis, du Rot brun et de l'Oïdium. *Rev. de Vit. 23 :* 631-632.
MARTIN J.B., 1911 – Cochylis et Eudemis. *Progr. Agric. et Vit. 56 :* 115-119.
MARTIN J.B., 1914 – Utilité du papillonnage contre la Cochylis et l'Eudemis. *Rev. de Vit. 41 :* 505-508.
MARTIN-FLOT, 1911 – Essais de destruction de la Cochylis et de la Pyrale à Avize, par les pièges lumineux. *Rev. de Vit. 36 :* 448-451.
MARTIN-FLOT et PIUSARD, 1910 – Rapport sur les essais tentés en vue de la destruction des papillons de la Pyrale et de la Cochylis. *Progr. agr. vit. 54 :* 259-263.
MARTINI S., 1888 – Progresso Agric. Comm. della Toscana. 1888. Nr. 8.
MARTINI S., 1897 – Ancora del systema insettifugo contro la tignuola della vite. *Bull. Entom. agrar. Patalog. veget. Anm. 4.* p. 281-284, 334-335.
MARTINI S., 1899 – Contro la tignuola dell'uva. *Bollett. di Entomol. agrar.* Padova 133-136.
MAURY P., 1951 – Les vers de la grappe. *Le Vigneron champenois :* 193-199.
MAURY P. et MAURO P., 1952 – Les essais d'insecticides contre les vers de la grappe en 1951. *Le Vigneron champenois* 45-52, 84.
MAYET V., 1888 – La Cochylis de la vigne. *Progr. Agric. et Vit. 10 :* 226-233, 1 pl. couleurs.
MAYET V., 1897 – Lutte contre la Cochylis. *Rev. de Vit. 8 :* 653-658.
MAYET V., 1904 – Traitement d'hiver contre la Cochylis. *Progr. agr. vitic. 41 :* 165, 168, 262.
MAYET V., 1905 – Traitement d'hiver contre la Cochylis. *Progr. agric. vitic. 43 :* 166-167.
MAYET V., 1908 – Cochylis et Eudemis. *Progr. agric. et vitic. 50 :* 8-13, 1 pl. couleurs.
MAXWELL, 1903 – Le traitement de l'Eudémis et de la Cochylis. *Soc. d'Agric. Gironde* et *Progr. Agric. et Vit. 39 :* 571-576.
MAZIERES (de) A., 1918 – Enquête sur l'Eudémis. *Rev. Hort. de l'Algérie, 22 :* 35-39.
MEISSNER, 1909 – Beeinflussung des Insektenlebens durch das Klima. *Ztschr. f. wiss. Insektenbiologie.*
MEISSNER, 1914 – Die Bedeutung der Blattätigkeit der Reben unter besonderer Berücksichtigung der Schädlingsbekämpfung. *Der Weinbau* (Württemberg) : 91.
MEISSNER, 1914 – Versuche über die Bekampfung des Heu- und Sauerwurmes in Württemberg mit Nikotinbrühen im Jahre 1913. *Der Weinbau* 13 : 22-25.
MEISSNER, 1914 – Versuche über die Bekämpfung des Heu- und Sauerwurmes in Württemberg im Jahre Bericht. Zeitschr. f. *Weinbau und Weinbehandlung.* Bd. I : 389.
MEISSNER, 1915 – Versuche über die bekämpfung des Heuwurmes in Württemberg 1914. *Der Weinbau* (Württemberg) : 35-95.
MEISSNER, 1915 – Versuche über die Bekämpfung des Heuwurmes in Württemberg im Jahre 1914. *Zeitschr. f. Weinbau und Weinbehandlung.* Bd. 2 : 66, 95.
MEISSNER, 1915 – Versuche über die Bekämpfung des Heuwurmes in Württemberg im Jahre 1915. *Zeitschr. f. Weinbau und Weinbehandlung.* Bd. 2 : 293.
MEISSNER, 1915 – Versuche über die Bekämpfung des Heuwurmes in Württemberg im Jahre 1914. *Zeitschr. f. Weinbau und Weinbehandlung I.* 1914. S 389. 2. 1915. S. 66-78. Weinbau und Kellerwirtschaft 1915. Nr. 22, 23 und 24 (Nikotin).
MEISSNER, 1915 – Versuche über die Bekämpfung des heuwurmes in Württemberg im Jahre 1915. *Zeitscher. f. Weinbau und Weinbehandlung 2 :* 293. *Der Weinbau* 14 : 95-97, 102-105. 2 Abb. (Nikotin).
MEISSNER, 1916 – Versuche über die Bekampfung des Sauerwurmes in Württemberg im Jahre 1915. *Der Weinbau :* 36-48 (Nikotin).
MEISSNER, 1917 – Bericht der Kgl. Weinbau-Versuchsanstalt in Weinsberg über die von ihr im Jahre 1916 angestellten Versuche zur Bekämpfung des Heu- und Sauerwurmes. *Der Weinbau* 16. Nr. 3 : 29-33, Nr. 4 : 39-40 (Nikotin).
MEISSNER, 1918 – Bericht der Kgl. Weinbau-Versuchsanstalt in Weinsberg über die von ihr im Jahre 1917 angestellten Versuche zur Bekämpfung des Heu- und Sauerwurmes. *Der Weinbau* 17. Nr. 3/4 : 23-26 (Nikotin).
MEISSNER, 1921 – Bekämpfung der Peronospora und des Heuwurmes. *Der Weinbau* 1921.
MEISSNER, 1921 – Über die Bekämpfung des Sauerwurmes im Jahre 1921. *Der Weinbau* 1921.
MEISSNER, 1922 – Rebschädlingsbekämpfung. *Der Weinbau* 1922.
MESTRE L. 1912 – Apparition des papillons de la Cochylis. *Progr. Agric. et Vit. 57 :* 601-602.
MESTRE C., 1899 – Cochylis et lanternes-pièges. *Progr. Agric. et Vit. 31 :* 599-602.
MESTRE C. – Conférence publique sur la Cochylis à Carcassonne. 1900, p. 44.
MESTRE C., 1901 – Eudémis et Cochylis. *Feuill. vinic. Gironde,* 26-70.
MESZAROS Z., 1967 – Lebensform-Gruppen schädling Lepidopteren und. Pronose einzelner Arten mittels Lichtfallen. *Act. Phyt. Act. Phyt. acad. Sc. Hung. 2 :* 251 bis-266, Budapest.
METALNIKOFF S., 1938 – Utilisation de microbes dans la lutte contre les insectes nuisibles. *C.R. Acad. Agric. France, 24 :* 652-660.
METALNIKOFF S.,1940 – Utilisation des méthodes bactériologiques dans la lutte contre les insectes nuisibles. *C.R. Acad. Agric. Fr., 26 :* 77.
MICHEL H., 1911 – Des pièges lumineux comme avertisseurs de l'éclosion de la Cochylis. *Progr. Agric. et Vit.* 55-803.
MIESTINGER K., 1924 – Zur Traubenwicklerbekämpfung. *Mit. Weinbau und Kellerwirtschaft 6 :* 18-21.
MIGNOT L., 1916 – La Cochylis en Anjou. *Rev. de Vit. 45 :* 191-192.
MIGNOT L., 1920 – La Cochylis invaincue. *Rev. de Vit. 53 :* 77-79, 137, 198.
MILANI A., 1914 – Über die Bekämpfungsversuche des Sauerwurmes mittels Schutzhüllen nach D.R.P. *Zeitscher. f. Pflanzenkrankh 24 :* 139-148.
MILLIERE, 1867 – Iconographie et description des chenilles. *Ann. Soc. Simméenne de Syon.*
MINOD M. et BALTZINGER G., 1917 – Notes sur la Cochylis et le Mildiou. *Revue de Vit. 46 :* 37-42.
MIR E., 1911 – La lutte contre la Cochylis par écrasement. *Progr. Agric. et Vit. 56 :* 106-108.
MIR E., 1911 – Les traitements de la Cochylis. *Rev. de Vit. 36 :* 66-68.

MIRANDE M., 1908 – Contributions à la biologie des Entomophytes. *Rev. génér. de Bot.*
MIROY C., 1899 – Note sur le traitement d'hiver contre la Pyrale et la Cochylis. *Rev. de Vit. 12 :* 54.
MOKRZECKI S.A., 1905 – Verzeichnis der russisichen Ampelophagen Saint-Petersbourg (en russ.).
MOLINAS E., 1914 – Le froid et les insectes. *Progr. Agric. et Vit. 61 :* 173-174.
MOLINES U., 1913 – L'utilisation des parasites végétaux dans la lutte contre les insectes nuisibles. *Progr. agric. et Vit.* 57.
MOLZ E., 1908 – Über Beeinflussung der Ohrwürmer und Spinnen durch das Schwefeln der Weinberge. *Ztschr. f. wissenschaftl. Insektenbiologie,* Bd. 4 Berlin, Schroder.
MOLZ E., 1908 – Schädlingsbekämpfung im Weinberge während des Winters. *Mitt. f. Weinbau und Kellerwirtschaft.* Jahrg. 20. Geisenheim.
MONTERSINO G., 1913 – Contro le Tignuole dell'uva. Torino, Tipografia Anfossi.
MOORE W., 1918 – Toxicité relative des composés organiques. *Bull. Inst. Int. Agric. Rome :* 774, res. in *Rev. de Vit. 49 : 283.*
MOREAU E., 1932 – Lutte contre les vers de la grappe en 1931. *Le Vigneron de la Champagne :* 91.
MOREAU E., 1932 – Lutte contre les vers de la grappe en 1932. *Le Vigneron de la Champagne :* 380.
MOREAU E., 1933 – Lutte contre les vers de la grappe en 1933. *Le Vigneron de la Champagne :* 269, 351.
MOREAU E., 1934 – Distinction de la Pyrale, Cochylis, Eudémis. *Le Vigneron de la Champagne :* 282 avec fig.
MOREAU E., 1934 – Essais 1934 contre les vers de la grappe. *Le Vigneron de la Champagne :* 396.
MOREAU E., 1935 – Essais contre les vers de la grappe. *Le Vigneron de la Champagne :* 265.
MOREAU E., 1936 – Détermination de la meilleure époque pour combattre les insectes. *Progr. Agric. et Vit. 105 :* 515-518.
MOREAU E., 1937 – La lutte contre les vers de la grappe. *Rev. de Vit. 87 :* 225-226.
MOREAU E., 1937 – La lutte contre les vers de la grappe. *Le Vigneron de la Champagne :* 345.
MOREAU E., 1938 – Traitements contre les vers de la grappe effectués en 1937 par station viticole de Moët et Chandon. *Bull. O.I.V., 125 :* 27-29.
MOREAU E., 1939 – Lutte contre les vers de la grappe par des bactéries pathogènes. *Le Vigneron de la Champagne :* 14, 188.
MOREAU E., 1939 – Lutte contre l'Eudémis et la Cochylis. *Le Vigneron de la Champagne :* 70.
MOREAU E., MAURY P. et BADOUR C., 1953 – Essais insecticides. *Le Vigneron champenois :* 152-156.
MOREAU E., 1955 – Lutte contre la Cochylis. *Le Vigneron champenois :* 109-112.
MOREAU E., 1955 – Lutte contre la Cochylis. *La Viticulture nouvelle :* 145.
MOREAU E., 1957 – Lutte contre les vers de la grappe. *Le Vigneron champenois :* 287.
MOREAU E., 1958 – La fécondité des papillons femelles de Cochylis et d'Eudémis. *Le Vigneron champenois :* 122-125.
MOREAU E., 1959 – L'Eulia ou petite tordeuse de la grappe. *Le Vigneron champenois :* 121.
MOREAU L. et VINET E., 1908 – Voyage viticole en Italie et en Sicile. *Rev. de Vit. 30 :* 365-376, 399-403, 433-437, 456-462.
MOREAU L. et VINET E., 1909 – La destruction de la Cochylis. Etudes et expériences. *Bull. Soc. Indust. Agric. Angers :* 1-45.
MOREAU L. et VINET E., 1909 – Recherches sur les larves de première génération. *Bull. Soc. Indust. sur les larves de première génération. Bull. Soc. Indust. Agric. Angers :* 1-14.
MOREAU L. et VINET E., 1910 – La lutte contre la Cochylis. Etudes et expériences faites en Anjou en 1909. *Bull. Soc. Indust. Agric. Angers :* 1-26.
MOREAU L. et VINET E., 1911 – La pratique des traitements insecticides contre la Cochylis. *rev. de Vit. 35 :* 127-130.
MOREAU L. et VINET E., 1911 – La lutte contre la Cochylis, Etudes et expériences faites en Anjou en 1910. *Bull. Soc. Indust. Agric. Angers :* 1-28.
MOREAU L. et VINET E., 1911 – La lutte contre la Cochylis. Les traitements. *Congr. vitic. Montpellier :* 371-393.
MOREAU L. et VINET E., 1912 – La lutte contre la Cochylis en Anjou en 1911. Etudes et expériences faites en 1911. *Bull. Soc. Indust. Agric. Angers :* 21-46.
MOREAU L. et VINET E., 1912 – La lutte contre la Cochylis. *Rev. de Vit. 37 :* 238-241, 299-308, 333-339.
MOREAU L. et VINET E., 1912 – La lutte contre la Cochylis. *Soc. des agric. de France,* février et *Progr. Agric. et Vit., 57 :* 461-470, 492-499, 517-524.
MOREAU L. et VINET E., 1912 – La lutte contre la Cochylis. *Bull. Station œnol. de Maine-et-Loire,* VII : 50-53.
MOREAU L. et VINET E., 1913 – Sur les effets comparés de l'arsenic et du plomb dans les traitements appliqués contre les larves de Cochylis. *C.R. Acad. Sci., 156 :* 906-908 et *Rev. de Vit. 40 :* 489-490.
MOREAU L. et VINET E., 1913 – La Cochylis : constatations actuelles ; traitements d'été. *Bull. de la Soc. des Agriculteurs de France :* 55-56.
MOREAU L. et VINET E., 1913 – Über die Wirkung von Blei und Arsenik bei der Bekämpfung des Heu- und Sauerwurmes. *Intern. agrart. Rundschau I :* 832.
MOREAU L. et VINET E., 1913 – Au sujet de la lutte contre les insectes de la vigne. *Rev. de Vit. 39 :* 514-515.
MOREAU L. et VINET E., 1914 – La lutte contre la Cochylis. Insecticides et insectifuges. Leur emploi dans les moyens et petits vignobles. *Rev. de Vit. 41 :* 369-374.
MOREAU L. et VINET E., 1914 – Au sujet de l'emploi des pièges à vin pour capturer les papillons de la Cochylis. *C.R. Acad. Scie., Rev. de Vit. 41 :* 48-50 et *Progr. Agric. et Vit. 61 :* 147-147.
MOREAU L. et VINET E., 1915 – Sur l'emploi des pièges alimentaires contre la Cochylis. *Rev. de Vit. 43 :* 12-13.
MOREAU L. 1919 – Les traitements contre la Cochylis. *C.A. de l'assemblée gén. Bull. Soc. Agric. France,* Paris.
MOREAU L. et VINET E., 1919 – Les pièges-appâts dans la lutte contre la Cochylis. *Ann. Epiphyties, 6 :* 299-312.
MOREAU L. et VINET E., 1924 – Cochylis et Eudémis dans l'Ouest. *Rev. de Vit. 60 :* 246-247.
MOREAU L. et VINET E., 1925 – (Les vers de la grappe). *Ann. Epiphyties.*
MOREAU L. et VINET E., 1925 – Sur les difficultés de traiter l'Eudémis dans les vignobles septentrionaux. *C.R. Soc. Agri. France* 61 : 115-118.
MOREAU L. et VINET E., 1926 – La lutte contre la Cochylis et l'Eudémis. *Rev. de Vit. 64 :* 223-226.
MOREAU L. et VINET E., 1926 – La lutte contre la Cochylis et l'Eudémis. Comment réduire en nombre et en importance les grandes invasions. *C.R. Acad. agric. France,* 12 : 400-404.
MOREAU L. et VINET E., 1926 – La lutte contre la Cochylis et l'Eudémis. Comment orienter la défense du vignoble. *Bull. Union des Vitic. Maine-et-Loire* et *Progr. Agric. et Vit. 85 :* 495-498.
MOREAU L. et VINET E., 1927 – Cochylis et Eudemis. La défense du vignoble par l'organisation de la lutte contre les insectes. *Rev. de Vit. 66 :* 341-346.
MOREAU L. et VINET E., 1930 – De la valeur des traitements d'assurance dans la lutte contre les ennemis de la grappe. *C.R. Acad. agric. :* 1106.

MOREAU L. et VINET E., 1932 – Evolution de la Cochylis et de l'Eudemis de 1911 à 1932. Peut-on prévoir l'importance des invasions ? *Ann. Epiphyties* 18 : 250-258.

MOREAU L. et VINET E., 1936 – Cochylis et Eudémis. *Rev. de Vit. 85 :* 409-413.

MORELOT (de) (Dr), 1831 – Statistiques de la vigne dans le département de la Côte d'Or (Dijon), 1 vol. in-8, 288 p.

MOREROD H., 1889 – Essais à Yvorne. *Feuill. Vinic. Gironde.* 1890. *Chron. agr. vit. Canton Vaud.* 2 p. 39.

MORITZ (Dr), 1880 – Sur les insectes nuisibles à la vigne.

MORRIS O.N. et ARMSTRONG J.A., 1975 – Preliminary field trials with *Bacillus thuringiensis* chemical insecticide combinations in the integrated control of the spruce budworm, *Choristoneura fumiferana* (Lepidoptera : Tortricidae). *Can. Ent., 107 :* 1281-1288.

MULLER C.A., 1891 – Die Winterquartiere des Heu- und Sauerwurmes an der Obermosel. *Mitt. Weinbau und Kellerwirtschaft, 3 :* 17-23.

MÜLLER-TRIER, PFEIFFER et SCHULTE, 1921 – Bericht über gemeinsame Versuche der Provinzial-Wein- und -Obstbauschule zu Trier, Kreuznach, *Ahrweiler zur Bekämpfung von Schädlingen und Krankheiten des Weinstockes.*

MÜLLER K., 1914 – Anleitung zur Bekämpfung des Heu- und Sauerwurmes. Hauptst. f. Pflanzenschutz in Baden. Flugbl. Nr. 2. 4 p. m. Abb. (Nikotin).

MÜLLER K., 1919 – Gifte zur Schädlingsbekämpfung. *Badisches landw. Wochenblatt.*

MÜLLER K., 1920 – Zur diesjährigen Heu- und Sauerwurmbekämpfung. *Badisches landw. Wochenblatt.* Nr. 14.

MÜLLER K., 1921 – Weiterer Beitrag zur Behandlung der Reben mit Uraniagrün. *Bad. Landw. Wochenblatt* 82.

MÜLLER K., 1921 – Warum virkte Uraniagrün vielfach gegen den Heuwurm nicht ? *Weinbau und Weinhandel* 39.

MÜLLER K., 1921 – Sauerwurmbekämpfung. *Weinbau und Weinhandel 39. Badisches landw. Wochenblatt.*

MÜLLER K., 1922 – Hat der Winterfrost die Sauerwurmpuppen abgetötet ? *Weinbau und Kellerwirtschaft :* 77-78.

MÜLLER K., 1922 – Schädlingsbekämpfung im Jahre 1922. *Weinbau und Kellerwirtschaft l.*

MÜLLER K., 1922 – Neuere Erfahrungen in der Rebschädlingsbekämpfung. *Weinbau und Kellerwirtschaft l.*

MÜLLER K., 1922 – Rebschädlinge und ihre neuzeitliche Bekämpfung. Karlsruhe 2. Aufl.

MÜLLER-THURGAU H., 1889 – Einige Rebenschaedlinge und deren Bekämpfung III Theil-Der Heu-und Sauerwurm *(Tortrix ambiguella) Weinbau und Weinhandel,* Mainz 8 juin : 250-252.

MÜLLER-THURGAU H., 1918 – Zur Bekämpfungdes Heu- und Sauerwurmes im Sommer. *Schweiz. Zeitschr. f. Obst- u. Weinbau.*

MULLOT G., 1911 – Les échaudages précoces et le décorticage contre la Cochylis. *Progr. Agric. et Vit. 56 :* 12-13.

MULLOT G., 1912 – Enquête sur les effets du décorticage contre la Cochylis. *Progr. Agric. et Vit. 57 :* 36-38.

MULLOT G., 1921 – Traitement de la Cochylis et de l'Eudémis en 1921. *Progr. Agric. et Vit. 76 :* 207-208.

MUTH Fr., 1906 – Über die Beschädigung der rebenblätter durch Kupferspritzmittel. *Mitt. d. deutsch. Weinbauvereines. Jahre. I.*

MUTH Fr., 1910 – Zur Bekämpfung des Heu- und Sauerwurmes. *Mitt. d. deutsch. Weinbauvereins.* Mainz, Theyer.

MUTH Fr., 1911 – Lockflüssigkeit Für Heu- und Sauerwurmmotten. *Weinbau und Weinhandel 29 :* 223-224.

MUTH Fr., 1913 – Die Bekämpfung des Heu- und Sauerwurmes mit nikotinhaltigen Spritzbrühen. *Mitt. d. deutsch. Weinbauverbandes.*

MUTTELET F., et TOUPLAIN F., 1912 – L'arséniate de plomb en viticulture. Recherche du plomb et de l'arsenic dans les raisins, les marcs, les vins et les lies. *Ann. des Falsifications,* janvier et *Rev. de Vit. 37 :* 205-209.

MUTTELET F., 1916 – L'arséniate de plomb en viticulture. *Ann. des Falsifications 9 :* 208-301.

NEBOUT P., 1960 – Propos sur les vers de la grappe. *Bull. Techn. des P.-O.,* N° 14 : 57-63.

NEGRE Ed., 1951 – Vins de vendanges eudémisées. *Progr. Agric. et Vit. 136 :* 32-35.

NENNING (Von), 1811 – Über ein den Weintrauben hochst schadliches, vorzuglich auf der Insel Reichenau bei Konstanz einheimisches Insek 2 Aufl. Konstanz. Verlag C. Glückher (et 2e éd. 1840).

NICOLAS H., 1910 – Sulfure de carbone. Pyrales et Cochylis. *Rev. de Vit. 34 :* 588-589.

NICOLLE Th., 1911 – Les oiseaux, la Cochylis et l'Eudémis. *Rev. de Vit. 36 :* 160-164.

NOUGARET A., 1921 – Essais de destruction de la Cochylis et de l'Eudémis. *Progr. agric. et vitic. 76 :* 304-309.

O...., 1895 – Traitement de la Cochylis. *Rev. de Vit. 3 :* 498-499.

OBERLIN Ch., 1890 – Der beginn der Flugzeit der Traubenmotte. *Weinbau und Weinhandel, 8 :* 161.

OBERLIN Ch., 1901 – Die Bekämpfung der Traubenwürmer. *Weinbau und Weinhandel 19 :* 234.

OBERLIN Ch., 1906 – Destruction du ver ou de la Cochylis de la vigne avec des éventails gommés. *La vigne améric. :* 119-120.

OBERLIN Ch., 1911 – La Cochylis et l'Eudémis en Alsace. *Rev. de Vit. 35 :* 152-153.

OBIEDOFF S. et PEHLIVANOGLOU D.V., 1915 – Observations sur les Insectes de la Vigne à l'E.N.S.A.M. en 1915. *Ann. Ecole Nat. d'Agric. Montpellier,* XIV, 4 : 264-281 et *Progr. Agric. et Vit.* 1916, *66 :* 330-333, 354-357, 396-403.

OGER A., 1909 – La Cochylis et les arsenicaux en anjou. *Rev. de Vit. 31 :* 405.

OGER A., 1909 – La lutte contre la Cochylis et le Cigarier par l'arsenic. *Rev. de Vit. 32 :* 118-121.

OLIVEIRA (d') D., 1918 – Un ennemi de la vigne en Amérique *(Polychrosis viteana). Rev. de Vit. 48 :* 353-357.

ORSI O., 1890-1892 – Leseberickt von San Michele 1889-1891. *Weinlaube* 1890 : 79-80. 1891 : 187-188, 1892 : 248.

ORSI O., 1910 – Esperienze contro la prima generazione della Tignola della'uva. *Bollet Consigl. d'Agric.* Trento, 4 Anglio.

ORSI O., 1913 – Nuove esperienze contro la Tortrice. *Atti del convegio viticolo* Trento.

OTTAVI O., 1906 – La Cochylis et la Vigne américaine. *Il coltivatore,* 8 juillet : 210-212.

OWARD, 1909 – Les arsenicaux en Amérique. *Rev. de Vit. 31 :* 441-444.

P.A., 1915 – L'Eudemis-Cochylis et les petits oiseaux. *Rev. de Vit. 43 :* 274-275.

PACOTTET P., 1903 – Cochylis, pédicelles, chancres. *Rev. de Vit. 20 :* 305.

PAGENSTECHER A. – Über den nächtlichen Fang von Schmetterlingen. Jahrbücher Nassauich. Ver. Naturkunde. Jahr. 29 u. 30. 1875.

PAGENSTECHER A., 1909 – Die geographische Verbreitung der Schmetterlinge. Iéna, G. Fischer.

PAILLOT A., 1912 – L'Eudémis en Bourgogne. *Progr. Agric. et Vit. 58 :* 712-715.

PAILLOT A., 1913 – Observations sur la Cochylis et l'Eudémis en Bourgogne pendant l'année 1912. *Ann. Epiphyties, I :* 339-358.

PAILLOT A., 1915 – Les microorganismes parasites des insectes, leur emploi en agriculture. *Ann. des Epiphyties* 188-232.

PAILLOT A., 1915 – Observations et expériences sur les champignons parasites des insectes. *Ann. des Epiphyties, IV :* 329.

BIBLIOGRAPHIE

PAILLOT A., 1917 – Observations sur les champignons parasites des insectes. *Ann. Epiphyties, 4 :* 329-334.

PAILLOT A., 1921 – Les traitements simultanés contre les maladies cryptogamiques et les insectes parasites des arbres fruitiers par les bouillies mixtes. *Ann. Epiphyt.*

PAILLOT A. et FAURE, 1923 – Culture du pyrèthre et utilisation sur place de la récolte. *C.R. Acad. Agric. de France.*

PAILLOT A., 1940 – L'organisation de la lutte contre la Cochylis et l'Eudemis de la vigne (campagne 1940). *C.R. Acad. Agric. de France :* 189-193, 867. *Rev. de Vit.* 92 : 123-125 et *Bull. O.I.V., 139 :* 49-53.

PAILLOT A., 1941 – *Mesnilia legeri* nov. gen. sp. parasite de la Cochylis de la Vigne. *C.R. Acad. Soc. Biol., 135 :* 1041.

PAILLOT A., 1941 – Rôle des facteurs microbiens dans la destruction naturelle de la Cochylis et de l'Eudémis. *C.R. Agric., 27 :* 151 et *Bull. O.I.V., 146 :* 74.

PAILLOT A., 1942 – La lutte contre la Cochylis et l'Eudémis (campagne 1941). *C.R. Acad. Agri. France, 28 :* 234.

PAILLOT A., 1942 – La lutte contre la Cochylis et l'Eudémis de la Vigne. *Ann. Epiphyties* n.s. 8 : 121-176.

PAOLI G., 1923 – La « rissetta » della viti. *Redia,* XV p. 181-189. Florence.

PASSERINI N., 1919 – Sul potere insetticida del *Pyrethrum cineariaefolium etc... Nuovo Giornale botanico italiano,* vol. 127, fasc. 1-16.

PASTRE J., 1912 – Défense contre la Cochylis et l'Eudémis. *Progr. Agric. et Vitic.* 57 : 584-587.

PAU H., 1939 – Essais de lutte contre l'Eudémis. *Progr. Agric. et Vit.* 111 : 217-224.

PAZUMOT, 1789 – Un ver attaquant les raisins. *C.R. Acad. Dijon.*

PECK, 1911 – Les pièges lumineux contre la Pyrale et la Cochylis. Reims.

PEMAN MEDINA C., 1962 – Las polillas y la pudricion de la Uva *Bol. Inst., nac. Investig. agron.* 22 (47) : 215-237, Madrid et *Bull. O.I.V.,* 1963, 390 : 1084.

PERRAUD J., 1891 – Nouvelles observations relatives à la biologie et au traitement de la Cochylis. *Rev. Station vitic. Villefranche :* 121-128.

PERRAUD J., 1893 – Sur un champignon parasite de la Cochylis. *Rev. trimestrielle Station Viticole de Villefranche :* 36-42 et *C.R. Acad. Sciences,* 17 juillet 1893.

PERRAUD J., 1893 – Destruction de la Cochylis (pyrèthre). *Progr. Agric. et Vit.* 19 : 510.

PERRAUD J., 1893 – Un nouvel insecte destructeur de la Cochylis (Coccinelle). *Progr. agric. et vit.* 20 : 40-41.

PERRAUD J., 1900 – De la Cochylis et des moyens de la combattre. *Progr. agric. et vitic.* 33 : 11-12, 40-42, 80-83, 168-174, 206-208, 391-395, 452-454, 583-587.

PERRAUD J., 1904 – Sur la perception des radiations lumineuses chez les papillons nocturnes et l'emploi des lampes-pièges. *Progr. Agric. et Vit.* 41 : 722-723 et *La Vigne améric. :* 187.

PERRAUD J., 1908 – L'Eudémis dans le Beaujolais et les vignobles du Sud-Est. *la Vigne améric. :* 72-76.

PERRAUD J., 1909 – Recherches pour la destruction des vers du raisin. *La Vigne améric. :* 138-148.

PERRAUD J., 1909 – L'Eudémis et la Cochylis. *Rev. agricole de l'Est.*

PERRAUD J., 1910 – Le Chlorure de Baryum insecticide. *Progr. Agric. et Vit.* 54 : 102-104.

PERRAUD J., 1911 – Recherches sur les procédés de destruction de la Cochylis et de l'Eudémis. *Congr. vit. Montpellier :* 360-362.

PEYERIMHOFF (de) P., 1876 – Organisation extérieure des tordeuses. *Bull. Soc. entom. de France.*

PETIT, 1922 – The Grape berry moth in 1922. *Michig. Agr. Expt. Sta. Circ.* 52.

P.F., 1913 – Die Bekämpfung des Heu- und Sauerwurmes mit Nikotin während des Jahres 1913. *Luxemburger Weinzeitung.*

Pfälzische Kommission zur Bekämpfung der rebschädlinge, 1910 – Der Heu- und Sauerwurm. Neustadt a. d. H.

PFEIFFER F., 1906 – Die Bakämpfung des Heu- und Sauerwurmes in Kempten (Rheinhessen). Weinbau und Weinhandel : 18-19.

PFEIFFER F., 1913 – Versuche zur Bekämpfung der Sauerwurmmotten. *Beiblatt der Hess. Landwirtschaftl. Zeitschr.*

PFEIFFER F., 1921 – Heuwurmbekämpfung 1921. *Hess. landw. Zeitg.* 91, 1921. *Beilage Hess. Obst- usw. Ztg.* Nr. 1, 3.

PFEIFFER F., 1922 – Versuche zur Bekämpfung des Heu- und Sauerwurmes im Jahre 1921. *Hess. Obst-, Wein-, Gemüse- u. Gartenbauzeitung* 12.

PICARD F., 1910 – A propos de l'enquête sur la Cochylis. *Progr. Agric. et Vitic.* 54 : 618-622.

PICARD F., 1911 – Y a-t-il des Cochylis dans les sarments ? *Progr. Agric. et Vit.* 55 : 37-39.

PICARD F., 1911 – La lutte contre les papillons de la Cochylis. *Progr. Agric. et Vit.* 55 : 646-648 et 673.

PICARD F., 1911 – Pyrale, Cochylis et Eudémis. *Progr. Agric. et Vit.* 55 : 446-469, 1 pl. couleurs.

PICARD F., 1911 – Une expérience sur les pièges lumineux. *Progr. Agric. et Vit.* 56 : 40-41.

PICARD F., 1911 – Sur quelques points de la biologie de la Cochylis et de l'Eudémis. *C.R. Acad. sci.,* 152, 19 juillet : 1792, *Rev. de Vit.* 36 : 17-18, *Progr. Agric. et Vit.,* 56 : 53-54 et *Congr. Vitic. Montpellier :* 346-350.

PICARD F., 1911 – Sur un nouvel ennemi de la Cochylis de la Vigne l'*Odynerus chevrieranus* Sauss. (Hymén. *Verpidae) Bull. Soc. Entom. de France,* N°12 et *Progr. Agric. et Vit.* 56 : 773-775.

PICARD F. et FABRE H., 1911 – Sur un curieux changement de régime de la Cochylis et de l'Eudémis. *Progr. Agric. et Vit.* 55 : 767-769, 2 fig.

PICARD F. et FABRE H., 1911 – A propos du changement de régime de la Cochylis. *Progr. Agric. et Vit.* 56 : 41-42.

PICARD F., 1912 – Sur la présence dans le Midi de la France d'une chenille ampélophage, le *Cacoecia costana. Progr. Agric. et Vit.* 57 : 553-555.

PICARD F., 1912 – Sur la biologie du *Cacoecia costana* et de son parasite *Nemorilla varia. C.R. Ass. Franç. p. Avancement des Sciences,* Nîmes, août 1912.

PICARD F., 1912 – Les microlépidoptères de la Vigne (Pyrale, Cochylis, Eudémis). *Progr. Agric. et Vit.* 57 : 551-553, 1 pl. couleurs.

PICARD F., 1913 – Considérations sur l'emploi des arsenicaux dans la région méridionale. *Ann. Epiphyties, 1 :* 77-79.

PICARD F., 1913 – Rapport sur la Cochylis et l'Eudémis dans le Midi de la France. *ann. Epiphyties* 1 : 352-364.

PICARD F., 1913 – Un microlépidoptère de la vigne. Le *Cacoecia costana* F. *Progr. Agric. et Vit.* 59 : 678-684, 1 pl. couleurs.

PICARD F., 1914 – Les Entomophtorés, leur parasitisme chez les insectes. *Bull. Soc. Etude vulg. zool. agric.*

PICARD F., 1914 – A propos de l'action du froid sur les insectes. *Progr. Agric. et Vitic.* 61 : 332-333.

PICARD F., 1920 – A propos de la lutte contre la Cochylis et l'Eudémis au moyen des parasites. *Progr. Agric. et Vit.* 74 : 589-593.

PICARD F., 1920 – La lutte contre la Cochylis par le choix des cépages et par la lutte des plantes attractives. *Progr. Agric. et Vit.* 75 : 36-39.

PICARD F., 1921 – Les microlépidoptères de la vigne Pyrale, Cochylis, Eudémis. *Progr. agric. et Vit.* 76 : 8-13, 41-45, 61-69, 115-119.

PICARD F., 1924 – Les origines de la vigne. *Feuille nat. 45 :* 25-27.
PICTET A., 1914 – Le rôle joué par la sélection naturelle dans l'hibernation des Lépidoptères. *IXme Congr. intern. de Zool. Monaco.*
PIEYRE de MANDIARGUES, 1896 – A propos du papillonnage : Pyrale et Cochylis. *Rev. de Vit. 6 :* 41-43.
PINEAU B. et RICHARD M., 1962 – Essais de lutte contre la Cochylis en 1961. *Le Vigneron champenois :* 284-285.
PISOVCHI, 1913 – Mémoriu asupra Cochylisului si al Eudemisului si al Eudemisului 1912, Bucarest.
PITHIOUD A., et ROUSSEL R., 1947 – Expérimention moderne contre les vers de la grappe (D.D.T.). *Rev. de Vit., 93 :* 227-230.
PLANCHON J.E., 1887 – La Cochylis de la Vigne. *La Vigne américaine :* 239-240.
PORTELE K., 1914 – Zur Bekämpfung des Heu- und Sauerwurmes. *Allg. Weinztg.* 31.
POSSOMBES B., 1954 – Les données expérimentales sur le déterminisme endocrine de la croissance des insectes. *Bull. Soc. Zool. Fr. 78 (4) :* 240-275.
PRINZ J., 1924 – Versuche der Bekämpfung der Traubenwickler in Transkaukasien. *Weinbau und Kellerwirtschaft. 3 :* 62-63.
PRINZ J., 1925 – Beitrage zur Biologie und Bekämpfung der Rebschädlinge. *Entomologisches Kabinett beim Winzerwein « Konkordia »,* Tiflis.
PRINTZ a. J., 1932 – Notes on Vine pests *III. Ent. Kap. Koop. Vinogr. Konkordiya,* Tiflis, Izd. Tekhnika i Shroma.
QUANTIN, 1891 – Destruction de la Cochylis. *Progr. Agric. et Vit., 16 :* 76-77 et *Journ. agric. pratique* t. II : 229.
R..., 1901 – Zur Bekämpfung des Heu- und sauerwurmes im Rheingau. *Weinbau und Weinhandel.* Jahrg. 19 : 304-305, 408 (Mottenfang).
RAMDOHR, 1914 – Zur Sauerwurmbekämpfung mit Nikotinbrühen. *Bad. landw. Wochenbl. :* 783-785.
RATHAY Em., 1896 – Über ein schädliches Auftreten von *Eudemis botrana* in Niederosterreich. Weinlaube, 28 : 409-414.
RAUN E.S. et JACKSON R.D., 1966 – Encapsulation as a technique for formulating microbial and chemical insecticides. *J. Econ. Ent. 59 :* 620-622.
RAVAZ L., 1913 – Un procédé de défense intéressant (bandelettes d'étoffe). *Progr. Agric. et Vit. 60 :* 709-712, 2 fig.
RAVAZ L. et OBIEDOFF S., 1915 – Essais de traitement contre Cochylis et Eudémis. *Progr. Agric. et Vit. 64 :* 540-547.
RAVAZ L., 1915 – Traitement contre les insectes. *Progr. Agric. et Vit. 63 :* 457-461.
RAVAZ L., 1915 – Encore l'eau chaude. *Progr. agric. et vitic. :* 555-558.
RAVAZ L., 1915 – L'ébouillantage d'automne et de printemps. *Progr. Agric. et Vit. 64 :* 413-415.
RAVAZ L., 1916 – A propos des futures invasions des insectes de la vigne. *Progr. agric. et vitic.* 65 : 149-152.
RAVAZ L., 1916 – Répartition des insectes de la vigne sur les souches. *Progr. Agric. et Vit. 65 :* 202-203.
RAVAZ L., 1916 – Une grosse pyrale de la vigne (*Cacoecia costana*). *Progr. Agric. et Vit. 65 :* 396-399.
RAVAZ L., 1919 – Les déplacements de la Cochylis. *Progr. Agric. et Vit. 73 :* 409-410.
RAVAZ L., 1920 – Faux œufs de Cochylis et d'Eudémis. *Progr. Agric. et Vit. 74 :* 516.
RAVAZ L., 1921 – Y aura-t-il de l'Eudémis-Cochylis en 1921 ? *Progr. agric. et Vit. 76 :* 33-35.
RAVAZ L., 1921 – Quand faut-il combattre l'Eudémis. *Progr. Agric. et Vit. 76 :* 251.
RAVAZ L., 1923 – Traitement de la Cochylis. *Progr. Agric. et Vit. 79 :* 441-442.
RAVAZ L., 1924 – La défense contre l'Eudémis. *Progr. Agric. et Vit. 82 :* 560-562.
RAVAZ L., 1924 – Le permanganate de potasse et l'Eudémis. *Progr. Agric. et Vit. 81 :* 201.
RAVAZ L., 1925 – Comment engager la lutte contre l'Eudémis. *Progr. Agric. et Vit. 83 :* 344-347.
RAVAZ L., 1925 – L'Eudémis et la Cochylis. *Progr. Agric. et Vit: 84 :* 365-369.
RAVAZ L., 1925 – Sur la sensibilité de certaines vignes à l'Eudémis. *Progr. Agric. et Vit. 84 :* 420-421.
RAVAZ L., 1926 – Faut-il désespérer de détruire Cochylis et Eudémis. *Progr. Agric. et Vit. 85 :* 103-104.
RAVAZ L., 1927 – Les traitements d'été de l'Eudémis. *Progr. Agric. et Vit. 88 :* 300-301.
RAVAZ L., 1928 – L'effeuillage contre l'Eudémis et la Cochylis. *Progr. Agric. et Vit. 89 :* 253-257.
RAVAZ L., 1928 – Lutte contre l'Eudémis (à Adissan). *Progr. Agric. et Vit. 89 :* 301-306.
RAVAZ L., 1932 – Contre les insectes (Eudémis). *Progr. Agric. et Vit. 97 :* 475-477.
RAVAZ L., 1932 – Y aura-t-il, cette année, des invasions de Cochylis et d'Eudémis ? *Progr. Agr. et Vit. 98 :* 609-611.
REMER, 1904 – Versuche mit Fanglaternen. *Sond.- Jahresber. Schles. Ges. f. vaterl. Kultur.*
RETOURNAT et PHELINE, 1927 – La lutte contre l'Eudémis (Plantations intercalaires de tabac). *Rev. de Vit. 67 :* 240. *L'Algérie agricole et viticole.*
RIBAGE G. – Impiego della trapole a luce nella lotta contro gli insetti notturni. *Bollett. di Entom. agrar. e patol. vegetale.* Padova an. IX. no. 12 u. X. no. 2.
RICHARD M. et PINEAU B., 1959 – La lutte contre la 1re génération de la Cochylis en 1959 dans le vignoble champenois. *Phytoma 113, déc. :* 31-32.
RICHARD M., 1959 – Les Tordeuses de la grappe en 1958. *Phytoma* 107 : 25-27, avril.
RICHARD M. et PINEAU B., 1960 – Les Tordeuses de la grappe en France en 1959. *Phytoma,* 119 : 27-29.
RICHARD M., 1964 – Essais de lutte contre la Cochylis en 1963. *Le Vigneron champenois :* 109-111.
RICHARD M., 1964 – A propos de la Cochylis. *Le Vigneron champenois :* 240-241.
RITTER (von) C., 1835 – Bemerkungen über den Heu- und Sauerwurmes an den Weintrauben : 32, 4 fig. rés. in *Weinbau u. Weinhandel, 8,* 1890 : 147.
ROCHEMACÉ (de la), 1911 – Les pièges à Cochylis. *Progr. agric. et vitic.* 55 : 639-640.
RÖDER W., 1920 – Uraniagrün und seine Verwendung im Weinbau. *Wein und Rebe* 2.
RÖDER W., 1921 – Krankheiten- und Schädlingsbekämpfung. *Weinbau und Weinhandel* 9.
RÖDER W., 1922 – Bericht über die Rebenschädlinge. *Landw. Zeitschr. Rheinprovinz* 23.
RODRIAN, 1941 – Le Nirosan contre les vers. *Bull. OIV 143 :* 155.
ROEHRICH R., 1960 – Contribution à l'étude écologique des populations de la Tordeuse du pêcher (*Grapholita molesta* Busk) dans la région d'Aquitaine. *Thèse Fac. Sci. Paris,* 118 p.
ROEHRICH R., 1968 – Essais sur vigne de divers produits à base de *Bacillus thuringiensis* Berliner contre l'Eudémis de la vigne. *Rev. Zool. agric., 4-6 :* 63-67.
ROEHRICH R., 1969 – La diapause de l'Eudémis de la vigne *Lobesia botrana.* Schiff. Induction et élimination. *Ann. de Zool. Ecologie animale :* 419-431.
ROEHRICH R., 1970 – Essais de deux produits commerciaux à base de *Bacillus thuringiensis* pour la protection de la vigne contre l'Eudémis. *Rev. Zool. agric. :* 74-78.
ROEHRICH R., 1970 – Le piégeage sexuel de l'Eudemis de la Vigne. *Rev. Zool. agric. et Pathol. vég.,* N° 1 : 31-32.
ROEHRICH R., MARCELIN H., LECIGNE Y, VIDAL G. et SOBRAQUES R., 1977 – Lutte contre, l'Eudemis de la vigne. *Bull. Techn. des P.-O.,* N° 82 : 5-44.

BIBLIOGRAPHIE

ROELOFS W., CARDE R. et TETTE J., 1973 – Oriental fruit moth attractant synergists. *Envir. Entom.* 2 : 252-254.
ROELOFS W., et ARN H., 1973 – Sex attractant of the grape vine moth. *Lobesia botrana. Mitt. Schweiz. Ent. Ges., 46* : 71-73.
ROELOFS W., KOCHANSKY J., CARDE R., ARN H. et RAUSCHER S., 1973 – Sex attractant of the grape vine moth. *Lobesia botrana Bull. Soc. Entom. Suisse,* Bd 46, H. 1-2 : 71-73.
ROHRIG G., 1910 – Die Wirtschaft Bed utung der Vogelwelt als Grundlage des Vogelschutzes. *Mitt. aus d. Kais. Biol. Anstalt f. Land u. Forstwirtschaft.* Heft 9. Berlin P. Parey.
RONDANI C., 1876 – Sulla tignuola minatrice della foglie delle vite.
ROSER (von) L., 1829 – Bemerkungen uber den Heuwurm und Sauerwurm an den Weintrauben. *Correspondenzblatt des wuertembergischen landwirt. Vereins,* XVI Band. déc. : 244.
ROUSSEAUX E., 1910 – Précautions à prendre dans la vinification des vendanges altérées. *Rev. de Vit. 34* : 299.
ROUSSEL R. et PITHIOUD A., 1947 – Essais de lutte contre les vers de la grappe. *Progr. Agric. et Vit. 127* : 103-110.
ROUSSEL R., 1947 – Les produits organiques de synthèse et leur utilisation comme insecticide en agriculture (DDT, HCH SPC). *Progr. Agric. et Vit.* 127 :163-167, 184-187.
ROUSSEL R., 1948 – Lutte contre l'Eudemis. Pulvérisation ou poudrage. *Progr. Agric. et Vit.* 129 : 98-100.
ROUSSEL R., 1950 – Les tordeuses de la grappe. Evolution au cours des dix dernières années. Essais de traitements. *Rev. Zool. agr. appl.* 3e-4e trim. 49 : 43-47.
ROUSSEL C., 1959 – Observations sur l'évolution des Tordeuses de la grappe dans le Sud-Ouest. *Phytoma,* 112 : 24-27.
ROUSSEL C., 1973 – Les particularités de la lutte contre les Parasites de la Vigne dans le Sud-Ouest de la France. *Progr. Agric. et Vit. 6* : 286-292.
ROY G., 1896 – Altise, Cochylis et Papillonnage. *Rev. de Vit. 5* : 89-91, 168.
ROZIER (Abbé) F., 1771 – Des Insectes essentiellement nuisibles à la vigne. Tableau annuel des progrès de la Physique, de l'histoire naturelle et des arts, 1re année par DUBOIS.
RUBSAAMEN Ew. H., 1909 – Die wichtigsten deutschen Rebenschädlinge und Rebennützlinge. Berlin.
RUI D., 1956 – La ménatrice delle foglie di Vitic. et giraldi g. (*Holocacista Rivillei* Staint. *Riv. di Vitic. e Enol. Congegliano* : 67-70.
RUSCHKA und FULMEK, 1915 – Pflanzenschutzstation in Wien ergogene parasitische Hymenopteren. *Ztschr. f. angew. Ent.,* Bd 2 : 408.
RUSS K., 1961 – Der Traubenwickler gewinnt wieder an Bedeutung. *Der Pflanzenarzt,* Wien : 24.
RUSS K., 1962 – Traubenwicklerwarndienst. *Der Pflanzenarzt,* Wien : 79.
RUSS K., 1963 – Beobachtungen über den Flug des Traubenwicklers mit Hilfe von Robinson-Lichtfallen (Traubenwicklerwarrndienst) *Der Pflanzenarzt, 16* : 79-80.
RUSS K., 1966 – Mehrjährige Flugbeobachtungen an Faltern von *Clysia ambiguella* und *Polychrosis botrana* mit Hilfe von Robinson-Lichtfallen in Osterreich. *Die Wein-Wissenschaft,* 21 : 189-209.
RUSS K., 1966 – Observations du vol pendant plusieurs années de Cochylis et d'Eudemis, à l'aide de pièges lumineux. Robinson en Autriche, *Die Wein-Wissen Schaft 5* 189-209 et *Bull. OIV 425* : 940-941.
RUSS K., 1969 – Der Traubenwicklerwarndienst-ein Weg zum integrierten Pflanzenschutz. *Der Pflanzenart, 22* : 32-33.
SALOMON R., 1911 – La Cochylis et l'Eudemis dans la Seine-et-Marne. *Rev. de Vit., 35* : 147-149.
SANDERS et de LONG, 1921 – Factors determining local infestation of the Grape berry moth II. *Econ. Entom.* Geneva, N.Y.
SANNIO F. A., 1890 – Sopra alcuni mezzi per distruggere le larve della tignuole dell' uva. *Italia enologica.* Ann. 4, 6 : 10.
SARCOS O., 1902 – Le gazotherme. *Rev. Vit. 18* : 51-53.
SARCOS O., 1910 – Concours d'appareils contre l'Eudemis et la Cochylis à Carcassonne. *Rev. de Vit. 34* : 635-642 (fig.).
SARCOS O., 1911 – La Cochylis et l'Eudemis dans l'Aude. *Rev. de Vit. 35* : 131-134.
SARCOS O. – La préparation et l'emploi des solutions arsenicales pour la destruction, durant l'hiver, des parasites de la vigne. *Rev. de Vit. 52* : 24 juin.
SAUVAGEAU C. et PERRAUD J., 1893 – Sur un champignon parasitaire de la Cochylis. *C.R. Acad. Sci.*
SAVARY A., 1958 – La lutte contre les vers de la vigne : Cochylis et Eudemis. *Rev. Romande Agric. Vitic. Arb.* 14 (5) : 42-44.
SAUZEY, 1847 – Mémoire sur la *Cochylis omphaciella* (Teigne de la Vigne) et moyens de la détruire. *Ann. Soc. d'Agric.* Lyon. T. X : 423-430 et séance 25 juin.
SCHAEFFER L., 1957 – Nouvelles observations sur la Petite Tordeuse de la grappe. *Phytoma* n° 92, nov. : 34 et *Bull. OIV,* 1958, *323* : 128.
SCHATZLEIN Chr., 1917 – Zeitgemäße Fragen (Spritzmittel). *Der Weinbau der Rheinpfalz,* 75-80.
SCHATZLEIN Chr., 1919 – Sauerwurmbekämpfung mit verschiedenen Spritzmitteln. *Wein und Rebe 1* : 653.
SCHATZLEIN Chr., 1921-1923 – Gehalt von Rebenblättern usw. als Folge der Schädlingsbekämpfung. *Wein und Rebe.*
SCHATZLEIN, Chr., 1922 – Herstellung der Spritzbrühen zur Schädlingsbekämpfung im Weinbau. *Weinbau der Rheinpfalz 10. Und Pfalzwein 1927.*
SCHELLENBERG, 1913 – Zur Bekämpfung des Heu- und Sauerwurmes. *Schweiz. Zeitschr. für Obst- u. Weinbau.*
SCHELLENBERG, 1914 – Zur Bekämpfung des Heu- und Sauerwurmes. *Schweiz, Zeitschr. für Obs- u Weinbau.*
SCHELLENBERG, 1915 – Versuche zur Bekämpfung des Heu- und Sauerwurmes. *Landw. Jahrb.* d. Schweiz. 29. 1915. S. 88-91, 576, 578.
SCHERPE, 1913 – Einfluß des Arbreibens von Rebholz auf die Transpiration. *Mitt. d. deutsch. Weinbauvereins.* Jahrg. 348.
SCHILLING K., 1901 – Uber kriechende Reben. *Mitt. Weinbau und kellerwirtschaft,* 13 : 177-187.
SCHILLING K., 1913 – Zusammenstellung einiger Ergebnisse der Heu- und Sauerwurmbekämpfung im Bezirk der Landwirtschaftskammer für den Reg.-Bez. Wiesbaden. 1913. *Mitt. über Weinbau und Kellerwirtschaft.* : 201.
SCHILLING K., 1914 – Zur Bekämptung des Heu- und Sauerwurme. *Luxemburger Weinzeitung.*
SCHILLING K., 1919 – Die Anwendung der Nikotinschmerseitenbrune zur Bekampfung des Heu- und Sauerwurmes. *Weinbau und Weinhandel* 37.
SCHILLING K., 1919 – Bekämpfung der Peronospora und des Heuwurmes. Nassauer Land 104. Jahrg. 1914-1919.
SCHILLING K., 1921 – Die Bekämbfung der Peronospora und des Heuwurmes. Nassauer Land 104. Jahrg. 1914-1919.
SCHILLING K., 1922 – Versuchsergebnisse der Sauerwurmes und der Stielfäule der Weintrauben. Nassauer Land 103. 1921.

SCHLEGEL H., 1887 – Untersuchungen und Beobachtungen über die Aufenthalsorte der Sauerwurmpuppen. *Weinbau und Weinhandel,* 4 : 129-130.
SCHLEGEL H., 1890 – Praktische Erfahrungen beim Bekämpfen der Heuwurmmotten. *Weinbau und Weinhandel.* : 195-196, 249.
SCHLEGEL H., 1891 – Zum Kampf gegen die Traubenmotte. *Weinbau und Weinhandel 9 :* 201.
SCHLEGEL H., 1897 – Die Sauerwurmmotte fliegt. *Weinbau und Weinhandel 15 :* 240.
SCHLEGEL H., 1902 – Zur Bekamptung des Sauerwurmes. *Weinbau und Weinhandel. 20 :* 307.
SCHLEGEL H., 1905 – Uber den Sauerwurm und seine Feinde. *Weinbau und Weinhandel, 23 :* 79.
SCHMID A et ROEHRICH R., 1976 – Essai avec *Bacillus Thuringiensis* et des régulateurs de croissance in La lutte intégrée. *Rev. Suisse Vitic. Arboric. Hortic. 4 :* 147-160.
SCHMID A. et ANTONIN Ph., 1977 – *Bacillus thuringiensis* dans la lutte contre les vers de la grappe, Eudemis et Cochylis en Suisse romande. *Rev. suisse Vitic. Arbor. Hort., 9 :* 119-126.
SCHMID A. et ANTONIN Ph. et RABOUD G., 1977 – Effets des conditions météorologiques particulières de l'année 1976 sur l'évolution des vers de la vigne. *Rev. suisse Vitic. Arboric. Hort. 9 :* 131-135.
SCHMID-ACHERT, 1872 – Uber die Vertilgung des Heu-und Sauerwurmes Vortrag 1872.
SCHMIDT-EDENKOBEN, 1875 – Zwei Vortrage und einige noch nicht veröffentliche Notizen über *Tortrix ambiguella* Speyer, G. Kranzbühler.
SCHNEIDER F., 1957 – Gedanken zur Bekämpfung des Traubenwicklers in der Ost-schweiz. *Schweiz. Z. Obst. u. Weinbau,* 66 : 245-249, 282-284.
SCHNEIDER-ORELLI O., 1912 – Der Bekreuzte Traubvenwickler in der Schweiz *Schweiz. Z. f. Obst u. Weinbau* 16 : 1-3.
SCHNEIDER-ORELLI O., 1912 – Versuche über Bekämpfung des Heu- und Sauerwurmes. *Bericht der schweizerischen Versuchsanstalt* für Obst-, Wein- und Gartenbau für die Jahre 1909 und 1910, und *landwirtschaftliches Jahrbuch der Schweiz* 1912.
SCHNEIDER-ORELLI O., 1913 – Zur diesjährigen Sauerwurmbekämpfung. *Schweiz. Zeitschr. t. Obst- u.* Weinbau : 200-201.
SCHNEIDER-ORELLI O., 1914 – Zur Heu- und Sauerwurmbekämpfung mit Fledermäsen *Zeitschr. f. Obst u. Weinbau :* 178-180.
SCHNEIDER-ORELLI O., 1915 – Beobachtüngen über den einbindigen und den bekreuzten Traubenwickler. Bericht d. schweiz. Versuchsanstalt f. Obst-, Wein- u. Gartenbau in Wädenswyl f. 1911 u. 1912. *Landwirtschaftl. Jahrbuch d. Schweiz* 1915.
SCHOTT P.C., 1911 – Mottenfanggläser zum Fang von Heu- u. Sauerwurmmotten. *Naturw. Ztschr. f. Forst- u. Landwirtschaft 9 :* 178-186, 205-214.
SCHREIECK G.J., 1907 – Abwehr des Heu- u. Sauerwurmschadens. Neustadt a. d. H., Meininger.
SCHREINER J., 1904 – L'Eudemis dans les vignobles de la région d'Astrakan et sa destruction. Saint Petersbourg.
SCHRUFT G., KADLEC V. et LOCH P., 1974 – Essai de laboratoire concernant l'action ovicide des insecticides employés contre la Cochylis. *Die Wein-Wiesenshaft 3,* 165-168 et *Bull. OIV 521 :* 634.
SCHULTE, 1914 – Bericht über die Bekämpfung des Heuwurmes in den Weinbergen der Provinzial-Wein- und -Obstauschule zu Kreuznach im Jahre 1914. *Ztschr. f. Weinbau u. Weinbehandlung 1 :* 509.
SCHULTE, PFEIFER, MULLER, 1921 – Zur Bekämpfung von Schäddingen und Krakheiten des Weinstockes im Jahre 1920. *Wein u. Rebe 3.*
SCHURR E., 1971 – Erfahrungen bei Flugkontrollen von *Clysia ambiguella mit Lichtfallenfang im südbadischen Raum Die Wein-Wissenschaft,* janv. : 225-241 et *Bull. OIV 488 :* 945.
SCHWALBE, 1913 – Vogelschutzgehölze im Rebgelände und ihre Anlage *Mitt. uber Weinbau u. Kellerwirtschaft :* 22.
SCHWANGART F., 1907 – Was müssen wir in Herbst und Winter tun, um unser Weinbaugebiet mit nützlichen Vögeln zu bevölkern. *Pfälzische Wein und Obstbauzeitung :* 73.
SCHWANGART F., 1908 – Zur Biologie der Schlupfwespen. *Mitt. des deutschen Weinbauvereins.*
SCHWANGART F., 1908 – Nikotin gegen den Heuwurm, Nikotin gegen den Sauerwurm. *Weinbau u. Weinhandel.*
SCHWANGART F., 1909 – Heu und Sauerwurm (Vortrag) *Pfalzische Wein und Obstbauzeitung.*
SCHWANGART F., 1909 – Grundlage einer Bekämpfung des Traubenwicklers auf naturlichem Wege. *Mitt. des deutschen Weinbauvereins.*
SCHWANGART F., 1909 – Ders. Zur Wurmbekämpfung mit Schweinfurter-Grün. *Pfälz. Wein- u. Obstbauzeitung.*
SCHWANGART F., 1909 – Zur Bekämpfung von *Cochylis ambiguella* und *Polychrosis Botrana* mit Nikotin. Jahresber. *Vereinigung Pfälzer Weinproduzenten.*
SCHWANGART F., 1909 – Zur Bekämpfung des Heu- u. Sauerwurmes. Vorschläge der Anstalt Neustadt a. d. H. 1909.
SCHWANGART F., 1909 – Zur Anwendung chemischer Bekämptungsmittel gegen Heu- u. Sauerwurm. Neustadt a. d. H. 1909.
SCHWANGART F., 1909 – Zur Bekämptung des Traubenwicklers im Jahre 1908. *Mitt. des deutschen Weinbauvercins.* Mainz. K. Theyer 1909.
SCHWANGART F., 1909 – Zur Winterbehandlung der Reben gegen Heu- u. Sauerwurm. *Der Fränkische Weinbau.*
SCHWANGART F. et FUHR, 1909 – Über den Stand der Arsenfrage in Frankreich. *Mitt. d. deutschen Weinbauvereins.*
SCHWANGART F., 1910 – Ueber die Traubenwickler und ihre Bekämpfung mit Berücksichtigung naturlicher Bekämpfungsfaktoren, *G. Fischer, Iena,* 1 vol. 196 p.
SCHWANGART F., 1910 – Neuere Bekämpfungsverfahren gegen den Heu- u. Sauerwurm u. ihre Verwendbarkeit in der Praxis. Vortrag anläßlich der Generalversammlung des deutschen Weinbauvereins in Badenweiler 11-14. Sept. 1909. Pfälz. Wein- u. Obstbauzeitung 1909 u. *Mitt. d. deutschen Weinbauvereins.*
SCHWANGART F., 1910 – Zur Wurmbekämpfung. *Pfälzische Wein- u. Obstbauzeitung.*
SCHWANGART F., 1910 – Neuere Bekämpfungsverfahren gegen den Heu- und Sauerwurmes und ihre Verwendbarkeit in der Praxis. *Mitt. d. deutschen Weinbauvereins.*
SCHWANGART F., 1910 – Ist eine Bekämpfung des Heu- und Sauerwurmes möglich ? *Mitt. d. deutschen Weinbauvereins.*
SCHWANGART F., 1910 – Zur Bekämpfung des Heu- u. Sauerwurmes (Traubenwickler) in Bayern. Naturwiss. *Ztschr. f. Forts- u. Landwirtschaft.* Jahrg. 8. Stuttgart. E. Ulmer.
SCHWANGART F., 1910 – Ubet die Traubenwickler und deren Bekämpfung mit Berucksichtigung naturl. Bekampfungsfaktoren. Festschrift zum 60. Geburtstag R. Hertwigs, Bd 2 Iéna G. Fischer.
SCHWANGART F., 1911 – Der Traubenwickler und seine Bekämpfung. Flugblatt. *K. biol. Reichanstalt fur Land. u. Forstw.*

SCHWANGART F., 1911 – Aufsätze über Rebenschädlinge und nützlinge. *Naturw. Zeitschr. f. Forst. u. Landwirtschaft*, IX.

SCHWANGART F., 1911 – Die Wirkung des Abreibens. *Das Weinblatt.*

SCHWANGART F., 1911 – Weinbau und Vogelschutz, Vort. auf dem 3, deutschen Vogelschutzeage in Stuttgart. *Mitt. des deutschen Weinbauvereins*, Mainz, K. Theyer.

SCHWANGART F., 1911 – Uber den Rückgang des b keeuzten Wicklers im jahre 1910. *Weinbau und Weinhandel.*

SCHWANGART F., 1911 – Ist der Traubenwickler ein Ortstier ? *Weinbau und Weinhandel.*

SCHWANGART F., 1911 – Wicklerpuppen im Boden ? *Mitt. des deutschen Weinbauvereins.*

SCHWANGART F., 1911 – *Cacoecia costana* an Reben in der Pflaz. *Mitt. d. deutschen Weinbauvereins*, 1er juin.

SCHWANGART F., 1912 – Die Bekämpfung der Rebschädlinge und die Biologie. *Verh. deutscher Naturf. u. A.*

SCHWANGART F., 1912 – La lutte contre les teignes de la vigne. *Rev. de Vit.* 38 : 525-529, 564-569 (trad. P. Larue).

SCHWANGART F., 1912 – Neue Erfahrungen mit der Bekämpfung der Traubenwickler. *Mitt. d. deutschen Weinbauvereins* 7 : 33-46, 82-90. 1912.

SCHWANGART F., 1912 – Eine Informationsreise zu Prof. P. Marchal. Paris, 1912. *Mitt. d. deutschen Weinbauvereins.*

SCHWANGART F., 1912 – Uber Seidenraupenzucht, Rebkrankheiten und Schädling sbekämpfung. *Zeitschr. f. wiss. Insektenbiologie*, 1911 und 1912.

SCHWANGART F., 1912 – La destruction des insectes ampélophages par la méthode biologique. *Bull. Soc. d'études et vulg. de Zool. agric.*, Bordeaux, juin.

SCHWANGART F., 1912 – Aufsatze über Rebenschadllinge und nützlinge. II – *Cacoacia costana* F. an Reben in der Pflaz. *Mitteil. des Deutschen Weinbauvereins*, février.

SCHWANGART F., 1912 – Der geflammte Rebenwickler (*Cacoecia costana* F.) *Merkblatt der pfalzichen Kommission zur Bekampfung der Rebschadlinge*, avril.

SCHWANGART F., 1913 – Sur la biologie de *Cacoecia costana*. *Bull. Soc. d'études et vulg. de Zool. agric.*, Bordeaux : 156.

SCHWANGART F., 1913 – Uber die Traubenwickler (*Cochylis ambiguella* Hübn und *Polychrosis botrana* Schiff.) und ihr Bekämpfung, mit Berücksichtigung natürlicher Bekämpfungsfaktoren. G. Fischer, Jena. 70 S., 3 Taf. 1910. Bd 2. 1913.

SCHWANGART F., 1913 – Das Traubenwickler -Problem uns das Programm des Angewandte Entomologie. *Mitt. d. deutschen Winbauvereins.*

SCHWANGART F., 1914 – Die biologische Bekämpfung und ihre Bedeutung fur die Forstwirtschaft. *Tharandter forstl.*

SCHWANGART F., 1918 – Uber Rebenschadlinge und nutzlinge. Die Schlupfwespen des Traubenwicklers Zuchtergennisse. *Centralbaltt f. Bakt. u. Prasitenkunde*, Abt II, Bd 48.

SCHWANGART F., 1929 – Ammerkungen zur biologischen Bekämpfung der Traubenwickler. *Anz. Schadlingsk.*, 11 : 140-142.

SCHWANZER C., 1914 – Ein Fangapparat zur Vernichtung der Traubenmotte. III. Flora. Prakt. Mitt. 17.

SCOTT E.W. et SIEGLER E.H., 1915 – La supériorité de la valeur insecticide de l'arseniate de plomb. *Rev. de Vit.* 43 : 384-385.

SEDLACZECK, 1917 – Sommes de température et éclosion de Lépidoptères. *Bull. Inst. intern. agric.*, art. 782 rès. P.L. in *Rev. de Vit.* 48 : 253.

SÉMICHON L., 1914 – Destruction des insectes et des cryptogammes. Nouveaux procédés. *Revue de Vit.* 42 : 113-120.

SÉMICHON L., 1915 – Sur l'emploi de la chaleur pour combattre les insectes, etc. *C.R. Acad. Sciences*, 160. N° 17, 26.

SÉMICHON L., 1915 – Traitement des vignes à l'eau chaude et aux bouillies chaudes. *Rev. de Vit.* 43 : 9-12.

SÉMICHON L., 1915 – Les traitements à l'eau chaude. (Théorie et pratique sur le refroidissement dans les pulvérisations chaudes). *Rev. de Vit.* 43 : 413-419

SÉMICHON L., 1915 – La Cochylis et l'Eudémis et la destruction des œufs. *Rev. de Vit.* 43 : 53-58.

SÉMICHON L. (in Gastine et Vermorel), 1915 – Nouveau procédé de traitement des insectes et des cryptogammes par l'eau chaude et les bouillies chaudes. *Rev. de Vit.* 43 : 522.

SÉMICHON L., 1916 – Emploi des composés arsenicaux en viticulture. *Rev. de Vit.* 45 : 338-341.

SÉMICHON L., 1915 – Emploi de l'eau chaude contre les parasites de la vigne. *C.R. Acad. Agric.* 5 mai et *Progr. Agric. et rural.* 64 : 34-35.

SEUFFERHELD C., 1902 – Die Bekämpfung des Heu- u. Sauerwurmes. *Ber. Geisenheim f. 1901* : 19-22.

SEUFFERHELD C., 1903 – Die Bekämpfung des Heu- u. Sauerwurmes in den Weinbergen der Lehranstalt im Jahre 1902. *Mitt. f. Weinbau u. Kellerwirtschaft.* Jahrg. 25 : 65-69.

SEURAT G., 1899 – Contribution à l'étude des Hyménoptères entomophages. *Ann. des Sci. Nat. Paris*, t. X : 1-159.

SEVERIN R., 1898 – L'acétylène contre le ver de la manne. *Rev. de Vit.* 10 : 48.

SEVERIN R., 1898 – Contre la Cochylis : le falot bordelais. *Rev. de Vit.* 10 : 303-305.

SEZE (de) R., 1932 – La lutte contre les insectes ampélophages Cochylis et Eudémis. *Rev. de Vit.* 77 : 5-9.

SIADOUX J., LOMBARD J., GINOUVES E., 1911 – Communications sur la Cochylis. *Progr. Agric. et Vit.* 56 : 13-16, 52-53.

SICARD H., 1911 – Influence des parasites entomophages sur le développement des insectes nuisibles à la vigne. *Congr. vitic. Montpellier* : 447-449.

SICARD H., 1913 – Sur la prétendue destruction des insectes parasites de la vigne par les gelées d'hiver. *Ahn. Epiphyties* 1 : 445 et *Progr. Agric. et Vit.* 1914 61 : 266-268.

SICARD H., 1920 – La destruction de l'Eudémis par les pulvérisations de savon pyrèthre. *Progr. Agri. et Vit.* 74 : 593-595.

SICARD H., 1921 – Action de la bouillie bordelaise au pyrèthre et de la bouillie bordelaise nicotinée appliquée en traitements curatifs contre la première gén. d'Eudémis. *Progr. Agric. et Vit.* 76 : 10-11.

SILVESTRI F., 1906 – Contributioni al conoscenologica degli imenotteri parassiti. I. Biologia del *Litomastix truncatellus* (Dalm). Portici. Stab. Tip. Vesuviano. 1906.

SILVESTRI F., 1912 – Contribuzioni alla conoscenza degli insetti dannosi e dei loro simbionti. III La Tignoletta dell'uva (*Polychrosis botrana* Schiff.) con un cenno sulla Tignola dell'uva (*Cochylis ambiguella* Hb). *Boll. Lab. Zool. gen. e agr. Portici* 6 : 246-307.

SIMEON C., 1966 – Les papillons nuisibles du vignoble. *Vignes et Raisins*, mai.

SIMON L. et BOSC J., 1937 – Lutte contre la génération d'été de la Cochylis et de l'Eudémis. *Vie agric. et rurale* : 1-8.

SINGERLAND M.V., 1902 – Trap-lanterns or Moth-catchers. *Cornell Univ. Agr. Exper. Stat.* Ithaca. N.Y. Entomol. Division Bull. 202.

SLINGERLAND M.V., 1904 – The grape berry moth (*Polychrosis viteana* Clemens). *Cornell Univ. Agr. Exper. Sta. Bull* 223, 22 p.

SMIRNOFF W.A., FETTES J.J. et DESAULINIERS R., 1973 – Aerial spraying of a *Bacillus thuringiensis* ; chitinase formulation for control of the spruce budworm (Lepidoptera : Tortricidae). *Cann. Ent.* 105 : 1535-1544.

SMIRNOFF W.A., 1974 – Sensibilitéde *Lambdina fiscellaria fiscellaria* (Lepidoptera, Geometridae) à l'infection par *Bacillus thuringienis* seul ou en présence de chitinase. *Can. Ent.* 106 : 429-432.

SOLINAS M., 1962 – Morpho-biologische Untersuchung uber *Clysiana ambiguella. Ann. Facolt. Agraria, Milano :* 567.

SOULIE A., 1955 – Evolution des tordeuses de la grappe. *Vignes et Vins* N° 39 : 15-16.

SOUQUIE A., 1911 – La Cochylis et l'Eudémis dans le Tarn. *Rev. de Vit.* 35 : 144.

SOURSAC L., 1921 – Les parasites viticoles et le Pyréthre. *La vie agric, et rur. 19 :* 139. 1 Abb.

SPETH, 1897 – Zur Bekämpfung der Traubenmotte. *Weinbau u. Weinhandel* 15 : 282.

SPRENGEL L., 1926 – Eine Schädlingstastrophe im pflazischen Weinbau (*Clysia ambiguella* Hb) *Anz. Schadl.,* 2 heft 1.

SPRENGEL L., 1926 – Massenauftreten und gross bekämpfung des Heu- und Sauerwurms (*Clysia ambiguella* Bh und *Polychrosis botrana* Schiff.) in der Pflaz. *Verbadnl. deutsch. Gesellsch. angew. Entom.* E.V. auf der 6 mitgl. zu Wien von 28 sept.-20 oct. 1926 : 37-41.

SPRENGEL L., 1927 – Untersuchungen über die Gradation des Heu- und Sauerwurmes (*Clysia ambiguella* Hb und *Polychrosis botrana* Schiff.). Problemstellung mit Berücksichtigung prinzipieller Fragen. *Z. angew. Ent.* 12 : 436-456.

SPRENGEL L., 1928 – Versuche zur Vergiftung des einbindigen Traubenwicklers (*Clysia ambiguella* Hb) mit verschiedenen Arsenverbindengun. *Wein und Rebe 10,* 16 p.

SPRENGEL L., 1929 – Studien über die Eiablage des einbindigen Traubenwicklers (*Clysia ambiguella* Hb) innerhalb eines Massenfluges. *Verhandl. Deutsch. Ges. angew. Entomol.* 7. Mitgliederversamml. zu München von 31 mai bis 2 juni 1928 : 42-49.

SPRENGEL L., 1929 – *Clysia ambiguella* Hb und *Polychrosis botrana* Schiff, im Deutschen Weinbaugebiet. *IVe Intern. Congr. Entomol.* Ithaca, août 1928. vol. II : 537-542.

SPRENGEL L., 1931 – Epidemiologische Forschungen über den Traubenwickler (*Clysia ambiguella*) und ihre Auswertung für die praktische Gross bekämpfung. *Festschrift Escherich. Zeitschrift f. angew. Entomologie 18 :* 505-530.

STANDFUSS M., 1896 – Handbuch der paläarktischen Grosschmetterlinge fur Forscher und Sammler. Iéna, 2 Aufl.

Station des Pays de la Loire, Angers, 1971 – Trois années d'expérimentation contre les tordeuses de la grappe. *Vignes et Raisins,* avril : 12.

STEINER H. et NEUFFER G., 1958 – Eine netzunabhangige Insekten Lichtfalle. *Ztschr. f. Pfl. krankh.,* 65 : 93-97.

STELLWAAG F., 1917 – Zyanwasserstoff gegen die Traubenwickler. *Ztschr. f. angew. Entomologie* 4, 1918, 278-286 und *Der Weinbau der Rheinpfalz,* 1917.

STELLWAAG F., 1917 – Vorstudien zur biologischen Bekämpfung des Springwurmes und der Traubenwickler. *Weinbau der Rheinpfalz.*

STELLWAAG F., 1919 – Die Verwendung von Blaüsure zur Bekämpfung der Traubenwickler. *Verhandl. d. deutschen Gesellschaft f. angew. Entomol.* 24-26, 1918-19 : 24.

STELLWAAG F., 1919 – Uraniagrün und Schweinfurtergrün im Weinbau unter Berücksichtigung der Erfahrungen von 1918. *Weinbau der Rheinpfalz.*

STELLWAAG F., 1919 – Ergebnis der diesjährigen Wurmbekämpfung. *Weinbau der Rheinpfalz.*

STELLWAAG F., 1919 – Der Heu- und Sauerwurm. *Merkblatt der deutschen Gesellschaft f. angew. Ent.*

STELLWAAG F., 1919 – Zusammenfassender Bericht über Versuche zur Bekämpfung der Traubenwickler mit Blausäure. *Weinbau der Rheinpfalz.* Neustadt a. d. H. 1919.

STELLWAAG F., 1919 – Bläusaure im Kampf gegen den Traubenwickler. Neustadt a. d. H. *Weinbau der Rheinpflaz.*

STELLWAAG F., 1920 – Bericht über das Auftreten und die Bekämpfung tierischer Weinbergsschädlinge für das Jahr 1918 u. 1919. *Ztschr. f. angew. Entom.*

STELLWAAG F., 1920 – Arsenmittel gegen Wein- und Obstbauschädlinge. *Ztschr. f. angew. Entom.*

STELLWAAG F., 1920 – Der Heu- und Sauerwurm und seine wirtschaftliche Bedeutung. *Weinbau der Rheinpfalz.*

STELLWAAG F., 1920 – Aussprache über die Bekämpfung tierischer Schädinge. *Weinbau der Rheinpfalz* et *Ztschr. f. angew. Entom.*

STELLWAAG F., 1920 – Neuere Erfahrungen in der Bekämpfung des Heu- und Sauerwurmes. *Weinbau der Rheinpfalz,* 1920.

STELLWAAG F., 1920 – Die Reichsbehörden und die Wurmbekämpfung. *Weinbau der Rheinpfalz.*

STELLWAAG F., 1920 – Neue Wege zur Schädlingsbekämpfung. *Deutsche Obstbauzeitung.* Heft 11.

STELLWAAG F., 1921 – Zur Arsenfrage. *Deutsche Obstbauzeitung.*

STELLWAAG F., 1921 – Zur Verwuendung von arsenhaltigen Bekämpfungmitteln im Weinbau. *Weinbau der Rheinpfalz.*

STELLWAAG F., 1921 – Neuere Erfahrungen in der Bekämpfung des Heu- und Sauerwurmes. *Weinbau der Rheinpfalz.*

STELLWAAG F., 1921 – Sturmsches Heu- und Sauerwurmmittel. *Weinbau u. Weinhandel* 39.

STELLWAAG F., 1921 – Die Rebschädlinge und ihre Bekämpfung. *Hess. landw. Ztschr.* 91.

STELLWAAG F., 1921 – Aussprache über die Bekämpfung tierischer Rebschädlinge. *Ztschr. f. angew. Entomologie* 7.

STELLWAAG F., 1922 – Die Mittel zur Bekämpfung des Heuwurmes und ihre Anwendung. *Der Weinbau der Rheinpfalz.*

STELLWAAG F., 1922 – Hat die Schädlingsbekämpfung bei uns in den letzten Jahren Fortschritte gemacht ? *Weinbau der Rheinpfalz.*

STELLWAAG F., 1922 – Auf welche Weise können wir in diesem Jahre die Rebschädlinge bekämpfen ? *Weinbau der Rheinpfalz.*

STELLWAAG F., 1922 – Uraniagrün im Weinbau. Separat.

STELLWAAG F., 1922 – Arsenmittel, Weinbau und Pflanzenschutz. *Ztschr. f. angew. Entom.* 500.

STELLWAAG F., 1923 – Uraniagrün im Weinbau. Verlag Berlet Neustadt a. d. H.

STELLWAAG F., 1923 – Entwicklung und Stand der Traubenwicklerbekämpfung in der bayrischen Rheinpfalz. *Allgem. Weinzeitung 40 :* 117-119.

STELLWAAG F., 1924 – Uraniagrün im Weinbau. *Wein u. Rebe 6.* 1924 : 197-209 u. *Pfalz-Wein 12* : 59-61, 69-72.
STELLWAAG F., 1925 ₮ Die diesjährigen Erfahrungen bei der Heu- und Sauerwurmbekämpfung in der Pfalz. *Der deutsche Weinbau*, N° 42.
STELLWAAG F., 1925 et 1927 – Die Traubenwickler. *Merkblatt der Biologischen Reichsanstalt*, N° 49.
STELLWAAG F., 1925 – Der Heu- und Sauerwurm *(Clysia ambiguella* und *Polychrosis botrana). Biol. Reichsanstalt f. Land u. Forstwirtschaft*, mai, N° 49, 4 p., 1 pl. couleurs.
STELLWAAG F., 1925 – Die Massenbewegung der Traubenwickler im Verhältnis zur Witterung. *Anz. f. Schädlingsk. 1* : 52-54, 63-64.
STELLWAAG F., 1926 – Methoden der biologischen Bekämpfung schädlicher Insekten im Pflanzenschutz. Abderhaldens Handbuch der biologischen Arbeits methoden. Wien Urban und Schwarzenberg.
STELLWAAG F. und SPRENGEL L., 1926 – Großbekämpfung des Heu- und Sauerwurmes in der Pfalz mit staatlicher Unterstützung 1925 und 1926. *Pfalzwein* 1926.
STELLWAAG F., 1927 – Was lehrt uns das Jahr 1926 in der Bekämpfung des Heu- und Sauerwurmes ? *Pfalzwein* 1927.
STELLWAAG F., 1927 – Forschungen über die Epidemiologie des Heu- und Sauerwurms *(Clysia ambiguella* Hb und *Polychrosis botrana* Schiff). *Verhandl deutschen gesell angew. Entom. E.V.* auf der 6 Mitgl zu Wien von 28 sept. bis 2 oct. 1926 : 17-28.
STELLWAAG F., 1928 – Epidemiologische statische Untersuchungen für eine rationale Schädlingsbekämpfung, durchgeführt an den Traubenwicklern. *Anz. f. Schädlingsk 4* : 59-66.
STELLWAAG F., 1929 – *Clysia ambiguella* Hb und *Polychrosis botrana.* Schiff. im deutschen Weinbaugebiet. *Proc. IVe Cong. Ent. Ithaca (N.Y.)*, 1928, vol. 2 : 537-542.
STELLWAAG F., 1933 – Untersuchungen im Anschluss an die Beobachtung des Falterfluges bei *Clysia ambiguella. Anz. f. Schdlskde 9* : 17-23.
STELLWAAG F. et GOTZ B., 1937 – Das Ködern der Traubenwicklermotten als Bekämpfungsmassahme. *Anz. f. Schädlingsk. 13* : 129-133.
STELLWAAG F., 1938 – Der Massenwechsel des bekreuzten Traubenwicklers. *Polychrosis botrana* im Weinbau. *Zeitschr. f angew. Entomol.,25* : 57-80.
STELLWAAG F., 1938 – Der Heu- und Sauerwurm. *Biol. Reichanst. f. Land. u. Forstwirtsch. Flugblatt*, N° 49, 12 p.
STELLWAAG F., 1938 – Vorläufige Mitteilung über Versuche zur chemischen Winterbekämpfung der Traubenwickler. *Wein und Rebe 20* : 225-232.
STELLWAAG F., 1939 – Oelemulsionen zur Abtötung der Winterpuppen des bekreuzten Traubenwicklers. *Anz. f. Schädlingsk. 15* : 97-107.
STELLWAAG F., 1940 – Die Einwirkung schwankender Freilandtemperaturen auf Insekten. *Anz. f. Schadlingsk. 16* : 109-113.
STELLWAAG F., 1941 – Der scheu und Sauerwurm (Clysia ambiguella et *Polychrosis botrana). Biol. Reichanst. f. Land u. Forstwirtschaft*, mai, N° 49, 12 p.
STELLWAAG F., 1943 – Neue Forschungen über Mottenflug, Eiablage und Eidauer der Traubenwickler. *Der Deutsche Weinbau 22* : 203-206.
STELLWAAG F., 1943 – Die Eienwicklung der Traubenwickler. *Polychrosis botrana* Sciff. und *Clysia ambiguella* Hb unter Freilandbedingungen. *Anz. f. Schädlingsk 19* : 25-30, 41-47.
STELLWAAG F., 1949 – Der Heu- und Sauerwurm. *Biol. Zentralanst. Braunschweig, Flugblatt* LIO, 8 p.
STELLWAAG F., 19... – Die Schmarotzerwespen als Parasiten. Monographie der deutschen Gesellschaft für angewandte Entomol. Parey.
STONE, 1916 – Studien übr die Verwendung von Blusäure als Insektenvertilgungsmittel. Intern. agrartechn. Rundschau. 1100.
SUIRE J., 1951 – Microlépidoptères des plantes caractérisant les zones naturelles de la Costière. *Mem. Soc. Sc. Nat.*, 150 pages, Nîmes.
SUIRE J., 1954 – Contribution à l'étude morphologique des Microlépidoptères de la vigne. *Ann. Ecole Nat. Agric. Montpellier*, t. XXIX, fasc. III-IV, 211-216.
SYMONS F. B., 1906 – Entomological Notes from Maryland. Proc. of the 18. Ann. Meeting of the Assoc. of Econom. Entomologists. U. S. Dep. of Agric. Bur. of Entomol. Bull. 60, Washington, Governm. Printing Office 1906.
TARGIONI-TOZZETTI Ad., 1884 – Relazione intorno ai lavori della R. *Stazione di Entomologia agraria di Firenze* per gli anni 1878-1880-1881-1882. Firenze, Roma, 1 vol. in-8 : 477-479.
TASCHENBERG E. L., 1870 – Der Traubenwurm, seine Naturgeschichte und seine Bekampfung. *Ann. der Œnologie*, Heidelberg, bd. IC. Winter.
TASCHENBERG (Dr) E. L., 1864 – Protection des arbres fruitiers contre les insectes nuisibles.
TASCHENBERG E. L., 1879 – Schutz der Obstbaeume und deren Fruchte gegen feindliche Thiere : 124.
TASCHENBERG E. L., 1880 – Praktische Insektenkunde III. Schmetterlinge Bremen. M. Heinsius.
TELENGA N. A., 1934 – Parasiten und ihre Bedeutung in der Dynamik des Traubenwicklers. *Anz. Schadlingsk. 10* : 101-106.
TESTULAT-GASPARD, 1884 – Rapp. au Com. centr. de Châlons-sur-Marne : 19.
THIBAUD P., 1897 – La Cochylis dans l'Isère. *Rev. de Vit. 8* : 587.
THIBAUD P., 1889 – La lutte contre la Cochylis. *Rev. de Vit. 10* : 106-108.
THOMAS G., 1920 – L'emploi des composés arsenicaux pour la destruction, durant l'été, des parasites de la vigne. *Revue de viticulture*. T. LIII, N. 1357, 1920.
TIQUI P., 1911 – Traitement des Cochylis et Eudémis de seconde génération par l'eau bouillante. *Progr. Agric. et Vit. 55* : 391-392.
TOPI M., 1914 – Lutte hivernale contre les chrysalides de la cochylis et de l'eudémis. *Bull. Inst. intern. Agric.* octobre et *Progr. Agric. et Vit. 62* : 413-414.
TOPI M., 1914 – Zur Winterbekämpfung der Traubenwickler *(Conchylis ambiguella* u. *Polychrosis botrana)* in Piemont (Italien). *Rendic. Acc. dei Lincei 23.* H. 12. Rom 14 : 981-984.
TOPI M., 1914 – Altre osservazioni e ricerche sulle tignuole della vite. *Rend. d. R. Acad. d. Lincei. Sci. 23* : 15-18.
TOPI M., 1914 – Osservazioni e ricerche sulle tignuole della vite. *Rendic. della R. Acc. dei Lincei*, vol. XXIII.
TOPI M., 1915 – Sui trattamenti insecticidi contro le tignuole della vite. I. Rom. Tip. della R. Accad. dei Lincei.
TOPI M., 1915 – Ricerche sulle Tignuole della vite. *Rendic. della R. Acc. dei Lincei, 24* : 464-468.
TOPI M., 1916 – Sur les traitements insecticides contre les Teignes de la Vigne. Traitements par l'eau chaude. *Progr. Agric. et Vit. 65* : 563-566.
TOPI M., 1916 – Sui tratamenti Insecticidi contro le tignuole della vite. II. Rom. Tip. della R. Accad. dei Lincei.
TOPI M., 1916 – Bekämpfung von *Polychrosis botrana* und *Cochylis ambiguella* mit Tabakaufguß. (Italien.) *Rendic. Accad. dei Lincci 25* : 349-353.

TOPI M., 1916 – Bekämpfung des einbindigen und des bekreuzten Traubenwicklers mit Tabakaufguß in Piemont. *Inter. agrart. Rundschau.* Jahrg. 7 : 534.
TOPI M., 1916 – Über die Wirkung der Warmwasserbelchandlung gegen den einbindigen und den bekreuzten Traubenwickler. (Italien.) *Rend. Accad. dei Lincei 25* : 16.
TOPI M., 1917 – Bekämpfungsversuche des einbindigen und des bekreuzten Traubenwicklers (*Polychrosis botrana* und *Conchylis ambiguella*) in Piemont. *Rend. R. Accad. de Lincei.* Classe di sci. fis. mat. e nat. Rom. 1917) : 258-261 et *Intern. agrartechn. Rundschau* 1917. S. 842.
TOPI M., 1917 – Esperienze di lotta contro le tignuole della vite. *Rendic. della R. Acc. dei Lincei, 26,* 18 févr. : 158-161.
TOPI M., 1917 – Nuove esperienze di lotta contro la Peronospora. Estratto d. Bollett., *"Agricoltura Senestre".* 1921. Siena 1921.
TOPI M., 1917 – Expériences contre les teignes de la Vigne (trad. Antoniadis). *Progr. Agric. et Vit. 67* : 402-405.
TORD M., 1898 – La Cochylis vaincue. *Rev. de Vit. 10* : 52.
TOUR (de la) A, 1910 – Enquête sur les traitements de la Cochylis. *Progr. Agric. et Vit. 54* : 782-783.
TOUZEAU J. et VONDERHEYDEN F., 1968 – L'élevage semi-industriel des Tordeuses de la grappe destinées au piégeage sexuel. *Phytoma,* avril : 25-30.
TOUZEAU J., 1969 – Piégeage sexuel et piégeage alimentaire de l'Eudémis de la vigne. *Phytoma 21* : 9-20.
TOUZEAU J., 1975 – Les phéromones sexuelles des insectes. *Phytoma* janv. 16-18 ; avril 17-23.
TRABUT L. (Dr), 1927 – Un nouvel insecticide le Derris. *Progr. Agric. et Vit. 88* : 213.
TREITZCHKE, 1830 – Die Schmetterlinge von Europa, t. 8 : 280, n° 8.
TRENTINI R., 1965 – Une nouvelle tortricide de la Vigne dans la province de Trente. *Informatore Fitopatologico,* Bologna : 160-161.
TROFIMENKO, 1916 – Der Wein der mit arsensauren Salzen behandelten Trauben. *Intern. agrart. Rundschau :* 616.
TROFIMENKO et OBIEDOF, 1916 – Le vin des raisins traités aux arséniates contre la deuxième Génération des insectes. *Progr. agric. et vitic. 65* : 331-333.
TROUVELOT B. et WILLAUME F., 1935 – Recherches sur un nouveau principe de pulvérisation pour le traitement des vers de raisin. *Rev. de Vit. 64* : 361-369.
TRUELLE, 1910 – L'efficacité des verres pièges pour la capture des insectes. *Rev. gén. agronom.* Bruxelles, octobre.
TUBEUF C., 1911 – Zur Geschichte der Nonnenkrankheit. Naturwissensc aftl. *Zeitschr. f. Land. u. Forstwirtschaft,* Stuttgart E. Ulmer.
TURNER, 1918 – Female Lepidoptera at Light Traps. *Journ. Agric. Res. Washington.*
TURREL Ad., 1911 – La Cochylis et l'Eudémis dans l'Aude. *Rev. de Vit. 35* : 130-131.
TURREL Ad., 1914 – Les traitements arsenicaux en Agriculture. *Rev. de Vit. 41* : 150-152.
UMLAUFT, 1915 – Rationelle Vertilgung des Heu- u. Sauerwurmes. *Weinb. u. Kellerwirtschaft 1915. Nr. 5, 7 u. 8. Uraniagrün zur Bekämpfung des Sauerwurms. Allg. Weinzeitung* 38. 1921.
UTEAU R. et PERPEZAT Fr., 1908 – Quelques observations sur le traitement de l'Eudémis. *Rev. de Vit. 30* : 656-658.
VALLOT, 1832 – Mémoire de la Société Linnenne de Paris, t. I : 253.
VALLOT J.-M., 1841 – Mémoires pour servir à l'histoire des Insectes ennemis de la vigne et à l'indication des moyens propres à prévenir leurs ravages. *Bull. Soc. d'Agric. Lyon et Mém. Acad. Sc. arts et belles lettres Dijon :* 31-53.
VANEK G. et al., 1969 – Traubenwickler und ihre Schadlickeit in unseren Weibergen. *Vinohrad,* Bratislava : 70-71.
VANKOVA J. et SVESTKA M., 1976 – Persistenz und Wirksamkeit von. *Bacillus thuringiensis.* Präparaten im Freiland. *Anz. Schädlingskde Pflz. schutz, 49* : 33-38.
VARENNE (de) A., 1911 – Sur la destruction de la Cochylis de la vigne. *Rev. de Vit. 36* : 199.
VASSILLIERE, 1889 – Le décorticage et la Brosse Denizet. *La Petite Gironde,* 25 nov. et *La Vigne améric. :* 375-379.
VASSILLIERE, 1890 – La Cochylis. *La Vigne améric. :* mars.
VAVASSEUR Ch., 1911 – Le traitement de la Cochylis. *Rev. de Vit. 36* : 47.
VAVASSEUR Ch., 1933 – La défense du vignoble contre la Cochylis en Touraine. *Rev. de Vit. 78* : 351-353.
VAVASSEUR Ch., 1933 – La lutte contre les vers de la grappe à Vouvray. *Rev. de Vit. 79* : 229-232.
VEAUVY P., 1938 – L'Eudémis : Etude et traitements. *Rev. de Vit. 89* : 9-12, 23-26, 69-72, 94-100.
VENTRE J., 1910 – Vinification rationnelle des vendanges cochylisées. *Progr. Agric. et Vit. 54* : 285-289.
VENTRE J., 1913 – Vinification des vendanges cochylisées et pourries. *Progr. Agric. et Vit. 60* : 294-297.
VENTRE J., 1917 – Vinification des vins cochylisés et pourris. *Progr. Agric. et Vit. 68* : 220.
VENTRE J., 1939 – Contribution biochimique à l'étude des vins eudémisés. *Ann. Ecole Nat. d'Agric.* Montpellier, t. XXV, fasc. 3 et 4, 52 p.
VERGE G., 1911 – Essai d'ébouillantage contre la Cochylis. *Progr. Agric. et Vit. 55* : 10-12.
VERMAY E., 1980 – Sur la destruction de la Cochylis (par l'huile d'olive). *Progr. Agric. et Vit. 14* : 92-93.
VERMEIL P., 1901 – Deux ennemis nouveaux de la vigne en Oranie (Phycite et eudémis). *Rev. de Vit. 16* : 261-263.
VERMOREL V., 1890 – Note sur la Cochylis. *Progr. Agric. et Vit. 13* : 351-357, 369-373, 1 pl. couleurs.
VERMOREL V., 1890 – Destruction de la Cochylis. Montpellier et Paris (Biblioth. du progr. Agric. et Vit.).
VERMOREL V., 1892 – Les remèdes contres la Cochylis. *Progr. Agric. et Vit. 17* : 296-297.
VERMOREL V. et GASTINE G., 1902 – Les pièges lumineux et la destruction des insectes nuisibles. Montpellier et Paris, 64 p.
VERMOREL V. et DANTONY, 1910 – Des principes généraux qui doivent présider à l'établissement des formules insecticides. *Progr. Agric. et Vit. 54* : 779-782.
VERMOREL V. et DANTONY E., 1911 – Les huiles et le pétrole contre la Cochylis. *Progr. Agric. et Vit. 56* : 135.
VERMOREL V. et DANTONY E., 1911 – La Cochylis et les lampes pièges au point de vue de l'opportunité des traitements. *Progr. Agric. et Vit. 56* : 70.
VERMOREL V. et DANTONY E., 1911 – Le Trioxyméthylène contre la Cochylis. *Rev. de Vit. 36* : 146-147.
VERMOREL V. et DANTONY E., 1911 – Expériences exécutées sur les vers de la grappe. *Progr. Agric. et Vitic. 56* : 735-739.
VERMOREL V., 1911 – Mildiou, Cochylis, Eudémis. Paris et Montpellier, 86 p.
VERMOREL V., 1923 – L'Eudémis en Beaujolais (inefficacité de la chaux). *Progr. Agric. et Vit. 80* : 239.
VERNEUIL A., 1899 – La Cochylis, papillons de la première génération. *Rev. de Vit. 11* : 58.
VERRON G., 1924 – Nouveau piège contre l'Eudémis. *Journ. Agric. Prat. 41* : 493-494.
VEZIN Ch. et GAUMONT L., 1913 – La Cochylis et l'Eudémis dans la vallée de la Loire. *Ann. Epiphyties :* 331-338.

BIBLIOGRAPHIE

VIALA P., 1916 – Le traitement de la Cochylis et de la Pyrale à l'eau chaude. *C.R. Acad. Agric.* 7 juin et *Rev. de Vit.* 44 : 440-442.

VIALA P. et MARSAIS P., 1927 – Les traitements contre les vers de la grappe. *Rev. de Vit. 66 :* 229-235, 245-252, 261-268.

VIDAL J.-P., 1962 – Le problème des vers de la grappe en Roussillon. *Bull. techn. des P.-O.* déc. : 107-116.

VIDAL J.-P., 1963 – Les vers de la grappe en Roussillon. *Bull. Techn. des P.-O. n° 24 :* in *Bull. OIV 384 :* 249.

VIDAL J.-P. et MARCELIN H., 1964 – L'Eudémis en Roussillon. Travaux et essais 1963. *Bull. techn. des P.-O. n° 29 :* 7-30.

VIDAL J.-P. et MARCELIN H., 1965 – L'Eudémis en Roussillon. Travaux et essais 1964. *Bull. Techn. des P.-O. n° 35 :* 39-56.

VIDAL J.-P. et MARCELIN H., 1965 – Essais de lutte contre l'Eudémis en 1964. *Inst. techn. du Vin,* 12 p.

VIDAL J.-P. et MARCELIN H., 1966 – Essais de lutte contre l'Eudémis en 1965. *Bull. Techn. des P.-O., n° 38 :* 5-15.

VIDAL J.-P. et MARCELIN H., 1968 – Essais de lutte en 1967 contre l'Eudémis. *Inst. techn. du Vin,* 10 p.

VIDAL J.-P. et MARCELIN H., 1968 – Essais de lutte contre l'Eudémis en 1967. *Rapport Inst. techn. du Vin et Bull. Ch. Agric. P.-O. :* 17-31.

VIDAL J.-P. et MARCELIN H., 1968 – Essais de lutte contre l'Eudémis. *Bull. Tech. des P.-O. n° 49 :* 105-112, et *OIV 450 :* 1012.

VIDAL J.-P. et MARCELIN H., 1969 – Essais de lutte contre l'Eudémis en 1968. *Rapport Inst. techn. du Vin,* 6 p.

VIDAL J.-P. et MARCELIN H., 1969 – Essais de lutte contre l'Eudémis. *Bull. Techn. des P.-O. n° 53,* hiver : 109-114.

VIDAL J.-P. et MARCELIN H., 1969 – Essais de lutte contre l'Eudémis. *Viticulture. Etudes et Exper. Chambre Agric. P.-O. :* 7-31.

VIDAL J.-P. et MARCELIN H., 1970 – Lutte chimique contre l'Eudémis de la Vigne. *VIIe Congr. Intern. de la Protection des Plantes,* Paris, 23 sept. et *Vignes et Vins* 1971, mai : 25-38 et *Bull. OIV 485 :* 737.

VIDAL J.-P. et MARCELIN H., 1970 – Essais de lutte contre l'Eudémis. *Bull. Techn. des P.-O. n° 55.* Eté : 35-48 et *OIV 473 :* 848, 981.

VIDAL J.-P. et MARCELIN H., 1971 – Essais de lutte contre l'Eudémis. *Bull. Techn. des P.-O. n° 58.* Printemps : 11-21 et *Bull. OIV 484 :* 566.

VIDAL J.-P. et MARCELIN H., 1971 – Usage du Malathion poudrage contre *Lobesia botrana,* Eudémis de la Vigne. *Etudes et Expérimentation :* 21-38 et *Bull. Techn. des P.-O. 1972 n° 62 :* 23-28 et *OIV 485 :* 736.

VIDAL J.-P. et MARCELIN H., 1972 – Piégeage sexuel de l'Eudémis 1971 en Roussillon. *Rapport Inst. techn. du Vin,* session 1972 : 1-3 et *OIV 499 :* 706.

VIDAL J.-P. et MARCELIN H., 1972 – Le Malathion. *Bull. OIV 499 :* 795.

VIDAL J.-P. et MARCELIN H., 1972 – Le Malathion. *Bull. Techn. des P.-O. n° 62 :* 23 et *Bull. OIV 497 :* 682.

VIDAL J.-P. et MARCELIN H., 1973 – Essais de lutte contre les parasites (Eudémis). *Bull. Techn. des P.-O.* automne : 92-94.

VIDAL J.-P. et MARCELIN H., 1974 – Le piégeage de l'Eudémis. *Bull. techn. des P.-O., n° 72 :* 67-71 et *Bull. OIV 1975, 527 :* 74.

VIDAL J.-P. et MARCELIN H., 1974 – Piégeage de l'Eudémis avec des Phéromones synthétiques en 1973 (3e vol.). *Bull. Techn. des P.-O. n° 70,* printemps : 3-5 et *Bull. OIV 521 :* 634.

VIDAL J.-P. et MARCELIN H., 1974 – Etude sur l'utilisation des phéromones au cours du 3e vol. d'Eudémis en 1973. *Rapport Inst. techn. du Vin,* session 1974 : 1-3.

VIDEAU P. 1915 – Nouveau moyen proposé pour combattre la Cochylis et l'Eudémis. *Progr. Agric. et Vit. 63 :* 174-175.

VILLA P., 1911 – Cochylis et savons. *Progr. Agric. et Vit. 56 :* 16-17.

VINAS J., 1934 – Le fluosilicate de Baryum, un insecticide qui a fait ses preuves. *Progr. Agric. et Vit. 101 :* 568-572.

VINAS J., 1935 – Emplois du fluosilicate de Baryum en Agriculture. *Progr. Agric. et Vit. 103 :* 571-574, 590-593.

VINCENS J., 1911 – Les moyens de destruction de la Cochylis et de l'Eudémis. *Rev. de Vit. 35 :* 115-120.

VINET E., 1911 – Biologie de la Cochylis. *Congr. vitic. Montpellier :* 350-360.

VINET E., 1913 – Au sujet des insecticides en Viticulture, notamment contre la Cochylis, l'Eudémis, l'Altise et le Cigarier. *Progr. Agric. et Vit. 59 :* 811-818.

VINET E., 1913 – Les insecticides en viticulture ; notamment contre la Cochylis, l'Eudémis, l'altise et le cigarier. *Bull. Soc. Agric. France.*

VITKOWSKY, 1913 – Uber das Auftreten von *Clysia ambiguella* in Bessarabien. Odessa.

VIVONA A., 1955 – La Tignoletta delle Uva in Sicilia ed i mezzi di lotta piu efficace (*Polychrosis botrana* Schiff.). *Ist. Ent. Agr. ed. Osserv. Malattie Piante, Note di Fitop,* n° 5 Palermo lugio Boll. I : 205-216.

VOELKEL, 1924 – Uber die Biologie und Bekampfung von *Trogodema granarium* Everts. *Verhandlungen der deutschen Gesellschaft f. angew. Entomol.*

VOGEL, 1907 – Zur Bekämpfung des Heu- u. Sauerwurmes. *Mitt. f. Weinb. u. Kellerwirtschaft* 20 :34-35.

VOGELMANN, 1904 – Erfahrungen mit Farbgläsern und neue Beobachtungen über nützliche Insekten. *Weinbau u. Weinhandel.* Jahrg. 22, 332.

VOGLINO P., 1913 – Uber die Tätigkeit der Beobachtungsstation für Pflanzenkrankheiten in Turin. *Intern. agrart. Rundschau :* 871.

VOGLINO P., 1914 – Osservazioni sulle tignuole della vite esseguite nel Piemonte 1913. *Oss. consorz. di Fitp. in Torino.* 36 p.

VOGLINO P., 1916 – The life-history and control of the vine moths. *Intern. agrartechn. Rundschau.*

VOGLINO P., 1917 – Le tignole della vite. *Rev. agricoltura.* Parma.

VOGLINO P., 1917 – Osservazioni sulla biologia delle Tignole della vite e sulle esperienze di lotta fatte nel 1915-1916. *Boll. Minist. Agricolt.* Roma, serie B.

VOIGT E., 1967 – Proportion-Displacement in the Populations of *Clysia ambiguella* und *Polychrosis botrana* in the Years 1965 to 1966 (en Hongr. avec Angl.). *Szölö es Gyümölcstermeszetées,* vol. III, 3.

VOIGT E., 1967 – Data on the Swarming and Spreading of Microlepidoptera Species Damaging Vines (en hongr. rés. Angl.). *Rovartani Közle Menyek. Fol. Ent. Hung.* 28.

VOIGT E., 1969 – Investigations on the swarming of Vin Moths (*Eupoecilia ambiguella* and *Lobesia botrana*) with Light-Traps (en hongr. avec rés. Angl.). *A Növényvédelem Korszerüsitése,* vol. 3 : 85-96.

VOIGT E., 1970 – Observation of the Species *Eupoecilia ambiguella and Lobesia botrana* by Means of Light Traps (en hong. avec rés. Angl.). *A. Növényvédelem,* VI : 352-357.

VOIGT E., 1972 – Biologie und Bedeutung der Traubenwickler im ungarischer Weinbau. *Weir,berg und Keller, 12 :* 615-632 et rés. in *Bull. OIV 1973, 505 :* 262.

VORBRODT et MULLER-RUTZ, 1911 – Die Schmetterlinge der Schweiz. Berne.

VOUKASSOVITCH P., 1922 – Observations sur la Cochylis et l'Eudémis faites à Toulon pendant l'hiver 1921-1922. *Rev. Zool. agric. Bordeaux, 11 :* 61-66, 74-78.

VERS DE LA GRAPPE

VOUKASSOVITCH P., 1924 – Contribution à l'étude de l'Eudémis, de la Pyrale de la Vigne et de leurs parasites. Thèse, Toulouse, Libr. Marqueste, 248 p.
VOUKASSOVITCH P., 1924 – Sur la biologie d'un Ichneumonide parasite de l'Eudémis. *Bull. biol. France et Belg.* : 495-499.
VOUKASSOVITCH P., 1924 – Etude sur *Dibrachys affinis*, parasite de l'Eudémis. *Rev. de Zool. Agric.*
VOUKASSOVITCH P., 1925 – Contribution à l'étude des insectes parasites de l'Eudémis et de la Pyrale de la Vigne. *Ann. des Epiphyties*, II : 107-120.
VOUKASSOVITCH P., 1925 – Contribution à l'étude d'un champignon entomophyte *Spicaria farinosa* var. *verticilloides* Fron *Ann. des Epiphyties*, 11, 73-106.
WALCKENAER, 1837 – Recherches sur les insectes nuisibles à la vigne. *Ann. Soc. entom. de France.*
WEYRICH A., 1911 – Lockflüssigkeiten zum Abfangen der Heuwurmmotten. *Weinbau u. Weinhandel 29* : 280.
WEYRICH A., 1913 – Bekämpfung des Heuwurmes im Jahre 1913. *Luxemburger Weinzeitung.* : 406-409.
WIESMANN R. et PEYER E., 1940 – « Nirosan » ein wirksamer, ungiftiger Arsenersatz zur Bekämpfung des eimbindigen Traubenwicklers. *Schweiz. Z. Obst. u. Weinbau 49* : 439-443.
WIESMANN R., 1941 – Der Wert der Fanggurtel im kampf gegen den Heu- und Sauerwurm *Schweiz. S. f. Obst. u. Weinbau, 50* : 158-163.
WIESMANN R., 1942 – Vergleichende Versuche zur Bekämpfung des einbindigen Traubenwicklers *Clysia ambiguella, Schweiz. Z. f. Obst. u. Weinbau 51* : 206-220.
WIESMANN R., 1944 – Untersuchungen über neue köderflüssigkeiten zur Kontrolle des Traubenwicklerfluges. *Landwirtsch. Jahrb. d. Schweiz* : 841-864.
WIESMANN R., 1955 – Recherches sur le contrôle de vol de la Cochylis (*Clysia ambiguella* Hb) *Rev. Zool. agric. appl. 54* : 1-19.
WISSMANN R., 1913 – Zur biologie der Traubenwickler (*Polychrosis botrana* Schiff. und *Conchylis ambiguella* Hubn.) *Mitt. des deutschen Weinbauverbandes* : 301.
WITTERSTEIN F., 1936 – Studien über den Mottenflug des Heu- und Sauerwurms in den Jahren 1933-1935 in Geisenheim. *Anz. f. Schädlingsk. 12* : 25-33.
ZABULON, 1922 – Bleifrer gegen Sauerwurm. *Weinbau u. Weinhandel* 10.
ZACHAREWICZ Ed., 1911 – La Cochylis et l'Eudémis dans le Vaucluse. *Rev. de Vit. 35* : 136-137.
ZACHAREWICZ Ed., 1911 – Nos traitements combinés et la Cochylis. *Progr. Agric. et Vit. 55* : 741-742.
ZACHAREWICZ Ed., 1911 – La lutte contre la Cochylis et le Mildiou de la Grappe. *Rev. de Vit. 36* : 76.
ZANGHERI S., 1959 – Le Tignole dell-Uva (*Clysia ambiguella e Polychrosis botrana* Schiff.) nel Veneto e nel Trentino. *Riv. Vitic. e Enol. di Conegliano,* 1-2.
ZATZMANN J., 1922 – Wass lehrt uns das Jahr 1922 in der Bekämpfung des Heu- und Sauerwurmes ? *Weinbau u. Kellerwirtschaft 1* : 200-201.
ZECHINI e SILVA, 1893 – (Karbolisierten Tabaksaft mit Kreolin- und Seifenzusatz betr.). Le stazioni sperimentali agrarie italiane 1893.
ZILLIG H., 1921 – Über das Dr. Sturmsche Heu- und Sauerwurmmittel. *Der fränkische Weinbau* 46.
ZILLIG H., 1921 – Über die Bekämpfung des Heu- und Sauerwurmes. *Weinmarkt.* Trier 41.
ZILLIG H., 1922 – Zur Bekämpfung der Traubenwickler. Fränk. *Weinzeitung* 1.
ZILLIG H., 1922 – Witterung und Weinbau. *Der deutsche Weinbau.*
ZILLIG H., 1922 – Die Kosten der Schädlingsbekämpfung im Weinbau. *Der deutsche Weinbau 1. 177.*
ZILLIG H., 1922 – Der Heu- u. Sauerwurm und seine Bekämpfung. *Wein u. Rebe 3. 1922* : 538-557 et *Weinbau der Rheimpfalz 10, 1922* : 98-101, 105-107.
ZILLIG H., 1937 – Der Wert der Beobachtung des Traubennottenfluges mittels Fanggläsern. *Wein und Rebe, 18* : 285-301.
ZILLIG H., 1937 – Das Vordringen des bedreuzten Trauvenwicklers (*Polychrosis botrana)* in den deutschen Weinbaugebieten. *Arb. über physiol. u. angew. Entomologie, 4* : 81-94.
ZILLIG H., 1939 – Höhere Erträge im Weinbau durch organisierte Schädlingsbekämpfung. *Wein und Rebe, 21* : 341-354.
ZILLIG H., 1940 – Praktische Ergebnisse phänologischer Beobachtungen am Moselriesling und seinen Feinden. *Wein und Rebe, 22* : 193-212.
ZILLIG H., 1940 – Nirosan, ein arsenfreies Bekämpfungsmittel gegen Traubenwickler. *Der Deutsche Weinbau, 19* : 93-95.
ZMAVC A, 1910 – Zur Bekämpfung des Heu- u. Sauerwurmes. *Weinbau u. Weinhandel 29* : 311-312.
ZOLOTAREWSKY B., 1923 – Chrysalidation de l'Eudémis dans la terre. *Progr. Agric. et Vit. 80* : 371-372.
ZSCHOKKE A., 1900 – Neuere Erfahrungen bezüglich der Bekämpfung des Heu- u. Sauerwurmes. Vortrag, gehalten auf dem 18. Weinbaukongreß in Würzburg. 1899. Mainz, Ph. v. Zabern. 1900.
ZSCHOKKE A., 1900 – Bekämpfung des Heu- u. Sauerwurmes. Jahresber. Pfälz. Wein- u. Obstbauschule, Neustadt a. d. H. für 1899. 1900. S. 25-32.
ZSCHOKKE A., 1901 – Neuere Erfahrungen bei Bekämpfung des Heu- u. Sauerwurmes. Ber. 19. Deutsch. Weinbaukongreß für das Jahr 1900.
ZSCHOKKE A., 1901 – Erfahrungen mit dem Mottenfang in Fanggläsern. *Pfalzische Wein und Obstbauzeitung* : 34-36.
ZSCHOKKE A., 1902 – Beobachtungen uber das Auftreten des Heu- und Sauerwurmes. *Weinbau u. Weinhandel.*
ZSCHOKKE A., 1902 – Versuche uber die Wirkamkeit der Fanglampen zur Bekämpfung von Rebenschadlinge. *Jahresbericht der pfalzischen Obs- und Weinbauschule.*
ZSCHOKKE A., 1903 – Versuche uber die Wirkamkeit von Fanglampen zur Bekämpfung von Rebenschädlingen. *Weinbau und Weinhandel.*
ZSCHOKKE A., 1903 – Bekämpfung des Traubenwiclers und des Springwurmwicklers. *Jahresbericht der pflazischen Wein- und Obstbauschule.*
ZSCHOKKE A., 1904 – Bekämpfung des Traubenwicklers u. des Springwurmicklers. Versuch mit Fanglampen. *Jahresber. d. Pfälz. Wein- u. Obstbauschule Neustadt a. d. H.* für 1903 : 24-25.
ZSCHOKKE A., 1905 – Beobachtungen auf dem Gebiete des Pflanzenschutzes. *Jahresbericht der Wein- u. Obstbauschule Neustadt a. d. H.* für 1904. S. 22-25, 1905.
ZSCHOKKE A., 1905 – Die nutzlichen Insekten in den Weinbergen Pfalz. *Wein- und Obstbauzeitung* : 25.
ZSCHOKKE A., 1914 – Zur Bekämpfung des Heu- u. Sauerwurmes. Das. Weinblatt. *Weinbau u. Kellerwirtschaft. 90* : 91.
ZSCHOKKE A., 1914 – Versuche über Heuwurmbekämpfung. *Der Weinbau d. Rheinpfalz.* 2. Jahrg. 186.
ZSCHOKKE A., 1914 – Die Bekämpfung des Heu- und Sauerwurmes mit Nikotinseifenbrühen. *Der Weinbau der Rheinpfalz.* Bd. 2. 1914.

ZSCHOKKE A., und STELLWAAG F., 1922 – Auftreten und Bekämpfung von Rebschädlingen in der Pfalz 1921. *Weinbau der Rheinpfalz.*
ZWEIFLER Fr., 1888 – Mitteilungen über Versuche zur Bekämpfung des Heu- u. Sauerwurmes. *Weinbau u. Weinhandel 6.* Jahrg. : 4-5, 12-14.
ZWEIFLER Fr., 1890 – Praktische Erfahrungen bei der Bekämpfung des Heu- u. Sauerwurmes. *Weinbau u. Weinhandel :* 292-294, 300, 308-310.
ZWEIFLER Fr., 1898 – Bericht über Versuche zur Bekämpfung des Heu- u. Sauerwurmes. Weinbau u. Weinhandel 16 : 196-197, 204-205, 220-221.
ZWEIFLER Fr., 1899 – Versuche zur Bekämpfung des Heu- u. Sauerwurmes im Versuchsfeld Deidesheim. *Weinbau u. Weinhandel 17 :* 227-228. 1899.
ZWEIGELT F., 1923 – Versuche mit dem Dr. Sturmschen Mittel gegen den Heuwurm. *Allgem. Weinzeitung 40 :* 120-121.

III – NOCTUELLES, ECAILLES, SPHINX, etc...

ALBERTI B., 1964. – Notiz uber die Unkus-Form zweier Artgruppen von *Zygaena F. Mitt. münch. entom. ges. 54 :* 262-266.
ANGLADE P., 1954. – Essais de lutte chimique contre la Noctuelle des moissons *Euxoa segetum* Schiff. nuisible au maïs dans le Sud-Ouest. *C.R. Acad. Agric. France, 40 :* 525-528.
ANGLADE P., BERJON J. et ROBIN J.-C., 1966. – Essais en grande culture de traitements chimiques contre les chenilles de la Noctuelle des moissons (*Euxoa segetum* Schiff.) nuisibles au maïs *Rev. Zool. Agric. appl. 10-12 :* 134-139.
Anonyme, 1898. – Un insecte parasite accidentel de la Vigne (*Tortrix crucifera*) *Rev. de Vit. 10 :* 52.
Anonyme, 1921. – Insectes de la vigne *Chelonia caja. Rev. de Vit. 54 :* 15, I, Pl. couleurs.
Anonyme, 1921. – Les insectes de la Vigne (Ecaille martre de la Vigne). *Rev. de Vit. 54 :* 5. 1 pl. couleurs.
Anonyme, 1922. – Note sur les dégâts causés à la vigne par la larve d'une noctuelle (*Caradrina exigua* Hbn). *Progr. Agric. et Vit. 78 :* 430-431.
Anonyme, 1924. – L'écaille martre de la Vigne. *Rev. de Vit. 61 :* 3-12, 1 Pl. couleurs.
Anonyme, E.H.B., 1935. – Essais de traitement contre les chenilles bourrues. *Progr. Agric. et Vit. 103 :* 426-427.
Anonyme, 1937. – A propos des chenilles bourrues. Un nouveau traitement. Derris *Progr. Agric. et Vit. 107 :* 445.
Anonyme, 1950. – Destruction des noctuelles. *L'Agri des P.-O. et Vignes et Vins, 2 :* 29.
Anonyme, 1953. – Efficacité comparative des divers insecticides contre les noctuelles de la vigne. *Rev. romande :* 52, *Bull. OIV, 269 :* 74 et *Le Vigneron Champenois :* 261.
Anonyme, 1956. – Lutte contre les vers gris. *Bull. d'Inform. min. Agric.* Paris, 7 avril et *Bull. OIV 303 :* 104-105.
Anonyme, 1958. – Observations sur l'activité de *Celerio lineata var. livornica* dans les vignobles de Suisse-Romande : *Revue romande, 76.*
Anonyme, 1959. – Lutte contre *Desmia funeralis* (tordeuse des feuilles en Californie), *Wine Inst. Bull.* 24 juin et *Bull. OIV. 342 :* 85.
Anonyme, 1976. – Les noctuelles. *Le Vign. champenois :* 290.
Anonyme, 1978. – Boarmie en Champagne. *Le Vigner. champenois :* 232.
ASSMANN, 1844. – 5e Bericht d. Scles. Tauschver. fur Schmetterlinge *von Haidinger,* Bd V.
BAGET A., 1911. – Procédé mécanique de destruction des insectes (pal en bois). *Progr. Agric. et Vit. 55 :* 320.
BAIL, 1869. – Ueber Pilzkrankheiten der Insekten, 43e réunion des Naturalistes allem. Innsbruck, 21 sept. *Botan. Zeitung :* 711.
BARTOLONI P., 1954. – Appunti sulla presenza e distribuzione della *Theresimina ampelophaga* Bayle-Barelle in Provincia di Pisa. *Ann. Fac. Pisa* (N.S.) 15 : 53-58.
BECK H., 1960. – Die Larvalsystematik der Eulen *(Noctuidae)* aus dem Zoologischen Institut der Universitat Erlangen. *Abh. Larvalsyst. Inst.* N° 4 Berlin, Akademie Verlag, 406 p.
BENARDEAU X. et MONTUPET Y., 1957. – Observations sur les chenilles de *Cossus Bull. Soc. ent. Fr. 62 :* 122-124.
BENARDEAU X. et MONTUPET Y., 1964. – Relations entre le nombre de mues et la durée de la vie larvaire du *Cossus cossus* L. *Alexanor, 3 :* 234.
BENDER E., 1916. – La psyché sur la vigne en Beaujolais. *Progr. Agric. et Vit. 65 :* 521-522.
BERNES J., 1932. – Les Sphinx, parasites de la Vigne en 1932, dans le Var. *Progr. Agric. et Vit. 97 :* 596-598.
BERRO J.-M., 1934. – La *Antispila rivillei* Stt en los parrales de Almeria. *Bot. Path. vég. Ent. agr., 7 :* 27-30 et 60-68.
BERVILLÉ P., ROUSSET P. et LAVY J., 1953. – Essais de traitement sur les Vers gris. *Bull. Techn. Inform.* DSA 85 : 883-885. *Bull. OIV 1954, 278 :* 138 et *Progr. Agric. et Vit 1954,* 141 : 141-145.
BERVILLÉ P., 1953. – Lutte contre les vers gris, *Phytoma,* août : 17.
BERVILLÉ P., 1954. – Lutte contre les vers gris, *Phytoma,* mars : 26.
BERVILLÉ P., 1955. – Le ver gris *Phytoma,* fév. : 20-21.
BERVILLÉ P., GAUTHIER J.-L. et GUY R., 1956. – Essais de Traitement effectué sur les chenilles d'*Artica caja Phytoma,* sept. 23-24.
BERVILLÉ P. et TERRAL A., 1958. – Observations et essais de traitement sur les chenilles bourrues. *Phytoma* nov. 9-10.
BERVILLÉ P., 1960. – Lutte contre les chenilles bourrues. *Le Paysan du Midi,* 10 mars et *Bull. OIV 350 :* 83.
BERVILLÉ P., 1962. – Lutte contre les chenilles bourrues. *Le Paysan du Midi* n° 822 et *Bull. OIV 374 :* 554.
BESSON J., 1958. – Invasion de Sphinx dans le Frontonnais en 1958, *Phytoma* déc. 25-27.
BIRON M., 1931. – Les vers gris. *Progr. Agric. et Vit. 95 :* 254-255.
BLUNCK H. (in SORAUER), 1953. – Handbuch des Pflanzenkrankheiten 4 Tierische Schadlinge an Nutzpflanzen 5e éd. P. Parey éd. Berlin, 1 vol., 518 p.
BODKIN G. E., 1931. – Report of Palestine Department of Agriculture and Forestry 1927-1930 : 48-55.
BOHM H., 1951. – *Hyphantria cunea* en Autriche. *Planzenschuts-Berichte,* 7 (11-12) : 177-189 et *Bull. OIV 254 :* 156.
BRUNET R., 1907. – Le Sphinx de la Vigne. *Rev. de Vit. 28 :* 5-7, 1 pl. couleurs.
BRUNET R., 1908. – L'Ecaille-Martre, *Rev. de Vit. 29 :* 5, 1 pl. couleurs.
BRUNET R., 1908. – Les noctuelles. *Rev. de Vit. 29 :* 481-484, 1 pl. couleurs.

CARRE A., 1902. – Ceps détruits par le « Cossus gate-bois ». *Progr. Agric. et Vit.* 37 : 509-510.
CAYROL R., 1962. – Efficacité de différents appats insecticides sur les larves d'*Agrotis ipsilon* Hfn. *Phitiat.-Phytopharm.* 11 : 35-39.
CAYROL R., 1965. – Relations existant entre les migrations et le cycle évolutif de certaines espèces de *Noctuidae C.R. Acad. Sci. Paris, 260* : 53-73.
CHAUZIT B., 1896. – Les chenilles velues dans les Vignes, écailles ou chélonies. *Rev. de Vit.* 5 : 343.
CHAUZIT B., 1898. – Les noctuelles de la Vigne. *Rev. de Vit.* 9 : 395-396.
CHRETIEN P., 1885. – Les œufs de la Noctuelle exiguë. *Ann. Soc. Ent. France.*
CLEMENT, 1932. – Invasion de Sphinx en Charente. *Rev. Zool. Agric. et Appl.* Bordeaux.
COHN, 1870. – Ueber eine neue Pilzkrankheit der Erdraupen. *Beitr. zur Biol. der Planze,* Heft I : 77.
COLOMB-PRADEL E., 1894. – L'Agrotis de la Vigne. *Rev. de Vit.* 2 : 183-184.
COSTE-FLORET P., 1905. – Les Vers gris. *Progr. Agric. et Vit.* 43 : 482-484.
COTTE J., 1920 . – (Dégâts de Sphinx en Provence). *Rev. Path. Vég. Ent. Agric.* : 76-79.
COUTURIER A., 1948. – Les noctuelles en Alsace. *Progr. Agric. et Vit.* 130 : 289-291.
CULOT J., 1909-1917. – Noctuelles et Géomètres d'Europe, Genève 2 vol., 220 et 244 p.
DEGRULLY L., 1898. – Pulvérisations nocturnes contre les vers gris. *Progr. Agric. et Vit.* 29 : 449-450.
DEGRULLY L., 1898. – Pulvérisations insecticides contre les vers gris. *Progr. Agric. et Vit.* 29 : 547.
DEGRULLY L., 1899. – Recherche d'un remède pratique contre des vers gris. *Prog. Agric. et Vit.* 31 : 101-102, 169, 200.
DEGRULLY L., 1899. – Destruction des vers gris par l'arsenite de cuivre. *Progr. Agric. et Vit.* 31 : 537-538.
DEGRULLY L, 1922. – Deux vieux ennemis de la vigne : le ver gris, l'altise. *Progr. Agric.* 77 : 413-417.
DEKHTYAREV N.S., 1926. – On the parasites of *Euxoa segetum.* Schif. in 1925. *Prot. Plants,* Ukraine, 2 : 50-53.
DELASSUS M., 1924. – Une invasion formidable de chenilles en Algérie. *Rev. Agric. Afrique du Nord.*
DELLA BEFFA G., 1949. – Gli insetti dannosi all'Agricoltura e i moderni metodi e mezzi di lotta. *Ul. Hoepli ed.* Milano, 978 p.
DELMAS R., 1939. – Les vers gris. *Progr. Agric. et Vit. III* : 9-10.
DESBORDES P., 1896. – Le badigeonnage au sulfate de fer et la chenille de l'Ecaille-Martre. *Rev. de Vit.* 5 : 424.
DE STEFANI (Perez) T., 1914. – Insetti occasionalmente dannosi alle viti Palermo, 14 p.
DUFAY C., 1956. – Etude du phototropisme de *Triphaena pronuba L.* Mise en évidence d'un seuil minimum de réaction. *C.R. Acad. Sci. Paris 16* : 1153-1155.
DUFAY C., 1957. – Etude du phototropisme des *Noctuidae.* Mise en évidence et determination d'un seuil minimum de réaction en différentes lumières monochromatiques. *C. R. Acad. Sci. Paris, 245* : 1955-1959.
DUJARDIN F., 1965. – Descriptions de sous-espèces et formes nouvelles de *Zygaena F.* d'Europe occidentale méridionale et d'Afrique du Nord. *Entomops I* : 16-22 ; 2 : 33-64.
DUPLESSIS de POUZILHAC (Baron), 1913. – Un procédé simple et radical contre les Vers gris. *Progr. Agric. et Vit. 60* : 68-70.
DURAND E. 1893. – Note sur la chenille du Cossus gate-bois. *Progr. Agric. et Vit. 20* : 499.
EVANS J.-W., 1952. – The injurious insects of the British Commonwealth *Comm. Inst. Ent.* London, 242 p.
FAES H., 1919. – *Psyche graminella,* insecte nuisible à la Vigne en Suisse. *La Terre Vaudoise,* Lausanne, 11 : 435-437.
FAES H., 1939. – Une chenille arpenteuse, ennemi occasionnel de la vigne. *Terre Vaudoise et le Vigneron de la Champagne* : 173-174.
FAVARD P., 1931. – La chenille bourrue de la Vigne. *Progr. Agric. et Vit.* 95 : 419421.
FAVARD P., 1945. – Attaques exceptionnelles d'une chenille (*Cnephasia incertana* Tr.) sur la vigne et sur les légumineuses fourragères. *Progr. Agric. et Vit.* 123 : 140-142.
FAVARD P., 1946. – Lutte contre les larves de taupins et les vers gris. *Progr. Agric. et Vit.* 125 : 409-411.
FEDOROV S., 1925. – The biology of *Theresimina ampelophaga* Bayle in the Crimea *Bull. Soc. nat. Crimée 8* : 121-144 (en russe).
FEDOROV S., 1926. – *There simina ampelophaga* Bayle in Crimean vineyards. *Bull. ent. res. 16* : 393-397.
FEYTAUD J., 1913. – Les ennemis naturels des Insectes ampélophages. *Rev. de Vit.* 39 : 5-9, 36-40, 76-81, 97-101, 137-141.
FEYTAUD J., 1914. – Les Insectes xylophages *(Cossus) Rev. de Vit.* 41 : 5-7.
FEYTAUD J., 1917. – Les Insectes de la Vigne : le Sphinx *(Sphinx elpenor L.) Rev. de Vit.* 46 : 15-18, 1 pl. couleurs.
FEYTAUD J., 1917. – Note sur les Vers gris. *Rev. de Vit.* 46 : 15-18, 1 pl. couleurs.
FEYTAUD J., 1918. – Les Insectes de la Vigne : Chenilles bourrues, Vers gris Altises. *Rev. de Vit.* 48 : 292-295.
FEYTAUD J., 1920. – Insectes de la vigne *(Cossus ligniperda) Rev. de Vit.* 52 : 5-7.
FEYTAUD J., 1924. – Un insecte rongeant le bois de la Vigne (Le Cossus). *Rev. de Vit.* 60 : 76-77.
FEYTAUD J., 1944. – Sur deux ravages occasionnels des pâturages de montagne : La psyché et le grillon. *Rev. Zool. agric.* 43 : 1-12.
FIEDLER H., 1936. – Die wichtigsten schädlichen Erdraupen der Gattung *Agrotis* Hb. Ein Beitrag zur Biologie, Morphologie und praktischer systematischen Erdennbarkeit der Larven und Imagines von *Agrotis segetum* Schiff., *A. exclamationis L., A. vestigialis* Rott und *A. tritici L., D. Ent. Z.* pt 3-4 : 113-179.
FOEX G., 1899. – Nouveau procédé pour combattre les vers gris. *Rev. de Vit.* 11 : 486-487.
FRANÇOT P., 1945. – Lutte contre les Vers gris. *Le Vigneron champenois* : 31-39 et *Bull. O.I.V.* 171 : 136-139.
FRANÇOT P., 1945. – Comment concevoir la destruction des vers gris à l'automne. *Le Vigneron champenois :* 176-184.
FRANÇOT P. et MAURO J., 1946. – Observations sur les Noctuelles dans le vignoble champenois. *C.R. Acad. Agric. Fr.* 32 : 593-594.
FRANÇOT P., 1946. – Lutte contre les Noctuelles en Champagne. *Le Vigneron champenois* : 67-70, 84-88, 39-49.
FRANÇOT P. et MAURO P., 1946. – Essais de lutte contre les noctuelles au printemps. *Le Vigneron champenois :* 236-251 et *Bul O.I.V.* 190 : 81-82.
FRAUENFELD (Von) G., 1849. – Ueber die Mitte welche in der Natur zur Verhinderung uebermaessiger Raupenvermehrung stattfinden. *Bericht ueber die Mitheil von Freunden der Naturwiss.*
GENTNER L., 1925. – Some important grape insects. *Mich. agr. exp. Sta. spec. Bull* 148.
GEOFFRION R., 1959. – Un parasite de la vigne peu courant : *Pachytelia unicolor Phytoma* sept. : 25-26.
GERASIMOV A.M., 1952. – Faune de l'URSS nouvelle série n° 56, t. I. Chenilles de Microlépidoptères. Moscou et Leningrad, 338 p.
GIARD A., 1896. – Parasite de l'Ecaille Martre. *Rev. de Vit.* 5 : 453-456.
GIARD A., 1904. – *L'Ino ampelophaga* Bayle, ravageur des feuilles de la vigne en Palestine. *Rev. de Vit.* 21 : 591-592.

GJIKOVIC-MARKOVINA M., 1918. – *Cossus cossus* als Schadling der Weinrebenstocke. *Ztschr. f.d. landw. versuchswesen in Osterreich*, 21. Wien : 406 II 5 c.

GODEHEN de RIVILLE, 1750. – Histoire d'une chenille mineuse des feuilles de vigne *(Antispa rivellei)*. *Acta extranea Parisiana, 1 :* 177-190, pl. X.

GOIDANICH A., 1940. – A proposito della zigena della vite in Italia. *Boll. Soc. Ei,t. Ital. 57 :* 3-9.

GOGUADZE M. N., 1953. – *Antispila rivillella*, pest of vines in Georgia (URSS), *Vinodelie i Vinogr. n° 8 :* 45-46 et rès. in *Hort. abstracts 1954*, 2, réf. 1390.

GÖTZ B., 1957. – Der Kleine Graswickler *(Cnephasiella pasivana* Hon.) als Rebschadling. *Weinberg und Keller :* 170.

GÖTZ B., 1974. – La pyrale du maïs sur vigne (Der maiszünsler als Schadling au jungreben. *Bull. O.I.V. 525 :* 957. *Die Wein-Wissenschaft*, 5 : 254-259.

GRANDI G., 1951. – Introduzione allo studio dell'Entomologie, 2. *Ed. Agricole*, Bologna, 1 332 p.

GRASSE P.P., 1927. – A propos d'une invasion de vers gris. *Progr. Agric. et Vit. 87 :* 509-512.

GRASSE P.P., 1929. – Les noctuelles de la vigne. *Progr. Agric. et Vit. 91 :* 617-620.

GRIVANOV K. P., 1927. – Distribution of *Euxoa segetum* Schiff. in relation to soil conditions. The effect of meteorological conditions upon the behaviour of *Euxoa segetum Sc. Res. Wk. Inst. Pl. Prot.* for the year 1936 : 16-28 (en russe).

GRIVANOV K. P., 1937. – On the number of generations of *Euxoa segetum* Schiff. in the southern wooded steppe of the Ukraine. *Zashch. Rast. vredit.* 13 : 56-59 (en russe).

GUILLEMENET R. et ROCHE R., 1957. – Le sphinx de la vigne *(Celerio livornica* Esp.) dans la Province de Casablanca en 1956. *Progr. Agric. et Vit.* 147 : 338-346.

GUILLEMOT J., 1969. – La Boarmie des bourgeons. Est-ce un nouvel ennemi important pour la vigne ? *L'agriculteur du Loir-et-Cher*, Blois, 7 juin.

HARDWICK D. F., 1965. – A synopsis of ridingsiana group of the genus *Euxoa* with a description of a new species. *Can. Ent.* 97 : 1221-1226.

HEROLD W., 1919. – Zur kenntnis von *Agrotis segetum* Schiff. *Z. angew. Ent. 5 :* 47-59.

HEROLD W., 1920. – Zur kenntnis von *Agrotis segetum* Schiff. *Z. angew. Ent. 6 :* 302-329.

HEROLD W., 1923. – Zur kenntnis von *Agrotis segetum* Schiff. Feinde und krankheiten. *Z. angew. Ent. 9 :* 306-332.

HUGER A., 1958. – A new microsporidiosis in *Agrotis segetum Trans. Int. Conf. Insect Path. biol. Control :* 319-322.

ISSEKUTZ L., 1957. – Der Weinstockschadling *Theresimina ampelophaga* Bayle-Barelle in Ungarn. *Z. Wien. ent. Ges. 42 :* 33-43 ; 56-61, 75-80.

ISSEKUTZ L., 1957. – The vine bud moth *(Theresimina ampelophaga* Bayle-Barelle) *Acta Agron. Acad. Sci. Hung. 7 :* 97-120.

JABLONOWSKI J., 1921. – What is the best time to control the cutworms *Euxoa segetum* Schiff ? *Koztelek*, Budapest 31 : 1185-1186.

JOURDAN M. L., 1935. – Observations sur les Micropélidoptères nuisibles au Maroc (2e et 3e notes), *Bull. Soc. Sc. nat. Maroc 14 :* 197-203 et 15 : 10-18, 136-146.

JOVANIC M., 1953. – Contribution à la connaissance de la biologie d'*Agrotis segetum* en Voivodine. *Zborn. Matice srp. 4 :* 85-94 (en serbe).

KIRT L. T., 1936. – On the location of oviposition of *Agrotis segetum* Schiff. *Sc. Res. Work. Inst. Plant Prot. Leningrad :* 106-109.

KLEINE R., 1920. – Die Wintersaateule *Agrotis segetum* Schiff. und ihre Bedeutung als landwirtschaftlicher Schadling. *Z. angew. Ent. 6 :* 247-269.

KOZANCIKOV I.V., 1937. – Insectes Lépidoptères, fam. *Noctuidae* Faune de l'URSS ; n.s. *15*, 674 p.

KOZANCIKOV I.V., RZHECHITZKAYA Yu, et VOLODINA G., 1937. – The rôle of ecological factors in the fecondity of *Euxoa segetum* Schiff. *Sci. res. Wk. Inst. Pl. Prot.*, Leningrad : 28-30 (en russe).

KREITER E.A., 1937. – Conditions limiting the multiplication of *Euxoa segetum* Schiff. in the arid steppe region *Sci. Res. Wk. Inst. Pl. Prot.*, Leningrad : 30-33.

LARUE P., 1945. – Chenilles velues polyphages. *Progr. Agric. et Vit. 124 :* 267-268.

LEBEDIEVA V.A., 1926. – Contributions à la biologie du *Procris (Ino) ampelophaga* Bayle.*Zahch. Rast. credit. 3 :* 4-15. Leningrad.

LELAKIS P.-J., 1961. – Un cas d'attaque de la Vigne en Grèce par le Lépidoptère *Holocacista rivellei* Stainton (en grec). *Bull. Banque Agraire de Grèce*, sept.-oct. n° 122, 8 p.

LELIEVRE E., 1870. – L'écaille-Martre *Feuillets des Jeunes Naturalistes* IX, n° 104, 19 juin : 106.

LEVIN V.-M., 1936. – Comparative cold-resistance of preimaginal stages of *Agrotis ipsilon* and *A. exclamationis Rapport Inst. Plant Protection :* 53-54.

LICHTENSTEIN J., 1880. – Les petits ennemis de nos Vignes. *La Vigne améric. :* 156-159.

LICHTENSTEIN J., 1885. – La Noctuelle exiguë. *Bull. Soc. Centr. Hérault :* 519 et *Ann. Soc. Ent. France.*

LHOMME L., 1923-1963. – Catalogue des Lépidoptères de France et de Belgique. Lhomme éd., Le Carriol par Douelle.

LOPEZ T., 1906. – (Le sphinx rose en Espagne) Un nouveau parasite de la Vigne dans la province de Logrono. *Rev. c es Hybrides :* 764-766.

LYONNET P., 1760. – Traité anatomique de la Chenille qui ronge le bois de Saule. La Haye, 588 p.

MALENOTTI E., 1927. – Osservazioni sull'*Antispila rivillei* Stt. *Ital. vinic. ed. agr.*, Casalmonferrato.

MARCHAL P., 1914. – Rapport phytopathologique pour l'année 1913. *Rev. phytopathol. appl. 18-19 :* 9-13.

MARCHAL P. et FOEX Et., 1921. – Rapport phytopathologique pour les années 1919-1920. *Ann. Epiphyties 7 :* 1-87.

MARCHI G., 1958. – Ricercher su un Lepidottero Eliozelide l'*Holocacista rivillei* Stt., minatore delle foglie della vite. *Bot. ist. Entom. Bologna*, 22 : 257-276.

MARES R., 1904. – Une invasion de chenilles de Sphinx dans le vignoble du département d'Alger. *Rev. de Vit. 21 :* 672-673.

MAYET V., 1892. – Quelques insectes de la vigne (Noctuelles). *Progr. Agric. et Vit. 18 :* 412-420, 1 pl. couleurs.

MAYET V., 1893. – Les chenilles mangeuses de bois. *Progr. Agric. et Vit. 20 :* 387-393, 1 pl. couleurs.

MAYET V., 1894. – La noctuelle exiguë. *Rev. de Vit. 2 :* 73-74.

MAYET V., 1896. – L'Ecaille-Martre. *Rev. de Vit. 5 :* 392-394.

MAYET V., 1907. – Insectes lignivores de la Vigne : Le Cossus gate-bois. *Rev. de Vit. 27 :* 10-11.

MAZADE M., 1894. – Protection contre les vers gris. *Rev. de Vit. 1 :* 444-445.

MEIRLEIRE (de) H., 1966. – Une chenille à fourreau de la vigne « *Fumea betulina* Zell. » *Phytoma* déc. n° 183 : 42-43.

MEIRLEIRE (de) H., 1979. – Un ennemi de la vigne souvent ignoré : la Boarmie des Bourgeons *Phytoma*, avril : 36.

MICHEL E., 1957. – Toxicité de divers insecticides de synthèse vis-à-vis des « vers gris » s'attaquant au tabac. *Ann. Inst. exp. Tabac*, Bergerac, 2 : 101-110.

MIJUSKOVIC M. et RADULOVIC S., 1960. – Invasion massive de Celerio lineata var livornica Esp. dans les vigno-bles aux environs de Titograd (Montenegro) au printemps 1958. Zastita Bilja 65 : 21-30, 7 fig. et Bull. O.I.V. 1962, 372 : 266.

MOREAU E., 1958. – Chenilles à sac. Le Vigneron champenois mai : 173-175.

MOREAU-BERILLON, 1912. – Les noctuelles de la vigne dans le Nord-est. Progr. Agric. et Vit. 57 : 392-398.

MORRIS H.-M., 1933. – Annual report of the entomologist for the Year 1932. Ann. Rep. Dept. Agric. Cyprus : 39-43.

MULHMANN, 1955. – Sacktragerraupen. Weinberg und Keller, Janvier.

NASR, El SAYED A. et NAGUIB M.A., 1963. – Contribution to the biology of the greasy cutworm Agrotis ypsilon Rott. Bull. Soc. ent. Egypte 47 : 197-200, 267-272 et 1965, 48 : 177-178.

NEUBECKER F., 1966. – Noctuiden-Imagines als Schädling in den Tropen und Sudtropen. Zeit. f. Angew. Ento-mol. : 82-88.

NEWMAN E., 1885. – An Illustraded Natural History of British Butterflies Allen and Co, London, I vol., 486 p.

NIKITIN I.V., 1927. – Poisoned baits in the control of Euxoa segetum, Schiff. Bull. Ivanovsk. Exp. Select. Stn. 8 : 58-70 (en russe).

NILOLAEVSKIJ L.A., 1930. – Report on a study of the biology of Euxoa segetum, Schiff. under local conditions of khiva. Zashch. Rast. vredit. 8 : 631-645.

NOLL J., 1961. – Uber die Ursachen der Massenvermehrung der Erdraupen der Wintersaateule (Agrotis segetum Schiff.) Nachr Bl. dt. Pflschutzdienst. 15 : 253-260.

OSTAPETZ A.P. et MAKEEVA E., 1936. – Importance of terms for cultivation of fallow as to cutworm Agrotis sege-tum Schiff. control. Sc. Res. Work Inst. Plant. Prot. 1935 : 131-134.

PAILLOT A., 1915. – Les microorganismes parasites des insectes, leur emploi dans l'agriculture. Ann. Epiphyties 2 : 188-232.

PASTRE J., 1894. – Un nouvel ennemi de la Vigne : Le Cossus ligniperda Comice Agricole de Béziers, Progr. Agric. et Vit. 21 : 508-512 et Rev. de Vit. 1 : 559-560.

PASTRE J., 1913. – Les chenilles bourrues. Progr. Agric. et Vit. 59 : 491-492.

PERRAUD J., 1906. – Un nouvel ennemi de la Vigne (Psyché graminella). La Vigne améric. : 181-183.

PICARD P., 1911. – Les Noctuelles de la vigne. Progr. Agric. et Vit. 55 : 166-172, 1 pl en couleurs.

PICARD P., 1912. – Sur la présence dans le Midi de la France d'une chenille ampélophage, Le Cacoecia costana. Progr. Agric. et Vit. 57 : 553-555.

PICARD F et BLANC, 1913. – Sur une septicémie bacillaire des chenilles d'Arctia caja L. C.R. Acad Sci. 155 et Progr. Agric. et Vit. 59 : 659-660.

PICARD P., 1913. – L'Empusa aulicae et la mortalité des chenilles bourrues Progr. Agric. et Vit. 59 : 521-522.

PICARD F., 1914. – Les chelonies ou chenilles bourrues. Progr. Agric. et Vit. 61 : 261-266, 1 pl. couleurs.

POPOV P.V., 1929. – Notes on Euxoa tritici L. Zashch. Rast. vredit 6 : 221-223 (en russe).

POPOW P.A., 1967. – Rebenminiermotte (Antispila rivillei Stt.) Lozarstwo i Winarstwo, Sofia, f. I : 25-28.

RAMBOUSEK F.R. et STRANNAK F.R., 1920. – A contribution to the study of Euxoa segetum Zemed Archiv. : 23-24 (en tchèque).

RAVAZ L., 1920. – Le Sphinx de la Vigne. Progr. Agric. et Vit. 74 : 585-586.

RAVAZ L., 1929. – Les Insectes : Chenilles bourrues et vers gris. Progr. Agric. et Vit. 91 : 446-448.

REICHART G. et TASNADY G.Y., 1967. – Distribution, biology and control of vine-bud moth (Theresimina ampelo-phaga Bayle-Barelle). Novenyved. Korszerusit, I : 121-133.

RIVNAY E., 1964. – A contribution to the biology and phenology of Agrotis ypsylon Rott. in Israël Zeitsch. Angew. Ent. 53 : 295-309.

ROCCI U. 1937. – La Zigena della vite ed alcune speçie italiane del gen. Proscris F. (s.t.). Boll. Ist. Ent. Univ. Bolo-gna 9 : 113-152.

ROCKWOOD L.P., 1925. – An outbreak of Agrotis ypsilon Rott. in overflowland in Western Oregon Pflanzenarzt, Wien : 131.

RONDANI C., 1877. – Antispila rivillei et ejusdem parassita. Ann. Soc. ent. Ital. 9 : 287-289.

RUI D. et GIRALDI G., 1956. – La minatrice delle foglie di vite (Antispila rivillei). Riv. di Vitic. e di Enol., N° 3 : 67-70.

RUSS K., 1959. – Die « Scharteneule Xilina (Calocampa) exoleta L. als Schadling an Wein Pflanzenarzt, Wien : 131.

RUSS K., 1961. – Starke Schäden an Wein durch den « Rhomben-Spanner » (Boarmia gemmaria Brahm). Der Pflanzenarzt, Wien : 53.

RUSSO G., 1947. – Il « bruscio » della vite nell'isola d'Elba (Ino ampelophaga) Agricol. Tuscan 2 : 238-300.

SAKHAROV N., 1913. – The biology of Feltia (Agrotis) exclamationis L. and Euxoa (Agrotis) segetum Schiff.accor-ding to observations in the governments of Tula and Tver in 1909-1910. Ent. Stanzija Astrachank. Obstch. Ssad, Ogorod i Polewodstwo : 17 (en russe).

SAKHAROV N., 1929. – On the parasitism of Gonia and Cnephalia in the larvae of Euxoa segetum Schiff. Zaschch. Rast. vredit. 6 : 71-74 (en russe).

SAVARY A., 1956. – Les noctuelles dans le vignoble de Suisse romande. Rev. romande Agric. vit. Arbor., 12 : 57-60 et Bull. O.I.V. 314.

SATTERHWAIT A.F., 1933. – Larval instars and feeding of the black cutworm Agrotis ypsilon Rott. J. Agric. Rés. 46 : 517-530.

SCELKANOVCEV J.-P., 1926. – Relations between climatic conditions and abundance of Euxoa segetum Schiff. during the past 50 years in the Government of Voronezh. Notes of the Voronezh Agr. Inst. 5, 8 p.

SCHWANGART F., 1911-1912. – Aufsatze uber Rebenschadlinge und nutzlinge Cacoecia costana F an Reben in der Pflaz I et II Mitt. deutsch. Weinbauvereins 6 : 161-163 et 7 : 114-120.

SCHRUFT G., 1972. – Sackträgerraupen seltene schadlinge an Reben. Die wein-wissenschaft, 11-12 : 316-319 rés. in Bull. OIV, 1973, 503 : 56.

SEITZ A., 1913. – Les Macrolépidoptères du globe Paris le Moult, éd. vol. 2.

SICARD H., 1933. – Observations sur une chenille de Psychide nuisible à la Vigne : Progr. Agric. et Vit. 99 : 381-383 et Bull. Soc. Cent. Agr. Hérault 3 avril.

SILVESTRI F., 1950-1951. – Compendio di Entomologia applicata. Lepidoptera 2 (2) Boll. Lab. Ent. agr. Portici, 10 : 131-303.

SMIRNOVA O.N., 1939. – New methods in the control of the vine Burnet Moth Plant Protect. 18 : 149-150 (en rus-se).

SOKOLOV N., 1914. – Euxoa segetum Schiff. and Feltia exclamationis L. Prot. Pl. 3 (21) Suppl. Friend of Nat. 22 p.

SOKOLOV N., 1916. – Euxoa segetum Schiff. and Feltia exclamationis L. in the Government of Tambov in the sum-mer 1915. Prot. Pl. Suppl. to Friend of Nat. 3 (20), 16 p.

SOURES B., 1948. – Contribution à l'étude des Lépidoptères de la Tunisie Biologie des espaces nuisibles ou susceptibles de le devenir. Ann. Serv. Bot. Agron. Tunisie, 21 : I-211.

SOURES B., 1948. – Contribution à l'étude des Lepidoptères de la Tunisie. Ann. Serv. Bot. Agron. Tunisie : 93-96-130-133.

SPULER A., 1908-1910. – Die Schmetterlings Europas. Nagele ed. Stuttgart *I*, 1908, texte 386 p., *2*, 1910, texte 524 p., *3*, Papillons, 91 pl., *4*, chenilles, œufs, 60 pl.
STEPENTZEV I., 1927. – Euxoa segetum Schiff. *Zashch. Rast. vredit. 4* : 989-992.
SUIRE J., 1944. – Sur la biologie d'un ampélophage occasionnel, *Epidola stigma* Stgr. (Lép. *Gelechiidae). C.R. Acad. Agric. Fr. 30* : 286-287 et *Bull O.I.V., 163* : 80.
SUIRE J., 1948. – Les premiers états d'*Epidola stigma* Stgr. *Bull. Soc. ent. Fr., 117* : 146-150.
TARGIONI-TOZZETTI M., 1884. – *(Antispilla rivillei)* Relazione della R. stazion di Entomologia agraria di Firenze. *Ann. di Agric. R. Minist. Agr. Ind. e. Comm.*
TUATAY N., 1955. – Türkiyede ilk defa görülen bir bag haseresi : *Antispila rivillei* Stt. *Tomercuk*, Istamboul, 4 : 46.
VALLOT, 1839-1840. – Histoire des insectes ennemis de la vigne. *Mém. Acad. de Dijon* : 31.
VESSIA R., 1958. – Une contribution à la connaissance du Sphinx de la Vigne. *Celerio lineata* var. *limonica Ann. Sperim. Agrar.* 12-25, et *Bull. O.I.V. 338* : 128, 1959.
VIALA P., 1894. – Les Insectes mangeurs de bourgeons. *Rev. de Vit. I* : 445-446.
VOGT E., 1974. – Dégâts de Mamestre en Hongrie *Weinberg und Keller 6* : 281-288 et *Bull. O.I.V. 523* : 724.
VOIGT G., 1931. – Bemerkungen uber die Revenminiermotte *Antispila rivillei* Stt. *Anz. f. Schadlingskunde*, Berlin, 7 (8) : 90-93.
WATZL O., 1950. – *Agrotis segetum* Schiff. : comportement et contrôle *Pflanzenschutzberichte 5* : 345-358.
ZACHAREWICZ Ed., 1912. – Procédés pour combattre les Noctuelles ou Vers gris de la Vigne. *Rev. de Vit. 37* : 386-387.
ZACHAREWICZ Ed., 1914. – Altises et vers gris. *Rev. de Vit. 42* : 386.
ZIMMERMANN H., 1919. – Uber die Erdraupe der Wintersaateule *Agrotis segetum* Schiff. Erdraupenschaden in Mecklenburg 1912-1917 *Arch. Ver. Freunde Naturg. Mecklenb.* 73 : 25-54.
ZOCCHI R., 1953. – Note biologiche sulla *Theresimina ampelophaga* Bayle-Bareille *Redia* 38 : 238-246.
ZOLK K., 1930. – *Agrotis segetum* Schiff. und ihre Bekampfung *Z. ang. Ent. 16*, 50 p.

DIPTERES

ALOI A., 1886. – Un nuevo Insetto, damnoso alle viti, del genere *Cecidomya*, scoperto nelle Vigne della piana di Catania *Commun. Accademia Gioenia* nella tornata del di 8 Agosto 1886.
ALOI A., 1887. – sur un nouvel insecte du genre *Cecidomya* (trad. Ravaz). *Progr. Agric. et Vit.* 7 : 418-423.
BESSON J., 1958. – La cécidomie des feuilles de Vigne. *Phytoma* nov. : 14-15.
BRANAS M., 1929. – Lésions sur sarments aoûtés. *Ann. Ecole Nat. Agric. Montpellier*, XX (1).
BRUNET R., 1911. – Quelques insectes nuisibles de la vigne. *Rev. de Vit.* 35 : 5-9.
CAPUS J., 1899. – Dégâts dus au *Drosophilia funebris. Rev. de Vit. 10* : 694.
COUTIN R., 1962. – Les principales Cécidomyies nuisibles. *Phytoma* mars : 15-22.
DELMAS R., 1935. – Les Cécidomyies de la Vigne. *Progr. Agric. et Vit. 104* : 10-13, 1 pl. couleurs.
DERESSE A. et PERRAUD J., 1892. – Contribution à l'étude de la Cécidomie de la Vigne. *Ann. de la Station viticole de Villefranche* : 60-71, 1 pl. couleurs et *Progr. Agric. et Vit. 17* : 231-236, 1 pl. couleurs.
GARTEL W. et HERING M., 1965. – Gallmuckenlarven als Parasiten von Sklerotien der *Botrytis cinerea* an Pfropfreben im Torfeinschlag. *Weinberg und Keller*, 10 : 563-570 et *Bull. O.I.V.* 1966, *422* : 503.
LUSTNER, 1899. – *(Contarinia viticola). Weinbau u. Keller wirtschaft*, Geinseheim, 7 : 97-99.
MAYET V., 1888. – La cecidomie et les cochenilles de la vigne. *Progr. agric. et Vit. 9* : 10-13.
MOUTOUS G. et FOS A., 1971. – Observations sur quelques ravageurs nouveaux ou occasionnels de la Vigne. *Phytoma*, déc. 25-26.
OSTEN-SAKEN, 1861. – Uber die Gallen und andere durch Insekten hervorgebrachte Pflanzeneformationen. *Stet. ent. Zeitg.* 22 : 405-420.
OSTEN-SAKEN, 1862. – Monographs of the Diptera of N. America Washington, tome I.
OSTEN-SAKEN, 1866-67. – Two new north American *Cecidomyiae Proc. Ent. Soc. Philad., 6* : 219-220.
RILEY et WALSH, 1868-1870. – The American Entomologist and Botanist tome 1 (1868-69), tome 2 (1869-70).
RILEY, 1871. – Ann. Reports of the noxious beneficial Insects of Missouri : 3 Rep, 1871 ; 4 Rep, 1872 ; 5 Rep, 1873.
RITTER von HAIMHOFFEN G., 1875. – Beobachtungen uber die Blattgalle und deren Erzeuger auf *Vitis vinifera* L. *Verhandlungen Zool. Bot. Gesellschaft* in Wien.
RUBSAAMEN E.H., 1906. – *Contarinia viticola.* Zeit. f. wiss. Insektbiol., Berlin : 129, 235.
RUBSAAMEN E.H. et HEDICKE H., 1925-1939. – Die Cecidomyiden und ihre Cecidien. *Zoologica.* Stuttgart, 29, 350 p., 102 f.
RUIZ CASTRO A., 1950. – Ampélophages des grappes. Rapport espagnol au Cong. O.I.V. Athènes et *Bull. O.I.V.* 1951, *244* : 70-73.
SICARD H., 1932. – La mouche des fruits. *Progr. Agric. et Vit.* 97 : 525-528.
SICARD H., 1937. – La mouche des fruits. *Progr. Agric. et Vit.* 107 : 489-492.
VAYSSIERE P., 1928. – La Cécidomyie de la grappe *(Contarinia viticola* Rubs) en Champagne. *C.R. Acac Agri. France*, juillet et *Progr. Agric. et Vit., 90* : 205-207.

HYMENOPTERES

Anonyme, 1891. – Les raisins et les guêpes. *Rev. Horticole* : 416, 587.
Anonyme, 1893. – Les raisins et les guêpes. *Rev. Horticole* : 246, 403, 413, 437, 170.
Anonyme, 1895. – Contre les guêpes. *Rev. de Vit.* 4 : 458.
Anonyme, 1896. – Les raisins et les guêpes. *Progr. Agric. et Vit. 26* : 421.
BERTONINI G., 1906. – Les abeilles s'attaquent-elles aux raisins ? *Rev. des Hybrides* : 838-839.
BRIN F., 1899. – Les guêpes au vignoble. *Rev. de Vit. 10* : 344-345.
CHEVALIER, 1892. – Les guêpes et les raisins. *Rev. Horticole* : 398, 501.
DURAND E., 1900. – Manuel de Viticulture pratique. Baillère et fils. Ed. Paris.
FEYTAUD J., 1915. – Les guêpes. *Rev. de Vit.* 43 : 5-9, 21-24, 1pl. couleurs.
GOTZ B., 1960. – Les guêpes dans les vignobles. *Die Wein-Wissenschaft* n° 12, rés. in *Bull. O.I.V.*, 1961, *369* : 141.
GOTZ B., 1965. – Uber Auftreten und Bekampfund von Wespen *(Vespinae)* in Weingergen. *Die Wein-Wissenschaft*, 11 : 518-527 et rés. in *Bull. O.I.V. 407* : 79.
MONTFORT G., 1900. – La destruction des guêpes. *Progr. Agric. et Vit., 34* : 268.
MUHLMANN H., 1964. – Wespen an reifenden Trauben. *Der Deut. Weinbau,* 17 : 732-733 rés. in *Bull. O.I.V. 406* : 1291.

MAMMIFERES

Anonyme, 1950. – Dommages causés par les lapins de garenne. *Rev. Agric. Afr. du Nord,* 1630 : 793-796.
Anonyme, 1980. – Les lièvres, le paraquat et le sufate d'ammoniaque. *Phytoma,* mars : 31.
BERTRAND F., 1948. – Protection des bourgeons et des jeunes greffes contre la dent des lapins. *La Potasse,* sept. 155-156.
RINGELMANN M., 1927. – Clôtures de protection des cultures contre les lapins. *Rev. de Vit.* 67 : 233-235.
THOMPSON H.V., 1951. – Les lapins (dégâts, moyens de lutte). *Ann. Appl. Biol.* 3 : 725-727.

OISEAUX

GRAMET Ph., 1977. – Les étourneaux dans les vignobles. *Vititechnique,* mai 21-23.
GRAMET Ph., 1977. – Les méthodes de lutte contre les étourneaux. *Vititechnique,* juin : 16.
GRAMET Ph., 1980. – Méthode de lutte contre les étourneaux. *Vititechnique,* juillet : 15-18.
HILLEBRAND W. et LIPPS H.P., 1973. – Bedecken von Ertragsanlagen mit Polyathylenfolien-Erfahrungen aus dem Herbst 1972 in Bad-Kreuznach *Weinberg u. Keller,* 20 : 321-328.
KARANTONIS N., 1973. – Conservation des raisins de table sous couverture en plastique (en grec) *Bull. Inst. Vigne Lycovrissi-Athenes* : 1-32.
LANCRENON P., 1979. – Lutte contre les étourneaux. *Vititechnique,* septembre : 13.
LANCRENON P., 1980. – Etourneaux, pillards des vignes et silos. *Agrisept,* 10 octobre.
RICHARD M., 1972. – Les étourneaux dans notre vignoble. *Le Vigneron champenois,* sept. 283-287.
VIEL P., 1963. – La protection des raisins très précoces contre les moineaux. *Vignes et Vins,* janv. 34-35.

TABLE DES FIGURES

Figures :   Pages

INDEX ALPHABETIQUE

Les noms d'auteurs sont en capitales.

Les chiffres en italique renvoient à l'article principal.

– A –

Abejorra : 1348.
Acariase : 996.
Acaricides : *969*.
Acarien : 953.
Acarien des Charmilles : 938.
Acarien du charme : 939.
Acariens des racines : 934, *954*.
Acarien des racines : *1004*.
Acarien jaune commun : 943.
Acariens : *933*.
Acarinose : 996.
Acariose : 934, 973, *996*, 1004.
Acariose bronzée : *1003*.
Acariosi : 996.
Acariosis : 996.
Acéphate : *1649*.
Acheta deserta : *1022*.
Aceitero (Grisette) : 1034.
ADAMSON : 1523.
Adoxus obscurus : 1423.
Adoxus vitis : 1423.
Adoxus vitis var. Villosulus : 1423.
Afrique du Sud (invasion phylloxérique) : *1219*.
Agrilus angustatus : 1401.
Agrilus desarofasciatus : *1401*.
Agriotes brunnicornis : 1396.
Agriotes corallifer : 1396.
Agriotes cribosus : 1396.
Agriotes fusculus : 1396.
Agriotes graminicola : 1396.
Agriotes gurgistanus : 1396.
Agriotes hirtellus : 1396.
Agriotes lineatus : 1396, *1397*.
Agriotes meticulosus : 1396.
Agriotes obscurus : 1396, *1397*.
Agriotes obtusus :1395.
Agriotes productus : 1396.
Agriotes segetis : 1396.
Agriotes sputator : 1396, *1397*.
Agriotes sordidus : 1396.
Agriotes striatus : 1396.
Agriotes suecius :1396.
Agriotes ustulatus : 1396.
Agriotes variabilis : 1395.
Agrotis aquilina : 1666.
Agrotis crassa : 1659.
Agrotis exclamationis : 1659, 1661.
Agrotis exigua : 1659, *1664*.
Agrotis orbona : 1659.
Agrotis pronuba : 1659, *1662*.
Agrotis segetum : 1659.
Agrotis ypsilon : 1659.
AGULHON : 957, 1052, 1624, 1625.
Ailés (Phylloxera) : 1091, *1135*.
Ailés androphores : 1091, 1135, 1137, 1139.
Ailés gynéphores : 1091, 1135, 1137, 1139.
Albère : 1461.
Alchen (anguillule) : 888.
ALDEBERT : 1231.
Aldicarbe : 1288.
Algérie (invasion phylloxérique) : *1217*.
Allemagne (invasion phylloxérique) : *1201*.
ALLEN : 906.
Allothrombium fuliginosum : 936, 942.
ALMEIDO Y BRITO : 888.
ALOÏ : 1697, 1701.
Altérations du feuillage (Phylloxera) : *1066*.

Altica : 1434.
Altica ampelophaga : 1436.
Altica della vite : 1434.
Altica mangia-vite : 1434.
Altica oleracea : 1436.
Altisa : 1434.
Altisa de la vid : 1434.
Altise : 1419, *1434*.
Alucita uvella : 1689.
Amathes C-nigrum : 1472, 1659, *1666*.
Amblyseius : 942.
Amblyseius aberrans : 947, 958, 959.
Amblyseius californicus : 947.
Amblyseius finlandiesi : 947.
AMPHOUX : 1642.
ANDERS : 1224.
ANDRÉ : 1420, 1425, 1499, 1552.
ANGLES : 1507, 1511, 1514, 1516.
Anguillule : 888.
Anguilula : 888.
Anguillula marioni : 887.
Anguillula radicicola : 888.
Angillule de la vigne : 883, 887, *888*.
Anguillule du blé : 884.
Anguillule du Chili : 888.
Anguillules : *883*.
Anguina tritici : 884.
Animalo : 1434.
Anneaux agglutinants : *1507*.
Anomala : 1348, *1375*.
Anomala abchasica : 1380.
Anomala aenea : 1379.
Anomala aurata : 1375.
Anomala ausonia : *1380*.
Anomala cogina : 1380.
Anomala dubia Var. aenea : 1375, *1379*.
Anomala errans : 1375.
Anomala Frischii : 1379.
Anomala holosericea : 1376.
Anomala oblonga : 1380.
Anomala solida : 1375.
Anomala undulata : 1375.
Anomala vitis : 1375.
Anoxia : 1348.
Anoxia cerealis : 1369.
Anoxia cinerea : 1369.
Anoxia emarginata : 1370.
Anoxia glauca : 1369.
Anoxia orientalis : *1368*.
Anoxia pilosa : 1369.
Anoxia villosa : 1369.
Anthocoris nemorum : 947, 1265.
Antispila Rivillei : 1689.
Antispila Rivillella : 1689.
ANTONIADIS : 1478.
ANTONIN : 1635.
Aonidiella arnoldei : 1318.
Aonidiella leivasi : 1318.
Aonidiella viticola : 1318.
Apate : 1403.
Apate capucin : 1408.
Apate capucinus : 1408.
Apate des sarments : *1402*, 1403.
Apate moine : 1407.
Apate monocha : *1407*.
Aphidinea : 1036.
Apterygotes : 1007.
Arachnides : *933*.
Araignée jaune : 934, 937, 938, 1004.
Araignée jaune à 2 taches : 943.
Araignée jaune commune : 943.

— 1 849 —

Cochenilha vermelha : 1323.
Cochylidae : 1472, 1523.
Cochylis : 1472, *1519*, 1523.
Cochylis botrana : 1579.
Cochylis da vinha : 1519.
Cochylis omphaciella : 1523.
Cochylis requena (eudemis) : 1579.
Coco : 1434.
Cocobacillus cojoe : 1675.
Coepophagus echinopus : 1004.
Cognaux : 1461.
COHN : 917, 920.
Coigneau : 1461.
Colemerus vitis : 973, 981.
Coléoptères : 1007.
COLLOT : 1234.
COLOMB-PRADEL : 1645.
Commission supérieure du Phylloxera : *1276.*
Conchylis ambiguella : 1523.
Conchylis vitisana : 1579.
Confite : 1410.
Contarinia viticola : 1704.
Convention phylloxérique de Berne : *1277.*
Convention internationale de Rome : *1278.*
Convolvulus : 1471.
Coquilide (Cochylis) : 1519.
Coquillo : 1434.
Corch de la vina (Cochylis) : 1519.
CORET : 1560, 1576.
CORNU : 887, 890, 1064, 1065, 1066, 1067, 1071,
    1073, 1074, 1076, 1077, 1080, 1081, *1089*, 1100,
    1102, 1105, 1111, 1112, 1114, 1117, 1118,
    1119, 1122, 1124, 1126, 1128, 1129, 1131,
    1135, 1142, 1147, 1232, 1234, 1239, 1264,
    1266, 1286.
Corocha : 1434.
CORTEZ : 1335.
Cossidae : 1471, 1686.
Cossidea : 1471.
Cossus cossus : 1471, *1686.*
Cossus gate-bois : *1685.*
Cossus ligniperda : 1686.
COSTA : 1655.
COSTE : 1220, 1264.
COTTE : 1683.
Cotton root-knot nematode : 891.
Cottony naple scale : 1323.
COUANON : 1278.
COUDERC : 980, 994.
COUDERC 603 : 894.
COUDERC 93-5 : 894.
COUDERC 161-49 : 895, 896, 897.
COUDERC 1202 : 894, 895, 914.
COUDERC 1613 : 894, 914.
COUDERC 1616 : 894, 895, 896, 897.
COUDERC 261-50 : 894.
COUDERC 3306 : 894, 895, 914.
COUDERC 3309 : 895, 896, 897.
COUILLAUD : 1040.
Coupeur de vignes : 1344.
COUPIN : 1043.
Couque : 1473.
Court-noué parasitaire de la vigne : 996.
Cousi-cousi : 1017.
Coussous : 1402, 1403.
COUTURIER : 1058, 1350, 1361.
Crachat de coucou : 1036.
Criconema rusticum : 886.
Criconematidae : 885.
Criconemoides : 885, 886, *901.*
Criconemoides xenoplax : 901, 902.
CROUZAT : 1504, 1514.
Cryptinglisia lounsburyi : 1316.
Cryptoblabes gnidiella : 1695.
Cryptocephalus niger : 1423.
Cryptocephalus vitis : 1423.
CUANY : 917.
Cube Rohart : 1286.
CUBONI : 979.

Cucujoidea : 1343.
Cueillette des pontes : *1503.*
Cunche : 1461.
Cuquillo : 1434.
Curculio Betulae : 1463.
Curculio Betuleti : 1463.
Curculionidae : 1343, *1448*, 1463.
Cussons : 1403.
Cydnus bicolor : 1033.
Cyperméthrine : *1649.*

– D –

Dactylopus vitis : 1325.
Dactylosphaera vitifoliae : 1088.
Dactylospora vitifoliae : 1088.
DA CUNHA BUENA : 1442.
Dagger nematode : 908, 912.
DALMASSO A. : 890, 892, 895, 896, 897, 900, 901,
    909, 910, 912, 913, 914, 915, 916, 917, 919, 921,
    922.
DALMASSO G. : 1618.
DANTONY : 1583.
Dascilloidea : 1343.
DA SILVA ROSA : 1443.
Dasyneura œnophila : 1699.
DAVAINE : 884.
DAVID de PENAURIN : 1059.
DAVIDIS : 1262.
DBROVOLSKI : 1428, 1430, 1431.
D.D.T. : *1648.*
Decaméthrine : *1649.*
Decorticage : 1636.
DEGRULLY : 1511, 1641, 1671.
Deilephila celerio : 1684.
Deilephila elpenor : 1679.
Deilephila lineata : 1681.
Deilephila porcellio : 1680.
DEKHTIAREV : 1367.
DELASSUS : 1337, 1370, 1372, 1390, 1407, 1428,
    1429, 1445, 1502, 1515, 1516, 1684, 1706,
    1712.
DELLA BEFFA : 1412, 1416, 1666.
DELMAS : 886, 938, 939, 953, 942, 1666, 1700, 1702,
    1703.
DELORME : 1061, 1062, 1064.
DEMERMETY : 1420.
DEMOLE-ADOR : *1090.*
DENIS : 1476, 1501, 1577.
DEPUISET : 1637.
DERESSE : 1493, 1509, 1524, 1525, 1543, 1549,
    1551, 1553, 1554, 1563, 1698, 1700, 1701,
    1702.
DERN : 1702.
Derris elliptica : 1647.
DESCOINS : 1631.
Désinfection du matériel : 1278.
Destréau : 1461.
Destreaurs : 1461.
DESRUE : 1517.
DEWITZ : 1166, 1524, 1528 1541, 1586, 1595, 1604,
    1640.
D'HERDE : 919.
Diableau : 1461.
Diablotin : 1420.
DIAMANDIDI : 1127.
Diaspididae : 1317.
Diaspidinae : 1317.
Diaspidini : 1317.
Diaspidiotus uvae : 1318.
Diaspidiotus viticola : 1318.
Diaspis Blankenhornei : 1331.
Dichelomyia œnophila : 1699.
Dickmaulrussler : 1449.
DIDIER : 1002.
Diptères : 1007, *1697.*

Euryderma oleraceum : 1033.
Euryderma ornatum : 1033.
Euryderma ventralis : 1033.
Euxoa corticea : 1659.
Euxoa nigricans : 1659.
Euxoa obelisca : 1659.
Euxoa segetum : 1659.
Euxoa tritici : 1666.
Exosoma lusitanica : 1419, 1432.
EYNARD : 1616.

– F –

FABRE : 974, 1521, 1579.
FABRICIUS : 1476.
FAES : 996, 998, 1001, 1517, 1571, 1573, 1578, 1634, 1639, 1644, 1691, 1695, 1694.
FAILLANT : 1517.
FALLOU : 1560.
FANNERT : 1498.
FARCOT : 1507, 1514.
FARCY : 1561.
FATIO : *1091*, 1095, 1155.
FAUCON : 1060, 1116, 1124, 1290, 1294, 1302.
Faucon des sables (BAYLE) : 1302.
FAURE-BIGUET : 1473, 1519, 1520.
FAVARD : 925, 1617, 1618, 1671.
FEE : 974.
Feltia exclamationis : 1661.
Fenvalérate : *1649*.
FERRARIS : 1340.
FELTRIN : 1044.
FERRERO : 1008, 1010.
FERRON : 971, 1418, 1681.
FERROUILLAT : 1507.
FEYTAUD : 1012, 1021, 1069, 1094, 1107, 1123, 1144, 1337, 1437, 1440, 1444, 1446, 1450, 1451, 1452, 1453, 1466, 1524, 1535, 1541, 1559, 1567, 1573, 1578, 1579, 1588, 1591, 1601, 1602, 1603, 1605, 1626, 1627,1634, 1640, 1642, 1643, 1644, 1645, 1646, 1650, 1671, 1675, 1679, 1688, 1691, 1710, 1711.
FILHOL : 1633.
Fillossera : 1059.
Filoxera : 1059.
Filoxera da Videiro : 1059.
FISHERS : 1560.
FITCH : 1059, 1066, *1088*.
Fitopto della vite : 974.
Fitoptose : 974.
Flambage des écorces : *1636*.
Flambeur Gaillot : 1445.
Flambeurs : *1507*.
Flegg : 916.
Fluorures et fluosilicates : *1644*.
FOA : 1069, 1091, 1107, 1112, 1113, 1117, 1121, 1123, 1124, 1133, 1134, 1141, 1165, 1265.
FOEX : 1065, 1219, 1220, 1291, 1292, 1279, 1281, 1295.
FOILLARD : 1502, 1508.
Fondatrice : *1093*.
FOREL : 1524, 1531, 1535, 1542, 1553, 1558.
FORNION : 1461.
FOS : 1040, 1045, 1404, 1433, 1702.
FOUDRAS : 1435.
Fourmis blanches : 1008.
FRANCESCHINI : 1112, 1122, 1143.
FRANÇOT : 967, 1338, 1517, 1658, 1667.
FRAUENFELD : 1676.
FREIDIANI : 1405.
FREY : 1602.
FREZAL : 1290, 1515, 1516.
FRIES : 974.
FROELICH : 1577.
FRON : 1569, 1570.
FUHR : 1647.

Fuler (Cochylis) : 1519.
Fulgoridea : 1034.
FULMECK : 1596.
Fumaggine : 1340.
Fumagine : 1314, *1340*.
Fumea betulina : *1693*.
Fusarum lateritum : 1267.

– G –

Galerucina : 1343.
Galerucinae : 1419.
GALET : 1232, 1335.
GALLAY : 1359.
Galles phylloxériques : 1064.
Galles phylloxériques (Lutte) : *1290*.
Gallicole direct : *1112, 1122*.
Gallicoles : 1091, *1101*.
Gallinsecte : 1323.
Gallmilbe : 974.
Gant Sabaté : *1289, 1505*.
GARAKAVENKO : 1288.
GARIOLA : 1375.
GARMAN : 963.
GARTEL : 993.
Gastéropodes : *923*.
GASTINE : 1282, 1285, 1286, 1446, 1512.
Gatta (Cochylis) : 1519.
Gattina dell'uva : 1519.
GAY-BELLILE : 999, 1003.
GAYON : 1266, 1446.
Gaz asphyxiants : *1516*.
Gazotherme à cloches : *1507*.
Geflammter Rebenwickler : 1618.
Geflammter Traubenwickler : 1518.
GEHEN : 1465.
GEISSLER : 1561.
Gelechiidae : 1472.
GENNADIUS : 1391, 1691.
GEOFFRION : 1001, 1433, 1524, 1530, 1534, 1544, 1566, 1570, 1580, 1581, 1582, 1599, 1691.
GEOFFROY : 929, 1421, 1461, 1679.
Geòmetridae : 1691.
Geonemus : 1448.
Geonemus flabellipes : *1458*.
Geonemus tergoralus : 1458.
Geotrupes monodon : 1382.
Geotrupes punctatus : 1382.
Geotrupinae : 1343.
GERSTAECKER : 1131, 1133.
GERVAIS : 1446.
Gésarol : 1648.
GIARD : 1332, 1362, 1675, 1695.
GIRARD : 1126, 1270, 1424.
GIRAUD : 1059.
GMELIN : 1391.
GODEHEN DE RIVILLE : 1689.
Goelands : 1715.
GOFFART : 1361.
GOLLEAU : 1719.
GOLOVJANKO : 1366, 1367.
Gorgellion (Cigarier) : 1461.
Gorgojo gris : 1455.
Gorgulhos : 1449.
Gosse : 1519.
GÖTZ : 1288, 1465, 1490, 1500, 1524, 1529, 1533, 1537, 1554, 1570, 1587, 1589, 1590, 1617, 1618, 1696.
GRAELLS : 1090.
GRAMET : 1716.
Grande Cigale : 1038.
Grande Psyché des prairies : *1691*.
GRANDJEAN : 935.
GRANDI : 1412.
GRANDORI : 1064, 1069, *1091*, 1107, 1265.

Grape berry moth : 1577, *1611*.
Grape bud mite : 973, *995*.
Grape flea beetle : 1434.
Grape leaf hopper : 1040.
Grape leaf Louse : 1059.
Grape roat gall louse : 1059.
Grapholita botrana : 1579.
GRASSÉ : 893, 1017, 1018, 1019, 1315, 1330, 1331, 1383, 1521, 1528, 1539, 1542, 1547, 1578, 1580, 1594, 1598, 1600, 1604, 1661, 1667.
GRASSI : 1064, 1069, 1091, 1092, 1093, 1100, 1106, 1111, 1112, 1114, 1122, 1133, 1134, 1143, 1265, 1130, 1149, 1161, 1166.
Graue Schildlause : 1331.
Grèce (invasion phylloxérique) : 1213.
Gribouri : 1419, *1420*.
Gril : 1017.
Grillet : 1017.
Grillon transparent : *1021*.
Grimaud (Cigarier) : 1461.
Gripevin : 1420.
Grisette : 1034.
Grisette : 1455.
Grisette de la Vigne : 1031, *1034*.
Gros Gril : 1017.
Grosser Weinschwarmer : 1684.
Ground pearls : 1332.
Gryllus italicus : 1021.
Gryllus pellucens : 1021.
GRZYBOWSKI : 1511.
Guêpe commune : 1710.
Guêpe frelon : 1710.
Guêpe gauloise : 1710.
Guêpe germanique : 1710.
Guêpe moyenne : 1710.
Guêpe orientale : 1710.
Guêpe saxonne : 1710.
Guêpe sylvestre : 1710.
Guêpes : *1708*.
GUIBERT : 1427.
GUIGNARD : 1002.
GUILLEMIN : 1485, 1489, 1491, 1499, 1506.
GUILLEMINET : 1682, 1685.
Gusanillo de la vid : 1519.
Gusano blanco : 1410.
Gusano de las uvas : 1519.
Gusano de la vid : 1519.
Gusano encarnado : 1519.
Gusano verde : 1473.

– H –

HAIMHOFFEN : 1697.
Haltica ampelophaga : *1419*.
Halticinae : 1343, 1419.
Hanneton commun : *1348*.
Hanneton des Pins : *1364*.
Hanneton japonais : *1373*.
Hannetons : *1348*.
Hanneton vert de la Vigne : 1375.
Harde (Cochylis) : 1519.
HARMON : 895.
Harmony : *895*.
HARPE (Jean de la) : 1524.
HARRANGER : 891, 900, 1498.
HARRISSON : 919.
HARTMANN : 1603.
HCH : 1648.
HEDDERGOTT : 1559.
HEIDE (von der) : 1642.
HEIKERTINGER : 1436.
Helice : 929.
Helice vigneronne : 928.
Hélicides : *931*.

Heilococcus hystrix : 1329.
Helicotylenchus : 885, 886.
Helicotylenchus varicaudatus : 916.
Heliothis obsoleta : 1659.
Heliothryps hoemorrhoidalis : 1023, *1031*.
Heliothryps Syriacus : 1023.
Heliozelidae : 1471.
Helix aperta : 927, *930*.
Helix aspersa : 927, *929*.
Helix cespitum : 927.
Helix elegans : 927.
Helix hortensis : 929.
Helix melanostoma : 927, *930*.
Helix neglecta : 927.
Helix nemoralis : 927, *929*.
Helix lactea : 927, *930*.
Helix pisana : 926, 927, *930*.
Helix pomatia : 927, *928*.
Helix rhodostoma : 930.
Helix splendida : *930*.
Helix variabilis : 927.
Helix vermiculata : 927, *929*.
Hemiberlesia camelesia camelliae : 1317.
Hemiberlesia Ceardi : 1317.
Hemiberlesia lataniae : 1317.
HEMICH : 1347.
HENCKE : 1223.
HENNEGUY : 1070, *1089*, 1095, 1239.
HERING : 957.
Hérissonne : 1669.
Heterodera : 884, 892, 887.
Heterodera avenae : 887.
Heterodera cruciferae : 887.
Heterodera Marioni : 886, 887, 894.
Heterodera radicicola : 886, 887.
Heterodera rostochiensis : 887.
Heterodera Schachtii : 887.
Heteroderidae : 885, *887*.
Heteroneura : 1471.
Hétéroptères : 1007, *1032*.
HETZ : 1220.
HEUCKMANN : 1203.
Heuwurm : 1519.
HEWITT : 883, 911, 922.
Hexachlorobutadiene : *1287*.
Hibernants : 1091, *1125*.
Hippotion celerio : 1677, *1684*.
HOCHBERG : 1216.
HOFFMANN : 1464.
Holocastia Rivillei : 1471, *1690*.
Homoneura : 1471.
Homoptères : 1007, 1032, *1036*.
Hongrie (Invasion phylloxérique) : *1205*.
Hoplolaimidae : 885, *899*.
HOPP : 954.
HORVATH : 1021, 1421, 1426, 1428.
HUBNER : 1520.
HUDE : 999, 1040.
HUGLIN : 997, 1001.
HUGUES : 1627.
Hurebet : 1461.
HURPIN : 1352, 1353, 1360, 1392, 1635.
HUSFELD : 1250, 1256.
Hybrides (superficies des) : 1274.
Hyménoptères : 1007, *1708*.
Hyphantria cunea : *1676*.
Hysteropterum : 1036.
Hysteropterum apterum : 1053.
Hysteropterum bilobium : 1053.
Hysteropterum flavescens : 1053.
Hysteropterum grylloides : 1053.

– I –

Icerya aegyptiaca : 1315.
Icerya palmeri : 1316.

Œnophtira pilleriana : 1476.
Oiseaux : *1473, 1715.*
Oiseaux insectivores : *1566, 1568.*
Olethreutinae : 1472.
Oligonéoptères : 1007.
Oligota holobus : 947.
OLIVER : 1410, 1412, 1417.
OLMO : 895, 1262.
Opatre des sables : *1408.*
Opatrum intermedium : 1408.
Opatrum libani : 1410.
Opatrum perlatum : 1410.
Opatrum sabulosum : 1408.
Opatrum sabulosum var. guttiferum : 1409.
Opatrum sabulosum var. Reitteri : 1409.
Opatrum tricarinatum : 1408.
ORAMAN : 1214.
Orius minutius : 948.
Orius vicinus : 942.
Orthoptères : 1007, *1015.*
Oruga de rebujo : 1473.
Oruga de la vendimia : 1519.
Oruga picara : 1519.
OSORIO : 1266.
OSTEN-SAKEN : 1697.
Ostrinia nubilalis : 1696.
Otiorinco : 1449.
Otiorrhynchinae : 1343, *1448.*
Otiorrhynchus : 1448.
Otiorrhynchus anthracinus : 1455.
Otiorrhynchus asphaltinus : 1453.
Otiorrhynchus bisphaericus : 1455.
Otiorrhynchus cratalgi : 1455.
Otiorrhynchus cribicollis : 1455.
Otiorrhynchus excellens : 1455.
Otiorrhynchus fullo : 1455.
Otiorrhynchus globus : 1453.
Otiorrhynchus graecus : 1453.
Otiorrhynchus impressiventris var. *veterator : 1453.*
Otiorrhynchus juvencus : 1455.
Otiorrhynchus lavandus : 1453.
Otiorrhynchus linearis : 1449.
Otiorrhynchus longipennis : 1455.
Otiorrhynchus lugens : 1455.
Otiorrhynchus orbicularis : 1455.
Otiorrhynchus peregrinus : 1455.
Otiorrhynchus picipes : 1453.
Otiorrhynchus polycoccus : 1455.
Otiorrhynchus scitus : 1455.
Otiorrhynchus sensitivus : 1455.
Otiorrhynchus singularis : 1453.
Otiorrhynchus sulcatus : 1449.
Otiorrhynchus tauricus : 1453.
Otiorrhynchus tristis : 1455.
Otiorrhynchus turca : 1453.
Otiorrhynchus velutinus : 1455.
Otiorrhynque de la vigne : *1449.*
Otiorrhynque sillonné : 1449.
OTTAVI : 1434.
Oxythyrea : 1348, 1388.
Oxythyrea funesta : 1391.
Oxythyrea funesta var. *atlantis* : 1393.
Oxythyrea funesta var. *pantherina* : 1393.
Oxythyrea stictica : 1391.
Oziorrinco della vite : 1449.

– P –

Pachytella unicolor : 1472, 1691.
Pacific mite : 937.
Padronella : 1461.
Pagaronia : 1036.
PAGENSTECHER : 975, 981.
PAGLIANO : 1437.
PAILLOT : 1362, 1529, 1532, 1543, 1563, 1565, 1568, 1569, 1578, 1585, 1595, 1599, 1635.

PAINTER : 1227.
Paléoptères : 1007.
PALGE : 1518.
Pal injecteur : *1285.*
PALISSOT de BEAUVAIS : 974.
Pal jaugeur : 1285.
PALLADIUS : 1434.
PALLAS : 1520.
Palomba de San Giovanni : 1375.
Palomena prasina : 1032.
Palomena viridissima : 1032.
Pampanella : 1461.
PANIS : 1339.
Panonychus : 936.
Panonychus ulmi : 936, *949*, 1004.
PANTANELLI : 998, 1026, 1027, 1028, 1029, 1069.
PAOLI : 1045, 1046.
Paralongidorus : 885, 886.
Paralongidorus maximus : 921.
Paranoptères : 1007.
Parathion : *1648.*
Paratylenchus : 885, *903*, 916, 886.
Paratylenchus hamatus : 903.
PARGADE : 1406, 1407.
Parlatoria camelliae : 1318.
Parlatoria oleae : 1318.
Parlatorini : 1318.
PARIS : 1002.
Paratetranychus pilosus : 949.
PASQUIER : 1407.
PASSERINI : 1652, 1656.
PASTRE : 1686, 1689.
PATOUILLARD : 1329.
PAULIAN : 1380.
PAULSEN : 895.
PAULSEN 1103 : 895, 896.
PAULSEN 1447 : 895, 896.
PAZUMOT : 1520.
Pecan (Cigarier) : 1461.
PEHLIVANOGLOU : 1562.
PELLEGRINI : 1689.
Pemphigus vitifoliae : 1064, 1088, 1089.
Penthimia : 1036.
Penthimia nigra : 1049, *1052.*
Penthina vitivorana : 1579.
Pentodons : *1382.*
Pentodon bispinosus : 1386.
Pentodon bispinulosus : 1386.
Pentodon deserti : 1386.
Pentodon dispar : 1386.
Pentodon idiota : 1385.
Pentodon monodon : 1385.
Pentodon ponctué : *1382.*
Pentodon punctatus : 1382.
PEREZ CANTO : 1334.
Pergesa elpenor : 1677, *1679.*
Pergesa porcellius : 1677, 1680.
Peribatodes rhomboidaria : 1693.
Pericerya purchasi : 1315.
Péritele grise : 1455.
Péritèles : 1455.
Peritelo grigio : 1455.
Peritelus : 1448, 1455.
Peritelus familiaris : 1458.
Peritelus flavipennis : 1458.
Peritelus griseus : 1455.
Peritelus noxius : 1457.
Peritelus senex : 1458.
Peritelus sphaeroides : 1455.
Peritelus subdepressus : 1458.
Peritymbia vitisana : 1088.
Perles de terre : 1332.
Perlita : 1332.
Permethrine : *1649.*
PERRAUD : 1244, 1511, 1513, 1524, 1529, 1530, 1543, 1548, 1553, 1556, 1558, 1563, 1574, 1575, 1578, 1644, 1691, 1698, 1700, 1701, 1702.

Pulce delle vite : 1434.
Pulgao : 1434.
Pulgao da Vinha : 1434.
Pulgon : 1434.
Pulvinaire de la Vigne : 1327.
Pulvinaria betulae : 1323.
Pulvinaria della vite : 1323.
Pulvinaria vitis : 1314, 1316, *1323*, 1340.
Punaise à quatre taches blanches : 1033.
Punaise bleue : 1033, 1442.
Punaise potagère : 1033.
Punaise rouge : 1033.
Punaise verte : 1032.
Punteruolo : 1461.
PUSSARD : 1406.
Pyrale : 1472, *1473*.
Pyrale de la Vigne : 1473.
Pyrale du Daphné : *1695*.
Pyrale du maïs : *1696*.
Pyralis ambiguella : 1523.
Pyralis pilleriana : 1476.
Pyralis vitana : 1476.
Pyralis vitis : 1476.
Pyrausta nubilalis : 1695.
Pyrèthre : *1640*.
Pyrethrinoïdes de synthèse : *1518*, 1649.
Pyrethrum : *1640*.
Pyridine : *1646*.
Pyrophore : *1289*.
Pyrophore de Bourbon : 1507.
Pyrrhocoris apterus : 1033.
Pytelus spumarius : 1053.

– Q –

Quadraspidiotus perniciosus : 1318.
QUAYLE : 1422, 1424.
Quinoléine : *1646*.
Quissous : 1401, 1403.

– R –

Races biologiques (Phylloxera) : *1163*.
RACLET : 1508, 1509.
Raclettes : *1505*.
Radewald : 914.
Radicicole : 1091, *1114*.
Ragnetto giallo : 938.
Ragnetto rosso : 948.
RAGONOT : 1695.
Ramassage des chrysalides : *1503, 1633*.
Ramassage des papillons : *1503, 1634*.
RAMBIER : 934, 938, 939, 940, 944, 945, 948, 949, 950, 952, 954, 956, 957, 958, 959, 962, 963, 973, 1004, 1414, 1416.
Ramsey : 895.
Rapes à décortiquer : *1506*.
RASKI : 888, 891, 892, 899, 900, 901, 903, 905, 911, 912, 913, 914, 915, 922.
RASMUSSON : 1256.
RASPAIL : 1352.
Rattle virus : 906, 921.
RAVAZ : 883, 888, 915, 975, 979, 986, 993, 994, 1001, 1119, 1220, 1227, 1229, 1231, 1244, 1232, 1418, 1516, 1633.
RAZOWSKI : 1523.
RATZEBURG : 1459, 1466.
REAUMUR : 974, 1319, 1322.
Rebenblatt gallmucke : 1697.

Rebenbluten-gallmucke : 1702.
Rebenerdfloch : 1434.
Rebenfallkafer : 1420.
Rebenschildlaus : 1319.
Rebenschneider : 1344.
Rebenstecher : 1461.
Reblaus : 1059.
Rebstecher : 1461.
Rebstichler : 1461.
Rebujadora : 1473.
Rebzikaden : 1040.
REDARES : 1302.
Red scale California : 1318.
Red spider : 948.
REICHARDT : 1676.
REICHART : 1497, 1501.
REITTER : 1365.
Résistance phylloxérique (classes de) : *1247*.
Reticulitermes flavides ssp. *santoniensis* : 1008, *1013*.
Reticulitermes lucifugus : 1008, *1013*.
Revoltona : 1473.
Revolvedora : 1473.
Rhabditis : 884.
Rhinarie : 1104, *1107*.
Rhinomacer alni : 1463.
Rhinomacer bispinus : 1463.
Rhinomacer inermis : 1463.
Rhinomacer totus viridisericeus : 1463.
Rhinomacer unispinus : 1463.
Rhinomacer violaceus : 1463.
Rhinomacer viridis : 1463.
Rhizaphis vastatrix : 1062, 1063, *1088*.
Rhizocera vastatrix : 1089.
Rhizoecus falcifer : 1330.
Rhizoglyphus echinopus : *1004*, 1265, 1328.
Rhizotrogues : *1370*.
Rhizotrogus : 1348.
Rhizotrogus cicatricosus : 1370, *1372*.
Rhizotrogus ciliatus : 1370, 1372.
Rhizotrogus euphytus : 1370, *1372*.
Rhizotrogus marginipes : *1370*.
Rhizotrogus ochraceus : 1370, 1372.
Rhombenspanner : 1693.
Rhynchite : 1461.
Rhynchites bacchus : 1464.
Rhynchites betuletti : 1463.
Rynchites populi : 1464.
Rhynchitinae : 1343.
RIBAUT : 1052.
RICHARD : 972, 1001, 1002, 1010, 1340, 1501, 1517, 1518, 1519.
RICHTER 31 : 894, 895.
RICHTER 57 : 894.
RICHTER 99 : 895, 896, 897, 914.
RICHTER 110 : 895, 896, 897.
RICOU : 1350.
RIGAUD de BELVEZE : 1495.
RILEY : 1021, 1064, 1088, 1089, 1120, 1265, 1339, 1603, 1697.
RILLING : 1091, 1109.
Rinchite della vite : 1461.
Ripersia falcifera : 1316, *1330*.
Riparia Gloire : 895, 896.
RITTERSHAUS : 1379.
RITTER : 883, 887, 899, 900, 901, 903, 906, 908, 913, 921, 918.
ROBERJOT : 1473, 1485, 1512.
ROBERT : 1320, 1352, 1361.
ROBERTS : 1399.
ROCA : 908.
ROCHE : 1682, 1685.
RODRIGUEZ : 964.
ROEHRICH : 1427, 1629, 1631, 1632, 1635.
ROESSLER : 1537.
ROGGEN : 911.
ROMACHENKO : 1234, 1235.
RONDANI : 1689.
Root-knot nematode : 887, 888.
ROSEN : 1068.

Sphinx porcellio : 1680.
Sphinx pourceau : *1680*.
Sphinx rose : 1472.
Sphinx rose de la vigne : *1679.*
Sphinx vitis : 1652.
Spicaria farinosa : 1635.
Spider mite : 948.
Spilosoma lubricepeda : 1674.
Spilosoma mendica : 1674.
Spinnmilben : 938, 948.
Spinnwurm (cochylis) : 1519.
SPIRIN : 1227.
Spodoptera exigua : 1472, *1666.*
SPRENGEL : 1524, 1529, 1533, 1536, 1537, 1570.
Springwurm : 1473.
Springwurmwickler : 1473.
SPULER : 1684.
Stachys germanica : 1491.
Stade : 935.
STAEHELIN : 1571.
STAFFORD : 988, 992, 995.
STAINTON : 1689.
STANKOVIC : 1367.
Stase : 935.
STELLWAAG : 999, 1065, 1088, 1099, 1091, 1129, 1131, 1329, 1393, 1456, 1496, 1523, 1524, 1525, 1529, 1534, 1537, 1570, 1571, 1585, 1586, 1589, 1603, 1604, 1679, 1680, 1684.
STELLWAAG-KITTLER : 1220, 1228.
STERLING : 1068.
Sterrhopteryx hirsutella : 1693.
Stethorus punctillum : 942, 960, 947.
STILL : 1611.
STOYANOV : 918.
STRENGER : 1523.
Submersion : 1290.
SUIRE : 1455, 1524, 1627, 1692.
Suisse (invasion phylloxérique) : *1199.*
Sulfocarbonate de potassium : *1286,* 1279.
Sulfure de carbone : *1281,* 1279.
Sulfurisation : *1513.*
Surleta d'oro : 1375.
SUSPIRO : 1197.
SVESTKA : 1635.

– T –

Taches phylloxériques : *1064.*
Tagliadiccio : 1461.
Tagliadizzo : 1461.
TAIROFF : 1213.
TARDY : 1503.
Targionia vitis : 1318, *1331.*
TARGIONI-TOZZETTI : 1031, 1092, 1323, 1689.
Tardo dell'uva : 1519.
TASCHENBERG : 1602.
TAYLOR : 922.
Taupins : *1395.*
Taure bourrude : 1669.
Taure bourrue : 1669.
Teigne de la grappe : 1519, 1520.
Teigne de la vigne : 1519.
Teigne des grains : 1520.
Teigne des raisins : 1519.
TELEKI 5BB : 895, 896.
TELEKI 8 B : 895, 896.
Tenebrionidae : 1343.
Tenthrède de la vigne : *1708.*
Tenthredo strigosa : 1708.
Tenuipalpidae : 934, *973.*
TERLIDOU : 897, 913, 917.
Termite à col jaune : 1008.
Termite à cou jaune : 1008.
Termite flavicolle : 1008.
Termite lucifuge : *1012,* 1008.
Termes lucifugus : 1013.

Termiten : 1008.
Termites : 1008.
TERRAL : 1669.
Tetranico : 938, 943, 948.
Tetranychidae : 934, 935.
Tetranychus : *937.*
Tetranychus atlanticus : 944.
Tetranychus pacificus : 937.
Tetranychus pilosus : 949.
Tetranychus telarius : 939, *944.*
Tetranychus Turkestani : 937, 944.
Tetranychus urticae : 937, 939, 944, 946, 1004.
Tétranyque de la Vigne et du Charme : 938.
Tétranyque Tisserand : 937, 943.
Tetrapodili : 935.
Thames root-knot nematode : 891.
THENARD : 1279, 1280, 1282, 1283, 1420, 1428.
Theresimina ampelophaga : 1472, *1652.*
Therodiplosis persicae : 947.
THIEM : 1450.
Tholaath : 1328.
Tholea : 1328.
THOMAS : 975.
THORNE : 883, 906.
Thrips tabaci : 1023.
Thrips de la Vigne : *1023.*
Thrips des serres : *1031.*
Thrombidiformes : *934, 935.*
Thysanoptères : 1007, *1023.*
Tignoletta dell'uva : 1577.
Tignuola del fior della viti : 1519.
Tignuola del grappolo : 1519.
Tignuola della viti : 1519.
Tignuola del uva : 1519.
Tinea ambiguella : 1520, 1523.
Tinea omphaciella : 1520, 1523.
Tinea permixtana : 1579.
Tinea reliquana : 1579.
Tinea uvae : 1523.
Tinea uvella : 1523.
Tinha da vinha : 1519.
Tinha do cacho : 1519.
Tisserand : 934, 937.
Tisserand commun : 943, 1005.
Tisserand du Midi : 937.
Toeniothrips frici : 1023.
Toile : 935.
Tola'at : 1328.
TOPI : 1165, 1166, *1091,* 1144, 1265.
Torres : 1669.
Tordeuse de la grappe : 1577.
Tordeuse de la vigne : *1618.*
Tordeuse grise : *1617.*
Tordeuse des crucifères : *1696.*
Tortrice dell'uva : 1519.
Tortricidae : 1472, 1476.
Tortricinae : 1472.
Tortricoidea : 1472, 1523.
Tortrix ambiguella : 1523.
Tortrix botrana : 1579.
Tortrix Danticana : 1476.
Tortrix luteolana : 1476.
Tortrix moth : 1519.
Tortrix pilleriana : 1476.
Tortrix romaniana : 1579.
Tortrix uveana : 1523.
Tortrix vitisana : 1579.
TOUZEAU : 941, 942, 950, 951, 952, 966, 970, 1022, 1040, 1042, 1043, 1044, 1051, 1325, 1327, 1527, 1626, 1632.
Traubenmade : 1519.
Traubenmotte : 1519.
Traubenwickler : 1519.
Traitements arsenicaux : *1515.*
TREITZCHTE : 1523, 1577.
TRENTINI : 946, 968.
TREVILLOT : 1339.
Trichodoridae : 885, 906, *921.*
Trichodorus : 885, 906, *921.*

ERRATA

Page

1016 : ajouter sous la photo sa légende :
Fig. 174 bis – Barbitiste de Berenguier (photo Labo. Zool. EM.)

1264 : 37e ligne, lire : *Trombidium holosericeum* au lieu de *T. holoriceum*.

TABLE DES MATIERES

Du même auteur

CEPAGES ET VIGNOBLES DE FRANCE

Cet important ouvrage de 3 500 pages a été publié en 4 tomes de 1956 à 1964.

Tome I - *Les vignes américaines* (épuisé).

Tome II - *Les cépages de cuve* et les vignobles du Midi méditerranéen, du Dauphiné, de la Savoie, de la Bourgogne. de la Franche-Comté et de l'Alsace-Lorraine.

Tome III - *Les cépages de cuve* et les vignobles de la Champagne, du Centre, de la Vallée de la Loire, des Charentes, du Bordelais, du Sud-Ouest et de l'Algérie.

Tome IV - *Les raisins de table* et la production viticole française.

PRECIS D'AMPELOGRAPHIE PRATIQUE

La 4ᵉ édition (1976) de ce livre, entièrement remise à jour, permet aux professionnels d'avoir des renseignements détaillés sur les porte-greffes actuellement commercialisés et sur les principaux cépages de cuve et de table.

In-8 raisin, 266 pages et 19 planches en couleurs, hors texte.

RECHERCHES SUR LES METHODES D'IDENTIFICATION ET DE CLASSIFICATION DES VITACEES DES ZONES TEMPEREES
(Thèse de Doctorat es-Sciences)

Ouvrage en 2 tomes de 526 pages qui rassemble toutes les connaissances scientifiques et botaniques sur la systématique des espèces des genres Vitis, Ampelopsis et Parthenocissus.

PRECIS DE VITICULTURE

La 3ᵉ édition (1976) de cet ouvrage permet de faire le point de l'essentiel des connaissances nécessaires pour cultiver la vigne, comprendre les réactions physiologiques face aux méthodes culturales et évaluer le prix de revient des travaux ou des traitements.

In-8 raisin de 586 pages avec 237 figures et 9 planches en couleurs, hors-texte.

A PRACTICAL AMPELOGRAPHY
grapevine identification
Traduction et adaptation par Lucie MORTON du Précis d'Ampélographie pratique - Cornell University Press - Ithaca N.Y. 1979

TRAITE GENERAL DE LA VIGNE ET DU VIN

Cet ouvrage est destiné à être publié par fascicules séparés afin de faire la somme des connaissances actuelles sur tous les sujets qui concernent la vigne, le vin et l'économie viti-vinicole.

Fascicule n° 1 : Evolution de l'ensépagement français, 40 pages ;

Fascicule n° 2 : La Grêle, 30 pages ;

Fascicule n° 3 : La production mondiale des Vins : le marché commun, 114 pages ;

Fascicule n° 4 : La production mondiale des Vins : la zone de libre échange, 64 pages ;

Fascicule n° 5 : La production mondiale des Vins : Les pays socialistes, 68 pages.

Imprimerie du « Paysan du Midi »
Avenue de Maguelonne
MAURIN 34970 LATTES

Dépôt légal 1er trimestre 1982 – N° 1223